1682 J.B.METZLER

Demokratische Wege

Ein biographisches Lexikon

Herausgegeben von
Manfred Asendorf und Rolf von Bockel

Sonderausgabe

Verlag J.B. Metzler
Stuttgart · Weimar

Projekt- und Redaktionsleitung: Manfred Asendorf
Redaktion: Rolf von Bockel
Korrekturarbeiten: Brigitte Domurath, Elfie Jehle, Jutta Kaiser, Sabine Matthes
Textverarbeitung: Meike Tadsen, Jutta Wolff, Diana Wolter
Register: Dieter Fuchs
Bildbeschaffung: Katharina Wilts
Wissenschaftliche Fachberatung: Helmut Bleiber, Elisabeth Böhmer, Klaus Briegleb, Hans-Werner Engels, Jens Flemming, Walter Grab, Franklin Kopitzsch, Wolfgang Kraushaar, Hartmut Ludwig, Friedrich Wilhelm Marquardt, Julius H. Schoeps, Winfried Steffani, Klaus Thomamüller, Ulla Wischermann

Porträts auf dem Einband: Heinrich Heine, Franz Sigel, Hedwig Dohm, Friedrich Ebert, Sophie Scholl, Willy Brandt (siehe die Artikel im Lexikon)

Bibliografische Information Der Deutschen Bibliothek
Die Deutsche Bibliothek verzeichnet diese Publikation in der Deutschen Nationalbibliografie; detaillierte bibliografische Daten sind im Internet über <http://dnb.ddb.de> abrufbar.

Gedruckt auf chlorfrei gebleichtem, säurefreiem und alterungsbeständigem Papier

ISBN-13: 978-3-476-02135-9
ISBN-10: 3-476-02135-1

www.metzlerverlag.de
info@metzlerverlag.de

Einbandgestaltung: Willy Löffelhardt
Satz: Typomedia GmbH, Ostfildern
Druck und Bindung: Ebner & Spiegel, Ulm
Printed in Germany
Februar/2006
Verlag J.B. Metzler Stuttgart · Weimar

Inhalt

Vorwort zur Sonderausgabe

Der vorliegende Band ist eine Sonderausgabe des 1997 erschienenen Lexikons »Demokratische Wege. Deutsche Lebensläufe aus fünf Jahrhunderten«. Die Sonderausgabe ist, bis auf den Untertitel, unverändert.

Das Buch hat nach dem Urteil des französischen Literaturhistorikers Pierre-André Bois[1], ein neues Kapitel in der Erforschung politischer Traditionen in Deutschland aufgeschlagen und die Chance eröffnet, die demokratische Frage unter epochenübergreifenden Gesichtspunkten neu zu erörtern:

»Das Bild eines Deutschlands, das sich einem nicht zu kurierenden ›Obrigkeitsdenken‹ verschrieben hat, gehört, zum Glück, seit längerem der Vergangenheit an. Allzu verbreitet indes ist noch die Vorstellung, daß der demokratische Gedanke hier erst im 19. Jahrhundert aufkam. Im allgemeinen herrscht der Glaube vor (nicht nur in Deutschland, sondern auch anderswo), daß Politik vor allem eine Angelegenheit von Politikern sei, unterstützt von Bundesgenossen aus ihrem Umfeld, wie z.B. Gewerkschaftern. Es ist dieses verkürzte Verständnis, das die Herausgeber des Lexikons haben in Frage stellen wollen. Darin bekundet sich die Überzeugung, daß die ›Demokratie‹ nicht allein eine politische Errungenschaft, sondern daß sie eine zentrale Angelegenheit des gesellschaftlichen Lebens insgesamt sei und daß die einzige Frage von Bedeutung die sei, die darauf ziele, die menschliche Existenz freier und solidarischer zu machen. Eine Geschichte des politischen Gedankens in Deutschland bleibt noch zu schreiben. Sie wird sich stützen müssen auf diese Summe von Verweisen, die eine anregende Geschichte bildet von ›hommes allemands de la liberté et de la fraternité.«[2]

Bei der Konzeption des Lexikons war ein Demokratiebegriff zugrunde zu legen, der genügend historische Reichweite und Tiefe besitzt, um auch entfernterer Vergangenheit gerecht zu werden, und genügend politische Substanz, um in Gegenwart und Zukunft Orientierung zu ermöglichen. Um der Gefahr zu entgehen, geschichtliche Phänomene anachronistisch miteinander zu vermischen oder unwiderruflich Vergangenes vordergründig zu aktualisieren, ist es außerdem notwendig, den prinzipiellen und potentiell dauerhaften Kern des demokratischen Gedankens von seinen jeweiligen zeitgebundenen Ausprägungen zu trennen und deutlich werden zu lassen. Die Herausgeber entschlossen sich daher, an Überlegungen anzuknüpfen, die Aristoteles im 4. Jahrhundert v. Chr. vor dem Hintergrund einer bereits praktizierten Demokratie im Stadtstaat Athen sowie Tocqueville im 19. Jahrhundert aus der Erfahrung der »Demokratie in Amerika« entwickelt hatten. Diese Entscheidung stand und steht im Einklang mit neueren politikwissenschaftlichen Untersuchungen, in denen Reichweite und Leistungskraft der von Aristoteles bzw. Tocqueville vorgelegten Konzepte verglichen mit einschlägigen anderen Demokratietheorien Bestnoten erhielten.[3] Die geistige Grundlage der Demokratie, ihr »Minimaldogma« (Spinoza) oder, wie man vielleicht besser sagen sollte, ihr Grundkonsens, die von den Griechen entwickelte Formel »Freiheit und Gleichheit«, hat bis heute gerade wegen ihrer Ambivalenz, Vielschichtigkeit und Widersprüchlichkeit (die der politischen Realität ja durchaus entspricht) nichts von ihrer Bedeutung als Ausgangspunkt historischer wie politikwissenschaftlicher Analyse und als Zielpunkt politischen Engagements verloren.

Während die Politikwissenschaft, an deutschen Universitäten erst nach 1945 etabliert, den Begriff der Demokratie relativ unbefangen adaptiert und zum Paradigma einer selbständigen Forschungsrichtung ausgestaltet hat, mit einer inzwischen beeindrucken-

1 Bois' große Studie über den deutschen Aufklärer Knigge, die unter den Literaturangaben des entsprechenden Artikels unseres Lexikons fehlt, sei hier ausdrücklich zur Lektüre empfohlen: Pierre-André Bois, Adolph Freiherr Knigge (1752–1796). De la ›nouvelle religion‹ aux Droits de l'Homme. L'itineraire politique d'un aristocrate allemand franc-maçon á la fin du dix-huitième siècle, Wiesbaden 1990.

2 In: Francia 26/2, 1999, S. 210–212 (Übersetzung des Zitats von mir).

3 Vgl. Manfred G. Schmidt, Demokratietheorien, Opladen ^{3}2000, S. 544f. (Tabelle: »Demokratietheorien im Vergleich«).

den Fülle an Publikationen, hat sich die historische Zunft schwerer getan, bedingt durch eine bis ins frühe 19. Jahrhundert zurückgehende eigene antidemokratische Tradition[4] sowie durch besondere aus der NS-Zeit überkommene Belastungen. Immer noch weit verbreitet ist die Vorstellung, daß Demokratie ein Produkt der Französischen Revolution und der Industriegesellschaft sei, der sogenannten »Moderne« (inzwischen abgelöst durch die »Postmoderne«), – die »Vormoderne« aber, auch »altständische« oder »alteuropäische« Gesellschaft genannt, Demokratie allenfalls als theoretische Möglichkeit und akademisches Problem in Betracht gezogen habe.[5] Vielversprechende Ansätze wie die von dem Münchner Rechtshistoriker Konrad Beyerle angeregte und geförderte Dissertation Robert von Kellers aus dem Jahre 1930 »Freiheitsgarantien für Person und Eigentum im Mittelalter. Eine Studie zur Vorgeschichte moderner Verfassungsgrundrechte«[6] gingen in den Strudeln der anhebenden NS-Barbarei unter. Immerhin setzten die von Günter Birtsch seit Ende der siebziger Jahre angeregten interdisziplinär angelegten Untersuchungen zu den »Grund-und Freiheitsrechten« diesen Weg fort und geben damit ein ermutigendes Zeichen.[7] Als hemmend erweisen sich indes immer noch moderne Definitionen, die fast obsessiv auf Unterschiede abheben und Gemeinsamkeiten unterbelichten.

Auf der Basis gegenwärtigen Demokratieverständnisses werden frühere an Gleichheit und Freiheit orientierte Bestrebungen entwertet. Natürlich sind an eine heutige Demokratie zum Teil größere Anforderungen zu richten (z.B. nach Verwirklichung der Gewaltentrennung mit ihrem Kernstück unabhängiger Rechtsprechung), doch wäre es politisch unklug (zudem unhistorisch) wollte man etwa das Grundgesetz für die Bundesrepublik Deutschland zum alleinigen Maßstab eines demokratischen Tugendkatalogs machen. Ein Urteil des britischen Philosophen und Volkswirtschaftlers John Stuart Mill (1806–1873) über die antike Demokratie, das sich (mit Einschränkungen) auf manche Stadtrepubliken des Mittelalters und der frühen Neuzeit übertragen ließe, mahnt uns, die Hände nicht in den Schoß zu legen.

»Trotz der Mängel im Gesellschaftssystem und in den sittlichen Normen der griechischen Antike war das intellektuelle Niveau des durchschnittlichen Athener Bürgers durch die [politische, M.A.] Praxis in Gericht und Volksversammlung dem in jedem anderen Gemeinwesen des Altertums wie der Neuzeit weit überlegen«.[8] Auch wenn die politischen Bedürfnisse und die Spielregeln der antiken Demokratie und späterer längst vergangener demokratischer Anläufe heute unerheblich sein mögen, so können wir doch aus dem Geist, aus dem die Wegbereiter moderner Demokratie handelten, (ohne biographische Brüche zu verschweigen oder zu beschönigen) lernen, zumal sich dabei immer wieder die Frage stellt, ob nicht angesichts der erwähnten Defizite unserer Demokratie, wie der US-amerikanische Althistoriker Moses I. Finley schon vor mehr als 30 Jahren vorgeschlagen hat, »neue Formen einer Teilnahme des Volkes an den politischen Geschäften erfunden werden müssen«,[9] vielleicht zunächst in kommunalem, kleinräumigem Rahmen und/oder konkret erlebten Zusammenhängen.[10]

4 Vgl. dazu bereits M. Asendorf, Aus der Aufklärung in die permanente Restauration. Geschichtswissenschaft in Deutschland. Hamburg 1974; ders., Geschichte und Parteilichkeit, Historisches Bewußtsein in Deutschland, Berlin 1984.

5 Vgl. dazu M. Asendorf, »Demokratie«, in: Ders. zus. mit J. Flemming, A. v. Müller und V. Ullrich, Geschichte – Lexikon der wissenschaftlichen Grundbegriffe, Reinbek bei Hamburg 1994, S. 133–137; ders., Der Fall Wygand oder: Von der Bürgerrechtsbewegung zur Demokratie. Ein Beitrag über Hamburger Verhältnisse des 17. Jahrhunderts, in: Tel Aviver Jahrbuch für deutsche Geschichte XVIII, 1989, S. 379–414, hier insbes. S. 379–383; ders., Wege zur Demokratie, 75 Jahre demokratisch gewählte Hamburgische Bürgerschaft, Hamburg 1994.

6 Erschienen Heidelberg 1933. Vgl. dazu Thomas Hense, Konrad Beyerle. Sein Wirken für Wissenschaft und Politik in Kaiserreich und Weimarer Republik, Frankfurt/M. 2002 (insbes. S. 124–130).

7 Vgl. u.a. Günter Birtsch (Hrsg.), Grund- und Freiheitsrechte von der ständischen zur spätbürgerlichen Gesellschaft, Göttingen 1987, hier insbes. den programmatischen Beitrag von Berthold Sutter, Der Schutz der Persönlichkeit in mittelalterlichen Rechen, Zur historischen Genese der modernen Grund- und Freiheitsrechte, S. 17–41.

8 Zitiert nach Moses I. Finley, Antike und moderne Demokratie, Stuttgart 1987, S. 36 (in der Übersetzung von Edgar Pack).

9 Ebenda, S. 41.

10 Als interessanten Beleg dafür, daß es sich hier nicht um bloßes Wunschdenken handelt vgl. INFO der Friedrich Ebert Stiftung,

Aus dieser Sicht könnte man zu der Überzeugung gelangen, daß, wie Finley meinte, Verfassungsgeschichte ein »bloßes Oberflächenphänomen« sei.[11] Das mag übertrieben sein. Aber bedenkenswert ist seine Beobachtung, daß viele und, wie wir glauben, die wichtigsten Aspekte demokratischer Praxis außerhalb der Sphäre schulbuchmäßiger ›Staatsbürgerkunde‹ liegen. Denn demokratische Prinzipien fallen nicht vom Himmel, vielmehr mußten und müssen sie erkämpft und verteidigt werden, nach Möglichkeit mit Hilfe wehrhafter Institutionen, aber durch Menschen.

Das vorliegende Lexikon will am Leitfaden von Lebensgeschichten »demokratische Wege« (auch Ab-, Irr- und Seitenwege) beleuchten, nicht aber, wie man nicht genug betonen kann, »Vorbilder« ein- oder aussortieren. Es geht also nicht in erster Linie darum, zu zeigen, wer ein deutscher Demokrat war, sondern darum, solchen Personen Aufmerksamkeit zu schenken, von denen zu vermuten ist, daß ihre engagierte Teilhabe am Gemeinwesen, so unterschiedlichen Überzeugungen sie auch verpflichtet waren, Bausteine liefern könnten für eine kritische Bestandsaufnahme demokratischer Entwürfe in Vergangenheit und Gegenwart. »Um nicht ins aktuelle Unterholz zu stolpern«, so drückte es Jost Nolte in seiner Rezension des Buches aus, zogen die Herausgeber 1945 »eine Art Schlußstrich«. Personen, die sich bereits vorher einen Namen gemacht hatten, wurden noch aufgenommen. Wer erst nach dem Zweiten Weltkrieg auf der Bildfläche erschien, blieb draußen.[12] Etliche dieser historischen Persönlichkeiten hätten sich wahrscheinlich verweigert, wenn sie um Erlaubnis gefragt worden wären, ob sie unter dem Dach eines Lexikons zur demokratischen Frage mit Menschen vereint werden dürften, mit denen sie zu Lebzeiten nichts gemein haben wollten. Gewiß kann man sich ein biographisches Lexikon zur demokratischen Frage vorstellen, das statt 420 etwa 3000 oder 4000 Porträts enthielte. Doch auch dann würden Lücken nicht zu vermeiden sein. Vollständigkeit konnte und sollte nicht erreicht werden, zumal ein so umfangreiches Projekt eine ganz andere Forschungslage vorausgesetzt hätte.

Auch die am Lexikon beteiligten Autoren dürften es nicht leicht gehabt haben, ist es doch verständlich, wenn Biographen dazu tendieren, sich mit den von ihnen beschriebenen Figuren zu identifizieren und deren Abneigungen zu verinnerlichen.[13] Um so erfreulicher ist es, daß die meisten Wissenschaftler, die um ihre Mitarbeit gebeten wurden, dazu auch bereit waren. »Man spürt in den Beiträgen«, so stellte Joist Grolle in einer Besprechung anerkennend fest, »jüngste, das Lagerdenken auflösende Gegenwartserfahrung«[14].

»Nam tua res agitur, paries cum proximus ardet« – »Brennet des Nachbars Wand, so bist Du selber gefordert« heißt es bei Horaz. Es wäre zu wünschen, daß das vorliegende Lexikon dazu verhülfe, das

Heft 3, 2005 mit dem Schwerpunktthema »Mehr Demokratie wagen«.

11 Finley (Anm. 8), S. 27, auch für das Folgende.

12 Jost Nolte in der WELT vom10. Mai 1997.

13 Vgl. Walter Grabs nachträgliche öffentliche Distanzierung von der Konzeption des Lexikons in: Zeitschrift für Germanistik VIII, 2/1998, S. 484f. Meine Erwiderung sowie der Abdruck eines Briefes von Jan Philipp Reemtsma an Grab ebenda, Heft IX, 1/1999, S. 262ff.

14 Joist Grolle in der Zeitschrift des Vereins für Hamburgische Geschichte, Bd. 83/2, 1997, S. 286. Ähnlich positiv begrüßt wurde das Buch von zahlreichen Rezensenten insbesondere aus Journalistik, Literatur – und Politikwissenschaft, während sich die Historikerzunft in Schweigen hüllte (mit Ausnahme Wolfgang Schieders). Vgl. u.a. Manfred Jehle in: Internationale Wissenschaftliche Korrespondenz zur Geschichte der deutschen Arbeiterbewegung, Nr. 4, 1997, S. 543f.; Ludger Heid in: Das Historisch-Politische Buch, 46. Jg., Heft 3; »Lebendige Demokratie« in: Tagesspiegel vom 10. 3. 1997; Frauke Hamann, »Die Geburtshelfer einer neuen Staatsform«, in: Das Parlament vom 11. Juli 1997; Jost Nolte, »Über die Abgründe zu den Demokraten«, in: DIE WELT, 10. Mai 1997; Benedikt Erenz, »Nie gehört«, in: DIE ZEIT vom 18. April 1997; Archiv für die Geschichte des Widerstandes und der Arbeit, Nr. 15. Aktuelle und annotierte Bibliographie zur Politikwissenschaft, Heft 2/1997; Manfred Jochum im Österreichischen Rundfunk am 2. 5. 1997; Angela Gutzeit, »Demokratie im Spannungsfeld der Geschichte. Ein Gespräch mit Manfred Asendorf«, Deutschlandfunk, 3. Juli 1997; Süddeutscher Rundfunk, Redaktion »Bücherbar«, 31. 8. 1997; U.E. in: Romerike Berge, Heft 1, 1999; Georg Mölich: »Demokraten zum Nachschlagen«, in: neues rheinland, August 1997; Markus Bauer (Jassy), in: Zum Thema Mitteleuropa: Sprache und Literatur im Kontext, hrsg. von Markus Bauer (Contributii Iesene de Germanistica VIII), Konstanz 2000, S. 361ff. Vgl. dagegen Wolfgang Schieders Besprechung in der FAZ vom 25. 3. 1997, die, wie schon die Überschrift »Zwiespältige Ehrenliste. Wer war ein deutscher Demokrat?« zeigt, mit Unterstellungen operierte.

Wissen um die Möglichkeiten, aber auch um die Gefährdungen demokratischer Existenz zu verbreitern und zu vertiefen. Wer mehr Demokratie wagen will – das wollen wir im Ergebnis festhalten – muß sich »auf den schwierigen Grat zwischen Freiheit und Gleichheit«[15] begeben, am besten ohne autoritative Handreichungen. In einer Rede anläßlich der Entgegennahme des Lessing-Preises der Freien und Hansestadt Hamburg am 28. September 1959 zitierte Hannah Arendt ein Wort des großen Aufklärers, das darauf aufmerksam macht, daß zum Denken nicht nur Intelligenz gehört, sondern auch Mut, und das die Fetischisierung »zwingenden« Argumentierens, die Festlegung auf widerspruchsfreie Identität als gefährlich für die Freiheit des Denkens selbst enthüllt:

»Ich bin ... nicht verpflichtet, all die Schwierigkeiten aufzulösen, die ich mache. Meine Gedanken mögen sich weniger zu verbinden, ja wohl gar sich zu widersprechen scheinen: wenn es denn nur Gedanken sind, bei welchen (die Leser) Stoff finden, selbst zu denken.«[16]

Manfred Asendorf, im Dezember 2005

15 Grolle (wie Anm. 14).

16 Zit. nach Hannah Arendt, Menschen in finsteren Zeiten, München/Zürich 1989, S. 22f.

Vorwort

Eine Volksversammlung, die durch Abstimmung die Regierung nötigt, einer Gruppe junger Ausländerinnen Asyl zu gewähren, obwohl damit die Gefahr außenpolitischer Verwicklungen heraufbeschworen wird – dieses Szenario entstammt nicht einer Chronik unserer Zeit, es bildet den Kern der ältesten bekannten literarischen Auseinandersetzung mit der Demokratie, der Tragödie des Aischylos *Die Schutzflehenden*, aufgeführt in Athen wahrscheinlich im Jahre 463 v. Chr.. Das Wort »Demokratie« ist zuerst bei Herodot Mitte des 5. Jahrhunderts v. Chr. bezeugt und heißt »Volksherrschaft«. Was freilich unter »Volk« (δῆμος) zu verstehen ist und was unter »Herrschaft« (κρατία), darüber gingen und gehen die Meinungen auseinander.

»Demos« bedeutet ursprünglich »alle« oder »viele«: gemeint waren relativ wenige: diejenigen, die als politisch berechtigte Staatsbürger in der Mehrheit waren, jedoch der Masse der Bevölkerung, den Sklaven (rechtlich als Sache behandelt), Frauen und Fremden gegenüber, eine kleine Minderheit darstellten. Wo Alexis de Tocqueville in seinem berühmten Buch *Über die Demokratie in Amerika* (1835/1840) vom »allgemeinen Wahlrecht« spricht, muß sich der Leser vergegenwärtigen, daß hier von nur 5 Prozent der Bevölkerung in den Vereinigten Staaten die Rede ist: Im Amerika des Tocqueville-Buches waren die Indianer, die Farbigen, die Frauen und ein großer Teil der Weißen vom Wahlrecht ausgeschlossen. Was die Frauen angeht, so hat es auch in Westeuropa bis ins 20. Jahrhundert gedauert, bis sie das Wahlrecht erlangten. Selbst neuere revolutionsgeschichtliche Darstellungen erwecken den Eindruck, es verstehe sich von selbst, daß die später so genannten »revolutionären Demokraten«, etwa 1793, zur Zeit der Französischen Revolution, oder in Deutschland 1848/49, in der Regel vom Frauenwahlrecht nichts hielten – von weitergehender politischer Partizipation zu geschweigen. Insofern ist der »mainstream« der Demokratiegeschichte auf weite Strecken ein »male stream« (Mary O'Brien).

»Kratia« bedeutet Macht, Gewalt, Herrschaft: Herrschaft ist nach Max Weber in dem allgemeinsten Sinne »Machtausübung, also die Möglichkeit, den eigenen Willen dem Verhalten anderer aufzuzwingen«. Die Durchsetzung des allgemeinen und gleichen Wahlrechts vorausgesetzt, müssen wir uns gleichwohl fragen, wie sich Demokratie konkret verwirklicht, zumal doch offenkundig ist, daß nicht alle gleichzeitig und in gleicher Weise herrschen können. Weitere Fragen stellen sich, wenn man der Auffassung folgt, daß Demokratie den Umfang der Befehlsgewalt minimiert oder wenigstens minimieren sollte – möglichst gegen Null. Und noch komplizierter wird es, wenn wir Demokratie als ein Prinzip begreifen, eine dynamische Kraft, die tendenziell, wenn auch keineswegs providentiell, wie Tocqueville glaubte, alle Bereiche der Gesellschaft durchdringt. Demokratie ist freilich nicht einfach, um ein beliebtes soziologisches Wort zu benutzen, ein »Projekt«. Eher ist sie eine Lebensform, fragil und gefährdet. Und, wie Heinrich von Treitschke, ein Zeitgenosse des 19. Jahrhunderts und Gegner der Demokratie, richtig erkannt hat, eine »Contradictio in adjecto«.

Schon die Staatslehrer der griechischen Antike wußten, um was es sich handelt. Seit Aristoteles (4. Jahrhundert v. Chr.) sind grundlegende Erkenntnisse benannt, die bis heute zum eisernen Bestand aller Demokratietheorien gehören: Wesentliche Merkmale der Demokratie sind Freiheit und Gleichheit. Freiheit und Gleichheit sind nicht identisch, aber auch nicht unaufhebbare Gegensätze. Der Gedanke der Freiheit verlangt, daß »das Regieren und Regiertwerden reihum geht« und zugleich, daß »jeder Staatsbürger mit dem anderen gleiches Recht haben soll«. Das demokratische Recht ist die Gleichheit nach der Zahl. Wo dies für Recht gilt, beschließt die Mehrzahl. »Daraus folgt aber, daß in den Demokratien die Armen größere Gewalt besitzen als die Reichen, denn sie bilden die Mehrzahl«. Und an anderer Stelle heißt es bei Aristoteles mit pessimistischem Unterton: »Denn immer sind es die Schwächeren, die nach Recht und Gleichheit suchen, die Stärkeren aber kümmern sich nicht darum«. Eine weitere Grundbestimmung der Demokratie ist daher, »leben zu können, wie man will«, oder, wie wir heute sagen würden, selbstbestimmt.

Viele Zeitgenossen des 19. und 20. Jahrhunderts, darunter bedeutende Gelehrte unterschiedlichster Herkunft, stellten und stellen sich die Sache so vor, als ob mit der Französischen Revolution von 1789 der Vorhang aufging – und auf der Bühne erscheint »die moderne Demokratie«. Demgegenüber hat der Althistoriker (und Marxist) Arthur Rosenberg (1889–1943) gezeigt, in welch hohem Maß sich die Republikaner des 18. Jahrhunderts, vor allem in Frankreich und in Nordamerika, im Denken und Handeln dem Erbe der Antike verpflichtet fühlten. Wenn der antike Name der Demokratie in der Neuzeit seine Auferstehung habe feiern können, so sei das letztlich auf die »objektive Übereinstimmung der gesellschaftlichen Tatsachen« zurückzuführen, welche die Ähnlichkeit zwischen den modernen revolutionären Bewegungen und denen der Antike schuf. Noch weiter ging der liberale Aristokrat Tocqueville, indem er das demokratische Prinzip aus dem begrenzten revolutionsgeschichtlichen Zusammenhang löste und als »allmähliche Entwicklung zur Gleichheit der Bedingungen« (»égalité des conditions«) beschrieb, die seit vielen Jahrhunderten über alle Hindernisse hinweg voranschreite.

Mit dieser Feststellung verband Tocqueville – zu einer Zeit, als Monarchisten, Adlige und große Teile des Bürgertums Demokratie auf Anarchie zu reimen pflegten – die Prognose, daß einmal etablierte Demokratien einen konservativen Charakter annähmen.

Damit dürfte zusammenhängen, daß in unserer Zeit, am Ende des 20. Jahrhunderts, mancher Beobachter die Debatte um die Wertsetzungen von 1789 bereits für verbraucht und für beendet erklärte. Der Zusammenbruch des »realexistierenden«, von kommunistischen Regimen verwalteten Sozialismus, zufällig in das Bicentenaire, das 200. Geburtsjahr der Französischen Revolution fallend, hat allenthalben die »demokratische Frage« wiederbelebt. Auch die akademische Intelligenz, jahrzehntelang eher desinteressiert, ist neugierig geworden. Unverstellt durch systembedingte legitimatorische Zwecke und Absichten an der Frontlinie zwischen »links« und »rechts«, »fortschrittlich« und »reaktionär« ist jetzt die innere, allen ideologischen Selbstbestätigungen (häufig anmutend wie das Pfeifen im dunklen Walde) vorgängige, gesellschaftliche Sprengkraft der Demokratieproblematik (wieder) sichtbar. Gescheitert sind Versuche, die spätestens seit den westeuropäischen Revolutionen von 1848 immer größer gewordene Kluft zwischen Arbeiterbewegungssozialismus und bürgerlich-liberalem Verfassungsstaat mit nominalistischer Kampfrethorik auszufüllen oder zu verdecken. Dies gilt, wenn auch in unterschiedlicher Weise und Bewertung für die Identifikation von politbürokratischer Diktatur mit »demokratischem Zentralismus« wie für die dem entgegengesetzte Formel vom »demokratischen Sozialismus« und für die Beschwörung von »freiheitlich-demokratischer Grundordnung« zur Kennzeichnung einer rechtsstaatlich und staatsrechtlich definierten Bürgerbeteiligung, die durch Verfahren und Institutionen kanalisiert ist.

Die in dem Begriff Demokratie sprachlich und politisch eingebundene Spannung zwischen Gleichheit und Freiheit sowie die beide verklammernde Solidarität (»Brüderlichkeit«) ist aufgebrochen. Die Frontlinie, so zeigt sich, verläuft nicht nur zwischen »Demokraten« und Gegnern der Demokratie, sondern ist der demokratischen Wirklichkeit selbst zu eigen. Und sie ist es, seit es demokratische Bewegungen in der Geschichte gibt. Die demokratische Frage sah und sieht sich daher mit einer doppelten Schwierigkeit konfrontiert: mit dem Umstand, daß, nach aller geschichtlichen Erfahrung, die Entwicklung zur Gleichheit der Bedingungen, d.h. zugleich zu immer mehr Planung, Bürokratie und Reglementierung, die Autonomie des Einzelnen einebnet, während doch umgekehrt ohne ein erhebliches Maß an Gleichheit Freiheit im Sinne von Selbstbestimmung nicht möglich ist. Die Paradoxie wird schon im Wortgebrauch deutlich: Denn wann und wo wäre dieses Maß erreicht, wenn gesellschaftliche Gleichheit als Endzustand gedacht wird? Und wo Freiheit, wenn Freiheit, ebenfalls seinem radikalen Sinn entsprechend, den Gegensatz dazu bedeutet?

Von Demokratie und Demokratietheorie war die Rede. Indes: »Es sind nicht die Artikel einer Konstitution, die eine Demokratie ausmachen«, meinte der 1988 gestorbene französische Liberalismus- und Demokratieforscher Georges Burdeau. Und er fügte hinzu: »Es gibt nicht die Demokratie an sich, es gibt nur Demokraten«. Daß Demokratien oder demokratische Verhältnisse Menschen mit demokratischer Gesinnung erfordern (freilich auch hervorbringen), ist bekannt. Kaum ein bedeutender politischer Denker, der das nicht betont hätte, freilich in der Regel, um sich dann desto unbefangener generalisierenden politischen Ideen, theoretischen Systemen und determinierenden anonymen Kräften zuzuwenden. Ein Sammelsurium von Vorurteilen über den »Demokraten« schleppte sich auf diese Weise durch die Jahrhunderte, deren Ausgangspunkt in dem herben Verdikt Platons (5./4. Jahrhundert v. Chr.) liegt: »Es ist keine Ordnung und keine Notwendigkeit in seinem Leben«. Demokraten als unsichere Kantonisten, Demagogen, Feinde der Ordnung, intellektuell, charakterlich und politisch »Mittelmaß« verkörpernd. Andererseits wurde mit Rousseau (1712–1778) die Meßlatte so hoch gelegt, daß sie von niemandem übersprungen werden kann: »Wenn es ein Volk von Göttern gäbe, würde es sich demokratisch regieren«. Und: »Eine so vollkommene Regierung paßt für Menschen nicht«.

Das vorliegende Werk handelt von Menschen, von denkenden und fühlenden, von handelnden und leidenden, gewiß auch von irrenden Menschen, auch von Menschen, die selbst Schuld auf sich luden. Wer wie der deutsche Jakobiner Eulogius Schneider Anno 1793 mit einer fahrbaren Guillotine durch die Lande zieht und von Amts wegen Todesurteile verhängt, mag ein glühender Freund der Gleichheit sein – er übersieht nur, daß der gewaltsam zugefügte Tod neben der Folter und der Knechtschaft die extremste Demonstration und Form der Ungleichheit darstellt.

Dieses Werk ist ein biographisches Lexikon zur deutschen Demokratiegeschichte. Die Herausgeber haben sich bei der Konzeption von folgenden Grundüberlegungen leiten lassen:

Erstens: Da der Begriff der Demokratie – wie unter prinzipiellen Gesichtspunkten einleitend bereits erörtert – weder vor noch während seiner politischen Institutionalisierung und sozialen Ausgestaltung – identisch mit seiner realen Geschichte war und ist, ist es möglich, aber auch nötig, einen vergleichsweise langen Zeitraum ins Auge zu fassen: vom Beginn des 16. Jahrhunderts bis 1945 (stellenweise noch darüber hinaus). Die österreichische Geschichte ist bis zum preußisch-österreichischen Krieg 1866 bzw. bis zur Gründung des Norddeutschen Bundes (ein Jahr später als Vorstufe zum Deutschen Reich) mitberücksichtigt. Reformation und Bauernkrieg zum Ausgangspunkt zu wählen, bedarf kaum der Erläuterung, werden diese Ereignisse doch in der Geschichtswissenschaft dem Beginn der »Neuzeit« oder der »Moderne« zugerechnet, als mit der beschleunigten Ausbreitung der Textreproduktion mit beweglichen Lettern, des Buchdrucks, ein wichtiges Moment demokratischen Handelns geschaffen wurde. Daß Reformation und Bauernkrieg im übrigen auch heute noch politische Energien freizusetzen vermögen, zeigt eine Meldung, die im September 1996 durch die Presse ging. Danach hat der Leipziger Kirchenhistoriker Kurt Nowak auf einem europäischen Theologenkongreß vor dem Hintergrund jüngster deutscher Geschichte »Demokratieblockaden« bei Ost- wie Westdeutschen, insbesondere bei evangelischen Christen, beklagt und gefordert, »das Erbe der Reformation unter dem Demokratiegesichtspunkt neu zu erschließen«.

Zweitens: Wenn richtig ist, was Goethe in *Wilhelm Meisters Lehrjahre* sagt, daß der Geist, aus dem wir handeln, das Höchste ist und durch Worte allein nicht deutlich wird, dann ist der Versuch, durch Lebensläufe die demokratische Frage zu beleuchten, besonders gut geeignet. Denn hier verschränken sich Worte und Taten im Medium der Mentaliät, treffen sich soziale Figurationen mit individuellen Bedürfnissen.

Das Lexikon ist kein »Museum der Demokraten«. Die Herausgeber schreiben kein Demokratie-Muster vor, sie wollen insofern weder eigene Überzeugungen bestätigt finden noch »pädagogisch« überzeugen. Sie haben Biographien gesammelt, um im Spannungsfeld von Gleichheit und Freiheit die Verwerfungen und Brüche festzumachen, die zu Aufstieg und Fall, zu Konkretion und Perversion des demokratischen Gedanken, zu den wiederholten Take-Offs der Demokratie und zu ihren Bruchlandungen oder gar Katastrophen geführt haben.

Das Buch enthält 420 Biographien, rund 200 namhafte Historiker, Politik- und Literaturwissenschaftler haben als Autoren mitgewirkt, darunter auch Forscher und Forscherinnen aus Frankreich, Österreich, der Schweiz, aus den USA, Israel und Rußland. Die Biographien sind alphabetisch geordnet, der Leser kann sich aber auch in einer chronologischen Übersicht einen ersten Eindruck über die Auswahl verschaffen. Über die Auswahl kann man streiten, und jeder, der ein Lexikon macht, weiß auch, daß nicht alle Blütenträume reifen. Die Herausgeberin der auf 56 Bände und 26300 Artikel angewachsenen »Allgemeinen Deutschen Biographie«, die Bayerische Akademie der Wissenschaften, ließ in der Vorrede zum letzten, 1912 erschienenen Band, lakonisch verlauten: »Von den 1850 Verfassern der einzelnen Lebensbeschreibungen ist nun, im Laufe von fast vierzig Jahren, weitaus die Mehrzahl bereits selbst dahingeschieden«. Soweit konnten und wollten es die Herausgeber des vorliegenden Lexikons »Demokratische Wege« nicht kommen lassen.

Die Herausgeber danken allen Personen und Institutionen, die zum Gelingen der Publikation beigetragen haben. In erster Linie danken sie Jan Philipp Reemtsma, der das Unternehmen ermöglichte, an den konzeptionellen Gesprächen beteiligt war und den Fortgang begleitete.

Manfred Asendorf
Rolf von Bockel

Abendroth, Wolfgang

Geb. 2. 5. 1906 in Elberfeld; gest. 15. 9. 1985 in Frankfurt/Main

A. repräsentierte das, was die politischen Kämpfe des zwanzigsten Jahrhunderts aus der so hoffnungsvollen Kombination von Demokratie und Sozialismus gemacht haben. Er ist die Verkörperung dessen, was wir unter einem sozialistischen Demokraten, einem demokratischen Sozialisten verstehen können. Jurist von Ausbildung, Politologe als Ordinarius, Historiker in seinen Schriften, Marxist als Wissenschaftler und Lehrer – eine singuläre Erscheinung unter den Mandarinen der Nachkriegs-Wissenschaft. Sein politischer Einsatz, sein kämpferisches Leben in der Arbeiterbewegung machten ihn zu einem Außenseiter in den Fakultäten, aber isolierten den Intellektuellen auch in den Parteien und Organisationen der Arbeiterbewegung. Was ihm dort an Einfluß und Einsatz verwehrt oder wieder entzogen wurde, erreichte er jedoch bei der jüngeren Generation der Studenten und Wissenschaftler an Resonanz und produktiver Aufnahme: Seit den siebziger Jahren spricht man von der Abendroth- oder der Marburger Schule.

Mit 14 Jahren trat der Sohn einer sozialdemokratischen Lehrerfamilie in den Jugendverband der Kommunistischen Partei (KPD) ein. Die Verschärfung der Klassengegensätze durch die galoppierende Inflation, die riesigen Demonstrationen aller Arbeiterparteien nach der Ermordung Matthias Erzbergers 1921 und Walther Rathenaus ein Jahr später, der frühe Kontakt des »Literaturobmanns« im »Kommunistischen Jugendverband« mit marxistischer Literatur und ihren zeitgenössischen Autoritäten, waren Erfahrungen, die seine politische und wissenschaftliche Identität für die Zukunft prägten: Arbeiterbewegung, Einheitsfront, Marxismus. A. blieb auf der revolutionären Seite der Opposition und machte alle Widersprüche in ihr durch, zusätzlich zum Kampf gegen den Faschismus, der Kritik am Stalinismus, der Flucht aus der Sowjetischen Besatzungszone (SBZ) und der Opposition in der Bundesrepublik Deutschland.

1928 wurde er mit seinen Lehrern Heinrich Brandler und August Thalheimer aus der KPD ausgeschlossen. In der KPD-Opposition (KPO) und später in der Gruppe »Neu-Beginnen« – Organisationsgruppen der zersplitterten Arbeiterbewegung – nahm er den illegalen Widerstand gegen die nationalsozialistische Diktatur auf und grenzte sich gleichzeitig von der gegen die SPD gerichteten Sozialfaschismustheorie und der RGO-Politik (Revolutionäre Gewerkschafts-Opposition) der KPD ab sowie von dem Anpassungs- und Tolerierungskurs der SPD. Dabei orientierte er sich an der Faschismus-Analyse August Thalheimers, die ein realistischeres Bild von der Rolle des Staatsapparates im Kapitalismus gab als die in der KPD (und später in der SED) verbindliche Dimitroff-These von 1935, die den NS-Staat als offene, terroristische Diktatur der reaktionärsten Kräfte des Finanzkapitals charakterisierte. Auch nährte die Dimitroff-These die Illusion vom baldigen Zusammenbruch des Faschismus. Der Preis für die klarere strategische Perspektive der KPD-Opposition war A. bewußt: »Die KPO ist, eben weil sie sich an der Faschismus-Theorie Thalheimers orientieren kann, die einzige Gruppe, die im Augenblick eine sinnvolle politische Praxis zu bieten vermag. Aber sie ist isoliert von den Arbeitermassen und kann deshalb keinen praktischen Einfluß gewinnen.«

Die illegale Arbeit blieb nicht verborgen. 1937 wurde A. wegen Hochverrats vor Gericht gestellt, in den Kellern der Gestapo gefoltert, zu vier Jahren Zuchthaus verurteilt und anschließend in das aus politisch Vorbestraften und kriminellen Zuchthäuslern bestehende »Strafbataillon 999« eingezogen. Er konnte sich auf der Insel Lemnos 1944 zu griechischen Partisanen durchschlagen und in ihren Reihen den Kampf gegen den alten Feind wieder aufnehmen, bis er Ende des Krieges von den Engländern als Kriegsgefangener interniert wurde.

Die Niederlage der Arbeiterbewegung und die anschließenden Erfahrungen in der NS-Diktatur trugen entscheidend dazu bei, daß die theoretische Erkenntnis von der Einheitsfront und Aktionseinheit der Klassenkräfte sich für A. zum kategorischen Imperativ jeder demokratischen Bewegung erweiterte und zum Angelpunkt seines Verständnisses von politischer Praxis überhaupt wurde. In den Verhältnissen der unmittelbaren Nachkriegszeit und angesichts des Kalten Krieges hielt er an dieser programmatischen Überzeugung fest.

Noch bevor er im Dezember 1946, aus englischer Kriegsgefangenschaft kommend, mit seiner Frau, der Historikerin Lisa Abendroth, nach Potsdam zu seinen Eltern zog, war er in die SPD eingetreten. Während seines zweijährigen Aufenthaltes in der Sowjetischen Besatzungszone widerstand er allen Angeboten, in die SED einzutreten. Auch dieser erneute Konflikt, ja Zwiespalt in seiner Biographie war zwangsläufig und bereits früh angelegt. Er erwuchs aus seiner politischen Identität als unabhängiger Marxist, der sich schon in einer seiner ersten Veröffentlichungen kritisch mit Lenin auseinandergesetzt hatte (*Religion und Sozialismus*, 1926) und den Terror Stalins verabscheute.

Folgerichtig war die Ablehnung der Zwangsvereinigung von KPD und SPD zur SED vom April 1946 wegen ihres demokratischen Defizits und ebenso die Flucht der Familie genau zwei

Jahre später. Zunächst, um einer drohenden Verhaftung zu entgehen, sodann aber, um die intellektuelle Unabhängigkeit zu bewahren, weswegen A. ein »lukratives« Angebot Hilde Benjamins, damals Leiterin der Personalabteilung in der »Deutschen Zentralverwaltung für Justiz«, zur Rückkehr ablehnte. An die Ministerin für Volksbildung des Landes Thüringen – mit Durchschlag an H. Benjamin – schrieb er unmittelbar nach seiner Flucht ein Gesuch um Entlassung aus seiner Professur in Jena, die er ein Semester zuvor angetreten hatte: »Um Mißverständnisse zu vermeiden, möchte ich ausdrücklich betonen, daß dies Schreiben keine Ablehnung der Grundgedanken der Oktoberrevolution und des Sozialismus enthält, für die ich stets eingetreten bin und weiter ebenso entschieden eintreten werde, wie ich es in der illegalen Arbeit während des Dritten Reiches, im Zuchthaus und im Strafbataillon und als Mitkämpfer der griechischen Partisanen getan habe und daß es mir fernliegt, mich mit der Rechtsauffassung oder Politik irgendeiner Besatzungsmacht zu identifizieren.« Das galt auch für die sowjetische Besatzungsmacht, deren Einmarsch in die CSSR 1968 er öffentlich kritisierte, aber auch für die DDR, bei deren Führung er wiederholt intervenierte.

A. hatte, nach einer kurzen Professur an der neuen Hochschule in Wilhelmshaven, seit 1951 den Lehrstuhl für politische Wissenschaften in Marburg inne – eine juristische Professur wollte man dem Staatsrechtslehrer der Universität Jena trotz seiner Flucht nicht überantworten. Das hinderte ihn nicht – wenn auch nur für kurze Zeit – Richter am Staatsgerichtshof in Bremen und am Verfassungsgerichtshof in Hessen zu werden und in der ebenso elitären wie konservativen »Staatsrechtslehrertagung« mitzudiskutieren – wo man ihm wegen seiner Ansichten schon bald das Wort entzog.

In seinen verfassungsrechtlichen Schriften dieser frühen Periode (*Das Grundgesetz*, 1966) bemühte er sich, die Offenheit des Grundgesetzes gegenüber der Wirtschafts- und Gesellschaftsordnung – also auch einer sozialistischen – aus dem historischen Kontext seiner Entstehung und vor dem Hintergrund der früher entstandenen Länderverfassungen herauszuarbeiten. Skandalon für das Monopol der ordinierten Verfassungsinterpreten war die Herauslösung des Rechtsstaatsprinzips aus formalistischer Justizisolierung und seine »Materialisierung« durch die untrennbare Verbindung mit dem Sozialstaats- und Demokratieprinzip. Wo die herrschende Verfassungslehre lange Zeit einen Widerspruch zwischen Rechts- und Sozialstaatsprinzip postulierte, gab A. ihnen erst in ihrer wechselseitigen Verklammerung den zeitgemäßen, das heißt vom Grundgesetz gewollten juristischen Inhalt – heute eine Selbstverständlichkeit. Doch A. ging damals weiter. Er trieb das Postulat der Demokratisierung über die politischen Institutionen hinaus in alle wirtschaftlichen, sozialen und kulturellen Bereiche der Gesellschaft hinein, um der Wirtschafts- und Sozialordnung einen konkret demokratischen Inhalt nach dem Willen und den Bedürfnissen der ganzen Gesellschaft zu verleihen. Eine derart verstandene Verfassungstrias von Rechtsstaat, Sozialstaat und Demokratie machte nicht vor der überkommenen Eigentumsordnung halt und stärkte die Rechte der Arbeitnehmer und ihrer Organisationen, auch das in Übereinstimmung mit dem Grundgesetz: »Die lebendige und demokratisch organisierte Selbstverwaltung seiner (des parlamentarisch organisierten Staates) Gebietskörperschaften, seiner Anstalten und Körperschaften des öffentlichen Rechts, die Heranziehung der vielfältigen demokratischen Massenorganisationen (...) sind die Kampffelder, auf denen entschieden wird, ob ein parlamentarischer Staat seinen demokratischen Integrationswert bewahrt oder am Ende auch seine parlamentarischen Formen und lediglich formellen demokratischen Spielregeln abstreift. Mit umfassendem Plan, im vollen Bewußtsein des ganzen Problems, können in dieser Auseinandersetzung nur die Sozialisten auftreten. Denn allein sie gehen von einem Denken aus, das die Einheit aller gesellschaftlichen Prozesse mit der Zielsetzung umfaßt, in ihnen die gleichberechtigte Teilhabe aller, die Demokratie, zum Durchbruch zu bringen. Sozialismus ist nichts anderes als die allseitige Verwirklichung dieses Gedankens der Demokratie, der aus einem System politischer Spielregeln zum inhaltlichen Prinzip der gesamten Gesellschaft, zur sozialen Demokratie erweitert wird.«

A. übernahm verschiedene Gutachten für die Gewerkschaften. Doch auch diese Zusammenarbeit endete, als er sich 1957 in einem spektakulären Landesverratsprozeß vor den im Deutschen Gewerkschaftsbund bereits geächteten ehemaligen Leiter des Wirtschaftswissenschaftlichen Instituts (WWI), Viktor Agartz, stellte und entscheidend zu dessen Freispruch beitrug. Die Verbindung mit der SPD zerbrach ebenfalls. 1959 hatte A. noch einen auf marxistischer Analyse beruhenden Gegenentwurf gegen das Godesberger Programm zum Parteitag gebracht. 1961 wurde er aus der Partei ausgeschlossen, weil er mit anderen Sozialisten einen Förderverein für den aus der SPD ausgeschlossenen »Sozialistischen Deutschen Studentenbund« (SDS) gegründet hatte.

Der Studentenbewegung in den späten 60er Jahren stand A. kritisch-solidarisch zur Seite. Nach ihrem Ende und dem Beginn der sozialliberalen Koalition (seit 1969) warb A. für ein breites Bündnis zwischen der intellektuellen Linken und der Gewerkschaftsbewegung. Zuletzt engagierte er sich vor allem in der Auseinandersetzung um die Folgen des sogenannten »Radikalen-Erlasses« von 1972 und in der Friedensbewegung.

Richard Löwenthal, ein zeitweiliger Weggefährte A.s, bemerkte in einem Nachruf: »Das Schwächste an ihm, ich kann es nicht ändern, war bei allem Einsatz sein Sinn für die politische Realität und demgemäß letzten Endes seine politische Wirkung.« Dem ist entgegenzuhalten, daß A. in seinen bedeutenden Schriften zur *Sozialgeschichte der europäischen Arbeiterbewegung* (1965) und über *Aufstieg und Krise der deutschen Sozialdemokratie* (1964) einen scharfen Sinn für die politische Realität bekundet. Da er den Widerspruch zwischen Wahrheit, so wie er sie verstand, und Politik nicht auflösen konnte, wählte er die Wahrheit, was ihm nicht nur den Ruf größter Integrität, sondern auch unbestrittener wissenschaftlicher Kompetenz und Leistung einbrachte.

Abendroth, W.: Ein Leben in der Arbeiterbewegung. Gespräche, aufgezeichnet und hg. von B. Dietrich und J. Perels. 3. Aufl. Baden-Baden 1981. - Sterzel, D.: Wolfgang Abendroth (1906-1985). Revolutionär und Verfassungsjurist der Arbeiterbewegung; in: Kritische Justiz (Hg.): Streitbare Juristen. Eine andere Tradition. Baden-Baden 1988, S. 476-486.

Norman Paech

Adenauer, Konrad

Geb. 5. 1. 1876 in Köln; gest. 19. 4. 1967 in Rhöndorf

»Die große Aufgabe bei dem Wiederaufbau Deutschlands war es, die demokratischen Kräfte in unserem Volk zu wekken, zu stärken und wachsen zu lassen. Das politische Verantwortungsgefühl eines jeden Menschen war Voraussetzung für ein politisch gesundes Deutschland. Die Demokratie erschöpft sich nicht in der parlamentarischen Regierungsform, sie muß vor allen Dingen in dem Bewußtsein der einzelnen Menschen verankert sein. Wie die parlamentarische Regierungsform sogar zur Herbeiführung der Diktatur mißbraucht werden kann, wenn die Menschen nicht wirklich demokratisch denken und fühlen, das haben uns die ersten Monate nach dem Januar 1933 gezeigt. Demokratie ist mehr als eine parlamentarische Regierungsform, sie ist eine Weltanschauung, die wurzelt in der Auffassung von der Würde, dem Werte und den unveräußerlichen Rechten eines jeden einzelnen Menschen.«

Diese Sätze finden sich im ersten Band der Lebenserinnerungen, die der 88jährige A. 1964 zu schreiben begann. Die Demokratisierung der deutschen Gesellschaft und Politik nach 1945 erscheint darin vor dem Hintergrund des Scheiterns der Weimarer Republik. Der Sieg des Nationalsozialismus war für A. das Ergebnis einer Fehlentwicklung der Moderne, die er durch die »materialistische Weltanschauung« der Massengesellschaft und durch die »Staatsvergötzung« geprägt sah. Dem setzte er die aus christlichem Naturrecht entspringende »Würde, Freiheit und Selbständigkeit« der Person entgegen, die ihrerseits in gesellschaftlicher Verantwortung zu handeln verpflichtet sein sollte. Solche an »abendländisches Denken« appellierende Leitsätze brachten A. in Konflikt sowohl mit Marxismus und Sozialismus als auch mit dem Nationalsozialismus. Auf einer anderen Ebene liegt die Abgrenzung gegenüber Preußen. Aus dem katholischen Bürgertum des Rheinlands stammend, lehnte er die Hegemonie Preußens in Deutschland ab, was in der Zeit nach dem Ersten Weltkrieg wiederholt zu A.s Befürwortung einer Rheinprovinz als selbständigem Land im Reichsverband führte und nach 1945 zur Politik der dezidierten Westbindung des westdeutschen Teilstaats.

A.s politische Karriere begann nach dem Jura-Studium in der Kommunalpolitik. Von 1917 bis 1933 war er Oberbürgermeister von Köln. In seiner Partei, dem Zentrum, stand er auf dem rechten Flügel. Er machte nicht nur den Rechtstrend des Zentrums seit 1929/30 mit, sondern unterstützte auch das offen antiparlamentarische Präsidialregime von Reichskanzler v. Papen. Gewisse Sympathien A.s für den italienischen Faschismus auf der einen Seite und die Ablehnung der Nationalsozialisten auf der anderen Seite kennzeichnen A.s Lagebeurteilung während der ausgehenden Weimarer Republik. In der Erwartung, die NS-Bewegung werde sich totlaufen und abnutzen, sprach er sich für eine Regierungsbeteiligung der NSDAP in Preußen aus.

Nach der Bildung der von Hitler geführten Regierung wurde A. im März 1933 aus seinem Amt entfernt und hörte auf, sich politisch zu betätigen. Er war ein Gegner des Nationalsozialismus, schloß sich aber nicht dem Widerstand an. Dennoch wurde er nach dem 20. Juli 1944 für einige Zeit inhaftiert.

Für die Zeit nach dem Zweiten Weltkrieg sind zwei zentrale Punkte seines Denkens hervorzuheben. Von Anfang an sah er die Teilung Europas und Deutschlands als Realität an und fortan die Sowjetunion als Feind des Abendlandes. Innenpolitisch trat er für die Schaffung einer modernen Volkspartei ein und widersetzte sich allen Versuchen, das Zentrum als Partei des politischen Katholizismus wiederzubeleben. Die CDU, deren Vorsitzender er zunächst in der britischen Besatzungszone und später auch auf Bundesebene wurde, war unter seiner Führung marktwirtschaftlich orientiert. Ende 1947 deutete A. erleichtert die Entwicklung dahingehend, daß die »kommende Zeit nicht dem Sozialismus gehören wird«. Deutschlandpolitisch votierte A. parallel dazu schon vor Gründung der Bundesrepublik für eine konsequente Politik der Westbindung, die er auch während seiner Amtszeit als Bundeskanzler (1949-1963) ohne Abstriche verfolgte.

A.s Regierungsstil war patriarchalisch-autoritär und gerade deshalb in der Bundesrepublik der 50er Jahre überaus populär. Die Bundesrepublik war zwar ein im Westen verankerter Staat. Ihre Gesellschaft aber war mit Formen pluralistischer Demokratie zunächst noch wenig vertraut, so daß ein starker Kanzler, den nach dem Eindruck eines seiner engsten politischen Mitarbeiter aus dem Jahr 1953 der »Mythos der Führerpersönlichkeit« umgab, höchst willkommen war und im Zuge des »Wirtschaftswunders« ein Gefühl der Stabilität vermittelte. Die absolute Mehrheit der CDU 1957 dokumentiert die große gesellschaftliche Akzeptanz von A.s »Kanzlerdemokratie«. Sie ging mit dem allgemeinen Schweigen über die gesellschaftlichen Wurzeln des Nationalsozialismus einher sowie mit einer weitreichenden Kontinuität der Eliten im Staatsapparat, in Justiz und Bildung und nicht zuletzt auch in der Bundeswehr. Auch das innenpolitische Freund-Feind-Denken und die bedenkenlose Übertragung des für die frühe Bundesrepublik konstitutiven Antikommunismus auf die sozialdemokratische Opposition, deren eventuellen Wahlsieg A. als Untergang Deutschlands und Auslieferung an Moskau hinstellte, sind Merkmale der Adenauer-Ära. Erst gegen Ende seiner Regierungszeit verlor A. an Rückhalt: Innenpolitsch war das Ende der Ära A. durch Vorgänge wie die *SPIEGEL*-Affäre 1962 geprägt, als die Regierung mit ihrer Polizeiaktion gegen den *SPIEGEL* scheiterte; außenpolitisch durch den Mauerbau 1961 in Berlin, der das Ende der Deutschlandpolitik der CDU/CSU besiegelte, und durch die nach der Kuba-Krise 1962 mit Nachdruck betriebene Entspannungspolitik des amerikanischen Präsidenten John F. Kennedy, die die Bundesrepublik in eine Isolierung zu drängen drohte.

A.s Kanzlerschaft schuf die Grundlage für die Anbindung der Bundesrepublik an den Westen, was den traditionellen antiwestlichen Affekt in der deutschen Politik beenden half. Daß dies mit einem Defizit an Demokratie einherging, kann vor dem Hintergrund der deutschen Entwicklung bis 1945 nicht überraschen und wurde erst nach Abschluß der Ära A. korrigiert.

Blumenwitz, D. u.a. (Hg.): Konrad Adenauer und seine Zeit. 2 Bde. Stuttgart 1976 – Schwarz, H.-P.: Adenauer. 2 Bde. Stuttgart 1986 u.1991 – Sternburg, W. v.: Adenauer. Frankfurt/Main 1987 – Köhler, H.: Adenauer. Frankfurt/Main, Berlin 1994.

Gottfried Niedhart

Adorno, Theodor W.

Geb. 11. 9. 1903 in Frankfurt/Main; gest. 6. 8. 1969 in Visp, Kanton Wallis (Schweiz)

A.s politische Biographie ist durch den epochalen Bruch gekennzeichnet, den der Faschismus in Deutschland bewirkt hat. Das traumatische Erlebnis der Emigration, die anschließende Mitarbeit bei der Etablierung von Demokratie und freiheitlicher Kultur in der Bundesrepublik und schließlich das problematische Verhältnis zur Studentenbewegung haben A.s Lebensgeschichte und seine kritische Theorie der Gesellschaft beeinflußt. Für den jungen Privatdozenten der Philosophie, dem die Nationalsozialisten 1933 die Venia legendi an der Frankfurter Universität entzogen hatten, schien es zunächst noch gar nicht ausgemacht, daß er emigrieren mußte.

Theodor Ludwig Wiesengrund-A. war am 11. September 1903 in Frankfurt geboren worden. Aufgewachsen in einem musikalisch-kulturellen Lebenskreis, philosophisch geschult durch den älteren Freund Siegfried Kracauer, den bedeutenden Feuilletonisten der Frankfurter Zeitung, entfaltete A. schon als junger Mann eine beeindruckende Wirkung in kulturellen Institutionen des liberalen Bürgertums der ehemaligen »Freien Reichsstadt Frankfurt«. Als Student war er bereits einflußreicher Musikkritiker im Geiste der radikalen Moderne. Er trat früh für Arnold Schönberg ein. Eigene Kompositionen wurden aufgeführt. Mit 21 Jahren schloß er sein Studium der Philosophie, Musikwissenschaft, Psychologie und Soziologie mit der Promotion in Philosophie bei Hans Cornelius ab. 1925 ging er für ein Jahr nach Wien, um bei zwei Protagonisten der musikalischen Avantgarde, Alban Berg und Eduard Steuermann, zu studieren. Zurück in Frankfurt, intensivierte er den Kontakt zum »Institut für Sozialforschung« (gegr. 1923), mit dessen Direktor Max Horkheimer ihn seit der Universitätszeit gemeinsame theoretische Interessen verbanden.

Ein Hauptgegenstand der Arbeit des Instituts war die Erforschung der Ursachen jenes Selbstauflösungsprozesses der bürgerlichen Gesellschaft, der in Deutschland zum autoritären Staat führen sollte. Um zu begreifen, warum Menschen sich gegen ihr eigenes Interesse der Herrschaft unterwarfen und sich mit ihr identifizierten, verband die »Kritische Theorie« Einsichten von Marx und der analytischen Sozialpsychologie und begann, die bis dahin in Deutschland kaum bekannte Methodik der empirischen Sozialforschung in ihre Untersuchungen zu integrieren. Neben Herbert Marcuse, Leo Löwenthal, Erich Fromm und anderen arbeitete A. als Musiktheoretiker an einer interdisziplinär angelegten ideologiekritischen Theorie des gesamtgesellschaftlichen Verlaufs. Den gesellschaftlichen Gehalt der Musik förderte er nicht soziologistisch von außen zutage, sondern durch die Analyse der ästhetischen Formgesetze der Werke selbst. Zugleich arbeitete er, angeregt von Ernst Bloch und Georg Lukács und in produktivem Austausch mit seinem Lehrer und Freund Walter Benjamin, in seiner Habilitationsschrift über Sören Kierkegaard – 1930 von Paul Tillich in Frankfurt angenommen – den gesellschaftlichen und potentiell kritischen Gehalt von Philosophie heraus.

Nach der Machtübernahme durch die Nationalsozialisten 1933 versuchte A. zunächst, in Deutschland zu »überwintern«. Gleichzeitig bemühte er sich, in Oxford akademisch Fuß zu fassen. Bis 1937 kehrte er von dort regelmäßig zu längeren Aufenthalten nach Frankfurt zurück. Erst die energische Intervention Horkheimers, der sich keine Illusionen über die NS-Diktatur machte, veranlaßte A. 1938, zusammen mit seiner Frau, der promovierten Chemikerin Margarete Karplus, in die USA zu emigrieren. Dort änderte er seinen Namen in »Theodor W. Adorno«.

Nicht nur die ständige Mitarbeit in dem inzwischen in New York ansässigen »Institut für Sozialforschung«, sondern vor allem auch die »Erfahrung des Substantiellen demokratischer Formen« bestimmte A.s weitere Tätigkeit: »daß sie in Amerika ins Leben eingesickert sind, während sie zumindest in Deutschland nie mehr als formale Spielregeln waren und, wie ich fürchte, immer noch nicht mehr sind. Drüben lernte ich ein Potential realer Humanität kennen, das im alten Europa so kaum vorfindlich ist. Die politische Form der Demokratie ist den Menschen unendlich viel näher. (...) Begegnet man etwa in soziologischen Studien in Deutschland immer wieder Aussagen von Probanden wie: Wir sind noch nicht reif zur Demokratie, dann wären in der angeblich so viel jüngeren Neuen Welt derlei Äußerungen von Herrschgier und zugleich Selbstverachtung schwer denkbar. Ich möchte damit nicht sagen, daß Amerika vor der Gefahr eines solchen Umkippens zu totalitären Herrschaftsformen gefeit sei. Eine solche Gefahr liegt in der Tendenz der modernen Gesellschaft überhaupt. Aber wahrscheinlich ist die Resistenzkraft gegen faschistische Strömungen in Amerika doch größer als in irgendeinem europäischen Land, mit Ausnahme vielleicht von England.«

Mit der Kritik an der Kulturindustrie in den USA, die eine Vorreiterrolle für den europäischen, inzwischen weltweiten Betrieb der Massenkultur einnahm, und mit den in der Emigration entstandenen bahnbrechenden *Studien zum autoritären Charakter* (1950) trug A. zur Einsicht der demokratischen Gesellschaft in ihre eigene Ambivalenz bei. Nach A. besteht der innere Widerspruch der Kultur darin, daß sie ihr Versprechen von Humanität auf der Basis einer inhumanen, repressiven Gesellschaftsformation gibt – und schließlich selbst dementiert, wenn sie sich, als Kulturindustrie, ganz den Regeln der Warenproduktion unterwirft. Und die Tendenz zur Selbstunterhöhlung der demokratischen Gesellschaft wurde in den *Studien zum autoritären Charakter* erstmals einer empirischen sozialpsychologischen Analyse zugänglich: Sie zeigte, bei welcher Charakterdisposition Individuen »besonders empfänglich für antidemokratische Propaganda« sind.

1941 zog zunächst Horkheimer und kurz danach A. nach Los Angeles: Gemeinsam verfaßten sie hier die *Dialektik der Aufklärung*. 1944 abgeschlossen, aber erst 1947 veröffentlicht, thematisiert das Werk die »Selbstzerstörung der Aufklärung«. Aufklärung, ganz allgemein »das fortschrittliche Denken«, das darauf zielt, »von den Menschen die Furcht zu nehmen und sie als Herren einzusetzen«, führt zur radikalen »Entzauberung der Welt«, zur Emanzipation der Erkenntnis vom Mythos, endet aber in diesem Prozeß selbst als Mythos, als Herrschaft des technisch-instrumentellen Denkens unter den Bedingungen des »Warenfetischismus«.

1945/46 arbeitete A. – noch in den USA – an Thomas Manns Roman *Doktor Faustus* (erschienen 1947) mit, vor allem an den musiktheoretischen Passagen. 1949 kam A.s *Philosophie der neuen Musik* heraus, 1952 der *Versuch über Wagner*. Außerdem veröffentlichte er eine Sammlung eigener Aphorismen unter dem Titel *Minima Moralia* (1951). Gemeinsam mit Horkheimer 1949 nach Frankfurt zurückgekehrt, bekleidete A. seit 1950 eine außerplanmäßige Professur für Philosophie und Musiksoziologie an der Universität Frankfurt, die sieben Jahre später in ein Ordinariat umgewandelt wurde. Und er leitete zusammen mit Horkheimer das 1951 in Frankfurt neueröffnete »Institut für Sozialforschung«, das in den fünfziger Jahren der kritischen Soziologie zum Durchbruch in der Bundesrepublik verhalf.

In den sechziger Jahren wurde A. zu einem der wichtigsten Intellektuellen der Republik. Von 1963 bis 1968 war er Vorsitzender der »Deutschen Gesellschaft für Soziologie«. Seine Essaysammlungen, die *Prismen* (1955), *Eingriffe* (1963) und *Stichworte* (1969) entfalteten ihre Wirkung weit über die akademische Sphäre hinaus. Er war im Rundfunk und in der Presse als pointiert formulierender Aufklärer präsent. »Adorno hat in den letzten fünfundzwanzig Jahren seines Lebens sein Augenmerk auf das Fortleben des Nationalsozialismus gelegt. Aus dem Bewußtsein der Gegenwart von Auschwitz wurde das Bewußtsein notwendigen Erinnerns«, schrieb Detlev Claussen.

Der Kampf gegen das Vergessen, das unter dem Titel »Vergangenheitsbewältigung« die letzten Hindernisse aus dem Weg räumen sollte, die der Restauration, dem Wirtschaftswunder und der »formierten Gesellschaft« (Ludwig Erhard) im Wege standen, zeigte Wirkung. Mitte der sechziger Jahre machte sich die inzwischen so genannte »Frankfurter Schule« als einflußreiche Impulsgeberin gesellschaftlicher Reformprozesse bemerkbar. 1966 formulierte A. im Hessischen Rundfunk sein Konzept von Erziehung als »Herstellung eines richtigen Bewußtseins. (...) Man kann sich verwirklichte Demokratie nur als Gesellschaft von Mündigen vorstellen.« (*Erziehung zur Mündigkeit*, 1971). Der Vietnamprotest (gegen die Bombardierung Nordvietnams durch die USA seit 1965), die Erschießung des Studenten Benno Ohnesorge durch einen Polizisten bei einer Anti-Schah-Demonstration 1967, das Attentat des Arbeiters Josef Bachmann auf Rudi Dutschke, einen der führenden Köpfe der Studentenrevolte, am 11. April 1968, beeinflußten in den folgenden Jahren das politische Klima der Bundesrepublik. Bald stellte sich heraus, daß es in der Kritik an der bestehenden Gesellschaft Übereinstimmungen zwischen A. und der Protestbewegung gab, aber Differenzen über die Mittel, Veränderung zu ermöglichen. Zwar solidarisierte sich A. öffentlich mit den Intentionen des studentischen Protests, der ja nicht nur auf Reform der Universitäten zielte, sondern auch die gesellschaftliche Auseinandersetzung mit dem Nationalsozialismus einleitete. Er sah die aktuelle Notwendigkeit einer außerparlamentarischen Opposition, unterstützte den Widerstand gegen die (1968 vom Bundestag beschlossenen) Notstandsgesetze und erklärte die studentische Blockade der Auslieferung von Zeitungen aus dem Axel-Springer-Verlag (Ostern 1968 als Reaktion auf den Mordanschlag gegen Dutschke) für legitim. Aber anders als etwa Herbert Marcuse lehnte er alle Formen von Aktionismus und Gewaltanwendung ab, die sich selbst mit revolutionärer Tat verwechselten und in A. Erinnerungen an das antidemokratische Potential in der Weimarer Republik weckten. »Der entscheidende Differenzpunkt ist wohl der«, sagte er, nicht lange vor seinem Tod, in einem Zeitungsinterview über die Möglichkeit radikaldemokratischer Politik in der Bundesrepublik, »daß unter den gesellschaftlichen und technischen Bedingungen der Gegenwart verändernde Praxis überhaupt vorstellbar ist nur als gewaltlos und durchaus im Rahmen des Grundgesetzes.«

A.s philosophische Arbeit konzentrierte sich in diesen letzten Jahren auf die Ausarbeitung seines Spätwerks. Viele nahmen es ihm übel, daß er sich nicht politisch vereinnahmen ließ. Die tumultartigen Störungen seiner Lehrtätigkeit mögen A. verunsichert und zu Fehleinschätzungen verleitet haben, so z.B., als er 1969 aus Angst vor einer Besetzung des Instituts für Sozialforschung durch Frankfurter Studenten die Polizei um Hilfe rief. Dazu kam eine Kampagne, die gegen seine Edition der Schriften Walter Benjamins angezettelt wurde. Zu Unrecht warf man ihm vor, er habe in der Emigrationszeit Benjamins Abhängigkeit vom Institut ausgenutzt und später seine Schriften verfälscht. Zermürbt verließ A. nach dem Prozeß, den man seinem Doktoranden Hans-Jürgen Krahl wegen Landfriedensbruchs gemacht hatte, im Juli 1969 Frankfurt, um mit seiner Frau Ferien in der Schweiz zu machen. Dort starb er an einem Herzinfarkt. Seine *Negative Dialektik* (1966) und die *Ästhetische Theorie* (1970 posthum unabgeschlossen erschienen) haben den philosophischen Diskurs seit den siebziger Jahren bis heute entscheidend beeinflußt.

Früchtl, J.; Calloni, M. (Hg.): Geist gegen den Zeitgeist. Erinnern an Adorno. Frankfurt/Main 1991. – Scheible, H.: Theodor W. Adorno. Reinbek bei Hamburg 1989. – Schweppenhäuser, G. (Hg.): Soziologie im Spätkapitalismus. Zur Gesellschaftstheorie Theodor W. Adornos. Darmstadt 1995. – Wiggershaus, R.: Theodor W. Adorno. München 1987.

Gerhard Schweppenhäuser

Afsprung, Johann Michael

Geb. 21.10.1748 in Ulm; gest. 21.3.1808 in Ulm

A. stammte aus ganz bescheidenen Verhältnissen, sein Vater war ein einfacher Schlosser, aber er konnte teils autodidaktisch, teils an dem renommierten Ulmer Gymnasium eine gute Bildung, vor allem in alten Sprachen und in der Mathematik, erwerben. Schon früh wurde aus A. ein entschiedener Gegner der Oligarchie, die in Ulm wie in den meisten deutschen Reichsstädten herrschte, und er bekannte sich ebenso entschieden zu den aufklärerischen Idealen der Vernunft, der Tugend und der Freiheit. 1770 verließ er Ulm, ging nach Wien, dann nach dem ungarischen Sarospatak als Lehrer, dann wieder nach Wien. Dort gab er – zusammen mit seinem Freund Johann Friedrich Mieg – eine Streitschrift heraus, die *Freymüthigen Briefe an Herrn Grafen von V. über den gegenwärtigen Zustand der Gelehrsamkeit der Universität und der Schulen zu Wien* (Frankfurt und Leipzig 1775), was zu seiner und Miegs Vertreibung aus Wien führte. Er machte die Bekanntschaft von Friedrich Gottlieb Klopstock und Johann Bernhard Basedow, arbeitete in Dessau und Amsterdam als Lehrer, publizierte unter anderem in Schubarts *Teutscher Chronik* und verfaßte eine Polemik gegen die Schulverhältnisse in Ulm, was von den Großen seiner Heimatstadt übel vermerkt wurde. Dennoch erhielt er in Ulm für kurze Zeit ein kleines Amt, das er aber sehr bald wieder aufgab.

1781 veröffentlichte er eine seiner besten Arbeiten, die *Bemerkungen über die Abhandlung von der teutschen Lite-*

ratur, womit er sich an der öffentlichen Debatte über König Friedrichs II. Schrift *De la littérature allemande* (1780) beteiligte. Unter den zahlreichen Gegenschriften ist A.s Arbeit die aggressivste und originellste. Auf der Grundlage einer präjakobinischen Konzeption lehnte A. jedes aristokratische Mäzenatentum ab und erhoffte einen Aufschwung der Literatur von revolutionären Bewegungen.

1782 unternahm A. eine Reise durch Süddeutschland und die Schweiz, die er in dem Buch *Reise durch einige Cantone der Eidgenossenschaft* (Leipzig 1784) beschrieb. Dieses gehaltvolle Buch gehört zu den politisch engagierten Reisebeschreibungen, die damals aufkamen. Ausgehend von den Ideen der Aufklärung kritisierte A. die aristokratischen und bürgerfeindlichen Zustände in den südwestdeutschen Reichsstädten und in den ähnlichen Stadtkantonen der Schweiz wie Luzern und Zürich. Als Ideal stellte A. den patrizischen Städten die urwüchsige und gesunde, »reine« Demokratie in den sogenannten Landsgemeindekantonen entgegen, also Kantonen wie Appenzell-Außerroden, in denen die Gesetzgebung und die Wahl der ausführenden Beamten direkt vom gesamten Volk (allerdings nur von den Männern) ausging. In dieser direkten Demokratie sah A. ein nachahmenswertes Modell für die kleineren Staatswesen in Deutschland, während er für die größeren Territorien damals noch den aufgeklärten Absolutismus für einzig möglich hielt – er war ein Verehrer Kaiser Josephs II. (1765–1790).

A.s Buch wurde ein beachtlicher Erfolg, es wurde aber auch kritisiert. Es kam sogar zu einer öffentlichen Debatte. Konservative Aufklärer wie der Göttinger Vielschreiber Christoph Meiners polemisierten gegen die republikanischen und freiheitlichen Tendenzen A.s, liberale Schriftsteller wie Johann Struve und Johann Gottfried Ebel dagegen vertraten ähnliche Auffassungen wie A.

In Heidelberg, wo er als Privatlehrer und Publizist lebte, schrieb A. das Buch *Über die vereinigten Niederlande...* (1787).

Für die Ideale der Französischen Revolution setzte sich A. in einer Reihe von Aufsätzen ein, die er im *Braunschweigischen Journal* beziehungsweise seiner Fortsetzung, dem *Schleswigischen Journal* veröffentlichte, in denen er Revolutionsgegner wie den Arzt und Schriftsteller Christoph Girtanner angriff. Wegen seiner revolutionsfreundlichen Haltung wurde er 1798 aus der Freien Reichsstadt Lindau, wo er einige Zeit als Privatlehrer gelebt hatte, auf österreichischen Druck hin ausgewiesen. In einer kleinen Schrift – *Johann Michael Afsprungs Schreiben an Fr. L. zu M. Ein Beitrag über Teutschlands Verfassung und Freiheit* (1799) – hat A. die jammervolle Ohnmacht der kleinen deutschen Reichsstädte und die Notwendigkeit einer einschneidenden Veränderung der deutschen Verfassung nachgewiesen.

Die Ausweisung aus Lindau führte zu einer wichtigen Veränderung in A.s Leben. Anfang 1798 hatte es in der Schweiz eine Art bürgerliche Revolution gegeben, initiiert einerseits von schweizerischen Demokraten, die eine Modernisierung der anachronistisch gewordenen Eidgenossenschaft anstrebten, andererseits stark beeinflußt vom nachthermidorianischen, direktorialen Frankreich, das an seiner Ostgrenze einen dienstbaren Satellitenstaat wünschte. Es entstand die Helvetische Republik, ein moderner Zentralstaat, mit dem der Demokrat A. stark sympathisierte. Er siedelte nach St. Gallen, später nach Zürich über, wurde vor dem Parlament der Helvetischen Republik feierlich zum Bürger des neuen Staates ernannt und veröffentlichte in St. Gallen eine ganze Reihe von Artikeln, in denen er sich für die repräsentative Demokratie, wie sie sich in der Helvetischen Republik zu entwickeln begann, einsetzte. Kurze Zeit übte er sogar ein Staatsamt aus als Sekretär und Bürochef des Regierungsstatthalters von Zürich. Als 1799 österreichische Truppen vorübergehend Zürich und die Ostschweiz besetzten, floh A. nach Neuchâtel. Dort erreichte seine publizistische Tätigkeit einen letzten Höhepunkt, als er mit drei Flugschriften in die Verfassungsdebatten der Helvetischen Republik im Jahre 1800 eingriff. In den folgenden Jahren wurden die radikalen Demokraten, zu denen A. gehörte, immer mehr zurückgedrängt, bis schließlich 1803 der französische Konsul Napoleon Bonaparte der Helvetischen Republik ein trauriges Ende bereitete. Viele Demokraten, unter ihnen auch A., resignierten. 1807 kehrte er nach Ulm zurück als Professor an dasselbe Gymnasium, das er in jungen Jahren zum Ärger der Ulmer Regierung scharf kritisiert hatte. Bald darauf ist er in seiner Heimatstadt gestorben.

Höhle, Th.: Der »schwäbische Seume«. Über den radikal-demokratischen Publizisten Johann Michael Afsprung, in: Weimarer Beiträge, 12. Jg., 1983. – Höhle Th.: König und Jakobiner. Johann Michael Afsprung und seine Bemerkungen über die Abhandlung von der teutschen Literatur gegen König Friedrich II. von Preußen, in: Hallesche Studien zu Wirkungen von Sprache und Literatur, 7. Jg., 1983.

Thomas Höhle

Albertz, Martin

Geb. 7. 5. 1883 in Halle; gest. 29. 12. 1956 in Berlin

A. war ein Mann der Kirche. Als im Januar 1933 die Machtergreifung durch die Nationalsozialisten erfolgte, stand er bereits auf der Seite der Kritiker und Mahner. Die schon bald einsetzenden Kämpfe um die Kirche, für A. ein Kampf um die »Wahrheit des Evangeliums« gegen den totalitären Anspruch der Diktatur, führten ihn auf die Seite der »Bekennenden Kirche« (BK) in Berlin und dort in verschiedene Ämter bis in die »2. Vorläufige Kirchenleitung« (2. VKL) ab 1936.

»Recht muß doch Recht bleiben« – so hat er seinen Standpunkt formuliert, als im gleichen Jahr um den Text der »Denkschrift der 2. VKL an Hitler« gerungen wurde, die die Gewaltherrschaft des NS-Regimes kritisierte. Manches war nicht deutlich genug. Denn A., der sich als einer der wenigen in der BK seit 1934 um die Einrichtung einer Hilfsstelle für Christen jüdischer Herkunft bemühte hatte, drängte vergeblich auf ein offizielles Wort der BK zu ihren Gunsten. Erst 1938 gelang es in einem neuen Anlauf gemeinsam mit dem Heidelberger Pfarrer Hermann Maas, das »Büro Grüber« als Hilfsstelle (bis 1941) einzurichten. Schon vor 1933 hatte A. gewarnt: »Aber es läßt sich wohl denken, daß der Glaube an die Vorzüglichkeit einer bestimmten Rasse die Vernichtung von fremden Menschen fordert, die die Innere Mission um der Liebe Christi willen nicht zulassen will.« Diese schreckliche Prophezeihung traf ein: Die schrittweise Entrechtung und spätere Vernichtung der Juden wurde von der Kirche, auch der Bekennenden Kirche, weitgehend toleriert. Im Krieg wurde das NS-Regime loyal unterstützt – auch von vielen Mitgliedern der BK.

Die kirchliche Opposition stand zu diesem Zeitpunkt selbst unter Druck. Nach anfänglichem Zögern hatte sie beherzigt, was A. ebenfalls schon im Januar 1933 gefordert hatte: »Der Kirche ist das lebendige Wort gegeben. Die Freiheit der Verkündigung steht in Gefahr überall da, wo der totale Staat die Gesamtheit des Lebens zusammenzufassen und zu erdrücken sucht. Die Kirche als Ganzes muß sich gegen diesen Übergriff wehren; mag der Staat, um den es dabei geht, bolschewistisch oder faschistisch sein.«

A. wuchs als Sohn eines reformierten Dom- und Hofpredigers in Halle, Breslau und Posen auf. Am Ende der Schulzeit entschloß er sich zum Theologiestudium. Die vom Vater Hugo angenommene reformierte Konfession und die Verbindungen zum Pietismus wurden für A. wichtige Identitätsmerkmale, aber nicht im orthodoxen Sinne. Im Studium wurde er von der von den ethischen Prinzipien Kants ausgehenden Theologie Albrecht Ritschls und den Vertretern der Religionsgeschichtlichen Schule entscheidend beeinflußt. Nachdem er seine Promotion einem dogmengeschichtlichen Thema (*Die Geschichte des Jungarianismus*, 1908, veröffentlicht als *Die Schriften des Eunomius*, 1908, und *Zur Geschichte der Jungarianischen Kirchengemeinschaft*, 1909) gewidmet hatte, wurde A. mit einigen anderen zum Entdecker der »Formgeschichte«, einer Methode zur Interpretation der biblischen Schriften.

Durch das Engagement in der »Deutschen Christlichen Studentenvereinigung« (DCSV) lernte A. erstmals die Bemühungen kennen, die im internationalen Protestantismus einen ökumenischen Prozeß der Vereinigung anstrebten. Der Theologe und sozialistische Sozialpolitiker Friedrich Siegmund-Schultze wurde ihm zum Freund, Karl Heim gewann als Sekretär des DCSV und als Systematiker Einfluß auf sein theologisches Denken. Kurz vor Ausbruch des Ersten Weltkrieges – A. hatte inzwischen Marianne Keil geheiratet und eine Pfarrstelle in Stampen bei Breslau angetreten – veröffentlichte er eine Schrift zum ökumenischen Thema (*Weltweite Ziele des Protestantismus*, 1914), in der er die Unabhängigkeit der Kirche vom Staat zur Voraussetzung einer notwendigen ökumenischen Entwicklung erklärte. Als vorbildhaft stellte er die Situation der Kirchen in den Demokratien von England, den USA und der reformierten Schweiz heraus. Aus seiner Perspektive konnte die Kirche aber auch in anderen, etwa autoritären Staatsformen lebensfähig sein – vorausgesetzt, die Unabhängigkeit war gewahrt, und die Kirche übte das Wächteramt gegenüber der »Obrigkeit« aus. Johannes Calvins Kirchen- und Staatsverständnis haben seine Auffassung maßgeblich mitgeprägt.

Trotz schlechter körperlicher Konstitution beantragte A. zu Beginn des Ersten Weltkrieges 1914 die Einziehung zum Militärdienst, er wurde aber abgelehnt. Doch erkannte er bald durch zahlreiche Korrespondenz mit den Soldaten und seine Seelsorge in den Familien die Schrecken, die die moderne Waffentechnik und die Verbissenheit der Kriegsgegner verursachten.

Die Revolution vom November 1918 lehnte A. ab. Sie widersprach seinem Prinzip: »Nicht Reaktion, nicht Revolution, sondern Reformation«. Dies vermochte die Sozialdemokratie nicht zu garantieren. A. gründete deshalb noch Ende 1918 einen »antirevolutionären Volksrat« und eine Ortsgruppe der »Deutsch-Nationalen Volkspartei« (DNVP). Dies geschah aber nicht aus einem antidemokratischen Impetus heraus, sondern u.a. aufgrund der notwendigen Neuregelung des Staat-Kirche-Verhältnisses, wobei sich die rechtskonservative Sammelpartei zuerst als Anwältin der Kirche anbot. Der Weimarer Republik stand A. reserviert gegenüber. Zwar begrüßte er in der neuen Staatsform die Trennung von Kirche und Staat, doch vermißte er aus christlich-reformierter Perspektive vor allem die »göttliche Legitimation«, wie er sie u.a. in England und in den USA gegeben sah.

In den politischen wie kirchlichen Parteien sah A. eines der größten Probleme von Demokratie und Kirchenorganisation. Im Hinblick auf die Kirche meinte er, daß nach dem aristokratisch-calvinischen Prinzip der »Herrschaft der Besten« zu verfahren und eine Demokratisierung nach dem Vorbild der staatlichen Parteien-Demokratie abzulehnen sei (*Demokratisierung der Kirche oder Gemeindekirche?*, 1920). Den liberalen Parteigängern warf er vor, sich nicht für die Sache der Kirche zu engagieren. A. sprach sich für das presbyterial-synodale Prinzip nach dem Vorbild der rheinisch-westfälischen Kirchenordnung aus, d.h. für den Aufbau der Kirchenstrukturen von unten nach oben. Auch votierte er für eine stärkere Beteiligung bisher marginalisierter Gruppen bei der Leitung der Kirche: der Frauen, der Jugend und des Arbeiterstandes. Innerhalb der DNVP ist er nicht zuletzt aufgrund seines sozialen Engagements gegen die Benachteiligung der Bauern im Stampener Pfarramt dem sozial-christlichen Flügel zuzurechnen. Der völkischen bzw. der nationalsozialistischen Bewegung stand er von Anfang an mit Skepsis und Ablehnung gegenüber. Als die DNVP sich 1928 radikalisierte, trat er aus.

In einem Vortrag zum Thema *Die Stellung der Kirche zu den politischen Parteien* betonte A. 1931, die Kirche habe »allen Parteien das Gewissen zu schärfen sowie die deutsche Parteisucht, den Egoismus und praktischen Materialismus aller Parteien zu bekämpfen«. Kommunismus und Nationalsozialismus stellte er als größte Gefahren dar, gegen die sich die übrigen Kräfte zusammenschließen müßten. Er sprach sich jetzt für den »Christlich-Sozialen Volksdienst« (CSVD) aus, eine Splitterpartei, die er als »Bewegung« charakterisierte.

Von 1921–28 hatte A. als Direktor eines Predigerseminars (in Berlin bzw. Stettin) neue Erfahrungen gemacht. In Auseinandersetzung mit der Generation künftiger Theologen hatte er Gelegenheit, sich mit der theologischen und geistigen Entwicklung auseinanderzusetzen. Von wesentlicher Bedeutung waren zwei Reisen, die er mit Seminaristen nach Dänemark und Schweden unternahm: mit der Absicht ökumenischer Praxis und dem Effekt, daß man auf diese Weise das Leben in anderen demokratischen Ländern kennenlernte. Die wichtigste Schrift dieser Jahre erschien unter dem Titel *Geschichtsmystik oder Schicksalserfüllung*, eine Auseinandersetzung mit der modernen Theologiegeschichte.

1928 wurde A. zum Superintendenten des Kirchenkreises Soldin/Neumark berufen. Während der folgenden drei Jahre war er mit den Auseinandersetzungen um den dortigen Pfarrkollegen konfrontiert, der 1927 in die NSDAP eingetreten und Fraktionsvorsitzender im Soldiner Stadtrat geworden war. Als A. Ende 1931 in Superintendentur und Pfarramt nach Berlin-Spandau berufen wurde, war dies bereits der Vorabend des »Dritten Reiches«, dessen Vorboten – nicht zuletzt in Person eines der Pfarrer – ihren Einfluß bereits deutlich zur Geltung brachten. Bei Gemeindekirchenwahlen vom November 1932 erreichten die nationalsozialistischen »Deutschen Christen« in der St. Nicolai-Gemeinde über 50 Prozent der Stimmen. Die sich daraus ergebenden Konflikte und die allgemeine politische Lage kritisierte A., als er 1932 die Herausgeberschaft der *Preußischen Kirchenzeitung* übernahm.

Nach Einsetzung der »Staatskommissare« im Juni 1933 wurde A. von seinen Ämtern suspendiert, weil er sich gegen die Einführung des sogenannten »Arierparagraphen« in der Kirche (Ausschluß der zum Christentum konvertierten Juden) ausgesprochen und sich anschließend geweigert hatte, den Eingriff des NS-Staates in das »Wesen der Kirche« als rechtmäßig anzuerkennen. Dies war faktisch der Beginn des Rechtskampfes, den der »konsequente« Teil der BK gegen die staatlich sanktionierten Kirchenbehörden und den NS-Staat führten. Im Sommer 1937 wurde A. zum erstenmal verhaftet, als er entgegen staatlicher Anordnung Kollekten veranstaltete. 1941 erfolgte die zweite Festnahme durch die Gestapo aufgrund seiner Tätigkeit als Leiter des Ausbildungs- und Prüfungsamtes: Er wurde zu 1 1/2 Jahren Gefängnis verurteilt. Auch während der Haft setzte A. seine Arbeit als Seelsorger fort mit Hilfe von Gefängnisbriefen, die seine Frau herausschmuggelte. Über die Aktivität der protestantischen Widerstandsgruppen war er gut informiert, als er, Ende des Jahres 1942 aus der Haft entlassen wurde und seine Arbeit in der Illegalität wieder aufnahm. Er beteiligte sich an den Debatten um einen Neuanfang nach dem Ende des NS-Regimes, ehe er 1944 wieder verhaftet wurde. Erst im April 1945 kam er frei. Gerade nach Spandau zurückgekehrt, wurde seine Wohnung durch Bombenangriffe auf Berlin zerstört.

Eine angemessene Mitwirkung am Aufbau der Kirche nach dem Krieg wurde ihm nicht gewährt: Seine Position galt als zu radikal für den restaurativen Kurs, der auf der Kirchenkonferenz in Treysa Ende August 1945 eingeschlagen wurde, auf der ehemals völkisch und deutschnational gesinnte »Kirchenführer« den Ton angaben und der dann zum Ratsvorsitzenden gewählte Landesbischof Theophil Wurm vor »Experimenten« warnte. Neben seiner Tätigkeit als Seelsorger widmete sich A. den Fragen nach der Schuld und dem Verhältnis zwischen Christen und Juden. Als Professor für Neues Testament und Reformierte Theologie lehrte er an der Kirchlichen Hochschule in West-Berlin und an der Humboldt-Universität in Ost-Berlin.

Noss, P.: Martin Albertz. Ein reformierter Theologe im Berliner Zentrum der Bekennenden Kirche. Berlin (Phil. Diss.) 1995.

Peter Noss

Allhusen, Carl Georg (Pseud.: Wendel-Hippler)

Geb. 1.7.1798 in Kiel; gest. 11.1.1866 in Kiel

A. hatte die Fünfzig überschritten, als er 1848 seinen bürgerlichen Erwerb aufgab und Kraft, Zeit und Vermögen einer Volksaufklärung widmete, die die deutschen Behörden als aufrührerisch verfolgten. Er setzte der nachrevolutionären Vorherrschaft konservativen Denkens die humanistische Tradition der materialistischen Aufklärung entgegen und versorgte die deutschen Arbeiter mit der radikal-demokratischen und sozialkritischen Literatur Westeuropas.

Aus vermögender Kaufmannsfamilie kommend, erhielt A., gleich seinen beiden jüngeren Brüdern, eine solide kaufmännische Ausbildung in Rostock, arbeitete sieben Jahre als Angestellter in Newcastle, gründete hier 1826 ein eigenes Handelsunternehmen und 1832 ein weiteres in Liverpool. 1835 ging er nach New Orleans, erwarb ein Jahr darauf die amerikanische Staatsbürgerschaft und blieb, bis ihn die Krise 1839 zur Rückkehr nach Europa veranlaßte. Neunundzwanzigjährig heiratete er die Engländerin Margaret Elliot, die bis 1844 zwei Töchter und vier Söhne gebar. Ein erbitterter Vermögensstreit mit seinem Bruder veranlaßte ihn 1840, England zu verlassen. A. übersiedelte mit seiner siebenköpfigen Familie nach Kiel und Hamburg, bereiste Europa und erlebte 1847/49 als Außenhandelskorrespondent in Bordeaux die Revolution, die sein Leben gänzlich veränderte.

Bereits sein erster Englandaufenthalt erlaubte ihm den Vergleich der Vorzüge einer liberalen Verfassung mit den zurückgebliebenen deutschen Verhältnissen, aber auch den Einblick in die verheerenden sozialen Folgen der industriellen Revolution und die Formen proletarischen Widerstands. Die hier gesammelten Erfahrungen weckten sein soziales Empfinden, sein sozialtheoretisches Interesse und schärften seinen politischen Blick. A.s Aufzeichnungen bezeugen detaillierte Kenntnis der zeitgenössischen sozialen und politischen Bestrebungen: zunächst der Bemühungen Robert Owens, der in seiner Baumwollspinnerei in New Lanark den Eigentümern bewies, daß Verkürzung der Arbeitszeit, Wohlfahrts- und Bildungseinrichtungen die Arbeiter kultivieren konnten, ohne die Effektivität des Unternehmens zu beeinträchtigen; und der dann – zur Zeit, als A. in Newcastle einen seiner Vorträge hörte – in Regierungskreisen zunächst für eine Sozialgesetzgebung, schließlich für eine allgemeine Sozialreform warb. A. las owenistische Literatur, verfolgte Aufschwung und Niedergang der Siedlungsversuche, mit denen die Owenisten durch menschenwürdige Daseinsbedingungen eine sittliche Regeneration der Menschheit »The New Moral World«, erreichen wollten. Er beobachtete neben den Communities die Genossenschaftsbewegung, mit der sich Kleingewerbetreibende der Konkurrenz großer Industrie- und Handelsunternehmen zu erwehren versuchten. Er beobachtete die Kämpfe der Trade-Unions, die nichts vom Wohlwollen der Reichen erwarteten, sondern die Arbeiter organisierten, um den Unternehmern durch Streiks soziale Zugeständnisse abzutrotzen. Er las die Presse der proto-sozialistischen Bewegung der Chartisten (*People's Charter*, 1837), wußte um ihre Strategie politischer Selbsthilfe, die weder von vereinzelten Streiks noch von den derzeit Regierenden eine grundlegende Besserung erhoffte, sondern die Arbeiter im Kampf für das allgemeine Wahlrecht organisierten, um die Gesetzgebung unmittelbar zu beeinflussen.

In Übersee studierte A. die Vorzüge einer bürgerlich-republikanischen Verfassung samt den Schriften der geistigen Wegbereiter der amerikanischen Revolution und bereiste mit seiner Frau die Nord- und Südstaaten der USA. Zwar belehrte ihn der Vergleich von Verfassung und Realität, daß gleiche politische Rechte an der sozialen Abhängigkeit der besitzlosen Mehrheit nichts änderten. Auch gewahrte er auf beiden Kontinenten mit Entfaltung der kapitalistischen Gesellschaft die gleiche, durch zyklische Krisen bedingte ökonomische Labilität, die gleiche soziale Polarisierung und das politische Unvermögen, die von der kapitalistischen Profitwirtschaft aufgeworfenen Probleme zu lösen. Dennoch empfahl A. den Arbeitern eine bürgerlich-parlamentarische Republik als die für ihre Emanzipation günstigste Rahmenbedingung.

Nach Europa zurückgekehrt, sondierte er die Vielfalt sozialistischer und kommunistischer Bestrebungen. A. sah beide Strömungen als unterschiedlich akzentuierten theoretischen Ausdruck sozialer Probleme, als entstehende »Wissenschaft der Gesellschaft«. Betone der Sozialismus die Freiheit und fordere gleiche Entwicklungsmöglichkeiten für alle und ebenso gleichen Anspruch auf die Früchte der Arbeit, so unterstreiche der Kommunismus die »Gleichheit«, leite aus der gleichen Natur der Menschen gleichen Anspruch auf Besitz, Bildung und Arbeit ab und sehe im gesellschaftlichen Eigentum und gleicher Teilhabe an gemeinschaftlicher Arbeit die Garantie solcher Freiheit.

1848 bekehrte ihn die persönliche Bekanntschaft mit Etienne Cabet (*Voyage en Icarie, roman philosophique et social*, 1842) und die Lektüre seiner Werke zum Kommunismus. Ab 1849 verfaßte, übersetzte und edierte A. in Kiel auf eigene Kosten Flugschriften, Plakate und Aufrufe. Binnen eines Jahres überschwemmte er Buchhandel, Arbeiter- und Gewerbevereine sowie Gesellenherbergen mit einem halben Dutzend Schriften in 13500 Exemplaren. Er verbreitete populär bearbeitete Übersetzungen der Hauptwerke der angloamerikanischen und französischen Aufklärung des 18. Jahrhunderts, rehabilitierte die radikalen Demokraten der Französischen Revolution und propagierte die programmatischen Schriften des (die gewaltsame Durchsetzung des Kommunismus ablehnenden) »ikarischen« Kommunismus.

A. übernahm die Owensche Kapitalismuskritik, die im Geld die Ausbeutung schlechthin bekämpfte, und teilte dessen Erziehungsoptimismus, mißbilligte jedoch die elitäre Reformkonzeption, die alle Hoffnung auf die Oberklassen setzte: »Jede Verbesserung für die Menschheit muß von den Arbeiterklassen selbst ausgehen«, schrieb er Owen. In dieser Hinsicht befürwortete A. die Emanzipationsstrategie des gleichfalls vom Chartismus faszinierten Cabet, der die Arbeiter mobilisierte, um im Verlaufe einer längeren Übergangsperiode die Wahrnehmung der Interessen des arbeitenden Volkes durch dessen politische Mitbestimmung zu sichern und nach und nach ökonomische Reformen (Förderung gesellschaftlicher Produktionsformen), soziale (Verringerung der Vermögensunterschiede) und kulturelle einzuleiten: »Das einzige Mittel für das Glück des Volkes ist die Demokratie (...) Schon der Uebergang zur Gütergemeinschaft würde sofort dem Volke große, unendliche Vortheile gewähren und das Elend verschwinden lassen, ohne der Classe der Reichen wehe zu thun«, versicherte A. den deutschen Arbeitern in einem Aufruf 1850. Nach dem Arbeiteraufstand vom Juni 1848 in Paris aber tadelte er Cabets Beharren auf Gewaltlosigkeit, warb jedoch bis zuletzt für dessen kommunistischen Siedlungsversuch in Nauvoo (Illinois).

In einer *Allgemeinen politischen Volksbelehrung für Jedermann* erklärte A. bloßen Herrscherwechsel als Mittel politischen Wandels für unzureichend und verlangte, Elend und Schmach an der Wurzel zu bekämpfen, nämlich am Privateigentum, das jeglichen Gemeinsinn untergrabe und das Egoismus, Nationalismus und sogar Kriege erzeuge. Um die Entwicklung des deutschen Untertans zum selbstbewußten Staatsbürger zu fördern, übersetzte A. 1851 Thomas Paines *The age of reason* (1793) und eine *Abhandlung über die ersten Grundsätze der Regierung und die Rechte des Menschen nebst Verfassung der französischen Republik vom 4. November 1848.* In weltanschaulicher Hinsicht folgte A. weder der deistischen Position Cabets noch den spiritualistischen Neigungen Owens, sondern bejahte die materialistische Philosophie des 18. Jahrhunderts als die der Menschheitsemanzipation am meisten förderliche. 1851/52 veröffentlichte er zwei Übersetzungen von Holbachs *Système de la Nature* (1770), das nicht nur die offizielle Kirche, sondern den Gottesgedanken selbst von materialistischem Standpunkt aus angriff.

Die preußischen, sächsischen und österreichischen Behörden verfolgten A.s im holsteinischen Kiel hergestellte Schriften unnachsichtig und intervenierten pausenlos bei der dänischen Regierung. Holstein gehörte seit dem Wiener Kongreß zum Deutschen Bund, Schleswig zu Dänemark, beide Herzogtümer in Personalunion zur dänischen Krone. Die liberalen schleswig-holsteinischen Behörden indessen beugten sich nur zögernd und widerwillig dem massiven politischen Druck. Im Herbst 1850 begannen in Kiel A.s Verhöre und polizeiliche Beobachtung; es folgten Ende 1852 Publikationsverbot, Haussuchungen und Beschlagnahme seiner Werke, im Herbst 1853 ein Gerichtsverfahren, Polizeiaufsicht und Postüberwachung. A. wurde im Juli 1854 verhaftet und ausgewiesen. Er emigrierte nach England, konnte dank Intervention seiner Frau und des amerikanischen Konsuls befristet zurückkehren, überlistete weiterhin die Behörden, korrespondierte insgeheim mit Cabet und Owen, traf sich 1856 in London mit Owens Sekretär James Rigly und unterstützte die owenistische Agitation in den Armenvierteln. 1859 in Hamburg inhaftiert und abermals dank der Gesuche seiner Frau und des amerikanischen Konsuls entlassen, erhielt er eine Aufenthaltserlaubnis für Kiel-Gaarden nur mehr unter Bedingungen, die ihm die letzten Lebensjahre verbitterten.

Balser, F.: Sozial-Demokratie 1848/49. Die erste deutsche Arbeiterorganisation »Allgemeine deutsche Arbeiterverbrüderung« nach der Revolution. Stuttgart 1965. – Seidel-Höppner, W.: Der fünfzehnjährige Krieg der deutschen Polizei gegen Carl Georg Allhusen (1850–1865), in: Beiträge zur Nachmärzforschung. Schriften aus dem Karl-Marx-Haus Nr. 47. Trier 1994.

Waltraud Seidel-Höppner

Althusius, Johannes

Geb. 1557 oder 1563 in Diedenshausen bei Berleburg; gest. 12. 8. 1638 in Emden.

Über Herkunft und Jugend von A. ist kaum etwas bekannt, ungewiß ist sogar sein Geburtsjahr. Sicher ist allerdings, daß er aus Diedenshausen stammte, einem Dorf in der Nähe von Berleburg, das zum calvinistisch geprägten Herrschaftsbereich der Grafschaft Wittgenstein-Berleburg gehörte. Nach Studien in Köln, Basel und Genf promovierte A. 1586 in Basel zum Doktor beider Rechte (des römischen und des kanonischen Rechts) und nahm noch im selben Jahr seine Lehrtätigkeit an der calvinistischen Hohen Schule in Herborn auf. Die folgenden Jahre waren der wissenschaftlichen Arbeit gewidmet: A. lehrte bis 1592 in Herborn, folgte dann einem Ruf an die Hohe Schule in Burgsteinfurt und kehrte 1596 wieder nach Herborn zurück.

Noch in Basel war seine *Jurisprudentia Romana* (1586) erschienen, 1591 reagierte A. mit einer kritischen *Vermahnung an die Richter* (»Ad Iudicem, ... Admonitio«) auf die zweifelhafte Verfahrenspraxis in Hexenprozessen und publizierte schließlich 1603 seine *Politica.* Weil A. auf dem Zusammenhang von Theorie und Praxis bestand, kam ihm der Wechsel von einem akademischen zu einem politischen Amt durchaus gelegen: Entgegen dem erklärten Willen seines Landesherrn trat A. 1604 sein Amt als Syndikus der calvinistischen Stadt Emden an. Die wirtschaftlich aufgestiegene Stadt benötigte in der Auseinandersetzung mit dem ostfriesischen Territorialfürsten einen kundigen Juristen und politischen Theoretiker, der als ihr Rechtsvertreter die Souveränitätsansprüche des lutherischen Fürsten möglichst wirksam zurückwies. Das Amt als beratendes Mitglied des Magistrats und als dessen Vertreter in Rechts- und Verwaltungsangelegenheiten verschaffte A. einen bedeutenden politischen Einfluß, den dieser selbstbewußt zu nutzen und schließlich zu steigern verstand, als er 1617 in das Emdener Konsistorium gewählt

wurde und so politische mit geistlicher Macht verbinden konnte.
A. zielte mit seinen Initiativen stets auf eine möglichst starke, bis hin zu politischer Autonomie reichende Position Emdens. Er betrieb daher in ihrem Interesse eine betont antiabsolutistische, ständische Politik, die auch vor handgreiflichen Widerstandshandlungen nicht haltmachte. Wie sehr auch A. gegenüber dem ostfriesischen Territorialfürsten die politische Partizipation der Stände einklagte, so sehr versuchte er innerhalb Emdens jeglichen »popularen« Einfluß, der etwa von der gewählten Bürgervertretung, dem Vierzigerkollegium, ausging, möglichst zu begrenzen. Der rigoros praktizierten, wenngleich nicht immer erfolgreichen Absolutismuskritik auf der Landesebene stand hier eine nicht minder rigoros durchgeführte absolutistische Praxis auf kommunaler Ebene gegenüber. Dabei widersprach letztere seiner auf Partizipation und Repräsentation beruhenden politischen Theorie, die er in den verschiedenen Auflagen der *Politica* entwickelt hatte.
Mit seiner *Politica* von 1603 unternahm A. den Versuch, die Politik als eine eigenständige theoretische Disziplin zu fundieren, die ihren Gegenstand – das Gemeinschaftsleben der Menschen als Inbegriff des Politischen – ausgehend von der politischen Wirklichkeit beschreibt, ohne bei Theologie, Philosophie oder Jurisprudenz theoretische Anleihen zu machen. A. definierte Politik nicht nur als Wissen darum, wie Menschen soziales Leben unter sich einrichten und gestalten, sondern auch als Kunst, Menschen zu einem sozialen Leben zu vereinigen. Gegenstand der Politik sei die Gemeinschaft, deren Mitglieder sich durch ausdrückliche oder stillschweigende Übereinkunft verpflichteten, gegenseitig alles auszutauschen, was zu einem sozialen Leben nützlich und notwendig ist. Zweck dieser Gemeinschaft, die A. wegen des engen Bezuges der Mitglieder zueinander als Symbiose (»consociatio symbiotica«) bezeichnet, sei ein gerechtes, angenehmes und glückliches, aber auch frommes Leben. Zu einem solchen Leben wäre kein einzelner Mensch von sich aus und ohne die Gemeinschaft befähigt. Daher ist die Gemeinschaft einerseits die Konsequenz der natürlichen Bedürftigkeit des Menschen, andererseits beruhte sie für A. in erster Linie auf dem Willen Gottes, der von den Menschen ein frommes Leben in Gemeinschaft verlange und den Menschen als bedürftiges Wesen geschaffen habe.
Ausgehend von natürlichen Gemeinschaften, wie der Ehe, entwickelte sich das Gemeinwesen über immer größer und komplexer werdende Gemeinschaftsbildungen hin zur umfassenden Gemeinschaft, zum Staat als der »consociatio publica universalis maior«. Jede größere Einheit setze sich zusammen aus einer Vielzahl kleinerer Einheiten – die Provinz aus mehreren Städten und der Staat aus mehreren Provinzen –, die dennoch nicht ohne weiteres in der jeweils größeren Einheit aufgingen, in ihr vielmehr durch Repräsentation erhalten blieben und daher zumindest noch zu einem Teil Selbständigkeit bewahrten. Der zentralistischen Bewegung zu immer größeren Einheiten würde damit durch ein föderalistisches Moment entgegengewirkt.
Jede Einheit dieser Gemeinschaftsbildungen sei vor allem durch zwei Aspekte gekennzeichnet: Einerseits durch ein eigenständiges, die Gemeinschaft betreffendes, ihren Zweck förderndes und ihre Mitglieder bindendes Recht (»lex proprium«, »ius symbioticum«). Die Gemeinschaften seien andererseits gekennzeichnet durch Herrschafts- und Leitungsstrukturen, deren Vorhandensein dem menschlichen Wesen und dem göttlichen Willen entspräche und daher – so A. – seit Anbeginn der Menschheit vorhanden wären und Voraussetzung seien für den Bestand einer jeden Gemeinschaft. Die jeweils Regierenden blieben als Spitze der Gemeinschaft dennoch deren Teil, sie könnten jedem einzelnen Mitglied Weisungen erteilen und seien doch dem Willen der Gesamtheit der Mitglieder unterworfen.
Der Staat würde durch das vereinigte Volk gebildet und entstehe aufgrund des Konsenses aller ihm angegliederten Gemeinschaften und Körperschaften. Als die eigentlichen Glieder des Staates gelten daher auch nicht die einzelnen in einem Staat und unter einem Recht versammelten Bürger, sondern die Städte, Provinzen und Regionen, die erst die Bildung des Staates herbeigeführt hätten. Dieser Konsens impliziert gegenseitige Treue sowie das ausdrücklich oder stillschweigend geleistete Versprechen zu gegenseitiger Hilfeleistung in allen das Wohl der Gemeinschaft betreffenden Belangen. Aufgabe des Staates bzw. derer, die die oberste Herrschaftsgewalt ausüben, sei in erster Linie die Rechtspflege: Zum Nutzen und Wohl der Gemeinschaft erließe der Regent Gesetze und sorge für ihre Durchführung. Doch würde der obersten Herrschaftsgewalt nicht allein die Sorge um die äußere öffentliche Ordnung obliegen, sondern sie habe darüber hinaus dezidiert geistliche Aufgaben wahrzunehmen.
Das von dem Calvinisten A. beschriebene Gemeinwesen ist in erster Linie ein christlicher Staat, zu dessen normativen Grundlagen notwendig der christlich interpretierte Dekalog zählt.
Die höchste Gewalt (»ius regni«) kommt nicht einem einzelnen, sondern nur der gesamten staatlichen Gemeinschaft zu, sie ist unteilbar und als Eigentum des Volkes nicht veräußerbar. Der Herrscher nimmt als »administrator« im Auftrag des Volkes die Herrschaftsgewalt wahr, ohne daß ihm die höchste Gewalt faktisch übereignet wird. Diese Ermächtigung leistet ein Pakt, der als »pactum mandati« nichts mit dem in späteren Staatstheorien des 17. Jahrhunderts geläufigen Herrschafts- und Unterwerfungsvertrag gemein hat. Denn abgesehen davon, daß das Volk seine Souveränität nicht übertragen kann,

bleibt der dem Fürsten zugesicherte Gehorsam des Volkes immer an eine fromme und gerechte Regierungsweise gebunden. Die »potestas« des »summus magistratus« ist damit von vornherein eine »potestas limitata«, denn der Fürst ist nicht nur an die Normen des Naturrechts und des Dekalogs – die für A. weitgehend identisch sind – gebunden, sondern er unterliegt darüber hinaus auch den positiven Gesetzen. Eine »summa potestas«, wie sie für die von Jean Bodin explizierte Souveränitätstheorie kennzeichnend ist, ist für A. nicht akzeptabel, eine absolute Herrschaftsgewalt, die an keine Gesetze gebunden ist, bezeichnet er als Tyrannei.

Eine »potestas limitata« erfordert eine Instanz, die befugt ist, wirkungsvoll über die Einhaltung der Limitierung zu wachen. Daher führt A. die Ephoren (»patricii«, »seniores«) ein, die als gewählte Repräsentanten des Volkes dessen Rechte gegenüber dem »summus magistratus« vertreten. Die Ephoren verfügen über sehr weitgehende Vollmachten, die sich aus ihrer Kontrollfunktion ergeben würden. Sie wählen im Namen des Volkes den »summus magistratus« und stehen ihm mit Rat und Tat zur Seite. Gleichzeitig sind sie verpflichtet, den Herrscher zu mahnen und zu korrigieren, ungerechte Verordnungen, die dem Gemeinwohl zuwiderlaufen, zu unterbinden und einen tyrannischen, seine Rechte mißbrauchenden Herrscher seines Amtes zu entheben. Gegen einen tyrannischen – einen gottlosen und ungerechten – Herrscher sieht A. ausdrücklich ein Widerstandsrecht vor. Dieses »ius resistendi«, das gleichzeitig eine Pflicht, ein »officium resistendi« darstellt, gehört zu den Kontrollfunktionen der Ephoren und darf nur von diesen als den Repräsentanten des Volkes wahrgenommen werden. Insofern gehört A. zufolge das Widerstandsrecht zu einem quasiverfassungsrechtlichen Regulierungsinstrument.

A.'s *Politica* wurde vor allem in Territorien rezipiert, in denen die Stände noch über weitreichende Rechte verfügten. In den absolutistisch orientierten deutschen Staatstheorien des 17. und 18. Jahrhunderts (Conring, Pufendorf, Thomasius, Wolff) galt A.'s Konzept jedoch als staatsgefährdend.

Gierke, O. v.: Johannes Althusius und die Entwicklung der naturrechtlichen Staatstheorien (1880). Aalen (7. Aufl.) 1981. – Antholz, H.: Die politische Wirksamkeit des Johannes Althusius in Emden. Aurich 1955. – Friedrich, C. J.: Johannes Althusius und sein Werk im Rahmen der Entwicklung der Theorie von der Politik. Berlin 1975.

Frank Grunert

Anneke, Mathilde Franziska, geb. Giesler

Geb. 3. 4. 1817 in Leveringhausen/Westfalen; gest. 25. 11. 1884 in Milwaukee/USA

Die Freiheitskämpferin und Frauenrechtlerin, die »hungernde Poetin«, »revolutionäre Journalistin« und »sozialistische Redakteurin« – so eine Biographin – wurde als Mathilde Franziska Giesler am 3. April 1817 als eines von sechs Kindern des Domänenrates Karl Giesler und seiner Frau Elisabeth auf einem Landgut in Leveringhausen, nahe Blankenstein in Westfalen geboren. Mathildes Erziehung übernahm ein Privatlehrer, überdies wurde sie durch den gebildeten Freundeskreis ihrer Eltern zum Lesen angeregt. Durch mißglückte Finanzspekulationen des Vaters geriet die Familie in materielle Not und war zu größter Sparsamkeit gezwungen.

1836 heiratete Mathilde Franziska den Weinhändler Alfred von Tabouillot, von dem sie 1843 geschieden wurde. Die 1837 geborene Tochter aus dieser Ehe wurde ihr zugesprochen, außerdem wurde ihr Mann zur Zahlung eines – wenn auch knapp bemessenen – Unterhaltsgeldes verpflichtet. Auf sich selbst gestellt, begann sie – u.a. aus ökonomischen Gründen – schriftstellerisch und journalistisch zu arbeiten. Sie schrieb religiöse Bücher und Heimatliteratur, fertigte Übersetzungen an und arbeitete für mehrere Zeitungen. Mehr und mehr zog sich M.F. Tabouillot aus den Gesellschaftskreisen, zu denen sie ursprünglich gehörte, die sie aber seit ihrer Scheidung offenkundig mied, zurück und nahm in Münster Kontakt zu jungen Intellektuellen aus dem Umkreis des dortigen »Demokratischen Vereins« auf, die sich für politische und soziale Probleme interessierten und engagierten. In diesem Umfeld lernte sie ihren späteren Mann Fritz Anneke kennen, einen preußischen Offizier, der wegen seiner revolutionären politischen Ansichten 1845 aus dem Militär entlassen wurde. Am 3. Juni 1847 heirateten die beiden und zogen nach Köln, wo Fritz Anneke eine Anstellung bekommen hatte.

In das Jahr der Eheschließung fällt die Publizierung der lange Zeit unbekannt gebliebenen Frauenemanzipationsschrift *Das Weib im Conflict mit den socialen Verhältnissen* (1847). Es handelte sich um eine Parteinahme für Louise Aston, die wegen ihres angeblich unsittlichen Lebenswandels aus Berlin ausgewiesen worden war und darauf mit der Abfassung einer Verteidigungsschrift mit dem Titel: *Meine Emancipation, Verweisung und Rechtfertigung* reagiert hatte. A. rechtfertigte die Ansichten der Aston und verteidigte sie gegen die gefühllosen Vorurteile ihrer Geschlechtsgenossinnen, denen sie ihr »erlogenes Glück« vorhielt, das sie zu »lächelnden Sklavinnen« gemacht habe. Zweifellos spielte diese Aussage auf den gemeinsamen Erfahrungshintergrund von Aston und A. an, die beide das »erlogene Glück«, die ihnen aufgezwungene Konvenienzehe (»Vernunftsehe«), aufgegeben hatten. Frauen sollen und müssen – so lautete die Botschaft des Textes – ihre Persönlichkeit frei entfalten und ihre Selbstverleugnung aufgeben. Sie sollen außerdem – und hier wurde die Frauenfrage in die »socialen Verhältnisse« der demokratischen Bewegung zurückgeführt – den »Hauch des neuen geistigen Frühlings« an Söhne und Väter weitergeben und dafür Sorge tragen, »Töchter zu erziehen, die keinen Sklaven jemals mit ihrem Lächeln beglücken werden!«

Wie schon in Münster, verkehrten die A.s in Köln in einem freiheitlich gesinnten Kreis, dem Offiziere, Studenten, Schriftsteller und Journalisten angehörten. Die damit wieder aufgenommene revolutionäre politische Tätigkeit brachte Fritz A. in Konflikt mit den Behörden; am 3. Juli 1848 wurde er verhaftet und blieb bis zum 23. Dezember in Gefangenschaft.

Es war Mathilde und nicht, wie oft behauptet wurde, Fritz A., auf deren Initiative hin die Gründung der *Neuen Kölnischen Zeitung* zustande kam. Am 10. September 1848 erschien die erste Nummer dieses Blattes, das sich speziell an Arbeiter richtete. Fritz A. und sein Freund Fritz Beust zeichneten als verantwortliche Herausgeber. Ersterer befand sich zu diesem Zeitpunkt allerdings noch im Gefängnis, und A.s Briefe an ihn zeigen deutlich, daß sie die treibende Kraft des Zeitungsunternehmens war. Sie organisierte den Druck, den Vertrieb und betreute die Abonnements. Als die *Neue Kölnische Zeitung* wegen ihrer Radikalität am 26. September 1848 verboten wurde, führte A. sie kurzweg in eigener Regie als Herausgeberin unter dem Namen *Frauen-Zeitung* weiter. Der Hauptartikel der ersten Nummer behandelte das Thema »Kirche und Schule«, denn die Trennung von Kirche und Staat wurde überall, auch in der Paulskirche heftig diskutiert. Der Artikel wandte sich gegen ein Bildungsmonopol der Kirche und kritisierte die Verteidigung dieses Vorrechts als die Verteidigung von Machtbefugnissen und -relikten. Der Rest der Nummer wurde mit lokalen Meldungen zu tagespolitischen Ereignissen aus Köln und Berlin gefüllt. Die zweite Ausgabe der *Frauen-Zeitung* hatte keinen Leitartikel mehr, sondern brachte nur tagespolitische Meldungen aus Köln, Berlin, Koblenz und Neapel. Die dritte Nummer wurde bereits vor der Auslieferung beschlagnahmt. Angesichts der Tatsache, daß Mathilde Franziska A. die *Frauen-Zeitung* gründete, als sie mit dem Verbot der *Neuen Kölnischen Zeitung* konfrontiert wurde, erstaunt es nicht sonderlich, daß die *Frauen-Zeitung* nicht hielt, was ihr Titel versprach. Sie war keinesfalls ein Blatt für die Interessen der Frauen, sondern die Herausgeberin und Autorin setzte unter einem Decknamen mit ihr die Tradition der verbotenen *Neuen Kölnischen Zeitung* fort. A. präsentierte sich als fortschrittliches Mitglied der nationalen demokratischen Bewegung, berichtete über den Gang der Konterrevolution und kritisierte die repressiven militärischen Maßnahmen.

Nachdem die *Neue Kölnische Zeitung* wieder erscheinen durfte, stand sie auch weiterhin unter der Verantwortung und Leitung von Mathilde Franziska A. Der zweite Redakteur, Fritz Beust, war zwischenzeitlich nach Paris geflohen, und sie schrieb und redigierte die Zeitung, korrespondierte mit Berichterstattern und trug Sorge, daß die Artikel nicht in falsche Hände gerieten. Erst nach seiner Entlassung aus dem Gefängnis wurde auch Fritz Anneke wieder in der Redaktion tätig. Seine Frau blieb schriftstellerisch und journalistisch für mehrere demokratische Blätter aktiv und übernahm nach der politisch begründeten Flucht ihres Mannes aus Köln am 6. Mai 1849 wiederum die alleinige Fortführung der *Neuen Kölnischen Zeitung*. Am 15. Mai veröffentlichte sie hier einen Aufruf württembergischer Frauen »an die deutschen Krieger«, in dem es darum ging, daß keine deutsche Frau mit einem Mann die Ehe eingehen sollte, »dessen Hand von dem Blute seiner deutschen Mitbrüder befleckt wurde!« Die Soldaten sollten zum Volk halten, das war der dringende Appell der Frauen, der durch die demokratische Presse ging und von Mathilde Franziska A. unterstützt wurde.

Kurz darauf gab sie die Redaktion der Zeitung endgültig auf und folgte ihrem Mann am 20. Mai 1849 auf das Schlachtfeld der Revolution. Über ihre Teilnahme am badisch-pfälzischen Aufstand berichtete sie selbst in den *Memoiren einer Frau aus dem badisch-pfälzischen Feldzug*, für die sie allerdings lange Zeit keinen Verleger fand, und die sie erst in der amerikanischen Emigration im Selbstverlag herausgab (1853). Als die Festung Rastatt, die letzte demokratische Bastion, von Regierungstruppen genommen wurde, war die Zerschlagung der demokratischen Bewegung so gut wie vollzogen. Überall siegten die alten Mächte. Wer von den Teilnehmern und Teilnehmerinnen der Revolution nicht emigrierte, wurde wegen Hochverrats und Majestätsbeleidigung angeklagt und verurteilt. Die A.s emigrierten über Frankreich und die Schweiz in die USA. Am 8. Oktober 1849 gingen sie in Le Havre auf die siebenwöchige Schiffsreise nach New York.

Das gleiche Schicksal ereilte zahllose Gesinnungsgenossen: Von den 46 Millionen Einwohnern Deutschlands verließen 1,2 Millionen Menschen bei der zu dieser Zeit einsetzenden Auswanderungswelle ihre Heimat. A. fand sich besser in den USA zurecht als ihr Mann, von dem sie immer häufiger getrennt lebte. Obwohl sie noch drei weitere Kinder bekam, blieb sie als Journalistin tätig und arbeitete für zahlreiche amerikanische deutschsprachige Zeitungen und Journale, auch deutschen

Blättern diente sie als Korrespondentin. Sie schrieb über Politik und Literatur und zunehmend über Frauenrechte. Aus dem Kontakt zur amerikanischen Frauenrechtsbewegung erwuchsen ihr neue Aufgaben: Sie nahm an zahlreichen Vorträgen und Versammlungen teil und wurde als Rednerin aktiv, die sich vornehmlich an die deutschen Frauen in Amerika wandte. Am 1. März 1852 erschien die erste Nummer einer von ihr in Milwaukee herausgegebenen *Deutschen Frauen-Zeitung*. Zweieinhalb Jahre lang erschien das Blatt mit mehrmaligem Verlags- und Ortswechsel.

Mathilde A. kehrte noch einmal für längere Zeit nach Europa zurück: Die Jahre 1860–1865, in die auch der amerikanische Bürgerkrieg fiel – ihr Mann nahm daran teil –, verbrachte sie mit ihrer engen und langjährigen Freundin Mary Booth in der Schweiz und unternahm auch Reisen nach Deutschland. Ihre Verbindungen nach Europa, vor allem die beruflichen Kontakte, waren in der Zeit ihres USA-Aufenthaltes nie abgerissen, so daß sie für zahlreiche deutsche, amerikanische und schweizerische Zeitungen und Zeitschriften als Autorin und Korrespondentin arbeiten konnte. Sie konzentrierte sich nun auch auf die Sklavenfrage, die Auslöser des amerikanischen Bürgerkrieges war.

Im Juli 1865 kehrte A. in die USA zurück, weil sie gemeinsam mit einer jüngeren Freundin, Cäcilie Kapp, die Gründung einer Mädchenschule plante. Das »Milwaukee-Töchter Institut – German, French, English Academy«, das A. bis zu ihrem Tod leitete, entwickelte sich im Laufe der Jahre zu einer anerkannten höheren Töchterschule und das, obwohl seine Leiterin eine immer bekannter werdende Suffragette war. 1869 kam es in den USA zur Gründung der Frauenstimmrechts-Organisation, und A. gehörte neben den bekannten Führerinnen Elizabeth Cady Stanton und Susan B. Anthony zu den vielbeachteten Rednerinnen des in die Geschichte eingegangenen Gründungskongresses. Auch in den Folgejahren blieb sie unermüdlich in der Sache aktiv und stand in Kontakt mit allen wichtigen Persönlichkeiten der Bewegung.

1880 trat A. zum letzten Mal öffentlich auf und hielt eine Ansprache auf einem Frauenkongreß in Milwaukee. Aus gesundheitlichen Gründen zog sie sich dann aus der amerikanischen Frauenrechtsbewegung, zu deren Symbolfigur sie längst geworden war, zurück. Sie starb am 25. November 1884 in Milwaukee.

Wagner, M.: Mathilde Franziska Anneke in Selbstzeugnissen und Dokumenten. Frankfurt/Main 1980.

Ulla Wischermann

Apolant, Jenny, geb. Rathenau

Geb. 5. 11. 1874 in Berlin; gest. 5. 6. 1925 in Frankfurt

»Du sollst an Deutschlands Zukunft glauben/an Deines Volkes Auferstehen./Laß diesen Glauben Dir nicht rauben,/trotz allem, allem, was geschehen./ Und handeln sollst Du so, als hinge/ an Dir und Deinem Tun allein/das Schicksal all der deutschen Dinge,/und die Verantwortung wär Dein.« Diese Worte des Philosophen Fichte finden sich in einem Kalender A.s aus dem Jahr 1924, der in einem der beiden Kartons ihres Nachlasses im Frankfurter Institut für Stadtgeschichte aufbewahrt wird. Am Ende ihres Lebens notiert, stehen sie gleichsam für das politische Credo der Frauenrechtlerin, Sozialarbeiterin und liberalen Frankfurter Kommunalpolitikerin der ersten Stunde. A. zählte zu den Nachfahren jener, wie Hannah Arendt es formulierte, an Fichte (und Goethe) assimilierten Generation deutscher Juden, die im 19. Jahrhundert zunehmend ihren Platz im öffentlichen Leben behaupteten. Sie wurde in eine der bekanntesten jüdischen Familien Berlins hineingeboren, ihr Onkel war der Industrielle Emil Rathenau, der spätere Reichsaußenminister Walther Rathenau ihr Vetter.

Trotz ihres Bildungshungers – die fünfzehnjährige A. war bereits Gasthörerin an der Humboldt-Akademie – blieb sie ohne beruflichen oder akademischen Abschluß. Der Zeit gemäß erhielt sie eine »Höhere-Töchter«-Ausbildung und heiratete 1899 den Serologen und Mitarbeiter Paul Ehrlichs am Institut für experimentelle Therapie, Hugo Apolant. Es folgten: der Umzug nach Frankfurt am Main, die Geburt der Tochter Sophie, Hausfrau- und Muttersein. Der Weg aus der intellektuellen Umgebung Berlins in die festgefügte Welt von Ehe und Familie in Frankfurt rief ihr Unbehagen hervor. Dagegen bot die bürgerliche Frauenbewegung eine Möglichkeit, sich für die Rechte der Frauen einzusetzen, ohne zugleich aus den traditionellen Strukturen auszubrechen. A. schloß sich dem »Allgemeinen Deutschen Frauenverein« (ADF) an. Als Frauenbeauftragte leitete sie die in Frankfurt vom ADF 1907 eingerichtete »Auskunfts-(später: Zentral-)Stelle für die Gemeindeämter der Frau«. 1910 wurde sie Mitglied des ADF-Reichsvorstands, vier Jahre später Vorsitzende der Frankfurter ADF-Ortsgruppe. Nach dem frühen Tod ihres Mannes 1915 erweiterte sie ihren Aufgabenbereich und publizierte viel, u.a. über *Die Mitwirkung der Frau in der kommunalen Wohlfahrtspflege* (in: *Die Frau*, 1916) und *Das kommunale Wahlrecht der Frauen in den deutschen Bundesstaaten*

(1918). 1920 wurde sie Herausgeberin des ADF-Organs *Neue Bahnen*, das sie unter dem neuen Titel *Die Frau in der Gemeinde* von Helene Lange übernahm. In Frankfurt initiierte sie neue Formen kommunaler Einrichtungen, die später von anderen Großgemeinden übernommen wurden: die soziale Krankenfürsorge, alkoholfreie Speisewirtschaften oder die in der Inflationszeit gegen die Verarmung des Mittelstandes ins Leben gerufene »Verkaufsvermittlungsstelle für Wertgegenstände aus Privatbesitz«.

Ende 1918, unmittelbar nach dem Ersten Weltkrieg trat A. der Deutschen Demokratischen Partei (DDP) bei. Warum sie dort ihren politischen Standort wählte, faßte sie 1924 in einem »politischen Glaubensbekenntnis« zusammen: »Nach der Revolution mit fliegenden Fahnen zur Partei, die eine wirkliche Volksherrschaft wollte, jede Vertretung einer bestimmten Klasse, Stand, Konfession ablehnte, mit dem alten, überlebten Obrigkeitsstaat brach, für Freiheit und Fortschritt eintrat. Geist der alten 48er lebte auf. (...) Manche Enttäuschung bei den Demos, bei denen wie überall viel Interessenpolitik, häßliche persönliche Kämpfe, wenig Mut, auch oft, wenn auch nie offiziell, antisemitische Tendenzen, auf den Listen kein Jude Spitzenkandidat. Aber man bleibt dem als sachlich richtig erkannten Programm doch treu und außerdem – wohin?« Der Beitritt zum »Zentrum« war ihr »unmöglich durch die starke Bindung an die katholische Kirche«, wohingegen das staatspolitische Programm der Sozialdemokratie zwar im Prinzip ihre Zustimmung fand, aber weder dessen kirchenfeindliche Punkte (»mir höchst unsympathisch«) noch die wirtschaftspolitischen Forderungen (»für mich unmöglich«).

Als die neue Weimarer Verfassung den Frauen das allgemeine Wahlrecht gewährte, zog A. 1919 als Abgeordnete der DDP zusammen mit zehn anderen Frauen erstmals in die Frankfurter Stadtverordnetenversammlung ein. Was folgte, war jedoch eher ernüchternd: In einem Artikel über die Ergebnisse einer reichsweiten Umfrage zur Situation weiblicher Abgeordneter in Stadtparlamenten resümierte A. am 12. August 1922: Die weiblichen Stadträte ihrer Partei seien »von ihrer Tätigkeit außerordentlich befriedigt«, sie seien »die besten Förderer ihrer Kolleginnen im Stadtparlament und die natürlichen politischen Erzieher der Bürgerinnen« (*General-Anzeiger*, 1922). Demgegenüber betrachteten die Stadtverordneten ihre Tätigkeit in Ausschußsitzungen vielfach als »Zeitvergeudung« und seien durchweg enttäuscht. Frustrationen bis hin zu körperlichen Zusammenbrüchen waren auch Teil eigener Erfahrungen. So schrieb A. 1923 an eine Freundin: »Seit Juni drei Zusammenbrüche, lange Sanatoriumsaufenthalte, scheußliche Herzzustände, auch jetzt noch große Schonung notwendig.«

Politik zu machen verstand sie als Akt staatsbürgerlicher Verantwortung, der auch Frauen sich nicht entziehen durften. Immer wieder forderte sie in Artikeln, Aufrufen und Petitionen die verstärkte politische Mitwirkung von Frauen. Gemäß ihrem bürgerlich-traditionellen Rollenverständnis verlangte sie diese vor allem in Bereichen der Sozial- und Wohlfahrtspflege, der Erziehungs- und Bildungspolitik. Doch sah sie zugleich auch die Notwendigkeit, männlich-patriarchale Strukturen im parlamentarischen System aufzubrechen und appellierte an ihre männlichen Kollegen: »Das männliche Erschrecken bei Frauenansprüchen auf Ausschüsse anderer Art (als soziale und Erziehungsfragen, die Verf.) wie Hoch- und Tiefbau, Finanz- und Steuerfragen, muß allmählich schwinden.« Die gleichberechtigte parlamentarische Zusammenarbeit von Männern und Frauen ist bis heute nur begrenzt verwirklicht. A. gehörte zu den Parlamentarierinnen der »ersten Stunde« in Deutschland, die diesem Fernziel ihr Leben widmeten. 1924 mußte sie ihr Abgeordnetenmandat niederlegen. Kaum fünfzigjährig starb A. an den Folgen der Überarbeitung.

Stubbe-da-Luz, H.: Jenny Apolant – Vorkämpferin für kommunale Frauenarbeit, in: das rathaus, Heft 7/1985, S. 355–359. – Balser, F.: Jenny Apolant, in: Lustiger, A. (Hg.): Jüdische Stiftungen in Frankfurt am Main. Frankfurt/Main 1988, S. 290–297. – Kratz-Ritter, B: Jenny Apolant, in: Dick, J.; Sassenberg, M. (Hg.): Jüdische Frauen im 19. und 20. Jahrhundert. Lexikon zu Leben und Werk. Reinbek bei Hamburg 1993, S. 21–23.

Marina Sassenberg

Arendt, Hannah

Geb. 14. 10. 1906 in Linden bei Hannover; gest. 4. 12. 1975 in New York

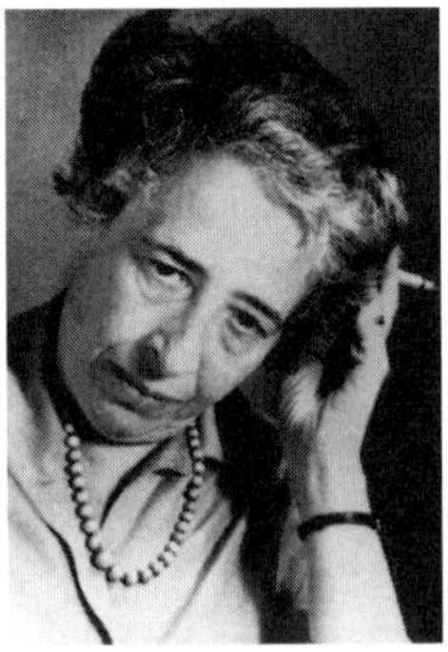

»Das Entscheidende ist der Tag gewesen, an dem wir von Auschwitz erfuhren (...) Das war wirklich, als ob sich der Abgrund öffnet. Weil man die Vorstellung gehabt hat, alles andere hätte irgendwie noch einmal gutgemacht werden können, wie in der Politik ja alles einmal wieder gutgemacht werden kann. Dies nicht. Dies hätte nie geschehen dürfen. Und damit meine ich nicht die Zahl der Opfer. Ich meine die Fabrikation der Leichen und so weiter (...) Dieses hätte nicht geschehen dürfen. Da ist irgend etwas passiert, womit wir alle nicht mehr fertig werden.«

Diese Sätze stammen aus einem Interview, das Günter Gaus mit A. geführt hat und das 1964 das Deutsche Fernsehen ausstrahlte. Unmißverständlich wird darin zum Ausdruck gebracht, daß mit der nationalsozialistischen Judenvernichtung eine Grenze überschritten wurde, die durch keine Form der Politik wieder einzuholen ist. Diese Diskrepanz – das Ungenügen politischen Handelns gegenüber der Schockerfahrung des Holocaust – hat dem Leben A.s den wohl stärksten Stempel aufgedrückt. Die Biographie der deutsch-amerikanischen Jüdin zu skizzieren, heißt erklären, wie aus einer apolitischen Philosophin eine nicht nur politisch engagierte Frau, sondern die wohl bedeutendste Theoretikerin des Politischen in diesem Jahrhundert werden konnte.

A. wurde 1906 in Linden bei Hannover geboren. Sie stammte aus einer assimilierten jüdischen Familie des Bildungsbürgertums und war Einzelkind. Ihre Eltern waren sozialdemokratisch geprägt und standen den Ideen der Jugendbewegung nahe. Der Vater, ein Ingenieur, starb bereits früh. A. wuchs in Königsberg, der Heimatstadt Kants, auf, besuchte dort ein Mädchengymnasium und studierte ab 1924, nachdem sie als Externe vorzeitig ihr Abitur abgelegt hatte, in Marburg bei Martin Heidegger Philosophie und bei Rudolf Bultmann Theologie. Nach der Fortsetzung ihres Studiums bei Edmund Husserl in Freiburg und Karl Jaspers in Heidelberg promovierte A. mit einer Arbeit über den *Liebesbegriff bei Augustin* (1928). Nach der Heirat mit dem Philosophen Günther Stern, der später unter seinem Pseudonym Anders als Zivilisationskritiker bekannt wurde, begann sie mit einer Studie über die jüdische Romantikerin Rahel Varnhagen. Im Sommer 1933 von der Gestapo vorübergehend verhaftet, entzog sie sich der wachsenden Bedrohung durch die Flucht nach Prag. Von dort gelangte A. über Genua und Genf nach Paris, wo sie sich der zionistischen Bewegung anschloß. Als Generalsekretärin der »Jugend-Alija« kümmerte sie sich mehrere Jahre um die Auswanderung jüdischer Flüchtlingskinder nach Palästina. Nach der Scheidung von Stern heiratete sie den Ex-Kommunisten Heinrich Blücher. Nach der Niederlage Frankreichs im Juni 1940 und mehrwöchiger Internierung in dem im unbesetzten Frankreich gelegenen Pyrenäen-Lager Gurs flüchtete A. zusammen mit ihrem Mann und ihrer Mutter über Spanien und Portugal in die USA, wo sie im Mai 1941 ankamen. In ihrem Gepäck führte sie die aus der Erfahrung einer historischen Katastrophe heraus verfaßten *Thesen über den Begriff der Geschichte* (1940) ihres Freundes Walter Benjamin mit sich, der aus Furcht vor seiner Verhaftung durch die Gestapo im September 1940 an der französisch-spanischen Grenze Selbstmord begangen hatte. In New York schrieb A. regelmäßig für die deutsch-jüdische Emigrantenzeitung *Aufbau*, arbeitete als Cheflektorin im Schocken-Verlag (1946–1949) und schloß sich der jüdischen Organisation »Ihud« von Judah Magnes an, in der sie vor der Gründung des Staates Israel durch einen Gewaltakt warnte. Als Geschäftsführerin der »Jewish Cultural Reconstruction Incorporated« reiste sie 1949 das erste Mal wieder nach Deutschland, um jüdische Kulturgüter zu retten.

Als 1951 mit *The Origins of Totalitarianism* ihr erstes großes Buch erschien, wurde A. auf einen Schlag auch über akademische Fachkreise hinaus bekannt. Ihre Doppelanalyse von Nationalsozialismus und Kommunismus wurde – obwohl keineswegs unumstritten – zum Standardwerk der Totalitarismustheorie.

Totalitarismus war für sie eine genuin neuartige Herrschaftsform: Als Produkt der modernen Massengesellschaft habe sich diese Herrschaftsform im Europa des 19. Jahrhunderts, dem Zeitalter der Bourgeoisie, mit dem Niedergang der Nationalstaaten herauskristalisiert. In den drei *Elementen der Schande*, die ins Zentrum der Studie gerückt sind – dem Antisemitismus, dem Imperialismus und dem Rassismus – kündigt sich an, was den Typus totaler Herrschaft auszeichnet: Bei ihm treten zu den traditionellen Merkmalen der Tyrannei mit Ideologie und Terror nicht einfach zwei weitere hinzu, sondern konstituieren Totalitarismus auf ganz spezifische Weise, mit einer ungekannten Vernichtungsqualität. Zum Inbegriff der neuen Herrschaftsform wird das System der Konzentrationslager. So wie kein totalitäres Regime ohne Terror auskommen kann, lautet eine von A.s grundlegenden Einsichten, so kann sich kein Terrorsystem ohne die Einrichtung von Konzentrationslagern als effektiv und letztlich von Dauer erweisen. Nationalsozialismus und Bolschewismus erscheinen ihr als »Variationen ein und desselben Modells«. Die Funktion totaler Herrschaft bestehe in der Zerstörung all dessen, was Gemeinschaft bedeutet, letztlich in der völligen Liquidierung von Freiheit.

So wie es A. zunächst um *Elemente und Ursprünge totaler Herrschaft* ging, wie der Titel ihres 1955 ins Deutsche übersetzten Buches lautet, so geht es in ihrem weiteren Werk um Elemente und Ursprünge politischen Handelns. In der Analyse der Strukturen totaler Herrschaft hat sie eine Demokratietheorie ex negativo entfaltet. Diese positiv zu fassen, stellt das zentrale Moment ihrer weiteren Arbeiten dar.

Die wohl wichtigste Weichenstellung erfolgte, als A. sich eine Standardkritik an ihrem Totalitarismus-Buch – im Gegensatz zur Analyse des Nationalsozialismus sei die des Sowjetkommunismus unscharf und empirisch unterbelichtet – zu eigen macht und sich die Aufgabe stellt, *Totalitäre Elemente im Marxismus* zu untersuchen. So lautet der Titel eines Projekts, das sie Anfang der fünfziger Jahre in Angriff nahm, um insbesondere den Unterschied zwischen Natur- und Geschichtsideologie genauer bestimmen zu können. A. war der Überzeugung, daß die abendländische Philosophie an der Heraufkunft der Schreckenssysteme des 20. Jahrhunderts alles andere als unschuldig sei. Ihren Plan, die philosophischen Wurzeln des kommunistischen Totalitarismus aus der Marxschen Theorie herauszufiltern, mußte A. jedoch aufgeben, weil eine Verlängerung des dafür nötigen Stipendiums nicht

bewilligt wurde. Gleichwohl erwies sich dieses Erkenntnismotiv für ihre weitere Arbeit als richtungweisend.
Unter der Voraussetzung, daß die abendländische Tradition politischen Denkens in den Theorien von Marx ihr Ende gefunden habe, konzentrierte sich A. auf zwei Aufgaben: Zum einen auf die Neuformulierung einer als verhängnisvoll erkannten Reduktion des Herrschaftsbegriffs auf die Dichotomie von Herrschern und Beherrschten und zum anderen auf die Herauslösung des Handlungsbegriffs aus den deterministischen Bestimmungen von Arbeiten und Herstellen. Der eine Weg zielte darauf ab, das Politische in der Sphäre der Öffentlichkeit weiter auszudifferenzieren, Schlüsselbegriffe sind Pluralismus und Partizipation; er führte von dem 1963 fertiggestellten Werk *On Revolution* (dt.: *Über die Revolution*, 1963) bis zu ihrem 1970 erschienenen Essay *On Violence* (dt.: *Macht und Gewalt*, 1975). Der andere Weg mit dem Ziel, dem Begriff menschlichen Handelns Vorrang gegenüber dem der Produktion zu verschaffen, führte von *The Human Condition* (1958, dt.: *Vita activa oder vom tätigen Leben*, 1960) bis zum 1978 postum publizierten *The Life of the Mind* (dt.: *Vom Leben des Geistes*, 1979), einer Art vita comtemplativa. Bei beiden Aufgabenstellungen ging es implizit um die Überwindung zweier zentraler Topoi der marxistischen Theorie – der Fundierung des Herrschafts- im Klassenbegriff und der des Arbeitsbegriffs in dem dem Reich der Notwendigkeit zugeordneten Begriff der Produktion. Ziel war in beiden Fällen die Zurückgewinnung der Freiheitsdimension im politischen Handeln.
Die im Übergang vom 19. zum 20. Jahrhundert grundlegende Kategorie der Gesellschaft spielte dabei für A. keine Rolle mehr. Sich auf die klassische griechische Tradition beziehend, unterschied sie nur zwischen einer privaten und einer öffentlichen Sphäre. Ausbeutung und Verarmung spielten für A. nur eine untergeordnete Rolle. Für das, was in der Tradition, nicht nur der Linken, als soziale Frage bezeichnet wird, war in ihrem Denken kein systematischer Ort mehr vorgesehen. So sehr sie theoretisch auch von aristotelischen Kategorien her beeinflußt war, so wenig mochte sie der Überzeugung folgen, daß der Mensch ein zoon politikon, ein gesellschaftliches Wesen, sei. Das Politische war für A. kein qua Natur mitgegebener Wesenszug des Menschen, sondern etwas, das es erst zu schaffen gelte. Es existiere nicht in dem sondern zwischen den Menschen. Vorhanden sei es jedoch nur als Möglichkeit. Das Politische war für A. eine Aufgabe, die im öffentlichen Handeln erst realisiert werden müsse.
Seit den vierziger Jahren hat sich A. immer wieder öffentlich eingemischt, in einer geradezu resoluten Weise politisch Position bezogen und damit nicht selten Kontroversen ausgelöst, am heftigsten wohl mit ihrem 1963 erschienenen Buch *Eichmann in Jerusalem*, in dem sie nicht nur die Judenräte kritisiert, sondern auch die These von der Banalität des Bösen aufwirft.
Aus einer Podiumsdiskussion im Dezember 1967 in New York ist A.s Essay *Macht und Gewalt* hervorgegangen. Den Vertretern der »Neuen Linken« wollte A. zeigen, daß sie die moralische Stärke ihrer Rebellion, von der sie trotz aller Kritik fasziniert war, nur dann bewahren könnten, wenn sie sich von ihrer marxistischen Gewaltrhetorik lösten. Die politische Verwirrung in Fragen der Opposition rühre daher, daß Macht und Gewalt gleichgesetzt würden. A. insistierte stattdessen auf der Notwendigkeit einer fundamentalen Unterscheidung. Diese Unterscheidung kristallisierte A. in ihrer Kritik an drei vermeintlichen Legitimationsmustern der Gewaltausübung, an Denkfiguren von Karl Marx, Georges Sorel und Jean-Paul Sartre heraus. Während die Gewaltkategorie instrumentellen Charakter besitze und in den Bereich der Zweck-Mittel-Relation gehöre, sei die der Macht essentiell und bedürfe keiner Rechtfertigung, da sie allen Gemeinwesen schon immer inhärent sei. Die Legitimität der Machtausübung beruhe nicht auf Zielen oder Zwecken, sondern resultiere aus den Ursprüngen gemeinsamen Handelns, der Gründung einer Gruppe oder Gemeinschaft. Gegen ein bekanntes Mao-Diktum gerichtet, hielt A. ihren Kontrahenten vor, aus den Gewehrläufen komme niemals Macht. Wo Gewalt in einem poltischen Sinne eingesetzt werde, führe sie nicht zur Gewaltlosigkeit, sondern zu neuer, zumeist zu noch mehr Gewalt. Mit ebenso überraschenden wie genau gesetzten Distinktionen versuchte A. das Politische zurückzugewinnen. In ihrer Argumentation ging es letztlich darum, durch kategoriale Unterscheidungen die Legitimität politischen Handelns zu klären.
Weder theoretisch noch politisch läßt sich A. rubrizieren. Sie entzieht sich voreiligen Zuordnungen.

d' Arcais, P.F.: Libertärer Existentialismus – Zur Aktualität der Theorie von Hannah Arendt. Frankfurt/Main 1990. – Friedmann, F.G.: Hannah Arendt – Eine deutsche Jüdin im Zeitalter des Totalitarismus. München, Zürich 1985. – Heuer, W.: Hannah Arendt. Reinbek bei Hamburg 1987. – Krummacher, F.A.: Die Kontroverse – Hannah Arendt, Eichmann und die Juden. München 1964. – Reif, A. (Hg.): Hannah Arendt – Materialien zu ihrem Werk. Wien, München, Zürich 1979. – Young-Bruehl, E.: Hannah Arendt – Leben, Werk und Zeit. Frankfurt/Main 1986.

Wolfgang Kraushaar

Aretin, Johann Christoph Freiherr von

Geb. 2. 12. 1772 in Ingolstadt; gest 24. 12. 1824 in München

Zeitgenossen und Nachwelt haben A. zuweilen mit wenig schmeichelhaften Attributen bedacht. Er galt und gilt vielen als »einer der bestgehaßten Männer des geistigen Münchens Montgelas'« (E. v. Aretin) und als »wütender und aufdringlicher Aufklärer« (P. Ruf). Seine oft maßlose Streitlust, aber auch seine politischen und verfassungsrechtlichen Vorstellungen haben den Historiker, Staatsrechtler und politischen Publizisten zu einer der herausragenden Persönlichkeiten im Bayern des frühen 19. Jahrhunderts gemacht.

Nach juristischem Studium in Heidelberg und Göttingen trat A. 1793 in den bayerischen Staatsdienst, dem er bis zu seinem Tod in wechselnden Funktionen angehörte. Er war Generallandesdirektionsrat (1799), an der Hofbibliothek tätig (1802–1811), Direktor und später Vizepräsident des Appellationsgerichts in Neuburg an der Donau (1811–1819) und schließlich bis zu seinem Tod 1824 Präsident des Appellationsgerichts in Amberg. Daneben wirkte er als Mitglied der Münchner und der Göttinger Akademie der Wissenschaften und gehörte auch den beiden ersten bayerischen Landtagen an, wo er sich als Vertreter der gemäßigten Opposition und Herausgeber der *Landtagszeitung* hervortat.

Auch wenn A. fast ständig in offenem oder verdecktem Hader mit Kollegen und vorgesetzten Behörden lag, unterstützte er von Beginn an die aufklärerisch geprägten Reformen des Grafen Maximilian von Montgelas, der 1799 die Regierungsgeschäfte in Bayern übernommen hatte. In A.s Denken und Handeln spiegelten sich denn auch wesentliche Elemente der bayerischen Politik dieser Jahre pointiert wider. Als Hofbibliothekar suchte er während der Säkularisation (gemäß Reichsdeputationshauptschluß von 1803) die bayerischen Klöster nach »brauchbaren Büchern« ab, wie der rigorose Aufklärer sein oftmals harsches Vorgehen gegen die »tote Hand« vornehm umschrieb.

Sein unverwechselbares politisches Profil erhielt A. aber erst im Gefolge eines persönlichen und publizistischen Grabenkrieges, der als »Akademie- oder Nordlichterstreit« München zwei Jahre lang in Atem hielt (1809–11). A. war Wortführer einer Gruppe bayerischer »Patrioten«, die glaubten, Staat und Gesellschaft Bayerns gegen »anmaßende« Vorstellungen einiger norddeutscher Gelehrter verteidigen zu müssen. Diese waren an die Münchner Akademie und an die Landshuter Universität berufen worden, um dem Wissenschafts- und Bildungssystem des Landes neuen Schwung zu verleihen. Persönliche Animositäten sowie divergierende Ansichten über Wissenschaft und Politik schürten den Konflikt, der schließlich in einem Mordanschlag auf den aus Göttingen nach München gekommenen Pädagogen Friedrich Thiersch eskalierte. Daraufhin »beförderte« die Regierung A. nach Neuburg.

In den zahlreichen Streitschriften, die A. damals verfaßte, zeigte er sich als unbedingter Anhänger der napoleonisch-rheinbündischen Herrschaftsordnung (1806–1813), die er als Motor und Schutzschild für das Entstehen moderner Staatlichkeit in Deutschland begriff. Während Frankreich »seine Revolution von unten auf gemacht« habe, sei es den »anderen Regierungen« dank des napoleonischen Umbruchs möglich, »die ihrigen [Revolutionen, d. Verf.] von oben herab« zu machen, heißt es in seiner bedeutendsten Schrift – *Die Pläne Napoleon's und seiner Gegner besonders in Teutschland und Österreich*, 1809 – aus dieser Zeit. Wichtigster Aspekt dieser revolutionären Reformen war für A. der endgültige Bruch mit dem Alten Reich und seiner ständischen Ordnung, also die Ablösung des reichsrechtlich gebundenen Patrimonialstaates durch den modernen Staat mit abstraktem, universalem und zentralem Gewaltmonopol. »Gleichheit der Gesetze und Freyheit des Gewissens« sowie Beteiligung des »Bürgerstandes an der Gesetzgebung« kennzeichneten dieses neue System, für das A. in Abgrenzung zu den überkommenen »Feudal-Monarchien« den Begriff »konstitutionelle Monarchie« prägte. Charakteristisch für A. ist dabei, daß sich sein politisches Konzept dezidiert auf den deutschen Einzelstaat, im speziellen auf Bayern, bezog. Dessen staatliche Souveränität nach innen und nach außen war für A. unabdingbare Voraussetzung der neuen Ordnung, denn erst der Niedergang und das (formelle) Ende des Alten Reiches (1806) hatten die durchgreifenden Reformen der Montgelas-Zeit überhaupt möglich gemacht. A. erkannte frühzeitig, daß viele Anhänger einer einheitlichen deutschen Nation noch primär am Alten Reich orientiert waren. Damit drohten sie für ihn die politischen und gesellschaftlichen Errungenschaften jener Jahre zu unterminieren. Gegen die entstehende deutsche Nationalbewegung setzte er daher einen auf das reformierte Bayern bezogenen Staatspatriotismus, den er mit kosmopolitischem Gedankengut und altbayerischem Stammesbewußtsein verband. Auch wenn A. im Eifer des Gefechts in seiner Argumentation nicht selten überzog, lag er mit seiner Idee eines souveränen bayerischen Staates von europäischer Geltung weitgehend auf der Linie Montgelas'.

Nicht zuletzt deshalb sicherte sich die Regierung A.s publizistische Unterstützung, als nach den deutschen Befreiungskriegen 1813/1814 die »deutsche Frage« und damit auch die Entwicklung der zurückliegenden Rheinbundzeit auf die Tagesordnung der großen Politik kam. A. stellte sich im Umfeld des Wiener Kongresses (1815) in den Dienst der bayerischen Propaganda. Ganz im Sinne Montgelas forderte er ein einzelstaatlich strukturiertes, staatenbündisches Deutschland und verfocht sein Konzept eines »nationalen« Großbayern. A. wurde so um 1815

zu einem herausragenden publizistischen Gegner der frühnationalen und meist an Preußen orientierten Autoren, wie etwa Ernst Moritz Arndt und Joseph Görres. Neben einer Reihe von Flugschriften verfaßte er zahlreiche Artikel für das Kampfblatt *Allemannia* (1815/17), das verdeckt vom bayerischen Außenministerium getragen wurde.
Artikel 13 der Deutschen Bundesakte (1815) verpflichtete jeden Mitgliedsstaat zur Einführung einer »landständischen Verfassung«. Wie diese Forderung konkret auszufüllen sei, beschäftigte die deutsche Politik nach 1815 und A. für den Rest seines Lebens. Eine Restitution alter ständischer Rechte lehnte er strikt ab. Die aufgelösten Landstände seien letztlich keine »Volksvertreter« gewesen, da ihre »Privilegien mit den allgemeinen Ansprüchen des Volks nicht zu bestehen vermochten und umgekehrt«. Doch bei der Frage, was an die Stelle der alten Stände treten sollte, tat sich A. schwerer, seine Ansichten oszillierten zwischen aufgeklärt-gouvernementalen und frühkonstitutionellen Positionen. So forderte er 1816 für Bayern eine »zweckmäßige Volks-Repräsentation«, durch die »nicht blos ein Teil der Nation, sondern diese selbst sprechen kann«. In der Definition der Rechte und Aufgaben einer solchermaßen modern, weil repräsentativ und nicht mehr ständisch zusammengesetzten Körperschaft grenzte er sich aber sehr bewußt nicht nur von altständischen, sondern auch von konstitutionellen Anschauungen ab: »Der Charakter der Repräsentativverfassung liegt nicht in der Beschränkung des Fürsten durch Volksdeputirte, sondern in dem der constitutionellen Monarchie zur Basis dienenden Grundsaze, daß der Fürst als Repräsentant des Volkes zu betrachten sei«. Eine dualistische Staatsstruktur lehnte A. ab, seine Repräsentanten waren in ihren Teilhaberrechten eng begrenzt. Sie waren nicht als Korrektiv im Sinne eines Gegengewichts gedacht, sondern als ein beratendes und damit auch »Öffentlichkeit« schaffendes Organ, um »die Einheit zwischen Fürst und Volk, die vernünftigerweise nie getheilte Interessen haben können«, vollkommen herzustellen.
A. hat diese Vorstellungen in den 1820er Jahren präzisiert, weiterentwickelt und in einem Gesamtwerk verschmolzen, das freilich erst nach seinem Tod von Karl von Rotteck vollendet wurde. Es erschien unter dem Titel *Staatsrecht der konstitutionellen Monarchie. Ein Handbuch für Geschäftsmänner, studirende Jünglinge und gebildete Bürger* (3 Bde., Altenburg 1824–28) und gilt trotz des unverkennbaren Bruchs, den A.s Tod mit sich gebracht hatte, als das »repräsentative staatsrechtliche Kompendium des erwachenden politischen Liberalismus in Deutschland« (E.W. Böckenförde). A. zeigte sich in diesem Werk als Vertreter eines vernunftrechtlichen Liberalismus, der ganz auf dem Boden des »monarchischen Prinzips« stand, wie es Art. 57 der Wiener Schlußakte 1820 fixiert hatte. Der »wahre Gesammtwille, d.h. die Gesellschaftsgewalt der Volks-Gesammtheit« ließ sich für ihn nur in einem Verfassungsstaat mit repräsentativen Vertretungen ermitteln. Gleichwohl war diese gewählte Vertretung für A. nicht in der Lage, die unvermeidbaren Antagonismen der Gesellschaft zu bändigen. Nur der konstitutionelle Monarch vermochte dies, in seiner Hand mußte die Staatsgewalt ungeteilt vereint bleiben.
Im Gegensatz zu anderen aufgeklärt-bürokratischen Reformern seiner Zeit – wie etwa Montgelas selbst – fand A. den Weg in ein System politischer Partizipation. Das macht zu einem guten Teil seine staatsrechtliche Bedeutung aus. Freilich blieb die obrigkeitliche Perspektive bestimmend. Wie viele andere Frühliberale vermochte A. bei seiner Suche nach einem Ausgleich zwischen Staat und Gesellschaft nicht, auf die zentrale Position des Fürsten zu verzichten. Mit diesen monarchisch-konstitutionellen Vorstellungen war er gewiß kein Revolutionär, aber gerade durch ihren realpolitischen Bezug und ihre betonte Ausrichtung auf das moderne Repräsentativprinzip wurden sie so wertvoll für die deutschen Liberalen des Vormärz.

Brandt, H.: Landständische Repräsentation im deutschen Vormärz. Politisches Denken im Einflußfeld des monarchischen Prinzips. Neuwied, Berlin 1968. – Ruf, P.: Säkularisation und Bayerische Staatsbibliothek. Wiesbaden 1962.

Wolfgang Piereth

Arndt, Adolf

Geb. 12. 3. 1904 in Königsberg; gest. 13. 2. 1974 in Kassel

1957 schrieb der Rechtspolitiker A.: »Kein anderer Staatsgedanke ist sich seiner selbst und deswegen seiner Gefahren so bewußt wie der demokratische, weil es ihm eigen ist, um Einsichtigkeit der Problematik bemüht zu sein, sich selber und seine Fragen zu veröffentlichen; denn die Demokratie – in ihrem Ideal Selbstherrschaft der gleichberechtigt Mündigen – kann sich nur von der freiwilligen Zustimmung nähren, die nicht anders zu gewinnen ist als dadurch, daß sie überzeugt«.
A. war das politische Bekenntnis zur Demokratie nicht in die Wiege gelegt. Sein Vater, Professor Gustav Adolf Arndt, war vom Judentum zum Protestantismus gelangt und aus kleinbürgerlichen Verhältnissen zum angesehenen Staatsrechtspro-

fessor, schließlich zum Rektor der Universität Königsberg aufgestiegen. Politisch war er der preußischen Monarchie eng verbunden. Der 1904 geborene A. wuchs in der abgeschlossenen Sphäre des konservativen preußischen Bildungsbürgertums auf. Hier erfuhr er eine eindringliche nationale Prägung: die Bejahung der nationalstaatlichen Einheit Deutschlands als bedeutende, verteidigenswerte Errungenschaft. Biographisch und symbolisch eng verbunden war dieser nationale Grundzug mit Berlin. Hier verlebte A. Schul- und Studienjahre und sammelte erste Berufserfahrung als Jurist. Als junger Richter sprach A. in einigen der bedeutendsten politischen Strafprozesse der Weimarer Republik Recht. Er verfaßte das Urteil, in dem George Grosz – im Jahre 1930 der Gotteslästerung angeklagt wegen seiner Zeichnung ›Christus mit der Gasmaske‹ – in der Berufungsverhandlung freigesprochen wurde.

Dort, wo die extreme Rechte die Unabhängigkeit der Gerichtsbarkeit angriff, bezog der politisch eher dem rechten republikanischen Lager zuneigende A. öffentlich gegen sie Stellung. Wie sehr die rechtliche Sicherung individueller Freiheit an der Verteidigung des demokratischen Systems hing, mußte er nach der nationalsozialistischen Machtübernahme erfahren: Als sogenannter »Halbjude« wurde A. aus dem Richteramt entfernt. Auch die geplante Hochschulkarriere des jungen Juristen war – für immer – gescheitert. Ein Akt verbaler Scheinanpassung verschaffte A. immerhin die Zulassung als Rechtsanwalt. Doch war an seiner politischen Einstellung kein Zweifel. Das gemeinsame Verfolgtsein fügte es, daß A. mit sozialdemokratischen Rechtsanwälten, darunter Walter Menzel, dem späteren Bundestagsabgeordneten, zusammenarbeitete und Gewerkschafter, unter anderen Theodor Leipart und Wilhelm Leuschner, verteidigte. Es entstand eine »Solidarität der Verfemten und Unterdrückten«. In ihr sah A. rückblickend den Schlüssel für seinen Eintritt in die SPD: »Am Anfang dieser Zeit des Verfolgtseins 1933/45 stand die Rede von Otto Wels, der als einziger zusammen mit der sozialdemokratischen Reichstagsfraktion dem Ermächtigungsgesetz Hitlers widersprach, am Schluß Dr. Kurt Schumacher, der für alle den Weg in die SPD öffnete, die auf Gerechtigkeit brannten, nach Freiheit lechzten und guten Willens waren, die Solidarität der Verfolgungszeit zur Gemeinschaft in einer neuen, sozialistischen Gesellschaft wachsen zu lassen. Aus diesen Erlebnissen bekenne ich mich zu der aus der Arbeiterbewegung entstandenen Sozialdemokratie.« Viele Angehörige der Familie von A.s Vater wurden in Konzentrationslagern umgebracht. Er selbst entging nur knapp den Verfolgungen des Regimes.

In Hessen trat A. 1945 der SPD bei. Als Oberstaatsanwalt und Rechtspolitiker seiner Partei arbeitete er eng mit dem Justizminister und späteren langjährigen Ministerpräsidenten Hessens, Georg August Zinn, zusammen und wurde zu einem der Gründerväter des neuen demokratischen Rechtsstaats in Hessen. Zinn und A. formulierten den maßgeblichen sozialdemokratischen Entwurf zur Hessischen Verfassung, die im Dezember 1946 verabschiedetet wurde. Die Weimarer Erfahrung vor Augen, wirkte A. an der Erarbeitung von Gesetzen mit, deren Anliegen darin bestand, die neue Verfassung zu einer wehrhaften Demokratie auszugestalten. Aus A.s Feder stammten Entwürfe zu einem – sehr restriktiven – Staatsschutzstrafrecht, zu Justizgesetzen, einem Gesetz zur Errichtung eines Staatsgerichtshofs und zu einem Richtergesetz. Im Sinne einer verstärkten Demokratisierung der Rechtspflege setzte A. Bestimmungen durch, aufgrund derer der Verfassungsgerichtshof mehrheitlich mit juristischen Laien besetzt werden konnte und in der ordentlichen Gerichtsbarkeit soziale Zugangshürden abgebaut wurden. Der verstärkte gerichtliche Verfassungsschutz verband sich für A. indessen nicht mit Parteienskepsis. Im Gegenteil: Er wandte sich gegen die an Weimarer Erfahrungen anknüpfende Parteienfeindschaft weiter Kreise der deutschen Nachkriegsintelligenz.

Nach ersten parlamentarischen Erfahrungen im bizonalen Frankfurter Wirtschaftsrat 1948/49 wurde A. im August 1949 in den Deutschen Bundestag gewählt, dem er als (wie er von seinen Kollegen genannt wurde) »Kronjurist« der SPD bis 1969 angehörte. An der Seite des ersten sozialdemokratischen Oppositionsführers, Kurt Schumacher, focht A. in den großen Debatten der frühen fünfziger Jahre um die Rechte des Parlaments gegenüber der Regierung und der Opposition gegenüber der Parlamentsmehrheit. Bei den außenpolitischen und nationalen Streitfragen der frühen Bundesrepublik, der Wiederbewaffnung und Westintegration in Spannung zum Postulat der Wiedervereinigung, ging es um die Mitwirkung des Parlaments (und damit auch der Opposition) an der auswärtigen Vertragspolitik. A. trug die fundamentalen Probleme parlamentarischer Demokratie in den Jahren 1952 bis 1954 vor das 1951 gegründete Bundesverfassungsgericht. So konnte die neue Wehrverfassung im Jahre 1956 einvernehmlich von Regierung und Opposition in das Grundgesetz eingefügt werden und den Primat der Politik über die Militärgewalt festschreiben. Als 1958 Verhandlungen zwischen Regierung und Opposition über die Einfügung einer Notstandsverfassung in das Grundgesetz begannen, war es vor allem A., der dem Diktum von Bundesinnenminister Gerhard Schröder (CDU), der Notstand sei »die Stunde der Exekutive«, entgegentrat. A.s Position, die Ausnahmesituation sei die Stunde der Gemeinsamkeit aller demokratischen Kräfte und ihrer Repräsentanten, setzte sich schließlich in der 1968 von der Großen Koalition verabschiedeten Notstandsverfassung weitgehend durch.

Im Interesse einer »wehrhaften Demokratie« billigte die SPD unter Führung A.s auch das gegen Kommunisten gerichtete Staatsschutzstrafrecht des Jahres 1951. Freilich schlug hier der demokratiewahrende Impetus in Freiheitsverletzung um. Es bedurfte beharrlicher strafrechtlicher Reformanstrengungen, bis die Restbestände jenes »Schlangeneis« gesetzgeberischer Fehlleistungen, wie A. es später selbstkritisch nannte, 1968 wieder aus dem politischen Strafrecht getilgt werden konnten.

Zentraler Wirkungsbereich A.s war die Verfassungsgerichtsbarkeit. Kein anderer Parlamentarier kann in demselben Maße wie A. das Attribut eines Gründungsvaters des Bundesverfassungsgerichts in Anspruch nehmen. A. übte Einfluß aus auf die Ausgestaltung des Gerichts, verteidigte es gegen Angriffe der Bundesregierung und nutzte dessen weitreichende Rechtsprechungskompetenzen in zahlreichen hochpolitischen Streitverfahren für die Zwecke der Opposition. Ihre Legitimation bezog diese Vorgehensweise von dem »Primat des Rechts über den Staat«. Von daher erfuhr auch A.s Demokratieverständnis seine spezifisch substantielle und rechtliche Begrenzung: »Demokratie hebt also damit an, daß sie das Unabstimmbare – die Prinzipien – aussondert aus dem Abstimmbaren, über das man in Wahrung der Prinzipien nach der Opportunität mit jeweiliger Mehrheit befinden kann«. Für A. unterlag Demokratie als Verfassungsprinzip einer fundamentalen rechtsstaatlichen Begrenzung. Der verfassungsrechtliche Ort des jeglicher Mehrheitsabstimmung entzogenen »Unabstimmbaren« waren die Grundrechte.

Über den parlamentarischen Bereich hinaus war A. einer der wichtigsten intellektuellen Wegbereiter des Godesberger Reformprogramms der SPD von 1959. Als Protestant brachte er in theologischer und politischer Argumentation das Gespräch der SPD mit der katholischen Kirche voran. Leitend war für ihn ein liberales Modell der Parteiendemokratie, das nur dann im demokratischen Wechsel funktionierte, wenn keine Partei besondere Protektion vom Staat oder einer Kirche erhielt. A. kämpfte für die Durchsetzung der Godesberger Formel vom Angebot »freier Partnerschaft« mit den Kirchen. Er erteilte jedem ›strategischen‹ Staats- und Demokratieverständnis eine Absage. Demokratie war demnach kein bloßes Durchgangsziel auf dem Weg zum Sozialismus, sondern – wie er in einer programmatischen Erläuterung formulierte, »die politische Lebensweise der Freiheit und Gleichheit« schlechthin.

Die darin liegende Zurückweisung marxistischer Interpretationen der Demokratie nahm A. jedoch nichts von seiner polemischen Schärfe, mit der er als scharfzüngiger Kritiker Defizite an Demokratie und Geistesfreiheit aufdeckte. Weit über Deutschland hinaus drang sein Ruf als Mahner einer »großherzigen Wiedergutmachung« des an Juden und anderen Opfern begangenen nationalsozialistischen Unrechts. Als Berliner Senator für Kultur und Wissenschaft – das einzige Regierungsamt, das er (in den Jahren 1963 und 1964) bekleidete, richtete er einen vielbeachteten Appell an die jüdischen Emigranten, nach Deutschland zurückzukehren. Der Titel seines programmatischen Vortrags *Demokratie als Bauherr* wurde zum Motto urbaner Baupolitik schlechthin.

1968 hielt der bis in seine letzten Lebensjahre auch wissenschaftlich produktive Jurist den Festvortrag vor dem Deutschen Juristentag unter dem Titel: *Strafrecht in einer offenen Gesellschaft*. Noch einmal plädierte er für die Entideologisierung und Öffnung des Strafrechts zu einer freiheitlichen Reform. Den dazu nötigen Boden einer offeneren, demokratischeren Gesellschaft hatte er ebnen helfen.

Arndt, C. u.a. (Hg.): Adolf Arndt zum 90. Geburtstag. Dokumentation der Festakademie in der Katholischen Akademie. Hamburg u. Bonn 1995. – Gosewinkel, D.: Adolf Arndt. Die Wiederbegründung des Rechtsstaats aus dem Geist der Sozialdemokratie (1945–1961). Bonn 1991.

Dieter Gosewinkel

Ascher, Saul (Pseud.: Theodiscus)

Geb. 6. 2. 1767 in Berlin; gest. 8. 12. 1822 in Berlin

A., der einer seit Jahrzehnten in Berlin ansässigen Familie entstammte, gehörte der ersten Generation der zur Assimilation strebenden, mit nichtjüdischer Bildung vertrauten deutschen Juden an. Er genoß eine sorgfältige Erziehung, beherrschte außer den beiden klassischen Sprachen der Antike auch hebräisch, französisch und englisch, besaß gediegene Kenntnisse über Malerei, Musik und Literatur und stand auf der Höhe der philosophischen Bildung seiner Zeit. Sein Beruf war Buchhändler. Er heiratete 1789; der Ehe entsproß eine Tochter. Seine Frau starb 1815.

A.s *Bemerkungen über die bürgerliche Verbesserung der Juden* (Berlin 1788) zeigten, daß er sowohl selbstbewußter Jude als auch Anhänger des säkularisierten Menschenideals der Aufklärung war. Er forderte volle jüdische Gleichberechtigung und betonte, daß die angeblichen spezifischen Charaktereigenschaften der Juden weder religiös bedingt noch auf irgendeine natürliche Anlage zurückzuführen waren, sondern ihre Ursachen in ihrer jahrhundertelangen Diskriminierung und Diffamierung hatten. Seine 1792 erschienene Religionskritik *Leviathan oder über Religion in Rücksicht des Judentums* suchte Aufklärungsdenken mit jüdischer Tradition zu verbinden und ein systematisches Reformprogramm der jüdischen Glaubensgemeinschaft zu entwickeln. Er definierte den Begriff des Judentums eudämonistisch als die auf dem freien, autonomen Willen der einzelnen begründete Konstituierung einer geordneten Gesellschaft, die auf Glückseligkeit aller Mitglieder abziele. Mit dem Postulat einer von überholten Ritualgesetzen gereinigten sittlichen Vernunftreligion antizipierte A.

Vorstellungen, die von jüdischen Reformern Mitte des 19. Jahrhunderts vorgebracht wurden.

Als Johann Gottlieb Fichte in einer Abhandlung die bürgerliche Gleichstellung der Juden ablehnte, weil das Judentum »auf dem Haß des ganzen menschlichen Geschlechts aufgebaut« sei und schrieb, daß dem Juden nur dann das Bürgerrecht verliehen werden könne, wenn man zuvor allen Juden »die Köpfe abschneide und andere aufsetze, in denen auch nicht eine jüdische Idee sei«, publizierte A. 1794 die Streitschrift *Eisenmenger der Zweite*, deren Titel auf den »Ahnherrn der Judenfeinde«, den Theologen Johann Andreas Eisenmenger, Bezug nahm. Dieser hatte in seinem Buch *Entdecktes Judentum*, das König Friedrich I. von Preußen auf Bitten der Erben des Verfassers 1711 zu Königsberg auf seine Kosten hatte drucken lassen, die Juden als ein von Gott verfluchtes Satansvolk bezeichnet. A. nannte Fichte »Eisenmenger den Zweiten«, weil er erkannte, daß mit dessen »Blasphemien gegen die jüdische Nation« eine neue Epoche des Judenhasses begann; habe man früher die Juden als Volk der Gottesmörder verfolgt, so benutze Fichte politische Argumente, um ihnen Bürgerrechte vorzuenthalten. A. legte dar, daß die jüdische Religion keineswegs Menschenfeindschaft und Haß gegen andere Nationen predige, sondern vielmehr den Keim einer allgemeinen Ethik enthalte, die das Christentum in der ganzen Welt verbreitet habe.

A.s philosophisches Hauptwerk, die *Ideen zur natürlichen Geschichte der politischen Revolutionen* (1801), erblickte im historischen Prozeß eine objektive und erkennbare, von Zufall und Willkür unabhängige Gesetzmäßigkeit und fortschreitende Entwicklung zur Humanität. Der Motor der französischen Revolution sei die Vernunft, die die Überreste des Feudalismus und die althergebrachten religiösen Vorurteile beseitigt und die Menschheit auf eine höhere Kulturstufe gehoben habe.

A. gehörte zu den wenigen Schriftstellern Deutschlands, die, ohne eigennützige Vorteile anzustreben, zu begeisterten Anhängern Napoleons wurden. In seiner 1807 erschienenen Abhandlung *Napoleon oder der Fortschritt der Regierung* bezeichnete er den Kaiser als Inkarnation des revolutionären Geistes und Völkerbefreier, dessen kühne Unternehmungen die »Idee der Menschheit« realisierten; seine Herrschaft sei die Verwirklichung des überzeitlichen, allgemeinmenschlichen und sittlichen Ideals. A.s Napoleon-Enthusiasmus wurzelte in seiner Hoffnung, dem Imperator werde die Eingliederung der Juden in die europäische Gesellschaft gelingen.

A., der 1810 an der Universität Halle die Doktorwürde erwarb, sah als eine seiner Hauptaufgaben die Bekämpfung der Judenfeindschaft an. Er berichtete 1811 in einer Zeitschrift über die von adeligen und bürgerlichen Romantikern gestiftete Berliner »Christlich-deutsche Tischgesellschaft«, zu der weder Juden noch christlich getaufte Juden zugelassen wurden. Als Clemens Brentano, führendes Mitglied der »Tischgesellschaft«, ein anonymes Pamphlet mit dem Titel *Der Philister vor, in und nach der Geschichte* publizierte, das vor Judenhaß strotzte, warnte A. das Publikum, sich von der »verzerrten, verdrehten und verkrüppelten Schreibart« der »eingefleischten Idealisten und Naturphilosophaster« nicht beirren zu lassen. Er bekämpfte nicht nur aufklärungs- und judenfeindliche Romantiker, sondern erkannte auch die Gefahren des sogenannten »Deutschtums«, das unter Einfluß von Ernst Moritz Arndt, Friedrich Ludwig Jahn und ihrer Gesinnungsfreunde im Zeitalter der »Befreiungskriege« aufflammte. In seiner Broschüre *Germanomanie*, die Ende 1815 erschien, übte er am judenfeindlichen Historiker Friedrich Rühs vehemente Kritik und schrieb:

»Man muß die Menge, um sie für eine Ansicht oder Lehre einzunehmen, zu begeistern suchen; um das Feuer der Begeisterung zu erhalten, muß Brennstoff gesammelt werden, und in dem Häuflein Juden wollen unsere Germanomanen das erste Bündel Reiser zur Verbreitung der Flamme des Fanatismus hinlegen.«

Beim Wartburgfest im Oktober 1817 verwirklichten die nationalistischen Studenten diese Prophezeiung, indem sie A.s *Germanomanie* ins Feuer warfen. In seiner Anfang 1818 abgefaßten Streitschrift *Die Wartburgfeier* kritisierte A. die Intoleranz der Deutschtümler und bezeichnete ihren »Antijudaismus« als »Paroxysmus« und »Somnambulische Verirrung«. Sein ideologisches und politisches Vermächtnis legte er in der Abhandlung *Der deutsche Geistesaristokratismus* nieder, die 1819 während der Judenhetze und kurz vor den Karlsbader Beschlüssen erschien. Diese vom Optimismus der Aufklärung beflügelte Schrift war ein Hohelied auf die Französische Revolution, die er als säkularen Umbruch der Menschheitsgeschichte betrachtete: »Alle Institute des Staats, der Religionsverfassung, der hergebrachten Rechte und von altersher geheiligten Sitten wurden in der Retorte der politischen Scheidekünstler analysiert und rektifiziert; alle Verhältnisse der Völker und Staaten wurden nach den Berechnungen und Formeln idealischer Kosmopoliten und Philanthropen hypostasiert und normiert«. A. nahm Erkenntnisse Heinrich Heines in dessen Abhandlung *Zur Geschichte der Religion und Philosophie in Deutschland* (1835) vorweg, indem er feststellte, daß Immanuel Kant, der »Schöpfer des Kritizismus«, parallel zur französischen Staatsumwälzung eine »philosophische Revolution« eingeleitet habe, »die sich über alle Zweige des Wissens« verbreitete. Er war davon überzeugt, daß die »Machinationen der Nationalitätsrestauratoren« und der von christgermanischen und romantischen »Geistesaristokraten« gepredigte Haß auf andere Nationen und Kulturen zum Scheitern verurteilt seien und daß die »deutsche Empfänglichkeit für Universalbildung und (...) die Sprache der gesetzgebenden Vernunft« die Oberhand gewinnen würden: »Deutsch-

land ist vom Schicksal berufen, für die welthistorische Ausbildung der Völker den Reigen zu beginnen und eine unter der Ägide des Kosmopolitismus sich entwickelnde rechtliche Staatsverfassung und Verbindung unter den Völkern aufzustellen.«
Heinrich Heine, der A. in dessen letztem Lebensjahr 1822 kennenlernte, nannte den Kritiker der Deutschtümelei, der an den Idealen der Aufklärung im Zeitalter der Restauration und Romantik unerschütterlich festhielt, einen »Vernunftdoktor«.

Grab, W.: Saul Ascher, ein jüdisch-deutscher Spätaufklärer zwischen Revolution und Restauration, in: Jahrbuch des Instituts für deutsche Geschichte, Band 6, Tel Aviv 1977, S. 131–179. – Grab, W.: Ein Volk muß seine Freiheit selbst erobern. Zur Geschichte der deutschen Jakobiner. Frankfurt/Main 1984.

Walter Grab

Aston, Louise, geb. Hoche

Geb. 26. 11. 1814 in Gröningen bei Halberstadt; gest. 21. 12. 1871 in Wangen im Allgäu

A. war eine Frau, die immer wieder Anstoß erregte. Dabei stand zwar auch ihr Verständnis radikal-demokratischer Politik im Kreuzfeuer der Angriffe und Kritik, mehr aber ihr Verstoß gegen Rollenfestschreibungen für Frauen. Als hosentragende, zigarrenrauchende deutsche George Sand und Prophetin der freien Liebe wurde sie aufgenommen in die Reihe der »emancipirten Frauen«, der »femmes scandaleuses«, deren Verunglimpfung und Verurteilung seit ihrem ersten Auftreten im Frankreich der 30er Jahre Tradition hatte. Jahrzehntelang behielten hieran anknüpfende Klischees ihre Wirksamkeit. Emanzipation als Schimpfwort – eine Tradition, die schon hier ihre Wurzel hat.
Am 26. November 1814 wurde Louise als jüngste Tochter des Historikers und Theologen Johann Gottfried Hoche und seiner Ehefrau Louise Charlotte Berning in Gröningen im Regierungsbezirk Magdeburg geboren. 1835 wurde sie an den vierundvierzigjährigen englischen Industriellen Samuel Aston verheiratet. Die Ehe mit dem in Magdeburg lebenden Fabrikanten – in deren Verlauf A. drei Töchtern das Leben schenkte, wovon nur eine am Leben blieb – nahm einen unglücklichen Ausgang. Sie verließ Ehemann, Wohlstand und materielle Sicherheit und begann, sich als freie Schriftstellerin zu betätigen. 1838 wurde die Ehe geschieden.
1844 zog sie nach Berlin und sorgte ab diesem Zeitpunkt für regelmäßiges Aufsehen. Nicht nur, daß sie im Berlin des Vormärz wegen ihres freizügigen Umgangs mit revolutionär gesinnten Männern bekannt und verpönt war, es wurde ihr auch verübelt, daß sie – wie ihre französische Schriftstellerkollegin George Sand – in Männerkleidern in anrüchigen Lokalen auftrat, dort zechte und Zigarren rauchte. Zudem lebte sie mehr oder weniger offen als Geliebte des Dichters Rudolph Gottschall.
Gottschall hatte ihr einen Gedichtband gewidmet, in dem er sich für die freie, sinnliche Liebe, aussprach. A. antwortete mit einem aus zwölf Gedichten bestehenden Zyklus, der unter dem Titel *Wilde Rosen* (1846) veröffentlicht wurde. A. beschwor in diesen von starkem Freiheitsgefühl getragenen Gedichten, die augenscheinlich Bekenntnischarakter hatten, das Bild der »freien Frau« herauf, der »femme libre«, wie die Saint-Simonistinnen in den dreißiger Jahren in Frankreich sich selbst und eine von ihnen herausgegebene Zeitung genannt hatten, mit der sie für die Emanzipation der Frauen eintraten und Angriffe auf die herrschenden Moralvorstellungen formulierten. »Freiem Leben, freiem Lieben,/ Bin ich immer treu geblieben!« – so lautete der Refrain eines der in diesem Zyklus abgedruckten Gedichte mit dem Titel *Lebensmotto* (1846). Die Freiheit, die die Männer des Jungen Deutschland und des Vormärz auf ihr Panier geschrieben hatten, sollte auch für Frauen gelten.
Was dem Dichter Gottschall durchaus nicht zur Unehre gereichte, war im Fall A.s ein Skandal. Daß ihr Gedichte gewidmet wurden, die der »Emanzipation des Fleisches« das Wort redeten, war ihren Zeitgenossen schon Anlaß genug, sie zu verurteilen; nach der Publizierung ihrer *Wilden Rosen* nahmen die sexistischen Angriffe – bei gleichzeitiger Ignoranz des politischen Gehalts der Gedichte – auf A. weiter zu. Anonyme Briefschreiber machten die Berliner Polizei auf den vorgeblich unsittlichen Lebenswandel der Schriftstellerin aufmerksam und verlangten, daß die Betroffene polizeilich überwacht würde. Im Zuge der Verlängerung ihrer Aufenthaltserlaubnis wurde A. im Vorzimmer des Polizeipräsidenten in ein scheinbar privates Gespräch verwickelt und sprach sich dabei über ihre Weltanschauug zu Liebe, Ehe, Emanzipation und Religion aus. Ihre Ansichten, die heimlich protokolliert wurden, waren der Polizeibehörde Grund genug, die junge Frau wegen ihrer »umstürzlerischen« Ansichten, aber auch explizit wegen ihres unsittlichen Lebenswandels aus Berlin auszuweisen. Gleichzeitig wurde das Vormundschaftsgericht über den Vorgang informiert, da Bedenken bestanden, einer solchen Mutter das Sorgerecht für ihre Tochter zu überlassen.
A. zog nach ihrer Ausweisung in die Nähe von Köpenick; sie kehrte aber des öfteren heimlich nach Berlin zurück. Kurz danach trat sie mit ihrem »Fall« an die Öffentlichkeit, an eine

Öffentlichkeit, die sie immer wieder verfolgt und denunziert hatte, von der sie aber nur mit Hilfe einer Rechtfertigungsschrift Verständnis und Solidarität zu gewinnen hoffte. Solche Apologien waren damals durchaus üblich. Zum Beispiel hatten der Göttinger Professor Jacob Grimm und der Mann von Mathilde Franziska Anneke, Fritz Anneke, Texte zur eigenen Verteidigung gegen die über sie verhängten Berufsverbote verfaßt und publiziert. Aber daß sich eine Frau mit ihrem »privaten« Schicksal an die Öffentlichkeit wandte, war neu. Die Schrift *Meine Emancipation, Verweisung und Rechtfertigung* (1846) erschien bei dem linken Verleger und Arbeiterfreund Carl Georg Vogler in Brüssel. Gleich in der Einleitung ging die Autorin auf die Gründe ein, warum sie ihren Fall der Öffentlichkeit vortragen wollte. Sie sah das Recht ihrer freien Persönlichkeit verletzt und wollte sich gegen staatliche öffentliche Denunziation zur Wehr setzen. Gedankenfreiheit und freie Meinungsäußerung – diese Rechte verlangte die Autorin für alle Menschen und nahm sie in dieser Schrift auch für sich als Frau in Anspruch.

Nachdem sie ihren Fall in allen Einzelheiten geschildert hatte, legte sie ihre umstrittenen Ansichten dar. Besonders kritisierte sie die Institution der (Konvenienz-) Ehe: »Ich verwerfe die ›Ehe‹, weil sie zum Eigenthume macht, was nimmer ›Eigenthum‹ sein kann: die ›freie Persönlichkeit‹; weil sie ein Recht giebt auf ›Liebe‹, auf die es kein Recht geben kann; bei der jedes ›Recht‹ zum brutalen Unrecht wird.« (1846)

Solche Einstellungen und Angriffe trugen wahrscheinlich dazu bei, daß A. lange Zeit nicht als Protagonistin der ersten deutschen Frauenbewegung rezipiert wurde. Die frauenbewegten Frauen der folgenden Jahrzehnte, bis ins beginnende 20. Jahrhundert hinein, verteidigten (fast) ausnahmslos die Institution der Ehe und hielten an ihrer »Heiligkeit« fest. Erst die kleine Gruppe der sogenannten »Radikalen« in der bürgerlichen Frauenbewegung griff nach 1900 diese Ehekritik auf, besonders im Hinblick auf die Entmündigung und Entrechtung der Ehefrau.

Ehe, Ehekritik und Liebe bildeten weiterhin die zentralen Themen in A.s schriftstellerischem Schaffen. So auch in ihren ersten beiden Romanen *Aus dem Leben einer Frau* (1847) und *Lydia* (1848), wobei ersterer autobiographische Elemente enthielt und ihre Ehe, wie auch die Trennung von Samuel Aston aufarbeitete.

Inwieweit A. an den Märzaufständen des Jahres 1848 in Berlin teilgenommen hat, ist bisher nicht sicher geklärt. Auf jeden Fall belegt ihr Revolutionsroman *Revolution und Contrarevolution* aus dem Jahr 1849 so genaue Kenntnisse des Verlaufs, daß diese ohne weiteres aus eigenem Dabeisein resultieren könnten. Im April 1848 zog A. mit den Berliner Freischaren in den Schleswig-Holsteinischen Aufstand, um als Krankenschwester die Verwundeten zu pflegen. Natürlich fand die Teilnahme einer jungen, dazu noch geschiedenen Frau an einem Feldzug wiederum das Interesse der Presse und regte offensichtlich die erotische Phantasie der Berichterstatter an. Die Zeitschrift *Die Grenzboten* schrieb ihr wechselnde Affären mit den »wilden Kriegern« zu und kommentierte ihre Arbeit als Krankenpflegerin als aufopfernd und »sans gène«.

Ab Juni 1848 lebte A. wieder in Berlin und unterhielt Kontakte zu demokratischen Parlamentariern; sie führte ein offenes Haus, in dem Politiker und Künstler verschiedener politischer Couleur ein und aus gingen. Als regelmäßige Zuhörerin in der preußischen Nationalversammlung saß sie stets hinter der äußersten Linken.

Seit dem 1. November 1848 gab A. eine eigene Zeitschrift heraus unter dem Titel *Der Freischärler* und dem Untertitel *Für Kunst und sociales Leben*. Der Beginn der Zeitschrift fiel in die Phase der Steuerverweigerung, mit der das Bürgertum auf die Auflösung der Nationalversammlung reagierte. Die Zeitschrift erschien bis zum 16. Dezember insgesamt siebenmal und wurde dann von der Zensur verboten. Gedichte, Theaterkritiken, Kommentare zum politischen Geschehen, Berichte aus der Nationalversammlung, Rückblicke auf den Schleswig-Holstein-Feldzug hatte sie zum Inhalt gehabt. Im Vordergrund der Berichterstattung stand das politische Zeitgeschehen. Jede Nummer begann mit einem von A. verfaßten Gedicht, das sich meist mit tagespolitischen Ereignissen beschäftigte. Die Artikel des *Freischärlers* reflektierten überwiegend das aktuelle Geschehen. Dabei galt die Kritik der Zeitschrift der Obrigkeit, die im Zuge der Niederschlagung der Revolution immer repressiver wurde. Aber auch die fortschrittlichen Männer blieben nicht ungeschoren; deren Hilflosigkeit und Zögern anläßlich der Bedrohung durch die Reaktion forderten die Herausgeberin der Zeitschrift zu erbitterten, empörten wie satirischen, aber auch resignativen Kommentaren und Texten heraus. Gleichzeitig, wenn auch eher untergeordnet, spielte die Frauenemanzipationsfrage eine Rolle im Inhalt der Zeitschrift. In der ersten Nummer war ein Aufsatz zum Thema *Der demokratische Frauenklub und die Frauenemanzipation* erschienen. Dieser Artikel zeigt deutlich, daß die Auffassungen über Frauenemanzipation auch während der 48er Revolution weit auseinandergingen, und zwar auch bei den Frauen selbst. Mit bissigem Spott ging A. mit den Mitgliedern des Berliner »Demokratischen Frauenvereins« ins Gericht. Sie warf ihnen vor, mit ihren Anschauungen Frauen weiterhin so zu belassen, wie sie (gemacht worden) seien: »Kinder oder Sklaven«. Der Vorwurf an die Geschlechtsgenossinnen lautete, daß sie zwar Modifikationen am Frauenbild vornähmen, indem sie sich in den demokratischen Freiheitskampf einmischten, aber peinlichst darum bemüht seien, der ihnen abverlangten »holden Weiblichkeit« weiterhin zu entsprechen.

So blieben A. und ihre Zeitschrift vom Sieg der Reaktion in Berlin nicht verschont. Vor allem ihre heftigen Attacken gegen General Friedrich von Wrangel, den Oberbefehlshaber der Belagerungstruppen, trugen zum Verbot des *Freischärlers* und A.s erneuter Ausweisung bei. Am 23. Dezember 1848 verließ sie Berlin endgültig. Eine Odyssee begann, da A. als politisch unliebsam nirgends lange geduldet wurde. Sie ging zuerst nach Frankreich, um ihre angegegriffene Gesundheit wiederherzustellen und lebte später in Bremen, wo sie den Arzt Eduard Meyer, den sie im schleswig-holsteinischen Feldzug kennengelernt hatte, heiratete. Nach 1850 ist A. nicht mehr literarisch und publizistisch hervorgetreten. Gemeinsam mit ihrem zweiten Mann versuchte sie aber, weiterhin demokratische Kontakte zu unterhalten. Die beiden waren Mitglieder im Bremer »Demokratischen Verein« und im »Central-Comité für europäische Demokratie«, und sie gehörten der sogenannten Lichtfreundebewegung an, einer progressiven Gruppierung innerhalb des Protestantismus. Das Ehepaar zog sich dann angesichts kontinuierlicher Polizeiobservanz zunehmend aus dem politischen Geschehen zurück und faßte Auswanderungspläne. Ein wechselhaftes Leben schloß sich an, in dem Meyer u.a. als Regimentsarzt in Rußland arbeitete. Schließlich ließ er sich als Badearzt im Schwarzwald nieder, später praktizierte er in Wangen im Allgäu. Dort starb A. im Dezember 1871 an einem Lungenleiden.

Goetzinger, G.: Für die Selbstverwirklichung der Frau: Louise Aston. Frankfurt/Main 1983

Ulla Wischermann

Auer, Ignaz

Geb. 19.4. 1846 in Dommelstadt bei Passau; gest. 10.4. 1907 in Berlin

A., der aus ärmlichsten ländlichen Verhältnissen stammte, absolvierte nach der Schulzeit eine Sattlerlehre und wanderte danach, siebzehnjährig, »auf der Walz« durch Deutschland und Deutschösterreich. Danach ließ er sich in Augsburg nieder, wo er gleich Vorsitzender des »Augsburger Arbeitervereins« wurde. In dieser Funktion zeigte er zum ersten Mal seine wichtigste Fähigkeit, ein immenses Organisationstalent. A. schloß sich 1869 der Eisenacher (Bebelschen) Richtung der Arbeiterbewegung an und war, damals noch in Übereinstimmung mit der Parteilinie, ein Verfechter der Gewerkschaftsarbeit. Seit 1872 gehörte er zum engeren Führungskreis. Im folgenden Jahr übersiedelte er nach Dresden, um die »Expedition«, also den Vertrieb des sozialdemokratischen *Volksboten* zu übernehmen. 1874 aus Sachsen wegen seiner politischen Tätigkeit für die SDAP (Sozialdemokratische Arbeiterpartei) ausgewiesen, zog er zunächst nach Berlin und wurde dort Geschäftsführer der *Berliner Freien Presse.*

In dieser Zeit setzte Bismarcks Politik der Verfolgung ein. Ihm stand dafür zunächst nur das Vereinsgesetz von 1851 zur Verfügung, gemacht, um politische Vereine mit überregionaler Organisation zu zerschlagen. Damals richtete es sich vor allem gegen die »Allgemeine deutsche Arbeiterverbrüderung«, der Arbeiterorganisation von 1848/49. Das Gesetz verbot die organisatorische Verbindung politischer Vereine untereinander. Die SDAP reagierte darauf mit der Gründung von Orts- und Wahlkreisvereinen, die formal selbständig waren und über Parteitage und interne Absprachen ihren organisatorischen Zusammenhalt herstellten.

Als nun 1874 in Preußen die Partei wegen der Übertretung des »Verbindungsverbotes« verboten wurde, schickte die SDAP A. nach Hamburg, wo dieser Paragraph des Vereinsgesetzes nicht galt, um von dort aus die Parteiorganisation zu leiten. Hamburg wurde so wegen seines vergleichsweise liberal gehandhabten Vereinsgesetzes zum Zentrum der sozialdemokratischen Organisationen. Nahezu alle Gewerkschaften mit ihren Vorständen und große Teile der Partei- und Gewerkschaftspresse gingen in den nächsten Jahrzehnten nach Hamburg. Beim Vereinigungsparteitag der Lassalleaner und der Eisenacher in Gotha, der zur Gründung der Sozialistischen Arbeiterpartei Deutschlands (SAPD) führte, gehörte A. zur Verhandlungskommission der Eisenacher. Zwei Jahre später, 1877, wurde er Reichstagsabgeordneter und Chefredakteur des *Vorwärts*, um die Redaktion unter Kontrolle zu bringen, da sich die Verfolgungspraxis in Preußen immer schikanöser zeigte und unüberlegter Radikalismus die Zeitung gefährdete. 1878, nach Verkündigung des Sozialistengesetzes, wurde über Berlin der sogenannte kleine Belagerungszustand verhängt (auf Grund eines Gesetzes von 1851 als Reaktion auf die 48er Revolution) und A. als einer der Ersten aus der Stadt ausgewiesen. Er wandte sich wieder nach Hamburg. Als Geschäftsführer der *Gerichtszeitung*, einem sozialdemokratischen Blatt, gehörte er zu den Leitern der parteieigenen Druckerei.

Die Druckerei, seit 1890 mit seinem Namen (»Auerdruck«) verknüpft, entwickelte sich im Laufe der Zeit zu einer der größten Druckereien in Deutschland, die den allergrößten Teil gewerkschaftlicher und sozialdemokratischer Publikationen herstellte. 1880 wurde der kleine Belagerungszustand auf massiven Druck Preußens auch über Hamburg verhängt. Preußen zog für die damals noch selbständigen Städte, Altona

Wandsbeck, Ottensen – und den Gutsbezirk Friedrichsruh – sofort nach, so daß die Ausgewiesenen auch in den Randgemeinden um Hamburg nicht bleiben konnten. Nach kurzem Aufenthalt in Harburg (der ebenfalls noch selbständigen preußischen Stadt) reiste A. zu seinen Schwiegereltern nach Schwerin. Seither arbeitete A. im fünfköpfigen Vorstand der SAPD-Reichstagsfraktion und zugleich im Parteivorstand maßgeblich mit.

Dort erregte er 1884 Aufsehen, weil er in offenem Gegensatz zu Bebel im sogenannten Dampfersubventionsstreit der Partei Stellung bezog. Auslöser: die Vorlage der Reichsregierung zur Subventionierung von Postdampfern. Die Radikalen um Bebel, mit ideologischer Unterstützung von Marx und Engels aus London, wollten aus prinzipiellen Gründen ablehnen, A. sprach sich für eine Unterstützung der Regierungsvorlage aus, vorausgesetzt die Postdampfer würden in Deutschland gebaut. Hätte sich A. durchgesetzt, wäre es die erste Regierungsvorlage überhaupt gewesen, der Sozialdemokraten zugestimmt hätten. Für die Radikalen der entscheidende Sündenfall!

Dieser Vorgang zeigte deutlich das gesamte innerparteiliche Konfliktpotential. Einzelne wichtige und bekannte Sozialdemokraten wurden damals auch aus der Partei gedrängt, weil sie sich noch deutlicher als A. exponiert hatten. A. jedoch war zu bekannt und innerparteilich zu mächtig, als daß ihm Gleiches hätte passieren können. Da im übrigen die Regierung seine Bedingung für die Zustimmung nicht akzeptierte, stimmte er ebenfalls gegen die Vorlage. Deutlich zeigte seine prinzipiell von Bebel abweichende Auffassung von der politischen Aufgabe der Sozialdemokratie: Sie sollte nicht auf gesetzmäßig stattfindende Revolutionen warten, sondern in der Tagesarbeit Verbesserungen für das Proletariat erkämpfen.

Diese Haltung bewies A. auch im Kampf gegen den Antisemitismus. Als der berühmte Arzt Rudolf Virchow in Berlin gegen einen Antisemiten für den Reichstag kandidierte, beschloß die Wahlkreiskommission der SAPD, Virchow nicht zu unterstützen, weil er bürgerlicher Kandidat sei. A. und Bebel, der im Falle des Antisemitismus auch seine Prinzipien über Bord warf, setzten sich vehement für Virchow in der SAPD ein. Sie konnten zwar sozialdemokratische Wähler überzeugen, so daß Virchow den Wahlkreis eroberte, nicht jedoch die Kommission der eigenen Partei.

1886 übersiedelte A. nach München und engagierte sich dort als Redakteur bei der Zeitung *Recht auf Arbeit* – eine typische Versorgungsbesetzung, weil hauptamtlichen Parteiführern nur so eine Bezahlung ihrer Tätigkeit zu ermöglichen war. Im selben Jahr stellte man A. zusammen mit Bebel wegen »Geheimbündelei« vor Gericht. Grund: beider Teilnahme am Kopenhagener Parteikongreß der SAPD. Nach erstem Freispruch erzwang die Staatsanwaltschaft Revision. Der Prozeß, der internationales Aufsehen erregte, wurde in Freiberg (Sachsen) wiederholt und A. wie Bebel erhielten neun Monate Gefängnis.

A.s Tätigkeit unter dem Sozialistengesetz (1878–1890) war aufreibend, vor allem weil die Untergrundarbeit mit der steten Gefahr einer Entdeckung einherging. So wurde A. 1888 erneut in einen Geheimbundprozeß verwickelt, allerdings mußte man ihn freisprechen. Gesundheitlich am Ende, ließ er sich von der Partei zur Erholung in die Schweiz schicken. Dort beendete er seine einzige Schrift *Nach zehn Jahren. Material und Glossen zur Geschichte des Sozialistengesetzes* (1. Bd. 1889, 2. Bd. 1890).

Von 1890 bis zu seinem Tode lebte A. wieder in Berlin. Er war einer der fünf hauptamtlichen Parteisekretäre und hatte im Gremium eine Mehrheit für praktische Politik. Zugleich wirkte A. im Vorstand der Reichstagsfraktion. Er war also Fraktions- und Parteigeschäftsführer in Person, nach Bebel der mächtigste Mann der SPD.

A. erwies sich zeitlebens als Mann der politischen Praxis. Als überzeugter Sozialist sah er die Notwendigkeit theoretischer Orientierung, hatte aber zu allen dogmatischen Anwandlungen der Partei ein außerordentlich distanziertes Verhältnis. An Victor Adler in Wien schrieb er beim Tode von Engels im August 1895: »Daß Engels als Oberpatriarch der heiligen Familie sehr fehlen wird, ist sicher, aber das ist der geringere Schaden. Dieses Dutzend wird sich schon zusammenfinden. Wo aber der Alte unersetzlich ist, das ist die Bibelauslegung. Bei allem Respekt vor den jüngeren Kirchenvätern, aber die reiche Erfahrung und Autorität Engels' fehlt eben doch bei Kautsky«. Und die revisionistischen Schriften Eduard Bernsteins kommentierte A. in einem Brief an diesen: »Ede, sowas schreibt man nicht, sowas tut man«. Die letzten Lebensjahre wurden zur Qual für den von Krankheit gezeichneten Mann. A. hatte zwar die wichtigste Position nach Bebel in der Sozialdemokratie inne, dafür hatte er seine Gesundheit geopfert.

Grebing, H.: Geschichte der deutschen Arbeiterbewegung. Ein Überblick. München (2. Aufl.) 1966.

Martin Kutz

Aufhäuser, Siegfried

Geb. 1. 5. 1884 in Augsburg; gest. 6. 12. 1969 in Berlin/West

»Die Aufgabe der Sozialdemokratie in der deutschen Republik ist die Vertretung der proletarischen Klasseninteressen gegenüber der Klassenherrschaft des Kapitalismus, der Kampf für soziale Forderungen und für den Sozialismus. Gegenüber dieser Aufgabe tritt der Kampf für die Erhaltung der Republik, mit der sich die Bourgeoisie abgefunden hat, an Bedeutung zurück. Die Kampffront in der deutschen Republik bildet sich nicht mehr unter der Parole: hie republikanisch – hie monarchistisch, sondern hie sozialistisch – hie kapitalistisch. Angesichts dieser Konstellation muß die Taktik der Sozialdemokratie sein: Opposition statt Koalition.«

So lautete ein Antrag, den A. gemeinsam mit einigen anderen Gleichgesinnten 1927 auf dem Kieler Parteitag einbrachte und den die Mehrheit der Delegierten allerdings mit Blick auf die 1928 fälligen Reichstagswahlen verwarf. Er entsprach der Position des linken Flügels, der die parlamentarische Demokratie als bloßes Durchgangsstadium zu einer sozialistischen Gesellschaftsordnung, als temporären, von den Verhältnissen diktierten Kompromiß, nicht jedoch als Wert und Ziel an sich begriff. A., der sich mit dieser Transformationsperspektive identifizierte, gehörte damals zum Kreis der führenden Gewerkschaftsfunktionäre. Er war ein Praktiker, der weder dem Typus des akademisch qualifizierten Intellektuellen noch dem des ›geborenen‹, durch Herkunft und Milieu geprägten Sozialdemokraten entsprach: ein Quereinsteiger, der erst nach Umwegen zur SPD gestoßen war. Aber er hatte einen unstillbaren Hang zum Radikalismus, teils aus Überzeugung, teils aus Anpassungsbedürfnis an tatsächliche oder nur vermutete Stimmungen. Im Konfliktfall neigte er dazu, eher den eigenen Prioritäten zu folgen, als sich umstandslos den Beschlüssen der Majorität zu unterwerfen. Sattelfeste Genossen begegneten ihm daher mit skeptischer Distanz. In ihren Augen war er ein unsicherer Kantonist, eine, wie Friedrich Stampfer 1944 im New Yorker Exil schrieb, »ewig schwankende Gestalt«.

A. stammte aus dem wohlhabenden jüdischen Bürgertum. Anders als seine Brüder und Verwandten, die in der Wissenschaft, der väterlichen Fabrik und der Welt der Banken Karriere machten, wurde er nach dem Besuch der höheren Handelsschule kaufmännischer Angestellter. Als Mitglied und ehrenamtlicher Funktionär im »Verein der Deutschen Kaufleute« verknüpfte er bereits in jungen Jahren berufs- mit parteipolitischem Engagement. 1908 gründete er gemeinsam mit Theodor Barth, Hellmut von Gerlach und Rudolf Breitscheid die entschieden linksliberale »Demokratische Vereinigung« und warb dabei um die fortschrittlich gesinnte Angestelltenschaft, agitierte gegen die »Privilegien« des »Großkapitals« und das preußische Drei-Klassen-Wahlrecht. 1913 wurde er besoldeter Sekretär an der Spitze des »Bundes der technisch-industriellen Beamten«, einer Organisation der Techniker und Ingenieure; 1915 leitete er die Geschäfte der »Arbeitsgemeinschaft für das einheitliche Angestelltenrecht«, die er 1917 in die »Arbeitsgemeinschaft freier Angestelltenverbände« umwandelte: ein Kartell, dessen Klientel sich unter dem Druck kriegsbedingter Notlagen zunehmend radikalisierte und nach links orientierte. Gegen berufsständische Ideologien, die darin wurzelnden Ressentiments und Sonderbestrebungen plädierte A. für eine Annäherung an die Arbeiterschaft und die Adaption gewerkschaftlicher Taktiken, das heißt für eine konfliktbereite und durch verbandspolitische Konzentration konfliktfähige Interessenvertretung. »Die Angestelltenbewegung«, zog er im Januar 1918 Bilanz, »hat in diesem Weltkriege ihre Feuerprobe bestanden; sie hat weniger Ursache, sich über eine bessere Zukunft rosigen Träumen hinzugeben, als vielmehr auf ihre eigene Kraft zu bauen, um den kommenden sozialen Kämpfen mit erhöhtem Selbstvertrauen entgegenzusehen.« Daran, daß der Frieden eine tiefgreifende Neuorientierung bringen würde, hegte A. keinen Zweifel. Von ihr erwartete er nicht nur die »Demokratisierung des Staatslebens«, sondern auch und parallel dazu die »Beseitigung des Betriebsabsolutismus« im »Wirtschaftsleben«.

Die Realisierung derartiger Ziele rückte in der Weimarer Republik erstmals in greifbare Nähe. Um die in Artikel 165 verfassungsrechtlich verankerte Parität von Arbeit und Kapital nicht zur leeren Floskel verkümmern zu lassen, bedurfte es starker Gewerkschaften, der Konsolidierung und Integration auch im Lager der linken Angestelltenverbände, aus deren »Arbeitsgemeinschaft« Ende 1920 der »Allgemeine freie Angestelltenbund« (AfA-Bund) hervorging. Unter A.s Führung wurde dieser neben dem Allgemeinen Deutschen Gewerkschaftsbund (ADGB) eine der Säulen der sozialdemokratischen Arbeitnehmerbewegung. Obwohl der mächtige Zulauf aus der Anfangsphase – die AfA-Bund vereinigte zunächst fast die Hälfte der organisierten Angestellten – gegen die Konkurrenz liberaler und deutschnationaler Verbände nicht stabilisiert werden konnte, eröffneten sich damit für die SPD Chancen, in ein ihr traditionell fernstehendes, antiproletarisch geprägtes Milieu einzudringen und ihre Rekrutierungsbasis auszuweiten. Seinen Referenten galt A., wie sich Fritz Croner später erinnerte, als »Antreiber, Feuergeist und Ideologe«. Nach einem Zwischenspiel bei der »Unabhängigen Sozialdemokratie« (USPD), der er im Oktober 1918 beigetreten war, wechselte A. 1922 zur SPD über. Seit 1921 war er Reichstagsabgeordneter, außerdem Mitglied des Reichswirtschaftsrates und des Staatsgerichtshofs zum Schutz der Republik, er saß im Ausschuß des Internationalen Gewerkschaftsbundes und arbeitete von 1928 bis 1933 als Sachverständiger beim Internationalen Arbeitsamt in Genf. Seine vorrangigste Aufgabe sah er darin, die Demokratie mit sozialem Inhalt zu füllen und so die Voraussetzungen für die sozialistische Gesellschaftsordnung der Zukunft zu schaffen. Einer regulierenden und ausgleichenden Sozialpolitik maß er dabei entscheidende Bedeutung zu. Sie war das Instrument, um zugunsten der abhängig Beschäftigten zu intervenieren: kein Köder und »Beruhigungsmittel«, sondern, wie er im Frühjahr 1930 in Anlehnung an den Nationalökonomen Eduard Heimann formulierte; »der Einbau eines sozialen Gegenprinzips in das kapitalistische Wirtschaftsgetriebe.«

Hier offenbarte sich ein Optimismus, der mit den Realitäten nur schwer in Einklang zu bringen war. Die SPD hatte sich kurz zuvor im Streit um die Arbeitslosenversicherung aus der Koalition mit den Liberalen und dem katholischen Zentrum verabschiedet (Rücktritt der Reichsregierung unter Hermann Müller, SPD, am 27. März 1930). Was zunächst wie eine der üblichen Kabinettskrisen anmutete, entpuppte sich rasch als Krise des Systems: eine Epochenscheide, die den allmählichen Übergang von der Republik in die Diktatur einleitete. Der Kompromiß zwischen Reformismus und Kapitalismus, der die Geburtsstunde der Weimarer Demokratie bestimmt hatte, erwies sich als nicht mehr tragfähig, die Zahl der Erwerbslosen erreichte Spitzenwerte, und unter dem Ansturm der radikalen Flügelparteien KPD und NSDAP zerbröckelte der labile, ohnehin stets gefährdete gesellschaftliche Konsens. Als Repräsentant der gemäßigten Linken opponierte A. gegen die Tolerierung der Präsidialregierung unter Heinrich Brüning (1930–1932) ebenso wie gegen Abspaltungstendenzen in den eigenen Reihen. Rückhalt fand er dabei im AfA-Bund und im Berliner Parteibezirk. Die Alternativen, die er anbot, um politische Energien jenseits parlamentarischer Betriebsamkeit zu schöpfen, waren jedoch vage und nicht frei von Illusionen. Gegen den ADGB, der pragmatische Maßnahmen zur Arbeitsbeschaffung forderte, propagierte er den umfassenden, planmäßig gesteuerten »Umbau« der ökonomischen Strukturen: ein Konzept, welches die SPD im Sommer 1932 zum Programm erhob, das den dort gepflegten marxistischen Theorien zwar entsprach, die tatsächlichen Machtverhältnisse aber verkannte. »Es ist unsere historische Aufgabe, noch während des herrschenden Wirtschaftssystems die Ansätze zur Organisation einer neuen Wirtschaft zu finden.«

Unter dieser Losung eine »große Volksbewegung« zu mobilisieren und die SPD zum »Willenszentrum« einer konsequent antikapitalistischen Strategie zu machen, gelang allerdings nicht. Die Ernennung Adolf Hitlers zum Reichskanzler am 30. Januar 1933, Unterdrückung und Terror setzten solchen Hoffnungen ein Ende. Anbiederungsversuche beim Regime, mit denen die Führung des ADGB das Überleben der Gewerkschaften glaubte sichern zu können, lehnte A. entschieden ab. Bereits am 28. März 1933 legte er – zur Erleichterung vieler Gewerkschaftler, die A. auch wegen seines jüdischen Glaubens als politische Belastung empfanden – sein Amt als Vorsitzender des AfA-Bundes nieder, Anfang Mai emigrierte er über Saarbrücken und Paris nach Prag, wo er gemäß dem Beschluß einer Reichskonferenz der SPD vom 26. April 1933 in Berlin Sitz und Stimme im Büro der »Sopade«, dem Exilvorstand der SPD erhielt. Dort gehörte er zur Minderheit derer, die sich für einen »radikalen Kurswechsel« aussprach. Gemeinsam mit Karl Böchel vom Bezirk Chemnitz gründete er den »Arbeitskreis Revolutionärer Sozialisten«, der sich gegen die Vorstellung wandte, nach dem »Sturz der nationalsozialistischen Diktatur« durch die »revolutionäre Arbeiterschaft« da wieder anknüpfen zu können, wo die Weimarer Republik geendet hatte. »War die Demokratie für den Gegner nur der vorübergehende Zustand zur Neuformierung seiner desorganisierten Kräfte«, hieß es 1934 in einer Grundsatzerklärung, »so ist für die Arbeiterklasse die Demokratie nur der Kampfboden für die Sammlung der Massen zur revolutionären Eroberung des Sozialismus.«

Wegen Sonderbündelei im Januar 1935 aus der Sopade verbannt, engagierte sich A. im Rahmen der Volksfront, in der die »sozialistisch geeinte Arbeiterschaft den festen Kern und die motorische Kraft« bilden sollte. 1937 trennte er sich von den »Revolutionären Sozialisten«, die über den Status einer Splittergruppe nicht hinausgekommen waren; 1938 verließ er Prag, ging zunächst nach Paris und schließlich über London nach New York. Hier wurde er Mitglied, zeitweilig auch Vorsitzender der »German Labor Delegation«, der Vertretung der »Sopade« in den USA, trat jedoch 1944 wieder aus, da er im Gegensatz zu seinen Kollegen für einen Ausgleich mit der Sowjetunion votierte. Bis 1951 arbeitete A. als Redakteur für die *New Yorker Staatszeitung* und *Herold,* kehrte dann erst nach Deutschland zurück und übernahm noch einmal, mittlerweile 68 Jahre alt, einen Funktionärsposten, allerdings nicht beim DGB, sondern bei der »Deutschen Angestellten Gewerkschaft«. 1952 wurde er Vorsitzender, 1959 bis zu seinem Tod 1969 Ehrenvorsitzender des Landesverbandes Berlin.

Freyberg, J. v.: Sozialdemokraten und Kommunisten. Die Revolutionären Sozialisten Deutschlands vor dem Problem der Aktionseinheit 1934–1937. Köln 1973. – Korthaase, W.: Siegfried Aufhäuser (1884–1969). Der Organisator der »Kopfarbeiter«, in: Lösche, P. u.a. (Hg.): Vor dem Vergessen bewahren. Berlin 1986, S. 15–37.

Jens Flemming

Augspurg, Anita

Geb. 22. 9. 1857 in Verden (Aller); gest. 20. 12. 1943 in Zürich

Mit ihrer Freundin Lida Gustava Heymann, mit Gertrud Baer, Minna Cauer, Constanze Hallgarten, Frieda Perlen, Helene Stöcker und anderen gehörte A. zu den Repräsentantinnen des »radikalen Flügels der bürgerlichen Frauenbewegung«, der lange Zeit vergessen war, dem aber seit den siebziger Jahren feministische Historikerinnen der Bundesrepublik und auch Historikerinnen und Historiker aus der ehemaligen DDR Aufmerksamkeit widmen. A. hat als Frauenrechtlerin, aber ebensosehr als Streiterin für Frieden und Völkerversöhnung erheblich zur Entwicklung und Profilierung jenes Flügels der »alten Frauenbewegung« beigetragen, der entschieden demokratische Positionen bezog – in teilweise eklatantem Gegensatz zu den »Gemäßigten«, die sich – nicht erst 1914 – mit der im bürgerlichen Deutschland herrschenden Elite arrangierten.

A. stammte aus einer Familie, die seit Generationen Gelehrte, Juristen und Mediziner hervorgebracht hatte. Schon in ihrer Kindheit zeichnete sie sich durch ausgeprägten Gerechtigkeitssinn aus; so verteidigte sie einen Lehrer, der wegen seiner Schüchternheit von den Mitschülerinnen oft in Verlegenheit gebracht wurde: »Der Mann steht unter meinem persönlichen Schutz. Wer ihn noch einmal hänselt, bekommt es mit mir zu tun.«

Dem obligaten Besuch der höheren Töchterschule folgte das Lehrerinnenexamen, das A. am Berliner Viktoria-Lyzeum absolvierte und dem sich eine Turnlehrerinnenausbildung anschloß. In den Bann der Berliner Schauspielerin Minona Frieb-Blumauer gezogen, widmete sie sich jedoch gleich darauf einer weiteren Ausbildung, mit dem Ziel, Bühnenkünstlerin zu werden. Dieser Beruf blieb jedoch – nach einem kurzen Engagement an dem bekannten Meininger Hoftheater – eine Episode; ebenso der Beruf der Fotografin.

Schon in Berlin interessierte sich A. für die Bildungsbestrebungen der bürgerlichen Frauenbewegung, namentlich Hedwig Kettlers Kampf für das Recht der Frauen auf akademische Ausbildung. Sie identifizierte sich mit diesen Zielen und setzte sich dafür ein, daß die sich durchsetzende Gymnasialausbildung der Mädchen in Inhalten und Niveau nicht hinter der der Jungen zurückblieb. Ihrer Mitarbeit ist die Eröffnung des ersten Mädchengymnasiums in Karlsruhe 1893 zu verdanken.

Auch im Entwurf des neuen Bürgerlichen Gesetzbuches (BGB) erkannte A. entscheidende Schwächen, die die Rechtsstellung der Frauen betrafen, weshalb sie sich juristischen Problemen zuwandte. Mit vierzig Jahren begann sie in Zürich ein reguläres Jurastudium, das sie mit einer Dissertation über den *Ursprung der Volksvertretung in England* abschloß.

Nach Deutschland zurückgekehrt, beteiligte sich A. an der Diskussion des BGB-Entwurfs und erreichte mit ihren Einwänden einige, wenn auch nicht grundsätzliche Veränderungen. Das BGB trat 1900 in Kraft. In der Auseinandersetzung mit dem »heuchlerischen Männerrecht« lernte A. Minna Cauer kennen, die die Zeitschrift des »radikalen Flügels« der Frauenbewegung herausgab. A. begann an der Zeitschrift *Die Frauenbewegung* mitzuarbeiten. In ihren Beiträgen bezog sie Positionen, die sie in Gegensatz zu den sich selber als »Gemäßigte« verstehenden führenden Persönlichkeiten des Bundes Deutscher Frauenvereine (BGF) brachten, die sich um Helene Lange und Gertrud Bäumer gruppierten. A. redigierte die Beilage »Parlamentarische Angelegenheiten und Gesetzgebung« der Zeitschrift und die Frauenbeilage einer konservativen Tageszeitung. Auch dem Vorstand von Minna Cauers Verein »Frauenwohl« gehörte sie einige Zeit an.

Während des Internationalen Frauenkongresses in Berlin 1896 lernte A. Lida Gustava Heymann kennen. Zwischen den beiden Frauen entwickelte sich eine enge Freundschaft und Lebensgemeinschaft. Zunächst in München, danach in einem Haus bei Irschenhausen im Isartal, auf dem Siglhof bei Peissenberg (Oberbayern) und schließlich auf »Burg Sonnensturm« bei Icking fanden sie ihr gemeinsames Domizil, stets landwirtschaftliche und gärtnerische Tätigkeit mit literarischer Arbeit verbindend.

A. und Heymann widmeten sich als engagierte Frauenrechtlerinnen nach der Jahrhundertwende zunächst vor allem dem Kampf um das Frauenstimmrecht. Dazu herrschten in der bürgerlichen Frauenbewegung – im Gegensatz zur proletarischen – unterschiedliche Auffassungen. Die »Gemäßigten« lehnten zwar das Streben nach dem Wahlrecht nicht grundsätzlich ab, aber sie betrachteten dessen Erfüllung auch nicht als vordringlich. Die »Radikalen« hingegen traten engagiert für das Frauenwahlrecht ein. Im Januar 1902 gehörte A. zu den Mitbegründerinnen des Deutschen Vereins für Frauenstimmrecht. Auch in der Deutschen Freisinnigen Vereinigung, der sie ebenso wie Heymann eine Zeitlang angehörte, setzte sie sich für das Frauenwahlrecht ein. In München gab A. bis 1914 die monatlich erscheinende *Zeitschrift für Frauenstimmrecht* heraus, die auch als Beilage von Minna Cauers *Frauenbewegung* erschien. Seit 1904 wirkte A. auch als stellvertretende Vorsitzende des Weltbundes für Frauenstimmrecht. Zwischen ihr und zahlreichen Führerinnen der internationalen Frauenbewegung entwickelten sich rege Beziehungen.

Der Ausbruch des Ersten Weltkrieges bedeutete für A. und Heymann einen tiefen Einschnitt. Der Bruch mit den »Gemäßigten«, die im »Nationalen Frauendienst« den Krieg unterstützten, wurde offensichtlich. Der Krieg selbst forderte ein Engagement neuer Art: den Kampf um die Wiedergewinnung des Friedens, die Auseinandersetzung mit Chauvinisten und Annexionisten. Im Lager der Frauenbewegung verfochten vor allem die Stimmrechtlerinnen und linke Sozialdemokratinnen, die sich um Clara Zetkin und Rosa Luxemburg gruppierten, die Forderung nach einem Frieden ohne Annexionen. Die revolutionäre Beendigung des Krieges, die die linken Sozialdemokraten für unvermeidlich hielten, lehnten die Stimmrechtlerinnen jedoch ab. A. gehörte zu den Initiatorinnen der Haager Frauenkonferenz von 1915. Sie gehörte zusammen mit Heymann der Delegation der deutschen Pazifistinnen an, gegen die die Führerinnen des Bundes Deutscher Frauenvereine mit der Begründung Stellung bezogen, eine Beteiligung daran sei »unvereinbar mit dem patriotischen Charakter und der nationalen Pflicht der deutschen Frauenbewegung«. Der Rückkehr aus den Niederlanden folgte die Überwachung durch die bayerischen Behörden und das Verbot öffentlichen Auftretens. Dennoch entfaltete der von A. mitbegründete »Deutsche Frauenausschuß für dauernden Frieden« eine rege Tätigkeit, von München aus erstreckten sich seine Verbindungen zu Gruppen in 28 anderen Städten.

A. begrüßte die Novemberrevolution 1918 und die Regierung des Sozialisten Kurt Eisner in Bayern (8. November 1918 bis 21. Februar 1919), zumal diese als erste deutsche Landesregierung auch das Frauenwahlrecht proklamiert hatte. Gemeinsam mit Heymann engagierte sie sich im Rahmen der bayerischen Rätebewegung für die Schaffung von Frauenräten. Sie selbst gehörte dem Münchener »Revolutionären Zentral-Arbeiterrat« an. Die Niederwerfung der Bayerischen Räterepublik durch Reichswehr und konterrevolutionäre Freikorps Anfang Mai 1919 bedeutete für sie den Zusammenbruch vieler Hoffnungen, nicht zuletzt auf die Entfaltung demokratischer Kräfte in der Weimarer Republik.

In den folgenden Jahren widmeten sich A. und Heymann vor allem der Arbeit für den Aufbau des Deutschen Zweiges der »Internationalen Frauenliga für Frieden und Freiheit« (IFFF), der 1919 aus dem Frauenausschuß für dauernden Frieden hervorgegangen war. In der von den beiden Frauen bis 1933 herausgegebenen Zeitschrift *Die Frau im Staat* brachte sie feministische und pazifistische Gedanken zum Ausdruck. Auch Vorträge, z.B. auf Konferenzen und Kongressen, galten dem Ringen um die allgemeine Abrüstung, der Erziehung der jungen Generation im Geiste des Friedens und der Völkerversöhnung, der Lösung internationaler Streitfragen durch Schiedsgerichte, der Beseitigung des Kolonialsystems und der Durchsetzung des Selbstbestimmungsrechts aller Völker sowie der Erweiterung der demokratischen Rechte der Frauen. Unter diesen Aspekten trat A. auch für eine partielle Zusammenarbeit mit verschiedenen politischen Kräften aus der Arbeiterbewegung ein. 1932 beteiligte sie sich an der Vorbereitung des von Romain Rolland und Henry Barbusse initiierten »Internationalen Kongresses gegen den imperialistischen Krieg«, der Ende August 1932 in Amsterdam stattfand. Mannigfaltige Arbeit leisteten A. und Heymann für den Ausbau der internationalen Verbindungen der Pazifistinnen, hauptsächlich im Rahmen der IFFF.

Der demokratischen Haltung und dem antimilitaristischen Engagement A.s entsprach es, daß sie sehr früh schon die faschistische Gefahr erkannte. Eine von ihr geleitete Frauendelegation sprach sich schon im Frühjahr 1923 in einer Unterredung mit dem bayerischen Innenminister Franz Schweyer (Bayerische Volkspartei) für das Verbot der nationalsozialistischen Verbände und für Hitlers Ausweisung aus Bayern aus. Die Initiative fand nicht die erhoffte Resonanz. Schon bei dem Putsch, den Hitler und Erich Ludendorff im November 1923 in München inszenierten, standen die Namen von A. und Heymann auf der Liste der zu liquidierenden Personen.

Nachdem Hitler 1933 Reichskanzler geworden war, kehrten A. und ihre Freundin von einer Auslandsreise nicht nach Deutschland zurück. In Zürich, wo beide ihren letzten Wohnsitz fanden, erfuhren sie Anfang 1935 von der Konfiszierung ihres gesamten Vermögens durch den NS-Staat. Sie erlebten die Entfesselung des Zweiten Weltkrieges durch Hitler-Deutschland und damit das Scheitern ihrer aufopferungsvollen Bemühungen um Frieden und Versöhnung der Völker.

1941 brachten beide Frauen unter dem Titel *Erlebtes – Erschautes* ihre Memoiren zu Papier, die aber erst 1972 von Margrit Twellmann veröffentlicht wurden. A.s Gesundheit verschlechterte sich in jenen Jahren zunehmend; sechsundachtzigjährig starb sie nur fünf Monate nach dem Tod ihrer Freundin.

Arendt, H.-J.: Der Deutsche Zweig der Internationalen Frauenliga für Frieden und Freiheit 1915–1933, in: Wissenschaftliche Zeitschrift der Pädagogischen Hochschule »Clara Zetkin« Leipzig. H. 1 (1981), S. 53–61. – Gelblum, A.: Feminism and Pacifism. The Case of Anita Augspurg and Lida Gustava Heymann, in: Tel Aviver Jahrbuch für deutsche Geschichte, Bd. XXI. Gerlingen 1992, S. 207–225. – Hering, S.; Wenzel, C.: Frauen riefen, aber man hörte sie nicht. Die Rolle der deutschen Frauen in der internationalen Frauenfriedensbewegung zwischen 1892–1933 (Schriftenreihe des Archivs der deutschen Frauenbewegung, B. 1), Kassel 1986. – Schenk, H.: Anita Augspurg (1857–1943), in: Schultz, H.-J. (Hg.): Frauen. Porträts aus zwei Jahrhunderten. Stuttgart (4. Aufl.) 1986, S. 172–183.

Hans-Jürgen Arendt

Baader, Ottilie

Geb. 30. 5. 1847 in Rackow (bei Frankfurt an der Oder); gest. 24. 7. 1925 in Berlin

Als »Kampfgenie« bezeichnete Clara Zetkin in ihrem Nachruf B. Neben ihrem harten Broterwerb habe diese nichts anderes gekannt als Arbeit für die Partei, ihr Leben habe »ein Stück Geschichte der deutschen Frauenbewegung« verkörpert. Gemeint war damit die sozialdemokratische Frauenbewegung, an deren Spitze B. zeitweilig als »Vertrauensperson der Genossinnen Deutschlands« stand und in der sie umsichtig und gewissenhaft ein ungeheures Pensum an vorwiegend organisatorischer Arbeit bewältigte; an der Seite und zugleich im Schatten Clara Zetkins stehend, deren Wirken der Bewegung vor allem politisch und ideologisch Ziel und Richtung wies.

B. entstammte – im Gegensatz zu den meisten anderen sozialdemokratischen Frauenführerinnen – selbst einer Arbeiterfamilie. Ihre 1921 unter dem Titel *Ein steiniger Weg* veröffentlichten Lebenserinnerungen stellten zugleich eine der ersten deutschen Arbeiterinnen-Autobiographien dar. Plastisch und anschaulich vermittelt sie einen Eindruck davon, welche Motive und Bestrebungen eine junge Proletarierin im 19. Jahrhundert bewogen, sich der Partei August Bebels anzuschließen und »den Sozialismus unter das weibliche Proletariat zu tragen«, wie sie selbst die Aufgabe der sozialdemokratischen Frauenbewegung auf der Internationalen Sozialistischen Frauenkonferenz in Stuttgart 1907 charakterisierte.

Als B. geboren wurde, arbeitete ihr Vater in einer Zuckerfabrik und ihre Mutter als Heimarbeiterin. Ihre Kindheit verbrachte sie in Frankfurt an der Oder und in Berlin gemeinsam mit einem älteren Bruder und zwei jüngeren Geschwistern. Schon als Siebenjährige mußte sie den Haushalt führen, weil die Mutter schon im Winter 1854/55 starb. Die Tatsache, daß selbst für die Beisetzung der Verstorbenen das Geld fehlte, kennzeichnet das Elend, in welchem Arbeiterfamilien in jenen Jahren zu leben gezwungen waren.

Das Mädchen zeichnete sich schon in der Kindheit durch ungemeine Wißbegier und Freude am Lernen aus, und der Vater, der sich selbst der sozialistischen Bewegung anschloß, förderte B.s Wissensdrang. Mit der Tochter – schrieb Clara Zetkin 1897 in ihrem Nachruf auf ihn – sei er durch eine »rührende Ideengemeinschaft« verbunden gewesen, die sich u.a. in der gemeinsamen Lektüre sozialistischer Schriften äußerte.«

Von ihrem dreizehnten Lebensjahr an war B. berufstätig: zunächst als Handarbeiterin, dann als Maschinenarbeiterin und später als Heimarbeiterin. Zunächst schloß sie sich einem von Lina Morgenstern begründeten bürgerlichen Bildungsverein für Arbeiterfrauen an. Im »Englischen Hof« in der Berliner Alexanderstraße besuchte B. in den siebziger Jahren zum ersten Mal allein – ohne Begleitung des Vaters – eine Arbeiterversammlung. Schon während des deutsch-französischen Krieges 1870/71 war sie als Sprecherin der Berliner Konfektionsarbeiterinnen gegen eine geplante Lohnkürzung aufgetreten. Es ist unbekannt, wann B. der sozialdemokratischen Bewegung beitrat, zumal es Frauen in jenen Jahren untersagt war, Mitglied einer politischen Partei oder eines politischen Vereins zu werden. Bekannt ist, daß sie 1877 aus der evangelisch-lutherischen Kirche austrat und 1885 zur Schriftführerin des neugegründeten Fachvereins der Berliner Mantelnäherinnen gewählt wurde, der – wenn auch nur für kurze Zeit – als Organisation von 20 000 Berliner Arbeiterinnen eine der ersten deutschen Branchengewerkschaften darstellte. Das war in der Zeit des Bismarckschen Sozialistengesetzes. »Die Behörden suchten uns«, schrieb B. später, »mit allen Mitteln, die ihnen zu Gebote standen, zu hemmen. Auch mich hatte die Polizei erwischt. Waren schon die allgemeinen Bestimmungen für die Arbeiterklasse schlimm genug, so wurden die Frauen noch besonders drangsaliert«. Noch zwei Jahre nach ihrem Austritt aus dem Verein der Mantelnäherinnen und dem Verbot der Berliner Arbeiterinnenvereine wurde B. durch das Berliner Landgericht I wegen Verstoßes gegen das Preußische Vereinsgesetz (1850–1908) zu einer Geldstrafe verurteilt, jedoch wurde das Urteil durch einen Gnadenerlaß wenige Wochen später wieder aufgehoben. Der Weg B.s in das politische Leben war in der Tat ein »steiniger Weg«. Zu den Widrigkeiten, für die der Obrigkeitsstaat sorgte, kam das »schwarze Elend der Heimarbeit« sowie die Sorge um den inzwischen invalide gewordenen Vater und auch für Frau und Kinder ihres jung verstorbenen Bruders.

Auf dem Gründungskongreß der II. Internationale in Paris 1889 hatte Clara Zetkin die Arbeiterbewegung aufgefordert, die proletarischen Frauen als Mitstreiterinnen zu gewinnen und den Kampf für das Recht der Frauen auf Arbeit sowie politische und soziale Rechte tatkräftig zu unterstützen. Noch im gleichen Jahr entstand im Rahmen der noch immer illegalen Berliner Organisation der Sozialistischen Arbeiterpartei Deutschlands (SAPD; ab 1890: SPD) eine Frauenagitationskommission, die sich faktisch zum zentralen Führungsorgan der proletarischen Frauenbewegung in Deutschland entwikkelte. Ihr gehörten Emma Ihrer, Agnes Wabnitz sowie fünf weitere Frauen an, und seit dem Oktober 1890 – das Sozialistengesetz war nicht verlängert worden – auch B. Fortan trat diese immer stärker in der sozialdemokratischen Bewegung in

Erscheinung, beteiligte sich an der Gründung der »Freien Volksbühne« sowie der Berliner Arbeiterbildungsschule und gehörte 1891 bereits zur deutschen Delegation auf dem Brüsseler Sozialistenkongreß. Von 1890 bis 1899 trat sie in 304 Versammlungen in Berlin und den preußischen Provinzen als Rednerin auf. Insgesamt ermittelte ihre Biographin, Roswitha Freude, 544 Versammlungen, auf denen sie als Referentin oder Diskussionsrednerin sprach.

B.s Aufmerksamkeit galt der Organisation der proletarischen Frauen. Besonders unter diesen gewann sie als engagierte Vertreterin ihrer Interessen wachsende Autorität. Wesentlich darauf gestützt, vermochte sie auch in der Partei selbst Autorität zu gewinnen. Auf dem Parteitag in Berlin 1892 – dem ersten, an dem sie teilnahm – beantragte sie mit Erfolg, den für Funktionäre geltenden Begriff »Vertrauensmann« durch »Vertrauensperson« zu ersetzen und damit auch für die weiblichen Mitglieder die Möglichkeit zu schaffen, Funktionen in der SPD auszuüben. Sie arbeitete in jenen Jahren eng mit Clara Zetkin zusammen, die die sozialistische Frauenzeitschrift *Die Gleichheit* herausgab. Gemeinsam mit ihr nahm sie am Internationalen Sozialistenkongreß in London 1896 teil. Beide verband die Übereinstimmung in allen grundlegenden Fragen, die die Organisation der proletarischen Frauen betrafen, auch die Vertretung der sozialen Interessen der Arbeiterinnen im Rahmen von Programmatik und Politik von Partei und Gewerkschaften, sowie im Ringen um das Frauenwahlrecht, das seit 1895 von der SPD immer stärker gefordert wurde, nachdem die Berliner Frauenagitationskommission die Reichstagsfraktion der Partei zu entsprechenden Initiativen aufgefordert hatte.

Im November 1899 wurde B. zur Vertrauensperson der sozialdemokratischen Genossinnen Deutschlands gewählt. Wesentlich in ihren Händen lag schon die Vorbereitung der ersten »Sozialdemokratischen Frauenkonferenz«, die im September 1900 in Mainz stattfand. Die Konferenz bestätigte B. in ihrer jetzt als »Zentralvertrauensperson« bezeichneten Funktion, die sie zunächst weiterhin ehrenamtlich ausübte. Im November 1906 wurde das Frauenbüro der SPD geschaffen, dessen Leitung sie übernahm. B. leitete damit die erste Frauenabteilung beim Vorstand einer politischen Partei in Deutschland. Sie faßte ihr Funktion an der Spitze der proletarischen Frauenbewegung in erster Linie als Parteifunktion auf. Sie war, wie auch Clara Zetkin, Emma Ihrer und andere sozialdemokratische Frauen der Meinung, daß diese »keine Sonderbestrebungen« verfolge. Sie teilte die marxistische Auffassung der Frauenfrage, wie sie August Bebel in seinem Buch *Die Frau und der Sozialismus* dargelegt hatte. Ihre Vorstellung von der sozialdemokratischen Frauenbewegung als Formation der Gesamtbewegung hinderte sie nicht, spezifischen Interessen der Frauen ihre Aufmerksamkeit zu widmen, sich z.B. – nach 1904 – für die Bildung von Kinderschutzkommissionen einzusetzen und die Bildung von Frauenwahlvereinen zu fördern, in denen sie geeignete Organe für die Aufklärung von Frauen über politische Fragen und die Heranführung an ihre künftige Rolle als Wählerinnen bei Kommunal-, Land- und Reichstagswahlen sah. Die Novemberrevolution 1918 brachte das Frauenwahlrecht.

In den allgemeinen politischen Fragen hielt B. sich auf der Linie des Parteivorstandes. Im innerparteilichen Meinungsstreit, in dem Clara Zetkin und Rosa Luxemburg als scharfe Kritikerinnen des Bernsteinschen »Revisionismus« und später auch des »Zentrismus« Kautskys immer wieder Position bezogen, trat sie nicht hervor. Auch nicht nach 1914, als sich der Meinungsstreit – um die Frage der Stellung der Partei zum ersten Weltkrieg – sichtlich zuspitzte und sogar die offene Spaltung der Partei bewirkte. »Wer wie Ottilie Baader mit seinem persönlichen Sein ganz in dem Wirken für die Sache des Sozialismus aufgegangen ist«, schrieb Clara Zetkin im Mai 1917 aus Anlaß des 70. Geburtstages B.s, »dem muß die verhängnisvolle Auswirkung des Krieges auf die sozialistische Bewegung tiefen Kummer, schwere Erschütterung bringen«. War das eine bloße Vermutung aus eigener Erfahrung oder wußte es Clara Zetkin aus Gesprächen mit B. in jener Zeit?

B.s Funktion als »Zentralvertrauensperson« der weiblichen Parteimitglieder hatte sich schon 1908 erübrigt. Nach dem neuen Reichsvereinsgesetz konnten nunmehr auch Frauen Mitglieder der politischen Parteien werden. Das SPD-Frauenbüro verlor damit seinen ursprünglichen Charakter als Frauenleitung und widmete sich in der weiteren Folge vor allem agitatorischer und propagandistischer Tätigkeit zur Gewinnung von neuen weiblichen Mitgliedern und später auch von Wählerinnen. Auf Vorschlag B.s wurde es von 1908 an von Luise Zietz geleitet. B. war jedoch weiterhin im Frauenbüro tätig, bis sie im Frühjahr 1917 als Gegnerin der Burgfriedenspolitik der SPD vom Parteivorstand auf eine Hilfsarbeiterinnenstelle in der Parteikorrespondenz abgeschoben wurde.

In jenen Jahren trat B. kaum noch öffentlich in Erscheinung. Ihr Ehemann, der Oranienburger Gastwirt August Dietrichs, den sie 1911 geheiratet hatte, starb bereits nach wenigen Jahren. So verbrachte sie ihren Lebensabend in zunehmender Einsamkeit. Im Juni 1913 trat sie auf eigenen Wunsch aus dem Vorstand der sozialdemokratischen Wahlvereine Berlins aus. Im September 1913 nahm sie noch einmal – als Gast – an einem Parteitag teil und im Februar 1914 in Stettin an einer Frauenkonferenz der Partei. Der aus der SPD 1917 hervorgegangenen Unabhängigen Sozialdemokratischen Partei (USPD) schloß sie sich nicht an. Nach der Novemberrevolution 1918 begann sie, ihre Lebenserinnerungen niederzuschreiben. 1925, vier Jahre nach deren Erscheinen starb sie im Berliner Virchow-Krankenhaus.

Freude, R.: Ottilie Baader. Ein biographischer Beitrag zur Geschichte der deutschen proletarischen Frauenbewegung. Leipzig (ungedr. Phil. Diss.) 1984. - Freude, R.: Ihr Name lebt in der Geschichte der proletarischen Frauenbewegung. Ottilie Baader, in: Beiträge zur Geschichte der Arbeiterbewegung. Berlin, 28. Jg., H. 5 (1986), S. 666-673. - Juchacz, M.: Sie lebten für eine bessere Welt. Lebensbilder führender Frauen des 19. und 20. Jahrhunderts. Berlin Hannover 1955.

Hans-Jürgen Arendt

Bamberger, Ludwig

Geb. 22. 7. 1823 in Mainz; gest. 14. 3. 1899 in Berlin

»Deutschlands Auferstehung ist der Freiheit Morgenrot«. Mit seinem Credo von 1867 sprach B. die optimistischen Erwartungen vieler Liberaler aus, die sich an den deutschen Einigungsprozeß unter preußischer Führung knüpften. Wie kaum ein anderer ist sein politischer Lebensweg mit diesem epochalen Konflikt des deutschen Liberalismus im 19. Jahrhundert verwoben.

Der zweite Sohn eines jüdischen Kaufmannes aus Mainz hatte eine akademische Laufbahn anvisiert und war, wie er rückblickend schrieb, eigentlich »zum Juristen bestimmt« worden. Doch auf das Studium in Gießen, Heidelberg und Göttingen und die beiden juristischen Staatsexamina folgte unerwartet das aufsehenerregende und folgenreiche Debüt auf publizistisch-politischem Parkett. Der Vierundzwanzigjährige machte sich in der Revolution von 1848/49 rasch als engagierter Berichterstatter der *Mainzer Zeitung* einen Namen: Der radikal-republikanische Duktus seiner an der Hegelschen Philosophie geschulten Leitartikel und seine Haarfarbe trugen ihm den Spitznamen »roter Bamberger« ein. Allerdings deutete sich bereits zu diesem frühen Zeitpunkt an, daß B. den sozialistischen Ansichten von einer Aufspaltung der Gesellschaft in Klassen nicht viel abgewinnen konnte, sondern dem frühliberalen Ideal einer »klassenlosen Bürgergesellschaft« (L. Gall) anhing. Deutlicher trat seine Ansicht auf dem zweiten Demokratenkongreß in Berlin vom 26.-30. Oktober 1848 hervor, zu dessen Präsidenten er gewählt worden war. Heftige Kontroversen über die soziale Frage und die Haltung zu den Wiener Revolutionären (Volksaufstand vom 6. Oktober), die am 30. Oktober vor den kaiserlichen Truppen unter Feldmarschall Windischgrätz kapitulierten, veranlaßten B. zum Rücktritt. Dennoch hielt sich sein Vertrauen in die Revolution noch bis zur »Reichsverfassungskampagne« (3. badischer Aufstand Mai bis Ende Juni 1849), während der er gemeinsam mit dem Radikaldemokraten Franz Heinrich Zitz ein badisches Freiwilligenkorps befehligte. Erst im Juli 1849 gab er die Revolution verloren und floh in die nahegelegene Schweiz.

Das unstete Leben eines Exilanten führte B. über London, Antwerpen und Rotterdam schließlich nach Paris. In Deutschland in Abwesenheit von verschiedenen Gerichten zu acht Jahren Zuchthaus und zum Tode verurteilt, erwarb er sich zuerst im Londoner Bankhaus seines Onkels finanzpolitische Kenntnisse und baute sich dann als versierter Bankier und Kenner des internationalen Geldmarktes in Frankreich eine gesicherte Existenz auf. In seinen Schriften nach 1849 beschäftigte er sich gründlich mit generellen Problemen der deutschen Revolution. Für ihn hatte sich der »Ruf der praktischen Unbrauchbarkeit« der Deutschen zur Revolution bewahrheitet (*Erlebnisse aus der Pfälzer Erhebung im Mai und Juni 1849*, in: *Gesammelte Schriften, Bd. III*, 1895). Er erkannte, daß die bestehenden Machtverhältnisse ohne die permanente Unterstützung professioneller Militärs nicht langfristig zu ändern waren. B. setzte nun auf Veränderungen »von oben« und die einigende Kraft des industriellen Fortschritts.

Wie viele liberale und demokratische Wortführer von 1848/49 betrat B. mit dem Ende der Reaktion 1858 (Beginn der liberalen »Neuen Ära« in Preußen) wieder die politische Bühne. Die Rückkehr markiert die Flugschrift *Juchhe nach Italia* (1859), mit der er sich der nationalen Aufbruchstimmung in Deutschland im Gefolge des italienischen Einigungskrieges (1859 Sieg der verbündeten französischen und sardinischen Truppen über Österreich als bedeutender Schritt auf dem Weg zur nationalen Einigung Italiens) anschloß. Indem B. propreußisch argumentierte und ein Bündnis mit Napoleon III. forderte, trennte er sich von seinen langjährigen Weggefährten; der frühere demokratische Gesinnungsgenosse Julius Fröbel erklärte die Flugschrift gar »als eine von Napoleon bezahlte Arbeit«. Nach Bismarcks Amtsantritt als preußischer Ministerpräsident, der »tragischen Weichenstellung« (Th. Nipperdey) von 1862, unterstützte B. immer offener dessen kleindeutsch-preußische Politik: Die Einheit Deutschlands konnte seiner Meinung nach nur mit Hilfe der preußischen Staatsmacht gegen österreichische und mittelstaatliche Interessen geschehen. Noch im französischen Exil machte er in seiner biographischen Studie *Monsieur de Bismarck* (1868) Bismarck als idealen Alliierten liberalen Reformbegehrens aus. Der preußische Ministerpräsident vollzog die Reichseinigung als Revolution von oben, zu der die Deutschen 1848/49 von unten nicht fähig gewesen waren. Vor der Reichsgründung 1871 bezog B. in der Gretchenfrage der Liberalen damit eindeutig Position: Die Einheit sollte Vorrang vor der Freiheit haben. Daneben waren ihm Preußen, Bismarck und der Freihandel die Katalysatoren politischer Emanzipation. Als Folge der Einheit erwartete er einen evolutionären Prozeß, der letztlich zur politischen Partizipation des Bürgertums und zur Parlamentarisierung Preußen-Deutschlands führen sollte. Langfristig versprach er sich davon auch ein Ende der militärischen Dominanz in Preußen.

Die emanzipatorische Rückwirkung der Einheit Deutschlands sah B. an den industriellen Fortschritt gebunden, was sich in zahlreichen ökonomischen Metaphern seiner Schriften widerspiegelt. Aus seiner Perspektive stellte sich der Reichsgründungskompromiß mit der preußischen Staatsgewalt keineswegs als Kapitulation des Liberalismus dar, sondern war mit ganz konkreten Zielen verbunden. Praktischen politischen Aufgaben wandte B. sich mit der Wahl ins Zollparlament, das sich aus Mitgliedern des Norddeutschen Reichstags sowie aus in Süddeutschland gewählten Abgeordneten rekrutierte, 1868 zu: Nach anfänglichem Zögern schloß er sich den Nationalliberalen an. Seine hohen Erwartungen an die einigende Kraft des Parlaments wurden allerdings schnell enttäuscht, nicht zuletzt deshalb, weil der Versuch scheiterte, dessen Kompetenzen zu erweitern.

Im Deutsch-Französischen Krieg 1870/71 zeitweise Bismarcks publizistisches Sprachrohr, gehörte B. nach Gründung des Deutschen Reiches dem Reichstag bis 1893 an. Als Mitglied der nationalliberalen Fraktion arbeitete B. zunächst eng mit der Reichsleitung zusammen. Bis Ende der 1870er Jahre profilierte er sich als Fachmann in Finanz- und Währungsangelegenheiten. Er war maßgeblich beteiligt am Übergang zur Goldwährung, an der Vereinheitlichung des Münzwesens und der Reichsbankgründung. Wie viele Liberale trug er aber auch die illiberale Politik Bismarcks mit: den Kulturkampf und 1878 die Sozialistengesetzgebung. Die konservative Wende mit Bismarcks Übergang zur Schutzzollpolitik zugunsten von »Rittergut und Hochofen«, die »innere Reichsgründung« von 1878/79, ließ indes viele liberale Hoffnungen zunichte werden und schwächte entscheidend die Nationalliberale Partei (1867-1918).

B. und 27 weitere linksstehende nationalliberale Abgeordnete des Reichstags und des preußischen Abgeordnetenhauses, darunter Max von Forckenbeck, Oberbürgermeister von Berlin, und der frühere Vizepräsident des Reichstags, Franz August Schenk von Stauffenberg, trennten sich 1880 von ihrer Partei und bildeten die oppositionelle »Liberale Vereinigung«, nach einer Schrift von B. allgemein »Sezession« genannt. In dieser seiner wohl bekanntesten Publikation, die 1881 binnen weniger Wochen viermal aufgelegt wurde, begründete B. den Parteiaustritt.

Mit der entschiedenen Absage an die Politik Bismarcks erhoffte er sich eine neue liberale Sammlungspartei, die bei dem ersehnten Thronwechsel Friedrich III. zum Zuge kommen sollte. Zuversicht, welche ihn in den 1860er Jahren noch ausgezeichnet hatte, war der Skepsis gewichen: B. zweifelte nun, »ob das Bürgertum seinem Beruf gewachsen ist, die friedliche Entwicklung der humanen Kultur« zu gewährleisten. Er registrierte, daß die frühliberale Utopie einer Bürgergesellschaft ohne Klassen von der Realität der industriellen Klassengesellschaft überholt worden war, zog daraus aber keine unmittelbare praktische Konsequenz. Mehr und mehr sah er liberale Ziele durch sozialpolitische Maßnahmen des Staates gefährdet, denn diese vertrugen sich für ihn kaum mit seiner Vorstellung vom freien Spiel wirtschaftlicher Kräfte. Die politische Freiheit bezog B. nun nicht mehr in erster Linie auf die Einheit, sondern machte sie zuerst von der ökonomischen Entwicklung abhängig. Hier wurde einmal mehr B.s Absicht deutlich, die offensichtliche Ungleichzeitigkeit von ökonomischer und gesellschaftlich-emanzipatorischer Entwicklung zu überwinden, indem er die »Sezession« streng auf den Freihandel einschwor.

1884 fusionierten die »Sezessionisten« mit der linksliberalen »Fortschrittspartei« zur »Deutsch-Freisinnigen Partei«. Man schrieb sich auf die Fahnen, die Rechte des Reichstags zu stärken, Schutzzöllen und vor allem staatlichen Versicherungen entgegenzuwirken. Mit seiner Kampfschrift *Die Invasion der socialistischen Ideen* (1884) trat B. den Sozialversicherungen Bismarcks ebenso vehement entgegen wie er an der Doktrin des Freihandels festhielt. Im Reichstag bekämpfte B. Bismarcks Unfallversicherungsgesetz (1884) mit den Worten »gewissenlose Gesetzgebung«, »sozialistische Schrullen« und »chimärische Unternehmung«. Andererseits fand er das Sozialistengesetz, dem er früher zugestimmt hatte, jetzt unerträglich. Kolonialpolitik lehnte er rundweg ab, ebenso Militarismus: Anläßlich der Beratung über eine Militärvorlage 1886 empfahl er, daß Deutschland mit Abrüstung vorangehe. Die Gefahr des aufkommenden Antisemitismus erkannte B. früher als andere. Er warnte vor der Unterdrückung des freien Wortes in Deutschland und forderte den Reichstag auf, zum Parlamentarismus überzugehen. Erst durch die postume Veröffentlichung seiner Tagebücher kam eine weitere Rolle ans Licht, die B. 1888 in der neunundneunzigtägigen Regierungszeit Kaiser Friedrichs III. spielte. Seine Intrige hatte zwar keine langfristige politische Wirkung mehr, aber er war doch als geheimer Berater der Kaiserin Victoria an der Entlassung des reaktionären preußischen Innenministers Robert von Puttkamer beteiligt.

Nachdem B. 1893 das Auseinanderbrechen des »Freisinns« wegen einer neuen Militärvorlage nicht hatte verhindern können, bewarb er sich nicht mehr um ein Reichstagsmandat. In den letzten Lebensjahren resignierte der nach wie vor in Währungsfragen vielgeschätzte Fachmann zunehmend. Seine drei großen Ziele, die er sich durch die nationale Einigung unter preußischer Führung erhofft hatte, waren letztlich gescheitert: der freiheitliche Ausbau des Reiches, die Stärkung des Parlaments und die bedingungslose Durchsetzung des Freihandels.

Langewiesche, D.: Liberalismus in Deutschland. Frankfurt/Main 1988. - Weber, M.-L.: Ludwig Bamberger. Ideologie statt Realpolitik. Stuttgart 1987. - Zucker, S.: Ludwig Bamberger. German Liberal Politician and Social Critic, 1823-1899. Pittsburgh 1975.

Nils Freytag

Bassermann, Friedrich Daniel

Geb. 24. 2. 1811 in Mannheim; gest. (Selbstmord) 29. 7. 1855 in Mannheim

B. gehörte zu den wichtigsten Repräsentanten des süddeutschen Wirtschaftsbürgertums im deutschen Vormärz, das aus jener Schicht von Kaufleuten und vorindustriellen Unternehmern stammte, die in Stolz auf die Früchte ihrer individuellen Leistung und Initiative blickten und der Vision anhingen, durch öffentliche Wirksamkeit nicht nur die eigenen, sondern zugleich die Interessen des »Volkes« zu vertreten. B. vollzog dabei unter dem Druck der revolutionären Ereignisse den Wandel vom entschiedenen, weithin respektierten Oppositions- zum konstitutionellen Ordnungspolitiker, der 1848/49 im konstitutionellen Einigungsprozeß an vorderster Front tätig war und sich schließlich in allen nationalen und parlamentarischen Hoffnungen als gescheitert betrachtete. Er verkörperte geradezu in seinen Wandlungen und Wertungen denjenigen Teil des 1848er Bürgertums, dessen Geschichte beschrieben worden ist als Weg zwischen den Polen emanzipatorischer Vision einer »klassenlosen Bürgergesellschaft« (Lothar Gall) und der Resignation angesichts der nachrevolutionären Anbetung einer sogenannten »illusionslosen Realpolitik« (Ludwig August von Rochau).

B. entstammte einer alten Mannheimer Familie. Sein Vater Friedrich Ludwig war einflußreicher Bankier und Oberstleutnant der Bürgerkavallerie, seine Mutter Wilhelmine die Tochter des Mannheimer Oberbürgermeisters Johann Wilhelm Reinhardt. Er strebte keinen akademischen Beruf an, wohl aber eine umfassende praktische und zugleich allgemeine Bildung. Er betätigte sich als Lehrling in der Eisenwarenhandlung seines Onkels, erweiterte seinen Horizont durch einen zweijährigen Frankreichaufenthalt zwischen 1827 und 1829 in Le Havre und Paris. 1829 hörte er an der Universität Heidelberg Vorlesungen über Chemie, Physik und Botanik, bildete sich dort aber auch in Philosophie und der Geschichte weiter, wie sie Friedrich Christoph Schlosser lehrte. Seine naturwissenschaftlichen Studien dienten ihm 1833 zum Einstieg in ein zukunftsweisendes Unternehmen, das damals »Drogenhandel« hieß und sich mit pflanzlichen, tierischen und mineralischen Rohprodukten beschäftigte, die bei Ärzten, Apothekern und in technischer Verwendung gefragt waren.

Geprägt vom Bildungsideal des Neuhumanismus, betrachtete B. es als seine Pflicht, sich auch öffentlichen Angelegenheiten zu widmen. Bereits als Siebenundzwanzigjähriger wurde er 1838 in den Mannheimer Bürgerausschuß gewählt. Schon hier erwies er sich als mitreißender Redner. Er suchte zugleich Anschluß an die Einigungsbestrebungen führender Liberaler aus ganz Süd- und Westdeutschland. 1839 nahm er an deren berühmtem Treffen auf Gut Hallgarten im Rheingau teil, das der Mannheimer Hofgerichtsrat Adam von Itzstein einberufen hatte. Als Dreißigjähriger gerade wählbar, gelangte B. 1841 als Abgeordneter Mannheims in die Zweite Kammer des Badischen Landtags. B. trug dort wesentlich zu dem Ruf Badens als eines Horts des Liberalismus bei. Mit Zivilcourage hielt er der Regierung den danach tausendfach gedruckten Spruch entgegen: »Das Volk ist nicht der Regierung wegen da, sondern die Regierung des Volkes wegen«. B. kämpfte entschieden gegen die Urlaubsverweigerung für gewählte Beamte; er formulierte den ersten parlamentarischen Mißtrauensantrag in der deutschen Geschichte, der sich gegen das restaurative Ministerium Blittersdorff richtete und Ende Februar 1842 zur Auflösung der Kammer führte. Die Liberalen gingen verstärkt aus den Wahlen hervor, und B. wurde mit »Bürgerkronen«, »Ehrenbechern« und Dankadressen als »Volksmann« gefeiert. Er arbeitete sich ein in die Wirtschafts-, Handels und Finanzpolitik und kümmerte sich um den Ausbau des Eisenbahnwesens. Am 15. April 1844 wiederholte B. den Antrag auf Errichtung einer parlamentarischen Vertretung beim Deutschen Bund, wie ihn 1831 bereits Welcker am gleichen Platz gestellt hatte. Dieser Antrag machte B. zum vielbegehrten Mann als Redner auf unzähligen politischen Versammlungen, als politischen Organisator und nicht zuletzt als Verleger.

Denn 1841 hatte B. das erfolgreiche Drogen-Geschäft verkauft und 1843 mit seinem Kompagnon und politschen Weggefährten Karl Mathy in Mannheim eine Verlagsbuchhandlung gegründet. Er verlegte wissenschaftliche Werke, verhalf dem unbekannten Berthold Auerbach mit dessen zuvor von einem Dutzend Verleger abgelehnten sozialkritischen *Schwarzwälder Dorfgeschichten* (1843) zum Durchbruch, veröffentlichte Werke Börnes und Hoffmanns von Fallersleben, vor allem aber förderte er die am 1. Juli 1847 auf Aktienbasis begründete *Deutsche Zeitung*, die Mathy gemeinsam mit dem Heidelberger Historiker Georg Gottfried Gervinus redigierte; bis zum

31. 12. 1850 blieb sie Sprachrohr des deutschen konstitutionellen Liberalismus und wurde zeitweise sogar dessen »Parteiorgan«.
Im Revolutionsjahr erlangte B. alle nur denkbaren Spitzenpositionen im Ringen um die Konstitutionalisierung eines geeinten Deutschlands. Das Fanal dazu gab B.s Antrag, den er am 12. Februar 1848 vor Ausbruch der Revolution in einer leidenschaftlichen Rede begründete, als er in einer bisher so nicht gehörten Tonart wiederum die Errichtung einer Nationalvertretung aus den Abgeordneten der Landtage beim Deutschen Bundestag in Frankfurt forderte. Fortan beteiligte er sich an führender Stelle an der »Verrechtlichung der Revolution«. Er war dabei, als am 27. Februar 1848 in Mannheim erstmals in Deutschland die berühmten »Märzforderungen« formuliert wurden (Volksbewaffnung, Pressefreiheit, Schwurgerichte, Nationalparlament). Er beteiligte sich am 5. März an der Versammlung der 51 Parlamentarier in Heidelberg, die die Einberufung eines deutschen Parlaments forderten. Die badische Regierung delegierte B. am 14. März in den 17er-Ausschuß, der im Auftrag des Bundestags die Bundesverfassung im nationalen Sinne revidieren sollte. Im »Vorparlament« (30. März – 4. April) trat er entschieden dem Versuch entgegen, die Revolution für permanent zu erklären. Immer mehr befürchtete er einen Umschlag der Revolution in Anarchie. Als es während des von Friedrich Hecker angeführten badischen Aufstands (12.–27. April 1848) in Mannheim zu einer Rebellion kam und der ehemals als »Volksmann« gefeierte B. nun als »reicher Pfeffersack« nach damaligem Brauch mit (ohrenzerreißener) »Katzenmusik« verhöhnt wurde, wuchs bei ihm die Furcht vor dem unkontrollierten Aufruhr der Unterschichten. Sein Ideal der harmonischen Bürgergesellschaft, zu der jeder sich durch Tüchtigkeit und Eigeninitiative emporarbeiten könne, zerbrach angesichts der aufbrechenden Parteiungen, die ihn auch in Gegensatz zu den ehemaligen vormärzlichen Mitstreitern Hecker und Gustav von Struve brachten. In der Frankfurter Nationalversammlung gehörte er zur Fraktion »Casino« und kämpfte für den konstitutionellen Liberalismus. Er wurde Vorsitzender des einflußreichen Verfassungsausschusses, schließlich noch Mitglied der Reichsregierung: der Provisorischen Zentralgewalt. Als Unterstaatssekretär im Reichsministerium des Inneren war er zuständig für die Aufrechterhaltung der inneren Ruhe und Ordnung. In dieser Funktion reiste er im November 1848 als Reichskommissar nach Berlin; das Frankfurter Ministerium wolle »einmal mit eigenen Augen sehen, wie an diesem letzten Zufluchtsort unserer modernen Tyrannen ein gesicherter freiheitlicher Zustand herzustellen sei«. B. meinte die radikalen Demokraten und verkannte vollständig den bereits unmittelbar bevorstehenden Umschlag in die Reaktion mit Belagerungszustand in Berlin, als er im persönlichen Gespräch Friedrich Wilhelm IV. noch für das Frankfurter Verfassungswerk zu gewinnen glaubte. In seinem Bericht vor der Nationalversammlung sprach er von unheimlichen Gestalten, die in Berlin das Straßenbild bestimmten. Das provozierte bei seinen Gegnern das Wort von den »Bassermannschen Gestalten«, um damit Hirngespinste zu kennzeichnen. Karl Marx verhöhnte ihn als »Brutus Bassermann«, der den wahren Volkswillen verraten habe. Ende April 1849 wiederholte B. gleichfalls ergebnislos den Versuch, einen Verhandlungsspielraum bei Friedrich Wilhelm IV. auszuloten. Am 13. Mai 1849 legte B. sein Mandat in Frankfurt nieder, weil er in dem Beschluß der Nationalversammlung vom 4. Mai 1849 zugunsten der Durchsetzung der Reichsverfassung den Übergang in den Bürgerkrieg erblickte. Gleichwohl schloß er sich noch dem kleindeutschen Einigungsversuch an, der vom Ratgeber Friedrich Wilhelms IV., Joseph Maria von Radowitz, ausgegangen war und im verfassungsgebenden Erfurter Reichstag mündete (März/April 1850), den Preußen angesichts der Einigung mit Österreich im Vertrag zu Olmütz am 29. November 1850 preisgab.
B. mußte sich auf der ganzen Linie als gescheitert betrachten. Resigniert zog er sich ins Privatleben zurück. In seinen im Mai und Juni 1849 diktierten *Denkwürdigkeiten* machte er den demokratischen Radikalismus verantwortlich für das Scheitern der nationalen Verfassungspolitik. Dieser habe die ausgehandelten Konzessionen der Fürsten wieder verspielt. Er hing dem Glauben an, die Einheitsfrage hätte sich auf parlamentarischem Wege lösen lassen, und übersah dabei die Resistenz der alten Kräfte auf allen Ebenen, ganz abgesehen von dem wiedererstarkten Eigengewicht der Habsburgermonarchie, die das nationale Verfassungswerk für gescheitert erklärte. Das Bürgertum, das durch die revolutionäre Bewegung in vorderste Positionen gehoben worden war, wurde kaltgestellt. Es mutet wie bittere Ironie an, daß B. am 29. Juli 1855 mit einem Pistolenschuß seinem Leben ein Ende setzte, einen Tag nachdem der Vater Friedrich Ludwig als Haupt der Familie in glanzvoller Weise und großem Stil, von der ganzen Stadt registriert, seine Goldene Hochzeit gefeiert hatte: als Oberhaupt einer der wohlhabendsten Familien Mannheims und als »Symbol des neuen Bürgertums« (Gall).

Angermann, E.: Friedrich Daniel Bassermann. In: Neue Deutsche Biographie Bd. 1, 1953, S. 624f. – Gall, L.: Bürgertum in Deutschland. Berlin 1989 (= Gesamtdarstellung der Geschichte der Familie Bassermann, zu Friedrich Daniel bes. S. 228–332).

Wolfram Siemann

Baum, Marie

Geb. 23. 3. 1874 in Danzig; gest. 8. 8. 1964 in Heidelberg

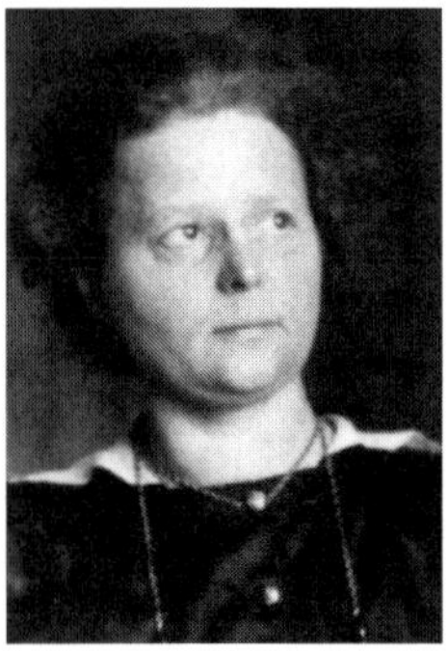

»In den schwersten und dunkelsten Augenblicken des Schicksals unseres Vaterlandes sind wir Frauen in das politische Leben eingetreten und berufen, an seinem Wiederaufbau mitzuarbeiten.« Mit diesen Worten umschrieb B. auf der ersten Frauentagung der linksliberalen »Deutschen Demokratischen Partei« (DDP) im Jahre 1919 die politischen und nationalen Aufgaben der Frauen, die ihnen aus der Verleihung des Wahlrechtes im November 1918 erwachsen waren. In der Mitarbeit der Frauen in einer frei gewählten, souveränen Nationalversammlung sah sie 1919 »den einzigen Weg, aus den Fehlern der scheinbar so unerschütterlich sicheren Vorkriegszeit« zu lernen. B. bezog diese Kritik nicht nur auf die Verfassung des Kaiserreiches mit ihrem Wahlrecht nur für Männer, sondern sie richtete sie auch an die Frauen und damit selbstkritisch auch an sich selbst. Bis 1919 hatte sich B. nämlich kaum für allgemeinpolitische Themen interessiert, obwohl im liberal denkenden und – auf der väterlichen Seite – akademisch gebildeten Danziger Elternhaus politische Diskussionen an der Tagesordnung waren.

Nach dem Besuch von Realkursen für Mädchen, die B.s in der Frauenbewegung aktive und naturwissenschaftlich interessierte Mutter in Danzig auf Anregung Minna Cauers, Führerin des radikalen Flügels der bürgerlichen Frauenbewegung, eingerichtet hatte, legte B. in Zürich die externe Reifeprüfung ab und studierte anschließend Naturwissenschaften am Eidgenössischen Polytechnikum. Als promovierte Chemikerin arbeitete sie von 1899 bis 1902 in einer Patentabteilung in Berlin. Sie gab diese Stelle zugunsten eines sozialen Berufs auf und trat in die Dienste der Fabrikinspektion beim Innenministerium des Großherzogtums Baden in Karlsruhe. 1907 wechselte sie nach Düsseldorf. Als Geschäftsführerin des von Arthur Schloßmann gegründeten »Vereines für Säuglingsfürsorge des Regierungsbezirks Düsseldorf« erkannte sie in den sozialen Problemen der Familien eine Herausforderung für die moderne Wohlfahrtspflege. Sie entwickelte ein umfassendes Arbeitskonzept, das alle bisher voneinander getrennten Zweige der sozialen Arbeit integrierte. Auf Gertrud Bäumers Aufforderung hin übernahm B. von 1916 bis zum Kriegsende mit ihr zusammen die Leitung der neugegründeten »Sozialen Frauenschule« in Hamburg.

Während ihres Studiums in Zürich und als Fabrikinspektorin in Baden stand B. »gefühlsmäßig« auf der Seite der »Sozialisten«. Sie schloß sich der SPD jedoch ebensowenig an wie später der organisierten liberalen Frauenbewegung, dem »Bund Deutscher Frauenvereine« (BDF), dem Gertrud Bäumer seit 1910 vorstand. Erst nach Kriegsende gab sie ihr Zögern auf und kandidierte für den Vorstand des BDF, dem sie dann von 1919 bis 1931 angehörte. Bereits 1906 war sie jedoch in den »National-Sozialen Verein« Friedrich Naumanns eingetreten. Ausschlaggebend für diese Entscheidung waren ihre freundschaftlichen Kontakte zu zwei Mitgliedern der liberalen Frauenbewegung, Marianne Weber und Elisabeth Jaffé-von-Richthofen gewesen, die sich ebenfalls im badischen »National-Sozialen Verein« engagiert hatten. Nach der Gründung der DDP am 20. November 1918 trat B. dieser Partei bei und bewarb sich erfolgreich um einen Sitz in der Nationalversammlung (19. Januar 1919). Sie arbeitete im 7. parlamentarischen Ausschuß für soziale Angelegenheiten mit und wurde von ihrer Fraktion während der zweiten Lesung der Verfassung dreimal zur Plenarrednerin bestimmt. Sie gehörte 1919 zum 27köpfigen Parteivorstand der DDP und war von 1925 bis 1930 Mitglied des bis zu 200 Personen umfassenden Parteiausschusses.

Obwohl sich B. in der Nationalversammlung und in der ersten Wahlperiode des Reichstages wiederum vor allem für sozialpolitische Fragen einsetzte, verstand die Parlamentarierin ihre Aufgabe als eine nationale. Nur auf der Grundlage eines »starken und lebendigen Nationalgefühles« sei der innere Wiederaufbau Deutschlands, aber auch das Wiederanknüpfen an »übernationale Ideen« – im bewußten Gegensatz zu den als fremd empfundenen internationalen und kosmopolitischen Entwürfen – zu bewerkstelligen. Aus dieser Haltung heraus konnte sie am 9. Juli 1919 in der Nationalversammlung der Ratifizierung des Versailler Friedensvertrages nicht zuzustimmen. In ihren Augen hätte das »Versailler Diktat« unter keinen Umständen von der deutschen Delegation angenommen werden dürfen. Über die möglichen Folgen, vom drohenden Bürgerkrieg bis hin zum Bolschewismus, war sie sich im klaren, aber B. hätte sie als »chaotisch heilige Tat« gutgeheißen, die das Volk im Innersten von den Ohnmachtsgefühlen reinigte, die der verlorene Krieg hinterlassen hatte. Da sie ihr Interesse an der parlamentarischen Arbeit aus ihrem starken sozialen und nationalen Interesse bezog, schwand es in dem Maße, wie sich ihre politischen Hoffnungen als Illusion erwiesen.

B. nahm im Herbst 1919 ein Angebot der badischen Regierung in Karlsruhe an, als Referentin in das Wohlfahrtsreferat des neugebildeten Arbeitsministeriums zu wechseln. Eineinhalb Jahre später, im März 1921, gab sie ihr Reichstagsmandat zurück. Zu dieser Zeit leitete sie in Karlsruhe im Range eines »Oberregierungsrates« die Hilfsmaßnahmen für Sozial-und

Kleinrentner, eine durch Krieg und Inflation neuentstandene Klientengruppe und arbeitete an der Gesetzgebung für die Rentnerfürsorge mit. Ihre Vorstellungen auf dem Gebiet der Jugendfürsorge konnte sie in einer eigenen überverbandlichen und überregionalen Gründung, dem Kinderheim »Heuberg«, weiterentwickeln. Als aufgrund von Umstrukturierungen im Arbeitsministerium und Mittelkürzungen im Wohlfahrtsbereich ihre Arbeit zusehends in Frage gestellt wurde, reichte sie im Mai 1926 ein Entlassungsgesuch ein.

In den nun folgenden Jahren freiberuflicher Tätigkeit – ein Lehrauftrag am Institut für Sozial- und Staatswissenschaften der Philosophischen Fakultät der Universität Heidelberg trug ab 1928 zur Aufbesserung eines knapp bemessenen Unterstützungsgehaltes bei – widmete sich B. zunächst der Weiterentwicklung der Familienfürsorge. Ihr 1927 publiziertes Buch *Familienfürsorge* wurde zu einem vielgelesenen Lehrbuch an Sozialen Frauenschulen und kam bereits 1928 in eine zweite Auflage. Die kulturkritischen Töne, die in dieser Publikation anklangen, traten in ihren späteren sozialwissenschaftlichen Studien noch deutlicher hervor. In ihrem Buch *Rhythmus des Familienlebens*, den B. 1931 zusammen mit Alix Westerkamp veröffentlichte, beschrieben die Autorinnen die moderne Gesellschaft als eine durch die »Maschinentechnik« entseelte Welt.

Schon bald nach dem Machtantritt Hitlers im Frühjahr 1933 entzog die Kultusbürokratie B. den Lehrauftrag. Nach dem »Gesetz zur Wiederherstellung des Berufsbeamtentums« vom 7.4. 1933 galt sie als »Vierteljüdin«, da ihre Großmutter eine Mendelssohn-Bartholdy war. B.s Weltbild, das durch ein bürgerlich liberales, kulturprotestantisch ausgerichtetes Elternhaus geprägt worden war, in welchem sich Fortschrittsoptimismus mit der Achtung vor dem Einzelnen und der Zuwendung zu den Leidenden und Schwachen verbunden hatte, wurde tief erschüttert. Durch diese Krise bekehrte sich B. während des »Dritten Reiches« zum Christentum. Wie andere Deutsche im Widerstand und in der Inneren Emigration litt sie unter der Gewißheit, daß der von Hitler begonnene Krieg mit einer Niederlage Deutschlands enden würde. Doch anders als 1918 sehnte sie den Sieg der Alliierten herbei und akzeptierte seine Folgen.

In der Nachkriegszeit engagierte sich die nunmehr Einundsiebzigjährige für den gesellschaftlichen und politischen Wiederaufbau der Stadt Heidelberg. Für kurze Zeit arbeitete sie bei der neugegründeten CDU, die in Heidelberg zunächst CSU hieß, mit, da sie davon überzeugt war, daß die Demokratie nur auf der Grundlage von Christentum *und* Sozialismus gedeihen kann. Als Akt der Wiedergutmachung bemühte sie sich darüber hinaus um die Neugründung des Evangelischen Landerziehungsheims Schloß Wieblingen, dessen Gründerin, Elisabeth von Thadden, 1944 von den Nationalsozialisten enthauptet worden war. B. nahm ihre Unterrichtstätigkeit an der Universität Heidelberg wieder auf und beteiligte sich an der Gründung einer studentischen Verbindung zur demokratischen Erziehung der jungen Generation.

B.s politisches Denken kreiste um die Frage, wie Deutschland wieder zu internationalem Ansehen gelangen könne. Sie knüpfte dabei an die Vision des »Römischen Reiches Deutscher Nation« an, die ihre Freundin, die Dichterin Ricarda Huch, in ihrem gleichnamigen Werk beschrieben hatte. B. wollte keine erneute machtpolitische Auseinandersetzung Deutschlands mit den Großmächten der Welt. Deutschlands Wirkung sollte geistiger Art sein. In der Neubesinnung auf das Christentum als der »Wurzel der gesamten abendländischen Kultur« würde Deutschland und mit ihm Europa sowohl der religiösen Krise als auch »einem technisch bestimmten, in weitgehender sozialer Nivellierung lebenden modernen Menschen« entgegenwirken können.

H.-M. Lauterer: »Weil ich mir vom Einsatz meiner Kräfte die Überwindung der Schwierigkeiten erhoffte.« Marie Baum (1874–1964). Frauenbewegung, Politik und Beruf, in: Frauengestalten. Soziales Engagement in Heidelberg. (Schriftenreihe des Stadtarchives Heidelberg, Heft 6) Heidelberg 1995.

Heide-Marie Lauterer

Bäumer, Gertrud

Geb. 12. 9. 1873 in Hohenlimburg; gest. 25. 3. 1954 in Gadderbaum bei Bielefeld

B. entstammte einer westfälischen Pfarrersfamilie. Ihre frühe Kindheit verbrachte sie in Pommern, wohin der Vater als reformfreudiger Kreisschulinspektor versetzt worden war. Kurz nach dem Umzug der Familie nach Mühlheim an der Ruhr starb er. So lebte die Familie nach dem Tod des Vaters einige Jahre im Haus der Großmutter in Halle an der Saale, die im Gegensatz zum unkonventionellen Liberalismus des Vaters das streng konservative, reglementierte Leben des mittleren Bürgertums repräsentierte. B. versuchte lebenslang, die verschiedenen Einflüsse, mit denen sie von Kindheit an konfrontiert war, miteinander zu verbinden: ein reformfreudiges Christentum, ihre bürgerlich-konservative Herkunft, die soziale Frage und die Emanzipation der Frauen.

Nach Mädchenschule und Lehrerinnenseminar in Magdeburg

bekam B. 1892 als Neunzehnjährige zunächst eine Stelle an einer Volksschule in Kamen/Westfalen. Ihre zweite Station war die Mädchenvolksschule im Arbeiterviertel von Magdeburg. Geprägt von ihrer Herkunft suchte sie Antworten auf die Herausforderungen ihrer Zeit im christlichen Diskurs, in Veröffentlichungen des »Evangelisch-Sozialen Kongresses« (ESK), einem seit 1890 bestehenden Kreis sozialreformerisch interessierter protestantischer Theologen, und in den Schriften des Theologen und Kirchenhistorikers Adolf Harnack, des langjährigen Präsidenten des ESK, sowie in denen des liberalen Politikers Friedrich Naumann.

Um die für Frauen damals einzige Möglichkeit der Weiterqualifikation zu nutzen, d.h. zur Oberlehrerinnenprüfung und damit zum Studium zugelassen zu werden, mußte sie zwei Jahre an einer höheren Mädchenschule unterrichtet haben, weshalb sie in eine private Lehranstalt überwechselte. Mit der Frauenbewegung war B. bereits durch die Zeitschrift *Die Lehrerin* in Berührung gekommen. Jetzt, im Kreis neuer Kolleginnen, wurde sie selbst aktiv und begründete den »Magdeburger Lehrerinnenverein« mit, der sie auch zum ersten Mal als Delegierte auf die jährlich stattfindenden Generalversammlungen des 1890 von Helene Lange und anderen gegründeten »Allgemeinen Deutschen Lehrerinnenvereins« (ADLV) entsandte.

1898 zog sie nach Berlin, nahm dort ihr Studium auf und legte die Oberlehrerinnenprüfung ab. Sie erfuhr hier vom Augenleiden der von ihr verehrten Helene Lange und bot sich dieser sehr bald als Helferin an. Aus der Begegnung der beiden Frauen erwuchs eine tiefe Freundschaft, die sich zur Lebensgemeinschaft entwickelte, und die B.s Leben die entscheidende Richtung gab. Unter den Fittichen Langes, die damals auf dem Höhepunkt ihrer Karriere in der Frauenbewegung stand, wuchs B. in deren politische Arbeit hinein, machte sich durch Vorträge und Veröffentlichungen einen Namen und sammelte einen ersten Verehrerinnenkreis um sich. Die Prüfung zur Oberlehrerin hatte sie bereits 1900 abgelegt. 1904 nahm sie die für Frauen neue Möglichkeit zur Promotion wahr mit einer Dissertation über Goethes *Satyros*.

Um sich ganz auf die Arbeit in der Frauenbewegung konzentrieren und Helene Lange unterstützen zu können, wählte sie in den folgenden Jahren eine freiberufliche publizistische Tätigkeit. Das erste gemeinsame Projekt der beiden Frauen war das fünfbändige *Handbuch der Frauenbewegung* (1901/02), ein Standardwerk zur Frauenfrage. Gemeinsam führten sie die von Lange ab 1893 herausgegebene Monatszeitschrift *Die Frau* weiter. Nach der Abwahl der vor allem in konservativen Kreisen der Frauenbewegung umstrittenen radikalen Feministin Marie Stritt avancierte B. 1910 zur Vorsitzenden des »Bundes Deutscher Frauenvereine« (BDF), dessen Profil sie in den folgenden Jahren prägte. Vor allem öffnete sie den Bund nach rechts und bewirkte den Beitritt des »Evangelischen Frauenbundes«.

Politisch war Friedrich Naumann für sie wegweisend geworden, vor allem, nachdem 1903 sein »Nationalsozialer Verein« mit der »Freisinnigen Vereinigung« verschmolz.

Entscheidender Kristallisationspunkt in B.s Leben war der Ausbruch des Ersten Weltkrieges 1914. Unter der Führung von B. entstand in kürzester Zeit der »Nationale Frauendienst«, der die Mobilmachung im zivilen Bereich organisierte und dabei erstmals Vertreterinnen der bürgerlichen und der proletarischen Frauenbewegung zu gemeinsamer Arbeit zusammenführte. B. definierte sich in den folgenden Jahren als Teil der Frontgeneration, ein Selbstverständnis, das ihr politisches Denken entscheidend bestimmte. Gemeinsam mit Naumann verfaßte sie *eine Kriegs- und Heimatchronik*, die das innere und äußere Kriegsgeschehen dokumentieren sollte. Zusammen mit Helene Lange zog sie 1916 nach Hamburg, wo sie einen Ruf zur Begründung einer sozialen Frauenschule erhalten hatte. B. entwickelte hier zusammen mit Marie Baum und anderen nicht nur ein modernes Konzept zur Sozialpädagogik, sondern versuchte auch, durch ein ganzheitliches Unterrichtskonzept den Schülerinnen ihre »besondere Aufgabe in der Volksgemeinschaft« nahezubringen. Zugleich mobilisierte B. als Frauenreferentin des Kriegsamtes in Hamburg-Altona Frauen für die Kriegswirtschaft und übernahm deren fürsorgerische Betreuung. Noch Mitte Oktober 1918, in den letzten Tagen des Krieges, verfaßte sie Durchhalteparolen und rief die Frauen auf, »ihre Kräfte für einen Verteidigungskampf bis zum äußersten einzusetzen«.

Während der Novemberrevolution 1918 gehörte B. wie Naumann und andere frühere »Nationalsoziale« zu den Gründern der linksliberalen »Deutschen Demokratischen Partei« (DDP) und hatte von 1919 bis 1930 das Amt der Stellvertretenden Vorsitzenden inne.

B. erlebte eine politische Karriere wie kaum eine Frau in der Weimarer Republik: 1920 wurde sie als erste Frau als Ministerialrätin in die kulturpolitische Abteilung des Reichsinnenministeriums berufen. Dort setzte sie wichtige Akzente im Bereich Jugendwohlfahrt und Schule. Nach dem Eintritt Deutschlands in den Völkerbund 1926 entsandte man sie nach Genf als deutsche Vertreterin in der Jugendwohlfahrts- und Mädchenschutzkommission. Ihr Reichstagsmandat für die DDP (ab 1930: »Deutsche Staatspartei«) – mit Wahlkreis Thüringen – behielt sie bis 1932.

Im BDF war sie 1919 als Vorsitzende zurückgetreten, was nichts an ihrem Einfluß als charismatische Führungspersönlichkeit änderte. Sie hielt weiterhin Vorträge, publizierte – neben politischer Tätigkeit – Aufsätze und Schriften in kaum überschaubarer Fülle und repräsentierte die organisierte Frauenbewegung regelmäßig auf internationalen Tagungen.

Ähnlich wie ihr Mentor Naumann propagierte B. ein organizistisches Staatsverständnis, in dem der Begriff »Volk« zunehmend an Bedeutung gewann. Nicht zuletzt durch das Kriegserlebnis bedingt, sah B., indem sie sich die Naumannsche Formel von der »Volkwerdung der Masse« zu eigen machte, im Volk einen eigenen Organismus, einen Leib, in dem der einzelne seine ihm zugewiesene Aufgabe erfüllt und seine Individualität an die höhere Individualität des Volkes abgibt. Im »corpus mysticum«, so meinte B., verschwanden alle Gegensätze - der Geschlechter, der Klassen und Schichten sowie der Konfession. Das so definierte Volk befand sich »naturnotwendig« im Kampf mit anderen Individuen/Völkern um seine Lebensgrundlagen, notfalls im Krieg. Die »überlegene geistige Kultur« würde letztlich den Ausschlag geben - und das sei die deutsche.

Die Durchsetzung von Frauenangelegenheiten glaubte B. trennen zu können von der Frage nach dem politischen System: Es sei vollkommen gleichgültig, wie der Staat beschaffen sei, in dem es um die »Einordnung der Frauen« gehe: »ob es ein parlamentarischer, demokratischer, ein faschistischer Staat ist«. Daher verwundert es nicht, daß B. nach dem Machtantritt der Nationalsozialisten 1933 dafür eintrat, den BDF in die NS-Frauenschaft überzuleiten. Obwohl als frühere Politikerin der DDP aufgrund des »Gesetzes zur Wiederherstellung des Berufsbeamtentums« vom 7. April 1933 aus dem Staatsdienst entlassen, hielt B. engen Kontakt zu NS-Frauenführerinnen. Sie lehnte Antisemitismus und Rassismus ab, billigte dem Nationalsozialismus aber einen »richtigen Kern« zu, das »Nationalsoziale«. Die ehemalige Linksliberale prangerte jetzt nach der »Zeitenwende«, während politische Gegner des Regimes in Konzentrationslagern verschwanden und die Juden bereits ausgegrenzt wurden, sogar die »Menschenrechte« an, die dem »Egoismus im Maschinenzeitalter« zum Durchbruch verholfen hätten. In der Konsequenz dieses Denkens lag es, daß B. 1939 den Überfall Hitlerdeutschlands auf Polen mit den Worten rechtfertigte: »(...) aber die deutsche Schicksalsfrage ist nun einmal gestellt, und ob die Vorzeichen uns passen oder nicht, wir haben sie als Deutsche anzusehen«. B., die sich 1934 mit ihrer Lebensgefährtin auf ein kleines Landgut in Schlesien zurückgezogen hatte, schrieb historische Romane, hielt öffentliche Vorträge und durfte ihre seit 1916 allein herausgegebene Zeitschrift *Die Frau* weiterführen. Nicht aus ideologischen Gründen, sondern wegen Papiermangels mußte die Zeitschrift 1944 eingestellt werden.

1945 ließ sich die mittlerweile Zweiundsiebzigjährige in Bad Godesberg nieder. Sie gehörte zu den Mitbegründerinnen der CSU, wandte sich jedoch später der CDU zu. Ohne ihre Gedankengänge ernsthaft in Zweifel zu ziehen, versuchte B., an frühere Tätigkeitsfelder anzuknüpfen, wurde in ihren politischen Aussagen aber zusehends mystischer und konfuser. Ihr geistiger Verfall machte nach 1950 öffentliche Auftritte kaum noch möglich.

Drewitz, I.: Gertrud Bäumer, in: Schultz, H.J. (Hg.): Frauen. Politik aus zwei Jahrhunderten. Stuttgart 1981. - Gerhard, U.: Unerhört. Die Geschichte der deutschen Frauenbewegung. Reinbek bei Hamburg 1990. - Greven-Aschoff, B.: Die bürgerliche Frauenbewegung in Deutschland. 1894-1933. Göttingen 1981.

Margit Göttert

Bebel, August

Geb. 22.2.1840 in Köln-Deutz; gest. 13.8.1913 in Zürich

B. wurde in den Festungskasematten von Köln-Deutz als Sohn eines preußischen Unteroffiziers und eines ehemaligen Dienstmädchens geboren. Er machte in Wetzlar eine Lehre als Drechsler und ließ sich nach zwei Jahren Wanderschaft 1860 in Leipzig nieder. Dort betrieb er seit 1864 als selbständiger Meister eine kleine Werkstatt, die Baubeschläge herstellte. B. gehörte in Leipzig zu den Gründungsmitgliedern des »Gewerblichen Bildungsvereins« (seit 1861); 1863 vertrat er den Verein, der von Teilen des liberaldemokratischen Bürgertums unterstützt wurde, auf dem ersten »Vereinstag der deutschen Arbeitervereine« (VDAV) in Frankfurt am Main. 1865 wurde B. auf dem zweiten Vereinstag in Leipzig in den Vorstand gewählt.

B.s Hinwendung zum Sozialismus fällt in das Jahr 1865. Der Leipziger Buchdruckerstreik vom Frühjahr dieses Jahres und weitere Lohnkämpfe und Streiks wegen übermäßig langer Arbeitszeit und zu niedriger Löhne führten ihm den Gegensatz von Kapital und Arbeit vor Augen. B. schloß sich allerdings nicht dem seit 1863 bestehenden, von Ferdinand Lassalle geführten »Allgemeinen Deutschen Arbeiterverein« (ADAV) an, sondern kämpfte - auch unter dem Einfluß von Wilhelm Liebknecht, der seit 1865 in Leipzig lebte - um die Bildung einer demokratischen Sammlungsbewegung. 1867 zog er für die von ihm mitgegründete »Sächsische Volkspartei« in den konstituierenden Reichstag des Norddeutschen Bundes ein. Die Partei, deren Programm von B. stammte, war ein Sammelbecken der bürgerlichen - und der Arbeiterdemokratie, antipreußisch und, wie für die Demokraten damals üblich, großdeutsch.

Zusammen mit Liebknecht und damaligen Lassalleanern

gründete B. 1869 die »Sozialdemokratische Arbeiterpartei« (SDAP) in Eisenach.

Die SDAP gab sich als Konkurrenzpartei zum ADAV. Im Gegensatz zu diesem hatte sie eine demokratische Parteistruktur und schloß sich der IAA (»Internationale Arbeiter Assoziation«) an. Damit war auch eine Verbindung zu Marx und Engels in London vorhanden, die B. nicht abreißen ließ. Zunächst blieb der Kontakt brieflich, erst 1880 besuchte B. die beiden in London. Nach dem Tod von Marx freundete er sich mit Friedrich Engels an. B. (erstmals 1871) und Wilhelm Liebknecht (1874) eroberten für ihre Partei sächsische Reichstagswahlkreise und waren bald als die radikalsten Wortführer der Arbeiterbewegung bekannt. Da sie beide den Krieg gegen Frankreich (1870/71) abgelehnt und zum Widerstand gegen Bismarcks Kriegspolitik aufgerufen hatten, wurden sie 1872 in einem aufsehenerregenden politischen Prozeß des Hochverrats beschuldigt und zu zwei Jahren Festungshaft verurteilt. B. erhielt zusätzlich neun Monate Gefängnis wegen Majestätsbeleidigung. Er verlor zwangsläufig sein Reichstagsmandat. Da ihm aber eine erneute Kandidatur nicht verwehrt war, machte er noch einen Versuch und gewann die fällige Nachwahl in seinem Wahlkreis.

Die Zeit der Festungshaft mit Liebknecht wurde für B. zu einer wichtige Phase in seinem Leben. Er konnte hier seine privaten Geschäfte und die Parteiarbeit mit Hilfe seiner Frau weiterführen, da Festungshaft als Ehrenstrafe nur die Einschließung selber bedeutete. Unter Anleitung Liebknechts betrieb er ein umfangreiches Literaturstudium und nahm bei Liebknecht Sprachunterricht in Englisch und Französisch.

In diesen »Sturm- und Drangjahren« der Arbeiterbewegung radikalisierte sich B. mehr und mehr. Als er am 25. Mai 1871 im neu gewählten ersten Reichstag das Wort zugunsten des Kommune-Aufstandes in Paris erhob, fiel die Formulierung, die noch Jahrzehnte als Ausweis der revolutionären, antimonarchistischen und antibürgerlichen Absichten der Sozialdemokratie zitiert wurde: Die Kommune sei »ein kleines Vorpostengefecht« des Kampfes des Proletariats für eine gerechte Gesellschaftsordnung. B. glaubte – wie übrigens nahezu alle Sozialdemokraten der Zeit – wie er es nannte, an den »Großen Kladderadatsch«, die sozialistische Revolution in überschaubarer, direkt bevorstehender Zeit.

Die Entwicklung zu dieser Revolution sei unausweichlich naturgesetzlich vorherbestimmt. Man müsse sie deshalb auch nicht putschend vorwegnehmen. Solange die Zeit noch nicht reif sei für die Revolution, habe sich die Sozialdemokratie im Rahmen der Gesetzlichkeit zu bewegen. Immer wieder gab es Auseinandersetzungen mit Marx und Engels, die aus dem Londoner Exil in die Sozialdemokratie hineinregieren wollten. Solange nur ihre kritisierenden und besserwisserischen Briefe publiziert wurden, sah das Bild vom Verhältnis zwischen Marx und Engels einerseits und B. und Liebknecht andererseits recht einseitig zugunsten der Londoner Sozialismus-Theoretiker aus. Die mittlerweile publizierten Antwortbriefe B.s zeigen aber deutlich L.s Selbständigkeit in der Beurteilung der politischen Verhältnisse in Deutschland und den pragmatischen Umgang mit den Weisheiten aus London.

B. spielte aus dem Gefängnis heraus auch eine wichtige Rolle bei der Vereinigung der beiden Arbeiterparteien SDAP (»Eisenacher«) und ADAV (»Allgemeiner Deutscher Arbeiterverein«) zur »Sozialistischen Arbeiterpartei Deutschlands« (SAPD) auf dem Gothaer Kongreß im Mai 1875. Er war, ebenso wie Marx und Engels, unzufrieden mit dem Gothaer Programm der SAPD, weil zuviel Lassalleanismus darin zu finden sei. Er verteidigte dies trotzdem gegen die Londoner mit dem Hinweis, daß Lassalle in der Arbeiterschaft wie ein Heiliger verehrt würde und darauf Rücksicht genommen werden müsse: Die Einheit sei wichtiger als ein besseres Parteiprogramm.

Die Einheit der Partei war durch die zunehmende Repressionspolitik Bismarcks – und durch die »Gründerkrise« ab 1873 – nicht nur notwendig geworden, sondern auch immer labil geblieben. In der Verfolgung, insbesondere nach dem Erlaß des Sozialistengesetzes 1878, konnte sie sich konsolidieren, nachdem sie die ersten Schläge überstanden und mit der Untergrundorganisation und Untergrundtätigkeit begonnen hatte. B. gehörte als Vorsitzender der Kontrollkommission der Partei dem engeren Vorstand an, war ununterbrochen seit 1883 Hamburger Reichstagsabgeordneter und mit Paul Singer zusammen seit 1884 Fraktionschef der Partei. Da die Parteiorganisation durch das Sozialistengesetz verboten war, nahm die Reichstagsfraktion die Geschäfte des Parteivorstandes wahr. B. war damit faktischer, wenn auch nicht durch den Parteikongress gewählter, Parteivorsitzender und blieb es unangefochten bis zu seinem Tode.

Mehr und mehr wuchs B. in die Rolle des politischen Schriftstellers und Erfolgsautors hinein. Seine Publikationen erreichten zahlreiche Auflagen: Die Streitschrift *Unsere Ziele* (1870) hatte 13 Auflagen, *Christentum und Sozialismus* (1874) sechs und *Die Frau und der Sozialismus* (1879) bis 1913 allein 53 Auflagen, die letzte erschien 1985. Von *Die Frau und der Sozialismus* wurden zu seinen Lebzeiten über 100 000 Exemplare verkauft, seine Memoiren *Aus meinem Leben* (1910–1914) zum Verkaufserfolg.

1876, nach der »Gründerkrise« erweiterte B. seinen Betrieb mit einem Kompagnon zu einer Fabrik, in der er Baubeschläge nunmehr maschinell herstellte. Bis zum Ausstieg aus diesem Unternehmen – B. ließ sich auszahlen – verband er alle politische Reisetätigkeit mit der des Handelsvertreters seiner Produkte und spannte – wenn möglich – auch die ihm persönlich bekannten und vertrauten Genossen in seine Geschäfte ein. Sein Vermögen legte er im selben kapitalistischen System, dessen Untergang er predigte, gewinnbringend an und sorgte außerdem dafür, daß er beträchtliche Einkünfte aus seiner Tätigkeit für die Partei erhielt: als Pro-Forma-Redakteur und durch hohe Verzinsungen seiner Beteiligung an Parteiunternehmen wie dem Dietz-Verlag.

In Leipzig, aus dem er 1881 ausgewiesen wurde, was er als »tödliche Beleidigung« empfand, führte er ein gutbürgerliches Leben in kultivierten Verhältnissen, so ab 1890 im Berliner Westen. Er erregte Aufsehen durch den Kauf einer Villa am Zürichsee, die er später wieder verkaufte. Wegen seiner in Zürich verheirateten Tochter ließ er sich dort nieder und hielt sich im Alter immer häufiger und länger dort auf.

Als B. starb, hinterließ er ein Privatvermögen (nach Abzug der Vermögenswerte, die er treuhänderisch für die Partei innehatte) von 305 000.- RM, nach heutiger Kaufkraft eine Summe von ca. sechs Millionen DM. Wegen seines Lebensstils, der Zielstrebigkeit, mit der er sein Geld zu mehren verstand, und des Hauskaufs gab es in der SPD Irritationen. Trotzdem blieb er, der bis zuletzt auch die Flügelkämpfe in der Partei unter Kontrolle halten mußte und nach Rechts zu den Revisionisten um Eduard Bernstein und nach Links zu Rosa Luxemburg und Karl Liebknecht mit scharfen Zurechtweisungen nicht sparte, der unangefochtene, von Freund und Feind bewunderte Arbeiterführer. B.s autoritäres Auftreten, seine Rednergabe, die die Massen regelrecht hypnotisierte, ließen ihn als den Gegenkaiser und Gegenspieler des monarchischen Systems erscheinen. Seinem Sarg folgte die größte Trauergemeinde, die Zürich je sah.

Bley, H.: Bebel und die Strategie der Kriegsverhütung 1904–1913. Göttingen 1975. – Hirsch, H.: August Bebel. In Selbstzeugnissen und Bilddokumenten. Reinbek bei Hamburg 1988. – Schraepler, E.: August Bebel. Sozialdemokratie im Kaiserreich. Göttingen 1966. – Seebacher-Brandt, B.: Bebel. Künder und Kärrner im Kaiserreich. Berlin u. Bonn 1988.

Martin Kutz

Becker, August

Geb. 1814 in Hochweisel (Hessen), gest. 26. 3. 1871 in Cincinnati (USA)

B. gehörte zu jenen radikalen Vormärz-Demokraten, die früh begriffen, daß gleiche politische Rechte vom besitzlosen Volk erst dann wirksam ausgeübt werden können, wenn die Menschen durch soziale Unabhängigkeit materiell abgesichert sind. Seine politische Laufbahn vom Emissär des linksliberalen Oppositionellen Friedrich Ludwig Weidig zum engsten Kampfgefährten des Sozialrevolutionärs Georg Büchner in den dreißiger Jahren, zum taktisch besonnenen Ratgeber Wilhelm Weitlings in den vierziger Jahren, schließlich zum roten Republikaner der 48er Revolution und entschiedenen Gegner der Sklaverei im amerikanischen Bürgerkrieg verweist auf einen sozialen Republikanismus, der sich wie ein roter Faden durch sein Leben zog. Dies gilt für seine Tätigkeit als Journalist, der kommunistische Bestrebungen als Wahrnehmung der Interessen des arbeitenden Volkes verstand, sie theoretisch und publizistisch unterstützte, ohne sich je zu einem doktrinären System zu bekennen. Aber auch für sein praktisches Wirken als Initiator und Förderer der demokratischen und sozialen Vormärz- und März-Bewegung, der die Arbeiterbewegung organisierte und politisierte und der bürgerlich-demokratischen Bewegung in Hessen jenes soziale Gepräge gab, das ihr im Volk Resonanz und Akzeptanz verschaffen konnte.

Als Sohn eines evangelischen Pfarrers verbrachte B. seine Kindheit und Schulzeit ab 1817 in Biedenkopf. Ab November 1829 studierte er in Gießen Theologie und trat der Burschenschaft »Germania« bei. Der Tod des Vaters 1832 zwang ihn, sein Studium abzubrechen. Eine Hauslehrerstelle bewahrte ihn nur bis Ostern 1833 vor völliger Mittellosigkeit. Gleichzeitig trieben ihn die Bundestagsbeschlüsse vom Juni/Juli 1832, die jede freie Regung erstickten, in die illegale revolutionäre Opposition. Als enger Vertrauter des führenden oberhessischen Oppositionellen Ludwig Weidig vertrieb er Flugschriften, versorgte politische Gefangene mit Nachrichten, sammelte Geld für den »Preß- und Vaterlandsverein« und gewann erste politische und soziale Erfahrungen. Er lehnte die Sterilität einer politischen Agitation ab, die die sozialen Sorgen des arbeitenden Volkes außer acht ließ. B.s nüchternes Beurteilungsvermögen bewahrte ihn vor den Illusionen jener politischen Eliten, die das oppositionelle Klima der 30er Jahre beherrschten, Illusionen, die 1833 zum Fiasko des Frankfurter

Wachensturms führten. Seine Einsicht, daß keine grundlegende politische Umwälzung ohne Massenbasis gelingen könne, daß man für eine solche die sozialen Sorgen des Volkes in politische Forderungen umsetzen müsse, führte ihn an die Seite des jungen Georg Büchner. Seit Herbst 1833 eng mit ihm befreundet, machte B. Anfang 1834 Büchner mit Weidig bekannt.

Im Frühjahr 1834 sammelte sich um B. und Büchner ein Kreis von Handwerkern und jungen Intellektuellen, der sich als geheime »Gesellschaft der Menschenrechte« konstituierte, die – ähnlich ihrem französischen Vorbild – eine soziale Republik erstrebte. Im April 1835 wurde B. wegen Verbreitung des *Hessischen Landboten* verhaftet und zu neun Jahren Gefängnis verurteilt. Nach der Amnestie von 1839 emigrierte er in die Schweiz. In Genf gründete B. im November mit Ludwig Weizel den »Deutschen Gewerbestandsverein«. Ab 1841 arbeitete er für August Wirths Zeitschrift *Deutsche Volkshalle.* Korrespondenzen, Beiträge und Gedichte über die frühproletarische und kommunistische Bewegung veröffentlichte er außerdem in Julius Fröbels *Der Deutsche Bote* in der Schweiz, in der *Rheinischen Zeitung*, der *Mannheimer Abendzeitung*, dem Pariser *Vorwärts!* und in Weitlings *Die Junge Generation.* 1844 gab er mit Ludwig Seeger die Sammlung *Politisch-sociale Gedichte von Heinz und Kunz* heraus. 1841/43 gehörte B. zu den engsten Mitstreitern und Beratern Weitlings, der, politisch noch unerfahren, dazu neigte, das Wünschenswerte für das jederzeit Mögliche zu halten. B. schätzte Weitlings genialische Ideen und politischen Verdienste, ohne sein kommunistisches Zukunftsmodell (*Garantien der Harmonie und Freiheit*, 1842) und seine taktischen Erwägungen in allem zu unterstützen. Seit 1842 Mitglied des »Bundes der Gerechten«, wirkte er nach der Verhaftung Weitlings im Juni 1843 im »Volksthümlichen Gewerbestandsverein Lausanne« und leitete mit Simon Schmidt die deutschen kommunistischen Arbeitervereine der Schweiz. In Vorträgen, Artikeln und Broschüren verteidigte er den humanistischen Gehalt der kommunistischen Prinzipien und den rationellen Kern ihrer Sozial- und Ideologiekritik sowohl gegen konservative Gegner des Kommunismus wie gegen den Anarchismus und Atheismus seiner junghegelschen Widersacher in den Vereinen des »Jungen Deutschland«. Die von April bis September 1845 herausgegebene Monatszeitschrift *Die fröhliche Botschaft* belegt zunehmende theoretische Differenzen zum kommunistischen Gesellschaftsideal und Neigung zu einem gegen das große Geldkapital gewandten sozialen Egalitarismus. Um diese Zeit förderte B. mit Simon Schmidt die propagandistische Aktivität und egalitäre Heilslehre von Georg Kuhlmann. Nichtsahnend lieferte er 1847 diesem Konfidenten mit der *Geschichte des religiösen und atheistischen Frühsozialismus* die im Büro Metternich gewünschten Informationen. Im Herbst 1845 aus Lausanne, dann auch aus dem Kanton Waadt gewiesen, ging B. über Bern nach Zürich, gründete mit Johann Jakob Treichler den »Noth- und Hülfsverein für Züricher Arbeiter und Handwerker« und redigierte Ende Oktober dessen Vereinszeitung *Allgemeines Noth- und Hülfsblatt (Usterbote).* Nach erneuter Ausweisung 1846 wandte er sich nach Straßburg.

Während der Revolution 1848/49 kehrte B. in seine Heimat zurück und organisierte mit Ludwig und Alexander Büchner, den beiden jüngeren Brüdern Georg Büchners, mit Carl Vogt und anderen die radikaldemokratische Bewegung in Hessen. Im März 1848 gehörte er zu den Gründern des »Republikanischen Vereins« in Gießen, der sich im September mit dem »Demokratischen Verein« zusammenschloß und eine soziale Republik nach dem Ideal Louis Blancs erstrebte. Ab April saß er als Korrespondent in der Frankfurter Nationalversammlung und als Abgeordneter im hessischen Landtag; Mitte Juni nahm er am 1. Demokratenkongreß in Frankfurt am Main teil und propagierte in Wort und Schrift allgemeines direktes Wahlrecht, Pressefreiheit, Petitions- und Versammlungsrecht, eine allgemeine Bürgerwehr zum Schutz der Volksrechte gegen die Reaktion und ein aus allgemeinen Wahlen hervorgegangenes »Volksparlament«. Er bemühte sich um Koordinierung der demokratischen Vereine und befürwortete die Gründung von politischen Arbeitervereinen mit demokratischer Zielsetzung. B. forderte Steuerfreiheit für die Bauern; eröffnete in Gießen ein »bureau du travail« zum Schutze der armen Arbeiter uud Bauern vor Reichen, Spekulanten und Großgrundbesitzern.

Ab 6. März 1848 gründete und redigierte er als Stimme der hessischen Demokratie mit Alexander Büchner und anderen die mehrfach verfolgte Tageszeitung *Der jüngste Tag*, die ab 1849 unter dem Titel *Wehr Dich!* erschien. B.s Revolutionspublizistik knüpfte an die sozialrevolutionäre Gesellschaftskritik Georg Büchners, Weidigs und Weitlings an, wollte jedoch die Ungleichheit nicht aufheben, sondern verringern, auch das Privateigentum nicht abschaffen, sondern »ehrlich« erworbenes Kapital durch einen demokratischen Sozialstaat fördern, der auch die Interessen der Arbeiter und Bauern gesetzgeberisch wahrnehmen sollte: teils durch Bildungs-, Steuer- und Bodenreformen, teils durch Selbsthilfeförderung über politische Organisationen und Genossenschaften.

Nach dem Verbot seiner Zeitung und dem offensichtlichen Triumph der Reaktion entzog B. sich der zweijährigen unablässigen Verfolgung und emigrierte im Januar 1850 in die Schweiz und 1852 in die USA. Dort publizierte er in radikaldemokratischen deutsch-amerikanischen Blättern: Zunächst unterstützte er die Zeitschrift *Republik der Arbeiter*, die Weitling, der ebenfalls in die USA emigriert war, redigierte. Sodann arbeitete B. für den *Baltimore Wecker*, ab 1857 nacheinander für den *Cincinnati Republikaner*, für die

Abendzeitung und den *New Yorker Demokrat*. Im Regiment »Steuben« nahm er als Feldprediger und Kriegsberichterstatter am amerikanischen Bürgerkrieg teil. Nach Kriegsende redigierte er erneut den *Baltimore Wecker*, 1865 das *Cincinnati Volksblatt* und 1869 den *Cincinnati Courier*.
1866 heiratete der Zweiundfünfzigjährige die Witwe seines Freundes Godfried Becker. 1870 erkrankte er und erlag im Folgejahr einem Rheumaleiden. Bis zuletzt bewahrte er sich sein soziales Demokratieverständnis, auch wenn sich in den USA seine unmittelbare Bindung zur Arbeiterbewegung lokkerte.

Bravo, G. M.: Die Revolution in Hessen; August Becker 1848/49, in: Jahrbuch für Geschichte, Bd. 33, Berlin 1986. – Kowalski, W. (Hg.): Vom kleinbürgerlichen Demokratismus zum Kommunismus. Berlin 1967. – Ruckhäberle, H.-J.: Bildung und Organisation in den deutschen Handwerksgesellen- und Arbeitervereinen in der Schweiz. Tübingen 1983.

Waltraud Seidel-Höppner

Becker, Johann Philipp

Geb. 20. 3. 1809 in Frankenthal, gest. 9. 12. 1886 in Genf

»... die Freiheit wird nur mit dem Sieg des Sozialismus triumphieren, und der Sozialismus wird nicht Sieger werden, bevor die revolutionären Kräfte aller Völker eine unbesiegbare Phalanx gegen alle Privilegien aller Dynastien gebildet haben. Aber die revolutionären Kräfte aller Nationen, das sind die Arme, die Köpfe und die Herzen der Proletarier aller Länder.«
So formulierte B. 1850 sein politisches Credo. Wie seine Freunde und Kampfgefährten Wilhelm Liebknecht und Friedrich Adolph Sorge zählt er zu jenen deutschen Demokraten, die infolge der Erfahrungen in der Revolution von 1848/49 zu Wegbereitern der sozialistischen Arbeiterbewegung wurden. Einer älteren Generation angehörend als sie, verkörperte B. die Kontinuität der demokratischen und der Arbeiterbewegung von der Julirevolution 1830 bis zur Vorbereitung der II. Internationale (gegründet 1889). Er wirkte als volkstümlicher Agitator und Publizist, als unermüdlicher Organisator und talentierter Revolutionsoffizier.
Geboren als Sproß einer Handwerkerfamilie, die den Traditionen der französischen Revolution verbunden war, begann B. seine politische Arbeit in den Reihen der Pfälzer Radikalen Anfang der dreißiger Jahre. Schon auf dem Hambacher Fest 1832, der mit 25000 bis 30000 Teilnehmern größten Massenversammlung in Deutschland vor 1848, war der 23jährige einer der radikalsten Redner. Der Bürstenbinder, der seine nachts verfaßten Artikel mit »der Handwerksmann« unterzeichnete, war überzeugt, daß die Interessen des Volkes nur durch gewaltsame Beseitigung der Fürstenherrschaft und durch Errichtung der Republik durchgesetzt werden könnten.
1838 in die Schweiz emigriert, wo er im Kanton Bern Bürgerrecht erhielt, beteiligte sich B. hier in den vierziger Jahren sowohl an den Kämpfen der Berner Radikalen, als auch an der Tätigkeit der deutschen Arbeitervereine. Hatte er aus sozialem Mitgefühl Sympathien für die notleidenden Tagelöhner seiner Heimatstadt gehegt, so lernte er nun die Handwerksgesellen als besonders aktive Mitkämpfer für seine demokratisch-republikanischen Ideale schätzen. Unter dem Einfluß sozialistischer und kommunistischer Ideen betrachtete B. als eigentliches Ziel einer republikanischen Umgestaltung zunehmend eine soziale Reform im Interesse der arbeitenden Massen. Durch und durch eine Kämpfernatur, nahm er auch an den Freischarenzügen gegen den konservativen Kanton Luzern (1844/1845) teil, und im Schweizer »Sonderbundskrieg« (1847), einem Bürgerkrieg, zeichnete er sich als Mitglied eines Divisionsstabs auf seiten der liberalen Kantone aus. Dabei erwarb er beachtliche militärische Fähigkeiten.
Nach der Märzrevolution 1848 trat B. an die Spitze der republikanisch gesinnten Deutschen in der Schweiz – vor allem der Emigranten und Mitglieder der Arbeitervereine. Durch ihre politische Mobilisierung und militärische Organisation suchte er die süddeutschen Republikaner zu unterstützen. Den Liberalen warf er vor, aus Furcht vor dem Volk einen Kompromiß mit Fürsten und Adel zu suchen. Ihre Losung »Durch Einheit zur Freiheit« gäbe in Wahrheit die Freiheit preis, und da sie die Restauration der Fürstenmacht ermögliche, werde sie auch die nationale Einheit verspielen. Im April 1848 eilte B. dem von Friedrich Hecker und Gustav von Struve geführten republikanischen Aufstand in Baden mit Arbeiterfreischärlern zu Hilfe. Im September 1848 rief er zur Unterstützung des 2. badischen Aufstands unter Struve auf, kritisierte aber dann scharf dessen putschistischen Charakter.
Seit der französischen Julirevolution 1830 betrachtete B. den Kampf zwischen Fortschritt und Reaktion als ein internationales Ringen, in dem der russische Zarismus die Bastion der Konterrevolution und Paris das Zentrum der Revolution seien. Der Aufstand zehntausender Pariser Arbeiter im Juni 1848 für ihre sozialen Belange und dessen blutige Niederschlagung brachten B. zu der Überzeugung, daß eine zweite, eine soziale Revolution nötig sei, in der die Arbeiter eine entscheidende Rolle spielen müßten. Diese Idee vertrat er in der Zeitschrift

Die Revolution bzw. *Die Evolution*, die er von Dezember 1848 bis März 1849 herausgab.
Nach Ausbruch der »Reichsverfassungskampagne«, des 3. badischen Aufstands im Mai 1849, eilte B. nach Baden. Zum Oberbefehlshaber der Volkswehr ernannt, organisierte er mit badischen Bauern und Kleinbürgern Volkswehren, vor allem aber Freischaren, die sich aus Arbeitern verschiedener deutscher Staaten und revolutionären Emigranten aus anderen Ländern rekrutierten. Nach seiner Absetzung durch den Chef der provisorischen Regierung Badens übernahm er das Kommando über eine Division der badisch-pfälzischen Revolutionsarmee, die nur aus irregulären Einheiten bestand. Hier zeichnete sich B. durch hervorragende operative Leistungen aus, so daß ihn Friedrich Engels als »einzigen deutschen Revolutionsgeneral« bezeichnete.
Nach der Revolution wirkte B. zunächst in Emigrantenorganisationen. Doch äußerte er 1851: »Was kann man denn wollen ohne die Arbeiter. Der Kampf ist nur für sie und daher nur durch sie.« Als er 1851 Mitglied der Genfer Kommunistengemeinde wurde, war diese wie alle Schweizer Gemeinden zum »Sonderbund« von August Willich und Karl Schapper, einer Abspaltung des in London residierenden »Bundes der Kommunisten«, übergegangen. 1852 kehrten sich aber führende Mitglieder der Gemeinde, darunter wohl auch B., ab.
Seit 1860 bekannte sich B. als Parteigänger von Karl Marx, suchte aber politisch zunächst eigene Wege zu gehen. Sein Versuch, 1860/1861 in Italien an der Seite Giuseppe Garibaldis eine Deutsch-Helvetische Legion zu bilden, schlug fehl. 1863/1864 unterstützte B. die Arbeiteragitation Ferdinand Lassalles in Deutschland. Das ihm gemäße politische Wirkungsfeld fand B. aber erst in der 1864 in London gegründeten »Internationalen Arbeiterassoziation« (IAA), der I. Internationale, in der Marx die führende Rolle spielte. B. war überzeugt: »Jawohl, der internationale Arbeiterverein muß endlich den Schlußstein bieten zu allen Arbeiterbestrebungen; denn die Überwältigung der Kapitalherrschaft kann nur durch die vereinigten Anstrengungen der Arbeiterklasse aller zivilisierten Länder erreicht werden.«
B. gehörte 1864 zu den Gründern der Genfer Sektion der IAA und übernahm im Zentralkomitee für die Schweiz die Leitung der deutschen Abteilung. 1866 übertrug ihm Marx auch die Aufnahme und Anleitung der örtlichen Sektionen in Deutschland. Seit 1867 unterstanden ihm auch die entstehenden Sektionen in Österreich, Ungarn und die der deutschen Emigranten in den USA. B. richtete über 4000 Briefe an Sektionen, Mitglieder und Sympathisanten der IAA. Er gab von 1866 bis 1871 in Genf die Monatschrift *Der Vorbote* heraus und nahm an allen Jahreskongressen der IAA teil.
In der Hoffnung, durch Michael Bakunin der Internationale weiteren Einfluß zu verschaffen, suchte B. 1868/1869 die enge Zusammenarbeit mit diesem. Jedoch brach er 1870 mit dem Begründer des militanten Anarchismus und wurde einer seiner schärfsten Kritiker. B. vertrat dabei die zentralen politischen Programmforderungen von Marx und Engels: »Will man die Kapitalherrschaft bekämpfen, so muß man den Stier bei den Hörnern fassen, so müssen die Arbeiter sich der großen Industrie bemächtigen, welche die Quelle des Kapitals ist. Um dies zu können, müssen sie die politische Herrschaft haben...« B. nahm an der Gründung der »Sozialdemokratischen Arbeiterpartei« (SDAP, bis 1875) Wilhelm Liebknechts und August Bebels auf dem Eisenacher Kongreß 1869 teil und hoffte, daß »die geschaffene Organisation der deutschen Sozialdemokratie die Kraft und die Waffe« verleihen werde, »in Gemeinschaft der Proletarier aller Länder eine neue, weltumgestaltende Kulturepoche einzuweihen«.
Auch mit Auflösung der IAA 1876 endete B.s politisches Wirken nicht. Er engagierte sich im 1873 gebildeten »Schweizerischen Arbeiterbund« und redigierte von 1877 bis 1882 für ihn in der französischen Schweiz nochmals ein Presseorgan, die Wochenschrift *Le Précurseur*. Zugleich war B. in Genf der Mittelpunkt internationaler Kontakte. Er präsidierte dem internationalen Sozialistenkongreß in Chur 1881 und förderte die 1883 in Genf von russischen Marxisten gegründete Gruppe »Befreiung der Arbeit«. Sein oberstes Ziel war die Vorbereitung einer aus sozialdemokratischen Parteien bestehenden II. Internationale.
In seiner Publizistik unterstrich B. stets, daß die Arbeiterbewegung die Ideale und Ziele der Demokratie nicht verwerfe, sondern sie im Interesse ihrer eigenen sozialistischen Ziele entschiedener verfechte als jede andere politische Kraft. Als Veteran hoch angesehen, suchte er immer wieder, den Arbeitern demokratische Traditionen zu vermitteln. So nahm er bei den Feierlichkeiten zum 100. Todestag von Jean-Jacques Rousseau 1878 teil sowie anläßlich des Todes Guiseppe Garibaldis 1882 in Genf, und 1882 zum 50. Jahrestag des Hambacher Festes richtete er einen »Offenen Brief« an seine deutschen Parteigenossen.
Der engste Freund B.s war nun Friedrich Engels. B. besuchte ihn im September 1886 in London. Als B. kurz darauf starb, charakterisierte ihn Engels als einen Mann, »der an den Freiheitskämpfen von drei Generationen ehrenvoll Teil genommen« hatte und dabei im »achtundsiebzigsten Jahre noch ebenso frisch in der ersten Reihe« stand »wie im achtzehnten«.

Dlubek, R.: Johann Philipp Becker. Vom radikalen Demokraten zum Mitstreiter von Marx und Engels in der I. Internationale (1848–1864/65). Berlin (Phil. Diss. Ms.) 1964. – Engelberg, E.: Johann Philipp Becker in der I. Internationale. Fragen der Demokratie und des Sozialismus. Berlin 1964. – Schmiedel, K.: Johann Philipp Becker: General der Revolution. Berlin 1986.

Rolf Dlubek

Beckmann, Heinz (eigentl.: Heinrich Jakob Hartwig B.)

Geb. 8. 6. 1877 in Wandsbek bei Hamburg; gest. 12. 8. 1939 in Sülzhayn/Südharz

Geistliche galten – zumindest in der ersten Hälfte des 20. Jahrhunderts – politisch zumeist als konservativ oder gar antidemokratisch. Einer der wenigen, die sich innerhalb und außerhalb der Kirche für die Demokratie einsetzten, war der Hamburger Hauptpastor Heinrich Jakob Hartwig – genannt Heinz Beckmann. Geboren wurde der Sohn eines Oberlehrers im preußischen Wandsbek bei Hamburg. Gegen den Wunsch des Vaters studierte er Theologie und legte 1899 das Examen ab. Beeinflußt war B. von dem Pastor an der Hamburger Friedenskirche St. Nikolai, von Ruckteschell, und dessen »Klassischen Abenden«, an denen klassische Literatur gelesen und besprochen wurde. Jeweils vierzehntägig am Freitag trafen sich bei ihm Männer aus Arbeiterkreisen, die der sozialdemokratischen Partei nahestanden. Die Förderung des Gemeindegedankens war ein zentrales Anliegen von Ruckteschells. Während seiner Studienzeit verfolgte B. theologische Fragen und nahm gleichzeitig die sozialen Nöte seiner Zeit wahr. Die Theologie Albrecht Ritschls, der unter Bezugnahme auf Immanuel Kant alle nicht von ethischen Prinzipien ausgehende Metaphysik ablehnte, beeindruckte ihn ebenso wie das Werk Friedrich Naumanns und die Persönlichkeit seines Kieler Lehrers Otto Baumgarten, von 1912 bis 1921 Präsident der sozialreformerischen Vereinigung »Evangelisch-sozialer Kongreß«.

Nach Militärdienst und Vikariat arbeitete B. einige Zeit als Hilfsredakteur für die angesehene liberalprotestantische Zeitschrift *Christliche Welt* des Marburger Hochschullehrers Martin Rade. 1910 ernannte man ihn zum Pastor an der Marktkirche in Wiesbaden, wo er als Prediger und Seelsorger geschätzt war; zehn Jahre später übernahm B. das Hauptpastorat an der Hamburger St. Nikolai-Kirche, an der er bis zu seinem Tode wirkte. Der beliebte und begabte Redner widmete sich vor allem ethischen sowie religionsphilosophischen Problemen und behandelte Grenzgebiete von Theologie und Literatur. Zentrales Thema war für ihn das Alte Testament, dem er sich von der religionswissenschaftlichen Seite zuwandte. Sehr oft ergriff B. in der Synode, in der er bis 1933 die liberale Fraktion leitete, das Wort und hielt Reden, in denen er, wie sein Kollege Karl Dubbels berichtete, »über sich selbst hinauswuchs und doch ganz bei sich selber blieb. Mehr als einmal hat er trotz aller Fraktionsbindungen mit seinem Einsatz die Abstimmungen so bezwungen, weil er die Herzen bezwungen hatte«. Auch im Kirchenrat leistete B. intensive Arbeit. Besonders lagen ihm die Probleme einer modernen Großstadtkirche am Herzen, die er nicht verdrängt wissen wollte. Von 1924 bis 1933 gab er die *Hamburgische Kirchenzeitung* heraus, durch die er weite Teile der Kirchenmitglieder erreichen konnte.

Wie seine Schwester, die Oberschulrätin und Vorkämpferin für die Gleichberechtigung der Frauen, Emmy Beckmann, vertrat B. in seiner Theologie liberale und in der Politik demokratische Überzeugungen. In der Schulpolitik, in der er sich engagierte, trat er für »gutnachbarliche« Beziehungen zwischen der Weimarer Republik und der lutherischen Kirche ein. Damit stand er gegen den konservativen Flügel um den »Evangelischen Elternbund«, der einen härteren Kurs gegenüber der staatlichen Seite fahren wollte.

B. setzte sich in den zwanziger Jahren insbesondere dafür ein, daß auch Frauen nach dem Theologiestudium beide kirchlichen Examina ablegen und in den kirchlichen Dienst übernommen werden konnten. Seine Forderung, daß sie auch ordiniert würden und gleichberechtigt neben den Pastoren wirkten, war jedoch weder in Hamburg noch sonst in einer anderen deutschen Landeskirche zu diesem Zeitpunkt mehrheitsfähig. Mit seiner Unterstützung gelang es aber, 1927 ein Pfarramtshelferinnen-Gesetz durchzusetzen, das den Theologinnen nach Ablegung der Examina eine Arbeit mit eingeschränkten Rechten ermöglichte. In seine eigene Gemeinde holte er 1926 aus Wiesbaden Margarete Braun, die bis 1934 als Pfarramtshelferin an St. Nikolai tätig sein konnte.

Schon 1903 hatte B. in einer öffentlichen Versammlung des von Lida Gustava Heymann 1902 in Hamburg gegründeten Vereins für Frauenstimmrecht, der ersten Frauenstimmrechtsorganisation der Nation, »energisch das Kirchenrecht der Frau« gefordert und den Rat erteilt, »der Geistlichkeit im Nacken zu sitzen, um einen Erfolg zu erzielen«, wie der *General-Anzeiger für Hamburg-Altona* meldete. Vier Jahre später hieß es in einer Beurteilung über ihn: »Tüchtig ist er, die Frauenfrage ist seine Lieblingssache«.

Ein weiteres zentrales Anliegen B.s war die Ausbildung des theologischen Nachwuchses. In seiner Eigenschaft als Hauptpastor lehrte er – der 1923 den theologischen Ehrendoktor der Kieler Universität erhielt – seit dem Wintersemester 1921/22 am Allgemeinen Vorlesungswesen der Hamburger Universität. Von 1931 bis 1934 unterrichtete er Altes Testament an der Philosophischen Fakultät.

Den Machtantritt der Nationalsozialisten sah B. mit großer Sorge, am Ende einer Vorlesung bezeichnete er den 30. Januar 1933 als Ende des »Zeitalters der Kultur«. Auch in der Kirche gab es gravierende Veränderungen: Bereits seit der Mitte der

zwanziger Jahre versuchten einige Theologen in der Hansestadt sowie in Preußen, das Bischofsamt einzuführen, weil es ihrer Auffassung nach wesensmäßig zur lutherischen Kirche gehöre. Diese Bemühungen blieben erfolglos, bis das NS-Regime parallel zur Einführung des »Führerprinzips« im staatlichen Bereich die Ausbildung einer hierarchischen Leitungsstruktur auch in der Kirche durchsetzte. Im Mai 1933 verabschiedete die Synode das »Gesetz betreffend den Landesbischof«, dem umfangreiche Vollmachten zugesprochen wurden. Damit waren die demokratischen Elemente der Kirchenverfassung von 1923 aufgehoben. B. sah sich bei der Bischofswahl entgegen der Tradition der Anciennität wegen seiner liberalen Haltung übergangen. Er mußte nun auch seine Tätigkeit als Herausgeber der *Hamburgischen Kirchenzeitung* einstellen; das Blatt erschien jetzt im Auftrag des Landesbischofs Franz Tügel. Seinen Lehrauftrag an der Philosophischen Fakultät verlor B. 1934 ebenfalls, da ihn das »deutschchristlich« bestimmte Landeskirchenamt (das heißt, der Diktatur nahestehende) nicht mehr vorgeschlagen hatte. Damit war er bis auf sein Predigtamt an St. Nikolai und seine Rolle in der Kandidatenausbildung aus allen öffentlichkeitswirksamen Funktionen verdrängt. Dennoch nahm B. in dem Bemühen, die Eigenständigkeit der Kirche gegenüber dem Staat zu wahren, im »Kirchenkampf« eine neutrale Haltung ein; er fuhr sogar regelmäßig zu dem schwer erkrankten deutschchristlichen Landesbischof, um ihm bei der Arbeit zu helfen.
Nach B.s sechzigstem Geburtstag machte sich eine stimmliche Behinderung bemerkbar. Im Mai 1939 brach er wegen einer fortgeschrittenen Lungentuberkulose plötzlich zusammen. Eine Pensionierung lehnte der zweiundsechzigjährige Hauptpastor aus Sorge um seine Gemeinde ab. Am 12. August 1939 starb B. im Sanatorium.

Hering, R.: Theologie im Spannungsfeld von Kirche und Staat. Berlin u. Hamburg 1992. - Hering, R.: Heinz Beckmann und Paul Schütz - die letzten Hauptpastoren an St. Nikolai am Hopfenmarkt. In: Festschrift 800 Jahre Hauptkirche St. Nikolai. Hamburg 1995, S. 47-60.

Rainer Hering

Benfey, Bruno

Geb. 4. 9. 1891 in Rösrath (Kreis Mülheim/Ruhr); gest. 28. 6. 1962 in St. Stephan (Berner Oberland)

Ökumenische Zusammenarbeit über alle Grenzen hinweg war das zentrale Anliegen B.s, das ihn während seiner gesamten Amtszeit als evangelischer Pastor erfüllte. Trotz der eigenen Verfolgung im »Dritten Reich« ließ er sich nicht davon abbringen, sein Leben der Versöhnung, der Nächstenliebe und der Bekämpfung von Vorurteilen zu widmen. Als Sohn eines Fabrikanten in einer judenchristlichen Familie (d.h. jüdischer Herkunft, aber christlichen Glaubens) in Hannover aufgewachsen, studierte er nach dem Abitur Theologie in Göttingen und Berlin und arbeitete seit 1915 in Niedersachsen und Westfalen in mehreren Pfarrämtern, darunter auch als Landesjugendpastor. 1927 wurde B. zweiter Pfarrer an der Göttinger Marienkirche, einer Gemeinde mit schwierigen sozialen Verhältnissen, die sich vorwiegend aus Arbeitern, Handwerkern und Kleingewerbetreibenden zusammensetzte. Ein Schwerpunkt seines Wirkens war die Jugendarbeit. Durch seine Sozialarbeit hatte B. ökumenische Kontakte über den Berliner Professor für Jugendkunde Friedrich Siegmund-Schultze und gehörte dem »Internationalen Versöhnungsbund« sowie dem von diesem 1914 mitbegründeten »Weltbund für Internationale Freundschaftsarbeit der Kirchen« an.
Diese Kontakte weckten schon früh den Argwohn nationalsozialistischer Kreise, die bereits 1923 eine Ortsgruppe in Göttingen gebildet hatten. Sie sahen in B. einen »international und links eingestellten Juden« und diffamierten ihn öffentlich schon vor 1933. Bei seiner Berufung hatte es aus der Gemeinde Einspruch wegen seiner »Abstammung« gegeben.
1932 starb B.s Frau Adele, geb. Sehlheim, mit der er zwei Kinder hatte. Anfang 1934 heiratete er die Theologin Dr. Sophie Kunert, die zuvor in Hamburg und Lübeck als Strafanstaltsseelsorgerin gearbeitet hatte. Da der Göttinger Stadtsuperintendent Dr. Wilhelm Lueder sich aus Angst vor politischer Mißbilligung weigerte, eine öffentliche Trauung des getauften, aber wegen seiner jüdischen Vorfahren als »Nichtarier« diffamierten Pastors vorzunehmen, wich man nach Lübeck aus.
Die zunehmende Entrechtung und Verfolgung der Juden wirkte sich auch auf das Leben der Familie Benfey aus: Der Kirchenvorstand der Göttinger Marienkirche setzte sich aus zahlreichen NSDAP-Mitgliedern und Anhängern der regimebe-

jahenden »Deutschen Christen« zusammen, die B. privat und öffentlich verleumdeten. Seit 1935 organisierten sie eine systematische Hetze gegen ihn. Der zuständige Hildesheimer Generalsuperintendent D. Karl Stisser legte B. nahe, sich eine neue Stelle zu suchen, doch andere Gemeinden lehnten ihn ab – ebenfalls aufgrund seiner »Abstammung«. B. stand aber zu seiner »judenchristlichen Identität« und wollte sie bei Bewerbungen nicht verheimlichen. Im Februar 1936 fand er eine mögliche neue Pfarrstelle in St. Stephan im Berner Oberland, aber die Schweizer Fremdenpolizei verweigerte ihm den Zuzug. Auch die Unterstützung des führenden Theologen der Bekennenden Kirche, Karl Barth, seit kurzem Professor in Basel, nützte nichts.

Währenddessen nahm die Auseinandersetzung in der Gemeinde zu, obwohl deren Mehrheit B. verteidigte. Im September 1936 forderte der deutschchristliche Kirchenvorstand das Landeskirchenamt in Hannover auf, B. »völlig zu entfernen«, weil sonst eine Kluft zwischen Kirche und Volk aufrisse. Dieser Antrag stieß zwar auf Ablehnung, doch die Hetzkampagne gegen ihn ging weiter. Seit Herbst 1936 wurden B.s Gottesdienste immer offener boykottiert und mit Zwischenrufen wie »Volksverräter« oder »Judenknecht« gestört. Während des Gottesdienstes am Bußtag, dem 18. November 1936, demonstrierten etwa 300 Personen – angeführt von einem Kirchenvorsteher – gegen B. vor der Kirche. Kaum war der Gottesdienst beendet, wurde er, noch im Talar, festgenommen, einige Tage in »Schutzhaft« gehalten und auf Anweisung der Geheimen Staatspolizei aus dem Regierungsbezirk Hildesheim ausgewiesen. Mehr als zweihundert Gemeindemitglieder solidarisierten sich in Protestschreiben mit ihrem Pastor, allerdings ohne Erfolg. Der Hannoversche Landesbischof August Marahrens verweigerte B. die Hilfe und versetzte ihn stattdessen in den einstweiligen Ruhestand. Die Familie zog nach Wernigerode um, wo B. und seine Frau in der freien Bekenntnisgemeinde (d.h. zur Diktatur auf Distanz gehende Gemeinde) mitarbeiteten.

Im Anschluß an die Reichspogromnacht 1938 wurde B. verhaftet und in das Konzentrationslager Buchenwald gebracht. Wegen seiner ökumenischen Kontakte entließ man ihn Anfang Dezember aus der Haft, jedoch mit der Auflage, das Deutsche Reich zu verlassen.

Da B. in der Schweiz – seinem Ausreisewunschland – nicht arbeiten durfte, reiste er noch im Januar 1939 in die Niederlande, wo ihm eine Arbeitsgenehmigung erteilt wurde. Mit Unterstützung seiner Frau wirkte B. als Seelsorger für das »Protestantische Hilfskomitee für wegen Rasse oder Glaube Geflüchtete« und betreute deutschsprachige protestantische Flüchtlinge in Lagern im ganzen Land. Nach dessen Auflösung im Sommer 1941 stand er im Dienst der Nederlandsche Hervormde Kerk.

Nach Kriegsende erhielt B. seine Pfarrstelle an St. Marien in Göttingen, die er nie aufgegeben hatte, – gegen den Willen von Bischof und Oberkirchenrat – aufgrund massiven Drucks aus der Gemeinde zurück und blieb bis zu seinem Tode dort im Amt. Er verzichtete darauf, seine früheren Widersacher zu verfolgen. Gemeinsam mit seiner Frau gründete er stattdessen einen ökumenischen Kreis, in dem beide für Verständigung wirkten – über Völker-, Konfessions- und Bekenntnisgrenzen hinweg. Wichtig war B. dabei die Begegnung von Judentum und Christentum, und so arbeitete er in der Göttinger Gruppe der »Gesellschaft für christlich-jüdische Zusammenarbeit«.

Gerlach, W.: Als die Zeugen schwiegen. Bekennende Kirche und die Juden. Berlin (2. Aufl.) 1993. – Hering, R.: Die Theologinnen Sophie Kunert, Margarete Braun, Margarete Schuster. (Hamburgische Lebensbilder in Darstellungen und Selbstzeugnissen, 11) Hamburg 1996. – Reimann, W.: Nachruf für Pastor Bruno Benfey. In: Junge Kirche 23 (1962), S. 482–485. – Röhm, E.; Thierfelder, J.: Juden, Christen, Deutsche 1933–1945. Band 2: 1935 bis 1938. Teil 2. Stuttgart 1992.

Rainer Hering

Benjamin, Walter

Geb. 15. 7. 1892 in Berlin; gest. (Selbstmord) 26. 9. 1940 in Port Bou/Spanien

B. teilte mit anderen Intellektuellen seiner Generation das Schicksal, die Klasse seiner Herkunft, das Bürgertum, verlassen zu haben, ohne in der erstrebten proletarischen anzukommen; zuletzt erschien es ihm zweifelhaft, ob eine solche Ankunft überhaupt das zu Erstrebende war. Er entstammte einer jüdischen, um die Jahrhundertwende noch nicht vollends assimilierten Familie des Berliner Großbürgertums, die ihm geistig nur wenig mitzugeben hatte. Ein zweijähriger Aufenthalt als Vierzehnjähriger in einem Landerziehungsheim in Thüringen, wo der Schulreformer Gustav Wyneken sein Lehrer war, machten ihn zum entschiedenen Gegner der bürgerlichen Familie und Schule. Wynekens kulturpolitische Theorien boten B. eine erste philosophische Heimat, in der er sich bis zum Ausbruch des Ersten Weltkriegs bewegte und auch organisatorisch betätigte, in der »Sprechsaal«-Bewegung und als Vorsitzender der Freien Studentenschaft in Berlin. Der Kreis um Wyneken, der den radikalsten Flügel der Jugendbewegung darstellte, verblieb jedoch an der Peripherie der Gesamtbewegung und B. innerhalb desselben isoliert. Seine Stellung zur wilhelminischen

Vorkriegsgesellschaft verstand er als kulturelle Opposition, nicht als politische; Politik war für B. damals »die Wahl des kleinsten Übels. Niemals erscheint in ihr die Idee, stets die Partei.« – Zwanzig Jahre später war B. zum schärfsten Kritiker seiner unpolitischen Anfänge geworden, der erkannt hatte, »daß niemand Schule und Elternhaus verbessern kann, der den Staat nicht zertrümmert, welcher die schlechten braucht«.

Der Kriegsausbruch 1914 trug zu B.s politischer Neuorientierung bei, auch wenn er durch ihn sich zunächst auf sich selbst zurückgeworfen fand. Dem Militärdienst wußte er sich geschickt zu entziehen; angewidert von dem in Deutschland herrschenden Chauvinismus und Militarismus, ging er 1917 zur Beendigung seines Studiums in die Schweiz. Wichtig war die Freundschaft mit Gershom Scholem, der dem in den Überlieferungen des deutschen Idealismus und der Literatur der Klassik Beheimateten die Tradition der jüdischen Mystik und ein lebendiges Judentum nahebrachte. B. promovierte 1919 in Bern mit einer Abhandlung über den *Begriff der Kunstkritik in der deutschen Romantik* (1920), mußte aber bald danach nach Deutschland zurückkehren. Vermögensverluste der Familie durch die Inflation und ein schweres Zerwürfnis mit dem Vater entzogen ihm die Mittel zum dauernden Aufenthalt in der Schweiz. Hatte sich seine Kritik ursprünglich gegen die herrschenden Formen von Familie und Erziehung gerichtet, so war daraus längst Haß auf die bürgerliche Gesellschaft insgesamt geworden. Demütigende Erfahrungen, die B. während der Inflationsjahre am eigenen Leib machen mußte, ließen ihn sich zum erstenmal im Ernst um Einsicht in gesellschaftliche und politische Fragen bemühen. Von drei Arbeiten zur politischen Philosophie, die er damals geschrieben hat, sind zwei verlorengegangen. In der dritten, *Zur Kritik der Gewalt* überschrieben, wird nach den Möglichkeiten »prinzipiell gewaltloser Mittel politischer Übereinkunft« gefragt. Diese sah B. am ehesten im Anarchismus und in einem Syndikalismus des Sorelschen Typus sich abzeichnen, wie ihm auch Revolte und Sabotage einen »aufsteigenden«, also gangbaren »Pfad« zu markieren schienen. Demgegenüber befinde der Parlamentarismus »in dieser Zeit« sich im Zustand des Verfalls: die Parlamente »bieten das bekannte jammervolle Schauspiel, weil sie sich der revolutionären Kräfte, denen sie ihr Dasein verdanken, nicht bewußt geblieben sind«. B.s politischer Theorie zu Beginn der zwanziger Jahre erschien etwa die Polizeigewalt als eine »gespenstische Vermischung« von rechtsetzender und rechterhaltender Gewalt: »Und mag Polizei auch im einzelnen sich überall gleichsehen, so ist zuletzt doch nicht zu verkennen, daß ihr Geist weniger verheerend ist, wo sie in der absoluten Monarchie die Gewalt des Herrschers, in welcher sich legislative und exekutive Machtvollkommenheit vereinigt, repräsentiert, als in Demokratien, wo ihr Bestehen, durch keine derartige Beziehung gehoben, die denkbar größte Entartung der Gewalt bezeugt.« Man kann nicht sagen, daß die Demokratie für B. in dieser Zeit ein bevorzugtes Problem gebildet hätte.

Um die Mitte der zwanziger Jahre hatte B. seine großen germanistischen Arbeiten – *Goethes Wahlverwandtschaften* (1921/22, ersch. 1924) und *Ursprung des deutschen Trauerspiels* (1923–25, ersch. 1928) – geschrieben, war aber mit ihnen von der deutschen Universität zurückgewiesen worden. Fortan führte er die Existenz des »freien« Schriftstellers, der für die Reproduktion seines Lebens auf die bürgerlichen Publikationsmedien angewiesen blieb. Seine politischen Sympathien wandten sich vom Anarchismus ab und mehr und mehr dem dialektischen Materialismus zu. Der Aphorismenband *Einbahnstraße* (1928) unterstreicht die Richtung, die B. einschlug. Schon 1924 schien ihm »das Problem ›Theorie und Praxis‹ so zu liegen, daß bei aller, diesen beiden Bezirken zu wahrenden Disparatheit eine definitive Einsicht in die Theorie an Praxis gerade hier gebunden ist«. B.s Engagement galt zuerst der Politik der kommunistischen Parteien, sein Interesse an marxistischer Theorie war zumindest bis 1933 wenig ausgeprägt, soweit es sich nicht um den Bereich der Kulturpolitik handelte. Den wiederholt angekündigten Eintritt in die KPD allerdings vollzog er nie. Begriff und Sache der Demokratie waren seinem »Linksradikalismus« immer noch kein Thema, allenfalls Gegenstand für seine Polemik. Einer 1930 geschriebenen Rezension hat B. auch das Bild eingezeichnet, das in der Zeit des Vorfaschismus die Demokratie ihm zu bieten schien: »Gewiß hat es einen demokratischen Fanatismus gegeben – das Jakobinertum von 1792. Heute aber gilt nicht umsonst das demokratische Credo als das des in jedem Sinne Gesetzten, Gemäßigten. Der demokratische Geist ist der unserer herrschenden Ordnung.« Die aber wollte er »zertrümmert« haben.

1933 gehörte B. zu den ersten, welche die Nazis ins Exil trieben. Es war für B. selbstverständlich, nach Paris zu emigrieren, bereitete er doch seit langem eine philosophische Arbeit über die Stadt vor, ohne sie jemals abschließen zu können: das *Passagen-Werk*. Der Bezug zur politischen Realität, den er während der letzten Jahre der Weimarer Republik in seiner Parteinahme für den Kommunismus gewonnen zu haben glaubte, ging in gewisser Weise in der Emigration wieder verloren. Bei allen, teilweise weitgehenden Vorbehalten, die er gegenüber den Vertretern der exilierten KPD und den französischen Kommunisten wahrte – freilich standen auch hier wiederum kulturpolitische Fragen für ihn im Vordergrund –, war er noch lange bereit, die Politik der Sowjetunion zu rechtfertigen. Die Moskauer Prozesse, mehr noch der Hitler-Stalin-Pakt öffneten ihm endgültig die Augen. B.s letzte Arbeit, die *Thesen Über den Begriff der Geschichte* (1940),

stellen den Versuch dar, eine Antwort auf jene Fragen zu finden, vor welche der Stalinsche Verrat am Sozialismus seine intellektuellen Parteigänger gestellt hatte.
Das einzige Buch, das B. in den Jahren des Exils veröffentlichen konnte, bestand unter dem Titel *Deutsche Menschen* (1936) aus einer Sammlung kommentierter Briefe deutschsprachiger Autoren aus dem Jahrhundert von 1783 bis 1883, in dem »das Bürgertum sein geprägtes und gewichtiges Wort in die Waagschale der Geschichte zu legen hatte«. B. sah die Bürgerklasse von Beginn an durch innere Widersprüche gefährdet: »Und diese Widersprüche gruppieren sich mehr oder weniger um Idee und Faktum der Demokratie, die den Menschen alle erdenklichen Rechte gab und nur die Kraft nahm, sie wahrzunehmen.« Wenn die Probleme der politischen Demokratie bei B., soweit überhaupt, nur desultorisch begegnen, dann hat er sich doch eingehend mit den Fragen einer demokratischen Kultur befaßt.
Seine Kindheit war noch in die Gründerzeit gefallen, deren »falscher Reichtum« ihm all das verkörperte, wogegen er sein Leben lang aufbegehrte. Der »ästhetische Imperialismus des vergangenen Jahrhunderts« hatte unterdessen ein höheres Stadium erreicht, das erkennen ließ, »wie die Begehrlichkeit nach dem Gut der Vergangenheit jedes Maß überschritten hat: nichts Geringeres schwebt den Faschisten vor, als des Mythos sich zu bemächtigen«. B. dagegen war auf die Entdeckung eines »geheimen Deutschland« aus, dem die öffentliche Wirksamkeit versagt geblieben war; er suchte und fand eine Unterströmung des deutschen Geistes wieder, sein verdrängtes Potential von Aufklärung, den deutschen Citoyen, dessen vergessene Zeugnisse er in Anthologien sammelte (neben *Deutsche Menschen* auch *Vom Weltbürger zum Großbürger*, 1932, und *Allemands de quatre-vingt-neuf*, 1939). In Paris traf er auf die Spuren jener deutschen Demokraten, die der Revolution von 1789 eine Reihe »glaubwürdiger Zeugen« gestellt hatten. Autoren wie Forster, Jochmann, Seume, Merkel, Zschokke: eine Tradition, welche die Bourgeoisie aus ihrem Gedächtnis gestrichen hatte, hat der späte B. in Lessingschem Geist zu »retten« unternommen; es war, wie Adorno über die *Deutschen Menschen* schrieb, »ein philosophisches Werk, kein geistesgeschichtliches oder literarisches«. Im September 1940, in einem kleinen Pyrenäenort, »in dem niemand ihn kannte«, beendete B. sein Leben durch eigene Hand.

Adorno, Th. W.: Über Walter Benjamin. Aufsätze, Artikel, Briefe. Frankfurt/Main 1970 (Rev. u. erw. Ausg.) 1990. – Scholem, G.: Walter Benjamin – die Geschichte einer Freundschaft. Frankfurt/Main (2. Aufl.) 1976. – Tiedemann, R.: Dialektik im Stillstand. Versuche zum Spätwerk Walter Benjamins. Frankfurt/Main 1983. – Schweppenhäuser, H.: Ein Physiognom der Dinge. Aspekte des Benjaminschen Denkens. Lüneburg 1992.

Rolf Tiedemann

Bernstein, Aron

Geb. 6. 4. 1812 in Danzig; gest. 12. 2. 1884 in Berlin

Am Lebensweg des Journalisten, Schriftstellers und Volksaufklärers können paradigmatisch die Hoffnungen und Enttäuschungen des Bürgertums abgelesen werden, dessen Aufstieg sich in den Jahrzehnten zwischen 1780 und 1870 vollzog. Rückschläge und die gescheiterte Revolution von 1848 waren zu überstehen. Und am Ende siegte bei der Geburt des Deutschen Reiches 1871 mehr der Einheits- denn der Freiheitsgedanke. Parallel zu diesem Prozeß kam es zur Emanzipation des Judentums, dem Weg aus dem Ghetto in das politisch-soziale Leben, also zur Herausbildung des deutschen Judentums. Eine kurze, aber intensive deutsch-jüdische Beziehungsgeschichte begann, die ihr gewaltsames und unwiderrufliches Ende nach 1933 fand.
B. lebte bis zum 13. Lebensjahr im elterlichen Haus in Danzig, besuchte Talmudschulen in Fordon und Inowroclaw (Hohensalza) und zog im Sommer 1832 nach Berlin. Bei seiner Ankunft dort hatte er noch Schwierigkeiten mit der deutschen Sprache, aber er fand Hilfe bei Liberalen wie Adalbert Chamisso, Willibald Alexis, Friedrich Wilhelm Gubitz, Karl Holtei, Varnhagen von Ense und anderen, die seine Begabungen erkannten und ihn bei seinen ersten schriftstellerischen Versuchen wohlwollend unterstützten. Unter dem anagrammatischen Pseudonym »Rebenstein« veröffentlichte B. erste Arbeiten in Alexis' *Freimüthigem*, Gubitz' *Gesellschafter* und in Heinrich Laubes *Mitternachtszeitung*.
Eine Wendung in B.s Leben brachte das Revolutionsjahr 1848, an dem er als Barrikadenkämpfer in den Straßen Berlins Anteil hatte. B. entwickelte sich zu einem entschiedenen Demokraten, der sich in Leitartikeln in der von ihm im März 1849 gegründeten *Urwähler-Zeitung* und später in der *Volks-Zeitung* in den politischen Tageskampf einmischte. Er wurde mehrfach zu Geld- und Haftstrafen verurteilt, was ihn aber nicht hinderte, weiter für Freiheit und Einheit des deutschen Volkes zu agitieren. Seine Artikel, Aufsätze und Bücher, die er für die Ziele der 48er Revolution und gegen die Reaktion in Preußen schrieb, faßte B. 1882 in einer dreibändigen Buchausgabe unter dem Titel *Revolutions- und Reaktionsgeschichte Preußens und Deutschlands von den Märztagen bis zur neuesten Zeit* zusammen. Noch heute gilt dieses Werk als Quelle für die Geschichte des politischen Liberalismus jener Jahre.
Nicht nur als politischer Publizist erwarb sich B. Verdienste.

Seine Aufsätze zu naturwissenschaftlichen Themen wurden viel gelesen. Obgleich Autodidakt, schrieb er für die Leser der *Volks-Zeitung* regelmäßig jede Woche einen speziell ausgewählten Beitrag, der über ein naturwissenschaftliches Problem oder Phänomen informierte und belehrte. Diese Beiträge veröffentlichte B. später in Buchform unter dem Titel *Naturwissenschaftliche Volksbücher* (*Aus dem Reiche der Naturwissenschaft. Für Jedermann aus dem Volke*, 18 bzw. 12 Bde., Berlin 1852–1857). Die Fragen, die B. in diesen in viele Sprachen übersetzten Büchern stellte, wirkten anregend und brachten insbesondere jungen Menschen die Naturwissenschaften näher wie zum Beispiel dem jungen Albert Einstein, der B.s *Volksbücher*, wie er selbst einmal bekannte, »mit atemloser Spannung« gelesen hat.

B.s Sympathien gehörten den Linksliberalen, Männern wie Benedikt Waldeck, Johann Jacoby, Franz Duncker und Hermann Schulze-Delitzsch. Letzterem zu Ehren verfaßte er 1878 eine Schrift, die sich mit dessen Leben und Werk befaßte. B.s Einstellung zu den Vertretern des Linksliberalismus spiegelte sich vor allem in der publizistischen Unterstützung wider, die er den Zielen der 1861 gegründeten »Deutschen Fortschrittspartei« zukommen ließ. Im Gegensatz zu vielen Linksliberalen wechselte er jedoch nicht in das Lager Bismarcks über. In der Debatte um die Annexionen, die unmittelbar nach dem preußisch-österreichischen Krieg 1866 einsetzte, hielten B. und die *Volks-Zeitung* auf Abstand. »Man bejubelt einen Sieg«, schrieb B., »und merkt nicht, daß man sich selber bekriegt und besiegt hat«.

So wie er sich zu den politischen Fragen der Zeit äußerte, so auch in Fragen des Judentums. B. gehörte zu den Mitinitiatoren der jüdischen Reform in Deutschland. Am 10. März 1845 wurde er in einer Versammlung Berliner Gemeindemitglieder in einen Ausschuß gewählt, dem ausschließlich Nichttheologen angehörten, um ein Manifest auszuarbeiten, in dem die Notwendigkeit einer Reform des Judentums an »Haupt und Gliedern« dargelegt sein sollte. Der in wesentlichen Teilen von B. mitgestaltete Aufruf *An unsere Glaubensbrüder*, mit dem am 2. April 1845 dreißig prominente Persönlichkeiten des jüdischen Lebens an die Berliner Öffentlichkeit traten, ist in seiner Brisanz sogar mit Luthers Thesen verglichen worden. Eine der Folgen des Aufrufs war die Gründung der »Genossenschaft für Reform im Judenthum«, aus der sich die Berliner Reformgemeinde entwickelte, die bis in die Jahre des Nationalsozialismus existierte.

Noch heute in Erinnerung geblieben ist B. als Verfasser von zwei Ghetto-Novellen (*Vögele der Maggid* und *Mendel Gibbor*), die zum ersten Mal in den Jahren 1857 und 1858 im *Kalender und Jahrbuch für die jüdischen Gemeinden Preußens* erschienen. Im deutschen Judentum vor 1933 wurden die beiden Erzählungen viel gelesen und immer wieder neu aufgelegt. Die einen waren stolz auf die Novellen, weil sie die eigene Herkunft in ihnen wiederzuerkennen glaubten. Die anderen meinten, sie seien ein Stück jüdischer Kultur, das es zu bewahren gelte. Einige Zionisten gingen sogar so weit zu behaupten, die Ghettogeschichten hätten unterschwellig für das nationale Erwachen der Juden eine gewisse Rolle gespielt.

Schoeps, J.H.: Bürgerliche Aufklärung und liberales Freiheitsdenken. Aron Bernstein in seiner Zeit. Stuttgart u. Bonn 1992. – Schoeps, J.H. (Hg.): Ghettogeschichte. Vögele der Maggid / Mendel Gibbor. Berlin 1994.

Julius H. Schoeps

Bernstein, Eduard

Geb. 6. 1. 1850 in Berlin; gest. 18. 12. 1932 in Berlin

B. wurde als siebtes Kind einer jüdischen Familie geboren. Sein Vater war Lokomotivführer; ein Beruf, der in den fünfziger Jahren des vorigen Jahrhunderts relativ gut bezahlt wurde. So konnte B. die Bürgerschule (1857–1863) und anschließend das Gymnasium (bis 1866) besuchen. Mit dieser Schulbildung war es ihm möglich, eine Banklehre zu machen (1866–1870) und zunächst als Bankangestellter zu arbeiten. Seine Tätigkeit ließ ihn zum Sozialisten, der Deutsch-Französische Krieg 1870/71 zum Internationalisten werden.

So trat er 1872 der »Internationalen-Arbeiter-Assoziation« (IAA) und danach im selben Jahr der SDAP (Sozialdemokratische Arbeiterpartei) bei. 1875 gehörte er der Programmkommission des Gothaer Vereinigungsparteitages an und wurde in den Vorstand der SAPD (Sozialistische Arbeiterpartei Deutschlands) gewählt. Von Berlin aus machte er Agitationsfahrten in die umliegenden Gemeinden und lernte dabei die Arbeiterschaft näher kennen. B. gehörte zu den Sozialdemokraten bürgerlicher Herkunft, die aus prinzipiellen Überlegungen den »politischen Seitenwechsel« vollzogen.

1878 ging B. als Privatsekretär des Publizisten Karl Höchberg in die Schweiz. Höchberg, Sohn eines reichen Bankiers, hatte Erbe und persönliche Fähigkeiten in den Dienst der Arbeiterbewegung gestellt. Im Winter 1878/79 las B. Engels' *Anti-Dühring* und verstand sich seither als Marxist. Seit 1880 wurde in Zürich der *Sozialdemokrat* verlegt. B. arbeitete als Redakteur dieser Zeitung und wurde einer der beredtesten Verfechter Marxscher Anschauungen. Da der *Sozialdemokrat* während des Sozialistengesetzes Zentralorgan der SAPD war und als einzige sozialdemokratische Zeitung unzensiert gedruckt wurde, hatte B. erheblichen Anteil an der Durchsetzung des marxistischen Denkens in der Partei. 1888 wies man ihn und den gesamten Stab des *Sozialdemokrat* auf Druck Bismarcks aus der Schweiz aus. B. ging mit Zeitung und Mitarbeitern nach London. Die Stadt blieb 13 Jahre sein Domizil, weil ein Haftbefehl gegen ihn wegen Geheimbündelei in Deutschland erst 1901 aufgehoben wurde. In England begann sich B.s politisches Weltbild zu verändern. Liberalität und parlamentarisches Regierungssystem taten das ihre, mehr jedoch sah sich B. in den Bann der »Fabian Society« gezogen, einer Gesellschaft intellektueller Sozialisten, die ein Sozialismusverständnis auf der Basis der bestehenden Wirtschaftsordnung propagierten.

B. identifizierte sich mehr und mehr mit dieser Gedankenwelt, immer jedoch in dem Glauben, Marxist zu sein und zu bleiben. Als Londoner Korrespondent des *Vorwärts* seit 1890 – der *Vorwärts* wurde die Nachfolgezeitung des *Sozialdemokrat* nach Ende des Sozialistengesetzes (1890) – und Mitarbeiter der *Neuen Zeit*, die Karl Kautsky zum Sprachrohr der marxistischen Vorstellungen in der Sozialdemokratie gemacht hatte, berichtete er aus dem kapitalistischen Zentrum der damaligen Welt.

B.s Beiträge waren zunehmend gekennzeichnet durch Zweifel an der Marxschen Doktrin. Seine Analyse der tatsächlichen Politik der SPD nach 1890 (aus der SAPD wurde 1890 die SPD, die »Sozialdemokratische Partei Deutschlands«) zeigte eine große Diskrepanz zwischen der Revolutionsrhetorik der Partei und ihrer praktischen Reformorientierung. Er sah ein, daß die Vorstellung vom naturnotwendigen Zusammenbruch des Kapitalismus und der Glaube, der Sozialismus lasse sich sofort und ohne Umstände verwirklichen, nicht nur illusorisch sei, sondern auch zu einem fatalistischen, politischen Immobilismus führe. Als Marxist – als solcher vom alten Friedrich Engels immer noch angesehen und deshalb zum Nachlaßverwalter bestellt – wollte er diesen Widerspruch auflösen.

Für B. war aufgrund seiner Analysen klar, daß die Marxschen Prognosen der Entwicklung des Kapitalismus in entscheidenden Fragen falsch waren, Hoffnungen auf eine soziale Revolution in die Irre führten und die Einführung sozialistischer Verhältnisse ein hochkomplexes Wirtschaftssystem und ebenso komplexe soziale Beziehungssysteme berücksichtigen müßten. Veränderungen müßten deshalb so konzipiert werden, daß sie die Durchsetzung der sozialistischen Prinzipien auf Dauer sicherten. Dies sei nur möglich durch schrittweise Eroberung demokratischer Selbstbestimmungsrechte in einem langen Lernprozeß ökonomischer Selbstverwaltung. Gewaltkuren seien da kontraproduktiv und nur für eine politische Revolution sinnvoll. Dieses waren Ansichten, die in der SPD auf wenig Verständnis stießen. Die Parteiführung um August Bebel und die marxistischen Wortführer um Karl Kautsky und Franz Mehring machte sich B. zu unerbittlichen Gegnern. Ignaz Auer, der ihm theoretisch nahestand, sagte : »So etwas sagt man nicht, so etwas tut man.« Er distanzierte sich damit ebenfalls von ihm.

Als B. 1899 seine Überlegungen im Buch *Die Voraussetzungen des Sozialismus und die Aufgaben der Sozialdemokratie* zusammenfaßte, kündigte ihm Kautsky die Redakteurstelle bei der *Neuen Zeit* und nahm dem im Exil Lebenden die Existenzgrundlage. Da Kautsky seit Jahren über die ideologische Linientreue der Zeitschrift wachte und zunehmend andersdenkenden Sozialdemokraten die Publikation in der Zeitschrift verwehrte, wechselten diese ebenso wie B. 1901 zur Konkurrenzzeitschrift *Sozialistische Monatshefte*. Damit sowie als ständiger freier Mitarbeiter beim *Vorwärts* konnte B. seine wirtschaftliche Existenz sichern.

Seit 1901 wieder in Deutschland, gelang es B. freilich nicht, die SPD von seinen Ansichten zu überzeugen. Auf dem Dresdner Parteitag 1903 wurde der Revisionismus scharf zurückgewiesen. 1902 gelang B. der Sprung in den Reichstag, dem er mit Unterbrechungen bis 1928 angehörte. Von 1910 bis 1918 war B. außerdem Stadtverordneter in Berlin, in den Revolutionsmonaten dort auch unbesoldeter Stadtrat und Beigeordneter (das heißt sozialdemokratischer Aufpasser) des noch aus der Monarchie übernommenen Finanzministers von Preußen.

Im Ersten Weltkrieg spielte er eine wichtige Rolle in der Frage der deutschen Kriegspolitik. Der »Revisionist« B., aus orthodox-marxistischer Sicht ein Rechter, erkannte schon im Herbst 1914 die deutsche Kriegsschuld und ging in Opposition zur Burgfriedenspolitik der Mehrheit in der SPD-Reichtagsfraktion. Er verweigerte ab 1915 die Bewilligung der Kriegskredite und veröffentlichte im Juni dieses Jahres mit Hugo Haase und Karl Kautsky, seinem Widersacher von 1899, die Denkschrift *Das Gebot der Stunde*, die zu einem Verständigungsfrieden der kriegführenden Mächte aufrief.

Als die Fraktionsmehrheit der SPD den Spielraum der innerparteilichen Opposition zunehmend einengte, trat B. mit anderen Oppositionellen der »Sozialdemokratische Arbeitsgemeinschaft« bei. Notgedrungen gehörte er zu den Mitbegründern der USPD, aus der er 1919 wieder ausgeschlossen wurde, weil er für die Vereinigung beider Parteien plädierte. Sein Wechsel zur Mehrheitssozialdemokratie (MSPD) hatte auch programmatische Bedeutung. Die USPD entwickelte in großen Teilen ein doktrinär-marxistisches Profil und damit eine Politikauffassung, die B. schon 25 Jahre zuvor bekämpft hatte.

B. spielte nochmals eine wichtige Rolle beim Görlitzer Parteitag der SPD von 1921. Er war einer der wichtigsten Autoren des Görlitzer Parteiprogramms, des reformwilligsten, »revisionistischsten« Parteiprogramms der Sozialdemokratie vor Godesberg (1959). Die Parole : »Demokratie, das ist nicht viel, Sozialismus ist das Ziel« stand großen Teilen der SPD allerdings auch nach 1918 im Wege, während B. schon zwei Jahrzehnte früher festgestellt hatte, »daß Sozialismus für mich in letzter Instanz Demokratie, Selbstverwaltung heißt«. Für seinen Satz: »Ich gestehe es offen, ich habe für das, was man gemeinhin unter ›Endziel des Sozialismus‹ versteht, außerordentlich wenig Sinn und Interesse; dieses Ziel, was immer es sei, ist mir gar nichts, die Bewegung ist alles«, ist er heftig angefeindet worden.

Das Bild vom »Revisionisten« (so verstanden im despektierlichen Sinne marxistischer Doktrin) als einem »Rechten« ist falsch. B. dachte differenzierter, um in solche Schablonen zu passen. Der »Rechte« überholte den radikalen Marxisten August Bebel links in der sogenannten Massenstreikdebatte 1905/06, also in der Frage, ob man den Generalstreik zur Erkämpfung des allgemeinen, gleichen Wahlrechts in Preußen einsetzen dürfe. Er verlangte eine radikale Umorientierung der SPD, als sie sich in den Verhältnissen des Kaiserreiches fest eingerichtet hatte. Er kämpfte gegen die Kriegspolitik Deutschlands im Ersten Weltkrieg, mischte sich in die außenpolitische Debatte dieser Zeit ein und warf nach 1918 der SPD-Führung vor, nicht entschieden genug die Rolle der Monarchie und der politischen Rechten bis 1918 aufgedeckt und angeprangert zu haben. Schon früh erkannte B. die Gefährdung der Weimarer Republik und warnte vor der NSDAP. Falls es den Nationalsozialisten gelänge, einen Staatsstreich zu organisieren, prophezeite er »Terrorismus, wie ihn sich die meisten nicht träumen lassen«. Zu erfahren, auch in dieser Sache recht behalten zu haben, blieb ihm erspart, da er wenige Wochen vor Hitlers Ernennung zum Reichskanzler 82jährig starb.

Gay, P.: Das Dilemma des Demokratischen Sozialismus. Eduard Bernsteins Auseinandersetzung mit Marx. Nürnberg 1954. – Gustafsson, B.: Marxismus und Revisionismus. Eduard Bernsteins Kritik des Marxismus und ihre ideengeschichtlichen Voraussetzungen. Frankfurt/Main 1972. – Heimann, H, Meyer, Th.: Bernstein und der Demokratische Sozialismus. Berlin und Bonn 1978. – Hirsch, H.: Der »Fabier« Eduard Bernstein: Zur Entwicklungsgeschichte des evolutionären Sozialismus. Berlin u. Bad Godesberg 1977. – Meyer, Th.: Eduard Bernstein, in: Euchner, W. (Hg.): Klassiker des Sozialismus. München 1991, S. 203–217.

Martin Kutz

Biedermann, Friedrich Karl

Geb. 25. 9. 1812 in Leipzig; gest. 5. 3. 1901 in Leipzig

B. gehörte zu jenem äußerst schmalen Kreis im Spektrum der Liberalen des mittleren 19. Jahrhunderts, die ungeachtet ihrer historisch-philosophischen Bildung ein besonderes Augenmerk für die materiellen Verhältnisse, die Probleme des Pauperismus und für die »soziale Frage« entwickelt haben. Er gleicht darin Zeitgenossen wie dem Nationalökonomen und Historiker der sozialen Bewegungen Lorenz von Stein, dem Kulturhistoriker Wilhelm Heinrich Riehl, dem Statistiker Friedrich Freiherr von Reden oder dem Nationalökonomen Bruno Hildebrand. B. zahlte dafür einen hohen Preis, weil er seine Analysen nicht lediglich gelehrten Werken anvertraute, sondern publizistisch durch die von ihm herausgegebenen Zeitschriften einem breiten Publikum bekanntmachte. Er muß in die Reihe der Freiheitskämpfer gerechnet werden, bedenkt man das hohe persönliche Risiko, das er über zwei Jahrzehnte trug, unbeirrt trotz harter polizeilicher Nachstellungen im Vormärz und im nachfolgenden Reaktionsjahrzehnt. Zu Recht wird er als einer »der erfahrensten Männer in der Theorie und Praxis der Pressezensur in deutschen Territorien« bezeichnet (Lothar Emmerich). Das Klima der Verfolgung skizzierte B. selbst, als er noch 1886 mit Blick auf die 1850er Jahre in seinen Memoiren (*Mein Leben und ein Stück Zeitgeschichte*, 2 Bde. 1886) bitter resümierte, daß »durch ganz Deutschland eine Reaction ging, so planmäßig, so schonungslos, so alle edelsten Gefühle in der Nation mit Füßen tretend, wie es weder in den 20er, noch in den 30er oder 40er Jahren etwas Ähnliches gegeben hatte, eine Reaction, deren Ausflüsse der sonst so milde Dahlmann mit den vernichtenden Worten brandmarkte: ›Das Unrecht hat jede Scham verloren‹.«

B. wurde 1812 in Leipzig im Königreich Sachsen geboren, das heißt, er wuchs in dem industriell am weitesten entwickelten deutschen Staat auf. Sein Vater Friedrich Carl B. war preußischer Kriegskommissar in Breslau, seine Mutter Pfarrerstochter, die nach dem frühen Tod des Mannes in das Dorf Arnsfeld bei Annaberg im Erzgebirge übersiedelte und 1819 einen Gastwirt heiratete. Der Knabe kam in eine Erziehungsanstalt in Dresden und danach als Pflegesohn in eine Pfarrersfamilie in Knobelsdorf bei Waldheim in Sachsen. Der Pfarrer entdeckte die Talente seines Zöglings und förderte sie zielstrebig. B. erlebte, wie Bildung den Aufstieg aus einfachen Verhältnissen ermöglichte. Er absolvierte die renommierte

Dresdener Kreuzschule und studierte von 1830 bis 1835 in Leipzig und Heidelberg Philologie, Theologie und Staatswissenschaften. Nach seiner Leipziger Promotion 1835 wurde er 1838 zum außerordentlichen Professor für Staatswissenschaften ernannt. Da er in seinen Vorlesungen den Aktualitätsbezug suchte – etwa in der Darstellung des deutschen Zollvereins (gegründet 1834) – und an Arnold Ruges *Hallischen Jahrbüchern* (1838–1841), dem Sprachrohr des Junghegelianismus, mitwirkte, wurden die vom Kultusministerium beauftragten Spitzel auf ihn aufmerksam. B. verabschiedete sich von der Universität und folgte seinem »immer stärker werdenden Drang, unmittelbar im Leben und für's Leben zu wirken«; er wurde »Publicist«, wie er in seinen Memoiren schrieb. Er zählte damit zu der im literarischen Markt des Vormärz heranwachsenden Gruppe freischaffender Publizisten, den Fährnissen der Zensur und des Marktes ausgesetzt.

Ab 1842 gab er die *Deutsche Monatsschrift für Literatur und öffentliches Leben* heraus (ab 1846 unter dem Titel *Unsere Gegenwart und Zukunft*), die das Programm des konstitutionellen Liberalismus verfocht, freilich mit dem auffallenden Akzent auf den »materiellen« und »praktischen« Interessen sowie der Förderung des »Gemein- und Associationsgeistes«. Diese »Rückkoppelung zu den materiellen Grundlagen des Lebens« (W. Schulze) öffnete die von B. betriebene Wissenschaft den Nöten der »arbeitenden Klassen«. Eine Vortragsreihe von ihm trug den Titel *Sozialismus und soziale Fragen* und erschien 1847 als Buch. Darin setzte er sich frühzeitig mit der Bekämpfung von Arbeitslosigkeit und mit der Förderung gewerkschaftlicher Arbeitervereinigungen auseinander. Während sich sein früherer geistige Weggefährte Arnold Ruge von ihm lossagte, fand er Beifall bei den süddeutschen Liberalen wie Welcker. Der politischen und sozialen Praxis diente auch seine seit 1844 herausgegebene Zeitschrift *Der Herold. Eine Wochenschrift für Politik, Literatur und öffentliches Gerichtsverfahren*, die sich mit den organisatorischen und materiellen Bedingungen des Pressewesens beschäftigte und dabei Verbote und Zensurprozesse behandelte. Beide Zeitschriften wurden in Preußen verboten. Ebenso erging es seiner *Geschichte des ersten preußischen Reichstages* von 1847, die für eine konsequente Parlamentarisierung Preußens eintrat und B. den Vorwurf der Majestätsbeleidung sowie die Androhung einer Verhaftung in Preußen einbrachte.

B. widmete sich zugleich der kommunalen Politik: Seit 1845 saß er als Stadtverordneter in Leipzig, und hier als Kontrahent des populären Robert Blum. Er suchte in Leipzig und darüber hinaus jede Möglichkeit öffentlichen Wirkens in den zeittypischen, teilweise kryptopolitischen Vereinsbildungen: seit 1840 im Geselligkeitsverein »Maikäfer«, 1842 als Direktor des »Literatenvereins«, 1843 im »Landtagskränzchen«, 1844 im »Lesemuseum«, 1845 als Vorsitzender des 1. Deutschen Schriftstellertages in Leipzig. Die Revolution 1848/49 eröffnete ihm das erwünschte Forum nationalen Wirkens. Als Mitglied des Vorparlaments (30. März – 4. April 1848) wandte er sich gegen eine revolutionäre Permanenzerklärung des Gremiums und unterstützte den legalen Weg über Wahlen zu einer konstituierenden deutschen Nationalversammlung. Um einem Konflikt mit Blum auszuweichen, kandidierte B. nicht in Leipzig, sondern in Zwickau. Blum ließ sich – was damals möglich war – zugleich in Zwickau aufstellen, um das Duell mit B. zu suchen, unterlag dort aber zur allgemeinen Überraschung. In der Paulskirche schloß sich B. der parlamentarisch-liberalen, nach »links« hin offenen Fraktion des »Württemberger Hofes« an. Der Schock über den von preußischen und österreichischen Truppen blutig niedergeschlagenen Frankfurter Volksaufstand im September 1848 und über den abseits von den Kampfhandlungen begangenen Mord an zwei Abgeordneten der Paulskirche veranlaßten B. wie viele Bürgerliche jedoch zu einem Rechtsruck; er gehörte zu den Mitbegründern der Fraktion »Augsburger Hof«; im Februar wurde er zum organisatorischen Kopf und Vorsitzenden des Fraktionszusammenschlusses »Weidenbusch«, in dem sich die »Erbkaiserlichen« vereinten. Sie favorisierten ein erbliches Kaisertum Preußens unter Ausschluß Österreichs. Das hatte B. bereits in seinen zahlreichen vormärzlichen Tagesschriften gefordert. B. gehörte denn auch jener Kaiserdeputation an, die Friedrich Wilhelm IV. im März 1849 die deutsche Kaiserkrone anbot. Mit der Ablehnung war auch B.s nationale Verfassungspolitik gescheitert: Am 24. Mai 1849 trat er mit vielen Fraktionskollegen aus der Nationalversammlung aus. Anders als diese hatte B. mit dem Vorwurf zu kämpfen, er »sei ein Republikaner gewesen und sei dann ein Kaiserlicher geworden«. B. wies das von der Rednertribüne aus zurück. Zweifellos erschien er aber den Zeitgenossen wegen seiner Sorge um die »soziale Frage« unter den Konstitutionellen als fortschrittlichster.

Diesem Kurs blieb B. auch in den nachfolgenden Jahrzehnten treu. 1849 in die sächsische Zweite Kammer des Landtags gewählt (bis 1850), brachte er dort 1850, in der Phase schärfster Reaktion ein Mißtrauensvotum gegen die Regierung des Ministerpräsidenten Friedrich Ferdinand von Beust ein, das zur Auflösung des Landtages und zu Neuwahlen führte. 1853 erfuhr B. die Rache Beusts, als ihm ein Prozeß wegen Majestätsbeleidigung gemacht wurde. Ein Artikel in den von ihm herausgegebenen *Deutschen Annalen* behandelte den Staatsstreich Louis Bonapartes vom Dezember 1851 in Frankreich. B. gab den Namen des anonymen Autors (August Ludwig von Rochau) nicht preis und mußte deshalb eine einmonatige Gefängnisstrafe absitzen. Als Vorbestrafter konnte er seine Professur nicht mehr wahrnehmen (erst 1865 wurde er rehabilitiert); er fand Zuflucht im Großherzogtum Sachsen-

Weimar, wo er von 1855 bis 1863 seinen Lebensunterhalt als Redakteur der *Weimarischen Zeitung* fristete. 1863 siedelte er wieder nach Leipzig über und redigierte dort 1864 bis 1879 die renommierte *Deutsche Allgemeine Zeitung.*

Mit der liberal-konservativen »Neuen Ära« in Preußen seit 1859 (bis 1861) stürzte sich B. wieder in Politik und Vereinswesen. Seit 1864 war er kontinuierlich für den Deutschen Jornalistentag tätig, seit 1866 als Gründer und Vorsitzender der Nationalliberalen Partei in Sachsen, 1869 bis 1876 war er wieder Mitglied der sächsischen Zweiten Kammer und 1871 bis 1874 auch des deutschen Reichstags. Wiewohl er in der Reichseinigung eigentlich die Erfüllung der 1848er Ziele erblickte, blieb er seinem darüber hinausgehenden sozialpolitischem Engagement treu. Mit dem Vorkämpfer des Genossenschaftswesens Hermann Schulze-Delitzsch befreundet, förderte er die Arbeiterbildungsvereine in Sachsen und plädierte für eine Reform in der Ausbildung der Frauen; in der Pädagogik gilt B. als Vorläufer der Arbeitsschulbewegung. Wie originell und unkonventionell B. war, zeigt sich nicht zuletzt an der noch heute gelesenen Darstellung *Deutschland im 18. Jahrhundert* (2 Bde. in 4 Teilen, 1854–1880); in ihr folgt B. seiner Obacht für die materiellen Bedingungen der Geschichte, indem er die damals noch kaum realisierte Kulturgeschichtsschreibung begründet, die alle Bereiche des gesellschaftlichen Lebens einfängt - einschließlich des nach Anfängen im 18. Jahrhundert in der Historiographie von B. neu entdeckten »Alltags«.

Emmerich, W.: »... ein vollständiges Bild des gesamten Kulturlebens«. F.K. Biedermanns Gesellschaftsgeschichte aus dem Geist des Vormärz. In: Karl Biedermann, Deutschland im 18. Jahrhundert. Hg. u. eingel. v. Wolfgang Emmerich. Berlin, Wien 1979, S. VII-XLI (zugleich biogr. Skizze). - Schulze, W.: Sozialistische Bestrebungen in Deutschland. Bemerkungen zu einer Aufsatzfolge Karl Biedermanns (1846). In: Vierteljahrshefte für Sozial- und Wirtschaftsgeschichte 57, 1970, S. 93–104.

Wolfram Siemann

Bleicher, Willi

Geb. 27. 10. 1907 in Stuttgart-Bad Cannstatt; gest. 23. 6. 1981 in Stuttgart

B. war das fünfte von sechs Kindern des Schlossers Paul Bleicher und seiner Frau Wilhelmine. Er überstand den Ersten Weltkrieg, die unvollendete Revolution von 1918, neun Jahre Gefängnis und zwei Konzentrationslager und wurde vom Bäkkerlehrling zu einem der markanten Führer der IG Metall, der größten deutschen und internationalen Gewerkschaft. Das Denken des Schlossersohns war stets mehr geprägt durch Lebenserfahrung als durch Theorien. Dazu gehörten die Eindrücke der Entbehrung, Ungerechtigkeit und Demütigung, an die er sich auch im Alter gut erinnerte. Nach acht Jahren Volksschule (1914–1922) und der Hungererfahrung seiner Familie begann B. eine Lehre im vermeintlich nahrhaften Bäckerberuf, machte nach drei Jahren die Gesellenprüfung, verließ aber wegen der miserablen Arbeitsbedingungen nach kurzer Zeit diesen Beruf. 1927 arbeitslos, wurde er bald Metallarbeiter in der Auto-Industrie bei Daimler; das bestimmte seinen weiteren Lebensweg.

B. war schon früh Zeuge der sozialen Kämpfe zwischen Arbeitgebern und Arbeitern, so z.B. eines Streik im August 1920, bei dem die württembergische Regierung die Großbetriebe von Militär besetzen ließ. »Vor den Fabriktoren starrten dem Vater Maschinengewehre entgegen«, wie es im Aufruf der Betriebsräte zum Generalstreik hieß. Die Arbeiter verloren; mehr als die Hälfte der Daimler-Arbeiter, darunter die »Radikalen«, wurden nicht wieder eingestellt. Die Arbeiter hatten ihre in der Novemberrevolution errungenen Positionen an die Schwerindustrie und das militärische System abgeben müssen - schlußfolgerte im Dezember 1920 der »Deutsche Metallarbeiterverband« (DMV).

Mit 17 Jahren schloß sich B. dem »Kommunistischen Jugendverband Deutschlands« (KJVD) an, nach Ende der Lehre mit 18 der Gewerkschaft der Nahrungs- und Genußmittelarbeiter. In dieser Zeit war aktive Mitarbeit in den demokratisch verfaßten freien Gewerkschaften Pflicht für Kommunisten. Sie sollten die besten und aktivsten Mitglieder sein und die Gewerkschaften zu ihrer sozialen Aufgabe befähigen, zugleich auch deren Mitglieder für die revolutionäre Richtung der Arbeiterbewegung gewinnen.

Diese ursprüngliche kommunistische Taktik wurde zum Streitgegenstand in der KPD, als deren Führung 1928 auf Konfrontationskurs zu den Gewerkschaften ging, die Sozialdemokraten zu »Sozialfaschisten« und Haupftfeinden erklärte und damit die drohende faschistische Gefahr verkannte. Dieser Politik, die die KPD-Führung unter Ernst Thälmann mit stalinistischen Methoden in der Partei durchsetzte und mit gleicher Schärfe auf den Jugendverband übertrug, widerstrebten B.s Vorstellungen von Klassensolidarität.

Da er sich nicht unterwarf, wurde er im Mai 1929 ausgeschlossen und trat zur Kommunistischen Jugend-Opposition (KJO) über, die sich zur Politik der KPD-Opposition (KPO) bekannte, aber jugendgerechte Formen der politischen Arbeit praktizierte. Die Mitglieder der KJO, zugleich Funktionäre der zahlreichen freigewerkschaftlichen Jugendgruppen und Kulturorganisationen der Arbeiterbewegung, bemühten sich schon seit Anfang 1929 darum, die arbeitenden Menschen auf die steigende Welle des Faschismus sowie auf den Zerfall der angeblich demokratischen bürgerlichen Parteien und ihr Überlaufen zur NSDAP aufmerksam zu machen. Sie forderten die antifaschistische Einheitsfront aller Arbeiterorganisationen als Kern, der die schwankenden Mittelschichten anziehen könne.

An diesem frühesten Widerstand beteiligte sich B. Ihm ging es um die Verteidigung der noch bestehenden Demokratie gegen Aushöhlung und Zerstörung. B. wollte, daß die Demokratie offensiv verteidigt wurde von denen, deren Freiheit existentiell bedroht war: den freien Gewerkschaften, der SPD und KPD, den linken Intellektuellen, den arbeitenden Menschen. Nur eine starke, gemeinsam kämpfende Linke könne die Nationalsozialisten isolieren und besiegen.

In Stuttgart gelang es der KJO, die meisten linken Jugendorganisationen in einem antifaschistischen Jugendkartell zusammenzuführen. Als Redner fand B. hier seine Aufgabe. Jetzt setzte er sich verstärkt mit Marx und Lenin auseinander und mit den bis heute bedeutendsten Faschismus-Analysen, denen des KPO-Theoretikers August Thalheimer, die sein Denken lebenslang beeinflußten.

Nach der Machtübergabe an die NSDAP mußte B. untertauchen, floh nach einiger Zeit in die Schweiz, doch in dem emigrantenfeindlichen Land gab es für ihn keine Lebensmöglichkeit. So ging er nach Frankreich. Aus dem Elend der Emigration kehrte er 1934 nach Deutschland zurück und nahm mit einer illegalen KPD-Gruppe Kontakt auf. Im Januar 1936 wurde er von den Nationalsozialisten verhaftet. Mehr als neun Jahre verbrachte er in Gefängnissen und KZs, die meiste Zeit im KZ Buchenwald (1938 - Mai 1945).

In Buchenwald fand B. Anschluß an drei alte KPO-Genossen aus Württemberg: Eugen Ochs (nach 1945 IG Metall-Bevollmächtigter in Ludwigsburg), Ludwig Becker (später Bezirksleiter der IG Metall in Württemberg-Baden), Robert Siewert (im Zuge der SED-Kampagne gegen die Brandleristen 1950 als Innenminister von Sachsen-Anhalt abgesetzt). Von Anfang an übten die KPO-Genossen Solidarität mit ihren sozialdemokratischen Leidensgefährten und bereiteten geistig das *Buchenwald-Manifest* von 1945 vor, in dem Sozialdemokraten und Kommunisten sich für ein sozialistisches und demokratisches Nachkriegsdeutschland aussprachen. Bei der Befreiung des KZ durch amerikanische Truppen am 11. April 1945 befand sich B. auf dem Todesmarsch durch das Erzgebirge, wo er Ende April von Amerikanern befreit wurde.

B. kehrte nach Stuttgart zurück, arbeitete im antifaschistischen Ausschuß in Bad Cannstadt und trat in die KPD ein. Anfang März 1946 wurde er Jugendsekretär der IG Metall. Eine lange Laufbahn im Wiederaufbau der freien Gewerkschaften begann. Er hoffte auf einen demokratischen Lernprozeß der KPD und deren demokratische Gestaltung, ebenso bei den freien Gewerkschaften. Redegewandt, was ihn immer auszeichnete, stieg B. bald in seiner Gewerkschaft auf, kam vom Vorstand in Württemberg-Baden 1947 schon ein Jahr später in den Vorstand der IG Metall für die amerikanische und britische Besatzungszone, wo er für die Jugendarbeit zuständig war. Diese erwies sich für die Zukunft der freien Gewerkschaft besonders wichtig, weil 12 Jahre Faschismus einen Generationsbruch und eine Lücke in der Kontinuität der Arbeiterbewegung hinterlassen hatten.

Seit 1948 - Ausschluß der KP Jugoslawiens aus der Kominform (»Kommunistisches Informationsbüro« als Nachfolgeorganisation der »Kommunistischen Internationale«), Kampagne der KPD gegen Titoismus und Brandlerismus - verhärtete sich das innere Klima der KPD, und die Gewerkschaftsfunktionäre, die KPD-Mitglieder waren, gerieten in Gewissenskonflikte und unter doppelten Druck - seitens der SPD-Fraktion in den Gewerkschaften und seitens ihrer Parteiführung. Anfang 1950 verließ B. die KPD, wurde aber dennoch - trotz seiner anerkannt erfolgreichen Arbeit - im September 1950 nicht wieder in den IG Metall-Vorstand gewählt. 1951 beriefen ihn die Metaller in Göppingen, der »alten« württembergischen Industriestadt und traditionellen Hochburg der sozialistischen Linken, zum »Ersten Bevollmächtigten«.

In harten Auseinandersetzungen mit den Unternehmern, die nach dem Wiederaufbau der Industrie durch die Arbeitenden diesen weitere Hungerjahre verordnen wollten, bewährte sich B. als guter Organisator und begeisternder Redner, der die Mitglieder überzeugte und aktivierte. Um die für ihn wichtige gewerkschaftliche Aufarbeit und den Kampf für die Interessen der Arbeitenden fortsetzen zu können, machte er eine politische Konzession - er trat Ende 1954 der SPD bei, ohne seine politische Herkunft und Überzeugung als kritischer Marxist zu verleugnen. Er stieg nun in der IG Metall weiter auf: September 1955 Sekretär der Bezirksleitung Baden-Württemberg, dem mitgliederstärksten Bezirk, der allmählich zum tarifpolitisch wichtigsten wurde - sicher auch dank B.s Arbeit. 1959 wählte man ihn zum Leiter des Landesbezirkes.

B. war ein Arbeiterfunktionär der Vor-Hitler-Generation, erzogen in der undogmatisch marxistischen Tradition der Stuttgarter Linken. Organisation der arbeitenden Mehrheit für ihre Interessen und Klassenkampf waren für ihn wesentliche Faktoren des Lebens der Gesellschaft und Inhalt seines Lebens. Dieser Kampf sollte von demokratisch verfaßten politischen Parteien und Gewerkschaften nach demokratischen Regeln und Beschlüssen geführt werden. Er sah schon vor 1933, daß die parlamentarische Demokratie die günstigsten Voraussetzungen für den Befreiungskampf der arbeitenden Mehrheit bot. Aber er wußte auch um die Schwächen und Mängel dieser Form der Demokratie, die widerstandslose, formal legale Überführung in den Faschismus, den Übergang des ganzen Staatsapparats zur NSDAP. Demokratische Verfaßtheit bedeutete für B. vor allem ständigen, engen Kontakt mit der Basis, Wissen um die materiellen Nöte, Ängste und Zweifel, aber auch Kampf gegen den »Radikalen-Erlaß« (1972), die daraus abgeleiteten Berufsverbote im öffentlichen Dienst und die Ausgrenzung von KPD-Mitgliedern in den freien Gewerkschaften. Nach den bitteren Erfahrungen des Dritten Reiches mochte er manches Mal an der Standhaftigkeit seiner Kolleginnen und Kollegen gezweifelt haben; aber er wußte auch um ihr Potential kreativer Spontaneität.

Abmayr, H.G.: Wir brauchen kein Denkmal. Willi Bleicher: Der Arbeiterführer und seine Erben. Stuttgart 1992. – Benz, G. u.a. (Hg.): Willi Bleicher – ein Leben für die Gewerkschaften. Frankfurt/Main 1983.

Theodor Bergmann

Bleier, August

Geb. 2. 8. 1882 in Erkrath; gest. 12. 1. 1958 in Berlin

Im Zentrum des demokratischen Wirkens von B. stand das pazifistische und sozialpolitische Engagement sowie der Kampf gegen Rassismus und Antisemitismus. B., der aus einer Pfarrersfamilie stammte, studierte Evangelische Theologie in Halle, Tübingen und Bonn. Nach seiner Tätigkeit in rheinischen Gemeinden arbeitete er von 1915 bis 1953 als Pfarrer an der Trinitatiskirche in Berlin-Charlottenburg. Während B. sich noch 1916 im üblichen imperialistischen Stil der Zeit bei einer Einsegnungsrede zur Konfirmation äußerte, begann im folgenden Jahr seine Entwicklung zum Pazifisten. Im Oktober 1917 unterzeichnete der liberale Theologe den Friedensaufruf seines damaligen Trinitatis-Kollegen Karl Aner, in dem ein Verständigungsfrieden sowie die Ablehnung des Krieges als Mittel zur Lösung politischer Konflikte gefordert wurde.

Anfang 1918 trat B. der »Losen Vereinigung evangelischer Friedensfreunde« und Ende 1918 der linksliberalen Deutschen Demokratischen Partei bei. B. erkannte die verhängnisvollen Folgen der Verbindung von Thron und Altar. Daher hoffte er, daß mit dem Ende des Kaiserreiches eine radikale Demokratisierung in Gesellschaft und Kirche eintreten könnte. Die Kirche sollte als Volkskirche eine Basisbewegung werden. Damit ließe sich der Machteinfluß der Großagrarier, Industriellen und des Besitzbürgertums beseitigen.

Für B. waren Religion und Sozialismus untrennbar verbunden. Dies bedeutete für ihn, daß im Sinne Jesu, der auf der Seite der Armen stand, die kapitalistischen Strukturen (Profitmaximierung, Privateigentum) überwunden werden müßten. Die Utopie einer neuen Gesellschaft brauche auch neue Menschen, die eine Gemeinschaft der Freiheit, Gerechtigkeit und Solidarität aufbauten. Dies skizzierte B. in *Der neue Geist* (1922) und *Die neue Gesellschaft* (1924).

B. sprach sich gegen die Wehrpflicht, da sie eine Mordpflicht sei, und für die Kriegsdienstverweigerung aus. Der Friedenspfarrer kritisierte – in *Christentum und Pazifismus* (1921) sowie *Christentum, Völkerversöhnung, Weltfriede* (1922) – die religiöse Verherrlichung von Krieg und Militarismus. Haß und Rache müßten durch Liebe und Versöhnung überwunden, die Todesstrafe abgeschafft werden. Im Dezember 1919 unterzeichnete B. einen Aufruf, der vor einem Putsch monarchistischer Frontsoldaten warnte und den radikalen Abbau der Reichswehr forderte.

Im Jahre 1920 trat B. der SPD bei. Er veröffentlichte zahlreiche Artikel in der Parteipresse, sprach auf Parteiveranstaltungen und wurde Mitglied des sozialdemokratischen »Reichsbanners Schwarz-Rot-Gold«. Mehrfach beschwerten sich konservativ eingestellte Mitglieder der Gemeinde im Gemeindekirchenrat über B. Außerhalb der Gemeinde sah sich B. ebenfalls verschärftem Druck durch nationalistische und militaristische Kreise ausgesetzt, die entsprechende Eingaben beim Konsistorium machten.

B. leitete von 1920 bis 1923 die Berliner Ortsgruppe der »Deutschen Friedensgesellschaft« (DFG) und war bis 1927 Beisitzer des Vorstandes dieser größten deutschen Friedensorganisation. In ihrem Dienst unternahm B. Vortragsreisen durch ganz Deutschland, die sehr gut besucht waren. Mitunter kam es nach diesen Vorträgen zur Gründung von Ortsgruppen der DFG. Als das Konsistorium B. die Beurlaubung für pazifistische Tagungen verweigerte, setzten sich Mitglieder der Friedensbewegung solidarisch für ihn ein. Auf Kritik seitens der Kirchenbehörde stieß auch B.s Eintreten für die weltliche Schule sowie seine Unterstützung eines Protests von ca. 200

Kriegsinvaliden gegen ihre mangelhafte medizinische Versorgung.

Im Jahre 1921 wurde die »Vereinigung der Freunde von Religion und Völkerfrieden« (VdF) gegründet. Diese Organisation war ganz auf B. zugeschnitten. Programmatisch verwarf die VdF den Krieg als Mittel der Politik, befürwortete die Kriegsdienstverweigerung und die weltliche Schule. Die VdF ergriff auch die Initiative, wenn es darum ging, das Tun militaristischer Theologen publik zu machen. Ab 1925 war die VdF mit einer starken Fraktion im Gemeindekirchenrat der Trinitatiskirche vertreten. Seit 1921 gehörte B. zu den führenden religiösen Sozialisten Berlins, und die VdF war durch Kartellverträge und Doppelmitgliedschaften sehr eng mit dem »Bund der religiösen Sozialisten Deutschlands« › offiziell 1926 gegründet › verbunden. Beide Organisationen gehörten dem »Deutschen Friedenskartell« an, dem Dachverband des Pazifismus in der Weimarer Republik.

Mit den »Feierstunden« schuf B. eine besondere, religiös›sozialistische Form des Gottesdienstes. Sie fanden meistens am Sonntag um achtzehn Uhr statt, waren themenbezogen und wurden musikalisch besonders gestaltet. Mitunter mußten diese »Feierstunden«, die B. 1922 eingeführt hatte und die bis Frühjahr 1933 stattfanden, wegen Überfüllung nach außen übertragen werden. So waren bei einer Solidaritäts-Feierstunde für den inhaftierten, revolutionären Schriftsteller Ernst Toller, mit dem B. befreundet war, ca. 1500 Menschen aus ganz Berlin gekommen. B. warb öffentlich für seinen Konfirmandenunterricht, es meldeten sich auch Kinder aus anderen Kirchengemeinden an.

Von 1926 bis 1933 erschien elfmal im Jahr *Der Weltfriede. Organ der Vereinigung der Freunde von Religion und Völkerfrieden*, herausgegeben von B. Diese Zeitschrift umfaßte nur wenige Seiten. In zahlreichen Ausgaben wurden Auszüge aus sozialistischen und pazifistischen Presseorganen abgedruckt, charakteristisch für die politische Position von B.. Abdrucke aus konservativen Blättern dienten dem Pazifisten zur Offenlegung militaristischer Strukturen in Gesellschaft und Kirche.

Stets hatte B. die internationale Dimension des Pazifismus im Blick. So wurden unter anderem Friedensstimmen aus Großbritannien, Frankreich und Indien (Gandhi) ebenso nachgedruckt wie eine Solidaritätserklärung für Sacco und Vanzetti, deren Verurteilung als anarchistische Mörder durch die amerikanische Justiz weltweites Aufsehen erregte. Im Sinne einer sozialistischen Lebensgestaltung empfahl B. eine vegetarische Lebensweise und warnte nachdrücklich vor den Gefahren des Alkoholismus *(Der Alkohol, der Feind des Volkes und der Menschheit*, 1923).

Zur demokratischen Einstellung des Pazifisten zählte der Kampf gegen Antisemitismus und Rassismus. Christentum und Antisemitismus schließen einander aus. Im Jahre 1930 unterzeichnete B. einen Aufruf der Deutschen Liga für Menschenrechte gegen den Antisemitismus. Am 30. Januar 1940 und am 14. März 1942 beerdigte B. zwei Menschen israelitischer Konfession.

Der jahrelangen Hetze gegen Frankreich trat B. entschieden entgegen. So wandte er sich gegen die Diffamierung schwarzer, französischer Soldaten im Rheinland. Im Jahre 1922 unterzeichnete er einen Aufruf der Französischen und Deutschen Liga für Menschenrechte zur Verständigung. In Vorträgen versuchte er zu verdeutlichen, daß Deutschland eine sittliche Pflicht zur Wiedergutmachung der Zerstörungen in Belgien und Frankreich habe. Als sich der Künstler George Grosz mit seiner Zeichnung »Christus mit der Gasmaske« wegen angeblicher Gotteslästerung vor Gericht verantworten mußte, vertrat der Friedenspfarrer als Gutachter die Position des angeklagten Malers. Der religiöse Sozialist vertrat ein sehr differenziertes Bild der Sowjetunion. So kritisierte B. die kriegerischen Bestrebungen westlicher Staaten ebenso wie den Antibolschewismus. Andererseits verurteilte B. den Militarismus der UdSSR, die Verfolgung von Kriegsdienstverweigerern und die Gulag›Politik.

Das demokratische Bewußtsein von B. spiegelte sich auch in der Mitgliedschaft folgender Organisationen wider: »Versöhnungsbund«, »Gruppe Revolutionärer Pazifisten«, »Bund für radikale Ethik«, Kuratorium des Kinderheimes »Barkenhoff« (Worpswede). Nach 1933 wurde der Druck auf B. durch faschistische Kräfte immer größer. Versuche, ihn aus dem Amt zu entfernen, scheiterten aber. Nach der Befreiung vom Faschismus leitete B. von 1946 bis 1952 den Wiederaufbau von Trinitatis.

Lipp, K.: Religiöser Sozialismus und Pazifismus. Der Friedenskampf des Bundes der religiösen Sozialisten Deutschlands in der Weimarer Republik. Pfaffenweiler 1995. – Manrique, M.: Trinitatis im Wandel der Zeit 1896–1961. Berlin 1992. – Peter, U.: Der »Bund der religiösen Sozialisten« in Berlin von 1919 bis 1933. Frankfurt/Main 1995.

Karlheinz Lipp

Bloch, Ernst

Geb. 8. 7. 1885 in Ludwigshafen; gest. 4. 8. 1977 in Tübingen

B. wurde 1948 als Ordinarius auf den Philosophie-Lehrstuhl in Leipzig nicht wegen seiner Qualifikation als Philosoph berufen, denn die Kollegen der Fakultät waren mehrheitlich davon überzeugt, daß »B. nicht als Philosoph zu bezeichnen« sei. Berufen wurde er, weil die SED-geführte Regierung von Sachsen der Auffassung war, daß »es ein großer Fortschritt in der Demokratisierung« sei, B. dieses Amt zu übertragen. Die zuständigen Beamten in Sachsens Landesregierung hatten in dieser Hinsicht eine richtige Einschätzung von einem zentralen Charakteristikum des B.schen Werkes: Es war in politischen Zusammenhängen entstanden und zutiefst davon geprägt.

B. war nie der politisch ahnungslose Philosoph, der sich wie andere zeitgenössische Philosophenkollegen dazu berufen fühlte, ohne Kenntnis der Zusammenhänge zu politischen Ereignissen der dreißiger Jahre Stellung nehmen zu müssen. Das bewahrte ihn aber nicht vor Irrtümern: Stalin bezeichnete er noch im Dezember 1937 als »wirklichen Führer ins Glück, Richtgestalt der Liebe, des Vertrauens, der revolutionären Verehrung«. Daß Stalin mit Hilfe der furchtbaren Moskauer Prozesse von 1936 und 1937 das Erbe der Oktoberrevolution verteidigen wollte, daran hatte B. nicht den geringsten Zweifel. B. bezeichnete diese Prozesse als »Notwehrprozesse«. Aber daß ihm bei seiner Einstellung dazu selbst nicht wohl war, geht aus der Antwort hervor, die er seiner Frau Karola gab, wenn sie sich durch Stalins Vorgehen irritieren ließ: »Mir versuchte Ernst einen Satz einzuprägen, der wohl eher ihm selbst Mut machen sollte: Auf Heraklit den ›Dunklen‹ angesprochen, dessen Schwerverständlichkeit man beklagte, sagte Platon: Was ich von Heraklit verstanden habe, ist so vorzüglich, daß ich glaube, daß das, was ich nicht verstanden habe, genauso vorzüglich ist.« Und Hanna Gekle, Assistentin und Mitarbeiterin in B.s Tübinger Zeit: »Wenn er irrte, dann aus einem immanenten Grund seiner Philosophie. Er wollte den Glauben an die sozialistische Revolution nicht aufgeben; und er wollte, eingekeilt von faschistischen Bewegungen in fast allen europäischen Ländern, nicht den letzten Ansatz einer Hoffnung aufgeben, daß das, was ihm als utopisches Reich möglich schien, noch nirgends wenigstens im Vorschein ansatzweise realisiert sein sollte. Das Unterpfand dieser Möglichkeit hatte er nun mal in die Oktoberrevolution und den nachfolgenden sozialistischen Aufbau gesetzt. (...) Die Enthüllungen des XX. Parteitags unter Chruschtschow 1956 trafen ihn grausam, und er gewann nie die rechte Freiheit, diesen Fehler den Nachgeborenen verständlich zu machen; wenn er davon sprach – eher ungern und selten –, nie schien die Last einer späten Rechtfertigung von ihm genommen.«

Bereits als Jugendlicher – als ihm der Begriff Philosophie noch unbekannt war – abonnierte der 1885 geborene B. den *Vorwärts*, den er zu Hause sorgsam verbergen mußte. B. hatte Kontakt zu sozialdemokratischen Redakteuren: »Die haben mir dann sämtliche Parteitagsprotokolle der Sozialdemokratischen Partei gegeben, mit den Reden von Bebel und Rosa Luxemburg, die ich auf diese Weise schon mit vierzehn, fünfzehn Jahren kennenlernte und die mir aus dem Herzen gesprochen haben.« Sozialismus verstand B. zeit seines Lebens als liberalen Sozialismus, der die Rechte des einzelnen Menschen zu schützen und zu achten angetreten war. »Mit Politik habe ich mich zu beschäftigen begonnen, als ich abends diese verhungerten Proletarier ausgemergelt durch die Straßen Ludwigshafens schleichen sah.«

Gegenüber dogmatischen Realisierungsformen des Sozialismus formulierte er im Mai 1956, kurz nach dem XX. Parteitag der KPdSU: »Die sozialistische Oktoberrevolution ist gewiß nicht dazu bestimmt gewesen, daß die fortwirkenden, in der ganzen Westwelt erinnerten demokratischen Rechte der Französischen Revolution zurückgenommen werden, statt einer Erkämpfung ihrer umfunktionierten Konsequenzen.« B.s liberale Haltung verabscheute die Unterdrückung des einzelnen zugunsten des Kollektivs, denn »auch der Mensch, nicht nur seine Klasse, hat, wie Brecht sagt, nicht gern den Stiefel im Gesicht«. Der Schutz der Rechte einzelner war essentieller Bestandteil seiner Demokratieauffassung, mit der die Regierung in Sachsen bei B.s Berufung in Unkenntnis seiner bis dahin erschienenen Schriften *Geist der Utopie* (1918), *Thomas Münzer* (1921) und *Erbschaft dieser Zeit* (1935) nicht gerechnet hatte. Aus diesen Publikationen schon hätte man B.s eindeutig abgrenzende Haltung gegenüber dogmatischen Formen des Sozialismus, B.s Parteinahme für den »subjektiven Faktor« und die Vergabe der Hauptrolle in der geschichtlichen Entwicklung an diesen subjektiven Faktor entnehmen können. Jedenfalls brachte B. die SED mit seiner Einstellung und später diese ihn so sehr in Verlegenheit, daß er sich 1961 nur in den Westen Deutschlands retten konnte. Das war in B.s Leben die dritte Emigration. Am 6. März 1933 mußte er in die Schweiz emigrieren, in der er auch schon von 1917 bis 1919 in freiwilliger Emigration lebte, denn im wilhelminischen Deutschland hatte er keine Chance auf Broterwerb. In der Schweiz hingegen konnte er mit politischen Artikeln Geld verdienen.

Am 5. März 1933 kamen die Nationalsozialisten durch Wahlen

an die Macht; B. war gerade in Ludwigshafen. Karola B. schreibt in ihren Erinnerungen: »Ich rief ihn an und bat ihn, sofort Deutschland zu verlassen und in die Schweiz zu gehen. Zum Glück gelang die Flucht, obwohl er bereits steckbrieflich gesucht wurde.« Karola folgte ihm. Diese Emigration war für die B.s deshalb besonders bitter, weil sie in Berlin-Wilmersdorf einen großen Freundes- und Bekanntenkreis hatten. Zu diesem Kreis gehörten Theodor W. Adorno, Bert Brecht, Ernst Busch, Axel Eggebrecht, Peter Huchel, Alfred Kantorowicz, Otto Klemperer, Lotte Lenya, Gustav Regler, Alfred Sohn-Rethel, Kurt Weill. 1934 ging B. nach Wien, wo er und Karola heirateten. 1935 lebten sie in Paris und von 1936 bis 1938 in Prag. 1938 emigrierten sie in die Vereinigten Staaten. Dort entstand das ab 1954 erschienene dreibändige Werk *Das Prinzip Hoffnung*. Über seine Zeit in Amerika äußerte B.: »Ich war glücklich, ungestört auf deutsch schreiben zu können, in einer Sprache, die rundum nicht gesprochen und wenn, dann banalisiert wurde, einer wissenschaftlichen und philosophischen Sprache. Ich habe Tag und Nacht gearbeitet, elf Jahre lang.«

1949 nahm B. den Ruf nach Leipzig an. Noch bevor er sich entschied, dem im Mai 1948 ergangenen Ruf zu folgen, galt sein Gedanke dem in den USA Geschriebenen: »Eine gewisse Sorge macht mir«, konnte der Leipziger Dekan in einem Brief vom 8. März 1948 aus Cambridge/Mass. lesen, »die sichere Beförderung meiner Manuskripte vom deutschen Hafen nach Leipzig. Ich höre Beunruhigendes über den Zustand der deutschen Bahnen«. – Bei einem Besuch, der sie von Leipzig in die Bundesrepublik führte, blieben die B.s nach dem Bau der Mauer 1961 im Westen. Aber auch diesmal hing B.s Entscheidung vom Schicksal der Manuskripte ab: »Sollte doch«, erinnerte sich Karola B., »unser endgültiger Entschluß über das, was jetzt zu tun sei, von der Rettung der Manuskripte abhängig sein«. Die Manuskripte konnten in den Westen gebracht werden. Erst als er die beiden mit Manuskripten gefüllten Koffer in Händen hielt, entschied sich B. endgültig, in der Bundesrepublik zu bleiben, wo eine gewissen Verlegenheit zu spüren war: Was sollte man mit einem Mann anfangen, der einerseits auf der Seite Stalins gestanden hatte, andererseits aber die DDR kritisierte? Auf B.s Pro-Stalin-Haltung wurde wieder und wieder hingewiesen. Die B.s nahmen ihren Wohnsitz in Tübingen, einem Universitätsort, mit dem die Namen Schelling, Hegel und Hölderlin eng verbunden sind. Aus dieser Tradition wuchs die B.sche Philosophie, die er selbst und seine Interpreten als die Philosophie des Noch-Nicht bezeichneten. Politik und Philosophie waren bei B. nicht zwei getrennte Konfessionen, sondern bildeten seit je eine Einheit mit einem einheitlichen Grundgedanken.

Danach birgt jeder Stoff die Möglichkeit seiner späteren Wirklichkeit in sich. In einem Marmorblock steckt die Statue, die später aus ihm entsteht. Sie ist möglich, aber noch nicht wirklich. Erst der Bildhauer bringt den Marmorblock vom Zustand der Möglichkeit in den Zustand der Wirklichkeit. Der Bildhauer hat die Idee von der Statue. Er setzt mit dem Marmorblock das um, was er selbst im Kopf hat. B. interpretiert: »Michelangelo glaubte in einem Marmorblock die in ihm schlafenden Gestalten zu sehen; Aristoteles gibt zuweilen Anlaß, seine Möglichkeits-Materie nicht anders zu verstehen, eben als Ort der sich herausbildenden Gestaltformen im Zustand des erst Potentialen. Ja, dieses In-Möglichkeit-Sein der Materie enthält bei ihm sogar ein eigenes Vermögen, derart potentiell zu sein: es ist Trieb geformt zu werden, ihre Trieb-Disposition zu immer höheren Formen.« Allerdings gibt B. gleich zu bedenken, daß die Materie nicht als Wachs aufzufassen sei, dem man alles Beliebige aufdrücken könne, sondern sie müsse schon für das geschaffen sein, was man mit ihr vorhat. Idee und Materie oder Idee und Zu-Veränderndes müssen zusammenpassen. Darum kann sich das Material unter Umständen der Idee verweigern. Es kann geschehen, daß der Marmorblock nicht geeignet ist für die Umsetzung der Idee.

Was bedeutet das nun bezogen auf gesellschaftlich-politische Prozesse? Eine Gesellschaft läßt sich nur insoweit verändern, als sie die »Potenzen« der gewollten Zielbestimmung in sich trägt. Demnach ist die Verwirklichung der Ideen der Aufklärung, die B. für die conditio sine qua non einer demokratischen Gesellschaft hielt, nur möglich, wenn diese Gesellschaft die »Potenz« für die Richtung der gewollten Veränderung in sich trägt. Das schien B. nach seinen Erfahrungen in der DDR in den westlichen Ländern Europas eher der Fall zu sein als in den östlichen. Nur zu gern zitierte er die Marxsche Einsicht: »Wenn alle Bedingungen zum Sieg der Arbeiterklasse erfüllt sind, wird der Auferstehungstag verkündet werden durch das Schmettern des gallischen Hahns.«

B., der mit dieser philosophisch-politischen Einstellung unversehens zum Mentor der westdeutschen Studentenbewegung wurde, legte bis zum letzten Tag seines langen Lebens ein Veto ein gegen das, was der Hoffnung auf eine bessere menschliche Gesellschaft im Wege stand. Hochbetagt kämpfte er gegen die Notstandsgesetze, gegen den Paragraphen 218, gegen Berufsverbote, gegen den Bau der Neutronenbombe und für einen humanen Strafvollzug. Über diesem politischen Engagement vergaß er nicht die Fertigstellung seiner Gesamtausgabe, die bis zum Wechsel in die Bundesrepublik in zwei Manuskriptkoffern ruhte. 1961 erschien *Naturrecht und menschliche Würde*, das Werk, dem wir B.s Demokratieauffassung zusammenhängend entnehmen können. Es folgten die *Literarischen Aufsätze* (1965), *Atheismus im Christentum* (1968), die *Philosophischen Aufsätze* (1969), *Politische Messungen* (1970), *Das Materialismusproblem* (1972), *Experimentum mundi* (1975). In B.s Todesjahr erschienen die beiden Bände, die seine Gesamtausgabe, die er im Alter von 26 Jahren seinem Freund Lukács bereits avisierte, vollendeten: *Zwischenwelten in der Philosophiegeschichte* und *Tendenz-Latenz-Utopie.*

Franz, T.: Revolutionäre Philosophie in Aktion. Ernst Blochs politischer Weg, genauer besehen. Hamburg 1985. – Schmidt, B.: Ernst Bloch. Stuttgart 1985. – Gekle, H.: Wunsch und Wirklichkeit. Blochs Philosophie des Noch-Nicht-Bewußten und Freuds Theorie des Unbewußten. Frankfurt/Main 1986. – Horster, D.: Bloch zur Einführung. Hamburg (7. Aufl.) 1991.

Detlef Horster

Blos, Wilhelm

Geb. 5. 10. 1849 in Wertheim (Baden); gest. 6. 7. 1927 in (Bad) Cannstatt

»Urplötzlich, über Nacht, brach die Revolution herein«, schrieb B. in seiner Rückschau auf das Ende des Ersten Weltkrieges. »Wäre die Sozialdemokratie nicht in den Riß der Zeit gesprungen, so wäre Deutschland der Anarchie zur Beute geworden. Daß Deutschland kein Chaos wurde, ist nur der Sozialdemokratie zu danken.« B. trat 1918 als erster demokratischer Staatspräsident an die Spitze des bisherigen Königreichs Württemberg.

Der Sozialdemokrat B. stammte nicht aus dem Arbeitermilieu. Sein früh verstorbener Vater war Mediziner, und sein Großvater mütterlicherseits ein wohlhabender Kaufmann. Auf dem Lyzeum in Wertheim erwachte B.s Interesse für historische Zusammenhänge, das seine spätere journalistische Laufbahn entscheidend beeinflussen sollte. Zunächst mußte er aus finanziellen Gründen in Mannheim eine kaufmännische Lehre absolvieren. Danach konnte er in Freiburg ein Studium der Germanistik und Geschichte beginnen. Erneute finanzielle Probleme zwangen ihn, noch vor dem Examen 1870 eine Stellung als Zollamtsschreiber in Überlingen anzunehmen. Aber zu einem Beamten taugte er nicht. Ein Freund, von Beruf Rechtsanwalt, der seit 1848/49 mit Wilhelm Liebknecht Kontakt hatte und mit seiner demokratischen Gesinnung Einfluß auf den jungen B. gewann, gab ihm den Rat: »Werden Sie Journalist!«

B.s Laufbahn begann als Unterredakteur beim *Konstanzer Volksfreund*, er schrieb dort seine ersten Novellen und veröffentliche größere historische und politische Artikel. Der *Volksfreund* ging im Verlauf des deutsch-französischen Kriegs 1870/71 wegen seiner anti-nationalliberalen Haltung ein, so daß B. am 1. Januar 1871 zum *Schwarzwälder Boten* wechselte, einem renommierten liberalen Blatt. Dort bekam er ein Gehalt von 1000 Gulden, dazu Wohnung, Heizung, Beleuchtung, Wäsche und Frühstück, ein glänzender Aufstieg für den jungen Redakteur.

Aber nach der Reichsgründung änderte sich der Tenor des *Boten*, der Besitzer zählte sich nun zu den Nationalliberalen. Andererseits lernte B. im Verlag »einen wirklichen Sozialdemokraten in Oberndorf« kennen, einen Maschinenmeister, der ihm schließlich auf den Kopf zusagte: »Sie haben die Anlage zum Sozialdemokraten.« Es folgte eine intensive Lektüre der Lassalleschen Schriften und ein Abonnement des von Wilhelm Liebknecht herausgegebenen *Volksstaats*, danach der Wunsch, mit Gleichgesinnten zusammenzuarbeiten: B. nahm eine Minderung seines Gehalts in Kauf und wechselte im Herbst 1871 zum *Würzburger Journal*. Dort konnte er aber nicht lange bleiben, siedelte 1872 nach Nürnberg über und arbeitete am *Fürther demokratischen Wochenblatt*, später beim ebenfalls demokratischen *Nürnberger Anzeiger*. Die Zusammenarbeit mit den Sozialdemokraten intensivierte sich, B. las das *Kommunistische Manifest* (1848), das ihn stark beeindruckte, und schloß sich den »Eisenachern« an, der unter Führung von August Bebel und Wilhelm Liebknecht in Konkurrenz zum lassalleanischen »Allgemeinen Deutschen Arbeiterverein« (ADAV, seit 1863) 1869 in Eisenach gegründeten »Sozialdemokratischen Arbeiterpartei« (SDAP). Im Juni 1872 wurde B. in die Redaktion von Wilhelm Brackes *Braunschweigischem Volksfreund* berufen.

Im Frühjahr 1873 schickte ihn der Parteiausschuß zum Leipziger *Volksstaat*, er sollte die dortigen Redakteure Wilhelm Liebknecht und August Bebel während ihrer zweijährigen Festungshaft vertreten. Hier lernte B. Karl Marx kennen, der ihm seine Freundschaft anbot. 1873 wurde B. zum ersten Mal zu einem sozialdemokratischen Parteitag delegiert. Aus Gesundheitsgründen zog B. Ende September 1874 wieder nach Süddeutschland, wo er fortan bei der Mainzer *Süddeutschen Volksstimme* und verschiedenen anderen Blättern arbeitete. Ab 1875 gab er ein humoristisches Wochenblatt (*Mainzer Eulenspiegel*) heraus. Gemeinsam mit Wilhelm Hasenclever und Karl Hillmann wurde B. an das nach dem Gothaer Einigungsparteitag von ADAV und SDAP (zur Sozialistischen Arbeiterpartei Deutschlands, SAPD) 1875 gegründete sozialdemokratische *Hamburg-Altonaer Volksblatt* berufen.

Die fortwährende Kandidatennot der Sozialdemokraten bedingte 1877 B.s Kandidatur zur Reichstagswahl im kleinen Thüringischen Greiz-Reuß, mehr ein Rittergut als ein richtiger Wahlkreis, wie B. befand. Er zog als jüngster Abgeordneter in den Reichstag ein, verlor das Mandat aber schon 1878 wieder, als die Sozialistenhetze ihren Anfang nahm (Sozialistengesetz bis 1890). 1879/80 gab B. in der sozialdemokratischen Verlagsbuchhandlung in Hamburg den ersten Jahrgang des satirischen Monatsblatts *Der Wahre Jacob* heraus.

B. blieb in Hamburg, bis man im Oktober 1880 über das Stadtgebiet den »kleinen Belagerungszustand« verhängte und die führenden Sozialdemokraten auch von dort auswies. B. wandte sich zunächst erfolglos nach Mainz und Bremen, bis er beim Parteiverlag in Stuttgart (Dietz) ein Auskommen fand. Fortan schrieb er mit Bruno Geiser für die *Neue Welt* und die *Neue Zeit*, eine Tätigkeit, die ihn in ernste inhaltliche Konflikte nicht nur mit dem Redakteur Karl Kautsky brachte, sondern auch mit Liebknecht und vor allem mit Marx und Engels. B. überzog den Bogen vollends, als er 1884, ein Jahr nach Marx' Tod, in einem Artikel das von Bismarck propagierte »Recht auf Arbeit« als Sozialreform lobte. In einem Brief an Engels hatte er schon 1881 für einen generellen Kurswechsel der Partei plädiert, sich für Sozialreform statt Sozialismus, für Verzicht auf Klassenkampf und für Kooperation mit linken Demokraten eingesetzt, um der Partei wieder eine legale Existenz zu ermöglichen. B. gab dieses Programm zeit seines Lebens nicht mehr auf und blieb in der Partei umstritten.

1881 gewann B. in der Reichstagswahl sein Mandat in Thüringen zurück (bis 1887). Von 1884 bis 1887 redigierte er das in Stuttgart neugegründete und mit den Jahren außerordentlich erfolgreiche Blatt *Der Wahre Jacob*. Mittlerweile verbesserten sich seine Lebensverhältnisse (er leitete 1884 zeitweilig auch das *Berliner Volksblatt*), so daß er mehrere historische Werke veröffentlichen konnte. 1889 erschien sein populäres und von Franz Mehring als »fesselnd« bezeichnetes Buch *Die Französische Revolution. Volksthümliche Darstellung der Ereignisse und Zustände in Frankreich von 1789 bis 1804*. 1891 folgte eine illustrierte Volksausgabe der *Allgemeinen Geschichte des großen Bauernkrieges*, die der demokratische Historiker Wilhelm Zimmermann 1841 bis 1843 veröffentlicht hatte, und 1893 ein Werk über *Die Deutsche Revolution, Geschichte der Deutschen Bewegung von 1848 und 1849*. Diese Bücher erreichten im Stuttgarter Parteiverlag hohe Auflagen.

In erster Ehe hatte B. eine Schlossermeistertochter geheiratet und 1888 die württembergische Staatsangehörigkeit angenommen. Aus der Ehe ging ein Sohn hervor, der bereits 1889 starb. Danach trennte sich B. von seiner Frau und heiratete 1890 eine Stuttgarter Kaufmannstochter. Auch B.s zweite Ehe scheiterte, 1905 erfolgte die Trennung. B. heiratete im selben Jahr Anna Tomasczewski, eine Lehrerin, die aus der bürgerlichen Frauenbewegung stammte, sich literarisch betätigte und schließlich für die SPD zu arbeiten begann, bis sie als eine der wenigen Frauen 1919 in die Weimarer Nationalversammlung gewählt wurde.

1890 kehrte B. wieder in den Reichstag zurück und hielt ein Braunschweiger Mandat bis 1918, mit einer Unterbrechung zwischen 1907 bis 1912. Im Parlament selbst trat er selten hervor, er paßte sich innerparteilich recht geschickt der marxistischen Mehrheitslinie an, solange es opportun war. Im Reichstag gehörte er später zur Mehrheitsfraktion um Friedrich Ebert. Bei Kriegsausbruch fand man ihn an der Seite der Kriegskreditbewilliger. In Württemberg war B. schon lange nicht mehr in die heftigen Auseinandersetzungen involviert, er hatte sich aus der Parteiarbeit vor Ort zurückgezogen. So schien er schließlich der richtige Mann zu sein, um am 9. November 1918 als Vorsitzender der provisorischen Regierung in Württemberg eingesetzt zu werden und die Revolution unter Kontrolle zu bringen. Seine intensive Zusammenarbeit mit den Räten, die in der praktischen Arbeit mehr und mehr Einfluß gewannen, rückte ihn in der Meinung seiner Parteifreunde nunmehr in die »linke Ecke« – ein politischer Ort, der B. fern lag. In den Kommunisten sah er den politischen Hauptgegner: »Wir hätten bedeutend mehr leisten können (...), wenn nicht die unaufhörlichen Störungen unserer Arbeiten durch die linksradikalen Elemente dazwischen gekommen wären. (...) Die Regierung sah mit Verachtung auf dieses Treiben herab«, schrieb er in einem Rückblick 1922.

Als Württembergischer Staatspräsident – am 7. März 1919 dazu ernannt – lavierte der 69jährige erfolgreich zwischen den revolutionären Kräften und den Weisungen aus Berlin. B. berief sehr schnell bürgerliche Minister in sein Kabinett. 1920 bot er der Reichsregierung Asyl, als diese während des Kapp-Putsches Berlin verlassen mußte. Er selbst sah sich dabei in der Tradition der Revolution von 1848/49, als die Frankfurter Nationalversammlung im Juni 1849 ihren Sitz ebenfalls nach Stuttgart verlegen mußte. In dieser Zeit veröffentlichte B. den zweiten Teil seiner Memoiren *Denkwürdigkeiten eines Sozialdemokraten* (1919; der erste Band war bereits 1914 erschienen).

B.s Amtszeit als Staatsmann dauerte nicht lange an. In knapp zwei Jahren nach der Revolution verlor die württembergische Sozialdemokratie mehr als die Hälfte ihrer Wähler, und die Parteimitglieder erzwangen im Juni 1920 gegen seinen Willen den Austritt aus der Regierung. Danach lebte B. zurückgezogen und schrieb einige kleinere Bücher. Seine Ehefrau Anna verweigerte nach seinem Tode am 6. Juli 1927 in Cannstatt den Sozialdemokraten jede offizielle Beteiligung an seiner Beerdigung. Drei Jahre nach seinem Tode rühmten Sozialdemokraten ihn in einer seinem Andenken gewidmeten Ausgabe der *Schwäbischen Tagwacht*: »Für die Gegner der Sozialdemokratie und für jeden seiner Nachfolger war er ein Beispiel dafür, wie es einer großen und abgeklärten Persönlichkeit gegeben ist, parteipolitische Überzeugung und staatspolitisches Handeln in sich zu vereinigen und ohne robuste

Angriffe auf den Gegner zu fruchtbarer Wirkung für Volk und Staat zu bringen«.

Ege, K.: Karikatur und Bildsatire im Deutschen Reich: Der Wahre Jacob, Hamburg 1879/80, Stuttgart 1884-1914. Münster, Hamburg 1992. - SPD-Landesverband Baden-Württemberg (Hg.): Wilhelm und Anna Blos. Stuttgart 1977.

Angela Graf

Blum, Robert

Geb. 10. 11. 1807 in Köln; gest. (hingerichtet) 9. 11. 1848 in Wien

B. fühlte sich den »Entschiedenen, Radikalen und Ehrlichen« zugehörig, »die arbeiten wollen für den Fortschritt, rüstig Hand anlegen und nicht glauben, daß die Geschichte aus Redensarten zusammengesetzt wird, sondern aus Taten«. Sein Ziel einer revolutionären Umgestaltung von Staat und Gesellschaft versuchte B. zeitlebens auf vielen Wegen zu erreichen, besonders durch publizistische Tätigkeit und durch öffentliches Auftreten in Volksversammlungen - beides mit dem Ziel, durch breite Aufklärung und Bildung des Volkes den Kampf gegen das halbabsolutistische System zu gewinnen. In einer Verfassung, um die er 1848 als Abgeordneter der Frankfurter Nationalversammlung und als einer der Führer der Linken rang, sollten umfassende demokratische Rechte gewährleistet werden.

Nachdem B. jedoch in der Nationalversammlung die Chancen für den Kampf um ein demokratisches Deutschland zunehmend schwinden sah, begab er sich als einer der drei Abgesandten der linken Fraktion nach Ausbruch des Oktoberaufstandes 1848 nach Wien: Er ging davon aus, daß sich »in Wien das Schicksal Deutschlands, vielleicht Europas entscheidet. Siegt die Revolution hier, dann beginnt sie von neuem ihren Kreislauf (...)«. Diesmal jedoch kämpfte B. auf den Barrikaden. Nach der Niederlage der Revolution wurde er zum Tode verurteilt und standrechtlich erschossen. Am 10. November 1848, einen Tag nach seiner Hinrichtung, wäre B. 41 Jahre alt geworden.

B.s Eltern waren arm; er mußte schon früh zum Unterhalt der Familie beitragen. Zunächst unterrichtete er als Zehnjähriger gegen ein Entgelt jüngere Kinder im Rechnen an einer Jesuitenschule, um ein Jahr später Meßdiener an der Pfarrkirche zu werden, wo er neben finanzieller Unterstützung freien Unterricht erhielt. Nach einer Ausbildung zum Gürtler und Gelbgießer (Messinggießer) ging er mehrmals »auf die Walz« und fand nach seiner Rückkehr 1827 eine Anstellung als Reisender bei einem Laternenfabrikanten, der ihn als Gasthörer zum Besuch von Vorlesungen an der Universität in Berlin, wohin das Geschäft verlegt wurde, ermutigte. 1830 trat B. als Theaterdiener in den Dienst des Schauspieldirektors Friedrich Sebald Ringelhardt. Die Theaterbibliothek bot ihm endlich die Möglichkeit kontinuierlicher intensiver Studien. Zwei Jahre später, 1832, übernahm Ringelhardt das Leipziger Stadttheater und B. siedelte - nun als Theatersekretär, Bibliothekar und Kassenassistent - mit ihm um. Nach siebzehnjähriger Tätigkeit am Theater gründete er 1847 eine Verlagsbuchhandlung und lebte als freier Schriftsteller.

Die Juli-Revolution von 1830 in Frankreich begrüßte B. enthusiastisch. Er schrieb erste politische Gedichte und Theaterstücke (von denen nur *Die Befreiung von Candia* gedruckt, jedoch nie aufgeführt wurde). Zugleich arbeitete er an der Herausgabe eines *Allgemeinen Theaterlexikons* (dreibändig konzipiert, wuchs es bis 1842 auf 7 Bände an). B. sah die Bühne als Ort der Aufklärung und »für die Deutschen außer der Kirche fast als die einzige Stätte der Öffentlichkeit«.

Artikel zu brennenden tagespolitischen Themen - auch Rezensionen und Gedichte - u.a. in Zeitschriften des »Jungen Deutschland« machten B. in den vierziger Jahren zu einem anerkannten Publizisten. Er war wichtigster Mitarbeiter der in Leipzig erscheinenden *Sächsischen Vaterlandsblätter* geworden, eines Oppositionsorgans, das bald auch zur »Stimme des Blum-Kreises« wurde und dessen Übernahme B. als »gemeingefährlichem« Menschen von den Behörden verwehrt worden war - seine Mitarbeit trug ihm mehrere Haft- und Geldstrafen ein. Die Redaktion hatte 1842 sein enger Kampfgefährte Georg Günther übernommen, mit dessen Schwester Eugenie Günther er seit 1840 verheiratet war und die seine Weltanschauung teilte.

Neben die Tagespublizistik traten umfangreichere Veröffentlichungen, mit denen B. den demokratischen Gedanken stetiger verbreiten konnte. Ab 1843 gab er das jährlich erscheinende Volkstaschenbuch *Vorwärts* heraus, dessen erste Ausgabe einen Vers von Georg Herweghs Gedicht »Partei, Partei« als Motto auf der Titelseite trug. Eine gezielt aufklärerisch populärwissenschaftliche Zielsetzung hatte sein *Handbuch der Staatswissenschaften und Politik* mit dem Untertitel *Ein Staatsbuch für das Volk*, dessen ersten Band er 1848 noch selbst herausgab (den zweiten veröffentlichten Freunde 1851 aus seinem Nachlaß). B. verfaßte den Text zu über 100 Stichwörtern - es sind Dokumente seiner politischen Ansichten. Das Prinzip Demokratie sollte alle Lebens- und Gesellschaftsbereiche durchdringen; so forderte er Gleichberechtigung in Beruf und Bildung für die Frau und auch für den »4. Stand«.

B.s große Wirkung ruhte auf zwei Pfeilern: er war ein begabter Redner und ein zielbewußter Organisator. Durch seine wirkungsvollen Reden vor großen Versammlungen erhielt er Popularität, Vertrauen und Zustimmung. Seine erste öffentliche Rede vor hunderten von Bürgern hielt er 1838 für zwei der aus Göttingen vertriebenen liberalen Professoren, Friedrich Christoph Dahlmann und Wilhelm Albrecht (die »Göttinger Sieben« waren nach ihrem Protest gegen die Aufhebung der Verfassung von 1833 entlassen worden). B.s Epilog auf der Festveranstaltung im Theater zur 400-Jahr-Feier der Erfindung des Buchdrucks (1840) gipfelte in der Forderung nach Pressefreiheit. Auch die erste Berufsorganisation der Schriftsteller, den von ihm als Vorstandsmitglied 1842 mitbegründeten »Literatenverein«, nutzte B. als politische Plattform – zum Ärger vieler »Literaten«, die die Politik aus dem Verein verbannt haben wollten. In seinen Reden zu den jährlich wiederkehrenden Schillerfeiern übernahm B. Schillers humanistische Freiheits- und Einheitsideen für demokratische Forderungen: »Geben Sie Gedankenfreiheit!« sei nicht mehr nur die Stimme eines einzigen Menschenfreundes, sondern »die Stimme aller Gebildeten unseres Volkes geworden«.

In dem Aufbau eines demokratischen weitverzweigten Vereinswesens in Form von verschiedenen Organisationen, z.B. von »Rednerübungsvereinen« (den späteren »Vaterlandsvereinen«), sah er die Möglichkeit breiter politischer Aufklärung – zur »Wühlarbeit«, die man ihm vorwarf, bekannte er sich nachdrücklich. Ein weiteres, längere Zeit wichtiges Wirkungsfeld war die »Deutsch-katholische Bewegung«. Sie entstand aus allgemeiner Empörung gegenüber der öffentlichen Zurschaustellung des sogenannten heiligen Rockes von Trier und begann mit einem in den *Sächsischen Vaterlandsblättern* (13. 10. 1844) veröffentlichten »Sendschreiben an den Bischof Arnoldi« des gemaßregelten schlesischen Kaplans Johannes Ronge. Ziel dieser Bewegung, in der sich B. als Katholik an maßgeblicher Stelle beteiligte, war eine neue religiöse Gemeinschaft, die sich als Kern einer demokratisch organisierten deutschen Nationalkirche, unter Ablehnung der Herrschaft des Papstes, verstand. Sie wurde zu einer weitverbreiteten massenwirksamen Oppositionsbewegung, die demokratische und antikapitalistische Züge trug. B. distanzierte sich von ihr, als fruchtlose interne Richtungskämpfe ihre Wirksamkeit einzuschränken begannen.

Die »Leipziger Augustereignisse« 1845 bedeuteten einen Meilenstein in B.s Leben, da sie in besonderem Maße seine Popularität und die Wirkung seiner Ansprachen auf die Zuhörer erkennen ließen. Gegen den Besuch des Thronfolgers Prinz Johann (Haupt der ultramontan-reaktionären Partei am sächsischen Hof) am 12. August in Leipzig gab es eine Massendemonstration. Nachdem das herbeigerufene Militär in die Menge geschossen und mehrere Bürger der Stadt getötet hatte, versammelten sich am nächsten Tag viele hundert Menschen im Schützenhaus, bereit zum Kampf gegen das Militär. B., von einer Reise zurückgekehrt, erkannte die Gefahr eines erfolglosen, isolierten Aufstandes und münzte durch seine Rede die allgemeine Verbitterung in Forderungen an den Leipziger Stadtrat um: Bestrafung der Schuldigen, Garantie, daß sich ähnliches nicht wiederhole, Abzug des Militärs und gemeinsame feierliche Beerdigung der Opfer. An der Spitze von nahezu 10 000 Menschen begab er sich ins Rathaus. Trotz der anfänglichen Zugeständnisse verbot der Stadtrat wenige Tage später weitere Versammlungen; die Folge war eine noch stärkere Aktivierung der Volksbewegung.

Mit dem Beginn des Jahres 1848 nahm B. an den revolutionären Ereignissen in Sachsen teil; er formulierte die Forderungen der Opposition: sofortige Entlassung des bisherigen Ministeriums sowie Presse-, Vereins- und Versammlungsfreiheit, ein demokratisches Wahlrecht, ein deutsches Gesamtparlament, ein Geschworenengericht und allgemeine Volksbewaffnung.

Von den Stadtverordneten in Zwickau ins Frankfurter Vorparlament gewählt, wurde er dessen Vizepräsident, dann Mitglied des Fünfzigerausschusses und schließlich Abgeordneter der Nationalversammlung sowie Mitglied des Verfassungsausschusses. Obwohl er einer der Führer der gesamten Linken war, blieb seine Haltung lange gemäßigt, auf Gemeinsamkeit und Legalität ausgerichtet, jedoch voller Hoffnung, daß die große Zeit der Linken noch kommen werde. Nachdem allerdings die Mehrheit der Liberalen sich von dem Ziel einer dem Parlament verantwortlichen Zentralgewalt abgewandt und es abgelehnt hatten, die Beziehungen zu den monarchischen Gewalten in deutschen Einzelstaaten abzubrechen, forderte B. eine revolutionäre Regierung; und als Friedrich Wilhelm IV. von Preußen die Kaiserkrone angetragen wurde, wünschte er diesem »das Schicksal Ludwigs XVI.«

Bevor B. den letzten und für sich entscheidenden Kampf für eine demokratische Gesellschaft führte, schrieb er am 4. Oktober 1848 an seine Frau: »Die letzten Wochen sind Kräfte vergeudet und törichterweise vernichtet worden, die bei weiser Zusammenfassung und sorgsamer Verwendung hingereicht hätten, das Schicksal Deutschlands vollständig umzugestalten.«

Bald darauf trat er die Reise nach Wien an, wo am 6. Oktober 1848 der Volksaufstand begonnen hatte, um mit Enthusiasmus und Optimismus auf den Barrikaden zu kämpfen. Im revolutionären Wien wurden die drei Abgesandten der Linken aus Frankfurt mit großen Ehren empfangen und mit Waffen ausgestattet. Hatte B. schon im August davon gesprochen, daß es nur noch um »sterben oder siegen« ginge, so fand er hier die Revolution so gründlich vorbereitet, Begeisterung und Kampfesmut so grenzenlos, daß er im Falle der Niederlage

»mit freudigem Stolze unter dem Schutt- und Leichenhaufen begraben« sein wollte.
B. hatte während des Vorstoßes der von Fürst Windischgrätz befehligten konterrevolutionären Truppen wiederholt organisatorische und agitatorische Fähigkeiten sowie persönlichen Mut bewiesen, und er kämpfte mit allen Mitteln bis zur Kapitulation der Stadt. Als Revolutionär, linker Demokrat und Ausländer traf ihn die Vergeltung der Konterrevolution. Kurz nach der Eroberung Wiens verhaftet, wurde B. am 8. Oktober von einem Standgericht zum Tode verurteilt und am 9. November 1848 erschossen.

Füssler, H.: Robert Blum. Ein Zeugnis seines Lebens. Zwickau 1948. - Schmidt, S.: Robert Blum. Vom Leipziger Liberalen zum Märtyrer der deutschen Demokratie. Weimar 1971. - Schmidt, S. (Hrsg.): Robert Blum. Briefe und Dokumente. Leipzig 1981.

Jutta Kaiser

Blumauer, Johann Aloys (laut Taufbuch Joannes Aloysius, Pseud.: Obermeyer; Hans Obermeyer)

Geb. 21. 12. 1755 in Steyr (Oberösterreich); gest. 16. 3. 1798 in Wien

B. war eine der markantesten Figuren der österreichischen Aufklärung. Er war der Dichter der österreichischen Aufklärung par excellence, Freimaurer und Illuminat, Zeitschriftenredakteur, Zensor und Buchhändler. Er gehörte zum Kreis der österreichischen Jakobiner, wenn auch - wahrscheinlich zu Unrecht - manche Zweifel an seiner Loyalität erhoben wurden.
Als Sohn eines Gschmeidlers, d.h. eines Händlers mit kleinen Eisenwaren, besuchte B. das Jesuitengymnasium in der alten Eisenindustriestadt Steyr. Es war die beste Schule der Stadt, wo ihm die Patres ausgezeichnete Zeugnisse ausstellten, die ihm entsprechende Stipendien eintrugen. Daher war es nicht verwunderlich, daß er ans »Domus Probationis« der Jesuiten in Wien kam. Dort traf er auf einen Kreis ähnlich aufgeweckter junger Männer, in deren Mitte offenbar schon all jene Fragen gestellt und diskutiert wurden, die in der Welt außerhalb des Klosters die Gemüter bewegten. Es gab anscheinend auch schon Kontakte zu den aufgeschlossensten, der Aufklärung verpflichteten Kreisen in der Stadt. Nach Auflösung des Jesuitenordens 1773 traf sich der Kreis im Salon des Hofrats Greiner. Hier trat Joseph Sonnenfels auf, Professor der politischen Wissenschaften in Wien, ein Hauptvertreter der josephinischen Aufklärung, der die Gruppe der jungen Exjesuiten unter seine Fittiche nahm. Auf Sonnenfels' Einfluß ging auch die Abfassung von B.s einzigem Drama, *Erwine von Steinheim* (aufgeführt 1780 am Burgtheater in Wien) zurück, das den Investiturstreit (Kampf zwischen Kaiser und Papst) des 11. und 12. Jahrhunderts zum Inhalt hat.
Als Kaiser Joseph II. (1765-1790) zu Beginn seiner Alleinherrschaft - er war bis zum Tode seiner Mutter Maria Theresia 1780 deren Mitregent über die habsburgischen Länder - sich mit der Neuordnung des Unterrichtswesens befaßte, berief er 1781 Gottfried van Swieten, einen Freund von Haydn und Mozart, zum Präsidenten der Studienhofkommission. Kurz darauf wurde dieser Kommission die Zensur unterstellt. Die Berufung Gottfried van Swietens war von größter Bedeutung für die Sache der Aufklärung - und der Demokratie. Er umgab sich mit jungen Leuten ohne Rang und Namen, die sich mit Begeisterung in den Dienst der Aufklärung stellten. B. war einer jener jungen Mitarbeiter, die er für die Tätigkeit in dieser Behörde aussuchte. Am 19. April 1782 erhielt B. sein Ernennungsdekret zum k.k. Bücherzensor.
Von der Zensurreform Kaiser Joseph II. hatten sich die Aufklärer viel erhofft. Bald mußten sie erkennen, daß die Zensurreform von 1781 zwar eine Erweiterung der Geistesfreiheit bedeutete, daß aber das diesbezügliche Dekret zu unbestimmt war und jedem Mißbrauch Tür und Tor öffnete. Für eine im Sinne der Aufklärer großzügige Handhabung der Zensur sorgten die neuen Zensoren. Von B. wissen wir jedenfalls, daß er trotz aller Schwierigkeiten seines Amtes im Sinne der Aufklärung wirkte und das freie Wort verteidigte.
Etwa zur selben Zeit übernahm B. gemeinsam mit seinem Freund Joseph Franz Ratschky die Herausgabe des *Wienerischen Musenalmanachs*. Vier Jahre zuvor war der *Musenalmanach* noch unter der Herausgeberschaft von Ratschky erstmals erschienen. Aber erst, als B. die Hauptlast der Redaktion auf sich nahm, avancierte das Organ zu einer Adresse für die Wiener Dichtung jener Zeit. Der wichtigste Autor des Almanachs war in diesen Jahren B. selbst. Die aufklärerische Tendenz ist in den Jahrgängen 1781 bis 1786 deutlich sichtbar.
Mit dem Eintritt in das Haus des Hofrats Greiner war B.s Weg als Freimaurer vorgezeichnet. Der große Mineraloge Ignaz von Born, früher Jesuit und jetzt führender Freimaurer, erwählte ihn zum Sekretarius. Die Bedeutung der Freimaurerlogen lag vor allem darin, daß sie Orte demokratischer Begegnungen waren, wo alle Unterschiede aufgehoben waren oder sein sollten: Unterschiede des Standes, der Nationalität und der Religion.
Freimaurer erfüllten somit als Wegbereiter der Aufklärung

eine wichtige politische Funktion. In der Loge »Zur wahren Eintracht«, der B. seit 1782 angehörte, war dies nicht nur oberstes Ziel, sondern bewährte sich auch in der Praxis. Das maurerische Geheimnis vermittelte nicht nur das gemeinsame Erlebnis des Mysteriums, sondern hatte zugleich eine Schutzfunktion, indem es dem Bürger des absolutistischen Staates Geistesfreiheit einräumte. Wahrscheinlich war eben dies der Grund, warum der absolutistische Herrscher Kaiser Joseph II. dem durch sein Freimaurerpatent ein Ende setzte.

Das demokratische Denken B.s wurde durch die besondere Rolle seiner Freimaurerloge geprägt. Deren Würdenträger waren zumeist Beamte, Ärzte, Bürger; manche von ihnen gehörten dem niederen Adel an. Unter den Mitgliedern waren katholische Weltpriester und Protestanten; alle Nationalitäten der Donaumonarchie waren vertreten. Als der »Meister vom Stuhl« und »Spiritus rector« der Loge, Born, anregte, an Stelle der einfachen Instruktionslogen, die sich im Grunde nur mit dem Ritual beschäftigten, sogenannte »Übungslogen« einzuführen, lieferte er ein ausgezeichnetes Beispiel demokratischer Praxis. Ehe die gesamte Idee der »Übungslogen« in die Tat umgesetzt wurde, gab es eine schriftliche Umfrage unter den Mitgliedern der Loge. Born hatte bei seinem Vorschlag vor allem an wissenschaftliche Vorträge gedacht, bei denen es sich nicht unbedingt um freimaurerische Themen handeln müsse. Ferner hatte er zur Diskussion gestellt, daß auch Männer als Referenten auftreten sollten, die dem Orden nicht angehörten.

Damit konnte er sich jedoch nicht durchsetzen: Die »Übungslogen« waren nur für Logenangehörige zugänglich und nahmen auf die Freimaurerei – wenn auch im weitesten Sinne – Bezug. Die Vorträge wurden überdies nicht öffentlich publiziert, wie es der Wunsch des Meisters vom Stuhl gewesen war, sondern lediglich im *Journal für Freimaurer.* Die Loge »Zur wahren Eintracht«, die sich unter der Leitung von Ignaz von Born zu einer Eliteloge mit literarisch-wissenschaftlicher Tendenz entwickelte, wollte Ersatz sein für die schon von Leibniz angeregte, aber erst 1847 gegründete Akademie der Wissenschaften und diese Aufgabe im Geiste der Aufklärung erfüllen.

B. spielte in der Loge eine bedeutsame Rolle, und zwar einerseits als einer der Hauptförderer junger Talente und andererseits durch seine zahlreichen eigenen ernsten und heiteren Freimaurerlieder. Er fungierte als Herausgeber und Redakteur des *Journals für Freimaurer* und war zugleich für dessen Vertrieb und dessen Korrespondenz zuständig.

Die Bestrebungen der Loge »Zur wahren Eintracht« müssen in engstem Zusammenhang mit den Zielen des von Johann Adam Weishaupt, Professor für kanonisches Recht an der Universität Ingolstadt, 1776 gegründeten Geheimbundes der Illuminaten gesehen werden. Dieser trat für politische Emanzipation des Bürgerstandes und für soziale Gerechtigkeit ein und versuchte vermutlich Einfluß auf die Staatsführung zu gewinnen.

In der Habsburger Monarchie hatten die Illuminaten beachtliche Erfolge zu verzeichnen. Zu den ersten, die ihrem Rufe folgten zählten Joseph von Sonnenfels und Ignaz von Born. Als solche nahmen sie offenbar ihre Tätigkeit in der Loge »Zur wahren Eintracht« auf, wahrscheinlich bereits in der Absicht, diese zu einem Sammelbecken des Illuminatismus zu machen. Auch B. war Illuminat. Sowohl die Bemühungen für eine freimaurerische Akademie der Wissenschaften, als auch ihr Versuch, die in der Loge gültigen Maximen, das heißt insbesondere den dort praktizierten Gleichheitsgedanken im Sinne des Illuminatenordens in die Gesellschaft hinauszutragen, sind in diesem Lichte zu sehen. B. begann mit der Abfassung seines Hauptwerkes: *Vergils Aeneis. Travestiert von Blumauer* (3 Bde., 1784–1788). Indem diese Travestie sich mit dem legendären Gründer Roms, Aeneas, beschäftigt, versucht sie zugleich den Vatikan in seinen weltlichen Machtansprüchen zu treffen. Dieses Anliegen ist auch vor dem Hintergrund der kirchenreformatorischen Bestrebungen des Josephinismus zu verstehen. Kaiser Joseph dem II. ging es um die Unterordnung der kirchlichen unter die staatlichen Einrichtungen aus machtpolitischen Gründen, während B. und seine Logenbrüder eine grundlegende Reform der katholischen Kirche im Sinne des Urchristentums anstrebten.

B. hielt seiner Zeit einen Zerrspiegel vor. Seine Ironie hatte, zumindest dort, wo es um das Wohl der Bürger ging, erzieherische Funktion. Nach dem Ausbruch der Französischen Revolution 1789, endgültig aber seit der auch in Österreich im Jahre 1794 einsetzenden Jakobinerverfolgungen, als B. mit knapper Not der Verhaftung entkam und von der Behörde nur verwarnt wurde, war eine Fortsetzung seiner Tätigkeit als Dichter oder Zensor illusorisch geworden. B. widmete sich nunmehr in erster Linie seinem Buchhandelsgeschäft, wobei er sich vornehmlich dem Antiquariat zuwandte. Erfolglos mußte er am Ende seines nur 43 Jahre währenden Lebens Konkurs anmelden.

Cantarino, B.: Aloys Blumauer and the Literature of Austrian Enlightenment. Bern, Frankfurt/Main 1973 – Rosenstrauch-Königsberg, E.: Zirkel und Zentren. Aufsätze zur Aufklärung in Österreich am Ende des 18. Jahrhunderts. Wien 1991. – Rosenstrauch-Königsberg, E.: Freimaurerei im josephinischen Wien. Aloys Blumauers Weg vom Jesuiten zum Jakobiner. Wien Stuttgart 1975.

Edith Rosenstrauch-Königsberg

Blumhardt, Christoph

Geb. 1. 6. 1842 in Möttlingen bei Calw; gest. 2. 8. 1919 in Jebenhausen bei Göppingen

»Heute hat mich Gott aus dem ›vertraulichen‹ Kreise herausgeführt und ohne mein Suchen in die Öffentlichkeit gebracht. Ich mußte der arbeitenden, heute nach Millionen zählenden Klasse die Hand reichen, und unter diesen Millionen ›der‹ Partei, welche diese Massen heben, bilden und zur Geltung bringen will. Ich reichte die Hand als der, der ich bin, als Nachfolger Christi, und bin als solcher mit so ganzer Liebe aufgenommen worden, daß ich sofort erkennen mußte: hier wird Gott nicht geleugnet, jedenfalls nicht mehr als in allen anderen Ständen und Klassen, welche sich in der heutigen Gesellschaft finden.« Mit diesen Worten wandte sich der evangelische Pfarrer B. im Herbst 1899 an seine Freunde, um ihnen seinen Schritt zur Sozialdemokratie zu erklären. Was das damals bedeutete, wird durch einen Ausspruch August Bebels illustriert: »Christentum und Sozialismus stehen sich gegenüber wie Feuer und Wasser.« Der Graben zwischen Christentum und Sozialismus schien um die Jahrhundertwende in beide Richtungen unüberwindlich zu sein. Grenzüberschreitungen weckten in den eigenen Reihen Argwohn. So erging es auch B. Seine Entscheidung hatte weitreichende kirchliche Konsequenzen. Auf Drängen des königlichen Konsistoriums verlor er den Rang und Titel eines Pfarrers. Dies bedeutete für B. jedoch keine Behinderung seiner Wirksamkeit, im Gegenteil, er faßte es auf als einen von Gott ermöglichten Schritt hinaus in die Welt.

Bis ins 15. Lebensjahr wurde B. zusammen mit seinem Bruder Theophil vom Vater, dem schwäbischen Pfarrer Johann Christoph Blumhardt (d. Ä.) unterrichtet, zunächst in Möttlingen, dann in Bad Boll. Dann besuchte er in Stuttgart das Gymnasium und bereitete sich in Urach auf das Theologiestudium vor. Es folgten das Studium in Tübingen und die Vikariatszeit in verschiedenen badischen und württembergischen Gemeinden. 1869 kehrte B. nach Bad Boll zurück, um als erster Gehilfe und Sekretär seinen Vater bei der Arbeit zu unterstützen. Als im Februar 1880 sein Vater starb, übernahm B. von ihm die Leitung des Kurhauses von Bad Boll, und führte die Evangelisationen und Vortragsreisen weiter bis in die Schweiz. Dabei begegnete er häufig Menschen, denen es nur um ihr persönliches Heil ging. Ihr Egoismus stieß ihn ab.

Kritisch schaute der Hausvater von Bad Boll dabei auch auf die Kirche, die nur zwischen fromm und gottlos unterschied. Radikal streifte B. von seiner Person und seinem Haus alles Kirchliche ab: Er verzichtete in seinen Gottesdiensten auf den Talar und liturgische Formen.

Daß Gottes Liebe ausnahmslos allen Menschen gelte und zur Tätigkeit in der Welt jenseits der Kirchenmauern rufe, kristallisierte sich ab Herbst 1896 als zentrale Botschaft B.s heraus. In einer Predigt sagte er: »Der Heiland ist bei den großen Massen, bei den Proletariern, die keinen Mund haben. Es ist der Geist Gottes, der sich in die Menschenwelt hereinbegibt (...) dort seufzt gleichsam der Geist Gottes und empfindet, daß diese Menschenwelt von Gott verlassen ist. Jesus ist in den Höllen, die sich die Menschen machen. Wenn nun der Heiland über die Frommen weg zu den Armen und Elenden geht, so muß auch unsere Frömmigkeit einen Zug zu den Niedrigen bekommen (...). Das Seufzen der Armen muß einen Mund bekommen, – wir müssen den um ihre Menschenrechte schreienden Armen recht geben«. Während einer Kur im Juni 1898 begann B. sich mit Marx und Engels und anderen »Klassikern« der sozialistischen Literatur zu beschäftigen. Erstmals beteiligte sich der Pfarrer im Sommer 1899 an einer großen Protestversammlung, die nach dem Erscheinen der »Zuchthausvorlage«, eines Gesetzentwurfes, welcher die Organisation von Streiks kriminalisierte, nach Göppingen einberufen war. Zum großen Erstaunen aller Anwesenden ergriff B. das Wort und wies die Vorlage als ein »Verbrechen gegen die Gerechtigkeit« zurück. Schließlich erklärte er im Oktober 1899 auf einer sozialdemokratischen Versammlung, daß er gemeinsam mit der Arbeiterschaft auf eine sozialistische Gesellschaft hinarbeiten wolle. B. wurde Mitglied der SPD. In den Jahren 1900 bis 1906 arbeitete B. als Abgeordneter des Wahlkreises Göppingen im württembergischen Landtag und erhielt in Bad Boll Besuch von Arbeitern, Gewerkschaftern und sozialdemokratischen Politikern. Bebel soll gesagt haben, in Bad Boll falle es ihm leicht, an Jesus zu glauben.

Doch das war nur die eine Seite der Medaille. Dem ehemaligen Pfarrer und kritischen Genossen begegnete man in der Arbeiterbewegung auch mit Skepsis und Zurückhaltung. Bald schon zeigte sich bei B. eine gewisse Resignation. So bemerkte er in einem Gespräch im Herbst 1904: »Die deutsche Sozialdemokratie bietet augenblicklich kein erfreuliches Bild. Es fehlt die Liebe zum Feind (...) Einer soll immer wie die Partei denken und sprechen. Man ist ganz so wie in der Kirche. Ich erwarte so, wie es jetzt ist, nichts«. Dem Wunsch, sich nach Ablauf der Legislaturperiode der Wiederwahl zu stellen, entzog er sich durch eine Palästinareise. Trotz seines Rückzuges aus der Politik bereute B. jedoch nicht die Parteimitgliedschaft. 1908 riet er sogar seinem jüngeren Freund, dem Schweizer Pfarrer und Begründer einer Webergewerkschaft Howard Eugster-Züst, ein sozialdemokratisches Nationalratsmandat zu übernehmen.

Nach den von Öffentlichkeit und Tagespolitik bestimmten Jahren folgte eine letzte, zurückgezogenere Phase. In ihr trat die schon lange vorhandene Erkenntnis B.s in den Vordergrund, daß nicht die Menschen mit ihren persönlichen oder politischen Vorstellungen das Subjekt einer ›endgültigen‹ gesellschaftlichen Veränderung seien. Vielmehr gelte, es auf das zu warten, was von Gott ausgeht. Denn er allein sei es, der den Sieg seines gerechten Reiches für diese Welt bringen werde.
Als 1914 der Erste Weltkrieg ausbrach, betrachtete ihn B. im Unterschied zu vielen deutschen Theologen nicht mit Euphorie, sondern mit größter Skepsis und interpretierte ihn als Gottes Gericht über eine verwirrte und eigenmächtige Völkerwelt. B. ermahnte seine Hörerschaft, nicht dem Haß zu verfallen. Er forderte sie auf, sich bewußt zu machen, daß Gott der Gott aller Menschen sei, und erinnerte: »Wir sind nicht bloß Deutsche, wir sind auch Weltbürger; wir sind berufen zu Königen und Priestern in der Welt. Wir sollen beten können auch für unsere Feinde, wir sollen lieben können die ganze Menschheit, weil sie für Gott bestimmt ist in Jesus Christus«.
Bereits 1911 hatte B. die Leitung des Kurhauses an Pfarrer Eugen Jäckh übergeben und sich dann zunehmend aus dem Bad Boller Leben zurückgezogen. Von einem Schlaganfall im Herbst 1917 konnte sich B. nicht mehr richtig erholen und starb am 2. August 1919.
Das Leben und Werk dieses außergewöhnlichen Christuszeugen und prophetischen Geistes übte eine besondere Anziehungskraft auf viele Schweizer und deutsche Theologen aus. Schon zu Lebzeiten B.s war Bad Boll Ziel von Karl Barth, Emil Brunner, Hermann Kutter, Leonhard Ragaz und Eduard Thurneysen.

Meier, K.-J.: Christoph Blumhardt. Christ – Sozialist – Theologe. Bern, Frankfurt, Las Vegas 1979. – Ragaz, L.: Der Kampf um das Reich Gottes in Blumhardt, Vater und Sohn – und weiter! Erlenbach, Zürich, München, Leipzig (2. Aufl.) 1925. – Thurneysen, E.: Christoph Blumhardt. München 1926.

Klaus Bajohr-Mau

Böckler, Hans

Geb. 26. 2. 1875 in Trautskirchen/Mittelfranken; gest. 16. 2. 1951 in Köln

B. war der Sohn eines Fuhrmanns und erlernte das aussterbende alte Handwerk des Gold- und Silberschlägers (Herstellung von Blattmetall). Er trat 1894 in den »Deutschen Metallarbeiterverband« (DMV) ein und wurde gleichzeitig Mitglied der SPD. Ab 1903 arbeitete er hauptberuflich als Sekretär des DMV für das schwierig zu organisierende Saargebiet und über die Grenze hinweg bis nach Luxemburg, wobei er sich auf Frankfurt am Main als nächsten stärkeren Stützpunkt seiner Organisation im Reich beziehen konnte. Im Jahre 1910 wechselte er an die Ostgrenze als Bezirksleiter nach Schlesien mit Bindungen an Berlin und in der Expedition der *Metallarbeiter-Zeitung*. Die Verbindung von Peripherie und Metropole gehörte zu den Charakteristika der ersten politischen Wirksamkeiten B.s.
Im August 1914 wurde er zum Landsturm eingezogen und nach einer Verwundung im Osten 1916 als nicht mehr »felddienstfähig« entlassen. B. kehrte zu seinem Verband zurück und wurde 1918 Sekretär der »Zentralarbeitsgemeinschaft« (ZAG), des ersten großen Ansatzes zu einer paritätischen deutschen Wirtschaftsverfassung, der den entsprechenden Artikeln der Weimarer Reichsverfassung vorausging und bis in die Kämpfe um einen Bundeswirtschaftsrat der Bundesrepublik beispielgebend blieb. B.s eigener Verband kündigte als erste Gewerkschaft bereits 1919 diese Zusammenarbeit – einerseits aus Zorn über die verschleppte Politik der Sozialisierung, andererseits aus Protest gegen mangelhafte Einhaltung des »Novemberabkommens« mit der Vereinbarung über den Achtstundentag und weiteren politischen Versprechungen.
B. verlor seine politisch vielversprechende Stellung und zog von Berlin nach Köln als Bevollmächtigter seines Verbandes. Im Ruhrkampf (1923) und während der Besetzung des Rheinlandes lernte er erstmals den Umgang mit Vertretern westlicher Besatzungsmächte in Deutschland. Er ging in den Bezirksvorstand der SPD und in das Kölner Stadtparlament. Ab 1927 arbeitete er als Bezirksvorsitzender des »Allgemeinen Deutschen Gewerkschaftsbundes« (ADGB) in Düsseldorf, der auf seinem Kongreß in Hamburg 1928 das Programm der Wirtschaftsdemokratie verabschiedete, in dem die positiven Elemente des Novemberabkommens und der ZAG zu einem umfassenden Programm des industriellen Konstitutionalismus weiterentwickelt wurden.

Vom Mai 1928 bis 22. Juni 1933 vertrat B. den Wahlkreis Köln-Aachen für die SPD im Reichstag, also denselben Wahlkreis, den 1919 Adam Stegerwald für das Zentrum gewann. - Nach Hitlers Machtantritt hielt B. am 18. Februar in Dortmund eine große Rede gegen den Nationalsozialismus: »Kein Terror solle die geistige Einstellung dieser Arbeiterschaft brechen können, die ihren Kampf gegen die sie bedrohenden dunklen Mächte mit Disziplin und Opfermut führen werde«. B. zeigte sich bereit zur Einheitsfront mit den Kommunisten, wenn sie »Beweise der Ehrlichkeit« erbrächten. Er unterstützte die Pläne Theodor Leiparts an der Spitze des ADGB zur Stärkung der Organisation, also die richtungweisenden Verhandlungen über eine Einheitsgewerkschaft, wie sie durch Wilhelm Leuschner betrieben wurden. Die Gewerkschaft sei »der sichere Garant für den Widerstand gegen die Pläne der feinen Herren« (*Volksblatt*, Bochum 1933).

B. wurde 1933 mehrfach in »Schutzhaft« genommen, verteidigte sich aber so geschickt gegen die Vorwürfe der Nazis und verbarg seine weiteren Kontakte zum gewerkschaftlichen Widerstand so erfolgreich, daß er bis Kriegsende unbehelligt blieb. In den wenigen Aufzeichnungen und Korrespondenzen der illegalen Reichsleitung wird B. so selten erwähnt, daß sein wichtigster Biograph B.s Widerstandstätigkeit mit einem großen Fragezeichen versieht. Es läßt sich aber nicht aus der Geschichte wegleugnen, daß Carl Severing B. 1943 im Gespräch mit Leuschner als »Oberpräsidenten der Rheinprovinz« empfahl, während Leuschner ihn als Gewerkschaftsführer bevorzugte. B. traf sich im Widerstand mit christlichen Gewerkschaftsführern und - regelmäßig - mit Viktor Agartz, dem er das »Wirtschaftswissenschaftliche Institut« (WWI) versprach.

Im Mai 1945 konnte B. an die letzten Positionen vom Frühjahr 1933 und an die Vereinbarungen im Widerstand anschließen. B. verfolgte zunächst das Konzept einer zentralistischen Einheitsgewerkschaft, das an den Organisationsstand der »Deutschen Arbeitsfront« (DAF) anzuknüpfen versuchte und nur die Führung und das hauptamtliche Personal austauschen wollte. Er stieß dabei auf den Widerspruch seiner Besatzungsmacht und der gewerkschaftlichen Emigration, bewegte sich aber analog zum FDGB in Berlin. Erst Ende 1945 beugte er sich dem Verlangen der Militärregierung und der englischen Gewerkschaften. Er stimmte einem Konzept zu, wonach der DGB ein Dachverband mit finanziell selbständigen Industriegewerkschaften wurde, allerdings mit wesentlich höheren Zuwendungen der Mitgliedsverbände an den Dachverband als später im DGB der Bundesrepublik Deutschland. Während der Interzonenkonferenzen suchte B. länger als seine Kollegen in der amerikanischen Besatzungszone (W. Richter, F. Tarnow) die Verbindung mit den Verbänden im Osten aufrechtzuerhalten, so daß der Gewerkschaftsbund sowohl im Aufbau des DGB als auch in seiner Wirkung auf den Parlamentarischen Rat in gefährlichen Rückstand geriet.

Als Vorsitzender des DGB der britischen Zone und Vorsitzender des Gewerkschaftsrates für die drei Westzonen hielt B. im Oktober 1949 auf dem Münchner Gründungskongreß das gesellschaftspolitische Grundsatzreferat und erläuterte damit gleichzeitig das Grundsatzprogramm des DGB, das bis 1963 gültig blieb. Er verband den Gedanken des Volksstaates der Weimarer Republik mit dem Aufbau des modernen Sozialstaates der Bundesrepublik Deutschland. Dieser Sozialstaat bedeutete ihm mehr als ein Wohlfahrtsstaat. Es ging nicht nur um ein soziales Sicherungssystem und um die anspruchsgerechte Verteilung vorhandener Mittel, sondern um die Gestaltung eines demokratischen Gemeinwesens durch Solidarität und Partizipation. Dabei betonte B. deutlicher als andere Gewerkschaftsführer den Gedanken der Verantwortung. Demokratische Mitverantwortung der Arbeiterschaft im Staate setze die Mitbestimmung voraus. Darum kämpfte B. - nach seiner Wahl zum ersten Bundesvorsitzenden in München - mit ganzem Einsatz, bis im Frühjahr 1951 die Tür aufgestoßen war zu jener paritätischen Wirtschaftsverfassung, die bei mitverantwortlicher Ethik aller Partner schon am Beginn der Weimarer Republik möglich gewesen wäre. Die neue Weichenstellung der Demokratie verstand B. nicht nur als Konsequenz aus dem Scheitern der Weimarer Republik 1933, sondern auch aus den Fehlern bei ihrer Gründung.

Potthoff, E.: Hans Böckler. Ein Leben für die Gewerkschaften, zu seinem 75. Geburtstag. Köln 1950. - Vetter, H.-O. (Hg.): Vom Sozialistengesetz zur Mitbestimmung. Zum 100. Geburtstag von Hans Böckler. Köln 1975. - Viehöver, J. u. Klein-Viehöver, E.: Hans Böckler. Ein Bild seiner Persönlichkeit. Köln u. Berlin 1952.

Gerhard Beier

Bode, Johann Joachim Christoph

Geb. 12. 1. 1730 in Barum bei Braunschweig; gest. 13.12. 1793 in Weimar

B. war Sohn des Soldaten Johann Jürgen Bode, eines späteren Ziegelarbeiters. B. hat nie eine weiterführende Schule oder Universität besucht. In seiner Kindheit Schafhirte, erhielt er als Dreizehnjähriger, in Braunschweig Musikunterricht. Danach war er Oboist bei einem Regiment in Braunschweig und heiratete 1749 die Tochter des Instrumentenbauers Reincke. 1750 ließ B. sich beurlauben, um sich in Helmstedt musikalisch weiterzubilden. Hier förderte ihn der Helmstedter Professor Johann Christoph Stockhausen, bei dem er die englische und französische Sprache lernte. 1752 lebte er als Oboist in hannöverschen Diensten in Celle.

Nach dem Tod seiner drei Kinder und seiner Frau zog er 1757 nach Hamburg, erteilte Musikunterricht und heiratete Simonetta Tamm (gest. 1766), eine seiner Musikschülerinnen, die ein Vermögen mit in die Ehe brachte. Von 1762–1763 redigierte B. den *Hamburger unpartheyischen Correspondenten* und erwarb 1766 eine eigene Druckerei. 1767 schloß sich Gotthold Ephraim Lessing als Teilhaber dem Unternehmen an, und beide gründeten die »Buchhandlung der Gelehrten«, die als Selbstverlag von Autoren gedacht war. 1768 zog sich Lessing aus dem Verlag zurück, den nun B. erfolgreich weiterführte. Er verlegte u.a. Schriften von Goethe, Herder, Klopstock und Lessing. 1771 rief er das Periodikum *Wandsbecker Bothen* ins Leben, das Matthias Claudius zu seinem späteren Ruhm verhalf. Über Hamburgs Grenzen bekannt wurde B. als Übersetzer – auf Anregung Lessings – von Lawrence Sternes Buch *Sentimental journey through France and Italy* (London 1768, *Yoriks empfindsame Reise durch Frankreich und Italien*, 1768/1769).

Zu seinen Freunden in Hamburg zählte der Schauspieler Friedrich Ludwig Schröder, der seit 1771 das Comödienhaus am Gänsemarkt leitete. Für Schröders Bühne übertrug B. ein englisches Lustspiel von Richard Cumberland ins Deutsche (*Der Westindier*, 1772) und gab Schröders Zeitschrift *Theatralisches Wochenblatt* (1770/75) heraus. Außerdem interessierte sich B. für das musikalische Leben in Hamburg und war auch mit Karl Philipp Emanuel Bach, dem Musikdirektor der Stadt, befreundet. Im Hause des Professors Johann Georg Büsch, wo er gern gesehen war, pflegte er bei den Abendmusiken »das Violoncello zu spielen«.

Nach dem Tod seiner dritten Frau, der Verlegertochter Metta Maria, geborene Bohn 1777, entschloß sich B., Geschäftsführer der Gräfin Emilie von Bernstorff, der Witwe des vermögenden dänischen Staatsmanns Johann Hartwig Ernst Graf von Bernstorff, zu werden und lebte seit 1779 in Weimar. Er engagierte sich für die dortige Liebhaberbühne und widmete sich ohne materielle Sorgen der Musik, der Literatur und der Freimaurerei. Bei den Kammermusikabenden der Herzogin Anna Amalia spielte er Blasinstrumente und dirigierte. Bäderreisen nach Karlsbad unterbrachen seine rastlose Tätigkeit.

B. gehörte zu Goethes »Freitags-Gesellschaft« (seit ihrer Etablierung 1791), und Schiller kannte ihn seit 1788. Besonders eng schloß er sich dem Weimarer Gymnasialdirektor Karl August Böttiger an, der 1796 die erste Biographie über B. schrieb. In Weimar führte er zudem seine Übersetzungsarbeit fort, und es erschien Henry Fieldings *Tom Jones* (1786/88). Als Krönung seiner Laufbahn folgte die noch heute beachtete Verdeutschung der *Essais* von Michel Montaigne, die ihn die letzten vier Jahre seines Lebens in Anspruch nahm. Er wurde 1778 meiningischer Hofrat, 1782 gothaischer Legationsrat und 1791 darmstädtischer Geheimrat.

B. war einer der rührigsten Freimaurer seiner Zeit. 1761 trat er der Loge »Absalom« in Hamburg bei, die sich 1765 der Loge »Strikte Observanz« anschloß. 1773 wurde er Großmeister aller Hamburger Logen. Mit dem *Almanach oder Taschen-Buch für die Brüder Freymäurer der vereinigten deutschen Logen* (1776–79) gab er die erste deutsche Zeitschrift für Freimaurer heraus.

In seiner ersten Zeit in Weimar schrieb B. die Satire *Ein paar Tröpflein aus dem Brunnen der Wahrheit. Ausgegossen vor dem neuen Thaumaturgen Caljostros* (1781) gegen den Hochstapler und Grafen Alexander Cagliostro. B.s rationale Grundhaltung beeeinflußte seine Freundin Elisa von der Recke, die 1787 ein Buch gegen den »Erzschwindler« veröffentlichte. Auf dem Konvent in Wilhelmsbad 1782, dem 1781 eröffneten Kurort bei Hanau und Zentrum der Freimaurerei, profilierte sich B. mit der These, die Freimaurerei sei von Jesuiten unterwandert und diese versuchten dadurch, politisch an Einfluß zu gewinnen. Auch noch nach 1789 hielt er an dieser Meinung fest, wie Elisa von Recke berichtet: »Bode behauptete, die französische Revolution sei durch Emissäre des aufgehobenen Jesuitenordens bewerkstelligt worden, um durch den Freiheitsschwindel die Fürsten und Aristokraten (...) allmählich an den Gedanken zu gewöhnen, daß nur die Herstellung der Jesuiten die Throne sicherstellen könne.«

1783 wurde B. von Adolph Freiherrn von Knigge für die Illuminaten gewonnen. Sein Deckname war Aemilius. Innerhalb dieses elitären Geheimbundes entschiedener Aufklärer, der für die vollständige Emanzipation von allen hergebrachten religiösen und politischen Autoritäten eintrat, war B. bald neben dem Gründer Johann Adam Weishaupt (Ordensname: Spartakus) sowie Franz Dietrich von Dithfurth und Knigge der führende Ideologe und tat sich durch seinen eifernden Antijesuismus hervor. In Weimar warb er Mitglieder der Loge »Amalia« für die Illuminaten, so den Herzog Karl August von Sachsen-Weimar-Eisenach, Goethe und Herder. Nachdem der Illuminatenorden 1785 in Bayern verboten, das Zentrum dann nach Gotha verlegt worden war und Weishaupt sich zurückgezogen hatte, rückte B. an seine Stelle.

1787 reiste er mit einem Freund nach Frankreich. Anlaß war der Konvent der »Philalethen« (griechisch: Wissensfreunde»), einer französischen Freimaurerloge, in Paris. Diese Reise bildete für einige Kritiker einen Mosaikstein zu einer Verschwörungstheorie, die darauf zielte, den Ausbruch der Französischen Revolution einer einflußreichen kleinen Minderheit anzulasten. Demnach sei B., von Mirabeau eingeladen, nach Paris gekommen, um französische Freimaurerlogen mit den Geheimnissen der Illuminaten vertraut zu machen, die dann die Revolution geplant hätten. Als einer der ersten propagierte Leopold Alois Hoffmann diese These und schrieb 1793 in der *Wiener Zeitschrift*: »Wäre von dieser Seite nicht der letzte und kräftigste Stoß gegeben worden, schwerlich würde die Revolution (...) schon in Frankreich ausgebrochen sein. Nicht die Franzosen sind die Erfinder dieses großen Entwurfs die Welt umzukehren; diese Ehre kommt den Deutschen zu.« Es folgten weitere Schriften, so die (anonymen) *Fragmente zur Biographie des verstorben Geheimen Raths Bode in Weimar. Rom auf Kosten der Propaganda* (1795), die B. als Drahtzieher des Umsturzes diffamierten.

Nach seiner Rückkehr aus Paris begann er, den Illuminatenorden zu reformieren und gründete eine Vereinigung, die in der Geschichte der Geheimgesellschaften als »Bund der deutschen Freimaurerei« bekannt geworden ist. Zu ihren Mitgliedern zählten bedeutende Persönlichkeiten wie der Arzt Christoph Wilhelm Hufeland und der Philosoph Karl Leonhard Reinhold.

Agethen, M.: Geheimbund und Utopie. Illuminaten, Freimaurer und deutsche Spätaufklärung. München 1984 (passim). – Johann Joachim Christoph Bode: Journal von einer Reise von Weimar nach Frankreich. Im Jahr 1787. Hg. sowie mit einer Einleitung, Anmerkungen, einem Register und einem dokumentarischen Anhang versehen von Hermann Schüttler. München 1994. – Böttiger, C. A.: Bodes literarisches Leben. Berlin 1796. – Endler, R.: Zum Schicksal der Papiere von Johann Joachim Christoph Bode, in : Quatuor Coronati Jahrbuch 27, 1990, S. 9–35.

Hans-Werner Engels

Bodenheimer, Rosa, geb. Dalberg

Geb. 6. 12. 1876 in Büren/Westfalen; gest. 24. 3. 1938 in Jerusalem

»Ich redete vom Zionismus, und Fräulein Dalberg entpuppte sich als Frauenrechtlerin. Beide Ideale entsprangen demselben Gefühl für Gerechtigkeit und dem gleichen Freiheitsdrang. Der rege Geist, das Interesse für Kunst und ihr Gefühl für die Unterdrückten zogen mich mächtig an.« So erinnerte sich Max Isidor Bodenheimer, der neben Theodor Herzl und David Wolffsohn wichtigste Repräsentant der zionistischen Bewegung in Deutschland, an die erste Begegnung mit seiner späteren Frau.

B. stammte wie die meisten jüdischen Frauenrechtlerinnen aus dem liberalen Judentum, das sich über Assimilation und Akkulturation im 19. Jahrhundert zunehmend deutsch-bürgerlicher Lebensweise angepaßt und sich um seine gesellschaftliche Anerkennung bemüht hatte. Jüdische Mädchen wurden daher noch stärker als nichtjüdische auf die Einhaltung bürgerlicher Normen und Konventionen verpflichtet und durften in der Regel keinen Beruf ergreifen. So überrascht es nicht, daß sich die meisten jüdischen Frauen, die der engen Häuslichkeit entfliehen wollten, in der bürgerlichen Frauenbewegung engagierten.

B. zog nach ihrer Heirat 1896 nach Köln, wo ihr Mann als Rechtsanwalt tätig war und bekam kurz nacheinander drei Kinder. Bald darauf engagierte sie sich in der bürgerlichen Kölner Frauenbewegung und wurde eine ihrer prominentesten Vertreterinnen. Als assimilierte Jüdin konnte sie in den 30 Jahren ihrer sozialen und politischen Tätigkeit in Köln (1903–1933) einen Widerspruch nie auflösen: Auf der einen Seite fühlte sie sich mehr als Deutsche und Tochter der Aufklärung denn als Jüdin und nahm daher auch bewußt nicht an der jüdischen Frauenbewegung teil. Ihre Vorstellungen von sozialen Reformen und öffentlicher und politischer Gleichstellung der Frau wollte sie für alle deutschen Frauen durchsetzen. Auf der anderen Seite zwang sie der zunehmende Antisemitismus zur Auseinandersetzung mit ihrer jüdischen Identität und ließ sie einen Platz auch in der zionistischen Bewegung finden. Als noch ein Großteil der jüdischen Frauen in Deutschland den Zionismus strikt ablehnte, gründete sie auf dem Haager Kongreß den »Verband jüdischer Frauen für Kulturarbeit in Palästina« (1908).

In der Kölner Frauenbewegung fand B. ihren Platz – als Mitgründerin und spätere Vorsitzende der Kölner Ortsgruppe des »Allgemeinen Deutschen Frauenvereins« und als Mitglied im »Frauenstimmrechtsverband für Westdeutschland«. Im Herbst 1903 fand die 22. Generalversammlung des 1865 von Louise Otto Peters und Auguste Schmidt in Leipzig gegründeten »Allgemeinen Deutschen Frauenvereins« (ADF) in Köln statt. Viele Kölner Frauen nahmen begeistert an dieser ersten Großveranstaltung bürgerlicher Frauen in ihrer Stadt teil. Schon wenige Tage später gründete B. gemeinsam mit Adele Meurer und Elisabeth von Mumm die Kölner Ortsgruppe des ADF. Sie wurde 1911 Schriftführerin, 1923 zweite und von 1927 bis 1933 erste Vorsitzende der Ortsgruppe und prägte von Anfang an das Gesicht des Vereins entscheidend mit. Als Arbeitsschwerpunkt wählten die Kölnerinnen die gemeinnützige Frauenarbeit mit einer Konzentration auf den kommunalpolitischen Bereich. Angelehnt an moderne Vorstellungen von Sozialarbeit, wie sie etwa Alice Salomon entwickelt hatte, sollte eine planvolle, qualifizierte Hilfstätigkeit entwickelt werden, die immer auf das Gemeinwohl gerichtet war und sich damit von der nur mildtätigen Arbeit der meisten Frauenvereine im 19. Jahrhundert unterschied. »Man suchte dem Einzelnen zu helfen, ohne daran zu denken, die Ursachen dieser Zustände zu beseitigen. Heute ist das ganz anders: Die soziale Tätigkeit ist eine staatsbürgerliche Hilfstätigkeit geworden, die letzten Endes nach den Ursachen des Elends forscht und diese Ursachen beseitigen will« (*Das soziale Jahr*, 1915). Der Kölner ADF trat bei der Kommune für eine Professionalisierung der sozialen Frauenarbeit ein und verband damit den Einsatz für eine der wichtigsten Forderungen des ADF: die Schaffung neuer Berufsmöglichkeiten für Frauen. Führungen durch die Kölner Waisenhäuser, Kinderhorte, Krankenhäuser und Haushaltungsschulen dienten dazu, den Kölnerinnen Möglichkeiten für ehrenamtliches soziales Engagement aufzuzeigen und berufliche Pespektiven zu eröffnen.

Wie auch die anderen Mitglieder des ADF vertrat B. gemäßigtfeministische Positionen. Sie ging von einer Wesensverschiedenheit von Mann und Frau aus. Die großen sozialen Probleme seien nur zu lösen, wenn weibliche Fähigkeiten und Kompetenzen für die Gesellschaft nutzbar gemacht werden könnten. Diese Betonung traditioneller Weiblichkeitsvorstellungen führte zu einer Begrenzung des frauenpolitischen Engagements auf den sozialkaritativen Bereich. B. betonte immer wieder die Aufgabe der Frau als Mutter – als leibliche und soziale Mutter (*Den Frauen zum Gruß*, 1925). Der ADF trug aber trotzdem einen großen Teil dazu bei, das Interesse der Kölner Frauen für Kommunalpolitik zu wecken. »Die Kölnerinnen haben hier erstmalig gleichberechtigte Mitarbeit in städtischen Angelegenheiten eingefordert und sich für kompetent erklärt, in ihrer Stadt vieles genau so gut und besser organisieren und entscheiden zu können als Männer« (Amling). Im kommunalpolitischen Engagement sahen viele Frauen die Chance, sich das Mittel zur politischen Emanzipation der Frau zu verdienen: das Frauenwahlrecht.

Trotz vielfältiger sozialer Tätigkeit waren Frauen bis 1918 vom allgemeinen Wahlrecht zum Reichstag und zu den Land- oder Stadtgemeinden ausgeschlossen. Sie durften bis 1907 in Preußen keinen politischen Verein gründen und hatten keine Mitwirkungsrechte in kirchlichen oder in Synagogen-Gemeinden. 1894 verlangte der Berliner »Verein Frauenwohl« zum ersten Mal öffentlich das Frauenstimmrecht. Diese Forderung führte zu einer langanhaltenden Diskussion unter Frauen über die Frage, ob das Stimmrecht die »Krone« oder das »Fundament« der Frauenbewegung sei. Die einen sahen die Forderung als verfrüht an, da ihnen die meisten Frauen noch nicht reif genug erschienen; die anderen betrachteten die Möglichkeit zu wählen als Grundvoraussetzung für die soziale und politische Selbständigkeit der Frau. Nachdem B. 1907 einen Vortrag der Vorsitzenden des »Bundes Deutscher Frauenvereine« Marie Stritt, einer Hauptvertreterin des radikalen Flügels der bürgerlichen Frauenbewegung, gehört hatte, beteiligte sie sich im selben Jahr an der Gründung einer lokalen Stimmrechtsgruppe in Köln. Die Gründung wurde überschattet von massiven Auseinandersetzungen im »Deutschen Verband für Frauenstimmrecht«. Die Forderung nach dem Frauenwahlrecht war nämlich keineswegs eindeutig, gab es doch im Deutschen Reich unterschiedliche Wahlrechte. Neben dem relativ demokratischen Reichstagswahlgesetz, das das allgemeine, gleiche und geheime Wahlrecht allen Männern über 25 Jahren zubilligte, besaß z.B. Preußen – und dazu gehörte Köln – mit dem Dreiklassenwahlrecht eine der reaktionärsten Bestimmungen. Welches Wahlrecht sollte nun aber für Frauen gefordert werden? Der Deutsche Verband trat ab 1907 für das allgemeine, gleiche und geheime Wahlrecht für Frauen ein. So wie viele andere Frauen wehrten sich in der Folgezeit auch die Kölnerinnen gegen dieses eindeutige Bekenntnis zum demokratischen Wahlrecht, hatten sie doch »politische Neutralität« auf ihre Fahnen geschrieben. Es ging lediglich um die Beseitigung der Ungleichheit aufgrund des Geschlechtes.

Als sich 1909 der »Frauenstimmrechtsverband für Westdeutschland« als Zusammenschluß aller Gruppen bildete, die gegen das demokratische Stimmrecht waren, bildete, traten ihm auch die Kölnerinnen bei. Ihre Aufgabe sahen sie vor allem darin, die Frauen auf die Politik vorzubereiten; sie verzichteten aber weitgehend auf öffentliche Propaganda. Dies rief den Unmut von B. hervor, die offensiver als die anderen Mitglieder der Stimmrechtsgruppe 1912 eine große Werbekampagne für das Frauenstimmrecht starten wollte. Sie konnte sich nicht durchsetzen, erreichte aber, daß der ADF als einziger Frauenverein in Köln für ein Stimmrecht der Frau petitionierte. 1919 konnten sich Frauen dann endlich das erste Mal an den Wahlen zur Nationalversammlung beteiligen. Die meisten Kölner Frauenrechtlerinnen bekannten sich zu einer der bürgerlichen Parteien. Die Sympathie für die Sozialisten, die den Frauen immerhin das Wahlrecht gegeben hatten, war gering. B. rief öffentlich zur Wahl der »Deutschen Demokratischen Partei« auf, »damit die Entscheidungen im Sinne des liberalen Bürgertums fallen« (*Die Wahlpflicht der Frau*, 1919).

Auch die zwölf Kölner Frauen, die im Oktober 1919 als erste Vertreterinnen ihres Geschlechts ins Stadtparlament einzogen, dachten gar nicht an eine Zusammenarbeit. Zu tief waren die politischen Gegensätze und die Bindung der einzelnen an ihre Partei. Erst im Verlauf der Weimarer Republik erkannte B., daß ihr »Staatsbürgerinnentum« sie kaum einen Schritt weiter in Richtung einer gesellschaftlichen Verbesserung der Stellung der Frau geführt hatte.

Der zunehmende Antisemitismus lenkte das Interesse von B. und anderen jüdischen Frauen der Kölner Frauenbewegung auf ganz andere Felder. B. dachte schon bald nach der Machtübernahme der Nationalsozialisten an Auswanderung. Früher als andere erkannte sie, daß ein Festhalten an der deutschen Identität den Verhältnissen nicht gerecht würde. Als sich ihre jüngste Tochter Ruth bei einem Überfall auf jüdische Juristinnen und Juristen am 31. März 1933 nur knapp retten konnte, floh B. nach Amsterdam; 1935 emigrierte sie mit ihrer Familie nach Palästina. 1938 starb B. nach kurzer Krankheit in Jerusalem.

Bodenheimer, M. I.: So wurde Israel. Aus der Geschichte der zionistischen Bewegung. Köln 1984. – Küsters, Y.: Rosa Bodenheimer 1876–1938, in: Kölner Frauengeschichtsverein (Hg.): »10 Uhr pünktlich Gürzenich«. Hundert Jahre bewegte Frauen in Köln – zur Geschichte der Organisationen und Vereine. Münster 1995, S. 73–75. – Stoehr, I.: Emanzipation zum Staat? Der Allgemeine Deutsche Frauenverein – Deutscher Staatsbürgerinnenverband (1893–1933). Pfaffenweiler 1990.

Yvonne Küsters

Böhme, Jakob

Geb. 1575 in Altseidenberg (bei Görlitz); gest. 17. 11. 1624 in Görlitz

B. wurde 1575 in Altseidenberg in der Lausitz als jüngster Sohn wohlhabender Bauern geboren. In dieser Region kämpfte der orthodoxe Klerus seit Jahrzehnten gegen verschiedene Heterodoxien, Thomas Müntzer-Anhänger, Wiedertäufer, Paracelsisten, Laienprediger, Erleuchtete, Kollektivisten, die von den Lutheranern unter der Bezeichnung »Kryptocalvinisten« zusammengefaßt wurden. In der Lausitz war der kollektivistisch gesinnte Laienprediger Caspar von Schwenkfeld besonders bekannt. So wurde 1591 die Universität Wittenberg »gereinigt« und die freigeistigen Dozenten durch orthodoxe Lutheraner ersetzt.

Den Anhängern der Sekten aus Kleinadel und Bürgertum, Juristen und Ärzten ging es weniger um Glaubenssätze als um mehr Geistesfreiheit. Gegen diese Gruppen zogen Katholiken gemeinsam mit orthodoxen Lutheranern durch Polemik und Diffamierung, Verhängen von Sippenhaft und Exilierung zu Felde.

Böhmes Eltern bestimmten den Sohn zum Handwerker. Da er sich empfindsam und geistvoll zeigte, hat man ihn wahrscheinlich sogar auf die gelehrte Stadtschule von Seidenberg geschickt. 1589–1592 machte B. eine Schusterlehre und begab sich anschließend auf Wanderschaft. Von einigen Meistern wurde er als »Hausprophet« angefeindet und entlassen. 1599 ließ er sich in Görlitz nieder und heiratete eine Handwerkerstochter, zumal nach den Statuten der Schusterinnung eine Heirat Voraussetzung dafür war, Meister werden zu können.

Bei den Handwerkern zeichnete B. sich durch seine Redebegabung aus, z.B. bei einer Verteidigung seiner Innung gegen die Gerberzunft.

Zwischen 1600 und 1610 hatte B. mehrmals das Erlebnis einer geistigen Schau übersinnlicher Wirklichkeiten: Er glaubte – einmal bei Betrachtung eines Zinngefäßes, auf dem sich die Sonne spiegelte –, daß sich ihm durch Inspiration und Intuition die Gründe aller Dinge enthüllten. Hinter den Phänomenen der sinnlich erfahrenen Welt verberge sich eine zweite Realität: Das Weltgebäude der göttlichen Schöpfung, wie es etwa auch B.s Zeitgenosse, der Astronom Johannes Kepler, als Zusammenhang der von ihm exakt beobachteten oder errechneten Phänomene angenommen hat. Andere Freigeister aus B.s Umgebung, darunter Juristen, Ärzte und Angehörige des Kleinadels, fühlten sich angezogen von der Idee eines verborgenen Sinns von Natur und Wirklichkeit jenseits der kirchlichen Dogmen.

1612 schrieb B. seine geistigen Erlebnisse in dem Manuskript *Aurora oder Morgenröte im Aufgang* nieder, das nur zur persönlichen Erinnerung bestimmt war. B.s Freund, der Edelmann Karl Ender von Sercha, hatte sich das Werk ausgeliehen, es heimlich kopieren und verbreiten lassen. So sah sich B. unvorbereitet kompromittiert.

Von der Schrift unterrichtet, begann der Görlitzer Oberpfarrer Gregor Richter eine endlose Verleumdungskampagne gegen B.: öffentliche Strafpredigt, Schreibverbot – das B. zunächst befolgte, aber später wieder umging, weil der Oberpfarrer das Versprechen brach, seine Diffamierung ex cathedra einzustellen. Der Vorwurf von seiten der Orthodoxie lautete insbesondere, daß ein einfacher Schuster sich unter die Gelehrten mische. Tatsächlich hatte B. als Autodidakt jahrelang auch lateinische Schriften studiert und darin nur »einen halbtoten Geist« gefunden.

1613 verkaufte B. seine Schusterei und betrieb zusammen mit seiner Frau einen Garnhandel, weil er dadurch besser reisen und Gespräche mit Gesinnungsgenossen führen konnte. Die erfolgreichen Abschriften seiner Werke unterstützten B.s Familie mit dem Lebensnotwendigsten und ermutigten ihn zur Fortführung des Schreibens. Bis 1624 entstanden so im Zusammenhang mit regem Briefwechsel im Freundeskreis u.a. *Mysterium Magnum, Von der Geburt und Bezeichnung aller Wesen* (*De signatura rerum*), *Vom dreifachen Leben des Menschen*, in denen B. sich an die Naturphilosophie des Arztes Paracelsus anlehnt, für den in der Natur kosmische Kräfte unmittelbar walteten. B.s Schriften gelten indes auch als mystizistisch und theosophisch: »Es gaffe niemand mehr nach der Zeit. Wen's trifft, den trifft's, wer da wachet, der siehet's (...) Wisset, daß euch mitternächtigen Ländern eine Lilie blühet.« Die Lilie war das Zeichen der Generalreformation, vor dem geistigen Hintergrund der Naturforschung und Gesellschaftserkenntnis. Dem Vorwurf der Esoterik begegnete

B. mit dem Argument, dem Leser seiner schließlich auf Deutsch verfaßten Bücher würden die Naturgeheimnisse zur öffentlichen Erkenntnis: »Verstehe nur deine Muttersprache recht, du hast darin so tiefen Grund als in der hebräischen und lateinischen, ob sich gleich die Gelehrten darin erheben wie eine stolze Braut. Es kümmert nichts. Ihre Kunst ist jetzt auf der Bodenneige. Der Geist zeiget, daß noch vorm Ende mancher Laie wird mehr wissen und verstehen, als jetzt die klügsten Doctores wissen.«

B. war Zeit seines Lebens den ärgsten Anfeindungen von seiten der lutherischen Kirche ausgesetzt, da seine religiösen Ideen wenig Berührung mit den Dogmen der christlichen Kirche hatten. Als Protestant war er ein eifriger Leser der Luther-Bibel, bediente sich aber in seinen Büchern einer eigenen Sprache, für die die ständige Wiederholung von Motiven und Allegorien und die Hinzufügung von Meditationsbildern typisch ist, die Erleuchtung und wechselnde Metamorphosen symbolisieren.

B. betont, daß Gott sich statt in der Kirche oder in Büchern allein in den Naturerscheinungen offenbare. Er denkt dabei in Archetypen (Gott z.B. zeige sich im Brennen des Feuers); die Wiedergeburt allen Lebens, also auch des Menschen, ist ihm Gewißheit. Analog dem weiblichen Archetyp in der Gottesvorstellung vieler alter Völker spricht B. von der »himmlischen Sophia« als einem am Beginn aller Dinge stehenden Wesen, die er der göttlichen Dreifaltigkeit zurechnet. Ähnlich wie viele alte religiöse Überlieferungen sieht B. die ursprüngliche Ganzheit der Menschen androgyn: »Adam war ein Mann und auch ein Weib.« Gegenüber allen sozialen Konventionen verhielt B. sich radikalkritisch.

Als einer seiner Anhänger das Manuskript *Von wahrer Gelassenheit* in Görlitz (1623) drucken ließ, verstärkte der Oberpfarrer Richter die öffentliche Diffamierung B.s, vor allem den Vorwurf, er predige ohne Amt. B. mußte sich erneut vor dem Magistrat verantworten. Da er im Rat Fürsprecher hatte und sich als bibelfest erwies, sollte er sich lediglich vorübergehend aus Görlitz entfernen. Regelmäßig überfielen von dem Oberpfarrer aufgehetzte Bürger B.s Haus und schlugen die Fensterscheiben ein. Er wurde als Ketzer und Säufer verleumdet. Trotz seiner Schüchternheit, Bescheidenheit und Sanftmut blieb B. innerlich fest und unbeeinflußbar. Er verfaßte eine *Schutzrede wider Gregor Richter*, worin es heißt: »Was der Herr Primarius dem Schuster zuleget, das ist er selber, man pfleget den Herrn Primarium bisweilen unter dem Tische in Trunkenheit aufzulesen und nach Hause zu führen.«

B. folgte schließlich einer Einladung an den Dresdner Hof, um seine Schriften vorzustellen. Der Beistand, den er dort tatsächlich erhielt, blieb unverbindlich, denn B. war für Hofleute schwer verständlich, und er war auch kein Wundertäter.

B. beeilte sich nun, nach Schlesien zurückzukehren, um seine Freunde zu besuchen und sofort eine neue Schrift zu beginnen, *177 theosophische Fragen* (1624). Da ihn ein plötzliches Fieber niederwarf, brachte man ihn in sein Haus nach Görlitz, wo Freunde ihn versorgten. Erneut mußte er das Glaubensverhör eines orthodoxen Pfarrers über sich ergehen lassen. Er starb am 17. November 1624 in seinem Haus in voller Hingabe an seine geistige Schau.

Oberpfarrer Richter war schon vor B. gestorben, aber auch sein Nachfolger Elias Dietrich haßte B. und weigerte sich, B. zu beerdigen. Er tat es erst, als er zwangsverpflichtet wurde, nahm aber die Gelegenheit wahr, um B. von der Kanzel herab zu schmähen. Darauf zerstörten die Anhänger des neuen Oberpfarrers das Grabmal, das B.s Freunde gestiftet hatten. Im 17. Jahrhundert sahen die Quäker in England, die B.s Schriften aus Holland erhielten, ihn als einen ihrer Stammväter an. Auch Isaac Newton fühlte sich durch die Rezeption von B.s Gedanken zur Erarbeitung seiner Hypothesen und Theorien, besonders der Gravitationslehre angeregt. Solcherart wirkten B.s Werke als Naturerkenntnis in religiösem Gewande. Dies war auch die Auffassung des französischen Schriftstellers Louis-Claude de St. Martin (Ende des 18. Jahrhunderts), der die deutsche Sprache lernte, um B. zu studieren, und durch den B. erneut in Deutschland verbreitet wurde. Sein Werk wirkte auf Dichter und Maler der Romantik wie Tieck, Novalis, Runge. – Im 19. Jahrhundert bezeichnete Hegel B. als »ersten deutschen Philosophen« und Stammvater seiner dialektischen Philosophie.

Koyré, A.: La Philosophie de Jakob Böhme. Paris 1929. – Lemper, E. M.: Jakob Böhme. Leben und Werk. Berlin 1976. – Wehr, G.: Jakob Böhme. Hamburg 1971.

Sieglinde Domurath

Boenheim, Felix (Pseud.: Fidelis)

Geb. 17. 1. 1890 in Berlin; gest. 31. 1. 1960 in Leipzig

Demokratie war für B. eine auf den Menschen- und Bürgerrechten fußende, rechtsstaatliche Gesellschaftsform, in der das System profitorientierten Privateigentums an Produktionsmitteln zugunsten genossenschaftlichen Wirtschaftens überwunden ist, in der die materiellen Güter durch staatliche Lenkung gerecht, d.h. nach sozialer Bedürftigkeit verteilt und Konflikte nach innen und außen gewaltfrei ausgetragen werden. Er betrachtete sich in jungen Jahren als undogmatischer Marxist, war Anhänger Rosa Luxemburgs und mit Gustav Landauer bekannt: »Um Landauer sammeln sich die, die auf kein Dogma schwören.« Dennoch trug sein Denken dogmatische Züge und war von Fortschrittsoptimismus und dem Glauben an eine Geschichtsdynamik im Sinne des historischen Materialismus geprägt: »Die Allianz der Wissenschaft und der Arbeiter, dieser beiden entgegengesetzten Pole der Gesellschaft, die, wenn sie sich umarmen, alle Kulturhindernisse in ihren ehernen Armen erdrücken werden – das ist das Ziel, dem ich, solange ich atme, mein Leben zu weihen beschlossen habe« – so B. als Dreißigjähriger.

B. entstammte einer Berliner Kaufmannsfamilie. Als Jugendlicher von August Bebel und dem Bruder seiner Mutter, Hugo Haase, inspiriert, wurde er enttäuscht von der Bewilligung der Kriegskredite durch die SPD und ihrer Haltung zur deutschen Kriegführung, Mitglied des »Sozialistischen Ärztevereins« (später: »Verein Sozialistischer Ärzte«), der »Deutschen Friedensgesellschaft«, der »Deutschen Liga für Menschenrechte« und Sympathisant des »Spartakusbundes«. Der geographische und historische Topos, an dem die marxistische Utopie bereits verwirklicht schien, war für ihn die Sowjetunion, später auch die DDR. Bis ins hohe Alter hielt er daran fest. Nach 1949 nahm dieses Weltbild fast mythischen Charakter und fundamentalistische Züge an. Erst die Verfolgung seiner Freunde Karola und Ernst Bloch und die »Geheimrede« Chruschtschows 1956 ließen ihn ernsthaft zweifeln, ein Stück weit fand er zu seiner Haltung der zwanziger Jahre zurück: »Der sogenannte ›gesunde Menschenverstand‹, d.h. die Schlamperei alter ›bewährter‹ Denkgeleise, ist eine Sache, der man nicht genug mißtrauen kann.« B. hat jedoch die endgültige Desavouierung seines »Credos« an den Mythos Sowjetunion nicht überlebt. Der Tod beendete den Konflikt, noch ehe er voll ins Bewußtsein trat. B.s Selbstauslieferung an ein ideologisches und gesellschaftliches System, das manchen seiner tiefsten Überzeugungen widersprach, war Ausdruck seines Bedürfnisses zu demonstrieren, daß er weltanschaulich die Grenzen seiner Klasse, des Bürgertums, überwunden hatte und sich ideologisch »an der Seite der Arbeiterklasse« befand.

Auch als Arzt hatte B. ein marxistisches Weltbild. Durch Friedrich Kraus an der Charité promoviert, waren für B. als renommiertem Berliner Internist und Facharzt für Endokrinologie ärztliches Handeln, Denken und ärztliche Ethik einerseits abhängig von der »Entwicklungsstufe der Gesellschaft«; andererseits postulierte er eine Verantwortung des Arztes gegenüber der Gesellschaft – vorausgesetzt, diese schritt im Sinne des historischen Materialismus »fort«, nämlich in Richtung »Arbeiter- und Bauernstaat«. Aus den Verhältnissen der bürgerlichen Gesellschaft seiner Zeit erwuchs für B. die Legitimation zum Widerstand. »Ärzte, die mit offenen Augen durchs Leben gehen«, die sich »demütig als ruhiger Beobachter am Krankenbett herablassen«, zögen auch »die richtigen Konsequenzen aus ihren Beobachtungen«, »und diese führen in der bürgerlichen Gesellschaft zum Radikalismus«. »Radikalismus« wiederum war für B. unter Berufung auf Marat, Paracelsus und Virchow gleichbedeutend mit einem politischen Arzttum, »eine immens politische Tätigkeit und Stellungnahme zu den Fragen der täglichen Politik«. Sein Ziel: die Veränderung der Natur und des Menschen, ihre »Sanierung« durch Kultur und Erziehung. B. glaubte an die Herstellbarkeit einer Welt ohne Elend und Krankheit mit Hilfe der Naturwissenschaften, durch einen Paradigmenwechsel von der kurativen zur Präventivmedizin, durch »Sozialisierung«, das hieß bei ihm vor allem »rationelle, wirtschaftliche Organisation«. »Um dieses Ziel zu erreichen, muß der Arzt die Gesundheitsprobleme im Zusammenhang mit den sozialen und ökonomischen Problemen studieren.« B. verstand »Sozialismus« hauptsächlich als Sieg über menschliche Hinfälligkeit, deren Ursachen er weitgehend als exogen bedingt betrachtete, aber auch als Sieg über verstaubte Traditionen und Vorurteile.

Zu diesen Traditionen gehörten in B.s Augen kriegerische Reaktionen auf Konflikte. Wie ein roter Faden zieht sich eine antimilitaristische Grundhaltung durch sein ärztliches und politisches Leben. »Am schwersten vergehen sich jene Ärzte, die vergessen, daß sie der Heilkunde dienen sollen, nicht dem Kriegsmoloch.« Als Militärarzt eingezogen, entwickelte er bereits 1914 eine entschieden militärfeindliche Einstellung, derentwegen er 1915 ein Kriegsgerichtsverfahren durchzustehen hatte, und die er erst 1940 und ausschließlich zugunsten der alliierten Kriegsanstrengungen gegen Hitler-Deutschland aufgab. »Die Wissenschaft ist nicht dazu da, Mittel zur Vernichtung der Menschen zu schaffen. Sie hat vielmehr die Aufgabe, ihre Kenntnis in den Dienst der Menschen zu stellen und ihr Lebensniveau zu heben.«

Nach dem Sturz des Kaiserreiches wurde B. als Vertreter der USPD in den Nürnberger Arbeiter-, Soldaten- und Bauernrat gewählt, von dem er sich jedoch angesichts der restaurativen Tendenzen bald schon distanzierte. Er schloß sich der Nürnberger Spartakusgruppe an, knüpfte Kontakte zu Gustav Landauer und Erich Mühsam, beteiligte sich im Februar 1919 an dem Versuch, in Nürnberg eine Rätedemokratie zu etablieren und wurde am 4. April von Mühsam für das Amt des Justizministers der ersten Bayerischen Räterepublik vorgeschlagen. B. hielt die Münchener Proklamation mangels Unterstützung im Volk für verfrüht und lehnte ab. In der zweiten, kommunistischen Phase der Räterepublik hingegen bat er Eugen Leviné, als Kulturbeauftragter zusammen mit Landauer ein Kulturprogramm erarbeiten zu dürfen, welches er 1920 unter dem Pseudonym »Fidelis« im Berliner *Forum* veröffentlichte. Mitglied der KPD wurde B. nie, vielmehr ging er, als sie sich stalinisierte, auf Distanz, dieses, auch wenn er mit einzelnen Funktionären gut befreundet war, insbesondere mit Willi Münzenberg und den späteren Funktionären der »Sozialistischen Arbeiterpartei« (SAP) Hertha und Jacob Walcher und Kurt Rosenfeld. B. engagierte sich allerdings in linkssozialistisch geprägten bzw. der KPD nahestehenden Organisationen: in dem »Verein Sozialistischer Ärzte«, in der »Gesellschaft der Freunde des neuen Rußland«, in der »Weltliga gegen Imperialismus und koloniale Unterdrückung, für nationale Unabhängigkeit« und schließlich – zusammen mit Münzenberg – als Koordinator der Vorbereitungen für den von Henri Barbusse und Romain Rolland initiierten »Kongreß gegen Krieg und Faschismus« in Amsterdam 1932.

Nach fünfmonatiger Haft in Spandau emigrierte B. 1933 über die Schweiz, Frankreich, Großbritannien und Palästina nach New York. Die Zeit des amerikanischen Exils war für ihn geprägt von zahlreichen Versuchen, die verschiedenen Fraktionen unter den deutschstämmigen Einwanderern und Flüchtlingen zu einer tragfähigen Koalition zusammenzuschließen mit dem Ziel, den Nationalsozialismus in den USA zu bekämpfen, die alliierten Kriegsanstrengungen zu unterstützen und – dadurch legitimiert – schließlich Einfluß auf die Gestaltung Nachkriegs-Deutschlands zu gewinnen. 1936 unterzeichnete B. den Pariser Aufruf zur Bildung einer deutschen Volksfront, wurde Vorstandsmitglied der New Yorker Sektion des »Deutschamerikanischen Kuturverbandes« (»German-American League for Culture«) und 1938 Mitbegründer der »German American Writers Association«. Im Mai 1942 riefen er und sein Freund Kurt Rosenfeld die »German-American Emergency Conference« (GAEC) und ihre Zeitung *The German American* ins Leben. 1943, nach Rosenfelds Tod, wurde B. Präsident der GAEC und ihr Vertreter bei den »United Americans of German Descent«. Er gehörte zum »German-American War Bond Committee«, trat 1943 auf dem »Congress for Soviet-American Friendship« in New York als Hauptredner auf und leitete schließlich den »Fürsorgeausschuß« im »Council for a Democratic Germany«. Zusammen mit Kurt Glaser und Käte Frankenthal entwarf er ein Programm für den demokratischen Wiederaufbau des deutschen Gesundheitswesens. 1945 noch gründete B. das »Committee to Re-educate German Soldiers« innerhalb der GAEC. Am 15. April 1945 veröffentlichte B. im *German American* als erster einen Artikel über die Verbrechen deutscher Ärzte während der NS-Zeit: *Wie deutsche Ärzte zu Barbaren wurden.* 1947 gründete er das »Eisler Defense Committee« und geriet infolgedessen ins Visier von McCarthy's »House Committee for Un-American Activities«.

Aus Angst vor neuerlicher Verfolgung, vor allem aber, um am Wiederaufbau in Deutschland teilnehmen zu können, folgte B. 1949 dem Ruf der sächsischen Landesregierung auf einen der beiden Lehrstühle für Innere Medizin in Leipzig, der mit der Leitung der Universitäts-Poliklinik verbunden war. Auf einen demokratisch-sozialistischen Neubeginn im Osten Deutschlands hoffend, gab er seine parteipolitische Unabhängigkeit auf, trat der SED bei und wurde im November 1950 Abgeordneter des Sächsischen Landtags. Im selben Jahr nahm B. am Weltfriedenskongreß in Warschau teil, gründete das »Friedenskommitee der Universitätspoliklinik Leipzig« und verschickte einen Aufruf an die Ärzte der DDR zur Ächtung der Atomwaffen. 1951 beteiligte er sich an der Gründung der »Friedensgemeinschaft deutscher Ärzte«, aus der 1956 die »Medizinisch-wissenschaftliche Gesellschaft zum Studium der aktuellen Lebensbedingungen« hervorging, einer Tochtergesellschaft des »Ärztlichen Weltkongresses zum Studium der aktuellen Lebensbedingungen« (AMIEV) mit Sitz in Wien. B. war ab 1955 auch Präsidiumsmitglied des »Deutschen Friedensrates« in Berlin. Seine friedenspolitischen Aktivitäten knüpften bewußt an sein Engagement vor dem Zweiten Weltkrieg an. Er war ein Verfechter der deutschen Einheit und stand auch deshalb der Remilitarisierung der DDR kritisch gegenüber. Trotzdem suchte er, den offenen Konflikt mit der SED zu vermeiden. Überhaupt waren die Aufbaujahre bis zum XX. Parteitag der KPDSU 1956 gekennzeichnet von einer bis an die Grenze der Selbstverleugnung reichenden, freiwilligen Anpassung B.s an die gesellschaftlichen Verhältnisse der DDR und ihrer Politik. Sein Stillhalten wurde jedoch nicht honoriert. Beruflich, politisch und schließlich gesundheitlich entpuppten sich die fünfziger Jahre insgesamt als schwere Belastung. Als Jude und SED-Mitglied von den Universitätskollegen gemieden, als bürgerlicher Professor, Verfechter der deutschen Einheit, verdächtiger »Westemigrant« und Kritiker der (atomaren) Aufrüstung war B. der SED ein Dorn im Auge. Als Arzt und Institutsleiter der Universitätspoliklinik wurde er immer wieder stark in seiner Arbeit behindert und benachteiligt. 1955 gegen seinen Willen emeritiert, wurde er zum Ausgleich noch zum Professor für Geschichte der Medizin umberufen und damit zum Direktor des verwaisten Karl-Sudhoff-Instituts für Geschichte der Medizin und Naturwissenschaften ernannt. Trotz vielfacher Verdienste in dieser Funktion blieb ihm auch hier die gebührende Anerkennung versagt.

Ruprecht, T.M.: Felix Boenheim. Arzt, Politiker, Historiker. Eine Biographie. Hildesheim, Zürich, New York 1992.

Thomas M. Ruprecht

Bolz, Eugen

Geb. 15. 12. 1881 in Rottenburg am Neckar; gest. (hingerichtet) 23. 1. 1945 in Berlin-Plötzensee

»Politik ist nichts anderes als praktisch angewandte Religion.« Diesen Satz sagte der spätere württembergische Staatspräsident und Innenminister B. 1924 bei einer Rede in Waldsee. Der katholische Staatsmann der Zentrumspartei formulierte damit die Maxime seines politischen Programms: Das Zusammengehen von christlichem Denken und politischem Handeln.

Soziale Gerechtigkeit, Gewaltlosigkeit und das Miteinander waren für B. nicht nur politische Ziele, sondern auch christliche Selbstverständlichkeiten. Seine Politik orientierte sich an den Lehren der katholischen Kirche über den Staat, über Kultur-, Sozial- und Wirtschaftspolitik und an dem Verhältnis der Völker zueinander. Weil sich die Zentrumspartei einer christlichen Politik verschrieben hatte, mußte sie sich des öfteren den Vorwurf gefallen lassen, klerikale Politik zu betreiben und sich von Rom lenken zu lassen. Dagegen wehrte sich B.: »Das Zentrum ist keine Konfessionspartei; es ist politisch von Rom nicht abhängig. Aber von Rom empfängt es seine Weltanschauung.« Bei anderer Gelegenheit sagte er: »Ist man nur dazu da, daß man in die Kirche läuft und in der Familie sein Christentum pflegt, oder ist es nicht Pflicht, das, was man als Weltanschauung bezeichnet, auf die Lösung der öffentlichen Fragen zu übertragen?«.

B.'s politische Karriere begann 1912, als er nach seinem Jurastudium als Kandidat des Zentrums für die Reichstagswahl im Wahlkreis Ellwangen-Aalen-Neresheim nominiert wurde. Er gewann die Wahl und zog als jüngster Abgeordneter in den Reichstag. Ab 1913 war B. gleichzeitig Mitglied des Württembergischen Landtags für den Wahlkreis Rottenburg. Er war Mitglied der Verfassunggebenden Nationalversammlung in Weimar und der Verfassunggebenden Landesversammlung in Stuttgart. 1919 wurde B. Justizminister in der württembergischen Regierung unter Wilhelm Blos. Von 1923 bis 1933 war er Innenminister von Württemberg.

B. trat für die Weimarer Verfassung ein, in der er »nach Lage der Zeitverhältnisse« eine »annehmbare und tragfähige Grundlage des Staatslebens« sah. Obwohl sich weite Kreise in der katholischen Kirche für eine Monarchie einsetzten, kam diese Staatsform für B. nicht in Frage. Ihm schwebte eine Volksvertretung vor, an der alle Fraktionen beteiligt waren. Deshalb sprach er sich für eine Regierungsbeteiligung der SPD aus: »Es ist ganz undenkbar, ohne eine starke Vertretung unserer Linken zu regieren – man kann Arbeiter und Angestellte von der Regierung nicht ausschließen.«

B., dem es in Württemberg gelungen war, extremistische Strömungen von rechts und links weitgehend niederzuhalten, wandte sich noch nach dem Machtantritt Hitlers offen gegen den Nationalsozialismus. Bei einer Rede auf dem Ulmer Parteitag am 12. Februar 1933 machte er sich Hitler und den rechten Pressezaren Alfred Hugenberg, der kurz zuvor Reichswirtschafts- und Reichsernährungsminister geworden war, zu Feinden: »Was wir befürchten von der jetzigen Regierung und namentlich auch von Hugenberg wollen wir offen aussprechen. Wir haben das Gefühl, daß in dieser Regierung der Geist von Potsdam, der preußisch-militärische Geist wieder lebendig geworden ist. Was wir an diesem Geist von Potsdam tadeln, ist das, was Sie im Krieg alle persönlich erfahren haben, das ist die Überspannung der Aufgaben, die Überspannung im Denken...das ist der Geist, der im Krieg nicht rechtzeitig den Frieden gesucht hat. Das ist der Geist, der den Krieg bis zum Weißbluten geführt hat und der uns in die fürchterliche Niederlage geführt hat. Das ist der Geist, der die ganze Welt erobern wollte...der zum Zusammenbruch führte, das ist der Geist, der in Wirklichkeit die Ursache unseres heutigen Elends ist. Wir fürchten den Geist von Potsdam, er war im Krieg unser Unglück und scheint auch im Frieden unser Unglück zu werden.« In dieser Rede geißelte B. auch den Terror, der das Kennzeichen der augenblicklichen politischen Zeit sei.

Nach der Reichstagswahl am 5. März 1933 übernahm Hitler auch die Macht in den Ländern; B. mußte das Innenministerium und das Amt des Staatspräsidenten an die Nationalsozialisten abgeben. Als Abgeordneter der Zentrumspartei blieb er im Reichstag und im württembergischen Landtag. Dort fügte er sich dem Fraktionszwang und stimmte gegen seinen Willen am 23. März 1933 dem Ermächtigungsgesetz zu, mit dem Hitler die nationalsozialistische Herrschaft nach innen und außen legalisierte. Seiner Frau schrieb er danach: »Betrübend ist das Ermächtigungsgesetz und die kommende Politik. Man kann sich die innere Entwicklung nicht schlimm genug vorstellen. Auch wir werden manches mitmachen müssen.« Zu dieser Zeit war B. noch der Überzeugung, die Nazi-Herrschaft würde nicht lange dauern. Er sah in der Machtergreifung eine Revolution und war überzeugt davon, daß den Machthabern in vier bis sechs Monaten das Geld ausgehen werde.

Noch im selben Jahr wurde B. von den Nazis drei Wochen lang in »Schutzhaft« genommen, wie viele andere Funktionäre auch. Nach seiner Freilassung – die eine Bedingung zur Selbstauflösung des Zentrums (5. Juli 1933) war – hatte B. keine politischen Ämter mehr. Er beteiligte sich an einem Wirtschaftsunternehmen, das Freunde gegründet hatten, und verfaßte eine größere Abhandlung *Katholische Aktion und*

Politik, in der er sich auch mit dem Nationalsozialismus auseinandersetzte. In seinem Exposé zu dieser Arbeit schrieb B.: »Vollends kann die Katholische Aktion nicht schweigen, wenn die Kirche und ihre Diener offen verfolgt werden wie in Mexiko, Spanien und Rußland es ist gebieterische Pflicht der Katholiken, den Protest lebendig und stark zu erhalten.« In seiner Arbeit wandte sich B. gegen das von den Nationalsozialisten angestrebte totalitäre System: »Der Staat ist niemals absolutes Ziel und absoluter Maßstab. Auch ihm sind Grenzen gesetzt.« Und: »Bei offensichtlichem und dauerndem Mißbrauch der Staatsgewalt besteht ein Notwehrrecht des Volkes.«
Im Winter 1941/42 schloß sich B. dem organisierten Widerstand an. 1943 erklärte er sich bereit, nach Beseitigung des NS-Regimes in der neugebildeten Reichsregierung das Kultusministerium zu übernehmen. An den Vorbereitungen zum Hitler-Attentat am 20. Juli 1944 war B. nicht beteiligt, auch hatte er keine engen Kontakte zu den Männern um Stauffenberg. Doch wurde er von der Gestapo, die einen Spitzel auf ihn angesetzt hatte, am 12. August 1944 verhaftet. Bei den Verhören gab B. zu, daß er für den Fall eines Umschwungs zugesagt hatte, sich für eine neue Regierung zur Verfügung zu stellen. Aber er belastete keinen seiner Gefährten.
Mit der Begründung, daß B. eine Niederlage der Nazis in Erwägung gezogen und darüber mit anderen gesprochen habe, wurde er zum Tod verurteilt und hingerichtet.

Köhler, J. (Hg.): Christentum und Politik. Dokumente des Widerstands. Sigmaringen 1985. – Köhler, J.: Eugen Bolz. Württembergischer Minister und Staatspräsident, in: Bosch, M. v.; Niess, W. (Hg.): Der Widerstand im deutschen Südwesten 1933–1945. Stuttgart 1984. – Miller, M.: Eugen Bolz. Staatsmann und Bekenner. Stuttgart 1951. – Stadt Rottenburg am Neckar (Hg.): Eugen Bolz. Gedenkfeiern zum 100. Geburtstag. Rottenburg am Neckar 1981.

Sabine Lohr

Bonhoeffer, Dietrich

Geb. 4. 2. 1906 in Breslau; gest. (hingerichtet) 9. 4. 1945 im KZ Flossenbürg

In seiner *Ethik* schrieb B. 1942/43: »Wo es nicht mehr gewagt wird, oben zu sein, und wo man es nicht mehr ›nötig zu haben glaubt‹, unten zu sein, wo das Obensein seine Begründung nur von unten her sucht – also wo der Vater seine Autorität aus dem Vertrauen der Kinder oder die Obrigkeit die ihre aus ihrer Popularität herleitet –, und wo dementsprechend im Untensein immer nur die Anwartschaft auf das Obensein, also der Sprengstoff für alles Obensein, gesehen wird – dort entsteht kein echtes ethisches Reden mehr, dort bricht schon das ethische Chaos herein.«
B. wuchs als sechstes unter acht Geschwistern in Berlin auf. Sein Vater war dort seit 1912 Professor für Psychiatrie. Er studierte evangelische Theologie seit 1923 und war Privatdozent und Studentenpfarrer in Berlin seit 1931. Stadtbürgerliche Familienkultur vermittelte ihm die Verpflichtung zu geistiger Höchstleistung, die Treue zur geistigen und musischen Überlieferung und den Anspruch auf höhere allgemeine Verantwortung und »Führerschaft«. Wie der herrschenden Theologie der Zeit galten ihm die Verschiedenheiten der Völker, das eigene Volkstum, Kirche und Staat als »Gottesordnungen«. Diese »Kollektivpersonen« seien den Individualpersonen vorgeordnet und gewährten oder entzögen ihnen ihre Zugehörigkeit. Angesichts der Neuordnung der evangelischen Kirchen unter den Bedingungen der Weimarer Reichsverfassung promovierte B. mit einer dogmatischen Untersuchung zur Soziologie der Kirche. Entscheidende Eindrücke und Denkanstöße empfing der habilitierte B. im Studienjahr 1930/31 am Union Seminary in New York durch Mitglieder der ökumenischen Bewegung (»Weltbund für Freundschaftsarbeit der Kirchen«). Sie widersprachen der deutschen Theologie eines »heiligen Krieges« und stellten ihr als Gottesgebot die Ordnung des internationalen Friedens entgegen. Die christliche Kirche gewann für B. eine den verschiedenen Volkstümern übergeordnete Autorität. Doch beobachtete er kritisch die Vielfalt der Kirchlichkeit. Protestantismus ohne Reformation in der »neuen Welt«, den USA, schien ihm gefährdeter als in den europäischen Kirchen der Reformation. Die dem Protestantismus von der »Welt« gebotene Freiheit, wie sie in der US-Verfassung formuliert ist, schloß die verführerische Möglichkeit ein, die Freiheit des Gottes-Wortes preiszugeben und der Welt zu verfallen. Die Staatskirchen der Reformation schienen ihm weniger der Verführung und mehr dem Zwang ausgesetzt zu sein. Waren sie darum weniger gefährdet?
Nach der Rückkehr aus den USA trat B. in persönliche Beziehungen zu Karl Barth, der zum theologischen Lehrer geworden war. Er wurde 1931 zu einem der Jugendsekretäre des »Weltbundes für Freundschaftsarbeit der Kirchen« gewählt und umriß bei einer Jugendfriedenskonferenz im Sommer 1932 die von Gott gebotene Friedensordnung auf den Grundlagen von Wahrheit und Recht: Werden diese »gefährdet oder erstickt, muß die Friedensgemeinschaft zerbrochen und der Kampf angesagt werden«: »Es geht in der von Gott gefallenen Welt nicht ohne Kampf ab, aber es soll kein Krieg sein.« »Unser heutiger Krieg fällt darum nicht mehr unter den Begriff Kampf, weil er die sichere Selbstvernichtung beider Kämpfenden ist.« »Dem Christen ist jeglicher Kriegsdienst, es sei

denn Samariterdienst, und jede Vorbereitung zum Krieg verboten.«

Bereits 1933 sprach sich B. gegen den Führungsanspruch der NSDAP und die sich abzeichnende Judenverfolgung aus. Als B. anläßlich der Ernennung Hitlers zum Reichskanzler im Januar 1933 einen Radiovortrag hielt und mit Blick auf Hitlers Politik das Wort »verbrecherisch« gebrauchte, brach die zuständige Sendeleitung seine Rede vorzeitig ab. Auf einer Konferenz im Sommer 1934 in Dänemark wurde er zum Mitglied des ökumenischen Rates gewählt und forderte ein radikales Wort zum Frieden: »Nur das eine große ökumenische Konzil der heiligen Kirche Christi aus aller Welt kann es so sagen, daß die Welt zähneknirschend das Wort vom Frieden vernehmen muß und daß die Völker froh werden, weil diese Kirche Christi ihren Söhnen im Namen Christi die Waffen aus der Hand nimmt und ihnen den Krieg verbietet und den Frieden Christi ausruft über die rasende Welt«.

Durch den NS-Staat sah B. wie kein anderer deutscher Theologe die Kirche grundsätzlich mit der »Judenfrage« konfrontiert. Er hielt den Staat für berechtigt, auch Verfassungsrecht zu wandeln: »Der Staat schafft und wandelt das Recht«. Deshalb könne die »Kirche nur danach fragen, ob der Staat Ordnung und Recht schafft oder nicht«. Wenn der Staat »eine Gruppe von Staatsuntertanen« rechtlos mache, werde er seiner Aufgabe nicht gerecht. Dann müsse die Kirche ihn nach der ihm überantworteten Rechtsstaatlichkeit fragen. Sie müsse außerdem den »Dienst an den Opfern« übernehmen, »auch wenn sie nicht der christlichen Gemeinde zugehören«. Erst wenn nichts anderes mehr helfe, dürfe sich die Kirche »unmittelbar politisch handelnd« gegen den Staat wenden. Die Entscheidung darüber behielt B. einem »Evangelischen Konzil« vor. Der Vorstellung von Obrigkeit und Untertanen blieb er theologisch und politisch verpflichtet.

Dennoch hatte B. den Mut, gemeinsam mit Martin Niemöller gegen die Übernahme des Arierparagraphen aus dem Beamtenrecht in das Recht der kirchlichen Bediensteten aufzutreten und sich an den Gründungsvorbereitungen des antinazistischen Pfarrernotbundes zu beteiligen. Vom Herbst 1933 bis zum Frühjahr 1935 übernahm er eine Pfarrstelle der deutschen Gemeinde in London und fand persönliche Beziehungen zu Bischof George Bell. Nach der Rückkehr leitete er Predigerseminare zur Ausbildung für das Pfarramt in der sich seit 1934 gegen die NS-»Glaubensbewegung Deutsche Christen« sammelnden »Bekennenden Kirche«. Die Berliner Universität entzog ihm 1936 die Lehrbefugnis. Die Gestapo unterband seine Tätigkeit im Frühjahr 1940 endgültig.

Als Seminarleiter der oppositionellen »Bekennenden Kirche« (1935–1937 in Zingst, später in Finkenwalde) versuchte er, in einer disziplinierten, aber diskutierenden und auch vergnügten Bruderschaft die Verpflichtung zur Umkehr und zum Widerstand einzulösen, die die Kirche als Institution nicht auf sich nahm. Von Verfassungs-, Bürger- oder Menschenrechten sprach B. nicht und rechnete sie auch nicht zu den theologisch letzten »eschatologischen« Dingen. Aber er sprach von »Bedingungen, die zum Menschsein gehören«, und rechnete sie zu den vorletzten, nämlich geschichtlichen Notwendigkeiten, die nicht zerstört werden dürften: »Das Vorletzte muß um des Letzten willen gewahrt bleiben«. Friedensordnung und Rechtsordnung müßten geschützt werden. Der NS-Staat entpuppte sich ihm als Gewaltherrschaft der Lüge, des Unrechts und der Zerstörung. Hitler erläuterte am 5. November 1937 im engsten Kreis seine Absicht, Krieg zu führen zur »Gewinnung eines größeren Lebensraumes« in Europa (»Hoßbach-Niederschrift«). B. erfuhr davon durch seinen Schwager Hans von Dohnanyi, zu der Zeit persönlicher Referent des Reichsjustizministers Franz Gürtner, und durch einige hohe Offiziere, die einen politischen Umsturz zu planen begannen. Ihrem Kreis schloß sich B. an. Von einem mit offizieller Genehmigung 1939 angetretenen Studienjahr in den USA kehrte B. bereits vor Kriegsbeginn zurück, da er sein eigenes Geschick nicht mehr von den Menschen lösen wollte, die er zum Pfarramt ausgebildet oder zum Widerstand beraten hatte.

Abseits von Kirche und Bruderschaft wurde er im Herbst 1940 als Agent in den Dienst der Abwehr der Wehrmacht unter Admiral Wilhelm Canaris gestellt. Durch zwei Reisen in die Schweiz (1941), nach Norwegen und durch zwei Schwedenreisen (1942) sollte er die Umsturzpläne den Alliierten übermitteln und die Friedensziele der Alliierten erkunden. Vermittler war Bischof George Bell.

Devisenvergehen von Agenten der Abwehr lösten eine Verhaftungswelle aus, die auch B. am 5. April 1943 erreichte. Seine Beteiligung an Vorbereitungen zum politischen Umsturz wurden aber erst nach dem gescheiterten Attentat auf Hitler am 20. Juli 1944 entdeckt. Im Widerstand konnte für B. nur einer durchhalten, dem »nicht seine Vernunft, sein Prinzip, sein Gewissen, seine Freiheit, seine Tugend der letzte Maßstab ist, sondern der dies alles zu opfern bereit ist, wenn er im Glauben und in alleiniger Bindung an Gott zu gehorsamer und verantwortlicher Tat gerufen ist«. Im Blick auf die Zukunft schrieb er 1944: »Mitten in einer sehr weitgehenden Angleichung der materiellen und ideellen Lebensbedingungen unter den Menschen könnte das heute quer durch alle sozialen Schichten hindurchgehende Qualitätsgefühl für die menschlichen Werte der Gerechtigkeit, der Leistung und der Tapferkeit eine neue Auslese von solchen Schaffenden kommen, denen auch das Recht auf starke Führung zugebilligt wird«.

Am 9. April 1945 – kurz vor der Befreiung durch die Alliierten – wurde B. im KZ Flossenbürg (Oberpfalz) standrechtlich gehängt.

Bethge, E.: Dietrich Bonhoeffer. In Selbstzeugnissen und Bilddokumenten. Reinbek bei Hamburg 1979. – Kodalle, K.M.: Dietrich Bonhoeffer. Zur Kritik seiner Theologie. Gütersloh 1991.

Manfred Wichelhaus

Born, Stephan (eigentlich Simon Buttermilch)

Geb. 28. 12. 1824 in Lissa/Großherzogtum Posen; gest. 4. 5. 1898 in Basel

Simon, der Sohn des jüdischen Maklers Meir Buttermilch, besuchte bis zu seinem 15. Lebensjahr das deutsche Gymnasium in Lissa und wurde dann Lehrling in einer Berliner Schriftsetzerei. Ab 1842 nannte er sich Stephan Born.

Anders als andere jüdische linksgerichtete Intellektuelle, die 1848 im revolutionären Sturmjahr hervortraten, lernte B. die Misere des Arbeiterdaseins durch eigenes Erleben kennen. Er nutzte die freien Stunden zu seiner Weiterbildung, trat einem Handwerkerverein bei und begann, sich in die sozialistische Ideenwelt zu vertiefen. Ende 1846 reiste er nach Paris, wo er die Bekanntschaft von Friedrich Engels machte. Er wurde Mitglied des Bundes der Kommunisten, lernte in Brüssel Karl Marx kennen und verfaßte eine Broschüre, in der er in Übereinstimmung mit dessen Konzeptionen den Staat als Instrument der herrschenden Klasse zur Unterdrückung der Beherrschten bezeichnete. B. sagte einen baldigen großen Entscheidungskampf voraus, in dem das Proletariat über die Bourgeoisie siegreich bleiben und das Privateigentum aufheben werde.

Auf die Kunde vom Sieg der Berliner proletarischen Barrikadenkämpfer über das Militär am 18. März 1848 eilte B. in die preußische Hauptstadt, betätigte sich als Volksagitator und Journalist und bewies, daß er überragende Fähigkeiten besaß, um die Massen zu überzeugen, zu organisieren und zu mobilisieren. Unter seinem Vorsitz konstituierte sich ein »Zentralkomitee für Arbeiter«, das sich aus Vertretern verschiedener Berufsverbände zusammensetzte. In einer von B. verfaßten programmatischen Erklärung hieß es, daß die Arbeiter »nicht Zerstörung des Kapitals, sondern Verbesserung ihrer Lage« anstrebten und einer Organisation bedürften, um mit den Unternehmern als gleichberechtigte Partner zu verhandeln. B. arbeitete zwar an der von Karl Marx in Köln herausgegeben *Neuen Rheinischen Zeitung* als Berliner Korrespondent mit, ließ sich jedoch von Marx nicht am Gängelband führen und gab sich keinen Illusionen über die Möglichkeit einer proletarischen Machtübernahme hin.

B.s sozialpolitische Zeitschrift *Das Volk*, die von Anfang Juni bis Ende August 1848 als Organ des »Zentralkomitees für Arbeiter« erschien, appellierte an die Solidarität der Proletarier und suchte ihr Klassenbewußtsein zu stärken, um sie in die Lage zu versetzen, mit gesetzlichen Mitteln soziale und politische Rechte im Rahmen einer parlamentarischen Demokratie zu erobern.

B. forderte das aktive und passive Wahlrecht aller männlichen Einwohner Preußens, die Säkularisierung des Staates, die Modernisierung des Justizwesens, die unentgeltliche allgemeine achtjährige Schulpflicht, die Aufhebung der indirekten Steuern und die Einführung einer progressiven Einkommenssteuer, das Koalitions- und Streikrecht der Arbeiter, den Abschluß von Tarifverträgen mit den Unternehmern, die Errichtung von Facharbeiterschulen, die Festsetzung von Mindestlöhnen und die Begrenzung der Arbeitszeit auf zehn Stunden täglich, die Abschaffung der Nachtarbeit, das Verbot der Kinderarbeit, die staatliche Unterstützung für Arbeitslose, Invalide und Bedürftige und den gesetzlichen Schutz vor willkürlicher Entlassung. Die Verwirklichung dieser Forderungen hätte Preußen in eine fortschrittliche soziale Demokratie verwandelt. Im Gegensatz zu Marx schätzte B. die wirtschaftlichen Aussichten des Genossenschaftswesens hoch ein und glaubte, daß diese durch staatliche Kredithilfe unterstützten »Assoziationen« leistungsfähiger sein und billiger produzieren würden als privatkapitalistische Betriebe.

Der Arbeiterkongreß, der Ende August 1848 in Berlin unter dem Vorsitz B.s zusammentrat und an dem Delegierte von fünfunddreißig Arbeitervereinen aus allen Teilen Deutschlands teilnahmen, schuf die »Allgemeine deutsche Arbeiterverbrüderung«. Mit der Wahl eines Zentralkomitees erhielten diese Vereine ein leitendes und koordinierendes Zentrum; damit hatte sich das Proletariat als selbständige Klasse konstituiert und die erste gesamtdeutsche Arbeiterpartei geschaffen.

Das Zentralkomitee schlug seinen Sitz in Leipzig auf. B. übersiedelte dorthin und redigierte von Anfang Oktober 1848 bis Ende April 1849 das neue Verbandsorgan *Die Verbrüderung*. Seine Leitartikel beweisen, daß er die zu Anfang der Revolution gehegten Hoffnungen auf ein Bündnis zwischen liberalem Bürgertum und Arbeiterbewegung verloren hatte und erkannte, daß die Bourgeoisie kein Interesse an einer demokratischen Neugestaltung des Staates und an politischen und sozialen Rechten des verachteten Proletariats besaß. Er betonte die »ungeheure Bedeutung der Klassengegensätze als revolutionäres Element in der Weltgeschichte« und meinte, daß das Interesse der »Aristokratie des Besitzes« bereits »die herrschenden Staatsinteressen« in Deutschland geworden seien. Er rief zum Sturz der Ausbeuterordnung durch Erhebung des Proletariats auf und meinte, daß die Arbeiter, die unter dem Banner »Jeder für alle!« kämpften, über die Kapitalisten, deren Prizip »Jeder für sich« sei, den Sieg davontragen würden.

In den ersten Maitagen 1849 wurde B. vom Leipziger Arbeiterverein nach Dresden entsandt. Als die dortigen Barrikadenkämpfe ausbrachen, bewies er, daß er nicht nur ein Mann des Wortes, sondern auch der Tat war. Er kommandierte drei Tage lang eine Barrikade gegen das sächsische und preußische Militär und gab den Kampf erst auf, als seine Stellung umzingelt war und die Niederlage des Aufstandes feststand. Am 9. Mai gab er mehreren hundert Barrikadenkämpfern den Befehl zum Rückzug. Es gelang ihm, zu entkommen und nach Böhmen zu flüchten. Mit falschem Paß unter falschem Namen gelangte er nach Straßburg und emigrierte nach der Niederlage der Revolution in die Schweiz. Er entfremdete sich der proletarischen Bewegung und wurde Mitte 1850 aus dem »Bund der Kommunisten« ausgeschlossen.

B. arbeitete zunächst als Journalist. Er studierte an der Zürcher Universität deutsche und französische Literaturgeschichte und wurde Lehrer an einer Realschule. Als sich Karl Marx im Jahr 1859 an ihn wandte und ihn um Mitarbeit an der Londoner Emigrantenzeitung *Das Volk* bat, teilte ihm B. mit: »Ich besitze nicht den Heroismus, für etwas zu leiden, für das ich in meinem Jahrhundert nicht den entferntesten Hoffnungsschimmer einer Verwirklichung entdecken kann.«

Dennoch wurde er nicht zum Renegaten, sondern blieb den Idealen des politischen Fortschritts und der sozialen Reformen treu. Er verkehrte im Kreis emigrierter deutscher Demokraten und heiratete 1860 die Tochter des Juristen Jodocus Temme. Vor seiner Hochzeit ließ er sich protestantisch taufen. Das Paar bekam drei Töchter. B. übersiedelte 1878 nach Basel, wo er sich mit einer Arbeit über *Die romantische Schule in Deutschland und Frankreich* an der Universität habilitierte. Er wurde zum Extraordinarius ernannt und war auch als Redakteur der demokratischen *Basler Nachrichten* tätig.

Im Jahre 1885 versuchte Friedrich Engels in der Schrift *Zur Geschichte des Bundes der Kommunisten*, B.s Leistung im revolutionären Sturmjahr herabzusetzen. Er behauptete, B. habe es »mit seiner Verwandlung in eine politische Größe« zu eilig gehabt und sich »mit den verschiedenartigsten Krethi und Plethi« verbrüdert, »um nur einen Haufen zusammen zu bekommen«. B. sei nicht der Mann gewesen, der »Einheit in die widerstrebenden Tendenzen, Licht in das Chaos bringen« konnte; in der »Arbeiterverbrüderung« seien die »im Kommunistischen Manifest vertretenen Ansichten kunterbunt durcheinander mit Zunfterinnerungen und Zunftwünschen« gegangen. Mit dem ausdrücklichen Hinweis, daß B.s ursprünglicher Name Buttermilch sei, verlieh Engels seiner Kritik sogar eine antisemitische Note.

Dieses schiefe und ungerechte Urteil über den Mann, der die Ideen des *Kommunistischen Manifests* dem Proletariat erklärte, mit Marx während der gesamten Revolution in freundschaftlichem Kontakt stand und auf den Dresdner Barrikaden sein Leben in die Schanze schlug, wurde bereits von Franz Mehring in dessen *Geschichte der deutschen Sozialdemokratie* (1893) korrigiert. Mehring stellte fest: »Wollte B. die Arbeiter als Klasse organisieren, so mußte er mit dem Gedankenkreise rechnen, worin sie sich vorläufig erst bewegen konnten, und er hat es wenigstens nicht an Eifer fehlen lassen, sie über diesen Horizont hinauszuführen«. Kurz vor seinem Tod gab B. seine *Erinnerungen eines Achtundvierzigers* heraus. Sie schließen mit einer Ansprache an die deutschen Arbeiter, in der es heißt: »Ihr Unterdrückten, Übersehenen, Vergessenen, ihr habt euch an einem Tage heißen Zorns gegen diejenigen erhoben, die aus eurer Schwäche ihre Kraft gewonnen hatten und euch mißachteten. Ihr habt euer Leben eingesetzt und habt jene bekämpft. (...) Ihr wurdet niedergeschlagen. Was tut's? (...) Ihr erhebt euch aus eurer Niederlage, ihr seid stark geworden. Nur einige Jahrzehnte und ihr stellt eine Macht dar, die aus dem Nichts zum Lichte emporgedrungen ist; man muß mit euch rechnen, ihr steht da als ein lebendiges Zeugnis für die Gesetze der Völkerentwicklung. (...) Das ist der Sieg der Ideen, der mehr wert ist als der Vorteil des Augenblicks, mehr als materielle Kraft und zufällige Überlegenheit der Arme oder der Zahl, und dieser Sieg über die Geister, er ist die wirkliche, die eigentlich gewonnene Schlacht. So dürfen wir, die Achtundvierziger, in unseren alten Tagen mit Beruhigung aussagen: Wir haben nicht vergeblich gerungen.«

Friedensburg, W.: Stephan Born und die Organisationsbestrebungen der Berliner Arbeiterschaft bis zum Berliner Arbeiter-Kongreß. Leipzig 1923. – Quarck, M.: Die erste deutsche Arbeiterbewegung. Geschichte der Arbeiterverbrüderung 1848/49. Leipzig 1924. – Rogge, F.: »Wir helfen uns selbst!« Die kollektive Selbsthilfe der Arbeiterverbrüderung 1848/49 und die individuelle Selbsthilfe Stephan Borns. Borns Leben, Entwicklung und seine Rezeption der zeitgenössischen Lehren. Erlangen 1986. – Schlechte, H. (Hg.): Die Allgemeine deutsche Arbeiterbewegung 1848–1850. Dokumente des Zentralkomitees für die deutschen Arbeiter in Leipzig. Weimar 1979.

Walter Grab

Börne, Ludwig

Geb. 6. 5. 1786 in Frankfurt am Main; gest. 12. 2. 1837 in Paris

Für die Sozialisation des knapp drei Jahre vor Ausbruch der Französischen Revolution als zweiter Sohn eines wohlhabenden jüdischen Bankiers im Frankfurter Getto zur Welt gekommenen Juda Löb Baruch blieben Zeit und Ort seiner Geburt von tiefgreifender Bedeutung. Als gesellschaftlich Ausgegrenzter aufgewachsen, faßte B. schon früh die supranationale Botschaft der französischen Staats- und Gesellschaftsumwälzung als eine vor allem emanzipatorische auf.

Als Student der Medizin (1803–1806) – dem einzigen Fach, das einem Juden der Zeit Berufsaussichten bot – gleichzeitig Hörer der philosophischen Vorlesungen des Theologen Friedrich Schleiermacher und des Naturphilosophen und Schellingianers Henrik Steffens stand B. unter dem Einfluß von romantischem Idealismus und Identitätsphilosophie, der den zum aufklärerischen Zynismus neigenden Jüngling in innere Krisen führte. Der Wandel der politischen Verhältnisse – insbesondere die Emanzipation der Frankfurter Juden nach Eroberung der Stadt durch französische Truppen (1806 bis 1813) ermöglichte B. den Wechsel des Studienfaches, 1808 promovierte er in Giessen als Kameralist. In den folgenden Jahren widmete er sich ohne berufliche Bindung Studien zum Judenbürgerrecht.

Konzeptionelle Überlegungen zum nicht realisierten Projekt einer offiziösen Zeitung im Interesse Preußens führten zu B.s erster eigener Zeitschriftengründung. Der inzwischen Getaufte trat 1818 unter dem Namen Ludwig Börne mit einer programmatischen »Ankündigung« an die Öffentlichkeit: Seine 1808 erstmals geforderte dialektische Vermittlung von Theorie und Praxis, basierend auf einer organischen Staats- und Gesellschaftsvorstellung (*Theorie und Praxis. Das Leben und die Wissenschaft*), versuchte er mit dem Programm der Zeitschrift *Die Wage* (Untertitel: *Eine Zeitschrift für Bürgerleben, Wissenschaft und Kunst*, 1818–1820) weiterzuentwickeln. In seinem neuartigen Forum der öffentlichen Meinung, in dem auch gegenläufige Zeittendenzen zu Wort kommen sollten, stellte der Herausgeber, auf der Basis des Konstitutionalismus, frühliberale Forderungen nach bürgerlicher Mitsprache, Pressefreiheit und Toleranz (Judenemanzipation als Paradigma für die Erkämpfung von Minderheitenrechten) zur Diskussion. Seine Kritik galt Feudalismus und Privilegienwirtschaft, Partikularismus und provinziellem Kastendenken, Deutschtümelei und Antisemitismus; vor allem wurde die Einlösung des in Artikel XIII der Wiener Bundesakte (1815) gegebenen Verfassungsversprechens eingeklagt. Zur gleichen Zeit geriet B. durch seine redaktionelle Tätigkeit für die *Zeitung der freien Stadt Frankfurt* wie für die Offenbacher *Zeitschwingen* im Krisenjahr 1819 mit der österreichisch kontrollierten Zensur in beinahe tägliche Auseinandersetzungen.

Die Karlsbader Beschlüsse vom September 1819 und damit die Durchsetzung des restaurativen Prinzips im Deutschen Bund bedeuteten für die fortschrittlich-demokratischen wie für die patriotisch-nationalen Parteiungen eine tiefe Zäsur. Verschärfte Zensurbedingungen verlangten neue Schreibstrategien. Nach einer ersten, eher fluchtartigen Reise nach Paris aufgrund einer irrtümlichen Denunziation verhaftet, residierte B. in den folgenden Jahren vorwiegend in Stuttgart oder München. Er war Mitarbeiter der liberalen *Neckar-Zeitung* von Friedrich List sowie des Cottaschen *Morgenblattes für gebildete Stände* und die *Politischen Annalen.* 1821 entschied er sich, im Bewußtsein seiner Verantwortung als einer der herausragenden öffentlichen Gegner Österreichs und Exponent der liberalen »Partei«, gegen eine durch den Vater vermittelte Karriere in der Wiener Staatskanzlei. Nach zweijährigem, in Gesellschaft seiner lebenslangen Freundin und Kritikerin Jeanette Wohl verbrachtem Aufenthalt in Paris (*Schilderungen aus Paris*, 1822 bis 1824) zwang ihn seine labile Gesundheit zu regelmäßigen Kuraufenthalten in den Taunusbädern. – Anfang der zwanziger Jahre hatte B. seine Gabe des Witzes zur scharfen Waffe der Satire geschliffen, die er, im Gewand harmloser Humoresken, gegen die Politik der Heiligen Allianz wie gegen die vis inertiae der Deutschen einsetzte (*Der Esskünstler* und *Monographie der deutschen Postschnecke*, 1821). Die Kritik, von B. seit 1818 an Theater und dramatischer Literatur geübt, nahm zwischen 1820 und 1830 breiteren Raum in seine Schriften ein. Kunst- und Literaturkritik orientierten sich nicht mehr am klassischen formal-ästhetischen Maßstab, vielmehr wurde die Interdependenz zwischen Stoff und Form einerseits, gesellschaftlicher und politischer Wirklichkeit andererseits zum Richtmaß für den Rezensenten. So galt seine bekannte Verurteilung der »Sachdenklichkeit«, Pedanterie und »steinernen Ruhe« Goethes, nicht der von B. unbestrittenen dichterischen Qualität des Weimaraners, sondern dessen »Zeitablehnungsgenie« (Heinrich Heine). Bei der Diskussion politischer Grundsatzfragen gewann die Machtproblematik für B. zunehmend an Gewicht. Mit wachsender Resignation gegenüber jeglicher Form gouvernementaler Politik neigte er zu utopisch-anarchistischen Theorien, an die er zehn Jahre später wieder anknüpfte (*Freiheit geht nur aus Anarchie hervor*, 1826). Ab 1828 erschien die Sammlung

seines publizistischen Oeuvres im Verlag von Julius Campe in Hamburg.
In der Pariser Julirevolution 1830 sah B., der im September dieses Jahres nach Paris übersiedelte, die Zeitwende des 19. Jahrhunderts, die den historischen Paradigmawechsel von 1789 erneuerte und vollendete. Durch die repressive Entwicklung der kapitalgestützten Julimonarchie jedoch ernüchtert, wandelte sich der liberale Publizist zum republikanischen Volkstribun, dessen Schreiben, vom Zwang der Zensur befreit, explizit Handlungscharakter annahm. Literarische Formprobleme und kompositorische Überlegungen wurden irrelevant unter dem bedrängenden Eindruck der Beschleunigung gelebter Geschichte, wie sie schon die zeitgenössischen Beobachter der Revolution des 18. Jahrhunderts empfunden hatten (»Die Zeit läuft wie ein Reh vor uns her...«, *Briefe aus Paris*, 1831). Zentrum seines von einem umfassenden Freiheitsbegriff gelenkten Interesses bildeten die revolutionären Erhebungen in den europäischen Randstaaten, ebenso wie die Rückschläge in Presse- und Verfassungskämpfen der südwestdeutschen Staaten. Die unterhaltenden Partien seiner Pariser Berichterstattung, die dem öffentlichen Leben auf Bühne und Straße galten, sollten mit Provinzialismus und Öffentlichkeitsdefizit in Deutschland kontrastieren. Das Echo der von Julius Campe unter falscher Firmierung und Umgehung des preußischen Verbots verlegten Bände der *Briefe aus Paris* (3 Bände 1832, 1833, 1834) entsprach der gewollten Provokation durch den Autor: B. verfiel der Ächtung selbst durch die – nicht selten antisemitisch argumentierenden – gemäßigt Liberalen, während der Rheinpfälzer Radikalismus von Johann Georg August Wirth und Philipp Jacob Siebenpfeiffer ihm Schützenhilfe gab und von ihm empfing.
Nach Niederschlagung der republikanischen Bewegung in Frankreich und der deutschen demokratischen Bewegung in der Folge des von ihm besuchten Hambacher Festes (Mai 1832) arbeitete B. in seinen unvollendet gebliebenen *Studien über Geschichte und Menschen der Französischen Revolution* die von ihm als zukunftsweisend verstandenen Merkmale des Jakobinismus heraus. Durch seine grundsätzliche Skepsis gegenüber jeglicher, selbst der rousseauistisch-robespierristischen Herrschaftsstruktur geriet er jedoch wieder in die Nähe einer Utopie der staatsfreien Gesellschaft, die sich am Leitgedanken der das positive Recht übergreifenden Gerechtigkeit orientierte.
Einen neuen Hoffnungsträger fand B. 1834 in dem religiösen Sozialisten Robert de Lamennais, in dessen prophetisch formulierten *Paroles d'un croyant* (1833, 1834 von B. übersetzt) er die revolutionäre »Trinität« Freiheit, Gleichheit, Brüderlichkeit christlich geläutert und demokratisch verankert sah. In Lamennais' Botschaft meinte er einen Lösungsansatz für das im Lyoner Aufstand von 1831 erstmals signalisierte Problem der Massenpauperisierung und deren Folgen, den »fürchterlichen Krieg der Armen gegen die Reichen«, zu finden. Gleichzeitig sprach er sich gegen sozialistische Theorien von Gütergemeinschaft wie auch mit Entschiedenheit gegen die Saint-Simonistische, in ein hierarchisches Gesellschaftssystem eingebundene Erbrechtsreform aus. Vor dem Hintergrund des deutschen Idealismus wie dem der französischen Verfassungen bis 1793 sah B. im Verzicht auf das Eigentumsrecht eine Zerstörung der individuellen Persönlichkeit und Entbindung der Besitzenden von sittlich begründeter Solidarität. Er meinte, daß eine gegebenenfalls auf revolutionärem Wege zu erkämpfende Volksvertretung des vierten Standes und damit dessen politische Gleichberechtigung (auch in der Steuer-, Abgaben- und Finanzpolitik) nötig sei, um die unabdingbare materielle Ausbeutung der unterprivilegierten Massen im kapitalistischen Frankreich des Nach-Juli abzuschaffen.
Wirkungsgeschichtlich folgenreich blieben die für Krisenfelder und Polarisierung der Epoche bezeichnenden Kontroversen der letzten Lebensjahre: Mit seiner Streitschrift *Menzel der Franzosenfresser* (1837) wehrte B. die chauvinistisch motivierte Pressekampagne des »Literaturpapstes« Wolfgang Menzel gegen das »Junge Deutschland« ab und prangerte Menzels bewußte Herausforderung des staatlichen Übergriffs auf den Literaturbetrieb an. Gegen die philiströse Deutschtümelei noch mit Heinrich Heine in gleicher Frontstellung, zerbrach die »Waffenbrüderschaft« der beiden Exilanten an der Dissonanz ihres Emanzipations- und Fortschrittsdenkens. B. griff den der Saint-Simonistischen Sozialutopie nahestehenden Heine als ethisch indifferenten, politisch unengagierten Sensualisten und Künstler an, um von diesem als asketisch rigoroser, politisch bornierter Republikaner etikettiert zu werden.
Mit B.s letztem, wieder an ein bürgerliches Zielpublikum gerichtetes Journal *La Balance* (1836), mündete der Weg des einstigen konstitutionellen Liberalen über die radikal-demokratische Periode seiner *Briefe aus Paris* und die metapolitische Vision einer herrschaftsfreien Gesellschaft in den Revolutionsstudien in die Zukunftshoffnung des kosmopolitisch denkenden demokratischen Europäers ein: B. sah in den sich mental und kulturell ergänzenden Völkern diesseits und jenseits des Rheins den Kern eines künftigen friedlichen Europa.

Bock, H.: Ludwig Börne. Vom Ghettojuden zum Nationalschriftsteller. Berlin 1962. – Labuhn, W.: Literatur und Oeffentlichkeit im Vormärz. Das Beispiel Ludwig Börnes. Königstein/Taunus 1980. – Rippmann, I.: Börne-Index. Historisch-biographische Materialien zu Ludwig Börnes Schriften und Briefen. 2 Bde., Berlin 1985. – Rippmann, I., Labuhn, W. (Hg.): Die Kunst – eine Tochter der Zeit. Neue Studien zu Ludwig Börne. Bielefeld 1988.

Inge Rippmann

Böse, Heinrich

Geb. 14. 4. 1783 in Bremen; gest. 15. 8. 1867 in Bremen

B. wuchs als Sohn eines reichen Zuckerfabrikanten in Bremen auf. Sein Vater Johann B. entstammte einer armen Bauernfamilie in Stotel, lernte die Zuckersiederei in Hamburg, wurde Direktor einer Zuckerfabrik in Kopenhagen, stieg zum Leiter der Plantagen des Grafen Heinrich Karl von Schimmelmann in Dänisch-Westindien auf und gründete in Bremen seine eigene florierende Zuckerfabrik. Maßgeblichen Einfluß auf die Erziehung des jungen B. gewann einer seiner Hauslehrer, ein französischer Emigrant mit umfassender Bildung, der sich erst Fauçon nannte, bei seiner Rückkehr nach Frankreich sich aber als Marquis de Villaret zu erkennen gab. Unter dessen Einfluß wollte B. Geschichte und Philosophie studieren, doch sein Vater bestand darauf, daß er Kaufmann wurde. So begann B., als 18-jähriger das Zuckersieden zu erlernen und übernahm 1803 nach dem Tod des Vaters mit seinem Bruder die Fabrik. Von 1806 bis 1807 reiste er anderthalb Jahre durch England, Schottland, Portugal, Spanien und Frankreich. Als er aus Paris zurückkehrte, war seine Heimatstadt (seit November 1806) von den Franzosen besetzt. Durch die von Napoleon verfügte Kontinentalsperre gegen England (1806–1813) kam der bremische Handel zum Erliegen. Trotz seines Hasses auf die Fremdherrschaft, die die deutsche Wirtschaft ruinierte, arrangierte sich B. mit dem französischen Präfekten Graf Arberg und richtete nach dem Willen Napoleons an zahlreichen Orten zwischen Nord- und Ostsee Rübenzuckerfabriken ein, was bei den hohen Zuckerpreisen ein einträgliches Geschäft wurde. Die westfälische Regierung in Kassel erlaubte ihm insgeheim sogar, eingeschmuggelten englischen Rohrzucker zu verarbeiten.

Seit 1809 begann B., den politischen Widerstand gegen die Franzosen um sich zu sammeln. Als der Bremer von Eelking im Oktober 1813 Freiwillige für den Befreiungskrieg rekrutierte, rüstete B. auf eigene Kosten eine Jägerkompanie aus, wurde als Hauptmann in der Hanseatischen Legion dem Kronprinzen von Schweden (Bernadotte) unterstellt und marschierte mit ihr bis nach Lille. Enttäuscht, daß die Truppe nicht zum Kampfeinsatz kam, kehrte er nach Bremen zurück; seine volkstümliche Rolle als »Hauptmann Böse« überdauerte jedoch Jahrzehnte. 1825 verkaufte er seine Zuckerfabriken und erwarb 1826 Land im Flecken Bederkesa, nördlich von Bremen, auf dem er sich einen Gutshof baute. Der Bremer Senat ernannte ihn am 21. Oktober.1826 zum Ehrenbürger der Hansestadt. Mit seiner Frau und den sieben Kindern empfing er auf dem »Bösehof« zahlreiche Gäste, darunter auch den Dichter Heinrich Hoffmann von Fallersleben, der sich nach seiner Amtsenthebung in Breslau 1842 ein paar Monate im Lande Hadeln aufhielt. B. arbeitete gern mit den Bauern auf dem Feld, säte, erntete, drosch und saß mit ihnen am Herdfeuer. Nach Überschwemmungen und Mißernten im Hadeler Sietland zu Beginn der dreißiger Jahre ließ er Wagenladungen mit Saat- und Brotkorn in die hungernden Dörfer fahren. B. war der Hauptförderer des Elbe-Weser-Kanals, durch den das niedrige Land vom Bederkesaer See zur Medem und in die Elbe entwässert wurde und mit dessen Fertigstellung 1860 die alljährliche Not des Sietlandes ein Ende nahm.

Mit einer kleinen Schrift über die Mißstände in Hannover machte B. sich 1830 zum Fürsprecher der Landbevölkerung. Er forderte eine konstitutionelle Monarchie mit Einkammersystem und indirekten Wahlen. Für die Regierung wurde er damit zur mißliebigen Person. Im Königreich Hannover waren die preußischen Reformen von 1807–1810 erst eine Generation später eingeführt worden – 1833 ein Staatsgrundgesetz und 1831/34 tiefgreifende Agrarreformen wie die Ablösungsgesetze, mit denen die Bauern gegen Geldabfindung von Erbpächtern zu Eigentümern werden konnten. Der politische Wandel wurde 1837 durch den Thronwechsel jäh unterbrochen. Auf den letzten gemeinsamen britisch-hannoverschen König Wilhelm IV. (1830–1837) folgte sein absolutistisch denkender Bruder Ernst August (1837–1851). Der neue, erzkonservative König hob am 1. November 1837 in Hannover die Verfassung von 1833 auf. Wie die berühmten sieben Göttinger Professoren (darunter die Brüder Grimm, Friedrich Christoph Dahlmann und Georg Gottfried Gervinus) protestierte B. gegen diesen krassen Rechtsbruch und stellte sich auf die Seite des bedeutendsten hannoverschen Reformers, des Osnabrücker Bürgermeisters Johann Karl Bertram Stüve. B. reiste umher, sprach mit Beamten und Offizieren und kämpfte als volkstümlicher Redner für die Wiederherstellung der Verfassung. Zusammen mit vielen Hofbesitzern in Hadeln und Kehdingen gipfelte sein Widerstand 1839 in der Weigerung, Steuern zu zahlen. Die Regierung ließ auf den Höfen pfänden und verfügte militärische Einquartierungen. B. bewirtete die Dragoner auf seinem »Bösehof« und hielt vor ihnen aufrührerische Reden. Nach dem Zustandekommen einer neuen Verfassung 1840 zog B. sich zunächst aus der aktiven Politik zurück, empfing aber im September 1842 den entlassenen und überall ausgewiesenen Professor und Dichter Hoffmann von Fallersleben, der bei den Hadeler Bauern begeisterte aufgenommen wurde. 1848 wurde B. als Abgeordneter der bremischen Geest in die zweite hannoversche Kammer gewählt. Dort überwarf er sich mit seinem Freund

Stüve, der inzwischen Innenminister geworden war, aber die ehemaligen politischen Gegner in ihren Ämtern beließ. Stüve lehnte die auf eine kleindeutsch-preußische Lösung der deutschen Frage hinauslaufende Frankfurter Reichsverfassung aus großdeutscher Gesinnung ab. B. dagegen forderte nachdrücklich die Unterordnung Hannovers unter die Nationalversammlung. Die 17 Bauern in der hannoverschen Kammer stimmten nach seinem Vorbild.

B.s politische Bedeutung liegt in seinem nachhaltigen persönlichen Einfluß auf die hannoverschen Marsch- und Geestbauern. In der Zeit der Agrarreformen hatte er ihr Selbstbewußtsein gegen die Behörden gestärkt, als Liberaler die kommunalen Vertreter gegen die Beamten des Obrigkeitsstaates ermutigt und damit den Willen der Bauern gefördert, an ihren eigenen Belangen mitzuwirken. Mit der Gründung des Bederkesaer Schützenvereins wollte B. »seinen« Bauern ein »bürgerliches« Bewußtsein vermitteln – sicher nicht zufällig im Jahr der Ablösungsgesetze 1834. Sein romantisch verklärtes Motiv war die Überbrückung der sozialen Gegensätze auf dem Lande durch gesellige Verbrüderung. Er schrieb: »Dem Vornehmen, den das Schicksal hoch über Viele stellte, bietet sich hier eine Gelegenheit dar, zu zeigen, daß er den Geist der Zeit, welcher das Kastenwesen zu Grabe leuchtet, erkannte. Der von geringerem Stande kann durch seinen Beitritt zeigen, daß er sich selbst achtet. Mögen sie Alle sich einander nähern, sich befreunden, damit deutsche Kraft und Einigkeit nicht fehle, wenn einst die Fremden uns wieder auf den Hals kommen.« Er selbst entstammte zwar dem Großbürgertum, der bäuerliche Ursprung seiner Familie ließ ihn jedoch in der Zeit der Agrarreformen zum einflußreichen und erfolgreichen Wortführer der nordhannoverschen Landbevölkerung werden.

Allmers, H.: Hauptmann Böse. Ein deutsches Zeit- und Menschenbild für das deutsche Volk. Bremen 1882.

Gerrit Aust

Bracke, Wilhelm

Geb. 29. 5. 1842 in Braunschweig; gest. 27. 4. 1880 in Braunschweig

B. wurde als Sohn eines angesehenen Braunschweiger Kaufmanns geboren. Sein Vater schickte ihn auf das traditionsreiche Martino-Katharineum, um ihm eine solide Bildungs- und Wissensgrundlage zu ermöglichen. Hier entdeckte B. sein Interesse für die aufstrebenden Naturwissenschaften Physik und Chemie, die das Weltbild der europäischen Intelligenz in der zweiten Hälfte des fortschrittsgläubigen 19. Jahrhunderts mehr und mehr bestimmen sollten. Diese Neigung blieb ihm in seinem künftigen Leben ebenso erhalten wie die Liebe zu Geschichte und Politik. Noch als erwachsener Mann verwandte er einen großen Teil seiner Zeit darauf, naturwissenschaftliche Studien und Experimente zu betreiben, deren Ergebnisse er in populärwissenschaftlichen Aufsätzen festhielt und in dem von ihm gegründeten und vornehmlich von Bauern und Arbeitern gelesenen *Braunschweiger Volkskalender* veröffentlichte. Trotz der Aufforderung seines Vaters, in die familieneigene Mehl- und Getreidehandlung einzutreten, war B. entschlossen, »Physik und Chemie zu studieren, um an dem Fortschritt der Menschheit Anteil zu haben und nicht Taler auf Taler zu häufen«, wie er es in einem Brief an seinen Vater ausdrückte. Vater und Sohn einigten sich darauf, daß B. in das väterliche Geschäft kam, aber gleichzeitig die Erlaubnis erhielt, am Collegium Carolinum, der späteren Technischen Hochschule, zu studieren. Hier beschäftigte er sich vornehmlich mit historischen Studien.

B.s Jugend fiel in die ereignisreichen Jahre 1858–1864, in denen der Liberalismus einen neuen Aufschwung erlebte. Prinz Wilhelm von Preußen (der spätere König Wilhelm I.) übernahm 1858 für seinen schwer erkrankten Bruder Wilhelm IV. die Regentschaft und leitete mit der Berufung eines liberalen Ministeriums einen innenpolitischen Kurswechsel ein: Die »Neue Ära« löste ein Jahrzehnt der Reaktion ab. Die Gründung des »Deutschen Nationalvereins« 1859 in Frankfurt am Main und die ebenfalls 1859 veranstalteten Schillerfeiern (zum 100. Geburtstag des Dichters), die die Vormärztradition der Gedenkfeste wieder aufleben ließen, beflügelten die liberale Bewegung in Deutschland und belebten die Hoffnungen vieler Deutscher auf Einheit und Freiheit.

B. blieb von diesen Entwicklungen nicht unberührt. Bereits 1860 hatte er großen Anteil an der Gründung des »Männer-

Turn-Vereins« in Braunschweig, den er ganz in der demokratischen Tradition der deutschen Turnerbewegung sah. Bei einem Festumzug anläßlich der Tausendjahrfeier der Stadt 1861 bekannte er sich trotz Polizeiverbots zum Mitführen der schwarz-rot-goldenen Fahne. Im Herbst 1865 gründete er, mittlerweile mit den Ideen Lassalles in Berührung gekommen, eine Sektion des »Allgemeinen Deutschen Arbeitervereins«, um in zahlreichen Versammlungen die Arbeiter, die Handwerksgilden und das in Braunschweig dominierende Kleinbürgertum für das lassalleanische Programm zu gewinnen. Dank B.s Engagement in den folgenden Jahren erlangte der Verein so an Ansehen und Bedeutung, daß B. schon nach kurzer Zeit in den Bundesvorstand gewählt wurde.

Als 1867 der erste Band des *Kapitals* erschien, begann B. sich mit den Theorien des »wissenschaftlichen Sozialismus« zu befassen. In Aufsätzen wie *Lohnarbeit und Kapital* (1867) versuchte er, die Marxschen Theorien einem größeren Leserkreis zugänglich zu machen. Ein Jahr später hielt er bereits auf der Hamburger Generalversammlung der Lassalleaner ein Grundsatzreferat mit dem Titel *Das Werk von Karl Marx*. Seine politische Tätigkeit konzentrierte sich aber nicht nur auf die Verbreitung marxistischer Theorien. B. beschäftigte sich auch mit den Problemen der Frauenarbeit, und nachdem er 1872 zum Stadtrat von Braunschweig gewählt worden war, trat er besonders für die Verbesserung des Schul- und Gesundheitswesens ein.

Im Frühjahr 1868 befürwortete B. auf einer Massenversammlung in Braunschweig das »Demokratische Programm von Dr. Johann Jacoby«, das ein Zusammengehen aller »freisinnigen Elemente« mit der »sozialdemokratischen Arbeiterpartei« forderte. Dieses Bekenntnis geriet zum Konflikt mit Jean Baptiste von Schweitzer, der nach dem Tode Lassalles die Führung des »Allgemeinen deutschen Arbeitervereins« übernommen hatte und sich um die geistige Einheit der Organisation sorgte. Das Streben Schweitzers nach diktatorischer Vollmacht brachte B. wie andere oppositionelle Lassalleaner an die Seite von Bebel und Liebknecht, die 1869 in Eisenach die »Sozialdemokratische Arbeiterpartei Deutschlands« gründeten. In Anerkennung von B.s Verdiensten um die Gründung und Konsolidierung der jungen Partei wurde der Braunschweiger Vorstand zwei Jahre mit der Führung der Parteigeschäfte beauftragt, so daß B. mit 27 Jahren einen der wichtigsten Posten der sozialdemokratischen Arbeiterschaft innehatte.

In die folgenden beiden Jahre fielen so entscheidende Ereignisse wie der Kampf der Marxisten und Bakunisten um die I. Internationale, der Deutsch-Französische Krieg und die Reichsgründung, der Sturz des Bonapartismus, die Errichtung der französischen Republik und die Pariser Kommune. B. bewies in dieser schwierigen Zeit, die die Partei vor immer neue Entscheidungen und Bewährungsproben stellte, Mut und Besonnenheit in der Durchsetzung von Beschlüssen auch gegen Kritik aus den eigenen Reihen.

Einen der Höhepunkte in B.s politischem Handeln bildete das Manifest vom 5. September 1870, mit dem die Braunschweiger Sozialisten – vier Tage nach der Schlacht von Sedan und einen Tag nach dem Sturz des französischen Kaisertums – für einen ehrenvollen Frieden mit der französischen Volksregierung eintraten. Vier Tage später wurde B. zusammen mit dem gesamten Vorstand verhaftet, in Ketten gelegt und nach Ostpreußen in die Festung Boyen bei Lötzen abtransportiert. Im nachfolgenden Prozeß, einem der ersten großen Sozialistenprozesse in Deutschland, wurde B. zunächst zu 16 Monaten, in der Revisionsverhandlung dann zu 3 Monaten Gefängnis verurteilt. Ungebrochen bekannte er sich vor Gericht zu seinen Idealen: »Als treuer Anhänger der internationalen Arbeiter-Association und der deutschen socialdemokratischen Arbeiter-Partei werde ich nie rasten, dem Volke die so nöthige Aufklärung zu verschaffen, (...) es beseelt mich dabei die Überzeugung, daß das Recht, die Wahrheit und das rein Sittliche (...) siegen werden, trotz aller Verfolgung.«

Aus der Haft entlassen, versuchte B., die aufgelöste Braunschweiger Parteiorganisation mit der Zeitschrift *Braunschweiger Volksfreund* und dem »Demokratischen Wahlverein« wieder aufzubauen, um so den Sozialisten, aber auch den Resten der bürgerlichen Demokraten einen organisatorischen Sammelpunkt für eine legale Betätigung zu ermöglichen. Seine Bemühungen waren von Erfolg gekrönt, – trotz der entschiedenen Ablehnung von Bebel und Liebknecht, die B. des Bruches von Parteitagsbeschlüssen und des Verstoßes gegen die Grundprinzipien der Bewegung bezichtigten, weil der »Demokratische Wahlverein« nur die spezifisch sozialistischen Forderungen des Eisenacher Programmes anerkannte. 1877 errang der »Demokratische Wahlverein« die absolute Mehrheit in Braunschweig. Im selben Jahr wurde B. vom Wahlkreis Glauchau-Merrane, einer sozialistischen Hochburg in Sachsen, zum erstenmal in den Reichstag entsandt.

Spürbaren Einfluß auf die Politik der Arbeiterbewegung vermochte B. auch durch seinen Verlag auszuüben. In den Jahren 1871 bis 1878 veröffentlichte B. neben dem *Volksfreund* und dem vor allem für die Agitation auf dem Land bestimmten *Braunschweiger Volkskalender* zahlreiche politische Schriften und Broschüren, darunter *Der Lassallesche Vorschlag. Ein Wort an den 4. Congreß d. socialdemokratischen Arbeiter-Partei* (1872) und *Hütet Euch vor den 300 Millionen neuen Steuern!* (1878) sowie die erste deutsche Ausgabe der *Geschichte der Commune von 1871* von Lissagaray, die für viele Jahrzehnte zu einem Standardwerk der deutschen Arbeiterbewegung werden sollte.

In der zweiten Hälfte der siebziger Jahre wurde B.s Leben von Leiden und Krankheit überschattet. Die Beanspruchung durch seine berufliche, parlamentarische und parteipolitische Tätigkeit, aber auch die Sorge um seine vier Kinder – B. hatte 1869 geheiratet – ruinierten seine Gesundheit. Hinzu kam die Verfemung der Partei in der öffentlichen Meinung, ihr Verbot 1878 und die Zerschlagung der Braunschweiger Partei. B. wurde jegliche verlegerische Arbeit untersagt.

Die drohende Zerstörung seines Lebenswerkes vor Augen, kämpfte B. von der Tribüne des Reichstages gegen das Sozialistengesetz mit den Worten, die sich die Arbeiterschaft im ganzen Lande zu eigen machen sollte: »Meine Herren, ich will Ihnen sagen: Wir pfeifen auf das Gesetz.« B. sollte das Scheitern des Ausnahmegesetzes nicht mehr erleben. Im Februar 1879 verschlimmerte sich seine Krankheit, so daß er das Reichstagsmandat zur Verfügung stellen mußte. Am 27. April 1880 setzte ein Blutsturz seinem Leben von kaum 38 Jahren ein Ende. Bebel schrieb in Gedenken an B.: »Ein großes Herz hat aufgehört zu schlagen. (...) Die Partei hat einen hochintelligenten, unermüdlichen, opferwilligen Parteigenossen verloren. Wir, die wir ihm persönlich näherstanden, einen stets heiteren, lieben Freund und Kameraden (...)«.

Leonard, H.: Wilhelm Brackes Leben und Wirken. Gedenkschrift zum 50. Todestag am 27. April 1930. o.O. 1930. – Eckert, G.: Wilhelm Bracke und die Anfänge der Braunschweiger Arbeiterbewegung. o.O. 1957.

Klaus-Dieter Weber

Brandt, Willy

Geb. 18. 12. 1913 in Lübeck; gest. 8. 10. 1992 in Unkel am Rhein

In der Regierungserklärung, die der erste sozialdemokratische Bundeskanzler im Deutschen Bundestag vortragen konnte, steht anfangs ein unzweideutiges Bekenntnis zur bewährten Form der parlamentarischen Demokratie. Vier Absätze später folgt der provozierende Satz: »Wir wollen mehr Demokratie wagen« (1969). Konkret bedeutete das einmal die Senkung des Wahlalters, dann mehr Bürgerbeteiligung und schließlich den Ausbau des sozialen Rechtsstaates. Gleichwohl nahm Rainer Barzel, der Fraktionsvorsitzende der CDU/CSU, die Provokation auf. Herbert Wehner konterte per Zwischenruf an Barzels Adresse: »Beruhigen Sie sich!« Wehner ironisierte das Projekt seines Kanzlers als »Neudeutsch«, als ginge es nur um »Hearings«. Ging es also tatsächlich nur um unwesentliche Verbesserungsvorschläge, die an der Substanz der parlamentarischen Demokratie nichts änderten, etwa nur um modische Spielchen im parlamentarischen Sandkasten, etwa nur um politische Semantik ohne systemverändernde Qualität?

In der schwersten Krise der sozialliberalen Ära, auf dem Hamburger Parteitag der SPD am 15. November 1977, kam Br. auf das Wagnis der Demokratie zurück: »Es ist behauptet worden, die Neigung zur Gewalt habe ihre Wurzeln in einem Demokratieverständnis, das Probleme und Konflikte in unserer Gesellschaft offenlegt. Man hat den Eindruck erwecken wollen, Demokratie zu wagen, sie mehr zu wagen, laufe letzten Endes darauf hinaus, dem Terror Vorschub zu leisten. Das Gegenteil ist der Fall.« Im Hinblick auf verschärfte Gesetze gegen den RAF-Terror, der in der Entführung und der Ermordung des Arbeitgeberpräsidenten Hanns-Martin Schleyer (5. September – 19. Oktober 1977) seinen Höhepunkt erreichte, meinte Br. weiter: »Man schützt die Demokratie nicht, indem man sie verkrüppelt.« Er forderte mehr »Selbstbewußtsein kämpferischer Demokraten«, um den Anschlägen sowohl der Terroristen als auch der Notstandspolitiker sinnvoll zu begegnen. Mit dem Namen Br. verbindet sich sowohl die Euphorie einer erweiterten Demokratisierungspolitik als auch die Sorge um die Verteidigung der Freiheit in Berlin und die Bedrohung scheinbar gesicherter Standards demokratischen Zusammenlebens in der Bonner Republik.

Br. wurde kurz vor dem Ersten Weltkrieg als Kind einer ledigen Mutter unter dem Namen Herbert Frahm geboren. Der Junge wuchs bei seinem Großvater Ludwig auf, einem Lastwagenfahrer aus dem genossenschaftlichen Milieu der Lübecker Arbeiterbewegung. Er konnte durch Schulgeldbefreiung das Lübecker Johanneum besuchen und 1932 das Abitur machen. Politische Vatergestalt wurde Julius Leber, der Reichstagsabgeordnete, Chefredakteur des *Lübecker Volksboten* und spätere Märtyrer des 20. Juli. Für Lebers Parteizeitung schrieb der aktive Jungsozialist seine ersten Artikel. Gleichzeitig arbeitete er als Volontär bei einem Schiffsmakler und trat dem »Zentralverband der Angestellten« (ZdA) bei. Der eigentliche Berufswunsch lief in Richtung eines Historikers, konnte aber unter den gegebenen Umständen nicht realisiert werden.

Im Konflikt mit dem Kurs der Mutterpartei (Panzerkreuzerbau seit 1928) kam es auch zu Differenzen mit Leber. Frahm trat 1931 über zur gerade gegründeten »Sozialistischen Arbeiterpartei« (SAP) und leitete deren Lübecker Jugendgruppe. Nach Hitlers Machtantritt beteiligte er sich am Aufbau der illegalen Parteiorganisation u.a. als Verfasser von Flugschriften. Unter dem Decknamen Willy Brandt nahm er am ersten illegalen Parteitag der SAP Mitte März 1933 in Dresden teil. Er wurde mit dem Aufbau eines Auslandsbüros beauftragt und reiste in dieser Mission am 31. März 1933 heimlich mit einem Fischerboot nach Lolland und weiter nach Oslo.

In Norwegen stand ihm die dortige Arbeiterpartei (NAP) bei, um als mittelloser Flüchtling überhaupt Fuß fassen zu können. Br. schrieb politische Artikel unter Decknamen wie Martin, Felix und F. Franke. Gleichzeitig studierte er Neue Geschichte an der Universität Oslo und leitete das Auslandsbüro der SAP und der Jugendorganisation. Br. beteiligte sich an der Nobelpreiskampagne für Carl von Ossietzky und reiste zu den internationalen Jugendkonferenzen in Westeuropa, wobei es u. a. um Fragen der Einheitsfront sozialistischer und kommunistischer Jugendorganisationen ging.

Während der Sommerolympiade 1936 lebte Br. illegal mit dem Decknamen Gunnar Gaasland und norwegischen Papieren als Student in Berlin. Er traf sich mit dem Austromarxisten Otto Bauer, der seit 1934 im tschechischen Exil lebte, in Brünn. Im Dezember 1936 erschien Br. in Abwesenheit auf der Unterzeichnerliste des Pariser Volksfrontaufrufes. Er ging im Februar 1937 als Pressekorrespondent nach Barcelona, wurde zum Beauftragten der norwegischen Spanienhilfe und zum Verbindungsmann der SAP zur trotzkistisch tendierenden POUM (Partido Obrero de Unificacion Marxista). Unter dem Eindruck stalinistischer Säuberungen kam es zur Wiederannäherung an die Sozialdemokratie.

Nach der deutschen Invasion in Norwegen geriet Br. - als norwegischer Soldat getarnt - am 1. Mai 1940 vorübergehend in deutsche Kriegsgefangenschaft. Er flüchtete im Sommer des gleichen Jahres nach Stockholm und kümmerte sich von dort aus um illegale Querverbindungen in Skandinavien. Vom Juli 1942 bis Mai 1945 war Br. ehrenamtlicher Sekretär der sogenannten »Kleinen Internationale« in Stockholm. Er arbeitete in dieser Funktion eng mit Bruno Kreisky und Fritz Tarnow zusammen. Es gab Verbindungen zum Kreisauer Kreis des deutschen Widerstandes. Im Oktober 1944 schloß die SAP-Gruppe sich mehrheitlich wieder der Sozialdemokratie an. Br. beteiligte sich an der Ausarbeitung verschiedener Programmschriften, nahm 1946 als Gastdelegierter am SPD-Parteitag in Hannover teil und arbeitete von 1947 bis 1948 als Presseattaché bei der norwegischen Militärmission in Berlin. Während der kritischen Phase der Blockade Berlins wirkte Br. als Vertreter des SPD-Parteivorstandes unter Kurt Schumacher in Berlin, das zu dieser Zeit von Louise Schröder und Ernst Reuter regiert wurde.

Am 8. Mai 1949 sprach Br. vor dem Berliner Landesparteitag über »Programmatische Grundlagen des demokratischen Sozialismus«. Dabei lehnte er noch die Konzeption der »Volkspartei« ab und redete stattdessen von einer Partei des »Volksinteresses«, die eine »wahrhaft nationale Partei der gesellschaftlichen Rettung durch Neugestaltung« werden sollte. Er betonte die Gegnerschaft zum Obrigkeitsstaat und bekannte sich zu einer absoluten Idee der Demokratie. Sie sei keine Frage der Zweckmäßigkeit, sondern der »Sittlichkeit«. Entsprechend der Prinzipienerklärung von Hannover lehnte Br. die Unterscheidung von »proletarischer« und »bürgerlicher« Demokratie ab und ironisierte die »Volksdemokratie« als »Demo-Demokratie«, die nichts anderes als »die schamhafte Camouflage einer schamlosen Gewaltherrschaft« sei. Zugleich betonte er die Notwendigkeit der wirtschaftlichen und sozialen Untermauerung politischer Freiheit, um die Demokratie »im eigentlichen und im übertragenen Sinne krisenfest« zu machen. Diese wirtschaftspolitischen Forderungen bezeichnete er zugleich als »Programm der weitergeführten Demokratie«, die auf die Ebene des »konstruktiven Sozialismus« führen sollte.

Br. gehörte dem Deutschen Bundestag als Berliner Abgeordneter von 1949 bis 1957 an. In Berlin stieg er vom Vorsitzenden des Kreisverbandes Wilmersdorf (1949) über Presse- und Vorstandsarbeit zum Landesvorsitzenden der Berliner SPD (1958-1963) auf. Er war Mitglied des Abgeordnetenhauses (1950-1969), danach Präsident des Abgeordnetenhauses (1955-1957) und schließlich Regierender Bürgermeister von Berlin (1957-1966). Später nannte er seine kommunalpolitische Tätigkeit die schöpferischste Phase in seinem Leben (u. a. Bau der Neuen Philharmonie).

In der Bundespartei zählte Br. zu den Reformern, die auf das neue Godesberger Grundsatzprogramm (1959: Abschied vom Konzept der Klassenpartei und Hinwendung zur Volkspartei) drängten und eine entsprechende Reform der Parteistrukturen forderten. Br. trat 1961 erstmals als Kanzlerkandidat seiner Partei gegen Adenauer an und scheiterte erneut 1965 gegen Ludwig Erhard. Er übernahm mit Hilfe Herbert Wehners 1964 als Nachfolger des verstorbenen Erich Ollenhauer den Bundesvorsitz der SPD. In diesen Jahren hatte er eine Fülle politischer Verleumdungen und übler Nachreden, nicht zuletzt durch Bundeskanzler Adenauer, abzuwehren. Die Freundschaft mit dem jungen amerikanischen Präsidenten John F. Kennedy trug zu diesem Ringen um die Gunst der öffentlichen Meinung bei.

Im Kabinett der Großen Koalition (1966-1969) unter Kurt Georg Kiesinger (CDU) übernahm Br. das Amt des Vizekanzlers und des Außenministers. Er legte die ersten Grundlagen einer erfolgreichen Ostpolitik und war mit seinen sozialdemokratischen Kabinettskollegen (Karl Schiller, Georg Leber, Gustav Heinemann, Herbert Wehner u. a.) so erfolgreich, daß nach dem Stimmengewinn bei den Bundestagswahlen 1969 eine knappe sozial-liberale Mehrheit möglich wurde. Br. ergriff zusammen mit Walter Scheel (FDP) diese Chance und eröffnete eine Ära von zwölf Jahren sozial-liberaler Bundespolitik, deren größte Erfolge im Abschluß der »Ostverträge« mit der Sowjetunion und Polen (ratifiziert vom Bundestag 1972) und der »Konferenz für Sicherheit und Zusammenarbeit in Europa« (KSZE, 1975 in Helsinki) lagen. Durch seine Verbeugung auf den Knien vor dem Denkmal des Warschauer Ghettos demon-

strierte Br. vor aller Welt den glaubwürdigen Wandel der deutschen Politik nach innen und außen. Diese Friedensleistung würdigte das norwegische Nobel-Komitee mit der Verleihung des Friedenspreises 1971.
Nach dem Scheitern des konstruktiven Mißtrauensvotums im Frühjahr 1972 konnte Br. bei vorgezogenen Wahlen im Herbst desselben Jahres mit gestärkter Mehrheit an die erweiterte Fortsetzung seiner Politik der inneren Reformen und der guten Nachbarschaft gehen. Eine persönliche Krise, zunehmende Wachstumsprobleme der Wirtschaft und die skandalöse Aufdeckung der Spionageaffäre Guilleaume setzten seiner Tätigkeit als Bundeskanzler im Mai 1974 ein abruptes Ende. Herbert Wehner sorgte binnen kurzem für den Wechsel zu Helmut Schmidt als neuem Bundeskanzler und einer Politik der wirtschafts- und finanzpolitischen Konzentration.
Br. blieb Parteivorsitzender der SPD (bis 1987). Er bewährte sich erneut als Präsident der Sozialistischen Internationale (1976–1992) und Vorsitzender der Nord-Süd-Kommission für die Zusammenarbeit von Industrie- und Entwicklungsländern (1976). Während der friedlichen Revolution vom Herbst 1989 erwog Br. erneut eine Kandidatur mit dem Ziel einer ersten gesamtdeutschen Kanzlerschaft. Er prägte das Wort, wonach nunmehr zusammenwachse, was zusammengehöre.
Nach August Bebel ist Br. als herausragendster Sozialdemokrat der deutschen Geschichte zu nennen, sowohl in deutscher Sicht als auch international. Seine besonderen Leistungen lagen darin, Nachkriegsdeutschland zu einem in jeder Hinsicht vertrauenswürdigen und anerkannten Partner aller Völker der Welt gemacht zu haben. Dem entspricht die innere Friedensleistung der erfolgreichen Integration der kritischen Generation der 68er in das Gemeinwesen der Bundesrepublik Deutschland. Darüber hinaus wurde Br. zum Symbol eines demokratischen Sozialismus, dessen Vision die Realitäten übersteigt, ohne das vorhandene Reformpotential zu überfordern. Als »Visionär« mit Augenmaß unterschied Br. sich gleichermaßen vom schwärmerischen Utopisten wie vom phantasielosen Realpolitiker. Die Forderung nach mehr Demokratie bleibt ein lebendiger Impuls mit fortwirkender Resonanz.

Baring, A.: Machtwechsel. Die Ära Brandt-Scheel. Stuttgart 1982. – Bender, P.: Die Ostpolitik Willy Brandts oder die Kunst des Selbstverständlichen. Reinbek bei Hamburg 1972. – Grebing, H., Brandt, P., u.a. (Hg.): Sozialismus in Europa. Bilanz und Perspektiven, eine Festschrift für Willy Brandt. Essen 1990. – Harpprecht, K.: Willy Brandt. Porträt und Selbstporträt. München 1970. – Koch, Peter: Willy Brandt. Eine politische Biographie. Berlin 1988.

Gerhard Beier

Brauer, Max

Geb. 3. 9. 1887 in Altona; gest. 2. 2. 1973 in Hamburg

B., als achtes von dreizehn Kindern eines Glasbläsers geboren, erlernte den Beruf seines Vaters. Aber im Unterschied zu diesem engagierte er sich früh politisch. 1904 schloß sich B. den Sozialdemokraten an, als Siebzehnjähriger initiierte er einen Streik in Damgarten (Vorpommern) – mit der Konsequenz, daß er von nun an auf der schwarze Liste der Glasfabrikanten stand und in seinem erlernten Beruf nicht mehr arbeiten durfte. Zunächst schlug er sich als Bau- und Fabrikarbeiter durch, seit 1910 war er wieder in Altona, als Angestellter des gewerkschaftlichen »Konsum-, Bau- und Sparvereins Produktion«. Den Ersten Weltkrieg hat B. als Soldat nur kurz erlebt. Im August 1914 eingezogen, wurde er verwundet und kehrte bereits im November 1915 nach Altona zurück. Noch im Ersten Weltkrieg begann B.s Karriere als Kommunalpolitiker. Er rückte im November 1916 auf der sozialdemokratischen Liste in die Altonaer Stadtverordnetenversammlung nach und gelangte im November 1918 als kommissarischer Senator in den Altonaer Magistrat. B. vertrat in der Revolutionszeit 1918/19 kompromißlos die Linie der »Mehrheitssozialdemokraten« und lehnte die linkssozialistischen Ziele der »Unabhängigen Sozialdemokraten« (USPD) und jedwede rätedemokratischen Vorstellungen entschieden ab.
1924, als der bürgerliche Oberbürgermeister von Altona überraschend starb, errang B., gerade 37 Jahre alt, als sozialdemokratischer Kandidat einen deutlichen Wahlsieg und gehörte damit bis 1933 zu den wenigen sozialdemokratischen Oberbürgermeistern der Weimarer Republik.
B. erschien als die erfolgreiche Verkörperung einer fortschrittlichen, am öffentlichen Wohlstand orientierten Kommunalpolitik. Die Eingemeindung der Landgemeinden von Rissen bis Stellingen 1927 und das preußisch-hamburgische Abkommen, den Altonaer und Hamburger Hafen als einheitliches Wirtschaftsgebiet zu behandeln, stellten die Weichen für die Entwicklung Altonas zu einer der dynamischsten Großstädte Preußens. Gestützt vor allem auf seinen Bausenator Gustav Oelsner baute B. das »Neue Altona«. Mit zahlreichen kommunalen Neubauten setzten B. und Oelsner Maßstäbe, die den Vergleich mit Hamburg, Berlin oder Frankfurt nicht zu scheuen brauchten.
B. befand sich 1927/28 auf dem Höhepunkt seiner Macht und seines Ansehens. Als Mitglied im Provinzialrat und Provinzial-

ausschuß sowie Präsident des Provinziallandtages von Schleswig-Holstein, Mitglied im preußischen Staatsrat und im Vorstand des Deutschen und Preußischen Städtetages kam er häufig nach Kiel, Schleswig und Berlin. 1925/26 war er als preußischer Innenminister im Gespräch, 1930 als Oberbürgermeister von Berlin. Er fand sich meisterhaft in der Doppelrolle des traditionellen Beamten und des modernen Machtpolitikers zurecht, die für die Stellung eines preußischen Oberbürgermeisters in der Weimarer Republik charakteristisch war. B.s Führungsstil war ohne Zweifel autokratisch, aber nach wie vor fühlte er sich als sozialdemokratischer Politiker einer Reform- und Wohlfahrtspolitik verpflichtet, deren Ziel in der Verbesserung der Lebensbedingungen der Arbeiterschaft lag – freilich mit jenem patriarchalen Anspruch, genau zu wissen, was gut und richtig für die ihm Anbefohlenen war. Daß diese Politik letztlich scheiterte, lag weniger im Führungsstil als in der tiefen Wirtschaftskrise ab 1929 begründet, die jede ökonomische Grundlage einer reformorientierten Wohlfahrts- und Sozialpolitik zerstörte und den ehrgeizigen Plänen B.s ein Ende setzte.

Mit einem inszenierten Korruptionsskandal zwang ihn die nationalsozialistische Presse Ende Februar/Anfang März 1933 zum Rücktritt und zur Flucht. Am 3. März bat er um seine Beurlaubung, in der Nacht zum 11. März besetzten SA- und SS-Leute das Rathaus und verkündeten das Ende des »roten Altona«. B. hielt sich zu dieser Zeit nicht mehr dort auf. Wie andere prominente Sozialdemokraten in diesen dramatischen Tagen floh er mit nur einem Koffer vor dem nationalsozialistischen Terror erst nach Österreich, wenige Wochen später über die Schweiz nach Frankreich.

In Paris halfen ihm persönliche Kontakte weiter, z.B. der Völkerbundbeamte Dr. Ludvik Rajchmann, der im Auftrag der nationalchinesischen Regierung auf der Suche nach tüchtigen Verwaltungsfachleuten war, die China beim Aufbau einer an westlichen Standards orientierten, effektiven Administration helfen sollten. Die Hoffnung, administratives Know-how problemlos in ein vom Bürgerkrieg erschüttertes Land im Fernen Osten transferieren zu können, erwies sich als illusionär, aber B. und einige andere deutsche Emigranten hatten zumindest ein Jahr lang wieder festen Boden unter den Füßen. Seinen 46. Geburtstag am 3. September 1933 feierte B. bereits auf dem Schiff nach Schanghai. »Ich kannte von China wohl, daß die das Pulver erfunden hatten und daß die Zöpfe trugen – und das war auch alles«, gestand er 1967 ein. Trotzdem: »Es war die interessanteste Zeit meines Lebens«.

Sein Blick blieb auch aus dem Fernen Osten stets auf Deutschland gerichtet. B.s Hoffnung richtete sich auf die Arbeiterschaft, die am meisten unter dem Nationalsozialismus zu leiden habe und am wenigstens von ihm beeinflußt sei. Auf die skeptische Frage eines seiner Briefpartner, warum die deutschen Arbeiter denn Hitler noch nicht gestürzt hätten, setzte er ebenso unbeirrt wie uneinsichtig entgegen: »Wir wollen uns den Glauben an die geschichtliche Mission der Arbeiterklasse durch nichts rauben lassen.« Auch wenn diese Hoffnung trog, sie gab vielleicht die Kraft, die Emigration zu überleben. Im unerschütterlichen Festhalten an dem guten Wesen der Arbeiterschaft wußten sich die Verlierer des Januar 1933 trotz alledem auf der Seite der historischen Sieger.

1934 wurde das Völkerbundengagement B.s, nicht zuletzt auf massiven Druck des deutschen Auswärtigen Amtes hin, beendet, am 29. September 1934 verließ B. Schanghai in Richtung USA. Am 3. November 1934, an eben dem Tag, an dem ihn das nationalsozialistische Deutschland ausbürgerte, erreichte er New York. Seine Erwartungen, entweder in den USA oder in Lateinamerika Arbeit zu finden, zerschlugen sich jedoch. Als er Ende November 1934 nach Frankreich zurückkehrte, war er seit seiner Flucht aus Altona im Frühjahr 1933 bereits einmal um die Welt gereist, aber die langen Exiljahre hatten gerade erst begonnen.

Die bedrückende materielle Situation lähmte B. politisch keineswegs. Er suchte mit Erfolg Anschluß an die Emigrantengruppen in Paris und beteiligte sich an Aktionen zur Bildung einer Volksfront. Nachdem er Weihnachten 1935 nur mit Mühe der Auslieferung durch die französischen Behörden an Deutschland entgangen war, kam ihm das Angebot des »American Jewish Congress« für eine Vortragsreise in die USA sehr zupaß. Mit einer Einladung des »Federal Council of the Churches of Christ in America« zu einer weiteren Vortragsreise kehrte B. für kurze Zeit nach Paris zurück, um endgültig im Herbst 1937 mit seinem Sohn in die USA überzusiedeln; Frau und Tochter folgten 1938.

In New York, seinem Wohnsitz in den nächsten neun Jahren, fand B. eine politische wie materielle Heimstatt in der »German Labor Delegation« (GLD), die im März 1939 als Sonderausschuß des mächtigen, konservativen Gewerkschaftsbundes »American Federation of Labor« (AFL) gegründet worden war. Die GLD bestand nur aus einer Handvoll Mitgliedern und diente vornehmlich dem Zweck, amerikanische Spendengelder für die politische Arbeit der Exil-SPD in Europa zu sammeln. Während es allerdings in London gelang, die sozialistischen und sozialdemokratischen Exilgruppen unter einem Dach, der »Union deutscher sozialistischer Organisationen in Großbritannien«, zu vereinen, aus der die Nachkriegs-SPD entstehen konnte, blieb die GLD den alten Feindbildern verhaftet und bekämpfte die Gruppe »Neu Beginnen« mit Vehemenz.

Erst im Sommer 1946 erhalten B. und sein Weggefährte aus Altonaer Tagen, Rudolf Katz, der ihn nach China und in die USA begleitet hatte, die Gelegenheit, nach Deutschland zurückzukehren. Beide reisten zwar im Auftrag der AFL, B. in-

zwischen als amerikanischer Staatsbürger, aber von Anfang an suchten sie ihre politische Zukunft in Deutschland. Zur Hamburger SPD bestanden bereits vor ihrer Abreise aus den USA Kontakte. Karl Meitmann, erster SPD-Vorsitzender in Hamburg nach dem Kriegsende, hatte B. bereits das Bürgermeisteramt mehr oder weniger offen – für den Fall eines Wahlsiegs, an dem nicht zu zweifeln war – angeboten. Nach dem Sieg der SPD in den Bürgerschaftswahlen am 13. Oktober 1946 wurde B. der erste frei gewählte Bürgermeister Hamburgs nach dem Krieg, und damit auch Altonas, seit 1937 Stadtteil Hamburgs.
Es ist charakteristisch für die junge Bundesrepublik, daß Männer wie B. oder Adenauer, die in der Weimarer Republik erfolgreiche Kommunalpolitiker gewesen waren und ebenso pragmatisch wie autokratisch regierten, den demokratischen Neubeginn prägten. B. kamen ohne Zweifel seine Erfahrungen aus dem Exil, vor allem in den USA, zugute. Er trat mit Überzeugung für die Westintegration ein und bekannte sich gegen den offiziellen politischen Kurs seiner Partei zum Beitritt Westdeutschlands in den Europarat (1951) und die Montanunion (ebenfalls 1951).
Der Wiederaufbau Hamburgs ist entscheidend mit der Person von B. verknüpft. Im dramatischen Winter 1946/47, in dem die Energieversorgung der Stadt zusammenzubrechen drohte, übernahm er die »volle Verantwortung«, sicherte die Kohlenversorgung – und legte damit den Grundstein für die Ruhrfestspiele: weil die Bergleute der Zeche König Ludwig 4/5 in Recklinghausen den Hamburger Bühnen Kohle geliefert hatten, gaben die Theaterleute zum Dank Gastspiele. B. mühte sich, daß Hamburg im beginnenden Exportgeschäft der Bundesrepublik seinen Platz als wichtige Handelsdrehscheibe und als Wirtschaftsstandort wiedererlangte. Westliches Investitionskapital nach Hamburg zu holen, war eines seiner erklärten Ziele. Wegen der Schulpolitik wurde der SPD-Senat 1953 durch ein Wahlbündnis aus CDU und FDP abgelöst. B. führte nicht die Opposition, sondern als Aufsichtsratsvorsitzender das Versicherungsunternehmen »Volksfürsorge«, bis er 1957, inzwischen siebzigjährig, ein erneutes politisches Comeback feiern konnte, indem er wiederum zum Hamburger Bürgermeister gewählt wurde.
Mit seinem Engagement gegen die Wiederbewaffnung gelang es ihm noch einmal, auf die Bundespolitik Einfluß zu nehmen. Aber er hatte den Zenit seiner zweiten politischen Karriere überschritten. 1960 legte er absprachegemäß das Bürgermeisteramt zugunsten seines Nachfolgers Paul Nevermann nieder, sein anschließendes politisches Wirken als Abgeordneter des Bundestages 1961 bis 1965 blieb Episode. Die letzten Lebensjahre verbrachte B. einsam, von der nachfolgenden Politikergeneration eher gemieden.

Fladhammer C./ Wildt M.: Max Brauer im Exil. Briefe und Reden aus den Jahren 1933–1946. Hamburg 1994. – Lüth, E.: Max Brauer. Glasbläser, Bürgermeister, Staatsmann. Hamburg 1972. – Sywottek, A.: Max Brauer, in: Mühlhausen, W; Begin, C. (Hg.): Treuhänder des deutschen Volkes. Die Ministerpräsidenten der westlichen Besatzungszonen nach den ersten freien Landtagswahlen, Politische Porträts. Melsungen 1991, S. 181–205.

Michael Wildt

Braun, Lily, geb. von Kretschmann

Geb. 2. 7. 1865 in Halberstadt; gest. 8. 8. 1916 in Berlin

B., Schriftstellerin, Frauenrechtlerin und SPD-Politikerin, suchte die proletarische und bürgerliche Frauenbewegung zusammenzuführen und plädierte vor dem Ersten Weltkrieg für einen demokratischen Sozialismus, in dem »weibliches« Einfühlungsvermögen »männlichen« Tatendrang »zivilisierte«. Sie neigte zu schwärmerischer Gefühligkeit, entwickelte originelle Gedanken, schwor aber am Ende ihres Lebens allem ab und verwandelte sich in eine vom Krieg faszinierte Chauvinistin.
Als älteste Tochter des preußischen Generals Hans von Kretschmann wurde B. gemäß damaliger Tradition für den adeligen Heiratsmarkt erzogen. B.s Anschauungen entsprangen sehr verschiedenen Quellen. Das adelige »noblesse oblige« lehrte sie, daß Freiheit sich mit Pflichten paaren müsse, besonders mit der Pflicht zur Kritik und zum Widerstand gegen jedwedes Unrecht. Ein anderes Erbe ihrer Familientradition war eine kritische Einstellung zur Reichsgründung 1871 und ganz besonders zu Kaiser Wilhelm II., dazu auch eine gewisse Sympathie mit der Arbeiterklasse, die auf der Verachtung des neuen Großbürgertums und auf der ästhetisch begründeten Abscheu gegen die Armut beruhte.
B.s Großmutter mütterlicherseits, eine uneheliche Tochter Jérome Bonapartes (König von Westfalen 1807–1813), hatte zum engen Hauspersonal des alternden Goethe gehört und lehrte sie, Goethes Humanismus zu schätzen und auf ihre korsische und französische Verwandtschaft stolz zu sein. Neben Goethe zitierte B. auch gerne Rousseau, Wagner und Nietzsche. Die in den naturalistischen Romanen und Schauspielen der neunziger Jahre des 19. Jahrhunderts behandelten Probleme waren ihr wichtig, auch wenn sie die angedeuteten Lösungen als inadäquat verwarf.
Ihr politischer Werdegang begann mit ihrer freundschaftlichen

Beziehung zu dem Kirchenkritiker Moritz von Egidy, dessen Auffassung über ein liberales Christentum ihr bald jedoch zu oberflächlich erschien. 1893 heiratete B. den an den Rollstuhl gefesselten Philosophieprofessor Georg von Gizycki (1851–1895). Er machte sie mit den Schriften des englischen Liberalismus, Radikalismus und Sozialismus sowie mit den amerikanischen Reformbewegungen in Erziehung, Strafvollzug, Religionsfreiheit und Frauenemanzipation bekannt. Durch ihre ebenfalls von Gizycki vermittelte Freundschaft mit August Bebel und anderen Führern der SPD wurde sie in die Literatur des Marxismus eingeführt. Ihr Mann regte B. auch dazu an, in der »Deutschen Gesellschaft für Ethnische Kultur« mitzuarbeiten, einer atheistisch-humanistischen Vereinigung. Nach dem Tode Gizyckis 1895 trat sie in die SPD ein.

1896 heiratete B. den revisionistischen SPD-Politiker und Publizisten Heinrich Braun, Mitgründer der *Neuen Zeit* 1883, einer wissenschaftlichen Zeitschrift der SPD, 1888 Gründer und bis 1903 Herausgeber des *Archivs für soziale Gesetzgebung und Statistik*, später, von 1905 bis 1907, Herausgeber der sozialdemokratischen Zeitschrift *Die Neue Gesellschaft*.

B. engagierte sich sowohl in der bürgerlichen wie in der proletarischen Frauenbewegung. Als Vorstandsmitglied von Minna Cauers Verein »Frauenwohl«, der den radikalen Flügel der bürgerlichen Frauenbewegung repräsentierte, hielt sie 1895 als erste deutsche Frauenrechtlerin eine Rede für das Frauenstimmrecht. In der bürgerlichen Frauenbewegung warb B. für Solidarität mit proletarischen Frauen sowie mit ledigen Müttern und mit Prostituierten. Dementsprechend befürwortete sie in der SPD die Zusammenarbeit mit bürgerlichen Frauenorganisationen und eckte damit insbesondere bei Clara Zetkin an, die die Frauenfrage als Teil des Klassenkampfes betrachtete und auf »reinlicher Scheidung« bestand.

Ausgangspunkt ihrer politischen Ideen war die Feststellung, daß in jedem Menschen Fähigkeiten schlummerten, die erweckt und gefördert werden müßten, in der bestehenden Gesellschaft von Christentum, Kapitalismus und Männerherrschaft jedoch systematisch gehemmt und abgetötet würden: Autonomie, Mitgefühl, Gemeinschaftssinn und Opferbereitschaft; die Fähigkeit, Naturschönheit und Kunst zu genießen, Schönes und Nützliches zu schaffen und sich seiner Arbeit zu freuen. Wären einmal die hemmenden Institutionen beseitigt, dann könnten freie Menschen eine sozialistische Ordnung schaffen, in der sich demokratische Politik mit mütterlicher Fürsorge, männliche Vernunft mit weiblichem Gefühl vereinigten. Als wichtige Vorbedingungen zur Schaffung einer solchen Gesellschaft betrachtete B. die Befreiung des sexuellen Lebens von allen Fesseln christlich-viktorianischer Moral und die Emanzipation der Jugend von allen pädagogischen und elterlichen, die schöpferische Aktivität des Kindes behindernden Einflüssen.

Das Parteiprogramm müsse, so B., nicht nur die Ausbeutung der industriellen Arbeiterklasse verdammen, sondern auch das Elend der Dienstboten, Heimarbeiter, Angestellten und Landarbeiter. Die Parteiführung solle weniger diktatorisch walten; Meinungsverschiedenheiten müßten in einem kameradschaftlichen Ton ausgetragen werden. Die Sozialdemokratie solle sich nicht prüde gegen jedwede Diskussion sexueller Themen wehren und müsse das kulturelle Erbe vergangener Zeiten – anstatt es als feudale oder bürgerliche Ideologie zu schmähen – der Arbeiterklasse zugänglich machen.

Wegen solcher und anderer Ansichten galt B. in der Partei als »Revisionistin« und wurde ins Abseits gedrängt. Sie war sich bewußt, daß die von ihr verlangten Forderungen zu heterogen waren, um zu einer politischen Strategie zusammengefaßt werden zu können. B. betrachtete sie vielmehr als ein Reformprogramm vieler kleiner Schritte. 1901 erschien in Leipzig ihr bedeutendstes Buch, *Die Frauenfrage, ihre geschichtliche Entwicklung und wirtschaftliche Seite*; es wurde zu einem Standardwerk. B. entwickelte darin Vorschläge zur Behebung bzw. Erleichterung der Doppel- und Dreifachbelastung berufstätiger Frauen und für neue Formen selbstbestimmten Zusammenlebens, Ideen, die an manche Programmpunkte der grün-alternativen Bewegung unserer Zeit erinnern. Von Bebel geschätzt, wurde es in der *Gleichheit*, der Zeitschrift Clara Zetkins, verrissen, unter anderm, weil die Arbeiterinnenbewegung »viel zu kursorisch« behandelt werde.

1909 und 1911 veröffentlichte B. in Romanform die beiden Bände der *Memoiren einer Sozialistin*. Die Mischung aus Fiktivem, Persönlichem, verschlüsselten Berichten über Parteiinterna in der SPD und auch Liebesgeschichten wurde ein Publikumserfolg. In ihrer eigenen Partei stieß sie damit auf Ablehnung. Franz Mehring meinte in einer Rezension: B. »schmeichelt den verdorbenen Instinkten der Bourgeoisie durch den eigentümlichen Mangel an Scham, mit dem die Verfasserin, wie schon im ersten Bande, über ihr intimes Geschlechtsleben berichtet«.

Mit Beginn des Ersten Weltkrieges wandte B. sich von vielen ihrer demokratischen, feministischen und sozialistischen Ideale ab. Im »Nationalen Frauendienst«, der Dachorganisation der deutschen Frauenbewegung während des Krieges, in der bürgerliche und proletarische Frauen zusammenarbeiteten, sah B. ihre Vorstellungen von einer klassenübergreifenden Solidarität verwirklicht. Sie verfiel den chauvinistischen Stereotypen des Krieges, für die sie ein Jahr vor ihrem Tod in der Schrift *Die Frauen und der Krieg* (1915) Partei ergriff.

Borkowski, D.: Rebellin gegen Preußen. Das Leben der Lily Braun. Frankfurt/Main 1982. – Meyer, A.G.: The feminism and socialism of Lily Braun. Bloomington 1985. – Quataert, J.H.: Reluctant feminists in german social democracy, 1885–1917. Princton 1979.

Alfred G. Meyer

Braun, Otto

Geb. 28. 11. 1872 in Königsberg; gest. 15. 12. 1955 in Locarno

Als »Roter Zar Preußens« stand B. zwölf Jahre lang, von 1920 bis 1932, mit zwei kurzen Unterbrechungen, an der Spitze des größten deutschen Landes. Ganz ähnlich wie der Sattler Friedrich Ebert war der Buchdrucker B. aus bescheidenen proletarischen Verhältnissen in der SPD aufgestiegen. 1906 wurde er in die Kontrollkommission gewählt, 1911 gelang ihm der Sprung in den Parteivorstand. Seit 1913 saß er im preußischen Abgeordnetenhaus und hatte sich als Landwirtschaftsexperte seiner Partei einen Namen gemacht. Im November 1918 wurde B. in der preußischen Revolutionsregierung Landwirtschaftsminister und führte nach dem Kapp-Putsch 1920 kommissarisch das Präsidium des Kabinetts. Preußischer Ministerpräsident wurde B. beinahe »irrtümlich«. Nach der Landtagswahl 1921 wollten die Koalitionsparteien »Zentrum« und »Deutsche Volkspartei« (DVP) B. wegen seiner Gegnerschaft zum Großagrariertum nicht länger als Landwirtschaftsminister tragen. In der Hoffnung, ihn auf Repräsentationsaufgaben zu beschränken, stimmten sie seiner Wahl zum Ministerpräsidenten zu. B. nutzte jedoch die Möglichkeiten, die die neue preußische Verfassung dem Ministerpräsidenten durch die Richtlinienkompetenz und das Recht der Ministerernennung einräumte, zielstrebig zum demokratischen Umbau des preußischen Staates. Preußen wurde unter seiner Regierung zum »Bollwerk der Demokratie«, das den Haß der Nationalsozialisten und ihrer Verbündeten auf sich zog.

Zum 60. Geburtstag B.s am 28. Januar 1932 rühmte der sozialdemokratische *Vorwärts* den »Mann mit fester Hand und starken Nerven« und blickte »mit Vertrauen und Ehrerbietung zu ihm (auf) als dem Mann, der durch ein Jahrzehnt die Republik vor allen Anschlägen der Reaktion geschützt hat und der sie auch weiter schützen wird.« Zu diesem Zeitpunkt hatte B. sich aber im Abwehrkampf physisch und psychisch so verschlissen, daß er der Parteiführung bekanntgab, nach der für April anberaumten Landtagswahl alle Ämter niederzulegen und sich auf seinen Alterssitz in die Schweiz zurückzuziehen. Trotzdem schnitt die SPD ihren Wahlkampf ganz auf seine Person zu. B.s Koalition verlor zwar ihre parlamentarische Mehrheit, die Regierung blieb aber mangels anderer Mehrheiten geschäftsführend im Amt. B. war mit seinen Kräften jedoch am Ende, so daß er sich selbst am 4. Juni 1932 beurlaubte und die Amtsgeschäfte seinem Stellvertreter Heinrich Hirtsiefer übergab. Angesichts des Bildes, das seine Partei zuvor von ihm im Wahlkampf gezeichnet hatte, überraschte und schockierte sein Schritt die Öffentlichkeit.

Gegen den »Preußenschlag«, den Staatsstreich des Reichskanzlers Franz von Papen zur Absetzung der preußischen Regierung am 20. Juli 1932, leistete B. keinen Widerstand, da er der Reichswehr nichts entgegenzusetzen hatte. Die von seinem passiven Verhalten in der SPD ausgelösten Irritationen in der SPD kommentierte er in seinen Memoiren: »Freilich, die Welt liebt bei solchen Anlässen dramatische Szenen und pathetische Posen. Aber mir sachlichem Wirklichkeitsmenschen liegt nichts ferner als das. Denn ich eigne mich weder zum Komödianten noch zum Don Quichotte« (*Von Weimar zu Hitler*, 1939).

Die Entfremdung zur Parteilinie vergrößerte sich nach dem Urteil des Staatsgerichtshofs vom Oktober 1932, das die Einsetzung von Reichskommissaren billigte, aber die Absetzung der preußischen Regierung verwarf. B. mobilisierte nochmals seine letzten Reserven und kehrte in die Politik zurück. Seine Versuche, mit Reichsregierung und Reichswehr eine Front gegen den Aufstieg der NSDAP zu bilden, wurden von Papen systematisch hintertrieben. Erst unter Papens Nachfolger Kurt von Schleicher trat eine atmosphärische Verbesserung ein. B. bezweifelte zwar die Tragfähigkeit des Schleicherschen Konzepts, eine »Querverbindung« zwischen den Gewerkschaftsflügeln aller Parteien zu formen, lehnte aber die vom SPD-Parteivorstand verfolgte Politik der absoluten Verweigerung ab. Er bot Schleicher sogar ein Bündnis an, um Reich und Preußen gemeinsam mit Notverordnungen zu regieren, bis die nationalsozialistische Gefahr gebannt sein würde.

Nach der nationalsozialistischen »Machtergreifung« fühlte sich B. zunehmend persönlich gefährdet. Gerüchte über eine unmittelbar bevorstehende Verhaftung veranlaßten ihn, noch vor der Reichstagswahl vom 5. März 1933 ins Exil in die Schweiz zu gehen. Er verweigerte sich dem Drängen seiner Genossen, ins Reich zurückzukehren. Nur zwei Monate später ging auch der Parteivorstand ins Exil. B.s Flucht haftete jedoch der Makel der Vorzeitigkeit an; ein Jahr nach den Hymnen des *Vorwärts* war B. zur persona non grata in der Partei geworden.

In der Schweiz formierte B. die parteiübergreifende Bewegung »Das Demokratische Deutschland« mit, deren politische Bedeutung aber gering blieb. In der Exil-SPD spielte er keine Rolle und unterwarf sich nach Kriegsende dem bösen Wort Kurt Schumachers von denen, »die 1933 selbstsüchtig kapituliert hätten« und daher für den Neuaufbau der SPD nicht gebraucht würden. An den Parteitagen 1950 und 1952 nahm er nur noch als wenig beachteter Ehrengast teil. Am 15. Dezember 1955 starb B. an einer Lungenentzündung.

Die in der Weimarer Republik außergewöhnliche Kontinuität

seiner Regierung war nur durch B.s extremen Pragmatismus möglich, der den Einfluß jeglicher Theorie aus der Tagespolitik verbannte. Bei der Organisation der sozialdemokratischen Landagitation in den 1890er Jahren gab B. seine radikalen Vorstellungen aus der Anfangsphase auf, als er merkte, daß der Partei nur Erfolge winkten, wenn sie sich aus dem Gebäude der Theorie herausbewegte und sich der konkreten Verbesserung der Lebenslage der Landarbeiter widmete. B. wurde zu einem strikten Verfechter von Parlamentarismus und Reformismus. Mißtrauisch stand er den sogenannten Parteiintellektuellen gegenüber. Diese seien aus ideellen Gründen und gegen ihr eigentliches Klasseninteresse zur SPD gestoßen und belasteten die Geschlossenheit der Partei durch ihren Dogmatismus. Angesichts der Parteispaltung über die Kriegskredite hielt er 1914 in seinem Tagebuch fest, ein Intellektueller »hat nicht die rechte Empfindung dafür, was dem Arbeiter seine Partei, seine Gewerkschaft ist, daß seine Organisation das Produkt jahrzehntelangen zähen Ringens ist, in dem er unzählige Stunden seiner kargen Mußezeit, viel Mittel und einen großen Teil seines Familienglücks und seines Lebensgenusses geopfert hat. (...) Und der soll das gewaltige Organisationsgebäude (...) so kurzerhand abbrechen, weil nicht alle Erwartungen in Erfüllung gegangen. Da würde er ja handeln wie ein Kind, das seinem Holzpferd die Rippen zerbricht, weil es sich nicht zu dem Galopp angeschickt hat, den es in seinem Unverstand von ihm erwartete.« B. dagegen faßte den Marxismus eher als eine aus dem Klassenbewußtsein gespeiste Grundhaltung auf, die aber keine starren, die Tagespolitik einengenden Richtlinien aufstellte. So verfüge er über »die gute theoretische sozialistische Grundlage, die mir jene politisch-taktische Agilität verleiht, die das Regieren mit einer Koalition heischt« (Brief vom Februar 1932 an Karl Kautsky). Die bisherigen Errungenschaften galt es durch das Besetzen von Machtpositionen zu sichern, auch wenn dadurch die reine sozialistische Lehre kompromittiert würde. Heftig wandte sich B. gegen Tendenzen in der SPD, nach der Enttäuschung der ersten Reichstagswahl in die Opposition zu gehen. Auf dem Görlitzer Parteitag 1921 beschwor er die Partei: »Wir müssen den Willen zur Macht haben. (...) Wir müssen die Machtposition, die wir nach unserer Stärke beanspruchen können, auch in Anspruch nehmen und im Interesse des Proletariats ausnutzen. (...) Wenn wir mit anderen Parteien eine Regierung zu bilden gezwungen sind, können wir uns nicht immer den Partner aussuchen, sondern er wird uns durch das Wahlergebniss präsentiert.« Ähnlich drängte er Ende 1925/Anfang 1926 vergeblich darauf, in die Regierungsverantwortung einzutreten. Die SPD dürfe sich nicht mit der Behauptung davonstehlen, sie könne für den wirtschaftspolitischen Scherbenhaufen, den die Reichsregierung unter Hans Luther (parteilos) hinterlasse, keine Verantwortung übernehmen. In einem vom *Vorwärts* nur auszugsweise abgedruckten Artikel schrieb er: »Nein, so darf in der Republik kein seiner Verantwortung sich bewußter Abgeordneter und keine republikanische Partei handeln, wollen sie den Bestand der Republik nicht gefährden.« Den Rücktritt der Reichsregierung Müller (SPD) Ende 1930 hielt B. – und mit ihm die preußische SPD-Landtagsfraktion – für einen kapitalen Fehler. In einer Entschließung verurteilte die Landtagsfraktion das Verhalten ihrer Genossen in der Reichstagsfraktion – ein einmaliger Vorgang.

B. gehörte zu den engagiertesten Verfechtern einer Tolerierung des Präsidialkabinetts unter dem Zentrums-Kanzler Heinrich Brüning. Am 12. Oktober 1930 schrieb er im *Vorwärts*, die SPD müsse jetzt »den Mut haben, einmal eine Politik zu treiben, die nicht populär ist und nicht so verlockend wie die Wunschpolitik der Maulhelden. Eine Politik, die dafür aber allein die Aufrechterhaltung verfassungsmäßiger Zustände und unserer schwer genug errungenen und für den Aufstieg der Arbeiterklasse unentbehrlichen Demokratie gewährleistet.« Dahinter stand aber auch das Kalkül, die sozialdemokratische Machtposition in Preußen zu halten: Nur wenn die SPD im Reichstag Brüning stützte, würde das Zentrum in Preußen in der Regierungskoalition bleiben.

In der Politik der Nachkriegs-SPD unter Kurt Schumacher sah B. die Wiederholung der von ihm bekämpften Fehler der Weimarer Republik. Er war gegen den »Marsch in die Opposition« 1949. Mit seiner Forderung, die Partei nach dem Verlust der traditionellen Hochburgen im Osten gegenüber den katholischen Arbeitern und dem Mittelstand zu öffnen, fand B., unter seinen Genossen isoliert, kein Gehör.

Schulze, H.: Otto Braun oder Preußens demokratische Sendung. Frankfurt/Main, Berlin, Wien 1977.

Arndt-Berthold Janssen

Brecht, Arnold

Geb. 26. 1. 1884 in Lübeck; gest. 11. 9. 1977 in Eutin/ Schleswig-Holstein

»Im Rückblick kann man jetzt vielleicht sagen, daß die Schlacht für die Demokratie, ähnlich wie der Weltkrieg an der Marne, schon halb verloren war, als sie kaum begonnen hatte.« Diese Worte B.s waren Ausdruck seiner tiefen Enttäuschung über das Scheitern der Weimarer Republik, für deren Anerkennung und Erhaltung er sich Zeit ihres Bestehens als einer der wenigen hohen Ministerialbeamten des ehemaligen Kaiserreichs eingesetzt hatte. Als Hauptbevollbemächtigter Preußens hielt er am 2. Februar 1933 die letzte freie Rede im Deutschen Reichsrat (der Vertretung der Länder bei der Gesetzgebung und Verwaltung des Reichs), die mit einem Appell an Hitler zur Wahrung der Verfassung endete.

B. stammte aus einer angesehenen protestantischen Lübecker Familie. Sein Vater, Walther Brecht, war Geheimer Regierungsrat und Vorsitzender der privaten Lübeck-Büchener Eisenbahngesellschaft und galt im Gegensatz zu den meisten anderen Lübecker Bürgern, die konservativ wählten, als Nationalliberaler. Doch wurde in B.s Elternhaus selten über Politik gesprochen, so daß sich B. bis zu seinem Eintritt in den Staatsdienst selber als gänzlich unpolitischen Menschen bezeichnete, der seine Vorlieben mehr in der Kunst und Wissenschaft sah. Allerdings war B. seit früher Jugend ein starkes Gerechtigkeitsgefühl zu eigen: »Ungerechtigkeit beunruhigte und empörte mich. Ich nahm bei Gesprächen instinktiv die Partei des Schwächeren und Abwesenden. Einseitig und ungerechte Argumente erregten nicht nur meinen Widerspruch: sie widerten mich gewissermaßen an.«

Nach abgeschlossener Gymnasialbildung im Jahr 1902 entschloß sich B. - auch auf Rat seines Vaters - für das Studium der Rechtswissenschaften. Er studierte in Bonn, Berlin und später in Göttingen. 1906 schloß er mit einer Dissertation zum Thema *Verkauf einer fremden Sache* sein Studium ab, in der er sich mit dem Verhältnis von Gerechtigkeit und Logik beschäftigte.

Wenig später, im Alter von 23 Jahren, folgte B.s erster größerer und vielbeachteter Aufsatz über *Das System der Vertragshaftung* (*Jherings Jahrbücher*, 1908), in dem er versuchte, die scheinbar komplizierten Regeln des Bürgerlichen Gesetzbuches über Verträge auf ein streng logisches System zurückzuführen.

Während seiner Referendarzeit in Winsen an der Luhe und Lüneburg 1906 bis 1909 kam B. das erstemal mit der Verwaltungspraxis in Berührung, deren Unübersichtlichkeit ihn dazu veranlaßte, viele Jahre an einer Vereinheitlichung und Rationalisierung der Verwaltungsabläufe zu arbeiten. Diese Bemühungen fanden ihren Niederschlag in der »Gemeinsamen Geschäftsordnung der Reichsministerien« von 1926, die eine umfassende Bürorefom einleitete. In ihr wurden die Richtlinien für den innerbehördlichen Geschäftsbetrieb und den Verkehr der Behörden untereinander erstmalig schriftlich fixiert, »denn der Geist einer Geschäftsordnung färbt auf den Geist einer Beamtenschaft stärker ab als der Geist Goethes oder Schillers«. In dieser Geschäftsordnung tauchte zum erstenmal der Gedanke einer »schöpferischen Verwaltung« auf, die sich flexibel an den an sie gestellten Aufgaben orientieren sollte. B.s Absicht war es, mit dieser Forderung auch eine Liberalisierung bzw. Demokratisierung der Bürokratie einzuleiten, zumal für die meisten der Beamten in der Weimarer Republik immer noch das geflügelte Wort des Historikers Friedrich Meinecke vom »Herzensmonarchisten und Vernunftrepublikaner« zutraf.

Nach bestandenem Assessorexamen wurde B. 1910 ins Reichsjustizamt nach Berlin berufen, wo er sich zunächst an den Vorarbeiten der ersten Strafrechtskommission zum neuen Strafgesetzbuch beteiligte. Nach Beendigung seiner Assessorenzeit blieb B. bis 1918 als Landrichter im Reichsjustizamt, arbeitete an Gesetzesentwürfen mit und fertigte Rechtsgutachten für die Reichsämter an. Der Ausbruch des Ersten Weltkrieges 1914 veränderte B.s Verhältnis zur Politik. »Ich sah plötzlich die Zustände mit anderen Augen: als etwas, worum ich mich kümmern mußte, einerlei, ob ich darauf Einfluß nehmen konnte oder nicht.« Die Möglichkeit zu einer solchen Betätigung bot sich ihm mit seiner Versetzung im Oktober 1918 in die Reichskanzlei: Als Referent und ständiger Schriftführer der Kabinettssitzungen wurde er direkt in das Zentrum der deutschen Politik gezogen, an der B. nun regen Anteil nahm. Er erlebte in der Reichskanzlei den Übergang von der Monarchie zur Republik und gab in dem ersten Band seiner Autobiographie *Aus nächster Nähe* (Bd. 2, *Mit der Kraft des Geistes*, 1966) beredtes Zeugnis über die organisatorischen und politischen Schwierigkeiten, sowie die menschlichen Schicksale, die damit verbunden waren. Die Revolution und die Zeit der Weimarer Republik betrachtete B. dabei als politische Erziehung für Deutschland in Hinblick auf eine dauernde Festigung der Demokratie nach amerikanischem Vorbild. Seine Einstellung war prodemokratisch und republikanisch, weswegen es ihm auch - wie vielen anderen hohen Beamten - niemals schwerfiel, mit den sozialdemokratischen Repräsentanten der Weimarer Republik zu kooperieren und sie in ihren Bestrebungen zu unterstützen. Als die »Weimarer Koalition« aus SPD und DDP (Deutsche Demokratische Partei) bei den Reichstagswahlen vom Juni 1920 herbe Verluste erlitt, regte B. die Einführung von Verfassungsfeiern an, um den politischen Rechtsruck in Deutschland mit dem patriotischen Bekenntnis zur Republik zu begegnen.

B. wurde im November 1921 in das Reichsinnenministerium versetzt und zum Leiter der Verfassungsabteilung ernannt. Reichskanzler Joseph Wirth (Zentrum) verabschiedete B. mit den Worten: »Daß wir gerade Sie auf diesen Posten im Reichsinnenministerium stellen, ist schon an sich selbst ein Programm.« In seiner neuen Funktion (bis 1927) zeichnete sich B. durch glänzende Fachkenntnisse im Verfassungs-, Verwaltungs-, und Beamtenrecht aus. Er widmete sich insbesondere Fragen der Reichsreform, der Wahlreform und der Liberalisierung der Vereins- und Versammlungsfreiheit. Dabei sah er den Schwerpunkt seiner Arbeit nicht allein in der

juristischen Auslegung der Verfassung, sondern in der Durchsetzung ihrer demokratischen Prinzipien.
B. wurde 1927 – ohne Begründung – von dem deutschnationalen Innenminister Walter von Keudell zugunsten eines seiner Parteifreunde aus dem Dienst des Reichsinnenministeriums entlassen und zur Disposition gestellt. Im Herbst 1927 wurde er als Ministerialdirektor in das preußische Staatsministerium und damit zum hauptamtlicher Bevollmächtigten für den Reichsrat berufen. Ferner entsandte man B. 1928 in den Verfassungsausschuß der Länderkonferenz, wo er sich an den Vorarbeiten für eine Reichsreform beteiligte (*Reichsreform. Warum und wie?*, 1931). Spätere Angebote, in den Reichsdienst zurückzukehren, lehnte er ab, weil er erst diese Aufgabe erledigen wolte. Nach dem sogenannten »Preußenschlag« am 20. Juli 1932, der staatsstreichartigen Absetzung der sozialdemokratisch geführten preußischen Regierung durch Reichskanzler Franz von Papen, vertrat B. Preußen vor dem Staatsgerichtshof. Allerdings erreichte B. dort nur, daß die preußische Regierung Braun/Severing ohne Funktionen unter dem Reichskommissariat von Papen nominell im Amt blieb (bis 25. März 1933): Anfang vom Ende der Weimarer Republik.
B.s Engagement für die Verfassung ließen ihn für die Nationalsozialisten zur Persona non grata werden. Am 10. Februar 1933, acht Tage nach seinem Appell an Hitler im Reichsrat und vier Tage nach der verfassungswidrigen Auflösung des Landtages, wurde B. in den einstweiligen Ruhestand versetzt. Am 6. April verhaftete man ihn unter dem Verdacht der unrechtmäßigen Verausgabung von Staatsgeldern zur Bekämpfung des Nationalsozialismus. Aufgrund der Fürsprache ehemaliger Kollegen kam B. frei und reiste: Am 9. November 1933 emigrierte er in die USA.
B. wollte im Exil wissenschaftlich und zugleich politisch wirken. »Ich mußte helfen, durch alle Aufregungen Wahrheit zu finden, zu verbreiten, zur Geltung zu bringen. Das tat ich in Vorlesungen, Aufsätzen, Büchern, Memoranden und Vorträgen vor privaten und amtlichen Gruppen. Indem ich für Wahrheit kämpfte, suchte ich gleichzeitig meiner Wahlheimat Amerika und den anti-totalitären Kräften in Deutschland zu helfen.« (*European federation – The Democratic Alternative*, 1942; *Prelude to silence – The End of the German Republic*, 1944; *Federalism and Regionalism in Germany*, 1945).
B. lebte in New York. Dort wurde er, der bereits in der Weimarer Republik einige Jahre an der Hochschule für Politik in Berlin Dozent gewesen war, Professor für Politische Wissenschaften an der New School for Social Research, Gastprofessor in Yale und Harvard und ab 1942 Vorsitzender des Social Science Research Councils. Nach dem Krieg beauftragte das amerikanische Armeeministerium B. mit der Prüfung eines föderalistischen Neuaufbaus für Deutschland und mit der Mitarbeit an einer Reform des Beamtenrechts. Sein Buch *Politische Theorie* (deutsche Ausgabe: 1961) fand weltweit so große Beachtung, daß es 1959 als bestes politikwissenschaftliches Buch des Jahres ausgezeichnet wurde.
Bis ins hohe Alter blieb B. Deutschland verbunden und setzte sich trotz erheblicher politischer Widerstände für die Wiedervereinigung Deutschlands ein.

Schulze, H.: Otto Braun oder Preußens demokratische Sendung. Eine Biographie. Frankfurt/Main 1977.

Klaus-Dieter Weber

Brecht, Bertolt

Geb. 10. 2. 1898 in Augsburg; gest. 14. 8. 1956 in Berlin

Brecht wuchs auf als »Sohn wohlhabender Leute«, wie er selbst später sagte. Sein Vater, ein eher biederer Mann, hatte es bis zum Direktor einer Papierfabrik in Augsburg gebracht: »Meine Eltern haben mir / Einen Kragen umgebunden und mich erzogen / In den Gewohnheiten des Bedientwerdens / Und unterrichtet in der Kunst des Befehlens. Aber / Als ich erwachsen war und um mich sah, / Gefielen mir die Leute meiner Klasse nicht, / Nicht das Befehlen und nicht das Bedientwerden. / Und ich verließ meine Klasse und gesellte mich / Zu den geringen Leuten.« B. gefiel sich, um die Lösung von den Eltern zu dokumentieren, als »Bürgerschreck«, eine Attitüde, die er in der poetischen Figur des Baal im gleichnamigen Drama (1918) zu einem neuen Typus stilisierte. Das traditionelle Ideal bürgerlich-individueller Freiheit konsequent auszuleben, so stellte es B. dar, bedeute, sich sowohl im Widerspruch mit den gesellschaftlichen Realitäten, die Anpassung und Unterwerfung forderten, zu verhalten, als auch die anderen und schließlich sich selbst »auszuleben« und »zu verbrauchen«: ein Verhalten ohne Zukunft.
B. beobachtete, wie sich die für den Ersten Weltkrieg verantwortlichen Kräfte, nur für kurze Zeit durch die von der SPD »verratene Revolution« (Arthur Rosenberg) verunsichert, in der neuen Republik etablierten, indem sie die formalen Freiheiten der Demokratie aufgrund ihres Besitztums und verbliebener Vorrechte für sich ausnutzten: »Die einzelnen (...) hatten früher etwas Kostbares, das heißt sie waren, wie sie waren, auf Kosten der andern.«
Die Kritik an der »formalen Demokratie« der Weimarer Repu-

blik bestimmte in den zwanziger und frühen dreißiger Jahren fast das gesamte Werk B.s, besonders prägnant im Fragment gebliebenen *Tui-Roman* (zwischen 1933 und 1942), der satirisch die Geschichte der ersten deutschen Demokratie als vorhersehbaren Fehlschlag beschreibt, weil die Verfassung zwar individuelle Rechte und Freiheiten garantierte, nicht aber die Eigentumsrechte an den Produktionsmitteln veränderte. Die durch Krieg, Inflation und am Ende der zwanziger Jahre durch die Wirtschaftskrise bewirkte Armut sowie die Tatsache, daß die moderne Industriegesellschaft das »freie Individuum« immer mehr äußeren, kollektiven Abhängigkeiten und Zwängen unterwarf, ließen für B. jede bürgerliche Freiheit und das garantierte Recht der freien Entfaltung der Persönlichkeit suspekt werden, wenn die materiellen Voraussetzungen dafür nicht für alle geschaffen würden: »Es gibt viele Arten zu töten. Man kann einem ein Messer in den Bauch stechen, einem das Brot entziehen, einen von einer Krankheit nicht heilen, einen in eine schlechte Wohnung stecken, einen durch Arbeit zu Tode schinden, einen zum Selbstmord treiben, einen in den Krieg führen und so weiter. Nur weniges davon ist in unserem Staate verboten.«

Aufgrund der gesellschaftlichen Mißstände in der Weimarer Republik – durchgehendes Thema in B.s Werk ist der Hunger der Mittellosen, den er als (unsichtbare) Gewalt täglich vor Augen sah – erkannte B. im deutschen Faschismus/Nationalsozialismus keinen »Auswuchs« von Barbarei, sondern er beschrieb ihn als die in der Demokratie selbstproduzierte Herausbildung von reaktionären Kräften, die es verstanden, die republikanischen Rechte für sich zu nutzen und den Opfern der wirtschaftlichen Krisen propagandistisch neues »heldisches« Selbstbewußtsein zu suggerieren, um sich so deren Gefolgschaft zu sichern: »Sie können nicht bestreiten, daß Deutschland absolut demokratisch ausgeschaut hat, bis es faschistisch ausgeschaut hat. (...) Wenn der Kapitalismus ohne den Faschismus gegangen wäre, wär der Faschismus nicht gegangen. Er soll nur ein Auswuchs sein, les ich. Aber ein Mensch, der einen bestimmten Auswuchs hat, der Krebs heißt, stirbt leicht, wenn er auch sonst ganz gesund ist.«

Als 1932/33 korrupte und korrumpierbare Repräsentanten der Weimarer Republik allmählich die Macht den Nazis übergaben, sorgte nach B.s Anschauung die Demokratie für ihre eigene Abschaffung. »Volksgemeinschaft« wurde zum »deutschen« Äquivalent für Demokratie: es »kommt von oben und hat etwas Herablassendes (...), soll bedeuten, das Volk versteht es, es sei einfach genug dazu.« »Die Politik der bürgerlichen Demokratie«, schrieb B. nach dem Ende der Weimarer Republik unter satirischer Berufung auf General Clausewitz, »ist die Fortführung (ihrer) Geschäfte mit andern Mitteln, und (ihre) Geschäfte öffentlich zu behandeln, liebt (sie) nicht. So ist das Bürgertum lediglich ratlos, wenn die Geschichte gelegentlich in Kriege übergeht, sie sind sehr dagegen. Das Bürgertum führt die größten und meistumfassenden Kriege und ist zugleich echt pazifistisch.«

Nach dem Reichstagsbrand (27. Februar 1933) aus Deutschland vertrieben und 1935 von den Nazis offiziell ausgebürgert, stellte B. im Exil (Tschechoslowakei, Österreich, Dänemark, Schweden, Finnland, Sowjetunion, USA) seine Arbeit auf den Kampf gegen den Faschismus ein. Daß er dabei geneigt war, den angeblichen »Aufbau des Sozialismus« in der Sowjetunion als Alternative zum Kapitalismus, trotz des stalinistischen Terrors, zu verteidigen und als »Große Ordnung« zu preisen, ergab sich aus seiner Befürchtung, die Zerstörungen durch den Faschismus könnten so total werden, wie sie angedroht worden waren. Obwohl er auch mit »moskauhörigen« Kommunisten wie Willi Bredel – z.B. in der gemeinsamen Redaktion der Moskauer Exilzeitschrift *Das Wort* – zusammenarbeitete, blieb B. Außenseiter und galt den kommunistischen Machthabern als »Linksabweichler« (»Brecht-Clique«), was für ihn ein Exil in der UdSSR ausschloß.

Am Ende seines Exils in den USA, 1947, fand wurde B. vor den »Ausschuß für unamerikanische Betätigungen« geladen, der seine Gesinnung überprüfte. Über Zürich und Prag gelangte B. 1948 nach Ostberlin, wo er fortan leben und arbeiten wollte. Er besorgte sich freilich, bis zu seinem frühen Tod überzeugt von der Wiedervereinigung, einen österreichischen Paß. Die Gründung der Bundesrepublik Deutschland 1949 nach dem Muster der westlich-kapitalistischen Demokratien ließ B. einen Rückfall in Weimarer Verhältnisse befürchten: Den deutschen »Ruinenmenschen«, den im Denken und in der Psyche durch den Faschismus verrotteten Mitläufern, dürften nicht erneut Rechte und Freiheiten zugestanden werden, die sie für sich und auf Kosten anderer ausnützen könnten: »Das deutsche Bürgertum ›entnazen‹ heißt, es entbürgern. Es hat keinen Weg vor sich, immer nur den und jenen Ausweg. (...) Wenn er aufhörte, Nazi zu sein, könnte er kein Bürger mehr sein; nur wenn er kein Bürger mehr ist, ist er kein Nazi mehr.« Ein verordneter Sozialismus sei besser als keiner.

B. gehörte dann freilich zu den wenigen, die die Fehlentwicklung der DDR bereits in ihrer Anfangsphase erkannten und kritisierten. Sozialismus bedeutete für ihn, die Erfahrungen derjenigen zugrundezulegen, die bisher den »unsichtbaren Gewalten« von Hunger, Elend und Ausbeutung als »Arbeitskraft« in der Massenproduktion ausgesetzt waren: »Volksherrschaft« auf der Basis des von Friedrich Engels so genannten »niederen Materialismus«. »Wir brauchen eine Welt, in der man mit einem Minimum an Intelligenz, Mut, Vaterlandsliebe, Ehrgefühl, Gerechtigkeitssinn und so weiter auskommt«. Statt dessen etablierte sich in der DDR ein Sozialismus der Funktionäre »von oben«, die »das Volk« zu ihren Zwecken mißbrauchten und »sozialistische Ideale« und heroische Men-

schenbilder ohne materielles Äquivalent verkündeten. Mit dem 17. Juni 1953 sah B. den angeblich »bewältigten« kriegstreiberischen Faschismus in der DDR unter anderen Bedingungen neu aufleben und den Arbeiteraufstand in einen reaktionären Putschversuch übergehen. In einem Brief an seinen Verleger Peter Suhrkamp schrieb B. am 1. Juli 1953: »Die Straße freilich mischte die Züge der Arbeiter und Arbeiterinnen schon in den frühen Morgenstunden des 17. Juni (...) mit den scharfen, brutalen Gestalten der Nazizeit, den hiesigen, die man seit Jahren nicht mehr in Haufen hatte auftreten sehen und die doch immer dagewesen waren.«
1954 nahm B. satirische Versuche wieder auf, die er früher gegen die Weimarer Republik und den Faschismus/Nationalsozialismus gerichtet hatte, und bezog sie jetzt auf den DDR-Sozialismus: »Unter neuen Befehlshabern setzte sich also der Naziapparat wieder in Bewegung. Ein solcher Apparat kann durch die Kontrolle von oben mit neuem Geist erfüllt werden; er benötigt aber Kontrolle von unten. Unüberzeugt, aber feige, feindlich, aber sich duckend, begannen verknöcherte Beamte wieder gegen die Bevölkerung zu regieren.«

Knopf, J.: Brecht-Handbuch. Theater. Stuttgart 1980. – Knopf, J.: Brecht-Handbuch. Lyrik, Prosa, Schriften. Stuttgart 1984. – Mittenzwei, W.: Das Leben des Bertolt Brecht oder der Umgang mit den Welträtseln. 2 Bde., Berlin, Weimar 1986. – Völker, K.: Bertolt Brecht. Eine Biographie. München 1976.

Jan Knopf

Breitscheid, Rudolf

Geb. 2. 11. 1874 in Köln; gest. 24. 8. 1944 im KZ Buchenwald

»Der überschlanke Mann war eine höchst eindrucksvolle Erscheinung, als Redner bewundert und gefürchtet, nie sich verhaspelnd, Satz für Satz druckfertig, völlig rational argumentierend, mit einer gepflegten Begabung zum kühlen, sarkastischen Hohn. Ich habe wenige Menschen gekannt von solcher, oft genug unbehaglicher, dauernder Bewußtheit«. Diesem Charakterbild ließen sich andere mit ähnlicher Färbung an die Seite stellen. Es stammt aus den Erinnerungen von Theodor Heuss. B. hatte mit ihm nach der Jahrhundertwende im Kreis um Friedrich Naumann zusammengearbeitet, war bald darauf aber eigene Wege gegangen und zur Sozialdemokratie übergewechselt. »Ich glaube mich nicht zu täuschen, daß er sich an die theoretischen Auseinandersetzungen über das eigentliche Wesen des marxistischen Sozialismus (...) gar nicht herangequält hat«, denn, so heißt es weiter: »Im Elementaren war er ein radikaler Liberaler geblieben, ein bürgerlich-städtischer Intellektueller mit starken antifeudalen Affekten. Ob er viele Junker kannte, weiß ich nicht, aber er verstand es, sie rednerisch großartig zu demolieren.«
Das soziale Milieu, aus dem B. kam, war das einer protestantischen Angestelltenfamilie im katholischen Köln; die politische Ideenwelt, in die er zunächst hineinwuchs, war die eines fortschrittlichen, von Reformimpulsen bewegten Liberalismus. Der früh verstorbene Vater war Buchhandlungsgehilfe, die Mutter ermöglichte dem Sohn das Studium der Nationalökonomie in München und Marburg. Nach der Promotion arbeitete B. bei verschiedenen liberalen Zeitungen und Zeitschriften, schloß sich 1903 der »Freisinnigen Vereinigung« an, wurde Stadtverordneter in Berlin und Mitglied des brandenburgischen Provinziallandtags. Von 1905 bis 1910 saß er in der Geschäftsführung des Handelsvertragsvereins, der sich gegen staatlichen Protektionismus und die daraus resultierende Privilegierung agrarischer wie schwerindustrieller Interessen wandte. Wegen der Kooperation mit den Konservativen im sogenannten »Bülow-Block« (Unterstützung des Reichskanzlers Bernhard von Bülow durch Konservative, Nationalliberale und Linksliberale im Reichstag seit 1907) trennte er sich 1908 von der »Freisinnigen Vereinigung«, rief zusammen mit Theodor Barth und Hellmut von Gerlach die »Demokratische Vereinigung« ins Leben, redigierte deren Organ *Das freie Volk* und übernahm nach Barths Tod den Vorsitz. Die Neugründung, die sich als Sammelpunkt einer entschieden linksbürgerlichen, auf eine Parlamentarisierung des monarchischen Systems gerichteten Politik begriff, gelangte über den Status einer Splittergruppe allerdings nicht hinaus. Bei den Reichstagswahlen vom Januar 1912 konnte sie kein einziges Mandat erringen. Für B. war damit klar, daß sich eine eigenständige radikalliberale Partei mit Aussicht auf Erfolg nicht würde etablieren lassen. Aus dem Scheitern dieses Versuchs zog er sogleich die Konsequenz und ging zur SPD (die im Reichstag stärkste Partei geworden war), dabei von der »Erkenntnis« geleitet, wie er sich 1934 erinnerte, daß es ohne »wirtschaftliche Befreiung der Arbeiterklasse« keine »wirkliche Demokratie« geben könne.
Charakteristisch blieb auch weiterhin die enge Verbindung von Politik und Publizistik. B. beteiligte sich an der Redaktion der einflußreichen *Leitartikelkorrespondenz* seines Freundes Friedrich Stampfer, stellte diese Tätigkeit aber nach dem Ausbruch des Ersten Weltkriegs ein. Als Sympathisant der Minderheit, die gegen den Kurs der Majorität opponierte, gab er 1915 die *Sozialistische Auslandspolitik* heraus, die im

November 1918 unter dem Titel *Der Sozialist* zur Wochenschrift der »Unabhängigen Sozialdemokratie« wurde. Zu dieser bekannte sich B., der 1916 als Armierungssoldat an die Front mußte, weniger aus ideologischen denn aus pazifistischen Motiven. »Es war nicht sowohl die Bewilligung der Kriegskredite, die uns erschreckte«, schrieb er rückblickend, »als vielmehr das Erstarken einer nationalistischen Stimmung, die große Teile der Sozialdemokratie allzu nahe an das bürgerliche Lager heranführte.« Trotz der Vorbehalte, mit denen er den einstigen Genossen begegnete, plädierte er in der Anfangsphase der Revolution für die Bildung einer gemeinsamen Regierung und wurde in das paritätisch besetzte Kollegium der preußischen Volksbeauftragten delegiert. Dort verwaltete er mit Paul Hirsch (SPD) das Innenressort, schied jedoch Anfang 1919 wegen unüberbrückbarer Differenzen zwischen den Koalitionspartnern wieder aus. B. kritisierte die von Kompromissen mit den Repräsentanten des alten Systems geprägte Politik der Mehrheitspartei, forderte die Vergesellschaftung der Großbanken und sprach sich für den Einbau der Räte in die demokratische Verfassung aus. 1920 wurde er in den Reichstag gewählt, nach der Spaltung der USPD im Oktober desselben Jahres gehörte er zu denen, die 1922 zurückkehrten unter das Dach der SPD. Deren »Methoden gefallen uns vielleicht nicht«, rechtfertigte er seinen Schritt, »aber sie ist eine Partei der Massen des Proletariats und damit des Sozialismus«.

Ein Ergebnis dieser Entscheidung war, daß seine Karrierre zum ersten Mal so etwas wie Stetigkeit gewann. B. avancierte in der Fraktion rasch zum unbestrittenen Experten in Fragen der internationalen Beziehungen. Er warb für einen Ausgleich mit Frankreich und unterstützte die Westpolitik des Außenministers Gustav Stresemann (DVP), der ihn 1926 in die deutsche Delegation beim Völkerbund berief. Den Locarno-Vertrag von 1925 (Anerkennung deutscher Westgrenzen durch Deutschland, nicht aber der Ostgrenze gegenüber Polen; Aufnahme Deutschlands in den »Völkerbund« und vorzeitige Räumung von Besatzungszonen in Westdeutschland), zu dessen Zustandekommen er durch seine ausgezeichneten Kontakte zur französischen Linken beigetragen hatte, würdigte B. trotz mancher Defizite im Detail als Meilenstein auf dem Weg zu einer nicht auf Willkür, sondern auf allgemein akzeptierten Rechtsgrundsätzen beruhenden Regelung der europäischen Verhältnisse. Er markiere, meinte er in einem Aufsatz für die *Gesellschaft*, die theoretische Zeitschrift der SPD, »das Ende einer Epoche, in der die Siegermächte ... eine Diktatur über das besiegte Deutschland ausüben konnten«. Zwar seien es »rein kapitalistische Regierungen« gewesen, die sich geeinigt hätten, aber, so umriß er die gleichermaßen prinzipielle wie pragmatische Position der Sozialdemokratie: »wenn wir auch nach wie vor von der Überzeugung durchdrungen sind, daß die letzte und sicherste Garantie des Friedens in der internationalen Überwindung des Kapitalismus liegt, so ist es doch unsere Pflicht, entschlossen und eifrig mitzuwirken bei jedem Versuch, auch unter der gegenwärtigen Wirtschaftsordnung die Gefahr des Krieges und des bewaffneten Friedens einzudämmen.«

1928 wurde B. neben Otto Wels und Wilhelm Dittmann zum Vorsitzenden der Reichstagsfraktion gewählt, 1931 schließlich, als sich der Spielraum der SPD bereits spürbar verengt hatte, rückte er in den Parteivorstand auf. Das Notverordnungsregime des Kanzlers Heinrich Brüning (1930–1932) zu tolerieren, hieß für ihn, die Mißachtung der »demokratischen Form« hinzunehmen, um den »demokratischen Inhalt der Verfassung zu retten«. Tatsächlich lief dies auf eine defensive Politik des kleineren Übels hinaus. Wie die meisten seiner Kollegen glaubte auch B., den Aufstieg der NSDAP durch Abwarten und Bündelung der eigenen Kräfte abbremsen zu können. Seine Rede auf dem Leipziger Parteitag von 1931, die sich der »Überwindung des Faschismus« widmete, offenbarte, wie sehr er in das Milieu, in die Perspektiven und Illusionen des sozialdemokratischen Reformismus der späten zwanziger und frühen dreißiger Jahre eingetaucht war. Sein Referat gab sich, wie der Journalist Rudolf Olden beobachtete, »lang, elegant und denkbar abgewogen«. Wirklich neue Einsichten oder gar Handlungsalternativen jenseits der eingefahrenen Geleise bot es nicht. Ganz im Einklang mit den Thesen, die Rudolf Hilferding 1927 in Kiel vorgetragen hatte, sah B. in der Welt des organisierten Kapitalismus gegen alle Evidenz immer noch »Ansätze zum Sozialismus«, die es in einem organischen Prozeß zu entfalten und zu vertiefen gelte. Von einer gemeinsamen Front mit den Kommunisten, denen er bescheinigte, »den Willen zur Demokratie gelähmt« zu haben, versprach er sich nichts, wie er noch einmal am 31. Januar 1933 betonte. Das einen Tag zuvor ernannte Kabinett Hitler deklarierte er zur letzten Trumpfkarte der Reaktion. Überzeugt, daß sie nicht stechen werde, forderte er dazu auf, sich für den Moment des offenen Verfassungsbruchs zu rüsten. Bis dahin müsse man jedoch die Nerven bewahren, Gewehr bei Fuß stehen und darauf vertrauen, daß nach Hitler nichts anderes kommen werde als eine Regierung unter »maßgebendem Einfluß« der Arbeiterschaft.

Trotz starker Worte war dies ein Appell, in den Bahnen der Legalität zu verharren. Die Erwartung, sich so – wenngleich unter erschwerten Bedingungen – behaupten zu können, machten die Nazis rasch zunichte. Ende März emigrierte B. über die Schweiz nach Paris. Die Chancen für einen baldigen Sturz der braunen Diktatur beurteilte er äußerst skeptisch. »Einem sehr großen Teil des deutschen Volkes – bis weit in die Arbeiterkreise hinein – fehlen Rechtsbewußtsein so gut wie Freiheitsgefühl«, schrieb er im November 1934 an Friedrich

Stampfer: »Auch das Ausland wird sich im Laufe der Zeit, wenn ein Krieg vermieden werden kann, an Hitler ebenso gewöhnen und sich ebenso mit ihm abfinden, wie es sich mit Stalin und Mussolini abgefunden hat.« Dem Prager Exilvorstand der SPD begegnete B. mit zunehmender Distanz. Dies manifestierte sich unter anderem darin, daß er sich 1936 entgegen der dort geübten Abstinenz an der Schaffung einer Volksfront mit Einschluß der Kommunisten beteiligte. Unter dem Eindruck der Moskauer Schauprozesse und der Unmöglichkeit, sich mit dem KP-Vertreter Walter Ulbricht auf demokratische Spielregeln zu verständigen, zog er sich ein Jahr später jedoch zurück.

1937 trat B. der »Sozialistischen Partei Frankreichs« bei, dessen Vorsitzender Léon Blum dafür sorgte, daß er bei Kriegsausbruch nicht interniert wurde. Nach dem Einmarsch der deutschen Truppen flüchtete er nach Marseille, Bemühungen um eine Ausreise in die USA blieben vergeblich. Am 11. Februar 1941 lieferte ihn die Vichy-Regierung an die Gestapo aus, die ein Verfahren wegen Hochverrats gegen ihn anstrengte, dann aber einstellte. Im Januar 1942 wurde B. in das KZ Sachsenhausen, im September 1943 nach Buchenwald gebracht, wo er, zusammen mit seiner Frau Tony außerhalb des Stammlagers in Sonderhaft gehalten, am 24. August 1944 einem alliierten Bombenangriff zum Opfer fiel.

Lange, D. (Hg.): Rudolf Breitscheid. Antifaschistische Beiträge 1933-1939. Frankfurt 1977. - Lehnert, D.: Rudolf Breitscheid (1874-1944). Vom linskbürgerlichen Publizisten zum sozialdemokratischen Parlamentarier, in: Lösche, P. u.a. (Hg.): Vor dem Vergessen bewahren. Berlin 1988, S. 38-56. - Trümpler, E.: Vom bürgerlichen Demokraten zum Mitbegründer der antifaschistischen Volksfront. Rudolf Breitscheid, in: Beiträge zur Geschichte der Arbeiterbewegung 18, 1976, S. 513-524.

Jens Flemming

Brenner, Otto

Geb. 8. 11. 1907 in Hannover; gest. 15. 4. 1972 in Frankfurt/Main

Bundeskanzler Adenauer nannte ihn 1958 einen »Feind der Freiheit«. Er wurde in der Propaganda der CDU/CSU zum Bürgerschreck gemacht. »Kein Brandt ohne Brenner!« Dabei eignete sich dieser Kollege mit der gepflegten Erscheinung eines Schneidermeisters der gehobenen Klasse so gar nicht zu einem »Brandstifter«: ein relativ kleiner Mann mit Manieren, Kurzhaarschnitt und Krawatte, auffällig gut gekleidet, mit Goldrandbrille. Äußerlich mehr ein junger Hochschullehrer vom Katheder als ein gestandener Metaller von der Werkbank. Nach der Volksschule begann B. seine berufliche Laufbahn als Hilfsarbeiter, als Nietenwärmer und -presser. Eine Lehre als Elektriker konnte er später nachholen. Von 1926 bis 1932 arbeitete er bei Hanomag im Automobilbau. Politisch trat er schon mit 13 Jahren in die »Sozialistische Arbeiterjugend« (SAJ) ein und wurde zum Bezirksvorsitzenden der Jungsozialisten gewählt. Wegen seines Protestes gegen den Panzerkreuzerbau wurde er 1929 aus der SPD ausgeschlossen. Er neigte zum »Internationalen Sozialistschen Kampfbund« (ISK), gründete aber die »Sozialistische Arbeiterpartei« (SAP) mit und wurde deren Bezirksleiter für Hannover. B. überführte seine Gruppe 1945 wieder in die SPD Kurt Schumachers. Er wurde Ratsherr, Landtagsabgeordneter und beteiligte sich an Gremienarbeit im Parteivorstand in Hannover.

Die sozialdemokratischen Genossen schätzten ihn als Widerstandskämpfer. Im Frühjahr 1933 hat B. an illegalen Aktionen gegen die Naziherrschaft teilgenommen. Er vervielfältigte Flugblätter und wurde mit seinem Bruder Kurt Ende August 1933 verhaftet. B. nahm die Verantwortung auf sich, so daß sein Bruder wieder entlassen, er selber aber vom Sondergericht in Hamm zu zwei Jahren Haft wegen »Vorbereitung zum Hochverrat« verurteilt wurde.

Nach dem Krieg wurde B. zunächst Landesvorsitzender der Wirtschaftsgruppe Metall in Niedersachsen. Er gehörte zu den Streikführern bei Bode und bei Schmidding in Hannover. Dieser Arbeitskampf im Dezember 1946 zielte noch unter der Besatzungsdiktatur auf Vergesellschaftung der Produktion und auf Wirtschaftsdemokratie. B. forderte »das volle Mitbestimmungsrecht der Arbeiter und Angestellten im Betriebe und in der Wirtschaft« (*Gewerkschaftszeitung*, März 1947). Er stand von Anfang an in Opposition zum Hauptvorstand und wurde gegen dessen Widerstand 1947 zum Bezirksleiter der IG Metall (IGM) Hannover gewählt. Er beklagte Mängel im demokratischen Aufbau der Gewerkschaften »von unten«, weil es an geeigneten Kräften fehlte. Die »Demokratisierung der Gewerkschaft« sah er zunächst als »oberstes Ziel« (1947). Dabei wünschte er eine »autonome Organisation« im Rahmen der Einheitsgewerkschaft.

Die teils autoritär geprägten, teils altersträgen Spitzen der IGM wurden durch B. und seine Freunde erfolgreich attackiert, so daß er bereits 1952/53 selber zum Vorsitzenden aufrückte, wobei der gleichberechtigte Hans Brümmer an seiner Seite immer mehr in den Hintergrund trat und die Öffentlichkeit mehr und mehr den agilen B. als alleinigen Vorsitzenden wahrnahm. Der rasche Aufstieg und die Führungsrolle resultierten aus der Aktivität des »Zehnerkreises«, einer jungen

Garde fähiger Kollegen, die sich aus den früheren linken Splittergruppen der SAP sowie der »KPD-Opposition« (KPO) und des ISK rekrutierten. Sie waren in der Satzung nicht vorgesehen, bereiteten aber Beschlüsse vor, die in Rivalität mit dem Dachverband DGB und auf Kosten der gesamtgewerkschaftlichen Entwicklung standen. Als überragende Erfolge sind gleichwohl das Aktionsprogramm des DGB von 1955, das neue Grundsatzprogramm von 1963 und der Kampf gegen die Notstandsgesetzgebung bis 1968 zu nennen. Wenn der »Sozialistische deutsche Studentenbund« nach der Unvereinbarkeitserklärung durch den SPD-Bundesvorstand ab 1962 weiterhin erfolgreich arbeiten konnte, war es der materiellen und ideellen Unterstützung durch B. und die IG Metall zu danken.

Manche Aktivisten der Studentenbewegung hatten B. im Sinne der Schreckenspropaganda Adenauers mißverstanden, als sei er tatsächlich ihr »Lord Firebrand«. B. löste sich nach der Kampagne gegen die Notstandsgesetzgebung aus diesen Verbindungen. Jegliches politische Abenteurertum und jede diktatorische Tendenz lehnte er kompromißlos ab. »Anarchismus und Kommunismus waren für den demokratischen Sozialisten B. nicht diskutabel« (Peter von Oertzen). Nachdem er den Integrationsprozeß der westdeutschen Demokratie unter Adenauer noch 1961 kategorisch abgelehnt hatte, bekannte er sich fünf Jahre später - 1966 - im Zeichen der Großen Koalition nach einem intensiven internen Diskussionsprozeß zum Gedanken einer kämpferischen Integration der Gewerkschaften in Gesellschaft und Staat der Bundesrepublik Deutschland.

Mitten in dem dramatischen Arbeitskampf vom April/Mai 1963 - nach der verschärfenden »Schleyer-Aussperrung« - formulierte B. Sätze über Demokratie und Gewerkschaft, die Willy Brandt bei seiner Trauerrede für den verstorbenen B. 1972 in der Frankfurter Paulskirche wiederholte: »Es gibt keine demokratische Gesellschaft ohne freie Gewerkschaften! Es gibt keine Demokratie ohne soziale Gleichberechtigung der Arbeitnehmer! Wir Gewerkschafter haben uns immer für das gesellschaftliche Ganze verantwortlich gefühlt. Wir haben stets für die Verwirklichung der Demokratie und der sozialen Gerechtigkeit gekämpft. Nach den furchtbaren Erlebnissen der zwölfjährigen Nazidiktatur werden wir nicht zulassen, daß die demokratischen Grundrechte jemals wieder in Frage gestellt werden!«

Die letzten Lebensjahre B.s standen im Zeichen wachsender Sorge um die demokratische Entwicklung in Deutschland und zunehmender Appelle, mehr Demokratie zu wagen, wie Willy Brandt es in seiner ersten Regierungserklärung Ende 1969 angekündigt hatte. In seiner letzten Grundsatzrede auf dem 10. ordentlichen Gewerkschaftstag der IG Metall für die Bundesrepublik Deutschland sagte B.: »Als wesentlichstes Merkmal der demokratischen Ordnung gilt ihre Offenheit oder, um es wissenschaftlicher auszudrücken, ihr Pluralismus.« Gleichzeitig erinnerte er an das Konzept der Wirtschaftsdemokratie und an die Forderung nach einem Bundeswirtschafts- und Sozialrat. Der notwendige Demokratisierungsprozeß sollte durch einen umfassenden und unbegrenzten Bildungs- und Lernprozeß gefördert werden. Dazu appellierte er an die Geschlossenheit in den eigenen Reihen: »Nur in gemeinsamer Anstrengung werden wir den notwendigen Demokratisierungsprozeß vorantreiben und unsere Vorstellungen von einer humanen Gesellschaft durchsetzen, von der Gleichberechtigung der Arbeitnehmer in allen gesellschaftlichen Bereichen, besonders in der Wirtschaft.«

Noch vom Sterbelager übermittelte B. einer internationalen Arbeitstagung der IGM eine letzte Botschaft: »Unser Ziel bleibt unverrückbar dasselbe: eine von materieller und geistiger Ausbeutung befreite internationale Gesellschaft des Friedens, der Völkerverständigung, der sozialen Gleichberechtigung und der vollen demokratischen Teilhabe am gesellschaftlichen Leben.« Mit dem Tod B.s verlor die westdeutsche Gesellschaft den kraftvollsten persönlichen Motor jener Demokratisierungsprozesse, die auf die Notstandsgesetzgebung folgten und mehr Demokratie in Deutschland, Europa und der Welt schaffen sollten. Wenn der Demokratisierungsprozeß bald darauf zu stocken begann, lag es nicht nur an objektiven Faktoren wie der ersten Ölkrise, sondern auch am Verlust des Demokratisierungspotentials, das B. mit seiner gewerkschaftlichen Mannschaft darstellte.

Hermanns, J.: Otto Brenner. Freudenstadt 1967. - Oertzen, P. v.: Festschrift für Otto Brenner. Frankfurt/Main 1967. - Werner, A.: Staat und Demokratie in der Sicht westdeutscher Gewerkschaften, dargestellt an der Staatsauffassung des Vorsitzenden der IG Metall, Otto Brenner. Diss. Berlin (Ost) 1967.

Gerhard Beier

Brentano, Lorenz

Geb. 14. 11. 1813 in Mannheim; gest. 17. 9. 1881 in Chicago

B., Träger eines berühmten Namens und u.a. mit den Dichtern Clemens Brentano und Bettina von Arnim (geb. Brentano) in direkter Linie verwandt, war neben Friedrich Hecker der bekannteste Führer der demokratischen Bewegung Badens in der Revolutionszeit 1848/49. B. hatte seine Popularität zunächst allerdings weniger seinem Namen denn seiner Tätigkeit als Verteidiger von politisch Verfolgten zu verdanken. Wie viele später bekannte kleinbürgerlich-demokratische Politiker war auch B. Jurist, und wie viele kleinbürgerliche Demokraten von 1848/49 hatte auch er sich seine politische Sporen bereits in den vierziger Jahren verdient.

Als Sohn eines ursprünglich in Frankfurt am Main, später in Mannheim ansässigen Großkaufmannes hatte B. in Freiburg und Heidelberg Jura studiert (1831–34) und sich 1837 in seiner Heimatstadt als Rechtsanwalt niedergelassen. Seit 1845 war er Obergerichtsadvokat am Hofgericht des Mittelrheinkreises in Rastatt, später Bruchsal. Vor allem seine Anwaltspraxis brachte ihn mit führenden badischen Oppositionellen in Berührung. Er zählte zum Freundeskreis Adam von Itzsteins. Zu seinen Mandanten gehörten auch der nur wenig ältere Friedrich Hecker, später auch Karl Blind und Gustav von Struve. Die bewegte politische Szenerie, der für deutsche Verhältnisse damals fortgeschrittene Parlamentarismus in Baden zogen den vielseitigen und befähigten B. an und versprachen ihm persönliche Entfaltungsmöglichkeiten. Ende 1845 und – nach vorzeitiger Auflösung – erneut im April 1846 wurde er in den badischen Landtag gewählt. Aber erst die Revolution 1848/49 mit ihrer Vielzahl von Chancen und Möglichkeiten, aber auch Bewährungsproben zeigten den Politiker B. in einem schärferen Licht. Ende März/Anfang April 1848 nahm er am Frankfurter Vorparlament teil. Dann wurde er im Wahlkreis Engen-Stockach-Radolfzell-Hüfingen (am Bodensee) zum Abgeordneten für die Paulskirche gewählt. Aber schon frühzeitig zeigte sich hier: Er war trotz seiner rhetorischen Begabung nicht der Parlamentarier par excellence. In der äußersten Linken vermochte er sich nicht seinen Fähigkeiten entsprechend zur Geltung zu bringen. Bei der liberalen Mehrheit in der Paulskirche machte sich B. verhaßt, als er in einer turbulenten Plenardebatte am 7. August 1848 für Hecker Partei nahm. Es ging um die Frage, ob Heckers Wahl in die Frankfurter Nationalversammlung (für den badischen Wahlkreis Thiengen) wegen des von ihm angeführten Aufstandes im April für ungültig zu erklären sei. B. sagte in seiner Rede: »Wollen Sie die, die in Baden die Waffen ergriffen haben, zurücksetzen gegen einen Prinzen von Preußen?« Bald danach zog sich B. aus der Paulskirche zurück, nur Ende Februar/Anfang März 1849 war er noch einmal in Frankfurt. Aber er konnte sich auch mit den handstreichartigen Aktionen Heckers und Struves (im April bzw. September 1848) in Baden nicht identifizieren. Einzig in der legalen außerparlamentarischen demokratischen Bewegung fand er sein Tätigkeitsfeld. Er wurde Vorsitzender des »provisorischen Landesausschusses der Volksvereine« und Ende 1848 der populärste Politiker in Baden.

Anfang 1849 wählte die Bevölkerung von Mannheim ihn zum Oberbürgermeister, aber die badische Regierung Hoffmann/Bekk verweigerte die Zustimmung. B. reagierte mit Verbitterung, dennoch machte er die im Frühjahr 1849 in Baden einsetzende Radikalisierung nur halbherzig mit. Er strebte weniger den Bruch mit Großherzog Leopold und seiner Regierung an, als daß er diese unter Druck setzen wollte, um weitgehende Konzessionen herauszuholen. In der badischen Reichsverfassungskampagne im Frühjahr 1849, als es um die Durchsetzung der Paulskirchenverfassung ging, die Verfassungspartei sich aber zunehmend in revolutionäre Auseinandersetzungen und Kämpfe verstrickt sah, stand B. an der Spitze der revolutionären badischen Landesregierung. Bald war er einer der drei sogenannten »Diktatoren«. Aber er kam in noch größere Schwierigkeiten als zuvor. Die Chancen für eine Kompromißlösung wurden in dem Maße geringer, wie die Auseinandersetzungen zwischen den demokratischen Vereinen, den revolutionären Soldaten auf der einen und dem herzoglichen Regierungsapparat auf der anderen Seite eskalierten und vor allem Preußen mit seiner Armee eingriff.

In der revolutionären Aufstandsführung widersetzten sich Struve, Johann Philipp Becker und andere dem Kurs B.s. Der »Klub des entschiedenen Fortschritts« in Karlsruhe, ein Zentrum des Widerstands gegen B., dem neben den Genannten u.a. auch der junge Wilhelm Liebknecht angehörte, wurde von B. Anfang Juni 1849 mit Gewalt aufgelöst. Je mehr sich die militärischen Niederlagen der Revolutionsarmee gegen die Preußen häuften, desto mehr nahmen die Zerfallserscheinungen in der badischen Führung zu. Als die konstituierende Landesversammlung die Macht des »Diktators« B. einschränkte, gab dieser, seines Amtes längst überdrüssig, auf.

Kurz bevor der militärische Widerstand in Baden, ausgenommen zunächst Rastatt, zusammenbrach, legte B. seinen Posten nieder und überschritt in der Nacht vom 28. zum 29. Juni 1849 die deutsch-schweizerische Grenze. Dem Vorwurf der Fahnenflucht versuchte er von der Schweiz aus durch scharfe Attacken auf seine radikalen Widersacher zu begegnen, die er grausam und geistig unfähig, korrupt und heuchlerisch nannte. Dieser Vorwurf hat dennoch das Urteil über B.s Rolle 1849 in Baden im Grunde genommen bis heute geprägt. Besonders in den Jahrzehnten der Emigration hatte sich B. vor allem mit entsprechenden Vorwürfen seitens radikaler Demokraten und Sozialisten, wie seiner früheren Kontrahenten Becker und Struve oder anderer Teilnehmer an den Kämpfen in Südwestdeutschland, wie Friedrich Engels oder Sigismund Borkheim, auseinanderzusetzen. Die zeitgenössische Polemik wie die Geschichtsschreibung haben B. auch nicht ohne Grund beschuldigt, eigennützige Ziele verfolgt zu haben. Die Gerichtsbehörden in Deutschland machten wenig Unterschiede. Sie verurteilten B. wegen seiner Tätigkeit in Baden in Abwesenheit zu lebenslänglichem Zuchthaus.

Im Unterschied zu vielen anderen Emigranten bedeutete die Flucht für B. nicht das Ende seines öffentlichen Wirkens, sondern nach schweren Jahren gab es einen Neuanfang, für den B. immerhin noch jung genug war. Von den schweizer Behörden zum Verlassen des Landes gezwungen, ging er 1850 nach Nordamerika. 1852–59 versuchte er sich als Farmer bei Kalamazoo (Michigan) durchzuschlagen. Aber in der deutschen Emigrantenbewegung fand er das Tätigkeitsfeld, wo er, wie schon früher, nicht nur persönliche Anerkennung bekam, sondern das Engagement einer Sache galt, die auch den Mann ehrte. Als Redakteur und Herausgeber deutschsprachiger Zeitungen (*Der Leuchtturm*, Potsville/Pennsylvania; *Illinois-Staatszeitung*, Chicago) kämpfte er in den fünfziger und sechziger Jahren auf Seiten der Republikaner gegen die Sklaverei. Als Bürger der USA gelangte B. auch in den Besitz kommunaler und staatlicher Ämter. In Chicago, wo er zeitweise seinen früheren Beruf als Rechtsanwalt ausübte, war er Mitglied und Präsident des dortigen Stadtrates, 1862 wurde er Mitglied des Repräsentantenhauses. Ohne die USA-Staatsbürgerschaft abzulegen, kehrte er 1869, fast 20 Jahre nach seiner Verurteilung, nach Deutschland zurück und wurde 1872–76 USA-Konsul in Dresden. Zurückgekehrt in die Vereinigten Staaten, wurde B., Krönung seines zweiten großen Lebensabschnittes, 1878 ein weiteres Mal Abgeordneter des Kongresses.

Bauer, S.-M.: Die Verfassunggebende Versammlung in der badischen Revolution von 1849. Darstellung und Dokumentation. Düsseldorf 1991. – Wittke, C.: Refugees of Revolution. Philadelphia 1952.

Gunther Hildebrandt

Brill, Hermann Louis

Geb. 9. 2. 1895 in Gräfenroda/Thüringen; gest. 22. 6. 1959 in Wiesbaden

Nach eigenem Bekunden ist B. »für die Wahrung der persönlichen Freiheit des Einzelnen, für die Toleranz im Gemeinschaftsleben, für die Demokratie in Staat und Gemeinde und für den Sozialismus in Wirtschaft und Gesellschaft« eingetreten. Im größten Augenblick seiner politischen Karriere, als die amerikanischen Besatzer ihn zum Ersten Regierungschef Thüringens nach dem Ende des Zweiten Weltkriegs gemacht hatten, urteilte der ihn in Weimar besuchende Klaus Mann: »Ein guter Demokrat, ein guter Arbeiter, ein großer Mann; man hätte keinen besseren für solch verantwortungsvollen Posten finden können.«
Der Sozialdemokrat B. entstammte nicht eigentlich proletarischen Verhältnissen, sondern, darin etwa Friedrich Ebert gleich, kleinbürgerlichen, in denen neben aller materiellen Vorsorge noch Zeit für geistig-kulturelle Bedürfnisse blieb. Sein Vater war Schneidermeister, auch gelegentlicher Gastgeber August Bebels oder politischer Emigranten aus Rußland. Das gab dem 1897 von Gräfenroda nach Ohrdorf umgesiedelten Elternhaus in der Einsamkeit des Thüringer Waldes ein gewisses Flair. Aufgrund seiner früh erkannten Fähigkeiten kam Sohn Hermann auf das Gothaer Herzog-Ernst-Seminar zur Lehrerausbildung. Sozialistisches Elternhaus und humanistische Bildung formten ihn entscheidend. Die Erfahrungen des Ersten Weltkriegs, zu dem auch er sich im August 1914 freiwillig meldete, verstärkten das Bekenntnis zum Sozialismus als Maxime des Lebens. B. meinte damit nicht eine utopische Sehnsucht, sondern eine republikanische Verantwortung für die im Kaiserreich noch ungelöste politische Repräsentanz der sozialen Unter- und Mittelschichten.
Am 3. Oktober 1918 trat B. in Gotha der USPD bei. Der dort am 13. November 1918 ausgerufenen Räterepublik schrieb er, ein 24jähriger juristischer Autodidakt, den Entwurf einer Verfassung, nachdem er durch die am 23. Februar 1919 erfolgte Wahl Mitglied der Gothaer Landesversammlung geworden war. Nur formal brachte er gleichzeitig durch seine 2. Lehrerprüfung die Ausbildung als Volksschullehrer zum Abschluß. Der erste Anstellungsschulort, Finsterbergen, hat ihn kaum gesehen, da B. im »Verein sozialistischer Lehrer in Gotha« und in der Volksversammlung eine inhaltliche und formale Schulreform voranzutreiben suchte (Einheitsschule ohne das Fach Religion): »Erst die Emanzipation der Arbeiter ist die Emanzipation des Geistes. Erst die sozialistische Gesellschaft schafft das Ideal der Gewissensfreiheit in der Demokratie.«
Mit der Gründung des Landes Thüringen zum 1. Mai 1920 siedelte B. nach Weimar über, wurde sofort Mitglied des Landtags und blieb dies bis 1933 (1932 Mitglied des Reichstags). Hier trat er 1922 von der USPD zur SPD über, blieb aber an deren linkem Rand. Mit auffälliger parlamentarischer Begabung und schnell auch als Ministerialbeamter, zuerst als Referent im Volksbildungs-, dann als Ministerialdirektor im Innenministerium, machte er auf sich aufmerksam. Die Geschichte des Landes Thüringen hat er in der Schulpolitik der SPD-Regierung Frölich (Greilsche Schulreform) sowie in der Beamtenpolitik mitgestaltet. B. trat im »Deutschen Oktober 1923« dem von Osten ins Land getragenen kommunistischen Putschversuch entgegen und zur selben Zeit dem vom Süden andringenden Nationalsozialismus. Nach der Wahl zum 3. Thüringischen Landtag (10. Februar 1924) wurde B. als politischer Beamter in den Wartestand versetzt und begann

ein Jurastudium in Jena, das er mit einer Dissertation über *Studien zur Entstehung und Entwicklung der deutschen Selbstverwaltung* am 4. März 1929 »magna cum laude« abschloß. Als Gastlehrer für Öffentliches Recht wirkte er danach an der ersten sozialistischen Heimvolkshochschule Schloß Tinz in Gera.

Zu dieser Zeit lag Thüringen bereits im starken Einflußbereich der NSDAP. Die Nationalsozialisten hatten in Weimar am 3. und 4. Juli 1926 ihren 1. Reichsparteitag abgehalten, am 23. Januar 1930 (bis 1. April 1931) mit Wilhelm Frick ihren ersten Landesminister (für Inneres und Volksbildung) plazieren können. Durch ihn wurde Hitler am 12. Juli 1930 Gendarmeriekommissar von Hildburghausen und erlangte damit die deutsche Staatsbürgerschaft. B. widersetzte sich im Landtag mit Verve nationalsozialistischer Schul- und Innenpolitik. Er machte reichsweit durch seinen Vorsitz in jenem parlamentarischen Untersuchungsausschuß auf sich aufmerksam, der am 15. März 1932, zwei Tage nach dem 1. Wahlgang zur Reichspräsidentenwahl, Frick und besonders Hitler zu dessen gesetzwidrig erfolgten Ernennung zum Gendarmeriekommissar von Hildburghausen vernahm (»Köpenickiade von Rappelsdorf«).

Die als Mitglied des Thüringischen Landtags von 1920 bis 1933 bewiesene republikanisch-demokratische Haltung führte B. 1933 in den Widerstand. Er gründete sofort in Gera eine Zelle der Berliner Widerstandsgruppe »Neu Beginnen«, konnte bei deren Aufdeckung 1934 aber unerkannt bleiben und siedelte, um besser konspirativ arbeiten zu können, im selben Jahr nach Berlin über. Dort wurde er Mitbegründer der »Deutschen Volksfront« (1935–1938). Bei der Enttarnung und Verhaftung dieser bedeutendsten linken Widerstandsgruppe in Deutschland durch die Gestapo am 22. September 1938 wurde B. Himmler gegenüber als »theoretischer Kopf« der »Deutschen Volksfront« bezeichnet. Der Beweis war durch die von B. verfaßten Schriften *Zehn Punkte* (1936), *Deutsche Ideologie* (1937) und *Freiheit* (1938) erbracht. Der nationalsozialistische Volksgerichtshof verurteilte B. und alle anderen Mitglieder der »Deutschen Volksfront« zu hohen Zuchthausstrafen, B. am 28. Juli 1939 zu zwölf Jahren. Die ersten fünf verbrachte er in Brandenburg-Görden, im Dezember 1943 wurde er »als nicht besserungsfähiger Häftling« in das Konzentrationslager Buchenwald auf dem Ettersberg bei Weimar überstellt.

In Buchenwald hat B. ein Volksfront-Komitee aus Sozialdemokraten, Kommunisten, Liberalen und christlichen Demokraten begründet. Zusammen mit anderen sozialdemokratischen Häftlingen – unter ihnen Ernst Thape und Benedikt Kautsky – entwarf B. nach der Befreiung des Lagers am 13. April 1945 das *Manifest der demokratischen Sozialisten des ehemaligen Konzentrationslagers Buchenwald* mit dem Untertitel *Für Frieden, Freiheit, Sozialismus*. Dies ist das erste deutsche Nachkriegsprogramm eines erneuerten demokratischen Sozialismus. Von Eugen Kogon wurde B. dem amerikanischen Kommandanten in Weimar als der für die Übernahme der Verwaltung am besten geeignete Deutsche empfohlen. So wurde B. am 27. April 1945 Berater der amerikanischen Militärregierung in Weimar, am 7. Mai 1945 mit der Wahrnehmung der Geschäfte der bisherigen Landesregierung betraut und am 9. Juni 1945 zum Regierungspräsidenten der Provinz Thüringen ernannt. Der Besatzungswechsel Anfang Juli 1945 beendete diese politische Laufbahn B.s. Unter der sowjetischen Besatzungsmacht wurden ihm systematisch alle Einflußmöglichkeiten auf die Gestaltung der thüringischen Nachkriegsentwicklung entzogen. Auch parteipolitisch mißlang B. der Neuanfang in Thüringen. Weil seiner Auffassung nach die SPD am Ende der Weimarer Republik versagt hatte, gründete er am 9. Juli 1945 in Weimar den »Bund demokratischer Sozialisten/SPD«. Der wurde jedoch von der Sowjetischen Militäradministration des Landes nicht anerkannt. Die Thüringer Sozialdemokraten mußten sich mit dem zum Vorsitzenden gewählten B. als Landesverband der vom Berliner Zentralausschuß unter Otto Grotewohl geführten SPD unterstellen. Ihr Versuch, in Thüringen die Gründung der SED zu verhindern und damit nach der Machtergreifung von rechts sich einer Machtergreifung von links in Deutschlands Mitte zu widersetzen, mißlang.

B. resignierte Ende 1945 und ging von Weimar zunächst als Berater von OMGUS (Office of Military Government for Germany) nach Berlin, war kurzzeitig als Generalsekretär des Stuttgarter Länderrats (an Stelle Erich Roßmanns) im Gespräch, wurde dann aber im Sommer 1946 Staatssekretär der Hessischen Staatskanzlei in Wiesbaden. In dieser Position hat B. beim Verwaltungsaufbau des Landes Hessen große Verdienste erworben. 1948 wurde er – nicht ohne einen exemplarischen Streit zwischen dem Hessischen Kultusminister Erwin Stein und dem Rektor der Frankfurter Universität, Walter Hallstein, – Honorarprofessor für Öffentliches Recht an der Universität Frankfurt am Main, 1951 für Vergleichende Staatslehre und Verfassungsgeschichte an der Hochschule für Verwaltungswissenschaften in Speyer.

Als Vertreter des Landes Hessen im – 1946 mit Sitz in Stuttgart gegründeten – Deutschen Büro für Friedensfragen hat B. Einfluß auf die seit März 1947 geführte Diskussion über die Verfassung eines westdeutschen Staates genommen. Seine Mitgliedschaft im Verfassungskonvent von Herrenchiemsee im August 1948 hebt ihn in den Rang eines der Väter des Grundgesetzes der Bundesrepublik Deutschland und macht Eugen Kogons Wort verständlich, wonach B. »Mitbegründer der Zweiten Republik der Deutschen« war.

Im Deutschen Bundestag, dem B. für die SPD von 1949 bis

1953 angehörte, waren die drei Arbeitsgebiete des vom Gothaer Räterepublikaner zum Bonner Bundesrepublikaner gewandelten Sozialdemokraten die europäische Einigungsbewegung, der demokratische Aufbau der staatlichen Verwaltung und die Wiedereinführung der Wissenschaft von der Politik in Deutschland.

Klaus Mann hat ihn nach der Begegnung in Weimar im Juni 1945 unter die wenigen »Charaktere von besonderer Vitalität und Zähigkeit« gerechnet, die Deutschland nach dem Zweiten Weltkrieg hatte.

Overesch, M.: Hermann Brill in Thüringen 1895–1946. Ein Kämpfer gegen Hitler und Ulbricht. Bonn 1992.

Manfred Overesch

Buchholz, Paul Ferdinand Friedrich

Geb. 5. 2. 1768 in Altruppin; gest. 24. 2. 1843 in Berlin

B. gehörte zum Typus des politisch engagierten Berufsschriftstellers, der sich im Deutschland des späten 18. und frühen 19. Jahrhunderts herauszubilden begann. Er wurde als Sohn eines Pfarrers im brandenburgischen Altruppin geboren. 1785–1787 studierte er in Halle zunächst Theologie, schließlich Philologie, konnte seine Studien aus finanziellen Gründen jedoch nicht abschließen. Im Anschluß daran war er für zwölf Jahre Lehrer an der Ritterakademie Brandenburg. Im Frühjahr 1800 gab er diese zwar nur spärlich besoldete, aber immerhin gesicherte Stellung auf und zog nach Berlin. Dort entwickelte sich B. zum professionellen Vielschreiber, der gleichermaßen belletristische, philologische, historische und politische Themen behandelte.

Seine publizistische Blütezeit erlebte B. nach dem Zusammenbruch des Alten Reiches und Preußens 1806, als er zum Protagonisten der systemkritischen Berliner Presse avancierte. Daß er heute dennoch weitgehend vergessen ist, liegt wohl vor allem an seiner damaligen politischen Ausrichtung: B. vertrat nicht, wie viele andere preußische Autoren in dieser Zeit, eine »nationale«, gegen die französische Fremdherrschaft gerichtete Linie, die sich letztlich als folgen- und erfolgreich erwies, sondern er war Anhänger Napoleons.

B. konstatierte schon in diesem ersten Jahrzehnt seines politisch-publizistischen Wirkens mit geradezu soziologischem Gespür einen allumfassenden sozialen Wandlungsprozeß in Deutschland: von der ständischen zur bürgerlichen Gesellschaft, von der Natural- zur Geldwirtschaft. Dabei schrieb er Napoleon, dem Exporteur und Vollender der Französischen Revolution, die Funktion eines Katalysators zu: B. hoffte, daß durch den Umbruch, den der Korse ausgelöst hatte, die überkommene feudale Herrschaftsstruktur abgelöst und durch ein System prinzipieller staatsbürgerlicher Gleichheit ersetzt werden könnte. Seine Hoffnungen und sein Enthusiasmus spiegeln sich beispielhaft in den Sätzen wider, mit denen er 1808 einen Artikel über Napoleon einleitete: »Es ist eine ungeheure Zeit, in der wir leben. Das Große des gegenwärtigen Augenblickes verlischt vor dem Größeren des Folgenden; das alte Sprüchwort: Nichts Neues unter der Sonne, widerlegt die Erfahrung des Tages. Was bisher der Hand des Zufalls überlassen wurde, wagt des Menschen Geist mit freier Hand zu ordnen.«

Zwei publizistische Wirkungsfelder B.s sind in den Jahren bis zu den Befreiungskriegen 1813/14 auszumachen: Zum einen beteiligte er sich an den politischen und staatsrechtlichen Debatten innerhalb des Rheinbundes (1806–1813). B. leitete in den Jahren 1805–1811 die *Europäischen Annalen*, ein Blatt des Tübinger Verlegers Johann Friedrich Cotta, das sich unter seiner Regie zu einer frankreichfreundlichen und dezidiert reformorientierten Zeitschrift entwickelte. Zum zweiten spielte B. eine wichtige Rolle in der preußischen Hauptstadt. Vor allem in den Jahren, als Berlin französisch besetzt war (1806–1808), nutzte er die besonderen pressepolitischen Umstände zu einer Reihe von Schriften, die sich äußerst kritisch mit dem preußischen Staatswesen auseinandersetzten. (z.B.: *Untersuchungen über den Geburtsadel und die Möglichkeit seiner Fortdauer im neunzehnten Jahrhundert. Von dem Verfasser des neuen Leviathan*, 1807; *Gallerie Preussischer Charaktere. Aus der Französischen Handschrift übersetzt*, 1808; *Gemählde des gesellschaftlichen Zustandes im Königreich Preussen, bis zum 14ten Oktober des Jahres 1806. Von dem Verfasser des neuen Leviathan*, 1808). 1811 stellte er sich darüber hinaus in den Dienst der Regierung Hardenberg und unterstützte deren Reformen mehrere Jahre lang propagandistisch.

Auch nach dem Ende der französischen Herrschaft in Deutschland blieb B. publizistisch aktiv. Er gründete das *Journal für Deutschland, historisch-politischen Inhalts* (1815–1819), das er unter dem Titel *Neue Monatsschrift für Deutschland* weiterführte (1820–1835). Daneben veröffentlichte er in 22 Bänden die *Geschichte der Europäischen Staaten seit dem Frieden von Wien* (1814–1837).

B.s politische und verfassungsrechtliche Vorstellungen trugen frühliberale Züge, sie waren aber genauso unverkennbar von dem spätaufgeklärt-gouvernementalen und tendenziell bonapartistischen Denken bestimmt, das auch bei anderen Reformanhängern im Deutschland des frühen 19. Jahrhunderts nachweisbar ist. Eine Reihe von Forderungen B.s waren geradezu klassisch liberal, wie Rechtsstaatlichkeit, formale staatsbürgerliche Gleichheit, Freiheit des Handels, Sicherheit des Privateigentum, Geschworenengerichte und Öffentlichkeit allen obrigkeitlichen Handelns. Wesentlich zurückhaltender

war B. allerdings, wenn es um die politische Partizipation dieser sozial und ökonomisch emanzipierten Gesellschaft ging. Seine Vorstellungen zu diesem Problembereich waren nicht stringent, vor allem unter dem Eindruck der Restauration nach 1819 wurde er vorsichtiger. Doch schon vorher richteten sich B.s Ideen nie grundsätzlich gegen die monarchische Souveränität oder gegen bürokratische Kompetenzen, sondern waren mehr vom Staat her gedacht. Eine Verfassung sollte den erblichen Fürsten nicht binden; der Monarch behielt vielmehr seine zentrale Stellung innerhalb der drei Gewalten: Legislative, Exekutive und Judikative. »Wilde Demokratie« (1817) drohte für B., die Effizienz staatlichen Handelns zu beschädigen – gerade diese schien ihm aber für die sozialen und ökonomischen Reformen unabdingbar zu sein. Gesellschaftliche Teilhabe mußte daher nicht nur inhaltlich, sondern auch personell eng begrenzt bleiben: Manchmal wollte B. Grundbesitzer oder »Manufakturisten« berücksichtigt wissen; immer wieder plädierte er aber auch für eine Vertretungskörperschaft, die sich nur aus Gelehrten zusammensetzte, da allein dieser Kreis ohne wirtschaftliche Eingeninteressen sei.
Diese Idee eines Gelehrtenparlaments verweist zugleich auf einen wichtigen Orientierungspunkt B.s seit den 1820er Jahren: den Saint-Simonismus. Wie später Auguste Comte, der eine Zeitlang sein Sekretär war, glaubte Claude Henri de Saint-Simon, daß alle Wissenschaften von einer theologischen über eine metaphysische Phase bis zum positiven Stadium fortschritten. Es sei notwendig und möglich, auch für Politik und Gesellschaft eine Wissenschaft zu entwickeln, in der dieselbe Zuverlässigkeit und Positivität erreicht sei wie in anderen Wissenschaftszweigen. B. machte sich die wesentlichen Elemente des Saint-Simonismus in den beiden letzten Jahrzehnten seines Lebens zu eigen, so daß er auch als »ein vergessener Vorläufer der Soziologie« (Rütger Schäfer) bezeichnet wird.
Aber nicht nur wissenschaftstheoretisch, auch gesellschaftspolitisch zeigte sich B. von den Saint-Simonisten beeinflußt. Die Nöte des »Vierten Standes« sprach er für deutsche Verhältnisse ungewöhnlich früh an. So berichtete er verständnisvoll von der großen englischen Streikbewegung der Jahre 1824 und 1825, und zwei Jahre später schrieb er: »Es giebt keine gesellschaftliche Harmonie, so lange noch Vortheile auf Kosten des Arbeiters erworben werden können. Das einzige wirksame Mittel nun, diesem sittlichen Unfuge zu steuern, besteht darin, daß man der zahlreichsten Klasse mit Kenntnissen und Einsichten zu Hülfe kommt« (1827). Wie Saint-Simon blieb ihm allerdings die Konfliktlinie zwischen Unternehmern und Arbeitern verborgen, er sah beide im Prinzip noch vereint gegen den Adel stehen. B. hat die ganze Dimension dieses Problems, das sich in Deutschland damals erst allmählich zu entfalten begann, nicht mehr erfahren. Er starb am 24. Februar 1843 in Berlin.

Hofmeister-Hunger, A.: Pressepolitik und Staatsreform. Die Institutionalisierung staatlicher Öffentlichkeitsarbeit bei Karl August von Hardenberg (1792–1822). Göttingen 1994. – Schäfer, R.: Friedrich Buchholz – ein vergessener Vorläufer der Soziologie. Eine historische und bibliographische Untersuchung über den ersten Vertreter des Positivismus und des Saint-Simonismus in Deutschland. 2 Bde., Göppingen 1972. – Schuck, G.: Rheinbundpatriotismus und politische Öffentlichkeit zwischen Aufklärung und Frühliberalismus. Kontinuitätsdenken und Diskontinuitätserfahrung in den Staatsrechts- und Verfassungsdebatten der Rheinbundpublizistik. Stuttgart 1994.

Wolfgang Piereth

Büchner, Georg

Geb. 17. 10. 1813 in Goddelau bei Darmstadt; gest. 19. 2. 1837 in Zürich

B., Sohn eines Arztes, beteiligte sich auf dem Gymnasium in Darmstadt seit 1828 an einem Primanerzirkel, der zwar zunächst literarisch-philosophische Interessen pflegte, spätestens aber seit der französischen Julirevolution (1830) sich auch politisierte. Die Freunde dieses Kreises lasen diejenige Literatur, die ihnen die Schule vorenthielt. Die solide humanistische Schulbildung, in der das gräzisierende Ideal freier Entfaltung der Persönlichkeit und zugleich die Beispiele republikanischer Bürgertugend eine zentrale Rolle spielten, stand in offenem, krassen Gegensatz zur gesellschaftlichen und politischen Realität der Zeit und nötigte geradezu, Ideal und Wirklichkeit kritisch zu vergleichen. So wird berichtet, B. habe zu den radikalsten Mitgliedern des Kreises gehört und nach der Julirevolution seinen damals engsten Freund nur mit »Bon jour citoyen« begrüßt.
Nach dem Schulabschluß ging B. zum Studium der Medizin – er setzte damit eine über Generationen anhaltende Familientradition fort – nach Straßburg. Im November 1831 immatrikulierte er sich dort und schon am 4. Dezember war er bei einer demokratischen Großveranstaltung dabei: Auf der Flucht befindliche polnische Generäle des gescheiterten polnischen Aufstandes von 1830 zur Erlangung der Unabhängigkeit Polens wurden dort feierlich begrüßt und geehrt.
In Straßburg gab es bei Ankunft B.s eine starke republikanisch-demokratische Bewegung. In Clubs organisiert, zählte sie tausende von Mitgliedern und war politisch sehr rege. Sie reichte von gemäßigt demokratischen bis zu saint-simonistischen und babouvistischen Positionen. Als wegen verschiedener sozialrevolutionärer Aufstandsversuche in Frankreich die

Bewegungsfreiheit der politischen Clubs eingeengt wurde – Veranstaltungen mit mehr als 20 Teilnehmern waren verboten –, bildete sich eine »Gesellschaft der Menschen- und Bürgerrechte«, die mit Sektionen von höchstens 20 Mitgliedern eine flächendeckende und sehr aktive Organisation darstellte. B. beteiligte sich an deren Veranstaltungen, insbesondere aber in einer theologischen Studentenverbindung – »Eugenia« – als Dauergast und galt in ihr als einer der radikalsten Wortführer.

Die französische Julirevolution 1830 führte auch in Deutschland zu politischer Unruhe, wenn auch nicht zur Revolution. Aus Sorge vor einem Überschwappen der französischen republikanischen Bewegung ließen die Regierungen der deutschen Staaten eine zeitweilige Liberalisierung zu. Der reaktionäre Druck auf die Opposition ließ nach. Zugleich wurde auch die Pressezensur weniger scharf gehandhabt. So war es leichter, sich in der Öffentlichkeit politisch-oppositionell zu zeigen.

Von Straßburg aus nahm B. auch am Hambacher Fest im Mai 1832 teil und mußte die dort einsetzende Unterdrückung der demokratischen Volksbewegung erleben. Er lernte auf dem Fest auch einen der Hauptredner, Johann Georg August Wirth, kennen, der sich im Südwesten Deutschlands als Vorkämpfer der Pressefreiheit einen Namen gemacht und den zeitweilig recht wirksamen »Pressverein« (seit Februar 1832) gegründet hatte. Solche »Pressvereine« sollten die allgemeine Pressefreiheit – nicht nur für Zeitungen – erkämpfen helfen.

Im Oktober 1833 setzte B. sein Studium in Gießen fort und nahm Verbindung zur Oppositionsbewegung in seiner Heimat Hessen-Darmstadt auf. Dort lernte er den Theologiestudenten August Becker kennen, der bald sein engster Vertrauter wurde. In Gießen begann B. im Winter 1833/34 sich mit der französischen Revolution von 1789 zu beschäftigen. Zugleich machte er durch Becker die Bekanntschaft des führenden republikanisch – demokratischen Oppositionellen in Oberhessen, Dr. Friedrich Weidig, bis 1834 Rektor in Butzbach, danach Pfarrer in Obergleen bei Alsfeld. Dieser publizierte illegal die Zeitschrift *Leuchter und Beleuchter für Hessen oder der Hessen Nothwehr.* Für Weidig verfaßte B. einen Text, den Weidig stark überarbeitete und ihm auch den Titel gab: *Der hessische Landbote* (1834): eine anonyme Flugschrift, die sich an die armen Bauern wandte und zum Kampf gegen die feudale Kleinstaaterei aufrief.

Inzwischen hatten sich die politischen Verhältnisse in Deutschland wieder verschlechtert. Die revolutionäre Unruhe mit dem Höhepunkt des Hambacher Festes war durch die wieder einsetzende politische Unterdrückung in den Untergrund gedrängt. Hatten radikale Burschenschafter im April 1833 noch versucht, mit dem sogenannten Frankfurter Wachensturm ein Signal für einen Volksaufstand zu setzen, so war nach der Niederschlagung des Aufstandsversuch und der Inhaftierung oder Flucht der meisten direkt oder indirekt Beteiligten die Opposition stark geschwächt. Erst die Freilassung der politischen Gefangenen durch eine Amnestie im März/April 1834 erlaubte es nunmehr B. und seinen Freunden Becker und Weidig in Gießen und Darmstadt nach Straßburger Vorbild eine »Gesellschaft für Menschenrechte« zu gründen.

Im Juli des gleichen Jahres betrieb B. mit Weidig, Dr. Leopold Eichelberg aus Marburg und den Studenten Becker und Gustav Clemm (ein Schulfreund B.s aus Darmstadt) einen illegalen Pressverein, der sich unter anderem auch den Druck und Vertrieb des *Hessischen Landboten* zur Aufgabe machte. Am 1. August wurde B.s engster Schulfreund, Karl Minnigerode, beim Versuch, 100 *Landboten* nach Gießen einzuschleusen, dort gefaßt. B. unternahm sofort eine Reise, um seine Freunde zu warnen. Gegen B. wurde wegen seiner Autorenschaft am 2. August 1834 Haftbefehl erlassen, er selbst wurde drei Tage später vernommen. Er konnte sich aber durch sein sicheres Auftreten entlasten, so daß der Haftbefehl nicht vollstreckt wurde. Mitte September reiste B. zu seinen Eltern nach Darmstadt, um bei ihnen die Semesterferien zu verbringen. In Darmstadt setzte er seine Studien zur französischen Revolution fort und überarbeitete eine zweite Auflage des *Landboten.* Diese erschien, wieder von Weidig redigiert und auch von Eichelberg ergänzt, im November 1834. Zugleich reorganisierte B. die Darmstädter Sektion der »Gesellschaft für Menschenrechte«.

Ab Januar 1835 begann B. mit der Niederschrift von *Dantons Tod* in Darmstadt, weil er wegen einer Gehirnhautentzündung sein Studium im Winter 1834/35 hatte unterbrechen müssen. Er erhielt eine Vorladung vom Untersuchungsrichter wegen Beteiligung am *Landboten,* zog aber Anfang März die Flucht nach Straßburg vor, wo er bis in den Herbst mit falschem Namen lebte.

Da sein Schulfreund Clemm in der Annahme, daß sowieso die ganze Sache verloren sei, ein umfangreiches Geständnis abgelegt hatte, setzte eine Verhaftungswelle unter den Mitgliedern des Pressvereins und der »Gesellschaft für Menschenrechte« ein. Am 13. Juni 1835 wurde auch ein Steckbrief gegen B. wegen »Teilnahme an staatsverräterischen Handlungen« ausgestellt. Dies und die Tatsache der auch in Frankreich greifenden politischen Reaktion waren wohl der Grund für B.s Anmeldung unter falschem Namen.

B.s aktive politische Arbeit war damit unterbrochen. Er kehrte der Politik vorübergehend den Rücken. Zweierlei mag dazu beigetragen haben: Zum einen hatte sich B. schon im Jahre 1832 mit der Tochter seiner Straßburger Wirtsleute, Wilhelmine Jaegle, verlobt und dachte nun am Ende seiner Studienzeit daran, einen Hausstand zu gründen, zum anderen hoffte er auf eine Dozentur an der erst drei Jahre alten Züricher Universität. Eine Niederlassungserlaubnis war aber nur zu erwarten, wenn B. alle Teilnahme an politischen Aktionen unterließ und ein Führungszeugnis der Straßburger Polizeibehörde beibrachte.

B. stellte Forschungen zur Physiologie der Nerven von Fischen an und trug seine Ergebnisse im Mai vor der »Société du Musée d'histoire naturelle« vor. Daraufhin wurde er zwei Wochen später deren korrespondierendes Mitglied, schloß seine Arbeit Ende Mai ab und reichte sie der Züricher Universität ein. Am 3. September 1836 wurde er in Abwesenheit zum Dr. promoviert und stellte Ende September den Antrag auf Zulassung zur Probevorlesung, um damit die Lehrbefugnis zu erhalten. Am 18. Oktober 1836 übersiedelte er nach Zürich, hielt am 5. November mit Erfolg seine Probevorlesung und begann 10 Tage später eine Vorlesung zur Vergleichenden Anatomie. Noch im gleichen Monat erhielt er eine provisorische Aufenthaltsgenehmigung und konnte damit gelassener seine Zukunft planen. In Zürich trat er sofort wieder in Kontakt mit deutschen demokratischen Emigranten.

Zugleich schrieb er in dieser Zeit die Komödie *Leonce und Lena*, eine Parodie auf die spießige, kleinbürgerliche Idylle und den unvollendet gebliebenen *Woyzeck*, eine Anklage gegen die herrschenden sozialen Verhältnisse. Auch die Novelle *Lenz* entstand in dieser Zeit, auch zu verstehen als verschlüsseltes Selbstportrait B.s.

Mitten hinein in diese äußerst produktive Phase seines Lebens fiel B.s Erkrankung im Januar 1837. Sein Zustand verschlechterte sich bald. Am 15. Februar wurde Typhus diagnostiziert und am 17. Februar starb B. Die Beisetzung erfolgte unter großer Beteiligung der Emigranten und der Universitätsangehörigen. Vier Tage nach seinem Tod starb sein Mitstreiter in Gießen, Dr. Weidig, durch einen dubiosen Selbstmord im Gefängnis, nachdem er fast zwei Jahre unter unwürdigsten und schikanösesten Bedingungen inhaftiert worden war.

Hauschild, J.-Chr.: Georg Büchner. Biographie. Stuttgart 1993.

Martin Kutz

Butenschön, Johann Friedrich

Geb. 14. 6. 1764 in Bramstedt/Holstein (damals Dänemark); gest. 16. 5. 1842 in Speyer

Der Vater war Kirchspielvogt (Bürgermeister). B. besuchte das Gymnasium in Altona, dann die Universitäten Jena und Kiel, unterrichtete 1786 an Gottlieb Konrad Pfeffels Schule in Colmar und lebte zeitweise in Zürich und Heidelberg. Den Beginn der Französischen Revolution 1789 erlebte er in Straßburg, wo er sich 1790 an der Universität einschrieb. Dann wurde er Lehrer in Stuttgart, ging im September 1792 zur Beendigung seiner philologischen und historischen Studien erneut nach Jena und entwickelte sich dort zum Jakobiner. Im Januar 1793 machte er sich zu Fuß auf eine Reise durch das verschneite Deutschland und kam wieder nach Straßburg. Seine Erinnerungen daran zählen zur stimmungsvollsten Literatur des deutschen Jakobinismus. B. gehörte zum romantischen Flügel der jakobinischen Kultur.

In Straßburg trat er in den Jakobinerklub ein, was man ihm in Deutschland verübelte. Zeitweise dessen Sekretär, freundete er sich mit dem einflußreichen, gefürchteten Eulogius Schneider an, Haupt der deutsch-elsässischen Jakobiner und blutrünstiger Ankläger des Revolutionstribunals in Straßburg, der, um politische Gegner einzuschüchtern, mit einer fahrbaren Guillotine durch die Stadt zu ziehen pflegte. Er arbeitete bei dessen radikaler Zeitschrift *Argos oder der Mann mit hundert Augen* mit. Im Mai 1793 zog er mit einem Straßburger Freiwilligenbataillon in die Vendée, um den gegenrevolutionären Aufstand der dortigen Bauern niederwerfen zu helfen. Von diesem Kriegserlebnis fühlte sich B. bestätigt und gestärkt. »Drei Monden lang stand ich unter den Waffen, im Pulverdampf und Kanonendonner. Ich habe auf dem Schlachtfeld die Würde der Menschheit gefühlt und bin stärker geworden durch Mut in Gefahr«: kein Wort von den an der ländlichen Bevölkerung der Vendée durch Truppen der Regierung und den »colonnes infernales« verübten Massakern, den, wie sich der französische Kommunist Gracchus Babeuf ausdrückte, Vernichtungsfeldzügen (»populicide«, »nationicide«).

Im November 1793 wurde er Beamter der jakobinischen Munizipalität von Straßburg, lehnte aber die »Terreur« ab. Im Klub fiel er auf, weil er gegen die Zerstörung der Steinfiguren am Münster stimmte. B.s Jakobinismus hatte religiöse Wurzeln. So unterstrich er im *Argos* die Übereinstimmung von Evangelium und Revolution: Jesus sei Sansculotte gewesen. Zuerst schien er Eulogius Schneiders Sturz zu überstehen (Dezember 1793). Wie angespannt die Stimmung war, offenbarte B. in der nächsten Nummer des *Argos*, gleich auf der ersten Seite: »Ist Schneider ein Verbrecher, so stürze sein Kopf hin aufs Blutgerüst; so würde ich unerbittlich urteilen, wenn ich sein Richter wäre.« In dieser rigorosen Art, gemischt mit Todesmystik, wollte B. sich selbst nicht schonen. Das war die gelebte Fassung der revolutionären Parole »Freiheit oder Tod«.

Nachdem B. am 10. Januar 1794 mit einer Gruppe Straßburger und deutscher Jakobiner als Verdächtiger verhaftet worden war, unterschrieb er eine Solidaritätserklärung der Gefangenen für Schneider mit dem Zusatz: »Schneider hat mich nicht verführt, weil er nie aufgehört hat, mit einer beispiellosen Redlichkeit zu handeln. Ich bin bereit, mit ihm zu sterben.« Dank guter Beziehungen durfte B. im örtlichen Gefängnis bleiben, von wo aus er in einer Flugschrift als »dänischer Sansculotte« an die Öffentlichkeit appellierte, seinen Lebenslauf und seine Überzeugungen darlegte. Er kam tatsächlich bald wieder frei und führte den *Argos* weiter.

B.s Töne wurden angesichts des Schreckens vorsichtiger, der *Argos* verlor seine politische Zuspitzung, näherte sich dem Typus der »moralischen Zeitschrift« und wich kaum mehr von den Pariser Jakobinern ab. Der Artikel *Der Traum in der Mainacht* breitete eine melancholische Stimmung aus, die B. mit religiösem Trost und chiliastischer Hoffnung auszuhalten suchte: »Freuet euch mit mir, rechtschaffene Bürger, denn das goldene Zeitalter nähert sich mit großen Schritten.«

Im Frühjahr 1794 wurde er erneut inhaftiert, nach Paris gebracht und in der Conciergerie festgehalten. Nach Robespierres Sturz (27. Juli 1794) wurde B. freigelassen und ging im Oktober 1794 zunächst nach Zürich, dann nach Colmar. 1795 verteidigte er in Zeitschriften den im April 1794 in Paris guillotinierten Eulogius Schneider. 1797 brachte er in Straßburg eine neue Zeitung heraus, wurde erneut Munizipal und 1802 Lehrer in Colmar.

Ein neuer Lebensabschnitt begann 1803 mit der Berufung nach Mainz als Lehrer an das Lyceum. Bis zum Ende der »französischen Zeit« im Linksrheinischen 1813 leitete B. das Schulwesen der französischen Departements zwischen Mainz und Saar. Im nächsten Jahr brauchte man den erfahrenen liberalen Pädagogen wieder in Rheinhessen, 1815 in der bayerischen Rheinpfalz mit Sitz in Speyer. Hier leistete B. Nachhaltiges, indem er das Schulwesen auf liberal-demokratischen Grundsätzen aufbaute. Er wurde zum Schutzschild der Pfälzer Demokraten, zum Garant eines liberalen Schulwesens, einer aufgeschlossenen Kulturpolitik und zum Verteidiger des demokratischen Sonderstatus der Pfalz inmitten des bayerischen Königreichs.

1817 offenbarte ein Besuch von Heidelberger Studenten, Schülern von Hegel, bei B., wie weit die demokratischen Traditionen links und rechts des Rheines auseinanderlagen. B. ließ sich zuerst Hegels Philosophie erklären: die Dialektik, die Entwicklung des Absoluten im Begriff und in der Weltgeschichte. Dann konterte der gewiefte Praktiker: »Glaubt's doch nicht! Die Geschichte ist, wie die Menschen und Völker sie machen. Eure absolute Entwicklung läßt sich in den Haarzöpfen ebensogut nachweisen, als in den Historien und den Mysterien der Philosophen: erst der natürliche Urwuchs, dann der geschorene, dann der Kahlkopf, dann die Allongeperücke, die Zwickelperücke, der Zopf, der Tituskopf und jetzt euer langes Haar. Das ist die absolute Notwendigkeit.« Dann brachte B. seine Kritik auf den Punkt: »Überhaupt träumt ihr zuviel und gebärdet euch zu deutsch. Freilich sind die Deutschen gute Leute, und es fehlt ihnen, um die erste Nation der Welt zu sein, nichts, als daß sie überhaupt eine Nation wären. Zwei Dinge tun ihnen not: Einheit und Selbstvertrauen.« Der Heidelberger Medizinstudent Heinrich Karl Alexander Pagenstecher, später ein achtundvierziger Revolutionär, notierte dazu in seinem Tagebuch: »Es war für mich ein improvisiertes, staatsmännisches Praktikum.«

Zwei Jahre später kamen Heidelberger Studenten erneut zu B. Als er sie in einer Kleidung sah, die ihn an Karl Ludwig Sand, den Mörder des Dichters und russischen Staatsrats August von Kotzebue, erinnerte, verbarrikadierte er sich hinter seinem Schreibtisch und war nicht mehr zu beruhigen. B. hatte mit einem Attentat aus den Reihen der revolutionären Burschenschaft gerechnet.

In jener Zeit, 1816 bis 1821, gab B. die *Speyerer Zeitung* heraus, das führende Organ der Pfälzer Demokraten, was ihn in einen Dauerkonflikt mit der bayerischen Zensur brachte. Als der bayerische König Ludwig I. den Thron bestieg, wurde 1825 B., der alte Jakobiner und liberale Schulrat, entlassen. Sein Nachfolger vertrat einen reaktionären Kurs. Mit B.s Ablösung leitete Bayern einen langfristigen Kampf gegen die demokratische Sondergeschichte der Pfalz ein, der im Mai 1849 in den bewaffneten Kampf um die erste demokratische Verfassung Deutschland mündete (Juni 1849: Intervention durch preußische Truppen).

B.s Sohn Carl Friedrich setzte des Vaters politisches Erbe fort. Als die Bayern 1832 das Hambacher Fest verbieten wollten, legte er als Advokat in Frankenthal Einspruch ein, gewann und ermöglichte so die größte politische Demonstration der deutschen Demokratie vor 1848.

Haasis, H. G.: Gebt der Freiheit Flügel. Die Zeit der deutschen Jakobiner 1789–1805. 2 Bde., Reinbek bei Hamburg 1984. – Hahn, H.: Johann Friedrich Butenschön. Ein Lebensbild aus Revolution, Empire und Restauration. (mschr. Diss.) Mainz 1952.

Hellmut G. Haasis

Campe, Joachim Heinrich

Geb. 29. 6. 1746 in Deensen bei Holzminden; gest. 22. 10. 1818 in Braunschweig

In seinem Buch *Briefe aus Paris, zur Zeit der Revolution geschrieben* (1790) bekannte der später von der französischen Nationalversammlung mit dem französischen Bürgerrecht geehrte C.: »Wir werden zum erstenmal ein großes Reich sehen, worin das Eigenthum eines Jeden heilig, die Person eines Jeden unverletzlich, die Gedanken zollfrei, das Glauben ungestempelt, die Aeußerung desselben durch Wort, Schriften und Handlungen völlig frei und keinem menschlichen Richterspruch mehr unterworfen seyn wird; ein Reich, worin keine privilegierte, keine gebohrne Volksbedrücker, keine Aristokratie, als die der Talente und Tugenden, keine Hierarchie und kein Despotismus mehr statt finden, wo vielmehr Alle gleich, Alle zu allen Aemtern, wozu ihre Verdienste sie fähig machen, fähig seyn und nur Kenntnisse, Geschicklichkeiten und Tugenden einen Vorzug geben werden; ein Reich, wo Recht und Gerechtigkeit für Alle auf gleiche Weise und ohne alles Ansehn der Person werden verwaltet, und zwar unentgeldlich werden verwaltet werden und wo Jeder, auch der armseligste Landmann, nicht etwa nur dem Scheine nach, sondern wirklich in der gesetzgebenden Versammlung repräsentiert werden, also Jeder, auch der armseligste Landmann, Mitregent und Mitgesetzgeber seines Vaterlandes sein wird.«

C.s Vater, der aus dem altadeligen Geschlecht der von Campe stammte, legte nach der Heirat mit der Predigertochter Anna Margaretha Gosler den Adel ab. C. wurde zuerst von Hauslehrern unterrichtet, um nach dem Tod des Vaters 1760 das Gymnasium in Holzminden zu besuchen. Er studierte seit 1765 Theologie in Helmstedt und seit 1768 in Halle. 1769, nach einer Hauslehrertätigkeit im Hause Humboldt in Tegel, wurde er als Feldprediger nach Potsdam berufen. Dort heiratete er am 24. 6. 1773 Dorothea Maria Hiller. 1775 kehrte er als Erzieher zu den Humboldts zurück und unterrichtete Wilhelm und Alexander von Humboldt. Mit Wilhelm reiste er 1789 in das revolutionäre Paris. Für kurze Zeit war C. 1776 Prediger an der Heilig-Geist-Kirche in Potsdam. Er legte dieses Amt nieder und beendete aus Überzeugung seine theologische Laufbahn. Im Herbst 1776 ging er als »Edukationsrath« an das Dessauer Philanthropin, jene Musterschule, die 1774 gegründet wurde, und gab mit dem Leiter Johann Bernhard Basedow die erste pädagogische Zeitschrift Deutschlands heraus. Allerdings führten Zwistigkeiten mit Basedow dazu, daß C. im September 1777 von Dessau nach Hamburg umsiedelte. Dort wirkte er als Schriftsteller und Leiter einer Schule reicher Hamburger Kaufmannssöhne, die er zusammen mit seiner Tochter Lotte erzog. Er schrieb jenes Buch, das ähnlich wie Knigges *Über den Umgang mit Menschen* (1788) zu einem Bestseller deutschsprachiger Literatur werden sollte: *Robinson der Jüngere* (1779). Viel gelesen wurde auch seine Lebenshilfe *Theophron oder der erfahrene Rathgeber für die unerfahrene Jugend* (1783).

Mit dieser Abhandlung und anderen Schriften wurde C. ein Wegbereiter der modernen Jugendliteratur. Nachdem er 1783 sein Erziehungsinstitut Ernst Christian Trapp übergeben hatte, lebte er im ländlichen Trittau, nicht weit von Hamburg. Er nutzte die Muße, um weiter als pädagogischer Schriftsteller tätig zu sein und den Grundstein zu einer pädagogischen Enzyklopädie zu legen, der *Allgemeinen Revision des gesammten Schul- und Erziehungswesens* (16. Bde., 1785–92). Für dieses Werk gewann C. bedeutende Mitarbeiter, zu denen neben seinen Freunden Trapp, Peter Villaume, Johannes Stuve und auch Karl Friedrich Bahrdt zählten. 1786 berief ihn der Herzog Karl Wilhelm Ferdinand von Braunschweig zum braunschweigisch-lüneburgischen Schulrat.

Zusammen mit Stuve und Trapp bemühte sich C. um eine radikale Reform des niederen und höheren Schulwesens im Herzogtum mit dem Ziel, die Schulen der kirchlichen Aufsicht zu entziehen. Nach dem Scheitern der Reform 1787 propagierte C. weiterhin seine Ideen in der »Braunschweigischen Schulbuchhandlung«, deren Eigentümer er wurde, und die mit einer eigenen Buchdruckerei verbunden war. Er zählte zu den erfolgreichsten Verlegern seiner Zeit. Seit 1788 zeichnete er zusammen mit Trapp, Stuve und Conrad Heusinger als Herausgeber der Zeitschrift *Braunschweigisches Journal philosophischen, philologischen und pädagogischen Inhalts.*

Das Periodikum entfernte sich bald von der angestrebten Intention und entwickelte sich zu einem der ersten politischen Zeitschriften in Deutschland zur Zeit der Französischen Revolution. Ursache des Engagements war die konservative Religions- und Pressepolitik in Preußen, die C. und seine Mitarbeiter kompromißlos verurteilten. Mit dem preußischen Religionsedikt vom 9. Juli 1788 und dem Zensuredikt vom 19. Dezember 1788 begann das Journal, zu aktuellen Zeitfragen Stellung zu beziehen. Höhepunkt bildeten C.s *Briefe aus Paris, während der Revolution geschrieben*, deren erster im Oktober 1789 in der Zeitschrift erschien. C. berichtete enthusiastisch über seine Erlebnisse zwischen dem 4. und 8. August in Paris und ließ die Briefe Ende des Jahres als Buch drucken. C.s Parteinahme für die »Staatsumwälzung« führte dazu, daß er bald die Zielscheibe konservativer Hetze wurde. So diffamierte ihn der Wiener Schriftsteller Leopold Aloys Hoffmann als »Rebellionsrath«, und Ende des Jahres 1791 mußte das *Braunschweigische Journal* sein Erscheinen aufgrund von Beschwerden Preußens einstellen und erschien daraufhin als *Schleswigisches Journal* im liberalen dänischen Altona. Die Repressionen gegen C. eskalierten, als aufgebrachte Einwohner Braunschweigs ihn und Jakob Mauvillon, den Schriftsteller und Freund Mirabeaus, im Sommer 1792 direkt bedrohten: »Ihr infamen Kerls, ich meine die hiesigen Französischgesinnten! Wo man Euch von Obrigkeits wegen Eure verdammte Zunge nicht bindet und Euer Schreiben und Drucken nicht hindert, das Verkaufen derselben mit Macht nicht abschaffen wird, so sollt Ihr Schurken bei Abendzeit keinen sichern Schritt mehr tun können.« C. gehörte zu den 18 Ausländern, denen die französische Nationalversammlung am 26. August 1792 das französische Bürgerrecht verlieh.

Noch einmal engagierte er sich für die Revolution, als er

anonym *Grundsätze der Gesetzgebung die öffentliche Religion und die Nationalerziehung betreffend, dem französischen Nationalconvent gewidmet* verfaßte, die im Februar 1793 im *Schleswigischen Journal* erschienen. Diese Grundsätze forderten völlige Religions- und Erziehungsfreiheit und lehnten eine staatliche Bevormundung ab. C. wünschte sich einen »Tempel der Vernunftreligion«, in dem sich der Nationalkonvent treffen sollte: »Kein Priester, sondern der Präsident der Versammlung oder eins ihrer Mitglieder sey das Organ und der Vorgänger ihrer Andacht. Eine kurze Hymne, welche Empfindungen erwecken kann, die eines Menschen, in Beziehung auf das höchste Wesen, würdig sind, eine kurze Aufforderung und Ermunterung zu denjenigen Tugenden, welche die Vernunftreligion von uns fordert (...) mögen die Theile dieser vernünftigen Gottesverehrung sein.« C. äußerte bereits hier Ideen, die Robespierre ein Jahr später in seiner Rede vom 7. Mai 1794 vortrug und zu Pfingsten 1794 mit dem Fest des Höchsten Wesens zelebrierte. Wie viele andere Intellektuelle, die den Beginn der Französischen Revolution uneingeschränkt verteidigten, distanzierte sich C. nach der Hinrichtung Ludwigs XVI. von der weiteren Entwicklung in Frankreich. In einer Schrift *An meine Mitbürger* vom Mai 1793 verurteilte er die Gewalttaten, besonders »den gerichtlichen Königsmord« und kündigte an, über die politische Entwicklung im Nachbarland zu schweigen. Er hat sich an seine Versprechung fast gehalten. Damals begann C., sich intensiv um die Bereicherung und Ausbildung der deutschen Sprache zu bemühen. Andererseits wurde er Zielscheibe des Spottes, und nicht nur Goethe und Schiller kritisierten seine rigorosen Eindeutschungen; so wollte er etwa für das Wort Frisur »Haar-bau« und für Modernisierung »Verheutigung« einsetzen. Seine Forschungen zur Ausbildung und Bereicherung der deutschen Sprache beendete er mit einem fünfbändigen *Wörterbuch der deutschen Sprache* (1807–1812).

1802 reiste er nach England und erneut nach Frankreich, wo er als bedeutende Autorität gefeiert wurde. Seine Grundansichten hatten sich nicht geändert: »Statt mich damals zu bespötteln, zu begeifern und bei den erhabenen Vätern unseres Vaterlandes als einen übelgesinnten Umwälzer anzuschwärzen, würde man klüger gethan haben, meine Vorhersagung zu beherzigen: ›daß alle Bayonette der Welt dieses Volk in dieser Stimmung nicht besiegen würden‹.«

Die letzten fünf Jahre seines Lebens war C. geistig verwirrt und beschäftigte sich mit seinem parkähnlichen Garten, wo er unzählige Bäume pflanzte. Dort wurde er auch in einer Familiengruft beigesetzt.

Campe, J. H.: Briefe aus Paris zur Zeit der Revolution geschrieben. Mit Erläuterungen, Dokumenten und einem Nachwort von Hans-Wolf Jäger. Hildesheim 1977. – Fertig, L.: Campes politische Erziehung. Eine Einführung in die Pädagogik der Aufklärung. Darmstadt 1977. – Leyser, J.: Joachim Heinrich Campe. Ein Lebensbild aus dem Zeitalter der Aufklärung. 2 Bde Braunschweig (2. Aufl.) 1896. – Schmitt, H.: Schulreform im aufgeklärten Absolutismus. Leistungen, Widersprüche und Grenzen philanthropischer Reformpraxis im Herzogtum Braunschweig-Wolfenbüttel 1785–1790. (=Studien und Dokumentationen zur deutschen Bildungsgeschichte Bd.12)

Hans-Werner Engels

Caro, Klara, geb. Beermann

Geb. 6. 10. 1886 in Berlin; gest. 28. 9. 1979 in New York

Die Geschichte der jüdischen Frauenbewegung in Deutschland ist kaum bekannt. Mit der Zerschlagung der jüdischen Frauenvereine und der Ermordung der meisten ihrer Mitglieder scheinen die Nationalsozialisten auch die Erinnerung ausgelöscht zu haben.

Der »Jüdische Frauenbund« (JFB) wurde 1904 von Bertha Pappenheim mit dem Ziel gegründet, den Anschluß jüdischer Frauenvereine an die bürgerliche Frauenbewegung in Deutschland zu finden und gleichzeitig jüdisches Selbstbewußtsein zu stärken. Ende der 20er Jahre hatte der JFB 50 000 Mitglieder und war damit der größte im »Bund Deutscher Frauenvereine« (BDF) organisierte Verein. Jede fünfte deutsche Jüdin gehörte dem JFB an. In 36 Ortsgruppen und Hunderten von Vereinen leisteten Frauen Basisarbeit, seit 1926 auch in Köln. Von der Gründung bis zur Auflösung des Vereins durch die Nationalsozialisten nach dem Novemberpogrom 1938 leitete Klara Caro die Kölner Ortsgruppe des »Jüdischen Frauenbundes«.

C. wurde 1886 in Berlin als viertes Kind einer orthodoxen jüdischen Familie geboren. Nach der Erziehung von drei Söhnen hatten die Eltern wenig Verständnis für den frühen Emanzipationswillen der spätgeborenen Tochter. Aber C. hatte Glück im Unglück. Ihr 13 Jahre älterer Bruder, der spätere Rabbiner Max Beermann, erkannte den Bildungswunsch seiner Schwester und ermöglichte ihr den Schulbesuch in einer Religionsschule und die Teilnahme an zionistischen Treffen. Schon mit 17 Jahren gründete C. ihren ersten zionistischen Frauenverein. 1909 heiratete sie Isidor Caro und folgte ihm nach Köln, wo er eine Stelle als Rabbiner antrat. C. wurde Mitglied im Israelitischen Frauenverein unter Leitung von Ida Auerbach, die diesen schon seit 1813 bestehenden traditionellen Frauenverein mit den Errungenschaften moderner Sozialarbeit vertraut gemacht hatte. Wie Bertha Pappenheim betonte auch Ida Auerbach beide Bedeutungen von Zedakah – Wohltätigkeit und Gerechtigkeit. Dem Kampf gegen soziale Ungleichheiten waren aber insofern Grenzen gesetzt, als die meisten jüdischen Frauenrechtlerinnen aus der bürgerlichen Mittelschicht kamen und kein Interesse an einer Aufhebung der Klassengegensätze hatten.

1913 wurde C. offizielle Sozialarbeiterin im Kölner Gefängnis und war zuständig für die Betreuung der weiblichen jüdischen Gefangenen. Sie nahm Einfluß auf die Umgestaltung des Vollzugwesens in Köln: Statt der Bestrafung der Gefangenen stellte sie deren Erziehung und Resozialisierung in den Vordergrund. Außerdem gründete sie eine Einrichtung für entlassene jüdische Frauen, die ihnen den Wiedereinstieg in das Kölner Leben ermöglichen sollte. Mit dieser Tätigkeit, die C. bis Januar 1938 ausüben konnte, machte sie sich einen Namen in der Kölner Frauenbewegung. Als im Sommer 1925 der von Ida Auerbach geleitete »Verband jüdischer Frauenvereine in Rheinland und Westfalen«, ein Provinzialverband des JFB, in Köln tagte, ergriff C. die Initiative. Sie gründete Anfang 1926 die Kölner Ortsgruppe des JFB mit dem Anspruch, soziale Arbeit mit dem Wunsch nach Emanzipation – als Frau und als Jüdin – verbinden zu können. Neben der Sozialfürsorge und Förderung der Erziehung, Ausbildung und Erwerbstätigkeit jüdischer Mädchen, bestimmten zwei Schwerpunkte die Arbeit der Kölner Ortsgruppe: Der Kampf gegen Mädchenhandel und Prostitution und der Streit um das Frauenwahlrecht in der jüdischen Gemeinde.

Wie viele andere jüdische Gemeinden in Deutschland war auch die in Köln – mit 16 000 Mitgliedern die fünftgrößte – in den 20er Jahren geprägt durch die Zuwanderung jüdischer Flüchtlinge aus dem Osten, die Massenelend und Pogromen zu entfliehen trachteten. Viele jüdische Frauen und Mädchen mußten sich prostituieren, um zu überleben, und fielen Mädchenhändlern in die Hände. Der JFB versuchte daher, durch die Errichtung von Schulen und Ausbildungsstätten die Lebens- und Überlebensbedingungen von Frauen zu verbessern. Er gründete eine Bahnhofshilfe am Kölner Hauptbahnhof, einem der großen Knotenpunkte des internationalen Mädchenhandels, um vor Ort jüdische Mädchen vor den Händlern zu schützen, die oft mit falschen Versprechungen z.B. über preiswerte Unterkünfte alleinreisende Mädchen in Bordelle lockten. Da Juden häufiger als Nichtjuden der Beschuldigung ausgesetzt waren, die internationale Prostitution zu organisieren, verstand der JFB den Kampf gegen Mädchenhandel auch als Maßnahme gegen zunehmende antisemitische Tendenzen. C. besuchte 1927 gemeinsam mit Bertha Pappenheim, Hannah Karminski und Sidonie Werner die zweite »Jewish International Conference on White Slavery« in London und lernte dort Leo Deutschländer kennen, den Gründer der Beth-Jacob-Schulen für Mädchen in Polen. C. sah in diesem Projekt, dem 1937 38.000 Mädchen in 250 Schulen angehörten, eine geeignete Methode zur Bekämpfung des Mädchenhandels. In Köln gründete sie einen Mädchenklub und ein Abendheim für weibliche Angestellte, um Treffpunkte für jüdische Frauen zu schaffen, in denen sie geschützt waren, sich weiterbilden, Gedanken austauschen und im Notfall auch wohnen konnten.

Der JFB stellte zum ersten Mal in der Geschichte die männliche Vorherrschaft in der Gemeinde in Frage. Frauen hatten zwar in Deutschland seit 1918 das Wahlrecht erlangt, in den Synagogengemeinden aber blieben alle wichtigen politischen und religiösen Ämter den Männern vorbehalten. Vor allem in den fünf größten jüdischen Gemeinden Deutschlands – Berlin, Frankfurt am Main, Breslau, Hamburg und Köln – führte der JFB seinen Kampf für das aktive und passive Wahlrecht der Frauen. 1924 organisierte er eine nationale Wahlrechtswoche, um für die Gleichstellung der Frau in allen Bereichen des Gemeindelebens zu werben. Bis Ende der 20er Jahre setzte der JFB das Wahlrecht in den meisten größeren jüdischen Gemeinden Deutschlands durch. In Köln wurden erst 1933 die ersten vier Frauen in die Gemeinderepräsentanz gewählt. Ein früherer Erfolg scheiterte am Widerstand einiger orthodoxer Männer der Gemeinde.

Der JFB war die einzige jüdische Organisation, in der politische und religiöse Grabenkämpfe weitgehend vermieden wurden. Ob Frauen religiös-orthodox oder liberal, ob sie Zionistinnen waren oder eine deutsch-nationale Einstellung hatten, der JFB hieß sie willkommen. So stellte der »Jüdische Frauenbund« eine große integrative Kraft in den Gemeinden dar. »Die Stärke des Jüdischen Frauenbundes lag nicht zuletzt in seiner strikten Neutralität in religiöser und politischer Beziehung – das zu einer Zeit, da in den Gemeinden vielfach heftige Parteikämpfe im Gange waren. So wurde jeder Frau unabhängig von ihrer Überzeugung die Möglichkeit zur Mitarbeit und Mitgliedschaft gegeben« (*Gedanken zur Geschichte des Jüdischen Frauenbundes*, 1956).

C. setzte sich in Köln besonders für eine Verständigung von jüdischen und nichtjüdischen Frauen ein – in der Hoffnung, antisemitischen Vorurteilen etwas entgegensetzen zu können. Ihr Engagement wurde in den *Blättern des Jüdischen Frauenbundes* mehrfach als Vorbild für andere Städte erwähnt. Seit 1931 war die Kölner Ortsgruppe Mitglied im »Stadtverband Kölner Frauenvereine«. C. organisierte regelmäßig Veranstaltungen an der Volkshochschule, bei denen sie jüdische Kultur und Religion für nichtjüdische Frauen erläuterte. Auf dem Programm standen auch Führungen durch Kölner Synagogen. Diese Nachmittage fanden großen Anklang in der Kölner Frauenszene, verhinderten allerdings nicht, daß der Stadtverband und die ihm angeschlossenen Vereine 1933 alle Jüdinnen aus ihren Reihen ausschlossen. Solidarität und einen

nennenswerten Widerstand nichtjüdischer Frauen gegen die Ausgrenzung, Verschleppung und Ermordung ihrer jüdischen Schwestern gab es weder in Köln noch in anderen deutschen Städten. Nach der Machtübernahme Hitlers durfte der JFB seine Arbeit nur fortsetzen, weil er die Emigration von Jüdinnen unterstützte. So notiert Marina Sassenberg: »Angetreten als Interessenvertretung selbstbewußter deutscher Jüdinnen mit gemäßigt-feministischer Programmatik, sah sich der JFB in den letzten Jahren seiner Existenz gezwungen, die Überlebensfrage zum einzigen Programmpunkt zu machen.«
C. verzichtete auf die Emigration, um ihre Arbeit in Köln fortsetzen zu können. 1942 wurde sie mit ihrem Mann nach Theresienstadt deportiert. Auch in diesem als Ghetto getarnten Konzentrationslager ergriff sie schnell die Initiative und gründete – natürlich im Verborgenen – eine »WIZO-Gruppe« (Women's International Zionist Organization), deren Vorsitzende sie wurde. Mit vielfältigen kulturellen und politischen Aktivitäten versuchte sie, den Überlebenswillen der Frauen zu stärken. Als Altenpflegerin eingestuft, entging C. der Deportation nach Auschwitz und emigrierte 1945 über die Schweiz in die USA. Ihr Mann war 1943 in Theresienstadt den unmenschlichen Lebensbedingungen zum Opfer gefallen, und schon in der Schweiz erfuhr sie, daß ihr Sohn Hermann im Konzentrationslager Sobibor ermordet worden war. Nur ihre Tochter Ruth hatte in England überlebt.
Bis zu ihrem Tod 1979 wohnte C. in New York. In ihren zahlreichen nach 1945 geschriebenen, meist unveröffentlichten Berichten über ihr Leben, die im Bestand des Leo Baeck Instituts in New York aufbewahrt werden, erwähnte sie nur selten ihre frauenpolitische Arbeit in Köln. Im Vordergrund standen ihre Erfahrungen in Theresienstadt. Die Verbitterung über das Verhalten der großen Mehrheit der Kölner Bevölkerung einschließlich der fast einhundert Frauenvereine und die Ermordung ihrer Familienangehörigen trübten die Erinnerung an 33 Jahre Kampf für die Rechte der Frau in ihrer zweiten Heimatstadt. In einem ihrer letzten Briefe aber schrieb sie: »Wenn einmal die Geschichte des deutschen Judentums vor Hitler geschrieben werden wird, gebührt eins der ruhmreichsten Kapitel dem Jüdischen Frauenbund.«

Asaria, Z.: Die Juden in Köln. Von den ältesten Zeiten bis zur Gegenwart. Köln 1959 – Kaplan, M.: Die jüdische Frauenbewegung in Deutschland. Organisation und Ziele des Jüdischen Frauenbundes 1904–1938. Hamburg 1981 – Lixl-Purcell, A. (Hg.): Erinnerungen deutsch-jüdischer Frauen 1900–1990. Leipzig. (2. Aufl.) 1993. – Sassenberg, M.: Zwischen Feminismus und Zedaka. Der Jüdische Frauenbund in Köln 1926–1938, in: Kölner Frauengeschichtsverein (Hg.): »10 Uhr pünktlich Gürzenich«. Hundert Jahre bewegte Frauen in Köln – zur Geschichte der Organisationen und Vereine. Münster 1995, S. 239–244.

Yvonne Küsters

Cauer, Minna; geb. Schelle

Geb. 1. 11. 1841 in Freyenstein (Ostprignitz); gest. 3. 8. 1922 in Berlin

»Minna Cauer steht auf der äußersten Linken der bürgerlichen Frauenbewegung, die ihr viele wertvolle Anregungen, manche kräftigen Impulse verdankt.« Das schrieb die von Clara Zetkin herausgegebene sozialistische Frauenzeitschrift *Die Gleichheit* im November 1912 aus Anlaß des 71. Geburtstages von C. und fügte hinzu: »Sie muß insbesondere an erster Stelle unter denen genannt werden, die den Kampf um das Frauenwahlrecht zum Hauptziel der bürgerlichen Frauenbewegung erheben wollen, die unablässig bemüht sind, die frauenrechtlerischen Kräfte für diesen Kampf zu sammeln und zu schulen. Eine echte demokratische Gesinnung ist es, die Minna Cauer zur konsequenten, treuen Verfechterin der Frauenrechte macht.«
Wie manch andere Führerin der Frauenbewegung stammte C. aus einem Pfarrhaus. Als drittältestes von vier Kindern verlebte sie eine unbeschwerte, von ehrlicher Frömmigkeit, Naturnähe und den Bildungbemühungen des Vaters geprägte Kindheit, die zugleich von Krankheiten überschattet war. Mit anderen Kindern zog die siebenjährige 1848 durch die Straßen des Städtchens, »Freiheitslieder singend und eine Fahne schwingend«. Das Mädchen blieb ein Leben lang eine »Achtundvierzigerin«, die schon im Pensionat der höheren Töchterschule die Oppositionspartei anführte und die als 77jährige beim Ausbruch der Novemberrevolution 1918 unter Freudentränen in ihr Tagebuch schrieb: »Traum meiner Jugend, Erfüllung im Alter! Ich sterbe als Republikanerin.«
Doch zunächst verhinderten Bildungslücken und eine schlechte gesundheitliche Verfassung die Zulassung zum Lehrerinnenexamen, wodurch sich C. gezwungen sah, ins Elternhaus zurückzukehren. Im November 1862 heiratete sie den Hausarzt der Familie, Dr. August Latzel. Doch die Ehe endete unglücklich, nachdem das einzige Kind 1865 an Diphterie gestorben war und wenig später der psychisch erkrankte Ehemann in der Berliner Charité untergebracht werden mußte. In Privatstunden bereitete sich die inzwischen Sechsundzwanzigjährige auf das Lehrerinnenexamen vor, das sie Ostern 1867 in Berlin bestand.
Die junge Witwe ging als Deutschlehrerin nach Paris, nicht zuletzt mit dem Ziel, ihre französischen Sprachkenntnisse zu vervollkommnen. Der Aufenthalt in Frankreichs Hauptstadt, wo sie ein Jahr lang Töchter aus aristokratischen Kreisen

unterrichtete und zugleich die tiefen sozialen Gegensätze des zweiten Kaiserreiches erlebte, war bestimmend für ihr weiteres Leben. Zurückgekehrt nach Deutschland, lehrte sie im westfälischen Hamm an einer Mädchenschule. Mit dem Gymnasialdirektor Eduard Cauer, der als »begabter Historiker« galt, ging sie eine neue Ehe ein – eine glückliche, wie die folgenden zwölf Jahre zeigen sollten. Sie teilte die wissenschaftlichen Interessen ihres Gatten, der u.a. mit seiner Schrift *Die höhere Mädchenschule und die Lehrerinnenfrage* (1878) für eine Reform der Frauenbildung eintrat. Neben eigenen Lebenserfahrungen regten wohl vor allem diese Bestrebungen ihres Mannes C. zur Beschäftigung mit der »Frauenfrage« an. Bedeutsam für ihr politisches Denken war die Begegnung mit liberalen Politikern. Durch ihren Mann lernte sie den Präsidenten des Reichstags, Max von Forckenbeck, kennen, auch Ludwig Bamberger und Theodor Barth sowie Karl Schrader und dessen Frau, die Frauenrechtlerin Henriette Schrader-Breymann. Der Kreis um diese Persönlichkeiten vermittelte ihr die Ideenwelt des deutschen Liberalismus, der sie auch als Zuhörerin parlamentarischer Debatten begegnete. In einem von der Kaiserin Viktoria (der Gemahlin des 99-Tage-Kaisers Friedrich III., daher auch: »Kaiserin Friedrich«) geleiteten Komitee setzte sie sich für die Verbesserung der Ausbildung der Berliner Krankenpflegerinnen ein.

Jahre der Bitterkeit und Einsamkeit folgten, als 1881 Eduard Cauer starb. C. betätigte sich erneut im Lehrerinnenberuf und begann, sich intensiv historischen Studien zuzuwenden, deren Ergebnis u.a. ihr 1898 erschienenes Buch *Die Frau im 19. Jahrhundert* war. Zum zweiten Mal Witwe empfand sie wohl stärker noch als andere, »wie sklavenhaft, wie rechtlos, wie unwürdig« die gesellschaftliche Stellung der Frau war. Bei der Lektüre von August Bebels Buch *Die Frau und der Sozialismus* (1879) fand C. viele eigene Überlegungen zur Situation des weiblichen Geschlechts in der bürgerlichen Gesellschaft bestätigt, und sie stimmte mit dem Autor auch dahingehend überein, daß die Gesellschaft selbst der Veränderung bedurfte, wenn die Lage der Frauen grundlegend verändert werden sollte. Das Problem der Sozialreform bewegte sie in den folgenden Jahren immer stärker, zumal nach ihrer Begegnung mit dem Kirchenreformer Moritz von Egidy, der Beschäftigung mit dem Lebenswerk Friedrich Schleiermachers sowie mit Werken der naturalistischen Dramatik. »Nicht die Frauenbewegung allein hat mich jemals ganz angelockt; was mich ins öffentliche Leben hineingezogen hat, war nicht sie«, schrieb sie 1911, »sondern ein heißes Gefühl, das Recht für die Schwachen und Unterdrückten zu erringen«.

1888 gründete C. – zunächst als Frauengruppe der 1885 gegründeten liberalen »Deutschen Akademischen Vereinigung« – den Verein »Frauenwohl«, der nicht nur eine rege publizistische Tätigkeit entfaltete, sondern auch durch Einrichtung von Bildungskursen, Stellenvermittlungsagenturen und Schreibbüros Frauen Möglichkeiten für berufliche Arbeit erschloß. Vorwiegend sozialen Zwecken diente der von C. ein Jahr später mitbegründete Kaufmännische Hilfsverein für weibliche Angestellte. In gleicher Richtung wirkten auch die von C. und anderen Frauen 1893 ins Leben gerufenen Mädchen- und Frauengruppen für soziale Hilfsarbeit. In der von C. seit 1895 herausgegebenen Zeitschrift *Die Frauenbewegung* (bis 1919) besaßen die Bestrebungen dieser Organisationen ihr publizistisches Organ. Es war zugleich das führende Blatt der sogenannten Radikalen in der bürgerlichen Frauenbewegung. In diese Zeit fiel auch C.s erste Begegnung mit Bertha von Suttner, der Vorkämpferin der Friedensbewegung. Zwischen beiden Frauen entwickelten sich enge Beziehungen. C. unterstützte die pazifistischen Bestrebungen, die vor dem Hintergrund der sich nach der Jahrhundertwende zuspitzenden internationalen Lage zunehmende Bedeutung erlangten. Später gehörte sie zu den Mitbegründerinnen des »Frauenbundes der Deutschen Friedensgesellschaft« und des »Deutschen Frauenausschusses für dauernden Frieden«, aus dem 1919 der Deutsche Zweig der »Internationalen Frauenliga für Frieden und Freiheit« (IFFF) hervorging.

1894 hatte C. in ihrem Tagebuch notiert: »Mein Kopf ist vielleicht noch bürgerlich, mein Herz ist ganz bei meinem Volk. Die Sozialdemokratie zieht mich mächtig an, nicht in ihrem Vorgehen, aber in ihrer Idee. Es ist Leben. Es sind Ideale. In unserem Stande ist soviel Totes, Überlebtes.« C. suchte Brücken zu schlagen zwischen der bürgerlichen und der proletarischen Frauenbewegung, Bestrebungen, wie sie die Führerinnen des (bürgerlichen) »Bundes Deutscher Frauenvereine« eher zurückwiesen. Mit Sympathie verfolgte C. den großen Streik der Crimmitschauer Textilarbeiter und -arbeiterinnen 1903/04. Freundschaftliche Kontakte entwickelten sich zwischen ihr und Clara Zetkin, die für C. aber dennoch als Marxistin die »sachliche Gegnerin« blieb. Am 19. März 1911 gehörte C. zu den Demonstrantinnen des ersten Internationalen Frauentages, den Clara Zetkin auf der »Zweiten Internationalen Sozialistischen Frauenkonferenz« in Kopenhagen (August 1910) als alljährlichen Kampftag für die Gleichberechtigung der Frau angeregt hatte. Im gleichen Jahr nahm C. als Gast an der sozialdemokratischen Frauenkonferenz in Jena teil. Dennoch konnte C. – wie sie selbst schrieb – aus ihrer »bürgerlichen Haut« nicht heraus, und in der sozialistischen Literatur beklagte sie Einseitigkeit und widersprüchliche Aussagen. Clara Zetkin selbst riet ihr: »Bleiben Sie, wo Sie sind (...). Sie zerstören Vorurteile, Sie halten die bürgerliche Stimmrechtsbewegung aufrecht. Halten Sie aus!«

Besonders im Ringen um das Frauenstimmrecht trat C. in den Jahren vor dem Ersten Weltkrieg engagiert in Erscheinung. Ihr Verein »Frauenwohl« hatte schon 1894 – als erster bürgerlicher Frauenverein – das Frauenwahlrecht gefordert. Von 1902 bis 1909 gehörte C. dem Vorstand des »Hamburger Vereins für Frauenstimmrecht« an, und von 1912 bis 1918 lag die Redaktion der *Zeitschrift für Frauenstimmrecht* in ihren Händen. C. war zweifellos die profilierteste Vertreterin der bürgerlichen Bewegung für das Frauenstimmrecht, das durch die Novemberrevolution 1918 verwirklicht wurde. Konservative Antifeministen begegneten ihr deshalb feindselig.

Mit tiefer Erschütterung erlebte C. den Ausbruch des Ersten Weltkriegs. Zunächst verwirrt von der patriotischen Begeisterung breiter Volkskreise und nicht zuletzt von der unerwarteten kriegsbefürwortenden Haltung der sozialdemokratischen Partei, wandte sich C. Ende 1914 immer stärker gegen die Fortsetzung des Krieges und die vielfach offen propagierten annexionistischen Ziele. »Ich aber will die Größe meines Vaterlandes nicht durch blutige und grauenvolle Kriege erreicht sehen«, schrieb sie Anfang 1915. »Das darf nicht sein, das ist unser nicht würdig, dann stehen wir eben nicht auf der Höhe der Zeit!« Im gleichen Jahr begann sie, sich in der Antikriegsbewegung zu engagieren. An den in Den Haag vom 28. April bis 1. Mai 1915 tagenden Kongreß von Pazifistinnen aus zwölf Ländern sandte sie eine Grußbotschaft. 1916 gehörte sie zu den Begründern des »Bundes Neues Vaterland«, der für einen sofortigen Frieden ohne Annexionen eintrat. Die russische Oktoberrevolution 1917 begrüßte C. als Friedensbringerin, und leidenschaftlich befürwortete sie die Friedensverhandlung zwischen Deutschland und Sowjetrußland im Frühjahr 1918.

C.s politische Aktivität war von der Erkenntnis getragen, daß zwischen dem Kampf um demokratische Rechte und dem Ringen um Frieden ein tiefer, untrennbarer Zusammenhang bestand. Nicht zuletzt deshalb begrüßte sie die Novemberrevolution 1918 in Deutschland und unterstützte die Politik des »Rates der Volksbeauftragten«. C. gehörte zu den 56 Persönlichkeiten, die am 16. November 1918 zur Gründung der (linksliberalen) Deutschen Demokratischen Partei (DDP) aufriefen. Sie unterstützte die Tätigkeit der Deutschen Liga für Völkerbund, trat für die allgemeine und vollständige Abrüstung ein und warnte vor restaurativen Tendenzen im politischen Leben der jungen Weimarer Republik.

1919, in ihrem 78. Lebensjahr legte C. den Vorsitz in dem von ihr begründeten Verein »Frauenwohl« nieder; Helene Stöcker wurde ihre Nachfolgerin. In den letzten Jahren kreisten ihre Überlegungen um den Gedanken einer Regierung »aus Vertretern der linkesten Organisationen der Sozialdemokratie und des intelligenten Bürgertums«, einer – wie sie schrieb – »Demokratie mit dem Endziel eines wissenschaftlichen Sozialismus«; die mit friedlichen Mitteln erreicht werden sollte. Ein Herzanfall beendete das kämpferische und erfüllte Leben der Achtzigjährigen.

Jank, D.: »Vollendet, was wir begonnen!« Anmerkungen zu Leben und Werk der Frauenrechtlerin Minna Cauer (Ausstellungsführer der Universitätsbibliothek der Freien Universität Berlin, H.23). Berlin 1991. – Lüders, E.: Minna Cauer. Leben und Werk. Dargestellt an Hand ihrer Tagebücher und nachgelassenen Schriften. Gotha, Stuttgart 1925. – Naumann, G.: Minna Cauer. Eine Kämpferin für Frieden, Demokratie und Emanzipation. Berlin 1988.

Hans-Jürgen Arendt

Clauer, Carl Gottlieb Daniel

Geb. um 1763; gest. 12. 2. 1794 in Straßburg

C. zählt zu den wenigen deutschen Revolutionsenthusiasten, die in Frankreich den Weg zur praktischen politischen Tätigkeit fanden. Die Lebensdaten C.s sind bisher nur bruchstückhaft bekannt. Als Sohn eines Barbiers und Chirurgen wurde er vermutlich in Preußen geboren. Nach einem Jurastudium in Rinteln, das er 1785 mit einer Dissertation abschloß, lebte er als Advokat in Dresden, danach in Prag und Berlin. Eine Heirat, die ihm Grundbesitz einbrachte, hatte zur Folge, daß ihn Joseph II. in den Reichsadelsstand erhob. In der *Berlinischen Monatsschrift* wandte er sich mit dem Aufsatz *Auch etwas über das Recht der Menschheit* (1790) gegen Justus Möser, indem er die Prinzipien der Französischen Revolution verteidigte.

Aus Preußen ausgewiesen, emigrierte er 1791 nach Straßburg. Im Juli desselben Jahrs wurde er in den »Klub der Konstitutionsfreunde« aufgenommen. Am 18. Juni erschien anonym von ihm *Der Kreuzzug gegen die Franken. Eine patriotische Rede, welche in der deutschen Reichsversammlung gehalten werden könnte* (Germanien 1791). Der *Kreuzzug* wurde mehrmals nachgedruckt und zählte auch lange nach seinem Erscheinen zu den verbreitetsten und erfolgreichsten Agitationsschriften, die einem Krieg gegen das revolutionäre Frankreich entgegentraten. Der Autor warnte die deutschen Fürsten überzeugend vor den Argumenten jener französischen Emigranten, die auf militärische Intervention in Frankreich drängten. Er gab dagegen zu bedenken, daß dem Reich durch die siegreichen Revolutionsheere Schaden zugefügt werden könne: »So weit die Waffen der Franken reichen, so werden die Häuser der Fürsten, des Adels und ihrer Diener in Flammen stehen, und die rauchenden Provinzen am Rhein werden gar bald dem übrigen Deutschland eine Verheerung ankündigen, die weit schrecklicher seyn wird, als es die Scenen des 30jährigen Krieges gewesen sind.«

Am 31. August 1791 folgte C.s *Allgemeiner Aufstand oder vertrauliches Sendschreiben an die benachbarten Völker, um sie zu einer heiligen und heilsamen Empörung aufzumuntern.* Diese Flugschrift soll in 20 000 Exemplaren verbreitet worden sein. Auch sie wurde wie der *Kreuzzug* als Extra-Beilage der Zeitschrift *Zur Geschichte der gegenwärtigen Zeit* gedruckt und bei späteren Neudrucken als *Sendschreiben an alle benachbarte Völker Frankreichs zum allgemeinen Aufstand* mit dem *Kreuzzug* und anderen Revolutionsschriften vereinigt. Das *Sendschreiben* zählt zu den überzeugendsten Propagandatexten deutscher Revolutionäre. C. warb für die Gleichheitsidee mit biblischen Begründungen und nutzte gekonnt Rhetorik und bildhafte Sprache, um das »Herz« des Lesers zu treffen. Indem er an die deutschen Söldner appellierte, nicht gegen die Franzosen ins Feld zu ziehen, ergänzte diese Flugschrift den *Kreuzzug*: »Aber sagt ihr ihnen nur dreist, daß ihr nicht einsehet, was es euch nützen könnte, wenn ihr euch ihrem Herrscherstolz zu lieb, niedersäbeln oder mit Kugeln und Kartätschen eure Gedärme durchwühlen liesset. Eine solche Sprache wird zwar ihren Stolz in Wuth bringen. Aber lasset sie nur getrost wüthen! Lasset sie bersten vor Aergernis, Zorn und Verzweifelung! Dies sind die ächten Kennzeichen ihrer Ohnmacht. Anstatt darauf zu achten, gehet ihr ungesäumt hin, und versammelt euch! Sie werden zwar eure Versammlung Empörung nennen. Aber lasset ihr euer Kind immerhin taufen, auf welcherley Namen sie wollen. Die Sache selbst bleibt immer, was sie an sich ist, ein gerechter Aufstand von einer ungerechten Unterdrückung, also - eine, Gott, und allen Engeln und Menschen wohlgefällige Empörung.«

Am Ende des Jahres 1791 finden sich noch Spuren von C.s Wirken in Straßburg. So war er Mitglied einer Arbeitsgruppe, die den Deutschen die Vorteile der französischen Verfassung von 1791 erklären sollte und gehörte dem Unterrichtsausschuß des Klubs an. Als der Revolutionskrieg begann, trat er als Freiwilliger in die Rheinarmee ein und marschierte mit dem General Adam Philippe Custine nach Mainz. Dort ist seine selbstbewußte Teilnahme an Klubsitzungen im November 1792 bezeugt. Custine sandte C. im November mit einem geheimen Auftrag nach Mannheim, der Residenz der neutralen Kurpfalz. C. sollte auskundschaften wie die Festungsstadt den Franzosen in die Hände gespielt werden könnte. Ein Plan von Franz Anton Zimmermann wurde nicht ausgeführt, da Custine Bedenken bekam. Als Custine im August des Jahres 1793 in Paris vor dem Revolutionstribunal stand, waren auch C. und Zimmermann als Zeugen berufen.

Nach dem Rückzug der französischen Rheinarmee begab sich C. wieder ins Elsaß. Als Kommissar der Departementsverwaltung wirkte er in Buchsweiler. Dort bewarb er sich zudem ohne Erfolg um das Notariat des Städtchens. Als es den österreichischen Truppen gelang, die stark befestigten Lauterlinien zu überrennen, trieb C. zur Verteidigung des Landes Requisitionsgelder ein. Am 28. Oktober bestimmte der neu eingerichtete »Ausschuß der Wachsamkeit und der allgemeinen Sicherheit« Daniel Stamm, Christoph Friedrich Cotta und C. zu Kommissarien der Distrikte Straßburg, Barr und Hagenau. Sie sollten Geiseln nehmen, um die Treue der Bevölkerung zur Konstitution zu erzwingen. Wenige Tage später, als St. Just und Lebas am 2. November die Distrikts- und Departementsverwaltung absetzten, wurde C. von einer fünfköpfigen Kommission zum provisorischen Distriktspräsidenten ernannt. In dieser Funktion leitete er am 17. November maßgeblich eine Versammlung der revolutionären Führungsschicht im Straßburger Münster. Man entschied, die Kirche zum Tempel der Vernunft umzuwandeln. C. wirkte nicht lange, da er aufgrund einer fremdenfeindlichen Politik, die eine ausländische Verschwörung vermutete, am 25. Dezember 1793 aus seinem Amt entlassen wurde. Am 10. Januar 1794 sollte er mit anderen nach Dijon geführt werden. Da C. krank und zum Transport unfähig war, blieb er in Straßburg, wo er am 12. Februar starb.

Engels, H.-W.: Karl Clauer. Bemerkungen zum Leben und zu den Schriften eines deutschen Jakobiners, in: Jahrbuch des Instituts für deutsche Geschichte, Tel Aviv, 2, 1973, S. 101–144. - Haasis, H. G.: Gebt der Freiheit Flügel. Die Zeit der deutschen Jakobiner 1789–1805, 2 Bde. Reinbek 1988. - Haasis, H. G. (Hg.): Carl Gottlieb Daniel Clauer, Allgemeiner Aufstand oder vertrauliches Sendschreiben an die benachbarten Völker, um sie zu einer heiligen und heilsamen Empörung auzumuntern. Straßburg, 31. August 1791. Mit zwei Clauer-Briefen, Bruchstücken einer jakobinischen Bürokratie, dem Haftbefehl, einer biographischen Skizze von Hellmut G. Haasis und zwei neuen Zeichnungen zu Clauer von Uli Trostowitsch. Reutlingen 1992.

Hans-Werner Engels

Clauswitz, Paul

Geb. 22. 2. 1839 in Wolmirstedt (bei Magdeburg); gest. 11. 4. 1927 in Berlin

Zunächst nicht gradlinig und zielgerichtet, sondern von Brüchen und wechselnden Perspektiven gekennzeichnet war der Lebensweg, den der Historiker und Archivar C. nahm. Er besuchte das Gymnasium in Lukkau und legte dort 1857 das Abitur ab. Seit 1858 studierte er an der Bauakademie zu Berlin; 1860 bestand er das Feldmesser-Examen. 1861/62 folgte der Militärdienst. C.s Interesse wandte sich dann von praktischen Fragen ab und eher theoretischen Problemen zu. Als Gasthörer besuchte er an der Berliner Universität Lehrveranstaltungen in Geschichte, Philosophie,

Ästhetik und Kunstgeschichte, unterbrochen von seiner Teilnahme am Krieg von 1866. Mit einer in diesen Jahren verfaßten kunsthistorischen Dissertation (*Die Kupferstiche des Lukas von Leyden*) wurde er, ohne ein reguläres Universitätsstudium absolviert zu haben, im Jahr 1867 an der Universität Tübingen zum Dr. phil. promoviert. An diesem Punkt seiner Entwicklung traf C. die Entscheidung für den Wechsel zu einer wiederum neuen, diesmal endgültigen Perspektive: dem Beruf des Historikers und Archivars. Am 1. März 1873 in den preußischen Archivdienst aufgenommen, wurde er 1875 Leiter des Staatsarchivs im damaligen Posen und dann, knapp 40 Jahre alt, am 1. Januar 1879 Leiter des Berliner Stadtarchivs. C. war der erste fest angestellte Stadtarchivar Berlins – und überhaupt einer der ganz wenigen hauptamtlichen Stadtarchivare in Preußen. 34 Jahre lang, bis 1912, war er in dieser Funktion tätig.

C. wandte sich mit den Jahren immer stärker der geschichtswissenschaftlichen Arbeit zu. Er verstand sich mehr als städtischer Historiker und Forscher denn als Archivar. In dieser Zielsetzung wurde er bestätigt, als er 1889, zehn Jahre nach seinem Amtsantritt, vom Magistrat den Auftrag zu einem eigenständigen Abriß der Geschichte Berlins erhielt, den er vier Jahre später vorlegte (*Zur Geschichte Berlins*, Berlin 1893); damit akzeptierten ihn die Behörden der Stadt als ihren wissenschaftlich-schöpferisch tätigen Stadthistoriker. Seine vielfältige Tätigkeit stärkte dann seine Stellung derart, daß er die Schwerpunkte seiner Tätigkeit setzen konnte, wie es den Erfordernissen städtischer Politik, seinem Verständnis der Stadtgeschichte und seinen eigenen Forschungsinteressen entsprach.

C.s Ausbildung und Berufstätigkeit fielen in eine Zeit, in der eine thematische und methodische Neuorientierung in Teilen der deutschen Geschichtswissenschaft erfolgte. Bei diesen Auseinandersetzungen stand die individualisierende Betrachtungsweise des Historismus als der »herrschenden Methode« im Mittelpunkt. Für die überwiegende Mehrzahl der Historiker war das politisch-militärisch-diplomatische Geschehen zentral. Der ökonomische und soziale Bereich blieb, wenn er überhaupt berücksichtigt wurde, in der Regel illustrierende Kulisse und als eigenständiger Sektor historischer Prozesse unberücksichtigt. Als Träger der Geschichte dominierten einzelne Persönlichkeiten (die »Großen« der Geschichte) und Kollektivindividualitäten wie Staaten und Nationen. Die das Handeln bestimmenden Beweggründe wurden primär aus der Geistes- oder Ideengeschichte abgeleitet.

Eine Minderheit wandte sich von dieser traditionellen Methode ab und einer moderneren Auffassung zu, die sich vor allem mit sozial- und wirtschaftsgeschichtlichen, rechts- und verwaltungsgeschichtlichen Themen befaßte. Dieser Richtung gehörte C. an. Als Historiker in städtischem Dienst und nicht wie die Mehrzahl seiner Fachkollegen im Universitäts-, Staats- oder Kirchendienst tätig, nutzte er die geschichtswissenschaftliche Neuorientierung, um die Interessen der Stadt gegenüber den gerade in der preußischen und deutschen Hauptstadt zum Ausdruck kommenden Machtansprüchen der monarchischen, feudalen, staatlichen und kirchlichen Institutionen wahrzunehmen. Erster hauptberuflicher Historiker der Stadtgemeinde, stand C. vor der Aufgabe, die Geschichte der Stadt Berlin als wissenschaftliche Disziplin zu entwickeln. Nur dann bestand die Chance, Geschichte und gegenwärtige Funktion der – bürgerlichen – Stadtgemeinde als eigenständig gegenüber den nichtbürgerlichen Gewalten seiner Zeit nachzuweisen.

Treibende Kraft war für C. das Bürgertum. Zu den »alten Mächten« seiner Zeit (Monarchie, Adel, Kirche) verhielt er sich in seiner wissenschaftlichen Arbeit auffallend zurückhaltend; die Hohenzollern fanden selten Erwähnung, eine entscheidende Rolle maß er ihnen nicht zu – auch dies ungewöhnlich für einen Historiker, der über die Geschichte der preußischen Residenz schrieb. Die Entwicklung der Stadt als der historischen Leistung des Bürgertums, das Verhältnis von (bürgerlicher) Stadt und (nichtbürgerlichem) Staat, die Bedeutung der städtischen Verfassung und Verwaltung sowie der Fortschritt in Richtung auf Gleichheit und Demokratie waren daher sein Kernthema.

Im vierten Jahr seiner Tätigkeit als Stadtarchivar begann C. die Reihe seiner Publikationen – und zwar gleich mit einem repräsentativen Werk: einem Druck des Berliner Stadtbuches aus dem Ende des 14. Jahrhunderts, das das geltende Recht, Einzelheiten aus allen Zweigen der städtischen Verwaltung, Einnahmen der Stadt sowie Urkunden und Aufzeichnungen über die städtische Rechtspflege enthält (*Berlinisches Stadtbuch*, Berlin 1883). Das Berliner Stadtbuch war die erste offizielle Veröffentlichung des neuen Stadtarchivars, und es blieb auch für 38 Jahre, bis zum Druck des Berlin-Köllnischen Stadtbuches (*Das Stadtbuch des alten Köln an der Spree aus dem Jahre 1442*, Berlin 1921), seine einzige Publikation von Urkunden. C.s Hauptinteresse galt der Erforschung der Sozial- und Wirtschaftsgeschichte und der Verfassungs- und Verwaltungsgeschichte der Stadt, die er mit einer Vielzahl von Abhandlungen darstellte.

C. betrachtete das Recht nicht losgelöst von seiner Entstehung, Zielsetzung und Wirkung. Insbesondere die Schaffung bürgerlicher Rechtsgleichheit im Zuge der Ablösung feudaler Ungleichheit war für ihn ein Prozeß von hoher Bedeutung für die Stadtentwicklung. Leitender Gedanke bei der Darstellung der Entwicklung kommunaler Verfassung und Verwaltung war für C. die Umgestaltung der ursprünglich genossenschaftlichen Stadtverfassung mit Selbstverwaltung über verschiedene Stufen bis hin zur kaum noch wahrnehmbaren Schattenexistenz

Berlins als eigenständiger Gemeinde. Fern jeder Mittelalter-Verherrlichung zeichnete C. die frühe Gesellschaftsordnung der Stadt als Gesellschaft scharfer sozialer Unterschiede, in der das Bürgerrecht eigentumsgebunden war und die reichen Kaufleute die herrschende Klasse (Patriziat) bildeten; C. wies darauf hin, daß Klassengesellschaft und genossenschaftliche Verfassungsstruktur keinen Widerspruch bildeten. Wenn C. im Gegensatz zu harmonisierenden Darstellungen der Stadtgeschichte betont und kritisch immer wieder die Ungleichheit als gesellschaftliches Strukturmerkmal herausarbeitete, war das in seiner Hochschätzung einer gesellschaftlichen Entwicklung zu mehr Gleichheit und zur Demokratie begründet.

C.s Hauptwerk, ein Standardwerk bis heute, ist *Die Städteordnung von 1808 und die Stadt Berlin* (Berlin 1908): Es ist die erste zusammenfassende, auf Akten gestützte Darstellung der Geschichte der ersten Städteordnung. Wissenschaftshistorisch ist C.s Werk von Bedeutung, weil in ihm die Wirkungen eines Gesetzes in einer einzigen Stadt während eines langen Zeitraums untersucht wurden. Das Ergebnis machte deutlich: Die preußische Reformära war von einer – verhältnismäßig kleinen – Schicht von Reformern und deren liberalem Geist geprägt. Nach dem Wiener Kongreß 1815 und dem Einsetzen der Restauration machten sich die aus der absolutistischen Zeit überkommenen und nur verdrängten autoritären Elemente des preußischen Staates wieder bemerkbar. Die Aufbruchstimmung von 1808 war erloschen. Die Städteordnung blieb unverändert, aber der Geist ihrer Anwendung wurde ein anderer. Es trat jetzt derjenige Grundzug stärker hervor, der nur zeitweise zurückgedrängt gewesen war: der relativ enge Rahmen der städtischen Kompetenzen, dem spiegelbildlich die Dominanz des Staates entsprach – ganz besonders in der preußischen Hauptstadt Berlin.

C.s Werk ist gleichzeitig ein kommunalhistorischer Baustein zur Erkenntnis der Tatsache, daß und warum nach 1830 die Stadtverordnetenversammlungen Zentren der bürgerlichen Opposition des Vormärz, die Städte ein Keim bürgerlicher Revolutionsversuche und die städtische Selbstverwaltung Ausgangspunkt der demokratischen Verfassungsbewegung waren. Dabei scheute C. , wenn auch in der Form vorsichtig, nicht vor Kritik an dem auf Demokratie verzichtenden Bürgertum zurück. So zitierte er zustimmend einen Stadtverordneten, der die politischen und ökonomischen Machtverhältnisse während der Revolution von 1848 in Berlin mit der Feststellung charakterisiert hatte: »Der Belagerungszustand ist das Eldorado der Börsenwelt«.

Als Freigeist den Kirchen und überhaupt der Religion kritisch gegenüberstehend, war C., vermutlich mit mehr als nur amtlichem Engagement, ab 1896 lange Zeit mit einer wissenschaftlich wie politisch folgenreichen Aufgabe befaßt: der Untersuchung, ob finanzielle Forderungen, die die evangelische Kirche gegen die Stadt Berlin geltend machte, rechtlich-historisch berechtigt seien. Es handelte sich um eines der umstrittensten Themen im Berlin der Jahrhundertwende mit erheblicher finanzieller, darüber hinaus aber auch stadt- und kirchenpolitischer Bedeutung. Kernpunkt war die Frage, ob die Stadt Berlin aufgrund historisch überkommener Pflichten zur Unterhaltung und zum Neubau von Kirchen- und Pfarrgebäuden verpflichtet sei. Grundsätzlich ging es dabei um die Rolle der Kirche in der Gesellschaft, um das Verhältnis von Kirche und Stadt.

Um solche Forderungen in Millionenhöhe (für die auch die nichtevangelische und nichtgläubige Bevölkerung hätte aufkommen müssen) abzuwehren, beauftragte der Magistrat C. damit zu prüfen, auf wessen Kosten Bau und Unterhaltung der Kirchen- und Pfarrgebäude in der Geschichte Berlins durchgeführt worden waren. Im Jahr 1903 wies das Kammergericht und ein Jahr später das Reichsgericht als Revisionsinstanz die kirchlichen Ansprüche zurück. Damit hatte auch C. einen persönlichen und wissenschaftlichen Erfolg errungen. Seine historisch begründete Argumentation hatte nicht nur der Stadt geholfen, hohe unberechtigte Ansprüche abzuwehren, sondern überhaupt die Stellung der Stadt gegenüber der Kirche gestärkt.

Die Stadt Berlin würdigte das Verdienst, das dem städtischen Historiker für die bürgerliche Selbstbehauptung der Stadt zukam, indem sie sein Gehalt aufbesserte: Er erhielt schließlich so viel wie ihr höchster juristischer Beamter. Der Staat dagegen wies die Stadt in ihre Grenzen, indem der preußische Kultusminister zweimal (1907 und 1912) ihren Antrag ablehnte, C. den Professorentitel zu verleihen. Hierbei dürfte zuletzt C.s Auftreten gegen die kirchlichen Forderungen eine Rolle gespielt haben, mehr aber wohl noch das Mißtrauen des Staates gegenüber einer kritischen und an demokratischen Interessen orientierten städtischen Geschichtsforschung.

Kaeber, E.: Zum Gedächtnis von Paul Clauswitz, in: Mitteilungen des Vereins für die Geschichte Berlins. 44 (1927), S. 137ff. – Kaiser, A.: Stadtgeschichte Berlins als wissenschaftliche Disziplin. Paul Clauswitz und der Beginn einer selbständigen Berlin-Geschichtsschreibung, in: Paul Clauswitz: Die Städteordnung von 1808 und die Stadt Berlin, Berlin 1908. Reprint Berlin 1986.

Andreas Kaiser

Cohen, Hermann

Geb. 4.7.1842 in Coswig (Anhalt); gest. 4.4.1918 in Berlin

C. wuchs in bescheidenen Verhältnissen als Sohn des Vorbeters an der Coswiger Synagoge, Gerson Cohen, und dessen Frau Friderike auf. Den Lebensunterhalt bestritt zum großen Teil die Mutter durch ein Geschäft für Damenhüte. Die Grundlagen seiner Bildung erwarb C. bei seinem Vater, der zugleich als Lehrer an der israelitischen Schule tätig war. Zwei Erfahrungen dieser Jugendzeit waren prägend für das politische Denken C.s. Erstens der Umstand, daß sich im kleinen Anhalt »die Humanität als ein Bestandteil des aufgeklärten Despotismus« länger erhalten hatte als in manchen Staatsgebilden von europäischer Geltung; zweitens die Erfahrung, daß die häufigen ostjüdischen Gäste beim häuslichen Sabbatmahl trotz ihrer Armut eine zum Teil große Gelehrsamkeit bewiesen. »Armut war für uns sonach mit geistiger Würdigkeit verknüpft«. C.s spätere politische Leitidee war nicht zufällig die eines humanen Rechtsstaates, worin sich ein idealistischer Sozialismus realisierte. Bis in das Leiden der Armut hinein sah C. die ideal begründete »geistige Würdigkeit« des Menschen wirksam.

Nach einigen Jahren am Dessauer Gymnasium (ab 1853) besuchte C. von 1858 bis vermutlich 1861 die später berühmte »Jüdisch-theologische Hochschule Fraenckelsche Stiftung« in Breslau. Ohne seine Ausbildung zum Rabbiner zu beenden, wechselte er im Herbst 1861 an die Breslauer, 1864 an die Berliner Universität. 1865 promovierte er in Philosophie an der Universität Halle. In ein enges Verhältnis trat C. zu seinem Berliner Lehrer Heymann Steinthal. Dessen Sprachwissenschaft war von großem Einfluß auf C.s Denken. C. ging letztlich, wenn man auf seine spätere Entwicklung blickt, von dem durch Steinthal weitergeführten Erbe des Wilhelm v. Humboldtschen Humanismus und dessen Suche nach einer universalen Theorie »innerer Sprachform« aus. Durch sie sollten die weltweit verschiedenen Sprachgemeinschaften dennoch in ihrer »Gleichheit« verstanden werden können.

1869 trug C. in einem Vortrag über den *Sabbat in seiner kulturgeschichtlichen Bedeutung*, zu dessen Hörern Berthold Auerbach und Johann Jacoby gehörten, in Anlehnung an Spinoza eine These vor, die für sein Denken und Handeln entscheidend war: »im demokratischen Staate überträgt niemand sein Naturrecht auf einen anderen, sondern auf die Gesamtheit, von der er ein Teil ist. Darum bleiben in ihm alle, gleich wie in dem Naturzustande, als Gleiche. Nach dem Grundsatze Mosis sollten die Israeliten ihr Recht auf Gott übertragen, das will sagen, auf keinen Sterblichen. Theokratie ist der mythische Ausdruck für den politischen Gedanken der Ebenbürtigkeit in Volk und Staat. Auch das moderne Ideal staatlicher Freiheit ist Theokratie, insofern darunter die Einheit nationaler Gesittung und der gesetzlichen Staatsverwaltung verstanden wird«.

1871 erschien C.s erste Monographie einer umfassenden Interpretation und Rekonstruktion der kritischen Philosophie Kants: *Kants Theorie der Erfahrung*. Durch dieses und zwei weitere Werke zu Kants Ethik und Ästhetik (1877 und 1889) erlangte er Berühmtheit. C., der in Marburg 1876 als erster jüdischer Ordinarius für Philosophie in Deutschland die Nachfolge von Friedrich Albert Lange angetreten hatte, wurde neben Paul Natorp zum Begründer der »Marburger Schule«.

C.s *Bekenntnis in der Judenfrage* (1880), seine Reaktion auf den neu aufflammenden Antisemitismus, zeigt ein weiteres Moment in seinem politischen Denken. Jede partikularistische Tendenz jüdisch- sowie deutschnationaler, innen- sowie außenpolitischer Selbstbestimmung wird abgewiesen. Das Erbe wissenschaftlicher Philosophie in der deutschen »Nation Kants« einerseits und das Erbe eines reinen Monotheismus im Judentum anderseits bilden die zwei Seiten einer einzigen universal gültigen Aufgabe: der weltweit beispielhaften Verwirklichung »deutscher Sittlichkeit«. Nichts anderes bedeutete für C., auch noch während der unruhigen Zeit des Ersten Weltkrieges, die vieldiskutierte Formel von »Deutschtum und Judentum«. Daher bekämpfte er kompromißlos die zionistische Absicht, eine gesonderte »rechtlich-gesicherte Heimstätte« zu gründen. C. beurteilte die deutsche Reformation als weltgeschichtliche Zäsur: In ihrer Folge sei in der Geschichte eine ethische Idee des säkularen Staates leitend geworden. Er verstand diese Idee als Inbegriff für die Autonomie des menschlich-politischen Willens. Der Träger dieses Staates aber war für C. das Volk – wohlgemerkt: nicht von seiner empirischen, sei es anthropologischen oder ethnischen Bedeutung her gedacht, sondern vom ethischen Ideal eines Staates. Das Ereignis der Reformation machte es nach C.s Konstruktion möglich, daß dieser Idealbegriff eines Staatsvolkes tatsächlich die politische Wirklichkeit prägte. Das war zwar nicht irgendwann in Vollkommenheit der Fall, aber das Ideal wurde geschichtlich wirkmächtig und zu einer realistischen, wenn auch unendlichen Aufgabe der Politik. Sie zu verfolgen, bedeutete für ihn Volksherrschaft. Ihre geistige Dimension war kosmopolitisch und führte C. schließlich zur Idee des Völkerbundes. Grundlegend für diese Gedanken war C.s für das Gesamtverständnis seiner Philosophie insgesamt sehr aufschlußreiche *Einleitung mit kritischem Nachtrag* zu F.A. Langes *Geschichte des Materialismus* (1896). Die philosophische Durcharbeitung en detail leistet C.s *System der Philosophie.* Von dessen vier konzipierten Teilen konnte er drei ausführen: *Logik der reinen Erkenntnis* (1902), *Ethik des reinen Willens* (1904), *Ästhetik des reinen Gefühls* (1912). Durch zwei weitere Monographien, *Der Begriff der Religion im System der Philosophie* (1915) und die posthum erschienene *Religion der Vernunft aus den Quellen des Judentums* (1919), brachte C. seine Theorie einer humanen, sozialistischen Staatspolitik zum Abschluß. Hier wurde, ähnlich wie im Vortrag von 1869, die Übertragung des individuellen Naturrechts auf eine nicht-sterbliche »Gesamtheit«, also C.s Begriff der Demokratie, als Theokratie interpretiert.

Zur Praxis der Volksherrschaft hat sich C. wenig geäußert. Die Politik der Reichsstände lehnte er ab; den, der sie zurückdrängte, Bismarck, erkannte er an, zumindest im Blick auf die Jahre vor dem Sozialistengesetz 1878. Zwar sprach sich C. 1904 sowohl in seiner *Ethik* als auch in einer Zeitschrift der »Gesellschaft für Ethische Kultur« für »das allgemeine, gleiche und direkte Wahlrecht« aus, da durch »seine Ausübung der Staat begründet« werde. Jedoch hat C. den Begriff der parlamentarischen Regierungsform nicht übernommen, so wie er den Begriff der Freiheit nicht als Wahlfreiheit verstand. Eine Kandidatur für den Reichstag 1871, von Johann Jacoby befürwortet, lehnte C. ab. Auch seine Sympathie gegenüber der Sozialdemokratie, unter deren Führern er von Kurt Eisner und Philipp Scheidemann bis zu Ernst Reuter eine Anzahl Schüler hatte, und ein gewisser Einfluß auf die sogenannte Revisionismusdebatte ist nicht im parlamentarischen Sinn als parteipolitisches Engagement zu verstehen. C.s Prinzip der »Gesamtheit«, aus der die Gleichheit der Menschen abgeleitet wird, widerspricht in seiner Tendenz auch einer Partikularität von Parteien, deren Forum ein Parlament darstellt. »Wählen« war für C. ein Vollzug ethischer Staatlichkeit überhaupt. Da aber jeder status quo unvollkommen bleibe und Ungleichheit befestige, gelte die Wahl als das je neu vollzogene Plebiszit für soziale Reform.

1917 nahm C. anläßlich einer Polemik gegen Gustav v. Schmoller auch Stellung zur Auffassung von Hugo Preuß, dem Theoretiker einer parlamentarischen Regierungsform. Für C. war demgegenüber »der Obrigkeitsstaat als das richtige Prinzip aufrechtzuerhalten. Nicht das Volksbewußtsein darf die Obrigkeit hemmen und zügeln«. Die »sittliche Gefahr«, die von der »persönlichen Verantwortlichkeit« der Obrigkeitsvertreter ausgeht, sah C. zwar, aber eine Theorie politischer Kontrolle durch das Volk hat er nicht entworfen. An ihrer Stelle stand der Appell an die Obrigkeit selbst, einerseits die Lehrfreiheit der Universitäten zu fördern, anderseits den schulischen Volksunterricht zu entwickeln. Hierfür engagierte sich C. mehrfach: z.B. 1892/93 in Verbindung mit der »Gesellschaft für Ethische Kultur« gegen die Reaktion der 90er Jahre und die Einführung konfessioneller Schulen; seit 1900 durch die Gründung eines »Israelitischen Schüler- und Lehrlingsheims« in Marburg gegen den hessischen Antisemitismus; immer wieder aber für die Anerkennung der modernen »Wissenschaft des Judentums« neben der christlichen Theologie als eines akademischen Faches an den Universitäten. Auf keiner Ebene der Bildung sollte irgendeinem Menschen das Wissen um die für jeden gleichen Grundlagen menschlicher Selbstbestimmung verstellt werden. Deren Ursprung aber war für C. die Gesamtheit des staatlichen Volkes: »die ethische Realisierung und Politisierung der Volksidee ist der Inbegriff der Aufgaben des Idealismus«.

Winter, E.: Ethik und Rechtswissenschaft. Berlin 1980. – Sieg, U.: Aufstieg und Niedergang des Marburger Neukantianismus. Würzburg 1994.

Hartwig Wiedebach

Cotta, Friedrich Christoph

Geb. 7. 8.1758 in Stuttgart; gest. 21. 9. 1838 in Trippstadt (Pfalz)

»Eine (demokratische) Republik, meine Freunde, ist ein Land, worin jeder Bürger so viel gilt, wie der andre, wo alle Teil an der Gesetzgebung haben, wo das Volk seine Beamten selbst setzt, und wo diese alle wegen ihrer Amts-Verwaltung Rechenschaft geben müssen, wo jeder Bürger, welcher zu einem Amt die gehörigen Kenntnisse und Tugenden hat, auch dazu gelangen kann, wo es keine Privilegien oder Ausnahmen vom Gesetz für diesen oder jenen gibt; mit einem Wort also: ein Land, dessen Nation selbst der Souverän ist ..., wo jeder Bürger frei und dem andern an Rechten gleich ist, das ist eine Republik« Diese Worte schrieb der Mainzer Jakobiner C. 1793 im Hochgefühl revolutionären Wirkens.

Er entstammte einer württembergischen Verlegerfamilie, sein Vater Christoph Friedrich C. d.Ä. war herzoglicher Hof- und Kanzleibuchdrucker, sein jüngerer Bruder Johann Friedrich C. entwickelte das Familienunternehmen zum berühmten Verlag der deutschen Klassik. Durch das Schicksal der Großmutter, der Sängerin Marianne Pirker, die acht Jahre ohne Urteil zunächst auf dem Hohentwiel, dann Hohenasperg eingekerkert war, erlebte C. früh und persönlich die Auswirkungen fürstlicher Kabinettsjustiz.

Zunächst vom Vater für das Tübinger Postmeisteramt vorgesehen, erkämpfte sich C. den Zugang zum Studium der Rechte (Tübingen und Marburg). Bereits während der Studienzeit sicherte er sich einen Platz unter den deutschen Staatsrechtslehrern, vor allem mit seiner Arbeit *Einleitung in das allgemeine Staatsrecht der deutschen Lande* (1786). Hier stand er ganz unter dem Einfluß Johann Jacob Mosers, dessen Sammlungen der alten Rechte und Staatsgrundgesetze auf Landes- wie auf Reichsebene er als Grundlage rechtsstaatlicher Verhältnisse rezipierte. In seiner Dissertation *Einleitung in das natürliche Staatsrecht mit Anwendung auf das Reich und teutsche Staaten* (1787) verband C. den Rechtspositivismus Mosers mit den naturrechtlichen Grundgedanken der Aufklärung.

Ein entscheidendes Erlebnis wurde für C. die Verfolgung des aufklärerischen Geheimbundes der Illuminaten 1784. Nun verknüpfte sich in seiner Publizistik die Hochschätzung der altrechtlichen Verfassungsverhältnisse des Reiches und der Stände mit entschiedener Kritik an der Verfassungswirklichkeit, d.h. – in C.s Terminologie – an der Unterdrückung der Volksrechte, die mit den Fürstenrechten in einem Gleichgewicht zu sein hätten (*Geschichte des jetzigen europäischen Staats-Theaters samt einer Kritik über die darauf aufgeführten Stücke, Haupt-Akteurs und Zuschauer*, anonym/1788); in diesem Sinne redigierte C. auch die *Stuttgarter Hofzeitung* (1786–1791). 1788 wurde er Dozent für das »württembergische Landstaatsrecht« an der Stuttgarter Karlsschule. Ziel seiner Publizistik wie seiner Lehre war die Festigung der ständestaatlichen Strukturen, wie sie besonders die württembergische Verfassung konserviert hatte, sowie die Wahrung der Rechte und der Ausbau der Kompetenzen des partizipationsberechtigten Teils der Bevölkerung.

Die Revolutionen in Frankreich und Belgien seit dem Sommer 1789 fanden in C. einen Bewunderer, ohne daß er die Theorie von der Volkssouveränität als Grundlage der demokratischen Staatsform für das »Heilige Römische Reich« übernahm. Vielmehr verteidigte er die Gültigkeit des deutschen Reichsrechts auch in der Frage der Besitzrechte deutscher Fürsten im Elsaß. C. glaubte 1789/90 an einen eigenständigen Weg Deutschlands zum modernen Verfassungsstaat durch gemeinschaftliches Reformbestreben von Fürsten und Volk. Um diese Ideen zu popularisieren, setzte er sich zugleich vehement für Pressefreiheit ein. Diese Haltung wie auch seinen Einstellungswandel dokumentiert das von C. seit 1790 herausgegebene Periodikum *Teutsche Staats-Literatur*. Seine seit dem Frühjahr 1790 bestehenden Kontakte zur Straßburger »Konstitutionsgesellschaft« des Jakobinerklubs waren schließlich auslösende Momente für den endgültigen Übergang von der traditionalen, altrechtlichen Verfassungsvorstellung zum bürgerlich-parlamentarischen Verfassungsmodell französischer Prägung.

Im Juli 1791 trat C. dem Straßburger Jakobinerklub bei. Im Oktober des Jahres emigrierte er nach Straßburg. Als führendes Mitglied der radikalen Fraktion der Straßburger Jakobiner kämpfte C. zusammen mit Eulogius Schneider für die Abschaffung der Prärogativen des Königs und die Durchsetzung der Republik. Seine Hoffnung, durch publizistische Agitation die Revolution nach Deutschland hineinzutragen, erfüllte sich 1792 nach dem Einmarsch der französischen Armee unter General Custine ins Linksrheinische. C. stellte sich dem Stab der Rheinarmee als politischer Propagandist zur Verfügung und war Autor mehrerer der wichtigsten Programmschriften der Mainzer Republik (Oktober 1792 bis Juli 1793). Mit dem Plakat *Von der Staatsverfassung in Frankreich* (1792) und dem *Handwerker- und Bauern-Kalender des alten Vaters Gerhard* (1793) propagierte er die Grundsätze bürgerlicher Repräsentativdemokratie mit staatsbürgerlicher Rechtsgleichheit, weitgehenden Freiheitsrechten bei gleichzeitiger Garantie des Eigentums. In seiner Flugschrift *Wie gut es die Leute am Rhein und an der Mosel jetzt haben können* (1792) stellte er die Abschaffung des Feudalsystems in Aussicht, wenn die Bevölkerung des besetzten Gebietes für die französische Konstitution votiere. Von Januar bis März 1793 amtierte C. als Vize-Präsident des Mainzer Jakobinerklubs.

Der Schock über den Untergang der Mainzer Republik und die Invasion der österreichischen Truppen führten in Straßburg im Herbst 1793 zur Übernahme des Pariser Terrorsystems, dem sich C. zur Verfügung stellte. Als Mitglied des Gemeinderats war er Mitorganisator der polizeilichen Überwachung und Verfolgung politischer – und der Gegner der Entchristianisierungskampagne. Die rechtsstaatsvernichtende Sprengkraft des Terrors erlebte er dann an eigener Person: Am 10. Januar 1794 verhaftet und in die Pariser Conciergerie verbracht, überlebte er nur durch den Sturz Robespierres am 27. Juli 1794 (9. Thermidor). 1796 heiratete C. die frühere Braut Eulogius Schneiders, der in Paris am 1. April 1794 guillotiniert worden war.

In den Jahren 1795 bis 1799 agierte und agitierte C. in immer neuen Kampagnen für die Republikanisierung Deutschlands. Von Basel aus versuchte er in geheimen diplomatischen Missionen im Dienst des französischen Außenministeriums, Südwestdeutschland aus dem Reichsverband herauszubrechen. Begleitet wurde diese Sonderfriedenspolitik durch die *Rheinische Zeitung*, die er zusammen mit dem Mainzer Jakobiner Matthias Metternich 1796 redigierte. Im Frühjahr 1796 schloß sich C. der konspirativen Gruppe um Georg List und den sogenannten Marquis de Poterat an, die mit Unterstützung der republikanischen französischen Regierung, des »Direktoriums«, die Gründung einer süddeutschen (Tochter-) Republik anstrebte. C. stellte sich als Kommissar und künftiges Regierungsmitglied zur Verfügung und arbeitete einen Verfassungsentwurf aus. Dessen Text ist nicht erhalten, es ist jedoch von einem Demokratiemodell mit großer Nähe zur französischen Direktorialverfassung auszugehen, zu deren Grundzügen sich C. in der *Rheinischen Zeitung* bekannte, während er sich entschieden gegen den Kommunismus »Gracchus« Babeufs aussprach. Im Juli 1796 ging C. mit der französischen Armee nach Stuttgart und wurde im August durch den französischen Regierungskommissar Nikolas Haussmann zum Postdirektor für das besetzte Gebiet ernannt, ein Amt, das er durch Abschaffung der Reichssymbolik des Postwesens zu einer eigenmächtigen Republikanisierungskampagne zu nutzen suchte (*Proklamation zur Begründung der »Republik Post-Direktion in Teutschland«* vom 18. August 1796).

Nach der Rückeroberung Süddeutschlands durch österreichische Truppen 1796 wandte sich C. wieder der diplomatisch-staatsrechtlichen Seite seiner Tätigkeit zu und war unter den inoffiziellen Besuchern des Rastatter Kongresses (1797/98) zu finden, der die Friedensbedingungen zwischen Frankreich und dem Deutschen Reich festlegen sollte. Durch Memoranden an das Direktorium und die französischen Gesandten versuchte er, die Stellung der Fürsten in Süddeutschland so weit wie möglich zurückzudrängen zugunsten eines einheitlichen schwäbischen Verfassungsstaats – mit Umwandlung der Stände in eine Nationalversammlung und Inkorporierung der Reichsstädte (*Die Syndikats-Deputation zu Eßlingen an ihre Mitbürger*, 1798).

Im Frühjahr 1799 war C. zum letzten Mal in Projekte zur Demokratisierung deutscher Verfassungsverhältnisse involviert, dann zog er sich ganz auf das Elsaß und den Kampf gegen den Bonapartismus (Staatsstreich Bonapartes vom 18. Brumaire, d.h. 9. November 1799) in Frankreich zurück. Er empfand das napoleonische System als tyrannisch, gehörte daher nicht zur Gruppe von Jakobinern, die sich nun in die napoleonische Amtselite verwandelte. Eine weitere politische Karriere C.s war damit unmöglich. Seine berufliche Tätigkeit endete 1816 während der österreichischen Übergangsadministration in der bayerischen Pfalz. Achtzigjährig starb C. in Trippstadt.

Hölzle, E.: Das alte Recht und die Revolution. Eine politische Geschichte Württembergs in der Revolutionszeit 1789–1805. München, Berlin 1931. – Neugebauer-Wölk, M.: Revolution und Constitution. Die Brüder Cotta. Berlin 1989.

Monika Neugebauer-Wölk

David, Simson Alexander (alias Alexander Daveson und Professor Karl Julius Lange)

Geb. 16. 11. 1755 in Braunschweig; gest. 1813

D. war der Sohn des in Halberstadt geborenen jüdischen Kammeragenten Alexander David. Über seine Kindheit und Jugend ist ebensowenig bekannt wie über seine Zeit in England und seine letzten Lebensjahre. In Braunschweig führte er eine ansehnliche Kunsthandlung und wirkte zudem als Lotterieagent. Wegen Betrugs verlangte das Hessen-Kasselsche Ministerium am 12. 8. 1779 seine Auslieferung. Nachdem sich die Braunschweiger Behörden zuerst geweigert hatten, erfolgte am 14. 4. 1780 seine Arretierung. Als D. am 7. 9. 1780 aus der Haft entlassen wurde, war seine Reputation als Kaufmann zerstört, er lebte vorübergehend bei dem Dichter Gotthold Ephraim Lessing, der sich in einem Brief an Moses Mendelssohn für ihn einsetzte. Nach dem Tod Lessings im Jahre 1781 begab er sich nach England, wo er als Publizist tätig war. 1790 reiste D. von England nach Hamburg, um in Schröders Schauspielhaus die Kunst der britischen Parlamentsredner auf dessen Bühne vorzustellen. Sein Versuch mißlang. D. scheint nach England zurückgekehrt zu sein.

1794 besuchte D. die Schweiz und berichtete darüber anonym in dem Buch *Über die Schweiz und die Schweizer* (1795/96). Das Werk übersandte er aus Bayreuth mit Empfehlungen von Alexander von Humboldt an Friedrich Schiller. Die Reisebeschreibung übte schärfste Gesellschaftskritik und rügte die Privilegien der Adeligen und etablierten Familien in den Kantonen Bern und Zürich als unrepublikanisch. Weiterhin kritisierte der Autor den Klerus und verurteilte das Benehmen der französischen Emigranten in der Schweiz. Vorbildlich erschienen ihm dagegen die kleinen demokratischen Freistaaten, so etwa der Kanton Schwyz, den er mit Bern verglich: »So gering man in Bern die Freiheit achtet, so heilig wird sie hier gehalten. So übertrieben der Stolz und der Sultanismus in jener Repubkik ist, so groß ist die Bescheidenheit, so lebhaft das Gefühl der Gleichheit in dieser. Wenn der Geist der Berner Unterthanen unter der Souverainität eines Landvogts oder Schultheissen ohnmächtig und sklavisch niedersinkt, so erhebt sich die Seele des Schwyzer Bürgers frei und stark und in dem erhabenen Gefühl seiner eignen Souveränität.«

Von Bayreuth aus, wo er nun mit Kindern und seiner Frau, der Schwester des preußischen Kriegsrats Schunter, als Professor Karl Julius Lange lebte, redigierte er seit Januar 1797 die zuerst in Nürnberg erscheinende *Deutsche Reichs- und Staatszeitung*. Der Minister von Ansbach-Bayreuth, Karl August von Hardenberg, protegierte das Blatt, und im September 1797 erhielt D. ein Gehalt, das ihn verpflichtete, die Belange der preußischen Regierung zu vertreten. Obgleich er dieser Aufgabe gerecht wurde, erregte seine kritische Haltung, die die Mißstände in fremden Staaten rücksichtslos aufdeckte, den Unmut auswärtiger Mächte. Von Bayreuth aus gab er zudem die Zeitschrift *Neueste Staatenkunde. Ein Journal für Regenten und Völker* (1798) heraus. D. berichtete ausführlich über die Friedensverhandlungen zu Rastatt und schrieb zahlreiche politische Essays. In einer Abhandlung *Über den Geist der Allianzen* forderte er als Verteidiger des Friedens von Basel (1795) ein enges Bündnis zwischen Frankreich und Preußen und verurteilte England als verantwortliche Macht für die Kriege in Europa. Nach verschiedenen Beschwerden wurde D. am 19. Mai 1799 verhaftet. Er floh nach Hamburg, kehrte aber nach Vorhaltungen seiner Familie am 26. Juli nach Bayreuth zurück. Da ein eingeleiteter Prozeß recht langsam voranging und außerdem die Einkünfte ausblieben, begab er sich nach erneuter Flucht in das dänische Altona, wo er seit 1800 lebte. Hier war er Mitarbeiter verschiedener Zeitschriften und übernahm von 1800 bis 1804 die deutsche Bearbeitung der englischen und französischen Aufsätze in Archenholtzens *Minerva*. Als eine dänische Truppenabteilung 1801 Hamburg besetzte, um Englands Handel zu treffen und so das Inselreich dazu zu bewegen, die Neutralität der Meere anzuerkennen, beteiligte sich D. an der daraus entstehenden Meinungskontroverse. Er antwortete Jonas Ludwig von Heß, der sich gegen den Schutz Dänemarks gewandt hatte, mit der Schrift *Freimüthige Betrachtungen eines Weltbürgers über eine in Hamburg erschienene Schrift genannt: Hamburgs bestes Glück nicht von Aussen*. Erneut polemisierte er gegen die englische Politik und nahm den Vergleich der beiden Städte Hamburg und Altona, der bei Heß eine Rolle spielte, zum Anlaß, die Zeitschrift *Hamburg und Altona* zu gründen. Eine weitere Publikation, die *Betrachtungen über die fünf Friedensschlüsse* (1802), erörtete erneut die Frage nach den europäischen Allianzen. In einer Vorerinnerung pries er Hardenberg, von dem er später ein Jahrgeld erhielt, als den Stifter des Friedens von Basel.

Nachdem der Prozeß gegen ihn eingestellt worden war, begab er sich zu Beginn des Jahres 1804 nach Berlin und leitete dort die Zeitschrift *Der Nordische Merkur. Ein Journal, historischen, politischen und literarischen Inhalts. Für die Preußischen Staaten und die übrigen Länder des nördlichen Deutschland* (1805). Das niveauvolle Periodikum, für das er u.a. Jean Paul, Saul Ascher und Friedrich von Coelln als Mitarbeiter gewinnen konnte, scheiterte Ende 1805 wegen Zwistigkeiten mit dem Verleger. D. übernahm selbst die politischen Kommentare und reflektierte über die Politik der europäischen Mächte, wobei er weiter die Neutralität Preußens befürwortete. Als er im Oktober mit einer neuen Zeitung, dem *Telegraph*, seine Arbeit fortsetzen wollte, mußte er das Blatt schon am 28. Oktober einstellen, weil sich der österreichische Gesandte über einen Artikel des Autors beschwert hatte, der von der Niederlage der Österreicher bei Ulm (17. Oktober 1805) berichtete. Ein *Neuer Telegraph*, der zu Beginn des Jahres 1806 erschien, brach mit der bisherigen Berichterstattung, und D. verurteilte Napoleon als ehrgeizigen Alleinherrscher und Eroberer, während er erstmals England verteidigte, weil es gezwungen worden sei, »durch die außerordentliche Machtvergrößerung Frankreichs und durch die Despotie, mit der Bonaparte über Frankreich herrschte, die Waffen zu ergreifen«.

Als allerdings nach der militärischen Katastrophe von Jena und Auerstädt (1806) Napoleon in Berlin einzog, wurde D. zum Kollaborateur. Der *Neue Telegraph* (1806–1808) wurde das offizielle Sprachrohr französischer Interessen und besaß insofern ein Meinungsmonopol, weil auch andere Zeitungen gezwungen wurden, Artikel des Blattes zu übernehmen. Ähnlich wie von Coelln, Buchholz, Massenbach und von Held kritisierte D. preußische Persönlichkeiten und hatte es speziell auf die Königin Luise abgesehen. Mit dem Abzug der Franzosen im Dezember 1808 mußte auch D. Berlin verlassen, obwohl seine Journalistik, zumindest was die Auflage betraf, sehr erfolgreich war. Über seine letzten Lebensjahre ist bisher nichts bekannt geworden. Nach einer Zeitungsnotiz soll er 1813 in Minsk gestorben sein.

D. zählte zu den wichtigeren deutschen Publizisten im Zeitalter der Französischen Revolution und Napoleons. Seine Bedeutung liegt u.a. darin, daß er, wie nur wenige Zeitungsherausgeber seiner Zeit, nicht im Berichten von Tatsachen seine Aufgabe sah, sondern vielmehr die Kritik der Ereignisse aus der Sicht des »weltbürgerlichen Radikalismus« (Tschirch) in den Mittelpunkt stellte. Somit sah er in politischen Handlungen einen Versuch, die von der Vernunft aufgegebene Idee einer vollkommenen Staatsverfassung zu verwirklichen. Neben seiner politischen Publizistik, die primär um die europäische Bündnispolitik kreiste, veröffentlichte D. auch eine Vielzahl von Essays über literarische Fragen, so über englische und deutsche Literatur, von denen bisher nur seine Aufsätze über Lessing beachtet wurden.

Hofmeister-Hunger, A.: Pressepolitik und Staatsreform. Die Institutionalisierung staatlicher Öffentlichkeitsarbeit bei Karl August von Hardenberg (1792–1822). Göttingen 1994. – Schulz, G.: Aus Alexander Davesons Frühzeit. In: Michael -The Diaspora Research Institute Tel-Aviv University- 2 (1973), S. 61–76. – Thürauf, O.: Die öffentliche Meinung im Fürstentum Ansbach-Bayreuth zur Zeit der französischen Revolution und der Freiheitskriege. Nach zeitgenössischen Quellen dargestellt. München 1918. – Tschirch, O.: Geschichte der öffentlichen Meinung in Preußen vom Baseler Frieden bis zum Zusammenbruch des Reiches (1795–1806). 2. Bde. Weimar 1933.

Hans-Werner Engels

Dehler, Thomas

Geb. 14. 12. 1897 in Lichtenfels; gest. 21. 7. 1967 in Streitberg

Der streitbare und umstrittene Liberale galt als aktiver Gegner und Opfer des Nationalsozialismus als Repräsentant für politische Integrität und Kontinuität liberal-demokratischen Denkens in Deutschland. D. war »Patriot, er war in der Geschichte der Bundesrepublik Deutschland wohl die reinste Verkörperung der historischen liberalen Tradition – für die Freiheit und Einheit des Vaterlandes zu kämpfen«. D. fühlte sich bewußt als Franke. In seiner Familie pflegte man das fränkische Brauchtum und war stolz auf die fränkische Kultur und Geschichte. D. schrieb: »Der Franke, ich meine, er ist bewegter, reger, geöffneter, weltläufiger, auch fröhlicher und heiterer, freisinnig im ursprünglichen Sinne des Wortes. Er neigt zur Streitlust (...). Der Franke liebt den Dialog, der Bayer eher den Monolog.«

Kurz vor seinem Abitur wurde D. im April 1916 zum Militär einberufen. Das von vielen politisch Aktiven der Weimarer Republik beschworene Fronterlebnis blieb D. aus Gesundheitsgründen (chronisches Asthmaleiden) erspart. Sein militärischer Einsatz beschränkte sich auf den Lazarettdienst. Das Ende des Ersten Weltkriegs erlebte D. bereits als Zivilist. Er studierte Rechtswissenschaften in Würzburg. Aus dem Zusammenbruch des Kaiserreiches leitete D. seinen Wunsch und seine selbstformulierte Verpflichtung ab, bei der Neugestaltung Deutschlands mitzuwirken. Das »zu bewahren vom Reich, von Deutschland, was geblieben war, das, was sich nicht bewährt hatte, zu überwinden, aber auch neu zu gestalten, neu aufzubauen«. Es sollte nun das nachgeholt werden, was 1848 versäumt worden war. Die revolutionären Ereignisse im November 1918 und die bayrische Räterepublik (bis 3. Mai 1919) bestimmten D.s politisches Denken und Handeln: »Das hat mich stark erschüttert, besonders die Ohnmacht des Staates, daß mit einem Male nichts mehr vorhanden war, was vorher bestimmend war. (...) Es wäre nun falsch, anzunehmen, ich sei zunächst nicht vom Sozialismus angezogen gewesen. Sozialismus lag ja, auch nach 1918, in der Luft, war gewissermaßen die erlösende Macht. Vielleicht hat mich schon das Erlebnis der Räterepublik mit ihren Exzessen in München geheilt«.

Schnell brachte D. Studium und Promotion zu Ende. D. ließ sich von Staatsrechtlern wie Karl Rothenbücher und Robert Piloty für die Ideen des liberalen Verfassungsstaates begeistern. Der Kontakt mit Theodor Heuss in den Jahren 1919 und 1921 soll für die endgültige Festigung des politischen Standorts D.s letztlich entscheidend gewesen sein. Wenige Monate nach seiner Promotion (1920) wurde D. politisch aktiv. Nachdem er in die Deutsche Demokratische Partei (DDP) eingetreten war, kandidierte er 1924 erfolglos für den Reichstag. Im Dezember 1925 heiratete D. die Jüdin Irma Frank. D.s enge Kontakte mit der jüdischen Gemeinde Bambergs führten schon sehr früh zu nationalsozialistischen Hetzkampagnen gegen den überzeugten Demokraten und Freimaurer. Nach dem Machtantritt der Nationalsozialisten 1933 verstärkten sich die Demütigungen und Bedrohungen. Von Beruf Anwalt, verteidigte D. jetzt mit Mut und Opferereitschaft jüdische Mitbürger vor Gericht. Als »Judenanwalt« diffamiert, wurde D. kurz nach der Reichspogromnacht (9./10. November 1938) zum ersten Mal verhaftet, kam aber bald wieder frei und setzte seine Anwaltstätigkeit fort. Während des Zweiten Weltkriegs nahm D. Verbindung zum militärischen und zivilen Widerstand auf (Ludwig Beck, Carl Friedrich Goerdeler): »Gearbeitet wurde vor allem an der Neugestaltung Deutschlands nach der Diktatur«. 1944 brachte man D. in ein Zwangsarbeiterlager in Rositz (Thüringen), wo er im Mai 1945 von amerikanischen Truppen befreit wurde.

Nach dem Krieg begann D. s eigentliche politische Karriere. Als Mitbegründer der FDP zählte D. zu den bedeutendsten Politikergestalten des ersten Kabinetts Adenauer (ab 1949). Wie Adenauer war D. Anhänger eines Systems der freiheitlichen demokratischen Grundordnung nach westlichem Vorbild auf der Basis einer kapitalistischen Marktwirtschaft. D.s Grundeinstellung war eindeutig antisozialdemokratisch geprägt. Er negierte alle links- oder sozialliberalen Abwandlungen des deutschen Liberalismus seit dem ausgehenden 19. Jahrhundert. Andere Koalitionen als mit den Christdemokraten, im Sinne eines Bürgerblocks, lehnte D. ab. Vielmehr vertraute er auf die konzeptionelle Übereinstimmung mit den deutschlandpolitischen Vorstellungen Adenauers. Innen- und rechtspolitische Erwägungen des ersten Justizministers der Bundesrepublik (ab 1949) und FDP-Partei und Bundestagsfraktionvorsitzenden hingen deshalb sehr eng mit dessen außen- und deutschlandpolitischen Planungen zusammen. So trug D. bis zur Jahreswende 1952 die Westintegration Adenauers mit all ihren Folgen bis hin zur Wiederbewaffnung 1956 mit. D. setzte auf die Ziele der Adenauerschen Politik wie Wiederherstellung der deutschen Nation durch Zurückdrängung des sowjetischen Kommunismus in Mittel- und Westeuropa. Auch in der Diskussion um die Stalin-Noten von 1952, die ein umstrittenes Angebot der Sowjets zur Wiedervereinigung eines neutralen Deutschlands darstellten, hielt D. Adenauer noch die Treue.

Als D. jedoch 1953 sein Ministeramt verlor, schlug seine Bewunderung für Adenauer in erbitterte Ablehnung um.

Ein bislang latent gebliebener Dissens zwischen beiden Politikern trat nun offen zutage: Während Adenauer in der nationalen Einheit nur einen der Westintegration und Friedenssicherung nachgeordneten Zweck seiner Außenpolitik sah, fühlte sich D. prinzipiell den nationalstaatlichen Idealen des 19. Jahrhunderts verpflichtet. In D.s Denken hatte die Wiederherstellung des Reiches Priorität. Westintegration und Europapolitik sollten in diesem Zusammenhang nur ein Katalysator sein. Nun erwuchsen in D. Befürchtungen, Adenauers »Politik der Stärke« gegenüber der Sowjetunion könnte den Kalten Krieg verschärfen und die Wiedervereinigung unmöglich machen. Deshalb forderte D. umso vehementer die westdeutsche Gesprächsbereitschaft mit Moskau. D.s neue ostpolitische Konzepte sahen vor, das Mißtrauen gegenüber den sowjetischen Kommunisten abzulegen, um jede noch so kleine Spur aufzugreifen, mit den politischen Führern in Moskau über die deutschlandpolitische Perspektive zu verhandeln. So betonte D. im Januar 1955, daß kein Deutscher den Vorwurf ertragen könne, etwas unterlassen zu haben, was der deutschen Einheit dienen oder sie fördern könne. Jetzt machte D. Adenauer heftige Vorwürfe, Stalins Angebot von 1952 vorschnell und ungeprüft beiseite gewischt zu haben.

In der eigenen Partei blieb D.s außenpolitische Kurswende umstritten. Dem größten Teil der FDP war die Koalitionsverbindung mit der Union wichtiger, was schließlich zu D.s Rücktritt vom Amt des Parteivorsitzenden im Januar 1957 führte. Obwohl D. 1960 noch Vizepräsident des Deutschen Bundestags wurde, trat er seit Beginn der sechziger Jahre in den Hintergrund des politischen Geschehens.

Klingl, F.: Das ganze Deutschland muß es sein. Thomas Dehler und die außenpolitischen Weichenstellungen der fünfziger Jahre. München 1987. – Ott, G.: Thomas Dehler. Hof 1985.

Reiner Albert

Dehn, Günther

Geb. 18. 4. 1882 in Schwerin; gest. 17. 3. 1970 in Bonn

D. wurde am 18. April 1882 in Schwerin geboren. Sein Vater Karl Dehn war Oberpostdirektor und seine Mutter Kathinka die Tochter des Stettiner Postdirektors von Groß. D. wuchs in dieser bürgerlichen und nicht sehr kirchlichen Beamtenfamilie auf. Er absolvierte das Gymnasium und bestand im Juli 1900 das Abitur in Konstanz, wohin sein Vater 1895 versetzt worden war. Der »humanistisch-antichristlich« denkende D. begann in Berlin ein Studium der Philologie, das er in Halle und Bonn fortsetzte. Unter dem Einfluß eines Kommilitonen zu »positiver Gläubigkeit bekehrt«, studierte er in Bonn auch Theologie. Bestimmend für sein Interesse waren die Lektüre Kierkegaards und ein intensives Bibelstudium. Die letzten Semester, jetzt ausschließlich in Theologie, absolvierte D. wieder in Berlin. 1906 bestand er dort das erste theologische Examen und 1908 das zweite. Von 1909 bis zu seinem Ausscheiden am 1. Oktober 1911 war er Inspektor des Domkandidaten-Stifts in Berlin. Danach trat er die 2. Pfarrstelle der Reformationsgemeinde in Berlin-Moabit an. 1915 heiratete D. Luise Lahusen, die Tochter des Berliner Generalsuperintendenten, eines konservativen Kirchenpolitikers.

Er kam als Pfarrer im Berliner proletarischen Norden und, bewegt durch die Gedanken der Begründer des religiösen Sozialismus Christoph Blumhardt, Hermann Kutter und Leonhard Ragaz, zur sozialen Frage. D. suchte bereits vor dem Ersten Weltkrieg Kontakt zu den »Religiös-Sozialen« in der Schweiz. Er war Abonnent ihres Organs *Neue Wege*, hatte in dem Nachbarland Hermann Kutter gehört und ihn dort im Januar 1911 besucht.

Die Versöhnung von Kirche und Arbeiterschaft war D.s Hauptziel. In seiner Gemeinde initiierte er mit (allerdings ausschließlich männlichen) Arbeiterjugendlichen eine in Berlin bis dahin beispiellose Jugendarbeit, aus der viele spätere religiöse Sozialisten hervorgingen. Einer von ihnen war Bernhard Göring, nach 1945 zweiter FDGB-Vorsitzender (Freier Deutscher Gewerkschaftsbund in der DDR).

Im Februar 1919 gab D. in Moabit den Anstoß für die Gründung der ersten Organisation religiöser Sozialisten in Berlin, des »Bundes sozialistischer Kirchenfreunde«, der Ende 1919 in den »Bund religiöser Sozialisten« (BRSD) umgewandelt wurde. Auf dem ersten Kongreß des BRSD, der sich mittlerweile auf ganz Preußen ausgedehnt hatte, wurde D. 1921 in den Organisationsausschuß gewählt.

In fast allen Kirchengeschichtsdarstellungen wird behauptet, daß D., der seit 1919 die dialektische Theologie Karl Barths rezipierte, sich danach vom religiösen Sozialismus distanziert habe. D. blieb tatsächlich bis 1933 religiöser Sozialist und erneuerte seine Mitgliedschaft in den fünfziger Jahren. Auf der Meersburger Tagung 1924, die die Fusion der verschiedenen regionalen Bünde zur »Arbeitsgemeinschaft der religiösen Sozialisten Deutschlands« zum Ergebnis hatte, wählte man D. in den Arbeitsausschuß. Er gehörte auch der »Bruderschaft sozialistischer Theologen« an. D. war noch im September 1928 so fest im Moabiter BRSD verankert, daß er als »Auskunftsperson« für diesen bei der Kirchenwahl in der Reformationsgemeinde fungierte. Seit September 1931 gehörte D., inzwischen in Halle lebend, zur dortigen Ortsgruppe des BRSD, die Pfarrer Johannes Jänicke leitete.

Von März 1920 (als die Republik durch den reaktionären Kapp-Putsch bedroht wurde) bis November 1922 war D. außerdem Mitglied der SPD. Was veranlaßte einen Pfarrer einer theologisch wie politisch konservativen Gemeinde dazu, sich der »Partei der vaterlandslosen Gesellen« anzuschließen? Seine Zugehörigkeit zur SPD erklärte er damit, er habe in der religiös-sozialen Bewegung gestanden und den Arbeitern seiner Gemeinde zeigen wollen, daß er auf ihrer Seite sei. In einem Schreiben an seinen Schwiegervater Lahusen, Mitglied des Preußischen Herrenhauses, erläuterte er seine Entscheidung für die SPD ausführlich. Erstens habe die SPD in den Kriegsjahren die bessere Politik betrieben, zweitens sei über diese Welt Gottes Gericht gekommen und daraus müsse gelernt werden. Im Gegensatz zu vielen anderen religiösen Sozialisten setzte D. allerdings keine großen Erwartungen in die SPD oder in eine »Mission der Arbeiterschaft«. »Ich eifere nicht um die Seele der Arbeiterschaft. Wenn Gott es will, kann er ihr täglich das Evangelium schenken, und wenn er es nicht will, so kann die ganze Pastorenschaft in die sozialdemokratische Partei eintreten, es wird doch alles bleiben, wie es war. Ich vertrete meine Meinung lediglich um des Zwanges der aufgedämmerten Wahrheitserkenntnis willen«.

D. wurde von der Moabiter SPD bereits für die Tiergartener Bezirksverordnetenwahl am 20. Juni 1920 aufgestellt. Aber der als »Nachrücker« gewählte D. zog nicht mehr ins Parlament ein, da er die SPD bald wieder verließ. Er war es leid, in der Partei als »Vorzeige-Pastor« eingesetzt zu werden. »Mein Eintritt in die Partei hatte sich (...) als Mißgriff erwiesen«, schrieb er später.

Nach jahrelangen Auseinandersetzungen mit seinem deutschvölkischen Amtskollegen Karl Jakubski verließ D., im Dezember 1930 durch den preußischen Kultusminister und religiösen Sozialisten Adolf Grimme zum Professor für praktische Theologie in Halle berufen, die Reformations-Gemeinde. Hier kam es zu den sogenannten »Hallenser Krawallen«, die als »Fall Dehn« Geschichte machten. Am 6. November 1928 hatte D. in der Magdeburger Ulrichskirche einen Vortrag zum Thema »Kirche und Völkerversöhnung« gehalten, in dem er das Verhältnis der Christen zum Krieg behandelte und Heldendenkmäler in evangelischen Kirchen kritisierte. D.s Rede wurde durch die Rechtspresse verzerrt. Ihm wurde unterstellt, er habe die »im Weltkrieg gefallenen Helden als Mörder beschimpft«. Für den deutschnationalen, militaristisch ausgerichteten Mehrheits-Protestantismus war dies ein Sakrileg. Als D. 1930 nach Heidelberg berufen werden sollte, lehnte ihn die theologische Fakultät deshalb ab. In Halle, zwei Jahre nach D.s inkriminiertem Vortrag, machten die rechtsradikalen Studenten, angeführt vom NS-Studentenbund, gegen ihn mobil und sprengten seine Lehrveranstaltungen. Studenten und theologische Fachschaft forderten seine Abberufung und drohten im Falle der Nichtbefolgung mit dem Exodus der Studentenschaft aus der Hallenser Universität. D. veröffentlichte in einer Broschüre die Vorgänge in Halle, woraufhin der Konflikt weiter eskalierte. Fakultät und Senat rückten von D. ab, der nur durch den Protest liberaler Teile der Theologenschaft und die Standhaftigkeit der preußischen SPD-Regierung im Amte bleiben konnte. Nach dem »Preußenschlag« des Reichskanzlers Franz von Papen, der Absetzung der sozialdemokratisch geführten preußischen Regierung am 20. Juli 1932, wurde D. sofort beurlaubt und 1933 als politisch unzuverlässig aus dem Staatsdienst entfernt. Er kehrte daraufhin nach Berlin zurück als Hilfsprediger in der Gemeinde »Zum Heilsbronnen« in Schöneberg.

Früh in der »Bekennenden Kirche« (BK), jenem Teil der evangelischen Kirche, der auf Distanz zur Diktatur ging, engagiert und Leiter der BK im »Heilsbronnen«, war er von 1935 bis 1942 Dozent an der von der BK illegal betriebenen Kirchlichen Hochschule Berlin. Zeitweise gehörte er zur theologischen Prüfungskommission, aus der er auf Druck konservativer BK-Kreise – eine Spätfolge von »Halle« – wieder ausscheiden mußte. Am 9. Mai 1941 verhaftet, wurde D. im Dezember 1941 in einem Sondergerichtsprozeß gegen den Lehrkörper der Kirchlichen Hochschule zu einem Jahr Haft verurteilt, die er bis zum 3. Juli 1942 in Moabit, Tegel und im Polizeigefängnis Alexanderplatz »absaß«, und es wurde ihm seine Pension aberkannt. Durch Vermittlung des württembergischen Landesbischofs Theophil Wurm erhielt D. 1942 eine Stelle als Pfarrverweser in Ravensburg, die er bis 1946 ausübte. Im selben Jahr wurde D. als Ordinarius für praktische Theologie nach Bonn berufen. Hier blieb er bis zu seiner Emeritierung im Jahr 1952.

D. ist Autor eines umfangreichen Schrifttums. Seine Bibelauslegungen und seine Predigtmeditationen sind Ausdruck seiner von Karl Barth beeinflußten »Theologie des Wortes«. Dagegen sind D.s Studien aus den zwanziger Jahren über die religiöse Lage der großstädtischen Arbeiterjugend weitgehend vergessen. Der Pionier empirischer Religionssoziologie hatte hierzu mehrere beeindruckende Studien publiziert, die auf der Befragung mehrerer tausend Berliner Lehrlinge basierten.

Bizer, E.: »Der Fall Dehn«, in: Schneemelcher, W. (Hg.): Festschrift für G. Dehn zum 75. Geburtstag. Neukirchen 1957. – Peter, U.: Der Bund der religiösen Sozialisten in Berlin von 1919 bis 1933. Geschichte – Struktur – Theologie und Politik. Bern, Frankfurt, Berlin 1995.

Ulrich Peter

Deist, Heinrich (sen.)

Geb. 9. 7. 1874 in Mitterode (Kreis Eschwege); gest. 19. 7. 1963 in Mosigkau (bei Dessau)

D. war kein Theoretiker oder Volkstribun, er war einer der zahlreichen Praktiker, die von der Nachwelt nur allzu oft übersehen werden. Als Sohn eines proletarisierten Bauern kam er während seiner Lehrzeit als Schriftsetzer in ersten Kontakt mit der sozialdemokratischen Arbeiterbewegung. Während der darauf folgenden elfjährigen Wanderschaft engagierte er sich in SPD, Buchdruckergewerkschaft, Arbeiterturnerschaft und lernte Stenographie und empfahl sich somit für eine Führungsposition in der Arbeiterbewegung, wobei er einen Posten als Redakteur und Volksredner anstrebte. Doch erfolgreich war 1903 die Bewerbung um die Stelle des Geschäftsführers des *Volksblattes für Anhalt* in Dessau. In dieser Funktion sollte sein bis dahin schlummerndes organisatorisches Talent geweckt werden. Er stellte das bis dahin aus finanziellen Gründen kränkelnde Blatt auf eine solide geschäftliche Basis, gründete mit den zur Verfügung gestellten Spareinlagen der Genossen eine »Arbeiterdruckerei« auf genossenschaftlicher Grundlage und ermöglichte somit die Expansion der Zeitung und eine effektivere Gestaltung der sozialdemokratischen Agitation.

Im Jahre 1910 erwarb er das größte Garten- und Saaletablissement Dessaus, das »Tivoli«, für die Arbeiterorganisationen und hatte damit die »Lokalfrage« endgültig gelöst und der Bewegung ein festes Domizil für ihre Versammlungen verschafft. Mit den Erfahrungen eines Stadtverordnetenmandates seit 1904 übernahm D. im Ersten Weltkrieg die Leitung der Kriegsküche und des Lebensmittelamtes.

Die Novemberrevolution sah ihn als Mitglied des provisorischen Anhaltischen Staatsrates. Nach den Landtagswahlen fungierte er als stellvertretender Vorsitzender des Staatsrates, um dann im Juli 1919 (nach dem Rücktritt Wolfgang Heines) zu dessen Präsidenten (ab 1922: »Ministerpräsident«) aufzusteigen. Diese Funktion übte er bis 1932 (mit einer kurzen Unterbrechung 1924) aus. Jetzt bewährte sich erneut die schon aus der Vorkriegszeit herrührende enge Zusammenarbeit mit dem auf dem rechten Parteiflügel stehenden Führer der anhaltischen Sozialdemokratie, Heinrich Peus – seit 1919 Landtagspräsident. Beide ergänzten sich nahezu ideal: Peus als Visionär und Agitator, D. als kühl rechnender und abwägender Pragmatiker. D. war, nach späterer Aussage des damaligen Dessauer Oberbürgermeisters Hesse, »kein Eiferer und Himmelsstürmer wie Peus, sondern stand mit beiden Beinen auf der Erde. Keineswegs temperamentlos, verlor er doch nie seine Selbstbeherrschung und hatte einen untrüglichen Blick für die Realitäten. Seine Ehrlichkeit und Zuverlässigkeit standen außer Zweifel. Er sprach nur, wenn er etwas zu sagen hatte, und seine Reden erzielten durch Klarheit der Gedanken und Prägnanz der Sprache beträchtliche Wirkung. D. war gewiß nicht ohne stillen Ehrgeiz. Aber niemals stellte er die Person vor die Sache, und immer schaute er über die engen Parteizäune hinweg.« Auch soll sein Habitus eher an den Beamten der alten Schule erinnert haben als an den Vertreter einer Schicht, die von der Novemberrevolution emporgetragen wurde.

Als besondere Problemfelder seiner Regierungstätigkeit zeigten sich: Erstens: Die Wiederherstellung von geregelten Verhältnissen in Verwaltung und Versorgung im Land während der Nachkriegskrise. Nicht zuletzt durch seinen persönlichen Einsatz gelang es, den Freistaat Anhalt aus den mitteldeutschen Unruhen 1921–1923 weitestgehend herauszuhalten. Zweitens: Die Durchführung der Bodenreform- und Siedlungspolitik zur Arrondierung kleiner Landwirtschaften, Verbesserung der Versorgung und Wohnqualität. Drittens: Die Begrenzung einer Krise der Kaliindustrie auf Westanhalt. Viertens: Die Vermögensauseinandersetzung mit dem abgedankten Herzogshaus.

Ins Blickfeld einer größeren Öffentlichkeit rückte D. 1927, als er vom sächsischen Parteilinken Fritz Bieligk anläßlich eines spektakulären Hindenburg-Besuchs in Dessau des »Hindenburgkollers« verdächtigt wurde. Auch in der anhaltischen Sozialdemokratie selbst war der Hindenburg-Besuch nicht unumstritten. Während Bieligk in Hindenburg den Heerführer aus dem Ersten Weltkrieg sah, war er für D. (und Peus) in erster Linie das demokratisch gewählte Staatsoberhaupt und somit gegen die Angriffe Bieligks in Schutz zu nehmen.

Die Sozialdemokratie, aber auch die Kommunisten verkannten die nationalsozialistische Gefahr. Während aber die KPD die SPD als Hauptfeind ansah und des »Sozialfaschismus« zieh, im übrigen die Weimarer Republik von Anfang an bekämpfte, hielt die SPD bis zuletzt an einem legalistischen Kurs fest, auch dann noch, als die Nazis bereits an der Macht waren. Hinzu kam, jedenfalls bis zum erdrutschartigen Wahlerfolg der NSDAP im September 1930, bei vielen Sozialdemokraten die Überzeugung, das deutsche Volk sei in seiner überwiegenden Mehrheit gegen totalitäre Versuchungen gefeit. So erklärte D. im Jahre 1929: »Ob der Faschismus in Deutschland möglich ist? Diese Frage ist (...) zu verneinen (...). Italien ist nicht Deutschland, weder wirtschaftlich noch politisch, noch kulturell. Alle Voraussetzungen, die anderswo für den Faschismus gegeben sind, fehlen bei uns. Darum gibt es für Deutschland nur den Weg der Demokratie, welche ihren verfassungs-

mäßigen Niederschlag in dem Satz gefunden hat: Die Staatsgewalt geht vom Volke aus. Das Geschick des gesamten Reiches in die Hände des gesamten Volkes zu legen, wie es die Verfassung von Weimar tut, bedeutet ein außerordentlich großes Maß von Vertrauen in die politische Reife und Urteilsfähigkeit des Volkes. Das Volk wird nur dann fähig sein, die Demokratie richtig und zum Wohl des Ganzen zu handhaben, wenn es politisch objektiv denken und urteilen kann und nicht Gefahr läuft, sich von jedem politischen Scharlatan nasführen zu lassen. Man darf annehmen, daß das deutsche Volk in seiner großen Mehrheit das für die Gesamtheit Nützliche zu erkennen und zu verwirklichen vermag.« Mit der Niederlage in den Landtagswahlen vom April 1932 endete D.s Tätigkeit als Ministerpräsident, ein nationalsozialistisch dominierter Bürgerblock übernahm die Macht. Im Dritten Reich lebte er zurückgezogen, wurde mehrmals in Schutzhaft genommen und einmal zu drei Monaten Haft verurteilt.
1945 meldete er sich zum Wiederaufbau und wurde von der Sowjetischen Administration zum Bezirkspräsidenten des Bezirkes Dessau ernannt, was faktisch eine Wiedereinsetzung in die bis 1932 ausgeübte Funktion bedeutete. 1947 nach einer Auseinandersetzung des Amtes enthoben, war er noch bis 1949 als Präsident der Verwaltungsschulen Sachsen-Anhalts tätig. In der DDR hatte D. als SED-Mitglied keine größeren Konflikte oder gar Verfolgungen zu überstehen. Obwohl sein Sohn Heinrich einer der führenden Politiker der SPD in der Bundesrepublik war, stand für ihn ein Verlassen der DDR nie zur Debatte: »Man soll auf dem Posten, auf den man gestellt ist, versuchen, sich zu behaupten.«

Kupfer, T.: Die Sozialdemokratie im Freistaat Anhalt in der Weimarer Republik. Probleme von Sozialstruktur, innerparteilicher Demokratie und sozialdemokratischer Politik 1918 bis 1933. Braunschweig (phil. Diss.) 1993.

Torsten Kupfer

Deiters, Heinrich

Geb. 2. 6. 1887 in Osnabrück; gest. 31. 1. 1966 in Berlin

»Sie haben einen anderen Bildungsbegriff!« Dieser Satz, mit dem D. sein Scheitern in der DDR resümierte, ist bezeichnend für Leben und Wirken dieses »deutschen Pädagogen«. D. entstammte einer in die Beamtenschaft aufgestiegenen Bauern- und Handwerkerfamilie. Wurzelten in der bäuerlichen Tradition des Vaters, einem beamteten Landvermesser, politisch konservative Überzeugungen, so dominierten in der städtisch geprägten Handwerkerfamilie der Mutter liberale Elemente. Beiden Milieus aber war eins gemein: Wissen und Können, durch Bildung erworben, hatten der Familie ihren gesellschaftlichen Aufstieg ermöglicht und gesichert.
Die Schulbildung gestaltete sich für den jungen D. in typisch zeitgemäßer Weise: Volksschule in Siegen, Realgymnasium ebendort und später in Bromberg, wohin der Vater versetzt worden war, Reifezeugnis 1906 – ein formalisierter Ablauf, dem eine übergeordnete Bildungsidee längst abhanden gekommen war. Bei der Frage, aus welchen Bestandteilen eine solche Idee sich zusammensetzen sollte, berief sich D. auf den Reformpädagogen Hans Richert, der ihm als Lehrer in Bromberg begegnet war: »In ihm«, so schreibt D. in seinen Erinnerungen, »stand ein überlegener älterer Mann vor mir, ein bedeutender Lehrer, der mich jungen ringenden Menschen ernst nahm und in seinem Streben und seiner Unfertigkeit gelten ließ.«
1906 begann D. ein Studium der Germanistik und Geschichte in Heidelberg, wechselte aber bald über Münster nach Berlin. Er wollte Lehrer werden. In diesem Berufswunsch bestärkte D. der gerade in Berlin habilitierte Eduard Spranger. Dessen Bildungsbegriff des Neuhumanismus gab D.s eigenen pädagogischen Überzeugungen wichtige Impulse.
Nach dem Doktorexamen 1911 und der bestandenen Staatsprüfung für das Lehramt an höheren Schulen ein Jahr später, trat D. am angesehenen »Königlichen Seminar«, dem das Charlottenburger Mommsen-Gymnasium zugeordnet war, in den Schuldienst. Alle Anfänge machte der Kriegsausbruch zunichte. D. war von 1914 bis 1918 Soldat. »Das Gemetzel war zu Ende, ich lebte.« Das Kriegserlebnis im Zusammenwirken mit Überlegungen zu den Ursachen dieses Krieges zwang D. zu politischen Konsequenzen: Nur in einer Republik könne zukünftig die Vorstellung einer »humanistischen Nationalerziehung« Wirklichkeit werden. Noch 1918 schrieb sich D. in die Gründungsliste der Deutschen Demokratischen Partei (DDP) ein. Doch die Geschehnisse um den Kapp-Putsch im März 1920 machten ihm deutlich, daß die Republik eine mächtigere Interessenvertretung gegenüber den extremen republikfeindlichen Kräften brauchte, als diese Partei es sein konnte. D. sah sie in der Arbeiterbewegung. Er wurde Mitglied der SPD.
D.s politische Zielsetzung wurde ergänzt durch eine reformerische pädagogische Arbeit. 1919, inzwischen Oberlehrer am fortschrittlichen Mommsen-Gymnasium, wo der spätere Freund Walter Fabian Sprecher des Schülerrats war, engagierte sich D. in dem von Paul Oestreich gegründeten »Bund entschiedener Schulreformer«. Fritz Karsen, prominenter Vertreter des Bundes, holte D. 1920 an sein Reformschulprojekt für Oberschüler in einer ehemaligen Kadettenanstalt in Berlin-Lichterfelde. Doch schon nach wenigen Monaten scheiterte das Projekt an heftigen Widerständen aus nationalistischen Kreisen.
Im Auftrag des Berliner Zentralinstitut für Erziehung und

Unterricht veröffentlichte D. 1925 seine Überlegungen zur Reformpädagogik unter dem Titel *Schule der Gemeinschaft.* Unterstützung für die Idee einer schrittweisen Umwandlung der Schule in eine Lebensstätte der Jugend, eine Lehrstätte für Demokratie, fand D. vor allem beim Gesamtberliner Stadtschulrat Wilhelm Paulsen. Doch wie bereits das Lichterfelder Projekt scheiterten auch die folgenden Reformschulversuche am Widerstand nationalkonservativer Kreise.
1927 als Oberschulrat in Kassel in die Lehrerausbildung gewechselt, schloß sich D. dem von Ludwig Hüter gegründeten überparteilichen »Republikanischen Lehrerbund« an. »Für diese Republik ringen wir als Erzieher um die Seele der deutschen Jugend und ihrer Erziehung«, umriß D. 1930 das Ziel des Bundes. Zu spät: Die Republik schickte sich an, sich ihren Feinden auszuliefern. Im September 1933 wurde D. von den neuen Machthabern in Deutschland, den Nationalsozialisten, aus seinem Amt entlassen. D. ging nach Berlin, wo er zurückgezogen über französische Geistesgeschichte forschte. Es entstand die Studie *Charles-Augustin Sainte-Beuve, Kritiker und Humanist* (1947).
Im Mai 1945 trat D. wieder in die Öffentlichkeit. Er verfaßte als Vorsitzender des ersten, provisorischen Vorstandes einer neu zu gründenden Lehrergewerkschaft den Gründungsaufruf (»Die große Stunde des Lehrers ist gekommen!«). Unmittelbar nach Gründung der SED durch Vereinigung der SPD mit der KPD im April 1946 trat D. der künftigen Staatspartei bei. Inzwischen war D. in der sowjetischen »Zentralverwaltung für Volksbildung«, eine Vorstufe zu einem Unterrichtsministerium, als Abteilungsleiter für die Lehrerbildung zuständig. Maßgeblich wirkte er hier an der Ausarbeitung eines »Gesetzes zur Demokratisierung der deutschen Schule« mit, das bereits am 4. Juni 1946 für die Länder der sowjetisch besetzten Zone (SBZ), für Ostberlin erst später, erlassen wurde und die »demokratische Einheitsschule« einführte: Nach der »vorschulischen Erziehungseinrichtung« des Kindergartens sah es die achtklassige Grundschule, die dreijährige Pflicht-Berufsschule und vierjährige Fachschulen als deren Ergänzung vor. Der erfolgreiche Besuch einer Fachschule berechtigte zur Aufnahme in eine Hochschule. Die Oberschule, als Fortsetzung der Grundschule, umfaßte vier Jahre. 1948 faßte D. seine schulpolitischen Vorstellungen in dem Buch *Die Schule der demokratischen Gesellschaft* zusammen.
Zur Förderung der Lehrerausbildung konzentrierte sich D. auf die sogenannte »Neulehrerbewegung«, durch die schnell qualifizierter Ersatz für die aus dem Dienst entfernten Nazi-Lehrer gefunden werden sollte. Als die Lehrerausbildung den neugegründeten pädagogischen Fakultäten der Universitäten übertragen wurde, übernahm D. im Oktober 1946 eine Professur für Erziehungswissenschaft an der Humboldt-Universität in Ostberlin.
Pädagogische Ideale und demokratischer Aufbau schienen Hand in Hand zu gehen. Noch 1945 war D. dem »Kulturbund zur demokratischen Erneuerung Deutschlands« beigetreten, dessen pädagogischer Kommission er vorsaß. Es entstand das *Pädagogische Manifest* des Kulturbundes (1947). Als Vertreter des Kulturbundes wurde D. Mitglied des »Deutschen Volkskongresses«. Bei den Beratungen über eine künftige deutsche Verfassung führte D. den Vorsitz der Kulturkommission des – aus dem Volkskongreß hervorgegangenen -Deutschen Volksrats.
D. initiierte Anfang der fünfziger Jahre die Aufsehen erregenden »Deutschen Kulturtage«, die in ganz Deutschland stattfanden. Der für 1952 in Bayreuth geplante Kulturtag wurde indes von der bayerischen Staatsregierung verboten. Auch andere von D. unterstützten Versuche, den deutsch-deutschen Dialog aufrechtzuerhalten, schlugen fehl, – so z.B. der »Schwelmer Kreis«, ein regelmäßiges Treffen von Lehrern aus Ost und West, dessen Jahrestagungen in Eisenach stattfanden. Seit 1957 zog sich D. von allen Ämtern zurück. Er hatte inzwischen alle Illusionen über eine demokratische Bildungsreform in der DDR verloren. Das verkrustete Bildungssystem diente vornehmlich dem Machterhalt der SED. Resigniert hinterließ D. seine Lebenserinnerungen nicht in der DDR, sondern übergab sie 1965, ein Jahr vor seinem Tod, dem Freund Walter Fabian, der in der Bundesrepublik lebte.

Humboldt-Universität (Hg.): Heinrich Deiters zum 70. Geburtstag. Beiträge zur systematischen Pädagogik. Berlin o.J. (1957). – Oppermann, D. (Hg.): Heinrich Deiters. Bildung und Leben. Erinnerungen eines deutschen Pädagogen. Mit einem Nachwort von Prof. Walter Fabian. Köln, Wien 1989.

Hans-Georg Lützenkirchen

Dejka, Jan Bohuchwał (Johann Gottlob Döcke, Deuka)

Geb. 18. 2. 1779 in Bautzen; gest. 2. 8. 1853 in Bautzen

D. war Zimmermann, Journalist, Herausgeber mehrerer Zeitungen und überzeugter Aufklärer. Er war Sorbe aus der Lausitz und gilt in der Fachwelt der Sorabistik als Begründer des sorbischen Zeitungswesens. Die sorbische Ethnie in der Lausitz betrug zu Zeiten D.s wenig mehr als eine Viertelmillion Menschen, die Reste der ehemals den ganzen Elbe-Oder-Raum besiedelnden slawischen Stämme. Ihre Sprache und Kultur wurden in Schule, Kirche und Verwaltung diskriminiert – auch in jenen preußischen und sächsischen Gebieten, in denen sie die Mehrheit bildeten. In den Städten hatten die Deutschen den Sorben den Beitritt zu den Zünften verboten. Sie lebten in Kleinstädten und auf dem Lande, wo achtzig Prozent Frondienste bei deutschen Bauern leisteten. Ein sorbisches Bürgertum fehlte. Höhere Bildung konnten Sorben nur vermittels deutscher Bildungseinrichtungen oder seit der Frühaufklärung in wenigen Predigerseminaren (Leipzig, Wittenberg) erlangen.

Erst in der Aufklärung machte eine größere Anzahl deutscher Gelehrter auf die Diskriminierung dieser »indigenen« Bevölkerung Deutschlands aufmerksam. Herder verglich das Verhältnis der Deutschen zu den Sorben (Wenden) mit dem der spanischen Eroberer zu den Peruanern. Der evangelische Theologe Georg Körner, der Pfarrer Christian Knauthe, der Jurist August Gottlieb Meißner forschten über Sprache und Geschichte der Sorben. Pfarrer Johann Gottlieb Hauptmann aus Lübbenau, der eine sorbische Grammatik schrieb, war empört über die »unwürdige Art«, auf die die Behörden »diese so alte und ehrwürdige Sprache (...) tumultarie und auf einmal aus den Kirchen geschmissen«. Die Empörung der Aufklärer war indes nicht opportun. Hauptmann fügte der Herausgabe seiner *Nieder-Lausitzischen Wendischen Grammatica* (Lübben 1761) die resignierende Bemerkung hinzu, er wisse, man werde ihm sagen, »was denn nötig sei, eine wendische Grammatik zu schreiben, da die wendische Sprache solle ausgerottet werden«.

D. wurde 1779 als ältestes Kind armer Eltern in Bautzen geboren, wo er sechs Jahre lang eine der dortigen »Winkelschulen« besuchte und kaum lesen und schreiben lernte. Mit zwölf Jahren verließ D. die Schule, um zum Familienunterhalt beizutragen. Er wurde Kuhhirt. Im Alter von sechzehn Jahren konnte er vier Jahre lang bei einem Zimmermann in die Lehre gehen. Anschließend begann er eine neunjährige Wanderschaft als Zimmermann durch die norddeutschen Städte, nach Dänemark und Kopenhagen, sodann nach Prag und Wien, Berlin, Leipzig und Breslau. Auf dem Heimweg wurde D. von preußischen Soldaten, die ihn für einen französischen Spion hielten, einige Zeit in der Festung Glatz inhaftiert.

Ein Jahr darauf bot sich D. die Gelegenheit, in der Redaktion der Löbauer Zeitung *Der allergnädigst privilegierte Sächsische Postillon* zu arbeiten. Über den direkten Anlaß seines Berufswechsels ist nichts bekannt. D., politisch interessiert, war Anhänger der Französischen Revolution und erhoffte sich zunächst von Napoleon die Befreiung aus den Zwängen der feudalen Gesellschaft. Er wandte sich direkt an die arme ungebildete Bevölkerung seiner Heimat: »Meine Absicht ist einzig und allein, daß auch das Sorbentum mehr aufgeklärt wird.« D. faßte den Entschluß, eine Zeitung auf Sorbisch herauszugeben. Innerhalb eines halben Jahres erwarb er sich Fachkenntnisse, eine wirtschaftliche Basis und startete im Februar 1809 die erste Nummer seines Monatsblattes *Sserski Powedar a Kurier (Sorbischer Erzähler und Kurier)*.

Auch in anderen deutschen Städten erschienen zu jener Zeit neue Zeitungen, die auf der Seite der Revolution standen – man denke an Cottas *Allgemeine Zeitung* in Tübingen – und sogleich von der Zensur verfolgt wurden. Auch D. konnte nicht einfach schreiben, was er dachte. Als Redakteur des *Sächsischen Postillons* entschuldigt er sich dafür bei seinen Lesern: »Dem selbst- und nachdenkenden Leser wird auch nicht entgehen, daß manche Wendungen und Einkleidungen des Vortrags der Zeit und den Umständen angehören und die Verfasser der Weltbegebenheiten sich sehr oft begnügen müssen, dem Aufmerksamen nur leise Winke zu geben«. 1810 pries er in mehreren Artikeln – seine Napoleonbegeisterung war inzwischen einer eher nüchternen Einschätzung gewichen – die um ihre Unabhängigkeit kämpfenden Völker. In einer deutschsprachigen Zeitung wäre das so nicht möglich gewesen.

Nach dreieinhalb Jahren fiel der *Sserski Powedar a Kurier* einem Publikationsverbot zum Opfer, dem 1812, im Jahr des Rußlandfeldzugs Napoleons, viele »nicht privilegierte« Zeitungen weichen mußten. D. hatte inzwischen geheiratet, ein Haus erworben und als »Johann Gottlob Döcke« das Bautzener Bürgerrecht erlangt. Als Redakteur machte er sich weiterhin durch furchtlose Offenheit bei der städtischen Obrigkeit verdächtig. Im September 1813, einen Monat vor der Völkerschlacht bei Leipzig, wollte D. die Meldung über die Kriegserklärung Österreichs an Napoleon bringen, wurde aber vom Zensor daran gehindert. »Sie sind gewohnt, die Actenstücke, welche Kaiser und Könige, sowie deren Befehlshaber von Frankreichs Gegenpartei ausgeben, zu unterdrücken«, schrieb D. dem Zensor: »Fürchten Sie die Franzosen nicht mehr, höchstwahrscheinlich bekomme ich hier in Bautzen, viel weniger Sie dieselben nicht mehr in Löbau zu sehen«.

Mit Hilfe von Nebenverdiensten sammelte D. wieder Geld für eine neue eigene Zeitung. 1823 gab er die erste Nummer des *Oberlausitzer Landboten, Zeitblatt zum Nutzen und Vergnügen für Jedermann* in Bautzen heraus. Hier vertrat er radikaldemokratische Ansichten. Revolutionen erklärte D. seinen Lesern als notwendige Korrektur abgelebter Staatsinstitutionen. Frankreich bezeichnete er als »Zifferblatt« Europas: »In anderen Ländern Europas muß man die Uhr erst schlagen hören, um die Stunde zu erfahren – man verhört sich aber leichter, als man sich versieht.« Noch in der Revision seines Urteils über Napoleon ist D.s Bedauern über den verfehlten Ausgang der Französischen Revolution zu spüren: »Wie sehr würde die Welt über ihn [Napoleon, die Verf.] trauern, wenn er nicht zu oft die heiligen Interessen der Menschheit, die ehrwürdigen Rechte der Völker, beeinträchtigt hätte!« Napoleons Besieger, der europäische Adel, habe nach der Revolution »Milliarden verschwendet und Ströme von Menschenblut vergossen«, um seine überlebte Gesellschaft aufrechtzuerhalten.

D.s demokratische Einstellung führte dazu, daß die Behörden

ihm 1838 das Recht, amtliche Nachrichten in seiner Zeitung zu bringen, verweigerten. Er sah keine Aussichten, ein weiteres Blatt zu finanzieren. Es war ihm nicht gelungen, den *Landboten* auf eine finanziell tragfähige Abonnentenbasis zu stellen. Dies wäre nur mit Hilfe der Unterstützung von auf dem Lande tätigen sorbischen Pfarrern, Lehrern und Gemeindevorstehern möglich gewesen. Trotz intensiver Bemühungen D.s war aber gerade diese Hilfe ausgeblieben. Er mutmaßte als Ursache das Mißtrauen der Gebildeteren ihm gegenüber als einfachem Handwerker. Als Herausgeber des *Landboten* hatte er sich nicht nur der Zensur zu erwehren gehabt, sondern auch der Attacken gebildeter Landsleute, die sich seiner Ansicht nach darüber ärgerten, »daß ein Ungelehrter sich in die Gelehrtensphäre zu fuschen wagt (...) und daß einem solchen, der seinen Aeltern, so zu sagen, Nichts gekostet hat, eine dergleichen schriftstellerische Unternehmung gelingt.« 1845 trat D. noch als einer der ersten der »Maćica Serbska« bei, einer von Jan Arnost Smolé gegründeten Bautzener Vereinigung von Lehrern, Pfarrern und Studenten zur Förderung der sorbischen Kultur und beteiligte sich an ihrer Arbeit. 1853 starb D. an Typhus.

Brezan, Simon: Beziehungen zwischen deutscher Aufklärung und sorbischer nationaler Wiedergeburt. Phil. Diss. Leipzig 1988. – Hajnec, Lucija: Jan Dejka – prikladny novinar, preswedceny demokrat a serbski patriot, in: Lětopis A/3/1955, S. 97–143. – Mětšk, Frido: Die sorbischen Aufklärer unter dem Einfluß des gesamteuropäischen Kulturbewußtseins in den fünf Jahrzehnten vor der Französischen Revolution, in: Slawische Kulturen in der Geschichte der europäischen Kultur vom 18. bis zum 20. Jahrhundert. Berlin 1982, S. 83–87.

Brigitte Domurath

Dietz, Johann Heinrich Wilhelm

Geb. 3. 10. 1843 in Lübeck; gest. 28. 8. 1922 in Stuttgart

Die Sozialdemokratie ist »als Partei mit einem großen Hause zu vergleichen (...), das viele Wohnungen hat, Wohnungen für alle, denn wir möchten alle haben, die den Kampf gegen das Unrecht führen wollen (...). Das kann der Hausbesitzer ertragen; ohne das Aufeinanderplatzen der Meinungen kommt die Wahrheit nicht an den Tag. Aber eins kann er verlangen: die Hausordnung müssen alle ohne Unterschied respektieren.«

Als der 67jährige D. mit diesen Sätzen 1910 in Halle die Verhandlungen des Parteitags resümierte, hatte er bereits 35 Jahre lang seine gesamte Arbeitskraft in den Dienst der Sozialdemokratie gestellt. Wenn auch selbst theoretisch oder agitatorisch nicht hervorgetreten, zählte er sich ohne Frage zur Gruppe der »Hausherren«: seit Mitte der 70er Jahre eng mit August Bebel und der gesamten Parteileitung verbunden und Reichstagsmitglied ab 1881. Besondere Bedeutung erlangte er dann als Leiter des Verlags in Stuttgart, den er an der Jahreswende 1881/82 im Auftrage der Partei und wegen des noch geltenden Sozialistengesetzes (1878–1890) auf seinen Namen gründete. In Nachrufen belegte man D. mit Attributen wie: »kultureller Bahnbrecher des Marxismus« (Kampffmeyer 1922), der als »Lieferant« von wirksamem »Kriegsmaterial für den proletarischen Befreiungskampf« (Kautsky 1913) für die Literatur des internationalen Marxismus ähnliche Bedeutung erlangte, wie Johann Friedrich von Cotta für die klassische deutsche Literatur. Clara Zetkin schrieb 1913: »Der Verlag Dietz wurde die erste und ist noch heute die beste Heimstätte für die Literatur des wissenschaftlichen Sozialismus«. Über 300 Einzeltitel und 12 periodische Schriften erschienen bis zum Tode des Verlagsgründers.

Aufgewachsen als jüngerer Sohn eines Lübecker Schneidermeisters, erlernte D. nach dem Besuch einer angesehenen Privatschule die privilegierte »schwarze Kunst« des Schriftsetzers, wurde auf der Wanderschaft in St. Petersburg erstmals mit Armut und Elend konfrontiert und bekam Kontakte zu russischen Oppositionellen. Zurück in seiner Heimatstadt engagierte sich D., der bald zum Metteur aufstieg, in der neugegründeten Buchdruckergewerkschaft. Gewerkschaftliche Aufgaben führten den Lübecker Gauvorsitzenden mehrfach nach Hamburg, wohin er 1874 mit seiner Familie übersiedelte: In Lübeck war ein weiterer beruflicher Aufstieg nicht mehr möglich. D. fand auch in Hamburg seinen Platz in der Buchdruckergewerkschaft, wurde bald zweiter Vorsitzender und in Schieds- und Verhandlungskommissionen delegiert. Ein Versuch jüngerer Gewerkschafter, mit D. die Leitung der Ortsgruppe zu übernehmen, scheiterte 1876 allerdings.

Als »Faktor« in einer Druckerei beschäftigt, die kurz darauf von den Hamburger Sozialdemokraten zur Herausgabe einer Parteizeitung (*Hamburg-Altonaer Volksblatt*) gekauft wurde, übernahm er 1875 die technische Leitung des jungen Unternehmens. Dort, in der Amelungstraße, trafen sich bis 1879 die führenden deutschen Sozialdemokraten. D. erwarb sich als Leiter der Hamburger Genossenschafts-Buchdruckerei durch seine Zuverlässigkeit und Geschäftstüchtigkeit so sehr das Vertrauen der Parteiführer, daß diese ihm das Geschäft zum Schein verkauften, als nach der Verabschiedung des Sozialistengesetzes 1878 eine Beschlagnahme des Vermögens drohte. Das Unternehmen bot auch weiterhin vielen bekannten Sozialdemokraten Lohn und Brot, nicht nur den Einheimischen. Etliche der wegen des Belagerungszustandes aus Berlin Ausgewiesenen hatten in Hamburg Zuflucht gesucht; um sie zu unterstützen, wurde der finanzielle Erfolg der Druckerei besonders wichtig. In der sich politisch zuspitzenden Situation brachen heftige interne Konflikte auf. Oppositionelle Gruppen kritisierten den legalistischen Kurs der Parteileitung, gestritten wurde um die Verfügung über Druckerei und Kasse. D. hielt in dieser Kontroverse zur Parteileitung.

Mit der Verhängung des »kleinen Belagerungszustandes« auch über Hamburg wurden die Parteiführungsgruppe sowie D., als Inhaber der Druckerei für die politische Polizei ein »notorischer Sozialdemokrat«, 1880 aus Hamburg ausgewiesen. Vom nahen Harburg führte man die Geschäfte fort. Mit dem Verbot der *Gerichts-Zeitung* (Nachfolgerin des *Hamburg-Altonaer Volksblattes*) 1881 verweigerte die Hamburger Polizei auch das Erscheinen jeglicher weiteren Publikation aus D.s Druckerei. Daraufhin konnte ihn die Partei nicht mehr halten: D. mußte mit seiner Familie nach Lübeck zurückkehren.

Für die Reichstagswahl im November 1881 fand sich kein geeigneter SPD-Kandidat im II. Hamburger Wahlkreis. Zwei Monate vor der Wahl überredete die Parteiführung D. zur Übernahme der Kandidatur. Er war bis dahin nie als Redner oder journalistisch hervorgetreten, seine Stärke lag in der Zuverlässigkeit, Pflichterfüllung und der umsichtigen Führung des Parteiunternehmens. Mit dem Geschäftsmann D. gelang es den Sozialdemokraten, das Mandat erneut zu erobern. Bis 1918 hat er es wahrgenommen.

Inzwischen bemühte sich die Partei, mit den aus Leipzig nach Württemberg geretteten Resten der dortigen Genossenschafts-Buchdruckerei im liberalen Stuttgart eine neue Druckerei einzurichten. D. wurde nach Stuttgart geholt, wo er an der Jahreswende 1981/82 einen Verlag gründete. Obwohl er selbst offiziell keine Redaktionsverantwortung übernahm, beriet er die meisten seiner Autoren, dabei manchmal eher ängstlich wirkend und auf Einhaltung der Zensurgesetze bedacht. Der »Onkel Grog« von der Waterkant setzte in der zweiten Hälfte seines Lebens seine ganze Kraft und eine herausragende Verlegergeschicklichkeit für die Sozialdemokratie ein. D. verstand sich in erster Linie als Teil des bedeutenden Ganzen und formulierte seine Aufgabe in einem Brief an Karl Kautsky so: »Ich will ihr [der Partei, die Verfasserin] nur dienen, und zwar an dem Platze, wo ich am kräftigsten arbeiten kann und wo es ihr am meisten not tut.«

So steht auch heute der Verlagsname Dietz noch nahezu als Synonym für die Literatur von Friedrich Engels und Karl Marx, von August Bebel, Wilhelm Liebknecht, Josepf Dietzgen, Eduard Bernstein, Karl Kautsky, Franz Mehring und vielen anderen Marxisten, Sozialisten und Sozialdemokraten, insbesondere in der 1887 begonnenen Schriftenreihe *Internationale Bibliotheken*. Bis 1923 erschienen 67 Titel, überwiegend in Lieferungen verkauft und zum Abschluß mit einem einheitlichen roten Einband versehen. Aus diesem Haus kam auch die Satire des *Wahren Jacob* und die von Clara Zetkin seit 1892 herausgegebene politische Frauenzeitschrift *Die Gleichheit*.

Schon bald nach der Verlagsgründung beschloß die SPD-Führung, neben dem in Zürich erscheinenden *Sozialdemokrat* eine theoretische Zeitschrift herauszugeben, diesmal in Deutschland und legal: 1883 erschien die erste Nummer der *Neuen Zeit* (NZ). Sie versammelte unter ihren Autoren nahezu alle bedeutenden europäischen Sozialisten und Marxisten. Karl Kautsky, der zeitweise in London lebte und besonders von Friedrich Engels beeinflußt wurde, initiierte als verantwortlicher Redakteur eine umfassende Diskussion auf hohem Niveau und trieb damit die marxistische Theoriebildung der Sozialdemokraten entscheidend voran.

Als Geschäftsmann vorwiegend in Stuttgart engagiert, trat D. in der Rolle des Reichstagsabgeordneten selten hervor: Nur wenige Male ergriff er das Wort, vorwiegend für die Interessen der Gewerbetreibenden. Auf Landes- und Gesamtparteitagen führte er mehrfach den Vorsitz: Die Parteileitung schätzte seine zuverlässige, ruhige und ausgleichende Art. 1907 erhielt er von der Württembergischen Regierung die Genehmigung für Stuttgart als Tagungsort des Internationalen Sozialistenkongresses. An kontroversen Debatten nahm D. in der Partei oder in der Fraktion fast nie teil, stellte sich selten gegen die offizielle Parteilinie, erst recht nicht gegen August Bebel, dem er sich sehr verbunden wußte.

Man hat D., dem Norddeutschen und Pflichtmenschen in seiner Partei immer Achtung entgegengebracht. Seiner Einstellung entsprechend arbeitete er noch bis zu seinem letzten Lebenstag und starb als fast 79jähriger »in den Sielen« (Cunow, 1922). Viele Freunde hatte sich D. nicht machen können, weil er den Dienst an seiner Partei eben als Hausvater verstand. So notierte Kautsky in seinen Erinnerungen: »Papa Dietz war in manchen Dingen ein großer Sonderling. Und im Geschäft ein Autokrat – allerdings ein wohlwollender. Doch nichts vertrug er schwerer als eine Beengung seiner eigenen Bewegungsfreiheit. Er wollte alle Menschen glücklich sehen, die in seinen Unternehmungen und für ihn arbeiteten. Aber sie sollten nicht glücklich werden durch eigene Kraft, sondern durch ihn.«

Graf, A.: Johann Heinrich Wilhelm Dietz. – Verleger der Sozialdemokraten. Biographische Annäherungen an ein politisches Leben. Bonn 1996. – Kautsky, K.: Heinrich Dietz, in: Die Neue Zeit, 32. Jg. (1913), Bd. 1, S. 1–8. – Zetkin, C.: Heinrich Dietz zum 70. Geburtstag, in: Die Gleichheit 24. Jg. (1913/14), Nr. 1. vom 1. Oktober 1913.

Angela Graf

Dippel, Johann Konrad (Pseud.: Christianus Democritus)

Geb. 10. 8. 1673 auf Schloß Frankenstein bei Darmstadt; gest. 25. 4. 1734 in Berleburg

D., Theologe und Philosoph, Mediziner und Chemiker, war der wohl bedeutendste jener Frühaufklärer, die in der Übergangsperiode von der feudalen zur bürgerlichen Gesellschaft die volksreformatorische Tradition weiterführten und sie unter Einbeziehung der von der neueren Philosophie, Gesellschaftslehre und Naturwissenschaft aufgeworfenen Probleme zu einer umfassenden Weltanschauung ausbildeten.

Sohn eines evangelischen Pfarrers in der Umgebung Darmstadts, studierte D. nach dem Besuch des Darmstädter Gymnasiums in Gießen Theologie und Medizin, wo er 1693 zum Magister promovierte, und trieb daneben auch philosophische und chemische Studien. Die Universitätslaufbahn versperrte ihm sein Oppositionsgeist, der ihn von der Kritik am Pietismus in Straßburg über eine freigeistige Periode zur Kritik an der lutherischen Orthodoxie in Gießen brachte. Erst durch die Begegnung mit dem Historiker Gottfried Arnold (*Unpartheiische Kirchen- und Ketzerhistorie von Anfang des Neuen Testaments*, 2 Bde., 1699/1700) 1697 fand er ein festes Ziel und seinen eigenen Weg. Von nun an stritt er gegen eine Theologie, die als obrigkeitliches Zuchtmittel das Volk entmündigte, sein Denken unterdrückte und seinen Willen lähmte. Er wählte das Pseudonym »Christianus Democritus« nach dem antiken Demokrit, der sich der Sage nach die Augen ausstach, um ohne Ansehen von Umständen und Menschen die Wahrheit zu erforschen. Seine erste Schrift 1697 (*Orthodoxia orthodoxorum oder die verkehrte Wahrheit und wahrhaftige Lüge der unbesonnenen und eifrigen Lutheraner*) verteidigte das pietistische Anliegen einer praktischen Frömmigkeit gegen die Lehrgerechtigkeit der lutherischen Orthodoxie, die er als »Orcodoxia«, Höllenlehre, denunzierte; die nächste von 1698, *Wein und Öl in die Wunden des gestäupten Papsttums*, griff bereits die offizielle Kirche und ihre Dogmen offen an und wurde konfisziert. Gemeinverständlich in Deutsch geschrieben, erregten D.s Publikationen in ganz Deutschland Aufsehen und entfachten heftige Polemik vonseiten des orthodoxen Klerus, der sich später auch das pietistische Zentrum in Halle anschloß.

D. dehnte seine Kritik bald auf das gesamte geistige, politische und soziale Leben aus. 1700 entwarf er das Programm einer *Christen-Statt auf Erden ohne gewöhnlichen Lehr-, Wehr- und Nährstand* mit dem Ziel, die feudale Ständeordnung in eine harmonische Gesellschaft arbeitender Menschen umzuwandeln, wie sie dem Verlangen im Volk nach Befreiung von feudaler und frühkapitalistischer Unterdrückung entsprach. Ausgehend von einem Glauben, der in Gott nur die Eigenschaft der Liebe anerkannte, die der Mensch als soziales Leitprinzip von Natur in sich trägt, verwarf er den geistlichen »Lehrstand« samt konfessioneller Bindung, theologischer Dogmatik und kirchlichem Kultus. Er lehnte mit dem »Wehrstand«, der politischen Gewalt, nicht nur das absolutistische Gottesgnadentum ab, sondern jedwede politische Ordnungsmacht, wie die bürgerlichen Staatstheoretiker Hugo Grotius (gest. 1645), Samuel Pufendorf (gest. 1694) und Christian Thomasius (gest. 1728) sie anstrebten. Aus dem »Nährstand« sonderte er jene aus, die »gestohlen Brot« essen, statt sich von eigener Arbeit zu ernähren. Seine Erinnerung an die urchristliche Gütergemeinschaft bezweckte nicht, den individuellen Besitz aufzuheben, wie er ihn beim Bauernstand antraf, sondern das Privateigentum, das er in feudaler und kaufmannskapitalistischer Form vorfand und mit dem doppelten Kainsmal der Ungleichheit und der Verfügungsgewalt über andere brandmarkte. Jedermann sollte arbeiten, um »die Lüste des tierischen Leibs« zu bezähmen, »sein eigen Brot ohne Beschwerung der anderen zu haben« und »damit man habe zu geben den Dürftigen«, seinen Besitz aber »als ein Haushalter Gottes« verwalten und statt des Austauschs durch »Krämerei« davon nach »Gelegenheit, Trieb und Befehl von Gott« abgeben, was sich als Besitzverteilung nach Gegebenheit, eigenem Antrieb und Anordnung des Gemeinwesens als »wahrer Kirche« Gottes deuten läßt. D. meinte später, Ordnungen und Unterschiede würden bleiben, »gleichwie die Sterne am Himmel an Klarheit unterschieden und doch keiner des anderen Beherrscher ist, wiewohl einer dem andern seinen Einfluß und Licht kann mitteilen«. Er trat indes auch für bürgerliche Reformen ein, für Trennung von Staat und Kirche, vereinfachte Gesetzgebung, mündliches Gericht und Aufhebung von Kaufmannsmonopol und Zunftzwang.

Nach dem Scheitern der Universitätspläne trieb D. chemische Experimente, die zwar ihr alchimistisches Ziel verfehlten, ihm aber einen Ruf als Chemiker eintrugen und ihn zu einer naturwissenschaftlichen Denkweise lenkten, die er gegen die sterile Neoscholastik und ihren verknöcherten Logizismus ausspielte. Deren Vorwurf, er mißachte die Wissenschaft, begegnete sein *Abgenöthigter Grund-Riß der Akademischen Gottes-Gelehrtheit* (1703), gefolgt vom *Weg-Weiser zum verlorenen Licht und Recht* (1705). Darin entwarf er ein Wissenschaftssystem, das eine mystisch gefärbte »Theosophie« als Wissenschaft vom »inneren Menschen« mit einer Wissenschaft vom »äußeren Menschen« verband, die den noch beschränkten Wissensstand in eine Naturphilosophie paracelsischer Tradition einordnete und an die Stelle apriorischer logischer Deduktionen die Erforschung der Dinge durch experimentelle Erfahrung und praktische Erprobung setzte. Gegen den volksfremden Elitarismus der Gelehrtenzunft verpflichtete D. die Wissenschaft, jedem Menschen alle nötigen Kenntnisse zu vermitteln, damit er als nützliches Glied der Gesellschaft deren Bestes befördere. Provokativ nahm er »die Bauern und Käsmacher, Schuster und Schneider auch mit in den Catalogium« auf und bezog alle nützlichen Handwerke in sein Wissenschaftssystem ein.

D. bekämpfte fortab die orthodoxe Unterordnung des Wissens unter den Glauben ebenso wie den abstrakten Rationalismus und Materialismus, da beide das Verhältnis von Materie und Geist, von Leib und Seele nicht erklärten. Namentlich dem Materialismus warf er vor, er verkenne die qualitative Eigenart der Dinge und ihre Entwicklung und verfechte eine individualistisch-egoistische Denkweise ohne soziale Bindung. Wahre Erkenntnis von Natur und Gesellschaft und humane Praxis gab es für ihn nur in enger Verbindung des von den »äußeren Sinnen« gespeisten »natürlichen Lichts« mit dem vom »göttlichen Licht« entzündeten »inneren Licht«, mithin von Wissen und Gewissen.

1704 berief ihn die preußische Regierung nach Berlin und richtete ihm ein Labor ein, wo D. u.a. das »Berliner Blau« und ein »Dippelöl« genanntes Medikament erfand. Als man ihn 1707 wegen kritischer Äußerungen zu verhaften drohte, um endlich das erwünschte Goldmachen zu erzwingen, floh er nach Holland. In Amsterdam veröffentlichte er 1708 die Schrift *Fatum fatuum, das ist, die thörige Nothwendigkeit*, in der er den fatalistischen Determinismus und die Leugnung der Willensfreiheit kritisierte, die er der orthodoxen Theologie und der rationalistisch-deistischen Philosophie von Descartes und Malebranche bis Spinoza und Leibniz sowie dem Materialismus Hobbes' gleichermaßen anlastete, da er bei allen die Freiheit der Entscheidung, die persönliche Verantwortung und die gestaltende Kraft menschlichen Wollens vermißte. Auch gab er seine bis dahin publizierten Werke unter dem Titel *Eröffneter Weg zum Frieden mit Gott und allen Kreaturen* heraus. Daneben praktizierte D. als begehrter und erfolgreicher Arzt, anatomisierte auch Tierkörper und analysierte sie mit optischen und chemischen Mitteln. Die Universität Leiden promovierte ihn 1711 zum Doktor der Medizin. In seiner Dissertation *Des thierischen Lebens Krankheit und Artzney* stellte er der mechanistischen Naturauffassung eine hylozoistische (Hyle (griechisch): belebter Urstoff, eigentlich: Wald) entgegen und bestimmte statt der Ausdehnung die als »Lebens«-Prinzip gefaßte Selbstbewegung und -entwicklung zur wesentlichen Eigenschaft der materiellen Natur.

D.s scharfer Angriff auf die orthodoxen »Muselmanen«, die sich mit den Türken verbündenden Schweden, mehr noch seine heftigen Ausfälle gegen die reformierte Kirche machten seine Stellung in Holland unhaltbar. 1714 ging er nach dem dänischen Altona, wo es seinen Feinden gelang, ihn auszuschalten. Als er 1719 die Altonaer Obrigkeit und den Oberpräsidenten der Korruption und des Machtmißbrauchs anklagte, wurde er wegen Verleumdung zu lebenslänglichem Gefängnis auf Bornholm verurteilt und erst 1726 auf Fürbitte der Königin begnadigt. 1727 als Arzt in Stockholm, behandelte D. Arme wie Adlige, auch König Friedrich, verkehrte mit den dortigen Pietisten und entwickelte seine religiösen, gesellschafts- und naturphilosophischen Anschauungen in weiteren Polemiken, bis der Klerus seine Ausweisung erreichte. Nach kurzem Aufenthalt in Dänemark kehrte er nach Deutschland zurück, mittellos wegen seiner verschwenderischen Freigebigkeit. Aus Niedersachsen vertrieben, fand er Ende 1729 Zuflucht in Berleburg, der Residenz der Reichsgrafschaft Sayn-Wittgenstein und Freistatt aller Separatisten, grenzte sich aber von den dortigen Inspirationisten und ihren visionären Erleuchtungen ab.

Der Tod, der dem populären Streiter für Volksaufklärung die Feder aus der Hand nahm, erregte die Öffentlichkeit. D.s Freunde schlossen aus den Symptomen eines wahrscheinlichen Schlaganfalls, man habe ihn vergiftet, seine Feinde verbreiteten, ihn habe der Teufel geholt. 1736 erschien ein summarischer Auszug seiner Schriften unter dem Titel *Christianus Democritus redivivus, das: Der zwar gestorbene, aber in seinen Schriften noch lebende und nimmer sterbende [...] Dippel*; 1747 besorgte der Berleburger Leibmedikus Canz eine dreibändige Ausgabe von rund 50 Stücken – ca. 70 wurden später insgesamt nachgewiesen – unter dem von D. für seine Amsterdamer Sammlung gewählten Titel. D.s religiös gekleideten Argumente dienten den Bestrebungen der Volksopposition noch bis ins 19. Jahrhundert hinein.

Voss, K.-L.: Christianus Democritus. Das Menschenbild bei Johann Konrad Dippel. Ein Beispiel christlicher Anthropologie zwischen Pietismus und Aufklärung. Leiden 1970.

Joachim Höppner

Dirks, Walter

Geb. 8. 1. 1901 in Hörde b. Dortmund; gest. 30. 5. 1991 in Wittnau b. Freiburg

Mehr als 4000 Titel aus sieben Jahrzehnten erfaßt die Bibliographie von D.s Veröffentlichungen. Es gibt wenige deutsche Publizisten, die über einen so langen Zeitraum das politische Geschehen dieses Jahrhunderts kommmentiert und mit programmatischen Einmischungen begleitet haben.

Mit 23 Jahren kam D. 1924 zur

linkskatholischen *Rhein-Mainischen Volkszeitung* in Frankfurt, deren Feuilleton er bis zu ihrer Schließung durch die Nationalsozialisten leitete. Das Profil des Blattes prägte er aber vor allem als politischer Redakteur. Zuvor hatte der im Ruhrgebiet aufgewachsene Sohn eines Handlungsreisenden und einer Fürsorgerin einige Semester katholische Theologie studiert und für kurze Zeit als Sekretär des Religionsphilosophen und -pädagogen Romano Guardini gearbeitet. Entscheidende Impulse verdankte er dem »Quickborn«, einem katholischen Bund innerhalb der Jugendbewegung. Von dem reformkatholischen Publizisten Ernst Michel übernahm D. das Programm einer »Politik aus dem Glauben«, das sich gegen das traditionelle katholische Modell einer kasuistisch aus der dogmatischen Naturrechtslehre abgeleiteten und auf Absicherung des konfessionellen Milieus gerichteten »christlichen Politik« wandte. Zur gleichen Zeit, als Carl Schmitt die hierarchische Ordnung der römisch-katholischen Kirche zum Modell autoritärer Staatlichkeit verklärte, konzipierte D. eine demokratische politische Theologie und plädierte dafür, religiöse Überzeugungen in der Sphäre des Politischen nur mittelbar als subjektives Movens in Erscheinung treten zu lassen. Die theologische Zurückweisung des kirchlichen Totalitätsanspruchs erlaubte es ihm, die Grenzen des konfessionellen Milieus weit hinter sich zu lassen, ohne sein Selbstverständnis als katholischer Publizist aufzugeben.

Unterstützte er zunächst den Kampf des linken Zentrumsflügels um eine republikanische Ausrichtung der Partei, so gehörte er Ende der zwanziger Jahre zur kleinen Gruppe katholischer Intellektueller, die sich um Brückenschläge zur organisierten Arbeiterbewegung bemühten. Ausgehend von einer sozialpolitischen Aktualisierung der christlichen Liebesethik radikalisierte D. dabei seine Formel von der »Republik als Aufgabe« zum Pathos der Entscheidung für den Sozialismus. Im Zentrum seiner Reformvorstellungen stand der Begriff der Wirtschaftsdemokratie, den D. aus sozialdemokratischen und gewerkschaftlichen Diskussionen übernahm. Die politische Demokratie sollte zur materiellen, auch den Bereich der Ökonomie einschließenden Ordnung erweitert werden. Stärker als die meisten Sozialdemokraten betonte D. dabei föderative und genossenschaftliche Elemente: Demokratisierung »von oben«, also Verstaatlichung der Produktionsmittel, und Demokratisierung »von unten« durch Selbstverwaltungsorgane und Produktionsgenossenschaften müßten einander ergänzen.

1928 reduzierte D. seine Tätigkeit bei der *Rhein-Mainischen Volkszeitung* und begann zunächst in Frankfurt, dann in Gießen ein Studium der Soziologie und Philosophie. Im gleichen Jahr übernahm er die Redaktion der *Zeitschrift des Friedensbundes deutscher Katholiken* und fing an, unter dem Pseudonym Georg Risse für die Wochenschrift *Deutsche Republik* zu schreiben. Vor allem dort, aber auch in umfangreichen Artikelserien für die *Rhein-Mainische Volkszeitung* formulierte er eine luzide soziologische Analyse des aufziehenden Nationalsozialismus. Neben der NS-Massenbewegung, in der D. im Kern eine Sozialrevolte verunsicherter und wirtschaftlich degradierter Mittelschichten sah, identifizierte er als soziale Basis faschistischer Politik die in der Demokratie politisch entmachteten militärischen Eliten, die von ökonomischem Abstieg bedrohten Großagrarier des Ostens, ferner die intellektuellen Protagonisten der »konservativen Revolution«, vor allem aber jene Kapitalfraktionen, die in der Krise ihre Monopolstellung durch eine direktere Form politischer Herrschaft absichern wollten. D.' Überlegungen zum fehlenden Widerstandspotential der Katholiken, die den Nationalsozialismus zwar als pseudoreligiöse Konkurrenz ablehnten, deren politische Ordnungsideale aber starke Affinitäten zum autoritären Staat des Faschismus besaßen, wurden zur exakten Prognose. Die »schleichende Faschisierung« des Katholizismus, vor der er schon 1931 warnte, erfaßte ihn zwei Jahre später allerdings auch selbst: Nachdem die »antifaschistische Entscheidung«, die D. von seinen Glaubensgenossen eingefordert hatte, ausgeblieben und Hitler zum Reichskanzler ernannt worden war, versuchte er anfangs die »nationale Revolution« sozialistisch umzudeuten.

Das verzweifelte publizistische Bemühen um »Anschlußfähigkeit« war nur von kurzer Dauer. Im Sommer 1933 nahmen die neuen Machthaber D. für einige Wochen in »Schutzhaft«, Anfang 1934 schlossen sie die *Rhein-Mainische Volkszeitung* und erteilten ihm vorübergehend Schreibverbot. 1935 erhielt er eine Anstellung im Lokalteil, später als Musikkritiker im Feuilleton der *Frankfurter Zeitung*, bis die nationalsozialistische Regierung im Sommer 1943 auch diese einstellte und D. die weitere Ausübung seines Berufs untersagte. 1941 hatte D. die Musiklehrerin Marianne Ostertag geheiratet. In der Endphase des Krieges verfaßte er Werbetexte für die *Reichspost* und bereitete im Auftrag des Herder-Verlags ein Buchprogramm für die Zeit nach Hitler vor.

Nach der Besetzung Frankfurts durch US-Truppen im April 1945 wurde D. in den Bürgerrat der Stadt berufen und setzte sich zunächst für die Gründung einer Sozialdemokraten, Kommunisten und Linkschristen umfassenden »Sozialistischen Einheitspartei« ein. Nach dem Scheitern dieses Vorhabens beteiligte er sich am Aufbau der CDU Hessens, deren »Frankfurter Leitsätze« sich deutlicher als alle anderen Dokumente der Christdemokraten für einen »wirtschaftlichen Sozialismus auf demokratischer Grundlage« aussprachen. Als sich Anfang 1946 abzeichnete, daß in der CDU die marktwirtschaftlich orientierten Kräfte die Oberhand gewannen, zog er sich allerdings aus der Parteiarbeit zurück.

Bekannt wurde D. zusammen mit Eugen Kogon als Herausgeber der *Frankfurter Hefte*, die von April 1946 an monatlich erschienen und, bezogen auf Auflage wie Autorenkreis, als eine der bedeutendsten Nachkriegszeitschriften anzusehen sind. Anknüpfend an seine durch den Nationalsozialismus unterbrochene Publizistik der Weimarer Zeit entwarf D. dort seine Vorstellungen für den demokratischen Neuaufbau. Als elementare Fixpunkte der »zweiten Republik« bestimmte er Europa und den Sozialismus; als »Realisationsfaktoren« setzte er auf ein Bündnis von Arbeitern und Christen. Während sich für die einen die sozialistische Option unmittelbar aus ihren Interessen und der Geschichte ihrer Bewegung ergeben sollte, postulierte D. für die anderen einen »Sozialismus aus christlicher Verantwortung«. Nicht die Nationalstaaten, sondern Europa als Großregion vergleichbarer Produktionsverhältnisse und kultureller Traditionen müsse als »Dritte Kraft« zwischen den Blöcken die Irrwege des (in diesem Zusammenhang meist als »amerikanisch« bezeichneten) Kapitalismus wie des sowjetischen Bolschewismus überwinden.

Früh schon mischten sich Zweifel in die großen Zukunftsentwürfe, kritische Kommentare traten bald an die Stelle der programmatischen Essays. 1950 diagnostizierte D. in seinem wohl bekanntesten Aufsatz den »restaurativen Charakter der Epoche«. Nach der emphatischen Aufbruchstimmung der »Stunde Null« entwickelte D. in der Folge einen um so schärferen Blick für das Versagen gerade jener Kräfte, auf die er gebaut hatte.

Zu den *Frankfurter Heften* kamen zunehmend andere Wirkungsfelder: Zwischen 1948 und 1957 war D. innenpolitischer Kommentator des Südwestfunks und freier Mitarbeiter verschiedener Tageszeitungen. In den fünfziger Jahren beteiligte er sich an empirischen Untersuchungen des Frankfurter Instituts für Sozialforschung und gab zusammen mit Theodor W. Adorno die »Frankfurter Beiträge zur Soziologie« heraus. 1956 ging er nach Köln und wurde Leiter der Hauptabteilung Kultur beim Westdeutschen Rundfunk. Ende der sechziger Jahre zählte D. zu den Gründern des »Bensberger Kreises« politisch engagierter Katholiken und gehörte zum Präsidium der katholischen Friedensorganisation »Pax Christi«.

Mit der beruflichen Umorientierung veränderten sich auch die Akzente seiner publizistischen Arbeit: Hatte D. bis 1956 noch aufmerksam jeden Schritt zur Westintegration und Wiederaufrüstung kommentiert, so wurden jetzt journalistische Einmischungen in die Tagespolitik seltener. Der Studentenbewegung stand der eher bedachtsame D. bei aller Sympathie im Grunde fremd gegenüber. Die Unterstützung für Willy Brandts »Mehr Demokratie wagen!« wich bald dem »kleineren Übel«. Weit mehr verbunden fühlte er sich den neuen sozialen Bewegungen der achtziger Jahre.

Nach seiner Pensionierung lebte D. als freier Schriftsteller in Wittnau bei Freiburg. Die Suche nach dem verantwortlichen politischen Handeln in der aktuellen geschichtlichen Situation, die als Leitmotiv über seiner gesamten Arbeit stehen könnte, verdichtete sich jetzt zur Frage, wie die notwendigen Kräfte zu mobilisieren seien, um die Selbstzerstörung menschlicher Zivilisation aufzuhalten. Gegen pessimistische wie optimistische Deterministen beharrte er dabei auf seiner »Hoffnung wider die Hoffnung«. »Le pire n'est pas toujours sur«, schrieb D. 1983 Claudel zitierend, »es ist nicht sicher, daß die Geschichte schlimm ausgeht. Das rechtfertigt immer wieder den Versuch, sich wider die Wahrscheinlichkeit für reale Möglichkeiten des guten Endes einzusetzen.«

Archiv der sozialen Demokratie (Hg.): Walter Dirks Bibliografie. Bonn 1991. – Bröckling, U.: Katholische Intellektuelle in der Weimarer Republik. Zeitkritik und Gesellschaftstheorie bei Walter Dirks, Romano Guardini, Carl Schmitt, Ernst Michel und Heinrich Mertens. München 1993. – Prümm, K.: Walter Dirks und Eugen Kogon als katholische Publizisten der Weimarer Republik. Heidelberg 1984. – Stankowski, M.: Linkskatholizismus nach 1945. Köln 1973.

Ulrich Bröckling

Dittmar, Louise

Geb. 7. 9. 1807 in Darmstadt; gest. 11. 7. 1884 in Darmstadt.

1847 formulierte D.: »Ohne Selbstgefühl hat der Mensch noch nicht einmal die unterste Stufe der Menschlichkeit erklimmt. Ich nehme daher das Selbstgefühl für jeden Menschen, für jedes Geschlecht gleich sehr in Anspruch.«

Unter den Schriftstellerinnen, die kritisch die sozialen und politischen Verhältnisse und insbesondere die Stellung der Frau in der Mitte des 19. Jahrhunderts reflektierten, zeichnete sich D. durch Intellektualität und radikale Ansichten aus. Sie war eine politische Schriftstellerin, die ihre Kritik nicht in dem literarischen Genre des Romans zum Ausdruck brachte, sondern in Form der politischen Satire, des philosophischen Essays und der politischen Dichtung. Ihre Schriften spiegeln die politischen und sozialen Dissonanzen einer Gesellschaft, die sich von einer agrarisch geprägten Ständegesellschaft in eine industrielle Klassengesellschaft verwandelte: Zeugnisse für die geistige Auseinandersetzung im Vormärz und der 48er Revolution um Weg und Ziel der Veränderung.

Ihre Vision einer anderen Gesellschaft trug Züge eines utopischen Sozialismus, in der die Rechte und die Bedürfnisse der einzelnen mit denen der Gemeinschaft zu einem harmonischen Ganzen ausbalanciert waren. D. dachte und schrieb aus weiblicher Perspektive, den Blick auf das Ganze der sozialen und politischen Verhältnisse gerichtet. Wenn D. von dem Menschen sprach, der sich selbst Zweck sei und Anspruch auf Freiheit, Selbstentfaltung, Wohlstand, ökonomische Unabhängigkeit und Glück habe, meinte sie auch die Frauen. Die

Emanzipation der Frauen war für D. notwendiger Teil einer anderen, gerechten Gesellschaft, d.h. ohne eine Umgestaltung des Geschlechterverhältnisses hielt sie jede gesellschaftliche Entwicklung für verfehlt. Daher kritisierte sie auch die Liberalen Karl von Rotteck und Karl Theodor Welcker, die in einer Definition in dem von ihnen herausgegebenen *Staatslexikon* (zuerst: 1834–1844, 12 Bde.) die untergeordnete Stellung der Frau nach wie vor festschrieben.

Die Biographie dieser fast gänzlich vergessenen politischen Schriftstellerin läßt sich nur in vagen Umrissen rekonstruieren. D. stammte aus einer mittelbürgerlichen Hofbeamtenfamilie. Der Vater hatte die Stellung eines Oberfinanzrats am Hof des Großherzogs von Hessen-Darmstadt inne. Das familiäre Leben war bildungsbürgerlich gediegen, blieb aber von den politischen und sozialen Auseinandersetzungen der Zeit nicht verschont. Ein jüngerer Bruder, der zum Gießener Freundeskreis Georg Büchners gehörte, mußte nach dem mißlungenen Frankfurter Wachensturm 1833, einem Putschversuch revolutionärer Studenten, nach Straßburg fliehen, um sich der Anklage wegen Hochverrats zu entziehen. Familiäre Verbindungen gab es zu C.W. Leske, dem Darmstädter Verleger von Karl Marx, der auch die ersten Arbeiten von D. veröffentlichte. Leskes Haus war Treffpunkt eines geselligen Zirkels der politisch aufgeschlossenen Kreise in der Residenzstadt. Es ist anzunehmen, daß die Autodidaktin D. diesem Zirkel angehörte und hier Anregungen und Ermunterung zu eigener Arbeit fand. An die Öffentlichkeit trat sie erst nach dem Tod der Eltern: Ihre Schriften publizierte sie sämtlich zwischen 1845 und 1849 und nur in dieser Zeit hielt sie darüber hinaus Vorträge und verfaßte vereinzelt Zeitungs- und Zeitschriftenartikel. 1847 hielt D. ihren ersten Vortrag über politische Zeitfragen im Mannheimer »Montag-Verein« (publiziert als *Vier Zeitfragen, beantwortet in einer Versammlung des Mannheimer Montag-Vereins*, 1847). Dieser Verein gehörte ins Umfeld der religiösen Dissidentenbewegung von Katholiken und Protestanten Mitte der vierziger Jahre, die sich von den Kirchen und deren religiösen Dogmen lösten und eigene Gemeinden gründeten. In ihnen verwischte sich die Grenze zwischen religiöser und politischer Opposition, da in einem Staat, der sich christlich legitimierte, die Kritik an religiösen Dogmen zugleich auch die Fundamente des Staates traf. Im Gegensatz zur kirchlichen Hierarchie waren die freireligiösen Gemeinden demokratisch organisiert und die Frauen als gleichberechtigte Mitglieder wahlberechtigt.

Diese Aufgeschlossenheit Frauen gegenüber erklärt, weshalb D. hier auf ein wohlwollendes Publikum traf, zumal sie durch ihre religionskritischen Schriften bereits Anerkennung in Dissidentenkreisen gefunden hatte. 1846 erschien *Der Mensch und sein Gott in und außer dem Christenthum*, 1847 *Lessing und Feuerbach*, eine Zusammenstellung theologischer Schriften Lessings, dessen in sich widersprüchliches Religionsverständnis sie gestützt auf Thesen Ludwig Feuerbachs analysierte. Religion, deren Konkretisierung in verschiedenen Glaubensgemeinschaften sie als »Schülerin« Feuerbachs materialistisch verstand, interpretierte sie als der jeweiligen Stufe der menschlichen Entwicklungsgeschichte entsprechende Projektion dessen, was die Vernunft nicht hatte erklären können und nun im Zeitalter von Wissenschaft und Aufklärung unangemessen war. Es ging D. um die Beseitigung geistiger Abhängigkeit von kirchlichen und weltlichen Autoritäten, mithin um Mündigkeit und um die Realisierung des inhaltlichen Kerns der Religion in einer gerechten Gesellschaft: »Unsere Kirche ist die Welt, unsre Religion ist die Vernunft, unser Christenthum ist die Menschlichkeit, unser Glaubensbekenntnis ist die Freiheit, unser Gottesdienst ist die Wahrheit« (1846).

1849 gab sie eine Zeitschrift unter dem Titel *Soziale Reform* heraus, zu deren Autoren der Liberale Ludwig Bamberger und die Demokratin und Frauenrechtlerin Louise Otto (später: Louise Otto-Peters) gehörten. Diese Zeitschrift war D.s Versuch, ein breites Forum für die Diskussion um Frauenrechte und soziale Reform zu schaffen. In dem darin erschienenen Aufsatz *Das Wesen der Ehe* formulierte sie mit großer Schärfe den Zusammenhang zwischen der Reduktion der Frau auf ihre Geschlechtlichkeit und dem männlichen Herrschaftsanspruch auf Verfügbarkeit weiblicher Sexualität. Sie kritisierte »bürgerliche« Ideale von Liebe, Ehe und der Natur der Frau als patriarchale Ideologie. »Die Nichtachtung des Weibes, ihre gesellschaftliche Unterdrückung hängt aufs Engste mit der Nichtachtung und Unterdrückung der Sinne zusammen. Die Barbarei, welche das Weib zum Eigenthum des Mannes machte, ließ nur diese einzige Eigenschaft, nur das Weib im Weibe erkennen; dieses Eigenthumsverhältnis ließ die menschliche Natur des Weibes nicht in einer dem Manne entgegengesetzten Erscheinung zur Geltung gelangen. Drum blieb das Weib Sklavin des Mannes und die Ehe Privilegium der Begüterten, und darum tragen Weib, Ehe und Liebe das Sklavenbrandmal.« D. forderte für Frauen das Menschenrecht auf freie Entfaltung der Persönlichkeit, auf ökonomische und rechtliche Unabhängigkeit, das Recht auf Bildung und Erwerbsarbeit. Erst dann wäre eine auf wahrer Liebe begründete Vereinigung von Mann und Frau in der Ehe möglich. Der Staat habe alle weibliche Lebensverhältnisses zu schützen, die Möglichkeiten zur rechtlichen und ökonomischen Selbständigkeit zu gewähren, dürfe aber in Eheschließung und -scheidung nicht eingreifen.

D.s *Sozialer Reform* war kein Erfolg beschieden, und es erschienen nur vier Nummern. Eine Buchausgabe dieser Zeitschrift war ihre letzte Veröffentlichung. Ihr öffentliches Wirken war an die Aufbruchstimmung des Vormärz und der 48er

Revolution gebunden, und mit der Zerschlagung der demokratischen Bewegung, wie auch der ersten Anläufe der Frauenbewegung, zog sich D. ins Private zurück. Ihre gegenüber Emilie Wüstenfeld ausgesprochene Idee, sich an deren Hamburger Hochschule für Frauen zu engagieren, verwirklichte sie nicht. Nur noch private Kontakte hatte sie zu freireligiösen Kreisen, da deren Organisationen wie die der Demokraten in der Phase der Reaktion verboten waren. D. nahm auch keinen Anteil an dem erneuten Aufbruch der Frauenbewegung, der 1865 von Louise Otto-Peters und Auguste Schmidt mit der Gründung des »Allgemeinen Deutschen Frauenvereins« (ADF) in Leipzig eingeleitet wurde.

Boetcher Joeres, R.-E.; Burkhard, M. (Hg.): Out of Line/ Ausgefallen: The Paradox of Marginality in the Writings of Nineteenth-Century German Women. Amsterdam 1989. – Möhrmann, R. (Hg.): Frauenemanzipation im deutschen Vormärz. Texte und Dokumente. Stuttgart 1978.

Christina Klausmann

Dohm, Hedwig

Geb. 20. 9. 1833 in Berlin; gest. 4. 6. 1919 in Berlin

D. wurde als viertes von 18 Kindern eines Berliner Tabakfabrikanten geboren. Ihre Kindheit empfand sie als unglücklich, geprägt von geistiger Enge und Beschränktheit. Die damals übliche Mädchenerziehung verwehrte ihr nicht nur jegliche Aussicht auf Selbstverwirklichung, sondern vermittelte dem wißbegierigen Mädchen überdies eine dürftige Bildung. Je länger sie über ihr Schicksal grübelte, desto deutlicher wurde ihr bewußt, daß sie als Mädchen nicht ihr »eigenes, gottgewolltes Leben führen durfte«. D. verspürte die Diskriminierung der Frau von Jugend an. »Selbsterlebte Wahrheiten sind unanfechtbar.« Das eigene Erleben der Rechtlosigkeit als Frau war eine wesentliche Quelle ihres späteren Engagements für die Frauenemanzipation, eigene Betroffenheit bestimmte den Charakter ihrer Schriften.

Die bürgerliche Revolution von 1848/49 erlebte D. in Berlin als siebzehnjähriges Mädchen. Sie zeigte ihr erstmals die Möglichkeit des Widerstandes gegen etablierte Gewalten. Wenn auch die revolutionären Ereignisse bei D. zunächst lediglich eine Schwärmerei für wie auch immer geartete Freiheit auslösten, so waren die geistigen Nachwirkungen tiefer. Sie wurde sensibilisiert für politische und soziale Probleme, und auch ihre später oft geäußerte Anschauung, diese Probleme nicht durch Gewalt zu lösen, hatte ihren Ursprung in der Revolution von 1848/49.

Ihre 1853 geschlossene Ehe mit Ernst Dohm, dem Redakteur der liberalen Berliner politisch-satirischen Zeitschrift *Kladderadatsch*, erlöste D. Durch ihren Ehemann kam sie mit führenden Persönlichkeiten der Berliner Liberalen- und Künstlerkreise in Berührung. In den eleganten Salons Berlins traf sie u.a. mit Varnhagen von Ense, Bettina von Arnim, Ferdinand Lassalle, Fanny Lewald und Theodor Fontane zusammen. Als Mutter von fünf Kindern verhielt sie sich in der Gesellschaft zunächst zurückhaltend, empfand sich als ungebildet und gehemmt.

Dennoch veröffentlichte D. ihre erste polemische Schrift für die Frauenemanzipation: *Was die Pastoren von den Frauen denken*. Weitere Veröffentlichungen zur Frauenfrage folgten: *Der Jesuitismus im Hausstande* (1873), *Die wissenschaftliche Emanzipation der Frau* (1874) sowie *Der Frauen Natur und Recht* (1876). In direkter Auseinandersetzung mit Gegnern der Frauenemanzipation entwickelte D. ihre Auffassungen, deren Radikalität für die damalige Zeit beispiellos war und die heute noch modern erscheinen. Witzig, satirisch und ironisch entlarvte sie die Doppelmoral ihrer Gegner. D. lehnte das vorgegebene Frauenleitbild ab, das die Frau als Gattin, Hausfrau und Mutter festlegte. Im Gegensatz zur gemäßigten Mehrheit der deutschen bürgerlichen Frauenbewegung, die ihre Forderungen zunächst auf die Verbesserung der Mädchenbildung richtete und einem abstrakten Prinzip geistiger Mütterlichkeit in der Gesellschaft Einfluß verschaffen wollte, entwickelte D. einen anderen Emanzipationsansatz. Eine Gesellschaft, die der Frau jegliche politische, ökonomische und geistige Selbständigkeit verweigerte, hielt sie für zutiefst ungerecht. Der Frau vorzuschreiben, wie sie zu sein hat, sah D. als Willkür. Eine Änderung dieses Zustandes konnte nach D.s Meinung nur durch die Mitwirkung der Frauen vor allem auf dem Gebiet der Gesetzgebung erfolgen. Im Frauenstimmrecht, das sie 1873 als erste in Deutschland forderte, sah sie das geeignete Mittel, die Interessen der Frauen durchzusetzen. Ähnlich wie der französische Philosoph Antoine de Condorcet oder der britische Ökonom John Stuart Mill begründete D. bürgerliche Rechte und Freiheiten der Frau mit dem Naturrecht.

Ökonomische Unabhängigkeit und berufliche Selbstverwirklichung der Frau kennzeichnete D. als Voraussetzung für die Änderung der traditionellen Rollenverteilung in der Familie auch im Sinne der Männer, die sie zur Teilnahme an der Kindererziehung aufrief. Die Institution der Ehe sollte sich durch die Emanzipation der Frau zu einer lebendigen Partnerschaft zwischen Frau und Mann entwickeln. D. setzte sich für die Verbesserung der Mädchenschulbildung ein, um Frauen ein Universitätsstudium zu ermöglichen. Obwohl D. ausdrücklich für die Frauen des Bürgertums sprach, kritisierte sie ebenso die Arbeits- und Lebensbedingungen der Proletarierinnen. Sie verfaßte neben weiteren frauenrechtlerischen Beiträgen eine Reihe von Romanen und Novellen, die sich mit der Rolle der Frau in der Gesellschaft befaßten, z.B. den autobiographischen Roman *Schicksale einer Seele* (1899). Keine Zukunftsvisionen, sondern eine eher pessimistische Bestandsaufnahme ihrer Gegenwart versuchte sie zu geben.

In der deutschen bürgerlichen Frauenbewegung spielte D. kaum eine aktive Rolle. Es war ihr nicht gegeben, sich für die Umsetzung ihrer radikalen Emanzipationsideen politisch zu engagieren. Neben ihrer charakterlich bedingten Schüchternheit im Umgang mit anderen Menschen standen D.s politischem Engagement auch ihre Erziehung und die sozialen Erfahrungen ihrer Frauengeneration entgegen.

Politisch sympathisierte sie mit dem radikalen Flügel der bürgerlichen Frauenbewegung, der ihre Forderungen nach Stimmrecht, universitärer Bildung und ökonomischer Unabhängigkeit für die Frauen aufnahm. 1899 bis 1901 war sie Beisitzerin des radikal-feministischen Berliner »Vereins Frauenwohl«, ohne im Verein selbst aktiv zu werden. 1905 unterzeichnete sie den Gründungsaufruf des »Bundes für Mutterschutz und Sexualreform«, der sich neben Mutter- und Kinderschutz für eine neue Sexualmoral und selbstbestimmte Sexualität der Frau einsetzte. Im Jahre 1908 beteiligte sich D. an einer Unterschriftensammlung gegen den § 218 des Strafgesetzbuches (StGB). D. pflegte persönlichen Umgang mit Aktivistinnen der bürgerlichen Frauenbewegung wie Minna Cauer und Helene Lange.

Als über Achtzigjährige mußte sie den Ersten Weltkrieg erleben, den sie als überzeugte Pazifistin verurteilte. Sie veröffentlichte Artikel gegen den Massenmord an den Fronten, aber auch gegen Auffassungen in der bürgerlichen Frauenbewegung, die von der Einbeziehung der Frauen in die Kriegswirtschaft und sozialen Dienste Fortschritte der Frauenemanzipation erwarteten.

D. begrüßte die Novemberrevolution 1918/19, die ihre Forderung nach dem Frauenwahlrecht erfüllte. Sie war jedoch von den Exzessen der Gewalt in Berlin und München irritiert, namentlich die Ermordung Rosa Luxemburgs erschütterte sie tief.

Brandt, H.: »Die Menschenrechte haben kein Geschlecht.« Die Lebensgeschichte der Hedwig Dohm. Weinheim, Basel 1989. – Meißner, J.: »Mehr Stolz, Ihr Frauen!«: Hedwig Dohm – Eine Biographie. Düsseldorf 1987. – Reed, P.: »Alles was ich schreibe, steht im Dienst der Frauen.« Zum essayistischen und fiktionalen Werk Hedwig Dohms (1833–1919). Frankfurt am Main, Bern, New York, Paris 1987.

Holger Hantzsch

Dohnanyi, Hans von

Geb. 1. 1. 1902 in Wien; gest. (ermordet) 9. 4. 1945 im KZ Sachsenhausen.

Wenige Tage, nachdem am 24. Juni 1922 der deutsche Reichsaußenminister Walther Rathenau auf der Fahrt in das Auswärtige Amt in Berlin-Grunewald erschossen worden war, schrieb der zwanzigjährige D. an seine spätere Frau Christine Bonhoeffer: »Ich glaube auch nicht, daß andere als antisemitische Motive in Betracht kommen. Manche gewissenlose ›Patrioten‹ gibt es doch immer noch, die ein zufriedenes Lächeln nicht unterdrücken können, daß ›die Judensau endlich totgeschlagen ist‹.« D. zeigte sich nicht nur über die Hintergründe der von Angehörigen der rechtsextremen Terrororganisation »Consul« verübten Mordtat orientiert. Er nahm auch den für das Attentat verantwortlichen nationalistischen Antisemitismus als ein Alarmzeichen wahr für die Art von menschenverachtender, mordbereiter Gesinnung, die sich in den Krisenjahren der Weimarer Republik verstärkte und ab 1933 zur Staatsideologie aufrückte. D. teilte die von ihm am Tag der Beisetzung Rathenaus in allen Schichten der Berliner Bevölkerung beobachtete Empfindung, »daß hier eine Tat vorliegt, die nicht gegen eine Person, sondern letzten Endes gegen die bestehende Staatsform gerichtet ist«.

D.s politisches Interesse wurde nicht in seinem Elternhaus geweckt. Bedingt durch den künstlerischen Beruf der Eltern, – der Vater Ernst von Dohnányi aus dem (bis 1919) ungarischen Pozsony (Preßburg) war Komponist, Dirigent und Musikhochschullehrer, die Mutter Elisabeth, geb. Kunwald, Pianistin –, erlebten D. und seine Schwester nach Übersiedlung aus Ungarn ab 1905 in Berlin-Grunewald von der Musik bestimmte Kinderjahre. Nachdem 1913, mit der Trennung des Vaters von der Familie, die behütete Kinderwelt zerbrochen war, suchte und fand D. durch seine Freundschaft mit Justus Delbrück in dessen Vater, dem Historiker Hans Delbrück, einen für seine geistige und politische Entwicklung wichtigen Gesprächspartner. Wohl unter Delbrücks Einfluß studierte D. nicht, wie ursprünglich beabsichtigt, Geschichte und Nationalökonomie, sondern Rechtswissenschaften an der Berliner Friedrich-Wilhelm-Universität. Zur Finanzierung seines Studiums arbeitete D. von 1921 bis 1923 im Archiv des Auswärtigen Amtes an der von Friedrich Thimme betreuten Aktenpublikation *Die Große Politik der Europäischen Kabinette 1871 bis 1914* mit.

Einer der Herausgeber der Aktenpublikation, der Jurist Albrecht Mendelssohn Bartholdy, holte D. 1924 nach dem Referendarexamen nach Hamburg. Als Assistent am Institut für Auswärtige Politik erweiterte D. seine Kenntnisse auf dem Gebiet der Außenpolitik des Weimarer Deutschland und der europäischen Nachbarländer. Mit einem vom Hamburger Senat angeforderten Hafen-Gutachten wurde D. 1926 promoviert und beendete 1928 seine juristische Ausbildung.

Als Student und verantwortlicher Redakteur für eine Volksausgabe der *Großen Politik* verband D. sein Engagement im wissenschaftlichen Streit um die Kriegsschuldfrage mit einem entschiedenen »Nein« zum Rechtsradikalismus in der Weimarer Republik. Einer politischen Partei schloß D. sich nicht an. Er stand aber der »Deutschen Demokratischen Partei« (DDP) nahe. Seit 1930 setzte D. seine politischen Hoffnungen auf Reichskanzler Heinrich Brüning (März 1930 – Mai 1932) und dessen Versuch, die Staats- und Wirtschaftskrise überparteilich, durch eine Politik der Notverordnungen zu überwinden. Den Nationalsozialismus verachtete D. wie sämtliche Mitglieder der Familie Bonhoeffer, zu der er seit seiner Heirat mit Christine Bonhoeffer 1925 gehörte.

Der Student D. formulierte einmal als sein Lebensziel, er wolle ein »guter Deutscher« sein. Damit meinte er einen Patriotismus im nichtnationalistischen Sinne, der andere Völker und Rassen nicht abwertete und die Bereitschaft einschloß, Verantwortung für das Wohl des Staates bis hin zum Einsatz des eigenen Lebens zu übernehmen. D. erwog den diplomatischen Dienst oder eine Hochschulkarriere, als ihm zum Jahresende 1928 der damalige Reichsjustizminister und Parteivorsitzende der DDP, Erich Koch-Weser, anstelle des zuvor angefragten Gerhard Leibholz die Position eines persönlichen Referenten anbot. D. ergriff die Chance und wurde schon Ende 1931 als knapp Dreißigjähriger durch den parteilosen Reichsjustizminister Curt Joël mit der Leitung des Ministerbüros beauftragt.

Den Machtwechsel am 30. Januar 1933 erlebte D. als Staatsanwalt im Hamburger Justizdienst. »Hitler bedeutet Krieg!« – in dieser alarmierenden Zukunftsperspektive war man sich 1933 in der Familie Bonhoeffer einig. Darauf hoffend, rechtsstaatliche Positionen verteidigen zu können, arbeitete D. seit Juni 1933 im Reichsjustizministerium eng mit dem deutschnationalen Reichsjustizminister Franz Gürtner (1932 – Januar 1941) zusammen. Gürtner machte D. nach dem sog. »Röhm-Putsch« – der Mordaktion Hitlers gegen hohe SA-Führer, darunter Stabschef Ernst Röhm, und andere politische Gegner Ende Juni 1934 – zu seinem »Adjutanten« und Leiter des Ministerbüros. Die dienstliche Stellung zwang D. auch zur Kooperation mit überzeugten Nationalsozialisten. Er behielt jedoch die 1933 eingenommene Distanz zum NS-Regime und wurde nie Mitglied in der NSDAP oder einer nachgeordneten Parteiorganisation.

Von 1934 bis 1938 dokumentierte D. systematisch die dem Minister auf dem Dienstweg angezeigten Eingriffe von führenden Nationalsozialisten in die Justizverwaltung, Willkürakte in Konzentrationslagern und Rechtsbrüche, z.B. die Verfolgung der Bekennenden Kirche, in einem offiziellen Diensttagebuch und in einer privat geführten Geheimkartei. Die einzige Rechtfertigung für einen Mann seiner Gesinnung, eine Stellung im Dienst des verbrecherischen NS-Staates zu bekleiden, sah D. darin, »einerseits den nationalsozialistischen Wahnsinn zu sabotieren, andererseits den Geschädigten durch seine Machtmittel zu helfen«. In diesem Sinne unterstützte D. im ständigen Austausch mit seinem Schwager Dietrich Bonhoeffer die Bekennende Kirche in ihrem Rechtskampf und half Freunden und Juristenkollegen, die von den antisemitischen »Nürnberger Gesetzen« (1935) betroffen waren, bei der Verteidigung der letzten ihnen verbliebenen Rechte.

1937 wurde D. in einem im Umkreis von Roland Freisler, des damaligen Staatssekretärs im Reichsjustizministeriums, über ihn angefertigten »politischen Gutachten« bescheinigt, er hätte aufgrund seiner »rassischen Zusammensetzung (...) kein Verständnis für die Rassengesetzgebung des Dritten Reiches, der er innerlich ablehnend gegenübersteht«. D. habe geäußert, daß die rassische Haltung des Nationalsozialismus unmöglich wäre, »weil sie mit der christlichen Auffassung der evangelischen Kirche im Widerspruch stehe«. Bei D.s »charakterlicher und rassischer Zusammensetzung« sei es ausgeschlossen, von ihm »jemals ein mannhaftes, rückhaltloses Eintreten« für den NS-Staat zu erwarten. Als 1938 das der NSDAP-Parteikanzlei zugeleitete Gutachten gegen D. benutzt wurde, wehrte Gürtner den Parteiangriff ab, indem er D.s »Wegbeförderung« aus dem Ministerium zum Reichsgerichtsrat an das Reichsgericht durchsetzte.

Im selben Jahr 1938 nahm D. die sich ihm im Zusammenhang mit der sog. »Fritsch-Affäre« (Entlassung des Oberbefehlshabers des Heeres Werner Freiherr von Fritsch und des Reichskriegsministers Werner von Blomberg) bietende Gelegenheit wahr, mit oppositionellen Militärs und Zivilisten zusammenzuarbeiten. Im September 1938 war D. erstmals, zusammen mit der Leitfigur des militärischen Widerstands, General Ludwig Beck, und mit Oberst Hans Oster an der Vorbereitung eines Staatsstreichs beteiligt. Der Kontakt zu Oster ermöglichte im August 1939 D.s Einziehung zum Amt Ausland/Abwehr im Oberkommando der Wehrmacht. In der Zentralabteilung des von Admiral Canaris geleiteten militärischen Nachrichtendienstes der Wehrmacht wurde D. das Referat »Berichterstattung« übertragen. D.s offizielle Tätigkeit in dieser Stellung bestand in der Sichtung bei der Abwehr eingehender Meldungen und Berichte und deren Aufbereitung für Oster und Canaris. Beide beteiligten D. an ihren Bemühungen, Eingriffe der SS in die Kompetenzen der Abwehr zu unterbinden.

In der Abwehrzentrale vervollständigte D. seine Dokumentation über NS-Verbrechen um Informationen über die von der SS und Teilen der Wehrmacht hinter der Ostfront verübten Verbrechen an der Zivilbevölkerung, an Kriegsgefangenen und vor allem an Juden, sowie über die beginnende Massenvernichtung der europäischen Juden. D. sammelte die Dokumente in der Absicht, sie nach einem erfolgreichen Staatsstreich zu veröffentlichen. Darstellungen über SS-Greuel in Polen und Dietrich Bonhoeffers Bericht über die in Berlin angelaufenen Judendeportationen gab er an hohe Militärs weiter, um diese zum Eingreifen zu bewegen.

Dem von Oster und Canaris erteilten Auftrag zur Weiterarbeit an Umsturzvorbereitungen entsprach D., indem er Verbindungen zu verschiedenen militärischen und zivilen Widerstandsgruppen herstellte, z.B. zwischen Vertretern der Arbeiterbewegung und General Beck. Neben Versuchen zur Verhinderung von Verbrechen organisierte D., indem er seine dienstlichen Befugnisse nutzte, Hilfsaktionen für einzelne von Deportation und Vernichtung bedrohte jüdische Bekannte. Im September 1942 gelang das seit 1941 geplante »Unternehmen Sieben«, bei der insgesamt vierzehn jüdische Bekannte und Freunde von Canaris, Oster und Dohnanyi als angebliche Agenten in die Schweiz ausreisten und gerettet wurden.

Am 5. April 1943 wurde D. wegen angeblicher Devisenvergehen verhaftet. In den Ermittlungen von Gestapo und Militärjustiz spielten die von D. initiierten Hilfsaktionen für rassenideologisch Verfolgte eine zentrale Rolle. D. s Mitwirkung an Staatsstreichvorbereitungen seit 1938 wurde erst im September 1944 aufgedeckt, nachdem Teile des von D. geführten Archivs der Militäropposition gefunden worden waren. Am 6. April 1945 wurde D., infolge der unmenschlichen Haftbedingungen schwer krank, durch ein SS-Standgericht im KZ Sachsenhausen wegen Hochverrats zum Tode verurteilt und vermutlich am 9. April hingerichtet. Die Gestapo schätzte D. als »das geistige Haupt des 20. Juli« ein. Für D. selbst war sein Kampf gegen das NS-Unrechtsregime im Rückblick »einfach der zwangsläufige Gang eines anständigen Menschen«.

Chowaniec, E.: Der »Fall Dohnanyi« 1943–1945. Widerstand, Militärjustiz, SS-Willkür. (Schriftenreihe der Vierteljahrshefte für Zeitgeschichte 62) München 1991. – Meyer, W.: Unternehmen Sieben. Eine Rettungsaktion für vom Holocaust Bedrohte aus dem Amt Ausland/Abwehr im Oberkommando der Wehrmacht. Frankfurt/Main 1993. – Smid, M.: Hans und Christine von Dohnanyi. Eine Biographie. o.O. 1996.

Marikje Smid

Ebert, Friedrich

Geb. 4.2. 1871 in Heidelberg; gest. 28.2. 1925 in Berlin

Sozialdemokrat, Funktionär, Parteiführer und Präsident der Weimarer Republik: Von alltäglichem Zuschnitt war das Leben E.s nicht. Seine Laufbahn führte ihn aus der Enge eines kleinbürgerlichen Elternhauses in Heidelberg bis an die Spitze des Staates im Berliner Regierungsviertel. Daraus zu schließen, daß er sich in der Ruhmeshalle der »Großen Deutschen« einen herausragenden Platz erobert hätte, wäre jedoch voreilig. Lorbeerkränze flochten ihm weder die Zeitgenossen noch die Generationen danach. Die Strategie, die E. vertrat, war nüchtern. Es gebrach ihr an Glanz, wohl auch an visionärer Kraft, und der Entwurf einer sozialstaatlich normierten Gesellschaftsordnung, der darin steckte, zerfiel bereits in den frühen 20er Jahren in den Widrigkeiten der inneren wie der äußeren Verhältnisse. Gleichwohl: in seinem Schicksal verdichtete sich das Typische der Epoche und der sozialen Schicht. Dem Milieu, aus dem E. kam, und der Klasse, für deren Aufstieg er kämpfte, blieb er bis zum Ende verbunden. »Ich will und werde«, formulierte er in seiner Antrittsrede als Reichspräsident, »als der Beauftragte des ganzen deutschen Volkes handeln, nicht als Vormann einer einzigen Partei. Ich bekenne aber auch, daß ich ein Sohn des Arbeiterstandes bin, aufgewachsen in der Gedankenwelt des Sozialismus, und daß ich weder meinen Ursprung noch meine Überzeugung jemals zu verleugnen gesonnen bin.« Seine Berufung zum obersten Repräsentanten der Republik empfand E. als weithin sichtbaren Meilenstein auf dem langen Marsch der politischen und sozialen Emanzipation.

E. verbrachte seine Kindheit relativ behütet in einer wirtschaftlich halbwegs stabilen Familie. Nach der Schule absolvierte er eine Sattlerlehre und trat 1889 der Sozialdemokratie bei. In Bremen wurde er endgültig zum Parteiarbeiter und Funktionär. E. beherrschte das übliche marxistische Vokabular, aber seine theoretischen Neigungen waren gering. Ihn interessierte die Praxis: Sozialpolitik war das Feld, das seinem, auf die Lösung konkreter Probleme gerichteten Naturell am ehesten entsprach. 1900 wurde er zum Leiter des Arbeitersekretariats bestellt und in die Bürgerschaft gewählt, wo er sogleich den Vorsitz der sozialdemokratischen Fraktion übernahm. In den Auseinandersetzungen zwischen Gemäßigten und Radikalen operierte E. auf der Linie des Parteivorstandes um August Bebel. Er hegte allerdings Zweifel, ob die »breit ausgesponnenen theoretischen und literarischen Debatten« um den wissenschaftlich exakten, den »richtigen« Weg zum »Zukunftsstaat« nicht ablenkten von der Bewältigung der jeweils aktuellen »wirtschaftlich-sozialen Aufgaben«. Dahinter verbarg sich die Befürchtung, daß der Streit der Ideologen und Intellektuellen die Tatkraft der Bewegung lähmen und ihren Handlungsspielraum verengen könnte.

1905 zum hauptamtlichen Sekretär beim Parteivorstand in Berlin berufen, brachte E. sein organisatorisches Geschick zur Geltung, steigerte die Effizienz des Apparates und gewann das Vertrauen der kleinen und mittleren Funktionäre, auch das des Vorsitzenden Bebel. E. wurde offizieller Verbindungsmann des Parteivorstandes zur Generalkommission der freien Gewerkschaften und 1912 als Kandidat des Wahlkreises Barmen-Elberfeld Abgeordneter des Reichtags. Die vorwiegend administrativen Funktionen, mit denen er bis dahin vertraut gewesen war, wurden nun überlagert von politischen Koordinations- und Führungsaufgaben. Wie kaum ein zweiter war E. vertraut mit den Interna der Partei und der Gewerkschaften, er kümmerte sich um Fragen der Sozial- und Wirtschaftspolitik, der Parteipresse und der Parteifinanzen. Als Bebel 1913 starb, wurde E. neben Hugo Haase zum zweiten gleichberechtigten Vorsitzenden. Das Bebelsche Erbe zu verwalten, erwies sich jedoch als schwierig. Denn es galt, die zerstrittenen Richtungen wenn schon nicht zu versöhnen, so doch wenigstens beieinander zu halten und die Einheit der Partei zu bewahren. E.s Plädoyer für eine Politik der kleinen Schritte wurde zwar von vielen geteilt, aber es regten sich auch Bedenken. Karl Kautsky etwa, der Doyen der sozialdemokratischen Gesellschaftsphilosophie, schrieb im Oktober 1913: E. sei »sicher ein Mann von großer Intelligenz und Tatkraft, dabei aber sehr herrisch und eifersüchtig und in nicht rein proletarischen Dingen etwas beschränkt.«

Mit der Mehrheit der Partei stimmte E. im August 1914 für die Bewilligung der Kriegskredite. Die Minderheit fügte sich nur widerwillig der traditionellen Fraktionsdisziplin. Der Riß, der durch die Fraktion und die Partei ging, war spätestens 1916 nicht mehr zu kitten. Im Frühjahr 1917 spalteten sich die Unabhängigen ab, eine ideologisch und programmatisch heterogene Gruppierung, die von Eduard Bernstein bis Karl Kautsky und Rosa Luxemburg reichte. Zwar hatte E. im Dezember seinen Mitvorsitzenden Haase beschworen: »Wer an der Spitze der Partei steht, hat die Partei zusammenzuhalten.« Er selber indes arbeitete zielstrebig darauf hin, die eigenen Überzeugungen durchzusetzen und in letzter Konsequenz die Opponenten zu verdrängen. Von der Politik des »Burgfriedens« erwartete E. die Verwirklichung innen- und sozialpolitischer Reformen. Da diese im gewünschten Umfang ausblieben, geriet die Parteiführung zunehmend unter Druck und mußte einen Kurs steuern, der zwischen Zustimmung und Opposition schwankte. Man votierte für das Budget und kämpfte gleichzeitig für einen Verständigungsfrieden ohne Annexionen und Kontributionen, forderte die Abschaffung der Klassenwahlrechte und die Gleichberechtigung der Arbeiterschaft in Staat und Gesellschaft. »Die Massen, die von den Schützengräben heimkehren«, so E. 1916 im Reichstag, »werden getragen sein von dem festen Willen, daß der Staat, für den sie ihr Leben in die Schanze geschlagen haben, nicht die Verwaltungsmaschine einer kleinen bevorrechteten Klasse sein darf. Dieses neue Schützengrabengeschlecht läßt sein politisches Leben nicht wieder in die Drahtverhaue des Dreiklassensystems hineinzwingen.«

Als die Oberste Heeresleitung im Herbst 1918 gleichsam von heute auf morgen den Krieg für verloren erklärte, verlangte E. die Abdankung des Kaisers und eine Regierungsbeteiligung der SPD. Seine zögernden Kollegen in den Parteigremien beschwor er : »Wollen wir jetzt keine Verständigung mit den bürgerlichen Parteien und der Regierung, dann müssen wir die Dinge laufen lassen, dann greifen wir zur revolutionären Taktik, stellen uns auf die eigenen Füße und überlassen das Schicksal der Partei der Revolution. Wer die Dinge in Rußland erlebt hat, der kann im Interesse des Proletariats nicht wünschen, daß eine solche Entwicklung bei uns eintritt. Wir müssen uns im Gegenteil in die Bresche werfen, wir müssen sehen, ob wir genug Einfluß bekommen, unsere Forderungen durchzusetzen und, wenn es möglich ist, sie mit der Rettung des Landes zu verbinden, denn es ist unsere verdammte Pflicht und Schuldigkeit, das zu tun.« Die Revolution durchkreuzte dieses Kalkül zwar für einen Moment, für E. aber blieb es handlungsbestimmend. Unter seiner Führung setzte sich die SPD an die Spitze der revolutionären Bewegung, aber doch so, als würde sie ein ungeliebtes Kind adoptieren. Der Revolution ein größtmögliches Maß an Kontinuität abzuringen, war das Ziel. »Das siegreiche Proletariat richtet keine Klassenherrschaft auf«, rief E. im Dezember 1918 den Delegierten auf dem Reichskongreß der Arbeiter- und Soldatenräte zu, »es überwindet zunächst politisch, dann wirtschaftlich die alte Klassenherrschaft und stellt die Gleichheit alles dessen her, was Menschenantlitz trägt.«

E. verfocht das Konzept einer »sozialen Demokratie«. Um den Bürgerkrieg zu verhindern, der dann doch unvermeidlich wurde, suchte er die Verbindung mit den Eliten des monarchischen Staates, kooperierte mit der Bürokratie, den Militärs und der Unternehmerschaft. Die Kompromißstruktur der Weimarer Republik mit ihrem typischen Nebeneinander von Elementen eines »bürgerlichen« und solchen eines »sozialen« Rechtsstaates hatte hier ihre Wurzeln. Forderungen nach sofortiger Sozialisierung, überhaupt jeder Form von revolutionärer Ungeduld, erteilte E. eine scharfe Absage. Von der Arbeiterschaft verlangte er Loyalität, Pflichterfüllung und Verzicht. Gegen Widerstände, auch aus den eigenen Reihen, bemühte er sich, die demokratische Mitte durch Zusammenarbeit mit dem katholischen Zentrum und den linksliberalen Demokraten zu stärken. Diese Koalition bewährte sich bei der Verabschiedung der Verfassung und der Wahl E.s zum Präsidenten der Republik. Aber es zeigte sich rasch, daß ihr enge Grenzen gezogen waren. Schon beim Kapp-Putsch im Frühjahr 1920 wurden die Versäumnisse einer allzu kompromißbereiten Politik deutlich: vor allem der Verzicht auf eine durchgreifende Demokratisierung des Militär-, Justiz- und Verwaltungsapparates.

Seinen Kurs der Diagonale durchzuhalten und seine Rolle als Repräsentant des ganzen Volkes weiter zu spielen, wurde in der Folgezeit für E. immer schwieriger, auch deshalb, weil sich die Gesellschaft im Zeichen der Inflation und sich zuspitzender Verteilungskonflikte dramatisch polarisierte. Es gehört zu E.s historisch bedeutsamen Leistungen, unter diesen Bedingungen die Einheit des Reiches und die Demokratie gesichert zu haben, nicht zuletzt in Krisensituationen wie dem Ruhrkampf und dem Hitlerputsch 1923. Dankbarkeit erntete E. für seine Haltung jedoch nicht. Die Basis für seine Politik schrumpfte. Es gab Differenzen mit den eigenen Genossen; mehr noch als diese jedoch trafen ihn die Schmutzkampagnen, die die politische Rechte gegen ihn inszenierte. Dem Bürgertum, das E. 1918/19 vor den diktatorischen Herrschaftsgelüsten der radikalen Linken bewahrt hatte, bescheinigte ein liberaler Journalist wie Theodor Wolff »schäbige Vergeßlichkeit«.

173 Prozesse mußte E. um seine persönliche Ehre führen, ein Gericht in Magdeburg kam im Dezember 1924 zum Schluß, daß er durch die Beteiligung an den Januarstreiks von 1918 vom »objektiv« strafrechtlichen Standpunkt aus gesehen »Landesverrat« begangen hätte. E. fühlte sich von diesem Urteil zutiefst verletzt: »Der seelische Schmerz peinigt mich«, schrieb er, »sie haben mich politisch umgebracht, nun wollen sie mich auch moralisch morden. Das überlebe ich nicht.« Er überlebte es tatsächlich nicht. Anstatt sich rechtzeitig einer Blinddarmoperation zu unterziehen, konzentrierte er sich auf die Vorbereitung des Berufungsprozesses. Noch ehe dieser begann, starb E. am 28. Februar 1925, kurz nach Vollendung des 54. Lebensjahres.

König, R. u.a. (Hg.): Friedrich Ebert und seine Zeit. Bilanz und Perspektiven der Forschung. München 1990. – Münch, R.A.: Von Heidelberg nach Berlin: Friedrich Ebert 1871–1905. München 1991. – Witt, P.-Ch.: Friedrich Ebert. Parteiführer, Reichskanzler, Volksbeauftragter, Reichspräsident. Bonn (3. Aufl.) 1992.

Jens Flemming

Eichelberg, Leopold

Geb. 24. 6. 1804 in Marburg; gest. 11. 3. 1879 in Marburg

E., Sohn eines jüdischen Kaufmanns, besuchte das Gymnasium seiner Heimatstadt, studierte dann Medizin und habilitierte sich 1826 in Marburg als Privatdozent. Er ließ sich zwar als praktischer Arzt nieder, hoffte aber auf eine akademische Karriere. Seine Bewerbung um eine außerordentliche Professur wurde jedoch abgeschlagen, weil »die Universität sich gegen den Juden aufs äußerte sträubte«. Diese Zurücksetzung dürfte bei der Radikalisierung seiner politischen Ansichten eine gewisse Rolle gespielt haben.

Der Sieg der französischen Julirevolution 1830 übte auf E. – wie er in seinen Erinnerungen schrieb – »eine wahrhaft elektrische Wirkung« aus, und er hoffte auf einen politischen Wandel auch in Deutschland. Als sich das polnische Volk gegen die zaristische Gewaltherrschaft erhob, begab er sich nach Warschau, trat als Arzt in die Armee der polnischen Freiheitskämpfer ein und suchte in einem Lazarett Kranken und Verwundeten zu helfen. Nach dem Zusammenbruch des Aufstands kehrte er Ende 1831 nach Marburg zurück.

In der Universitätsstadt bildete sich um diese Zeit ein Zirkel von demokratisch gesinnten Intellektuellen, die Deutschland in eine einheitliche, auf Volkssouveränität beruhende parlamentarische Republik umwandeln wollten. Sie standen mit den Frankfurter Radikalen in Verbindung, die den Sturm auf die Haupt- und Konstablerwache vorbereiteten, um ein Signal für eine gesamtdeutsche Erhebung zu geben. Als dieser Versuch im April 1833 fehlschlug und der polnische Major Michalowski, der den Frankfurter Wachensturm befehligt hatte, verwundet in Marburg eintraf, wurde er von E. behandelt und geheilt.

E. nahm am 3. Juli 1834 an einer Geheimzusammenkunft von Revolutionären aus dem Kurfürstentum und dem Großherzogtum Hessen teil, bei der er Georg Büchner kennenlernte. Zur Debatte standen nicht nur die Methoden der Volksagitation und die Verteilung von Büchners Revolutionsaufruf *Der hessische Landbote*, sondern auch umstrittene ideologische Konzeptionen. E. lehnte Büchners Ziel einer sozialen Revolution ab, weil er einen möglichen Angriff der Besitzlosen auf das Eigentum als bedrohlich empfand, und meinte, die Bauernbewegung müsse im wohlverstandenen Interesse der Mittelklasse »am Schnürchen« gehalten, also lediglich als ihre Hilfstruppe eingesetzt werden. Die Demokraten hätten sich vereinigt, um »der Willkürherrschaft einzelner entgegenzutreten«; der *Landbote* predige jedoch »vollständige Anarchie« und fordere »zu allgemeiner Zügellosigkeit auf«. Durch derartige Flugschriften, die »nur für die Proletarier, die Hefe des Volkes berechnet« seien, werde ein Kampf hervorgerufen, »welchen wir ja gerade verhüten wollen, es ist dieses der Kampf der Armut gegen den Reichtum, der schrecklichste der Kämpfe, denen der Mensch anheimfallen kann«.

Obwohl E. die sozialpolitischen Ziele Büchners ablehnte, ahnte er sein Genie. Er erschien ihm als »die mit aller Vehemenz übersprudelnde Kraft, welche sich hier im Zerstören gefiel, während sie sonst ebenso leicht die ganze Welt zu umarmen sucht«.

Die im November 1834 hergestellte zweite Auflage des *Hessischen Landboten*, die E. in Marburg drucken ließ, enthielt einige Änderungen von seiner Hand. Er verfaßte auch die Artikel *Freiheit* und *Fürst* des von Mitgliedern des Frankfurter »Preßvereins« herausgegebenen revolutionären *Bauernkonversationslexikons*. Als »Freiheit« definierte er »eine vernünftige Ordnung der Dinge wonach sich alle gleich sind wie Brüder und wo niemand durch Geburt, Tyrannengunst und andern Unsinn sich zu Ungerechtigkeiten und Nichtswürdigkeiten befugt hält, wie in Sklavenstaaten Fürsten und ihr Gelichter, welche das Volk für eine Canaille von unedlem Blut halten und es auch so behandeln«.

Aufgrund des Verrats eines Verschwörers wurde E. im April 1835 verhaftet und war zunächst im Hexenturm des Marburger Schlosses eingekerkert. Er legte kein Geständnis ab. Die Voruntersuchung zog sich jahrelang hin. Im September 1837 wurde er wegen »Übertretung der Zensurgesetze, Antastung der Würde der Regenten Deutschlands und eines hochverräterischen Anschlags gegen den Deutschen Bund« zu einer Haft von neun Jahren verurteilt; die Untersuchungshaft wurde nicht angerechnet. Im Juli 1843 erhielt er bei einem neuen Prozeß wegen »Beihilfe zum versuchten Hochverrat« eine zusätzliche Strafe von anderthalb Jahren.

Seine Haftbedingungen waren furchtbar. Er verbrachte fast sieben Jahre in Isolationshaft, zuerst in einer Zelle des Marburger Schlosses, später in der Festung Spangenberg. Man untersagte ihm jede Lektüre und zeitweise sogar die Korrespondenz mit seinen Verwandten. Im Kasseler Kastell, wohin er im April 1843 verlegt wurde, erhielt er eine abgedunkelte Zelle. Erst 1845 gestattete man ihm die Lektüre wissenschaftlicher Werke und brachte ihn in eine helle Zelle.

Am 12. März 1848 wurde er freigelassen. Es waren genau zehneinhalb Jahre seit seiner ersten Verurteilung; man hatte seine Festungsstrafe um keinen einzigen Tag reduziert. Seine Entlassung fiel zufällig mit dem Ausbruch der Revolution zusammen. Er stürzte sich sofort in die Politik und wollte bei der Errichtung einer demokratischen Ordnung mithelfen. Als man ihm jedoch vorschlug, dem Frankfurter Vorparlament beizutreten, weigerte er sich, weil er wußte, daß die meisten Mitglieder der kaum begonnenen revolutionären Erhebung Einhalt gebieten und »das Volk wiederum einschläfern« wollten. Er gründete in Marburg eine aus liberalen und demokratischen Bürgern bestehende »Gesellschaft der reinen Republikaner«, die sich von sozialistischen Konzeptionen distanzierte. Nach dem preußischen Staatstreich des Grafen Brandenburg im November 1848 zog er sich aus der Politik zurück, weil er erkannte, daß die Revolution gescheitert war.

Er nahm seine ärztliche Praxis und seine Privatdozentur an der Marburger Universität wieder auf. Als der Sieg Preußens im Krieg gegen Österreich und dessen Bundesgenossen 1866 dem Kurfürstentum Hessen ein Ende machte, war E. nicht unzufrieden. Er erblickte im Kriegsausgang eine neue Periode im politischen Entwicklungsprozeß Deutschlands, dessen Ziel eine demokratische Einheitsrepublik sein werde. In seinen Memoiren, die er im Jahre 1874, nach der Bismarckschen Reichseinigung von oben, verfaßte, heißt es: »Deutschland wird nicht eher auf seinem Höhepunkt angelangt sein, als wenn die erblichen, durch das Schwert erworbenen Throne sich überlebt haben werden und nur noch solchen die Regierung in die Hand gegeben werden wird, welche durch Charakter und Geistesbildung in gleichem Maße sich auszeichnen.« Seine Erinnerungen sollten zeigen, daß seine dreizehnjährige Haft seine »politischen Ansichten nichts weniger als zu ändern, ja nicht einmal zu schwächen vermochte«, ihn aber auch »keineswegs racheschnaubend« machte.

E. kann als Musterbeispiel eines standhaften bürgerlichen Demokraten gelten, der zwar von den Unterschichten nichts wissen wollte, für das Allgemeinwohl aber die größten persönlichen Opfer zu bringen bereit war. Sein Ideal war eine freiheitliche Republik, in der ein von allen Staatsbürgern gewähltes Parlament die höchste Entscheidungsgewalt ausüben sollte. In seinen Memoiren findet sich ein Bericht über sein erstes Verhör, mit dem er sich selbst ein Denkmal gesetzt hat: »Der Untersuchungsrichter fragte mich, er könne nicht begreifen, daß ein sonst so gescheiter Mann wie ich sich in solche Dinge habe einlassen können. Darauf erwiderte ich, daß, wenn er das Wort ›gescheit‹ in dem Sinne nehme, sein eigenes Interesse vor allen andern in Berücksichtigung zu ziehen, ich auf das Prädikat verzichten müsse.«

Grab, W.: Die revolutionäre Agitation und die Kerkerhaft Leopold Eichelbergs. Ein jüdischer Demokrat aus dem Umkreis Georg Büchners, in: Gegenseitige Einflüsse deutscher und jüdischer Kultur. Von der Epoche der Aufklärung bis zur Weimarer Republik. Beiheft 4 des Jahrbuchs des Instituts für deutsche Geschichte. Tel Aviv 1982, S. 137–173. – Rehmann, W.: Ein neues Denkmal zur hessischen Demagogenzeit 1832 bis 1835, in: Nachrichten der Gießener Hochschulgesellschaft, Band 18, 1949, S. 104–117. – Ders.: Leopold Eichelberg (1804–1879). Privatdozent der Medizin und Politiker, in: Lebensbilder aus Kurhessen und Waldeck 1830–1930, hg. von I. Schnack. Marburg 1955, S. 61–67.

Walter Grab

Eichler, Willi

Geb. 7. 1. 1896 in Berlin; gest. 17. 10. 1971 in Bonn

E. wurde als Sohn eines einfachen Postbeamten geboren und wuchs in häuslich beengten Verhältnissen auf. Er besuchte die Volksschule und absolvierte danach eine kaufmännische Lehre in der Textilbranche. Mit neunzehn Jahren zum Militär eingezogen, geriet er im Ersten Weltkrieg an die Fronten in Rußland und Frankreich. Nach dem Krieg arbeitete er zunächst als Kalkulator in einer großen Berliner Elektrofirma.

Auf der Suche nach politischer Orientierung stieß er auf den Göttinger Philosophen, Kantianer und Sozialisten Leonard Nelson, der 1917 mit dem »Internationalen Jugendbund« (IJB) eine auf ethischen Ideen aufbauende, innerhalb der Arbeiterbewegung wirkende Erziehungsgemeinschaft gegründet hatte. E. arbeitete im Berliner IJB bald in vorderster Reihe mit. Im Jahre 1923 trat er der SPD bei; 1924/25 leitete er als zweiter Vorsitzender die Ortsgruppe Göttingen des »Deutschen Freidenkerverbandes«. Ab 1922 engagierte er sich beim Aufbau des IJB-eigenen Landerziehungsheims »Walkemühle«, in der Nähe von Kassel, das von Minna Specht geleitet wurde. Von 1924 bis zu Nelsons Tod 1927 war E. dessen persönlicher Sekretär in Göttingen.

Im Jahre 1925 kam es zu einem Zerwürfnis zwischen SPD und IJB, das zum Ausschluß des IJB aus der SPD und zur Gründung des »Internationalen Sozialistischen Kampfbundes« (ISK) als eigenständiger Partei führte. Nach Nelsons Tod ging die politische Leitung des nicht demokratisch, sondern »führerschaftlich« organisierten ISK nahtlos auf E. über; er übernahm auch die Herausgabe des Parteiorgans *isk*. Obgleich E. in dieser Monatsschrift wie auch in anderen Verlautbarungen die Schwächen der Weimarer Demokratie heftig kritisierte, war ihm doch bewußt, daß eine Organisation wie der ISK, der gegen zahlreiche herrschende Lehren nicht nur der bürgerlichen Gesellschaft, sondern auch der damaligen Arbeiterbewegung opponierte, nur innerhalb einer Demokratie Artikulationsmöglichkeiten und Handlungsfelder besaß. Der Verteidigung dieser Republik gegen den aufkommenden Nationalsozialismus widmeten sich E. und seine Anhänger mit aller Kraft. E. ging 1932 mit einer kleinen Gruppe von ISK-Funktionären nach Berlin, um dort die Tageszeitung *Der Funke* herauszugeben. Sie setzte sich für eine Einheitsfront der Arbeiterbewegung zur Verteidigung der Republik ein.

Im November 1933 mußte E. nach Frankreich emigrieren, das er nach kurzem Aufenthalt im Saarland erreichte. In Paris baute er eine Auslandszentrale auf, die die illegalen Widerstandsgruppen des ISK im Reich unterstützte. Mit Edo Fimmen, dem Generalsekretär der »Internationalen Transportarbeiterföderation«, vereinbarte er eine Zusammenarbeit, dank derer es gelang, die von E. herausgegebenen *Neuen politischen Briefe*, später *Reinhart Brief*, als Informationsschriften der vom ISK geleiteten »Unabhängigen Sozialistischen Gewerkschaften« in Deutschland zu verbreiten. Von 1934 bis 1940 leitete E. das ISK-Organ *Sozialistische Warte* sowie von 1938 bis 1940 *Das Buch. Zeitschrift für die unabhängige deutsche Literatur.*

Im April 1938 wurde E. wegen seiner politischen Betätigung aus Frankreich ausgewiesen. Bis Januar 1939 hielt er sich in Luxemburg auf und bekam schließlich ein Visum für England. In London arbeitete er als Mitarbeiter der BBC, gab 1941 die Zeitschrift *Renaissance* heraus sowie den Informationsdienst *Europe speaks*, daneben zahlreiche Broschüren zur Neuordnung Deutschlands und Europas nach dem Krieg. E. gehörte 1941 zu den Gründungs- und Vorstandsmitgliedern der »Union Deutscher Sozialistischer Organisationen in Großbritannien«. Nach Ende des Krieges schloß er sich wie die meisten Mitglieder des ISK, der sich auflöste, der SPD an. Freundschaftliche Kontakte und enge menschliche Bindungen zwischen ehemaligen ISK-Mitgliedern blieben bestehen.

Von Sozialdemokraten in Köln wurde E. zum Chefredakteur der *Rheinischen Zeitung* berufen, die seit Anfang 1946 wieder erschien. Zugleich gab er bis 1949 die *Sozialistische Pressekorrespondenz* und, bis zu seinem Tod, die Zeitschrift *Geist und Tat* heraus. E. wurde im Mai 1946 auf dem Parteitag der SPD in Hannover in den Parteivorstand gewählt, aus dem er auf eigenen Wunsch 1968 ausschied. Von 1947 bis 1953 war er Vorsitzender des SPD-Bezirks Mittelrhein, 1947/48 Mitglied des Landtags von Nordrhein-Westfalen, 1948/49 Mitglied des Frankfurter Wirtschaftsrats, 1949 bis 1952 Mitglied des Deutschen Bundestages sowie des Europarates. Seine Tätigkeit als Parlamentarier scheint ihm allerdings nicht sonderlich gelegen zu haben. Enttäuschend war für ihn, daß er nicht zu den Arbeiten des Parlamentarischen Rates (1948/49) an der Verfassung des neuen Staatswesens herangezogen wurde. 1952 berief der SPD-Parteivorstand E. als besoldetes Mitglied nach Bonn und setzte ihn für die Bereiche Kulturpolitik und Programmatik der Partei ein.

Als Leiter der Kommissionen, die die Entwürfe der Aktionsprogramme von Dortmund 1952 und Berlin 1954 sowie schließlich des Godesberger Grundsatzprogramms 1959 verfaßten, gab E. dem Selbstverständigungsprozeß der SPD wesentliche Impulse. Er unterstützte ihre Entwicklung zur »Volkspartei« und betonte die ethische Fundierung des historisch gewachsenen Sozialismuskonzepts. Zu den Verdiensten E.s gehört es auch, die Annäherung zwischen der SPD und den beiden großen Kirchen nach dem Zweiten Weltkrieg geduldig und nachhaltig gefördert zu haben. Er engagierte sich für eine politische Bildungsarbeit, die jedem einzelnen gleichberechtigte Teilnahme an Politik und Kultur sowie die Führung eines Lebens in vernünftiger Selbstbestimmung ermöglichen sollte.

E. verfaßte eine große Zahl journalistischer Beiträge, Aufsätze und mehrere größere Veröffentlichungen zu politischen, historischen, pädagogischen und philosophischen Themen. Als Mitglied der »Philosophisch-Politischen Akademie« sowie – bis zu seinem Tod – als Mitherausgeber der *Gesammelten Schriften* Leonard Nelsons wirkte er mit, die Gedanken dieses Philosophen erneut zugänglich zu machen.

Das zentrale Motiv von E.s vielseitigen theoretischen und praktischen Bestrebungen war die Verbindung von Ethik und Politik. Der Demokratiekritik Nelsons folgend, akzentuierte er in der Weimarer Republik scharf den seiner Meinung nach zweideutigen Begriff der Demokratie. Werde sie als Respektierung und Garantie personaler Rechte – vor allem von Freiheit und Gerechtigkeit – verstanden, sei Demokratie positiv zu bewerten. Abzulehnen sei dagegen die Demokratie als institutioneller Rahmen für Wahlentscheidungen, denn die rechtliche Organisation einer Gesellschaft dürfe nicht zur »Disposition zufälliger Mehrheiten« gestellt werden. In der Demokratie werde die Verantwortung für politisches Handeln »dem Volk« zugeschoben, das als handelndes Wesen jedoch nicht existiere. Weil der einzelne keine Verantwortung trage, könne aus Fehlern nicht gelernt werden. Um sich bei den Menschen einzuschmeicheln und ihre Zustimmung zu gewinnen, gaukelten die Politiker der »Masse« vor, sie habe zu entscheiden.

Unrettbar Schiffbruch erlitten hatte die Demokratie nach E.s Ansicht in dem Volksentscheid zur Fürstenenteignung 1926. Das Votum der Wähler für die Auszahlung riesiger Entschädigungssummen an Menschen, die die Not des Volkes verschuldet hätten, zeige, daß die Wähler nicht einmal zur Wahrnehmung ihrer nächstliegenden persönlichen Interessen in der Lage seien. So erweise sich, daß bei Wahlen lediglich ein Marionettentheater aufgeführt werde, bei dem die Drähte in der Hand der Mächtigen lägen. Für vollends illusionär hielt E. die Ansicht der SPD, der Sozialismus könne in einem demokratischen Staat aufgebaut werden. Bei der Demokratie der Weimarer Republik handele es sich um einen Klassenstaat, in dem vor allem Kapitalismus und Katholizismus gute Existenzbedingungen vorfänden. Ohnehin seien die Spielregeln der Demokratie nur so lange in Kraft, wie Mehrheitsbeschlüsse nicht entscheidend gegen kapitalistische Interesse verstießen. Im anderen Fall gelte die tatsächliche Macht, gestützt durch Geld und Maschinengewehre.

Diese Position ist vor dem Hintergrund der Weimarer Demokratie mit all ihren Schwächen zu verstehen. Zudem war E. wie Nelson der Überzeugung, daß demokratische Grundprinzipien – personale Freiheit und andere Bürgerrechte – in der vom ISK angestrebten ethisch fundierten »führerschaftlichen« Organisationsform besser geschützt werden könnten. Die Erfahrungen mit der Zerstörung aller menschlichen Werte im führerschaftlichen Nationalsozialimus und im Stalinismus sowie die Beobachtung einer funktionierenden Demokratie während seines Englandaufenthaltes 1939 bis 1945 bewirkten bei E. einen allmählichen Umschwung. Dazu trug auch seine erfolgreiche Integration in die SPD bei. Zwar fühlte er sich zeitlebens der Nelsonschen Philosophie verpflichtet, doch sah er ihre Demokratiekritik nicht mehr als unabdingbar an. Nelson habe die Demokratie nämlich auch deshalb abgelehnt, weil sie ihm als Relativierung ethischer Werte erschienen sei, die die Menschenrechte an die Herrschaft der Zahl ausliefere. Diese Kritik, so E., sei voll bestätigt worden durch den Untergang der Weimarer Republik. Dadurch allerdings, daß das Grundgesetz der Bundesrepublik Deutschland die Menschenrechte als unabstimmbar den Beschlüssen des Parlaments entziehe, sei ein wesentliches Argument der Nelsonschen Kritik entfallen.

In der SPD arbeitete E. seit 1946 mit, ohne über die Änderung seiner Ansichten ausdrücklich Rechenschaft abzulegen. Aus seinem politischen Handeln wie aus schriftlichen Äußerungen in dieser Zeit wird deutlich, daß er wichtige, für eine Demokratie konstitutive Prinzipien akzeptierte und mitgestaltete. Besonders lag ihm an der Verbesserung politischer Bildungsarbeit und Schulung der Menschen, damit die Staatsform Demokratie lebendig und erfolgreich bleibe. Wichtig war ihm auch, daß sich Gesetz und Macht im Staat auf die Seite des Rechts stellt. Dazu gehörte für ihn: »Die Daseinsvorsorge durch den Staat (nicht die Fürsorge!) muß erreichen, daß jeder Bürger die gleiche Chance des Zugangs zur Bildung und zum Wohlstand nutzen kann; daß er, hinreichend informiert, am Staatsleben auch über Wahlen hinaus verantwortungsvoll und mit gereiftem Urteil teilnehmen kann; daß das öffentliche Leben transparent allen zugänglich ist, daß alle Machtpositionen öffentlich kontrolliert, ihre Inhaber auswechselbar sind – und daß Minderheiten respektiert werden«.

Lemke-Müller, S.: Ethischer Sozialismus und Soziale Demokratie. Der politische Weg Willi Eichlers vom ISK zur SPD. Bonn 1988. – Link, W.: Die Geschichte des Internationalen Jugendbundes (IJB) und des Internationalen Sozialistischen Kampfbundes (ISK). Ein Beitrag zur Geschichte der Arbeiterbewegung in der Weimarer Republik und im Dritten Reich. Marburg 1964.

Sabine Lemke-Müller

Eisner, Kurt

Geb. 14. 5. 1867 in Berlin; gest. (ermordet) 21. 2. 1919 in München

E. wurde am 14. Mai 1867 in Berlin als Sohn des jüdischen Kaufmannes Emanuel Eisner geboren. Schul- und Studienjahre verbrachte E. in Berlin: Nachdem er 1886 auf dem Askanischen Gymnasium das Abitur bestanden hatte, studierte er bis 1890 Philosophie und deutsche Philologie, brach jedoch trotz einer relativ weit fortgeschrittenen Dissertation über Achim von Arnim sein Studium ab. Danach wandte er sich dem Journalismus zu. Von 1892 bis 1897 arbeitete E. nach einem Intermezzo als Nachtredakteur bei der *Frankfurter Zeitung* als Journalist bei der liberalen *Hessischen Landeszeitung* in Marburg. Während dieser Zeit lernte er den sozialliberalen Politiker Friedrich Naumann kennen und schloß Freundschaft mit dem in Marburg lebenden Neukantianer Hermann Cohen. Von dem »ethischen Sozialismus«, wie ihn die dortige philosophische Schule vertrat, wurde E., der schon mit seiner Schrift über Friedrich Nietzsche, *Psychopathia Spiritualis – Friedrich Nietzsche und die Apostel der Zukunft* (1892) eine deutliche Affinität zum Neukantianismus hatte erkennen lassen, stark beeinflußt. Dieser Lehrmeinung zufolge war der reformerische Sozialismus die »regulative Idee«, aus der der politisch handelnde Mensch seine Motivation und seine ethische Legitimation bezog – auch wenn er sich ihr immer nur annähern konnte.

Reformorientiertes Gedankengut und süddeutsche Mentalität formten E.s politisches Denken und Handeln, seine Polemik gegen Preußen, Bismarckfeindschaft und scharfe Kritik an den Hohenzollern. Die Marburger »Sozialisation« beeinflußte auch maßgeblich E.s spätere Ideen von »Räte-Demokratie«, »Demokratischem Sozialismus« und der Bedeutung politischer Pädagogik.

Ein Artikel in der Berliner Wochenzeitschrift *Die Kritik* brachte E. 1897 einen Prozeß wegen Majestätsbeleidigung ein, der mit der Verurteilung zu neun Monaten Haft endete, die er in Berlin-Plötzensee absaß. Durch die Begegnung mit dem preußischen Gefängniswesen politisiert, trat E. 1898, noch während der Haft, der SPD bei. Nicht zuletzt wegen seiner »Bewährungsprobe« im Gefängnis holte Wilhelm Liebknecht den neuen Parteigenossen in die Redaktion des sozialdemokratischen Parteiorgans *Vorwärts*.

E.s Tätigkeit in Berlin endete nach fast sieben Jahren mit dem sogenannten »Vorwärts-Konflikt«. Auslöser war der Wunsch der Redaktion, bei Auseinandersetzungen innerhalb der Partei unabhängig und ohne Bindung an einen der Parteiflügel zu berichten – eine für den politischen Journalisten E. unabdingbare Voraussetzung seiner Arbeit. Dies wurde jedoch von der Parteiführung nicht akzeptiert. Ihre Weigerung, die des Revisionismus »verdächtige« Redaktion gegen die Vorwürfe von links und rechts zu schützen, führte im Oktober 1905 zum Ausscheiden von sechs Redakteuren, unter ihnen auch E.

Nachdem E. von 1907 bis 1910 an der *Fränkischen Tagespost* in Nürnberg beschäftigt gewesen war, wechselte er als Parlamentsberichterstatter und Feuilletonist zur *Münchener Post*. Dort entwickelte der weit über Bayern hinaus bekannte Journalist bis zum Ausbruch des Ersten Weltkriegs ein fast harmonisches Verhältnis zu Bayern und der Münchner Sozialdemokratie. Obwohl ohne politische Ämter, galt E. als einer der entschiedensten Verfechter des (reformerischen) »bayerischen Weges« zum Sozialismus. Mit seinen weitreichenden Beziehungen setzte sich E. dafür ein, daß die sozialdemokratische Reichstagsfraktion Anfang August 1914 für die Gewährung der Kriegskredite stimmte. Auch er klammerte sich an die Legende, Deutschland werde angegriffen und der Krieg sei ein Verteidigungskrieg gegen den russischen »Despotismus«. E. unterschied jedoch von den meisten seiner Parteigenossen dadurch, daß er in der Lage war, nicht nur dieses Fehlurteil zu revidieren, sondern daraus auch persönliche und politische Konsequenzen zu ziehen. Mit der Erkenntnis, daß Deutschland an der Entfesselung des Krieges maßgeblich beteiligt war, lehnte E. seit September 1914 konsequent ein System ab, das Deutschland in den Ersten Weltkrieg geführt und das er bis dahin für reformfähig gehalten hatte. Damit wurde E. zum erbitterten Gegner seiner ehemaligen Parteifreunde, denen er Verrat am Sozialismus und dessen Friedenszielen vorwarf.

Diese Haltung hatte weitreichende Folgen. Aufgrund seines Kampfes gegen den von ihm als imperialistisch verurteilten Angriffskrieg wurde er von den Sozialdemokraten rasch gemieden. Noch im Sommer 1914 entließ ihn die *Münchener Post*. Die Absicht, kritischer Kriegsberichterstatter zu werden, durchkreuzte der Berliner Parteivorstand: Das von E. herausgegebene *Arbeiterfeuilleton* (seit 1906), dessen Artikel bislang von fast allen sozialdemokratischen Zeitungen nachgedruckt worden waren, verlor fast alle Abonnenten. E. konnte nicht mehr veröffentlichen, die Zensur unterdrückte seine Äußerungen und verbot seine Vorträge. E. erlebte bittere wirtschaftliche Not.

1917 gehörte E. zu den Gründern der »Unabhängigen Sozialdemokratischen Partei« (USPD), einer Abspaltung von der SPD (die sich daraufhin MSPD, Mehrheitssozialdemokratische Partei, nannte. Dennoch blieb E. eher ein »Einzelkämpfer«. Als solchem gelang es ihm, ohne wirtschaftliche und politische Unterstützung, Opponenten aus den verschiedensten politischen Gruppen um sich zu scharen, sie aus ihrer politischen Lethargie zu reißen und schließlich für die Sache der Revolution zu mobilisieren. Er besaß große Austrahlung auf Sozialdemokraten, Bürgertum, Künstler, Jugendliche, Gelehrte und Arbeiter. Ein schlecht vorbereiteter Anlauf der im Januar 1918 auch in der bayrischen Hauptstadt gegen den Krieg streikenden Munitionsarbeiter zum Umsturz scheiterte dennoch; E. wurde am 1. Februar 1918 wegen »Rädelsführerschaft« verhaftet. Im Herbst 1918 bot sich ihm bei einem »Wahlkampfurlaub« eine erneute Chance. Nach neunmonatigem Gefängnisaufenthalt (bis 14. Oktober 1918) betrat er die politische Bühne erneut als nunmehr bewußter Revolutionär.

Als Vorsitzender des Münchner Arbeiter- und Soldatenrates stand er in der Nacht vom 7. auf den 8. November 1918 an der Spitze derer, die fast ohne Blutvergießen, der Wittelsbacher Monarchie ein Ende bereiteten und die Republik ausriefen. E. wurde Ministerpräsident und Außenminister einer aus der USPD und MSPD gebildeten bayerischen Regierung. Die Grundlage für eine »neue Demokratie« sah E. nicht in einer Umgestaltung der ökonomischen Rahmenbedingungen, sondern in einer erweiterten Bildung der Bevölkerung. Durch die Verbindung von Rätesystem und parlamentarischer Demokratie wollte E. die »soziale Demokratie« verwirklichen.

E.s Vorstellungen gingen von einer dynamischen, ständig mit dem Volk in Verbindung stehenden »Basisdemokratie« aus, die er der alten Form der repräsentativen Demokratie vorzog. Die verschiedensten Berufsstände sollten auf allen Ebenen ihre Räte wählen, keiner sollte ausgeschlossen bleiben. Das war eine deutliche Absage an jede Form von Diktatur. Neben aller Polarisierung, die das »E.sche Demokratiemodell« bewirken mußte, intendierte es also auch ein Stück politischer Integration. Damit wird deutlich, wie falsch seine Ziele z.T. bis heute interpretiert worden sind und wie ungerechtfertigt die Behauptung ist, durch E. und seine Konzeption sei die Gefahr eines diktatorischen, bolschewistischen Systems heraufbeschworen worden.

Anstelle des nach E.s Meinung volksfernen Parlamentarismus sollten in Zukunft den Bürgern und Bürgerinnen nahestehende und von ihnen legitimierte Räte die Demokratisierung vorantreiben, das öffentliche Leben in Verwaltung und Schule, bei Militär, Bürokratie und Polizei kontrollieren und sich mit Regierungsgeschäften und der Selbstverwaltung befassen. Die Räte waren also nicht als Exekutiv-, wohl aber als Kontrollorgane geplant. Sie sollten das Volk zur Mündigkeit, zur »Politikfähigkeit« erziehen und darauf achten, daß seine Interessen unmittelbar von Parlament und Regierung aufgenommen wurden.

Wie ein »Räte-System« ohne größere Reibungen hätte bestehen können, war allerdings unklar. E. wollte zwar keine Diktatur der Räte über das Parlament; dieses sollte aber auch nicht unabhängig von den Räten entscheiden können. Für ihn galt die Formel: »Räte und Parlament«. E.s Politik wurde von keiner wichtigen gesellschaftlichen Gruppe mitgetragen. Für die radikale Linke war er ein kleinbürgerlich-pazifistischer Demokrat, die Konservativen sahen in ihm einen Bolschewisten. Die Sozialdemokraten – auf die E. noch am ehesten zählte – bekämpften ihn als Feind der parlamentarischen Demokratie. Zudem hatte E. nicht genügend Zeit, um seine nur langfristig zu verwirklichenden Ideen zu verankern. Auch war es ihm ohne Gewalt nicht möglich, die Bildungs- und Erziehungsinstitutionen so zu verändern, daß eine »demokratische Bildung« sich hätte entwickeln können. Gewalt gegen eine Mehrheit konnte und wollte er jedoch nicht anwenden. Sein Konzept vom »Sozialismus« lebte im wesentlichen von dem Glauben an die Vernunft und die Menschlichkeit, die das Maß für politisches Handeln bildeten. In E.s Einstellung manifestierte sich ein unerschütterlicher Optimismus und eine Fehleinschätzung der Realitäten. Deshalb verlor E. seit den Landtagswahlen vom 12. Januar 1919 jegliche Machtbasis. Daß sich seine Regierung überhaupt so lange halten konnte, hing im wesentlichen mit seiner Persönlichkeit zusammen. Am 21. Februar 1919 auf dem Weg zum Landtag, wo er seinen Rücktritt erklären wollte, wurde E. von dem ultrareaktionären Grafen Arco erschossen.

Beyer, H.: Die Revolution in Bayern 1918–1919. Berlin (2. Aufl.) 1988. – Grau, B.: Kurt Eisner – Sozialdemokrat, Journalist, Politiker (1867–1919). München 1993. – Pohl, K. H.: Kurt Eisner und die Räterepublik in München, in: Hettling, M. u.a. (Hg.): Was ist Gesellschaftsgeschichte? Positionen, Themen, Analysen. München 1991, S. 225–236.

Karl Heinrich Pohl

Elser, Johann Georg

Geb. 4. 1. 1903 in Hermaringen/Württemberg; gest. (ermordet) 9. 4. 1945 im KZ Dachau

»Die von mir angestellten Betrachtungen zeitigten das Ergebnis, daß die Verhältnisse in Deutschland nur durch eine Beseitigung der augenblicklichen Führung geändert werden könnten. Unter der Führung verstand ich die ›Obersten‹, ich meine damit Hitler, Göring und Goebbels. Duch meine Überlegungen kam ich zu der Überzeugung, daß durch die Beseitigung dieser drei Männer andere Männer an die Regierung kommen, die an das Ausland keine untragbaren Forderungen stellen, (...) und eine Mäßigung in der politischen Zielsetzung eintreten wird.« Mit diesen Worten gab der Schreinergeselle E. nach seinem mißglückten Sprengstoffanschlag vom 8. November 1939 im Münchner »Bürgerbräukeller« der Gestapo die Absichten zu Protokoll, die er mit dem Attentat verfolgte.

Als Sohn eines kleinen Landwirts und Holzhändlers wuchs E. mit vier jüngeren Geschwistern in Königsbronn auf. Obwohl der Vater Alkoholiker war und Schulden nur durch den wiederholten Verkauf von Landbesitz getilgt werden konnten, lernten die Kinder dank der Fürsorge der Mutter nie echte Not kennen. Nach Beendigung der Volksschule begann E. eine Lehre als Eisendreher, wechselte nach zwei Jahren ins Schreinerhandwerk über und legte 1922 als Bester die Gesellenprüfung ab. Anschließend arbeitete er einige Jahre an verschiedenen Orten Südwestdeutschlands, darunter in Konstanzer und Meersburger Uhrenfabriken sowie als Schreiner in der Schweiz. Mit einem Ausweis für den »kleinen Grenzverkehr« überschritt er mehrere Monate lang täglich die Grenze bei Konstanz und wählte daher später diese ihm vertraute Örtlichkeit für die Flucht. Als er 1932 wegen der Wirtschaftskrise in der Meersburger Uhrenfabrik entlassen wurde, hielt er sich in Königsbronn mit der Reparatur und Anfertigung von Möbelstücken über Wasser, bis er 1936 einen Arbeitsplatz in einer kleinen Heidenheimer Rüstungsfabrik bekam. Neben seiner handwerklichen Ausbildung in Schreiner- und Metallarbeiten begünstigte diese Anstellung sein späteres Vorhaben, da sie ihm ermöglichte, das für das Attentat notwendige Schießpulver zu entwenden.

E. führte seine Tat zwar als verschwiegener Einzelgänger aus und war auch im Umgang ein etwas verschlossener Mensch, aber keineswegs ein ungeselliger »Sonderling«. Durch seine musikalische Begabung – er spielte Flöte, Ziehharmonika, Konzertzither und Streichbaß – war er in Konstanz und Königsbronn ein gern gesehenes Mitglied von Musik- und Trachtenvereinen und wirkte bei Tanzveranstaltungen mit. Bei Frauen beliebt, hatte er von einer seiner Freundinnen einen Sohn. Alle Bekannten schilderten ihn als gutmütig und hilfsbereit. Kriminelle, psychopathische oder herostratische Züge, die seiner Tat anrüchige Beweggründe verliehen hätten, waren an ihm nicht zu beobachten.

E.s geistige Interessen waren beschränkt, politische Ideologien interessierten ihn nicht. Vor 1933 wählte er die KPD, weil sie auf ihren Wahlversammlungen den Arbeitern bessere Lebensverhältnisse versprach. Er war aber weder Mitglied dieser Partei, noch kannte er deren programmatische Ziele. Im Jahre 1928 überredete ihn ein Kollege, dem »Roten Frontkämpferbund« beizutreten, aber außer der Zahlung seiner Mitgliedsbeiträge und dem Besuch von drei Versammlungen blieb er auch hier völlig passiv. Nach dem Verbot dieser Organisation 1929 unterhielt er keine Verbindung zu ihren ehemaligen Mitgliedern oder zu irgendwelchen Widerstandsgruppen. E.s Gegnerschaft zum Nationalsozialismus entsprang vielmehr der Beobachtung seiner sozialen Umwelt und der tagespolitischen Vorgänge sowie einem gesunden Gefühl für die Rechte des Menschen und deren Mißachtung durch die Diktatur.

Anläßlich der Sudetenkrise im Herbst 1938 gewann E. die Überzeugung, daß Hitlers maßlose Politik zum Krieg führen mußte. Er entschloß sich, das Attentat im folgenden Jahr auf der alljährlich am 8. November anläßlich des Hitler-Ludendorff-Putsches 1923 stattfindenden Traditionsfeier der Nazis im Münchner Bürgerbräukeller auszuführen. Im Laufe der folgenden Monate entwendete er an seinem Arbeitsplatz eine ausreichende Menge gepreßtes Pulver. Im März 1939 kündigte er in der Munitionsfabrik, nahm in Königsbronn eine Hilfsarbeiterstellung in einem Steinbruch an, erwarb Kenntnisse im Sprengen und entwendete Sprengpatronen und -kapseln. Mitte Mai verletzte sich E. wohl absichtlich den Fuß durch einen rollenden Gesteinsbrocken und benutzte den Krankenurlaub zu Zündversuchen. Es gelang ihm, eine Sprengkapsel durch eine Gewehrpatrone zu zünden, auf die er mit Hilfe einer gespannten Feder einen Nagel aufschlug. Die zeitgerechte Explosion regelte ein normales Uhrwerk.

Nach der Kündigung im Steinbruch zog E. Anfang August 1939 nach München. Sein Leben als Untermieter bestritt er dort überwiegend von dem Geld, das er durch den Verkauf seiner Musikinstrumente und der Werkstatteinrichtung erworben hatte. In dreißig bis fünfunddreißig Nächten ließ er sich unbemerkt im Saal des Bürgerbräus einschließen und höhlte auf der Galerie die Säule hinter Hitlers Rednerpult aus. Von der Holzverkleidung der Säule richtete er ein Brett als Tür ein, das die Aushöhlung verbarg. Wie von E. beabsichtigt, detonierte der Sprengkörper am 8. November 1939 um 21.20 Uhr. Er zerstörte einen großen Teil des Saales, tötete sieben Personen und verletzte 60 weitere. Hitler, dessen Rede diesmal unerwartet kurz ausgefallen war, hatte jedoch zehn Minuten vorher mit seinen prominenten Begleitern den Saal verlassen, um den eigens für ihn eingesetzten Sonderzug nach Berlin zu erreichen. Am selben Abend wurde E. beim Versuch, illegal die Schweizer Grenze zu überschreiten, verhaftet. Als sich die Indizien gegen ihn verdichteten, legte E. ein volles Geständnis ab. Hitler und Himmler glaubten jedoch weiterhin an »ausländische Auftraggeber«. Um entsprechende Aussagen zu erzwingen, wurde E. von der Gestapo gefoltert – ohne Ergebnis. Dennoch verbreitete die NS-Führung die Meldung, E. habe das Attentat im Auftrag des englischen Geheimdienstes verübt. Im KZ Sachsenhausen wurde E. als »Sonderhäftling« offensichtlich für einen Schauprozeß gegen die »Hintermänner« verwahrt, für den man nach dem Endsieg die notwendigen Beweise aus dem Ausland zu erhalten hoffte. Um die Jahreswende 1944/45 ins KZ Dachau überführt, wurde E. dort am 9. April 1945 auf Weisung aus Berlin umgebracht, nachdem seine Person durch den militärischen Zusammenbruch für das Regime wertlos geworden war.

Da E. – anders als die Verschwörer des 20. Juli, denen militärische Machtmittel zur Verfügung standen – von vornherein keinen Sturz des Regimes bewirken konnte, blieb sein »Tyrannenmord auf eigene Faust« vom juristischen Standpunkt aus mit dem Makel des kriminellen Unrechts behaftet. Die verdiente Anerkennung als Widerstandskämpfer ist E. lange Zeit versagt geblieben, weil seine Tat zunächst von Legenden umwoben war, die ihn lediglich als Handlanger hinstellten. Als Reaktion auf die NS-Propagandalüge vom Anschlag des britischen Secret Service verbreitete sich schon bald die Version, E. sei von den Nationalsozialisten selbst für ein »gestelltes Attentat« benutzt worden, um die Kriegsstimmung anzuheizen und Hitler als Schutzbefohlenen der »Vorsehung« erscheinen zu lassen. Die nach dem Kriege von zwei Mitgefangenen in Umlauf gesetzten Legenden, E. sei Mitglied der SS gewesen und habe das Attentat auf Hitlers »persönlichen Befehl« ausgeführt (Martin Niemöller) oder er sei schon vorher KZ-Häftling gewesen und von den Nazis gegen nicht eingehaltene Versprechungen für das Scheinattentat angeheuert worden (Payne Best), wurden widerlegt. Da seine Alleintäterschaft und seine Motive feststehen, ist E. dem deutschen Widerstand zuzurechnen.

Gruchmann, L. (Hg.): Autobiographie eines Attentäters. Johann Georg Elser. Aussage zum Sprengstoffanschlag im Bürgerbräukeller, München am 8. November 1939. Stuttgart 1970 (Neuauflage Stuttgart 1989). – Hoch, A.; Gruchmann, L.: Georg Elser. Der Attentäter aus dem Volke. Der Anschlag auf Hitler im Bürgerbräu 1939. Frankfurt/Main 1980.

Lothar Gruchmann

Elsner, Moritz

Geb. 20. 11. 1809 in Kortnitz (Kreis Sprottau, Schlesien); gest. 8. 8. 1894 in Breslau

Der politische Lebenslauf des ältesten von vier Söhnen eines schlesischen Müllermeisters verkörpert über fünf Jahrzehnte hinweg eine bemerkenswerte Kontinuität oppositionellen Denkens und Handelns in Deutschland. E. gehörte zu der recht zahlreichen Schar von Intellektuellen im politisch wie sozial auffallend aufmüpfigen Schlesien des 19. Jahrhunderts, die in den verfolgten geheimen Burschenschaften der frühen dreißiger Jahre politisch zu agieren begannen, sich in den vierziger Jahren als Gegner des Reaktionssystems auch öffentlich engagierten und in der Revolution als überzeugte Republikaner für eine parlamentarisch-demokratische Ordnung in einem geeinten Deutschland den eigentlichen Höhepunkt ihrer politischen Aktivität erlebten. Von der obsiegenden Konterrevolution verfolgt und rücksichtslos ausgegrenzt, hat E. mit anderen Demokraten zusammen die 1848er Tradition über die fünfziger Jahre hinweg in die neue, schwächere Opposition des Reichsgründungsjahrzehnts zu tragen gesucht und nach zeitweiliger Zustimmung zur Reichseinigung von oben sich am Ende seines Lebens wieder zu entschiedenerem linksliberalen Widerstand gegen den Bismarckstaat entschlossen.

Der Breslauer Philosophiestudent von 1831 bis 1836 und Schüler des freigeistigen Naturforschers Nees von Esenbeck – E. erbte dessen Nachlaß und wollte ihn auch herausgeben (wozu er nicht mehr kam), verfaßte aber eine offenbar verlorengegangene Esenbeck-Biographie – hatte sich ganz auf botanische Forschungen gestürzt und mit einer Arbeit über die Flora seiner engeren Heimat – Hirschberg – 1839 auch promoviert. Die angestrebte Karriere als Hochschullehrer an der Breslauer Universität, der sogar eine Schrift zur Verteidigung Hegels gegen Anwürfe wegen dessen »Staatsfeindschaft« dienen sollte, scheiterte indes an seinem politischen Engagement in der »Breslauer Burschenschaft von 1831/32«, für die ihn der Radikaldemokrat, spätere Kommunist und engste persönliche Freund von Marx und Engels Wilhelm Wolff geworben hatte, dem er zeitlebens verbunden blieb. Zwar mußte E. nicht die ihm dafür ursprünglich zudiktierten sechs Jahre, sondern 1838/39 nur sechs Monate Festungshaft auf dem schlesischen Silberberg absitzen, aber die Amtsunfähigkeitsbestimmung des Urteils zwang ihn zunächst in die Laufbahn eines Privatlehrers, der nebenbei für schlesische Zeitungen korrespondierte und nach politischen Lockerungen erst 1843 Aufnahme ins Kollegium des berühmten Breslauer Maria-Magdalena-Gymnasiums fand. Gefügig machten ihn die staatsoffiziellen Ausgrenzungen und Benachteiligungen freilich nicht. Im Gegenteil: Rasch wurde er als gewitzter und von den Zensoren gefürchteter Oppositionsgeist bekannt, nachdem er 1842 die

Redaktion der seit 1836 als Beiblatt der konservativen *Breslauer Zeitung* erscheinenden *Schlesischen Chronik* übernommen hatte. Es war im wesentlichen sein Verdienst, wenn dieses Provinzblatt eine für Zensurverhältnisse bemerkenswert linke Richtung einschlug, die Interessen breiter Bevölkerungsschichten zur Geltung brachte und zu einem gefragten Publikationsorgan schlesischer Demokraten und Sozialisten wurde. Von Karl Friedrich Wilhelm Wander, dem Pädagogen und Sprichwörtersammler, bis zu Wilhelm Wolff fanden zahlreiche lokale Korrespondenten, meist Lehrer aus Landgemeinden und Kleinstädten, hier eine Tribüne für ihre Attacken gegen die bestehenden Zustände. E.s eigene, »Mißvergnügen erregende« Artikel, die namentlich der politischen Aufklärung des Landvolkes dienten, empfahlen ihn der Öffentlichkeit bald als führenden Kopf der entschiedenen antigouvermentalen Opposition in Schlesien.

Nach der Märzrevolution 1848 erreichte E.s Landagitation während der Wahlvorbereitungen im April 1848 einen Gipfelpunkt. Als einer der ersten verlangte er in seinem Wahlaufruf die entschädigungslose Abschaffung sämtlicher Feudallasten: Die zu wählenden Abgeordneten werden »die Aufhebung der bisherigen gutsherrlichen und bäuerlichen Regulierungsgesetze ohne Entschädigung anzutragen und durchzusetzen haben, was jedoch nur in einer Nationalversammlung tunlich sein wird, in welcher so wenig als möglich Rittergutsbesitzer Stimmen haben.« Einer der Gründer des »Demokratischen Vereins« in Breslau und neben Eduard von Reichenbach, Julius Stein, Nees von Esenbeck, Philipp Hoyoll und Heinrich Simon in führender Position in der schlesischen Demokratie, wurde E. im Mai 1848 in Hirschberg in die preußische Verfassungsgebende Versammlung gewählt und schloß sich dem entschiedenen linken Flügel an. Volksinteressen zu vertreten war sein ausdrückliches Anliegen. Er gehörte zu den Abgeordneten, die am häufigsten das Wort nahmen. Gemeinsam mit Reichenbach und Stein brachte er bereits am 30. Mai 1848 den ersten Antrag an die preußische Konstituante ein: die »hohe Versammlung wolle erklären, daß die Revolutionshelden des 18. und 19. März sich um das Vaterland verdient gemacht haben.« Als Mitglied der Verfassungskommission, Referent für Unterrichtsfragen, forderte er die Trennung von Schule und Kirche und die Unentgeltlichkeit allen öffentlichen Unterrichts. In Diskussionen und bei Abstimmungen über die preußische Verfassung im Oktober 1848 gehörte er zu den treibenden Kräften, die die Beschlüsse zur Streichung des königlichen Titels »von Gottes Gnaden«, Abschaffung des Adels und Beseitigung des adligen Jagdrechts wie anderer Feudalrechte im Parlament durchsetzten. Als Leiter der Petitionskommission setzte er alles daran, die massenhaft ans Parlament gesandten Protestadressen gegen den Staatsstreich der Krone im November 1848 öffentlich zu machen. Er beschloß am 15. November 1848 die Steuerverweigerung mit und engagierte sich für deren Realisierung in seinem Wahlkreis, was ihm eine – wegen Mangels an Beweisen freilich bald niedergeschlagene – gerichtliche Untersuchung einbrachte.

Die siegreiche Konterrevolution suchte dafür eine andere Gelegenheit, um den im Januar 1849 erneut ins preußische Parlament gewählten Steuerverweigerer außer Gefecht zu setzen. Wegen »intellektueller Urheberschaft aus Fahrlässigkeit« am Breslauer Aufstand für die Reichsverfassung von Anfang Mai 1849 verurteilte ihn das Oberlandesgericht Breslau im Juni 1850 zu zwei Jahren Zuchthaus, dem er nur durch Flucht nach England entging.

Nach Freispruch durch das Obertribunal im August 1851 wieder nach Breslau zurückgekehrt, übernahm der inzwischen vom Disziplinarhof als untragbar entlassene Gymnasiallehrer, zeitweise gemeinsam mit (dem als Achtundvierziger rechtswidrig aus seinem Amt als Vizepräsident des Oberlandesgerichts in Münster entfernten) Jodkus Temme, die Redaktion der *Neuen Oder-Zeitung*, die er mit anderen bereits im Herbst 1849 in ein *Organ sämtlicher Fraktionen demokratischer Richtung in Schlesien* umgewandelt hatte. Nicht zuletzt seinem Einsatz und taktischen Geschick war zu verdanken, daß dieses Blatt in den fünfziger Jahren zu einem der wirkungsvollsten demokratischen Sprachrohre in Deutschland wurde, an dem 1855 auch Marx als Londoner Korrespondent mitarbeitete. Als die *Neue Oder-Zeitung* Ende 1855 aus Finanzmangel unterging, hob E. gemeinsam mit dem Literaten August Semrau die *Breslauer Morgenzeitung* aus der Taufe und setzte damit – allerdings gemäßigter – die journalistische Opposition zur preußischen Regierungspolitk fort. Bis 1890 blieb er deren Redakteur.

Als sich in den sechziger Jahren wieder regeres politisches Leben entfaltete, war – wie viele andere 1848er Demokraten – auch E. auf dem Plan und unterstützte die sich im Nationalverein (1859–1867) und in der Deutschen Fortschrittspartei (DFP, 1861–1884) formierende liberale Opposition in Preußen. Den letztlich gescheiterten Versuch zur Bildung einer eigenen demokratischen Partei hat er nicht mit unternommen. Auch neigte er bei der Spaltung der Fortschrittspartei 1867 (woraus die Nationalliberale Partei hervorging, 1867–1918) stärker dem rechten nationalliberalen Flügel zu, begrüßte schließlich die kleindeutsche Einigung Deutschlands »von oben«, ja plädierte 1870/71 sogar für die Annexion Elsaß-Lothringens. Nichtsdestoweniger hatte er mit Bismarck nichts im Sinn, hielt vielmehr an seiner oppositionellen, kritischen Haltung gegenüber Staat und Regierung fest und machte im hohen Alter sogar nochmals einen Linksschwenk. Bei der Abspaltung der Linksliberalen von der Nationalliberalen Partei schloß er sich 1893 der Freisinnigen Volkspartei an und betrieb für sie in Breslau Wahlpropaganda.

E.s politisches Hauptinteresse galt in den letzten drei Jahrzehnten jedoch immer mehr den kommunalen Belangen seiner Heimatstadt Breslau. Seit 1863 Abgeordneter der Breslauer Stadtverordnetenversammlung, engagierte sich der begabte und erfolgreiche Schulmann, der in den fünfziger Jahren mehrere naturgeschichtliche Lehrbücher bearbeitet und herausgegeben hatte, auf dem Felde der städtischen Schulpolitik. Die Verwandlung der drei- und vierklassigen Elementarschulen Breslaus in sechsklassige war in hohem Maße sein Werk.

Nowak, K.G.: Schlesisches Schriftstellerlexikon. Bd. 5, Breslau 1841.

Walter Schmidt

Engels, Friedrich

Geb. 28. 11. 1820 in Barmen (heute Wuppertal); gest. 6. 8. 1895 in London

E. brachte schon von Haus aus - ähnlich wie Karl Marx - erhebliches Mißtrauen gegenüber dem bürokratischen preußischen Staat mit. Seine Familie erlebte als Rheinländer die zweideutigen Fortschritte der »Verpreußung«. Während der bürgerlichen Revolution von 1848/49 war E. daher aktiv an der Seite der demokratischen Linken und kämpfte sogar in der Pfalz mit den bewaffneten Revolutionären zusammen für die ersehnte deutsche Republik. Im Herbst 1847 verfaßte E. seine *Grundsätze des Kommunismus*, die Karl Marx bei der Formulierung des *Kommunistischen Manifests* heranzog. E. ging hier nur sehr kurz auf die politische Form des Klassenkampfes ein. In seiner 24. Frage nannte er drei »Klassen von Sozialisten«, von denen sich die revolutionären Kommunisten unterschieden. Während die »feudalen oder patriarchalischen« Sozialisten, die zur vorbürgerlichen Gesellschaft zurückkehren wollten, bekämpft werden müßten und die »bürgerlichen Sozialisten« lediglich kleine reformerische Korrekturen an der herrschenden Wirtschaftsweise vorschlügen, könne mit der dritten »Klasse«, den »demokratischen Sozialisten« immerhin zeitweise zusammengearbeitet werden. Diese hätten nämlich »bis zur Erringung der Demokratie (...) in vieler Beziehung dasselbe Interesse wie die Proletarier«. Das gelte insbesondere für Deutschland, wo »der entscheidende Kampf zwischen Bourgeoisie und der absoluten Monarchie erst bevorsteht«. Sobald aber die Bourgeoisie und ihre Verbündeten über die absolute Monarchie gesiegt und eine demokratische Verfassung durchgesetzt hätten, bestünde die Aufgabe der kommunistischen Partei im Kampf für die Umgestaltung der Eigentumsverhältnisse, die zur Abschaffung der (Ausbeuter-)Klassen führe und schließlich den Staat »absterben läßt«.
In seiner Einschätzung des »Reifegrades« der europäischen Gesellschaften für die proletarische Revolution täuschte sich E. genauso wie Karl Marx 1848/49. Dennoch erkannte E. noch 1893 in einer Vorrede zur italienischen Übersetzung des *Manifests*, daß die »Revolution von 1848«, auch wenn sie »keine sozialistische« gewesen war, doch »dieser den Weg geebnet und den Boden für sie vorbereitet« habe. Die Revolutionserwartung wurde seit dem Scheitern der Achtundvierziger Revolution immer nachdrücklicher an das Wachstum des Proletariats und der industriellen Entwicklung geknüpft. Insbesondere hob E. die Veränderungen in der Weltwirtschaft - den Aufstieg der USA und die politischen Folgen der Industrialisierung Rußlands - hervor. 1881 war er schon davon überzeugt, daß in England »die Demokratie«, nachdem »die industrielle und landwirtschaftliche Arbeiterklasse die überwältigende Mehrheit des Volkes bildet«, »nicht mehr und nicht weniger als die Herrschaft der Arbeiterklasse« bedeute. Um eine soziale Umwälzung zu verwirklichen, fehle dem Proletariat allerdings noch das notwendige politische Klassenbewußtsein.
Auch wenn E. der Hochschätzung der Pariser Kommune-Verfassung (1871) durch Karl Marx nicht direkt widersprach, fügte er doch in den Jahren nach dem Tod von Karl Marx (1883) neue Akzente hinzu. Durch genaues Studium der politischen Verhältnisse in Kanada und Australien fand er weitere Vorbilder für demokratische Verhältnisse ohne bürokratische Beeinträchtigung. In seiner Kritik des Erfurter Programms der SPD von 1891 präzisierte E. die Forderung nach Herstellung einer demokratischen Republik im Unterschied zum Scheinkonstitutionalismus des Deutschen Reiches: »Also einheitliche Republik. Aber nicht im Sinne der heutigen französischen, die weiter nichts ist als das 1789 begründete Kaiserreich ohne den Kaiser. Von 1792 bis 1798 besaß jedes französische Departement, jede Gemeinde vollständige Selbstverwaltung nach amerikanischem Muster, und das müssen wir auch haben. Wie die Selbstverwaltung einzurichten ist und wie man ohne Bürokratie fertig werden kann, das bewies uns Amerika und die erste französische Republik, und noch heute Australien, Kanada und die anderen englischen Kolonien«. Gemeint waren offenbar die Kolonien mit überwiegend eingewanderter Bevölkerung, nicht die koloniale Herrschaft über »Eingeborene«, von der E. hier ganz absah.
Trotz seiner Empfehlung der Selbstverwaltung in den USA diagnostizierte E. gerade auch an der amerikanischen Demokratie eine bedenkliche Verselbständigung der Politiker gegenüber ihren Wählern: »Nirgends bilden die ›Politiker‹ eine abgesondertere und mächtigere Abteilung der Nation als ge-

rade in Nordamerika. Hier wird jede der beiden großen Parteien, denen die Herrschaft abwechselnd zufällt, selbst wieder regiert von Leuten, die aus der Politik ein Geschäft machen. Die auf Sitze in den gesetzgebenden Versammlungen des Bundes wie der Einzelstaaten spekulieren oder die von der Agitation für ihre Partei leben und nach deren Sieg durch Stellen belohnt werden. Es ist bekannt, wie die Amerikaner seit dreißig Jahren versuchen, dies unerträglich gewordene Joch abzuschütteln, und wie sie trotz alledem immer tiefer in diesen Sumpf der Korruption hineinsinken. Gerade in Amerika können wir am besten sehen, wie diese Verselbständigung der Staatsmacht gegenüber der Gesellschaft, zu deren bloßem Werkzeug sie ursprünglich bestimmt war, vor sich geht«.
Wenn daher das allgemeine und gleiche Wahlrecht und die Demokratie zu »Mitteln« der Emanzipation der Arbeiterklasse werden sollten, mußte – auch nach E. – diese Verselbständigung der Staatsmacht überwunden werden. Das von der Pariser Kommune konzipierte Verfahren der Abberufbarkeit der Delegierten und der Bezahlung aller Amtsinhaber mit Arbeiterlohn erschien auch ihm als hierfür geeignet.
Historisch am einflußreichsten war jedoch E.s Betonung der Möglichkeit eines »friedlichen Übergangs vom Kapitalismus zum Sozialismus« – in Ländern, deren Parlamente »alles tun können, was die Mehrheit der Abgeordneten will.« In seiner 1895 veröffentlichten Einleitung zu der Schrift *Die Klassenkämpfe in Frankreich* von Karl Marx bezog E. jetzt auch das Deutsche Reich in den Umkreis der Länder ein, in denen die proletarische Revolution durch Wahlerfolge ihrem Ziel entgegengebracht werden konnte: »Mit dieser erfolgreichen Benutzung des allgemeinen Stimmrechts war aber eine ganz neue Kampfweise des Proletariats in Wirksamkeit getreten, und diese bildete sich rasch weiter aus. Man fand, daß die Staatseinrichtungen, in denen die Herrschaft der Bourgeoisie organisiert ist, noch weitere Handhaben bieten, vermittels derer die Arbeiterklasse diese selben Staatseinrichtungen bekämpfen kann. Man beteiligte sich an Wahlen für Einzellandtage, Gemeinderäte, Gewerbegerichte, man machte der Bourgeoisie jeden Posten streitig, bei dessen Besetzung ein genügender Teil des Proletariats mitsprach. Und so geschah es, daß Bourgeoisie und Regierung dahin kamen, sich weit mehr zu fürchten vor der gesetzlichen als vor der ungesetzlichen Aktion der Arbeiterpartei«. Inzwischen waren aber auch die Barrikadenkämpfe infolge der militärtechnischen Entwicklung obsolet geworden. Eduard Bernstein schloß seine reformerischen Thesen zur Taktik der Sozialdemokratie an diese und ähnliche Äußerungen von E. an. Er übersah allerdings, daß E. nach wie vor damit rechnete, daß die herrschende Klasse, noch ehe die proletarische Mehrheit zum Mittel der revolutionären Aufhebung der Klassen würde, die Verfassung bräche und auf nackte Gewalt rekurrierte. So schieb E. zum Beispiel 1892 in einem Brief an Giovanni Bovio: »Vor allem habe ich nicht gesagt, daß die sozialistische Partei die Mehrheit erlangen und dann die Macht ergreifen wird. Ich habe im Gegenteil betont, die Aussichten stünden zehn zu eins, daß die Herrschenden noch lange vor diesem Zeitpunkt gegen uns Gewalt anwenden werden; das aber würde uns vom Boden der Stimmenmehrheiten auf den Boden der Revolution führen«.
Am Ende der revolutionären Entwicklung solle aber, zusammen mit den Klassen und dem »engen bürgerlichen Rechtshorizont«, auch der Staat selbst, also auch die Demokratie verschwinden. In dem von E. verfaßten Vorwort zu *Internationales aus dem Volksstaat* aus dem Jahr 1894 heißt es: »Das politische Endziel (ist) die Überwindung des ganzen Staates, also auch der Demokratie«. Aus diesem Grunde lehnte er die Bezeichnung »Sozialdemokratie« für die revolutionäre Arbeiterpartei als unpassend ab.

Hirsch, H.: Friedrich Engels, dargestellt in Selbstzeugnissen und Bilddokumenten. Reinbek bei Hamburg 1968. – Kupisch, K.: Vom Pietismus zum Kommunismus, Historische Gestalten, Szenen, Probleme. Berlin 1953. – Mayer, G.: Friedrich Engels, eine Biographie. 2 Bde. Den Haag (2. Aufl.) 1934. – Pelger, H. (Hg.): Friedrich Engels, 1820–1970, Referate, Diskussionen, Dokumente. Hannover 1970.

Iring Fetscher

Erdmann, Lothar

Geb. 12. 1. 1888 in Breslau; gest. (nach Folter) 18. 9. 1939 im KZ Sachsenhausen

Anfang September 1939 wurde E. zusammen mit mehr als einhundert führenden Köpfen der Arbeiterbewegung von der Gestapo verhaftet und in das KZ Sachsenhausen überstellt. Die nationalsozialistischen Machthaber wollten mit dieser Maßnahme mögliche öffentliche Reaktionen auf ihren brutalen Überfall Polens unterbinden. Folterungen blieben nicht aus: E. berief sich vergeblich auf seinen Offiziersrang im Ersten Weltkrieg, durch den er sich gegen jede Handgreiflichkeit geschützt glaubte. Der sensible Gelehrte und Publizist hatte den grausamen Torturen durch das Wachpersonal nichts entgegenzusetzen und starb zwei Wochen nach seiner Inhaftierung an den erlittenen Verletzungen.
Vor dem Ersten Weltkrieg lebte E. länger in England. Dort lernte er die Gesellschaft der Fabier kennen, eine Gruppe englischer Sozialisten, zu denen Bertrand Russell gehörte. Deutsche Revisionisten um Eduard Bernstein orientierten sich

an derselben Gruppe. Besondere Faszination ging von George Bernard Shaw aus, den E. im Jahre 1913 traf. Während des Krieges arbeitete E. für Wolffs Telegrafenbüro in Amsterdam. Er befreundete sich mit den Kollegen der Amsterdamer Internationale, so daß er nach dem Kriege als Redakteur für den »Internationalen Gewerkschaftsbund« (IGB) arbeiten konnte. Als Theodor Leipart an der Spitze des »Allgemeinen Deutschen Gewerkschaftsbundes« (ADGB) in Berlin nach einem geeigneten Redakteur für *Die Arbeit*, das neu zu schaffende Organ der Gewerkschaftsbewegung, suchte, war E. der Mann seiner Wahl. E. machte aus dieser Zeitschrift ein Blatt von wissenschaftlichem Format und literarischer Ausstrahlung.

Den Ausweg aus der akuten Krise der Weimarer Republik sah E. in einer Synthese der sozialen und der nationalen Bewegung in Deutschland. Die schöpferische Verbindung von Arbeiterschaft, Volk und Nation bestimmte seine redaktionelle Linie von 1923 bis 1933. Der Ruhrkampf wurde für ihn zum Exerzierfeld dieser Konstellation (*Die Gewerkschaften im Ruhrkampf*, Berlin 1924). In der Frage des Panzerkreuzerbaus 1928 brachte E. die Gewerkschaften auf Regierungslinie. Halb drängte ihn die Notwendigkeit einer breiteren Verankerung der Republik im Bewußtsein des deutschen Volkes, halb zogen ihn nationalromantische Sehnsüchte in verführerische Konstellationen des Untergangs. So schrieb er im Frühjahr 1933, als Querfronten von linken Nazis und rechten Sozis bis zu christlich-nationalen Gruppierungen einen Ausweg aus der verzweifelten Lage zu weisen schienen: »Die Nation wird souverän, das heißt zum Herrn über sich selbst in dem Augenblick, in dem der Kreislauf des nationalen Lebens ungehemmt in alle Teile dringt, in dem auch die Arbeiter, mit den Worten des großen Verfemten zu sprechen, sich zur ›nationalen Klasse‹ erhoben haben mit dem großen Ziel, ›sich selbst als Nation zu konstituieren, wenn auch keineswegs im Sinne der Bourgeoisie‹«.

Die Nazis machten ihm am 2. Mai 1933 verlockende Angebote, denen er prinzipientreu widerstand. Er wurde arbeitslos und mußte sich als freier Publizist mit seiner großen Familie mehr schlecht als recht durchschlagen (*Die Hilfe*, *Deutsche Zukunft*, *Deutsche Allgemeine Zeitung*). Einige außenpolitische Erfolge Hitlers, darunter der »Anschluß Österreichs«, imponierten ihm. Gleichwohl meinte sein Sohn Dietrich in einem Brief an den Verfasser, daß E. niemals »Nationalist« gewesen sei: »Mein Vater war ein Patriot, ein Mensch, der sein Vaterland liebte, der selbst sozusagen das geistige Deutschland verkörperte. Ich habe oft mit ihm über eine Emigration gesprochen. Seine Antwort war immer: Was soll aus Deutschland werden, wenn alle Gegner des Nationalsozialismus auswandern?« E. versuchte, die nationale Neigung der Deutschen mit freiheitlichen, demokratischen und sozialistischen Idealen zu verbinden. Er scheiterte an dieser Aufgabe auf tragische Weise.

Leber, A.: Das Gewissen steht auf. Berlin 1954. - Schuster, D.: Zum Gedächtnis an Lothar Erdmann, in: Gewerkschaftliche Monatshefte, 20.Jg. 1969, S. 547-551. - Seidel, R.: In Memoriam Lothar Erdmann, in: Gewerkschaftliche Monatshefte, 1.Jg., 1950, S. 1-6.

Gerhard Beier

Erhard, Johann Benjamin

Geb. 8.2. 1766 in Nürnberg; gest. 28.11. 1827 in Berlin.

Während in Frankreich die Terreur herrschte, entwickelte E. seine von Kant ausgehende revolutionäre Rechtstheorie: eine autonome Antwort des deutschen Jakobinismus auf die mit der Französischen Revolution gestellten Rechtsprobleme, ein spezifisch deutscher Beitrag zur moralischen Berechtigung der Umwälzung. Die Eingrenzung auf die theoretische Sphäre überwand E., indem er, freilich geheim, praktisch an einer Revolution in Nürnberg und Süddeutschland mitzuwirken suchte. Dafür scheute er sich nicht, als Geheimagent für das französische Außenministerium zu arbeiten.

Die Reichsstadt Nürnberg stellte eine Hochburg des deutschen Jakobinismus rechts des Rheines dar. Hier gab es immer wieder proletarische Protestbewegungen und Erhebungen und hier florierte eine im ganzen Reich einmalige Untergrundliteratur. Die Wirtschaft befand sich im Abstieg, der besonders hart die Scheibenzieher traf, zur Zeit der Mainzer Republik das revolutionärste Handwerk Nürnbergs.

E. verließ mit 11 Jahren die Lateinschule und verdiente von da an sein Geld als Scheibenzieher und Graveur in der väterlichen Werkstatt. Als der Betrieb ihn nicht mehr ernähren konnte, entschied er sich, 22 Jahre alt, für die Ausbildung zum Arzt und studierte in Würzburg. Bis dahin hatte er sich autodidaktisch zu einem der besten deutschen Kantianer herangebildet, der in Verbindung mit vielen philosophischen Größen der Zeit stand.

E. litt an der Diskrepanz zwischen der armen Herkunft und seinen geistigen Fähigkeiten, zwischen emanzipatorischen Wünschen und den dumpfen Verhältnissen. Wegen seiner Radikalität galt er seinen Freunden als ein Nürnberger Rousseau. Schon 1791, bei der Flucht des französischen Königs, plädierte er für den Krieg, die Ausrufung der Republik und die Ausweisung des Verräters. Die spätere Hinrichtung hielt er moralisch für gerechtfertigt, politisch aber für unklug. Dieses

Urteil dehnte er im Laufe der Zeit auf die ganze königliche Familie aus.
Nach dem Sieg der französischen Revolutionsarmee in der Kanonade von Valmy am 20. September 1792 wollte E. nach Frankreich auswandern, wie damals Hunderte deutscher Revolutionsfreunde. Rund 200 dieser Anhänger sind damals wirklich ins Elsaß emigriert. Die jakobinische Radikalisierung der Revolution schreckte ihn nicht ab, er hielt zu Marat (was in Deutschland selten war), begrüßte die jakobinische Verfassung von 1793 und nahm sie zum Maßstab für sein Revolutionsverständnis. Diese nie in Kraft gesetzte Verfassung war für ihn »die erste Konstitution für Menschen, alle andern bis jetzt vorhandenen Konstitutionen sind eigentlich nur Versuche in der Viehzucht.«
Die Französische Revolution schätzte E. als unvermeidlichen Fortschritt des menschlichen Geistes. Die Umwälzung stellte er unter den Aspekt der Moralität: Ein ethischer Standpunkt, der sich an der Respektierung der ewigen, unveräußerlichen Menschenrechte orientierte. Aus diesen Gründen akzeptierte er auch die Terreur unter Robespierre, soweit er sie aus dem »Moniteur« kannte. Freilich sah er dabei die Volkssouveränität verletzt.
Auch für Deutschland erwartete E. eine Revolution, er war zuversichtlich, daß die Franzosen ab 1796 auf ihren Feldzügen eine revolutionäre Verfassung etablieren würden. Kaum hatte er 1794 Verbindungen mit der geheimen Wiener Jakobinergruppe aufgenommen, schrieb er sein Hauptwerk *Über das Recht des Volks zu einer Revolution* (Jena und Leipzig 1795). Das Buch wurde in mehreren deutschen Staaten verboten und auf der Leipziger Messe beschlagnahmt. Ein Recht zur Revolution gab es nur in der jakobinischen Verfassung von 1793. Marat rechtfertigte damit auch die Septembermassaker von 1792, bei denen etwa 1100 Gefängnisinsassen, überwiegend Priester, umkamen. E. sah vier moralische Gründe für eine Revolution: um Ungerechtigkeiten abzustellen, Gerechtigkeit möglich zu machen und um eine offensichtliche Beleidigung der Menschenrechte aufzuheben, Menschenrechte und Menschenwürde zu verteidigen und um die Aufklärung zu vollenden.
Der besonderen deutschen Situation entsprach, daß E.s Buch auf hohem theoretischen Niveau die Rechtfertigung der Revolution thematisierte, nicht aber den Aufbau der Demokratie nach den Prinzipien von Freiheit und Gleichheit. Die Legitimation des positiven Rechtes sah er eingeschränkt durch die Menschenrechte. Ein Staat, der diese allgemeinste Rechtsgrundlage nicht respektiere, müsse zerstört werden. Standesprivilegien machten für E. eine Revolution unvermeidlich. Dementsprechend schloß E. die derzeit Herrschenden aus dem Begriff des »Volkes« aus. E.s Eigentumstheorie war durch seine soziale Herkunft und Erfahrung geprägt. Eigentum sei dazu da, Bedürfnisse zu befriedigen. Es müsse sich durch seinen Ursprung aus der eigenen Arbeit rechtfertigen. Legitimation vollzöge sich durch gesellschaftlichen Gebrauch, nicht durch bloßen Rechtstitel. Ein mehr plebejisches Eigentumsverständnis, wie es sich in Deutschland seit Jahrhunderten in der ländlichen Gesellschaft und in den städtischen Unterschichten gehalten hatte.
E.s Werk bot kein Konzept für die revolutionäre Praxis, sondern stellte die rechtsphilosophische Fassung einer Umwälzung dar. Es enthielt utopische Elemente, die aktuell geblieben sind. So verlegte E. die Geltung des Naturrechts in die Zukunft. Um das, was sein sollte, zu erkunden, richtete sich sein Blick nach vorn, nicht zurück in eine idealisierte Vergangenheit.
E. beließ es nicht beim Philosophieren; er beteiligte sich direkt an Vorbereitungen zu revolutionären Aktionen. In Übereinstimmung mit seinem Buch über das *Recht des Volkes zu einer Revolution* publizierte er ein Manifest, mit dem er das Volk zum Umsturz aufrief (*Wiederholter Aufruf an die deutsche Nation*). Als zwei Jahre später erstmals französische Truppen in Nürnberg einrückten, schien die Möglichkeit des Umsturzes gekommen. Für die Vorbereitung des Feldzuges hatte E. das französische Außenministerium in Geheimberichten über militärische, ökonomische und politische Fragen informiert. Er war nur einer von vielen Demokraten, die den Franzosen zeitweise nachrichtendienstliche Hilfe geleistet haben.
Seine Berichte schrieb er unter dem für ihn bezeichnenden Pseudonym Charitophile Nomocrates. Bei der Beurteilung der deutschen Lage kam ihm eine hellsichtige Erkenntnis: »Der Charakter der Deutschen ist im Durchschnitt phlegmatisch und hartnäckig. Sie können das Gute jahrelang einsehen, ohne es ins Werk zu setzen.« Das zeigte sich auch in Nürnberg, wo mehrere Aufstandsversuche scheiterten und aus der erhofften Revolution nichts wurde. E. trat 1797 in preußische Dienste (Ansbach) und ließ sich 1799 als Arzt in Berlin nieder. Dort verkehrte er im Salon von Rahel Varnhagen, ohne sich an den Diskussionen zu beteiligen. In seinen Augen waren die emanzipatorischen Chancen des Zeitalters und die Möglichkeiten seines eigenen Lebens, für die Menschenrechte etwas Bleibendendes zu leisten, verspielt. E. verfiel in Resignation. So schrieb er in einem Brief von 1804: »Der göttlich große Versuch der Menschen in Frankreich, sich zu ihrer Würde zu erheben, hat mit einem Skandal geendigt, das der Orient nicht ärger aufzuweisen hat. Die Literatur ist für meine Denkart, der großen Masse nach, ein Tollhausprotokoll geworden.« Ähnlich heißt es 1810: »Ich habe keine Herzensangelegenheit mehr. Ich habe mich überlebt.« Er konnte sich nur noch, wie er sagte, »gemächlich tot leben.«
Als nach Napoleons Abgang die deutschen Fürsten ihre Völker um die versprochenen verfassungsmäßigen Freiheiten be-

trogen und die Erregung darüber in Untergrundbewegungen und schließlich in der Ermordung des Dichters und russischen Staatsrats August von Kotzebue durch den Studenten Karl Ludwig Sand mündete, sah E. sehr deutlich: dieser Mord sei auf eine fehlgeleitete 50 Jahre andauernde Emanzipationsgeschichte zurückzuführen.

Batscha, Z.: Johann Benjamin Erhards politische Theorie, in: Ders. Studien zur politischen Theorie des deutschen Frühliberalismus. Frankfurt/Main 1981, s. 66–90. – Haasis, H. G. (Hg.): Johann Benjamin Erhard. Über das Recht des Volks zu einer Revolution und andere Schriften. Reutlingen (4. Aufl.) 1989. – Varnhaben von Ense, A.: Denkwürdigkeiten des Philosophen und Arztes Johann Benjamin Erhard. Stuttgart 1830 (auch in Varnhaben von Ense, A.: Denkwürdigkeiten und vermischte Schriften, Bd. 1. Mannheim 1837, S. 230ff)

Hellmut G. Haasis

Erzberger, Matthias

Geb. 20. 9. 1875 in Buttenhausen; gest. (ermordet) 26. 8. 1921 bei Bad Griesbach

Mit dem Namen E. verbindet sich nicht nur die bis 1919 umfangreichste Reform der deutschen Finanzgeschichte (Erzbergersche Finanzreform), sondern auch eines der dunkelsten Kapitel in der Geschichte der Weimarer Republik. In den ersten Jahren nach 1919 war der gegenseitige Haß der politischen Gegner so maßlos geworden, daß Extremisten im Kampf um den richtigen politischen Weg jedes Mittel, sogar den politisch motivierten Mord, für gerechtfertigt hielten. Viele Rechtsradikale verabscheuten den Zentrums-Abgeordneten und Reichsfinanzminister E. So gehörten seine Mörder der berüchtigten »Organisation Consul« an, die von dem aus dem Kapp-Putsch vom März 1920 bekannten Kapitän Hermann Ehrhardt angeführt wurde. Nach der Tat entzogen sich die Mörder E.s mit Hilfe von Nationalsozialisten der deutschen Justiz. Gründe für diesen tödlichen Haß lagen in E.s dezidierter und unbequemer Haltung gegenüber der antirepublikanischen Rechten.

E. stammte als Sohn eines Schneiders und Postboten aus bescheidenen Verhältnissen und arbeitete nach der Ausbildung zum Volksschullehrer als Journalist und Redakteur. 1903 wurde er erstmals für das (katholische) Zentrum im Wahlkreis Biberach in den Reichstag gewählt. Er profilierte sich hier – seit 1904 als Mitglied des Haushaltsausschusses – zum Finanzexperten und zum Führer des linken Flügels der Partei. Insbesondere machte er sich als scharfer Kritiker der deutschen Kolonialpolitik in Afrika einen Namen.

Als Vertrauensmann des Thyssenkonzerns formulierte E. jedoch zu Beginn des Ersten Weltkriegs weitreichende Kriegsziele, darunter »die Zersplitterung des russischen Kolosses«, Annexionen in Ost und West sowie die Schaffung eines großen deutschen Zentralafrika von Daressalam bis Senegambien, u.a. durch die Annexion Nigerias (*Kriegszieldenkschrift vom 2. 9. 1914*). Nach den deutschen militärischen Rückschlägen wandelte sich E. jedoch zum Befürworter eines »Verständigungsfriedens« und setzte die Friedensresolution des Reichstages vom Juli 1917 durch. Darüber hinaus war E. als Opponent der deutschen Führung und ihrer Politik im Ersten Weltkrieg maßgeblich am Sturz des Reichskanzlers Theodor von Bethmann Hollweg (ebenfalls im Juli 1917) beteiligt. E. zählte zu jenen deutschen Politikern, die, verstärkt nach der russischen Februarrevolution 1917, auf eine innenpolitische Verfassungsreform drängten. Von seiten der politischen Rechten wurde E. zu Unrecht für die harten Waffenstillstandsbedingungen und den Versailler Vertrag verantwortlich gemacht. Als Leiter der deutschen Delegation unterschrieb er am 11. November 1918 den Waffenstillstand von Compiègne, der im Sinne eines »Vorfriedensvertrages« den Anspruch Deutschlands auf einen »gerechten« Frieden (entsprechend der »14-Punkte-Erklärung« des amerikanischen Präsidenten Woodrow Wilson) zum Ausdruck bringen sollte. Während das von Ulrich Graf von Brockdorff-Rantzau geführte deutsche Auswärtige Amt in der Folgezeit jede Bestimmung eines Friedensvertrages in Versailles ablehnte, die nicht einem »gerechten Frieden« entsprach, wollte E. sich hinsichtlich der jeweiligen Umstände flexibel zeigen. Er widersetzte sich daher der starren, wenn auch populären Haltung des Außenministers. Nach Auffassung Brockdorff-Rantzaus sollte Deutschland ähnlich wie Frankreich auf dem Wiener Kongreß von 1815 wieder als gleichberechtigtes Mitglied in die Friedensordnung der Nachkriegsjahre aufgenommen werden. E. kritisierte vor allem, daß keine Überlegungen hinsichtlich einer Kompromißlösung angestellt wurden. Deshalb bemühte er sich in Versailles, hinter dem Rücken Brockdorff-Rantzaus mit der amerikanischen Delegation Kompromisse zu erarbeiten. Erst als das Vorgehen der deutschen Delegation in Versailles scheiterte, konnte E. die Annahme der Friedensbedingungen durchsetzen. Deutschland mußte den Friedensvertrag annehmen.

Aber nicht nur Brockdorff-Rantzau fühlte sich durch E. desavouiert. E. wurde von nun an von der äußersten Rechten als »Erfüllungspolitiker« diffamiert; ihr unermüdlicher Kampf gegen den perhorreszierten Vertrag von Versailles zeigte, wie sehr die Friedensbestimmungen zu einer Hypothek für den Bestand der ungefestigten Republik wurden. Von Anfang an haftete dem ungeliebten System »der nationale Makel an, aus einer militärischen Niederlage hervorgegangen zu sein« (Heinrich August Winkler). Gemäßigt Denkende wie E. galten als »Verräter« und mußten mit dem Schlimmsten rechnen. Selbst in den eigenen Reihen verlor er an Rückhalt, wie die von ihm seit Juni 1919 als Reichsfinanzminister (und Zentrumsführer) durchgeführte Finanzreform zeigt. Zum einen hatte E. es gewagt, nach dem verlorenen Krieg auch die besitzenden Schichten stärker als bisher für steuerliche Leistungen heranzuziehen; zum anderen stand die Reichsfinanzreform selbst mit ihren folgenden Inhalten in der Kritik: 1) Aufbau einer einheitlichen Reichsfinanzverwaltung, wobei als oberste Behörde das Reichsfinanzministerium fungierte, während, die Landesfinanzämter die Mittelbehörden darstellten, denen die örtlichen Finanzämter unterstanden. Einen größeren Eingriff in die Verwaltungszuständigkeit der Länder hat es danach in der Weimarer Republik nicht mehr gegeben. 2) Der Zentralisierung der Finanzverwaltung entsprach auch die Vereinheitlichung des Steuerrechts durch die Zusammenfassung der bisherigen Steuergesetze der Länder. 3) Reform des Finanzausgleichs: Das alte Trennsystem von direkten und indirekten Steuern von Reich und Ländern wurde ersetzt durch ein Verbundsystem mit Steuerüberweisungen des Reiches und prozentualer Beteiligung der Länder und Gemeinden an den ertragreichsten Steuern.

Diese zentralistisch orientierte und um sozialen Ausgleich bemühte Steuergesetzgebung E.s führte zu den Vorwürfen des bayerischen Parteiflügels des Zentrums, die neuen Bestimmungen seien »Vorarbeiten für eine generelle Sozialisierung«. Aus dieser Auseinandersetzung resultierte der Bruch mit dem bayerischen Teil der Partei. Der extremen Rechten wurde E. nun vollends zur bevorzugten Zielscheibe ihres Hasses. In einer mit giftigen persönlichen Angriffen durchsetzten Broschüre *Fort mit Erzberger* erhob der deutschnationale Abgeordnete Karl Helfferich schwerste Vorwürfe gegen E.s Lauterkeit und Moral. E. reagierte mit einer Beleidigungsklage, die mit einem Sieg Helfferichs endete. Da die Richter der Strafkammer des Landgerichts I Berlin gegenüber E. voreingenommen waren, verurteilten sie zwar Helfferich wegen Beleidigung zu einer geringen Geldstrafe, erkannten jedoch den Nachweis für die E. angelasteten Beschuldigungen als erbracht an. Er mußte am 12. März 1920 von seinen Ämtern zurücktreten. Die Anhänger der alten Ordnung konnten triumphieren, die Republik dagegen hatte eine schwere Niederlage erlitten. Die Richterschaft der Weimarer Republik hatte sich angewöhnt, zwischen dem Wesen des Staates an sich, dem ihre Treue galt, und der auszuwechselnden, aktuellen Staatsform zu unterscheiden. Die nationale Gesinnung wurde höher als die Verfassungstreue eingestuft. Wenige Jahre nach der Ermordung E.s verkündete ein Amtsgerichtsrat in einer Broschüre, E. sei »der größte Halunke, den die Sonne je beschienen habe«. Fast noch erschreckender als diese ehrabschneidende Beschimpfung war der schamlose Jubel, mit dem der Tod E.s von vielen Deutschen aufgenommen wurde. Die Verrohung der politischen Moral in breiten Kreisen der Bevölkerung war unverkennbar.

Epstein, K.: Matthias Erzberger und das Dilemma der deutschen Demokratie. Berlin 1962. – Maser, W.: Zwischen Kaiserreich u. NS-Regime. Die erste deutsche Republik 1918 bis 1933. Bonn 1992. – Winkler, H.A.: Weimar. Die Geschichte der ersten deutschen Demokratie. München 1993.

Reiner Albert

Ewerbeck, Hermann August

Geb. 12. 11. 1816 in Danzig; gest. 4. 11. 1860 in Paris

E. war führender Funktionär und Theoretiker der frühen deutschen Arbeiterbewegung in der ersten Hälfte der 1840er Jahre, außerdem ein begabter Publizist. E.s Vater war Professor und Gymnasialdirektor. Er studierte von 1835 bis 1839 zunächst Philosophie und dann Medizin an der Berliner Universität. Während dieser Zeit entwickelte er seine Auffassungen zur Demokratie. Nach Abschluß der Dissertation *De phaenomenus opticis subjectivis* im Sommer 1839 reiste E. durch Deutschland, die Niederlande und Frankreich. 1840 kam er nach Paris und ließ sich dort nieder.

Im Sommer 1841 wurde E. in den seit 1836 existierenden revolutionären »Bund der Gerechten« aufgenommen und Mitarbeiter der vom Bund herausgegebenen Zeitung. Bis Herbst 1846 spielte er dort eine führende Rolle, indem er eine Leitungsfunktion bei der etwa 80 Mitglieder zählenden Pariser Organisation übernahm. Einige Hundert deutsche Arbeiter – Schreiner, Schmiede, Schneider und Gerber – waren in vier Zweigen dieses Arbeitervereins vereinigt, die mehrmals im Jahr Versammlungen veranstalteten.

E. leitete die Ausbildung: Er hielt wöchentlich Vorlesungen in Geschichte, Geographie, Nationalökonomie und Naturwissenschaften. Die Versammlungen der Bundesmitglieder fanden in E.s Wohnung statt. Im Bericht der französischen Polizei über die deutsche Emigration in Paris vom Juni 1845 hieß es: »Die Nachrichten sind angekommen, daß Dr. Ewerbeck, Blumenstraße Nr. 8, Leiter der deutschen Kommunisten in Paris ist. Bei ihm finden die Versammlungen der deutschen Kommunisten statt, und er führt den Briefwechsel mit kommunistischen Klubs in London und in der Schweiz.«

Durch Reisen in die Schweiz und nach Großbritannien suchte E. die Verbindung zwischen den Organisationen des Bundes in verschiedenen Ländern zu festigen. Der Schneider F. Mentel erinnerte später in seinen Aussagen: »Ewerbeck reiste bald nach seiner Aufnahme, wie mir erzählt wurde, im Interesse des Bundes nach der Schweiz, um mit Weitling persönlich zusammenzukommen; er kam jedoch bald zurück und war nun ganz besonders für den Bund tätig. 1842 reiste er nach London (...) Er war übrigens (...) nur wenige Monate abwesend.« In den folgenden Jahren half E. bei der Herausgabe und Verbreitung von Wilhelm Weitlings *Garantien der Harmonie und Freiheit* (1842) sowie bei dessen Zeitschrift *Die junge Generation.*

E. veränderte die theoretische Konzeption des Bundes wesentlich. Er verneinte neobabouvistische Verschwörungsvorstellungen, die für den Bund zunächst charakteristisch waren: u.a. die primitive Gleichmacherei, die Ignoranz gegenüber der persönlichen Freiheit, die Reglementierung des Lebens von Menschen in der kommunistischen Gesellschaft, den Gelehrtenhaß. E. kritisierte Weitlings Pläne, für die Revolution »Lumpenproletarier« einzusetzen und die Idee der Polygamie (»Weibergemeinschaft«) zu predigen. Er schrieb ihm im Februar 1843: »Wir sind überzeugt, daß Du, lieber Bruder irrst, denn irren ist menschlich; je glühender das Herz, desto kälter soll aber der Verstand sein. Das Mittel ist also auch schädlich, weil es unmoralisch ist und kein Gegengift bei sich hat. Wir beschwören Dich, ebensowenig Diebstahl als Weiber-Gemeinschaft zu predigen, weder mündlich, noch schriftlich.«

E. betonte demgegenüber, wie notwendig es sei, propagandistische Mittel zu verwenden: »Energischer müssen wir uns an das Gewissen, an die Ehre der Leute wenden, ihnen die neue Religion zu Gemüte führen, die den Kern unsres Kommunismus bildet; ohne dies sind wir in unserem Erfolge gerade so mangelhaft als diejenigen, welche aberwitzig von keiner Verbesserung der Materialität hören wollen.«

E. orientierte sich an der Lehre des französischen Kommunisten Etienne Cabet, der die Anwendung von Gewalt ablehnte. E. unterhielt freundschaftliche Beziehungen zu Cabet, übersetzte sein Buch *Voyage en Icarie philosophique et social* (1842) - ein utopischer Roman über eine in Gütergemeinschaft lebende Nation - in die deutsche Sprache (*Die Reise nach Ikarien*) und gab es 1847 unter dem Pseudonym Wendel Hippler (der einer der Führer im fränkischen Bauernaufstand 1525 gewesen war) heraus.

Beeinflußt wurde E. von atheistischen und sozialen Ideen der deutschen radikalen Demokraten, die sich damals in Paris aufhielten. Dies schlägt sich im Entwurf des Programms des Bundes der Gerechten, den E. 1844 bis 1845 verfaßte, nieder. Dieser bestand aus 84 Fragen und Antworten und zeigte, daß der deutsche Arbeiterkommunismus im Vergleich mit seinem ersten Programm aus dem Jahre 1838 einen großen Fortschritt gemacht hatte, indem er zivilisierter und rationaler wurde. E. vereinigte im Entwurf die traditionellen Ideen des deutschen Arbeiterkommunismus mit den Ansichten von Cabet, Ludwig Feuerbach, Moses Heß und Karl Marx. E. kannte Marx seit Anfang 1844 persönlich und verehrte ihn als »Aristoteles des 19. Jahrhunderts« und als »Menschen von ungewöhnlichem Verstand und der großen Gelehrsamkeit, von festem Charakter und von dem ungeheueren Scharfsinn«. Im Programmentwurf wurden Fragen der Religion, des Eigentums, des Geldes, des Feudalismus, der Menschenrechte, der sozialen Entwicklung nach 1789 und der Bildung aufgegriffen, die damals von Marx, Engels, Feuerbach und den Junghegelianern erörtert wurden. Obwohl die Schrift E.s als seine beste theoretische Arbeit gelten kann, wurde sie nicht zum Programm des »Bundes der Gerechten« erhoben: Sie entsprach nicht dem Erkenntnisvermögen und der Ausdrucksweise der Arbeiter.

Von Anfang Juli bis Dezember 1844 schrieb E. mehrere Artikel für die in Paris herausgegebene revolutionäre Zeitung *Vorwärts!,* deren Mitredakteur er wurde. Außerdem veröffentlichte E. auch in anderen Zeitungen in Frankreich und Deutschland. Trotz seiner Verehrung für Marx blieb für E. der Marxismus mit seiner harten revolutionär-proletarischen Zielsetzung und der Unduldsamkeit gegenüber anderen Richtungen fremd; 1845–46 bevorzugte er die Ansichten des »wahren Sozialisten« Karl Grün, dessen Einfluß in E.s Artikeln in der von ihm und German Mäurer in Paris herausgegebenen Zeitschrift *Blätter der Zukunft* (1845/46) zu spüren ist. Er bezog Grün in die propagandistische Arbeit beim »Bund der Gerechten« ein und schrieb Marx am 15. Mai 1846: »Sei ruhig. Grün hat hier noch keine Propaganda verdorben. Er spricht gut, er reißt sich sie nämlich hin, und das ist viel bei Burschen, die, bei den fürchterlichen polizeilichen und lokalen Hindernissen, die Paris der Propaganda entgegensetzt, nur alle 3-4 Monate einmal mich zu sehen kriegen (...). Grün hat die Elite dieser Burschen wohl zwanzigmal in den Louvre geführt und ihnen Vorträge über Kunst gehalten.« Dieser Brief konnte Marx, der Grün als Rivalen im Kampf für die Arbeiter ansah, aber nicht beruhigen. So reiste Engels im August 1846 nach Paris, um Grüns Einfluß auf den Bund der Gerechten zurückzudrängen, was ihm innerhalb einiger Monate auch gelang.

In dieser Zeit endete E.s Tätigkeit an der Spitze des Bundes der Gerechten, da die Zeitung nach London verlegt wurde. Nach dem Eintritt von Marx und Engels in den Bund Ende Januar/Anfang Februar 1847 trat Engels an die Spitze der Pariser Gemeinden. An der Umgestaltung des Bundes 1847 und der Umbenennung in den »Bund der Kommunisten« nahm E. nicht aktiv teil. Auch blieb er zwei Kongressen des Bundes fern. Allerdings wurde E. im April 1848, als Marx, Engels und viele andere Kommunisten nach Ausbruch der Revolution in Berlin nach Deutschland zurückkehrten, zum Präsidenten des zahlenmäßig geschwächten Pariser Kreises des Bundes der Kommunisten. Er führte die Sitzungen, schrieb die Berichte an die Zentralbehörde des Bundes in Köln, unterhielt die Verbindungen mit den Bundesmitgliedern in London und Deutschland und führte in den Pariser Gemeinden die Diskussion über das *Manifest der Kommunistischen Partei* (1848). E. versuchte auch, das Manifest auf französisch, italienisch und spanisch herauszugeben. Aber diese Übersetzungen erschienen nicht. E. unternahm sogar den Versuch, den Bund zu reorganisieren und den Kongreß gegen Marx' Willen einzuberufen.

Im Sommer 1848 zum Sekretär des eben gegründeten »Deutschen Vereins« in Paris gewählt, nahm E. Ende Oktober 1848 als Abgesandter dieses Vereins am zweiten demokratischen Kongreß in Berlin teil. Auf dem Rückweg nach Paris besuchte E. die Redaktion der von Marx redigierten *Neuen Rheinischen Zeitung*, deren ständiger Pariser Korrespondent und Vertreter für Frankreich er war. E. verfaßte auch Artikel für die Pariser Zeitung *Le Peuple*.

Im Januar 1850 trat E. aus dem Bund der Kommunisten aus. In der Ansprache der Zentralbehörde des Bundes der Kommunisten vom Juni 1850 hieß es: »Die Verbindungen mit den deutschen Arbeitern in Besançon und den übrigen Orten im Jura werden von der Schweiz aus wieder angeknüpft werden. In Paris hat das Bundesmitglied, das seither an der Spitze der dortigen Gemeinden stand, Ewerbeck, seinen Austritt aus dem Bunde erklärt, da er seine literarische Tätigkeit für wichtiger hält. Die Verbindung ist daher momentan unterbrochen, und ihre Wiederanknüpfung muß mit um so mehr Vorsicht geschehn, als die Pariser eine Anzahl Leute aufgenommen haben, die gänzlich unbrauchbar sind und sogar früher in direkter Feindschaft gegen den Bund gestanden haben.« Aber auch nach seinem Austritt unterhielt E. Beziehungen zu Marx, tauschte mit ihm Informationen und Materialien für die literarische Arbeit aus.

Seit 1850 betätigte sich E. vorwiegend als Schriftsteller. Er versuchte, die deutsche Religionskritik und die Philosophie Feuerbachs den Franzosen bekannt zu machen. 1850 erschien in Paris sein Buch *Qu' est-ce que la religion, d'après la nouvelle philosophie allemand*. 1851 gab er das Buch *L' Allemagne et les Allemands* heraus. Im November 1851 erlitt E. einen Hirnschlag, von dem er sich nie wieder vollständig erholte. Trotzdem reiste er 1853 in die USA, um Cabets »Kommunistische Kolonie« zu besuchen. Nach seiner Rückkehr nach Paris im November 1854 arbeitete er als Sprachlehrer und schrieb ab 1856 Artikel für die Hamburger Zeitschrift *Das Jahrhundert*.

Zmarzly, M: Einer der Führer des »Bundes der Gerechten«. Hermann Ewerbeck. in: Beiträge zur Geschichte der Arbeiterbewegung, Nr. 4, 1970, S. 641–647.

Jakow Rokitjanski

Eyck, Erich

Geb. 7. 12. 1878 in Berlin; gest. 23. 6. 1964 in London

Das Leben E.s verläuft in zwei chronologisch ungleichen Phasen. Der Jurist und Rechtsanwalt, der Berliner Stadtverordnete und Journalist hat bis zu seinem 55. Lebensjahr (1933) publizistisch und parlamentarisch für einen liberaldemokratischen Rechtsstaat gewirkt; der Emigrant und Geschichtsschreiber strebte bis zu seinem 86. Lebensjahr unermüdlich danach, ihn nach dem »Dritten Reich« historiographisch wieder geistig vorzubereiten bzw. zu festigen.

Der Sohn eines Berliner jüdischen Getreidehändlers wuchs zusammen mit fünf Geschwistern in einer behaglichen und liberalen Atmosphäre auf, zur klassischen Literatur vor allem durch die Mutter hingeführt. Da Juden im wilhelminischen Kaiserreich in der Regel eine akademische Karriere verwehrt oder sehr erschwert wurde, studierte E. 1897 bis 1900 in Berlin, Freiburg und wieder Berlin Jura, um einen »freien Beruf« als Rechtsanwalt ergreifen zu können. Nach der Referendarzeit arbeitete er zunächst beim Berliner Amtsgericht, von 1906 bis 1937 als Rechtsanwalt und Notar beim Berliner Kammergericht.

Seine Liebe aber galt anderen Fächern; so hörte er Geschichte bei Hans Delbrück, Gustav Schmoller, Kurt Breysig, Albert Naudé und Ulrich von Wilamowitz-Moellendorff. Weiter belegte er Nationalökonomie, Philosophie und Staatswissenschaften. 1904 legte er die Promotionsprüfung in den Staatswissenschaften ab und reichte, angeregt von Ignaz Jastrow, eine Dissertation über den »Vereinstag deutscher Arbeitervereine 1863–1868« ein.

Die soziale Frage, das zeigte die Dissertation, bewegte E. ebenso wie die liberalen Bestrebungen von Friedrich Naumann, Theodor Barth und Theodor Heuss, mit denen er bald in engeren Kontakt kam. Während des Ersten Weltkrieges schrieb er Artikel für die *Hilfe*, die Heuss herausgab, und ging 1915 für die Fortschrittspartei in die Charlottenburger Stadtverordnetenversammlung. Von 1918 bis 1928 war er Abgeordneter der »Deutschen Demokratischen Partei« (DDP). Er gehörte zu den entschiedenen Befürwortern und Verteidigern der Weimarer Republik, von 1928 bis 1932 dann in der Berliner Stadtverordnetenversammlung. Daneben wirkte E. als Journalist. Insbesondere in der *Vossischen Zeitung* gestaltete er mit Erfolg die Dienstagsbeilage *Recht und Leben*, die er zu einem Sprachrohr für einen demokratischen Rechtsstaat machte, und in der er die Gegner des Weimarer Staates von rechts und links entschieden bekämpfte. E. verwahrte sich gegen politisch rechtslastige Gerichtsurteile und die Bagatellisierung eines aggressiven Antisemitismus in der Rechtsprechung der Weimarer Republik. Kritische Artikel zur Geschichte des Kaiserreiches wiesen voraus auf spätere historische Werke.

Nach 1933 kam seine Tätigkeit als Rechtsanwalt mehr und mehr zum Erliegen. 1937 emigrierte er nach England. Die schwierige finanzielle Situation der Familie meisterte seine Frau, die in London eine Pension eröffnete, die bald florierte. E. konnte sich daher der Geschichtsschreibung als seinem großen, fortdauernden Lebenswerk zuwenden. Der nunmehr schon Sechzigjährige veröffentlichte seit 1938 ein großes historisches Werk nach dem anderen. Auf die noch in Berlin geschriebene *Gladstone-Biographie* (1938) folgten: *Bismarck. Leben und Werk* (3 Bde., 1941/44), *Die Pitts und die Fox'* (1946), *Das persönliche Regiment Wilhelms II. Politische Geschichte des deutschen Kaiserreiches von 1890 bis 1918* (1948), *Politische Geschichte Englands von der Magna Charta bis zur Gegenwart* (1951), *Bismarck und das Deutsche Reich* (1955), *Geschichte der Weimarer Republik* (2 Bde., 1954/56), *Auf Deutschlands politischem Forum. Deutsche Parlamentarier und Studien zur neuesten deutschen Geschichte* (1963). E.s Wissen und fesselnde Erzählkunst ließen die Bücher in Westeuropa schnell Verbreitung finden: sein bleibender Beitrag zur deutschen und englischen Geschichte aus liberaldemokratischer Sicht.

Die kritische Analyse der militaristischen und nationalistischen Aspekte der deutschen Geschichte stieß in der westdeutschen Fachhistorie zunächst eher auf Abwehr und Ablehnung. Vieles empfand man als Emigrantenressentiment und juristisch-moralisierende Geschichtsschreiberei. Erst die kritische Interpretation der deutschen Geschichte seit den 1970er Jahren, von heftigen Diskursen der Historiker und Publizisten um den sogenannten deutschen »Sonderweg« begleitet, hat manche Urteile E.s rehabilitiert bzw. noch schärfer akzentuiert. Seine Sicht auf die deutsche Geschichte war in Bezug auf die Demokratieproblematik von folgenden Leitgedanken getragen: Bismarcks Reichsgründung führte zur staatlichen Einigung, gab aber den Deutschen »ein Haupt«, das nicht »von dem kleinsten Tropfen demokratischen Öls berührt worden war«. Die Konstitution in Form des preußisch-deutschen Obrigkeitsstaates leitete eine parlamentarische Unterentwicklung und politische Fehlentwicklung ein, die unter Bismarcks weit weniger fähigen Nachfolgern zwangsläufig in eine Sackgasse und in den Zusammenbruch des Kaiserreiches mündeten. Die sozialen und politischen Risse des Reiches konnten nicht gekittet werden; die Politik der Gewalt nach innen und außen erwies sich als verhängnisvoll. Im Vergleich dazu erlebte England – das bewunderte Modell – eine erfolgreiche Kontinuität des liberalen Parlamentarismus und Interessenausgleichs.

E. begrüßte 1918/19 das Ende des Obrigkeitsstaates und die »Schaffung eines parlamentarisch regierten liberaldemokratischen Rechtsstaates«, den er als erstrebenswertes Ideal der Weimarer Republik ansah. Doch wurde der »Grundgedanke«, wie E. 1956 bemerkte, unzureichend durchgeführt. Die Wahl Hindenburgs zum Reichspräsidenten 1925 war »ein Triumph des Nationalismus und des Militarismus und eine klare Niederlage der Republik und des Parlamentarismus«. Zu Recht kritisierte E. später, daß beim Papenschen Staatsstreich gegen die (sozialdemokratische) preußische Regierung im Juli 1932 von dieser auf jeden Versuch des Widerstandes verzichtet wurde. Im Grunde war das die Selbstaufgabe der Republik durch die Republikaner. Mit der Einsetzung Hitlers zum Reichskanzler im Januar 1933 brach die Gewalt voll herein; der »deutsche Name« wurde zum »Symbol alles dessen«, was die »Menschheit als brutal, gemein und frevelhaft verdammt«.

Die Ursachen für den folgenschweren Untergang des liberaldemokratischen Rechtsstaates erblickte E. im Nationalismus und Militarismus, in dem waghalsigen Revanchestreben, im Versagen von Teilen des deutschen Bürgertums und in der politischen Unfähigkeit der deutschen Parteien.

Zwei weitere Gründe kamen hinzu, die zugleich E.s Demokratieverständnis stark beeinflußten. Da war zunächst das Mißtrauen des liberalen Minderheitsparteilers vor und nach 1918 gegenüber den obrigkeitshörigen und demagogieanfälligen breiten Volksschichten, die insbesondere nach 1933 Hitler zujubelten. Die demagogische Verführbarkeit seit Kaisers »Glanz und Gloria« war für E. ein Negativkennzeichen deutscher Geschichte. Von diesen Erfahrungen her brachte E. in seinen historischen Werken wiederholt die Skepsis gegen zu weit gesteckte demokratische Wahlrechte seit 1866 zum Ausdruck. An der Weimarer Verfassung von 1919 mißbilligte er u.a. das Frauenwahlrecht und die Herabsetzung des Wahlalters. Angloamerikanische Wahlformen beförderten nach E. die Wahl individuell fähigerer Politiker ungleich mehr als Listenwahlen, verhinderten Parteizersplitterung (à la Weimar), kurzum: sicherten politisch-parlamentarische Kontinuität.

Der zweite Aspekt war E.s distanziert-abweisendes Verhältnis zur deutschen Sozialdemokratie. In seinen Frühschriften der Kaiserzeit hatte E. die Sozialdemokraten als die Gegenspieler der Liberaldemokraten betrachtet. Nach 1918 akzeptierte er zwar den Reichspräsidenten Friedrich Ebert und eine Reihe sozialdemokratischer Politiker, insgesamt machte er aber in seiner Geschichtsbetrachtung die SPD entscheidend mitverantwortlich für das Scheitern der Weimarer Republik, weil sie als sogenannte »Klassenpartei« unfähig zu erforderlichen Kompromissen gewesen sei. Abgesehen davon, daß E. den durchgreifenden Wandlungsprozeß der SPD in den 20er Jahren übersah, erwies er sich erstaunlich uneinsichtig für die Tatsache, daß gerade die SPD, während der Jahre der Weimarer Republik, die größten politischen Kompromisse einging. Es waren traditionell liberal-elitäre Vorstellungen, die das Demokratieverständnis E.s in charakteristischer Weise einengten. Trotzdem gaben seine historische Schriften zu dem Zeitpunkt, als sie erstmals erschienen, wichtige Impulse für eine kritische Umbewertung der deutschen Vergangenheit aus liberaldemokratischer Warte.

Hildebrand, K.: Erich Eyck, in: Wehler, H.-U. (Hg.): Deutsche Historiker. Bd. 2, Göttingen 1971, S. 98ff. – Knoll, J.H.: Werk und Methode des Historikers Erich Eyck, in: Geschichte in Wissenschaft und Unterricht, Jg. 16, 1965, H. 5, S. 277ff. – Maehl, W.H.: Erich Eyck, in: Halperin, S.W. (Hg.): Some 20th-Century Historians. Essays on Eminent Europeans. Chicago 1961, S. 227ff.

Hans Schleier

Fabian, Walter Max

Geb. 24. 8. 1902 in Berlin; gest. 29. 2. 1992 in Köln

Der 1992 verstorbene F. zählte sich zu den Menschen, »die sich ein langes Leben hindurch treu zu bleiben suchen«. So formulierte er es in seinem Beitrag zu dem von Axel Eggebrecht 1979 herausgegebenen Band *Die zornigen alten Männer.* Freiheit, soziale Gerechtigkeit und Frieden, das sind Werte, die F. als Dreiklang bezeichnete und denen sein Engagement galt. F. stammte aus einem liberalen jüdischen Elternhaus in Berlin. Die Antikriegsliteratur und die Novemberrevolution politisierten ihn noch als Schüler und zogen ihn ins Lager der linken Sozialdemokratie. Als Mitglied des »Deutschen Pazifistischen Studentenbundes« lernte er die praktische Arbeit, welche die Friedensbewegung und die Kulturorganisationen der sozialistischen Arbeiterbewegung leisteten, aus erster Hand kennen. Mit Kurt Lenz gab er den Sammelband *Die Friedensbewegung. Ein Handbuch der Weltfriedensströmungen der Gegenwart* (1922) heraus, an dem namhafte Autoren wie Albert Einstein, Hellmut von Gerlach, Ludwig Quidde und Ernst Toller mitwirkten und der einen vollständigen Überblick über die geistigen Strömungen des Pazifismus jener Jahre vermittelte. Als Mitarbeiter pazifistischer Publikationen erkannte F., daß Pazifismus zunächst Antimilitarimus bedeutete, Schutz der Republik vor ihren ärgsten Gegnern, den Militärs.

Nach Abschluß seiner Promotion über den Pädagogen Friedrich Wilhelm Foerster trat F. als Verlagslektor in Leipzig seine erste berufliche Stelle an. Er hatte ein Gespür für neue kulturpolitische Entwicklungen und aktuelle Tendenzen. So wies er als einer der ersten linken Sozialdemokraten nicht nur auf die Bedeutung des Kampfes der Weimarer Republik gegen nationalistisches und militaristisches Denken, gegen die Propaganda von der Unschuld Deutschlands an der Entfesselung des Ersten Weltkriegs und der damit verbundenen Revanchepolitik hin, sondern er trat konsequent für ein aktives Bündnis der sozialistischen Arbeiterbewegung und der Friedensbewegung ein. In diesem Sinne wandte sich F. in seiner 1925 erschienenen Schrift *Die Kriegsschuldfrage, Grundsätzliches und Tatsächliches zu ihrer Lösung* gegen jeden Versuch, die Frage nach der deutschen Kriegsschuld auf sich beruhen zu lassen oder gar der Unschuldspropaganda der Rechten Zugeständnisse zu machen. Deutschland hatte den Weltkrieg verloren, nun mußte es auch die Folgen auf sich nehmen. F. warnte vor den Gefahren, die sich mit einer Politik verbanden, welche die deutsche Kriegsschuld verdrängte. Er war davon überzeugt, daß die Geschichte der Weimarer Republik weiter einen verhängnisvollen Lauf nehmen würde, wenn man die aus dem Ersten Weltkrieg resultierenden Erfahrungen ignorierte und Deutschland erneut aufrüsten sollte.

Während der Blütezeit der Arbeiterbewegungskultur Mitte der zwanziger Jahre hatte F. sein Betätigungsfeld in Sachsen, zunächst als Referent in der sozialdemokratischen Bildungsarbeit, dann als Redakteur der *Chemnitzer Volksstimme.* In keinem Land des Deutschen Reichs war die Organisationsdichte der SPD so groß wie in Sachsen. F. engagierte sich als politischer Publizist in den Organen der SPD-Linken wie *Kulturwille, Jungsozialistische Blätter, Sozialistische Politik und Wirtschaft* und *Der Klassenkampf,* als Referent in der politischen Bildungsarbeit beim Reichsausschuß für sozialistische Bildungsarbeit, bis er von der Tätigkeit suspendiert wurde, sowie bei den Jugend- und Kulturorganisationen der SPD.

Wie nirgendwo sonst in Deutschland war zwischen 1920 und 1923 in Sachsen auf all den Feldern der Politik, die die Weimarer Verfassung den Ländern übriggelassen hatte, ein erbitterter Kampf um die Republikanisierung und Demokratisierung staatlicher Einrichtungen entbrannt. Der Sachsenkonflikt spitzte sich zu, als am 23. Oktober 1923 die Reichsregierung Stresemann unter Berufung auf den Artikel 48 der Weimarer Verfassung die sozialdemokratisch-kommunistische Koalitionsregierung in Sachsen unter dem Ministerpräsidenten Erich Zeigner (SPD) auf dem Weg der Reichsexekution ihres Amtes enthob und dem Ansatz einer eigenständigen Reformpolitik ein Ende bereitete. In seinem Buch *Klassenkampf um Sachsen. Ein Stück Geschichte 1918–1930* (1930) analysierte F. diese Vorgänge, thematisierte die Fehler der Hauptströmungen der Arbeiterbewegung und sagte den Sieg der Reaktion in Deutschland voraus. Doch mit seinen Diagnosen und Prognosen fand F. in seiner Partei kaum Gehör. Wegen seiner Kritik an der von der SPD tolerierten sogenannten Wehrhaftmachung der Republik erteilte ihm die Partei Redeverbot und schloß ihn aus.

Ein Übertritt in die KPD mit ihrer undemokratischen Struktur und chaotisch-sektiererischen Politik kam für F. nicht in Frage. Er trat der kleinen »Sozialistischen Arbeiterpartei« (SAP) bei, der auch Willy Brandt und Otto Brenner angehörten. Als Redner der linkssozialistischen SAP sprach F. auf Wahlkampfveranstaltungen, forderte die Schaffung eines Kampfblockes aller Arbeiterorganisationen und einer »Eisernen roten Front« für gemeinsame Forderungen der Arbeiterklasse: Der Nationalsozialismus müsse vor seiner Machtergreifung geschlagen werden, wenn die deutsche Arbeiterklasse vor einer jahrzehntelangen Barbarei bewahrt werden solle.

Im März 1932 wurde F. von der zentralen Leitung der SAP nach Breslau entsandt und übernahm dort die Redaktion der Parteizeitung. In der *Sozialistischen Arbeiterzeitung* betrieb F. antifaschistische Aufklärung im Rahmen des kompromißlosen politischen Kurses, wie ihn die SAP verfocht. In Breslau kam es endlich doch noch zu gemeinsamen, großen Demonstrationen der Arbeiterparteien. Am 8. Februar 1933 sprach der sozialdemokratische Reichstagsabgeordnete Paul Löbe auf einer Massenkundgebung gegen die Nationalsozialisten, im Anschluß daran spielten sich Verbrüderungszenen zwischen Sozialdemokraten und Kommunisten ab. Noch hoffte F. auf die Zurückdämmung des nationalsozialistischen Terrors, doch SA und SS beherrschen bereits die meisten Ämter und Polizeireviere. Der Reichstagsbrand am 27. Februar 1933 wurde von den Nationalsozialisten als Vorwand benutzt, um die Arbeiterparteien zu zerschlagen. Die letzte Ausgabe der *Sozialistischen Arbeiterzeitung* wurde nicht mehr ausgeliefert. Etwa eine Woche lang lebte F. versteckt in Breslau, dann fuhr er nach Berlin, wo er nach dem illegalen Parteitag der SAP am 11./12. März 1933 eine Funktion in der Reichsleitung der SAP übernahm. Bis Januar 1935 war F. im illegalen Widerstand in Deutschland tätig, bis er auf der Flucht vor der Gestapo gezwungen wurde, sich in die Tschechoslowakei abzusetzen.

Im Pariser Exil vertrat er ab November 1935 die SAP im »Ausschuß zur Vorbereitung der deutschen Volksfront«, aber er geriet schnell in Konflikt mit dem Hegemoniestreben von Ulbrichts KPD. War es den Kommunisten schon ein Dorn im Auge, daß die SAP ihnen gegenüber sozialistische Ziele verteidigte, so forderte F. im vorbereitenden Ausschuß die kommunistische Führung noch weiter damit heraus, daß er es ablehnte, sich in der spanischen und russischen Frage den Mund verbieten zu lassen. Gleichzeitig Sozialisten als Bündnispartner gegen Hitler zu umwerben und sie im Rahmen der Säuberungen in Spanien und in der Sowjetunion zu vernichten – das gehöre zu Stalins Politik. Diese unerschrockene Haltung brachte der SAP den kommunistischen Vorwurf ein, »trotzkistisch durchsetzt« und damit »konterrevolutionär« zu denken.

Mit der Krise der deutschen Volksfront in Paris spitzten sich auch die Auseinandersetzungen innerhalb der SAP zu. Die innerparteiliche Opposition um F. wurde 1937 aus der SAP ausgeschlossen, als sie die Führungsgruppe um Jacob Walcher beschuldigte, sich zum Stalinismus zu bekennen und den Anschluß der SAP an die KPD vorzubereiten. F. und seine politischen Freunde organisierten sich in der Gruppe »Neuer Weg« und entfalteten bis Kriegsausbruch eine rege publizistische Tätigkeit gegen Nationalsozialismus und Stalinismus.

Zu Kriegsbeginn von den französischen Behörden interniert, gelangte F. nach der militärischen Niederlage Frankreichs nach Marseille. Dort lernte er Leute kennen, die im Auftrag einer amerikanischen Hilfsaktion die Flucht besonders gefährdeter deutscher Familien vorbereiteten. Mit Phantasie und Geschicklichkeit unterstützte F. die illegale Fluchthilfe. Als im Oktober 1942 die vollständige Besetzung Frankreichs bevorstand, flüchtete F. mit seiner Familie in die Schweiz. Nach erneuter Internierung erhielt er nur unter Schwierigkeiten eine Aufenthaltsgenehmigung. Im Schweizer Exil arbeitete er als Übersetzer von Baudelaire, Rolland, Hugo und Maurois und wurde Präsident des »Schutzverbandes deutscher Schriftsteller«.

Als der Krieg zu Ende war gab es in Deutschland niemanden, der F. aufgefordert hätte, in die Heimat zurückzukehren. Erst 1957 berief der DGB den parteilosen F. zum Chefredakteur der *Gewerkschaftlichen Monatshefte*. Durch ihn wurde diese Zeitschrift zu einem profilierten Diskussionsforum, das in den großen Fragen der damaligen Zeit entschiedene Positionen bezog, zum Beispiel zur Rolle der Gewerkschaften als »Gegenmacht«, zur Notstandsgesetzgebung und zur Entspannungspolitik. Er wurde Vorsitzender der »Deutschen Journalisten Union«, Mitglied des »Deutschen Presserates«, Honorarprofessor für Erziehungswissenschaft an der Universität Frankfurt am Main sowie Initiator und Sprecher der »Hilfsaktion Vietnam«. Er blieb engagiert und konsequent in seinem politischen Denken und zeigte sich deshalb oft unbequem. 1970 wurde er als Chefredakteur der *Monatshefte* abgelöst; doch F. stritt weiter für seine Ideen. Mit zahlreichen Artikeln, Kommentaren, Vorträgen und Rundfunksendungen präsentierte er sich der Öffentlichkeit und verfolgte konsequent sein Anliegen, »Alles zu tun, damit möglichst viele Menschen aus den verpaßten Gelegenheiten der Geschichte und den Fehlern der Vergangenheit lernen«.

Bremer, J.: Die Sozialistische Arbeiterpartei Deutschlands (SAP). Untergrund und Exil 1933–1945. Frankfurt/Main, New York 1978. – Parallelen des Engagements. Ein Gespräch zwischen Walter Dirks und Walter Fabian. Köln 1984.

Martin Rooney

Faßbinder, Klara-Marie

Geb. 15. 2. 1890 in Trier; gest. 3. 6. 1974 in Wachtenberg-Berkum bei Bonn

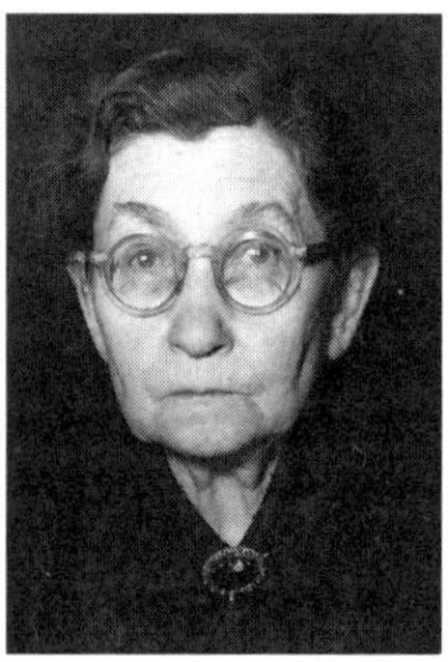

F. wurde als Tochter eines Volksschullehrers geboren, der später zum Seminarlehrer und Schulrat aufstieg. Als fünftes von sieben Kindern wuchs sie in einem katholischen Elternhaus auf. Nach dem Besuch des Höheren Lehrerinnenseminars in Koblenz (1906–1909) wurde sie Lehrerin in Darmstadt (1910). Nachdem sich die Universitäten für das Frauenstudium öffneten, nahm F. ein Philologie-Studium in München und Bonn auf (1913). Zu Beginn des Ersten Weltkrieges war sie glühende Nationalistin, die das Frauenstimmrecht ablehnte. Nach dem Staatsexamen für das Höhere Lehramt (1917) kam sie als Referentin im Offiziersrang im Sommer 1918 an die Westfront, ins Hauptquartier der 3. Armee (südlich Sedan). Sie erteilte »Vaterländischen Unterricht« und war mit der Herausgabe einer Beilage zur Feldzeitung »Der Champagnekamerad« betraut: »Im Felde erschien es mir als Gebot der geschichtlichen Entwicklung, daß die monarchische Staatsform zerbrach, wenn ich auch keine begeisterte Republikanerin geworden war.«

Nach ihrer Rückkehr nach Deutschland wurde F. Ostern 1919 in Bonn mit einer philologischen Arbeit summa cum laude promoviert. Sie begann sich zu engagieren: »Das Jahr 1918 warf uns das Frauenstimmrecht in den Schoß und damit die Pflicht, etwas damit anzufangen.« Sie empfand es als demokratische »Ehrenpflicht«, Parteiversammlungen zu besuchen, um sich ein unmittelbares Urteil bilden zu können. Nach dem Tod ihrer in Saarbrücken lebenden Mutter siedelte F. in die saarländische Hauptstadt über (1927): »Mitzuhelfen, daß die Saar deutsch bliebe, ohne in Chauvinismus und Feindseligkeit gegen Frankreich zu verfallen, war mir ein Ziel, allen Opfers wert.« Sie war zunächst als Lehrerin, danach als Landesgeschäftsführerin des »Bühnenvolkbundes – Vereinigung christlicher Theatergemeinden« tätig. Die deutsch-französische Verständigung wurde zu ihrem Hauptanliegen.

F. setzte sich in der Internationalen Frauenbewegung ein: »Wir traten leidenschaftlich für eine gesetzlich verankerte, genügend lange Arbeitspause vor und nach der Geburt eines Kindes ein, für das Verbot der Nachtarbeit von Frauen, von bestimmten, für den weiblichen Körper besonders gefährlichen Arbeiten.« Auch in der Friedensbewegung wurde sie aktiv: Der »Friedensbund deutscher Katholiken« wählte F. zur 2. Vorsitzenden (1932/1933). Nach dem Einmarsch der Nationalsozialisten ins Saarland (1935) wurde F. aus dem Schuldienst entlassen. Als Übersetzerin (ab 1937) des französischen Dichters Paul Claudel erwarb sie sich literarischen Ruhm (1969: Orden »Les palmes académiques«).

Aufgrund der Evakuierung Saarbrückens siedelte F. zu Beginn des Zweiten Weltkrieges ins Rheinland über. Sie arbeitete als Leiterin einer privaten Mädchenrealschule in Horrem bei Bonn (1940–1944). Nach Ende des Zweiten Weltkrieges wurde sie als Professorin für Geschichtspädagogik an die Pädagogische Akademie Bonn berufen (1945). 1951 gehörte F. zu den Mitbegründerinnen der die Remilitarisierung der Bundesrepublik ablehnenden »Westdeutschen Frauen-Friedensbewegung« (WFFB). F. trat für eine Verständigung mit dem Osten ein: »Der Zweite Weltkrieg brachte mich der östlichen Wirklichkeit näher. Einmal war da die wachsende Erkenntnis, was man dem russischen Volk, den Menschen dort angetan hatte. Dann die Einsicht, daß wir ohne Frieden nicht weiterexistieren würden, daß aber Frieden nur werden könne, wenn sich die beiden Welthälften miteinander verständigten.«

Ihren ersten Besuch in der Sowjetunion (1952) erlebte sie als eindrucksvoll: »Ich sah immer mehr, daß man dort wirklich um die Würde des Menschen bemüht war, um die Überwindung dessen, was Karl Marx die ›Entfremdung‹ des Menschen genannt hat.« Die Nato-Mitgliedschaft der Bundesrepublik hielt sie dagegen für einen »Hemmschuh« für die Wiedervereinigung. Kritiker warfen ihr Einseitigkeit vor, die von ihr zurückgewiesen wurde: »Wir übersehen keineswegs die Mängel in Ostdeutschland, aber wir leben in Westdeutschland und haben hier unsere Verantwortung.« Freunde wie Gegner nannten die resolute Professorin respektvoll »Friedens-Klärchen«. F.s Sympathie galt sowohl dem Katholizismus wie dem Kommunismus: »Mir scheint, daß ich auf dem richtigen Weg bin, wenn ich die beiden Welten in mir liebend vereine, ohne mir die Schwächen der einen oder anderen zu verhehlen.«

F.s Engagement in der Friedensbewegung führte 1953 zu ihrer Suspendierung von der Pädagogischen Hochschule Bonn. Das Verfahren wurde eingestellt (1954) und F. in den vorzeitigen Ruhestand versetzt (1955). Das Recht der Deutschen auf Freiheit hielt sie für eingeschränkt: »Gibt es das heute überhaupt: Freiheit? Haben wir das nicht alles im letzten Krieg verwirkt und müssen es uns erst wieder mühsam erringen?« Der »real existierende« Sozialismus wäre dagegen auch durch Stalin nicht diskreditiert: »Der Marxismus ging von dem leidenschaftlichen Verlangen aus, die Würde des Menschen im getretenen, geschundenen Arbeiter wiederherzustellen, indem er ihn zu seiner eigenen Rettung aufrief. Der Stalinismus war also eine Verirrung, ein Abgleiten vom Ursprünglichen.« F., Wandlerin zwischen den zwei Welten, hielt den »undurchdachten Antikommunismus« für eine der »größten Torheiten«.

1953 kandidierte F. als Vertreterin der »Gesamtdeutschen Volkspartei« (GVP) für den Bundestag, 1957 nominierte sie der »Bund der Deutschen« (BdD) als Bundestagskandidatin. 1960 gehörte die Philologin zu den Mitbegründern der neutralistischen »Deutschen Friedens-Union« (DFU), deren Präsidium sie bis an ihr Lebensende angehörte. Das Engagement der streitbaren Katholikin war umstritten, galt als einseitig und wurde in Bonn kritisiert. 1966 verweigerte ihr Bundespräsident Heinrich Lübke die Annahme des französischen Ordens »Les palmes académiques«, den F. als Übersetzerin Paul Claudels erhalten sollte. Ein Ordensgesetz machte die Zustimmung des Bundespräsidenten vor der Annahme ausländischer Orden notwendig. Erst unter Bundespräsident Gustav Heinemann erhielt F. die Auszeichnung (1969). Der Streit um die Ordensverleihung machte die Philologin populärer denn je. Berlins Regierender Bürgermeister Klaus Schütz lud F. zu einem Gespräch über Entspannungspolitik ein (1970). Es war die letzte große Anerkennung für die achtzigjährige Pazifistin. Ihren Lebensabend verbrachte F. geh- und sehbehindert in einem Altersheim in Wachtenberg-Berkum nahe Bonn.

Baur, H.; Fölsing, G.: Das politische Engagement des Christen heute – Zum 80. Geburtstag von Klara-Marie Faßbinder. Bonn 1970.

Stefan Appelius

Fensky, Maria

Geb. 15. 6. 1907 in Wülfrath; gest. 5. 7. 1989 in Köln

»Von Anfang 33 an gab's bei uns auf den Straßen tote Genossen, und das mußte man unter die Menschen bringen. Die konnten sich nicht einfach die Augen und Ohren zuhalten. Ich wußte, Faschismus bedeutet für uns das Grausamste. Und ich hielt es für notwendig, etwas zu tun, aus dem einfachen Grund: Man hat neben mir Genossen erschlagen. Das habe ich bis heute, nach 50 Jahren noch nicht vergessen.«

F. hatte über 60 Jahre lang der Kommunistischen Partei angehört, zunächst der KPD, dann der DKP. Der Antifaschismus bestimmte ihr Leben – in der Weimarer Republik, im Nationalsozialismus und auch nach 1945 bis zu ihrem Tod. Obwohl sie ihre Vorstellungen von Demokratie immer wieder scheitern sah, brachte sie die Kraft auf, in dem letzten Jahrzehnt ihres Lebens eine große Zahl jüngerer Frauen um sich zu versammeln, denen sie ihre Erfahrungen mitteilte und ihnen Mut für politisches Engagement gab. Eine Freundin erinnerte sich: »Es ist schwer, in Worte zu fassen, was Maria ausgestrahlt hat. Diese Warmherzigkeit und diese besondere Stärke. Sie war eher zurückhaltend, aber wenn sie etwas gemacht hat, Position bezogen hat, war sie sehr energisch. Sie hat so viel durchgemacht und war trotzdem noch so lebendig und herzlich und liebevoll. Das hat vielen Frauen Vertrauen gegeben. Maria war kein Stück verbittert und verhärtet. Das hat mich ungeheuer fasziniert.«

F. wuchs in Mettmann bei Düsseldorf in einer Handwerkerfamilie auf. Ihr Vater erlaubte ihr nicht, einen Beruf zu erlernen. 1926 trat sie, wißbegierig und unzufrieden mit dem häuslichen Leben, gegen den Willen ihrer Familie in den Kommunistischen Jugendverband ein. Mit 21 Jahren verließ sie ihr Elternhaus, zog nach Düsseldorf und verdiente ihren Lebensunterhalt in einer Metallfabrik. Sie wurde Mitglied der »Roten Hetzer«, einer Agitprop-Gruppe der KPD. Dort bildete man sie für Kurierdienste aus und brachte ihr den Umgang mit Schußwaffen bei. Nach der Machtübernahme der Nationalsozialisten beteiligte sie sich an der Herstellung und Verteilung von Broschüren und Flugblättern. Die KPD versuchte bis zu den Reichstagswahlen am 5. März 1933, einen Wahlsieg der NSDAP zu verhindern. Wie alle anderen Parteien unterschätzte auch sie den Nationalsozialismus und lebte in der Hoffnung auf schnellen Umsturz. Die starren Strukturen ihrer Widerstandsgruppen boten der Gestapo leichten Zugriff, so daß sehr viele Mitglieder festgenommen werden konnten. Im Juni 1933 kam auch F. in »Schutzhaft«. Sie überlebte zwar die wochenlangen Folterungen der Gestapo-Beamten, blieb aber auf einem Ohr taub und mußte 1938 erfahren, daß sie ein schweres Leberleiden davongetragen hatte und außerdem nie Kinder bekommen könne. Bis 1938 war sie in den Frauen-Konzentrationslagern Moringen und Lichtenburg inhaftiert.

Als sie entlassen wurde, mußte sie einen Revers unterschreiben und sich verpflichten, über den Lageralltag Stillschweigen zu wahren. »Ich habe natürlich unterschrieben. Ich habe unterschrieben, daß ich nie darüber spreche, ich habe unterschrieben, daß ich nie wieder irgendeine politische Arbeit machen würde. Was heißt das schon? Bin ich den Faschisten gegenüber Verantwortung schuldig? Wo gibts denn das? Fünf Jahre vom Leben haben sie mir geklaut.« F.s Widerstandswille blieb ungebrochen. Im KZ hatte sie trotz aller Gewalterfahrungen das erste Mal Solidarität unter Frauen kennengelernt, die ihr die Kraft gab, den Weg in den Widerstand zurückzufinden. »Ich war in der Haft mit allen möglichen Frauen zusammen, mit Sozialdemokratinnen, mit christlichen Frauen, mit Bibelforscherinnen, mit Jüdinnen, und alle waren wir uns einig, wenn wir mal hier rauskommen, können sie uns nie wieder auseinanderbringen. Wir werden immer zusammensein, um sowas zu verhindern.«. Da F. in Düsseldorf Stadtverbot hatte, zog sie 1939 nach Köln. Über eine Mitgefangene aus Lichtenburg konnte sie Kontakt zu den Kölner »Edelweißpiraten« knüpfen, einer jugendlichen Widerstandsgruppe, deren Mitglieder fast ausnahmslos aus der Arbeiterschicht kamen und die mit Flugblättern, Sabotageakten und Attentaten versuchten, sich dem nationalsozialistischen Regime zu widersetzen. F. wurde Teil einer kommunistischen Kleingruppe. Sie beteiligte sich an der Versorgung illegal lebender Genossen und Genossinnen, schrieb und verteilte Flugblätter. Im Sommer 1944 ging die Gestapo verschärft gegen den Kölner Widerstand vor, der sich breit vernetzt hatte.

F. wurde zur Fahndung ausgeschrieben und tauchte in den Trümmern der Kölner Altstadt unter. Propagandistische Arbeit konnte sie nun nicht mehr leisten. Im Vordergrund stand die Versorgung mit Lebensmitteln vor allem der männlichen Genossen. Da Männer sich auf der Straße kaum noch frei bewegen konnten, – wie sollten sie rechtfertigen, nicht an der Front zu sein oder in einem rüstungswichtigen Betrieb zu arbeiten? – lag die Hauptlast der Nahrungsbeschaffung bei den Frauen. Mit gefälschten Stammabschnitten besorgten sie unter großen Vorsichtsmaßnahmen Lebensmittelkarten. In einem Trümmerkeller erlebte F. das Ende des Krieges und die Befreiung Kölns durch die Amerikaner.

Schon im Juni 1945 fand die erste Nachkriegskonferenz der KPD Mittelrhein statt. Die Aufbruchstimmung war ungeheuer groß. Der politische und moralische Neuaufbau Deutschlands sollte mit aller Kraft betrieben werden. Wichtig war der KPD eine konsequente Entnazifizierung und personelle Erneuerung in Verwaltung und Polizeiapparat, die Zusammenarbeit aller »antifaschistischen Kräfte« und eine Entflechtung des Großkapitals, das für die Machtübergabe an Hitler mitverantwortlich gemacht wurde. Man ernannte F. zur Bezirkssekretärin, und sie bekam das Referat »Frauenfragen«. Im Oktober 1945 hielt sie vor 900 Menschen in der Aula der Universität zu Köln eine denkwürdige Rede: *Die Aufgaben der Frau im neuen Deutschland*. Sie betonte, daß es ihr nicht in erster Linie um die Beseitigung der Trümmer auf den Straßen gehe, sondern um die Beseitigung der Trümmer, die der Faschismus in den Köpfen der Menschen hinterlassen habe. Ein wirklich demokratischer Neubeginn sei nur möglich, wenn mit der Neugestaltung Deutschlands auch eine Aufarbeitung der Vergangenheit einherginge. Die KPD versuchte auch im Stadtparlament eine Auseinandersetzung über das NS-Regime zu führen – ohne großen Erfolg. F. war Mitglied in diesem ersten Stadtparlament Kölns nach 1945 und kümmerte sich besonders um die Ängste und Nöte der Frauen. Im Gesundheitsausschuß setzte sie gegen den Widerstand der CDU durch, daß Frauen, die durch amerikanische Besatzungssoldaten vergewaltigt worden waren, legal abtreiben konnten. Außerdem organisierte sie überparteiliche Frauenausschüsse in mehreren Stadtvierteln, um Kölner Frauen mit basisdemokratischer Arbeit vertraut zu machen. Tag und Nacht war sie unterwegs, immer in dem Gefühl, diese alles entscheidende Zeit für eine Neugestaltung Deutschlands mitgestalten zu wollen.

Ende 1946 aber mußte sich F. von allen politischen Aufgaben zurückziehen. Eine schwere Tuberkulose und die gesundheitlichen Folgeschäden aus der Haftzeit fesselten sie mehrere Jahre ans Bett. Erst Anfang der 50er Jahre begann sie wieder mit der politischen Arbeit. Sie engagierte sich in der »Westdeutschen Frauenfriedensbewegung«, die gegen eine Wiederbewaffnung der Bundesrepublik und für eine Verständigung zwischen Ost und West kämpfte. Außerdem wurde sie Mitglied der »Nationalen Front«, einer zwar von der KPD gegründeten, aber überparteilich arbeitenden Organisation, deren Ziel zunächst der Erhalt des einheitlichen Deutschland und dann nach 1949 die Wiedervereinigung unter sozialistischen Vorzeichen war. 1953 kam das Verbot für die »Nationale Front« – wie auch wenige Jahre später, 1956, für die KPD. F. wurde als eine der ersten Mitglieder der nun illegalen »Nationalen Front« im Februar 1953 verhaftet. Der Vorwurf lautete wie 1933: »Vorbereitung zum Hochverrat«. Bis Ende 1955 blieb sie in Untersuchungshaft, ohne daß eine Gerichtsverhandlung stattgefunden hätte. Vorübergehend freigelassen, da sich ihr Gesundheitszustand in der Haft immer weiter verschlechterte, setzte sich F. – auf ausdrückliche Aufforderung der KPD-Leitung – nach Ost-Berlin ab. Dort arbeitete sie für den Radiosender »Deutscher Freiheitssender 904«, der vorwiegend propagandistische Beiträge nach Westdeutschland ausstrahlte. Erst als 1968 das Verfahren gegen sie eingestellt worden war, konnte sie nach Köln zurückkehren.

Die Jahre der Abwesenheit hatten viele ihrer persönlichen Beziehungen zerstört. F. wurde zwar Gründungsmitglied der DKP und trat der »Vereinigung der Verfolgten des Naziregimes« (VVN) bei, wollte aber keine exponierte Rolle mehr in der Parteipolitik spielen. Angeregt durch die sogenannte »neue« Frauenbewegung in den 70er und 80er Jahren formulierte sie auch gegenüber Parteigenossinnen das erste Mal Kritik an der Kommunistischen Partei. Die Unterordnung des Privaten unter politische »Notwendigkeiten« und die patriarchalischen Strukturen der Partei schienen ihr reformbedürftig. Bis zu ihrem Tod aber glaubte sie an die DDR als das vermeintlich bessere Deutschland. Engagiert vor allem in der Friedensbewegung, lebte F. jedoch bis zu ihrem Tod 1989 nach ihrem Wahlspruch:

»Ich konnte ja nicht einfach nur arbeiten gehen – man mußte ja auch was tun.«

Billstein, R.: Das entscheidende Jahr. Sozialdemokratie und Kommunistische Partei in Köln 1945/46. Köln 1988. – Küsters, Y.: Maria Fensky – eine Frau im Widerstand gegen den Nationalsozialismus, in: Kölner Frauengeschichtsverein (Hg.): »10 Uhr pünktlich Gürzenich«. Hundert Jahre bewegte Frauen in Köln – zur Geschichte der Organisationen und Vereine. Münster 1995, S. 279–291. – Peukert, D.: Die KPD im Widerstand. Verfolgung und Untergrundarbeit an Rhein und Ruhr 1933–1945. Wuppertal 1980.

Yvonne Küsters

Fernau, Hermann (eigentlich H. Latt)

Geb. 1884 in Breslau, gest. unbekannt

Einer Breslauer jüdischen Familie entstammend, siedelte F. schon in frühen Jahren nach Paris um, wo er seinen Lebensunterhalt als Schriftsteller und Journalist verdiente. Als Verehrer der französischen Kultur und überzeugter Pazifist widersprach er vor 1914 der geläufigen Ansicht weiter deutscher Bevölkerungsschichten, die Dritte Republik werde vom Revanchegedanken beseelt. Im heutigen Frankreich, so schrieb er 1912 in der von Alfred Hermann Fried herausgegebenen *Friedens-Warte*, sprächen die Menschen »immer häufiger von den Wohltaten des Friedens«. Von dieser Position aus leitete sich F.s Stellungnahme zum Ersten Weltkrieg ab. Überzeugt von der deutschen Kriegsschuld, nahm er ohne Wenn und Aber für die von Frankreich und England geführte Mächtekoalition gegen die Mittelmächte und damit gegen Deutschland Partei. Aufmerksam verfolgte er in der Julikrise von 1914 das politische Geschehen in der französischen Hauptstadt; täglich führte er ein Tagebuch, das er nach 1918 veröffentlichte, um den deutschen Revisionsbemühungen entgegenzuwirken. F. registrierte eine deutliche Antikriegsstimmung in der französischen Bevölkerung. Anders als in Deutschland habe es in Frankreich keinen nationalistischen Ausbruch, keine Euphorie für den Krieg gegeben, sondern lediglich den allerdings entschiedenen Willen zur Selbstverteidigung. Für F. der schlüssige Beweis dafür, daß sich die Franzosen in einer defensiven Position befanden.

Als einziger Deutscher konnte er in den ersten Monaten nach Kriegsausbruch seine Tätigkeit in Paris ungehindert fortsetzen. Im Mai 1915 wurde er nach Basel ausgewiesen.

In der Schweiz schloß sich F. der deutschen exilpazifistischen Bewegung an und trat publizistisch hervor. In der radikaldemokratischen *Freien Zeitung*, der *Friedens-Warte* und seinen 1917 und 1918 erschienenen Hauptwerken *Durch!... zur Demokratie* und *Das Königtum ist der Krieg* beschäftigte er sich mit Fragen des Krieges und der zukünftigen staatlichen Organisation Deutschlands. In diesen Veröffentlichungen erwies sich F. als entschiedener Pazifist und Linksliberaler, der sich der Tradition der deutschen Republikaner von 1848 verpflichtet fühlte. Er konstatierte eine seelisch-geistige Entfremdung des deutschen Volkes von den westlichen Verfassungsstaaten, die er auf die Dominanz des »preußisch-deutschen Militarismus« in allen relevanten gesellschaftlichen Bereichen zurückführte. Die generelle Ursache des Ersten Weltkrieges glaubte er in dem Gegensatz von friedliebender Demokratie und kriegstreibender Monarchie zu erkennen. Auch für die Verlängerung des Krieges machte er die Mittelmächte verantwortlich. Um den Krieg zu beenden und künftige Konflikte rechtzeitig zu entschärfen, forderte er in Anlehnung an den amerikanischen Präsidenten Wilson den Sturz der Monarchie, die Republikanisierung und Demokratisierung Deutschlands, die Einrichtung eines Völkerbundes, die schrittweise Abrüstung und die obligatorische Schiedsgerichtsbarkeit. »Ehe nicht ein voller Sieg dieses Selbstbestimmungsrechts der Völker über die ›Hoheitsrechte‹ der Könige und Kaiser von Gottesgnaden errungen ist, kann sich das Rechtsgewissen der Menschheit nicht beruhigen und kein wahrer Menschenfreund wird einem Frieden zustimmen können, der nicht den Triumph dieses Prinzips für die Zukunft enthielte« (*Freie Zeitung*, 11.7. 1917). Da er die gesellschaftliche Entmachtung der deutschen Eliten von innen heraus für ausgeschlossen hielt, drängte F. auf die militärische Besiegung der Mittelmächte. Als entschiedener Demokrat und Humanist war er ein Gegner des Kommunismus, den er schon deshalb ablehnte, weil dieser durch den Separatfrieden im Osten dem »deutschen Militarismus« die Chance zur Eroberung des europäischen Kontinents und damit auch Frankreichs geboten habe.

Mit großer Skepsis verfolgte F. die deutsche Revolution vom November 1918. Zwar begrüßte er die Unterdrückung kommunistischer Putschversuche durch Reichswehreinheiten, doch in dem Umstand, daß dieser Schritt nicht »mit vornehmer demokratischer Überzeugung« verknüpft gewesen sei, sah er eine große Gefahr für die junge Republik. So schrieb er 1920 in der *Weltbühne*: »Denn in der Geschichte wird der Name Noske den letzten Versuch symbolisieren, den Geist des alten preußischen Militarismus trotz alledem in unsere neue Staatsform herüberzuretten.« In der linksdemokratischen Presse setzte sich F. für einen radikalen Bruch mit der militärstaatlichen Tradition Deutschlands für »die dringend notwendige seelische, politische und intellektuelle Erneuerung unseres Volkes« ein. Darunter verstand er vor allem die Auswechselung »schuldiger« Politiker durch prinzipienfeste »Republikaner der ersten Stunde«.

Am 19. Juni 1919 erschien in Zürich erstmals die Wochenschrift *Der Weltbürger*, mit der sich F. für den »völkerversöhnenden Gedanken des Pazifismus und der Demokratie«

sowie für »übernationale Gesinnung im Geiste des Weltbürgertums« einsetzte. Die Kritik am »neuen Chauvinismus« der deutschen Republik verknüpfte er mit der Feststellung, daß als Folge des Versailler Vertrages weder die »Weltdemokratie« noch die »wirkliche deutsche Demokratie« realisiert werden könnten. Erneut wurde sein frankophiler Standpunkt sichtbar. Zwar ging er mit der Regierung Clémenceau scharf ins Gericht, weil sie von den ursprünglichen Kriegszielen der Entente abgewichen sei und nur noch Machtpolitik betreibe, die zu keiner »demokratischen Verbrüderung« der einstigen Kriegsgegner führen werde. Diese Verhärtung erklärte er jedoch mit dem französischen Sicherheitsbedürfnis und einem unzureichenden Demokratisierungsprozeß in Deutschland: »Hätten wir wirkliche Demokraten an die Spitze unserer Republik gestellt, Republikaner, die den Mut gehabt hätten, endgültig mit dem alten Regime abzurechnen, Pazifisten, die den Militarismus nicht erst auf Entente-Geheiß, sondern freudig-freiwillig als Vorbedingung für die demokratische Wiedergeburt Deutschlands beseitigt hätten: dann wäre der Versailler Vertrag weniger hart ausgefallen.« Nach 1920 verlieren sich die Spuren F.s.

Wieland, L.: Sozialdemokratie und Abrüstung in der Weimarer Republik, in: Steinweg, R. (Red.): Lehren aus der Geschichte? Historische Friedensforschung. Frankfurt/Main 1990, S. 160–185.

Lothar Wieland

Fette, Christian

Geb. 1.2.1895 in Bremen, gest. 26.10.1971 in Benrath

Auf dem Höhepunkt des Kampfes um eine paritätische Wirtschafts- und Sozialverfassung der Bundesrepublik Deutschland, am 30. Juli 1952, hielt F., der Vorsitzende des Deutschen Gewerkschaftsbundes, in Vreden eine vielbeachtete Rede, die er vorher nicht gelesen, geschweige denn selber geschrieben hatte. Trotzdem wurde diese Rede zum Anlaß der unternehmerisch gewünschten Gegenoffensive unter der Federführung von Goetz Briefs, der sich in der amerikanischen Emigration zum Ideologen einer liberal-christlich-konservativen Gewerkschaftskritik gewandelt hatte. Briefs sah in der Rede den Ausdruck eines »syndikalen Totalismus«, weil in ihr das gewerkschaftliche Interesse weitgehend mit dem Allgemeinwohl identifiziert wurde. F. geriet damit zwischen die Fronten des westlichen wie des östlichen Imperialismus, denn in der Propaganda der SED wurde er längst als ein Mann dargestellt, der die westdeutschen Gewerkschaften »für dreißig Silberlinge« an den Monopolkapitalismus verkauft hatte. Dem tapferen kleinen Mann geschah damit bitteres Unrecht. Aber er hatte selber Anteil daran, daß er so exponiert war und so leicht beschädigt werden konnte.

Er war als drittes Kind eines Schuhmachermeisters in Bremen geboren, als dort bereits Friedrich Ebert die *Bremer Bürgerzeitung* redigierte. Als Schriftsetzerlehrling durfte F. sich zur heranwachsenden »Elite des Proletariats« rechnen. Sobald er 18 Jahre alt war, trat er dem »Verband der Deutschen Buchdrucker« (VdDB) bei. Das war am 1. Mai 1913. Ein Jahr darauf feierte er diesen Kampftag und wurde dafür gemaßregelt, wie es in kaiserlichen Zeiten gang und gäbe war.

So schmächtig der junge Setzer auch war, er mußte im Ersten Weltkrieg doch an die Front. Vor Verdun wurde er zweimal verwundet. Wieder in Bremen, drängte er auf radikale Veränderung der politischen und gesellschaftlichen Verhältnisse. Im März 1920 führten die Bremer Gutenbergjünger gerade einen Lohnkampf, als der Kapp-Lüttwitz-Putsch in Berlin und der politische Generalstreik zum Schutz der Republik mitten in die Lohnbewegung hineinplatzten. Der alte Bremer Vorstand konnte mit dieser Verbindung der wirtschaftlichen und der politischen Aktion nichts anfangen. Da übernahm F. – 25jährig – die Führung im Kampf. Der Bremer Streik war von der Zentrale in Berlin nicht genehmigt, galt also als »wilder« Streik und brachte die Kollegen von der Weser an den Rand des Ruins. Der Kassierer verpfändete sein Häuschen, um Unterstützungsgelder zahlen zu können. Dieser entschlossene Einsatz brachte nach fünf Wochen den Sieg.

F. war als Aktionist abgestempelt. Er verließ das Bremer Milieu, ging ins Ruhrgebiet und wurde stellvertretender Gauvorsteher seines Buchdruckerverbandes mit Sitz in Köln. Im Frühjahr 1933 verurteilte er die Anpassungstendenzen, forderte »Mannesmut« von seinen Kollegen und veranstaltete eine oppositionelle Maiwanderung – gegen den »Nationalen Feiertag der Arbeit«. Er konnte während der Nazizeit beim Verleger DuMont unterkriechen und traf sich privat mit der Familie Hans Böcklers im Kölner Akazienweg, wo sie einander gegenüber wohnten. Zwar wollte F. sich nicht mit dem Nimbus des »Widerstandskämpfers« schmücken, aber er hielt zu Böckler über den 20. Juli 1944 hinaus, als der Funktionär der illegalen Reichsleitung sich auf dem Lande verstecken mußte.

Nach der Befreiung 1945 sorgte Böckler dafür, daß F. Inspektor der britischen Militärregierung für die Ermittlung des Vermögens der DAF, der nationalsozialistischen Arbeitsfront, wurde. Sie residierte am Venloer Wall im selben Gewerkschaftshaus. In mancher Versammlung, deren Entscheidung auf des Messers Schneide stand, gab F. neben Böckler als Redner den Ausschlag. Der große Hans und der kleine Christian bildeten strategisch und taktisch ein ideales Doppel. Und F. wollte höher hinaus. Durch einen geschickten Coup gelang ihm 1948 die Wahl zum ersten Bundesvorsitzenden der IG Druck und Papier. F. galt als begabt und entscheidungsfreudig mit einer Neigung zu riskanten Aktionen.

Als der alte Hans Böckler spürte, daß er den Kampf um die Mitbestimmung nach einem bedeutenden Etappensieg im Montanbereich (1951) nicht würde zu Ende führen können, suchte er nach einem Kollegen, dem er diesen unerhörten Kraftakt zutraute. Er rief F. an sein Sterbelager, packte ihn an der Brust und zog ihn zu sich mit den Worten: »Christian, mit mir geht es zu Ende. Du mußt mein Nachfolger werden. Ich habe mit Bergbau und Metall gesprochen.« F. zögerte, erbat sich Bedenkzeit. Daraufhin nochmals Böckler: »Sehe ich so aus, daß ich noch lange warten kann?« F. gab nach und fühlte sich testamentarisch verpflichtet, sowohl den Vorsitz im DGB zu übernehmen, als auch den Kampf um die Wirtschaftsdemokratie energisch zu Ende zu führen. F. verhandelte offensiv mit Bundeskanzler Adenauer und erreichte weitgehende Zusagen bis hin zu einem paritätischen Bundeswirtschaftsrat. Als Adenauer unter dem Druck der FDP nicht mehr dazu stehen wollte, mobilisierte der DGB seine Mitglieder. Der »Zeitungsstreik« am Himmelfahrtstag 1952 stand am Beginn eines umfassenden Aktionsplanes. Aber es fehlte an loyaler Gefolgschaft und an Einigkeit unter den großen Industriegewerkschaften. Die Aktionen mußten abgebrochen werden. F. wurde für den Mißerfolg verantwortlich gemacht. Die IG Metall drängte auf Ablösung, und zwar mit Unterstützung der SPD unter Kurt Schumacher, die F.s Annäherung an Adenauer in Fragen der Montanunion und der Wiederbewaffnung mit äußerstem Mißtrauen beobachtete.

Der tapfere kleine Vorsitzende hat auf dem Berliner Kongreß vom 13. bis 17. Oktober 1952 noch einmal mutig gekämpft. Aber er unterlag gegen Walter Freitag, der an der Spitze der IG Metall Platz für Otto Brenner machte. Die Spitzenstellung in der IG Druck und Papier war inzwischen durch den Hamburger Heinrich Hansen besetzt. Die Gutenbergjünger hatten F.s »Rausch an die Spitze« voller Skepsis verfolgt. Sie kannten seine Impulsivität, die durch starke Getränke forciert wurde. Es gab keinen Weg zurück zum IG-Vorsitz.

Obwohl politisch kaltgestellt, hat F. doch treu zu den Kollegen gehalten. In einem Buch über den Wiederaufbau der IG Druck und Papier meinte er abschließend über den Sinn der Gewerkschaftsarbeit: »Sie führt uns vom Untertan zum freien Wirtschaftsbürger und zu einer beachtlichen Erhöhung des Kulturniveaus. Mehr Lohn aber bedeutet auch mehr Macht! Es gibt Leute, die nennen das eine Kleinigkeit, nennen es Kleinkram des Tages – aber doch ist dies der Weg, auf dem sich die Gewerkschaft umbildet.« Der kleine Mann, der so gerne Großes bewegen wollte, hatte die kleinen Schritte als das Geheimnis beständiger Erfolge akzeptiert.

Beier, G.: Schulter an Schulter, Schritt für Schritt. Lebensläufe deutscher Gewerkschafter. Von August Bebel bis Theodor Thomas. Köln 1983. – Briefs, G.: Zwischen Kapitalismus und Syndikalismus. Die Gewerkschaften am Scheideweg. Bern 1952.

Gerhard Beier

Feuerbach, Ludwig

Geb. 28. 7. 1804 in Landshut; gest. 13. 9. 1872 in Nürnberg

Als Theologiestudent kam F. in Heidelberg mit der Philosophie Hegels in Berührung. Begeistert von Hegels Denken, ging er 1824 nach Berlin, um den Meister selbst zu hören und wechselte schließlich von der Theologie ganz zur Philosophie. Nach Bayern zurückgekehrt, promovierte F. 1828 an der Universität Erlangen. Seine 1830 anonym veröffentlichte Abhandlung *Gedanken über Tod und Unsterblichkeit*, in der er das Christentum mit seinem Jenseitsglauben als egoistische und inhumane Religion charakterisiert, löste einen kleinen Skandal aus. Die Autorenschaft F.s wurde bekannt und er war dadurch gezwungen, seine Privatdozentur und mit ihr schließlich auch alle Hoffnungen auf eine akademische Karriere aufzugeben.

1837 heiratete F. die Tochter eines Porzellanfabrikbesitzers aus Bruckberg. Nach seinem akademischen Scheitern zog er sich dorthin mit seiner Frau zurück. In Bruckberg entstanden F.s wichtigste Schriften: *Vorläufige Thesen zur Reform der Philosophie* (1842), die in Ruges *Deutschen Jahrbüchern* erscheinen sollten, aber der sächsischen Zensur zum Opfer fielen, die *Grundsätze der Philosophie der Zukunft* (1843) – beide Arbeiten wurden später in der Schweiz publiziert – und sein Hauptwerk *Das Wesen des Christentums* (1841).

Mit seinen religionsphilosophischen Arbeiten wollte F. das Fundament für eine neue Wissenschaft legen, die Wissenschaft vom natürlichen Menschen. Die christliche Religion ist für F. nichts als Menschenwerk und Ergebnis von Projektionen. Der Mensch vermag, im Unterschied zu den Tieren, sich sein Wesen gegenständlich vorzustellen, zunächst in seinem Mitmenschen, mit dem er sich vergleicht. Aufgrund der faktischen Ungleichheit der Menschen hält er sich oder den anderen für ein beschränktes, mangelhaftes Wesen. Ohne jemals die Erfahrung machen zu können, völlig selbstmächtig und seinem Mitmenschen gegenüber in jeder Hinsicht überlegen zu sein, sieht er die ganze Gattung als höchst unvollkommen an. Er entwirft ein Gedankenobjekt unter Weglassung der menschlichen Unvollkommenheiten, das er als vollkommenes Wesen zu seinem Gott stilisiert. Die sich daraus ergebende Illusion der Unabhängigkeit des göttlichen Wesens gegenüber dem Wesen des Menschen, am striktesten in der Vorstellung des transzendenten christlichen Gottes formuliert, hat zutiefst unmoralische Konsequenzen. Sie läßt das menschliche Dasein als wertlos erscheinen. An die Stelle der Liebe zu den Menschen tritt die Liebe zu Gott. »So geht die sittliche Gesinnung in der Religion unter«. Insofern die Philosophie diese Illusion entlarvt und als Projektion enthüllt, steht sie im Dienste der Sittlichkeit. Nicht nur die Religion, sondern auch die modernen philosophischen Denkgebäude sind Formen eines krankhaften Weltverständnisses. Weil sie die Sinnlichkeit von der Rationalität trennen und die Rationalität verselbständigen, entfremden sie den Menschen von sich selbst.

F. begriff seinen eigenen philosophischen Ansatz als Bruch mit der Philosophie der Neuzeit und vor allem mit der Hegelschen Philosophie als dem Kulminationspunkt neuzeitlicher Rationalität. Das Wesen der Natur erschöpfe sich nicht im »Gedacht-Werden« wie Hegel meinte, sondern ist dagegen auch widerständig, und dies habe eine »reelle« Philosophie zu berücksichtigen. Nach F. gilt es vor allem, die psychophysische Einheit des konkreten Menschen, den Sensualismus, gegen die »abstrakte« Auffassung des Menschen zu setzen.

Wie es für F. keine Wirklichkeitserkenntnis aus reiner Vernunft geben kann, so ist für ihn auf der anderen Seite auch der geistlose mechanische Materialismus eine unhaltbare Position. Der mechanische Materialismus würde dem Wesen des Menschen nicht nur deshalb nicht gerecht, weil er eine einseitige Abhängigkeit des Menschen von der Natur postuliere, sondern er könne darüber hinaus auch nicht der Abhängigkeit der Menschen voneinander Rechnung tragen. Zwar hinge die Existenz des Menschen von der Natur ab, sein Menschsein aber verdanke er dem Menschen. »Der einzelne Mensch für sich hat das Wesen des Menschen nicht in sich (...) Das Wesen des Menschen ist nur in der Gemeinschaft, in der Einheit des Menschen mit dem Menschen enthalten.«

Wie enthusiastisch F.s Schriften von den Linkshegelianern aufgenommen wurden, brachte Friedrich Engels noch 40 Jahre später zum Ausdruck: »Da kam Feuerbachs *Wesen des Christentums* (...) Die Natur (...) ist die Grundlage, aus der wir Menschen erwachsen sind (...) Außer der Natur und den Menschen existiert nichts, und die höheren Wesen (...) sind nur die fantastische Rückspiegelung unseres eigenen Wesens. Der Bann war gebrochen; das ›System‹ (...) beiseite geworfen (...) Man muß die befreiende Wirkung dieses Buches selbst erlebt haben, um sich eine Vorstellung davon zu machen«.

Marx übernahm F.s »Umkehrmethode« für seine Kritik an der Hegelschen Rechtsphilosophie. Die Adaption der Methode ging aber auch mit einer Kritik an F. einher. Marx fand Feuerbachs Schriften nicht politisch genug. Ruge, Bauer und Marx versuchten deshalb, F. zu politischer publizistischer Tätigkeit zu überreden. Den Aufforderungen, an der *Rheinischen Zeitung* und den *Deutsch-Französischen Jahrbüchern* mitzuarbeiten, ist F. allerdings nicht gefolgt. Er stand Marx reserviert gegenüber. Im Unterschied zu Marx setzte F. keine Hoffnung auf die Geschichtsprozessualität. Sie war seiner Meinung nach ein theoretischer Rückfall in die Position der Hegelschen Philosophie, die den realen Menschen als Einheit von Kopf und Herz kaum berücksichtige. Eine Theorie der politischen Ökonomie konnte für F. nicht die Basis sozialen und politischen Handelns sein. Der Schlüsselbegriff F.s ist nicht die Geschichte, sondern die Natur und der wirkliche sinnliche Mensch im Alltag als Ich und Du in seiner damit auch sozialen und politischen Position. »Nur die menschliche Eitelkeit ist das Prinzip der Geschichte«, meinte er.

1848 unternahm F., angeregt von den revolutionären Ereignissen in Frankreich, eine Reise nach Paris, die allerdings schon in Heidelberg ihr Ende fand. Zwischenstation sollte Frankfurt sein, wo am 18. Mai in der Paulskirche die Deutsche Nationalversammlung eröffnet wurde. F. stand der Tätigkeit des Paulskirchenparlaments allerdings skeptisch gegenüber, und so ist er einer Aufforderung von Heidelberger Studenten, an den Beratungen des Parlaments aktiv teilzunehmen, nicht nachgekommen. Statt dessen hielt er in Heidelberg private Vorlesungen über das Wesen der Religion. In diesen Vorlesungen versuchte er, seinen bisherigen Schriften über die Rückführung der Religion auf das Wesen des Menschen politische Bedeutung zu geben. Eine Schöpfung der Republik aus dem Nichts und die Etablierung von Freiheit auf Befehl, wie es Konstitutionelle und Republikaner glauben machen wollten, hielt F. für unmöglich. Vielmehr war nach seinem Verständnis eine Reformation des Bewußtseins Voraussetzung einer politischen Umgestaltung, und daß hier schon Erfolge erzielt waren, wollte F. nicht sehen. Daher brach er seine Reise ab und kehrte enttäuscht nach Bruckberg zurück. Resigniert schrieb er seinem Freund F. Knapp, der nach Amerika auswanderte: »Du gehst der Zukunft entgegen, und ich hinke wieder tief gebeugt in die Vergangenheit zurück; Du Glücklicher! segelst (...) in das jugendliche Amerika hinüber, und ich sitze auf dem Mist des altersfaulen Europa.« Eigene vage Pläne, nach Amerika auszuwandern, wurden nie realisiert. Nach dem wirtschaftlichen Ruin der Porzellanmanufaktur mußte die Familie 1860 von Bruckberg nach Nürnberg umziehen. Sie war seitdem auf

die Großzügigkeit von Freunden sowie auf finanzielle Unterstützung der Schillerstiftung und der Sozialdemokratischen Arbeiterpartei angewiesen.
In seiner späten Schrift *Über Spiritualismus und Materialismus, besonders in Beziehung auf die Willensfreiheit* entwickelte F. Ansätze zu einer Moralphilosophie, die sich auf zwischenmenschliche Beziehungen und das natürliche Glückseligkeitsstreben der Individuen gründet. Weder Altruismus noch ein Formalismus Kantscher Prägung können die Basis einer Ethik sein, nur die Einsicht, daß ein Ich immer auf ein von ihm unterschiedenes Du als Ergänzung angewiesen ist. Daß Glückseligkeit einzig in der Gemeinschaft mit einem Du zu erlangen ist, scheinen die Konflikte, die sich aufgrund der realen Verschiedenheit der Menschen ergeben, entgegenzustehen. Wie es aber ein Individuum vermöge, den Streit seiner Interessen und Triebe in sich zu schlichten, so lasse sich auch mit Hilfe von Klugheitsregeln nach dem Prinzip des Maßes der Mitte Ausgewogenheit in widerstreitende Interessen und Wünsche der Menschen untereinander bringen. Dialogfähigkeit, Solidarität und Liebe sind für F. die conditiones sine quae non des Glücks.

Braun, H.-J.: Ludwig Feuerbachs Lehre vom Menschen. Stuttgart 1971. – Engels, F.: Ludwig Feuerbach und der Ausgang der klassischen deutschen Philosophie. Suttgart 1888. – Sass, H.-M.: Ludwig Feuerbach. Hamburg 1978. – Schmidt, A.: Emanzipatorische Sinnlichkeit. Ludwig Feuerbachs anthropologischer Materialismus. München 1973.

Beate Bradl

Fischer, Ruth (eigentl. Elfriede Golke, geb. Eisler)

Geb. 11. 12. 1895 in Leipzig; gest. 13. 3. 1961 in Paris

F. kam 1895 als Elfriede Eisler zur Welt. Der Vater, Dr. Rudolf Eisler, war Sohn eines reichen jüdischen Tuchhändlers aus Wien, die Mutter, Ida Maria Fischer, Tochter eines Metzgermeisters aus Schwetzingen. Unter den zahlreichen Pseudonymen, Decknamen und den angenommenen Namen aus F.s beiden Ehen, setzte sich schließlich das Pseudonym Ruth Fischer durch.
Ein Jahr nach F. wurde ihr Bruder Gerhart geboren, später ein weiterer Bruder namens Johannes. Die Familie zog nach Wien, wo der Vater eine Privatdozentur für Philosophie erhielt, denn »als Jude« konnte er in Österreich nicht Professor werden. Nach Ausbruch des Ersten Weltkriegs – F. studierte in Wien Philosophie und Nationalökonomie – trat sie in die »Sozialdemokratische Arbeiterpartei« Österreichs ein. Es dauerte nicht lange, da schlossen sich »Fritzi« (Elfriede) und Gerhart mit einem Kommilitonen namens Paul Friedländer zusammen und entwickelten kühne Pläne, die am 3. November 1918 in der Gründung der »Kommunistischen Partei Deutsch-Österreichs« einmündeten. Diese aus sieben Leuten entstandene Gruppe war rasch zerstritten; F., die einzige Frau in der Spitze der Organisation, Mitglied Nummer 1, seit 1915 Ehefrau von Friedländer und Mutter eines Sohns, wurde in die Rolle des Sündenbocks gedrängt. Sie paßte nicht in das Bild, das die Genossen von einer »richtigen« Frau hatten. Sie ließ sich nicht bevormunden. F. wurde geopfert bzw. »opferte« sich selbst, indem sie alles stehen und liegen ließ, um nach Deutschland zu gehen. Ihre Mutterpflichten hatte sie der Großmutter Eisler übertragen, der Ehemann mochte sehen, wo er blieb. Eheliche Pflichten und Treue waren für sie ein Relikt bourgeoiser Ideologie, mit der sie bereits in ihrer ersten Veröffentlichung *Sexualethik des Kommunismus* (1920) abgerechnet hatte.
In Berlin begann ihre Karriere in der KPD zunächst auf der Schulbank bei dem geheimnisumwitterten Beauftragten Lenins, Karl Radek, der in Moabit gefangen gehalten wurde. Dieser war begeistert von seiner jungen und begabten Schülerin, die wißbegierig alles in sich aufnahm, was er ihr erzählte. Im November 1921 wählte sie der mächtige Bezirk Berlin-Brandenburg zur Politischen Sekretärin. F. arbeitete sich in die Führungsspitze der Partei hinauf. Auf dem Weg dorthin wurde sie von dem Mann unterstützt, den sie im Herbst 1919 in Berlin traf – und der über zwanzig Jahre ihr Geliebter, Lebensgefährte und Ratgeber war: Isaak Tschemerinsky, genannt Arkadij Maslow.
Sie ließ sich von Friedländer scheiden, nicht um Maslow zu heiraten, sondern Gustav Golke. Der Bruder des KPD-Kassenwartes Artur Golke beschaffte ihr die deutsche Staatsbürgerschaft, die sie benötigte, um offizielle Funktionen in der KPD, wie z.B. die Wahlbezirks-Kandidatur, wahrnehmen zu können. Zum Gelingen ihrer Karriere trug auch die Komintern (die III. Internationale, 1919–1943), bis 1926 unter der Leitung von Gregorij Sinowjew, bei, der zweimal zu ihren Gunsten in die KPD-Führung eingriff. Durch diese Interventionen kam es 1923 und 1924 zur Umbildung der Parteizentrale – und dadurch zu einer völligen Verdrängung der »Rechten« aus der Führung der Parteiorganisation.
Fast zwei Jahre lang, von Januar 1924 bis September 1925, war F. nahezu die Alleinherrscherin der Partei, zumindest benahm sie sich so. Sie verprellte dabei ihre »alten Feinde« noch mehr, als es unbedingt nötig gewesen wäre, und legte sich auch mit denjenigen an, die bis vor kurzem noch ihre Freunde waren. Gleichzeitig signalisierte sie nach Lenins Tod

(1924) der Komintern, daß sie ihre Politik ohne den »großen Bruder« zu gestalten gedachte. Damit zog sie den Argwohn Stalins auf sich.

Das Reichstagsmandat, das sie 1924 errang, übte sie mit einer Mischung aus »Amüsement und Verachtung« aus. Für sie war das Parlament nichts anderes als ein »Marionettentheater des Kapitals«. Einerseits war ihre Präsenz im Reichstag – nach ihrem Ausschluß aus der KPD 1926 wegen fortgesetzter »Fraktionstätigkeit« – als Abgeordnete einer Gruppe Linker Kommunisten bis 1928 ihre einzige Möglichkeit, nach außen hin deutlich zu machen, daß die Politik der Thälmann-KPD, zu der die Partei nach ihrem Ausscheiden geworden war, keinen Alleinvertretungsanspruch für die »Linke« in Deutschland erheben konnte. Zum anderen sicherten die Bezüge, die sie durch ihr Mandat erhielt, ihren und Maslows Lebensunterhalt. 1928 zur Sozialfürsorgerin umgeschult, wurde sie in dieser Tätigkeit unmittelbar mit der sozialen Not in der Bevölkerung konfrontiert. Ihre Erfahrungen damit schlugen sich nieder in der *Deutschen Kinderfibel* (1933), die F. zusammen mit dem Berliner Arzt Franz Heimann verfaßte.

F. dachte zunächst nicht darüber nach, welche Auswirkungen der 30. Januar 1933 auch auf ihr Leben und das Leben ihrer Familie haben könnte. Die Bedeutung der Ernennung Hitlers zum Reichskanzler wurde ihr erst bewußt, als Freunde ihr am 28. Februar 1933 – dem Tag nach dem Reichstagsbrand – von den zahlreichen Verhaftungen berichteten. Überstürzt tauchte sie mit Maslow zunächst in Wohnungen von Freunden unter, dann machte sie sich mit ihm auf einer Harley-Davidson auf den Weg nach Prag und von dort nach Paris.

Die Schauprozesse 1935/36 wirkten sich nicht nur auf das allgemeine politische Klima in Paris aus, sondern betrafen F. und Maslow auch direkt: Im Sommer 1936 wurden sie in Abwesenheit zum Tode verurteilt mit der Begründung, sie seien an einem Mordkomplott gegen Stalin beteiligt gewesen. Der Einmarsch der deutschen Wehrmacht im Sommer 1940 in Paris besiegelte das Schicksal der Exilgruppen in Frankreich. Für F. und Maslow blieb nur die Flucht nach Lissabon übrig, wo der Kampf um ein Visum für die Ausreise in die USA begann, das F. schließlich auch erhielt. Am 11. April 1941 mußte sie sich von Maslow trennen. Es war eine Trennung für immer – ein Wiedersehen gab es nicht. Maslow dagegen erhielt ein Visum für Kuba, wo er in Havanna wenige Wochen nach seiner Ankunft auf mysteriöse Weise ums Leben kam, ausgerechnet an dem Tag, an dem F. ihm telephonisch mitteilen wollte, daß sein Einreisevisum in die USA endlich erteilt worden sei. Sein Tod wirkte auf sie wie ein Schock, zumal sie ihre Brüder Gerhart und Johannes Eisler verdächtigte, mit dem von ihr vermuteten Anschlag auf Maslow indirekt zu tun zu haben. Gerhart rettete Friedländer, F.s ersten Ehemann und Vater ihres Sohnes, vor dem Abtransport nach Auschwitz.

Nach dem Kriege blieb F. zunächst in den USA. Mit Wilhelm Pieck und Walter Ulbricht, den Spitzenfunktionären in der Sowjetisch Besetzten Zone verband sie nichts als alte Rivalität und Feindschaft. Und durch ihre antistalinistische Aktivität, die sie noch vor 1945 in den USA entfaltet hatte, war ihr der Weg in den Ostblock verbaut. Sie wollte nicht in die Bundesrepublik zurückkehren, obwohl sich dort einige Möglichkeiten zur politischen Arbeit eröffnet hatten. F. war weder mit der SPD im Westen noch mit der SED im Osten zur Versöhnung bereit. 1947 nahm F. die amerikanische Staatsbürgerschaft an und arbeitete mit einem großzügigen Stipendium der Universität Harvard an dem Werk *Stalin und der deutsche Kommunismus* (1950, Neuauflage: 1991). Daneben trat sie als Expertin für Fragen des internationalen Kommunismus in der Öffentlichkeit auf und arbeitete als Beraterin – so wird ihr jedenfalls nachgesagt – auch für den US-Geheimdienst CIA. Dennoch verstand sie sich nach wie vor als Kommunistin, welche die Entwicklungen in Westeuropa und in der Sowjetunion nach dem Tode Stalins aufmerksam und voller Hoffnungen verfolgte. Sie publizierte *Die Umformung der Sowjetgesellschaft. Chronik der Reformen 1953–1958* (1958) und wandte sich der »Dritten Welt« zu: *Von Lenin zu Mao. Kommunismus in der Bandung-Ära*, 1956. Die Konferenz von Bandung, Indonesien, im April 1955 war der erste Versuch fast aller bis dahin unabhängiger asiatischer und afrikanischer Staaten zu einer gemeinsamen Politik.

Seit 1956 lebte F. wieder in Paris. Sie war dort näher bei ihrem Sohn, der inzwischen Mathematikprofessor in Cambridge geworden war und mit seiner Frau und den Enkelkindern die Besuche der »Großmutter Ruth« gerne sah. Sie erhielt einen Lehrauftrag an der Sorbonne und beschäftigte zwei Sekretärinnen, um die vielfältige publizistische Tätigkeit, der sie sich noch immer verschrieben hatte, ausüben zu können. Sie blieb bis zu ihrem Tod ein unruhiger Geist: Wanderin zwischen den Welten, von niemand zu vereinnahmen, niemand verpflichtet außer ihrem eigenen Anspruch, ihrer eigenen Weltanschauung, die in kein »real existierendes System« hineinpassen wollte.

Hering, S.; Schilde, K.: Kampfname: Ruth Fischer. Wandlungen einer deutschen Kommunistin. Frankfurt/Main 1995. – Lübbe, P. (Hg.): Ruth Fischer/Arkadij Maslow. Abtrünnig wider Willen. Aus Briefen und Manuskripten des Exils. München 1990.

Sabine Hering, Kurt Schilde

Follen (eigentlich Follenius), Karl

Geb. 4. 9. 1796 in Romrod/Oberhessen; gest. 13. 1. 1840 in Long Island Sound/USA

F., 1796 als Sohn eines Juristen geboren, begeisterte sich während seiner Gymnasialjahre für das republikanische Freiheitspathos der Antike. 1813 kämpfte er in den Befreiungskriegen gemeinsam mit seinem älteren Bruder Adolf Ludwig gegen die Franzosen. 1815 gründete er mit ihm die »Teutsche Lesegesellschaft« in Gießen. Sein 1814 begonnenes Jurastudium an der Universität Gießen schloß er 1818 ab. Er wurde überzeugter Anhänger des von Friedrich Ludwig Jahn begründeten Turnwesens. Als Mitbegründer der Gießener Burschenschaft stand er aktiv in der politischen Arbeit der patriotischen deutschen Gesellschaften. Der engere Verein innerhalb der Gießener Burschenschaft, die sogenannten »Schwarzen«, deren Kern die Gruppe der »Unbedingten« bildete, sah in F. ihr geistiges Vorbild. Die »Schwarzen« sagten der bestehenden politischen und sozialen Ordnung den bedingungslosen Kampf an. F. selbst war stark von der Lehre Fichtes beeinflußt, insbesondere von dessen Auffassung, daß das »wahre« Deutschtum in keinem der vorhandenen Teilstaaten verwirklicht sei und daher erst durch die Einigung aller Stämme »Lebensraum« erhalten müsse. F. gab sich allerdings nicht mit den Leitbildern und Wertmaßstäben der Deutschtümelei zufrieden, sondern er begann demgegenüber auch die Leistungen und die Bedeutung der französischen Jakobiner zu würdigen. Im nationalen und sozialen Befreiungskampf der Franzosen sah er ein Vorbild für die notwendige Befreiung des eigenen Volkes. So befaßte er sich u. a., um seine Kritik an den herrschenden politischen und sozialen Zuständen zu begründen, mit den Theorien Rousseaus und mit der Französischen Revolution. Auf diese Weise entstand in seinem Denken ein Konglomerat von jakobinischem und romantischem, aufklärerischem und religiösem, kosmopolitischem und nationalistischem Ideengut.

Die Vielseitigkeit F.s kam in seinen beiden Hauptwerken, die er 1818 verfaßte, klar zum Ausdruck, nämlich in seinem Konstitutionsprojekt für ein einheitlich-demokratisches Deutschland mit dem Titel *Grundzüge für eine künftige Teutsche Reichsverfassung* und in seinem lyrisch-epischen Gedicht *Das große Lied*. In beiden Werken finden sich Ansätze nationalistischer Überheblichkeit, demokratischer Volksverbundenheit und exzentrischer Schwärmerei für die Wohlfahrt des Gemeinwesens. Im Reichsverfassungsentwurf traten Forderungen nach Gewaltenteilung, Volkssouveränität und republikanischer Gesellschaftsstruktur, die sich an bekannte Staatstheorien anlehnten, deutlich hervor. F. wollte die althergebrachten Grenzen zwischen den deutschen Kleinstaaten beseitigen und die Einteilung des Landes in Departements nachahmen, so wie sie von der französischen Nationalversammlung am Beginn der Revolution realisiert wurde. In seinem Entwurf forderte er auch die Emanzipation aller Bevölkerungsklassen von der bürokratischen Bevormundung und die allgemeine und gleiche Schulpflicht, während die sozialen Stände beibehalten werden sollten. F. schlug eine weitgehende demokratische Selbstverwaltung der Gemeinden, Presse- und Handelsfreiheit, Rechtsgleichheit, Freizügigkeit und die Aufstellung einer Volksmiliz vor. Die erblichen Monarchien der deutschen Kleinstaaten sollten beseitigt und durch einen von allen Ständen erwählten Fürsten ersetzt werden. Als oberstes Organ der Volkssouveränität schlug F. einen Reichstag vor, der über Krieg und Frieden entscheiden sollte. Als Kontrollorgan schwebte ihm ein Reichsausschuß vor, dessen Funktion am ehesten mit dem Wohlfahrtsausschuß der Jakobinerherrschaft vergleichbar war. Der Gewählte sollte in erster Linie für Sittlichkeit, Ruhe, innere Ordnung und Sicherheit sorgen. Auf diese Weise vermengte sich bei F. die Idee der Gewaltenteilung mit dem Begriff eines Volkskönigtums in urgermanischer Freiheit. Die Trennung von Kirche und Staat lehnte er ausdrücklich ab. Die antijüdischen Ressentiments Arndts und Jahns teilte er. Unter dem Einfluß von Fichte und dessen Kollegen Fries vertrat er mit unbedingter Geltung der persönlichen sittlichen Überzeugung einen schrankenlosen Individualismus, dem jedes Mittel zur Verwirklichung des sittlichen Ideals recht zu sein hatte.

Im Hinblick auf die Verwirklichung ihres Programms entwickelten die Gießener »Schwarzen« abenteuerliche Ideen. F.s Bruder schlug z.B. vor, eine Massenversammlung auf dem Schlachtfeld von Leipzig zu organisieren, dort die Republik zu proklamieren und das Volk dazu zu bringen, die Fürsten abzusetzen und die Verfassung einzuführen. F. selbst vertrat sogar die Auffassung, nach dem Vorbild der Jakobinerherrschaft in Frankreich während der Revolution auch radikale Zwangsmaßnahmen anzuwenden und bei strikter Weigerung der alten Mächte freiwillig abzutreten, eine Terrorherrschaft zu akzeptieren. Seine Pläne bewegten sich zwischen einem systematischen Aufbau einer agitatorisch schlagkräftigen revolutionären Massenorganisation und individuellen Gewaltaktionen. Diese heterogenen Elemente zeigten sich vor allem in seinem *Großen Lied*, in dem er eine verworrene Synthese versuchte. Kerngedanke war darin, daß zur Vorbereitung der Volkserhebung eine revolutionäre Elite erforderlich sei, die es aufzubauen gelte.

Ein Teil der Dichtung erschien im Herbst 1818 unter dem Titel

Deutsche Jugend an die deutsche Menge und wurde von den »Unbedingten« in verschiedenen Gegenden Deutschlands verbreitet. Die Verse fanden vor allem bei Bauern und Handwerkern beachtliche Resonanz. Andere Teile des Liedes durften auf Weisung F.s nicht gedruckt werden, weil sie als »Liturgie« für die geheimen Versammlungen des engeren Kreises dienten. Dort entwickelte F. auch seine Vorstellungen von dem erhofften Gesamtverlauf der Revolution. Er postulierte die deutsche Einheit, die durch individuellen Mord an den »Zwingherrn« und ihrer »Knechte« bewirkt werden sollte. F. begründete seine Theorie des politischen Mordes mit der alten Jesuitenthese, daß der Zweck die Mittel heilige, und mit seinem Grundsatz, daß überall dort, wo eine sittliche Notwendigkeit vorliege, alle Mittel erlaubt wären. In dieser Argumentation vermischten sich antike Auffassungen von der legitimen Beseitigung ungerechter Tyrannen mit mittelalterlichen Ideen eines geheimen Femegerichts.

F. übersiedelte im Jahre 1818 nach Jena und gewann dort bald neue Anhänger und Sympathisanten. So schloß er auch mit dem Theologiestudenten Karl Ludwig Sand, der am Wartburgfest teilgenommen hatte, Freundschaft. Dieser beschloß unter dem Einfluß F.s, das Volk aus der Macht der »Zwingherrn« zu befreien und mit der Ermordung eines »Fürstenknechts« den erhofften Volksaufstand in Bewegung zu setzen. Als Opfer wählte er den Lustspieldichter und Schriftsteller August von Kotzebue, der russischer Staatsrat war und in seinem *Literarischen Wochenblatt* die Burschenschaften scharf kritisiert hatte. Die Tat erfolgte im März 1819. Sie gab den schon längst mißtrauisch gewordenen Regierungen der deutschen Teilsstaaten die gewünschten Gründe zum Vorgehen gegen die Burschenschaften. Die Behörden verhafteten viele Mitglieder der »Unbedingten«, und die folgenden Verhöre deckten die politischen Pläne der Studenten und ihre konspirativen Organisationen auf. F. konnte noch rechtzeitig alle ihn belastenden Korrespondenzen beseitigen, so daß eine Hausdurchsuchung ergebnislos verlief. Auch eine Gegenüberstellung mit Sand brachte keinen konkreten Anhaltspunkt für den Verdacht, daß F. von der Mordabsicht des Theologiestudenten gewußt oder Sand sogar zur Ermordung Kotzebues nach Mannheim entsandt habe. So mußte er schließlich aus der Haft entlassen werden. Fortan wurde er aber unter Polizeiaufsicht gestellt, erhielt Berufsverbot und verlor sein Vorlesungsrecht.

Nachdem er vorübergehend im Haus seiner Eltern in Gießen gelebt hatte, floh er nach Frankreich. Sand war im Mai 1820 zum Tode verurteilt und anschließend hingerichtet worden. F. nahm in Paris mit einigen französischen Revolutionären Kontakt auf, die einen Aufstand gegen die Bourbonenherrschaft planten. Als einer der Verschwörer den Neffen des französischen Königs ermordete und die Polizei in Paris zahlreiche Verhaftungen vornahm, sah sich F. gezwungen, in die Schweiz zu fliehen, wo sich auch einige seiner geflüchteten Freunde aus dem Kreis der Gießener »Schwarzen« aufhielten. F. konnte an der Universität Basel als Dozent für Rechtswissenschaften für drei Jahre Fuß fassen. Mit seinen in Deutschland verbliebenen Anhängern, die von Spitzeln und Agenten observiert wurden, blieb er durch Geheimkuriere weiter in Verbindung. F. versuchte sogar das Netz der Mitkämpfer in Deutschland von Basel aus wieder zu knüpfen und einen neuen Geheimzirkel zu gründen, den sogenannten »Jünglingsbund«, der die radikalen politischen Ziele der Gießener »Schwarzen« übernehmen und weiterführen sollte. Die Behörden deckten diesen neuen Geheimbund jedoch 1823 auf. Der österreichische Staatskanzler Metternich war bestrebt, F., der für ihn ein gefährlicher Revolutionär war, zu fassen. Deshalb forderte er von der Schweizer Regierung die Verhaftung und Auslieferung des Aufwieglers. Die Schweizer Behörden kamen dieser ultimativen Aufforderung nicht nach und ließen F. entkommen, der 1824 nach Frankreich flüchtete und sich von Le Havre aus nach New York einschiffte.

F. heiratete, nachdem er sich in den USA rasch zurechtfand, 1828 eine Amerikanerin und erhielt die amerikanische Staatsbürgerschaft. Vorübergehend war er auch an der Universität Harvard Professor für deutsche Sprache und Literatur und erwarb sich große Verdienste um die Verbreitung deutschen Sprach- und Kulturguts. Als er mit großem Engagement für die Befreiung der Negersklaven eintrat, verlor er seine Professur und lebte nun als Schriftsteller, Erzieher und unitarischer Prediger in New York, Boston und anderen Städten an der Ostküste. Die Beschäftigung mit dem Philosophen Schleiermacher und der Einfluß des unitarischen Vorkämpfers William Ellery Channings ließen ihn zum überzeugten Prediger der neuen liberalen Kirche werden. Im Januar 1840 reiste er mit dem Schiff zur Einweihung einer neuen Kirche nach Lexington. Der Dampfer geriet aber auf dem Eriesee in Brand, wobei alle Passagiere, auch F., ums Leben kamen.

Grab, W.: Radikale Lebensläufe. Berlin 1980. – Haupt, H.: Karl Follen und die Gießener Schwarzen. Gießen 1907. – Pregizer, R.: Die politischen Ideen des Karl Follen. Tübingen 1912. – Steiger, G.: Wartburgfest und Urburschenschaft. Jena 1967.

Helmut Reinalter

Forckenbeck, Max von

Geb. 23. 10. 1821 in Münster; gest. 26. 5. 1892 in Berlin

»Zurück auf die Schanzen, zu mannhafter Verteidigung des bisher Errungenen!«, mit diesen Worten rief F., Führer der Nationalliberalen und Berliner Oberbürgermeister, am 17. Mai 1879 in einer großen Kundgebung anläßlich des ersten Berliner Städtetages zu einer gemeinsamen Front des freien Bürgertums gegen die hereinbrechende Reaktion und zur Neubildung einer gesamtliberalen Partei auf. Diese Aktion F.s auf dem Städtetag, den er selber initiiert hatte, symbolisierte den Höhepunkt des großbürgerlichen Widerstandes gegen die Schutzzollpolitik Bismarcks (seit 1878) und war zugleich Ausdruck eines gewachsenen Selbstbewußtseins der Städte und ihrer Verwaltungen, die immer häufiger mit gemeinsamen Aktionen gegen die sich abzeichnende innenpolitische Wende des Reichskanzlers – Bruch mit den Nationalliberalen und Bündnis von »Rittergut und Hochofen« – aufbegehrten.

F., der als eigenwilliger, manchmal jähzorniger, aber dennoch bedächtiger, jeder Ideologie abgeneigter Realpolitiker galt, unterstrich seinen Protest, indem er drei Tage später, am 20. Mai 1879, sein Amt als Reichstagspräsident niederlegte. Für die politische Überzeugung nicht nur durch Worte, sondern auch durch Taten einzutreten, hatte in der Familie F.s Tradition.

Schon sein Vater, Franz von Forckenbeck, ein angesehener Richter in Hamm und Münster, war wegen seiner freiheitlichen Gesinnung 1833 nach Breslau strafversetzt worden, so daß F. schon mit zwölf Jahren seine Heimatstadt Münster verlassen mußte. Ab 1838 studierte er in Gießen, später in Berlin Staats- und Rechtswissenschaften, um die gleiche Laufbahn wie sein Vater einzuschlagen, der mittlerweile in Glogau (Schlesien) Vizepräsident des Oberlandesgerichts geworden war. F. folgte 1847, nach Beendigung des Studiums, seinem Vater nach Glogau, wo er die Stelle eines Assessors am Stadtgericht bekleidete. Seine erste politische Betätigung im Revolutionsjahr 1848 als Präsident des demokratisch-konstitutionellen Vereins in Glogau führte zugleich zur Beendigung seiner Karriere als künftiger Beamter im Staatsdienst. Für die Staatsmacht galt er als politisch »belastet«. Hinzu kam, daß sein Vater 1849 plötzlich starb. Die Sorge für seine Familie sowie wirtschaftliche Erwägungen ließen F. in Mohrungen (Ostpreußen) einen Posten in einer Kanzlei annehmen, wo er von 1849–59 als Rechtsanwalt arbeitete.

In der Zeit der relativ liberalen »Neuen Ära« in Preußen (1858–1861) war eine politische Betätigung F.s erneut möglich. 1858 wurde er für den Wahlkreis Mohrungen-Preußisch-Holland in das preußische Abgeordnetenhaus gewählt, wo er zusammen mit Leopold Freiherr von Hoverbeck der Fraktion Vincke beitrat (benannt nach dem Abgeordneten Georg Freiherr von Vincke). Zugleich war F. Mitglied der Unterrichts-, der Wahlrechts- und der Gewerbekommission, außerdem des Ausschusses für Kreis- und Städteordnung, der eine liberalere Selbstverwaltung anstrebte.

Früh erkannte F., daß der Liberalismus zwar dem äußeren Anschein nach obsiegte, de facto aber noch nicht konsolidiert war. Die Fraktionsführer mußten auf ihre Parteigenossen in den Ministerien Rücksicht nehmen und waren schon durch die Erwägung, daß ein allzu starkes Drängen gegenüber dem Prinzregenten Wilhelm, dem späteren König von Preußen und deutschen Kaiser Wilhelm I., diesen womöglich von seinem einmal eingeschlagenen Wege der vorsichtigen Liberalisierung abbringen könnte, in ihren parlamentarischen Aktionen eingeschränkt.

Doch F. suchte daher ein von allen diplomatischen Erwägungen freies Feld der politischen Praxis, um den Liberalismus voranzutreiben. Weil er weder den Weg der alten Konstitutionellen noch der Demokraten von 1848/49 beschreiten wollte, trat er 1859 in den »Deutschen Nationalverein« ein. »Ohne eine andere Gestaltung der deutschen Verhältnisse ist für die Dauer auch die Existenz einer neuen Verfassung eine Unmöglichkeit. Bleiben die deutschen Verhältnisse so wie sie sind, so wird und muß in Preußen nur der Militärstaat ausgebildet werden.« Durch Förderung der deutschen Einheitsbestrebungen erhoffte F., den preußischen Liberalismus zu reformieren, wobei er sich in seinen Bestrebungen von den Unitariern darin unterschied, daß der Schwerpunkt weiterhin bei Preußen liegen sollte. Diese Einstellung brachte ihn zusammen mit Hoverbeck auf politischen Gegenkurs zu seiner Fraktion. »Unsere liberale Fraktion scheint in ihrer Mitarbeit aus übergroßer Vorsicht immer ein Schritt hinter dem Ministerium zurückbleiben zu wollen, während sie einen Schritt voraus sein sollte.« Am 8. Februar 1861 trat F. zusammen mit 13 Abgeordneten aus der liberalen Fraktion aus. Die Fraktion Forckenbeck, »Jung-Lithauen« genannt, hatte sich zum Ziel gesetzt, Politik im Sinne des »Deutschen Nationalvereins« zu betreiben. Sie stellten sich »auf den Boden freisinniger durch Rücksichten keiner Art beirrter Wirksamkeit für das Wohl des preußischen und des davon untrennbar verbundenen deutschen Vaterlandes.« Kurze Zeit später konstituierte sich – auf F.s Drängen – am 9. Juni 1861 die Deutsche Fortschrittspartei. Sie setzte sich die Begründung eines verfassungsmäßigen Zustandes in Preußen und die Einigung Deutschlands auf nationaler Grundlage zum Ziele. Neben seiner politischen Tätigkeit als Parlamentarier übte F. weiterhin seinen Beruf als

Rechtsanwalt aus. 1859 war er von Mohrungen nach Elbing übergesiedelt, wo er wohnte, bis er 1872 zum Oberbürgermeister von Breslau gewählt wurde.
Seit 1863 trat F. immer mehr in seiner Rolle als Parteiführer zurück, da er sich als oppositioneller Politiker dem preußischen Ministerpräsidenten Otto von Bismarck nicht gewachsen zeigte. Als Referent der Budgetkommission versuchte er in der Konfliktszeit 1862 bis 1866, eine Auseinandersetzung über das umstrittene Militärbudget zu vermeiden. 1866 wurde er zum Präsidenten des Abgeordnetenhauses gewählt. Der preußische Historiker Heinrich von Sybel, von 1862 bis 1864 im Abgeordnetenhaus Mitglied des gemäßigt-liberalen »linken Centrums«, meinte, das sei der erste Schritt zu einer neuen Politik, die den liberalen mit dem nationalen Gedanken verbinde. In der Tat wurde F. 1866 vom liberalen Kronprinzen Friedrich gebeten, im Streit um die parlamentarische Gutheißung des Haushalts (»Indemnität«) zwischen Bismarck und den Liberalen zu vermitteln. Durch das Vertrauen des Kronprinzen gewann F. die Führung bei den Nationalliberalen, die sich im selben Jahr mit dem Ziel gründeten, den Liberalismus an die Politik Bismarcks anzupassen. Wiederholt versuchte Bismarck in den folgenden Jahren, F. an sich zu binden, indem er ihm einen Ministerposten in Aussicht stellte. Doch war F. zu sehr liberaler Parteimann, um dies ernsthaft in Betracht zu ziehen. An seine Frau schrieb er: »Meine unabhängige Gesinnung behalte ich, dessen kannst du sicher sein, die Entscheidung fällt für die bescheidene Unabhängigkeit in Elbing aus.« Diese Einstellung trug ihnen den Respekt von Freunden und Gegnern ein. Wie er selber einmal über sich bemerkte, sei er in dieser Zeit »zum allgemeinen Vertrauenstopf« geworden.
Durch den Krieg gegen Frankreich, der die Macht der Krone gestärkt hatte und einen Ausbau der Verfassung im Sinne eines parlamentarischen Unitarismus immer weniger wahrscheinlich werden ließ, resigniert, schrieb F. an den Mitbegründer der Nationalliberalen Partei Eduard Lasker, daß der unabhängige Liberalismus es in Zukunft schwer haben werde, seinen Einfluß zu behaupten.
F. widmete sich - seit seiner Wahl im Juli 1872 zum Oberbürgermeister von Breslau - verstärkt der Kommunalpolitik. Mit Rücksicht auf sein neues Amt stellte F. 1873 sein Landtagsmandat zur Verfügung, doch nahm er im folgenden Jahr die Wahl zum Präsidenten des Reichstages an, dem er bereits seit 1867 (bis 1871: Reichstag des Norddeutschen Bundes) angehörte. 1874 entschied sich F., obwohl selbst Katholik, im »Kulturkampf« zwischen katholischer Kirche und Staat für Bismarck zu stimmen. Doch dessen Wirtschaftspolitik, die den Besitz einseitig begünstigte, ließen ihn zu Bismarck und einem großen Teil seiner nationalliberalen Parteigenossen Abstand nehmen, bis er 1881 mit den »Sezessionisten« aus der nationalliberalen Fraktion ausschied und als Reichstagspräsident zurücktrat. 1884 schloß er sich den Deutschfreisinnigen an. Auf Bismarcks Anraten brach Kaiser Wilhelm I. jeden persönlichen Kontakt zu F. ab.
F. hatte inzwischen seinen Breslauer Wirkungskreis verlassen und war 1878 zum Oberbürgermeister von Berlin gewählt worden. Bei seiner Wiederwahl 1890 dauerte es acht Monate, bis er durch den Kaiser in seinem Amt bestätigt wurde. Diese Demütigung änderte nichts an seiner Überzeugung: »Die Interessenwirtschaft in der Politik«, schrieb er 1890, »die unser Bürgertum infolge der Bismarck'schen Staatskunst seit Jahren verführt hat, infiziert noch weite Kreise desselben.« Als F. am 26. Mai 1892 starb, verweigerte der Fürstbischof dem Katholiken, weil er einst dem staatlichen Gerichtshof für Kirchenangelegenheiten angehört hatte, das kirchliche Begräbnis. Statt dessen sprach ein evangelischer Pfarrer die letzten Worte: »So betten wir den Sohn westfälischer Erde in den märkischen Sand, den Sohn der katholischen Kirche auf evangelischem Friedhofe.«

Philippson, M.: Max von Forckenbeck. Ein Lebensbild. Dresden Leipzig 1898.

Klaus-Dieter Weber

Forster, Johann Georg Adam

Geb. 27. 11. 1754 in Nassenhuben bei Danzig; gest. 10. 1. 1794 in Paris

Bekannt durch seine Beteiligung an der Mainzer Republik von 1792/93 als einer der wenigen deutschen Intellektuellen, welche die Französische Revolution auch in ihrer jakobinischen Phase unterstützten, war F. ein systematischer Theoretiker der Volksherrschaft und beobachtender und beschreibender Protagonist der historischen Umbrüche seiner Zeit. F.s Karriere als Demokrat umfaßte knapp die letzten 1 1/2 Jahre seines Lebens, und doch scheinen sie die Rezeption seines Werkes in nicht vermittelbare Elemente gespalten zu haben. Wird F. im angelsächsischen Raum vor allem als Naturwissenschaftler und Begleiter des Weltumseglers James Cook wahrgenommen, im französischen als Sympathisant der »Grande Révolution« und Vertreter der »Lumières«, so verdichtete sich in Deutschland das Bild von einem in sich zerrissenen F. Der Eindruck der Ambivalenz in F.s Leben und Werk ergibt sich bereits beim Blick auf seinen für einen Intellektuellen seiner Zeit atypischen Bildungsgang.

Im Alter von 10 1/2 Jahren begleitete F. 1765 seinen Vater, Johann Reinhold Forster, einen reformierten Dorfpfarrer und passionierten Naturforscher, auf eine naturkundlich-ökonomische Inspektionsreise im Auftrag Katharinas II. in die deutschen Siedlungsgebiete an der Wolga. Nachdem die russische Feudaladministration die Entlohnung des Berichts verweigert hatte – der Vater, der als wenig umgänglicher Mann geschildert wird, bezog darin gegen den Lokaladel Stellung – übersiedelten die beiden 1766 zunächst nach London. Die Familie folgte, und F. mußte zu ihrem Unterhalt durch Übersetzungen aus dem Russischen, Französischen und Deutschen in das gerade erst erlernte Englisch beitragen. Obwohl der Vater sich auch mit der Akademie in Warrington, in der er vorübergehend ein Lehramt ausübte, überwarf, übertrug man ihm 1742 die vakant gewordene Stelle des natur- und völkerkundlichen Beobachters auf James Cooks zweiter Expedition in die Südsee; der noch nicht Achtzehnjährige F. begleitete ihn als Assistent und Zeichner. Teils wissenschaftlich legitimiert, teils wirtschaftlich begründet, sollte die Reise die Existenz eines vermuteten Kontinents auf der Südhalbkugel überprüfen und diesen gegebenenfalls für die britische Krone erschließen, die Schiffahrtswege vermessen und kartographieren und Kolonialisierungs- und Handelsmöglichkeiten eröffnen. So drang man wiederholt – wenn auch hinsichtlich der »Terra australis« erfolglos – bis ins südliche Polarmeer vor und lief dann verschiedene pazifische Inseln, darunter Neuseeland, Tahiti und Neukaledonien, an.

Nach der Rückkehr geriet der Vater mit der Admiralität in Streit über den abzuliefernden Bericht, so daß F. einsprang und mit seiner *Voyage Round the World* (1777) eine Darstellung der Reise publizierte; sie erschien kurz darauf als *Reise um die Welt* (1778/80) auch auf Deutsch und machte ihren Autor binnen kurzem in der literarischen Welt bekannt. Es gelang F., in diesem Buch die Formen des Sachberichts – das Reiseprotokoll und präzise naturkundliche und ethnographische Beschreibungen – und literarische Schilderungen von Stimmungen und Eindrücken so mit geschichtsphilosophischen, sozial- und erkenntniskritischen Analysen und Reflexionen zu verflechten, daß sie sich zu einem Panorama der Weltkulturgeschichte entfalten. Obwohl F.s anthropologische Sicht durchweg vom elitären Selbstbewußtsein des aufgeklärten Europäers zeugt – die »Vortheile und Wohlthaten, welche Sittlichkeit und Religion über unsern Welttheil verbreitet haben«, erheben den »civilisierten über den rohen Zustand des Menschen« –, entging F. die Gewaltsamkeit der neuen Kulturbegegnung keineswegs; mehr als im einzelnen Konflikt lag sie für ihn im inneren Widerspruch der eigenen Rolle als Eindringling und Überbringer technischer und geistiger »Segnungen« der europäischen Kultur, die das scheinbare »Paradies« der insularen Naturgesellschaften zerstört.

1778 reiste der junge F. allein nach Deutschland, um nach Verdienstmöglichkeiten für sich und seinen Vater Ausschau zu halten, die Familie war in finanzielle Not geraten. Für seinen Vater fand er zwar keine Anstellung, aber F. selbst erhielt noch im selben Jahr eine Professur für Naturgeschichte am Collegium Carolinum in Kassel. In den sechs Jahren seiner Kasseler Zeit nahm er Kontakt zur literarischen und wissenschaftlichen Intelligenz Deutschlands, zu Lichtenberg und Lessing, Wieland, Goethe und Herder sowie zum Philosophen Friedrich Heinrich Jacobi auf. 1784 folgte er einem Ruf an die Universität Wilna in Polen. Ein Jahr später heiratete er Therese Heyne, Tochter des berühmten Göttinger Philologen Christian Gottlob Heyne. Inzwischen war F. Mitglied zahlreicher Akademien und wissenschaftlicher Gesellschaften geworden. Seine Veröffentlichungen schlossen überwiegend an die naturwissenschaftlichen und völkerkundlichen Themen seiner Weltreise an. Neben zahlreichen einschlägigen Rezensionen – u.a. in dem gemeinsam mit Lichtenberg herausgegebenen *Göttingischen Magazin der Wissenschaften und Literatur* (1780–1785) –, Übersetzungen und Herausgaben entstanden kleinere Arbeiten wie *Ein Blick in das Ganze der Natur* (1781) oder der *Brodbaum* (1784).

1787 aus Wilna nach Deutschland zurückgekehrt, trat F. im Jahr darauf die Stellung eines Universitätsbibliothekars in Mainz an. Zum ersten Mal seiner drückendsten Schulden und damit des Zwangs zu Auftragsarbeiten enthoben, beteiligte sich F. in seinen Schriften der folgenden Jahre zunehmend an Kontroversen zu aktuellen politischen und literarischen Fragen z.B. zur Gedanken- und Religionsfreiheit. 1790 unternahm F. zusammen mit Alexander von Humboldt eine Schiffsreise rheinabwärts über Belgien und Holland nach England und nach Paris. F.s zweites Hauptwerk, die *Ansichten vom Niederrhein* (1791/92) entstanden. Während F. in der *Reise um die Welt* noch deutlich auf den Kulturfortschritt vertraute, konzentrierten sich die *Ansichten* auf die unauflösliche Verflechtung von wirtschaftlicher Freiheit und Gedankenfreiheit. Im selben Jahr hatte sich F.s Frau dem Schriftsteller Ludwig Ferdinand Huber zugewandt, dem Sekretär des kursächsischen Gesandten in Mainz; F. hatte Huber aus Freundschaft in seinen Haushalt aufgenommen. Alle drei waren vom Ausbruch der Französischen Revolution begeistert. Als aber die französischen Truppen über die deutsche gegenrevolutionäre Interventionsarmee gesiegt hatten und im Oktober 1792 ins Mainzer Kurfürstentum vorrückten, beteiligten F.s Frau Therese und Huber sich nicht an der Politik der Mainzer Republikaner, F. trat umgehend dem Mainzer Jakobinerklub bei und bestimmte dessen Politik fortan maßgeblich mit. Im Dezember floh Therese aus Furcht vor einer bevorstehenden Belagerung der Stadt mit den Kindern zunächst nach Straßburg, dann zu einer befreundeten Familie ins schweizerische Neuenburg.

F. , gleichzeitig Vizepräsident der von den Franzosen eingesetzten provisorischen Stadtverwaltung, fungierte verschiedentlich als Vermittler zwischen Besatzungsadministration und Bevölkerung und betrieb den Aufbau einer Selbstverwaltung in der Mainzer Region. Nach den Wahlen im März 1793 wurde er Vizepräsident des rheinisch-deutschen Nationalkonvents. Dieser erklärte – in F.s Formulierung – am 18. März die Unabhängigkeit der Mainzer Republik von Kaiser und Reich, sprach den Feudalgewalten ihre Rechte ab und bestimmte »das freie Volk« zum »einzigen rechtmäßigen Souverain dieses Staats«. Wenige Tage später wurde – wiederum entsprechend einem Vorschlag F.s – die Angliederung der Mainzer an die Französische Republik beschlossen und eine dreiköpfige Delegation unter seiner Leitung nach Paris entsandt, um diesen Antrag dem Französischen Nationalkonvent vorzulegen. Dieser nahm ihn zwar noch an, gleichzeitig aber rückte die preußische Armee erneut ins Rheinland vor: Die Mainzer Republik wurde zerschlagen, auf F. ein Kopfgeld ausgesetzt.

Als keineswegs untätiger Exilant – F. erhielt das französische Bürgerrecht und übernahm diplomatische Aufträge – erlebte er den Sturz der »Gironde« und die beginnende »Terreur« des »Comité de Salut public«. Im Unterschied zu anderen Emigranten und Beobachtern distanzierte F. sich nicht von der Radikalisierung, sondern versuchte noch in seinen letzten Schriften, in der Fragment gebliebenen Darstellung der Mainzer Revolution und in den in Briefform an den deutschen Leser gerichteten *Parisischen Umrissen*, eine politische und geschichtsphilosophische Klärung des Erlebten zu vermitteln, die die Gewalt der »Schreckensherrschaft« als unvermeidliche Begleiterscheinung eines historischen Befreiungsprozesses deutet.

Anfang November 1793 traf F. noch einmal in der Schweiz mit Frau und Kindern zusammen, denen sich Ludwig Ferdinand Huber bereits seit einigen Monaten zugesellt hatte. Nach Paris zurückgekehrt, erkrankte F. und starb am 10. Januar 1794, möglicherweise zusätzlich geschwächt durch die Spätfolgen eines Skorbuts, den er sich auf der Weltumsegelung zugezogen hatte.

Berg, E.: Zwischen den Welten. Anthropologie der Aufklärung und das Werk Georg Forsters. Berlin 1982. – Garber, J.: Spätabsolutismus und bürgerliche Gesellschaft. Studien zur deutschen Staats- und Gesellschaftstheorie im Übergang zur Moderne. Frankfurt/Main 1992. – Peitsch, H.: Georg Forsters »Ansichten vom Niederrhein«. Zum Problem des Übergangs vom bürgerlichen Humanismus zum revolutionären Demokratismus. Frankfurt/Main. u.a. 1978. – Steiner, G.: Georg Forster. Stuttgart 1977. – Uhlig, L.: Georg Forster. Einheit und Mannigfaltigkeit in seiner geistigen Welt. Tübingen 1965.

Claus-Volker Klenke

Fraenkel, Ernst

Geb. 26.12. 1898 in Köln; gest. 28.3. 1975 in Berlin

Da F.s Eltern Juden waren, galt auch er als Angehöriger dieser »Minderheitsgruppe« unter den Deutschen: »Das Gruppenproblem, das so eng mit dem Phänomen des Pluralismus verknüpft ist, bildet mein politisches Ur-Erlebnis«. Wohl entwickelte F. bereits während der Jahre der Weimarer Republik in kritischer Auseinandersetzung mit seiner Umwelt als intellektueller »Linkssozialist« wesentliche Grundgedanken seines späteren Demokratieverständnisses. Es bedurfte jedoch erst der existenzgefährdenden Verfolgungen im totalitären Nazi-Reich, seiner Flucht in die Vereinigten Staaten (1938) und eingehender Auseinandersetzungen mit dem Totalitarismus stalinistischer Prägung, um schließlich sein richtungweisendes, antitotalitäres Konzept des »Neopluralismus« zu entwerfen.

Danach ist Demokratie als »eine das gesamte Gemeinschaftsleben durchziehende Grundhaltung« zu verstehen. Als »Staatsform des Reformismus« hat pluralistische Demokratie die normative Aufgabe, in sozialer Gerechtigkeit Freiheit für jedermann zu ermöglichen. Dies verlangt die Garantie vorstaatlich legitimierter, persönlicher Grundrechte – eine naturrechtliche Rückbindung gilt insoweit als unabdingbar – eine freie Gruppenbildung und -entfaltung sowie eine aktive Teilhabe möglichst aller am politischen Entscheidungsprozeß.

Letzteres könne nur dadurch geschehen, indem die Bürger als Wähler ihre Repräsentanten frei bestimmten vielfältige Formen von Selbstverwaltung entwickelten und in ihnen sowie über eine Mitwirkung in Verbänden und Parteien das allgemeine gesellschaftliche und staatliche Handeln permanent mitbestimmten. »Gemeinwohl« sei dabei nicht als ein gleichsam a priori vorgegebenes und als solches nur noch durchzuführendes Aktionsprogramm zu verstehen. Vielmehr sei das Gemeinwohl als »Resultante« eines mehr oder weniger langwierigen Willensbildungsprozesses »der divergierenden Ideen und Interessen der Gruppen und Parteien« zu sehen. Dies allerdings nur dann, wenn, »um dies der Klarheit wegen zu wiederholen, deren Zusammen- und Widerspiel die generell akzeptierten, mehr oder weniger abstrakten regulativen Ideen sozialen Verhaltens respektiert und die rechtlich normierten Verfahrensvorschriften und die gesellschaftlich sanktionierten Regeln eines fair play ausreichend beachtet werden«. Dem Staat fiele dabei nicht die Rolle eines »neutralen« Beobachters zu, sondern die des aktiven Sachwalters zur Verwirklichung und zum Schutz dieser Voraussetzungen jeder pluralistischen Demokratie.

Durch Geburt Kind des Kölner Bildungsbürgertums, verlor F. früh Vater und Mutter und wurde Vollwaise. Als Sechzehnjähriger zog er zu Verwandten nach Frankfurt am Main. Da das pogromwütige Zarenreich zu Deutschlands Kriegsgegnern zählte, meldete er sich – wie so manch anderer junger deutscher Jude – 1916 als Kriegsfreiwilliger. Daher durfte er nach 1933 auch noch einige Jahre als Rechtsanwalt tätig bleiben. Nach Kriegsende (1918) brachten ihn sein Jura- und Geschichtsstudium in engen politischen und persönlichen Kontakt zu dem Rechtsgelehrten Hugo Sinzheimer, dem engagierten Sozialdemokraten und »Vater des deutschen Arbeitsrechts«. Sinzheimer übte auf F. eine sein Leben bestimmende Wirkung aus, wie F.s arbeitsrechtliche Lehrtätigkeit in den Gewerkschaften und sein SPD-Beitritt 1921 deutlich machen.

Während seiner Berufstätigkeit als Rechtsanwalt widmete sich F. eingehenden Marx-Studien, die ihn zeitweilig zum »intellektuellen Klassenkämpfer« werden ließen, wovon vor allem seine 1937 publizierte Schrift *Zur Soziologie der Klassenjustiz* Zeugnis ablegt. Das formte auch sein damaliges Demokratieverständnis. So sah er in der generellen Geltung der Freiheitsrechte und der kompromißbereiten Mitarbeit aller am politischen Prozeß auch für die Arbeiterklasse die große Chance, die erfahrene Unterdrückung in der klassengespaltenen Gesellschaft langfristig zu überwinden.

Gegen Ende der Weimarer Zeit analysierte er mit zunehmender Sorge die existentielle Krise der ersten Demokratie in Deutschland. Er nahm wahr, wie die amtierenden Regierungen dem Mißtrauensdruck einer rein negativen, nationalsozialistisch-kommunistischen Reichstagsmehrheit völlig zu erliegen drohten. Daher empfahl er in seinen *Aufsätzen zur Verfassungskrise* (1931/32) unter anderem, am »Herzstück der Verfassung eine Herzoperation vorzunehmen«, indem er die Einführung des konstruktiven Mißtrauensvotums forderte. In diesem Zusammenhang entwickelte F. gleichzeitig in schon damals höchst kritischer Auseinandersetzung mit Rousseau und dessen »Erben« Vorstellungen, die sich später als Kerngedanken des Neopluralismus wiederfanden. Während er Rousseau als den Verfechter »der Utopie der absolutistischen Demokratie« kritisierte, warf er Carl Schmitt und anderen Zeitgenossen »das Streben nach ‘autoritärer Demokratie’ auf plebiszitärer Grundlage« vor. Bei beiden – Rousseau wie Carl Schmitt – bilde die »Homogenität des Volkes« (oder wie es später bei Schmitt hieß, deren »Artgleichheit«) den Ausgangspunkt. Demgegenüber sah F. in Hans Kelsens »relativistischer Demokratie« bereits einen deutlichen Denkfortschritt.

Zeitgemäßen Wirklichkeitssinn konnte F. jedoch erst im Bekenntnis zu einer »dialektischen Demokratie« (als der »Staatsform des aufgeklärten Hochkapitalismus«, seiner Gegenwart also) erkennen. Denn während »die charakteristische Erscheinungsform der dialektischen Demokratie der Kompromiß« sei, bestehe dessen »charakteristisches Merkmal« darin, »die vorhandenen Gegensätze aufzudecken und sich frei entfalten zu lassen«. Der Dissens als pluralistisches Freiheitselement wurde so zum Gegenpol obrigkeitsstaatlicher Harmoniebeflissenheit jeglicher Fasson. Der Konsens wurde nun als »verfassungsmäßige« Voraussetzung für praktizierten Dissens begriffen und nicht als ausschließende Alternative. In diesem Sinne sprach F. schon 1932 vom »streitigen und unstreitigen Sektor«, in die der Gesamtbereich jeder sozialen Ordnung zerfalle: »Eine dialektische Demokratie, wie sie der erste Teil der (Weimarer, d. Verf.) Verfassung vorsieht, ist nur solange möglich, wie eine Garantie dafür gegeben ist, daß ein Minimum an Gemeinsamkeiten im sozialen Leben des Volkes, das zu einem Staat zusammengefaßt ist, vorhanden bleibt. Sind auch die letzten Gemeinsamkeiten der kämpfenden Gruppen in einem Staat fortgefallen, so löst sich der Staat in sich auf.«

Im Nazireich erlebte F. wohl den Verfall des Reichsstaates, nicht jedoch den staatlicher Zwangsgewalt. Er beobachtete, wie es die rassistische Hitlerbewegung zuwege brachte, unter Zuhilfenahme der Instrumente des Staates zunehmend ihre totalitäre Herrschaftsgewalt zu errichten. Hierzu verfaßte F. sein analytisch brillantes Werk *Der Doppelstaat*, das nach F.s Flucht aus Deutschland in die USA (1938) zunächst in Englisch erschien (1940). Wegen eines Manuskriptverlustes konnte die erste deutschsprachige Ausgabe erst 1974 veröffentlicht werden. F. gebrauchte die Formel vom *Doppelstaat* deshalb, weil er damals den Schlüssel zum Verständnis der nationalsozialistischen Herrschaftsordnung im »Nebeneinander eines seine eigenen Gesetze im allgemeinen respektierenden ›Normenstaates‹ und eines die gleichen Gesetze mißachtenden ›Maßnahmenstaates‹« erkannte. Hatte der Normenstaat der »ratio in der ökonomischen Sphäre« zu dienen, so der Maßnahmenstaat der Willkür seitens der politischen Machthaber (bis hin zum KZ-System des SS-Staates). Aufgabe der Gesetzessprache war es, diesen Doppelstaat zu ermöglichen und abzusichern.

In den USA absolvierte F. an der Chicagoer Universität ein angelsächsisches Rechtsstudium. Zugleich erlebte er die politischen Auswirkungen der New Deal-Revolution Präsident Roosevelts (ab 1933), die ihn stark beeindruckten. Mit dem Hitler-Stalin-Pakt vom August 1939 sah er schließlich das Ende einer jeden realistischen Hoffnung auf eine klassenfreie Lebensgestaltung im Sozialismus gekommen. Nun konzentrierte F. sein Interesse auf das Studium des demokratischen Verfassungsstaates, der »westlichen Demokratie«. Nur diese Staatsform, so meinte er, könne im künftigen Nach-Hitler-Deutschland der verratenen und desorganisierten Arbeiterschaft und damit dem gesamten deutschen Volk ein rechtlich geordnetes

Leben in gleichberechtigter, freier Selbstbestimmung ermöglichen. Der Aufgabe, die theoretischen Grundlagen der westlichen Demokratie zu festigen, widmete er sich von nun an verstärkt seit seiner Rückkehr nach Deutschland (1951) und dem Beginn seiner Lehrtätigkeit als Professor an der Hochschule für Politik, dem späteren Otto-Suhr-Institut der Freien Universität in Berlin.
Diese Stadt war für F., der im Exil die amerikanische Staatsbürgerschaft angenommen hatte und sie bis ans Lebensende behielt, nicht nur ein idealer, sondern angesichts der hier täglich erfahrbaren Konfrontation von Diktatur und Freiheit zugleich ein geradezu aufregender Ort für Systemanalysen. Wurde er doch Zeuge, wie im Namen sowjetsozialistischer Glückseligkeit Menschen durch Mauer und Stacheldraht daran gehindert wurden, sich frei zu bewegen, und dies auch noch ideologische Rechtfertigung fand. F. hatte die rassistischen Grausamkeiten des braunen Totalitarismus am eigenen Leibe erfahren. Nun mußte er auch noch die eines roten Totalitarismus beobachten.
Die wichtigsten Ergebnisse seiner so motivierten Bemühungen faßte F. in seinem Sammelwerk *Deutschland und die westlichen Demokratien* (1964) zusammen. 1964 nahm er mit dem Titel *Der Pluralismus als Strukturelement der freiheitlich-rechtsstaatlichen Demokratie* erstmals das Wort Pluralismus in die Überschrift einer Abhandlung auf. Dabei stellte er zugleich die Frage: »Ist es angesichts der Tatsache, daß die Hinwendung zum totalen Staat aus der Negation des Pluralismus gerechtfertigt worden ist, nicht geboten, durch eine Negation der Negation zu versuchen, den Totalitarismus durch einen Neopluralismus zu überwinden?« Neopluralismus versteht sich somit als jene pluralistische Demokratietheorie, die in ihrer Argumentation der Erfahrung mit wie auch immer ideologisch fundiertem Totalitarismus einen zentralen Stellenwert einräumt.
F.s »Kampf« galt stets der Freiheit und sozialen Gerechtigkeit für alle Menschen. Seine Argumente waren gegen obrigkeitsstaatliches Denken und Bedrohungen »von rechts« gerichtet. Gleichwohl fand er sich in höherem Alter im Zuge der Studentenrevolte »von links« her angegriffen. Unfairness und Unterstellungen setzten ihm besonders zu. Seine Reaktionen schwankten zwischen Hilflosigkeit und Aggressivität. Er mußte es in den siebziger Jahren erleben, daß in Berlin Steine in seine Fenster flogen. Als Hochschullehrer hat sich F. seinen Studenten als unermüdlicher demokratischer Freiheitskämpfer und subtiler Systemanalytiker ins Gedächtnis gerufen.
Heute gilt F. als der klassische Interpret jener Pluralismuskonzeption, die die unerläßliche Grundlage jedes modernen demokratischen Verfassungsstaates bildet. Sein Plädoyer für das Recht auf Dissens und parlamentarische Opposition fanden offene Ohren. Hierzu gehört auch seine bereits 1958 formulierte Erkenntnis: »Der Bestand der Demokratie im Staat hängt ab von der Pflege der Demokratie in den Parteien. Nur, wenn den plebiszitären Kräften innerhalb der Verbände ausreichend Spielraum gewährt wird, kann eine Repräsentativverfassung sich entfalten«.

Brünneck, A.v.: Leben und Werk von Ernst Fraenkel (1898-1975), in: Ernst Fraenkel: Deutschland und die westlichen Demokratien, hg. von A.v. Brünneck. Frankfurt/Main 1991, S. 360-372. – Steffani, W.: Pluralistische Demokratie. Opladen 1980.

Winfried Steffani

Franck, Sebastian

Geb. 20.1.1499 in Donauwörth; gest. 1542 in Basel

F., Sohn eines Feintuchwebers, studierte an der Universität Ingolstadt, im Dominikanerkolleg zu Heidelberg (von der Beeinflussung durch die Dominikaner erklärt sich der Antijudaismus der Reformationszeit) und amtierte 1526 bis 1528 in evangelischen Gemeinden bei Nürnberg. Seit 1529 entwickelte er als freier Schriftsteller ein philosophisches Werk, das für die kritische Betrachtung des Christentums sowie für die deutsche klassische Philosophie und die Tradition utopischen Denkens große Bedeutung gewann.
1528 heiratete F. in Nürnberg eine Schwester der beiden »gottlosen Maler« Barthel und Hans Sebald Beham. Diese waren im Januar 1525 wegen ihres Glaubens vom Nürnberger Rat einem Verhör unterzogen worden. In größter Unbekümmertheit hatten sie bekannt, daß ihre Kirchen- und Glaubenskritik auf völlige Befreiung des Menschen von Autoritäten und Traditionen ziele: »Ob er, Barthel Beham, glaube, daß ein Gott sei? – Ja. – Was er von Christus halte? – Hält nichts von Christus. – Ob er dem heiligen Evangelium und Wort Gottes, in der Schrift verfaßt, glaube? – Wisse nicht, ob's heilig sei. – Was er vom Sakrament des Altars halte? – Hält nichts davon. – Was er von der Taufe halte? – Nichts. – Ob er an eine weltliche Obrigkeit glaube und einen Rat von Nürnberg für seine Herren erkenne über seinen Leib und was äußerlich ist? – Nein.«
1529 übersiedelte F. nach Straßburg, neben Basel damals die toleranteste Stadt Mitteleuropas. Noch in Nürnberg erschien 1530 F.s *Türkenchronik* »als Vorgeschmack und Vortrag der Hauptchronik«. Bereits ein Jahr später veröffentlichte er die Hauptchronik in Straßburg unter dem Titel *Chronika, Zeitbuch und Geschichtsbild*. Sie schildert in drei Teilen die Zeit vor Christus, die Kaiser und weltlichen Historien *(Kaiserchronik)*. Selbstbewußt schrieb der Autor: »Diese Chronik bietet, wie ich verhoffe, der Bibel gleich die Hand, und was die Schrift gebietet, lehrt oder verbietet, das lebt die Historia und Chronik.«

F. verwarf in seinem voluminösen Werk, das dem Zeitgeist weit voraus war, Kirche, Sakrament und alle kirchlichen Gebräuche. Gott erkannte er in Geschichte und Natur. Er lehnte nicht nur Katholizismus und Protestantismus ab, sondern auch das entstehende Täufertum. Worauf er sich ausrichtete, war der »vierte Glaube«: Gotteserkenntnis gebe es auch außerhalb der christlichen Tradition, bei den alten Philosophen und den Sibyllen, deren Prophezeiungen F.s Geschichtsutopie mit einem unerschöpflichen revolutionären Potential erfüllten. Die nichteuropäische Welt wurde Europa gleichgestellt: ein erster Schritt zu Toleranz und Kosmopolitismus. Der geistlichen Obrigkeit sprach er das Recht ab, »Irrgläubige« und Ketzer zu verfolgen. Man müsse die Schriften der Ketzer im Original lesen und nicht nach vorgefaßten Meinungen aburteilen. Auch die weltlichen Obrigkeiten lehnte F. ab. Einen guten Fürsten gebe es im Grunde nicht, auf einen folge ein noch schlimmerer. Gewaltsamer Widerstand sei jedoch sinnlos und dem »Weltenwesen« fremd: F. war Pazifist.

Anfangs war es nicht sein Pantheismus, der die Theologen in Aufregung versetzte, sondern der weite Ketzerbegriff. Erasmus wollte aber darin nicht eine ihm entgegengebrachte Würdigung erkennen, sondern beklagte sich beim Straßburger Rat über den aufrührerischen Autor. Der Magistrat warf daraufhin F. ins Gefängnis und verbot ihm den Druck weiterer Bücher. Ende Dezember 1531 aus der Stadt ausgewiesen, wandte sich F. zunächst nach Esslingen/Neckar, eine recht tolerante freie Reichsstadt, wo er sich als Seifensieder durchschlug. Im nächsten Jahr (1533) zog F. nach Ulm weiter und erhielt 1534 – unter der Bedingung, keine gefährlichen Bücher mehr abzufassen – das Bürgerrecht. In Ulm hatte auch der Straßburger Theologe Kaspar von Schwenckfeld, ein spiritualistischer Vorkämpfer für religiöse Toleranz, Zuflucht gefunden. Das verdroß den dortigen Pfarrer namens Martin Frecht: er sammelte Material gegen F. und Schwenckfeld und machte den beiden jahrelang das Leben schwer, bis es ihm schließlich 1539 beim Rat gelang, deren Ausweisung zu bewirken. Schwenckfeld führte – als Wiedertäufer verketzert – von nun an ein unstetes Leben. F. floh nach Basel, wo er 1541 »Bürger« wurde und, wie in seinen letzten Ulmer Jahren, eine Druckerei betrieb. Bereits 1534 war in Ulm sein philosophisches Hauptwerk erschienen: die *Paradoxa*.

Wie andere Außenseiter des Reformationszeitalters entwickelte F. sein Gottesverständnis im Rückgriff auf den Mystiker Johann Tauler: Einen geistvollen Pantheismus, der die Brücke zwischen Mystik und Aufklärung schlug und erst Jahrhunderte später seine ganze philosophische Kraft entwickelte. 1538 brachte F. sein letztes großes Geschichtsbuch heraus: *Chronik Deutschlands*. Hier näherte er sich der Idee einer objektiven Geschichtsschreibung, blieb aber im Hinblick auf ihre Realisierung skeptisch. 1542 starb F. in Basel.

Blaschke, L.: Der Toleranzgedanke bei Sebastian Franck. In: Blätter für deutsche Philosophie, 2, 1928/29, S. 41ff., 73ff. – Fast, H. (Hg.): Der linke Flügel der Reformation. Bremen 1962. – Peuckert, W.-E.: Sebastian Franck. Ein deutscher Sucher. München 1944.

Hellmut G. Haasis

Francke, Hans

Geb. 19. 1. 1864 in Breslau; gest. 31. 8. 1938 in Berlin

F. wurde am 19. Januar 1864 in Breslau als Sohn des Zivilingenieurs Friedrich F. und dessen Ehefrau Cäcilie geboren. Er legte das Abitur in Breslau ab und studierte anschließend an den Universitäten Breslau und Berlin evangelische Theologie. Sein Examen bestand er im Oktober 1890. Danach tat er Dienst als Pfarrvikar und wurde 1892 Diakonus in Bernstadt und 1897 in Görlitz. 1904 übernahm er die zweite Pfarrstelle an der Berliner Zions-Gemeinde und wurde 1909 dritter Pfarrer an der Kreuzberger Heilig-Kreuz-Kirche. Dieses Pfarramt hatte F., der 1892 die Tochter eines Stettiner Zimmerermeisters geheiratet hatte, bis zu seiner Emeritierung 1929 inne. Danach zog er nach Berlin-Lichterfelde.

Um die Jahrhundertwende schloß sich F. der organisierten Friedensbewegung an, die er als Redner und Publizist wirksam unterstützte. Bereits vor dem Ersten Weltkrieg übernahm er die Leitung der Berliner Ortsgruppe der »Deutschen Friedensgesellschaft« (DFG). Im Rahmen des »V. Weltkongresses für freies Christentum«, der im August 1910 in Berlin stattfand, organisierte er eine Sonderzusammenkunft zum Thema »Die Religion und der Friede«, und nahm an ihr auch als Redner der DFG teil.

1913 gehörte F. zu den Initiatoren einer protestantischen Friedenserklärung. 1914 war er zusammen mit Rudolf Breitscheid, Kurt Eisner und Gustav Landauer beteiligt an der Gründung des »Bundes Neues Vaterland« (bis 1922), der wohl wichtigsten pazifistischen Gruppe in Berlin während der Kriegszeit. 1917 unterzeichnete F. das »Friedenswort deutscher Protestanten«, mit der protestantische Theologen einen Verständigungsfrieden erreichen wollten. Er wurde von der politischen Polizei überwacht und 1918 in einer »Liste der im Landespolizeibezirk Berlin und Umgebung wohnhaften namhaften Pazifisten« geführt.

Nach dem Krieg leitete F. zeitweise die Berliner DFG-Ortsgruppe und gehörte lange dem Reichsvorstand der DFG an. Am 10. Februar 1929 trat er aus ihrem Präsidium zurück, da er den radikalpazifistischen Kurs der neuen DFG-Mehrheit nicht unterstützen wollte. F. war einer der bekanntesten Pazifisten Berlins und hatte auf die Weimarer Friedensbewegung einen großen Einfluß. In einem Nachruf von Leonhard Ragaz, der 1938 in dem im Schweizer Exil erscheinenden

Novemberheft der Zeitschrift *Neue Wege* erschien, stand zu lesen: »Der jüngst verstorbene Pfarrer Hans Francke in Berlin war ein charaktervoller, tapferer und volkstümlicher Vertreter des religiösen Sozialismus und der Friedensbewegung, die er beide auf seine besondere Art verstand. Das Hitlertum hat ihm in einer seiner Kasernen ein Martyrium bereitet, dessen Darstellung durch ihn selbst zu den klassischen Dokumenten dieser Art gehört«.

Bereits vor dem Ersten Weltkrieg war F. Sympathisant der SPD. Als ihm 1906 eine Werbeschrift des »Reichsverbandes gegen die Sozialdemokratie« zugestellt wurde, antwortete er: »Als Geistlicher habe ich den Anhängern aller Parteien ohne Unterschied zu dienen, auch den Sozialdemokraten, zumal deren Parteigrundsätze mindestens so christlich sind wie beispielsweise die der Konservativen«. In einer Kontroverse mit Karl Siegmund Litzmann, dem späteren Reichstagsabgeordneten der NSDAP (1933), Mitglied des Volksgerichtshofes (ab 1934) und Generalkommissar für Estland (ab 1943), erklärte F. zur Arbeiterbewegung und zur SPD: »Für uns Pfarrer hat diese Berührung nichts Bedenkliches. ... Wir haben ihr Verdienst anzuerkennen, wo sie solches haben, und haben uns selbst und unseren Freunden Buße zu predigen, wo wir uns von jenen beschämen ließen«.

Schon vor dem Ersten Weltkrieg war F. ein bekannter Debattenredner in der Auseinandersetzung mit den Freidenkern und dem sozialdemokratisch ausgerichteten »Komitee Konfessionslos«. Er war schon zu einer Zeit in seinem Selbstverständnis »religiöser Sozialist«, als es den Begriff noch nicht einmal gab. Ein Auszug aus einer Debattenrede F.s. beim Berliner Religionsgespräch 1910 dokumentiert dies eindrücklich: »Jesus hat den zum Licht emporverlangenden Menschheitsmassen der Nazarener nichts zu sagen? Ich dächte, sein Evangelium gibt ihnen so wuchtige Argumente gegen Mammonismus und Kapitalismus in die Hände, daß sie sich ein willkommeneres Arsenal, eine bessere Bundesgenossenschaft kaum wünschen können. Weshalb hängt denn auch ein Christusbild im Gewerkschaftshause zu Amsterdam zwischen den Bildern von Marx und Engels? Weil man sich dort bewußt ist, an ihm einen idealen Verbündeten zu haben im Kampf gegen seelenverderbende, geisterknechtende Not! So möchte ich den heute hier anwesenden Sozialisten geradezu zurufen: Laßt Euch diesen Verbündeten nicht nehmen! Laßt Euch durch eine theologisch-philosophische Hypothese dieses Vorkämpfers nicht berauben, der für Eure Bewegung ein ideales Moment bedeutet! (Stürmischer Beifall)«.

1918 war F. Mitglied der 1917 von der SPD abgespaltenen »Unabhängigen Sozialdemokratischen Partei Deutschlands« (USPD), trat aber bald nach Ende des Krieges wieder der (Mehrheits-)SPD bei. Er war als Funktionär und als gesuchter Referent in vielen Parteiversammlungen tätig. Bei den Wahlen zum preußischen Landtag, die am 20. Februar 1921 stattfanden, kandidierte er auf Platz 10 der Berliner SPD-Liste. Während der gesamten Weimarer Republik war F. Redner bei Wahlveranstaltungen und Mai-Kundgebungen. Zudem publizierte er regelmäßig in der SPD-Presse.

In der Endphase der Weimarer Republik exponierte er sich im Kampf gegen die aufkommende NSDAP. Er konnte hier seine Aktivität zur Abwehr des Antisemitismus fortsetzen, die bereits seit Beginn der Weimarer Republik ein wichtiges Arbeitsfeld F.s. darstellte. Nachdem am 5. und 6. November 1923 die Berliner Nationalsozialisten im vor allem von den sogenannten Ost-Juden bewohnten Berliner »Scheunenviertel« randaliert hatten (das erste Berliner Pogrom in der Weimarer Republik), kam es dort am 20. November 1923 zu einer Protestkundgebung mehrerer Berliner Organisationen, die von einigen tausend Menschen besucht wurde. Hauptredner waren Otto Nuschke, nach 1945 Vorsitzender der Ost-CDU und F., der für den »Bund religiöser Sozialisten« (BRSD) sprach, dem er von 1919 bis zu dessen Verbot 1933 in führender Position angehörte.

F. wurde am 6. März 1933 als einer der ersten Pfarrer in Nazideutschland verhaftet und im »wilden KZ« in der Kreuzberger Hedemannstraße 31, dem Sitz der Berliner SA-Führung, inhaftiert. Nach seiner Freilassung verfaßte er über seine Erlebnisse einen Bericht mit dem Titel *Meine Verhaftung durch SA- oder SS-Leute.* Dieser Bericht zirkulierte unter den BRSD-Genossen und wurde von F. dem Konsistorium zugeleitet, damit die Kirche erführe, was die Nazis mit politischen Gegnern anstellten. Als Berliner BRSD-Pfarrer die Verhaftung F.s »publik« machen wollten und aus seinem Bericht zitierten, wurde er erneut verhaftet. Auch diesmal wurde der Willen des Neunundsechzigjährigen nicht gebrochen. Zusammen mit dem Neuköllner BRSD-Pfarrer Rackwitz führte er die Arbeit der »Bruderschaft sozialistischer Theologen« weiter, deren Schatzmeister er seit 1931 war. 1938, im fünfundsiebzigsten Lebensjahr, starb F.

Lütgemeier-Davin, R.: Pazifismus zwischen Kooperation und Konfrontation. Das Deutsche Friedenskartell in der Weimarer Republik. Köln 1982. – Peter, U.: Der Bund der religiösen Sozialisten in Berlin von 1919 bis 1933. Geschichte – Struktur – Theologie und Politik. Bern, Frankfurt, Berlin 1995. – Peter, U.: Trachtet am Ersten nach dem Reich Gottes und nach seiner Gerechtigkeit. Hans Francke und die Gruppe der religiösen Sozialisten in Heiligen Kreuz, in: Uehlein, G. (Hg.): Die Pickelhaube über der Stadt: Studien zum Verhältnis einer Berliner Kirchengemeinde zur großstädtischen Gesellschaft und Politik zwischen 1850 und 1945 am Beispiel der Heilig-Kreuz-Gemeinde. Berlin 1995.

Ulrich Peter

Frankenthal, Käte

Geb. 30. 1. 1889 in Kiel, gest. 21. 4. 1976 in New York

»§ 218 nicht ändern – streichen!« Diese Forderung stammt nicht aus den Debatten des Deutschen Bundestags vom Sommer 1995. Es handelt sich vielmehr um den Titel einer Broschüre aus dem Jahr 1931, in der F. bereits die Abschaffung dieses Paragraphen verlangt, der heute, mehr als sechzig Jahre später, noch immer umstritten ist. In ihrer Funktion als Ärztin, Berliner Stadtverordnete und Abgeordnete des Preußischen Landtags zählte F. zu den Wegbereiterinnen einer fortschrittlichen Gesundheitspolitik.

Geboren im großbürgerlichen Milieu einer assimilierten jüdischen Kaufmannsfamilie verbrachte F. eine behütete Kindheit und Jugend. Trotz aller gesellschaftlichen Akzeptanz, wozu auch des Vaters Position als Vorsitzender der Jüdischen Gemeinde zählte, entwickelte sie frühzeitig ein Bewußtsein des »Andersseins«: »Mit 16 Jahren teilte ich alles Mißtrauen und alle Unsicherheit der jüdischen Kreise« (*Der dreifache Fluch: Jüdin, Intellektuelle, Sozialistin*, 1981). 1906 schickten die Eltern sie für ein Jahr ins renommierte jüdische Mädchenpensionat Wolf nach Wiesbaden. Der Unterricht in gesellschaftlichen Umgangsformen, Konversation und Tanz langweilte sie schnell. Gegen anfänglichen Widerstand der Eltern bereitete F. sich im Selbststudium, dann in einer Vorbereitungsschule in Berlin auf das Abitur vor. Nach bestandener Prüfung 1909 studierte sie Medizin, zunächst in ihrer Heimatstadt Kiel, dann in Heidelberg, Erlangen, München, Wien und Freiburg. Als eine der ersten weiblichen Studierenden an deutschen Universitäten boxte sie sich buchstäblich durch, lernte Fechten und Jiu-Jitsu: »Wahrscheinlich fühlte ich mich als Jüdin sowohl wie als Frau permanent in die Defensive gedrängt.« Ein aus proletarischem Milieu stammender Kommilitone, Außenseiter wie sie selbst, vermittelte ihr den Zugang zu sozialistischen Ideen. Sie schloß sich einer kleinen Gruppe sozialistischer Studenten an. Der anarchistische Schriftsteller Erich Mühsam, den sie seit früher Kindheit kannte, gehörte auch dazu. 1914 promovierte F. in Freiburg als eine der ersten Frauen im Deutschen Reich.

Als Militärärztin in der österreichischen Armee – das deutsche Heer nahm keine Frauen auf – erfuhr F. die Greuel des Ersten Weltkriegs: »Die Leute gingen unter unseren Augen zugrunde, und wir konnten nichts tun.« 1918 kehrte sie nach Berlin zurück, wo sie zunächst als Assistenzärztin am Institut für Krebsforschung des Charité-Krankenhauses arbeitete. Unter primitivsten Umständen richtete sie sich eine eigene Praxis ein. In ihren Sprechstunden, die ihr »förmliches Grauen« bereiteten, behandelte sie Patienten mit Spanischer Grippe. Wieder fühlte sich F. als Ärztin »macht- und ratlos«. Novemberrevolution, Rätebewegung und Straßenkämpfe im Vorfeld zu den Wahlen zur Nationalversammlung im Januar 1919 erlebte sie als Ärztin eines »fliegenden Rettungsnotdienstes«.

Neben ihrer Tätigkeit in der Charité betrieb sie eine eigene Praxis als Stadtärztin im Berliner Arbeiterbezirk Neukölln. Trotz dieser Belastungen engagierte sie sich noch für die SPD in der Politik: Seit 1920 war sie Bezirksverordnete in Tiergarten, 1925 Abgeordnete im städtischen Parlament. Als Stadtverordnete setzte sie sich für die Abschaffung der Strafgesetzgebung der Homosexualität und des Paragraphen 218 ein (1926 und 1929) sowie für die Verbesserung sexueller Aufklärung und die kostenfreie Vergabe von Verhütungsmitteln (1930). In der 1931 (Berlin) verfaßten Broschüre *§ 218 streichen – nicht ändern* schrieb sie dazu: »Wir müssen verlangen, daß die Kenntnis über Verhütungsmittel und die Kenntnis über die Gefahren des Abortes (...) weiteste Verbreitung finden (...) Man könnte auch (...) die Einleitung der Schwangerschaftsunterbrechung dem approbierten Arzt vorbehalten, und vor allen Dingen jeden Pfuscherabort, der zu einer Schädigung der Frau geführt hat, durch die Strafen für Körperverletzung auf das Strengste erfassen. Durch jede weitere Strafbestimmung wird aber die Rechtssicherheit verletzt, die Volksgesundheit gefährdet und keinerlei Rechtsgut geschützt. (...) in dieser Frage kann man nur dem Übel an die Wurzel gehen, indem der Antrag von 1929 wieder aufgenommen wird, den Paragraphen 218 zu streichen.«

Mit solch progressiven Positionen provozierte F. Widerspruch von allen Seiten, auch in ihrer eigenen Partei, deren Entwicklung sie angesichts der erstarkenden Rechten zunehmend kritisch beurteilte. Als 1929 erstmals eine Nazifraktion ins Berliner Rathaus einzog und die Stadtverordnetensitzungen immer häufiger in Krawallen und Prügeleien endeten, begann sie, sich von der Sozialdemokratie zu lösen: »Ich konnte und wollte die Mitverantwortung für die Politik der Tolerierung [der paradiktatorischen Präsidialregierung Brünings, die Verf.] nicht übernehmen, die nun durchgeführt wurde.«

1931 verließ sie die Sozialdemokratische Partei und schloß sich der von Parteilinken neugegründeten Sozialistischen Arbeiterpartei (SAP) an. Sie sehe, so heißt es in der offiziellen Begründung ihres Übertritts »keine Möglichkeit mehr, innerhalb der Partei Meinungsverschiedenheiten auszutragen und die offizielle Parteipolitik durch den Willen der Mitgliedschaft zu beeinflussen.« Seit 1932 Vorsitzende der SAP, nutzte F. jede Gelegenheit, um Versammlungen abzuhalten und dadurch die freie Aussprache zu fördern, die sie in der SPD vermißte. »Wo es möglich war«, sagte sie, »brachte ich die Arbeiter einander näher«. Während einer Veranstaltung in Thüringen erlebte sie, wie KPD und SPD einmal gemeinsam gegen die Nationalsozialisten vorgingen: Die Stimmung unter den anwesenden Kommunisten und Sozialdemokraten war aufgeheizt. »Plötzlich, als ich fast am Ende war, verstummten die Zwischenrufe. Es wurde mir ein Zettel gereicht: ›Haus von Nazis umzingelt. Sprechen Sie weiter. Wir rufen [die] Polizei. SPD.‹ Im nächsten Moment bekam ich einen zweiten Zettel: ›Haus von Nazis umzingelt. Sprechen Sie weiter. Wir rufen unseren Schutztrupp. KPD‹.« Während F. ihre Rede improvisierend zu verlängern suchte, sorgten Vertreter beider Parteien für ein ruhiges Ende der Veranstaltung.

Am 26. Juni 1932 kündigten in Berlin Plakate mit dem Aufruf »Ärzte warnen! Faschismus, der Feind der Volksgesundheit« eine Veranstaltung des Vereins sozialistischer Ärzte an. Das Vorstandsmitglied F. hielt dort eine ihrer letzten Reden. Sie wußte um die Gefahr ihrer eigenen Existenz: »Ich paßte in jede Kategorie, die von den Nazis verabscheut wurde. Jüdin, Sozialistin, Volksverhetzer, emanzipiertes Weib.« Mitte März 1933 wurde F. mit sofortiger Wirkung ihres Amtes als Stadtärztin enthoben. Am 31. März floh sie aus Berlin zunächst nach Prag, wo sie Mitarbeiterin beim jüdischen Flüchtlingskomitee wurde, über die Schweiz und Paris 1936 nach New York. Nach schwierigen Jahren in finanzieller Not, die sie durch Gelegenheitsarbeiten überbrückte, begann sie 1943 ein Psychologiestudium und baute sich in den USA noch einmal eine neue Existenz auf. Sie fand eine Stelle als Familientherapeutin und Psychoanalytikerin beim »Jewish Family Service« in New York. 1944/45 befaßte sie sich in der Schrift *A Democratic System for Public Health for Germany* (New York, 1945) gemeinsam mit Felix Boenheim und Kurt Glaser noch einmal mit dem Aufbau demokratischer Strukturen im Nachkriegsdeutschland.

Ihre letzten Lebensjahre verbrachte F. zurückgezogen und vereinsamt in ihrem New Yorker Exil.

Wickert, Chr.: Sozialistin, Parlamentarierin, Jüdin. Die Beispiele Käte Frankenthal, Berta Jourdan, Adele Schreiber-Krieger, Toni Sender und Hedwig Wachenheim, in: Heid, L.; Paucker, A. (Hg.): Juden und deutsche Arbeiterbewegung bis 1933. Tübingen 1992, S. 155-164. – Wickert, Chr.: Politik vor Privatleben. Zum Selbstverständnis alleinstehender Parlamentarierinnen in der Weimarer Republik, in: Flitner, E.; Valtin, R. (Hg.): Dritte im Bund: die Geliebte. Reinbek bei Hamburg 1992, S. 196-215.

Marina Sassenberg

Freiligrath, Ferdinand

Geb. 17. 6. 1810 in Detmold; gest. 18. 3. 1876 in Cannstatt

Fr.s Vater, ein Lehrer, besaß nicht die Mittel, um seinen Sohn studieren zu lassen. Fr. mußte seine Gymnasialzeit in Detmold vorzeitig abbrechen und 1825 mit einer Kaufmannsausbildung in Soest beginnen. Er litt unter den Verhältnissen im Kaufmannskontor und schrieb Gedichte. Im Selbststudium lernte er Englisch und Französisch. 1831 verließ Fr. Soest und ging nach Amsterdam, um dort in einem großen Handelshaus als Buchhalter zu arbeiten. In dieser Zeit veröffentlichte das *Mindener Sonntagsblatt* seine einzige Erzählung *Der Eggesterstein*. Fr.s persönliche Misere fand Ausdruck in exotischen Phantasien (*Die Auswanderer*, 1832). Seine ersten Gedichte, die Asien, Afrika und Amerika besangen, aber auch Ereignisse aus der niederländischen Geschichte wachriefen, erschienen 1835 in dem von Adalbert von Chamisso und Gustav Schwab herausgegebenen *Deutschen Musenalmanach*. Von Amsterdam kehrte Fr. 1837 nach Soest zurück und fand in Barmen eine Stellung als Kontorist. Bei Johann Friedrich Cotta kam 1838 seine erste lyrische Sammlung heraus, die ihn endgültig berühmt machte. Sie enthält Lieder wie: *An das Meer*, *Schiffbruch*, *Die Tanne*, *Der Reiter*, *Der Mohrenfürst* und *Der Blumen Rache*. Die Gedichte lösten in ganz Deutschland Begeisterung aus. Seine Honorare ermöglichten es Fr., sich als freier Schriftsteller 1839 in Unkel am Rhein niederzulassen.

1841 heiratete Fr. Ida Melos, die Tochter eines Weimarer Professors. Beide zogen nach Darmstadt. Er arbeitete dort als Redakteur des Journals *Britannia*. Im November 1841 veröffentlichte er sein folgenreiches Gedicht *Aus Spanien*: Ein monarchistischer General im spanischen Bürgerkrieg (1834-1839) wird exekutiert, ein Freund des Generals, der an der Spitze der liberalen Gegenpartei stand, hatte es befohlen. Das Gedicht schließt mit den Worten: »Der Dichter steht auf einer höhern Warte,/ Als auf den Zinnen der Partei.« Es erregte die Gemüter. Georg Herwegh, Anführer der literarischen Linken, anwortete sofort mit einem Gegengedicht. »Partei, Partei, wer sollte sie nicht nehmen,/ Die noch die Mutter aller Siege war?/ .../ Selbst Götter stiegen vom Olympus nieder/ Und kämpfen auf den Zinnen der Partei!«

Unerwarteten Beifall erhielt Fr. von den Konservativen und König Friedrich Wilhelm IV. von Preußen. Er verlieh ihm sowie dem konservativen Emanuel Geibel ein Ehrengehalt von

300 Talern. Zunächst verteidigte Fr. die ihm vom König erwiesene Gunst. Darauf kündigten Freunde ihm ihre Freundschaft. Herwegh schrieb ein *Duett der Besoldeten* (Fr. und Geibel). Endlich entschloß sich Fr. 1844 zur Rückgabe des Gehalts. In einem Gedicht *An Hoffmann von Fallersleben* (1844) meinte er selbstkritisch: »Schiefer Stellung volle Qual/ Mußt' ich damals tragen«. Erst jetzt fühlte er sich frei und trat dem Lager der liberalen Opposition bei.

Fr. lebte mit seiner Frau seit 1842 in St. Goar am Rhein. 1844 erschien seine Gedichtsammlung *Mein Glaubensbekenntnis*. Offen kritisierte er den König, den Adel, die Kirche. In der Ballade *Aus dem schlesischen Gebirge* beschrieb er unter Anspielung auf den Weberaufstand (1844) die Not der schlesischen Weber. Die Romantik hatte er hinter sich gelassen und war ein Dichter der »Neuzeit« geworden. Der Preis dafür war jedoch hoch. Zwar wurde Fr. von der Linken mit Beifall bedacht, die Regierung aber ließ ihn verfolgen. Fr. flüchtete 1845 nach Brüssel und traf dort auf Karl Marx, mit dem ihn von nun an eine langjährige Freundschaft verband. Trotz seiner sozialkritischen Haltung und der Nähe zu Marx erklärte Fr. 1846 in einem Brief: »Ich bin kein Communist«. –

Mit Heinrich Heine und Georg Büchner gehörte Fr. zu den ersten deutschen Dichtern, die das Klassenbewußtsein der Arbeiterschaft stärken wollten. Fr. ergriff Partei für die Revolution, ohne zum Parteidichter zu werden. Mit seiner Frau verließ er Brüssel und übersiedelte in die Schweiz nach Meyenberg am Zürchersee. In Hottingen bei Zürich erschien 1846 der Gedichtband *Ça ira*, in dem sich Fr. zum Proletariat und zur »roten« Republik bekannte: »Staat, die verfaulte schnöde Galeere«, …»das alte morsche Ding«. Aus materiellen Gründen kehrte Fr. 1846 der Schweiz den Rücken, »ich kann und will nicht von der Poesie leben«, und ging als Kaufmann nach London.

Als im Februar 1848 in Paris die Revolution ausbrach, reiste Fr. nach Düsseldorf zurück, um hier mit Revolutionsgedichten den proletarischen Kampf zu unterstützen. »Ich bin nicht zum General geboren, ich will nur ein Trompeter der Revolution sein«, bekräftigte er. Am 17. März besang er in dem Kampflied *Schwarz-Rot-Gold* die deutschen Nationalfarben: »Die *eine* deutsche Republik/ Die mußt du noch erfliegen!/ Mußt jeden Strick und Galgenstrick/ Dreifarbig noch besiegen!/ Das ist der letzte große Strauß -/ Flieg aus, du deutsch Panier, flieg aus!/ Pulver ist schwarz,/ Blut ist rot,/ Golden flackert die Flamme!« Im Juli 1848 schrieb Fr. das Gedicht *Die Toten an die Lebenden*, »das bedeutendste von allen, welche die Bewegung von 1848 zu Tage gefördert hat« (J. Scherer), »eine furchtbar ergreifende Mahnrede« (M. Carrière). Sie beginnt mit den Versen: »Die Kugel mitten in der Brust, die Stirne breit gespalten,/ So habt ihr uns auf blut'gem Brett hoch in die Luft gehalten!« Und schließlich heißt es: »Euch muß der Grimm geblieben sein – o, glaubt es uns, den Toten!/ Er blieb euch! ja, und er erwacht! er wird und muß erwachen!/ Die halbe Revolution zur ganzen wird er machen!«

Die *Toten an die Lebenden* brachte Fr. eine Anklage wegen »Aufreizung zum Umsturz« ein. Fr. wurde im August 1848 verhaftet, jedoch am 3. Oktober in Düsseldorf unter dem Jubel des Volkes von den Geschworenen freigesprochen. Gleich darauf trat er in die Redaktion der *Neuen Rheinischen Zeitung* ein, die Karl Marx in Köln herausgab. Die Revolutionslieder Fr.s knüpften nun unmittelbar an das an, was Marx in seiner Zeitung ausführte. Das Verbot des Blattes am 19. März 1849 führte Marx endgültig nach England und zwang Fr. erneut in die Emigration. In der letzten rotgedruckten Nummer der *Neuen Rheinischen Zeitung* schrieb er deren *Abschiedswort*: »Bald richt' ich mich rasselnd in die Höh',/ Bald kehr' ich reisiger wieder! Wenn die letzte Krone wie Glas zerbricht,/ In des Kampfes Wettern und Flammen,/ Wenn das Volk sein letztes ›Schuldig!‹ spricht,/ Dann stehn wir wieder zusammen!«

Die preußische Regierung verfolgte Fr. mit zwei Steckbriefen. In Düsseldorf warf man ihm Majestätsbeleidigung vor, in Köln die Teilnahme an einem Komplott. Zunächst floh er nach Holland, wurde dort ausgewiesen und zog von dort aus weiter nach London. 1851 erschien in London ein Heft mit *Neueren politischen und sozialen Gedichten*. Noch einmal ließ er die Revolution sprechen. »Ich war, ich bin – ich werde sein!« schallt es siegesgewiß in seinem Gedicht *Die Revolution*. Fr. wurde 1856 Leiter der Schweizer Generalbank in London. Seine Begeisterung für die Revolution ebbte langsam ab. Er beschäftigte sich mit der Lyrik englischer und französischer Autoren. Seine Übersetzungen und Nachdichtungen wurden fast so umfangreich wie das eigene Werk.

Der Zusammenbruch der Schweizer Bank 1865 traf Fr. schwer und führte ihn in eine existentielle Krise. Freunde aus der Heimat organisierten für ihn eine Nationalsammlung. Ein gewaltiger Betrag von 60000 Talern kam bei dieser »Volksdotation« für Fr. zusammen. Seine Heimkehr glich einem Triumphzug. Die preußischen Behörden duldeten 1867 stillschweigend seine Rückkehr. 1874 ließ er sich endgültig in Cannstadt nieder. Der Weg zur deutschen Einheit verlief über die Schlachtfelder und Kabinette. Die nun folgende deutsche »Einigung von oben« bejahte Fr., wie viele andere frühere Achtundvierziger. 1870 sandte er in seinem *Hurrah, Germania!* einen Gruß an die ins Feld gegen Frankreich ziehenden Truppen. Fr. hoffte auf eine Niederlage Napoleons III. »Ich hoffe und erflehe Sieg für Deutschland«, schrieb er 1870 an einen Freund. Das Gedicht *Die Trompete von Gravelotte*, verfaßt unter dem unmittelbaren Eindruck der Schlacht von Gravelotte bei Metz am 18. August 1870, bei der beide Seiten ungeheure Verluste hatten, sollte man zusammen mit dem

Lied *Die Toten an die Lebenden* lesen. Es ist ein trauriges Gedicht, aber die Trauer gilt nur den jungen Deutschen, die im Kampfe fielen: »Die Brust durchschossen, die Stirne zerklafft,/ So lagen sie bleich auf dem Rasen,/ In der Kraft, in der Jugend dahingerafft - Nun, Trompeter, zum Sammeln geblasen!« Und am Ende: »Und nun kam die Nacht und wir ritten hindann,/ Rundum die Wachtfeuer lohten;/ Die Rosse schnoben, der Regen rann -/ Und wir dachten der Toten, der Toten!« Ein Chauvinist indes ist Fr. nicht geworden: Dem im Felde als Sanitäter dienenden Sohn Wolfgang mahnte der Vater, »daß Wunden heilen besser als Wunden schlagen sei«.
Zur deutschen Reichsgründung und zum Sieg über Frankreich äußerte er sich nicht mehr. Fr. hatte aufgehört, sich politisch zu engagieren. Am 18. März 1876 starb der Trompeter der Revolution von 1848 und der deutschen Einheit von 1870/71 in Cannstatt.

Kittel, E.:Ferdinand Freiligrath als deutscher 48er und westfälischer Dichter. Sammelwerk aus Anlaß des 150. Geburtstages des Dichters. Münster 1960. - Reinhold, H.: Freiligraths Entwicklung als politischer Dichter. Germanische Studien, Heft 20. Berlin 1922.

Frank Swiderski, Manfred Asendorf

Freitag, Walter

Geb. 14. 8. 1889 in Remscheid; gest. 7. 6. 1958 in Herdecke.

Der erste Eindruck war der eines kräftigen Haudegens, doch im Gegensatz zu seiner mächtigen äußeren Erscheinung galt F. als innerlich unsicherer Mann. Er litt in den letzten Lebensjahren schwer unter Diabetes und hielt seine Diät nicht ein, so daß es zu geistigen Ausfallerscheinungen im Amt kam. Das erzählte Ludwig Rosenberg, der F.s Tätigkeit als Vorsitzender des DGB regelmäßig aus der Nähe beobachtet hatte, 1973 in einem Gespräch. Rosenbergs Urteil mag durch Rivalität, durch Zurücksetzung des jüngeren und begabteren Kollegen, beeinträchtigt gewesen sein. Die negative Bewertung bestätigte sich aber tendenziell in Gesprächen mit anderen Zeitzeugen. F. war gewiß ein überzeugter Demokrat, aber als Tollpatsch in der Schaltzentrale des DGB trug er objektiv zum Stillstand der Demokratisierungsprozesse unter der Kanzlerschaft Konrad Adenauers bei.
Wie kam dieser bärenhafte Mensch mit der schwachen Persönlichkeit an die Spitze der größten Massenorganisation Westdeutschlands, zudem in der schwierigen Wendephase der Nachkriegsjahre, als 1952/53 die Weichen der westdeutschen Restauration gestellt wurden? War er ein Opfer von Gegnern der Gewerkschaften? Sorgten sie 1954 für seine Wiederwahl, als er krank war und die Altersgrenze bereits überschritten hatte? Rosenberg riet F. von der zweiten Kandidatur dringend ab - erfolglos, mit katastrophalem Ergebnis. Der DGB wählte nach den Erfahrungen mit F.s zweiter Amtszeit nie wieder einen Vorsitzenden, der älter als 65 Jahre war.
Der Vater F.s war Maschinist in Remscheid. Er starb früh, so daß die Mutter ihre Kinder allein ernähren mußte. F. lernte Werkzeugdreher und schloß sich dem »Deutschen Metallarbeiterverband« (DMV) an, sobald es das Gesetz dem 18jährigen erlaubte. F. mußte von 1914 bis 1917 an der Westfront dienen und wurde dann für die Rüstungsindustrie im Zentrum des deutschen Maschinenbaus abkommandiert. Dort schloß er sich der Unabhängigen Sozialdemokratischen Partei Deutschlands (USPD) an. Er wurde Ende 1918 Mitglied des Arbeiter- und Soldatenrates. Ab 1. Februar 1919 begann F. als Ortsbevollmächtigter des DMV in Remscheid, stieg 1920 zum Bezirksleiter in Hagen auf und wurde 1932 für die SPD in den Preußischen Landtag gewählt. Noch im Frühjahr 1933 demonstrierte er mutig an der Spitze der »Eisernen Front« in den Straßen von Hagen gegen die Politik Hitlers.
Am 2. Mai 1933 wurde F. aus dem Gewerkschaftshaus vertrieben und Anfang August in »Schutzhaft« genommen. Er saß im Moorlager und im KZ Lichtenburg. Dort lernte er Wilhelm Leuschner näher kennen und erfuhr durch ihn von den Abmachungen, die im April/Mai 1933 mit den christlichen Gewerkschaften über die künftige Einheitsgewerkschaft getroffen worden waren.
Nach der Befreiung im Mai 1945 nahm F. seine politische Tätigkeit wieder auf. Von 1946 bis 1949 arbeitete er als Landrat für den Ennepe-Ruhr-Kreis. Zur gleichen Zeit gehörte er dem Landtag von Nordrhein-Westfalen (NRW) an und von 1949 bis 1953 dem Ersten Deutschen Bundestag in Bonn. - Gleichzeitig trat er für das Prinzip der Einheits- und Industriegewerkschaft ein, wie es mit Leuschner abgesprochen war. F. arbeitete im Zonenausschuß der Industriegewerkschaft Metall (IGM) in Bielefeld und wurde im Februar 1947 in Peine zusammen mit Wilhelm Petersen aus Hamburg zum Vorsitzenden der IGM für die britische Zone gewählt. Darauf folgte in Lüdenscheid die Wahl beider an die Spitze der IGM für die Bizone (britische und US-Zone als Vereinigtes Wirtschaftsgebiet seit Anfang 1947). Bei Gründung der IGM für die Bundesrepublik im Herbst 1950 kam Hans Brümmer aus Stuttgart als gleichberechtigter dritter Vorsitzender hinzu. Ein solches Kleeblatt konnte unmöglich auf Dauer an der Spitze einer Großorganisation bleiben, die nach einheitlicher und zentralistischer Führung drängte.

F. bewährte sich zunächst im Bundestag, als der Kampf um die Montanmitbestimmung 1951 auf des Messers Schneide stand – also bei Kohle und Stahl. Während Christian Fette unmittelbar anschließend an die Ausweitung der Mitbestimmung auf alle Industriezweige ging und dabei erste Zusagen Adenauers erhielt, kam es zu einem innergewerkschaftlichen Konflikt. Das Streben nach einer paritätisch geordneten Wirtschaftsdemokratie scheiterte im Sommer 1952, und zwar in Form einer strategischen Niederlage, von der die westdeutsche Gewerkschaftsbewegung sich nie wieder erholte. Während der gewiefte Fette der Bundesregierung Konzessionen bei der Montanunion und bei der Wiederbewaffnung in Aussicht stellte, um die Mitbestimmung bis hin zum Bundeswirtschaftsrat gesetzlich abzusichern, unterwarf sich F. der Order des SPD-Parteivorstandes und trat gegen Fette an.
Freilich reichte der Druck aus der SPD nicht, um den DGB-Vorsitzenden zu kippen. Das hatte es vorher in der Geschichte der deutschen Gewerkschaftsbewegung niemals gegeben – und es sollte dergleichen niemals wieder vorkommen. Der grobschlächtige Metaller aus der mächtigen IGM hatte gegen den zierlichen Typografen aus der kleinen (aber feinen) IG Druck und Papier auch tatsächlich Erfolg. Die Metaller wollten F. loswerden, einerseits wegen seiner Leistungsschwäche, andererseits wegen der Ambitionen Otto Brenners, der sich in der IGM um die Führung bemühte. Brenner konnte sich dabei auf einen »Zehnerkreis« aus radikaldemokratischen Kollegen stützen, die aus Traditionen linkssozialistischer Kleinorganisationen (ISK, KPO, SAP) der Weimarer Zeit kamen, und die gewerkschaftliche Militanz mit Hilfe einer straff geführten IGM erhöhen wollten. Sie sahen in Fettes Vereinbarungen über einen Bundeswirtschaftsrat einen Rückfall in die Arbeitsgemeinschaftspolitik Carl Legiens. Stattdessen wollten sie Sozialismus pur, und zwar nach einem erwarteten Wahlsieg der Linken zum Zweiten Deutschen Bundestag im August 1953.
Getreu dieser Überlegung ging F. im Sommer 1953 als treuer Parteisoldat in den Kampf um die Mehrheit in Bonn. Mit einer kostenlos an alle Haushalte verteilten Wahlkampfzeitung trat der DGB für einen Wahlsieg des SPD-Vorsitzenden Erich Ollenhauer ein. Der »Fuchs« in Rhöndorf hielt dagegen. Er profitierte darüber hinaus vom Mißerfolg des 17. Juni und von der anschließenden außenpolitischen Verwirrung in der Opposition. Das Ergebnis war der erste Wahltriumph Adenauers. F. war anschließend eine knetbare Person in den Händen Adenauers und Jakob Kaisers. Die DGB-Spitze versank in Skandalen und Querelen, bei denen Namen wie Viktor Agartz und Nell-Breuning schwer beschädigt wurden. F. stand seine zweite Amtszeit bis 1956 mit Ach und Krach durch. Er starb zwei Jahre später im südlichen Ruhrgebiet, woher er stammte.

Herberts, H.: Walter Freitag. Weg und Wollen eines deutschen Gewerkschafters. Berlin 1954.

Gerhard Beier

Frey, Alexander Moritz

Geb. 29. 3. 1881 in München; gest. 24. 1. 1957 in Zürich

»Zu Millionen Gemordete – bei einwandfreiem Tatbestand, da keineswegs Überlegung und Vorsatz gefehlt haben, Leben zu vernichten. Wenn man, um der Wahrheit zu helfen, übereinkäme, nie mehr von Gefallenen, immer von Ermordeten zu reden – das könnte vielleicht die Neigung zum Kriegführen ausrotten.« So formulierte F. bereits in seinem 1929 erschienenen Anti-Kriegsbuch *Die Pflasterkästen* Gedanken, für die Tucholsky eine knappere Formulierung fand (»Soldaten sind Mörder«) und sich dafür vor dem Reichsgericht verantworten mußte. Das Kriegserlebnis muß als das prägende Ereignis für F.s Leben, seine pazifistische Grundhaltung, seinen Einsatz für Demokratie und entschlossenen Kampf gegen den Nationalsozialismus gewertet werden.
Als Sohn des Kunstmalers, Opernsängers und Mannheimer Galeriedirektors Wilhelm Frey entwickelte er früh künstlerische Interessen. Auf Druck des Elternhauses begann F. jedoch 1901 mit dem Jurastudium in Heidelberg, 1904 immatrikulierte er sich für zwei Semester in Freiburg. Hier lernte er vermutlich Kurt Hiller kennen, denn beide schrieben sich am gleichen Tag kurz nacheinander für Jura ein. Diese Bekanntschaft hielt bis in die fünfziger Jahre und sollte für F. eine wesentliche Rolle spielen. Nach absichtlichem Mißerfolg beim juristischen Staatsexamen, er gab leere Blätter ab und damit seiner »Familie die von ihr herausgeforderte Antwort«, ging F. nach München zurück, wo er Kindheit und einen Teil seiner Jugend verbracht hatte, um eine Karriere als freier Schriftsteller zu beginnen. Seine erste Buchveröffentlichung, *Dunkle Gänge* (1913), steht für sein zu Unrecht in Vergessenheit geratenes literarisches Schaffen: 25 Bücher – Romane und Novellen – satirischen, phantastischen, grotesken und realen Inhalts, und sie beschäftigen sich, wie der Autor äußerte »mit unserer Zeit, unseren Menschen, unseren Tagen«. Den Vorbildern Wilhelm Hauff, E.T.A. Hoffmann und Edgar Allan Poe verdankte er später den Spitznamen »Gespenster-Frey«.
»›Mit Gott für König und Vaterland!‹« ausrufend springt ein »mit allen Zeichen des Irrsinns« ausgestatteter Mann in F.s *Solneman der Unsichtbare* (1914) aus dem Fenster und begeht Selbstmord. »Mit Gott für König und Vaterland« hieß es auch bei den deutschen Soldaten, die in den Ersten Weltkrieg zogen. F.s satirischer Roman war von der *Neuen Zürcher Zeitung* zum Vorabdruck angenommen worden, der jedoch

nach sieben Tagen Krieg gestoppt wurde. Die im Roman enthaltene, zwar unpolemische, aber dennoch deutliche Kritik am Wilhelminismus, am Obrigkeitsstaat deutscher Prägung und am deutschen Fetisch, dem Militär, veranlaßte die neutralen Schweizer, von einer Fortsetzung abzusehen. Auch ein Vorabdruck von Heinrich Manns *Der Untertan* wurde kurz nach Kriegsbeginn abgebrochen. Mit H. Mann verband F. übrigens lebenslange Freundschaft. »Der lächerliche Untertanengeist und die falschen Werte dieser Epoche« (J. M. Wolff) finden sich in F.s Roman, den nach Tucholsky »ein schneidender, eiskalter Ton« auszeichnet, kompromißlos angeprangert: Die Hauptfigur Solneman (der Name ist von hinten nach vorne zu lesen), ein Exot, bricht ein in eine verkrustete, städtische Gesellschaft. Man befürchtet durch den Unbekannten eine revolutionäre Umkehrung der gesicherten Verhältnisse. Ein kollektiver Verfolgungswahn entsteht, der sich in gewalttätigen Ausschreitungen der Masse gegenüber Unschuldigen äußert, die man für den Fremden hält. Der Namenlos verschwindet schließlich resigniert.

Dem Phänomen der Masse stand F. stets skeptisch gegenüber, so auch der Massenbegeisterung bei Kriegsausbruch. Im Gegensatz zum Gros seiner Schriftstellerkollegen meldete er sich weder freiwillig, noch nahm er in publizistischer Hinsicht eine deutsch-nationale Rolle ein. Vielmehr schrieb er 1914 zwei pazifistische Bücher, den Roman *Kastan und die Dirnen*, der, von der Militärzensur unterdrückt, erst 1918 erscheinen konnte und die Novelle *Der Paß*: F. schildert darin, »wie ein junger Student gewohnt über den Nationen zu leben (...) durch den jähen Ausbruch des Krieges um den Verstand gebracht wird und schließlich der ›Spionitis‹, die damals wie eine schwere Geisteskrankheit durch alle Länder ging, zum Opfer fällt« (H. Eulenberg): Viktor Mann findet einen französischen Militärpaß, dessen ehemaliger Besitzer die gleichen Initialen besaß und am selben Tag geboren war. Bei einer Kontrolle wird der Ausweis vorgefunden, und die Umstehenden ermorden den vermeintlichen Franzosen und Feind: »Empörung schwoll an, pfeifend und schrecklich schnell zur höchsten Höhe. Entlud sich in einem Hieb, geschlagen von Dutzenden.«

Dem Krieg entging F. nicht. Im September 1915 wurde er an die Westfront geschickt. F. vermied aber den Dienst an der Waffe und ließ sich zum Krankenträger ausbilden. Während des Krieges zum Sanitätsunteroffizier avanciert, gehörte er dem Regimentsstab an. Hier lernte er den Stabsmeldeläufer Adolf Hitler und Max Amann, den späteren Präsidenten der Reichspressekammer und Leiter des NS-Parteiverlages »Eher«, kennen. Die Begegnung mit Hitler hielt F. in dem Text *Der unbekannte Gefreite. Persönliche Erinnerungen an Hitler* fest. Die Weltkriegserfahrungen verarbeitete F. im autobiographischen Bericht *Die Pflasterkästen*. F. zählte zum Umkreis der linksintellektuellen Autoren der *Weltbühne*. Dort erschien 1927 ein erster Auszug des Buches. Auffällig ist die Rezeption Hillerscher Gedanken. Die Programmatik der 1926 von Hiller gegründeten »Gruppe Revolutionärer Pazifisten« enthielt nicht nur die Verurteilung des Angriffs-, sondern auch des nationalen Verteidigungskriegs und ein Plädoyer gegen die Wehrpflicht sowie für die Kriegsdienstverweigerung. C. F. Funk, F.s Alter ego im Roman, wird Krankenträger, »weil er heimlich geschworen hat, den Irrsinn, auf Menschen zu schießen, nicht mitmachen zu wollen. Gegen die Darlegungen, sein ganz unschuldiges Land sei von Mordgesellen meuchlings überfallen, es gälte den Verteidigungskampf oder Versklavung und Tod – gegen solch pathetisches Gerede instinktiv mißtrauisch (...), glaubt er nur in der Weise für die sämtlichen Verblendeten und Genasführten sich einsetzen zu können.« Auf die Frage, warum er im Feld stehe, äußert Funk an anderer Stelle: »Weil wir die Sklaverei haben, weil es noch nie eine niederträchtigere gegeben hat als die große moderne europäische: die allgemeine Wehrpflicht.« Schließlich verweigert Funk den Dienst. Der Roman klammert die anfängliche Kriegsbegeisterung völlig aus, verlegt den Kriegsschauplatz vom Graben auf den Verbandsplatz und läßt jede romantisierende Kameradschaft unberücksichtigt. Er gehört zu den demokratischen Kriegsromanen, die mittels einer »Gegen-Erinnerung« (H. Bornebusch) ein Kriegsbild angreifen, wie es die Vertreter des »Soldatischen Nationalismus« postulierten. F. ließ davon nichts übrig, bezeichnete alles als »gigantischen Unsinn«, Militär und Krieg als »die albernste, schamloseste, dümmste Gemeinheit von der Welt«.

F.s Buch erregte großes öffentliches Aufsehen, es wurde von der Rechten bekämpft, aber von der linken und liberalen Presse gefeiert und teilweise über die Bücher Erich Maria Remarques oder Ludwig Renns gestellt. 1933 lag es auf den Scheiterhaufen der Nazis. Der Autor des verfemten Buches, der sich nie parteipolitisch engagiert hatte, entging im März 1933 nur knapp der Verhaftung. Er veröffentlichte 1932 in der *Weltbühne* die Hitler-Persiflage *Der Führer* und nahm damit frontal den Kampf gegen Hitler auf. Der Text beschreibt Hitlers Aufstieg vom Tapezierer (Er »mußte der Kundschaft den Fall von Vorhängen, mußte ihnen Raffungen und geschmackvolle Anordnung von Stoffen und Tapeten mundgerecht machen, er war in seinem Verein erste Stimme und rhetorische Kraft«) zum Politiker: »Er fing an, die Menschen hämisch zu betrachten. Er fing an, umfassender zu spüren, wie bereit sie waren, auch auf eine unwissende Stimme zu hören, wenn sie es nur verstand, Sicherheit und Sachkenntnis vorzutäuschen. Er fing an, die Objekte, die seinen Aufstieg ermöglichen konnten, liebevoll zu verachten. Er beschloß, in die Bahn des Politikers einzubiegen.«

Das Thema Hitler beschäftigte F. auch in Salzburg, seiner

ersten Exilstation. Hier verfaßte er den Roman *Hölle und Himmel* (entstanden ca. 1935, Erstausgabe 1945). Dieser Schlüsselroman um F.s Salzburger Exiljahre fand, wohl aufgrund seines heiklen Inhalts, zehn Jahre lang keinen Verleger. In Traumsequenzen, die in die Handlung eingeflochten sind, hält der Protagonist (den F. wiederum Funk nennt) eine psychoanalytisch anmutende Sitzung mit einem Scheusal namens Severin ab. Hinter jenem verbirgt sich Hitler. Der Ort der Sitzung ist dessen Berghof. Analysiert werden die Verfolgung politisch Andersdenkender, der Judenhaß Hitlers alias Severin, die Grausamkeit neuer Waffensysteme, die Totalität des kommenden Krieges und die gemeinsame Zeit im vergangenen Krieg. Am Ende steht die Vision der Verwahrung von Hitler und Konsorten in einer gläsernen Zirkuskuppel (wie ja auch Stalin die Leiche des Braunauers gerne in einem gläsernen Sarg gezeigt hätte). Doch außer Nahrungsmitteln sollte nichts hinein- oder herausgelangen. Am Schluß stünde der Tod: Das Sterben im eigenen Kot »ist nur das Abbild des Unrats ihrer Seelen. Und sie haben mit solchem Abschluß im eigenen Schmutz längst angefangen«.

Bevor es allerdings soweit war, mußte F. im Exil täglich um seinen Lebensunterhalt kämpfen. Nur ein einziges Buch konnte er in der Zeit veröffentlichen. Zudem drohte ihm, nachdem er 1938 in die Schweiz nach Basel geflüchtet war, die Eidgenössische Fremdenpolizei mit Ausweisung und belegte ihn mit Berufsverbot. Als Symbol für F.s Versuche, sich im Exil von seiner schriftstellerischen Arbeit zu ernähren, mag der bis heute unveröffentlichte Roman *Der Gefallene steht auf* dienen. Dieser dritte Anti-Kriegsroman F.s wurde für einen literarischen Wettbewerb eingereicht, fand jedoch wenig Beachtung.

Nachdem F. die Naziherrschaft überstanden hatte, führte er nach 1945 einen regelrechten Feldzug gegen Autoren, die sich aus seiner Sicht gegen die Demokratie gerichtet, sich für Unfreiheit und Unterwerfung entschieden hatten. In der Artikelserie *Die Situation des deutschen Schriftschaffens* rief F. die Namen derjenigen 88 Schriftsteller in Erinnerung, die im Oktober 1933 gegenüber Hitler ein Treuegelöbnis abgelegt hatten: »All diese Verräter am Geist, an sauberer Gesinnung und ehrenhafter Haltung, von denen jeder sich ganz klar darüber war, welcher Banditenregierung er öffentlich seine Stimme gab, haben sich damit eindeutig als Förderer eines Verbrechersystems bekannt, mit dessen Liquidierung sie selber aus dem deutschen Schrifttum für alle Zeiten zu verschwinden haben.« In einem unveröffentlichten Brief bemerkte F. 1947: »Wir werden alles tun, um ein Geschmeiss, das nun wieder im Haus der Demokratie als Wanzen Besuche zu machen gedenkt, fern zu halten.«

F. setzte nie wieder einen Fuß auf deutschen Boden. Kurz vor seinem Tod in Zürich erhielt er nach langen Bemühungen das Schweizer Bürgerrecht. Walter Fabian sprach die Abschiedsworte: »In den letzten Jahren war Alexander Moritz Frey in immer stärkerem Maße tief besorgt um die Zukunft der Menschheit und unserer Erde. (...) Zu diesen Fragen der neuen Kriegsdrohung und der Ungerechtigkeiten unserer Gesellschaftsordnung wie im Zusammenleben der Völker hat Frey leidenschaftlich Stellung genommen, mit einer Heftigkeit, die manchmal erschrecken mochte, aber an deren tiefmenschlichem Ernst niemand zweifeln konnte, der ihn kannte.«

Hoffmann-Walbeck, K.: Alexander M. Frey. Frankfurt/Main 1984. – Walter, H.-A.: Der Meisterzeichner von Nachtstücken und Traumgesichten. Frankfurt/Main 1988.

Marcel Atze

Freymuth, Arnold

Geb. 28. 11. 1872 in Mehlauken/Ostpreußen; gest. 14. 7. 1933 in Paris

»Gerechtigkeit ist kein leerer Wahn, sondern eine heilige Sache, und ein Volk, das nicht mehr den Mut oder das Bedürfnis hat, leidenschaftlich für die Gerechtigkeit einzutreten, ist in seinem Wesen krank.« Daß ein aktiver Richter des preußischen Kammergerichts im Juni 1923 diese Worte heftig und nachdrücklich äußerte, damit für einen wegen Landesverrats Verurteilten eintrat, kennzeichnet die Polarisierung der Weimarer Gesellschaft und signalisiert Fr.s Stellung darin: Die Leser der *Friedenswarte*, wo diese Sätze standen, mochten ihn verehren; seine Gegner riefen wegen dieses Engagements schließlich nach dem Dienststrafrecht.

Daß Fr. in der ersten Hälfte der Weimarer Republik derart umstritten sein sollte, war keineswegs abzusehen gewesen. Mehr als vier Jahrzehnte lebte er unauffällig.

Der Sohn einer bildungsbürgerlichen Familie jüdischen Glaubens – der Vater war Arzt in einer ostpreußischen Kleinstadt gewesen -hatte als Jurist Karriere in der Justiz gemacht, zuletzt als Oberlandesgerichtsrat in Hamm (seit 1911). Familie, Fachschriftstellerei, Standespolitik, begeisterter Burschenschaftler seit Studentenzeiten: ein musterhafter Richter im kaiserlichen Deutschland. Der biographische Bruch erfolgte im Ersten Weltkrieg, sichtbar im Herbst 1918: gemeinsame Rednerauftritte mit dem SPD-Führer Osteroth aus Hamm im Oktober; während der Novemberrevolution Eintritt in den »Arbeiter- und

Soldatenrat« Hamm und Übernahme des stellvertretenden Vorsitzes; Bewerbung als sozialdemokratischer »Beamtenkandidat« für die Deutsche Nationalversammlung und Eroberung eines Mandats in der verfassunggebenden Preußischen Landesversammlung (Januar 1919 – Februar 1921) – der einzige Justizjurist der SPD-Fraktion. 1919 wurde er zum Parlamentarischen Staatssekretär im Preußischen Justizministerium ernannt, wo er ein sozialdemokratisches Gegengewicht zum (katholischen) Zentrums-Minister bilden sollte. Freilich gab es auch Querelen mit den neuen Freunden: Der »Quereinsteiger« brachte weder den »Stallgeruch« des Milieus, noch die jahrzehntelange Gewöhnung an die Parteidisziplin der alten deutschen Sozialdemokratie mit. Außerdem erlaubte er sich in seiner parlamentarischen Jungfernrede, gegen die »Volkswahl der Richter« aufzutreten und damit gegen das 1891, also 28 Jahren zuvor in Erfurt beschlossene Parteiprogramm der SPD zu verstoßen. So endete Fr.s Wirken als Politiker nach zweieinhalb angespannten Jahren im Frühjahr 1921. Zur Wahl des Ersten Landtags am 20. Februar 1921 kandidierte er nicht mehr, sondern nahm seine Berufstätigkeit als Richter wieder auf. Insgesamt fällt die Bilanz dieser Jahre zwiespältig aus: Fr. hatte sich in der Parteipolitik engagiert und war in Regierungskreisen bekanntgeworden, aber er hatte keine politisch-administrative Karriere zu begründen vermocht. Beruflich führte sein Engagement lediglich zur Versetzung an das Berliner Kammergericht (1920), und bezahlen mußte er dies noch mit einem Dilemma: Die Welt der »heilen Justiz« gab es für ihn nicht mehr. Fr. hatte sich in seinen Kreisen »unmöglich gemacht«. Andererseits war es ihm auch nicht gelungen, in der organisierten Arbeiterbewegung Fuß zu fassen.

Von 1922 an zeichnete sich ab, in welchem Kreis Fr. weiter politisch arbeiten und sich wohlfühlen konnte: in der »Deutschen Friedensgesellschaft« (DFG, gegr. 1892) und vor allem in der aus dem »Bund Neues Vaterland« (1914–1918) hervorgegangenen und von Albert Einstein geleiteten »Deutschen Liga für Menschenrechte« (DLfM, gegr. 1923), also ihrem Ursprung nach bürgerlichen, pazifistischen, teils deutlich linksintellektuellen Organisationen. Hier setzte sich Fr. für die Verständigung mit Frankreich und Polen ein. Für die DLfM forderte er in einer Denkschrift eine Republikanisierung der Justiz, und für das »Deutsche Friedenskartell«, der 1921 gegründeten Dachorganisation der deutschen Friedensbewegung, regte er eine Verschärfung des Republikschutzgesetz nach rechtsradikalen Terroranschlägen (zuletzt auf Außenminister Walther Rathenau am 24. Juni 1922) an, das vom Reichstag am 21. Juli 1922 von der Regierung Wirth (»Der Feind steht rechts«) vorgelegt und am 21. Juli 1922 verabschiedet wurde. In der Regel schickte man in diesen Jahren Fr. vor, wenn es Skandale auf politisch-staatsrechtlichem Gebiet anzuprangern galt: z.B. die Militarisierung des Ausnahmerechts unter der parlamentarisch verbrämten Militärdiktatur Hans v. Seeckts; die rüde Verhaftung des pazifistischen Nestors Ludwig Quidde wegen angeblichen Landesverrats (1924) und die lächerlich geringen Strafen gegen die für den Mord an Rathenau verantwortlichen Anführer der fememörderischen »Organisation Consul«, die der im Republikschutzgesetz vorgesehene »Staatsgerichtshof zum Schutz der Republik« verhängte; die Wahl des Monarchisten Paul v. Hindenburg zum Präsidenten der Deutschen Republik; die empörende Praxis von Millionenabfindungen für die in der Novemberrevolution gestürzten ehemaligen Fürsten – bei allem, was die demokratische, pazifistische Öffentlichkeit gegen diese Fehlentwicklungen an Versammlungen, Konferenzen, Eingaben, Denkschriften, Broschüren und Artikeln unternahm bzw. aufbot, begegnete man Fr. sozusagen auf Schritt und Tritt. Zu diesen Ad-hoc-Einsätzen kamen noch reguläre Führungsaufgaben, denen sich eine bekannte Persönlichkeit wie Fr. nicht entziehen konnte. Von 1924 an gehörte er den Vorständen von DFG, DLfM und »Republikanischem Richterbund« (gegr. Dezember 1921) an. All diese politischen Verpflichtungen ergaben sich neben der normalen Berufsarbeit als Richter, und Fr. fand auch noch Zeit und Kraft für fachschriftstellerische Arbeit, insbesondere für die Neubearbeitung des BGB-Kommentars von Rosenthal (1923).

Große Bedeutung für Fr. erhielt der »Fall Fechenbach«. Felix Fechenbach, Sekretär Kurt Eisners, des ersten bayerischen Ministerpräsidenten nach der Novemberrevolution 1918, hatte im April 1919 die Abschrift eines relativ belanglosen Telegramms, das der bayerische Gesandte beim Vatikan kurz vor Kriegsausbruch 1914 aufgegeben hatte, an einen Schweizer Schriftsteller weitergegeben. Das »Volksgericht« München I – in Bayern waren 1919 anders als im übrigen Deutschland sogenannte »Volksgerichte« zur Aburteilung politischer Straftaten eingeführt worden – sah darin Landesverrat und verurteilte Fechenbach im Oktober 1922 zu elf Jahren Zuchthaus. Fr. nahm sich des Falls ohne Wissen des Verurteilten an, schrieb im Auftrag des Republikanischen Richterbundes eine Broschüre *Das Fechenbach-Urteil* (1923) und warb auf Vortragsreisen durch das ganze Reich sowie mit Artikeln in vielen Zeitschriften für ein Wiederaufnahmeverfahren bzw. die Freilassung des Gefangenen. Die bayerische Regierung, von verschiedenen Seiten zur Begnadigung aufgefordert, ließ sich vom Bayerischen Obersten Landesgericht im November 1923 ein Gutachten erstellen, das das sofort rechtskräftig gewordene Urteil bestätigte: Zwei der begutachtenden Richter nahmen wenige Tage später am Hitler-Putsch teil. Den Bemühungen Fr.s war es zu verdanken, daß der Fall vor dem Reichsgericht neu aufgerollt wurde, dort die schweren materiellen und formellen Mängel der Entscheidung zur Sprache kamen und Fechenbach nach zweijähriger Haft begnadigt werden mußte.

Mit seinem Engagement für den vermeintlichen »Landesverräter« erwarb sich Fr. seinen endgültigen Ruf. »Der bekannte Vorkämpfer für Fechenbach« – lautete nun, wenn man ihn irgendwo vorstellen wollte, die Einführungsformel. Fr., inzwischen zum Senatspräsidenten im Kammergericht ernannt (1923), galt damit im linken, pazifistischen Milieu als Leitfigur, während er von anderen angefeindet wurde: »fachlich« von der Rechten, die in einer vergifteten politischen Atmosphäre seine Beförderung zum Senatspräsidenten nicht anders denn als parteipolitische »Schiebung« wahrnehmen konnte; »rassisch« von den Antisemiten, die den Assimilierten wegen des jüdischen Glaubens der Eltern bzw. Großeltern mit Schmäh verfolgten; »politisch« vom deutschdemokratischen Reichswehrminister Otto Geßler, der Fr. vorwarf, daß durch eine von Fr. mitverfaßte Denkschrift der DLfM über friedensvertragswidrige Geheimrüstungen »ein ungeheurer Schaden für Deutschland« entstehe. Als Querelen innerhalb der pazifistischen Organisationen hinzukamen, gab der seit der Kriegszeit auch physisch Angeschlagene auf. Zum Jahresende 1925 trat Fr., dreiundfünfzigjährig, – aus gesundheitlichen Gründen, wie es hieß – in den Ruhestand. Da Fr. überdies in eine schwere persönliche Krise geriet, legte er in der DFG alle Ämter nieder und trat 1926 aus der DLfM gleich ganz aus.

In den folgenden Jahren betätigte sich Fr. vor allem in der 1924 von dem Journalisten Alfred Falk gegründeten »Republikanischen Beschwerdestelle e.V.«, einer Art privaten Verfassungsschutzes. Was wohl »streitbare Republikaner« sein wollten, die zur Beobachtung der republikanischen Legalität anhielten, geriet, zum Teil berechtigt, in den Ruch eines Denunziationsbüros. Vor allem entwickelte sich die Arbeit dort im Widerspruch zu dem, wofür Fr. sich früher eingesetzt hatte. In der DFG und DLfM hatte er um Menschen geworben – nun setzte er auf Disziplinieren nach oft kleinlichem Maßstab. Früher hatte er auf die Kraft des vernünftigen Arguments gebaut – jetzt begnügte er sich mit dem Hinweis auf die bestehende Rechtslage; damals hatte er sich voller Skepsis über die republikanische Zuverlässigkeit der Justiz ausgelassen – nun vermeinte er, just mit Hilfe jenes Repressionsapparates die Republik in seinem Sinne festigen zu können: vielleicht eine Reaktion darauf, daß er vor seinem Ausscheiden aus dem Richteramt selbst – in einem gewissen Maße – Opfer disziplinarischer Maßnahmen geworden war.

Eine große Verantwortung und Bürde lud Fr. in den Jahren 1929 bis 1932 auf sich, als dem organisierten Pazifismus wegen interner Konflikte das Ende drohte. Gegen den jakobinischen Zug der Verbandsdemokratie, mit dem die Führung der DFG unter Fritz Küster versuchte, aus den bisherigen losen Diskussionskreisen einen entschlossenen Kampfbund zu schmieden und womöglich gar eine politische Massenorganisation ins Leben zu rufen, wurde Fr. zum Widerpart. 1930 gründete er den »Deutschen Friedensbund« als Konkurrenz zur DFG (zunächst) in Berlin, und 1932 half er mit, den »Allgemeinen Deutschen Friedensbund« ins Leben zu rufen. Während Küster die DFG bis dahin fast zugrundegerichtet hatte, blieb Fr.s Bemühen um Sammlung der Trümmer und um Wiederaufbau eine Episode, weil die Nationalsozialisten alsbald mit jedweder organisierten Friedensarbeit Schluß machten.

1933 floh Fr. als einer der ersten, zunächst in die Schweiz. Im Juli reiste Fr. mit seiner Ehefrau, inzwischen fast mittellos, nach Paris. Am 14. Juli 1933 brachte sich das Ehepaar dort mit Schlaftabletten und Gas um. In einem Abschiedsschreiben an die beiden Söhne soll Fr. erklärt haben: Er sterbe, »weil ich an der Möglichkeit einer gerechten Justiz in Deutschland verzweifle«.

Jung, O.: Senatspräsident Freymuth. Richter, Sozialdemokrat und Pazifist in der Weimarer Republik. Eine politische Biographie. Frankfurt/Main 1989.

Otmar Jung

Friedrich, Ernst

Geb. 25. 2. 1894 in Breslau; gest. 2. 5. 1967 in Le Perreux sur Marne (Frankreich)

»Kämpft gegen den Kapitalismus – und Ihr kämpft gegen jeden Krieg!« Auf diese knappe Formel, die F. im Vorwort zu seinem publizistischen Hauptwerk *Krieg dem Krieg* (1924) programmatisch verkündete, läßt sich auf den ersten Blick sein Leben und sein Werk zusammenfassen. Fr. gehörte zu der vielleicht schillerndsten Persönlichkeit des deutschen Antimilitarismus in der Weimarer Republik. Im Rampenlicht der Öffentlichkeit bewegte er sich vor allem in seinen Berliner Jahren, im Zeitraum von 1919 bis 1933, wo er einer politischen Richtung angehörte, die als »gewaltfreier Anarchismus« bezeichnet werden kann. Es sind folgende Aspekte seiner Biographie, die ihn heute bei einer Rekonstruktion demokratischer Traditionen in Deutschland bedeutsam werden lassen: Wir müssen Fr. als radikalen Pazifisten und Antimilitaristen, als einen antiautoritären Sozialisten, als einen »Führer« und Mentor der antiautoritären Jugendbewegung als einen libertären Reformpädagogen sowie als leidenschaftlichen Publizisten und Agitator betrachten.

Bereits mit vierzehn Jahren begann er seine politische Karriere im ersten von ihm mitbegründeten Arbeiterjugendverein in seiner Heimatstadt Breslau, in der er als Sohn einer proletarisch-kleinbürgerlichen Familie aufwuchs. Fr. trat 1911 in die SPD ein und radikalisierte seine sozialistischen Vorstellungen von Freiheit und Gleichheit, distanzierte sich aber bald von

dogmatischen und institutionalisierten sozialistischen Strategien. Der Erste Weltkrieg bedeutete für ihn in diesem Sinne eine erste und wesentliche politische Zäsur in seinem Leben: Er verweigerte den Kriegsdienst und landete hierfür in der Psychiatrie. Von nun an, bis zu seiner Flucht vor den Nazis im Winter 1933/1934, prägte Fr. den libertär-sozialistischen Antimilitarismus in Deutschland entscheidend mit und wurde zum Fokus eines neuen, jugendbewegten Anarchismus. Im Ersten Weltkrieg zählte Fr. zu dem zahlenmäßig kleinen Kreis von Sozialisten in Deutschland, die sich aktiv gegen den Krieg stellten und Widerstand leisteten, – auch in Form von Sabotage. 1917 geriet er deswegen in Gefängnishaft, aus der er im Zuge der Novemberrevolution 1918 befreit wurde. Er siedelte nach Berlin über und schloß sich der von Karl Liebknecht gegründeten »Freien sozialistischen Jugend« an.
Fr. distanzierte sich sowohl von einem Pazifismus liberalbürgerlicher als auch orthodox-sozialistischer Provinienz, obgleich er auch zu deren jeweiligen Anhängern Kontakt hatte und sie als Bündnispartner unterstützte. 1924 erschien Fr.s antimilitaristischer »Klassiker« *Krieg dem Krieg*, ein viersprachiges Buch über den Ersten Weltkrieg, das im Folioformat in zwei Bänden in seinem Verlag »Freie Jugend« herauskam. Neben diesem Werk, das Fr. weltweit bekannt machte, war es sein »Anti-Kriegsmuseum«, das er 1925 in Berlin in der Parochialstraße 29 eröffnete und das bis 1933 zum Mittelpunkt der anarchistischen Jugendbewegung und des revolutionären Antimilitarismus in Deutschland wurde. Mit dem Museum, dem weltweit ersten und einzigen dieser Art, waren ein Vortragsraum, eine Druckerei, eine Buchhandlung sowie Fr.s Wohnung verbunden. Obgleich er ständig in Finanznot lebte und das Haus nicht nur finanziell, sondern auch politisch bedroht war, war es erst 1933 die SA, die die Schließung des Museums erzwang, nicht ohne es zu verwüsten, um es dann in ein SA-Heim umzuwandeln.
Schon vor dem Machtantritt der Nazis provozierte Fr.s Pazifismus das Eingreifen der Staatsgewalt: Wiederholt wurde Fr. verhaftet, wegen Hochverrats angeklagt und zu Gefängnis verurteilt. 1933 nahmen ihn die Nazis in »Schutzhaft«. Über diesen »Schutzhaftaufenthalt«, aus dem er Ende 1933 entlassen wurde, berichtet Fr. ausführlich in seinem 1935 im Schweizer Exil entstandenen Buch *Vom Friedensmuseum zur Hitlerkaserne*. Einer drohenden erneuten Verhaftung kam er zuvor, indem er nach Prag flüchtete. Von dort aus reiste er zusammen mit seiner Frau und seinen zwei Kindern weiter in die Schweiz, wo er allerdings wegen antinationalsozialistischer Propaganda wieder ausgewiesen wurde. Er zog nach Belgien und plante dort die Wiedereröffnung des Anti-Kriegsmuseums. Nach dem Einmarsch der Deutschen (belgische Kapitulation am 28. Mai 1940) ging er nach Frankreich, kam im unbesetzten Teil des Landes in ein Internierungslager, flüchtete, wurde 1942 in Abwesenheit von den Deutschen zum Tode verurteilt und schloß sich 1943 dem bewaffneten französischen Widerstand, der Résistance, an.
Die Biographie Fr.s, durch den Widerspruch zwischen seiner pazifistischen Überzeugung einerseits und dem bewaffneten Kampf in der Résistance andererseits gekennzeichnet, wird ergänzt durch sein Engagement für eine anarchistische Jugendbewegung. Wandervogelromantik verschmolz hier mit revolutionärem Sozialismus zu einer neuen, bis heute einmaligen antiautoritären Jugendbewegung: Sie verstand sich nicht als die Jugendorganisation einer Partei, sie zeichnete sich durch hohen Anspruch an individueller Autonomie aus, sie lehnte jede Institutionalisierung und Professionalisierung als Organisation ab und begriff sich dennoch als eine politische Jugendbewegung.
Nach dem Zweiten Weltkrieg versuchte Fr. zunächst, in den Ruinen der Kaiser-Wilhelm-Gedächtniskirche in Westberlin das Anti-Kriegsmuseum wiederzueröffnen. Als dies nicht gelang, kaufte er 1951 einen alten Schleppkahn auf der Seine, um auf ihm eine antimilitaristische deutsch-französische Jugendbegegnungsstätte einzurichten, was jedoch ebenfalls ohne Erfolg blieb. Schließlich erwarb er 1954 mit einer aus Deutschland erhaltenen Entschädigungszahlung eine in der Marne bei Paris gelegene Insel, um hier seine Vorstellungen von einem internationalen Treffpunkt zu realisieren. Obwohl er hierfür in den folgenden Jahren Unterstützung aus Deutschland durch die ÖTV (Gewerkschaft Öffentliche Dienste, Transport und Verkehr) bekam, gerieten Fr. und seine Aktivitäten zunehmend in Vergessenheit. Erst mit der Friedensbewegung in der Bundesrepublik und Westberlin seit Anfang der achtziger Jahre wurde die Erinnerung an Fr. politisch neu belebt.

Baumann, H.: Libertäre Pädagogik in der Weimarer Republik, dargestellt am Beispiel der Kindergruppenarbeit von Ernst Friedrich, in: Baumann, H.; Klemm, U.; Rosenthal, Th. (Hg.): Werkstattbericht Pädagogik. Grafenau 1985, S. 63–88. – Kegel, Th.: Ernst Friedrich: Anarchistische Pädagogik in Aktion, in: Klemm, U. (Hg.): Anarchismus und Pädagogik. Frankfurt/Main 1991, S. 126–137. – Linse, U.: Die anarchistische und anarcho-syndikalistische Jugendbewegung 1918–1933. Frankfurt/Main 1976.

Ulrich Klemm

Fritz, Joß

Geb. um 1470 in Untergrombach bei Bruchsal; gest. um 1525 (Sterbeort unbekannt)

F. war leibeigener Bauer in Untergrombach, einem nahe Bruchsal im rechtsrheinischen Teil des Bistums Speyer gelegenen Dorf (heute Ortsteil von Bruchsal), als er 1501 für eine Erhebung des »Gemeinen Mannes« in Stadt und Land im

Zeichen des »Bundschuhs« zu werben begann. Der Bundschuh, der bäuerliche Riemenschuh, war das Feldzeichen der lokalen Bauernrevolten von 1493 bis 1517 insbesondere in Südwestdeutschland. F. suchte vor allem im Bistum Speyer, insbesondere in und um Bruchsal Anhänger zu gewinnen, dehnte seinen Werbefeldzug aber auch auf die Rheinebene und die Täler des nördlichen Schwarzwaldes aus. Die allgemeine Unzufriedenheit im Südwesten des Reiches unterstützte die Bemühungen F.s und seiner Bundesgenossen, den Kreis der Verschworenen zu erweitern.

Hohe, unnachgiebig eingetriebene Abgaben lasteten schwer auf Stadt- und Landbewohnern und brachten die unteren Schichten oftmals an den Rand des wirtschaftlichen Ruins. Anlaß zur Klage gaben auch die die Bauern empfindlich treffenden Beschränkungen der althergebrachten Wald-, Weide- und Fischfangrechte. Eine Hungersnot als Folge einer um die Jahrhundertwende einsetzenden großen Teuerung und der damit einhergehende Ausbruch der Pest mehrten das Elend großer Teile der Bevölkerung.

Da sich die Bewohner des Bistums Speyer dem politischen und wirtschaftlichen Druck einer kirchlichen Obrigkeit, repräsentiert durch verweltlichte, unchristlichen Lebenswandel führende Geistliche, ausgesetzt sahen, trug der Bruchsaler Bundschuh vornehmlich antiklerikale Züge. Die Verschwörer forderten die Beseitigung der priesterlichen Privilegien und Aufteilung der geistlichen Güter. Sämtliche Abgaben sollten abgeschafft und die Leibeigenschaft aufgehoben werden. Im Namen der göttlichen Gerechtigkeit – ein Schlagwort aus der hussitischen Bewegung (der Anhänger der Lehre des tschechischen Reformators Johann Hus) – wollte F. die bestehende Ordnung völlig umgestalten. Dadurch unterschied sich der Bundschuh in Speyer ganz wesentlich von seinen Vorgängern, die sich ausschließlich auf das »alte Recht« berufen hatten. Aus dem Versuch einer Erneuerung durch Reformen war das Wagnis einer Revolution geworden. Der Verrat von F.s Pläne durch zwei Eingeweihte ließ das Unternehmen vorzeitig scheitern. F., rechtzeitig gewarnt, konnte fliehen.

Gejagt von den herrschaftlichen Gewalten führte F. ein Vagabundenleben. 1510 ließ er sich vermutlich mit seiner Frau, einer aus der Nähe der Stadt Stockach stammenden Bauerntochter, in Lehen bei Freiburg im Breisgau nieder, wo er drei Jahre später für einen neuen Bundschuh zu werben begann. Er trug die Unruhe in die nahen Schwarzwaldtäler und in die Rheinebene. Wieder bestimmten die Verbündeten F. zu ihrem Anführer. Der Lehener Bundschuh richtete sich vor allem gegen den Machtmißbrauch des niederen Adels. Hier im Breisgau, der unter österreichischer Landeshoheit stand, überlagerten sich die herrschaftlichen Rechte mannigfach. Fast jeder Ort hatte einen adligen Gerichtsherrn, und oft unterstanden die Bewohner anderen adligen Grund- und Leibherren. Ohne Rechtsschutz waren die Bauern deren Bedrückungen ausgesetzt. Vielfach verschuldet, trieben diese, um den eigenen Lebensunterhalt zu sichern, die Abgaben mit rücksichtsloser Härte ein. F. und seine Bundesgenossen verlangten, daß Abgaben und Dienste auf ein geringes Maß zurückgeführt würden. Auch sollten sie nur noch den Gerichtsherren geleistet werden. Außerdem forderten sie das allgemeine Recht zu jagen, zu fischen und die Allmende ungehindert nutzen zu dürfen. Außerdem wurde eine generelle Schuldentilgung beansprucht. Über diese Einzelforderungen hinausgehend, erklärten die Verschwörer, sie wollten künftig allein Gott und dann Kaiser und Papst und keinem anderen Herrn Gehorsam leisten. Auch die Forderungen dieses Bundschuhs ließen sich nicht aus dem alten Herkommen rechtfertigen. Wie im Bistum Speyer beriefen sich die Verbündeten auf das Göttliche Recht, das eine solche Umgestaltung der Ordnung verlange. F. selbst begründete seine politischen Ziele aus der Heiligen Schrift. Auch diese Verschwörung wurde frühzeitig entdeckt. Wenige Tage vor dem verabredeten Zeitpunkt des Losschlagens wurde der Freiburger Rat gewarnt. Wieder gelang F. die Flucht.

Von Schaffhausen aus versuchte F. noch einmal, seine Mitstreiter zu versammeln. Vermutlich vertraute er auf die Unterstützung seines Unternehmens durch die Schweizer. Die Hinrichtung einiger seiner Anhänger in Basel und Schaffhausen zerstörte diese Hoffnungen.

Nach dem Scheitern des Lehener Bundschuhs zog F. unstet durch die Lande. Bald tauchte er in Villingen, bald in Horb, bald in Zurzach in der Schweiz auf. F., der vermutlich vor und zwischen den Erhebungen von 1502, 1513 und 1517 als Landsknecht diente, gehörte schließlich zum »fahrenden Volk« (Menschen, die nicht seßhaft waren und zumeist einem ambulanten Gewerbe nachgingen), unter dem er Verbündete und Werber für eine dritte Bundschuherhebung suchte. Mitstreiter und Sendboten fand er insbesondere unter den entlassenen Landsknechten, und auch seine Frau warb für die Empörung. Dieser letzte größere Aufstandsversuch im Südwesten erfaßte beide Seiten des Oberrheins. Von Basel im Süden bis Weißenburg im Elsaß und Bretten im Norden saßen zerstreut die Verschwörer, Stadt- wie Landbewohner; besonders zahlreich waren sie in der Gegend um Straßburg. Allgemeine Ziele einten die Verbündeten. Sie wollten keine Herrschaft außer der kaiserlichen anerkennen. Alle Zwischengewalten, ob geistlich oder weltlich, ob städtisch oder adlig, sollten aufgehoben werden. Die Kirche als geistliche Macht sollte unbehelligt bleiben. Lediglich ihr weltliches Regiment wollten sie beseitigen.

Vier Wochen bevor F. im Elsaß losschlagen wollte, waren seine Pläne bekannt geworden. Der Hauptverschwörer entkam seinen Häschern ein drittes Mal. Zu Beginn des Bauernkrieges, als sich 1524 die Bauern im südlichen Schwarzwald erhoben, trat

F. noch einmal in Erscheinung, nahm aber offensichtlich keinen Anteil mehr an den Aktionen. Möglicherweise ist er um diese Zeit verstorben.

F. trug die insbesondere am Oberrhein verbreiteten Gedanken einer völligen Neuordnung des politischen und sozialen Gefüges auf der Grundlage des Göttlichen Rechts in weite Teile der Bevölkerung bis in die untersten Schichten und versuchte dieses revolutionäre Konzept unmittelbar vor der Reformation und dem Ausbruch des großen Bauernkrieges politisch umzusetzen.

Andreas, W.: Der Bundschuh. Die Bauernverschwörungen am Oberrhein. Karlsruhe 1953. – Franz, G.: Der deutsche Bauernkrieg. Darmstadt (10. Aufl.) 1975.

Ursula Stephan-Kopitzsch

Fröbel, Julius (Pseud.: C. Junius)

Geb. 16. 7. 1805 in Griesheim (Thüringen); gest. 6. 11. 1893 in Zürich

F. zählt zu jenen Vormärz-Demokraten, die ihre Wurzeln in der spekulativen idealistischen Philosophie hatten und eine Offenheit für die soziale Frage entwickelten, die in ihrem Urteilshorizont zunächst jedoch weitgehend der vorindustriellen Gesellschaft verhaftet blieben. Dabei erfuhr F. spezifische eigene Prägungen als in die Schweiz emigrierter »Republikaner« sowie durch seine dem üblichen bildungsbürgerlich-humanistischen Ausbildungsgang ferne Aufgeschlossenheit für moderne Geographie und Naturlehre. Seine intellektuellen Vorlieben und seine berufliche Existenz als freiberuflicher Journalist verliehen ihm eine in den Kreisen des mittleren deutschen Bürgertums seltene Weltläufigkeit. Auffällig ist dabei seine Wende vom oppositionellen, verfolgten Demokraten zum Ratgeber in Staatsdiensten, weshalb er für seine zweite Lebenshälfte als »Protagonist einer sozialdarwinistisch gefärbten ›realistischen‹ Neuorientierung des Liberalismus« eingeschätzt wird (R. Koch).

F. wurde 1805 in einem Pfarrhaus geboren, dem typischen sozialen Herkunftsort für politisch und sozial engagierte Intellektuelle des Vormärz, der Epoche, die der deutschen Märzrevolution von 1848 vorausging. Sein Vater, Johann Jacob, war Pfarrer in Oberweißbach in Thüringen, seine Mutter Christiane Sophie, geborene North, stammte gleichfalls aus einer Pfarrersfamilie. Nach dem frühen Tod des Vaters 1814 besuchte F. seit 1815 das Gymnasium in Rudolstadt. 1817 wechselte er an die Keilhauer Erziehungsanstalt seines Onkels Friedrich Fröbel, der die Kindergartenidee entwickelt hatte und eine Erziehung aus freier Selbsttätigkeit und Selbstbestimmung propagierte. Ungeachtet dieser hehren Ideale beklagte F., der 1825 den Besuch dieser Anstalt abbrach, zeitlebens die Hartherzigkeit und den Egoismus seines Onkels. Gleichwohl hat ihn diese Erziehung nachhaltig geprägt, begründete sie doch sein Leitmotiv einer umfassenden Volksbildung als Weg aus der sozialen Not des Pauperismus, in dem breite Schichten des Vormärz lebten. Seiner besonderen Aufmerksamkeit für Landschaftsbeobachtung verdankte er 1825/26 in Stuttgart eine Beschäftigung im Dienste des Cotta-Verlags bei der topographischen Landesaufnahme des Schwarzwalds und der Rheinebene. Insbesondere interessierte sich F. für die vergleichende geomorphologische Beobachtung und für die Wahrnehmung von Landschaft als einem kulturellen Phänomen, das aus dem Verhältnis zwischen Mensch und natürlicher Umwelt zu erklären sei. So besehen war F. ein früher Umweltforscher. Dementsprechend studierte er Naturwissenschaften, Geographie und Mineralogie an den Universitäten München, Jena, Weimar und Berlin. Nach seiner Promotion bekam er 1833 auf Empfehlung Alexander von Humboldts eine Lehrstelle der Geographie an der gymnasialen Kantonalschule in Zürich, verbunden mit einer Privatdozentur an der neu gegründeten dortigen Universität. 1836 erhielt er eine außerordentliche Professur. Er war dabei, sich ganz in Schweizer Verhältnissen einzurichten, als er 1838 das Schweizer Bürgerrecht erwarb und Kleophea Zeller, die Tochter eines Seidenfabrikanten, heiratete.

Der »Septemberputsch« in Zürich 1839, ein von konservativen Geistlichen angezettelter Aufruhr tausender von Bauern gegen die Berufung des württembergischen Bibelkritikers David Friedrich Strauß (*Das Leben Jesu kritisch bearbeitet*, 1835) an die Hochschule und letzlich gegen das liberale Regiment der Stadt, hinterließ bei F. nach dessen eigenen Worten »die stärkste geistige Einwirkung« in seinem Leben. Die dadurch ausgelöste Wendung zur Politik erhielt ihr besonderes Profil durch die Bekanntschaft F.s mit dem Schriftsteller Georg Herwegh, der, um in Deutschland dem Militärdienst zu entgehen, 1839 nach Zürich geflüchtet war. F. drängte in die praktische Öffentlichkeitsarbeit und übernahm 1840 – mitfinanziert durch das Erbteil seiner Frau – die Verlagshandlung des »Literarischen Comptoirs« in Winterthur, die er fortan zum wichtigsten Umschlagplatz für Exilliteratur im deutschsprachigen Raum machte. Sie wirkte als bedeutsamer Ideenlieferant innerhalb der vormärzlichen politischen Theoriebildung. Dort erschienen 1841 Herweghs *Gedichte eines Lebendigen*. Fortan publizierten im »Literarischen Comptoirs« fast alle demokratischen und sozialistischen Autoren, die Rang und Namen hatten und ihre »zensurflüchtigen Manuskripte« bei F. unterbrachten, darunter außer Herwegh Johann Jacoby, Robert Prutz, Bruno Bauer, Louis Blanc auf deutsch, Ludwig Feuerbach, Karl Grün, Heinrich Hoffmann von Fallersleben, Arnold Ruge und Wilhelm Schulz.

F. formulierte seine politischen Prinzipien erstmals geschlossen in dem zweibändigen Werk *Neue Politik*, das unter dem Pseudonym C. Junius 1846 in Mannheim erschien. Er leitete darin Herrschaftslegitimierung allein von der Souveränität des Volkes ab. Durch keine Vertragskonstruktion könne sie ihm wieder »abgelistet werden«: »Der Sitz der Ausübung der Souveränität sei im Staate, wo er wolle, ihre Ausübung geschehe nach dieser oder jener Geschäftsordnung – immer gehört die Souveränität der Gesamtheit aller Individuen an, welche die Staatsgesellschaft bilden.« Das klang damals revolutionär, weil es keinen Platz ließ für erbliche Fürsten. F.s Wahrnehmungsradius erreichte dabei auch die unteren sozialen Volksklassen, wobei er eine Änderung ihrer materiellen Verhältnisse durch eine umfassende Volksbildung erwartete. Er hatte dabei Handwerker und kleine Kaufleute im Auge, nicht aber die soziale Frage des Industrieproletariats. Gleichwohl forderte er den sozial interventionistischen Staat. Entscheidende Impulse in der Theoriebildung hatte F. von Arnold Ruge empfangen.

Die repressive Politik des Deutschen Bundes versetzte dem »Literarischen Comptoir« 1845 den Todesstoß, als ein Bundesbeschluß den Vertrieb aus diesem Verlag im Bundesgebiet untersagte. 1846 gab F. deshalb das Unternehmen, dem ein wichtiger Absatzraum wegbrach, auf und wechselte nach Leipzig. 1847 bekannte er in seinen *Politischen Briefen über die Schweiz*, daß er deren Bundesverfassung und Parteileben als vorbildlich für ganz Europa ansah.

Begeistert vom Ausbruch der Revolution in Europa, übernahm F. ab dem 1. April 1848 die *Deutsche Volkszeitung*, die im Mannheimer Verlag Heinrich Hoff erschien. Er machte aus ihr ein demokratisch-republikanisches Blatt, das dem Motto folgte: »Wohlstand, Bildung, Freiheit für alle«. In der Revolution geriet er frühzeitig in Gefahr, als nach der gescheiterten Hecker-Aufstand im April 1848 in Baden per Erlaß am 4. Mai die dortigen demokratischen Vereine und auch F.s *Deutsche Volkszeitung* verboten wurden. F. begab sich nach Frankfurt am Main, um von dort aus die demokratische Bewegung zu organisieren. Er wurde auf dem am 14. bis 17. Juni 1848 in Frankfurt tagenden ersten deutschen Demokratenkongreß zu dessen Präsident gewählt. F. konnte gerade noch die hervortretenden Gegensätze zwischen republikanischen und sozialistischen Tendenzen in einem abschließenden Manifest überbrücken. Fast einstimmig wurde er zum Vorsitzenden des danach eingesetzten »Zentralausschusses der deutschen Demokraten« mit Sitz in Berlin gewählt; er beteiligte sich darin maßgeblich an Organisation und Ausbau einer demokratischen Partei. Der 2. Demokratenkongreß vom 27. bis 31. Oktober 1848 in Berlin stand deutlich unter den inneren Spannungen zwischen »politischen« und »sozialen« Demokraten und verlor durch die Verhängung des Belagerungszustandes am 12. November 1848 seine Basis.

In die Paulskirche kam F. am 6. Oktober als Nachrücker für den verstorbenen Johann Georg August Wirth. Er schloß sich dort der Fraktion »Donnersberg« auf der äußersten Linken an und wurde sogleich ins revolutionäre Geschehen gezogen, als er gemeinsam mit Robert Blum im Auftrag der »Vereinigten Linken« der Paulskirche aufbrach, um die Wiener Revolutionäre zu unterstützen. Mit knapper Not entging er dem Schicksal Blums, standrechtlich erschossen zur werden (9. November 1848), nicht zuletzt wegen seiner Flugschrift *Wien, Deutschland und Europa*, in der er zuvor die Bedeutung Österreichs für eine nationale Einigung Deutschlands herausgestrichen hatte. Der Wahl des preußischen Königs Friedrich Wilhelm IV. am 28. März 1849 durch die Frankfurter Nationalversammlung blieb er, seinen Prinzipien getreu, fern; die am selbigen Tag verkündete Reichsverfassung hat er jedoch unterschrieben. Er arbeitete danach noch im Rumpfparlament in Stuttgart (6. – 18. Juni 1849) mit und stellte sich auch der revolutionären badischen Regierung (bis 28. Juni 1849) für Missionen zur Verfügung. F. mußte aber schließlich erkennen, daß seine Vorstellungen von einer humanistischen, am Individuum orientierten Demokratie unter den machtpolitischen Bedingungen von 1848/49, in denen Soldaten letztlich den Ausschlag gaben, ohne Chancen blieben. Nach der Niederlage der badisch-pfälzischen Revolutionsarmee gegen preußische Truppen im Juli 1849 flüchtete F. zunächst in die Schweiz, reiste nach achttägigem Aufenthalt, während dem er seine Frau zum letzten Male sah, weiter nach Paris. Auch dort hielt es ihn nicht lange: Nachdem der Versuch mißlungen war, in Hamburg Asyl zu finden, verbrachte er mehrere Wochen auf der damals britischen Insel Helgoland und entschloß sich, im September 1849 über England in die USA zu emigrieren.

In Amerika unternahm er zahlreiche Studienreisen, u.a. nach Nicaragua, Honduras, Nordmexiko, Kalifornien. Er lebte in wechselvoller, unsicherer Existenz, darunter als Seifensieder, schließlich aber vornehmlich als Journalist in New York. Hier sagte er sich von seiner eigenen demokratischen Theorie los und gründete seine neue politische Moral auf angebliche »naturhistorische Tatsachen«. Sie führten ihn ähnlich wie andere frühere Achtundvierziger zu einem »materialistisch-pragmatischen Realismus«; er beschritt den »Weg über einen liberalen Wertrelativismus zu Nationalismus und Rassismus« (R. Koch), was ihn zu einem Apologeten der Sklaverei machte. Seine Vorstellungen von »Kultur« und »Natur« gingen eine unheilvolle Verbindung ein, welche die Höherwertigkeit der »weißen Rasse« rechtfertigte.

Diese ideologische Wende hin zu einem angeblichen »Realismus« macht es begreiflich, daß der ehemalige revolutionäre Demokrat F. nach seiner Rückkehr nach Europa 1857 aufgrund seiner Auslandserfahrungen zum gefragten Ratgeber der einstmals verpönten Monarchen wurde: in Württemberg, Sachsen, Bayern, nachhaltig dann als Pressepolitiker der großdeutschen Politik Österreichs – spektakulär auf dem Frankfurter Fürstentag von 1863 –, zuletzt im Dienst des Deutschen Reiches, für das er 1873 als Konsul nach Smyrna, 1876 bis 1888 nach Algier ging. Seinen Lebensabend verlebte F. bei seinen Verwandten in Zürich, ausgezeichnet mit dem Titel eines kaiserlich-deutschen Generalkonsuls und dem österreichischen Kommandeurkreuz des Franz-Joseph-Ordens. Seine zweite Lebenshälfte vermag wie ein Prisma Licht in Abgründe des Bürgertums auf dem Weg zum Nationalstaat und Imperialismus zu werfen.

Keller, H.G.: Die politischen Verlagsanstalten und Druckereien in der Schweiz 1840–1848. Ihre Bedeutung für die Vorgeschichte der Deutschen Revolution von 1848. Bern, Leipzig 1935. – Koch, R.: Demokratie und Staat bei Julius Fröbel. 1805–1893. Liberales Denken zwischen Naturrecht und Sozialdarwinismus. Wiesbaden 1978.

Wolfram Siemann

Frölich, Paul

Geb. 7. 8. 1884 in Leipzig; gest. 16. 3. 1953 in Frankfurt am Main

»Sozialismus ist vollendete Demokratie, ist die freie Entfaltung der Einzelpersönlichkeit im gemeinsamen Wirken mit allen für das Wohl aller. Wo Staatsgewalt gebraucht wird, um die arbeitenden Massen niederzuhalten, hat der sozialistische Kampf sein Ziel noch nicht erreicht«, so F. Zeitlebens hat F. versucht, einen gemeinsamen Nenner für Demokratie und Sozialismus zu finden. 1939 schrieb er eine Biographie über Rosa Luxemburg. Im Vorwort, das er 1948, fünf Jahre vor seinem Tod, dazu verfaßte, zog er die Summe seines Sozialismus- und Demokratieverständnisses. Sein Weg hatte durch die verschiedensten Parteiungen der Arbeiterbewegung geführt und war von beträchtlichen Wandlungen begleitet.

F. entstammte einer Leipziger Arbeiterfamilie. Als zweites von elf Kindern bedurfte es großer Opfer seiner Eltern, um ihm eine gute schulische Bildung zu ermöglichen. Nach kaufmännische Lehre und der Arbeit als Angestellter, begleitet durch den Besuch von Kursen des »Leipziger Arbeiterbildungsvereins«, konnte er einige Semester das Volkswirtschaftliche Seminar der Leipziger Universität besuchen. Seit 1902 Mitglied der SPD volontierte er nach seiner Studienzeit an der *Leipziger Volkszeitung*. Prägend für seine politische Entwicklung war sein Wirken an der *Bremer Bürgerzeitung* und der *Arbeiterpolitik*, die er 1916 mit Johann Knief begründete. Als Delegierter der Bremer Linksradikalen auf der Konferenz in Kienthal schloß er sich der Lenin nahestehenden »Zimmerwalder Linken« an. Neben Johann Knief war F. einer der führenden Köpfe der »Internationalen Kommunisten Deutschlands«. Als deren Delegierter auf dem Gründungsparteitag der KPD wurde er in die erste Zentrale der KPD gewählt. 1919 nahm er an den Kämpfen um die Bayrische Räterepublik teil. Er war 1919/20 und 1923/24 Mitglied der Zentrale, 1921/22 als Sekretär. F. war 1921 Delegierter des III. Weltkongresses der Kommunistischen Internationale. Nach dem Fehlschlag des Hamburger Aufstandes der KPD im Oktober 1923 wurde er als sogenannter »Rechter« aus der Parteiführung ausgeschlossen. Er widmete sich in den folgenden Jahren vor allem publizistischen Arbeiten. Ende 1928 wurde F. mit der als rechtsopportunistisch verstandenen Fraktion um August Thalheimer und Heinrich Brandler aus der KPD ausgeschlossen und gehörte der Reichsleitung der »KPD-Opposition« (KPO) an.

1932 entschied er sich mit einer Minderheit der »KPD-Opposition« für ein Zusammengehen mit der SAP (Sozialistische Arbeiterpartei). Im März 1933 wurde F. von den Nazis verhaftet. Nach seiner Entlassung emigrierte er Anfang 1934 in die CSR und dann nach Frankreich. Nach dem Ausbruch des Zweiten Weltkriegs wurde F. interniert. 1941 gelang ihm die Flucht in die USA. Hier befaßte er sich vor allem mit historischen Studien. Seit Ende 1950 lebte er bis zu seinem Tode am 16. März 1953 in Frankfurt am Main. Er wurde Mitglied der SPD und wirkte als Propagandist und Publizist.

Die Werke F.s umfassen neben den unmittelbaren parteipolitischen Schriften vor allem folgende Themenbereiche. Es sind dies Forschungen zur deutschen Arbeiterbewegung und Revolutionsgeschichte sowie zur Geschichte des Ersten Weltkriegs. Hier ordnet sich seine Beschäftigung mit Leben und Werk Rosa Luxemburgs ein. Der zweite Komplex umfaßt Studien zur Geschichte der Französischen Revolution von 1789.

F.s Demokratieauffassung kristallisierte sich besonders deutlich in seinem Beitrag zur Luxemburg-Forschung und -edition heraus. Er gehörte von Anbeginn zu jenem Kreis der Gründer der KPD, der sich Rosa Luxemburgs demokratischem Sozialismusverständnis verpflichtet fühlte. Seine Positionen waren jedoch nicht widerspruchsfrei. So vertrat er 1921 in dem Streit um die Ausformung der Politik der durch die Vereinigung mit dem linken Flügel der USPD zur Massenpartei gewordenen KPD – im Gegensatz zum antiputschistischen Kurs der Gruppe um Paul Levi – die radikalen Positionen der »Offensivtheorie« vom »Anpeitschen der Revolution« (Bucharin). Sehr bald profilierte sich aber F. ähnlich wie August Thalheimer als Exponent einer realistischen, eigenständigen kommunistischen Politik, die den Traditionen der deutschen Arbeiterbewegung verpflichtet war. Seit 1921/22 leitete F. die Arbeiten zur Herausgabe des Nachlasses Rosa Luxemburgs. Als sich 1924/25 zunehmend in KPD und Komintern Auffassungen artikulierten, die in Zusammenhang mit der Entstehung des Stalinschen Kontrukts »Leninismus« diesem als Negativ einen »Luxemburgismus« entgegensetzten, wandte sich F. vehement gegen diese Tendenz.

Es begann nunmehr ein Kampf, in dem gegen ein sich dogmatisierendes Verständnis der Theorie die marxistische Tradition der deutschen Linken gesetzt wurde. Wenngleich bereits bedeutende Vorentscheidungen zugunsten der letztlich dominierenden stalinistischen Tendenz gefallen waren, war diese Entwicklung nicht irreversibel und alternativlos. F. trieb diese Alternative mit der Edition der Werke Rosa Luxemburgs energisch voran. Die Veröffentlichung der Gesamtwerke, so F., geht »weit über das rein historische Interesse hinaus. (...) Gerade jetzt (...), wo in der deutschen Partei der Versuch gemacht worden ist, den Adler zu rupfen und eine jämmerliche Karikatur als das wahre Bild Rosa Luxemburgs hinzustellen«. Es gelang F., mit der Herausgabe von drei Bänden der *Gesammelten Werke* Luxemburgs (1922, 1925, 1928) und zahlreichen publizistischen Beiträgen der Stalinisierung der KPD wirksam die Traditionen des demokratischen Sozialismus entgegenzustellen. In der Atmosphäre eines erneuten Linksrucks in der Komintern im Gefolge des VI. Weltkongresses spitzten sich auch die Auseinandersetzungen um das theoretische Erbe des deutschen Kommunismus zu. Die Ausgrenzung der »Rechten« um Brandler, Thalheimer und F. und die Marginalisierung der »Versöhnler« um Ewert, Meyer, Eisler führten zu einer Atmosphäre schärfsten Kampfes, in dessen Zentrum die Eigenständigkeit und Selbstbestimmung des deutschen Kommunismus stand. Die KPD Thälmanns gab diesen Anspruch zunehmend auf. Die Berufung auf ihre Begründer wurde zunehmend zur bloßen Worthülse. F. stand als Exponent der »KPD-Opposition« – und später der Sozialistischen Arbeiterpartei – inmitten dieser Auseinandersetzungen. Konzentrationslager, Emigration, erneute Haft und Internierung, 1941 schließlich die Flucht in die USA umreißen den Lebensweg F.s seit 1933. Seine Demokratieauffassung erfuhr durch die Erfahrung des Faschismus eine neue Dimension. Als Vertreter der SAP im Ausschuß zur Vorbereitung einer deutschen Volksfront gehörte er zu den Unterzeichnern des Aufrufs »Bildet die deutsche Volksfront!«. Seine Hoffnung auf eine wirksame antifaschistische Gegenkraft erfüllte sich nicht. Die terroristischen Exzesse des Stalin-Regimes Ende der dreißiger Jahre festigten ihn in der Überzeugung, daß der Sozialismus nur demokratisch eine Perspektive habe.

Das Thema Sozialismus und Demokratie ließ F. nicht los. Im amerikanischen Exil griff er es erneut auf und variierte es auf seinem zweiten großen Forschungsgebiet: der Geschichte der Französischen Revolution. Seine Studien über Demokratie und Diktatur in der Französischen Revolution von 1789 beschäftigten ihn auch in seinen letzten Lebensjahren. So schließt sich das Leben des engagierten Sozialisten und Demokraten mit dem aus dem Nachlaß herausgegebenen Werk: *1789 – Die große Zeitwende. Von der Bürokratie des Absolutismus zum Parlament der Revolution.*

Tjaden, K.H.: Struktur und Funktion der »KPD-Opposition« (KPO). Meisenheim am Glan 1964.

Klaus Kinner

Fürth, Henriette, geb. Katzenstein

Geb. 14.8.1861 in Gießen; gest. 1.6.1938 in Bad Ems

Ein »Selberaner« sei sie, schrieb F. in ihren Lebenserinnerungen, den linksliberalen Literaturwissenschaftler Friedrich Theodor Vischer zitierend, eine unabhängige Persönlichkeit und ein Selbstzweck. Damit meinte sie zum einen ihre Unabhängigkeit von religiösen oder politischen Dogmen und ihr Beharren auf dem Selbst-Denken, zum anderen ihre Weigerung, der Mutterschaft individuelle Begabung und Neigung zu opfern. An anderer Stelle ihrer Lebenserinnerungen formulierte sie den Satz: »Es tut weh, ein Paria zu sein« – und verlieh ihrer Kindheitserfahrung Ausdruck, als jüdisches Mädchen ausgegrenzt worden zu sein, sich fremd zu fühlen unter den anderen.

Diese Erfahrung der Ausgrenzung, aber auch der Selbstbehauptung gegen die Angriffe und der daraus folgende Wille zur geistigen Unabhängigkeit waren die Leitmotive ihres Lebens und die persönliche Grundlage ihres demokratischen Engagements. F. bekämpfte drei Formen gesellschaftlicher Diskriminierung: die der Juden, der Frauen und der Arbeiterklasse. Sie setzte sich für dieses Ziel mit zahlreichen Büchern und Aufsätzen ein, aber auch durch ehrenamtliche Mitarbeit in Organisationen. Da sie sich nicht kritiklos ein- und unterordnete, wurde sie häufig auch innerhalb der jeweiligen

Gruppe zur Außenseiterin. Sie war konservativen Juden nicht jüdisch genug, den Proletarierinnen zu bürgerlich frauenrechtlerisch, den Bürgerlichen zu sozialistisch.
F. stammte aus einer Gießener Kaufmannsfamilie, deren Atmosphäre sowohl auf politischem als auch auf religiösem Gebiet liberal und frei von Dogmatismen war. Nach der höheren Mädchenschule in Gießen besuchte sie ein halbes Jahr die Elisabethenschule in Frankfurt am Main, um das Lehrerinnenexamen abzulegen. Trotz ihrer großen Begabung brach sie die teure Ausbildung auf Wunsch des Vaters ab, weil sie als Jüdin weder in Hessen noch in Preußen Aussicht auf eine Anstellung gehabt hätte. 1880 heiratete sie den Darmstädter Kaufmann Wilhelm Fürth, mit dem sie 1885 nach Frankfurt am Main übersiedelte. Trotz der gewiß nicht geringen familiären Verpflichtungen – F. hatte acht Kinder, die zwischen 1881 und 1899 geboren wurden – bildete sie sich als Autodidaktin weiter. Angespornt durch ihren Bruder, den Sozialdemokraten Simon Katzenbach, wagte sie den Schritt in die Öffentlichkeit und schrieb unter dem Pseudonym Gertrud Stein Buchbesprechungen und kleinere literarische Arbeiten. 1896 veröffentlichte sie ihre erste soziologische Studie über die Heimarbeit in der Herrenkonfektion für die volkswirtschaftliche Sektion des Freien Deutschen Hochstifts in Frankfurt, die sie nach anfänglichem Mißtrauen der Wissenschaftler gegen sie als Frau auf ihr Insistieren hin übertragen bekam.
Sie war Gründungsmitglied des »Centralvereins deutscher Staatsbürger jüdischen Glaubens« und engagierte sich ab Mitte der neunziger Jahre sowohl in der sozialdemokratischen als auch in der bürgerlichen Frauenbewegung. Nach dem Parteitag der SPD in Gotha führte sie mit Clara Zetkin ein heftige Auseinandersetzung in der *Gleichheit* über die Möglichkeit einer punktuellen Zusammenarbeit der bürgerlichen und der proletarischen Frauenbewegung. F. trat Clara Zetkins Dogma der »reinlichen Scheidung« entschieden entgegen und vertrat den Standpunkt, dort gemeinsam zu kämpfen, wo sich die Interessen berührten, um die Veränderung der Gesellschaft voranzubringen. Damit wandte sie sich indirekt auch gegen das Dogma des revolutionären Klassenkampfes, und sie zählt damit in der Parteigeschichte zu den sogenannten Revisionisten.
Auf dem ersten sozialdemokratischen Frauentag in Mainz 1900 konnte F. ihre Forderung durchsetzen, daß das individuelle Engagement einer Sozialdemokratin in der bürgerlichen Frauenbewegung wenigstens toleriert werden sollte. Schon 1897 beim Isenburger Wäscherinnenstreik hatte F. gemäß dieser Überzeugung gehandelt. Als Leiterin der Frankfurter Rechtsschutzstelle, einer Gründung des bürgerlichen »Allgemeinen Deutschen Frauenvereins«, verfaßte sie mit Unterstützung der Vereinsmitglieder einen Aufruf an die Frauen Frankfurts, als Kundinnen der Wäschereibesitzer Druck auf diese auszuüben. Erst diese Aktion führte dazu, daß die Unternehmer den Forderungen der Arbeiterinnen nach besserer Bezahlung und geregelter Arbeitszeit nachgaben.
Die Erwerbsarbeit von Frauen, insbesondere der Fabrikarbeiterinnen, und Fragen des Arbeiterinnenschutzes, der Löhne und Arbeitszeit gehörten zu den Hauptthemen von F., die sie 1902 in dem Buch *Die Fabrikarbeit verheirateter Frauen* ausführlich behandelte. Hierin setzte sie sich kritisch mit jenen sozialpolitischen Positionen auseinander, die für ein Verbot der Fabrikarbeit von Frauen eintraten. Gegen ein Verbot argumentierte sie zum einen ökonomisch, daß der Verdienst der Arbeiterfrauen für die Familien notwendig sei und die Arbeiterinnen bei einem solchen Verbot in ungeschützte Arbeitsverhältnisse der Heimarbeit gedrängt würden. Zum anderen führte sie ein ethisches Argument ins Feld: Selbst wenn nicht die Notwendigkeit zur Erwerbsarbeit bestünde, so wäre zu akzeptieren, daß Frauen »aus Gründen der Ethik die auf dem Verdienst beruhende äußere und innere Selbständigkeit nicht missen« möchten. Diese Argumentation ist geprägt durch F.s Lebenserfahrung. Ihre schriftstellerische Tätigkeit war ihr wichtig für ihre persönliche Unabhängigkeit, aber die Publikationen und Vorträge wurden ab 1902, nach dem geschäftlichen Konkurs des Ehemannes, auch eine unerläßliche Erwerbsquelle für die Familie. F. bejahte die Vereinbarkeit von Mutterschaft und Beruf und damit ein Prinzip, das die Mehrheit in der bürgerlichen Frauenbewegung ablehnte oder nur im Einzelfall gelten lassen wollte.
Neben dem Recht auf Arbeit als ökonomischer Grundlage weiblicher Eigenständigkeit trat F. auch für eine Veränderung der Ehe und der sexuellen Moral ein. Ihr Ideal war die Ehe, die auf Seelenverwandtschaft und individueller Liebe zweier unabhängiger Persönlichkeiten beruhte und die, wenn diese Voraussetzungen nicht mehr gegeben waren, in gegenseitiger Übereinstimmung gelöst werden konnte. Daher sprach sie sich für eine Veränderung des Eherechts und des Scheidungsrechts aus, polemisierte aber gegen die Idee der »freien Liebe« ohne rechtlich fixierte Verantwortung der Partner. Gleichwohl setzte sie sich ein für die Anerkennung unehelicher Mutterschaft und bekämpfte die staatliche Reglementierung der Prostitution als eine Maßnahme, die im Interesse der männlichen Doppelmoral einzig die Prostituierten stigmatisierte und ihre Würde verletzte. Verachtenswert war für F. auch der sich der Prostituierten bedienende Mann. Neben der sexuellen Doppelmoral sah F. die miserablen Frauenlöhne als Ursache der Prostitution. Mit zahlreichen Schriften und Artikeln wie beispielsweise *Kulturideale und Frauentum*, 1906, *Die Prostitution. Ursachen und Wege der Abhilfe*, 1907, und *Staat und Sittlichkeit*, 1912, mischte sie sich in diese über die Frauenbewegung hinausgehende Debatte ein und war an der Gründung von Vereinen beteiligt, die mit praktisch-sozialfürsorgerischer oder

aufklärerisch-propagandistischer Arbeit für soziale Veränderungen eintraten wie beispielsweise die »Deutsche Gesellschaft zur Bekämpfung der Geschlechtskrankheiten«.

1901 gründete sie mit Bertha Pappenheim die »Weibliche Fürsorge«, eine jüdische Frauenorganisation, die sich vor allem der aus Galizien eingewanderten Jüdinnen annahm, die häufig keine Arbeit fanden und dadurch zu Opfern der Prostitution und des Mädchenhandels wurden. Außerdem war F. 1905 Mitbegründerin des »Bundes für Mutterschutz«, der unehelichen Müttern in praktischer Sozialarbeit half. Sie beendete jedoch schon 1910 die aktive Mitarbeit, weil sie weder mit den Vorstellungen über die neue sexuelle Ethik mit der Vorsitzenden des »Bundes für Mutterschutz«, Helene Stöcker, noch mit deren Führungsstil einverstanden war. Im Ersten Weltkrieg baute sie die Kriegsküchen für die Kriegsfürsorge auf, wurde jedoch trotz ihres bewiesenen Organisationsgeschicks nicht mit der Leitung der Zentralküchenanstalt betraut. Ebensowenig erhielt sie die übliche Auszeichnung für unermüdlichen Kriegseinsatz. Die öffentliche Anerkennung wurde der Frau, Jüdin und Sozialistin versagt. Wie prekär der Status der Juden in der deutschen Gesellschaft war, zeigte die 1916 vom Kriegsminister angeordnete diskriminierende Statistik über die Zahl der jüdischen Kriegsteilnehmer. F. formulierte ihre Empörung und Enttäuschung in einem Artikel *Die Gezeichneten*, in dem sie die Judenzählung als »schmachvolle Beleidigung eines Teils des deutschen Volkes« bezeichnete.

Von 1919 bis 1924 war F. Stadtverordnete der SPD und setzte sich für sozialpolitische Fragen u. a. in den städtischen Deputationen für Finanzen, Gesundheitswesen und Schulen ein. Sie wurde in den Vorstand der neugegründeten »Arbeiterwohlfahrt« gewählt, war Mitglied im »Bund für Volksbildung« und dem »Rat der Universität« sowie erstes weibliches Mitglied der »Deutschen Gesellschaft für Soziologie«.

F. hatte wesentlichen Anteil an der seit der Jahrhundertwende auch in der Frauenbewegung geführten Debatte um Bevölkerungspolitik, Rassenhygiene, Eugenik und Neomalthusianismus. Diese Debatte war eine Reaktion auf die Vorwürfe sozialdarwinistisch argumentierender Wissenschaftler, für die die Bevölkerungszahl das Mittel war, sich gegen andere Nationen zu behaupten, und die in den Emanzipationszielen der Frauenbewegung eine Hauptursache für den Rückgang der Geburtenrate und infolgedessen für eine Schwächung des Volkes sahen. Ende der zwanziger Jahre erschienen zwei Schriften, in denen F. ihre bevölkerungspolitischen Vorstellungen zusammenfaßte: *Das Bevölkerungsproblem in Deutschland* (1925) und *Die Regelung der Nachkommenschaft als eugenisches Problem* (1929).

F.s Stellungnahme stellte eine Gratwanderung zwischen dem Recht der Frau auf Selbstbestimmung, dem gleichzeitigen Festhalten an ihrer generativen Verpflichtung und einem nicht geleugneten Recht des Staates auf Kinder dar. Sie ging von dem Fortschrittsmythos einer stetigen Höherentwicklung der Menschheit aus, die dem einzelnen daher eine besondere »vor- und nachgeburtliche Verantwortung im Physischen, Psychischen und Geistigen« (1929) auferlegte. Daher war für sie nicht die Quantität, sondern die Qualität der Geburten ausschlaggebend. Sie forderte die Schaffung aller wirtschaftlichen und sozialen Bedingungen zum »Gesundgeborenwerden«, wozu zum Beispiel Arbeiterinnenschutz, Mutterschaftsversicherung, Verbesserung der Wohnverhältnisse der Arbeiter gehörten, um die hohe Säuglingssterblichkeit zu bekämpfen und die physischen und psychischen Kräfte der Mütter zu schonen. F. plädierte auch für eine soziale Indikation bei Abtreibungen, wobei wie bei der medizinischen Indikation die Entscheidung bei den Ärzten liegen sollte. Die postulierte individuelle und gesellschaftliche Verantwortung für die Nachkommenschaft ließen sie den Verzicht und auch eugenische Maßnahmen befürworten, wenn die physische oder psychische Gesundheit von Kindern nicht gewährleistet war. Es gab für F. eine Verpflichtung zur Geburtenregelung, aber keine »Tierzüchtungs- und Rechenexempel« (1929), und der Mensch sollte »als Maß aller Dinge und als Ausgangs- und Zielpunkt alles Geschehens« (1929) im Zentrum der Überlegung stehen. 1933 wurde F. von den Nazis aller öffentlichen Ämter enthoben. Wegen der zunehmenden gesellschaftlichen Isolierung und nach mehreren Hausdurchsuchungen zog sie nach Bad Ems, wo sie 1938 verstarb.

Krohn, H.: »Du sollst dich niemals beugen«. Henriette Fürth, Frau, Jüdin, Sozialistin, in: Freimark, P.; Jankowski, A.; Lorenz, I. (Hg.): Juden in Deutschland. Emanzipation, Integration, Verfolgung und Vernichtung. Hamburg 1991, S. 327–343.

Christina Klausmann

Gagern, Heinrich von

Geb. 20. 8. 1799 in Bayreuth; gest. 22. 5. 1880 in Darmstadt

Betrachtet man die politische Rolle des deutschen Adels im 19. Jahrhundert, gehört die Familie von Gagern und besonders G. zu jenen Außenseitern, die als Exponenten eines Adelsliberalismus die Verbindung mit dem nationalen, konstitutionell-liberalen Bürgertum suchten. G. wurde zum prominentesten dieser Männer, weil sich in ihm als

Haupt eines nationalen Verfassungspatriotismus die Wünsche nach Einheit und Freiheit Deutschlands als Frucht einer erfolgreich gezähmten Revolution zu verkörpern schienen. Auch nach dem Scheitern des Verfassungswerks von 1849 blieb ihm, dem glänzenden Redner, dem scharfsichtigen und willensstarken Parlamentarier und Politiker, der Respekt im sonst nicht selten strittigen Urteil über die Revolution von 1848/49 erhalten.

G.s Familie enstammte der oberrheinischen Ritterschaft. Sein Vater, Reichsfreiherr Hans Christoph von Gagern, war im Verwaltungsdienst des Fürstentums Nassau-Weilburg tätig. Seine Heirat mit der katholischen Freiin Charlotte von Gaugreben vermittelte G. angesichts der gemischt konfessionellen Ehe der Eltern erste Erfahrungen mit praktizierter Toleranz. Nach dem Ehevertrag folgten die Söhne der evangelischen Konfession des Vaters, die Töchter der katholischen der Mutter.

1799 in Bayreuth geboren, nahm G. als Freiwilliger in der vom Herzog von Nassau aufgestellten Truppe am Kampf gegen Napoleon teil und war am 18. Juni 1815 als Sechzehnjähriger in der Schlacht bei Waterloo dabei. Diese Erfahrung prägte seine Anschauung von der nationalen Erhebung; während seines Studiums in Heidelberg, Göttingen und insbesondere in Jena stellte er sich in den Dienst der Burschenschaft. Dort kam er erstmals mit demokratischen Spielregeln in Berührung, so daß er zeitweilig nur mit »Heinrich Gagern« unterzeichnete. Er teilte die schriftlich fixierten »Grundsätze der Wartburgfeier«, die mit ihren Forderungen nach öffentlicher Gerichtsbarkeit, Geschworenengericht, Pressefreiheit und Volksvertretung bereits 1817 Losungen von 1848 antizipierten. 1818 gehörte G. zu den Mitbegründern der Allgemeinen Deutschen Burschenschaft; er schloß deshalb seine juristischen Studien in Sicherheit vor den Demagogenverfolgungen des Deutschen Bundes in Genf ab.

In Hessen-Darmstadt absolvierte G. seit 1821 die Justizlaufbahn bis zum Regierungsrat 1829. Er strebte darüber hinaus eine ständische Karriere an, d.h. eine Tätigkeit im Landtag. 1827 trat er mit einer Flugschrift für die Verteidigung des Steuerbewilligungsrechts der Stände hervor. Im Zusammenhang mit der französischen Julirevolution von 1830 knüpfte er Kontakte zu südwestdeutschen Liberalen. Als Mitglied der Zweiten Kammer (1832–1836) entwickelte er sich zum erbitterten Gegner des restaurativ gesinnten Ministerpräsidenten Karl Wilhelm Heinrich du Bos du Thil. Die Regierung betrachtete es als Skandal, daß G. sich offen zu seiner burschenschaftlichen Vergangenheit bekannte. Schließlich wurde er in den Ruhestand versetzt. Wiederholte Landtagsauflösungen und Neuwahlen machten G. nur noch populärer. 1836 zog sich G. auf seine Güter zurück, engagierte sich aber für das landwirtschaftliche Vereinswesen in Hessen. 1847 wurde er wieder in den hessischen Landtag gewählt. Er fehlte auch nicht an der berühmten Heppenheimer Versammlung südwestdeutscher Liberaler, die am 10. Oktober 1847 in dem Hauptort seines früheren Amts- und Wahlbezirkes Lorsch stattfand. Dort griff er den Gedanken auf, über einen Antrag an die Bundesversammlung, dem obersten Bundesorgan der 41 im Deutschen Bund zusammengeschlossenen Staaten, eine Nationalrepräsentation zu fordern.

Bei der Eröffnung des Landtages am 28. Februar 1848, die bereits unter dem Schock der Pariser Februarrevolution stand, trat G. – die Idee einer Bundesreform überspringend – mit dem Antrag hervor, eine Nationalversammlung für ganz Deutschland einzuberufen und eine Bundesregierung zu bilden. Unter dem Druck der revolutionären Ereignisse ernannte Erbgroßherzog Ludwig III. von Hessen G. am 6. März 1848 zum Ministerpräsidenten, damit er – wie auch andere »Märzminister« – daran mitwirke, die republikanische Bewegung zurückzudrängen. G. gab aber schon bald diesen Posten preis, weil er am 19. Mai 1848, einen Tag nach der Eröffnung der ersten frei gewählten deutschen Nationalversammlung in der Frankfurter Paulskirche, zu deren Präsidenten gewählt wurde und in dieser Funktion größere Handlungsmöglichkeiten für sich erkannte. In vielen Parlamentserinnerungen zu 1848 werden G.s respektheischende Gestalt und seine wohlklingende durchdringende Stimme hervorgehoben. Erstmals erlangte er überragende Bedeutung, als er am 24. Juni 1848 in einer berühmt gewordenen Rede empfahl, einen »kühnen Griff« zu wagen und eine provisorische Zentralgewalt für Deutschland einzusetzen. Auf sein Betreiben hin wählte die Versammlung am 29. Juni den österreichischen Erzherzog Johann zum Reichsverweser, »nicht weil, sondern obgleich er ein Fürst ist«, wie G. mahnte. Diese Maßnahme war ihrem Wesen nach ein revolutionärer Schritt, weil sie über den Auftrag der Nationalversammlung, eine Reichsverfassung zu erarbeiten, hinausging und eine politische Bundesgewalt installierte. Auch die Besetzung der ersten Regierung (seit 15. Juli 1848) spiegelte die Aktivität des Adelsliberalismus wider: Reichsministerpräsident wurde Fürst Karl Leiningen, ein Halbbruder Königin Victorias von England, zunächst Innenminister, im September 1848 Außenminister, und Nachfolger Leiningens als Ministerpräsident wurde der österreichische Präsidialgesandte nach der März-Wende, Anton Ritter von Schmerling.

Die revolutionäre Entwicklung während des Jahres 1848, das Wiedererstarken Österreichs und Preußens, die politische und militärische Reaktion während des Herbstes in beiden Ländern machten eine einvernehmliche Lösung der »deutschen Frage« unter Einschluß beider deutscher Großmächte zunichte. Am 18. Dezember 1848 trat G. deshalb für den zurückgetretenen Österreicher von Schmerling an die Spitze des Reichsministeriums und übernahm zugleich die Ministerien des Äußeren und des Inneren, um das politische Programm eines engeren Bundes Kleindeutschlands mit Preußen an der Spitze und eines weiteren Staatenbundes unter Einbeziehung Österreichs durchzusetzen; zu Recht sah er es als aussichtslos an, eine Teilung der Habsburgermonarchie und einen Anschluß der deutschsprachigen Provinzen an das Reich zu erwarten. Die am 4. März 1849 erlassene österreichische Verfassung bestätigte die Gesamtstaatlichkeit der Monarchie.

Wenn auch die Revolution von 1848/49 als ganze gescheitert ist, gilt das nicht für viele ihrer Teile, so auch nicht für die am 28. März 1849 beschlossene Reichsverfassung. Es ist im wesentlichen das Verdienst G.s, daß die Versammlung zu diesem Kraftakt noch fähig war und nicht in Zwietracht zerfiel. Überhaupt hatte er durch seinen kundigen Umgang mit Geschäftsordnung und Verhandlungsführung die Versammlung gelehrt, wie praktizierter moderner Parlamentarismus funktioniert. Ein Meisterstück darin war der parlamentarische Kompromiß, den G. als Haupt der »Erbkaiserlichen« mit der liberal-demokratischen Fraktion um Heinrich Simon zustande brachte, um der Verfassung und der Kaiserwahl zu einer Mehrheit zu verhelfen. Dazu schloß er ein förmliches Bündnis (»Simon-Gagern-Pakt«), in dem die Erbkaiserlichen das allgemeine Wahlrecht akzeptierten, um das Erbkaisertum und die Wahl Friedrich Wilhelms IV. von Preußen zum Kaiser zu sichern.

Die Ablehnung der Krone durch den preußischen König veranlaßte G., am 10. Mai 1849 seine Ämter im Reichsministerium in die Hand des Reichsverwesers zurückzugeben, nachdem er bereits seit dem 21. März die Geschäfte nur noch interimistisch geführt hatte. Am 21. Mai erklärte er mit 80 anderen Abgeordneten seinen Austritt aus dem Parlament, weil er keinen »gesetzlichen« Weg zur Durchsetzung der Reichsverfassung mehr sah. G. beteiligte sich zwar noch an der Versammlung der »Erbkaiserlichen« in Gotha (Juni 1849) und am Erfurter Unionsparlament (März/April 1850), zog sich aber nach dem Scheitern dieses preußischen Reichseinigungsversuches »von oben« zunächst nach Heidelberg ins Privatleben zurück. Dort verfaßte er *Das Leben des Generals Friedrich von Gagern* (3 Bde., Leipzig und Heidelberg 1856/57), worin er über die Biographie seines Bruders, der am 20. April 1848 als Oberbefehlshaber der Regierungstruppen gegen die Heckerschen Freischaren bei Kandern im Kampf gefallen war, hinaus auch Wissenswertes über seine eigenen Anschauungen und Handlungen preisgibt.

Die ehemaligen Mitstreiter beobachteten an G. eine für sie befremdliche Wandlung, als er sich nach Beginn der liberalen »Neuen Ära« in Preußen (1858-1861) – hierin dem Demokraten Julius Fröbel ähnlich – den großdeutschen Bundeskonzeptionen Österreichs verpflichtete. Auf dem Deutschen Abgeordnetentag zu Weimar am 28. September 1862 begründete er seinen »Abfall«. Es verstimmte die ehemaligen »Erbkaiserlichen« unter seinen Freunden noch mehr, als G. seit 1863, nicht zuletzt aus finanziellen Sorgen, eine Sicherung seiner Existenz in hessischen Diensten als diplomatischer Vertreter des Großherzogtums in Wien suchte, und dies unter dem Ministerpräsidenten Reinhard von Dalwigk, dem ehemals entschiedenen Vertreter der nachrevolutionären Reaktionspolitik und hartnäckigen Opponenten gegen die preußisch-kleindeutsche Reichseinigung. Die Reichseinigung von 1871 begrüßte G. freilich, und in dem 1879 abgeschlossenen »Zweibund« zwischen dem Deutschen Reich und Österreich-Ungarn erkannte er die Verwirklichung des ursprünglich von ihm geforderten Konzepts eines »weiteren Bundes« mit Österreich.

1882 starb G. von der Öffentlichkeit kaum beachtet. Es fehlt eine moderne Biographie, die konsequent G.s vormärzliche Landtagstätigkeit, sein Wirken während der Revolution und seine Entwicklung bis zur Reichsgründung in Verbindung setzt. Letztlich erscheint er als der Repräsentant eines aus dem Alten Reich herrührenden Reichspatriotismus des »Dritten Deutschland«, das seine Garantie unter dem Dach einer rechtsstaatlich geeinten deutschen Nation suchte.

Hildebrand, G.: Politik und Taktik der Gagern-Liberalen in der Frankfurter Nationalversammlung 1848/1849. Berlin 1989. – Wentzcke, P.: Heinrich von Gagern, Vorkämpfer für deutsche Einheit und Volksvertretung. Göttingen, Berlin, Frankfurt/Main 1957.

Wolfram Siemann

Gentz, Friedrich

Geb. 2. 5. 1764 in Breslau; gest. 9. 6. 1832 in Wien

»Gentz hat keinen Nachfolger gehabt, und konnte keinen haben. Die Stellung, welche er genommen, war die seinige allein, das Erzeugniß seiner Zeit, seiner Eigenschaften, seiner Persönlichkeit.« In diesen Sätzen, die Karl August Varnhagen von Ense 1836 schrieb, spiegelt sich die Faszination wider, die G. auf Zeitgenossen und Nachwelt ausübte. G.s Einfluß und Wirkung, die seine offiziell immer subalterne Position bei weitem überragten, gründeten ganz maßgeblich auf seiner rigorosen Abkehr von den Prinzipien der Französischen Revolution, die er zunächst noch begrüßte und verteidigt hatte. Seine Bedeutung für die demokratische Entwicklung in Deutschland ist daher vor allem negativ zu sehen: Sie erwuchs aus seiner intellektuell brillanten und daher folgenreichen Opposition gegen die Ideen von Freiheit und Gleichheit.

Nach zweijährigem juristischen Studium in Königsberg trat G. 1785 ohne Universitätsabschluß in den preußischen Staatsdienst ein, wo er es bis zum Kriegs- und Domänenrat brachte. Im Umfeld der Französischen Revolution begann der mit dem Beamtenleben Unzufriedene, sich als politischer Publizist zu profilieren. Geprägt von den Ideen der Spätaufklärung und des Naturrechts, erschien ihm die Revolution von 1789 zunächst als »der erste praktische Triumph der Philosophie« (1790). Noch im folgenden Jahr verteidigte er die Revolution in seiner ersten großen Veröffentlichung gegen die Kritik Justus Mösers (*Ueber den Ursprung und die obersten Prinzipien des Rechts*, in: *Berlinische Monatsschrift*, 1791). Zwei Jahre später war er zu einem ihrer erbittertsten Gegner geworden, der nicht nur ihre jakobinisch-terroristischen Exzesse, sondern die gesamte Entwicklung seit 1789 verurteilte.

Die Gründe für diese Sinnesänderung waren vielfältig. Die Radikalisierung der Revolution zählte aber sicherlich genauso dazu wie G.s geistige Auseinandersetzung mit Wilhelm von Humboldt, Montesquieu, Kant und – ganz entscheidend – seine Rezeption von Edmund Burkes antirevolutionären *Reflections on the Revolution in France* (1790), die er 1793 unter dem Titel *Betrachtungen über die französische Revolution* übersetzt und kommentiert herausgab. Innerhalb weniger Jahre entwickelte der von amtlichen Tätigkeiten weitgehend freigestellte G. nun seine konservative Staats- und Gesellschaftsauffassung, die gekennzeichnet war durch rationalen Konservatismus und spätabsolutistisches Vernunftrecht: Die Revolution erschien ihm »nicht als eine Sünde durch, sondern wider die Vernunft« (H. Rumpel). So wurzelte G. mit seinem Denken zwar in der Aufklärung, doch wandte er sich gegen manche ihr (mit Recht oder Unrecht) zugeschriebenen praktisch-politischen Ergebnisse. Er übersetzte und kommentierte weitere antirevolutionäre Schriften, etwa von Jacques Mallet du Pan und Jean Joseph Mounier. *Das Historische Journal*, das er 1799/1800 mit Unterstützung der preußischen Regierung herausgab, gilt noch heute als Höhepunkt politischer Publizistik in Deutschland.

G.s Entwicklung »zu einem Vertheidiger des Alten und zu einem Gegner der Neuerungen«, wie er selbst 1827 rückblickend schrieb, war für sein weiteres Leben und seine Publizistik entscheidend: Als brillanter intellektueller Feind von Freiheit, Gleichheit, Volkssouveränität und des gesamten Reformtrends seiner Zeit gelangte er schließlich in das Machtzentrum der Habsburgermonarchie.

G. trat 1802 als k. u. k. Rat in österreichische Dienste, weil ihm seine Stellung in Preußen zunehmend als politische und publizistische Sackgasse erschien. In Wien dagegen bot sich ihm die Chance, seine Vorstellungen mit amtlichem Rückhalt verbreiten zu dürfen. Man entband ihn von allen Regierungsgeschäften und verpflichtete ihn lediglich zu frei beratender Schriftstellerei. Derartig unterstützt von der kaiserlichen Regierung und aus England, das er Ende 1802 besucht hatte, wurde G. zum »europäischen Demosthenes« (Golo Mann), der in weitestgehend eigener Regie gegen das napoleonische Frankreich und für die Wiederherstellung der politischen und gesellschaftlichen Grundordnung Europas agitierte, die für ihn seit 1789 mehr und mehr aus den Fugen geraten war.

Napoleons Siegeszug durch Europa brachte seinem Feind G. zunächst ein unstetes und unsicheres Leben. Nach der österreichischen Niederlage von Austerlitz (1805) floh G. nach Böhmen und Dresden. Dort erlebte er im folgenden Jahr den Zusammenbruch Preußens und den Untergang des Alten Reiches. Im Exil in Prag und Teplitz näherte er sich kurzzeitig dem aufkommenden deutschen Frühnationalismus an, der einen antifranzösischen und romantischen Einschlag hatte. Daß er sich davon rasch wieder löste, zeigte seine halbherzige Unterstützung der fehlgeschlagenen österreichischen Erhebung von 1809. Der vaterländisch-nationale Appell, mit dem sich der österreichische Außenminister Graf Stadion und der Kriegsminister Erzherzog Karl an die breite Masse wandten, war seine Sache nicht. G. verstand sich stets als Vertreter einer gesellschaftlichen Elite, die sich im Besitz der politischen Wahrheit wußte. Jede Tendenz, die Politik zu vergesellschaften, lehnte er ab. Auch seine zahlreichen Schriften richteten sich in erster Linie an eine diplomatische und wissenschaftliche Teilöffentlichkeit.

Wieder im Exil, überdachte G. seine außenpolitische Konzeption und näherte sich der diplomatisch lavierenden Linie des neuen österreichischen Außenministers Metternich an, der ihn im Oktober 1810 schließlich als Berater nach Wien zurückrief. Dort wurde G. zu einem seiner wichtigsten und einflußreichsten Mitarbeiter, bis er sich im Gefolge der Julirevolution (1830) von Metternich zu distanzieren begann. In der Zusammenarbeit mit dem Außenminister und – seit 1821 – Staatskanzler Metternich wandelte sich G.' Denken, das bis dahin noch evolutionäre Züge trug, zu einem gouvernementalen Konservatismus.

G. erreichte im österreichischen Dienst lediglich die Stellung eines Hofrats (1813); seine tatsächlichen Wirkungsmöglichkeiten waren daher in hohem Maße abhängig vom Vertrauen und Wohlwollen Metternichs. Unter diesen Voraussetzungen nahm G. über Jahre eine Sonderstellung innerhalb der österreichischen Regierung ein. Er wirkte u.a. als Pressereferent, Zensor, Publizist (u.a. im *Oesterreichischen Beobachter*), verkehrte mit ausländischen Regierungen und schrieb Memoranden zu Finanzfragen. Besonders bedeutsam war seine

Funktion als Sekretär bzw. Protokollführer auf den großen Kongressen der postnapoleonischen Jahre, etwa beim Treffen in Aachen, das er – wie er 1818 formulierte – als »Culminations-Punkt« seines Lebens empfand, aber auch in Wien, Troppau, Laibach und Verona.

In einer Zeit dramatischen Wandels setzte G. auf die bedingungslose Verteidigung des politischen und gesellschaftlichen Status quo. Das liberale und nationale Denken erschien ihm als Werk einer kleinen Gruppe weltfremder und politikferner Theoretiker. Gegen deren Ideen wandte er sich nach 1815 mit der gleichen Motivation, mit der er zuvor die Französische Revolution bekämpft hatte: Beide bedrohten die in seinen Augen erhaltenswerte Sozial- und Staatsordnung. Besonders folgenreich für die weitere Entwicklung in Deutschland erwiesen sich dabei zwei Aktionen, an denen G. mitwirkte und die ihn zu einem Exponenten der vormärzlichen Restauration machten. So war er als Protokollführer maßgeblich beteiligt am Entstehen der Karlsbader Beschlüsse von 1819, die er selbst bezeichnete als »die größte retrograde Bewegung, die seit 30 Jahren in Europa stattgefunden hat«. Vor allem Presse und Universitäten wurden nun streng reglementiert, die politische und gesellschaftliche Entwicklung in Deutschland blieb bis 1848 entscheidend gehemmt. In diesem Kontext ist auch G.s berühmt-berüchtigte Interpretation des Artikels 13 der Deutschen Bundesakte zu sehen, der die Einrichtung »landständischer Verfassungen« in allen deutschen Staaten vorschrieb. G. erkannte als einer der ersten Politiker in Deutschland die ganze staatsrechtliche Tragweite dieser Vorschrift, die zunächst für ständische wie für repräsentative Interpretationen offen war. In einer fundamentalen Schrift (*Ueber den Unterschied zwischen landständischen und Repräsentativverfassungen*, 1819) machte G. darauf aufmerksam, daß die fürstliche Souveränität letztlich nicht vereinbar sei mit der Einrichtung einer repräsentativen Volksvertretung, deren Abgeordnete Vertreter der Gesamtheit waren und über ein freies Mandat verfügten. Diese Analyse bewahrheitete sich vor allem seit der Julirevolution von 1830 als zukunftsweisende Prognose, hatte aber auch unmittelbar verhängnisvolle Konsequenzen. Repräsentativ zusammengesetzte Körperschaften seien »auf dem verkehrten Begriff von einer obersten Souveränität des Volks gegründet«, schrieb G. und versuchte, Artikel 13 eine ausschließlich ständische Auslegung zu geben. Auch wenn diese radikale Restauration am Widerstand der konstitutionellen süddeutschen Mittelstaaten scheiterte, erreichten G. und Metternich mit ihrer Agitation eine entscheidende Einschränkung des Repräsentativprinzips: Artikel 57 der Wiener Schlußakte bestimmte, daß »die gesammte Staatsgewalt in dem Oberhaupte des Staats vereinigt bleiben müsse.« Dieses »monarchische Prinzip« verhinderte für Jahrzehnte eine echte Gewaltenteilung und die Parlamentarisierung der Exekutive.

G.' maßvolles Urteil über die französische Julirevolution, das er mit dem Entzug von Metternichs Gunst bezahlte, stand quer zu seiner restaurativen Haltung in den Jahren seit 1792. Doch handelte es sich dabei nicht um eine späte Rückkehr zu liberalen Ideen, sondern um die Einsicht, daß zumindest eine gemäßigte politische Teilhabe der Gesellschaft nicht mehr länger zu verhindern sei.

Baxa, J.: Friedrich von Gentz. Wien 1965. – Kronenbitter, G.: Wort und Macht. Friedrich Gentz als politischer Schriftsteller. Berlin 1994. – Mann, G.: Friedrich von Gentz. Geschichte eines europäischen Staatsmannes. Zürich, Wien 1947. (Neuaufl. mit dem Untertitel: Gegenspieler Napoleons, Vordenker Europas. Frankfurt/Main 1995).

Wolfgang Piereth

Gerber, Erasmus

Geb. Ende des 15. Jahrhunderts (Geburtsort unbekannt); gest. (hingerichtet) 17. 5. 1525 in Zabern/Elsaß (Saverne)

Erasmus G., der weder lesen noch schreiben konnte, war als Gerber in der bischöflich straßburgischen Stadt Molsheim tätig, bevor er im Bauernkrieg von 1525 als Führer der Aufständischen im Unterelsaß erschien. Mitte April stand G. einer Ansammlung von Bauern in Dorlisheim vor. Wenige Tage später nahmen G. und seine Gefolgsleute Kloster Altdorf (Altorf) in Besitz. G. war nun an der Spitze aller nach Altdorf gezogenen und zum »Altdorfer Haufen« vereinigten bäuerlichen Truppen. Die von G. in das Lager eingeladenen Straßburger Reformatoren Martin Butzer, Wolfgang Capito und Matthäus Zell erklärten, Aufruhr sei mit dem Evangelium unvereinbar. Sie appellierten an die Bauern, die Haufen aufzulösen und mit den Herren zu verhandeln. Dieser Aufforderung folgten die in Altdorf Versammelten jedoch nicht, sondern blieben, da sie den Herren mißtrauten, unter Waffen.

Ende April besetzte G. Maursmünster (Marmoutier), 30 Kilometer nordwestlich von Straßburg entfernt. Die Bürger dieser Stadt schlossen sich den Aufständischen an; sie plünderten und verwüsteten die dortige Benediktinerabtei. G. unterstanden bald neben seinem Altdorfer auch die sechs mittelelsässischen Haufen. Die Sundgauer Bauern und die fünf Haufen an der elsässisch-pfälzischen Grenze schlossen sich an. Eine Versammlung der Delegierten der vereinigten Haufen ernannte G. zum »obersten Hauptmann aller Haufen« und verabschiedete gemeinsame, unter G.s. Federführung ausgearbeitete Kriegsartikel, die den Bestand des Bündnisses gewährleisteten. In der Dauerhaftigkeit der landesweiten Vereinigung der Aufständischen unterschied sich der Bauernkrieg im Elsaß von dem rechts des Rheins, wo es in der Regel bei Einzelaktionen blieb. Im gesamten Elsaß sowie in einem Teil Lothringens und der Pfalz formierte sich eine Bewegung, die Ende April/Anfang Mai 1525 zwei Wochen lang die militiärische, politische und administrative Gewalt im größeren Teil der Region innehatte.

Die Erhebung des »gemeinen Mannes« im Elsaß entstand aus der reformatorischen Bewegung, die sich in diesem städtereichen Gebiet rasch ausbreitete. Die Aufrührer waren entschiedene Anhänger der neuen Lehren der Reformatoren und stritten für die ungehinderte Verkündigung des reinen, unverfälschten Evangeliums. Früh verband sich mit der reformatorischen Bewegung im Elsaß ein sozialrevolutionäres Programm. Vermutlich gehörte G. zu der kleinen Gruppe revolutionärer Verschwörer, die nach dem Scheitern des »Bundschuhs« (der Bauernrevolte) 1517 dessen Erbe antrat. G. erstrebte eine neue soziale Ordnung, die mit den Grundsätzen des Evangeliums übereinstimmte.

Der Unmut der Aufständischen richtete sich in besonderer Weise gegen die Kleriker, die sich der geistlichen und kirchlichen Erneuerung entgegenstellten und die Verkündigung des reinen Evangeliums verhinderten. Außerdem brachten geistliche Institutionen als Gläubiger der Bauern diese in wirtschaftliche Bedrangnis. Die Besetzung und Verwüstung der Klöster und Stifte gehörten daher zu den ersten Aktionen der Haufen.

Auch die Juden waren den Empörern verhaßt. Die Abneigung gegen diese Minderheit wurzelte einesteils in religiösen Vorurteilen, anderenteils erregten die jüdischen Kreditgeber, die des Wuchers bezichtigt wurden, den Unwillen der Aufständischen. Zwar gelang es Josel von Rosheim, dem Führer der elsässischen Juden, der mit G. Verhandlungen aufgenommen hatte, die Einnahme von Rosheim zu verhindern, den Schutz seiner Glaubensbrüder erreichte er dagegen nicht.

Je mächtiger die Bewegung wurde, desto radikaler gebärdete sie sich. Nicht nur Klöster und Stifte, sondern auch Adelssitze waren zunehmend Ziel räuberischer Überfälle. Die Aufrührer lehnten sich gegen jedwede Obrigkeit auf; allein zuerst Gott und dann dem Kaiser wollten sie untertan sein. G., zweifellos die herausragende Figur im elsässischen Bauernkrieg, nahm eine eher gemäßigte Haltung ein und bemühte sich, Ausschreitungen und allzu radikale Forderungen abzuwehren. Mitte Mai nahm G. Zabern (Saverne) 5 Kilometer nördlich von Maursmünster in Besitz. Kurz darauf erschien Herzog Anton von Lothringen, ein erbitterter Gegner der Reformation und der Bauern, vor den Toren der bischöflich straßburgischen Residenz und schlug in Lupstein ein bäuerliches Heer. G.s. Lage wurde aussichtslos, er mußte kapitulieren. Die Landsknechte des Herzogs richteten in Zabern ein Blutbad unter den Entwaffneten an, bei dem mindestens 16000 Bauern ums Leben kamen. G. wurde gefangengenommen und noch am selben Abend nach einem Scheinprozeß zum Tode verurteilt und gehängt.

Franz, G.: Der deutsche Bauernkrieg. Darmstadt (10. Aufl.) 1975. – Stern, S.: Josel von Rosheim. Befehlshaber der Judenschaft im Heiligen Römischen Reich Deutscher Nation. München 1959. – Wollbrett, A. (Ed.): La Guerre des paysans 1525. Saverne 1975.

Ursula Stephan-Kopitzsch

Gervinus, Georg Gottfried

Geb. 20. 5. 1805 in Darmstadt; gest. 18. 3. 1871 in Heidelberg

G. erscheint in vieler Hinsicht als Außenseiter, als politisch Verfolgter und zugleich als origineller Kopf, dem die junge deutsche Literaturgeschichtsschreibung, aber auch die Zeitgeschichtsschreibung wesentliche Orientierungen verdankte. Gerade wegen seiner Biographie, die quer liegt zu den Erwartungen, welche man mit dem liberalen Bürgertum der Mitte des 19. Jahrhunderts verbindet, vermag G. in Wort und Tat zentrale Verwerfungen in der »ersten großen Identitätskrise des deutschen Liberalismus« (G. Hübinger) zu offenbaren; dazu gehört die Ablösung von paternalistisch-berufsständischen Gesellschaftskonzeptionen und das Verständnis für die industrielle, von Klassengegensätzen geprägte heraufziehende moderne »Massen«-Gesellschaft. G. war auch »politischer Professor«, aber nicht von der typischen Prägung eines Rotteck, Welcker, Dahlmann, Waitz oder Droysen, obwohl er eine Zeitlang zu ihren politischen Weggefährten zählte.

G. wurde 1805 im hessischen Darmstadt geboren als Sohn eines Weißgerbermeisters, der zeitweilig als Wein- und Gastwirt arbeitete. Seine Mutter Anna Maria, geborene Schwarz, war Tochter eines Hofglasers aus Darmstadt. Wenn auch dieses Elternhaus nicht zu einer bildungsbürgerlichen Gelehrtenlaufbahn prädestinierte, eröffnete der Besuch des humanistischen Gymnasiums in Darmstadt (1814–1819) doch die Bahn dahin, allerdings auf Umwegen. Denn abgestoßen vom sturen Schulbetrieb, brach G. die Ausbildung ab und nahm 1819 eine Kaufmannslehre in einer Bonner Buchhandlung sowie dann in einer Darmstädter Mode- und Schnittwarenhandlung auf (1819–1824). Aufmerksam verfolgte er in Zeitungen und Zeitschriften die liberalen revolutionären Erhebungen in Spanien (1819–1823) und Italien (1819–1821) sowie den Unabhängigkeitskampf der Griechen gegen die Türkei (1821–1829). Er wurde »Philhellene«, nahe daran, sich als Freiwilliger zu melden. Als Autodidakt erwarb er mit immensem Fleiß den Wissensstoff, der ihn zur Aufnahmeprüfung für ein Studium befähigte. 1825 immatrikulierte er sich in Gießen, ein Jahr später in Heidelberg. Unter dem Einfluß des dort herausragenden Historikers Friedrich Christoph Schlosser entschloß sich G. für die Geschichtswissenschaft, promovierte und erlangte 1830 die Zulassung als Privatdozent der Geschichte. Eine Italienreise im Jahre 1832, noch unter dem Eindruck der französischen Julirevolution 1830, führte G. zu der Überzeugung, Wissenschaft habe zugleich einer nationalen freiheitlichen Politik zu dienen. Das Konzept realisierte er 1835 in dem ersten Band seiner *Geschichte der poetischen National-Literatur der Deutschen* (5 Bde., 1835–42). Der Band machte ihn berühmt und verschaffte ihm 1836 den Ruf nach Göttingen auf den Lehrstuhl für Geschichte und Literaturgeschichte.

G. integrierte die bisher nur biographisch-enzyklopädisch in Kompendien praktizierte Literaturgeschichte in einen Deutungszusammenhang, der nationale Geschichte, literarische Produktion und gesellschaftliches Bewußtsein vereinte. Ihn interessierten dabei die materiellen und sozialen Bedingungen von Kultur: gelehrte Anstalten, fürstliche Gönner, Buchhandel, das Rezensionswesen usw. Ein großer Entwurf, zugleich von selbstsicherer Einseitigkeit, mit der ein Entwicklungsschema zugrunde gelegt war, das in der deutschen Klassik gipfelt und in dem Romantik und Junges Deutschland als neueste Literaturepochen keine Gnade finden: die Romantik nicht, weil sie der Zeit hinterherlaufe, das Junge Deutschland nicht, weil es ihr unangemessen vorauseile ohne Rücksicht auf den Entwicklungsstand der Nation.

G.' wissenschaftlicher Ruhm wurde nach dem Verfassungsbruch König Ernst Augusts von Hannover 1837 durch den politischen noch überboten, als er als einer der »Göttinger Sieben« (Professoren) auf seinen Protest hin des Amtes enthoben und des Landes verwiesen wurde. Unter den »Sieben« (außer G. die Germanisten Jacob und Wilhelm Grimm, der Historiker Friedrich Christoph Dahlmann, der Jurist Wilhelm Albrecht, der Orientalist Heinrich Ewald und der Physiker Wilhelm Weber) war G. derjenige, dem es um mehr ging als die Verletzung alten Rechts; er betrachtete seinen Widerstand zugleich als politische Demonstration für den modernen bürgerlichen Konstitutionalismus. Im Gegensatz zu den andern war ihm an einer möglichst breiten Information der Öffentlichkeit gelegen, und eben darin lag für den hannoverschen König die eigentliche Provokation.

Seit Ende 1839 wieder in Heidelberg ansäßig, begann G. dort 1844 auf einer Honorarprofessur Vorlesungen abzuhalten. Er schloß sich dem Kreis der gemäßigt liberalen Opposition in Baden an und beteiligte sich als führender Kopf an der *Deutschen Zeitung*, die seit dem 1. Juli 1847 in der Verlagshandlung des liberalen Politikers Friedrich Daniel Bassermann erschien und zum zentralen Organ des gesamten deutschen Konstitutionalismus heranwuchs. Dieses auf Aktienbasis begründete Blatt erreichte unter G. als Redakteur im Revolutionsjahr 1848 bis zu 5000 Abonnenten. G. hatte dessen »Programm« formuliert, und auch fast alle Leitartikel stammten aus seiner Feder.

G. wurde über einen Wahlkreis im Regierungsbezirk Magdeburg in die Frankfurter Nationalversammlung gewählt – in Baden hätte er keine Chancen gehabt. Keinmal meldete er sich im Plenum zu Wort; er fand seinen Platz in der konstituionell-liberalen »Casino-Fraktion«; in seinem Blatt attackierte G. die »Exaltierten, die Anarchisten und Kryptorepublikaner«. Er habe sich, so stellte ihn Karl Marx in der *Neuen Rheinischen Zeitung* dar, »vom vormals bejubelten Reformer zum jetzt bespöttelten Reaktionär« gewandelt. Resigniert erklärte G. am 1. August 1848 seinen Austritt aus der Paulskirche.

Um so überraschender ist die »Linkskehre« (G. Hübinger), die G. nach dem Scheitern der Revolution vornahm. Dem unmittelbaren politischen Geschehen entwunden, betrachtete G. den Zeitwandel nun aus geschichtsphilosophischer Perspektive. Sie ist niedergelegt in der *Einleitung in die Geschichte des neunzehnten Jahrhunderts*, die im Januar 1853 in Leipzig als Vorausveröffentlichung zu G.' achtbändiger *Geschichte des neunzehnten Jahrhunderts seit den Wiener Verträgen* (1855–1866) erschien. Er interpretierte darin seine Zeit als Produkt eines europäischen Revolutionszeitalters seit der englischen Revolution des 17., der amerikanischen und französischen Revolution des 18. Jahrhunderts. Für die Gegenwart beobachtete er die Auflösung der Ständeschranken, die gegenseitige Annäherung der Klassen, die Ausdehnung der Bildung und die steigende Mobilität der Menschen. Seine Prognose lautete: Die Unterschichten – der »Vierte Stand« – werde aus seiner sozialen Deklassierung hervortreten und damit unausweichlich das Zeitalter der »Massen« anbrechen. »Die Emancipation aller Gedrückten und Leidenden ist der Ruf des Jahrhunderts, und die Gewalt dieser Ideen ist in der Abstellung von Servituten und Frohnden in Europa und in der Befreiung der Sklaven Westindiens über mächtige Interessen und eingewurzelte Zustände Sieger geworden. Dieß ist der große Zug der Zeit.«

Solche Sätze trugen G. in Baden einen Hochverratsprozeß ein. Die Feststellung von Entwicklungstrends legte man ihm als demokratische Agitation aus. Sein Prozeß hatte exemplarische Funktion. Er sollte Geschichtsschreibern überhaupt zeigen, wo die Politik ihnen Grenzen setzte. Ein Beobachter meinte: »In dem Prozesse handelt es sich darum, ob man in Deutschland, dem gepriesenen Lande der Wissenschaft, noch Geschichte

wird schreiben können«. G. wurde bereits im Februar 1853 in erster Instanz zu Festungshaft verurteilt, und erst das Oberhofgericht schlug aus formalen Gründen – wegen mangelnder Zuständigkeit – im April 1853 den Prozeß nieder. Der Freispruch blieb jedoch aus, und die Regierung entzog G. die akademische Lehrbefugnis.
G. war einer der wenigen Liberalen, die erkannten, daß die autonome Sozialstellung der »Mittelklasse« mit zunehmender Industrialisierung schwinden mußte und als Option nur eine Koalition mit den Konservativen oder mit dem »Vierten Stand« übrigbleibe. G. gelangte sogar bis zu einer Kritik des bürgerlichen Sozialmilieus, wobei sich die Grundbegriffe »Revolution«, »Republik« und »Demokratie« für G. von verpönten Schlagworten zu Kategorien historischer Analyse wandelten.
G., der ursprünglich eine nationale Einigung unter Preußens Vormacht begrüßt hatte, ging immer stärker auf Distanz zur Hohenzollernmonarchie – im Verfassungskonflikt, im deutsch-dänischen Krieg 1864, schließlich im Krieg gegen Österreich 1866, der ihn vollends zum Bismarck-Gegner machte. G.' Kritik an der durch Krieg gegen Frankreich vollbrachten Reichseinigung 1871 galt vielen Zeitgenossen, auch früheren Weggefährten, als verfehlt. G. warnte davor, die Kriegstaten vor 1870 für den »Riesenschwamm« zu halten, »der die tiefe Unbefriedigung über die inneren Zustände Deutschlands mit einem Zuge austilgen würde«: »denn wie bewundernswert diese Taten seien: Dem, der die Tagesgeschichte nicht mit dem Auge des Tages, sondern mit dem Auge der Geschichte ansieht, erscheinen sie trächtig an unberechenbaren Gefahren, weil sie uns auf Wege führen, die der Natur unseres Volkes und, was viel schlimmer ist, der Natur des ganzen Zeitalters durchaus zuwider laufen.« Bereits 1867 hatte G. prophezeit: »Man muß die Dinge der Vorsehung anheim geben, die den ganzen Weltteil (scheint es) einer jener großen Katastrophen entgegen führt, in denen sie sicherlicher als im gewöhnlichen Lauf der Dinge den Boden der Geschichte auffurcht zu einer neuen Bestellung«.
Es gehört zu G.' Widersprüchlichkeiten, daß er seinen Glauben an den gesetzmäßigen Gang der Geschichte hin zu einem Zeitalter der Demokratie verband mit einem Geschichtspessimismus, welcher an den Schweizer Jacob Burckhardt gemahnt, der G.' Vorbehalte gegenüber einem zentralistischen, von Preußen beherrschten deutschen Nationalstaat teilte.

Ansel, M.: G.G. Gervinus' »Geschichte der poetischen Nationalliteratur der Deutschen«. Nationbildung auf literaturgeschichtlicher Grundlage. Frankfurt/Main u.a. 1990. – Boehlich, W. (Hg.): Der Hochverratsprozeß gegen Gervinus. Frankfurt/Main 1967. – Hübinger, G.: Georg Gottfried Gervinus. Historisches Urteil und politische Kritik. Göttingen 1984.

Wolfram Siemann

Geyer, Curt Theodor

Geb. 19.11.1891 in Leipzig; gest. 24.2.1967 in Lugano (Schweiz)

»Mein Vater (...) hatte den Ehrgeiz, seinen beiden Söhnen die beste damals mögliche Schulerziehung und Bildung angedeihen zu lassen (...) In seiner Haltung wurde er bestärkt, als die beiden Söhne schon in ihren ersten Schuljahren überdurchschnittliche Intelligenz bewiesen.« Der hier in seinen Memoiren mit betontem Selbstbewußtsein seine intellektuellen Fähigkeiten preist, gehört zu den schillernden Figuren der deutschen Arbeiterbewegung.
G. entstammte einer sozialdemokratischen, wohlsituierten Familie. Sein Vater, Friedrich Geyer, besaß eine Zigarrenfabrik in Leipzig und vertrat seit 1886 die SPD im Reichstag. G.s Kindheit blieb ungestört von Not und dem Zwang, für die Ernährung einer Familie arbeiten zu müssen. Ihm standen alle Bildungsmöglichkeiten offen. Nach dem Besuch der Oberrealschule nahm er ein Studium der Geschichte und Volkswirtschaft an der Universität seiner Heimatstadt auf. 1914 beendete er das Studium mit der Promotion. Im Anschluß daran trat er in die Redaktion der *Leipziger Volkszeitung* ein. Damit begann seine journalistische Karriere.
Durch das Elternhaus sozialdemokratisch erzogen, trat G. schon während seiner Studentenzeit in die SPD ein. Beeinflußt durch seinen Vater, der bereits im August 1914 gegen die Bewilligung der Kriegskredite votiert hatte, trat G. 1917 zur USPD über. Dieser Entschluß brachte ihm seine erste Kündigung ein. Die SPD erzwang seine Absetzung als Chefredakteur des *Fränkischen Volksfreundes*, der er seit 1915 war.
G., der sich bis zur Novemberrevolution ausschließlich auf das journalistische Gebiet verlegt hatte, machte nach dem 9. November 1918 die Politik zu seinem Beruf. Seit November 1918 Mitglied des Leipziger Arbeiter- und Soldatenrates, wurde er im Februar 1919 zu dessen Vorsitzenden gewählt. Er nahm als Delegierter sowohl an dem regionalen Kongreß der sächsischen Arbeiter- und Soldatenräte in Dresden als auch an den beiden Reichskongressen der Arbeiter- und Soldatenräte in Berlin teil. Hier fungierte er als Mitglied des Vorstandes der USPD-Fraktion. Das revolutionäre Rätesystem betrachtete er als eine mögliche und wünschenswerte Alternative, für deren Verwirklichung er sich engagierte. Dies hielt ihn dennoch nicht von der Teilnahme an den Beratungen der Weimarer Nationalversammlung ab, in der sein Vater und er den Leipziger Wahlkreis vertraten.

G. befürwortete die Annahme des Forderungskataloges der »Kommunistischen Internationale« (KI, Komintern) und die damit verbundene Unterwerfung der USPD unter das Moskauer Diktat: Die KI hatte auf einem Kongreß in Moskau am 6. August 1920 von ihren Mitgliederparteien den kompromißlosen Kampf gegen »Reformisten aller Schattierungen« verlangt und mit der Formel vom »demokratischen Zentralismus« den uneingeschränkten Führungsanspruch der Sowjetkommunisten dekretiert. Da G. seit seiner Rückkehr nach Leipzig wieder als Redakteur bei der *Leipziger Volkszeitung* arbeitete, konnte er deren Forum nutzen, um für seine Ansichten zu werben. Zeitweilig schien es, als ob er die Leipziger USPD für einen Beitritt zur Komintern gewinnen könnte. Letztlich setzten sich aber die Gegner des Anschlusses durch.

Nachdem der Leipziger Arbeiterrat bezeichnenderweise vom örtlichen Gewerkschaftskartell im Februar 1920 entmachtet wurde, verlor G. seine politische Machtbasis in Leipzig. Obwohl er seine Heimatstadt immer noch in der Nationalversammlung vertrat, verbrachte er die meiste Zeit in Berlin oder Hamburg, wo er als Redakteur bei der *Hamburger Volkszeitung* arbeitete.

Nach dem Hallenser Parteitag (1920) gehörte er zur USPD-Linken, die sich wenig später mit der KPD zur VKPD (Vereinigte Kommunistische Partei Deutschlands) zusammenschloß. Das Jahr 1921 war für ihn ein Jahr jähen Aufstiegs und Falls. Erst in den Zentralausschuß der VKPD berufen, brach er nach der »Märzaktion« der KPD, einem Aufstand im mitteldeutschen Industriegebiet (Halle-Merseburg, Mansfeld), der nach wenigen Tagen blutig niedergeschlagen worden war, mit dem Kommunismus. G. gehörte zu den Mitbegründern der »Kommunistischen Arbeitsgemeinschaft«, die eine Vereinigung mit der Rest-USPD anstrebte. Im September 1922, als sich SPD und Rest-USPD wiedervereinigten, schloß sich auch die Familie Geyer wieder der SPD an, aus der sie aus Protest gegen die Burgfriedenspolitk 1917 ausgeschieden war. Von den politischen Entwicklungen seit dem hoffnungsvollen November 1918 enttäuscht, beschränkte G. sein politisches Wirken, nachdem er 1924 aus dem Reichstag ausgeschieden war, auf die journalistische Sphäre. Von der Bühne der Akteure wechselte er in den Zuschauerraum der kritischen Betrachter. Bis zur nationalsozialistischen Machtergreifung arbeitete G. als innenpolitischer Redakteur des *Vorwärts*. Seine freien Stunden widmete er schriftstellerischer Tätigkeit. So entstand als Ergebnis seiner Auseinandersetzung mit der politischen Entwicklung der vergangenen Jahre das Buch *Der Radikalismus in der deutschen Arbeiterbewegung* (Jena 1923). In diesen Jahren wandelte er sich von einem orthodoxen Marxisten zum reformorientierten Sozialdemokraten.

Im Oktober 1933 verließ G. Deutschland und ging ins Exil nach Prag. In der sozialdemokratischen Emigration spielte er in den folgenden zehn Jahren eine bedeutende Rolle. Zusammen mit Friedrich Stampfer arbeitete er das auf einen Entwurf Rudolf Hilferdings zurückgehende *Prager Manifest* aus, das der sozialdemokratische Exilvorstand im Januar 1934 veröffentlichte. Darin wurde die Rolle der Sozialdemokratie nach 1918 bei Übernahme des »alten Staatsapparats« selbstkritisch beleuchtet und dazu aufgerufen, »die Arbeiterklasse in einer politischen Partei des revolutionären Sozialismus zu vereinigen« und »den nationalsozialistischen Feind« durch »die revolutionären Massen« niederzuwerfen.

Von 1935 an war G. Chefredakteur des *Neuen Vorwärts*, mit dem er 1937 nach Paris übersiedelte. Als Autor benutzte er das Pseudonym Max Klinger. Unterdessen waren er und seine Familie in Deutschland ausgebürgert und ihm der akademische Grad aberkannt worden. In Paris wurde er 1938 in den Exil-Parteivorstand der SPD (SOPADE) berufen. In jenen Jahren entstanden seine drei Exilschriften *Die drei Verderber Deutschlands*, *Führer und Masse in der Demokratie* und die *Partei der Freiheit*. In der letzteren setzte er sich kritisch mit Otto Bauers Schrift *Die illegale Partei* auseinander. In seiner Gegenschrift *Die Partei der Freiheit* forderte er für die Zeit nach dem Sturz des Nationalsozialismus für Deutschland eine parlamentarische Demokratie, in der keine Partei das Anrecht auf eine Monopolstellung habe. Es dürfe keine Klasse oder Schicht durch eine andere unterdrückt werden. Die SPD könne nur eine Partei der Freiheit sein. Diese Schrift gilt heute als Vorläufer des Godesberger Programms der SPD von 1959.

Wenige Tage vor dem Einmarsch der deutschen Wehrmacht in Paris am 14. Juni 1940 floh die Familie Geyer nach Marseille. Während seine Frau von dort weiter über Lissabon in die USA gelangte, blieb er noch einige Zeit in Frankreich und emigrierte dann nach England. In London wandelte er sich zu einem harschen Kritiker des SPD-Parteivorstandes, dem er nun die Mitverantwortung für den Aufstieg des Nationalsozialismus vorwarf. 1942 trat er aus dem Parteivorstand aus und beteiligte sich an den Kampagnen der extrem antideutschen Vansittart-Gruppe und propagierte die »Versklavungspläne«, die Lord Vansittart für Nachkriegsdeutschland forderte. Doch auch dieses Engagement für eine extrem radikale Politik war, ähnlich seiner linksradikalen Phase zwischen 1918 und 1922, von recht kurzer Dauer. Danach zog er sich völlig aus der Emigrationspolitik zurück und löste sich von der Landesgruppe der deutschen Sozialdemokraten in Großbritannien. Nach dem Krieg kehrte er nicht mehr nach Deutschland zurück und erwarb die britische Staatsangehörigkeit. Von 1947 bis 1963 arbeitete er als Londoner Korrespondent der *Süddeutschen Zeitung*. In seinen letzten Lebensjahren schrieb er seine Memoiren, denen er den Titel *Die revolutionäre Illusion* gab.

Benz, W.; Graml, H. (Hg.): Die revolutionäre Illusion. Zur Geschichte des linken Flügels der USPD. Erinnerungen von Curt Geyer. Stuttgart 1976.

Thomas Adam

Glaßbrenner, Adolf (Pseud.: Adolf Brennglas)

Geb. 27. 3. 1810 Berlin; gest. 25. 9. 1876 Berlin

Der Kaufmann Georg Peter Glaßbrenner, ein Schwabe, den es nach Berlin verschlagen hatte, ließ sich als kleiner Fabrikant in der Leipziger Straße nieder. Seine Frau, Charlotte Louise, eine waschechte Berlinerin, brachte 1810 ihren Sohn Georg Adolf zur Welt. G. besuchte das Friedrich-Werdersche Gymnasium und schloß bald enge Freundschaft mit Karl Gutzkow, dem späteren Schriftsteller und Dichter. Zunächst wollte G. Geistlicher werden. Der Vater konnte dem Sohn jedoch kein Studium ermöglichen und ließ ihn Kaufmann werden. In einem Seidenwarengeschäft mußte er als Vierzehnjähriger mit Elle und Stoffballen arbeiten, Geschäftsbriefe abfassen und sich mit »Soll« und »Haben« ärgern. Zwei Jahre später, 1826, drängte es ihn zu den Schönen Künsten und Wissenschaften. Er wurde Mitarbeiter in Redaktionen einiger Berliner Zeitungen, die sein Erzähltalent erkannten. An der Universität besuchte er Vorlesungen Hegels. G. soll einer seiner treuesten und begeistertsten Schüler gewesen sein und behauptet haben, er habe ihn vollkommen verstanden. Hegel selbst erklärte hierzu später: »Von meinen Schülern hat mich nur einer verstanden, und der hat mich falsch verstanden!«.

Von 1827 bis 1829 arbeitete G. als »Mitarbeiter für Witz und Humor« beim *Berliner Courier*, einem Blatt, das von Moritz Saphir herausgegeben wurde. Dank seines humoristisch-satirischen Talents erkämpfte G. sich hier den ersten Durchbruch. Mit 22 Jahren gründete er 1832 eine eigene Zeitschrift, das Witz- und Humorblatt *Don Quixote*. In der Frühzeit der deutschen Industrialisierung lernte G. soziale Not und Unterdrückung des Volkes kennen. G. gewann mit seinem treffenden Spott über die sozialen Verhältnisse viele Freunde, aber seine scharfen Anspielungen erregten den Zorn des preußischen Kultusministers. 1833 wurde der *Don Quixote* verboten und dem Herausgeber für fünf Jahre jede redaktionelle Tätigkeit in Preußen untersagt. G. gab nicht auf. Er wurde angriffslustiger und veröffentlichte nun unter dem Namen Adolf Brennglas. Von dem Leipziger Verleger Otto Wigand erhielt G. den Auftrag, das Leben und Treiben in Wien zu glossieren. 1836 erschienen in Leipzig *Die Bilder und Träume aus Wien*. Metternich ließ den Vertrieb des Buches in Österreich sofort verbieten.

Am 15. September 1840 heiratete G. die Schauspielerin Adele Peroni und zog mit ihr nach Neustrelitz (Mecklenburg). Adele wurde vom Großherzog am Neustrelitzer Theater auf Lebenszeit verpflichtet. G. arbeitete an lokalen Publikationen mit. 1841 kamen die *Neuen Berliner Guckkasten-Bilder* heraus. G. war vorsichtig geworden und brachte 1843 in Bern den Gedichtband *Verbotene Lieder* heraus. Ein weiterer Band folgte 1845 mit dem Titel *Lieder eines norddeutschen Poeten*.

In Neustrelitz stellte G. sein poetisches Hauptwerk fertig. Der *Neue Reineke Fuchs* erschien 1845. C. erzählt, wie im Tierreich durch falsche Regenten und mißliche Regierungen große soziale Unordnung eingetreten ist. Von Hoffmann von Fallersleben, der als Politiker und Dichter ebenfalls verfolgt wurde, erntete G. höchstes Lob für das Buch. Es ist eine Satire auf gesellschaftliche und politische Mißstände der damaligen Zeit. Land und Leute stöhnen unter den korrupten und despotischen Zuständen: »Das Faultier und das dicke Schwein,/ Die mästen stets nur sich allein;/ Der Esel, der das Innre hat,/ Verschluckt tagtäglich Blatt um Blatt;/ Der Wolf ist auch so ein Minister!/ Der Schafe frißt, das Land vergißt er!«.

Die preußische Regierung verfügte sofort die Beschlagnahme dieser Schrift. G. mußte seine Verhaftung befürchten. Dennoch gab er im Dezember 1845 den *Komischen Volkskalender* heraus und erreichte damit die höchste Auflage aller seiner Publikationen. Die Beschlagnahme der ersten Nummer wurde wie folgt begründet: »In diesem Volkskalender ist soviel des Frevels – des Frevels an der Religion, an dem monarchischen Prinzip, an dem gemeinsittlichen Prinzip – gehäuft, daß wohl kein Staatsmann, kein Beamter, kein Gemeinredlicher, kein halbkirchlicher und religiöser Indifferenter diese diabolische Schandschrift ohne den Gedanken ›Es ist in Deutschland weit gekommen!‹ aus der Hand werfen wird«. Das Oberzensurgericht gab aber den Volkskalender im April 1846 wieder frei.

Mittlerweile hatte sich die Wirtschaftskrise verstärkt. Im Frühjahr 1847 plünderten Arbeiter die Läden der Bäcker und Fleischer, Berliner Hausfrauen stürmten die Marktstände. G. faßte das Jahr 1847 in einem Neujahrswunsch für 1848 zusammen: »1848, statt eines Reichsapfels trägst Du eine kranke Kartoffel. (...) unsere Wünsche: Mache die Arbeiter reich und zwinge die Reichen zur Arbeit. Setze dem Überfluß Grenzen und lasse die Grenzen überflüssig werden. Gib dem Glauben seine Freiheit und mache die Freiheit zum Glauben Aller«. Als die ersten Nachrichten über die Februarrevolution 1848 in Paris nach Berlin drangen, war die Nachfrage nach

Zeitungen, die die Revolutionsereignisse kommentierten, sehr groß. Mit der Verschärfung der Zensur erreichte Friedrich Wilhelm IV. das Gegenteil von dem, was er eigentlich wollte. In Wien wurde Metternich aus dem Land getrieben. In den süddeutschen Staaten war die Pressefreiheit bereits durchgesetzt, so daß sich der König in Preußen gezwungen sah, die Zensur am 17. März 1848 aufzuheben. Als einen Tag später die Revolution auch in Berlin ausbrach, eilte G. von Mecklenburg in die preußische Hauptstadt. Nach Neustrelitz Ende des Jahres zurückgekehrt, engagierte sich G. in der dortigen »Demokratischen Partei« und im »Mecklenburg-Strelitzschen Reformverein«.
1849 erschienen, wiederum bei Wigand in Leipzig, neue Texte von G., die *Musenklänge aus Deutschlands Leierkasten.* Als G. sich mit Georg Herwegh und Ferdinand Freiligrath an einer Anthologie politischer Gedichte mit dem Titel *Freiheitsklänge* (1850) beteiligte, wurde er aus Mecklenburg ausgewiesen und ging zunächst nach Hamburg. Dort schrieb er Beiträge für die *Jahreszeiten,* die *Hamburger Neue Mode-Zeitung* und für den *Freischütz.* Nebenbei setzte er die Arbeit am *Komischen Volkskalender* (bis 1865/67) fort. In den Jahren nach der Revolution hatte die Zensur wieder das Zepter in der Hand. G. wurde etwas leiser. 1856 gründete er ein neues Zeitschriftenprojekt, den *Ernst Heiter,* eine humoristische Wochenschrift. Im Juni 1857 erschien sie zum letzten Mal, nachdem Preußen das Verbot ausgesprochen hatte.
1858 verließ G. Hamburg, um nach Berlin zurückzukehren, wo er bis zu seinem Tode die *Berliner Montags-Zeitung* leitete, zunächst als Chefredakteur, später zugleich als Verleger. Noch vor der Reichsgründung zog sich G. allmählich von der Arbeit des Schreibens zurück, obwohl er Bismarcks Politik der Reichseinigung von oben durch »Blut und Eisen« ablehnte. In einem Brief aus dieser Zeit an einen Freund brachte G. Resignation zum Ausdruck:
»Mein Gehör wird – im Ernst täglich schlechter. Meine demokratische Gesinnung ruiniert mich noch gänzlich. In dieser Zeit des militärischen Despotismus opponiert mein Trommelfell, und geht darauf los, den ganzen jetzigen Skandal zu ignorieren!«.

Finger, W.: Adolf Glaßbrenner. Ein Vorkämpfer der Demokratie. Berlin 1952. – Heinrich-Jost, I.: Adolf Glaßbrenner. Berlin 1981.

Frank Swiderski

Goegg, Amand

Geb. 7.4.1820 in Renchen; gest. 21.7.1897 in Renchen

G. wurde am 7. April 1820 in Renchen, nördlich von Offenburg, geboren. Er stammte aus einer angesehenen, durchaus wohlhabenden Kleinstadtfamilie; der Vater hatte ein Handelsgeschäft, betrieb eine Ziegelei und eine Käserei; die Kinder hatten von klein an mitzuhelfen. Zugleich wurde ihre Bildung gefördert. Man war bei den Gecks (seit 1840 »Goegg« geschrieben) politisch liberal wie die bürgerliche Mehrheit in der Ortenau, die traditionell dem französischen (auch revolutionären) Einfluß mehr geöffnet war als irgend ein anderes Gebiet am Oberrhein. G. konnte das Gymnasium besuchen, zuerst in Freiburg, dann in Karlsruhe, bekam sehr gute Zeugnisse, organisierte literarisch-politische Zirkel und begann 1840 nach dem Erwerb der Hochschulreife sein Studium, dem Wunsch des Vaters folgend Cameralwissenschaften. Er studierte in Heidelberg, München und Karlsruhe, qualifizierte sich auch in naturwissenschaftlichen Fächern und legte 1844 das Examen als Cameralist (Finanz- und Steuerfachmann bzw. Volkswirt) ab. Eine achtmonatige Studienreise, zu der er als Volontär (Referendar) im Finanzministerium beurlaubt worden war, konfrontierte ihn mit dem sozio-ökonomischen Wandel in westeuropäischen Ländern und mit dem dort bestehenden Arbeiterelend.
Seit Sommer 1847 arbeitete G. als Zollamtsassistent in Mannheim, der damals am weitesten entwickelten und größten Stadt Badens, expansiv, wirtschaftlich potent, mit einem rasch wachsenden Arbeiteranteil. Hier wirkten die profiliertesten Liberalen der 1840er Jahre, Friedrich Daniel Bassermann und Karl Mathy, beide gemäßigt und konstitutionell, Friedrich Hecker und Gustav von Struve, mit »radikalen« Forderungen nach politischer Freiheit. Hier wurden fortschrittliche, kritische Zeitungen gemacht, hier fanden die politischen Ideen ihr Publikum. G. nahm nach Ausbruch der badischen Märzrevolution 1848 als Zeitungskorrespondent an Volksversammlungen teil, hat aber nach eigenem Zeugnis etwa bis September 1848 »nur im Stillen für die demokratische Sache gewirkt«. Das Scheitern des »Heckerzuges« (April 1848) und des »Struveputsches« (September 1848) trieb ihn an die Seite derer, die politische Freiheit auch mit sozialer Gleichheit verbanden, wenn er sich auch noch nicht programmatisch festlegte. Sein Ziel war offenbar, wie er in einem Brief an Franz Sigel schrieb, »das Los der allgemeinen Menschheit zu verbessern«.

G. fand ein politisches Wirkungsfeld in den Volksvereinen. Sie bildeten die Basis der in der Paulskirche sich als Fraktionen konstituierenden Parteien. Der Revolutionsverlauf spaltete die Vereinsbewegung in Baden. »Vaterländische Vereine« orientierten sich am Kurs der gemäßigt liberalen Märzregierung, während sich die neu gebildeten Volksvereine der radikaldemokratischen Richtung zuwandten, die in der Frankfurter Nationalversammlung durch deren äußerste Linke, die Fraktion Donnersberg, repräsentiert wurde. Zu dieser »Partei« bekannte sich G. offenbar seit Herbst 1848, als er sich zunehmend im Mannheimer Landesausschuß der (radikal-)demokratischen Volksvereine betätigte. Die politische Elite war zu dieser Zeit in Mannheim nicht präsent: Hecker befand sich im Ausland, Struve im Gefängnis, Brentano in der Paulskirche. Unter Umgehung des Vorsitzenden des Landesausschusses, Florian Mördes, lud G. auf den zweiten Weihnachtsfeiertag 1848 nach Renchen eine Versammlung von 150 Demokraten aus 10 Amtsbezirken ein und schwor sie auf eine energische Form der Agitation ein. Die Verabschiedung des Gesetzes über die Grundrechte durch die Paulskirche im Dezember 1848 schuf die rechtlichen Voraussetzungen für eine landesweite öffentliche Aktivierung der Volksvereine.

G. organisierte deren Arbeit nun im Sinne einer straff geführten Partei mit einem zentralen Büro in Mannheim, mit Ortsvereinen, Bezirks- und Kreisausschüssen, durch regelmäßigen Informationsaustausch sowie durch ein Arbeitsprogramm, das zahlreiche Versammlungen an verschiedenen Orten, vor allem aber eine konzentrierte Propaganda in den Garnisonen zum Inhalt hatte. Der Landesausschuß bekam eine neue Spitze. Lorenz Brentano wurde erster Vorsitzender, G. sein Stellvertreter. Er leistete die praktische Arbeit und war in den Monaten seit Januar 1849 unermüdlich tätig. In einem Flugblatt vom 7. Januar 1849 appellierten Lorenz Brentano und G. »an alle Volksfreunde«, »am großen und wichtigen Werke der Organisation des Volkes« mitzuwirken »zur vollständigen Erringung unserer Freiheit«. In der organisatorischen Durchdringung des Landes mit einem regelrechten Parteiapparat liegt die eigentliche Leistung von G.; hier erwies er sich als präziser Techniker der Revolution. 400 Ortsvereine (in einem Land mit weniger als 2000 Gemeinden) mit 35 000 Mitgliedern (bei einer Landbevölkerung von circa 1,4 Millionen beziehungsweise 250 000 wahlberechtigten Männern) waren von G.s Parteizentrale erfaßt. Allein Mannheim zählte 2000 Mitglieder. Selbst Gegner der Bewegung mußten zugeben, daß die Volksvereine eine Art Gegen- und Parallelregierung in Baden bildeten, ohne die politisch nichts zu bewirken war. G. betrieb mit Vorrang die Errichtung von Bürgerwehren und die Mobilisierung des Militärs für die Sache der (radikalen) Demokraten mit dem Ziel, die bewaffnete Gewalt im Land an seine Partei zu bringen. Für den 12./13. Mai 1849 berief G. einen Landeskongreß der Volksvereine nach Offenburg ein, der – als III. Offenburger Versammlung – eine »Heerschau der Volkspartei« werden sollte, wie G. ankündigte.

Am Samstag, dem 12. Mai 1849, tagten die Delegierten der Bezirksvereine. Brentano war nicht anwesend. G. organisierte und leitete die Veranstaltung. Zunächst plante er wohl nur den organisatorischen Ausbau der »Partei« und eine publikumswirksame Massenversammlung am folgenden Tag. Doch nun trafen Nachrichten aus Rastatt ein, die Garnison sei offen zu den (radikalen) Demokraten übergegangen, habe widerstrebende Offziere verjagt, Volksfreunde zu Vorgesetzten gewählt; eine Abordnung der revolutionären Soldaten erschien in Offenburg. Jetzt war G. entschlossen zu handeln. Er legte der Volksversammlung am 13. Mai, zu der nach der Schilderung Joseph Viktor von Scheffels an die 40 000 Menschen zusammengeströmt waren, ein 16-Punkte-Programm vor, das er in der Nacht formuliert hatte. Darin wurde u.a. die Zustimmung der Landesregierung zur Paulskirchenverfassung gefordert, ferner eine neue Regierung, die Auflösung des Landtages mit nachfolgenden Neuwahlen, eine Volksbewaffnung auf Staatskosten, die entschädigungslose Aufhebung der Grundlasten, die Bildung von Geschworenengerichten für alle Strafverfahren, ferner – dies war neu und zielte auf eine tiefgreifende Sozialreform – die Einrichtung einer Nationalbank zum Schutz gegen die Macht der Kapitalisten, die Einführung einer progressiven Einkommenssteuer und die Schaffung eines Landespensionsfonds zur Finanzierung einer Volksrente. Die Versammlung stimmte unter stürmischem Beifall zu. Doch die Proklamation der Republik unterblieb. Ein neuer Landesausschuß wurde gewählt, 22 Mitglieder, an der Spitze wiederum Brentano.

Man zog nach Rastatt und am nächsten Morgen nach Karlsruhe in die Residenz. Dorthin waren der Großherzog und seine Regierung geflohen. Auf Drängen des Karlsruher Stadtrats übernahm der Landesausschuß die volle Regierungsgewalt. Man bildete einen Vollzugsausschuß mit Ressortministerien. G. wurde Finanzminster. Wiederum unterließ man es, die Republik auszurufen. Vergeblich hatte G. dazu gedrängt. Die Mehrheit wollte Sicherheit und Ordnung. Die bestehende Verwaltung blieb unangetastet und die Beamten behielten ihre Posten. Einige Punkte aus dem »Offenburger Programm« versuchte man per Dekret zu realisieren. Die sozialpolitischen Forderungen kamen nicht zum Zug. Dem Finanzminister G. fehlte das Geld. Gegen die etablierten Finanzräte vermochte er sich nicht durchzusetzen. Im Juni 1849 trat er zurück.

Inzwischen waren Reichstruppen und preußische Einheiten gegen die badischen Revolutionäre im Vormarsch. Vergeblich kämpften die Badener – reguläre Einheiten und Freischärler – gegen die mehrfache Übermacht. Die politische Lage wurde immer verworrener. Eine verfassungsgebende Landesversammlung, am 3. Juni gewählt und am 10. Juni konstituiert, schuf anstelle der Provisorischen Regierung eine Diktatur aus drei Männern: Brentano (Gemäßigter) an der Spitze, ihm zur Seite zwei Radikaldemokraten, der Rechtsanwalt Werner aus Oberkirch und G. Aber G. fand keine Zeit mehr zum Regieren. Als eine Art Politkommissar agitierte er bei der Armee, mußte mit ihr den Rückzug antreten und begab sich schließlich mit der letzten Einheit am 11. Juli 1849 bei Konstanz in den Asylschutz der Schweiz. Den Soldaten hatte er zuletzt zugerufen. »Besiegt, nicht gebeugt, verlassen wie das Vaterland, und eure Taten sind der Grundstein zum künftigen freien, einigen Teutschland!«

G. hatte kurz vor der »Offenburger Versammlung« um Entlassung aus dem Staatsdienst gebeten. Jetzt erhielt er Berufsverbot, wurde des Landesverrats angeklagt und (in Abwesenheit) zu lebenslanger Haft verurteilt, außerdem zum Schadensersatz für die als Finanzminister ausgegebenen Gelder. G. hielt sich zuerst in Zürich und Genf auf, dann in Paris, wurde aber auf Intervention des badischen Botschafters ausgewiesen und ging daraufhin nach London und zeitweise in die USA. Er wirkte an der Gründung des »Völkerbundes« (»Alliance des Peuples«) im Winter 1849/50 mit, gründete einen Agitationsverein gegen das Privateigentum, schrieb einen historischen Rückblick auf die badische Revolution und plante, eine Sozialgeschichte der Menschheit zu verfassen. 1853 kehrte er schließlich nach Genf zurück. Dort schloß sich ihm Marie Pouchoulin an, eine hochgebildete Frauenrechtlerin, die er nach deren Scheidung 1856 heiratete (sie trennten sich nach zwanzig Jahren). Er begann, eine bürgerliche Existenz aufzubauen, gründete eine Spiegelfabrik und wurde sogar Ehrenbürger der Stadt Genf.

Aufgrund einer Amnestie durch den badischen Großherzog konnte er 1862 in die Heimat zurückkehren. In Offenburg übernahm er die Leitung einer Glasfabrik. In dieser Zeit wurde er Vormund seines Neffen Adolf Geck, des späteren Führers der badischen USPD. Er selbst schloß sich der Sozialdemokratischen Arbeiterpartei von Bebel und Liebknecht an. Von Karl Marx und Friedrich Engels distanzierte er sich. Schon 1867 hatte er eine europäische »Friedens- und Freiheitsliga« gegründet, eine (freilich erfolglose) Konkurrenzorganisation zur internationalen Arbeiterassoziation. 1876 veröffentlichte er eine Neuauflage seiner Revolutionsbroschüre mit einem Anhang, der sein politisches Bekenntnis zusammenfaßte. G. vertrat hier eine sozialistische Republik, die von einer wiedererstarkten linksdemokratischen Partei herbeizuführen sei. Die Gewaltenteilung zwischen Regierung und Parlament wollte er aufheben, doch sei die Nationalversammlung durch ein Arbeiterparlament zu kontrollieren. Die kommunale Selbstverwaltung sollte gestärkt werden, die Gemeinden Lehrer, Ärzte, Geistliche und Richter selbst bestimmen. Jedem Bürger stand ein Recht auf Arbeit zu und bei Arbeitsunfähigkeit das Recht auf eine Staatsrente. Kapital und Arbeit sollten gleichberechtigt sein, Grundbesitz war durch ein Maximumgesetz zu beschränken.

Zwar scheint das Programm von G. sozialrevolutionär, doch lag ihm ein idealistischer Traum von einer gerechten Gesellschaft zugrunde, frei von Gewalt und Krieg. G. gewann keinen direkten Einfluß auf die politische Debatte mehr. Reisen führten ihn nach der Reichsgründung in verschiedene Länder in Europa und nach Übersee. Seit Mitte der 1880er Jahre lebte er zurückgezogen in seiner Heimatstadt Renchen, wo er am 21. Juli 1897 verstarb.

Dinkelacker, I.: Amand Goegg 1820–1897. Biographische Dokumentation, in: Um Renchen und Grimmelshausen. Renchen 1976, S. 149–225. – Lautenschlager, F.: Amand Goegg, ein badischer Achtundvierziger, in: Zeitschrift für die Geschichte des Oberrheins, Bd. 57, 1948, S. 19–36. – Weech, F.: Amand Goegg, in: Badische Biographien, Band V., Heidelberg 1906, S. 208ff.

Wolfgang Hug

Goldschmidt, Henriette, geb. Benas

Geb. 23. 11. 1825 in Krotoschin/Posen; gest. 30. 1. 1920 in Leipzig

Werfen wir einen Blick auf die herausragenden Persönlichkeiten der deutschen Frauenbewegung, fällt auf, daß von den 60 bedeutendsten Frauenrechtlerinnen des 19. Jahrhunderts etwa ein Drittel jüdischer Abstammung war. Zufall? Geprägt durch liberale assimilierte Elternhäuser und die Begeisterung ihrer Väter für die Revolution von 1848, die die freudige Erwartung auslöste, endlich in den Genuß bürgerlicher und staatsbürgerlicher Rechte zu kommen, verknüpften Jüdinnen in der Folgezeit die Emanzipationsbewegung ihrer Väter mit dem Einsatz für die gesellschaftliche Gleichstellung der Frau. Besonders in den Zentren der jüdischen Aufklärung kämpften Jüdinnen für ihr Ziel einer humanen Gesellschaft, die Frauen nicht länger von einer aktiven Teilnahme ausschloß. Eine von ihnen war H. G..

1825 wurde G. als sechstes Kind einer assimilierten wohlhabenden jüdischen Familie geboren. Der Besuch einer Elementarschule vermittelte ihr nur wenig Wissenswertes. In Erinnerung blieb ihr vor allem der Antisemitismus der Mitschülerinnen. Zu Hause aber durfte sie sich weiterbilden. Sie benutzte intensiv die Bibliothek des Vaters und betrieb autodidaktische Studien in Philosophie, Geschichte, Pädagogik und Literatur. Sie nahm an Diskussionsrunden liberaler Freunde des Vaters teil, las politische Zeitungen und schwärmte mit ihren Freundinnen für die Dichter des Vormärz. Nur die Stiefmutter war ihr ein Dorn im Auge. G. störte weniger die Tatsache, daß ihr Vater eine Frau gewählt hatte, die nicht lesen und schreiben konnte, damit sie nicht »durch überflüssige Lektüre« von der Erziehung der Kinder abgelenkt würde, sondern die »unmütterliche Natur« der Stiefmutter.

Ausschlaggebend für ihr weiteres Leben wurden die revolutionären Ereignisse des Jahres 1848. »Das Hauptinteresse erregten natürlich die Verhandlungen über die Emanzipation der Juden. Das war eine Menschheitsfrage, die den Herzpunkt unseres Fühlens und Denkens bezeichnete.« Die Ideale der Revolution von Freiheit und Gleichheit gaben ihr auch den Mut, das Ehebegehren ihres verwitweten Schwagers abzulehnen, mit dem sie nichts verband außer der Sorge um die drei Kinder ihrer verstorbenen Schwester. G. heiratete 1853 den Rabbiner Abraham Meier Goldschmidt und übernahm die Erziehung seiner drei Söhne aus erster Ehe. Bis zu seinem Tod 1889 lebte sie mit ihm glücklich zusammen.

1859 zog G. nach langen Jahren zurückgezogenen Familienlebens in Warschau nach Leipzig, wo ihr Mann eine Stelle als Rabbiner antrat. Sie bezeichnete diesen Umzug als »das bedeutendste, folgenreichste Ereignis« ihres Lebens und verglich ihn mit dem »Einzug ins Gelobte Land«. Leipzig – eine der Hochburgen der Haskalah, der jüdischen Aufklärung – wurde ihre wirkliche Heimat und die Stadt ihres öffentlichen Wirkens. 1865 gründete sie gemeinsam mit Louise Otto-Peters und Auguste Schmidt den »Allgemeinen Deutschen Frauenverein« (ADF), der als erster überregionaler Zusammenschluß von Frauen den Anstoß zur bürgerlichen Frauenbewegung in Deutschland gab. Schon 1870 hatte der Verein über 10000 Mitglieder. Neben der Einrichtung eines Volksschullehrerinnenseminars und der staatlichen Anstellung von Lehrerinnen forderte der ADF Mädchengymnasien und die Zulassung von Frauen als Ärztinnen. Er setzte sich aber auch für die Belange von Arbeiterinnen ein, insbesondere für bessere Arbeitsbedingungen. G. machte die erfreuliche Erfahrung, daß sie als Jüdin von ihren nichtjüdischen Mitstreiterinnen vorbehaltlos akzeptiert wurde.

Louise Otto-Peters hatte sich schon 1848 als eine der ersten Frauen in Deutschland öffentlich zur Judenfrage geäußert. Juden seien durch alle Jahrhunderte hindurch als Ausgestoßene behandelt worden, und es sei nun endlich an der Zeit, dieses Unrecht wieder gutzumachen. »Ich stehe auch auf dem christlichen Standpunkt, aber auf einem solchen, wo Christenthum und Humanität gleich bedeutend sind. Von hier aus fordere ich die Emancipation der Juden.« G. beteiligte sich auch an der Herausgabe der Frauenzeitung des ADF *Neue Bahnen*. Ermutigt durch Louise Otto-Peters begann sie, öffentliche Vorträge zu halten. Die Titel der ersten beiden gedruckten Reden: *Die Frauenfrage – eine Kulturfrage* (1870) und *Die Frau im Zusammenhang mit dem Volks- und Staatsleben* (1874) geben einen Eindruck von der Zielrichtung ihres frauenpolitischen Engagements. G. betrachtete die Frauenfrage vorrangig als Kultur- und Bildungsfrage. »Die Arbeit ist die Grundlage unserer Kultur, die Arbeit ist daher Pflicht und Ehre des weiblichen Geschlechts. Alle Hindernisse müssen beseitigt werden, die dem im Wege stehen.« Und provokativ fragte sie: »Wir haben wohl Väter der Stadt, wo aber sind die Mütter?« Setzte sie sich in den ersten Jahren ihres Wirkens vor allem mit der Emanzipation der Frauen durch »schaffende Mitarbeit« im gesellschaftlichen Leben auseinander, rückte die Erziehungsfrage durch die Bekanntschaft mit den Schriften des Pädagogen Friedrich Fröbel immer weiter in den Vordergrund. In ihrem Buch *Was ich von Fröbel lernte und lehrte* verdeutlichte sie, daß die Frauenfrage im Zusammenhang mit der Erziehungsfrage zu lösen sei. Nur durch eine vernünftige Erziehung von Kindheit an sei das Ziel einer humanen Gesellschaft zu erreichen. Sie unterstützte daher Fröbels Kindergartenprojekt, mit dem er die frühe Stärkung aller kindlichen Triebe für die »Menschheitspflege« verband. Vor allem aber beeindruckte sie Fröbels Standpunkt, daß weibliche soziale und pädagogische Anlagen den männlichen kulturschaffenden Fähigkeiten gleichwertig seien und daher Frauen auch einen gleichwertigen Platz in der Gesellschaft beanspruchen könnten.

Wie die meisten bürgerlichen Frauenrechtlerinnen vertrat G. mit ihrem Leitsatz »Der Erziehungsberuf ist der Kulturberuf der Frau« gemäßigt feministische Positionen. Ihr ging es nicht um die Auflösung der Geschlechterrollen, sondern Männer und Frauen sollten jeweils an ihrem unterschiedlichen Platz in der Gesellschaft wirken. So notieren Josephine Siebe und Johannes Prüfer in ihrer Biographie von 1922: »Das spezifisch Weibliche nun, das es zu entfalten und zu stärken gilt, erblickt Henriette Goldschmidt in dem Pflegesinn, in dem mütterlichen Instinkt, der sich helfend und schützend allem Werdenden, allem Schwachen und Kranken zuwendet.« Nur durch die »Bereicherung unserer Kultur durch die Entfaltung der tiefsten weiblichen Seelenkräfte« seien die Ideale der 48er Revolution langfristig in die Wirklichkeit umzusetzen. Die Lösung der Frauenfrage war für G. daher nur möglich durch eine gründliche Reform der gesamten Frauenbildung. In diesem Sinne gründete sie 1871 in Leipzig den »Verein für Familien- und Volkserziehung«, der die Forderung nach Bildung und Ausbildung der Frauen mit der Entwicklung des Kindergartengedankens verband. 1872 eröffnete der Verein den ersten »Volkskindergarten« nach Fröbelschen Vorstellungen. Im selben Jahr schuf G. das »Seminar für Kindergärtnerinnen«, in dem sie selbst unterrichtete. 1878 begann das »Lyzeum für Damen« die »weibliche Jugend der höheren, gebildeten Stände« aufzunehmen. Und 1911 ermöglichte ihr die großzügige Schenkung des jüdischen Verlegers Henri Hinrichsen die Gründung der »Hochschule für Frauen zu Leipzig«. Damit erfüllte sich ihr Lebenstraum, Bildungsmöglichkeiten für Frauen vom Kindergarten bis zur Hochschule zu schaffen. Obwohl Frauen mittlerweile der Zugang zu den Universitäten erlaubt war (zuerst 1901 in Heidelberg und Freiburg, in Preußen 1908), wollte G. mit einer reinen Frauenhochschule »dem mütterlich-erzieherischen Beruf der Frau die wissenschaftliche Weihe« geben. Immer noch kämpfte sie für die soziale Gleichstellung »spezifisch weiblicher Berufsfelder«. Neben pädagogischen Vorlesungen über Kinderpsychologie, Erziehungstheorie und Gesundheitspflege bot die Frauenhochschule aber auch Veranstaltungen allgemeiner Bildung wie Philosophie, Kultur- und Kunstgeschichte und Literaturwissenschaft. Neben der Ausübung des Erziehungsberufes sollte die Hochschule Frauen nämlich befähigen, »sich den mannigfaltigen gemeinnützigen Aufgaben, die ihr innerhalb der Gemeinde, des Staates und der Gesellschaft erwachsen, mit weitem Blick und mit vollem Verständnis für die Bedürfnisse der Gegenwart zu widmen«.

Die bürgerliche Frauenbewegung befand sich im ersten Jahrzehnt des 20. Jahrhunderts auf dem Höhepunkt ihrer Entfaltung. G. konnte auf fünf Jahrzehnte erfolgreicher Arbeit zurückblicken. Allerdings spürte sie auch den zunehmenden Antisemitismus und die Vorboten des Weltkrieges. Im Gegensatz zu einem Großteil der bürgerlichen (jüdischen und nichtjüdischen) Frauenrechtlerinnen, die den Ersten Weltkrieg mit patriotischem Eifer begrüßten und sich dem allgemeinen Nationaltaumel anschlossen, erlebte G. den Ausbruch des Krieges als traumatisch. Fast 90 Jahre alt sah sie, eine überzeugte Pazifistin, ihr Lebenswerk zugrunde gehen. Weniger die Entbehrungen des Krieges als der Zusammenbruch ihres Ideals der Völkerverständigung ließen sie plötzlich alt und krank werden. Im letzten Kriegsjahr schrieb sie: »Wenn alle diese ungezählten Millionen, diese angesammelte Kraft für den Ausbau sozialer Einrichtungen verwendet werden würden, wie glücklich könnten viele, viele leben!«

Fassmann, M.: Jüdinnen in der deutschen Frauenbewegung 1865–1919, in: Carlebach, J. (Hg.): Zur Geschichte der jüdischen Frau in Deutschland. Berlin 1993, S. 147–165. – Fassmann, M.: Henriette Goldschmidt, in: Dick, J.; Sassenberg, M. (Hg.): Jüdische Frauen im 19. und 20. Jahrhundert. Lexikon zu Leben und Werk. Reinbek bei Hamburg 1993, S. 145–147. – Kämmerer, G.; Pilz, A. (Hg.): Leipziger Frauengeschichten. Ein historischer Stadtrundgang. Leipzig 1995. – Siebe, J.; Prüfer, J.: Henriette Goldschmidt. Ihr Leben und ihr Schaffen. Leipzig 1922.

Yvonne Küsters

Görres, Joseph von

Geb. 25. 1. 1776 in Koblenz; gest. 29. 1. 1848 in München

»Ein Mann, der aus Männern besteht.« Dieses bekannte Wort Jean Pauls von 1822 kennzeichnet die Vielschichtigkeit von G.s Leben und Werk, die es faszinierend und schwierig zugleich macht, ihn biographisch zu erfassen. Er gilt als kosmopolitischer Aufklärer, Jakobiner und Kirchenfeind, aber auch als Romantiker, Frühnationaler und schließlich Mitbegründer des politischen Katholizismus.

G., Sohn eines mittelständischen Holzhändlers und einer Italienerin, engagierte sich bald nach seinem Gymnasialabschluß (Herbst 1793) politisch-publizistisch. Der Heranwachsende begeisterte sich für die Ideale der Französischen Revolution, die 1794 – mit der Besetzung der Rheinlande durch französische Truppen – auf seine Heimat übergriff. In einer ersten selbständigen Veröffentlichung (*Der Allgemeine Friede, ein Ideal*, 1797/98) zeigte er sich beeinflußt von Kant, Herder, Fichte, Rousseau und Condorcet. Die Schrift reflektierte G.' glühende, aber auch verschwommene Begeisterung für Freiheit, Gleichheit und Republikanismus. Eine Weltrevolution und die daraus erwachsende Völkerrepublik sollten den »allgemeinen Frieden« herstellen. Frankreich wurde von ihm als Zentrum und Ausgangspunkt dieser Entwicklung gesehen. Neben kosmopolitischen finden sich auch patriotische Vorstellungen. Den Deutschen, vor allem den Rheinländern, schrieb G. eine besondere Rolle in der Geschichte der Menschheit zu. Sie hätten sich ein Jahrzehnt vor der großen Revolution »theoretisch um die Cultur der Menschheit eben so verdient gemacht als Frankreich praktisch«. Die Hoffnung auf eine »Vollendung der Kultur zur höchsten Humanität« begründete auch G.s Mitarbeit an der »Koblenzer Adresse«, in welcher der »Patriotische Klub« der Stadt 1797 eine »Cisrhenanische Republik« propagierte, einen Staat unter dem Protektorat des revolutionären Frankreich. In einem *Glaubensbekenntniß* (veröffentlicht in seinem *Rothen Blatt*), mit dem G. antirepublikanischen Verdächtigungen entgegentreten wollte, präsentierte er ein staatsphilosophisches Stufenmodell. Die Revolution habe den »Despotism« abgeschafft, der auf die »Barbarey« gefolgt sei, schrieb G., und weiter heißt es: »Ich glaube, daß das Repräsentativsystem der Kultur unserer Zeit angemessen ist, und daß der Weltbürger die Pflicht auf sich hat, so viel an ihm liegt den Rückfall eines Staates, der dasselbe adoptirt hat, in die Despotische, oder das zu voreilige

versteigen desselben in die Demokratische Form zu verhindern.«
Ein Aufenthalt in Paris (November 1799 bis März 1800) leitete die erste ideologische Wende in G.s Leben ein. Als Beauftragter der Koblenzer Patrioten erreichte er die französische Hauptstadt wenige Tage nach dem Staatsstreich Bonapartes (9. November 1799 = 18. Brumaire). Tief enttäuscht mußte er feststellen, daß dieses Frankreich seinen Idealen nicht genügte. In einem Bericht (*Resultate meiner Sendung nach Paris im Brumaire des achten Jahres*, 1800) formulierte er mit Blick auf Napoleon seine These von der »unvermeidlichen Selbstzerfleischung der Volkssouveränität und absoluten Demokratie«, die über innenpolitische Wirren und außenpolitische Not schließlich zur Despotie eines einzelnen führen mußte.
Für mehr als ein Jahrzehnt zog G. sich nun aus der aktiven Politik zurück und lehrte Physik und Chemie an der Sekundarschule in Koblenz (1802–1806 und wieder ab 1808). Entscheidende geistige Eindrücke empfing er von einem zeitweiligen Aufenthalt an der Heidelberger Universität, wo der Privatdozent 1806–1808 mit einem erstaunlichen Lehrangebot auffiel (u.a. Philosophie, Ästhetik, Altdeutsche Literatur, Kosmologie, Psychologie und Hygiene). Auf der Suche nach neuer politischer Orientierung entdeckte G. in seinen Heidelberger Jahren Idealismus und Romantik für sich. Er stand in enger Verbindung mit Clemens Brentano, Bettina von Arnim und Georg Friedrich Creuzer. Die Hinwendung zu Schellings Naturphilosophie, zur organischen Gesellschaftslehre, zur Mythologie und zum Erbe des deutschen Mittelalters kennzeichneten seine allmähliche Loslösung vom Fortschrittsglauben und den Prinzipien der Aufklärung.
Die politische Virulenz dieser Wende zeigte sich, als G. im Zeichen der Befreiungskriege 1813/14 und der sich anschließenden Neuordnung Europas zu einem der einflußreichsten deutschen Publizisten wurde. Schon 1810, unter dem Eindruck der fehlgeschlagenen Erhebung Österreichs, hatte er in einem nur teilweise veröffentlichten Beitrag für Friedrich Christoph Perthes' *Vaterländisches Museum* die deutsche Uneinigkeit beklagt und eine auf Deutschland bezogene, nationale Gesinnung von Fürsten und Volk gefordert (*Ueber den Fall Teutschlands und die Bedingungen seiner Wiedergeburt*, 1810). Die Befreiung der Rheinlande von französischer Besatzung zur Jahreswende 1813/14 gab G. die Gelegenheit, diese Gedanken in großem Stil zu verbreiten. Protegiert von der preußischen Regierung Hardenberg, gründete er im Januar 1814 den *Rheinischen Merkur*, der in der Geschichte der politischen Publizistik einen epochalen und vielbeschriebenen Höhepunkt darstellt. G. kämpfte in diesem Blatt zwei Jahre lang für die Befreiung von Napoleon und für einen nationalen deutschen Verfassungsstaat unter der Führung Preußens und Österreichs. Berühmt geworden ist der in den Nummern 80 und 81 des *Rheinischen Merkurs* erschienene Artikel über *Die teutschen Zeitungen* (1. und 3.7. 1814), in dem sich beispielhaft das politische Selbstverständnis eines freien und kritischen Journalisten widerspiegelte. G. schrieb den Zeitungen – und ihren Machern – darin die Aufgabe zu, nicht nur »knechtisch« Tatsachen zu berichten, sondern auch zu urteilen und so als »Stimmführer« und Mittler zwischen Volk und Regierung zu fungieren. Diesen Anspruch werteten die auf ihr Meinungsmonopol pochenden Obrigkeiten bald als Kampfansage. Trotzdem betätigte sich G. auch nach dem Verbot seines *Merkur* (3. 1. 1816) und seiner Entlassung aus dem Schuldienst (April 1816) weiter politisch. In seiner »Adresse der Stadt Koblenz«, die er mit 5000 Unterschriften Staatskanzler Hardenberg bei dessen Besuch überreichte (12. 1. 1818), forderte er für die Rheinlande, die 1815 an Preußen gefallen waren (Wiener Kongreß) von der Regierung unter Hinweis auf gegebene Versprechen: eine konstitutionelle Verfassung mit ständischen Elementen, Pressefreiheit für den gelehrten Stand, eine Städteordnung mit freier Wahl der Beamten, öffentliches und mündliches Gerichtsverfahren mit Geschworenen- und Friedensgerichten, Dotation der katholischen und protestantischen Geistlichkeit, eine Gewerbe-Ordnung zur Regelung des Verhältnisses von Meistern und Gesellen und anderes mehr – eine eigenartige Mischung aus modernen und rückschrittlichen Auffassungen. In der Kampfschrift *Teutschland und die Revolution* (1819) billigte er die Motive – nicht die Tat – des Kotzebue-Mörders Karl Ludwig Sand, was einen Haftbefehl der preußischen Regierung zur Folge hatte. G. floh ins Exil nach Straßburg.
Sein unermüdliches Eintreten für den einigen deutschen Verfassungsstaat und sein Anspruch auf politische Teilhabe der Gesellschaft machten G. in den Jahren zwischen Wiener Kongreß 1815 und Karlsbader Beschlüssen 1819 mehr und mehr zum Feind der deutschen Obrigkeiten. Gleichwohl war er damals beileibe kein jakobinischer Revolutionär mehr und auch kein radikaler Unitarist und Republikaner vom Schlage eines Karl Follen. In seinem Denken standen vielmehr reichstraditionales und frühnationales Gedankengut ungeschieden nebeneinander. Wie etwa auch der Reichsfreiherr vom und zum Stein war er staatsrechtlich zunächst primär am Alten Reich orientiert, dessen Grundordnung er den neuen Verhältnissen anpassen wollte; unverkennbar ist auch der Einfluß der Ständeideologie Adam Müllers. Nicht die autonom entscheidenden Individuen konstituierten danach den Staat, sondern die organische Vielfalt der einzelnen Stände, denen jeder einzelne unlösbar angehöre. Auch wenn G. neben diesen Vorstellungen modernere Tendenzen zum Ausdruck brachte, lehnte er den individualistischen Vertragsstaatsgedanken ab. Nicht von ungefähr schrieb Friedrich Gentz im Oktober 1819 an Adam Müller: G. »mag sich sträuben wie er will, in der

Hauptsache ist er unser (...). Wer so über die Kirche, über das monarchische Prinzip, über das ständische Wesen usw. schreibt, kann nicht mehr zu den gemeinen Demokraten zurück«.

Im Straßburger Exil, das von einem mehrmonatigen Aufenthalt im Schweizer Aarau (Dezember 1820 bis Oktober 1821) unterbrochen war, fand G. schließlich über die Romantik den Weg zum Katholizismus. Er, der in seinem *Rothen Blatt* 1797 wie kein anderer über die »Pfaffheit« gewettert hatte, wurde ein bedingungsloser, ja militanter Vertreter des katholischen Glaubens. Die Motivation dieser Hinwendung läßt sich nicht auf den Punkt eines Erweckungserlebnisses bringen. Es war wohl am ehesten eine weitere Abkehr G.s von Subjektivismus und vom Rationalismus der Aufklärung. Deren Prinzipien verloren bei ihm mehr und mehr an Gewicht gegenüber dem Ziel einer harmonischen Einheit von Staat, ständischer Gesellschaft und Religion. Der Katholizismus schien dafür besonders geeignet. Zum Katholizismus konvertierte Romantiker wie Adam Müller, Friedrich Schlegel und G.' Freund Brentano zeigen, daß G. nicht allein stand. Seine Mitarbeit an der Zeitschrift *Katholik*, die er zeitweilig in eigener Regie führte, bestätigte G.s Konversion (1824-1827). Diese eröffnete ihm schließlich ganz maßgeblich den Weg nach München, wo er 1827 bis 1848 als Universitätsprofessor der »Allgemeinen und der Litterärgeschichte« lehrte.

Seine Berufung war ein Politikum, er selbst wurde zum Exponenten der Münchner Spätromantik, wollte die Spannung zwischen Glauben und Wissen durch eine neue katholisch-romantische Wissenschaft überwunden wissen. Die Zeitschrift *Eos* war zunächst G.s wichtigstes Publikationsorgan. Schließlich wurden unter seiner Mitwirkung die *Historisch-politischen Blättern* gegründet (1838), die sich zu einem Zentrum großdeutschen und katholischen Denkens entwickelten. Besonders bedeutsam war sein Eingreifen in den Mischehenstreit, der das Erzbistum Köln 1837/38 in Atem hielt und mit der Verhaftung des Erzbischofs Klemens August von Droste zu Vischering, eines katholischen Fundamentalisten, eskalierte. G.' Kampfschrift *Athanasius* (1838), die für den Erzbischof Partei ergriff, gilt als die »Gründungsurkunde des politischen Katholizismus« (Th. Nipperdey).

Körber, E.-B.: Görres und die Revolution. Husum 1986. - Raab, H.: Joseph Görres. Ein Leben für Freiheit und Recht. Auswahl aus seinem Werk, Urteile von Zeitgenossen, Einführung und Bibliographie. Paderborn 1978. - Wacker, B.: Revolution und Offenbarung. Das Spätwerk (1824-1848) von Joseph Görres - eine politische Theologie. Mainz 1990.

Wolfgang Piereth

Gottfurcht, Hans

Geb. 7. 2. 1896 in Berlin; gest. 18. 9. 1982 in Lugano

Das Leben G.s war von einer antileninistischen und antifaschistischen Geradlinigkeit, die sich in Zeiten eines gleichgültigen demokratischen Pluralismus nur schwer vermitteln läßt. Als Mitglied der USPD erlebte G. im Februar 1920 vor dem Reichstagsgebäude in Berlin das blutige Ringen um das Betriebsrätegesetz. G. wollte die wirtschaftliche Mitbestimmung, aber kein politisches Rätesystem, votierte also für das damalige deutsche Gesetz und stemmte sich gegen die Einführung einer leninistischen Räteverfassung, in der die Gewaltenteilung aufgehoben wurde, wie Lenin es in *Staat und Revolution* verlangte. Vier Jahrzehnte später präzisierte G. nochmals seine Haltung: »Um es ganz klarzustellen, während man das politische Rätesystem, Politik und Wirtschaft, Legislative und Exekutive in eine Hand legen wollte, wollten wir, die demokratisch Gesinnten, das wirtschaftliche Rätesystem vom Parlamentarismus trennen, und wir wollten den demokratischen Parlamentarismus als die Legislative und das Betriebsrätesystem wenigstens teilweise als eine ökonomische Exekutive sehen« (1959). G. wollte ein solches Demokratieverständnis langfristig wachsen lassen und sah eine Ursache für das unterentwickelte demokratische Bewußtsein in Deutschland durch allzu kurze Perioden demokratischer Regierungsform gegeben. Für ihn war Demokratie weniger eine Frage des Wechsels als vielmehr eine der Dauerhaftigkeit. Das hatte G. aus der langfristigen Entwicklung der englischen Demokratie gelernt.

G. stammte aus einer jüdischen Kaufmannsfamilie. Er konnte das Gymnasium besuchen, ging in die kaufmännische Lehre und trat 1913 der Sozialdemokratie bei. In der Berliner Parteischule konnte er u. a. Rosa Luxemburg hören. Er bekannte sich aus ethischen Gründen zum Sozialismus. Obwohl er für keinerlei Waffendienst tauglich war, mußte er im Weltkrieg zum Militär. Parteipolitisch wechselte er 1917 in die kriegsgegnerische USPD. Einmal ist er zusammen mit Ernst Däumig in einer Versammlung aufgetreten, blieb aber politisch zurückhaltend. Am 1. April 1919 begann G. seine Tätigkeit als Organisationssekretär für die Angestellten der Bekleidungsindustrie in Berlin. Zwei Jahre später avancierte er zum »Gauleiter« des »Zentralverbandes der Angestellten« (ZdA) mit Zuständigkeit für Berlin, Halle an der Saale und Köln am Rhein. Er arbeitete politisch eng mit Siegfried Aufhäuser zusammen, dem Vorsitzenden der sozialdemokratisch orientierten Angestelltengewerkschaften im Reich. Im Jahre 1924 konnte G. die »Machtergreifung« der Kommunisten im Berliner ZdA verhindern. Er trat in einer Kampfkandidatur gegen den Kommunisten Ernst Torgler an und setzte sich mit 151 gegen 139 Stimmen durch. Anschließend konnte G. die Mitgliederzahl von 16000 auf 40000 erhöhen. Die vergrößerte Mitgliedschaft verstärkte die Mehrheitsfähigkeit sozialdemokratischer Positionen im ZdA.

Mit Bitterkeit mußte G. beobachten, wie jüdische Gewerkschaftsfunktionäre im Zeichen des Anpassungskurses im Frühjahr 1933 aus den Freien Gewerkschaften verdrängt wurden. Nachdem Aufhäuser schon im März resigniert hatte, zog G. sich Ende April zurück, so daß er der Verhaftungswelle am 2. Mai 1933 entging und mit ordentlichen Entlassungspapieren eine Position als Versicherungsvertreter aufbauen konnte. Dazu gehörte das Recht, »Agenten« anzuwerben. Bei allzu penetranten Befragungen durch subalterne Nazi-Beamte zückte G. seinen alten Ausweis als »Gauleiter« und wurde respektvoll mit weiteren Fragen verschont.

Solche Köpenickiaden erleichterten seine Arbeit beim Aufbau einer illegalen Reichsleitung der Angestelltengewerkschaft, die er von 1933 bis zu seiner Ausreise 1938 betrieb. G. führte dabei den Decknamen »Glaser«, weil er an seiner starken Brille erkennbar war. Er unternahm insgesamt neun mehrwöchige Rundreisen mit Auslandsaufenthalten in Amsterdam, London, Brüssel und Kopenhagen. Dabei besuchte er Stützpunkte in Stettin, Rostock, Hamburg, Bremen, Düsseldorf, Erfurt, Leipzig, Dresden und Breslau. Sein deutscher Partner beim Aufbau der Widerstandsorganisation war Bernhard Göring, ein religiöser Sozialist, der in Berlin tätig blieb und weit über das Jahr 1938 hinaus Verbindungen zu G. unterhielt.

Nach einer vorübergehenden Verhaftung durch die Gestapo im Juli 1937 mußte G. seine Aktionen einschränken. Er flüchtete am 10. Juli 1938 nach London, wohin sein Vater schon lange Geschäftsbeziehungen unterhalten hatte und wo seine Schwester mit ihrer Familie bereits seit 1933 wohnte. Während Paris noch das Zentrum der deutschen Emigration bildete, konnte G. in London erste Strukturen schaffen, die als Auffangbecken der Auslandsleitung deutscher Gewerkschaften dienten, nachdem Dänemark und Frankreich besetzt waren und Fritz Tarnow aus Kopenhagen nach Stockholm flüchten mußte.

Von 1940 bis 1946 liefen die Fäden der emigrierten deutschen Gewerkschaftsfunktionäre aus aller Welt bei G. in London zusammen. So entstand eine Landesgruppe deutscher Gewerkschafter in Großbritannien mit 700 Mitgliedern, aus der das erste differenzierte Programm zum Wiederaufbau einer freien und demokratischen deutschen Einheitsgewerkschaft 1945 hervorging. G. arbeitete mit führenden britischen Labour-Politikern zusammen. Er kümmerte sich um den Zusammenschluß deutscher sozialistischer Parteien in einer »Union«. Er vertrat die deutschen Gewerkschaften in der »Rumpf-Körperschaft« des Internationalen Gewerkschaftsbundes. G.trat als deutscher Sprecher in den Sendungen der BBC auf und hielt Hunderte von Vorträgen in Kriegsgefangenenlagern, um für den Wiederaufbau einer deutschen Demokratie »nach Hitler« zu werben.

Vorurteile gegen den Emigranten, den Juden, den Angestellten und den »Geheimdienstmann« verhinderten den Einstieg G.s in eine führende Position der deutschen Gewerkschaftsbewegung nach dem Kriege. Er arbeitete deshalb von 1945 bis 1949 zunächst in einer Doppelfunktion als »Verbindungsmann« zwischen der deutschen und der britischen Gewerkschaftsbewegung. Nach Gründung des »Internationalen Bundes Freier Gewerkschaften« (IBFG) in Mailand 1949 wurde G. Leiter der Bildungsabteilung des IBFG und ab 1952 stellvertretender Generalsekretär mit Sitz in Brüssel. In dieser Funktion konnte er – ähnlich wie Johann Sassenbach zwischen den Kriegen – an der Entwicklung der gewerkschaftlichen Arbeiterdiplomatie arbeiten.

Nach seiner Pensionierung zog G. nach Königstein i. T. und lehrte kurze Zeit an der Akademie der Arbeit in der Universität Frankfurt/Main. Er schrieb eine große Geschichte der internationalen Gewerkschaftsbewegung von den Anfängen bis in die Gegenwart (*Die internationale Gewerkschaftsbewegung im Weltgeschehen*, Köln 1962). Darin bekräftigte er noch einmal seine Vorstellungen: »Die freien Gewerkschaften der Welt sind entschlossene Kämpfer gegen Kolonialismus, Rassendiskriminierung und gegen die verbliebenen Vorrechte der weißen Oberschicht; viele von ihnen sind auch Gegner der kapitalistischen Wirtschaftsordnung. Im Gegensatz zu den Kommunisten wollen sie aber den Völkern der Entwicklungsländer keine Heilsbotschaft bringen, sondern ihnen helfen, ihren Weg zu finden.« Es ging G. um die Befreiung der Völker und um die Befreiung ihrer Arbeiter zugleich. Er sah dazu keinen anderen Weg als den einer freiheitlichen und sozialen Demokratie.

Beier, G.: Schulter an Schulter, Schritt für Schritt. Lebensläufe deutscher Gewerkschafter. Von August Bebel bis Theodor Thomas. Köln 1983. – Löwenthal, R.; Mühlen, P.v.z.: Widerstand und Verweigerung in Deutschland 1933 bis 1945. Bonn 1982.

Gerhard Beier

Graf, Oskar Maria (eigentlich Oskar Graf)

Geb. 22. 7. 1894 in Berg am Starnberger See; gest. 28. 6. 1967 in New York

»Kann die Masse von egoistisch konkurrierenden besitzstarren Bauern und besitzgierigen Kleinbürgern, alle ›gefangen‹ in ihren schwitzenden, meistens stinkenden Leibern, in behaglichen oder unbehaglichen Gebräuchen, pfiffig und ungeschickt, wenig gebildet, verbohrt in ihre Aspirationen, jemals ein friedliches oder gar freies Gemeinwesen bilden? Schwerlich, aber wer denn sonst?«

Der »Provinzschriftsteller« und Weltbürger, Sozialist, Anarchist, der respektlose Spötter und Provokateur G. läßt sich nur dann als »Demokrat« vorstellen, wenn aus diesem Begriff alles Normative gestrichen wird. Nicht durch »Ausgleich« der Interessen, nicht durch Formalisieren auf eine mittlere Linie von Menschen- und Bürgerrechten läßt sich nach der skeptischen Einsicht G.s den Kriegen und dem Faschismus entkommen. Sondern höchstens, vielleicht einmal, durch rücksichtsloses Aufdecken der materiellen Bedürfnisse und psychischen Verletzungen sowie aller daraus folgenden Wildheit, Verhetzung und Aggressivität der Menschen untereinander. Daran hat G. kontinuierlich gearbeitet: mit Hilfs- und Rettungsvereinen und an Stammtischen, mit gehässigen Frozzeleien und als hingebungsvoller Freund, in Aufrufen aller Art und in seinen bissigen, spöttischen, entlarvenden, selbstentblößenden, bewundernden, gelassenen und verzweifelten literarischen Werken, darunter fünfundvierzig selbständige Publikationen (vor allem Romane, Sammlungen von Erzählungen, autobiographische Schriften, Betrachtungen).

Von zu Hause brachte G. eine bemerkenswerte Gutmütigkeit, Dienstwilligkeit und ein schon gewecktes Mißtrauen mit. Als neuntes von elf Kindern einer ganz in Arbeit aufgehenden Bauerntochter und eines erfolgreichen, bürgerstolzen Bäckermeisters wurde er mit zwölf Jahren Lehrling in der Konditorei, mußte viele Nächte durch schuften, wurde unvergeßlich geprügelt und konnte sich mit wüsten Kinderstreichen, mit selbstverfaßten Gedichten und Träumen von einer Erfinderlaufbahn nur mühsam abreagieren. Die psychische Macht, die Beständigkeit und die »Natur«-Verankerung der Katholischen Kirche hat ihn auf Lebenszeit beeindruckt, doch aller Respekt wurde ihm frühzeitig ausgetrieben, den »Humor« und den heimlichen »Nihilismus« des katholischen Glaubens entdeckte er mit zunehmender sarkastischer Zustimmung.

Nachdem er mit 17 Jahren aus dem Elternhaus geflohen war, um in München Schriftsteller zu werden, beeindruckten ihn die defätistischen oder (selten) sozialdemokratischen Kollegen in den verschiedenen Arbeitsstellen, die Anarchisten von Erich Mühsams »Tatkreis«, die Künstler und Lebenskünstler in Schwabing wie in Ascona, sein Freund Franz Jung, zudem von früh an die (vor allem erzählende) Weltliteratur, die illusionsdurchbrechenden bayrischen Schriftsteller, von den modernen Literaten erst die wilden, dann die starken ruhigen, am stärksten Tolstoi. Das zweite große Trauma trug er davon, als die vermeintlich sichere Zivilisation durch einen Weltkrieg dementiert wurde und als nicht nur die Sozialdemokraten, sondern auch die meisten seiner intellektuellen Freude (anfangs) den Krieg unterstützten. G. mußte, mit zwanzig Jahren eingezogen, allein seinen Weg aus dem Militärapparat suchen: durch zwei Irrenhäuser bis zur bescheinigten Dienstuntauglichkeit. Er wurde zum Pazifisten – dies Zeit seines Lebens – und Skeptiker gegenüber allen politischen Programmen. An der Novemberrevolution beteiligte er sich begeistert, vor allem lautstark, an der Münchner Räterepublik nur mit innerer Reserve, am Aufbau der ersten deutschen Republik höchstens durch radikalsozialistische Forderungen und durch persönlich überzeugende Beiträge zum Zusammenhalt zwischen Künstlern und Arbeitern, vor allem in Festen und Lesungen, 1920 bis 1921 auch als »Dramaturg« einer »Neuen Bühne« für Arbeiter. Sein »Jung-Münchner Kulturbund«, 1926 bis ca. 1928, kämpfte gegen die Reaktion und erstaunte die Münchner durch absurd anmutende Happenings.

Als »unabhängiger Sozialist«, 1929 bis 1940 den Kommunisten am nächsten stehend, forderte G. die Arbeiterparteien immer wieder auf, dem Willen ihrer Mitglieder zur Einheitsfront gegen die faschistische Barbarei nachzugeben. Den Nazis verhaßt, doch von einigen ihrer Kulturpolitiker umworben, emigrierte er im Februar 1933 nach Wien und zeigte der Weltöffentlichkeit in seinem Offenen Brief *Verbrennt mich* (zwei Tage nach der Bücherverbrennung), in welchem Ton ein einzelner, der für viele stand, den mordbereiten »Braunen« entgegentreten konnte. Im weiteren Exil in Brünn (neun Wochen in der Sowjetunion) und von 1938 bis zum Lebensende in New York, suchte er die zersplitterte Emigration lose zu organisieren (am intensivsten als Vorsitzender der »German American Writers Association« 1938 bis 1940). Sein wichtigstes Aufgabengebiet fand er unter den früheren, noch Deutsch sprechenden Emigranten in der CSR und in den USA. Enttäuscht von der Nachkriegspolitik der Alliierten und der deutschen Teilung, wußte G. im Alter nicht, wohin er hätte »zurückkehren« sollen. Er blieb ein Mahner und Warner von außen, entsetzt über die immer noch stattfindenden Kriege, bei aller Hochachtung vor der Großzügigkeit der amerikanischen Gesellschaft, empört über die Rassenpolitik seines Gastlandes. Dem Krieg und der Atombombe setzte er eine politische Utopie der »Erben des Untergangs« entgegen: strikte Dezentralisierung und eine Welträteregierug, gestützt auf »die Stillen«. Später, wenig beachtet, sporadisch sich dagegen auflehnend, entwickelte er sein Ideal der »Mittelmäßigkeit« als der zuverlässigsten Garantie der Gleichheit und Verträglichkeit aller. Mit den *Altmodischen Gedichten eines Dutzendmenschen* erfüllte er sich einmal seine lebenslängliche Wunschvorstellung: Künstlerische Werke sollten anonym erscheinen.

Sein Leben lang, von Werk zu Werk suchte G. die Erfahrung seiner Jugend zu verarbeiten, daß die Revolution gescheitert war. Die Massen (oder schon die Individuen) und die Machtverhältnisse in diesem Jahrhundert in Europa (selbst zu Zeiten starker Diskreditierung der Macht) waren nicht so, daß die spontane Bewegung vieler Menschen Herrschaft hätte abschütteln können, ohne daß die vielen sich verliefen, ohne daß Führer aller Art mit eigenen Herrschaftsgelüsten die Bewegung kanalisierten und die Reaktion sie schließlich zerschlug. In seinem berühmtesten frühen Werk *Wir sind Gefangene* (1927) zeigt G. schonungslos an der eigenen Person, daß er, obgleich ganz einig mit den aufbegehrenden Massen, nicht klüger als sie, doch zu »verworren« in sich, zu fahrig, allzu fixiert auf eigensinnige Teilziele war, als daß er am Kampf seiner »Brüder«, der Arbeiter, wirksamer hätte teilnehmen können. In den späteren autobiographischen Werken bis zu *Gelächter von außen* (1966) verschärft er die Selbstkritik und die skeptische Analyse des revolutionären Impulses selbst.

In über vierhundert kleinen und gut einem Dutzend großen literarischen Sozialstudien fragt G. zornig, lachend oder sarkastisch, was die Menschen seiner Heimat oder seiner städtischen Umgebung so subaltern, desinteressiert an anderen, unfähig zur Autonomie, also auch zur Souveränität in einer Demokratie macht. Er schreibt von den Leidenden oder Opfern aus und grübelt über die Motivation der herrischen oder gierigen oder ihrerseits unter Druck gesetzten Täter. Die Kälte, die Härte, die absurd wirkende Aushöhlung der Lebensverhältnisse stellt er in starken Geschichten (*Finsternis*, 1926) seinen Leserinnen und Lesern hautnah vor. Von den *Kalendergeschichten* (1929) bis zu den *Mitmenschen* (1950) schafft er auch Einverständnis mit den Menschen in ihren beraubten, verkrüppelten oder mutwillig verbogenen Lebensläufen. *Das Leben meiner Mutter* (1940) exponiert auf sechshundert Seiten das nichts als dienstbare Leben einer Hausfrau und Mutter auf dem Dorf und rätselt über die schwer begreifbare Zufriedenheit dieser Frau. Das allseits schmunzelnd Beliebte, das Liebesleben auf dem Lande, ist von lauter Tücken umgeben, von gewagten Erfindungen und Degradierungen durchsetzt (*Das bayrische Dekameron*, 1928); ein Ehemann ruiniert sich selbst, indem er sein Eheglück zu seinem ein und alles zu machen sucht (*Bolwieser*, 1931); ein Kriegsheimkehrer wird zum wölfisch radikalen Einzelgänger und Verbrecher, der schließlich den eigenen Tod suchen muß (*Einer gegen alle*, 1932). Gegenüber dem Faschismus ist der Rückzug auf sich selbst besonders prekär. Er kann einen strikt auf dem eigenen Kopf bestehenden »Philosophen« zum Mitläufer (*Anton Sittinger*, 1937) oder einen Exponierten trotz aller Vorsicht zum Opfer machen (*Unruhe um einen Friedfertigen*, 1947).

Der niemals auszurottende Drang nach Freiheit macht sich in vielen kleinen Akten oder nur Gesten Luft. Er ist selten erfolgreich, oft nur hektisch, wie ein Raptus: ohne Rücksicht auf andere, ohne Gedanken an die Kosten und den Zustand danach (»nur losgehen!«, »frei werden oder krepieren!«). Doch bliebe laut G. die Würde der Menschen ohne diesen Drang hohl. Zur Beförderung der Gleichstellung der Menschen tragen G.s Geschichten dadurch bei, daß sie in vielen Varianten die Lust an anderem, fremdem, sonderbarem Leben höchst lebhaft hervorrufen. Die Toleranz gegenüber allen anderen, wie sie auch seien, wird so breit und behäbig, so ungeniert, neugierig oder weise ausgespielt, als sollten noch die raufllustigsten Bauernburschen einfach bleiben, wie sie sind. Nehmen wir dagegen die mißtrauische, »respektlose«, sarkastische und unablässig bohrende Art des Zusehens (Zupackens) bei ihrem vollen Gewicht, so erhalten wir eine Fülle von Aufschlüssen und Problematisierungen über das vielteilige, von Widersprüchen zerrissene Subjekt einer jeden Demokratie.

Bauer, G.: Gefangenschaft und Lebenslust. Oskar Maria Graf in seiner Zeit. München 1987. – Dietz, W., Pfanner, H.F.: O.M. Graf. Beschreibung eines Volksschriftstellers. München 1974. – Pfanner, H.F.: Oskar Maria Graf. Eine kritische Bibliographie. Berlin u. München 1976. – Recknagel, R: Ein Bayer in Amerika. Oskar Maria Graf. Leben und Werk. Berlin 1974.

Gerhard Bauer

Grimme, Adolf

Geb. 31. 12. 1889 in Goslar/Harz; gest. 27. 8. 1963 in Degerndorf/Bayern

G., der 1908–14 an den Universitäten Halle, München und Göttingen Philosophie und Germanistik studierte, empfand sich stets als Schüler Edmund Husserls. Seine ganze »Lebensrichtung«, schrieb er 1929 an Husserl, sei stark von den Begegnungen bestimmt worden, die er in der Vorkriegszeit mit dem Begründer der phänomenologischen Schule in Göttingen haben durfte. 1933, als Husserl unter dem nazistischen Rassenwahn leiden mußte, bekannte sich G. erneut zu seinem Lehrer und betonte, dieser habe den »Geist des Materialismus am nachhaltigsten und radikalsten philosophisch überwunden«. Aus der Beschäftigung mit dem Dichter Christoph Martin Wieland wurde er durch den Ersten Weltkrieg herausgerissen.

Als Studienassessor in Leer (Ostfriesland) trat er 1919, »orientiert am Ethos eines Friedrich Naumann«, der Deutschen Demokratischen Partei (DDP) bei, ohne seine »parteibetriebsfremde Haltung« aufzugeben. Bald mußte er erkennen, die DDP sei »nichts als der alte scheuklappige parteifanatische und egoistische Freisinn«. Um über »die bloße Stimmzettelentscheidung als Demokratie« hinauszukommen und um einer »liberalen Sozialaristokratie« zum Sieg zu verhelfen, wandte er sich der Deutschen Volkspartei (DVP) zu. In einem Aufsatz mit dem Titel *Von der »Demokratie« zur Demokratie* im *Hannoverschen Kurier* vom 10.6. 1920 markierte er seine Position. Demokratie dürfe nicht im Formalen steckenbleiben, sondern müsse sich inhaltlich entfalten.

Der Mord an Walther Rathenau im Jahre 1922 veranlaßte ihn zum Eintritt in die SPD (29.11. 1922). Der Ortsgruppe der SPD in Hannover, wo er seit 1919 als Studienrat tätig war, teilte er mit, seine Wendung zum Sozialismus sei »aus religiösen Einsichten« erfolgt. Wesentlich für seine innere Entwicklung war die Teilnahme an einer Tagung der religiösen Sozialisten in Hannover, wo er mit Carl Mennicke und Alexander Rüstow vom »Berliner Kreis« um Paul Tillich zusammenkam, aber auch Günther Dehn traf und von Emil Fuchs »unvergeßlich beeindruckt« wurde. Die idealistische Verwurzelung von Fuchs, wie sie in seinem Frühwerk »Vom Werden dreier Denker« zum Ausdruck kam, dürfte dabei von entscheidender Bedeutung gewesen sein.

G.s Hauptinteresse galt der Pädagogik. »Eine Zielsetzung für die neue Schule« versuchte er in dem Werk *Der religiöse Mensch* (1922) zu geben. Sein eigenes pädagogisches Wirken war durch einen »›ganz anderen‹ Stil des Unterrichts und des Umgangs mit der Jugend« gekennzeichnet. Dieses wollte er auf der Linie des von Paul Oestreich 1919 gegründeten »Bundes entschiedener Schulreformer« zum Allgemeingut machen (»Lebensschule« statt »Lernschule«).

Auch in den sozialdemokratischen Parteibetrieb fand er sich nur zögernd. Die auf Stellungen im Provinzialschulkollegium in Hannover (1923/24) und als Oberschulrat in Magdeburg (1925–27) folgende Ernennung zum preußischen Kultusminister (1930), auf die er allerdings durch die Tätigkeit als Ministerialrat im Kultusministerium und als Vizepräsident des Berliner Provinzialschulkollegiums vorbereitet war, ging auf den persönlichen Eindruck zurück, den er auf den preußischen Ministerpräsidenten Otto Braun machte.

Der Sammelband *Auf freiem Grund mit freiem Volk* (1932) zeigte den Geist von G.s Amtsführung. Außer auf Goethe rekurrierte er namentlich auch auf Lessing. Eine entschlossenere Haltung nahm G. beim »Fall Dehn« ein. Günther Dehn, der wegen einer antimilitaristischen Rede seine Heidelberger Professur nicht antreten konnte, wurde 1931 von G. nach Halle berufen – eine Entscheidung, die gegen den Terror nationalsozialistischer Studentengruppen durchgesetzt werden mußte. An seinen Vorgänger im Amt, Carl Heinrich Becker, schrieb G. unter Hinweis auf den um 10 Jahre zurückliegenden Austritt Dehns aus der SPD: »Deprimierend, wie unzugänglich für die tatsächlichen Zusammenhänge diese Studentengeneration ist, die munter nach wie vor Dehn als Sozialisten beschimpft, während sie eigentlich Anlaß hätte, anzuerkennen, daß sich ein sozialdemokratischer Kultusminister nicht gescheut hat, einen Renegaten, der charakterlich einwandfrei und in der Sache tüchtig ist, auf einen Lehrstuhl zu berufen, was ihm in den Kreis seiner eigenen Parteigenossen Freunde einzutragen ganz und gar nicht geeignet war.«

Als 1933 G.s Absetzung erfolgte, entschloß er sich, in Deutschland zu bleiben: Es sei, so teilte er Husserl mit, »nicht gleichgültig, von welchem geographischen Standpunkt aus – denn er ist nie nur geographisch – der Einzelne der Zeit und dem schicksalsmäßigen Geschehen begegnet«. G. fühlte sich in einem emphatischen Sinne als Deutscher und verpflichtet, die »deutsche Ehre« zu wahren und zu retten. Eine intensive politische Zusammenarbeit (so seine eigene Aussage) verband ihn bald nach 1933 mit dem radikalen Marxisten Adam Kuckhoff. Kuckhoff, Schriftsteller und Dramaturg, von G. als »echter deutscher Dichter« gepriesen, gehörte dem kommunistischen Widerstand an. In Verbindung mit Arvid Harnack und Harro Schulze-Boysen baute er die Widerstandsgruppe auf, die von der Gestapo den Namen »Rote Kapelle« erhielt. G. hat das Andenken an Kuckhoff, den »menschlich so großen Freund«, und Harnack, den »hochbegabten Neffen des großen Theologen Harnack«, immer hochgehalten, nachträglich jedoch von der »tiefen Tragik des echten Deutschen in der Hitlerzeit« gesprochen: »Man konnte nicht wünschen, daß Deutschland den Krieg verlor, aber man konnte auch nicht wünschen, daß Hitler den Krieg gewann«. Als die »Rote Kapelle« enttarnt war und ihren Mitgliedern der Prozeß gemacht wurde, wurde auch G. verurteilt (am 3.2. 1943): zu drei Jahren Zuchthaus und Verlust der bürgerlichen Ehrenrechte auf drei Jahre wegen »Nichtanzeige eines Vorhabens des Hochverrats« – ein Urteil, das beweist, daß Nazi-Ankläger Manfred Roeder keine Mitwirkung G.s bei den Funkkontakten nach Moskau unterstellte. Die Zweideutigkeit, mit Kommunisten der Moskauer Linie im Widerstand gewesen zu sein, faßte G. 1951 : »Ein Sieg Hitlers hätte Europa in das gleiche Zuchthaus verwandelt, das heute an der Elbe beginnt und bis an den Stillen Ozean reicht.«

1945, mit einem Gewicht von 51 kg und Hungerödemen aus dem Zuchthaus befreit, stürzte sich G. sofort in die politische Arbeit. Im Oberpräsidium in Hannover (1945/46) und in der Funktion des niedersächsischen Kultusministers (1946–48) war er intensiv am demokratischen Neuaufbau beteiligt. Als Generaldirektor des Nordwestdeutschen Rundfunks (NWDR) (1948–1956) stellte er nicht nur die Weichen auf die ARD hin, sondern er leistete auch einen entscheidenden Beitrag zur demokratischen Medien-Gestaltung (der Adolf-Grimme-Preis hält sein Andenken in dieser Hinsicht wach).

Die geistige Grundlage für sein Wirken legte G. in einem ausführlichen Werk näher dar, das unter dem Titel *Sinn und Widersinn des Christentums* erst 1969 (posthum) erscheinen konnte. G., der das Manuskript hauptsächlich in der erzwungenen Untätigkeit der Nazijahre abgefaßt hatte, entwickelte hier Gedanken weiter, die sich schon in seinem Frühwerk *Der religiöse Mensch* von 1922 andeuteten.

G.s Hauptthese lautete, der Sozialismus, als »religiöser Humanismus« verstanden, stehe »zwei Fronten« gegenüber: der »Weltanschauung« des »Marxismus« einerseits und andererseits »jener Unverpflichtetheit der ›falschen Innerlichkeit‹ der Religion, die nicht vom Evangelium der Allherrschaft des Logos her geprägt ist«. Mit Gustav Landauer, dessen Aufruf zum Sozialismus von 1919 er zitierte, wandte sich G. gegen eine vom »Marxismus« geltend gemachte »Allmacht des ökonomischen Interesses«, die die »Pest unserer Zeit und Fluch der sozialistischen Bewegung« sei. Im Marxismus trete »mit ›grobem Hochmut‹ und einem Anspruch auf Ausschließlichkeit wie je nur eins der Kirche dem ›Geist‹ das Dogma gegenüber«.

Umgekehrt jedoch liege das Versagen der Kirche darin, daß sie es versäumt habe, das »Insgesamt des Materiellen« vom Geist durchdringen und der Herrschaft des Logos unterstellen zu lassen, es zu christifizieren. Der Sozialismus dagegen habe sich »nichts Geringeres als die ›Erlösung‹ jedes Menschen aus der Versklavung an das Materielle« zum Ziel gesetzt. Wie einst Hermann Kutter (*Sie müssen*, 1903), so verstand G. den – ideal gefaßten – Sozialismus als einen »abseits von dem Raum der Kirche inmitten der von ihr verpönten ›Welt‹ durch das Gestein des Materiellen hindurchgebrochenen sakralen Strom« – freilich in entschiedener Abwehr des Sowjetsystems, das ein »System der Konzentrationslager, der Rechtswillkür und zum Monopol erhobenen Weltanschauung« sei. Trotz der Erkenntnis, daß eine sozialistische Gesellschaftsentwicklung »neue Gefährdungen« einschließen werde, wollte G. bis ins Alter (unter pointierter Bezugnahme sowohl auf das Johannesevangelium wie auf den Jakobusbrief) daran mitwirken, daß »dereinst die Erde Gottes Ort« werde.

Oschilewski, W. G. (Hg.): Wirkendes, sorgendes Dasein. Begegnungen mit Adolf Grimme. Berlin 1959.

Arnold Pfeiffer

Grossmann, Gustav Friedrich Wilhelm

Geb. 30. 11. 1743 in Berlin; gest. 20. 5. 1796 in Hannover

Schon in seiner Jugend hatte der gebildete G., Sohn eines armen Schulhalters, Interesse am Theater. Zunächst wurde er Sekretär eines Legationsrates in Danzig. 1772 aber – knapp dreißig Jahre alt – quittierte G. den Dienst und kehrte nach Berlin zurück, wo er sein erstes (unvollendetes) Drama *La prison* in französischer Sprache schrieb und im selben Jahr Lessings *Minna von Barnhelm* (1767) ins Französische übersetzte. Er folgte damit auf schriftstellerischer Ebene einer im Königreich Preußen eingebürgerten Manier: Am Hof Friedrichs II. schätzte man alles Französische, nicht nur die Sprache, sondern auch die Mode, die Eßkultur, die Umgangsformen, kurz den französisierenden Lebensstil – und dies auch im gehobenen städtischen Bürgertum. 1774 reiste er nach Gotha, wo er die Bühne des berühmten Theaterprinzipals Konrad Ekhof besuchte und auf dessen Wunsch hin dort als Schauspieler debütierte. G. blieb vier Jahre, avancierte zum Leiter der Schauspielschule, verfaßte Theaterkritiken und bearbeitete Stoffe in fremder Sprache: Darunter waren Werke von Beaumarchais und Shakespeare.

1778 wurde er als Theaterdirektor nach Bonn berufen. Von nun an wollte G. Stücke aufführen, die eine antifeudale Stoßrichtung hatten. Die Aufführung des *Julius von Tarent* von Johann Anton Leisewitz im Jahre 1780 hatte eine Beschwerdeschrift des kaiserlichen Gesandten von Roethlein zur Folge, der es nicht duldete, daß Geistliche mit einem Glas Wein in der Hand auf der Bühne auftraten. Die Aufführung wurde für lange Zeit verboten.

G. nahm aber den Kampf wieder auf und bemühte sich um eine Reform der deutschen Bühne im Sinne Lessings: Gründung einer festen Bühne, Aufnahme der deutschen Stücke. Mit einer von ihm geleiteten Schauspieltruppe in Frankfurt am Main (seit 1784) hoffte er zu erreichen, was Lessing in Hamburg 1767 bis 1770 vergeblich versucht hatte: ein deutsches Nationaltheater zu schaffen. Daneben übernahm er die Direktion des Mainzer Theaters und übertrug seiner Frau – G. war seit 1774 mit der Schauspielerin Caroline Sophie Auguste Hartmann aus Gotha verheiratet – die Leitung des Theaters in Bonn. Es gelang ihm, Beaumarchais' antifeudale Komödie *Der lustige Tag oder Figaros Hochzeit* 1785 in Frankfurt am Main und 1786 in Mainz aufzuführen.

G. stand in Verbindung mit den Schriftstellern Gottfried August

Bürger und Adolph Freiherr von Knigge. Die Emanzipation des Bürgertums, die Machtinteressen absolutistischer Fürsten wollte G. als Themen auf die Bühne bringen. Die Wahl seiner Stücke zeigt emanzipatorischen Geist. Er schätzte Lessing und tat alles, um sein Werk einer breiten Öffentlichkeit vorzustellen. G. warb Subskribenten für Gottfried August Bürgers Gedichte. Er verteidigte Goethes Schauspiel *Götz von Berlichingen* (1773), das durch die Beschäftigung des Dichters mit Shakespeare angeregt worden war, gegen französisierende Hofgesellschaften. 1784 führte er *Kabale und Liebe* von Friedrich Schiller auf, mußte aber die Szene streichen, in der Schiller den Soldatenhandel deutscher Fürsten kritisierte.
Nach der Französischen Revolution vertrat G. seine Ideale offensiver: 1791 übersetzte er ein Stück des französischen Verfassers Etienne François Duc de Choiseul-Stainville *Le royaume d'Arlequinerie, ou Arlequin, prince héréditaire, devenu homme d'esprit par amour*, das Verachtung gegenüber dem Ancien Régime ausdrückte. G. hatte die Absicht, das Stück in Hannover unter dem Titel *Papa Harlequin, König, und Söhnchen Harlequin, Kronprinz* aufzuführen. Die Übersetzung war ebenso satirisch wie das Original und mußte in Hannover Anstoß erregen, da der damalige Landesherr und englische König, Georg III., Gegner der Französischen Revolution war. Das Stück wurde als Pasquill auf die französische Monarchie interpretiert und daher die Aufführung von der Zensur abgesetzt.
Von nun an war G.s Arbeit der ständigen Vorzensur unterworfen. Finanzielle Schwierigkeiten zwangen ihn, 1792 nach Bremen überzusiedeln. Privat bekannte er sich zu den Ideen der französischen Revolution, fand die Hinrichtung Ludwig XVI. gerecht und den Interventionskrieg Österreichs und Preußens gegen Frankreich 1792 schändlich. G. griff ab 1793 die Privilegien des Adels und die Institution der Fürsten auch in seinen dramaturgischen Schriften an.
Am 3. Februar 1795 führte er in Hannover das Stück auf *Wer wird sie bekommen? Ein Lustspiel in einen Aufzuge; von einem Soldaten.* Von einem Soldaten geschrieben, war es 1780 in Wien veröffentlicht worden. G. bearbeitete und aktualisierte es. Insbesondere hob er die Klagen der Bauern über den Krieg und die Sehnsucht nach sich Frieden hervor und stellte Fragen über Sinn und Zweck der Rekrutierung. Bei der Premiere verspottete G., zur Loge der anwesenden Herzogin Amalie von Braunschweig gewandt, den englischen König, ihren Bruder (der bereits Spuren von Geisteszerrüttung zeigte und später wahnsinnig wurde), als Esel. Es kam zum Skandal. Aufgefordert, sich zu entschuldigen, rechtfertigte sich G. in einer langen Schrift und verwies darauf, daß freie Schriftsteller ihre Meinung kühn ausdrückten. Danach wurde er verhaftet und eingekerkert.
Da er im Gefängnis weiterschrieb, wurden ihm Feder und Tinte entzogen und jeder Besuch verboten. Man versuchte sogar zu beweisen, daß er geisteskrank sei. Erst als G. an Schwindsucht erkrankte, wurde er am 12. April freigelassen. Schreiben und jegliches Theaterspiel waren ihm indes verboten. Erst am 5. Dezember 1795 übertrug man ihm wieder die Leitung der Bühne in Hannover, aber unter Bedingungen, die er nicht ertrug. Er starb am 20. Mai 1796.

Wolter, J.: F.W. Grossmann. Ein Beitrag zur deutschen Literatur- und Theatergeschichte des 18. Jahrhunderts. Bonn 1910. – Steiner, G.: Jakobinerschauspiel und Jakobinertheater. Stuttgart 1973.

Marita Gilli

Grotjahn, Alfred

Geb. 25. 11. 1869 in Schladen (Harz); gest. 4. 9. 1931 in Berlin

Seine Herkunft aus einer Ärztefamilie zeichnete G. die Wahl des Arztberufes vor. Jedoch war G.s Medizinstudium in Greifswald, Leipzig, Kiel und Berlin von 1890 bis 1896 von seiner schon früh gehegten Vorliebe für die Sozialwissenschaften geprägt. Angeregt durch seinen Schulfreund Albert Südekum, den späteren SPD-Reichstagsabgeordneten und preußischen Finanzminister, widmete G. sich sozialistischer und pazifistischer Literatur und wurde zum »Sozialisten eigener Prägung«. Als Student las er Karl Marx, Friedrich Engels, Karl Kautsky und Franz Mehring und engagierte sich in der Sozialdemokratie nahestehenden Studentenvereinigungen. 1893 gewann er in Berlin Anschluß an einen Kreis sozialistischer Studenten und machte dort die Bekanntschaft von August Bebel, Wilhelm Liebknecht und Otto Wels. Zum nationalsozialen Gedankengut Friedrich Naumanns und dem 1903 auf dem Dresdner Parteitag unterliegenden Revisionismus hingezogen, kritisierte G. den Sozialismus marxistischer Prägung und den inneren Widerstreit der SPD zwischen Revolution und Reform. Zudem fühlte er sich als sozialdemokratischer Akademiker in der SPD nicht genügend repräsentiert und kam so 1901 zu folgender Beurteilung seines Verhältnisses zur Partei: »Ich schätze sie noch als den Idealkreis meiner Jugend, aber ich gehöre ihr nicht mehr mit dem Verstande an«.
1896 ließ G. sich als praktischer Arzt in einem Berliner Arbeiterviertel nieder und gewann in 20jähriger Praxistätigkeit Eindrücke von der gesundheitlichen Lage der deutschen Großstadtbevölkerung. Diese beeinflußten G.s sozialhygienische Auffassungen, für die er sich als wissenschaftlicher Schriftsteller selbst ein Forum schuf. Neben zahlreichen kleineren Schriften veröffentlichte G. die umfangreichen Werke *Der Alkoholismus* (1898), *Krankenhauswesen und Heilstättenbewegung* (1908), *Soziale Pathologie* (1912) sowie

Geburtenrückgang und Geburtenregelung (1914). Er bemühte sich um eine soziologische Ausdeutung des Begriffs »Sozialhygiene«, d.h. der Beschäftigung mit allen Beziehungen zwischen Gesundheit und Krankheit des Menschen und der soziokulturellen Umwelt. Sozialhygiene wurde somit zur entschiedenen gesellschaftsrelevanten Wissenschaft: »Der Arzt als Hans Dampf in allen sozialpolitischen Gassen«, als gesundheitspolitischer Avantgardist – dies war G.s Ideal. Er sah sich dabei in der Tradition »politischer Ärzte« wie Rudolf Virchow und Salomon Neumann.

Einflußreiche Mediziner, namentlich der Berliner Fakultät lehnten die Einführung des neuen Fachgebietes ab. Dennoch errang G. 1912 mit der Ernennung zum Privatdozenten mit Lehrauftrag für Sozialhygiene einen ersten Erfolg und wurde 1920 der erste deutsche Ordinarius für Sozialhygiene, die sich damit im Kanon medizinischer Fachdisziplinen etablierte. 1915 bis 1920 lernte G. zusätzlich als Medizinalbeamter der Stadt Berlin die alltäglichen Probleme der öffentlichen Gesundheitspflege kennen.

Bis 1918 auf Distanz zur Sozialdemokratie, änderte G. nach dem Zusammenbruch des Kaiserreichs seine Haltung. Er fühlte sich »völlig eins mit den Mehrheitssozialisten« um Friedrich Ebert und Philipp Scheidemann, die für ihn »echtes Nationalgefühl mit demokratischem Wollen« verbanden. 1919 ließ sich G. als Mitglied der MSPD eintragen (Mehrheitssozialisten im Vergleich zu der im April 1917 als Abspaltung von der SPD gegründeten »Unabhängigen Sozialdemokratischen Partei Deutschlands«, USPD). Er sah die Möglichkeit, im Gesundheitswesen des neuen demokratischen Staates die Reformen, die seine Sozialhygiene als normative Wissenschaft forderte, zu verwirklichen.

Die »Sozialisierung des Gesundheitswesens« war die Triebfeder für G.s sozialistisches Bekenntnis und sein politisches Engagement. 1921 bis 1924 war G. »ärztliches Mitglied« der SPD im Reichstag. Sein gesetzgeberischer Erfolg war bescheiden, doch repräsentierte er das Mitspracherecht des Gesundheitsexperten im modernen Sozialstaat. Maßgeblich beteiligte G. sich an der Ausarbeitung des gesundheitspolitischen Teils des SPD-Programms von 1922. Kein herausragender Repräsentant seiner Partei, sprach G. sich bewußt für den »Durchschnittsabgeordneten« aus und wollte seine »Erinnerungen an unzählige Stunden bleierner Langeweile« im Reichstag nicht als Kritik am Parlamentarismus verstanden wissen.

Enttäuscht von der Wiedervereinigung mit der USPD und nicht zuletzt aus beruflichen Gründen ließ er sich nicht wieder als Kandidat aufstellen. Wohl verpflichtete er sich der internationalen Gesundheitspolitik als Mitglied der Hygienesektion des Völkerbundes.

Vor allem widmete G. sich nun der »Eugenik«, die ihm schon immer wesensmäßiger Bestandteil seiner Sozialhygiene gewesen war. Als Teil der allgemeinen biologistischen und kulturpessimistischen Strömung befürworteten Eugeniker wie G. eine »Rationalisierung der menschlichen Fortpflanzung« als Gegenprogramm zum Geburtenrückgang und zur befürchteten qualitativen »Entartung« der Bevölkerung. Öffentliche moralische Aufwertung der Elternschaft, wirtschaftliche Bevorzugung Kinderreicher, insbesondere solcher, von denen eine »vollrüstige Nachkommenschaft« zu erwarten sei, Verhinderung der Fortpflanzung »Erbkranker« durch Asylierung, Sterilisierung und Kontrazeptiva: dies waren Forderungen G.s.

G.s von rassistischen Aspekten freies eugenisches Programm – und sein Verhältnis zur rassenhygienischen Ideologie der Nationalsozialisten ist im Rahmen der medizin- und ideengeschichtlichen Sozialdarwinismus- und Biologismus-Forschung so umfangreich wie kontrovers analysiert worden. Es in unmittelbare Relation zu setzen zur furchtbaren Realität des nationalsozialistischen Erbgesundheitswahns, könnte allenfalls vordergründig legitim erscheinen, G. als Vorkämpfer dieser Ideologie zu betrachten, jedoch nicht.

Nach G.s plötzlichem Tod im September 1931 und nach der Machtergreifung 1933 wurde der Sozialhygiene in Deutschland als Disziplin zunächst ein Ende bereitet. G.s Schüler, viele von ihnen Juden und nahezu ausnahmslos der politschen Linken nahestehend, konnten das Lebenswerk ihres Lehrers nur über wenige Jahre hinweg fortsetzen. Politisch verfolgt und ins berufliche Abseits gedrängt, blieb vielen nur der Weg in die Emigration.

G. nannte sich einmal einen »Sozialisten aus Glaube, Liebe, Hoffnung«. Aufgewachsen im Kaiserreich, als Student sich »radikal« und revolutionär» gebend, wurde er später zu einem sozialdemokratischen Repräsentanten der Weimarer Republik. Demokratie bedeutete für ihn die Möglichkeit zur evolutionären Veränderung. Gleichheit war für G. gleiches, staatlich garantiertes Recht auf Gesundheit und Gesundheitsversorgung. Freiheit endete für G. dort, wo der einzelne seiner »nationalen Pflicht« zur Nachkommenschaft genügen mußte. Die Vision vom »hygienischen Zukunftsstaat« mit der Sozialhygiene als Lösung aller gesellschaftspolitschen Fragen glaubte G. am ehesten in einem sozialistischen Staat verwirklichen zu können. Daß ihn sein eugenisches Programm in gefährliche Nähe zur rechten politischen Strömung rückte, mag die Tragik seines Lebens gewesen sein. Kontrovers war auch die Wertung nach Jahrzehnten der Vergessenheit. Die Geschichtsschreibung der DDR polarisierte G. einerseits als »Bestandteil humanistischer, progressiver Bestrebungen«, zum anderen als »Vorläufer des Nationalsozialismus«. G. war gewiß kein marxistisch geprägter Sozialist, er verstand sich als bürgerlichen, konservativ und national gesinnten Sozialdemokraten. Sicher ist es gerechtfertigt, ihn als ersten Sozialmediziner moderner Prägung zu sehen.

Kaspari, C.: Alfred Grotjahn. Leben und Werk. Bonn 1989. – Tutzke, D.: Alfred Grotjahn. Leipzig 1979.

Christoph Kaspari

Guillaume-Schack, Gertrud, geb. Schack von Wittenau

Geb. 9. 11. 1845 in Uschütz/Oberschlesien; gest. 20. 5. 1903 in Surbiton/England

G.-Sch. wurde am 9. November 1845 als viertes Kind des Grafen Schack von Wittenau und seiner Frau Elisabeth geboren. Die Eltern, obwohl zum preußischen Adel zählend, werden als freisinnig denkend geschildert, die Kindheit von G.-Sch. als sehr glücklich bezeichnet. Während eines Erholungsaufenthaltes in der Schweiz lernte G.-Sch. 1877 ihren späteren Mann, den Kunstmaler Edouard Guillaume, Bruder des bekannten Anarchisten James Guillaume, kennen. Die beiden heirateten nach kurzer Zeit, wurden jedoch bereits nach vier Monaten wieder geschieden – die Gründe dafür liegen im Dunkeln. Erst danach scheint G.-Sch. öffentlich wirksam gearbeitet zu haben. 1880 gründete die »adlige Sozialistin«, wie sie mehrfach bezeichnet wurde, einen Ableger des seit 1875 in England existierenden »Britisch-Continentalen-Bundes« gegen die, als gesetzmäßige oder geduldete Einrichtung, der Prostitution; er agierte in Deutschland unter dem Namen »Kulturbund« und war zeit seines Bestehens starken politischen Repressionen und polizeilichen Schikanen ausgesetzt.

Mit ihrem Kampf gegen die sogenannte reglementierte Prostitution, gegen die Einrichtung der Sittenpolizei und die Praxis der Zwangsuntersuchung von Frauen, aber auch gegen die Doppelmoral des Staates und der Männer erregte G.-Sch. großes Aufsehen. Ihre Versammlungen in zahlreichen deutschen Städten waren gut besucht, sie schrieb Artikel für die Presse der Arbeiter- wie für die der Frauenbewegung und publizierte ihre Vortragsmanuskripte.

Daß sich eine Frau öffentlich mit Themen wie Prostitution, Sexualität und Sexualmoral beschäftigte und dabei Staat, Obrigkeit und Sittenpolizei vehement angriff, blieb nicht lange ungeahndet. Polizeilich aufgelöste Versammlungen und gerichtliche Verfolgung, zum Beispiel in Darmstadt, waren die Konsequenz. Bei der Beschäftigung mit der Prostitutions- und Sittlichkeitsfrage diskriminierte G.-Sch. nie die Prostituierten selber, sondern interpretierte die Prostitution vor dem Hintergrund sozialer Not und Ausbeutung von Frauen. Diese Sichtweise führte dazu, daß sich der »Kulturbund« immer auch an Arbeiter und Arbeiterinnen wandte und versuchte, die Sittlichkeitsfrage mit der sozialen Frage zu verknüpfen. Die sich zunehmend verschlechternde Lohnsituation der Arbeiterinnen und Pläne zur gesetzlichen Beschränkung der Frauenarbeit forcierten Mitte der achtziger Jahre die Unzufriedenheit und Empörung der Arbeiterinnen.

Frauen wie G.-Sch. und Marie Hofmann, die zweite Vorsitzende des Berliner Zweigvereins des »Kulturbundes« solidarisierten sich mit den Arbeiterinnen und versuchten in zahlreichen Versammlungen, Proteste zu organisieren und Interesse für die Gründung von Arbeiterinnenvereinen zu wecken. Nicht ohne Erfolg: Am 15. März 1885 fand in Berlin die konstituierende Sitzung eines »Vereins zur Vertretung der Interessen der Arbeiterinnen« statt. Zur ersten Vorsitzenden wurde Marie Hofmann gewählt, zur zweiten Frau Stägemann und zur Schriftführerin Emma Ihrer. G.-Sch. wurde das Amt einer Ehrenpräsidentin angetragen. Von diesem Zeitpunkt an widmete sie sich fast gänzlich dem Kampf für die Organisierung der Arbeiterinnen. Sie trug in mehreren Städten zur Gründung von »Vereinen zur Vertretung der Interessen der Arbeiterinnen« bei, so daß bereits ein Jahr später (1886) die von ihr 1884 gegründete Zeitschrift *Die Staatsbürgerin* neun Vereine (dazu drei verbotene) bekannt machen konnte.

G.-Sch. sah sich und ihre in Offenbach erscheinende Zeitschrift als Sprachrohr und Informationsmedium dieser frühen Arbeiterinnenbewegung. Sie berichtete über Vereinsgründungen und -verbote, über Versammlungen, Initiativen, Arbeitskämpfe und Streiks und nannte die Personen und Orte, die in der Arbeiterinnenbewegung eine Rolle spielten. Das Blatt fungierte zudem als Mitteilungsorgan der »Central-Kranken- und Begräbnißkasse für Frauen und Mädchen in Deutschland«, der ersten Arbeiterinnen-Hilfskasse Deutschlands mit Sitz in Offenbach.

Die Zeitschrift erschien wöchentlich; sie enthielt jeweils ein bis zwei Artikel, die sich der Arbeiterinnenfrage widmeten, außerdem wiederkehrende Rubriken, die über die junge und expandierende Arbeiterinnenbewegung berichteten, weiterhin unregelmäßig einen »Briefkasten« und, ebenfalls unregelmäßig, eine Liste »Arbeiterinnenvereine«, die Orte und Vorsitzenden der jeweils existierenden Vereine aufführte. Unter dem Titel »Allerlei« verbargen sich Anekdoten und Kurzweiliges; »unter dem Strich« befanden sich, teils in Fortsetzung, kurze Geschichten, nicht selten im Arbeitermilieu angesiedelt und mit sozialkritischem Impetus.

Die Zeitschrift war auch ein aktives und organisierendes Element im Kampf der Arbeiterinnen und ergänzte die schon während der Arbeit im »Kulturbund« von G.-Sch. angewandten und erprobten Agitationsformen. Das Blatt enthielt Handlungsanleitungen für die sich zusammenschließenden Arbeiterinnen und sollte schließlich (auch) zur Schulung der proletarischen Frauen eingesetzt werden.

G.-Sch. blieb in der *Staatsbürgerin* ihrem Thema Prostitution und Sittlichkeit treu: über Mädchenhandel und Kellnerinnenprostitution, die Verführung Abhängiger (vor allem: Dienstmädchen), über Kuppelei und das Bordellwesen sowie Sittlichkeitsdelikte an Kindern war in kurzen Beiträgen zu lesen, wobei die Herausgeberin diese Meldungen mit sexualpolitischen Forderungen verband. Ein Leitartikel über die *Abschaffung der Einrichtung der Sittenpolizei* (1886) beleuchtete anläßlich der Jahrestagung des »Britisch-Continentalen Bundes« in London noch einmal die wichtigen Aspekte der Sittlichkeitsfrage und rief zum gemeinsamen Frauenprotest auf. Das Thema Prostitution wurde stets im Zusammenhang mit der Situation der oft unterhalb des Existenzminimums lebenden lohnabhängigen Frau behandelt. G.Sch. forderte Lohnerhöhungen und bekräftigte ihre Forderungen mit Erhebungen über die derzeit herrschenden Lohnverhältnisse, die mit Hilfe der Arbeiterinnenvereine vor Ort durchgeführt wurden. Besonders heftig bekämpften die Zeitschrift und ihre Herausgeberin die »Beschränkung der Frauenarbeit«, deren Für und Wider seit den Reichstagsverhandlungen des Jahres 1885 kontrovers in der Öffentlichkeit diskutiert wurde. G.-Sch. verfaßte einen Aufsatz, der, jeweils als Leitartikel plaziert, in drei Folgen der *Staatsbürgerin* abgedruckt wurde (1886). Diese Artikelserie enthielt im Kern das feministisch-sozialistische Programm der Autorin: die ökonomische Unabhängigkeit bürgerlicher wie proletarischer Frauen und die völlige rechtliche und moralische Gleichstellung von Männern und Frauen.

G.-Sch. war zweifellos eine Querdenkerin und paßte nicht in herkömmliche Interpretations- und Bewertungsmuster: den Frauenrechtlerinnen zu sozialistisch und den Sozialisten zu feministisch – so könnte man ihre öffentliche Wirkung beschreiben. Ganz gleich, ob sie die Sittlichkeits- oder die Arbeiterinnenfrage anging, ihr Angelpunkt war die Stärkung der weiblichen Autonomie und die (keineswegs abstrakt gemeinte) Gleichheit der Geschlechter. Nach ihrem politischen Credo sollten Frauen und Männer dem gleichen Sittenkodex entsprechen; sie sollten rechtlich gleichgestellt sein, was sich für G.-Sch. ganz selbstverständlich auch auf das Wahlrecht bezog. Ihre Argumentationen betonten den Geschlechtergegensatz und den Klassengegensatz gleichermaßen. Dies wurde der »Gefühlssozialistin«, wie sie auch genannt wurde, als Ambivalenz und Unsicherheit ausgelegt. »Man ist eingeklemmt« – hieß es bei der aus dem Umkreis der bürgerlichen Frauenbewegung stammenden Hilde Lion in einem Artikel über G.-Sch. und ihre Zeitschrift, »ob stärker in der Geschlechts- oder in der Klassenlage weiß man nicht sicher«. Nachdenkliche und vorsichtige Interpretationen wie diese blieben eher die Ausnahme. Der Bogen der Rezeption spannte sich von Mißdeutungen bis hin zur Denunziation. Als Beispiel für letztere sei Friedrich Engels zitiert, der die Aktivitäten und Erfolge G.-Sch.s zur folgenlosen Bourgeoisspielerei stempelte und sich in einem Brief 1887 äußerte: »Durch Polizeischikanen wegen ihrer Polemik gegen die Sittenpolizei in unsere Partei gedrängt, hat sie in Deutschland eine Frauenagitation gemacht, die unter anderen Umständen einen Zweck hätte haben können, unter dem Sozialistengesetz aber nur den Erfolg hatte, daß, wie Singer mir erzählt, sie der Partei drei Geheimbundsprozesse auf den Hals lud, indem die Weiber, sobald sie sich untereinander zankten, die Tätigkeit der Männer in den Parteiorganisationen ausklatschten, wo nicht denunzierten.« Auch der Zeitpunkt des Briefes ist aufschlußreich. Denn 1887 nahm G.-Sch. als erste Frau an einem sozialdemokratischen Parteitag teil, dem SPD-Parteitag in St. Gallen.

Für die observierenden Behörden handelte es sich bei den Aktivitäten der Arbeiterinnenvereine und ihrer Unterstützerin G.-Sch. keineswegs um harmlose Bourgeoisspielereien, sondern um handfeste sozialistische Umtriebe. Die verschärfte Handhabung des Sozialistengesetzes seit April 1886 führte nach und nach zum Verbot der meisten »Vereine zur Vertretung der Interessen der Arbeiterinnen« und zum Verbot der *Staatsbürgerin*, die bis zum Pfingstsonntag 1886 in vierundzwanzig Nummern erscheinen konnte. Als seien der Regierung die Zerschlagung der Arbeiterinnenbewegung und ihres publizistischen Organs nicht genug gewesen, erhielt G.-Sch. einen Monat später einen Ausweisungsbefehl, dem sie in kurzer Zeit nachkam. Sie emigrierte nach England, wo sie, nach anfänglichen Kontakten zu sozialistischen und anarchistischen Bewegungen, im Jahr 1903 weitgehend vergessen und unbekannt starb.

Gebhardt, H.; Wischermann, U. (Hg.): »Die Staatsbürgerin«. Offenbach a.M. 1886 – Originalgetreuer Nachdruck der ersten Arbeiterinnenzeitschrift Deutschlands. München 1988.

Ulla Wischermann

Gumbel, Emil Julius

Geb. 18. 7. 1891 in München; gest. 10. 9. 1966 in New York

G. wuchs als Sohn eines jüdischen Münchner Privatbankiers auf in einem Milieu, das bestimmt war von Weltoffenheit, Aufgeklärtheit und Toleranz, von literarischer und historischer Bildung. Schon als Schüler war er mehrfach im Ausland und sprach mehrere Fremdsprachen. Er stammte aus einer Familie mit mehreren politisch engagierten Mitgliedern, darunter vor allem sein Onkel Abraham (Pseudonym: Emel), der durch den Kriegstod eines Sohnes zum Pazifisten und Demokraten wurde.

Bis zum Ersten Weltkrieg verlief G.s Lebensweg wenig spektakulär, aber geradlinig in Richtung auf eine wissenschaftliche Karriere. Er studierte in seiner Heimatstadt Nationalökonomie und kam im Februar 1913 als Assistent ans Seminar für Statistik und Versicherungswissenschaft zu Georg v. Mayr, wo er am 28. Juli 1914 zum Dr.oec.publ. promoviert wurde. Der Dreiundzwanzigjährige meldete sich, von der allgemeinen Begeisterung angesteckt, freiwillig zum Kriegsdienst, konvertierte aber binnen weniger Monate zum Kriegsgegner. Vorbild waren ihm die englischen Dienstverweigerer, ohne daß G. jedoch deren bis in die Haft führende offene Widerständigkeit an den Tag legte. Im Januar 1915 erreichte er seine Beurlaubung »wegen Krankheit«, im Herbst 1915 trat er dem pazifistischen »Bund Neues Vaterland« (BNV, 1914–1922), im April 1917 der von der SPD abgespaltenen »Unabhängigen Sozialdemokratischen Partei Deutschlands« (USPD) bei. Die letzten Jahre des Krieges arbeitete G. als Ingenieur in der Flugzeugmeisterei Adlershof und später unter der Obhut von Georg Graf von Arco, einem führenden Mitglied im BNV, bei Telefunken in der Rüstungsproduktion. Daneben begann G. ein Physikstudium, in dem er u.a. bei den prominenten Pazifisten Georg Friedrich Nicolai und Albert Einstein hörte.

Nachdem G. sich in der Novemberrevolution auf der Seite des parlamentarisch-demokratischen »rechten« USPD-Flügels, der gegen die Räterepublik und für die Wahl zur Nationalversammlung eintrat, engagiert hatte, war er 1919/20 ein führender Berliner Funktionär der deutschen Friedensbewegung, die er im März 1919 als Delegierter auf der 1. Internationalen Begegnung der Friedensfreunde in Bern vertrat. Am 2. Oktober 1919 gehörte er zu den Gründern des »Friedensbundes der Kriegsteilnehmer« (FdK), am 1. Juli 1920 bildete er zusammen mit Carl von Ossietzky, Georg Friedrich Nicolai, Kurt Tucholsky, Berthold Jacob und anderen den Aktionsausschuß »Nie wieder Krieg«, der 1920 bis 1922 Massenkundgebungen organisierte. Im Oktober 1920 wechselte G. in die SPD über und arbeitete seit 1921 als Lehrer an der Betriebsräteschule des »Allgemeinen Deutschen Gewerkschaftsbundes« in Berlin.

G.s politischer Standpunkt war radikaldemokratisch, libertär und antidogmatisch. Ideologien spielten für ihn keine große Rolle. G. verfiel, anders als viele linke Intellektuelle bürgerlicher Herkunft, nur in geringem Maße dem Proletkult und nie dem Antiintellektualismus, daher seine lebenslange Distanz zu den Apparaten der großen Arbeiterparteien und seine Sympathien für die Gewerkschaften, den Syndikalismus und linke Splitterparteien. In der Gretchenfrage der Linken während der zwanziger und dreißiger Jahren, dem Verhältnis zur Sowjetunion, nahm G., deutlich beeinflußt durch sein politisches Vorbild, den englischen Mathematiker, Philosophen und Kriegsdienstverweigerer Bertrand Russell, eine differenzierte Position zwischen Begeisterung und schroffer Ablehnung ein. Er bezeichnete sich wie Russell als »antibolschewistischen Kommunisten« und plädierte zwar für die Abschaffung des Privatbesitzes an Produktionsmitteln, aber gegen den »entsetzlichen Weg, den die Bolschewiki versucht haben.«

Charakteristisch für G.s politische Veröffentlichungen, insbesondere für seine frühen Werke, ist die Argumentation mit Zahlen und Statistiken, die kommentarlose Dokumentation, so vor allem in *Zwei Jahre politischer Mord* (1921; in erweiterter Auflage 1924: *Vier Jahre politischer Mord*) und *Verschwörer. Zur Geschichte und Soziologie der deutschen nationalistischen Geheimbünde 1918–1924* (1924).

Gestützt auf eine unveröffentlichte Denkschrift des Reichsjustizministeriums unter Gustav Radbruch wies G. nach, daß bis 1921 von insgesamt 15 von Linken begangenen Morden 8 mit Hinrichtungen und die übrigen mit durchschnittlich 14 Jahren Haft geahndet worden waren, während 314 Morde von rechts zu 90 Prozent ungesühnt blieben, kein einziges Todesurteil ausgesprochen wurde und sich eine durchschnittliche Haftzeit von 2 Monaten ergab. Empörend fand G., daß Regierungen unter sozialdemokratischer Führung mit rechtsradikalen Freikorps zusammenarbeiteten, um Arbeiteraufstände in verschiedenen Industrieregionen niederzuschlagen.

Eine weitere »wesentliche Ursache« für die Schwäche der Demokratie in Deutschland war für G. »die imperialistische Politik der Entente. (...) Am stärksten hat der Friedensvertrag von Versailles den Nationalismus wieder geweckt. Was man ihm vor allem vorwerfen muß, ist die Tatsache, daß er ein Diktatfrieden ist, daß er Deutschland mehr schädigt als er der Entente nützt«. Nur bis zum Ende der Regierung unter Reichskanzler Joseph Wirth 1922 habe die »Möglichkeit zur Bildung einer demokratischen Republik« bzw. für eine »Republik mit sozialistischem Einschlag« bestanden.

Die Republik, »gegründet im Willen der breiten Massen« als »Gegnerin des Kapitals«, war als kapitalistischer Staat für G. nur noch ein »leeres Schema« ohne »sozialen Inhalt«, weil sie »sich in Gegensatz zu weiten Kreisen der Arbeiterschaft gestellt hatte«. Mit dem Aufruf »Republik – werde hart!« (gemeint war: gegenüber der Rechten) beendete G. immer wieder Reden auf politischen Veranstaltungen.

Auf dem Höhepunkt publizistischer wie politischer Erfolge – die Auflagen seiner Bücher überschritten z.T. die 10 000, ein Untersuchungsausschuß des preußischen Landtags befaßte sich mit den von G. aufgedeckten, ungesühnten politischen Morden durch rechtsextremistische Geheimbünde – setzte G. 1922 nach einer Unterbrechung von acht Jahren seine akademische Karriere fort: Er wurde am Heidelberger Institut für Sozial- und Staatswissenschaften Dozent für Statistik. Nach wie vor glaubte G. an die Überzeugungskraft nüchterner Fakten, auch in politischer Hinsicht. Dies kommt in seiner, wie er selbst formulierte, »programmatischen Untersuchung« *Klassenkampf und Statistik* (1923) zum Ausdruck, worin drei politisch relevante Hauptgebiete der Statistik behandelt werden: Bevölkerungs-, Moral- und Wirtschaftsstatistik.

Da G. auch als Hochschullehrer seine politische und publizistische Arbeit im Rahmen der sozialistischen und pazifistischen Bewegung weiterführte und die Justiz deshalb mehrere (später eingestellte) Landesverratsverfahren gegen ihn anstrengte, versuchten seit 1924 die philosophische Fakultät und der Universitätssenat, den »alle Volkskreise gleichermaßen beleidigenden« und die »Würde der Universität« verletzenden »Ruhestörer und Friedensbrecher des akademischen Gemeinschaftslebens« wieder loszuwerden. Bis 1932 war diese Absicht, die G.s Gegner mit zwei Disziplinarverfahren aus nichtigen Anlässen (1924/25 und 1926/27), diversen Versuchen, den Lehrauftrag für Statistik anderweitig zu vergeben und einer Rufmordkampagne verfolgten, zum Scheitern verurteilt, da der badische Unterrichtsminister auf Einhaltung rechtsstaatlicher und akademischer Normen bestand.

In Berlin, wo G. eine zweite Wohnung hatte, war er ein einflußreiches Mitglied der pazifistisch-sozialistischen Intellektuellenszene. U.a. wurde er im Mai 1927 in den Vorstand der »Deutschen Liga für Menschenrechte« gewählt, dem er bis 1932 angehörte. In Heidelberg hielt G. seine Lehrveranstaltungen und lebte sehr zurückgezogen. Er nahm nicht an Universitätsfeiern teil und hielt sich politisch stark zurück. Diese Vorsicht konnte jedoch nicht verhindern, daß die nazistische Studentenschaft, als der Minister G. den Rang eines außerordentlichen Professors verlieh, im Überschwang der nationalsozialistischen Wahlerfolge des Herbstes 1930 bis dahin nicht gekannte Demonstrationen inszenierte, die in Universitätsbesetzung und gewalttätigen Ausschreitungen gipfelten und zur Aufhebung der Heidelberger Verfaßten Studentenschaft führten. In diesem Konflikt ließ der Lehrkörper bis auf wenige Ausnahmen die korporative Solidarität vermissen und behandelte die rebellierenden Studenten mit Milde. In der aufgeheizten politischen Situation ließ ihn schließlich das Kultusministerium fallen, so daß er unter einem Vorwand im August 1932 seine Lehrberechtigung verlor.

Da G. infolgedessen bereits im Herbst 1932 nach Frankreich emigriert war, entging er der ihm mehrfach angedrohten Verhaftung und weiteren Verfolgung durch das wenige Monate später folgende NS-Regime. Nach einem ersten Exil in Paris und Lyon, in dem er sich an maßgeblicher Stelle an den Versuchen zur Bildung einer »Deutschen Volksfront«, aber auch an Hilfsaktionen für bedürftige Emigranten beteiligte, entrann er 1940 in einer abenteuerlichen Flucht nur mit viel Glück seinen Häschern. G.s zweites Exil in den USA war von großer materieller Not gekennzeichnet. Es dauerte trotz der praktischen Anwendbarkeit seiner Forschungen und seines guten internationalen Renommées Jahre, bis er wieder eine feste Stelle bekam.

Die zusammenfassende Darstellung seiner vorher in zahlreichen Papieren und Vorträgen publizierten Erkenntnisse enthalten G.s 1958 erschienene wissenschaftliche Hauptwerke *Extremes. A Statistical Study* und *Statistics of Extremes*. Vor allem das letztere wurde ein großer Erfolg, ins Japanische und Russische, nie jedoch ins Deutsche übersetzt und erlebte mehrere Neuauflagen.

Nach Deutschland kehrte G. erst Mitte der fünfziger Jahre im Rahmen von Gastprofessuren an der Freien Universität Berlin zurück. 1955/56 erreichte sein Anwalt Robert Kempner Wiedergutmachungszahlungen und die Gewährung der Pension eines Ordinarius. G. hat es bis zu seinem Tod im Jahr 1966 bedauert, daß er in seiner früheren Heimat fast nur noch als Statistikexperte aus dem modernen Amerika gefragt war, kaum jedoch als früherer Streiter gegen die politische Rechte beachtet wurde.

Jansen, C.: Emil Julius Gumbel – Portrait eines Zivilisten. Heidelberg 1991.

Christian Jansen

Haase, Hugo

Geb. 29. 9. 1863 in Allenstein (Ostpreußen); gest. 7. 11. 1919 in Berlin

»Im Reichstag saß er ganz links, dort, wo die Wand war. Ich höre ihn noch, wenn er opponierend, während irgendeiner Rede jäh dazwischen bellte, wenn er in seinem breiten, etwas ordinären ostpreußischen Dialekt polternd aufbegehrte. Das klang in dem Parlament, wo die Leisetreter, die Kompromißler mit den Fisteltönchen das Wort führten, wie wenn plötzlich jemand aus der tiefsten Tiefe, aus einem großen hohlen Faß seine brüchige Baßstimme: Kreuzige ihn! ertönen ließe.« Mit diesen Sätzen begann 1919 der Journalist Erich Dombrowski alias Johannes Fischart eine biographische Skizze, die dem Vorsitzenden der »Unabhängigen Sozialdemokratie« (USPD) gewidmet war. Die Fährte, die der Autor damit legte, mochte allerdings in die Irre führen. Denn H. war, wie es in dem Artikel weiter hieß, kein »wilder Revolutionär«, sondern eher ein »Fanatiker der Wahrheit, einer, der grundehrlich alles bis in die letzten Konsequenzen durchdachte. Ein kleiner, unscheinbarer Mensch. Einer, der scheu und gedrückt ist. Ein gelbliches, runzliches Gesicht. Ein schmaler, lässig herabhängender Schnurrbart. Kleine flüchtige graue Augen, die müde Lider bis zur Hälfte beschatten. Einer, der, mit gebeugtem Rücken, nach einer harten Jugend und sehr viel Arbeit aussah.«

H. kam aus einer jüdischen Familie, die in der engen kleinstädischen Welt der Provinz Ostpreußen zu Hause war. Obwohl nicht mit Reichtümern gesegnet, langten ihre Mittel aus, um dem erstgeborenen Sohn eine akademische Ausbildung zu finanzieren. Bereits am Gymnasium in Rastenburg faßte H. den Entschluß, Anwalt zu werden: »Ich konnte mir nichts Schöneres denken«, notierte er rückblickend in einem Brief an seine Braut, »als mit aller Kraft dafür einzutreten, daß das Recht zu seinem Siege gelange, daß der rechtlos Verfolgte Schutz und Frieden finde.« Die Wahrheit, der H. sich verschrieb, war geprägt durch die Ideale des Sozialismus. Da er sich 1887 noch während des Referendariats der SPD angeschlossen hatte, wurde seine Kanzlei in Königsberg bald zur Anlaufstelle für Funktionäre und Journalisten, die sich der Zumutungen durch die Klassenjustiz des wilhelminischen Obrigkeitsstaates zu erwehren hatten. In zahlreichen Prozessen machte er sich einen Namen als engagierter Verteidiger des Proletariats. Wegen »Begünstigung sozialdemokratischer Bestrebungen« strengte die Staatsanwaltschaft ein ehrengerichtliches Verfahren gegen ihn an, das jedoch scheiterte und die beabsichtigte Wirkung, einen jungen unbequemen Juristen zum Schweigen zu bringen, verfehlte.

Politisches Profil gewann H. zunächst auf lokaler Ebene. 1894 errang er als erster Sozialdemokrat ein Mandat im Königsberger Stadtparlament. Drei Jahre später schaffte er über eine Ersatzwahl den Sprung in den Reichstag, dem er – abgesehen von der Legislaturperiode zwischen 1907 und 1912 – bis zum Oktober 1918 angehörte. Im Streit um die ideologische und strategische Orientierung, der die Sozialdemokratie zunehmend polarisierte, bewegte er sich auf dem Boden des Erfurter Programms von 1891. An den darin fixierten marxistischen Glaubenssätzen hielt er gegen jeden Versuch einer revisionistischen Aufweichung unbeirrt fest. Das war Ausdruck jener für das Parteizentrum charakteristischen Haltung, die den Weg zum Sozialismus als quasi naturgesetzlichen Prozeß begriff, auf den Zusammenbruch des kapitalistischen Systems wartete, in der Praxis jedoch auf Reformen setzte, die das Ziel der Revolution um keinen Schritt näher brachten. Mit Fürsprache August Bebels wurde H. 1911 zum Nachfolger des verstorbenen Mitvorsitzenden Paul Singer berufen: ein Amt, in das er mehr getragen werden mußte, als daß er es aus eigenem Antrieb oder machtpolitischem Ehrgeiz angestrebt hätte. Im Grunde war die Kandidatur eine Verlegenheitslösung, ihr Erfolg resultierte aus dem Zusammenspiel der Mitte mit der Linken, das die internen Divergenzen in der Schwebe ließ, ohne sie dauerhaft überwinden zu können. Zum charismatischen, energisch zupackenden Führer wurde H. jedenfalls nicht. Sein Rückhalt in der Parteibürokratie blieb gering, und mit Friedrich Ebert, der 1913 nach Bebels Tod an seine Seite rückte, erwuchs ihm ein Konkurrent, der ihn an Selbstbewußtsein und Präsenz, taktischem Geschick und Durchsetzungskraft bei weitem übertraf.

Wie schwach H.s Position war, zeigte sich im August 1914. Durch den Krieg war die Sozialdemokratie mit einer Situation konfrontiert, die sie theoretisch im Rahmen der Imperialismuskritik antizipiert hatte, tatsächlich jedoch unvorbereitet traf. Nachdem die von ihr veranstalteten Friedenskundgebungen und Massendemonstrationen wirkungslos verpufft waren, stand sie vor der Frage, ob und unter welchen Bedingungen sie ihre Prinzipien zugunsten einer Politik des inneren »Burgfriedens« modifizieren oder preisgeben sollte. Indem sich die Mehrheit für die Bewilligung der Kriegskredite entschied, leitete sie einen Kurswechsel ein, der darauf baute, daß sich nationale Loyalität und Kooperation mit der Regierung in verfassungspolitischen Reformen ausmünzen würden. H., der in der Fraktion mit 13 anderen Abgeordneten dagegen votiert hatte, beugte sich zunächst den Beschlüssen der Majorität, vertrat sie auch, distanzierte sich aber davon, als deutlich wurde, daß die militärischen und wirtschaftlichen Eliten Pläne verfolgten, die über den Charakter eines Verteidigungskrieges weit hinausgriffen. Fortan wogen die eigenen Überzeugungen schwerer als die Parteidisziplin. H. wurde zum Repräsentanten und Sprecher der Minderheit, die ihre oppositionelle Haltung mit wachsender Schärfe artikulierte. Darüber kam es im Frühjahr 1916 zum Bruch in der Reichstagsfraktion, 12 Monate später zur Spaltung der Partei. Mit den Worten »Wir wollen die Einheit der Partei, aber nicht einer Partei, in der dem Imperialismus offen oder versteckt Konzessionen gemacht werden«, bekräftigte H. seine Auffassung im September 1916: »Wir wollen nicht eine Partei, in der der Klassenkampf abgeschwächt wird. Wir wollen die Einheit der Partei, aber auf dem festen granitenen Boden des sozialdemokratischen Programms.«

Die USPD, im April 1917 gegründet, sah sich als Hüterin einer Tradition, von der sich die einstigen Weggefährten, die »Mehrheitssozialdemokraten« (MSPD), abschätzig auch »Regierungssozialisten« genannt, augenscheinlich verabschiedet hatten. Von Geschlossenheit konnte allerdings nicht die Rede sein. Zusammengehalten durch den Protest gegen den Krieg, war und blieb die USPD ein in sich äußerst heterogenes Gebilde. Unter ihrem Dach versammelte sich ein Spektrum, das vom Revisionisten Eduard Bernstein bis hin zu den Anhängern des linksradikalen Spartakusbundes reichte. Als Vorsitzender verkörperte H. die eher gemäßigte Mitte: dabei immer noch befangen in jener Mentalität, die auf den Gang der Entwicklung vertraute, ohne sie wirklich voranzutreiben. Man sehnte die Revolution herbei, und als sie im November 1918 Realität wurde, begrüßte man sie mit Emphase. Aber die USPD, die nun vom Rand in das Zentrum des Geschehens rückte, agierte zerrissen von inneren Konflikten und ohne klare Perspektive. »An alles mögliche haben wir gedacht«, so das Resümee eines enttäuschten Delegierten auf dem Parteitag im März 1919, »alles mögliche haben wir vorbereitet, aber daran haben wir nicht gedacht, die Massen darüber aufzuklären: Was tun wir, wenn wir zur Macht gelangen?«

Obwohl er Bedenken hegte, setzte sich der überzeugte Revolutionär H. mit Ebert, dem ebenso überzeugten Antirevolutionär, in dasselbe Boot. »Unter dem Zwang des Massenwillens«, wie er später meinte, ließ er sich am 10. November 1918 dazu bewegen, in den »Rat der Volksbeauftragten« einzutreten: ein paritätisch von MSPD und USPD beschicktes Sechser-Gremium, dem die Leitung der Regierungsgeschäfte oblag. Zugleich aber blieben die alten Chefs der obersten zivilen Reichs- und der militärischen Kommandobehörden im Amt. Von den Volksbeauftragten wurden diese zu weisungsgebundenen Erfüllungsgehilfen deklariert, entwickelten jedoch im Bündnis mit Ebert ein Eigengewicht, das die Entfaltung der USPD beträchtlich erschwerte. Daß man eine solche Konstruktion akzeptierte, offenbarte ein gewisses Maß an »Blauäugigkeit«, wohl auch einen Mangel an administrativer Erfahrung, jedenfalls unterschätzte man die daraus resultierenden machtpolitischen Gegebenheiten. Insofern war es kein Wunder, daß H. und seine beiden Kollegen über den Status von Juniorpartnern nicht hinausgelangten. Hinzu kam, daß sie aus den eigenen Reihen unter heftigen »Beschuß« gerieten. Dort gab es eine starke Strömung, die sich unter dem Eindruck der bolschewistischen Revolution (Oktober 1917) in Rußland auf ein Rätesystem kaprizierte. H. hingegen plädierte dafür, den revolutionären Prozeß zu konsolidieren und unwiderrufliche Tatsachen zu schaffen, ihn aber überzuleiten in eine verfassungsrechtlich verankerte parlamentarische Republik. Lösen können hätte man den Konflikt nur durch entschlossenes Handeln: entweder indem man den linken Flügel bändigte oder sich von ihm trennte. H. konnte weder das eine, noch wollte er das andere. Die Konsequenz aus seiner Führungsschwäche war, daß die ohnehin prekäre Position in der Regierung unterminiert wurde und Ende Dezember 1918 geräumt werden mußte.

Nach dem Scheitern der Koalition mit der Mehrheitssozialdemokratie spielte die USPD wieder die Rolle, die ihr von Anfang an auf den Leib geschneidert war: die einer Protest- und Oppositionspartei. H. besaß zwar genügend Prestige, um sich als Vorsitzender zu behaupten, aber die inneren Spannungen zu überwinden, die Radikalisierungstendenzen zu begrenzen und den Zulauf, den die Unabhängigen seit dem Frühjahr 1919 erhielten, in konstruktive Energien zu verwandeln: dies vermochte er nicht. Den Abmarsch des zahlenmäßig bedeutenden linken Flügels zu den Kommunisten, der im Oktober 1920 die Partei auseinandersprengte, sollte er allerdings nicht mehr erleben. Am 8. Oktober 1919 fiel er dem Revolverattentat eines, wie es hieß, geistesgestörten Mannes zum Opfer, an dessen Folgen er einen Monat später verstarb.

Haase, E. (Hg.): Hugo Haase. Sein Leben und Wirken. Berlin 1929. – Calkins, K.R.: Hugo Haase. Demokrat und Revolutionär. Berlin 1976.

Jens Flemming

Halem, Gerhard Anton von

Geb. 2. 3. 1752 in Oldenburg; gest. 4. 1. 1819 in Eutin

H. war der Sohn des Justizrats und Stadtsyndicus Anton Wilhelm von Halem und besuchte seit 1761 die Lateinschule seiner Heimatstadt. 1768 begann er in Frankfurt an der Oder mit dem Jurastudium, setzte es in Straßburg fort und promovierte 1770 in Kopenhagen. Nach einer Anwaltstätigkeit stand H. seit 1775 im oldenburgischen Verwaltungsdienst, zunächst als Assessor beim Landesgericht Oldenburg und seit 1780 als Rat der Regierungskanzlei. 1806 wurde H. zum Justizrat befördert, 1808 zum Vizekanzleidirektor und Leiter der Justizkanzlei ernannt. Als Oldenburg unter französische Herrschaft geriet (28. Februar 1811), verlor er diese Ämter und bekam als Richter am Tribunal in Oldenburg eine Anstellung. 1812 wurde H. Mitglied des neuen Kaiserlichen Gerichtshofs in Hamburg, das 1811 ebenfalls dem französischen Kaiserreich einverleibt worden war. Nach dem Sturz Napoleons 1814 Justizrat in Eutin, war er dort einer der aktivsten Mitglieder der 1804 gegründeten Lesegesellschaft.

Zu H.s Jugendfreunden zählte Heinrich Christian Boie, der Herausgeber der Zeitschrift *Deutsches Museum*, und der Schriftsteller Helfrich Peter Sturz, der ihn für die englische Literatur begeisterte. Wichtig wurde für ihn sein Vorgesetzter, der Landvogt und Botaniker Georg Christian von Oeder, wie Sturz zuvor, Finanzrat unter dem 1782 hingerichteten dänischen Kabinettsminister Johann Friedrich von Struensee. H. war mit der Schrift *Andenken an Oeder* (1793) sein erster Biograph. Nach einem Aufenthalt in Hamburg, wo er Klopstocks Lesegesellschaft kennenlernte, gründete er 1779 die »Oldenburgische litterarische Gesellschaft«, die noch heute besteht. 1781 heiratete H. die Halbschwester seiner Mutter, Susanne Wardenburg. Bereits im Juni 1782 starb sie; er versuchte indessen, seine Trauer mit einer Reise durch Holland zu lindern. 1798 vermählte er sich mit Friedericke Gramberg und nach deren Tod 1815 mit deren Schwester Sophie.

H.s literarische Neigung führte zu einer Freundschaft mit Graf Friedrich Leopold Stolberg, Mitglied des »Göttinger Dichterbundes«, mit dem er Jahre korrespondierte, bis dieser 1800 zum Katholizismus übertrat. Bereits als H. seinem verstorbenen Freunde, dem radikalen Aufklärer Adolph Freiherr von Knigge, mit einem Gedicht ein Denkmal setzte, hatte Stolberg H. in der Schmähschrift *Von Halems und Hennings Wehklagen bei Knigges Grab* (1797) als Illuminatenfreund diffamiert und ihn als einen Stern »der fünften oder sechsten Größe am deutschen Poeten-Himmel« verunglimpft. Im Sommer 1786 fuhr H. nach Weimar und Berlin, traf in Weimar mit dem Freimaurer und Übersetzer Johann Joachim Christoph Bode und in Berlin mit dem Buchhändler und Schriftsteller Friedrich Nicolai zusammen.

1790 unternahm H. mit zwei Freunden eine Reise, die ihn schließlich in das revolutionäre Paris führte. Seine Reisebeschreibung *Blicke auf einen Theil Deutschlands, der Schweiz und Frankreichs bey einer Reise vom Jahre 1790* (1791) zählt neben den Berichten von Joachim Heinrich Campe und Friedrich Christian Laukhard zu den bedeutendsten deutschen Augenzeugenberichten über die französische Staatsumwälzung. H. sah in der Revolution eine bedeutende Zäsur der Weltgeschichte: »Der Geschichtsforscher weilte schon mit Wohlgefallen bey den Bemühungen einzelner Männer, wie der Moses, Charondas, Lykurg, Solon, Numa; umging dann Klüfte von Jahrhunderten, sah nun die Englische Constitution von der Magna Charta bis zur Declaration of rights wie durch ein glückliches Ungefähr zu einer gewissen Festigkeit gelangen; und harrte des Augenblicks, da eine Nation förmlich durch selbstgewählte Repräsentanten zusammen treten, die bisherigen Erfahrungen und Kenntnisse nutzen, und eine Verfassung bilden würden, wodurch die größte Summe von Glückseligkeit genossen werden könne. Dieser einzige Anblick war uns vorbehalten, die wir die letzte Hälfte des achtzehnten Jahrhunderts erleben. Wir sahn das Schauspiel vorbereiten; wir sehn es ausführen.«

In Paris traf H. mit Konrad Engelbert Oelsner zusammen, der ihm nach seiner Rückkehr vom Dezember 1790 bis zum April 1791 zahlreiche Briefe schrieb. Die Entwicklung in Frankreich während der Jakobinerdiktatur 1793/94 und der Direktorialverfassung 1795 bis 1799 enttäuschten H., und somit konzentrierten sich seine Interessen mehr auf Dichtung und auf geschichtliche Untersuchungen, ohne daß er die liberale Grundeinstellung aufgab. Seine politische Wandlung läßt sich aufgrund einer zweiten Fahrt, über die er in dem Buch *Erinnerungs-Blätter von einer Reise nach Paris im Sommer 1811* berichtete, verdeutlichen. Er erinnerte an das Chaos der Schreckenszeit und feierte Napoleon als bedeutenden Kaiser, dem die Erneuerung Frankreichs zu verdanken sei.

Verdienstvoll und geschätzt war H.s dreibändige *Geschichte des Herzogthums Oldenburg* (1794–1796), ein Werk, das nach dem Modell und der Absicht der *Osnabrückischen Geschichte* (2 Bde. 1768) von Justus Möser angelegt wurde. Zu weiteren historischen Schriften zählen zwei umfangreiche Biographien zur russischen Geschichte, die *Lebensgeschichte des Grafen Münnich* (1803) und das dreibändige Werk *Das Leben Peters des Großen* (1803/04). Die erste Biographie würdigt den aus Oldenburg stammenden russischen Feld-

marschall unter der Zarin Katharina II. Beide Werke wurden ins Russische übersetzt. Den größten Teil von H.s schriftstellerischem Werk bilden aber belletristische Schriften. Begeistert von Ossian, verfaßte H. das historische Versepos *Teudelinde* (1780). H. versuchte sich auch als Dramatiker mit dem Schauspiel *Wallenstein*(1786) und den Stücken *Johanna von Neapel* (1792) und *Die Stimme der Natur* (1794). Das letzte Schauspiel thematisiert die Unterdrückung der Neger durch die Weißen. Die Handlung erzählt von der Liebe eines weißen Mädchens zu einem Schwarzen, die glücklich endet.
Insgesamt zeigt H. in seinen Werken keine Eigenständigkeit und Originalität. Viele seiner Dichtungen waren, im Gegensatz zu seinem Handeln, von Deutschtümelei geprägt: »Das patriotische Moment durchzieht jede poetische Gattung. H. ist ein Mann echt deutscher Gesinnung, von tiefem Patriotismus durchdrungen« (G. Lange). Erwähnenswert ist schließlich sein religiöses Epos *Jesus, der Stifter des Gottesreiches* (1810), in dem H. Jesus als philosophischen Weltweisen darstellt und sich damit als Rationalist gegen die Mystik wandte. Eine seiner letzten Schriften, *Vernunft aus Gott* (1818), richtete sich gegen den orthodoxen und streitbaren Geistlichen Claus Harms, dessen Kampfansage an den Rationalismus er entgegentrat.
Erfolgreich war H. als Herausgeber von Zeitschriften, deren Beiträge überwiegend von ihm selbst stammen. Zu ihnen zählen *Blätter vermischten Inhalts* (1787) die *Oldenburgische Zeitschrift* (1804-07), die er zusammen mit seinem Freund Gerhard Anton Gramberg herausgab, und schließlich *Irene, eine Zeitschrift für Teutschlands Töchter* (1801-06). Zusammen mit dem Historiker Karl Ludwig Woltmann gründete er 1800 die Zeitschrift *Geschichte und Politik*.
Bemerkenswert ist H.s Interesse für die Freimaurerei. Bereits 1776 trat er der Oldenburger Loge »Zum goldenen Hirsch« bei und fungierte von 1785 bis 1790 als Meister vom Stuhl. H. interessierte sich zudem für den Illuminatenorden und unterstützte Friedrich Ludwig Schröder bei der Niederschrift der *Schröderischen Lehrart*, dem bedeutendsten Ritualwerk der humanitären Freimaurerei in Deutschland.

Halem, G. A. v.: Blicke auf einen Theil Deutschlands, der Schweiz und Frankreichs bey einer Reise vom Jahre 1790. Nach der Ausgabe von 1791 mit den Korrekturen und Ergänzungen aus Halems Handexemplar neu herausgegeben, erläutert und mit einem Nachwort versehen von Wolfgang Griep und Cord Sieberns. Bremen 1990. – Lange, G.: Gerhard Anton von Halem als Schriftsteller. Diss. phil. Leipzig 1928 – Im Westen geht die Sonne auf. Justizrat Anton von Halem auf Reisen nach Paris 1790 und 1812. 2. Bde. Katalog Landesbibliothek Oldenburg, Landesmuseum Oldenburg. Oldenburg 1990. – Witte, K.: Reise in die Revolution. Gerhard Anton von Halem und Frankreich im Jahre 1790. Stuttgart 1971.

Hans-Werner Engels

Hammer, Walter (eigentlich Walter Hösterey)

Geb. 24. 5. 1888 in Elberfeld; gest. 9. 12. 1966 in Hamburg

Der Sohn einer Handwerkerfamilie schloß sich 1908 dem »Wandervogel« an, 1912 wurde er Führer in der »Freideutschen Jugend«. Seit 1910 betätigte er sich journalistisch für den *Vortrupp*, eine in Hamburg von Hermann Popert für die alkoholabstinente Jugend herausgegebene Zeitschrift.
Außerdem veröffentlichte er in der Zeit zwischen 1910 und 1914 Satiren und Schriften zum Vegetarismus und zur Theosophie, und mit *Nietzsche als Erzieher* (1913) wandte er sich gegen das Spießertum des Wilhelminischen Establishments. Daß H. aber über die Grenzen der (bürgerlichen) Jugendbewegung, in der Vorkriegszeit eine antimoderne Protestbewegung mit pseudoreligiösen Vorstellungen von »Lebensreform«, hinaussah, zeigen seine Beiträge für die *Arbeiter-Turn-Zeitung* ebenso wie Artikel für den *Kunstwart*, die Zeitschrift der Kunsterziehungsbewegung. Seine Bereitschaft zur undogmatischen Vermittlung zwischen widerstreitenden Richtungen zeigte sich in seinem Friedensengagement, das ihn 1913 bei dem großen Jugendfest auf dem Hohen Meissner mit dem pazifistischen Mitarbeiter des *Vortrupp*, Hans Paasche, zusammenbrachte. Gegen seine Überzeugung mußte H. den Ersten Weltkrieg an der Front mitmachen. Sein 1919 geschriebenes Erinnerungsbuch für seine Divisionskameraden stellt das Morden ungeschminkt dar und wird mit den Büchern des französischen Kriegsgegners Henri Barbusse verglichen (*La lueur dans l'abîme*, 1920. *Paroles d'un combâttant*, 1920).
Die bürgerliche Jugendbewegung fand während des Ersten Weltkriegs in der von dem Hamburger Knud Ahlborn herausgegebenen Zeitschrift *Freideutsche Jugend* zu politischem Bewußtsein. Hier wurden öffentlich relevante Themen diskutiert. Parallel dazu rief H. in einer Flugschrift des »Vortrupp-Bundes« die freideutsche Jugend dazu auf, gesellschaftliche Verantwortung zu übernehmen: *Werdet Führer Eurem Volke! Einige grundsätzliche Bemerkungen zum Eintritt der Politik in die Gedankenkreise der freideutschen Jugend* (1918).
1920 gründete H. zusammen mit Knud Ahlborn und Fritz Klatt die Zeitschrift *Junge Menschen* mit dem Untertitel *Stimme des neuen Jugendwillens*. Die Redaktion befand sich im Hamburger »Freideutschen Haus«, in dem auch eine Ju-

gendherberge und eine freideutsche Bücherstube untergebracht waren. Da Ahlborn und Klatt aber eine mehr akademisch-wissenschaftliche Zeitschrift vorschwebte, die sich u.a. an Friedrich Nietzsche sowie an dem Rassisten und Antisemiten Paul de Lagarde und dem »Wandervogel«-Ideologen Hans Blüher (*Die deutsche Wandervogelbewegung als erotisches Phänomen*, 1914) und damit rechts-national orientieren sollte, kam es zum Konflikt. Ahlborn und Klatt schieden aus der Redaktion aus. Damit erreichte H. einen Generationswechsel. Er gab nun der sogenannten »zweiten Generation« der Jugendbewegung, der mehr rational und links-demokratisch orientierten Nachkriegsgeneration, das Wort und öffnete die Zeitschrift neuen Strömungen. Gibt es in den ersten Jahrgängen der Zeitschrift noch neuromantische Bilder von Eichendorffs nachtträumenden Wanderern, Fidus-Illustrationen (Pseudonym des Malers Hugo Höppener) von Lichtgestalten und Sonnenanbetern und zieht sich das Thema Lebensreform und Körperkultur mit völkisch-eugenischen Anklängen noch lange durch die Zeitschrift, so wird doch zunehmend auf Überspanntheiten der frühen Jugendbewegung hingewiesen. Das sentimentale Pathos der Fidus-Gefährtin Gertrud Prellwitz wird ironisiert, und die Anfälligkeit der Jugend für Demagogen wie dem vom Heilandswahn besessenen Muck-Lamberty verurteilt.

Denn Freiheit bedeutete für H. in erster Linie Gedankenfreiheit, Meinungsfreiheit und das selbständige Urteil des Individuums, das der öffentlichen Meinung standhielt. Er wünschte sich den jungen Menschen, der das an ihn Herangetragene prüfte und sich frei entschied ohne Vernebelung durch Irrationalitäten oder die Fesseln einer Parteidoktrin. Damit die Menschen befähigt würden, sich an der Gestaltung der Weimarer Republik zu beteiligen, warb H. für eine Bildungsreform, die allen gleiche Bildungschancen eröffnete. Er bot auch Minderprivilegierten über seine Zeitschrift Zugang zu Intellektuellen-Diskussionen, indem er Vertreter neuer Tendenzen in Bildender Kunst, Design, Theater, Literatur und Philosophie vorstellte. H. prangerte Militarismus und Klassenjustiz an und diskutierte am Beispiel autonomer Jugendkommunen neue Besitzverhältnisse und Formen des Zusammenlebens. Er hielt Kontakt mit der Arbeiterjugend und veröffentlichte Artikel über Arbeiterdichter.

H. nahm Partei für den jüdischen Geschichtsphilosophen Theodor Lessing, als dieser auf Druck rechter Professoren und randalierender Studenten seine Vorlesungen an der Technischen Hochschule Hannover 1925 beenden mußte. Von 1923 an brachte H. die Zeitschrift *Junge Republik* heraus, die sich mit Fragen der Volkswirtschaft und der Volksbildung auseinandersetzte. Sie war das Organ der von H. mitbegründeten Jugendorganisation der »Republikanischen Freischaren«. 1925 wurde H. Mitglied des parteiübergreifenden, aber von der SPD dominierten »Reichsbanners« (seit 1924). In diesem Bund republikanischer Frontsoldaten sammelten sich auch die jungen Liberalen, die – unzufrieden mit der Parteidisziplin und Organisation der Deutschen Demokratischen Partei (DDP) – sich in »jugendbewegter Form« für sozialen Ausgleich einsetzen wollten.

1924 kandidierte H., zusammen mit den Pazifisten Fritz von Unruh und Carl von Ossietzky, zur Reichstagswahl für die »Republikanische Partei«. Dennoch wehrte er sich dagegen, politisch vereinnahmt zu werden und betonte seine »Überparteilichkeit«. Damit unterschied sich H. von einem großen Teil der bürgerlichen Jugendbewegung, die sich mit ihrer Politisierung 1919 unter heftigen ideologischen Kämpfen spaltete und sich extremen Kräften am rechten und linken Rand des politischen Spektrums zuordnete. Vor allem in seinen Zeitschriften *Junge Menschen* und in *Der Fackelreiter* (ab 1927, benannt nach dem Emblem des Meissnerfestes) versuchte H. den Dialog für alle Richtungen offenzuhalten, solange sie demokratische Regeln befolgten. Damit bot er der Jugend eine Plattform gemeinsamer Interessen – sowohl für Gymnasiasten wie für jugendliche Arbeiter.

1921 organiserte H. verschiedene internationale Jugendtagungen mit dem Ziel, einen Weltbund der jungen Generation zu verwirklichen, der sich für die Völkerverständigung einsetzen sollte. Daraufhin verübten rechtsgerichtete Kreise ein Bombenattentat auf das »Freideutsche Haus«, in Hamburg. 1922 wurde H. Ehrenvorsitzender des »Friedensbundes der Kriegsteilnehmer«. Aus überparteilichem Engagement wurde parteipolitische Arbeit, als H. 1932 die »Republikanische Werbestelle« mit Zeitungskorrespondenzbüro – im Auftrag des Preußischen Innenministeriums – in Berlin aufbaute. Als Gegner der Nationalsozialisten wurde er 1933 von ihnen für einige Monate in »Schutzhaft« genommen. Nach seiner Entlassung reiste H. in politischer Mission durch Europa, nahm 1934 an der Weltfriedenskonferenz in Locarno teil und ging über Amsterdam nach Kopenhagen ins Exil; 1938 wurde ihm die deutsche Staatsangehörigkeit aberkannt.

Beim Einmarsch der Deutschen in Dänemark im April 1940 wurde H. verhaftet und ins KZ Sachsenhausen abtransportiert. 1942 kam er wegen »Vorbereitung zum Hochverrat« ins Zuchthaus Brandenburg.

Nach seiner Befreiung 1945 durch die Rote Armee blieb er wegen einer Hüftgelenkentzündung im Zuchthaushospital und begann, Zeugnisse über seine ehemaligen Mithäftlinge zu sammeln. 1948 wurde daraus sein staatlich subventioniertes »Forschungsinstitut Brandenburg des Landesarchivs Potsdam«, dem eine Bibliothek und eine Gedenkstätte angeschlossen waren, die die dort Hingerichteten des Widerstandes – unabhängig von ihrer Parteizugehörigkeit – ehrte. 1950 ereiferte sich eine Kontrollkommission der SED, der der damals

noch dogmatische Robert Havemann angehörte, daß H. auch Ausländer und Vertreter der Schumacher-SPD (»gefährlicher als die Nazis«) berücksichtigte, und drohte ihm wegen Spionage und Landesverrats mit der Verschleppung nach Sibirien. Auch die VVN (Vereinigung Verfolgter des Nazi-Regimes), von Kommunisten gesteuert, griff nicht ein. So floh H. ein zweites Mal vor einer totalitären Weltanschauung.
In Hamburg baute H. das »Walter-Hammer-Archiv« neu auf, aus dem er wichtige Unterlagen für Günther Weisenborns großen Bericht über den deutschen Widerstand, *Der lautlose Aufstand* (1953), zulieferte. 1955 gab er für den sozialdemokratischen Widerstandskämpfer das Buch *Theodor Haubach zum Gedächtnis* heraus, 1957 die Dokumentation *Hohes Haus in Henkers Hand. Rückblick auf die Hitlerzeit, auf Leidensweg und Opfergang deutscher Parlamentarier.*
Seit 1958 war H. schwer krank – als Folge der in der Haft erlittenen Mißhandlungen und Entbehrungen. Er starb daran 1966.

Hammer-Hösterey, E., Sieker, H. (Hg.): Die bleibende Spur. Hamburg 1967. – Junge Menschen. Ein Auswahlband. Ausgewählt und mit einer Darstellung zur Biographie Walter Hammers und der Geschichte der deutschen Jugendbewegung versehen von Walther G. Oschilewski. Frankfurt/Main 1981.

Geralde Schmidt-Dumont

Hanna, Gertrud

Geb. 22. 6. 1876 in Berlin; gest. 26. 1. 1944 in Berlin

In der Geschichte der deutschen Arbeiterbewegung ist die sozialdemokratische Gewerkschafterin H. eine Ausnahmeerscheinung: Ihr gelang im ersten Drittel des 20. Jahrhunderts, was nur wenige Frauen erreichten. Sie konnte sich in den patriarchalisch strukturierten Organisationen Anerkennung verschaffen.
Leider sind die Informationen über das Leben und Wirken der Kämpferin für die Rechte der arbeitenden Frauen sehr dünn gesät. Zu diesem Defizit hat H. selbst beigetragen. Dies illustriert eine ihr zugeschriebene Äußerung von 1932. Als sie anläßlich ihres fünfundzwanzigjährigen Gewerkschaftsjubiläums von einem Journalisten interviewt werden sollte, soll sie gesagt haben: »Von mir erfahren Sie nischt. Kommt jar nicht in Frage. Een Bild wollen Sie ooch noch haben? Jiebt et nich! Von mir ist nischt zu erzählen!« (*Frauenwelt*, Heft 17/1932)
Aus einer Familie der Berliner Arbeiterklasse stammend, sprach H. über ihre Herkunft und insbesondere vom Vater nicht gern. Erzogen wurden sie und die beiden Schwestern hauptsächlich von der Mutter, einer von Armut und Sorgen gezeichneten Frau. Mit vierzehn Jahren beendete H. die Volksschule und begann als graphische Hilfsarbeiterin Geld zu verdienen. Durch ihre Beschäftigung in einer Buchdruckerei kam die Jugendliche sehr früh mit der Gewerkschaftsbewegung in Berührung, und sie schloß sich dem »Freigewerkschaftlichen Verband« der Buchdruckerei-Hilfsarbeiterinnen an. Jahrelang wirkte sie in der Leitung dieser Interesseorganisation, nachdem sie sich für eine bezahlte Stellung als Frauensekretärin des Gewerkschaftsbundes qualifiziert hatte und zum Vorstandsmitglied ernannt worden war.
Zeit ihres Lebens legte H. großen Wert auf enge Zusammenarbeit der Gewerkschaft mit der Sozialdemokratischen Partei und dokumentierte dies 1908, als nach Aufhebung des Preußischen Vereinsgesetzes von 1850 Frauen endlich den Parteien beitreten durften, mit ihrer Mitgliedschaft in der SPD. Sie befürwortete als »Patriotin« die deutsche Kriegspolitik und war während des Ersten Weltkrieges von 1914 bis 1917 in der Kriegsfürsorge (»Nationaler Frauendienst«) tätig, wo sie den Fraueneinsatz in der Kriegsindustrie organisierte. In diesem Zusammenhang veröffentlichte H. die Broschüre *Die Arbeiterinnen und der Krieg* (1916), in der die kriegswirtschaftliche Mobilisierung der weiblichen Bevölkerung als Vorraussetzung für die Erlangung der Gleichberechtigung beschrieben war. Als Konkurrenz zu der sozialistischen von Clara Zetkin herausgegebenen Frauenzeitschrift *Die Gleichheit* (1892–1917), die einen radikalen Anti-Kriegskurs vertrat, entstand die 1916 gegründete *Gewerkschaftliche Frauenarbeit*, deren Schriftleitung sie übernahm.
Als Gewerkschafts- und Parteifunktionärin trat H. in vielen Diskussionen für die Gleichberechtigung des weiblichen Geschlechts ein. So forderte sie in einem der seltenen gemeinsamen Aufrufe von sozialdemokratischen und bürgerlichen Frauenorganisationen als Repräsentantin der Generalkommission der »Freien Gewerkschaften« im November 1918 das allgemeine Wahlrecht für Frauen, dessen Verwirklichung allerdings eher der Novemberrevolution, als dem Engagement der deutschen Frauenbewegung zuzuschreiben ist.
Die Gewerkschaftssekretärin H. nahm regelmäßig an Parteiveranstaltungen teil, so an der Sozialdemokratischen Frauenkonferenz 1919 in Weimar, auf der sie den als Broschüre veröffentlichten Vortrag *Frauenarbeit und Frauenorganisation* (1919) hielt. Während in der Kriegszeit die weibliche Berufstätigkeit als vaterländische Pflicht galt, empfahl die Regierung jetzt den berufstätigen Frauen, ihre Arbeitsplätze aufzugeben. Die Auseinandersetzungen um diese Frage spitzten sich so weit zu, daß H. sich genötigt sah, vor einem Kampf

der Geschlechter zu warnen. Sie forderte ein einsichtsvolles Zusammenwirken der Männer und Frauen in den Berufsorganisationen und Betrieben, um die Folgen der durch die Rückkehr der Männer ins Zivilleben bedingten Massenentlassung von Frauen zu mildern. Langjährig geübt in mehrheitssozialdemokratischer Disziplin und gewerkschaftlicher Solidarität kam eine offensive Strategie für sie nicht in Frage. So blieb es bei einem Aufruf an die unorganisierten Arbeiterinnen und weiblichen Angestellten, sich den Freien Gewerkschaften und der SPD anzuschließen. Dennoch fühlte H. sich vor allem als Frauenpolitikerin: Auf dem Görlitzer Parteitag der Sozialdemokratischen Partei 1921 und der SPD- Frauenkonferenz im selben Jahr trat sie als Delegierte des Bezirks Groß-Berlin auf. 1924 nahm sie in Berlin und 1927 in Kiel wiederum an den Frauenkonferenzen teil, nicht aber an den Parteitagen.

Neben ihrer Mitgliedschaft in SPD und Gewerkschaft gehörte H. der sozialdemokratischen »Arbeiterwohlfahrt« und deren Hauptausschuß an.

Darüber hinaus engagierte sich H. auf parlamentarischer Ebene. 1919 erfolgte ihre Wahl in die Verfassungsgebende Preußische Landesversammlung (bis 1921). Bis zu seiner zwangsweisen Auflösung 1933 gehörte H. ständig dem Preußischen Landtag an. Sie kam als Kandidatin der SPD für den Berliner Wahlkreis 2 in das Parlament. Da sie keiner Religionsgemeinschaft angehörte, wurde sie in den Handbüchern des Preußischen Landtags als »Dissidentin« aufgeführt.

Im 1. Preußischen Landtag (1921-1925) war H. stellvertretende Vorsitzende des Ausschusses für Handel und Gewerbe. In einer Debatte über das Problem der Arbeitslosigkeit wies sie im Januar 1924 auf die Unterbewertung weiblicher Arbeitskräfte und Arbeitsloser hin.

Als nach Beginn der Weltwirtschaftskrise im Oktober 1929 innerhalb von zwei Jahren die Zahl der Erwerbslosen in Deutschland auf 5,3 Millionen, darunter 1 Million Frauen, stieg, eine »Doppelverdiener«-Kampagne gegen berufstätige, verheiratete Frauen einsetzte und entsprechend verschärfte gesetzliche Bestimmungen erlassen wurden, wandte sich H. zusammen mit anderen scharf gegen diese Diskriminierung von Frauen. Gleichwohl kam es 1932 zu einem verfassungsändernden Gesetz, das das Recht der verheirateten Reichsbeamtinnen auf Berufsarbeit wesentlich einschränkte.

Vor der Reichstagswahl am 31. Juli 1932 gehörte H. zu den Frauen, die in wiederholten Aufrufen die weibliche Bevölkerung zur Mitarbeit in der »Eisernen Front«, einer seit 1931 bestehenden republikanischen Kampforganisation aus SPD, Arbeiter-Sport-Organisationen, Gewerkschaften und »Reichsbanner« (dem 1924 gegründeten Bund republikanischer Frontsoldaten), zu bewegen suchten: *Frauen her zu uns! Kämpft mit uns in den Reihen der Eisernen Front! Auf jede kommt es an!* (Juli 1932). Noch am 1. März 1933, vier Tage vor der letzten (noch relativ) freien Reichstagswahl und der Landtagswahl in Preußen, trat H. öffentlich auf und warb für die SPD. Am 5. März in den Preußischen Landtag gewählt, konnte sie ihr Mandat nicht mehr wahrnehmen. Im Mitgliederverzeichnis taucht ihr Name nicht auf, und bis zu seiner endgültigen Beseitigung im Oktober 1933 fristete der Landtag nur noch ein Schattendasein. Mit dem endgültigen Zusammenbruch der deutschen Gewerkschaftsbewegung im Mai 1933 verlor H. ihren Arbeitsplatz und damit die Existenzgrundlage. Im gleichen Jahr unternahmen ihre beiden Schwestern einen Selbstmordversuch. Eine von ihnen starb.

Während der NS-Zeit zog sich H. völlig von der politischen Arbeit zurück, trotzdem wurde sie verfolgt und zur Mitarbeit in der NS-Volkswohlfahrt gezwungen, begleitet von Verhören bei der Geheimen Staatspolizei. Vereinsamt und verlassen, nahm sie sich gemeinsam mit der anderen Schwester auch bald das Leben.

Juchacz, M.: Sie lebten für eine bessere Welt. Lebensbilder führender Frauen des 19. und 20. Jahrhunderts. Berlin u. Hannover 1956. – Wickert, Ch.: Unsere Erwählten. Sozialdemokratische Frauen im Deutschen Reichstag und im Preußischen Landtag 1919 bis 1933. Göttingen 1986.

Kurt Schilde

Harig, Katharina, geb. Heizmann

Geb. 31. 7. 1901 in Eupen; gest. 5. 9. 1977 in Leipzig

In ihrem äußeren Verlauf scheint die Biographie H.s ungebrochen und geradlinig. Tatsächlich aber spiegelt sie die vielfach verdrängte Auseinandersetzung mit der repressiven Geschichte der kommunistischen Bewegung, die ihre Spuren durch das Jahrhundert zog und in Stalins Lagern pervertierte, – ein Leben zwischen Erfahrung und Verdrängung und dennoch gelebt nach unerschütterlichen Idealen. H. gehörte nicht zur männlich dominierten kommunistischen Führungsschicht. Sie repräsentierte die Bewegung selbst: Widersprüche, politische Sozialisation, Disziplinierung, Idealismus, Mißbrauch. H.s Erfahrungen kamen aus der Perspektive »von unten«. In der Verdrängung dieser Erfahrung folgte sie eher den Regeln »von oben«. »Mutter Käthe« wurde sie von jungen Frauen und Männern aus Afrika, Lateinamerika und Asien genannt, die am Leipziger Herder-Institut in Vorbereitung auf ein Studium in der DDR die deutsche Sprache erlernten. H. war Direktorin dieses Instituts von 1958 bis 1964 – eine Frau, deren tragisches Schicksal kaum jemand kannte und über das zu reden sie sich selbst untersagt hatte.

H. entstammte einer mittelständischen, »frömmelnden« Kaufmannsfamilie aus der Gegend um Aachen und absolvierte einen für diese Kreise typischen Bildungsweg von der Volksschule über Lyzeum und Oberlyzeum zum Lehrerinnenseminar. Der Erste Weltkrieg schärfte die kritische Wahrnehmung der sie umgebenden gesellschaftlichen und politischen Verhältnisse und veranlaßte die damals Sechzehnjährige, einen Schulaufsatz zum Thema »Auch der Krieg hat sein Gutes« zu verweigern und ihr Heft mit einem Fragezeichen abzugeben. Auf der Suche nach persönlicher und gesellschaftlicher Orientierung gründete sie gemeinsam mit anderen Jugendlichen 1921 in Aachen eine Gruppe »Linksradikale Jugend«. Außerdem entschied sie sich für den Kommunistischen Jugendverband. Eine Anstellung als Lehrerin von 1921 bis 1924 in einer einklassigen Dorfschule in Bracht (Belgien) verschaffte ihr Einblicke in soziale Situation und unzureichende Bildungschancen der ärmeren Bevölkerungsschichten. Diese Tätigkeit befriedigte sie auf Dauer jedoch nicht. Sie wollte studieren. 1924 belegte sie an der Universität Köln Jurisprudenz und Ökonomie, mußte aber schon nach einem Jahr aus finanziellen Gründen das Studium abbrechen. Erst 1927 erhielt sie einen Platz als Werkstudentin an der TH Aachen und später an der Universität Köln.

Während des Studiums engagierte sie sich in antifaschistischen Studentengruppen und zeitweilig als Vorsitzende der »Roten Studenten«. 1932 trat sie der KPD bei. In dieser Zeit lernte sie ihren Mann, den Physiker Gerhard Harig, kennen, der , wie damals nicht wenige Intellektuelle, über die »Gesellschaft der Freunde des neuen Rußland« Anschluß an sozialistische Kommunikationskreise gefunden hatte. Fortan beeinflußte seine berufliche und politische Karriere auch H.s Lebensperspektive. Kurz vor ihrem Examen, im Mai 1933, wurde H. von der Universität verwiesen. Auch ihrem Mann war an der Technischen Hochschule Aachen der Assistentenvertrag gekündigt worden. Bei Verwandten in Leipzig fanden sie Zuflucht. Hier trat, unter dem Eindruck der nationalsozialistischen »Machtergreifung« und unter dem Einfluß seiner Frau, auch Gerhard Harig der KPD bei. Im Umfeld des Reichstagsbrandprozesses (21. September – 23. Dezember 1933), in dem u.a. der Leiter des »Westeuropäischen Büros der kommunistischen Internationale«, Georgi Dimitroff, angeklagt war, beteiligten sich beide an illegalen antifaschistischen Aktionen, verfaßten und verteilten Flugblätter und anderen Schriften. Dem drohenden Zugriff der Nationalsozialisten entzogen sie sich schließlich durch Emigration. Im Oktober 1933 nahm Gerhard Harig eine Einladung des Physikers A. F. Joffe an die Technische Hochschule Leningrad an. H. folgte ihm im April 1934. In Leningrad verbrachten beide einige glückliche berufliche Jahre in wissenschaftlicher Lehre und Forschung. H. arbeitete an verschiedenen Schul- und Hochschuleinrichtungen als Dozentin für Mathematik, Physik, Geographie und Deutsch. 1935 wurde ihr Sohn geboren.

1938 fanden diese produktiven Jahre einen jähen Abschluß. Angeblich schickte die Exil-Führung der KPD in Moskau H.s Mann zur illegalen Arbeit nach Deutschland zurück. Bereits bei seiner Ankunft wurde er von der Gestapo verhaftet. Sieben Jahre, bis zur Befreiung 1945, verbrachte er im Konzentrationslager Buchenwald. Frau und Sohn erfuhren nichts über sein Schicksal. Stattdessen geriet H. wie viele andere deutsche Emigrantinnen und Emigranten in die Maschinerie der stalinistischen Verdächtigungen. Unmittelbar nach der Abreise ihres Mannes mußte sie Leningrad verlassen. Drei Jahre lebte sie in Bronitzka in der Gegend Nowgorod, im August 1941 wurde sie mit ihrem Sohn nach Kitschma im Kirower Gebiet ausgesiedelt. Acht Jahre verbrachte sie dort unter Bedingungen, die konkret nur schwer zu ermitteln, in analoger Literatur allerdings unterdessen hinreichend beschrieben sind. H.s Akten schweigen hierzu ebenso wie sie selbst schwieg. Allein die Orte ihres Aufenthaltes verraten etwas von ihrem Schicksal. Auch in der Verbannung in Kitschma, »200 km von der nächsten Bahnstation entfernt«, bemühte sie sich darum, Kinder zu unterrichten. In ihren amtlich verfaßten Lebensläufen wählte sie selbst für diese Zeit schlicht den Begriff »Lehrerin«.

Erst 1948 konnte H. gemeinsam mit ihrem Sohn aus der Sowjetunion zurückkehren. Ihr Mann war zu dieser Zeit Lehrer an der Parteihochschule der SED und Philosophieprofessor an der Universität Leipzig. An der Pädagogischen Fakultät der Leipziger Universität erhielt sie einen Lehrauftrag für »Pädagogik des Auslandes, besonders der Sowjetunion«. Trotz ihrer persönlichen Erlebnisse und Erfahrungen schien ihr Verhältnis zur Sowjetunion ebenso ungebrochen wie ihre Verwurzelung in sozialistischen Idealen. Ohne jemals wirklichen politischen Einfluß zu erlangen, übernahm sie zwischen 1951 und 1957 verschiedene Funktionen im Apparat der SED in Berlin, schied – zeitgleich mit der Entlassung ihres Mannes aus dem Amt des Staatssekretärs für Hochschulwesen in der DDR (seit 1951) – auf eigenen Wunsch aus und kehrte nach Leipzig zurück. Als Direktorin des Instituts für Ausländerstudium, das durch ihre Initiative 1961 den Namen Herders erhielt, widmete sie sich fortan der Betreuung von ausländischen Studierenden und bemühte sich besonders um die Förderung der Frauen unter ihnen. Die in der eigenen Emigration erfahrene Solidarität wollte sie nunmehr weitergeben, mütterlich, sensibel, »ungekünstelt«. Man dürfe ihnen »unsere Meinung nicht oktroyieren«, aber sie auch nicht als »Nur-Fachleute« in die Heimat zurückschicken. An die »Mitbürger der Stadt« appellierte sie, diesen »jungen Menschen offen und herzlich zu begegnen und ihnen unser Leben so zu zeigen wie es ist«.

Das Herder-Institut wurde für die nunmehr Siebenundfünfzigjährige zur Lebensaufgabe. Würde es diese Einrichtung nicht geben, hätte man sie für H. »erfinden müssen«, sagte der Historiker Walter Markov anläßlich der Trauerfeier für H. im Jahre 1977. Solidarisches, gleichberechtigtes und friedvolles Zusammenleben der Völker waren ihre Maximen, die sie auch als Mitglied in internationalen Organisationen vertrat, u.a. in der »Internationalen Demokratischen Frauenföderation«, die ihren Sitz seit 1951 in Berlin/DDR hatte, und in verschiedenen deutsch-afrikanischen Freundschaftsgesellschaften.

»Das Geheimnis ihrer Erfolge ist nicht leicht zu entschlüsseln. Sie war kein schreibender, sondern ein unmittelbar auf Menschen gerichteter und über Menschen kommunikativ wirkender Charakter (...) schonungslos offenherzig, nannte die Dinge ungeschminkt beim Namen«. Ihr eigenes Schicksal, aber auch die Bekanntschaft mit dem Dramatiker Friedrich Wolf (gest. 1953 in der DDR), dem Maler Heinrich Vogeler (umgekommen 1942 als Verbannter in Kasachstan), dem Theatermann und Dichter Adam Kuckhoff (als Mitglied der »Roten Kapelle« 1943 in Plötzensee von den Nazis hingerichtet), dem Redakteur und Übersetzer Otto Braun (gest. 1955 in Locarno), dem Übersetzer und Sowjetagenten Richard Sorge (1944 in Tokio hingerichtet), dem Physiker und Nobelpreisträger Gustav Hertz (gest. 1975 in Berlin), dem Romanisten Werner Krauss (gest. 1976 in der DDR) mögen sie immun gemacht haben gegenüber Dogmatismus und menschenverachtendem Stalinismus, obwohl sie einer offensiven Auseinandersetzung mit dem in der Sowjetunion Erlebten auswich zugunsten eines »richtigen Verstehens des Großen, was seit sechs Jahrzehnten im Lande Lenins geleistet worden ist« und »eines strengen Realismus im Urteilen«. In dieser Haltung repräsentiert H. ein typisches biographisches Dilemma vieler aus der UdSSR in die DDR zurückgekehrter Emigrantinnen und Emigranten. Welche psychische und ethische Belastung ihnen durch die politische und gesellschaftliche Tabuisierung der stalinistischen Verbrechen und der Emigrationserfahrung auferlegt wurde, ist für Nachgeborene kaum zu ermessen.

Markov, W.: Zwiesprache mit dem Jahrhundert. Dokumentiert von Th. Grimm. Berlin und Weimar 1989 (Köln 1990). – Hohendorf, G. (Hg.): Wegbereiter der neuen Schule. Berlin 1989.

Christa Uhlig

Hatzfeldt, Sophie von

Geb. 10.8.1805 in Berlin; gest. 25.1.1881 in Wiesbaden

Die Gräfin H. wurde in Deutschland berühmt als Förderin und Freundin des Sozialisten Ferdinand Lassalle, außerdem selbst als sozialistische Politikerin. Bekannt war sie geworden, als sie, als dem Hochadel angehörende, körperlich und seelisch mißhandelte Ehefrau ihre Scheidung und materielle Gleichstellung durchfocht. Im deutschen Hochadel, in den H. 1805 hineingeboren wurde, galten die Töchter als Instrumente der Heiratspolitik im Sinne der Erhaltung und Mehrung des Familienbesitzes. Man verheiratete H. 16jährig mit ihrem Vetter gleichen Namens. Ihr Mann, der andere Freundinnen und Kinder hatte, war sich über das Formelle der Ehe im Klaren; H. sollte die legitimen Erben der Vermögen beider Familien in die Welt setzen. Da die aufgezwungene »Konvenienzehe« (Vernunftsehe) ihm jedoch selbst lästig war, mißhandelte Edmund von Hatzfeldt seine Frau. Der Ehemann hatte dabei stets das formale Recht auf seiner Seite; schließlich strebte H. die gesetzliche Scheidung an.

Das entsetzte die Familie von H., denn der Schein der Ehe sollte gewahrt bleiben. Abgesehen von den materiellen Einbußen fürchtete man besonders, daß der Skandal einer Scheidung im Hochadel, der Prozeß um Schuld und Geld, das Renommee des Adels beschädigen könnte. Die sich von 1842 bis 1854 hinziehende Scheidung wurde zum Politikum. Der preußische König Friedrich Wilhelm IV. ersuchte persönlich den Grafen Edmund von Hatzfeldt wiederholt, seine Ehefrau nicht weiterhin zu provozieren.

1846 machte H. in Berlin die Bekanntschaft des revolutionär gesinnten Breslauer Kaufmannssohns und Rechtsanwalts Ferdinand Lassalle. Da beide sich politisch und persönlich verstanden, führte Lassalle mit großem Engagement ihren Scheidungsprozeß, an dessen erfolgreichem Ende nach zwei Dutzend Prozessen vor 36 Gerichten beide das aus dem Vermögensausgleich Erlangte unter sich aufteilten. H. sah sich im Scheidungsprozeß einem starken öffentlichen Druck ausgesetzt: Ihre Beziehung zu Lassalle galt als das übliche Liebesverhältnis, das umso mehr belächelt wurde, als Lassalle 1846 nur knapp einer Verurteilung entgangen war, als man ihn des Diebstahls von für den Scheidungsprozeß wichtigen Dokumenten angeklagt hatte. Auch den großen Altersunterschied und Lassalles jüdische Herkunft benutzte man als Vorwand dafür, die politische Tätigkeit beider anzugreifen.

Bereits vor ihrer Scheidung reiste H. mit ihrem Sohn Paul in Deutschland umher, oft ausgewiesen und auf der Hut vor der Polizei, die ihr 1843 den Sohn entriß. Trotz des väterlichen Verbots schloß er sich ihr wieder an. Paul trat nach Ausbruch der Revolution von 1848 dem demokratischen »Düsseldorfer Volksclub« bei, dem Lassalle angehörte. Auch H. nahm an der Revolution aktiv teil und war Hausdurchsuchungen und Verhaftungen ausgesetzt. Hauptsächlich in Berlin und Wiesbaden lebend, wurde sie in der Agitation reger als Lassalle selbst, den sie nach Karl Marx' Aussage an politischem Sachverstand übertraf. H. engagierte sich von nun an für die entstehende deutsche Arbeiterbewegung.

Jahrzehntelang dauerte der Kampf um die Vereinigung der sozialistischen Bewegungen, zumal ein Großteil ihrer Mitglieder aus noch selbständigen, auch konfessionell gebundenen Handwerkern bestand. 1863 gelang Lassalle die Vereinigung zum »Allgemeinen Deutschen Arbeiterverein« (ADAV) mit dem Ziel der Durchsetzung des allgemeinen und geheimen Wahlrechts. H. und Lassalle sprachen auch die Industriearbeiter an und leisteten für diese eine systematische politische Bildungs- und Schulungsarbeit, wozu das aus der napoleonischen Zeit überkommene Rheinische Recht mehr Freiheit als etwa das Preußische Allgemeine Landrecht bot. Nach Lassalles Tod 1864 unterstützte H. weiterhin materiell und organisatorisch den ADAV. Freilich konnte es der von Lassalle ausersehene Nachfolger als Präsident des ADAV, Bernhard Becker, nicht ertragen, diese Hilfe anzunehmen. Er titulierte H. als herrschsüchtige alte Frau, die sich ihn als »Schürzenpräsidenten« halte. Als 1867 Johann Baptist von Schweitzer gegen den Willen H.s zum Präsidenten des ADAV gewählt wurde, gründete H. mit einem Fünftel der Mitglieder den »Lassalleschen Allgemeinen Deutschen Arbeiterverein« (LADAV), was ihr sofort, außer als abergläubische Bewahrung der Reinheit der Lassallschen Lehre, insbesondere als spalterische Politik vorgeworfen wurde. Denn tatsächlich war die Arbeiterbewegung dann, seit 1869, weiter gespalten, einerseits in die »Sozialdemokratische Deutsche Arbeiterpartei« Wilhelm Liebknechts und August Bebels, als Anhänger der Marxschen und Engelsschen kommunistischen Theorie, andererseits in den ADAV und dann den LADAV, der, den Theoremen Lassalles entsprechend, den Hauptfeind im Großbürgertum und im Liberalismus sah, wohingegen er die Führungsrolle Preußens und des preußischen Monarchen im Reich im Unterschied zu den Anhängern Wilhelm Liebknechts und August Bebels akzeptierte.

Jedenfalls vereinigte sich die Liebknechtsche »Sozialdemokratische Deutsche Arbeiterpartei« (SDAP) 1875 mit allen Lassalleanern zur neuen »Sozialistischen Arbeiterpartei Deutschlands« (SAPD). Die Agitation der SAPD konnte selbst 1878, als zwei Attentatsversuche auf den Kaiser zum Vorwand antisozialistischer Maßnahmen (Sozialistengesetze) wurden, nicht wirklich eingeschränkt werden. Die SAPD hatte sich vor dem Polizeieinsatz pro forma aufgelöst, damit keine Mitgliederlisten beschlagnahmt werden konnten und agitierte in der Form von Gesangs- und Kulturvereinen weiter.

H. blieb der Arbeiterbewegung treu, obwohl ihr LADAV sich nicht hatte durchsetzen können, ihr als Frau die politische Betätigung verboten war und Karl Marx und Friedrich Engels Lassalle, aber auch sie für mangelndes Klassenbewußtsein bei den deutschen Arbeitern verantwortlich machten.

H. arbeitete später mit August Bebel zusammen, dem sie nun ihre Informationen über Bismarcks vormaliges gutes Verhältnis zu Lassalle zuspielte, die auf die Regierung ein schlechtes Licht warfen. Sie schrieb darüber hinaus im *Vorwärts*, dem Organ der Sozialdemokratie, Artikel gegen die Regierung. Am 25. Januar 1881 erlag sie in Wiesbaden einer Lungenentzündung und wurde auf ihren Wunsch dort beigesetzt, in einem einfachen Reihengrab »inmitten der Bürger«.

Hirsch, H.: Sophie von Hatzfeldt. Düsseldorf 1981. – Reulecke, J. (Hg.): Arbeiterbewegung an Rhein und Ruhr. Wuppertal 1974.

Sieglinde Domurath

Hebenstreit, Franz von (eigentlich Streitenfeld)

Geb. 26. 11. 1747 in Prag; gest. 8. 1. 1795 (hingerichtet) in Wien

H. wurde 1747 in Prag als Sohn des Präses der Philosophischen Fakultät der dortigen Karlsuniversität geboren. Nachdem er kurze Zeit an der Prager Universität studiert hatte, kam er schon als Siebzehnjähriger nach Wien, wo er sich einige Jahre, teils durch die weitere Unterstützung des Vaters, teils durch Französischunterricht und gelegentliche Schreibdienste durchbrachte. 1768 wurde er Soldat, desertierte 1773 zu den Preußen, kehrte jedoch 1779 wieder in den kaiserlichen Dienst zurück. 1791 war er Platzoberleutnant in Wien.

H. wurde wurde vier Jahre später verurteilt und am 8. Januar 1795 öffentlich hingerichtet. Als er vor dem Schottentor, seines Adels und seines Soldatenranges entsetzt, als ehrlos erklärt und »mit dem Strang, und zwar mit Anheftung der Ketten und einer seinen Namen und sein abscheuliches Verbrechen enthaltenden Tafel vom Leben zum Tod« befördert wurde, sah das Kriegsgericht in ihm – nach dem Baron Andreas Riedel – »eigentlich (den) Haupträdelsführer, dem nicht einmal die von anderen vorgeschlagenen gemäßigten Vorbereitungen anständig waren, sondern der auf den schauderhaftesten coup d'État abzielte«. H. unterstand – zusammen mit dem ebenfalls angeklagten Kriegsgerichtsaktuarius (Protokollant) Cajetan v. Gilowsky – allein der Militärgerichtsbarkeit, weshalb beide zum Tode verurteilt wurden. Für Zivilpersonen war die Todesstrafe in solchen Fällen abgeschafft. Gilowsky hatte am 8. September 1794, da er den Verhörmethoden und der Haft im Polizeihaus nicht standhielt, Selbstmord begangen, seine Leiche aber wurde zwei Tage später öffentlich gehenkt.

Die Frage, ob die am 24. Juli 1794 und bald danach verhafteten sogenannten »Wiener Jakobiner« Revolutionäre waren, die im Sinne der Anklage Hoch- und Landesverrat begingen, wäre entschieden, hielte man sich an die Argumentation der gerichtlichen Urteile. Prüft man die Tatvorwürfe aber an dem Geschehen, wie es sich aus den umfangreichen Verhörprotokollen, aus den Selbstäußerungen der Verhafteten und aus ihren inkriminierten Schriften ergibt, so wird man eher feststellen, daß es keineswegs eine revolutionäre Gruppe unter der Führung von H. und Riedel gab, die im Sommer 1794 entschlossen und bereit gewesen wäre, mit Gewalt einen Umsturz – etwa so wie in Frankreich – herbeizuführen.

In dem Kriegsgerichtsverfahren gegen H. wurden drei Hauptvorwürfe herausgestellt. Erstens: H. habe »seine höchstverderblichen und auf den Umsturz des ganzen Staates hinauslaufenden Grundsätze allenthalben verbreitet und durch das *Eipeldauerlied*, dann durch die Skizze *Homo hominibus* das Volk zu einem Aufruhr anzuleiten und zu vermögen getrachtet«. Das *Eipeldauerlied* war ein radikales grobes Spottlied auf Ludwig XVI., Katharina II. von Rußland und auf den jungen Kaiser Franz II., ein Lied von wütender Empörung, mit dem man sich durch Absingen in privatem Kreis Luft machte. Das Gedicht *Homo hominibus* in lateinischen Hexametern (542 Verse) wurde von H. Ende 1792 verfaßt. Während sich Leopold II. in seiner kurzen Regierungszeit von 1790–1792 bemühte, die Reformpolitik seines Vaters Josephs II. trotz der revolutionären Vorgänge in Frankreich fortzusetzen und keinerlei Neigung zu einem »gegenrevolutionären Kreuzzug« gegen Frankreich zeigte, gelang es nach Leopolds II. plötzlichem Tod am 1. März 1792 den antiaufklärerischen Reformgegnern, Leopolds Sohn, den vierundzwanzigjährigen Kaiser Franz II., unter Hinweis auf die gefährlichen Folgen von Freiheit und Gleichheit in Frankreich so zu beeinflussen, daß er nicht nur die Reformprojekte beendete, sondern auch eine reaktionäre Innenpolitik einleitete. Der Interventions-Krieg Österreichs und Preußens gegen das revolutionäre Frankreich vom Sommer 1792 an verstärkte den inneren Druck. Diese Politik erzeugte eine kritische, zunehmend radikale Opposition in der aufgeklärten öffentlichen Meinung, die entschieden von josephinischen und leopoldinischen Vorstellungen geprägt war.

In dieser Situation schrieb H. sein lateinisches Gedicht, nicht aber konkreten Reformvorschlag, sondern als eine radikale Theorie, die das gesamte Elend aller menschlichen Geschichte von einem Punkte aus kurieren sollte. H. ging davon aus, daß der Mensch an und für sich ein vollkommenes Geschöpf aus Gottes Hand sei. Das gewaltige Elend der Menschen folge nur aus dem Mißverhältnis zwischen seiner wahren, also guten Natur und seiner falschen gesellschaftlichen Entwicklung. Diese entartete Ordnung versuchte H. aufzuzeigen in einer radikalen, teils bestechenden, teils beschränkten Kritik der herrschenden Gesetze, der Bestrafungs- und Belohnungssysteme, der religiösen, ethischen und philosophischen herrschenden Meinungen. Er stellte die These auf, alle Fehlentwicklung sei Folge der Einführung des privaten Eigentums, und nur durch seine Abschaffung und die Wiedereinführung des anfänglichen Gemeineigentums und des gemeinschaftlichen Genusses (communio bonorum) könne der ursprüngliche wahre Zustand der brüderlichen Gesellschaft wieder hergestellt werden, in dem der Mensch in gemeinsamer Anstrengung sein wahres Wesen entfalte und seine Glückseligkeit erreiche. Am Ende des Gedichts rief er einerseits Adel und Könige auf, jene Veränderung herbeizuführen und beschwor andererseits die Unterdrückten, von einer möglichen gewalttätigen Rückeroberung ihres alten Rechts abzusehen.

Zweitens: Ein weiterer Vorwurf war die Entsendung einer »Kriegsmaschine« (eine Art Wagen, den man gegen die Kavallerie einsetzen könnte) an die gegnerische Kriegspartei der Franzosen. Eine Untersuchung der Aussagen aller Beteiligten ergab, daß H. keine Emissäre nach Paris entsandte, sondern daß er eine Zeichnung eines solchen Wagens sowie sein lateinisches Gedicht einem Bekannten, dem Katecheten Held, überließ, der damit in Paris sein Glück machen wollte.

Drittens: Der »rechtsbeständige«, zu einer Verhaftung und Anklage notwendige Beweis aber, dessen Fehlen die Polizei noch im Juni 1794 beklagte, wurde überraschend von einem Polizeispitzel, dem Buchhändler Joseph Vinzenz Degen, am 22. Juli 1794 geliefert. Danach soll H. das »schaudervolle Geständnis eines Konspirators«, d.h. seinen »Mordanschlag« ausgeplaudert haben. Und zwar einen Plan mit folgenden Elementen: Ausbildung einer Studentengruppe zur Agitation des städtischen Proletariats, Unterstützung durch die am Ort liegende Artillerie und Kavallerie, ein coup d'État in der Hauptstadt, Ausrufen einer provisorischen Regierung, Tötung von 300 Adligen, und schließlich die Festsetzung des Kaisers, um ihn später, wenn man seiner nicht mehr bedürfe, zu ermorden.

H. hatte im Verhör all seine Überlegungen, seine kritischen und oppositionellen Reden, ja Gedanken nicht nur eingeräumt, sondern von sich aus – ungefragt – vorgetragen und nie bestritten, über Revolutionen, ihre Notwendigkeit und Möglichkeit, nachgedacht und geredet zu haben. Er widerlegte aber bis zuletzt glaubhaft die Anklage, einen Organisationsplan für einen Staatsstreich, wie ihn der agent provocateur angezeigt hatte, entworfen zu haben.

Die »Wiener Jakobiner« und ebenso H. waren keine organisierten Revolutionäre, vielmehr »Josephiner« und »Leopoldiner«, die unter der repressiven Politik Franz II. als solche nicht mehr auftreten konnten, die in den privaten Zirkeln, in welche sie sich vor der zunehmenden Spitzeltätigkeit an öffentlichen Orten zurückgezogen hatten, zwischen 1792 und 1794 zunehmend radikal gegen die französische Politik opponierten. Hier redeten sie über alle politischen Fragen, Tagesereignisse und Grundsätzliches, auch über Reformen und alle Aspekte von möglichen Revolutionen. Aber es gab trotz einiger politischer Aktivität (vereinzelte Flugblätter, Aufrufe und Gedichte oder Lieder) keine ernsthaft angestrebte revolutionäre Praxis. Dabei spielte H. mit seinem militärischen Wissen, mehr noch als mit seinem ebenso bohrenden und unerschrockenen wie radikalen, spekulativen Denken eine auffallende Rolle. Bei der Hinrichtung soll H. nach einem zeitgenössischen Bericht »ungemein standhaft« aufgetreten sein. Seine letzten Worte lauteten: »Solventur vincula populi«, »Das in Fesseln liegende Volk ist zu befreien«.

Körner, A.: Der österreichische Jakobiner Franz Hebenstreit von Streitenfeld, in: Jahrbuch des Instituts für Deutsche Geschichte. Bd. 3 (1974), S. 73–99. – Schuh, F: Die Wiener Jakobiner – Reformer oder Revolutionäre?, in: Jahrbuch des Instituts für Deutsche Geschichte. Bd. 12 (1983), S. 75–127.

Franzjosef Schuh

Hecker, Friedrich

Geb. 28. 9. 1811 in Eichtersheim (Baden); gest. 24. 3. 1881 in St. Louis (USA)

H., Sohn eines Rentamtmannes (Vorsteher einer Behörde zur Einnahme und Berechnung herrschaftlicher und landesherrlicher Bodenrenten), absolvierte nach dem Besuch des Gymnasiums in Mannheim ein juristisches Studium in Heidelberg und promovierte 1834. Nach einem staatlichen Vorbereitungsdienst in Karlsruhe ließ sich H. in Mannheim als freier Anwalt nieder. Seit 1838 »Obergerichtsadvokat« machte er in Mannheim die Bekanntschaft des sechs Jahre älteren Kollegen und späteren Sozialrevolutionärs Gustav von Struve, der zunehmend Einfluß auf H. gewann und ihn mit den französischen und englischen sozialistischen Schriften und Theorien vertraut machte. H.s. politische Aktivität verschaffte ihm genügend Popularität, um 1842 als Oppositioneller in die Zweite Badische Kammer, das Landesparlament, gewählt zu werden. Dort gelang es ihm, die konservative Regierung so unter Druck zu setzen, daß sie zurücktreten mußte.

Nachdem im Herbst 1844 Bestrebungen des dänischen Königshauses deutlich geworden waren, aufgrund dynastischer Erbansprüche Schleswig (und Lauenburg) als der dänischen Krone zugehörig zu betrachten, und damit die Herzogtümer Holstein und Schleswig vor die Wahl gestellt wurden, sich entweder zu trennen oder sich gemeinsam zu unterwerfen, war H. im Februar 1845 der erste im badischen Parlament, der sich gegen die staatsrechtliche und politische Vereinigung von Schleswig-Holstein mit Dänemark in einer aufsehenerregenden Rede wandte. Darin gab er sich als Patriot, Demokrat und Republikaner bereits vor der Revolution von 1848 zu erkennen. Über die Grenzen Badens hinaus wurde er im Mai desselben Jahres bekannt, weil ihn die preußische Regierung bei einer Reise nach Stettin zusammen mit seinem Parlamentskollegen und Führer der badischen Opposition, Johann Adam von Itzstein, aus Preußen auswies.

1846 und 1847 setzte H. die Opposition zur nunmehr liberalen badischen Regierung fort. Mit seinem Antrag auf Steuerverweigerung, bis das »System« überwunden sei zeigte er sich als linker Sozialdemokrat. Mit Struve organisierte er im September 1847 die (erste) »Offenburger Versammlung«, auf der der sozialrevolutionäre Flügel der Opposition ein Programm beschloß, das das allgemeine und gleiche Wahlrecht, den freien Schulbesuch, die progressive Besteuerung und die deutsche Republik forderte.

Als die Nachrichten von der französischen Februarrevolution 1848 Baden erreichten, war H. durch seine Aktivität unangefochtener Führer der Volksbewegung in Baden. Er war eine beherrschende Persönlichkeit mit großer Ausstrahlung, empfindlich gegenüber Kränkungen, der Typ eines charismatischen Führers, der mehr aus dem Gefühl und dem politischen Instinkt heraus agierte, als aus kühler, rationaler Überlegung. Sein Eintreten für die armen Volksschichten hatte ihm die Aura personifizierter Gerechtigkeit gegeben. Bei diesen allerdings meist monarchisch gesinnten einfachen Leuten ging das Gerücht, H. sei der Bruder des Findlings und angeblichen badischen Prinzen Kaspar Hauser und deshalb eigentlich der wirkliche Erbe des Großherzogtums Baden. »Dadurch«, so schrieb der Historiker Veit Valentin, »bekam sein Kampf einen Anschein alten Rechts und nun vollends einen romantischen Reiz, der bis heute noch nicht ganz verblaßt ist; magische Gewalt geht in der Geschichte nur von wenigen aus – Hecker gehörte nun einmal zu ihnen«.

Sein Charisma verstärkte sich noch im Frühjahr 1848, als er im Kostüm des Revolutionärs einen Putschversuch in Südbaden unternahm: mit blauer Bluse (der Arbeiterkleidung), hohen Stiefeln und dem Hecker-Hut (einem großen Schlapphut).

Zu diesem Putsch kam es, nachdem H. mit seinen Forderungen im Ende März/Anfang April 1848 in Frankfurt/M. tagenden Vorparlament gescheitert war: Proklamation der Republik und Permanenz des Vorparlaments. Die Erwartung H.s und Struves, ihrem Aufruf zum bewaffneten Aufstand vom 12. April 1848 würden die Volksmassen folgen, erfüllte sich nicht. Die Zahl der Kampfeswilligen blieb zu gering und deshalb, aber auch wegen taktischer Fehler, verlor H.s Freischar am 20. April 1848 bei Kandern im südlichen Schwarzwald das entscheidende Gefecht gegen badische Regierungstruppen.

H. floh in die Schweiz, veröffentlichte dort seine Schrift *Die Volkserhebung in Baden* und gab die Zeitung *Volksfreund* heraus. Im Juli 1848 hatte er die deutsche Revolution abgeschrieben und wanderte in die USA aus, wo er im Staate Illinois eine Farm erwarb. Im Mai 1849 rief ihn die badische Revolutionsregierung von dort zurück. Es war die Zeit der »Reichsverfassungskampagne«, des Versuchs, mit revolutionären Truppen die Revolution noch zu retten. Im Juli 1849 traf H. in Straßburg ein, mußte aber einsehen, daß die Revolution endgültig niedergeschlagen war.

Als Farmer in den USA blieb H. seinen politischen Überzeugungen treu und stellte sich im amerikanischen Bürgerkrieg (1861–1865) auf die Seite der Nordstaaten gegen die Sklavenhalterherrschaft. Sein Name war auch unter den Deutschamerikanern Michigans – darunter viele 48er – Grund genug, unter ihm als Regimentskommandeur zu kämpfen. Er wurde verwundet, sein Regiment löste sich im Zuge einer Meuterei auf.

H.s Interesse an der deutschen politischen Entwicklung blieb bis an sein Lebensende rege. So verlautete, er habe eine große, deutsch-patriotische Rede 1871 aus Anlaß des Friedensschlusses zwischen Frankreich und Deutschland gehalten. 1873 machte H. noch eine Reise durch Deutschland. Im Jahr davor waren seine *Reden und Vorlesungen* veröffentlicht worden.

H. hat durch seinen impulsiven Aktivismus, seine Rednergabe und seinen soziale Gerechtigkeit einfordernden Radikalismus zeitweilig als Person mehr Einfluß gehabt, als die Stärke seiner politischen Fraktion erwarten ließ. Sein Mut und seine draufgängerische Emotionalität ließen ihn zum Volksheld werden. Als er 1881 starb, war er im deutschen Südwesten schon längst eine legendäre Figur.

Kaufmann, W.: Die Deutschen im amerikanischen Bürgerkrieg. München 1911. – Klingelschmitt, K.-P.: Friedrich Hecker, ein deutscher Mythos. Stuttgart 1982. – Paul, S.: Basel und der erste badische Aufstand im April 1848. Basel 1926. – Scharp, H.: Friedrich Hecker, ein deutscher Demokrat. Frankfurt/Main 1923. – Valentin, V.: Geschichte der deutschen Revolution 1848–1849. 2 Bde., (Nachdruck) Köln 1970

Martin Kutz

Hegel, Georg Wilhelm Friedrich

Geb. 27. 8. 1770 in Stuttgart; gest. 14. 11. 1831 in Berlin

Grundlagen für H.s Denken ergeben sich aus dem Spätabsolutismus der württembergischen Duodezmonarchie in der zweiten Hälfte des 18. Jahrhunderts, aus humanistischer Schultradition des Stuttgarter Gymnasium Illustre und einem Protestantismus mit stark spekulativen Zügen. Das Tübinger Stift, das ihn als Stipendiaten mit theologischem Berufsziel aufnahm, vereinigte Orthodoxie, philologische Bibelexegese, vorsichtiges Vorwagen aufgeklärter Tendenzen und schwäbische Mystik. Beim Aufkommen der revolutionären Bewegung von 1789 stand H. auf der Seite ihrer Sympathisanten, indes nicht als studentischer Aktivist, sondern als zeitweiliger Mitläufer. In seiner theologischen Ausbildung schöpfte H. aus der Gelehrtentradition einer mächtigen Landeskirche und erfuhr zugleich die Impulse einer den Feudalismus niederringenden Monarchie als ebenso tyrannisches wie modernisierendes Regiment, das Reformen in Verwaltung, Militärtechnik, Strassenbau, Medizin und im Bildungswesen einführte.

Sein Amt als Hauslehrer in Bern (später in Frankfurt/Main) verschaffte H. die neue Erfahrung mit einer »Stadtrepublik«, wo an die Stelle des absoluten Monarchen als »Souverain« der »Grosse Rat« trat, dessen Mitglieder allein aus den regimentsfähigen Familien der Stadt gewählt wurden. Die »Demokratie« der »Schweizer Freiheit« in der Form der Berner Republik war in Wirklichkeit eine Oligarchie, die sich als Aristokratie verstand und die daher H.s lebenslanges Mißtrauen gegenüber »Wahlen« in Republiken und konstitutionellen Monarchien weckte. »Wahlen an und für sich« besagten überhaupt nichts: Sitze im Berner »Grossen Rat« könnten, laut Brief an Schelling vom 16. April 1795, durch »Intrigen«, eingebrachtes »Heiratsgut« des »Tochtermanns« gekauft werden, es sei bei ihnen mit »Geldbewegungen« und Unregelmäßigkeiten zu rechnen. Die im Gefängniswesen des Kantons Bern anzutreffende Grausamkeit sei größer als die nach dem Allgemeinen Preußischen Landrecht (1794) zugelassene. »Volk«, in dessen Namen in der »Demokratie« regiert werde, sei schwer bestimmbar; als »Volk« werde »ein besonderer Teil der Mitglieder eines Staats bezeichnet (...), der nicht weiss, was er will« (*Philosophie des Rechts*). »Die vielen als Einzelne, die man gerne unter Volk versteht, sind wohl zusammen, aber nur als Menge, – eine formlose Masse, deren Bewegung und Tun eben damit nur elementar, vernunftlos, wild und fürchterlich wäre« (*Phi-*

losophie des Rechts). »Privat-Interessen« könnten in »Volk« umbenannt werden, das in Württemberg von sogenannten »Weisen« vertreten worden sei (Versammlung der Landstände des Königreichs Württemberg im Jahre 1815 und 1816).
H.s Vorstellung der »Demokratie« hatte den Vergleich der aristotelischen Staatsverfassungen hinter sich, sie war eine aus der weltgeschichtlichen Entwicklung heraus mögliche Form des Regierens mit je und je schwankender Bedeutung. Die Frage nach der besten Regierungsform sei »müssig« (*Philosophie des Rechts*): Prinzip der »Monarchie« sei die »Ehre«, Prinzip der »Aristokratie« die »Mässigung« (wo sich öffentliche Macht und Privat-Interessen berührten), Prinzip der »Demokratie« die »Tugend«. In Griechenland sei »die demokratische Form (...) die welthistorische Bestimmung«; der »demokratische Staat ist nicht patriarchalisch, ruht nicht auf dem noch ungebildeten Vertrauen, sondern es gehören Gesetze, sowie das Bewusstsein der rechtlichen und sittlichen Grundlagen dazu«; »mit der Demokratie, wie sie nur in Griechenland gewesen ist, sind die Orakel verbunden«; die »Sklaverei (...) war notwendige Bedingung einer schönen Demokratie«; die »Gleichheit der Bürger brachte das Ausgeschlossensein der Sklaven mit sich«; in der »athenischen Demokratie« sei »überhaupt der Entwicklung großer politischer Charaktere am meisten Raum gegeben«, wo jeder sein »Talent« geltend machen und sein Recht in Anspruch nehmen könne, »auf öffentlichem Platz Vorträge über Staatsverwaltung zu halten«. »Demokratie« mit ihrer »noch immanenten objektiven Sittlichkeit« sei »nur in kleinen Staaten möglich«, »die den Umfang von Städten nicht übersteigen«: »In den modernen Vorstellungen von der Demokratie liegt diese Berechtigung nicht«. »Die Einsicht, zu der sich alle bekehren sollen (...) muss« in der Demokratie »vermittelst der Rede hervorgebracht werden«, die »Schrift genügt nicht« (*Philosophie der Geschichte*) »Volk« ohne »Regierung, Gerichte, Obrigkeit, Stände«, überhaupt ohne Organisation des Staatslebens gehöre wie die »Volks-Souveränität« als Gegensatz zur Souveränität des Monarchen oder des Staats zu den »verworrenen Gedanken« (*Philosophie des Rechts*).
Diese Vorstellung zeigt konkret H.s Mißtrauen in die demokratischen Elemente des Konstitutionalismus, so bei dem Wartburg-Studententum, den Jahnschen Turnern und gab dem Bewunderer Napoleons das Ansehen, Kronanwalt einer zwischen ihrer aufgeklärt-absoluten und ihrer konstitutionellen Form schwankenden Monarchie zu sein. Charakteristisch für das »demokratische Element« im England der »Magna Charta« (1215) und der »Bill of Rights« (1689) war nach H. der teilweise Scheincharakter der »Freiheit«, weil ein Parlamentssitz nicht oder nur in beschränktem Umfang durch freie Wahl zu gewinnen sei, vielmehr durch den Aufwand dessen, der gewählt werden wollte für diejenigen, die ihn wählen sollten: also eine Reduktion »auf ein Geldverhältnis«, wie H. anläßlich der englischen Wahlrechtsreform von 1832 *(1. Reform Bill)* schrieb. H.s Verdacht richtete sich insbesondere gegen das in aristokratischen Regierungsverfassungen anwesende »demokratische Element« (Venedig, Genua, Bern) oder die Trennung von Oberhaus und Unterhaus, wo einerseits politische Rechte auf materiellem Besitz, Gütern, Titeln des Privateigentums (Herzog von Wellington) beruhten und andererseits auf einem Wahlsystem, wo »herabgekommene Flekken das Recht behalten, Sitze im Parlament zu vergeben, während viele in späteren Zeiten emporgekommene blühende Städte von hunderttausend und mehr Bewohnern von dem Rechte solcher Ernennung ausgeschlossen sind« (*Reform-Bill*). Folge des »gewöhnlichen Handels mit parlamentarischen Sitzen« sei, »dass Bank-Direktoren, ingleichen Direktoren der ostindischen Kompagnie sich im Parlament befanden, wie jene grossen Plantagen-Besitzer auf den westindischen Inseln und andere Kaufleute (...), die zugleich für das Gesamtinteresse Englands so wichtig sind«, aber nicht für das »Volk« (von England, Schottland, Irland) als präsumtiver »Souverain« ständen (*Reform-Bill*).
H.s Kritik richtete sich immer auch gegen das Zensus-Wahlsystem, mit dem in Preußen und Frankreich dem »demokratischen Element« Geltung verschafft werden sollte. Das Schicksal der »Demokratie« war in den griechischen Stadtrepubliken dadurch gekennzeichnet, daß sie nicht von Dauer war, sondern durch den Wechsel mit der »Aristokratie« ausbalanciert wurde. H.s Vorbehalt gegenüber der »Demokratie« als »bürgerliche Gleichheit« unter Ausschluß derer, die sie erst mit ihrer »Arbeit« (nach athenischem Vorbild) möglich machten, war bei aller Zurückweisung des Hegelschen Staatsrechts für den politischen Linkshegelianismus annehmbar. Die Zukunft der »Demokratie« für einen großen Staat sah H. nur in Amerika.

Althaus, H.: Hegel und die heroischen Jahre der Philosophie. München 1992. – Hösle, V.: Hegels System. Hamburg 1987. – Losurdo, D.: Hegel und das deutsche Erbe. Köln 1989. – Lukács, G.: Der junge Hegel. Frankfurt/Main 1973. – Pöggeler, O.: Hegels Idee einer Phänomenologie des Geistes. Freiburg u. München 1973.

Horst Althaus

Heiler, Friedrich

Geb. 30. 1. 1892 in München; gest. 28. 4. 1967 in München

Als der aus einer Münchner katholischen Lehrerfamilie stammende junge Gelehrte 1919 im schwedischen Vadstena zum lutherischen Glauben übertrat, beschritt er einen Weg, für den er die programmatische Formel der »evangelischen Katholizität« geprägt hat. Er sagt selbst über diese »Konversion«: »Söderblom rief mich 1919 nach Schweden. Dort konnte ich in dem denkwürdigen katholischen Heiligtum Schwedens, der Kirche der heiligen Brigitta, das Sakrament – nun unter beiderlei Gestalt – empfangen. Es war keine Konversion von einer Konfession zur anderen, sondern ein ökumenischer Akt, dem weitere folgten, der Sakramentsempfang in der anglikanischen und in der orthodoxen Kirche.«

H. trennte sich also nie formell von seiner katholischen Mutterkirche, an der er besonders die Liturgie (Sakramentsmystik, Tabernakelmystik) schätzte. Argwohn, Spott und engherzige Kritik unverbesserlicher Konfessionalisten konnten H. nicht davon abhalten, mutig dem Ziel der »una sancta ecclesia«, der »einen heiligen Kirche« zuzusteuern, die sich ihm alsbald zur »una sancta religio« erweiterte. Unter den wenigen Freunden, die ihn unterstützten und ihm Verständnis entgegenbrachten, war der schwedische lutherische Erzbischof Lars Olof Jonathan Söderblom, einer der Väter der ökumenischen Bewegung. Söderblom hatte den jungen Religionswissenschaftler, der durch seine umfassende Studie über *Das Gebet* international bekannt geworden war, zu Gastvorlesungen nach Schweden eingeladen, und die Freundschaft mit dem großen schwedischen Kirchenführer und Religionsforscher ist für H.s Lebensweg bestimmend geblieben.

Dieses Werk (*Das Gebet*, 1918), mit dem der junge Orientalist, Religionswissenschaftler und Theologe 1917 in München zum Dr. phil. promovierte, ist bis heute ein Standardwerk der Religionswissenschaft, vergleichbar Rudolf Ottos *Das Heilige*, das ebenfalls 1917 erschien. *Das Gebet* war zugleich ein hervorragender Beitrag zur internationalen »Mystikforschung«. Es beruht auf genauester Kenntnis der Quellen: Außer den biblischen Sprachen beherrschte H. die klassischen Sprachen Indiens, das Avestische (die Sprache der Avesta, der heiligen Schrift der Parsen), das Ägyptische und Koptische; er sprach auch mehrere moderne Sprachen: Englisch, Französisch, Schwedisch und Italienisch; ferner las er Russisch und Chinesisch.

Am Ende von H.s Schaffen stand noch einmal ein religionsgeschichtliches Riesenwerk: *Erscheinungsformen und Wesen der Religion* (1961). Insgesamt veröffentlichte H. 345 Bücher und Aufsätze, 385 Buchbesprechungen und ca. 30 Übersetzungen aus fremden Sprachen. Herausragende Ereignisse seiner Biographie waren: einmal die Berufung auf eine Professur für Vergleichende Religionsgeschichte in der Theologischen Fakultät Marburg an der Lahn mit 28 Jahren (1920). Zum andern fielen in die frühe Marburger Zeit (H. wirkte 40 Jahre in der Stadt der Heiligen Elisabeth) die Ordination zum Priester in Rüschlikon, Schweiz (1927). Genaugenommen erwarb H. also die Ordination einer Schweizer evangelisch-reformierten Landeskirche. 1930 empfing er in demselben Kirchlein unter Wahrung der apostolischen Sukzession von einem gallikanischen Bischof die Bischofsweihe als Leiter der »Evangelisch-Katholischen Eucharistischen Gemeinschaft«. H. wurde zur Zentralgestalt der »Hochkirchlichen Vereinigung«.

Seine ökumenischen Bemühungen, unter schweren innerkirchlichen Anfeindungen vorangetrieben, wurden vom NS-Regime mit Argwohn beobachtet. H. bewies gegenüber dem Nationalsozialismus beachtlichen Realitätssinn: »Jeder konnte es wissen!« Er hatte Hitlers *Mein Kampf* (1925/27) schon früh gelesen und Hitlers Größenwahn erkannt. Mutig rief er zum Widerstand gegen die nazistische Rassenideologie auf. So notierte H. in dem von Leopold Klotz herausgegebenen Buch *Die Kirche und das Dritte Reich. Fragen und Forderungen deutscher Theologen* (1932): »Bedeutet die Rosenberg'sche Religionsphilosophie die Zerstörung des neutestamentlichen Glaubens, so die Hitler-Rosenberg'sche Rassenethik die Entthronung der neutestamentlichen sittlichen Forderungen (...) Nicht nur alle christliche Ethik, sondern überhaupt alle objektive Wertethik wird durch den nationalsozialistischen Pragmatismus der Macht aufgehoben (...). Das nationalsozialistische Dogma von Macht und Rasse offenbart eine grandiose Brutalität und – wenigstens in der Rosenberg'schen Auseinandersetzung mit dem ›positiven Christentum‹ – eine erstaunliche Konsequenz (...). Wenn die Evangelische Kirche dieser Zersetzung des biblischen Christentums in ihren Reihen keinen entschlossenen Widerstand entgegensetzt, so verliert sie die ganze Substanz des Evangeliums, sie verfällt nicht nur der völligen Säkularisierung, sondern einer furchtbaren Paganisierung, und wenn einmal der befürchtete politisch-soziologische Umschlag des Nationalsozialismus in den Bolschewismus erfolgen sollte, so müßte sie in ihrer Ohnmacht von der entgegenstürzenden Flut der ›Gottlosigkeit‹ hinweggerafft werden.«

Alfred Rosenberg antwortete in den *Nationalsozialistischen Monatsheften* im Juli 1932: »Einen besonders unerquicklichen Eindruck in dieser Polemik macht der protestantische Katholik oder katholische Prostestant Friedrich Heiler, der bei uns nichts anderes findet als ›eine grandiose Brutalität‹, die er namentlich dem Unterzeichneten zum Vorwurf macht. Daß er nebenbei die alte Unwahrheit einflicht, daß nach einem nationalsozialistischen Umsturz der Bolschewismus erfolgen könne, kennzeichnet die übliche Taktik, mit der gegen uns gekämpft wird.« 1934 wurde H., als einziges Mitglied der Marburger Fakultät, von den Nationalsozialisten zunächst nach Greifswald und bald danach in die Philosophische Fakultät der Marburger Philipps-Universität »strafversetzt«. Erst nach dem Krieg durfte er in die Theologische Fakultät zurückkehren.

H. hatte bereits 1919 in einem Vortrag *Jesus und der Sozialismus* ein Bekenntnis zu einem christlichen Sozialismus abgelegt. Er sagte dort unter Hinweis auf die Bruderliebe Jesu: »Trotz dieser grundsätzlichen Verschiedenheit muß heute eine innige Berührung dieser beiden Mächte: des Evangeliums Jesu und des Sozialismus stattfinden; der historische Jesus ist eine Brücke, welche Christentum und Sozialismus verbindet; er ist imstande, das Christentum mit sozialem und den Sozialismus mit christlichem Geiste zu durchsetzen.«

Insbesondere galt H.s Engagement der Emanzipation der Frau. *Die Frau in den Religionen der Menschheit* war ein Lebensthema von ihm. Er schrieb darüber zahlreiche Aufsätze sowie das gleichnamige, 1976 posthum erschienene Werk , das nicht nur einen einzigartigen Kulturvergleich bringt, sondern auch den fortschreitenden Prozeß der Entrechtung der Frau im Christentum darstellt. Herausgegeben wurde dieses Buch von seiner Frau Anne Marie, die Bundestagsabgeordnete war und somit auch politisch H.s Bestrebungen unterstützte.

Hartog, H.: Evangelische Katholizität. Weg und Vision F. Heilers, Mainz 1995.

Heinz Röhr

Heilmann, Ernst

Geb. 13. 4. 1881 in Berlin; gest. (ermordet) 3. 4. 1940 im KZ Buchenwald

H. ging in den 20er Jahren der Ruf voraus, einer der »ungekrönten Könige Preußens« zu sein. Tatsächlich bekleidete er weder ein Ministeramt, noch strebte er ein solches an. Als Vorsitzender der sozialdemokratischen Landtagsfraktion gewann er allerdings ein ungewöhnlich hohes Maß an Einfluß und Spielraum. H. war Parlamentarier aus Leidenschaft, ein taktisch versierter Pragmatiker und glänzender Debattenredner, der mit Gegnern, auch denen in den eigenen Reihen, nicht eben zimperlich verfuhr. Seine Rolle sah er darin, sozialdemokratische Regierungsmacht im republikanischen »Bollwerk« Preußen abzusichern und auszubauen. Zu den theoretisch originellen Denkern gehörte H. nicht, aber er war zutiefst davon überzeugt, daß Demokratie und Sozialismus einander bedingten. Demokratie begriff er – im Gegensatz zu manchem seiner Parteifreunde – nicht als bloßes Durchgangsstadium auf dem Weg zu einem fernen Ideal, sondern als unmittelbare, in der Gegenwart zu gestaltende Aufgabe. »Der konstruktive Sozialismus«, schrieb er 1931, »kann sich in Deutschland nur entfalten auf der Basis eines geordneten freiheitlichen Staatslebens.«

H. war kein »geborener«, durch proletarische Herkunft prädestinierter Sozialdemokrat; vielmehr entsprach er dem Typus des akademisch ausgebildeten Parteiintellektuellen. Er stammte aus einem kleinbürgerlich-jüdischen Milieu und schloß sich noch als siebzehnjähriger Gymnasiast der SPD an. Wegen seiner jüdischen Herkunft und seiner »sozialdemokratischen Gesinnung« wurde er nach dem Studium der Rechtswissenschaft nicht zum Referendariat zugelassen, konnte also weder Beamter noch Anwalt werden. Diese persönlich gewiß bittere Erfahrung mit der Illiberalität des wilhelminischen Obrigkeitsstaates führte H. auch beruflich ganz in die Arbeiterbewegung. 1903 begann er als Parlamentsberichterstatter in der Parteipresse zu publizieren, 1907 trat er in die Redaktion der *Chemnitzer Volksstimme* ein, deren Leitung er zwei Jahre später übernahm. Unter seiner Ägide wurde das Blatt zum Sprachrohr des rechten Parteiflügels, H. selber profilierte sich als Exponent einer entschieden reformistischen, gegen abstrakte Prinzipienfechterei und verbalen Radikalismus gerichteten Politik.

Gleich beim Ausbruch des Ersten Weltkriegs meldete sich H. freiwillig zum Dienst an der Front. Verwundet und auf einem Auge erblindet, kehrte er 1916 nach Berlin zurück. Als Chefredakteur der *Internationalen Korrespondenz*, eines dem Revisionismus nahestehenden Pressedienstes, vor allem aber als Autor der Wochenschrift *Die Glocke* wurde er zum lautstarken Verfechter der sozialdemokratischen Kriegspolitik. H. war Antirevolutionär und Nationalist, der auch vor ausgesprochen chauvinistischen Tönen nicht zurückschreckte; er unterstützte die Bewilligung der Kriegskredite wie den Burgfrieden und begegnete der seit 1917 diskutierten Umwandlung des monarchischen Konstitutionalismus in ein parlamentarisches System mit Skepsis. Nicht Parlamentarismus nach westeuropäischem Muster schwebte ihm vor, sondern eine den deutschen Traditionen angepaßte Verfassungsordnung, die garantieren sollte, was der Arbeiterschaft bis dahin verweigert worden war: umfassende Gleichberechtigung auf sämtlichen

Ebenen des gesellschaftlichen Lebens, Abschaffung der Klassenwahlrechte und jedweder Ausnahmegesetze. »Nach der Aufopferung unzähliger Einzelwesen für die Gesamtheit«, so umriß H. 1916 die Perspektive für die Nachkriegszeit, »muß nun im Staat gegenüber den starr gewordenen Rechts- und Besitzverhältnissen der Mensch wieder zur Geltung kommen.«

In dem Maße, wie die Sozialdemokratie in den Staat von Weimar hineinwuchs, wurde H. zum vielbeschäftigten Multifunktionär. Dabei nahm das Engagement in seinem alten Metier, der Publizistik, nicht ab, sondern eher noch zu. Bereits sehr früh erkannte er die außergewöhnliche Bedeutung des Rundfunks, der nach 1924 rasch expandierte. Hier Position zu beziehen, hielt H. für ein zwingendes Gebot. Er selber saß in verschiedenen Kontroll- und Zensurgremien, in den Überwachungsausschüssen der Berliner Funkstunde, des Mittel- und des Westdeutschen Rundfunks in Leipzig und Köln, außerdem im Aufsichtsrat der von ihm mitbegründeten Dradag, die »Drahtlose Dienst AG«, die – mehrheitlich im Besitz des Reichsinnenministeriums – die regionalen Sendeanstalten mit Nachrichten versorgte. Rundfunkpolitik war für H. der Versuch, die Belange seiner Partei zur Geltung zu bringen, was zugleich hieß, eine Ausrichtung des neuen Mediums an rein privatwirtschaftlichen oder einseitig bürgerlich-konservativen Interessen zu verhindern. Organisiert als Staatsmonopol, sollte der Rundfunk unter Beteiligung der gesellschaftlich relevanten Kräfte zur gemeinnützigen, den Werten der Demokratie verpflichteten Einrichtung werden. Rundfunk war in dieser Sicht kein Instrument des Klassenkampfes, wohl aber der Staat ein Instrument medienpolitischer Mitbestimmung: ein Konzept, das für die Arbeiterbewegung allerdings nur solange Früchte tragen konnte, als sie über den nötigen Einfluß in den Regierungen von Reich und Ländern verfügte. 1930, mit dem Übergang in die Phase der präsidialen Notverordnungsdiktatur, stieß es an seine Grenzen, und es zeigte sich, daß der Zugriff über den Staat eine durchaus zweischneidige Strategie war, von der nun nicht mehr die SPD, sondern deren Gegner, die Deutschnationalen und die Nationalsozialisten profitierten.

Die politische Basis, von der aus H. operierte, beschränkte sich im wesentlichen auf Preußen. 1919 bis 1933 war er Abgeordneter in der verfassunggebenden Landesversammlung bzw. im Landtag, seit 1921 Vorsitzender der sozialdemokratischen Fraktion; 1928 ließ er sich darüber hinaus auch in den Reichstag wählen, spielte dort jedoch keine dominierende Rolle. Von Hedwig Wachenheim, die zum Kreis seiner Vertrauten zählte, stammt das Urteil, H. habe das »Leitbild eines parlamentarischen Führers« geprägt. Tatsächlich verstand er es wie kein zweiter, die Kräfte seiner Fraktion zu bündeln und die Weimarer Koalition, jenes auf Reichsebene schon 1920 gescheiterte Bündnis von Arbeiterschaft, Katholiken und linksliberalen Bürgern, zusammenzuhalten. Selbst wenn man konzediert, daß die Bedingungen dafür in Preußen ungleich günstiger waren als im Reich, mindert das H.s persönliche Leistung nicht. In engem Zusammenwirken mit Joseph Heß, seinem Kollegen aus der Zentrumsfraktion, gelang es ihm, der Regierung des Ministerpräsidenten Otto Braun Rückhalt und Bewegungsfreiheit zu verschaffen, die Demokratisierung der Verwaltung voranzutreiben und so die Fundamente zu legen für eine im Reichsmaßstab ungewöhnlich lange Periode der Kontinuität und Stabilität.

Völlig im Einklang mit der Linie der Parteiführung warb H. für eine geduldige Politik der schrittweisen Transformation. Im Grunde ging es ihm um die sozialstaatliche Ausfüllung und Verankerung der Demokratie. »Für jeden Sozialdemokraten ist es selbstverständlich«, so betonte er, »daß der Umbau des Kapitalismus in die sozialistische Wirtschaft nicht ein einmaliger Akt, sondern ein langwieriger Prozeß ist, der sich über Jahrzehnte erstrecken wird. Das Tempo dieses Prozesses hängt von der politischen Kraft der Arbeiterklasse ab.« 1931, als diese Sätze niedergeschrieben wurden, stand es damit allerdings nicht zum Besten. Im Reich hatte sich unter Kanzler Heinrich Brüning ein Regime etabliert, das einen vom Parlament unabhängigen autoritären Kurs steuerte. Der Aufstieg der NSDAP drängte die Sozialdemokratie ebenso in die Defensive wie die erstarkende Konkurrenz durch die KPD. Beide bekämpfte H., ohne dabei den Boden der Legalität zu verlassen. Augenmaß, Vernunft und Vertrauen auf die Macht des Stimmzettels, nicht jedoch revolutionäre Aktionen sollten helfen, die kritische Situation zu meistern. Um die Preußenkoalition zu retten, verteidigte H. mit Nachdruck die Tolerierung des Kabinetts Brüning, das ihm trotz prinzipieller Bedenken unter den möglichen Alternativen als das kleinere Übel erschien. Als Forum für seine Überzeugungen diente ihm die Wochenzeitung *Das Freie Wort*, mit deren Herausgeberschaft ihn 1929 der Magdeburger Parteitag betraut hatte. Hier entfaltete er in Dutzenden von Artikeln noch einmal sein ganzes journalistisches Talent. H.s Stärke war der zupackende, aktuellen Fragen gewidmete Kommentar, die polemische Zuspitzung, nicht jedoch die theoretisch ausgefeilte Analyse des Phänomens Nationalsozialismus. Aber die Botschaft, die er immer wieder verkündete, war klar: »Faschismus ist der Tod der Freiheit und die Ausschaltung der Arbeiterklasse als selbständiger Faktor aus Politik, Wirtschaft, Leben und Kultur.«

Das war eine Prognose von hellsichtiger Qualität. Wie sehr sie auch sein persönliches Schicksal antizipierte, zeigte sich 1933. Für die Nazis gehörte H. als Jude und Sozialist zu den meistgehaßten Symbolfiguren der Weimarer Demokratie. Bereits 1929, noch vor dem Durchbruch zur Massenbewegung, hatte ihm der Fraktionsvorsitzende der NSDAP im Reichstag und Beamte beim Oberversicherungsamt München, der spätere

Innenminister Wilhelm Frick angedroht, man werde ihn im kommenden Dritten Reich als einen der ersten aufhängen lassen. Trotz der Gefahr, die ihm drohte, schlug H. alle Warnungen in den Wind. Auf der Reichskonferenz der SPD am 19. Juni 1933 plädierte er für die Trennung von dem nach Prag emigrierten Parteivorstand um Otto Wels: Man müsse den »Faden der Legalität weiter spinnen, solange er weitergesponnen werden« könne. Wenige Tage später wurde H. verhaftet und seiner bürgerlichen Existenz beraubt. Damit begann ein langer, von schwerer Folter und Demütigung begleiteter Leidensweg durch die Konzentrationslager. Er endete in Buchenwald, wo H. im April 1940 durch eine Injektion ermordet wurde.

Lösche, P.: Ernst Heilmann (1881-1940). Parlamentarischer Führer und Reformsozialist, in: Lösche, P. u.a. (Hg.): Vor dem Vergessen bewahren. Berlin 1988, S. 99-120. - Möller, H.: Ernst Heilmann. Ein Sozialdemokrat in der Weimarer Republik, in: Jahrbuch des Instituts für Deutsche Geschichte 11, 1982, S. 261-294. - Schumacher, M. (Hg.): M.d.R. Die Reichstagsabgeordneten der Weimarer Republik in der Zeit des Nationalsozialismus. Düsseldorf (3. Aufl.) 1994, S. 175-178.

Jens Flemming

Heimann, Eduard

Geb. 11. 7. 1889 in Berlin; gest. 31. 5. 1967 in Hamburg

»Die marxistische Lehre war ihm gewissermaßen in die Wiege gelegt worden«, wie sein Biograph H.-D. Ortlieb notiert: In einem sozialdemokratischen Elternhaus zur Welt gekommen, studierte H. von 1908-12 Sozial- und Wirtschaftswissenschaften in Heidelberg, Wien und Berlin. In Berlin war er Schüler von Franz Oppenheimer, in Heidelberg von Alfred Weber, den er zeitlebens als »stets unerschrockenen Streiter für Recht und Wahrheit« bewunderte. Oppenheimer, dem H. sein Lebensthema verdankte - eine »Organisation der menschlichen Gesellschaft, die Freiheit und Gleichheit zusammen gibt und erhält« -, hatte seine genossenschaftliche Vorstellung vom Sozialismus in Siedlungen wie der Obstbausiedlung Eden bei Oranienburg und in der Siedlung Merchawjah (»Gottes Weite«) in der Ebene Jesreel südlich von Nazareth zu verwirklichen unternommen.

Sein Vater Hugo Heimann war H. als Träger öffentlicher Verantwortung ein Vorbild. Eine mehrjährige Wirtschaftspraxis des jungen H. wurde durch schwere Erkrankung unterbrochen. 1919 wurde H. Generalsekretär der ersten Sozialisierungskommission und kam mit dem 1922 ermordeten Walther Rathenau in engere Berührung. In dem »Berliner Kreis«, in dem solche Koryphäen wie Paul Tillich, Carl Mennicke, Alexander Rüstow, Arnold Wolfers und Adolf Löwe ihre Debatten hielten, war er als Nationalökonom vom Fach intensiv beteiligt. Der »Freideutschen Jugend«, der er von Heidelberg her angehörte, legte er 1920 im *Sozialismus-Heft* der *Monatsschrift für das junge Deutschland* sein Sozialismus-Bild vor (*Über Wesen und Umfang des Sozialismus*). Abweichend vom Marxismus machte er klar, daß Sozialismus mehr sei als »Vergesellschaftung der Produktionsmittel«. Es handle sich vielmehr um eine Menschheitsbewegung , die aus geistigen Quellen gespeist sei. In Übereinstimmung mit Rathenau sah H. im Gemeinwohl die Grundlage für das Eigenwohl und plädierte für den Aufbau einer Gemeinschaftskultur.

»Walther Rathenau, dem Erneuerer des Sozialismus, zu trauerndem und treuem Gedächtnis« war der Aufsatz gewidmet, den H. zur Selbstvorstellung des »Berliner Kreises« im *Tat*-Heft von 1922 beitrug (*Die geistige Krise des Sozialismus*) - eine Wiedergabe der Kölner Antrittsvorlesung von H. Dieselben Gedanken sprach er in dem Buch *Mehrwert und Gemeinwirtschaft* (1922) aus. Dieses Buch explizierte die Grundidee einer sozialistischen Marktwirtschaft. Die marxistische Lehre kritisierte H. hinsichtlich ihrer Überschätzung des Mehrwertes und ihrer Nichtberücksichtigung von Grundrente und Monopolrente. Es sei »Rathenaus entscheidende Leistung für den Sozialismus, ihn aus dem wirtschaftspolitischen Hexenkreise herausgeführt und unmittelbar dem sittlichen Gebot unterstellt zu haben«.

H. hatte auf einer Tagung der religiösen Sozialisten in Hannover am 13.9. 1921 bekannt, daß er, irre geworden am traditionellen Sozialismus seines Elternhauses, erst in religiöser Einkehr wieder Sozialist geworden sei. Den Erlösungsgedanken des Christentums, dem er sich als gebürtiger Jude gläubig zuwandte, habe er nach dem alten Wort, »ein« Christ sei »kein« Christ, als Gemeinschaftsgedanken erfahren. Hier liege die religiöse Wurzel des Sozialismus.

Der Klassenkampf sei, wie H. später in dem Büchlein *Die sittliche Idee des Klassenkampfes und die Entartung des Kapitalismus* (1926, Neuausgabe 1947) näher ausführte, »ein heiliger Krieg«, der »bewußt um die höheren Güter des Menschen geführt« werde und insofern auch im Interesse der »Klassengegner« liege, als diese von ihrer Ausbeuterrolle befreit werden sollten. Im Mittelpunkt des Büchleins über den Klassenkampf stand der demokratische Grundgedanke, ein Mensch könne und dürfe sich nicht zum Mittel für die Erhöhung des andern Menschen entwürdigen lassen. »Der Mensch lebt nicht vom Brot allein, und Güterherstellung ist nicht das oberste Ziel seines Lebens; es geht hier nicht um Gütermengen, sondern um Menschenwürde.« Auf der Heppenheimer Tagung der religiösen Sozialisten in der Pfingstwoche 1928, an der außer den »Berlinern« etwa auch Martin Buber und Leonhard Ragaz teilnehmen (H.s direkter Diskussionspartner war Hendrik de Man), erklärte H. die »Freiheit und Würde des arbeitenden Menschen inmitten all des ungeheuren Sachapparates« zum Sinn des Sozialismus. Faschismus und Bolschewismus seien als sinnwidrig abzulehnen, weil alle sinnvolle Entfaltung auf Freiheit gerichtet sein müsse. Unter dem Einfluß des von Paul Tillich übernommenen Vitalismus wurde allerdings der Sozialismus von H. damals noch mit dem »Überschwang des Lebens« gleichgesetzt. Die gegen H.s damalige Verherrlichung der »Totalität des Lebens« gerichtete kritische Feststellung des Theologen Emil Brunner, daß die »Totalität des Lebens«, auch des geschichtlichen Lebens, nicht Gott sei und darum nicht in sich selbst schon den Sinn trage, ist später (1952) von H. ausdrücklich akzeptiert worden. Die Pointe der demokratischen Option H.s gegenüber Bolschewismus wie Faschismus faßte in Heppenheim H.s Freund Adolf Löwe in den Satz: »Ich bin Reformist und nicht Bolschewist, weil ich an keinen echten Gemeinschaftsbau glauben kann, der nicht die Gleichwürdigkeit aller, die Menschenantlitz tragen, als obersten Wert anerkennt – auch und gerade nicht als ›Übergang‹.«

Nach seiner Habilitation in Köln ließ H. sich noch 1922 nach Freiburg im Breisgau umhabilitieren. 1925 wurde er als Ordinarius für Wirtschafts- und Sozialwissenschaften nach Hamburg berufen. Die Hamburger Antrittsvorlesung *Sozialismus und Sozialpolitik* (erschienen in dem von Tillich herausgegebenen Band *Kairos*, 1926) stellte eine erneute Auseinandersetzung mit Marx und dem Marxismus dar. Jede in gutem Glauben eingeleitete Gewerkschaftspolitik widerspreche der Verelendungstheorie der Marxisten. Richtig sei es, durch Sozialpolitik den Druck der proletarischen Lage zu erleichtern. Sozialpolitik sei zwar nicht selbst der Sozialismus, aber sie mache die Kraft der Menschen für ihn frei. In der Begründung dieser These, wie H. sie in seiner *Sozialen Theorie des Kapitalismus – Theorie der Sozialpolitik* (1929, Neudruck 1980) und in dem Sammelband *Kapitalismus und Sozialismus* (1931) lieferte, erwies er sich als bedeutender Theoretiker des sozialdemokratischen Reformismus oder Revisionismus.

In einer fragwürdigen Koalition (so M. Martiny) von »rechten Hofgeismarern« (den »Jungsozialisten« um August Rathmann und Franz Osterroth) und den Leuten des »Berliner Kreises« entstanden die *Neuen Blätter für den Sozialismus*, die von 1930 bis Juni 1933 erschienen und die H. mitbegründet hatte. So eindeutig sich die *Neuen Blätter* zugunsten der SPD engagierten, so zweideutig war ihre Tendenz, das »sozialistische Prinzip« mit den im Nationalsozialismus herandrängenden »Ursprungskräften« auszugleichen. So wurde der Nationalsozialismus als »Aufstand der elementaren Triebe gegen die kapitalistische Verödung« von H. positiv gewürdigt (Dezember 1931): Die »Kritik des Vitalsozialismus am Rationalsozialismus« sollte als berechtigt gelten. Erst im letzten möglichen Augenblick, im Dezember 1932, erfolgte ein beschwörender Aufruf H.s zur Bewahrung der Demokratie (*Sozialismus, Kommunismus und Demokratie*). Der deutsche demokratische Sozialismus sei »der einzige legitime Erbe und Fortsetzer der christlich-abendländischen Geistestradition und ihrer Richtung auf Freiheit, Recht, Person«. »Demokratie ist nicht Uniformität wie in der russischen Zukunftsutopie, sondern Freude an der Vielgestaltigkeit in der soziologischen Einheit, d.h. auf dem streng zu sichernden Boden gleicher Rechte und gleicher Lebenslage.« Mit dem Wort »Freiheit!« schloß der Artikel. Als die »Vitalsozialisten« 1933 an die Macht kamen, konnte H. an der Seite mehrerer Mit-Emigranten an der »New School for Social Research« in New York neu beginnen. Dort entstand die (1949 auch auf deutsch erschienene) *Geschichte der volkswirtschaftlichen Lehrmeinungen*.

In dem Buch *Freiheit und Ordnung – Lehren aus dem Kriege* (1947, deutsch 1950) entlarvte H. – verspätet – den »Vitalsozialismus« der Nazis als »Vergottung des biologischen Selbst auf Kosten aller anderen Selbst«. Demgegenüber verdeutlichte H. jetzt sein Demokratieverständnis. Demokratie dürfe nicht als vermeintlich gerechtes System religiös sanktioniert werden. Gerechtigkeit (so meinte der Christ H., der hier aus seinem jüdischen Erbe heraus sprach) sei der göttliche Maßstab, hinter dem alles Menschenwerk und so auch die Demokratie stets zurückbleibe. Ein System, religiös oder nicht, das Gottes Gerechtigkeit zu besitzen behaupte, sei seinem Wesen nach anti-christlich, da es sich selber mit Gott gleichsetze oder ihn gar übertreffen wolle. So müsse (wie H. in Übereinstimmung mit dem amerikanischen Theologen Reinhold Niebuhr feststellte) die Demokratie als System verstanden werden, das nicht behaupte, gerecht zu sein, wohl aber nach Gerechtigkeit streben wolle. Dieser Gedanke wurde in den großen, in Deutschland erschienenen Werken *Wirtschaftssysteme und Gesellschaftssysteme* (1954) und *Vernunftglaube und Religion in der modernen Gesellschaft* (1955) breit entfaltet.

Der Sozialwissenschaftler H. war in seinem Spätwerk, zu dem auch das Buch *Theologie der Geschichte* (1966) gehört, vollends zum Theologen geworden. Ab 1950 lehrte er auch am Union Theological Seminary in New York. Nach seiner Rückkehr nach Hamburg (1963) übernahm er einen Lehrauftrag an der evangelisch-theologischen Fakultät in Hamburg und eine theologische Honorarprofessur in Bonn.

Im Sinne Thomas Jeffersons und Abraham Lincolns betrachtete H. Demokratie als »Freiheit und Gleichheit in ihrer Vereinigung«, wobei insbesondere der Einfluß des Theologen Reinhold Niebuhr ihm zu einer realistischen Auffassung verhalf. Schon von Oppenheimer hatte H. einst erfahren, es gehe »um eine Frage der Organisation der Menschen, wie wir sie kennen, mit all ihrem Egoismus und sogar mit mehr davon, als sie wirklich haben«. Die Demokratie brauche freilich Führer, aber diese müßten sich demütig erinnern, daß Macht den Charakter verderbe. Das Verblassen der von manchen religiösen Sozialisten einst gehegten Illusion, der *Kairos*, die erfüllte Zeit der gesellschaftlich konstituierten Bruderliebe, sei im Hereinbrechen, dürfe, so H. 1952, die Desillusionierten nicht daran hindern, improvisierte gesellschaftliche Verbesserungen vorzunehmen, die, wie unscheinbar und vorläufig sie auch seien, das Licht inmitten der Finsternis wenigstens symbolisch darstellen könnten. Die Demokratie, so fügte er 1963 hinzu, »beruht auf dem Wissen, daß Gott allein gerecht ist; sie ist sich des unüberbrückbaren Abstandes bewußt und hält sich offen für die von daher kommende Vision des Höheren und Besseren in zeitlicher Form, und offen für das Streben nach seiner Verwirklichung«.

Ortlieb, H.-D.: Eduard Heimann. Sozialökonom, Sozialist und Christ, in: Heimann, E.: Sozialismus im Wandel der modernen Gesellschaft. Bonn-Bad Godesberg 1975, S. 1-20. - Pfeiffer, A. (Hg.): Religiöse Sozialisten. Olten und Freiburg i. Br. 1976. - Rathmann, A.: Eduard Heimann (1889-1967), in: Lösche, P.; Scholing, M.; Walter, F. (Hg.): Vor dem Vergessen bewahren. Berlin 1988, S. 121-143.

Arnold Pfeiffer

Heimann, Hugo

Geb. 15. 4. 1859 in Konitz (Westpreußen, heute Chojnice/Polen); gest. 24. 2. 1951 in New York.

H. stammte aus einer alten jüdischen Familie, der 1813 das preußische Bürgerrecht verliehen wurde. Die Familie - sein Vater war Verleger und ein angesehenes Gemeindemitglied - siedelte 1860 nach Berlin über. Als der Vater bereits nach kurzer Zeit starb, nahm sich sein enger Freund Mortier Levy, ein aktiver 1848er-Demokrat, der Mutter, der vier Schwestern und des einzigen Sohnes an. Levy unterstützte die Sozialdemokraten, besonders während der Zeit des Sozialistengesetzes. Durch ihn wurde H. früh mit sozialen Ideen vertraut und mit den Arbeiterführern Paul Singer und August Bebel bekannt.
Der junge H. besuchte in Berlin das Gymnasium »Zum Grauen Kloster«, verließ es nach der Unterprima und begann eine Buchhändlerlehre. 1880 trat er ein Volontariat in der Londoner Verlagsbuchhandlung Truebner & Co an. Dort wurde H. Privatsekretär des aus Deutschland stammenden Firmeninhabers Nikolaus Trübner (englisch: Truebner) und verfolgte vorübergehend den Plan, gemeinsam mit William Heinemann, einem anderen dort tätigen Volontär, einen eigenen Verlag zu gründen. H. verließ London jedoch 1884 nach Truebners Tod und kehrte nach Berlin zurück. Als Juniorpartner trat er in die juristische Verlagsbuchhandlung Guttentag und Collin ein; die finanziellen Mittel stellte M. Levy zur Verfügung. Als sich Collin, der das Geschäft 1871 von Guttentag erworben hatte, schrittweise zurückzog, wurde H. 1886 zunächst Mitinhaber und 1890 alleiniger Besitzer des Unternehmens, das vor allem wegen der hohen Nachfrage nach zuverlässigen Textausgaben der Bismarckschen Sozialgesetze florierte. Die bedeutendsten Rechtsgelehrten der Zeit wie Rudolf von Gneist, Paul Hinschius und Christian Friedrich Koch zählten zu den Autoren. Das Reichsjustizamt übertrug dem Verlag sämtliche Veröffentlichungen zum Bürgerlichen Gesetzbuch (BGB). 1898 verkaufte H. die Verlagsbuchhandlung. Er war nun finanziell unabhängig.
Schon längere Zeit an der Volksbildung interessiert, stiftete H. nach englischem Muster der »Free Public Library« die »Öffentliche Bibliothek und Lesehalle zu unentgeltlicher Benutzung für jedermann« im Südwesten Berlins. H. kritisierte, in Deutschland wäre durch Landes- und Universitätsbibliotheken sowie der Stadtbibliotheken nur »für die wissenschaftlichen Bedürfnisse der bemittelten Klassen (...) aus Mitteln der Allgemeinheit ausreichend gesorgt, und das Bedürfnis nach Unterhaltungslektüre wird durch die diesem Kreis zur Verfügung stehenden zahlreichen Leihbibliotheken befriedigt.« Anders für »die unbemittelten Klassen Deutschlands«, die für Fortbildung und »ihr Streben nach Erringung neuer Kenntnisse, als auch für die Erfüllung des Wunsches, nach harter Arbeit Geist und Körper bei der Lektüre eines Buches auszuruhen«, nichts Adäquates fänden. In Preußen ständen lediglich schlecht ausgestattete Volksbibliotheken zur Verfügung, die durch zusammengebettelte Bestände eher »literarischen Wohltätigkeitsanstalten« glichen: kein Vergleich zu englischen oder amerikanischen Einrichtungen.
Die Bibliothek wurde am 26. Oktober 1899 in einem Gartenhaus der Alexandrinenstraße 26 eingeweiht. Die über 500 ausliegenden Zeitschriften ließen keine politische Richtung aus, jedes literarisch, künstlerisch oder technisch bedeutende Gebiet war mit mindestens einer Fachzeitschrift vertreten. Die Benutzungsbedingungen der durch ein Kuratorium unter Beteiligung der Berliner SPD geleiteten Bibliothek waren sehr besucherfreundlich: Geöffnet hatte die Lesehalle jeden Abend von 17.30 bis 22.00 Uhr, an Sonn- und Feiertagen von 9.00 bis

13.00 und von 15.00 bis 18.00 Uhr. 1250 Bände umfaßte der Nachschlagebestand, unter den ausleihbaren 17000 Bänden gab es auch Mehrfachexemplare. Die Bibliothek, die großen Zulauf hatte, zog später in ein speziell für diesen Zweck errichtetes Gebäude in der Adalbertstraße 41 um, in unmittelbare Nähe des Gewerkschaftshauses. Mehrere umfangreiche Kataloge erschienen, die die Qualität dieser einmaligen Volksbibliothek dokumentieren, bis H. nach dem Ende des Ersten Weltkrieges den Betrieb nicht mehr allein zu finanzieren vermochte. Die Bibliothek, die kurzzeitig schließen mußte, wurde von der Stadt unter dem Namen »Hugo Heimannsche Bücherei und Lesehalle« ab Januar 1920 weitergeführt. Schon 1933 schlossen die Nationalsozialisten H. und andere jüdische Bürger von der Benutzung aus.

Auch zu einer anderen kulturellen Einrichtung bekam H. keinen Zugang mehr. Das Berliner Schiller-Theater, ein gemeinnütziges Unternehmen, war von H., jahrzehntelanges Mitglied des Aufsichtsrats, auf Anregung von August Bebel gefördert worden. Auch den Aufsichtsräten der Städtischen Oper und des Philharmonischen Orchesters hatte H. lange angehört. Daß das Orchester städtische Subventionen erhielt, um den Musikern bessere Gagen zahlen zu können, war H. zu verdanken. Und nun hinderte ein Wachmann den bis dahin so »verehrten Wohltäter« des Orchesters 1933 am Betreten der Philharmonie: »Sind Sie Jude?«

H.s Karriere als SPD-Politiker begann Mitte der neunziger Jahre des 19. Jahrhunderts. Durch Vermittlung seines Freundes Singer von der Berliner Stadtverordnetenversammlung zum Bürgerdeputierten der Armendirektion gewählt, verwaltete er eines der größten Armendezernate im Osten der Stadt. 1900 kandidierte H. erfolgreich für einen Sitz im Stadtverordnetenparlament. Zur Umgehung einer Bestimmung im Wahlrecht, wonach jeweils die Hälfte der gewählten Verordneten Hausbesitzer sein mußten, kaufte H. zwei Häuser, die regelmäßig an sozialdemokratische Kandidaten »weiterverkauft« wurden, bis das Hausbesitzerprivileg nach dem Ersten Weltkrieg entfiel. H. war im Stadtverordnetenparlament von 1911 bis 1925 Fraktionsvorsitzender der SPD, ab 1919 bis 1932 stand er der Stadtverordnetenversammlung vor.

1908 zog H. mit vier anderen Sozialdemokraten für zwei Jahre in den Preußischen Landtag ein. Während der Novemberrevolution 1918 wurde er vom Arbeiter- und Soldatenrat zu einem der vier »Volksbeauftragten für die Stadt Berlin« gewählt. Als Mitglied der Nationalversammlung und des Deutschen Reichstags (Januar 1919–1920 für den Wahlkreis Berlin 3, ab 1920 den Wahlkreis Berlin 2) gehörte H. wiederholt dem Haushaltsausschuß an; er leitete ihn schließlich und entwickelte sich, über Parteigrenzen hinweg anerkannt, zu einem der besten Kenner finanzpolitischer Probleme. Aus Altersgründen legte H. 1932 alle Ämter nieder.

H. verließ Deutschland 1939, wenige Monate nach dem Pogrom im November 1938. Sein Sohn Eduard, ein bedeutender Wirtschafts- und Sozialwissenschaftler, war als Professor der Universität Hamburg bereits 1933 in die USA emigriert. H. und seine Frau Cilly hatten ihn 1934 in New York besucht. Das Ehepaar reiste zunächst nach England aus. Der britische Konsul hatte alle erforderlichen Unterlagen beschafft und ihnen geraten, »in dieser Hölle nicht eine Stunde länger als unbedingt erforderlich zu bleiben«. Die Tochter Johanna allerdings fuhr nicht mit; sie mußte ihr Engagement in einer jüdischen Hilfsorganisation schließlich mit dem Tod in der Gaskammer bezahlen. Ihre Eltern betraten am Weihnachtsabend 1939 amerikanischen Boden. Die Stadt Berlin hatte ihrem in jungen Jahren zugezogenen »Sohn« in Dankbarkeit um seine Verdienste 1926 das Ehrenbürgerrecht verliehen. Die Nationalsozialisten hatten es ihm 1933 wieder aberkannt und schon vorher sein Vermögen beschlagnahmt. 1947 erneuerte das Berliner Stadtparlament diese Ehrung.

Oschilewski, W. G.: Im Dienste des sozialen Fortschritts, in: Heimann, H.: Vom tätigen Leben: 50 Jahre im Dienste des sozialen Fortschritts. Berlin 1949, S. 3–9. – Stroscher, N.: Die Heimannsche »Öffentliche Bibliothek und Lesehalle zu unentgeltlicher Benutzung für jedermann« 1899–1919. Berlin 1987.

Angela Graf

Heine, Heinrich

Geb. 13. 12. 1797 in Düsseldorf; gest. 17. 2. 1856 in Paris

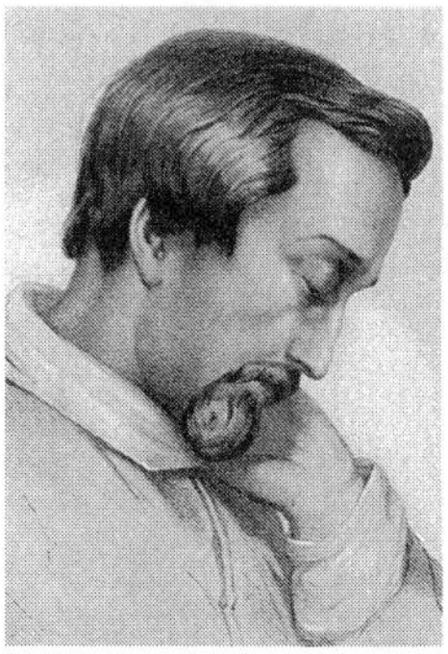

Wie kaum ein anderer deutscher Autor in seiner Heimat umstritten und bekämpft, hätte er eine diebische Freude angesichts der seit dem Ende der 1960er Jahre in Deutschland explosionsartig einsetzenden Renaissance seines Werks empfunden. Der deutsche Jude im Pariser Exil, protestantisch getauft, vermochte als Außenseiter und »Streitobjekt« par excellence die Gemüter zu erhitzen: »Nestbeschmutzer«, »Störenfried«, »Verräter«, »undeutsch« oder »Décadent« sind nur einige Epitheta, mit denen er noch zu Lebzeiten bedacht und zur Emigration nach Frankreich getrieben wurde und die nach seinem Tode notorisch jeden ihm zugedachten Ehrungsversuch begleiteten, bis hin zur Verbrennung seiner Bücher durch die Nationalsozialisten. Die Auseinandersetzung um H. war hierzulande stets ein »Gradmesser der Demokratie« (Höhn) gewesen. Ende der 1980er Jahre wurde er endlich in das Klassiker-Pantheon der deutschen Literatur aufgenommen, nachdem ihm die Welt-Literatur bereits seit langem diesen Platz zugewiesen hatte. Aber auch dort, wo er gefeiert wird, gehen die Meinungen über ihn auseinander.

Bis heute existieren verschiedene, miteinander konkurrierende H.-Deutungen marxistischer, konservativer, liberaler und progressiver, positivistischer oder judaistischer Richtung. Fest steht, daß er der deutschen und damit der europäischen Geistesgeschichte unzählige Impulse vermittelt hat, die bis heute nachwirken: der Junghegelianismus, H.s Religionskritik, Theorie des Traums und des Unbewußten, seine Kritik am Warencharakter aller Dinge und sein Unbehagen an der Kultur. Als Dichter brachte er einen neuen, frechen, witzigen, gesellschaftskritischen Ton in die romantische Poesie. Als Literatur- und Kunstkritiker spürte er unbeirrt Veränderungen und Umbrüche auf, wie 1828 das »Ende der (Goetheschen) Kunstperiode«, 1830 den Beginn der »Sozialen Revolution« und 1855 die Gefahr der »Herrschaft der finsteren Bilderstürmer«, der Kommunisten, so wie er schon früh vor dem »germanischen Pöbel« gewarnt hatte. Auch seine politischen Essays ebenso wie die Romanversuche waren richtungweisend modern.

Der Sohn des jüdischen Kaufmanns Samson Heine und dessen Frau Betty (Peira), geb. van Geldern, erlebte 1806 die Besetzung des Rheinlands durch Napoleon I., den H., begeisterter Anhänger der Französischen Revolution, als Befreier und trotz mancher Fehler, als »Gon-falonière der Democratie« (*Waterloo*-Fragment, 1854) verehrte. Die kurze Zeit der Gleichberechtigung der Juden (1806–1913) legte den Grundstein für H.s antiautoritäre, demokratische Gesinnung: »Ich hatte die Wahl zwischen gänzlichem Waffenniederlegen oder lebenslänglichen Kampf, und ich wählte diesen, und wahrlich nicht mit Leichtsinn. Daß ich aber einst die Waffen ergriff, dazu war ich gezwungen durch fremden Hohn, durch frechen Geburtsdünkel – in meiner Wiege lag schon die Marschroute für das ganze Leben«, schrieb er 1833 an Karl August Varnhagen.

Nach einer mißglückten kaufmännischen Lehre in Frankfurt am Main und Hamburg (beim reichen Onkel Salomon Heine) wurde er 1819 Student. In Bonn, Göttingen und Berlin hörte er neben dem Jurastudium Literaturwissenschaft beim Bonner »Romantik-Papst« August Wilhelm Schlegel. Er machte in Göttingen die für einen Demokraten wichtige Bekanntschaft mit dem Standesdünkel philisterhafter Junkersöhne. Die 1819 nach der Ermordung des Dichters und russischen Staatsrats August von Kotzebue durch den Studenten Karl Ludwig Sand auf Veranlassung Metternichs eingeführten Karlsbader Beschlüsse hielten ihn nicht davon ab, der patriotisch gesinnten und damals als freiheitlich geltenden Burschenschaft beizutreten. Später wandte er sich von dieser reaktionär gewordenen Bewegung ab. Nach dem consilium abeundi wegen eines Duells mußte er die Universität verlassen und ging 1821 nach Berlin.

Der vielversprechende junge Dichter fand dort neben bedeutenden akademischen Lehrern wie Hegel, bei dem er Religionsphilosophie hörte, bald Zutritt zu den Salons von Rahel und Karl August Varnhagen sowie von Elise von Hohenhausen, in denen er viele Intellektuelle seiner Zeit kennenlernte, die sein Denken mitgeprägt haben. Dort, wo der Goethe-Kult herrschte, traf er Fichte, Schleiermacher, Alexander von Humboldt, Adelbert von Chamisso, Friedrich Heinrich de la Motte-Fouqué und andere. Er besuchte das Opern- und Schauspielhaus und trat dem 1819 gegründeten »Verein für Kultur und Wissenschaft der Juden« bei, in dessen Rahmen er Unterricht gab, um die Emanzipation der Juden auch bildungsmäßig voranzutreiben. All das schlug sich in den für seinen Stil bereits charakteristischen *Briefen aus Berlin* (1822) nieder. Die Kontakte zu dem polnischen Grafen E. Breza, dem aktiven Oppositionellen gegen die preußische Besatzung Polens, führten H. auf eine Reise nach Gnesen und Posen, deren nachhaltige Eindrücke er in seinen Reportagen *Über Polen* (1823) beschrieb: »(...) einen melancholischen Anblick gewähren die polnischen Dörfer, wo der Mensch wie das Vieh lebt (...) Resultate einer ausgebildeten Aristokratie (...)«.

H.s politische Einstellung, die unter Umgehung der Zensur zwischen die Zeilen »hineingeschmuggelt« wurde, und sein Judentum waren einer bürgerlichen Karriere im damaligen Deutschland abträglich. Zwar ließ er sich nach seiner Jura-Promotion 1825 taufen, doch sollte dies nur »ein Entréebillet zur europäischen Kultur« und kein gänzlicher Bruch mit der Herkunft sein. Bis nach Japan drang der Ruhm des Verfassers des *Buchs der Lieder*, in Deutschland wurde aus der Karriere des unbequemen »Gerechtigkeitsfanatikers« aber trotzdem nichts. Daß ihn der Dichter August Graf von Platen mit antisemitischen Invektiven anfiel und dafür Beifall erhielt, war nicht überraschend. H.s Reisen durch den Harz (1824), nach England (1827) und Italien (1828) fanden ihren Niederschlag in *Reisebildern*, die als Auftakt zur Julirevolution der deutschen Literatur gesehen werden. Die Kritik des selbsternannten »braven Soldaten im Befreiungskriege der Menschheit« (1828) an Adel und Klerus mit der Hinwendung zur »Freiheitsreligion« war provozierend genug: »Nicht mehr die gekrönten Häuptlinge, sondern die Völker selbst sind die Helden der neuen Zeit (...) sie halten zusammen, wo es gilt für das gemeinsame Recht, für das Völkerrecht der religiösen und politischen Freyheit (...)« einzutreten, und daß »auch die Armen berufen sind zum Genusse«, schrieb er in den *Englischen Fragmenten* (1828). Ihm schwebte die »allgemeine europäische Völkerverbrüderung« vor, wohl Grund genug für die preußische Zensur, diese seine *Reisebilder IV* sowie die (schon verstümmelte) *Einleitung zu Kahldorf über den Adel in Briefen an den Grafen M. von Moltke* (1831), in der er eine Revolution in Deutschland prophezeit, im Jahre 1831 prompt zu verbieten. Als vier Jahre nach seiner Übersiedlung nach Paris seine Bücher zusammen mit den Schriften des Jungen Deutschland vom deutschen Bundestag 1835 verboten wurden, waren auch die anderen Schriften H.s landesweit als subversiv »dekodiert« worden. Sein rechtzeitiger Gang ins Exil erwies sich »als notwendige Voraussetzung zur fernerhin bürgerlich geschützten Rede fürs Volk« (Briegleb).

Rahel Varnhagen hatte H. nach Paris den Auftrag mit auf den Weg gegeben: »Dort müssen Sie schreiben, für hier«. Und das hat er getan. Zunächst noch ganz dem Bürgerkönig Louis-Philippe zugetan und im Banne der Saint-Simonisten, die die »Emanzipation des Fleisches«, »des Volkes«, ja der »Ganzen Welt« im Sinne hatten, ist er später aber auch von diesen abgerückt, wie von allen politischen Parteien und Gruppierungen. Ein Weltbürger seines Formats ließ sich auf die Dauer von keiner Idee, geschweige denn Ideologie fesseln. In *Shakespeares Mädchen und Frauen* (1838) definierte er seinen Demokratie-Begriff der damaligen Zeit am Beispiel Julius Caesars: »Demokratie und Königthum stehen sich nicht feindlich gegenüber, wie man fälschlich in unsern Tagen behauptet hat. Die beste Demokratie wird immer diejenige seyn, wo ein Einziger als Inkarnazion des Volkswillens an der Spitze des Staates steht (...)«. H.s Engagement für Demokratie war aber das eines Einzelkämpfers, ohne Nibelungentreue, ohne Parteibindung und immer wieder Wandlungen unterworfen. Das ging mit dem Kommunismus wie dem Royalismus so. Typisch für ihn war der Ausspruch in den *Französischen Zuständen* (1832): »Es ist freilich wahr, daß dennoch der tote Napoleon noch mehr von den Franzosen geliebt wird, als der lebende Lafayette. Vielleicht eben weil er tot ist, was wenigstens mir das Liebste an Napoleon ist; denn lebte er noch, so müßte ich ihn ja bekämpfen helfen«.

Als während der Revolution von 1848 die Ideale besiegt wurden, für die H, gekämpft hatte, war er selbst der psychisch und physisch Besiegte. In seiner »Matratzengruft«, in der er krank – sich als Lazarus sehend – dem Tod entgegensah, sah die Emanzipation der Menschheit anders aus. Jeder Fortschritt bringt Verluste mit sich – H.s frühe Erkenntnis hatte sich nun bewahrheitet. Die beiden Vorreden zu den zwei Auflagen seiner Schrift *Zur Geschichte der Philosophie und Religion in Deutschland* von 1832 und 1852 sind dafür bezeichnend. Die zweite Auflage sollte die erste, durch die Zensur verstümmelt, ersetzen, denn »so ging die eigentliche Tendenz dieses Buches, welches ein patriotisch-demokratisches war, verloren (...)«. Diese Schrift läßt allerdings die Antwort auf die Frage nach der Alternative »Befreiung oder Barbarei« offen. Es gibt für den Demokraten H. nicht die eine, reine Wahrheit. Gerade deshalb gelten seine prophetisch-ironischen Zeilen heute mehr denn je: »Ich bin ein deutscher Dichter,/ Bekannt im deutschen Land;/ Nennt man die besten Namen,/So wird auch der meine genannt.«

Briegleb, K.: Opfer Heine? Versuche über Schriftzüge der Revolution. Frankfurt/Main 1986. – Grab, W.: Heinrich Heine als politischer Dichter. Heidelberg 1982. – Höhn, G.: Heine-Handbuch. Zeit, Person, Werk. Stuttgart 1987. – Höhn, G. (Hg.): Heinrich Heine. Ästhetisch-politische Profile. Frankfurt/Main 1991.

Elvira Grözinger

Heine, Wolfgang

Geb. 3. 5. 1861 in Posen; gest. 9. 5. 1944 in Ascona (Schweiz)

Rosa Luxemburg hielt ihn für einen »bürgerlichen Demokraten, der sich irrtümlich für einen Sozialdemokraten hält.« Insofern war er einer ihrer bevorzugten Gegner. Er selbst äußerte 1915/16, daß die Sozialdemokratie »in den bevorstehenden Kämpfen um die Erneuerung Deutschlands auf der positiv Neues schaffenden Seite zu stehen haben (werde), nicht auf der, die sich für das Nichtstun entscheidet«, »denn nichts ist so leicht und entbindet so sehr von jeder Verantwortung, als unter Berufung auf die reine Lehre die Berührung mit der sündhaften Praxis zu vermeiden und sich noch dabei in die Toga unentwegter Tugend zu hüllen.« Als Sohn eines evangelischen Gymnasialdirektors, aufgewachsen hauptsächlich in Breslau, entschied sich H. nach Privatschule und Gymnasium für das Studium (1879–1884) zunächst der Naturwissenschaft in Breslau und Tübingen, dann der Rechtswissenschaft in Berlin. 1882–83 absolvierte er seinen Militärdienst. Seit 1889 war H. als Rechtsanwalt in Berlin tätig, wobei er sich als Strafverteidiger vor allem in politischen Verfahren einen Namen machte. Als Referendar im preußischen Justizdienst hatte er sich bewußt für den Anwaltsberuf entschieden, um sich nicht zum Werkzeug der politischen Justiz machen zu lassen.

Hatte sich H. als Student im elitären »Verein Deutscher Studenten« betätigt, zeitweise auch als Redakteur der erzreaktionären *Kyffhäuserzeitung*, so betrachtete er sich, inspiriert durch die Schriften des Philosophen und Sozialwissenschaftlers Friedrich Albert Langes (*Die Arbeiterfrage in ihrer Bedeutung für Gegenwart und Zukunft*, 1865) und des Begründers des

»Allgemeinen Deutschen Arbeitervereins« (ADAV), Ferdinand Lassalle, von 1885 an als Sozialdemokrat. Die Gründe für diesen radikalen Wechsel der Weltanschauung sind unbekannt.

Wegen Mitgliedschaft in der SPD 1896 aus dem Offiziersstand – er war inzwischen Reserve-Oberleutnant – ausgeschlossen, trat er erstmalig 1897 als Redner in einer Versammlung sozialistischer Akademiker hervor. In der Folgezeit sollte H. sich zu einem der führenden »Revisionisten« in der SPD entwickeln; er zählte zum Autorenkreis der *Sozialistischen Monatshefte* und entfaltete darüber hinaus eine rege publizistische Tätigkeit. H.s Revisionismus stellte sich jedoch vor allem als Pragmatismus ohne wesentliche theoretische Begründung dar.

Auf dem Parteitag der SPD 1898 in Stuttgart war H. wegen seiner von ihm in einer Berliner Wahlversammlung gehaltenen »Kanonenrede« Zielscheibe heftiger Kritik der Parteilinken geworden. H. hatte erklärt, die Zeit würde kommen, wo die Sozialdemokratie die Militärforderungen des Staates bewilligen würde, um Volksrechte dafür einzutauschen. Auf entschiedenen Widerspruch stieß auch sein Engagement für die Beteiligung der SPD an den preußischen Landtagswahlen, die nach dem Dreiklassenwahlrecht durchgeführt wurden. 1898 wurde H. erstmals als Vertreter eines Berliner Wahlkreises für die SPD in den Reichstag gewählt, dem er dann bis 1920 angehörte. Der Versuch der Parteiorganisation seines bisherigen Berliner Wahlkreises, ihn zu disziplinieren, führte dazu, daß er eine erneute Kandidatur dort ablehnte und auf das Angebot der Kandidatur in Dessau-Zerbst 1912 einging.

Seine Bedeutung für die Partei und die Freien Gewerkschaften bestand in der Kombination seiner Arbeit als Strafverteidiger mit der Ausübung des Reichstagsmandats. Einige seiner Gerichtsverfahren, vorwiegend zum Vereins-, Versammlungs- und Preßrecht wurden zum Gegenstand von Reichstagsdebatten.

Im Ersten Weltkrieg stand H. unbeirrbar auf der Position der »Vaterlandsverteidigung«, gedachte aber auch, nach Kriegsende Konzessionen für die Zustimmung der SPD zu den Kriegskrediten einzufordern. Sein – im ganzen liberales – *Programm der Grundlinien einer neuen inneren Politik* (1916) sah Reformen auf allen gesellschaftlichen Gebieten vor, unter Betonung rechtlicher Garantien zur Ausgestaltung individueller Freiheit und Gleichheit. Durch die Gründung der »Unabhängigen Sozialdemokratischen Partei« (USPD) 1917, die offen gegen die Fortführung des Krieges auftrat, sah er die von ihm erhofften Gegenleistungen gefährdet und nahm daher Stellung *Gegen die Quertreiber!*: Schon hätten deren »Treibereien die bedenkliche Folge gehabt, daß man an der Ehrlichkeit und Zuverlässigkeit der Sozialdemokratie in dieser nationalen Gefahr zu zweifeln beginnt.«

Die Novemberrevolution brachte H. in staatliche Ämter: als Präsident des Anhaltischen Staatsrates (November 1918 bis Juli 1919), als preußischer Justizminister (Dezember 1918 bis März 1919) und als preußischer Innenminister (März 1919 bis März 1920). In Anhalt galt H. als das eigentliche konservative Element im sozialdemokratisch-demokratischen Staatsrat. H.s Entlassung als preußischer Innenminister hing unmittelbar mit dem Kapp-Putsch (13. März 1920) zusammen, der deutlich gemacht hatte, daß die von H. im Amt belassenen vorrevolutionären Landräte zu großen Teilen auf Seiten der Putschisten standen. Der Vorwurf lautete, daß das Ministerium passiv geblieben sei, obwohl die Illoyalität der aus dem Kaiserreich übernommenen Beamten schon seit langem bekannt war. Doch H. dürfte hier eher Opfer seines Beamtenapparates geworden sein, als daß er – wie von seinen parteiinternen Gegnern unterstellt – den Demokratisierungsprozeß verzögern wollte. Angesichts der Aufgabenfülle (Reorganisation der Polizei, Verwaltungsreform, Abbau der bestehenden Räte, Neubesetzung der Ämter) und der bestehenden Konfliktlinien wären auch andere Persönlichkeiten – unabhängig von ihrer politischen Herkunft – stark beschädigt aus dieser Funktion hervorgegangen. Insbesondere galt es, bei der Ämterbesetzung zwischen politischer und fachlicher Eignung abzuwägen sowie persönliche Vorteilsnahmen und Intrigen zu erkennen und zu vereiteln. Hochgespannte Erwartungen, die nur enttäuscht werden konnten, führten zu der diffusen Kritik, daß »die Partei« zu kurz käme. So war selbst die anhaltische Sozialdemokratie nicht mehr bereit, ihn erneut als Reichstagskandidaten zu benennen. H. betätigte sich fortan wieder als Anwalt, so auch für den Reichspräsidenten Friedrich Ebert in mehreren Verleumdungsprozessen. 1923 wurde er zum Mitglied des »Staatsgerichtshofs zum Schutze der Republik« berufen, aus dem er aus Protest über dessen einseitig gegen die Linke gerichteten Urteile (verschärfte Verfolgung von Kommunisten und als Wirkung daraus zu erwartende weitere politische Polarisierung in der Gesellschaft) 1925 wieder austrat. 1933 emigrierte H. in die Schweiz. Dort verliert sich seine Spur.

Kupfer, T.: Die Sozialdemokratie im Freistaat Anhalt in der Weimarer Republik. Probleme von Sozialstruktur, innerparteilicher Demokratie und sozialdemokratischer Politik 1918 bis 1933. Braunschweig (phil. Diss.) 1993. – Schulze, H.: Otto Braun oder Preußens demokratische Sendung. Eine Biographie. Berlin 1977.

Torsten Kupfer

Heinemann, Gustav

Geb. 23.7. 1899 in Schwelm; gest. 7.7. 1976 in Essen

H. wurde um die Jahrhundertwende in eine Familie hineingeboren, in der man die Traditionen der Revolution von 1848 hochhielt. Sein Vater Otto H., der sich, aus kleinen Verhältnissen kommend, zum Leiter des Büros für Arbeiterangelegenheiten (Personalbüro) der Firma Krupp emporgearbeitet hatte, noch radikaler aber der für H. sehr wichtige Großvater (mütterlicherseits), waren freisinnig-liberal, kirchenfern und antiwilhelminisch. H. wuchs in Essen auf, im Frühsommer 1917 verließ er mit dem Notabitur die Schule, kam infolge einer Erkrankung aber nicht mehr zum Kriegseinsatz. Sein ausgeprägtes politisches Interesse zeigte sich bereits zu Beginn seines Studiums der Rechts- und Staatswissenschaften. An der Marburger Universität schloß er Freundschaft mit Wilhelm Röpke, dem späteren neoliberalen Ökonom, mit Ernst Lemmer, später Minister im Kabinett Adenauer und mit Viktor Agartz, der in den 50er Jahren als linker Gewerkschafter in die Mühlen der politischen Justiz geriet. Mit seinen Freunden stellte H. eine heimlich verteilte Zeitung her, die *Marburger Stadtbrille*, in der mit satirischen Mitteln die Auseinandersetzung mit der dominierenden deutschnationalen Strömung unter den Professoren und Studenten gesucht wurde. Er engagierte sich in einer linksliberalen Studentengruppe der »Deutschen Demokratischen Partei« (DDP); während des Kapp-Putsches im März 1920 leistete er Kurierdienste für die republiktreuen Parteien.

Die Zivilcourage, in einer minoritären Position demokratische Grundsätze zu vertreten, kennzeichnete seine Studentenjahre. 1921 promovierte er zum Dr. rer.pol., anschließend legte er die erste (1922) und zweite (1926) juristische Staatsprüfung ab und promovierte schließlich zum Dr. jur. (1929). Mitte der zwanziger Jahre kehrte er nach Essen zurück, wurde dort (1926) als Anwalt zugelassen und heiratete die Theologin Hilda Ordemann (vier Kinder wurden 1927, 1928, 1933 und 1936 geboren). Von 1928 bis 1936 war H. Prokurist und Justitiar der Rheinischen Stahlwerke in Essen, anschließend deren Vorstandsmitglied (bis 1949). Um 1930 wandte sich H. unter dem Einfluß des sozial engagierten Pfarrers Friedrich Graeber dem Christentum zu.

Im »Dritten Reich« stellte sich H. von Anfang an im »Kirchenkampf« gegen die vom Regime unterstützten »Deutschen Christen« und hatte Anteil daran, daß Essen eine Hochburg der »Bekennenden Kirche« (BK) wurde. Im Juni 1933 als Presbyter in der evangelisch-reformierten Gemeinde Essen-Altstadt gewählt, beteiligte er sich in den folgenden Jahren aktiv an fast allen Synoden der BK. Im Rheinischen Bruderrat der BK, dem H. angehörte, war vor allem sein juristisches Fachwissen in der Auseinandersetzung mit den staatlichen Stellen gefragt. Aber auch illegale Betätigung schloß er nicht aus. In einem Keller seines Hauses wurden zeitweise die *Grünen Blätter*, ein Informationsorgan der BK zwischen den Synoden, hergestellt. 1938 zog sich H. aus der Leitung der BK zurück, weil er deren theologisch-dogmatischen und politikfernen Ansatz für falsch hielt, engagierte sich aber weiter vor Ort, so seit 1937 als Essener Vorsitzender des »Christlichen Vereins junger Männer« (CVJM).

Die Erfahrungen des »Dritten Reiches« reflektierte H. in einem Vortrag über »Demokratie und christliche Kirche«, den er 1945/46 in verschiedenen Städten hielt. Er kritisierte in dieser Rede vor allem die antidemokratische Verbindung von Luthertum und staatlicher Obrigkeit und forderte, daß auch die Kirche aus der NS-Diktatur Lehren ziehen müsse. H. gehörte zu den Unterzeichnern der sogenannten »Stuttgarter Schulderklärung« des Rates der Evangelischen Kirche Deutschlands (EKD) vom Oktober 1945, in der (religiöse) Versäumnisse der Kirche in den Jahren nach 1933 eingestanden wurden.

Jenseits von nationalistischem Konservatismus und atheistisch-marxistischer Sozialdemokratie plädierte H. politisch für eine überkonfessionelle christlich-demokratische »Union« in christlich-sozialem Verständnis. Gegen viele Bedenken (z.B. in einem Briefwechsel mit Karl Barth) engagierte er sich aus diesem Grund von Anfang an in der CDU. Als Bürgermeister von Essen (1946–1949) und Justizminister von Nordrhein-Westfalen (1947/48) nahm er wichtige Positionen ein. Seine Ernennung zum Innenminister im ersten Adenauer-Kabinett Ende 1949 erfolgte allerdings hauptsächlich wegen seiner herausgehobenen Stellung als Präses der EKD, um der CDU das Odium der katholisch beherrschten Partei zu nehmen. Doch schon ein Jahr später schied er wegen Adenauers Angebot an die Westalliierten, ein deutsches Kontingent für ein militärisches Bündnis gegen den Osten bereitzustellen, aus der Bundesregierung wieder aus. In einem ausführlichen Memorandum *Warum ich zurückgetreten bin* vom 13. Oktober 1950 legte er seine religiösen und politischen Gründe detailliert dar. Nicht doktrinärer Pazifismus, sondern die Erfahrungen mit der nicht weit zurückliegenden Gewaltpolitik und die Überzeugung, mit einer westdeutschen Wiederaufrüstung die Vereinigung der beiden Teilstaaten Bundesrepublik und DDR zu verhindern, standen für ihn im Vordergrund; aber auch die Verletzung demokratischer Regeln durch Adenauers Arkandiplomatie spielte eine Rolle. 1952 trat H. aus der CDU aus. Versuche, mit anderen Dissidenten eine »Gesamtdeutsche Volkspartei« (GVP, 1952–1957) als Opposition gegen Adenauers Westintegrationspolitik aufzubauen, hatten keinen Erfolg. Die Kooperation von wertkonservativ-protestantischen, nationalneutralistischen und prokommunistischen Grüppchen traf sich allein in der Negation der Politik der Westintegration. Die GVP, von der Regierungspropaganda (und anfangs auch von der SPD) wechselweise als ostfinanzierte »Ulbricht-Hilfstruppe« und als »Gandhi-Schwärmer« diffamiert, konnte mit gerade 1,2 Prozent bei den Bundestagswahlen 1953 nicht reüssieren. Tief enttäuscht über die Bevölkerung, die mit ihrer Zustimmung zum Regierungskurs in den »Dulles-Wahlen« versagt habe, isolierte sich H. nicht nur parteipolitisch. Den konservativen Anhängern des Regierungskurses in der evangelischen Kirche, denen auch das Engagement von H. in der »Paulskirchen-Bewegung« gegen die Wiederaufrüstung mißfiel, gelang es, ihn auf der Synode in Espelkampf 1955 als Präses der EKD abzuwählen. Die Bilanz des Scheiterns seiner deutschlandpolitischen Bemühungen führte H. zur Analyse der Faktoren des westdeutschen Parteiensystems. In einem Aufsatz mit dem Titel *Die ›christliche‹ Partei* (1955) umriß er die »Weltanschauung« der Kanzlerpartei: »Viel verdienen – Soldaten, die es verteidigen, – und Kirchen, die beides segnen!« Dem inneren Konformismus der Parteien, nicht nur der CDU, entsprach in der Sicht von H. ein Bonner Machtkartell, das mit der 5 Prozent-Klausel und der Verhinderung von Plebisziten dafür sorgte, daß keine neuen Oppositionsparteien entstehen könnten.

Verstärkt wandte sich H. in diesen Jahren seiner Anwaltstätigkeit in politischen Strafrechtsangelegenheiten zu. Seine Kanzlei, die er seit 1951 mit Diether Posser betrieb, übernahm nach dem Verbot der KPD im August 1956 die Verteidigung zahlreicher kommunistischer Funktionäre. Im Prozeß gegen den Gewerkschaftstheoretiker Viktor Agartz (1957) wegen »staatsgefährdender Agententätigkeit«, dem man vorwarf, daß sein *Wirtschaftsdienst* von der DDR finanziert würde, erreichte H. mit einem aufsehenerregenden Plädoyer einen Freispruch. Wenn der Inhalt des Blattes von Agartz strafbar wäre, so argumentierte er, so wären es auch zahlreiche Beschlüsse der Gewerkschaften, der Sozialdemokratie und der CDU in den ersten Nachkriegsjahren. Nach einigem Zögern stimmte H. 1957 der Auflösung der GVP zu und entschied sich mit 57 Jahren für ein parteipolitisches Engagement in der Sozialdemokratie, wobei er betonte, daß dieser Schritt erst durch die Hinwendung der SPD (und namentlich ihrer wirtschaftspolitischen Vordenker Karl Schiller und Heinrich Deist) zur »Marktwirtschaft« möglich geworden sei.

Als Bundestagsabgeordneter der SPD seit 1957 rechnete H. in einigen spektakulären Reden mit den Regierungsplänen zur Atombewaffnung der Bundeswehr ab; der Annäherung seiner Partei an die Politik der Westintegration – angekündigt mit der Bundestagsrede von Herbert Wehner am 30. Juni 1960 – stand er reserviert gegenüber. In den sechziger Jahren wechselte H. wohl auch deshalb das politische Terrain, er wurde Innen- und Rechtspolitiker. In zahlreichen Reden, Vorträgen und Aufsätzen warb er für eine Liberalisierung des aus dem »Kalten Krieg« überkommenen politischen Strafrechts und für Reformen im Zivil- und Strafrecht. In der Regierung der »Großen Koalition« aus CDU/CSU und SPD (1966–1969) setzte er als Justizminister einen Teil seines Reformprogramms durch. Als Beitrag zur Beendigung des inneren Freund-Feind-Denkens betrachtete es H., die politischen und juristischen Voraussetzungen für die Existenz einer legalen kommunistischen Partei zu schaffen (»Deutsche Kommunistische Partei«, DKP, gegründet 1968). Die Aussicht auf rechtspolitische Reformen hatte ihn überhaupt erst bewogen, der Koalition mit der CDU/CSU zuzustimmen, die von zahlreichen Intellektuellen mit größtem Mißtrauen betrachtet wurde. Und obwohl H. die Notwendigkeit von Notstandsgesetzen öffentlich verteidigte, deren Bekämpfung ein zentrales Argument für die aufkommende »Außerparlamentarische Opposition« (APO) war, sah z. B. Jürgen Habermas H. als einzigen Garanten der Demokratie in der Regierung. Sein öffentliches Eintreten für einen rationalen Diskurs in den »Osterunruhen« 1968 kontrastierte deutlich zu den Law-and-Order-Rufen des christdemokratischen Bundeskanzlers Kurt Georg Kiesinger und der Springer-Presse.

In der Konstellation des Auslaufens der Großen Koalition wurde die dramatisch knapp verlaufene Wahl von H. zum Bundespräsidenten am 5. März 1969 (mit den Stimmen von SPD und FDP) zu einem »Stück Machtwechsel« bzw. zu einem Symbol für den veränderten »Zeitgeist« der späten 60er und frühen 70er Jahre. Die Stärkung von Zivilcourage bzw. »Bürgermut« (Weihnachtsansprache 1971) bildete das Zentrum seiner Reden und Ansprachen in dieser kurzen euphorischen Aufbruchszeit: »Es ist, als ob ein seit langem angestautes Verlangen nach persönlicher Mitbestimmung und Mitgestaltung plötzlich wie ein Frühlingswind ausgebrochen wäre, der alle Einrichtungen und Organisationen durchfegt und nichts ungeschoren läßt« (1973). Die Ablehnung des Obrigkeitsstaats – berühmt wurde sein Ausspruch: »Ich liebe nicht den Staat, ich liebe meine Frau« – war verbunden mit einer neuen Sicht auf die deutsche Geschichte. In zahlreichen Reden erinnerte er an die Revolution von 1848, an die Novemberrevolution von 1918 und den Widerstand gegen Hitler (wobei er demonstrativ kommunistische Opfer einbezog) als Traditionen eines demokratischen und nach außen friedlichen Deutschland. H. war als Bundespräsident äußerst populär. Meinungsumfragen ergaben im Mai 1972 eine Zustimmung von 80 Prozent der Bevölkerung mit seiner Amtsführung.

Nach seiner Präsidentschaft (1969–1974) versuchte H., die in Stammheim einsitzende RAF-Gründerin Ulrike Meinhof zu bewegen, ihren Hungerstreik zu beenden (November 1974).

1976, in seinem Todesjahr, erregte er noch einmal Aufmerksamkeit mit einer scharfen, von sozialdemokratischer Seite mit Besorgnis registrierten Kritik an dem durch den sog. »Radikalen-Erlaß« (1972) entstandenen politischen Klima: »Kritik, radikale Kritik bedarf des freien Marktes der Meinungen und Gegenmeinungen, um fruchtbar zu bleiben« (1976). Seine letzten Lebensmonate verbrachte H. im Hause des seit den dreißiger Jahren mit ihm befreundeten Theologenpaares Brigitte und Helmut Gollwitzer.

Koch, D.: Heinemann und die Deutschlandfrage. Mit einem Vorwort von Eugen Kogon. München 1978. – Koch, W.: Heinemann im Dritten Reich. Ein Christ lebt fürs Morgen. Wuppertal 1972. – Lindemann, H.: Gustav Heinemann. Ein Leben für die Demokratie. München 1978. – Vinke, H.: Gustav Heinemann. Hamburg 1979.

Axel Schildt

Heinzen, Karl

Geb. 22. 2. 1809 in Grevenbroich/Niederrhein; gest. 12. 11. 1880 in Boston/Massachusetts

H., Sohn eines Forstbeamten, hatte Probleme mit der preußischen Disziplin und mußte daher die Schule in Grevenbroich verlassen, dann auch das Kollegium in Kempen. 1829 wurde er nach zwei Jahren Medizinstudium in Bonn relegiert. Er ging in die holländische Fremdenlegion, danach in preußischen Militärdienst. Acht Jahre lang hielt er es im preußischen Beamtendienst aus. Für alle dort erfahrenen Demütigungen rächte er sich literarisch, was der preußische Staat ihm nie verzieh. Zuerst schrieb H. 1842/43 Artikel in der *Rheinischen Zeitung*. Die Verhöhnung des »Kirchhofs des preußischen Staatsdienstes« in seinem Hauptwerk *Die Preußische Staatsbürokratie* (1844) brachte ihm eine gerichtliche Verfolgung ein. Der preußische Staat schuf sich seine Revolutionäre selbst: Das militärische Führungskorps beim badisch-pfälzischen Aufstand 1849 bestand im wesentlichen aus fähigen, aber verjagten preußischen Offizieren.

Mit Beginn des Prozesses begab sich H. auf die Flucht, zuerst nach Belgien, wo er gleich noch eine Fortsetzung herausbrachte: *Der Steckbrief* (1845). In dieser bitteren Satire drehte H. den Spieß um: Er ließ den preußischen Staat als flüchtigen Verbrecher suchen. Hier war bereits H.s Radikalismus angelegt: »Die der Verspottung der Moralgesetze und des ewigen Rechts durch schamlosen Wortbruch und ›mittelbar‹ der beleidigten Volksmajestät, sowie der Konspiration gegen den freien Geist der Menschheit beschuldigte preußische Politik, hat sich der gegen sie eingeleiteten Untersuchung durch öffentliche und geheime Zensurinstruktionen, sowie durch heimliches Gerichtsverfahren entzogen«. Der Hauptvorwurf lautete auf Despotismus. Ein Stichwort, das zu H.s Lebensthema werden sollte. H. sah voraus, daß Preußen seinen Despotismus über alle deutschen Staaten verbreiten wollte und zu diesem Zweck sogar die Einigungsbestrebungen benützen würde. Anfangs glaubte er noch an die Gewaltlosigkeit und hoffte auf »eine Revolution durch Überzeugung«. Die Verfolgung brachte ihn zu der Überzeugung, daß Despotismus nur mit der Waffe zu schlagen sei.

1846 reiste H. zusammen mit Ferdinand Freiligrath, der sich ebenfalls in Belgien aufgehalten hatte, in die Schweiz, wo er von nun an seine Broschüren verbreiten ließ. In Zürich verkehrte er mit Julius Fröbel, Georg Herwegh und Arnold Ruge. Er brachte zwei Zeitungen *Die Opposition* und *Der deutsche Tribun* heraus, die sich wirtschaftlich nicht halten konnten. Nirgends wollte man auf Dauer den scharfzüngigen radikalen Kritiker tolerieren. 1847 veröffentlichte er eine Sammlung seiner Streitschriften unter dem Titel *Die Teutsche Revolution*. Dafür wurde er aus Zürich ausgewiesen. Er wanderte in die Vereinigten Staaten aus, wo er in New York die Flugschrift *Einiges über teutschen Servilismus und Liberalismus* (1847) publizierte. 1848 kehrte er zurück, um sich an den Aufstandsversuchen in Südwestdeutschland zu beteiligen. Vor allem seine Angriffe auf Marx und Engels und die scharfe Ablehnung des Kommunismus brachten H. bei der etatistischen Parteilinken auf Dauer in Verruf, so daß er heute kaum mehr bekannt ist.

Nach dem Scheitern des Heckeraufstandes im April 1848 stieß H. in Straßburg zu den Flüchtlingen, unter denen sich Hecker selbst befand, und rief mit anderen im Namen des »Zentralkomitees für alle deutschen Republikaner in Deutschland und in Frankreich« zu Spenden auf. Als dieses Solidaritätskomitee scheiterte, trennten sich Friedrich Hecker und Theodor Mögling von H.: »Wir erklären hiermit, daß wir in keinerlei Verbindung mit Hrn. Karl Heinzen stehen.« Gleichzeitig verbreiteten die deutschen Zeitungen die falsche Nachricht: »Karl Heinzen, jetzt mit Struve in Straßburg, erhält von den Deutschen in Nordamerika eine Jahresrente von 25 000 Franken. Es soll ihm dadurch Gelegenheit gegeben werden, unabhängig für die Sache der Freiheit in Deutschland zu wirken (...). Die Deutschen drüben überm Meere, noch immer mit alter Treue am Vaterlande hängend, versprechen ferner Waffen und Munition und haben sogar eine Flotte in Aussicht gestellt.«

Die deutsche Emigrantenkolonie wurde auf Betreiben Preußens von der Grenze weg ins Innere Frankreichs ausgewiesen.

Um in der Nähe der deutschen Grenze bleiben zu können, zogen Hecker und seine Anhänger nach Muttenz bei Basel. Struve und H. ließen sich in der Nähe, in Birsfelden, nieder und arbeiteten einen umfangreichen *Plan zur Revolutionierung und Republikanisierung Deutschlands* aus, für den sie in Birsfelden einen Drucker gewannen. In dieser Schrift, in der sich viele Reminiszenzen des Jakobinismus finden, ist die Rede von einer notwendigen, vorübergehenden Diktatur mit dem Mittel des revolutionären Terrors.

Auf diese Publikation hin geriet der liberale Kanton Baselland so unter Druck, daß er Struve und H. auswies. Im September 1848 gab es in Lörrach den zweiten Aufstandsversuch, der ebenfalls scheiterte. H. scheint nicht dabei gewesen zu sein. Er schloß sich dem emigrierten Pfälzer Johann Philipp Becker in Biel (Schweiz) an, arbeitete im Vorstand von dessen sozialrevolutionärer Gesellschaft »Hilf dir!« auf eine deutsche Erhebung hin und redigierte Beckers Zeitschrift *Evolution*. Verbittert über die Entwicklung der Revolution steuerte H. einen Leitartikel mit dem Titel »Der Mord« bei. »Der Mord«, so hieß es da, »ist das Hauptmittel der geschichtlichen Entwicklung; Meuchelmord auf großem Fuße organisiert heißt Krieg; die Barbarenpartei Europas läßt mir keine andere Wahl mehr, als den Mord zum eifrigsten Studium zu machen und die Mordkunst auf die Spitze zu treiben. Der Weg der Humanität wird über den Kulminationspunkt der Barbarei gehen«. Im Februar 1849, bei der Planung einer »germano-helvetisch-republikanischen Legion« als höherer Offizier vorgesehen, wies man ihn aus der Schweiz aus.

Beim badischen Aufstand im Mai 1849 hielt sich H. bei Struve im Hauptquartier der Freiheitsarmee auf. Viele der politischen Anführer waren ihm zu kleinmütig, nicht radikal genug. Als die dreifach überlegenen preußischen Armeekorps anrückten, schloß sich H. mit den entschlossensten Freischarenführern, darunter Becker und Wilhelm Liebknecht, in einer Oppositionsgruppe zusammen, im »Klub des entschiedenen Fortschritts«. Als der revolutionäre Regierungschef Lorenz Brentano davon erfuhr, ließ er am 6. Juni 1849 in Karlsruhe die ganze Gruppe festnehmen. Einen Monat später befanden sich die geschlagenen Republikaner im Schweizer Exil, sofern sie nicht tot oder im Gefängnis waren. Die Anführer wies man nach preußisch-österreichischen Pressionen aus der Schweiz aus. Für H. blieb nur noch Spielraum in Genf und Lausanne, da er in den meisten Kantonen unerwünscht war. Dort schrieb er 1849/50 in einer revolutionären Zeitschrift der deutschen Emigranten *Der Völkerbund. L'Alliance des Peuples*, worin erstmals die internationale Selbsthilfe der Völker gegen die Fürsten zum Programm erhoben wurde. Der erhoffte Aufschwung für eine neue Revolution blieb aber aus.

Ende 1850 schiffte sich H. in Le Havre ein, zuerst nach London, später in die USA. Er entwickelte sich weiter zum unermüdlichen Agitator und Journalisten, brachte viele Zeitungen heraus, die indes schon bald wieder eingingen. Am längsten lebte seine Zeitung *Der Pionier* (1854–1879), eines der originellsten Presseorgane der Zeit, wie auch Gegner H.s einräumten. Opportunist wurde H. nicht. So predigte er mitten in der Hochburg der Sklavenhalter, in Louisville (Kentucky), für die Befreiung der Sklaven. Die Antwort: Die Druckerei brannte ab. 1864 gründete er für die Präsidentschaftswahlen eine eigene Partei, die »Freiheitspartei«. Dabei scheute er sich nicht, den verfassungsmäßig übermächtigen Präsidenten als »König im Frack« zu verspotten. Er brandmarkte den autoritären Charakter der Präsidialdemokratie und pries stattdessen die Schweiz mit ihren Volksentscheiden.

In Europa erschreckte er die Potentaten immer wieder mit Publikationen seines »Amerikanischen Vereins zur Verbreitung radikaler Prinzipien«. Die Bismarcksche Reichseinigung und den dumpfen Geist der Siege verspottete er, im Stil an Heinrich Heine angelehnt, in einem *Neuen Wintermärchen* (1872). Mit seiner Kritik an der autoritären, klerikalen, den Bürger bevormundenden Demokratie, mit seiner Ablehnung des etatistischen Sozialismus, der zur Diktatur führe, hinterließ H. ein noch nicht ausgeschöpftes Erbe, auch wenn manche seiner politischen Ansichten ihrerseits radikaler Kritik bedürfen.

Dobert, E. W.: Deutsche Demokraten in Amerika. Die Achtundvierziger und ihre Schriften. Göttingen 1958. – Huber, H.: Karl Heinzen (1808–1880). Seine politische Entwicklung und publizistische Wirksamkeit. Bern u. Leipzig 1932.

Hellmut G. Haasis

Heller, Hermann

Geb. 17. 6. 1891 in Teschen an der Olsa (Schlesien); gest. 5. 11. 1933 in Madrid

H. waren nur wenige Jahre des politischen Sich-Einmischens beschieden: Als Freiwilliger auf Seiten des deutschen Kaiserreiches in den Ersten Weltkrieg gezogen, blieben ihm danach für volksbildnerische und akademische Lehr- und Forschungsarbeit nur knapp fünfzehn Jahre: 1933 wurde er von den Nazis ausgebürgert, seines Amtes als Professor in Frankfurt enthoben und in das republikanische Madrid ins Exil getrieben. H. gehörte zu den wenigen profilierten Staatsrechtlern in der Zeit der Weimarer Republik, die die parlamentarische Verfassung vorantrieben.

Zwar Mitglied der Sozialdemokratischen Partei seit 1920, blieb H. doch ein Außenseiter, mitwirkend in Zirkeln und Diskussionskreisen, wie in dem theoretischen Organ *Neue Blätter für den Sozialismus*. Offizielle parteiamtliche Funktionen in der SPD nahm er nicht wahr. H. trat aber als juristische Vertretung der preußischen SPD-Landtagsfraktion 1932 vor dem Reichsgerichtshof in Erscheinung, nachdem der Reichskanzler von Papen die preußische Landesregierung (Ministerpräsident Otto Braun, SPD) am 20. Juli 1932 als verfassungswidrige Institution abgesetzt hatte. Der Rechtsvertreter der Papen-Regierung war der Staatsrechtler Carl Schmitt, ein Antipode H.s., dessen Wirken in Deutschland über 1933 und 1945 mit fatalen Konsequenzen hinausreichte.

H.s Leben, über das wir in mancher Hinsicht nur fragmentarisch unterrichtet sind, weil viele Quellen von den Nazis vernichtet wurden, nahm zunächst für einen Juristen seiner Zeit einen konventionellen Anfang. *Hegel und der nationale Machtstaatsgedanke in Deutschland* (1921) war der Versuch, die Niederlage des deutschen Imperialismus nicht systematisch mit dem Machtstaatsgedanken Hegels zusammenzusehen. H. dürfte den Kriegsausgang 1918 nicht freudig empfunden haben. Die Einführung der parlamentarischen Demokratie und die Etablierung der Weimarer Republik veränderte allerdings seinen Blickwinkel. Durch die Freundschaft mit dem sozialdemokratischen Rechtsphilosophen Gustav Radbruch, dann auch durch die aktive Mitarbeit an der Niederwerfung des Kapp-Putsches in Kiel im März 1920 und die Tätigkeit als Leiter des Volksbildungsamtes der Stadt Leipzig von 1922 bis 1924, rückte die Frage nach der Möglichkeit realer Mitwirkung der Arbeiterklasse in einer parlamentarischen Demokratie ins Zentrum seiner Überlegungen: »Um zu erkennen, was notwendig ist, muß man zuerst erkennen, was ist: nur auf diesem Wege werden wir uns von Bierbankruhe und Ideologie befreien. Solche politische Urteilsfähigkeit setzt ein hohes Maß von sittlichem Wollen und geistiger Bildung voraus. Den durch die Revolution zur Staatslenkung neu berufenen Volksteilen wird man das erstere zubilligen müssen; das Lehrbare der letzteren ihnen zu vermitteln, sie insbesondere von möglichst vielen Seiten her mit dem umfassenden Leben des Staates bekannt zu machen, das ist heute die vornehmste Pflicht des wahrhaft geistigen Arbeiters«.

Hier erscheinen die zentralen Elemente von H.s politischem Denken: eine nüchterne Kenntnisnahme der realen Machtverhältnisse, strikte Kritik an der sich sozialistisch nennenden Ideologie, deren ökonomistischer Mechanismus so grell mit dem gesellschaftspolitischen Voluntarismus kontrastierte, die Erkenntnis, daß die Arbeiterklasse die Fähigkeit der Staatslenkung guten Teils lernen müsse und die eigene Verortung als Mitwirkender in diesem Prozeß.

Die von H. mit seinen Mitarbeitenden in den Grundzügen entworfene »Schule der Arbeit« für Leipzig war in ihren tragenden Elementen revolutionär. Durch eine Verbindung von Arbeiten, Lernen und gemeinschaftlichem Erleben sollten die Schattenseiten der (industriellen) Arbeit überwunden werden. H. trat für eine gemeinwirtschaftliche Ordnung ein.

H.s Rolle in einem internen Streit der Jungsozialisten 1925, einer relativ einflußlosen Gruppierung in der SPD, ist oft dazu herangezogen worden, ihn zum Verfechter eines nationalbetonten, anti-internationalistischen Sozialismus zu machen. Bei näherem Hinsehen ging es im Kern aber um das Verhältnis von Staat und Sozialismus. H. vertrat die Auffassung, daß die Weimarer Republik als verfassungsmäßige Staatsform der Ausgangspunkt und Kampfboden für weitergehende, sozialistische Veränderungen wäre. Er polemisierte immer wieder gegen zwei zentrale Elemente der sozialdemokratisch-sozialistischen Ideologie – gegen die Annahme, die kapitalistische Ökonomie triebe auf den Sozialismus zu, und Sozialismus sei eine geschichts- und staatslose Gesellschaftsform: »Der Staat ist (...) derjenige gesellschaftliche Verband, der das geordnete Zusammenwirken aller gesellschaftlichen Kräfte auf einem Gebiet in letzter Instanz sichert. Er ist aus der Gesellschaft ebensowenig fortzudenken wie die Wirtschaft. Eine gesellschaftliche Wirtschaft ist undenkbar ohne den ordnenden Staat, wie ein Staat undenkbar ist ohne gesellschaftliche Wirtschaft. Denn im Grund ist der Staat nichts anderes als die ordnende und geordnete Gebietsgesellschaft.«

Eine solche ordnende und geordnete Gebietsgesellschaft ist, H. zufolge, in einer sozialistischen Gesellschaft ebenfalls unentbehrlich, denn Interessensunterschiede und andere gesellschaftliche Widersprüche verflüchtigten sich keineswegs. Hindernisse für eine sozialistische Entwicklung machte H. nicht in der Verfassung der Republik aus, sondern in der realen Verfassung der Arbeiterbewegung und der Menschen. Diese seien in ihren eigensüchtigen Mentalitäten befangen und jene sei in Ideenlosigkeit und Gestaltungsunfähigkeit erstarrt.

Der Gedanke der Volkssouveränität als Legitimationsstrang aller Herrschaft hätte sich indes in der Geschichte als Kern des demokratischen Ideenkreises herausgebildet. Demgegenüber sei das Element des Rechtsstaates vielfach nur einem formalen Gleichheitsgebot unterworfen, gehandhabt und von liberaler Seite gedacht worden, was zu krasser materieller sozialer Ungleichheit geführt oder diese befestigt habe. Die soziale Demokratie liege ganz in der Entwicklungsrichtung der Idee der Volkssouveränität. Sie wolle nämlich »nur das sozial solidarische Gesamtvolk als Rechtfertigungsgrund der Herrschaft anerkennen«.

Im Jahr 1928 hatte H. Gelegenheit, auf Einladung der italienischen Regierung das faschistische Italien zu besuchen. Er schrieb seine Eindrücke in der Arbeit *Europa und der Faschismus* nieder: Faschismus ist H. zufolge eine Reaktion auf

Positivismus, Rationalismus und Nationalismus, eine Art Lebensgefühl, dessen roten Faden die Gewaltidee als Mittel politischer Gestaltung bildet. Dem korrespondiert die Beseitigung der Grund- und Menschenrechte und die Errichtung einer terroristischen Diktatur gegen die Freiheit des Denkens und gegen die Arbeiterbewegung. Die zentrale Lehre aus den italienischen Erkundungen war für H.: Die Legislative als zentrales Machtinstrument und Repräsentanz der Volkssouveränität müsse gestärkt werden. Der Rechtstaat in seiner materiellen Bestimmung und formellen Sicherungsfunktion dürfe nicht destruiert, sondern müsse gefestigt werden: »Indem das Bürgertum aber Rechtsstaat, Demokratie und Parlamentarismus konventionelle Lügen nennt, straft es sich selbst Lügen. Durch seinen neofeudalen Gesetzeshaß gerät es nicht nur in einen Selbstwiderspruch mit seinem eigensten geistigen Sein, sondern verneint auch die Existenzbedingungen seines gesellschaftlichen Lebens. Ohne die Gewißheit der gesetzmäßigen Freiheit der Meinungsäußerung, der Freiheit des Religionsbekenntnisses, der Wissenschaft, Kunst und Presse, ohne die rechtsstaatlichen Sicherungen gegen willkürliche Verhaftungen und gegen willkürliche Verurteilungen durch diktatorisch abhängige Richter, ohne das Prinzip der Gesetzmäßigkeit der Verwaltung kann das Bürgertum weder geistig noch ökonomisch leben« (*Rechtsstaat oder Diktatur*). Das Bürgertum müsse einsehen, »daß die Zukunft der abendländischen Kultur nicht gefährdet ist durch das Gesetz und seine Ausdehnung auf die Wirtschaft, sondern gerade durch die Anarchie und ihre politische Erscheinungsform, die Diktatur, sowie durch die anarchistische Raserei unserer kapitalistischen Produktion, die weder Hand- noch Kopfarbeitern Muße und Möglichkeit zu kulturschöpferischer Tätigkeit läßt«.

Die Legislative, deren Verfassungsrang H. obenan gestellt sehen wollte, gab im März 1930 in Deutschland mit der Großen Koalition unter Reichskanzler Hermann Müller (SPD), ihren gestaltenden Einfluß definitiv selbst auf. H. fand sich nun mit anderen, darunter die evangelischen Professoren Paul Tillich und Eduard Heimann, im Kreis um die *Neuen Blätter für den Sozialismus* zusammen, um dem Untergang der Weimarer Republik entgegenzuwirken. H.s Beiträge zur Verfassungsdiskussion jener Jahre enthielten drei Prämissen: »die autoritäre Überordnung des Staates über die Gesellschaft, namentlich über die Wirtschaft, (...) die demokratische Quelle der politischen Autorität und (...) die bestimmten Grenzen der Autorität des Staates«. In scharfer Abgrenzung zum Liberalismus wie zum Faschismus hielt H. an Grundrechten und Gewaltenteilung fest: »Für uns kann es sich nur darum handeln, auch die Arbeits- und Güterordnung der materiellen Rechtsstaatsorganisation zu unterwerfen, den liberalen in sozialistischen Rechtstaat umzubauen, nicht aber, den Rechtsstaat überhaupt zu beseitigen« (1932).

H. hat – als kranker Mann – seit seiner ersten Herzattacke 1931 fieberhaft an der Fertigstellung seiner *Staatslehre* gearbeitet, die dann allerdings doch erst posthum von Gerhart Niemeyer (Leiden 1934) herausgegeben werden konnte. In der *Staatslehre* hat H. versucht, sein Lebenswerk zusammenzufassen. In dieser Schrift werden die ideen- und sozialgeschichtlichen Brüche und Risse der ersten dreißig Jahre des zwanzigsten Jahrhunderts in Europa reflektiert. Bedenkenswert ist H.s Einsicht – er wurde nach 1945 in ganz Deutschland weitgehend ignoriert –, daß der Weg zu einer menschenwürdigen gesellschaftlichen Ordnung ohne das tätige Mittun vieler, die von der Unabdingbarkeit der Grundrechte, der Menschenrechte, der Gewaltenteilung, des sozialen Rechtsstaats und einer gemeinwohlorientierten Wirtschaftsordnung überzeugt sind, nicht gelingen kann. H. diagnostizierte, daß der sich auf Marx berufende Leninismus über keine eigene politische Konzeption verfüge, sondern zwischen Diktatur und Demokratie wählen müsse.

Albrecht, S.: Hellers Staats- und Demokratieauffassung. Frankfurt/Main/New York 1983. – Müller, C.; Staff, I. (Hg.): Der soziale Rechtsstaat. Gedächtnisschrift für Hermann Heller 1891–1933. Baden-Baden 1984. – Robbers, G.: Hermann Heller: Staat und Kultur. Baden-Baden 1983. – Schluchter, W.: Entscheidung für den sozialen Rechtsstaat. Hermann Heller und die staatstheoretische Diskussion in der Weimarer Republik. Baden-Baden (2. Aufl.) 1983. – Waser, R.: Die sozialistische Idee im Denken Hermann Hellers. Basel 1985.

Stephan Albrecht

Hennings, August Adolph Friedrich von

Geb. 19. 7. 1746 in Pinneberg; gest. 17. 5. 1826 in Rantzau

Als Sohn des Etatrats Martin Nikolaus Hennings erhielt H. eine sorgfältige Erziehung und besuchte ein Jahr das Gymnasium in Hannover und dann von 1761–1763 das Christianeum in Altona. Er studierte Jura in Göttingen und wurde im März 1766 promoviert. Nach verschiedenen Aufgaben, die ihm sein Freund, Graf Ernst von Schimmelmann, vermittelte, wurde H. im Herbst 1772 zum Legationssekretär bei der dänischen Gesandtschaft in Berlin ernannt.

Bereits im Juni 1770 hatte seine Schwester Sophie den Hamburger Arzt Johann Albert Heinrich Reimarus geheiratet, und H. sollte sein ganzes Leben dem Kreis um Reimarus und dessen Schwiegersohn Georg Heinrich Sieveking verbunden bleiben. Eine Empfehlung von Reimarus führte ihn in Berlin bei Moses Mendelssohn ein, mit dem er korrespondierte, nachdem er seit 1775 eine diplomatische Stellung in Dresden innehatte. Seit dem Herbst 1776 lebte H. in Kopenhagen und wurde Justizrat, Staatsrat und schließlich 1783 Kammerrat. Am 18. Oktober 1780 heiratete er Margarethe Eleonore von Krabbe, die Tochter eines dänischen Admirals.

H.s Epos *Olavides. Herausgegeben mit Anmerkungen über Duldung und Vorurtheile begleitet* (1779) war gegen die orthodoxe Partei des Klerus und des Adels gerichtet und führte mit dazu, daß die antiaufklärerische Adelspartei seine politische Karriere in Kopenhagen untergrub. 1784 mußte er Kopenhagen verlassen und lebte zuerst mit dem Titel eines »Oberkommerz- und Fabrikintendanten in den Herzogtümern Schleswig und Holstein« in der Stadt Schleswig, bevor er 1787 in Plön Amtmann der Bezirke Plön und Ahrensböck wurde, eine Verwaltungs- und Richtertätigkeit, die H. bis 1807 ausübte. Die Jahre in Plön bildeten die produktivste Phase seines publizistischen und literarischen Schaffens.

H., der schon vor der Französischen Revolution als Autor hervortrat, entwickelte nun eine Aktivität, die durch Konsequenz und Kontinuität innerhalb des revolutionären Jahrzehnts selten war. Zu seinen Freunden gehörte der aus Schwaben stammende französische Diplomat Karl Friedrich Reinhard, der seine Nichte, Christine Reimarus, geheiratet hatte. Ein Höhepunkt war, daß H. General Lafayette, für dessen Befreiung aus österreichischer Gefangenschaft er sich publizistisch eingesetzt hatte, in Plön begrüßen konnte, wo dieser nach seiner Freilassung 1797 ein halbes Jahr lebte. Die politische Weltlage führte dazu, daß H. im neuen Jahrhundert nicht weiter für seine Ideale eintreten konnte. 1807 wechselte er noch einmal sein Tätigkeitsfeld und wurde zum Administrator der Grafschaft Rantzau ernannt. Wie andere Freiheitsfreunde beschäftigte er sich mit wissenschaftlichen Fragen. Jahrelang arbeitete er an dem Werk *Die Deutschen, dargestellt in der frühesten Vorzeit* (1819). Die letzten Jahre seines Lebens konzentrierte er sich darauf, die vielfältigen Zeugnisse seines Schriftstellerdaseins zu ordnen und zusammenzustellen.

H.s schriftstellerische Produktion war umfangreich; eine Bibliographie seiner Werke, vor allem seiner Zeitungsaufsätze, fehlt. Außer den schon genannten Schriften ist seine *Untersuchung Über die wahren Quellen des Nationalwohlstandes* (1785) erwähnenswert. Im Gegensatz zu Adam Smith, der darlegte, daß allein das Selbstinteresse der Marktteilnehmer zum Wohlstand führe, glaubte H. an wirtschaftsethische Werte: »das Wohl der Menschen und der Staaten fließen aus richtigen Begriffen der Religion und der Moral, wogegen, wenn diese fehlen, keine Eintracht in den Geschäften herrscht, einer gegen den andern arbeitet, einer den andern anfeindet, haßt, verleumdet, alle sich das Leben unendlich erschweren, alle das Gemeinwesen in Zerrüttung setzen – alle endlich, was das Wichtigste ist, ihre Bestimmung aus den Augen verlieren.«

H.s erste Publikation, die sein Bekenntnis zur Französischen Revolution enthält, findet sich in seinem Buch *Vorurtheilsfreie Gedanken über Adelsgeist und Aristokratism* (1792). In dieser scharfen Polemik gegen die Privilegien des Adels verurteilte er diesen Stand als verantwortlich für Unterdrükkung und Unfreiheit. Dem französischen Adel warf er vor, Frankreich während der Revolution verlassen zu haben: »Er floh, er zeigte sich aller Besserung unfähig; er fühlte, daß er entweder verdorben bleiben, oder ausgeworfen werden mußte. Er wählte das Letztere, keines guten Gedankens, keiner edeln Entschließung, keiner mannhaften That für das Beste des Vaterlandes fähig. Im Auslande legte er dem Wohl desselben Fallstricke, nur zur Intrigue gewöhnt.« Im Zusammenhang mit seiner Adelskritik wurde er von einem anonymen Widersacher zum Duell gefordert. In einer weiteren Schrift *Ein Wort der Mäßigung an Europa* (1792) warnte er vor einer militärischen Intervention in Frankreich und gehörte damit zu den wenigen Publizisten, die auch in Erwägung zogen, daß die Söldnerarmeen gegen die freiwillig kämpfenden Revolutionsheere unterliegen könnten. Wie viele andere verurteilte H., nach der Hinrichtung Ludwig XVI., die Entwicklung in Frankreich.

1792 übernahm er bald die Fortsetzung des von Joachim Heinrich Campe und seinen Freunden gegründeten *Braunschweigischen Journals*, – das er als *Schleswigisches Journal* bis zum Verbot der Zeitschrift (1793) wegen einer Umdichtung der Marseillaise von Johann Heinrich Voß – leitete. Darauf erschien das Journal *Der Genius der Zeit*, das H. als *Genius des neunzehnten Jahrhunderts* (1794–1802) fortsetzte. Die Zeitschrift, die der Historiker Wilhelm Wattenbach als das letzte »Asyl einer freien Meinungsäußerung« charakterisierte, hatte Erfolg. Bedeutende Mitarbeiter aus ganz Deutschland sandten Beiträge. Zu ihnen zählten etwa Autoren wie Heinrich Christoph Albrecht, Friedrich Lehne, Gerhard Anton von Halem, Adolph von Knigge, Gottlieb Konrad Pfeffel, Georg Friedrich Rebmann, Johann Friedrich Reichardt und Johann Christoph Unzer. 1798 erhielt die Zeitschrift die Beilage *Der Musaget* (1798–1799). Goethe hatte H., den Genius und den Almanach Musaget im Walpurgisnachttraum des *Faust* verewigt. H. verdankte diese Erwähnung seinen Angriffen auf die »Sudelköche von Weimar und Jena« und seiner Literaturkonzeption, die vom Dichter politisches Engagement verlangte: »Es ist der größte Beweis des Verfalls des Geschmacks und der sittlichen Denkungsart, wann die Meister in der Kunst allen Zwang der Regeln und der Gesetze des Schönen und Wahren abwerfen, sich ihren Phantasien überlassen und durch die gro-

tesken Geburten derselben, denen Ebenmaas und moralische Tendenz fehlt, die Einbildungskraft verwildern, und die Vernunft irre führen.«
Politisch trat H. für die Monarchie ein und postulierte, die bestehende Regierungsform durch Kritik festigen zu wollen, wobei er allerdings vom Regierenden forderte, daß er die »Grundsätze der Moralität« beachte. Besonders konsequent bekämpfte H. die Privilegien des Adels und das orthodoxe Christentum. Er bestand auf Rede- und Pressefreiheit und Abschaffung der Leibeigenschaft. Dies führte dazu, daß ein Kreis von Adeligen, die konservative, ständische und pietistische Ideen vertraten und sich im Schloß Emkendorf trafen, H. angriffen. Ihr Wortführer war Matthias Claudius. Dieser argumentierte, Obrigkeit sei von Gott und wer sie kritisiere, sei gegen Gottes Ordnung.
Zugleich redigierte H. eine weitere Zeitschrift, die *Annalen der leidenden Menschheit* (1795–1801). Das Journal verstand sich als Anwalt von Schriftstellern, Beamten und Geistlichen, die wegen freier Meinungsäußerung, oft auch über die Französische Revolution, unter den Sanktionen staatlicher Willkür zu leiden hatten. Die Beiträge, vor allem Aufsätze, Materialien und Prozeßakten, erschienen anonym und pseudonym und belegten die radikale Tendenz dieses Blattes, in dessen Antrittsgruß es hieß: »Menschenfreunde, verbindet euch mit uns. Unbefangenheit ist unsere Losung; Partheisucht unsere Gegnerin. Wem das Herz glühet vom Wunsch, Menschwohl zu befördern, Leidenschaften zu bezähmen, Irrende zu belehren, Menschenhassern Gefühle der Verträglichkeit einzuflößen, der sey mit uns ein Bote der Ruhe!« Im Unterschied zum *Genius* wurde dieses wichtige Periodikum, das als Antwort auf jene Schriftsteller zu sehen ist, die der Aufklärung die Schuld für die Revolution gaben, bisher nicht analysiert. H. gab nicht nur Zeitschriften heraus, sondern veröffentlichte auch Bücher, so z.B. eine Schrift gegen Matthias Claudius und eine Arbeit über *Rousseau* (1797), die auch als Dokument seiner Weltanschauung aufschlußreich sind. Er stellte dort fest, wie sehr er Rousseau verehre, kritisierte aber dessen Gefühlskult und forderte: »Wir müssen einen neuen Weg einschlagen, den der Sittlichkeit und der Vernunft.«

Brandt, O.: Geistesleben und Politik in Schleswig-Holstein um die Wende des 18. Jahrhunderts. Kiel 1927. – Hild, J.: August Hennings, ein schleswig-holsteinischer Publizist um die Wende des 18. Jahrhunderts. Erlangen 1932. – Ritschl, H. W.: August Adolph Friedrich von Hennings 1746–1826. Ein Lebensbild aus Holstein, Kopenhagen und Hamburg in bewegten Zeiten. Hamburg 1978. – Schempershofe, R.: August Hennings und sein Journal »Der Genius der Zeit«, in: Jahrbuch des Instituts für Deutsche Geschichte (Universität Tel-Aviv), Bd. 10, 1981, S. 137–167. – Süllwold, E.: »Der Genius der Zeit«. Konstitution und Scheitern eines Modells von Aufklärungsöffentlichkeit. Köln 1985.

Hans-Werner Engels

Herbers, Heinrich

Geb. 2. 3. 1895 in Warendorf; gest. 21. 8. 1968 in Bilthoven (Niederlande)

»Die heutige Demokratie gibt dem Einzelnen nur formell die Freiheit und beläßt ihn praktisch in voller Abhängigkeit von den Besitzern der Produktionsmittel, – sie gibt theoretisch die Freiheit, aber verweigert die materiellen Voraussetzungen, die von dieser Freiheit Gebrauch zu machen gestatten! (...) Das wird erst anders, wenn die Produktionsmittel in den Besitz oder die Kontrolle des ganzen Volkes überführt und die Weltwirtschaft durch die Völker von Profit auf den Bedarf umgestellt werden, – wenn an die Stelle der formalen die soziale Demokratie tritt« (H. 1929).
H. war seit 1918 strikter Befürworter der republikanischen Staatsform und der repräsentativen Demokratie. Seine Kritik an den republikanischen Institutionen und ihren Repräsentanten hatte Demokratisierung und Zivilisierung des gesellschaftlichen Lebens zum Ziel. Um eine »Diktatur der Parteiapparate« zu verhindern, forderte er »rücksichtslose demokratische Kontrolle« der verantwortlichen Politiker. Die formale Demokratie wollte er durch eine soziale, wirtschaftliche erweitert wissen. Die mangelhafte Abwehrbereitschaft gegenüber dem Faschismus sei nicht maßgeblich mit Defiziten der Weimarer Verfassung zu begründen: »Nicht der Parlamentarismus, sondern die Parlamentarier« waren seiner Meinung nach schuld am Erstarken des Nationalsozialismus. Demokratie hielt er für »die einzig mögliche Regierungsform mündiger und freier Völker« (1926). – Als Feuilletonredakteur der radikalpazifistischen Wochenzeitung *Das Andere Deutschland* (1925–1933) war H. kritisch-kommentierender Begleiter der Weimarer Republik.
H.s erste Lebensphase (1895–1914/18) war für einen jungen Menschen des wilhelminischen Bürgertums so typisch wie untypisch zugleich: Zu Gehorsam, Unterordnung, Sittenstrenge, Nationalismus, Frömmigkeit, Kaisertreue, im katholischen Elternhaus wie in der Schule, angehalten, lehnte er sich in jugendlichem Übereifer gegen die Reglementierungen der Erwachsenengeneration durch den Eintritt in die freideutsche Jugendbewegung auf. Unter dem Eindruck des nationalen Pathos, das im August 1914 Deutschland erfaßte, glaubte H. seine »Mannesehre« zu verlieren, sofern er sich, nach bestandenem Notabitur, nicht freiwillig zum Militärdienst meldete. Eine schwere Erkrankung infolge von Entbehrungen an der Front und der Verlust von Brüdern und Freunden im Schützengraben bewirkten seine ideologische Umkehr: Er fand Zugang zur USPD und der sozialistischen Studentenbewegung in Münster, ebenso zu pazifistischen Vereinigungen.
Sein zweiter Lebensabschnitt (1917/18–1933) war geprägt durch seine Kriegserlebnisse. Zum Gymnasiallehrer ausge-

bildet (1922/23), aber aufgrund der Beschäftigungskrise stellungslos, unterbreitete ihm Fritz Küster das Angebot, den Feuilletonteil seiner Zeitung *Das Andere Deutschland* zu übernehmen, in dem auch Kurt Tucholsky viel veröffentlichte. Der Westdeutsche Landesverband der »Deutschen Friedensgesellschaft«, dessen Organ die Zeitung war, beeindruckte H. wegen seiner konsequenten, radikalpazifistischen Haltung während der Ruhrbesetzung 1923, wegen seiner moralisch begründeten Haltung in der Frage der deutschen Kriegsschuld und vor allem wegen seines kämpferischen Auftretens, das sich deutlich von dem der liberalen Führung der Friedensgesellschaft unter Ludwig Quidde unterschied.

H.s unermüdlicher, uneigennütziger Einsatz für weltweite Abrüstung, Aussöhnung mit Frankreich, für soziale Gerechtigkeit, gegen Militarismus, Chauvinismus und Faschismus/Nationalsozialismus in Wort und Schrift trugen ihm, 1928 in den Schuldienst zurückgekehrt, Nachstellungen von völkischen Gruppen ein. Sie gipfelten 1932 in der von ihnen betriebenen Entfernung aus dem Dienst aufgrund eines Artikels, der als Beleidigung des Reichspräsidenten Paul von Hindenburg fehlinterpretiert wurde. Sein inkriminierter Artikel *Willst Du lange leben? – Werde General!*, am 4. 5. 1929 erstmals im *Anderen Deutschland* erschienen und am 1. 1. 1932 von der *Sozialistischen Arbeiterzeitung* nachgedruckt, variierte ein Bonmot Tucholskys über »Telefongenerale« so: »Das Sterben besorgt der Mann vorm Feind. Die Schlachthofdirektoren mit der Schlachtermütze (Stahlhelm) und dem Schlachtermesser (Degen) pflegen hoch in die Jahre zu kommen. Ihre einzige Beziehung zum Heldentod besteht darin, daß sie andere hineinschicken.« Um diese Behauptung zu belegen, führte H. die Lebensdaten unterschiedlicher europäischer Generale an, so auch die Hindenburgs, um daraus in satirischer Absicht zu folgern, daß der sicherste Platz in einem Krieg der Posten eines Generals sei.

Inzwischen Mitglied der kleinen »Sozialistischen Arbeiterpartei Deutschlands« (SAP), wurde H. von den einflußreichen Linksparteien nicht gedeckt, als er, von militaristischen, faschistischen Kräften verleumdet, endgültig seine Stellung als Lehrer verlor, noch bevor Hitler die Kanzlerschaft übernahm.

Ohne jede berufliche Perspektive in NS-Deutschland, emigrierte H. 1934 in die Niederlande. In der Reformschule des Quäkers Kees Boeke in Bilthoven bei Utrecht fand er nun lebenslange Anstellung. Dort wurde er nach dem Zweiten Weltkrieg auch Mentor der Kronprinzessin Beatrix, die zusammen mit ihren Schwestern die »Werkplaats Kindergemeeschap-Bilthoven« besuchte. Vor und in dem Zweiten Weltkrieg hielt H. Kontakt zu den im Reich verbliebenen pazifistischen Antifaschisten, betätigte sich sporadisch als Kurier für einen Widerstandskreis im Ruhrgebiet und unterstützte Widerstandskämpfer ebenso wie niederländische Juden.

H. war ein Aktivist mit Zivilcourage, pädagogisch talentiert, von Tatendrang beseelt, naturverbunden, Kriegshasser und Kosmopolit, ein Lebensreformer und ein politischer Mensch, der seine pazifistische Gesinnung zur Richtschnur seines Handelns machte und, ohne Rücksicht auf persönliche Nachteile, öffentlich Zeugnis davon ablegte. Er erwies sich als leidenschaftlicher Anhänger einer parlamentarischen, sozial abgesicherten Demokratie. Nicht theoretische Reflexion und Fundierung demokratischer Gedanken waren seine Stärke, sondern der praktische Einsatz für eine Welt ohne Krieg, Elend, Unterdrückung und totalitäre Herrschaft.

Deutsche Friedensgesellschaft/ Internationale der Kriegsdienstgegner (Hg.): Hein Herbers zum Gedenken. o.O. 1968. – Lütgemeier-Davin, R.: Hakenkreuz und Friedenstaube. Der Fall »Hein Herbers« (1895–1968). Frankfurt/Main 1988.

Reinhold Lütgemeier-Davin

Herder, Johann Gottfried

Geb. 25. 8. 1744 in Mohrungen (Ostpreußen); gest. 18. 12. 1803 in Weimar

»Du Philosoph und du Plebejer! macht einen Bund, um nützlich zu werden« – der Nutzen der Philosophie für das Volk, das war die Tendenz der sich auf Anthropologie einschränkenden popularphilosophischen Konzeption des jungen H. im Entwurf zur Beantwortung einer Preisfrage 1765. Dieser Problematik war sein ganzes Lebenswerk verpflichtet. Die Anwendung des Demokratiebegriffs auf H.s Schriften geht weit über die politische Begrifflichkeit im engeren Sinne hinaus: Demokratismus war neben Universalismus und Historismus das tragende Grundprinzip für H.s gesamtes Schaffen, konstitutiv für seine Kultur- und Geschichtsphilosophie, Ästhetik, Pädagogik, Religionsauffassung, Friedensprogrammatik und weltumspannende Humanitätsidee.

H.s Herkunft aus pietistischen, kleinbürgerlich-plebejischen Verhältnissen (die Eltern stammten aus Handwerkerfamilien) und der durch den Vater vorgelebte pädagogische Beruf prägten seine volksverbundene Auffassung vom geistlichen Amt, von dem aus, wie er 1768 an seinen Lehrer Immanuel Kant schrieb, sich unter den gegebenen gesellschaftlichen Verhältnissen »am besten Kultur und Menschenverstand unter den ehrwürdigen Teil der Menschen bringen lasse, den wir Volk nennen«. Von 1762 an als Hilfslehrer an der Königsberger Vorstudienanstalt Collegium Fridericianum bis zu seinem Tode als Generalsuperintendent, Oberhofprediger, Oberpfarrer, Präsident des Oberkonsistoriums und oberster Aufseher sämtlicher Schulen des Herzogtums Sachsen-Weimar wirkte H. als Pädagoge und Seelsorger engagiert im Sinne seiner »menschlichen Philosophie«. Sein schriftstellerisches Oeuvre ist auf der Grundlage dieser Lebenspraxis entstanden.

In engstem Zusammenhang mit der volksverbunden-sozialpädagogischen Ausrichtung seines Predigtverständnisses ist H.s komplizierte Stellung in der Theologiegeschichte zu sehen. H. nahm sich Luther, den Mann des Volkes, in allen Stücken seiner Amtsführung zum Vorbild, kämpfte jedoch als Aufklärer wie Lessing gegen die erstarrte lutherische Orthodoxie. Da er sich aber in seinem Amt als »Bote Gottes ans Volk« verstand, bekämpfte er gleichzeitig die aufgeklärten Berliner Theologen, die das Predigtamt »als ein politisches Täuschungs- und Trostscharwerk« im besoldeten Dienst des absolutistischen Staates interpretierten, um »das menschliche Geschlecht ... zum Lastvieh zu betrügen und hinabzujochen« (*Älteste Urkunde des Menschengeschlechts*; *An Prediger*, 1774). Durch diese doppelte Frontstellung geriet H. sowohl als Superintendent in Bückeburg (1771–1776) als auch in Weimar in erbitterte Auseinandersetzungen mit der Landesherrschaft und somit wiederholt in eine existenzgefährdende Lage, da er, völlig mittellos und mit seiner großen Familie lebenslang verschuldet, selber vom Fürstendienst abhängig war. H. verteidigte in seinem tiefen Verständnis für das religiöse Empfinden des werktätigen Volkes den christlichen Unsterblichkeitsglauben gegen aufklärerisches Räsonnement, da er »des bis zum Tode Gequälten und Unterdrückten einziger, reicher und bester Trost« sei, und ermahnte auch unter eschatologischem Aspekt die Fürsten zur Pflichterfüllung und Gerechtigkeit, weil »das kommende Reich Christi« durch gute Taten im Diesseits vorbereitet werden müsse (*Maran Atha*, 1779). Gemäß der Lehre des radikalen Pietisten Gottfried Arnold in seiner *Unparteiischen Kirchen- und Ketzerhistorie* (1699/1700), daß es »um einen Lehrer und seine Lehre am besten bestellt sei unterm Kreuz und in der Verfolgung«, beschrieb H. in den *Ideen zur Philosophie der Geschichte der Menschheit* (1791) die Geschichte des Christentums seit Institutionalisierung der Kirche als Macht- und Herrschaftsinstrument als einen einzigen Verfalls- und Entartungsprozeß. Seine Kritik an der römischen Kirche, sie habe durch schändlichsten Mißbrauch, Aberglauben, Betrug und Gewalt das Kreuz als »Mordzeichen« in alle Welt getragen, ist in ihrer Radikalität den schärfsten antiklerikalen Texten der französischen Aufklärung vergleichbar. Christus wäre bei seiner Wiederkunft »in der christlichen Welt zehntausendmal aufs neue gekreuzigt worden«.

In seiner Auffassung eines Humanitätschristentums mit der Devise »alle für alle! keiner für sich allein« (*Christliche Schriften*, 1794–1798) knüpfte H. an die sozialethischen Prinzipien des Urchristentums an, die Jesus, »ein Führer der Elenden und Armen«, vor allem in der Bergpredigt (Matth. 5–7) gelehrt hatte; daraus leitete H. auch das für seine Humanitätsphilosophie grundlegende »große Gesetz der Billigkeit und des Gleichgewichts« ab. Die gesellschaftlichen Institutionen sollten nach H.s Wunschvorstellung allen Individuen ermöglichen, durch Bildung zur Humanität und Glückseligkeit ihre Gottebenbildlichkeit zu verwirklichen. Seine umfassenden pädagogischen Reformversuche, die denen Johann Heinrich Pestalozzis verwandt waren (beide gingen von Ideen Rousseaus aus), scheiterten größtenteils infolge ungenügender Unterstützung durch die Landesherrschaft und fanden nur sehr begrenzt eine Fortsetzung in der verdienstvollen Sozialarbeit des Philantropisten Johannes Daniel Falk (1768–1826) in Weimar.

H.s Demokratievorstellungen waren von Winckelmanns *Geschichte der Kunst des Altertums* (1764) beeinflußt. Die Entwicklung großer Kunst und Literatur (sowie der Wissenschaften) sah H. gebunden an die Voraussetzung politischer Freiheit wie in der griechischen Polisdemokratie (*Vom Einfluß der Regierung auf die Wissenschaften und der Wissenschaften auf die Regierung*, 1779); doch wußte er um die Einsicht in die Fragwürdigkeit dieser Freiheit in einer Sklavenhaltergesellschaft und um die Unwiederholbarkeit vergangener Geschichtsperioden. Demokratische Formen von »Nationalfreiheit und Gleichheit« sah H. auch in der alten hebräischen Theokratie (Nomokratie) nach der ursprünglichen Mosaischen Gesetzgebung (*Vom Geist der Ebräischen Poesie*, 1783); mit größerer Berechtigung verwies er in seiner Geschichtsphilosophie auf die Militärdemokratie der germanischen Stammesverfassung und deren Nachwirkungen bis in die englische Konstitution sowie auf die mittelalterlichen Stadtrepubliken in Oberitalien und Deutschland. In den Jahren 1764–1769, als er an der Domschule in Riga als Prediger und Lehrer wirkte, glaubte er, in der zeitgenössischen städtischen Selbstverwaltung noch Reste hanseatischer Freiheit zu erkennen, und auf der Reise nach Italien 1788 rühmte er die unter den Bedingungen der Freien Reichsstadt Nürnberg entstandene Kunst der Dürer-Zeit, während »die Fürsten den Geist der deutschen Nation verkannt und unterdrückt« hätten. Nach dem antiken Muster der unmittelbaren Demokratie und nach Rousseaus *Contrat social* (1763) schienen H. prinzipiell nur kleine oder Stadtstaaten für die demokratische Staatsform geeignet.

Während der amerikanische Unabhängigkeitskrieg von 1775 bis 1783 in H.s Werk kaum reflektiert wurde und erst die *Briefe zur Beförderung der Humanität* (1793) in Benjamin Franklin einen der Begründer der nordamerikanischen Freistaaten würdigten – mehr als Volksschriftsteller und Common-sense-Moralisten denn als »einer großen Menschengesellschaft Ordner« –, hat die Französische Revolution mit ihren Folgen, »das wichtigste weltgeschichtliche Ereignis seit der Reformation«, H.s Leben und Werk von Beginn an entscheidend geprägt: seine Weltanschauung, seine Beziehungen zu den Zeitgenossen in Weimar und außerhalb, sein stets prekäres Verhältnis zur Obrigkeit und die Art und Weise seiner Schriftstellerei. Nicht, daß H.s Auffassungen sich plötzlich grundlegend gewandelt hätten, aber seine – nach anfänglichen Hoffnungen auf den aufgeklärten Absolutismus (*Journal meiner Reise im Jahr 1769*) – nie verhehlte revolutionär-demokratische Haltung trat jetzt offen zutage. Schon 1785 hatte er sich in den *Ideen* gegen die Erbmonarchie erklärt, und auf Goethes Rat waren drei schärfere Fassungen ungedruckt geblieben, in denen H. den Untertanen von Despoten im Sinne des *Contrat social* das Widerstandsrecht zubilligte und den Staat generell als Zwangsanstalt diskreditierte, die bei zunehmender Vernunft und politischer Mündigkeit des Volkes absterben würde. Demokratische Selbstverwaltung im freien Zusammenwirken aller war die geheime Zielvorstellung von H.s humanistischer Gesellschaftskonzeption.

Nach dem Scheitern des von ihm als Einmischung in die inneren Angelegenheiten Frankreichs verurteilten preußisch-österreichischen Interventionsfeldzuges im Herbst 1792 nannte H. in der handschriftlichen Urfassung der *Humanitätsbriefe* die gemäßigte (konstitutionelle) Monarchie »bloß das unregelmäßige Wanken« zwischen Despotismus und republikanischem Gemeinwesen und erörterte die Möglichkeit einer repräsentativen Demokratie in einem so großen Land wie Frankreich. Radikale mündliche Bemerkungen von H. und seinem Freund Karl Ludwig v. Knebel wurden dem als preußischer General gegen Frankreich kämpfenden Herzog Karl August von Sachsen-Weimar-Eisenach zugetragen, und er ließ H. durch verschiedene Weimarer Geheimräte indirekt verwarnen, ähnlich wie es zuvor Goethe brieflich getan hatte. Daraufhin überarbeitete H. in Selbstzensur Ende 1792 die *Humanitätsbriefe*, in deren Druckfassung (1793–1797) alle revolutionsfreundlichen Passagen wegfielen. Theologisch und moralisch motivierte Ablehnung der Terreur während der Jakobinerdiktatur (1793–94) und eigene Vorsicht angesichts der sich verschärfenden Zensur in den deutschen Fürstenstaaten ließen H. seit 1793 auch von eindeutig prorepublikanischen Aussagen Abstand nehmen und sogar »eines wahnsinnigen Volkes Herrschaft« verurteilen, ohne daß er die Bedeutung der Französischen Revolution für den Fortschritt der Menschheit, die »ziehende Kette« der Weltepochen, und die Vorbildwirkung Frankreichs für einen »demokratischen Patriotismus« des noch in hunderte Kleinstaaten geteilten deutschen Volkes in Zweifel zog. Als positives Beispiel für die erhofften Wirkungen erschien ihm zunächst die Demokratisierung der Alten Eidgenossenschaft in der Helvetischen Revolution, die sich dann jedoch als Bürgerkrieg und Fremdherrschaft vollzog (Helvetische Republik 1798).

Wegen seiner politischen Ansichten galt H. am Weimarer Hof auch weiterhin als unsicherer Kantonist, und auch sein Verhältnis zu Goethe, der ab 1795 gemeinsam mit Schiller als Gegenposition zur Politik eine klassizistische Kunstprogrammatik entwarf, verschlechterte sich. Der Volksliedsammler und Theoretiker der Volksdichtung H. hielt an seinem stets auf gesellschaftliche Wirkung zielenden Kunstbegriff fest und verurteilte die »Kunstautonomie« als Angriff auf die unverdorbene Moral des Volkes, an dessen lebendigen kulturellen Traditionen die entstehende bürgerliche Nationalliteratur sich orientieren müsse. H.s eigene Dichtung und Publizistik entwickelte sich daher in bewußtem Gegensatz zu Klassik und Romantik wie auch zu der als elitär empfundenen Philosophie des deutschen Idealismus. In H.s Schaffen blieb stets ein gesellschaftskritischer Impuls lebendig, den er in die Worte faßte: »Sich selbst zu regieren, einander zur Glückseligkeit zu verhelfen, dazu ist das menschliche Geschlecht gemacht, nicht einander zu sieden, zu braten oder zu töten.«

Arnold, G.: Johann Gottfried Herder. Bildbiographie. Leipzig (2. Aufl.) 1988. – Gulyga, A.: Johann Gottfried Herder. Eine Einführung in seine Philosophie. Leipzig, Frankfurt/Main 1978.

Günter Arnold

Herwegh, Emma, geb. Siegmund

Geb. 10. 5. 1817 in Berlin; gest. 24. 3. 1904 in Paris

H. erhielt als Tochter des reichen Berliner Kaufmanns und Hoflieferanten J. G. Siegmund eine selbst für ihre Schicht ungewöhnlich hohe Bildung in Geschichte, Literatur und Sprachen. So erzogen, berührten sie die Verse Georg Herweghs, die 1841 erschienenen *Gedichte eines Lebendigen* nachhaltig. Sie verstand erstmals den politischen Kontext der Dichtung in der Atmosphäre der Vorrevolution, was sie zuvor nur unklar empfunden hatte. – Georg Herwegh, Sohn eines Stuttgarter Gastwirts, der das Tübinger Stift besucht hatte, aus politischer Unbotmäßigkeit es aber hatte verlassen müssen, lebte in der Schweiz. Nach dem Erfolg seiner politischen Dichtung ging er im Herbst 1841 nach Paris, wo er mit Heinrich Heine zusammentraf. Im Herbst 1842

konnte Herwegh es wegen der Popularität seiner Dichtung und der Stärke der demokratischen Bewegung wagen, nach Deutschland zurückzukehren.
In Berlin warb er für sein Journal *Der Deutsche Bote aus der Schweiz*, und durch Empfehlung einer Bekannten kam er in Siegmunds Haus. H. und Georg verstanden sich offenbar sofort, da sie sich ungeachtet des Standesunterschiedes bereits nach einer Woche verlobten. Die ihr bevorstehenden materiellen Einschränkungen faßte H. im voraus bejahend ins Auge. Die geistig-seelische Grundlage ihrer Zweisamkeit bedeutete für H. der gemeinsame Einsatz für eine höhere Sache als das Familienleben, ohne den eine Ehe unweigerlich ins Spießige abgleite: »Wir wollen zeigen, was zwei Leute können, die zu derselben Fahne schwören (...). Es ist keines Menschen Kraft zu gering, um das gewaltige Rad in Bewegung zu setzen (...) die Begeisterung [für die demokratische Bewegung, die Verf.] weckt Riesenkräfte auch in Frauen.«
Hauptsächlich politisierten beide in ihrer Korrespondenz, in der Georg Herwegh seine Verlobte aufforderte, sich ihr politisches Engagement zu erhalten und es zu entwickeln, denn sie werde von einigen idyllischen Seiten des großbürgerlichen Lebens Abschied nehmen müssen. H. selbst kritisierte die bürgerliche Ehe, »wo die Frauen eher Blei sind für die Männer als Flügel«.
Der Verkauf des *Deutschen Boten aus der Schweiz* war in Preußen verboten. Durch die Indiskretion eines Freundes, der einen mutigen Brief Herweghs an König Friedrich Wilhelm IV. in der *Leipziger allgemeinen Zeitung* hatte abdrucken lassen, wurde diese Zeitung verboten und Herwegh sofort aus Berlin ausgewiesen. Über Stettin, Leipzig und Frankfurt am Main, wo sie ebenfalls nicht geduldet wurden, übersiedelten die Herweghs im Jahre 1843 nach Zürich. Auch von hier wurden sie binnen kurzem ausgewiesen, aber der Kanton Basel Landschaft nahm sie auf und erlaubte 1843 die Trauung der beiden mit den Worten: »Wir freuen uns, durch diese Bewilligung den Beweis geben zu können, daß noch nicht alle Kantone der Schweiz der Spießerei verfallen sind.«
Fortan lebte das Ehepaar in Paris, im Umgang mit Karl Marx, Franz Liszt, der Georg Herweghs Lieder vertonte, George Sand, Heinrich Heine und Pierre Jean de Béranger, einem berühmten Chansonnier.
1848, während der französischen Februarrevolution, standen die Herweghs auf den Pariser Barrikaden. Als im März auch in Deutschland die Revolution ausbrach, wollten sie trotz des persönlichen Risikos nach Deutschland zurück, um für die Republik zu kämpfen (»in Deutschland erwarten uns nur Hunger und Kanonen«). Georg Herwegh wurde von den deutschen Emigranten zum politischen Leiter der republikanischen »Deutschen Legion« gewählt, einer Freischar aus deutschen Arbeitern und politisch Verfolgten, die den badischen Revolutionären (Beginn des badischen Aufstands unter Friedrich Hecker und Gustav von Struve am 12. April 1848) zu Hilfe eilen wollten. Diese allerdings operierten verstreut und ohne mitiltärischen Überblick. Einzig in Konstanz und im Bodenseekreis war es gelungen, die Republik auszurufen. Emma H. reagierte in dieser Situation mit Geschick und Kaltblütigkeit als Kundschafterin. Um nicht erkannt zu werden, reiste H. in Männerkleidung – in schwarzen Pantalons, schwarzer Bluse, mit breitkrempigem Hut – und war zudem bewaffnet. Unter den Legionären galt sie als energisch, entschlossen, praktisch und unerschrocken. H. überquerte den Rhein und überbrachte Hecker das Hilfsangebot der »Deutschen Legion«, das dieser jedoch wiederholt ausschlug und erst nach hartnäckiger Überredung akzeptierte. Der auf seiten der Republikaner an den Kämpfen beteiligte Schriftsteller und ehemalige preußische Offizier Otto von Corvin führte Heckers Zögern gegenüber H. auf dessen Frauenfeindlichkeit zurück.
Auf diese Weise wurden beide – Heckers und Herweghs Freischaren – getrennt geschlagen: die Heckers am 20. April bei der Schlacht auf der Scheidegg bei Kandern (Schwarzwald) von den badischen Truppen unter General Friedrich von Gagern, die Herweghs am 27. April bei Dossenbach am Rhein von einer württembergischen Kompanie. Mit Mühe und Not konnten die Herweghs entkommen. Sie hielten sich in Bauernkleidern versteckt und flohen schließlich über den Rhein nach Frankreich. Sie lebten zunächst in Paris, seit Juni 1849 in Genf, Nizza, dann erneut in Zürich.
H., die die öffentliche Polemik austrug, als Georg Herwegh nach dem Scheitern der Revolution in Deutschland diffamiert wurde, verfaßte die Schrift *Zur Geschichte der Deutschen Demokratischen Legion aus Paris. Von einer Hochverräterin* (1849). Darin beschuldigte sie das deutsche Bürgertum, sich nie zu irgendeiner politischen Position bekannt zu haben.
Später durften H. und ihr Mann nach Deutschland zurückkehren, wo Georg Herwegh 1875 in Baden-Baden starb. Er hatte verfügt, nicht innerhalb des Deutschen Kaiserreichs, sondern in der Schweiz begraben zu werden: »Laß' mich in freier republikanischer Erde begraben, in unserem Heimatkanton.« H. zog nach Paris, wo sie bis zu ihrem Tod 1904 in der Nähe ihrer Söhne lebte.

Blos, A.: Frauen der deutschen Revolution von 1848. Dresden 1928. – Hummel-Haasis, G. (Hg.): Schwestern zerreißt eure Ketten. München 1982. – Corvin, O.v.: Ein Leben voller Abenteuer. Frankfurt/Main 1924, hg. und eingeleitet von H. Wendel. – Linnhoff, V.: »Zur Freiheit, oh, zur einzig wahren.« Schreibende Frauen kämpfen um ihre Rechte. Köln 1979. – Valentin, V.: Geschichte der deutschen Revolution 1848–1849, Bd. 1. Köln Berlin 1970.

Sieglinde Domurath

Herwegh, Georg

Geb. 31.5. 1817 in Stuttgart; gest. 7.4. 1875 Lichtenthal (bei Baden-Baden)

Der Sohn eines Stuttgarter Gastwirts begann die in Württemberg mögliche theologische Ausbildung auf Staatskosten, wurde vom Tübinger Stift relegiert, belegte ab Herbst 1836 Jura und brach das Studium nach einem halben Jahr aus finanziellen Gründen ab. Seither war er literarisch tätig: Zuerst in Stuttgart an August Lewalds *Europa*, nach der Flucht in die Schweiz im Sommer 1839 (um dem Militärdienst zu entgehen) an Johann Georg August Wirths *Deutscher Volkshalle* in Emmishofen. H.s frühe Literaturkritiken erfaßten den gesellschaftlichen Funktionswandel der Literatur seit 1830 und erörterten ästhetische Grundpositionen unter dem emanzipatorischen Aspekt der Demokratisierung literarischer Produktion und Kommunikation.

Sie konkretisierten die in rhetorischer Allgemeinheit gehaltenen politischen Aussagen der 1841 gedruckten *Gedichte eines Lebendigen*, die H. zum Hoffnungsträger des um demokratische Rechte kämpfenden deutschen Bürgertums werden ließen und trotz sofortigen Verbots in Deutschland eine beispiellose Verbreitung fanden. Bei seinem Aufenthalt in Paris im Herbst/Winter 1841/42 wurde H. mit Heinrich Heine bekannt, studierte französische Revolutionsgeschichte, die utopischen Sozialisten und veröffentlichte politische und sozialkritische Lyrik.

Nach der Redaktionsübernahme des *Deutschen Boten aus der Schweiz* unternahm H., um Mitarbeiter für das zensurfreie Blatt zu gewinnen, eine Deutschlandreise im Herbst 1842, die von der antifeudalen deutschen Opposition zu politischen Demonstrationen genutzt wurde. H. ließ sich zu einer Audienz bei Friedrich Wilhelm IV. bewegen, schickte dem preußischen König danach aber einen Brief (»Wort unter vier Augen«), in dem er gegen das inzwischen ausgesprochene Verbot des *Deutschen Boten* protestierte. H. wurde aus Preußen ausgewiesen; wegen des politischen Charakters der Zeitschrift mußte H. auch den Kanton Zürich verlassen. Er erwarb zwar das Schweizer Bürgerrecht, wohnte aber nach seiner Heirat mit Emma Siegmund ab Herbst 1843 in Paris. Im Sommer war der Torso der verbotenen Zeitschrift aus der Schweiz mit Beiträgen von Bruno Bauer, Friedrich Engels, Friedrich Hecker, Moses Heß, Johann Jacoby erschienen. Dieser sofort in Deutschland und der Schweiz verbotene Sammelband dokumentierte nicht nur die konkreter werdende Kritik an den politischen Zuständen in Deutschland, die atheistischen Konsequenzen der junghegelianischen Philosophie, sondern auch den Übergang deutscher Gesellschaftstheoretiker auf sozialistische Positionen. Nach Erscheinen des 2. Teils der *Gedichte eines Lebendigen* Ende 1843 arbeitete H. an deutschen Emigrationsblättern in Frankreich, Belgien, England, Amerika und der Schweiz.

Nach Ausbruch der französischen Februarrevolution 1848 wählten die deutschen Emigranten in Paris H. zum Präsidenten des republikanischen Komitees und zum politischen Leiter der »Deutschen demokratischen Legion«. Dieser Freischarenzug kam zur Unterstützung der in Süddeutschland kämpfenden Republikaner zu spät und wurde im Gefecht bei Niederdossenbach im April 1848 geschlagen. Der Festnahme nur knapp entkommen, floh H. in die Schweiz. Es folgte ein jahrzehntelanges erneutes Exil mit materiellen Entbehrungen. Seine revolutionär-demokratischen Stellungnahmen zum europäischen Revolutionsgeschehen veröffentlichte H. in Vers und Prosa in verschiedenen liberalen und demokratischen Blättern. Den Sieg der europäischen Reaktion geißelte H. in satirischen Dichtungen und Artikeln in der deutschen und Schweizer Presse, u.a. im *Kladderadatsch*, später in sozialdemokratischen Zeitungen. H. lebte ab 1851 in Zürich; 1866 amnestiert, kehrte H. nach Deutschland zurück und ließ sich in Lichtenthal bei Baden-Baden nieder.

Ab 1860 war H. mit Ferdinand Lassalle befreundet. H. wurde Bevollmächtigter des »Allgemeinen Deutschen Arbeitervereins« (ADAV, gegründet 1863) in der Schweiz und schrieb 1863 auf Drängen Lassalles, angeregt durch Shelleys *Song to the men of England* das Bundeslied für den ADAV mit den seither zum Symbol proletarischen Klassenkampfs gewordenen Versen »Alle Räder stehen still, wenn dein starker Arm es will«. Mit großer Entschiedenheit verurteilte H. 1870 den Ausbruch des deutsch-französischen Krieges. Er trat für die Pariser Commune (26. März bis 28. Mai 1871) ein und warnte vor dem deutschen Kaiserreich: »Du bist im ruhmgekrönten Morden das erste Land der Welt geworden, Germania mir graut vor Dir«.

H.s gesamtes Schaffen war geprägt vom Kampf um die Durchsetzung der Ideale der Französischen Revolution. In der Heraufkunft der Demokratie sah H. im Sinne Karl Löwiths den »revolutionären Bruch im 19.Jh.«, eine »Zeitenwende«, das »Ende der alten Welt«. Dieses Epochenbewußtsein zeigte sich schon in den frühen Schriften. Seit 1843 erwies sich H. als revolutionärer Demokrat, der nur in einer republikanischen Verfassung die Demokratie verwirklicht sah, diese auf revolutionärem Wege herstellen wollte und sich in diesem Zusammenhang vom Liberalismus abgrenzte. Darunter vestand er diejenige Richtung, die reformistisch gesinnt war und die sich auch mit der konstitutionellen Monarchie sowie einem einge-

schränkten Wahlrecht zufrieden gab. Gemeint waren vor allem die süddeutschen Liberalen.
Nach Ausbruch der Februarrevolution 1848 in Paris, die er miterlebte, schrieb H. in nahezu gleichlautenden Briefen an seine Freunde, den Arzt Karl von Pfeufer und den Arzt und Demokraten Johann Jacoby: »Ich habe den schönsten Tag des Jahrhunderts mitgemacht ... So sind die Franzosen denn abermals das erste Volk der Welt. Ich sage Volk, denn das Volk im vollsten Sinn des Worts, ohne Führer, ohne Deputierte, ohne Professoren, ohne Journalisten, hat die Taten dieser Woche vollbracht ... Kinder von 8 bis 16 u. 20 Jahren haben das Schicksal der Welt entschieden. Und man will noch nicht an die Jugend, an das Volk, an das Unmögliche glauben.« Und weiter: »Das Volk hat auch ... nicht Einen Exzess begangen, ich schwöre es Dir und beschwöre Dich, nach Kräften dazu beizutragen, daß die schönste aller Revolutionen in Deutschland überall vindiziert bleibe«.
H. betrachtete sich inzwischen als Sozialist und das hieß für ihn: »Keine Demokratie ohne Sozialismus, kein Sozialismus ohne Demokratie«. In diesem Sinne war für H. in der Revolution von 1848 ein Zusammengehen mit der Mehrheit der Liberalen und Demokraten nicht möglich, die er die »anständigen und honetten Leute« nannte, d.h. diejenigen, welche in der Republik »die Klassenherrschaft, die Geldherrschaft und den Kasten-Egoismus für ewige Zeiten begründen wollen.«

Büttner, W.: Georg Herwegh. Ein Sänger des Proletariats. Berlin (2. Aufl.) 1976. – Pepperle, I.: Georg Herwegh. Leben, Werk und Wirkung. Mit unbekannten Briefen und Texten. Teil I. (1817–1843) Berlin 1990. – Vahl, H.; Fellrath, I.: »Freiheit überall, um jeden Preis!« Georg Herwegh 1817–1875. Stuttgart 1992.

Ingrid Pepperle

Hess, Moses

Geb. 21. 1. 1812 in Bonn; gest. 6.4. 1875 in Paris

H. wurde 1812 in Bonn als Sohn eines jüdischen Industriellen geboren. Er lebte in Köln und später im Exil in Paris, Brüssel und Genf. H. war Begründer und Redakteur der radikalen *Rheinischen Zeitung* und arbeitete mit Karl Marx zusammen. Nach dem Scheitern der Revolution von 1848 befaßte sich H. mit Fragen der Zukunft des Judentums und schrieb das Werk *Rom und Jerusalem* (1862), mit dem er zu einem geistigen Wegbereiter des Zionismus wurde. Als 1863 der »Allgemeine Deutsche Arbeiterverein« gegründet wurde, arbeitete H. eng mit Lassalle zusammen, dem Vorstand dieses Vereins. Nach dessen Tod unterstützte er die Fraktion Bebel-Liebknecht und nahm an einigen Kongressen der I. Internationale als Delegierter teil. 1869 trat er in Eisenach als Organisator der »Sozialdemokratischen Arbeiterpartei« auf. Den Ausbruch des Deutsch-französischen Krieges 1870 erlebte H. in Paris. Den deutschen Sieg und die sich anschließende großpreußisch-deutsche Reichseinigung von oben empfand er als Katastrophe. Eine Rückkehr nach Deutschland war H. zumal nach dem Leipziger Hochverratsprozeß 1872 gegen August Bebel und Wilhelm Liebknecht (wegen ihrer Solidarisierung mit der Pariser Kommune) nicht mehr möglich. In Paris starb er 1875 resigniert und einsam.
H. benutzte die Begriffe Sozialismus und Kommunismus gleichbedeutend. Das entsprach durchaus dem damaligen Gebrauch der Termini, die keinen festumrissenen, aus der Analyse der verschiedenen Theorien und Systeme gewonnenen Konzeptionen zuzuordnen waren. In seinem Essay über *Sozialismus und Kommunismus* (1843) gebrauchte H. das Wort »Sozialismus« zwar eher für eine Theorie von der Gesellschaft, die sich im Grunde nur auf die Organisation der Arbeit bezog, während »Kommunismus« überwiegend praktische Bestrebungen bezeichnete, das ganze gesellschaftliche Leben umfaßte und eine Radikalform, die Aufhebung des Privateigentums und jeder Herrschaft, meinte. Dabei richtete sich die Verteilung der Güter nach den Bedürfnissen (im Sozialismus nach den Fähigkeiten) des einzelnen. Trotzdem hob H. hervor, daß »das Grundprinzip beider identisch sei«.
Diese Identität fand er im demokratischen Geist, der sich bereits vor der Revolution in Frankreich entwickelt habe, mit ihr ins Leben getreten sei und sich nach der Verwirklichung ihrer Prinzipien »noch entscheidender ausbildete«: In der schicksalhaften Verklammerung von Sozialismus und Kommunismus mit dem Emanzipationskampf des Proletariats sowie im Prinzip der Gleichheit als dem spezifischen Element Frankreichs, das aber ohne Freiheit und Einheit (Solidarität) nicht bestehen könne. »Die Liberté, Egalité und Unité bilden überall in der Revolutionsgeschichte die heilige Trias, welche die Herzen entflammte in dem Kampfe gegen Unterdrückung, Ungerechtigkeit und Lüge aller Art«.
H.s Ansicht nach wurden der französische und deutsche Geist durch Sozialismus (Fourier) und Philosophie (Hegel) zu dem absoluten Standpunkt erhoben, auf welchem die persönliche Freiheit des Menschen in der industriellen Gesellschaft keinen Gegensatz mehr zur Gleichheit darstellt, sondern Freiheit und Gleichheit sich wechselseitig ergänzende Momente des Prinzips der Einheit allen Lebens bilden.

Diese Behauptung galt zwar für die Theorie des Sozialimus, traf aber auf das praktische Leben nicht zu. Die Revolution von 1789 hatte den Dualismus von Mensch und Staat, von Gleichheit und Freiheit bestehen lassen. »Ihre Freiheit und Gleichheit, ihre abstrakten Menschenrechte waren nur eine Form der Knechtschaft«, weil der Gegensatz von Reichtum und Armut, von Herrschaft und Unterdrückung nicht überwunden wurde. Es wurden aufgrund der Prinzipien der Französischen Revolution alle möglichen Freiheiten beansprucht, z.B. die Gewissensfreiheit, die Handels-, Gewerbe- und Lehrfreiheit. Auf die Frage: »Wozu?« erteilte H. die folgende Antwort: »Zugunsten der Privatinteressen und Privatmeinungen, welche durch ›freie Konkurrenz‹ der Wahrheit und Gerechtigkeit die Herrschaft abzuringen gedenken!« H. unterschied hier scharf zwischen formeller, juristischer Freiheit und Gleichheit vor dem Gesetz einerseits, und sozialer, d.h. wahrer Freiheit, andererseits. »Es ist ein nutz- und fruchtloses Unternehmen das Volk frei zu machen, ohne ihm die wirkliche, soziale Freiheit zu geben« (*Die eine und ganze Freiheit*, 1843). Nach H. war die bestehende Demokratie nichts anderes als »die Herrschaft der individuellen Willkür unter dem Namen der subjektiven oder persönlichen Freiheit«.

Man sollte jedoch nicht voreilig den Schluß ziehen, daß alle Ordnungen für H. gleichwertig waren. Im Gegenteil: Der demokratische Staat, wie er in den Vereinigten Staaten Amerikas seit der zweiten Hälfte des 18. Jahrhunderts, in Europa seit der Französischen Revolution bestand, stellte für ihn einen großen Fortschritt dar gegenüber feudalistischen, theokratischen und despotischen Regierungsformen, d.h. den noch von Abstammung, Privilegien, Nationalität, Religion etc. geprägten Staaten: »Wenn ich die Wahl hätte zwischen Nordamerika und Rußland, oder zwischen der französischen und österreichischen Politik, so würde ich die erstere (...) gewiß (...) vorziehen«.

Trotzdem war H. der Meinung, daß die Regierungsform prinzipiell keine entscheidende Rolle spiele, weil die bisherige Geschichte, unabhängig von der jeweiligen politischen Ordnung, gekennzeichnet sei durch den blutigen Kampf zwischen dem Staat und der bürgerlichen Gesellschaft und durch das Prinzip des persönlichen Eigentums und damit der Ausbeutung und sozialen Diskriminierung. Auch in der demokratischen Republik, z.B. in Nordamerika, Holland und Frankreich sei es die Pflicht des Staates, die abstrakte persönliche Freiheit und das persönliche Eigentum zu garantieren. Weil sich aber die abstrakte Allgemeinheit der Personen im Prinzip der Menschenrechte verkörpere, über die Personen selbst erhebe und sich ihnen entgegenstelle, entstehe der Widerspruch, daß das Volk, das sich in der Demokratie selbst beherrschen solle, in Regierende und Regierte auseinanderfalle. Der moderne Staat könne deshalb keine organische Einheit konstituieren. Das Prinzip der Volkssouveränität sei angesichts der Konzentration der Produktionsmittel und der politischen Macht in wenigen Händen, nicht mehr als »eine Phase.«

H. meinte, daß der bürgerlich-demokratische Staat den praktischen Egoismus sanktioniert habe, »indem man die Menschen als einzelne Individuen, indem man die abstrakten, nackten Personen für die wahren Menschen erklärte, indem man die Menschenrechte, die Rechte der unabhängigen Menschen proklamierte, also die Unabhängigkeit der Menschen voneinander, die Trennung und Vereinzelung, für das Wesen des Lebens und der Freiheit erklärte und die isolierten Personen zu freien, wahren, natürlichen Menschen stempelte« (*Über das Gewissen*, 1845).

H. stellte fest, daß »keine Regierungsform« den sozialen Konflikt zwischen der herrschenden Klasse und dem arbeitenden Volk »heilen« könne. Alle politischen Reformen, sogar die radikalsten, seien nichts anderes als »Palliativmittel«. An der sozialen Frage, an dieser »Klippe«, seien alle »freien Staatsverfassungen«, auch die der französischen Republik, gescheitert.

Der bestehende demokratische Staat fasse, weil er den Menschen als allgemeines und abstraktes Wesen begreife, nur einen Teil des Menschen in sich, während dieser als Privatperson sein Leben in der bürgerlichen Gesellschaft auf ökonomischer und sozialer Grundlage führe. Deswegen befänden sich Citoyen und Bourgeois in permanentem Kampf gegeneinander. Dieser Konflikt könne keine politische Lösung, etwa durch die Gründung einer anderen Staatsordnung, finden, weil sich der politische Staat und die bürgerliche Gesellschaft, Allgemeines und Besonderes, als zwei getrennte Reiche gegenüberstünden. Die Französische Revolution habe die moderne Demokratie etabliert, indem sie dem dritten Stand ermöglichte, sich am politischen Leben zu beteiligen und es sogar zu prägen. Gleichzeitig habe sie aber den Bereich menschlicher Aktivität, der öffentlichen Charakter trägt, nämlich die wirtschaftliche Tätigkeit, der privaten Initiative des einzelnen überlassen: »Wo aber aller menschlicher Verkehr, jede menschliche Tätigkeit unmittelbar aufgehoben ist und nur noch als Mittel zur egoistischen Existenz ausgeübt werden kann, wo (...) nichts ohne Geld ausführbar ist (...) da ist das bloße Faktum der wirklichen Sklaverei zum Prinzip erhoben und konsequent durchgeführt« (*Die letzten Philosophen*, 1845) H.' Sozialismus distanzierte sich von den französischen Sozialisten. Saint-Simon wurde kritisiert, weil er das Wesen des Kommunismus nicht begriffen habe: Er habe nur die Ordnung gewollt, aber nicht die Freiheit, und demgemäß »wollte er eine Hierarchie, die schlimmste aller Regierungsformen, weil die konsequenteste«. Die Vernichtung der Freiheit hat nach H. die Zerstörung der Gleichheit zur Folge.

Wollte Saint-Simon Gleichheit ohne Freiheit, so tendierte der

Sozialismus von Fourier umgekehrt zur Freiheit ohne Gleichheit: War der erste süchtig nach Reformen, so war der zweite konservativ und wollte die neue Idee der absolut freien Arbeit mit dem Bestehenden vermitteln. H. rechnete auch mit Proudhon ab. Er warf ihm einseitige Auffassung von dem Verhältnis zwischen Freiheit und Gleichheit, seinen Mangel an Verständnis dafür vor, daß die egalitäre Gesellschaft ohne Freiheit Sinn und Existenzgrund einbüße. Diese beiden Momente – Freiheit und Gleichheit – waren nach H.' Intention nicht als starre Gegensätze, sondern als Teile eines Prozesses zu fassen. Man solle Freiheit und Gleichheit als »wahre Momente eines Lebensprozesses« begreifen – dann sei die Freiheit selbst ein wesentliches Moment der Gleichheit, weil »ohne Verschiedenheit keine Ausgleichung denkbar ist – so wie umgekehrt die Gleichheit wiederum ein wesentliches Moment der Freiheit ist, weil ohne Ausgleichung, ohne Gerechtigkeit, das individuelle Leben nicht hervortreten kann (...)«.

Lademacher, H.: Moses Hess in seiner Zeit. Bonn 1977. – Na'aman, S.: Emanzipation und Messianismus. Leben und Werk des Moses Hess. Frankfurt/Main 1982. – Rosen, Z.: Moses Hess und Karl Marx. Hamburg 1983. – Silberner, E.: Moses Hess. Geschichte seines Lebens. Leiden 1966. – Zlocisti, T.: Moses Hess, Geschichte eines Lebens. Der Vorkämpfer des Sozialismus und Zionismus. Berlin (2. Aufl.) 1921.

Zwi Rosen

Heuss, Theodor

Geb. 31. 1. 1884 in Brackenheim; gest. 12. 12. 1963 in Stuttgart

Als erster Bundespräsident der Bundesrepublik Deutschland (1949–1959) verlieh H. mit seiner Persönlichkeit diesem vom Bonner Grundgesetz bewußt unpolitisch angelegten Amt Würde und Autorität. Sein von Parteineutralität geprägter Amtsstil inspirierte das reale Verfassungsleben der jungen Bonner Republik mit demokratischer Gesinnung, so daß er als »erster Mann im Staate« die Demokratie festigte, die politische Kultur des jungen westdeutschen Staates positiv beeinflußte und das Ansehen der Bundesrepublik in der internationalen Politik stärkte.

Das Leben des Politikers, Publizisten und Gelehrten, insbesondere seine Verdienste als Verfechter liberal-demokratischen Denkens zu Beginn unseres Jahrhunderts, zur Zeit der Weimarer Republik und während der NS-Zeit wurde dagegen in vielen Lebensbeschreibungen in den Hintergrund gedrängt. Doch gerade die Berücksichtigung der Lebensgeschichte des politischen Lehrers und Schriftstellers H. im Kontext deutscher Zeit- und Geistesgeschichte zeigt die kontinuierliche Weitergabe demokratischen Gedankengutes im deutschen Bürgertum.

H.' Engagement für eine freiheitlich oriente politische Entwicklung in Deutschland war keinesfalls selbstverständlich, zieht man die politischen Umstände in Betracht, die H.' Kinder- und Jugendjahre bestimmten: Die Monarchie stand in Deutschland noch auf festen Fundamenten, als er 1884 im württembergischen Brackenheim geboren wurde. Nach der mißlungenen Revolution von 1848 und der Gründung eines deutschen Nationalstaates 1871 waren republikanische und liberal-demokratische Strömungen in Deutschland eher die Ausnahme. Die württembergische Beamtenfamilie, aus der H. stammte, war demokratisch orientiert und kritisch gegenüber der Monarchie eingestellt. Richtungweisend für H.' späteres politisches Wirken wurde die Begegnung mit Friedrich Naumann im Jahre 1902 und dessen »Nationalsozialer Verein« (1896–1905).

So war es auch der mit Friedrich Naumann eng verbundene Nationalökonom Lujo Brentano, bei dem H. in München studierte. Als Naumann den politischen Journalisten H. 1905 bat, in der Redaktion seiner Zeitschrift *Die Hilfe* in Berlin mitzuarbeiten, folgte H. dem Ruf. Die Zusammenarbeit mit Naumann beschränkte sich nicht auf das Journalistische: H. stand seinem Mentor auch zur Seite, als dieser 1907 in Heilbronn für die »Freisinnige Vereinigung« (1893–1910) kandidierte. Der Umgang mit Naumann führte in dessen Haus auch zur Begegnung mit Elly Knapp. 1908 heiratete H. die in Frauenfragen engagierte liberale Politikerin, Schriftstellerin und spätere Mitbegründerin des Müttergenesungswerkes. Die kirchliche Trauung nahm der Theologe, Arzt und Organist Albert Schweitzer in Straßburg vor.

Den politischen und geistigen Weg Naumanns begleitend, trat H. 1910 der liberalen »Fortschrittlichen Volkspartei« (1910–1918) bei und übernahm auf Wunsch seines Förderers von 1912 bis 1918 die Chefredaktion der *Neckarzeitung* in Heilbronn. Nach Ausbruch der Novemberrevolution 1918 kehrte H. nach Berlin zurück. Als Mitglied der am 20. November 1918 gegründeten und von Naumann geführten »Deutschen Demokratischen Partei« (DDP) befürwortete H. die Einführung der parlamentarischen Demokratie. Mit Sorge betrachtete er die Radikalisierung der politischen Linken, die nach seiner Ansicht dem Beispiel der bolschewistischen Revolution in Rußland folgte. Über die Ereignisse vom 9. November 1918 urteilte er wenige Jahre später so: »Die Novemberrevolution vollzog sich ohne staatspolitisches Gedankensystem. Wohl gab ihr der Sozialismus den Namen, in ihren seelischen Tiefen war sie individualistische Auflehnung gegen die Übersteigerung des staatlichen Zwangswillens, Befreiungsorgiasmus aus Erschlaffung der Gemeinschaftskräfte«.

In der Weimarer Republik engagierte sich H. als Hochschullehrer, Publizist und Parteipolitiker: 1920 wurde er Dozent an der von Naumann gegründeten »Hochschule für Politik« (unter Naumann noch »Staatsbürgerschule«) und Stadtverordneter in Berlin; von 1924 bis 1928 (für die DDP) und von 1930 bis 1933 (für die »Deutsche Staatspartei«, zu der die DDP im Juli 1930 mutiert war) gehörte er dem Reichstag an. Berühmt wurde seine Reichstagsrede von 1932, in der er vor einer Machtergreifung der Nationalsozialisten warnte. Im selben Jahr wies er auf die Gefahren des Nationalsozialismus in seinem Buch *Hitlers Weg* hin.

Als Adolf Hitler 1933 tatsächlich an die Macht gekommen war, verlor H. binnen weniger Wochen sein Lehramt an der Hochschule, nachdem er am 23. März zusammen mit seinen Fraktionskollegen Reinhold Maier (dem späteren Ministerpräsidenten von Baden- Württemberg), Ernst Lemmer (dem späteren Bundesminister), Heinrich Landahl (dem späteren Hamburger Schulsenator) sowie Hermann Dietrich (dem früheren Reichsminister) dem Ermächtigungsgesetz zugestimmt hatte. H. wollte ablehnen, schloß sich dann aber aus Fraktionsdisziplin den anderen an. Nach dem Kriege bezeichnete er öffentlich dies Verhalten als den größten Fehler seines politischen Lebens.

Noch bis 1936 gab H. *Die Hilfe* in Berlin heraus. 1937 veröffentlichte er eine Biographie über *Friedrich Naumann*. Auch eine ausführliche Lebensbeschreibung von Robert Bosch entstand in dieser Zeit (*Robert Bosch. Leben und Leistung*. 1946).

Das Kriegsende erlebte H. in Heidelberg, wohin er 1943 gezogen war. Hier brachte der politische Journalist die *Rhein-Neckar-Zeitung* heraus, bevor er als Kulturminister 1946–1949 in die württembergisch-badische Landesregierung aufgenommen wurde. Als sich im Dezember 1948 in Heppenheim die liberalen demokratischen Parteien der Westzonen zur »Freien Demokratischen Partei« (FDP) zusammenschlossen, wurde H. ihr erster Vorsitzender. Seit 1948 war er auch Professor an der Technischen Hochschule in Stuttgart und Abgeordneter des Parlamentarischen Rats in Bonn, wo er entscheidenden Anteil an der Gestaltung des Grundgesetzes hatte. 1949 in den ersten Bundestag gewählt, übernahm H. dort den Vorsitz der FDP-Fraktion. Am 12. September 1949 wählte ihn die Bundesversammlung zum ersten Bundespräsidenten.

Als Bundespräsident hat H. wie sein späterer Nachfolger Gustav Heinemann, wenngleich mit weniger Erfolg, wiederholt auf verschüttete liberale und demokratische Traditionen in Deutschland hingewiesen und eine demokratische »Legendenbildung« angemahnt: »Auch die deutsche Geschichte kennt ihre inneren Freiheitskämpfe, die großen Bauernkriege im Beginn des sechzehnten Jahrhunderts, die studentischen Bewegungen nach 1815, nach 1830, den großartigen Versuch von 1848/49 (...). Auch der Widerstand des preußischen Landtags gegen den neuen Ministerpräsidenten Bismarck gehört in diese Reihe (...). Konkret gesprochen: die innerdeutschen Freiheitskämpfe sind eine Abfolge von Niederlagen und entbehren damit der ein Volksbewußtsein prägenden Legendenbildung (...) derlei fehlt den Deutschen« (*Friedrich Naumann und die deutsche Demokratie*, 1960).

Auch wenn H. als Bundespräsident die »große Politik« kaum mitgestalten konnte, so verkörperte er mit seinem politischen Engagement und mehr noch mit seiner Bereitschaft, sein eigenes Versagen gegenüber dem NS-Regime offen einzugestehen, eine geistig-politische Haltung, die in der Bundesrepublik der fünfziger Jahre selten war.

Eksteins, M.: Theodor H. und die Weimarer Republik. Ein Beitrag zur Geschichte des deutschen Liberalismus. Stuttgart 1969. – Hess, J.C.: Theodor H. vor 1933. Ein Beitrag zur Geschichte des demokratischen Denkens in Deutschland. Stuttgart 1973.

Reiner Albert

Heymann, Lida Gustava

Geb. 15.3. 1868 in Hamburg; gest. 31.7. 1943 in Zürich

Zusammen mit ihrer Freundin und Mitstreiterin Anita Augspurg gehörte H. zum linken Flügel der deutschen bürgerlichen Frauenbewegung. Beide standen an der Spitze des Deutschen Zweiges der von ihnen mitbegründeten Internationalen Frauenliga für Frieden und Freiheit (IFFF), traten zunächst vor allem als engagierte Streiterinnen für das Wahlrecht der Frauen hervor und widmeten seit dem Ausbruch des Ersten Weltkrieges ihr weiteres Leben ganz wesentlich dem Kampf gegen den Krieg und für »völkerversöhnende Frauenarbeit«, d.h. der Einbeziehung der Frauen in die Friedensbewegung. Für H. war der Weg in die Frauen- und Friedensbewegung zugleich der Weg eines Mädchens aus großbürgerlichem Hause in den Kreis derer, die ihres demokratischen und sozialen Engagements wegen in stetem Konflikt mit der bürgerlichen Gesellschaft lebten, von den Mächtigen als »vaterlandslos« denunziert und vielfach auch von jenen mißverstanden, denen das Engagement galt.

H.s Vater hatte als Hamburger Großkaufmann im Kaffeehandel

ein großes Vermögen erworben, ihre Mutter war auf einem sächsischen Rittergut aufgewachsen. Die Kindheit verlief in einer Atmosphäre bürgerlicher Wohlhabenheit in einem »Riesenhaus« im Hamburger Vorort Harvestehude. Bonnen, Gouvernanten und Lehrer erschienen dem sensiblen Mädchen lediglich dazu da zu sein, »uns Kinder zu quälen«. Auch der Besuch der Kreuslerschen höheren Töchterschule in der Hansestadt und des »Rosebery Houses« in Dresden verlief nicht ohne Konflikte, bei denen sich der Gerechtigkeitssinn H.s und ihr Unmut über religiöse Scheinheiligkeit regten. Weitere elf Jahre – bis zum Tode des Vaters 1896 – verbrachte H. in ihrem Elternhaus, »in stetem Widerspruch zu meiner Umgebung«, wie sie später schrieb. Tiefen sozialen Gegensätzen begegnete sie namentlich auf dem Gut ihres Schwagers, eines pommerschen Landjunkers, und auch an einer Hamburger Armenschule, an der sie eine Zeitlang als Lehrerin unterrichtete.

Nach dem Tode des Vaters mietete H. in Hamburgs bester Geschäftsgegend Räume, in denen sie einen Mittagstisch für arbeitende Frauen und einen Kinderhort einrichtete. Unentgeltlich versorgte der Mittagstisch beim großen Hamburger Hafenarbeiterstreik 1896 Frauen und Kinder von Streikenden. Eine von H. eröffnete Beratungsstelle für Frauen, die sich vor allem der Berufstätigen annahm und eine rege soziale Hilfstätigkeit entwickelte, geriet bald mit der Geschäftswelt und Behörden in Konflikt, bei denen H. nur noch als »verrücktes Frauenzimmer« galt. Der sozialen Aktivität H.s diente als finanzielle Grundlage der sechs Millionen Mark umfassende Nachlaß ihres Vaters, den sie – auch im Interesse anderer Familienmitglieder – mit wachem Geschäftssinn verwaltete.

H. gründete in den letzten Jahren vor der Jahrhundertwende in Hamburg mehrere Vereine mit sozialer und frauenrechtlerischer Zielsetzung, darunter den Verein »Frauenwohl«, der die Forderung nach Gleichberechtigung der Frau auf allen Gebieten erhob. »Wir radikalen Frauen«, schrieb sie später, auf jene Zeit zurückblickend, »waren bei allem heiligen Ernst für die Sache eine lustige Arbeitsgemeinschaft, der nichts von dem Gouvernantenhaften, Geschraubten der alten Frauenvereine anhaftete«.

In das Jahr 1896 fiel die erste Begegnung H.s mit Anita Augspurg. Mit ihr blieb sie das ganze weitere Leben aufs engste verbunden. Beide Frauen, wohl auch durch eine lesbische Liebe vereint, zogen zusammen und wohnten zuerst in München, dann in einem Haus bei Irschenhausen im Isartal, später eine Zeitlang auf dem Siglhof beim oberbayerischen Peissenberg und später auf »Burg Sonnensturm« bei Icking. Sie betrieben landwirtschaftliche und gärtnerische Arbeiten, unternahmen Wanderungen und Reisen – und widmeten sich gemeinsamer Tätigkeit in der Frauenbewegung. In dieser vollzog sich um die Jahrhundertwende ein bald deutlich wahrnehmbarer Differenzierungsprozeß, der sich vor allem aus der unterschiedlichen Stellung seiner einzelnen Organisationen und Repräsentantinnen zur Forderung nach dem Frauenwahlrecht ergab, aber auch zur sogenannten sexuellen Frage und anderen Problemen. Der 1902 von Augspurg gegründete Deutsche Verein für Frauenstimmrecht verfocht engagiert die Forderung nach dem Wahlrecht; viele der im Bund Deutscher Frauenvereine (BDF) zusammengeschlossenen bürgerlichen Frauenvereinigungen lehnten sie hingegen bis 1917/18 ab. 1899 bildete sich – unter maßgeblicher Mitwirkung H.s – als Dachorganisation der »radikalen« Frauenorganisationen der Verband fortschrittlicher Frauenvereine, der umfassende Forderungen nach der Gleichberechtigung der Frau in der bürgerlichen Gesellschaft erhob und in starkem Maße feministische, patriarchalismuskritische Positionen bezog. H. und Augspurg wirkten in Rede und Schrift für das Frauenwahlrecht, das von allen Parteien außer der SPD und der linksliberalen Demokratischen Vereinigung abgelehnt und erst durch die Novemberrevolution verwirklicht wurde.

Bereits vor 1914 hatten H. und Augspurg die bürgerliche Friedensbewegung unterstützt. Bei Ausbruch des Ersten Weltkrieges, inmitten der von ihnen als unerträglich empfundenen Kriegspsychose richteten die Beiden einen Appell an die Frauen der neutralen Länder für die Einberufung einer Frauenkonferenz gegen den Krieg. Resonanz fand der Appell bei holländischen Frauen; es vergingen jedoch noch mehrere Monate, bevor der Internationale Frauenkongreß im Haag (April 1915) stattfand. H. und Augspurg nahmen zusammen mit 26 weiteren deutschen Frauen daran teil. In Deutschland stießen sie damit – besonders in der bürgerlichen Frauenbewegung – auf scharfe Ablehnung. Das bayerische Kriegsministerium forderte H. als Leiterin der Münchener Ortsgruppe des Deutschen Frauenstimmrechtsbundes auf, ihre Antikriegsagitation zu unterlassen. Das Ministerium veranlaßte eine Hausdurchsuchung, verhinderte eine zweite Reise nach Holland und sorgte schließlich – im März 1917 – sogar dafür, daß H. aus Bayern ausgewiesen wurde. Ihre pazifistischen Bestrebungen galten als Gefährdung der öffentlichen Sicherheit und dem »nationalen Interesse widersprechend«. Dennoch gelang es H., den Deutschen Frauenausschuß für dauernden Frieden – 1917 mit Verbindungen in 29 Städten – mitzubegründen und durch aktives Eintreten für einen sofortigen Frieden ohne Annexionen in der von zunehmender Kriegsmüdigkeit geprägten weiblichen Bevölkerung immer stärkere Resonanz zu finden. Doch stieß sie auch auf immer schärferen Widerspruch bei den alldeutschen Verfechtern eines »Siegfriedens«, die gegen die Pazifistinnen eine regelrechte Haßpropaganda entfesselten.

H. reiste von Hamburg zurück nach München, nachdem die Novemberrevolution 1918 ausgebrochen und in Bayern die Republik proklamiert worden war. Am 29. November 1918

suchte sie gemeinsam mit Augspurg Kurt Eisner auf, um ihn ihrer Unterstützung zu versichern. Gemeinsam mit dem Sozialisten kandidierte sie für die Nationalversammlung. Sie erlebte den Vormarsch der Gegenrevolution gegen die Münchener Räterepublik, deren Frauenreferat von ihrer Freundin Gertrud Baer geleitet wurde. Der aus der Revolution hervorgegangenen Republik begegnete sie zunehmend kritisch. Im Februar 1933 schrieb H.: »Nein, seit Dezember 1918 geht alle Gewalt nicht vom Volke aus, sondern von denen, welche über die höchsten Geldmittel verfügen, das größte Maul und die größte Geschicklichkeit haben, durch Entstellung der Tatsachen, Intrigen und Lügen das deutsche Volk irre zu führen.«
Die Jahre nach 1919 galten der Arbeit vor allem für die deutsche Organisation der »Internationalen Frauenliga für Frieden und Freiheit« (IFFF), die sich für weltweite Abrüstung und die Idee des Völkerbundes einsetzte, für tatkräftige Mitwirkung der Frauen in der internationalen Friedensbewegung. H. und Augspurg, die beiden Vorsitzenden des Deutschen Zweiges der IFFF, gaben die Zeitschrift *Die Frau im Staat* (seit 1919) heraus. Nach ihrer Auffassung war verantwortungsbewußte demokratische Mitarbeit der Frau im politischen Leben ein wichtiger Faktor der Friedenserhaltung. Den Parteien brachte H. erhebliches Mißtrauen entgegen, weshalb sie auch bei mehreren Wahlen für Frauenlisten eintrat. Den Versailler Vertrag verurteilte sie, barg er doch, wie sie schrieb, alle Keime künftiger Kriege in sich und förderte aufs neue den Chauvinismus. H. sprach sich auch gegen eine neue deutsche Kolonialpolitik aus und gegen jegliche Wiederaufrüstungsbestrebungen, die von deutscher Seite mit Forderungen nach »militärischer Gleichberechtigung« bemäntelt wurden.
Frühzeitig schon sah sich H. in München mit antidemokratischen Bestrebungen und dem Terror der NS-Bewegung konfrontiert. Gemeinsam mit Augspurg und anderen Frauen ersuchte sie, noch vor dem nationalsozialistischen Putsch vom November 1923, in einer persönlichen Unterredung den bayerischen Innenminister Franz Schweyer (Bayerische Volkspartei), den staatenlosen Adolf Hitler aus dem Freistaat auszuweisen – erfolglos. Im März 1931, nachdem der Nationalsozialismus zur Massenbewegung geworden war, forderte sie, »weiteste Aufklärung unter Frauen und Männern zu verbreiten über das hohle Phrasendreschen der Nationalsozialisten«. Sie selbst gab mit ihrem Wirken dafür das Beispiel.
Als das letzte Heft der *Frau im Staat* im März 1933 erschien, befanden sich die beiden Herausgeberinnen H. und Augspurg auf einer Reise in Spanien. Sie hatten Deutschland am 22. Januar 1933 verlassen und sollten es nach Hitlers Machtergreifung nicht wiedersehen. Das »Dritte Reich« konfiszierte H.s Vermögen. Frauen, die sie aus langjähriger Zusammenarbeit kannte, unterstützten sie und ihre Freundin im Exil. Die Beiden bemühten sich noch immer um Aufklärung über die von den Nationalsozialisten ausgehenden Gefahren. Sie empfanden tief die Vergeblichkeit ihrer Bemühungen angesichts der Vehemenz, mit der die nationalsozialistische Aggressionspolitik an Terrain gewann. H. predigte tauben Ohren, als sie 1937 gemeinsam mit Gertrud Baer dem britischen Völkerbundsgesandten Henderson in Genf die Gefahren deutlich zu machen versuchte, die von Hitlers Aufrüstung ausgingen. »Ein Teil der Menschheit ist krankhaft hypnotisiert, befindet sich wie von einem Schraubstock fest umklammert«, schrieb sie 1941 in den gemeinsam mit Augspurg verfaßten Erinnerungen (die erst 1972 unter dem Titel *Erlebtes – Erschautes* im Druck erschienen, herausgegeben von Margrit Twellmann), »ein anderer vegetiert dahin unter einem schweren Alp: Ernte einer bösen teuflischen Saat. Wann endlich wird sich der Bann lösen?«

Arendt, H.-J.: Der Deutsche Zweig der Internationalen Frauenliga für Frieden und Freiheit 1915–1933, in: Wissenschaftliche Zeitschrift der Pädagogischen Hochschule »Clara Zetkin« Leipzig, H. 1 (1981), S. 53–61. – Gelblum, A.: Feminism and Pacifism. The Case of Anita Augspurg and Lida Gustava Heymann, in: Tel Aviver Jahrbuch für deutsche Geschichte, Bd. XXI. Gerlingen 1992, S. 207–225. – Hering, S.; Wenzel, C.: Frauen riefen, aber man hörte sie nicht. Die Rolle der deutschen Frauen in der internationalen Frauenfriedensbewegung zwischen 1892 und 1933 (Schriftenreihe des Archivs der deutschen Frauenbewegung, Bd. 1). Kassel 1986. – Weiland, D.: Geschichte der Frauenemanzipation in Deutschland und Österreich. Biographien, Programme, Organisationen. Düsseldorf 1983, S. 128–132.

Hans-Jürgen Arendt

Hilferding, Rudolf

Geb. 10. 8. 1877 in Wien; gest. 11. o. 12. 2. 1941 in Paris (Selbstmord oder Ermordung durch die Gestapo)

H. war einer der brillantesten Köpfe der deutschen Sozialdemokratie, aber auch eine ihrer tragischsten Gestalten. Mit seinem 1910 erschienenen Hauptwerk *Das Finanzkapital. Eine Studie über die jüngste Entwicklung des Kapitalismus* wurde er zum herausragenden marxistischen Ökonomen seiner Zeit. Karl Kautsky hielt es für so bedeutend, daß er es als »in gewissem Sinne eine Fortsetzung des Marx'schen ›Kapital‹« rühmte. Durch seinen Einfluß auf Lenins Imperialismustheorie erhielt das *Finanzkapital* eine weit über den ökonomischen Bereich hinausgehende Bedeutung. Mit seiner in den zwanziger Jahren ausformulierten Theorie des organisierten Kapitalismus bestimmte H. von 1924 bis 1929 die wirtschaftspolitischen Vorstellungen der SPD. Das Heidelberger Programm der SPD von 1925 war wesentlich von H.s Denken geprägt; auf den Parteitagen 1924, 1925 und 1927 hielt H. die programmatischen Grundsatzreferate.

So überragend H.s Bedeutung als Theoretiker war, so wenig war seine Tätigkeit als praktischer Politiker vom Erfolg gekrönt. Zweimal wurde H. unter ungünstigsten wirtschaftlichen Bedingungen Reichsfinanzminister. Vom August bis Oktober 1923 war er auf dem Höhepunkt der Inflationskrise und des Ruhrkampfs Mitglied des Kabinetts Stresemann. Zwar hatte H. wesentlichen Anteil an der Ausarbeitung des finanzpolitischen Konzepts, das durch Einführung der Rentenmark die Hyperinflation beendete; bevor dieses Konzept umgesetzt wurde, stürzte er jedoch über einem politischen Manöver des Koalitionspartners, der »Deutschen Volkspartei« (DVP). Seine zweite Amtszeit unter Reichskanzler Hermann Müller erstreckte sich von Juni 1928 bis Dezember 1929 · Glücklos agierte er in einer politischen Zwickmühle aus Rücksichten auf den Koalitionspartner DVP, budgetären Altlasten, Obstruktionsmanövern des Reichsbankpräsidenten Schacht und der einsetzenden Weltwirtschaftskrise.

Im August 1914, bei Ausbruch des Ersten Weltkriegs, verweigerte H. im Reichstag seine Zustimmung zu den Kriegskrediten, 1917 schloß er sich der »Unabhängigen Sozialdemokratischen Partei« (USPD) an. Ab November 1918 leitete er das Parteiorgan *Freiheit*. H. lehnte den Bolschewismus ab und versuchte, seine Partei auf einem moderaten Kurs zu halten. Eindringlich warnte er vor überstürzten Enteignungen und der Diktatur des Proletariats durch ein reines Rätesystem. Nach der Ermordung des Parteiführers Hugo Haase im November 1918 geriet H. gegenüber den Radikalen in die Defensive. Auf dem Parteitag in Halle 1920 stemmte er sich verzweifelt gegen die Tendenzen in der USPD, den Anschluß an die kommunistische »Dritte Internationale« zu suchen. H. lieferte sich eine mehrstündige Redeschlacht mit Sinowjew, dem Vertreter der kommunistischen Internationalen, doch konnte er das Votum der Mehrheit für einen Anschluß an die Internationale nicht verhindern. Die Abkehr vieler seiner Parteifreunde von freiheitlichen Idealen und ihre Unterwerfung unter das Diktat Moskaus wurde für H. zu einem politischen Schlüsselerlebnis. Die Spaltung der Partei war unabwendbar, machte aber den Weg frei für die Wiedervereinigung der Rest-USPD, zu der auch H. gehörte, mit der Mehrheitssozialdemokratie im Jahre 1922.

Die nationalsozialistische Machtergreifung 1933 zwang H. ins Exil. Er war wegen seiner vehementen Angriffe auf den pseudo-sozialistischen Strasser-Flügel der NSDAP nicht nur politisch exponiert, sondern wegen seiner jüdischen Herkunft auch von der nationalsozialistischen Rassenpolitik bedroht. Über Dänemark, die Schweiz und die CSR gelangte er schließlich nach Paris. Nach der deutschen Besetzung Nordfrankreichs im Juni 1940 setzte er sich gemeinsam mit Rudolf Breitscheid, seinem Parteifreund, in den von der Vichy-Regierung kontrollierten Teil Frankreichs ab. Er hatte bereits ein Visum für die Ausreise in die USA in der Tasche, als ihn die Vichy-Behörden in Arles mit Zwangsaufenthalt belegten, angeblich zu seiner eigenen Sicherheit. In dieser Extremsituation fand H. dennoch die Kraft und Konzentration, sich intensiv mit der marxistischen Geschichtsauffassung unter dem Eindruck der Entstehung totalitärer Systeme zu beschäftigen. Er faßte seine Gedanken im Manuskript *Das historische Problem* zusammen, das Benedikt Kautsky posthum 1954 veröffentlichte. Im Februar 1941 wurde H. an die Gestapo ausgeliefert und bereits bei der Überführung ins Pariser Gefängnis Santé H. schwer mißhandelt. Umstände und genauer Zeitpunkt seines Todes liegen im dunkeln; die Gestapo verzeichnete als Todesursache Selbstmord.

H. betrachtete den Marxismus immer als wertfreie wissenschaftliche Methode zur Analyse politischer und sozialer Entwicklungen. Entsprechend lehnte er alle Versuche ab, aus der marxistischen Theorie bestimmte Dogmen herzuleiten. »Es ist unmöglich, den Marxismus irgendeinem philosophischen System zuzuordnen« (*Das historische Problem*). Insbesondere bekämpfte H. die Auffassung, politisches Handeln habe keinen Einfluß auf die Entwicklung, da Marx den wirtschaftlichen Zusammenbruch des Kapitalismus naturgesetzlich vorausgesagt habe. Für H. konnte der Sozialismus nur durch bewußtes politisches Handeln der Arbeiterklasse verwirklicht werden. Der Sieg könne »nur aus dem beständigen Kampf gegen diese Politik (der Kapitalisten, d. Verf.) hervorgehen, weil nur dann das Proletariat der Erbe des Zusammenbruchs werden kann, zu dem diese Politik führen muß, wobei es sich um einen politischen und sozialen, nicht um einen ökonomischen Zusammenbruch handelt, der überhaupt keine reale Vorstellung ist« (1910).

Nach H.s Auffassung blieb die geschichtliche Entwicklung auch des Kapitalismus offen. Ein wesentliches Merkmal der H.schen Theorie des organisierten Kapitalismus in den zwanziger Jahren war das Abrücken auch vom Szenario des politischen Zusammenbruchs. Durch die Ereignisse im Gefolge des Ersten Weltkriegs hätten zum einen die Wirtschaftsverbände, v.a. die Gewerkschaften, sich als Mitsouveräne neben der Staatsmacht etabliert. Zum anderen betrachte die Arbeiterklasse die Republik als ihr Werk. Damit wandle sich aber der Staat vom Hindernis zum Instrument auf dem Weg zum Sozialismus. H. hielt jetzt die Durchsetzung der sozialistischen Wirtschaftsordnung auf parlamentarischem Wege für möglich. Auf dem Parteitag 1927 in Kiel sprach er davon, »daß unserer

Generation das Problem gestellt ist, mit Hilfe des Staates, mit Hilfe der bewußten gesellschaftlichen Regelung diese von den Kapitalisten organisierte und geleitete Wirtschaft in eine durch den demokratischen Staat geleitete Wirtschaft umzuwandeln.«

Mit dieser These löste sich H. von der marxistischen Staatsauffassung, nach der die demokratische Republik als Überbau der bürgerlichen Gesellschaft überwunden werden müsse. Die Demokratie ist nach seiner Auffassung historisch immer die Sache des Proletariats gewesen; das allgemeine Wahlrecht habe das Besitzprivileg politisch gebrochen und eröffne auch die Möglichkeit seiner politischen Beseitigung, denn der Arbeiter »hat als Staatsbürger die Macht, die Hand auf den politischen Hebel des Staates zu legen und dadurch auch das ökonomische Besitzprivileg zu beseitigen.« Die Demokratie gewinne dadurch massiv an Bedeutung. Vor dem Ersten Weltkrieg hatte H. die Demokratie als einen wichtigen Austragungsort des Klassenkampfs angesehen, den er mit dem Mittel des Generalstreiks zu führen bereit war. Jetzt jedoch hatte »das Proletariat ein unbedingtes Interesse an der Erhaltung der Demokratie«, zu deren Verteidigung alle Mittel gerechtfertigt seien – »ich spreche von wirklicher Gewaltanwendung... nicht etwa ein vorübergehender Putsch, sondern ein langwährender, sehr erbitterter und außerordentlich verlustreicher Bürgerkrieg.«

H. arbeitete am sogenannten »Prager Manifest« des Exilvorstands der SPD mit (1934), das die Abkehr vom Reformismus und den Übergang zum revolutionären Sozialismus propagierte. In einem Artikel in der von ihm herausgegebenen *Zeitschrift für den Sozialismus* machte H. aber deutlich, daß er diesen Weg nur akzeptiere, weil für legale politische Arbeit im Faschismus »einfach kein Raum mehr« sei.

H.s Demokratiebegriff ist eng an Thomas Jefferson angelehnt. Demokratie bedeute nicht, »daß allen gleiche Funktionen übertragen werden könnten und alle zu allem gleich tauglich wären«, sondern stelle »die für die moderne Gesellschaft allein geeignete Selektion, bei der der Ausgangspunkt für alle gleich ist«, dar (1924). Große Bedeutung besaß für ihn die individuelle Freiheit. Seinen Kampf gegen den Beitritt der USPD zur Komintern bezeichnete er als »meine deprimierendsten Stunden in meinem Parteileben«. »Viele Arbeiter haben nicht verstanden, was sie preisgaben, wenn sie sich diesen 21 diktatorischen Bedingungen nicht nur für das Staatsleben, sondern sogar für die eigene Partei unterordneten.« Mit Blick auf Mussolinis Machtübernahme in Italien äußerte H.: »Die wirkliche Gefahr, die leider nicht nur Gefahr geblieben ist, ist die, daß es Proletarierschichten und Proletariate ganzer Länder gegeben hat, die die Wichtigkeit der Freiheit, der Demokratie nicht erkannt haben« (1927). In seiner Exilzeit verstärkten sich seine schwelenden Zweifel an der Arbeiterbewegung. So schrieb er 1936 an Paul Hertz: »Die Freiheit der Wissenschaft, die Entfaltung der Individualität, die Selbstbestimmmung der Persönlichkeit, kurz alles, was mich zum Sozialismus geführt hat, weil ich meinte, daß die Sicherung des Materiellen durch die gesellschaftliche Beherrschung der Wirtschaft die Vollendung der Freiheit bedeute, das ist für die heutige Arbeiterbewegung kaum mehr ein wirklich lebendiger, sie unter allen Umständen bestimmender Faktor.«

In *Das historische Problem* versuchte H., die marxistische Theorie auf die Errichtung der totalitären Systeme in der Sowjetunion, Italien und Deutschland anzuwenden, mußte sie aber in entscheidenden Punkten revidieren. Nicht die Ökonomie, sondern die Gewalt bestimme den historischen Prozeß, da Entwicklungstendenzen ihre geschichtliche Wirkung erst im Laufe der Kriege, zu denen sie Anlaß geben, entfalteten. Die Staatsmacht habe ihre gewaltige Ausdehnung, die sie zur Unterwerfung der Wirtschaft unter den Staatszweck befähige, durch das Gewaltereignis des Ersten Weltkriegs erfahren. »Die Gewalt aber ist blind, ihr Ergebnis nicht voraussehbar. Schon das bedingt, daß die Erkenntnis der Gesetzmäßigkeit in der Geschichte auf Schranken stößt, daß wir nicht von der ›Notwendigkeit‹ sprechen können im Sinne von Marx, sondern nur von ›Chance‹ im Sinne von Max Weber.«

Blumenberg, W.: Kämpfer für die Freiheit. Berlin, Hannover 1959. – Gottschalch, W.: Strukturveränderungen der Gesellschaft und politisches Handeln in der Lehre von Rudolf Hilferding. Berlin 1962. – Euchner, W.: Rudolf Hilferding (1877–1941), in: Ders. (Hg.), Klassiker des Sozialismus, Bd. II. München 1991, S. 99–111.

Arndt-B. Janssen

Himpel, Helmut

Geb. 14. 9. 1907 in Schönau bei Freiburg i.Br.; gest. (hingerichtet) 13. 5. 1943 in Berlin-Plötzensee

»So sind also Künste und Wissenschaften, Musik u. Theater, gutes Essen u. reinliche, schöne Kleidung zwar sicherlich für das Jenseits entbehrliche, ja sogar höchst überflüssige Dinge. Trotzdem bin ich überzeugt, dass wir sie genießen, so gut als möglich, ohne an unserer Seele Schaden zu nehmen. Das vielmehr halte ich für entscheidend, daß man Abstand zu diesen Dingen hat und sich ihres ›Wertes‹ wohl bewußt ist. Man muß das alles entbehren können, wenn man es nicht haben kann, sich dessen aber freuen, so man in seinem Besitz ist, und auch mit Freuden wieder darauf verzichten, wenn es von einem genommen wird. So ist's mit den Dingen, so ist's mit dem Körper. Freilich ist man Mensch genug, nicht gerade Freude zu empfinden, wenn dieser einem genommen wird, und auch wieder Philosoph (- u. gläubig-) genug zu entsagen

ohne Hader.« Die Worte aus dem Abschiedsbrief H.s vom 12. Mai 1943 charakterisieren den ebenso realistischen wie gläubigen evangelischen Christen.
Nachdem H. in Freiburg zuerst Elektrotechnik studiert hatte, entschloß er sich zum Studium der Zahnmedizin, das er in Freiburg und München absolvierte. Im Anschluß daran eröffnete er etwa 1937 in Berlin-Wilmersdorf eine zahnärztliche Praxis, die er bald erfolgreich ausbauen konnte. Zu seinen Patienten gehörten neben vielen Angehörigen des Diplomatischen Korps auch Schauspieler und Künstler, so etwa Heinz Rühmann. Als den deutschen Juden die Benutzung der öffentlichen Verkehrsmittel untersagt wurde, war H. weiterhin bereit, seine jüdischen Patienten, die zum Teil weit entfernt lebten, in ihren Wohnungen zu behandeln. Privat hatte H. großes musisches Interesse, kochte gern und las viel. Er besaß eine große Bibliothek, in der vor allem historische und philosophische Werke vorherrschten.
Schon während des gemeinsamen Studiums in Freiburg hatte H. Maria Terwiel kennengelernt, mit der ihn bald eine enge Freundschaft verband. Maria konnte ihr Jurastudium nicht beenden, weil sie 1935 als »Halbjüdin« keine Stelle als Referendarin erhalten würde, obwohl ihre juristische Dissertation in diesem Jahr zur Abgabe an der Rechts- und Staatswissenschaftlichen Fakultät der Freiburger Universität vorlag. Die Nürnberger Rassengesetze vom September 1935 verboten Maria Terwiel und H. die Heirat, trotzdem lebten sie nach ihrer Verlobung seit 1940 zusammen.
Über den Journalisten John Graudenz, einen Patienten H.s, bekamen beide Kontakt zu Harro Schulze-Boysen. Sie nahmen teil an unterschiedlichen Aktionen der Gruppe um Arvid Harnack und Schulze-Boysen, die später als »Rote Kapelle« bekannt werden sollte. Im Vordergrund ihrer illegalen Arbeit stand die Verbreitung von Schriften und Flugzetteln, vor allem im Winter 1941/42 und im Frühjahr 1942. Besonders wichtig – und auch durch die Zahl der versandten Flugschriften bedeutsam war ihre Aktion zur Verbreitung der berühmten Juli- und August-Predigten des Münsteraner Kardinals Clemens August Graf von Galen, der sich 1941 gegen die Unterdrückung der Kirche und die als »Euthanasie« getarnten Morde an Geisteskranken gewandt hatte. In wahrscheinlich weit über tausend Exemplaren wurde dessen Predigt vom 20. Juli 1941 von Terwiel auf der Schreibmaschine mit mehreren Durchschlägen abgeschrieben. Ebenso waren sie und H. an der Beschaffung von Personalpapieren für in der Stadt untergetauchte Juden beteiligt. H. versorgte diese ärztlich.
Nach der Aufdeckung der »Roten Kapelle« verhaftete die Gestapo am 17. September 1942 auch Maria Terwiel und H.. Anfang Oktober 1942 brachte man H. in das Spandauer Militärgefängnis, wo inzwischen ein großer Teil der männlichen Mitglieder der »Roten Kapelle« inhaftiert worden war.
H. magerte im Gefängnis in Spandau bis auf 55 Kilo ab. Sein Mithäftling Heinrich Scheel berichtet: »Von ihm ging eine Freundlichkeit aus, die man genoß. Wenn wir vom Spaziergang zurückgeführt wurden und er an mir vorüber ging, um zu seiner weit hinten gelegenen Zelle zu gelangen, tauschten wir immer einen ermutigenden Gruß aus. Er ging sehr aufrecht und trug den Kopf hoch.« Zusammen mit der Tänzerin Oda Schottmüller und dem jungen Kommunisten Walter Husemann wurden H. und Terwiel am 26. Januar 1943 »wegen Hochverrats und Feindbegünstigung« zum Tode verurteilt.
H.s Briefe aus der Haft zeigen auch noch nach dem Todesurteil einen ungebrochenen Intellektuellen, der sich mit der Zukunft von Kirche und Staat auseinandersetzte: Als wichtigste Grundlage für eine nach-nationalsozialistische Politik galt ihm die Gemeinsamkeit der beiden großen Konfessionen. Der Schlüsselbegriff war für ihn dabei nicht die Ökumene, sondern die »Synthese«. Dabei verwies er auf das von Goethe im zweiten Buch von *Wilhelm Meisters Wanderjahren* entwickelte Konzept der »pädagogischen Provinz«. Unter Bezug auf Spinoza und andere schrieb er: »Und deren vornehmster Wunsch war, die beiden Konfessionen wieder unter ein Dach zu bringen. In letzter Zeit habe ich so viele Beweise der Verständigungsbereitschaft erhalten u. höre jeden Tag von meinem Leidensgefährten [einem katholischen Priester aus Eupen-Malmedy, der Verf.], wie sehr sich von der anderen Seite auch die Gegensätze mindern, dass ich Hoffnung habe.« Nach H.s Hinrichtung wurde auch Maria Terwiel am 5. August 1943 in der Berliner Hinrichtungsstätte Plötzensee ermordet.

Tuchel, J.: Maria Terwiel und Helmut Himpel. Christen in der Roten Kapelle, in: Coppi, H., Danyel, J., Tuchel, J. (Hg.): Die Rote Kapelle im Widerstand gegen den Nationalsozialismus. Berlin 1994, S. 213–225. – Tuchel, J.: Weltanschauliche Motivationen in der Harnack/Schulze-Boysen-Organisation (»Rote Kapelle«), in: Kirchliche Zeitgeschichte, Jg. 1, Heft 2/1988, S. 267-292.

Johannes Tuchel

Hintze, Hedwig, geb. Guggenheimer

Geb. 6. 2. 1884 in München; gest. (Selbstmord) 19. 7. 1942 in Utrecht/Niederlande

»In einer Zeit, in der unsere junge deutsche Republik noch um Form und Festigkeit ringt, erscheint es mir als eine im besten Sinne nationale Aufgabe, meinen Landsleuten ein berühmtes Vorbild republikanisch-demokratischer Kämpfe näher zu bringen«, schrieb H. 1926 in der *Frankfurter Zeitung* als Erwiderung auf die Kritik, die der konservative Historiker Heinrich Ritter von Srbik an der von ihr 1924 eingeleiteten deutschen Ausgabe von Alphons Aulards *Histoire politique de la Révolution française* (2 Bde., 1901) geübt hatte. In dem Werk wurde der französische Revolutionär Danton als Vorbild dargestellt und sein Widersacher Robespierre scharf verurteilt.

Es war ungewöhnlich, daß in der deutschen Geschichtswissenschaft vor 1933 eine Frau selbstbewußt und aufsehenerregend agierte, daß sie sich gar der Revolutionsgeschichte widmete und dies zudem mit offen erklärter Sympathie für jene Revolution, deren Ideen die moderne Demokratie maßgeblich mitbegründet hatten. Das wissenschaftliche Werk der linksliberalen Historikerin, die durch das NS-Regime zur Emigration gezwungen und in den Tod getrieben wurde, harrt umfassender Analyse.

H. entstammte einer jüdischen Bankiersfamilie. Ihre soziale Herkunft, aber auch die nach der Jahrhundertwende erfolgende Öffnung der deutschen Universitäten für das Frauenstudium (in Preußen ab 1908) ermöglichten ihr eine gründliche akademische Ausbildung. Der bayerischen Staatsprüfung für Lehrerinnen folgte ab 1910 die Immatrikulation an der Berliner Universität, wo H. Philologie, Geschichte und Nationalökonomie studierte. Herrschte bei ihr zunächst das literaturgeschichtliche Interesse (u. a. Studien über Goethes *Iphigenie auf Tauris*) vor, so trat bei ihr ab 1911 die politische Geschichte in den Vordergrund. H.s Lebensschicksal war mit dem ihres akademischen Lehrers Otto Hintze verbunden, bei dem sie zunächst Vorlesungen und Seminare belegt sowie als Assistentin gearbeitet hatte, und den sie im Dezember 1912 heiratete. Als Professor für Verfassungs-, Verwaltungs- und Wirtschaftsgeschichte sowie als Bearbeiter der *Acta Borussica* (Untertitel: *Denkmäler der preußischen Staatsverwaltung im 18. Jahrhundert*) einer vielbändigen Quellenpublikation, war der 23 Jahre ältere Hochschullehrer ein Vertreter der »preußischen Schule« (Die *Hohenzollern und ihr Werk. Fünfhundert Jahre vaterländischer Geschichte*, so der Titel eines populärwissenschaftlich von Hintze verfaßten Werks aus dem Jahre 1915). Er war menschlich und wissenschaftlich so souverän, daß er dem in andere Richtung führenden Weg seiner jungen Ehefrau nicht nur keine Schwierigkeiten bereitete, er förderte ihn sogar. Die kinderlose und lange Zeit materiell gesicherte Ehe hielt nicht nur Belastungen stand, die sich dadurch ergaben, daß Otto Hintze lange Jahre krank war, sondern auch der Verfolgung durch die Nationalsozialisten nach 1933.

Das Interesse der Geschichtsstudentin und jungen Wissenschaftlerin galt vorzugsweise der französischen Verfassungs- und Revolutionsgeschichte, wie eine Seminararbeit von 1911 zeigt. Hintze lenkte die Aufmerksamkeit seiner Frau insbesondere auf »jene die Vereinheitlichung Frankreichs stets begleitende föderalistische Unterströmung«, ein Thema, dem 1923 ihre Dissertation gewidmet war und 1928 zu einem wesentlichen Teil auch ihre Habilitationsschrift.

Nachdem H. während des Ersten Weltkriegs ihr Studium vorübergehend hatte unterbrechen müssen, um ihren Dienst beim Roten Kreuz abzuleisten und sich der Pflege ihres Mannes widmen zu können, nahm sie in Berlin an Lehrveranstaltungen von Ernst Troeltsch und Friedrich Meinecke teil, dem besten Kenner des »Historismus«, einer spezifisch deutschen Tradition historischen Denkens, das in Leopold von Ranke ihren Hauptvertreter im 19. Jahrhundert gehabt hatte. Bei Troeltsch wurde sie zur Beschäftigung mit der materialistischen Geschichtsauffassung angeregt, die sie zumal für die ökonomische Betrachtung revolutionsgeschichtlicher Vorgänge als hilfreich empfand. In dem aus der Novemberrevolution 1918 hervorgegangenen parlamentarisch-demokratischen Staat sah H. ein Stück lebendiger Fortwirkung des revolutionären Erbes von 1789. Dies spiegelte sich, wie sie meinte, auch in allen Tendenzen wider, die Folgen des Ersten Weltkrieges durch deutsch-französische Verständigung zu überwinden und womöglich die Idee von den Vereinigten Staaten Europas zu verwirklichen. In diesem Sinne akzentuierte H. nicht nur manche ihrer Veröffentlichungen zu historischen Problemen, sondern auch ihre tagespublizistischen Beiträge in liberalen und sozialdemokratischen Zeitschriften.

Souveräne Beherrschung der französischen Sprache und des historisch-methodischen Instrumentariums, umfassende Quellenstudien in Frankreich sowie persönliche Kontakte zu französischen Historikern kamen schon der Dissertation zugute, die sowohl von dem liberalen Historiker Friedrich Meinecke wie von dessen eher rechtsgerichteten Kollegen Erich Marcks positiv beurteilt wurde. H.s Habilitationsschrift zum Thema *Staatseinheit und Föderalismus im alten Frankreich und in der Revolution* (1928) gilt noch immer als Standardwerk zur Geschichte der Französischen Revolution. 1989 erschien das Buch in einer Neuausgabe. Die Verfasserin offenbarte darin ihre parlamentarisch-demokratische Grundüberzeugung, insbesondere auch ihre Sympathie für die zeitgenössische föderale Erneuerungsbewegung in Frankreich sowie für das Verfassungswerk des liberalen deutschen Staatsrechtlers Hugo Preuß, dessen Buch *Verfassungspolitische Entwicklungen in Deutschland und Westeuropa. Historische Grundlegung zu einem Staatsrecht der Republik* sie 1927 aus dem Nachlaß herausgegeben hatte. Kritisch setzte sich H. mit der Ablehnung der Revolution in dem Werk des französischen Historikers und Kunstkritikers Hippolyte Taine, *Les origines de la France contemporaine* (6 Bde., 1876-1893), sowie in den Schriften rechtskonservativer deutscher Historiker auseinander.

Zunehmend näherte sie sich Ideen eines demokratischen und humanistischen Sozialismus. »1789«, so schrieb sie, »konnte das individuelle Eigentum als Ausdrucksform und Garantie der menschlichen Persönlichkeit erscheinen. Seit der Entstehung der großen kapitalistischen Industrie und der Vergesellschaftung der Produzenten ist die Vergesellschaftung der großen Arbeitsmittel zur Vorbedingung der allgemeinen Befreiung geworden. Und um Revolution und Demokratie von allem loszureißen, was heute in den bürgerlichen Anschauungen verjährt und rückschrittlich ist, wird auch eine starke Klassenaktion des organisierten Proletariats notwendig.«

Die mit ihrer Habilitationsschrift eröffnete Karriere als (unbesoldete) Privatdozentin an der Berliner Universität - die französische Revolutionsgeschichte stand im Zentrum ihrer Lehrveranstaltungen - endete abrupt im September 1933. H. wurde nach dem nationalsozialistischen »Gesetz über die Wiederherstellung des Berufsbeamtentums« vom 7. April 1933 als »Rassejüdin« entlassen. Friedrich Meinecke und Albert Brackmann hatten ihr schon zuvor die Mitarbeit am Rezensionsteil der *Historischen Zeitschrift* entzogen, Anlaß für Otto H., sofort aus dem Herausgeberkollegium auszuscheiden.

H. versuchte im Ausland, ihre Forschungsarbeit fortzusetzen, zunächst in Frankreich, wo sie bis 1935 als Maître des Recherches beim »Centre de Documentation Internationale Contemporaine« in Vincennes tätig war, später in den Niederlanden, wohin sie wenige Tage vor Ausbruch des Zweiten Weltkrieges emigrierte. Bis dahin war sie immer wieder für kurze Zeit zu ihrem Mann nach Berlin zurückgekehrt, der - 1939 immerhin 78 Jahre alt - ihr nicht ins Ausland zu folgen vermochte. Er lehnte jedoch die Lösung der Ehe, die nach NS-Rassengesetzgebung eine »Mischehe« war, bis zu seinem Tode 1940 bedingungslos ab.

H. bemühte sich vergeblich um Otto H.s Manuskripte, die nationalsozialistisch gesinnte Verwandte ihr vorenthielten. Sie selbst geriet in den ab 1940 von der Naziwehrmacht besetzten Niederlanden immer mehr in materielle Not. Arm und die drohende Deportation in ein Konzentrationslager vor Augen, setzte sie in einer Utrechter Nervenklinik ihrem Leben im Juli 1942 ein Ende.

Jütte, R.: Hedwig Hintze (1884-1942). Die Herausforderung der traditionellen Geschichtsschreibung durch eine linksliberale jüdische Historikerin, in: Grab, W. (Hg.): Juden in der deutschen Wissenschaft (Jahrbuch des Instituts für Deutsche Geschichte, Beih. 10). Tel Aviv 1986, S. 249-278. - Oestreich, B.: Hedwig und Otto Hintze. Eine biographische Skizze, in: Geschichte und Gesellschaft, Göttingen, 11. Jg., H. 4 (1985), S. 397-419. - Schleier, H.: Die bürgerliche deutsche Geschichtsschreibung der Weimarer Republik. I. Strömungen - Konzeptionen - Institutionen, II. Die linksliberalen Historiker (Akademie der Wissenschaften der DDR, Schriften des Zentralinstituts für Geschichte, Bd. 40). Berlin 1975, S. 272-302.

Hans-Jürgen Arendt

Hippler, Wendel

Geb. um 1465 in Neuenstein, (Grafschaft) Hohenlohe; gest. 1526 oder später im Kerker des Heidelberger Schlosses

H. entstammte dem städtischen Bürgertum in Neuenstein; sein Vater stand im Dienst des Grafen von Hohenlohe. 1482 studierte H. an der Universität Leipzig, drei Jahre später trat er in die Dienste des Grafen von Hohenlohe, seit 1496 war er Sekretär der Kanzlei. Im obersten Verwaltungsamt beim Ausbau der Territorialherrschaft wurde H. ein gründlicher Kenner des Rechts und hatte stets einen Blick über die Fachgrenzen hinaus. Dem Grafen half er, das üppige Leben der Öhringer Stiftsherren einzuschränken und das Stift zu reformieren. Deshalb beklagten sich die Stiftsherren beim Würzburger Bischof: »Wendel, Schreiber, hat uns siegelbrüchig gescholten und gesagt, wir seien der Ehre nicht wert, uns Reverenz zu erweisen. Er ist auch mit bedecktem Haupt vor uns getreten.«

Götz von Berlichingen, schwäbischer Raubritter, der durch H.s Vermittlung im April 1525 Befehlshaber des Neckartal-Odenwälder Bauernhaufens wurde, urteilte in seinen Erinnerungen: »Wendel Hippler, ein feiner geschickter Mann und Schreiber, wie man selten einen im Rat finden wird, war auch Hohenlohischer Kanzler gewesen«. H. heiratete eine Frau aus der ersten Familie Heilbronns. Mit seinen beträchtlichen Einnahmen erwarb er Grundbesitz und betrieb die Rodung der letzten wilden Landstriche auf den Hohenlohischen Höhen. Er kaufte Äcker und Wiesen und legte in der Nähe von Städten große Weiher an, um Fische für den städtischen Markt zu züchten. In Öhringen besaß er eine Walkmühle, brachte Wald und Land beim heutigen Finsterrot (bei Heilbronn) in seinen Besitz, baute darauf einen Hof und eine Schankwirtschaft und errichtete eine Glashütte. Für dieses Gut ließ sich H. vom Kaiser einen Freibrief geben. Von seinem Hof aus wollte er den Status eines reichsunmittelbaren Ritters erlangen. Diese Pläne scheiterten, als H. in Streitigkeiten der beiden Grafen von Hohenlohe hineingezogen wurde und man ihn zum Verkauf zweier anderer Höfe zwang.

Für seine Glashütte ließ H. auf dem Fluß Kocher Holz heranschaffen und legte zwei Holzlager an. Diese Unternehmertätigkeit alarmierte die Hohenloher Fürsten. Der Graf ließ einfach den Hof überfallen, die Wirtschaft schließen und das Holz beschlagnahmen. Von da an folgte ein langes nutzloses Prozessieren. Am Ende verlor H. fast alles, zog zu den ihm wohlgesonnenen Grafen von Löwenstein und trat in die Dienste der Kurpfalz. 1522/23 amtierte er als Landschreiber im kurpfälzischen Neustadt an der Haardt (jetzt Weinstraße), lebte dann in der Residenzstadt Heidelberg und war als Advokat für den ritterschaftlichen Adel tätig, der an einer Reform des sozialen Gefüges interessiert war. 1524 wohnte er bei seinem Schwiegervater in Wimpfen und vertrat vor dem Reichsgericht in Eßlingen hohenlohische Bauern gegen ihre Grafen. So gewann er Vertrauen bei den späteren Sprechern der Bauernbewegung. Im Februar 1525, kurz vor Ausbruch der Bauernrevolution, sagte H. in Weinsberg zu einem Landsknecht mit Anspielung auf ein verschwörerisches Treffen: »Ich bin an einem Ort gewesen, da habe ich deine Herren zu Werk geschnitten, daran sie dies Jahr zu arbeiten haben werden«, und er fügte siegessicher hinzu, daß man dieses Jahr um Öhringen noch etliche Wiesen »kaufen« könne. H. wurde der politische Kopf des Odenwälder Bauernhaufens. Seine Motivation, sich der Bauernrevolution anzuschließen, beschrieb er später in der Haft: er habe die Ungerechtigkeiten von seiten der Bauern nicht gebilligt, und beabsichtigt, etwas »Nützliches zu erheben, mit Hilfe anderer die auch wohl vorhanden, denn nit alle, so bei den Bauern, zu Bösem geneigt seien.« Etwas Nützliches: Damit meinte H. Kanzleitätigkeit für die Bauern, wie einst für den Grafen, die Entwicklung einer großen politischen Strategie, Verhandlungen mit Städten, kleinen Adeligen und großen Landesherren, um ein politisches Potential für eine Umgestaltung des Deutschen Reiches zusammenzubringen. Am 26. März begann sich bei Mergentheim der Odenwälder Haufen zu bilden, am 2. April folgten die Hohenloher Bauern in Öhringen bei Heilbronn. Vier Tage später zog der Bauer Jäcklein Rohrbach in Öhringen mit seinem aufständischen Heilbronner Haufen ein. Die sog. »Hohenloher Bauernartikel« nahmen neben den üblichen Forderungen der aufständischen Bauern, z.B. Abschaffung des Zehnten und des adeligen Jagdrechts, Herabsetzung des Zinsfußes und freie Pfarrerwahl, schon H.s weitreichende Idee auf: »Wenn eine gemeine Reformation durch weltliche oder geistliche Obrigkeiten würde geordnet oder gemacht, die dem evangelischen Gesetz und dem Recht billig und gleichförmig wäre«, so sollten sie daran teilhaben. Es entsprach H.s Politik, zunächst die Grafen von Hohenlohe zur Annahme dieser Artikel aufzufordern. Erst als der vereinigte Haufen nach Schöntal zog, sahen sich die Grafen gezwungen einzuwilligen. Sie mußten sich »Bruder Albrecht und Bruder Georg« nennen lassen und die Bauern anhören: »Ihr seid nimmer Herren, sondern Bauern, und wir sind die Herren von Hohenlohe.«

Der Haufen zog nach Weinsberg, wo es zu einer Bluttat unter der Führung von Jäcklein Rohrbach kam, die zum Signum der Bauernrevolution verfälscht wurde: der Graf von Helfenstein und die Reste seiner Getreuen wurden nach Kriegsrecht durch die Spieße gejagt und umgebracht. Sofort distanzierten sich der Odenwälder Haufen und H. von dieser Tat, Rohrbach wurde ausgestoßen und mußte sich den Württembergern anschließen. Durch seine Tat war aber der Adel so eingeschüchtert, daß er sich vorerst in Scharen dem Bauernheer anschloß. Von Beginn an führte H. Verhandlungen mit der Ritterschaft. Als er am 24. April 1525 Götz von Berlichingen im Bauernrat zum obersten Feldhauptmann wählen ließ, regte sich erstmals Widerstand, gegen den H. sich aber durchsetzte. Das Heer zog weiter nach Amorbach, wohin H. ihm folgte. Hier trat am 4. und 5. Mai der Bauernrat zusammen und verabschiedete die Amorbacher Erklärung, die die *Zwölf Artikel* (veröffentlicht Mitte März 1525), das Manifest der gesamten Bauernschaft teils anpaßte, teils milderte, teils auf eine zukünftige Neuordnung des Reichs verschob. Die Bauernvertreter hatten an den vorbereitenden Beratungen aber nicht teilgenommen. H. agierte hierbei stets als Realpolitiker, der aber bis zuletzt der Sache der aufständischen Bauern treu blieb. Sein Siegel auf Briefen und Verträgen zeigte vor gekreuzten Dreschflegeln, Spaten und Hammer den Spruch: »Das Wort Gottes bleibt ewig.«

Unter H. bekam der Bauernrat Regierungsgewalt, sprach Recht und arbeitete an einem gesetzlichen Rahmen zur Gesellschaftserneuerung. H. erkannte schnell die strategische Lage, daß nämlich die einzelnen Bauernhaufen vom Heer des fürstlichen »Schwäbischen Bundes« leicht aufgerieben werden konnten. Daher ließ er durch Boten alle Haufen zu einem allgemeinen Bauernparlament nach Heilbronn einladen, um sich über das weitere Vorgehen zu beraten. Die Tagung, die am 12. Mai im Schöntaler Hof von Heilbronn begann, wurde von H. vorbereitet und geleitet. Angesichts der Gefahr, daß der Kaiser ausländische Söldner (trotz seines gegenteiligen Versprechens) zu seiner Unterstützung herbeischaffen könnte,

plante H., noch mehr auswärtige Unterstützer und Mitkämpfer für die Reichsreform zu gewinnen. Um nicht kaiserliche Maßnahmen zu provozieren, sollten die bewaffneten Bauern sobald als möglich nach Haus geschickt werden. Dann sollte allein das Bauernparlament entscheiden, wann und wo die Reichsreform durchgeführt werde, ob Gelehrte, Bauern und Bürger dabei zu entscheiden hätten. H. schwebte eine lebendige Diskussion der Zukunftsfragen vor: Die bäuerlichen Abgesandten müßten ihre Beschwerden vorbringen, und den Herren wollte er das Recht zugestehen, durch ihre Räte »den Widerpart zu halten«. Auch wenn dieser Weg scheiterte, gelang H. doch mit seinem Versuch die größte politische Leistung während der Bauernrevolution.
Inzwischen war aber das fürstliche Heer des Schwäbischen Bundes nach seinem Sieg bei Böblingen im Anmarsch auf Heilbronn, so daß das dortige Bauernparlament sich schnell auflöste. Der Bauernhaufen zog nun über Miltenberg nach Würzburg, verlor dort viel Zeit und Leute vor der uneinnehmbaren Festung, kehrte um, kam bis Weinsberg und zog sich an die Tauber zurück. H. aber versuchte bis zuletzt, dem Bauernhaufen Waffen und Bündnispartner zu verschaffen. Als in der Königshofener Schlacht vom 2. Juni 1525 alles für die schwäbischen Bauern verloren war, flüchtete er und schlug sich bis zur Reichsstadt Rottweil durch. Maskiert, »mit verstellter Nase und Kleidung«, besuchte er 1526 in Speyer den Reichstag. H. wurde darauf in Neustadt erkannt, festgenommen und im Kerker des Heidelberger Schlosses in Haft gesetzt. Dort starb er wahrscheinlich 1526.

Franz, G.: Der deutsche Bauernkrieg. Darmstadt (10. Aufl.) 1974. – Wunder, G.: Wendel Hippler. Hohenlohischer Kanzler, Bauernführer, in: Schwäbische Lebensbilder, 6. Bd., Stuttgart 1957, S. 61–85.

Hellmut G. Haasis

Hirschfeld, Magnus

Geb. 14. 5. 1868 in Kolberg; gest. 14. 5. 1935 in Nizza

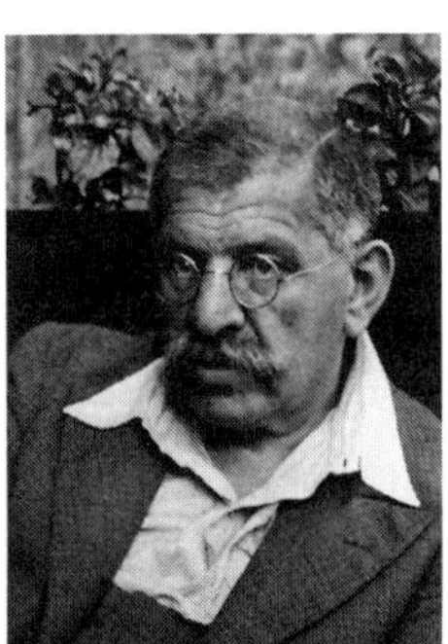

H.s Engagement für soziale Gerechtigkeit stand in einer nahen Beziehung zur Mehrheitssozialdemokratie der Weimarer Republik. Vermutlich trat er während seiner Münchener Studienjahre 1889/90 der SPD bei, spätestens aber 1892, als er in Berlin zum Doktor der Medizin promovierte und zu August Bebel eine freundschaftliche Verbindung anknüpfte. Rückblickend berichtete er, daß die Lektüre von Bebels populärstem Werk *Die Frau und der Sozialismus* (1. Auflage 1879) zu seinen entscheidenden politischen Bildungserlebnissen gehört habe und daß er von Anfang an, also seit dem 1. Januar 1891, Abonnent des *Vorwärts* gewesen sei.
In den neunziger Jahren des 19. Jahrhunderts begannen einige kulturelle Themen und Projekte in der Arbeiterbewegung Beachtung zu finden, die man unter die Bezeichnung »Lebensreformbewegung« subsumieren könnte. Anfangs war H. hierbei engagiert, indem er als Mediziner Methoden der Naturheilkunde anwandte und propagierte (von 1896 bis 1900 war er neben seiner Arztpraxis Redakteur der Wochenschrift für naturgemäße Lebens- und Heilweise *Der Hausdoctor*). Aber bald schon entdeckte er die Sexualreform als Betätigungsfeld für sich und schuf hier seine wichtigsten Werke, die ihm den Ruf eines Pioniers der Sexualwissenschaft eintragen sollten. Zum Ausgangspunkt und bis zuletzt zum Zentrum seiner Tätigkeit als Schriftsteller, Forscher und politischer Kämpfer wählte er die Emanzipation homosexueller Männer von sozialer Diskriminierung und staatlicher Verfolgung. Dabei dürfte es eine Rolle gespielt haben, daß H. selbst homosexuell war. Der programmatische Titel seiner ersten sexologischen Arbeit von 1896 lautete deshalb auch: *Sappho und Sokrates, oder Wie erklärt sich die Liebe der Männer und Frauen zu Personen des eigenen Geschlechts?*, und seine Antwort auf diese Frage – daß es die Natur selbst sei, die Menschen mit angeborener Liebe zum gleichen Geschlecht hervorbringe – diente ihm zur Begründung der Forderung nach einem Ende der Repression gegen Homosexuelle. So wurde diese Broschüre zum Gründungsmanifest einer Homosexuellenbewegung, die sich am 14. Mai 1897 in Hirschfelds Charlottenburger Wohnung als »Wissenschaftlich-humanitäres Komitee« konstituierte und als erste spektakuläre Tat eine Petition an den Reichstag richtete, in der die Streichung des § 175 aus dem Reichsstrafgesetzbuch gefordert wurde. Dieser Paragraph, den man aus dem Strafrecht des autoritären Militärstaates Preußen ins preußisch dominierte neue Deutschland übernommen hatte, bedrohte die »widernatürliche Unzucht zwischen Personen des männlichen Geschlechts« mit bis zu fünfjähriger Gefängnisstrafe. Anscheinend war es H.s guten Beziehungen zur SPD-Spitze zu danken, daß nicht nur die führenden Sozialdemokraten die Petition unterzeichneten, der Parteivorsitzende Bebel begründete sogar in einer Rede vor dem Reichstagsplenum am 13. Januar 1898, warum er H.s Forderung nach Straffreiheit für homosexuelle Männer unterstützte.
Das »Wissenschaftlich-humantäre Komitee«, dem H. seit der Gründung bis zum Jahre 1929 als Leiter bzw. Vorsitzender angehörte, verfolgte sein Ziel, den »Befreiungskampf der Homosexuellen« zu fördern, auf vielfältige Weise. Neben der immer wieder von neuem dem Reichstag eingereichten und

mit einer wachsenden Zahl von Unterschriften versehenen Petition gegen den § 175 wurde eine systematische Öffentlichkeitsarbeit entfaltet und mit Vorträgen, öffentlichen Disputationsabenden, Traktaten und Broschüren die Bevölkerung über die Ungerechtigkeit der Homosexuellenverfolgung aufgeklärt. *Was soll das Volk vom dritten Geschlecht wissen?* heißt eine von H. verfaßte Schrift, die in der Kaiserzeit in zehntausenden Exemplaren Verbreitung fand. Daß sie nicht von den Zensurbehörden verboten wurde, zeugt von dem Geschick ihres Autors, der die wissenschaftliche und humanitäre Ernsthaftigkeit seiner Ziele sogar den Autoritäten des wilhelminischen Staates glaubhaft machen konnte. Als H. aber 1903 unter Studenten der Technischen Hochschule Charlottenburg eine Umfrage veranstaltete (*Richtet sich Ihr Liebestrieb auf weibliche, männliche oder weibliche und männliche Personen?*), wurde er in einem damals aufsehenerregenden Prozeß, der durch alle Instanzen bis zum Leipziger Reichsgericht ging, zu 200 Mark Geldstrafe wegen Beleidigung verurteilt. Wie er hier die obrigkeitlich festgelegte Grenze der Wissenschaftsfreiheit verletzte, so fast zwanzig Jahre später die Grenze der Kunstfreiheit, die der nun, 1919, demokratischere Staat errichtet hatte: Der Spielfilm *Anders als die Andern*, den H. zusammen mit dem Regisseur Richard Oswald produziert hatte, wurde wenige Wochen nach der Uraufführung verboten. Erstmals sollte hier mit filmischen Mitteln (die Geschichte eines Homosexuellen, der erst erpreßt, dann nach § 175 verurteilt und schließlich in den Selbstmord getrieben wird) die Rechtlosigkeit und Verfolgung der Homosexuellen angeprangert werden. Daß ein Film mit einer solchen Thematik überhaupt entstehen konnte, war durch den Wegfall der Zensur mit dem Zusammenbruch der Militärdiktatur und dem Abdanken des Kaisers möglich geworden; daß er aber nach wenigen Wochen schon wieder verboten wurde, ist symptomatisch für den Ausgang der Novemberrevolution, die entgegen den Hoffnungen, die auch H. hegte, in einem Kompromiß endete, den die Arbeiter- und Soldatenmacht mit den alten Kräften schloß.

Die Wochen der Novemberrevolution 1918 bis zu den Wahlen zur Nationalversammlung am 19. Januar 1919 waren in H.s Leben die politisch aktivste Phase. Er beteiligte sich nicht nur am Wahlkampf, indem er zahlreiche öffentliche Reden für die Mehrheits-SPD hielt, sondern er verfaßte auch, gemeinsam mit seiner Schwester Franziska Mann die Schrift *Was jede Frau vom Wahlrecht wissen muß!*. Er erarbeitete eine Denkschrift, die die Verstaatlichung des Gesundheitswesens forderte. Am 10. November 1918, einen Tag nachdem der Sozialdemokrat Philipp Scheidemann in Berlin die Deutsche Republik ausgerufen hatte, hielt H. auf dem Platz vor dem Reichstag in einer Versammlung des pazifistischen »Bundes Neues Vaterland« eine Ansprache, in der er zur Auflösung des Reichstags und zur Wahl einer Nationalversammlung aufrief und seine politischen Ansichten, so deutlich wie sonst nicht mehr, zum Ausdruck brachte; den Text der Rede hat er später in seinem *Jahrbuch für sexuelle Zwischenstufen* drucken lassen: »Bürger und Bürgerinnen der neuen deutschen Republik! Wilhelm II. von Hohenzollern hat einmal gesagt: ›Unsere Zukunft liegt auf dem Wasser!‹ Er hat sicherlich nicht geahnt, wie dieses Wort einst Wahrheit werden würde. Auf dem Wasser der Ostsee lagen die Schiffe der Matrosen, die als erste die Fesseln des Militarismus zerbrochen haben, welcher zum Erdrücken schwer auf dem deutschen Volke lastete. Das sei ihnen gedankt und nie vergessen. Der ehemalige Kaiser hatte gehofft, an der Spitze seiner Truppen unter schwarzweißroten Fahnen durch das Brandenburger Tor als Sieger einzuziehen. Diese Hoffnung war eine trügerische. Gestern, an dem ewig denkwürdigen 9. November 1918, zog auch ein Sieger durch das Brandenburger Tor. Aber dieser Sieger war das freigewordene deutsche Volk und seine Fahne war die rote Fahne der deutschen Republik (...). Neben dem wahren Volksstaat mit echt demokratischem Aufbau wollen wir die soziale Republik. Sozialismus heißt: Zusammengehörigkeit, Gemeinsamkeit, Wechselseitigkeit, Weiterentwicklung der Gesellschaft zu einem einheitlichen Volksorganismus. Jeder für alle und alle für jeden! Und noch etwas Drittes wollen wir: Die Gemeinschaft der Völker, Bekämpfung des Völkerhasses und des nationalen Chauvinismus, Beseitigung der wirtschaftlichen und persönlichen Verkehrsbeschränkungen zwischen den Völkern, das Selbstbestimmungsrecht der Völker über ihre staatliche Zugehörigkeit und Regierungsform. Wir wollen Völkerschiedsgerichte und ein Weltparlament. In Zukunft soll es nicht mehr heißen: Proletarier, sondern Menschen aller Länder vereinigt Euch!«.

Der Aufbruchseuphorie des Winters 1918/19 folgte schon bald die Ernüchterung. H. mußte nicht nur erleben, daß keines seiner Ziele (rechtliche und soziale Gleichstellung der Homosexuellen, der Frauen, der unehelich Geborenen, der Prostituierten und der Transsexuellen) in der Republik verwirklicht wurde, er selbst geriet mehr und mehr in die Position einer Symbolfigur für alles, was die Feinde der Demokratie für hassenswert hielten. 1920 verübten Rechtsradikale in München auf ihn ein Attentat, das er nur durch Zufall überlebte. Hitler nahm dies zum Anlaß, um ihm in öffentlichen Versammlungen die Beteiligung an einer jüdischen Verschwörung gegen das deutsche Volk zu unterstellen. Die zahllosen Propaganda-Angriffe, die Antisemiten und Konservative schon in der Kaiserzeit gegen H. geführt hatten, erreichten nun in den zwanziger Jahren kampagnenartige Ausmaße. Er publizierte zwar noch in Deutschland sein fünfbändiges Hauptwerk *Geschlechtskunde* (1925–30), verließ seine Heimat aber bereits 1930, zunächst um sich auf eine Weltreise zu begeben, dann aber, um für immer aus einem Land, in dem es bereits Millionen Hitler-Anhänger gab, zu emigrieren. Er starb 1935 am Tag seines 68. Geburtstags im Exil in Frankreich.

Herzer, M.: Magnus Hirschfeld. Leben und Werk eines jüdischen, schwulen und sozialistischen Sexologen. Fankfurt/Main 1992. – Magnus-Hirschfeld-Gesellschaft (Hg.): Magnus Hirschfeld. Leben und Werk. Ausstellungskatalog aus Anlaß seines 50. Todestags veranstaltet von der Magnus-Hirschfeld-Gesellschaft 1985. Hamburg (2. Aufl.) 1992. – Wolff, Ch.: Magnus Hirschfeld. A Portrait of a Pioneer in Sexology. London, Melbourne, New York 1986.

Manfred Herzer

Hodann, Max

Geb. 4. 8. 1894 in Neisse (heute Republik Polen); gest. 17. 12. 1946 in Stockholm

H. begann seine Schulausbildung am humanistischen Gymnasium in Berlin-Friedenau. Während seiner Gymnasialzeit freundete er sich mit Benedikt Kautsky, dem Sohn von Karl Kautsky an. Im Hause Kautsky wurde er in die Politik eingeführt, er lernte führende Sozialdemokraten kennen und erlebte die Dispute zwischen Rosa Luxemburg und Karl Kautsky, in denen sich die bevorstehende Spaltung der Arbeiterbewegung vorzeichnete. Nach der Reifeprüfung im Frühjahr 1913 begann H. an der Berliner Universität ein Medizinstudium. Der nationale und chauvinistische Taumel der reaktionären Studentenschaft am Vorabend des Ersten Weltkriegs stieß H. ab. So wurde er Mitglied in der »Freideutschen Jugend«, verfaßte antimilitaristische »Flugblätter an die deutsche Jugend« und wurde Mitherausgeber des *Aufbruch*.

Auf der Suche nach einer idealistischeren und radikaleren Richtung der Jugendbewegung war H. auf Leonard Nelson, der eine nicht unbedeutende Anhängerschaft in der »Freideutschen Jugend« hatte, aufmerksam geworden. H. setzte sich innerhalb des Kreises um Nelson besonders für die Entwicklung einer »Kampfgemeinschaft« für neue Lebensauffassungen ein und folgte dabei den elitären politisch-philosophischen Gedankengängen Nelsons, die auch eine Ablehnung demokratischer Strukturen beinhaltetete: »Wollen wir unsere Lebensauffassung, unsere Lebensgestaltung auf weitere Kreise übertragen, so heißt das, Widerstände überwinden, die jedem Träger des Neuen entgegenstehen, so heißt das: kämpfen. (...) Ich bin ein Feind jeglichen Demokratisierens. Wo der Demos, die Masse herrscht, da herrscht Suggestion, da ist Unverstand. Aber Schenken von Eigenstem bleibt der edelste Reichtum, das Vornehmste unseres Wesens.« Auf dem 2. Kriegstreffen der Leiter der »Freideutschen Jugend« im Juni 1916 versuchten H. und Nelson, die »Freideutsche Jugend« in eine politisch handelnde Organisation umzuwandeln. H. warf ihr Ziellosigkeit und Verrat ihrer eigenen Ideale vor, es gelang ihm aber nicht, die Mehrheit der Mitglieder aus ihrer politischen Abstinenz zu drängen. Die Enttäuschung über die »Freideutsche Jugend«, die angestrebte Parteinahme für den Sozialismus und das Anwachsen einer revolutionären Bewegung, beeindruckt durch den Sieg der Revolution in Rußland, waren wichtige Impulse für die von H. und anderen angestrebte Gründung eines neuen Jugendbundes, des »Internationalen Jugendbundes« (IJB), der 1918 in Deutschland gegründet wurde. Die Arbeit im IJB sah H. als Schritt auf dem Weg zur Erfüllung künftiger politischer Aufgaben an, um »auch die Demokratie zu überwinden und Formen für das politische Leben zu finden, die weder in das despotische Regiment der Vergangenheit zurückführen, noch die Einsicht wahrhafter politischer Führer dem Willen der Massen ausliefern«.

Die Erwartung eines »dritten Weges« zwischen Absolutismus und Demokratie erfüllte sich nicht, bezeugt aber die starke Neigung H.s zu einer antidemokratischen Führerschaftsideologie. Von ihr sagte er sich los, als er mit der entstehenden Rätedemokratie nach der Novemberrevolution in Deutschland sympathisierte.

H. wurde während des Krieges wegen seiner politischen Aktivitäten in der Berliner Studentenschaft von der Geheimpolizei überwacht. Er konnte sein Studium nicht beenden, wurde zum Militärdienst eingezogen, wo er weiter observiert wurde. Ende Oktober 1918 wurde H. von dem Vorsitzenden der »Unabhängigen Sozialdemokratie« (USPD) Hugo Haase benachrichtigt, daß in Deutschland Arbeiter- und Soldatenräte im Entstehen waren. Anfang November 1918 desertierte H. und stellte sich, in Berlin angekommen, sofort dem Arbeiter- und Soldatenrat zur Verfügung. Er wurde mit der Organisation der politischen Bildungsarbeit unter den Berliner Arbeiten beauftragt. H. kritisierte, daß die geplante gesetzliche Verankerung der Rätebewegung im deutschen Wirtschaftsapparat mißlang, »dank der hemmenden Aktionen der Gewerkschaftsbürokratie. Aus den Räten, autonomen Organen der revolutionären Klasse, wurden Betriebsräte. Diese Interessenvertretungen wurden nach Möglichkeit jeglichen politischen Anstriches beraubt.«

H. promovierte 1919 bei Alfred Grotjahn, dem Begründer einer radikal eugenischen, sozialdarwinistischen Sozialmedizin (»Sozialhygiene«) und SPD-Reichstagsabgeordneten, und erhielt 1922 eine Stelle als Stadtarzt in Berlin-Reinickendorf. Angeregt durch Magnus Hirschfeld, an dessen »Institut für

Sexualwissenschaft« H. einige Zeit die Leitung der Ehe- und Sexualberatungstelle innehatte, wandte sich H. der praktische Verbreitung von Sexualwissen zu. Er, der ein Mittel zur Milderung des herrschenden »Sexualelends« in der Beseitigung der Unwissenheit sah, hat Sexualität nicht als »technischen« Vorgang zur Triebbefriedigung verstanden. Er betonte die politische Dimension und gesellschaftlichen Hintergründe der Sexualität und der Sexualunterdrückung in der bürgerlichen Gesellschaft. Die Befreiung des Menschen zu einer freien und selbstbestimmten Sexualität war für H. nur in einer sozialistischen Gesellschaft, für deren Aufbau er sich einsetzte, möglich. Die Lösung der »sexuellen Frage« hielt H. unter den gegebenen gesellschaftlichen Bedingungen deshalb für nicht realisierbar.

H. entfaltete auf dem Gebiet der Sexualpädagogik eine beachtliche Publizität, nicht zuletzt Bücher wie *Bub und Mädel* (1924), *Onanie weder Laster noch Krankheit* (1926) oder *Geschlecht und Liebe* (1927) sind wichtige Lebenshilfen geworden. Er stieß aber auch auf offene Ablehnung unter von Standesdünkel bestimmten Ärzten, die H. und seine Auffassungen »im Interesse des Ärztestandes als berufenem Hüter der Volksgesundheit (…) als eine vorübergehende Erscheinung der Revolutionszeit« ablehnten. Besondere Kritik erfuhr auch die antiklerikale Haltung H.s. Für internationales Aufsehen sorgte 1928 der Prozeß gegen H. und seinen Verleger Karl Dietz um das Verbot von *Geschlecht und Liebe* und *Bringt uns wirklich der Klapperstorch?* (1926). Nach H. handelte es sich hier »garnicht um den Schutz der Moral (…) (sondern) um die politische Provokation seitens einer Kaste, die nach zehn Jahren deutscher Republik wieder stark genug zu sein glaubt, um alle Reste des Novembergeistes unterdrücken und die alte Maulkorbpolitik wieder einführen zu können«.

H. war ein guter Didaktiker und Pädagoge. In den meisten seiner publizierten Texte wird spürbar, daß er die an seinen Veröffentlichungen Interessierten ernst nahm und sie zu selbständigen Entscheidungen führen wollte. Zeitgenossen sind seine große Ausstrahlungskraft bei Vorträgen in besonderer Erinnerung. H. versuchte, in seiner sexualpädagogischen Arbeit einem ganzheitlichen Menschenbild gerecht zu werden, das geprägt war durch Einflüsse seiner Zeit – in gesellschaftspolitischer Hinsicht durch den Sozialismus, bildungspolitisch durch die Reformpädagogik, anthropologisch durch den Glauben an den wissenschaftlichen Fortschritt, an die Erklärbarkeit und vernünftige Beeinflusssung natürlicher Phänomene durch den Menschen, an die Steuerbarkeit und Kontrollierbarkeit evolutionärer Prozesse, an die gesetzmäßige, lineare Höherentwicklung menschlicher Gesellschaften.

Der Fortschrittsglauben H.s führte zu Auffassungen, zum Beispiel über die sogenannte »Eugenik«, die sehr fragwürdig sind. H. plädierte in seinen Büchern für die Verhinderung der Fortpflanzung von Menschen mit »minderwertigem« Erbgut durch freiwillige Sterilisation. Er verwendete den Begriff »Rassenhygiene«, obwohl er die Rassentheorien als pseudowissenschaftlich ablehnte und er unter »Rasse« nicht eine bestimmte »Menschenrasse«, sondern die erblichen Eigenschaften eines Volkes verstand.

H., der sich schon in seiner Schulzeit mit Haeckel und Darwin beschäftigt hatte, für den das Wissen um Abstammung und erbliche Bestimmtheit des Menschen als Schlüssel für das Geheimnis »menschlicher Höherentwicklung« erschien, wurde die Reduzierung des Individuums bzw. von Teilen der Bevölkerung auf biologische Kategorien der Rassen- und Bevölkerungshygiene nicht deutlich. Ebenso ist ihm der Widerspruch der Eugenik zu seinen Analysen der »Sexualnot«, der gesellschaftlichen Bedingtheit von Armut und Unterentwicklung nicht bewußt geworden, wie das aus heutiger Sicht erscheint. Für H. als Eugeniker stand die erbliche Bedingtheit menschlicher Entwicklung im Mittelpunkt und für ihn als Sozialisten die soziale. Beides ließ sich für ihn mit seinem Glauben an Fortschritt und Wissenschaft, an die »objektive« Definitionsmacht des Menschen für Höherentwicklung oder Niedergang, »hochwertiges« oder »minderwertiges« Leben anscheinend vereinbaren.

Weitere wichtige Schwerpunkte der politischen Arbeit H.s waren der Kampf um die Abschaffung des § 218 und der Einsatz für die junge Sowjetunion. Sein 1930 veröffentlichtes Buch *Die Sowjetunion. Gestern-Heute-Morgen* wurde wegen der – trotz aller Sympathie – vorgetragenen Kritik an der dortigen Entwicklung besonders von kommunistischer Seite scharf angegriffen. Unmittelbar nach dem Reichstagsbrand gehörte H. zu den ersten Opfern faschistischen Terrors. Nachdem er zusammen mit anderen bekannten Links-Intellektuellen erst im Berliner Polizeipräsidium gefangengehalten wurde, überführte man ihn später zusammen mit seinem Freund Erich Mühsam und Carl von Ossietzky in die Haftanstalt Moabit. Ende November 1933 gelang H., der unter Polizeibewachung wieder auf freien Fuß gesetzt worden war, die Flucht in die Schweiz.

Die Exilzeit war besonders durch materielle Not bestimmt. H. konnte weder eine Anstellung als Arzt zu finden, noch mit seinen Büchern genügend Geld für seinen Lebensunterhalt zu verdienen. Als Arzt schloß er sich (ab 1937) den »Internationalen Brigaden« an und nahm am spanischen Bürgerkrieg teil. Nach deren Niederlage floh er über Frankreich und Norwegen nach Schweden, wo er in Stockholm seinen Wohnsitz nahm. Hier gehörte H. zum Kreis antifaschistischer Intellektueller um Bertolt Brecht und wurde Vorsitzender des »Freien Deutschen Kulturbundes«. In Stockholm kam es, wie schon während des Spanischen Bürgerkrieges, zu Auseinandersetzungen mit kommunistischen Funktionären, die ihn zum Rücktritt als Vorsitzenden bewegten. H. starb, zermürbt und resigniert darüber, daß die Realisierung seiner Vorstellungen von einem demokratischen Sozialismus für ihn in weite Ferne gerückt war, am 17. Dezember 1946 nach einem schweren Asthmaanfall in Stockholm. Durch Peter Weiss' *Ästhetik des Widerstands* wurde H., der »grauen Eminenz« des Romans, ein literarisches Denkmal gesetzt.

Weiss, P.: Notizbücher 1971-1980. Erster und Zweiter Band. Frankfurt/Main 1981. - Wolff, W.: Max Hodann (1894-1946). Sozialist und Sexualreformer. Hamburg 1993.

Wilfried Wolff

Hoelz, Max

Geb. 14. 10. 1889 in Moritz bei Riesa; gest. 15. 9. 1933 bei Gorki (ehemalige UdSSR)

Er war schon zu Lebzeiten eine Legende. Deutsche Kommunisten nannten ihn in einem Atemzug mit Rosa Luxemburg und Karl Liebknecht, und in Sowjetrußland galt er als der »deutsche Tschapajew«. Bürgerliche Blätter hingegen sprachen von dem »modernen Schinderhannes« oder bestenfalls von einem »neuen Robin Hood«. H.s Weg führte vom evangelischen Keuschheitsbund »Weißes Kreuz« durch die Schützengräben des Ersten Weltkrieges zur roten Fahne in die Reihen der kommunistischen Bewegung. Die allerdings hatte mit dem eigenwilligen, tollkühnen und zumindest in den ersten Jahren der Parteistrategie unbekümmert-skeptisch begegnenden Revolutionär ihre Probleme. H. verkörperte mehr als manch anderes Parteimitglied den von Lenin als »Kinderkrankheit des Kommunismus« charakterisierten linken Radikalismus. Seine politische Vorstellungswelt war lange Zeit von utopisch-kommunistischen, anarchistischen und syndikalistischen Auffassungen geprägt. Erst in den letzten Lebensjahren, als er aus siebenjähriger Zuchthaushaft befreit worden war, identifizierte er sich vorbehaltlos mit der Parteilinie, die unter Ernst Thälmanns Führung ohnehin links genug orientiert war, um einen Rebellen seines Schlages anzusprechen.

H. entstammte einer kinderreichen Landarbeiterfamilie. In seinen ersten drei Lebensjahrzehnten deutete kaum etwas auf seine spätere Rolle hin: Er arbeitete als Ackerknecht, Hausdiener und zwei Jahre in London als Küchenjunge und Wagenwäscher. Am Polytechnikum in Chelsea erwarb er einige Kenntnisse und Fähigkeiten im technischen Zeichnen. Nach Deutschland zurückgekehrt, schloß er sich dem »Christlichen Verein Junger Männer« und dem Keuschheitsbund »Weißes Kreuz« an, alles im Bestreben, im bürgerlichen Leben seinen Platz zu erobern. 1912 wurde er im vogtländischen Falkenstein als Landvermesser angestellt und - nebenberuflich - als Filmvorführer, heiratete die Tochter eines Spediteurs (die sich 1922 von ihm trennte; er meldete sich, obgleich er einige Jahre zuvor wegen Tuberkuloseverdachts ausgemustert worden war, 1914 beim »Achtzehnten Großhainer Königshusaren-Regiment«, um am Ersten Weltkrieg teilzunehmen. Er erwarb das Eiserne Kreuz und die Friedrich-August-Medaille. Doch der Krieg veränderte sein Denken.

»Ich war von dem Erlebten« - so schrieb er später in seinem Erinnerungsbuch *Vom »Weißen Kreuz« zur roten Fahne* (1929) - »so erschüttert, so aufgewühlt, daß ich nachzudenken begann, welchen Zweck und Sinn dieses Gemetzel habe (...). Ich fühlte, daß hier etwas nicht stimmte«. 1917 lernte er in dem Spartakus-Anhänger Georg Schumann, der als Antikriegs-Agitator an der Front verhaftet worden war und den er zu bewachen hatte, einen marxistisch gebildeten Sozialisten kennen. »Das, was ich von Schumann hörte, war für mich etwas Überwältigendes, Neues, Unerhörtes, war ein Blick in eine ganz andere Welt.«

Als H. am 9. November 1918 nach Falkenstein zurückkehrte, organisierte er sofort eine Versammlung zur Wahl eines Arbeiter- und Soldatenrates. Als einer der beiden gewählten Vorsitzenden des Rates organisierte H. die revolutionäre Bewegung in Falkenstein und in den Nachbarstädten. Von der »Unabhängigen Sozialdemokratischen Partei« (USPD), der er sich angeschlossen hatte, trat er im Februar 1919 zur KPD über. H.' politisches und soziales Engagement galt vor allem den Arbeitslosen. Der von ihm geleitete Arbeitslosenrat erzwang die Erhöhung der Erwerbslosenunterstützung durch den Stadtrat sowie die Verteilung von Lebensmitteln und Brennmaterial. Er beschlagnahmte bei Fabrikanten und Rittergutsbesitzern Lebensmittel und Geld, um es unter Bedürftige zu verteilen. In den Händen von H. und seinen Mitkämpfern lag im Frühjahr 1919 faktisch die Macht in Falkenstein und seiner Umgebung. Ein Jägerregiment und die Sicherheitspolizei stellten die alte Ordnung wieder her, H. floh, steckbrieflich gesucht, nach Oberfranken. Von dort aus kehrte er jedoch während des Kapp-Putsches 1920 zurück, um eine Rote Garde zu bilden. Diesmal, so glaubte er, gehe es wirklich ums Ganze, um die Vollendung der deutschen Revolution. Doch nach der Niederwerfung des Putsches forderte die Leitung der KPD im Bezirk Erzgebirge-Vogtland H. auf, die Waffen niederzulegen. Da er sich weigerte und auf eigene Faust weiterkämpfte, schloß ihn die Partei aus. Wieder wurde er zum Verfolgten und Gejagten, nachdem über die Amtshauptmannschaft Zwikkau der Ausnahmezustand verhängt und Reichswehrtruppen gegen H.' Rote Fahne aufgeboten worden waren. H. antwortete darauf mit ultimativen Drohungen und Terroraktionen; in Falkenstein gingen die Villen einiger Fabrikanten in Flammen auf.

H., der zunächst in die Tschechoslowakei floh und mit falschem Paß über Österreich nach Deutschland zurückkehrte, nahm nun zu der ultralinken »Kommunistischen Arbeiterpartei Deutschlands« (KAPD) Kontakt auf. Er organisierte Bombenanschläge und sah erneut die Zeit für den Kampf um eine Macht sozialistischer Spielart gekommen, als im März 1921 ein Generalstreik in den Aufstand überging. Unter H.s Führung bildeten sich im Mansfelder Land bewaffnete Kampftrupps, die einige Tage die Szene beherrschten, allerdings von der Sicherheitspolizei bald zum Aufgeben gezwungen wurden.

Im Juni 1921 stand H. vor Gericht. Eine Mordanklage belastete ihn, war doch während des Aufstandes der Rittergutsbesitzer Heß in Roitschgen erschossen worden – von einem jungen Bergarbeiter, der ebenfalls zu den Aufständischen gehört hatte. Erst 1926, nachdem H. schon eine fünfjährige Zuchthausstrafe verbüßt hatte, bekannte sich der Bergmann zu seiner Tat, für die H. zu lebenslanger Haft verurteilt worden war. Für H.s Freilassung setzten sich nun nicht nur die KPD und die um sie gescharten Organisationen ein, sondern auch zahlreiche bürgerliche Demokraten und Intellektuelle wie Heinrich und Thomas Mann, Albert Einstein, Arnold Zweig, Kurt Tucholsky und Ernst Rowohlt. Sie forderten die Wiederaufnahme des Verfahrens. Das Reichsgericht aber zog es vor, die Strafvollstreckung auszusetzen, und im Juli 1928 wurde H. aus dem Zuchthaus Sonnenburg entlassen.

H. war schon während der Haft wieder in die KPD aufgenommen worden. Nun, nach seiner Freilassung, wollte er wieder, diesmal jedoch die parteipolitische Linie respektierend, einer der »Kesselheizer der Revolution« sein, wie er selbst bekannte. In einem Schwarzwalddorf schrieb er seine Erinnerungen, die 1929 im Malik-Verlag erschienen. Er betätigte sich agitatorisch für die KPD, namentlich im Reichstagswahlkampf 1930, wo er in Bad Elster bei einer von SA- und SS-Leuten inszenierten Saalschlacht schwer verletzt wurde. Nach seiner Genesung schickte ihn die KPD in die UDSSR, wo ihm die Ehrung eines Helden zuteil wurde. Der »Ehrensoldat der Roten Armee«, dem schon 1923 der Rotbannerorden verliehen worden war und dessen Namen Schiffe, Schulen und Fabriken trugen, berichtete in Briefen an KPD-Zeitungen von der Industrialisierung des Landes. Er arbeitete in sibirischen Bergwerken, absolvierte einen Kursus an der Lenin-Schule der Kommunistischen Internationale und trat als Agitator vor russischen Arbeitskollektiven auf. Doch als er sich im Frühjahr 1933 an der Diskussion über die Ursachen der nationalsozialistischen Machtergreifung in Deutschland beteiligte und die Meinung vertrat, die KPD hätte die bewaffnete Auseinandersetzung mit den Nazis suchen sollen, traf ihn der Vorwurf, noch immer anarchistischen Aufassungen anzuhängen.

Im Sommer reiste H. von Moskau nach Gorki, um dort auf einem landwirtschaftlichen Gut, das zu einer Autofabrik gehörte, zu arbeiten. Am 15. September 1933 starb er bei dem Versuch, mit einem Boot bei stürmischem Wetter den Fluß Oka zu überqueren.

Gebhardt, M.: Max Hoelz. Wege und Irrwege eines Revolutionärs. Berlin 1983.

Hans-Jürgen Arendt

Hoffmann (genannt von Fallersleben), Heinrich

Geb. 2.4. 1798 in Fallersleben; gest. 19.1. 1874 in Corvey

H. wuchs als Sohn des wohlhabenden Gastwirts, Kaufmanns und Bürgermeisters Heinrich Wilhelm Hoffmann in dem braunschweigischen Flekken Fallersleben auf. Nach dem Besuch der dortigen Bürgerschule kam H. mit vierzehn Jahren auf das Gymnasium in Helmstedt und wechselte mit sechzehn auf das renommierte Katharineum in Braunschweig. 1816 schrieb sich H. als Student der Theologie in Göttingen ein, weil er nach dem Willen seines Vater einen »Brotberuf« erlernen sollte. H. entschied sich aber bald darauf seinen Neigungen entsprechend für die Altphilologie. 1818 führte ihn seine erste große Wanderung, wie bei Studenten damals üblich, von Göttingen über Kassel, Mühlhausen, Eisenach, Gotha, Erfurt, Weimar nach Jena und zurück. In Kassel fragte ihn Jakob Grimm, ob er sich nicht lieber der deutschen Sprache und Philosophie zuwenden wolle: »Liegt Ihnen Ihr Vaterland nicht näher?« Dadurch zur Änderung seines Studienplanes bewegt, wechselte H. im Mai 1819 an die Universität Bonn, wo ihn die Nachricht vom Tod des Vaters erreichte. In Berlin lernte er 1821 Bettina von Arnim und den Literaturhistoriker und Germanisten Gregor von Meusebach kennen. Nach seinen Studienaufenthalten in den Niederlanden 1819 und 1821 erwarb H. 1823 an der Universität Leiden die Doktorwürde, 1825 wurde er korrespondierendes Mitglied des »Königlich Niederländischen Instituts« in Amsterdam. 1823 erhielt H. seine erste Stelle als Ersatzkustos an der Universitätsbibliothek in Breslau, wo er 1826 einen geselligen politischen Bildungsverein gründete, den er in der ihm eigenen Ironie »Zwecklose Gesellschaft« nannte.

1830 wurde H. zum außerordentlichen Professor für Deutsche Sprache und Literatur in Breslau ernannt. Der ihm gewogene preußische Staatsminister Karl v. Altenstein bestellte H. 1835 zum Ordinarius – gegen den Widerstand der Fakultät, die H. immer wieder vorwarf, während der langen Reisen seine Lehrverpflichtungen zu vernachlässigen. H.s Liebe galt vor allem Flandern, das er sechsmal besuchte (zwischen 1821 und 1856). Nach der Gründung Belgiens 1830 wurde der neugeschaffene Staat von Wallonen dominiert. Die flämische Bewegung gegen die Romanisierung hatte in Deutschland vor allem durch Ernst Moritz Arndt politische Beachtung gefunden. Auch H. sah in dem Kampf der Flamen für ihre Sprache ein Beispiel für die Deutschen, die sich ihrer kulturellen Gemeinsamkeit bewußt werden sollten.

Im Juli 1840 brachte der Hamburger Verleger Julius Campe den ersten Band der satirischen *Unpolitischen Lieder* von H. heraus, die leicht singbar waren und auch bei Studenten reißenden Absatz fanden. Mit dem Erscheinen des zweiten Bandes im August 1841 und der rasch folgenden zweiten Auflage begann H.s Verfolgung durch Polizei und Zensur. Nach einem Treffen mit Demokraten auf der damals britischen Insel Helgoland schrieb H. 1841 das *Lied der Deutschen*, das Campe noch im selben Jahr zusammen mit der Kaiserhymne von Haydn als Einzeldruck veröffentlichte. Bis zu dem Zeitpunkt, als das schnell populär gewordene Lied 1922 von der ersten deutschen Republik zur Nationalhymne erhoben wurde, vergaßen Freunde und Gegner H.s immer wieder, daß es von einem Sprachhistoriker verfaßt war. Mit der Maas in seinem geliebten Flandern, der Südtiroler Etsch und dem dänischen Belt forderte H. keine nationalen politischen Grenzen, sondern umschrieb den deutschen Sprachraum. Auch sein Lied *The Star of Texas*, das die deutschen Einwanderer dort in der englischen Übersetzung zu ihrer Hymne machten, war kein nationalistisches Kampflied, sondern faßte den Stolz auf die neue Heimat in Ton und Verse.

Im April 1842 suspendierte der preußische Unterrichtsminister Eichhorn H. wegen der *Unpolitischen Lieder* von seiner Professur. Im Dezember wurde er ohne Pension endgültig entlassen, was auch Alexander von Humboldt als Unrecht bezeichnete. Bettina von Arnim setzte sich bei der preußischen Regierung für ihn ein, wenn auch erfolglos. Im Februar 1843 verließ H. Breslau. Die rasche Verbreitung der Gedichte bei der bürgerlichen Opposition machte H. in allen Bundesstaaten zur unerwünschten Person. Als er am 24. Februar 1844 zum achtundfünfzigsten Geburtstag Wilhelm Grimms in Berlin seine Glückwünsche überbrachte, wurde H. von den Studenten stürmisch gefeiert. Die Gebrüder Grimm, die 1837 zusammen mit fünf Kollegen gegen den Verfassungsbruch des Königs von Hannover protestiert hatten, daraufhin in Göttingen ihrer Ämter enthoben und 1841 nach Berlin berufen worden waren, fühlten sich dem preußischen König gegenüber zu politischer Neutralität und Loyalität verpflichtet und distanzierten sich öffentlich von ihrem ungelegenen Gast. H. wurde drei Tage später ausgewiesen. Von März 1844 bis Februar 1849 fand H. ausgerechnet in dem Land mit der rückständigsten deutschen Ständeverfassung Zuflucht. Zwei oppositionelle bürgerliche Gutsbesitzer in Mecklenburg, Rudolf Müller und Dr. Samuel Schnelle, nahmen ihn auf und erteilten ihm in Holdorf und Buchholz bei Schwerin das Heimatrecht. Der Großherzog hatte keine rechtliche Möglichkeit, sah aber auch keine Veranlassung, H. auszuweisen. So unterrichtete H. in ländlicher Abgeschiedenheit die Kinder seiner Gastgeber, lernte die mecklenburgischen Reformer und auch Fritz Reuter kennen. Er unternahm weiterhin illegale Reisen durch Norddeutschland. Seit 1841 traf er sich an der Niederelbe immer wieder mit Hadeler Bauern und Gutsbesitzern, darunter dem legendären liberalen Bremer »Hauptmann« Heinrich Böse.

Überall wurde er von der Obrigkeit beobachtet und, wenn man seiner habhaft wurde, verhört und zwangsweise bis zur Landesgrenze geleitet. Erst durch den preußischen Amnestieerlaß vom März 1848 wurde auch H. rehabilitiert. 1849 gewährte man ihm ein jährliches Ruhegeld von 375 Reichstalern. H. beschloß zu heiraten und umwarb erfolgreich seine achtzehnjährige Nichte Ida zum Berge. Das Paar ließ sich in Bingerbrück am Rhein nieder und zog 1851 nach Neuwied, wo H. seinen nationalromantischen Träumen lebte und u.a. satirische Gedichte auf den Rheintourismus vornehmer Engländer verfaßte. Eine fruchtbare Begegnung war der Besuch von Johannes Brahms in Neuwied 1854, der anschließend viele von H.s Gedichten vertonte.

1854 zog H. nach Weimar, wohl in der Hoffnung auf eine Anstellung, aber auch wegen des liberaleren Klimas, nachdem der »Bundestag«, die Bundesversammlung des Deutschen Bundes, im Juli 1854 alle politischen Vereine in Deutschland verboten hatte. Dort schloß er Freundschaft mit Franz Liszt. In Weimar wurde sein Sohn Franz Hoffmann-Fallersleben (1855–1927) geboren, der später die Düsseldorfer Akademie und die Kunstschule zu Weimar besuchte und als akademischer Maler und Professor mit romantischen Naturdarstellungen bekannt wurde. 1854 unternahm H. wieder eine Reise nach Holland, ein Jahr später ehrte ihn der König der Niederlande mit der Ernennung zum »Ridder der Orde van den Nederlandschen Leeuw«. Obwohl das Leben in Weimar schwer zu finanzieren war, legte H. in sechs Jahren zahlreiche Veröffentlichungen vor, darunter zehn Bücher. Mit zweiundsechzig Jahren fand H. wieder eine feste Anstellung. Eine Empfehlung durch die Lebensgefährtin Franz Liszts, die Fürstin Sayn-Wittgenstein, hatte Erfolg. Der Besitzer der ehemaligen Fürstabtei Corvey an der Weser, Victor von Hohenlohe-Schillingsfürst und Herzog von Ratibor, bot H. eine Stelle als Bibliothekar mit einem Jahresgehalt von 300 Talern an. 1860 zog H. mit seiner Familie in das Weserbergland und lebte dort bis zu seinem Tod. Am 28. 10. 1860 starb seine erst neununddreißigjährige Frau Ida im Kindbett. In seiner späten Familiengründung und dem frühen Verlust von zweien seiner drei Kinder liegt menschliche Tragik, denn H.s warmherziges Wesen hat in seinen mehr als 500 Kinderliedern einen romantischen Ausdruck gefunden. In Corvey verfaßte H. seine umfangreiche Autobiographie *Mein Leben*, die 1868 in sechs Bänden erschien.

H. ist nicht nur durch seine *Unpolitischen Lieder* und das *Lied der Deutschen* berühmt geworden. Während der 44 Jahre von 1818 bis 1862 hatte er Böhmen, Belgien, die Niederlande, Frankreich, Österreich, Italien, Dänemark und weite Teile Deutschlands besucht. Unter den schweren Bedingungen seiner Zeit reiste er immer allein, war auf die Eigenheiten des Landes gut vorbereitet und durchstöberte überall die Bibliotheken nach unentdeckten Handschriften. Dabei gelangen ihm einige große Entdeckungen. So fand er 1837 in der Bibliothek von Valenciennes das älteste überlieferte historische Lied in deutscher Sprache, das *Ludwigslied* von 881/882. Mit seinem unermüdlichen Forschungs- und Sammeleifer entriß H. eine große Zahl unbekannter deutscher und holländischer Sprachdenkmale der Vergessenheit.

Nach seinen bitteren Erfahrungen mit intriganten Kollegen an der Universität Breslau und den Berliner Zensoren und Bürokraten reagierte H. empfindlich auf jede Art von Bevormundung. Aus der Abneigung gegen verlogene Bürgerlichkeit und selbstgefälliges Philistertum entwickelte er in seiner Lyrik satirische Schärfe. Bei seinem unsteten Wanderleben gerade in der Zeit der Verfolgung (1842–1848) berührte ihn die Tagespolitik kaum. Obwohl es ihm bei seiner Popularität leicht gewesen wäre, Partei zu ergreifen, stellte er sich auf keine Seite, bekannte sich auch nicht zu seinen Freunden auf der Linken. Ob in den drei badischen Aufständen 1848/49 oder in der Frankfurter Nationalversammlung, stets blieb er nur Zuschauer.

Trotz seiner nationalliberalen Grundhaltung und der großen Gabe, wirkungsvoll öffentlich aufzutreten, blieben seine politischen Vorstellungen zu romantisch verklärt, um für konkrete Verfassungsziele zu werben. Die sozialen Krisen durch die Industrialisierung (wie der Weberaufstand in Schlesien 1844) beeinflußten seine Dichtung wenig. H. war ein Europäer, für den die nationale Würde die Voraussetzung für kulturellen Austausch und gegenseitige Achtung war. Für die politische Idee der geistigen Freiheit, der er sein Leben widmete, war H. bereit, persönliche Opfer zu bringen, den Verzicht auf gesichertes Einkommen, auf frühe Eheschließung und festen Wohnort. Nicht nur aus seiner Kinderpoesie wird deutlich, wie uneitel und geradlinig sein Charakter war. Die Nachgeborenen, die seine nationalromantische Dichtung für chauvinistische Ziele mißbrauchten, verschwiegen seine Naturpoesie und seine satirischen Angriffe auf Intoleranz, Halbherzigkeit und Spitzelei.

Borchert, J.: Hoffmann von Fallersleben. Berlin 1991. – Heinrich-Jost, I.: August Heinrich Hoffmann von Fallersleben. Berlin 1982. – Pozorny, R.: Hoffmann von Fallersleben. Ein Lebens- und Zeitbild. Berg bei Starnberg 1982. – Schlink, R.: Hoffmanns von Fallersleben vaterländische und gesellschaftskritische Lyrik. Stuttgart 1981.

Gerrit Aust

Hofmann, Andreas Joseph

Geb. 14. 7. 1752 in Maria-Zell; gest. 6. 9. 1849 in Winkel/Rheingau.

H., die herausragende Führungskraft des Mainzer Jakobinismus, studierte Philosophie in Mainz und Würzburg, war 1778 Privatdozent für Philosophie in Wien, dann Hofrat beim Fürsten von Hohenzollern-Hechingen. 1784 wurde er auf eine Professur für Geschichte nach Mainz berufen, später unterrichtete er auch Naturrecht. 1791 schloß sich H. der Mainzer Lesegesellschaft an, in der die Zeitungen des revolutionären Nachbarlandes gelesen und die Umwälzung diskutiert wurde. Hier wie in seinen Vorlesungen kritisierte H. vehement Adel und Klerus, auch wenn er mehrfach von der Regierung verwarnt wurde.

Bei Beginn der Mainzer Revolution, nachdem am 21. Oktober 1792 die Stadt von den französischen Revolutionstruppen unter General Adam Philippe Custine erobert worden war – beteiligte sich H. an führender Stelle an der Plünderung kaiserlich-habsburgischer Militärmagazine im rechtsrheinischen Rheingau, um das Mainzer Land von drohenden Requisitionen der französischen Armee zu entlasten. Daher wurde er von der Polizei verhaftet, konnte aber über den Rhein flüchten. Dann erst hatte er Gelegenheit, am 27. Oktober 1792, in den vier Tage zuvor unter Custines Protektorat gegründeten Mainzer Jakobinerklub einzutreten, wo die Rhetoriker den Klub und die Karrieristen die Verbindungen zum Militär beherrschten.

H. stand lange Zeit am Rande des Mainzer Jakobinismus. Er befürwortete, daß der Klub für die Revolutionsideen auf dem Land agitieren sollte und brachte zu diesem Zweck einen *Aristokratenkatechismus* heraus. Diese Flugschrift war so populär gehalten, daß sie bis nach Franken hinein Verbreitung fand. Der *Katechismus* bestand aus Dialogen, die in satirischer Lust, einem Zeichen der Überlegenheit, als Advokat der Gegenseite fungierten. H. traute seiner Leserschaft zu, aus der von ihm gezeichneten dümmlich-arroganten Haltung des Adels selber die richtigen Schlüsse zu ziehen. Er unterschied sich damit deutlich von der Haltung Georg Wedekinds, des Klubpräsidenten, der mit langatmigen Belehrungen vor den Klubbisten auftrat. H.s Stunde war erst gekommen, als er am 10. und 11. Januar 1793 bei heftigen Redeschlachten die Kritik der Klubopposition an den führenden Mainzer Jakobinern und den Franzosen vortrug. Nach dem Brief eines Augenzeugen, seines Schülers Joseph Schlemmer, erhob er im ersten Teil seiner langen Rede gegen den Klub »Vorwürfe einer schlechten Verfassung, der Anmaßungen, des Despotismus und der Albernheiten sowohl der ganzen Gesellschaft als einzelner Mitglieder«. Dabei nannte er die Herausbildung einer Führungsclique, die die Präsidentenwahlen im Klub durch die Weitergabe von Wahlvorschlägen an ihre Vertrauten beeinflussen wollte. Das war gegen das Ideal der Offenheit, mit dem man angetreten war. Und Schlemmer notierte weiter über diese Rede: »Der zweite Teil enthielt die häufigsten Klagen gegen die Kriegskommissare, ihre heillosen Plünderungen, rechtswidrige, schändliche, himmelschreiende Prozedur gegen die unschuldig verhafteten Rheingauer, ihre Schwänke gegen die Landleute, denen sie die Quittungen ableugneten, ihre Mißhandlung und Despotisierung der Landleute, vorzüglich der armen Rheingauer, ihre Ränke, die Mainzer von der Annahme der Konstitution abzuhalten, damit man sie als Feinde behandeln und plündern könne, ihre ausgezeichneten Mißhandlungen derjenigen Orte, die sich [für die Revolution, d. Verf.] erklärt hätten.«

H. hatte das französische Militär am Hilfsversprechen für die unterdrückten Völker Europas gemessen und eine verräterische Politik ausgemacht. Bei späteren Revolutionsversuchen der südwestdeutschen Jakobiner ab 1796 sollte dieser Gegensatz aufbrechen. Mit seiner Attacke drohte H. der Galgen durch General Custine. H. war jedoch ein Volkstribun: Bei seiner mitreißenden Rede war der Klub voll besetzt, auch mit Mainzern, die sich von der Revolution lieber fernhalten wollten. Im Februar und März 1793 fanden auf Befehl Custines gemäß einem Dekret des Pariser Konvents vom 15. Dezember 1792 Wahlen zum »Rheinisch-Deutschen Nationalkonvent« statt, an denen neben Mainz eine Reihe von rheinischen Landgemeinden teilnahmen. Da nur Revolutionsanhänger an die Macht kommen durften und vor der Abstimmung ein entsprechender Eid zu leisten war, kam es zu massivem Widerstand, der mit Zwang und offener Gewalt beantwortet wurde. Als französischer »Subkommissar« war H. für das von der Besatzungsmacht gewünschte Abstimmungsverhalten auf dem Lande zuständig. Am 17. März trat in Mainz der 130 Mitglieder zählende Nationalkonvent zusammen und wählte H. zum Präsidenten, Georg Forster zu dessen Stellvertreter. Gegen vom preußischen Militär auf der anderen Rheinseite eingeschüchterte Abgeordnete erreichte H., daß in der Souveränitätserklärung der Mainzer Republik Staatsfeinden die Todesstrafe angedroht wurde. H. war sich sicher, daß es im Interesse des Volkes liegen würde, die Obstruktionspolitik des alten Regimes mit Gewalt zu zerschlagen. Als Mainz, seit dem 30. März 1793 vom preußischen Militär eingeschlossen, mit Artillerie beschossen und stark zerstört wurde, entschied sich H. für die in dieser Logik liegende Konsequenz: die des Krieges, des Ausnahmezustandes einer belagerten Festung. Der einst offen auftretende Volkstribun ließ keine Abweichungen mehr von der harten Linie zu, sorgte für die Beseitigung der gerade erst errungenen Pressefreiheit, schaltete jegliche Opposition aus und ging ebenso rücksichtslos gegen die gemäßigte Munizipalität im Rathaus vor. Die Bürger, die den Eid verweigert hatten, ließ er in großen Schüben aus der Stadt über den Rhein ausweisen. Stolz auf das, was er geleistet hatte, rechnete er angesichts der vier Monate dauernden Belagerung mit seinem Tod. So schrieb er seiner Frau in einem Abschiedsbrief: »Ich bin alles geworden, was ein Mensch vom ersten Stand werden kann und kein Kurfürst von Mainz noch war, und bleib ich bei der Belagerung, so habe ich doch schon so viel in der Welt getan und um die Menschheit mir das Verdienst gesammelt, daß ich ein großes Volk freizumachen mit all meinen Kräften mich bestrebt habe; und sollte es der gegenwärtigen Generation auch nicht gelingen, ihre Freiheit zu behaupten, so werden sich es Deine und meine Kinder doch erinnern und mit dem deutschen freien Volke mein Grab besuchen und mein Andenken segnen.«

H. kam mit dem Leben davon. Die vom Nationalkonvent beschlossene Annexion an Frankreich blieb aus, denn am 23. Juli 1793 kapitulierten die Franzosen und übergaben Mainz den preußischen Truppen. Dies war das Ende der Mainzer Republik, der ersten deutschen Republik mit demokratischen Vorzeichen, »eine Verbindung von französischem Revolutionsexport und deutschem Demokratieversuch« (Dumont). Auf Wunsch der zurückbleibenden Mainzer Jakobiner zog H. in französischer Nationalgardeuniform mit der Armee aus, emigrierte nach Paris und wurde dort Präsident der Mainzer Emigrantenorganisation, die die Kontakte unter den Verstreuten aufrecht erhielt und für Unterstützung sorgte. Bei der Niederwerfung des monarchistischen Bauernaufstands in der Vendée kommandierte er ein Reiterregiment. Zwischen 1793 und 1795 schickte die Regierung ihn mehrmals als Geheimagenten nach London. Als H. dabei von dem jungen Grafen Metternich erkannt wurde, entkam er knapp den polizeilichen Nachstellungen.

Nachdem Ende 1797 Mainz erneut von den Franzosen, diesmal unter der Direktorialregierung, erobert worden war, kehrte H. in die Stadt zurück, mußte aber erkennen, daß die einheimischen Revolutionäre nicht gefragt waren. H. wurde nur Chef der Finanzbehörde des neuen Departements Donnersberg in dem von Frankreich annektierten Rheinland. Die politischen Schlüsselstellungen blieben Franzosen vorbehalten. Napoleons politischer Kurs behagte H. nicht. So legte er 1803 nach der Unterschlagung von Geldern durch einen Untergebenen, für die H. nichts konnte, sein Amt nieder und ging als Privatier auf sein Weingut in den Rheingau. Nach 1820 erinnerte sich die junge Opposition des alten Jakobiners und wallfahrte zum Veteranen der ersten deutschen Demokratie im Gefolge der Französischen Revolution, der niemals auch nur die Spur eines Zweifels aufkommen ließ an der Redlichkeit seiner diktatorischen Handlungen. Bei den Fragen nach seinen Erinnerungen pflegte er nur zu lächeln: dafür sei gesorgt. Als er hochbetagt auf seinem Weingut starb, war das Manuskript verschwunden.

Dumont, F.: Die Mainzer Republik von 1792/93. Studien zur Revolutionierung in Rheinhessen und der Pfalz. Alzey 1982. – Grab, W.: Ein Volk muß seine Freiheit selbst erobern. Zur Geschichte der deutschen Jakobiner. Frankfurt/M., Olten, Wien 1984. – Haasis, H. G.: Morgenröte der Republik. Die linksrheinischen Demokraten 1789–1849. Berlin 1984. – Scheel, H.: Die Mainzer Republik. 3 Bde., Berlin 1975–1989. – Tervooren, K.: Die Mainzer Republik 1792/93. Bedingungen, Leistungen und Grenzen eines bürgerlich-revolutionären Experiments in Deutschland. Frankfurt/M.- Bern 1982.

Hellmut G. Haasis

Holst, Amalia, geb. von Justi

Geb. 10. 2. 1758 in Altona; gest. 6. 1. 1829 in Groß-Timkenberg bei Boizenburg

Am 27. 2. 1802 erschien in der *Kaiserlich-privilegirten Hamburgischen Neuen Zeitung* eine Buchbesprechung, die einem völligen Verriß gleichkam. Rezensiert wurde die gerade erschienene Schrift *Bestimmung des Weibes zur höhern Geistesbildung* einer bis dahin unbekannten Autorin namens H. Wer war die Verfasserin dieser spätaufklärerischen Streitschrift, die von einem Rechtsanspruch der Frauen auf Bildung ausging und den ungehinderten Zugang von Frauen zur Wissenschaft forderte, der bislang ausschließlich Männern vorbehalten war? In welche ideengeschichtlichen und politischen Traditionslinien ist H. einzuordnen? Bildet ihre Schrift das lang gesuchte weibliche Pendant zu Theodor Gottlieb von Hippels Buch *Über die bürgerliche Verbesserung der Weiber* (1793), das die konsequente Einbeziehung von Frauen in bürgerliche und politische Gleichheitsforderungen verlangte?

Über Lebenslauf und Bildungsweg H.s liegen kaum Informationen vor, was schon zu ihren Lebzeiten der Legendenbildung Vorschub leistete. Im 19. Jahrhundert hielt sich hartnäckig das Gerücht, sie habe an der Universität Kiel in Philosophie promoviert. Wenn auch der Wahrheitsgehalt dieser Behauptung nicht festzustellen ist, heißt das doch, daß sie als außerordentlich gebildete und gelehrte Frau geschätzt wurde. H. war die aus zweiter Ehe stammende Tochter des bekannten Kameralisten Johann Heinrich Gottlob v. Justi, der 1765 zum königlich preußischen Berghauptmann und Oberaufseher der Glas- und Stahlfabriken ernannt und 1768, vermutlich zu Unrecht, beschuldigt wurde, staatliche Gelder veruntreut zu haben. Er starb 1771 als Staatsgefangener in Küstrin noch vor Ende des Gerichtsverfahrens. Durch den Tod des Vaters wurde die Familie auseinandergerissen. H. schrieb 1806 an den Göttinger Professor Johann Beckmann, ihre Mutter habe bei ihrem Bruder, einem Pastor im Braunschweigischen, Zuflucht gefunden. Ihre Schwestern seien in einem Potsdamer Mädchenpensionat, ihr Bruder in einer dänischen Kadettenanstalt untergebracht worden. Wo sich H. zwischen 1771 und 1791 aufhielt, bleibt ungewiß. 1791 kam sie nach Hamburg, wo drei verheiratete Schwestern lebten. Ein Jahr später heiratete sie den promovierten Theologen und Juristen Johann Ludolf Holst, der sich nach dem Studium in Leipzig als Vorsteher einer Lehranstalt in der Hamburger Vorstadt St. Georg niedergelassen hatte. Aus der Ehe gingen drei Kinder hervor. Da H. bereits vor ihrer Ehe als Erzieherin gearbeitet hatte, – in ihrem 1791 anonym erschienenen Erstlingswerk *Bemerkungen über die Fehler unserer modernen Erziehung* bezeichnete sie sich als »praktische Erzieherin« – lag es nahe, daß sie weiterhin in diesem Beruf tätig war. Sie leitete zunächst im Institut ihres Mannes die Vorschule, eine durchaus übliche Form der Arbeitsteilung zwischen einem Lehrerehepaar, bevor sie 1802 ein Mädcheninternat eröffnet haben soll. Zwischen 1802 und 1807 muß H. Hamburg verlassen haben. Weitere ungesicherte Stationen ihres Lebens waren Wittenburg und Parchim, wo sie zusammen mit ihren beiden Töchtern ein Internat geleitet haben soll. Die letzten zehn Jahre ihres Lebens verbrachte sie bei ihrem Sohn, der mit Henriette Konradine Grelcke, der Erbin des Ritterguts Groß-Timkenberg bei Boizenburg, verheiratet war. Aus der Tatsache, daß ihr Mann bis zu seinem Tod 1825 in Hamburg blieb, kann man den Schluß ziehen, daß das Ehepaar sich getrennt hatte.

Das theoretische Werk H.s geriet lange Zeit in Vergessenheit und wurde erst in den 80er Jahren des 20. Jahrhunderts wiederentdeckt. Bei ihrer Schrift *Bemerkungen über die Fehler unserer modernen Erziehung* handelt es sich um die erste von einer Frau verfaßte Kritik an den deutschen Philanthropen und deren Rousseau-Rezeption. H. scheute also nicht davor zurück, sich mit den höchsten pädagogischen Autoritäten ihrer Zeit anzulegen. Sie gehörte zu den wenigen Zeitgenossen und -genossinnen, die den Widerspruch zwischen Rousseau, der Bücher aus der Kindererziehung verbannt wissen wollte, und seinen deutschen Nachfolgern, die eine spezielle Literatur für Kinder schufen und in der Erziehung einsetzten, erkannten und kritisierten. Ein Überangebot an zugänglicher Literatur, so argumentierte H., diene nicht dem Verständnis der erzählten Geschichten, sondern fördere lediglich einen oberflächlichen Lesekonsum. Das Ergebnis seien moralische Mißstände in der Jugend, wie »Eigensinn und Ungehorsam, oberflächliche Vielwisserey, Dünkel und Ruhmsucht und jene unselige, Geist und Körper entnervende frühe Reife«.

Trotz aller Kritik an Erziehungspraxis und -methoden der Philanthropen wollte H. nicht in vorreformerische Zustände in der Erziehung zurückfallen. Ihre eigenen pädagogischen Vorstellungen hoffte sie in einem zweiten Teil der *Bemerkungen* veröffentlichen zu können, der aber nicht geschrieben oder nicht publiziert worden ist. In den *Bemerkungen* hatte sie »die Fehler unserer modernen Erziehung« noch auf Jugend allgemein bezogen, da für sie eine besondere Form der Mädchenerziehung und -bildung nicht existierte. Mädchenerziehung war für sie in erster Linie allgemeine Menschenerziehung. In ihrer Schrift *Bestimmung des Weibes zur höhern Geistesbildung* (1802) behandelte sie nur deshalb Fragen der Mädchen- und Frauenbildung, weil einflußreiche zeitgenössische Pädagogen die Bildung von Frauen auf ihre »natürliche Bestimmung« als »Hausfrau, Gattin und Mutter« beschränkt wissen wollten und damit den Frauen das Recht auf allgemeine Bildung bestritten.

Bereits in der Einleitung machte H. ihren Standpunkt in der Frage der Mädchenbildung deutlich. Zu diesem Thema, das bisher nur von Männern aufgegriffen worden sei, müsse endlich einmal eine Frau Stellung beziehen. Männer seien immer parteiisch für das eigene Geschlecht und ließen Frauen selten Gerechtigkeit widerfahren. In ihrem Buch nahm sie die Argumente männlicher Pädagogen gegen die Vereinbarkeit von höherer Bildung mit dem dreifachen Beruf der Frau als Hausfrau, Gattin und Mutter kritisch unter die Lupe. Ihr Fazit: die Logik der Männer orientiere sich vor allem am Eigeninteresse, wenn es gelte, Frauen vom Erwerb höherer Bildung auszuschließen. Letztlich würden aber mit der Einlösung ihrer Forderung die Männer nur gewinnen, da die Frauen nur dann ihrer dreifachen Bestimmung sinnvoll nachkommen könnten, wenn sie eine umfassende Bildung erfahren hätten. Daß weibliche Pflichten mit höherer Bildung nicht zu vereinbaren seien, wollte H. nur dann gelten lassen, »wenn ein Weib sich so hoch, bis zur Schöpfung eines eigenen philosophischen Systems emporhöbe«. In diesem Fall dürfe man es der Frau nicht verdenken, wenn sie ledig bliebe. Schließlich verlöre die Menschheit durch sie nicht mehr »als sie durch Kant und Leibniz im Zölibat verlor, welche die Welt bloss durch ihre unsterblichen Werke, als Kinder ihres Geistes bereicherten.« Eine bewußte Entscheidung gegen die Ehe ließ H. aber nicht nur bei hochbegabten Frauen gelten. Für jede unverheiratete Frau sei es notwendig, höhere Bildung zu erwerben, um einen Beruf ergreifen zu können, der sie ernähre und zugleich ihren Neigungen und Fähigkeiten entspreche.

Mit dieser Beweisführung, die wesentliche Argumente der bürgerlichen Frauenbewegung des ausgehenden 19. Jahrhunderts vorwegnahm, versuchte H. eine Begründung für das von ihr propagierte Grundrecht der Frau auf Bildung zu liefern, das das Recht nach geistiger Selbstentfaltung der Frau und Befreiung aus männlicher Bevormundung einschloß. Kein Wissensgebiet sollte Frauen vorenthalten werden, aber über die Vermittlung machte sie sich erstaunlich wenig Gedanken. Höhere Bildung war ihrer Meinung nach autodidaktisch oder durch den Besuch eines Privat-Instituts zu erwerben. Die Forderung nach öffentlichen Mädchenschulen lag ihr noch fern. Auch die Zulassung von Frauen zum Universitätsstudium war ihr kein Herzensanliegen, zumal ein formales Zulassungsverbot für Frauen im 18. und frühen 19. Jahrhundert noch gar nicht existierte. Mit ihrer Forderung nach Zulassung der Frauen zu allen Wissensgebieten ging sie aber über spätere Proklamationen der bürgerlichen Frauenbewegung hinaus, die sich fast ausschließlich für den ungehinderten Zugang von Frauen zum Medizin- und zum Lehramtsstudium einsetzte.

Nun wäre es allerdings gewagt, H. mit ihrem Plädoyer für konsequente Gleichstellung der Geschlechter in ihrem Rechtsanspruch auf Bildung in der Tradition der bürgerlichen Radikalen Mary Wollstonecrafts (*A vindication of the rights of women*, 1792), Olympe de Gouges (*Droits de la Femme*, 1791) oder von Hippels anzusiedeln. H. empfahl zwar ihren Leserinnen Hippels Schriften, distanzierte sich aber ausdrücklich von seiner Forderung nach politischer Emanzipation der Frauen. Zudem verwahrte sie sich gegen den Vorwurf »eine Revolutionspredigerin« zu sein und verkündete, daß die »Zufriedenheit mit seinem Zustande … die erste Bedingung zur Glückseligkeit« sei. Die Enge ihrer Bildungskonzeption zeigt sich daran, daß sie die Möglichkeit der höheren Bildung auf adelige und bürgerliche Frauen beschränkt wissen wollte. Für die niederen Klassen und Schichten forderte sie die Einführung von Industrieschulen nach dem Vorbild des Aufklärungspädagogen Friedrich Eberhard von Rochow (*Versuch eines Schulbuches für Kinder der Landleute oder zum Gebrauche in Dorfschulen*, 1772). In ihrer Abneigung gegen eine Umwälzung bestehender Gesellschaftsverhältnisse erwies sich H. als Vertreterin bürgerlicher Gesellschaftsschichten, die um Abgrenzung zum vierten Stand bemüht waren.

Wenn H. auch in Fragen der politischen Emanzipation von

Frauen nicht so weit ging wie Wollstonecraft, de Gouges und von Hippel, so gebührt ihr doch ein ehrenvoller Platz in der Geschichte der deutschen Mädchenbildung.

Befreiungsideen von Frauen für Frauen waren zwischen 1780 und 1848 überdies kaum anders denkbar als in Form von Bildungstheorien für Mädchen. Inhaltlich decken sich die Bildungsvorstellungen H.s. zum Teil mit denen ihrer um 23 Jahre jüngeren Bremer Zeitgenossin Betty Gleim (*Erziehung und Unterricht des weiblichen Geschlechts, ein Buch für Eltern und Erzieher,* 1810; *Teil II: Erziehung und Bildung des weiblichen Geschlechts,* 1814), die allerdings stärker als H. dem Neuhumanismus verpflichtet war. Beide Frauen vertraten die Auffassung, daß die Frau zuerst als Mensch und dann als Frau gebildet werden müsse. Sie gehören unbestritten zu den bedeutendsten Vorläuferinnen der bürgerlichen Frauenbewegung.

Framke, G.: Amalia Holst: Bemerkungen zur Pädagogik der Aufklärung, in: Bracker, J. (Hg.): Beiträge zur deutschen Volks- und Altertumskunde. Hamburg 1984 (= Museum für Hamburgische Geschichte 23), S. 31–46. - Schindel, C.W.O.A. v.: Die deutschen Schriftstellerinnen des 19. Jahrhunderts. Drei Teile in einem Band. Nachdruck der Ausgaben 1823–25. Meisenheim/Glan 1987. - Schmid, P.: Bürgerliche Theorien zur weiblichen Bildung. Klassiker und Gegenstimmen um 1800, in: Hansmann, O.; Marotzki, W. (Hg.): Diskurs Bildungstheorie II. Problemgeschichtliche Orientierungen. Weinheim 1989, S. 537–559.

Elke Kleinau

Horkheimer, Max

Geb. 14. 2. 1895 in Zuffenhausen bei Stuttgart; gest. 7. 7. 1973 in Nürnberg

H., jüdischer Unternehmersohn, schlug die großbürgerliche Karriere aus, die ihm vorgezeichnet schien. Gegen den Widerstand seines Vaters, des Zuffenhausener Textilfabrikanten Moses Horkheimer, setzte er nicht nur seine Verbindung mit dessen Privatsekretärin, Rose Riekher, seiner späteren Frau, durch, sondern auch den Plan, als Wissenschaftler eine akademische Karriere einzuschlagen anstatt die väterliche Fabrik zu übernehmen. Die geistigen Quellen von H.s zunächst verdecktem, dann literarisch und wissenschaftlich hervortretendem Protest gegen die kapitalistische Gesellschaft des 20. Jahrhunderts waren die sozial engagierte bürgerliche Literatur des 19. Jahrhunderts und die Philosophien der Aufklärung und Schopenhauers, schließlich die Marxsche Theorie. Zusammen mit seinem Freund Friedrich Pollock, mit dem ihn eine lebenslange Gemeinschaft verband, gehörte H. in den zwanziger Jahren zum Kreis um Felix Weil, einem vermögenden Wirtschafts- und Sozialwissenschaftler mit Kontakten zur KPD und führenden linken Intellektuellen, der als Mäzen die Gründung eines marxistisch inspirierten sozialwissenschaftlichen Forschungsinstituts ermöglichte, des »Instituts für Sozialforschung«. Es wurde 1924 eröffnet und widmete sich zunächst, unter der Leitung von Carl Grünberg, der Erforschung der Geschichte des Sozialismus.

Horkheimer hatte nach dem Studium der Psychologie, Philosophie und Nationalökonomie in München, Freiburg und Frankfurt 1922 bei Hans Cornelius in Philosophie promoviert. Bis zu seiner Habilitation in Philosophie 1925 war er dessen Assistent und von 1926 an Privatdozent an der Frankfurter Universität. Im Jahre 1930 wurde er dort zum Ordinarius für Sozialphilosophie ernannt und im folgenden Jahr Direktor des Instituts. Dort initiierte er das einzigartige Projekt einer interdisziplinären Zusammenarbeit von Gesellschaftswissenschaftlern und Philosophen an einer kritisch-materialistischen Theorie des gesamtgesellschaftlichen Verlaufs.

Deren Grundüberlegung war folgende: Der Anspruch des liberalen Bürgertums, den gesellschaftlichen Prozeß autonom zu gestalten, habe sich als Schein erwiesen und die politische und psychische Fixierung des Proletariats auf den bestehenden Zustand als Hindernis seiner revolutionären Selbstbefreiung. Daher folge das Gesellschaftssystem dem unkontrollierten ökonomischen Bewegungsgesetz der Moderne, welches die liberalistische bürgerliche Marktgesellschaft in eine autoritär beherrschte Kommandowirtschaft monopolistischer Trusts transformiere. Diese Entwicklung hänge funktional zusammen mit dem prekären Charakter der Demokratie, die für die Herrschaft des Bürgertums in einer bestimmten geschichtlichen Epoche notwendig sei, aber im weiteren historischen Verlauf der Aufrechterhaltung ökonomisch fundierter Herrschaft hinderlich werde.

Nur in der Verbindung von Philosophie, Sozialpsychologie, Gesellschafts- und Kulturtheorie war es nach Horkheimers Ansicht möglich, die objektiven und subjektiven Faktoren zu begreifen, die dazu führten, daß »die Menschheit, anstatt in einen wahrhaft menschlichen Zustand einzutreten, in eine neue Art von Barbarei versinkt« (Horkheimer/Adorno, *Dialektik der Aufklärung,* 1944 u. 1947, Neuausgabe 1969). Die inhaltliche und methodische Grundlagenreflexion sowie die materialen Studien der kritischen Theorie, die diesem Gedanken nachgingen, erschienen 1932–1941 in der *Zeitschrift für Sozialforschung,* die H. herausgab. Ihre Mitarbeiter waren u. a. Theodor W. Adorno, Walter Benjamin, Erich Fromm, Otto Kirchheimer, Leo Löwenthal, Herbert Marcuse, Franz Neumann, Friedrich Pollock und Karl August Wittfogel.

H.'s politischem Weitblick und wissenschaftspolitischem Geschick war es zu verdanken, daß rechtzeitig vor der »Machtübernahme« der Nationalsozialisten die Vorbereitungen für die Emigration getroffen waren. Im Januar 1933 besetzte die SA das Haus von H. und Pollock; im März 1933 wurde das Institut von der Polizei geschlossen und im Mai dem »Nationalsozialistischen Studentenbund« überlassen. Pollock hatte das Stiftungsvermögen bereits ins Ausland transferiert. H.s Kontakte ermöglichten es, daß das Institut, nachdem es zunächst in seinen Zweigstellen in Paris und London weiterarbeiten konnte, 1934 in New York an der Columbia University wiedererrichtet wurde. Die Zeitschrift erschien bis 1939 in Paris als wichtigstes Organ kritischer Wissenschaft im zunehmend faschistisch kontrollierten Europa. In Paris wurde auch die kollektive Forschungsarbeit *Studien über Autorität und Familie* (1936) publiziert, die unter Leitung H.s mit Beiträgen u. a. von Erich Fromm und Herbert Marcuse entstanden war.

In den dreißiger Jahren war H. dem Problem der ausstehenden Verwirklichung des Sozialismus nachgegangen: Dazu gebe es in der bürgerlichen Gesellschaft zwar Ansätze, letztlich aber komme es auf die bewußte und gewollte, befreiende Tat der Unterdrückten an. Dabei grenzte er sich stets von der sowjetmarxistischen Umfälschung der Theorie von Marx in eine neue Herrschaftsideologie ab. Unter dem Eindruck der neuen Erfahrung, daß sich die Welt zu einem in zwei Blöcke aufgeteilten, universalen und hermetischen Herrschaftszusammenhang zusammenzuschließen schien, wandte sich H. in den vierziger Jahren zunächst der Theorie des »autoritären Staats« zu, den er nicht als historischen Bruch, sondern als Konsequenz der wirtschaftsliberalistischen bürgerlichen Demokratie begriff: »Wer (...) vom Kapitalismus nicht reden will, sollte auch vom Faschismus schweigen. (...) die totalitäre Ordnung ist nichts anderes als ihre Vorgängerin, die ihre Hemmungen verloren hat. Wie alte Leute zuweilen so böse werden, wie sie im Grunde immer waren, nimmt die Klassenherrschaft am Ende der Epoche die Form der Volksgemeinschaft an. (...) Der Faschismus ist die Wahrheit der modernen Gesellschaft« (*Die Juden und Europa*, 1939). Schließlich widmete er sich, zusammen mit Adorno, der ihm 1940 von New York nach Los Angeles gefolgt war, der geschichtsphilosophischen Untersuchung der verhängnisvollen Verstrikkung von Vernunft und Herrschaft und ihrer Grundlage, der Naturbeherrschung. Die Verschiebung von der Ökonomiekritik zur Vernunft- und Herrschaftskritik führte nun zu einer stärker philosophischen Akzentuierung. Das fand seinen Ausdruck in H.s Werk *Eclipse of Reason* (1947; dt. 1967 unter dem Titel *Zur Kritik der instrumentellen Vernunft*) und in der gemeinsam mit Adorno verfaßten *Dialektik der Aufklärung* (1944). Daneben wirkte H. in New York als Direktor der wissenschaftlichen Abteilung des »International Jewish Committee« federführend an einem interdisziplinären Forschungsprojekt zum Antisemitismus mit, aus dem die berühmten fünfbändigen *Studies in Prejudice* (ab 1949) hervorgingen.

Als sich nach der Zerschlagung des Nationalsozialismus die Möglichkeit bot, wieder in Deutschland zu arbeiten, kehrte H. mit Adorno nach Frankfurt zurück. 1949 wurde er erneut Ordinarius für Sozialphilosophie; 1950 wurde das Institut wieder eröffnet. H. entfaltete nun noch einmal sein wissenschaftspolitisches Genie, um den Forschungsarbeiten des Instituts und der kritischen Theorie internationale gesellschaftliche und akademische Geltung zu verschaffen. 1951 bis 1953 war er Rektor der Frankfurter Universität, 1954 bis 1959 Gastprofessor für Soziologie an der University of Chicago. 1959 zog er sich als Emeritus nach Montagnola zurück. Person und Lebenswerk sind mit zahlreichen Auszeichnungen gewürdigt worden: 1953 erhielt er die Goethe-Plakette, 1960 die Ehrenbürgerschaft der Stadt Frankfurt, 1971 in Hamburg den Lessing-Preis.

Sein theoretisches Interesse galt in den letzten Jahrzehnten der Bewahrung und Erweiterung der inneren und äußeren Spielräume des Individuums, dessen prekäre Position H. geschichtsphilosophisch und soziologisch immer wieder herausarbeitete. Das freie, autonome, urteils- und handlungsfähige Individuum war in der Entfaltung und Blütezeit der bürgerlichen Gesellschaft substantiell notwendig als Subjekt liberalistischer Ökonomie und freiheitlich-demokratischer Politik. In der Epoche der weltweit expandierenden »Rackets« und Monopole, also der wirtschaftlichen Machtcliquen und ihrer totalitären politischen Gewährsleute, ist es dagegen objektiv überflüssig geworden. In seinem Vorwort zur Neuausgabe seiner Aufsätze aus der *Zeitschrift für Sozialforschung* unter dem Titel *Kritische Theorie. Eine Dokumentation* (1968), der H. erst nach langem Zögern zustimmte, nachdem die Texte von Vertretern der studentischen Protestbewegung als Raubdrucke verbreitet worden waren, beschrieb er sein Verhältnis zur Demokratie in einer Zeit, als sie in der Bundesrepublik starken Erschütterungen ausgesetzt war: »Der Schrecken, mit dem der Lauf zur rationalisierten, automatisierten, verwalteten Welt sich vollzieht, (...) gehört zum Kampf der Blöcke zur Zeit der internationalen technischen Angleichung. Die Epoche tendiert zur Liquidation alles dessen, was mit der, wenn auch relativen, Autonomie des Einzelnen zusammenhing. (...) Nicht wenige meiner Impulse sind denen der Jugend in der Gegenwart verwandt, Sehnsucht nach dem Besseren, nach der richtigen Gesellschaft, mangelnde Anpassung an das Bestehende. (...) Der Unterschied betrifft das Verhältnis zur Gewalt, die in ihrer Ohnmacht den Gegnern gelegen kommt. Offen zu sagen, die fragwürdige Demokratie sei bei allen Mängeln immer noch besser als die Diktatur, die ein Umsturz heute bewirken müßte, scheint mir jedoch um

der Wahrheit willen notwendig zu sein. Trotz ihrer Parteinahme für die russische Revolution hatte (...) Rosa Luxemburg vor fünfzig Jahren bereits die ›von Trotzki und Lenin gefundene (...) Beseitigung der Demokratie überhaupt‹ ein Hilfsmittel genannt, ›noch schlimmer als das Übel, dem es steuern soll‹. Die begrenzte ephemere Freiheit des Einzelnen im Bewußtsein ihrer zunehmenden Bedrohung zu schützen, zu bewahren, womöglich auszudehnen, ist weit dringlicher, als sie abstrakt zu negieren oder gar durch aussichtslose Aktionen zu gefährden.«
Der späte H. war »geneigt, die westliche Demokratie nun eher als Bollwerk gegen den Faschismus hochzuhalten, statt in ihr eher die Oberfläche jener kapitalistischen Gesellschaftsformation zu sehen, deren Tendenz zum autoritären Staat ihn in den dreißiger Jahren so erschreckt hatte« (Ch. Türcke). Seine Besorgnis um die bedrohten Errungenschaften des bürgerlichen Zeitalters ergab auch eine Reihe falscher Freundschaften und Parteinahmen: etwa für Kennedy, den vermeintlichen Märtyrer der Freiheit, für die US-amerikanische Intervention in Vietnam, für die Pillenenzyklika des Papstes, aber gegen den »Sozialistischen Deutschen Studentenbund« (SDS) und gegen das politische Engagement Herbert Marcuses. Doch dadurch wird sein Beitrag zu kritischen Theorie der Gesellschaft in der zweiten Hälfte dieses Jahrhunderts nicht kompromittiert. H. führte seit der Rückkehr nach Deutschland ein intellektuelles Doppelleben: Seine exoterischen Reden und Schriften seit der Nachkriegszeit bestärkten, was die Stabilisierung der Demokratie und den Widerstand gegen die antidemokratischen Kontinuitäten unterstützte. Seine esoterischen Aufzeichnungen (*Notizen*, 1974) sind dagegen von tiefer Skepsis erfüllt. Sie machen sich über die Chancen von Demokratie und Freiheit in Deutschland und in der »verwalteten Welt« keine Illusionen. Daher seine doppelte Wirkung: als humaner Pädagoge, der die Kraft zum Widerstand in den Individuen gestärkt hat, und als unbestochener Schriftsteller, dessen Melancholie seine Einsicht in den geschichtlichen Verlauf schärfte. Mit seiner immanenten Kritik der bürgerlichen Demokratie und mit seiner »linken Variante« der Totalitarismustheorie, die sich nicht scheute, die Gemeinsamkeiten von Faschismus und autoritärem Staatssozialismus beim Namen zu nennen, bewies H. politischen Weitblick. Die Auflösungsprozesse der Ostblockstaaten haben gezeigt, daß die abstrakte Negation demokratischer Errungenschaften kein Weg zur Überwindung der inneren Widersprüche der Demokratie sein kann.

Schmidt, A.: Zur Idee der Kritischen Theorie. Elemente der Philosophie Max Horkheimers. Frankfurt/Main, Berlin, Wien 1979. – Schmidt, A.; Altwicker, N. (Hg.): Max Horkheimer heute: Werk und Wirkung. Frankfurt/Main 1986. – Türcke, Ch.; Bolte, G.: Einführung in die kritische Theorie. Darmstadt 1994. – Wiggershaus, R.: Die Frankfurter Schule. München 1988.

Gerhard Schweppenhäuser

Humboldt, Wilhelm von

Geb. 22. 6. 1767 in Potsdam; gest. 8. 4. 1835 in Tegel

»Der Staat enthalte sich aller Sorgfalt für den positiven Wohlstand der Bürger und gehe keinen Schritt weiter, als zu ihrer Sicherstellung gegen sich selbst und gegen auswärtige Feinde notwendig ist.« Es war das Programm eines vollendeten Liberalismus, das H. in seinen *Ideen zu einem Versuch, die Gränzen der Wirksamkeit des Staats zu bestimmen* (1792) entwarf. Erst 1851 wurde die Schrift vollständig veröffentlicht. H. selbst hielt sie mit Rücksicht auf die Zensur zurück, als seine Sympathie für die Französische Revolution von 1789 in Ablehnung umschlug. Dennoch blieb die Revolution das entscheidende Ereignis seines Lebens, Drehachse aller politischen und gesellschaftlichen Überlegungen.
Zufällig war die Begeisterung für die französische Republik nicht. Das Haus des Kammerherrn von Humboldt, H.s Vater, auf Schloß Tegel bei Berlin, war beherrscht vom Geist der Aufklärung. Der spätere Schulreformer Johann Heinrich Campe war der erste Hofmeister (Hauslehrer) H.s und seines zwei Jahre jüngeren Bruders Alexander. Erzogen wurden sie vor allem von Christian Kunth, einem späteren Mitarbeiter des preußischen Reformers Freiherr vom Stein. Die Brüder erhielten Privatvorlesungen von namhaften Vertretern der Berliner Aufklärung; H. schloß sich dem »Tugendbund« im Salon der Henriette Herz an. 1787–90 studierte er in Frankfurt an der Oder und in Göttingen Jura, wechselte dort auch zu Altertumswissenschaften sowie zur Philosophie, das hieß: zur Philosophie Kants. Er lernte Georg Forster, den Weltreisenden und Revolutionär, kennen, der nachhaltigen Eindruck auf H. hinterließ. Schließlich war er faktisch Augenzeuge der Revolution, als er 1789 zusammen mit Campe Paris besuchte.
Eine Anstellung als Assessor beim Kammergericht in Berlin 1790 nahm er aus Unzufriedenheit mit der repressiven, antiaufklärerischen Kulturpolitik unter Friedrich Wilhelm II. kaum ein Jahr lang wahr. Er heiratete im Juli 1791 Caroline von Dacheröden und zog sich auf das Gut seines Schwiegervaters nach Thüringen in eine Art Exil zurück, wo er sich philosophischen und schriftstellerischen Arbeiten widmete. 1794

übersiedelte das Paar nach Jena; das bedeutete engen Kontakt zu Schiller, der die *Ideen* auszugsweise in der *Neuen Thalia* veröffentlichte. Menschliche Selbstvervollkommnung durch gesellschaftliche Selbsttätigkeit war die Grundidee H.s. Alle Leitung durch den Staat lähme Aktivität und Selbständigkeit. H.s Traktat war vor allem ein »Generalangriff auf den sich aufgeklärt gebenden Absolutismus« (Hermann Klenner). Deutlich formulierte er aber auch Kritik an einigen Zügen der sich herausbildenden bürgerlichen Gesellschaft: »Die Menschen (...) werden um der Sachen, die Kräfte um der Resultate willen vernachlässigt. Ein Staat gleicht nach diesem System mehr einer aufgehäuften Menge von leblosen und lebendigen Werkzeugen der Wirksamkeit und des Genusses, als einer Menge thätiger und geniessender Kräfte.« Der Staat legitimiere sich, so H., allein dadurch, daß er schöpferische Kräfte freisetze.

Von 1797 bis 1801 wohnte H. in Paris, zeitweise zusammen mit seinem Bruder. Von dort aus reiste er im Herbst 1799 für ein halbes Jahr nach Spanien, wo er sich dem Studium der baskischen Sprache verschrieb. 1801 nach Deutschland zurückgekehrt, wurde H. im Jahr darauf zum Preußischen Residenten beim Papst in Rom ernannt, wo er bis 1808 blieb. Hier beschäftigte er sich wieder, wie schon in früheren Jahren, mit der Antike: Das Griechentum der Polisdemokratie wurde ihm jetzt zum »Urbild« des Menschheitlichen. Sein Gegenbild zum Bestehenden aber wirkte abstrakt, der Impuls zur Veränderung der deutschen Zustände schwächte sich ab. Mit einem idealischen Griechenland-Bild im Sinne des »Neuhumanismus« legte H. den Grundstein für ein elitär-konservatives Humanismus-Ideal des deutschen Bildungsbürgertums .

Nach der preußischen Niederlage bei Jena und Auerstedt 1806 und dem Zusammenbruch des friderizianischen Preußen, kehrte H. in die Beamtenschaft Preußens zurück und beteiligte sich an den politischen Reformen. 1809 übernahm er die Leitung der Sektion für Kultus und Unterricht, hatte maßgeblichen Einfluß auf die Neugliederung des Bildungswesens und bereitete die Gründung der Universität Berlin vor. Bildungsreform war Teil eines weitgreifenden politischen Konzepts: Die Universität in Berlin solle, so schrieb H., »in einem Zeitpunkte, wo ein Theil Deutschlands vom Kriege verheert, ein anderer in fremden Sprachen von fremden Gebietern beherrscht wird, der deutschen Wissenschaft eine vielleicht kaum jetzt noch gehoffte Freistatt eröffnen«. Preußen solle unter den deutschen Staaten mit liberalen Reformen vorangehen, in deren Sog sich ein Staatenbund bilden könne. Schul- und Universitätsmodell H.s, letzteres hob sich von den gerade gegründeten Fach-Elite-Hochschulen Frankreichs ab, galten in Mittel- und Osteuropa als vorbildlich. Auf allen Stufen des Bildungswesens müsse die allseitige Ausbildung von Fähigkeiten leitendes Prinzip sein, auf elementarer Stufe im Geiste Pestalozzis, auf dem Gymnasium durch das Studium der Antike im Geist des Neuhumanismus, auf der Universität im Sinn einer Einheit von Weltanschauung, Ausbildung und wissenschaftlicher Forschung.

Noch vor Gründung der Berliner Universität reichte H. 1810 sein Entlassungsgesuch ein, da seine Forderung nach Bildung eines Staatsrates als Schritt auf dem Wege zu einer konstitutionellen Monarchie abgelehnt wurde. In den folgenden Jahren fungierte er als Diplomat Preußens und nahm als dessen 2. Bevollmächtigter am Wiener Kongreß 1815 teil. 1819 war er für kurze Zeit Minister für »Ständische und Kommunalangelegenheiten«. Seine Gegnerschaft zu den repressiven Karlsbader Beschlüssen aus demselben Jahr, die er als »schändlich, unnational, ein denkendes Volk aufregend« bezeichnete, führte zu einer Kabinettskrise und zu H.s erneuter Entlassung. Seine politischen Visionen für einen Bund liberaler deutscher Staaten, für den er eine Reihe von Verfassungsentwürfen schrieb, wurden durch die restaurative Entwicklung nach dem Wiener Kongreß ad acta gelegt.

H. beschäftigte sich bis zu seinem Tod auf Schloß Tegel mit historischen, sprachwissenschaftlichen und philosophischen Studien. Er löste sich von der abstrakten Perfektibilitätstheorie der Aufklärung zugunsten einer die Widersprüchlichkeit des Geschichtsprozesses betonenden Auffassung. In den unter dem Einfluß Hegels entstandenen *Betrachtungen über die Weltgeschichte* (1818) heißt es: »Man muss aber durchaus aufhören, mit einer gewissen distributiven Gerechtigkeit immer die Individuen zu verfolgen, nur auf das Ganze sehen, und den Gang der Veredlung nur an ihm bemerken. (...) Die Menschheit aber kann nur in der, der Erscheinung nach, ganz körperlichen Natur leben und weben, und trägt selbst einen Theil dieser Natur in sich. Der Geist, der diese beherrscht, überlebt den Einzelnen, und so ist das Wichtigste in der Weltgeschichte die Beobachtung dieses, sich forttragenden, anders gestaltenden, aber auch selbst manchmal wieder untergehenden Geistes.« Aber nicht in einer dialektisch fortschreitenden Vervollkommnung nach dem Muster einer einzigen Kultur oder Zivilisation sei die Vollendung der Menschheit zu sehen: Die Menschheit entwickele sich vielmehr einem inneren Gesetz gemäß in einer Vielfalt von Weltsichten und Kulturen, aber in einer Einheit und Gleichheit des Menschengeschlechts, die keinen Vorrang einer Kultur vor einer anderen kenne. Diese universalistische, den »Reichtum großer individueller Formen betonende Perspektive« überwölbte somit das radikalliberale Programm individueller Freiheit aus H.s Anfangsjahren.

Hartke, W.; Maskolat, H. (Hg.): Wilhelm von Humboldt 1767–1967. Halle 1967. – Kaehler, S. A.: Wilhelm von Humboldt und der Staat. Göttingen 1963. – Sauter, C. M.: Wilhelm von Humboldt und die deutsche Aufklärung. Berlin 1989.

Arnold Schölzel

Husemann, Friedrich

Geb. 19.9.1873 in Leopoldsthal; gest. (erschossen) 18.4.1935 im KZ Esterwegen

Der gelernte Maurer aus dem lippischen Land kam als Wanderbursche ins Ruhrgebiet und wurde von Gewerkschaftskollegen im florierenden Bergbau untergebracht, wie viele andere Bauarbeiter auch. Er wurde Vertrauensmann des Bergarbeiterverbandes, arbeitete als Zeitungsbote, Lokalberichterstatter und Kassierer. Ihm lag die Straßenagitation in den Arbeiterwohnbezirken und Bergmannssiedlungen des Pütt. Bald organisierte er Diskutierklubs, Arbeitergesangvereine und Vorträge über Fragen wie »Christentum und Sozialismus«.

Noch vor dem Ersten Weltkrieg, im Jahre 1911, ging er nach Bochum in die nahe Verbandszentrale. Dort wurde er zunächst zweiter, ab 1919 erster Vorsitzender seiner Organisation. Er trat in die Fußstapfen so bedeutender Arbeiterführer wie Otto Hue und Hermann Sachse und engagierte sich in der »roten Erde« zwischen Lippe und Ruhr, Dortmund und Essen. H. konnte sich am Erbe der Gründergeneration orientieren, denn als er 1918 mit der geschlagenen Truppe von der Ostfront heimkehrte, waren die Probleme komplizierter und größer als erwartet. Es galt, den verlorenen Krieg zu liquidieren, ein demokratisches Gemeinwesen aufzubauen, den freiheitlichen Sozialismus zu verwirklichen und – auf dem Tiefpunkt des Elends – die tägliche Versorgung zu sichern.

Im Urteil der Geschichtsschreibung heißt es, die »Husemänner« hätten in der Frage der Sozialisierung des Ruhrbergbaus 1918 bis 1920 versagt: »Insbesondere ist ihr Unvermögen hervorgehoben worden zu verhindern, daß breite Gruppen der Bergarbeiterschaft den ›Alten Verband‹ nach 1919 verließen, da sie dessen Zusammenarbeit mit den Unternehmern in der ›Arbeitsgemeinschaft Ruhrbergbau‹ ablehnten und mit dem Verhalten der Verbandsführung in der Mitbestimmungs- und Sozialisierungsfrage nicht einverstanden waren.« Franz Osterroth, ein guter Freund, urteilte milder: »Steifnackig wehrten die ›sozialdemokratischen Husemänner‹ Ende 1918 alle linksradikalen Anschläge, Streiks und Putsche ab.« Diese freundliche Bewertung teilten jene Kollegen, denen die Sicherung der Kohleförderung und Volksernährung wichtiger war als die programmgetreue Enteignung des Kapitals.

Bewaffnete Trupps der SA stürmten am 11. März 1933 das Verbandshaus in Bochum. H. und weitere Kollegen wurden vorübergehend eingesperrt. Da bot die amerikanische Bruderorganisation ihm Gelegenheit, dem politischen Schlamassel in Deutschland zu entkommen. Als Vorstandsmitglied der Bergarbeiterinternationale sollte er auf »Informationsreise« in die USA gehen. Aber »Flucht« – und sei sie noch so geschickt getarnt – widersprach der Mentalität des Bergarbeiterführers. Er wollte die Kollegen unter gar keinen Umständen im Stich lassen. Ein H. kämpfte vor Ort, unter Tage und über Tage.

Noch genoß er als Reichstagsabgeordneter den Schutz einer gewissen Immunität. Gelegentlich einer Sitzung in Berlin, Mitte Mai 1933, traf er mit Wilhelm Hoegner zusammen. Der fragte, wieso die Gewerkschaften im Ruhrgebiet von den Nazis überwältigt werden konnten. H.s Antwort: »Wir besaßen Sprengstoff genug, um das ganze Ruhrgebiet in die Luft zu sprengen. Aber wer konnte es verantworten, daß nach der Zerstörung der Schächte die Millionenbevölkerung dieser Gebiete auf Jahre hinaus zum Feiern [d.h. zur Arbeitslosigkeit] und Hungern verdammt war?«

Die starke Verwurzelung im Milieu war Stärke und Schwäche zugleich. Wer die Alltagssorgen seiner Mitmenschen täglich miterlebte, der erlaubte seinen Gefolgsleuten keine Heldentaten auf Kosten der eigenen Anhängerschaft, derer, die um das tägliche Brot rangen. H. ließ sich seine Zivilcourage nicht abkaufen. Er redete frei und offen mit den Menschen auf der Straße. Er reiste auch ins Saargebiet – mit dem Ergebnis, daß er den triumphalen Abstimmungssieg der Nazis im Januar 1935 richtig vorhersah und sich selber entsprechend zurückhielt.

Gleichwohl war H. nicht kleinzukriegen. Den stadtbekannten oppositionellen Mann in den Geschäftsstraßen Bochums, der sich ansprechen ließ und kein Blatt vor den Mund nahm – diesen tapferen Mann vertrug das Regime auf die Dauer nicht. Die Nazis nahmen ihn erneut gefangen, schlugen ihn zusammen, verbrachten ihn in das Moorlager, jagten ihn über den Zaun und erschossen ihn von hinten.

Edwards, E.: Die Ermordung unseres deutschen Kameraden Husemann. Flugschrift an die Sekretäre der dem Internationalen Bergarbeiterverband angeschlossenen Organisationen. London 1935. – Osterroth, F.: Biographisches Lexikon des Sozialismus. Hannover 1960.

Gerhard Beier

Ihrer, Emma, geb. Rother

Geb. 3. 1. 1857 in Glatz; gest. 8. 1. 1911 in Berlin

»Sind wir nun angesichts des ununterbrochenen Kampfes (...) immer fester überzeugt worden, daß die Arbeiterinnen zur Erreichung ihrer Forderungen der Organisation bedürfen, so werden wir diesem Ziel unbeirrt weiter zustreben (...). Sollte man uns den jetzt eingeschlagenen Weg versperren, so werden wir einen anderen finden, der sich gangbar erweist« (*Die Arbeiterinnen im Klassenkampf*, 1898). Diese Feststellung kennzeichnet I.s durch offenbar nichts zu beirrende Einsatzbereitschaft für die gewerkschaftliche Organisation der Arbeiterinnen; denn der erwähnte ununterbrochene Kampf ist wörtlich zu verstehen, und die Sorge um neuerliche Behinderung wurde aus leidvoller Erfahrung formuliert: I. hatte wegen ihrer gewerkschaftlichen Arbeit mehrfach vor Gericht gestanden, denn Frauen war politische Betätigung im ausgehenden 19. Jahrhundert faktisch verboten.

Gesetzgeber und Rechtsprechung schufen die äußeren Hindernisse: Das Sozialistengesetz (1878–1890) machte nahezu alle sozialdemokratisch orientierten Basisaktivitäten unmöglich, während zusätzlich das Vereinsrecht in Preußen und anderen deutschen Ländern Frauen bis 1908 die Mitgliedschaft in »politischen Vereinen« untersagte. Darunter war, wie es in einem Urteil gegen I. hieß, »jede dauernde Vereinigung mehrerer Personen zur Verfolgung bestimmter gemeinschaftlicher Ziele unter einer Leitung« zu verstehen – eine Auslegung, die der Willkür Tür und Tor öffnete. Andere Barrieren bestanden in den eigenen Reihen: Die organisierte Arbeiterschaft sah Frauen ungern in ihren Versammlungen, weil aufgrund des Vereinsrechts die Auflösung der (Männer-)Veranstaltungen zu gewärtigen war. Zudem wurde für weibliche Kollegen auch deshalb wenig Solidarität empfunden, weil sie, die Billig-Arbeitskräfte, als »Schmutzkonkurrenz« erlebt wurden. Die Teilnehmer des Sozialistenkongresses mußten 1889 in Paris, unter anderem durch eine bedeutende Rede der deutschen Delegierten I., zur »Heranziehung der Arbeiterinnen zur Gewerkschaftsorganisation« ausdrücklich verpflichtet werden.

I., später als erste Gewerkschaftsführerin Deutschlands gefeiert, stammte aus kleinbürgerlichen Verhältnissen; in Glatz war sie als Emma Rother, Tochter eines Schuhmachers, geboren und katholisch erzogen worden. »Voll Bildungshunger und Tatendrang« (Marie Juchacz) verließ die vierundzwanzigjährige Putzmacherin ihre wenig aussichtsreiche schlesische Heimat; in Berlin fand sie Arbeit, die sie brauchte, und Anregungen, die sie suchte.

Nach Kontakten zu verschiedenen damals entstehenden, zum Teil von bürgerlicher Seite unterstützten Arbeiterinnen-Vereinen wurde I. im Februar 1885 Gründungsvorstandsmitglied des herausragenden Berliner »Vereins zur Vertretung der Arbeiterinnen«. Hier wurde, wie I. es später formulierte, nicht »kleinliche Reformarbeit« geleistet; vielmehr verfolgte der neue Arbeiterinnen-Verein originär gewerkschaftliche Ziele: »Hebung der geistigen und materiellen Interessen der Mitglieder, insbesondere Regelung der Lohnverhältnisse, gegenseitige Unterstützung bei Lohnstreitigkeiten, Aufklärung durch fachgewerbliche und wissenschaftliche Vorträge, (...) Errichtung eines Arbeitsnachweises«. Daß dem Verein kurz nach seiner Gründung einige tausend Frauen beitraten und Filialen gebildet werden mußten, bezeugt den damaligen Bedarf an einer wirkungsvollen Organisation der weiblichen Arbeiterschaft, besonders der zahlreichen Textilarbeiterinnen.

Zu den ersten Initiativen I.s als Vorstandsmitglied gehörte es, branchenbezogene Versammlungen zu veranstalten und Erhebungen über die jeweiligen Arbeits- und Lohnverhältnisse in die Wege zu leiten. »Die Versammlungen der Konfektionsbranche führten sehr bald zu Vereinbarungen mit einer ganzen Anzahl wohlgesinnter Arbeitgeber, denen Lohntarife und Arbeitsordnungen, welche in gemeinsamer öffentlicher Verhandlung vereinbart waren, übergeben wurden, um sie in den Werkstätten auszuhängen.«

Nur wenige Monate nach seiner Gründung erzielte der Berliner Arbeiterinnen-Verein einen noch spektakuläreren Erfolg; Anlaß war eine von der Regierung geplante Zollerhöhung auf englisches Nähgarn. »Es wurde eine Petition gegen diesen Zoll beschlossen und allen Fraktionen des Reichstags überreicht«. Die Zollerhöhung unterblieb. Das war deshalb von so großer Bedeutung, weil die Näherinnnen Garn selbst bezahlen mußten; eine Zollerhöhung wäre voll zu ihren Lasten gegangen. Die Zoll-Debatte im Reichstag führte außerdem zu einer umfassenden Untersuchung der Lohnverhältnisse in der Wäsche- und Konfektionsbranche.

Der »Verein zur Vertretung der Interessen der Arbeiterinnen« bestand nur ein gutes Jahr; der berüchtigte »Streikerlaß« des preußischen Innenministers führte unter anderem zu einer rigideren Anwendung des Vereinsrechts. I. und den drei weiteren Vorstandsfrauen wurde der Prozeß gemacht. Der Arbeiterinnen-Verein habe politischen Charakter und sei zudem verbotswidrig »mit anderen Vereinen gleicher Art zu gemeinsamen Zwecken« (Vereinsgesetz) in Verbindung getreten. Die Frauen kamen mit Geldstrafen davon; ihr Verein wurde verboten. »Bürgerliche Zeitungen schrieben von dem Prozeß: ›Es hatte den Anschein, als säßen die Richter, die Vertreter des Klassenstaates, auf der Anklagebank‹.«

I. zählt zu den weniger bekannten Vorkämpferinnen der Arbeiterinnenbewegung; Clara Zetkin gilt als unumstrittene Führerin der proletarischen Frauenbewegung und hat die Erinnerung an I. verblassen lassen. Dabei wurde I. von Gesinnungs- und Zeitgenossinnen geschätzt als eine »kraftvolle, charakterfeste Persönlichkeit, die große Willensstärke mit persönlicher Liebenswürdigkeit« verband (Luise Zietz), und beschrieben als »unerschrockene Kämpferin gegen alle knechtenden und büttelnden Gewalten« (Clara Zetkin).

Es gab einige wenige Männer, deren Unterstützung I. besaß. Dazu gehörten der Gewerkschaftsführer Carl Legien, mit dem sich I. in späteren Lebensjahren auch privat verband, und der Apotheker Emmanuel Ihrer, den I. geheiratet hatte. Er half bei der Finanzierung der von I. herausgegebenen Zeitung *Die Arbeiterin*, ein Blatt, »das in verständlichster und schlichtester Weise den Frauen die für das ganze Volk wichtigen Tagesfragen erläutert«. Die Zeitschrift ging nach einem Jahr über in *Die Gleichheit*, die zunächst ebenfalls von I., dann aber von Clara Zetkin in Stuttgart redigiert wurde.

In den zwei Jahrzehnten, die I. nach dem Fall des Sozialistengesetzes (1890) noch blieben, hatte sie nicht nur immer wieder gegen Behinderungen durch »die Obrigkeit« zu kämpfen, sondern auch gegen »Rückständigkeit und Unverstand in den Kreisen der Arbeiterschaft« (Luise Zietz). Dabei wollte I., entsprechend marxistischer Anschauung, für die weibliche Arbeiterschaft keineswegs eine Sonderrolle. »Die proletarische Frau kämpft nicht gegen die Männer ihrer Klasse, sondern im Verein mit den Männern ihrer Klasse gegen (...) die kapitalistische Gesellschaft«.

Dieser Standpunkt machte I. und ihren Mitstreiterinnen eine Zusammenarbeit mit Frauen anderer Gesellschaftsschichten prinzipiell unmöglich: »Wir erkennen an, daß wir mit den bürgerlichen Frauenrechtlerinnen eine Reihe von Reformforderungen gemeinsam haben, die darauf hinauslaufen, der Geschlechtssklaverei des Weibes ein Ende zu bereiten. Wir aber wollen nicht nur diese Geschlechtssklaverei, sondern die Klassensklaverei des Proletariats abschaffen. (...) Die Klasseninteressen stehen über den Geschlechtsinteressen«. Die Realität innerhalb der organisierten Arbeiterschaft war allerdings eher umgekehrt. August Bebel, neben Carl Legien ein früher Vorkämpfer für Frauenrechte, betrachtete die Frauenfrage zwar, wie I., als eine Klassenfrage, mußte aus Erfahrung aber feststellen: Frauen sollten »so wenig auf die Hilfe der Männer warten, wie die Arbeiter auf die Hilfe der Bourgeoisie warteten«.

Mit scheinbar unerschöpflicher Energie verfolgte I. ihre Ziele weiter. Sie verfaßte Schriften zur gewerkschaftlichen Organisation der Arbeiterinnen, schrieb Zeitungsartikel, unternahm Vortragsreisen, initiierte zur Umgehung der vereinsrechtlichen Beschränkungen Agitationskommissionen, erlebte auch deren Verbot, war dennoch an der Gründung mehrerer kleinerer Gewerkschaften beteiligt, wurde 1890 erstes und einziges weibliches Mitglied der Generalkommission der Gewerkschaften, verzichtete 1892 auf dem ersten Kongreß der Gewerkschaften Deutschlands aber aus nicht überlieferten Gründen auf eine Kandidatur für einen Vorstandssitz; vielleicht sah sie an anderer Stelle bessere Möglichkeiten für frauenpolitische Arbeit.

1904 wurde I. Vorsitzende des ersten gewerkschaftlichen Frauenkomitees, das die Gründung eines Arbeiterinnen-Sekretariats bei der Generalkommission der Gewerkschaften erreichte – Vorläufer der Abteilung Frauen beim DGB-Bundesvorstand. Die letzte bedeutende Initiative vor I.s frühem Tod war ihre Mithilfe bei der Schaffung der äußerst schwierigen Dienstboten-Organisation; 1909 wurde der »Zentralverband der Hausangestellten Deutschlands« gegründet. Ein Jahr zuvor war Frauen per Reichsgesetz die Mitgliedschaft in »politischen Vereinen« endlich gestattet worden. I.s Partei, die SPD, hatte übrigens im Reichstag dagegen gestimmt – weil es Minderheiten weiterhin benachteiligte.

Dertinger, A.: Die bessere Hälfte kämpft um ihr Recht. Köln 1980. – Juchacz, M.: Sie lebten für eine bessere Welt – Lebensbilder führender Frauen des 19. und 20. Jahrhunderts. Hannover 1971. – Schneider, D. (Hg.): Sie waren die ersten – Frauen in der Arbeiterbewegung. Frankfurt/Main 1988.

Antje Dertinger

Imbusch, Heinrich

Geb. 1. 9. 1878 in Oberhausen; gest. 16. 1. 1945 in Essen

»Wir wollen keine Rückkehr zu der Zeit, wo es nur Untertanen gab und einige Herrschende, sondern wir wollen Freiheit, Gleichberechtigung, und wir wollen unseren gerechten Anteil an den Wirtschafts- und Kulturgütern«. So rief I. auf der letzten Generalversammlung des christlichen Bergarbeiterverbandes im März 1933.

I., als Sohn eines Haus (»Kotten«) und Grund besitzenden »Kötterbergmanns« im westlichen Ruhrgebiet geboren, folgte nach der Schulentlassung dem Vater und dem älteren Bruder in den Bergbau. Als Neunzehnjähriger trat I. 1897 dem drei Jahre zuvor gegründeten »Gewerkverein christlicher Bergarbeiter« bei und wurde nach dem großen Ruhrbergarbeiterstreik von 1905 als Redakteur des Verbandsorgans angestellt. Das kirchlich geprägte Milieu der katholischen Arbeiter des Ruhrreviers, in dem I. aufwuchs und erste gewerkschaftliche und politische Aufgaben übernahm, bildete den Nährboden der katholischen Arbeiterbewegung und der christlichen Gewerkschaften. Die nachwachsende Arbeitergeneration der Jahrhundertwende war nicht gewillt, sich unter die Vormundschaft der traditionellen Wortführer des politischen Katholizismus stellen zu lassen. Die erbitterten Auseinandersetzungen, die die jungen katholischen Arbeiter mit der Kirche hatten, hinterließen ebenso deutliche Spuren in I.s Denken und Handeln wie das konfliktgeladene Arbeitsklima im Ruhrbergbau und die schroffe Konfrontation, mit der die Ruhrunternehmer den Gewerkschaften begegneten. Die alltägliche Diskriminierung der Arbeiter durch Polizei, Justiz und Verwaltungsbehörden tat ein übriges, um der von I. vertretenen Formel von der Gleichberechtigung des »Arbeiterstandes« in Wirtschaft, Staat und Gesellschaft einen sehr konkreten Erfahrungshintergrund zu geben. Schon in den Jahren vor dem Ersten Weltkrieg formulierte I. im Verbandsorgan, auf Generalversammlungen und in diversen Broschüren Forderungen seiner Gewerkschaft.

I.s Denken erhielt starke Impulse von Schulungskursen des »Volksvereins für das katholische Deutschland«, dessen intellektuelle Vordenker um 1900 die Programmatik der christlichen Gewerkschaftsbewegung den Stempel aufdrückten. Einesteils ging es um die Vereinbarkeit gewerkschaftlicher Interessenvertretung mit dem christlichen Glauben: Sie wurde bejaht und mit Geboten aus der Bibel begründet. Die christlichen Gewerkschaften akzeptierten die kapitalistische Wirtschaftsordnung und den wilhelminischen Staat. Man erstrebte die Anerkennung als Tarifpartner durch die Arbeitgeber und die »Gleichberechtigung« von Kapital und Arbeit. So dachte auch I.. Im Unterschied zu vielen anderen christlichen Gewerkschaftlern distanzierte er sich jedoch seit der Novemberrevolution 1918 deutlich vom preußisch-deutschen Obrigkeitsstaat und deren Herrschaftseliten, denen er Reformunwilligkeit vorwarf.

Im Januar 1919 wurde I. in die verfassungsgebende Nationalversammlung gewählt, im Sommer des gleichen Jahres übernahm er den Vorsitz des christlichen Bergarbeiterverbands. Bis 1933 hatte I. ununterbrochen ein Reichstagsmandat für die (katholische) Zentrumspartei. Seit 1929 war er Vorsitzender des »Deutschen Gewerkschaftsbundes«, des Dachverbandes der christlich-nationalen Arbeiter- und Angestelltengewerkschaften. Es war bezeichnend für I.s Denken, daß er weniger das parlamentarische Regierungssystem mit seinem freien, gleichen und direkten Wahlrecht als zentralen Aspekt des neuen Staates ansah, als diejenigen Verfassungsartikel und Gesetze, die die Gleichberechtigung der Arbeiter und ihre Mitbestimmungsansprüche in der Wirtschaft sichern sollten. Im übrigen betrachtete er Verfassung und Gesetzgebung eher als Maschinerie, deren Funktionsfähigkeit von der Gesinnung und dem guten Willen der politisch Handelnden abhing.

Als im Herbst 1923 auf dem Höhepunkt der Krise in Wirtschaft und Politik die Ruhrunternehmer die Schwäche der Arbeiterorganisationen zum Versuch nutzten, sich der Gewerkschaften zu entledigen und zum Status quo ante 1918 zurückzukehren, sah I. nicht nur die Errungenschaften der Arbeiterklasse, sondern zugleich die Grundlagen der Republik in Frage gestellt. Das offenkundige Scheitern einer auf dem Konsens von Arbeitgebern und Gewerkschaften basierenden Wirtschaftsverfassung ließ seine Hoffnung auf einen Gesinnungswandel der Großunternehmer schwinden. Er ging in den folgenden Jahren anders als die meisten seiner Kollegen in den christlichen (und den sozialistischen) Gewerkschaften auf scharfen Konfrontationskurs gegenüber den Unternehmern und forderte schließlich seit 1932 trotz weiterbestehender Gegnerschaft zum Sozialismus die Verstaatlichung des Bergbaus.

Seit Mitte der zwanziger Jahre sah I. die »soziale Reaktion« am Werk, die die 1918/19 erreichte »Höherbewertung« der Arbeiterschaft rückgängig machte und den alten »Klassenstaat« mit seiner rigiden sozialen Hierarchie wieder aufrichtete. Die parlamentarische Demokratie hielt er nur dann für lebensfähig, wenn sie der Arbeiterschaft soziale Entfaltungsmöglichkeiten bot. Die Entwicklung der Weimarer Republik bestärkte I. in dieser Einstellung. Der Kampf um ökonomische und soziale Machtpositionen bestimmte nun zunehmend sein Denken und Handeln. Für I. besaß die gewerkschaftliche Interessenvertretung Priorität. Daher lehnte er die nationalistisch-protofaschistische »Volksgemeinschafts«-Ideologie ab, die sein Rivale in der christlichen Gewerkschaftsbewegung propagierte.

I.s um die Frage der Gleichberechtigung der Arbeiterschaft zentriertes Demokratieverständnis bestimmte in hohem Maße auch seine Stellungnahmen zum Nationalsozialismus. Die Gefahr für die Demokratie ging für ihn nicht so sehr vom diktatorischen Machtwillen des »Führers« aus, sondern von den reaktionären Koalitionspartnern Hitlers, Alfred Hugenberg und Franz von Papen, den, wie I. meinte, Drahtziehern der Nazibewegung. I. glaubte im Frühjahr 1933, durch Fühlungnahme mit den Arbeitnehmer-Funktionären der NSDAP den Einfluß der Großindustrie auf die Regierung Hitler konterkarieren zu können. Schon im Mai 1933 mußte I. in das noch unter Völkerbund-Mandat stehende Saargebiet fliehen. Er war dort 1934/35 einer der Wortführer der katholischen Opposition gegen die Rückgliederung. Anfang 1935 ging er mit seiner Familie nach Luxemburg und unterhielt dort Kontakte mit Exilgruppen, ohne öffentlich hervorzutreten. 1940 mußte I. in Brüssel untertauchen. Es gelang ihm Anfang 1942, zu seiner nach Essen zwangsrückgesiedelten Familie zu gelangen, wo er sich noch drei Jahre lang versteckt hielt, bis er kurz vor Kriegsende an den Folgen einer Lungenentzündung starb.

Schäfer, M.:, Heinrich Imbusch. Christlicher Gewerkschaftsführer und Widerstandskämpfer. München 1990. – Schneider, M.: Die Christlichen Gewerkschaften 1894–1914. Bonn/Bad Godesberg 1982.

Michael Schäfer

Itzstein, Johann Adam von

Geb. 28. 9. 1775 in Mainz; gest. 14. 9. 1855 in Hallgarten

»Füllt die Gläser bis zum Rande!/ Brüder, stoßet an!/ Denn es gilt dem Vaterlande,/ Gilt dem bravsten Mann./ Vaterland, freue dich!/ Deine Nacht wird immer heller:/ Itzstein, unser Stern,/ Leuchtet nah und fern./ Beide sind ja ungetrennet:/ Wo man's deutsche Land/ Irgendwo auf Erden nennet,/ Ist auch Er genannt.« Der in diesem Freiheitslied von Hoffmann von Fallersleben 1844 gefeierte Parlamentarier und Oppositionsführer I. gehörte zu den bedeutendsten vormärzlichen Vertretern der liberalen und nationalen Bewegung, von seinen Zeitgenossen der »liberale Metternich« und von diesem selbst der »erste praktische Radikale« genannt. Er war ein Politiker, der auch bei politischen Gegnern Vertrauen genoß und bei der Bevölkerung außerordentlich beliebt war. Heute ist er eher unbekannt, und das obwohl er seine liberalen Mitstreiter im großherzoglich badischen Landtag in Karlsruhe, Karl von Rotteck und Karl Theodor Welcker sowie seine radikaleren Freunde wie den Leipziger Demokraten Robert Blum und der badische 1848er-Revolutionär Friedrich Hecker an parteipolitischer Integrations- und Führungsqualität häufig übertraf und sie entgegen allen ideologischen Differenzen sogar unter dem Dach einer parlamentarisch übergreifenden »Partei« vereinigen konnte.

I., als vorletztes von insgesamt 14 Kindern eines kurmainzischen Geheimen Rats und Direktors des Hofgerichts in Mainz geboren, gehörte einer im Rheingauischen alteingesessenen Familie an, die Mitte des 18. Jahrhunderts in den erblichen Adelsstand erhoben worden war. Er hatte zunächst mit dem Besuch der Domschule und der höheren Lehranstalten seiner rheinischen Geburtsstadt eine standesgemäße Ausbildung eingeschlagen, die er nach erfolgreichem Abschluß 1792 mit der Aufnahme eines Jurastudiums an der Universität Mainz fortsetzte. Im Zuge des österreich-preußischen Krieges gegen Frankreich 1792 und der Besetzung der Stadt durch die Franzosen im selben Jahr kam er mit den freiheitlich-demokratischen Idealen der Französischen Revolution in Berührung, die ihm vor allem durch regelmäßige Besuche im Mainzer Jakobinerklub (1792/93) vermittelt wurden. Nach dem Studienabschluß nahm er zwischen 1797 und 1808 verschiedene Tätigkeiten wahr, u.a. als Ober- und Vogteiamtspraktikant im kurmainzischen Amorbach, als Syndikus der dort ansässigen Benediktinerabtei sowie schließlich als Rat der Justizkanzlei des Fürsten von Leiningen. Nach der Mediatisierung des Fürstentums und der rheinbündischen Neuordnung (1806) wurde I. gegen seinen Willen 1809 in großherzoglich badische Dienste übernommen und als Oberamtmann in Schwetzingen angestellt.

Seine ersten Erfahrungen in der aktiven Politik machte I. in Schwetzingen bei der Unterstützung der einheimischen Liberalen im Wahlkampf von 1819, worauf er von der badischen Regierung per Kabinettsbefehl als Hofgerichtsrat nach Mannheim »strafversetzt« wurde. Mit der Umsiedlung in die Residenzstadt begann jedoch erst I.s eigentliche parteipolitische Karriere, die sein Freund Hoffmann von Fallersleben später in seiner Biographie I.s mit den Worten charakterisierte, daß »die Geschichte der badischen Landtage zugleich auch die Geschichte seines Lebens« sei. Im März 1822 wurde der Siebenundvierzigjährige als Vertreter der Stadt Mannheim in den zweiten badischen Landtag gewählt. Hier profilierte er sich vor allem bei den Beratungen zur Bewilligung des großherzoglichen Militärbudgets im Januar 1823, in deren Verlauf er eine knappe Mehrheit der Abgeordneten für die Ablehnung des überhöhten Budgetantrags gewann. Nach Auflösung des Landtages Ende desselben Monats wollte die Regierung I. zur Strafe an das Hofgericht nach Meersburg an den Bodensee versetzen, doch er konnte sich dieser Anordnung erfolgreich widersetzen. Da I. zu den Landtagen von 1825 und 1828 auf Druck der Regierung nicht wiedergewählt wurde, konnte er erst in dem veränderten politischen Klima nach der französischen Julirevolution (1830) wieder aktiv werden. Im Zuge der bei den Wahlen zum badischen Landtag von 1831 siegenden liberalen Opposition zog I. als Abgeordneter seines alten Ämterwahlbezirks Philippsburg-Schwetzingen in die zweite Kammer der Landstände ein. Hier hatte er das gewählte Amt eines Kammerpräsidenten und den Vorsitz der Budgetkommission inne. Zusammen mit Rotteck und Welcker bildete er das unumstrittene Führungstrio der oppositionellen Liberalen.

Sein Interesse an der nationalen Entwicklung Deutschlands und die Einsicht, daß angesichts des nach den Wiener Bundesbeschlüssen von 1832 wiedererstarkten Deutschen Bundes nur ein überregionaler, möglichst breiter Zusammenschluß aller liberalen Parlamentarier und Politiker Deutschlands die Freiheitsforderungen am nachhaltigsten vertreten könne, ließen I. seit 1832 mit Oppositionellen anderer Länder Kontakt aufnehmen. Zu den rund 30 Politikern, die dann den »Hallgartener Kreis« zwischen 1839 und 1846 frequentierten, zählten nach I.s Angaben neben badischen Altliberalen und Demokraten auch preußische, württembergische, sächsische und hessische Linksliberale. Die politisch differenzierte Zusammensetzung des Kreises wirft die Frage nach der alle Mitglieder verbindenden ideellen Basis und gemeinsamen Zielsetzung auf. I. selbst sah den Zweck der Vereinigung in der, wie er sich 1845 ausdrückte, »Gleichschaltung der parlamentarischen Länderoppositionen«: So hätten sich die politischen »Freunde« im Jahre 1842/43 bei ihm in Hallgarten versammelt, »um sich über eine, soweit möglich, gleiche Haltung der Kammern, besonders in Betreff der Hauptanträge, z.B. freie Presse, Öffentlichkeit und Mündlichkeit des Verfahrens, Geschworenengerichte, Verantwortlichkeit der Minister usw. zu besprechen«.

Als I. und Hecker auf einer gemeinsam unternommenen Rundreise durch Norddeutschland im Mai 1845 aus Berlin und den preußischen Staaten ausgewiesen wurden, erreichte I. den Zenit seiner Popularität. Dies glaubten die demokratisch gesinnten Hallgartener nutzen zu können, um ihren Einfluß auf Kosten der konstitutionellen Liberalen auszuweiten. Doch diese, die sich um die in Heidelberg Anfang 1847 gegründete *Deutsche Zeitung* scharten, gingen nun ihrerseits auf Konfrontationskurs. I. suchte gegen starken Widerstand auf beiden Seiten zu vermitteln. Im September 1847 trafen sich die Demokraten unter Gustav von Struves und Heckers Leitung in Offenburg. Anfang Oktober berieten sich die Liberalen in Heppenheim in Anwesenheit I.s. Er rechtfertigte seine Teilnahme damit, daß er eine parteiinterne Spaltung des Liberalismus habe verhindern wollen, und man zudem danach streben müßte, »eine Versammlung aus dem Westen und Norden zu veranstalten, um das zu erreichen, was dem zerrissenen Deutschland so sehr Noth thut, nämlich Einigkeit und Vereinigung«.

Trotz der Abkehr der Heppenheimer Liberalen und auch der »Offenburger Demokraten« von der in Hallgarten festgelegten Linie einer gesamtdeutschen liberalen Bewegung wurde I. nach wie vor als »Parteiführer« anerkannt. Dies belegen nicht nur die vielen zu seinen Ehren veranstalteten »Itzsteinfeste« oder die Appelle vieler Liberaler an ihn, im Jahre 1848 »die Gunst des Augenblicks nicht vorübergehen zu lassen« und eine Versammlung deutscher Oppositioneller einzuberufen, sondern auch Initiativen I.s kurz vor und während der Revolution 1848: So fand unter seinem Vorsitz schon am 27. Februar in Mannheim eine Volksversammlung statt, in der Politiker verschiedenster Couleur zusammen mit den Bürgern der Stadt eine Petition an die badische Kammer formulierten, die die »gerechten Forderungen« des Volkes enthielt und deren Erfüllung anmahnte. Als Vizepräsident des von ihm mit angeregten Vorparlaments gelang es I. immer wieder, in der Frage der zu schaffenden Staatsform für Deutschland zwischen Republikanern und Konstitutionellen zu vermitteln und dadurch ein vorzeitiges Auseinanderbrechen der gesamtdeutschen Opposition zu verhindern.

Neben dieser aktiven parteipolitischen Tätigkeit bis in die Tage der Frankfurter Paulskirche hinein, vollzog I. zwischen 1832 und 1846 auch eine ideologisch-politische Entwicklung, die ihn, beeinflußt durch seine Erfahrungen mit den Auswirkungen der Französischen Revolution auf Deutschland, dazu führte, von originär liberalen Standpunkten abzurücken, und die zugleich seine Begeisterung für freiheitlich-demokratische Ideen in den Vordergrund treten ließ. Zwar kämpfte er in den 1830er Jahren für die Verwirklichung einer liberaleren Verfassung und Gesetzgebung in seinem Heimatstaat, doch seine programmatische Zielsetzung konkretisierte sich erst im Rahmen der Zusammenarbeit mit seinen »Parteifreunden« im »Hallgartener Kreis«, und zwar so, daß er die Schaffung eines einheitlichen deutschen Staates mit einer parlamentarisch-demokratischen statt einer bloß konstitutionellen Grundordnung anstrebte. Daß er dieses Ziel auf legalem Wege zunächst durch die Mitarbeit im badischen Landtag und dann durch die auf Effektivität ausgerichtete Zusammenfassung aller oppositionellen Bestrebungen in einer überregionalen Organisation bzw. »nationalen Partei« verwirklichen wollte, zeichnet ihn als einen der bedeutendsten linksliberalen Oppositions- und »Parteiführer« in Deutschland aus. In die Frankfurter Nationalversammlung gewählt, schloß sich I., inzwischen 72 Jahre alt, dem gemäßigten Teil der demokratischen Linken, der Fraktion »Deutscher Hof« an.

Das Ende von I.s politischer Karriere war eng mit dem Scheitern der deutschen Revolution von 1848/49 verbunden. Nach der Auflösung des Stuttgarter Rumpfparlaments am 18. Juni 1849 begab er sich zunächst auf sein Gut in Hallgarten im Rheingau, doch mußte er von dort aus vor den preußischen Truppen, die ihn der Teilnahme am badischen Aufstand von 1849 verdächtigten, ins Elsaß und anschließend in die Schweiz fliehen. Erst im Jahre 1850, als er per Gerichtsbeschluß von dem Verdacht freigesprochen worden war, konnte er nach Deutschland zurückkehren. Allerdings war seine Gesundheit durch die Flucht so stark angegriffen, daß er sich ganz ins Privatleben nach Hallgarten zurückzog. Eine Gehirnerweichung verschlimmerte seinen Zustand und ließ den »Kämpfer für Deutschlands Einheit« in den letzten Jahren seines Lebens dahindämmern.

Roßkopf, J.: Johann Adam von Itzstein. Ein Beitrag zur Geschichte des badischen Liberalismus. Mainz 1954.

Birgit Bublies-Godau

Iwand, Hans Joachim

Geb. 11. 7. 1899 in Schreibendorf; gest. 2. 5. 1960 in Bonn

Nach den Reden am »Tag der Heimat« 1959 schrieb I. in einem Leserbrief in der *Welt*: Wer nach 1933 »das Recht auf Heimat der anderen so gewissenlos mit Füßen trat, sollte heute wenigstens schweigen.« Als er daraufhin beschimpft wurde als »Schrittmacher des Bolschewismus« und »Feind der freiheitlichen demokratischen Grundordnung«, reagierte er: »Wir können nicht, gedeckt durch einige Theologen, mit der Forderung nach dem schöpfungsmäßig sanktionierten Recht auf Heimat vor die Welt hintreten, als (...) hätte man uns die Heimat genommen (...). Wir haben selbst das Recht auf Heimat zerfetzt und beschmutzt (...). Recht auf Heimat ist für uns nicht eine Frage der Grenzen (...). Die Friedensfrage geht aus sittlichen Gründen der Grenzfrage voran«. Das Beispiel belegt, wie I. Vergangenheit weder verdrängte noch verklärte, sondern sie kritisch in seine wachsenden Erkenntnisse und Erfahrungen einordnete und wie seine Biographie und Theologie stark mit Geschichte und Politik verschränkt war.

In einem schlesischen Landpfarrhaus in »national-sozialem« Geist Friedrich Naumanns aufgewachsen, wurde I. noch im April 1918 eingezogen und nach Kriegsende bis Mai 1919 beim Grenzschutz der Provinz Posen eingesetzt. Im März 1920 marschierte er mit einem Freikorps nach Berlin, um am Kapp-Putsch zur Beseitigung der Republik teilzunehmen und beteiligte sich im Mai 1921 gegen polnische Freischaren an der Erstürmung des Annabergs. Erste Zweifel an der Idee des Soldatentums kamen I. 1933. Das Erleben des Zweiten Weltkrieges und die Gefahr atomarer Totalvernichtung nach 1945 ließen ihn Pazifist werden.

I. studierte in Breslau und Halle Theologie (1917/18, 1919–1921). Der Systematiker Rudolf Hermann (1887–1962) wurde sein Lehrer und Freund. Durch ihn lernte I. Kant, Hegel, Schleiermacher und vor allem Luther kennen. Durch Hermanns Vermittlung wurde I. Inspektor des »Lutherheims«, einem Theologenkonvikt in Königsberg (1923–1934). Hermann begleitete auch I.s Promotion (1924) und Habilitation (1927). I. wollte Glauben und Wissen vereinigen, d.h. die Lebensanschauung konsequent vom Glauben aus durchdringen. Im Oktober 1930 erhielt I. einen Lehrauftrag. Im Januar 1931 schrieb er Hermann: »Die Studenten wollen heute doch mehr politische Bildung – und sie haben ein gutes Recht dazu, wie ich meine«. Als er im Mai »die Entfremdung der Kirche vom wirklichen Leben« beklagte, das Ende einer Epoche kommen sah und besorgt war, »ob dies Ende nicht ein entsetzliches Gericht sein wird«, wies ihn Hermann zurecht, da er befürchtete, I. nähere sich der Kirchenkritik Karl Barths und Günther Dehns. I. dementierte das sofort. »Die Gefahren, die jetzt aufbrechen, habe ich seit Jahren gefühlt, gebe Gott, daß wir nicht ganz untergehen«, schrieb er im April 1933. Die »Deutschen Christen« sah er als Ausläufer und Erben einer langen Entwicklung, die theologisch aufzuarbeiten sei. Nicht die sogenannte nationale Ausrichtung des Nationalsozialismus, sondern dessen Rassenideologie lehnte er ab. Sensibilisiert war er dafür durch seine Frau, Ilse Ehrhardt, die als »Halbjüdin« zu den Verfolgten gehörte. Die Übernahme des Rassedogmas durch die Kirche war ein »Verrat des Glaubens«. Mit dem Neutestamentler Julius Schniewind bemühte I. sich, bei Pfarrern und Studenten dagegen anzukämpfen. Seine Stellung als Inspektor wurde unhaltbar. Um ihn aus Königsberg zu entfernen, übertrug man ihm die Verwaltung einer Dozentur für Neues Testament am Herderinstitut in Riga. Im Frühjahr 1935 wurde ihm jedoch die Lehrbefugnis entzogen.

In den Jahren 1933 und 1934 war auch in Ostpreußen die Bekennende Kirche (BK) entstanden, die zunächst stärkere Verbindung zu den lutherischen Landeskirchen suchte. Der Konfessionalismus und die Kompromisse der Lutheraner mit dem NS-Staat veranlaßten I., sich immer mehr dem Flügel um Martin Niemöller zuzuwenden. In einem Flugblatt verteidigte er im Januar 1936 die BK, die von ihren Bekenntnissen in Barmen (Mai 1934) und Dahlem (Oktober 1934: Erklärung kirchlichen Notrechts) nicht ablasse.

Als die BK im März 1936 im ganzen Reich in einen lutherischen und einen bruderrätlichen Flügel auseinanderbrach, versuchte I. – vergeblich – Brücken zu schlagen. Der zunehmenden Distanz zu Rudolf Hermann entsprach eine Öffnung gegenüber Karl Barth. Dessen Sicht des Verhältnisses von Evangelium und Gesetz und die politischen Konsequenzen lehnte I. jedoch ab. Gegen Barth äußerte er 1936: »Wir bilden hier keine Fronde gegen den Staat«. Die Abwehr der NS-Ideologie könne nicht auf den »Raum der Kirche« beschränkt werden. Die Unterscheidung zwischen Ideologie und Politik teilte I. mit den Konservativen.

Bereits im Sommer 1935 war ihm Aufbau und Leitung des ostpreußischen Predigerseminars der BK übertragen worden. Im Juni 1937 mit Reichsredeverbot aus Ostpreußen ausgewiesen, fand er mit dem Seminar Aufnahme in Dortmund. Himmler-Erlaß, Haft und erneute Ausweisung machten die Weiterarbeit unmöglich. I. wurde Hilfsprediger der St. Marienkirche in Dortmund (1938–1945). Obwohl er für die Aufnahme in Westfalen dankbar war, fühlte er sich wie im Exil. Hier sei zuviel von Kirche und zuwenig vom Evangelium die

Rede, die »Theologie des Wortes Gottes« durch die »Theologie der Bekenntnisschriften« ersetzt worden, an die Stelle der Auseinandersetzung der Kirche mit ihrer Tradition sei die Verchristlichung der Welt getreten. In dieser »Metamorphose unter den Theologen der Bekennenden Kirche« sah I. die Wurzel für manche Fehlentscheidungen nach 1945.

Im August 1945 nahm I. an den Konferenzen zur Neuordnung der Evangelischen Kirche in Frankfurt am Main und Treysa teil. Er wurde einer der heftigsten Kritiker des lutherischen Konfessionalismus, bemüht, die Aufspaltung der Kirche zu verhindern. Die Aufnahme von »Barmen« in die Grundordnung der »Evangelischen Kirche in Deutschland« (EKD) 1948 sah I. als Erfolg. Der Kirchenkampf jedoch habe mit einer Niederlage geendet, da die Bekenntnissynode in Dahlem 1934 im Blick auf das Verhältnis von Kirche, Staat und Gesellschaft bereits weitergehende Beschlüsse gefaßt hatte.

Wie kein anderer reflektierte I. alles theologische Denken im geschichtlichen Kontext. An Martin Niemöller schrieb er: »Ich will Ihnen gern gestehen, daß ich seit 1945 mich viel mit jenen Vorgängen des vorigen Jahrhunderts beschäftigte, die dem Sturz Napoleons in Europa folgten, und befürchte, daß wir in Gefahr sind, wieder in jene alten Gleise einzubiegen, die sich bereits damals als tote Gleise erwiesen haben.« Ein Ergebnis dieses Nachdenkens war *Das Wort des Bruderrates der EKD zum politischen Weg unseres Volkes* vom 8. August 1947, für das I. den grundlegenden Entwurf vorlegte. Er wollte die Kirche in der konkreten Situation des beginnenden Kalten Krieges vor der Fortsetzung des Weges warnen, der bereits in die »Katastrophe des Jahres 1933« geführt hatte. Den nationalistischen Irrweg und seine weltanschauliche Überhöhung (These 2–4) sah er fortgesetzt, wenn sich die Kirche nochmals bestimmen lasse von der »Parole: Christentum oder Marxismus«: »Diese Parole hat uns verführt zu schweigen, als wir zum Zeugnis für Recht und Freiheit gefordert waren, und denen politisch zu folgen, denen wir als Christen widerstehen mußten.« I.s Entwurf ist durch Formulierungen anderer entschärft worden und wird deshalb heute nur noch als Schuldbekenntnis verstanden.

I. ging es um Umkehr. So versuchte er, den geflüchteten und vertriebenen Ostpreußen bereits 1947 zu erklären, daß Volkstum und Vaterland nicht zu den göttlichen Schöpfungsordnungen gehörten und die 800jährige Geschichte im Osten zu Ende sei. In Beienrode bei Helmstedt kaufte er 1949 ein Gut und schuf für Vertriebene das »Haus der helfenden Hände« als neues Zentrum der Begegnung. So setzte I. frühzeitig den Vertriebenenverbänden etwas entgegen.

Im Oktober 1945 wurde I. als Professor für Systematische Theologie nach Göttingen berufen. Von 1952–1960 lehrte er in Bonn. »Die theologische Arbeit der Kirche muß in einer steten Bewegung geschehen«, schrieb I. 1950. Dieser Satz ist für sein theologisches Wirken charakteristisch. Er verfolgte theologische Entwicklungen bis zu ihrer Wurzel, ordnete sie in die politische und philosophische Geschichte ein und zeigte Wendepunkte und deren Konsequenzen für die Gegenwart auf. *Von Ordnung und Revolution*, *Bibel und soziale Frage*, *Kirche und Gesellschaft* lauten einige Titel seiner Studien. Von der Bewegung in Barths *Kirchlicher Dogmatik* (I-IV, 1932–1959) ließ er sich mitnehmen. Da alle Theologie der Verkündigung dient, gründete I. 1946 die »Göttinger Predigtmeditationen«, die Jahrzehnte West und Ost verbanden und noch bestehen. In der Bonner Zeit rückte der »Frieden mit dem Osten« immer mehr in den Mittelpunkt der Arbeit I.s. Als es noch alles andere als selbstverständlich war, reiste er mehrfach in die Tschechoslowakei und die Sowjetunion, trat für Schuldbekenntnis und Versöhnung ein und war 1958 Mitbegründer der Prager »Christlichen Friedenskonferenz«. Aus dem echten Mit- und Nebeneinander der Völker erhoffte er »die wahre Erneuerung unseres Kontinents, die nach 1918 fällig war und von den Nationalisten und Faschisten verzögert und verhindert wurde (...). Hier (...) sehe ich heute den wahren Fortgang der Bekennenden Kirche!, ihre eigentliche politische Bewährung«.

Vogel, H.: Männer der Evangelischen Kirche in Deutschland. Berlin 1962.

Hartmut Ludwig

Jachmann, Reinhold Bernhard

Geb. 16. 8. 1767 in Königsberg; gest. 28. 9. 1843 in Thorn

J. kam aus kleinbürgerlichen Verhältnissen. Sein Vater war Schuhmacher in Königsberg: Dort besuchte J. die Schule, das Gymnasium und die Universität. Er studierte zwar Theologie, sein eigentliches Interesse galt aber der Philosophie, insbesondere der Philosophie Kants. In Kants philosophischen Kategorien verfaßte und veröffentlichte er seine erste Schrift, *Prüfung der Kantischen Religionsphilosophie in Hinsicht auf die ihr beigelegte Aehnlichkeit mit dem reinen Mysticismus* (1800), die Kant so gut gefiel, daß er dazu ein Vorwort verfaßte. Drei Jahre später legte J. *Immanuel Kant, geschildert in Briefen an einen Freund* (1804) vor. Diese Schriften veranlaßten Kant, J. gegenüber den Wunsch zu äußern, er möge einmal seine Biographie schreiben. In diesen philosophischen Studien, insbesondere im Studium Kants, ist die Wurzel von J.s neuhumanistischer Orientierung zu suchen. Diese hat er versucht, als Pädagoge in berufliche Praxis umzusetzen. Er gehörte zu denjenigen Theologen und Philosophen der Aufklärung, die ihre Predigt als Aufklärung und ihre

Philosophie als erzieherische Praxisgrundlage verstanden. Seine erste berufliche Position war 1794 die Stelle eines Rektors der »Gelehrten Schule« in Marienburg (Westpreußen) und als sogenannter »Dritter Prediger« eben dort. Schule war damals noch Kirchenangelegenheit.

J.s Ruf als Pädagoge sowie seine Kantschrift führten dazu, daß er 1801 zum Direktor des »Provinzialschul- und Erziehungsinstituts« in Jenkau bei Danzig berufen wurde. Er erhielt dort unbeschränkte Vollmacht und nahm bedeutsamen Einfluß auf diese Einrichtung, die von Freiherr C. F. von Conradi gestiftet worden war und unter dem Namen »Conradium« in die Geschichte der Pädagogik eingegangen ist. Dieses Internat versuchte ein modernes Erziehungs- und Bildungskonzept umzusetzen. In der ersten Zeit wurde in zwei Abteilungen ausgebildet. In der ersten, größeren ging es um eine auf bürgerliche Erwerbstätigkeit ausgerichtete, praxisorientierte Schule, in der landwirtschaftliche und gewerbliche Fähigkeiten neben einer Grundbildung vermittelt wurden. Die zweite Abteilung widmete sich der Vorbereitung auf das Universitätsstudium und dominierte später die ganze Einrichtung.

In diese Schulidylle brach der französisch-preußische Krieg von 1806 ein. 1807 wurde vor den Augen der »Conradier« Danzig belagert. Die nachfolgende französische Fremdherrschaft führte zu einer ersten Welle von Nationalismus unter den Intellektuellen der Zeit. Aufklärung, Neuhumanismus und Nationalismus gingen eine Symbiose ein, die neuhumanistischen Vorstellungen von Gleichheit und Individualität des Menschen wurden politisiert. Demokratische Vorstellungen erwuchsen daraus im Widerspruch zur französischen Tradition der Revolution, da letztere sich nunmehr praktisch als napoleonische Fremdherrschaft äußerte.

Schon im Conradium vor 1807 fiel »Standespersonen« unangenehm auf, daß alle Schüler gleich behandelt wurden, daß alle gleiche Kleidung trugen, per Sie und mit Nachnamen angeredet wurden und Adelige auf die Anrede mit Adelsprädikat verzichten mußten. Alle Schüler sollten nach ihrer Begabung und ihren Fähigkeiten gefördert werden ohne jegliche Standesunterschiede. Diese Vorstellung von der Gleichheit der Menschen ging soweit, daß J. forderte, alle Schüler, auch die Kinder einfacher Eltern, sollten Griechisch lernen, da die griechische Sprache es ihnen erlaube, die attische Demokratie und die griechische Philosophie verstehen zu lernen.

1809 veröffentlichte J. eine erste systematische Zusammenfassung seiner pädagogisch-politischen Vorstellungen, die nunmehr auf eine »Nationalerziehung« zielten. Es waren bürgerlich-demokratische Vorstellungen. Darin enthalten war die Forderung, daß nicht wie damals üblich, jeder entlassene Unteroffizier der preußischen Armee oder jede sonst gescheiterte bürgerliche Existenz, so sie nur schreiben, lesen und rechnen konnte, eine Schule aufmachen durfte. J. forderte nicht nur eine professionelle, pädagogische Ausbildung durch ein Universitätsstudium bei Pädagogikprofessoren, sondern 1811 in seiner Schrift *Über das Verhältnis der Schule zur Welt* auch eine ethische Ausrichtung der Lehrer: »Der reine Vernunftbegriff einer Schule umfaßt also eine Veranstaltung durch Menschen, welche die höchsten Zwecke der Menschheit erkennen und an sich selbst erreicht haben, der Welt die emporkeimende Generation zu entziehen und sie für diese höchsten Zwecke der Menschheit auszubilden.«

J.s Nationalismus war wie der Fichtes und anderer Zeitgenossen ein demokratischer, sozial im Bürgertum verankerter und philosophisch im Neuhumanismus begründeter. Das war unter den politischen Bedingungen der Zeit kein Hinderungsgrund, bis hin zur Wehrertüchtigung den Widerstand gegen Napoleon zu organisieren und zu unterstützen. Mit seinem Kollegen und Freund Parche entwickelte er ein Konzept des – damals noch unüblichen – Deutschunterrichts unter Hinzuziehung der wiederentdeckten mittelalterlichen Dichtung, insbesondere des Nibelungenliedes. Das Konzept mutet in seiner Deutschtümelei heute merkwürdig an, damals wurde es aber als widerspruchsfrei zu neuhumanistischen Prinzipien verstanden.

1812 gründete J. unter Mitarbeit von Fichte, des Homer-Übersetzers Heinrich Voß, des Hallenser Professors Friedrich August Wolf, des späteren Schulreformers und langjährigen Leiters der preußischen höheren Lehranstalten Johannes Schulze und anderer pädagogisch, philosophisch und politisch ausgewiesener Zeitgenossen das *Archiv Deutscher Nationalerziehung*, das in vier Heften erschien. Man wollte »den Gedanken einer alle Deutschen umfassenden Nationalbildung mit der am klassischen Altertum gebildeten Geisteskultur vereinigen«.

»Es gibt daher für alle Menschenindividuen mit gesunden Sinnen und gesundem Verstande nur Eine Schule, nur Einen Lehrplan, nur Eine Art und Reihenfolge von Lehr- und Übungsmitteln, nur Eine Unterrichtsmethode sowie überhaupt nur Eine Erziehung.« Diese an sich schon revolutionäre Forderung wurde noch dadurch radikalisiert, daß ganz offenkundig als Menschenindividuen Jungen wie Mädchen, Männer wie Frauen gemeint waren und die Menschen- und Bürgerrechte ausdrücklich Frauen wie Männern zugebilligt wurden. J. äußerte sich im *Archiv* selber in vier bedeutsamen Aufsätzen. Seine und seiner Mitstreiter Ausführungen wurden vom Freiherrn vom Stein ausdrücklich zur Grundlage von Überlegungen für die preußische Bildungsreform erklärt. Allerdings wurden sie erst nach 1812 eigentlich wirksam. Bei der zweiten Belagerung Danzigs 1813 wurde die Conradische Stiftung zerstört, das bisherige Wirkungsfeld von J. hinfällig. Er wurde aber 1814 in die neue Provinzialschulverwaltung berufen,

entschied sich, nach Gumbinnen zu gehen, weil er dort nur dem Verwaltungspräsidenten von Ostpreußen, Theodor von Schön, verantwortlich war.
1816 wurden die Provinzialverwaltungen von Ost- und Westpreußen zusammengelegt und nach Danzig verlagert. J. ging mit von Schön nun nach Danzig. Von hier aus reorganisierte er das Provinzialschulwesen, förderte die Gymnasien, machte sich aber nunmehr in einem anderen als dem von ihm selbst propagierten, also nicht eingliedrigen, sondern dreigliedrigen Schulsystem besonders um die Volksschulen und deren Ausbau verdient. In Danzig führte J. ein geselliges Leben im Kreise von Freunden und Künstlern, zog aber bald nach Königsberg, weil die Provinzialverwaltung noch einmal verlegt wurde. 1817 verlieh ihm die Universität Breslau die Würde eines »Dr. phil.«. Mit seiner Beförderung zum Geheimen Regierungsrat wurde er nach dem Tode seines Vorgängers der zuständige Beamte für das ost- wie westpreussische Gymnasialwesen. Auf einer Inspektionsreise ist er in Thorn gestorben und dort begraben worden.
J. hatte für kurze Zeit, nämlich in den Kriesenjahren Preußens vor 1814, mit seinen Schriften und seinem Engagement im Kreise derjenigen, die sich dem Programm einer Nationalerziehung verpflichtet fühlten, durch die ihm eigene Verknüpfung von Kantischer Aufklärung, Gräcomanie des Neuhumanismus, demokratischen Prinzipien und nationaler Orientierung großen Einfluß auf die Schulreformdebnatte in Preußen gehabt. Mit seinem Eintritt in die Schulverwaltung, in der er die praktische Schulreform und den Ausbau des Schulwesens in Ost- und Westpreußen betreiben konnte, verstummte der patriotische, demokratische Schriftsteller. Sicher war das auch eine Folge der Verlagerung seiner Tätigkeit. Man kann aber ebenfalls annehmen, daß die einsetzende politische Reaktion eine Fortsetzung der öffentlichen Debatte zu schwierig werden ließ. Sicherlich war es für das Schulwesen seiner Amtsprovinz besser, einen ausgewiesenen Reformer zum leitenden Beamten zu haben, als die Gefährdung der Reformen durch die Fortsetzung der öffentlichen Debatte zu riskieren.

König, H.: Zur Geschichte der bürgerlichen Nationalerziehung in Deutschland zwischen 1807 und 1815. Zwei Teile. Berlin 1972 u. 1973.

Martin Kutz

Jacob, Berthold (eigentlich B. Salomon)

Geb. 12. 12. 1898 in Berlin; gest. 26. 2. 1944 in Berlin

Traumatisch überschlugen sich die Ereignisse in seinem Exil, aus dem er zweimal – 1935 und 1941 – entführt wurde: Am Samstag, dem 9. März 1935 gegen 20.50 Uhr durchbrach ein Wagen die Sperre der schweizerisch-deutschen Grenze bei Kleinhüningen. Das Fahrzeug fuhr mit ca. 70 km/h an dem Schweizer Zöllner vorbei, der sich nur mit einem Sprung zur Seite retten konnte. Auf der deutschen Grenzseite, beim Zollamt Friedlingen, war der Schlagbaum aufgezogen. Der Wagen raste ungehindert hindurch und bog etwa 200 Meter hinter der Grenze in die Adolf-Hitler-Straße ein. In diesem Fahrzeug der Gestapo saß einer der erfahrensten und von den Nazis gefürchtetsten Militärjournalisten der Weimarer Republik, ein entschiedener Kämpfer gegen den Militarismus. Seine Entführung aus dem Exil war nicht nur eine aufsehenerregende Aktion, die leider nur unter Emigranten Aufsehen erregte. Sie war auch eine Aktion, die in diplomatischen Kreisen zu Belastungen der Schweizer Behörden mit Nazi-Deutschland führte, das über die Integrität neutraler Staaten hinweg unliebsame Kritiker – noch im Exil – verfolgte. Unter deutschen Vertriebenen riefen die Vorgänge erhebliche Unruhe und Besorgnis hervor, der »Fall Berthold Jacob« wurde zum Trauma. Allein Lion Feuchtwangers Verarbeitung von J.s Entführung durch den Gestapo-Agenten Weseman in dem opulenten Roman *Exil* mag davon zeugen.
J. wurde am 12. 12. 1898 in Berlin geboren. Als Sechzehnjähriger verließ er die Schule und trat eine kaufmännische Lehre bei einem Bücherrevisor an. Im Sommer 1917 wurde J. eingezogen, ein paar Monate später bereits – noch nicht zwanzig Jahre alt – als Kanonier an der berüchtigten Westfront eingesetzt. Mit den gesundheitsschädigenden Folgen einer Gasvergiftung kehrte J. nach Kriegsende in seine Heimatstadt zurück. Er erhielt als Auszeichnung das Eiserne Kreuz »Zweiter Klasse«. Mit dem persönlichen Erlebnis des Ersten Weltkrieges wandelte sich J.s Gesinnung.
Als er 1921 Kurt Tucholsky begegnete, führte ihn dieser in die Redaktion der linksliberalen *Berliner Volkszeitung* ein. J. wurde ständiger Mitarbeiter und zuständig für militärpolitische Fragen. In den zwanziger Jahren arbeitete er gleichzeitig für die *Weltbühne*, die *Zukunft* und das radikalpazifistische Blatt *Das Andere Deutschland*. Er entwickelte Methoden eines Enthüllungsjournalismus, der, für diese Zeit ungewöhnlich, ihn zum ständigen inneren Feind aller deutschen Militär-

kreise werden ließ. J.s journalistische Themen waren: Fememorde, die rechtslastige Justiz und immer wieder die geheimen und illegalen Aufrüstungsbestrebungen der auf Revanche bedachten Reichswehr, die sich mit dem Ergebnis des Ersten Weltkrieges nicht abfinden wollte.

Im Frühjahr 1925 veröffentlichte J. mehrere Artikel, in denen er den »liberalen« Reichswehrminister Otto Geßler – und damit die Regierungspolitik – kritisierte. *Zum Zeitfreiwilligengrab in der Weser – Herr Geßler, antworten Sie...!* und *Und nochmals: Herr Geßler...!* hießen Artikel von J. im *Anderen Deutschland*. Als es bei einer Reichswehrübung an der Weser im März 1925 zu einem schweren Unglück kam, begann J. die Nachrufe und Todesanzeigen jener 81 Soldaten in völkischen Zeitungen wie *Der Jungdeutsche* und *Wiking* zu studieren, die bei dem Vorfall ihr Leben lassen mußten. Er konnte nachweisen, daß mindestens elf der Verunglückten illegale »Zeitfreiwillige« waren. Doch deren Existenz – ein Bruch des Versailler Vertrages – wurde von der Reichswehr und den Weimarer Regierungen geleugnet. Wer an dies Tabu rührte, den verfolgte die Justiz. Auch J. wurde nach diesen Enthüllungen bespitzelt und wegen des Verdachts auf »Landesverrat« in ein Gerichtsverfahren verstrickt, daß sich über Jahre hinzog. Dabei beruhte J.s Enthüllungsjournalismus auf einer einfachen und gleichwohl wirkungsvollen Methode, die er selbst so beschrieb: »Meine Informationen über die deutsche Aufrüstung fand ich zu einem sehr wesentlichen Teil in der offiziellen deutschen Literatur, und zwar in den Tageszeitungen und Zeitschriften, die ich bis in den Annoncenteil verfolgte, und ebenso aus den jedermann zugänglichen offiziellen Militärzeitschriften sowie aus dem vom Reichswehrministerium herausgegebenen Heeresverordnungsblatt.« Ein Freund von J. charakterisierte später dessen Arbeitsweise so: »Die Ranglisten der deutschen Armee waren seine Kopfkissenlektüre, und die Familienanzeigen aus den Garnisonsstädten waren seine schönsten Informationsquellen«.

Die Stationen seines Lebens kennzeichnen die Schattenseiten der Weimarer Republik und ihres Endes: Mit dem Heidelberger Mathematiker und unerschrockenen Kritiker der deutschen Justiz Emil Julius Gumbel gab er 1925 ein *Weißbuch über die schwarze Reichswehr* heraus. Untertitel: *Deutschlands geheime Rüstungen?*

1928 – nach einem langen Verfahren – erging gegen ihn wegen seines Artikels von 1925 *Zeitfreiwilligengrab in der Weser* und gegen den Herausgeber der Zeitschrift *Das Andere Deutschland*, Fritz Küster, das Urteil: »Die beiden Angeklagten Berthold Jacob Salomon und Fritz Küster werden wegen versuchten Landesverrats zu je 9 Monaten Festungshaft verurteilt«, referierte am 17.3. 1928 *Das Andere Deutschland*. Eine Ironie der Geschichte mochte es sein, daß der für den Fall zuständige Reichsanwalt Paul Jörns mit jenem ehemaligen Kriegsgerichtsrat identisch war, der die Ermittlungen zum Mord an Liebknecht und Luxemburg hatte versanden lassen. Daß es sich nicht um die Verurteilung einer nachgewiesenen Straftat handelte, sondern um die Verurteilung einer in der Weimarer Republik verpönten (pazifistischen) Gesinnung, darauf wies Tucholsky in seiner Kommentierung des Prozesses hin: »Ob die deutsche Justiz vor den Uniformen stramm steht oder nicht, ist uns gleichgültig. Daß die Richter, von denen ein Teil auch politisch nach Revanche schreit, an den tapfern Pazifisten Küster und Jacob ihr Mütchen gekühlt haben, steht außer Zweifel.« Beide brauchten die Haftstrafe wegen einer allgemein erlassenen Amnestie nicht anzutreten.

Aufgrund seiner Erfahrungen in Deutschland emigrierte J. bereits 1932 nach Straßburg. Kurz darauf stand er auf den Ausbürgerungslisten der Nationalsozialisten. Ab 1933 gab er aus dem Exil einen zweisprachigen *Unabhängigen Zeitungsdienst* heraus, in dem er die Legenden um Hindenburg und die Aufrüstungspläne der Nazis thematisierte. Er war in Straßburg Leiter der »Deutschen Exilgruppe der Liga für Menschenrechte«. In verschiedenen französischen Blättern veröffentlichte J. 1935 Artikel über die Aufrüstungspläne des Nazi-Regimes. Im selben Jahr wurde J. erstmals von den Nazis nach Deutschland verschleppt. Die Schweiz intervenierte beim Haager Schiedsgericht, und J. kam nach erheblichen Anstrengungen Schweizer Behörden aus dem berüchtigten Berliner Gestapogefängnis, dem »Columbiahaus«, wieder frei, obwohl nach Zeitzeugenaussagen zu vermuten ist, daß eine Exekution bereits vorbereitet war.

J. lebte fortan in Paris. Er wurde im Frühjahr 1940 im Lager Vernet interniert und konnte 1941 über Madrid nach Lissabon fliehen. Hier wurde er abermals von der deutschen Gestapo entführt und in Gestapo-Gefängnisse verschleppt. Über die letzten Lebensmonate von J. und die demütigende Behandlung durch die Nazis berichtete später ein Mitgefangener aus dem Gestapo-Gefängnis Berlin-Alexanderplatz: »Er war schon anderthalb Jahre in Haft, die meiste Zeit in feuchten Kellern untergebracht, sein Gesundheitszustand entsprechend. Im Saal IIa befanden sich ständig 150 Gefangene, zum größten Teil Kriminelle. Als wir im Frühjahr 1943 von der Niederlage in Stalingrad hörten, war J. fest davon überzeugt, daß die Niederlage des Nazi-Regimes bevorstand; er rechnete im Herbst 1944 damit. Wenn er bis dahin noch leben sollte, wollte er Stoßtrupps organisieren und das Zeitungsviertel besetzen und den Rundfunk. Für diesen Tag des Zusammenbruchs des Nazi-Regimes hatte J. bereits einen Leitartikel verfaßt. Er hatte alles auf etwa 30 Notizzetteln in kleinster Schrift aufgezeichnet und sie im Jackenfutter versteckt. (...) Er litt an Tuberkulose und bekam dazu noch Fleckfieber; er wurde ins Jüdische Krankenhaus eingeliefert, seine Sachen sofort verbrannt, so ist sein Plan der Gestapo nicht bekannt geworden.«

Cawil, B.H.: Der Fall Jacob. Zürich 1935. – Willi, J.N.: Der Fall Jacob-Wesemann (1935/36). Ein Beitrag zur Geschichte der Schweiz in der Zwischenkriegszeit. Bern, Frankfurt/Main 1972.

Rolf von Bockel

Jacobs, Helene

Geb. 25. 2. 1906 in Schneidemühl; gest. 13. 8. 1993 in Berlin

J.' höchstes Ziel war es, Verantwortung zu tragen für sich und für andere. Das sollte kein Gegensatz sein, sondern ein Miteinander und gehörte für sie untrennbar zusammen. Das nachdrücklichste Erlebnis ihrer Kindheit war der Erste Weltkrieg. Die Nachrichten vom Sterben der Soldaten in den Schützengräben und die Vorstellungen darüber erschütterten die Achtjährige und bedrückten sie über Jahre: »Das ist eigentlich mein erstes Erlebnis, in dem ich gefühlt habe, daß das, was meine Umwelt betrifft, auch mein eigenes ist«.

Um der Mutter zu helfen, die nach dem frühen Tod des Vaters mit bescheidenem Gehalt als Lehrerin in Berlin arbeitete, verzichtete J. nach dem Lyzeumsbesuch auf das Studium und wurde Bankangestellte. Nach der Inflation 1922/23 als überflüssige Arbeitskraft entlassen, nahm sie die Stelle als Gehilfin eines jüdischen Patentanwalts an: »Die Verbindung von exaktem naturwissenschaftlichen Denken und juristischem Scharfsinn lag mir sehr. Der Sinn eines Patents ist etwas, was in meine demokratische Lebensauffassung paßt. Eine schöpferische Tätigkeit wird gefördert und belohnt, aber nicht in der Art, daß der Erfinder nur den alleinigen Vorteil davon hat«.

Frühzeitig erkannte J. die Gefahr, die von Hitler und seinen Anhängern ausging. In dem Hitler-Putsch in München vom 8./9. November 1923 sah sie »eine unerhörte Attacke auf unsere Demokratie«. Später schrieb J.: »Ich hätte alles getan, um den Nationalsozialismus zu verhindern. Aber es ist eben unser Schicksal, daß wir es nicht vermocht haben, daß seine Herrschaft erst durch die Niederlage im Krieg beendet wurde.«

Aus ihrer politischen Haltung gegen die Totalität der Naziherrschaft und ihrer aktiven Einsatzbereitschaft für Verfolgte erwuchs ihr Widerstandswille. Als nach der Reichspogromnacht vom 9. auf den 10. November 1938 ihr Chef sich vor der Abholung durch die Gestapo in ihrer Wohnung verbarg, setzte J. alles daran, ihn und seine Familie im Ausland in Sicherheit zu bringen: Durch eine von J. hergestellte Verbindung mit Quäkern in England gelang ihnen im Juli 1939 die Flucht nach England und nach Amerika. J.' Berufsweg war dadurch jäh unterbrochen. Da sie befürchtete, daß ein Studium ebenso wie feste berufliche Einbindung letztlich ein Eingehen auf Kompromisse mit den Nazis zur Folge hätten, verzichtete J. darauf und übernahm unabhängige Tätigkeiten für Firmen, die sich mit gewerblichem Rechtsschutz befaßten. Auf keinen Fall wollte sie an irgendeiner NS-Organisation beteiligt sein.

Nach der ersten Phase des Widerstands gegen die Nazis, der Rettung von Menschen, mit denen J. persönlich verbunden war, begann eine zweite Phase, welche die Hilfe für Menschen in Not einschloß und die nur in einzelnen Fällen gelang: »Ich wollte auf der Seite der Verfolgten sein.« J. hatte sich der »Bekennenden Kirche« (BK) angeschlossen und traf in der Dahlemer Gemeinde, wo Martin Niemöller bis zu seiner Verhaftung im Juli 1937 amtierte, auf Gleichgesinnte. Unter ihnen war eine Gruppe von Frauen, die auf die Hilferufe der ersten Deportierten hin Pakete u.a. mit Kleidung und Lebensmitteln schickte. J. hatte hierfür ihren Namen als Absender zur Verfügung gestellt und dadurch ihr erstes Verhör bei der Gestapo durchzustehen. Auf die Frage, was sie sich dabei gedacht habe, Juden Pakete zu schicken, stellte sie die Gegenfrage, was daran verwerflich sei, hungernden Menschen etwas zu essen zu schicken. Der Beamte entgegnete: »Ja, vom menschlichen Standpunkt kann ich das schon verstehen, aber nicht vom nationalsozialistischen.« Darauf erwiderte J.: »Sie machen also einen Unterschied zwischen dem menschlichen und dem nationalsozialistischen Standpunkt?« Der Mann schwieg. Sie durfte gehen. Diese Vorgehensweise war typisch für J. Sie entwickelte ein Gefühl dafür, wie weit sie sich vorwagen konnte.

Die Mitglieder der Widerstandsgruppe, die von einem evangelisch getauften Juden, dem Juristen Franz Kaufmann geleitet wurde, sahen ihre Hauptaufgabe ab 1941 darin, so viele Menschen wie möglich vor den Massendeportationen zu retten, indem sie ihnen gefälschte Ausweise beschafften, die ihnen ein Leben in der Illegalität ermöglichten und mit denen sie sich bei Straßenkontrollen oder Razzien legitimieren konnten. J. nahm einen steckbrieflich gesuchten jungen Grafiker mit Decknamen Günter Rogoff, dessen Eltern schon ins Vernichtungslager Majdanek deportiert worden waren, in ihrer Wohnung auf. Er fälschte mit viel Geschick die von J. zusammengetragenen »arischen« Ausweise für die Untergetauchten, die man in Berlin »U-Boote« nannte.

Bei ihren Besuchen einsamer jüdischer Menschen traf J. auf den zehnjährigen Klaus Ascher, mit dem sie bald ein herzliches Verhältnis verband. Sie machte Ausflüge mit ihm, unterrichtete ihn, da er als jüdisches Kind von jeglichem Schulbesuch ausgeschlossen war, und sprach mit ihm über biblische Geschichte. Als seine Mutter direkt von der Arbeitsstelle, zu der sie zwangsverpflichtet war, deportiert wurde, blieb der Junge allein mit seinem gepackten Rucksack in der Wohnung zurück. Die fieberhaften Bemühungen J.', ihn irgendwo in sicherem Versteck unterzubringen, scheiterten. Der Junge wurde von den Nazis abgeholt und nach einiger Zeit in der Gaskammer ermordet. Sein Tod lastete auf J. bis zu ihrem Lebensende.

Wieviel Belastungen hielt dagegen das Gewissen jener Frau aus, die mit ihrer anonymen Denunziation im August 1943 an die Gestapo die Verhaftung von 50 Berlinern bewirkte, die zum Tode von 37 jüdischen Menschen führte. Elf aus dem Helferkreis wurden im Prozeß vor dem Sondergericht III beim Landgericht Berlin am 11. Januar 1944 zu Freiheitsstrafen verurteilt, J. zu zwei Jahren und sechs Monaten Zuchthaus. Eine Strafe, die sie jedoch im Gerichtsgefängnis Berlin-Charlottenburg »abbüßte«, weil ein Oberregierungsrat sie nach ärztlichem Zeugnis für »nicht transportfähig« erklärte. Von der Leiterin des Gefängnisses ins Büro geholt, mußte J. die Wirtschaftsbücher »in Ordnung« bringen. Beim Herannahen der sowjetischen Armee im April 1945 wurde das Gefängnis aufgelöst. J.' Angst, nach der Strafhaft noch ins KZ zu kommen, war zu Ende: Sie hatte die Freiheit wiedergewonnen.

Auch die Nachkriegszeit brachte viele Schwierigkeiten. J.' Wunsch, nun endlich Jura zu studieren, scheiterte aus wirtschaftlichen Gründen und, wie sie meinte, auch an ihrem Alter. Sie war nun 40 und hatte manches, wovon sie träumte, nicht verwirklichen können. Aber sie bereute keine ihrer Handlungen: »Ich würde dasselbe jeden Tag wieder machen.« Zwei Dinge waren jetzt wichtig für sie: Erstens die materielle »Wiedergutmachung« an den Juden durch Gesetze und entsprechende Maßnahmen, zweitens die Entfernung des antijüdischen Komplexes aus der christlichen Religion: »Wir müssen Jesus wieder als Juden verstehen.« Beides bestimmte ihre weitere Tätigkeit: So bearbeitete sie im Berliner Entschädigungsamt Anträge auf Wiedergutmachung. Zugleich widmete sie sich der aktiven ehrenamtlichen Tätigkeit in der »Gesellschaft für christlich-jüdische Zusammenarbeit«. Auf ihre Initiative hin gründete sich der »Ständige Arbeitskreis von Juden und Christen«, der in Verbindung mit der jüdischen Volkshochschule, dem Katholischen und dem Evangelischen Bildungswerk und der »Gesellschaft für christlich-jüdische Zusammenarbeit« wirkte. In ihm setzte sich J. für einen theologischen Neubeginn ein, der ein Miteinander von Juden und Christen einschloß. Die gemeinsame Besinnung von Juden, Katholiken, Protestanten sah sie als eine ökumenische Aufgabe für die nächsten Generationen an.

Am 6. März 1983 erhielt J. die Buber-Rosenzweig-Medaille, »stellvertretend für alle, die unter Einsatz ihres Lebens für andere eingetreten sind.« Im Januar 1984 wurde sie mit der höchsten Auszeichnung, die der israelische Staat an Nichtjuden vergibt, dem Ehrentitel »Gerechte der Völker« ausgezeichnet und durfte im Ehrenhain von Yad Vashem, der Jerusalemer Gedenk- und Forschungsstätte, einen Baum pflanzen.

Szepansky, G.: Frauen leisten Widerstand: 1933–1945. Frankfurt/Main 1983.

Gerda Szepansky

Jacoby, Johann

Geb. 1. 5. 1805 in Königsberg; gest. 6. 3. 1877 in Königsberg

J., Sohn eines Kaufmanns, gehörte der ersten Generation preußischer Juden an, der das Emanzipationsdekret Hardenbergs vom Jahre 1812 teilweise bürgerliche Gleichberechtigung verlieh. Er studierte in seiner Heimat Medizin, promovierte 1827 und ließ sich als praktischer Arzt nieder. Er heiratete niemals, sondern lebte in gemeinsamem Haushalt mit seinen zwei älteren Schwestern.

Die Julirevolution in Frankreich 1830 erweckte J.s politisches Interesse. Während der polnischen Erhebung gegen die zaristische Unterdrückung begab er sich 1831 nach Polen, um den Freiheitskämpfern ärztliche Dienste zu leisten. Ein wichtiges Motiv seiner Auflehnung gegen das autoritäre Herrschaftssystem der Restaurationsepoche war der Schmerz über die Benachteiligung der Juden. Er erkannte, daß ihre Emanzipation Teil des notwendigen Befreiungskampfes der deutschen Bevölkerung war und schrieb 1837 in einem Brief:

»Wie ich selbst Jude und Deutscher zugleich bin, so kann in mir der Jude nicht frei werden ohne den Deutschen und der Deutsche nicht ohne den Juden. (...) Diese Freiheit aber kann nicht dem einzelnen zuteil werden; nur wir alle zusammen erlangen sie oder keiner von uns. Je schwerer gerade mich die Ketten drücken, desto inniger muß ich die Freiheit für alle wünschen. Der Tag des Kampfs rückt immer näher, darum laßt uns einig sein und stark!«

Nach der Thronbesteigung des Preußenkönigs Friedrich Wilhelm IV. im Jahre 1840 trat J. ins politische Rampenlicht. Seine Anfang 1841 verfaßte Flugschrift *Vier Fragen beantwortet von einem Ostpreußen* machte ihn in ganz Deutschland zu einem berühmten Mann, weil sie die Aspirationen der bürgerlichen Oppositionsbewegung artikulierte. J. forderte den König auf, die 1815 gegebene Zusage seines Vaters einzulösen und eine Verfassung zu erlassen, die durch die Errichtung parlamentarischer Institutionen den Bürgern politisches Mitspracherecht einräumte. Wegen Hochverrats, Majestätsbeleidigung und »frechen Tadels der Landesgesetze« angeklagt, wurde J. zunächst vom Königsberger Kammergericht zu zweieinhalbjähriger Festungsstrafe verurteilt, 1843 jedoch vom Berliner Oberappellationsgericht freigesprochen. Der Ausgang des Prozesses gab der Opposition in ganz Deutschland Auftrieb. Um die Mitte der vierziger Jahre gaben sich in dem blutig niedergeschlagenen Hungeraufstand der schlesischen Weber die Vorboten der Revolution zu erkennen. J. war sich der entscheidenden Bedeutung der sozialen Frage bewußt und erklärte: »All unser Streben nach politischer Freiheit ist nichts wert, es sei denn ein Mittel zur Umgestaltung unseres sozialen Elends, zur Veredlung der armen Volksklassen, die als Lasttiere von den Mächtigen gebraucht werden.«

Nach dem Sieg der französischen Februarrevolution 1848 glaubte J. die Stunde der ersehnten Umwälzung gekommen. Er nahm am Vorparlament in Frankfurt teil, das nach den siegreichen Volksaufständen in Wien und Berlin einberufen wurde, und war als einziger deutscher Jude Mitglied des Fünfzigerausschusses, der die Wahlen des Paulskirchenparlaments vorbereitete. Er erkannte, daß die Befreiung Polens von fremder Unterdrückung Panier und Prüfstein aller nationalen Emanzipationsbewegungen Europas war, und forderte die preußische Regierung auf, die Forderungen der polnischen Freiheitskämpfer zu unterstützen, einen selbständigen polnischen Staat wiederzuerrichten. Seine polenfreundlichen Anträge waren die Hauptursache, weshalb er nicht als Abgeordneter Königsbergs in die Paulskirche einzog. Bei den gleichzeitigen Wahlen für die preußische konstituierende Nationalversammlung in Berlin erhielt er ein Mandat. In seinen Reden als Wortführer der Linken trat er für ein Bündnis des Bürgertums mit der Arbeiterschaft ein und forderte »volle Gerechtigkeit gegen die arbeitende Klasse, um das Vaterland vor politischen Stürmen zu bewahren und die Frucht der Märzrevolution, die staatliche Freiheit, sicherzustellen«. Er betonte, daß sich herrschsüchtige Fürsten in ihrem Kampf gegen demokratische Verfassungen stets zweier Handhaben bedienten: »des zu blindem Gehorsam abgerichteten Heeres und der Furcht der Besitzenden vor den Besitzlosen«.

Diese Voraussage bewahrheitete sich, als der Preußenkönig im November 1848 mit Hilfe des Militärs die preußische Nationalversammlung auflöste. Als eine Abordnung von Parlamentariern den Herrscher vergebens um Rücknahme des Befehls bat, rief J.: »Das ist das Unglück der Könige, daß sie die Wahrheit nicht hören wollen!« Einige Tage später ehrte ihn eine große Volksmenge in Berlin mit einem Fackelzug für seinen Mut. J. dankte mit den Worten: »Was ich getan, ist die Pflicht jeden Bürgers, dem das Wohl des Vaterlandes, dem die Freiheit am Herzen liegt. Zum Schutz der blutig errungenen Volkssouveränität bedarf es der kühnen, der tapferen Tat.«

Daran mangelte es den Parlamenten Frankfurts und Berlins. J. war Mitglied der zweiten preußischen Kammer, die nach der neuen Verfassung im Januar 1849 gewählt wurde, und begab sich nach Auflösung dieser Körperschaft nach Frankfurt, um an den Sitzungen der Paulskirche teilzunehmen, da er Ersatzmann des zurückgetretenen Berliner Abgeordneten Raumer war. Er gehörte auch dem Stuttgarter Rumpfparlament an, das im Juni 1849 von württembergischen Truppen auseinandergesprengt wurde. In einem Brief, den J. nach dieser militärischen Aktion schrieb, sprach er die Erkenntnis aus, »daß jede Revolution verloren ist, welche die alten wohlorganisierten Gewalten neben sich fortbestehen läßt«.

Nach kurzem Exil in der Schweiz stellte sich J. freiwillig der preußischen Justiz, die ihn wegen Hochverrats anklagte, weil er am Rumpfparlament teilgenommen hatte. J. berief sich auf die Immunität der Abgeordneten, die in allen Ländern mit Repräsentativverfassungen bestehe; die Geschworenen sprachen ihn frei.

Während der Reaktionsperiode der fünfziger Jahre war J. unter Polizeiaufsicht gestellt und widmete sich seinem ärztlichen Beruf. Zu Beginn der liberalen »Neuen Ära« 1859 betrat er wieder die Kampfarena und trat der neugegründeten linksliberalen Fortschrittspartei bei, die im sozialen und weltanschaulichen Bereich ein Konglomerat heterogener Kräfte bildete. Er wurde 1863 in die zweite Kammer des preußischen Abgeordnetenhauses gewählt und prangerte dort den Bismarckschen Scheinkonstitutionalimus an. Als er 1865 nach der Annexion Schleswig-Holsteins durch Preußen zur allgemeinen Steuerverweigerung aufrief, wurde er zu einer sechsmonatigen Festungsstrafe verurteilt.

Je mehr das Bürgertum von den Erfolgen der Bismarckschen Blut- und Eisenpolitik berauscht wurde und die freiheitliche Tradition von 1848 über Bord warf, desto mehr näherte sich J. der Arbeiterbewegung. Er verließ 1868 die Fortschrittspartei und versuchte vergeblich, eine linksbürgerliche Volkspartei zu gründen. Er begrüßte ein Jahr später die Gründung der Sozialdemokratischen Arbeiterpartei und schrieb: »Ohne Teilnahme des Arbeiterstandes keine dauernde Besserung der politischen Zustände und ohne Änderung der politischen Zustände keine wirtschaftliche Besserung des Arbeiterstandes!« Er forderte die Arbeiter auf, »dem Druck der Kapitalherrschaft Widerstand zu leisten« und verlangte von den Arbeitgebern, den Arbeitern »Anteil am Geschäftsertrage zu gewähren«; die genossenschaftliche Produktionsweise solle durch Staatskredite gefördert werden.

Karl Marx kommentierte diese Vorschläge zwar mit Respekt, befand sie jedoch für untauglich. Er hielt den revolutionären proletarischen Klassenkampf für den einzigen Weg zur Überwindung des Kapitalismus; J. glaubte hingegen an die Möglichkeit einer friedlichen Lösung der sozialen Frage und hielt eine Sozialpartnerschaft der Klassen für erreichbar.

Als Frankreich im Krieg von 1870/71 unterlag, protestierte J. ebenso wie August Bebel und Wilhelm Liebknecht gegen die

Annexion Elsaß-Lothringens. In einer Rede sagte er: »Wie würde es uns gefallen, wenn einst ein siegreiches Polen aufgrund des Kanonenrechts die Provinzen Posen und Westpreußen zurückfordern und annektieren würde? (...) Nur wer die Freiheit anderer achtet, ist selber der Freiheit wert.« Wegen dieser Rede wurde J. erneut eingekerkert und verbrachte sechs Wochen ohne Untersuchung, Verhör und Urteil in einer ostpreußischen Festung. Für das nationalliberale Bürgertum, das auf die Seite Bismarcks übergegangen war, hatte J. ausgespielt; sein Wahlkreis ließ ihn fallen. Während des Hochverratsprozesses gegen Bebel und Liebknecht im April 1872 trat er demonstrativ der Sozialdemokratischen Arbeiterpartei bei. Er wurde zwei Jahre später als Abgeordneter der Sozialdemokratischen Arbeiterpartei (SDAP) in den Reichstag gewählt, lehnte jedoch das Mandat ab, weil er den Rechtsbruch nicht anerkannte, auf dem das neue Reich beruhte und nicht glaubte, daß man auf parlamentarischem Wege den Militärstaat in einen Volksstaat verwandeln könne.

J.s siebzigster Geburtstag wurde zu einem Triumph des unermüdlichen Kämpfers für Menschenrechte und eine freiheitliche Demokratie. Er zog in einer Rede ein Resumée seines Lebens:

»Wenn ich auf die von mir durchmessene Bahn zurückblicke, so sind es vornehmlich zwei Erfahrungen, auf welche ich Wert lege: daß ich den Freiheitsidealen meiner Jugend unwandelbar treu geblieben bin trotz allem Wandel der Dinge, und daß die Freude, mit der ich in den vierziger Jahren das erste Emporstreben des Arbeiterstandes begrüßte, sich von Jahr zu Jahr mit dem Wachsen der Arbeiterbewegung gesteigert hat. (...) Ihr Selbstbewußtsein ist eine sichere Bürgschaft dafür, daß jene Freiheitsideale trotz aller Hindernisse zur schönen Wirklichkeit heranreifen werden.«

In seinen letzten Lebensjahren widmete sich J. literaturhistorischen und philosophischen Studien. Obwohl er in seinen letzten Lebensjahrzehnten nur lockere Verbindung mit der jüdischen Gemeinde aufrechterhalten hatte, verfügte er im Testament, auf dem jüdischen Königsberger Friedhof mit traditionellem Ritus begraben zu werden.

Engelmann, B.: Die Freiheit! Das Recht! Johann Jacoby und die Anfänge unserer Demokratie. Berlin und Bonn 1984. – Silberner, E.: Johann Jacoby, Politiker und Mensch. Bonn-Bad Godesberg 1976.

Walter Grab

Jellinek, Camilla, geb. Wertheimer

Geb. 24. 9. 1860 in Wien; gest. 4. 10. 1940 in Heidelberg

Das Interesse der theaterbegeisterten Tochter eines Wiener Dermatologieprofessors an juristischen Fragen war durch die Ehe mit dem international bekannten Staatsrechtler Georg Jellinek geweckt worden. Aber erst nachdem sie sechs Kinder, von denen zwei nicht am Leben blieben, geboren und aufgezogen hatte, kam J. mit den Ideen der Frauenbewegung in Berührung. Marianne Weber, vor allem in Fragen der Frauenbildung engagierte Ehefrau Max Webers, überzeugte J. und deren Ehemann, der der Sache zunächst sehr skeptisch gegenüberstand, von der Notwendigkeit praktischer sozialer Arbeit, wie sie mit der Gründung einer Rechtsschutzstelle für Frauen und Mädchen nach Dresdner Vorbild intendiert war. Dort hatte Marie Stritt 1894 den ersten, reichsweit zum Vorbild werdenden Frauen-Rechtsschutzverein gegründet. 1900 übernahm J. die Leitung dieser Institution, die sich neben der Propagierung der Ideen der Frauenbewegung die Beratung und, soweit rechtlich zulässig, die juristische Interessenvertretung von Frauen aller Stände zum Ziel gesetzt hatte. J. behielt die Leitung bis zu der 1934 von den Nationalsozialisten erzwungenen Gleichschaltung des Frauen-Rechtsschutzvereins.

Bei dieser Arbeit, die sie mit den Folgen der im *Bürgerlichen Gesetzbuch* (BGB) seit 1900 verankerten »Geschlechtsvormundschaft« des Ehemannes konfrontierte, erwarb sich J. nicht nur umfassende Rechtskenntnisse, sondern auch eine kritische Einstellung jenen Rechtsnormen gegenüber, die die Herrschaft des Mannes über die Frau legitimierten. Schon bald gehörte J. zu den eifrigsten Propagandistinnen von Eheverträgen, mit denen das ebenfalls seit 1900 geltende Ehegüterrecht, das dem Ehemann das alleinige Recht der Nutznießung und Verwaltung des (etwaigen) Vermögens seiner Frau garantierte, unterlaufen werden sollte. Diese »gewissenhafte, unscheinbare lokale Arbeit«, resümierte Marianne Weber später, sei stets der Mittelpunkt der sich zunehmend erweiternden Kreise gewesen, die J.s späteres politisches Wirken gezogen hat. Aus der rechtlichen Beratung einzelner Frauen erwuchs J.s Kampf für die Rechte aller Frauen.

1905 von Alice Bensheimer, der in der Nachbarstadt Mannheim lebenden, langjährigen Schriftführerin des »Bundes Deutscher Frauenvereine« (BDF) als Mitglied der Rechtskommission vorgeschlagen, wurde J. 1908 zu deren Vorsitzenden gewählt, in einer Phase, als die von der Kommission erarbeiteten »Frauenforderungen zur Strafrechtsreform« – eine davon ist die ersatzlose Streichung des § 218 – aus den Reihen der »Gemäßigten« innerhalb der Frauenbewegung scharf kritisiert wurden. Auf der Generalversammlung des BDF 1908 in Breslau verteidigte J. die Reform-Vorschläge gegenüber Angriffen, die hauptsächlich von Helene Lange und Gertrud Bäumer vorgetragen wurden, konnte aber angesichts der Mehrheitsverhältnisse im BDF die Abstimmungsniederlage nicht verhindern.

Die Würde der Frau und die Forderung nach Mitwirkungsrechten in allen Bereichen des öffentlichen Lebens sind die entscheidenden Stichworte, die sich mit J.s Namen verbinden. Die »Geschlechtsehre der lohnarbeitenden Frau«, so zeigt ihr in der Frauenbewegung sehr umstrittener Vorstoß zur Abschaffung des Kellnerinnen-Berufes 1909, wog für sie schwerer als alle anderen Arbeitsbedingungen. J. hielt die mit dieser Tätigkeit verbundene, in ihrer Sicht berufskonstituierende und deshalb auch nicht durch eine Verbesserung der Arbeitsbedingungen veränderbare »Anmache«, die häufig genug zur Prostitution führte, für »die tiefste Erniedrigung, die größte Schmach für unser Geschlecht«. Zwar abstrahierte diese mit einer reichsweiten Unterschriftenaktion verbundene Initiative von den realen Verdienstmöglichkeiten proletarischer Frauen, aber sie zielte auf das (Alkohol)-Kapital. Ihm sollte die Möglichkeit genommen werden, körperliche Eigenschaften von Frauen für den eigenen Profit zu vermarkten.

Innerhalb der Frauen-Rechtsschutzbewegung – sie organisierte sich 1904 in einem überregionalen Verband, dem 1914 mehr als 100 Frauen-Rechtsschutzvereine bzw. -Stellen angehörten – galt J. sehr bald als eine der führenden und kompetentesten Persönlichkeiten und wurde 1912 zur stellvertretenden Vorsitzenden gewählt. Im Ersten Weltkrieg baute J. als Funktionärin des »Nationalen Frauendienstes«, in dem erstmals Vertreterinnen der bürgerlichen und proletarischen Frauenbewegung zusammenarbeiteten, in Heidelberg eine Berufsberatung für Frauen auf, die später wie so viele sozialen Pionierleistungen der Frauenbewegung kommunalisiert wurde.

Nach dem Krieg drängte J. wenn auch vergeblich, auf Änderung des frauenfeindlichen Staatsangehörigkeitsgesetzes, das trotz des in der Weimarer Reichsverfassung von 1919 verankerten Gleichheitsgrundsatzes in Kraft geblieben war (und erst durch das Bonner Grundgesetz 1949 novelliert wurde). Es sah vor, daß Frauen, wenn sie heirateten, ihre eigene Staatsangehörigkeit verloren und sie auch dann nicht zurückerhielten, wenn der Mann gestorben war oder seine Frau verlassen hatte.

1920, nach dem durch die Revolution bewirkten gesellschaftlichen Umbruch gehörte J. mit ihrer Schrift *Die Frau im neuen Deutschland* zu den wenigen Skeptikerinnen, die – im Blick auf die für Frauen katastrophalen Folgen der Demobilmachung – die Reformkraft des neugewonnenen Frauenstimmrechts anzweifelten. Das Wahlrecht, so befürchtete sie, drohe zum »Prunkleichentuch« zu werden, »unter dem die sonstigen Frauenforderungen [der Vorkriegs-Frauenbewegung, die Verf.] begraben würden. Aufgrund »bisheriger Erfahrungen» mit der Praxis der Demobilisierungsausschüsse hielt sie die Mitwirkung von Frauen beim Abschluß von Tarifverträgen, ihre paritätische Vertretung in den Arbeiter- und Angestelltenausschüssen und Betriebsräten für »unerläßlich«. Die formalen Rechte, die die Frau durch das Wahlrecht erlangt habe, argumentierte sie, ließen zudem ihrer »weiblichen Eigenart wenig Spielraum«. Sie habe »schwer an der Doppelaufgabe zu tragen, den Zielen der Partei nachzustreben, der sie sich angeschlossen und zugleich den Zielen, die ihr durch ihr Frausein gegeben sind. Der Fraktionszwang läßt die politische Physiognomie der Frauen nicht hervortreten«.

Auch in den folgenden Jahren, in denen J. zunehmend auf internationalem Parkett agierte und z.B. im Auftrag des BDF-Vorstandes, dem sie seit 1915 angehörte, 1928 die rechtsvergleichende Studie *Frauen unter deutschem Recht* mitverfaßte, erhob sie ihre Stimme, wenn die Würde von Frauen verletzt wurde. Zu allen aktuellen Rechtsfragen nahm sie vom einen Frauenstandpunkt aus Stellung. In den Blättern der Frauenbewegung, aber auch in der Tagespresse und einschlägigen wissenschaftlichen Publikationen kritisierte sie die Stellung der Frau in der patriarchalen Familie und verlangte Gleichberechtigung auch im Strafrecht: Frauen sollten bei Beleidigung und Körperverletzung selbst die rechtserheblichen Anträge stellen dürfen und nicht vom Antragsrecht des Ehemannes abhängig sein. J. plädierte dafür, daß auch Arbeitgeber und Vorgesetzte, die sich der Unzucht mit Abhängigen schuldig gemacht hätten, bestraft werden sollten. Ferner unterstützte J. die Forderung der Abolitionistinnen, die Reglementierung der Prostitution aufzuheben, und polemisierte gegen den Ausschluß der Frauen von den Berufen bzw. Ehrenämtern der Rechtspflege ebenso wie gegen ihre Nichtzulassung zu den Pfarrämtern.

Häufig gingen die Ideen J.s in die offiziellen Petitionen bzw. Forderungen der gesamten organisierten Frauenbewegung ein. Viele Verbesserungen, die seither durch Rechts-Reformen im Interesse weiblicher Ansprüche auf Verwirklichung von »Gleichheit ohne Angleichung« (U. Gerhard, 1990) erzielt worden sind, müssen als Abschlagszahlungen auf die maßgeblich von J. formulierten feministischen Rechtsforderungen betrachtet werden.

1930, vier Jahre vor ihrem durch direkte Intervention der NS-Reichsfrauenführerin Gertrud Scholtz-Klink erzwungenen Rücktritt von der Leitung der Heidelberger Rechtsschutzstelle, wurde J. mit der Verleihung der Würde des »Doktors beider Rechte« (des vom Staat und des von der Kirche geschaffenen Rechts) eine Ehrung ihres Lebenswerkes zuteil. Gustav Radbruch, sozialdemokratischer Reichsjustizminister von Oktober 1921 bis November 1922, der die Urkunde überreichte, bezeichnete sich selbst als »die Tat von ihren Gedanken« und begründete die Auszeichnung so: »Das alte Wort vom Doktor beider Rechte« gewinne in ihrem Fall »einen neuen Sinn: neben das überkommene von Männern und für Männer gemachte Recht tritt ein zweites: die Rechtsauffassung der Frau, um das Männerrecht mehr und mehr zu durchdringen und erst zu einem wahren Menschenrecht zu machen«.

Schade, R.: Frauen helfen Frauen. Camilla Jellinek und die Rechtsschutzstelle für Frauen und Mädchen e.V. in Heidelberg. In: Feministische Studien 7. Jg., 1989, Nr. 2.

Beatrix Geisel

Jochmann, Carl Gustav

Geb. 10. 1. 1789 in Pernau/Livland; gest. 24. 7. 1830 in Naumburg/Saale

J., Sohn eines deutschen Amtssekretärs in russischen Diensten, studierte nach Absolvierung der Rigaer Domschule im Jahre 1804 Jurisprudenz in Leipzig, Göttingen und Heidelberg, wo er Vorlesungen des liberalen Rechtsphilosophen Anton Friedrich Justus Thibaut hörte. Zwischenzeitlich diente er als Angehöriger eines napoleonischen Regiments in Polen, das er 1807 im Range eines Leutnants verließ. Nach französischen Sprachstudien in der damaligen »Helvetischen Republik«, in Lausanne, ließ er sich 1810 in Riga als Advokat und Berater der »Englischen Faktorei« nieder. Zwei Jahre später mußte J. vor dem anrückenden preußischen Hilfskorps der Großen Armee flüchten und ging nach England und Schottland, um bis 1814/15 zivil- und kriminalrechtliche Studien zu treiben. Danach kehrte er erneut nach Riga zurück, wirkte als »Kaiserlich-Großrussischer Kammerkonsulent« am Livländischen Hofgericht und als Vorstandsmitglied einer ökonomischen Societät. Freundschaftlich verbunden war er in dieser Zeit u.a. mit dem Publizisten Garlieb Merkel, der in seiner Schrift *Die Letten, vorzüglich in Liefland, am Ende des philosophischen Jahrhunderts* (1796) gegen die Unterdrückung der baltischen Völker durch den deutschen Adel aufgetreten und 1806 aus Deutschland geflohen war. 1809 verließ J., im Besitz eines beträchtlichen Vermögens, Riga für immer. Er weilte in der Schweiz, in Frankreich und Süddeutschland, zuletzt in Karlsruhe, als »Privatier« und – stets anonym bleibender – freier Autor. Zu seinen engen Freunden zählten der im schweizerischen Aarau lebende Schriftsteller und Historiker Heinrich Zschokke sowie der Heidelberger Universitätsbuchhändler und Verleger Christian Friedrich Winter, einer der Wortführer der liberalen Opposition im Badischen Landtag.

Neben den rückständigen Verhältnissen im Baltikum und in Deutschland gehören die historisch neuen im prosperierenden England zu den entscheidenden Ausgangspunkten für die Entwicklung von J.s radikalen, antifeudalen und bürgerlich-demokratischen Positionen. Das belegen sowohl seine frühen *Reiseblätter* von 1813/14 als auch noch seine späteren, 1829 bzw. 1830 entstandenen Schriften *Englands Freiheit* und *Die Bürgschaften der englischen Verfassung*, die wie mehrere andere erst posthum von Zschokke in seiner liberal-oppositionellen Zeitschrift *Prometheus. Für Licht und Recht* (1832/33) und in den dreibändigen *Reliquien* (1836–38), der bis heute größten Ausgabe, veröffentlicht wurden. Denn in England wurde J. mit wesentlichen Faktoren nicht nur des »politischen Glücks der britischen Nation«, sondern der modernen Epochenbewegung konfrontiert: mit der parlamentarischen Demokratie, dem Welthandel, dem wissenschaftlichen Fortschritt, vor allem aber mit dem »Maschinenwesen« als materiell-technischem Kern der bürgerlichen Gesellschaft. Deshalb begriff er das ideale Staatssystem auch als »natürliche Föderation freier und selbständiger Arbeiter«, organisiert analog dem »Prinzip der Arbeitsteilung«; deshalb betonte er schon vor der um 1830 in Deutschland einsetzenden industriellen Revolution die Anwendung von »Maschinen und Werkzeugen aller Art« als eine wichtige Voraussetzung des Gewinns politischer Freiheit. Das um so mehr, als sein von philosophischer Spekulation unverstellter Blick auch die »Armut in England«, die volksfeindliche »Richtung zur Oligarchie« und den wiederauflebenden klerikalen »Meinungs- und Glaubensdespotismus« im nachrevolutionären Frankreich, also die durch diese Entwicklungen bewirkte »Verstümmelung« von Völkern und Individuen erfaßte. Sein historischer Optimismus aufklärerischer Tradition schloß daher »politischen Skeptizismus« ein: Mit der Errichtung der modernen bürgerlichen Gesellschaft in England und Frankreich war für ihn, wie es in seiner an Rousseau und Herder anschließenden Abhandlung *Zur Naturgeschichte des Adels* (1838) heißt, »wohl ein Schritt zur Humanisierung der Menschheit, aber bei weitem ›nicht der letzte‹, getan«. J. plädierte aus dieser kritischen Perspektive stets nicht nur für politische Grundrechte wie Presse-, Versammlungs-, Glaubens- und Gewissensfreiheit, sondern für das übergreifende »Naturrecht«. In dieses schloß er die Dimensionen individuellen körperlichen und emotionalen Erlebens ein, verstand es sozial-sensualistisch als »das Recht, glücklich zu sein«. Abgestoßen von »tauber Befehlshaberei« und »blinder Volksgewalt«, wie er sie zum Beispiel 1821 als Augenzeuge der Carbonari-Revolte im piemont-sardinischen Nizza und in der Ausrufung der Spanischen Verfassung erlebte, setzte J. seine politischen

Hoffnungen nicht nur auf den technischen Fortschritt sondern auch auf Gewaltlosigkeit, auf umfassende »Revolutionen der Meinungen«. Hinsichtlich der langfristigen demokratischen Umgestaltung Deutschlands erwog er insbesondere die vorläufige Bildung eines »monarchischen Föderativsystems«, allerdings ohne aristokratische Elemente.

J.s Synthese aufklärerischen Gedankenguts, vor allem des Geschichts- und Humanitätskonzepts Herders, mit den Kapazitäten der englischen Industriellen Revolution und dem emanzipatorischen Gehalt der Französischen Revolution erinnern an die Ideen von Claude Henri de Saint-Simon (den er als einen »geistreichen Schriftsteller« bezeichnete). Sie verweisen zugleich auf eine weitere wesentliche Station der Lebens- und Werkgeschichte des Deutschbalten: In den Jahren 1819/20 und 1821/22 konnte er in Paris die Vorzüge direkten Kontakts zu einem Kreis dort noch lebender deutscher Augenzeugen der Revolutionsereignisse von 1789 bis 1794 genießen. Zu diesem gehörten Männer wie der frühere Mitarbeiter des preußischen Reformers Reichsfreiherrn vom und zum Stein, Gustav Graf von Schlabrendorf, Verfasser antinapoleonischer und sprachtheoretischer Schriften, und der ehemalige Diplomat Konrad Engelbert Oelsner, Autor revolutionsgeschichtlicher Erinnerungen, ferner Historiker, Politiker und Schriftsteller wie Mignet, Guizot und Baggesen. Unter dem Eindruck dieser Begegnungen und aufgrund seiner eigenen Erfahrungen mit der europäischen Restaurationsperiode rückte J. zum Beispiel in der Abhandlung *Die französischen Staatsverwandlungen* (posthum 1837) die »›innere‹ Geschichte« der Französischen Revolution in den Mittelpunkt des geschichtlichen Interesses, nicht die »äußere des wechselnden Parteienkampfes«, und erhob ihren universellen demokratisch-emanzipatorischen Anspruch, »Teilnahme des Glücks, das bis dahin auf Kosten der Mehrheit einer Minderheit gehört hatte, ›allen‹ zu schaffen«, zum wesentlichen Maßstab für ihre Beurteilung. Wie später Georg Büchner in seinem Schauspiel *Dantons Tod* (1835) sah er aus der historischen Distanz um so deutlicher den Widerspruch zwischen der Sehnsucht der Volksmassen nach »edleren Genüssen der Civilisation« und der heroischen jakobinischen Utopie einer permanenten politischen Umwälzung im Namen unbestechlicher staatsbürgerlicher »Tugend«, einer Utopie, die bald in repressive Autokratie und pseudoreligiösen Ästhetizismus umschlug. In seinem Essay *Robespierre*, der 1822 von Zschokke in seiner Schriftenreihe *Ueberlieferungen zur Geschichte unserer Zeit* erstveröffentlicht wurde, konfrontierte J. darum, wiederum an Herder anknüpfend, diese Utopie und ihre Begeisterung für die Antike mit den sozialen Voraussetzungen der antiken Sklavenhalterdemokratien, mit dem »rauhen und herzlosen Civismus«, dessen »Tugend« nichts weiter gewesen sei als »die Größe und das Recht weniger Tausende auf Kosten unterdrückter Millionen«. Diese heftige antiklassizistische Kultur- und Ideologiekritik führte J. später in seinem Buch *Ueber die Sprache* (1828) weiter, wo er allen antikisierenden Autoren vorwarf, daß sie »die tiefe Unmenschlichkeit aller Verhältnisse mit einem täuschenden Schimmer überkleideten«.

Schon mit seinem untertreibenden und verschleiernden Titel ist jenes Buch ein Spiegel der spezifischen Erfahrungen des russischen Untertanen deutscher Zunge mit der seit den Karlsbader Beschlüssen von 1819 verschärften feudal-absolutistischen Kommunikationskontrolle. Denn J. entwickelte hier nicht nur – Arbeiten Hamanns, Herders und Schlabrendorfs weiterführende – sprach- und literatursoziologische Überlegungen, sondern eine schonungslose politische Analyse der isolierten Gelehrtenkultur Deutschlands und eine tiefgreifende nationale Selbstkritik. So entlarvte er die Charakteristika »Unverständlichkeit, Unbestimmtheit und Härte« der gesprochenen und geschriebenen deutschen Sprache als Reflexe restaurativer Herrschaftspraxis, provinzieller Engstirnigkeit, eines aristokratischen Kulturbegriffs, unentwickelter bürgerlicher Opposition und Öffentlichkeit sowie nicht zuletzt zahlloser »sinnlicher Entbehrungen«. Es heißt: »Wir denken knechtisch, weil wir uns schwach fühlen, und unsre Urteile sind in der Regel so beschränkt als unsre Lage.« Konzeptionell kaum berührt von der zeitgenössischen Philosophie und Literatur der Klassik und Romantik hoffte J. auf das Weiterwirken vor allem der deutschen aufklärerischen Tradition (Lessing, Herder, Schubart, Voß) sowie englischer und französischer demokratischer Vorleistungen in Geschichtsschreibung, politischer Publizistik, Prosa und Lyrik (Swift, Hume, Pope, Rousseau, Voltaire, Béranger). Nur in wenigen deutschen Zeitgenossen, darunter in Merkel und Oelsner, sah er »entschiedene Republikaner« und Streiter für eine wahre demokratische Öffentlichkeit. Deren Inhalte und Strukturen faßte J., ausgehend von Ideen Montesqieus und Rousseaus, in dem wenige Monate vor seinem Tod in der Münchener Tageszeitung *Das Inland* und in Carl von Rottecks *Allgemeinen politischen Annalen* gedruckten Essay *Ueber die Oeffentlichkeit* zusammen. So war Öffentlichkeit für ihn nicht mehr nur, wie bei Kant, die Öffentlichkeit der Eigentümer, oder, wie bei Hegel, das Forum für die Willensbildung des Verfassungsstaates, sondern der politische Raum des »öffentlichen Lebens« und des »öffentlichen Gewissens«, des umfassenden Austauschs über praktische politische und moralische Probleme, der Mitsprache und Kontrolle. Öffentlichkeit hatte für ihn einen Allgemeinheitsanspruch; der »öffentlichen Meinung« und der Presse schrieb er in diesem Sinne die Rolle der »Aufsichtsgewalt« über Regierung, Parlament und Justiz zu. Zugleich warnte J. vor einer Formalisierung der Demokratie, vor einem »Zeitalter bloßer Formen«, ohne konsequent auf »Gemeinwohl«, auf soziales »Glück« ausgerichtete Inhalte, vor einem Zeitalter »desto unförmlicherer Gewaltherrschaft«. Das »demokratische Prinzip« war für ihn letztlich nur auf der Basis technischen und kulturellen Fortschritts, ökonomischer und sozialer Freiheit, der Herrschaftsaufhebung voll durchsetzbar. In einer erst noch zu errichtenden »wahrhaft menschlichen Gesellschaft« – so J. in seinem Sprachbuch – sollten soziale Gleichheit, gemeinschaftliche Identität und individuelle Freiheit in ein dynamisches Wechselverhältnis treten können: »Glücksgüter, die uns verzärteln, werden als Gemeingüter das Leben verschönern, Vorrechte, die ihren Besitzer verderben, als Rechte ihn veredeln.«

Schiewe, J.: Sprache und Öffentlichkeit. Carl Gustav Jochmann und die politische Sprachkritik der Spätaufklärung. Berlin 1989. – Wagner, G.: Zwischen zwei Revolutionen. Soziale Fragestellung, Geschichts- und Literaturgeschichtsrezeption im Werk Carl Gustav Jochmanns, in: Jahrbuch für Geschichte, Band 39, Berlin 1990.

Gerhard Wagner

Josel von Rosheim

Geb. vermutlich 1478 in Hagenau/Elsaß; gest. 3./4.1554 vermutlich in Rosheim/Elsaß

Der volle Name lautete Josef ben Gershon Loans. Genannt wurde er Joselin, Joselmann oder einfach Josel. Als J. von Rosheim ging er in die Geschichte des deutschen Judentums ein, benannt nach seinem Wohnort in der kleinen elsässischen Reichsstadt Rosheim im Südwesten von Straßburg. Väterlicherseits stammte die Familie aus Louhans in Frankreich und siedelte sich nach ihrer Vertreibung in Endingen am Kaiserstuhl an. J. entwickelte sich in jahrzehntelanger, ehrenamtlicher Tätigkeit zur bedeutendsten Persönlichkeit des deutschen Judentums im Zeitalter der Reformation. Durch die rechtliche Sicherung einer Minderheit im Deutschen Reich und die politische Aktivierung der isolierten jüdischen Gemeinden in einem demokratischen Willensbildungsprozeß gelang ihm eine demokratische Leistung, die nicht nur den Juden, sondern auch dem Rechtsfortschritt in Deutschland zugute kam.

Im Jahr 1470 beschuldigte man drei Brüder von J.s Großvater, zusammen mit anderen Juden acht Jahre zuvor eine christliche Bettlerfamilie ermordet und die Köpfe der Kinder und das aufgefangene Blut für rituelle Zwecke an einen vermögenden Pforzheimer Juden verkauft zu haben. Unter grausamer Folter zwang man sie zu Geständnissen und verbrannte sie dann auf dem Scheiterhaufen. J.s Vater konnte dem Massenmord entgehen, über den Rhein ins Elsaß flüchten und sich in Oberehnheim bei Straßburg niederlassen. Sieben Jahre später überfielen marodierende Schweizer Söldner die jüdischen Gemeinden im Elsaß, plünderten und mordeten. J.s Eltern mußten wie andere Juden für ein Jahr auf elsässische Burgen flüchten. Diese Schicksale, vor allem die Ermordung der drei Großonkel im badischen Endingen, prägten sich tief in J.s religiös-politischer Identität ein. J.s Leben stand unter dem Entschluß: Das traditionelle Leid der Juden durch politische Mitgestaltung abzuwehren; die Opfer hätten sich selbst zu regen; es sei Sache der Gemeinden, zur Beseitigung der aus der feindlichen Umwelt sich ergebenden Schwierigkeiten beizutragen.

J. erhielt eine solide sprachliche und religiöse Ausbildung in Hagenau, in der »Jeschiwah« (wörtlich: Sitz der talmudischen Hochschule) seines Onkels. Als er Rabbiner war, wählte er nicht aus Neigung, sondern aus Not den üblichen Beruf des Geldverleihers. Wenn J. dann später monatelang auswärts weilte, um den Juden Recht und Erleichterung zu verschaffen, mußte seine Frau das Geschäft alleine führen.

Nach 1500 nahm die Vertreibung der Juden auch im Deutschen Reich zu. Die Reichsstädte hatten inzwischen genügend christliche Bankiers, so daß man die unbequeme, oft weit tüchtigere jüdische Konkurrenz aus den Mauern und dem Reich haben wollte. Kaiser Maximilian I., ein Literat und Kunstliebhaber, hielt grundsätzlich zu den Juden, aber wenn seine Reichsstädte es geschickt anstellten und antisemitische Greuelmärchen auftischten, kam er ins Schwanken.

J.s politisches Leben begann, als Oberehnheim 1507 vom Kaiser die Erlaubnis bekam, die Juden zu verjagen. Sieben Jahre später wurden alle Juden in Mittelbergheim verhaftet, darunter auch J., wohl wegen einer Münzaffäre. Nach Wochen stellte sich ihre Unschuld heraus, sie kamen frei. J. zog es vor, die haßerfüllte Stadt zu verlassen und nach Rosheim zu ziehen. Wegen der Oberehnheimer Vertreibung entschlossen sich die unterelsässischen Gemeinden 1510, J. zum Vorsteher aller Gemeinden zu wählen, hebräisch zum »Parnos«. Über seine Pflichten als demokratisch gewählter Parnos schrieb J. in seinen Memoiren: »Wenn der gemeinen Judenschaft insgesamt oder einzelnen Gemeinden etwas gegen ihre Freiheiten, die sie von römischen Kaisern und Königen seit langem bis auf diesen Tag bewahrt haben und deren Urkunden sie noch in Händen halten, widerfahren sollte, so muß ich allezeit diese Beschwerden an Orten und Stellen, die dafür zuständig sind, vorbringen, muß untertänig jeder Obrigkeit, von der solche Belästigungen ausgehen, demütig unsere genannten Freiheiten und Belastungen und unsere Stellungnahme dazu vortragen. Wenn gegen alle Billigkeit Zwietracht und Streit zwischen Juden und Christen entstehen und mir vorgebracht

werden, so habe ich die Juden stets dazu anzuhalten, daß sie sich an dem Recht ausrichten und Ungerechtigkeit vermeiden. Ebenso habe ich vorzubringen, was meinen Gemeindegliedern von den Christen an Ungerechtigkeiten geschieht.«
J. war kein Interessenvertreter, der bei den Fehlern der eigenen Seite das Auge zudrückte. Er war Richter in Streitfragen und hatte absolute Gewalt über die Juden. Wer sich nicht der Judenordnung und J.s Spruch fügte, wurde mit dem Bann belegt, sein Besitz verfiel dem Kaiser. J.s Stärke lag darin, daß er auch die Juden zur Einhaltung von Pflichten anhielt, um so der christlichen Kritik an jüdischen Geschäftspraktiken den Wind aus den Segeln zu nehmen.
Durch die zunehmende Notlage der deutschen Juden und durch seinen Ruf als geschickter Diplomat wurde J. in die große Politik hineingezogen. In seiner ältesten Klageschrift (1524) offenbarte er seine juristische Denkweise. Gegen die kaiserliche Austreibungserlaubnis für Oberehnheim berief sich J. auf das ältere, höherstehende Recht der allgemeinen Reichspolitik.
1519 starb der Kaiser, mit dem J. gut ausgekommen war. Dem Nachfolger Karl V. (1519–1556) huldigte J. in der Krönungsstadt Aachen als Vertreter der unterelsässischen Judenschaft. Karl V. orientierte sich in der Judenpolitik nicht an der spanischen Inquisition, sondern an der traditionellen deutschen Reichspolitik. So bekamen die Juden ihre Wohn- und Wirtschaftsrechte garantiert. Der im Elsaß noch immer schwelende Konflikt von Oberehnheim führte 1524 zur Einsetzung einer kaiserlichen Kommission. J. erreichte, daß Juden zur Abwicklung ihrer Geschäfte die Stadt betreten durften. Im Bauernkrieg von 1525 feierte J.s diplomatisches Geschick einen schönen Triumph. Der jüdische Vorsteher verhinderte, daß ein bei Rosheim liegender Bauernhaufen die Stadt überfiel. Der Bürgermeister erklärte daraufhin öffentlich: »Josel, du und deine Kinder sollen unseren Dank für diese Rettungstat ewig genießen«. 40 Jahre später wollte niemand mehr etwas davon wissen. Die Rosheimer ließen es gerne zu oder feuerten noch dazu an, daß Schlägerbanden die jüdischen Häuser angriffen, um die Juden aus der Stadt zu verjagen.
Im Vorfeld des Bauernkriegs hatte auch J. in seiner Argumentation egalitäre Ideen der Zeit aufgegriffen. Er beanspruchte, daß Juden Bürger wie andere seien.
1529 brach eine Mordwelle über die mährischen Juden herein. In Pösing bei Preßburg wurden nach einer der üblichen, erlogenen Ritualmordanklagen sechsunddreißig Juden verbrannt. Jetzt war es höchste Zeit, daß alle jüdischen Gemeinden ihre gewählten Vertreter nach Günzburg an der Donau in ein Judenparlament schickten. Dort wurden Maßnahmen zur Befreiung weiterer jüdischer Gefangener getroffen. Der wichtigste Fortschritt in der Demokratisierung gelang dadurch, daß man J. zum Vorsteher aller deutschen Juden wählte. Sein Amtstitel wurde verschieden wiedergegeben: »Vorgänger«, »gemeiner Befehlshaber der Judenschaft im Deutschen Reich«, »Oberster der Judenschaft in deutschen Landen«, »Regierer der gemeinen Judenschaft«, »gemeiner jüdischer Profoß«, »gemeiner Judenschaft Anwalt«. In dieser Leitungsfunktion wurde J. vom Kaiser und vom Reichstag anerkannt. Für die Zeit während des Reichstags (1530) berief J. das jüdische Parlament nach Augsburg ein, um eine jüdische Wirtschaftsordnung auf demokratischem Weg zustandezubringen. Diese Ordnung wurde danach Reichsrecht.
Ein gefährlicher Angriff auf die Juden während des Reichstags erfolgte durch den Konvertiten Antonius Margaritha. Der Kaiser, impulsiv, gelegentlich leichtgläubig, war infolge schlimmer Vorwürfe empört über die Juden und zwang J., das Judentum in einer öffentlichen Disputation zu verteidigen. J., immerhin Rabbiner und gut gebildet, konnte mit eindrucksvollem Redetalent den gehässigen Konvertiten besiegen. Seitdem er gesamtdeutscher Judenvorsteher war, mußte er immer wieder weit im Reich herumreisen, um Konflikte zu schlichten, beschuldigte Juden zu verteidigen, Verleumder zu überführen und Rechtsbrüche anzuklagen. Bei einem Frankfurter Kongreß der protestantischen Fürsten im Jahre 1539 gelang es J. zu beweisen, daß die Verbrennung von 38 Juden in Brandenburg (1510) ein Justizmord gewesen war.
Zur gleichen Zeit hielt Luther Hetzreden gegen die Juden. Er verlangte unter anderm: alle Synagogen zu verbrennen, alle jüdischen Häuser zu zerstören, die Juden in Ställe zusammenzutreiben, alle jüdischen Bücher wegzunehmen, allen Rabbinern bei Todesstrafe Unterricht und Gottesdienst zu verbieten, den Juden die kaiserlichen Straßen zu verweigern, alle Geldgeschäfte zu untersagen, Geld und Juwelen wegzunehmen und die jungen, starken Juden zur Handarbeit zu zwingen. Für das Beste hielt Luther: alle Juden aus dem Land zu jagen.
J. gelang es, den Magistrat der evangelischen Reichsstadt Straßburg im Elsaß dafür zu gewinnen, den Nachdruck einer der schlimmsten lutherischen Hetzschriften zu verhindern. Hier siegten das Recht einer Minderheit und die Idee des Landfriedens gegen eine mörderische Haßpropaganda. Als J. seine letzte Klageschrift für den Magistrat von Hagenau formulierte – sein politisches Testament – tobte in der Rosheimer Judengasse ein Pogrom.

Feilchenfeld, L.: Rabbi Josel von Rosheim. Ein Beitrag zur Geschichte der Juden in Deutschland im Reformationszeitalter. Straßburg 1898. –

Stern, S.: Josel von Rosheim. Befehlshaber der Judenschaft im Heiligen Römischen Reich Deutscher Nation. Stuttgart 1959.

Hellmut G. Haasis

Jourdan, Berta

Geb. 21. 6. 1892 in Frankfurt/Main; gest. 4. 12. 1981 in Frankfurt/Main

Mit kritischer Distanz beurteilte die radikale bürgerliche Frauenrechtlerin Lida Gustava Heymann die politische Situation des Jahres 1919. Erstmals wurde den Frauen in Deutschland das aktive und passive Wahlrecht gewährt: »Man gab den Frauen die politische Gleichberechtigung in einer Zeit, als Männerpolitik bankrott war, als der Parlamentarismus einen Tiefstand erreicht hatte, der jedes lebendige Schaffen ausschaltete, wo Politik sich deckte mit Parteitaktik, Parteiinteressen und persönlichen Wirtschafts- und Existenzinteressen.«

Für viele bedeutete das Jahr 1919 vor allem aber den Aufbruch in neue Welten. »Im Sog der Geburt der Republik« fühlte sich auch J. Seit 1917 Mitglied der SPD, trat die 27jährige Sonderschullehrerin zunehmend für die Entwicklung einer fortschrittlichen Schulpolitik ein. 1924 wurde J. als Nachfolgerin von Toni Sender Stadtverordnete der SPD in Frankfurt am Main und Mitglied im Schulausschuß. Zu den thematischen Schwerpunkten ihrer parlamentarischen Tätigkeit zählten neben dem Bereich der Bildung vor allem die Kultur, das Gesundheitswesen und die Bekämpfung der Arbeitslosigkeit.

Sie stritt für die Republik und hatte ein seismographisches Gespür für antidemokratisches Verhalten, das sich besonders deutlich zeigte anläßlich eines Vorfalls im städtischen Schulerholungsheim an der Wegscheide: Während eines Familienbesuchstags wurde die schwarz-rot-goldene Reichsflagge des Hauses vom Fahnenmast gerissen und in den Schmutz getreten. Die Reaktion der Lehrer auf diesen Vorfall war geteilt: Der Ortslehrerrat ließ die Fahne, wie er betonte, »vorläufig« wieder aufziehen, einige Mitglieder plädierten jedoch dafür, anstelle der Reichsfahne neutrale Wimpel zu hissen, da die Reichsfarben den Schulfrieden störten. J. forderte eine parlamentarische Untersuchung. Es ging ihr um nicht mehr und nicht weniger als die Treue der Lehrer und Staatsbeamten zu einer Verfassung, die – wie Kurt Sontheimer bemerkt hat – ein stetig wachsender Teil der Deutschen »als ein untaugliches Instrument zur Ordnung der politischen und sozialen Verhältnisse im Reich« erachtete. J.s entschiedenes Auftreten gegen antidemokratisches bzw. antirepublikanisches Verhalten ist leicht zu erklären: Als Sozialistin galt ihr die Republik als Basis allen sozialen Fortschritts und Entwicklung, als Frau und als Jüdin verdankte sie ihr die rechtliche Gleichstellung.

Darüber hinaus scheinen die Kindheit und Jugend der Frankfurter Sozialdemokratin wesentlich für die Herausbildung egalitärer Ansprüche gewesen zu sein. Die spärlichen Quellen – außer einigen Interviews, die sie im hohen Alter gab, existieren keinerlei autobiographische Aufzeichnungen – lassen nur vorsichtige Rückschlüsse zu. Ihr Vater, der Mainzer Kaufmann »von eher bescheidenem Format« und »liberale Anti-Preuße« starb früh und hinterließ bei seiner Tochter kaum mehr als schemenhafte, wenngleich zärtlich-verklärte Erinnerung. Nach dem Tod des Vaters bestritt die Mutter den Lebensunterhalt der Familie, zu der neben Berta noch deren jüngere Brüder sowie zwei unverheiratete Tanten zählten. J. erlebte in dieser Situation Enge und Unterdrückung, vor allem durch die dominante Mutter. Eine Loslösung nach außen fand nicht statt, doch schaffte sich das junge Mädchen geistige Freiräume.

Eine nur kurzfristige räumliche Distanz von der häuslichen Konfliktsituation ermöglichte ihr der Besuch des Jüdischen Mädchenpensionats in Wiesbaden, dasselbe Institut, das vermutlich wenige Jahre zuvor auch Käte Frankenthal aufgenommen hatte. Durch den anschließenden Privatunterricht bereitete sich J. auf das Abitur vor, denn sie wollte Medizin studieren. Was sie von diesem Berufswunsch ablenkte, ist unklar, jedenfalls entschied sie sich für eine pädagogische Ausbildung. 1913 legte sie das Lehrerinnenexamen ab, um anschließend eine Stelle an der Anna-Schule in Frankfurt am Main anzutreten. Dieter Rebentisch beschrieb in seinem Nachruf auf J. die Situation der jungen Lehrerin: »In der Anna-Schule, der Volksschule der Altstadt, übertrug man ihr 1917, mitten im Ersten Weltkrieg, eine sogenannte Förderklasse. Viele der Kinder waren durch die sozialen Verhältnisse geschädigt, manche trugen ausgesprochen psychopathische Züge.«

An der Schule schärfte sich ihr Blick vor allem für zwei Dinge: für die Chancenungleichheit der Kinder aus Arbeiterfamilien sowie für antisemitische Ressentiments, denen sie sich selbst als Jüdin an einer christlichen »Simultanschule« ausgesetzt sah. Diese Erfahrung, zu der während der letzten beiden Kriegsjahre noch ihre Tätigkeit in der Kriegsfürsorge hinzukam, mögen ausschlaggebend für ihren Wunsch nach öffentlichem politischen Engagement gewesen sein. 1917 wurde sie Mitglied der SPD, bereits ein Jahr später Vorsitzende der »Sozialistischen Lehrer« in Hessen-Nassau.

Als Sozialistin hatte sie sich von den Traditionen des Judentums längst gelöst, bezeichnete sich selbst als »Dissidentin«, doch dürfte die Erinnerung an die Zeit, in der sie selbst Antisemitismus erlebt hatte, noch frisch gewesen sein. Sensibel reagierte sie deshalb auf antisemitische Tendenzen und religiösen Fanatismus. Vor allem in den Auseinandersetzungen um die Konfessionsschule ergriff J. immer wieder Partei, so auch 1924, als in der Frankfurter Schulpolitik die Ein-

richtung einer öffentlichen jüdischen Volksschule diskutiert wurde. Am 27. Oktober schrieb sie in äußerst scharfem Ton an den Preußischen Kultusminister Konrad Haenisch, der das Projekt mit dem Hinweis ablehnte, es käme keine Einigung der verschiedenen jüdisch-religiösen Richtungen zustande: »Wohin soll das führen, wenn für jede religiöse Strömung eine Sonderschule aufgemacht wird? (...) Sie müssen sich darüber klar sein (...), daß die christlichen Kreise nur auf dieses Schulbeispiel warten.« Am Ende appelliert sie an den Freund und Genossen Haenisch: »(...) bringen Sie sich nicht um allen schulpolitischen Kredit hier.«
Von 1928 bis 1933 war J. Abgeordnete des Wahlkreises Hessen-Nassau im Preußischen Landtag. Unterstützung fand sie dort bei der älteren Parlamentarierin Hildegard Wegscheider. Nach 1933 blieb J. zunächst in Frankfurt, ihrem Lebensmittelpunkt, doch ohne Parlamentstätigkeit, ohne Schuldienst. Wie alle deutschen Juden erhielt sie Berufsverbot. Der »Jüdische Frauenbund« ermöglichte ihr jedoch, in Frankfurt ein privates Heim für jüdische Kinder einzurichten, das sie bis zu ihrer Emigration 1939 unterhielt.
Im Januar 1939 gelang ihr die Flucht zu ihrem Bruder nach Südafrika. Dort erlebte sie, wie sie selbst formulierte, eine »Art Wiedergeburt«, engagierte sich wieder in der Schulpolitik. 1944 wurde sie im rhodesischen Bulawayo Sonderschulpädagogin, ein Jahr später für zwölf Jahre Berichterstatterin der Vereinten Nationen für rhodesische Schulfragen.
Im Bewußtsein der eigenen Verfolgung während des Nationalsozialismus entschied sie im Alter von 73 Jahren, daß ihr ein Verbleiben in dem seit 1964 von der rassistischen Politik Ian Smiths geprägten Rhodesien unmöglich war. Ohne familiäre Bindung - ihre Verwandten waren verstorben oder hatten bereits das Land verlassen - kehrte sie 1966 nach Frankfurt zurück, um dort ihren Lebensabend zu verbringen. Erleichtert wurde ihr dies durch den raschen Anschluß, den sie an die lokale Sozialdemokratie fand und durch das Wiederanknüpfen an die Beziehung zu einer ihrer ehemaligen Mitstreiterinnen im Preußischen Landtag, Toni Wohlgemuth.

Wickert, C.: Sozialistin, Parlamentarierin, Jüdin. Die Beispiele Käte Frankenthal, Berta Jourdan, Adele Schreiber-Krieger, Toni Sender und Hedwig Wachenheim, in: Heid, L.; Paucker, A. (Hg.): Juden und deutsche Arbeiterbewegung bis 1933. Tübingen 1992, S. 155-164.

Marina Sassenberg

Juchacz, Marie, geb. Gohlke

Geb. 15. 3. 1879 in Landsberg/Warthe; gest. 28. 1. 1956 in Düsseldorf

Als Tochter eines verarmten Zimmermanns verdiente J. sich seit dem 14. Lebensjahr ihren Lebensunterhalt selbst. Sie arbeitete in der Fabrik, als Hausangestellte, Krankenwärterin und Näherin, lernte Nachtschichtarbeit und den Sechzehn-Stunden-Tag aus eigener Anschauung kennen. Ihre Ehe mit einem Schneidermeister dauerte nur kurze Zeit. Bestimmend für ihr Leben war hingegen die Beziehung zu ihrer Schwester Elisabeth Roehl. Gemeinsam mit ihr wandte sich J. der Politik zu und schloß sich der Frauenbewegung der SPD an.
1906 übersiedelte J. zusammen mit ihrer Schwester nach Berlin und trat dort Frauenorganisationen der Arbeiterbewegung bei, insbesondere dem »Verein der Frauen und Mädchen der arbeitenden Klasse«. Es war der Zeitpunkt, zu dem die Frauenbewegung in der SPD in rapider Geschwindigkeit zur Massenbewegung anwuchs. Gleichzeitig nahm der bisher bestimmende Einfluß, den Clara Zetkin auf sie ausgeübt hatte, allmählich ab. Zetkin hatte die sozialdemokratischen Frauen der Linie des Parteivorstands verpflichtet, das heißt dem Ziel der Revolution statt Reformen, und jegliche Kontakte oder gar Zusammenarbeit mit Frauenorganisationen des Bürgertums bekämpft und unterbunden. Auch das 1891 gegründete Frauenmagazin der Partei *Die Gleichheit* führte Zetkin in diesem Sinne. Auf der Höhe der theoretischen Debatten in der Partei war es zur Masse der Arbeiterfrauen ohne reale Verbindung geblieben.
Die Reichsfrauensekretärin der SPD, Luise Zietz, entdeckte J.' Talent als Rednerin und betraute sie mit Aufgaben. 1913 wurde J. von der SPD als Frauensekretärin nach Köln entsandt, wo sie sich um die Organisierung der Textilarbeiterinnen kümmerte. Nach Ausbruch des Krieges im August 1914 reduzierte J. die politische Agitation zugunsten der Organisation von Fürsorgetätigkeit im Rahmen des sogenannten Nationalen Frauendienstes. Die Regierung und der BDF (Bund Deutscher Frauenvereine), in dem die Organisationen der bürgerlichen Frauen vereinigt waren, kümmerten sich gemeinsam um soziale Aufgaben, die nun zusätzlich notwendig wurden (Fürsorgesystem für die Kinder nun werktätig werdender Mütter und anderes). Die Frauenbewegung der SPD, wegen des theoretisch noch aufrechterhaltenden Ziels der Revolution immer noch unter dem Postulat des Kontaktverbots zu bür-

gerlichen Frauenorganisationen stehend, assoziierte sich jedoch dem »Nationalen Frauendienst«. Objekt der Fürsorge waren ohnehin größtenteils die Arbeiterfrauen, also die Klientel der SPD.

J. war, wie wohl die meisten ihrer Geschlechtsgenossinnen, gegen den Krieg. Die von ihrer Partei immer wieder neu bewilligten Kriegskredite empfand J. als »Zentnerlast, die mich bedrückte, wo immer ich war.« Während der Kriegskurs der SPD andere Funktionärinnen wie Luise Zietz und Clara Zetkin zum Widerstand und letztlich zum Verlassen der SPD bewog, harrte J. jedoch aus und übernahm, ihren eigenen Worten nach eher gedrängt als freiwillig, deren Funktionen als Reichsfrauensekretärin (Luise Zietz) und als Herausgeberin der *Gleichheit* (Clara Zetkin).

1917 organisierte J. eine proletarische Kampagne für das Frauenstimmrecht, zu deren Mitgestaltung sie die bürgerlichen Frauenvereine ausdrücklich einlud. Nachdem diese erste öffentliche gemeinsame Veranstaltung im Dezember 1916 verboten worden war, fand sie erst im April 1918 statt. Das Frauenstimmrecht auf die Tagesordnung des Reichstags zu setzen, erwies sich dennoch als schwierig. USPD und KPD unterstützten es, aber die SPD entschloß sich erst am 8. November 1918, als Arbeiter- und Soldatenräte auf dem Höhepunkt ihrer Macht standen, zur Übernahme dieses Punktes in ihr Programm – dann jedoch, angesichts der Tatsache, daß Frauen in der Rätebewegung so gut wie keine Rolle spielten, umso entschiedener.

Im Januar 1919 wurden J. und ihre Schwester, als zwei von 37 Frauen unter 423 Abgeordneten, in die Nationalversammlung gewählt, wobei die Gruppe der SPD-Frauen mit 19 die mit Abstand stärkste war. Im Februar 1919 hielt J. vor der Nationalversammlung als erste Frau in einem deutschen Parlament eine programmatische Rede: »Ich möchte hier feststellen (...), daß wir deutschen Frauen dieser Regierung nicht etwa (...) Dank schuldig sind«, begann sie in Anspielung auf das neue Frauenwahlrecht. Im Mittelpunkt ihrer Rede wie auch ihrer parlamentarischen Tätigkeit überhaupt stand die Sozialpolitik. J. war sich darüber im klaren, daß sie damit dem Rollenschema entsprach, wonach Frauen für Soziales, Männer hingegen für die »Politik« zuständig seien. Daß letztere aber die eigentlich »große« sei, bestritt J., für die das Soziale das wichtigste Feld der Politik darstellte und die Frauen diejenigen waren, die das meiste Talent dafür besaßen. Auch wenn sie bedauerte, daß allgemein-politische Ressorts von Männern besetzt blieben, fand sie es sinnlos, als Frau das Soziale aus emanzipatorischen Erwägungen nicht zu bearbeiten. Über Frauenfragen zum Beispiel konnten die Frauen immerhin eine zentrale Rolle in der Parteipolitik bei der Verhandlung jener Punkte erhalten, die einen direkten Bezug auf ihre eigene (diskriminierte) Stellung in der Familie hatten. Im Parlament kämpfte J. gegen die Almosenvergabementalität des Armenpflegerechts und warb dafür, stattdessen eine soziale Mindestversorgung zu garantieren. Im Dezember 1919 gründete J. die »Arbeiterwohlfahrt« und übernahm deren Leitung.

Sie ergriff die Initiative zu einem Reichsjugendwohlfahrtgesetz (RJWG), das sie zusammen mit 32 anderen Frauen in den Reichstag einbrachte, war aber bei der Abstimmung damit so erfolglos wie mit ihrem Versuch, im Verfassungsausschuß endlich die rechtliche Diskriminierung von nichtehelich geborenen Kindern zu beseitigen, die noch bis 1969 in den Gesetzen als »unehelich« herumgeisterten.

1933 – die »Arbeiterwohlfahrt« war sogleich verboten worden – floh J. zunächst ins noch nicht »angeschlossene« Saargebiet, wo sie ein Restaurant für Emigranten betrieb und Flüchtlingen half. Weitere Stationen ihrer Flucht waren Marseille, Martinique und schließlich New York, wo J. Englisch lernte und die »Arbeiterwohlfahrt New York« gründete, über die sie nach Kriegsende ehemalige Verfolgte des Naziregimes unterstützte. 1949 kehrte J. nach Deutschland zurück und arbeitete, inzwischen einundsiebzigjährig, in der wiedererstandenen »Arbeiterwohlfahrt« und in der sozialdemokratischen Frauenbewegung mit. J. starb 1956 in Düsseldorf.

Dertinger, A.: Marie Juchacz: Parlamentarierin und Gründerin der Arbeiterwohlfahrt. Dokumentation der Hamburger Bürgerschaft 1983. – Röhl, F., Lemke, L., Wachenheim, H.: Marie Juchacz und die Arbeiterwohlfahrt. Hannover 1961.

Brigitte Domurath

Jüchen, Aurel von

Geb. 20. 5. 1902 in Gelsenkirchen; gest. 11. 1. 1991 in Berlin

»Niemals habe ich um des Schreibens Willen geschrieben, Wissenschaft um ihrer selbst Willen getrieben. Habe keine sprachlichen Kunstwerke schaffen wollen. In allen meinen Arbeiten ging und geht es darum, mit Menschen jeder Herkunft ins Gespräch zu kommen. Über das, was not tut.« Mit diesen Worten blickte der evangelische Pfarrer, religiöse Sozialist, theologische Autor und Dichter J. auf sein bewegtes Leben zurück.

In Gelsenkirchen wuchs er als einziges Kind einer schon früh verstorbenen Unternehmerin und dem Gründer und Leiter einer privaten Handelsschule auf. Durch das Elternhaus wurde zeitig J.s Interesse an der sozialen Frage geweckt. Kontakte zu Arbeiterfamilien ergaben sich durch die Tätigkeit des Vaters und durch Jugendfreundschaften in der großen Familie seines Kinderfräuleins, so daß J. unmittelbar das soziale Elend proletarischer Familien erfuhr. Die schrecklichen Folgen des Ersten Weltkriegs erlebte J. in der Begegnung mit verwundeten Soldaten, für die sein Vater wöchentlich einen offenen Nachmittag veranstaltete. J. erinnerte sich: »Diese Soldaten, die mit verbundenen Armen, Beinen und Schädeln ankamen, wurden meine Freunde. Ich sog wie ein Schwamm ihre Skepsis, ihre Kritik, Verzweiflung, Wut, ihr revolutionäres Aufbegehren in mich auf (...). Am Ende des Krieges war ich alles, was ich heute noch bin: Ich war Pazifist, Antimilitarist, Europäer. Ich war Sozialist. Ich sympathisierte mit der Revolution von 1918.«

Der Entschluß, Theologie zu studieren, bildete sich in der Schulzeit durch die Lektüre deutscher Mystiker heraus. Er studierte in Münster, Tübingen und Jena. Während der Inflationszeit mußte er sich den Lebensunterhalt als Werkstudent bei einer Baufirma verdienen. Diskussionen mit politisch engagierten und organisierten Arbeitskollegen regten ihn zur Auseinandersetzung mit den Schriften von Marx, Engels, Lenin und Trotzki an. Den Atheismus in der Arbeiterbewegung betrachtete J. als Privatsache, jedoch beeindruckten ihn ihre ökonomischen Theorien. Er begann nach einer Theologie zu suchen, die den Alltag des Menschen, überhaupt jeden Bereich des Lebens ernst nahm. Impulse dafür fand J. im religiösen Sozialismus, vor allem bei Christoph Blumhardt, Paul Tillich und dem Schweizer Leonhard Ragaz. 1928 erhielt J. in Möhrenbach (Thüringen) seine erste Pfarrstelle als Nachfolger des religiösen Sozialisten Arthur Rackwitz. Als Mitglied im »Bund der religiösen Sozialisten Deutschlands« (BRSD) gehörte er schon bald zu dessen Leitung und wurde Mitglied der »Bruderschaft sozialistischer Theologen«.

Unter dem Einfluß des Eisenacher Pfarrers Emil Fuchs trat J. ebenfalls 1928 in die SPD ein. Neben seiner pfarramtlichen Tätigkeit engagierte er sich als Wahlkampfredner der SPD und fuhr mit dem Motorrad übers Land bis ins Fränkische, um auf Partei- und Freidenkerveranstaltungen Position gegen ungerechtfertigte Polemiken wider das Christentum zu beziehen und für den religiösen Sozialismus zu werben. 1929 drohte ihm ein kirchliches Disziplinarverfahren wegen seines Vortrages *Warum ich als Christ Sozialist bin*. Trotzdem betätigte sich J. weiterhin öffentlich und wandte sich gegen die immer deutlicher werdende Bedrohung durch den Nationalsozialismus. Auf dem 5. Kongreß des BRSD 1930 in Stuttgart sprach J. anstelle des erkrankten Emil Fuchs zum Thema *Der Faschismus – eine Gefahr für das Christentum* und zeigte anhand des italienischen Beispiels, wie Unrecht und Unterdrückung im Gegensatz zum Christentum stünden, das an Recht und Gerechtigkeit nach Gottes Willen erinnern müsse. Beim Thüringer Landeskirchenrat stieß J.s öffentlich-politischer Einsatz auf Widerspruch. In einem Aufruf wies der Landeskirchenrat im August 1930 die Pfarrerschaft an, sich öffentlicher »Parteitätigkeit« zu enthalten. Anstatt die Aufforderung zu befolgen besuchte J. nationalsozialistische Versammlungen, um dort als Gegenredner aufzutreten.

Als 1933 die Arbeit mit dem BRSD nicht mehr möglich war, schloß sich J. der Bekennenden Kirche (BK) an. 1935 und 1937 wurde er durch die »deutsch-christliche« Kirchenleitung strafversetzt, zunächst in die Uckermark und schließlich nach Rossow bei Neuruppin. J. verteilte heimlich Post für die BK, verfaßte Denkschriften über die widerchristlichen Machenschaften der »Deutschen Christen« und half verfolgten Juden, in die Schweiz zu flüchten. Daneben entstanden verschiedene theologische und literarische Arbeiten: *Ratgeber für das christliche Gemeindespiel* und, in Form loser Blätter, ein volkstümlicher Katechismus. In dem Werk *Gespräche über den Zaun* ließ J. zwei Bauern über die Aktualität des christlichen Glaubens diskutieren. Nach Ausschluß aus der NS-Schrifttumskammer verfaßte J. die illegal verbreitete Schrift *Die politische Aufgabe der Christen*. Als er in Gefahr geriet, ins Konzentrationslager zu kommen, rettete ihn der von einem befreundeten Landrat veranlaßte Einberufungsbefehl zur Wehrmacht.

Nach dem Weltkrieg, den J. als Soldat in Frankreich überlebte, kehrte er zunächst nach Rossow zurück und engagierte sich dort zusammen mit anderen religiös-sozialistischen Pfarrern für eine gerechte Bodenreform, welche Vertriebenen einen Neuanfang ermöglichen sollte. Diese Bemühungen mißfielen der russischen Militäradministration: J. wurde vorübergehend verhaftet. Im gleichen Jahr (1945) berief man ihn als Pfarrer an die Schelfkirche nach Schwerin. Er begann, die »Bruderschaft sozialistischer Theologen« wiederzubeleben und eine Arbeitsgemeinschaft »Christentum und Sozialismus« aufzubauen. In diesem Zusammenhang verfaßte J. die Schrift *Warum Christentum und Sozialismus einander begegnen müssen* (1947). 1947 entstand auch der Gedichtband *Volk in der Kelter*, ein Jahr später erschien *Der Zorn Gottes. Ein Beitrag zur kirchlichen Verkündigung heute*. Als J. im Auftrag der mecklenburgischen Kirchenleitung Mitglied des Landesvorstandes der »Freien Deutschen Jugend« (FDJ) wurde und in diesem Gremium den Standpunkt der kirchlichen Jugend vertrat, bahnte sich ein Konflikt an. Das vom Pfarrer ins Leben gerufene Jugendforum, eine offene Diskussionsplattform für politisch organisierte und nichtorganisierte Heranwachsende, erwies sich in der Jugendarbeit als erfolgreich, provozierte aber Auseinandersetzungen mit der SED; J. wurde 1949 aus der SED ausgeschlossen und im Februar 1950 von der sowjetischen Geheimpolizei NKWD auf offener Straße unter dem Vorwand verhaftet, einer Sabotageorganisation anzugehören. Ein Sondergericht im fernen Leningrad verurteilte ihn zu 15 Jahren Zwangsarbeit in Workuta. Ein Drittel der Strafe verbüßte er unter schwersten Bedingungen, bis er im Oktober 1955 heimkehren durfte. Gesundheitlich mit einem Herzfehler und einer einseitigen Stimmbandlähmung schwer angeschlagen, kam J. in die Bundesrepublik. Mit dem Buch *Was die Hunde heulen* (1958) berichtete er von seinem Leben im Gefangenenlager. Trotz des erlittenen Unrechts kämpfte er weiter um den Sozialismus. Dessen inhumane, menschenverachtende Form lehnte er ab und setzte sich für einen freiheitlichen, demokratischen Sozialismus ein.

West-Berlin wurde J.s neue Heimat. Er wirkte dort als Pfarrer in der Jugendstrafanstalt Plötzensee, später im Frauengefängnis Lehrter Straße. Nach seiner Pensionierung 1972 betreute er noch vorübergehend eine Berliner Lungenheilstätte. Die Berliner Zeit war für J.s literarisches und theologisches Schaffen bedeutsam. Er schrieb mehrere Bücher und eine Vielzahl von Zeitschriftenartikeln. Neben dem Passional *Seht, welch ein Mensch!* entstanden geistliche Puppenspiele (1960–70), eine Arbeit zu Sprichwörtern (1974), ein Adventskalender (1966) und, in Zusammenarbeit mit dem Maler Celestino Piatti, ein Weihnachtsbilderbuch (1968). Des weiteren verfaßte J. Schriften sozialethischen und exegetischen Inhalts. Neben seiner schriftstellerischen Tätigkeit arbeitete J. aktiv bei »Kirche in der Verantwortung« und in der 1985 neu entstandenen Berliner Gruppe des BRSD mit. Vor Studierenden hielt er Vorträge über seine politischen und kirchlichen Erfahrungen in der Weimarer Republik und zog daraus Konsequenzen für die Gegenwart. Er stellte sich der Diskussion mit Jugendlichen über *Bewährung und Versagen. Die Bekennende Kirche im Kirchenkampf.* J. wurde nicht müde, aufgrund seiner Lebenserfahrung vor totalitären Systemen und Strukturen zu warnen und Menschen in die politische Verantwortung zu rufen. Engagiert wandte er sich immer wieder an alle Christen und an seine Kirche, um sie an ihre Aufgabe zu erinnern, »die Spaltung zwischen privatem und öffentlichem Leben zu überwinden und ihr Handeln nach dem Willen Gottes auszurichten.«

Gaede, R.: Als Christ – Sozialist. Ein Lebensbild des Theologen Aurel von Jüchen. In: Jüchen, Aurel von. Jesus zwischen reich und arm. Stuttgart 1985, S. 121–129.

Klaus Bajohr-Mau

Kaiser, Jakob

Geb. 8. 2. 1888 in Hammelburg/Unterfranken; gest. 7. 5. 1961 in Berlin

Dreifach hat er sich als Widerstandskämpfer bewährt: Gegen die innere Diktatur des Nationalsozialismus, gegen die äußere Diktatur der sowjetischen Besatzungsmacht und gegen autoritäre Tendenzen in den eigenen Reihen des politischen Katholizismus. Wie klarsichtig K. die Bedingungen einer wahren Demokratie mitten im Untergang der Weimarer Republik öffentlich zu formulieren wußte, zeigen folgende Worte: »Wir haben nie dem einseitigen Parlamentarismus und Zentralismus das Wort geredet. Wir haben die Formaldemokratie abgelehnt. Wir haben Mitbestimmung der großen wirtschaftlichen Organisationen, insbesondere der der Arbeitgeber und Arbeitnehmer, gefordert, nicht nur in der höchst belanglosen Rolle, wie es heute der Reichswirtschaftsrat tut. Sondern in systematisch ausgebauter Form. Ob diese Vertretung nun Reichswirtschaftsrat heißt oder ob sie eine andere Bezeichnung trägt, darauf kommt es nicht an. Notwendig ist nur, daß die sozialen und wirtschaftlichen Interessen unseres Volkes in einem das Volksleben mitbestimmenden Parlament zur Geltung kommen. Hätten wir diese Wirtschaftskammern gehabt, dann wäre es wahrscheinlich nie möglich gewesen, das politische Parlament so herunterzuwirtschaften, wie das heute geschehen« (Vortrag am 19. 9. 1932 in Düsseldorf).

K. lehnte die Vorstellung einer »mechanischen Demokratie« ab und wollte einen echten »Volksstaat«, wie es damals hieß, also den »Sozialstaat« im Sinne des Grundgesetzes, der inhaltlich über den »Wohlfahrtsstaat« hinausging, weil die soziale Gerechtigkeit nicht durch einen hoheitlichen Akt und einen Verteilungsmechanismus, sondern durch permanente gesellschaftliche Partizipation in allen Bereichen des öffentlichen Lebens dargestellt werden sollte.

Dieses Staatsverständnis festigte sich für K. und seine Mitstreiter im Widerstand. Er brachte es unbeirrt durch Naziherrschaft und Besatzungsdiktatur in die Verfassungsdiskussion der frühen Nachkriegsjahre wieder ein, wobei er die Rolle der Gewerkschaften in Gestalt der »Einheitsgewerkschaft« noch deutlicher hervorhob: »In der Weimarer Republik waren sie der stabile Block sozialer und sozialpolitischer Aufbaupolitik, sie waren trotz aller Schwankungen und Fehler im wirtschaftlichen und politischen Auf und Ab der stärkste Ansatzpunkt einer echten Demokratie« (1945). Wenn K. in Berlin und nicht

Konrad Adenauer in Bonn die Richtlinien der deutschen Politik ab 1949 bestimmt hätte, dann wäre Nachkriegsdeutschland eine Republik mit einem viel deutlicher ausgeprägten sozialen Gesicht geworden.

K. stammte aus einem verarmten Weinbauernstädtchen in Unterfranken. Er wurde als zweites von zehn Kindern geboren. Der Vater betrieb eine kleine Buchbinderei, die an diesem Ort nur wenig abwerfen konnte, so daß die Kinder früh mithelfen mußten: bei der Arbeit in dem kleinen Weinberg, beim Sammeln von Kienäpfeln für den Ofen, bei der Erziehung jüngerer Geschwister oder beim Verkauf buchbinderischer Devotionalien an fromme Wallfahrer im Frankenland. Immerhin konnte der Vater die beiden ältesten Söhne auf die Lateinschule schicken. Aber K. hielt die akademische Arroganz nicht aus, mit der das Bildungsmonopol der herrschenden Klasse von »steißtrommelnden Professoren« gegen Kinder aus ärmeren Familien verteidigt wurde. Nach dem Zusammenstoß mit einer pädagogischen Herrlichkeit mußte der junge K. auf die Volksschule wechseln. Sein Vater nahm ihn in die Buchbinderlehre. K. wurde Kolpingbruder und ging auf die Wanderschaft durch Norddeutschland und Österreich. Die christlichen Gewerkschaften engagierten ihn schon 1912 als hauptamtlichen Kartellgeschäftsführer in Köln. Dort wurde er ein Jahr später Mitglied des Vorstandes der Zentrumspartei. K. nahm vier Jahre am Ersten Weltkrieg teil, erlitt schwere Verwundungen, erhielt das Eiserne Kreuz beider Klassen und die österreichische Tapferkeitsmedaille. Während der Revolution 1918 wurde er in den Arbeiter- und Soldatenrat der Stadt Köln gewählt und zugleich stellvertretender Vorsitzender der dortigen Zentrumspartei. Zwei Jahre später ging er als Geschäftsführer der Gewerkschaftszentrale nach Berlin. Dort mußte er sein Büro zeitweise mit Heinrich Brüning, dem späteren Reichskanzler, teilen. K. kümmerte sich in dieser Zeit um die Verteidigung der Republik sowohl in Oberschlesien als auch im Ruhrkampf 1923. Er kehrte 1924 nach Köln zurück, und zwar als Geschäftsführer für den Westen mit Arbeitsschwerpunkten in Königswinter, dem späteren Adam-Stegerwald-Haus. K. gelangte noch bei den letzten halbwegs freien Wahlen am 5. März 1933 als Abgeordneter für Essen in den Deutschen Reichstag.

Während Brüning und Stegerwald durch Notverordnungspolitik ab 1930 einen autoritären Sparkurs steuerten, der krisenverstärkend wirkte, verfolgte K. mit seinen Freunden in den Christlichen Gewerkschaften die Annäherung an sozialdemokratische und liberale Organisationen. Daraus resultierte noch im April 1933 ein Abkommen über den »Führerkreis der vereinigten Gewerkschaften«, an das K. und Wilhelm Leuschner sich nach der gewaltsamen Zerschlagung der Freien Gewerkschaften am 2. Mai 1933 bis in die Planungen des 20. Juli 1944 gebunden fühlten. K. berief sich auch später auf diese Vereinbarung, insbesondere als er die Einheitsgewerkschaft 1953 gegen Übergriffe Adenauers schützen mußte.

K. verstand es geschickt, seine Widerstandsarbeit als rein soziale Betreuung der früheren Funktionäre zu tarnen. Trotzdem wurde er 1938 sechs Monate wegen »Landesverrats« in Haft gehalten. Nach der Entlassung knüpfte er weiter seine Fäden im Reich, um für eine möglichst breite Fundierung der Opposition zu sorgen. Dabei unterstützte ihn seine tapfere Frau Elfriede, geb. Nebgen. Als der Umsturzversuch vom 20. Juli 1944 gescheitert war, erschien K. am Tag darauf bei Leuschner und bot ihm ein Versteck im Norden Berlins an, das Leuschner ablehnte, während K. bei Freunden in der Nähe Potsdams untertauchen konnte und dort das Ende des Hitlerterrors überlebte.

Schon im Juni 1945 wurde K. in Berlin in den Bundesvorstand des »Freien Deutschen Gewerkschaftsbundes« (FDGB) gewählt. Gleichzeitig kümmerte er sich um die Gründung einer neuen christlichen Partei, in der Katholiken und Protestanten sich gleichermaßen vertreten fühlen sollten. Deutlicher als Adenauer im Westen artikulierte K. den gesamtdeutschen Charakter dieser Christlich Demokratischen Union Deutschlands (CDUD). Er wurde im Dezember 1945 Vorsitzender der CDUD für Berlin und für die sowjetische Besatzungszone. Obwohl K. der sowjetischen Besatzungsmacht durchaus loyal begegnete, stieß er ab Dezember 1947 zunehmend auf Behinderungen durch das Besatzungsregime, so daß er sich nach Westen orientieren mußte. Als Vertreter Berlins trat er 1948 in den Parlamentarischen Rat unter der Präsidentschaft Konrad Adenauers ein.

Ab 1949 war K. Vorsitzender der Sozialausschüsse der christlich-demokratischen Arbeitnehmerschaft der CDU. Er vertrat Essen im Deutschen Bundestag und wurde von 1949 bis 1957 Bundesminister für Gesamtdeutsche Fragen in den beiden ersten Kabinetten Adenauers. K. gründete 1950 die »Exil-CDU« und wurde Stellvertretender Bundesvorsitzender der CDU im Westen unter Adenauer im Parteivorsitz. K. bildete das stärkste persönliche Gegengewicht innerhalb der CDU gegen reaktionäre Sozialpolitik und einseitige Westintegration.

Aus gesundheitlichen Gründen konnte K. 1957 nicht wieder für den Bundestag kandidieren. Seine Politik wurde in gewisser Weise durch den Schwiegersohn Hans Katzer fortgesetzt. K. starb noch vor dem Bau der Berliner Mauer, der einen vorläufigen Schlußpunkt für die von ihm bekämpfte Spaltungspolitik darstellte. K. scheute sich nicht, die Politik eines christlichen Sozialismus zu vertreten, auch als der Zeitgeist in eine andere Richtung wies. Die nationale und die soziale Einheit waren ihm gleichermaßen wichtig, um eine starke Republik mit einem festen gesellschaftlichen Fundament zu gründen.

Gradl, J. B.: Stets auf der Suche. Köln 1979. - Köhler, H.: Adenauer. Eine politische Biographie. Frankfurt/Main 1994. - Mayer, T.: Jakob Kaiser. Gewerkschafter und Patriot. Eine Werkauswahl, hg. und eingeleitet von Tilman Mayer. Köln 1988. - Jakob Kaiser - Gewerkschafter und Patriot; Einleitung von Christian Hacke zu Jakob Kaiser - Wir haben Brücke zu sein. Reden, Äußerungen und Aufsätze zur Deutschlandpolitik, hg. von Christian Hacke. Köln 1988.

Gerhard Beier

Kanehl, Oskar

Geb. 5.10. 1888 in Berlin; gest. (Selbstmord) 28. 5. 1929 in Berlin

K. studierte Literaturwissenschaft und Philosophie in Würzburg und Greifswald und gab ab 1913 den *Wiecker Boten* heraus, in dem unter anderem Max Hermann-Neiße, Albert Ehrenstein und Else Lasker-Schüler publizierten. In der Rubrik »Tagebuchblatt aus Wieck« formulierte K. - noch etwas verhalten - eine Kritik an den spießbürgerlichen Gewohnheiten des wilhelminischen Beamtentums, das sich sonntags am Ostseestrand zur Schau stellte. Ein Veränderungspotential sah er in den Intellektuellen, die er im zehnten Heft 1914 aufforderte: »Werdet politisch! Das heißt: Mischet euch unter die Menschen, eure Brüder (...). Die Zeit ist der einzige Schauplatz, der uns gegeben ist. Wirkt in ihr«. Damit meinte er aber keinesfalls, sich einer politischen Partei anzuschließen: »Es ist nur scheinbar paradox, daß man keinen unpolitischeren Schritt tun kann, als sich einer politischen Gruppe anzuschließen.«

1913 stieß er zum Aktionskreis um Franz Pfemfert und veröffentlichte in der *Aktion* Gedichte gegen Krieg und Militarismus. Der *Wiecker Bote* war im Juli 1914 »wegen Gotteslästerung und unzüchtiger Schriften« verboten worden. K. wurde zur Feldartillerie eingezogen. Seine Erfahrungen an der Front spiegeln sich in der Gedichtsammlung *Die Schande* wieder, die er 1922 in Pfemferts Aktionsverlag veröffentlichen konnte.

Am 8. November 1918 kehrte K. aus dem Ersten Weltkrieg nach Berlin zurück und wurde von seinen Truppen in den »Vollzugsrat der Arbeiter- und Soldatenräte« gewählt. Noch war das russische Sowjetsystem in den Augen deutscher Revolutionäre nicht zum Parteistaat erstarrt, so daß die Räteidee gerade für junge, durch den Ersten Weltkrieg radikalisierte Intellektuelle eine große Anziehungskraft besaß. Viele Schriftsteller und Maler des Expressionismus stellten sich auf die Seite politisch linksradikaler Gruppierungen. Manche von ihnen begannen, ihre Kunst nach 1918 politischen Inhalten in den Dienst zu stellen zu funktionalisieren, so auch K., der anfangs Mitglied der Spartakisten war, dann aber der Entwicklung des »Aktionskreises« folgte und sich zunächst der »Kommunistischen Arbeiter-Partei Deutschlands« (KAPD), dann den »Unionisten«, der »Allgemeinen Arbeiter Union Einheitsfront« (AAU-E), anschloß. Die »AAU-E« orientierte sich an den US-amerikanischen »Wobblies« (IWW) und wurde in Deutschland theoretisch maßgeblich von Franz Pfemfert und Otto Rühle beeinflußt. Die »AAU-E« vertrat die Räteidee, den Antiautoritarismus und den Dezentralismus und kritisierte Institutionen wie das Parlament, Kaderparteien und die Gewerkschaftsapparate. Ihre unmittelbare Revolutionserwartung und ihre Einschätzung, daß sich der Kapitalismus in seiner »Todeskrise« befände, führte die Gruppe jedoch nach 1923 mehr und mehr in ein selbstverursachtes gesellschaftliches Abseits.

In seinem Artikel *Demokratie-Lügendemokratie* verwarf K. das neu entstandene parlamentarische System: »Gleiche Stimmen sind ein Hohn, solange noch die eine Stimme einen Säbel in der Hand trägt, die andere einen Geldsack auf dem Rücken.« Einen noch wichtigeren Grund für die Parlamentarismuskritik sah K. in der Struktur des Parlaments selbst begründet: »Der Parlamentarismus nährte das Parteibonzentum, die Beamtenwirtschaft, den Postenschacher, die Diätenpolitik, die Erziehung einer starren Führerklasse. Die Wähler werden zum Stimmvieh.« K. wollte keine Wähler, die delegieren, sondern aktiv in die Politik eingreifende Menschen. Herkömmliche Politiker lehnte er ab, diese betrieben nur das Geschäft durch reformistische Täuschungsmanöver, die Menschen von der eigentlich notwendigen Revolution abzuhalten.

Mit seinen Gedichten versuchte K., für diese Vorstellungen zu arbeiten. Während die regierenden Sozialdemokraten immer mehr zu konservativen Kulturauffassungen neigten, entwickelte K. seine »politische Agitationslyrik«. Kurt Tucholsky bezeichnete diese Lyrik in einer Kritik der Gedichtsammlung *Straße Frei* als »Gebrauchslyrik«: »Dergleichen hat nichts mit Tendenzkunst zu tun, die das gerade Gegenteil der Gebrauchslyrik ist: ein tendenziöses Gedicht ist ein Gedicht; die Verse der Gebrauchslyrik sind gereimtes oder rhythmisches Parteimanifest.«

Tucholsky ist insofern zu widersprechen, als K. nicht für eine Partei reimte, sondern für eine politische Idee: für die spontane Selbstbefreiung der Arbeiterklasse und für die direkte Demokratie mittels des Rätesystems. Daß K. andererseits seine Gedichte selbst nicht mehr als Kunstwerke ansah, belegt seine Verteidigungsrede im Gerichtsprozeß gegen ihn aufgrund von *Straße Frei*, zu der George Grosz die Zeichnungen beigesteuert hatte. Angeklagt wegen Gefährdung des öffentlichen Friedens und der Aufreizung zur Gewalt, stand K. ausdrücklich zum

politischen Zweck seiner Gedichte und lehnte es ab, sie als reine Kunstwerke zu betrachten.
»Sie wollen politisch sein. Sie wollen helfen, die Selbstbewußtseinsentwicklung der Arbeiterklasse vorwärts zu treiben zu dem Ziele der Befreiung der Arbeiterklasse, die das Werk der Arbeiter selbst, als Klasse, sein muß.«
Der Kunstcharakter trat in den Hintergrund, die Gedichte hatten vor allem die Funktion, als Ideenträger und in einprägsamer Form eine politische Meinung weiterzutragen. K. erreichte dies durch Vereinfachung, der Bürger bekam ein Klischee vorgesetzt, ebenso der Proletarier, – »für die Vielfältigkeit, für die Variation, für die Mischungen hat K. kein Verständnis«, monierte Johannes R. Becher bereits 1928. Auch James Broh, Rechtsanwalt, Aktionsmitarbeiter und ebenfalls Mitglied der AAU-E, betonte in einer Rezension zu *Straße Frei* jene einseitige Sicht: »Das Individuum ist erledigt, dieser Popanz der bürgerlichen Welt (...) Gemeinschaft! heißt die neue Losung. Gemeinschaft derer, die unterdrückt werden von den Individuen, den Großen, den Stolzen.« Vielleicht gerade aufgrund dieser Schwarz-Weiß-Malerei waren K.s Gedichte, zum Teil durch »Liederbücher« oder die Sprechchorbewegung, in der revolutionären Jugend weit verbreitet und wurden auch in andere Sprachen übersetzt. Pfemfert bemerkte 1929 anläßlich der Grabrede auf K.: »Das Proletariat nahm sie auf, weil diese Verse wesentlich, eindeutig sind wie die Wahrheit. Sie sind selbstverständlich und einfach wie Volksdichtungen und sie werden wie Volksdichtungen von Mund zu Mund weiterleben.«
Von 1922 bis 1925 verteilte der Berliner Anarchist und Schriftsteller Theodor Plievier seine Flugschriften in Auflagen bis zu 100 000 Exemplaren zu den Reichstagswahlen. In den Schriften *Wahlrummel* und *Das Wahlkarussell* tauchte u.a. K.s satirisches Gedicht *Völker hört die Zentrale* auf. Da die Rätekommunisten insbesondere mit der Anti-Wahlpropaganda auf die Parteikommunisten einzuwirken versuchten, erreichte K. mit seinem *Wählermarsch* und ähnlichen Gedichten politisch die größte Resonanz.
In der Sprechchorbewegung entwickelte sich eine theatralische Form, die jenes Kollektivbewußtsein symbolisierte, vorstellte und gleichzeitig schuf, das nach Ansicht der Linksradikalen die Massen prägen sollte. Auf diese Weise wurden die Gedichte fester Bestandteil von Arbeiterversammlungen, und bisweilen trug ein Sprechchor von 600 Mann K.s Verse vor. Gerade der agitatorisch-satirische Charakter von K.s Dichtung kam der Sprechchorbewegung, der es an geeigneten Texten mangelte, entgegen. Seine Verse fanden auch bei politischen Gegnern Anklang. Ein Gedichte wie die *Junge Garde*, das unter dem Titel *Wir sind die erste Reihe* zum beliebtesten Kampflied der kommunistischen Jugend wurde, war nicht automatisch mit K. als einem Vertreter der Linksradikalen und Gegner des KPD-Kurses verbunden. Der »Rote Frontkämpferbund« hatte das Gedicht in seiner Kampfliedersammlung als »anonymes Volkslied« verzeichnet und aus politischen Gründen den Namen des Verfassers verschwiegen. Der Folklorisierungsprozeß ging sogar soweit, daß das Lied später – textlich etwas abgeändert und in *Sturmkolonne* umbenannt – bei den Nazis weitergesungen wurde. Goebbels schrieb dazu: »Das Gedicht *Die Sturmkolonne* haben wir deshalb zum Abdruck gebracht, weil es seit Monaten schon in den Kreisen der nationalsozialistischen Sturmabteilungen gesungen wird, und zwar hat es in diesen Kreisen wahrscheinlich Eingang gefunden durch ehemalige Kommunisten, die in die nationalsozialistischen Reihen übergetreten sind.«
K., der beruflich als Dramaturg an den Berliner Rotter-Bühnen arbeitete, stürzte sich am 28. Mai 1929 in einem Fieberanfall, der von einer Malaria ausgelöst worden war, aus dem Fenster seiner Wohnung. Freunde sprachen von Selbstmord aus Verzweiflung über die Vergeblichkeit aller rätedemokratischen Anstrengungen. Der Kommentator im *Berliner Tageblatt*, Walter Meckauer, sah die Tragik des gescheiterten expressionistischen Intellektuellen: »O.K. ist ein Opfer der unerfüllten Kriegsgeneration. Eines der zahllosen Opfer, die die Öffentlichkeit nicht kennt und nicht kennen will. Er war ein Revolutionär des Geistes. Deshalb befriedigte ihn keine politische Konstellation. Deshalb floh er bis zur äußersten Linken. (...) Es gibt viele seiner Generation, die vereinsamt leben und sterben wie er, weil 1918 die Daheimgebliebenen den Zurückkehrenden die revolutionäre Fackel aus den Händen nahmen und sie mit Phrasen erstickten.«

Druvins, U.: Oskar Kanehl. Ein politischer Lyriker der expressionistischen Generation. Bonn 1977. – Haug, W.; Kamann, F.: Oskar Kanehls Agitprop-Lyrik, in: Oskar Kanehl: Strasse Frei. Gedichte von Oskar Kanehl. Zeichnungen von George Grosz. Reutlingen 1981.

Wolfgang Haug

Kant, Immanuel

Geb. 22. 4. 1724 in Königsberg; gest. 12. 2. 1804 in Königsberg

K. verstand unter der Demokratie gesetzmißachtende Pöbelherrschaft und lehnte sie ab. Zu gleicher Zeit trugen seine Ideen der Gewalteneinteilung, des Rechtsstaates, der Publizität, des »ewigen Friedens« dazu bei, politische Freiheitsordnung und Völkerfreunschaft zu bilden und zu festigen. »Unter den drei Staatsformen ist die der ›Demokratie‹ im eigentlichen Verstande des Wortes ein ›Despotismus‹, weil sie eine exekutive Gewalt gründet, da alle über und allenfals auch wider Einen (der also nicht miteinstimmt), mithin alle, die doch nicht alle sind, beschließen; welches ein Widerspruch des allgemeinen Willens mit sich selbst und mit der Freiheit ist«. Gemeint waren die drei Staatsformen: Monarchie, Aristokratie, Demokratie. Jede Staatsform kann nach K. entweder republikanisch oder despotisch sein. »Der ›Republikanismus‹ ist das Staatsprinzip der Absonderung der ausführenden Gewalt (der Regierung) von der gesetzgebenden; der Despotism ist das des eigenmächtigen Vollziehung des Staats von Gesetzen, die er selbst gegeben hat, mithin der öffentliche Wille, sofern er von dem Regenten als sein Privatwille gehandhabt wird.« Monarchie kann dementsprechend republikanisch sein. »Je kleiner das Personale der Staatsgewalt (die Zahl der Herrscher), je größer dagegen die Repräsentation derselben, desto mehr stimmt die Staatsverfassung zur Möglichkeit des Republikanism, und sie kann hoffen, durch allmähliche Reformen sich dazu endlich zu erheben. Aus diesem Grunde ist es in der Aristokratie schon schwerer als in der Monarchie, in der Demokratie aber unmöglich, anders als durch gewaltsame Revolution zu dieser einzigen vollkommen rechtlichen Verfassung zu gelangen. Es ist aber an der Regierungsart dem Volk ohne alle Vergleichung mehr gelegen, als an der Staatsform (wiewohl auch auf dieser ihre mehrere oder mindere Angemessenheit zu jenem Zwecke sehr viel ankommt). Zu jener aber, wenn sie dem Rechtsbegriffe gemäß sein soll, gehört das repräsentative System, in welchem allein eine republikanische Regierungsart, ohne welches sie (die Verfassung mag sein, welche sie wolle) despotisch und gewalttätig ist. – Keine der alten sogenannten Republiken hat dieses gekannt, und sie mußten sich auch schlechterdings in den Despotism auflösen, der unter der Gewalt eines Einzigen noch der erträglichste unter allen ist« – so K. über Demokratie in seiner Schrift *Zum ewigen Frieden* (1795).

Man muß die eigenartige Terminologie von K., seine dialektische Betrachtungsweise, auch seinen Lebensweg in Betracht ziehen, um seine Rolle in der Geschichte der modernen politischen Welt zu verstehen. K. verbrachte sein ganzes Leben in Königsberg. Er fing als dogmatischer Schulphilosoph an, der sich mehr für abstrakte Erkenntnisprinzipien und Naturphilosophie als für Menschen und Gesellschaft interessierte. 1762 war für K. ein Jahr des Umbruchs. Jean Jacques Rousseaus Büchern war K. so verpflichtet, daß er von einer Reihe typischer Vorurteile des Stubengelehrten befreit und zu einer eigentümlichen Demokratisierung des Denkens geführt wurde: »Ich lerne die Menschen ehren«.

Neben Rousseau war David Hume der Denker, der K. half, aus dem »dogmatischen Schlummer« zu erwachen. Der enthusiastische Franzose und der skeptische Engländer waren zwei Gegensätze, die sich in der widersprüchlichen Natur K.s in eins zusammen schlossen. Rousseau hat K. als Moralisten »zurecht gebracht«, Hume übte Einfluß auf seine erkenntnistheoretischen Fragestellungen und drängte ihn damit zu einem Überdenken der methaphysischen Dogmata.

1781 publizierte K. die *Kritik der reinen Vernunft*, sein theoretisches Hauptwerk, daß zugleich eine Reihe der wichtigsten Probleme der praktischen Philosophie behandelt, darunter vor allem die berühmte Antinomie der Freiheit. »Der Mensch ist frei und dagegen: es gibt keine Freiheit, alles ist naturgesetzliche Notwendigkeit«. Der Mensch lebt in zwei Welten. Einerseits ist er ein »Phainomenon«, eine Zelle der sinnlichen Welt, die nach deren Gesetzen existiert, oft fernab vom Geiste der Humanität. Anderseits ist er ein »Noumenon«, ein übersinnliches Wesen, dem Ideal unterworfen. Der Mensch hat zwei Charaktere: einen empirischen, der durch die Umwelt bedingt ist, und einen noumenalen, intelligiblen, der ihm seiner Naturanlage nach zukommt. Im sittlichen Verhalten realisiert sich die Verbindung seiner zwei Charaktere, triumphiert die noumenale Welt.

Dialektische Antinomien (auch da, wo von ihnen nicht explizit die Rede ist) durchziehen den Text der Kantschen Werke. Stellte K. eine Behauptung auf, so sah er sogleich die Grenzen ihrer Gültigkeit. Er fühlte das Bedürfnis über sie hinauszugehen. Zusammen mit dem Satz tritt ein Gegensatz hervor, die eigentliche Antithese, ohne die die These unverständlich, unvollständig, fehlerhaft wäre. K. selbst schritt nicht immer zur Synthese, aber der moderne Leser kann nach Wunsch die Gegensätze verknüpfen. So ist es auch mit der Demokratie. Sie hat auch eine antinomische Struktur: Sie entartet notwendigerweise in eine Diktatur, wenn bestimmte gesetzmäßige Beschränkungen nicht geschaffen werden.

Die Errichtung bürgerlicher Staatsordnung ist das Ziel der Weltgeschichte – so heißt es im Artikel *Idee zu einer allgemeinen Geschichte in weltbürgerlicher Absicht* (1784). K.

war überzeugt, daß der Weg des Fortschritts letztlich zur Bildung eines Rechtsstaats und einer bürgerlichen Gesellschaft führe, die dem einzelnen Mensch größte Freiheit gewähre, die mit der Freiheit aller anderen nicht kollidiert. Den Antagonismus würde es in einer solchen Gesellschaft auch geben, doch Gesetze schränkten ihn ein. Den Status einer allgemeinen, das Recht verwaltenden Gesellschaft zu erreichen, sei die schwerste Aufgabe, und sie würde von der Menschengattung zuallerletzt gelöst. Drei miteinander verbundene Bedingungen seien dafür unumgänglich notwendig: eine richtige Vorstellung von der Verfassung des Staates, jahrhundertlang angehäufte Erfahrung und guter Wille. Die Schaffung einer vollkommenen bürgerlichen Ornung sei noch von einem äußeren Umstand abhängig: man müsse auch von Staat zu Staat gesetzmäßige Außenbeziehungen herstellen. Der ewige Friede sei möglich und auch nowendig.
Auch in dem Werk *Methaphysik der Sitten* (1797) wird das Problem behandelt. Es erschien in zwei gesonderten Teilen: der erste ist dem Recht, der zweite der Moral gewidmet. Die Rechtsattribute des Bürgers sind Freiheit, Gleichheit, Selbständigkeit. Unselbständig sind nach K. Kinder, Frauen und Diener; deswegen gestand er ihnen kein Wahlrecht zu. Das Recht überhaupt beließ er ihnen: vor dem Gesetz seien alle gleich. K., ein enschiedener Gegner der Tyrannei, fürchtete nur, daß die Anwendung von Gewalt in Auseinandersetzung mit ihr das Rechtsbewußtsein erschüttere und somit zu noch schlimmerer Tyrannei führe. Der Despot solle gestürzt werden – aber nur mit legalen Mitteln. Das Volk habe seine unverlierbaren Rechte gegen das Staatsoberhaupt – die Freiheit der Kritik. Publizität, »die Freiheit der Feder«, sei das einzige »Palladium der Volksrechte« (*Über den Gemeinspruch: Das mag in der Theorie richtig sein, taugt aber nicht für die Praxis*, 1793).

Gerhard, V.: Kaulbach, F.: Kant. Darmstadt 1979. – Gulyga, A.: Immanuel Kant. Frankfurt/Main (2. Aufl.) 1981. – Maus, I.: Zur Aufklärung der Demokratietheorie. Rechts- und demokratietheoretische Überlegungen im Anschluß an Kant. Frankfurt/Main 1992. – Ritzel, W.: Immanuel Kant. Eine Biographie. Berlin 1985. – Vorländer, K.: Immanuel Kant. Der Mann und sein Werk. 2 Bde., Hamburg (2. Aufl.) 1977.

Arsenij Gulyga

Kantorowicz, Alfred

Geb. 12. 8. 1899 in Berlin; gest. 27. 3. 1979 in Hamburg

»Ich tat recht, zurückzukehren«, resümierte K. am 9. November 1956 in seinem Tagebuch, genau zehn Jahre, nachdem er sein Exil in den USA aufgab, um sich wieder in Deutschland niederzulassen, dem Land, das nahezu seine gesamte Familie in den Konzentrationslagern ausgelöscht hatte und dem er sich dennoch zugehörig fühlte.
K. entstammte einer jüdischen Kaufmannsfamilie. Die Schulzeit verbrachte er bis zum 14. Lebensjahr auf der Berthold-Otto-Schule in Berlin-Lichterfelde, einer zu dieser Zeit berühmten Reformschule. Mit 17 Jahren meldete sich K. freiwillig zum Kriegsdienst und wurde 1918 mit dem Eisernen Kreuz zweiter Klasse aus der Reichswehr entlassen.
Im folgenden Jahr holte er das Abitur nach und studierte von 1920 bis 1923 Jura und Germanistik an den Universitäten Berlin, Freiburg im Breisgau, München und Erlangen, wo er 1923 mit der Dissertation *Die völkerrechtlichen Grundlagen des national-jüdischen Heims in Palästina* promovierte. Dort gab er dem Wunsch Ausdruck, sein »geliebtes, zu so unermeßlichen Leiden auserwähltes Volk soll in Erez Israel endlich, endlich wieder eine Heimat finden«.
Erlangen, damals »eine Brutstätte des Nazismus«, verließ er unmittelbar nach Abschluß des Studiums, um Journalist zu werden. Er begann 1924 bei den *Westfälischen Neuesten Nachrichten* in Bielefeld, war 1926 Kulturredakteur und Theaterkritiker der *Neuen Badischen Zeitung* in Mannheim und wurde schließlich Literaturkritiker der Berliner *Vossischen Zeitung*, als deren Kulturkorrespondent er 1928 in der Nachfolge Kurt Tucholskys nach Paris ging. 1929 kehrte K. zurück und zog in eine Künstlerkolonie am Laubenheimer Platz in Berlin-Wilmersdorf.
Im Januar 1930 veröffentlichte K. in der Zeitschrift *Die Tat* den Artikel *Zwischen den Klassen*, eine Analyse der »Krise des Bürgertums« und der bürgerlichen Nachkriegsjugend. »Wir sind Erben ohne Erbteil«, schrieb er, »allein, ohne den Hintergrund einer soziologischen Schicht und ohne ein Fundament«. Der Anschluß an eine der politischen Parteien sei unmöglich. Andererseits scheine es, »als ließe sich ein guter Teil der bürgerlichen Ideologien unter der Herrschaft des Marxismus plazieren«. Doch der Weg nach links »wäre ein Irrtum, denn wir sind bürgerlich. Wir sind Individualisten, wir lieben die Persönlichkeit, wir wünschen nicht, daß sie verschwinde in der Masse«.

Unter dem Titel *Positiver Aktivismus* begrüßte K. ein halbes Jahr später in der *Literarischen Welt* vom August 1930 die Gründung der »Deutschen Staatspartei« (27. Juli 1930, hervorgegangen aus der »Deutschen Demokratischen Partei«, DDP) als »eine letzte Mission des deutschen Bürgertums«: »Vielleicht ist dies der letzte Versuch, den Deutschlands Bürgertum unternehmen kann, um bürgerliche Werte: Humanität und Liberalität und den sittlichen Nationsbegriff, der in erster Linie kein politischer, sondern ein Kulturfaktor ist, zu bewahren.« Das dürftige Abschneiden der »Staatspartei« bei den Reichstagswahlen am 14. September 1930 machte seine Hoffnung zunichte.

Den Aufstieg des Nationalsozialismus und die Schwäche der bürgerlichen Parteien vor Augen, wurde K. im September 1931 Mitglied der KPD: »Mit meinem Eintritt in die Kommunistische Partei zog ich die Konsequenz meiner Einsicht in die Notwendigkeit.«

1933 blieb K. vorerst in Berlin. Als im Februar ein Haftbefehl gegen ihn erlassen wurde, tauchte er rechtzeitig unter und floh im März 1933 nach Frankreich. Dort schloß er sich dem Kreis um den kommunistischen Publizisten Willi Münzenberg an und arbeitete an dessen *Braunbuch über Reichstagsbrand und Hitlerterror* mit, für das er das Kapitel über die Judenverfolgung im Dritten Reich verfaßte. K. wurde Generalsekretär des »Schutzverbandes deutscher Schriftsteller« in Paris sowie Assistent von Heinrich Mann, der Ehrenvorsitzender des »Schutzverbandes« war. Zum 1. Jahrestag der Bücherverbrennung am 10. Mai 1934 gründete er die »Deutsche Freiheitsbibliothek«, in der die Werke verfolgter deutscher Autoren aufgenommen wurden.

1935 leitete K. in Paris einen Diskussionsabend über »Literatur, die den Krieg vorbereitet«, ein Artikel gleichen Titels veröffentlichte er in Klaus Manns Exilzeitschrift *Die Sammlung* (1933–1935). Darin revidierte K. seine einstige Sympathie für nationalistisch gesinnte Autoren wie Ernst Jünger oder Franz Schauwecker: »Im Effekt haben gerade diese, gleichviel ob bewußt oder unbewußt, nicht nur dazu beigetragen, daß der nächste Weltkrieg vorbereitet, sondern auch, daß er unter Hitler vorbereitet wird.«

K. war Redner auf dem Schriftstellerkongreß zur Verteidigung der Kultur 1935 in Paris und plädierte, wiederum in *Die Sammlung*, für eine »Einheitsfront in der Literatur«. An »die noch im bürgerlichen Lager stehenden Schriftsteller« richtete er den Appell, gemeinsam mit den »revolutionären Schriftstellern« die Voraussetzungen zu schaffen, um »das große Erbe der Kultur und Literatur aller Zeiten und Länder bewahren, die Freiheit der schöpferischen Literatur befürworten, dem Frieden dienen, für die wirkliche Befreiung des Individuums kämpfen« zu können.

Wenngleich diese Position ganz der damaligen, von Moskau aus dirigierten Volksfronttaktik der Komintern entsprach, entsprang dieses Bekenntnis doch auch dem Bedürfnis K.', im Kommunismus den letzten Anwalt bürgerlicher Werte zu erkennen. 1936 erschien K.s Broschüre *In unserem Lager ist Deutschland*, die Reden und Aufsätze enthält. Bereits der Titel läßt ihn als Verfechter der Zwei-Lager-Theorie erkennen, wonach die Emigranten die Vertreter »des anderen, des besseren, des wahren Deutschland« seien. Erst gegen Ende seines Lebens und aufgrund tiefer Enttäuschung rückte er von dieser Auffassung ab.

1936 ging K. als Freiwilliger nach Spanien und kämpfte als Politkommissar auf Seiten der »Volksfront« gegen die Truppen des Generals Francisco Franco. Er übernahm im Frühsommer 1937 die Leitung des Zentralorgans der Interbrigaden, *Le Voluntaire de la Liberté*. Er veröffentlichte 1938 in Madrid den Sammelband *Tschapaiew, das Bataillon der 21 Nationen* und kehrte im Frühjahr desselben Jahres nach Frankreich zurück. Ein von Thomas Mann vermitteltes Stipendium und »ein großzügiger Scheck« von Ernest Hemingway ermöglichten die schriftstellerische Arbeit am *Spanischen Tagebuch* (1948), das 1966 als *Spanisches Kriegstagebuch* in revidierter Fassung erschien, sowie am autobiographischen Roman *Der Sohn der Bürgers*, der später auf der Flucht verloren ging.

Nach Kriegsausbruch (1. September 1939) wurde K. zunächst interniert, konnte aber nach Marseille fliehen, wo er erneut verhaftet wurde. Schließlich fand er in der Hafenstadt Zuflucht auf einem Frachter, der nach New York ausschiffte. K. schildert diese Flucht in *Exil in Frankreich* (1971).

In den USA arbeitete er in Nachrichtenabteilungen von Rundfunksendern. Nebenher war er freier Mitarbeiter von Zeitschriften wie *Nation*, *The New Republik* sowie für *The German-American*, der publizistischen Plattform zahlreicher Kommunisten in den USA. Im November 1946 kehrte er nach Deutschland zurück: »Wenn ich meinen Teil dazu beitragen will, die Ideen, für die ich in den vergangenen zwei Jahrzehnten gekämpft habe, verwirklichen zu helfen, so muß ich meinen Platz in Deutschland wieder einnehmen in der Mitte meiner Landsleute, seien sie Freunde oder Feinde.«

In (Ost-)Berlin gründete K. einen eigenen Verlag und gab 1947 bis 1949 die Zeitschrift *Ost und West* heraus. Mit ihr wollte K. dazu beitragen, »daß Deutschland, anstatt der Zankapfel zwischen den Mächten zu werden, die friedliche Brücke zwischen ihnen werden möge« und »die geistigen Entwicklungen unserer Umwelt seit 1933 rekapitulieren.«

Die Lizenz für alle Besatzungszonen blieb ihm allerdings versagt. Nur in der Sowjetischen Besatzungszone durfte *Ost und West* erscheinen. Mit der sich vertiefenden Spaltung Deutschlands verschlechterte sich die finanzielle Lage der Zeitschrift, sie wurde von der SED nicht subventioniert und

mußte 1949 ihr Erscheinen einstellen. Im gleichen Jahr nahm K. einen Ruf an die Humboldt-Universität an und wurde Direktor des germanistischen Instituts. Ein Jahr später - 1950 - trat er der SED bei.
Auf seine zunehmende Entfremdung vom Sozialismus in der DDR, dokumentiert im zweibändigen *Deutschen Tagebuch* (1959, 1961), reagierte K. mit Flucht in die Arbeit: Er wurde Leiter des Heinrich-Mann-Archivs, gab das Gesamtwerk seines Vorbildes und Freundes heraus und wurde in das Kuratorium des Thomas-Mann-Archivs berufen. Von seinen literaturwissenschaftlichen Arbeiten über die Brüder Mann abgesehen, stellte er 1953 freimütig fest, »habe ich nach bewährter alter Übung auch in den vergangenen Jahren fast ausschließlich für die Schublade« geschrieben.
Der Aufstand in Ungarn 1956 verschärfte den Konflikt K.s mit der DDR. Er weigerte sich, eine offizielle Ungarn-Resolution zu unterschreiben, und verteidigte in einem Artikel in der *Berliner Zeitung* vom 14. Juni 1956 seine Unabhängigkeit als Schriftsteller: »Wenn aber zeitweilig die Gewalt so stark ist, daß sie jeden Widerspruch zu unterdrücken vermag, dann soll der Schriftsteller eher verstummen als im Chor der Mitläufer die Mächtigen zu preisen.«
Als ihm der Druck von Regierungsseite unerträglich wurde, floh K. am 22. August 1957 in die Bundesrepublik. »Die Wahrheit ist, daß ich am Ende meiner Nervenkräfte war und nicht mehr durchhalten konnte.« Seine »Rechenschaft« in der Wochenzeitung *Die Zeit* im September 1957 machte deutlich, daß er die Rolle eines reuigen Sünders nicht zu spielen bereit war: »Ich komme nicht zu spät, sondern zu früh. Ich hätte nicht fliehen sollen, sondern weiter das Schicksal derer teilen, die drüben in Opposition zu der fluchwürdigen Gewaltherrschaft der Ulbricht-Clique stehen.« Über die Bundesrepublik schrieb er, dies sei ein Land »in dem die Anhänger, die Mitläufer, die Profiteure der blutigen Abenteuer Hitlers wenn nicht die Spitze, so doch die sich von Monat zu Monat kräftigende Mittelachse der Gesellschaft bildeten.«
Zunächst gelangte K. nach Bayern, wo ihm der Status eines Verfolgten des Naziregimes nicht zuerkannt wurde und »wo ich rechtloser war als während der 14 Jahre des ersten Exils in Frankreich und USA«. 1963 siedelt er nach Hamburg über, wo er als freier Schriftsteller lebte. Neben der Erforschung der Exilliteratur widmete sich K. bis zu seinem Tode der Dokumentation des eigenen Lebensschicksals.
K.' Leben war Suche nach politischer wie geographischer Heimat. »Das Experiment«, schrieb er 1952 in sein Tagebuch, »ist als gescheitert anzusehen«. Ebensowenig wie die politische Hoffnung erfüllte sich die patriotische: »Der niemals die innere Freiheit (Gedankenfreiheit, Freiheit der Entscheidung, Freiheit, das Vernünftige zu tun) begreifende, stets nach außen gerichtete, stets aggressive deutsche Freiheitsdrang wird zum Synonym für Unterdrückung Andersdenkender.« Was am Ende bleibe, sei »Niemandsland«. Und das bittere persönliche Resümee: »Ich hätte als Jude nicht nach Deutschland zurückkehren dürfen.«

Baerns, B.: Ost und West. Eine Zeitschrift zwischen den Fronten. Münster 1968. - Rohrwasser, M.: Der Stalinismus und die Renegaten. Die Literatur der Exkommunisten. Stuttgart 1991.

Wolfgang Gruner

Kaufmann, Franz

Geb. 5. 1. 1886 in Berlin; gest. (erschossen) 17. 2. 1943 im KZ Sachsenhausen

K., Christ, aber selbst jüdischer Herkunft, gehörte während der Nazi-Zeit zu den wenigen, die tatkräftig gegen die Deportation der Juden angingen. Seine Beweggründe faßte er in dem Satz zusammen: »Wir dürfen nicht so weitermachen, als geschähe nichts um uns herum; wir stecken mittendrin und müssen das durch die Tat beweisen«.
Der promovierte Jurist diente im Ersten Weltkrieg als Offizier und arbeitete anschließend beim Reichsrechnungshof. 1933 wurde der Oberregierungsrat wegen seiner jüdischen Abstammung aus dem Amt entlassen und zwangsweise pensioniert. Da die oppositionelle »Bekennende Kirche« für ihre Gemeindeglieder den sogenannten Arierparagraphen ablehnte, schloß sich K. dem durch Pfarrer Friedrich von Rabenau geleiteten Bibelkreis in Berlin-Dahlem an. Dort nahm er auch an einer von Pfarrer Helmut Gollwitzer gegründeten theologischen Arbeitsgemeinschaft teil. Die Diskussionen bestärkten K. in seinem christlichen Glauben und dem Engagement gegen die NS-Politik, insbesondere die Judenverfolgung. Er unterstützte die von Pfarrer Heinrich Grüber 1938 geschaffene und geleitete »Kirchliche Hilfsstelle für evangelische Nichtarier«. Sie beriet diese, half ihnen, antisemitischen Repressionen zu entgehen und ebnete ihnen Wege zur Auswanderung.
Von den im Oktober 1941 einsetzenden Judendeportationen nach Polen und in okkupierte sowjetische Gebiete blieb K. wegen seiner Ehe mit einer »arischen« Christin und ihres Kindes verschont. Doch die Verschleppungen veranlaßten ihn, seinesgleichen und Juden, die christlichen Kirchen nicht angehörten, intensiver und mit allen ihm möglichen Mitteln davor zu bewahren. Dafür gewann er aus den Dahlemer Gruppen der »Bekennenden Kirche« Helfer. Zu ihnen gehörten die Anwaltsgehilfin Helene Jacobs, die Sekretärin Hildegard Jacoby und die Fürsorgerin Gertrud Staewen. Helene Jacobs erinnerte sich, daß von K. »eine große Kraft ausging. Er öffnete uns die Augen, daß es wirklich nichts anderes mehr gab, als Menschen davor zu retten, ganz gleich wie. Er sagte, wir

können als Christen doch nicht an dem vorbeigehen, was geschieht. Uns, die wir nicht selbst bedroht waren, spornte er zu immer neuen Anstrengungen an, unsere Suche nach Hilfe nicht aufzugeben. Seine Person, den Geist, der von ihm ausging, empfanden wir als etwas Kostbares in seiner einsamen Größe.«

K. nutzte alte wie neue Beziehungen, um den Helferkreis zu erweitern. Er drängte darauf, Betriebsinhaber anzuhalten, daß sie ihre jüdischen Zwangsarbeiter bei der Geheimen Staatspolizei als unabkömmlich (»u.k.«) reklamierten, was manchmal erfolgreich war. Wenn das scheiterte, setzte sich K. über seine juristische Vergangenheit hinweg und überschritt die durch bürgerliche Normen gezogenen Grenzen. So hielt er z.B. nach einer ergebnislosen Intervention eine jüdische Krankenschwester davon ab, Hand an sich zu legen, brachte sie in Verstecke und verhalf ihr mit einem falschen Ausweis zur Arbeit in einer Augenklinik. Denn, so Helene Jacobs, »unerschütterlich war sein Vertrauen darauf, daß die Nazis endgültig doch scheitern mußten. Fast völlig Verzweifelten machte er Mut, den Sprung in die Illegalität zu wagen«.

K. bewegte Ärzte, Rechtsanwälte, Krankenschwestern und andere Berliner, ihm für die Rasseverfolgungsopfer Geld und Lebensmittel zu überlassen und Hinweise auf mögliche Verstecke zum »Untertauchen« zu geben. Mit dem Geld kaufte er Lebensmittel und Lebensmittelkarten und finanzierte die Fälschung von Ausweisen und weiteren Personalpapieren durch den zwanzigjährigen, im Untergrund lebenden Günther Rogoff.

Als die Polizei nach einer Denunziation einen der Untergetauchten mit einem von K. erhaltenen Ausweis faßte, spürte die Gestapo im August 1942 ihn, Helene Jacobs, Hildegard Jacoby und fast 50 andere, darunter 38 Juden, auf. Die beiden Frauen und neun weitere Helfer verurteilte das Sondergericht III beim Landgericht Berlin am 11. Januar 1943 wegen Verstößen gegen die Kriegswirtschaftsverordnung und Beihilfe zur versuchten Urkundenfälschung zu mehrjähriger Gefängnis- oder Zuchthaushaft. K. hingegen drangsalierte die Gestapo ein halbes Jahr, um weitere Details zu erfahren. Sie ließ ihn im Februar 1943 im KZ Sachsenhausen erschießen.

Dank K. und seines Helferkreises konnten einige der von ihnen Unterstützten überleben, so die erwähnte Krankenschwester und die Witwe des Flugzeugkonstrukteurs Edmund Rumpler. Als todwürdiges Verbrechen sah die NS-Herrschaft Barmherzigkeit, tatkräftige christliche Nächstenliebe und Hilfe für gequälte Menschen an. »Es bleibt die positive Tatsache«, urteilte Helene Jacobs, »daß ein Mann, von seinem Gewissen getrieben, seine eigene Bedrohung und die seiner Familie außer acht ließ, den Mut aufbrachte, die ihm von Gott gegebene Mitverantwortung zu bejahen und offen zu betätigen und an das Gewissen aller Christen appellierte.« Und sie fügte hinzu: »Hätte ein erheblicher Teil der Menschen, die damals in das Geschehen verwickelt waren oder irgendeinen Einfluß besaßen, die gleiche Verpflichtung gespürt, so wäre es damals möglich gewesen, die verbrecherischen Pläne zu vereiteln.«

Grossmann, K.R.: Die unbesungenen Helden. Menschen in Deutschlands dunklen Tagen. Berlin 1957. – Oehme, W.: Märtyrer der evangelischen Christenheit 1933–1945. Berlin 1979. – Gerda Szepansky: Frauen im Widerstand 1933–1945. Frankfurt/Main 1983.

Klaus Drobisch

Kautsky, Karl

Geb. 16. 10. 1854 in Prag; gest. 17. 10. 1938 in Amsterdam

»Will man das Weltrevolution nennen, weil es sich in der ganzen Welt vollzieht, dann stehen wir vor der Weltrevolution. Aber sie wird sich nicht vollziehen auf dem Wege der Diktatur, nicht durch Kanonen und Maschinengewehre, nicht durch Zerschmetterung der politischen und sozialen Gegner, sondern durch Demokratie und Menschlichkeit. Nur so kommen wir zu jener höheren Lebensform, die hervorzuarbeiten die historische Aufgabe des Proletariats ist«, meinte K. 1919.

K., der in Wien einige Semester Geschichte, Volkswirtschaft und Rechtswissenschaft studierte, beschäftigte sich unter dem Eindruck der Pariser Kommune mit sozialistischen Ideen und trat 1875 der österreichischen Sozialdemokratie bei. Von großer Bedeutung für sein Leben wurde, daß er 1880 als Mitarbeiter des Bankiers Karl Höchberg, der der deutschen Sozialdemokratie in beträchtlichem Maße finanzielle Unterstützung zukommen ließ, in Zürich wirkte. Hier lernte er Eduard Bernstein kennen, und zusammen mit ihm vertiefte er sich in die damals zugänglichen Werke von Marx und Engels. Dabei war, wie er später immer wieder betont hat, die Lektüre des *Anti-Dühring* von Engels entscheidend für sein Marxismusverständnis. 1883 wurde er Chefredakteur der in Stuttgart gegründeten *Neuen Zeit*, die unter seiner Leitung zum führenden theoretischen Organ der deutschen und der internationalen Arbeiterbewegung aufstieg. Bis zum Jahre 1917, als ihm wegen seines Anschlusses an die »Unabhängige Sozialdemokratische Partei« (USPD) auf schäbige Weise die Redaktion entzogen wurde, prägte er maßgebend diese wichtigste sozialistische Zeitschrift der Epoche. Neben seiner Tätigkeit als

Redakteur verfaßte er Bücher und Broschüren, die zum Ziel hatten, den Marxismus zu popularisieren, sowie mit marxistischen Methoden aktuelle Probleme zu analysieren und historische Ereignisse darzustellen. Vor allem seine aktuelle Fassung von *Das Kapital*, die zuerst 1887 unter dem Titel *Karl Marx' ökonomische Lehren* erschien, erzielte viele Auflagen und wurde in fast alle bedeutenden Sprachen übersetzt. Zusammen mit Bernstein verfaßte er das »Erfurter Programm« von 1891, dessen Aussagen weitgehend von marxistischer Theorie bzw. Zukunftserwartung bestimmt waren.

Seit der Jahrhundertwende verlor die von ihm geprägte Interpretation Marx-Engelsscher Theorie allmählich an Verbindlichkeit. Seine Position wurde von rechts im Revisionismusstreit und von der radikalen Linken, den Befürwortern neuer Strategien wie der des politischen Massenstreiks im Zeitalter des Imperialismus, in Frage gestellt. Schon am Vorabend des Ersten Weltkriegs, vor allem nach dem Tod August Bebels 1913, war K. in der deutschen Sozialdemokratie relativ isoliert. Seine Ablehnung der Kriegspolitik der Mehrheitssozialdemokratie führte 1917 zur USPD. Nach der Novemberrevolution arbeitete er vorübergehend als beigeordneter Staatssekretär im Auswärtigen Amt und stellte eine heftig angefochtene Dokumentation zum Ausbruch des Ersten Weltkrieges zusammen, die die allgemeine Ansicht, Deutschland sei für den Kriegsausbruch nicht verantwortlich, erschüttern sollte. Als Vorsitzender der Sozialisierungskommission seit November 1918 lernte er den Unterschied zwischen marxistischer Theorie und der wirklichen Situation in Deutschland zu dieser Zeit im Blick auf die Vergesellschaftung von Schlüsselindustrien kennen. Nach der Vereinigung der sogenannten »Mehrheits-Sozialdemokratischen Partei« (MSPD) mit der Rest-USPD, die er mit vorbereitete, sah er keine Möglichkeit mehr, in der Partei bestimmenden Einfluß auszuüben. Eine neue Generation von Theoretikern, an ihrer Spitze Rudolf Hilferding, prägte nun Programmatik und Strategie der Sozialdemokratie. Resigniert zog K. nach Wien, wo er als freier Schriftsteller lebte. 1927 veröffentlichte er sein großes Werk *Sozialisten und Krieg* und 1937 *Die materialistische Geschichtsauffassung*, die Summe seines Denkens. Der Anschluß Österreichs an das nationalsozialistische Deutschland im März 1938 trieb den über Achtzigjährigen nach Amsterdam, wo er wenige Monate später starb.

Heute ist K. jemand, der trotz seiner großen Bedeutung für die Geschichte des Sozialismus und der fast 1800 Titel, die eine Bibliographie seiner Werke nennt, kaum noch Parteigänger hat. Sein Denken scheint so sehr der Epoche vor dem Ersten Weltkrieg verhaftet, daß auch die bleibenden Erkenntnisse in seinem Werk in Vergessenheit geraten sind. Spätestens zu Beginn der neunziger Jahre des 19. Jahrhunderts war K. zu der Überzeugung gelangt, daß der von ihm erstrebte und vorhergesagte Sozialismus nur auf der Basis einer demokratisch-parlamentarischen Verfassung mit all den Rechten, die der Arbeiterbewegung wirkliche Bewegungsfreiheit geben würden, erstehen könne, vor allem mit Presse- und Meinungsfreiheit. Er sprach gelegentlich auch von der »Diktatur des Proletariats«, die aber in Form einer »Koalitionsregierung« ausgeübt werden sollte. Nach der Oktoberrevolution und der Etablierung der Parteidiktatur der Bolschewiki hat K. mit seiner ganzen, in Rußland noch anerkannten Autorität darauf bestanden, daß ein Sozialismus ohne Demokratie mit Notwendigkeit denaturieren und zur unkontrollierten Gewaltherrschaft führen müsse. Außerdem weigerte er sich beharrlich, in der russischen Revolution das Modell für die Umgestaltung entwickelter Industriestaaten mit starkem Bürgertum zu sehen. Das wurde ihm von Lenin mit der Charakterisierung »Renegat« vergolten. Vier hervorragende Bolschewiki haben sich mit diesem Renegaten auseinandergesetzt und »Anti-Kautskys« geschrieben: Lenin, Trotzki, Radek und Bucharin. Bis auf Lenin sind alle dem zum Opfer gefallen, was Kautsky sehr früh und klarsichtig prognostiziert hat. Die Geschichte hat gerade nach den Ereignissen der vergangenen Jahre K. gerechtfertigt, und es gibt einige Anzeichen dafür, daß die anstehende, hier und da schon begonnene Diskussion um den »postrealsozialistischen« Sozialismus nicht ganz von K. absehen kann.

Gilcher-Holtey, I.: Das Mandat des Intellektuellen. Karl Kautsky und die Sozialdemokratie. Berlin 1986. – Rojahn, J.; Schelz, T.; Steinberg, H.-J. (Hg.): Marxismus und Demokratie. Karl Kautskys Bedeutung in der sozialistischen Arbeiterbewegung. Amsterdam 1991. – Steenson, G. P.: Karl Kautsky 1854–1938. Marxism in the Classisal Years. Pittsburgh 1978.

Hans-Josef Steinberg

Kawerau, Georg Siegfried

Geb. 8. 12. 1886 in Berlin; gest. 16. 12. 1936 in Berlin

K. entstammte einer alten Pädagogenfamilie. Nach dem Studium der Fächer Geschichte, Deutsch und Latein in Berlin und Breslau (1904–1909) und der Promotion zum Dr. phil. in Königsberg (1910) war K. im Schuldienst. Vom nationalistischen Taumel erfaßt, meldete er sich im August 1914 als bislang Ungedienter freiwillig zum Kriegsdienst, erhielt in Görlitz eine militärische Kurzausbildung und nahm daraufhin 1915 am Stellungskrieg in Nordfrankreich teil. Bei Verdun (deutsche Verdun-»Offensive« Februar bis Juli 1916, französische Rückeroberung Oktober bis Dezember 1916) verschüttet, nur noch zum Garnisondienst fähig, wurde er schließlich als nicht mehr kriegsverwendungsfähig entlassen. Trotz verflogener Kriegsbegeisterung machte er sich zum Fürsprecher einer

Durchhaltepolitik bis zum »Endsieg« Deutschlands, einer Sammlung aller politischen Parteien im »Geist der Gemeinschaft und Brüderlichkeit, den der Schützengraben doch so unendlich oft (habe) gedeihen sehen«. Er erhoffte sich eine »Einheit zwischen Sinnen- und Geistesleben, zwischen Erkennen und Handeln, Einheit im Volksleben zwischen Kopfarbeiter und Handarbeiter, Überwindung der sozialen Zerklüftung, der kirchlichen Sonderungen, Überwindung jenes Dualismus, der im tiefsten Grunde alles Menschentum und alle Menschenwürde« zerstöre (*Selbstbildnis*, Leipzig 1928).

Als Verfechter der Idee einer »Volksgemeinschaft« gründete K. in Landsberg den »Verband 1914«, der allerdings bald seine utopischen Vorstellungen von einer Klassenschranken überwindenden Volksversöhnung konterkarierte, indem er sich zum Kampfinstrument gegen den »Reichsfeind« Sozialdemokratie entwickelte. K. erhoffte sich ein »soziales Kaisertum« und stellte sich 1918 dem Militär für »vaterländischen Unterricht« zur Verfügung.

K. erlebte seinen Tag von Damaskus, als das Versagen der Monarchie durch die Niederlage offenkundig wurde und sich der Kaiser, was H. als Verrat empfand, am 10. November 1918 nach Holland ins Exil begab. Mitsamt seiner Familie verließ K. die evangelische Kirche, die den Krieg gepriesen hatte, und wurde Dissident. Fortan von der Notwendigkeit der Emanzipation der Arbeiterschaft und der Frauen überzeugt, trat er 1919 der Mehrheitssozialdemokratie (MSPD) bei und gehörte zum Gründerkreis des parteipolitisch neutralen »Bundes Entschiedener Schulreformer«. Er veröffentlichte *Der Bund entschiedener Schulreformer. Werden und Wesen* (Berlin 1922) und *Das Weißbuch der Schulreform* (Berlin 1920). Die Gründung des Bundes fiel in eine Phase des Umbruchs deutscher Politik, die Entfaltungsmöglichkeiten für Schulreformen erwarten ließ. Von Idealen der bürgerlichen Jugendbewegung inspiriert, entwarf der Bund ein umfangreiches schulreformerisches Programm, das das Schulsystem dem demokratischen Rechtsstaat anpassen sollte: Vereinheitlichung des Schulwesens, Unentgeltlichkeit des Schulbesuchs, Weltlichkeit der Schule als Konsequenz aus der Diskreditierung der Einheit von »Thron und Altar«, Koedukation, um den Verfassungsgrundsatz der Gleichberechtigung der Geschlechter zu verwirklichen, eine differenzierte, elastische Einheitsschule zur Förderung unterschiedlicher Begabungen, die Reduzierung der Pflicht-/Kernfächer zugunsten von Wahl-/Neigungsfächern, die Aufhebung des starren Klassensystems durch ein flexibleres Kurssystem, die Öffnung der Schule für die Lebenspraxis, eine demokratische Schulorganisation durch erzieherisches Zusammenwirken von Lehrern, Eltern und Schülern, die Einheitlichkeit und Republikanisierung des Lehrerstandes und die grundlegende, einem demokratischen, pluralistischen Gemeinwesen entsprechende Revision der Unterrichtsinhalte und -methoden.

K. glaubte, durch Erziehung einen »neuen Menschen« formen zu können, der sich aktiv für die demokratische Republik einsetzen würde. Die gebräuchlichen Unterrichtswerke sollten frei von chauvinistischen Tendenzen sein und über den Weltkrieg, die deutsche Niederlage, den Friedensvertrag und die republikanische Weimarer Verfassung wahrheitsgemäß informieren. (K. und andere: *Synoptische Tabellen für den geschichtlichen Arbeitsunterricht.* Berlin, Leipzig, Wien, Bern 1921). In seinen Funktionen als Schulleiter des Köllnischen Gymnasiums und der Kaemphschule in Berlin (seit 1927), als Schulrat, als Mitglied der Charlottenburger und der zentralen Schuldeputation sowie des »Fachausschusses Geschichte und politische Erdkunde« und der Prüfstelle für Lehrbücher der höheren Schulen beim preußischen Kultusminister (seit 1928) wirkte K. für eine Erziehung zur Völkerverständigung. Den geistigen Nährboden für den 1922 von rechtsextremen Attentätern begangenen Mord an Reichsaußenminister Walther Rathenau sah er in einer von Haß und Verachtung bestimmten antidemokratischen Erziehung · Der Hitlerputsch 1923 war für ihn »eine Frucht des allgemein üblichen Geschichtsunterrichts in Deutschland, der mit seiner Lauge von groben Entstellungen und vor allem von planmäßigem Verschweigen und dann von feinsten Suggestionen gottgewollter Untertanenhaftigkeit die Saat werdender Volksgemeinschaft erstickt« (*Alter und neuer Geschichtsunterricht.* Leipzig 1924).

K.s Hauptverdienst waren seine Vorschläge zur Erneuerung des Geschichtsunterrichts, für den er sich in seinen Schriften, auf Tagungen und durch die Mitarbeit in Kommissionen einsetzte. Er kritisierte aus der Position eines Außenseiters heraus, der aber weder von der Politik, und den Verbänden, noch den Schulbuchautoren übergangen werden konnte, einen Geschichtsunterricht, der Geschichte auf große Persönlichkeiten reduzierte, übersteigertem Patriotismus das Wort redete, sich auf abfragbares Wissen konzentrierte und nicht hinreichend zur Vermittlung historischer Erkenntnisse und Einsichten führte. K. regte an, den Geschichtsunterricht zur Soziologie hin zu öffnen; Haupt- und Staatsaktionen sollten im Unterricht hinter die Erforschung des historischen Alltags zurücktreten (*Soziologische Pädagogik*, Leipzig 1921; *Soziologischer Ausbau des Geschichtsunterrichts*, Berlin 1921). In amtlichem Auftrag analysierte er die in den Schulen benutzten Lehrwerke (*Denkschrift über die deutschen Geschichts- und Lesebücher vor allem seit 1923*, Berlin 1927). Als Maßstab für seine Beurteilung wählte er den Artikel 148 der Reichsverfassung, der den Bildungsauftrag der Schule mit Erziehung »im Geiste des deutschen Volkstums und der Völkerversöhnung« umschrieb. Diesem Ziel entsprechend seien, wie K. feststellte, aus den geschichtlichen Unterrichtswerken alle nachweislichen Unwahrheiten zu entfernen, die kulturellen

Leistungen des eigenen Volkes mit Zurückhaltung zu behandeln, generalisierende Werturteile über Völker zu vermeiden, während die Völkerbundsidee positiv herausgestellt werden sollte (Gründung des Völkerbundes 1920 in Genf). Geschichtsunterricht sollte zur Rationalität, zur Kritikfähigkeit und zum Verständnis für andere Völker und Mentalitäten beitragen. Schüler sollten sich, forschend lernend, historischen Sachverhalten nähern. Kriegsverherrlichende Unterrichtsstoffe sollten eliminiert, geschichtliche Ereignisse und Zusammenhänge problematisiert werden, um den Geschichtsunterricht gegenüber revanchistischen Tendenzen zu immunisieren.
K. war Organisator und Spiritus rector der »Internationalen Geschichtstagung« des »Bundes Entschiedener Schulreformer« im Sommer 1924, deren Beschlüsse sich teilweise wörtlich im Protokoll des gleich darauf abgehaltenen Berliner Weltfriedenskongresses wiederfanden. Ein von K. projektiertes europäisches Geschichtsbuch kam allerdings nicht zustande.
Wegen der Aufdeckung von Geschichtslegenden, insbesondere soweit sie zur Vernebelung der deutschen Kriegsschuld dienten, stieß K. wiederholt mit Vertretern der »Vaterländischen Verbände«, der rechtsgerichteten Presse, der nationalistischen Parteien und des »Verbandes der Geschichtslehrer« zusammen. Für die Nationalsozialisten war K.s Bekenntnis zur Kriegsdienstverweigerung, zur Notwendigkeit allgemeiner Abrüstung, zu internationaler Verständigung und europäischer Kooperation »Landes- und Volksverrat«.
Auch in den eigenen Reihen war K. nicht immer wohlgelitten. Als er für eine Enttabuisierung der Sexualität in der Schule eintrat, befürchtete Paul Oestreich – als Vorsitzender –, die öffentliche Erörterung des heiklen Themas könne den »Bund Entschiedener Schulreformer« belasten. Daraufhin verließ K. 1925 die Organisation, dessen Verbandszeitschrift *Neue Erziehung* er zwischen 1920 und 1923 mitherausgegeben hatte. 1933 wurde K. aus dem Schuldienst entlassen und von den Nationalsozialisten mehrere Monate lang inhaftiert und gefoltert. An den Spätfolgen seiner Verletzungen starb er 1936.

Huhn, J.: Georg Siegfried Kawerau (1886–1936), in: Quandt, S. (Hg.): Deutsche Geschichtsdidaktiker des 19. und 20. Jahrhunderts. Paderborn 1978, S. 280–303.

Reinhold Lütgemeier-Davin

Kempner, Robert

Geb. 17. 10. 1899 in Freiburg im Breisgau; gest. 15. 8. 1993 in Königstein/Taunus

K.s Eltern waren beide Ärzte. Seine Mutter gehörte zu den ersten Frauen, die damals studieren konnten. Sie mußte dafür aber in die Schweiz gehen, weil Frauen in Deutschland in der Regel noch nicht zum Hochschulstudium zugelassen waren. K.s Eltern waren als Seuchenspezialisten mit Robert Koch befreundet, dessen Vornamen K. erhielt. Frau Rabinowitsch-Kempner, die aus einer wohlhabenden jüdischen, russisch-litauischen Familie stammte, wurde die erste deutsche Professorin wegen ihrer Verdienste in der Erforschung von Epidemien, nachdem sie vorher in Philadelphia (USA) an einem Frauenkolleg die erste Professur erhalten hatte. Dies war für K. insofern bedeutsam, als er während seiner Emigration alte Verbindungen aus dieser Zeit nutzen konnte.
K.s Erziehung war für die Verhältnisse des Kaiserreiches außerordentlich liberal. Die Familie war freisinnig orientiert, Sozialdemokraten gehörten in dieser bürgerlichen Familie nicht zu den Schreckgespenstern. Man fühlte sich ideologisch nicht gebunden, sondern dem naturwissenschaftlichen Fortschrittsglauben der Zeit verpflichtet.
K. besuchte ein humanistisches Gymnasium und wurde nach dem Abitur noch in den letzten Monaten des Ersten Weltkrieges Soldat. Allerdings kam er erst im Herbst 1918 an die Front und erlebte dort die Zerfallserscheinungen des Westheeres. Sein Bataillon, ein Garde-Schützen-Bataillon, traditionell nur aus Forsteleven und anderen staatsnahen Kreisen rekrutiert, war ebenfalls in Auflösung begriffen. K. stellte fest, daß diese Desorganisation nicht auf von sozialdemokratischer Arbeiterschaft dominierte Truppen beschränkt war, sondern den traditionellen, harten Kern der Armee erreicht hatte. Seine Auszeichnung mit dem Eisernen Kreuz II. Klasse nahm er selbst nicht ernst.
Nach der Militärzeit studierte er Jura in Freiburg, Berlin, Breslau und für einige Zeit auch in Pennsylvania (USA). Als Referendar in Berlin fühlte er sich unausgelastet und wegen der miserablen Bezahlung genötigt, nebenberuflich als Rechtsanwalt tätig zu sein. Er trat als Mitarbeiter in die Kanzlei von Dr. Frey ein, damals in Berlin einer der bekanntesten Strafverteidiger. Dort machte sich K. mit der gesamten Bandbreite der Kriminalistik vertraut.
Nach dem Assessorexamen wurde K. ins Innenministerium

berufen. Da in Preußen die große Weimarer Koalition unter Führung der SPD regierte, versuchten die Minister, die teilweise noch monarchisch gesinnte Verwaltung, die aus der Kaiserzeit stammte, durch die Einstellung demokratischer Juristen zu liberalisieren. K. wurde, nachdem er eine Zeit lang Verkehrsrechtsfragen bearbeitet hatte, Justitiar der Polizeiabteilung. Hier lernte er die wenigen, allerdings gestandenen und fähigen demokratischen Verwaltungsjuristen kennen und schätzen, die dann wie er ab 1933 von den Nationalsozialisten entlassen wurden.

K. nahm eine zentrale Position ein, da er außer den vielen Routineverfahren – überwiegend Regressverfahren wegen Polizeiübergriffen – mit den Polizeibehörden wie den politischen Beamten des Hauses zu tun hatte. So wurde er mit zwei weiteren Kollegen Autor des preußischen Polizeigesetzes, das bis heute Grundlage des Polizeirechts in vielen Bundesländern geblieben ist. Der von ihm mitverfasste Kommentar zu diesem Gesetz gilt als Standardwerk.

1930 arbeitete er mit der Berliner Politischen Polizei, die seit der Zeit des Sozialistengesetzes unter Bismarck für ganz Preußen zuständig war, eine Denkschrift aus, in der minutiös die verfassungs- und gesetzwidrige Politik der NSDAP dargestellt und Wege gewiesen wurden, die NSDAP als kriminelle Vereinigung zu verbieten und Hitler wegen Meineid und Hochverrat zu verurteilen sowie als Ausländer abzuschieben. Dieses Gutachten, 1931 Reichskanzler Brüning und dem Generalstaatsanwalt vorgelegt- nicht wissend, daß letzterer Nazi war – versickerte in der Verwaltung und blieb folgenlos. Das Gutachten hat K. dann 1983 unter dem Titel *Der verpaßte Nazistopp* herausgegeben. In der Weimarer Zeit war K. zusätzlich Vorstandsmitglied des »Republikanischen Richterbundes« und arbeitete, ohne deren Mitglied zu sein, für die »Deutsche Liga für Menschenrechte«. Durch seine vielfältigen Verbindungen erfuhr er davon, daß Prinz Wilhelm, der älteste Sohn des Kronprinzen, als Offizier der Reichswehr im Sommer 1926 an einem nach dem Versailler Vertrag verbotenen Manöver teilgenommen hatte. Wegen seiner Verantwortung für den Skandal mußte der Chef der Heeresleitung General von Seekt den Abschied nehmen. K. war an der Aufdeckung der »Schwarzen Reichswehr« beteiligt.

K. muß eine enorme Arbeitskraft besessen haben, denn neben all diesen Verpflichtungen war er Dozent an der Deutschen Hochschule für Politik, einer Neugründung der Weimarer Zeit, die für die Ausbildung demokratisch gesinnter Verwaltungsfachleute und Politiker gedacht war. Darüber hinaus lehrte er am Berliner Polizeiinstitut, dort in erster Linie über das neue, von ihm mitgestaltete Polizeirecht.

Ihm waren führende Nazis durch seine amtliche Tätigkeit persönlich bekannt. In diesen Kreisen wußte man aber auch genau, welchen Feind man in ihm hatte. So war seine Entlassung aus dem Staatsdienst schon im Februar 1933, also in den ersten Tagen des Hitler-Regimes, keine Überraschung.

K. schlug sich als Devisen- und Rechtsberater auswandernder Juden durch; von der Gestapo verhaftet, emigrierte er im selben Jahr nach Italien. In Florenz lehrte er als Professor an einem kriminalwissenschaftlichen Institut, verließ 1938 aber das Land, da seine Situation im faschistischen Italien wegen seiner Ausbürgerung aus Deutschland schwierig geworden war. Er ging ins sozialistisch regierte Frankreich. Mit Kriegsbeginn 1939 emigrierte er in die USA.

Dort konnte er in Pennsylvania alte Familienbeziehungen nutzen, arbeitete an der dortigen Universität, hielt Gastvorlesungen an anderen amerikanischen Hochschulen und an der Militärakademie von Westpoint, studierte aber auch die amerikanische Politikwissenschaft. Mit Zuspitzung des Krieges 1941 wurde K. Berater im amerikanischen Verteidigungs- und Justizministerium. Dort schätzte man vor allen Dingen seine Personenkenntnisse und die der Verwaltungsstrukturen in Deutschland. Er setzte sich dafür ein, eine Verurteilung der Kriegs- und Gewaltverbrecher des NS-Regimes herbeizuführen und kam so in den Stab des »Internationalen Militärgerichtshofes« (IMT = International Military Tribunal) in Nürnberg. Aus rechtlichen Gründen brauchte er dazu die amerikanische Staatsbürgerschaft, die er 1945 erhielt. Als Mitarbeiter des amerikanischen Hauptanklägers Robert H. Jackson fand er sich bald in einer Schlüsselstellung. K. mußte so prominente Vertreter des NS-Regimes wie Hermann Göring und den Reichsinnenminister Wilhelm Frick verhören. 1969 veröffentlichte er seine Erlebnisse bei diesen Vernehmungen unter dem Titel *Das Dritte Reich im Kreuzverhör.* Als Ankläger von Frick und der Reichsregierung machte er sich einen Namen. Ihm gelang es weitgehend, seine Auffassung von der Strafwürdigkeit auch der später so genannten Schreibtischtäter durchzusetzen. Wie er in seinen Memoiren schrieb, waren diese für ihn in höherem Maße verantwortlich, als die Mörder mit der Waffe vor Ort. Ihn beschäftigte dabei besonders, wie Menschen, die eine herkömmliche moralische und schulische Erziehung genossen hatten, so bedenkenlos Initiatoren und Beihelfer zum Massenmord werden konnten und dann, zur Rede gestellt und überführt, sich unfähig zeigten, ihre Verantwortung zuzugeben.

Seine erfolgreiche Tätigkeit 1945 beim Hauptprozeß hatte zur Folge, daß er 1947 amerikanischer Hauptankläger im sogenannten Wilhelmstraßen-Prozeß wurde, den die amerikanische Militärregierung allein, also nicht mehr zusammen mit den anderen im »Internationalen Militärgerichtshof« vertretenen Mächte Frankreich, Großbritannien und UdSSR durchführte. Damals standen vier Minister, sieben Staatssekretäre und eine ganze Reihe von Diplomaten unter Anklage. Einiges Aufsehen erregte dabei der Prozeß gegen den Staatssekretär im

Auswärtigen Amt, Ernst von Weizsäcker, da in Folge auch die Beteiligung des Außenamtes und der deutschen Diplomatie an der »Endlösung der Judenfrage« aufgedeckt wurde.
K. resümiert in seinen Erinnerungen die Schwierigkeiten dieser Prozesse. Da die Beteiligten und Mitwisser, mit wenigen Ausnahmen, geschwiegen hätten und vom Ausland her das Ausmaß der Verbrechen nicht erkennbar gewesen sei, sei man auf Akten und Zufallsfunde angewiesen gewesen. Beim damaligen Chaos, in dem sich die meist ausgelagerten Aktenbestände befanden, habe man nur die Spitze eines Eisberges zu fassen bekommen. Viele NS-Verbrecher seien zu milde oder gar nicht bestraft worden.
K. kritisierte auch die deutsche Tradition des Rechtspositivismus, die in ihrer Perversion sowohl die Rechtsbeugungen im NS-Regime begünstigt hatte wie auch in einer verbohrten Auffassung als Rechtfertigung der jeweils eigenen Mitwirkung bei den NS-Verbrechen nach 1945 fortgesetzt wurde. K. setzte die für die Militärgerichte seit 1945 in angelsächsischer Tradition gültigen Rechtsauffassungen, die sich an den Prinzipien übergeordneter Gerechtigkeit und der Menschenrechte orientierten, dagegen.
Vier Jahre war er Ankläger in diesen Prozessen. Von bundesrepublikanischen demokratischen Bürgern und Politikern der ersten Stunde ermuntert, beantragte und erhielt er 1951 die Zulassung als Rechtsanwalt in Frankfurt und vertrat seither überwiegend NS-Opfer in Entschädigungsfragen. Seine enorme Arbeitskraft erlaubte ihm eine zusätzliche, weitgespannte Vortragstätigkeit sowie wissenschaftliche und politische Publikationen. In seinen Erinnerungen gibt er allein 70 Titel als Auswahl aus seinen Schriften an, davon viele in englischer Sprache.
K. ist bis ins hohe Alter aktiv geblieben. In dem Maße, wie ihm Umfang und Schwere der NS-Verbrechen klar wurden, widmete er sich zunächst im amerikanischen Exil und dann als Ankläger des Militärgerichts seiner Lebensaufgabe: der Bestrafung der NS-Täter und danach der Wiedergutmachung an den Opfern. Er war dabei seit den zwanziger Jahren ein streitbarer und unerschrockener Jurist einer Schule, die in Deutschland keine Tradition hatte: einer demokratischen, menschen- und bürgerrechtsorientierten Rechtspflege. K.s Lebenswerk und seine Streitbarkeit ließen ihn für die einen zum Vorbild, für die NS-Täter und ihre Sympathisanten zum Haßobjekt und für die bundesdeutsche Justiz der ersten Nachkriegszeit zur Provokation werden.

Kempner, R. M. W.: Ankläger einer Epoche. Frankfurt/Main, Berlin 1986.

Martin Kutz

Kienle, Else

Geb. 26. 2. 1900 in Heidenheim; gest. Juni 1970 in New York

Durch ihr Engagement wurde die Ärztin K. in der Weimarer Republik zur Symbolfigur von Massendemonstrationen gegen das Abtreibungsverbot, vor allem nachdem sie 1931 zusammen mit ihrem Kollegen Friedrich Wolf wegen »Beihilfe zur Abtreibung« verhaftet worden war.: »Unser heutiges Recht«, so faßte K. ihre Erfahrungen mit der Weimarer Justiz zusammen, »ist überall und ganz besonders in diesem Punkt ein männliches Recht.« Sie verlangte die Streichung des § 218 im Strafrecht: »Der Gebärzwang bedeutet ein infames Vergehen gegen die allereinfachsten Menschenrechte, der Mutter wie des Kindes«. »So wenig es für den Mann einen Zwang zur Zeugung gab, so wenig durfte die Frau zum Gebären gezwungen werden.«
Die Tochter des Realschullehrers Otto Kienle schloß 1918 als einzige Schülerin auf dem Esslinger Georgii-Gymnasium ihre Schulausbildung mit dem Abitur ab. Ihren Berufswunsch setzte K. gegen den Willen ihrer Eltern durch: »Da ich Ärztin werden wollte, mußte ich zuerst eine Rebellin werden.« In der Tat galt die Medizin als ungewöhnliches Berufsfeld für eine Frau. Erst 1908 hatten die deutschen Universitäten ihre Pforten für Studentinnen geöffnet. Das 1918 begonnene Studium der Medizin führte K. nach Tübingen, München, Kiel und Heidelberg, wo sie 1923 ihr Examen ablegte und ein Jahr darauf den Doktortitel erwarb. Die zeitgenössische Berufsbezeichnung »weiblicher Arzt« weist darauf hin, daß sich Frauen in diesem von Männern dominierten Berufsstand noch ihren Platz erst erkämpfen mußten. Eine Karriere lag, wie K. feststellte, für die erste in Deutschland approbierte Generation von Ärztinnen noch außer Reichweite: »Ich war eine Frau. Meine Aussicht, einen Lehrstuhl zu erhalten, war ungefähr gleich null.« Darum mußte sie vorerst ihren Wunsch zurückstellen, sich auf dem Gebiet der Chirurgie zu spezialisieren. Nach einigen erfolglosen Bewerbungen fand K. 1923 ihre erste, unter Kollegen wenig begehrte Arbeitsstelle in der geschlossenen Abteilung für Geschlechtskrankheiten des Stuttgarter Katharinenhospitals. In dieser Zeit lernte sie Stefan Jacobowitz, einen Bankier der Württembergischen Privatbank, kennen und heiratete ihn 1929 in einer Freimaurerloge. Ihren Mädchennamen behielt K. bei. Durch seine finanzielle Unterstützung hatte sie sich ein Jahr zuvor mit einer eigenen Praxis für Haut- und Geschlechtskrankheiten selbständig machen

können. Außerdem engagierte sich K. in dem seit 1928 bestehenden »Reichsverband für Geburtenregelung und Sexualhygiene«, der Dachorganisation der Sexualreformbewegung. Ziel dieser Organisation war es, die Bevölkerung über die Möglichkeiten selbstbestimmter Geburtenregelung aufzuklären. Damit befand sie sich im Einklang mit der sich im Laufe der zwanziger Jahren rapide wandelnden Sexualmoral. Sexualität sollte vom Zwang zur Fortpflanzung und zur Ehe befreit werden. Die von zahlreichen Verbänden getragene Sexualreformbewegung unterhielt viele der rund 400 Sexualberatungsstellen in Deutschland, die Rat zu Fragen der Familienplanung anboten. In Stuttgart wurde 1928 unter K.s Leitung eine Sexualberatungsstelle gegründet. Hier erlebte K. täglich, daß soziale Not vielen Arbeiterfrauen keinen anderen Ausweg ließ, als sich – dem Abtreibungsverbot zum Trotz – gegen ein (weiteres) Kind zu entscheiden.

Der seit 1871 bestehende § 218 StGB drohte bei Abtreibung mit einer Strafe von bis zu fünf Jahren Zuchthaus, die erst 1926 in eine Gefängnisstrafe umgewandelt wurde. Daher suchten Frauen, die wider Willen schwanger wurden, verzweifelt bei Kurpfuschern Hilfe oder wagten einen lebensbedrohlichen Selbsteingriff. Die Kriminalisierung der Abtreibung hatte verheerende Folgen: Schätzungen zufolge wurden Ende der zwanziger Jahre bis zu einer Million Abtreibungen jährlich vorgenommen, was bedeutete, daß etwa jede zweite bis dritte Schwangerschaft abgebrochen wurde. Häufig kam es bei unsachgemäßen Eingriffen zu Komplikationen, die Unfruchtbarkeit zur Folge hatten oder sogar den Tod der Patientin. K. machte dafür den § 218 verantwortlich: »Wer aber zu diesem Schritt (der Abtreibung) erst einmal Mut gefaßt hat, – kann man den noch mit irgendwelchen Vorschriften, Verboten, Gesetzen daran hindern?«

Obwohl die 1927 eingeführte »medizinische Indikation« die Abtreibung nur für den Fall legalisierte, daß das Leben der Schwangeren gefährdet war, bescheinigte K. ihren Patientinnen auch dann die medizinische Indikation, wenn sie arm waren. Die Staatsanwaltschaft klagte K. und ihren Kollegen Friedrich Wolf, den Arzt und Schriftsteller, der der KPD angehörte, deshalb an, etwa 320mal gewerbsmäßig Beihilfe zur Abtreibung geleistet zu haben. K. ließ einen Monat Untersuchungshaft mit stundenlangen Verhören über sich ergehen, ohne daß es ein Anzeichen für ihre Freilassung bis zum Prozeß gab. Am 21. März 1931 trat sie in den Hungerstreik. Nachdem Wolf bereits am 28. Februar aus der Haft entlassen worden war, gelang ihr dies am 29. März. Vor dem Hintergrund der bereits zehn Jahren andauernden Auseinandersetzung um den § 218 wurde K.s und Wolfs Verhaftung zum Politikum. Unter Federführung der KPD gründeten sich über 800 lokale Solidaritätskomitees zu ihrer beider Verteidigung und organisierten unter dem Slogan »Dein Körper gehört Dir!« Tausende von Veranstaltungen. Auch die SPD protestierte in 1500 Versammlungen. K. trat als Sympathisantin der KPD auf, die als einzige Partei die Streichung des § 218 forderte. Sie wurde jedoch nie KPD-Mitglied, da sie die Idee des Klassenkampfes nicht teilte. Am 15. April 1931 sprach K. im Berliner Sportpalast auf einer Großkundgebung der KPD vor 1500 Teilnehmerinnen und Teilnehmern.

K. floh Ende 1932 nach Frankreich, als sie einen Hinweis auf ihre Überwachung durch die SA erhielt und ihr die erneute Verhaftung wegen Beihilfe zur Abtreibung drohte. In Frankreich lernte sie den Amerikaner George LaRoe kennen und heiratete ihn. Sie nahm den Nachnahmen LaRoe (neben ihrem Mädchennamen) an, erhielt durch die Heirat die amerikanische Staatsbürgerschaft und wanderte 1932/33 in die USA aus. Als sie 1935 die Lizenz als Ärztin erwarb, ließ sie sich in New York als plastische Chirurgin nieder. K. starb im Juni 1970 in New York an einer Lebererkrankung und wurde neben ihrem zwei Jahre zuvor verstorbenen Ehemann in Oklahoma beigesetzt.

Brinkschulte, E. (Hg.): Weibliche Ärzte. Die Durchsetzung des Berufsbildes in Deutschland. Berlin 1993. – Rehse, B.: »Dein Körper gehört Dir!« Ärztinnen klären über Geburtenregelung auf, in: Bock, P., Koblitz, K. (Hg.): Neue Frauen zwischen den Zeiten. Berlin 1995. – Steinecke, V.: Ich mußte zuerst Rebellin werden. Trotz Bedrohung und Gefahr – das gute und wunderbare Leben der Ärztin Else Kienle. Stuttgart 1992.

Birgit Rehse

Kirchheimer, Otto (Pseud.: Dr. Hermann Seitz)

Geb. 11. 11. 1905 in Heilbronn; gest. 22. 11. 1965 in Washington, D.C.

Um das Thema »Demokratie« kreist das gesamte Lebenswerk des Juristen und Politikwissenschaftlers K., von seiner ersten Abhandlung 1928 bis zu seinen letzten Schriften aus dem Jahr 1965. K. lebte und arbeitete für die Politik, ohne je ein politisches oder Parteiamt bekleidet zu haben. Er war politischer Analytiker, Berater und Mahner, beruflich zunächst als Publizist, später als Forscher und wissenschaftlicher Lehrer tätig. Gekennzeichnet durch Entschiedenheit und denkerische Radikalität, haben seine Bücher und Zeitschriftenbeiträge die Demokratie und ihre Gefährdung zum Gegenstand. Von dem Ziel geleitet, der praktischen Politik theoretische Hilfestellung zu geben, untersuchte er beispielsweise die Entstehungs- und Veränderungsprozesse der Weimarer Verfassung, die Funktion des Parlamentarismus und des Parteiensystems und das Verhältnis von Politik und Justiz.

Dem linken Flügel der SPD angehörend, bildete K. nach einem

Jura-Studium und dem Referendarexamen mit Ernst Fraenkel, Franz Neumann, Otto Kahn-Freund und Martin Draht in Berlin eine Gruppe jüngerer sozialdemokratischer Juristen, die über Verfassungsrecht und Verfassungswirklichkeit debattierten und mit einer Fülle von Publikationen vor dem Forum der Öffentlichkeit Stellung bezogen. Seine Referendarzeit verbrachte K. unter anderem in der Anwaltspraxis Neumann/Fraenkel, die auf Arbeitsrecht und die Durchsetzung gewerkschaftlicher Forderungen orientiert war; das Assessorexamen legte er 1932 ab.

Seit 1928 begann K. in dichter Folge über verfassungsrechtliche und -politische Probleme der Demokratie zu schreiben; er publizierte in sozialdemokratischen Zeitschriften wie *Der Klassenkampf* und *Die Gesellschaft*, darüber hinaus in den *Jungsozialistischen Blättern*, in der Zeitschrift für Gewerkschaftspolitik und Wirtschaftskunde *Die Arbeit* und im *Archiv für Sozialwissenschaft und Sozialpolitik*.

K.s Haltung zur Demokratie nahm ihren Ausgang bei der Einschätzung der bürgerlichen Gesellschaft seiner Gegenwart als einer formalen Demokratie ohne gemeinsame Wertvorstellungen. Demokratie war für K. zunächst »die Form, in der sich die Klassen und ihre Werte kreuzen und begegnen, genauer gesagt, sie ist die Form, in der zu einem bestimmten Zeitpunkt des Klassenkampfes die gegensätzlichen Kräfte sich gruppieren« (*Zur Staatslehre des Sozialismus und Bolschewismus*, 1928).

Zentraler Bezugspunkt war für K. die Verfassung. 1929, zehn Jahre nach ihrer Entstehung, interpretierte er sie als Verfassung, die über »die inneren Prinzipien, die den deutschen Staat beherrschen sollten«, nämlich »kapitalistische oder sozialistische Demokratie«, keine Vorentscheidung getroffen hatte. Diese »zukünftige innere Gestaltung des Staates« bedurfte einer »endgültigen Machtentscheidung«. An die Adresse seiner Partei gerichtet meinte K., daß eine sozialistische Entwicklung der Weimarer Republik nicht der Verfassung widerspreche und erkämpft werden müsse. Die SPD dürfe nicht ständig ausweichen und nur den Status quo aufrechterhalten wollen; ein Ausweichen sei in Wahrheit auch unmöglich, denn »es gibt nur ein Vorwärts oder ein Rückwärts« (*Verfassungswirklichkeit und politische Zukunft der Arbeiterklasse*, 1929).

K. stellte die Weimarer Verfassung auch deshalb in den Mittelpunkt seiner Überlegungen, weil sie als Instrument einer demokratischen Ordnung gegenüber den tatsächlichen Machtverhältnissen progressiv gewesen sei. Seine Überzeugung, daß das Verfassungsrecht auch eine Orientierungs- und Leitfunktion haben und derart als Ansporn zur Änderung der Gesellschaftsordnung dienen könne, kleidete er in das von Sarkasmus geprägte Bild, daß die Verfassungsordnung »den tatsächlichen Machtverhältnissen voraushinkt« (*Verfassungsreform und Sozialdemokratie*, 1933). Diese gesellschaftliche Machtordnung sah K. von den Gesetzmäßigkeiten des kapitalistischen Produktions- und Verwertungsprozesses und den entsprechenden politischen Vorgängen in der, wie er es begrifflich faßte, Direktions- und der Distributionssphäre bestimmt. Zwei Möglichkeiten zur Lösung des Problems der Nichtübereinstimmung der gesellschaftlichen Machtverhältnisse und der Verfassung sah K.: »Man kann die Legalordnung jeweils den tatsächlichen Machtverhältnissen anpassen, man kann aber die Machtverhältnisse auch so umzugestalten versuchen, daß eine sinnvolle Ausfüllung der Legalordnung möglich ist«.

Ungeachtet seiner positiven Bewertung der Weimarer Verfassung maß K. ihr nur eine vorübergehende Funktion zu. Denn Ziel war für K. in Anlehnung an Karl Marx »eine Ordnung der Dinge, wo es keine Klassen und Klassengegensätze mehr gibt«, und dementsprechend eine »Verfassung der sozialistischen Wirklichkeit«, eine Verfassung, deren Kern »die Herrschaft der Gesamtheit über die Wirtschaft«, die »Vernichtung des bürgerlichen Bildungsmonopols« und die »Erhaltung der persönlichen Freiheit des Individuums« bilden sollte (*Das Problem der Verfassung*, 1929; *Verfassungsreaktion*, 1932).

Gegenüber der autoritären Herrschaft, die in der Ernennung Franz von Papens zum Reichskanzler (1. Juni 1932) und insbesondere in dessen Staatsstreich gegen die preußische sozialdemokratisch-bürgerliche Koalitionsregierung (»Preußenschlag«, 20. Juli 1932) zum Ausdruck kam, verteidigte K. trotz seiner eigenen kritischen Haltung die parlamentarische Demokratie. Er verwies auf den Funktionswandel des Rechts als Folge einer »Verschiebung der axiomatischen Grundlagen verfassungsrechtlichen Denkens«: Infolge eines »Schrumpfungsprozesses, dem der positive Sinngehalt der Weimarer Verfassung« unterliege, sei eine »Wendung vom Verfassungsrecht zur technischen Herrschaftslehre« eingetreten (*Die Verfassungslehre des Preußen-Konflikts*, 1932). Die »moderne Demokratie« dagegen war für K. »die einzige Staatsform, die in einer Zeit wachsender sozialer und mitunter auch nationaler Heterogenität das Zusammenwirken bzw. den Wechsel verschiedener Gruppen verfassungsmäßig ermöglicht«. An das demokratisch gesinnte Bürgertum wie auch an die SPD appellierte er, sich der »Verfassungsreaktion« entgegenzustimmen, dem drohenden Verlust der politischen Freiheitsrechte und dem damit verbundenen »Übergang zum nachdemokratischen Zeitalter in Deutschland« (*Verfassungsreaktion*, 1932).

Nach dem Machtantritt der Nazis 1933 ging K. ins Exil nach Paris, wo er mit Unterstützung der »London School of Economics« in einer Zweigstelle des »Instituts für Sozialforschung« arbeitete. Mit dem Ziel, über die rechtliche und politische Situation in Deutschland aufzuklären, publizierte er 1935 unter einem Pseudonym die Abhandlung *Staatsgefüge und Recht des Dritten Reiches*. Die getarnte und nach Deutschland geschmuggelte Schrift unterzog das Recht des NS-Staates einer systematischen politisch-juristischen Kritik. K. ging davon aus, daß »der Nationalsozialismus die Herrschaft von Monopolkapital und Großgrundbesitz neu zu stabilisieren versucht« und daß, »nachdem die Angelegenheiten der den Staat beherrschenden Schichten durch Gesetze des Führers oder durch Vereinbarung zwischen Bürokratie und Monopolkapital geregelt sind«, nunmehr die Grundlage für eine zeitentsprechende Ideologie geschaffen sei. In der Abhandlung, die detailliert untersucht, wie sich diese Entwicklung im Recht spiegelt, rief K. dazu auf, das NS-Regime und sein Recht zu bekämpfen und »den Boden für das Rechtssystem eines sozialistischen Deutschlands zu bereiten«.

1937 siedelte K. in die USA über und arbeitete zunächst am Institut für Sozialforschung in New York. 1943 wechselte er zum US-Geheimdienst »Office of Strategic Services« (OSS) in Washington und entwickelte dort zusammen mit Franz Neumann und Herbert Marcuse Vorschläge für einen demokratischen Neuaufbau Deutschlands nach dem Krieg. K. blieb auch nach Kriegsende im Staatsdienst (State Department). Im Jahr 1955 erhielt er dann eine Professur für Politische Wissenschaft an der New School of Social Research in New York, 1962 wurde er Professor für Public Law and Government an der dortigen Columbia-Universität.

Das Hauptwerk der Jahre in den USA ist die Monographie *Politische Justiz* (1961, dt.: 1965). »Allen Opfern der politischen Justiz in Vergangenheit, Gegenwart und Zukunft« gewidmet, untersucht die Schrift, wie es im Untertitel heißt, die »Verwendung juristischer Verfahrensmöglichkeiten zu politischen Zwecken«. Scharf kritisierte K. die Kriminalisierung politischer Gegner in Ost und West. Die politische Justiz hielt er für ein Krebsübel auch der Demokratie, denn um politische Justiz handele es sich ganz allgemein immer dann, »wenn gerichtsförmige Verfahren politischen Zwecken dienstbar gemacht werden« und wenn die jeweiligen Machtinhaber »zur gerichtsförmigen Austragung ihrer Machtansprüche schreiten«. Kern des Themas war für K., daß Staat und Justiz »den aus politischer Überzeugung handelnden Täter als verdammungswürdiger als einen gemeinen Verbrecher« ansähen.

K.s letzte Schriften blieben nicht ohne resignative Züge. Er erkannte, daß die Konsumorientierung, auf die die breiten Massen hingeführt würden, das politische Leben zu ersticken beginne. Dementsprechend gebe es keine Parteien mehr, die eine grundsätzliche Alternative zur Wirtschafts- und Gesellschaftsordnung des Westens erfolgreich anbieten und durchsetzen könnten. Zunehmend nahm K. Abschied von der Forderung nach einer auf Gleichheit beruhenden sozialistischen Gesellschaft. Frühere marxistische Positionen hatte er bereits seit längerem aufgegeben. In seiner letzten Schrift *Über den Rechtsstaat*, die erst 1967, zwei Jahre nach seinem Tode, veröffentlicht wurde, war ihm die Sicherung eines »menschenwürdigen Daseins« mit »sozialen Dienstleistungen« und damit die Verwandlung des Rechtsstaates des »Wirtschaftsliberalismus« in den »Sozialrechtsstaat« zwar noch notwendig, aber schließlich auch ausreichend. Zugleich war die Schrift von Skepsis gegenüber den Realisierungschancen des Rechtsstaates geprägt und blieb auch nicht ohne dunkle Stimmungen und Zukunftsangst einschließlich der Warnung vor einem »Chaos unter den ständig wachsenden Bevölkerungsmassen« und vor einem »engen Nebeneinander materiellen Überflusses und einer bislang ungekannten Unterdrückung, von Rechtlosigkeit und Belohnung für maximale Aggressivität in der modernen Gesellschaft«.

Blau, J.: Sozialdemokratische Staatslehre in der Weimarer Republik. Darstellung und Untersuchung der staatstheoretischen Konzeptionen von Hermann Heller, Ernst Fraenkel und Otto Kirchheimer. Marburg 1980. – Luthardt, W.: Bemerkungen zu Otto Kirchheimers Arbeiten bis 1933, in: Luthardt, W. (Hg.): Otto Kirchheimer, Von der Weimarer Republik zum Faschismus: Die Auflösung der demokratischen Rechtsordnung. Frankfurt/Main 1976, S. 7–31. – Luthardt, W.; Söllner, A. (Hg.): Verfassungsstaat, Souveränität, Pluralismus. Otto Kirchheimer zum Gedächtnis. Opladen 1989. – Perels, J.: Otto Kirchheimer. Demokratischer Marxist und Verfassungstheoretiker, in: Kritische Justiz (Hg.): Streitbare Juristen. Baden-Baden 1988, S. 401–414.

Andreas Kaiser

Kirchhoff, Auguste

Geb. 23. 6. 1867 in Asbach b. Neuwied; gest. 12. 7. 1940 in Bremen

»Ich bin ein Mensch, und Mensch sein, heißt Kämpfer sein«, beendete K. ebenso emphatisch wie trotzig einen ihrer Berichte über die 5. Generalversammlung des »Deutschen Verbandes für Frauenstimmrecht« in Eisenach 1913. Sie hielt die Spaltung für unumgänglich, da ein Teil der Verbandsmitglieder nur ein beschränktes Wahlrecht befürwortete, während sie kompromißlos das allgemeine Frauenwahlrecht forderte: *Warum muß der »Deutsche Verband für Frauenstimmrecht« sich zum allgemeinen, gleichen, geheimen und direkten Wahlrecht bekennen?* (Bremen, 1912). Daher trat K. dem 1913 von gleichgesinnten Frauen neu gegründeten »Bund für Frauenstimmrecht« bei.

Kampf wurde zum bestimmenden Element im Leben der K. Sie führte ihn auf nationaler und internationaler Ebene gemeinsam mit Frauen des radikalliberalen Flügels der bürgerlichen Frauenbewegung. Sie kämpfte als emanzipierte Frau für die Emanzipation aller Frauen, als privilegierte Frau für die benachteiligten Frauen der unteren Schichten, für ledige Mütter und deren verachtete Kinder und gegen die herrschende, gegen das weibliche Geschlecht gerichtete Doppelmoral. Als Pazifistin trat sie unerschrocken und unermüdlich für Frieden und Freiheit ein, wandte sich in Schärfe gegen den sich in der Weimarer Zeit bereits martialisch gebärdenden Nationalsozialismus, gegen Imperialismus, Rassismus und Antisemitismus. Ihre Ziele glaubte sie nur innerhalb einer neuen Gesellschaftsordnung durchsetzen zu können, denn für K. stand fest: »Ein Gesellschaftssystem, das auf der Ausbeutung der wirtschaftlich Schwachen beruht, wird stets auch die Frau knechten.« Sie rügte scharf, daß die Ideale von Freiheit, Gleichheit und Brüderlichkeit, in die sie auch die Schwesterlichkeit eingewoben wissen wollte, nicht gedeihen könne »auf dem Boden des Kapitalismus, des unbeschränkten Privateigentums, des freien Spiels der Kräfte, also der Portemonnaie-Interessen«.

Als Auguste Louise Christine Zimmermann wurde K. am 23. Juni 1867 in Asbach bei Neuwied geboren. Ihre Mutter war evangelisch, ihr Vater, ein Justizrat, katholisch. Er distanzierte sich, wie K. es später auch tat, von der katholischen Kirche. Nach der einer »höheren Tochter« angemessenen Erziehung, heiratete Auguste Zimmermann 1888 standesgemäß den Bremer Juristen und späteren Senator Georg Heinrich Kirchhoff und siedelte mit ihm 1889 nach Bremen über. Hier führte sie zunächst ein geselliges Haus, gebar zwischen 1889 und 1905 drei Töchter und zwei Söhne und erfüllte für eine Reihe von Jahren die gesellschaftlich akzeptierte Rolle einer musischen Hausfrau und Mutter. Doch mit wachem Interesse und kritischem Verstand nahm sie die gesellschaftlichen Dissonanzen wahr, sah Unterdrückung, Ungleichheit, Not und Elend der unteren Schichten und die Benachteiligung von Frauen in rechtlicher, wirtschaftlicher und politischer Hinsicht. Im wilhelminischen Kaiserreich verfolgte sie mit Sympathie, gewiß ungewöhnlich für eine Honoratiorengattin, den Kampf der Sozialdemokratie und der Gewerkschaften für politische Rechte und eine gerechtere Verteilung der irdischen Güter. Ihr zunächst nur karitatives Interesse bei der Gründung eines Mütter- und Säuglingsheims in Bremen gab sie zugunsten politischer Tätigkeit auf. K. ging es nicht länger um Wohlfahrt, sondern um Veränderung der politischen Verhältnisse.

Im Rahmen des 1904 von Helene Stöcker gegündeten »Bundes für Mutterschutz und Sexualreform« setzte sich auch K. für eine »Neue Ethik« ein mit den Forderungen: Erleichterung der Scheidung, Verbesserung der Stellung unverheirateter Mütter und ihrer Kinder, Abschaffung des Abtreibungsparagraphen sowie Aufklärung über Verhütungsmittel und ihre Verbreitung als Voraussetzung für eine bewußte und frei gewählte Mutterschaft.

Nach Ausbruch des Ersten Weltkriegs zeigte sich K. als unerschrockene Pazifistin. 1915 nahm sie gegen den Widerstand des »Bundes Deutscher Frauenvereine«, des seit 1894 bestehenden Dachverbandes der bürgerlichen Frauenorganisationen, an der Frauenfriedenskonferenz in Den Haag teil. Zu dem Klima, das auf dem Kongreß herrschte, schrieb sie: »Alle einte der Gedanke, daß, wo die grausame Härte des Krieges die Männer zwingt, sich aufs äußerste zu bekämpfen, es Aufgabe der Frauen ist, Leiden zu lindern, Wunden zu heilen und Brücken zu schlagen, über die in besseren Zeiten wieder Mensch zu Mensch und Volk zu Volk den Weg zueinander finden können.« In ihrer im Kriegssommer 1917 verfaßten, von der Zensur beanstandeten und beschlagnahmten Schrift *Unsrer Kinder Land* (Leipzig 1919), die erst nach Beendigung des Krieges erscheinen durfte, beschrieb sie als »die natürlichste, schönste Mission« der Frau, »Vermittlerin«, »Friedensbringerin zu sein«. Eine Fähigkeit allerdings, wie K. rügte, die »vielen Frauen unter dem Dröhnen und Waffenklirren des Weltkrieges« in einer »von männlicher Kultur beherrschten Welt« verlorengegangen sei.

Im Juni 1919 konstituierte sich der Deutsche Zweig der »Internationalen Frauenliga für Frieden und Freiheit« (IFFF). K. leitete die Bremer Sektion, die sie mitbegründet hatte, bis zum Jahre 1933, als der deutsche Zweig zwangsweise aufgelöst wurde. K. gehörte bei vielen Anträgen an die deutsche Reichsregierung zu den Unterzeichnerinnen und war eine der sieben »Beauftragten« der »Liga«. Als Delegierte nahm sie an einer Vielzahl von nationalen und internationalen Versammlungen und Kongressen teil. K. kämpfte mit den Frauen der »Liga« »für die vollständige und allgemeine Abrüstung zu Lande, zur See und in der Luft«, für eine »Weltorganisation« sozialer, wirtschaftlicher und politischer Zusammenarbeit, für soziale, politische und wirtschaftliche Gleichberechtigung für alle, ohne Unterschied von Geschlecht, Rasse, Stand und Glaubensbekenntnis. Sie machte auf die Gefahren eines »Gaskrieges« aufmerksam, kritisierte den internationalen Chauvinismus und setzte sich für die Aussöhnung zwischen Frankreich und Deutschland ein.

Auf den Sommerschulen der IFFF, die in Städten Europas und der Vereinigten Staaten stattfanden, gewann K. nicht nur politischen Rückhalt, sondern sie erweiterte ihr Wissen über die Komplexität politischer und wirtschaftlicher Zusammenhänge, über internationale Verflechtungen, imperiale Interessen, über Rassismus und Fragen des internationalen Rechts. Aber sie gewann nicht nur neue Erkenntnisse für ihre Argumentation und Agitation, sondern sie fühlte sich auch wohl dabei. Die internationalen Kongresse waren für K. »Oasen in der Wüste«. »Aus der Enge und Dürre heimatlicher Kirchtumspolitik« gaben sie ihr »Ausblicke in weites, freies Land, wo sich besser atmen und leben läßt«.

K.s Gesellschaftsanalysen gewannen in den zwanziger Jahren an Schärfe und Radikalität. Sie distanzierte sich vom »bürgerlichen Pazifismus«, ohne dessen Verdienste zu verkennen und befand, daß nur »auf dem Boden einer neuen Gesellschaftsordnung ein wirklicher Friede wachsen kann.«
Zu den brisanten Themen der Weimarer Zeit gehörte auch die Bevölkerungspolitik und die Frage der Geburtenregelung, mit der sich K. national und international sowohl auf Kongressen als auch publizistisch auseinandersetzte. Auf dem »Sexual Reform Congress« in Kopenhagen (1928) sowie auf der internationalen Konferenz für Geburtenregelung in Zürich (1930) problematisierte sie »die Not der kinderreichen Familien«. In einem Bericht über die Züricher Konferenz resümierte sie erfreut, daß dort eine »einstimmige Verurteilung des Abtreibungsparagraphen in den Strafgesetzbüchern« erfolgt war und unterstrich, daß »der Wunsch nach Regelung nur von der Frau ausgehen darf«.
Zunehmender Nationalismus und Militarismus beunruhigten K. zutiefst. Die junge Weimarer Republik, noch ohne gewachsene demokratische Tradition, litt am Versailler Friedensvertrag und unter wirtschaftlichen Krisen. Die politische Zerrissenheit nutzten die konservativen Kräfte und ebneten damit den Nationalsozialisten gewaltsam den Weg an die Macht. K. warnte unaufhörlich vor Ungeist und Terror. Sie verurteilte den Mythos vom »arischen Heldenjüngling« und von der dazu passenden »arischen Heldenjungfrau«, dessen Pendant die Verfemung der jüdischen Bevölkerung war. Für K. gab es keine »Rassenprobleme in Deutschland«, sondern nur »künstlich aufgepeitschte Produkte arisch-teutonischer Anmaßung«. 1933 wurden alle Vereine, in denen K. tätig war, aufgelöst. Ihre couragierte Stimme verstummte. K. mußte sich in die Stille des Privatlebens zurückziehen und starb vergessen am 12. Juli 1940.

Cyrus, H.; Steinecke, V.: Ein Weib wie wir?! Bremen 1989. – Wottrich, H.: Auguste Kirchhoff. Eine Biographie. Bremen 1990.

Hannelore Cyrus

Kirchner, Johanna

Geb. 24. 4. 1889 in Frankfurt/Main; gest. (hingerichtet) 9. 6. 1944 in Berlin-Plötzensee

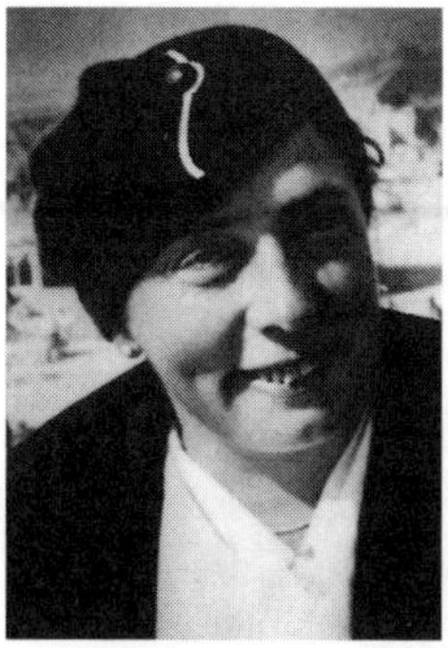

Als alte Sozialdemokratin hätte sie »in der Emigration lange mit den Volksverrätern Max Braun und Emil Kirschmann unter Emigranten und in unserem Reich hochverräterisch gewühlt«. Dies lastete der NS-Volksgerichtshof K. 1944 an. Trotz der herabsetzenden Vorwürfe umschrieb dieser Satz einen Kernbereich ihres politischen Standorts und Wirkens. K.s Großvater war während des Sozialistengesetzes (1878–1890) ausgewiesen worden und später zurückgekehrt, einer der ersten sozialdemokratischen Stadtverordneten aus Frankfurt am Main. Ihre Eltern gehörten ebenfalls der SPD an. Sie selbst trat 1903 der »Sozialistischen Arbeiterjugend« und 1907 der SPD bei. Die Heirat 1913 mit Karl Kirchner, von 1919 bis 1933 Stadtverordneter, ab 1924 SPD-Fraktionsvorsitzender im Frankfurter Stadtrat, verstärkte ihr sozialdemokratisches Engagement. Besonders die Auswirkungen des Ersten Weltkrieges bewegten K. zu intensivem Einsatz in der Arbeiterwohlfahrt. Sie kümmerte sich um Arbeiterkinder, veranlaßte während der Inflation (1919 bis 1923) ihre Aufnahme bei schweizer Familien. Sie betreute Jugendliche, die gegen Gesetze verstoßen hatten, und unterstützte die Familien Arbeitsloser und ausgesperrte Arbeiter. Darüber hinaus nahm K. an Gewerkschaftskongressen und sozialdemokratischen Parteitagen teil, über die sie in der Presse berichtete, und sie wirkte politisch aktiv als Mitglied der SPD-Stadtleitung Frankfurt.
Unter den ab 1933 durch die NS-Herrschaft gänzlich veränderten Verhältnissen blieb K. bei ihrer politischen und humanistischen Einstellung. Sie half verfolgten Sozialdemokraten, sich zu verstecken. Ihre Tochter Inge unterstützte sie dabei. K. bahnte ihnen außerdem den Weg, über Frankfurt aus Deutschland zu fliehen.
Im Sommer 1933 begab sich K. nach Genf, um bei dem Völkerbund und anderen internationalen Institutionen Hilfe für den verhafteten SPD-Funktionär Carlo Mierendorf zu erwirken. Deshalb mußte sie, um einem drohenden Zugriff der Geheimen Staatspolizei zu entgehen, im Oktober 1933 ihre Heimatstadt verlassen. Um dieser möglichst nahe zu bleiben, ging sie nach Saarbrücken, ins französisch verwaltete Saargebiet. Hier stand sie Gleichgesinnten bei und verfaßte Berichte über die politische und soziale Lage unter dem NS-Regime und den Widerstand an die SPD-Exilleitung. K. forderte: »Die anti-

faschistischen Widerstandskämpfer in Frankfurt und in Deutschland brauchen die Unterstützung der Antifaschisten im Ausland, besonders zur Lösung der Aufgaben: die organisierte Herstellung illegalen Materials, das im Innern verteilt wird, Förderung der geistigen Klärung zur Schaffung eines klaren sozialistischen Programms.« Zugleich beteiligte sie sich am Verfassen und Herstellen von Flugschriften und deren Schmuggel nach Frankfurt sowie dem aufklärerischer Exilperiodika und des *Braunbuches über Reichstagsbrand und Hitler-Terror.*

Daneben ging es K. um die vereinten Bemühungen von Sozialdemokraten und Kommunisten, den Anschluß des Saargebietes an den NS-Staat zu durchkreuzen. Als er dennoch bevorstand, mußte K. Anfang 1935 nach Forbach an der französisch-deutschen Grenze ausweichen. Als Funktionärin der dortigen sozialdemokratischen Grenzstelle hielt sie weiter Kontakt zu Sozialdemokraten in Deutschland und verbreitete Informationen über Naziverbrechen und Kriegsvorbereitungen. Am 7. Dezember 1935 wandte sich K. erneut an den Völkerbund, diesmal, um ihn auf die soziale und politische Situation von Exilanten aufmerksam zu machen. Von dort setzte sie sich für die Aktionseinheit der Arbeiterbewegung ein, um unmittelbar Hilfsmaßnahmen zu koordinieren, das NS-Regime zu untergraben und zu stürzen. Sie befürwortete ab 1936 die Volksfront aller NS-Gegner. Aus diesen Beweggründen gehörte K. einer Delegation an, die in Frankreich nach dem Putsch gegen die spanische Volksfrontregierung 1936 deutsche Freiwillige für die »Internationalen Brigaden« gewann und zu der auch Kommunisten gehörten. Im Sinne der Volksfrontpolitik wirkte sie in dem 1937 in Strasbourg gegründeten Hilfskomitee für die Saar-Pfalz mit, dem Mitglieder der Arbeiterparteien und christliche Gewerkschafter angehörten.

Im Februar 1937 entzogen die Nazis K. die deutsche Staatsbürgerschaft. Anfang 1939 folgte sie Lore Wolf, einer Kommunistin aus Frankfurt, mit der sie in Forbach zusammengearbeitet hatte, nach Paris, wo sie im September von französischen Behörden interniert und im Mai 1940 in das Lager Gurs gebracht wurde. Zwar gelang es ihr, mit Hilfe französischer Gesinnungsgenossen Ende 1940 zu fliehen und im von den Deutschen noch unbesetzten Südfrankreich unterzukommen. Doch die Gestapo verlangte von der Kollaborationsregierung in Vichy K.s Auslieferung, die im Juni 1942 erfolgte.

Wie Lore Wolf, die bereits im August 1940 in Paris verhaftet und im Juni 1941 vom Volksgerichtshof in Berlin zu zwölf Jahren Zuchthaus verurteilt worden war, stand K. im Mai 1943 vor diesem höchsten NS-Sondergericht, das sie zu zehn Jahren Zuchthaus verurteilte. K. wurde ins Frauenzuchthaus Cottbus eingeliefert, wo sie Fürsorge von Mitgefangenen erfuhr, selbst Hilfe leistete und andere mit ihrer Gelassenheit, Fröhlichkeit und Zuversicht zu trösten wußte. Nach der von ihr verlangten Aufhebung der Haftstrafe überantwortete sie der Volksgerichtshof nach halbstündigem Verfahren am 21. April 1944 dem Scharfrichter. Das Urteil wurde nach 49 Tagen Haft in Plötzensee vollstreckt. In ihrem letzten Brief wünschte K. ihren beiden Töchtern: »Werdet glücklich und seid tapfer. Es kommt eine bessere Zukunft für Euch.« Die Stadt Frankfurt am Main ehrt das Andenken K.s dadurch, daß sie seit 1991 NS-Gegnern die Johanna-Kirchner-Medaille verleiht.

Dertinger, A.; Trott, J. v.: »... und lebe in Eurer Erinnerung«. Johanna Kirchner. Eine Frau im Widerstand. Berlin/Bonn 1985. – Mausbach-Bromberger, B.: Arbeiterwiderstand in Frankfurt am Main. Gegen den Faschismus 1933–1945. Frankfurt/Main 1976. – Oppenheimer, M.: Das kämpferische Leben der Johanna Kirchner. Frankfurt/Main 1994. – Wolf, L.: Ein Leben ist viel zu wenig. Frankfurt/Main 1974.

Klaus Drobisch

Klopstock, Friedrich Gottlieb

Geb. 2. 7. 1724 in Quedlinburg; gest. 14. 3. 1803 in Hamburg

Menschenrechtliches Pathos enragierte K.s Werk. Er setzte sich ein für das an Bildungspräorogative gebundene Prinzip der Volkssouveränität. Und er war ein Kosmopolit, den die Frage nach der historischen Identität der Deutschen nie losgelassen hat.

K., 1724 als erstes von 17 Kindern eines Quedlinburger Advokaten und seiner Frau, der Tochter eines Kaufmanns und Ratskämmerers, geboren, war schon früh von Abneigung und Erbitterung gegen angemaßte Autorität und Herrschaft erfüllt. Bereits als Leipziger Student der Theologie schrieb er im Kreis der »Bremer Beiträger«, die sich vom »Falschheitsvollen Hof« wie vom nobilitätsgeneigten Stadtbürgertum kritisch distanzierten, erste antifeudale Poeme. In seiner Ode »Verhängnisse« heißt es: »Königen gab der Olympier Stoltz, und sklavischen Pöbel/Um den gefürchteten Thron:/Weisheit gab er den Königen nicht; sonst hielten sie Menschen/Nicht für würgbares Vieh«. Die Fürsten sollten »Ihr erhabenes Amt/Durch ein Gottnachahmendes Wohlthun, das über die Menschheit/Sterbliche Menschen erhöht«, erfüllen. Rebellisch bäumte sich der junge Dichter gegen jede ungerechte Obrigkeit auf. Sein Schweizer Aufenthalt (1750/51) führte ihn endlich in die »Welt«, vorher wäre er nur auf »Schulen« gewesen. Der gesellschaftlich und politisch selbstbewußte Dichter lernte in der enttäuschend unrepublikanischen Schweiz die »Beherrscher der Nazionen« noch besser kennen. Auch hier hielten im Grunde »Aristokraten« die Macht in Händen.

Zwar wollte er sein Glück »niemals Fürsten« verdanken, doch als 1751 das Angebot Friedrich V. von Dänemark an ihn erging, in Kopenhagen sein berühmtes Epos in aller Freiheit und ohne materielle Sorgen zu vollenden, sagte K. nach besorgter Prüfung aller Argumente für und wider den »Hofdienst« zu. Auch dem dänischen Monarchen und seinen Spitzenbeamten trat er als selbstbewußter, als repräsentativer bürgerlicher Dichter gegenüber; er wollte »Nie durch höfisches Lob (…) entweihn/ Die heilige Dichtkunst«. Nur »titulär« wurde K. am Kopenhagener Königssitz »Hofraad« genannt. Er übernahm keinerlei Amt und achtete peinlich auf seine Freiräume und seine gelehrte Reputation. Im Kreis deutsch-dänischer Schriftsteller, Gelehrter und gebildeter Beamter konnte der *Messias*-Dichter erheblichen kulturpolitischen Einfluß nehmen und gewann wertvolle Einsichten in das Funktionieren der absolutistischen Staatsbürokratie. Im *Nordischen Aufseher* arbeitete der Aufklärerkreis an der moralischen Unterweisung und literarisch-patriotischen Kultivierung der Mächtigen im Staate. Belobigt wurden zwar die verfassungsrechtliche Limitierung der königlichen Gewalt in Dänemark und der humane Reformgeist bei ihren hohen Beamten, bekämpft und kritisiert dagegen die Neigung vor allem der großbürgerlichen Kreise, auf den Hof und die Nobilitierung zu schielen und jede bürgerliche »Anständigkeit« vermissen zu lassen.

1770 siedelte K. – sein Gönner Graf Bernstorff verlor alle Ämter in Kopenhagen – in die freie Reichs- und Hansestadt Hamburg über. Der Geist des Republikanismus war ihm lebensnotwendig, die königlich-dänische Pension sicherte die Lebensgrundlagen. Längst war aus dem vormaligen Sänger der Natur, der Freundschaft und der Religion der patriotische, der »bardische« Poet geworden, dessen »Genie« sich aus den natur- und freiheitsrechtlichen Urgründen der vaterländischen Geschichte speiste. Diese Germanophilie war eine des »vaterländischen« Dichters, inspiriert vom »weckenden Strahl/Den uns die Frühe gebar«, der stritt für den »Segen«, den das »entschlafne Jahrhundert« einst besaß. »Obs auf immer laste? Dein Joch, o Deutschland,/Sinket dereinst!/Ein Jahrhundert nur noch;/So ist es geschehen, so herrscht/Der Vernunft Recht vor dem Schwert Recht«, weissagte K. in jenen politisch bewegten siebziger Jahren. Kein Wunder, daß sich die hitzigen Dichterjünglinge des Sturm und Drang und des Göttinger Hainbundes begeistert auf die Seite des selbstbewußten Genies und Sängers schlugen. Ihr dithyrambischer Despotenhaß, ihre ungebärdige Lust aufs Vaterland und den »Tyrannenmord«, schien im patriotischen Germanenmythos Klopstockscher Provenienz weihevolle Rechtfertigung erhalten zu haben. Der nahezu fünfzigjährige Dichter als Bundesbruder, als Busenfreund, ja als Idol von politisch aufbegehrenden Jünglingen: Das hatte es in Deutschland noch nicht gegeben, das führte zu drastischer Entfremdung gegenüber den in die Jahre gekommenen Aufklärungskreisen um Lichtenberg, Wieland und Nicolai. Der Rekurs auf das zerfallende urdemokratisch-germanische Volkskönigtum, auf die Kraft- und Gefühlsgemeinde der Urväter und Urmütter, als kritischer Kontrast zur dekadenten Kleinstaaterei des zeitgenössischen Duodezfürstentums, das war starker antifeudaler Tobak, und das schien selbst der zivilisationsfreudigen Aufklärung ein allzu kraftgenialischer (Kultur-)Affront.

Vollends K.s *Deutsche Gelehrtenrepublik*, 1774 im Selbstverlag herausgegeben und von weit über dreitausend Subskribenten teils dankbar, teils kopfschüttelnd in Empfang genommen: Sie fingiert einen zwischen Zeitsatire und ernstem Projektionsgeist »genieästhetisch« changierenden Traditionsraum deutsch-germanischer Volkssouveränität, der nichts geringeres als Autonomie- und Partizipationsansprüche bürgerlicher Gelehrter im feudalständischen Gemeinwesen propagieren und realisieren soll. Nicht ohne (bildungs-)elitären Anspruch, aber doch im Sinne einer vertikal durchlässigen Kompetenzhierarchie der Republikmitglieder, berühren sich poetische und gesellschaftliche Ziele; legitimiert durch die »Geschichte des Vaterlandes«, die seit je durch »Nation«, »Freiheit« und »Würde« geprägt sei. Obwohl Lessing das mutige und überaus spektakuläre Projekt die »zweyte Messiade« nennen durfte, wurde der berühmte Dichter nicht zum Oberhaupt einer patriotisch-nationalstaatlichen Gelehrtenrepublik. Die blieb weiterhin »vaterländische« Verheißung, ein Desiderat der Freiheit. Doch das hemmte K.s antifeudalen Eifer nicht. Er propagierte in seinen Dichtungen die Abschaffung der Leibeigenschaft, trat ein für das Recht jedes Volkes auf »Republikanismus«, votierte für den »Tyrannenmord«, wandte sich gegen den Soldatenhandel und den Kabinettskrieg, er unterstützte den Unabhängigkeitskampf der Amerikaner und feierte schließlich in begeisterten Oden und Hymnen die girondistische Phase der Französischen Revolution. In ihrem Beginn erblickte er eine »neue/labende, selbst nicht geträumte Sonne« und begrüßte des »Jahrhunderts edelste That«.

»Ach du warest es nicht, mein Vaterland, das der Freyheit/ Gipfel erstieg, Beispiel strahlte den Völkern umher«. Der Dichter hob die revolutionäre Tagespolitik Frankreichs in den Geltungsdrang seiner zelebritären Oden- Hymnendichtung: er belobigte die Etat Généraux als Repräsentationsorgan der freien »Franken«, huldigte der Aufhebung des Feudalsystems, der Erklärung der Menschenrechte und pries den Entschluß der Nationalversammlung, keine Kriege mehr führen zu wollen. Unentwegt las der Revolutionsfreund K. alle nur erreichbaren Nachrichten; er unterhielt intensive Korrespondenz mit Freunden und Verehrern in Paris und soll sich gar mit dem Gedanken der Auswanderung in die zur »Freyheit« umgeschaffene Republik getragen haben. Solch mutigen »Civismus« vergalt ihm die französische Nationalversammlung am 26. August 1792 mit dem Titel eines französischen Ehrenbürgers. K. war über die Maßen stolz: er werde für die Konstitution sein bis »an meinen Tod«: »Tief durchdrungen von dieser Gesinnung, glaube ich ein französischer Bürger zu seyn«. Emsig unterstützte er den Umbruch im Nachbarland durch Publikationen in französischen Zeitschriften, er gab später militärische Ratschläge, wie mit den angreifenden Koalitionsheeren fertigzuwerden sei, er ermahnte die Interventionsarmee öffentlich zum Innehalten, er dachte schließlich an eine Aufführung seiner »Hermanns Schlacht« in Paris: deutscher Patriotengeist im revolutionären Reich der Franken.

Freilich nahm K. die französischen Verhältnisse im Maße seines reformerisch und christlich getönten Humanismus, nicht zuletzt im Sinne seines liberalen Hamburger Umfeldes, wahr. Philiströs ziehen ihn seine Gegner erst des »Jakobinimus«, als die Kunde von der Verurteilung und schließlich der Hinrichtung Ludwigs XVI. in Hamburg eintraf. Doch obwohl K. empört über diesen »gerichtlichen Mord« wie kein zweiter war und ihn publizistisch mehrfach scharf verurteilte, obwohl er in seiner Lyrik der kommenden Jahre gegen die »Verwildung Europas«, die »entstirnten Freyheitsvertilger«, die »Tierrepublik«, den »Sklavenstaat« und die »blutige Mißgeburt« des Jakobinimus eiferte, gab er trotz massivster Anfeindungen sein französisches Ehrenbürgerdiplom nicht zurück, das einst Marat unterzeichnet hatte. So ergab sich am Ende seiner Tage ein offenbar widersprüchliches Bild von Leben, Werk und Wirkung dieses deutschen Patrioten und zeitweiligen Apologeten der Französischen Revolution. Zum ehrfürchtigen Monument schien am Ende des 18. Jahrhunderts seine gelehrt-poetische Hinterlassenschaft versteinert zu sein. Aber von höchster Aktualität war das politische Bekenntnis dieses trauernd-zornigen, alten Dichter-Republikaners. Der moralische Lebens- und Überlebensnerv der französischen Staatsumwälzung war für ihn »praktisches Christentum«. Als christlich inspirierter Denker sah K. in der Aufklärung freilich kein Panorama künftiger Weltumbrüche, sondern einen langwierigen Diskussions- und Überzeugungsvorgang, der die kollektive Sensibilisierung und Kultivierung der Menschen zur Folge haben werde. Die autonome Bürgerkultur, die der freie Schriftsteller K. in Person und Werk mit Stolz und Überzeugung verkörperte, schien ihm die einzige Gewähr für die Läuterung von Machtprozessen und -exzessen, von Verrückungen der Vernunft, von Deformierungen der kulturellen Progression. Intellektuelle und politische Verantwortlichkeit fielen zusammen in einer humanitären Losung, der »Freyheit«. Der patriotische Republikaner und aufgeklärte Revolutionär K. wollte sich, traute er doch der Herrschermoral noch einiges zu, mit der »demokratisierten« Monarchie als avanciertester Staatsform bescheiden. Das mag von heute aus zopfig erscheinen. Nur ist daran zu denken, daß der Dichter bereits im 18. Jahrhundert vor den »Aristokraten in den Republiken, besonders in den oligarchischen«, gewarnt hat. Das freilich sind oft diejenigen, so seine Mahnung über die Zeiten hinweg, »die sich erschrecklich tief bücken«.

Kaiser, G.: Pietismus und Patriotismus im literarischen Deutschland. Wiesbaden 1961. – Werner, H.-G. (Hg.): F.G. Klopstock. Werk und Wirkung. Berlin 1978. – Zimmermann, H.: Freiheit und Geschichte. F.G. Klopstock als historischer Dichter und Denker. Heidelberg 1987.

Harro Zimmermann

Knief, Johann (Jan) Heinrich

Geb. 20. 4. 1880 in Bremen; gest. 6. 4. 1919 in Bremen

K. wurde im Bremer Stadtbezirk Neustadt geboren. Der Vater hatte zunächst als Küper gearbeitet, danach brachte er seine Familie mühsam als Krämer durch. K. selbst schilderte seine Kindheit und die Jahre an der Sankt-Pauli-Kirchspielschule (1887–1893) später in düsteren Farben: Im Elternhaus habe ihn ein kleinbürgerlicher Mief umgeben, und der Unterricht sei eine unerträgliche Massenabrichtung ohne Berücksichtigung der Einzelpersönlichkeit gewesen. Trotzdem war K. dort Klassenbester. Danach besuchte er für zwei Jahre die Staatsvolksschule.

Der inzwischen Fünfzehnjährige lehnte den Wunsch der Eltern nach einer kaufmännischen Ausbildung ab. Man einigte sich schließlich auf den Besuch des Lehrerseminars, eine Entscheidung, die K. später als die größte Katastrophe seine Lebens bezeichnete. Gleichwohl galt er als unauffälliger Seminarist, dem diese Ausbildung die Möglichkeit zur geistigen Betätigung, zur Aneignung von Wissen bot. Besonders die Beschäftigung mit den Lehren von Charles Darwin und Ernst Haeckel wies ihm ganz neue Perspektiven bei der Beurteilung religiöser und ethischer Fragen.

1901 nahm K. die Lehrtätigkeit auf, er mußte nun in engen, muffigen Klassenzimmern unterrichten, in die mehr als 50 Schüler eingepfercht waren. Schnell desillusioniert, kritisierte er den gängigen Schulbetrieb als »geistlose Drillerei«. Einen intellektuellen Ausweg aus diesem Dilemma zeigte ihm die pädagogische Reformbewegung um Heinrich Scharrelmann und Fritz Gansberg, die nach kindgerechten Unterrichtsformen suchte. Beide Pädagogen hatten schon das Bremer Lehrerseminar gemeinsam mit K. besucht. In diesen ersten Jahren nach der Jahrhundertwende nahm – mit der rasanten Entwicklung der Industrialisierung und des Proletariats – die Politisierung aller Lebensbereiche und natürlich auch des Schulbetriebes rasch zu. Der Widerstand gegen die herrschenden Zustände wuchs sich schnell zur regelrechten Opposition aus. Allerdings behinderte das damals gültige Bremer Achtklassen-Wahlrecht jede praktische Einflußnahme. Die SPD nahm in dieser Zeit einen raschen Aufschwung, auch viele der reformorientierten Lehrer in der Hansestadt fanden in dieser Partei eine politische Heimat. Die Pädagogengruppe gab ab 1905 die Zeitschrift *Roland - Organ für freiheitliche Pädagogik* heraus, die einige Artikel K.s, der 1906 der SPD beigetreten war, abdruckte.

Schöngeistiges, Abhandlungen über Musik und Dichtung, konnte er in Clara Zetkins Frauenzeitschrift *Gleichheit* unterbringen. In der sozialdemokratischen *Bremer-Bürger-Zeitung* (BBZ), dem Organ des radikalen Flügels der Bremer SPD, begann er ebenfalls zu veröffentlichen. Seine Artikel fanden überregionale Beachtung, denn die BBZ war zu dieser Zeit die einzige, wirklich bedeutende Parteizeitung der Linken in Deutschland. Als deren Chefredakteur Alfred Henke für die SPD in den Reichstag gewählt wurde, wuchs K.s Einfluß auf die BBZ erheblich.

1908 heiratete K. Käthe Müller, die Tochter eines Tischlermeisters, mit der er zwei Söhne hatte. K.s Frau stand allerdings seiner politischen und journalistischen Arbeit, ganz besonders seinem zunehmenden Radikalismus, mit Skepsis und Unverständnis gegenüber - die Ehe geriet rasch in schwere Krisen. 1911 gab K., nachdem er bereits mehrere Verweise von der Schulbehörde wegen seines politischen Engagements bekommen hatte, den Lehrerberuf endgültig auf und entzog damit seiner Familie die materielle Grundlage. Die Ehe zerbrach. K. schien das nicht weiter zu berühren, er widmete sich künftig völlig seiner politischen Arbeit.

Bei Kriegsbeginn im August 1914 wurde K. sofort einberufen, aber schon ein halbes Jahr später nach mehreren Nervenzusammenbrüchen und aufgrund schwerer Depressionen wieder aus der Armee entlassen. In einem Brief schrieb er: »Ich komme nicht über die Widersprüchlichkeit hinweg, daß ich als Sozialdemokrat mein Leben für die ausgesprochensten imperialistischen Interessen in die Schanze schlagen soll.« Er nahm erneut die Tätigkeit bei der BBZ auf und kritisierte nun vehement die SPD-Reichstagsfraktion und den Parteivorstand, die es seines Erachtens versäumten, die Basis zu radikalisieren. Doch auch er selbst war von tiefer Skepsis gegenüber der Revolutionsbereitschaft der Arbeiter erfüllt: »Erst wenn die Massen gewillt sind, alles, aber auch alles aufs Spiel zu setzen, bevor sie in den Kampf für das Klasseninteresse ziehen, erst dann sind sie für den Sozialismus reif. Solange ihnen Leben und Rücksichten noch höher stehen, als ihre Klasseninteressen, solange sind sie noch Sklaven ihrer Unterdrücker.«

Mit seinen Ansichten traf sich K. mit denen Rosa Luxemburgs und Karl Liebknechts. Aber K. war kein Theoretiker, dessen Ideen auf eine fundierte Analyse zurückzuführen waren, sondern ein Träumer und Romantiker, der die Welt, die ihm unerträglich dünkte, verändern wollte. Ihm schien die Verbreitung der sozialistischen Ideen ein probates Mittel zu sein, das herrschende System zu stürzen. K.'s Stellung bei der BBZ wurde in dieser Zeit unhaltbar, da der SPD-Vorstand in Berlin versuchte, den Einfluß der Linken in der Redaktion zu begrenzen. Ende 1916 verlor er seinen Redakteursposten. Als habe er es geahnt, hatte K. schon ein halbes Jahr zuvor mit Bremer Linksradikalen eine neue Zeitung gegründet: die *Arbeiterpolitik*. Inzwischen setzte er sich in seinen Artikeln nachdrücklich für eine organisatorische Verselbständigung der Parteilinken ein. Nach der von ihm zunächst freudig begrüßten Gründung der »Unabhängigen Sozialdemokratischen Partei Deutschlands« (USPD) im April 1917 war ihm auch deren Programm nicht radikal genug.

Im Frühjahr 1917 verließ K., gemeinsam mit der Geschäftsführerin der *Arbeiterpolitik* Charlotte Kornfeld, Bremen, wo sie inzwischen die verschärften Polizeimaßnahmen fürchteten. Im Januar 1918 wurde das Paar in München, nachdem es von einer neugierigen Pensionswirtin denunziert worden war, festgenommen und in Berlin eingesperrt. K. kam in ein Sanatorium für psychisch Kranke, beide konnten aber in dieser Zeit einen regen und aufschlußreichen Briefwechsel pflegen. Zu Beginn der Revolution 1918 wurde K. entlassen. Er forderte umgehend die »Proklamation einer Arbeiter- und Soldatenrepublik, die Abschaffung der Verfassung und die soziale Revolution« und befürwortete die Aufnahme von Kontakten zu den russischen Bolschewisten.

Über Dresden und Cuxhaven, von wo sie bewaffnete Matrosen zur Unterstützung der Revolutionäre nach Bremen sandten, kehrten K. und Charlotte Kornfeld am 18. November 1918 in die Hansestadt zurück. Dort hatte sich inzwischen ein Arbeiter- und Soldatenrat gebildet. Aber nicht K., sondern sein ehemaliger Redaktionskollege Alfred Henke, der inzwischen zur USPD gehörte, war der »Mann der Stunde« an der Weser. K. gehörte nun zu einer unbedeutenden Gruppe, die sich in bewußter Abgrenzung zu anderen sozialistischen Organisationen »Internationale Kommunisten« nannte. Über die Besetzung der Redakteursposten bei der BBZ stritt man ausdauernd bei den Mehrheitssozialdemokraten MSPD, USPD und den »Internationalen Kommunisten«. K., der zunächst selbstbewußt die »bedingungslose Übergabe der Zeitung an die Bremische Arbeiterschaft« (damit meinte er sich selbst) gefordert hatte, konnte sich damit nicht durchsetzen. Da der Weg zurück in die Redaktion der BBZ nun endgültig versperrt war, gab K. eine eigene Flugblattzeitung *Der Kommunist* heraus.

In den vielen in diesen Tagen abgehaltenen Versammlungen wurde über das sinnvolle Vorantreiben der Revolution debattiert. K., ein herausragendes rednerisches Talent, forderte nachdrücklich die Bewaffnung des Proletariats, da ohne Waffen die Eroberung der Staatsmacht für ihn undenkbar war. Die Schwäche der Räterepublik war jedoch längst sichtbar, mit den Wahlen in Bremen zur deutschen Nationalversammlung am 19. Januar 1919 wurde sie offenbar.

Ende Dezember 1918 erfolgte nach endlosen Debatten der Beschluß, den Spartakusbund und die Internationalen Kommunisten zur KPD zu vereinigen. K., der diesen Schritt zwar noch mit aller Vehemenz bekämpfte, hatte aber zu diesem Zeitpunkt, durch eine verschleppte Blinddarmentzündung geschwächt, schon keine Kraft mehr. Auch eine Operation vermochte das Leben des leidenschaftlichen Revolutionärs nicht mehr zu retten. Im April 1919 starb K. an einer Blutvergiftung. Seine Urne wurde auf dem Buntentorsfriedhof in Bremen beigesetzt.

Kornfeld, Ch. (Hg.): Johann Knief - Briefe aus dem Gefängnis. Berlin 1920. - Kuckuk, P.: Bremen in der Deutschen Revolution 1918/1919. Bremen 1986. - Moring, K.E.: Die Sozialdemokratische Partei in Bremen 1890 bis 1914. Reformismus und Radikalismus in der SPD Bremens. Hannover 1968. - Schwarzwälder, H.: Berühmte Bremer. München 1972.

Dieter Fricke

Knigge, Adolph Freiherr (von)

Geb. 16. 10. 1752 auf Schloß Bredenbeck bei Hannover; gest. 6. 5. 1796 in Bremen

Dieser Sproß einer uradligen Familie ist allgemein nur als Verfasser des Erfolgsbuches *Über den Umgang mit Menschen* (1788) bekannt. Obendrein haben spätere Bearbeiter die meisten Stellen dieses Vademekums für Bürger, aus denen die entschieden demokratische Einstellung des Verfassers erkennbar war, »umgeschrieben«. So wurde aus dem Rat an bürgerliche Minister, die Zeit der Fürstengunst zu nutzen, um »sie daran zu erinnern, daß sie, was sie sind und was sie haben nur durch Übereinkunft des Volkes sind und haben; daß man ihnen dieses Vorrechte wieder nehmen kann, wenn sie Mißbrauch davon machen, daß unsere Güter und unsere Existenz nicht ihr Eigentum, sondern daß alles, was wir besitzen unser Eigentum ist« unter der Feder des Literaturhistorikers Karl Ludwig Goedeke schon in der Ausgabe von 1844 die Mahnung, die Fürsten daran zu erinnern, daß sie alles »nur auf Grund der Gesetze haben, denen sie wie der geringste ihrer Untertanen unverbrüchliche Achtung (...) schuldig sind«. Eine erneute Änderung erfuhr der Text zum einhundertjährigen Jubiläum der Erstausgabe 1888 - entsprechend dem Byzantinismus des wilhelminischen Deutschland: »Stimme ihnen (den Fürsten) nicht bei, wenn sie je vergessen wollen, daß sie, was sie haben, nur durch die Gnade Gottes sind und haben« Aus dem Anhänger Jean Jacques Rousseaus und später der Französischen Revolution machte dieser »Bearbeiter« einen erzreaktionären Anwalt des Gottesgnadentums.

Seit dem Tod des hochverschuldeten Vaters 1766 in beengten wirtschaftlichen Verhältnissen lebend, bewarb sich K. nach kurzem Studium der Rechtswissenschaft in Göttingen (1769-1771) bei verschiedenen Fürsten, um seinen Lebensunterhalt zu verdienen. Weder seine Tätigkeit in Hessen-Kassel (1771-1775) noch die am Hofe des Erbprinzen von Hessen in Hanau (1777-1780) war jedoch von langer Dauer. Der offene und ehrliche K. wurde immer wieder zum Opfer höfischer Intrigen. Manche Ratschläge, die er im *Umgang mit Menschen* gab, gehen auf diese Erfahrungen zurück. Zuletzt war er im Dienste der hannöverschen Regierung Landdrost (Landrat) sowie Oberhauptmann und Scholarch der Domschule in Bremen, wo er die letzten Lebensjahre - zumeist krank und bettlägerig - von 1791 bis 1796 verbrachte.

Zum Schriftsteller wurde K. teils aus wirtschaftlicher Notwendigkeit, vor allem aber aus dem Willen heraus, die reaktionären deutschen Staaten durch aufgeklärte Fürsten und demokratische Teilhabe des Volkes an seinen Angelegenheiten zu reformieren. Diesem Zweck dienten vor allem seine satirischen Romane, die sich großer Beliebtheit erfreuten und auch von einfachen Leuten gelesen wurden. Aus der Fülle seiner politischen Publikationen hier nur die drei wichtigsten: 1791 veröffentlichte er - pseudonym - in Göttingen die *Geschichte der Aufklärung in Abessinien*, darin wurde eine scharfe Kritik der zeitgenössischen deutschen Kleinstaaten auf imaginäre Länder Afrikas projeziert. Die Karikaturen der verschiedenen deutschen Duodezfürsten und ihrer Mißwirtschaft dürften für viele zeitgenössische Leser leicht zu entschlüsseln gewesen sein. Am Ende wird ein Aufstand der Abessinier geschildert, der dem Verfasser Gelegenheit gibt, die aufgeklärten Maximen des jungen Prinzen darzulegen, den er selbst im Geiste der Freiheit und Aufklärung erzogen habe: »Neue Gesetze, welche die Freiheit gewisser Handlungen einschränken, können nur mit Wissen und Willen aller erwachsenen Bürger im Staate gegeben werden. Es muß jedermann erlaubt sein, wenn ihm diese Gesetze nicht gefallen, das Land zu verlassen, in welchem man gezwungen wird, nach denselben zu handeln. Ein Gesetz also, welches den Bürgern im Staate das Auswandern verbietet, ist ein tyrannisches.« Vielleicht ist verständlich, daß diese satirische Schrift K.s, der von der Literaturwissenschaft der ehemaligen DDR hoch gelobt wurde, dort nicht in einer Neuauflage veröffentlicht wurde. 1792 erschien – wieder unter einem leicht durchschaubaren Pseudonym – *Joseph von Wurmbrands (...) politisches Glaubensbekenntnis mit Hinsicht auf die französische Revolution und deren Folgen.*

Im Unterschied zu Klopstock und Schiller, deren Begeisterung für die Französische Revolution angesichts der Jakobinerherrschaft geschwunden war, blieb K. der Revolution treu und rechtfertigte sogar deren Gewalttaten. Sie seien als notwendige Folge einer jahrzehntelangen Mißwirtschaft und deren künstlicher Aufrechterhaltung von Privilegien, die dem Geist des Zeitalters widersprechen, durchaus verständlich. Die deutschen Fürsten aber sollten aus dem Beispiel der Revolution in Frankreich lernen, daß es klüger wäre, rechtzeitig die Verfassung ihres Landes »dem Geist der Zeit« anzupassen. Nicht »die Bücherschreiber hätten die großen Weltbegebenheiten bewirkt, sondern die veränderte Ordnung der Dinge wirke im Gegenteil auf den Geist der Bücherschreiber«. Damit widersprach K. der von Konservativen verbreiteten Behauptung, die Revolution sei das Werk von Intellektuellen und Geheimgesellschaften wie der Freimaurer und der Illuminaten gewesen. K., der selbst diesen Organisationen angehört hatte, war sich bewußt, wie gering in Wahrheit die Einflußmöglichkeiten solcher Geheimbünde waren.

Am amüsantesten ist die dritte politische Schrift, mit der K. sein Publikum erreichte: *Des seligen Etatrats Samuel Conrad Schaafskopf hinterlassene Papiere* (1792). Der adlige »Schaafskopf« schildert die Maximen des uralten »Pinselordens«, in dem alles, was reaktionär und borniert ist, seine Heimat findet. Die Mitglieder verpflichten sich u.a. »das abscheuliche Laster der Toleranz zu bekämpfen und gegen die vermaledeite Publizität, Denk-, Sprech- und Pressefreiheit mutig einzuschreiten«. Die Verhaltensregeln, die der Pinselorden empfiehlt, sind in allem das Gegenteil der demokratischen Prinzipien K.s und seiner »jakobinischen« Freunde. »Vorgesetzten und Fürsten gegenüber betrage man sich (...) mit derjenigen Ehrerbietung und Unterwerfung, die man ihnen schuldig ist; die Geringern und Untergebenen gewöhne man, daß sie nicht vergessen, wer sie und wer wir sind! Leute, die nichts als Talente, Geschicklichkeit und was man Verstand nennt, aber keinen Rang und Titel haben, (...) gehören nicht in vornehme Gesellschaften«. – Der Orden – so heißt es weiter – gedeihe vortrefflich in absolutistischen Staaten, deren Bürger auch schlechte Fürsten als eine »gerechte Züchtigung«, die Gott ihnen geschickt habe, ertragen müßten. Als schreckliches Beispiel eines republikanischen Staates wird Amerika erwähnt, »wo man jetzt nicht einmal mehr weiß, was für ein Ding ein Edelmann ist, wo die Leute unempfindlich gegen Glanz, Titel, äußere Ehre, Orden und Stand an nichts denken als Handel, Wissenschaft, Künste, Ackerbau und dergleichen bürgerliche, gemeine Gegenstände, wo (...) niemand sein Glück machen kann, der nicht im Schweiße seines Angesichts sein Brot essen oder seine besten Jahre mit den trockenen Pedanterien der Wissenschaft verderben will!« Der *Moniteur universel* in Paris meldete am 5.5. 1795: »Baron Knigge, der durch sein Talent berühmte Schriftsteller, dessen beliebte Veröffentlichungen den Geist der Freiheits- und Gerechtigkeitsliebe und den Haß gegen alle Tyrannen atmen, ist von den Engländern in Bremen verhaftet worden... Der aufgeklärte und wahrhaft philosophische Eifer, den Baron Knigge für die Prinzipien der Französischen Revolution an den Tag gelegt hat, verursachte seinen Untergang.«

Dem frühverstorbenen aufgeklärten Demokraten K. wurden in zahlreichen Veröffentlichungen der »deutschen Jakobiner« gereimte und prosaische Nachrufe gewidmet. Im *Genius der Zeit* (Altona 1796) endete ein Gedicht an *Knigges Grab* mit den Worten: »Denn der Gerettete lebt! Lange noch blühet sein Ruhm. /Spät noch schauet der Jüngling und Mann in den Spiegel des Lebens, /Den er mit fester Hand unter den Menschen erhob. /Lange stählet mit Muth sein Namen den kämpfenden Weisen; /Lange erbebet bey Wort: Knigge! der Heuchler und Thor«. Daß aus dem Namen dieses entschiedenen Aufklärers und Demokraten einmal der Gattungsbegriff für spießbürgerliche »Benimmbücher« werden sollte, konnte 1796 niemand voraussehen. Der »wirkliche« K. verdient, von Vergessenheit und der Verfälschung befreit zu werden, um endlich in dem ohnehin kleinen Pantheon deutscher Demokraten einen verdienten Ehrenplatz einzunehmen.

Grab, W.: Ein Volk muß seine Freiheit selbst erobern. Zur Geschichte der deutschen Jakobiner. Frankfurt/Main, Olten, Wien 1984. – Fetscher, I.: Nachwort zu Adolph Freiherr Samuel Knigge: Des seligen Herrn Etatrats Samuel Conrad von Schaafskopf hinterlassene Papiere. Frankfurt/Main 1965. – Steiner, G.: Nachwort zu Adolph Freiherr Knigge: Josephs von Wurmband, kaiserlich abyssinischen Ex-Minister, jetzigen Notarii caesarii publici in der Reichstadt Bopfingen, politisches Glaubensbekenntnis, mit Hinsicht auf die französische Revolution und deren Folgen, hg. von G. Steiner. Frankfurt/Main 1968.

Iring Fetscher

Koch-Weser, Erich

Geb. 26. 2. 1875 in Bremerhaven; gest. 19. 10. 1944 in Fazenda Janeta/Kolonie Roland (Brasilien)

In seinem letzten Lebensjahr entwarf K. eine Verfassung für Deutschland nach Hitler. Er forderte einen erneuerten Völkerbund und einen Zusammenschluß der europäischen Staaten. Nach mündlichen Berichten hatte er sich in Richtung eines demokratischen Sozialismus entwickelt. Er zeigte sich erfreut, als amerikanische Planungsoffiziere ihn nach seiner Bereitschaft fragten, am Wiederaufbau eines befreiten Deutschlands mitzuwirken. Sein plötzlicher Tod durch einen Schlaganfall hinderte ihn an der Ausführung seiner letzten Pläne. Sein Neffe Harald Koch übernahm als Staatsminister in Hessen gleichsam die politische Mission des Onkels.

K. stammte aus einer großen Familie von friesischen Kleinbauern und jüdischen Händlern. Sein Vater war Schulvorsteher in Bremerhaven. Nach Abschluß des humanistischen Gymnasiums in Oldenburg studierte K. in Lausanne, Bonn, München und Berlin Rechts- und Staatswissenschaften und Volkswirtschaftslehre. Unter seinen akademischen Lehrern war Lujo von Brentano. K. zeigte literarische Neigungen und traf sich in München mit Thomas Mann im »Akademisch-dramatischen Verein«.

Noch vor Abschluß des Studiums wurde K. im Jahre 1901 zum Bürgermeister von Delmenhorst gewählt. Mit sozialdemokratischen Stimmen gelangte der nationalliberale Politiker ein Jahr später in den Oldenburgischen Landtag. Die steile Karriere und vorbildliche soziale Unternehmungen sorgten für frühen Ruhm. 1909 bis 1913 arbeitete K. als Stadtdirektor in Bremerhaven. Er gehörte 1911 bis 1913 der Bremischen Bürgerschaft an. Das Amt des Oberbürgermeisters von Kassel (1913 bis 1919) krönte seine kommunalpolitische Laufbahn. Er ging gleichzeitig in die Vorstände des Preußischen und des Deutschen Städtetages. Als Abgeordneter des Preußischen Herrenhauses trat er für die Abschaffung des Dreiklassenwahlrechtes ein und hielt die letzte Rede eines Abgeordneten unmittelbar vor der von der Hitler-Papen-Regierung verfügten Auflösung dieses Preußischen Verfassungsorganes im Februar 1933.

Als Mann des linken Flügels der Nationalliberalen Partei unterhielt K. früh Verbindung zu Friedrich Naumann und seinem Kreis. K. wurde 1918 Mitglied der neugegründeten »Deutschen Demokratischen Partei« (DDP), 1921 zweiter und 1924 erster Vorsitzender dieser Partei. Anläßlich seiner Kandidatur für die Deutsche Nationalversammlung legte K. noch als Kasseler Oberbürgermeister ein klares Bekenntnis zur Demokratie ab: »Demokratie heißt: Herrschaft des Volkes. Und wo fände unser liebes Vaterland in einer Zeit, wo alle Autoritäten zusammengebrochen sind, noch andere Herrscher her als sein Volk selbst? Nicht als ob das Volk in seiner Gesamtheit die Herrschaft ausüben soll, sondern diejenigen, die das Volk zu seinen Führern wählt, sind berufen, unser Vaterland aus dieser trüben Zeit in neue Verhältnisse hinüberzuführen. Man soll mir nicht einwenden, daß das Volk seine Führer nicht zu wählen wisse. Ich habe in einer langen Erfahrung den festen Eindruck gewonnen, daß diejenigen, die unter uns stehen, uns besser führen können, als diejenigen, die über uns stehen und daß weniger Mißgriffe begangen werden durch Wahlen als durch Ernennung von oben.«

Als Mitglied des verfassunggebenden Ausschusses der Nationalversammlung kümmerte K. sich besonders um die Konzeption des dezentralisierten deutschen Einheitsstaates. Er gehörte von 1919 bis 1930 dem Deutschen Reichstag an, wurde schon 1920 Vizekanzler und Reichsminister des Innern der Kabinette Bauer, Müller und Fehrenbach. Als Reichskanzler Bauer angesichts des Kapp-Lüttwitz-Putsches am 13. März 1920 resignieren wollte, nahm der Innenminister die politischen Zügel in die Hand und sorgte für die Handlungsfähigkeit und Entschlossenheit der Reichsregierung, so daß der Putsch erfolglos blieb.

Neben dem Parteivorsitz nahm K. auch das Amt des Fraktionsvorsitzendenden der DDP im Reichstag wahr. Er bemühte sich Mitte der 20er Jahre erneut um ein Kabinett der Großen Koalition und trat 1928–1929 als Reichsjustizminister in das sozialdemokratisch geführte erste Kabinett Müller ein. Strafrechtsreform und Gleichstellung der Frau waren seine wichtigsten rechtspolitischen Tätigkeitsfelder als Ressortminister.

Nach dem Tode Stresemanns versuchte K. die permanente Auszehrung der parlamentarischen Mitte 1930 durch Gründung der »Deutschen Staatspartei« als Nachfolgerin der DDP im Bündnis mit dem Jungdeutschen Orden zu stoppen. Die erneute Niederlage bei den Septemberwahlen des Jahres 1930 und ideologische Unverträglichkeiten (Antisemitismus im »Jungdo«) führten noch im gleichen Jahre zum Rücktritt K.s vom Parteivorsitz und zur Aufgabe seines Reichstagsmandates.

K. war neben der politischen Arbeit immer wieder als Rechtsanwalt in Berlin tätig. Er übernahm 1930 die Funktion des Präsidenten in der halbamtlichen »Gesellschaft für Studien in Übersee«, um deutsche Siedlungen zu unterstützen. In diesem Zusammenhang gründete er 1932 die deutsche »Kolonie Roland« in Nordparaná (Brasilien). Obwohl Schikanen der Nazis gegen K. 1933 durch Reichspräsident von Hindenburg unterbunden wurden, emigrierte K. mit seiner Familie nach »Rolandia«, wo er eine Fazenda auf etwa 300 ha Urwaldboden betrieb. Die Siedlung wuchs bis Kriegsende auf etwa 400 Familien, davon ein Fünftel politische Flüchtlinge.

Das Demokratieverständnis K.s läßt sich am deutlichsten aus seinen Beiträgen zum Plenum der Weimarer Nationalversammlung und aus seinen Aktivitäten im sogenannten »Achter Ausschuß« der Nationalversammlung ablesen. Demnach beziehen sich die wichtigsten Beiträge K.s auf: 1. den deutschen Einheitsstaat und die dezentralisierte Verteilung der Kompetenzen; 2. die Direktwahl des Reichspräsidenten und die Möglichkeiten der Volksabstimmung; 3. die Frage der Grundrechte.

K. wollte den seiner Auffassung nach extremen Föderalismus des Kaiserreiches durch eine unitarische Struktur ersetzen, wobei die provinzielle Selbstverwaltung gestärkt und der preußisch-deutsche Dualismus geschwächt werden sollten, ohne allerdings Preußen aufzulösen. K. erreichte, daß statt von »Gliedstaaten« in der Verfassung von »Ländern« die Rede war. Seine Gliederung der Legislativkompetenzen entwickelte sich später zu einem Grundprinzip der deutschen Staatsrechtslehre. K. war »weit davon entfernt, das parlamentarische Repräsentativsystem als ausschließliche Organisationsform demokratischer Staatlichkeit zu betrachten« (Papke). Er wollte einen starken Reichspräsidenten, der über dem Parteienstreit stand und seine Autorität aus der Direktwahl durch das ganze Volk bezog. Daraus folgte eine weite Fassung des Artikels 48 der Weimarer Reichsverfassung mit Notverordnungskompetenzen für den Reichspräsidenten, die deutlich über sozialdemokratische Vorstellungen hinausgingen und sich unter der Kanzlerschaft Brünings in der Verbindung mit Hindenburg im Amt des Reichspräsidenten als destruktiv erwiesen. Die Grundrechte ironisierte K. als »interfraktionelles Parteiprogramm«. Er wünschte eine Reichsverfassung, die gar keine Grundrechtsartikel enthalten sollte. Er vertrat damit das liberale Dogma von der »Allmacht des demokratischen Gesetzgebers«, unter dem – im Gegensatz zum Obrigkeitsstaat – kein besonderer Schutz des Individuums mehr notwendig sei.

Koch-Weser, G. u.a.: Koch-Weser. 400 Jahre Familiengeschichte. Selbstverlag Fritz Hörmann. Bremerhaven 1990. – Papke, G.: Der liberale Politiker Erich Koch-Weser in der Weimarer Republik, Baden-Baden 1989. – Schwarz, K.: Erich Koch-Weser. Rechtsanwalt, Kommunalpolitiker, Reichsminister. Bremen 1969.

Gerhard Beier

Kogon, Eugen

Geb. 2.2.1903 in München; gest. 24.12.1987 in Falkenstein b. Frankfurt a.M.

»Eine lebendige politische Überzeugung und ein lebendiger religiöser Glaube, am besten aber die Verbindung beider Haltungen, das«, so schrieb sein Freund Walter Dirks kurz nach K.s Tod, »war die Formel seines eigenen Schicksals und Lebens«. Doch die »Verbindung beider Haltungen« gab ihm Orientierung an Werten wie »Toleranz« und »Dialogfähigkeit«. Nur so glaubte er, daß das unvermeidliche Spannungsverhältnis von notwendiger Herrschaft und zu bewahrender Freiheit in einer demokratischen Gemeinschaft zu bewältigen sei.

K. entstammte einem katholisch-konservativen Milieu. Katholischer Glaube bedeutete Einordnung in eine dogmengefestigte Welt. Die Schulzeit in verschiedenen Benediktiner- und Dominikanerklöstern, aber auch das Studium der Nationalökonomie in München, Florenz und Wien veränderten wenig an dieser Ausgangssituation. Im Gegenteil: Der österreichische Sozialphilosoph und Nationalökonom Othmar Spann beeinflußte K. mit seinen Vorstellungen eines religiösen Ständestaates. Die idealistische Überhöhung des »wahren Staats«, die Idee einer korporativistischen Gemeinschaft, wies in vielem eine Nähe zu völkischen Gedanken auf. Solches nahm der junge Diplom-Volkswirt K. während seiner Zeit als Mitarbeiter der konservativ katholischen Wiener Wochenschrift *Schönere Zukunft* in den Jahren 1927–1934 nur zuweilen wahr.

Erst im Zuge seiner Reisen, die er ab 1934 als Vermögensverwalter des Hauses Sachsen-Koburg-Gotha unternahm und auf denen er vielfältige Kontakte pflegte, wurde er zum Gegner des Nationalsozialismus. Unmittelbar nach dem »Anschluß« Österreichs an das Deutsche Reich (13. März 1938) wurde K. verhaftet. Nach zweijähriger Gestapohaft in Wien brachten die Nationalsozialisten ihn in das Konzentrationslager Buchenwald, wo er mehrmals nur knapp dem Tode entkam. Seit 1942 beteiligte er sich am illegalen Lagerwiderstand; hier fand er in ehemaligen Vertretern der organisierten Arbeiterbewegung jene Verbündete, die ihm für einen Neuanfang nach der Befreiung notwendig schienen. K. wurde zu einem Befürworter eines christlichen Sozialismus. Zeitlebens blieb er auf Distanz zu Parteien, denen solche Grenzüberschreitung verdächtig war.

Der Neuanfang begann mit »befreiender Erinnerung« (Walter Jens): Im Auftrag der US-Amerikaner, für deren »Psychological

Warfare« er arbeitete, verfaßte er einen Bericht über das Konzentrationslagersystem der Nazis. Aus der Untersuchung entstand das Werk *Der SS-Staat. Das System der deutschen Konzentrationslager* (1946). Während dieser Zeit traf K. in Frankfurt den Publizisten und Kulturpolitiker Walter Dirks, den er als Mitarbeiter der linkskatholisch orientierten *Rhein-Mainischen-Volkszeitung* (das Blatt bestand von 1923 bis 1935) bereits aus den zwanziger Jahren kannte. Beide hatten ein nahezu deckungsgleiches Konzept für eine Politik- und Kulturzeitschrift. Im April 1946 erschien unter ihrer Herausgeberschaft die erste Nummer der *Frankfurter Hefte*.

Als eine Zeitschrift unter den vielen neugegründeten Blättern jener Jahre avancierten die *Frankfurter Hefte* zu einer bedeutsamen Stimme für die Belange Unterprivilegierter, für kulturellen Fortschritt, gegen restaurative Tendenzen und für die europäische Vereinigung.

Der Zusammenschluß der *Frankfurter Hefte* mit der sozialdemokratischen Zeitschrift *Die Neue Gesellschaft* im Jahre 1985 verstanden beide Herausgeber als notwendiges Bündnis in veränderter Zeit. Politisch schien für K. unmittelbar nach dem Zweiten Weltkrieg zeitweise ein Neuanfang möglich. K. und Walter Dirks wirkten an der Formulierung der »Frankfurter Leitsätze« zur Gründung der CDU vom September 1945 mit. Die christlich-sozialistische Erneuerungsidee dominierte zu dieser Zeit in der CDU bis in die Formulierung des Ahlener Programms vom Februar 1947: Vergesellschaftung von Schlüsselindustrien und Banken, Ausbau des Genossenschaftswesen »mit aller Kraft«.

K.s Beiträge in den ersten Ausgaben der *Frankfurter Hefte* reflektieren die unmittelbare Vergangenheit. In seinem Artikel *Gericht und Gewissen* (1946) analysiert er, wie es zur nationalsozialistischen Herrschaft kommen konnte und welche Lehren für den Neuanfang daraus zu ziehen sind. Autoritätshörigkeit und eine apolitische Grundhaltung der Deutschen – bei gleichzeitiger Idealisierung abstrakter Vorstellungen – wirkten K. zufolge verhängnisvoll bei der Etablierung des NS-Staates zusammen: »Schweifend im Reich der Phantasie, unerschöpflichen Plänen, vielen Empfindungen und Träumen hingegeben, sieht es [das deutsche Volk, d. Verf.] in jeder Konkretisierung eine Beeinträchtigung des Hohen und Idealen.« Ein »Volk der Möglichkeiten«, den Tatsachen nicht gewachsen, unfähig sich eine ihm angemessene politische Form zu schaffen, suchte »fast instinkthaft einen ausgleichenden Halt in der Hingabe an die staatliche Autorität«. Waren solche Sätze gegen eine kollektive Schuldzuweisung gerichtet, so sprachen sie doch niemanden von individueller Schuld frei. K. forderte eine Gewissensprüfung: »Wo die vielen Einzelnen (...) dem Anruf ihres persönlichen Gewissens nicht Folge geleistet, oder das Gewissen in sich ertötet haben, und wäre es nur durch Gewöhnung, da liegt in der Tat Schuld vor.« Weder die schematisierte Entnazifizierung im Westen, so meinte K., noch die kollektive Entlastung durch Einordnung der Gesellschaft in eine von oben vorgegebene antifaschistische Widerstandstradition im Osten Deutschlands, wurden dem christlich geprägten Anspruch auf individuelle Prüfung und Verantwortung gerecht. K. wußte um die Widerstände der Zeitgenossen, sich der Schuldfrage zu stellen. Zudem blieb die Vorstellung einer gelebten Verantwortung als demokratische Praxis unvollständig, wenn nicht die Frage der zukünftigen Verhinderung totalitärer Terrorherrschaft geklärt würde.

Ein weiteres zentrales Thema war für K. in den Nachkriegsjahren die »Europa-Frage«. Im Mai 1949 wurde er Präsident der im Dezember 1946 gegründeten »Europa-Union«. Kurze Zeit später übernahm er den Vorsitz des Exekutivkomitees des »Deutschen Rats der Europäischen Bewegung« und wurde 1951 Präsident der »Union Europäischer Föderalisten«. Auch nach 1953, als er alle diese Ämter aufgab, blieb er ein engagierter Vertreter der Idee von den Vereinigten Staaten von Europa.

Von Anfang an versuchten Dirks und K., gegen die Restauration des nationalen Prinzips anzukämpfen. K. sah sich bald gefordert, nur noch jeweils »größere Übel« zu verhindern: So stimmte er, obwohl Gegner jeglicher Aufrüstung, einem begrenzten deutschen Kontingent in einer Europäischen Verteidigungsarmee zu. Das Projekt einer Europäischen Verteidigungsgemeinschaft (EVG-Vertrag vom 27. Mai.1952) scheiterte im August 1954 an der Ablehnung durch die französische Nationalversammlung, die einen Souveränitätsverlust ihres Landes befürchtete. K. lehnte auch den sich im Ost-West-Konflikt verfestigenden Gedanken ab, Frieden könne nur mit militärischer Stärke erhalten werden. Friede sei in diesem Verständnis nur eine Funktion militärischen Denkens und nicht das Resultat eines Mutes, der sich konsequent am Frieden orientiert.

Seit den frühen 60er Jahren nutzte der Publizist zunehmend Rundfunk und Fernsehen als Medium (u.a. als Moderator des NDR-Magazins »Panorama«). Hier warb er für Versöhnung mit Polen, Verständigung mit der Sowjetunion. Er war einer der wenigen Katholiken, die eine Anerkennung der Oder-Neiße-Grenze forderten.

Wenn es auch in der Bundesrepublik keine durchgreifende »Erneuerung« gab – *Die Unvollendete Erneuerung* lautet der Titel einer Schrift K.s von 1964 –, so veränderte sich doch das Land seit Mitte der 60er Jahre.

Zu verdanken war dies der jungen Generation. Jenen »aktiven Minderheiten« von denen K. bereits 1962 sprach: Es müßten Menschen sein, »die das Werk des allgemeinen Fortschritts besorgen, – produktive Unruhegruppen«. Damit forderte er einen Staatsbürger, dem »das Werk der geduldigen Aufklärung, der ebenso geduldigen, aus Prinzipien und Erfahrungen gespeisten Erziehung, die der Demokratie die allgemeinen Voraussetzungen schaffen, am Herzen liegt.« Krankheit und Depression verdüsterten K.s letzten Lebensjahre, ehe er Weihnachten 1987 starb.

Glotz, P.: Der streitbare Linkskatholik. Zum Tode des politischen Publizisten Eugen Kogon, in: Frankfurter Allgemeine Zeitung vom 30. 12. 1987. – Beiträge von Walter Jens, Gottfried Erb, Lutz Lemhöfer, Ernst-Otto Czempiel zur Würdigung Eugen Kogons, in: Neue Gesellschaft/Frankfurter Hefte, 35. Jg (1988), H. 12.

Hans-Georg Lützenkirchen

Korsch, Karl

Geb. 15. 8. 1886 in Tostedt (Lüneburger Heide); gest. 21. 10. 1961 in Belmont (USA)

»Ein genügendes Maß von Verwaltungsbeteiligung, von Mitherrschaft in der Produktion macht aus dem Lohnsklaven den vollberechtigten Arbeitsbürger« schrieb K. im Frühjahr 1919 in *Sozialisierung und Arbeiterbewegung*. Seit Dezember 1918 – kurz nach der Entlassung aus dem Militärdienst – war er als »wissenschaftlicher Hilfsarbeiter« in der amtlichen Sozialisierungskommission unter der Leitung von Karl Kautsky in Berlin beschäftigt. »Industrielle Demokratie« war das Stichwort, das K. in die breite öffentliche Debatte über Sozialisierungskonzepte nach der Novemberrevolution einbrachte: »Jede Sozialisierung, die den Interessen der produktiven Klasse, der Arbeiterklasse gerecht werden will, muß also, mag sie sonst aussehen wie sie will, diese Forderung verwirklichen: Teilnahme der Arbeiterschaft an der Betriebsverwaltung, als eine Verwaltung der eigenen Angelegenheiten der Arbeiter durch die Arbeiter, und darüber hinaus als eine Mitwirkung der Arbeiter an der Bestimmung der Art und Weise, wie der von der Allgemeinheit gegebene Produktionsauftrag im Produktionsbetrieb ausgeführt werden soll«. Mit seinem Konzept vom »Praktischen Sozialismus« versuchte K., den Leistungsantrieb des Kapitalismus mit dem Solidaritätsgebot der Arbeiterbewegung zu verbinden. Weder Produzenten- noch Konsumentendiktatur dürfe das Resultat der anzustrebenden Vergesellschaftung der Produktionsmittel sein, vielmehr müsse Abbau von privater wirtschaftlicher Macht mit dem Abbau von politischer Macht überhaupt einhergehen. Die »sofortige allgemeine Durchführung einer ›Kontrolle von unten‹« – wie im revolutionären Syndikalismus Westeuropas der Vorkriegszeit gefordert und im russischen Rätesystem nach dem Krieg aus K.s Sicht verwirklicht – solle den »sozialen Rechtsstaat« herbeiführen: eine Durchgangsstufe zu einer Gesellschaft wirklicher Gemeinwirtschaft, die einen »seelischen Ausgleich gegen die ungeheure Unfreiheit« des Arbeiters in der maschinellen Großindustrie, eine »Entfesselung aller, auch der geistigen ›Produktivkräfte‹« gewährleiste. Eine authentische Arbeiterbewegung ist danach anti-etatistisch, auf Selbstverwaltung der Betriebe und damit praktischen Abbau des bürgerlichen Staates gestützt.

Diese Thesen, in denen sich K.s theoretisches und politisches Engagement widerspiegeln, ließen ihn mit bürgerlichem Staat und staatssozialistischen Parteien kollidieren. Nur die kurze Zeit nach dem Ersten Weltkrieg, von Hoffnungen bzw. Befürchtungen auf ein weltweites Ausbreiten der Revolution bestimmt, brachte ihn in politische Funktionen. Für Zeitgenossen und Nachwelt blieb er ein schwieriger Außenseiter.

Danach sah der Lebensweg zunächst nicht aus. K. absolvierte in Meiningen das Gymnasium und studierte Rechtswissenschaften, Nationalökonomie und Philosophie in München, Genf, Berlin und Jena. Dort wurde er in der »Freien Studentenschaft« aktiv, einem eher liberalen Flügel der anti-wilhelminischen Jugendbewegung, der parlamentarische Vertretungskörperschaften der Studenten an den deutschen Hochschulen forderte. Ungewöhnlicher als dieses Engagement dürfte für einen angehenden Juristen des deutschen Kaiserreichs die Teilnahme an den Séancen des Kreises um Eugen Diederichs und Lou Andreas Salomé gewesen sein, in dem sich Nietzscheaner und Reformpädagogen, Pazifisten und Anti-Nationale tummelten.

1911 wurde K. in Jena zum Doktor der Rechte promoviert und ging als Assistent zu dem englischen Rechtswissenschaftler Ernest Schuster nach London. Dort beteiligte er sich an den Diskussionen der »Fabian Society«, eines Kreises von Linksintellektuellen. Begeistert berichtete er z.B. in der von Diederichs verlegten *Tat*, für die er bis Anfang Mai 1914 in London als Korrespondent tätig war, über das fabianische »Committee of Inquiry on the Control of Industry«, in dessen Arbeit er ein Hinausgehen über die »nichtssagende Formel« von der »Vergesellschaftung der Produktionsmittel« des SPD-Programms sah. »Beobachtung, Experiment, theoretisches Studium, Phantasie und Urteilskraft« wirkten bei den Fabiern zusammen, gleichweit entfernt von »utopischem Subjektivismus« wie von bloßer Tatsachenbeschreibung.

Am 15. Mai 1914 wurde K. zum Militär einberufen und überstand den Weltkrieg, hoch dekoriert und zum Offizier befördert. Als »praktischer Sozialist« kehrte er zurück und wandte sich einer Vielzahl von wissenschaftlichen und politischen Projekten zu, darunter der Sozialisierungskommission. Nach deren Auflösung durch den SPD-Minister Rudolf Wissell im April 1919 radikalisierte sich seine Position. Von der SPD wechselte er 1919 zur USPD und mit derem linken Flügel Ende 1920 in die KPD. Als er 1926 aus der KPD ausgeschlossen wurde, lag die Erfahrung der Revolutionsniederlage in Deutschland hinter ihm, sah er die Räte-Idee in der Sowjetunion verraten. K. war einer der ersten Marxisten, der den Übergang zu einer imperialen Machtpolitik in der Sowjetunion kritisierte. Das Scheitern der Revolution markierte jetzt zunehmend für ihn auch ein Scheitern der Marxschen Theorie. 1931 schrieb er, bei den Auffassungen von Marx, Engels und Lenin handele es sich um »eine Theorie der proletarischen Revolution, nicht wie sie sich auf ihrer eigenen Grundlage entwickelt hat, sondern umgekehrt, wie sie eben aus der bürgerlichen Revolution hervorgeht, die also in jeder Beziehung, im Inhalt und in der Methode noch behaftet ist mit den Muttermalen des Jakobinismus, der bürgerlichen Revolutionstheorie.« Aktualität und Anachronismus, revolutionärer Aktivismus und Affirmation des Bestehenden gingen aus K.s Sicht im Marxschen Konzept eine unauflösliche Verbindung ein – ähnlich wie in der Philosophie Hegels. Das Konzept einer »industriellen Demokratie«, eines revolutionär-syndikalistischen Selbstverwaltungs-Sozialismus, wie es K. vorschwebte, erschien damit unvereinbar.

Den Grundstein für diese Betrachtungsweise legte K. in *Marxismus und Philosophie* (1923). Die Studie wurde Gegenstand einer heftigen Kontroverse in der Komintern, erregte in der SPD heftigen Widerspruch und gehörte zusammen mit *Geschichte und Klassenbewußtsein* (1923) von Georg Lukács zu den am meisten diskutierten Arbeiten über Marxismus in den zwanziger Jahren überhaupt. K. machte in ihr deutlich, daß die zunächst orthodoxe These, der Marxismus sei der »allgemeine Ausdruck der revolutionären Bewegung der proletarischen Klasse«, von ihm so verstanden wurde, daß mit den Veränderungen der revolutionären Bewegung sich auch deren »allgemeiner Ausdruck« ändere. So wie Lenin in *Staat und Revolution* (1917) die marxistische Theorie vom Staat »wiederhergestellt« habe, versuche er dies für die Philosophie. Sein Resultat sei paradox: Wenn die sozialistische Revolution Anfang vom Ende des Staates überhaupt sein solle, sei der Marxismus auch Anfang vom Ende der Philosophie als per se auf überhistorisches Wissen zielende Ideologieform, oder wie K. 1929 formulierte: der Marxismus sei eine »noch philosophische ›Anti-Philosophie‹«.

Das widersprach sowohl der Kanonik des Marxismus-Leninismus, die die Sowjetunion gerade dekretierte, als auch der Marx-Orthodoxie à la Kautsky. Ungeachtet der sofort einsetzenden Attacken begann K. aber zunächst eine wissenschaftliche und politische Karriere, die ihn bis in die Spitzengremien der KPD führte. Die Universität Jena berief ihn 1923 zum Professor für Zivilrecht, kurz bevor er Justizminister in der SPD/KPD-Koalitionsregierung von Thüringen wurde. Die Erfahrungen mit dem Reichswehreinsatz gegen diese Regierung und dem Verbot der KPD, mit dem Verhalten der SPD gegenüber dem Koalitionspartner und mit dem bürgerlichen Wissenschaftsbetrieb, der mit Intrigen und der Mobilisierung faschistischer Studenten seine Lehre unterband, führten K. im folgenden Jahr an die Seite der »Linken« in der KPD. Er leitete *Die Internationale*, das theoretische Organ der Partei, kam in den Reichstag und wurde zum V. Weltkongreß der »Kommunistischen Internationale« im Juli 1924 delegiert. Deren Vorsitzender Sinowjew gab ihm dort öffentlich die Empfehlung, noch etwas Marxismus zu studieren. Das war der Auftakt zu dem üblichen Verfahren. Obwohl K. sich zunächst loyal hinter die Forderung nach »Bolschewisierung« auch der KPD stellte, häuften sich die Angriffe gegen ihn. K. beteiligte sich am Aufbau einer linken Opposition in der KPD und wurde im Mai 1926 aus der Partei ausgeschlossen. Er nahm Kontakt zu linken Oppositionsgruppen anderer kommunistischer Parteien auf, fuhr zu Vortragsreisen durch West-Europa und sah sich einer feindseligen Kampagne der KPD gegenüber, die in tätlichen Angriffen gipfelte.

Bertolt Brecht, der K.s »Vorlesungen über wissenschaftlichen Sozialismus« besuchte, freundete sich mit ihm an. Es kam zu einer zeitweilig intensiven Zusammenarbeit und zu ständigen Kontakten, die Brecht, trotz der politischen Meinungsverschiedenheiten z.B. über die Sowjetunion bis zu seinem Tod 1956 nicht aufgab. Brechts Auffassungen über materialistische Dialektik, Philosophie und Arbeiterbewegung waren deutlich von K. beeinflußt.

Von allen Seiten verfolgt, fand sich K. 1933 in einer prekären Situation. Er tauchte unter, floh nach London und wurde in Emigrantengezänk hineingezogen, das bis zu Verdächtigungen reichte, er sei Hitleragent. 1935 hielt sich K. längere Zeit bei Brecht im dänischen Svendborg auf; dort setzte er die Arbeit an einem Buch über Marx fort (*Karl Marx*, 1938). 1936 emigrierte er in die USA. Nur sporadisch erhielt er Lehraufträge, Stipendienanträge wurden regelmäßig abgelehnt, K. war fast ausschließlich auf die Einkünfte seiner Frau angewiesen. 1950 und 1956 kehrte K. noch einmal zu Vortragsreisen nach Europa zurück, doch eine einsetzende schwere Krankheit verhinderte alle weiteren wissenschaftlichen Pläne. K. träumte davon, »nach Abschluß der Marx-Lenin-Stalin-Episode« die »scheinbar mitvernichteten ›Ideen von Marx‹« wiederherzustellen. Im einzigen Artikel, den K. nach dem Zweiten Weltkrieg 1948 in Deutschland veröffentlichte, kam er auf das Doppelte des Marxschen Ansatzes zurück. Marx sei während seiner eigenen Teilnahme an der Revolution von 1848 »traditionellen Vorstellungen« über bürgerliche Revolution und Demokratie verhaftet gewesen: »Er hat dieser einzigen demokratischen Revolution des 19. Jahrhunderts nicht, wie man nach seiner vorhergehenden, in schweren Entwicklungskämpfen errungenen Loslösung von dem unbefangen bürgerlichen Revolutionsstandpunkt seiner politischen Lehrjahre hätte erwarten können, das Programm einer über die bürgerlichen Zielsetzungen hinausgehenden sozialen oder sozialistischen Revolution gegenübergestellt. Er hat sich vielmehr damit begnügt, dieser neuen bürgerlichen Revolution bei jeder Gelegenheit das glorreiche Muster der großen Französischen Revolution von 1789, und besonders ihrer jakobinischen Phase von 1793–1794, zur Nacheiferung vorzuhalten«. Der Sieg der Demokratie 1848 und ihre Fortentwicklung zum Sozialismus sei auch, so meinte K., durch die Amalgamierung von sozialistischer Idee und jakobinischer Staatsillusion verhindert worden.

Buckmiller, M. (Hg.): Zur Aktualität von Karl Korsch. Frankfurt/Main 1981. – Kornder, H.-J.: Konterrevolution und Faschismus: Zur Analyse von Nationalsozialismus, Faschismus und Totalitarismus im Werk von Karl Korsch. Frankfurt/Main 1987.

Arnold Schölzel

Kracauer, Siegfried

Geb. 8. 2. 1889 in Frankfurt a. M.; gest. 26. 11. 1966 in New York

In den vielfältigen Schriften K.s ist stets ein einheitlicher soziologisch-theoretischer Impuls spürbar: K. begriff Soziologie als eine »Seinswissenschaft«, die sich der »Welt der vergesellschafteten Menschen« widmet, wie er 1922 in der an seine Vorbilder Georg Simmel, Max Weber und Ernst Troeltsch anknüpfenden Schrift *Soziologie als Wissenschaft. Eine erkenntnistheoretische Untersuchung* notierte. Damit reagierte K. auf die politischen und kulturellen Auseinandersetzungen in Deutschland seit 1918, auf die latente »Erschütterung des ganzen Gesellschaftssystems mit all seinen Herrschaftsbegriffen« (*Der Fachmann*, 1931).
K. wurde als Sohn eines jüdischen Kaufmanns geboren und studierte in Darmstadt, München und Berlin Architektur. 1914 promovierte er zum Dr. Ing. Nach einigen Berufsjahren als Architekt in München, Frankfurt und Osnabrück und ersten wissenschaftlichen Arbeiten bot die liberale *Frankfurter Zeitung* K. die Möglichkeit, publizistisch tätig zu werden: Er trat 1921 in die Feuilletonredaktion ein, war ab 1924 deren Filmressortleiter und ab 1930 in Berlin ihr verantwortlicher Redakteur.

Es gelang ihm, im regen Austausch u.a. mit Theodor W. Adorno, Walter Benjamin und Ernst Bloch eine soziologisch fundierte Filmkritik zu etablieren, die den wachsenden medialen Einfluß auf Massenverhalten reflektierte. So untersuchte er in Essays wie *Die kleinen Ladenmädchen gehen ins Kino* (1927), wie das Verlangen nach Wiedergewinnung der verlorenen individuellen »Totalität« und »Selbstmächtigkeit« durch die visuellen Stereotype im Film pseudodemokratisch assimiliert würden. Ein weiteres wichtiges Resultat von K.s Tätigkeit bei der *Frankfurter Zeitung* – und seiner ab 1925 einsetzenden Beschäftigung mit den Theorien von Karl Marx – war der kulturkritische Essay *Die Angestellten. Aus dem neuesten Deutschland* (1930 als Buchausgabe erschienen). K. schilderte hier plastisch das »normale Dasein« der Angestelltenschicht. Es sei einerseits von jener »Zuchtwahl bestimmt, die sich unter dem Druck der sozialen Verhältnisse vollzieht«, andererseits von der großstädtischen »Zerstreuung«; unterhalb ihres »falschen Bewußtseins« spürte er aber auch »die revolutionäre Massensehnsucht nach einem Naturrecht (...)« auf, »das wider die Schäden der Zivilisation aufgerichtet werden könnte«. Eine revolutionäre Veränderung erwartete K. nicht von den Proletariern der Industriezentren und einer revolutionären Partei, sondern nur von einem Geschichtsverlauf in Richtung auf Herrschaft der »Vernunft«, wie sein Essay *Das Ornament der Masse* (1928) verdeutlicht. »Vernunft« war für K. der Gegensatz sowohl zur Mythologie, zum Glauben und zur Ideologie als auch zur »kapitalistischen Ratio«.
1933 mußte K. nach Paris emigrieren. Von den dortigen Exilorganisationen hielt er sich fern, – vor allem aus Rücksicht auf seine zunächst in Deutschland verbliebene Familie. Er lebte zurückgezogen und publizierte anonym, darunter außer Buch-, Film- und Ausstellungsbesprechungen z.B. für die *Basler National-Zeitung* und die *Neue Zürcher Zeitung* auch politisch-soziologische Aufsätze und Kommentare in der Zeitschrift *L'Europe Nouvelle*. 1936 schloß er seine kulturhistorische »Gesellschaftsbiographie« *Jacques Offenbach und das Paris seiner Zeit* (1937) ab. In dieser Schrift wird das Operettenwerk des Komponisten auch als Niederschlag der »Phantasmagorie des Zweiten Kaiserreichs« Napoleons III., des mit »Angst vor der kommenden Katastrophe« gemischten »demokratischen Rauschs« gedeutet.
Danach wandte sich K. einer Arbeit mit unmittelbar politischem Charakter zu: Adorno vermittelte ihm Ende 1936 bei Max Horkheimer, der dem 1934 an die New Yorker Columbia University emigrierten Institut für Sozialforschung vorstand, eine Auftragsarbeit für die seit 1933 in Paris erscheinende *Zeitschrift für Sozialforschung*, dem Organ des Instituts. Der Arbeitstitel war: Masse und Propaganda (Eine Untersuchung über die faschistische Propaganda). Hier vertiefte K. seine

1933 in der Schrift *Mit europäischen Augen gesehen...* entwickelte Kritik an »jener wesenlosen kollektivistischen Ideologie«, welche die deutsche Linke »unter anderem daran gehindert haben mag, die entscheidende Rolle der Mittelschichten rechtzeitig zu erkennen«. Schon in seinem Presseartikel *Les classes de la population allemande et le nationalsocialisme* (1933) vertrat K. weder die These vom Faschismus als primär kleinbürgerlicher Massenbewegung noch die von einer zwangsläufig bonapartistischen ›Machtergreifung‹, die aus der politischen Krise der Weimarer Republik resultierte. Für K. spitzte sich – vor allem durch die kapitalistische Wirtschaftsform – »der Antagonismus zwischen den Links- und Rechtsparteien, zwischen Kommunismus und Kapitalismus so zu, daß er mit den Mitteln der Demokratie nicht mehr zu überbrücken ist«. Der besitzlose »Mittelstand« gerate dabei in eine besonders kritische Lage. Seine Angehörigen würden »einerseits proletarisiert werden, ständen aber andererseits durchaus in den bürgerlichen Traditionen«. Möglich sei deshalb nur eine »Scheinlösung« in Gestalt des »Faschismus«. Der Zweck seiner demagogischen Propaganda sei »die Erzeugung des Scheins der Reintegrierung der Massen«. Ziel der Studie, die 1937 erschien, sollte die »stete Konfrontation der europäischen Diktaturstaaten einerseits mit der Sowjetunion, andererseits mit den großen Demokratien« sein. Auch der daran und teilweise an Willi Münzenbergs Schrift *Propaganda als Waffe* (1937) anschließende Aufsatz von 1937/38 *Die totalitäre Propaganda* sucht den Faschismus in seiner Sozialdemagogie des »Gemeinnutzes«, seiner antidemokratischen, auf »Anaesthetisierung« ausgerichteten Massenkultur zu begreifen.

Ab 1938 bemühte sich K. um eine Einwanderungserlaubnis in die USA und eine Tätigkeit als Sachverständiger für den deutschen Film an der »Film Library« des New Yorker »Museum of Modern Art«. Darin wurde er bestärkt durch Leo Löwenthal, Mitarbeiter am Institut für Sozialforschung, und dem US-amerikanischen Kunsthistoriker Erwin Panofsky. Mit der Realisierung eines filmhistorischen und -soziologischen Grundlagenprojekts konnte er in den USA aber erst ab 1941 beginnen. Bürokratische und finanzielle Hemmnisse bei der Erfüllung der Einreisevoraussetzungen standen zunächst im Weg.

Neben Aufzeichnungen zur späteren *Theory of Film. The Redemption of Physical Reality* (1960) entstanden die Auftragsarbeiten *Propaganda and the Nazi War Film* (1942), *The Conquest for Europe on the Screen. The Nazi Newsreel 1939–1940* (1943), *From Caligari to Hitler. A Psychological History of the German Film* (1947) und die UNESCO-Studie *National Types as Hollywood Presents Them* (1948). Sie entwickeln allesamt eine politisch-psychologische Ikonologie des Films, die dessen dokumentarische Aussagekraft für die Darstellung der, wie es im Vorwort zum *Caligari* heißt, »Tiefenschichten der Kollektivmentalität« in das Zentrum rückt. In diesem Sinne schrieb K. am 8. Nov. 1944 an Panofsky, seine Erfahrungen in Deutschland und in Amerika vergleichend: »Während dort« – in Deutschland – »die demokratischen Institutionen völlig in der Luft hingen, d.h. keinerlei psychologische Voraussetzungen vorfanden, auf denen sie hätten ruhen können, spürt man hier zum mindesten, daß das demokratische Verfahren keine Farce ist, sondern etwas historisch Gewordenes, das sich bis tief in die Psychologie hinein manifestiert.«

Von diesem Standpunkt aus verfaßte K., der 1946 die US-Staatsbürgerschaft erlangte, von 1950 bis 1952 auch seine mediensoziologischen und -politischen Analysen für den Hörfunksender »Voice of America«. Von 1952 bis 1958 war er Research Director am »Bureau of Applied Social Research« der Columbia University. Hier entstanden seine Beiträge zu politikwissenschaftlichen Gemeinschaftsarbeiten wie *Satellite Mentality. Political Attitude and Propaganda Susceptibilities of Non-Communists in Hungary, Poland and Czechoslovakia. A Report of Applied Social Research* (1956).

Die epochalen Erfahrungen, die K. und seine Generation machten – das Umschlagen revolutionärer Potenzen in den Faschismus, die Pervertierung der kommunistischen Utopie im stalinistischen Staatssozialismus und das kollektive Versagen demokratischer Kräfte –, spiegelt sich in seinem nachgelassenen geschichtsphilosophischen Werk *History – Before the Last Things* (1969) wider. Darin erhob K. gegen die von Marx entwickelte Prognose der Entwicklung des Kapitalismus und die der Arbeiterbewegung Einspruch: »Die ökonomische und technische Entwicklung nämlich, die er voraussah, löste in fortgeschrittenen kapitalistischen Ländern politische Veränderungen aus, die den ihr vorausgesagten Verlauf wirksam umlenkten. Ganz gewiß verdanken diese Veränderungen – starke Gewerkschaften, Demokratisierung von Regierungen usw. – sich zum Teil auch den weiterverbreiteten Auffassungen, die von der marxistischen Prophetie selbst hervorgerufen waren. Sie hat, um es mit (Harvey A., der Verfasser) Carr zu sagen, ›sich selbst vereitelt‹.«

Mülder, I.: Siegfried Kracauer – Grenzgänger zwischen Theorie und Literatur. Seine frühen Schriften 1913–1933. Stuttgart 1985. – Belke, I.; Renz, I. (Red.): Marbacher Magazin (Marbach a. N.) Nr. 47 (1988): Siegfried Kracauer. 1889–1966. – Kessler, M.; Levin, Th. Y. (Hg.): Siegfried Kracauer. Neue Interpretationen. Tübingen 1990. – New German Critique. An Interdisciplinary Journal of German Studies (New York). Nr. 54 (1991): Special Issue on Siegfried Kracauer.

Gerhard Wagner

Kriege, Hermann

Geb. 20.7.1820 in Lienen (Westfalen); gest. 31.12. 1850 in New York

K., Sohn eines Kaufmanns in Lienen, besuchte das Gymnasium in Bielefeld. Er studierte ab 1840 Medizin, zunächst in Jena und Göttingen, wurde sodann von der Akademie Münster wegen »demagogischer Umtriebe« für drei Jahre relegiert und an der Leipziger Universität als aktiver Burschenschaftler erstmals acht Tage arretiert. Er hielt Tuchfühlung zur liberalen Opposition der Messestadt und nach Wilhelm Weitlings Zeugnis auch zu Robert Blum. K. gehörte zu den begeisterten Anhängern der humanistischen Philosophie Ludwig Feuerbachs und besuchte den Philosophen 1842 in Bruckberg. 1843 wurde er wegen »staatsgefährlicher« Ansichten von der Berliner Universität verwiesen. Um diese Zeit beschäftigte er sich mit kommunistischer Literatur, u.a. mit den Schriften Weitlings, und neigte fortan einer junghegelschen Spielart des Kommunismus zu.

Während seiner Dienstzeit als Freiwilliger bei der Bielefelder Infanterie 1843/44 wurden seine Kontakte zu führenden westfälischen Demokraten und Sozialisten bereits polizeilich überwacht. Im August 1844 wegen politischer Agitation unter Soldaten und Handwerkern und wegen »Verhöhnung des Heiligen Abendmahls« von der Militärbehörde in Münster angeklagt und als »Hauptführer der Partei« zu drei Monaten Festung verurteilt, floh er Anfang 1845 nach Barmen und lernte hier Friedrich Engels kennen. Durch ihn an Karl Marx weiter empfohlen, trat er in Brüssel dem »Kommunistischen Korrespondenz-Komitee« und dem »Bund der Gerechten« (seit 1836) bei. Zugleich arbeitete K. für das *Westphälische Dampfboot*. Ab Juni 1845 vertrat er in den Diskussionen des »Communistischen Arbeiter-Bildungs-Vereins« in London einen schwärmerischen Gefühlskommunismus.

Als Bundesemissär ging K. im Sommer 1845 in die USA, gründete im September in New York die »Deutsche Jung-Amerika-Gemeinde« und als öffentlichen Arbeiterverein die »Sozialreform-Assoziation«. Angesichts der sozialen Struktur des deutschen Emigrantenelements, das sich vorwiegend aus Kleinproduzenten rekrutierte, und der in den USA vorgefundenen Bedingungen erblickte K. das optimale politische Betätigungsfeld für deutsche Kommunisten zunächst in der Unterstützung der demokratischen Landreformbewegung, die die Staatsländereien dem sklavenhaltenden Plantagenbesitz und der kapitalistischen Bodenspekulation entziehen und landlosen Farmern als unentgeltliches Lehen übertragen lassen wollte. Mit der »Jung-Amerika-Gemeinde« wollte K. eine politische Organisation der Arbeiter gegen die vom Kapital instrumentalisierten Parteien schaffen. Um die Landreform voranzubringen, konstituierte er im Oktober 1845 die »Social-reform-Association« als deutschen Zweig auf dem linken Flügel der »National Reform Association«.

Seine nach Gracchus Babeufs *Tribun du Peuple* benannte Wochenzeitschrift *Der Volks-Tribun* erschien anfangs als Sprachrohr der deutschen Sozialreform-Association in New York, ab März als Organ des Jungen Amerika. In einer Artikelserie behandelte K. das jakobinische und babouvistische Spektrum der Französischen Revolution, verwies auf den humanistischen Kern kommunistischer Bestrebungen, verteidigte Babeufs Lebenswerk und betonte die Forderung nach einer gründlichen propagandistischen Vorbereitung des Volkes auf eine soziale Umwälzung, die sich jedwedem politischen Abenteurertum verweigerte. Bis Ende Juni propagierte das Blatt unter dem Motto »Die Arbeit hoch! Nieder mit dem Kapital!« die demokratische Bodenreform als Vorstufe einer ausbeutungsfreien Gesellschaft. Diese Tendenz wurde vom »Communistenverein« in St. Louis unterstützt, von der Londoner Zentrale des »Bundes der Gerechten« als den amerikanischen Verhältnissen angemessen akzeptiert, vom Brüsseler »Kommunistischen Korrespondenz-Komitee« unter Marx und Engels hingegen im Mai 1846 in einem Zirkular wegen programmatischer Unklarheit und phantastischer Gefühlsschwärmerei als für die kommunistische Partei kompromittierend verworfen. Die New Yorker Bundesgemeinde quittierte die Brüsseler »Bannbulle« als Ausdruck der Anmaßung und Unkenntnis amerikanischer Verhältnisse; ihre Form und Schärfe stieß auch bei andern Bundesgemeinden auf Mißbilligung.

In K.s kurzer politischer Laufbahn rächte sich die für viele Demokraten typische idealisierte Erwartung von den revolutionären Potenzen des Volkes, die viele Kommunisten ebenso kurzschlüssig auf das Proletariat übertrugen und trotzig den vorherrschenden elitären Denkmustern von Konservativen und Liberalen entgegensetzten. Angesichts der Schwäche des proletarischen Elements unter den deutschen Emigranten, der fehlenden Akzeptanz des kommunistischen Ideals in der Bevölkerung, des mäßigen Interesses der deutschen Handwerker und Arbeiter an einer Agrarreform schwand K.s Vertrauen in die eigene Konzeption der Menschheitsbefreiung. Ende 1846 erwartete er eine Regeneration der Gesellschaft vorwiegend von der radikaldemokratischen Bewegung des Bürgertums. Er wandte sich der demokratischen Partei zu, gewann sie für das Landreformprogramm, schloß ihr den »Socialreformverein« an und räumte fortab der »demokratischen Selbsterziehung« seiner Landsleute Priorität ein. Hierzu vermittelte er ihnen 1847/48 in einer Sammlung von Darstellungen und kommentierten Textausgaben unter dem Titel *Die Väter unserer Republik in ihrem Leben und Wirken* das geistige Erbe der Vordenker und Akteure der amerikanischen Revolution. Von den geplanten 24 Texten von und zu Benjamin Franklin, Thomas Paine, Samuel Adams, Patrick Henry, Israel Putnam,

Alexander Hamilton, George Washington, John Adams und Thomas Jefferson erschienen bis Januar 1848 acht. Sie bezeugen K.s Festhalten am Ideal einer revolutionären Wiedergeburt der Menschheit.
Hoffnungsvoll kehrte K. bei Ausbruch der Revolution von 1848 nach Deutschland zurück. Er wurde auf dem 1. Demokratenkongreß im Juni in Frankfurt am Main mit Julius Fröbel und Gottlieb Rau in den Zentralausschuß der Demokraten gewählt, der seinen Sitz nach Berlin verlegte. In Hamburg, Holstein, Hannover und Westfalen warb K. in Ansprachen und Flugschriften für eine sozialpolitisch aktive demokratische Republik, für freie Selbstbestimmung aller Völker als Bedingung sozialen Fortschritts und bemühte sich um organisatorische und politische Koordinierung der zersplitterten Kräfte. Ende Oktober 1848 erstattete er auf dem 2. Demokratenkongreß in Berlin den politischen Lagebericht des Zentralausschusses. Seine Kritik des Kleinmuts und der Uneinigkeit der Demokraten, seine Forderung nach straffer Konzentration, insbesondere aber sein Verlangen nach Neuwahl einer Nationalversammlung mit Sitz in Berlin stießen auf Mißbilligung der gemäßigten Republikaner; sein Hinweis auf die noch mangelnde politische Reife und Zuverlässigkeit des Proletariats erregten lauten Unmut der roten Republikaner. Nach Abberufung der preußischen Abgeordneten aus der Nationalversammlung durch eine Verordnung Friedrich Wilhelms IV. am 14. Mai 1849 sah K. die Niederlage der demokratischen Revolution besiegelt und kehrte tief enttäuscht und kränkelnd in die USA zurück. Vom September 1849 bis zum Ausbruch eines Gemütsleidens im April 1850 gab er in Chicago die *Illinois Staats-Zeitung* heraus. Dreißigjährig starb er in geistiger Umnachtung und wurde von der Redaktion der *New Yorker Staatszeitung*, seinem Wunsch entsprechend, in eine amerikanische Flagge gehüllt, in New York beerdigt.
K. gehörte zu jenem Typus revolutionärer Weltverbesserer unter den Vormärz-Intellektuellen, die, von himmelstürmenden Idealen besessen, aber jung und unerfahren, in den harten politischen und sozialen Brüchen der bürgerlichen Umwälzung in Deutschland ihren Platz in der radikalen Opposition suchten und den Konflikt mit den herrschenden Mächten nicht scheuten. Sein politischer Weg vom radikalen Burschenschaftler über einen für soziale Fragen empfänglichen Demokraten zum zeitweiligen Kommunisten und schließlich zum sozialen Republikaner von 1848 entbehrt keineswegs der Geradlinigkeit; er entsprach der Suche nach einer tragfähigen Basis der erstrebten Menschheitsregeneration.
K.s politisches Leben währte nur ein Jahrzehnt; es gönnte ihm wenig Zeit, seine Erfahrungen zu verarbeiten. Doch er war kein wankelmütiger Charakter, wie manche seiner Weggefährten wähnten; eher ein zum Überschwang neigender Schwarmgeist; die spröde Wirklichkeit zerbrach seine hochgesteckten Erwartungen; sie zerbrach schließlich auch ihn. K.s Einfluß in der demokratischen Bewegung gründete sich weniger auf einen scharfen originellen Intellekt als auf einen lauteren, hochherzigen Charakter und seinen energischen selbstlosen Einsatz für das Wohl der Menschheit.

Cazden, R. E.: A Social History of the German Book Trade in America to the Civil War. Columbia 1984. – Schulte, W.: Volk und Staat. Westfalen im Vormärz und in der Revolution 1848/49. Regensburg u. Münster 1954.

Waltraud Seidel-Höppner

Kuckhoff, Greta

Geb. 14. 12. 1902 in Frankfurt/Oder; gest. 11. 11. 1981 in Berlin

K. wurde 1902 als Tochter des Instrumentenbauers Georg Lorkes und seiner Frau Martha, geb. Thierse geboren. Sie besuchte das Kleist-Lyzeum und legte 1924, dem elterlichen Wunsch entsprechend, das Lehrerinnen-Examen ab. 1924 bis 1927 studierte sie Volkswirtschaftslehre und Soziologie in Berlin und Würzburg. Während ihres Studiums hatte K. Gelegenheit zu Auslandsaufenthalten in England, Italien und der Schweiz. Der Vater einer amerikanischen Studienkollegin ermöglichte ihr 1927 bis 1929 einen Studienaufenthalt an der Universität Wisconsin, wo sie als Assistentin an der soziologischen Fakultät arbeitete. In Wisconsin lernte sie Arvid und Mildred Harnack kennen, die späteren Leiter der von der Gestapo »Rote Kapelle« genannten Widerstandsgruppe.
Nach ihrer Rückkehr aus den USA war K. hauptsächlich freiberuflich als Übersetzerin wissenschaftlicher Literatur tätig. 1933 wurde sie für kurze Zeit Assistentin am Institut für Sozialforschung bei Karl Mannheim, dessen Emigration sie im Mai des Jahres vorbereiten half. Im selben Jahr traf K. Arvid Harnack in Berlin wieder und schloß sich dem Kreis der Regimegegner um ihn an. Ihren Lebensunterhalt verdiente sie weiterhin mit Übersetzungen, beteiligte sich sogar an Übersetzungen von Parteitagsreden und von Hitlers *Mein Kampf* im Auftrag des Propagandaministeriums und des »Rassenpolitischen Amts«. Ihr Lebensgefährte, Dr. Adam Kuckhoff, war von 1930 bis 1932 Chefdramaturg des Berliner Staatstheaters, schrieb Artikel und Aufsätze im *Berliner Tageblatt* und in der *Vossischen Zeitung* und arbeitete danach u.a. als

Lektor für den Ullstein-Verlag. 1937 heirateten K. und Adam Kuckhoff und 1938 wurde ihr Sohn Ule geboren. K. gab Englischunterricht in auswanderungswilligen jüdischen Familien. Nach der Reichspogromnacht vom 9. November 1938 reiste sie nach London, um emigrierten jüdischen Familien zu helfen. Bald kehrte sie jedoch zurück, um sich nur noch einer Aufgabe zu widmen: Der Befreiung Deutschlands von Hitler.

Viele Bekannte der Kuckhoffs waren bereits ausgewandert, vor allem natürlich Juden. Jedoch fanden sich laufend neue Leute zu den heimlichen Treffen des Widerstandskreises in K.s Wohnung ein. Neben der politischen Arbeit, Erstellen von Flugblättern, - auch Abtippen von Lektoratsmanuskripten Adam Kuckhoffs -, fertigte K. weiterhin Übersetzungen (aus dem Italienischen und Französischen ins Deutsche).

Ende 1939 lernten K. und ihr Mann den Luftwaffenleutnant Harro Schulze-Boysen kennen, der seinerseits einen oppositionellen Freundeskreis um sich gesammelt hatte, und veranlaßten ihn zur politischen Zusammenarbeit mit der Familie Harnack und ihrem Kreis. Gemeinsam spielte man nun sowjetischen Stellen Informationen über die deutsche Abwehr zu. K. übernahm den Transport illegaler Post oder technischer Geräte für die Nachrichtenübermittlung, in steter Angst vor Entdeckung und Sorge um ihr Kind. Dann kam der 12. September 1942, als die Gestapo K. abholte; ihr Kind durfte sie mitnehmen. Die Gestapo wußte auch von den Kontakten zu den Kreisen um Harnack und Schulze-Boysen. Die Enttarnung dieser Kreise bedeutete keine geringe Sensation für die Machthaber des Dritten Reiches; die Gruppe Schulze-Boysen wurde von der Gestapo als wichtigste Widerstandsgruppe angesehen. Im August 1942 hatten die Verhaftungen begonnen, von Dezember 1942 bis Oktober 1943 wurden 75 Angeklagte auf ausdrückliches Verlangen Hitlers zum Tode verurteilt.

K. kam ins Untersuchungsgefängnis am Alexanderplatz in Berlin. Ihr Mann war am selben Tag wie sie verhaftet worden, als er sich gerade zu Filmarbeiten in Prag aufhielt. K. bereitete sich auf die Verhöre und Foltermethoden innerlich vor und stellte fest, daß die meisten Frauen im Untersuchungsgefängnis dem Widerstand angehörten, z.B. Elisabeth Schumacher, die Frau des späteren SPD-Vorsitzenden Kurt Schumacher. Als K. doch noch ein Lebenszeichen von ihrem Mann erhielt, waren die ersten Abgeurteilten der »Roten Kapelle« bereits in Berlin-Plötzensee hingerichtet worden. Der Urteil gegen Mildred Harnack, 6 Jahre Haft, war 1943 in ein Todesurteil umgewandelt worden. Also rechnete auch K. mit Todesurteil und Hinrichtung, die auch auf den 14., dann auf den 19. Dezember 1942 angesetzt wurde. In dieser Zeit häuften sich die Todesurteils- und Hinrichtungstermine, K.s Ehemann und andere ihrer Mithäftlinge waren bereits hingerichtet worden. Dann, im Oktober 1943, kam K. erneut vor das Reichskriegsgericht, und ihr Urteil wurde nun in eine 10jährige Zuchthausstrafe umgewandelt. Das Protokoll der Urteilsbegründung lautete: »Frau Kuckhoff (...) (verurteilt wegen Beihilfe zur Vorbereitung des Hochverrats und wegen Nichtanzeige eines Vorhabens der Spionage) (...) war Sozialistin von Erlebnis und Berufung. Ihre enge geistige Verbundenheit mit ihrem Mann brachte es mit sich, daß sie ihn (...) begleitete und über alle seine Schritte Bescheid wußte. Sie nahm aktiv an den Diskussionsabenden teil (...) und war auch ihrem Mann beim Transport und (...) Verwahrung des Sendegeräts behilflich.« Offensichtlich war, zu ihrem Glück, K.s weltanschauliche Abhängigkeit als Frau von ihrem Ehemann viel höher eingeschätzt worden, als es in Wirklichkeit der Fall gewesen war.

Im Februar 1944 wurde K. von Berlin-Charlottenburg nach Cottbus verlegt, wo die eigentliche Zuchthauszeit begann. Im eiskalten Januar 1945 folgte die erneute Umverlegung, diesmal nach Bautzen, wie üblich unter menschenunwürdigen und mörderischen Bedingungen. Eine dünne Pferdedecke mußte z.B. als Mantel, Bett und Schutz gegen den Schneesturm dienen. Die Gruppe von Frauen aus Cottbus wurde in Bautzen wegen Überfüllung des Zuchthauses abgewiesen, so daß sie ins Frauenzuchthaus Waldheim kam, wo die Haftbedingungen weniger katastrophal waren.

Am 8. Mai 1945, dem Tag der bedingungslosen deutschen Gesamtkapitulation, kam K. frei: »So voller Grauen die Erinnerung an das Frühjahr 1945 mit seinen Toten auch ist«, sagte K., »es war ein glorreiches Frühjahr. Wir waren frei!« K. kehrte nach Berlin zurück, wo sie der KPD beitrat (ihre Mitgliedschaft wurde auf 1935 zurückdatiert) und Leitungsstellen beim Berliner Magistrat übernahm, die Wirtschaft und Betriebe betrafen. 1946 war sie KPD-Kandidatin für die Stadtverordnetenwahlen und trat der neugegründeten SED bei. In der DDR wurde K. 1949 Hauptabteilungsleiterin im Außenministerium, Mitglied der Volkskammer (bis 1958) und 1950 (bis 1958) Präsidentin der Deutschen Notenbank der DDR. Sie starb am 11. November 1981 in Berlin (Ost).

Griebel, R.; Coburger, M.; Scheel, H. (Hg.): Erfasst? Das Gestapo-Album zur Roten Kapelle. Eine Foto-Dokumentation. o.O. 1992.

Giesela Gassen

Külz, Wilhelm

Geb. 18. 2. 1875 in Borna/Sachsen; gest. 10. 4. 1948 in Berlin

Er war, wie er 1945 schrieb, sein ganzes Leben ein Suchender, ein Mensch »unterwegs zu sich selbst«. Konservativ-monarchisch war seine politische Ausgangsposition. 1919 stellte er sich – ohne Wenn und Aber – auf den Boden der durch die militärische Niederlage des Kaiserreichs und die Novemberrevolution neu geschaffenen Tatsachen. Zehn Jahre nach der Revolution schrieb er: »Die Frage war in dem Dunkel des Jahres 1918 nicht so gestellt, ob wir uns von der Monarchie abwenden und der Demokratie zuwenden wollten oder nicht, sondern wir mußten uns der Demokratie zuwenden, ob wir wollten oder nicht.« Von dem großen Bau der Vergangenheit seien »Gott sei Dank nicht alle Fundamente vernichtet« worden. Nicht nur das söhnte ihn mit der Republik aus; die Weimarer Verfassung war für ihn »ein Werk von höchstem politischen und ethischen Gehalt (...) sowohl ein durchaus brauchbares Staatsgrundgesetz als auch ein weitblickendes staats-, wirtschafts- und kulturpolitisches Programm«. Doch nach dem Ende des Dritten Reiches folgerte er nicht, daß nun die Zeit für eine Wiedererrichtung der Weimarer Republik gekommen sei. Er zeigte sich vielmehr bereit, an der radikalsten politischen Umwälzung mitzuwirken, die es in der deutschen Geschichte gab: Den Weg des deutschen Bürgertums bedauernd, dem er sich stets und auch jetzt noch zugehörig fühlte, vor Konsequenzen nicht zurückschreckend, die er nach den historischen Erfahrungen nun für unvermeidlich hielt, zugleich wohl nicht alle Konsequenzen bedenkend, die sich aus der von ihm eindeutig befürworteten, »antifaschistisch-demokratischen Umgestaltung« im Osten Deutschlands ergaben.

Der Sohn des Diakons der Bornaer Stadtkirche und späteren Pfarrers in Hainichen genoß eine christlich-patriotische Erziehung, wie sie für Deutschlands evangelische Pfarrhäuser der Kaiserzeit charakteristisch war. Monarchistischer Geist begegnete ihm auch auf der Grimmaer Fürstenschule, auf der er 1894 das Abitur erwarb, während des Jurastudiums an der Leipziger Universität, im Leiziger Amtsgericht, wo er sein Referendariat absolvierte, und bei dem Infanterieregiment in Möckern bei Leipzig, das er als Unteroffizier verließ. Der Verbindung des monarchischen Gedankens mit liberalen und sozialen Ideen begegnete K. zuerst in Versammlungen des von Friedrich Naumann begründeten »Nationalsozialen Vereins« (1896–1903), die er in Leipzig besuchte. Doch er trat 1905 nicht der »Freisinnigen Vereinigung« bei, in die der »Nationalsoziale Verein« aufging, sondern der weiter rechts orientierten »Nationalliberalen Partei«, die seiner bürgerlichen Karriere weitaus mehr entsprach. Er hatte sich der ersten und zweiten juristischen Staatsprüfung unterzogen und mit einer Dissertation über die Friedenspräsenzstärke des deutschen Heeres den staatswissenschaftlichen Doktorgrad erworben. Anfang 1903 trat er das Amt des Ersten Stadtrates und stellvertretenden Bürgermeisters in Meerane an, einer sächsischen Textilindustriestadt, in der eklatanten sozialen Mißständen begegnete, vor denen er regelrecht floh. Ein Jahr später bewarb er sich mit Erfolg für das Bürgermeisteramt in Bückeburg, der Residenzstadt des Duodezfürstentums Schaumburg-Lippe.

Die Monarchie erschien K. zu dieser Zeit als »Ausfluß einer göttlichen Weltordnung«, wie er vor Kaiser Wilhelm II. in einer Huldigungsrede anläßlich der Silberhochzeit des Lippischen Fürstenpaares versicherte. Er zögerte nicht, 1907 als Reichskommissar nach Südwestafrika zu gehen, nachdem das Reichskolonialamt ihm dieses Angebot gemacht hatte. Als Propagandist des »kolonialen Gedankens« kehrte er 1909 in sein Bückeburger Bürgermeisteramt zurück. 1914 eilte K., der inzwischen zum Oberbürgermeister im sächsischen Zittau avancierte Beamte und Reserveoffizier, als Kompanieführer zu den Fahnen. Noch im letzten Kriegsjahr führte ihn sein naiver Patriotismus auf heimatliche Kirchenkanzeln, wo er durch Vorträge Stimmung für den schon verlorenen Krieg zu machen versuchte. In seinem Oberbürgermeisteramt überlebte er die Novemberrevolution 1918 und wurde Mitglied der aus der »Fortschrittlichen Volkspartei« und dem linken Flügel der Nationalliberalen hervorgegangenen »Deutschen Demokratischen Partei« (DDP).

K. gehörte, indem er die während des Krieges gesammelten politischen Erfahrungen kritisch-selbstkritisch verarbeitete, zu den ehrlichen Anhängern der Republik. Daß er nicht nur »Vernunftrepublikaner« war, bewies er im März 1920, als er sich bei der Abwehr des Kapp-Putsches engagierte und in einem Zeitungsaufruf der sächsischen DDP appellierte: »Deutsche Demokraten, schließt die Reihen! Stellt euch geschlossen hinter die Nationalversammlung als der verkörperten Souveränität des Volkswillens!« K. selbst gehörte der Nationalversammlung 1919 und dann bis 1932 dem Reichstag an. Bis 1933 leitete er auch die sächsische Landesorganisation der DDP. Er galt bald als einer der fähigsten deutschen Kommunalpolitiker, vor allem nachdem er zum zweiten Bürgermeister Dresdens gewählt worden war. Im Januar 1926 gewann ihn der (parteilose) Reichskanzler Hans Luther für sein Kabinett als Innenminister. Dieses Amt behielt K. auch unter dem Zentrumspolitiker Wilhelm Marx bis zum Januar 1927. Dann kehrte K. nach Dresden zurück, wo er von 1931 bis

1933 als Oberbürgermeister amtierte. Mit seinem politischen Bekenntnis zur Weimarer Republik sowie durch kommunalpolitische Sparmaßnahmen zog er die Kritik sowohl der KPD als auch der NSDAP auf sich, bei letzterer nicht zuletzt deshalb, weil er im Reichstag den Antisemitismus als »größte Schmach des Jahrhunderts« verurteilt hatte. Als er im März 1933 ultimative Forderungen der Nationalsozialisten – unter anderem das Hissen der Hakenkreuzfahne auf dem Dresdener Rathaus – kategorisch ablehnte, wurde er aus seinem Oberbürgermeisteramt gewaltsam entfernt. K. verurteilte die Zustimmung der Fraktion seiner Partei zu Hitlers Ermächtigungsgesetz am 23. März 1933.

Der zwangspensionierte Beamte verließ 1935 Dresden und zog nach Berlin-Wilmersdorf. Er glaubte noch eine Zeitlang, Hitler werde bald »abwirtschaften«, was sich als Illusion erwies. Auch den verbrecherischen Charakter des von Hitler 1939 entfesselten Krieges durchschaute er zunächst nicht – wie Artikel in der Zeitschrift *Die Hilfe* 1939/40 zeigen. Er stand in Verbindung mit Carl Goerdeler, verschloß sich aber der Mitwirkung am Widerstand des 20. Juli 1944, obwohl ihm zu dieser Zeit klar war, daß Hitler in die Katastrophe führte. Er selbst überlebte, wenn auch Bomben das Büro der von ihm gegründeten Kredit- und Vermögensberatungsagentur und teilweise auch seine Wohnung zerstörten.

Nachdem die sowjetische Militäradministration in ihrer Zone die Möglichkeit einer Bildung antifaschistisch-demokratischer Parteien eröffnet hatte, gehörte K. zu jenen Persönlichkeiten, die sich am 16. Juni 1945 darüber einigten, daß der Kommunistischen Partei gegenüber mit einer nichtkommunistischen Parteibildung im bürgerlichen Lager begonnen werde müsse. Zusammen mit den ehemaligen Reichsministern Waldemar Koch (Inneres, 1920) und Eugen Schiffer (Vizekanzler und Finanzen, 1919) sowie weiteren liberalen Politikern gründete er die »Liberal-Demokratische Partei Deutschlands« (LDPD) und wurde zu deren stellvertretendem Vorsitzenden gewählt. Das von K. formulierte Programm der Partei forderte, den Nationalsozialismus zu beseitigen, alle Kriegsverbrecher zu bestrafen, die bürgerlich-demokratischen Freiheiten wiederherzustellen und das Bildungswesen zu erneuern. Die Forderungen trafen sich mit denen anderer neu entstandener Parteien, auch denen der KPD; hier lag der Ansatz für die »Blockpolitik«. K. befürwortete diese. Er hielt eine Neuauflage von »Weimar« für indiskutabel, verurteilte entschieden die nationalistische und militaristische Politik, die zwei Weltkriege entfesselt hatte, und forderte – wie er in der Zeitung *Der Morgen* vom 14. Oktober 1945 schrieb – einen »deutschen Volksstaat von Grund auf neu«.

Besonders die zunehmend bedrohte Einheit Deutschlands bewegte ihn. Seit dem Parteitag der LDPD in Erfurt (im Juli 1946) Parteivorsitzender und als solcher eher auf dem linken Flügel der Partei stehend, engagierte er sich in der von der SED initiierten »Volkskongreßbewegung«, obwohl die Teilnahme daran in der LDPD umstritten war. K. stieß vor allem bei dem von Carl-Hubert Schwennicke geführten Berliner Landesverband seiner Partei auf Widerspruch und auf nahezu völliges Unverständnis bei den liberalen Parteiführern in den Westzonen, so vor allem bei Theodor Heuss. Es war K., auf dessen eigenen Antrag hin Schwennicke und einige seiner Anhänger im Februar 1948 aus der LDPD ausgeschlossen wurden.

K.s politische Äußerungen waren widerspruchsvoll. Er unterstützte die »Blockpolitik« mit der SED, auch – wenngleich mit einigen Vorbehalten – die Bodenreform und andere Schritte, die letztlich dazu beitrugen, die Vorherrschaft der SED zu begründen. Zugleich distanzierte er sich auf dem II. Parteitag der LDPD im Juli 1947 in Eisenach deutlich von dem »alten Ladenhüter des Klassenkampfes« und erklärte: »Reaktion und Diktatur, Faschismus und Ungeist sind in gleicher Weise unsere Feinde, ob sie von links oder rechts an uns herankommen wollen.«

Auf dem II. Volkskongreß »für Einheit und gerechten Frieden« in Berlin im März 1948 bekannte sich K. ausdrücklich zu den Traditionen von 1848 und zu dem Gedanken, »daß entscheidende Fortschritte oft nicht in organischem Werden, sondern im revolutionären Sturmlauf erzielt worden sind«. Die SED wertete solche Äußerungen als Zustimmung zu ihrer Politik. In K. sahen Politiker wie Wilhelm Pieck und Otto Grotewohl (beide SED) einen ihrer zuverlässigsten Partner innerhalb des sogenannten »bürgerlichen Lagers«. In der LDPD – das zeigte der Parteitag von Eisenach mit seiner Abstimmung über einen gegen K. gerichteten Mißtrauensantrag – übte K. schon allein durch die starke Ausstrahlungskraft seiner Persönlichkeit großen Einfluß auf viele Mitglieder aus und bewog diese, seinen Aufrufen zum Bündnis mit der SED zu folgen. Andere sahen in ihm den wirkungsvoll agierenden Totengräber des Liberalismus im Osten Deutschlands. Die Konsequenzen seines Handelns blieben K., der schon im April 1948 starb, verborgen.

Behrendt, A.: Wilhelm Külz. Aus dem Leben eines Suchenden. Berlin 1968.

Hans-Jürgen Arendt

Kummernuss, Adolph

Geb. 23. 6. 1895 in Hamburg; gest. 7. 8. 1979 in Travemünde

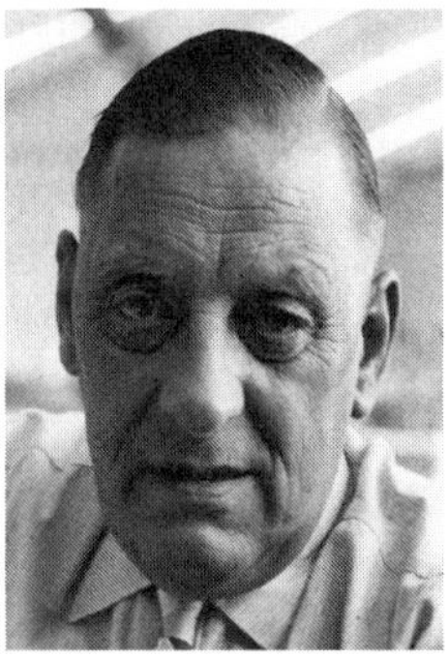

Im Widerstand trug er den Decknamen »Walroß«, und er hatte tatsächlich etwas von diesem massigen, wehrhaften und geselligen Meeressäuger, K., der Schauermann von der Küste. Als es am Ende der Weimarer Republik um die Frage nach dem letzten Gefecht ging, kamen Kuriere aus Berlin mit der Botschaft: »Kein Widerstand – alles zwecklos!« K. und seine Freunde ließen sich dadurch nicht beirren. In der Stunde tiefster Niedergeschlagenheit begannen sie mit der illegalen Arbeit gegen den Nationalsozialismus.

K. wartete nicht auf Signale von oben, sondern hörte auf die Stimme seiner Brüder, seiner gleichgesinnten Kolleginnen und Kollegen. Solidarität war das stärkste Motiv seines Handelns. Er wuchs mit elf Geschwistern auf, darunter ein Zwillingsbruder, der im Juli 1943 bei dem großen Luftangriff auf Hamburg ums Leben kam. Brüderlichkeit bestimmte den Inhalt seines Lebens bis zum Tode.

Brüder hieß der Titel eines Arbeiterfilmes, der K. als jungen Funktionär in Hamburg 1929 stark beeindruckte. Es ging eigentlich um die aktuelle Situation der Hafenarbeiter im Gängeviertel, in den Docks und auf den Fleeten. Aber es wurde auch die historische Situation des berühmten Hafenarbeiterstreiks von 1896/97 in Szene gesetzt, um mitten im Verfall der Republik den säkularen Solidarisierungsprozeß der Leute an der Küste wieder ins Gedächtnis zu rufen. Die zentrale Szene schildert einen Streikführer, der von einem Polizisten, der sein leiblicher Bruder ist, verhaftet und verhört werden soll. Der Polizist quittiert den Dienst, verweigert also aus Brüderlichkeit den Gehorsam gegenüber der Obrigkeit.

Vater K. arbeitete als Grobschmied in Hamburg auf den Werften. Die vielen Kinder mußten früh hinzuverdienen, Brötchen oder Zeitungen austragen. Mit 14 Jahren begann der junge K. als Schauermann im Hafen – eine damals sehr harte Arbeit, denn die Säcke mit der schweren Last wurden noch oft auf dem Buckel getragen. Im Sommer 1909 trat K. in die sozialistische Arbeiter-Jugend ein. Drei Jahre später wurde er Gewerkschaftsmitglied. Später war ihm der Hinweis wichtig, daß er noch unter den erschwerten kaiserlichen Bedingungen dem Transportarbeiterverband beitrat. Mit dem militärisch auftrumpfenden Wilhelminismus hatte K. nichts im Sinn. Er wurde 1915 widerwillig in den grauen Rock gezwungen.

In der Arbeitslosigkeit nach dem Ersten Weltkrieg mußte sich K. zunächst als Straßenkehrer verdingen. Als der Schiffsverkehr auflebte, bekam er Anfang 1920 wieder eine Stellung als Schauermann. Er wurde bald zum Vertrauensmann gewählt und führte schon im März 1920 seinen ganzen Schuppen in den Generalstreik gegen den Kapp-Lüttwitz-Putsch. Das im selben Jahr verabschiedete Reichsbetriebsrätegesetz bot ihm weitere Möglichkeiten, um die wirtschaftsdemokratischen Interessen seiner Kollegen zu vertreten. Ein Studium an der Akademie der Arbeit in Frankfurt/Main vermittelte ihm zusätzliche volkswirtschaftliche, arbeits- und sozialrechtliche Kenntnisse, so daß er am 1. Juli 1927 als hauptberuflicher Funktionär in den Dienst seiner Organisation treten konnte, und zwar wiederum in Hamburg in der »Rechtsauskunftsstelle« des Deutschen Verkehrsverbandes.

Mit den anderen Sekretären der Freien Gewerkschaften wurde K. am 2. Mai 1933 durch die gewaltsame Gleichschaltung der Freien Gewerkschaften arbeitslos. Jetzt bewährte sich die Vorbereitung auf illegale Arbeit, wie sie im Rahmen der Internationalen Transportarbeiter-Föderation seit 1932 betrieben wurde. K. reiste noch im Mai 1933 nach Amsterdam, wo Edo Fimmen, der legendäre Transportarbeiterführer, residierte. Bis Anfang 1934 hatte K. seine illegale Organisation aufgebaut. Sie funktionierte sogar »ausgezeichnet«, wie K. nach dem Krieg berichtete. Ostern 1935 konnte er mit 40 anderen Widerständlern den ersten illegalen Kongreß in Roskilde auf der dänischen Insel Seeland durchführen. Eine wichtige Aufgabe solcher Veranstaltungen war es, das gutgläubige Ausland über den wahren Charakter der NS-Diktatur aufzuklären. K. wurde gewarnt, als die ersten Teilnehmer an der Konferenz von Roskilde verhaftet wurden. Er flüchtete nicht, sondern blieb in Deutschland, um Spuren zu verwischen und Freunde zu schützen. Die Gestapo verhaftete ihn im Juni 1935 und ließ ihn als »Rädelsführer« zu zwei Jahren Gefängnis verurteilen – anschließend wurde er unter Polizeiaufsicht gestellt.

Bereits wenige Tage nach dem Einmarsch der Engländer am 3. Mai 1945 in Hamburg traf sich K. mit seinen Kameraden, um den Aufbau der Einheitsgewerkschaft in die Wege zu leiten. Nach einigen Schwierigkeiten mit der Besatzungsmacht, aber auch mit Funktionären der noch nicht wieder zugelassenen Arbeiterparteien, wurden im Sommer 1945 zunächst die Einzelgewerkschaften neu gegründet: K. übernahm den Vorsitz seiner Gewerkschaft in Hamburg, später auch den Vorsitz des Gewerkschaftsbundes an der Elbe.

Als Vorsitzender einer großen Organisation und als Repräsentant der Geschichte eines anderen, demokratischen Deutschland besaß K. einen politischen und moralischen Einfluß, der weit über das reine Gewerkschaftsamt hinausreichte. Er stand mit an der Spitze des Kampfes gegen die atomare Aufrüstung der Bundeswehr.

Als die Vorbereitung von Notstandsgesetzen durch die Bundesregierung unter Innenminister Gerhard Schröder bekannt wurde, veranlaßte K. schon im Dezember 1960 eine einstimmige Entschließung seines Vorstandes, die keinen Zweifel an der ablehnenden Haltung ließ: »Der Hauptvorstand der Gewerkschaft ÖTV lehnt ein Notstandsgesetz, das eine Änderung des Grundgesetzes erforderlich macht, ab und appelliert an alle Bundestagsabgeordneten, einer Verfassungsänderung nicht zuzustimmen.«

K. verstand die Einheitsgewerkschaft als Bollwerk der Demokratie und zugleich als Mittel der weiteren Demokratisierung im internationalen Zusammenhang. Bereits Anfang 1948 wählte ihn die Internationale der Öffentlichen Dienste (IÖD) in ihren Generalrat, bald darauf auch die ITF (Internationale Transportarbeiter-Föderation). Im November 1956 wählte ihn die IÖD zum Präsidenten der Weltorganisation. In die Amtszeit von K. fällt die Befreiung vieler Länder von der Kolonialherrschaft. Er unterstützte diesen Prozeß durch Reisen in die betreffenden Länder. Dabei schreckte er vor klaren Worten nicht zurück, wenn er sich durch Sträflingslager an die Methoden der Nazis erinnert fühlte. Er veröffentlichte ein Buch über die Zukunft Afrikas (*Wohin geht Afrika*, 1960) und eines über seine Reisen durch den schwarzen Kontinent mit dem charakteristischen Titel: *Bruder?* (1959).

Beier, G.: Schulter an Schulter, Schritt für Schritt. Lebensläufe deutscher Gewerkschafter. Von August Bebel bis Theodor Thomas. Köln 1983. – Karl, U.: Es waren unbequeme Zeiten. Das Leben von Adolph Kummernuss: ein ständiger Kampf, in: Vorwärts, 16. 8. 1979. – Nachtmann, W.: Geboren vor 100 Jahren: Adolph Kummernuss. Ein Leben für den sozialen Fortschritt, in: ÖTV-MAGAZIN, Nr.6, 1995.

Gerhard Beier

Kunert, Sophie; verh. Benfey-Kunert

Geb. 1. 3. 1896 in Spandau; gest. 18. 1. 1960 in Göttingen

»(...) aber dennoch brauchen wir weibliche Seelsorger und zwar aus dem ganz einfachen Grunde, weil der größte Teil der kirchlich und religiös Interessierten Frauen sind.« Mit diesen Worten plädierte die damals als kaufmännische Angestellte tätige K. 1923 im Organ des Bundes Deutscher Frauenvereine *Die Frau* für die Gleichberechtigung von Theologinnen in der evangelischen Kirche.

Ende des 19. Jahrhunderts erlangten die ersten Frauen mit Ausnahmegenehmigung den Zugang zu deutschen Universitäten, 1901 konnten sich Frauen generell an den Universitäten Heidelberg und Freiburg immatrikulieren lassen, 1904 auch in Tübingen, während in Preußen Frauen erst seit 1908 zum Hochschulstudium zugelassen waren. Dies galt auch für Theologiestudentinnen; sie konnten aber erst seit 1919 das Fakultätsexamen ablegen, und auch dann noch blieb ihnen Ordination und Anstellung in der Kirche versagt. Die formaljuristische Gleichstellung von Frau und Mann in der Weimarer Verfassung, der das aktive und passive Wahlrecht in der Kirche folgte, sowie ein erhöhter Bedarf an Theologen in den Gemeinden führten dazu, daß in den zwanziger Jahren intensiv erörtert wurde, ob Frauen das geistliche Amt zugänglich gemacht werden sollte. Eine der engagiertesten Kämpferinnen für dieses Ziel war K.

Aufgewachsen in großbürgerlichen Verhältnissen als jüngste Tochter eines vermögenden Oberlehrers in Spandau, entwickelte K. schon frühzeitig kämpferischen Elan und einen ausgeprägten Leistungswillen, um sich gegen ihre Schwestern und Eltern zu behaupten. 1916 gestattete ihr der Vater nach einigen Auseinandersetzungen zu studieren, ungewöhnlich für eine »höhere Tochter«. Nach zwei Jahren wechselte K. von der Philologie ganz zur Theologie und legte 1921 als eine der ersten Frauen in Berlin das Fakultätsexamen ab. Weil es zu diesem Zeitpunkt keine Berufsaussichten in den evangelischen Kirchen gab, ja noch nicht einmal die Möglichkeit, die zweite Ausbildungsphase, das Vikariat, zu absolvieren, arbeitete K. als Erzieherin und im kaufmännischen Bereich, studierte Nationalökonomie, publizierte zum Thema Frauen in der Kirche und arbeitete in ihrer Freizeit als Seelsorgerin in einem Berliner Frauengefängnis. Von dort wurde ihr eine Stellung als Fürsorgerin und Seelsorgerin im Hamburger Strafvollzug vermittelt, die sie im Januar 1925 antrat.

Da K. ihr Ziel, die Gleichberechtigung der Theologinnen, weiter verfolgte und für ihre Arbeit im Frauengefängnis auch eine kirchliche Bestätigung haben wollte, beantragte sie erfolgreich die Zulassung zum Vikariat in der Hamburger Landeskirche. Nach bestandener Abschlußprüfung 1925 durfte K. dank der hartnäckigen Unterstützung einzelner von 1927 an die Tätigkeit einer Pfarramtshelferin ausüben – allerdings nur mit eingeschränkten Rechten und bei geringer Bezahlung. Für ihren Dienst wurden diese eingesegnet und nicht wie Pastoren ordiniert. K. konnte sogar erreichen, daß die Kirche ihr ausnahmsweise die sonst nur Männern vorbehaltene Sakramentsverwaltung im Frauengefängnis übertrug.

K. versah ihre Arbeit im Frauengefängnis weitgehend selbständig und war nur dem Präsidenten des Strafvollzugsamtes unmittelbar verpflichtet. In erster Linie verstand sie sich als Theologin, nicht als Sozialpädagogin. Sie amtierte wie ein Pastor und hielt auch die Abendmahlsgottesdienste. Auch politisch engagierte sich K. und kandidierte - erfolglos - für die »Deutsche Volkspartei« (DVP) bei der Reichstagswahl 1930. Der Hamburger Landesverband der DVP war am rechten Rand der rechtsliberalen Partei angesiedelt. Warum eine so für die Rechte der Frauen kämpfende Persönlichkeit sich einer Partei anschloß, die gerade in diesem Punkte die Entwicklung wieder rückgängig machen wollte, verwundert.

Daneben hielt K. Vorträge und publizierte zahlreiche Artikel zur Situation von Frauen in der Kirche. Um den inhaftierten Frauen besser helfen zu können, studierte sie nebenbei Psychologie und promovierte 1933 bei William Stern zum Thema *Abhängigkeit, eine personale Struktur straffälliger Frauen*. Ende Februar 1934 - seit einem Jahr waren die Nazis an der Macht - schied K. mit 38 Jahren auf eigenen Wunsch aus dem Dienst, da sie sich mit der katholischen Leiterin des Frauengefängnisses nicht verstand. Sie heiratete anschließend den aus einer sog. judenchristlichen Familie stammenden Göttinger Pastor Bruno Benfey.

Sie war nunmehr Pfarrfrau in Göttingen und kümmerte sich um die beiden Kinder ihres Mannes aus erster Ehe. Mit der fortschreitenden Entrechtung der »Nichtarier« gerieten auch die Benfeys in eine immer bedrohlichere Lage: Sie wurden zum Ziel antisemitischer Attacken. Gegen die Anfeindungen, auch aus der eigenen Gemeinde, setzte sich K. mutig zur Wehr. Der hannoversche Landesbischof August Marahrens stellte sich nicht schützend vor Pastor Benfey, sondern versetzte ihn in den einstweiligen Ruhestand. Aufnahme fand die Familie in der freien Bekenntnisgemeinde, jenem Teil der evangelischen Kirche, der den Ausschluß der »Nichtarier« ablehnte und auf Distanz zur Diktatur ging, in Wernigerode.

Im Anschluß an die reichsweiten Pogrome in der Nacht vom 9. zum 10. November 1938 wurde Benfey verhaftet und in das Konzentrationslager Buchenwald gebracht. Wegen früherer ökumenischer Kontakte wurde er nach einigen Wochen aus der Haft entlassen, zugleich aber ausgebürgert. Über die Schweiz, die sie nicht dauerhaft aufnehmen wollte, gelangte die Familie in die Niederlande, wo Benfey als Seelsorger für das »Protestantische Hilfskomitee für wegen Rasse oder Glaube Geflüchtete« wirkte und deutschsprachige protestantische Flüchtlinge in Lagern im ganzen Land betreute. Hier konnte K. wieder als Geistliche arbeiten.

1946 kehrte K. nach Göttingen zurück, wo ihr Mann seine alte Pfarrstelle wieder einnahm. K. war als Pfarrfrau engagiert, leitete einen ökumenischen Arbeitskreis, übersetzte Zeitschriftenartikel aus ökumenischen Publikationen und trat mit Vorträgen in Frauenkreisen und Bibelgruppen auf. 1957 hielt sie zusammen mit einer Japanerin den Gottesdienst am Weltgebetstag der Frauen. Eine hauptamtliche Tätigkeit als Pfarramtshelferin war ihr allerdings nicht möglich, zumal für evangelische Theologinnen noch immer das Zölibat galt.

Die volle rechtliche Gleichstellung von Theologinnen in allen protestantischen Landeskirchen erfolgte erst 1991 mehr als 30 Jahre nach K.s Tod. 1992 wurde mit Maria Jepsen in Hamburg die erste Bischöfin einer evangelisch-lutherischen Kirche in der Welt gewählt. Dennoch ist die tatsächliche Gleichstellung im Alltag noch längst nicht selbstverständlich.

Hering, R.: Frauen auf der Kanzel? Die Auseinandersetzung um Frauenordination und Gleichberechtigung der Theologinnen in der Hamburger Landeskirche. In: Zeitschrift des Vereins für Hamburgische Geschichte 79 (1993), S. 163-209. - Hering, R.: Die Theologinnen Sophie Kunert, Margarete Braun, Margarete Schuster (Hamburgische Lebensbilder in Darstellungen und Selbstzeugnissen, 11). Hamburg 1996. - Söderblom, K.: Sophie Kunert-Benfey. In: Bedeutende Frauen Göttingens. Göttingen 1993, S. 276-288.

Rainer Hering

Küppers, Erica

Geb. 20. 12. 1891 in Essen; gest. 16. 9. 1968 in Bad Vilbel

K. war eine der ersten Frauen, die in Deutschland Theologie studierten. Daher fanden viele Theologinnen ihren Weg nur außerhalb oder am Rande der Kirche. K. begann ihren Berufsweg als Studienrätin an einem Mädchengymnasium; Deutsch, Philosophie und Religion waren ihre Fächer. In der zweiten Lebenshälfte fühlte sie sich zunehmend der Arbeit innerhalb der Kirche verbunden und beantragte deshalb 1950 ihre Ordination, die dann durch ihren Freund, den Kirchenpräsidenten ihrer hessisch-nassauischen Landeskirche, Pfarrer Martin Niemöller, vollzogen wurde. K.' Wandlung zur sozial und politisch engagierten Christin war durch den Kampf der Bekennenden Kirche im Dritten Reich, sowie die kirchliche und politische Restauration in Westdeutschland nach 1945 bedingt, die sie mit aller Kraft bekämpfte.

K. entstammte dem gehobenen Bürgertum der Kaiserzeit, in dem »die mangelnde Bereitschaft, mit Begeisterung Soldat zu werden«, schon als »Anarchismus« gegolten habe. Der Vater war katholisch, die Mutter evangelisch, die Kirche spielte in ihrem Elternhaus nur eine konventionelle Rolle. Ihre unabhängige Situation als Studentin vor und während des Ersten Weltkriegs nahm sie als Selbstverständlichkeit. Durch die Begegnung mit Marianne Weber - Vorsitzende (1919-1923) und Vertreterin des konservativen Flügels des »Bundes Deutscher

Frauenvereine« und Ehefrau des Soziologen Max Weber – wurde ihr klar, daß sie damit bereits privilegiert war. Gegenüber der Frauenbewegung verhielt K. sich distanziert, trat aber mit großem Nachdruck für die Erziehung der Frauen zum selbständigen Denken und, vor allem nach dem Zweiten Weltkrieg, zum politischen Handeln ein.

Entscheidend für ihr späteres Leben wurde die Beziehung zu Karl Barth, der – nicht zuletzt unter dem Eindruck des »Einknickens« seiner Lehre an der Universität Marburg vor dem Zeitgeist der Kriegsbegeisterung – 1915 der schweizer sozialdemokratischen Partei beigetreten war und Hauptvertreter der religiös-sozialen Bewegung in der Schweiz und in Deutschland wurde. Noch vor der ersten persönlichen Begegnung hatte K. 1919 mit großer Begeisterung Barths unter dem Titel *Tambacher Vortrag* bekanntgewordene Schrift *Der Christ in der Gesellschaft – Der Römerbrief* (1919) über Christentum in der modernen Gesellschaft gelesen. Darin fordert Barth die Teilnahme des Christen am öffentlichen Leben. Der schweizer Kaufmann Ruedi Pestalozzi, damals einer von Barths engsten Freunden, machte K. mit Barth bekannt.

In der zweiten Hälfte der zwanziger Jahre war K. Studienrätin an den staatlichen Erziehungs- und Bildungsanstalten in Droyssig bei Zeitz. 1929 erhielt sie durch Vermittlung des späteren preussischen Kultusministers Adolf Grimme ein Stipendium für ein Studium der Theologie, und zwar bei Karl Barth, der damals in Bonn lehrte. K. begann ihr Studium im Sommersemester 1930. In diesen unruhigen Jahren vor Hitlers Machtergreifung fing K. zum ersten Mal an, sich direkt mit Politik zu beschäftigen. Sie studierte die Parteiprogramme der Konservativen und der Kommunisten, deren Weltanschauung für sie eine Art von Religion bedeutete, die sie freilich nicht habe bejahen können.

Als Hitler 1933 die Macht übernahm, wurde K. zurück an die Schule in Droyssig beordert und fand dort eine völlig neue Situation vor: Die nationalsozialistische Weltanschauung hatte von Lehrkräften und Schülerinnen Besitz ergriffen, besonders in Form der Doktrin von dem »arischen Christus« und in der Ablehnung der Juden. Sie hielt unterdessen weiterhin ihre obligaten Schulandachten über Texte des Alten Testaments, behandelte im Deutschunterricht Lessings Freundschaft mit Moses Mendelssohn und provozierte damit nicht nur innerhalb der Schule Mißfallen, sondern auch bei der vorgesetzten Behörde. Bereits im Sommer 1933 wurde K. an eine Mädchenschule in Magdeburg strafversetzt. Mit schlechtem Gewissen leistete sie den Beamteneid auf Adolf Hitler und widerrief ihn, als sie erfuhr, daß Karl Barth in Bonn als Ergänzung zu dem Treuegelöbnis den Einschub »soweit ich es als evangelischer Christ verantworten kann« forderte, was Ende 1934 zu seiner Entlassung führte.

Durch Barths Vorbild angeregt, reichte nun K. – und zwar direkt beim Reichsminister für Erziehung und Wissenschaft – die Anfrage ein, ob die Schlußformel des Eides »so wahr mir Gott helfe« den für Christen selbstverständlichen Vorbehalt einschließe, daß Gott höher stehe als jede staatliche Autorität. Die Antwort war ihre sofortige Versetzung in den Ruhestand, und dieser folgte ein Jahr später noch ein Redeverbot für das Land Sachsen, vermutlich aufgrund einer Denunziation.

Nun stand K. mit 44 Jahren auf der Straße – doch in Kreisen der Bekennenden Kirche war man auf sie aufmerksam geworden und bat sie, katechetische Kurse zur theologischen Fortbildung von Laien auf der hessischen Burg Hohensolms bei Wetzlar zu übernehmen. Im November 1936 bot der Stadtverband der evangelischen Frauenhilfe ihr den Posten einer theologischen Fachkraft an, und so kam K. nach Frankfurt. Bisher hatte sie ihre Opposition gegen den Nationalsozialismus theologisch verstanden. Jetzt lernte sie, ihn auch politisch zu begründen. Den Anstoß gab erneut eine Schrift Karl Barths über *Rechtfertigung und Recht*, in der er den bekannten (und strittigen) Satz des Paulus »Jedermann sei untertan der Obrigkeit, die Gewalt über ihn hat, denn es ist keine Obrigkeit ohne von Gott« (Römer 13,1) kritisch interpretierte. Nach Barths Verständnis fordert Paulus statt Unterwerfung und blinden Gehorsams Gebete, die praktische Folgen nach sich ziehen und dort, wo der Staat das Recht nicht tut, zum Widerstand führen.

Als Barth aber dann anläßlich des deutschen Einmarsches in die Tschechoslowakei im März 1939 »die Söhne der Hussiten« zum militärischen Widerstand aufrief (Brief an den Prager theologischen Dekan Josef Hromádka vom 19. September 1938), war dergleichen Widerstand gegen die Staatsmacht für K. noch undenkbar. Selbst Anhänger von Barth waren schokkiert und dies umso mehr, als die nationalsozialistische Propaganda Barths Aufruf dazu benutzte, die »Bekennende Kirche« – als Gegengründung zur nationalsozialistischen Organisation »Deutsche Christen«- zu spalten. Tagelang diskutierte K. mit den Amtsbrüdern, versuchte aber, Barth zu verteidigen. Allerdings vermochte sie selbst noch nicht einzusehen, warum Barth im Falle des Hitlerstaats aktiven Widerstand forderte, während doch die Bibel bezeugte, daß sich das Volk Gottes zurückhielt (gegenüber Assur, Babylon, Rom) und die böse Herrschaft ertrug. Auch blieb K. mißtrauisch gegenüber der von Barth bevorzugten demokratischen Staatsform und hielt dagegen: »In der Demokratie kann der Teufel ebenso sein.« Am 9./10. November 1938 beseitigte der Sturm auf die Synagogen und jüdischen Geschäfte jedoch ihre Zweifel an Barths Forderungen und auch ihre Zweifel an der demokratischen Staatsform.

Nach dem Krieg war K. Redakteurin und Mitherausgeberin einer kirchlichen Zeitschrift (*Stimme der Gemeinde*), gesuchte Rednerin vor allem zu Themen, die mit der Schuld der Deutschen und dem Aufbau einer besseren Gesellschaft zu tun hatten, als Predigerin, als Mitarbeiterin und Organisatorin politischer Veranstaltungen für Frauen. Sie gehörte zu den Gründerinnen der westdeutschen Frauen-Friedensbewegung und nahm es in Kauf, deswegen als »kommunistisch unterwandert« zu gelten: daher wurde ihr auch jahrelang das Einreisevisum in die USA – in der Zeit des »Kalten Krieges« – verweigert. Als engagiertes Mitglied der Landessynode der Evangelischen Kirche in Hessen und Nassau sorgte sie dafür, daß diese frühzeitig liberale Pfarrerinnengesetze einführte.

Flesch-Thebesius, M.: Blume der Steppe. Das Leben der Pfarrerin Erica Küppers 1891–1968. Schriftenreihe des Evangelischen Regionalverbandes Frankfurt/Main Nr. 19. 1994. – Prolingheuer, H.: Der Fall Karl Barth. Chronologie einer Vertreibung. Neukirchen-Vluyn 1977.

Marlies Flesch-Thebesius

Küster, Fritz

Geb. 11. 12. 1889 in Ober-Einzingen (Lüneburger Heide); gest. 13. 4. 1966 in Hannover

K. wurde als uneheliches Kind einer Dienstmagd geboren, sein Vater wanderte in die Vereinigten Staaten von Amerika aus. Nach dem Besuch der Volksschule in Dorfmark (Fallingbostel) arbeitete K. in der Landwirtschaft. Den Besuch der Baugewerksschule in Buxtehude beendete er mit dem Meisterexamen im Tiefbau (1912). Als Vermessungstechniker im Gleisanlagenbau war K. danach für die Reichsbahndirektion Elberfeld tätig. Die allgemeine Begeisterung der Deutschen bei Ausbruch des Ersten Weltkriegs teilte er nicht. R. führte den Kriegsausbruch auf den preußisch-deutschen Militarismus zurück, der sich jahrzehntelang auf die Erringung der Weltherrschaft vorbereitet habe. Als »kriegsverwendungsfähig Artillerie« gemustert (1917), konnte K. seine Einberufung bis Kriegsende verzögern. Nach einer Mitgliedschaft in der »Deutsch-Hannoverschen Partei«, deren Führung er vergeblich aufforderte, die deutsche Kriegspolitik zu bekämpfen, wurde K. 1920 Mitglied in der »Deutschen Demokratischen Partei« (DDP). Als der DDP-Reichstagsabgeordnete Bernhard Dernburg den Versailler Vertrag als »Magna Charta der Bedrohung« bezeichnete, dessen »unmittelbare Revision« erforderlich sei, erklärte K. noch 1920 seinen Parteiaustritt. Bereits im nächsten Jahr schloß er sich der »Sozialdemokratischen Partei Deutschlands« (SPD) an, in der er sich aber nicht engagierte, da sie nach seiner Auffassung den »entschlossenen Kampf gegen die alten Gewalten« vermissen ließ.

Zwischen Demokratie und »Bismarckschem Schwertglauben« gab es für K. keinen Kompromiß: »Die Hauptaufgabe aller Pazifisten und entschiedenen Republikaner ist es, Faschismus und Militarismus auf das schärfste zu bekämpfen.« Kurz nach Kriegsende (1919) trat K. der 1892 gegründeten »Deutschen Friedensgesellschaft« (DFG) bei. Den Friedensvertrag von Versailles hielt er für angemessen und kritisierte die »faktische Einheitsfront« von »nationalistischen Raufbolden« und »reaktionären Militärs«. Die Kritik am preußisch-deutschen Militarismus wurde zur Hauptforderung der von K. ausgehenden »Hagener Richtung« in der DFG. Auf der Erfurter DFG-Bundestagung 1927 setzte sie sich durch: K. wurde erstmals zum Bundesvorsitzenden gewählt (bis 1933). Er fühlte sich keiner Partei oder Weltanschauung dienstbar: »Der Kampf der Friedensbewegung kann wirksam nur auf überparteilicher und religiös neutraler Grundlage geführt werden.«

1921 gründete K. die in Hagen und später in Berlin erscheinende Wochenzeitung *Der Pazifist*: »Der Pazifist (...) erstrebt als Organ der Friedensgesellschaft durch rastlose Aufklärung eine Einheitsfront aller ehrlichen Friedensfreunde, ohne Unterschied der Partei und der Religion, gegen Imperialismus, Chauvinismus und Militarismus; für Wahrheit Freiheit und Weltfrieden!« K. quittierte seinen Dienst bei der Reichsbahn und amtierte als Herausgeber und Chefredakteur des Blattes. Im April 1925 wurde *Der Pazifist* in *Das Andere Deutschland* umbenannt und erschien unter diesem Titel bis zum Verbot durch die Nationalsozialisten 1933.

K. vertrat im *Anderen Deutschland* die Auffassung, daß von Deutschland unverändert eine Kriegsgefahr ausgehe. In der Zeitung wurden Fälle illegaler deutscher Aufrüstung (»Schwarze Reichswehr«) publiziert. Daraufhin wegen »Landesverrats« angeklagt, wurde K. 1928 vom Reichsgericht zu neun Monaten Festungshaft verurteilt, die er jedoch infolge einer Amnestie des Reichspräsidenten nicht antreten mußte. Die Entscheidung der im Juni 1928 gebildeten Regierung Hermann Müller (SPD) für den Bau des »Panzerkreuzers A« lehnte K. ab. Er unterstützte ein dagegen gerichtetes Volksbegehren der KPD und warf Müller »nationalistische Politik unter republikanischer Flagge« vor. Den Kampf um die Reichswehr hielt K. indes für ebenso aussichtslos, wie letztlich auch den Kampf um die Weimarer Republik. Er setzte sich für die Schaffung einer zweiten Republik ein. Nach heftiger Kritik an der »nationalistisch-militärfrommen Tolerierungspolitik der SPD« und der »pseudorevolutionären Katastrophenpolitik der KPD« erklärte er 1931 seinen Austritt aus der SPD.

Im Oktober 1931 gehörte K. zu den Mitbegründern der »Sozialistischen Arbeiterpartei Deutschlands« (SAP). In den republikanischen Parteien sah er »betrogene Betrüger«: »Nach außen hin bekannten sie sich zur Verständigung, aber im Innern haben sie alles mitgemacht, was die Verständigung vereitelte.« K., der dem pazifistischen Flügel des SAP-Parteivorstands angehörte, erhoffte sich die Schaffung einer gemeinsamen Kampffront von SPD und KPD: »Die in falscher Taktik verhärteten Parteien der Linken bedürfen eines Sauerteiges, der ihnen Gärung, Klärung, Bewegung schafft. Von oben her ists hoffnungslos geworden. Von unten und von innen her muß die Erneuerung kommen.« Doch das erwies sich als unmöglich. Im Sturz der sozialdemokratischen Regierung Preußens im Juli 1932 erkannte K. das Ende der »freiesten Republik« in der Geschichte Deutschlands.

Nach dem Machtantritt der Nationalsozialisten 1933 lehnte K. eine Emigration ab. Sein Verbleiben in Berlin war der symbolische Versuch, sich der nationalsozialistischen Barbarei, die er jahrelang bekämpft hatte, entgegenzustellen. Nach seiner Verhaftung schon im Frühjahr 1933 war K. fünfeinhalb Jahre lang in verschiedenen Konzentrationslagern, zuletzt in Buchenwald. Seine Haftentlassung 1938 erfolgte auf Intervention britischer Pazifisten. Bis 1945 arbeitete K. für eine Gleisbau-Firma in Hannover. Er hatte Verbindung zum Widerstand (Kreisauer Kreis) und sollte auf Wunsch von Julius Leber nach der Beseitigung von Adolf Hitler »Reichskommissar zur Aburteilung von Naziverbrechen« werden.

Im Dezember 1945 wurde K. Mitglied der SPD. Zum Eintritt in die Partei ermunterte ihn Kurt Schumacher in einem längeren Gespräch. Wie schon in den zwanziger Jahren stand K. der SPD kritisch gegenüber: »Ich bin zwar nominelles Mitglied der Partei, bin aber völlig passiv und mit sehr Vielem nicht einverstanden.« Schon 1951 schloß man ihn als Gegner einer sich anbahnenden Wiederaufrüstung aus der SPD aus.

Die von K. angeregte, aber nicht zustandegekommene Gründung einer »Forschungsgemeinschaft Das ›Andere Deutschland‹« (1948) sollte die Geschichte des antifaschistischen Widerstandes untersuchen, um dem Entstehen einer neuerlichen Dolchstoßlegende entgegenzuwirken. Ziel war es zu beweisen, daß der Sturz Hitlers und seiner Gefolgsleute »nationalste deutsche Pflicht aller wirklichen Patrioten« gewesen wäre.

Von 1945 bis 1947 amtierte K. als DFG-Bundesvorsitzender. Nach internen Streitigkeiten erklärte er 1954 seinen Austritt aus der DFG. Die Wochenzeitung *Das Andere Deutschland* erschien ab 1947 in Hannover. K. konzentrierte sich nun auf den Wiederaufbau seiner Zeitung, die jedoch an ihre frühere Bedeutung nicht mehr anschließen konnte. Nach seinem krankheitsbedingten Ausscheiden im Jahre 1962 geriet *Das Andere Deutschland* unter den Einfluß der DDR. Als die SED an einer Finanzierung nicht mehr interessiert war, mußte das Blatt sein Erscheinen einstellen (1969).

Appelius, St. (Hg.): Fritz Küster – Der Frieden muß erkämpft werden. Oldenburg 1988. – Appelius, St.: Pazifismus in Westdeutschland. Die Deutsche Friedensgesellschaft 1945–1968. Aachen 1991. – Lütgemeier-Davin, R.: Pazifismus zwischen Kooperation und Konfrontation. Das Deutsche Friedenskartell in der Weimarer Republik. Köln 1982.

Stefan Appelius

Lamszus, Wilhelm

Geb. 13. 7. 1881 in Altona; gest. 17. 1. 1965 in Hamburg

Zwei Aspekte prägten lebenslang das demokratische Engagement von L.: der Antimilitarismus und die Reformpädagogik. Als Sohn eines sozialdemokratischen, auf Bildung bedachten Schuhmachers geboren, wurde L. Lehrer und wirkte in einem SPD-Lehrerverein. Bekannt wurde er durch sein Buch *Das Menschenschlachthaus. Bilder vom kommenden Krieg.* (1912, Neudruck 1980). Dieses Antikriegsbuch wurde in zahlreiche Sprachen übersetzt und erlebte viele Auflagen. Die siegreichen Kriege von 1864 gegen Dänemark, 1866 gegen Österreich und 1870/71 gegen Frankreich führten in der wilhelminischen Gesellschaft zu einer romantischen Verklärung von Kriegen und Schlachten. Demgegenüber wollte L. über perfektionierte Massenvernichtungswaffen, die er bei einer Reserveübung kennengelernt hatte, aufklären und vor ihren Folgen warnen. In expressionistischer Sprache schilderte L. in eindrucksvollen Bildern das Grauen sowie die Zerstörungen des Krieges und konnte so die gängigen Klischees demaskieren. Die Informationen über die Maschinisierung des Tötens (Mausergewehre, Bomber, Luftwaffe) und das qualvolle Sterben der Soldaten trafen den Nerv einer hochgradig militarisierten Gesellschaft und zeigten, daß die Desillusionierung des Kriegsgeschehens eine wichtige pazifistische Aufgabe war und bis heute geblieben ist.

Die Propaganda des Kaiserreichs richtete sich vor allem aggressiv gegen Frankreich. L. plädierte hingegen für den Abbau von Feindbildern und vermittelte die Einsicht, daß auf der Gegenseite auch Menschen stehen. Für L. war es wesentlich sinnvoller, die Rüstungsausgaben für die Behebung von Problemen wie Hunger, Elend und Krankheit zu verwenden. Außerdem kritisierte L. die Kriegsverherrlichung des institutionalisierten Christentums.

Das kaiserliche Deutschland, das sich zu einem »Griff nach der Weltmacht« (Fritz Fischer) anschickte, mußte sich durch L. provoziert fühlen und reagierte entsprechend. Nach der Veröffentlichung des Buches wurde L. von der Politischen Polizei observiert und sogar für kurze Zeit vom Dienst beurlaubt. Das preußische Generalkommando und der Kronprinz forderten vom Hamburger Senat ein Vorgehen gegen den Antimilitaristen, aber der liberale Schulsenator von Berenberg-Goßler blockte dies ab. Das Antikriegsbuch wurde 1915 verboten und erfuhr nach Kriegsende eine Fortsetzung durch *Das Irrenhaus* (1919) und durch die Gedichtsammlung *Der Leichenhügel* (1921). Eine Schrift über den bevorstehenden Zweiten Weltkrieg konnte L. erst nach 1945 veröffentlichen. *Der große Totentanz* (1948) steht in seiner prophetischen Aussage dem *Menschenschlachthaus* in nichts nach.

Die soziale Militarisierung der wilhelminischen Gesellschaft vollzog sich auf schulischer Ebene durch die Aufrüstung des Geistes und einer Mobilmachung im Unterricht. Daher müssen die reformpädagogischen Konzepte von L. als Ausdruck seines Pazifismus angesehen werden. Gemeinsam mit seinem Kollegen Adolf Jensen (1878–1965) erstrebte L. durch die Publikationen *Unser Schulaufsatz, ein verkappter Schundliterat* (1910), *Der Weg zum eigenen Stil. Ein Aufsatzpraktikum für Lehrer und Laien* (1912) und *Die Poesie in Not. Ein neuer Weg zur literarischen Gesundung unseres Volkes* (1913, 2. Auflage von 1921 unter dem Titel *Schulkaserne oder Gemeinschaftsschule?*) eine Reform des Deutschunterrichts.

Kindern und Jugendlichen sollte es ermöglicht werden, eine eigene Praxis des Schreibens zu entwickeln, als eine Form der persönlichen Auseinandersetzung mit der Lebenswelt. Lehrenden sollte die Funktion von Beratenden, ja Lernenden zukommen. Diese demokratische Auffassung von gegenseitigem Lernen und von selbstbestimmtem Unterricht hieß deutliche Kritik an der vorherrschenden Übertragung des militärischen Prinzips von Befehl und Gehorsam auf die Schule. Ungewöhnlich war auch die Forderung, die Trennung von Schule und Alltagsleben aufzuheben.

Aus Enttäuschung über die SPD wurde L. von 1919 bis 1927 Mitglied der KPD. Obwohl diese Partei den Versuchsschulen ablehnend gegenüberstand, ließ sich L. von seinen pädagogischen Idealen nicht abbringen und arbeitete während der Weimarer Republik als Lehrer einer Gemeinschaftsschule im Arbeiterviertel Hamburg-Barmbek. Hier versuchte er, die Idee von der Schule als Lebensgemeinschaft – und nicht als Instrument von Herrschenden über Untertanen – mit einem größtmöglichen Freiraum gegenüber Behörden zu verwirklichen. Um europaweit reformpädagogische Konzepte kennenzulernen, ließ sich L. beurlauben.

Nach dem Machtantritt der Nationalsozialisten erhielt L. Berufs- und Schreibverbot und wurde vorzeitig pensioniert – bei Kürzung der Pension. L. zog sich in die innere Emigration zurück und kümmerte sich, da er oft erkrankt war, um eine gesunde Lebensweise und um Wege der Heilkunde. Seine Erfahrungen fanden ihren Niederschlag in dem Buch *Das Geheimnis der Gesundheit*, das 1950 erschien.

Eine Berufung zum Direktor der Pädagogischen Hochschule Berlin 1946 lehnte L. aus gesundheitlichen Gründen ab und moderierte – wie vor 1933 – zusammen mit Kindern Sendungen für den Rundfunk. Nach dem Zweiten Weltkrieg erkannte L. bald, daß seine pädagogischen Ideale – nochmals formuliert in *Pädagogische Dilettanten oder geborene Erzieher?* (1948) und *Kindgemäßer Aufsatzunterricht* (1948) – nicht umgesetzt wurden, weil sich die restaurativen Kräfte formieren und durchsetzen konnten.

Im Jahre 1960 wurde L. die Ehrendoktorwürde der Pädagogischen Fakultät der Berliner Humboldt-Universität verliehen.

Gleim, B.: Der Lehrer als Künstler. Zur praktischen Schulkritik der Bremer und Hamburger Reformpädagogen. Weinheim 1985. – Lipp, K.: Ein Volksschullehrer warnt vor Militarismus und Erstem Weltkrieg. Wilhelm Lamszus, Das Menschenschlachthaus (1912), in: Anarchismus und Bildung, Jg. 4, 1990, S. 67–75. – Pehnke, A.: Der Volksschullehrer Wilhelm Lamszus im Kampf gegen den imperialistischen Krieg, in: Pädagogik, 42. Jg., 1987, S. 417–424.

Karlheinz Lipp

Landauer, Gustav

Geb. 7. 4. 1870 in Karlsruhe; gest. (ermordet) 2. 5. 1919 in München

»Es muß wieder werden, wie es einst war: Da stellten die Männer das Werkzeug in die Ecke und nahmen die Waffe oder den Stock zur Hand und gingen zum Thing. Da berieten sie über bestimmte Dinge der Gemeinschaft (...). So traten die Dorfgemeinden und Stadtgemeinden zusammen, so gaben die Beauftragten Rechenschaft, so wurden neue Beauftragte ernannt (...) und jeder stand seinen Mann und stand bieder und ehrenhaft in seinen Stiefeln und wirkte fürs gemeine Ganze.« Wie kam ein Mann dazu, eine solide rückwärts gewandte Idylle oder Utopie in einem hochbrisanten Moment, am 25. November 1918, mitten während der Revolutionszeit in München, als politisches Programm zu verkünden?

L. wuchs als Sohn jüdischer Eltern in Karlsruhe auf. Schon während der Gymnasialzeit zeigte er reges Interesse für Literatur und Philosophie. Er studierte Germanistik und Philosophie und begann früh zu schreiben, meist über literarische Themen oder Theaterkritiken für Zeitungen und Zeitschriften. Als Student empfand er schmerzlich den Widerspruch zwischen den Idealen der Kunst und der ihn umgebenden Wirklichkeit. Er litt unter dem Materialismus und der Ungeistigkeit des »Wilhelminismus«, den Heinrich Mann in dem Roman *Der Untertan* (1914 Vorabdruck, 1918 Buchausgabe) eindrucksvoll beschrieben hat.

Auf der Suche nach anderen Lebensformen und einer gerechteren Gesellschaft schloß L. sich 1892 den »Jungen« an, einer Gruppierung innerhalb der SPD, die nach dem Ende des Sozialistengesetzes 1890 den Übergang zur legalen Massenpartei und zu parlamentarischen Kampfformen ablehnte und »revolutionär« bleiben wollte. Als L. zu den »Jungen« stieß, waren sie bereits ausgeschlossen und bemühten sich, eine unabhängige sozialistische Bewegung zu gründen. Sie zerfiel bald in einen marxistischen und einen anarchistischen Flügel, wobei L. sich dem letzteren anschloß. 1893 war er Delegierter bei einem Anarchistenkongreß in Zürich. Den Marxismus lehnte er ab und setzte dem Marxschen Determinismus einen ausgeprägten Voluntarismus entgegen: Es komme nicht auf die äußeren Umstände an, sondern allein auf den Willen des einzelnen zum Sozialismus. Der Staat, das Instrument der Herrschenden, und die Parteien, die – einschließlich der SPD – Bestandteile der bestehenden Gesellschaft seien, könnten nur überwunden werden, wenn die Menschen sich wandelten, wenn sie freiwillig aus diesem System ausstiegen und anders leben wollten.

Am Anfang würden es wenige sein. Sie sollten fern der Großstadt selbstverwaltete Siedlungen gründen. L. arbeitete seit 1893 in Gruppen und Vereinigungen mit, die die ländliche (oder auch Stadtrand-)Siedlung propagierten. Der Gedanke, eine neue Gesellschaft auf der Grundlage eines – nichtmarxistischen – Sozialismus in ganz neuer Umgebung aufzubauen, besaß für großstadtmüde Intellektuelle eine beträchtliche Faszination: »So wollen wir uns denn aneinander schließen und wollen darauf ausgehen, sozialistische Gehöfte, sozialistische Dörfer, sozialistische Gemeinden zu gründen. (...) Der Landhunger muß über euch kommen, Großstadtmenschen!« Zu Lebzeiten L.s kam es jedoch zu keiner Siedlung aufgrund seiner Initiative oder mit seiner Beteiligung, sei es aus Geldmangel, sei es, weil Begeisterung allein die praktischen Probleme nicht zu lösen vermochte. An anderer Stelle dagegen, in Palästina, erlebten seine Siedlungsideen in den Kibbuzim »ein gewisses Maß des Gelingens«, wie es Martin Buber, Schüler und enger Freund L.s, meinte (*Der utopische Sozialismus*, 1967).

Aufgrund von Artikeln in der anarchistischen Zeitschrift *Der Sozialist* wurde L. mehrfach wegen Aufforderung zum Ungehorsam gegen die Obrigkeit oder wegen ähnlicher Delikte verurteilt. Er lebte – mehr schlecht als recht – vom Ertrag seiner journalistischen und literarischen Arbeiten, zu denen auch ein Roman und eine Novelle gehörten, und gelegentlich von Zuwendungen. Seine Themen reichten von der mittelalterlichen Mystik über Rousseau bis Walt Whitman und Georg Kaiser. In seinen politischen Vorstellungen vom Sozialismus und einer neuen Demokratie ging er von Pierre-Joseph Proudhon aus und berief sich auf die Pariser Distrikte und Sektionen während der Französischen Revolution, auf ältere Vorbilder sowie auf Pjotr A. Kropotkin und Constantin Frantz.

Der Aufbau der Gesellschaft und die demokratische Willensäußerung sollten nach dem Subsidiaritätsprinzip streng von unten nach oben erfolgen. Die Gemeinde war die zentrale Einheit. In ihr sollten die Bürger zu Urwählerversammlungen zusammentreten, gegliedert nach Betrieben und berufsständischen Korporationen, und über ihre Angelegenheiten entscheiden. Für Probleme, die über den Bereich der Gemeinde hinausreichten, würden sie Delegierte mit imperativem Mandat wählen, jederzeit abberufbar und häufig ausgewechselt. Die Delegiertenversammlungen würden sich in indirekter Wahl über die Provinz- und Landes- bis zur Reichsvertretung und bis zum europäischen und zum Völkerbund aufbauen. Dieser »Delegationsparlamentarismus« war L.s Gegenmodell zum Parlamentarismus und zum Parteienstaat, denen er den Anspruch, Demokratie zu sein, bestritt. Mit Recht ist sein Modell als ein Rätesystem, nur ohne das Wort, bezeichnet worden. Unabhängig von Marx und dessen Schrift über die Pariser Kommune von 1871 (auf die alle anderen Rätetheorien und -modelle zurückgehen) enthielt seine Konzeption alle Elemente, die für ein Rätesystem konstituierend sind. Diese direkte Demokratie war mit dem Privateigentum, genauer: mit dem individuellen Eigentum an Produktionsmitteln, unvereinbar. L. forderte ihre Überführung, nicht in die Hände des Staates, sondern in die der arbeitenden Menschen in Form einer Genossenschaft. Soziale Gerechtigkeit, die Befreiung der Arbeiter aus den Fesseln des Kapitalismus zu selbst-, nicht fremdbestimmter Arbeit sei nur möglich, wenn die strikte Arbeitsteilung durch eine neue Integration von Hand- und Kopfarbeit ersetzt werde. Jeder solle sich in der Genossenschaft bei der Tätigkeit verwirklichen können, zu der er sich berufen fühle, was nur in ländlichen Siedlungen möglich sei. Zu ihrer Vorbereitung gründete L. 1908 den »Sozialistischen Bund«. Er bestand aus autonomen Gruppen, die Delegierte mit gebundenem Mandat zu gemeinsamen Konferenzen entsandten. Zu den ersten Mitgliedern gehörten Martin Buber und Erich Mühsam. Das Organ des Bundes war *Der Sozialist* (nachdem das Anarchistenblatt gleichen Namens eingegangen war), dessen Herausgeber, Redakteur und Verfasser vieler Artikel L. war. Politischen Einfluß gewann der Bund nicht.

Bei Ausbruch des Ersten Weltkrieges war L. einer der wenigen in Deutschland, die sich dem nationalen Rausch fernhielten und konsequente Kriegsgegner blieben. Er zog sich weitgehend auf literarische Arbeiten zurück: *Vorträge über Shakespeare* (erschienen 1920), *Briefe aus der Französischen*

Revolution (1919). Von Berlin übersiedelte er 1917 nach Krumbach in Schwaben. Im antiannexionistischen »Bund neues Vaterland« lernte er 1918 Kurt Eisner kennen.
L. erlebte den Beginn der Novemberrevolution 1918 krank in Krumbach. Eisner, der neue Ministerpräsident Bayerns, bat ihn, nach München zu kommen, um »durch rednerische Betätigung an der Umwandlung der Seelen« mitzuwirken. Das war es, was L. immer gewollt hatte: Die »Revolution in den Gemütern« vorantreiben. Er stellte in München eine weitgehende Übereinstimmung seiner Ansichten und Ziele mit denen Eisners fest, wenn die Zusammenarbeit auch im Laufe der Zeit darunter litt, daß Eisner als Regierungschef mancherlei Rücksichten zu nehmen hatte. L. dagegen sah seine Ideen und Vorhersagen voll bestätigt: Die Revolution, die den Durchbruch zu der neuen, besseren Gesellschaft bringen mußte, war eingetreten und manifestierte sich in eben den Formen, die er immer gefordert hatte. Die Arbeiter-, Soldaten- und Bauernräte praktizierten den »Delegationsparlamentarismus«, der an die Stelle des Obrigkeitsstaates und des Parlamentarismus treten mußte.
L. wurde in den »Revolutionären Arbeiterrat« kooptiert, der sich als eigentlicher Träger und Hüter der Revolution verstand. In Versammlungen und bei Demonstrationen, in Artikeln und Aufrufen plädierte er für die direkte Demokratie, gestützt auf die Räte. Er trat für das »reine« Rätesystem ein und lehnte Eisners Versuch ab, Räte und Nationalversammlung zu kombinieren. Als die Revolution nicht gleich eine bessere Gesellschaft hervorbrachte, meinte L., daß es auf dem Wege dahin eine Übergangsperiode geben müsse, ein Provisorium, in dem der neue Geist sich erst durchsetze und in dem diejenigen diktatorisch herrschen müßten, die von diesem Geist bereits ergriffen seien, wie zum Beispiel Eisner. Daß darin die Gefahr der Willkür und der Gewaltherrschaft lag, sah er wohl, wollte das aber um des Zieles willen in Kauf nehmen.
Am 21. Februar 1919 wurde Eisner ermordet, als er im Begriff war, seinen Rücktritt bekanntzugeben. Die Folge war eine Radikalisierung, die die Frage »Parlamentarismus oder Rätesystem?«, die durch die Wahlen zur Deutschen Nationalversammlung (19. Januar 1919) und zur Bayrischen Nationalversammlung (12. Januar 1919) schon erledigt zu sein schien, wieder auf die Tagesordnung brachte. Der Landtag lief auseinander, die Macht lag beim Zentralrat der Arbeiter-, Soldaten- und Bauernräte. Die Forderungen in den fast täglich stattfindenden Volksversammlungen und Demonstrationen wurden immer radikaler. Um der Regierung zuvorzukommen, die den Landtag wieder einberufen wollte, riefen in der Nacht vom 6. zum 7. April 1919 Mitglieder des Arbeiterrates, unter ihnen L., die Räterepublik aus.
L. wurde zum Volkskommissar für Volksaufklärung (etwa Kultusminister) berufen, übte das Amt aber nur (wie die ganze erste Räteregierung) knapp eine Woche aus, so daß er keine Gelegenheit hatte, Konzeptionen zu verwirklichen. In der zweiten, der kommunistischen Räterepublik (13. April–1. Mai 1919) hatte er keine Funktion mehr inne. Nach dem Einmarsch der »weißen« Truppen in München wurde er am 2. Mai 1919 verhaftet und von Soldaten eines Freikorps in bestialischer Weise erschlagen.

Buber, M. (Hg.): Gustav Landauer, Sein Lebensgang in Briefen, 2 Bände, Frankfurt/Main 1929. – Heydorn, H.-J. (Hg.): Gustav Landauer, Aufruf zum Sozialismus, Frankfurt/Main 1967. – Kalz, W.: Gustav Landauer. Kultursozialist und Anarchist, Meisenheim am Glan 1967. – Tormin, W.: Ein Brief Gustav Landauers, in: Internationale wissenschaftliche Korrespondenz zur Geschichte der deutschen Arbeiterbewegung, 23. Jahrgang, Heft 3, 1987, S. 376.

Walter Tormin

Lange, Helene

Geb. 8. 4. 1848 in Oldenburg; gest. 13. 5. 1930 in Berlin

»Was zunächst die politische Lage betrifft, so haben die Links- und Rechtsradikalen einmal wieder die ganze hoffnungslose politische Dummheit bewiesen, die den Deutschen leider im Blut liegt. Wir müssen augenscheinlich noch schwerere Erfahrungen machen, ehe wir zu einer vernünftigen Politik der Mitte kommen. Die Niederlage der Demokraten beirrt mich innerlich keinen Augenblick. ›Vernunft ist stets bei wenigen nur gewesen.‹ Ich bin in meiner demokratischen Überzeugung fester als je – das heißt, eigentlich konnte ich gar nicht fester werden –, nur begreife ich jetzt noch weniger als je, daß jemand nicht Demokrat sein kann.« Diese Sätze schrieb L. am 9. Juni 1920 ihrer jüngeren Freundin Emmy Beckmann zu der Wahlniederlage der »Weimarer Koalition« von SPD, DDP und Zentrum drei Tage zuvor. Und fast zwei Jahre später, angesichts der andauernden parlamentarischen und politischen Krisen: »Ich dachte heute nacht die Frage des männlichen Parlamentarismus weiter durch. Wenn ich noch gut schreiben könnte, so würde ich aus dem furchtbaren Schlamassel, das die Männer aus der Welt gemacht haben, die Unmöglichkeit des männlichen Stimmrechts konstruieren.«
Diese Sätze, besonders auch der letzte mit der polemischen Verkehrung der Tatsache, daß die (männliche) Demokratie Frauen lange Zeit ausschloß, markieren zwei Eckpunkte von

L.s politischer Programmatik. Gleichzeitig deuten sie auch die Problematik ihrer Überzeugungen an: Sie betrachtete sich zwar als Demokratin, jedoch – wie vielen ihrer linksliberalen Zeitgenossen – war ihr das Prinzip der Volkssouveränität suspekt, da sie wenig Vertrauen in die »Massen« hatte. Als Frauenrechtlerin gründete sie ihr emanzipatorisches Wollen auf eine Theorie der Differenz, die von biologisch begründeten, wesensmäßigen Unterschieden der Geschlechter ausging und somit letztlich wieder auf die Frau als Geschlechtswesen rekurrierte. L. war zu Lebzeiten eine der prominentesten, einflußreichsten und profiliertesten Vertreterinnen der Frauenbewegung, die vor allem im Bildungswesen viele Erfolge zu verzeichnen hatte.

Sie selbst führte ihr politisches Temperament darauf zurück, daß sie 1848, im Jahr der deutschen Revolution, das Licht der Welt erblickte hatte, als einzige Tochter (neben zwei Brüdern) eines in Oldenburg ansässigen mittelständischen Kaufmanns. Nach dem frühen Tod der Eltern, verschiedenen Pensionsaufenthalten und der Beschäftigung als Erzieherin brach sie 1871 nach Berlin auf, um dort ihr Lehrerinnenexamen abzulegen, damals für bürgerliche Frauen fast die einzige Berufsmöglichkeit. Nach einigen Jahre freiberuflicher Tätigkeit nahm sie schließlich eine feste Anstellung als Lehrerin und Leiterin eines Lehrerinnenseminars an.

In dem Wunsch, sich auch von Frauen ärztlich behandeln zu lassen, war sie in Berlin zu Henriette Tiburtius, der ersten Zahnärztin, und zu deren Schwägerin Franziska Tiburtius, eine der ersten Ärztinnen Preußens, in die Praxis gekommen. Über sie lernte L. die Kreise der damaligen Frauenbewegung und die verschiedenen Zweige der Wohlfahrtspflege allmählich kennen. Im »Verein Deutscher Lehrerinnen« (seit 1869) war L. schnell in ein Vorstandsamt gerückt und beschäftigte sich dort verstärkt mit dem Stand der Mädchenbildung in Deutschland. Erste publizistische Erfahrungen sammelte sie in der 1884 zum ersten Mal erschienenen Zeitschrift *Die Lehrerin in Schule und Haus*. Letzten Anstoß zu ihrem frauenpolitischen Engagement, das in den folgenden Jahren zu ihrer Lebensaufgabe werden sollte, gab die Bekanntschaft mit Henriette Schrader, die als Nichte Friedrich Fröbels dessen Lebenswerk fortsetzte. Sie und ihr Mann Karl versammelten in ihrem Haus regelmäßig Vertreter des politischen Liberalismus um sich. L. fand, »in den Häusern von Schrader, Rickert, Barth, Eberty, Althaus, Kahn u.a.« bei den dort stattfindenden »pädagogischen Abenden« schnell auch ihre politische Heimat: »Man stand gemeinsam fest zu der Überzeugung, daß jede Änderung wirtschaftlicher, sozialer, politischer Zustände nur von innen heraus, durch Erziehung und Bildung, durch Selbsthilfe erreicht werden konnte. Nur auf diesem Wege, nicht in der Form einer von außen aufgedrängten sozialistischen Neuordnung wollte man den Aufstieg aller, und allen, die diesen Aufstieg selbst wollten, sollten die Mittel, ihn zu erringen, ihn sich selbst zu schaffen, an die Hand gegeben werden; aber auch nur diesen.«

Dieser bildungspolitische Liberalismus entsprach den Auffassungen der Lehrerin L., sie teilte auch seinen Nationalismus: Schon als Kind hatte sie die schwarz-rot-goldene Fahne über dem Bett hängen, neben Bildern von Garibaldi, Theodor Körner und dem Herzog von Augustenburg, »alle als Symbole der Freiheit und der Demokratie«. Hoffnungsträgerin für die damalige Frauenbewegung war die Kronprinzessin Victoria, spätere »Kaiserin Friedrich«, ähnlich wie ihr Mann für die Liberalen. Victoria sympathisierte mit der Frauenbewegung, hatte einen Kreis engagierter bürgerlicher Frauen um sich geschart und beauftragte schließlich Henriette Schrader, Hedwig Heyl und L., Pläne für neue weibliche Bildungsanstalten zu entwickeln. Als dieses Vorhaben durch den frühen Tod Kaiser Friedrichs (1888 nach 99 Tagen Regierungszeit) zunichte gemacht wurde, entschlossen sich die beteiligten Frauen, eine Petition zur Verbesserung der Mädchenbildung ans preußische Kultusministerium und Abgeordnetenhaus zu schicken. Die Begleitschrift dazu, *Die höhere Mädchenschule und ihre Bestimmung* (1888), die unter der Bezeichnung *Gelbe Broschüre* bekannt wurde, hatte L. verfaßt. Sie forderte darin die Bildung von Frauen um ihrer selbst und nicht um des Mannes willen zur freien und selbstbestimmten Persönlichkeit und, um dieses Ziel zu erreichen, auch den weitgehenden Einfluß von Frauen auf die Mädchenerziehung. Der öffentliche Sturm der Entrüstung nicht nur unter den Mädchenpädagogen war der Beginn ihrer eigentlichen frauenbewegten »Kampfzeiten«, wie sie sich selbst später ausdrückte.

In den nächsten Jahren gründete L. – mit tatkräftiger Unterstützung der »Kaiserin Friedrich« – die »Realkurse für Frauen«, aus denen 1893 Gymnasialkurse und einige Jahre später die ersten Abiturientinnen Preußens hervorgingen. Dabei halfen ihr nicht nur verschiedene Institutionen der organisierten Frauenbewegung wie der »Allgemeine Deutsche Frauenverein« (ADF), der Berliner »Verein Frauenwohl« (1888–1919) – eine Keimzelle des linken Flügels der bürgerlichen Frauenbewegung – und die Frauengruppe der »Akademischen Vereinigung« unter Vorsitz Minna Cauers, sondern auch der »Wissenschaftliche Zentralverein« und die »Akademische Vereinigung« insgesamt, ein Beleg für die enge Verknüpfung der frühen Frauenbewegung mit dem Liberalismus. Ein nächster entscheidender Schritt für L. war die Gründung des »Allgemeinen Deutschen Lehrerinnenvereins« (ADLV) , die sie zusammen mit Auguste Schmidt und Marie Loeper-Housselle 1890 in Angriff genommen hatte. Auf der legendären Gründungsversammlung Pfingsten 1890 in Friedrichroda wurde L. in den Vorstand gewählt. Sie führte ihr »Lieblingskind« bis 1921 und gab den Vorsitz dann an Emmy Beckmann weiter.

Die neunziger Jahre des 19. Jahrhunderts brachten eine Zeit des raschen sozialen Wandels, auch innerhalb der Frauenbewegung. Diese differenzierte sich zusehends und wurde stärker von Richtungskämpfen zwischen »radikalem« und »gemäßigtem« Flügel bestimmt. An diesen Auseinandersetzungen war L. auf der Seite der »Gemäßigten« immer in vorderster Front beteiligt. Manchmal hatte es den Anschein, als ob sie gegen ihre (aus damaliger Sicht) radikal-feministischen Geschlechtsgenossinnen unerbittlicher zu Felde zog, als gegen die feindlich gesinnte Männerwelt. Mit glühendem Haß verfolgte L. insbesondere Minna Cauer, die im Unterschied zu ihr für eine Zusammenarbeit mit der sozialdemokratischen Frauenbewegung eintrat. 1893 wurde L. Vorstandsmitglied des ADF. Im selben Jahr begründete sie ihre Zeitschrift *Die Frau*, die zu einem weiteren Mittelpunkt ihres Lebens wurde. Auch in der 1894 gegründeten Dachorganisation der bürgerlichen Frauenbewegung, dem »Bund Deutscher Frauenvereine« (BDF), bekleidete L. bis 1906 ein Vorstandsamt.

In ihren Theorien verband sie Gedanken über das Menschenrecht der Frau auf Entwicklung zur freien Persönlichkeit mit Ansichten über die Geschlechterdifferenz, die sie mit andersartigen »Wesensbestimmungen« begründete. Die Mütterlichkeit der Frau, auch Bestandteil traditioneller Rollenzuschreibungen, wurde von ihr den kulturellen Leistungen der Männer gleichgesetzt und gleichbewertet und, losgelöst von der biologischen Mutterschaft, zum Konzept der »sozialen Mütterlichkeit« ausgedehnt. Dabei unterzog L. die »einseitig männliche Kultur mit ihren schweren Mängeln« und ihre Institutionen harscher Kritik und verlangte, daß sie durch eine eigenständige weibliche Kultur ergänzt und ausgeglichen werden sollten. Mit öffentlich geäußerten politischen Forderungen war L. vorsichtig. Sie war der Ansicht, daß sich die Frauen durch gleiche Bildung und soziale Arbeit die Legitimationsgrundlage für mehr Rechte erst schaffen müßten. Dies änderte sich erst nach dem Scheitern des »Frauenlandsturmes« gegen das neue »Bürgerliche Gesetzbuch« (BGB) 1896. In dem Aufsatz *Frauenwahlrecht* von 1896 brachte L. die Enttäuschung vieler Frauen mit den Worten auf den Punkt: »wie Menschenrechte bisher nur Männerrechte bedeuteten, so auch öffentliches Wohl nur Männerwohl«, und betonte gleichzeitig, daß nur die Frau der Frau helfen könne: Es sei eine Fiktion, daß der Mann die Interessen der Frauen wahre. In dem ein Jahr später erschienenen Aufsatz *Intellektuelle Grenzlinien zwischen Mann und Frau* deutet sich aber bereits die Akzentverschiebung vom »oppositionellen Kulturprogramm« zur »eingängigen Geschlechterphilosophie« an, in dem die Wesensbestimmung der Frau im Mittelpunkt stand und von Menschenrechten kaum noch die Rede war. Einige Jahre später gar (1909) wurden »Menschenrechte« für L. zum theoretischen Begriff, dessen Pathos nicht mehr ziehe. An die Stelle der Naturrechtstheorien müsse die Betonung der Differenz der Geschlechter treten, die besser zu einem Staatsleben passe, »das man als einen Organismus anzusehen gelernt hat«. L.s Preisgabe der Menschenrechtsforderungen zugunsten des organizistischen Staatsverständnisses paßte sich nicht nur dem allgemeinen Wandel des politischen Klimas an, sondern war möglicherweise auch ein Resultat ihrer Lebensgemeinschaft mit Gertrud Bäumer, die von 1898 bis zu ihrem Tod 1930 andauerte. Begeistert von dem Gedanken, in der 25 Jahre Jüngeren eine würdige Nachfolgerin gefunden zu haben, ebnete sie ihr systematisch den Weg in die Organisationen der Frauenbewegung, während sie sich selbst zunehmend zurückzog und auf den ADLV und die Herausgabe der *Frau* konzentrierte. Über Bäumer – die in der Bewegung aufstieg – behielt sie aber ihren Einfluß auf die Bewegung bei und wußte ihre Autorität in Konflikten immer wieder kräftig zu nutzen.

Nachdem 1908 das Preußische Vereingesetz von 1850, das Frauen, Schülern und Lehrlingen die Mitgliedschaft in politischen Vereinen (Parteien) verbot, aufgehoben wurde, war es für sie aufgrund ihrer politischen Vergangenheit eine Selbstverständlichkeit, der »Freisinnigen Vereinigung« beizutreten, auch wenn sie sich über das männlich dominierte Parteiensystem keine Illusionen machte und die linksliberalen männlichen Bündnisparteien wegen ihrer Unentschlossenheit in der Frauenfrage immer wieder attackierte.

Daß sie Kritik am männlichen Staat, seinen Institutionen und seiner Politik der Gewalt nicht mehr weiterentwickelte, zeigte sich auch an ihrer nationalen Begeisterung und Zustimmung zum Ersten Weltkrieg. Die Frauenbewegung – und damit auch L. – erhoffte sich von ihrer Arbeit im »Nationalen Frauendienst«, einer wohlfahrtsorientierten Dachorganisation zur kriegsbedingten Arbeitsvermittlung und -beschaffung für Frauen, endlich die ersehnte gesellschaftliche Anerkennung. Ihr Antrag auf Gewährung des Stimmrechtes wurde 1917 aber noch abgelehnt, erst die Weimarer Republik brachte die lang erkämpfte politische Gleichberechtigung der Frau.

L. begrüßte die Republik, wenngleich sie viele Erscheinungsformen der Revolution ablehnte. 1917 war sie mit Gertrud Bäumer nach Hamburg gezogen. Als Mitglied der »Deutschen Demokratischen Partei« (DDP) eröffnete sie dort 1919 mit 71 Jahren als Alterspräsidentin die Hamburger Bürgerschaft und rief die Volksvertreter dazu auf, »eine restlos demokratische Grundlage des neuen Staates zu schaffen«. Es gäbe keinen anderen Weg als den der »unbedingten Gerechtigkeit, der demokratischen Gleichberechtigung«. In den folgenden Jahren litt sie sehr unter dem Zerfall der demokratischen Kultur, ohne jedoch ihre alten Ideale preiszugeben und bis zu ihrem Tod, 1930, ihren Optimismus zu verlieren.

Frandsen, D.: Helene Lange. Ein Leben für das volle Bürgerrecht der Frau. Freiburg i.Br. 1980. – Jochimsen, L.: »Helene Lange«, in: Schultz, H.J.: Frauen. Porträts aus zwei Jahrhunderten. Stuttgart 1981. – Gerhard, U.: Unerhört. Die Geschichte der deutschen Frauenbewegung. Reinbek bei Hamburg 1990.

Margit Göttert

Lasker, Eduard

Geb. 14.10.1829 in Jarotschin/Posen; gest. 5.1.1884 in New York

Das politische Wirken des Parlamentariers L. war gekennzeichnet durch beständige Auseinandersetzungen mit Bismarck. Der Reichskanzler klagte in einer Rede, die er wenige Wochen nach dem Tode L.s im Reichstag hielt, daß in den vergangenen Jahren keine Regierungsvorlage angenommen werden konnte, wenn nicht der Stempel L.s darauf gesetzt war. Was Bismarck hier seinem politischen Gegner anlastete, war das politische Engagement eines Mannes, der seit seiner Wahl in den Reichstag im Jahre 1867 (Reichstag des Norddeutschen Bundes bis 1871, danach Deutscher Reichstag) bis zu seinem Ausscheiden 1880 nur 17 von 1142 Sitzungen versäumte und der durch seine Prinzipientreue, die ihm zu Unrecht häufig als doktrinäre Starrheit ausgelegt wurde, in vorderster Reihe im Kampf um die Durchsetzung liberaler Ideen stand.

L. wurde als Sohn des strenggläubigen jüdischen Kaufmanns Daniel Lasker 1829 in Jarotschin (Posen) geboren und erhielt im väterlichen Haus Privatunterricht, bevor er von 1842 bis 1847 ein Gymnasium in Breslau besuchte. Schon während seines Studiums der Mathematik und Rechtswissenschaften in Breslau und Berlin wurde L. publizistisch tätig, indem er 1848 das politische Tageblatt *Der Socialist* herausgab. Die journalistische Arbeit, von L. früh als Mittel der politischen Meinungsäußerung und Agitation erkannt, wurde für ihn zur Basis seiner politischen Karriere. An der Seite von Robert Blum, dem Führer der gemäßigten Linken in der Frankfurter Nationalversammlung, kämpfte L. im selben Jahr in Wien als Mitglied der Akademischen Legion gegen die Truppen der habsburgischen Konterrevolution. Die deutsche Linke außerhalb Österreichs spürte, daß sich dort zentrale Entscheidungen für Deutschland wie für Europa vorbereiteten, und suchte sie daher zu beeinflussen.

Nach dem Scheitern der Revolution in Wien – am 1. November 1848 wurde die Stadt von kaiserlichen Truppen besetzt und wenige Tage später, am 9. November, Blum standrechtlich erschossen – kehrte L. im Spätsommer 1848 nach Breslau zurück, um das Studium der Rechtswissenschaften wieder aufzunehmen, das er 1853 mit dem 2. Staatsexamen abschloß. Sein vierjähriger Studienaufenthalt in England (1853–1856) gewährte ihm nicht die erhofften Möglichkeiten auf eine gesicherte Existenz, so daß er nach Deutschland zurückging, um trotz fehlender Aussichten auf eine feste Anstellung – wegen seiner jüdischen Herkunft war ihm der Staatsdienst verwehrt – als Assessor am Berliner Stadtgericht zu arbeiten.

Mit mehreren Abhandlungen in Heinrich Bernhard Oppenheims *Deutschen Jahrbüchern für Politik und Literatur* (1861–1864), die später unter dem Titel *Zur Verfassungsgeschichte Preußens* (Leipzig 1878) erschienen, wurde L. insbesondere in Berliner Fortschrittskreisen bekannt. Nachdem er bereits in der Zeit des preußischen Verfassungskonflikts (1862–1866), als die liberale Mehrheit im Abgeordnetenhaus die Zustimmung zur Finanzierung der konservativ-monarchischen Heeresreform verweigerte, vielfach als politischer Redner in Berliner Versammlungen aufgetreten war und sich dabei für die Ideen des Liberalismus, namentlich für die Forderung nach Rechtsstaatlichkeit, die Anwendung konstitutioneller Grundsätze in allen Bereichen der staatlichen Verwaltung eingesetzt hatte, erhielt er im März 1865 in einer Nachwahl als Mitglied der Fortschrittspartei ein Mandat für das preußische Abgeordnetenhaus.

Ein Jahr später gehörte L. zu den liberalen Abgeordneten, die der von Bismarck eingebrachten »Indemninitätsvorlage« zur nachträglichen Bewilligung des verfassungswidrig von Bismarck festgelegten Militäretats (indemnity: Straflosigkeit zusichern; lat. damnare: verurteilen, indemnatus: unverurteilt) zustimmten und damit eine Neuorientierung im liberalen Lager und im linken Zentrum einleiteten. Im preußischen Landtag ging die Hälfte der Abgeordneten der Fortschrittspartei und zwei Drittel des linken Zentrums von der Konfrontation zur Kooperation mit Bismarck über, um beim inneren Ausbau des Norddeutschen Bundes soviel wie möglich von ihren liberalen Vorstellungen und Zielen einfließen zu lassen, obwohl damit die Preisgabe liberaler Verfassungsprinzipien verbunden war. So entstand eine neue Fraktion des Liberalismus und dann, 1867, eine neue Partei, die Nationalliberalen, an deren Gründung L. erheblichen Anteil hatte.

Alle Fragen der nationalen Einigung – in den Jahren 1866 bis 1871 – und der Erweiterung der Reichskompetenz auf den Gebieten des Rechts lagen L. besonders am Herzen. Aufgrund seiner guten Kenntnisse des Rechtswesens verstand er es, die eingebrachten Gesetzesvorlagen nicht nur unter pragmatischem Gesichtspunkt zu behandeln, sondern darüber hinaus zu prüfen, ob sie den allgemeinen Gesichtspunkten der Rechtsstaatstheorie entsprachen. Das gehörte sicherlich zum geistig-politischen Gemeingut der liberalen Bewegung, aber L. hielt daran mit solcher Konsequenz fest, daß er immer mehr in Opposition zu Bismarck geriet. Der erkannte in L. einen Mann, mit dem nur schwer politische Geschäfte zu machen waren und von dem er sich zunehmend in seinen politischen Absichten bedroht fühlte.

Seit 1867 auch Abgeordneter im Reichstag des Norddeutschen Bundes, trat L. im Plenum viele Jahre als Hauptredner seiner Partei auf, obwohl er nie deren Vorsitzender war. Als Herausgeber der *Berliner Autographischen Korrespondenz*, deren Artikel von den den Nationalliberalen in der Provinz nahestehenden Zeitungen nachgedruckt wurden, konnte er darüber hinaus größere Teile der Öffentlichkeit erreichen. Eine 1869/70 von L. und Max von Forckenbeck ergriffene Initiative, die süddeutschen Staaten in den Norddeutschen Bund einzugliedern, stieß auf brüske Ablehnung Bismarcks. Nach dem Deutsch-Französischen Krieg 1870/71 bereitete L. durch eine Fülle von Anträgen der Reichseinheit und den Reichsjustizgesetzen von 1876 den Boden.

L.s parlamentarische Tätigkeit erreichte ihren Höhepunkt, als er im Februar 1873 in einer dreistündigen Rede im preußischen Abgeordnetenhaus die korrupten Praktiken aufdeckte, die bei der Erteilung staatlicher Konzessionen an Privateisenbahnen eingerissen waren. L. s Rede kam in zwei Wochen in vier Auflagen heraus und erregte die Öffentlichkeit in solchem Maße, daß der Handelminister Heinrich Friedrich August von Itzenplitz demissionierte und der Konservative Hermann Wagener, ein enger Vertrauter Bismarcks und Rat im Staatsministerium, um seine Pensionierung bat. Zwar wurde L. für diese Verdienste 1873 von der Juristischen Fakultät der Universität Leipzig mit der Verleihung des Ehrendoktors gewürdigt, dennoch konnte er sich seines Erfolges nicht erfreuen. Nicht nur, daß er den unversöhnlichen Haß Bismarcks auf sich gelenkt hatte, belastender für L. war der von vielen geteilte Verdacht, er habe mit zweierlei Maß gemessen und eigene Parteimitglieder geschont, die als Spekulanten weitaus militanter gewesen waren.

L. s Einfluß begann zu sinken, als der Reichskanzler ihn wegen wiederholter Opposition gegen Regierungsvorschläge angriff und L. trotzdem für die Wahrung der Rechte von parlamentarischen Körperschaften eintrat. Zum offenen Bruch zwischen L. und den Nationalliberalen kam es, als er in Fragen der Wirtschafts- und Steuerreformen und des Sozialistengesetzes nicht mehr mit der Mehrheit seiner Partei übereinstimmte. Obwohl ein Gegner der Arbeiterbewegung, setzte sich L. aus konstitutionellen Bedenken gegen die Absicht ein, gegen die Sozialdemokratie vorzugehen. Seit 1879 gehörte L. nicht mehr dem preußischen Abgeordnetenhaus an.

Im März 1880 trat L. aus der Nationalliberalen Partei aus, der er sich in wichtigen Fragen, außer in der Haltung zur Sozialdemokratie u.a. in der Steuer- und Wirtschaftspolitik, zunehmend entfremdet hatte. L. schloß sich der im August 1880 gegründeten Liberalen Vereinigung an, einer Abspaltung der Nationalliberalen Partei (daher auch »Sezessionisten« genannt), in der (vergeblichen) Hoffnung, daß aus ihr noch einmal eine große liberale Partei erwachsen könne.

L. darf als einer der ersten Berufspolitiker Deutschlands angesehen werden, weil er berufliche Karriere (Rechtsanwalt seit 1870, 1873 Syndikus des Pfandbriefamtes der Stadt Berlin, 1876 Mitglied des Verwaltungsgerichts) und materielle Lebensstellung hinter sein politisches Wirken stellte. Er rieb sich nicht nur in den internen Fraktionskämpfen und an dem sich verschärfenden Gegensatz zu Bismarck auf, sondern litt insbesondere unter dem sich in den siebziger Jahren immer weiter ausbreitenden Antisemitismus.

Einer ersten Erkrankung Anfang 1875 folgte 1882 ein gesundheitlicher Zusammenbruch infolge eines schweren Gehirnleidens. Zur Erholung reiste L. 1883 in die Vereinigten Staaten und besuchte dort New York, Chicago und viele größere Städte des Westens, wo er vor deutschstämmigen Emigranten über die »falsche und engherzige« Politik Deutschlands sprach und sich wiederholt und emphatisch zum jüdischen Glauben bekannte. Wie tief die Abneigung Bismarcks gegenüber L. tatsächlich gewesen war, zeigt die Tatsache, daß er sich weigerte, das Kondolenztelegramm des amerikanischen Repräsentantenhauses anläßlich des plötzlichen Todes von L. am 5. Januar 1884 in New York an den Reichstag weiterzuleiten.

Dill, R.W.: Der Parlamentarier Eduard Lasker und die parlamentarische Stilentwicklung der Jahre 1867 bis 1884. Erlangen 1956.

Klaus-Dieter Weber

Lassalle, Ferdinand

Geb. 11. 4. 1825 in Breslau; gest. 31. 8. 1864 in Genf

Der aus wohlhabendem jüdischen Hause stammende L. entschied sich nach kurzem Studium der Rechtswissenschaften zu einer schriftstellerischen Tätigkeit, die er von früh an in den Dienst des demokratischen Fortschritts und der Volksaufklärung stellte. Daneben hat er wiederholt mit erstaunlichem Geschick auch wirtschaftliche

Unternehmungen (z.B. Aktiengesellschaften für städtische Gasbeleuchtung) gegründet und gefördert. Sein Leben lang zutiefst von der Hegelschen Philosophie beeinflußt, die er in einer von Eduard Gans und anderen eingeleiteten demokratisch-aufgeklärten Deutung rezipierte, nahm er sich während vieler Jahre der Gräfin Sophie von Hatzfeld an, die, von ihrem Ehemann unterdrückt und ausgebeutet, erst nach zahlreichen Prozessen ihre Scheidung durchsetzen konnte. L. sah hier eine Aufgabe, die nicht nur seinem jugendlichen Tatendrang, sondern auch seinem Streben nach Gerechtigkeit entsprach. Ähnlich wie Jean Jaurès sich später der Sache des reichen jüdischen Hauptmanns Dreyfuß annahm, sah L. keinen Gegensatz zwischen dem energischen Eintreten für Demokratie und Rechtsgleichheit auf der einen und Kampf gegen individuelles Unrecht auf der anderen Seite. Gräfin Sophie von Hatzfeld dankte ihm durch eine Leibrente und die Förderung der Sache der Arbeiteremanzipation und des Lassalle-Kults nach dem Tod ihres Freundes.

Obgleich zwischen 1846 und 1854 fast ständig mit der Verteidigung der Gräfin Sophie von Hatzfeld beschäftigt, nahm er zugleich aktiv mit Wort und Schrift an der revolutionären Entwicklung der Jahre 1848/49 teil. Im Juli 1849 wurde er durch das Düsseldorfer Zuchtpolizeigericht »wegen Aufforderung zum gewaltsamen Widerstand gegen Staatsbeamte« zu sechs Monaten Gefängnis verurteilt. Es war nicht die einzige Gefängnisstrafe, die er abzusitzen hatte. Ehrgeizig auch als Denker machte er sich durch die Schrift *Die Philosophie Herakleitos des Dunklen von Ephesos* (1858) als Hegelianer einen Namen und hielt in der Folge wiederholt Vorträge vor der Berliner »philosophischen Gesellschaft« über Fichte und andere Themen. Mit dem Buch *Das System der erworbenen Rechte, eine Versöhnung des positiven Rechts und der Rechtsphilosophie* (1861) und durch das Drama *Franz von Sickingen* (1859), das Karl Marx wegen der ihm zugrundeliegenden Geschichtsphilosophie kritisierte, erweiterte sich sein Tätigkeitsfeld. Schon während dieser Zeit zeichnete sich seine – auf eine Radikalisierung der Hegelschen Idee des »sittlichen Staates« zurückgehende – Auffassung von der künftigen Rolle des »Arbeiterstandes« deutlich ab. Die Idee des »sittlichen Staates«, wie sie Hegel in seiner Rechtsphilosophie fälschlich bereits als »realisiert« beschrieben habe, müsse erst noch durch die Vollendung der demokratischen Verfaßtheit von Gesellschaft und Staat verwirklicht werden. In seinen Vorträgen über *Verfassungswesen* und über *Scheinkonstitutionalismus* (1862) zog L. die Folgerung aus dem Scheitern der Revolution von 1848/49 in Deutschland. Er unterschied zwischen der »wirklichen Verfassung«, die den »realen Machtverhältnissen« im Staate entspreche und der »geschriebenen Verfassung«, die freilich auf die Dauer nicht von der realen abweichen könne.
Grundfehler der Revolutionäre von 1848 war die Beschränkung auf den Entwurf einer schriftlichen Verfassung, ohne zuvor die »wirkliche« Verfassung geändert zu haben. Diese wirkliche Verfassung bestand (und bestehe in Preußen noch immer) in einem machtpolitischen Übergewicht des Königs und der allein auf ihn vereidigten Armee, des mit dem König eng verbündeten Adels sowie des Großbürgertums. Das bereits ein Jahr nach der »vom König geschenkten« Verfassung in Preußen eingeführte Dreiklassenwahlrecht sichere darüber hinaus die reale Übermacht des Großeigentums gegenüber Kleinbürgertum und Arbeiterstand. Neben diesen Realfaktoren gehöre freilich auch das »allgemeine Bewußtsein«, der »Bildungsstand« der Bevölkerung zu den Faktoren der wirklichen Verfassung. So habe man z.B. dem einfachen Volk zwar durch das Dreiklassenwahlrecht seinen »politischen« Einfluß wieder nehmen können, die Wiederherstellung der alten feudalen Hörigkeitsverhältnisse und des strengen Zunftwesens sei jedoch – gegen den Widerstand der Bevölkerung und der Industrie – nicht mehr möglich. So begrenze die »wirkliche Verfassung« die Möglichkeiten der »geschriebenen«.

Nach der Niederlage der bürgerlichen Revolution sei die konservative Regierung aber klug genug gewesen, um nicht einfach zum offenen Absolutismus zurückzukehren. Vielmehr habe sie einen »Scheinkonstitutionalismus« eingeführt, der dem Volk die Illusion demokratischer Legitimiertheit der bestehenden Macht gebe. In dieser Situation sei es die einzige Aufgabe der Kammer (des preußischen Abgeordnetenhauses), zu »erklären, was ist«, das heißt, offen auszusprechen, daß die preußische Regierung dem Parlament sein elementares Recht – durch die Budgetbewilligung auf die Regierungspolitik Einfluß auszuüben – vorenthalte, indem sie trotz Verweigerung des Heeresbudgets die Heeresvermehrung vorgenommen habe. Auf diese Weise werde die Regierung gezwungen, entweder nachzugeben oder aber offen die Verfassung zu verletzen. Die Erkenntnis der Tatsache, daß die Regierung die Verfassung bricht, werde aber zur Aufklärung der Bevölkerung und auf diese Weise zu einem vermehrten Druck auf die Regierung führen, dem diese – auf die Dauer – nicht standhalten könne.

Hatte L. mit diesen Reden den Versuch gemacht, kleinbürgerliche Demokraten über ihre Lage aufzuklären und das Abgeordnetenhaus zu einem entscheidenden Schritt zu motivieren, so wandte er sich schon im gleichen Jahr ausdrücklich an den »Arbeiterstand«: mit einer Schrift unter dem Titel *Über den besonderen Zusammenhang der gegenwärtigen Geschichtsperiode mit der Idee des Arbeiterstandes.* Während sein großes Vorbild J.G. Fichte 1806 sich nur an die »Gebildeten« in Deutschland wenden konnte, könne er sich jetzt an die Arbeiter wenden, die inzwischen einen höheren Bildungsgrad erreicht hätten. Hier, im Arbeiterstand – und L. gebrauchte nicht zufällig diesen Terminus statt den der »Arbeiterklasse« – sah er jetzt das historische Subjekt, das dazu berufen war, die Idee des »sittlichen Staates«, wie sie Hegel entworfen hatte, definitiv zu verwirklichen. Der vierte Stand sei wegen seines Charakters und seines Prinzips, und weil er keine neue Privilegierung wünschen könne, »gleichbedeutend mit dem ganzen Menschengeschlecht. Seine Sache ist (...) in Wahrheit die Sache der gesamten Menschheit, seine Freiheit (...) die Freiheit der Menschheit selbst, seine Herrschaft (...) die Herrschaft aller«. Um dieses Ziel zu erreichen, sei lediglich das »allgemeine und direkte Wahlrecht« notwendig. Die »sittliche Idee des Arbeiterstandes« werde dann im sittlichen Staat voll und ganz zum Ausdruck kommen. Die bürgerliche Revolution habe lediglich individuelle Freiheit hergestellt, die fehlende »Solidarität der Interessen, die Gemeinsamkeit und die Gegenseitigkeit der Entwicklung« werde erst der Arbeiterstand im Staat verwirklichen. Hierzu bedürfe es nicht des liberalen »Nachtwächterstaates«, sondern eines »starken Staates«, der in die Interessen des Großbürgertums eingreife.

Durch diese Gegnerschaft gegen das liberale Großbürgertum glaubte L. eine Zeitlang, mit dem Exponenten der preußischen Konservativen Otto von Bismarck zusammengehen zu können. Die mit Otto von Bismarck geführten geheimen Gespräche wurden erst 1878 bekannt. Während aber Bismarck die Drohung mit der Einführung des allgemeinen Wahlrechts lediglich als Druckmittel gegen die Liberalen in Erwägung zog, hoffte L. auf eine Art Bündnis des sozialen Konservatismus (Königtums) mit dem Arbeiterstand. Durch Staatszuschüsse und Darlehen sollte es den Arbeitern ermöglicht werden, eigene Genossenschaftsbetriebe aufzubauen und damit dem »eisernen Lohngesetz«, das sie in ständiger Armut und Abhängigkeit hielt, zu entgehen. Die beiden Losungen – allgemeines, direktes und gleiches Wahlrecht und Staatszuschüsse für Genossenschaftsbetriebe – erwiesen sich als brauchbare Propagandamittel. Der am 23. Mai 1863 in Leipzig gegründete »Allgemeine Deutsche Arbeiterverein« wählte L. auf fünf Jahre zu seinem ersten – mit großer Vollmacht ausgestatteten – Präsidenten. Das »Arbeiterprogramm« und das »Offene Antwortschreiben« an den »allgemeinen deutschen Arbeiterkongress« zu Leipzig (1863) wurden – mehr noch als das »Kommunistische Manifest« – zu den einflußreichsten Programmschriften der jungen deutschen Arbeiterbewegung.

In einem Brief vom 8. Juni 1863 an Otto von Bismarck bekannte sich L. eindeutig zu einer Art demokratisch legitimierter Diktatur. Er überreichte dem Kanzler die Statuten des »Allgemeinen Deutschen Arbeitervereins« und bemerkte dazu: »Es wird Ihnen aus diesem Miniaturgemälde deutlich die Überzeugung hervorgehen, wie wahr es ist, daß sich der ›Arbeiterstand instinktmäßig zur Diktatur geneigt fühlt‹, wenn er erst mit Recht überzeugt sein kann, daß dieselbe in seinem Sinne ausgeübt wird, und wie sehr er daher, wie ich Ihnen schon neulich sagte, geneigt sein würde, trotz aller republikanischen Gesinnungen – oder vielmehr gerade aufgrund derselben – in der ›Krone‹ den ›natürlichen Träger der sozialen Diktatur im Gegensatz zu dem Egoismus der bürgerlichen Gesellschaft‹ zu sehen, wenn die Krone ihrerseits sich jemals zu dem (...) Schritt entschließen könnte, eine wahrhaft revolutionäre und nationale Richtung einzuschlagen und sich aus einem Königtum der bevorrechteten Stände in ein ›soziales und revolutionäres Volkskönigtum‹ umzuwandeln«. Wie »taktisch« auch immer diese briefliche Äußerung von L. gemeint gewesen sein mag, sie offenbart zumindest ein problematisches Verhältnis zur Demokratie und eine enge Verbindung von Sozialismus und Nationalismus, die L. in der Tradition von Fichte wiederholt anklingen ließ. In einer Reihe von aufsehenerregenden Reden wußte L. seine Zuhörer immer wieder zu begeistern. Der starke ethische Akzent seiner Argumentation und die geschichtsphilosophisch fundierte Zuversicht, die L. ausstrahlte, trugen wesentlich zu diesen Erfolgen bei. Dennoch blieb das Wachstum der Partei weit hinter seinen Hoffnungen zurück.

Stärker noch als Marx von Hegel beeinflußt, unterschied sich L. vor allem durch den eindeutig ethischen Akzent seiner Argumentation und durch die Idee des »sittlichen Staates«, die an der Stelle stand, die bei Marx die »klassen- und herrschaftsfreie Zukunftsgesellschaft« einnimmt. L. glaubte, wie er in einem Brief an Karl Marx mitteilte, in ein paar Monaten auch die Kritik der politischen Ökonomie sich aneignen zu können, worüber sich Marx entsprechend ironisch äußerte. Die Betonung der Rolle des Staates nicht nur für eine kurze revolutionäre Übergangszeit und die weit entschiedenere Ablehnung des Liberalismus haben als Erbe L.s lange in der deutschen Arbeiterbewegung nachgewirkt. Während Karl Marx dafür eintrat, zunächst – gemeinsam mit dem Bürgertum – die feudalen Reste der alten Gesellschaft zu beseitigen, glaubte L. an ein Zweckbündnis mit den Konservativen. L. ging es dabei in erster Linie um eine Loslöung der Arbeiter von den bürgerlichen Parteien und deren Theorien. Diesem Zweck diente u.a. auch die Schrift *Herr Bastiat-Schulze von Delitzsch, der ökonomische Julian oder Kapital und Arbeit* (1864).

Während eines Erholungsaufenthaltes in der Schweiz verliebte sich L. in Helene von Dönniges und mußte sich am 28. August 1864 mit deren Verlobtem Janko von Racowitz duellieren. Drei Tage später erlag er seinen Verwundungen.

Friedrich Engels und Karl Marx sind – trotz aller theoretischen Auseinandersetzungen mit L. – von seinem Tod tief betroffen gewesen. Friedrich Engels schrieb am 4. September 1864 an Karl Marx: »L. mag sonst gewesen sein, persönlich, literarisch, wissenschaftlich, wer er war, aber politisch war er sicher einer der bedeutendsten Kerle in Deutschland«, und Marx antwortete drei Tage später: »Er war doch immer einer von der vieille souche und der Feind unserer Feinde (...).« Aus Anlaß des »Gothaer Programms« (1875), das sich die Vereinigung der Lassalleaner mit den »Eisenachern« zur »Sozialistischen Arbeiterpartei Deutschlands« gab, setzten sich Marx und Engels mit dem Lassalleschen Erbe noch einmal heftig auseinander. Dennoch dürfte der Einfluß seiner Ideen bis weit ins zwanzigste Jahrhundert hinein in der deutschen Sozialdemokratie wirksam geblieben sein.

Becker, B.: Geschichte der Arbeiter-Agitation Ferdinand Lassalles (1874). Berlin, Bonn 1978. – Hirsch, H.: Sophie von Hatzfeld. In Selbstzeugnissen, Zeit- und Bilddokumenten dargestellt. Düsseldorf 1981. – Na'aman, S.: Lassalle. Hannover 1970. – Ramm, T.: Ferdinand Lassalle, als Rechts- und Sozialphilosoph. Meisenheim (2. Aufl.) 1956.

Iring Fetscher

Laufenberg, Heinrich

Geb. 19. 1. 1872 in Köln; gest. 3. 2. 1932 in Hamburg

Seiner Herkunft aus einer wohlhabenden rheinischen Bürgerfamilie entsprechend nahm die politische Laufbahn L.s ihren Ausgangspunkt in der katholisch-konservativen Zentrumspartei. Noch ganz unter diesem Einfluß stand auch seine 1901 an der Universität Rostock eingereichte Dissertationsschrift *Der historische Wert des Panegyricus des Bischofs Ennodius* (Celle 1902). Nach einem Besuch Englands und Studien der Sozial- und Wirtschaftsgeschichte wechselte L. 1904 von der Zentrumspartei zur Sozialdemokratie.

Zunächst leitender Redakteur der *Düsseldorfer Volkszeitung*, folgte L. im Mai 1907 einer Empfehlung Franz Mehrings, im Auftrag des Hamburger SPD-Vorstands eine Geschichte der örtlichen Arbeiterbewegung abzufassen. Sie erschien 1911 in zwei Bänden unter dem Titel *Geschichte der Arbeiterbewegung in Hamburg, Altona und Umgegend*, eine monumentale regionalgeschichtliche Pionierarbeit, die bis heute unerreicht ist. Wie manch anderer Intellektuelle aus dem Mittelstand verstand sich L. in der Tradition der bürgerlichen Revolution von 1848. In der Sozialdemokratie tendierte er zum linken Flügel. Als Leiter der Hamburger Parteischule geriet er wegen der Radikalität seiner Einstellungen bald in Konflikt mit den Spitzengremien der SPD: Ein Parteiverfahren unter Vorsitz August Winnigs, der später, nach dem Kapp-Putsch 1920, ins Lager der politischen Rechten wechselte, enthob ihn 1912 aller Ämter. Im folgenden Jahr machte der Geschaßte die Bekanntschaft mit Fritz Wolffheim, einem kurz zuvor aus den USA zurückgekehrten ehemaligen Handlungsgehilfen, der zuletzt als Redakteur des Publikationsorgans der »Socialist Party« in San Francisco tätig gewesen war.

Während des Ersten Weltkriegs führte L. in Norddeutschland die oppositionelle Minderheit in der SPD gegen die »Burgfriedenspolitik« (Zustimmung der SPD-Reichstagsfraktion zu den Kriegskrediten) der Parteiführung an. Aufgrund der innerparteilichen Disziplinierung, der Illegalisierung durch die Behörden und vor allem wegen des starken Rückhalts der Mehrheit in der SPD, blieb die beabsichtigte Revidierung des staatstragenden Parteikurses ohne Erfolg. Die Einberufung zum Militärdienst erlebte der Intellektuelle als besonders schikanös, da ihn die Militärbehörden als bekannten Kriegsgegner zum Tramkutscher ausbilden ließen. Weil L. seine politische Aktivität fortsetzte, geriet er von Februar 1917 bis zum Mai 1918 in Militärhaft. Nach Hamburg zurückgekehrt, wurde der als Kriegsgegner inzwischen populäre Linksradikale am 11. November 1918 von dem seit dem 6. November bestehenden revolutionären Arbeiter- und Soldatenrat Hamburgs zum Vorsitzenden ihrer Executive, des 30köpfigen »Arbeiterrats«, gewählt.

Angesichts einer ungünstigen Machtkonstellation agierte L. weitaus vorsichtiger, als die revolutionär eingestellte Minderheit es erwartet hatte. Als die Räteexekutive Senat und die Bürgerschaft der Hansestadt absetzte, sondierte er bereits am nächsten Tag erfolgreich eine Zusammenarbeit mit der abgesetzten Administration. Seinen antigewerkschaftlichen Ressentiments folgend versuchte L., das Betätigungsfeld der Gewerkschaften zugunsten der Arbeiterräte einzuschränken, was den Widerstand der gemäßigten Organisationen provozierte. Am 9. Januar 1919 eskalierte die gespannte Situation, als militante Werftarbeiter in die Gewerkschaftszentrale eindrangen und die Expeditionsräume des sozialdemokratischen *Hamburger Echos* besetzten, in dem zuvor gegen das »anarchistische Treiben der Spartacusgruppe« aufgerufen worden war. L. ließ das mehrheitssozialdemokratische Parteiorgan kurzerhand einstellen, die Büros der Gewerkschaften schließen und deren Vermögen beschlagnahmen. Die etablierten Arbeiterverbände reagierten mit Massendemonstrationen, einer Belagerung des Arbeiterrats und erzwangen schließlich am 20. Januar 1919 dessen Rücktritt. Zunächst noch Mitglied des Arbeiterrats, blieb L. eine lokale, politische Größe mit starker Basis unter den 12000 Werft- und Hafenarbeitern in der unionistischen »Allgemeinen Arbeiter-Union« (AAU).

Innerhalb der linksradikalen Opposition nahmen Wolffheim und L. schon während des Krieges eine Sonderstellung ein, da der entschiedene Internationalismus der Kriegsgegner deutlich mit der ausgesprochen nationalen Orientierung ihrer außenpolitischen Überlegungen kontrastierte. In dieser Hinsicht aufschlußreiche Einblicke vermittelte die gemeinsame Schrift *Demokratie und Organisation* (1915), in der bereits explizit

zwischen der »Ausbeutungsfunktion« des Klassenstaates und der »Lebensfunktion der Gesamtheit« als Nation unterschieden wurde. Dem Proletariat wiesen sie den konstitutionellen Auftrag für einen auf breiter Grundlage basierenden »Volksstaat« zu, in dem die gemeinsam geschaffenen Produktionsgüter in den Besitz der »Allgemeinen Arbeiter-Union« übergehen sollten. In den Vordergrund des Interesses von L. und Wolffheim rückte der Rätegedanke, in dem sie einen realistischen Gegenentwurf zu dem von ihnen strikt abgelehnten bürgerlich-parlamentarischen System erkannten. Die Absage an die zentralistischen Organisationsstrukturen der Ende Dezember 1918 gegründeten KPD prädestinierte die beiden Protagonisten der linkskommunistischen ›Hamburger Richtung‹ als prominente Wortführer der internen Parteikritik. 1919 propagierten Wolffheim u. L. den Aufbau unionistischer Industrieverbände nach US-amerikanischem Vorbild. Mit der Konzeption des Rätesystems auf der Grundlage von basisorientierten Betriebsorganisationen stießen sie besonders bei der politisierten Industriearbeiterschaft auf Resonanz, weil diese sich, aus Enttäuschung über die Fortführung der gewerkschaftlichen Burgfriedenspolitik und das Scheitern der Räterepublik, von den bürokratisierten Partei- und Gewerkschaftsverbänden abzuwenden begann. Die Gegensätze der linkskommunistischen Opposition zur KPD-Parteizentrale zeigten sich auf dem 2. (»Heidelberger«) Parteitag im Oktober 1919. Während die Führung den vermeintlichen »Syndikalismus« (in Deutschland: anti-etatistische, antibürokratische, parteifeindliche, pazifistische Gewerkschaftsbewegung) der Hamburger für die Zerrissenheit und Stagnation der Partei verantwortlich machte, kritisierte L. die Befürwortung der straffen Parteidisziplin als den Beginn einer neuen »Führerherrschaft«.
Mit ihrer Ablehnung der Teilnahme an Parlamentswahlen und der Agitation für revolutionäre Kampfmethoden (Sabotage, passive Resistenz, Generalstreik) stellte sich die linke Strömung unter Führung der »Hamburger« außerhalb der bindenden Parteileitsätze. Noch bevor sich die abgespaltene Majorität im April 1920 zur militanten »Kommunistischen Arbeiter-Partei« (KAPD) formierte, kehrten Wolffheim und L. unter dem Eindruck der Versailler Friedensbedingungen wieder die nationalen Ansätze ihrer Programmatik hervor und traten offen für die Wiederaufnahme des Krieges gegen das »anglo-amerikanische Finanzkapital« an der Seite Sowjet-Rußlands ein. Im November 1919 publizierten die Freunde eine Streitschrift, der sie die rhetorische Frage *Revolutionärer Volkskrieg oder konterrevolutionärer Bürgerkrieg?* voranstellten. Im Sinne des in Aussicht gestellten »revolutionären Burgfriedens für die Zeit des Krieges nach außen« warben die Hamburger jetzt unter patriotisch gesinnten Militärkreisen für die Unterstützung ihrer außenpolitischen Ziele. Von Seiten der KPD griff Karl Radek in die beginnende Auseinandersetzung ein und bezeichntete L.s Absichten im November 1919 erstmals als »nationalen Bolschewismus«. Mit ihren kontrovers diskutierten Thesen verloren die Hamburger ihre Sprecherfunktion in der Linksopposition und provozierten ihren Ausschluß aus der KAPD, der im August 1920 folgte, nachdem Lenin bereits zuvor den »himmelschreienden Absurditäten des Nationalbolschewismus« L.s (*Der linke Radikalismus. Die Kinderkrankheit des Kommunismus*) eine polemische Absage erteilt hatte.
Innerhalb der radikalen Arbeiterbewegung fast gänzlich isoliert, beschränkten sich die gemeinsamen Bestrebungen für eine Fusion nationaler mit sozialrevolutionären Ideen fortan auf die im September 1920 eigens zu diesem Zweck initiierte »Freie Vereinigung zum Studium des deutschen Kommunismus«, die kurz darauf in dem parallel gegründeten »Bund der Kommunisten« aufging.
1921 gründete L. den Hamburger Kulturverlag, der eine Theoriezeitschrift *Volkwart* mit dem programmatischen Untertitel *Parteilose Halbmonatsschrift für klassenlosen Aufbau und revolutionäre Außenpolitik* herausgab. Zur Sammlung von national- und sozialrevolutionären Gruppen schuf L. im folgenden Jahr den ephemeren »Bund für Volk, Freiheit und Vaterland«, weil er die von Wolffheim betriebene Hinwendung des »Bundes der Kommunisten« zu völkisch-antikapitalistischen und rassistisch motivierten Gruppierungen nicht mitvollziehen mochte. An der Auflösung des schließlich nur noch 12 Köpfe umfassenden »Bundes der Kommunisten« im April 1925 und der daran anschließenden »Arbeitsgemeinschaft für revolutionäre Politik« hatte L. keinen Anteil. Er knüpfte nun an die religiösen Ursprünge seiner politischen Laufbahn an und warb für eine Synthese von christlichen und ethisch-sozialistischen Leitgedanken. Mit der Herausgabe der kurzlebigen Kulturzeitschrift *Harpune* endete 1927 die nachweisbare politische Arbeit L.s. Seine ehemaligen unionistischen Genossen bezeichneten ihn in seiner letzten Lebensphase als kompromißlosen Gegner des aufkommenden Nationalsozialismus.

Bock, H. M.: Syndikalismus und Linkskommunismus von 1918 bis 1923. Darmstadt (2. Aufl.) 1993. – Dupeux, L.: Nationalbolschewismus in Deutschland 1919–1933. München 1985. – Schüddekopf, O.-E.: Linke Leute von rechts. Stuttgart 1960.

Hartmut Rübner

Laukhard, Friedrich Christian

Geb. 7. 6. 1757 in Wendelsheim/Unterpfalz; gest. 29. 4. 1822 in Kreuznach

L. wurde zuerst von seinem Vater, dem protestantischen Pfarrer Philipp Burkhard L., erzogen und besuchte dann das Gymnasium in Grünstadt. Seit dem Herbst 1774 studierte er in Gießen evangelische Theologie und wurde Schüler des radikalen Aufklärers Karl Friedrich Bahrdt, dessen Lebensbeschreibung er 1791 in einer seiner ersten Veröffentlichungen kritisierte. L. spielte eine führende Rolle bei der Landsmannschaft und bei dem Studentenorden der Amicisten.

1778 setzte er sein Studium in Göttingen fort und strebte seit 1779 nach einem Pfarramt in der Heimat. Seine Bemühungen scheiterten jedoch wegen schlechten Lebenswandels und bekannt gewordener freigeistiger Ansichten. So wandte er sich auf Drängen seines Vaters und mit Hilfe von dessen Studienfreund Johann Salomo Semler nach Halle und erwarb 1783 den Magistertitel. Am Ende des Jahres aber entschloß sich der verschuldete und verzweifelte L., preußischer Soldat zu werden. Sein Leben als Musketier, das ihm von seinen Vorgesetzten erleichtert wurde, nutzte er zu weiteren Studien und zur Schriftstellerei. So erschienen 1792 die ersten zwei Teile seines Hauptwerks *F.C. Laukhards, vorzeiten Magisters der Philosophie, und jetzt Musketiers unter dem von Thaddenschen Regiment zu Halle, Leben und Schicksale, von ihm selbst beschrieben, und zur Warnung für Eltern und studierende Jünglinge herausgegeben.* Dieser Teil seiner Autobiographie wandte sich bewußt an die studentische Leserschaft und behandelt freimütig eine Thematik, die der Magister auch in einem seiner späteren Werke, dem Roman *Annalen der Universität zu Schilda oder Bocksstreiche und Harlekinaden der gelehrten Handwerksinnungen in Deutschland* (1798–1799) wieder aufnahm.

Im Juni 1792 brach sein Regiment auf, um gegen das revolutionäre Frankreich zu kämpfen. L. beobachtete in Koblenz das Treiben der französischen Emigranten, deren unbarmherziger Kritiker er werden sollte und erlebte das Soldatenelend in der Champagne. Nach der Kanonade von Valmy 1792 zog sich die preußische Armee zurück, und L. wurde im nächsten Jahr Augenzeuge der Belagerung von Mainz und der Verfolgung deutscher Revolutionsfreunde. Über seine Erfahrungen berichtete er anonym in den *Briefen eines preußischen Augenzeugen über den Feldzug des Herzogs von Braunschweig gegen die Neufranken im Jahre 1792* (1793). Bei der Belagerung von Landau wurde er vom preußischen Kronprinzen, dem späteren Friedrich Wilhelm III.,gebeten, seinen ehemaligen Studienfreund, den Volksrepräsentanten Landaus, Georg Friedrich Dentzel, zu bestechen und damit zur Aufgabe der Festung zu bewegen. Als Belohnung wurde ihm die Befreiung vom Soldatenstand versprochen und eine Versorgung für die Zukunft in Aussicht gestellt. Als L.s Bestechungsversuch erfolglos blieb, begab er sich nach Straßburg und wanderte dann nach Südfrankreich, wo er sich in Lyon den Sansculotten anschloß. Nach weiteren Wanderungen duellierte er sich in Dijon mit einem französischen Offizier, wurde verwundet und kam in ein Lazarett der Stadt, in dem er nach seiner Genesung als Sprachlehrer und Krankenwärter arbeitete.

Nachdem er sich entschlossen hatte, nach Deutschland zurückzukehren, passierte er im Februar 1795 die französische Grenze und reiste nach Basel, um dann für kurze Zeit Dienst beim französischen Emigrantenheer zu nehmen. Schließlich wurde er Soldat bei den schwäbischen Kreistruppen. Durch die Bemühungen seines Freundes Franz Heinrich Bispink gelang es L., sich aus dem Soldatenstand zu lösen, und er traf am 27. Oktober 1795 nach über dreijähriger Abwesenheit wieder in Halle ein. Hier schrieb er an der Fortsetzung seiner Autobiographie. Seine Kriegsberichterstattung über den Feldzug von 1792 wurde eine wichtige Quelle und mit Goethes *Campagne in Frankreich* (1822) verglichen. Nachdrücklicher als Goethe verdeutlichte L. mit realistischer Unerbittlichkeit die Misere der preußischen Armee, deren Schlagkraft durch Wetterunbilden, Nahrungsprobleme und die epidemische Ruhr gemindert war.

Bemerkenswert ist zudem seine Reportage über Frankreich zur Zeit der Jakobinerdiktatur. Indem er mit politisch-historischem Verständnis ausführlich über das französische Militär, die Volksgesellschaften, die religiösen Veränderungen und das Denken der Sansculotten berichtete, wurde seine Darstellung auch hier zu einer wichtigen Quelle der Mentalitätsgeschichte. Mit seinem Urteil über den Terrorismus zählt er zu den ganz wenigen deutschen Zeitgenossen, die die politische Notwendigkeit dieser Revolutionsphase erkannten: »Aber bey der schrecklichen Alternative, entweder wieder ins alte Joch des Despotismus, der Pfafferey und der Tyranney des Adels noch sklavischer als zuvor zurückgeworfen zu werden, oder frey zu werden und zu bleiben, findet der Menschenfreund tausend Gründe, das Schreckenssystem zu rechtfertigen und zu entschuldigen, ohne jedoch die fürchterlichen Excesse gutzuheißen, welche so häufig vorgefallen sind«.

Zudem bemühte sich L. in Halle um eine feste Anstellung an der Universität und hoffte, durch die Fürsprache des Kronprinzen, eine Lehrstelle der französischen Sprache zu erhalten. Seine Hoffnungen schlugen fehl und selbst ein erneuter Versuch nach dem Tode Friedrich Wilhelm II. 1797, seinen ehemaligen Auftrageber in Berlin zu beeinflussen, blieb erfolglos. Somit war L. weiterhin darauf angewiesen, den Lebensunterhalt durch Privatunterricht und Veröffentlichungen zu verdienen. So entstand in Halle, wo er bis zum Ende des Jahres 1803 weilte, sein vielfältiges literarisches Werk.

Zu den fast dreißig Publikationen jener Zeit zählten vor allem Romane, etwa der Abenteuerroman *Franz Wolfstein oder Begebenheiten eines dummen Teufels* (1799), so wie die Emigrantenromane *Marci von Gebrian, oder Leben und Ebentheuer eines französischen Emigranten* (1800) und *Die Emigranten oder Geschichte der Familie Vitacon* (1801-1802). Dabei verfolgte L. bei aller Fiktion stets zeitkritische Intentionen, berücksichtigte eigene Lebenserfahrungen und propagierte das Ideengut der radikalen Aufklärung. Neben seiner grundsätzlichen Kritik am Feudalabsolutismus geißelte der Deist die orthodoxe Theologie und popularisierte die religionskritische Position der Spätaufklärung. Außer belletristischen verfaßte er politische Werke, kritisierte Funktion und Bestehen der Reichsarmee und verglich im Jahre 1801 Bonaparte und Cromwell. Um sich bei den Universitätsbehörden zu qualifizieren, entwarf er eine französische Sprachlehre und eine kurzgefaßte zweibändige Geschichte Europas für den Schulgebrauch. Nachdem L. Halle verlassen hatte, erschien er im Juli 1804 in Veitsrodt im Saar-Departement, wo er durch einen Vertrag mit den Dorfbewohnern, die ihn zu ihrem Pfarrer auf Lebenszeit wählten, eine Anstellung bekam. Die Entscheidung wurde allerdings von den französischen Behörden annulliert, aber L. lebte noch bis 1811 in dem Dorf und verrichtete pfarramtliche Tätigkeiten. In Veitsrodt schrieb er zudem sein letztes ausführliches Werk, *Wilhelm Steins Abentheuer* (1810), ein Schlüsselroman, der Zeitkritik und autobiographische Elemente verbindet. L. wurde dann wegen politischer Schriften und unsittlichen Lebenswandels in das Correctionshaus zu Vilworde gebracht, aus dem ihn die Alliierten 1814 befreiten. Im Sommer, zurück in Gießen, veranstalteten die Studenten und einige Professoren für den bekannten, verarmten Magister eine Geldsammlung. Er entschloß sich in Gießen zu bleiben, um Sprachunterricht zu erteilen. Er mußte die Stadt aber bald verlassen, da man ihn nicht dulden wollte. Als Privatlehrer starb L. in Kreuznach.

L.s wesentliche Leistung wird bis heute in seiner Selbstbiographie gesehen, die vor allem in unserem Jahrhundert wiederholt in gekürzter Form gedruckt wurde. Inhaltlich interessierte sie zuerst als eine Quelle des Studentenlebens und der Kultur- und Sittengeschichte. Seine Augenzeugenberichte über die Französische Revolution, zumal seine Rechtfertigung der Jakobinerdiktatur, sind erst neuerdings gewürdigt worden. Gegenüber diesen Akzenten blieb sein Gesamtwerk, das ihn als einen radikalen Aufklärer ausweist, relativ unbeachtet.

Engels, H.-W.: Friedrich Christian Laukhards Rechtfertigung der revolutionären Jakobinerdiktatur, in: Büsch, O; Grab, W. (Hg.): Die demokratische Bewegung in Mitteleuropa im ausgehenden 18. und frühen 19. Jahrhundert. Berlin 1980, S. 56-72. - Engels, H.-W.; Harms, A. (Hg.): Friedrich Christian Laukhard, Leben und Schicksale. Fünf Theile in drei Bänden. (Reprint der Orginalausgabe). Nachwort und Materialien. Frankfurt/Main 1987. - Saine, Th. P.: Black Bread - White Bread. German Intellectuals and the French Revolution. Camden House. Columbia 1988. - Weiß, Ch.: Friedrich Christian Laukhard (1757-1822). Bd. 1: Nachrichten aus der wirklichen Welt - Studien zu Laukhards politischen Romanen. Bd. 2: Kommentierte Bibliographie und Materialien. Bd. 3: Ausgewählte Texte. Ingbert 1992. - Weiß, Ch. (Hg.): Friedrich Christian Laukhard, Marki von Gebrian oder Leben und Ebentheuer eines französischen Emigranten. Saarbrücken 1989. - Wilhelm, R.: Friedrich Christian Laukhard vor und im Feldzug gegen Frankreich im Jahre 1792, in: Alzeyer Geschichtsblätter, 18, 1983, S. 134-174.

Hans-Werner Engels

Ledebour, Georg

Geb. 7. 3. 1850 in Hannover ; gest. 31. 3. 1947 in Bern

Als Autodidakt eignete sich L. umfangreiche Kenntnisse auf verschiedenen Wissensgebieten an. Der frühzeitige Tod seiner Eltern - sein Vater war Beamter - und fehlende finanzielle Mittel verwehrten jeden Gedanken an ein Studium. Nach dem Besuch der Realschule wurde L. Kaufmann. Trotz einer Beinbehinderung mußte er am deutsch-französischen Krieg 1870/71 als Sanitäter teilnehmen. Danach verdiente er seinen Lebensunterhalt als Sprachlehrer und Journalist in Hannover. 1876 ging L. nach England und arbeitete dort als Korrespondent für Berliner Zeitungen. Nach seiner Rückkehr 1882 engagierte er sich in der bürgerlich-demokratischen Bewegung. Beeindruckt von der englischen Gewerkschaftsbewegung sowie dem dortigen Verfassungssystem, berichtete er davon wiederholt auf Versammlungen der (liberalen) »Deutschen Forschrittspartei« (1861-1884) und der »Hirsch-Dunckerschen Gewerkvereine«, einer dem Linksliberalismus verbundenen, seit 1869 bestehenden Gewerkschaftsorganisation (bis 1933). Im September 1882 war L. einer der Initiatoren des »Vereins für Rechtsschutz und Justizreform«, der demokratischen Forderungen wie der Revision der Strafgesetzgebung zum Durchbruch verhelfen sollte.

Eine Reform des Staatswesens auf liberaler und demokratischer Grundlage war L.s Ziel. 1884 stand er hinter den Forderungen der bürgerlichen Demokraten Norddeutschlands, die u. a. die Einführung der Ministerverantwortlichkeit gegenüber den Parlamenten verlangten. 1885 gehörte L. zu den Mitbegründern der »Demokratischen Partei« (bis 1895), eine auf Norddeutschland beschränkte Gruppierung. Bei den Reichstagswahlen von 1887 zeigte sich jedoch, daß die Partei keinen Einfluß auf die Wähler erlangt hatte: Ihr einziger Reichstagsabgeordneter wurde nicht wiedergewählt und das Parteiorgan *Demokratische Blätter* (Auflage 1886: 2000), deren Redakteur und dann auch Herausgeber er war, mußte sein Erscheinen einstellen. L. arbeitete ab Anfang 1889 als Redakteur der demokratischen *Berliner Volks-Zeitung*, deren Leitung der spätere Sozialdemokrat Franz Mehring innehatte. Da dessen politische Richtung den Aktionären der Zeitung nicht ins Konzept paßte, wurde Mehring gemaßregelt und L., der ihn unterstützt hatte, 1890 entlassen.

Im Lehrausschuß der Berliner Arbeiterbildungsschule machte L. 1891 die Bekanntschaft Wilhelm Liebknechts. Im selben Jahr entschloß er sich, in die SPD einzutreten, weil »von unserer Bourgeoisie kein aufopferungsvolles Eintreten für die Volksinteressen zu erwarten sei, daß vielmehr eine Revolutionierung unserer gesamten Gesellschaftsordnung im Sinne der Sozialdemokratie erforderlich sei zur Herstellung eines menschenwürdigen Zustandes aller Glieder unseres Volkes« (*Vorwärts*, 12. 9. 1891). L. schrieb nun für verschiedene sozialdemokratische Zeitungen und wurde als mitreißender Versammlungsredner bekannt. Er wandte sich 1899 gegen Eduard Bernstein, der mit seinen Vorschlägen die Partei von ihrer revolutionären Klassenkampftaktik abbringen wollte.

1900 wurde L. als Nachfolger von Wilhelm Liebknecht in den Reichstag gewählt, dem er ohne Unterbrechungen bis 1918 angehörte. Seine ausgezeichneten Sachkenntnisse in außen- und kolonialpolitischen Fragen mußten auch seine politischen Gegner anerkennen. Insbesondere wandte sich L. gegen die Germanisierungspolitik der deutschen Regierung in den deutschen Ostgebieten und gegen die Unterdrückungspolitik in Südwestafrika. Für ihn war die Kolonialpolitik ein Bestandteil der imperialistischen Weltpolitik, die die Sozialisten als Gegner jeglicher Ausbeutung und Unterdrückung zu bekämpfen hatten.

In seinen innenpolitischen Stellungnahmen knüpfte L. wiederholt an den englischen Parlamentarismus an. So forderte er 1908 in den Debatten gegen das selbstherrliche Regiment des Kaisers die Einführung eines parlamentarischen Systems und verstand darunter Kontrolle und Absetzung der Minister und des Reichskanzlers durch den Reichstag und die Einführung von questions days nach englischem Vorbild. Während der Massenbewegung für ein demokratisches Wahlrecht in Preußen 1910 sprach er sich für die Errichtung einer demokratischen Republik aus. Als erster Sozialdemokrat erhob er diese Forderung von der Reichstagstribüne aus und nahm damit mögliche Repressalien seitens der Monarchie in Kauf. Um den Rüstungswettlauf zu stoppen und die Kriegsgefahr zu bannen, trat L. für Abrüstung und die Einrichtung von Schiedsgerichten ein, sah jedoch auch Massenaktionen zur Unterstützung des parlamentarischen Kampfes als notwendig an.

Bei Ausbruch des Ersten Weltkrieges Anfang August 1914 lehnte L. die Bewilligung der Kriegskredite durch die sozialdemokratische Reichstagsfraktion ab, beugte sich aber schließlich dem Fraktionszwang, was er später als schweren politischen Fehler ansah. Aus Protest gegen die Unterstützung der Kriegspolitik durch die Mehrheit der Fraktion trat er im Januar 1915 aus dem Vorstand der sozialdemokratischen Reichstagsfraktion aus. Im März 1916 bildete L. mit anderen inzwischen von der Mehrheit der Reichstagsfraktion ausgeschlossenen oppositionellen Abgeordneten die Sozialdemokratische Arbeitsgemeinschaft und übernahm zusammen mit Hugo Haase und Wilhelm Dittmann deren Vorsitz. Im April 1917 wurde L. Mitbegründer einer neuen Partei, der »Unabhängigen Sozialdemokratischen Partei Deutschlands« (USPD).In der folgenden Zeit befürwortete er proletarische Massenaktionen. L. begrüßte die Oktoberrevolution 1917 in Rußland und beteiligte sich im Januar 1918 aktiv an den Vorbereitungen für die Streikbewegung in Deutschland.

Nach Ausbruch der Revolution in Berlin am 9. November 1918 lehnte L. den Eintritt in eine Regierung mit Vertretern der Mehrheitssozialdemokratie (MSPD) ab, weil er nicht »mit politisch kompromittierten Persönlichkeiten, die sich durch Begünstigung der bisherigen Kriegspolitik im Inlande und Auslande als Politiker vollkommen diskreditiert haben« zusammen auf einer Ministerbank sitzen wollte. Nach seiner Vorstellung sollten die neugeschaffenen Arbeiter- und Soldatenräte beibehalten und gleichzeitig Wahlen für eine Nationalversammlung vorbereitet werden. Am Jahreswechsel 1918/1919 verhandelten L. und revolutionäre Obleute mit Vertretern der gerade gegründeten KPD über einen Anschluß an diese. Doch die Verhandlungen scheiterten, und L. blieb in der USPD. Während der Januarkämpfe 1919 in Berlin gehörte er dem Revolutionsausschuß an. In der Nacht vom 10. zum 11. Januar wurde L. verhaftet und entging nur knapp der Ermordung. Im Mai 1919 begann gegen ihn ein Prozeß wegen »Rädelsführerschaft bei Aufruhr«. Während des mehrwöchigen Prozesses, der mit einem Freispruch endete, bewies L. politische Standhaftigkeit und bekannte sich zu seinen sozialistischen Überzeugungen.

Bei den Auseinandersetzungen in der USPD in den folgenden Jahren bezog L. Stellung gegen den Anschluß der Partei an die im Weltkrieg zerbrochene, inzwischen aber wiederbelebten II. Internationale (seit 1889). Ebenso aber lehnte er den Beitritt zur von Moskau gesteuerten Kommunistischen Internationale (Komintern, seit 1919) ab. Nachdem sich der größte Teil der

USPD im Dezember 1920 mit der KPD und der Rest im September 1922 mit der MSPD (zur SPD) vereinigt hatte, führte L. zusammen mit Theodor Liebknecht eine kleine Gruppe als USPD fort. 1924 aus dieser Splitterpartei ausgeschlossen, gründete L. den »Sozialistischen Bund«, der politisch bedeutungslos blieb. Seit Juni 1920 hatte L. ein Reichstagsmandat, es erlosch mit der Reichstagswahl vom Mai 1924.

1931 trat L. in die »Sozialistische Arbeiterpartei« (SAP) ein. Von dieser neugegründeten Partei erhoffte er sich eine Vereinigung der Arbeiter im Kampf gegen den Faschismus. Er entwarf ein Aktionsprogramm, in dem er Maßnahmen für eine Demokratisierung Deutschlands auflistete. Gleichzeitig wandte er sich in bezug auf innerparteiliche Strukturen gegen einen diktatorisch-zentralistisch-bürokratischen Organisationsapparat und trat für eine demokratische Kontrolle der Funktionäre ein.

Nach dem Machtantritt der Nationalsozialisten entging der Dreiundachtzigjährige nur knapp der Verhaftung. Zusammen mit seiner Frau fand L. in der Schweiz Asyl und lebte von einer bescheidenen Pension. Nach dem Zweiten Weltkrieg hatte L. keine Kraft mehr, in die Heimat zurückzukehren. Zu seinen letzten politischen Stellungnahmen gehörte 1945 ein Appell an die Siegermächte des Zweiten Weltkrieges, sich für den Schutz der Deutschen östlich der Oder gegen Vertreibung und Ausrottung einzusetzen. Am Ende seines Lebens begrüßte er die Vereinigung von KPD und SPD im Jahre 1946.

Ledebour, M. (Hg.): Georg Ledebour. Mensch und Kämpfer. Zürich 1954. - Ratz, U.: Georg Ledebour 1850-1947, Berlin 1969

Elke Keller

Legien, Carl

Geb. 1. 12. 1861 in Marienburg/Westpreußen; gest. 26. 12. 1920 in Berlin

»Es ist eine alte Sache: Nicht wer von Natur recht hat, sondern wer die Macht besitzt, hat recht, und darum müssen wir uns die Macht erringen, um diejenigen, die uns nicht anerkennen wollen, dazu zu zwingen.« Als L. dies im Jahre 1905 auf dem Kölner Kongreß der sozialdemokratisch orientierten, freien Gewerkschaften Deutschlands ausrief, war die Gewerkschaftsbewegung noch mit dem wilhelminischen Obrigkeitsstaat konfrontiert. L. nannte diesen Staat am 30. Januar 1904 als Abgeordneter der SPD im Reichstag einen »Zuchthausstaat«, den die Arbeiterschaft beseitigen müsse. 1920, im Todesjahr L.s, waren die Gewerkschaften in Deutschland durch Verfassung, Staat und Unternehmerschaft als Interessenvertretung der abhängig Beschäftigten allgemein anerkannt. L., der als Vorsitzender des freigewerkschaftlichen Dachverbandes von 1890 bis zu seinem Tode an der Spitze der freien Gewerkschaftsbewegung stand, hatte an dieser Entwicklung entscheidenden Anteil.

Als Sohn eines Steueraufsehers geboren, verlor L. schon früh die Eltern und wuchs, von seinen zahlreichen Geschwistern getrennt, seit dem achten Lebensjahr im Waisenhaus in Thorn auf. Nach Beendigung der Schulzeit lernte er fünf Jahre bei einem Drechslermeister und ging 1881 als Geselle auf Wanderschaft. Im November desselben Jahres wurde er zum dreijährigen Militärdienst eingezogen. Nach seiner Entlassung ging L. erneut auf Wanderschaft, gelangte 1886 nach Hamburg und trat in die Gewerkschaft, den dortigen lokalen Fachverein der Drechsler, ein. Bereits 1885 war er Mitglied der Sozialdemokratischen Partei geworden. Es war die Zeit des »Sozialistengesetzes«, die die sozialdemokratische Arbeiterbewegung in die Illegalität drängte.

L.s Aufstieg in der Gewerkschaftsbewegung verlief rasant. Schon im August 1887 wurde er auf dem Drechslerkongreß zum Vorsitzenden der neu gegründeten »Vereinigung der Drechsler Deutschlands« gewählt. Als auf einer Konferenz der wichtigsten gewerkschaftlichen Funktionsträger im November 1890 die »Generalkommission der Gewerkschaften Deutschlands« gegründet wurde, wählte man L. zum Vorsitzenden dieses ersten gewerkschaftlichen Dachverbandes. Der erste allgemeine deutsche Gewerkschaftskongreß in Halberstadt 1892 bestätigte ihn in diesem Amt.

In den folgenden Jahren bemühte sich L. mit Erfolg, die Generalkommission als eine in der Arbeiter- und Gewerkschaftsbewegung anerkannte Zentrale zu etablieren. Er hatte dabei mit erheblichen Widerständen vor allem aus den Reihen der Sozialdemokratischen Partei zu kämpfen. Während L. frühzeitig die Gleichberechtigung der gewerkschaftlichen Organisation mit der Partei forderte, prognostizierte der Parteivorsitzende August Bebel 1893 gar ein absehbares Ende der Gewerkschaften. Die Zukunft liege nicht im gewerkschaftlichen, sondern im politischen Kampf. Erst im sogenannten »Mannheimer Abkommen« von 1906 erkannte die SPD die Gewerkschaften als gleichberechtigte Säule der Arbeiterbewegung an.

L. war Gewerkschaftsführer und Politiker. Von 1893 bis zu seinem Tode gehörte er mit fünfjähriger Unterbrechung dem Deutschen Reichstag an. Auch in die inneren Belange der SPD mischte er sich engagiert ein. In den Jahren des Ersten Weltkrieges bezog er deutlich Stellung für die mehrheitssozialdemokratische Richtung und trat mit Schärfe gegen die von ihm zutiefst abgelehnten »radikalen Phraseologen« auf. In der Broschüre *Warum müssen die Gewerkschaftsfunktionäre sich mehr am inneren Parteileben beteiligen?* (1915) erklärte L.: »Die einzig wahre revolutionäre Tätigkeit der Arbeiterklasse liegt in der Organisation der Arbeiter und nicht in dem Dreschen von Phrasen.« Auf keinen Fall wollte er in der Gewerkschaftsbewegung eine Entwicklung zulassen, wie sie sich mit der Spaltung der Sozialdemokratie in den Jahren des Ersten Weltkrieges vollzogen hatte. »Wir wollen es in unseren Gewerkschaften unter keinen Umständen dahin kommen lassen, die Zügel schießen zu lassen, und daß jeder treiben kann, was ihm beliebt«, so L. auf dem Verbandstag der Metallarbeiter im Jahre 1917. Gegen den Bruch der Fraktionsdisziplin durch Karl Liebknecht, der sich der Bewilligung der Kriegskredite im Reichstag verweigert hatte, wandte sich L. mit drastischen Worten. Seiner Meinung nach wäre es besser gewesen, »das Geschwür jetzt aufzuschneiden, als den ganzen Körper durchseuchen zu lassen«. Ob die Spaltung aber ausgeblieben wäre, hätte man seinen Vorschlag befolgt und Liebknecht aus der Partei ausgeschlossen, ist fraglich.

L. hatte am Aufbau der gewerkschaftlichen Internationale maßgeblichen Anteil. Von 1903 bis 1913 war er Sekretär der Internationalen Zentralstelle der gewerkschaftlichen Landeszentralen, von 1913 bis 1919 Präsident des Internationalen Gewerkschaftsbundes. Trotz dieses Engagements war er, wie die meisten Gewerkschaftsführer seiner Generation, national gesinnt. Unter dem Ruch der »Vaterlandslosigkeit« stehend, waren jene Sozialdemokraten und Gewerkschafter aus der bürgerlichen »Nation« ausgegrenzt, andererseits dennoch durch Schule und Militärdienst im Sinne einer Identifikation mit »der Nation« sozialisiert. Bei aller Kritik am preußisch-deutschen Obrigkeitsstaat war es für L. selbstverständlich, »in der Stunde der Not« an der Seite des »Vaterlandes« zu stehen. Mit Beginn des Ersten Weltkrieges, den er, was die deutsche Seite betraf, als »Verteidigungskrieg«, vor allem gegen Rußland verstand, war L. bereit, die Gewerkschaften im Rahmen der sogenannten »Burgfriedenspolitik« in eine »nationale Einheitsfront« einzugliedern. L. und mit ihm die Führung der freien Gewerkschaften hatten diesen Kurs keinem allgemeinen deutschen Gewerkschaftskongreß zur Diskussion vorgelegt und damit die innergewerkschaftlichen, demokratischen Strukturen ausgehebelt. In der Konferenz der gewerkschaftlichen Vorstände am 2. August 1914, die die Grundlagen für die gewerkschaftliche Kriegspolitik legte, erklärte L.: »Wie die Dinge heute liegen, hört die Demokratie in den Gewerkschaften auf; jetzt haben die Vorstände zu entscheiden, und zwar so, wie sie es vor ihrem Gewissen verantworten können.«

Die Entfremdung der Gewerkschaftsspitze von der Arbeiterschaft an der Basis wurde im Verlauf der folgenden Kriegsjahre immer deutlicher. L. und die Generalkommission hielten auch dann an ihrer Politik fest, als sich besonders ab 1917 die Unzufriedenheit der Arbeiterschaft in Unruhen und Streiks entlud. Noch während L. im Herbst 1918 mit den Unternehmern über eine Zusammenarbeit in der »Zentralen Arbeitsgemeinschaft« verhandelte, war in Deutschland die Revolution losgebrochen. Vor allem die Kriegspolitik und die auch von L. eingefädelte Arbeitsgemeinschaft mit den Unternehmern brachten ihm heftige Angriffe von den verschiedenen oppositionellen Flügeln in der Arbeiterbewegung ein. Die Berliner Verwaltungsstelle des Holzarbeiterverbandes forderte 1919 und 1920 sogar seinen Gewerkschaftsausschluß.

L. war kein revolutionärer Sozialdemokrat. Er wollte Reformen, nicht Revolution, wollte nicht die Zerschlagung des Staates, sondern die Integration der Arbeiterschaft. Auf dem Frankfurter Gewerkschaftskongreß 1899 erklärte er, er wolle nicht, »daß es zu dem sogenannten Kladderadatsch kommt, und daß wir genötigt sind, auf den Trümmern der Gesellschaft Einrichtungen zu schaffen, gleichviel, ob sie besser oder schlechter sind als die jetzigen«. Zwar bejahte er die Notwendigkeit des Klassenkampfes, formulierte die Überwindung der Lohnarbeit als Ziel und betonte, so in einer Rede aus dem Jahre 1900, daß zwischen Kapital und Arbeit eine »unüberbrückbare Kluft« bestehe. Dies hieß für ihn jedoch nicht, daß »die Capitalisten und die Arbeiter als Menschen nicht Berührungspunkte finden könnten.« L. war an einer Verständigung mit den Unternehmern interessiert, an Gleichberechtigung mit ihnen, am Abschluß von Tarifverträgen. In einer Reichstagsrede vom 18. Januar 1898 forderte er bereits eine Demokratisierung der Produktion, das Ende des »Absolutismus der Arbeitgeber« und die Mitbestimmung der Arbeitervertreter.

Die Politik der Arbeitsgemeinschaft seit Herbst 1918 war für L. nichts weiter als die Fortsetzung der bisherigen Gewerkschaftspolitik. Trotz politischer Angriffe von seiten der Unabhängigen Sozialdemokraten und Kommunisten wurde L. im Jahre seines Todes noch einmal zur Galionsfigur der deutschen Arbeiterbewegung. Zusammen mit dem Vorsitzenden der freien Angestelltenverbände, Siegfried Aufhäuser, rief er die Arbeiter, Angestellten und Beamten am 13. März 1920 zum Generalstreik gegen den konterrevolutionären Kapp-Lüttwitz-Putsch auf. In dem Aufruf hieß es: »Die deutsche Republik ist in Gefahr. Der Absolutismus sowohl im Staat als auch im Betrieb soll wiederhergestellt werden. (...) Es gilt, alle Kräfte des Volkes zum Widerstand zusammenzufassen.« Obwohl er sich früher vehement gegen politisch motivierte Massenaktionen der Gewerkschaften gewandt hatte, stellte er sich nun an die Spitze des Kampfes gegen Rechtsextremismus und monarchistische Reaktion. An die Übernahme der Macht als Reichskanzler einer »Arbeiterregierung« hat er jedoch in jenen

Tagen nicht gedacht. Sein äußerst kritischer Gesundheitszustand spielte dabei wohl eine, aber nicht die ausschlaggebende Rolle. Die Diskussion um eine »Arbeiterregierung« war für L. nur von taktischem Belang, einerseits, um Druck auf die amtierende Reichsregierung auszuüben, andererseits, um den Streik nicht in linksradikales Fahrwasser abgleiten zu lassen.
L.s Verdienst bei der Niederwerfung des Putsches war zweifellos groß. Sein Ziel war jedoch nicht die Durchsetzung der in der Novemberrevolution unerfüllt gebliebenen Forderungen der sozialistischen Arbeiterbewegung, sondern die Rückkehr zu geordneten Verhältnissen. Aufgrund unverbindlicher Zusagen der Reichsregierung war er bereit, den Generalstreik aufzuheben. Die Streikforderungen, insbesondere nach Sozialisierung der Industrie, Ausschaltung der reaktionären Kräfte in Staat und Verwaltung und Auflösung aller konterrevolutionären militärischen Formationen, blieben weitgehend unerfüllt. Die junge bürgerlich-demokratische Republik von Weimar war vorerst gerettet, die Erringung der Macht durch die sozialistische Arbeiterbewegung blieb aus.

Leipart, T.: Carl Legien. Köln 1981 (Reprint der Ausgabe von 1929).

Detlev Brunner

Lemmer, Ernst

Geb. 28. 4. 1898 in Remscheid; gest. 18. 8. 1970 in Bonn

Manches war doch anders. Erinnerungen eines deutschen Demokraten (1968). Der Titel seiner Lebenserinnerungen verweist darauf, daß Stationen von L.s Lebens nicht so eindeutig zu bewerten sind, wie es auf den ersten Blick vielleicht scheinen möchte: Kriegsfreiwilliger im Ersten Weltkrieg, Delegierter des Arbeiter- und Soldatenrats während der Novemberrevolution 1918, engagierter Verteidiger der Weimarer Republik, passiver Widerstand während der Naziherrschaft, Gewerkschaftler und CDU-Mitbegründer in der Sowjetischen Besatzungszone, Minister in der Bonner Republik.
Die protestantische Familie, in die L. hineingeboren wurde, gehörte dem liberalen Bürgertum Remscheids an. Der Vater war Bauunternehmer.
Als der Erste Weltkrieg im August 1914 ausbrach, wollte der Sechzehnjährige als Kriegsfreiwilliger in die Armee eintreten. Es habe ihn seine liebende Sorge ums Vaterland in Not zu diesem Schritt veranlaßt, formulierte er später. Erst 1915 durfte L. ins Feld ziehen, alsbald wurde er verwundet, das Kriegsende erlebte er als Kompanieführer an der belgisch-französischen Grenze.
In dieser Situation wurde L. erstmals politisch aktiv. Als gewählter Vorsitzender eines lokalen Soldatenrates organisierte er gegen den hinhaltenden Widerstand der entmachteten Offiziere den zügigen Rückmarsch der Soldaten. Als Delegierter nahm er am Reichskongreß der Arbeiter- und Soldatenräte im Dezember 1918 im Preußischen Abgeordnetenhaus teil, auf dem die Wahlen zur Nationalversammlung im Januar 1919 beschlossen wurden. Nach Remscheid zurückgekehrt, erhielt L. aufgrund einer Verfügung des preußischen Kultusministers für die Kriegsfreiwilligen von 1914 nachträglich das Reifezeugnis. Er begann in Marburg das Studium der Nationalökonomie. Nebenbei arbeitete er als Setzer bei der *Hessischen Landeszeitung*.
In den scharfen Angriffen nationalistisch gesinnter Professoren gegen die demokratische Verfassung, mit denen er im Universitätsalltag immer wieder konfrontiert wurde, erkannte L. eine grundsätzliche Gefahr für die Republik. Er trat der »Deutschen Demokratischen Partei« (DDP) bei. Als es darauf ankam, ergriffen L. und andere Studenten der demokratischen Parteien, unter ihnen sein Freund Gustav Heinemann, Partei für die Republik: Während des Kapp-Putsches im März 1920 stand L. hinter dem Aufruf zur bewaffneten Verteidigung der Republik und ihrer Verfassung durch die demokratischen Kräfte. In dieser Zeit begegnete er dem sozialdemokratischen Reichstagsabgeordneten Friedrich Otto Hörsing, dem späteren ersten Vorsitzenden des »Reichsbanners Schwarz-Rot-Gold«, eines 1924 gegründeten Kampfverbandes zum Schutz der Republik, dem neben Sozialdemokraten auch, allerdings in viel geringerer Zahl, Mitglieder der DDP und des (katholischen) Zentrums angehörten. In seinen Erinnerungen schildert L. die zufällige Begegnung mit Hörsing wohl übertrieben als gedankliche Geburtsstunde des Reichsbanners.
In der Zwischenzeit hatte sich L. an der Frankfurter Universität eingeschrieben. Gleichzeitig wurde er Volontär bei der *Frankfurter Zeitung*. Er lernte Wilma Tiemann kennen, seine spätere Frau.
Bereits während der Marburger Zeit hatte L. Vorträge vor Mitgliedern der (seit 1868 bestehenden, dem Linksliberalismus nahestehenden und nach ihren Begründern genannten) »Hirsch-Dunckerschen-Gewerkschaften« im Ruhrgebiet gehalten. L. wurde Gewerkschaftssekretär des »Gewerkschaftsrings Deutscher Arbeiter- und Angestellten- und Beamtenverbände«, zu dem Gewerkschaften dieser Richtung sich 1921/22 zusammengeschlossen hatten. Er gab das Studium auf und ging 1922 nach Berlin. Verstärkt widmete er sich jetzt der Politik. 1924 zog er als jüngster Kandidat der DDP in den

Reichstag ein, dem er bis 1933 (seit 1930 für die »Deutsche Staatspartei«, Nachfolgerin der DDP) angehörte. Nach der nationalsozialistischen Machtergreifung verwarf L. gemeinsam mit seiner Frau den Gedanken an Emigration. Durch Vermittlung von Freunden im Auswärtigen Amt konnte er als Korrespondent für ausländische Zeitungen, darunter die *Neue Zürcher Zeitung*, arbeiten. Einen gewissen Schutz genoß L. durch seine Mitgliedschaft im »Verein der ausländischen Presse«.

Bereits im April 1945 traten Vertreter der sowjetischen Militärverwaltung an L. heran und bestellten ihn zum Bürgermeister von Klein-Machnow, einem Vorort von Berlin. In den ersten Monaten nach Kriegsende ermöglichte ihm dieses Amt eine rege politische Betätigung. L. nahm den Kontakt mit dem christlichen Gewerkschaftler Jakob Kaiser wieder auf, den er 1923 anläßlich des »Ruhrkampfes«, des passiven Widerstandes gegen die Besetzung des Ruhrgebietes durch französisch-belgische Truppen, kennengelernt hatte. Während der NS-Zeit hatten L., Kaiser und dessen Lebensgefährtin, Elfriede Kaiser-Nebgen, die Gründung einer neuen Volkspartei mit Katholiken und Protestanten nach dem Ende der Terrorherrschaft besprochen. Im Mai 1945 wurde dieser Gedanke zur Tagesfrage. Nachdem die »Sowjetische Militäradministration« (SMAD) die Gründung von Parteien im sowjetisch besetzten Teil Deutschlands zugelassen hatte, wurde im August 1945 der frühere Reichsfinanzminister Andreas Hermes (Zentrum) zum Vorsitzenden der ostdeutschen CDU, L., Kaiser und Dr. Walther Schreiber zu seinen Stellvertretern gewählt. Im Dezember mußten Hermes und Schreiber, die sich entschieden gegen die entschädigungslose Enteignung des Großbauerntums ausgesprochen hatten, ausscheiden. 1. Vorsitzender wurde Jakob Kaiser, L. blieb stellvertretender Vorsitzender. Weil sie zunehmend auf Konfrontationskurs mit der Besatzungsmacht gingen, wurden beide im Dezember 1947 ebenfalls aus ihren Ämtern entfernt.

L. hatte sich in der Zwischenzeit auf Sozialpolitik konzentriert. Als die Gewerkschaften in der Sowjetischen Besatzungszone (SBZ) lizensiert wurden, waren L. und Kaiser an der Gründung des »Freien Deutschen Gewerkschaftsbundes« (FDGB) im Juni 1945 beteiligt. Auf der 1. Allgemeinen Delegiertenkonferenz im Februar 1946 wurde L. zum 3. Vorsitzenden des FDGB gewählt. Doch als durch die »Bitterfelder Beschlüsse« des FDGB im November 1948 die Idee der freien Gewerkschaften endgültig aufgegeben wurde und die Rolle der Gewerkschaft als Erfüllungsgehilfe der Partei immer deutlicher hervortrat, schied L. im April 1949 auf eigenen Wunsch aus dem Vorstand aus.

Systematisch waren die Vertreter nichtsozialistischer Parteien und Richtungen aus den Organen des sich herausbildenden Staates gedrängt worden. Der Antifaschismus als überparteiliche Grundlage einer neuen demokratischen Ordnung wurde abgelöst von einem mit diktatorischen Mitteln durchgesetzten Sozialismus. Deshalb legte L. 1949 auch seinen seit dem Vorjahr wahrgenommenen Posten als Vizepräsident des von Johannes R. Becher geführten »Kulturbundes zur demokratischen Erneuerung Deutschlands« nieder. L. ging in den Westen Berlins. Von 1950 bis 1956 gehörte er als Landes- und Fraktionsvorsitzender der CDU dem Berliner Stadtparlament an. Seit 1951/52 war L. Berliner Abgeordneter im Deutschen Bundestag. Von 1956 bis 1965 besetzte er verschiedene Ministerämter unter den Kanzlern Konrad Adenauer und Ludwig Erhard. Noch unter Kanzler Kurt Georg Kiesinger übte er das Amt eines Sonderbeauftragten des Bundeskanzlers für Berlin aus.

Einmal noch sollte sich L. anders verhalten, als man es von ihm erwartet hätte: 1969 versuchte die CDU, die Wahl Gustav Heinemanns zum Bundespräsidenten zu verhindern. Ihr Gegenkandidat war Gerhard Schröder. Dennoch stimmte am 5. März 1969 einer aus der CDU für Heinemann – sein Freund L. Dieser hatte wohl befürchtet, daß man ihm Abtrünnigkeit vorwirft. Vielleicht bat er deshalb diejenigen, die darum wußten, erst nach seinem Tod diese Stimmentscheidung der Öffentlichkeit bekanntzugeben.

Lemmer, E.: Manches war doch anders. Erinnerungen eines deutschen Demokraten. Frankfurt/Main 1968. – Mayer, T.: Jakob Kaiser, Gewerkschafter und Patriot. Eine Werkauswahl. Köln 1988 (Einführung von T. Mayer, S. 17–134).

Hans-Georg Lützenkirchen

Lessing, Gotthold Ephraim

Geb. 22. 1. 1729 in Kamenz (Oberlausitz); gest. 15. 2. 1781 in Braunschweig

L., dem begabten Sohn eines lutherischen Pfarrers, schien die theologische Laufbahn vorbestimmt, als er 1746 nach dem Besuch von St. Afra zu Meißen, einer der angesehenen sächsischen Fürstenschulen, die Leipziger Universität bezog. Die Messe- und Handelsstadt, ein Vorort der Aufklärung, führte ihn bald im Umgang mit Journalisten und Theaterleuten zum Studium des Lebens. L., zwischen Leipzig und Berlin öfter wechselnd, schrieb Schauspiele, Fabeln, Sinngedichte, *Rettungen* verkannter und vergessener Gelehrter und Literaten. Er wandte sich gegen Standes- und Gelehrtendünkel, gegen Wortklauberei und Unduld-

samkeit, trat für Menschlichkeit, Menschenwürde und Toleranz ein. Mit seinem Schauspiel *Die Juden* (1749, Erstdruck 1754) und in der ihm folgenden Diskussion bekannte er sich zur Gleichberechtigung der Juden und verwies Zweifler und Gegner auf das Beispiel seiner Freunde, zu denen Moses Mendelssohn und Aaron Salomon Gumpertz gehörten.
Ernst Cassirer sah in seinem 1932 erschienenen Buch *Die Philosophie der Aufklärung* ein großes Verdienst L.s darin, »die Kritik wieder ins Leben zurückzuwenden und sie zum unentbehrlichen Werkzeug für das Leben, für die Entfaltung und die ständige Selbsterneuerung des Geistes zu gestalten und zu gebrauchen«. Mit seinen kritischen Beiträgen zur Literatur, zum Theater, zur bildenden Kunst und zur Wissenschaft schuf der Journalist und Schriftsteller L. Grundlagen der Gedanken- und Meinungsfreiheit in Deutschland. *Miß Sara Sampson* (1755) wurde zum ersten bürgerlichen Trauerspiel von Belang in deutscher Sprache und trug entscheidend dazu bei, daß auf der Bühne die »Haupt- und Staatsaktionen« verdrängt wurden, die Zuschauer sich selbst erkennen und prüfen konnten. Im *Philotas* (1759) setzte sich L. kritisch mit Kriegsbegeisterung und falsch verstandenem Heldentum auseinander und plädierte für Frieden, Humanität und Völkerverständigung. Eigene Erfahrungen als Sekretär eines preußischen Generals in Breslau während der Jahre von 1760 bis 1765 fanden Eingang in sein Schauspiel *Minna von Barnhelm, oder das Soldatenglück* (1767), ein Zeitstück, das zu einem der klassischen deutschen Lustspiele wurde. Auch in diesem Werk äußerte L. Kritik: »Man muß Soldat sein, für sein Land; oder aus Liebe zu der Sache, für die gefochten wird. Ohne Absicht heute hier, morgen da dienen; heißt wie ein Fleischerknecht reisen, weiter nichts« (Tellheim). »Und wenn die Soldaten paradieren, – ja freilich scheinen sie da mehr Drechslerpuppen als Männer« (Franziska). »Die Dienste der Großen sind gefährlich, und lohnen der Mühe, des Zwanges, der Erniedrigung nicht, die sie kosten.« (Tellheim). In der *Minna* gestaltete L. selbstbewußte und selbständig agierende Frauengestalten und war auch damit bahnbrechend.
In Berlin fand sich für L. keine feste Aufgabe. Friedrich II. bevorzugte die französiche Sprache und Kultur. Auch die Königliche Bibliothek wurde einem Franzosen anvertraut. L. und Johann Joachim Winckelmann hatten das Nachsehen.
Von 1767 bis 1770 lebte L. in Hamburg und war am Experiment des »Nationaltheaters« beteiligt, das aufgrund interner Querelen, fehlender finanzieller Mittel, der Kluft zwischen Anspruch und Realität – vor allem weil kaum geeignete deutsche Schauspiele vorhanden waren – und der unzureichenden Publikumsresonanz scheiterte. Mit der *Hamburgischen Dramaturgie* (1767–70) legte L. ein Grundwerk zur darstellenden Kunst vor, das der Blüte der deutschen Theaterkultur in den folgenden Jahrzehnten vorarbeitete.

L. war es nicht vergönnt, als freier Schriftsteller und Kritiker zu wirken. Er wurde 1770 Bibliothekar in Wolfenbüttel. Doch auch in braunschweigischen Diensten gab er seine geistige Unabhängigkeit nicht auf. Mit seinem Drama *Emilia Galotti* (1772) wandte er sich gegen Willkür- und Gewaltherrschaft und zeigte Konflikte um Leidenschaft und Verführung. Mit der Herausgabe von Fragmenten der radikalen Bibel- und Glaubenskritik des 1768 verstorbenen Hamburger Gymnasialprofessors Hermann Samuel Reimarus wollte L. in den Jahren 1774 bis 1778 eine öffentliche Debatte von Grundfragen und Grundlagen der Religon initiieren. Doch der entschiedene Widerstand der Orthodoxie und das Eingreifen seines Landesherrn zwangen L., auf die Publikation weiterer Texte zu verzichten und den Fragmentenstreit vor allem mit dem Hamburger Hauptpastor Johan Melchior Goeze zu beenden. Auf seiner »alten Kanzel«, der Bühne, wollte L. seine Position nun darlegen. In *Nathan der Weise* (1779, 1783 in Berlin uraufgeführt) bekannte er sich zu Humanität und Toleranz, zur Achtung der Andersdenkenden und Andersgläubigen gerade um ihrer Eigenart willen. Nicht die Gesinnungen und Überzeugungen, die Bekenntnisse und Bekenntnisschriften waren für ihn entscheidend, vielmehr die praktischen Konsequenzen, die daraus gezogen wurden. In der Ringparabel, dem Kern des »dramatischen Gedichts«, einer bis heute gültigen Absage an religiöse Alleinvertretungsansprüche, erklärte L., Wahrheit und Kraft der Religionen und Bekenntnisse zeigten sich in ihrer tätigen Nächstenliebe: »Es eifre jeder seiner unbestochnen/Von Vorurteilen freien Liebe nach!« Dies solle »mit Sanftmut,/ Mit herzlicher Verträglichkeit, mit Wohltun,/ Mit innigster Ergebenheit in Gott« erstrebt werden. Mit dem *Nathan* warb L. erneut für die Gleichberechtigung der Juden und leitete eine neue Diskussion über die Verbesserung ihrer Lage ein. Hannah Arendt hat L.s Grundhaltung treffend beschrieben: »Nicht nur die Einsicht, daß es die eine Wahrheit innerhalb der Menschenwelt nicht geben kann, sondern die Freude, daß es sie nicht gibt und das unendliche Gespräch zwischen Menschen nie aufhören werde, solange es Menschen gibt, kennzeichnet die Größe L.s.«
L.s Werk enthält zahlreiche Äußerungen auch zu politischen Fragen. 1749 widmete er der gescheiterten Verschwörung des Berner Schriftstellers und Journalisten Samuel Henzi ein Fragment gebliebenes Drama (1753 gedruckt). L. plädierte darin für die Wahrung überlieferter Rechte, für Gerechtigkeit und Duldung, kritisierte Eigennutz, Rechtsbeugung und Oligarchie. In den *Collectanea*, Aufzeichnungen aus der Hamburger und Wolfenbütteler Zeit, notierte L. unter dem Stichwort »Deutsche Freyheit«: »Von der man itzt überall eine sehr geringe Meynung hat« –, daß es fast nirgends mehr üblich sei, die wichtigen Angelegenheiten auf den Landtagen zu erörtern. »Sollten wir wenigstens nicht in unseren Schriften unaufhörlich gegen

diese ungerechten Veränderungen protestiren, anstatt durch schmeichelnde Nachsicht und Entschuldigung der Grossen ihre Thathandlungen rechtsprechen?«

Am 25. August 1769 schrieb L. seinem Berliner Freund, dem Verleger und Schriftsteller Friedrich Nicolai: »Sonst sagen Sie mir von Ihrer Berlinischen Freyheit zu denken und zu schreiben ja nichts. Sie reducirt sich einzig und allein auf die Freyheit, gegen die Religion so viel Sottisen zu Markte zu bringen, als man will.« So freies Schreiben wie im Falle Joseph von Sonnenfels' in Wien, der »dem vornehmen Hofpöbel« die Wahrheit gesagt habe, wie »für die Rechte der Unterthanen«, »gegen Aussaugung und Despotismus« in Frankreich und Dänemark sei in Preußen, das L. »das sklavischte Land von Europa« nannte, unmöglich. L. bezog sich auf eine Rede Joseph von Sonnenfels', in der dieser dargelegt hatte, wahrer Adel begründe sich durch Verdienste um das Gemeinwohl, darüber hinaus auf die Schriften der französischen Physiokraten, die für Freiheit und Eigentum stritten, und auf das Buch von Georg Christian Oeder, mit dem dieser für die Bauernbefreiung eintrat. L. waren die Zusammenhänge von Absolutismus und Gutsherrschaft, von Sozial- und Militärsystem im alten Preußen durchaus bekannt. Mit großer Aufmerksamkeit und Anteilnahme verfolgte L. denn auch Johann Friedrich Struensees Reformen in Dänemark, unter denen die Einführung der Pressefreiheit war.

Ernst und Falk. Gespräche für Freymäurer (1778/79) sind Lessings politischste Schrift. »Die Staaten« so erklärte er, »vereinigen die Menschen, damit durch diese und in dieser Vereinigung jeder einzelne Mensch seinen Teil von Glückseligkeit desto besser und sichrer genießen könne. – Das Totale der einzeln Glückseligkeiten aller Glieder ist die Glückseligkeit des Staats. Außer dieser gibt es gar keine. Jede andere Glückseligkeit des Staats, bei welcher auch noch so wenig einzelne Glieder leiden, und leiden müssen, ist Bemäntelung der Tyrannei. Anders nichts!« Doch war er sich bewußt, daß es in der »bürgerlichen Gesellschaft«, die für ihn gleichbedeutend war mit politisch-sozialer Verfassung überhaupt, »Klüfte« und »Scheidemauern« geben wird: nationale, konfessionelle, soziale und wirtschaftliche Unterschiede. Aufgabe der »bürgerlichen Gesellschaft« und ihr Sinn sei es, »daß allein in ihr die menschliche Vernunft angebauet werden kann«. Den Freimaurern als einem freien Bund der Aufgeklärten müsse es darum gehen, den in den Staaten unvermeidlichen »Trennungen« entgegenzuarbeiten, frei von nationalen und religiösen Vorurteilen, ohne Rücksicht auf Stand und Beruf. *Die Erziehung des Menschengeschlechts* (1780) begriff L. als großen Prozeß der Aufklärung, als Voranschreiten der Menschheit von der Zeit der Erziehung durch Offenbarung in eine von Vernunft und Mündigkeit geprägte Ära. Er war überzeugt, daß die Zeit kommen werden, in der der Mensch »das Gute tun wird, weil es das Gute ist, nicht weil willkürliche Belohnungen darauf gesetzt sind«.

Auf L., der zu Lebzeiten oft allein stand oder nur von wenigen Mitstreitern unterstützt wurde, bezog sich, wer immer in Deutschland im 19. und 20. Jahrhundert für Aufklärung und Mündigkeit, Vernunft und Kritik, Toleranz und Freiheit eintrat – von Georg Forster über Heinrich Heine, Heinrich und Thomas Mann bis zu Theodor Heuss und Erich Kästner. Mit Recht wandte sich Franz Mehring (*Die Lessing-Legende*, 1893) gegen die Vereinnahmung des Kosmopoliten und Menschenfreundes als deutschen Geistesheros und borussischen Dichters. Der Sozialist Hermann Wendel charakterisierte L. als ersten Deutschen, »der den Philister ganz ausgezogen hatte«, als einen »Mann der Öffentlichkeit«. L. war ein Wegbereiter des offenen, in freiheitlichem Geist geführten Diskurses, ein Vorkämpfer der Toleranz und Gleichberechtigung, der Gedanken- und Gewissensfreiheit.

Arendt, H.: Von der Menschlichkeit in finsteren Zeiten. Gedanken zu Lessing. Rede anläßlich der Verleihung des Lessingpreises 1959 der Freien und Hansestadt Hamburg und eine Ansprache von Hans-H(arder) Biermann-Ratjen. Hamburg 1960. – Barner, W.; Grimm, G.; Kiesel; H.; Kramer, M.: Lessing. Epoche-Werk-Wirkung. München (5. Aufl.) 1987. – Harth, D.: Gotthold Ephraim Lessing oder die Paradoxien der Selbsterkenntnis. München 1993. – Wendel, H.: Lessing als Vorkämpfer des dritten Standes. Ein Vortrag, in: Die Gesellschaft. Internationale Revue für Sozialismus und Politik, 1930, 1. Bd., S. 265–282.

Franklin Kopitzsch

Lessing, Theodor

Geb. 8. 2. 1872 in Hannover; gest. (ermordet) 30. 8. 1933 in Marienbad/Böhmen

Eine strenge Lehre von dem Mit- und Gegeneinander der »demokratischen Kräfte« bietet L.s radikale Geschichts- und Kulturphilosophie nicht. Dafür erfährt man viel über die Ideal- und Idolkonstituierung beim Zustandekommen von politischen, sozialen und individuellen Vorstellungen. Die Not, der Schmerz und das Leiden bilden den Erfahrungskern von L.s »Philosophie der Not«, die sich aus historischer Erkenntniskritik, einer Psychologie der Geschichte und einer logischen Kritik der Ideale und Idole zusammensetzt. L. untersucht die ideologischen Befangenheiten des politischen Handelns überhaupt, die Triebkräfte beim

Sprechen, Denken und Handeln von historisch-politischen Figuren und von Alltagsgestalten, die Methoden ihrer Selbst- und Machterhaltung. Jede menschliche Handlung, und sei sie auch noch so sinnlos, wird von den Akteuren oder von den Historikern im nachhinein mit einem Sinn ausgestattet, denn ohne diese Konstruktion von Sinn wäre das Leben nicht zu ertragen; es ist dies die Mechanik aller Wirklichkeit.

Als Sohn einer assimilierten jüdischen Arztfamilie erlebte L. in Hannover eine unglückliche Kindheit und qualvolle Schulzeit. Nach einem Medizinstudium in Freiburg i. Br., Bonn und München wandte er sich 1895 unter dem Einfluß der Schwabinger Bohème der Psychologie, Literatur und Philosophie zu. 1899 wurde er zum Dr. phil. promoviert und war in den folgenden Jahren als Vortragsredner und Publizist tätig. Seit 1904 war er als Reformpädagoge an einem Landerziehungsheim bei Dresden angestellt.

L. war zwar aus der jüdischen Gemeinde ausgetreten, aber er begann um 1900 unter dem Eindruck des Zionismus, sich zum Judentum zurückzuwenden. Seine sozialphilosophische Aufklärungsarbeit im Rahmen der Frauenbewegung und der Arbeiterbildung spiegelt sich wider in dem Buch *Schopenhauer, Wagner, Nietzsche. Einführung in moderne deutsche Philosophie* (1906). Nach einem einjährigen Intermezzo als Theaterkritiker in Göttingen und Studien bei Husserl kehrte L. 1907 nach Hannover zurück und wurde Privatdozent für Philosophie.

Während des Ersten Weltkriegs schrieb L. sein Grundlagenwerk über die Legitimität der historischen Wirklichkeitsmechanik: *Geschichte als Sinngebung des Sinnlosen* (1919). Dieses Buch gegen die wahnhafte Logik der Macht- und Herrschaftssysteme wurde von der Militärzensur ebenso verboten wie sein Werk *Europa und Asien* (1918). In beiden Büchern arbeitet L. seine »Philosophie der Not« aus: Not, Schmerz und Leiden spielen darin die Rolle von Zellformen der menschlichen Erfahrung. Zwischen der Not und der Macht besteht ein materialistischer Zusammenhang: Der individuelle Schmerz und das kollektive Leid konstituieren die Zwingkraft des Gegenständlichen, die Logik der Not. Die Not ist angewiesen auf die Sinnsteuerung durch die Vernunft und die Phantasie. Doch jede zur Macht gelangte Partikulargewalt, mag sie nun autokratisch-monarchisch, demokratisch-republikanisch oder nationalistisch-faschistisch sein, regiert mit der Rhetorik von Mythen und Symbolen. Die Phantasie der Massen wird an politische Führer gefesselt, und diese herrschen durch die Expressivität einer bezwingenden Aura.

Weltnot und Welttheater sind für L. komplementäre Größen: so sah unter Wilhelm II. das Kaiserreich aus wie ein überbesetztes Schauspiel mit politischen Dilettanten und Abenteurern; die Weimarer Republik konnte sich auf kein festes Ensemble einigen und wankte mit ihrem Spielplan zwischen Komödie und Tragödie, bis die »Demokratie« wegen mangelnder Nachfrage abgesetzt wurde; der Staatsstreich von 1933 bescherte den Deutschen dann ein blutiges Schmierentheater. Doch die Farce eines »nationalen Sozialismus«, ein hölzernes Eisen, war erfolgreich, da es gelang, an die Massenphantasie mit schönen Trugbildern von deutscher Einheit und nationaler Stärke zu appellieren. Für L. gibt es kein Subjekt der geschichtlichen Evolution oder Revolution. Es ist die Not selbst, die sich immer wieder meldet, wenn bestimmte Zustände nach einer Veränderung rufen. Das Bewußtsein von der Not zwingt dann zu einer Wende, einer »Not-Wende«, und das gelingt nur in der reflektierten Praxis politischer Machtkämpfe. Die allgemeine politische Partei der Not im 20. Jahrhundert ist die Sozial-Demokratie; sie holt in Deutschland das nach, was im 19. Jahrhundert fehlte: pluralistisch-liberalistische Traditionen. L. charakterisiert die Sozialdemokratie als relativ aufgeklärtes neues Bürgertum, das vor allem Theoretischen zurückweicht und es sich lieber in den Sesseln der Macht gemütlich einrichtet. So kann auch die Sozialdemokratie nicht das Subjekt der Not-Wende sein. »Denken ist eine Funktion der Not« – und daraus folgt, daß es die unabhängigen Denker, die freien Intellektuellen und Philosophen, »nie saturiert und doch eine Adels- und Bildungsschicht [sind], die den Leidenden stets die Waffen bringt und organisiert.«

Es ist nach L. eine geschichtliche Tatsache, daß der Begriff der Demokratie sich mit ganz entgegengesetzten Herrschafts- und Geschäftsinteressen verbinden kann. Demokratie ist im 20. Jahrhundert immer eine reine Zweckform gewesen: So habe nach 1918 sich die Gegenrevolution maskiert mit den Idealen der Freiheit, des allgemeinen Wahlrechts, des Parlamentarismus – alles nur ideologische Redensarten zum Zwecke der Rückeroberung verlorengegangener Machtpositionen. Gegenüber den elementaren Fragen der Not, der Regelung des Verhältnisses zwischen Bedürfnis und Produktion, spielen Verfassungsformen nur die Rolle wechselnder Symbole. Damit ebnet L. aber nicht die großen inhaltlichen Unterschiede zwischen einer bürgerlichen Demokratie und einer faschistischen Fassadendemokratie ein; man solle Schlagworte, Fahnen und ideologischen Lärm nie verachten, aber man solle sie auch nie logisch ernst nehmen. Politik läßt sich nicht auf Logik begründen, sie ist wie die Religion ein kompliziertes Ausbeutungssystem menschlicher Bedürfnisse und Sehnsüchte. Die Weimarer Republik faßt L. in zwei Sätzen zusammen: »Die soziale Republik, das demokratische Ideal war Kulisse. Hinter der Szene herrschte der Terror.«

Die modernen Massengesellschaften mit ihren unterschiedlich ausgebildeten demokratischen Repräsentativmodellen sind Erben der Geschichte des christlichen Abendlandes. Alle Staatsorganisationen dieser Geschichte sind hervorgegangen aus Raub, Diebstahl, Betrug und Mord. Die demokratische Phraseologie unterschlägt diesen bestialischen Ursprung. L. beleuchtet mit seiner großartigen philosophischen Prosa diese Nachtseiten der Bürgerwelt und zeigt, daß nur eine Sozialpathologie der politischen und sozialen Lebensformen die historischen Sicherungsfunktionen im Weltbild des massendemokratischen Bürgers zu analysieren vermag. Die Phantasmagorie der objektiven Welt und die Sozialpathologie der modernen Bürgerwelt finden in L.s »Philosophie der Not« ihren kritischen Schlüssel. Die Kälte und Mechanik der warenproduzierenden Gesellschaft, die leerlaufende Maschinerie der rücksichtslosen Modernisierung bedrohen jede demokratische Form; ein Staat aber, der sowohl über die massenpsychologische »Technik der Völkerführung« wie über das Atomfeuer verfüge, wäre in der Lage, ganz nach Belieben zu herrschen und zu zerstören. Allein schon die Gebote der Selbst- und Welterhaltung zwingen unabweislich dazu, die Erde zu vergesellschaften: Kants Idee vom sich selbst erhaltenden Automatismus einer weltbürgerlichen Gesellschaft wird von L. verkürzt und eingeschränkt auf die Perspektive einer Weltgesellschaft, die nur der Logik der Not zu folgen hat.

1920 gründete L. die Freie Volkshochschule in Hannover-Linden und wurde 1922 a.o. Professor an der TH Hannover. Seinen Lebensunterhalt verdiente er mit Essays und Feuilletons, die das *Prager Tageblatt* ab 1923 veröffentlichte.

1925/26 wurde L. das Opfer einer antisemitischen und nationalistischen Hetzkampagne, ausgelöst durch sein in der Presse verzerrt wiedergegebenes psychologisches Porträt des Reichspräsidentschaftskandidaten Hindenburg. Im Frühsommer 1926 wurde L. von Korpsstudenten durch die an der Hochschule angrenzenden Herrenhäuser Gärten gejagt und mit Knüppeln bedroht. Die ganze Stadt war von einem pogromartigen Wahn befallen, nachdem die völkische und nationalsozialistische Presse in ganz Deutschland mit zahlreichen Artikeln gegen L. einen Vernichtungsfeldzug entfesselt hatte: Vereine und Verbände, Parteien und Einzelpersonen des öffentlichen Lebens, die Industrie- und Handelskammer, schließlich der Oberbürgermeister von Hannover schlossen sich dem an. Am Ende verzichtete L. auf seine Vorlesungen. Keiner der Studenten wurde wegen der Beteiligung an Ausschreitungen gegen L. strafrechtlich belangt.

L. analysierte in vielen Artikeln und Aufsätzen die Symbole und Phrasen der nationalistischen Reaktion und zeichnete ein utopisches Bild friedlicher internationaler Lebensformen. Das sogenannte Vaterland hingegen ist nie mehr als eine gefährliche »Illusionsfassade« gewesen, hinter der sich fürchterliche Dinge abspielen. Alle politischen Zweckformen sind stets in Relation zu setzen zur dominierenden ökonomischen Wertbewegung: »Nahezu alle Staaten der westlichen Erdhälfte sind polynational. Geld, das heißt das Geltende, ist heute bereits auf der ganzen Erde das Gültige geworden. Selbst die gemeinsame Not, selbst die Verzweiflung aller ›Verdammten dieser Erde‹ ist doch nicht entfernt so international wie das Geld.« Im Zeitalter der Massen und der kapitalistischen Verwertung der Arbeitskraft, der massenmedialen Herrschaftsformen und der politischen Großmachtblöcke wird es für die meisten Notleidenden immer schwieriger, ihr Leiden zu organisieren; immer schon sind phrasenhafte Angebote auf dem Markt der Not, um die wirklichen Entbehrungen auf das Terrain der Ablenkung und Unterhaltung zu verweisen. Doch das Prinzip der Not, die darin waltende Logik läßt sich nicht endlos auf ein anderes Prinzip herunterhandeln; denn jede ökonomische Not, jede politische Unterdrückung, jedes soziale und psychische Leiden besitzt eine innere Grenze der Verzweiflung, wird sie überschritten, so können die freigesetzten Energien der Rebellion für vernünftige Zwecke gebraucht werden, vorausgesetzt, es gibt dann politische, soziale und kulturelle Formen, die nach dem Prinzip der Notlogik zu handeln imstande sind.

Garantien für eine Bestandssicherung der Welt als natürliches System oder der Demokratie als künstliches System des Ausgleichs der antagonistischen Kräfte gibt es für L. nicht. »Das Element aber spült alle die sorgsam gebauten Dämme bald genug hinweg. Das Eis rückt vor. Unser Gestirn zerkracht.« Dennoch kommt es immer nur auf den Augenblick an, auf die Stunde, den Tag, auf die Gegenwart und die gegenwärtig Lebenden: »Von Eiszeit zu Eiszeit« sind die Methoden vernünftigen Erkenntnisgewinns zu verfeinern, denn nur der »Eiskristall des Geistes« enthält die codices der Vernunft zur Sicherung des Weiterlebens. Am 30.8. 1933 wurde L. von sudetendeutschen Nazis in Marienbad ermordet.

Marwedel, R.: Theodor Lessing 1872–1933. Eine Biographie. Darmstadt, Neuwied 1987.

Rainer Marwedel

Leuschner, Wilhelm

Geb. 15. 6. 1890 in Bayreuth; gest. (hingerichtet) 29. 9. 1944 in Plötzensee

Vor der Villa Hammerschmidt in Bonn steht eine Schwertlilie, die aus dem Garten Friedrich Eberts (1919) über L. (1924), Willi Richter (1928) und Georg Leber (1957) schließlich im Jahre 1989 zum Amtsantritt von Richard von Weizsäcker wieder in die Hände des Präsidenten der deutschen Republik gelangte und dort aus einem Ableger erneut erblühte. Diese Symbolik steht für den Schutz der Republik, in deren Dienst L. 1928 als Innenminister des »Volksstaates« Hessen trat. L. war sich stets darüber klar, daß zum wirksamen Schutz der Republik auch ihre symbolische Verankerung im Bewußtsein des Volkes gehörte. Sein Ruf nach »Einheit«, den er am Abend vor seiner Hinrichtung in Plötzensee den Leidensgenossen und Kampfgefährten übermittelte, war ein letzter Akt mit entsprechender bewußtseinsbildender Wirkung.

Als gelernter Bildhauer, zu dessen Beruf das Schnitzen von Emblemen und symbolischen Darstellungen gehörte, stand L. solchen Überlegungen näher als andere Zeitgenossen, denen die Verfassung mehr ein Verwaltungsstatut bedeutete, die in der demokratischen Republik ein Gemeinwesen zur gegenseitigen Bereicherung sahen oder eine Durchgangsstation zur Diktatur. Im Gegensatz zu manchen banausenhaften Einstellungen in den eigenen Reihen betrachtete L. die Republik nicht nur als Sozialstaat, sondern auch als Kulturstaat. Die Förderung und Pflege der Kultur von der Spitze des Reiches über die Länder bis in Gemeinden und Kulturkartelle der Gewerkschaften begriff er als eine wesentliche Aufgabe des Staates und der öffentlichen Hände.

Demokratie war für L. nicht nur eine Frage der Verteilung, der Kontrolle und des Wechsels der Macht, sondern eine überragende Kulturfrage, und zwar nicht allein im Sinne des klassischen Kulturerbes, sondern der Zivilisation und des Anteils der Arbeiterschaft an beidem. Dazu gehörte auch die Gemeindeordnung, die dank der zügigen Ausarbeitungen Ludwig Schwambs vom Landtag in Darmstadt noch im Sommer 1931 mit der alten demokratischen Mehrheit verabschiedet werden konnte.

L. zeigte sich in der Öffentlichkeit 1932 mit dem Schriftsteller Thomas Mann und dem Regisseur Gustav Hartung. Er war mit Carl Zuckmayer und Carl Ebert befreundet. Er sah die Kulturaufgaben des Volksstaates Hessen in Fortsetzung des Großherzogtums, das u.a. mit Darmstadt und Bad Nauheim bedeutende Zentren des Jugendstils geschaffen hatte. Zusammen mit dem kulturwissenschaftlich versierten Publizisten Carlo Mierendorff und dem Sozialpsychologen Sergej Tschachotin konzipierte L. den Kampf der »Eisernen Front« gegen den Faschismus als einen Kampf der Symbole, nicht nur der »Drei Pfeile« gegen das »Hakenkreuz«, sondern der politischen und sozialen Symbole überhaupt.

L. ging die Ochsentour des Arbeiterfunktionärs, allerdings im Laufschritt, vom »Bezirksleiter des Zentralvereins der Bildhauer Deutschlands« vor dem Ersten Weltkrieg zum Innenminister des Volksstaates Hessen 1928 bis 1933. Zwischendurch war er Frontsoldat, Stadtverordneter und Landtagsabgeordneter, Gewerkschafts- und Arbeitersekretär, Landesvorsitzender der hessischen Arbeiterjugend und SPD-Vorsitzender. Er hatte ein Büro in Darmstadt und eines im Frankfurter Gewerkschaftshaus. Die Landesgrenze zwischen dem preußischen Frankfurt und dem volksstaatlichen Darmstadt war ihm ein Ärgernis, deren Aufhebung er mit Beginn seiner Tätigkeit in der Landesregierung als Aufgabe der überfälligen Reichsreform in Angriff nahm. L. blieb dabei dem Gedanken eines deutschen Einheitsstaates treu, bahnte aber die Wege einer territorialen Neuordnung, die dem konsequenten Föderalismus der Bundesrepublik Deutschland vorausging. Auch das war sowohl ein politisches, als auch ein ästhetisches Problem: die angemessene Gliederung des Reichsgebietes.

Es wäre freilich falsch, in L. nur den ästhetisierenden Ordnungspolitiker zu sehen. Er behandelte Machtfragen mit der notwendigen Nüchternheit und lernte aus seinen Erfahrungen als Chef der Polizei eines Mittelstaates nicht nur, wie die Staatspolizei geführt wurde, sondern auch, welche Möglichkeiten für eine Widerstandsarbeit unter den Bedingungen eines modernen Staatswesens und einer übermächtigen Polizeiorganisation überhaupt noch gegeben waren. Er glaubte weder an eine Wiederholung des erfolgreichen Kampfes unter dem Sozialistengesetz (1878–1890), noch setzte er auf ein Spiel mit Handfeuerwaffen gegen den totalen Staat.

Sobald die Macht der Nazis sich im März 1933 gefestigt hatte, sorgte L. für die freiwillige Entwaffnung seiner Freunde, denn der Waffenbesitz erleichterte die Verfolgung und Bestrafung durch die NS-Justiz. Er beteiligte sich weder an der Verteilung von illegalen Flugblättern und Zeitungen, noch ließ er Aufzeichnungen über Besprechungen anfertigen. Der erfolgreiche Widerstandskämpfer mußte alles im Kopf haben: Adressen und Terminkalender, Analysen, Parolen und Ausreden. Das war das Geheimnis seines Erfolges, begründet aber auch die Schwierigkeiten der späteren Geschichtsschreibung über die illegale Reichsleitung der Gewerkschaften und ihre Verbindungen zum 20. Juli 1944. Überall, wo vom »Onkel« die Rede ist, kann es sich um L. gehandelt haben, denn »der Onkel« war sein Deckname in der Illegalität.

Die dritte Grundregel zielte auf wirtschaftliche Unabhängigkeit und Camouflage. Wer von der staatlichen Fürsorge leben mußte oder gar betteln ging, unterlag der öffentlichen Kontrolle. Wer aber einen kleinen Handel oder Gewerbebetrieb aufmachte, der erlangte Selbständigkeit mit vielfältigen Möglichkeiten heimlicher Verbindungen und camouflierter Unternehmungen: mit Geschäftskontakten ins Ausland, Passierscheinen in Ministerien, Kasernen und Rüstungsbetrieben. L.s kleine Armaturenfabrik in Berlin, die er nach der ersten KZ-Haft übernahm, wurde zum Kardinalbeispiel dieser wirtschaftlichen Basisorganisation für erfolgreiche Widerstandsarbeit. Der Produktionsbetrieb lag in der Eisenbahnstraße im proletarischen Kreuzberg, die Privatwohnung mit Direktionsbüro in der Bismarckstraße im vornehmeren Charlottenburg.

L. bestätigte zugleich eine Grundthese des demokratischen Liberalismus, daß Kleineigentum und Wirtschaftstätigkeit einer freiheitlichen und demokratischen Verfassung vorausgehen.

In den Papieren der »Fabrik« überdauerten Notizzettel L.s die Verfolgungen nach dem 20. Juli 1944. Eigentlich verstießen diese Zettel gegen das Schreibverbot. Aber sie waren so geschickt versteckt, daß daraus kein Beweismaterial gegen den Verschwörer fabriziert werden konnte. Aus den Notizen werden einige Grundsätze deutlich, die L. für den Wiederaufbau einer Demokratie in Deutschland als unabdingbar betrachtete. Dabei handelte es sich 1. um das Recht auf Arbeit als Garantie gegen jede Politik der Massenarbeitslosigkeit, 2. um ein einheitliches, selbstverwaltetes Sozialversicherungssystem als Garantie gegen die Verelendung der Massen, 3. um Grundsätze einer wirtschaftsdemokratischen Verfassung gegen Machtmißbrauch der Konzerne und des militärisch-industriellen Komplexes. Die Einheitsgewerkschaft, also der Zusammenschluß der früheren Richtungsgewerkschaften zu einem demokratisch aufgebauten Großverband aller arbeitenden Menschen in Deutschland sollte zum Unterpfand der notwendigen Demokratisierungsprozesse in Staat, Wirtschaft und Gesellschaft werden.

Von dem an der Verschwörung des 20. Juli zentral beteiligten Goerdelerkreis wurde L. für höchste Ämter vorgesehen, sogar für das eines Reichspräsidenten. Als die Nazis nach dem Scheitern des Putsches in der Bendlerstraße eine Liste der »Politischen Beauftragten« des Widerstandes fanden, auf der auch L.s Name stand, war dessen Schicksal besiegelt. Am 5. September 1944 wurde L. vom Volksgerichtshof zum Tode verurteilt und am 29. September in Plötzensee gehenkt.

Leithäuser, J. G.: Wilhelm Leuschner. Ein Leben für die Republik. Köln 1962. – Kogon, E.: Wilhelm Leuschners politischer Weg, in: Hessendienst der Staatskanzlei (Hg.): Wilhelm Leuschner. Auftrag und Verpflichtung. Wiesbaden 1993. – Weizsäcker, Richard von: Erinnerung als Mahnung, in: Gewerkschaftliche Monatshefte, 45. Jg./Oktober 1994.

Gerhard Beier

Levi, Paul

Geb. 11. 3. 1883 in Hechingen (Württemberg); gest. 9. 2. 1930 in Berlin

»Eine prekäre Stellung in einem prekären Staat«, mit diesen hintersinnigen Worten umriß L. 1923 die Stellung der deutschen Arbeiterklasse (und wohl auch seine) zur krisengeschüttelten Weimarer Republik. Wie kaum ein anderer Arbeiterführer verkörperte L., der brillante Intellektuelle und begnadete Rhetoriker, die Dilemmata dieser Umbruchszeit. Sein Leben, bilanziert seine Biographin Charlotte Beradt, »ist das Drama eines bedeutenden Politikers der Epoche und zugleich ein Lehrstück dieser Epoche«.

Der jüngste Sohn einer jüdischen Unternehmerfamilie aus dem süddeutschen Hechingen interessierte sich schon in seiner Schulzeit für zwei Schwerpunkte, die ihn zeit seines Lebens weiter begleiteten: Politik und Justiz. Bereits als zwölfjähriger Schüler hielt er sich im Stuttgarter Landgericht auf »wie andere auf dem Spielplatz«. Noch während seiner Gymnasialzeit – 1901 machte er Abitur – bekannte er sich zum Sozialismus. Das Studium der Rechtswissenschaften führte ihn nach Berlin und Grenoble und dürfte ihn, der inzwischen in die SPD eintrat, noch weiter politisiert haben. Nach der Promotion (1905) und dem Gerichtsreferendariat ließ sich L. 1908 in Frankfurt/Main nieder, wo er sich rasch als fähiger Rechtsanwalt einen Namen machte. Er setzte sich erfolgreich innerhalb der SPD (Reichstagskandidat 1912, Parteitagsdelegierter in Chemnitz 1913) durch, zu deren linksradikalem Flügel er zählte.

Im Februar 1914 übernahm er die Verteidigung von Rosa Luxemburg, die vom Landgericht Frankfurt/Main wegen antimilitaristischer Agitation angeklagt wurde. Spektakulär war vor allem Luxemburgs Gegenanklage »Militarismus, Krieg und Arbeiterklasse« vor der Strafkammer – ein Thema, das L. noch Jahre später beschäftigen sollte. Der Ausbruch des Ersten Weltkrieges und die Dauerloyalität von SPD und Freien Gewerkschaften gegenüber der kaiserlichen Regierung (»Burgfriedenspolitik«) führte bei L. zu einem radikalen Bruch mit der »reformistischen« Arbeiterbewegung, deren »Opportunismus« er schärfstens kritisierte. Zusammen mit Karl Liebknecht, Rosa Luxemburg, Clara Zetkin und anderen Protagonisten der systemkritischen Linken gründete L. die Gruppe »Internationale« (5. März 1915), aus der dann die »Spartakusgruppe« (1. Januar 1916) und zu Jahreswechsel 1818/19 die »Kommunistische Partei Deutschlands« (KPD) hervorging.

L. war an vorderster Front an dieser Entwicklung beteiligt. Unter dem Pseudonym »Paul Hartstein« nahm er an diversen Versammlungen der »Zimmerwälder Linken« in der Schweiz teil. Seine Kontakte zu Lenin, Karl Radek und anderen Revolutionären, ihre Diskussionen über die Perspektiven der russischen Februarrevolution 1917 gaben ihm unmittelbaren Einblick in die Strukturen der bolschewistischen Partei. Am meisten beeindruckte ihn fortan Lenins unbedingter Wille zur Macht, die Logik, mit der dieser die zweite – sozialistische – Revolution vorantrieb. »Die Zeit des Kampfes unter dem Krieg und gegen den Krieg«, so L. später in seiner Trauerrede für Luxemburg und Liebknecht, war zwar für die unmittelbar Beteiligten »die schwerste«, aber »doch die erhebendste Zeit« ihres Lebens, denn trotz aller Rückschläge schien die erwartete Revolution ab 1917 plötzlich nahe, zumal auch in Deutschland Arbeiterproteste zunahmen. Insgesamt war unter den Repressionsbedingungen, denen sich die »kleine Propagandatruppe« (L.) ausgesetzt sah, »normale« Opposition unmöglich. Allein die willkürlichen Strafverfahren wegen »Landesverrats«, welche deutsche Gerichte gegen Liebknecht und andere Kriegsgegner anstrengten, erschütterten L.s ohnehin geringes Vertrauen in die deutsche Justiz. Trotz ablehnender Haltung gegenüber den Ergebnissen der Novemberrevolution 1918 – statt der von den Linken geforderten sozialistischen Rätedemokratie kam es zu einem Bündnis aus SPD und bürgerlichen Parteien, Gewerkschaften und Unternehmern und zu einer bürgerlich-parlamentarischen Demokratie – optierte L. für die Teilnahme an den Wahlen zur Nationalversammlung und für eine qualifizierte Parlamentsarbeit der KPD.

Für L. war klar, daß mit ihm putschistische Aktionen, Ersetzung der Politik durch Handgranaten, wie er es nannte, nicht zu machen waren. »Der Spartakusbund wird nie anders die Regierungsgewalt übernehmen als durch den klaren, unzweideutigen Willen der großen Mehrheit der proletarischen Masse in Deutschland, nie anders als kraft ihrer bewußten Zustimmung zu den Ansichten, Zielen und Kampfmethoden des Spartakusbundes«, lautete eine der entscheidenen Stellen des von Rosa Luxemburg verfaßten KPD-Programms. Anders als die meisten politischen Freunde, erfahrene Spartakisten der ersten Stunde wie Heinrich Brandler, Fritz Heckert, Ernst Meyer, August Thalheimer, Jakob Walcher und viele andere mehr, ließ L. sich nicht dazu hinreißen, organisierte Aufstandsversuche ohne gesellschaftliche Verankerung, wie im März 1912 in Mitteldeutschland und Hamburg, zu unterstützen. Bestärkt wurde L.s Sichtweise bereits Anfang 1919 durch den erfolglosen Januaraufstand, an dem Teile der Berliner Arbeiterschaft, die Revolutionären Obleute und die KPD beteiligt waren. Dieses Fiasko potenzierte jene antikommunistische Pogromhetze, der wenige Tage später, am 15. Januar, Karl Liebknecht und Rosa Luxemburg zum Opfer fielen. Zu dieser Zeit – die KPD war verboten, führende Mitglieder wurden per Haftbefehl gesucht – saß L. in einem Moabiter Gefängnis. Wahrscheinlich rettete das dem Kommunisten und Juden das Leben. Als L. im Frühjahr 1919 den Parteivorsitz übernahm, war die KPD in einem desolaten Zustand. Bis zu seinem Rücktritt am 24. Februar 1921 versuchte L., der von Machtkämpfen zerrissenen KPD eine einheitliche politische Linie zu vermitteln, sie in eine marxistische »Massenpartei« umzuwandeln.

Zur Conditio sine qua non wurde zunächst die Zähmung des linkskommunistischen Flügels, dessen aktionistische Attitüde L. mit den von ihm vorgelegten *Leitsätzen über kommunistische Grundsätze und Taktik* bekämpfte. Nur mittels »straffster Zentralisation« könne die KPD, als Führerin der Massen, in diesen »revolutionären Epochen« siegen. Wer dies ablehne, müsse ausgeschlossen werden. Die Mehrheit von 31 zu 18 Stimmen bekam die Zentrale nur durch einen Trick: Per Antrag verwehrte der 2. Parteitag (Oktober 1919) den Parteimitgliedern einfach das Abstimmungsrecht. Der von L. bewußt in Kauf genommene Aderlaß – er betraf etwa die Hälfte der 107 000 Mitglieder; ein Teil von ihnen gründete im Frühjahr 1920 die Kommunistische Arbeiterpartei (KAPD) – entsprach einer bürokratisch-diktatorischen »Methode der Spaltung« (O.K. Flechtheim) und schadete der innerparteilichen Demokratie. Ungewollt schuf L. die Grundlage für weitere Disziplinierungs-, später die sog. Säuberungsmaßnahmen durch den Apparat, die zur Stalinisierung der KPD führten. Dennoch schien sich 1920 L.s Spaltungspolitik vom Vorjahr bezahlt zu machen. Mit dem Übertritt von rund 300 000 Linken aus der 1917 von der SPD abgespalteten »Unabhängigen Sozialdemokratischen Partei Deutschlands« (USPD) wurde die KPD im Dezember zur Massenpartei. Der von L. initiierte »Offene Brief« der Zentrale (8. Januar 1921) forderte die Einheitsfront aller Arbeiterorganisationen zur Realisierung wichtiger Tagesforderungen.

L.s Differenzen mit der Kommunistischen Internationalen (KI) nahmen zu. Hinter den Kulissen intrigierten Karl Radek und Grigorij Sinowjew erfolgreich gegen den unbequemen, teilweise auch arroganten KPD-Vorsitzenden, der nicht nur die Aufnahme der ultralinken KAPD in die KI offen kritisierte, sondern auch deren Steuerung durch die sowjetischen Kommunisten ablehnte, weil sie die Autonomie der kleineren Mitgliederparteien gefährde. Der beginnende Interventionismus der russisch dominierten KI stärkte die Anhänger der sogenannten »Offensivtheorie«, bei der es auf eine von der KP zu organisierende »Initialzündung« ankomme, um die Arbeiter zu »revolutionieren«. Nach dem Fiasko der »Märzaktion« 1921 sah L. den Zeitpunkt für eine Abrechnung gekommen. Seine Broschüre *Unser Weg. Wider den Putschismus* und *Was ist das Verbrechen – die Märzaktion oder die Kritik daran?*

bedeuteten den Parteiausschluß (15. April 1921). L. hatte in der Partei fast jegliche Machtbasis verloren.
Auch Vermittlungsversuche von Clara Zetkin und Lenin, die inhaltlich seine Kritik teilten, änderten nichts an der Situation. Insbesondere Lenin ging es ums Prinzip: Strittige Punkte, schrieb er am 16. April 1921 an L. und Zetkin, müsse man notfalls mehrere Male mit der Exekutive der KI »ventilieren«. L.s Verhalten, den Streit nach außen zu tragen, sei völlig inakzeptabel. L. blieb mit seinen wenigen Gefolgsleuten in Wartestellung. Vergeblich hoffte er darauf, »Recht« zu bekommen. Umgekehrt erwarteten die KI, Lenin auch Zetkin, die sich von ihm abwandte, zuerst von ihm den Kotau, die Selbstkritik, zu der er nicht bereit oder fähig war.
L.s weiterer Weg führte über die »Kommunistische Arbeitsgemeinschaft« (KAG) zur Rest-USPD und schließlich 1922 in die SPD zurück. Neben der umstrittenen Herausgabe von Schriften aus dem Rosa-Luxemburg-Nachlaß 1922 und 1925 (die Kommunisten ärgerten sich darüber, daß er Luxemburgs Kritik an der russischen Revolution publizierte und für die politische Auseinandersetzung nutzte), arbeitete er als Rechtsanwalt in Berlin. 1924 wurde L. SPD-Reichstagsabgeordneter des Bezirks Zwickau-Plauen im »Roten Sachsen«. Von 1923 bis 1928 gab er die Zeitschrift *Sozialistische Politik und Wirtschaft* (SPW) heraus und schuf damit für die sozialdemokratische Linke, deren führender Kopf er wurde, ein vielbeachtetes Forum.
»Der Feind steht rechts«, nur die Arbeiterschaft könne diese vorläufig einzige »Errungenschaft ihres Befreiungskampfes«, die demokratische Republik, vor ihren Feinden schützen. Er warnte seine »neualte« Partei vor der Ausgrenzung der KPD, die er als Bestandteil der Arbeiterklasse betrachtete, sowie vor der Remilitarisierung der Politik. Die Zustimmung der von der SPD-geführten Reichsregierung (Reichskanzler Hermann Müller) im August 1928 zum Bau des Panzerkreuzers A war für die Parteilinke eine bittere Niederlage, die 1931 zur Gründung der »Sozialistischen Arbeiterpartei« (SAP) beitrug.
Seine eigentliche Aufgabe sah der zum linken Außenseiter abgestempelte L. darin, die Sozialdemokratie zu einem klaren sozialistischen Kurs zu veranlassen: Regierungsverantwortung, »den Staatsapparat direkt zu beeinflussen«, wie er es nannte, nur, wenn etwas für die Arbeiterklasse herauskomme. »Eine klarere und einfachere Antithese gibt es nicht als die der Opposition«, diese sei mithin nichts anderes als »Willensbildung« einer anderen sozialen Schicht über jedes staatliche Problem. »In ihr und durch sie wird eine Arbeiterpartei (...) gesund.« Nur wenige Sozialdemokraten sahen so deutlich wie er den Verschleißprozeß und Glaubwürdigkeitsverlust, den die SPD hinnahm und durch den auch die demokratischen Institutionen bedroht waren. 1930 verlor die deutsche Arbeiterbewegung einen der wenigen überzeugten, äußerst eigenwilligen und umstrittenen »demokratischen Marxisten« (H. A. Winkler), dessen prekäre Stellung darin bestand, unbequeme Wahrheiten zu vertreten, durch die er überall zwischen die Stühle geriet.

Beradt, C.: Paul Levi. Ein demokratischer Sozialist in der Weimarer Republik. Frankfurt/Main 1969. – Jens, W.: Ein Jud aus Hechingen. Requiem für Paul Levi. Stuttgart 1992. – Quack, S.: Geistig frei und niemandes Knecht. Paul Levi – Rosa Luxemburg. Politische Arbeit und persönliche Beziehung. Mit 50 unveröffentlichten Briefen. Köln 1983.

Jens Becker

Leviné, Eugen

Geb. 10. 5. 1883 in St. Petersburg; gest. (hingerichtet) 5. 6. 1919 in München

Der Sohn einer aus Deutschland stammenden in Petersburg lebenden jüdischen Kaufmannsfamilie erhielt seine Erziehung zunächst auf einer deutschen Privatschule in der russischen Metropole, dann in einem exklusiven Internat in Wiesbaden. 1903 nahm L. dann an der Universität Heidelberg ein Jurastudium auf. Damals war er bereits Mitglied der russischen »Sozialrevolutionären Partei« (SR), die einen bäuerlichen Sozialismus verfocht und dem Marxismus mit Zurückhaltung und eher mit Ablehnung begegnete. Obwohl in der SR zeitweilig antisemitische Strömungen auftraten, gehörten zu ihren führenden Persönlichkeiten eine Reihe von Juden.
Im Jahre 1905 unterbrach L. sein Studium und reiste als freier Mitarbeiter der *Frankfurter Volksstimme* ins revolutionäre Rußland. Seine Aktivität brachte ihn dort Anfang 1905 für sechs Monate in ein Petersburger Gefängnis. Danach wirkte er als Agitator unter den Petersburger Arbeitern. Dies unterschied ihn von den meisten anderen Sozialrevolutionären, die in der Bauernschaft den Adressaten ihrer emanzipatorischen Botschaft sahen. Seine Arbeit führte L. ins westliche Rußland und nach Bjelorußland: in die Provinzen Witebsk, Smolensk, Brjansk und Minsk.
Von einem Spitzel denunziert, wurde L. Ende 1907 zum zweiten Mal verhaftet und im Gefängnis von Minsk von sadistischen Wärtern gefoltert. Nachdem seine Mutter eine Kaution von 5000 Rubel aufgebracht hatte, wurde er 1908 entlassen und kehrte nach Deutschland zurück. An der Universität in Heidelberg setzte er seine Ausbildung fort; nun-

mehr studierte er Staatswissenschaft und Volkswirtschaft und schloß sein Studium mit der Promotion ab. Daneben schrieb er über seine Zeit in zaristischen Gefängnissen und befaßte sich mit der Geschichte der deutschen Arbeiterbewegung. L. blieb Mitglied der SR, leistete aber im Auftrag der SPD Agitationsarbeit unter Mannheimer Arbeitern. Er kam in Kontakt mit Rosa Luxemburg, Karl Liebknecht und Franz Mehring. 1913 erwarb L. die deutsche Staatsbürgerschaft.

Nach Ausbruch des Ersten Weltkriegs gehörte L. sogleich zu den entschiedenen Kriegsgegnern. Bis 1915 lebte er in Berlin. Im April 1915 wurde er zum Militär einberufen und diente als Dolmetscher in einem Lager für alliierte Kriegsgefangene in Heidelberg.

Am 16. Mai 1915 heiratete L. die 1890 geborene Tochter eines bjelorussischen Rabbiners. Rosa L. begann, sich an der Seite ihres Mannes für Politik zu interessieren. Am 21. Juni 1916 wurde der Sohn Eugen geboren, der später nach England emigrieren mußte. 1916 wurde L. aus Gesundheitsgründen aus der Armee entlassen und war anschließend als Lehrbeauftragter für russische Sprache an der Universität Heidelberg tätig.

1917 schloß sich L. der »Unabhängigen Sozialdemokratischen Partei Deutschlands« (USPD) an. 1918 arbeitete L. bei der sowjetischen Telegraphen-Agentur »ROSTA« (bis Anfang November). Nach dem von Lenin für die sowjetische Seite durchgesetzten Frieden von Brest-Litowsk vom 3. März 1918, der Sowjetrußland erhebliche territoriale Beschränkungen auferlegte und den die SR daher ablehnte, trat L. aus der Partei aus, machte aber diesen Bruch nicht publik. Er engagierte sich im »Spartakusbund« und unternahm in dessen Auftrag Ende November/Anfang Dezember 1918 eine Agitationsreise durch das Ruhrgebiet. Vom 16. bis 21. Dezember 1918 nahm L. am 1. Reichsrätekongreß in Berlin teil und vertrat dort das Konzept der Betriebsräte, d.h. die Organisation der Arbeiterbewegung auf betrieblicher Grundlage.

Vom 30. Dezember 1918 bis 1.Januar 1919 beteiligte L. sich am Gründungskongreß der KPD. Zunächst befürwortete er in der Diskussion die Teilnahme der Kommunisten an Parlamentswahlen, sprach sich dann aber dagegen aus, schließlich wieder dafür. Nach der Ermordung von Rosa Luxemburg und Karl Liebknecht am 15. Januar 1919 in Berlin wurde nach L. landesweit gefahndet; er lebte zeitweilig illegal in Braunschweig und im Ruhrgebiet.

Als Vertreter der ROSTA wollte L. am Gründungskongreß der »Kommunistischen Internationale« (Komintern) im März 1919 in Moskau teilnehmen. L. erreichte jedoch Moskau nicht, da er in Kowno verhaftet wurde. Es gelang ihm jedoch zu fliehen und sich bei einer jüdischen Familie zu verbergen. Anfang März 1919 erhielt L. von der KPD-Zentrale den Auftrag, nach München zu gehen. Dort hatte sich wenige Stunden nach der Ermordung des bayerischen Ministerpräsidenten Kurt Eisner am 21. Februar 1919 ein Zentralrat der Arbeiter-, Bauern- und Soldatenräte konstituiert, der am 7. April die (erste) Räterepublik in Bayern ausrief. In dieser Räterepublik hatten die Schriftsteller Ernst Toller (USPD), Ernst Niekisch (SPD), Gustav Landauer und Erich Mühsam, die beide Anarchisten waren, die Führung inne. Die Münchner KPD unter Max Levien und L. lehnten die Beteiligung an der Räterepublik, die auch in anderen Orten Bayerns proklamiert wurde, ab. Sie argumentierten, daß der Zeitpunkt für die Errichtung einer Räterepublik noch nicht gekommen sei. Als in der Nacht vom 12. zum 13. April 1919 rechtsgerichtete Kräfte die Räterepublik durch einen Militärputsch zu beseitigen versuchten, beteiligten sich die Kommunisten dennoch an der Niederschlagung des Aufstandsversuches.

Am 14. April 1919 konstituierte sich die zweite Räterepublik. Der 15köpfige Aktionsausschuß als führendes legislatives Organ setzte sich aus Sozialdemokraten, Unabhängigen Sozialdemokraten und Kommunisten zusammen. Er wählte einen vierköpfigen Vollzugsrat mit L. an der Spitze, der sofort einen zehntägigen Generalstreik proklamierte und die Bewaffnung der Arbeiter anordnete. Unter dem Kommunisten Rudolf Egelhofer wurde eine »Rote Armee« aufgestellt, eine Kommission zur Bekämpfung der Konterrevolution eingesetzt sowie die Produktionskontrolle in Großbetrieben, im Bank- und Verkehrswesen eingeführt. Diese Maßnahmen hatten die Nationalisierung der Banken, die Entwaffnung der Bourgeoisie und die Besetzung wichtiger Positionen in der Verwaltung durch Arbeiter zum Ziel. Gegen den Widerstand von L. setzten Führer der USPD am 27. April die Aufhebung wichtiger revolutionärer Beschlüsse durch. Daraufhin traten die Kommunisten aus dem Aktionsausschuß aus.

Unterdessen wurde über das Gebiet der Räterepublik die Blokkade verhängt. Noske-Truppen und Freikorps rückten nach z. T. heftiger Gegenwehr an und bildeten am 30. April einen Ring um München. Die unter kommunistischer Führung stehende »Rote Armee« leistete bis zum 4. Mai 1919 den in der Stadt eindringenden Truppen erbitterten Widerstand. Danach verhängten die Sieger ein grausames Standrecht. Noske-Truppen und Freikorps brachten Hunderte von Arbeitern und Soldaten um. Über 2200 Personen wurden zu Zuchthaus, Gefängnis und Festungshaft verurteilt.

L. wurde am 2./3. Juni 1919 von einem Standgericht zum Tode verurteilt. In seiner Rede vor Gericht erklärte er: »Über kurz oder lang, in diesem Raum werden andere Richter tagen, und dann wird der wegen Hochverrats bestraft werden, der sich gegen die Diktatur des Proletariats vergangen hat. Fällen Sie das Urteil, wenn Sie es für richtig halten. Ich habe mich nur dagegen gewehrt, daß meine politische Agitation, der Name der Räterepublik, mit der ich mich verknüpft fühle, daß der gute Name der Münchner Arbeiter beschmutzt wird. Diese und ich mit ihnen zusammen, wir haben alle versucht, nach bestem Wissen und Gewissen unsere Pflicht zu tun für die Internationale, die Kommunistische Weltrevolution.« Seine Witwe berichtete, daß L.s Worte »Wir Kommunisten sind alle Tote auf Urlaub« eine gewaltige Wirkung im In- und Ausland hatten. Gegen das Todesurteil protestierten, wenngleich vergeblich, verschiedene Persönlichkeiten wie der Philosoph Ernst Cassirer, der linkssozialdemokratische Politiker Hugo Haase und die Publizisten Maximilian Harden und Adolf Grabowsky. Die Hinrichtung L.s löste in weiten Teilen Deutschlands Streiks und Kundgebungen aus.

Beyer, H.:Die Revolution in Bayern 1918/1919. Berlin (2. erw. Aufl.) 1988. – Meyer-Leviné, R.: Leviné. Leben und Tod eines Revolutionärs. Frankfurt/Main 1974. – Werner, P. (Paul Frölich): Eugen Leviné. Berlin 1922.

Mario Keßler

Lewinsky, Erich

Geb. 1. 1. 1899 in Goldap/Ostpreußen; gest. 16. 2. 1956 in Kassel

Unter den vielen und insgesamt doch viel zu wenigen, die sich vor nazistischer Verfolgung ins Ausland retten konnten, war der in Kassel praktizierende Rechtsanwalt L.; als Jude und Sozialist Intimfeind des fanatischen Kasseler Nazi-Anwalts und späteren Vorsitzenden des Volksgerichtshofs Roland Freisler. Als dieser die Ermordung eines gemeinsamen Kollegen betrieben hatte, wußte L., daß er das nächste Opfer sein würde. Mit Frau und Kind floh er ins Ausland. Das war am Tag des »Ermächtigungsgesetzes«, am 23. März 1933.
Vierzehn Jahre später kehrte L. als erster Jude in das zerstörte Kassel zurück. Dort sah er sich vor eine dringende Aufgabe gestellt: die Reorganisation der deutschen Justiz. Schon im Exil hatte L. Vorstellungen für den Wiederaufbau des Rechtswesens in Deutschland entwickelt. Als ebenso vordringlich wie schwierig empfand er die »Wiederherstellung der Rechtssicherheit durch Vorausbestimmbarkeit (...). Das Verschwinden der Furcht vor richterlicher Willkür ist eine der Voraussetzungen für den Aufbau einer gesunden Justiz«.
L. betrachtete die Reorganisation der Justiz in erster Linie nicht als technisches, sondern als politisch-moralisches Problem: »Daß das Gesetz nicht willkürlich verletzt werde, daß es nicht auf Befehl von wirtschaftlichen und politischen Machthabern gebeugt, nicht heute so und morgen anders (...) angewandt werde, ist nichts anderes als eine Forderung des obersten Prinzips der Gerechtigkeit. Es ist eine politische Forderung, die sich auf die äußere Gestaltung des Verkehrs der Menschen bezieht.« Doch nicht nur in diesem Sinn verstand sich L. als ein *Politischer Richter* (so der Titel seiner bereits im Exil entwickelten und nach der Rückkehr mehrfach vorgetragenen Überlegungen zum Wiederaufbau der Justiz im Nachkriegs-Deutschland). Weil »Politik etwas zu tun hat mit Rechtlichkeit und mit sittlichen Anforderungen an Menschen«, verlangte er von Juristen auch »bewußte Teilnahme und Verantwortung an der vernünftigen Gestaltung des öffentlichen Lebens, d.h. an der auf Herbeiführung von Rechtszuständen ausgerichteten Politik«. Dazu waren seiner Überzeugung nach nur Menschen befähigt, die begriffen hatten, »daß ›Recht‹ in das Gebiet der Ethik gehört und daß deshalb jeder Jurist sich mit den philosophischen Problemen der Ethik auseinandersetzen sollte – dieser Wissenschaft, die in ihrem praktischen Teil uns Regeln dafür aufzeigt, wie der Mensch sich verhalten soll«. Das Versagen der deutschen Justiz während der Zeit des Nationalsozialismus führte L. zuallererst auf den Mangel an jedweder ethisch-philosophischen Grundbildung zurück.
Er selbst hatte die Maßstäbe für sein Handeln als junger Mann in der Philosophie Leonard Nelsons (*Ethische Methodenlehre*, 1915; *System der philosophischen Rechtslehre und Politik*, 1924) gefunden; sie blieb ihm Richtschnur und Kraftquell bis zum Lebensende. Allerdings teilte L. in seinen späteren Jahren nicht mehr Nelsons eliteorientiertes antidemokratisches Denken, zumal ihn im Exil das Erlebnis US-amerikanischer Demokratie stark beeindruckt hatte. Doch dem ethisch begründeten Sozialismus Nelsons blieb er treu, ebenso den strengen äußeren Lebensregeln des Philosophen und der kleinen Gemeinschaft seiner Anhänger, die sich während des Ersten Weltkriegs im »Internationalen Jugendbund« (gegr. 1917), dem späteren »Internationalen Sozialistischen Kampfbund« (ISK, seit 1926)), zusammenfanden.
Diese geistige Orientierung war dem literarisch interessierten und musikalisch begabten Sohn eines Textilkaufmanns aus dem ostpreußischen (heute polnischen) Städtchen Goldap durchaus nicht »in die Wiege gelegt worden«.
Der Erste Weltkrieg hatte das beschauliche Leben, das der Knabe bis dahin gewöhnt war, völlig verändert: erste Fluchterfahrungen, erste schockierende Begegnungen mit Antisemitismus, Beginn des Studiums der Rechtswissenschaften, Militär- und Kriegsdienst, Tod des Vaters. Mit 19 Jahren übernahm L. als ältestes von sechs Kindern die Verantwortung für Mutter und jüngere Geschwister. Er beschleunigte seine Ausbildung, promovierte, trat in der Wahlheimatstadt Kassel als Juniorpartner in eine Anwaltskanzlei ein, fand, Orientierung suchend, zum Bund um Leonard Nelson. L. heiratete als Atheist jüdischer Herkunft eine Frau aus religiös-jüdischem Hause und nahm, wenn irgend möglich, die Gelegenheit wahr, seine musischen Neigungen zu pflegen, sich philosophisch weiterzubilden und politisch zu betätigen.

Als Anwalt, der er mehr aus pragmatischen Erwägungen denn aus Neigung geworden war, vertrat L. in der Endphase der Weimarer Republik immer häufiger Nazi-Gegner vor Gericht und begab sich dabei in offene Konfrontation mit Freisler, gegen den er sich auch nicht scheute, in öffentlichen politischen Versammlungen aufzutreten. Mit viel Glück rettete er sich und seine Familie 1933 in die Schweiz, ging jedoch kurz darauf nach Paris, wo er mit großem Erfolg eine vegetarische Gaststätte betrieb. Das Restaurant am Boulevard Poissonière wurde für andere Flüchtlinge erste Anlaufstelle und Treffpunkt; es sicherte die Existenz der Familie und vieler »Illegaler«; es trug bei zur Finanzierung der umfangreichen Aktivität der von Willi Eichler geführten ISK-Exilorganisation.
Der Kriegsbeginn trennte L. und seine Frau Herta von ihrem einzigen Kind, einem Jungen, der im dänischen, dann im englischen Exil lebte: Sie sahen ihn erst Jahre später als verheirateten Mann wieder. Der Besetzung Frankreichs durch deutsche Truppen im Sommer 1940 folgten für L. Internierung, Flucht in den unbesetzten Süden, lange Ungewißheiten über das Schicksal von Familie und Freunden. In Marseille arbeitete L. monatelang in einer Flüchtlingshilfeorganisation, bis er selbst in die USA flüchtete. Im April 1941 erreichten L. und seine Frau New York, ihre letzte Exilstation. Die nächsten Angehörigen, Mutter und Geschwister, überlebten auf drei verschiedenen Kontinenten; andere Verwandte jedoch, Onkel, Tanten, ein Vetter mit seiner Familie wurden verschleppt und ermordet.
Nie bestand für L. Zweifel daran, daß er »nach Hitler« nach Deutschland zurückkehren würde. Der Emigrant, der sich in New York als Büroarbeiter und wissenschaftliche Hilfskraft, als Tellerwäscher und Koch durchschlug, scheint das Exil in gewisser Weise auch als bereichernde Erfahrung erlebt zu haben. Soweit seine immer stärker angegriffene Gesundheit es zuließ, arbeitete L. nicht nur in linken politischen Emigrantengruppen und Flüchtlingshilfekomitees mit, sondern auch in gesellschaftspolitisch engagierten Kreisen seines Asyllandes. Hier lernte er alltäglich geübte Demokratie kennen: ohne Obrigkeitsgläubigkeit, bei voller Freiheit der Diskussion auch über umstrittene Themen.
Der SPD-Politiker Georg-August Zinn, der im Januar 1947 Justizminister in Hessen wurde, bat L., nach Deutschland zurückzukommen. Wenn ihn zu jener Zeit Freunde aus der Emigration befremdet fragten, ob er etwa alles vergessen habe, was ihm durch Deutsche angetan worden sei, pflegte L. zu antworten: Gerade weil er nichts vergessen habe, gehe er zurück. Das Nicht-Vergessen »soll uns davor bewahren, stumpf und gleichgültig zu werden. Wir wollen empfindsame Instrumente bleiben bei unserer Mithilfe an dem Versuch, geordnete und gerechte Zustände herzustellen«. Rechtsanwalt wollte L. nicht mehr sein. Er hoffte, als Richter wirken zu können: bei der Führung von Gerichtsverhandlungen, vor allen Dingen aber bei der Aus- und Fortbildung des juristischen Nachwuchses. Der Staatenlose wurde deutscher Landgerichtsdirektor, noch ehe er via England und Frankreich in seine Heimat zurückkam.
L. übte nachhaltigen Einfluß auf den juristischen Nachwuchs aus und gab ihm Orientierung durch seine Urteilsfindungen, auch indem er illusionslos über die Einsamkeit des Richters vor der Entscheidung sprach, und indem er immer wieder betonte, nur derjenige dürfe Richter werden, der »mit dem Kopf fühlen, mit dem Herzen denken« könne. L. hatte sein Leben im Exil und in der Nachkriegszeit kaum geschont. Als er bei Vollendung seines 57. Lebensjahres am Neujahrstag 1956 wunschgemäß in den vorzeitigen Ruhestand versetzt wurde, hatte er nur noch sechs Wochen zu leben.

Dertinger, A.: Die drei Exile des Erich Lewinsky. Gerlingen 1995.

Antje Dertinger

Lichtenberg, Georg Christoph

Geb. 1. 7. 1742 in Ober-Ramstadt/Hessen; gest. 24. 2. 1799 in Göttingen

Ein bucklicht Männchen von vier Fuß Leibeslänge nur; aber welch ein Kopf: Søren Kierkegaard fand »Labung« bei »dieser Stimme in der Wüste«, und Friedrich Nietzsche zählte L.s Aphorismen zu der Handvoll Bücher, die von der deutschen Prosa-Literatur übrigbleiben.
L. wurde als 17. Kind eines hessischen Dorfpfarrers geboren, der später in der Residenz Hessen-Darmstadt, eines für Despotenwillkür und Mißwirtschaft bekannten Landes, als Hofgeistlicher wirkte und nach dessen Tod der Landgraf endlich 1763 dem Sohn das Studium an Göttingens Georgia Augusta ermöglichte, wo dieser zeitlebens blieb, trotz finanziell attraktiverer Angebote aus Gießen und Leiden. Seit 1770 außerordentlicher, seit 1755 ordentlicher Professor, las L. Mathematik, Astronomie, später Physik und Chemie, hatte dank seines Witzes ungewöhnlichen Zulauf und fand in der Fachwelt Anerkennung. L. wurde Mitglied naturforschender Gesellschaften bzw. Akademien in Göttingen, Danzig, Halle, London und Petersburg.
Neben seiner akademischen Tätigkeit machte L. sich als »Homme de lettres« einen Namen. L. schätzte die englische Literatur. Als einer der ersten neben Christoph Martin Wieland

erkannte er Henry Fieldings Bedeutung (*Tom Jones, or the History of a Foundling,* 1749) und hielt die deutsche Literatur dagegen: »Wo sind unsere Prosaisten? Noch z.Zt. nur ein einziger Lessing! Barden, poetische Zitterer, Enthusiasten haben wir zu Tausenden.« Der in der Aufklärung wurzelnde L. konnte sich mit dem Geniekult des Sturm und Drang nicht anfreunden. Er polemisierte gegen Johann Kaspar Lavaters *Physiognomische Fragmente* (1775–1778), aufgebracht über »dieses Schwärmers entsetzlichen Aufwand von Worten und Empfindungen«. Friedrich Gottlieb Klopstocks Empfindsamkeit war ihm so verdächtig wie sein Nationalismus: Zur Ode *Mein Vaterland* (1771) notierte er: »Ich bin ein deutsches Mädchen, ist das etwa mehr als ein englisches, russisches oder otaheitisches?« L.s Bekenntnis zu religiöser Toleranz, mit dem er im *Timorus* (1773) antrat, hinderte ihn im Alter nicht an gelegentlichen antisemitischen Notaten.

Abgesehen von der fast nie unter L.s Namen erscheinenden streitschriftlich-satirischen ging seine belletristische Produktion beinah ausschließlich in den *Göttinger Taschen Calender* ein, den er ab 1777 bis zu seinem Tod betreute. Hier publizierte er ab 1784 die Erklärungen der Kupferstiche William Hogarths, dem der wahlverwandte Detailbesessene »Kenntnis des Menschen in allen Ständen« nachrühmte. Die sozialkritischen, narrativen Bildfolgen in L.s sprachlicher Gestaltung erfreuten sich so großer Beliebtheit, daß er fünf Folgen (1794–1799) zu kongenialen Kunstwerken ausarbeitete, die im 19. Jahrhundert immer wieder aufgelegt wurden. Weniger erfolgreich denn als Kalendermann war L. (gemeinsam mit Georg Forster) als Herausgeber des *Göttingischen Magazins der Wissenschaften und Litteratur* (1780–1785), das an zu hohem Anspruch scheiterte. Seine in pietistischer Tradition wurzelnde Neigung zu Selbstbeobachtung und Rechenschaftslegung zeigte sich auch in den die berufliche und publizistische Tätigkeit begleitenden Soliloquien der *Sudelbücher* (ab 1765 bis zum Tode geführt), einem Sammelsurium disparater Gegenstände: vom Gelehrten über Schnurrpfeifereien bis zu Keimzellen literarischer Pläne. »Pfennigswahrheiten« werden durch Verkürzen oder Präzisieren zu so glänzenden Aphorismen poliert, daß die in Deutschland vorfindbare Gattung weitgehend als L.s Schöpfung gilt. Eine Publikationsabsicht dieser »Milchstraße von Einfällen«, die bis heute seinen Ruhm ausmacht, ist nicht nachweisbar. Hier wurden Einsichten von Sigmund Freuds Tiefenpsychologie (z.B. Bedeutung der Träume und Fehlleistungen) vorweggenommen.

Vor L.s kritischem Blick geriet Gesichertes ins Wanken, eingeschliffene Denkschemata wurden fragwürdig: »Der Amerikaner, der den Kolumbus zuerst entdeckte, machte eine böse Entdeckung.« Goethe urteilte über L.: »Wo er einen Spaß macht, liegt ein Problem verborgen.« Seine Publikationen enthalten sich politischer Stellungnahmen bis auf die knappe Satire *Von den Kriegs- und Fast-Schulen der Schinesen* (1796), die sich im Gefolge von Montesquieus *Lettres persanes* (1721) einer Camouflage bediente, welche die Kritik für die Zeit tolerabel machte; die privaten Aufzeichnungen erschwerten durch Überlieferungsungunst die Beurteilung: Von den erhaltenen Briefen stammen nicht einmal 10 Prozent aus der Zeit vor L.s 33. Geburtstag, aus der späteren fehlen die an den Bruder; von den *Sudelbüchern* hatte die Familie die Jahrgänge zwischen 1779 und 1789 ganz, 1793 bis 1796 bis auf Minimalreste in Besitz genommen; in den erhaltenen sind manche Stellen unleserlich gemacht worden.

L.s Privatleben vereinte engbürgerliche mit extravaganten Zügen; der Zurückgezogene, zu privater Geselligkeit fähige L. schaute dem Leben »hinter der Gardine« und »durch das Perspektiv« zu. Für seine politischen Ansichten wurde wichtig, daß er nach dem Studium Hauslehrer (»Hofmeister«) englischer Adliger war, deren Eltern ihn zu sich einluden (1770 und 1774/75). Er lernte Georg III. kennen und wurde später fünf Monate sein Gast in Kew und war oft mit ihm zusammen, »ganz en famille«, wobei es auch zu politischen Gesprächen kam. 1786 bis 1791 vertraute dieser ihm drei seiner Söhne an. L. verschmähte es nicht, politische Themen, z.B. den amerikanischen Unabhängigkeitskrieg (1775–1783), auch »unter Matrosen, Fuhrleuten und Spitzbuben« zu disputieren, am Ende indes war er meist auf Seiten des Königs. Noch 1786 rühmte L. in einer Rezension von Johann Wilhelm von Archenholz' *England und Italien* (1785) Großbritanniens »vortreffliche Verfassung«: Als ihn Archenholz aber um einen Nachruf auf den in Deutschland geächteten Jakobiner Georg Forster (gest. 1794) bat, mit dem sich L. in England angefreundet hatte, lehnte er ab, weil er dessen politischen Bestrebungen seinen »Beifall nicht geben« konnte: »Ich habe das in Deutschland seltne Glück unter einer Regierung zu leben, der ich die größte Verehrung schuldig bin. Ich verlange schlechterdings in politischer Rücksicht nicht anders zu leben.« Einem Freund gegenüber bekannte er: »Wie gerne hätte ich ihm (Forster) ein paar Bogen gewidmet, wäre ich noch das kinderlose und wegen der Zukunft unbekümmerte frei denkende und frei schwebende Wesen, das ich ehemals war. Jetzt muß man es beim frei Denken sein Bewenden haben. Sapienti sat.« In der Tat befindet sich im 1. *Sudelbuch* eine Zusammenstellung von Mißständen unter verschiedenen Regierungen, die in den Ausruf mündet: »O wenn doch die Welt einmal erwachte, und wenn auch 3 Millionen am Galgen stürben, so würden doch vielleicht 50–80 Millionen dadurch glücklich«; aber dies Dictum ist einem »mit Recht für völlig verrückt« Gehaltenen in den Mund gelegt.

L.s Interesse war stärker anthropologisch als politisch ausgerichtetet; deshalb betrachtete er den Feudalabsolutismus personal: »Sei getrost, Du lebst in einem Lande, dessen König mehr Leute bisher glücklich gemacht hat als der L(andgraf) von D(armstadt) seit einem Jahr unglücklich.« Darum fiel es ihm im Hannöverschen, wo er keinen politischen Druck spürte, leicht, loyaler Untertan zu bleiben. Aufmerksam verfolgte er die revolutionären Ereignisse in Frankreich seit 1789 und Mainz 1792/93, die kriegerischen Auseinandersetzungen zwischen der französischen und der Koalitionsarmee, auch die Studentenunruhen an deutschen Universitäten.

Sprach L. vom »freien Frankreich, wo man jetzt aufknüpfen lassen kann, wen man will«, zeigte er sich doch überzeugt, die Französische Revolution werde »manches Gute zurücklassen, das ohne sie nicht in die Welt gekommen wäre« und »das nicht leicht wieder zerstört werden wird«; freilich, »das Traurigste, was (sie) für uns bewirkt hat, ist unstreitig, daß man jede vernünftige Forderung, als einen Keim von Empörung ansehen wird.«

Jung, R.: Lichtenberg-Bibliographie. Heidelberg 1972. – Promies, W.: Georg Christoph Lichtenberg. Reinbek (4. Aufl.) 1994.

Lothar Büchner

Liebknecht, Karl

Geb. 13. 8. 1871 in Leipzig; gest. (ermordet) 15. 1. 1919 in Berlin

Ls. Leben dauerte ebenso lange wie das deutsche Kaiserreich und war von dessen Existenzweise geprägt, vom schwelenden Bürgerkrieg gegen die Sozialdemokratie und von der Vorbereitung des großen Krieges nach außen für den »Platz an der Sonne«.

Als L. geboren wurde, standen sein Vater Wilhelm L. und August Bebel wegen ihrer Kritik am Deutsch-Französischen Krieg von 1870/71 vor Gericht. L. war neunzehn, als 1890 das Sozialistengesetz nicht mehr verlängert wurde und die Sozialdemokratie wieder legal war. Während des Studiums von Rechtswissenschaften und Nationalökonomie in Leipzig und Berlin hielt sich L. von Politik fern und absolvierte rasch alle vorgeschriebenen Examina der juristischen Laufbahn einschließlich Militärdienst und Promotion (1897 in Würzburg). Seit 1899 Rechtsanwalt in Berlin, wurde L. ein Jahr später Mitglied der SPD.

L. wurde in Berlin, wo er von 1902 bis 1913 Mitglied der Stadtverordnetenversammlung war, und im konservativen Reichstagswahlkreis Potsdam-Spandau-Osthavelland, in dem er 1903 und 1907 knapp unterlag, rasch bekannt. Er verteidigte als Rechtsanwalt deutsche und vor allem russische Sozialdemokraten, zu denen er enge Kontakte herstellte, in politischen Prozessen. Von 1906 bis zu seiner Verhaftung 1916 gab er in Berlin ein *Russisches Bulletin* heraus, das über die Parteidebatten in der russischen Sozialdemokratie informierte.

Obwohl sich L. kaum zu Fragen der Theorie äußerte und an den Parteitagen der SPD erst seit 1904 teilnahm, rechnete man ihn neben Rosa Luxemburg und Franz Mehring zu den führenden Linken in der SPD. Neben täglicher Polizeischikane bot L. Anlaß zu verschärften Sanktionen einschließlich Berufsverbot, als er sich einem neuralgischen Punkt der wilhelminischen Gesellschaft widmete: Er betätigte sich als Agitator gegen Reichswehr, Rüstungsbetriebe und militaristische Erziehung. Das Proletariat wisse, schrieb L. die Situation verkennend in *Militarismus und Antimilitarismus* (1907), »daß das Vaterland, für das es sich schlagen soll, nicht sein Vaterland ist, daß es für das Proletariat jedes Landes nur einen wirklichen Feind gibt: die Kapitalistenklasse, die das Proletariat unterdrückt und ausbeutet...« Von Kaiser und Kriegsminister veranlaßt, setzten Ermittlungen gegen L. wegen Hochverrats ein.

Das Ausland wurde auf L. aufmerksam. Er nahm im August 1907 am Kongreß der II. Internationale (seit 1889) in Stuttgart teil, der ebenso wie der sich anschließende Kongreß der sozialistischen Jugendorganisationen die Kriegsgefahr in Europa und den Kampf der II. Internationale gegen den Krieg diskutierte. Bekenntnisse aller sozialistischen Parteien für bedingungslosen Widerstand gegen die Entfesselung eines europäischen Krieges wurden formuliert, L. wurde für drei Jahre zum Präsidenten der ersten internationalen Verbindung sozialistischer Jugendorganisationen gewählt. Unmittelbar danach, auf dem SPD-Parteitag im September 1907 kam es zur Auseinandersetzung mit Noske, dem L. vorwarf, »nicht eine Silbe von internationaler Solidarität« gesprochen, statt dessen vielmehr »in einer Art Hurrastimmung« Patriotismus demonstriert zu haben. L. hatte nur wenige Fürsprecher unter den Delegierten, obwohl die Kampagne der SPD gegen L.s Hochverratsprozeß weiteren Rückhalt in der Partei brachte. Das Urteil des Reichsgerichts fiel im Oktober: Ein Jahr und sechs Monate Festungshaft, abzusitzen in der Festung Glatz (Schlesien).

L. machte sich in der Haft an eine umfangreiche philosophische Ausarbeitung, deren Grundideen er 15 Jahre zuvor formuliert hatte. Bei seinem zweiten Gefängnisaufenthalt 1916 bis 1918 setzte er die Arbeit fort. Das unfertige Manuskript wurde postum unter dem Titel *Studien über die Bewegungsgesetze der gesellschaftlichen Entwicklung* (1922) veröffentlicht. Nach seinen eigenen Notizen blieb es unfertig, stellte »mehr Selbstverständigung als Abschluß« dar. Zentraler Ansatzpunkt war der Versuch, »eine mehr konstitutive, konstruktive Theorie, ein System zu entwickeln – im Unterschied von der Marx'schen Theorie, die nur einen Zeitgedanken, wenn auch einen ungemein fruchtbaren gibt«. Erkenntnistheoretisch stehe er »auf dem Boden der Agnosis«. Das Buch beschäftigt sich mit biologischen und psychologischen Fragen ebenso wie mit inneren Widersprüchen der Marxschen Werttheorie. L. betonte, daß es ihm nur um eine vorläufige Systematik gehe und grenzte sich von »Weltanschauungen« ab.

Ob Massenstreikdebatte oder Kampf gegen das Dreiklassenwahlrecht in Preußen – L. war stets auf der Seite einer radikalen Opposition zur etablierten Gesellschaft zu finden. Neben Bebel sei er »der populärste Mann in der Partei«, hieß es. Im Juni 1908 wurde L., noch während der Haftzeit, einer von sieben Abgeordneten der SPD (bei 24 Prozent Stimmenanteil) im Preußischen Landtag. 1912 in den Reichstag gewählt, mußte er, rechnet man die Berliner Stadtverordnetenversammlung hinzu, in drei Parlamenten gleichzeitig arbeiten. Er bewies hohe Kompetenz in Rechtsfragen, widmete sich der Bildungs- und Kommunalpolitik, dennoch blieb die Abgeordnetentätigkeit für ihn ein sekundärer politischer Faktor. Er betrieb seine Rechtsanwaltspraxis weiter und betätigte sich als Parteiredner auch über Deutschland hinaus, unternahm Vortragsreisen nach Westeuropa, Dänemark, in die USA, nach Böhmen und Ungarn.

Noch einmal lenkte L. den Haß der deutschen Nationalisten auf sich, als er 1913 im Reichstag eine Korruptionsaffäre größten Stils in der Waffenschmiede des Reichs, bei Krupp, öffentlich machte. Im gleichen Jahr unterwarf sich L. der Fraktionsdisziplin, als die Mehrheit der Reichstagsfraktion entschied, einer Regierungsvorlage zuzustimmen, die das Landheer auf Höchststärke bringen sollte. Das Tabu »Diesem System keinen Mann und keinen Groschen« war gebrochen, und Rosa Luxemburg sprach von einer »schiefen Ebene, auf der es keinen Halt gibt«. Sie prophezeite eine Zustimmung zu Kriegskrediten, während L. nur ein taktisches Problem sah.

Als sich die Mehrheit der SPD-Reichstagsfraktion am 4. August 1914 bereits beim Appell des Reichskanzlers Theobald von Bethmann-Hollweg an die Einigkeit der Nation erhob, verhielt sich L. unsicher. Er fügte sich, trotz seines internen heftigen Widerstandes gegen die Mehrheit, erneut der Fraktionsdisziplin. Erst Ende August 1914 nahm er Kontakt zu Rosa Luxemburg auf, in deren Wohnung sich bereits am Abend des 4. August mehrere Oppositionelle versammelt hatten, und organisierte mit ihr erste Aktionen. Für die Dezembersitzung des Reichstages entwarf er ein Minderheitenvotum, in dem er den Ersten Weltkrieg von seiten Deutschlands als »einen imperialistischen Krieg reinsten Wassers« charakterisierte. Als einziger Abgeordneter stimmte L. am 2. Dezember 1914 gegen die Bewilligung weiterer Kriegskredite.

SPD-Vorstand und Reichsregierung berieten nun gemeinsam, wie L. mundtot gemacht werden könne. Anfang Februar 1915 rechnete die Fraktion mit ihm wegen »Disziplinbruchs« ab, schloß ihn aber nicht aus. Wenige Tage später erhielt er einen Stellungsbefehl, womit ihm politische Tätigkeit außerhalb der Parlamente verboten war. Er pendelte vorerst zwischen der Ostfront, wo er zu Schanzarbeiten eingesetzt wurde, und den Sitzungen in Berlin. Ohne sein Mitwirken, zweifellos aber mit seinem Wissen liefen seit Ende 1914 Vorbereitungen für die Gründung einer illegalen, landesweiten Oppositionsgruppe. Sie wurde die Basis seiner weiteren politischen Aktivität. Am 27. Mai 1915 verteilten die Vertrauensleute der Gruppe in den Betrieben Berlins – der Reichskanzler verurteilte an diesem Tag im Reichstag den »Treubruch« Italiens – ein von L. verfaßtes Flugblatt mit dem Titel: »Der Hauptfeind steht im eigenen Land!« Seine Losung »Burgkrieg, nicht Burgfrieden« wurde zur Parole der radikalen Kriegsgegner.

Am 1. Januar 1916 fand in der Anwaltskanzlei L.s unter konspirativen Umständen eine Reichskonferenz der marxistischen Linken statt, die beschloß, regelmäßig *Politische Briefe* zu veröffentlichen. Die Gruppe erhielt ihren Namen nach der Unterzeichnung dieser Briefe mit »Spartacus«. Der erste Schritt zur organisatorischen Trennung von der SPD war getan. Am 1. Mai 1916 wurde L. bei einer Demonstration auf dem Potsdamer Platz verhaftet und in zweiter Instanz von einem Militärgericht zu mehreren Jahren Zuchthaus und dem Verlust der bürgerlichen Ehrenrechte verurteilt. Die Haft verbüßte L. im Zuchthaus Luckau (Mark Brandenburg), weitgehend isoliert vom politischen Geschehen.

Am 7. Oktober 1918 erklärte Philipp Scheidemann (SPD) als Regierungsmitglied in der Runde der Staatssekretäre : »L.s Märtyrerschaft war ein Fehler. Ist er draußen, so kann man gegen ihn reden. Sonst nicht. Vergeht er sich neu, so wird er wieder eingesperrt. L. ist ein typischer Bolschewist.« Diese Feststellung kam einem Todesurteil gleich: L. wurde amnestiert, bei seiner Ankunft in Berlin am 23. Oktober 1918 von Zehntausenden gefeiert, er bekannte sich zur Oktoberrevolution in Rußland und stand damit auf der Liste der Todesschwadronen von Bürgerwehr bis Freikorps obenan. Am 9. November 1918 proklamierte er nach dem Abgang des Kaisers vor dem Hohenzollern-Schloß »die freie sozialistische Republik Deutschland«, während Scheidemann im Reichstag die »freie deutsche Republik« ausrief. Es gelang L. aber zu keinem Zeitpunkt der Revolution, die Initiative an sich zu reißen. Die Mehrheit der Bevölkerung hielt sich an die SPD. Nach dem Gründungskongreß der KPD am Jahresende 1918, auf dem L. das Eröffnungsreferat hielt, erschienen an den Litfaßsäulen in Berlin Plakate mit der Forderung: »Schlagt ihre Führer tot! Tötet Liebknecht! Dann werdet ihr Frieden, Arbeit und Brot haben.«

Berlin kochte endgültig vor antikommunistischer Hysterie, als vom 9. bis 12. Januar 1919 unter Leitung Gustav Noskes (SPD) und »auf Befehl Eberts die Revolution in der Hauptstadt zusammengeschossen« (Sebastian Haffner) wurde. Am 15. Januar 1919 wurde L. zusammen mit Rosa Luxemburg von Freikorpsangehörigen ermordet.

Flechtheim, O. K.: Karl Liebknecht zur Einführung. Hamburg 1985. – Hannover, H. (Hg.): Der Mord an Rosa Luxemburg und Karl Liebknecht. Göttingen 1989. – Wohlgemuth, H.: Karl Liebknecht. Berlin 1975.

Arnold Schölzel

Liebknecht, Wilhelm

Geb. 29. 3. 1826 in Gießen; gest. 7. 8. 1900 in Berlin

Wer in sein vielgelesenes *Volks-Fremdwörterbuch* schaut, findet Demokratie schlicht als »Volksherrschaft« beschrieben und synonym als »Freibürgerthum« erklärt. (7. Aufl., Stuttgart 1897) Darin machte L. auf den Bedeutungswandel im amerikanischen Parteiensystem aufmerksam, in dem die »Demokraten« unter Berufung auf den Föderalismus der USA für die Sklaverei eintraten. Daß L. darin eine Perversion sah, ergibt sich aus dem Zusammenhang seines Lebenswerkes. »Demokratismus« definierte er als »Sinn für Volksfreiheit«. Freiheit und Demokratie gehörten für L. zusammen. Die »Volksbildung« sah er als Hebel zur Demokratisierung und gleichzeitig die Demokratisierung der Wissenschaften als Mittel der Emanzipation. Er folgte dabei dem Diktum Francis Bacons, »Wissen ist Macht«, und verhalf ihm zu großer Popularität in der Arbeiterbewegung.

L. forderte einen nationalen Erziehungsplan und eine Reform des gesamten Erziehungs- und Bildungswesens. »Um das Volk auf die Höhe seiner Aufgaben zu heben, muß ihm alles Wissenswerte auf allen Gebieten des Wissens zugänglich gemacht werden. Kein Monopol der Wissenschaft! Demokratisierung, Verallgemeinerung der Wissenschaft!« L. kämpfte für dieses Ziel nicht mit Waffengewalt, wenngleich er als »Soldat der Revolution« ein Befürworter der allgemeinen Volksbewaffnung und ein Mann der Barrikade war. Sein wichtigstes Mittel blieb die gewaltlose, wenn auch durchaus kämpferische Agitation in Wort und Schrift, auf der Straße und in der Volksversammlung.

Die Legende führt seinen Stammbaum auf Martin Luther zurück, ohne daß es dafür genealogische Beweise gibt. Tatsächlich stammte L. aus einer alten Gießener Gelehrtenfamilie, zu der Justus Liebig und Ludwig Weidig, der Gefährte Georg Büchners, zählten. L. studierte von 1842 bis 1847 in Gießen, Berlin und Marburg Philologie, Philosophie und Theologie. Die französische Februarrevolution des Jahres 1848 sah ihn bereits als »Sozialradikalen« aus dem Bunde der Kommunisten, weniger als »Bürgerradikalen« der Burschenschaften. Am 28. 2. 1848 schrieb er aus Zürich: »Daß die neuen Eroberungen des Volkes von Bestand sind, daß kein zweiter Napoleon die Frucht der Revolution dem Volke entreißt, dafür bürgt die Bildung der Massen, die unausbleibliche Durchführung sozialer Reformen. Das Volk, das die Republik mit seinem Blute erkauft hat, will nicht für ein Phantom gestritten haben, es läßt sich nicht mehr mit hohlen Worten von Freiheit und Ruhm befriedigen. Geistige Freiheit und materielles Wohlergehen wird die Devise der neuen Revolution und jeder Revolution sein.«

L. nahm am 2. badischen Aufstand (»Struve-Putsch«) im September 1848 teil und danach an den Kämpfen der »Reichsverfassungskampagne«. Wiederholt verhaftet, konnte er nach der Kapitulation der in der Festung Rastatt eingeschlossenen revolutionären Truppen (Juli 1849) zunächst nach Frankreich entkommen. Von dort floh er in die Schweiz und 1850 weiter nach London. Die Familie Marx nahm den vollkommen mittellosen Emigranten auf. Daraus entstand eine Freundschaft für das ganze Leben und eine dauernde Annäherung L.s an Theorie und Praxis des Marxismus, obwohl seine Anschauungen niemals deckungsgleich wurden, so daß er oft Kritik und Spott der Begründer des historischen Materialismus einstecken mußte.

Nachdem L. sich zwölf Jahre mühsam als Privatlehrer und Zeitungskorrespondent in London durchgeschlagen hatte, kam er 1862 in den Genuß einer Amnestie, so daß er nach Berlin zurückkehrte und 1863 dem »Allgemeinen Deutschen Arbeiterverein« (ADAV) Ferdinand Lassalles beitrat. Da ihm der ADAV nicht radikal genug war, wurde er 1865 daraus ausgeschlossen. Von der Polizei kurz danach aus der preußischen Hauptstadt ausgewiesen fand er in Leipzig Anschluß an die »Demokratische Volkspartei«, an Arbeiterbildungsvereine und an die aufkeimende Gewerkschaftsbewegung der Buchdrucker.

Zusammen mit dem Drechsler August Bebel widmete L. seine weitere Tätigkeit der Politisierung und Radikalisierung der liberal beherrschten Arbeiterbildungsvereine, um ihnen ein sozialistisches Programm zu geben und sie in Verbindung mit der Ersten »Internationalen Arbeiterassoziation« (IAA) zu bringen. Das gelang auf dem Nürnberger Vereinstag von 1868. L. wurde zum Bevollmächtigten der IAA für Deutschland ernannt. Im August 1869 betrieb er die Gründung der »Sozial-

demokratischen Arbeiterpartei« in Eisenach, die zunächst heftig mit den Lassalleanern rivalisierte, bis 1875 unter der helfenden Hand L.s die kompromißreiche Vereinigung auf dem Gothaer Vereinigungsparteitag möglich wurde.
Als direkt gewähltes Mitglied des Norddeutschen Reichstages (1867-1870) bekämpfte L. die Kriegspolitik Bismarcks. Er verweigerte die Kriegskredite und lehnte die Annexion Elsaß-Lothringens ab. Er verteidigte die Pariser Commune und wurde deshalb zusammen mit Bebel im Leipziger Hochverratsprozeß von 1872 zu zwei Jahren Gefängnis verurteilt.
Als erste größere Zeitung konnte L. den *Volksstaat* für die Eisenacher Partei redigieren. Der Titel war zugleich das Programm einer sozialen und demokratischen Republik nach Schweizer Vorbild und Vorgriff auf den »Volksstaat« der Weimarer Republik bzw. den »Sozialstaat« der Bundesrepublik Deutschland. Für die in Gotha vereinigte Partei gründete L. 1876 zusammen mit Wilhelm Hasenclever den *Vorwärts*, der zwar unter dem Sozialistengesetz (1878-1890) verboten wurde, aber als *Berliner Volksblatt* wieder auflebte. L. blieb bis zu seinem Tode der einflußreiche Chefredakteur des *Vorwärts*.
Durch Bismarcks Ausnahmegesetz wurde L. erneut um seine Existenz gebracht. Die Ausweisung vertrieb ihn nach Borsdorf bei Leipzig. Aber sein Reichstagsmandat, das er sich 1874 erneut erkämpft hatte, schützte ihn vor schärferer Verfolgung. Er behauptete das Mandat mit wechselnden Wahlkreisen bis zur Jahrhundertwende. L. gehörte von 1879-1885 und von 1889-1892 auch dem sächsischen Landtag an.
Als herausragende Leistung ist L.s Rolle bei der Vorbereitung und Durchführung des internationalen Arbeiterkongresses in Paris Mitte Juli 1889 zum 100. Jahrestag der Großen Französischen Revolution zu nennen. So entstand unter L.s maßgeblicher Mitwirkung die Zweite Sozialistische Internationale und die Resolution über den Achtstundentag mit der folgenden Maifeierbewegung.
Bei aller kämpferischen Attitüde war L. weniger ein Klassenkämpfer als vielmehr ein Volksmann, der durch die volksfeindliche Politik der deutschen und preußischen Reaktion aus der Bahn geworfen war. Er verkörperte in Rede, Schrift und Auftreten den radikaldemokratischen 1848er. In seinem politischen Testament wünschte er die Sozialdemokratie als »Partei des gesamten Volkes«, weniger als Partei des Klassenkampfes: »Die Sozialdemokratie zeichnet sich vor allen übrigen Parteien dadurch aus, daß ihre Tätigkeit sich nicht auf einzelne Seiten des staatlichen und gesellschaftlichen Lebens beschränkt, sondern daß sie alle Seiten desselben gleichzeitig umfaßt und durch Versöhnung der Gegensätze in Staat und Gesellschaft Ordnung, Friede und Harmonie herzustellen bemüht ist« (*Der Sozialismus und die Privilegierten, Neue Welt Kalender* 1901). Personenkult und Autoritätsglauben waren L. durch und durch verhaßt. Er war kein Doktrinär, obwohl er sich im aufkommenden »Revisionismusstreit« zusammen mit Bebel gegen Eduard Bernstein stellte.
Neuerdings gibt es eine aus zahlreichen Fragmenten zusammengestellte Autobiographie L.s (*Erinnerungen eines Soldaten der Revolution*, Berlin 1976), doch fehlt bis heute eine wissenschaftlich fundierte, umfassende Biographie dieses – neben August Bebel – wichtigsten Gründers der ältesten demokratischen Partei Deutschlands. L. läßt sich als der altmodischste und zugleich als der modernste unter den Gründervätern der deutschen Sozialdemokratie verstehen. Er verband die Tugenden des Freiheitskämpfers mit denen des Volkspädagogen, des Organisators und des Agitators. L. war weder bonapartistisch angekränkelt (wie Lassalle), noch dogmatisch verhärtet (wie Bebel).
Die Historiker der DDR haben die Chance versäumt, aus dem Lebenswerk L.s Lehren für den Demokratisierungsprozeß ihres Systems zu ziehen. Die westdeutsche Sozialdemokratie hat die Möglichkeit nicht wahrgenommen, ihre Wendung zur Volkspartei gleichzeitig als Besinnung auf das authentische Demokratieverständnis des älteren L. historisch zu legitimieren. Der lange dunkle Schatten des Sohnes Karl L. wirkte womöglich als Sperre gegen eine unbefangene Rezeption des politischen Vermächtnisses dieses wahrhaft großen Demokraten der deutschen Geschichte des 19. Jahrhunderts.

Eisner, K.: Wilhelm Liebknecht. Sein Leben und Wirken. Berlin 1906. – Nobs, E.: Aus Wilhelm Liebknechts Jugendjahren. Zürich o.J. (ca 1926). – Schröder, W.: Ernestine. Vom ungewöhnlichen Leben der ersten Frau Wilhelm Liebknechts. Leipzig 1987. – Tschubinski, W.: Wilhelm Liebknecht. Eine Biographie. Berlin 1973. – Wendorff, W.: Schule und Bildung in der Politik von Wilhelm Liebknecht. Berlin 1978.

Gerhard Beier

List, Friedrich

Geb. 6. 8. 1789 in Reutlingen; gest. 30. 11. 1846 in Kufstein (Tirol)

L. wurde am 6. August 1789 in der damaligen freien Reichsstadt Reutlingen geboren. Bis zum vierzehnten Lebensjahr besuchte er in seiner Vaterstadt die Lateinschule; dann absolvierte er im väterlichen Betrieb eine dreijährige Lehre als Weißgerber. Da ihm diese Arbeit nicht zusagte, schickten ihn die Eltern nach Blaubeuren, wo er in der dortigen Stadt- und Amtsschreiberei für die mittlere Beamtenlaufbahn ausgebildet wurde. Hierbei lernte er die Mißstände in der Verwaltung des Königreichs Württemberg kennen. Um ihnen Einhalt zu gebieten, schlug er die Gründung einer staatswirtschaftlichen Fakultät an der Universität Tübingen vor, an der angehende Verwaltungsbeamte eine akademische Ausbildung erhalten sollten. Nach einigem Zögern genehmigte der König von Württemberg Wilhelm I. 1817 die erste Fakultät dieser Art in Deutschland – aus ihr ging die heutige wirtschaftswissenschaftliche Fakultät hervor. Obwohl L. kein Abitur besaß und nur als Gasthörer Rechtsvorlesungen an der Universität Tübingen besucht hatte, berief ihn der König auf einen der ersten drei Lehrstühle der staatswirtschaftlichen Fakultät. Als L. jedoch 1819 in Frankfurt am Main den deutschen »Handels- und Gewerbeverein« ins Leben rief, der die Abschaffung der Binnenzölle zwischen den deutschen Territorialstaaten zum Ziele hatte, mußte er seine Lehrkanzel wieder aufgeben, weil sich der König vom eigenmächtigen Vorgehen des Tübinger Professors übergangen und in seiner Ehre gekränkt fühlte. Die Gründung dieser Institution, die L. knapp zwei Jahre lang leitete, gehört zu seinen bedeutendsten politischen Verdiensten, weil sie einen wichtigen Anstoß zur Verwirklichung des Zollvereins von 1834 (gemeinsamer Binnenmarkt deutscher Staaten unter preußischer Führung) und damit indirekt auch zur Konstituierung des Deutschen Reiches von 1871 gegeben hat.

1820 wurde L. von den Wahlmännern seiner Vaterstadt als Abgeordneter in den württembergischen Landtag entsandt. Unmittelbar darauf kritisierte er in einer scharf formulierten Petition, die in Wirklichkeit den Charakter eines anonymen Flugblattes hatte, die Unzulänglichkeiten in der württembergischen Verwaltung und Rechtsprechung. Seine temperamentvolle Anklage gipfelte in 40 Einzelforderungen, die er Regierung und Parlament vorzulegen gedachte. Wegen dieser Angriffe wurde L. jedoch auf Druck des Königs nach nur zweimonatiger Zugehörigkeit mit 56 gegen 36 Stimmen aus dem Parlament ausgeschlossen und zudem zu einer zehnmonatigen Festungshaft mit »angemessener« Beschäftigung verurteilt. Zunächst versuchte sich L., dem als ehrenrührig geltenden Urteil durch Flucht ins benachbarte Ausland zu entziehen, weil er sich von dort aus eine Rehabilitierung versprach. In Straßburg (Frankreich), Kehl (Baden) und Aarau (Schweiz) wurde ihm vorübergehend politisches Asyl gewährt. Nach zweijähriger Abwesenheit kehrte L. im Vertrauen auf die Gnade des Königs aus dem Schweizer Exil nach Württemberg zurück, wurde aber sofort verhaftet und auf die als Staatsgefängnis dienende Festung Hohenasperg gebracht. Erst als L. versprach, »für immer« in die USA auszuwandern, wurde er – nachdem die Hälfte der Strafe verbüßt war – vorzeitig entlassen.

So kam L. 1825 als politischer Emigrant in die Neue Welt, wo er sich zunächst als Farmer versuchte, ehe er die Redaktion einer deutschsprachigen Zeitung, den *Readinger Adler* (benannt nach dem Städtchen Reading in Pennsylvanien) übernehmen konnte. Er entdeckte ein großes Steinkohlelager und initiierte zum Abbau dieses Vorkommens eine der ersten amerikanischen Eisenbahnlinien, die nach knapp vierjähriger Bauzeit 1830 unter unvorstellbaren technischen und finanziellen Schwierigkeiten in Dienst gestellt werden konnte – vier Jahre vor Errichtung der ersten deutschen Eisenbahnstrecke Nürnberg-Fürth. Die hierbei gemachten Erfahrungen ließen L. später zu einem der namhaftesten deutschen Eisenbahnpioniere werden. Außerdem studierte er am amerikanischen Modell den Widerstreit zwischen dem Wirtschaftsliberalismus englischer Prägung und der Schutzzollpolitik wirtschaftlich noch rückständiger Länder. Diese Auseinandersetzung fand in seinen *Outlines of American Political Economy* (1827) ihren literarischen Niederschlag.

Obwohl in den Vereinigten Staaten zu Ansehen und Wohlstand gelangt, wollte L. aus familiären Gründen und von Heimweh geplagt, nach Deutschland zurückkehren. Deshalb kam es ihm sehr gelegen, daß ihn der amerikanische Präsident Andrew Jackson, nachdem L. 1830 das amerikanische Bürgerrecht erhalten hatte, zum amerikanischen Konsul für Hamburg, dann für das Großherzogtum Baden und schließlich für das Königreich Sachsen ernannte. 1832 wieder in Deutschland, konnte er allerdings diese Funktionen wegen der eisigen Ablehnung, die dem einstigen politischen Häftling immer noch entgegengebracht wurde, nicht oder nur sehr beschränkt ausüben. Stattdessen setzte er seine ganze Kraft für den Aufbau eines deutschen Eisenbahnnetzes ein. Sein unermüdlicher Einsatz galt vor allem dem Bau der sächsischen Eisenbahn Leipzig-Dresden und der badischen Eisenbahn Mannheim-Basel, ohne aber bei diesen Projekten die erhoffte Anstellung zu finden.

Diese und andere Fehlschläge veranlaßten L. 1837, nach Paris überzusiedeln, wo er sich bessere Aussichten auf eine auskömmliche Existenz versprach. Dort beteiligte er sich an der Beantwortung zweier Preisfragen der französischen Akademie der Wissenschaften mit Abhandlungen, die zwar, weil unter Zeitdruck und in fehlerhaftem Französisch verfaßt, mit keinem Preis bedacht wurden, dennoch zu L.s wichtigsten literarischen Arbeiten zählen: In ihnen erörterte L. den Übergang vom Schutzzoll zum Freihandel und setzte sich mit den Theoretikern des Wirtschaftsliberalismus, u.a. Adam Smith, auseinander.

In der französischen Metropole schrieb L. für die liberale *Augsburger Allgemeine Zeitung* regelmäßig Korrespondenzen über die französische Innenpolitik. Im Laufe seines Lebens hat er an etwa 10 Zeitungen und Zeitschriften als Redakteur,

Herausgeber oder Mitherausgeber gearbeitet und zahlreiche Beiträge in anderen Journalen publiziert. Insgesamt 700 Beiträge umfaßt L.s journalistisches Schaffen. Damit hat er sich als bedeutender Wegbereiter des deutschen Journalismus einen Namen gemacht. Neben seiner eigenen journalistischen und wissenschaftlichen Tätigkeit fand L. noch Zeit, eines der bedeutendsten publizistischen Projekte seiner Zeit auf den Weg zu bringen: Nach seiner ersten Rückkehr nach Deutschland 1832 entwickelte er den Plan, die Herausgabe eines enzyklopädischen Werkes über die Staatswissenschaften zu veranlassen. Mit dem Altonaer Buchhändler Friedrich Hammerich übernahm L. auf gemeinsame Rechnung den Verlag, und als Herausgeber gewann er die liberalen Staatsrechtslehrer Karl von Rotteck und Karl Theodor Welcker. 1834 erschien der erste von 15 Bänden (bis 1849) des *Staats-Lexikons* - eine Art Katechismus des liberalen Deutschland.

Nach seiner abermaligen Rückkehr nach Deutschland 1840 widmete er sich dem Bau der thüringischen Eisenbahn. Zwar blieb ihm auch hier der ersehnte berufliche Erfolg versagt. Die juristische Fakultät der Universität Jena würdigte aber sein engagiertes Bemühen mit der Verleihung der Ehrendoktorwürde.

In einem weiteren geistigen Kraftakt vollendete der inzwischen nahezu Mittellose sein nationalökonomisches Hauptwerk *Das nationale System der politischen Ökonomie* (1841). Es ist der erste deutsche Beitrag in der internationalen Reihe der volkswirtschaftlichen Klassiker und zählt nach John Carter und Percy H. Muir zu den »Büchern, die die Welt bewegten«. Vor allem die Verfechter einer staatlichen Wirtschaftspolitik zum Aufbau einer eigenen international wettbewerbsfähigen Industrie mit Hilfe von Schutzzöllen benutzten es 150 Jahre lang in ganz Europa als ihr Evangelium. Das Buch wurde in viele Sprachen übersetzt und ist heute noch aktuell. 1844 und 1846 unternahm L. zwei wichtige Reisen nach Österreich-Ungarn und nach England, von denen er sich den beruflichen Durchbruch erhoffte. In London unterbreitete er dem englischen Premierminister Robert Peel eine Denkschrift über eine deutsch-englische Allianz, die Deutschland zur politischen Einigung und England zur Erhaltung seiner wirtschaftlichen Vormachtstellung verhelfen sollte.

Die übermächtigen Widerstände, gegenüber seiner Person und seinen weitsichtigen Ideen, hatten aber L.s scheinbar unerschöpfliche Kraftreserven aufgezehrt. Seelische und körperliche Krankheit sowie finanzielle Not verschlimmerten seine Lage so sehr, daß er ausweglos und tief verzweifelt am 30. November 1846 in der österreichischen Grenzstadt Kufstein seinem Leben ein Ende setzte.

L.s Demokratieverständnis war weniger durch die französische Revolution als durch die Jugenderfahrungen in der republikanischen Selbstverwaltung seiner Heimatstadt Reutlingen sowie durch seine Aufenthalte in der Schweiz und den USA geprägt. Vor allem das amerikanische Modell war für sein Denken wegweisend. Außerdem tat sich L., der mit Lafayette bekannt war und 1825 an dessen triumphaler Rundreise durch die amerikanischen Küstenstaaten teilnahmen durfte, als Verfechter der Menschenrechte hervor. Die Erfindung der Dampfkraft, die Entwicklung der neuen Transportmittel Eisenbahn und Dampfschiff sowie die Verbreitung der Telegraphie sah er in ihrer Bedeutung für die politische Verfassung, die Legislative und die Justizverwaltung der Nationen, aber auch für die Macht des Staates, die internationale Politik, den Wohlstand der Bevölkerung, die Verbesserung der sozialen Lebensbedingungen der Armen, Gebrechlichen und Kranken und nicht zuletzt für die Verwirklichung der Menschenrechte.

Henderson, W.O.: Friedrich List: eine historische Biographie des Gründers des Deutschen Zollvereins und des ersten Visionärs eines vereinten Europas. Düsseldorf/Wien 1984. - Wendler, E. (Hg.): Die Vereinigung des europäischen Kontinents - Friedrich List - Gesamteuropäische Wirkungsgeschichte seines ökonomischen Denkens. Stuttgart 1996. - Wendler, E.: Friedrich List - Eine historische Gestalt und Pionier auch im deutsch-amerikanischen Bereich - An Historical Figure and Pioneer in German-American Relations. München 1989.

Eugen Wendler

Löbe, Paul

Geb. 14. 12. 1875 in Liegnitz; gest. 3. 8. 1967 in Bad Godesberg

Als Reichstagspräsident sowie als Alterspräsident des Ersten Deutschen Bundestages repräsentierte L. ein Stück parlamentarisch-demokratischer Normalität mitten in Zeiten der schwersten politischen Umbrüche und Katastrophen. Dabei redete er nicht viel über Demokratie, sondern praktizierte sie als Selbstverständlichkeit seines Lebensstiles - auch wenn alles um ihn herum dagegen zu sprechen schien. Die Weimarer Demokratie scheiterte seines Erachtens an »einem Volke von geringer politischer Reife« und am Mangel glaubwürdiger demokratischer Persönlichkeiten: »Eine Demokratie ohne Demokraten« (*Erinnerungen eines Reichstagspräsidenten*, Berlin 1949).

In der Schlußphase der Weimarer Republik beobachtete L. mit größter Sorge »den Verfall parlamentarischer Sitten und des Rechts«, und zwar durch antiparlamentarische Auftritte sowohl links- als auch rechtsextremer Kräfte, wobei er die

Kommunisten historisch in der Vorhand sah: »durch Nichtbeachtung der geschäftsmäßigen Vorschriften, durch Geschrei, Schimpfreden, durch endlose Tiraden, die den gleichen Text ein dutzendmal wiederholten, schließlich durch Tätlichkeiten«.

Es war eine kleine Sternstunde des deutschen Parlamentarismus, als L. in der Rolle des Alterspräsidenten am 7. September 1949 den Ersten Deutschen Bundestag eröffnen durfte. Fast hätte es wieder Randale gegeben, nachdem er am Beginn seiner Rede Hitlers »Ermächtigungsgesetz« als illegal verurteilt hatte, den Widerstand als »patriotische Tat« pries und der 24 Todesopfer aus seiner SPD-Fraktion im Reichstag zuerst gedachte. Aber der alte Routinier behielt die Fassung trotz empörter Zwischenrufe vom rechten und linken Rand des Hauses. Mit 74 Lebensjahren im gleichen Alter wie Adenauer, führte L. die Wahl des ersten ordentlichen Bundestagspräsidenten souverän zum Erfolg. In seiner kurzen Rede sprach L. freilich nicht von den Grundlagen der Demokratie, sondern von der Einheit des Vaterlandes, dem erzwungenen Ausschluß der Ostgebiete und der wünschenswerten Einheit Europas.

L.s Rolle im Ersten Deutschen Bundestag wurde von Carlo Schmid zutreffend charakterisiert: L. habe sich »an den Sachdebatten wenig beteiligt, aber durch seine Menschlichkeit und die stete Bereitschaft, aus dem reichen Schatz seiner parlamentarischen Erfahrung aus der turbulenten Zeit Rat zu spenden«, habe er »viel dazu beigetragen, daß die Verhandlungen in den Ausschüssen und im Plenum in guter Ordnung und fairer Weise verliefen.« Schmid meinte: »Das ganze Haus sah in ihm den gütigen, selbstlosen Mentor.«

Der taktfeste Parlamentarier erfuhr seine politische Sozialisation durch den Deutschen Buchdruckerverband, durch die Breslauer Sozialdemokratie und insbesondere durch die Arbeiterpresse. L. stammte aus ärmlichen Verhältnissen. Sein Vater war Schreiner. Der junge L. mußte als Laufbursche hinzuverdienen. An eine Ausbildung zum Lehrer war aus finanziellen Gründen nicht zu denken. Der Vater steckte den schmächtigen Jungen in die Schneiderlehre, aber L. wechselte aus eigenem Entschluß rasch in die Lehre als Typograph, weil er sich davon raschen Anschluß an die Entwicklung des Wissens und an den Beruf des Journalisten versprach. Mit 16 Jahren schrieb er seine ersten Artikel für die *Breslauer Volkswacht*. Nach einer zeitgemäßen Wanderschaft, die ihn bis Italien führte, kehrte L. nach Schlesien zurück, begann als Setzer in der *Volkswacht* und avancierte nach wenigen Monaten noch 1899 zum Redakteur. Er erhielt einen Monat Gefängnis wegen Beleidigung des Preußischen Herrenhauses, zwei Monate wegen Beleidigung des Dresdner Oberlandesgerichtes. Nach einem Jahr wurde L. zum Vorsitzenden der SPD in Breslau gewählt. Er wurde 1904 Stadtverordneter und 1915 Mitglied des Provinziallandtages für Schlesien.

Breslau war damals ein heißes Pflaster, wo sozial- und nationalpolitische Gegensätze besonders heftig aufeinander trafen. L. schloß sich früh der revisionistischen Richtung innerhalb der Sozialdemokratie an. Nach der hitzig geführten Debatte während des Dresdner Parteitages von 1903 stand L. zu dem kleinen Häuflein von nur elf Delegierten, die zu Eduard Bernstein hielten: gegen August Bebel, Karl Kautsky, Rosa Luxemburg und deren Anhängerschaft. L. blieb dieser Richtung treu und wird »damit« noch posthum durch den Lauf der Geschichte bestätigt. Spartakistische und kommunistische Tendenzen bekämpfte er 1919 in Breslau im Rahmen eines »Volksausschusses«, der sich aus Parteien, Gewerkschaften und Arbeiter- und Soldatenräten bildete.

Der bekannte Redakteur kandidierte schon in jungen Jahren für den Reichstag, gelangte aber erst 1919 in die Deutsche Nationalversammlung und wurde sofort zu einem ihrer Vizepräsidenten gewählt. In seinen Erinnerungen weist er nachdrücklich und voller Sympathie darauf hin, daß es erstmals in der deutschen Geschichte Parlamentarierinnen gab: Unter den 423 Abgeordneten der Nationalversammlung fanden sich 37 Frauen, davon 19 für die SPD. Dem folgenden Reichstag gehörte L. von 1920 bis 1933 an, und zwar von Anfang an (mit einer kurzen Unterbrechung 1924/25) als Reichstagspräsident, bis er 1932 nach den Juliwahlen dieses Amt an Hermann Göring übergeben mußte.

L. bemühte sich um die Einheit der Nation und um die Zusammenarbeit der parlamentarischen Kräfte. Großdeutsch warb er für den Zusammenschluß mit Österreich, europäisch engagierte er sich als Vizepräsident in der Paneuropa-Bewegung. Er gehörte dem rechten Flügel der Sozialdemokratie an. Er lehnte zwar wie alle Abgeordneten der SPD das Ermächtigungsgesetz vom 23. März 1933 ab, stimmte aber mit seiner Fraktion – allerdings war nur knapp die Hälfte erschienen – am 17. Mai 1933 im Reichstag Hitlers »Friedensresolution« zu, wobei sich die Abgeordneten aller Fraktionen erhoben und das Deutschlandlied anstimmten. Gleichwohl wurde er kurz darauf ins KZ Breslau-Dürrgoy als Gefangener des gefürchteten Nazischlägers Edmund Heine eingeliefert. Die Beliebtheit L.s im In- und Ausland schützte ihn vor härterer Verfolgung. Er nutzte zugleich seine Prominenz, um das Unwesen der Konzentrationslager öffentlich zu machen, wobei er sich furchtlos mit den Insassen solidarisierte und eine längere Haft auf sich nahm.

Schon im Frühjahr 1933 pflegte L. enge Kontakte mit Wilhelm Leuschner. Er konnte sich als freiberuflicher Korrektor mit einer kleinen Staatsrente wirtschaftlich in Berlin behaupten und blieb eine Anlaufstelle für oppositionelle Genossen und jüdische Freunde. Verstärkt war er ab 1942 mit Leuschner, Julius Leber und auch Carl Goerdeler in Kontakt. Die Verbindung zu L. wurde von keinem Verschwörer des 20. Juli

verraten, so daß er einem Strafverfahren vor dem Volksgerichtshof entging und »nur« im Rahmen der Aktion »Gewitter« nach dem 20. Juli 1944 erneut verhaftet wurde.
Zusammen mit Annedore Leber, der Witwe Julius Lebers, wurde L. im befreiten Berlin Lizenzträger des sozialdemokratischen *Telegraf* (seit 1946), der bis weit in die SBZ hinein wirkte und als »prononciert antikommunistisches« Organ von der SED bekämpft wurde. L. gelangte 1948 als Berliner Vertreter in den Parlamentarischen Rat in Bonn und anschließend in den Bundestag, dem er bis 1953 angehörte. Er arbeitete im Parteivorstand der SPD und leitete deren außenpolitische Kommission. Im Jahre 1954 übernahm L. mit der Präsidentschaft des »Kuratoriums Unteilbares Deutschland« ein letztes großes Amt. Sein Nachruhm litt unter kommunistischen Verleumdungen, während der bescheidene Mann sich in sein Privatleben zurückzog und auf Nachfragen immer wieder seine »Erinnerungen« als erschöpfende und hinreichende Selbstdarstellung anführte.

Sänger, Fr. (Hg.): Handbuch des Deutschen Bundestages. Stuttgart 1952.

Gerhard Beier

Loewenheim (Lowe), Walter

Geb. 18. 4. 1896 in Berlin; gest. 31. 3. 1977 in London

Die »deutschen Sozialisten neu zu orientieren«, beabsichtigte eine im September 1933 in Karlsbad (CSR) erschienene Schrift mit dem Titel *Neu Beginnen. Faschismus oder Sozialismus. Als Diskussionsgrundlage der Sozialisten Deutschlands.* Ihr Verfasser nannte sich Miles. Hinter dem Pseudonym verbarg sich L.
Der Kaufmannssohn ergriff den Beruf seines Vaters und schloß sich nach Kriegsdienst 1918 dem Spartakusbund an. Er wechselte mit ihm zur KPD. Vor allem wegen seiner leitenden Funktionen in deren Jugendorganisationen nahm er im Juni/August 1920 am 2. Kongreß der Kommunistischen Internationale in Petrograd und Moskau teil.
Doch bald mißbilligte er die Massenpolitik der KPD, die er 1927 ebenso wie seine Stelle als wirtschaftlicher Berater in der sowjetischen Handelsvertretung in Berlin verließ. Zwei Jahre später wandte sich L. der SPD zu, weil er meinte, sie verändern zu können. Denn im selben Jahr gründete und leitete er die »Leninistische Organisation«, LO oder Org genannt. Ihr Schwerpunkt lag in Berlin. Sie umfaßte etwa 150 sogenannte Kader.
Entsprechend seiner Schrift *Die politische Revolution* (1931) erwartete L. aus der Krise der bürgerlichen Gesellschaft weniger die proletarische Revolution, eher eine Serie faschistischer Diktaturen und Kriege in Europa, die es durch Zusammengehen der Arbeiterparteien, auch im internationalen Maßstab, zu verhindern gelte. Die Org müsse dabei die bestimmende Rolle spielen. Sie sollte vor allem in den beiden großen Arbeiterparteien wirken und sich zugleich auf die Konspiration vorbereiten.
L. war 1933 der Kopf ihrer Inlandsleitung. In *Neu Beginnen* legte er dar: Ursache des NS-Machtantritts sei die Passivität und Zersplitterung der Arbeiterschaft. Durch die Diktatur drohe der Untergang. Nur wenn sie durch innere und äußere Krisen geschwächt werde, sei sie zu stürzen. L. meinte, daß der Kampf gegen das NS-Regime nur im Inland entschieden werden könne und seiner Gruppierung dabei eine Führungsrolle zustehe. Weitere Voraussetzung sei die Erneuerung der Arbeiterbewegung. Allerdings distanzierte er sich von der KPD, weil sie von der UdSSR abhängig sei und die dort herrschende Diktatur unterstütze. L. sprach ihr das Attribut »sozialistisch« ab. Die Vorbereitungen für eine Erneuerung würden lange dauern und wissenschaftliches Bewußtsein und das Operieren einer Elite erfordern. Diese solle die proletarische Einheitspartei schaffen und führen.
Mit der Publikation erregte Miles alias L. beträchtliches Aufsehen, da sie die 1933 dominierende Stimmung, nämlich Kritik an den traditionellen Arbeiterparteien, widerspiegelte. Die Org nannte sich nun nach dem Titel der Schrift »Neu Beginnen«. Mit etwa 500 Anhängern sammelte sie Informationen über das sich etablierende NS-System und übermittelte sie ins Ausland. Sie schulte ihre Mitglieder an Hand der Miles-Thesen und bemühte sich darüber hinaus um Zuspruch bei der Arbeiterschaft. Doch erreichte sie nicht, daß Gruppen und Funktionäre der Linksparteien in Deutschland und im Exil sich ihr unterstellten. L. und ein Teil des konspirativen Führungskreises gerieten in Konflikt mit illegalen Funktionären in Deutschland und mit Exilanten ihrer Organisation sowie dem SPD-Exilparteivorstand, der ihr Finanzmittel entzog.
Er trat von nun an dafür ein, daß die Kader von »Neu Beginnen« ins Ausland gingen, um dort gegen die Faschisten anzutreten. L. wurde im Juli 1935 als dessen Leiter abgesetzt, woraufhin er die Organisation als aufgelöst erklärte und ihren Anhängern empfahl, sich der SPD zuzuwenden. Der Geheimen Staatspolizei gelang es, von Herbst 1935 bis Frühjahr 1936 einen Großteil der Mitglieder der Berliner Organisation zu verhaften.
L. konnte zuvor im September 1935 in die Tschechoslowakische Republik emigrieren und ging ein Jahr später nach Großbritannien. In London leitete er gemeinsam mit seinem Bruder Ernst ein Ingenieurbüro. Von Mai 1940 bis Oktober 1941 wurde L. in einem britischen Lager auf der Isle of Man interniert. In dieser Zeit, in der er sich parteipolitisch nicht betätigen konnte, betrieb er, inzwischen unter dem Namen

Lowe, gesellschaftstheoretische und historische Studien. 1961 erschien als deren Ergebnis in Bremen *Eine Welt im Umbruch. Zur Auseinandersetzung um die Krise unserer Zeit.*

Foitzik, J.: Zwischen den Fronten. Zur Politik, Organisation und Funktion linker politischer Kleinorganisationen im Widerstand 1933 bis 1939/40. Bonn 1986. – Hellmann, H.: Walter Lowe (Miles) zum Gedächtnis. In: Internationale wissenschaftliche Korrespondenz zur Geschichte der deutschen Arbeiterbewegung, 1977, H. 2, S. 155ff. – Löwenthal, R.: Die Widerstandsgruppe »Neu Beginnen«. Berlin 1985. – Reichardt, H.J.: Neu Beginnen. Ein Beitrag zur Geschichte des Widerstandes aus der Arbeiterbewegung gegen den Nationalsozialismus. In: Jahrbuch für die Geschichte Mittel- und Ostdeutschlands, 1963, Bd. 12, S. 150ff.

Klaus Drobisch

Loose, Heinrich

Geb. 16. 5. 1812 in Stuttgart; gest. 16. 8. 1862 in Flatbush/New York

Der Vater arbeitete als Hofschlosser in Stuttgart. L. war ein Anhänger des fourieristischen Frühsozialismus, einer libertären Arbeiterbewegung, die von den beiden etatistischen Strömungen der Arbeiterbewegung, von Sozialdemokratie und Marxismus, aus unserer Erinnerung verdrängt worden ist. Für den Jungen wählten die Eltern den gesellschaftlichen Aufstieg ins evangelische Pfarramt. Nach den kirchlichen Klosterschulen studierte L. evangelische Theologie in Tübingen. Seine Begabungen und Neigungen lagen woanders: bei Mathematik und Geschichte. Als Mitglied einer revolutionären Burschenschaft nahm L. am 6. Juni 1833 in Tübingen an einer Gedenkfeier für die vor Jahresfrist in Paris bei einem niedergeschlagenen Aufstand gefallenen Republikaner teil. Die Polizei nahm die 94 Teilnehmer fest, darunter L. Sein Studium konnte er jedoch beenden und wurde Vikar. Die Kirchenleitung hatte ihn als Rebell notiert und griff zum bewährten Mittel der Disziplinierung. Wie ein Leibeigener wurde L. als Vikar elf Jahre auf verschiedene Dörfer geschickt. Dreieinhalb Jahre war er dabei ohne Stelle und lag als Arbeitsloser dem Vater auf der Tasche.

Die Krise kam zum Ausbruch in einem abgeschiedenen Schwarzwalddorf: L. erlitt in völliger Isolierung und Verzweiflung einen Nervenzusammenbruch. Seine Braut wartete seit Jahren. Nach der Genesung in einer Heilanstalt begann die Loslösung von der diktatorischen Kirche. L. schrieb über die Notwendigkeit einer »zweiten Reformation« für eine politisch freie Religionsgemeinschaft. Er wünschte sich eine deutsche Nationalkirche als Union der beiden großen christlichen Konfessionen. L. schloß sich dem Deutschkatholizismus an, einer bedeutenden Säule der Achtundvierziger Revolution. Darin sammelte sich vor allem ein kritisches, demokratisch-revolutionäres Protestpotential, das über die Veränderung der Religion die Gesellschaft demokratisieren wollte.

Ohne präzise soziale Tendenz trug L.s Vision der Erneuerung Deutschlands anfangs chauvinistische Züge. Er schwärmte von der »göttlichen Vollendung des deutschen Volkes«. Deutschland solle eine messianische Rolle spielen. »Unser ursprüngliches Volk, frisch und gesund an Leib und Seele, mit tiefer unerschöpflicher Lebenskraft, erst eingetreten in das Mannesalter, eingestandenermaßen Kopf und Herz, Spiegel und Schule der anderen Völker, der geistige Repräsentant der Menschheit, hat die Bestimmung, die Menschheit christlich zu vollenden. Es ist das Israel der Menschheit«.

Von dieser Ideenwelt befreite sich L. erst unter dem Einfluß von Charles Fourier. Dessen Orientierung auf Genossenschaften hatte damals besonders in Süddeutschland weit mehr Anhänger, als die etatistische Linke zugeben mag. 1845, drei Jahre vor dem Erscheinen des *Kommunistischen Manifests* von Marx und Engels publizierte L. in Zeitungsartikeln die Ideen Fouriers. Der genossenschaftliche Fourierismus »darf ja nicht verwechselt werden mit dem unsinnigen und gewalttätigen Kommunismus«. Die zukünftige Kirche sollte eine gesellschaftliche Kraft sein, die die Probleme von Arbeit und Verdienst, Reichtum und Armut regele. Die Kirche verstand L. als den »Tod des Pauperismus und alles Betrugs und Elends«.

Die demokratische Revolutionsbewegung erhielt mit dem Frühsozialismus einen libertären, sozialrevolutionären Flügel, der 1848/49 in den bewaffneten Auseinandersetzungen um eine deutsche Demokratie die Hauptlast des Kampfes übernahm. Die Hoffnung, die Kirche je zu einer freiheitlichen, sozialistischen Organisation umgestalten zu können, schwand, als L. auf das Weberelend gestoßen wurde: zuerst im württembergischen Schwarzwald um Nagold, dann als deutschkatholischer Prediger in Schlesien. In seinen Gemeinden Nimptsch und Reichenbach richtete das Militär 1844 unter den Webern ein Blutbad an.

Als 1848 das Frankfurter Parlament in L. nochmals Hoffnungen keimen ließ, kandidierte L. in Schlesien für seine Arbeitergemeinden, aber das Wahlrecht lag nur auf der Gegenseite, bei den Honoratioren und Fabrikbesitzern. L. unterlag, ging arbeitslos nach Stuttgart zurück und trat mit anderen entschiedenen Republikanern in den »Demokratischen Verein« ein, der jedoch schon im Sommer 1848 von der Staatsgewalt aufgelöst wurde. In dieser Zeit wurde aus L. einer der besten Volksredner.

Im Oktober 1848 folgte er einer Berufung als deutschkatholischer Prediger und Lehrer über den Rhein, nach Neustadt an der Weinstraße. In die sechzigjährige demokratische Sonderentwicklung seit der Französischen Revolution im Linksrheinischen brachte L. neue Akzente. Der Frühsommer 1849

brachte den Entscheidungskampf um die Demokratie. Die Pfälzer erhoben sich am 2. Mai, auf einer Volksversammlung in Kaiserslautern. Zwei Wochen später folgte das Nachbarland Baden, wo fast die ganze Armee zu den revolutionären Truppen überging. L. suchte das Tempo der Umwälzung zu steigern, gegen die gemächlichen Honoratioren der Pfälzer Demokratie. Der Arbeiterflügel, für den L. als Minister in die Revolutionsregierung wollte, wurde auf der Kaiserslauterer Volksversammlung vom 2. Mai überstimmt und proklamierte anschließend unter roten Fahnen auf eigene Faust die Republik.
Die Neustädter Arbeiterbewegung, angeführt von L., brachte, kurz bevor die Preußen Mitte Juni 1849 das Land überrannten, eine erste sozialistische Zeitung heraus: *Der Pfälzer Volksmann. Ein demokratisches Kreuzerblatt.* Die Idee der Gleichheit entwickelte sich unter dem Druck der Not und der ungerechten Vermögensverteilung zu der Idee einer progressiven Einkommenssteuer weiter. Damit ging ein Riß durch die Demokraten, deren besitzender Teil sich zum Bürgerkrieg gegen die Habenichtse rüstete. Zum Ausbruch kam es nicht, weil die Preußen die schwache Freiheitsarmee vor sich hertrieben. L. bekam vom Hauptquartier der badisch-pfälzischen Freiheitsarmee den Auftrag, eine der drei Armeekolonnen aufzustellen, mit denen man nach Stuttgart einmarschieren wollte. So weit kam es nicht. Die Preußen drängten Anfang Juli 1849 die »Demokratenarmee« ins Schweizer Exil ab, mit ihr L. Sein Asyl verbrachte er in einer kasernierten Unterkunft in St. Gallen. Verzweifelt kehrte er nach einem halben Jahr nach Württemberg zurück, kam auf den Asperg in Haft und wurde nach dem Prozeß zur Auswanderung nach Amerika begnadigt. So entging er wenigstens dem Vollzug des Todesurteils, das man in der Pfalz über ihn gefällt hatte.
In den Vereinigten Staaten kehrte L. zu seinem Beruf als deutschkatholischer Prediger und Lehrer zurück, zuerst in Williamsburg, zuletzt in Milwaukee. Dort brachte er zwei sozialistische Arbeiterblätter heraus. Dann überfiel den Erschöpften, Enttäuschten sein altes Nervenleiden. 1856 wurde er ins Armen- und Irrenhaus von Flatbush eingeliefert. Als er dort seinem Tod entgegendämmerte, lasen in Deutschland die Verfolgungsbehörden im Fahndungsbuch der Polizei: »L. gehört zu den Anhängern der Republik in gefährlichster Fraktion, ist flüchtig.«

Haasis, H. G.: Die Pfälzer Revolution von 1848 und Friedrich Albrecht Karchers Novelle »Die Freischärlerin«, in: F. A. Karcher. Die Freischärlerin. Eine Novelle aus der Pfälzer Revolution von 1849. Frankfurt/Main 1977, S. 183–241.

Hellmut G. Haasis

Löwe (Lowe), Adolph

Geb. 4. 3. 1893 in Stuttgart; gest. 3. 6. 1995 in Wolfenbüttel

Die Frage, wie die Freiheit durch die Menschheitskrise zu retten ist, hat L. zeitlebens nicht losgelassen. *Hat Freiheit eine Zukunft?* lautete der Titel des letzten Buches dieses »philosophischen Ökonomen«, das 1990 in deutscher Übersetzung erschien. Er hatte es als Fünfundneuzigjähriger geschrieben – ein Dreivierteljahrhundert nach seinem Erstlingswerk über *Arbeitslosigkeit und Kriminalität.* L.s Interessen galten der Geschichte, Philosophie und Soziologie ebenso wie der Nationalökonomie; Rechts- und Wirtschaftswissenschaften hatte er in München, Berlin und Tübingen studiert. Nach einem Fronteinsatz im Ersten Weltkrieg beauftragte ihn Ludendorff, seit August 1916 als »Erster Generalquartiermeister« neben Generalstabschef Hindenburg Leiter der deutschen Kriegsführung, mit der Nahrungsmittelkontrolle. Während der Novemberrevolution 1918 avancierte L. zum Vertreter der Volksbeauftragten im Demobilisierungsamt und zum Referenten des ersten Arbeitsministers der Weimarer Republik und späteren Reichskanzlers Gustav Bauer (SPD).
Der Räteparagraph 165 der Weimarer Reichsverfassung, der die Gewerkschaften als gleichberechtigte Tarifpartner anerkannte und »Betriebsarbeiterräte« (die späteren »Betriebsräte«) zur Wahrnehmung sozialer und wirtschaftlicher Interessen der Arbeitnehmer versah, trägt L.s Handschrift. Aus einer Tätigkeit im Reichswirtschaftsministerium und im Statistischen Reichsamt wurde er 1926 – also mit 33 Jahren – als Nachfolger von Ferdinand Tönnies zum Professor für Wirtschaftstheorie und Soziologie an die Universität Kiel berufen. Dort baute er die Konjunkturabteilung des Kieler Weltwirtschaftsinstituts auf. 1931 wechselte L. an die Universität Frankfurt am Main, wo er von Carl Grünberg den Lehrstuhl für wirtschaftliche Staatswissenschaften übernahm. Zu seinen Schülern gehörten u. a. der spätere Wirtschaftsminister der sozialliberalen Koalition in der Bundesrepublik Deutschland, Karl Schiller, und die Herausgeberin der *Zeit,* Marion Gräfin Dönhoff.
Obwohl L., wie er rückblickend meinte, bereits seit 1927 überzeugt gewesen sei, daß die Republik nicht überleben würde, engagierte er sich in der republikanischen, im wesentlichen aus SPD und Gewerkschaften rekrutierten, 1931 gegründeten Kampforganisation der »Eisernen Front« – »hoffend gegen alle Hoffnung«. Er schloß sich dem Berliner Kreis der religiösen Sozialisten um den Theologen Paul Tillich an, der in der sozialistischen Bewegung ein transzendentes Element fand, das auf die Durchbrechung der Endlichkeit ausgehe: Die Auffassung, daß die dynamisch-prophetische Deutung der Geschichte bei Marx vom prophetischen Denken und damit

vom jüdischen Erbe beeinflußt sei, bildete in dieser Gruppe eine Brücke zwischen Juden und Christen. Auf der durch den Berliner Kreis geprägten Heppenheimer Konferenz von 1928 erklärte sich L. gegen den Bolschewismus, obgleich er dessen Fähigkeit zum Märtyrertum bewunderte. Aus Demokratismus sei er jedoch Reformist, da er an keinen echten Gemeinschaftsbau glauben könne, »der nicht die Gleichwürdigkeit aller, die Menschenantlitz tragen, als obersten Wert anerkennt«.

Ein schwerwiegendes Versäumnis der Sozialdemokratie erblickte L. in der Vernachlässigung der Mittelschichten sowie des akademischen Proletariats, das am Ende der zwanziger Jahre zu einem großen Teil die »Offiziere und Unteroffiziere« der nationalsozialistischen Bewegung stellte. Als diese 1933 an die Macht kam, blieb ihm nur die Flucht nach England, mit der er einer geplanten Verhaftung zuvorkam. In Manchester lehrte er Politische Philosophie.

L.s Naturalisierung fiel zeitlich mit dem Beginn des Zweiten Weltkrieges zusammen, der seine Situation in England schließlich unhaltbar werden ließ. Konnte er zu Beginn seiner Emigration als verfolgter jüdischer Sozialist noch mit einer gewissen Sympathie rechnen, fühlte er sich nun durch antideutsche Ressentiments zunehmend eingeschränkt. Die versehentliche Tilgung der Ö-Punkte aus seinem Namen in dem ihm nach langer Wartezeit ausgestellten britischen Paß ließ er auf sich beruhen. 1940 wechselte L. nach New York, wo er an der »New School for Social Research« wirkte, einem Sammelbecken emigrierter deutscher Wissenschaftler in den USA.

1983, genau an seinem 90. Geburtstag, kehrte er nach einem halben Jahrhundert der Emigration wieder nach Deutschland zurück. In einem Interview stellte er 1988 dar, was er für das Zentralproblem hielt: »die Versöhnung individueller Freiheit mit gesellschaftlicher Stabilität; oder, ökonomisch gesprochen, eine harmonische Verbindung von Markt und Plan.« Seine Erfahrungen hatten ihn gelehrt, daß die Wirtschaft kein sich selbst lenkender Organismus sei; der reine Markt funktioniere nur mit Massenarmut und solange Familie und Kirche für solidarischen Ausgleich sorgten und einige moralische Grenzen setzten. Mit der Emanzipation der einzelnen wachse die Rolle des Staates und damit der Bürokratie. Der Staat müsse zunehmend Aufgaben der Familie übernehmen und trete damit an die Stelle des Persönlichen. Nach Ansicht L.s brauchen moderne Gesellschaften nicht weniger, sondern mehr Staat. Demzufolge sei eine gute Bürokratie die irdische Form der Gerechtigkeit. Ob bei Sozialverwaltung, Umweltschutz oder Medienkontrolle, überall gehe es nicht um die Frage, ob Planung erfolgen solle oder nicht, sondern darum, ob diese demokratisch oder autokratisch ausgeübt werde. Planung und öffentliche Kontrolle von Wirtschaft (und Wissenschaft) würden zu Garanten der Stabilität, und nur mit Stabilität sei Freiheit möglich.

Planungskonzepte, wie sie in den Staaten des »real existierenden Sozialismus« praktiziert wurden, hielt L. dagegen für ungeeignet, da sie sich im wesentlichen auf die Entfaltung technischer Produktivkräfte konzentriere und darüber den Menschen vergäßen. Eine Ursache dafür sah er darin, daß in der Marxschen Analyse die institutionelle Garantie von Freiheitsrechten einer quasi eschatologischen Geschichtserwartung zum Opfer gefallen sei. Vom Glauben an das geschichtsmächtige Proletariat, dessen Selbstinteresse mit dem Gesamtinteresse der Gesellschaft zusammenfalle, hatte sich L. in der Zeit des Exils verabschiedet. Seiner Ansicht nach habe es sich als unterer Mittelstand in die Gesellschaft eingefügt. Im englischen Exil hatte er ein radikal anderes Sozialverhalten des »einfachen Mannes, der Politik, der gesamten Sozialstruktur« schätzen gelernt, das er als »spontane Konformität mit Bezug auf die letzten Prinzipien der Politik und des täglichen Lebens« bezeichnete. Diese »spontane Konformität«, die zu einer freiwilligen Beschränkung des Individualismus und zur Selbstdisziplin geführt habe, bildete für L. die Basis politischer Freiheit.

Das Ziel der Wirtschaftswissenschaft müsse darin bestehen, die Instrumente zu schaffen, welche Wohlstand und Freiheit miteinander verbinden. Die wirtschaftspraktischen Zwänge bei der Überführung der Kriegswirtschaft in Friedensproduktion hatten L. bereits nach dem Ersten Weltkrieg veranlaßt, ökonomische Ordnungs- und Handlungskonzepte vorzuschlagen, deren stabilitätspolitische Ziele auf die Absicherung des durch die Revolution begründeten demokratischen Staates gerichtet waren. Dessen wirtschaftliche Entwicklung lenkte seine Aufmerksamkeit auf konjunktur- und wachstumstheoretische Fragen. Er war der erste, der eine geschlossene Konjunkturtheorie erarbeitete und energisch für eine aktive Krisenbekämpfung eintrat. L. hatte erkannt, daß die Zeit vorüber sei, in der man rationale Formeln für die Gesamtentwicklung bis in die fernste Zukunft hinein entwirft und den Anspruch erhebt, daß sich das Leben danach richte. Dies müsse zur Krise führen. Hier setzte L.s in den USA entwickelte Politische Ökonomik an: Ging das bisherige »positive« Verfahren davon aus, einen unbekannten künftigen Zustand der Wirtschaft aus der Kenntnis der Anfangsbedingungen und des Verhaltensgesetzes der Marktparteien abzuleiten, postuliert im Gegensatz dazu die Politische Ökonomik einen erwünschten Endzustand und leitet daraus ihre Voraussetzungen ab.

Angesichts der sich verfestigenden strukturellen Arbeitslosigkeit und des Generationskonfliktes plädierte L. für das Zusammenwirken eines umfassenden privaten Sektors mit einem den Gesamtprozeß steuernden öffentlichen Sektor, »in dessen Eingriffen innere Kolonisation eine Hauptrolle spielt durch die Wiederherstellung und Ausdehnung der Infrastruktur und Investitionen, die das Gesamtwohl fördern unter Einbeziehung bisher vernachlässigter sozialökonomischer und kultureller Gebiete«. Dies sei zu etwa 75 Prozent durch die Mittel, welche zur Finanzierung der Arbeitslosigkeit aufgewendet werden müßten, zu realisieren. Das verbleibende Defizit mache etwa 10 Prozent der laufenden Rüstungsausgaben aus; die Verwendung dieser Mittel sei schon deshalb sinnvoll, weil sie der Wahrung des inneren Friedens diene.

Sorge machte ihm die allgemeine Desintegration, die in unserer Zivilisation durch Hedonismus und Nihilismus hervorgerufen würde. Der Appell an die spontane Konformität sei ein verzweifelter Versuch, einem autoritären Regime zuvorzukommen. Deshalb setzte er auf »eine Reihe von kleinen Katastrophen, die den durchschnittlichen Menschen direkt betreffen«. Dann würden unter dem Druck einer Art Notstandssolidarität Dinge möglich, die bis dahin undenkbar wären, sogar Lohn-, Preis- und Investitionskontrollen.

Den Fixpunkt von L.s Denken bildete »eine konkretisierte Vision der guten Gesellschaft«. Als solche könnte der Sozialismus Maßstab und dauerndes Korrektiv der Realität sein: »Unter diesem Gesichtspunkt, ganz unabhängig davon, wieviel am Ende davon als Realgesellschaft erscheint, hat die sozialistische Idee eine unmittelbar praktische Bedeutung.«

Rathmann, A.; Beyer, G. (Hg.): Sozialismus aus dem Glauben. Verhandlungen der sozialistischen Tagung in Heppenheim a. B. Pfingstwoche 1928. Zürich/Leipzig 1929. – Pfeiffer, A.: Religiöse Sozialisten. Dokumente der Weltrevolution, Bd. 6. Olten 1976

Michael Rudloff

Lugebiel, Erna, geb. Voley

Geb. 24. 8. 1898 in Berlin; gest. 17. 11. 1984 in Berlin

»Ich war immer aufsässig, hatte vor niemandem Angst, habe stets den Schwächeren geholfen.« So charakterisierte L. sich selbst. Den Gestapokommissaren nötigte sie Respekt ab. »Einmal dachte ich beim Verhör, einer schlägt mich. Ich hätte mich gewehrt. Es wäre mir egal gewesen, wenn ich dabei draufgegangen wäre. Ich wäre nicht still gewesen.« L., die hochgewachsene, schlanke, blonde Frau mit den blitzenden blauen Augen entging den Schlägen, weil sie den von den Nazis verinnerlichten »nordischen Typ« verkörperte.

Von einer kaisertreuen, frommen Mutter, einer Konditoreibesitzerin, erzogen, erlernte L. nach dem Besuch der Höheren Töchterschule die Schneiderei und errichtete einen textilgewerblichen Zwischenmeisterbetrieb, in dem sie mehrere Frauen beschäftigte. Mit 17 hat sie geheiratet, ein Jahr später wurde ihre Tochter Ingrid geboren. Ihr Mann war Montage-Ingenieur für automatische Druckmaschinen. Ein stark ausgeprägtes Gerechtigkeitsgefühl veranlaßte sie, die in guten finanziellen Verhältnissen lebte und beruflichen Erfolg hatte, sich auf den Weg des Widerstands gegen den Nationalsozialismus zu begeben. Daran zerbrach 1935 die Ehe; ihr Mann trat nach der Scheidung in die SA ein.

L. führte zunächst ihren, wie sie es nannte, »privaten Kleinkrieg gegen die Nazis«. Sie kaufte nur noch in jüdischen Geschäften, half einem politisch verfolgten Ehepaar oder beschwerte sich bei Funktionären der NSDAP über Mißstände. Als 1938 eine Volksabstimmung über den Anschluß Österreichs ans Dritte Reich stattfand, lag sie krank zu Bett. Jedoch wurde sie, von einem SA-Mann kontrolliert, gezwungen, mit »Ja« zu stimmen: »Daß sie einen zwingen konnten, gegen die Überzeugung zu handeln, das tat weh. In allem Leid, das uns diese Schinder zufügten, später im KZ, man konnte immer wieder über sie triumphieren, wenn man ihnen Lebensmittel oder, noch viel mehr, ein Leben abtrotzte. Schlimm war, wenn man ihnen nichts mehr entgegensetzen, nicht mehr gegen sie handeln konnte. Dann war man wirklich in ihrer Gewalt. So habe ich das empfunden.«

Großen Anteil nahm L. an dem Schicksal der jüdischen Familie Erich Marcuse, für dessen Textilunternehmen sie zehn Jahre lang gearbeitet hatte. Sie betreute, nachdem die Freunde 1938 nach Shanghai emigriert waren, Marcuses in Berlin gebliebene Schwester Regina bis zu deren Deportation 1943 nach Theresienstadt. Als L. 1941 dem ersten Mann mit dem Judenstern an der Jacke, einem ihr bekannten Möbelhändler, auf der Straße begegnete, umarmte sie ihn spontan und weinte heftig. Bittere Scham erfüllte sie: »Direkt in den Widerstand getrieben wurde ich dadurch, wie sie die Juden behandelt haben, das hat mich radikal gemacht. Ich habe das aber gar nicht so als Widerstand betrachtet, ich handelte eben nach dem menschlichen Gefühl.«

1942 fand sie Eingang in den organisierten Widerstand. Ihr Verbindungsmann war Ernst Kühn, ein Freund. L. sammelte Geld für Verfolgte, besorgte für sie Kleidung, Lebensmittel und Unterkunft. Sie selbst beherbergte die Jüdin Gertrud Rothschild und deren kleinen Sohn Peterle. Am 29. Juli 1943 wurde L. verhaftet. Sie war zu der Zeit bei der Kommandantur Berlin als Telefonistin dienstverpflichtet. Im Untersuchungsgefängnis Charlottenburg kümmerte sie sich um die Todeskandidatinnen und tröstete sie, bis sie selbst nach einer Weile am Ende ihrer Kraft war. Hier erlebte sie den 20. Juli 1944, die Rundfunkmeldung des Attentats auf Hitler, den Jubel der Insassen und die Frauen, die im Zusammenhang mit dem 20. Juli als sogenannte »Sippenhäftlinge« eingeliefert wurden, den drei Schwestern des Generals Ferdinand von Bredow, den Hitler am 1. Juli 1934 bei der unter dem Namen »Röhm-Putsch« laufenden Aktion gegen die SA hatte mitermorden lassen, sowie Melitta von Stauffenberg, der Schwägerin des Attentäters Claus Graf Schenk von Stauffenberg, die sie als »eine der großartigsten und mutigsten Frauen« bezeichnete und schätzen lernte.

Im August 1944 fand der Prozeß gegen die Widerstandsgruppe »Kampfbund«, der etwa 200 Menschen angehörten, statt. Über 20 wurden im Laufe des Jahres 1944 hingerichtet. L. wurde von dem Kammergericht Berlin freigesprochen, aber nicht freigelassen, sondern im November 1944 in das Frauen-Konzentrationslager Ravensbrück gebracht. Als sie durch das Lagertor ging, empfand sie deutlich, daß sie nun die ihr bekannte Welt hinter sich ließ und ein Leben in unvorstellbar grausamen, unmenschlichen Dimensionen auf sie zukam. Doch auch hier gab es Widerstand, ein Netz von Solidarität.

L. wurde Stubenälteste im Krankenrevier. Sie half kranken Frauen und versuchte, so viele wie möglich vor der Erschießung oder Vergasung zu retten, z.B. indem sie sie auf den Hochbetten unter Decken versteckte, wenn der gefürchtete SS-Arzt Dr. Perca Treite kam. Mit der SS-Aufseherin, in der sie eine ehemalige befreundete Nachbarstochter erkannte, kämpfte sie um eine Taschenlampe für die Toilette, von den Küchenhäftlingen erbettelte sie etwas Eßbares für die schwer Magen- und Darmkranken, im Kampf gegen die üblichen Durchfälle veranlaßte sie die Frauen des Arbeitskommandos Köhlerei, verbotenerweise Holzkohle mitzubringen, um sie als Medikament einzusetzen. L. bewunderte die französische Häftlingsärztin Dr. Hautval, die sich bei dem SS-Arzt für sie einsetzte, als der sie bestrafen wollte, weil sie den Frauen, die nackt zur Begutachtung vor ihm erscheinen sollten, Decken umhängte. L. blieb bei den kranken Frauen im Krankenrevier, als die SS im April 1945 das Lager räumte und die Häftlinge auf den Todesmarsch trieb. Nachdem die sowjetische Armee das KZ befreit hatte, war sie am Ende ihrer Kräfte und tagelang besinnungslos. Vier Wochen blieb sie noch im Lager, ehe sie mit der ersten Gruppe Berliner Frauen heimkehrte.

L.s Versuch, wieder im alten Beruf tätig zu sein, scheiterte an Arbeitsunfähigkeit als Folge der erlittenen Haft. Todkrank überwand sie 1950 mit großer Energie die Lähmungen, die ihren Körper befallen hatten. Sieben Jahre dauerte es, bis sie das erste Mal von ihren Erlebnissen erzählen konnte. Von emigrierten Freunden wurde L. 1952 nach England eingeladen. Die Begegnung mit ihnen löste ihr die Zunge. Der Umgang mit der NS-Vergangenheit formte ihr weiteres Leben. Bis zu ihrem Tod war L. bestrebt, den Nachgeborenen von ihren Erfahrungen zu berichten, übernahm Führungen durch die heutige Gedenkstätte Ravensbrück und diskutierte in Schulen und Vortragsveranstaltungen zur NS-Dikatur.

Szepansky, G.: Frauen leisten Widerstand: 1933–1945. Frankfurt/Main 1983.

Gerda Szepansky

Luther, Martin

Geb. 10. 11. 1483 in Eisleben; gest. 18. 2. 1546 in Eisleben

»Ein Christenmensch ist ein freier Herr über alle Dinge und niemand untertan. Ein Christenmensch ist ein dienstbarer Knecht aller Dinge und jedermann untertan.«

Stolz wies L. immer wieder auf seine Abstammung aus einem alten Bauerngeschlecht hin. Sein Vater aber war Bergmann geworden und hatte es bis zum Hüttenteilhaber gebracht. Die Eltern erzogen den Jungen streng »bis zur Verschüchterung«. Nach der Schulzeit in Mansfeld, Magdeburg und Eisenach und dem Grundstudium der freien Künste in Erfurt brach L. 1505 das eben erst begonnene Jurastudium ab und trat ins Erfurter Augustiner-Eremitenkloster ein. Es folgten das Noviziat, die Mönchsgelübde, das Theologiestudium, eine Tätigkeit als Philosophiedozent, die Promotion zum Doktor der Theologie und dann im Jahre 1512 die Professur für Altes und Neues Testament an der Universität von Wittenberg, die er bis zu seinem Tode innehatte. Äußerlich erfolgreich, plagten ihn innerlich Gewissensnöte: er fühlte sich als sündiger Mensch.

Zum Schlüsselerlebnis (sog. »Turmerlebnis«) wurde ihm zu Beginn seiner theologischen Lehrtätigkeit die Erkenntnis, daß Gottes Gerechtigkeit vorrangig nicht sein strafendes Gericht, sondern seine vergebende Gnade meint: »Es wird durch das Evangelium jene Gerechtigkeit Gottes enthüllt, durch die uns der gnädige Gott Rechtfertigung zuteil werden läßt auf dem Wege des Glaubens, wie geschrieben steht: ›Der Gerechte lebt aus dem Glauben‹ (Röm 1, 17).« Gerecht wird der Mensch ohne eigenes Verdienst, ohne die von der Kirche geforderten guten Werke, Bußleistungen und Ablaßzahlungen, allein durch Gottes Gnade (sola gratia), durch Christi Erlösungstat am Kreuz (solus Christus), allein durch den Glauben (sola fide) (*Römerbriefvorlesung*, 1515/16; *Von Ablaß und Gnade*, 1518; *Von den guten Werken*, 1520).

Die 95 gegen die kirchliche Ablaßpraxis gerichteten Thesen, die L. im Herbst 1517 an den für den neuen Petersablaß verantwortlichen Erzbischof Albrecht von Mainz (1490–1545) und an Freunde verschickte, fanden ein breites Echo. Mit ihnen begann die Reformation (31. Oktober 1517: Reformationstag).

1520 griff L. in drei wichtigen Schriften (*An den christlichen Adel deutscher Nation*; *Vom babylonischen Gefängnis der Kirche* und *Von der Freiheit eines Christenmenschen*) die

Fundamente der Papstkirche an und entwickelte ein neues Verständnis der Glaubensgemeinschaft: alle Christen stünden in ihrem Gewissen in unmittelbarer Beziehung zu Gott und bedürften der Kirche als Heilsvermittlerin nicht (Priestertum aller Gläubigen); die beiden nach der Heiligen Schrift (sola scriptura) übrigbleibenden Sakramente, Taufe und Abendmahl, ständen allen gleichermaßen offen; also gelte: »Ein Christenmensch ist ein freier Herr über alle Dinge und niemand untertan.«

1521 verhängte Papst Leo X. (1475–1521) den Bann, Kaiser Karl V. (1500–1558) die Reichsacht über L., nachdem er auf dem Reichstag zu Worms einen Widerruf verweigerte. Der sächsische Kurfürst Friedrich der Weise (1463–1525), L.s. Landesherr, dem die reformatorische Bewegung gelegen kam, ließ ihn auf der Wartburg bei Eisenach in geheime »Schutzhaft« nehmen. Als »Junker Jörg« übersetzte L. dort das *Neue Testament* ins Deutsche (1522).

Nachdem Anhänger der Reformation zu radikaleren Reformen schritten, kehrte L. nach Wittenberg zurück, verfaßte »eine treue Vermahnung zu allen Christen, sich zu hüten vor Aufruhr und Empörung« (1522) und nahm mit seinen Predigten gegen die »Schwärmer« Stellung.

1523 entfaltete L. in seiner Schrift *Von weltlicher Obrigkeit, wie weit man ihr Gehorsam schuldig sei* seine Lehre von den zwei Regimenten Gottes (Zwei-Reiche-Lehre): »Darum hat Gott die zwei Regimente angeordnet: das geistliche, welches Christen und rechtschaffene Leute schafft durch den Heiligen Geist unter Christus, und das weltliche, welches den Unchristen und Bösen wehrt, daß sie äußerlich Frieden halten…« Wie in der Kirche das Prinzip Freiheit, so herrsche im Staat das Gesetz des Gehorsams und der Unterordnung unter die von Gott eingesetzte Obrigkeit: »Denn der Obrigkeit soll man nicht mit Gewalt widerstehen.«

Während L. trotz großer Skepsis hinsichtlich der Frömmigkeit der Machthaber die staatlichen Verhältnisse grundsätzlich absegnete, nahm er in der Abhandlung *Von Kaufhandlung und Wucher* (1524) kritisch zum Wirtschaftsleben, insbesondere zum Zins, Stellung.

1525 heiratete L. die ehemalige Nonne Katharina von Bora (1499–1552) und grenzte sich scharf und endgültig von den sozialen, radikal-religiösen (»schwärmerischen«) und humanistischen Strömungen der Zeit ab. Nachdem er eine *Ermahnung zum Frieden* an die Bauern gerichtet hatte, riet er den Fürsten in der Schrift *Wider die räuberischen und mörderischen Rotten der Bauern* (Mai 1525), den Bauernaufstand (Juni 1524 – Juni 1525) mit äußerster Härte niederzuschlagen, Worte, denen er nach der Niederlage der Bauern im *Sendbrief Ermahnungen an die Fürsten* hinzufügte, die er aber niemals zurücknahm: »Drum soll hie zuschmeißen, würgen und stechen, heimlich oder öffentlich, wer da kann, und gedenken, daß nichts Giftigeres, Schädlicheres, Teuflischeres sein kann, denn ein aufrührerischer Mensch. Gleich als wenn man einen tollen Hund totschlagen muß (…) Solch wunderliche Zeiten sind jetzt, daß ein Fürst den Himmel mit Blutvergießen verdienen kann, besser denn andere mit Beten.« Thomas Müntzer (um 1490–1525) nannte er einen »Erzteufel«, gegen die »Schwärmer« verfaßte er das Pamphlet *Wider die himmlischen Propheten* (Januar 1525). In der gegen Erasmus von Rotterdam (1466/1469–1536) gerichteten Schrift *Vom unfreien Willen* (Dezember 1525) verneinte L. entschieden die Möglichkeit einer Willensfreiheit des Menschen, da die menschliche Natur durch die Erbsünde »ganz verderbt« sei.

Wegen seiner schroffen Haltung begann die Popularität L.s., der zuerst ein Sprachrohr der Beschwerden (gravamina) breiter Bevölkerungskreise über die Mißstände in Kirche und Staat gewesen war, zu sinken. Dennoch konnte sich die Reformation nach außen ausbreiten und nach innen festigen, nachdem die entscheidenden Siege gegen den Katholizismus und den radikaleren, »linkel« Flügel der Reformation gewonnen waren und 1526 im 1. Reichstag zu Speyer vorläufig den Landesregenten die Entscheidung über die Konfession ihres Gebietes zugestanden wurde (Ansätze zum Prinzip »Cuius regio, eius religio« – »Wessen die Gegend, dessen die Religion bzw. Konfession«). L. schrieb eine *Deutsche Messe* (1526), regte Visitationen der Pfarrherren an und verfaßte zu deren »Fortbildung« den *Kleinen* sowie den *Großen Katechismus* (beide 1529), übersetzte, gemeinsam mit anderen, das *Alte Testament* ins Deutsche (Gesamte Bibelausgabe 1534) und forderte in der Schrift *An die Ratsherren aller Städte deutschen Landes* (1524) von den leitenden staatlichen Stellen, »daß sie christliche Schulen aufrichten und halten sollen«, in einer Predigt aus dem Jahr 1530 aber von den Eltern, »daß man Kinder zur Schule halten solle«. Jeder Christ muß die Bibel selbst lesen und den Katechismus lernen.

Die Spannungen zwischen der lutherischen und der von Zürich ausgehenden zwinglischen Reformation konnte auch bei einem »Religionsgespräch« zwischen L. und Huldrych Zwingli (1484–1531) im Jahr 1529 in Marburg nicht beigelegt werden; zu unterschiedlich waren die Auffassungen insbesondere in den Fragen des Abendmahls und der Gehorsamspflicht gegenüber dem Kaiser.

1530 wurde auf dem Reichstag zu Augsburg das von L.s. Mitstreiter Philipp Melanchthon (1497–1560) verfaßte sogenannte *Augsburger Bekenntnis (Confessio Augustana)* das erste öffentliche Bekenntnis der Protestanten, vorgetragen.

Die folgenden Jahre galten dem Aufbau protestantischer Landeskirchen in zahlreichen Gebieten Deutschlands. L. plagten neben den Auseinandersetzungen mit dem Katholizismus und den Querelen im evangelischen Lager körperliche Leiden und seelische Depressionen. Jetzt zog er gegen die Synagoge zu Felde. Mag seine Judenfeindschaft auch religiös und nicht rassisch begründet gewesen sein, war sie doch nicht weniger grausam: »Ich will meinen Rat geben: Erstens, daß man ihre Synagogen oder Schulen mit Feuer anstecke... Zweitens, daß man auch ihre Häuser ebenso niederreiße und zerstöre... Drittens, daß man ihnen alle ihre Gebetbüchlein nehme...« (*Von den Juden und ihren Lügen*, 1543). Wie früher vom Teufel, von Papst und Kaiser, von den Sektierern, fühlte er sich jetzt von den Juden verfolgt – bis kurz vor dem Tode. Auf einer Reise starb L. in seinem Geburtsort Anfang 1546.

Was blieb von seinem Wirken? – Die einheitliche Welt des Mittelalters zerbrach: fortan gab es nicht nur eine Wahrheit, sondern viele. Radikal war L.s Gedanke von der absoluten Gleichheit aller Menschen vor Gott und der Verantwortlichkeit des Individuums. Von bleibender Bedeutung waren die Bibelübersetzung, bei der L. »dem gemeinen Mann aufs Maul schaute«, die Beiträge zum Gottesdienst in der Muttersprache (*Deutsche Messe*, Predigten, Kirchenlieder) und seine Forderung nach einer elementaren Schulbildung für alle.

Diesen revolutionären Ansichten auf religiösem Gebiet standen konservative, beinahe reaktionäre Einstellungen im politischen Bereich gegenüber: Hier blieb die mittelalterliche Ständegesellschaft ein Tabu, wurde deutscher Untertanengeist kultiviert. Thomas Müntzer warf ihm vor, er habe als »Fürstenknecht« die Reformation an die Obrigkeit verraten. In der Tat hat L. gegen die Interessen seiner sächsischen Landesherren wenig unternommen. Die Nebenehe des für die Reformation wichtigen Landgrafen Philipp von Hessen (1504–1567) tolerierte er – gegen seine sonstige Überzeugung. In der *Schrift über die Kriegsleute* (1526) rief er dazu auf, auch einem »Tyrannen« Folge zu leisten.

Dennoch lag in seinen umwälzenden religiösen Forderungen politische Sprengkraft. Die radikalen Vertreter der Reformation gehören zu L.s. Erben – wenn auch wider seinen Willen.

Brecht, M.: Martin Luther (3 Bde.). Stuttgart 1981, 1986, 1987. – Friedenthal, R.: Luther. Sein Leben und seine Zeit. München, Zürich (7. Aufl.) 1996. – Lilje, H.: Martin Luther. Reinbek bei Hamburg (19. Aufl.) 1996.

Veit-Jakobus Dieterich

Luxemburg, Rosa

Geb. 5. 3. 1871 in Zamośc (Südostpolen); gest. (ermordet) 15. 1. 1919 in Berlin

L. wurde in das jiddische Schtetl des chassidischen Zamośc in Russischpolen, wie »Kongreßpolen«, der auf dem Wiener Kongreß 1815 der Herrschaft des russischen Zaren unterstellte Hauptteil des Lande auch genannt wurde, hineingeboren, in eine von Pogromen, aber auch sozialen Vorstellungen und Ideen des chassidischen Judentums (Chassidismus: ostjüdische Frömmigkeitsbewegung; chassid = fromm) gezeichneten Landschaft. Zu ihrer Kinderzeit zogen die Luxemburgs nach Warschau, wo sie ebenfalls mitten im Schtetl der Altstadt mit allen seinen religiösen Zwängen gegenüber einer relativ weit assimilierten Mittelstandfamilie mit einer deutschen Orientierung, wie es häufig im jüdischen Mittelstand und so auch bei den Luxemburgs vorkam, lebten. Schon als Kind sprach L. hervorragend deutsch. Noch im Warschauer Gymnasium bäumte sich L. gegen russifizierende Tendenzen auf und nahm Kontakte zur polnischen sozialrevolutionären Partei »Proletariat II« auf. Wegen einer nach dem Abitur drohenden Verhaftung wurde sie 1889 von der Partei illegal außer Landes gebracht.

In Zürich fand L. Anschluß an den russischen marxistischen Zirkel »Osvoboždenie truda« (»Befreiung der Arbeit«) und freundete sich mit dessen beträchtlich älteren, späteren Führungspersönlichkeiten vornehmlich der Menschewiki, Georgi Walentinowitsch Plechanov, P.B. Akselrod, B.N. Križevskij und Vera Zasulič sowie dem später hinzugekommenen Leon Jogiches an, ihrem nachmaligen Lebensgefährten.

Nach dem Abbruch eines naturwissenschaftlichen Studiums und dem Wechsel zur Nationalökonomie promovierte L. 1897 mit einer Arbeit über *Die industrielle Entwicklung Polens*. Mit einer Gruppe emigrierter polnischer Sozialisten gründete L. das von Jogiches finanzierte Blatt *Sprawa robotnicza* (Arbeitersache), dessen Redaktion sie übernahm. Aus der Zürich-Pariser Emigrantengruppe entwickelte sich die internationalistische »Sozialdemokratie des Königreiches Polen und Litauen« (SDKPiL) als politischer Gegenpart zu der wenig älteren national-aktivistischen und antirussischen, zum Teil antisemitischen »Polnischen Sozialistischen Partei« (PPS). Um sich in Deutschland politisch betätigen zu können, ging L. in Basel eine Scheinehe mit dem deutschen Staatsbürger und Sohn ihrer Zimmervermieterin Gustav Lübeck ein, die 1903 geschieden wurde. Im Mai 1898 kam sie, nunmehr als Deutsche und nicht mehr als russische Staatsbürgerin, in das ihr trist und feindselig erscheinende Berlin. Unverzüglich trat sie der SPD bei, übernahm die Chefredaktion der *Sächsischen Arbeiterzeitung* und schloß sich der von der SPD für die polnische Minderheit unterhaltenen »PPS des preußischen Teilungsgebietes« (PPSzp) an, für die sie, SPD-Vorstellungen entsprechend, besonders in dem politisch vom katholischen Zentrum dominierten Oberschlesien tätig wurde. Von der PPS bald tief enttäuscht, zog sich L. von ihr zurück. In München lernte L. 1901 Lenin kennen und half beim Aufbau seines radikalen Blattes *Iskra* (*Funke*, seit 1900), mit dem er 1903 den Bruch zwischen Menschewiken und seinen Bolschewiken in der russischen Sozialdemokratie herbeiführte.

Im Oktober 1907 nahm L. eine Tätigkeit als Dozentin an der Berliner SPD-Parteischule an. Außerdem entwickelte sie sich mit flammenden Reden auf Kundgebungen, vor Parteigremien und bei internationalen Sozialistenkongressen sowie durch Artikel und wissenschaftliche Ausarbeitungen zu einer kompromißlosen und gehaßten, wegen ihrer Ironie und Scharfzüngigkeit auch gefürchteten, aber überdies bewunderten Vertreterin der radikalen Richtung im deutschen und internationalen Sozialismus. L.s radikales politisches Auftreten brachte ihr in Deutschland seit 1907 wiederholt Gerichtsverfahren und Gefängnisaufenthalte ein. Besonders während der Kriegsjahre 1914 bis 1918 nutzte sie sie zu grundlegenderen Arbeiten, die eine Neuorientierung und Neuorganisation der sozialistischen Arbeiterbewegung nach dem Kriege zum Ziele hatten. Erst am 9. November 1918 wurde die seit Mitte 1916 unnachsichtig in »Schutzhaft« gehaltene L. entlassen. Umgehend gründete sie zusammen mit Karl Liebknecht und Leon Jogiches die *Rote Fahne* als Zeitung des »Spartakusbund«, deren Redaktion Jogiches übernahm, der seit 1916 den »Spartakusbund« konspirativ führte und ideologisch lenkte.

Ende Dezember 1918 hielt S. auf dem Gründungskongreß der Kommunistischen Partei Deutschlands-Spartakusbund (KPD) eine weit beachtete Programmrede. Den Zusammenschluß ihrer polnischen SDKPiL, deren führende Genossen in der radikalen sozialistischen deutschen Szene Schlüsselpositionen einnahmen, mit der linken radikalen PPS-Lewica (PPS-Linke) Mitte Dezember 1918 zur Kommunistischen Arbeiterpartei Polens (KPRP) hieß L. ebenso gut, wie deren auf sie zurückgehende Ansicht, daß die Unabhängigkeit Polens (seit November 1918) schädlich sei und Polen stattdessen dem revolutionären Rußland angehören sollte. Während der Januarunruhen 1919 in Berlin wechselte L. wegen akuter Verhaftungsgefahr ständig ihren Aufenthaltsort, verließ die Hauptstadt jedoch nicht, weil sie dem revolutionären Geschehen nahe bleiben wollte. Am 15. Januar 1919 wurde sie verhaftet und nach einem Verhör von Freikorpsanhörigen ermordet. L.s Leiche wurde im Landwehrkanal versenkt und erst am 31. Mai an einer Schleuse angeschwemmt. Am 13. Juni 1919 wurde L. in Berlin-Friedrichsfelde beerdigt.

In ihrer politischen Arbeit verwendete L. aus Konspirationsgründen Pseudonyme voller osteuropäischer Symbolik. Dazu gehörten »Jizef Chumra« (»Jozef, die unheilbringende Wolke«) und «Maciej Rozga» («Maciej, die Zuchtrute»), aber auch Symbole aus der griechischen und römischen Geschichte des Kampfes gegen Sklaverei und Unterdrückung, wie Spartacus, Gracchus, Junius oder Juvenis.

Schon als Redakteurin der *Sprawa robotnicza* bahnte L. Beziehungen zu französischen, niederländischen, schweizerischen und deutschen Sozialisten und Parteien an und nahm Diskussionen mit revisionistischen Strömungen im deutschen (Eduard Bernstein) und französischen Sozialismus (Alexandre Millerand) auf, was ihre Bedeutung und ihren internationalen Ruf als kämpferische Radikale begründen half.

Zu Lenin hatte L. von Anfang an ein gespanntes Verhältnis. Dessen »tatarischen Marxismus«, wie sich sich ausdrückte, – Lenin stammte aus dem tatarischen Simbirsk – lehnte sie ab und bezeichnete seine politischen Ansichten als etwas »unglaublich Wildes«, das domestiziert werden müsse. Der Konflikt mit Lenin war damit unvermeidlich, trotz gelegentlicher Zusammenarbeit. Auch für die Nachkriegszeit lehnte sie Lenins im September 1917 entwickelte Idee, eine neue, dritte, zentralistische »kommunistische« Internationale zu gründen, ab, obwohl sie eine demokratische Neuorganisation der internationalen Arbeiterbewegung auf der Grundlage der II. Internationale (2. Internationale Arbeiter-Assoziation seit 1889; 1. Internationale 1864–1876), die im Ersten Weltkrieg wegen zunehmender nationalistischer Tendenzen der sozialistischen Parteien zerbrochen war, ebenfalls anvisierte.

Mit der Konzentration auf die SPD seit 1907 verstärkte sich L.s Kampf gegen den Bernsteinschen Revisionismus. Sehr entschieden stellte sie sich gegen alle seine Erscheinungen, sprach sich aber genauso gegen die Organisationsvorstellungen Lenins und für demokratische Spontaneität in der Arbeiterbewegung aus, für eine friedliche Ausübung der proletarischen Diktatur. L. nahm Stellung zu Fragen des demokratischen Wahlrechts und der Gewerkschaften und setzte sich entschieden gegen Krieg und Militarismus ein. Auf der Grundlage ihrer Vorlesungen an der SPD-Parteischule entstand die Abhandlung *Akkumulation des Kapitals* (1913), eine für die damalige Zeit bemerkenswerte theoretische Weiterführung der Gedanken von Marx und Engels, und die erst postum erschienene, von Paul Levy edierte *Einführung in die Nationalökonomie* (1925), die auf der Grundlage der historischen Schule in der Nationalökonomie einen marxistischen Beitrag zur Wirtschaftstheorie darstellt.

Während ihrer Gefängnisaufenthalte seit 1915 schrieb L. die *Junius-Broschüre* (1915), eine Anklage gegen den Krieg, dann die eine neue internationale Organisation des Proletariats konzipierenden, indirekt gegen Lenins Vorstellungen argumentierenden *Junius-Thesen* sowie die kritische, postum von Paul Levy 1922 herausgegebene und dann 1928 durch bisher unveröffentlichte Manuskripte L.s noch ergänzte Abhandlung *Die russische Revolution* (geschrieben 1918), die mit Lenins Oktoberrevolution 1917, ihren Folgen und Begleiterscheinungen abrechnete. In ihr findet sich der Satz: »Freiheit ist immer die Freiheit der anders Denkenden«, der eine Verehrung L.s über Jahrzehnte begründete, die dem katholischen Marienkult nicht unähnlich war.

Trotz der äußerlichen Geradlinigkeit steckte L. voller Widersprüche. L.s in Deutschland verehrter und gerühmter Humanismus, der in dem Satz über die Freiheit der Andersdenkenden wurzelt, und der einer Abhandlung entstammt, zu der sich L. nie zu Lebzeiten bekannte noch sie veröffentlichte oder sonstwie bekannt werden ließ, kontrastiert grundlegend mit der schon 1909 in Russisch geäußerten Ansicht, politische Gegner, also gerade die anders Denkenden und Handelnden, sollte man »ohne Umstände exekutieren (erschießen)«.In der Haft Anfang 1917 schrieb sie, daß ihre Lebensdevise sei, statt »eine Gemeinheit zu begehen«, lieber »vor Leid zu sterben«. Trotzdem beteiligte sie sich von Anfang an an einer seit 1910 von Jogiches inszenierten, sich jahrelang hinziehenden Kampagne gegen Karl Radek, einen ebenfalls kompromißlosen Radikalen in Deutschland, um diesen politisch mundtot zu machen.

L. war weniger Humanistin als ein empfindsamer Schöngeist, der die Natur und deren Geschöpfe liebevoll beobachtete und in Briefen poetisch zu schildern wußte. Beherrscht war sie von einer geradezu franziskanischen Liebe zu allem Leben, das sie hegte und pflegte, was mit ihrer Äußerung von 1909 nicht zu vereinbaren ist. Auch in persönlicher Hinsicht war sie voller Widersprüche. Nach außen erschien sie als eine selbstbewußte, eigenständige und durchsetzungsfähige Frau, wie aus ihrer politischen Tätigkeit angenommen werden könnte. Dennoch war sie im Alltag unbeholfen und hilflos, fügsam ertrug sie entwürdigende Bevormundungen und Einmischungen in ihre Privatsphäre. Besserwisserisch redete L.s Lebensgefährte Jogiches ihr in die Dissertation hinein, griff redigierend in ihre politischen Überlegungen und Konzepte ein und beeinflußte sie grobschlächtig und unduldsam, wodurch er zu einem Teil ihrer politischen Persönlichkeit wurde.

Kautsky, K.: Rosa Luxemburg, Karl Liebknecht und Leon Jogiches. Berlin 1921. – Nettl, P.J.: Rosa Luxemburg. Köln/Berlin 1967. – Strobel, G.W.: Die Legende von der Rosa Luxemburg. Eine politisch-historische Betrachtung, in: IWK. Internationale wissenschaftliche Korrespondenz zur Geschichte der deutschen Arbeiterbewegung. Berlin 1992, Nr. 3, S. 373–394. – Strobel, G.W.: Die Partei Rosa Luxemburgs, Lenin und die SPD. Der polnische »europäische« Internationalismus in der russischen Arbeiterbewegung. Wiesbaden 1974. – Zetkin, C.: Um Rosa Luxemburgs Stellung zur russischen Revolution. Hamburg 1922.

Georg W. Strobel

Maier, Reinhold

Geb. 16. 10. 1889 in Schorndorf; gest. 19. 8. 1971 in Stuttgart

Die Reichstagswahl vom 31. Juli 1932 war für den deutschen Liberalismus zum Menetekel geworden: »Die Deutsche Staatspartei«, die 1930 aus der »Deutschen Demokratischen Partei« (DDP) hervorgegangen war, konnte gerade noch vier Mandate erringen. In der Partei selbst verbreitete sich eine Stimmung, die zwischen Panik, Resignation und Defätismus schwankte. Der Vorsitzende Herrmann Dietrich – unter Kanzler Heinrich Brüning noch Vizekanzler (30. März 1930 bis 30. Mai 1932) – dachte ernsthaft daran, die Partei aufzulösen. In dieser trostlosen Lage brachte M. die Rettung für den demokratischen deutschen Liberalismus: Als württembergischer Wirtschaftsminister organisierte er ein großes Treffen, zu dem am 4. September 1932 Teilnehmer aus allen Teilen des Reiches in Bietigheim zusammenströmten. In leidenschaftlicher Rede warb er dort für den Fortbestand einer demokratisch-liberalen Partei, um die Republik vor dem Angriff der mit Franz von Papen am 1. Juni 1932 zur Macht gelangten ostelbischen Junker zu retten. Reichskanzler von Papen hatte am 20. Juli 1932 die demokratisch gewählte Regierung Preußens mit Otto Braun (SPD) an der Spitze kurzerhand abgesetzt (»Preußenschlag«).

Hier, wie noch einmal wenige Wochen später in Mannheim, reklamierte M. den »Beruf zur Führung« in Deutschland trotzig für den süddeutschen Liberalismus. Aus tiefster ökonomischer und moralischer Depression sollte das Reich wiedererstehen als liberaler Verfassungsstaat nach dem Vorbild der großen westlichen Demokratien, deren politische Systeme sich nach Ansicht M.s als weit krisenresistenter erwiesen hätten als je ein deutsches. Eine gesellschaftliche Fundierung würde diese geläuterte und von den verhängnisvollen reaktionär-borussischen Traditionen befreite deutsche Republik durch Stärkung der kleinen und mittleren selbständigen Existenzen, vor allem aber durch eine wirkliche soziale Integration der Arbeiterschaft gewinnen. Nach außen propagierte M. das Prinzip friedlichen Ausgleichs besonders mit Frankreich und unbedingten Vorrang des Freihandels gegenüber allen protektionistischen Bestrebungen. Parlamentarische Demokratie nach westlichem Muster, eine mittelständisch geprägte Wirtschaftsordnung, Frieden im Innern durch sozialen Ausgleich und Frieden nach außen durch die Verflechtung Deutschlands in ein liberales Welthandelssystem: Für diese Ziele stand M. am Ende der ersten gesamtdeutschen Republik. Es waren Vorstellungen, die sich in die lange Tradition der linksliberalen württembergischen Volkspartei (seit 1868) einfügten, für die M. nach Beendigung eines juristischen Studiums an der Universität Tübingen erstmals 1912 als Wahlhelfer aktiv geworden war. Stets antiborussisch und betont föderalistisch orientiert, hatte die Volkspartei einige der profiliertesten Kritiker des Wilhelminismus hervorgebracht.

Auch von den »national-sozialen« Gedanken Friedrich Naumanns zeigte sich M. beeinflußt – wenngleich doch nicht in dem Maße wie etwa Theodor Heuss. Im November 1918 mit seinen württembergischen Parteifreunden der neugegründeten DDP beigetreten, deren erster Parteivorsitzender 1919 Naumann wurde, hatte M. 1924 den Vorsitz im Stadtverband Stuttgart übernommen. Gegen erhebliche innerparteiliche Widerstände war er im Januar 1930 als Wirtschaftsminister in das Stuttgarter Mitte-Rechts-Kabinett eingetreten und hatte seither eine vergleichsweise erfolgreiche Wirtschafts- und Beschäftigungspolitik betrieben. Wenn Württemberg im Herbst 1932 die niedrigsten Arbeitslosenzahlen im Reich aufwies, lag dies in erster Linie an der günstigen Wirtschaftsstruktur des Landes, daneben aber auch am einfallsreichen und rastlosen Wirken M.s.

Die Initiativen des Herbstes 1932 kamen für die Demokratie zu spät. Auch die Reichstagswahl vom 6. November 1932 geriet den Liberalen zum Desaster. Auf der Liste der Staatspartei wurde direkt nur der Württemberger M. – erstmals – in den Reichstag gewählt, mit ihm über die Zweitauszählung einzig der Badener Hermann Dietrich. »In ihrer Zweiheit« firmierte die Kleinstgruppe fortan unter dem Namen »Süddeutsche Demokraten«. Nachdem die Staatspartei nach der Wahl von fünf Abgeordneten in den Reichstag eingezogen war (neben M. Hermann Dietrich, Theodor Heuß, Heinrich Landahl, Ernst Lemmer), stimmte M. in der Reichstagssitzung vom 23. März 1933 namens seiner Fraktion dem Ermächtigungsgesetz Hitlers zu.

Während der NS-Zeit arbeitete M. als Anwalt in Stuttgart. Frau und Kinder verließen Deutschland im Sommer 1939 – M.s Ehefrau war jüdischer Herkunft. Die Nazis beobachteten M. argwöhnisch. Einer Vorladung zur Gestapo entzog er sich schließlich im März 1945 und hielt sich im oberen Jagsttal versteckt. Dort erlebte er das Ende des Krieges.

Die US-Militärregierung berief M. wegen seiner Kompetenz in Wirtschaftsfragen am 14. September 1945 zum Ministerpräsidenten des neu geschaffenen Landes Württemberg; Baden, das die nördlichen Teile der beiden älteren südwestdeutschen Länder umschloß. M. sollte später selbst viel dazu beitragen, daß die von den Besatzungsmächten verfügte Trennung von Nord und Süd im deutschen Südwesten ebenso wie die älteren Landesgrenzen 1952 mit der Bildung des neuen Südweststaats Baden-Württemberg (aus den bisherigen Bundesländern Württemberg-Baden und Württemberg-Hohenzollern) überwunden wurde. Unter Aufsicht der Besatzungsmacht vereinigten die Ministerpräsidenten der US-Zone zunächst alle legislativen und exekutiven Kompetenzen, ehe gegen Ende des Jahres 1946 die ersten Landtage gewählt wurden. M. kam diese parteiferne und jeglicher parlamentarischen Kontrolle entzogene Stellung sehr entgegen, weil sie seinem gouvernementalen Verständnis von Politik entsprach, wie es sich in den letzten Jahren der Weimarer Republik unter dem Regime der Notverordnungen ausgebildet hatte. Tatsächlich blieb er, der in der Nachkriegszeit seine eigentliche Laufbahn im Ministeramt begonnen hatte und erst Jahre danach auch Abgeordneter (für die FDP) geworden war, immer ein Mann der Exekutive, der nichts mehr verabscheute als innerparteilichen Zwist und Kompromisse der Parteien. Ein bloßer Administrator war er gleichwohl nicht. Politischer Instinkt und taktisches Gespür befähigten ihn, als einziger der von den Amerikanern eingesetzten Ministerpräsidenten auch nach der ersten Landtagswahl in Württemberg-Baden weiter zu amtieren – bis 1950 als Chef einer Allparteienkoalition, der einzige Regierungschef in einem westdeutschen Land, der aus den Reihen der FDP kam.

War M. am Ende der Weimarer Republik noch ein Vorkämpfer westlicher demokratischer Ideale gewesen, gingen ihm in der Nachkriegszeit viele der von den Amerikanern oktroyierten weitreichenden Eingriffe, mit denen das Aufkeimen antidemokratischer und nationalistischer Bewegungen verhindert werden sollte (wie Dekartellisierung, die Bodenreform oder die radikale Verwirklichung der Gewerbefreiheit) zu weit. Mit wechselndem Erfolg leistete er hier ebenso zähen Widerstand wie gegenüber dem strikten Beharren der Besatzungsmacht, Presse und Rundfunk von allem Staatseinfluß frei zu halten.

Seit 1948 geriet M. in immer stärkeren Gegensatz zur CDU. Geleitet nicht zuletzt von einem für Württemberg fast schon typischen antikatholischen Affekt strebte er danach, den Einfluß des politischen Katholizismus in der Kulturpolitik zu beschneiden. Das bewog ihn, am 25. April 1952 die erste Landesregierung für den neuen Südweststaat als Koalition nur mit der SPD und dem »Gesamtdeutschen Block/Bund der Heimatvertriebenen und Entrechteten« (GB/BHE, seit 1950 auf Länderebene, seit 1951 auch auf Bundesebene) zu bilden und die CDU auszuschließen.

Ein zweiter Konflikt entstand für ihn in Fragen der Deutschlandpolitik. M., der schon die Weststaatgründung 1948/49 eher skeptisch betrachtet hatte, war ein Gegner der Außenpolitik Adenauers, weil er von Westintegration und Wiederbewaffnung die endgültige Teilung Deutschlands befürchtete. Als im Frühjahr 1953 im Bundesrat über die »Europäische Verteidigungsgemeinschaft« (EVG) entschieden wurde, lenkte er deshalb die Stimmen Baden-Württembergs zunächst ins Lager der Opposition, um unter dem Druck der eigenen Bundespartei alsbald nachzugeben und die Verträge passieren zu lassen.

Angesichts seiner Niederlage trat M. im September 1953 vom Amt des baden-württembergischen Ministerpräsidenten zurück. Noch bis 1964 blieb er Abgeordneter im Stuttgarter Landtag. 1953 bis 1956 und 1957 bis 1959 gehörte er gleichzeitig auch dem Deutschen Bundestag an. 1957 bis 1960 stand er wiederum als Nothelfer an der Spitze der Bundes-FDP.

Da die Regierungsbildung von 1952 in Baden-Württemberg bei der Wirtschaft höchst ungehaltene Reaktionen ausgelöst hatte, glaubte M. im Alter, die FDP müsse sich im politischen Spektrum dauerhaft an der Seite der CDU positionieren. Die 1967/68 eingeleitete sozialliberale Neuorientierung seiner Partei lehnte er ab. Als er 1971 starb, war er bereits zur legendären Gestalt geworden.

Matz, K.-J.: Reinhold Maier (1889–1971). Eine politische Biographie. Düsseldorf 1989.

Klaus-Jürgen Matz

Mann, Erika

Geb. 9. 11. 1905 in München; gest. 27. 8. 1969 in Zürich

I of all people – ausgerechnet ich: so sollte der Titel eines autobiographischen Buches lauten, in dem M. 1943 ihre Erlebnisse und Erfahrungen der zehn Exiljahre seit 1933 hatte resümieren wollen. Das Buch blieb Fragment, sein lakonischer Titel indes ist charakteristisch für die Schauspielerin, Kabarettistin, Journalistin und Kriegskorrespondentin aus berühmtem Hause, die sich in ihrer Jugend für Theater und Film, für Reisen, Klatsch und Abenteuer, aber nicht für Politik interessiert hatte. Der heraufziehende Nationalsozialismus, die Machtübernahme Hitlers und die Emigration machten aus der verwöhnten und verrückten Tochter Thomas Manns eine entschiedene Kämpferin gegen die Barbarei; eine politische Rednerin und Publizistin, die im Namen von Humanität und Demokratie, aber niemals im Namen einer Partei für eine neue Weltordnung nach dem Sieg Hitlers plädierte. In ihr müsse für viele und für vieles Platz sein , für eines jedoch nicht: für Nationalismus.

Kindheit, Jugend und Schulzeit verbrachte M. in München – der Erste Weltkrieg und die Wirren der Räterepublik, die Inflation und die »roaring twenties« hinterließen im Bewußtsein der Heranwachsenden ein Empfinden, das sie mit vielen ihrer Generation teilte und welches sie später sehr kritisch beurteilen sollte. Alle Neugier und Aufmerksamkeit galt dem Theater, der Welt der Bohème und der Kunst, dem abenteuerlichen Nachtleben und den exzentrischen Festen in Schwabing. Politik überließ man den »Fachleuten«. 1924 begann M. ihre Ausbildung als Schauspielerin bei Max Reinhardt in Berlin, es folgten Engagements in Bremen, Hamburg, Frankfurt und München. M. spielte durchaus erfolgreich auch in großen Rollen, mit den Stücken ihres Bruders Klaus ging man auf Tournee und sorgte für Schlagzeilen. Daneben begann sie Glossen und kleinere kulturkritische Kolumnen für Tageszeitungen zu schreiben. 1929 hatte das mit Klaus Mann gemeinsam verfaßte Reisebuch *Rundherum* für positives Echo gesorgt, auch M.s erstes Kinderbuch *Stoffel fliegt übers Meer* (1932) wurde in der Presse gelobt. Sie war vielfältig begabt und interessiert, sie arbeitete am Theater und für den Rundfunk, schrieb ein bißchen für Erwachsene und für Kinder, unternahm zusammen mit Klaus Mann Weltreisen, und vor allem liebte sie den Umgang mit Menschen. Im Schatten des großen Vaters fühlte sie sich nicht. Weder als Schauspielerin noch als Journalistin verspürte sie den Drang, berühmt zu werden und sich gegen andere Berühmtheiten zu behaupten. Dies mag einer der Gründe ihres späteren Erfolgs gewesen sein. Schon seit Mitte der zwanziger Jahre waren Thomas Mann und seine Familie in der nationalsozialistischen Presse heftig angegriffen worden; M.s Mitwirkung bei einer pazifistischen Großveranstaltung in München im Januar 1932 veranlaßte den *Völkischen Beobachter*, sie als »blasierten Lebejüngling« und »pazifistische Friedenshyäne« zu attackieren; das Bergwaldtheater Weißenburg, das mit M. einen Engagementsvertrag geschlossen hatte, wurde gezwungen, »mit Rücksicht auf national gesinnte Kreise« den Vertrag zu lösen. Vergeblich strengte M. dagegen und gegen ihre Denunziation Prozesse an.

Als »Schwanengesang der deutschen Republik« hat Thomas Mann jenes Unternehmen seiner ältesten Tochter bezeichnet, das für fast vier Jahre zu M.s Lebensmittelpunkt werden sollte. Am 1. Januar 1933, einen Monat vor Hitlers Machtantritt, hatte ihr Kabarett »Die Pfeffermühle« in München Premiere; bis zum Tage des Reichstagsbrandes spielte das Ensemble in München – mit bissigen, heiteren und scharfen Liedern und Sketchen machte man kabarettistisch Front gegen Arbeitslosigkeit und

Indifferenz, gegen Dummheit und Brutalität. Allen Beteiligten – unter ihnen Therese Giehse, Magnus Henning, Klaus Mann – war bewußt, daß die Emigration eine Frage der Zeit war; Mitte März 1933 verließ M. München, um in Zürich die Wiedereröffnung der »Pfeffermühle« zu organisieren. Am 1. 10. 1933 hatte man dort Premiere, es folgten bis Herbst 1936 Tourneen durch die Schweiz, in die Niederlande, nach Belgien, Luxemburg und in die Tschechoslowakei. Kaum ein Exilunternehmen hat publizistisch und ökonomisch so viel Erfolg gehabt wie M.s »Pfeffermühle« trotz unausgesetzter Versuche der deutschen Gesandtschaften, bei den Behörden der Gastländer ein Verbot des »deutschfeindlichen Unternehmens« zu erwirken. Der Aberkennung ihrer deutschen Staatsbürgerschaft im Juni 1935 konnte M. durch eine Paßehe mit dem englischen Schriftsteller W.H. Auden zuvorkommen, aber die von Schweizer Nazis organisierten Krawalle gegen die »Pfeffermühle«, verschärfte Zensurmaßnahmen und bürokratische Schikanen bei der Erteilung der Spielgenehmigungen in Amsterdam und Prag waren Signale für das Ende der »Pfeffermühle« in Europa.

Im Herbst 1936 versuchte man daher, mit der »peppermill« in Amerika Fuß zu fassen. Die Hoffnungen zerschlugen sich gründlich, nach nur drei Vorstellungen im Januar 1937 in New York mußte eine geplante Tournee abgesagt werden, denn beim amerikanischen Publikum waren die hintergründig-anspielungsreichen Songs und Szenen der »Pfeffermühle« durchgefallen. Nach vier Jahren löste sich das Ensemble auf, M. stand neuerdings vor der Berufswahl. Was mit dem satirischen Kampf gegen Hitler begonnen hatte, setzte sie nun über fast neun Jahre mit anderen Mitteln fort. M. wurde zu einer der erfolgreichsten »lecturer« auf dem amerikanischen Kontinent. Von einem Agenten unter Vertrag genommen, reiste sie kreuz und quer durch Amerika, um in Schulen und Volkshochschulen, Wohltätigkeitsvereinen und »woman's clubs« Vorträge zu halten. Sie sprach über die Situation im nationalsozialistischen Deutschland, über die von Hitler ausgehende Kriegsgefahr, über die Lage der Hitlerflüchtlinge in Europa und Amerika. Sie verband Aufklärung mit Appell, Information mit Warnung, und sie vertrat dabei politisch brisante und strittige Positionen. Schon sehr früh plädierte M. für den vollständigen Handelsboykott gegenüber dem nationalsozialistischen Deutschland, und nach Kriegsausbruch zögerte sie nicht, den sofortigen Kriegseintritt der Amerikaner auf Seiten der Alliierten zu fordern. Als kriegslüstern und deutschfeindlich kritisierten sie die Emigranten; im amerikanischen Kongreß prangerte man sie als Ausländerin an, die das amerikanische Gastrecht mißbrauche, und das vom FBI seit 1940 geführte Dossier nennt sie eine »sexuell pervers« veranlagte »frühe Agentin der Komintern«.

Der Politik und dem politischen Alltagsgeschehen war M. seit ihrer Emigration mit einer praktischen Leidenschaft verbunden, in der sich schauspielerisches Talent, Begabung im Umgang mit Menschen und Haß auf Barbarei und Dummheit verbanden. Sie selbst hat in ihren Vorträgen und Büchern (*Zehn Millionen Kinder. Die Erziehung der Jugend im Dritten Reich*, 1938; *The Lights go down*, 1940) immer wieder hervorgehoben, daß sie keine Intellektuelle, daß ihr Zugang zur Politik kein theoretischer sei. Politische Aufklärungs- und Alltagsarbeit bedeutete auch Mitarbeit in zahllosen Hilfs- und Flüchtlingskomitees; mit dem Bruder Klaus reiste sie im Sommer 1938 während des Bürgerkriegs nach Spanien, Bücher entstanden auch in gemeinsamer Autorschaft mit Klaus Mann (*Escape to life*, 1939; *The other Germany*, 1940), und während des deutschen »Blitzkrieges« gegen England arbeitete M. bei BBC in London. Reisen und Schreiben wurde insbesondere während der Kriegs- und in den ersten Nachkriegsjahren zu ihrer Profession; als Kriegskorrespondentin und Angehörige der amerikanischen Armee begleitete sie die 9. US-Army in den Vorderen Orient, in gleicher Funktion erlebte sie den »D-Day«, die alliierte Landung in der Normandie am 6. Juni 1944, die Befreiung von Paris zwei Monate später, und sie kam nach Kriegsende auch wieder nach Deutschland. Auch von hier aus kabelte sie fast täglich Berichte für amerikanische und englische Zeitungen, sie besuchte als einzige Frau die im luxemburgischen Bad Mondorf internierten Hauptkriegsverbrecher. In Nürnberg verfolgte sie die Prozesse, und mit zahllosen Interviews und Reportagen versuchte sie den »german state of mind« nach der Befreiung vom Nationalsozialismus zu ermitteln. Das Ergebnis war nicht nur in ihren Augen niederschmetternd. Sie traf auf Selbstmitleid und Unschuldsbeteuerungen, auf Haß gegenüber den Emigranten und aggressives Schweigen gegenüber der Vergangenheit.

Ebenso wie an der Entnazifizierungspolitik der Alliierten hatte M. Zweifel am demokratischen Aufbauwillen der Deutschen, denen sie am liebsten ein politisches und kulturelles Umerziehungsprogramm auferlegt hätte, durch das deutsches Obrigkeitsdenken und preußischer Untertanengeist endgültig gebannt wären. Zornig, einseitig und bisweilen erbarmungslos betrachtete M. die Nachkriegsentwicklung, sie gehörte zu den frühen Kritikern des Kalten Krieges und der gefährlichen Konfrontation zwischen Ost und West und geriet so ins Visier der Ausschüsse für »unamerikanische Umtriebe«. Ihre öffentliche Kritik an der Politik der Amerikaner gegenüber der Sowjetunion, insbesondere ihr Versuch, die Haltung der Russen in der Berlin-Frage zu verstehen, trugen ihr den Ruf ein, zu »Stalins fünfter Kolonne« zu gehören. Dabei hatte sie schon anläßlich der Moskauer Prozesse und des Hitler-Stalin-Paktes aus ihrer Antipathie gegenüber der Sowjetunion und der zu Machtzwecken mißbrauchten kommunistischen Ideologie keinen Hehl gemacht. Als 1957 dem Leiter des Ostberliner Aufbau-Verlages der Prozeß wegen »Boykotthetze« gemacht wurde, war M. eine der wenigen, die im Westen zugunsten Walter Jankas die Stimme erhoben. Mit ihren öffentlichen Auftritten im Rundfunk und mit Vorträgen hatte sie sich seit 1946 in Amerika zunehmend unbeliebt gemacht, ihr Agent zog sich von ihr zurück. Das »Exil nach dem Exil« begann, sie stand ein erneutes Mal vor dem beruflichen Aus.

Mit ihren Eltern kehrte sie 1952 in die Schweiz zurück. Bis zum Tode Thomas Manns 1955 und bis zu ihrem eigenen Tod widmete sie sich hauptsächlich dem Werk des Vaters, sie schrieb Drehbücher für die Verfilmung seiner Romane, edierte in drei Bänden seine Briefe, und sie suchte und fand einen Verlag für das Werk ihres Bruders Klaus. Sie selbst verfaßte eine Serie von Kinderbüchern und mischte sich gelegentlich mit scharfen publizistischen Beiträgen, z.B. gegen die nukleare Aufrüstung in Europa und vor allem gegen die amerikanische Politik in Südostasien, ins politische Tagesgeschehen. M.s kabarettistischer und publizistischer Kampf gegen den Nationalsozialismus waren vom Vertrauen auf den Sieg der Vernunft, auf die Überlegenheit des Geistes und auf die Lernfähigkeit der Menschen geprägt. Im Amerika Roosevelts und in den Demokratien des Westens hatte sie die Repräsentanten und Garanten dieser Hoffnung gesehen und ihnen die Aufgabe zugeschrieben, Demokratie und Humanität gegen den »Feind des Menschengeschlechts«, den Nationalsozialismus, aktiv zu verteidigen. Früh schon diagnostizierte sie, daß nicht die Gegnerschaft zwischen Faschismus und Kommmunismus, sondern diejenige zwischen Demokratie und Diktatur den Weltkrieg entfesseln würde. Bereits 1937 sprach sie von der Gefahr eines Bündnisses zwischen Hitler und Stalin.

Die Appeasement-Politik der Demokraten erschien M. als gefährliche Schwäche, die nicht nur Hitler ermuntern, sondern die innere Verteidigungsbereitschaft der Demokratien lähmen würde. »Bellizistische« Positionen dieser Art trugen ihr heftige Kritik ein; sie selbst war über das von ihr z.T. idealisierte Amerika nach dem Sieg über Hitler bitter enttäuscht. Gegen den hysterischen Antikommunismus des Westens und gegen die expansiven Tendenzen im Osten entwarf M. 1950 einen praktisch-pragmatischen Vorschlag für die politische Zukunft der Welt: Die Großmächte sollten einen »runden Tisch« bilden, gegenseitig ihre Interessensphären anerkennen, insbesondere sollte die Sowjetunion auf eine weitere gewaltsame Ausdehnung ihres Einflußbereichs verzichten. Im Gegenzug würde der Westen durch Kredite und Wirtschaftshilfen den Wiederaufbau im Osten stützen und damit das ökonomische Gefälle zwischen Ost und West abbauen helfen. Die Verwirklichung dieser politischen Vorstellungen, nämlich friedliche Koexistenz der Systeme und Gewaltverzichtserklärung beider Seiten, hat M. nicht mehr erlebt. Den Zusammenbruch der Sowjetunion und ihrer Satellitenstaaten und damit das Ende der ideologischen Ost-West-Konfrontation für möglich zu halten, lag für M. wie bei den meisten ihrer Zeitgenossen außerhalb jeder Vorstellung.

Keiser-Hayne, H.: Erika Mann und ihr politisches Kabarett »Die Pfeffermühle«. Reinbek 1995. – Lühe, I. v. d.: Erika Mann. Eine Biographie. Frankfurt/Main (2.Aufl.) 1994.

Irmela von der Lühe

Mann, Heinrich

Geb. 27. 3. 1871 in Lübeck; gest. 12. 3. 1950 in Santa Monica/USA

Als erster Sohn eines Lübecker Senators war M. Sproß einer der regierenden Familien des hanseatischen Patriziats. Im lübischen Stadtstaat erlebte M. die Gesellschaft streng nach Ständen gegliedert. Nach dem Abitur auf dem Lübecker Katharineum begann M. eine Buchhandelslehre in Dresden und wechselte wenig später als Volontär zum S. Fischer Verlag nach Berlin, wo er gleichzeitig Vorlesungen an der Humboldt-Universität besuchte.

Sein erster Roman *Im Schlaraffenland* (1900) mit dem Untertitel *Unter feinen Leuten* kritisiert das Börsen- und Presseleben in Berlin und zeigt M.s Talent zu satirischer Darstellung. Um die Jahrhundertwende lebte M. als freier Schriftsteller teils in München, wohin seine Mutter nach dem Tod des Vaters gezogen war, teils – ermöglicht durch die väterliche Erbschaft – in Italien. Es erschienen mehrere Romane M.s, z.T. in der Münchener Bohème spielend (*Jagd nach Liebe*, 1904), in denen M. sich kolportagehafter Darstellungsmittel bedient. Durchschlagender Erfolg war aber erst dem Roman *Professor Unrat oder Das Ende eines Tyrannen* (1905) beschieden (verfilmt 1928 von Josef von Sternberg mit Marlene Dietrich in der Hauptrolle als *Der blaue Engel*), einer beißenden Satire auf die wilhelminische Gesellschaft: Der »ehrbare Bürger«, Gymnasiallehrer und Schülertyrann namens Raat, genannt Unrat, wird einer stadtbekannten Prostituierten hörig.

1904, als M. an dem Buch schrieb, begann er, dem Begriff der »Macht« als des »Bestehenden« den Begriff des »Geistes« entgegenzustellen. Einem Schulfreund schrieb M. aus Riva (Gardasee), er »fühle Schande auf uns, wenn ich an Frankreich denke und dann an Wilhelm II.«: »Ihr, in Deutschland ...

beugt Euch nicht nur unter die Vergewaltigungen der Menschenrechte ... Der Anblick des heutigen Deutschland hat mich allmählich fast zum Sansculotten gemacht ... Es ist leider die Nation selbst, die auf eine Stufe von Materialismus gesunken ist, wo die Worte Freiheit, Gerechtigkeit nur noch leerer Schall sind ...« (an Ludwig Ewers, 10. April 1904). Im Oktober des Jahres richtete M. an den Journalisten und Kritiker der preußischen Politik Maximilian Harden den Offenen Brief eines *Romanciers, der Frankreich viel verdankt* und zeichnete als politisches Gegenbild zur deutschen Monarchie Sinn und Gehalt der französischen Verfassung: Frankreich sei zur Republik nicht auf dem Wege einer »äußerlichen Civilisation« gelangt, sondern »Kraft seines Innersten, seines intransigenten Sinnes für Menschenrecht, seiner kritisch-literarischen Geistesverfassung, seines intellektuellen Sauberkeitstriebs, denn der verbot ihm, die praktische Vernunft von der reinen zu scheiden und sich mit einer vom Geist überwundenen Staatsform im Leben abzufinden, weil sie bequemer oder nützlich war«.
Unter Berufung auf Rousseau bekannte sich M. in dem Roman *Zwischen den Rassen* (1907) zum Ideal der »Volkssouveränität«, einer Herrschaft des »Volkes«, die das Individuum in der Gemeinschaft aufgehen läßt. Sein abstrakter Volksbegriff ließ keine Erörterungen über gesellschaftliche oder politische Organisationsformen zu. M.s politische Orientierung hatte, wie der Neununddreißigjährige 1910 selbst erklärte, eine ästhetische Komponente: Gerade sein literarisch-künstlerischer Weg habe ihn zur »Verehrung der Demokratie« geführt. Sein erfolgreichster Roman *Der Untertan* zeigt erneut, daß M. sein Engagement am wirkungsvollsten in Form einer Satire auf Autoritätsgläubigkeit und Borniertheit, auf bürgerliche Doppelmoral und Militarismus Gestalt verleihen konnte. Hauptperson dieses Romans ist Diederich Heßling, Sohn eines Papierfabrikanten in der Provinz, dessen »Bildungsgang« zum obrigkeitshörigen Spießer M. mit großem psychologischen Einfühlungsvermögen schildert. Nach 1945 schrieb M. an Ludwig Marcuse: »Wenn immer die Deutschen einen Krieg verlieren, drucken sie meinen *Untertan*.« 1914 als Zeitungsfortsetzungsroman begonnen, nach Kriegsausbruch Anfang August 1914 sofort abgebrochen, konnte das Werk in Buchform zuerst 1918 erscheinen.
M. hatte in seinem Roman *Der Untertan* aus seiner Sympathie für die (Vorkriegs-)Sozialdemokratie kein Hehl gemacht. Als sich 1914 der durch seinen Roman *Buddenbrooks* (1901) bereits berühmte Thomas Mann in Aufsätzen kriegsbegeistert und mit patriotischen Argumenten zu Wort meldete, widersprach Heinrich seinem Bruder in einem Antikriegs-Essay über Zola (1915) scharf: »Ein Reich, in dem nur befohlen und gehorcht, verdient und ausgebeutet, des Menschen aber nie gedacht war, kann nicht siegen.«
Mit den Romanen *Die Armen* (1917) und *Der Kopf* (1925) konnte M. zwar literarisch nicht an seinen Erfolg anknüpfen. Politisch engagiert für die neue Demokratie aber, wurde M., 1931 zum Präsidenten der Sektion Dichtung der Preußischen Akademie der Künste gewählt, zu einer wichtigen kulturpolitischen Figur der Weimarer Republik. Nach der Romanverfilmung *Der blaue Engel* (1928) nun auch weltweit bekannt, setzte M. sich für eine deutsch-französische Verständigung ein und forderte in Zeitungsartikeln eine Erziehung der Deutschen zur Demokratie.
1933 aus der Akademie ausgeschlossen und mit Schreibverbot belegt, emigrierte M. nach kurzem Aufenthalt in der Tschechoslowakei nach Frankreich. Noch im selben Jahr wurde M. vom NS-Regime die deutsche Staatsbürgerschaft aberkannt. 1937 im französischen Exil Gründungspräsident der deutschen »Volksfront« aus Sozialdemokraten und Kommunisten gegen den Nationalsozialismus näherte er sich den politischen Positionen der KPD (in seinem Aufsatz *Der Weg der deutschen Arbeiter*, in dem er nun der Sozialdemokratie vorhielt, 1918 die Arbeiter verraten zu haben). Im französischen Exil entstand M.s zweibändiger historischer Roman über den französischen König Heinrich IV. (1589–1610), *Henri Quatre* (1935/38), der als vormaliges Haupt der Hugenotten zum Katholizismus übergetreten war, um in Frankreich wieder eine starke Zentralgewalt und die nationale Einheit zu begründen. M. interpretierte Heinrich IV. als »demokratischen« Volkskönig, wobei wie in früheren Werken der Begriff des »Volkes« vage bleibt.
Im September 1940 flüchtete M. von Marseille aus vor den Nationalsozialisten über Spanien in die USA nach Kalifornien, wo er mit seinem ebenfalls dort exilierten Bruder Thomas Kontakt hielt. M. schrieb Filmscripte für Studios in Hollywood, einen Roman über den tschechischen Widerstand gegen die nationalsozialistische Besatzung (*Lidice*, 1943) und das Fragment *Die traurige Geschichte von Friedrich dem Großen* (postum 1960), eine Preußenkritik.
Im Exil unterschied M. zwischen dem deutschen Volk und einer gegen seinen Willen bestehenden extrem gewalttätigen nationalsozialistischen Regierung. Anders als sein Bruder Thomas, der die Affinität der Deutschen zu dieser Regierung als viel höher einschätzte, mochte Heinrich keine »Kollektivschuld« aussprechen. Im Gegenteil würdigte er in seinen autobiographischen Betrachtungen *Ein Zeitalter wird besichtigt* (1945) den Kampf deutscher Arbeiter gegen die NS-Diktatur. Von dieser Perspektive aus führte ein gerader Weg zu M.s letzter Äußerung über *Verfassung und Demokratie* 1947 in der *Weltbühne*, in der er die »Demokratie« die richtige Bewertung des Lebens nennt, »und die ist jetzt sozialistisch«. M. hatte sich inzwischen vom bürgerlichen Demokraten zum mit der Diktatur liebäugelnden Sozialisten, wenigstens zeitweilig, entwickelt – zumal unter den Bedingungen des eska-

lierenden »kalten Krieges«. Eine Tagebucheintragung Thomas Manns in Pacific Palisades vom 14. Februar 1948 lautet: »Heinrich zum Abendessen. Seine Abwendung von der Demokratie und Bejahung der Diktatur.« 1950 wurde M., der in brieflichem Kontakt zu Wilhelm Pieck, dem Präsidenten der 1949 gegründeten DDR, stand, zum Präsidenten der Deutschen Akademie der Künste zu Berlin ernannt. Bevor die Nachricht ihn erreichte, starb M. am 12. März 1950 in seinem amerikanischen Wohnort Santa Monica bei Los Angeles.

Deutsche Akademie der Künste zu Berlin: Heinrich Mann 1871–1950. Zu seinem 100. Geburtstag. Berlin 1977. – Jasper, W.: Der Bruder. Heinrich Mann. München, Wien 1992. – Schröter, K.: Heinrich Mann. Reinbek bei Hamburg1990.

Klaus Schröter

Mann, Klaus

Geb. 18. 11. 1906 in München; gest. 21. 5. 1949 in Cannes

Als Herausgeber der literarischen Monatsschriften im Exil *Die Sammlung* (Amsterdam, 1933–1935) und *Decision* (New York 1941–1942) sowie als Verfasser der seine ganze Epoche zusammenfassenden Autobiographie *Der Wendepunkt* (Erstausgabe in schwedischer Übersetzung 1949; erste deutsche Ausgabe 1952) ist M. einer der bedeutendsten antinationalsozialistischen Schriftsteller deutscher Sprache. Aus dem *Wendepunkt* stammt das für M.s Demokratieverständnis kennzeichnende Axiom: »Wer sich selbst verrät, der wird auch der Gemeinschaft, dem sozialen Ganzen nicht dienen können. Je unabhängiger und konsequenter die Persönlichkeit, desto größer der Beitrag, den sie zum allgemeinen Wohle leisten wird!«

Ausgangspunkt der Entwicklung M.s zum Demokraten war die großbürgerliche Haltung seines Vaters Thomas Mann, der den »Adel des Geistes« der Geburtsaristokratie entgegensetzte. Im Gegensatz zum Vater lebte M. schon in jungen Jahren seine Homosexualität geradezu demonstrativ aus; seine Rezeption des demokratischen Pathos' Walt Whitmans ist wesentlich sexuell geprägt: »Er liebte ›en masse‹, liebte den Menschen als solchen, ohne Unterschied des Geschlechts, des Alters, der Nationalität und Rasse (...); er liebte als Demokrat, liebte die Demokratie um des Menschen willen, dessen psycho-physische Beschaffenheit ihm so über die Maßen rührend, so bewunderungs- und liebenswürdig schien« (*Der Wendepunkt*). So kämpfte M. in seinen Schriften wie in seinem Leben für die Befreiung des sexuellen Impulses von gesellschaftlichen Repressalien, allgemein wie speziell für die Gleichbehandlung der gleichgeschlechtlichen Veranlagung mit der andersgeschlechtlichen, auch in der sozialistischen Gesellschaft. Mit seiner tabubrechenden Definition der Homosexualität als »einer Liebe wie eine andere auch« leistete M. Widerstand gegen die restriktive Homosexuellengesetzgebung in der Sowjetunion (*Homosexualität und Faschismus*, 1934).

Gleichzeitig sah sich M., wie schon ein großer Teil des Bürgertums im 19. Jahrhundert, oft vor die Notwendigkeit gestellt, seine Sexualpartner in weniger privilegierten Gesellschaftsschichten zu suchen. Trotz lebenslanger, vielleicht nicht ganz ernsthafter Bemühungen gelang es ihm nie, eine Beziehung auf der Grundlage gegenseitigen Respekts und Förderung gegenseitiger Entwicklung mit einem oder mehreren dieser Sexualpartner aufzubauen, vielmehr blickte er auf sie, wie Thomas Manns Tonio Kröger auf den blonden Hans Hansen meistens mit »ein klein wenig Verachtung«. Diese nie gelöste Dissonanz bildete eine der Ursachen seines selbstgewählten Todes. Zu den unabdingbaren Freiheiten gehörte es für M., eigene religiöse Vorstellungen zu entwickeln, statt sich einer bestehenden Konfession anzuschließen. Der Stolz auf die brasilianische Großmutter und die jüdische Mutter, der Kontakt mit Kindern aus allen Ländern an der Odenwaldschule machten ihm die Gleichwertigkeit aller Religionen, Rassen und Nationen zur Selbstverständlichkeit.

Im ersten seiner sieben Romane, *Der fromme Tanz* (1925), zeigte sich M. an der Möglichkeit eines sozialutopischen, gleichgeschlechtlichen Jugendbundes interessiert. In seinem ersten, als selbständige Publikation erschienenen Essay *Heute und morgen*, (1927) verehrte M. im Kommunismus den einzigen pathetischen Glauben, der noch lebendig sei »in einer entgötterten Zeit«, zog jedoch, besonders deutlich in der Erzählung *Abenteuer des Brautpaars* (1929), das individuelle Erlebnis der mystischen Einheit von Leben und Tod, Schöpfer und Schöpfung dem »Dienst der Partei« vor. Die Titelfigur von M.s zweitem Roman *Alexander* (1929) verrät seine »utopische« Sendung, die er in einem Abglanz des demokratischen Geistes Athens, im Aufbruchsrausch einer Armee von jugendlichen Liebenden antritt, zugunsten des persischen Gotteskults um den Kaiser.

Den ersten großen Wahlsieg der Nationalsozialisten im September 1930 kommentierte M. mit unpädagogischem Hochmut: »Mit Psychologie kann man alles verstehen, sogar Gummiknüppel. Ich wende sie aber nicht an, diese Psychologie. Ich will jene nicht verstehen, ich lehne es ab. Ich zwinge mich zu der Behauptung – obwohl sie sehr gegen meine Ehre als

Schriftsteller geht –, daß das Phänomen des hysterischen Nationalismus mich nicht einmal interessiere. Ich halte es für nichts als gefährlich« (*Jugend und Radikalismus*, Aufsatz, 1930). Zu spät, in einem nie gedrehten, bis heute unveröffentlichten Beitrag zu Roberto Rosselinis Film *Paisà*, versuchte M. sich in einen jungen italienischen Faschisten hineinzuversetzen (*The Chaplain*, 1945).

Nach der Machtübernahme durch die Nationalsozialisten floh M. am 13. März 1933 nach Frankreich, dann nach Amsterdam. Zwar war er nunmehr von der Notwendigkeit der Zusammenarbeit mit den Kommunisten überzeugt, dennoch distanzierte er sich von der Unterwerfung unter die Befehle einer geheimnisvoll verborgenen Parteileitung. Während der zweiten Jahreshälfte 1934 näherte sich M. kommunistischen Kreisen und Vorstellungen. Bei seinem Besuch des ersten Allunionskongresses der Sowjetschriftsteller empfand M. Moskau »als eine demokratische Stadt«, wo »die schlichtgekleidete Frau neben dir auf der Gartenbank« Proust las – obwohl der Parteifunktionär Karl Radek gegen Proust polemisierte. Seiner Irritation über den Militarismus der Sowjetbürger (*Notizen in Moskau*, 1934) setzte M. die Überlegung entgegen, daß »die unedel übermütige nationalistisch-kapitalistische Gesellschaft« zugunsten ihres Hauptgrundsatzes, »daß die Menschen nicht das gleiche Recht haben, zu essen«, die bürgerliche Kultur samt der Menschenwürde preisgegeben habe. »Da der Faschismus der Zerstörer der echten europäischen Werte ist, muß die Revolution kommen als ihre Bewahrerin; das verlangt ein dialektisches Gesetz« (*Die Vision Heinrich Heines*, Aufsatz, 1934). 1935 nahm M. am Schriftstellerkongreß gegen Krieg und Faschismus in Paris teil und unterzeichnete 1936 den Aufruf zur Bildung der Volksfront. Doch durch die Moskauer Schauprozesse 1936–1938 und den Hitler-Stalin-Pakt vom August 1939 wurden seiner Annäherung an den Kommunismus Grenzen gesetzt.

Ausgehend von einzelnen gesellschaftskritischen Episoden in *Treffpunkt im Unendlichen* (Roman, 1932), versuchte M. mit *Mephisto* (1936), eine Art satirischen Agitprop-Roman zu Papier zu bringen. Den umfassendsten Versuch einer Synthese zwischen seinen individuellen Leidenschaften und dem tagespolitischen Kampf unternahm M. mit *Der Vulkan: Roman unter Emigranten* (1939). Alle Gesellschaftsschichten, alle wichtigen Schauplätze des Exils sollten untergebracht werden, doch M.s eigenes Milieu, die Pariser Bohème, behielt das Übergewicht, obwohl auch die Internationalen Brigaden des Spanischen Bürgerkrieges mit hineinspielten – zusammen mit der Schwester Erika versah M. im Sommer 1938 mehrere Zeitungen mit Reportagen von der Front. In *Speed* (1940), seiner ersten Novelle in amerikanischer Sprache, die M.s Abenteuer in New York (wo er vom September 1938 bis zum Sommer 1942 nahezu ununterbrochen im bahnhofsnahen Hotel Bredford wohnte) wiedergibt, gestaltete er ansatzweise Figuren aus dem Subproletariat.

Da der kommerzielle Mißerfolg seiner Zeitschrift *Decision* mit dem Eintritt der USA in den Weltkrieg einherging, überwand M. unter Gewissensqualen seinen Pazifismus und meldete sich freiwillig zum Dienst in der amerikanischen Armee, wo er an der italienischen Front zunächst deutsche Kriegsgefangene verhörte und dann Leitartikel für die Armeezeitung *Stars and Stripes* verfaßte.

Zu Beginn des Kalten Krieges bemühte M. sich noch, in den USA um Verständnis für die Politik der Sowjetunion zu werben (*Notes in the Russian Zone*, 1946), doch bald gelangte er zu der verzweifelten Schlußfolgerung, daß die Freiheit im Westen nur den Reichen, die Parteidiktatur im Osten nur den Funktionären nütze (*Die Heimsuchung des europäischen Geistes*, 1949). Noch die Notizen zu seinem letzten, unvollendet gebliebenen Roman enthalten eine vom Grauen gelähmte Auseinandersetzung mit der Problematik der Demokratie: »›Freedom‹ has become hollow, obsolete, untenable (anarchy, ›laissez-faire‹, glorified selfishness); the new forms of ›Discipline‹ (Fascism, authoritarian Socialism) – antihumanitarian, incompatible with basic demands and principles (...) No way out of this crisis« (1949).

Krüll, M.: Im Netz der Zauberer. o. O. 1991. – Naumann, U.: Klaus Mann in Bildern und Selbstzeugnissen. Reinbek bei Hamburg 1984.

Fredric Kroll

Mann, Thomas

Geb. 6. 6. 1875 in Lübeck; gest. 12. 8. 1955 in Zürich

Erst spät in seinem Leben gelangte M. zu einer für ihn gültigen Definition des Demokratie-Begriffs: »Ich verstehe Demokratie nicht hauptsächlich als einen Anspruch und ein Sichgleichstellen ›von unten‹, sondern als Güte, Gerechtigkeit und Sympathie ›von oben‹« (*Schicksal und Aufgabe*, 1944). Gleichzeitig trat M. als Wahlredner für den Präsidenten der USA, Franklin Delano Roosevelt (1933–1945), den er seit 1935 persönlich kannte, öffentlich auf. Es war dessen Staatsdirigismus des New Deal gewesen, an dem M. sich seinen Demokratiebegriff gebildet hatte.

M.s Entwicklung dahin war auf weiten Umwegen verlaufen. Als zweiter Sohn eines Lübecker Kaufmanns und Senators und einer Kaufmannstochter brasilianischer Abkunft geboren, hegte M. zunächst wenig politisches Interesse. Nach dem Tod des Vaters und der Liquidation der Firma (1892 und 1893) übersiedelte der Rest der Familie nach München, wo M. kurze Zeit für eine Versicherungsgesellschaft arbeitete, auch ein Jahr lang an der Technischen Hochschule studierte, sich aber bereits gleichzeitig als Schriftsteller und Journalist betätigte. Vom väterlichen Erbteil mit einer Rente ausgestattet, lebten M. und sein Bruder Heinrich längere Zeit in Rom (M. von 1896 bis 1898), wo M. mit der Arbeit an seinem Roman *Buddenbrooks. Verfall einer Familie* (1901), einer Auftragsarbeit für den Fischer-Verlag, begann. 1905 heiratete M., der durch den Erfolg dieses Romans bereits eine gewisse Berühmtheit erlangt hatte, Katharina Pringsheim, Tochter eines Münchener Professors aus vermögender Familie.

Seine im Kriegsjahr 1914 veröffentlichten *Gedanken im Kriege* und der Essay *Friedrich der Große und die große Koalition* (1915) sind Zeugnisse eines damals verbreiteten Konservatismus, dem der Kriegsausbruch »Reinigung, Befreiung, und ungeheure Hoffnung« bedeutete, der Krieg selbst die Möglichkeit zur Entfaltung »deutscher Tugenden«, und dem das Verhältnis von Frankreich zu Deutschland als Gegensatz zwischen Zivilisation und Kultur, Geist und Genie, kurz zwischen Voltaire und Friedrich dem Großen erschien. In ähnlicher Diktion erschienen kurz vor Ende des Ersten Weltkriegs 1918 die *Betrachtungen eines Unpolitischen*, in denen auch von der »sittigenden Wirkung des Krieges« die Rede ist und M. die Errungenschaften westlicher Zivilisation als »langweilig, klar, dumm und undeutsch« verunglimpfte. Er meinte, »daß der vielverschriene ›Obrigkeitsstaat‹ die dem deutschen Volk angemessene, zukömmliche und von ihm im Grund gewollte Staatsform ist und bleibt.«

Sechs Jahre später hat M. seine politischen Ansichten geändert. Schon in seiner Rede *Von deutscher Republik* (Berlin 1922), einer Festansprache zu Ehren Gerhart Hauptmanns, ist es M.s erklärtes Ziel, seine Zuhörer für die Demokratie zu gewinnen. »Er pries die Demokratie mit derselben Eloquenz, mit der er sie ein paar Jahre zuvor in Grund und Boden verdammt hatte« (K. Sontheimer). Den Grund für diese Wandlung hat M. nie direkt benannt: Die geschichtlichen Ereignisse seien auf ihn nicht ohne Eindruck geblieben. Auch die Auseinandersetzungen mit seinem Bruder Heinrich mögen das Ihre getan haben. M.s Aufstieg zu humaner politischer Liberalität vollzog sich in Angleichung an die bürgerlich-demokratischen Prinzipien, die Heinrich vertrat. Aufschlußreich ist M.s spätere Bemerkung, es sei ihm deutlich geworden, daß der Sozialismus die besseren Beziehungen zum Geist habe als die »volksromantische« Seite. M. mißfiel, daß in den zwanziger Jahren die Verehrung vieler deutscher Intellektueller für Mythos, Volk, Seele und Gemüt, die meist auch zugleich antisemitisch gefärbt war, in eine Mode ausuferte, intellektuelle Fähigkeit überhaupt zu verhöhnen: »Leider ist es beinahe an dem, daß, wer in Deutschland Gescheitheit an den Tag legt, sogleich für einen Juden gehalten wird.« Erst auf dieser neuen politisch-weltanschaulichen Grundlage konnte M. seinen zweiten großen Roman *Der Zauberberg* (1924) schreiben, dessen erste Konzeption bereits 1913 entstanden war: Während eines Sanatoriumsaufenthalts in Davos gerät Hans Castorp zwischen die ideologischen Fronten eines westlichen Rationalismus und eines dunklen Romantizismus, verkörpert durch die Figuren Settembrini und Naphta. – Im Prozeß von M.s geistiger Neuorientierung wurden Tolstoj und in besonderem Maße Goethe Leitbilder eines gesellschaftlich-tätigen Humanismus, eines neu verstandenen »Lebensdienstes«, einer demokratisch gesinnten »Lebensbürgerlichkeit«.

Während der Weimarer Republik befestigte M. seinen Begriff – wie er zunächst noch zögernd sagte – »für das, was Demokratie genannt wird und was ich Humanität nenne«. Unmittelbar nach dem eklatanten Wahlsieg der Nationalsozialisten im September 1930 – sie hatten ihre Reichstagsmandate von 12 auf 107 erhöhen können – trat M. mit seiner *Deutschen Ansprache. Ein Appell an die Vernunft* in Berlin vor die Nation, um sie zu einer Koalition von Sozialdemokraten und Bürgerlichen aufzufordern, damit die »doppelt bedrohte demokratische Staatsform erhalten« bleibe. Es war nicht seine letzte, doch nachdrücklichste Warnung vor dem Hitler-Faschismus.

Am 12. Februar 1933 verließ M., der 1929 den Nobelpreis für Literatur erhalten hatte, München, um in mehreren europäischen Metropolen einen Vortrag über Richard Wagner zu dessen 50. Todestag zu halten. M. kehrte von dieser Reise nicht mehr nach Nazi-Deutschland zurück. Die Schweiz, Sanary-sur-Mer an der französischen Mittelmeerküste, wo sich auch andere emigrierte Schriftsteller wie M.s Bruder Heinrich, Lion Feuchtwanger, Bertolt Brecht, Arnold Zweig aufhielten – und wieder die Schweiz (Küsnacht/Zürichsee) waren Stationen des Exils seiner Familie. Zunächst gab es sogar Versuche von seiten der Nationalsozialisten, M. zur Rückkehr zu bewegen. Politische Angriffe in der Schweiz selbst veranlaßten ihn 1936 zu einer öffentlichen Kampfansage an Hitler-Deutschland, worauf ihm die deutsche Staatsbürgerschaft aberkannt wurde. 1938 schließlich reiste M. mit seiner Familie in die USA aus, wo er zunächst in Princeton/New Jersey Vorlesungen hielt und 1940 nach Pacific Palisades bei Los Angeles übersiedelte.

Im Exil bezeugen zahlreiche Briefe, Reden und Essay M.s, wie sehr der Zweite Weltkrieg von ihm nach der Phase der westlichen Appeasement-Politik als Krieg gegen den Faschismus begrüßt wurde. Die Fronten waren klar, das Kriegsziel mit der Vernichtung des Hitler-Faschismus bezeichnet. M. nahm Partei für die Politik Präsident Roosevelts, ein Engagement, das sich in dem 1943 erschienenen letzten Band der Roman-Tetralogie *Joseph und seine Brüder* (seit 1936) niederschlug. Der Band, so M. bereits 1941, zeige den »Helden als Staats-Geschäftsmann von reichlicher Durchtriebenheit«. Roosevelts Wirtschaftspolitik des »New Deal« zur Bekämpfung der Arbeitslosigkeit vor Augen, schildert M., wie der (biblische) Joseph dem Pharao dessen Träume von den sieben fetten und den sieben mageren Jahren deutet. Joseph wird »Erhöhung und Fürsorge für Ägypten« durch den Pharao zuteil. In der von M. gleichzeitig propagierten »sozialen Demokratie« war dem »Großen Mann« die Führung zugedacht, im Roman wird Joseph zum Staatsmann »erhöht« nach der Devise »einer beschließe und führe aus«.

Nach Kriegsende schlug M. eine Woge des Ressentiments von seiten deutscher Schriftstellerkollegen aus der sogenannten »inneren Emigration« entgegen. Durch ihr Verbleiben in Deutschland hätten sie mehr für die Sache getan, als wenn sie von den Lagerplätzen des Auslands her der Entwicklung der nationalen Tragödie nur zugeschaut hätten. So sprach der Schriftsteller Frank Thieß von M.s »weich gepolsterter Existenz in Florida« (sic!), die ihn den in Deutschland gebliebenen Deutschen entfremdet hätte. Auch M.s Rundfunkansprachen über die British Broadcasting Corporation (BBC) 1940 bis 1945, in denen er die Bombardierung deutscher Städte gerechtfertigt hatte, wurden M. nun vorgeworfen. Das mag ihn bewogen haben, nicht nach Deutschland zurückzukehren. Erstmals besuchte M. 1949 Deutschland. Aus Anlaß des 200. Geburtstages Goethes hielt M. nicht nur in Frankfurt, sondern auch in Weimar eine Rede. Der Westen sah darin einen Affront. M. selber bekannte dagegen: »Ich kenne keine Zonen. Mein Besuch gilt Deutschland selbst, Deutschland als Ganzem, und keinem Besatzungsgebiet.«

1952 siedelte M. in die Schweiz über. Kurz vor seinem Tod 1955 besuchte er noch einmal seine westdeutsche Heimatstadt Lübeck.

Arnold, H.L. (Hg.): Text und Kritik. Sonderband Thomas Mann. München 1976. – Mendelssohn, P. de: Der Zauberer. Das Leben des deutschen Schriftstellers Thomas Mann. 2 Bde. Frankfurt/Main 1975. – Schröter, K.: Heinrich und Thomas Mann. Hamburg 1993. – Schröter, K.: Thomas Mann. Reinbek bei Hamburg 1992. – Sontheimer, K.: Thomas Mann und die Deutschen. Frankfurt/Main 1961.

Klaus Schröter

Marcuse, Herbert

Geb. 19.7.1898 in Berlin; gest. 29.7.1979 in Starnberg

»(...) ich glaube, daß es für unterdrückte und überwältigte Minderheiten ein ›Naturrecht‹ auf Widerstand gibt, außergesetzliche Mittel anzuwenden, sobald die gesetzlichen sich als unzulänglich herausgestellt haben. Gesetz und Ordnung sind überall und immer Gesetz und Ordnung derjenigen, welche die etablierte Hierarchie schützen (...) Es gibt keine anderen Richter über ihnen (den Unterdrückten, der Verf.) außer den eingesetzten Behörden, der Polizei und ihrem eigenen Gewissen. Wenn sie Gewalt anwenden, beginnen sie keine neue Kette von Gewalttaten, sondern zerbrechen die etablierte.«

Wohl kein anderer Gedanke M.s hat für mehr Aufsehen gesorgt, schwerere Mißverständnisse produziert und ihm stärkere Schelte eingetragen als dieser aus seinem 1965 verfaßten Aufsatz über *Repressive Toleranz*. Die einen glaubten, darin einen Freibrief dafür erkennen zu können, den Legalitätsrahmen der parlamentarischen Demokratie nach Belieben überschreiten zu dürfen, die anderen meinten, hier den Sündenfall eines neomarxistischen Gesellschaftstheoretikers zu sehen, der die Prinzipien des bürgerlichen Rechtsstaates im Zweifel mit Füßen tritt.

M. selbst hatte auf solche Vorwürfe immer gelassen reagiert und auf das klassische Widerstandsrecht in demokratischen Staaten verwiesen. In seinem Essay geht es um die Kritik an einem Grundbegriff des Liberalismus. Im wohlfahrtsstaatlich organisierten Kapitalismus, so seine Überzeugung, werde die Toleranz immer öfter zum Selbstzweck. Indem sie Diskriminierung und Unterdrückung dulde, werde ihr universalistischer Gehalt pervertiert. Unparteilichkeit und Gleichheit förderten häufig konservative und reaktionäre Kräfte und schwächten dagegen oppositionelle Bewegungen, die auf Emanzipation ausgerichtet seien. Toleranz könne nicht puristisch als abstraktes Prinzip hochgehalten werden; ihre Wirksamkeit müsse an den jeweiligen gesellschaftlichen Verhältnissen überprüft werden. Die *Repressive Toleranz*, ursprünglich im Kontext der amerikanischen Bürgerrechtsbewegung, dem Kampf um die Gleichberechtigung der Schwarzen, geschrieben, wurde kurze Zeit später auch für die Studentenbewegung attraktiv.

Ein jüdischer Emigrant und deutsch-amerikanischer Philosoph fand sich im Juli 1967 mit den protestierenden, gesellschaftlich wie politisch isolierten Studenten in Berlin zusammen, die sich mit ihren Demonstrationen gegen den Vietnamkrieg und die Notstandsgesetzgebung zugleich gegen ihre Eltern, Professoren und Politiker, gegen die personelle und institutionelle Unfähigkeit, sich mit dem Nationalsozialismus auseinanderzusetzen, auflehnten. M. – obwohl an einer Universität auf der anderen Seite des Globus lehrend – flog von Kalifornien nach Berlin und stellte sich demonstrativ auf die Seite der Studenten. Er sprach auf einem Teach-in im Audimax der Freien Universität vom »Ende der Utopie«, nicht etwa, weil er damit seine politischen Hoffnungen aufgegeben hätte, sondern weil er – genau umgekehrt – mit dem entfalteten Kapitalismus eine gesellschaftliche Voraussetzung für die Konkretisierung der Utopien gegeben hielt. Im Zentrum seiner Überlegungen stand dabei die Herausbildung einer neuen Subjektivität, die durch den materiellen Reichtum des Systems zwar objektiv möglich geworden sei, aber durch repressive Organisierung der Bedürfnisse hintangehalten werde.

Durch M.s Auftreten setzte sich das Bewußtsein durch, daß die Individuen nicht länger fatalistisch das Objekt undurchschaubarer Machtinstanzen bleiben müßten. Sofern es ihnen gelänge, den libidinös verlängerten Zirkel gesellschaftlicher Unterdrückung, die Manipulation ihrer Triebe, zu durchbrechen, könnten sie, was objektiv bereits längst möglich geworden sei, Subjekt ihres politischen Handelns werden. Das Signal lautete: Geschichte ist machbar, die Gegenwart bestimmbar, das Glück liegt – im Gegensatz zur privaten Idylle – als öffentlich-kollektives zum Greifen nahe.

M. wurde in Berlin als erstes Kind einer wohlhabenden, assimilierten jüdischen Familie geboren. Sein Vater war Kaufmann, seine Mutter literarisch und musisch orientiert. M. besuchte das Kaiserin-Augusta-Gymnasium, machte 1916 kriegsbedingt ein Notabitur, wurde eingezogen, kam jedoch eines Augenleidens wegen nicht an die Front. 1917 wurde er SPD-Mitglied, und während der Novemberrevolution ein Jahr später ließ er sich in den Reinickendorfer Arbeiter- und Soldatenrat wählen. Er trat jedoch bereits nach kurzer Zeit aus, weil dort zunehmend Offiziere den Ton angaben. Wegen der Ermordung Rosa Luxemburgs und Karl Liebknechts im Januar 1919 verließ er die SPD und zog sich ganz aus der politischen Bewegung zurück. Im Mittelpunkt stand nun sein Studium. Nach vier Semestern wechselte er von der Berliner an die Freiburger Universität. Neben Germanistik als Hauptfach hatte er Philosophie und Nationalökonomie im Nebenfach belegt. Besonderen Einfluß übte der Phänomenologe Edmund Husserl, der Begründer der seinerzeit einflußreichsten neuen philosophischen Schule, auf ihn aus. 1922 promovierte M. mit einer Dissertation über den deutschen Künstlerroman, in der philosophische, literarisch-ästhetische und politische Facetten miteinander verknüpft sind. Nach einer Zwischenphase, in der er in Berlin als Buchhändler und Verlagsmitarbeiter arbeitete, kehrte er 1928 nach Freiburg zurück und geriet in den Bann des ehemaligen Husserl-Schülers Martin Heidegger, der mit seinem Werk *Sein und Zeit* die Fundamentalontologie begründete. Mit diesem Denkansatz verfaßte M. eine Reihe philosophischer Studien, darunter eine Interpretation des Marxschen Frühwerks und eine Arbeit über *Hegels Ontologie und die Grundlagen einer Theorie der Geschichtlichkeit.* Nachdem er sein damit verbundenes Habilitationsprojekt 1932 aufgegeben hatte, verließ er, zunehmend in Widerspruch zu dem den Nazis nahestehenden Heidegger geratend, Freiburg und wurde Mitarbeiter des Instituts für Sozialforschung in Frankfurt. Diese Forschergruppe emigrierte, sich keine Illusionen über den Aufstieg Hitlers machend, bereits 1933 über die Schweiz und Frankreich in die USA. In New York begann dann 1934 die produktivste Zeit der interdisziplinär orientierten kritischen Gesellschaftstheorie. M. verfaßte einige der wichtigsten ideologiekritischen Aufsätze, die in der *Zeitschrift für Sozialforschung* erschienen. 1941 kam sein Hegel-Buch *Reason and Revolution* (dt.: *Vernunft und Revolution,* 1962) heraus. Als sich der Institutszusammenhang auflöste und Horkheimer und Adorno nach Kalifornien kamen, um sich auf ihre Arbeit an der *Dialektik der Aufklärung* zu konzentrieren, ging M. 1942 zusammen mit seinen beiden Kollegen Franz Neumann und Otto Kirchheimer nach Washington, um dort beim Geheimdienst OSS an den Vorbereitungen für eine Entnazifizierung des besiegten Deutschlands mitzuwirken.

1950 nach New York zurückgekehrt, lehrte M. Soziologie an der Columbia University. Danach forschte er zwei Jahre lang am Russian Research Centre in Harvard, lehrte bis 1965 an der Brandeis University und wechselte dann an die Universität von San Diego über. In dieser Phase verfaßte er seine Hauptwerke *Eros and Civilisation* (1955, dt.: *Triebstruktur und Gesellschaft,* 1965), *Soviet Marxism* (1958, dt.: *Die Gesellschaftslehre des sowjetischen Marxismus,* 1964) und vor allem den *One Dimensional Man* (1964, dt.: *Der eindimensionale Mensch,* 1967).

M.s gesellschaftstheoretische Hauptthese besteht darin, daß Technik kein neutrales Mittel zur Steigerung gesellschaftlicher Produktivität sei, sondern ein Medium von gegenständlich vermittelten Herrschaftsbeziehungen, die selber eine eigene, anonym erscheinende und deshalb kaum angreifbare Form angenommen haben. Er spricht von manifesten Tendenzen der Technik zum Totalitarismus und glaubt den Schein ihrer Neutralität als Wahl einer bestimmten Herrschaftsapparatur entlarven zu können. Die vielgerühmte technologische Rationalität ist danach Ausdruck von Willkür, die Hervorbringung einer rationalen Irrationalität. Das technologische Apriori sei ein verschleiertes politisches Apriori und liefere »die große

Rationalisierung« für die Unfreiheit des Menschen. Um zu begreifen, was Eindimensionalität ist, die Herrschaft des technologischen Apriori im Glanze einer Scheinfreiheit, hat M. einen ganzen Kanon an Deutungsmöglichkeiten angeboten: die Nivellierung von Möglichkeit und Wirklichkeit; die Widerspruchsfreiheit der formalen Logik; die Reduktion von Erotik auf Sexualität; die funktionale Kommunikation im Gegensatz zum lebendigen Sprachvermögen; den Mangel an qualitativen Alternativen und einen umfassenden Transzendenzverlust.
M. scheute sich nicht, gegen dieses Bild eines nivellierten gesellschaftlichen Universums Kategorien ins Feld zu stellen, die auch vor Mißdeutungen nicht sicher sein konnten: Die »Große Weigerung«, die »Neue Sensibilität«, den »Qualitativen Sprung« und den Impetus des »Hier und Jetzt«. In diesen Formeln sind die Grundbegriffe der Revolte bereits antizipiert: Die Lebenswelt ist, recht begriffen, die Polydimensionalität, das exakte Gegenbild zur Eindimensionalität. Im Gegensatz zu den Scheinalternativen in einem eindimensional strukturierten Denken findet sich in einem lebensweltlich perzipierten ein ganzes Spektrum an Wahlmöglichkeiten. Das lebensweltliche Apriori figuriert als Index von Befreiung.
Der Grundwiderspruch von M.s Werk liegt zwischen der These von einem den wohlfahrtsstaatlich organisierten Kapitalismus gänzlich durchdringenden Herrschaftsprinzip und einer triebtheoretisch begründeten Hoffnung auf Emanzipation, ja den Glauben an ein bereits begonnenes, nur seiner falschen Form zu entkleidendes Reich der Freiheit. M.s doppelte politische Frontstellung – ebenso gegen den Faschismus wie gegen den Stalinismus gerichtet – ist vom phänomenologischen Grundzug seiner Theoreme, in deren Zentrum das konkrete Individuum steht, nicht abzulösen. Gerade die Weigerung, das Individuum einer übermächtigen Logik der Geschichte unterzuordnen, verdankt sich dem lebensweltlichen Impetus seiner Philosophie. In der kritischen Theorie M.s sind prismatische Brechungen zu erkennen. Sein phänomenologischer Blick auf das Bestehende steht für das Nichtvereinnehmbare, das Widerständige im Denken wie für das Rebellische in dem dadurch antizipierten Handeln.
Ebensowenig wie die anderen kritischen Theoretiker mit Ausnahme von Neumann und Kirchheimer ist M. ein Theoretiker des Politischen, geschweige denn ein Politikwissenschaftler im angelsächsischen Sinne. Demokratietheoretische Überlegungen stehen nicht im Zentrum seines Werks. Sie bilden lediglich Rahmenbedingungen für die Entfaltung von Emanzipationsbewegungen, die eine neue Qualität von Sinnlichkeit und Ästhetik, Hedonismus und Erotik – die triebenergetische Dimension von Befreiung – verkörpern.
Diese neuartigen, postmaterialistisch geprägten Strömungen begriff M. freilich nicht als eigenständige Subjekte gesellschaftlicher Veränderung, sondern als Fermente, als Katalysatoren; er bezeichnet sie als Katalyst-Gruppen. M. war Vordenker, Kommentator und Kritiker nicht nur der Studenten- und Jugendbewegung, sondern auch der Frauen- und der Ökologiebewegung, wie er noch mit seiner letzten, fortschrittsskeptischen Rede »Revolte der Lebenstriebe« bei den Frankfurter Römerberggesprächen im Mai 1979 bewies.
So wie M., auf dem Höhepunkt der Revolte zur Vaterfigur stilisiert, in den Himmel gehoben wurde, so ist er anschließend herabgesetzt worden. Weil er nicht scheute, sich öffentlich mit dem Aufbruch von 1967/68 zu solidarisieren, ist im nachhinein sein ganzes Werk mit dem Niedergang der Bewegung identifiziert worden.

Katz, B.: Herbert Marcuse and the Art of Liberation – An Intellectual Biography. London 1982. – Kellner, D.: Herbert Marcuse and the Crisis of Marxism. London 1984. – Roth, R.: Rebellische Subjektivität – Herbert Marcuse und die neuen Protestbewegungen. Frankfurt/Main, New York 1985. – Wiggershaus, R.: Die Frankfurter Schule – Geschichte, theoretische Entwicklung, politische Bedeutung. München 1986.

Wolfgang Kraushaar

Marx, Karl

Geb. 5. 5. 1818 in Trier; gest. 14. 3. 1883 in London

Die bürgerliche Revolution versprach den Menschen »Freiheit, Gleichheit und Brüderlichkeit«. Sie konnte aber nur die Befreiung von rechtlichen Schranken bringen, indem sie die Erbuntertänigkeit und Abhängigkeit von einzelnen feudalen Herren aufhob; die Rechtsgleichheit aller (Männer!) herstellte und damit das illusorische Bild einer solidarischen Gemeinschaft erzeugte. Bald zeigte es sich jedoch, daß nun an die Stelle der durch das Feudalrecht begründeten Abhängigkeit die wirtschaftliche Abhängigkeit getreten war. Zwar waren die einzelnen Eigentumslosen nicht mehr von einem besonderen Herrn abhängig, wohl aber ihre Klasse insgesamt von den besitzenden Klassen, die Eigentümer der Produktionsmittel waren. Die Ungleichheit von Kapitalisten und Lohnarbeitern trat an die Stelle der von Adel und Bürgertum. Zwischen diesen Klassen mit gegensätzlichen Interessen konnte es keine Brüderlichkeit geben, sondern nur »Klassenkampf«.
Die bürgerliche Demokratie stellte einen »Überbau« über einer »sozialen Basis« dar, die aus Klassen mit unterschiedlichen, ja gegensätzlichen Interessen bestand. Als Citoyens, als »Staats-

angehörige« waren alle tatsächlich frei und gleich. Aber die Citoyeneigenschaft abstrahierte von allen konkreten Eigenschaften der Individuen, von ihrem Eigentum, ihren religiösen Überzeugungen und so weiter. Als Angehörige der bürgerlichen Gesellschaft, der »sozialen Basis«, waren die Menschen Individuen mit entsprechenden konkreten unterschiedlichen Bedürfnissen. In der politischen Theorie von Hegel und der Hegelianer spiegelte sich diese Dualität als die von Bourgeois und Citoyen wider.

Der frühe M. hat diese Aufspaltung in eindrucksvollen Formulierungen kritisch beschrieben: »Der vollendete politische Staat [und das war die bürgerliche Demokratie, d. Verf.] ist seinem Wesen nach das Gattungsleben des Menschen im Gegensatz zu seinem materiellen Leben. Alle Voraussetzungen dieses egoistischen Lebens bleiben außerhalb der Staatssphäre in der bürgerlichen Gesellschaft. Wo der politische Staat seine wahre Ausbildung erreicht hat, führt der Mensch nicht nur im Gedanken, im Bewußtsein, sondern in der Wirklichkeit, im Leben ein doppeltes, ein himmlisches und ein irdisches Leben, das Leben im politischen Gemeinwesen [als Citoyen, d. Verf.], wo er sich als Gemeinwesen gilt und das Leben in der bürgerlichen Gesellschaft, worin er als Privatmensch tätig ist, die anderen Menschen als Mittel betrachtet, sich selbst zum Mittel herabwürdigt und zum Spielball fremder Mächte wird«. In seiner noch durchaus hegelianischen Ausdrucksweise sprach M. davon, daß der »wahre Mensch«, der Mensch, der sich mit seinen Mitmenschen verbunden weiß, hier nur in der Gestalt als »abstrakter Staasbürger« anerkannt wird, der »wirkliche« aber lediglich als egoistischer Privatmensch (als Bourgeois). Die befreite Gesellschaft, die in den Frühschriften von M. als die vollendete Demokratie vorgestellt wird, würde erst dann entstehen, »wenn der wirklich individuelle Mensch den abstrakten Staatsbürger in sich zurücknimmt und als individueller Mensch in seinem empirischen Leben (...) Gattungswesen geworden ist, erst wenn der Mensch seine ›forces propres‹ als gesellschaftliche Kraft nicht mehr in Gestalt der politischen Kraft von sich trennt, erst dann ist die menschliche Emanzipation vollbracht«.

Auch wenn sich M. später in der Regel nicht mehr so »philosophisch« ausdrückte, hielt er doch an dem Gedanken der »Rücknahme« des abstrakten Staatsbürgers und des Staates in das gesellschaftliche Leben fest. So heißt es etwa 1871 im *Ersten Entwurf zum »Bürgerkrieg in Frankreich«*: »Die Kommune – das ist die Rücknahme der Staatsgewalt durch die Gesellschaft als ihre eigene lebendige Macht, an die Stelle der Gewalt, die sich die Gesellschaft unterordnet und sie unterdrückt; das ist die Rücknahme der Staatsgewalt durch die Volksmassen selbst«. In diesen späteren Schriften bezeichnete M. die völlig emanzipierte, freie auch als »klassenlose Gesellschaft«, in der »die freie Entwicklung eines jeden die Bedingung für die freie Entwicklung aller« ist. In dieser Gesellschaft könne der Staat als ein »Überbau« über der »sozialen Basis« absterben, weil mit der Aufhebung der unterschiedlichen Klassen kein staatlicher Unterdrückungsapparat mehr benötigt werde.

Die Marxsche Auffassung und Wertschätzung der Demokratie entwickelte sich auf Grund seiner Erfahrungen mit den parlamentarischen Demokratien in Frankreich und England. Seine geschichtsphilosophische Prognose lautete erstens, daß die Zahl der Produktionsmittelbesitzer durch Akkumulation und Konzentration des Kapitals einen immer geringeren Prozentsatz der Bevölkerung ausmachen werde und ebenso die der die kleinen Warenproduzenten, die mit eigenen Produktionsmitteln – als Bauern oder Handwerker – arbeiteten. Gleichzeitig aber werde die Zahl der Proletarier (des Industrie- und Landproletariats) prozentual entsprechend zunehmen.

Zweitens: Sobald daher das allgemeine und gleiche Wahlrecht verwirklicht sei, werde die große Mehrheit der proletarischen Staatsbürger durch Vergesellschaftung der Produktionsmittel die kollektive Abhängigkeit von den Produktionsmittelbesitzern abschaffen und damit eine »sozialistische Gesellschaft« verwirklichen.

Es zeigte sich aber bald, daß diese Prognose voreilig war und die Entwicklung auf eine Anzahl von Hindernissen stieß, abgesehen davon, daß neue »Zwischenschichten« entstanden, die der Aufrechterhaltung der kapitalistischen Hegemonie in der Gesellschaft nützten.

1848 brachte das allgemeine Wahlrecht in Frankreich infolge des Gewichts der kleinbürgerlichen Parzellenbauern die bürokratische Diktatur mit Louis Bonaparte an der Spitze. In England benützte der politisch nach wie vor tonangebende Adel die Arbeiterstimmen, um die bourgeoisen Liberalen zu schwächen. Es kam zwar zu Verbesserungen der Lage des Proletariats, aber nicht zu einer revolutionären Bewegung. Dazu trug auch die Rolle der Freikirchen und der ethnische Gegensatz zwischen irischen und englischen Proletariern bei. Die Herausbildung einer verselbständigten Bürokratie war auf dem Kontinent das größte Hindernis für die Verwirklichung einer proletarischen Dominanz durch demokratische Mehrheiten. Angesichts der Bedrohung durch das zahlreicher werdende Proletariat, verzichtete das Bürgertum auf seine direkte politische Machtausübung und dankte zugunsten einer Bürokratie ab, die für »Ruhe und Ordnung« sorgte. Aus dieser Einsicht in die Rolle der Bürokratie – besonders in Frankreich und im Bismarckschen Deutschen Reich – schloß M., daß für die proletarische Revolution die Beseitigung der Bürokratie in allen ihren Erscheinungsformen wichtigste Voraussetzung sein werde. Im *Kommunistischen Manifest* von 1848 hatte es noch ganz lapidar geheißen: »daß der erste Schritt in der Arbeiterrevolution die Erhebung des Proletariats zur herrschenden Klasse, die Erkämpfung der Demokratie ist«. Die Erfahrungen mit dem zweiten französischen Kaiserreich 1852–1870 und mit dem Scheinkonstitutionalismus des geeinten Deutschen Reiches 1871 führten zu einer Erweiterung dieses Konzepts: Ohnmächtige Parlamente und mächtige Bürokratien mit einem zur Unterdrückung proletarischer Massenbewegungen einsetzbaren Polizei- und Militärapparat müssten beseitigt werden, sollten demokratische Mehrheiten von Proletariern und sozialistischen Parteien effizient werden können. M. erblickte in der Verfassung der Pariser Kommune (1871) ein Muster für die Art von Organisation, die eine »demokratische Diktatur des Proletariats« sicherstellen könne. »Die Kommune bildete sich aus den durch allgemeines Stimmrecht in den verschiedenen Bezirken von Paris gewählten Stadträten. Sie waren verantwortlich und jederzeit [durch die Wähler, d. Verf.] absetzbar. Die Kommune sollte nicht eine parlamentarische, sondern eine arbeitende Körperschaft sein, vollziehend und gesetzgebend zu gleicher Zeit. Die Polizei (...) wurde sofort aller ihrer politischen Eigenschaften entkleidet und in das verantwortliche und jederzeit absetzbare Werkzeug der Kommune verwandelt. Ebenso die Beamten der anderen Verwaltungszweige. Von den Mitgliedern der Kommune an abwärts, mußte der öffentliche Dienst für Arbeiterlohn besorgt werden (...) Die richterlichen Beamten verloren jene scheinbare Unabhängigkeit, die nur dazu gedient hatte, ihre Unterwürfigkeit unter alle aufeinanderfolgenden Regierungen zu verdecken (...) Wie alle übrigen öffentlichen Diener, sollten sie fernerhin gewählt, verantwortlich und absetzbar sein«.

Während der bourgeoise Staat vor allem dazu da war, die Eigentums- und Machtverhältnisse, die sich auf Grund der ökonomischen Dynamik herausgebildet hatten, zu bewahren, hatte dieser »proletarische Staat« die Aufgabe, als »Hebel« zur Umgestaltung der Gesellschaft, das heißt zur Abschaffung der Klassen zu dienen. In einer ersten nachrevolutionären Phase, in der es zwar keine (Ausbeuter-)Klassen mehr gab, aber noch nicht genügend Produkte, um »jedem nach seinen Bedürfnissen« zuteilen zu können, blieb aber der Staat noch notwendig. Er war zwar schon kein »Staat im eigentlichen Sinne mehr«, aber er mußte doch die reale Ungleichheit der Lebensverhältnisse durch eine dem bürgerlichen Recht korrespondierende Ordnung aufrecht erhalten. Es galt die Losung: »Jeder nach seinen Fähigkeiten – jedem nach seiner Leistung«. Es gab zwar keine vererblichen Privilegien der Produktionsmitteleigentümer mehr, weil die assoziierten Produzenten gemeinsam genossenschaftliche Eigentümer aller Produktionsmittel waren, aber unterschiedliche Fähigkeiten und Kräfte einerseits sowie unterschiedliche Belastungen (durch die Familie zum Beispiel) andererseits, führten doch zu ungleichen Lebensverhältnissen. Erst in einer zweiten Phase der nachrevolutionären Gesellschaft könne der »enge bürgerliche Rechtshorizont« überschritten werden und der Staat völlig absterben. In seiner *Kritik des Gothaer Programms* der SPD schreibt M. dazu (1875): »In einer höheren Phase der kommunistischen Gesellschaft, nachdem die knechtende Unterordnung der Individuen unter die Teilung der Arbeit, damit auch der Gegensatz geistiger und körperlicher Arbeit verschwunden ist; nachdem die Arbeit nicht nur Mittel zu Leben, sondern selbst das erste Lebensbedürfnis geworden; nachdem mit der allseitigen Entwicklung der Individuen auch ihre Produktionskräfte gewachsen und alle Springquellen des genossenschaftlichen Reichtums voller fließen – erst dann kann der enge bürgerliche Rechtshorizont ganz überschritten werden und die Gesellschaft auf ihre Fahnen schreiben: Jeder nach seinen Fähigkeiten, jedem nach seinen Bedürfnissen«.

Wann die Gesellschaft »reif« für eine proletarische Revolution sei und wann (und ob überhaupt) sie zu jenem höheren Stadium übergehen könne, konnte und wollte M. nicht exakt voraussagen. M. wie Friedrich Engels hatten wiederholt ihre Terminprognosen korrigiert. Daß während einer voraussichtlich langen »Übergangszeit« die Verfassung nach dem Muster der Pariser Kommune kaum lebensfähig wäre, kann man annehmen. Der Versuch, im postrevolutionären Rußland »Sowjets« nach dem Muster der Kommune mit der Monopolherrschaft einer einzigen Partei zu kombinieren, war notwendig zum Scheitern verurteilt.

Avinieri, S: The Social and Political Thought of Karl Marx. Cambridge 1968. – Fetscher, I.: Marxistische Porträts, Band 1.: Politiker. Stuttgart 1975. – Miliband, R.: Marxism and Politics. Oxford 1977. – Rottleuthner, H. (Hg.): Probleme der marxistischen Rechtstheorie. Frankfurt/Main 1975. – Schieder, W.: Karl Marx als Politiker. München 1991.

Iring Fetscher

Mayer, Gustav

Geb. 4. 10. 1871 in Prenzlau; gest. 21. 2. 1948 in London

In den nach seinem Tod erschienenen *Erinnerungen* (1949) schrieb M.: »Die preußische Demokratie galt den Historikern meiner wie der voraufgegangenen Generation wie ein in seinem Wachstum früh verkrüppelter Baum, von dem sich keine Früchte pflücken ließen. Im Gegensatz zu ihnen glaubte und hoffte ich, daß, ebenso wie in Westeuropa, auch in meinem Vaterlande früher oder später die Demokratie zur Herrschaft kommen werde, und schon deshalb hielt ich es für eine lohnende Aufgabe, unter dem Schutt ihrer Niederlage nachzuforschen und Quellen zu erschließen, die der Wissenschaft später wieder nützen können.«

Der Journalist, Historiker und Universitätslehrer M. gehört zu den ersten und bedeutendsten Geschichtsschreibern der deutschen Demokratie und der Arbeiterbewegung. M. war das älteste von acht Kindern eines wohlhabenden jüdischen Kaufmannes aus der märkischen Kleinstadt Prenzlau. Ein ursprünglich zur Vorbereitung für einen kaufmännischen Beruf gedachtes Studium – Nationalökonomie und Nebenfächer in Berlin und Freiburg von 1890 bis 1893 – schloß er 1894 mit der Dissertation über *Lassalle als Nationalökonom* ab. Nach mehreren Anläufen fand er zur Journalistik. Von 1896 bis 1906 war er Mitarbeiter der *Frankfurter Zeitung*, zuerst ihres Handels- und Börsenteils, dann jahrelang als Auslandskorrespondent in Amsterdam, Paris und Brüssel. In diesen Ländern knüpfte er engere Kontakte zu bekannten sozialistischen Parteiführern.

Seit 1906 Privatgelehrter, widmete er sich bahnbrechenden historischen Forschungen in Bereichen, die in der damaligen Zeit für die akademische Geschichtswissenschaft Randgebiete waren. Ein Buch über den Lassalleaner Johann Baptist von Schweitzer (1911), die Abhandlungen über *Die Trennung der proletarischen von der bürgerlichen Demokratie in Deutschland*, 1863–1870 (1911) und *Die Anfänge des politischen Radikalismus im vormärzlichen Preußen* (1913) sowie weitere Aufsätze zur Geschichte der deutschen Sozialdemokratie machten ihn bekannt. Beziehungen zu führenden deutschen Sozialdemokraten bahnten sich an. M. blieb aber zeitlebens parteilos.

Diese von Sympathie für die Arbeiterbewegung getragenen Schriften und ein 1916 veröffentlichter Aufsatz gegen die Annexionsgelüste der Alldeutschen nach belgischen Gebieten waren die eigentliche Ursache, daß man 1917 in der Berliner Philosophischen Fakultät die Habilitation für neuere Geschichte des Sechsundvierzigjährigen scheitern ließ. Erst 1919 nach dem Sturz des Kaiserreiches eröffneten sich ihm an der Berliner Universität Lehrmöglichkeiten. 1922 wurde er gegen starken professoralen Widerstand zum außerordentlichen Professor berufen. Geschichte der sozialen und demokratischen Bewegungen in Europa seit dem Vormärz und die Ideengeschichte des Sozialismus waren bevorzugte Lehrthemen.

Im Mittelpunkt seiner Publikationen standen die Geschichte der deutschen Arbeiterbewegung und die radikalen demokratischen Bestrebungen in Deutschland. Von herausragender Bedeutung sind die Nachlaßausgabe der Schriften und Briefe Lassalles (6 Bde, 1921/25) und die Friedrich-Engels-Biographie (2 Bde, 1919/34). Letztere rechnet der Historiker Hans-Ulrich Wehler (1971) zu den »drei oder vier wichtigsten Biographien, die die deutsche Geschichtswissenschaft in diesem Jahrhundert hervorgebracht hat«. Charakteristisch für M. ist – so Wehler – die Sympathie, mit der er »die damals weithin verfemten Theoretiker und Parteiführer der deutschen Arbeiterbewegung behandelt hat, die immense Sachkenntnis, die er sich für die Behandlung seiner Probleme erwarb, die subtile Analyse ideeller Wurzeln theoretischer Konzeptionen«.

1933 wurde der jüdische Gelehrte von den Nazibehörden entlassen. Seit 1934 lebte er in England, sich mühsam von zeitlich begrenzten Arbeitsaufträgen und Forschungsstipendien erhaltend. M. hinterließ zwei größere Manuskripte, die 1400seitige *The Political History of the English Labour Movement from 1857–1872. Documents and Commentaries* und seine Memoiren. Die Erinnerungen enthalten sein Vermächtnis: Sein Bekenntnis zur Demokratie und Völkerverständigung, aus den schmerzlichen Erfahrungen nach 1933 aber auch die Mahnung, die Deutschen sollten aus dem schuldbeladenen deutsch-jüdischen Verhältnis zu der notwendigen Vergangenheitsbewältigung finden.

M., dem westeuropäischen Parlamentarismus schon früh verbunden, hatte mit großer Skepsis den Nationalismus, Militarismus und Imperialismus des obrigkeitsstaatlichen Kaiserreiches. Da die bürgerlich-demokratische Bewegung sich in Deutschland als zu schwach erwies – sowohl vor als auch nach 1918 –, erwartete M. durchgreifende Impulse zur tiefgreifenden Umgestaltung von Staat und Gesellschaft von der Sozialdemokratie. Mit wachsender Besorgnis betrachtete er die antidemokratischen, nationalistischen Strömungen in der Weimarer Republik, die deren Sturz herbeiführten.

Obwohl niemals Marxist, registrierte M. mit Interesse die innovativen Ansichten von Marx und Engels, die, Hegel weiterführend, ungewohnte Einsichten in den historischen Prozeß und seine Triebkräfte – insbesondere der bürgerlich-kapitalistischen Industriegesellschaft – eröffneten. M. glaubte 1919, daß eine Synthese des Geschichtsdenkens von Ranke und Marx seiner eigenen Generation von Historikern Problem und Aufgabe werden müßte. M. hat aber zu orthodox-marxistischen Geschichtsauffassungen stets Distanz bewahrt. Auf alle Fälle wünschte er, daß die auf Staat und große Männer zentrierte Historie mit der Berücksichtigung wirtschaftlich-sozialer Momente und der Massenerscheinungen neue Dimensionen annähme.

Daß den sozialen und politischen Emanzipationsforderungen der Arbeiterschaft das nötige Gewicht zukommen müsse, hielt M. schon als Journalist für unabdingbar. Die parlamentarische Demokratie bildete nach seiner Meinung die beste Basis, soziale Ungleichheit zu überwinden und politische Gleichheit zu gewährleisten.

Faulenbach, B.: Gustav Mayer. Zwischen Historiker-Zunft und Arbeiterbewegung, in: Christadler, M. (Hg.): Die geteilte Utopie. Sozialisten in Frankreich und Deutschland. Opladen 1985, S. 183ff. - Niedhart, G.: Gustav Mayers englische Jahre: Zum Exil eines deutschen Juden und Historikers, in: Exilforschung. Bd.6, 1988, S. 98ff. - Schleier, H.: Zu Gustav Mayers Wirken und Geschichtsauffassung: Klassenkampf - Sozialreform - Revolution, in: Evolution und Revolution in der Weltgeschichte. Ernst Engelberg zum 65. Geb. Bd. 1, Berlin 1976, S. 301ff. - Wehler, H.-U.: Gustav Mayer, in: Wehler, H.-U. (Hg.): Deutsche Historiker. Bd.2, Göttingen 1971, S. 120ff-132

Hans Schleier

Mayr, Kaspar

Geb. 20. 9. 1891 in Petting/Bayern; gest. 28. 12. 1963 in Wien

M. entstammte einer kinderreichen bäuerlichen Familie mit stark ausgeprägter katholischer Frömmigkeit. Er besuchte das Knabenseminar des Benediktinerklosters Scheyern, um Priester zu werden. Nach dem Abitur begann er 1913 in München Theologie zu studieren. Gerade noch vor Kriegsbeginn erhielt er die vier niederen Weihen. Im Februar 1915 zur Infanterie eingezogen, kam er nach kurzer Ausbildung an die französische Front. Durch eine militärfreundliche Erziehung war er damals noch erfüllt vom Gefühl, für Gott und Vaterland seine Pflicht tun zu müssen. Zunächst voller Hoffnung auf den sicheren Sieg Deutschlands änderte er seine Ansichten während der Kämpfe um Verdun 1916.

Einen wichtigen Impuls für seine Wandlung gab ihm das tiefere Nachdenken über die erschreckende Widersprüchlichkeit der Feldmessen vor den Schlachten, bei denen die Soldaten auf beiden Seiten für den Sieg ihres Volkes über die Feinde beteten. Er entschloß sich, nicht Priester zu werden, sondern als »Laie« innerhalb der Kirche für den bisher so vernachlässigten Frieden zu arbeiten. Denn in einer Zeitschrift hatte er einen Bericht über den »Weltfriedensbund« des Priesters Max Josef Metzger in Graz gelesen. Nach Entlassung aus französischer Gefangenschaft siedelte er nach Graz, wurde Mitglied des Bundes und hörte Vorlesungen über Rechts- und Staatswissenschaften.

Unter dem Einfluß Metzgers festigte sich seine Überzeugung. Seit 1921 organisierte er hauptamtlich in der erst 1920 gegründeten »Internationalen Katholischen Liga« die jährlichen internationalen Kongresse in Graz, Luxemburg, Konstanz, Lugano und Oxford. Als das Büro nach Rom verlegt werden sollte, nutzte er 1925 die Gelegenheit, hauptamtlicher Sekretär im »Internationalen Versöhnungsbund« in London zu werden. Für 1926 bereitete er die Sommerkonferenz des Versöhnungsbundes in Oberammergau mit 200 Teilnehmern aus 25 Staaten vor.

1928 zog die Zentrale nach Wien. Der Internationale Rat erteilte ihm den Auftrag, vorrangig für die Verständigung der Deutschen mit Polen zu arbeiten, um zukünftigen Kriegsgefahren vorzubeugen. Zusammen mit dem Priester Hermann Hoffmann aus Breslau gestaltete er polnisch-deutsche Begegnungskonferenzen in Warschau und Berlin. Vom Oktober 1931 bis Februar 1933 veröffentlichte er zugleich in Wien und Krakau die *Polnisch-Deutsche Korrespondenz* (PDK) unter Mitarbeit von Deutschen und Polen. Das Blatt ging an 200 Zeitungen und Zeitschriften in beiden Staaten, an Politiker, Schriftsteller und Pazifisten. Seit Mai 1933 wurde es unter dem neuen Namen *Die Brücke* nur noch kurze Zeit ausgeliefert. M. schilderte das Klima, auf das er verändernd einwirken wollte: »Wir geben uns keinen Illusionen hin. Wir kennen die Kluft, die unsere Völker trennt. Wir sehen klar die Gegenkräfte. Aber wir wollen Wege bahnen, Brücken schlagen von Mensch zu Mensch, von Gruppe zu Gruppe. Wir wollen durch alle Konflikte hindurch dazu beitragen, daß die Atmosphäre gereinigt wird. Wir wollen Unrecht verurteilen, von welcher Seite es auch geschieht. Wir müssen es ertragen lernen, über schwierige Fragen offen und sachlich miteinander zu reden; des anderen Klagen zu hören; seinen Standpunkt zu verstehen - auch dann, wenn wir ihn nicht teilen können!«

Die Widerstände aber waren so erheblich, daß M. es im Februar 1932 für nötig hielt, die *Polnisch-Deutsche Korrespondenz* gegen Verdächtigungen zu verteidigen, weil die Versöhnungsarbeit in Polen vielfach als deutschfreundlich und in Deutschland als polenfreundlich verstanden wurde. Er betonte die finanzielle Unabhängigkeit und stellte fest: »Die PDK ist weder deutsch- noch polenfreundlich, sondern friedens- und wahrheitsfreundlich. Sie ist ein Forum für freie Aussprache und unabhängige Information«.

1931 erschien im Verlag des »Versöhnungsbundes« in Wien und zugleich in Krakau eine Broschüre von M. mit dem Titel: *Ist die Verständigung zwischen Polen und Deutschland unmöglich?* Die schweren Benachteiligungen Polens als Ergebnis des Ersten Weltkrieges werden eindrucksvoll geschildert. M. hatte viel Verständnis für das Freiheitsstreben des polnischen Volkes, das durch Verträge abgesichert werden sollte. Er meinte: »Die gesamteuropäische Krise konzentriert sich immer mehr auf das Verhältnis zwischen Deutschland und Polen, findet hier ihren schärfsten und gefährlichsten Ausdruck. Hier konzentrieren sich noch einmal die treibenden Kräfte des alten Europa: der Nationalismus, der Militarismus, die Grenzpsychose, das Mißtrauen, die uralten Vorurteile«. Als

Pazifist hatte M. größeren Spürsinn für die Gefahren des kommenden Krieges als die meisten seiner Zeitgenossen. Er gehörte zu denen, die rechtzeitig warnten und gleichzeitig für die Erhaltung des Friedens arbeiteten: »Jahrtausendelang hat die Menschheit Konflikte durch Kriege gelöst. Soll diese Barbarei fortdauern? Militarismus und Nationalismus sind wie tausendarmige Polypen: sie umschlingen die Seele eines Volkes, erwürgen seine besten Kräfte und führen schließlich ganze Generationen in den Abgrund. Nie und nimmer wieder Krieg! Das ist der angstvolle Aufschrei aus den Gräbern. Der Friede fällt nicht von selbst gleichsam vom Himmel herab. Er wird uns nicht geschenkt, wir müssen ihn erkämpfen.« M. erinnerte an die Verbrüderung beider Völker während des Revolutionsjahres 1848 in Berlin und Posen.

Zusammenfassend nannte er in seiner auch heute noch lesenswerten Darstellung drei wechselseitige Aufgaben: Minderheitendienst, Wahrheitsdienst und den persönlichen Verständigungsdienst. Den Minderheitendienst verstand er als Prüfstein für die gegenseitige Verständigungsbereitschaft. Er meinte dazu: »Je mehr polnische Schulen z.B. in Deutschland entstehen und je besser sie ausgerüstet werden, umso besser wird es den deutschen Schulen in Polen gehen«. Als Aufgaben für einen organisierten Minderheitendienst nannte er u.a. das Studium der Lage fremdsprachiger Staatsbürger und planmäßige Rechtshilfe. Für den Wahrheitsdienst forderte er die Einsetzung einer gemischten Studienkommission von zwei Polen, zwei Deutschen und einem neutralen Vorsitzenden. Ihre Aufgabe sollte ein gemeinsamer Bericht über strittige Fragen sein. Für den persönlichen Verständigungsdienst empfahl er mehr Möglichkeiten zum Kennenlernen deutscher und polnischer Menschen. Außer beim Weltbund für Freundschaftsarbeit der Kirchen, den Quäkern, den Jungsozialisten, katholischen und evangelischen Friedenskreisen und dem Versöhnungsbund war das Interesse für das jeweilig andere Volk viel zu gering. Er dachte an Grenztreffen, Jugendlager, gemeinsame Wanderungen, Verständigungskonferenzen, Studienreisen und persönliche Gastfreundschaft. Eindringlich rief er zu rechtzeitigem Handeln auf: »Der Pazifismus steht hier vor einer seiner größten Aufgaben. Jeder, der dem Frieden dient, vermindert die wachsende Armee der Kriegsleute. Gehen wir ans Werk, ehe es zu spät ist.«

Zur Eröffnung der Abrüstungskonferenz 1932 in Genf organisierte M. einen »Jugendkreuzzug« für Abrüstung und Frieden. Evangelische und katholische Christen aus ganz Europa beteiligten sich an den Demonstrationen. Das internationale Team aus Frankreich, Deutschland, England und Belgien erreichte auf 150 Veranstaltungen in Deutschland und Frankreich etwa 50 000 Zuschauer.

Als der »Internationale Versöhnungsbund« sein Zentrum 1933 nach Paris und 1938 nach London verlegte, blieb M. in Wien und begann für verschiedene Verlagsanstalten zu arbeiten, die jedoch seit 1938 in wachsende wirtschaftliche und politische Schwierigkeiten gerieten. Bis zum Veröffentlichkeitsverbot durch die Nationalsozialisten im Jahre 1941 war M. im kirchlichen Bereich tätig. Danach wurde er arbeitslos und mußte Hausdurchsuchungen und Verhöre über sich und seine notleidende Familie ergehen lassen. 1943 fiel sein Sohn Richard in Rußland.

Nach dem Krieg arbeitete M. vorübergehend als Steuerberater. 1949 gründete er die Vierteljahresschrift *Der Christ in der Welt*. Zu den bekanntesten Mitarbeitern gehörten der Historiker Friedrich Heer und der Schriftsteller Reinhold Schneider. Bis 1961 schrieb M. selbst nahezu 200 Aufsätze. Vor allem lag ihm daran, für den gewaltfreien Weg als Alternative zu Militär und Krieg zu werben und einen Bewußtseinswandel von Grund auf zu fördern. Er war überzeugt: Wenn es nicht zu einer »Revolte des Gewissen« kommt, müßte man »angesichts der unerhörten Freveltaten der beiden Weltkriege an der Umkehr der Christenheit verzweifeln.« Denn ohne Umkehr seien die Folgen vorhersehbar: »Der Fluch, der auf jeder Blut- und Gewalttat lastet, daß Gewalt wieder Gewalt zeugt, Blut wieder Blut fordert, setzt sich millionenfach fort, verführt die Gewissen und verhärtet die Herzen.« Ganz knapp schilderte er 1957, was schon Friedrich Schiller beschrieb und was in unseren Tagen René Girard und die katholischen Theologen Raymund Schwager, Norbert Lohfink und Bernhard Häring weiter entwickelten zur Theorie von der Mimesis, der Nachahmung, der ansteckenden Wirkung von Haß und Gewalt. M. meinte: »Das größte Hindernis ist die auch unter Christen fast allgemein herrschende Meinung, die christliche Gewaltlosigkeit bedeute Kapitulation vor der Macht des Bösen, widerstandslose Duldung von Gewalttat und Unterdrückung.« Seine Gegenthese lautete: »Die Forderung Jesu vom Hinhalten der zweiten Wange bedeutet äußersten Widerstand gegen das in der Gewalttat des Angreifers wirksam gewordene Böse, allerdings nicht nach Art des natürlichen Menschen, der Gewalt mit Gewalt, Rüstung mit Rüstung, Krieg mit Krieg erwidert«, sondern der Weg Jesu forderte in der Nachfolge, dem Bösen mit der Macht des Guten zu widerstehen. Der unheilvolle Kreislauf, wonach Gewalt wieder Gewalt erzeugt, werde so an entscheidender Stelle unterbrochen. Seine Gedanken finden sich ausführlich dargestellt in dem Handbuch für die christliche Friedensbewegung *Der andere Weg* (1957).

Zur deutsch-polnischen Verständigung äußerte sich M. nach dem Zweiten Weltkrieg: »Den Zusammenhang zwischen dem Angriffskrieg Hitler-Deutschlands und der Aussiedlung der deutschen Bevölkerung klar zu sehen, ist nicht nur Voraussetzung für das Verstehen der Lage, sondern auch Forderung der geschichtlichen Wahrhaftigkeit. Andererseits kann man auch nicht bedingungslos jenen polnischen Äußerungen zu-

stimmen, die meinen, die Grausamkeiten des Hitlerkrieges rechtfertigen alles und jedes, was nachher geschehen ist. Die 10 oder 12 Millionen deutscher Menschen, die ihre Heimat verloren haben, sie sind die Opfer für das ganze Volk geworden.« Er hoffte, daß »beide Völker sich aus der nationalen Verkrampfung lösten und sich auf den realen Boden der neuen Tatsachen stellen wollten, die der Krieg geschaffen hat.«
Im Jahre 1957 gründete M. mit seiner Tochter Hildegard das »Wiener Zentrum für soziale und internationale Verständigung«, insbesondere für bessere Ost-West-Beziehungen und für Friedensarbeit in katholischen Staaten. Hildegard Goss-Mayr wurde weithin bekannt, weil sie als Reisesekretärin des Internationalen Versöhnungsbundes in vielen Krisengebieten, besonders in Lateinamerika, auf den Philippinen und in Afrika Gedanken ihres Vaters in praxisnahen Seminaren für gewaltfreie Aktion verwirklichte.

Der Christ in der Welt. Kaspar Mayr zum 70. Geburtstag. Heft 5. Wien 1961. – Gressel, H.: Der Internationale Versöhnungsbund. Ein Modell des christlichen Pazifismus. Uetersen 1993. – Mayr, H.: Kaspar Mayr. Universität Wien (Kath. Theol. Diplomarbeit) 1976.

Hans Gressel

Mehring, Franz

Geb. 27. 2. 1846 in Schlawe (Pommern); gest. 29. 1. 1919 in Berlin

Dem Mitkämpfer und späteren Mitbegründer der KPD, dem Historiker der preußischen Geschichte und der deutschen Arbeiterbewegung schrieb Rosa Luxemburg 1916 zum Siebzigsten: »Sehr verehrter Freund! Wir haben der deutschen Bourgeoisie doch das Letzte und Beste weggenommen, was sie noch an Geist, Talent und Charakter hatte: Franz Mehring.«
Der Sohn eines höheren Steuerbeamten und ehemaligen preußischen Offiziers kam am 27. Februar 1846 in dem hinterpommerschen Landstädtchen Schlawe zur Welt. Die Mutter, eine geborene von Zitzewitz, stammte aus preußischem Uradel. Zu den Vorfahren zählten auch etliche pommersche Prediger. In dieser Umgebung aufgewachsen, »hatte ich mich«, so Mehring später, »mit der lautern Milch preußischer Gesinnung genährt und noch beim Abiturientenexamen auf dem Gymnasium Greifenberg in Pommern die erste Note erhalten über das glückliche Thema: Preußens Verdienste um Deutschland «.
Auf der Universität, wo er, zunächst in Leipzig, dann in Berlin, Vorlesungen und Seminare in Latein und Griechisch besuchte, erweiterte sich sein Gesichtskreis. 1869 brach M., vermutlich unter dem Eindruck der geschichtlichen Ereignisse, die zwei Jahre später zur Gründung des Deutschen Reiches durch Bismarck führten, das Studium ab. Ihn zog es zum Journalismus, und er wollte – ein Bewunderer des Radikaldemokraten und Revolutionshelden von 1848 Johann Jacoby – politisch wirken. Erst 1882 – es war die Zeit des Sozialistengesetzes – promovierte er in Leipzig, nicht freilich in Klassischer Philologie, sondern mit einer Arbeit zur Geschichte der deutschen Sozialdemokratie, einer antisozialistischen Kampfschrift, die zuvor in einer Zeitungsserie und als Buch erschienen war. Der bis dahin demokratisch gesinnte, an den Schriften Lassalles geschulte arbeiterfreundliche bürgerliche Intellektuelle hatte, persönlich schwer gekränkt, der Partei seine Gunst entzogen, als diese einen ihr nahestehenden, aber in unsaubere kapitalistische Geschäfte verwickelten Zeitungsherausgeber gegen M.s Kritik in Schutz nahm.
Kurze Zeit später schwenkte M. wieder um, diesmal unwiderruflich. Abgestoßen von den brutalen und von einem großen Teil des Bürgertums gebilligten Regierungsmaßnahmen gegen Arbeiter und inzwischen vertraut mit den Werken von Marx und Engels setzte er sich als Leitartikler und Chefredakteur der *Berliner Volks-Zeitung* für die Aufhebung des Sozialistengesetzes ein. Das von M. schon früher und übrigens in stilistisch meisterhaften Polemiken aufs Korn genommene Bürgertum hatte in seinen Augen als Klasse verspielt, damit zugleich die politische Demokratie, die sich im Kampf gegen Feudalismus und Absolutismus und den Cäsarismus Bismarcks als unfähig erwiesen hatte.
1891 trat M. der SPD bei. Er schrieb – zunächst anonym – politische Leitartikel für das von Karl Kautsky herausgegebene sozialdemokratische Wochenblatt *Die Neue Zeit* und leitete auch dessen Feuilleton. Von 1902 bis 1907 war er Chefredakteur der *Leipziger Volkszeitung*, die er zu einer der bedeutendsten Arbeiterzeitungen im damaligen Deutschland entwickelte.
Mit Rosa Luxemburg und lange Zeit auch mit Kautsky stand M. auf dem linken Flügel der Sozialdemokratie. Bei Ausbruch des Ersten Weltkriegs gehörte M. zu denjenigen, die die Zustimmung der SPD-Reichstagsfraktion zum Krieg und zu den Kriegskrediten, den sogenannten »Burgfrieden« ablehnten. Lebhaft begrüßte er die russische Oktoberrevolution 1917, obwohl er selber von der »Lückenhaftigkeit, Spärlichkeit und Unsicherheit der Nachrichten« sprach, die über die russische Grenze nach Deutschland drangen.
Mit einer vierbändigen *Geschichte der deutschen Sozialdemokratie* (1898), in der er zum Verdruß orthodoxer Marxisten auch Lassalle gerecht zu werden versuchte, und einer

umfangreichen Marx-Biographie, die wegen des Krieges erst 1918 erscheinen konnte, wirkte M. bahnbrechend auf dem Gebiet der historischen Beschäftigung mit der deutschen Arbeiterbewegung.

Legendären Nachruhm erlangte M. – über die Arbeiterklasse hinaus – mit seinem bereits 1892/93, kurz nach seiner Bekehrung zum »Historischen Materialismus« verfaßten Buch *Die Lessing-Legende*. Es hätte auch den Titel »Die Hohenzollern-Legende« tragen können. M. ging es darum, den Kosmopoliten und Menschenfreund, den Vorkämpfer der bürgerlichen Emanzipation Lessing der Vereinnahmung durch die borussifizierte Geschichtsbetrachtung zu retten. Und das hieß zugleich: den Mythos von der nationalen, sozialen und kulturellen Mission der preußischen Könige, insbesondere Friedrichs des Großen, als »Verrat« der Bourgeoisie an ihren früheren Idealen anzuprangern. Hatte man es doch in Deutschland so weit gebracht, daß in den Schulen die Biographien der Hohenzollern wie an der Schnur aufgereiht durchgegangen wurden und sich viele Geschichtsbücher wie gedruckte Siegesalleen ausnahmen. In seinem Eifer geriet M. freilich die deutsche Geschichte seit dem Dreißigjährigen Krieg und insbesondere die brandenburgische und preußische zu einer, wie Engels lobend bemerkte, »einzigen fortlaufenden Misère«. Eine Auffassung, die nicht nur die um historische Legitimierung der DDR bemühte SED-Geschichtsschreibung zu allerlei Verrenkungen zwang, sondern auch die in der Bundesrepublik in den achtziger Jahren geführte Debatte um einen deutschen »Sonderweg« beeinflußte.

M. starb am 29. Januar 1919, vierzehn Tage nach der Ermordung seiner Freunde Rosa Luxemburg und Karl Liebknecht.

Höhle, Th.: Franz Mehring, 1869–1891. Berlin (2. verbesserte und erweiterte Aufl.) 1958. – Kumpmann, W.: Franz Mehring als Vertreter des historischen Materialismus. Wiesbaden 1966. – Schleifstein, J.: Franz Mehring. Sein marxistisches Schaffen 1891–1919. Berlin 1959.

Manfred Asendorf

Mendelssohn, Moses

Geb. 6. 9. 1729 in Dessau; gest. 4. 1. 1786 in Berlin

Mit der gebotenen Devotion richtete 1763 der Jude Moses aus Dessau, wie sich M. in der jüdischen Gemeinde Berlins nannte, an König Friedrich II. (den Großen) das Gesuch, ihm den Schutz eines preußischen Untertanen zu gewähren. Der Bittsteller zögerte zunächst, das Schreiben einzureichen. »Es thut mir weh«, äußerte er in einem Brief, »daß ich um das Recht der Existenz erst bitten soll, welches das Recht eines jeden Menschen ist, der als ein ruhiger Bürger lebt«. Daß sein Gesuch überhaupt Erfolg hatte, verdankte der über ein hohes Ansehen als philosophischer Schriftsteller, aber über kein zu versteuerndes Vermögen verfügende Jude wohl einem Empfehlungsschreiben, mit dem der Marquis d'Argens – der von Friedrich berufene Direktor der literarischen Klasse der Preußischen Akademie und Verehrer M.s – der Souveränität des aufklärerisch gebildeten Königs schmeichelte: »Ein nicht sehr katholischer Philosoph bittet einen nicht sehr protestantischen Philosophen, einem nicht sehr jüdischen Philosophen das Schutzprivilegium zu geben. Es ist so viel Philosophie dabey, daß es die Vernunft gewiß billigt.«

Auf eine nur ironische Behandlung der Konfessionsunterschiede gründete sich die Toleranzforderung des »jüdischen Philosophen« indes nicht. M. kannte den Wert seiner frühen, ihn zu einem Rabbinat befähigenden jüdischen Erziehung, die er nie aus dem Interesse an einer vordergründigen Assimilation verleugnete. Vielmehr hat er das, was er sich an zeitgenössischer Bildung mühsam durch autodidaktische Studien aneignen mußte – selbst die deutsche Sprache, die er in stilistisch vorbildlicher Weise beherrschte, war für ihn zunächst fremd –, als Lehrer und Protektor den jüdischen Gemeinden weitervermittelt und damit dazu beigetragen, diese aus ihrer mittelalterlichen Rückständigkeit zu befreien.

Entscheidenden Einfluß auf M.s Entwicklung nahm der Dessauer Rabbiner David Fränkel, der ihn ab 1739 im Talmud-Studium unterwies und auf die Schriften des jüdischen Philosophen Moses Maimonides aufmerksam machte. Als Vierzehnjähriger folgte M., Sohn eines Schreibers und Lehrers an der jüdischen Gemeindeschule in Dessau, seinem Lehrer nach Berlin. Dort fand er, nachdem er selbständig mehrere Sprachen erlernt und Autoren wie John Locke, Gottfried Wilhelm Leibniz und Christian Wolff studiert hatte, eine Stelle als Hauslehrer bei dem Seidenhändler Isaak Bernhard, in dessen

Manufaktur M. 1754 als Buchhalter eintrat und dessen Unternehmen er nach dem Tod Bernhards (1758) zusammen mit der Witwe weiterführte. Die Stellung sicherte ihm ein gutes Auskommen und ermöglichte 1762 die Heirat mit der Hamburger Kaufmannstochter Fromet Gugenheim, ließ ihm für private Studien aber nur begrenzte Zeit.

Durch einen weiteren jüdischen Förderer, den Arzt Aron Emmerich Gumpertz, wurde M. in das intellektuelle Leben Berlins eingeführt. Aus der Begegnung mit dem gleichaltrigen Kritiker und Theaterautor Gotthold Ephraim Lessing und dem Verleger Friedrich Nicolai entwickelte sich eine lebenslange Freundschaft, die in ihren ersten Jahren – den produktivsten des jungen Philosophen – die Gegenstände, den Stil und selbst den Ort der Publikationen M.s beeinflußte. Mit Lessing zusammen verfaßte er die satirische Antwort auf eine Preisfrage der Berliner Akademie (*Pope ein Metaphysiker!*, anonym 1755) und rezensierte philosophische und literarische Neuerscheinungen für die *Bibliothek der schönen Wissenschaften und der freyen Künste* (1757–1760) sowie in den bei Nicolai verlegten *Briefe(n), die Neueste Litteratur betreffend* (1759–1765), wo er 1760 die *Poésies Diverses* Friedrichs II. besprach, zunächst wohlwollend, doch mit einer deutlichen Kritik an den Einwänden des Königs »wider die Unsterblichkeit«, die ihm zum Teil als »so unerheblich« erschienen, daß sie »zu unsern« Zeiten »in der Philosophie eine so schlechte Figur machen, daß sie kaum beantwortet zu werden verdienen«. *Die Litteraturbriefe* wurden daraufhin vorübergehend verboten und M. namentlich angezeigt. Das Thema der Unsterblichkeit war für ihn zu dieser Zeit von zentraler Bedeutung, da er sich – nach einem 1757 begonnenen Studium des Altgriechischen – entschlossen hatte, den platonischen Dialog »Phädon umzuarbeiten und herauszugeben«. Das Buch erschien 1767 (*Phaedon oder über die Unsterblichkeit der Seele in drey Gesprächen*), erlebte rasch mehrere Auflagen und wurde in zehn Sprachen übersetzt. M. war es gelungen, die klassischen Beweise für die Unsterblichkeit der Seele in einer rein rationalen, auf offenbarungstheologische Argumente verzichtenden und dabei einem breiteren Publikum verständlichen Weise zusammenzufassen – er wurde damit zum populärsten Vertreter der Leibniz-Wolffschen Tradition in Deutschland, mit dessen vorbildlicher Beweisführung sich noch der Königsberger Philosoph Kant in der *Kritik der reinen Vernunft* (1781) auseinandersetzte. Kant schätzte in M. den scharfsinnigen Metaphysiker, der mit seiner *Abhandlung über die Evidenz in Metaphysischen Wissenschaften* vor dem von Kant eingereichten Beitrag zur Beantwortung der von der Berliner Akademie für das Jahr 1763 ausgeschriebenen Frage, ob die metaphysischen Wahrheiten einer solchen Evidenz fähig seien wie die mathematischen, den Preis erhalten hatte.

Eine vermittelnde Stellung zwischen der älteren Schulphilosophie und der Transzendentalphilosophie Kants nahm M. auch in der Ästhetik ein. Die Reihe seiner Veröffentlichungen zu dieser neuen Teildisziplin (*Über die Empfindungen*, 1755; *Betrachtungen über das Erhabene und das Naive in den schönen Wissenschaften*, 1758) ließ eine Entwicklung und Weiterführung der Ansätze von Alexander Gottlieb Baumgarten (1714–1762) und Johann Georg Sulzer (1720–1779) erkennen, die von der metaphysischen Begründung einer »Schönheit« mit »Vollkommenheit« identifizierten Ästhetik zu der psychologischen Definition eines Gefühls des Schönen im Sinne des »interesselosen Wohlgefallens« führte und den idealistischen Gedanken einer ästhetischen Erziehung des Menschen vorwegnahm.

Von Sulzer wurde M. zur Aufnahme in die Akademie der Wissenschaften vorgeschlagen; die erfolgte Wahl wurde jedoch von Friedrich II. nicht bestätigt. Dieser Akt absolutistischer Willkür gehörte zu einer Folge von Kränkungen, die – zusammen mit einer schweren Krankheit, welche über Jahre hinweg jede schriftstellerische Tätigkeit verhinderte – M.s letzte Lebensperiode überschatteten. Der Züricher Theologe Johann Kaspar Lavater forderte ihn öffentlich dazu auf, die von Charles Bonnet (*Idées sur l'état futur des êtres vivants, ou Palingénésie philosophique*, 1769) geführten »Beweise für das Christenthum« zu widerlegen oder andernfalls zu konvertieren. M. verteidigte sein Judentum und mußte eine Welle antisemitischer Angriffe über sich ergehen lassen. Um 1774 begann er mit einer Übersetzung des Pentateuch aus dem Hebräischen: die israelitische Kultur sollte an der deutschen teilnehmen können, ohne sich selbst aufzugeben. Mit Christian Konrad Wilhelm von Dohm (*Über die bürgerliche Verbesserung der Juden*, 1781/83) forderte M. die rechtliche Gleichstellung der Juden. Aus der Toleranzdiskussion der Aufklärung erwuchsen konkrete Reformvorschläge, die innerhalb der existierenden Staatsform verwirklicht werden sollten. M. blieb auch in seinen naturrechtlichen Schriften und gesellschaftstheoretischen Entwürfen (*Jerusalem oder über religiöse Macht und Judentum*, 1783) ein Anhänger Wolffs, der an der Staatszwecklehre des aufgeklärten Absolutismus festhielt. Die Idee der Volksregierung hatte in seinem Denken keinen Platz.

In anderer Weise beherrschten religiöse Fragen seine Auseinandersetzung mit dem Philosophen Friedrich Heinrich Jacobi (1743–1819), der ohne das Einverständnis M.s dessen Briefe über Lessings Äußerungen zum Spinozismus veröffentlicht hatte, was zum sogenannten »Pantheismusstreit« führte, von dem die letzen Arbeiten M.s geprägt sind (*Morgenstunden oder Vorlesungen über das Daseyn Gottes*, 1785; *Moses Mendelssohn an die Freunde Lessings*, postum 1786). Er verteidigte Lessing und mit diesem die Vernunftreligiosität der

Aufklärung: als er 1786, im Todesjahr Friedrichs II. starb, war die Philosophie der Aufklärung in Deutschland bereits in eine neue Phase eingetreten.

Albrecht, M.; Engel, E. J.; Hinske, N. (Hg.): Moses Mendelssohn und die Kreise seiner Wirksamkeit. Tübingen 1994 (Wolfenbütteler Studien zur Aufklärung Bd. 19). – Altmann, A.: Moses Mendelssohn. A Biographical Study. Philadelphia. London 1973. – Altmann, A.: Die trostvolle Aufklärung. Studien zur Metaphysik und politischen Theorie Moses Mendelssohns. Stuttgart (Bad Cannstatt) 1982. – Hinske N. (Hg.): Ich handle mit Vernunft ... : Moses Mendelssohn und die europäische Aufklärung. Hamburg 1981.

Friedrich Vollhardt

Mensching, Wilhelm

Geb. 5. 10. 1887 in Lauenhagen/Schaumburg-Lippe; gest. 25. 8. 1964 in Stadthagen

Der Sozialdemokrat Wilhelm Sollmann, 1923 für drei Monate Innenminister der Weimarer Republik, charakterisierte M. einmal als »Muster eines realistischen Weltbürgers«. Die englische Schriftstellerin Vera Brittain sah in ihm die »Symbolfigur des deutschen Pazifismus«. Der spätere Weltbürger M., ein Bauernsohn, studierte Theologie, Geschichte und Medizin. Während der Ferien half er als Pfleger in Bethel. Dort las er den Aufruf des alten Friedrich von Bodelschwingh, der zu größerer Aktivität in der Ostafrika-Mission antrieb: »Nicht so langsam! Ihr müßt schneller arbeiten! Sie sterben sonst darüber.« Diesen Ausspruch hat M. später auf die Lage der gesamten Menschheit und die notwendige Friedensarbeit in den Krisen und Kämpfen des Atomzeitalters übertragen.

Nach Abschluß der Ausbildung übernahm M. als Pfarrer eine Station der Bethel-Mission in Ruanda. Mit Befremden beobachtete er den rassischen, nationalen und kirchlichen Hochmut mancher Missionare. Sein Verständnis von Mission setzte tiefer an und reichte weiter: »Das Christentum unterhält einen riesenhaften Propagandaapparat. Dringender als je fordert unsere Zeit von Menschen, die in Jesu Auftrag und Art gehen wollen, sich um die Bruderschaft zwischen Rassen und Religionsorganisationen, Menschenschichten und Kulturen zu bemühen.« 1916 wurde M. mit seiner Familie von Belgiern interniert und von Engländern als Gefangener nach Indien verschleppt. Den gewaltfreien Kampf Mahatma Gandhis beobachtete er mit wachsender Zustimmung. 1920 freigelassen, übernahm M. die Pfarrgemeinde Petzen bei Bückeburg. 1922 lernte er über Friedrich Siegmund-Schultze den »Internationalen Versöhnungsbund« (gegründet 1914) kennen, die älteste und größte Friedensorganisation der Ökumene. Die Kirche, Gemeindehaus und Pfarrwohnung wurden zum Mittelpunkt umfangreicher Friedensaktivität. M. organisierte Friedensfeste und Tagungen mit Gästen vieler Nationen und Rassen. 1927 nahm er als einziger Europäer am Panafrikanischen Kongreß in Harlem/USA teil. In seinem Buch *Im vierten Erdteil* (1929) schilderte er die Begegnungen mit Afrikanern, Chinesen, Indern, Weißen und Schwarzen Amerikas. Fazit seiner Beschäftigung mit Rassen-, Kolonial- und Kulturfragen wurde das Buch *Farbig und Weiß* (1930). M. berichtete über die Greuel des Kolonialismus und die Kluft zwischen den Rassen in Lateinamerika, den USA und in Afrika. 1928 besuchte er England und gewann in der Quäker-Hochschule Woodbrooke neue Anregungen für ein tieferes Verständnis des Christseins. 1932 wurde er zum ehrenamtlichen Geschäftsführer und Reisesekretär des Versöhnungsbundes berufen.

Als Gegner des Nationalsozialismus verfaßte M., um dem Rassenwahn des Anti-Judaismus entgegenzuwirken, anschauliche Lebensbilder aus dem Alten Testament z.B.: *Ein Beduinenfürst, Abraham*; *Ein Zeuge, Jeremia*. Mit Freunden gab er die Heftchen *Aus deutschem Erbgut* im Quäker-Verlag heraus: achtseitige Anthologien in Postkartengröße mit einer Kurzbiographie auf der ersten Seite. Beabsichtigt war, entgegen der Rasseerbgut-Verherrlichung der Nationalsozialisten gerade das geistige Erbe in wesentlichen Aussagen Luthers, Kants, Goethes, Christoph Blumhardts und anderer Geistesgrößen hervorzuheben. Die Gestapo verhaftete deshalb seinen Verleger und einige seiner Mitarbeiter. Er selbst konnte sich nur mit Hilfe eines mit ihm persönlich bekannten Ortsgruppenleiters schützen. Erneut geriet er in Gefahr, als er fast ein Jahr lang 1944/45 ein jüdisches Mädchen im Pfarrhaus verbarg. Auch ein russischer Soldat, der aus einem Kriegsgefangenenlager geflohen war, fand bei der Familie M.s Zuflucht.

In den ersten Nachkriegsjahren organisierte M. den Wiederaufbau des »Versöhnungsbundes«. 1946 schlug der spätere Reisesekretär des »Internationalen Versöhnungsbundes«, Pfarrer André Trocmé, den Aufbau eines deutschen Friedenszentrums vor. Nach kurzem Zögern half M. zielstrebig zusammen mit Gemeindemitgliedern und internationalen Freunden. Der Weinberg, kurz vor Bückeburg, auf dem das Freundschaftsheim erbaut wurde, war ursprünglich eine Hinrichtungsstätte, später Teil eines Truppenübungsplatzes, danach Schlachtfeld, auf dem noch 1945 sechs deutsche Soldaten gefallen sind, und schließlich eine Schutthalde.

Das »Internationale Freundschaftsheim« wurde zu M.s Lebenswerk. Hunderttausende aus allen Erdteilen haben es als Freiwillige, Kursteilnehmer oder Besucher kennengelernt. Jeder wurde aufgenommen: Juden und ehemalige Nationalsozialisten, Schwarze und Weiße, Christen und Nichtchristen, Pazifisten und Nichtpazifisten. Hier wurden auch seit Anfang der fünfziger Jahre Ost-West-Theologentagungen abgehalten. Zu den Rednern gehörten die Theologen Gustav Mensching, Heinrich Vogel, Ernst Wolf aus der Bundesrepublik Deutschland sowie die Theologen Erich Hertzsch und Gert Wendelborn und der Kulturpolitiker Walter Bredendieck aus der DDR.

Im Laufe der Jahre besuchten enge Mitarbeiter Gandhis die Begegnungsstätte: u.a. dessen Ärztin Sushila Nayyar, die Organisatorin der Friedensbrigade, Asha Devi Aryanayakam und der spätere Minister Narayan. Dementsprechend wurde das Internationale Freundschaftsheim zum Modell der gewaltfreien Alternative zu militärischen Interventionen. Auf einer Arbeitstagung mit Konteradmiral a.D. Ludwig Stummel, der den Weg vom Berufssoldaten zum Pazifisten gegangen war, stellte der ehemalige Panzergeneral von Faber du Faur fest: »Gandhis Methode des gewaltlosen Kampfes ist eine höhere Form der Wehrhaftigkeit.«Mehrfach wurden Kurse für gewaltfreie Aktionen mit den Friedensforschern Theodor Ebert, Gernot Jochheim, Gene Sharp und Wolfgang Sternstein eingerichtet. 1968 kam es dort zur Gründung der »Aktionsgemeinschaft Dienst für den Frieden«, der Dachorganisation christlicher Friedensverbände. Auch die »Aktion Selbststeuerung – Friede durch gerechte Entwicklungspolitik« begann ihre Arbeit im Bückeburger Zentrum. 25 Jahre nach dem Tod seines Gründers mußte das Internationale Freundschaftsheim – inzwischen waren staatliche Zuschüsse weggefallen – geschlossen werden.

M.s Gedanken über die Ausbildung zum Friedensdienst bleiben gleichwohl aktuell: »Viel fauler Frieden und ›kalter Krieg‹ wird Friede genannt. Wir haben faulen Frieden, wenn wir unsere Freiheit, Selbstachtung und Menschenwürde aus Furcht oder um gewisser Vorteile preisgeben. Wir haben ebenfalls faulen Frieden, wenn wir die Freiheit und Menschenrechte von anderen nicht heilig halten. Wir haben faulen Frieden, wenn wir die Fehler von drüben hervorheben und die von hüben vertuschen. Friedensdienst ist klares Nein zum faulen Frieden (...) Wieviel Jahre opfert man dem Krieg und der Ausbildung dafür! Ist es da ein Wunder, wenn wir Krieg bekommen anstatt Frieden? Unsere eigentliche Aufgabe, die sonst in Europa noch kaum in Angriff genommen ist, bleibt: Friedensarbeiter ausbilden! Unsere Völker brauchen dringend Friedensarbeiter, ausgebildete Friedensarbeiter, nicht nur flatterhafte Dilettanten.«

Als Ergebnis seiner Studien verfaßte M. eine Broschüre *Über das Gewissen* (o.J.), die in Japan zeitweise als Schullektüre eingesetzt wurde. Die Grundgedanken waren anschaulich formuliert: »Das Gewissen ist nicht die irrtumsfreie Stimme der Wahrheit, des Sittengesetzes oder Gottes, sondern nur die Fähigkeit des Menschen, diese Stimme zu hören. Am häufigsten scheint unser Gewissen deshalb zu irren, weil es andere Stimmen mit der Stimme der Wahrheit, der Vernunft, der Menschlichkeit, des Sittengesetzes oder Gott verwechselt. Wir haben das Gewissen, um uns nicht durch die Umwelt einlullen zu lassen, sondern wach zu werden und zu bleiben für Wahrheit, Recht, Vernunft, Sittlichkeit oder Gott. Die Menschheit verdankt ihre großen Befreiungen dem Gewissen von Einzelnen und Minderheiten. Der Übung und Pflege des Gewissens dient der Umgang mit Menschen, die gewissenhaft, mutig und gütig dem Dienst der Menschlichkeit ergeben sind.«

Gressel, H.: Wilhelm Mensching. Der Gründer des Freundschaftsheimes, in: Fünfundzwanzig Jahre Internationales Freundschaftsheim Bückeburg. Minden-Bückeburg 1973, S. 5–18.

Hans Gressel

Meyer, Georg Conrad

Geb. 1. 4. 1774 in Flensburg; gest. 18. 7. 1816 in Flensburg

M., dessen Vater Zollbeamter war, wuchs in engen sozialen Verhältnissen auf. Er begann im Oktober 1792 an der Universität Kiel mit dem Studium der Rechte und machte sich die Ideen der französischen Jakobiner zu eigen. Der spätere Historiker Barthold Georg Niebuhr, der ebenfalls in Kiel studierte, bezeichnete M. als »Haupt der hiesigen Sansculotten« und als »Apostel der Gleichheit«. Als der Professor Carl Friedrich Cramer – Klopstocks Freund und Biograph – wegen seiner revolutionsfreundlichen Gesinnung auf Betreiben konservativer Kreise am 6. Mai 1794 seines Kieler Lehramtes enthoben wurde, nahm M. an einer Sympathiekundgebung einiger Studenten teil, die die Rücknahme von Cramers Entlassung forderten. Kurz darauf wurde M. von der Universität relegiert, weil er – wie es in der Begründung hieß – »jedem ruhigen und vom Freihheitsschwindel nicht betäubten Einwohner Ärgernis« gab. Ohne Studienabschluß kehrte er in sein Elternhaus zurück; er blieb bis an sein Lebensende »Kandidat der Rechte«.

Im Herbst 1796 begann M. unter der dänischen Pressefreiheit mit der Herausgabe der Wochenschrift *Der neue Mensch*, die als eines der radikalsten Revolutionsorgane Deutschlands anzusehen ist. Als Motto wählte er den Wahlspruch der französischen Zeitschrift *Révolutions de Paris*, die 1792 bis 1794 Sprachrohr der plebejischen Volksgesellschaften war: »Die Großen erscheinen uns nur deshalb groß, weil wir auf den

Knien liegen. Erheben wir uns!« – Alle Äußerungen M.s zu politischen und sozialen Fragen atmen freiheitlich-republikanischen Geist. In Vers und Prosa trat er für Volkssouveränität, verfassungsmäßige Verankerung der Menschenrechte, Gewaltenteilung, Aufhebung der Handwerkerzünfte, Gewerbefreiheit, Abschaffung der ständischen Privilegien und Monopole sowie für die Gleichberechtigung der Frauen ein und erklärte, daß nur in einer Demokratie die Interessen der Herrschenden und der Beherrschten vereinbar seien. Er rief dazu auf, das französische Beispiel nachzuahmen, den Juden volle Bürgerrechte zu gewähren und sie zu allen Berufen zuzulassen; die jahrhundertelange Unterdrückung durch die Christen trage an der »Entmenschung« der Juden schuld. Die Gerechtigkeit fordere, »die Gleichheit aller als das Fundament der wahren Republik« zu Grunde zu legen, »allen dieselbe Gelegenheit darzubieten, ihre Tugenden und Talente auszubilden und ihre Kenntnisse zu erweitern«. Frankreich habe »viel für das künftige Wohl der Menschheit vorbereitet« und den deutschen Regierungen ein Beispiel gegeben. »Die Freiheit eines Volkes, seine Obrigkeiten, seine Gesetzgeber, seine Herrscher selbst zu wählen, die Abschaffung der begünstigten Stände, die Aufhebung der Frondienste, die Verminderung und bessere Verteilung der öffentlichen Auflagen, die Befreiung von willkürlichem Zwang, dem vormals fast alle bürgerlichen Geschäfte unterworfen waren, die größere Sicherheit des Eigentums, die vermehrte Betriebsamkeit, die Milderung und genauere Bestimmung der Strafgesetze, das sind die Vorteile, zu denen wir den Franzosen Glück wünschen.«

M. bejahte die Rechtmäßigkeit und Notwendigkeit der Hinrichtung Ludwigs XVI.: und näherte sich in seinen Forderungen nach Verbesserung der Lebensbedingungen der handarbeitenden Schichten den Auffassungen des Kreises um Gracchus Babeuf in Paris; sein Blatt publizierte Korrespondenzberichte aus Frankreich, die die Rückkehr zu der (nie in Kraft getretenen) Jakobinerverfassung von 1793 forderten. M. schlug vor, das französische Direktorium möge in den bevorstehenden Friedensvertrag mit dem Deutschen Reich die »uneingeschränkte Gewissens-, Denk- und Druckfreiheit als eine unerläßliche Bedingung« aufnehmen, damit die deutschen Demokraten ihre Grundsätze unter dem Schutz der Gesetze ungehindert verbreiten könnten. Als die französische Direktorialregierung 1797 die Errichtung einer linksrheinischen Republik in Erwägung zog, erblickte M. darin die Basis für eine spätere Republikanisierung ganz Deutschlands und rief aus: »Heil dem Geist der Franken! Er beherrsche den Erdkreis, mache zu Brüdern das Menschengeschlecht!«

M., dessen Wochenschrift zwei Gedichte des Radikaldemokraten Heinrich Christoph Albrecht publizierte, stand mit der jakobinischen »Verlagsgesellschaft von Altona« in Verbindung. Die Unangefochtenheit, mit der er sein politisches Credo verkündete, verleitete ihn zu unüberlegten Schritten. Als er einen scharfen persönlichen Angriff gegen den konservativen Probst Nikolaus Johannsen, den Hauptpastor der Flensburger Nikolaikirche, richtete und die Unvorsichtigkeit beging, die dänischen Staatseinrichtungen zu kritisieren, kam er mit den Behörden in Konflikt. Der Pastor beschuldigte M., er halte »demokratische Reden«, rufe zu »Ruhe störenden Handlungen« auf und verbreite monarchiefeindliche Grundsätze. M. sah sich zur Einstellung seiner Zeitschrift gezwungen, von der insgesamt einundvierzig Folgen erschienen waren.

Im Jahre 1798 schloß er sich als Schauspieler einer Flensburger Theatergruppe an, die etwa ein Jahr lang bestand. Die Aufhebung der dänischen Pressefreiheit 1799 machte das Weiterbestehen demokratischer Journale unmöglich. Während des Konflikts zwischen Dänemark und England gab M. 1801 ein patriotisches Blatt *Der Feind Englands* heraus, das zur Vaterlandsverteidigung aufrief und von dem fünf Nummern erschienen. Seit 1810 litt M. an Schwindsucht und verbrachte seine letzten Lebensjahre im Flensburger Krankenhaus. Dort verfaßte er moralisch-psychologische Epigramme und Gedichte, die kurz vor seinem Tode unter dem Titel *Versuche in Grabschriften* erschienen. Aus der Vorrede zu dieser Sammlung ist zu ersehen, daß er seinen demokratisch-freiheitlichen Jugendidealen die Treue bewahrte.

Grab, W.: Leben und Werke norddeutscher Jakobiner. Stuttgart 1973. – Grab, W.: Ein Volk muß seine Freiheit selbst erobern. Zur Geschichte der deutschen Jakobiner. Frankfurt/Main 1984.

Walter Grab

Meysenbug, Malvida von

Geb. 28. 10. 1816 in Kassel; gest. 26. 4. 1903 in Rom

M. wurde in einer aus Frankreich stammenden hugonottischen Beamtenfamilie geboren und aristokratisch erzogen; der Vater war Minister, die sechs Brüder bekleideten hohe Staatsämter. Ernsthaft und lernbegierig, schloß sie sich vom Familienleben, das sie als banal und verlogen empfand, nach Möglichkeit ab. Um ihre Familie auf Geselligkeiten nicht begleiten zu müssen, flüchtete sie sich während der Konfirmationszeit in die religiöse Unterweisung. Sie liebte alles, was sie aus dem engen Kreis der standesgemäßen weiblichen Beschäftigung herausführte, besonders Bildung und Politik. Das Erlebnis der Kasseler Volkserhebung von 1830 politisierte sie zusätzlich, und sie mochte sich bereits mit den laut werdenden demokratischen Forderungen identifiziert haben. Aufgrund ihrer geistig-kritischen Veranlagung hatte sie unüberwindliche Abscheu vor der »Konvenienzehe« (Vernunftehe), die nicht auf gegenseitiger Zuneigung beruhte und von den Beteiligten die ständige Heuchelei verlangte. Unter diesem Blickwinkel lehnte sie einige Heiratsanträge, die ihr die materielle Sicherstellung bedeutet hätten, ab. Stattdessen befreundete sie sich mit dem sechs Jahre jüngeren Theologen Theodor Althaus, in dessen Gesellschaft und Freundeskreis sie liberal-demokratische Gedanken kennenlernte und diskutierte. Auch durch Lektüre von Ludwig Feuerbachs Schriften löste sie sich allmählich aus dem religiösen Denken ihres Elternhauses und begann, für sich eine praktische Tätigkeit ins Auge zu fassen. Nach Übersiedlung der Familie nach Detmold, dauernd nach dem Tode des Vaters 1847, gründete M. dort einen »Verein der Arbeit für Arme«, durch den sie mittellosen Mädchen zu Bildung und Arbeit verhelfen wollte.

M.s kompromißlose Ablehnung konventionellen Verhaltens führte dazu, daß ihre Familie sich von ihr lossagte. Auch Althaus entfremdete sich ihr und sie brach die Beziehung ab. Nach der Revolution von 1848 beschäftigte sie sich intensiv mit Geschichte und Philosophie und dachte daran, mit dem Revolutionär und radikaldemokratischen Publizisten Julius Fröbel nach Amerika auszuwandern, wo Arbeit »keine Schmach, sondern eine Ehre« war. Vorerst bot sich ihr aber ab 1850 die Möglichkeit, an der von ihr mitgegründeten Hamburger »Hochschule für das weibliche Geschlecht«, in der die bürgerliche Gleichheit von Mann und Frau großgeschrieben wurde, als Lehrerin und Vorsitzende zu arbeiten. Durch Bildung und Berufstätigkeit sollten Frauen unabhängig werden. Neben dem Unterricht in den üblichen Schulfächern, der zum großen Teil von Hamburger Professoren (unter anderen von dem renommierten liberalen Hamburger Pädagogen Anton Rée) gegeben wurde, bot die Hochschule eine Erzieherinnen- und Kindergärtnerinnen-Ausbildung. Carl Fröbel, der Neffe des Pädagogen Friedrich Fröbel, seine Frau und die Hamburger Frauenrechtlerin Emilie Wüstenfeld standen ihr vor. Hervorgegangen war die Hochschule aus der deutsch-katholischen sogenannten »Freien Gemeinde«, die sich 1844 von der römisch-katholischen Kirche losgesagt hatte und auch in anderen deutschen Großstädten als liberale Kraft präsent war (Leiter der Leipziger Vertretung der »Freien Gemeinde« war Robert Blum). In ihren *Memoiren einer Idealistin* (1876) beschrieb M., wie begeistert diese erste Studienmöglichkeit von den Frauen aufgenommen wurde, aber auch, wie der Widerstand von seiten der Behörden und der Kirche dazu führte, daß die Hochschule nach zwei Jahren bereits wegen Geldmangels schließen mußte.

M. war bewußt geworden, daß die geistige Frauenemanzipation nur auf allgemeiner Grundlage und auf der Basis beruflicher Betätigung und Gleichstellung gedeihen konnte. Zu alledem war Frauenbildung unerläßlich. M. wollte nun in Berlin in diesem Sinne weiterwirken. Hier wurden ihre Korrespondenz mit Politikern der Revolution und einige Zeitungsartikel aus ihrer Feder der Polizei bekannt, so daß es Hausdurchsuchungen gab und ihre Verhaftung bevorstand. M. sah sich gezwungen, nach London zu emigrieren, wo sie ihren Unterhalt als Privatlehrerin bestritt. In London fand sie Gleichgesinnte im Haus der Schriftstellerin Johanna Kinkel, Ehefrau des Revolutionärs Gottfried Kinkel; hier diskutierten und arbeiteten im Exil lebende Publizisten und Politiker, hervorragende politische Köpfe der Zeit, wie zum Beispiel Giuseppe Garibaldi und Giuseppe Mazzini, an dessen Journal M. mitarbeitete, sowie der russische Publizist und Sozialist Alexander Herzen. Er bat M., in seinem Haus die Erziehung seiner Töchter zu übernehmen. Dort blieb M., bis sie von einigen neiderfüllten Hausbesuchern angefeindet wurde und Herzen nach ihrem Empfinden nicht eindeutig Stellung für sie bezog. Nachdem ein Gesprächsversuch von ihrer Seite her keine Wiederherstellung des Vertrauens erbrachte, packte sie ihren Koffer und zog im Winter 1859 nach Paris.

In Paris begann M.s Freundschaft mit Richard Wagner und auch mit Friedrich Nietzsche, nach deren Zerwürfnis M. auf Wagners Seite verblieb. Frauenrechtlerinnen kritisierten, ihr sei die Frauenfeindlichkeit im Denken Wagners und Nietzsches entgangen. M. lehnte die sexuelle Emanzipation der Frau ab, weil diese ihrer Meinung nach die Trennung von Körper und Geist implizierte. So wurde M. oft vereinfachend und abwertend als »Idealistin« bezeichnet. Sie selbst nahm diesen Ausdruck nicht ohne Ironie im Titel ihrer *Memoiren einer Idealistin* auf.

In Paris kam es auch zu einer Versöhnung mit Herzen. Nach ihrer Abreise aus London war er ihr gefolgt und hatte sie gebeten, ihre alte Stellung in seinem Haus – diesmal in Paris – wieder einzunehmen. Sie blieb dort bis zu seinem Tod 1870. Ihre letzten Lebensjahre verbrachte M. in Ischia und Rom, wo sie insbesondere mit dem französischen Dichter und Pazifisten Romain Rolland Umgang hatte.

Blos, A.: Frauen der deutschen Revolution 1848. Dresden 1928. – Kayser, Rudolf: Malvida von Meysenburg. Hamburger Lehrjahre. In: Zeitschrift für den Verein für Hamburgische Geschichte, Bd. 28, 1927, S. 117–128. – Möhrmann, R.: Frauenemanzipation im deutschen Vormärz. Stuttgart 1978. – Schwarz, M.: Malvida von Meysenbug. Lübeck 1933.

Sieglinde Domurath

Mierendorff, Carlo (eigentlich Carl) (Pseud.: Walter Glenlow)

Geb. 24. 3. 1897 in Großenhain/Sachsen; gest. 4. 12. 1943 in Leipzig

1920 erschien in Berlin bei Erich Reiß eine schmale Broschüre, deren Titel ein Stoßseufzer war: *Hätte ich das Kino!!*. Es ist das 15. Heft der *Tribüne der Kunst und Zeit*, die unter der Herausgeberschaft des Expressionisten Kasimir Edschmid ein Forum der intellektuellen Avantgarde sein wollte. Als Verfasser zeichnete ein junger Mann, ein Student der Nationalökonomie mit schriftstellerischen Ambitionen. Die Literatur fertigt er leichthin ab. Sie sei »längst Gespiel, ein Selbstbetrug«, dem die Wenigen für Wenige frönten: »An einer Statistik der Leser würde die Überheblichkeit der Dichter zu einem Witz. Sie vermögen nicht in den Umschwung des Lebens einzugreifen. Sie stehen auf dem Rand. Statt zu wirken, reden sie nach dem Diktionär der Akademie.« Im Gegensatz dazu der Film, ein Medium für die vielen, die ohne Buch sind, »die nie ein Autor erreicht, vielleicht noch eine Zeitung, vielleicht noch ein Flugblatt, vielleicht noch ein Fünfminuten-Redner während einer Wahlkampagne, und die dann zurücktauchen in ihre Anonymität. Sie hat das Kino (...), hier empfangen sie Begeisterung, Schmerz, Spaß, Entwicklung. Ein Publikum, millionenstark (...), das keinen Namen hat und doch da ist, das, in seiner ungeheuren Masse sich bewegend, alles gestaltet, und das man darum in die Hand bekommen muß.« Die Schlußfolgerung daraus lautete: »Wer das Kino hat, wird die Welt aushebeln.«

Zu behaupten, dieses ausdrucksstarke und freche Pamphlet hätte den Ruhm des damals 23jährigen M. begründet, wäre übertrieben. Dazu war die Arbeit nicht fundiert genug, in distanzlosem Überschwang mehr Aperçu und emphatisch beschworene Utopie als strenge, an soziologischen und ästhetischen Kategorien orientierte Analyse. Aber ein waches Gespür für die künftige Bedeutung des klassenübergreifenden Mediums Film verriet sie schon. Entstanden in einer Phase des Übergangs, in der das Alte, das Kaiserreich, in Krieg und Revolution zerbrochen und das Neue, die Republik, noch im Werden war, markierte der Kino-Essay den Abschied von einem der Philosophie und den Künsten gewidmeten Dasein. Er war zusammen mit Publikationen anderer Ausdruck eines sich allmählich kristallisierenden, auf die Gesellschaft gerichteten Aktivismus, der sich aus zweckfreier Kontemplation löste, sich einmischen und gestalten wollte. »Die Zielvorstellung, von der wir getragen waren«, erinnerte sich M. 1932 an den Freundeskreis aus Studententagen, »war mehr als vag. In irgendeiner Form gedachten wir mitzuwirken an dem großen Werk der Fundierung der Demokratie in Deutschland. Demokratie und Sozialismus waren die Leitsterne. Wir brannten darauf, unseren Teil an ihrer Realisierung beizutragen«.

Aufgewachsen war M. in der offenen, liberalen Atmosphäre eines wohlsituierten Elternhauses. In Darmstadt, seit 1907 der Wohnsitz der Familie, machte er am 8. August 1914 das Abitur. Zwei Tage später meldete er sich freiwillig zum Militär. Gleich vielen seiner Altersgenossen empfand er den Krieg zunächst als »romantisches Abenteuer«, wie er rückschauend bekundete. Im Herbst 1918 war der rauschhafte Patriotismus des Anfangs allerdings verflogen. M. kehrte heim, dekoriert mit dem Eisernen Kreuz I. und II. Klasse, ernüchtert und desillusioniert, aber ohne eine Spur von Resignation oder nationalistischem Ressentiment. Er stürzte sich in das Studium, das er nach sieben Semestern in Heidelberg mit dem Doktorexamen abschloß und gründete im Januar 1919 das *Tribunal*, eine Zeitschrift im Umfeld des Expressionismus, die 14 Folgen erlebte, für die Aussöhnung mit Frankreich warb und die akademische Jugend zu radikalem Engagement aufrief. M. wurde zum Enthusiasten der Revolution, die er in erster Linie als geistigen Prozeß auffaßte, als Aufbruch in eine Epoche kultureller und gesellschaftlicher Erneuerung. Partei ergreifen hieß für ihn, den bürgerlichen Individualismus abzustreifen, die Welt der Poesie, in der er mit einigen Erzählungen debütiert hatte, gegen die Welt der Pflicht und der harten Notwendigkeit zu vertauschen. »War bisher der Strom der Talente in die Literatur geschossen, weil allein dort ein Klima für freie und schöpferische Leistung sich noch fand«, schrieb er 1920 durchaus auf sich selbst gemünzt in einem Nekrolog auf den Soziologen Max Weber, »so ist jetzt das Wehr umgelegt. (...) In der Literatur (...) gibt's nichts mehr zu entdecken. Auf den anderen Flügel müssen die Heerhaufen nun geworfen werden. Es ist die Politik.«

Die Konsequenz aus dieser Einsicht war die Hinwendung zur Sozialdemokratie, mit der M. nach Beendigung des Studiums sein berufliches Schicksal verband. Die Stationen, die er durchlief, sind rasch aufgezählt: 1920 Parteimitglied, 1922 wissenschaftlicher Referent beim freigewerkschaftlichen Transportarbeiterverband in Berlin, 1925 Redakteur des *Hessischen Volksboten* in Darmstadt, 1926 Sekretär im Büro der sozialdemokratischen Reichstagsfraktion, 1928 bis 1933 Chef des Pressedienstes im Hessischen Innenministerium unter Wilhelm Leuschner, 1930 Wahl in den Reichstag; offenbar eine glatte, Schritt für Schritt vorangetriebene Karriere. Dieser Eindruck jedoch täuscht. Tatsächlich war das Verhältnis zur Partei nicht frei von Spannungen. Zwar gab es Förderung und

Resonanz, aber eine Hausmacht besaß M. nicht. Der junge ambitionierte Akademiker aus der Generation der um 1900 Geborenen wollte neue Perspektiven und Methoden, den Funktionärskörper, der überwiegend aus dem Kaiserreich stammte, verjüngen, vitalisieren, elastischer machen.

Seit 1930, als die Weimarer Demokratie in die Phase der Agonie hinüberglitt, wurde M.s Kritik an der lähmenden Unbeweglichkeit des Apparats zunehmend schärfer. Der Marxismus, den 1925 das Heidelberger Programm noch einmal auf den Schild gehoben hatte, wirkte auf M. wie ein angestaubtes Requisit aus dem 19. Jahrhundert, erstarrt in ökonomischem Determinismus, »Festtagsrhetorik« und »Versammlungsphraseologie«. Das »Verhängnis« der SPD sei, argumentierte er 1931, daß sie zu sehr im eigenen Saft schmore und jeden Sinn für Gefühlswerte und Massenpsychologie vermissen lasse. Um Leistungen und Ansprüche offensiv im Bewußtsein der Bevölkerung verankern zu können, brauche man moderne Agitation, kontrollierte und bis ins Detail ausgefeilte Kampagnen, unverwechselbare, die politischen Lager polarisierende Rituale. Die drei parallelen, nach unten gerichteten Pfeile, die M. zusammen mit dem russischen Emigranten Sergej Tschachotin entwarf, versuchten solche Postulate zu konkretisieren. Als Gegenbild zum Hakenkreuz der NSDAP wurden die »Freiheitspfeile« zum Erkennungszeichen der sozialdemokratischen Schutzformationen im Rahmen der »Eisernen Front«. Dahinter verbarg sich das Konzept einer auch an die irrationalen Schichten im Menschen appellierenden »Symbolpropaganda«, die korporative Identität, »Kampfentschlossenheit« und Dynamik signalisieren sollte, bei den Führungsgremien der Partei indes auf Skepsis stieß.

M. eindeutig einzuordnen fällt schwer. Er war »rechts«, wenn es um Fragen der Weltanschauung, aber eher »links« oder besser: »militant«, wenn es um außerparlamentarische Mobilisierungsstrategien ging. Früher als andere erkannte er die bedrohliche Kraft des Nationalsozialismus. Bereits im Juni 1930, drei Monate vor den Erdrutschwahlen des 14. September, die den Nazis gut 18 Prozent der Stimmen brachten, publizierte er eine fundierte Studie zum Sozialprofil der NSDAP. Die Erfolge der Nazis erklärte er nicht allein mit der Fähigkeit, die Ressentiments der Bauern und des städtischen Kleinbürgertums, der Nicht- und Erstwähler für ihre Zwecke auszubeuten, sondern sehr viel allgemeiner mit »Schlacken und Konstruktionsfehlern« der Demokratie. Ins Visier geriet dabei vor allem das Verhältniswahlrecht, welches die Zerfaserung der politischen Landschaft begünstigte, die Parteibürokratien bei der Nominierung der Kandidaten privilegierte und die Abgeordneten von der Wählerschaft entfremdeten. So treffsicher die Analyse in diesen Punkten war, so naiv war der Glaube, daß Persönlichkeitswahlrecht und transparentere »Führerauslese« die braune Bewegung hätten aufhalten können. Zudem: Als M. seine Vorschläge in die Debatte einbrachte, tendierten die Realisierungschancen gegen Null, und die SPD, selbst wenn sie gewollt hätte, war zu schwach, um auf diesem Feld ernsthafte Initiativen zu ergreifen.

Obwohl M. über das Wesen des Nationalsozialismus keinerlei Illusionen hegte, war auch er nicht davor gefeit, dessen Möglichkeiten zu unterschätzen und den eigenen Spielraum höher zu veranschlagen, als er in Wirklichkeit war. Unmittelbar nach der Berufung des Koalitionskabinetts von Nationalsozialisten und Deutschnationalen Anfang 1933 jedenfalls äußerte er die Hoffnung: »Unser Bundesgenosse ist die unvermeidliche Enttäuschung der aus heterogenen Schichten zusammengesetzten Masse, die heute noch, von Wunderglauben stimuliert, schlechthin alles von Hitler erwartet.« Um die Enttäuschungen aufzufangen, forderte M. für die kommende Zeit des »außerparlamentarischen Kampfes« ein klares, »in einfache Formen gepreßtes« Aktionsprogramm. Den »Massenwillen im sozialistischen Gegenstoß zu konzentrieren«, gelang jedoch nicht. M. selber verwarf den Gedanken an Emigration, tauchte ab in die Illegalität und wurde am 13. Juni 1933 verhaftet. Was folgte, war der Leidensweg durch die Konzentrationslager: Osthofen, Börgermoor, Lichtenberg, Buchenwald, zuletzt das Gestapo-Gefängnis in der Berliner Prinz-Albrecht-Straße. Nach der Entlassung im Februar 1938 schlug er sich notdürftig durch, im Herbst 1939 fand er Beschäftigung in der sozialpolitischen Abteilung einer Rüstungsfirma, der Braunkohle-Benzin-AG. Die durch Überwachung eingeschränkte Bewegungsfreiheit nutzte er, um Kontakt zu alten Gesinnungsgenossen wie Theodor Haubach und Wilhelm Leuschner zu knüpfen. Er arbeitete konspirativ gegen das Regime und beteiligte sich an den Umsturzplanungen des Kreisauer Kreises um den Grafen Helmuth James von Moltke. In diesen Zusammenhang gehört ein Manifest, das M. im Juni 1943 als Diskussionspapier für die dortigen Beratungen schrieb. Darin propagierte er die »Sozialistische Aktion«: eine gemeinsame Front von Christen, Liberalen, Sozialdemokraten und Kommunisten »zur Rettung Deutschlands«.

Den Faden weiterzuspinnen, wurde ihm allerdings verwehrt, diesmal nicht von den Nazis, sondern von einer alliierten Fliegerbombe. M. starb während eines Luftangriffs auf Leipzig in der Nacht vom 3. auf den 4. Dezember 1943. Der exilierte Dramatiker Carl Zuckmayer, der 1944 in New York des toten Freundes gedachte, nannte ihn einen »Sozialisten aus Überzeugung und Weltverbundenheit, einen Deutschen aus Erbschaft, Naturell und Charakter.«

Albrecht, R.: Der militante Sozialdemokrat Carlo Mierendorff 1897 bis 1943. Eine Biographie. Berlin u. Bonn 1987. – Beck, D.: Theodor Haubach, Julius Leber, Carlo Mierendorff, Kurt Schumacher. Zum Selbstverständnis der ›militanten Sozialisten‹ in der Weimarer Republik, in: Archiv für Sozialgeschichte 26, 1986, S. 87–123. – Kopitzsch,

F.: Carlo Mierendorff, in: Lill, R.; Oberreuter, H. (Hg.): Machtverfall und Machtergreifung. Aufstieg und Herrschaft des Nationalsozialismus. München 1983, S. 175–190.

Jens Flemming

Miquel, Johannes (geadelt 1897) von

Geb. 19. 2. 1828 in Neuenhaus; gest. 8. 9. 1901 in Frankfurt/Main

»Aber Herr Miquel schwimmt nach wie vor oben, sei es nun wie ein Kork oder sei es wie ein rüstiger Schwimmer, der mit der Kraft seiner Muskeln immer wieder den Drang und Strom der Wogen bricht.« Diese Worte schrieb der sozialdemokratische Journalist und Historiker Franz Mehring 1900 in einem Artikel zum zehnjährigen Jubiläum M.s als Minister in Diensten Kaiser Wilhelms II. Mehring skizzierte darin einen der eigenartigsten deutschen Lebensläufe des 19. Jahrhunderts, der vom Radikaldemokraten der Revolution von 1848/49 über den Kommunisten marxistischer Prägung zum Oberbürgermeister und tonangebenden nationalliberalen Politiker führte, zum Direktor und Inhaber der Disconto-Gesellschaft (Vorläuferin der Deutschen Bank) und schließlich zum preußischen Finanzminister und Vizepräsidenten des preußischen Staatsministeriums.

M. entstammte einer Familie, die im 18. Jahrhundert aus der Gegend des südfranzösischen Cahors nach Deutschland eingewandert war. Als Sohn des Mediziners Theodor Anton Miquel, der Bürgermeister in Neuenhaus war, besuchte M. ab 1844 das Gymnasium in Lingen und bestand dort 1846 das Abitur. Gleich darauf nahm er das Studium der Rechtswissenschaften in Göttingen, später in Heidelberg auf, das er 1850 mit dem ersten und 1854 mit dem zweiten juristischen Staatsexamen beendete. Die Jahre seines Studiums umfaßten das Aufleben der demokratischen Bewegung und die Revolution 1848/49, in der sich M. auf die Seite radikaler Demokraten stellte. Wie M. später erzählte, sei er mit einer Schar von Kommilitonen, bis zu den Zähnen bewaffnet, nach Frankfurt am Main gezogen, um die Nationalversammlung zu sprengen. 1850, nach der Niederlage der Revolution, schloß sich M. dem von Karl Marx im Londoner Exil geleiteten »Bund der Kommunisten« (seit 1847) an. An Marx schrieb M.: »Kommunist und Atheist, will ich wie Sie die Diktatur der Arbeiterklasse« – und empfahl sich als Organisator kommunistischer Bauernaufstände. Erst mit seiner Tätigkeit seit 1854 als praktizierender Rechtsanwalt in Göttingen, der mit den konkreten Nöten des von der Industrialisierung bedrohten Handwerker- und Kleinbauerntums konfrontiert wurde, wandte er sich von den Marxschen Lehren ab, um mit dem Eintreten für gewerbliche Bildung und Schulen den Aufbau beruflicher Selbsthilfe voranzutreiben.

Dank seiner mit vielseitigem Wissen verbundenen Rednergabe, mit der er ebenso vor Gericht wie auf Diskussionsabenden des Gewerbevereins hervortrat, konnte M. auf sich aufmerksam machen und gelangte so in verhältnismäßig kurzer Zeit in hohe Ämter des öffentlichen Lebens. Er trat 1857 in das Göttinger Bürgervorsteherkollegium ein, das ihn bald zu seinem Vorsitzenden wählte. Durch die Beschäftigung mit Problemen städtischer Verwaltung gewann M. jene Kenntnisse, die ihn später auf dem Gebiet der Kommunalverwaltung und des Finanzwesens auszeichneten.

Überzeugt, daß die nächste Geschichtsperiode von einem »großen unaufhaltsamen Entwicklungsprozeß zu bürgerlicher Freiheit« bestimmt sein werde, schloß er sich der bürgerlichen oppositionellen Bewegung an, die in der zweiten Hälfte der 1850er Jahre zu neuem Leben erwachte und die Forderung nach deutscher Einheit in das politische Bewußtsein der Zeit rief. Er beteiligte sich wie die Juristen Rudolf von Bennigsen und Gottfried Planck, die er in Göttingen kennengelernt und zu Freunden gewonnen hatte, im September 1859 an der Gründung des liberalen »Deutschen Nationalvereins«.

1863 wurde M. in die 2. Kammer der hannoverschen Ständeversammlung gewählt, in deren Sitzungen er sich durch seine undoktrinären, auf Zweckmäßigkeit gerichteten Vorschläge den Beifall seiner Freunde, aber auch die Anerkennung politischer Gegner sicherte. Er wurde 1865 im Amt des Bürgermeisters von Osnabrück bestätigt, was den Schwerpunkt seiner Arbeit in den kommunalen Bereich verlegte.

Nach der Annexion Hannovers durch Preußen 1866 im Gefolge der preußisch-österreichischen Krieges sprach sich M. für die deutsche Einheit aus: »Die Zeit der Ideale ist vorüber, die deutsche Einheit ist aus der Traumwelt in die prosaische Welt der Wirklichkeit hinuntergestiegen. Politiker haben heute weniger zu fragen, was wünschenswert, als was erreichbar ist.« Bismarck schätzte M.s Rat und seine Vermittlung bei den hannoverschen Liberalen, als es galt, die neue Provinz einzugliedern. Mit der Zugehörigkeit Hannovers zu Preußen eröffnete sich für M. die Möglichkeit einer breiteren parlamentarischen Tätigkeit als zuvor. 1867 wurde er sowohl Mitglied des preußischen Abgeordnetenhauses als auch Mitglied des norddeutschen Reichstages (bis 1871); in beiden Parlamenten gehörte er zu den maßgeblichen Führern der von ihm 1867 mitbegründeten Nationalliberalen Partei.

Befreundet mit dem rheinischen Liberalen David Hansemann, der 1851 die inzwischen größte deutsche Bank, die Disconto-Geschellschaft, gegründet hatte, wurde M. 1869, nachdem er sein Oberbürgermeisteramt niedergelegt hatte, zunächst Mitdirektor und Mitinhaber dieses Bankhauses und 1873 Vorsitzender des Verwaltungsrats (bis 1876). Diese Tätigkeit verschaffte M. auch bedeutenden Einfluß im Reichstag. In dem Jahrzehnt von 1867 bis 1877 arbeitete M. in vielen Ausschüssen und Kommissionen, die für den inneren Ausbau des Reiches zuständig waren. Großen Anteil hatte M. an dem preußischen Aktiengesetz von 1870. Als Vorsitzender der Kommission für die Reichsjustizgesetze wirkte M. mit an der Zivil- und Strafprozeßordnung. Mit der jährlichen Bewilligung der Matrikularumlage der Länder, der nach ihm benannten Clausula Miquel, erstritt er ein – zwar durch bundesstaatlichen Charakter begrenztes, jedoch echtes – Budgetrecht des Reichstages. Beim Zustandekommen des Reichsmilitärgesetzes von 1874 war es neben von Bennigsen vor allem M.s Geschicklichkeit zuzuschreiben, daß sich Bismarck für den Kompromiß des Septennats gewinnen ließ (Bewilligung des Militärhaushalts durch den Reichstag auf jeweils 7 Jahre als Kompromiß zwischen jährlicher und von Bismarck angestrebter einmaliger Bewilligung). Das Sozialistengesetz (1878–1890) lehnte M. allerdings ab.

Im Jahr 1873 ging die Mehrzahl der fast 1000 Aktiengesellschaften die seit 1870/71 in Deutschland gegründet wurden, bankrott. Diese Begebenheit, der sg. »Gründerkrach« und die damit zusammenhängende öffentliche Kritik an der Verbindung von Wirtschaft und Politik veranlaßten M. 1876, aus dem Reichstag auszuscheiden und zunächst nach Osnabrück als Oberbürgermeister zurückzukehren. Von 1880 bis 1890 war M. Oberbürgermeister von Frankfurt am Main. In seiner Ära entwickelte sich die Stadt zu einer der modernsten Metropolen Deutschlands. Besonderes Augenmerk richtete M. auf die Verbesserung der sozialen Fürsorge sowie auf den Bau billiger Arbeiterwohnhäuser und die Einrichtung von Arbeitsvermittlungsstellen.

Unter Federführung von M. entstand 1884 die »Heidelberger Erklärung« als Richtschnur des rechten Liberalismus. Sie leitete eine Bewegung der Nationalliberalen, deren Sitze auf 40 zusammengeschmolzen waren, nach rechts zu den Konservativen ein. Das Programm war eine Absage an eine gesamtliberale Einigung und eine Hinwendung zur Bismarckschen Militär- und Zollpolitik. Bei den Kartellwahlen (Wahlbündnis der Nationalliberalen mit den Konservativen) 1887 kehrte M. in den Reichstag zurück, wo er neben v. Bennigsen die Geschicke der Partei bestimmte. »Nicht Individualismus gewinnt, sondern Gemeinschaft gewinnt« mit dieser Parole lenkte M. immer sichtbarer in konservative Bahnen ein. M. trat jetzt für die deutsche Kolonialpolitik und für die »Germanisierung« der östlichen Teile Preußens ein.

Im Juni 1890, nach der Entlassung Bismarcks, wurde M. von Kaiser Wilhelm II., der von seiner Arbeit als Frankfurter Oberbürgermeister beeindruckt war, zum preußischen Finanzminister ernannt. In dieser Stellung wurde er zum Reorganisator des preußischen Steuerwesens und entwarf die progressive Einkommenssteuer, setzte die Gewerbesteuerreform durch und führte die Vermögenssteuer ein. Seine Reformen dienten dabei ausnahmslos der Sicherung und Festigung des von Bismarck gegründeten Reiches.

Sein letzter Lebensabschnitt führte M. an die Spitze des preußischen Staates. 1897 zum Vizepräsidenten des preußischen Staatsministeriums ernannt, geadelt und mit dem schwarzen Adlerorden ausgezeichnet, führte er schließlich ein konservatives Regiment, das sich am Willen des Kaisers orientierte. Wegen einer politischen Meinungsverschiedenheit zog sich M. den Zorn des Kaisers zu, so daß er im Mai 1901 von Reichskanzler Bernhard von Bülow entlassen wurde. Das abrupte Ende seiner Laufbahn und die Enttäuschung blieben nicht ohne gesundheitliche Folgen für M. Nach der Rückkehr von einer Kur aus Bad Schwalbach erlitt er in der Nacht vom 7. auf den 8. September 1901 einen Herzschlag und starb.

Herzfeld, H.: Johannes Miquel. Sein Anteil am Ausbau des deutschen Reiches bis zur Jahrhundertwende. 2.Bde., Detmold 1938. – Pausch, A.: Johannes von Miquel. o.O. 1962.

Klaus-Dieter Weber

Morgenstern, Lina, geb. Bauer

Geb. 25.11.1830 in Breslau; gest. 16.12.1909 in Berlin

Es gilt »Zeugnis ab(zu)legen, daß die Frau nicht nur berufen ist, die Gefährtin des Mannes, die Mutter und Erzieherin der Kinder zu sein, sondern, daß zahlreiche Beweise geliefert sind, die sie bewährt zeigen als ernste und energische Arbeiterin auf allen Gebieten, welche das Gesamtwohl der Menschheit fördern, und die Lösung ihrer heiligsten und wichtigsten Aufgaben herbeiführen«. Als M. 1887 diesen Satz im Vorwort ihres dreibändigen Werkes *Die Frauen des 19. Jahrhunderts* (1888–1891) formulierte, gehörte sie bereits zu den agilsten Vertreterinnen der deutschen Frauenbewegung. Berühmte Zeitgenossinnen wie Franziska Tiburtius und Fanny Lewald würdigten später in ihren Lebenserinnerungen M.s. tatkräftiges Wirken für das Allgemeinwohl. Der durch ihr Engagement für die Massenspeisung ärmerer Volksschichten erworbene Beiname »Suppenlina« läßt vordergründig einzig auf ein karitatives Lebenswerk schließen. Wohltätigkeit, um Not und Elend zu lindern, verband sich für M. jedoch niemals mit einem uniformen Gleichheitsgedanken. Wie sie selbst als Frau in einer männerdominierten Gesellschaft weibliche Lebensräume zurückgewinnen wollte, so war es immer ihr Ziel, praktische Hilfe mit der Vermittlung von Wissen und Fähigkeiten zur Entfaltung eigener Persönlichkeitswerte auch für die unterprivilegierten Schichten, vor allem natürlich für die Frauen, zu verbinden.

Der eigene mühevolle Weg, ihre intellektuellen, sozialen und organisatorischen Fähigkeiten zum Wohle ihrer Familie und der Gesellschaft nutzen zu dürfen, führten sie zu der Forderung, den Frauen endlich gleiche Gelegenheit wie den Männern für die Entfaltung all ihrer Kräfte zu geben. Freiheit verband sich für M. mit Pflichten für die Allgemeinheit, die jedoch nur erfüllt werden könnten, wenn gleiche Entwicklungsmöglichkeiten gegeben wären.

In bezug auf die Frauen formulierte sie diesen Anspruch 1891 im Vorwort zum dritten Band ihres Werkes *Die Frauen des 19. Jahrhunderts*: »Ihre durch Jahrhunderte, ja Jahrtausende genährte Engherzigkeit, ihre Unselbständigkeit, ihre kleinlichen Anschauungen vom Leben und der Gesellschaft werden zu Gunsten der Erziehung der Kinder aufhören, wenn sie sich ihrer Pflicht als Staatsbürgerin und Pflegerin, wie Erzieherin der Menschheit voll bewußt wird und ihr auch die Rechte einer solchen zuerkannt werden.«

Aufgrund dieses Engagements für die demokratischen und beruflichen Rechte der Frau zählten Führerinnen der deutschen Frauenbewegung wie Helene Lange und Anna Plothow M. später zu den Begründerinnen der Bewegung. »Niemals«, schrieb Plothow 1907 in dem Werk *Die Begründerinnen der deutschen Frauenbewegung*, »vermochten ihre privaten Angelegenheiten ihre Kräfte gänzlich zu verbrauchen; wo sie einen Notstand im öffentlichen Leben sah, trieben ihr soziales Empfinden und ihre rasche Tatkraft sie dazu, helfend einzugreifen, ohne freilich immer lange zu überlegen, ob die vorhandenen Kräfte ausreichten, die Sache dauernd zu stützen.« Tatsächlich war der persönliche Einsatz M.s außergewöhnlich. War sie doch als Mutter von fünf Kindern von der ständigen Sorge um den Unterhalt der Familie geplagt.

Am 25. November 1830 in Breslau als Tochter des wohlhabenden Fabrikanten Bauer geboren, heiratete sie 1854 den jüdischen Kaufmann Theodor Morgenstern und zog mit ihm nach Berlin. Nach dem Verlust des Vermögens ihres Mannes erwachte die ungewöhnliche Energie dieser Frau. Um zum Unterhalt der Familie beizutragen, schrieb sie Kinderbücher. Angeregt durch die Erziehung ihrer eigenen Kinder beschäftigte sie sich intensiv mit pädagogischen Fragen. 1907 erlebte ihre Schrift zu Erziehungsfragen *Das Paradies der Kindheit* bereits die 6. Auflage. In den 60er Jahren des 19. Jahrhunderts hatte M. als begeisterte Anhängerin des Pestalozzischülers Friedrich Fröbel maßgeblichen Anteil an der Gründung des »Berliner Kindergartenvereins«, den sie bis 1866 leitete.

Die soziale Not der Massen infolge des preußisch-österreichischen Kriegs 1866 veranlaßte M., die Idee zur Schaffung einer Volksküche zu entwickeln. Diese Volksküchen wurden bald zu Selbsthilfeorganisationen und praktischen Lehranstalten für Mädchen und Frauen der Arbeiterschichten. Unterstützt von ihrem Ehemann und bekannten Persönlichkeiten wie Wilhelm Adolf Lette (Lette-Verein »zur Förderung der Erwerbsfähigkeit des weiblichen Geschlechts« seit 1866) und Rudolf Virchow konnte M. am 7.Juli 1866 die erste Volksküche in Berlin eröffnen. Bezeichnenderweise wollten die Männer im Vorstand der Berliner Volksküchen den Frauen lediglich Hilfsarbeiten zugestehen und die gutgehenden Küchen zur profitablen Aktiengesellschaft umwandeln. Daß das nicht gelang, war der Aufmerksamkeit M.s zu danken. Ihr kam das Verdienst zu, diese Einrichtungen zu Musteranstalten rationeller Volksernährung werden zu lassen, die Nachahmung in fast allen Großstädten und sogar im Ausland fanden.

M. begnügte sich nicht mit den Erfolgen der Volksküchen. Durch die Organisation von Frauen, denen sie ihr Wissen und ihre Erfahrungen vermittelte, versuchte sie, Frauen zur Erfüllung ihrer Hausfrauen- und Mutterpflichten, aber auch zu größerer Eigenständigkeit in Beruf und Gesellschaft besser zu befähigen. So war sie Mitbegründerin des »Berliner Hausfrauenvereins«, des »Kinderschutzvereins« (1869), der »Akademie zur Fortbildung junger Damen« (1869), des »Vereins für die Erziehung schulentlassener Mädchen für die Hauswirtschaft« (1881) sowie des ersten Arbeiterinnenbildungsvereins (1869). Von 1871 bis 1885 war M. Mitglied des Ausschusses des 1865 von Louise Otto-Peters, Auguste Schmidt und Henriette Goldschmidt gegründeten »Allgemeinen Deutschen Frauenvereins« (ADF). Die Krönung ihrer Arbeit innerhalb der deutschen Frauenbewegung war die gemeinsam mit Minna Cauer übernommene Vorbereitung für den ersten »Internationalen Frauenkongreß« 1896 in Berlin.

Als Sozialarbeiterin und Frauenrechtlerin ist M. in die Annalen der deutschen Frauenbewegung eingegangen. Als Leiterin der Berliner Hauswirtschaftsschule, als Herausgeberin der *Deutschen Hausfrauenzeitung* sowie als Verfasserin ihres *Universal-Kochbuches* (2. Auflage, 1889) erwarb sie sich Anerkennung und blieb im Gedächtnis vieler Frauengenerationen. Weniger bekannt ist M.s aktive Rolle in der Friedensbewegung, die eine logische Konsequenz ihrer liberalen Einstellung und sozialen Arbeit darstellte. Erschließung individueller Freiräume und ein menschenwürdiges Dasein ohne existentielle Not stellten in ihrer Weltsicht eine Einheit dar und waren für sie letztlich nur in einer befriedeten Welt möglich. Ihre leidvollen Erfahrungen mit den Auswirkungen der Kriege von

1866 und 1870/71 führten M. zunehmend zum persönlichen Engagement in der Friedensbewegung. M. wurde Mitglied des Vorstandes der seit 1892 bestehenden »Deutschen Friedensgesellschaft« (DFG) und Vizepräsidentin der »Union universelle des femmes pour la paix« sowie der »Ligue des femmes pour le désarmement international«. Nicht zuletzt auf M.s Initiative hin nahm der »Bund Deutscher Frauenvereine« (BDF), seit 1894 Dachverband der bürgerlichen Frauenorganisationen, 1898 die Friedensarbeit offiziell in sein Programm auf, was allerdings kaum praktische Folgen hatte. Obwohl sich in den Schriften M.s keine tiefgreifenden theoretischen Gedanken zur deutschen Demokratieentwicklung finden, ist ihr Lebenswerk das einer liberalen Demokratin. Als M. am 16. Dezember 1909 in Berlin starb, verlor nicht nur die deutsche Frauenbewegung, sondern auch die sich langsam entwikkelnde deutsche Demokratie eine ihrer tatkräftigsten Vertreterinnen.

Gerhard, U.: Unerhört. Die Geschichte der deutschen Frauenbewegung. Reinbek 1990. – Plothow, A.: Die Begründerinnen der deutschen Frauenbewegung. Leipzig 1907.

Petra Rantzsch

Moses, Julius

Geb. 2.7. 1868 in Posen; gest. 24.9. 1942 in Theresienstadt

»Mit dem Thronwechsel des Jahres 1840 trat die ersehnte Besserung nicht ein. Das Schwanken und die Widersprüche des Königs, das Überhandnehmen der Frömmelei, das Spielen mit dem Absolutismus ließen in wenigen Jahren alle Hoffnung auf eine Reform ersterben. So kam es zum Kampf, dem Kampf um das Recht auf Selbstbestimmung. Die Geschichte hat diesen Kampf geheiligt. Und die Ideale wurden zum Teil erfüllt. Preußen erhielt eine Verfassung, das Reich wurde geeinigt. Das Wenige, was wir an politischer Freiheit dabei erreicht, wir danken es dem 18. März 1848.« Diese Worte trug M. 1898 auf einer Berliner Gedenkveranstaltung für die gefallenen Revolutionäre des Märzaufstandes von 1848 vor. Von den Zielen der Revolution von 1848/49 schätzte M. besonders hoch den Kampf um die Emanzipation der deutschen Juden.

Der Sohn einer armen, jüdisch-orthodoxen Familie aus dem deutsch-polnischen Grenzraum erlebte als assimilierter jüdischer Sozialpolitiker einen geradezu kometenhaften, für viele deutsche Juden jener Epoche nicht untypischen steilen Aufstieg und tiefen Fall.

Nach dem Medizinstudium und der Promotion zum Dr. med. in Greifswald übersiedelte M. 1893 nach Berlin. Nach kurzer Assistenzarztzeit am Jüdischen Krankenhaus eröffnete er in der Nähe des Weddinger Arbeiterbezirks »Beusselkiez« seine erste Praxis. Hier kam M. unmittelbar mit dem sozialen Elend des äußerlich so glanzvollen Kaiserreiches in Berührung: Eine wichtige Erfahrung, die seine Sozialarbeit künftig bestimmen sollte. 1896 heiratete er Gertrud Moritz, eine Jüdin aus wohlhabender berliner Familie. Das Paar bekam drei Kinder. M.s unbeirrbares Engagement gegen den ausufernden Antisemitismus der Kaiserzeit zeigte sich in einer Fülle von Artikeln und Vorträgen. U.a. gab M. von 1901 bis 1911 die weit verbreitete Wochenschrift *Generalanzeiger für die gesamten Interessen des Judentums* (GAJ) heraus, die sich kritisch mit der sozialen Lage der Ostjuden in Berlin, mit den Pogromen in Rußland und anderen politischen Themen, aber auch mit jüdischer Kunst und Literatur auseinandersetzte. Politisch zunächst bei den Freisinnigen aktiv, wechselte M. 1911 zur Sozialdemokratie. Obwohl nach wie vor von liberalen Positionen überzeugt, resignierte er schließlich vor dem wachsenden Antisemitismus, der auch in den liberalen Parteien um sich griff.

Einer breiten Öffentlichkeit wurde M. spätestens 1912 mit der von ihm, Magnus Hirschfeld und Alfred Bernstein initiierten Aufklärungskampagne über Sexualität und Aspekte der Sozialhygiene bekannt. Besonders die sogenannte »Gebärstreikdebatte« von 1913, eine spektakuläre Großveranstaltung zur Geburtenkontrolle in der Berliner »Hasenheide«, war für M. ein immenser Erfolg. Dieser Aufruf zur Abschaffung des § 218, einhergehend mit der Forderung nach prophylaktischen Maßnahmen gegen die Säuglingssterblichkeit und nach einer Verbesserung der sozialen Lage der Frauen, sorgte im prüden Kaiserreich – besonders aber in der eigenen Partei – für Aufsehen. Rosa Luxemburg und Clara Zetkin standen seinen Thesen zwar eher ablehnend gegenüber, mußten aber seine mitreißende Begeisterung, sein rednerisches Talent und die große Zustimmung zu seinen Vorträgen bei den Arbeiterfrauen anerkennen.

Bei der Spaltung der Sozialdemokratie 1917 entschied sich M. für die »Unabhängigen Sozialdemokraten« (USPD), als überzeugter Pazifist (»Arzt sein heißt Vorkämpfer für den Frieden sein!«) konnte er wohl kaum anders handeln. Von 1919 bis 1922 arbeitete er als Beisitzer im Zentralkomitee dieser Partei. 1920 wurde er erstmals in den Deutschen Reichstag gewählt. Er blieb bis 1932 Abgeordneter, zunächst für die USPD, ab 1922 für die SPD, die ihn ebenfalls in den Vorstand holte. Wichtige politische Weggefährten im Parlament waren die

Abgeordneten Anna Nemitz (mit deren Tochter Elfriede lebte er, längst von seiner Familie getrennt, zusammen), Louise Schröder und der Reichstagspräsident Paul Löbe. Beeinflußt von den sozialhygienischen Thesen Rudolf Virchows, setzte M. sich als gesundheitspolitischer Sprecher seiner Fraktion besonders für Verbesserungen im Gesundheitswesen ein: Das schließlich 1927 nach zähem Ringen verabschiedete »Gesetz zur Bekämpfung der Geschlechtskrankheiten« stammte in erster Linie von ihm. 1929 löste M. einen weitreichenden Skandal aus, als er im Reichstag die Förderung antisemitischer »Forschungsarbeiten« durch die »Notgemeinschaft der deutschen Wissenschaft« aufdeckte.

Den Aufstieg des Nationalsozialismus beobachtete M. schon früh mit Sorge. Die Folgen der menschenverachtenden Euthanasieprogramme und die Hetze gegen jüdische Ärzte sah er voraus. Eindrucksvoll schrieb er zu Beginn der dreißiger Jahre: »Wenn ein jüdischer Arzt einem sterbenden SA-Mann heute Hilfe verweigern würde, dann vergeht er sich in unerhörter Weise gegen seine Pflicht. Im ›Dritten Reich‹ aber wird ihm diese unmoralische Haltung zur Pflicht gemacht. Umgekehrt wird sich dann ein christlicher Arzt kaum einen Tadel holen, wenn er eine Krankenhilfe an einem jüdisch ›Minderwertigen‹ oder einem Sozialisten verweigern würde.«

1932 verzichtete M. auf eine erneute Kandidatur für den Reichstag, er hielt eine künftige Regierung der Nazis längst für unabwendbar.

Nach der Machtübernahme Hitlers 1933 wurde es einsam um M.. Die meisten seiner nächsten Angehörigen emigrierten, u.a. nach Palästina, in die USA und auf die Philippinen, während er selbst in Berlin blieb. Mehrfach schlug der »überzeugte deutsche Jude« Angebote zur Auswanderung aus. Unter schwerer wirtschaftlicher Not leidend, kommentierte er die Entwicklung in Deutschland bis 1939 in Briefen an seine Verwandten im Ausland, wobei diese kritischen Kommentare als sein politisches Manifest für »die Zeit danach« gedacht waren.

Zum politischen Zionismus nahm M. bis 1933 eine distanzierte, wenn auch wohlwollende Haltung ein. Erst während des Dritten Reichs wandelte sich der Realpolitiker zu einem entschiedenen Befürworter einer jüdischen Staatsgründung auf dem historischen Boden Palästinas. 1942, nach entbehrungsreichen Jahren, vielen Demütigungen und Verfolgungen, wurde M. in das Konzentrationslager Theresienstadt deportiert, wo er wenige Wochen später starb, bis zuletzt den baldigen Zusammenbruch des Nazi-Regimes erwartend.

Fricke, D.: Jüdisches Leben in Berlin und Tel Aviv 1933–1939. Der Briefwechsel des ehemaligen Reichstagsabgeordneten Dr. Julius Moses. Hildesheim 1995. – Nadav, D.S.: Julius Moses und die Politik der Sozialhygiene in Deutschland. Gerlingen 1985. – Schumacher, M. (Hg.): M.d.R. – Die Reichstagsabgeordneten der Weimarer Zeit in der Zeit des Nationalsozialismus. Politische Verfolgung, Emigration und Ausbürgerung 1933 bis 1945. Düsseldorf 1991.

Dieter Fricke

Mühlbach, Luise (Pseud. für Klara Mundt, geb. Müller)

Geb. 2. 1. 1814 in Neubrandenburg/Mecklenburg-Strelitz; gest. 26. 9. 1873 in Berlin

»Heute ist die Literaturgeschichte wohl darüber einig, daß kaum etwas Unweiblicheres von einem Weibe geschrieben worden sei, als die frühesten Romane der Mühlbach, die nichts weiter als die ausführlichsten Schandgemälde bieten, in denen Gift, Dolch, Ehebruch, Nothzucht und Blutschande mit der größten Behaglichkeit sich breit machen«, schrieb Franz Brümmer 1888 im *Lexikon der deutschen Dichter und Prosaisten*; auch noch knapp fünfzig Jahre später behauptete Hildegard Gulde in ihrer Dissertation *Studien zum jungdeutschen Frauenroman* (1933), M. böte lediglich rührselige Schauerromantik, mit der die Auseinandersetzung nicht lohne.

Die produktivste, wenn auch literarisch wenig bedeutende Autorin der ersten deutschen Schriftstellerinnengeneration (M. hinterließ rund 290 Romanbände) ist nach ihrem Tode schnell in Vergessenheit geraten. Allenfalls als Freundin jungdeutscher Autoren oder als Ehefrau des Schriftstellers und Literaturhistorikers Theodor Mundt fand sie gelegentlich in der Literaturgeschichte Erwähnung. Und doch gehören M.s Romane zu den frühesten Zeugnissen frauenemanzipatorischer Vormärzprosa. Ihr sozialkritischer Impetus wurde geflissentlich und hartnäckig »übersehen« und totgeschwiegen.

M.s Elternhaus bereits war durch die Stellung des Vaters als Oberbürgermeister von Neubrandenburg ein Zentrum politischer und geistiger Auseinandersetzung. »Das Haus meiner Eltern«, schrieb M. in ihren *Erinnerungsblättern* (posthum 1902), »war der Zusammenfluß der ganzen Stadt«. Schon in jungen Jahren konnte M. ausgedehnte Reisen machen. Literarische Begeisterung und soziales Engagement veranlaßten sie zu schriftstellerischer Aktivität. Ihre Bekanntschaft mit den sozialkritischen Köpfen des »Jungen Deutschland«, wie Karl Ferdinand Gutzkow, Ludwig Börne und Theodor Mundt war kein Zufall. M. lebte bereits in der ersten Hälfte des vorigen Jahrhunderts das Leben einer modernen berufstätigen Frau. Sie ließ sich auf keine »Konvenienzehe« ein, sondern heiratete den Mann ihrer Neigung, den aus Potsdam stammenden Schriftsteller und Journalisten Theodor Mundt, der sich für die Pressefreiheit engagiert hatte und im Revolutionsjahr 1848 an der Universität Breslau einen Lehrstuhl für Geschichte und Literatur erlangte. Als er diesen zwei Jahre darauf verlor, war M. in der Lage, mit ihrer eigenen literarischen Tätigkeit die vierköpfige Familie zu ernähren.

M. hat, abgesehen von den beiden mit ihrem Mann in Breslau verbrachten Jahren, immer in Berlin gelebt. Allerdings unternahm sie, insbesondere nach dem Tod Theodor Mundts 1861, zahlreiche ausgedehnte Reisen: in die Schweiz, nach England, Italien und nach Ägypten. Diese Reisen hielt sie in literarischen Reiseberichten fest, die überaus beliebt waren und reißenden Absatz fanden. Hier, in den Reiseberichten, fand ihr sozialkritischer Impetus seinen unmittelbarsten Ausdruck.

M.s Romanwerk läßt sich in zwei Phasen aufteilen: in die sozialkritische vormärzliche, in der ihre frauenemanzipatorischen Werke entstanden, wie *Erste und letzte Liebe* (1838), *Frauenschicksal* (1839), *Bunte Welt* (1841), *Der Zögling der Natur* (1842), *Eva. Ein Roman aus Berlins Gegenwart* (1844), *Aphra Behn* (1849), und in die nachmärzliche Produktion, in der ihre schnellgeschriebenen historischen Bücher entstanden, mit denen sie zur Hauptlieferantin deutscher Leihbibliotheken avancierte. Gewiß: auch ihre sozialen Romane verzichteten weder auf »Hintertreppenromantik« noch auf Melodramatik. Bei alledem vermittelten diese Romane doch eine politisch-soziale Kenntnis der umfassenden Benachteiligung des weiblichen Geschlechts und rufen zum Kampf dagegen auf. So heißt es in dem engagiertesten und radikalsten Roman der M.: »Ich bin ein Weib, das ist mein ganzes Unglück (...) Man hat uns Frauen alles genommen, selbst das Recht des geistigen Schaffens! Wir dürfen nur die Sklavinnen unserer Männer sein und ihnen Kinder gebären, das ist unsere Pflicht und unser Beruf, und wenn wir es wagen, eigene Gedanken, eigene Gefühle, eigene Anschauungen zu haben, dann schreit alle Welt: ›Ein Sacrilegium, ein Sacrilegium! Ein entartetes Weib! Eine Frau, welche die Frechheit hat, ein denkendes Wesen zu sein, und es den Männern gleich thun zu wollen!‹« (*Aphra Behn*, 1849).

Nach der fehlgeschlagenen Revolution von 1848/49 und der Entlassung ihres Ehemanns aus dem Amt 1850 verlegte M. sich darauf, ganz vornehmlich Publikumsgeschmack zu bedienen. Von nun an bis zu ihrem Tod 1873 schrieb sie – abgesehen von einigen *Novellen* (1865) – fast ausschließlich Romane über herausragende historische Figuren des 18. und 19. Jahrhunderts: z.B. Katharina die Große, Maria Theresia, Friedrich den Großen, Napoleon.

Gulde, H.: Studien zum jungdeutschen Frauenroman. Weilheim 1933. – Möhrmann, R.: Die andere Frau. Emanzipationsansätze deutscher Schriftstellerinnen im Vorfeld der Achtundvierziger Revolution. Stuttgart 1977.

Renate Möhrmann

Mühsam, Erich

Geb. 6.4. 1878 in Berlin; gest. (ermordet) 10.7. 1934 im KZ Oranienburg

M., Sohn eines Lübecker Apothekers, wurde wegen »sozialistischer Umtriebe« vom Gymnasium verwiesen und trennte sich gleichzeitig von seinem bürgerlich-konservativen Elternhaus. Er absolvierte eine Apothekerlehre und zog im Jahre 1900 von Lübeck nach Berlin um, wo er fortan als freier Schriftsteller lebte. Kunst sah M. jedoch nicht als Selbstzweck an, sondern immer auch als Mittel politischer Wirksamkeit. Schnell bekam er Kontakt zur »Neuen Gemeinschaft der Gebrüder Hart«, in der sich die naturalistischen Schriftsteller Berlins zu literarischen und politischen Veranstaltungen und Festen trafen. In ihrem Umfeld bewegten sich auch die aus der Sozialdemokratie ausgeschlossenen und ausgetretenen Berliner Vertreter der Bewegung der »Jungen«, namentlich M.s langjähriger Freund Gustav Landauer. M. veröffentlichte erste satirische Gedichte in der Zeitschrift *Der wahre Jacob*, erste politische Artikel in der anarchistischen Zeitschrift *Der Arme Teufel.*

Bevor M. sich 1909 in München-Schwabing niederließ, war er als Bohemien fünf Jahre lang durch Europa gereist. In München warb er mit der an den »Sozialistischen Bund« Landauers angeschlossenen »Gruppe Tat« beim »5. Stand« für die Revolution, gemeint waren gesellschaftliche Außenseiter, die nichts mehr zu verlieren hatten, darunter Vagabunden, Prostituierte, Arbeitslose und Künstler. Im »Café Stefanie« diskutierte er mit Kurt Eisner, Ernst Toller oder Dr. Edgar Jaffé über Gesellschaftsveränderung, in der »Torggelstube« mit Frank Wedekind oder Max Halbe über Theater und Literatur, im »Simpl« mit Redakteuren des *Simplicissimus* über Gedichte. 1911 begann er mit der Herausgabe seiner Zeitschrift *KAIN. Zeitschrift für Menschlichkeit. KAIN* erschien in zwei Folgen: einmal von April 1911 bis zum Juni 1914 mit insgesamt vierzig Heften und dann nach Kriegsende ab dem 18. November 1918 bis zum 25. April 1919 während der Republik Eisners und der Münchner Räterepublik. Mit der Namensgebung *KAIN* wählte M. bewußt eine Tradition, die im biblischen Kain nicht den Brudermörder, sondern den ersten

Rebellen der Menschheit symbolisiert sieht. Seit 1916 bemühte sich M. verstärkt um eine antimilitaristische Einheitsfront sozialistischer, liberaler und pazifistischer Kreise. Er nahm Kontakt auf zu Heinrich Mann, René Schickele, den Professoren Lujo Brentano und Edgar Jaffé sowie Ludwig Quidde, dem Präsidenten der Münchner Friedensgesellschaft. 1917 vertiefte er seine Kontakte zu USPD-Mitgliedern (Unabhängige Sozialdemokratische Partei) wie Hugo Haase und Kurt Eisner, zu den Bremer Linksradikalen um Johann Knief und Julian Borchardt und zu den Berliner Spartakisten Karl Liebknecht und Rosa Luxemburg. M. beteiligte sich 1916 an einer Münchner Hungerdemonstration, 1918 am Januarstreik und im November am Sturm auf die Münchner Kasernen und Gefängnisse sowie an der Ausrufung der Novemberrevolution durch Eisner.

Am 8.November 1918 wurde M. in den »Revolutionären Arbeiterrat« (RAR) gewählt. Am 28. Februar 1919 stellte er für den RAR und die neugegründete KPD im Rätekongreß erstmals den Antrag auf Errichtung einer Räterepublik. Der Antrag wurde mit 234 zu 70 Stimmen abgelehnt. In der von ihm gemeinsam mit Landauer und Toller am 7. April 1919 ausgerufenen Münchner Räterepublik sah M. einen wesentlichen Schritt in Richtung auf eine freiheitliche Gesellschaft, in der jegliche Form von Herrschaft zugunsten einer direkten Demokratie verschwinden sollte. Die Abschaffung staatlicher Herrschaft, egal, ob sie sich der Form einer bürgerlich-parlamentarischen Demokratie oder der eines parteigebundenen Staatssozialismus bedient, war für den Anarchisten M. ein Teilziel seines politischen Engagements. M. war aber nicht der Utopist, der einem unerfüllbaren Ideal nachjagte. Der Wunsch, seine Vorstellungen wenigstens partiell umsetzen zu können, ließ ihn in der Rätezeit mit Parteilosen, Rätekommunisten, Parteikommunisten, Syndikalisten und Unabhängigen Sozialdemokraten Kompromisse schließen und Aktionsbündnisse suchen. Bei einem konterrevolutionären Putschversuch der »Republikanischen Schutztruppe« wurde M. am 13. April 1919 verhaftet, so daß er keinen Einfluß auf die zweite (kommunistische) Phase der Räterepublik (bis 1. Mai) mehr ausüben konnte. Er wurde später wegen »Hochverrats« zu 15 Jahren Haft verurteilt, von denen er fünf, zeitweise gemeinsam mit Toller, in der Festung Niederschönenfeld verbüßte.

M. setzte sein Bemühen um die Einigkeit aller Revolutionäre, über alle Parteigrenzen hinweg, auch in der Weimarer Republik fort. Unter Hinweis auf das Vorbild aus revolutionären Tagen glaubte er, die Arbeiter aus ihrer jeweils parteipolitischen Fixiertheit aufrütteln zu können. Bei diesen Versuchen setzte er sich oftmals »zwischen die Stühle«, vor allem durch seine Tätigkeit für die KPD-dominierte Gefangenenhilfsorganisation »Rote Hilfe«, die er als effiziente Organisation zur Unterstützung aller linken politischen Gefangenen ansah und deren praktische Notwendigkeit er am eigenen Leib erfahren hatte.

M. ließ sich wenig beirren; je mehr das Sektierertum in den Arbeiterorganisationen zunahm und je stärker die Bedrohung durch die Nationalsozialisten wurde, desto intensiver versuchte er, sich für die Überwindung der Denkschranken und ideologischen Abgrenzungen einzusetzen. Dazu trug bei, daß er nach wie vor nicht ausschließlich auf politische Gruppierungen und deren Organisationsmechanismen konzentriert war.

Frühzeitig kommentierte M. das Erstarken der Nationalsozialisten in seiner neugegründeten Zeitschrift *Fanal*, die vom Oktober 1926 bis zu ihrem Verbot im Juli 1931 erschien. In der Berliner Ortsgruppe des »Schutzverbands Deutscher Schriftsteller« (SDS), dessen Mitglied M. seit 1912 war, bildete sich um 1927/28 eine Oppositionsgruppe, die antifaschistische Veranstaltungen durchführte. Die politischen Aktivitäten der Berliner Oppositionsgruppe richteten sich vor allem gegen das »Republikschutzgesetz«, das die Anklage wegen Hochverrats möglich machte, später gegen die »Pressenotverordnung« vom Juli 1931. Trotz gegenteiligen Beschlusses führte der SDS keine Protestversammlungen gegen diese Gesetze durch, so daß die Opposition als sogenanntes »Kampfkomitee« bis zu ihrem Ausschluß und Austritt Versammlungen in eigener Regie einberief. Die Beteiligung an allen Entscheidungsprozessen der Berliner Schriftstelleropposition, M.s öffentliches Auftreten gegen den aufkommenden Nationalsozialismus, die Abstammung aus einem jüdischen Elternhaus und seine Rolle bei der Münchner Räterepublik hatten ihn bei den Nationalsozialisten zu einem der meistgehaßten »Roten« gemacht. Eine Fahrkarte nach Prag hatte er bereits in der Tasche, als er, noch in der Nacht des Reichtagsbrands, am frühen Morgen des 28. Februar 1933 verhaftet und nach Aufenthalten in verschiedenen Gefängnissen und Konzentrationslagern schließlich am 10.Juli 1934 im KZ Oranienburg von SS-Leuten ermordet wurde.

M. befand sich immer auf der Seite der »Freiheit«, doch sah er Freiheit nicht als absoluten Wert an, da der Mensch ein soziales Wesen sei. Es ging ihm keineswegs um einen schrankenlosen Individualismus, wie dies dem Anarchismus immer wieder unterstellt wird, sondern um die »gleiche Freiheit aller«. M. formulierte dies in seiner theoretischen Schrift *Die Befreiung der Gesellschaft vom Staat* 1933 folgendermaßen: »Wer die Freiheit der Persönlichkeit zur Forderung aller Menschengemeinschaft erhebt, und wer umgekehrt die Freiheit der Gesellschaft gleichsetzt mit der Freiheit aller, in ihr zur Gemeinschaft verbundenen Menschen, hat das Recht, sich Anarchist zu nennen.« Freiheit und Gleichheit bedeuteten ihm also nicht »Gleichmacherei« sondern »gleiche Bedingungen für einen jeden, seine Anlagen zu ihren günstigsten Möglichkeiten zu entwickeln«. In diesem Sinne war auch Gesellschaft für M.

keine gestaltlose »Masse«, sondern eine »Summe von Einzelmenschen«, und die Persönlichkeit des Menschen »unlöslicher« Bestandteil der Gesellschaft. Um der Persönlichkeit in der Gesellschaft Entfaltungsmöglichkeiten zu geben, müsse das autoritäre Prinzip, ob im Alltag, in der Familie oder in der Politik verworfen werden. Aus diesem Ansatz heraus entwickelte M. auch seine Marx-Kritik. Marx' ökonomische und politische Kritik am Kapitalismus verglich M. in seinem Artikel *Bismarxismus* mit dem Bismarckschen Modell zu regieren: »Bismarck spaltete Deutschland und schuf das zentrale Reichsgebilde mit dem Preußenkönig als Kaiser an der Spitze (...). Karl Marx spaltete die Arbeiter-Internationale, warf Bakunin und alle Revolutionäre hinaus, die der Selbstverantwortlichkeit des Proletariats, seinem Freiheitswillen und seiner Entschlußkraft mehr zutrauten, als den Rechenkünsten festbesoldeter Revolutions-Manager und machte aus der Religion des Sozialismus die Kirche der Sozialdemokratie«. M. sah Marx und Bismarck als zwei verfeindete Vertreter ein- und derselben »deutschen«, d.h. autoritären, Denkweise, die ihre Verankerung in einer kritiklosen Wissenschaftsgläubigkeit fand. M. hob demgegenüber die Fähigkeit des Menschen hervor, einzugreifen. In seinem *Brevier für Menschen-Selbstverantwortung* formulierte er dies so: »Es ist nicht wahr, daß der Mensch nur ein Rädchen sei in der Maschine, die einmal im Gange ist, nicht fähig und nicht berufen, ihren Lauf zu beeinflussen (...). Niemand hat seinen Willen auszuschalten, jeder hat ihn anzustrengen«.

Aus dieser Wertschätzung der Persönlichkeit leitet M. sowohl seine Kritik am sozialistischen Staat als auch die an der Entmündigung des Bürgers in einer kapitalistischen Bürokratie ab. M. erkannte auch, daß sich staatliche Autorität nicht in ihrer »Keimzelle«, der Familie, wiederholen darf. Zumindest theoretisch gelangte M. deshalb zur Patriarchatskritik, auch wenn sein Frauenbild nicht unproblematisch war. Sein Ideal einer herrschaftsfreien Gesellschaft beschränkt sich nicht auf ökonomische Befreiung und die Errichtung einer egalitären Gesellschaftsordnung, sondern schloß geistige Weiterbildung mit ein. M. verlangte eine Gesellschaft, die auf einer »Kultur der Persönlichkeit« basiert.

Haug, W.: Erich Mühsam – Schriftsteller der Revolution. Grafenau 1984. – Hirte, C. (Hg.): Erich Mühsam: Tagebücher 1910–1924. München 1994. – Hug, H.: Erich Mühsam. Untersuchungen zu Leben und Werk. Glashütten i.T. 1974.

Wolfgang Haug

Müntzer, Thomas (auch: Münzer, Munczer)

Geb. um 1490 in Stolberg/Harz; gest. (hingerichtet) 27. 5. 1525 bei Mühlhausen (Thüringen)

Es mag befremden, einen Theologen des 16. Jahrhunderts unter den »deutschen Demokraten« zu finden, datierte man bis vor kurzem doch das Aufkommen demokratischen Gedankenguts gern in die spätere Neuzeit, und als dessen Ursprung galt Westeuropa. So schrieb Gerhard Ritter (*Luther. Gestalt und Tat*, 4. Aufl, 1947): »Es ist wahr, daß die demokratische Ideenwelt dem Bauernsohn Luther gänzlich fern lag – ebenso wie seiner ganzen thüringisch-sächsischen Umgebung; sie ist das Produkt einer späteren Zeit und westeuropäischer Städtekultur.«

Ritters Bemerkung ist Ergebnis einer isolierenden Betrachtungsweise, wie sie seit Ende des 19. Jahrhunderts in Deutschland vorherrschte. Anders als frühere Autoren, etwa Friedrich Engels, trennte man die Reformation von der Renaissance (und somit von der in dieser enthaltenen Tradition demokratischen Denkens) ab; man trennte ferner den Bauernkrieg von der Reformation, die Bauern als »Kommunisten« (Ritter) von den Reformatoren, von diesen den Reformator M., überdies den Reformator-Theologen M. von dem Aufrührer M., um eine von demokratischen Elementen freie Reformation herauszuschälen, freilich um den Preis der Verwerfung älterer Forschung. Z.B. hatte der liberale Historiker Georg Gottfried Gervinus 1853 in seiner *Einleitung in die Geschichte des neunzehnten Jahrhunderts* »die demokratischen Entfaltungen« der Neuzeit beobachtet, »deren Keime in dem Grundwesen des Protestantismus lagen«; M. könnte dementsprechend als derjenige Reformator verstanden werden, der versuchte, jene Keime zu beschleunigtem Wachstum zu bringen. Unmittelbar als Inspirator der modernen Demokratien nahm der demokratische Historiker und Teilnehmer an der Revolution von 1848 Wilhelm Zimmermann M. in Anspruch. In den Revolutionen der Neuzeit sah er dessen Ideen wirksam (*Der große deutsche Bauernkrieg*, 3 Bde., 1841–1843): »Es ist nicht schwer, ja unabweisbar, den Sieg dessen, was ursprünglich zu M.s Ideen gehörte, wiederzuerkennen in dem, was nicht bloß mitwirkte, sondern vorzugsweise wirkend war in Staatsumwälzungen diesseits und jenseits des Meeres.« M. war Theologe von umfassender Gelehrsamkeit. Er nahm seelsorgerische Aufgaben in der Kirche in schnellem Wechsel an verschiedenen Orten wahr, zuletzt in Allstedt und Mühlhausen. Seinen legendären Ruf erwarb er sich als einer der bedeutendsten Führer der Aufständischen in Thüringen. Nach der Schlacht bei Frankenhausen am 15. Mai 1525 wurde er gefangengenommen, gefoltert und am 27. Mai hingerichtet.

Welches Bild von sich entwarf M.? In einer *Anrede an Jesus* sah er sich als dessen »unverdrossen(en) Landsknecht«, und er begriff sich zudem wohl als einen jener »rechten Pfaffen« (Pfarrer, die ihr Amt richtig auffaßten), denen die Welt »die Köpf für die Füß zu streichen« pflege. Was war er: Verfechter einer besonderen Form von Christentum? Ein Theoretiker der Demokratie, der zum Kämpfer für die Demokratie wurde, schließlich noch zu einem ihrer ersten Märtyrer? In der nach M.s Tod gedruckten Polemik gegen den Toten: *Die Histori Thome Muntzers/des anfengers der Döringischen vffrur* (1525) beschuldigte Luthers Parteigänger Philipp Melanchthon ihn gleich im Titel (historisch falsch) der Urheberschaft des thüringischen Bauernkriegs und sah die Ursache von M.s Untergang darin: er habe »ynn summa zwen yrthumb gelert/Den ein von geistlichen sachen (...). Der ander yrthumb ist gewesen/ von weltlichem regiment/das man dem selben nicht gehorsam sein solte«.

In der Tat hatte der Theologe M. seit dem Beginn der zwanziger Jahre eine eigene geistliche Lehre entwickelt. Zuvor wurde er den Lutheranern zugezählt, wie es die Kampfschrift der Franziskaner zu Jüterbog (1519) bezeugt: *Articuli (...) contra Lvteranos*, worin der »Magister Thomas« als radikaler Luther-Anhänger angeklagt wird. Auch blieben die Grundlage von M.s Lehre die von Luther in der Frühreformation entwickelte »theologia crucis« (wonach es den Christen bezeichne, christusförmig zu werden, nicht durch eine Imitation Christi, sondern durch willige Annahme des jeweils individuellen Leidenswegs des Gerechten) und des Reformators antipäpstliche Agitation – M. bezeichnete das Papsttum als »neronisch« und »Prunztopf (Pißtopf) zu Rome«.

Die Radikalisierung von M.s Position zeigt sich in seiner Schrift *Der Bemen Sache betreffende Protestation* (Titel auch: *Das Prager Manifest*, 1521), worin er Anschluß an das Denken und an die noch vorhandene Anhängerschaft des tschechischen Reformators Johann Hus (1369–1415) zu gewinnen gedachte. Nicht das Bekennntnis zu Hus war schon die Radikalisierung, stellte doch auch Luther sich seit 1519 in dieselbe Tradition. Doch zwei Indizien waren es: Die Theologie wurde von M. nun auf »die lebendige Rede Gots« gegründet, namentlich auf die Geisterfahrung »im Herzen des Menschen«. Folge: die Herabstufung der Bibel; diese sei »eußerlich«, wohingegen Gott »die rechte Heilige Schrift« »mit seinem lebendigen Finger« ins Innere der Gläubigen schreibe. Und: Stark akzentuiert erscheint nunmehr die Kategorie »Volk«, »armes Volk« (M. spricht vom »armen, armen, armen Volklein« und bekundet: »Aber am Volk zweifel ich nicht.«). Seine eigene Theologie entfaltete er – außer in seinen Predigten (kaum überliefert) – in weiteren deutschsprachigen theologisch-politischen Schriften, in seinem in Deutsch verfaßten kirchlichen Gebrauchsschrifttum sowie in seinen Briefen (Latein, Deutsch). Als Ziel benannte er, »der evangelischen Prediger Lere« zu bessern und zudem die »Römische Brudere« nicht zu verachten, Aufgaben, zu lösen durch eine »neue apostolische Kirche« bzw. »eine treffliche, unuberwintliche, zukünftige Reformation«. Bei Formulierung seiner Lehre bezog er – außer der Frühreformation – biblische Prophetien und Offenbarungen ein, Termini und Vorstellungen des Joachim von Fiore, dazu taboritische (radikal-hussitische), solche der deutschen Mystik sowie humanistische. 1524 legte M. den Kern seiner Dogmatik in kühner Begrifflichkeit dar: »Das wir fleischlichen, irdischen Menschen sollen Götter werden durch die Menschwerdung Christi und also mit im (ihm) Gotes Schuler sein, von im (ihm) selber gelert werden und vergottet sein, ja wol vil mer, in in (ihn) ganz und gar verwandelt, auf das sich das irdische Leben schwenke in den Himel«!

In M.s Lehre »von weltlichem regiment«, d.h. in seiner politischen Auffassung, kann man einen durchgehenden Grundzug konstatieren: die Zentrierung auf das Volk, das »arme Volk«, den »gemeinen Mann«, die Unterschichten, vor allem die Bauern und Bergknappen (in Thüringen war die Grafschaft Mansfeld ein bedeutendes Bergbaugebiet, seinerzeit das wichtigste in Deutschland). Damit einher geht die Anklage gegen die »großen Hansen«. Über Gott schrieb er: »Do sicht er an die nydrigen ding und verwirft die hohen« (1524). An anderen Stellen wurde M. sehr präzis: »Die Regenten unternehmen nichts zur Sicherung des wahren Christenglaubens und vernachlässigen ihre Amtspflichten sämtlich.« In der sogenannten *Fürstenpredigt* (1524) rief er zwar die »teuren Regenten von Sachsen« auf, um des Evangeliums willen alles zu wagen, doch drohte er denselben auch: »das man die gotlosen Regenten (...) töten sol«, insbesondere die Kleriker. Aber schon in einem Brief vom 4. Oktober 1523 hatte es geheißen: »so wirt das swert yhn (ihnen) genommen werden und wirt dem ynbrunstigen Volke gegeben werden zum untergange der gotlosen«. Stärker formulierte er im Brief vom 22. Juli 1524: Man müsse die Fürsten »erwurgen wye dye hunde«. »Do hat yhr gewalt auch eyn ende, sye wirt in kurzer zeyt dem gemeinen volk gegeben werden«; M. kündigte damit die Verwirklichung der Volkssouveränität an. 1524 wiederholte er in der *Schutzrede* (gegen Anwürfe Luthers): »daß ein ganze Gemain (Versammlung aller) Gewalt des Schwertz hab wie auch den Schlüssel der Auflösung«; d.h. neben der alleinigen Autorität in weltlichen Sachen auch die geistliche (das Amt der Sündenvergebung als Inbegriff geistlicher Macht). Im Anschluß daran stand bei M. noch das Postulat öffentlicher Gerichtsbarkeit, mit Ablehnung geheimer oder Kabinettsjustiz des Fürstenstaats. Mit dem Prinzip der Volkssouveränität, dem Kerngedanken der Demokratie, verband er zusätzlich Einsichten über die Eigentumsfrage und die Freiheitsproblematik.

Die Ursache allen Aufruhrs erblickte M. in der Ausbeutung aller Lebewesen durch Adel und Fürsten – in einem Abschnitt der *Schutzrede*, der an Sozialkritik das Schärfste enthält, was vor dem *Kommunistischen Manifest* (1848) in Druck gegeben wurde: »die Grundsuppe des Wuchers, der Dieberei und Rauberei sein unser Herren und Fürsten, nemen alle Creatur zum Aigentumb.«

Es kennzeichnet den Revolutionär M., daß er den Aufruhr indes weder mochte noch verwarf: »Wer hie ein rain Urtail haben wil, der muß den Aufrur nit lieben, auch muß er füglicher (berechtigter) Empörung nit feind sein«. In der Freiheit sah er eine Vorbedingung für das »Aufgehen« der Saat des Wortes Gottes (Brief, 13. 5. 1525): »Es beczeugen fast alle ortheyl (Sprüche) in der schrifft (Bibel), das dye creaturn mussen frey werden«. Die Bauern und andre Arme hätten aber ihr ganzes Leben daranzusetzen, ihren Unterhalt zu erwerben sowie den »erzgottlosen Tyrannen den Hals« zu füllen. Keine Abhilfe brächten die Gelehrten, weil sie käuflich seien und gern fette Brocken bei Hofe erschnappten: »Derhalben mustu, gemeiner Man, selber gelert werden, auf das du nicht lenger verfüret werdest«. Was hier im Denken M.s aufsproß, war die Notwendigkeit einer allgemeinen Volksbildung und hatte den Sturz der Adels- und Fürstenmacht zur Voraussetzung.

Gerhard Ritter irrte. Die »demokratische Ideenwelt«, sie hätte Luther so nahe rücken können wie M.. Beide konnten die Theorie der Demokratie und Revolution z.B. in der *Politeia* des Aristoteles studieren. Das politische Denken der Antike wurde von der Renaissance rezipiert, auch weiterentwickelt. In der historischen Tradition des Kampfes gegen das Papsttum operierten die Verfechter kaiserlicher Vormacht mit der Idee der Volkssouveränität (Dante, Marsilius von Padua, Johannes Quidort). Aus Chroniken und historischen Darstellungen ließ sich Anschauung über Volksaufstände und Freiheitsbewegungen ermitteln.

Vieles hiervon könnte M. nachgelesen haben. Gewiß aber ist, daß er, der Theologe, durch nichts so bewegt wurde wie durch seine Lektüre der Bibel, der ganzen, einschließlich des Alten Testaments, im Gegensatz zu Luthers Favorisierung des Neuen Testaments, eine sozialkritische Lektüre, aus der er sozialrevolutionäre Folgerungen zog. So wurde M., der Theologe, zum Demokraten und Streiter für eine – theologisch grundierte – Demokratie, der in den entscheidenden Monaten und Wochen des Bauernkriegs das Buch Daniel zitierte (vor allem Vers 7,18: »Aber die Heiligen des Höchsten werden das Reich einnehmen, und werden's es immer und ewiglich besitzen«) und das Evangelium des Lukas (Vers 1,52: »Er stößet die Gewaltigen vom Stuhl, und erhebet die Niedrigen«). Beides, um dem aufständischen Volk einzuschärfen: Alle Macht dem Volke, über alles die Volkssouveränität!

Bubenheimer, U.: Thomas Müntzer. Herkunft und Bildung. Leiden 1989. – Friesen, A.; Goertz, H.-J. (Hg.): Thomas Müntzer. Darmstadt 1978. – Goertz, H.-J.: Thomas Müntzer. Mystiker, Apolyptiker, Revolutionär. München 1989.

Wolfgang Beutin

Münzenberg, Willi

Geb. 18. 8. 1889 in Erfurt; gest. Sommer 1940

Seine von umtriebigem Aktivismus berstende Biographie wurde bereits zu Lebzeiten zur »Münzenberg-Legende« verklärt. Als Leistenjunge in einer Schuhfabrik engagierte er sich seit 1906 in der sozialdemokratischen Arbeiterjugendbewegung und wurde Mitglied im Erfurter Bildungsverein »Propaganda«. Gegen die »verbonzte Bürokratie« der sozialdemokratischen »Parteiclique« versuchte er den entschiedenen Antimilitarismus und die Selbständigkeit der Arbeiterjugendbewegung zu behaupten und sammelte erste Erfahrungen als Volksredner. Nachdem er 1910 wegen der Zirkulation einer Sammelliste gemaßregelt wurde, machte er sich auf die »Walz« und erreichte 1910 Zürich, wo er als »Zapfbursche« und Apothekengehilfe arbeitete. In der Schweizer sozialistischen Jugendbewegung lernte er durch den Arzt Fritz Brupbacher syndikalistisch-anarchistische Strömungen kennen, erweiterte seinen Erfahrungs- und Bildungshorizont und hungerte nach »Aktion und Leben«. 1912 wurde M. Redakteur der *Freien Jugend* und traf in Zürich zahlreiche russische Emigranten, u.a. Lenin, Trotzki, Sinowjew und Radek. Während des Ersten Weltkrieges organisierte er 1915 eine internationale Jugendkonferenz, gründete die Zeitschrift *Die Jugend-Internationale* und schloß sich unter dem Einfluß Lenins der antimilitaristischen Zimmerwalder Linken an. 1917 wurde er als Mitorganisator eines Generalstreiks gegen den Krieg verhaftet und – nach vorübergehender Freilassung – bis zum Kriegsende in der Schweiz interniert. In seiner im Mai 1918 erschienenen Broschüre *Der Kampf und Sieg der Bolschewiki* beschrieb er die »himmeltürmenden Schwierigkeiten« und rief das »Proletariat der ganzen Erde« zur Solidarität mit dem revolutionären Rußland auf.

Nach seiner Ausweisung aus der Schweiz schloß sich M. in Stuttgart der Spartakusgruppe und dann der KPD an. 1919 wurde er in Stuttgart verhaftet, angeklagt wegen »Landesverrats« und nach mehrmonatiger Festungshaft freigelassen. Auf dem Gründungskongreß der Kommunistischen Jugendinternationale plädierte er 1919 in Berlin für die »Selbständigkeit« der Jugendinternationale und geriet dadurch in zunehmenden Gegensatz zu den Moskauer »Instanzen« von KPdSU und Kommunistischer Internationale. Nach seiner Absetzung als Vorsitzender der Jugendinternationale, die er als »herbste Entäuschung in seinem Leben« empfand, wurde er von Lenin 1921 mit der Organisation einer »Arbeiterhilfe für die Hungernden in Rußland« beauftragt, aus der sich später die »Internationale Arbeiterhilfe« (IAH) mit M. als Generalsekretär entwickelte. In dieser weltumspannenden »Massenorganisation« unterstand M. der Disziplin und Finanzhoheit der Kommunistischen Internationale und war zudem seit 1924 Mitglied des ZK der KPD. Aber trotz dieser politischen Zu- und Unterordnung war M. das »Gegenteil eines Bonzen, ein Diskutiertyp« (Kurt Hiller) und konnte in relativer Selbständigkeit ein ständig expandierendes Medienimperium aufbauen. Mit unermüdlicher Vitalität und organisatorischem Geschick schuf M. den »Neuen Deutschen Verlag«, die »Universum-Bibliothek«, Zeitungen und Zeitschriften wie *Arbeiter-Illustrierte-Zeitung* (*AIZ*), *Die Welt am Abend*, *Berlin am Morgen*, *Der Weg der Frau*, *Der Eulenspiegel*, *Der Arbeiter-Fotograf*, *Mahnruf*, *Der Rote Aufbau* und *Magazin für alle*. Ihre hohen Auflagezahlen und die öffentliche Resonanz ließen M. zum »roten Pressezaren« werden, der für seine propagandistische Gegenöffentlichkeit neue Techniken wie die Fotomontage und Medien wie den Film nutzte.

Die durch eine Schar von Mitarbeitern und Publizisten produzierte sozialistische Bilderwelt zielte sowohl auf die Politisierung des Weltbildes der »Massen« wie auf die politisierte Intelligenz, auf die der fesselnde Agitator und unermüdliche Initiator von Bewegungen, Organisationen und Kampagnen eine besondere Faszination ausübte. Nach der in Moskau 1924 erfolgten Gründung der Filmproduktions- und Verleihfirma »Meshrabpom« als IAH-Geschäftsunternehmen konnten die M.schen Filmfirmen »Prometheus« und »Weltfilm« in Deutschland mit Filmen russischer Regisseure (Eisenstein, Pudowkin) große Publikumserfolge erzielen, aber auch eigene, gesellschaftskritische Streifen wie z.B. Brechts *Kuhle Wampe* produzieren. Nicht zuletzt durch M.s Initiativen entstanden, zumeist nach Solidaritäts- und Sammelaktionen, weitere Organisationen der IAH in zahlreichen Ländern. Dabei gelang es M. und seinen Mitarbeitern nicht nur, ein »Planetensystem« von Organisationen zu inszenieren, dominiert durch kommunistische Fraktionen und Organisationsbüros, sondern zugleich wurden bekannte Intellektuelle als »fellow travellers« in ständig neuen Unterschriften-Stampiglien gewonnen und instrumentalisiert.

Bereits in den zwanziger Jahren litt M. – wie unveröffentlichte Briefe deutlich machen – an der »Schwere des Apparats« von KPD und Komintern, der seine Innovationen und Initiativen »lähmt und tötet«. M. differierte zwar mit der KPD- und Kominternführung auch in der »Frage der Massenpropaganda und der Mittel und Methoden«, unterwarf sich jedoch ständig dem Führungszirkel der KPD, der M.s »Selbständigkeit« mißtrauisch überwachen ließ. Nach Gründung der »Liga gegen Imperialismus und für nationale Unabhängigkeit« (1927), an deren Brüsseler Kongreß neben Jawaharlal Nehru und Leopold Senghor Delegierte aus 37 Ländern teilnahmen, wurde M. als öffentlich präsentierter Generalsekretär der Liga durch die von Moskau geschickten »faktischen Sekretäre« abgelöst. Auch in der Antikriegsbewegung wurde M. schon im Vorfelde des Amsterdamer Kongresses (1932) weitgehend ausgeschaltet. Anfang 1930 versuchte M., der von Ossietzky und anderen Linksintellektuellen formulierten Kritik an Schauprozessen in der Sowjetunion zu begegnen durch die Gründung eines »Internationalen Komitees für die Verteidigung der Sowjetunion«, dem als Vorsitzende neben M. die prominenten Schriftsteller Maxim Gorki, Henri Barbusse und Upton Sinclair angehörten, sowie durch zahlreiche Publikationen und Kundgebungen. Nachdem er in den Fraktionskämpfen der KPD zur Neumann/Remmele-Fraktion gerechnet wurde, »kapitulierte« er politisch 1932 vor der KPD-Führung, die bereits Ende 1932 unter Leitung Herbert Wehners eine parteioffizielle Untersuchung gegen M. durchführte.

Nach dem Reichstagsbrand emigrierte M. im Februar 1933 nach Frankreich und baute – obwohl vorübergehend von der KPD-Führung als Deserteur verfemt – mit finanzieller Unterstützung der Kommunistischen Internationale erneut ein Verlags- und Presseimperium mit Zeitungen wie *Der Gegen-Angriff* und der aus der *AIZ* hervorgegangenen *Volks-Illustrierten* auf. Der Verlag »Editions de Carrefour« unter der Geschäftsführung M.s und seiner Frau Babette Gross wurde durch die Produktion von über 50 Büchern zu einem Forum antifaschistischer Exilschriftsteller.

Der von M. organisierte Reichtagsbrand-Gegenkongreß in London und die Publikation von zwei *Braunbüchern über Reichstagsbrand und Hitlerterror* erzeugten internationales Echo und sicherten zudem M. die Freundschaft Georgi Dimitroffs, der 1935 zum Generalsekretär der Komintern gewählt wurde. Nach dem VII. Weltkongreß der Komintern (1935) kehrte M. aus Moskau als Leiter und Inspirator zahlreicher »Frontorganisationen« wie »Rassemblement Universel pour la Paix« (RUP), »Deutsche Freiheitsbibliothek« und »Weltkomitee gegen Krieg und Faschismus« nach Paris zurück. Hier versuchte er, mit bürgerlichen Intellektuellen, Sozialdemokraten

und Christen eine breitangelegte antifaschistische Volkfrontpolitik zu realisieren, die jedoch immer wieder von KPD-Funktionären wie Walter Ulbricht konterkariert wurde.
Bei einem Aufenthalt in Moskau erhielt M. im April 1936 eine strenge Parteirüge und wurde Ende 1936 in Paris durch den Komintern-Emissär Smeral von allen Funktionen im Verlags- und Organisationsbereich entbunden. In Moskau wurden während der »Säuberungen« frühere Mitarbeiter M.s verhaftetet, und bereits 1937 erschien M. in NKWD-Dokumenten als »trotzkistischer Gestapo-Agent«. Im Bewußtsein der drohenden Verhaftung entzog sich M. allen Scheinangeboten und Einladungen nach Moskau und publizierte 1937 *Proganda als Waffe*. Diese Darstellung der faschistischen Propaganda wurde wie andere Publikationen aus dem M.schen »Carrefour-Verlag«, den er ab 1938 als »Sebastian-Brant-Verlag« weiterzuführen suchte, in der KPD-Presse scharf attackiert.
Nach der Ablösung M.s durch Walter Ulbricht und unter dem Eindruck des stalinistischen Terrors kam der Pariser Volksfrontausschuß völlig zum Erliegen. Auf Betreiben Walter Ulbrichts schloß die KPD-Führung M. im Mai 1938 aus dem ZK der KPD aus und leitete mit Hilfe der »Internationalen Kontrollkomission der Komintern« in Abwesenheit M.s ein inquisitorisches Ausschlußverfahren gegen den »ideologisch entarteten Parteifeind« ein. In mehreren persönlichen Schreiben an Stalin und Dimitroff protestierte M. zwar noch gegen das Vorgehen der Moskauer KPD-Führung und versuchte zudem, ein Parteiverfahren gegen den Apparatschik Ulbricht in Gang zu bringen. Ungeachtet dessen wurde M., der bereits aus der KPD ausgetreten war, am 16.3. 1939 als »Verräter« aus der KPD ausgeschlossen. In der Zeitschrift *Die Zukunft* veröffentlichten Austritterklärung *Alles für die Einheit* rechnete M. mit der »Einpartei-Diktatur« und mit der »Herrschaft eines unkontrollierten Parteiapparates« ab und propagierte die Schaffung einer demokratisch organisierten »Einheitspartei«. Aber erst nach der Unterzeichnung des Stalin-Hitler-Pakts (August/September 1939) brach M. öffentlich mit Stalin und der Politik der Sowjetunion. Seine frühere Identifikation mit der Sowjetunion und Stalin wird von ihm nun in zahlreichen Artikeln in der *Zukunft* (z.B. *Der russische Dolchstoß* und *Der Verräter, Stalin, bist Du*) widerrufen. Er kritisierte jetzt vehement den Stalinismus wie auch die Sozialdemokratie. Der Begriff »Sozialismus« sei durch Stalin ebenso wie der Begriff »Demokratie« durch die Weimarer Republik diskreditiert. Das neue Deutschland solle deswegen auf »wahrhaft demokratischer, freiheitlicher und sozialistischer Grundlage« geschaffen werden. Seit 1939 versuchte der immer noch unermüdliche Organisator M. mit der Gründung des Zusammenschlusses »Freunde der sozialistischen Einheit – Münzenberg« und des Hilfskomitees »Menschen in Not«, erneut politisch aktiv zu werden. Als einziger Ausweg erschien ihm dabei die »sozialistisch-demokratische Sammlung der deutschen Kräfte«, ein Ausweg zwischen den verfestigten Parteifronten, den jedoch nur wenige »Freunde der sozialistischen Einheit« mit M. suchten.
Nach Kriegsausbruch wurde M. im Stadion von Colombes (Paris) und in Chambaran bei Lyon interniert. Beim Näherrücken der deutschen Truppen versuchte M. im Juni 1940 zusammen mit anderen Internierten in langen Fußmärschen in die Schweiz zu flüchten. Am 17. Oktober 1940 wurde seine Leiche in einem Wald in der Nähe der Stadt St. Marcellin gefunden. Das Rätsel um seinen Tod (Selbstmord, Mord durch Gestapo- oder NKWD-Agenten) ist immer noch nicht gelöst.

Gross, B.: Willi Münzenberg. Eine politische Biographie mit einem Vorwort von Arthur Koestler. Stuttgart 1967. – Surmann, R.: Die Münzenberg-Legende. Zur Publizistik der revolutionären deutschen Arbeiterbewegung. Köln 1983. – Wessel, H.: Münzenbergs Ende. Ein deutscher Kommunist im Widerstand gegen Hitler und Stalin. Die Jahre 1933 bis 1940. Berlin 1991.

Reinhard Müller

Naphtali, Fritz (später Peretz)

Geb. 29. 3. 1888 in Berlin; gest. 30. 4. 1961 in Tel-Aviv

»Wenn ich in Bezug auf das Ideal von Freiheit und Gerechtigkeit, d.h. Demokratie und Sozialismus oder in Bezug auf den Weg, der die Gewalt, die Diktatoren, den Sprung in der Wirtschaft ablehnt und an den Geist und das Ringen um die Entwicklung glaubt, ›umlernen‹ könnte, wäre es vielleicht leichter. Aber ich kann und will nicht. Je erbärmlicher die Diktaturen der Gegenwart, je fester halte ich an der Demokratie als Grundlage des Sozialismus, an der Idee der geistigen Freiheit, an der Ablehnung der Heiligung des Mittels durch den Zweck, an dem Streben nach Gerechtigkeit, um ihrer selbst Willen, innerlich fest.«
Dieses Glaubensbekenntnis schrieb N. in sein Tagebuch am 18. März 1935 – der erste Eintrag seit seiner Auswanderung aus Nazi-Deutschland im Juni 1933 und seiner »Alija« (Aufstieg) nach Erez-Israel (Palästina). Es ist zugleich eine Zusammenfassung des deutschen und Einleitung in den israelischen Abschnitt seines Lebens. Für Demokratie und Sozialismus interessierte sich N. schon als Sechzehnjähriger. Er beließ es nicht dabei, sondern engagierte sich z.B. durch Teilnahme an Demonstrationen gegen das preußische Dreiklassenwahlrecht. Auch das Studium der Volkswirtschaft an der Handelshochschule in Berlin, unter anderem bei Werner Sombart, be-

gründete er mit dem Wunsch, die Grundlagen des Sozialismus wissenschaftlich zu überprüfen. Der Marxismus war für ihn nicht Dogma, sondern kritische Methode. Schon in seinen Jugendjahren kam N. in Verbindung mit Eduard Bernstein und blieb dessen Lehre des »revisionistischen«, auf parlamentarisch-demokratischen Grundlagen basierenden Sozialismus sein ganzes Leben lang treu. 1911 trat N. der SPD bei.

Der Sohn des jüdischen Kaufmanns Hugo Naphtali und seiner Frau Ida arbeitete zunächst als Exportkaufmann in Berlin und Brüssel, wechselte aber 1912 zum Journalismus. Im Frühjahr 1912 begann er als Wirtschaftsredakteur der *Berliner Morgenpost* und anschließend an der vom Ullstein-Verlag herausgegebenen *Vossischen Zeitung*, unter enger Zusammenarbeit mit deren Redakteur, Georg Bernhard. Diese Arbeit setzte er bis zu seiner Einberufung zum Militärdienst im Oktober 1917 erfolgreich fort. N. war im Reserve-Infanterie-Regiment No. 208 an den schweren Kämpfen an der Westfront beteiligt. Das Kriegserlebnis festigte seine pazifistische Einstellung. Als die Revolution in Deutschland ausbrach, weilte N. noch an der Front. Vor seiner Entlassung im Dezember 1918 war er während einiger Wochen Mitglied des Soldatenrates seiner Einheit.

In Berlin kehrte N. zu seiner Arbeit bei Ullstein zurück, veröffentlichte aber auch Artikel in anderen Zeitschriften, u.a. in den *Sozialistischen Monatsheften*, deren Redakteur Dr. Josef Bloch dem Zionismus nahestand. N. zeichnete für die Rubrik »Kolonisation« verantwortlich, die sich oft mit dem jüdischen Aufbauwerk in Palästina befaßte. Dies war der Anfang von N.s Annäherung an die Zionistische Bewegung, der er sich 1925 anschloß. Im gleichen Jahr besuchte er Palästina und traf sich mit Führern der dortigen jüdischen Arbeiterbewegung.

1921, nach dem Tode seiner jungen Frau, siedelte N. nach Frankfurt/Main über, um dort die Wirtschaftsredaktion der *Frankfurter Zeitung* zu übernehmen. Im Jahre 1926 lud ihn die SPD ein, in Berlin zusammen mit Fritz Baade die Leitung der neugegründeten Forschungsstelle für Wirtschaftspolitik zu übernehmen. Diese Stelle war das wissenschaftliche Institut der deutschen Arbeiterbewegung, gemeinsam finanziert vom »Allgemeinen Deutschen Gewerkschaftsbund« (ADGB), »Allgemeinen freien Angestellten-Bund« (AfA-Bund), vom »Zentralverband deutscher Konsumvereine«, der »Großeinkaufsgesellschaft deutscher Konsumvereine« und der SPD. Dieses Institut, das der wissenschaftlichen Erforschung des Wirtschaftslebens diente, stellte die Ergebnisse von N.s Tätigkeit den Organisationen der Arbeiterbewegung und besonders deren öffentlich und parlamentarisch aktiven Vertretern zur Verfügung. An der großen Wirtschaftsenquete von 1926 war N. als Sachverständiger und Generalsekretär beteiligt, außerdem war er Mitglied des vorläufigen Reichswirtschaftsrats, erst als Vertreter und dann als Nachfolger Rudolf Hilferdings. Ferner gehörte er dem Aufsichtsrat der »Bank der Arbeiter, Angestellten und Beamten«, sowie dem Kuratorium der Staatlichen Wirtschaftsschule an.

Im Gegensatz zur orthodox-marxistischen Anschauung vertrat N. die Meinung, daß Wirtschaftskrisen die Interessen der Arbeiterbewegung nicht förderten, sondern schwächten. Die Belange der Arbeiterschaft verlangten eine aktive Politik der Konjunkturbeeinflussung, ermöglicht durch den Einbau von Organen zielbewußter Wirtschaftslenkung in die bestehende Wirtschaft. Im Jahre 1927 begann N. sein wichtigstes theoretisches Werk. Vom Vorstand des ADGB wurde er beauftragt, den bisher vagen Vorstellungen von Wirtschaftsdemokratie eine klare und ausführbare Form zu geben. Es handelte sich um die Entwicklung eines Konzeptes, das die Interessenpolitik der Gewerkschaften mit dem Ziel des Sozialismus vereinigen sollte. Das Ergebnis war der Sammelband *Wirtschaftsdemokratie, ihr Wesen, Weg und Ziel*, der den Teilnehmern des 13. Gewerkschaftskongresses im September 1928 in Hamburg als Diskussionsgrundlage überreicht wurde. N., der den Gedankengang des Werks als Redakteur und als Verfasser eines grundlegenden Kapitels sowie der programmatischen Zusammenfassung entscheidend beeinflußt hatte, referierte über *Die Verwirklichung der Wirtschaftsdemokratie*. Besonders betonte er den Anspruch auf Beteiligung der Arbeitervertreter an der Leitung der Gesamtwirtschaft. Für N., der ähnlich wie Hilferding den Gegenwartskapitalismus als »Wirtschaft der monopolistischen Organisation« auffaßte, hieß das neben der Staatskontrolle auch die »Teilnahme der wirtschaftlichen Organisationen der Arbeiter an der Führung der großen Monopolorganisationen«. Die Zustimmung der Mehrheit der Kongreßteilnehmer fand Ausdruck in einem Beschluß, der die Demokratisierung der Wirtschaft als den Weg zum Sozialismus bezeichnete.

N. sah die Wirtschaftsdemokratie als »vollendete Demokratie«: die endgültige Emanzipation der Arbeiter und deren Eingliederung in die Wirtschaft und Gesellschaft. Ausgehend von der parlamentarischen Demokratie sollte die Arbeiterschaft auch die Wirtschaft demokratisieren, mittels nicht-kapitalistischer »Keile, die in das Fleisch der kapitalistischen Wirtschaft getrieben werden, und die schließlich dazu führen, die Wirtschaft zu umfassen und aus dem kapitalistischen System in ein sozialistisches zu überführen«. Dies sollte in zwei verschiedenen Formen geschehen: Auf der einen Seite standen die Forderungen, die sich an Gesetzgebung und öffentliche Verwaltung richteten, und denen die Gewerkschaften als Vertreter der Arbeiterschaft den notwendigen Nachdruck verliehen, um sich im demokratischen Staat durchzusetzen. Auf der anderen Seite standen die unmittelbar von der organisierten Arbeiterschaft ohne den Umweg über den Staat zu er-

füllenden Aufgaben des Aufbaus neuer demokratischer Wirtschaftsformen.
Der Kampf sollte auf breiter Front geführt werden, mit Stärkung der staatlichen Körperschaften der Wirtschaftskontrolle, des Ausbaus der verschiedenen staatlichen, öffentlichen und kommunalen Einrichtungen sowie auch des Genossenschaftswesens und der gewerkschaftseigenen Industrie- und Finanzunternehmen. All diese Komponenten wurden als Ansatzpunkte zur Demokratisierung angesehen.
N. hatte Bedenken hinsichtlich der Mitbestimmung auf Betriebsebene. Er meinte, daß diese zum »Betriebsegoismus«, d.h. zur Zusammenarbeit von lokalen und partikularistischen Interessen gegen das Wohl der Gesamtheit führen könnten. Diese Meinung änderte er später durch seine Erfahrungen mit den Kibbutzim in Erez-Israel und den Entwicklungen in Deutschland und Europa nach 1945.
Es ging darum, die Wirtschaft dem Wohl der Allgemeinheit zu unterstellen: »Das Prinzip der Wirtschaftsdemokratie ist also die Unterordnung jeder wirtschaftlichen Tätigkeit unter die Interessen der Allgemeinheit und der Kampf der Arbeiterschaft als Weg zum Sozialismus ist ebensosehr ein Kampf für das Wohl der Allgemeinheit, wie ihr politischer Kampf nicht nur der Eroberung des allgemeinen Wahlrechtes und der politischen Demokratie gilt.«
So entwarf N. der deutschen Arbeiterbewegung ein Konzept des demokratischen Sozialismus. Doch war es ihm nicht bestimmt, zu dessen Verwirklichung beizutragen. Die Weltwirtschaftskrise, die im Oktober 1929, ein Jahr nach der Veröffentlichung des Wirtschaftsdemokratiebuches ausbrach, und der folgende Aufstieg des Nationalsozialismus machten dies unmöglich. Noch versuchte N. – vergebens – Wege aus der wirtschaftlichen Stagnierung und der Arbeitslosigkeit zu finden. Einer dieser Versuche war der von ihm redigierte und konzipierte Sammelband *Die 40-Stunden-Woche*, der, ähnlich der *Wirtschaftsdemokratie*, 1931 im Auftrag des ADGB herauskam. Ende 1932 wurde N. in eine Kommission berufen, die ein Aufbauprogramm für den nächsten Parteitag vorbereiten sollte. Dieser fand aber nicht mehr statt.
Die Machtergreifung Hitlers am 30. Januar 1933, die Kapitulation der Gewerkschaften und der Zusammenbruch der Partei machten N.s weiteres Wirken in Deutschland unmöglich. Im Mai 1933 wurde er verhaftet, doch gelang es seinem Freund Hans Staudinger, früher Staatssekretär im preußischen Handelsministerium und damals noch Mitglied des Reichstages, ihn zu befreien. N. entschloß sich, nicht ins Exil zu gehen wie viele andere seiner sozialdemokratischen Freunde, sondern den Kampf an der »zweiten Front«, der zionistischen, fortzusetzen. Das Versagen der Sozialdemokratie erleichterte ihm diese Entscheidung. Noch im Jahre 1937 schrieb er in sein Tagebuch, daß »wir die Pflicht gehabt hätten, 1933 wenn nicht zu siegen, dann zu sterben und daß wir durch die Tatsache daß wir leben, während das Barbarentum herrscht und Freunde und Genossen gequält werden, uns an der Idee versündigt haben.« Noch schlimmer war für N. die Bereitschaft sozialdemokratischer Kreise, sich dem Nazi-Regime anzupassen.
Im Juli 1933 betrat N. seine neue Heimat: Erez Israel, damals noch britisches Mandat. Dort bot sich ihm die Möglichkeit, sich ins Privatleben zurückzuziehen, aber er zog es vor, weiter für die Ziele der Arbeiterbewegung zu kämpfen. Erstaunlicherweise gelang es N., sich innerhalb weniger Jahre in das öffentliche Leben einzugliedern. Nach einigen Monaten anstrengender Arbeit beherrschte er die hebräische Sprache gut genug, um sich öffentlich verständlich zu machen. Dann folgte eine eindrucksvolle politische Laufbahn: Mitglied des Tel Aviver Stadtrates (1937), Direktor der Bank des Gewerkschaftsbundes »Histadrut« (Bank Ha-po alim, 1938), Mitglied der Histadrut-Exekutive (1940), Mitglied der Abgeordneten-Versammlung der jüdischen Bevölkerung (1944), Mitglied der Knesset im Staate Israel (1949), Landwirtschafts- und später Wohlfahrtsminister (1952–55, 1958) um nur die bedeutendsten seiner Posten zu nennen.

Riemer, J.: Fritz Peretz Naphtali, Sozialdemokrat und Zionist. Gerlingen 1991. – Weinzen, H. W.: Wirtschaftsdemokratie Heute? Konzept, Kritik, Konsequenz. Berlin 1980. – Weinzen, H. W.: Gewerkschaften und Sozialismus. Naphtalis Wirtschaftsdemokratie und Agartz' Wirtschaftsordnung. Frankfurt/Main, New York 1982.

Jehuda Riemer

Naumann, Friedrich

Geb. 25. 3. 1860 in Störmthal bei Leipzig; gest. 24. 8. 1919 in Travemünde

»Durch den Krieg aber ist die letzte große Probe der Monarchie gemacht worden, und der Befähigungsnachweis der Monarchie wurde nicht geliefert im großen Fegefeuer der Weltgeschichte. (...) Man hat den Krieg technisch glänzend geführt, aber man hat den Krieg in bezug auf Menschenpsychologie unglücklich geführt (...) weil man zu spät kam mit der Demokratisierung des deutschen Volkes«.
Mit diesen Worten deutete N. am 19. Februar 1919 in der Weimarer Nationalversammlung nicht nur die Niederlage im

Ersten Weltkrieg, sondern zog auch das Fazit seines Lebensprojektes, der Synthese von Demokratie und Kaisertum.
N. stammte aus einer evangelisch-lutherischen Pastorenfamilie. Nach Gymnasialbesuch und Absolvierung der Fürstenschule in Meißen (1876–1878) studierte er in Erlangen und Leipzig Theologie. Von 1883 bis 1885 im Hamburger »Rauhen Haus« im Rahmen der Inneren Mission tätig, ging N. 1886 als Dorfpfarrer nach Langenberg bei Zwickau. Hier im sächsischen Industrierevier wurde N. die soziale Lage des Proletariats vor Augen geführt, und er erfuhr, wie wenig er der Überzeugungskraft der sozialistischen Idee auf die Arbeiter entgegenzusetzen hatte.
Nachdem N. 1890 als Vereinsgeistlicher des »Evangelischen Vereins für Innere Mission« nach Frankfurt/Main gewechselt war, engagierte er sich in der christlich-sozialen Bewegung (»Christlich-soziale Partei«, seit 1878, bis 1881 unter der Bezeichnung »Christlich-soziale Arbeiterpartei«) des Hofpredigers Adolf Stoecker, die, ein Konglomerat unterschiedlicher Kräfte mit sozialkonservativen, antisemitischen und antisozialistischen, aber auch mit sozialpolitisch-reformerischen Parolen die Sozialdemokratie bekämpfte. N. gehörte zu einer Gruppe jüngerer Christlich-Sozialer, die liberal-konservative Auffassungen vertrat.
In Aufsätzen und Artikeln, ab Dezember 1894 vor allem in der von ihm gegründeten *Hilfe*, entwickelte N. seine Ideen. Die Verbindung von Demokratie und Kaisertum sollte das Reich auf evolutionäre Weise zu einem modernen Nationalstaat umwandeln. Den Weg dorthin sah er durch eine politische Widersinnigkeit blockiert: Der bismarcksche Staatsaufbau zementiere, vor allem über das preußische Dreiklassenwahlrecht, die Dominanz klerikal-konservativer Interessen und des preußischen Junkertums in der Reichspolitik. Eine Allianz des Kaisers mit den in der SPD organisierten Arbeitern gegen die reaktionären Kräfte läge in beiderseitigem Interesse. Einerseits könnte die Monarchie ihre Handlungsfähigkeit nur bewahren, wenn sie sich auf breite Bevölkerungsschichten stütze. Andererseits sei die SPD trotz ihrer zahlenmäßigen Stärke zu schwach, Forderungen gegen den staatlichen Machtapparat durchzusetzen. Eine Verbindung von Kaiser und Arbeitern wäre möglich, wenn der Kaiser sich aus der klerikal-konservativen Umklammerung befreie und die SPD auf ihre unrealistische Forderung nach der Republik verzichte. Eine solche Allianz würde auch von den Bürgerlichen, die der Monarchie für die Schaffung der deutschen Einheit die Treue hielten, gestützt werden.
N. selbst lehnte die Republik auch aus sachlichen Erwägungen ab: »Einer, dessen Verantwortlichkeit dadurch vergrößert wird, daß er erblicher Leiter der Regierung ist, ist für Deutschland nötig als Mittelpunkt im Getriebe der Parteien« (*Was heißt christlich sozial?*, 1896). Im Gegenzug zur Anerkennung der Monarchie solle der Kaiser die Demokratisierung des Reiches und Preußens, Arbeitergesetzgebung, die Aufhebung der Gesindeordnung und eine umfassende Sozialpolitik einleiten. So forderte N. auch eine Verstaatlichung der Großbetriebe, die über die komplette Beherrschung ganzer Regionen die Arbeiter bis in ihr Privatleben hinein kontrollieren würden. An diesem Punkt machte N. auch seine Kritik des bürgerlichen Liberalismus fest, der die Bedrohung bürgerlicher Rechte durch ökonomische Abhängigkeit nicht erkenne und dadurch seine Rolle als Vorkämpfer der Freiheit verloren habe.
Mitte der 1890er Jahre scheiterte die christlich-soziale Bewegung am Versuch, auf Basis der christlichen Lehre eine für ihre Konservativen und Reformer gleichermaßen vertretbare Politik zu definieren. N. zog daraus den Schluß, daß Religion und Politik zwei wesensverschiedene Bereiche seien, die sich nicht gegenseitig beeinflussen dürften. Parallel dazu begriff er zunehmend – auch unter dem Einfluß Max Webers – den nationalen Machtstaat als entscheidendes Kriterium der Politik. Die Demokratisierung sollte die Arbeiter mit dem Staat versöhnen, weil »die äußere Macht auf die Dauer ohne Nationalsinn einer politisch interessierten Volksmasse nicht erhalten werden kann« (*National-sozialer Katechismus*, 1897). In diesem Sinne suchte N. nun den Weg in die Politik und gründete 1896 den »National-sozialen Verein«.
1900 zeichnete N. in *Demokratie und Kaisertum* das Bild eines auf das Amt orientierten Kaisertums in einer Demokratie, die ohne naturrechtliche Bestimmung das Zusammenleben der »Masse« funktional organisiert. Da Rechte im politischen Kampf gegen andere erstritten würden, gäbe es auch keine universal gültigen Prinzipien: »Die Menschheit als Ganzes ist der Schauplatz, innerhalb dessen Umgrenzung wir für bestimmte Lebenszwecke einzelner Menschheitsteile zu kämpfen haben.« Die Verneinung von Naturrechten führte N. schließlich soweit, daß er für seine Verteidigung der »Hunnenrede« Wilhelms II. bei der Einschiffung der Expeditionstruppen gegen den »Boxeraufstand« (des »Geheimbundes der Boxer«) in China 1900 (Ermordung des deutschen Gesandten von Ketteler in Peking) den Schmähnamen »Hunnenpastor« erhielt.
1903 scheiterte der »National-soziale Verein« in den Reichstagswahlen. N. trat der liberalen »Freisinnigen Vereinigung« bei, mit der sich der »National-soziale Verein« verschmolz und übte dort maßgeblichen Einfluß auf den späteren ersten Bundespräsidenten Theodor Heuss aus. Von 1907 bis 1918 war N. mit kurzer Unterbrechung Mitglied des Reichstags, bis 1910 für die »Freisinnige Vereinigung«, danach für die »Fortschrittliche Volkspartei« (1910–1918), einem Kartell der drei bisherigen linksliberalen Parteien »Freisinnige Volkspartei« (1893–1910), »Freisinnige Vereinigung« (1893–1910) und »Deutsche Volkspartei« (1868–1910). N. setzte sich hier vehe-

ment für eine Erneuerung des bürgerlichen Liberalismus in einer Massenpartei ein und hielt an der Funktionalisierung demokratischer Ideale ebenso fest wie an der Kritik am unzureichenden Freiheitsbegriff des Liberalismus: »Freiheit ist in erster Linie ein nationaler Begriff.«

Weil sie zu keiner effizienten Machtentfaltung fähig seien, hätten Kleinstaaten kein Recht auf Souveränität; der »Gesamtfortschritt der Kultur« erfordere sogar ihre Unterwerfung. Erst in zweiter Linie sei Freiheit als Rechtsgleichheit ein individuelles Recht, das denen, die als Volk ihre Souveränität nicht bewahren konnten, das Leben im fremden Staat erträglich mache. Die Gewährung gleicher Bürgerrechte ohne dazugehörige Arbeiterrechte und Sozialgesetze sei aber wertlos, »denn was nützen die gleichen Bürgerrechte, wenn die Menschen sich freiwillig verkaufen müssen, falls sie leben wollen?« (*Das Ideal der Freiheit*, 1908). Die Frage der Freiheit werde nicht in der politischen Arena, sondern in den Betrieben entschieden; die Gegner des Liberalismus seien nicht die Sozialdemokraten, sondern die Klerikal-Konservativen (*Die Erneuerung des Liberalismus*, 1906).

N.s Hoffnung, daß Kaiser Wilhelms II. zu Beginn des Ersten Weltkriegs ausgesprochener Satz »Ich kenne keine Parteien mehr, ich kenne nur noch Deutsche« Taten folgen würden im Sinne seines, N.s, Programm, wurde enttäuscht. Die kaiserliche Osterbotschaft vom April 1917 mit ihrer verklausulierten Ankündigung der Abschaffung des preußischen Dreiklassenwahlrechts gab N. aber nochmals Auftrieb. In einer Denkschrift an das Reichsamt des Innern drängte er, die Reformen zügig umzusetzen, vor allem um den Eindruck zu vermeiden, die Demokratisierung erfolge nur auf Druck der alliierten Propaganda. Den alliierten Forderungen nach Abschaffung der Monarchie in Deutschland stellte N. einen »deutschen Freiheitsbegriff« entgegen. Die simple Gewährung gleicher Rechte war für ihn das »westliche« aus dem Kampf gegen den absolutistischen Staat stammende Freiheitsideal, das der historischen Wirklichkeit nicht mehr gerecht werden würde. Im »deutschen Freiheitsbegriff« sei wesentlich eine soziale Volksgesinnung enthalten, die den Westvölkern in dieser Art und Tiefe fremd sei. Die Freiheit der Schwachen (und die Schwachen sind die Vielen) bestehe nicht nur in aktiven und passiven politischen Rechten, sondern darin, daß ihre schwache Existenz staatlich geschützt werde. N. warnte aber auch vor dem Versuch, Freiheit durch soziale Sicherheit ersetzen zu wollen.

Im September 1917 wandte sich N. mit *Der Kaiser im Volksstaat* an die Öffentlichkeit, um das Kaisertum als historisch gerechtfertigte Regierungsform des Reichs zu verteidigen und zugleich, um die zügige Demokratisierung zu fordern. Ähnlich wie beim Freiheitsbegriff stellte er dem »westlichen« Konzept der Republik den »deutschen Volksstaat« entgegen; dieser setze »das Volk als eine gewordene und gewachsene Naturgröße voraus. Das Volk ist größer, wichtiger und älter als alle seine einzelnen Glieder.« N. grenzte den Volksstaat von völkischen Vorstellungen ab und distanzierte sich vom Antisemitismus.

N. hatte auch erkannt, daß eine größere Beteiligung des Volkes an der Politik eine bessere politische Bildung erfordere. Noch während des Krieges gründete er daher die »Staatsbürgerschule«, aus der in der Weimarer Republik die »Deutsche Hochschule für Politik« hervorging, zu deren Mitgliedern Theodor Heuss und Konrad Adenauer gehörten. Der Weimarer Republik stand N. skeptisch gegenüber. Ohne parteiunabhängige Staatsspitze schien ihm das reine Verhältniswahlrecht die Bildung einer entscheidungsfähigen Regierung zu gefährden. In der Weimarer Nationalversammlung 1919 saß N. als erster Vorsitzender der neugegründeten »Deutschen Demokratischen Partei« (DDP). Als Korrektur zum Verhältniswahlrecht forderte er vergeblich ein Präsidentenamt mit der Kompetenz zur Regierungsbildung.

N. suchte jedoch nicht nur einen Ersatz für die Funktion des Monarchen als vermeintlich parteiunabhängiges Entscheidungszentrum. Ihm zufolge gab der Monarch dem Staat auch die mythische Dimension, ohne die dieser nicht existieren könne: »Der König ist vom Staatsbegriff völlig umgossen, ragt ins Übersinnliche und Unausdenkliche hinein, ein Symbol wie ein altes Heiligtum (...) gesättigt mit merkwürdiger Mystik (...)« (*Der Kaiser im Volksstaat*, 1917). Am 18. März 1919 brachte N. einen »Versuch volksverständlicher Grundrechte« ein, der als ein »Volkskatechismus zur Herbeiführung derjenigen Gesinnung, auf der der Staat beruht«, dienen sollte: »Den Staat nur auf vorübergehende Nützlichkeitserwägungen zu gründen, ist außerordentlich bedenklich (...). Das Bedürfnis nach einem Staatsbekenntnis, nach dem demokratischen Freiheitsstaat Deutschland, der als moralische Notwendigkeit hervorgewachsen ist, scheint mir absolut vorhanden zu sein (...)«. Die Idee als solche fand Anerkennung, der Vorschlag selbst wurde aber wegen seiner juristischen Unklarheiten abgelehnt. Krankheit und früher Tod verhinderten, daß N. dieses Konzept entwickeln konnte. 1958 ehrte Theodor Heuss das N.sche Wirken für einen erneuerten Liberalismus mit der Gründung der FDP-nahen politischen Stiftung, die N.s Namen erhielt.

Eppler, E.: Liberale und soziale Demokratie. Zum politischen Erbe Friedrich Naumanns. Villingen 1961. – Heuss, Th.: Friedrich Naumann. Stuttgart, Berlin 1937. – Theiner, P.: Sozialer Liberalismus und deutsche Weltpolitik. Friedrich Naumann im Wilhelminischen Deutschland. Baden-Baden 1983.

Arndt-B. Janssen

Nelson, Leonard

Geb. 11.7.1882 in Berlin; gest. 29.10.1927 in Göttingen

N. hielt den Begriff der Demokratie für in sich widersprüchlich, weil er einerseits Freiheit und Gleichheit beinhalte, andererseits die Entscheidungen über deren Verwirklichung dem Zufall von Mehrheitsentscheidungen überlasse, was ihn zur Ablehnung des demokratischen Systems brachte. N., seit 1919 Professor in der mathematischen Abteilung der Philosophischen Fakultät der Universität Göttingen, war eine ganz ungewöhnliche Erscheinung sowohl im wissenschaftlichen als auch im politischen Spektrum seiner Zeit. Dabei war er seiner Herkunft, Erziehung und Ausbildung nach nicht für die Rolle eines Außenseiters prädestiniert.

Als Sohn des Rechtsanwalts, späteren Justizrats Heinrich N. und dessen Frau Elisabeth, zu deren Vorfahren Moses Mendelssohn und der Mathematiker G.P. Lejeune-Dirichlet gehörten, wuchs N. in einem liberalen Elternhaus auf, das von geistigen und künstlerischen Aktivitäten geprägt war. Er wurde evangelisch getauft, doch waren weder diese Konfession noch der jüdische Familienhintergrund für ihn von Bedeutung, und offenbar hat er Antisemitismus persönlich kaum je zu spüren bekommen. Es war keine glückliche, sondern eine einsame, bedrückte Kindheit, die N. in einer Berliner Westend-Villa verbrachte. Im Gegensatz zu seinem liebenswürdigen, geselligen Vater gab sich die Mutter kühl und dominant. Als qualvoll empfand N. seine Schulzeit im Französischen Gymnasium, wo er sich »mit mechanischem und totem Lehrstoff« abgespeist fühlte. Seinen Widerwillen dagegen reagierte er durch schlechte Leistungen und Trotzhaltungen ab. Wie wenig er schon als Gymnasiast bereit war, sich dem Schulbetrieb und den gesellschaftlichen Normen anzupassen, zeigt seine Antwort auf die Frage eines Schulaufsatzes – »Was denke ich mir beim Anblick der Siegessäule?«. Sie lautete: gar nichts.

Durch ein Buchgeschenk zur Konfirmation, die Kulturgeschichte von Ernst Hallier, geriet er früh auf eine wissenschaftliche Bahn, die er nie verließ: Mit Kant vertraut, entdeckte er bei Hallier Jakob Friedrich Fries, in dem er »den einzigen wirklichen Fortbildner, den die Kantische Philosophie im 19. Jahrhundert gefunden hat«, sah. Auch politisch wurde Fries für N. zum Vorbild, denn im Gegensatz zum Frühliberalismus wies er dem Staat die Aufgabe zu, im Interesse persönlicher Gleichheit in die Wirtschaft einzugreifen, den einzelnen »gegen geistige Knechtung« durch »Priesterdespotismus« zu schützen und rechtliche Prinzipien auch auf das »gegenseitige Verhältnis der Staaten« anzuwenden. Auch die Verweisung auf das »Platonische Ideal, wonach die Auslese des Regenten weder durch Geburt noch durch Wahl erfolgen sollte sondern allein durch eine seinem Beruf angemessene Erziehung«, interpretierte N. als eine wichtige Erkenntnis von Fries, aus der N. sein Führerschaftsprinzip ableitete.

Nach dem Abitur studierte N. in Heidelberg, Berlin und Göttingen Philosophie, Mathematik und Naturwissenschaften, initiierte philosophische Gesprächskreise und gründete 1904 gemeinsam mit Freunden die *Abhandlungen der Fries'schen Schule, Neue Folge*, die ein Organ für jüngere Gelehrte verschiedener Fachrichtungen wurden. N. gehörte damals, wie sein Biograph Franke notiert, einer »Geistesgemeinschaft« an, in der nach seiner eigenen Schilderung »die Pflege der Wissenschaft ihren wahren und höchsten Wert (hat): in der gemeinsamen Hingabe an die Wahrheit«. Während N. in jenem Kreis hoch geschätzt wurde, handelte er sich persönliche Kalamitäten an der Universität ein. Sie hingen mit seiner philosophischen Richtung zusammen, die der Zeitströmung nicht entsprach, aber auch mit seiner überspitzten Polemik, mit der er anerkannte Autoritäten angriff. So gelang es ihm erst im dritten Anlauf zu promovieren, und bei der Habilitation, der Erlangung der Lehrbefugnis und schließlich der Professur erging es ihm ähnlich. Große Hilfe erhielt er vom berühmten Mathematiker David Hilbert, dem er »in Dankbarkeit und Verehrung« seine 1917 veröffentlichte *Kritik der praktischen Vernunft* widmete.

Politisch beheimatet war N. zunächst im Liberalismus, in dessen Vereinigungen er tätig wurde. Er nahm am Gründungsparteitag der »Fortschrittlichen Volkspartei« im März 1910 teil und setzte große Hoffnungen auf ihren herausragenden Kopf Friedrich Naumann. Er sympathisierte mit dessen sozialen Ideen, die monarchistischen und nationalistischen teilte er vermutlich nicht vorbehaltlos. Ein Indiz dafür ist, daß N. am 31. Juli 1914, als patriotischer Rausch und Kriegsbegeisterung große Teile der Bevölkerung ergriffen hatten, seine Schlußvorlesung über das Thema *Der Staatenbund* hielt. Sie war eine Kampfansage an nationale Machtpolitik, die er als »rohes Vorurteil und Ausfluß atavistischer Instinkte« bezeichnete, und ein Plädoyer für die Schaffung einer internationalen Rechtsorganisation. Schwer vereinbar mit dieser Haltung war allerdings die von N. und K. Grelling zu Anfang des Krieges verfaßte Denkschrift, in der mit einem baldigen Sieg Deutschlands und dessen positiver Führungsrolle bei der Friedensordnung gerechnet wurde.

Der Krieg erwies sich für N. als Schlüsselerlebnis, das ihn in seiner Überzeugung von der notwendigen Verbindung von

Wissenschaft und Politik bestärkte und ihn bewog, tiefgreifende Konsequenzen zu ziehen. Er empfand das Völkermorden als grauenhaftes Versagen der Gebildeten, brach mit manchen Freunden und wandte sich der sozialistischen Arbeiterbewegung zu. Aus gesundheitlichen Gründen vom aktiven Kriegsdienst befreit, hatte N. jetzt Möglichkeiten zu wissenschaftlicher und politischer Betätigung.

Am 1. April 1917 gründete N. in Göttingen eine Organisation mit ehemaligen Mitgliedern der »Freideutschen Jugend« (des seit 1913 bestehenden Dachverbandes der deutschen Jugendbewegung), aus der im darauffolgenden Jahr der »Internationale Jugendbund« (IJB) hervorging. Sein Ziel war der Aufbau einer »Partei der Vernunft«; von seinen Gründungsmitgliedern, die N.s Bemühungen weiterhin unterstützten, seien genannt: Minna Specht, Max und Maria Hodann (Mary Saran), Julie Pohlmann. Daß zunächst nur wenige Männer teilnahmen, war kriegsbedingt, doch war der Frauenanteil bei N.s Gründungen auch später beträchtlich. Der IJB bildete eine Lebens- und Erziehungsgemeinschaft unter N.s Führung mit strengen Forderungen an die Mitglieder: Kirchenaustritt, Alkoholabstinenz, Vegetarismus und – als politisch wichtigste – Mitarbeit in Organisationen der Arbeiterbewegung. Für die intensive Bildungsarbeit des IJB war das »Sokratische Gespräch« von großer Bedeutung. In manchen Orten, vor allem in Göttingen, gewannen IJB-Mitglieder starken Einfluß in der SPD. Von ihrem Recht, Kritik zu üben, machten sie reichlich Gebrauch und opponierten gegen Beschlüsse der SPD. Dies in Verbindung mit der Ablehnung des partei-offiziösen Marxismus der SPD durch den IJB und sein führerschaftlicher Aufbau mit N.s charismatischer Persönlichkeit an der Spitze – N. war zuerst der USPD, dann der SPD beigetreten – wurde zuviel für den SPD-Vorstand. Im November 1925 schloß er den IJB aus.

Der 1926 von N. gegründete »Internationale Sozialistische Kampfbund« (ISK) bildete in seinen theoretischen Grundlagen und Forderungen an seine Mitglieder eine Fortsetzung des IJB, verstand sich aber als eine politische Partei der linken Arbeiterbewegung und wirkte in deren Organisationen, vor allem in den Freien Gewerkschaften. Die politische Arbeit des ISK überließ N. weitgehend seinem Sekretär Willi Eichler, die Leitung der Kinder- und Erwachsenenschule des ISK, der »Walkemühle«, lag von Anfang an bei Minna Specht, N.s engster Mitarbeiterin. Doch N. blieb bis zu seinem frühen Tod die zentrale Figur aller Institutionen, die er ins Leben gerufen hatte. Seine Philosophie der praktischen Vernunft war für die ISK-Mitglieder nicht nur Leitlinie ihrer politischen Arbeit, sondern meist auch ihres persönlichen Lebens. Für viele wurde sie maßgebend für ihren Entschluß, die Risiken und Opfer der Widerstandsarbeit gegen das NS-Regime auf sich zu nehmen. N.s Einflüsse machten sich noch bemerkbar im Godesberger Programm der SPD von 1959.

Demokratie und Führerschaft heißt N.s in der politischen Diskussion umstrittenste Schrift. Sie gibt den Text einer Rede wieder, die er im Juli 1919 auf einem IJB-Kurs gehalten hatte, und die er 1926 mit vier Anhängen noch einmal veröffentlichte. Sein Urteil über die Demokratie gipfelte in der Behauptung, sie sei »die Narrenbühne, auf der der pfiffigste oder bestbezahlte Schwätzer dem vornehmen und nur auf seine gute Sache bauenden Charakter den Rang abläuft«. Hingegen habe sich das Führerschaftsprinzip in der katholischen Kirche und in Militärorganisationen bewährt und empfehle sich daher auch für andere Organisationen und den Staat. Merkwürdigerweise ging N. in diesem Zusammenhang nicht auf die Erfolge der Bolschewiki ein, obwohl er ein Bewunderer Lenins war und die russische Oktoberrevolution von 1917 auf Linksintellektuelle große Faszination ausübte.

Bei N.s Auseinandersetzungen mit dem Demokratie-Problem und seinem Suchen nach Lösungen gewinnt man den Eindruck, daß es sich dabei weit weniger um geschichtliche und politische Erfahrungen handelte als um abstrakte Konstruktionen. Dieser Eindruck wird verstärkt durch die ahistorische Bezugnahme auf Platons Ideal der »Herrschaft der Weisen«, das N. auf unsere Zeit übertragen wollte.

Auf dem 5. Deutschen Soziologentag in Wien am 27./28. September 1926 erklärte N. in einem Diskussionsbeitrag, der sich in einem Anhang von *Demokratie und Führerschaft* findet: »Wenn unter ›Demokratie‹ Schutz des Menschentums verstanden wird, so bekenne ich mich zur Demokratie, so bin ich ein fanatischer Verfechter der Demokratie.« In der Tat war N. ein leidenschaftlicher Kämpfer für Gleichheit und Freiheit, menschliche Würde und persönliche Selbstbestimmung.Er ermutigte zu öffentlicher Kritik und forderte deren Einbeziehung in die Praxis von Gesetzgebung und Rechtsprechung, er war gegen kapitalistische Monopole und lehnte den Kollektivismus wegen der Abhängigkeit von Bürokratien ab, er entwickelte eine moderne Sozialpolitik, bekämpfte den Nationalismus und trat für eine internationale Rechtsordnung ein. All dies waren für ihn nicht nur Themen wissenschaftlicher Abhandlungen, sondern Gegenstand praktischer Politik, in die er sich einmischte und von der er wußte, daß sie Kompromisse nötig machte.

Zu N.s Auseinandersetzung mit den Fragen seiner Zeit gehörte auch eine Rußlandreise, die er kurz vor seinem Tode 1927 zusammen mit Minna Specht unternahm. Sie verlief enttäuschend; N. kam zu dem Ergebnis, »daß Rußland von der Angst beherrscht wird und von niemandem anders«. Nach seiner Rückkehr äußerte er, daß man unsere Demokratie hier doch schätzen könne. Vielleicht hätte N. seine Gedanken über Demokratie und Führerschaft revidiert, hätte er länger gelebt und weitere Erfahrungen sammeln können. Das war der Fall bei seinen Schülern und Mitarbeitern, die als Flüchtlinge aus

Nazi-Deutschland vor allem in England und den USA funktionierende Demokratien erlebt haben und nach dem Sturz des NS-Regimes ihre Kräfte für den Aufbau der Demokratie in Deutschland einsetzten.

Franke, H.: Leonard Nelson. Amersbek b. Hamburg 1991. - Henry-Hermann, G.: Die Überwindung des Zufalls. Kritische Betrachtungen zu Leonard Nelsons Begründung der Ethik als Wissenschaft. Hamburg 1985. - Link, W.: Die Geschichte des Internationalen Jugend-Bundes (IJB) und des Internationalen Sozialistischen Kampf-Bundes (ISK). Ein Beitrag zur Geschichte der Arbeiterbewegung in der Weimarer Republik und im Dritten Reich. Meisenheim am Glan 1964. - Schröder, P. (Hg.): Vernunft, Erkenntnis, Sittlichkeit. Internationales philosophisches Symposion, Göttingen 27.-29. Oktober 1977 aus Anlaß des 50. Todestages von Leonard Nelson. Hamburg 1979.

Susanne Miller

Nettlau, Max

Geb. 30. 4. 1865 in Neuwaldegg (bei Wien); gest. 23. 6. 1944 in Amsterdam

N. ist vor allem als Chronist der anarchistischen Bewegung bekannt. Als Hauptwerk gelten seine in fünf Bänden posthum erschienene *Geschichte der Anarchie* (Bde. 1-3, 1972; Bde. 4-5, 1981-1984), die von ihm herausgegebenen *Gesammelten Werke* Michael Bakunins (3 Bde., 1921-1924) und die Biographien über Errico Malatesta (1922) und Elysée Reclus (1928). N. war als Autor sehr produktiv, seine kleineren Arbeiten erschienen in zahlreichen Übersetzungen und Auflagen, als Broschüren und Artikel - nicht ausschließlich, aber meist - bei Verlagen der internationalen anarchistischen Bewegung.

Nach eigener Angabe verbrachte N. seine Kindheit in einem wohlhabenden und sehr liberalen Elternhaus. Sein Vater stammte aus einer alten preußischen Familie und hatte die deutsche Staatsbürgerschaft nie aufgegeben, so daß auch N. deutscher Staatsbürger war. Nachdem er in Neuwaldegg bei Wien eine höhere Privatschule absolviert hatte, begann er 1882 in Berlin indoeuropäische vergleichende Sprachwissenschaft zu studieren, wobei er sich schon ein Jahr später, im Sommer 1883, speziell für die keltischen Sprachen interessierte. Seine Dissertation *Beiträge zur cymbrischen Grammatik*, mit der er, erst 22 Jahre alt, zum Dr. phil. promovierte, erschien 1887 in Leipzig. In London, wo N. von 1885 bis 1913 jedes Jahr für längere Zeit lebte, um sich Studien zu widmen, wurde er Mitglied der »Socialist League« und beschäftigte sich erstmals mit der Ideengeschichte des Sozialismus. Bald fand er Zugang zu anarchistischen Theorien. 1888 begann N. systematisch, Materialien der anarchistischen Bewegung zu sammeln. Nach Beendigung seiner sprachwissenschaftlichen Studien Anfang der 1890er Jahre - er beherrschte fast alle europäischen Sprachen und hatte sich neben dem Keltischen auch mit Sanskrit und Chinesisch beschäftigt - wurde die Dokumentation der Geschichte des Anarchismus zu seiner Lebensaufgabe. Erste Artikel von ihm erschienen in Johann Mosts *Freiheit* in New York und in dem Londoner Blatt *Freedom*. Mit den Mitgliedern der gleichnamigen »Freedom Group« pflegte er ständigen freundschaftlichen Gedankenaustausch, allerdings war sein Verhältnis zu Fürst Peter Kropotkin, Offizier Expeditionsreisender, Leninkritiker und Theoretiker des Anarchismus, dem bekanntesten Vertreter dieses Kreises, eher distanziert.

Um die Jahreswende 1890/91 fand das Leben und Werk Bakunins, des unermüdlichen Aktivisten und Theoretikers des Anarchismus adliger Herkunft, der für die Abschaffung von Staat, Religion und Privateigentum eintrat und als Kritiker des »Staatssozialismus« Gegenspieler von Karl Marx war, N.s Hauptinteresse. Mit großer Akribie versuchte er, dessen private Aufzeichnungen und Veröffentlichungen zusammenzutragen und wurde so zum intimen Kenner dieses Gegenspielers von Karl Marx in der Zeit der »Ersten Internationale« (»Internationale Arbeiter-Assoziation«, bis 1876). N.s. Sammlung diente als Grundlage aller weiteren Bakunin-Studien, z.B. auch des seit 1961 herausgegebenen *Archives Bakounine* durch Arthur Lehning. Auf Reisen und durch Kopieren des handschriftlichen Nachlasses Bakunins trug er ständig Material zusammen. In den Jahren 1896 bis 1900 schrieb er eine Biographie, die für Freunde und Fachbibliotheken in ganz Europa bestimmt war. Auf Wunsch eines Freundes, des französischen Anarchisten Elysée Reclus, veröffentlichte er 1897 eine erste *Bibliographie de L'Anarchie* (Brüssel 1897).

Bis zum Ersten Weltkrieg besaß N. durch Erbschaft eine materielle Basis für seine Arbeit, die ihm erst durch die Inflation Anfang der zwanziger Jahre entzogen wurde. Er lebte seitdem in ärmlichen Verhältnissen von seinen bescheidenen Honoraren und den gelegentlichen Zuwendungen von Gönnern und Freunden - wie z.B. Fritz Brupbacher, dem schweizer Arbeiterarzt -, die seine Arbeit schätzten. 1935 mußte N. aus Geldmangel den größten Teil seiner Sammlung dem »Internationaal Instituut voor Sociale Geschiedenis« (IISG) in Amsterdam verkaufen. Dort verbrachte er auch nach dem »Anschluß« Österreichs 1938 durch Hitlerdeutschland seine letzten Lebensjahre.

Auf seiner ersten Spanienreise 1928 hatte er durch Freunde in der »Confederación Nacional del Trabajo« (CNT) (in Spanien war diese anarchosyndikalistische Gewerkschaft seit ihrer Gründung 1910 eine bestimmende Kraft) tiefe Einblicke in die inneren Verhältnisse der spanischen Arbeiterbewegung erhalten. Bis zum 29. August 1936 lebte er jedes Jahr, mit Ausnahme des Jahres 1930, zwei bis vier Monate in Barcelona. Die Beschäftigung mit der spanischen Geschichte veränderte N.s Denken. Er sah – im Gegensatz zu seinem sonstigen Kulturpessimismus – wie viele seiner Generation in der spanischen Bewegung ein Beispiel dafür, wie sozialistische Vorstellungen als Ergebnis einer langen Entwicklung wirklicher Bestandteil des Denkens der Menschen werden können. Um so größer war seine Enttäuschung nach der Niederlage der Anarchisten im Spanischen Bürgerkrieg (1936–1939).

N. selbst bezeichnete sich als »Vertreter mancher von der Routine abweichender Anschauungen«. Seine bekannteste theoretische Schrift *Solidarität und Verantwortlichkeit im Klassenkampf* (zuerst 1899 auf englisch erschienen) und zahlreiche Artikel in der *Internationalen* (Organ der 1922 gegründeten syndikalistischen Internationale: »Internationale Arbeiter Assoziation«, I.A.A.) geben darüber Auskunft. N. verstand sich selbst als ein Anarchist, der die einfache Grundüberzeugung – den moralischen Impuls – von den Versuchen trennen wollte, anarchistisches Denken in die Praxis umzusetzen. Die verschiedenen Formen des sogenannten »Anarchismus mit Adjektiven« (der Begriff »anarquistas sin ayetivos« wurde in den 1890er Jahren in Spanien geprägt) wie »individualistischer«, »kollektivistischer«, »kommunistischer« Anarchismus sah er gebunden an die zeitlichen und räumlichen Bedingungen bei ihrer Entstehung.

Auffallend ist der Gegensatz zwischen N.s positivem Menschenbild – der Drang nach Freiheit und Selbstverwirklichung war für ihn immanenter Bestandteil der menschlichen Existenz – und seinem Pessimismus in bezug auf die Verwirklichung der Ideale in naher Zukunft. Er akzeptierte keine Dogmen. N.s Kritik der marxistischen Theorie, die pluralistisches Denken ausschließe und daher untauglich zur Erklärung der Wirklichkeit sei, weist auch auf seine Auffassung von Wissenschaft hin: Er forderte eine Wissenschaft der Bescheidenheit und Transparenz, die in ihren verschiedenen Arbeitsweisen und in der Art ihrer Vermittlung von Rationalität und Empirie ausgeht, aber einen moralischen Impuls und als Basis den gesunden Menschenverstand brauchte.

Der von N. formulierte Anspruch an sich selbst als Historiker enthielt die Forderung, die sich widersprechenden Ausformungen des Anarchismus als auch anderer politischer Denkrichtungen genau zu erfassen und zu beschreiben. Geschichte begriff N. als Prozeß der temporären und lokalen Annäherung an das Ideal der Freiheit und den darauf folgenden Phasen der Ernüchterung und des Zerfalls. In diesem Sinne waren für ihn die 1840er Jahre, die Zeit um 1890 und den Beginn des 20. Jh. durch Fortschritt gekennzeichnet; während vor allem die Zeit vor, während und nach dem Ersten Weltkrieg »eine leere Zeit mit relativ großer Prosperität und äußerst matten sozialen Bewegungen« gewesen sei.

Zwei Aspekte sind es, die N. aus heutiger Perspektive interessant machen: seine Auffassung von Fortschritt und seine Kritik an der Arbeiterbewegung und der Arbeiterschaft allgemein. Fortschritt hieß für ihn der Weg hin zu einer Gesellschaft, in der Individual- und Kollektivinteressen zur Aussöhnung kommen. Zwar begrüßte er technische Errungenschaften als nützlich, die »äußere« Welt sinnvoll zu gestalten, aber für viel wichtiger erachtete er den Willen der Menschen, diszipliniert und mit Respekt vor den Mitmenschen und der Natur das Zusammenleben neu auszurichten. Sozialstaatliche Maßnahmen waren für N. ein Indiz für den Zerfall der Gesellschaft, da sie ja nicht die Ursachen für soziale Mißstände angingen, sondern diese verfestigten. Auch seine Kritik an der Arbeiterbewegung sollte auf die Mängelverwaltung durch die Gewerkschaften hinweisen: Die innere Struktur, der organisatorische Aufbau und die interne Kommunikation auch der revolutionär-syndikalistischen und anarcho-syndikalistischen Gewerkschaften entließe den Arbeiter scheinbar aus der Verantwortung für sein Leben. Diese Passivität verhindere eine wirkliche Änderung der Lage.

Im ersten Band der *Geschichte der Anarchie* schrieb N. einleitend: »Die sozialen Bewegungen seit 1917 und alle früheren und ihr bisheriger Mißerfolg beweisen nicht etwa, daß der Sozialismus an dem natürlichen Freiheitsbedürfnis des Menschen scheitert, sondern, daß ein diesem Drang nach Freiheit nicht entsprechender Sozialismus nicht lebensfähig ist, auch wenn ihm alle durch Gewalt erzwungenen Hilfsmittel zur Verfügung stehen.«

Oberländer, E. (Hg.): Der Anarchismus. Dokumente der Weltrevolution. Bd.4, Freiburg im Breisgau 1972. – Rocker, R.: Max Nettlau – Leben und Werk des Historikers vergessener sozialer Bewegungen. Berlin 1978.

Manfred Burazerovic

Nicolai, Friedrich

Geb. 18. 3. 1733 in Berlin; gest. 8. 1. 1811 in Berlin

N.s politische Forderungen an die Monarchie bezogen sich eher auf die bürgerliche als auf die politische Freiheit: Die Bürger mußten die Gelegenheit haben, durch freie Entfaltung der öffentlichen Meinung Entscheidungen, die sie betrafen, zu diskutieren. N. wurde als Sohn eines Buchhändlers und einer Buchhändlertochter geboren und für den väterlichen Beruf bestimmt. In Frankfurt an der Oder, wo er 1749 eine Lehre anfing, lernte er, durch Lektüre und Freundschaften mit Studenten angeregt, die englische Sprache, und begann, sich für literarische und philosophische Fragen zu interessieren. 1752 wurde N. ins Familiengeschäft zurückgerufen. In diesen frühen Berliner Jahren schrieb er seine aufsehenerregende Rundumkritik der deutschen Literatur und Gelehrten, die *Briefe über den itzigen Zustand der schönen Wissenschaften in Teutschland* (1755). In diesem Werk brachte N. eine Englandbegeisterung zum Ausdruck, die - obwohl hier hauptsächlich ästhetisch ausgedrückt (die Überlegenheit der englischen Literatur wegen der größeren Nähe der Schriftsteller zum Publikum) - durchaus politische Züge trug. England, das er nie besuchte, erschien ihm zu dieser Zeit »als der einzige Sitz der Freyheit, der Toleranz und der Großmuth«.

Das Buch erweckte die Aufmerksamkeit vieler Wissenschaftler und bedeutete für N. den Eintritt in die Berliner gelehrt-geselligen Kreise und die für ihn sehr wichtigen Freundschaften mit Gotthold Ephraim Lessing und Moses Mendelssohn. Mit den beiden gründete er 1757, als er wegen eines Erbausgleichs die Buchhandlung verlassen konnte, die *Bibliothek der schönen Wissenschaften und der freyen Künste* (bis 1758), die seine Karriere als Herausgeber kritischer Zeitschriften begründete. Diese setzte er mit den *Briefen, die neueste Litteratur betreffend* (1759-1765) fort und bald danach mit seinem Lebensprojekt, der *Allgemeinen deutschen Bibliothek* (1766-1805). Sie verkörperte N.s Ehrgeiz, das deutsche Publikum und die »Gelehrtenrepublik« durch Rezensionen aller Neuerscheinungen schönwissenschaftlicher und gelehrter deutscher Literatur umfassend zu informieren. Mit ihren zeitweilig mehr als 150 Mitarbeitern machte die Zeitschrift N. zu einem der gefürchtetsten und umworbensten Männer seiner Zeit.

1758 mußte er die alleinige Leitung der väterlichen Buchhandlung übernehmen. Mehr als fünfzig Jahre lang blieben Berlin, Stettin (wo er ab 1765 eine Filiale besaß) und Leipzig N.s Lebensmittelpunkte. Nur einmal verließ N. die gewohnte Bahn für längere Zeit: 1781 bereiste er mehrere Monate lang mit seinem ältesten Sohn Süddeutschland, Österreich und die Schweiz, um das dortige Leben kennenzulernen. Seine Beobachtungen hat er in einer zwölfbändigen *Beschreibung einer Reise durch Deutschland und die Schweiz* (1783-1796) festgehalten, ein wahres Kompendium sowohl von nützlichen Fakten über politische, ökonomische und gesellschaftliche Verhältnisse als auch von preußisch-aufgeklärten (Vor-)urteilen über das katholische Deutschland: Aberglauben, Verschwendung, Jesuitenverschwörungen, wirtschaftlicher Verfall als angebliche Folgen der katholischen Herrschaft und des katholischen Denkens, die N. noch mehr als der orthodoxe Protestantismus (den er im Bestseller-Roman *Leben und Meinungen des Herrn Magister Sebaldus Nothanker,* 1774-1776, satirisch darstellte) mit Unfreiheit und Ungleichheit verbunden schienen, da sie dem Selbstdenken im Wege stünden.

N.s Tätigkeit als Berliner Buchhändler wurde zum Ausgangspunkt für sein rechts- und wirtschaftspolitisches Engagement. Er kritisierte die staatliche Politik Preußens, meistens nur indirekt (bei der Kirche war er viel unbefangener). Bei der Zensur machte er aber eine Ausnahme: In einem monarchischen Staat war die öffentliche Meinung die einzige Gelegenheit, als »Bürger« an den Staatsgeschäften teilzunehmen. N. bekam zu spüren, bis zu welchem Grade die Pressefreiheit in einer absoluten Monarchie vom guten Willen des Herrschers abhing. Nach dem Tode Friedrichs II. 1786, als orthodox-protestantische Kräfte in Preußen die Zensur, insbesondere der religiösen Schriften, mit dem neuen Zensur-Edikt vom Dezember 1788 verschärften, erwog N. sogar einen Umzug nach Braunschweig, wo der aufgeklärtere Herzog Karl Wilhelm Ferdinand regierte. Als 1794 schließlich auch die *Allgemeine deutsche Bibliothek*, die N. vorsichtshalber schon 1790 außer Landes verkaufte hatte, in Preußen verboten wurde, protestierte er lautstark. Er argumentierte hauptsächlich ökonomisch: Der Staat verliere Geld, wenn der Buchhandel untergehe.

N. war Mitglied in verschiedenen aufgeklärt-geselligen Vereinigungen, wo er fast immer dieselben engagierten Berliner Aufklärer traf. Von 1783 bis zu ihrer Selbstauflösung 1798 war N. Mitglied der »Gesellschaft der Freunde der Aufklärung«, auch »Berliner Mittwochsgesellschaft« genannt. Dieser geheime Verein von Staatsmännern, Gelehrten und Kaufleuten traf sich einmal im Monat, um gesellschaftliche, philosophische und politische Fragen der Zeit zu erörtern. Da mehrere Mitglieder der preußischen Gesetzeskommission angehörten, boten die Diskussionen auch einer kleinen Anzahl von Privatleuten die seltene Gelegenheit, auf die Staatspolitik einzuwirken. Durch seine vielfältigen Beziehungen zu Juristen und Beamten konnte N. seiner Meinung als Buchhändler Gehör verschaffen und die Entwürfe der verlagsrechtlichen Paragraphen des Allgemeinen Preußischen Landrechts (1794) nachhaltig verbessern.

N. sah sowohl die Gelehrtenrepublik als auch die Freimaurerlogen – trotz Kritik an deren hierarchischen Struktur und Geheimniskrämerei – als Möglichkeiten der gleichberechtigten Zusammenarbeit jenseits von Standesgrenzen (zumindest zwischen Adel und Bürgertum). Die deutsche Gelehrtenrepublik sollte nach N. »ihrer ganzen Natur nach eine vollkommene Demokratie seyn«.

N. hoffte, daß mit zunehmender Aufklärung und Bildung der unteren Klassen Standesunterschiede verschwinden würden. Fähigkeiten und Fleiß galten ihm mehr als Herkunft. Auch gelehrte Titel waren zweitrangig; er war immer stolz darauf, Autodidakt zu sein, was sich in seiner Schrift *Ueber meine gelehrte Bildung* (1799) niederschlug. »Aus der mittleren Klasse werden sich Kultur und Aufklärung sehr bald in die unteren Klassen des Volks ausbreiten (...) und (...) sich von da aus auch in die höhern Stände verbreiten (...)«.

Für N. war das Bürgertum Mittelpunkt und Rückgrat des Staates. Aus dessen wirtschaftlicher Nützlichkeit und moralisch-kultureller Führungsrolle leitete er den Anspruch ab, von den Regenten insbesondere zu ökonomischen Fragen gehört zu werden. N. beanspruchte jedoch nie eine direkte politische Partizipation für den Mittelstand. Da es ihm als prominentem Berliner Bürger möglich war, Einfluß zu nehmen, gab er sich mit dieser Situation, die zumindest kurzfristig nicht zu verändern war, zufrieden. Seine wachsende Skepsis darüber, ob Herrscher durch bloße Argumente überhaupt zu Reformen und Vernunft bewegt werden könnten, führte zu Resignation, nicht zu Radikalität.

N. war ein Pionier des Liberalismus, wobei er, anders als sein Zeitgenosse Georg Forster, sich weitgehend auf Wirtschafts- und Pressepolitik beschränkte. Für eine konstitutionelle Monarchie und ihre politischen Garantien der bürgerlichen Freiheiten zu kämpfen, war er nicht bereit. 1788 schrieb N.: »Wenn ich mir einen Staat, als einen von raschen Pferden gezogenen Wagen vorstelle, so scheint es mir Thorheit oder Tollkühnheit, einen solchen Wagen bey den Rädern aufhalten zu wollen«. N.s Ansicht nach war eine Revolution wie in Frankreich in Preußen nicht nötig. Vernünftige Reformen, nicht die Abschaffung der Monarchie, waren sein Ziel. Um Reformen einzuleiten, brauche der Staat allerdings ein Volk, das bereit sei, die Neuerungen nicht bloß stumm zu dulden, sondern aktiv zu verwirklichen: »Die Republikaner sehen täglich vor Augen, welchen Widerstand die Dumheit der Bürger, den heilsamsten Verordnungen der Regierung in den Weg legt.« Als Voraussetzung für Reformen sei unter jeder Staatsform eine Demokratisierung des Denkens und des Wissens notwendig.

Becker, P. J.; Brandis, T.: Stolzenberg, I.: Friedrich Nicolai. Leben und Werk. Ausstellung zum 250. Geburtstag, 7. Dezember bis 4. Februar 1984, Staatsbibliothek preußischer Kulturbesitz. Berlin 1983. – Fabian, B. (Hg.): Friedrich Nicolai 1733–1811. Essays zum 250. Geburtstag. Berlin 1983. – Möller, H.: Aufklärung in Preußen. Der Verleger, Publizist und Geschichtsschreiber Friedrich Nicolai. Berlin 1974. – Selwyn, P.: Philosophy in the Comptoir: The Berlin Bookseller-Publisher Friedrich Nicolai. Princeton 1992.

Pamela Selwyn

Niemöller, Martin

Geb. 14. 1. 1892 in Lippstadt; gest. 6. 3. 1984 in Wiesbaden

Das Leben N.s ist gekennzeichnet durch eine Reihe tiefgreifender Wandlungen und Umbrüche. Aus dem begeisterten Marineoffizier und aktiven Teilnehmer am Ersten Weltkrieg wurde ein überzeugter Pazifist. Der obrigkeitsorientierte Lutheraner wurde zu einem christlich-sozialistischen Revolutionär, der Deutschnationale zum ökumenischen Weltbürger. *Vom U-Boot zur Kanzel* ist der Titel eines Lebensberichtes aus seiner Feder, der 1934 erschien. Daß er seine Überzeugungen geändert habe, sagte er gegen Ende seines Lebens, sei ein Zeichen dafür, daß er dazugelernt habe und das noch immer tue.

Das Pfarrhaus, in dem N. im Kreise zahlreicher Geschwister im westfälischen Lippstadt (seit 1900 in Elberfeld) aufwuchs, war durch christlichen Geist und konservativ-vaterländische Gesinnung geprägt. Beides verinnerlichte der junge N., der nach dem Abitur die Laufbahn eines Marineoffiziers einschlug und sich – zuletzt als U-Boot-Kommandant – im Ersten Weltkrieg hervortat. Weder die Niederlage Deutschlands noch die von ihm verabscheute Novemberrevolution 1918 konnten seine deutschnationale Gesinnung erschüttern. N. lehnte die Weimarer Republik ab und er nahm deswegen sogar seinen Abschied aus dem Militär. In Münster begann er ein Theologiestudium. Der bewußte Christ N. sah in der konservativen Kirche den angemessenen Ort für eine Tätigkeit zum Wohle des Vaterlandes, wie er es verstand.

1931 wurde N. als Gemeindepfarrer nach Berlin-Dahlem berufen. Von der Machtergreifung Hitlers erwartete er eine nationale Erneuerung Deutschlands. Aber als die kirchlichen Anhänger Hitlers, die »Deutschen Christen«, auch in der Kirche den sogenannten Arierparagraphen (1933) einführten, der ihrer Herkunft nach jüdische Christen (»Judenchristen«) von kirchlichen Ämtern ausschloß, gerieten zum erstenmal in seinem Leben christlicher Glaube und nationale Gesinnung in einen unlösbaren Gegensatz. Mit Bestürzung wurde ihm klar, daß all dies in der Konsequenz seiner eigenen nationalistisch-undemokratischen Haltung lag. Ohne Schwanken entschied er sich für das, was er aus christlicher Verantwortung für geboten hielt: Im September 1933 protestierte er öffentlich gegen die Gleichschaltung der Kirche mit dem NS-Staat und lud zur Bildung eines Pfarrernotbundes ein, dem in kurzer Zeit fast ein Drittel der evangelischen Pfarrer Deutschlands beitrat und aus dem die »Bekennende Kirche« (BK) hervorging. Allerdings haben sich weder N. noch die BK überhaupt in ihrem »Kirchenkampf« bis 1945 zu einer deutlichen Verurteilung des Antisemitismus durchringen können.

Im Januar 1934 zusammen mit anderen Kirchenvertretern von Hitler zu einem Gespräch eingeladen, widersprach N. dort dem Diktator in heftiger Form. Danach von der Gestapo überwacht und mit einem Predigtverbot belegt, das er und seine Dahlemer Gemeinde jedoch ignorierten, wurde N. erstmals im März 1935 zusammen mit mehreren hundert Pfarrern verhaftet, weil sie eine Erklärung gegen Alfred Rosenbergs Angriffe auf das Christentum (*Der Mythus des 20. Jahrhunderts*, zuerst 1930) abgegeben hatten. Nach erneuter Verhaftung im Juli 1937 wurde N. im Februar 1938 wegen »Kanzelmißbrauchs« und »staatsfeindlicher Äußerungen« vor Gericht gestellt. Obwohl die gegen ihn verhängte Strafe durch die Untersuchungshaft verbüßt war, ließ man N. nicht frei, sondern brachte ihn als »persönlichen Gefangenen des Führers« in das KZ Sachsenhausen. In strenger Einzelhaft gehalten, erwog er vorübergehend, zum Katholizismus überzutreten und meldete sich 1939 (vergeblich) als Kriegsfreiwilliger. Seit Juli 1941 im KZ Dachau, wo er seine persönliche Krise auch mit Hilfe von Mitgefangenen überwand, konnte er am 30. April 1945 vor der SS gerettet werden.

Seit 1945 engagierte sich N. für den Wiederaufbau der evangelischen Kirche. Er wurde Stellvertretender Ratsvorsitzender des 1945 gebildeten Kirchenbunds der Landeskirchen, der »Evangelischen Kirche in Deutschland« (EKD), Präsident des Kirchlichen Außenamtes (bis 1956) und 1947 Kirchenpräsident von Hessen-Nassau (bis 1964). An der Formulierung des Stuttgarter »Schuldbekenntnisses« der EKD vom 19. Oktober 1945 war N. maßgeblich beteiligt: »Durch uns ist unendliches Leid über viele Völker und Länder gebracht worden (...). Wohl haben wir lange Jahre hindurch im Namen Jesu Christi gegen den Geist gekämpft, der im nationalsozialistischen Gewaltregiment seinen furchtbaren Ausdruck gefunden hat; aber wir klagen uns an, daß wir nicht mutiger bekannt, nicht treuer gebetet, nicht fröhlicher geglaubt und nicht brennender geliebt haben.«

Heftigen Widerspruch löste N. aus, als er in einer Ansprache vor Erlanger Studenten am 22. Januar 1946 über die EKD-Erklärung noch hinausging und betonte: »Es ist viel Jammer über unser Elend, über unseren Hunger, aber ich habe in Deutschland noch nicht einen Mann sein Bedauern aussprechen hören von der Kanzel oder sonst über das furchtbare Leid, das wir, wir Deutsche, über andere Völker gebracht haben, über das, was in Polen passierte, über die Entvölkerung von Rußland und über die 5,6 Millionen toten Juden! Das steht auf unseres Volkes Schuldkonto, das kann niemand wegnehmen!«

N. lehnte die Integration der Bundesrepublik ins westliche Militärbündnis ab. Als im August 1950 der britische Politiker Winston Churchill die Schaffung einer »Europa-Armee« angeregt und Bundeskanzler Konrad Adenauer daraufhin seine Bereitschaft erklärt hatte, sich daran »in Form eines deutschen Kontingents« zu beteiligen, protestierte N. in einem offenen Brief gegen die damit seiner Ansicht nach eingeleitete »Remilitarisierung« der Bundesrepublik, von der er eine Zementierung der deutschen Teilung befürchtete. Er hat sich nie mit der Zweistaatlichkeit Deutschlands abgefunden. Er war bereit, Einschränkungen von Demokratie und andere Opfer hinzunehmen, wenn dadurch in der Mitte Europas ein einheitliches Deutschland – etwa als neutraler Staat – hätte erhalten werden können.

Seit 1946 unternahm N. für die EKD Jahr für Jahr zahlreiche Auslandsreisen. Er hielt engen Kontakt zu den Kirchen in der DDR – auch nach dem Mauerbau 1961. Christen aller Kontinente brachten ihm hohe Wertschätzung entgegen. 1961 wurde er in Neu-Dehli zu einem der Präsidenten des Weltkirchenrates gewählt (bis 1968). Die kompromißlose Ablehnung der von Adenauer betriebenen Politik, insbesondere der Außen- und Sicherheitspolitik, machten N. dagegen zunehmend zu einem Außenseiter im eigenen Land und drängten ihn Schritt für Schritt aus seinen kirchlichen Ämtern. Ein Gespräch mit Otto Hahn, Werner Heisenberg und Carl Friedrich von Weizsäcker 1954 über die Atombombe hatten ihn zum Pazifisten gemacht.

Für die letzten Jahrzehnte seines Lebens wurden die Friedensbewegung und die Solidarität mit der Dritten Welt zu seinem wichtigsten Wirkungsfeld. N. nahm 1958 am ersten Ostermarsch in England teil, wurde Präsident der »Deutschen Friedensgesellschaft«, trat auf Tagungen der von tschechischen Theologen gegründeten »Christlichen Friedenskonferenz« auf und arbeitete zeitweise in der die sowjetische Außenpolitik unterstützenden Weltfriedensbewegung mit. Er war bei der Gründung des »Komitees für Frieden, Abrüstung und Zusammenarbeit« (KSZE) dabei und gehörte zu den Initiatoren des

sogenannten »Krefelder Appells« gegen den NATO-Beschluß zur Stationierung von Mittelstreckenraketen 1979.
1966 begleitete N. eine Sendung von Solidaritätsgütern nach Hanoi, Hauptstadt des gegen die US-Intervention kämpfenden Nordvietnam, wo es zu einer Unterredung mit Staatsoberhaupt Ho Tschi Minh kam. Mit Problemen der Dritten Welt war er schon früh auf seinen Reisen konfrontiert worden. Die wachsende Kluft zwischen den Industrie- und den Entwicklungsländern, Not und Elend von Millionen empfand N. als Skandal und als eine der ernstesten Herausforderungen für die »weißen christlichen Völker«: »Man hat zwar bei uns im Westen in der Zeit des Kalten Krieges so getan, als müßten wir Christentum und Menschlichkeit gegen den bolschewistischen Kommunismus verteidigen, aber in Wirklichkeit ging es um die Stärkung und Erhaltung einer Wirtschaftsgesellschaft, in der dem Gewinnstreben des Individuums keine oder möglichst wenige Schranken gesetzt werden.« Wenn dies zum obersten Ziel werde, dann nähmen Demokratie und Moral, ganz zu schweigen von der Kirche, Schaden. Weil er beobachtete, daß diese Tendenz sich in den westlichen Industriestaaten verstärkte, suchte N. nach einer Alternative, die er – ähnlich wie Ernesto Cardenal – in einer vagen sozialistischen Vision gefunden zu haben glaubte. »Je älter ich geworden bin, desto mehr bin ich – recht verstanden – ›Sozialist‹ geworden, weil mir immer deutlicher geworden ist, wie wir Christen unseren Mitmenschen gegenüber eine soziale und gesellschaftliche Verpflichtung haben.«
Die außerparlamentarische Bewegung seit der zweiten Hälfte der sechziger Jahre in der Bundesrepublik trug dazu bei, seine anfängliche Skepsis gegenüber der westdeutschen Demokratie zu überwinden. In einem Rückblick auf dreißig Jahre Bundesrepublik 1979 formulierte N. seine Überzeugung, daß eine solche Bewegung für das Funktionieren demokratischer Institutionen als eine Art Korrektiv unerläßlich sei.

Karnick, H., Richter, W.: Niemöller. Eine Reise durch ein protestantisches Leben. Frankfurt/Main 1986. – Schmidt, D.: Martin Niemöller. Stuttgart 1983.

Carl Ordnung

Nitzsch, Carl Immanuel

Geb. 21. 9. 1787 in Borna bei Leipzig; gest. 21. 8. 1868 in Berlin

Bis 1809 studierte der aus einer Theologenfamilie stammende N. ebenfalls Theologie, wurde 1810 Privatdozent in Wittenberg und nach seiner Ordination 1811 als Hilfsprediger an der dortigen Schloßkirche angestellt. 1812 verschanzten sich die aus Rußland zurückflutenden Streitkräfte Napoleons in Wittenberg, das, seit 1806 von den Franzosen besetzt, wegen des wichtigen Elbübergangs von strategischer Bedeutung war. N.s Schloßkirche wurde als Heumagazin für die Pferde genutzt, die Universität der belagerten Stadt als Lazarett. 1813 bekam N. die Stelle als dritter Diakon der Stadtkirche, seine erste richtige Pfarrstelle. Seine Predigten wurden von der Besatzungsmacht unter Bewachung gestellt. »Wenn ich damals als Freitagsprediger die Kanzel bestieg«, erzählte er, »sah ich zur Rechten einen Adjutanten des [unter dem Oberbefehl Napoleons kämpfenden] polnischen Generals sitzen, der Deutsch verstand und einen deutschen Namen führte; er schrieb sich hin und wieder Bemerkungen auf.«
Während der Belagerungen, die Wittenberg 1813 im Befreiungskrieg zu erdulden hatte, betätigte sich der patriotisch gesinnte N. als Prediger, Lehrer und Seelsorger der Kranken und Sterbenden.
Nach Ende des Krieges 1814 fiel das nordwestliche Sachsen mit Wittenberg an Preußen. N. förderte das Zusammenwachsen der »Beutepreußen« mit der neuen Obrigkeit, indem er ein Lied dichtete, das nach der Weise »Heil dir im Siegerkranz« gesungen wurde. In der neuen preußischen Provinz Sachsen hatten die beiden Universitäten Wittenberg und Halle keinen Platz. 1815 wurde die Universität Wittenberg mit der zu Halle vereinigt und dorthin verlegt. N. berief man zum Professor und vierten ordentlichen Lehrer an das neugegründete Predigerseminar in Wittenberg; gleichzeitig versah er das Amt des Diakons weiter. Für sein im Frühjahr 1816 gedrucktes *Erstes Stück theologischer Studien* wurde er – auf Betreiben des Berliner Theologieprofessors Daniel Ernst Friedrich Schleiermacher – anläßlich des Reformationsjubiläums 1817 mit dem Ehrendoktor der Theologie ausgezeichnet. In diesen »Studien« vertrat er die Auffassung, »daß die Mythen, Symbole und Philosopheme des Morgenlandes (...) durch das, was eigentlich christlich ist, durch Christi Person, Geist und Wesen ein neues eigenes Element erhalten haben, kraft dessen sie sich in Bildungen der ewigen Wahrheit verwandeln«. Nachdem er mehrere akademische Berufungen nach Leipzig, Bonn und Königsberg abgelehnt hatte, ging N. 1822 schließlich als ordentlicher Professor für systematische und praktische Theologie nach Bonn. Hier blieb er bis 1847.
Seine Bestellung an diesen Ort entsprach ganz der preußischen Universitätspolitik. Gerade für die Universitätsneugründungen in Berlin, Bonn und Breslau bemühte sich die preußische Regierung um Theologen, die nicht auf eine der überkommenen Schulrichtungen innerhalb der protestantischen Theologie festgelegt waren. Im Sinne des Humboldtschen Organisations-Gutachtens für die Universitäten aus dem Jahr 1810 sollte »jede Einseitigkeit aus den höheren wissenschaftlichen Anstalten verbannt sein«. Die Universität in der damals noch ganz ländlichen und katholischen Kleinstadt Bonn bildete

einen norddeutsch-preußisch-protestantischen Vorposten in dem von antipreußischen und profranzösischen Gefühlen beherrschten Gebiet.

Über seine erste Begegnung mit dem katholischen Fulda schrieb N.: »Ich bin (...) fast überall in die Kirchen gegangen und habe sowohl da als in den Häusern und auf den Straßen die Spuren und Zeichen einer Anbeterei und einer Betreibung des opus (...) statt des Wortes Gottes gefunden, die nie aufhören kann protestantische Herzen bald zu empören, bald zu innigem Mitleid zu rühren. In Fulda lasen vier Priester an vier Altären zu gleicher Zeit die Messe, woraus ein Murmeln und Geplärre entstand, wie man es nur in der Synagoge zu hören gewohnt ist.«

In Bonn begann N. auch mit kirchenpolitischer Arbeit. Aufgrund seiner Beschäftigung mit den alten Kirchenordnungen und den Quellen des Rheinischen Kirchenrechts beteiligte er sich am sogenannten Agendenstreit. In Bonn war die innerprotestantische Union zwischen Lutheranern und Reformierten älter als der preußische Unionsaufruf von 1817. Sie erfolgte in der Diasporasituation bereits am 5. Juni 1816 mit der Stiftung der Gemeinde. Mit Vorträgen und Schriften unterstützte N. den rheinischen Widerstand gegen die zwangsweise Durchsetzung der vom König verfaßten Unionsagenda. Nach einem Artikel »vom gemeinen Gottesdienst in der deutschen evangelischen Kirche« (1823) veröffentlichte er ein Jahr später ein *Theologisches Votum über die neue Hofkirchenagende und deren weitere Einführung*. Darin äußerte er – wie Schleiermacher – schwerwiegende Bedenken gegen die Agende und ihre autoritäre Einführung durch den König nach dem preußisch-territorialistischen Prinzip, weil damit das liturgische Recht der Gemeinde verletzt werde. »Sowenig nun ein Landesherr das Dogma und die Tradition bestimmt, so wenig kann er mit der Liturgie monarchisch verfahren.«

Seit 1835 war N. Vizepräses und Vertrauensmann der rheinischen Synode, beteiligte sich an der Ausarbeitung eines Provinzialgesangbuches und beschaffte für die gottesdienstlichen Bibellektionen ein geeignetes Lektionar. Am 5. März 1835 wurde gleichzeitig die »mit besonderen Bestimmungen und Zusätzen für Westphalen und die Rheinprovinz« versehene Agende, und die rheinisch-westfälische Kirchenordnung vom König bestätigt: ein Kompromißprodukt zwischen der freien presbyterial-synodalen Ordnung der vornehmlich reformierten Gemeinden und dem obrigkeitsstaatlichen preußischen Konsistorialprinzip. Diese gemischt presbyterial-konsistoriale Kirchenverfassung sollte zum Modell für die deutsche Kirchenverfassungsentwicklung in der zweiten Hälfte des 19. Jahrhunderts werden. N., der als sächsischer Lutheraner die Formen der kirchlichen Selbstregierung erst in Bonn kennengelernt hatte, war von deren Wert für ein lebendiges kirchliches Leben bald überzeugt.

Den Höhepunkt seiner kirchenpolitischen Arbeit bildete die preußische Generalsynode des Jahres 1846 in Berlin. Hier legte N. den Entwurf eines Ordinationsgelübtes vor, das dem Geiste einer innerprotestantischen Konsensusunion aus Lutheranern und Reformierten entsprach und mit Änderungen aufgenommen wurde.

Trotz eines Proteststurms seitens des lutherischen Konfessionalismus wurde N. 1847 als Professor und erster Universitätsprediger nach Berlin berufen. Das hatte harte fortdauernde Auseinandersetzungen mit den Häuptern der lutherischen Orthodoxie, Ernst Wilhelm Hengstenberg und Friedrich Julius Stahl, zur Folge. Im Oktober 1848, mitten in der Revolution, übernahm N. das Rektorat der Universität und war wiederholt Mitglied der Ersten Preußischen Kammer, des später so genannten Herrenhauses.

Nach dem Scheitern der Revolution von 1848/49 und in der sich anschließenden Reaktionszeit waren N.s Wirken enge Grenzen gezogen. Ab 1852 Mitglied des Preußischen Evangelischen Oberkirchenrats, der obersten preußischen Kirchenbehörde, schöpfte N. mit Beginn der »Neuen Ära« 1858 (des gemäßigt liberalen Kurses der preußischen Regierung unter dem Prinzregenten Wilhelm, bis 1861) wieder Hoffnung, liberale Ideen in der Kirche durchsetzen zu können. Immerhin war er mit dem neuen Kulturminister August von Bethmann-Hollweg freundschaftlich verbunden, was auch darin zum Ausdruck kam, daß N. an dem von Bethmann-Hollweg 1848 gegründeten Kirchentag regelmäßig teilnahm.

N. gilt – neben Richard Rothe – als bedeutendster »Vermittlungstheologe«. Beide kamen aus dem Wittenberger Predigerseminar und gingen an Universitäten des Westens. Hier gewannen sie Distanz von der konfessionellen Orthodoxie und Verständnis für freie synodal-presbyteriale Kirchenverfassungen. N. erhielt von seinen Anhängern den Ehrentitel »Fortsetzer und Vollender Schleiermachers«. Die Gruppe der Vermittlungstheologen gab seit 1827/28 die Zeitschrift *Theologische Studien und Kritiken* heraus. Die »Vermittlungstheologie« »wollte das Christentum als menschliche Entwicklung und zugleich als göttliche Offenbarung erfassen – als eine Offenbarung Gottes, die sich in der Menschheit organisch entfaltet und geschichtlich auswirkt.« Dabei sei – so das Programm – »Vermittlung die wissenschaftlich vollzogene Zurückführung relativer Gegensätze auf ihre ursprüngliche Einheit, wodurch eine innere Versöhnung derselben und ein höherer Standpunct gewonnen wird, in dem sie aufgehoben sind«. Dieser »höhere Standpunkt« verstand sich als christliche Kulturreligion über den innerevangelischen konfessionellen Streitigkeiten. Insofern handelte es sich auch um einen ökumenischen Ansatz, der freilich den römischen Katholizismus nicht einschloß. Das vermittlungstheologische Konzept reichte in anderer Richtung weiter: Wissenschaft, Theologie, Kirche

und Kultur, Gesellschaft, Politik und Sozialwesen - alle diese Grundkonstanten des Gemeinwesens waren infolge von Aufklärung und Rationalismus auseinandergefallen. Nicht wenige dieser Größen hatten sich aus ihrem vormals engen Beziehungsgeflecht einer biblisch bezogenen Kultur gelöst und verselbständigt.
Kirche und Theologie mußten an der Wende vom 18. zum 19. Jahrhundert einen immensen Glaubwürdigkeitverlust hinnehmen. Aus dieser Entwicklung resultierten zwei Fronten: einerseits ein ungebrochenes Traditionsprinzip und ein Offenbarungspositivismus. Diese meist lutherisch verfestigte Position beharrte auf einer neuen Orthodoxie, die sich meist mit konservativen politischen Gesinnungen verband und sich über das ganze 19. Jahrhundert hinweg behauptete. Als ein Berliner Prediger 1868 gefragt wurde, ob er beispielsweise noch immer mit der Bibel glaube, daß die Erde feststehe und die Sonne sich um sie bewege, erwiderte dieser: »Ja, das tue ich, ich kenne keine andere Weltanschauung, als die der heiligen Schrift«. Andererseits hatte sich ein christlicher Rationalismus herausgebildet, den ein Theologe 1825 so definierte: »Rationalismus ist die Denkart, nach welcher man keine übernatürliche Offenbarung, sondern allein an die Wahrheit der philosophischen Religionslehre glaubt.«
N. sah im Traditionalismus ein »Bibelhusarentum«, im christlichen Rationalismus aber die Gefahr einer »Pöbelkirche«. Mit beiden Weltanschauungen und ihren politischen Begleiterscheinungen - einem reaktionären Obrigkeitsstaat sowie einer gesellschaftlich-revolutionären Praxis - wollte er nichts zu schaffen haben. Er wollte die ungeschiedene Einheit von Vernunft und Gewissen, Lehre und Sittlichkeit, Dogma und Ethos, Erkenntnis und Handeln im Lichte christlicher Religion zurückgewinnen. Seinem theologischen Programm gemäß, trat N. politisch für eine gemäßigt liberale Erneuerung des preußischen Staatswesens ein und kann damit als Theologe der Neuen Ära bezeichnet werden.

Besier, G.: Die Mittwochs-Gesellschaft im Kaiserreich. Protokolle aus dem geistigen Deutschland 1863-1919. Berlin 1990. - Goeters, J.F.G.; Rogge, J. (Hg.): Die Geschichte der Evangelischen Kirche der Union. Bd. 1 u. 2, Leipzig 1992 u. 1994. - Graf, F.W. (Hg.): Profile des neuzeitlichen Protestantismus. Bd. 1, Gütersloh 1990.

Gerhard Besier

Nölting, Erik

Geb. 20. 11. 1892 in Plettenberg/Westfalen; gest. 15. 7. 1953 in Haan/Rheinland

N. zählt zu den bedeutendsten Intellektuellen in der Geschichte der westfälischen Sozialdemokratie. Als erstem nordrhein-westfälischen Wirtschaftsminister stellten sich dem Theoretiker der »freien Gemeinwirtschaft« ordnungspolitische Fragen nicht nur abstrakt. Sein Wunsch, als Sozialisierungs- und nicht als Demontageminister in die Geschichte des Landes einzugehen, ging nicht in Erfüllung.
N. wurde als zweites von vier Kindern in die Familie eines konservativen, protestantischen, preußischen Gerichtsoberinspektors geboren. 1894 zog die Familie nach Fürstenberg bei Paderborn, acht Jahre später siedelte sie nach Bielefeld über. N. begehrte schon als Gymnasiast gegen das Elternhaus und die wilhelminische Gesellschaft auf. Nicht der Kaiser imponierte ihm, sondern der linksliberale Rudolf Breitscheid. Auf einer Protestversammlung gegen das Dreiklassen-Wahlrecht begeisterten ihn dessen rhetorische Angriffe auf das preußische Herrenhaus. Am Sedan-Tag von 1910, der an die Schlacht bei Sedan am 1. September 1870 im Deutsch-französischen Krieg erinnerte, provozierte N., der als Jahrgangsbester eine Ansprache halten durfte, das schulische Publikum, als er den Dichter Ferdinand Freiligrath nicht nur als Patrioten von 1870/71 (*Die Trompete von Gravelotte,* 1870), sondern auch als glühenden Demokraten und deutschen Revolutionär von 1848 (*Die Toten an die Lebenden,* 1848) vorstellte. Äußerlich distanzierte sich N. vom hohlen Pathos und von den überkommenen Konventionen der preußisch-deutschen Gesellschaft, indem er während seines nationalökonomischen und soziologischen Studiums der »Demokratischen Vereinigung« beitrat, die Theodor Barth, Hellmut von Gerlach und Rudolf Breitscheid 1908 aus Kritik an der liberal-konservativen Blockpolitik gegründet hatten.
Nach dem Studium in Halle, Berlin, München und Frankfurt/Main zog N. 1914 als Freiwilliger in den Krieg, kam jedoch wegen Nachtblindheit nicht zum Fronteinsatz und erhielt 1917 seine Entlassung aus dem Militär. Anschließend wurde er im Wirtschaftsamt der Stadt Guben beschäftigt und setzte daneben sein Studium fort, das er 1919 mit einer Dissertation über *Städtische Ernährungswirtschaft in fünf Kriegsjahren unter besonderer Berücksichtigung der Stadt Guben* bei dem Nationalökonom und Soziologen Franz Oppenheimer abschloß.

Auch N.s spätere Frau, Lili Sebald, promovierte bei Oppenheimer, der mit seiner Theorie des »Dritten Weges« zwischen marxistischem Sozialismus und liberalem Kapitalismus auf beide eine starke Wirkung ausübte. 1920 wurde N. Dozent an der Landeshochschule für Staats- und Wirtschaftswissenschaften in Detmold und unterrichtete an der Leibniz-Akademie in Hannover. 1923 berief ihn der preußische Kultusminister als ordentlichen Professor an die von den Gewerkschaften gegründete Akademie der Arbeit an der Frankfurter Universität, wo er Wirtschaftstheorie und Wirtschaftspolitik lehrte. Mit seinem jüngeren Bruder Ernst edierte N. seit 1927 die *Bücher der Arbeiterschule*.

Der jugendbewegte, linkssozialistische Akademiker, der in der Revolutionszeit als scharfzüngiger Redner gegen den Nationalismus auf sich aufmerksam machte, ging seit seinem Eintritt in die SPD 1921 und unter wachsendem Einfluß der marxistischen Theorie zunehmend auf Distanz zu seinem akademischen Lehrer, dem er 1924 vorwarf, den Gedanken der proletarischen Emanzipation zugunsten der vagen Forderung nach einer Gesellschaft der »Freien und Gleichen« aufzugeben, für die er jedoch keinen sozialen Protagonisten benennen könne.

1928 gelangte N. als Abgeordneter für den Wahlkreis Hessen-Nassau in den preußischen Landtag, wo er sich mit kultur- und bildungspolitischen Fragen profilierte und seit 1932 auch dem Ausschuß für Handel und Gewerbe angehörte. N. wurde einer breiten Öffentlichkeit durch zwei spektakuläre Streitgespräche mit dem NS-Wirtschaftstheoretiker Gottfried Feder bekannt, die 1930/31 vom Rundfunk übertragen wurden. Aus ihnen ging er nicht zuletzt aufgrund seiner Schlagfertigkeit und der Fähigkeit, anschaulich sprechen zu können, als klarer Sieger hervor. In den letzten Jahren der Republik war er pausenlos als Mahner vor dem drohenden Faschismus, als bildungs- und kulturpolitischer Fachmann sowie als Wirtschaftstheoretiker unterwegs. Außerdem arbeitete N. in dem u.a. von Heinrich Mann gegründeten Komitee »Das Freie Wort« mit, das die Öffentlichkeit über Fälle informierte, in denen die Behörden das verfassungsmäßig verbürgte Recht auf freie Meinungsäußerung eingeschränkt oder aufgehoben hatten.

1933 entließen die Nationalsozialisten N. aus allen Ämtern; er erhielt Aufenthaltsverbote in Frankfurt und Bielefeld und wurde vorübergehend verhaftet. N. zog für ein Jahr nach Medenbach ins Sauerland, um die Aufmerksamkeit der neuen Machthaber nicht länger auf sich zu ziehen. Lili ging mit dem siebenjährigen Sohn nach Berlin, wo sie als Kinderfotografin arbeitete. 1934 kam N. nach und besserte die ihm zugesprochene Pension durch verschiedenste publizistische Tätigkeiten auf, die er unter falschem Namen oder als »Wilhelm N.« ablieferte. N. verfaßte anstelle seiner 1935 tödlich verunglückten Frau einen Reisebericht über Ungarn, schrieb für Frauenzeitschriften ebenso wie für die Wirtschaftspresse oder verfaßte Drehbücher für UFA-Filme. 1941 heiratete er die aus Medenbach stammende Maria Craan, bei deren Familie er seit 1943 wohnte, um das Kriegsende unbehelligt von den Nazis abzuwarten.

Nach der Befreiung vom Nationalsozialismus holte ihn ein früherer Fraktionskollege, Fritz Fries, der zum Regierungspräsidenten ernannt worden war, als Wirtschaftsfachmann in die Bezirksregierung nach Arnsberg, bis ihn der westfälische Oberpräsident in Münster, Rudolf Amelunxen, am 10. September 1945 zum Generalreferenten für Wirtschaft in Westfalen berief.

Mit Amelunxen, der von der britischen Militärregierung überraschend zum Ministerpräsidenten des neuen Landes Nordrhein-Westfalen ernannt wurde, ging N. als Wirtschaftsminister im Sommer 1946 nach Düsseldorf. Er hielt das Ressort auch unter Karl Arnold, der sich im ersten gewählten Landtag auf eine Koalition aus CDU, SPD, Zentrum und KPD stützte, bis er nach den Wahlen von 1950 auf Druck Konrad Adenauers eine kleine Koalition aus CDU und Zentrum bildete.

Für N.s wirtschaftspolitisches Handeln besaß das Thema »Kohleförderung« Priorität. Innerhalb eines knappen Jahres, zwischen November 1946 und Oktober 1947, wurde sie um ein Viertel gesteigert. Anschließend konzentrierte er seine Kraft darauf, ein Sozialisierungsgesetz durch den Landtag zu bringen, das jedoch von der Militärregierung nicht zugelassen wurde. Aus der Erfahrung der mißlungenen Revolution von 1918/19 verlangte N. die Absicherung einer demokratischen Verfassung durch Sozialisierung der Grundstoffindustrien, Einführung der überbetrieblichen Mitbestimmung der Arbeitnehmer und Entfernung der Kriegsverbrecher und »ehemaligen Stützen des Nationalsozialismus von den entscheidenden Kommandohöhen der Wirtschaft«.

Im Oktober 1946 wurden der linke Sozialdemokrat Victor Agartz, der das Zentralamt für Wirtschaft in Minden leitete, sowie N. vom SPD-Vorsitzenden Kurt Schumacher gebeten, den Entwurf für ein Sozialisierungsgesetz auszuarbeiten. Als Mitglied der Sozialisierungskommission beim Parteivorstand, wirtschaftspolitischer Sprecher seiner Partei und sozialistischer Wirtschaftsminister prägte der freiheitliche Sozialist N. die wirtschaftspolitische Programmatik der Nachkriegs-SPD.

N.s demokratietheoretische und wirtschaftspolitische Vorstellungen verdichteten sich zu einem dynamischen, zukunftsoffenen Konzept »freier Gemeinwirtschaft«, die auf einer von der parlamentarischen Demokratie kontrollierten elastischen Rahmenplanung aufbauen sollte und Sozialisierung der Grundstoffindustrien, Bildung von paritätisch besetzten Wirtschaftskammern und ›sozialistische Marktwirtschaft‹ vorsah. Dennoch hielt N. das (gebändigte) Profitstreben für das Wirtschaftsleben für unverzichtbar. Der Staat solle für Vollbeschäftigung sorgen, ohne dabei auf direkte Lenkungsmethoden zurückzugreifen: N. plädierte für eine verstärkte indirekte Regulierung der Wirtschaft über die Geld- und Kredit-, Tarif- und Außenhandelspolitik.

Nach dem Ausscheiden aus der Regierung Arnold nahm er weiterhin sein Landtagsmandat für den Wahlkreis Iserlohn wahr und gehörte dem Bundestag sowie der Beratenden Versammlung des Europarats an. Als wirtschaftspolitischer Sprecher der Bundestagsfraktion und »Schattenwirtschaftsminister« Schumachers war N. der direkte parlamentarische Gegenspieler des Wirtschaftsministers Ludwig Erhard (CDU). Nach einer Wahlkampfveranstaltung erlag N. am 15. Juli 1953 einem Herzinfarkt.

Bierbach, W.: Erik Nölting, in: Aus dreißig Jahren. Rheinisch-Westfälische Politiker-Portraits. Köln, Berlin 1979, S. 210–221. – Ehni, H.P.: Erik Nölting, in: Först, W. (Hg.): Zwischen Ruhrkampf und Wiederaufbau. Köln, Berlin 1972, S. 146–152. – Nölting, C.: Erik Nölting. Wirtschaftsminister und Theoretiker der SPD (1892–1953). Essen 1989.

Karsten Rudolph

Noske, Gustav

Geb. 9. 7. 1868 in Brandenburg an der Havel; gest. 30. 11. 1946 in Hannover

N., der sozialdemokratische Reichstagsabgeordnete und Militärfachmann seiner Partei, stieg während der deutschen Revolution von 1918/19 und in der Anfangsphase der Weimarer Republik in staatliche Spitzenfunktionen auf. Ende Dezember 1918 wurde er Mitglied der Revolutionsregierung »Rat der Volksbeauftragten« und war dort für das Heer und die Marine zuständig. Hernach wurde er der erste Reichswehrminister der ersten deutschen Republik, und zwar in den Kabinetten der Reichsministerpräsidenten Philipp Scheidemann (SPD) und Gustav Bauer (SPD).

N.s Wirken in der Regierung fiel in eine der dramatischen Phasen der deutschen Geschichte. Das Kaiserreich war soeben im Strudel der militärischen Niederlage Deutschlands im Ersten Weltkrieg von der politischen Bühne verschwunden, und die Deutschen schickten sich an, den Obrigkeits- und Militärstaat preußischer Prägung hinter sich zu lassen und – erstmals wieder seit der Revolution von 1848 – den Versuch zu machen, eine Republik und ein parlamentarisches Regierungssystem zu etablieren. In jener gestaltungsoffenen Phase des Umbruchs und des Übergangs übernahmen sozialdemokratische, linksliberale und (katholische) Zentrums-Politiker, die nun in Regierungsverantwortung gelangten, die Aufgabe, ein demokratisches Staatswesen zu schaffen.

N. fiel in diesem Zusammenhang eine doppelte Rolle zu: Erstens sollte er die brodelnde innenpolitische Szene pazifizieren, um die Wahlen zur Nationalversammlung am 19. Januar 1919 und das ungestörte Arbeiten der gewählten Volksvertreter an einer neuen, demokratischen Reichsverfassung sicherzustellen. Zweitens hatte N. die Aufgabe und die Chance, auf dem für einen Sozialdemokraten damals heikelsten Feld, dem der Militärpolitik, als verantwortlicher Minister reformerisch tätig zu werden. Gelernt hatte N. das Regierungsgeschäft so wenig wie die anderen führenden Persönlichkeiten der deutschen Sozialdemokratie, denen im Kaiserreich ein halbes Jahrhundert lang die undankbare Rolle zugefallen war, Wortführer einer einflußarmen Daueropposition zu sein. Das politische Ansehen, das N. – jenseits aller politischen Meinungsverschiedenheiten – in seiner Partei, im Reichstag und in der Öffentlichkeit genoß, verdankte er seinen überragenden Fähigkeiten als Redner, seiner Kompetenz auf den Spezialgebieten der Haushalts-, Kolonial- und Militärpolitik und seiner Tatkraft, seiner Energie und dem großen Selbstbewußtsein, mit dem er seit dem Spätjahr 1918 seine Ämter ausübte. N.s politischer Werdegang war eine enorme persönliche Leistung, und als solche war sie zugleich typisch für den Aufstieg einer ganzen Generation politisch engagierter Arbeiter zu führenden sozialdemokratischen Politikern.

N. hatte sich bereits vor 1914 als reformistischer Praktiker, der für die grundlegenden theoretischen Debatten in seiner Partei nie sonderlich viel übrig hatte, im Rahmen seiner Möglichkeiten für eine Stärkung der Parlamentsbefugnisse eingesetzt. In der zweiten Kriegshälfte (1916–18) leistete er Bemerkenswertes als parlamentarischer Wortführer einer von der Regierung eingesetzten »Kommission für die Überprüfung der Kriegslieferungen«, die etwas gegen die zum Teil spektakulären Kriegsgewinne unternehmen sollte. N. machte sich hier sowohl in Bezug auf die Durchleuchtung der Rüstungsproblematik als auch im Hinblick auf die Ausdehnung parlamentarischer Befugnisse verdient.

In der Revolutionszeit 1918/19 setzte sich N., der ein politischer Vertrauter und persönlicher Freund Friedrich Eberts war, konsequent für ein Zurückdrängen der Arbeiter- und Soldatenräte und für den Weg der Parlamentarisierung ein. Von Versuchen einer kompromißbereiten Integration der Rätebewegung zugunsten einer stärkeren Fundierung der jungen Demokratie »von unten« hielt er nichts. Den einmal für richtig erkannten Weg beschritt er mit größter Konsequenz, auch was den Einsatz des Machtinstruments Militär anging.

Wegen seiner Tatkraft und kompromißlosen Art galt N. als »starker Mann« seiner Zeit. Man sprach in Bezug auf die – für die Grundlegung der Republik von Weimar entscheidenden – Jahre 1919 und 1920 geradezu von einer »Ära Noske«. In diesem Wort schwang jedoch weniger die Vorstellung von einem neuen, demokratischen Politikstil mit. Vielmehr symbolisierte es den Tatbestand, daß in dieser Phase der deutschen Innenpolitik zeitweise bürgerkriegsähnliche Zustände herrschten. Da N. mit dem Einsatz seiner Gewaltmittel nicht sparte, wurde er von seinen politischen Gegnern als »Bluthund« und »Arbeiterschlächter« bezeichnet. Auf der anderen Seite erhielt er jedoch das Lob, er sei der »Retter Deutschlands« gewesen. N. selbst nahm, wie seinem 1928 veröffentlichten Buchbeitrag *Die Abwehr des Bolschewismus* zu entnehmen ist, für sich das historische Verdienst in Anspruch, Deutschland in einer schwierigen Lage vor dem Bolschewismus gerettet zu haben.
Im Sommer 1919, als sich die deutsche Öffentlichkeit mit den Versailler Friedenbedingungen auseinandersetzte, wurde der Sozialdemokrat und Reichswehrminister N. mit einem Ansinnen konfrontiert, das in der jüngeren deutschen Geschichte wohl keinem zweiten demokratischen Politiker angetragen wurde. N. sollte sich, gestützt auf das Militär, zum Diktator aufschwingen und den Vertrag ablehnen. Der Reichswehrminister ist auf diese Vorschläge nicht eingegangen, aber er hat zugleich die Gefahren unterschätzt, die von den Militärs für die junge deutsche Republik ausgingen. Der maßgeblich von Angehörigen der Reichswehr getragene Kapp-Lüttwitz-Putsch vom März 1920 lieferte dafür den Beweis. N. mußte zurücktreten. Der Putsch von rechts aber hatte gezeigt, wie wenig es gelungen war, die Reichswehr zu reformieren und in die Demokratie einzubinden. Was die Rätebewegung von 1918 gefordert hatte, nämlich die »Zertrümmerung des Militarismus«, war offensichtlich nicht gelungen. Nach den Worten des amerikanischen Historikers Gordon Craig blieb das Militär auch unter den Bedingungen der Weimarer Republik eine Organisation, die dazu tendierte, »ein Staat im Staate zu sein, der den sozialen Fortschritt und die Entwicklung liberaler und demokratischer Institutionen verhinderte«. Der Name von N. steht, so gesehen, für das Unvermögen, diese verhängnisvolle Traditionslinie in der gestaltungsoffenen Frühphase der Weimarer Republik nicht durchbrochen zu haben.

Wette, W.: Gustav Noske. Eine politische Biographie. Düsseldorf (2. Aufl.) 1988.

Wolfram Wette

Oechelhaeuser, Wilhelm

Geb. 26. 8. 1820 in Siegen; gest. 25. 9. 1902 in Niederwalluf am Rhein

1886 erregte ein in Berlin erschienenes Buch starkes Aufsehen: *Die Arbeiterfrage. Ein sociales Programm* von Wilhelm Oe. Der Autor war in Deutschland alles andere als ein Unbekannter. Aufgewachsen in der Großfamilie eines kleinen Papier- und Maschinenfabrikanten, wurde er erst Lehrling und dann Konstrukteur in der väterlichen Fabrik. Geschäfts- und Studienreisen führten ihn durch Deutschland und ins Ausland, vor allem nach England. Nach dem Zusammenbruch des väterlichen Betriebs 1848 war er als Zeitungs-Berichterstatter in der Paulskirche und bis 1850 als Angestellter im Reichshandelsministerium tätig. 1851 Geschäftsführer des Vereins der zollvereinsländischen Eisenindustriellen in Berlin, 1852/53 Mitglied des Preußischen Abgeordnetenhauses und 1852–56 Bürgermeister von Mülheim an der Ruhr waren die weiteren Stationen. Auf Wunsch Viktor von Unruhs, des bedeutenden Ingenieurs und liberalen Politikers, übernahm Oe. dann die Leitung der 1855 von v. Unruh gegründeten »Deutschen Continental-Gesellschaft«. Unter seiner Verantwortung erlangte das Unternehmen eine Monopolstellung auf dem Gebiete der Gasbeleuchtung und -versorgung; den Posten des Generaldirektors gab er erst 1890 ab. 1883 geadelt, verzichtete er für seine Person auf das Führen des Adelstitels. Seit 1878 (bis 1893) gehörte er dem Reichstag als nationalliberaler Abgeordneter für den Wahlkreis Bernburg-Cöthen-Ballenstedt an und war als solcher auch Befürworter der Bismarckschen Sozialgesetze.
In Dessau wurde Oe. zu einer Führungsfigur des liberalen Bürgertums; zahlreiche Innovationen in Wirtschaft und Gesellschaft sind mit seinem Namen verbunden: Nicht nur, daß der Erfolg der »Deutschen Continental-Gas-Gesellschaft« deren Ausbau und weitere Nebengründungen nach sich zog, auf Oe.s Initiative hin kam es auch zur Gründung des »Anhaltischen Industrievereins« und des »Vereins der Anhaltischen Arbeitgeber«. Oe. sorgte dafür, daß in den siebziger und achtziger Jahren, in einer Phase der Hochindustrialisierung, die meisten Dessauer Unternehmer den Wandel zum sozialen Unternehmertum mitmachten. Später erhielt er auch die Unterstützung des Brauereibesitzers und Abgeordneten der (sozial-liberalen) »Freisinnigen Vereinigung« (ab 1893) im Reichstag, Richard Roesicke. In allen Phasen seines Lebens war Oe. publizistisch tätig, so daß er auch auf diesem Wege für

seine Ideen werben konnte. Ferner gehörte Oe. zu den Mitbegründern einer Freimaurerloge, und hervorzuheben ist auch sein Engagement in der Shakespeare-Forschung: Seit 1864 war er Vizepräsident, ab 1890 bis zu seinem Tode Präsident der von ihm angeregten und mit ins Leben gerufenen »Deutschen Shakespeare-Gesellschaft«; 1893 verlieh ihm die Universität Erlangen den Titel eines Ehrendoktors der Philosophie.

Oe. war also kein Unbekannter. Neu war jedoch, daß ein Arbeitgeber (noch dazu ein solcherart exponierter) sich mit der »Arbeiterfrage« beschäftigte. Neu war auch die komplexe Darlegung der erforderlichen Maßnahmen in Form eines Katalogs, der von Arbeiterschutzgesetzgebung bis zu Vereinen gegen die Trunksucht reichte. Er unterlag nicht dem weit verbreiteten Fehler, von einer Regelung allein eine durchschlagende Wirkung zu erhoffen, sondern baute auf die Wechselwirkung verschiedener Maßnahmen. Ausgangspunkt seiner Überlegungen waren zwei miteinander verschränkte Fragestellungen: 1. Wie ist die soziale Unterprivilegierung des Arbeiterstandes abzumildern/aufzuheben?; 2. Wie ist der wachsende Einfluß der Sozialdemokratie zu stoppen und die gesellschaftliche Stabilität zu wahren? Oe. sah den gangbaren Weg auf dem Gebiet gegenseitiger Zugeständnisse: »Ein gewisser Gegensatz der Interessen zwischen Arbeitgeber und Arbeiter wird naturgemäß stets bestehen (...) Allein die Aufgabe ist, diesen Gegensatz friedlich auszugleichen, nicht von der einen oder anderen Seite durch Leidenschaft zu schärfen und seine Lösung zur Machtfrage zu machen.« Der Unternehmer müsse manche seiner Interessen, der Arbeiter einige seiner Illusionen opfern. Insbesondere lehnte Oe. die politische Diskriminierung von Arbeitern ab.

In seiner Schrift *Soziale Tagesfragen* (1889) führte er unter der Überschrift »Wie behandelt ein vernünftiger Arbeitgeber seine sozialdemokratischen Arbeiter?« aus, daß es der »richtigen Wege« bedürfe, um auch tatsächlich eine Schwächung und nicht eine Stärkung des sozialdemokratischen Einflusses zu erzielen. Der Arbeitgeber müsse »in erster Linie jeden Unterschied, wie des religiösen und politischen, so auch des sozialen Glaubensbekenntnisses, seiner Arbeiter vollständig ignoriren.« Ausschlaggebend für die Stimmung der sozialdemokratischen Arbeiter sei »die Achtung ihrer menschlichen und staatsbürgerlichen Selbständigkeit. (...) Zweierlei insbesondere soll der Arbeitgeber nicht antasten: die Koalitions- und die Wahlfreiheit des Arbeiters. Der Arbeitgeber kann keinen besseren Weg einschlagen, um feindselige Koalitionen zu verhüten oder lahm zu legen, als indem er selbst dieser Bewegung ein friedliches Bett gräbt, und in den Aeltesten-Kollegien, den Vorständen der Hülfskassen, der Wohlfahrtseinrichtungen u.s.w. Raum und Stoff für eine ersprießliche gemeinsame Thätigkeit bietet. Allerdings wird dies für die Zukunft nicht verhüten, daß die Arbeiter, und nicht bloß die sozialdemokratischen, auch Wünsche äußern, die dem Arbeitgeber unbequem sind, in deren Erörterung er lieber nicht eintreten möchte. Allein solche Forderungen und Wünsche, z.B. über Lohnfragen, Arbeitszeit u.s.w., werden sich, selbst in aufgeregten Zeiten (und daß solche immer wiederkehren vergesse man nicht), in ganz anderen Formen bewegen, wenn bereits Organe für deren Geltendmachung vorhanden sind, die eine Geschichte friedlichen und wohlthätigen Zusammenwirkens hinter sich haben. Die Wünsche werden nicht so stürmisch, die Forderungen nicht so schroff hervortreten und es dem Arbeitgeber ermöglichen, ohne seiner Autorität das Mindeste zu vergeben, hier je nach dem Grade der Berechtigung und Möglichkeit nachzugeben, dort in Ruhe die Gründe zu entwickeln, weshalb und wie weit das Nachgeben unmöglich sei. Die Arbeiter sind, selbst in aufgeregten Zeiten, selten hierfür unempfänglich, und eine im persönlichen Verkehr mit Gründen belegte Zurückweisung ihrer Ansprüche kann niemals eine Erbitterung erzeugen, wie eine Ablehnung durch schroffe, unmotivirte Ukase.«

Der Durchsetzung seiner Auffassungen diente der 1887 von ihm in Dessau gegründete und in Deutschland fast ohne Pendant dastehende »Verein der Anhaltischen Arbeitgeber«, dessen Zweck die »Verbesserung der sozialen Stellung und materiellen Lage des Arbeiterstandes, sowie die Förderung des friedlichen Zusammenwirkens von Arbeitgebern und Arbeitnehmern« war. Dem Charakter nach war daher der »Verein der Anhaltischen Arbeitgeber« kein »Antistreikverein« sondern eher ein »Sozialdemokratieverhinderungsverein«. Zentrum der Verständigung waren die überall zu bildenden »Ältesten-Collegien« (auch »Arbeiterausschüsse«) aus frei gewählten Vertretern der von den einzelnen Arbeitgebern beschäftigten Arbeitnehmer. Die Zusammensetzung wie auch die Befugnisse dieser Arbeiterausschüsse waren in der Praxis dann durchaus verschiedene, in der Regel wurde die Mehrzahl der Mitglieder von den Arbeitern gewählt und besaß beratende Funktion. Mit der erstarkenden Arbeiterbewegung überlebte sich diese Institution nach und nach, ohne jedoch völlig bedeutungslos zu werden. Flankierend entstanden selbstverwaltete Hilfskassen, firmeneigene Lebensmittelverteilungs- bzw. Konsumvereine, betriebliche Sparvereine und dergleichen, darüber hinaus die *Deutsche Arbeiter-Zeitung* (1888). Die Arbeiter sollten zur Verwaltung ihrer eigenen Angelegenheiten erzogen werden; Oe. lehnte die »oktroyirte Fürsorge« ab, »die alles für, nichts durch die Arbeiter thun will«.

Nimmt man die Streikstatistik zu Hilfe, so hat sich der von Oe. intendierte Vereinszweck erfüllt. Sowohl Arbeiter als auch Unternehmer waren in Anhalt deutlich kompromißbereiter und kompromißfähiger als im Reichsdurchschnitt; es gab bis in die Weimarer Republik hinein weniger Streiks, weniger Aussperrungen aber auch weniger »volle Erfolge« einer der beiden Seiten des Arbeitskampfes. Oe. sah die Notwendigkeit sozialer Reformen, mit denen auch eine politische Demokratisierung der Gesellschaft verbunden war. Eine solche Demokratisierung zu fordern, z.B. in Form eines demokratischen Landtagswahlrechts für Anhalt, war er als überzeugter Monarchist ebensowenig bereit wie die Nationalliberale Partei, deren Zentralvorstand er zwischen 1887 und 1902 angehörte.

Mollat, W.: Wilhelm Oechelhaeuser als Sozialpolitiker. Gießen 1921.

Torsten Kupfer

Oerter, Josef (Sepp)

Geb. 25.9.1870 in Straubing; gest. 14.12.1928 in Braunschweig

Kaum ein anderer »Provinzfürst« der sozialdemokratischen Arbeiterbewegung war eine so schillernde Persönlichkeit wie O. Sein Weg führte ihn von der Opposition der »Jungen« in der SPD über die Anarchisten zurück zur Sozialdemokratie, dann zur USPD, wo er zunächst Ministerpräsident war, später jedoch aufgrund von Korruptionsvorwürfen von der Partei ausgeschlossen wurde. Kurz darauf trat er in die NSDAP ein.

O. stammte aus schlichten Verhältnissen. Sein Vater war erst Berufssoldat, dann Pedell an einer Schule in Fürth. Nach dem Besuch der Realschule erlernte O. das Buchbinderhandwerk. 1887 schloß er sich der Sozialdemokratie an. Dort hielt es O. nicht lange aus. Parteiintern hatte er sich der Oppositionsströmung der »Jungen« angeschlossen, die die Parteiführung von links kritisierten. Nach deren Ausschluß wandte sich O. den Anarchisten zu, bei denen auch sein Bruder Fritz aktiv war. Um dem Militärdienst zu entgehen, wanderte er im März 1892 in die USA aus. In New York arbeitete er an anarchistischen Zeitschriften mit. Ende des Jahres schon kehrte er nach Deutschland zurück. Im Dezember wurde er wegen Widerstands gegen die Staatsgewalt festgenommen, im März 1893 zu 15 Monaten Haft verurteilt. Ende 1893 kam ein zweites Urteil wegen Aufrufs zu Sprengstoffattentaten hinzu, die Gesamtstrafe wurde auf acht Jahre Zuchthaus festgesetzt. O. berichtet darüber in seiner Schrift *8 Jahre Zuchthaus. Lebenserinnerungen*, 1908 erstmals erschienen. Nach der Haftentlassung 1901 wurde O. wieder in der anarchistischen Bewegung aktiv. 1907 nahm er in Amsterdam am Gründungskongreß der »Anarchistischen Internationale« teil. Bald darauf brach O. mit dem Anarchismus und schloß sich wieder der SPD an. Er profilierte sich auf dem linken Flügel, was ihn im Sommer 1916 als Chefredakteur des Parteiblattes nach Braunschweig führte. Die dortige Parteiorganisation unterstützte die Gegner des »Burgfriedens«. In Braunschweig wurde O. in kürzester Zeit zum wichtigsten Parteiführer. Der bayerische Dialekt behinderte seine rhetorischen Erfolge nicht. Unter den Provinzpolitikern ragte er durch strategische Weitsicht und Kenntnis aller taktischen Finessen hervor. Sein einziger innerparteilicher Gegenspieler von intellektuellem Format, der Jurist Dr. Heinrich Jasper, war zum Militärdienst einberufen worden und blieb nach der Parteispaltung bei der MSPD, während in Braunschweig über 90 Prozent der Mitglieder zur USPD gingen.

O.s große Stunde kam mit der Novemberrevolution. Obwohl er seit Sommer 1918 bei der *Leipziger Volkzeitung* arbeitete und in Braunschweig die Revolution von Spartakisten durchgesetzt worden war, rief man umgehend O. aus Leipzig zurück. Offiziell erhielt O. nur das Volkskommissariat für Inneres und Finanzen, faktisch wurde er aber Regierungschef. Alle wesentlichen Aufrufe, Reden und Gesetzentwürfe stammten von ihm. Seine politische Linie ist schwer zu bestimmen. Immer wieder schwankte er zwischen linksradikalen Positionen und Kompromißvorschlägen an die nicht in der Revolutionsregierung vertretene MSPD hin und her. War seine Stellung in Gefahr, fand er sich sofort zu Kompromissen bereit. Bleibendes konnte O. in dieser Regierungszeit nicht schaffen. Die »Rote Garde« überdauerte die Revolutionsmonate ebensowenig wie die Verfassung, die ein Zweikammer-System mit Parlament und Räten vorsah. Auch Versuche der Einführung von Arbeiterkontrollen in den großen Betrieben, von Landverteilung an Arbeiter und der Gründung einer nordwestdeutschen Räterepublik scheiterten. Die Ursachen dafür lagen zum Teil darin, daß die gemäßigtere Entwicklung in Berlin einem kleinen Land wie Braunschweig enge Grenzen setzte, zum anderen darin, daß die vor Ort agierenden mittleren Parteifunktionäre auf die plötzliche Machtübernahme nicht vorbereitet waren und daher O.s Projekte nicht umzusetzen wußten. Immerhin war O. mit diesen Initiativen der einzige USPD-Politiker in Braunschweig, der seine politischen Ideen nicht nur aus dem »Erfurter Programm« der SPD von 1891 bezog.

Mit dem Einmarsch von Freikorps-Truppen im April 1919 mußte O. aus der Regierung ausscheiden. In der Folgezeit radikalisierten sich seine Angriffe auf die MSPD und die von ihr geführte Republik. Als aber die USPD in den unmittelbar nach dem Kapp-Putsch (März 1920) abgehaltenen Landtagswahlen einen klaren Erfolg erzielte und die MSPD deklassierte, war O. sofort zur Koalition mit den gemäßigten Sozialdemokraten bereit. Er sah die Aufgabe einer USPD-geführten Regierung in der Vertretung von Arbeiterinteressen schon im Kapitalismus und in der Erleichterung der späteren Machtübernahme des Proletariats. Wer dies ablehne, der hänge einer »Revolutionsromantik« an. Gegen den Widerstand der Parteizentrale in Berlin, die die Gefahr des Opportunismus beschwor, konnte O. die Unterstützung der Mehrheit der Partei vor Ort gewinnen und wurde am 22. Juni 1920 zum Ministerpräsidenten gewählt. O., der Monate zuvor die Räterepublik propagiert hatte, las nun als Kabinettschef die geheimen Dossiers der Reichsregierung über die politische Lage, in denen über die Bestrebungen zum Anschluß seiner eigenen Partei an die III. Internationale berichtet wurde.

In dieser Debatte trat O. den Beitrittsbefürwortern strikt entgegen. Sein Hauptargument war, daß durch die Beitrittsbedingungen die »stärkste revolutionäre Partei der Welt«, wie er die USPD nannte, auseinandergerissen werde. Mit 2/3-Mehrheit wurde in Braunschweig in der Urabstimmung der Anschluß an die Kommunistische Internationale abgelehnt.

Die Regierungsarbeit verlief für O. enttäuschend. Das kapitalistische System habe sich zu sehr mit Paragraphen geschützt, so daß mit dem bürgerlich-demokratischen Parlamentarismus keine grundlegenden Reformen durchzusetzen waren, stellte er fest. O.s Alternative war eine »demokratische Diktatur«, die »überflüssiges Parlamentieren« ausschalten würde. Das Parlament sollte die diktatorischen Maßnahmen der Regierung nachträglich legitimieren. Praktische Schlußfolgerungen zog O. aus diesen Erwägungen nicht. Mit der MSPD waren seine Vorstellungen nicht zu verwirklichen. Die Regierung zu verlassen widersprach aber seinem Machtbewußtsein. Zu den wichtigsten Reformen, die O.s Regierung gelangen, gehörte die Erleichterung des Kirchenaustritts, die Demokratisierung einiger Aspekte von Strafprozessen und Strafvollzug, das Verbot der Zugehörigkeit von Polizisten zum »Stahlhelm«, die Abschaffung des Bußtages als Feiertag. Viel war dies nicht, vergleicht man es z.B. mit Sachsen. Offenkundig fehlte es der Regierung an juristisch geschulten und zugleich loyalen Kräften, die die 1920 versprochene Demokratisierung von Polizei, Verwaltung, Justiz und Kommunalverfassung, den Aufbau der Einheitsschule, die Erweiterung der Staatsbetriebe, Wohnungsbau und Landverteilung hätten in Gesetzesform bringen können.

O.s Ende als Regierungschef kam im November 1921. Die bürgerliche Opposition beschuldigte ihn der Bestechlichkeit. Und die USPD-Fraktion im braunschweigischen Landtag forderte auf Betreiben ihres Mitgliedes Otto Grotewohl O. auf, bis zur Klärung der Vorwürfe seine Ämter ruhen zu lassen. O. demissionierte daraufhin. Ende Januar 1922 wurde er zu vier Monaten Gefängnis verurteilt, die ihm aufgrund einer allgemeinen Amnestie aber erspart blieben. Noch sah die USPD darin ein »Klassenurteil«. Als aber eine Woche später die MSPD den Entwurf eines Briefes aus dem Frühjahr 1921 veröffentlichte, in dem O. einem Fabrikanten vorschlug, ihm einen Beratervertrag zu geben, auch schon während seiner Amtszeit als Minister, und als Gegenleistung eine Gewinnbeteiligung forderte, schloß ihn die USPD aus, obwohl dieser Brief nie abgeschickt worden war.

Wie sehr O. der USPD fehlte, demonstrierte sein Nachfolger als Ministerpräsident, der ihn noch nach dem Parteiausschluß bat, bei der Formulierung des Regierungsprogramms behilflich zu sein. O. behielt sein Landtagsmandat bis zur Neuwahl Ende 1924. Ab Oktober 1922 vertrat er völkische Positionen. Seine Ablehnung des Parlamentarismus folgte seiner früheren Kritik der Regierungsarbeit im Kapitalismus. O. forderte den Zusammenschluß der »schaffenden Stände«, die eine Diktatur gegenüber der Parteienherrschaft errichten sollten. Lob fanden sowohl der italienische Faschismus als auch die Sowjetregierung, die tatkräftig vorangingen. Im Unterschied zur Sowjetunion aber solle es in Deutschland um einen nationalen Kampf gehen.

Ende 1923 trat O. in die NSDAP ein. Bei der Kandidatur zum Landtag 1924 wie auch zur Stadtverordnetenversammlung 1925 scheiterte O., der sich in die Fraktionskämpfe der NSDAP verstrickt hatte. Damit verschwand er aus dem politischen Leben. Nur durch seinen Tod im Jahre 1928 kam er noch einmal in die lokalen Schlagzeilen. Repräsentativ für die Nachrufe ist der einer bürgerlichen Braunschweiger Zeitung, derzufolge O. »einst von der einen Hälfte des Volkes fast abgöttisch verehrt wurde und von der anderen ebenso inbrünstig gehaßt und bekämpft wurde«.

O. hat während des größten Teils seines Lebens für mehr Rechte der Arbeiterklasse gekämpft. Im Kaiserreich bedeutete dies zwangsläufig, für eine Ausweitung der Partizipationsrechte einzutreten. In der Novemberrevolution und besonders in seiner Zeit als Ministerpräsident aber wurde deutlich, daß O. in dem Ringen um Mehrheitsentscheidungen, in der Toleranz gegenüber anderen Meinungen und in dem bürgerlichen Rechtsstaat weniger einen Fortschritt bei der Sicherung der Freiheit des Individuums sah denn ein Hindernis auf dem Weg der Befreiung der Arbeiterklasse. Den Leninismus lehnte O. ab, weil er in Deutschland keine realistische Strategie hatte. »Leninistisch« aber war sein Verständnis von Demokratie, »Kommandohöhen« für die Arbeiterklasse zu erobern und dafür vorübergehend auch auf demokratische Verfahrensweisen zu verzichten. Dieses Denken führte ihn nach dem Ausschluß aus der USPD zur rechtsradikalen Variante des »Tatmenschen«. Und dennoch hätte es der Demokratie in Deutschland 1918/1919 gut getan, wenn es in Berlin und in der Provinz auf seiten der Revolutionäre einige Politiker mehr gegeben hätte, die größere Macht für die neue und weniger Kompromiß mit den Vertretern der alten Ordnung anstrebten.

Rother, B.: Die Sozialdemokratie im Land Braunschweig 1918 bis 1933. Bonn 1990.

Bernd Rother

Oestreich, Paul

Geb. 30. 3. 1878 in Kolberg/Pommern; gest. 28. 2. 1959 in Berlin

Oe. war ein produktiver politischer Pädagoge, der Widerspruch hervorrief; er selbst war ein Mann der Widersprüche: originell, anregend, streitbar und zugleich empfindlich, außerordentlich schwierig, schwärmerisch, Utopist, Schulpragmatiker, eine »Kreuzung von Mimose und Stachelschwein«, wie ihn sein Kollege Georg Kerschensteiner, ein Pionier der Berufschule, 1928 öffentlich charakterisierte. Die Demokratisierung des Schulwesens war Oe.s wichtigstes Anliegen; insbesondere im »Bund Entschiedener Schulreformer« (BES): doch seine autoritären Züge verprellten viele seiner Mitstreiter.

In allen Phasen seines Lebens war Oe. Außenseiter. Als Sohn eines Tischlermeisters wuchs er in einer Umgebung auf, die nur wenig kulturelle Anregungen vermittelte. Als Schüler am Realgymnasium in Kolberg (1888–1896) und Student der Mathematik und Naturwissenschaften in Berlin und Greifswald (1896–1900) erlebte er die Einsamkeit und Isolation eines Aufsteigers aus dem Arbeitermilieu. Er begriff sich als »proletarischen Empörer«, der »aufsteigt«, ohne sich »seelisch kaufen« zu lassen (*Aus dem Leben eines politischen Pädagogen*, 1947), als einer der nicht zum angepaßten Karrieristen werden wollte. Einer Parteidisziplin wollte sich Oe. niemals unterwerfen. Zwischen 1898 und 1908 war er Anhänger der »nationalsozialen« Bewegung Friedrich Naumanns, die für soziale Reformen im Innern eintrat, aber zugleich die kaiserliche Flotten- und Kolonialpolitik stützte. Nach Auflösung des »Nationalsozialen Vereins« schloß er sich der »Freisinnigen Vereinigung« an und war von 1906 bis 1908 Stadtrat in Berlin, verließ dann aber 1908 diese linksliberale Partei wieder, weil er deren Zusammenarbeit mit den Konservativen auf Reichsebene in dem gegen Sozialdemokratie und katholischem Zentrum gerichteten sogenannten »Bülow-Block« (nach der Reichstagswahl von 1907, benannt nach Reichskanzler Bernhard von Bülow) nicht mittragen konnte. Er beteiligte sich an der Gründung der »Demokratischen Vereinigung«, die für demokratisches Wahlrecht, Gleichberechtigung der Frau, Bodenreform, Trennung von Kirche und Staat und Beschränkung der Monopolbildung eintrat sowie mit der Forderung nach Rüstungskontrolle und internationaler Schiedsgerichtsbarkeit weltanschauliche Richtpunkte des liberal-demokratischen Vorkriegspazifismus aufnahm.

Im Ersten Weltkrieg, seinen »Damaskusjahren«, engagierte er sich im »Kriegsausschuß für Konsumenteninteressen« sowie in pazifistischen Vereinen, zunächst im neu gegründeten »Bund neues Vaterland« (BNV) (der späteren »Deutschen Liga für Menschenrechte«), für die Demokratisierung der Innenpolitik, parlamentarische Kontrolle der Außenpolitik, einen Verständigungsfrieden, europäische Kooperation auf wirtschaftlichem Gebiet anstrebte und Annexionen verwarf. Darüber hinaus trat Oe. der Zentralstelle »Völkerrecht« bei, einer Ersatzorganisation für die im Krieg von den Zensurbehörden lahmgelegte »Deutsche Friedensgesellschaft« (DFG). Zwischen 1921 und 1926 war er Vorstandsmitglied der Deutschen Friedensgesellschaft; im »Deutschen Friedenskartell«, einer Dachorganisation pazifistischer und kulturpolitischer Vereine, vertrat er die Interessen des BES. Der »Gesellschaft der Freunde des Neuen Rußland« schloß er sich 1923 an.

Zwischen 1918 und 1931 war er Sozialdemokrat. Sein grundsätzlicher Hang zur Opposition hinderte ihn wiederholt daran, ein Amt mit politischer Verantwortung zu übernehmen. Zweimal in seinem Leben fiel er unter Berufsverbot: Nach zweimonatiger Inhaftierung wurde er 1933 von den Nationalsozialisten aus dem Schuldienst entfernt.

1945 KPD-, 1946 SED-Mitglied, wurde er 1949 im Zuge des Kalten Kriegs zum Verzicht auf seine Stelle als Schulrat in Westberlin gedrängt. Ein Westberliner Gericht verweigerte ihm mit Hinweis auf seine Mitgliedschaft in der SED die Pension. In der DDR wurde er als »bedeutender Schulpolitiker der SED« vereinnahmt, der sich »vom ›pazifistischen Aktivisten‹ der kleinbürgerlichen Demokratie zum Kämpfer in den Reihen der revolutionären Arbeiterbewegung« entwickelt habe, zwar nicht frei von Widersprüchen gewesen sei, sich aber immerhin marxistischen Positionen angenähert habe.

Oe.s Haupttätigkeitsfeld war der von ihm am 18. September 1919 mitgegründete parteipolitisch neutrale »Bund Entschiedener Schulreformer« (BES), den er die gesamte Zeit seines Bestehens als Vorsitzender leitete. Impuls für die Gründung war der zwischen den Koalitionsparteien SPD und Zentrum ausgehandelte »Weimarer Schulkompromiß«, der entgegen schulpolitischen Plänen der SPD den Bestand der Bekenntnisschule neben den weltlichen Schulen sicherte. Oe. wertete den Verzicht der SPD auf die Einheitsschule und die Preisgabe des Prinzips der Weltlichkeit als »inneres Versailles«. Die Aufgabe sozialdemokratischer Prinzipien verstärkte Oe.s Aversion gegen parteipolitisches Taktieren. Eine demokratische Bildungsreform wollte er fortan nicht den Parteien überlassen. Die Wirkungsmöglichkeiten des BES waren allerdings begrenzt, zumal die schulpolitischen Weichen bereits vor seiner Gründung gestellt worden waren.

Der BES lehnte einseitige intellektuelle Bildung ab, erstrebte freie Entfaltung der Persönlichkeit, wollte die Jugendlichen zu charaktervollen Mitgliedern der Gemeinschaft erziehen. Eingebettet in die pädagogische Reformbewegung des 20. Jahrhunderts, war sein Hauptziel die grundlegende Erneuerung der Schule. Seine Weltanschauung war republikanisch-pazifistisch und unorthodox sozialistisch. Unter maßgeblicher Federführung Oe.s entwarf der BES ein umfangreiches schulreformerisches Programm, das Prinzipien einer 1911 von Heinrich Schulz entwickelten sozialistischen Schulreform aufnahm und u.a. von Karl Marx, Johann Gottlieb Fichte und Jean-Jacques Rousseau stark beeinflußt war. Oe. verlangte die Öffentlichkeit der Erziehung; als Konsequenz des demokratischen Gleichheitsprinzips die Unentgeltlichkeit des Schulwesens (freier Schulbesuch, Lernmittelfreiheit, unentgeltliche Verköstigung bei Ganztagsschulen); die Weltlichkeit der Schule (Trennung von Kirche und Schule; die Abschaffung von Konfessionsschulen und des obligatorischen Religionsunterrichts); Koedukation als Konsequenz des Verfassungsgrundsatzes der Gleichberechtigung der Geschlechter; eine radikale Revision der Lehrpläne insbesondere in den gesinnungsbildenden Fächern und die schulorganisatorische Berücksichtigung aller Begabungs-, Interessens- und Könnensunterschiede der Schüler in einer »elastischen Einheitsschule«, die Oe. auch »Wahlfreiheitsschule« nannte.

Oe. beschrieb seine Vorstellungen in den Schriften *Die elastische Einheitsschule, Lebens- und Produktionsschule* (1921), *Die Schule zur Volkskultur* (1923), *Bausteine zur neuen Schule* (1923). Auf der Basis einer reichseinheitlichen Regelung des Schulwesens wollte Oe. eine organisch aufgebaute, nur nach Anlage und Begabung differenzierte und differenzierende staatliche Einheitsschule, Reduzierung der Kernfächer zugunsten von Neigungsfächern, Aufhebung des starren Klassensystems durch ein flexibleres Kurssystem, Vermittlung praktischer wie theoretischer Fertigkeiten, eine dem demokratischen Gemeinwesen adäquate Erziehungsgemeinschaft von Lehrern, Eltern und Schülern, Einheitlichkeit und Republikanisierung des Lehrerstandes und die Revision der Unterrichtsinhalte im demokratisch-republikanischen Sinn. Schule sollte »Lebensschule« sein, in engem Zusammenhang mit der Lebenswirklichkeit stehen, ebenso »Produktionsschule« mit dem Anspruch, Kopf- und Handarbeit zu einem ganzheitlichen Lernen zu verbinden (*Die Produktionsschule als Nothaus und Neubau*, 1924; *Der Einbruch der Technik in die Pädagogik*, 1930). Überdies sollte sie »Einheitsschule« sein und durch gemeinsamen Schulbesuch und Gabelung erst mit dem sechzehnten Lebensjahr den Anspruch auf gleiche Bildungschancen einlösen. Als Erziehungsziel galt der körperlich durchgebildete, geistig freie, sozial gesinnte und willensstarke Mensch als Mitglied der Gemeinschaft und der Menschheit. Den Primat der Pädagogik bei der Veränderung gesellschaftlicher Prozesse betonend, verstand Oe. Schulreform gleichzeitig als Lebensreform. Ihm schwebte als Ausfüllung des Artikels 148 der Weimarer Reichsverfassung eine nationale staatsbürgerliche Erziehung vor, die auch in die Solidarität aller Menschen über nationale Grenzen hinweg führte. Demgemäß bekannte sich der BES »zur menschheitsaufbauenden Kraft des völkerversöhnenden Pazifismus«, zu »brüderlichem Handeln« und zum Kampf gegen den Militarismus. Eine Überwindung von Chauvinismus und Revanchismus glaubte Oe. durch eine sittliche Umerziehung der Menschen erreichen zu können.

Ein dauerhafter Frieden mußte für Oe. innenpolitisch abgesichert sein: Er unterstützte deshalb die (erfolglose) Volksentscheidbewegung zur entschädigungslosen Enteignung der Fürstenhäuser (20. Juni 1926), verlangte die Enteignung der »Schlotbarone«, sprach sich für ein von der KPD eingeleitetes, aber nicht zustandegekommenes Volksbegehren gegen den Panzerkreuzerbau (1928) aus, förderte die deutsch-französische Aussöhnung durch Schüler- und Lehreraustausch und wandte sich nach dem Beitritt Deutschlands zum Völkerbund (10. September 1926) gegen den aufkeimenden Nationalismus in der Form der Übertragung von Völkerbundsmandaten an das Reich.

Inwieweit die schulpolitischen Konzepte Oe.s auf die Zeit nach 1945 ausstrahlten, ist umstritten. Für die Gesamtschulverfechter in der Bundesrepublik war es kaum möglich, sich explizit auf einen Schulreformer zu berufen, der seinen Lebensabend in der DDR verbrachte. Dennoch ist das Andenken an Oe. auch im Westen Deutschlands lebendig geblieben, vor allem seit in den späten sechziger Jahren die Beschäftigung mit dem Protagonisten der Einheitsschule für Pädagogikstudentinnen und -studenten vielerorts selbstverständlich wurde.

Bernhard, A.; Eierdanz, J. (Hg.): Der Bund der entschiedenen Schulreformer. Eine verdrängte Tradition demokratischer Pädagogik und Bildungspolitik. Frankfurt/Main 1992. – Böhm, W.: Kulturpolitik und Pädagogik Paul Oestreichs. Bad Heilbrunn 1973. – Neuner, I.: Der Bund entschiedener Schulreformer 1919–1933. Bad Heilbrunn 1980. – Reintges, B.: Paul Oestreich und der Bund Entschiedener Schulreformer. Rheinstetten 1975.

Reinhold Lütgemeier-Davin

Ossietzky, Carl von

Geb. 3. 10. 1889 in Hamburg; gest. 4. 5. 1938 in Berlin

»Man spricht häufig von der Republik ohne Republikaner. Es liegt leider umgekehrt: die Republikaner sind ohne Republik. Und es gibt keine Republik, weil es keine Linke gibt. Weil das große Moorgelände der (Mitte) alles aufsaugt. Weil man viel lieber ausbalanciert als kämpft (...)« – so O. im Herbst 1924. Für O. war die erste deutsche Republik eine leblose Verfassungsurkunde geblieben, ein Amtsbetrieb: verwaltet von entseelten Parteibürokratien und den Massen entfremdet. Die Idee der Demokratie in die Köpfe und Herzen der Menschen zu pflanzen – darum ging es dem jungen O. bereits im kaiserlichen Deutschland der Vorkriegszeit.

O. wuchs als Kind einer Dienstmagd und eines ehemaligen Berufssoldaten aus Oberschlesien in der Nähe des Hamburger Hafens auf. Im ausgehenden 19. Jahrhundert betrieben die Eltern eine Speisewirtschaft. In der Schule versagte O. in den naturwissenschaftlichen Fächern und blieb ohne Schulabschluß. Katholisch getauft und erzogen, wechselte er später zum protestantischen Glauben seiner Mutter über und wurde 1904 konfirmiert.

Anfang des neuen Jahrhunderts erlebte O. auf einer Wahlrechtsversammlung August Bebel, den »Präsidenten einer unsichtbaren Republik«, genoß das ungewohnte Gemeinschaftsgefühl inmitten der begeisterten Arbeiter – eine unauslöschliche Erinnerung, die er noch in einem Kommentar zum Kieler Parteitag der SPD 1927 beschwor. Für ihn war die alte kämpferische Sozialdemokratie der Kaiserzeit der »einzige und wirkungsvollste Kampfboden gegen die Reaktion«, aber er fürchtete auch Herdengeist, Karrierismus und Programmgläubigkeit in der sozialistischen Massenpartei. O. wurde Mitglied einer kleinen Außenseiterpartei, der bürgerlichen »Demokratischen Vereinigung« (1908–1918), die neben einer »konsequenten Demokratisierung« der Politik auch die Wahrung der »Rechte der Persönlichkeit im Wirtschaftsbetrieb« und eine gerechte Gewinnbeteiligung »der Arbeit« zu ihrem Programm erhoben hatte. Er sah die Aufgabe dieser Partei vor allem in der Reinhaltung des demokratischen Gedankens »von bürgerlich-plutokratischem und einseitig klassenkämpferischem Beiwerk«.

Der rasche Fortschritt der kapitalistischen Wirtschaftsentwicklung habe auch den Krieg als Mittel der Politik längst überholt, meinte O. 1914 am Vorabend des Ersten Weltkrieges in einem gegen Kriegslust und Rüstungstaumel in Deutschland gerichteten Artikel. Nicht das Kriegshandwerk – Handel und Gewerbe müßten dem Reich seinen »Platz an der Sonne« erobern. Ihnen folge wie ein Schatten die Arbeiterbewegung »mit ihren demokratischen und sozialistischen Tendenzen, die wir heute als sicherste Gewähr für den Frieden ansehen müssen«. Aber nach der Ermordung des österreichischen Thronfolgers in Sarajewo am 28. Juni 1914 stimmte O. kurzzeitig ein in den vaterländischen Chor und erklärte in Wort und Schrift, daß der Krieg eine deutsche Kulturmission gegen die zaristische Barbarei sei. 1916 mußte O. als Armierungssoldat an die Westfront und schrieb dort für die Blätter des »Deutschen Monistenbundes« aufrüttelnde Artikel gegen den Krieg. In seinem unveröffentlichten Manuskript *Monismus und Pazifismus* erklärte er seine monistische Weltsicht: Sie gründete sich auf den Glauben an die Möglichkeit gesellschaftlicher Höherentwicklung nach dem Beispiel natürlicher Organismen. Und wie das Prinzip der gegenseitigen Hilfe in der Natur gelte, so seien auch Gemeinschaftsgefühl, Frieden und Verständigung notwendig für gesellschaftlichen Fortschritt.

An der Novemberrevolution 1918 beteiligte sich O. nicht. Er wurde Mitarbeiter des monistischen Pfadweiser-Verlages in Hamburg. Pfadweiser – das war programmatisch gemeint. O. sah seine Mission in der Umbruchzeit als Wegbereiter eines neuen, aufgeklärten Bewußtseins, einer geistigen Reformation. Revolution – das war für ihn nicht gewaltsamer Umsturz, sondern Auflösung einer veralteten politischen und wirtschaftlichen Ordnung, die den Krieg verschuldet und verloren hatte. Sie war auch Ausgangspunkt einer evolutionären Entwicklung, die einen Freiraum, ein Machtvakuum schaffen würde, in dem Menschen und Dinge reifen könnten für die Republik und vielleicht auch für den Sozialismus als ihren sozialen Boden.

Der Anmarsch der neuen Reformation (1919) hieß O.s erste und einzige selbständige Veröffentlichung – sein Katechismus für die deutsche Republik. Revolution müsse Reformation werden, eine Durchsetzung der Köpfe mit neuem Geist: »Wir müssen den Menschen schaffen, dem kein Staat, keine Partei mehr befehlen darf: Du sollst töten! oder Du sollst Dich töten lassen! (...) Wir müssen den autonomen Menschen schaffen, durch nichts gebunden als durch das Bewußtsein, daß Millionen sein Schicksal teilen.«

Im Herbst 1919 ging O. als Sekretär der »Deutschen Friedensgesellschaft« (DFG, seit 1892) mit seiner Frau Maud nach Berlin. Aber bald schon trennte er sich von den organisierten Pazifisten, denen er Weltfremdheit und politische Wirkungslosigkeit vorwarf. O. wurde Redakteur bei der der »Deutschen Demokratischen Partei« (DDP) nahen *Berliner Volkszeitung* (BVZ).

Die geeinte sozialistische Arbeiterbewegung war für ihn in den

Anfangsjahren der jungen Republik die eigentliche Hoffnungsträgerin. Aber sie mußte einen demokratischen Weg zum Sozialismus erst gehen lernen. Das Prinzip »Diktatur des Proletariats« in seiner bolschewistischen Form als Herrschaft der Avantgarde-Partei betrachtete O. als Rückfall hinter demokratische Traditionen der Aufklärung und der demokratischen Revolution in Westeuropa. Dort habe die Arbeiterschaft im Kampf um soziale und demokratische Rechte bereits eine Aufgeklärtheit und damit eine Fähigkeit zur Freiheit erreicht, an der gemessen der Bolschewismus reaktionär sei, ein ausgeprägt russisches »Gewächs«, das nur auf dem Boden der Vergangenheit eines zaristisch-bürokratischen Gewaltregimes hochkommen könne: »Da wird sich in den nächsten Monaten ein Stück deutscher Zukunft entscheiden«, schrieb O. 1920 gegen den Anschluß der 1917 von der SPD abgespaltenen »Unabhängigen Sozialdemokratischen Partei Deutschlands« (USPD) an Moskaus Internationale: »Das ist die Frage: Werden sich wesentliche Teile der Arbeiterschaft einem finsteren, fanatischen und durch und durch uneuropäischen Glaubenssatz verschreiben (und damit eine erneute Ära von Bürgerkriegen einleiten, die die Barbarisierung Deutschlands vollenden und den letzten Rest von Kultur fortfegen wird), oder wird durch eine Absage an die Doktrin Lenins unserer Demokratie wieder eine stattliche Kämpferschar zugeführt, die sie gerade im letzten Jahre oft bitter entbehren mußte?«

Daß die 1933 von den Nazis verbrannten Schriften von Kurt Tucholsky und O. die schwache Weimarer Republik mit nur destruktiver Kritik zugrunderichten halfen, ist ein Vorwurf, den u.a. Rudolf Augstein und Hans Ulrich Wehler kolportierten. In Wirklichkeit finden sich in den frühen zwanziger Jahren wieder und wieder die Spuren Tucholskys und O.s, wenn es um realpolitisches Engagement für die Weimarer Republik ging, etwa bei Aktionen der überparteilichen »Nie-wieder-Krieg«-Bewegung, die alljährlich Hunderttausende zu Demonstrationen versammeln konnte und auch Teile der Arbeiterschaft erreichte. O.s Unterschrift steht unter einem Aufruf des »Republikanischen Reichsbundes«, in dem namhafte Persönlichkeiten der alten Verfassungsparteien wie Friedrich Stampfer, Paul Löbe und Theodor Heuß zu einer gemeinsamen Front aller deutschen Republikaner gegen Revanchismus und Reaktion aufriefen. In der »Liga junge Republik« und der »Liga für Menschenrechte« war O. seit 1922 aktiv. Zwei von ihm mitunterzeichnete Initiativen der Ligen mit detaillierten Vorschlägen zur Republikanisierung der Reichswehr und der Justiz wiesen realpolitische Wege zur Verwirklichung der Weimarer Verfassung.

O.s Vorträge und Artikel aus jener Zeit zeugen von Parteiverdrossenheit. Sie richteten sich gegen die alte Generation der »Parteibonzokratie« und ihre Privilegien (vor allem in der SPD): »Ihr gelten die jungen Kräfte, die die Republik mit Leben füllen wollen, als unbequem, weil sie nicht in ihre Parteischablonen passen.« Als endgültige Bankrotterklärung der republikanischen Parteien vor den Omnipotenzen »jener dünnen Schicht, die die Produktionsmittel beherrscht«, wertete er 1922 den Rücktritt von Reichskanzler Joseph Wirth (Zentrum) und die Bildung des von der SPD tolerierten Kabinetts parteiloser Wirtschaftsfachleute unter der Kanzlerschaft des Unternehmers Wilhelm Cunos.

Im Frühjahr 1924 kandidierte O. selbst zu den Reichstagswahlen – für die frisch aus der Taufe gehobene »Republikanische Partei Deutschlands« (RPD). In einer Wahlkampfrede hob er als einen ihrer wichtigsten Programmpunkte die »unbedingte Suprematie des Staates über die Wirtschaft« hervor. Die RPD ging bei den Maiwahlen 1924 kläglich unter. O. kostete sein Wahlengagement zudem den Redakteursposten bei der *Berliner Volkszeitung*. Bis 1926 arbeitete O. als Redakteur für Leopold Schwarzschilds und Stefan Großmanns linksdemokratische Wochenzeitschrift *Tage-Buch* sowie für den *Montag Morgen*. Dann wurde er auf Empfehlung Tucholskys Redakteur der *Weltbühne*, deren Leitung er 1927 – bald nach dem Tod ihres Herausgebers Siegfried Jacobsohn – übernahm. O.s Leitartikel *Lob der Außenseiter* Anfang 1927 umreißt sein politisches Programm dieser Zeit: Aus der Fensternische der politischen unabhängigen linken Demokraten wollte er die großen Parteien herausfordern, »anpeitschen« im Geiste der Revolution von 1918/19 und der Weimarer Reichsverfassung von 1919.

Im Zuge des Zerfalls der Weimarer Demokratie orientierte sich O. wie viele Radikaldemokraten jener Zeit immer mehr an der Sowjetunion als sozialistischer Gegen-Welt zur kapitalistischen Republik, in der die Massen seit 1929 unaufhaltsam verelendeten. Auf der Suche nach einer positiven Utopie ließ sich auch O. von den kurzfristigen Erfolgen der schnellen sowjetischen Industrialisierung blenden, die Folgen der Zwangskollektivierung der Landwirtschaft und die Verbrechen Stalins übersah oder relativierte er.

Der »Weltbühnenprozeß« vor dem Reichsgericht in Leipzig im November 1931 war der Höhepunkt einer ganzen Serie von Gerichtsverfahren gegen O. Anlaß war ein Artikel aus dem Jahre 1929, eine Anklage gegen die heimliche Aufrüstung der deutschen Luftfahrt, die laut Versailler Vertrag verboten war und für die zivile Gelder zweckentfremdet wurden. O. und der Autor Walter Kreiser wurden wegen Verrats militärischer Geheimnisse zu je 18 Monaten Gefängnis verurteilt. O. trat am 10. Mai 1932 seine Haftstrafe an. Am selben Tag erschien in der *Weltbühne* sein Artikel *Rechenschaft*, in dem er bekräftigte, nicht durch Flucht ins Ausland seine Glaubwürdigkeit aufs Spiel setzen zu wollen, und daß er so lange wie möglich gegen den drohenden Nationalsozialismus kämpfen werde. Seine Beurteilung der nationalsozialistischen Gefahr war widersprüchlich: Einerseits betrachtete er mit Entsetzen den Verfall der bürgerlichen Kultur in Deutschland, andererseits glaubte er, daß die innerlich gespaltene NSDAP, wenn sie an die Macht komme, bald werde aufgeben müssen. Diese Hoffnung hielt O. nach seiner Amnestierung Weihnachten 1932 und noch nach dem 30. Januar 1933 in Deutschland. In der Nacht vom 27. auf den 28. Februar 1933, als der Reichstag brannte, wurde O. verhaftet. Seine Odyssee durch nationalsozialistische »Schutzhaftanstalten« endete in dem berüchtigten Moor-Konzentrationslager Esterwegen, wo er unheilbar an Lungentuberkulose erkrankte. Unter dem Druck der Weltöffentlichkeit ließ ihn das NS-Regime im Mai 1936 in ein Berliner Krankenhaus überführen und konnte auch nicht verhindern, daß er im selben Jahr den Friedensnobelpreis für das Jahr 1935 erhielt. O. durfte zur Verleihung nicht ausreisen, er starb 1938 im Krankenhaus.

Frei, B.: Carl von Ossietzky, eine politische Biographie. Berlin (2. Aufl.) 1978. – Suhr, E.: Carl von Ossietzky. Eine Biographie. Köln 1988. – Vinke, H.: Carl von Ossietzky. Hamburg 1978.

Elke Suhr

Otto-Peters, Luise

Geb. 26. 3. 1819 in Meißen; gest. 13. 3. 1895 in Leipzig

O.-P. gilt als Begründerin der deutschen Frauenbewegung. Ihr Vater, Gerichtsdirektor in Meißen, ließ seinen Töchtern eine gute allgemeine und auch politische Bildung angedeihen. Wie andere Väter bestenfalls mit Söhnen, so diskutierte er mit den Töchtern heftig das politische Tagesgeschehen. Nach dem Tod der Eltern 1835 war O.-P. finanziell unabhängig und wollte Dichterin werden.

Anläßlich eines Besuches bei einer Schwester im Erzgebirge sah sie das Elend der Weberfrauen. Empört griff sie zur Feder und schrieb ein aufrüttelndes Gedicht über das Hungerleben dieser Frauen und ihrer Kinder. 1840 lernte O.-P. den Schriftsteller Gustav Müller kennen, den sie liebte und während seiner Krankheit pflegte. Aber Müller starb an der Lungenschwindsucht, einer Folge langjährigen Mangels. O.-P. wandte sich nun der Politik zu, verfaßte Sozialromane wie *Ludwig der Kellner* (1842), *Die Freunde* (1844) und besuchte alle möglichen Reformvereine, auch die Bewegung des Turnvaters Jahn. Sie pflegte Freundschaft mit Robert Blum, dem Herausgeber der *Vaterlandsblätter*, was sie aber nicht hinderte, selbstbewußt Meinungsverschiedenheiten auszutragen, insbesondere zur Frauenpolitik. Auf Blums rhetorische Frage in den *Vaterlandsblättern* 1843: »Haben die Frauen ein Recht zur Teilnahme an den Interessen des Staates?« antwortete O.-P. in einem Leserbrief mit dem aufsehenerregenden Satz: »Die Teilnahme der Frauen an den Interessen des Staates ist nicht allein ein Recht, sie ist eine Pflicht der Frauen!«

O.-P. trat für mehr Frauenbildung als Grundlage ihrer moralischen und ökonomischen Selbstbestimmung ein. Davon hinge der nationale Fortschritt ab. Je unterdrückter die Frauen, so sagte sie, um so unterdrückter auch die Kinder, desto rückständiger die Nation.

In der *Gartenlaube* mußte O.-P. ihre Beiträge stets mit einem männlichen Pseudonym signieren: die politische Betätigung der Frauen war verboten. O.-P.' Roman *Schloß und Fabrik* (1846), in dem sie die Not der Weber im sächsischen Erzgebirge schilderte, wurde konfisziert, und sie mußte die sozialkritischen Stellen entfernen. O.-P.' Dichtung war harmlos eingekleidet, jedoch zutiefst politisch: »Alle Mädchen müssen schwören, keinen Mann zu minnen, der nicht für die Freiheit stritte, seinem Volk sie zu gewinnen.« Ihrer Meinung nach war die Neigung zum politischen Engagement keineswegs typisch männlich, sondern in höchstem Maße der Frau gegeben. Mit ihrer politischen Dichtung errang sie den Beinamen »Lerche des (politischen) Vorfrühlings«, bzw. »Lerche der deutschen Frauenbewegung«.

An das Zentralkomitee der im August 1848 gegründeten »Allgemeinen deutschen Arbeiter-Verbrüderung«, der ersten deutschen politischen Arbeiterorganisation, schrieb O.-P., die Arbeiter würden, wenn sie sich für die Gleichheit der Frau einsetzten, den Akademikern und Staatsdienern weit voraus sein. Antifeministische Tendenzen in der deutschen Arbeiterschaft sah O.-P. als Zeichen politischer Rückständigkeit.

Im April 1849 erschien in Meißen unter der Leitung von O.-P. die *Frauen-Zeitung*, das bedeutendste Blatt der frühen Frauenbewegung. Es wurde im Dezember 1850 von der sächsischen Regierung verboten – mittels eines eigens dafür geschaffenen Gesetzes, wonach die verantwortliche Redaktion hier nur von einem Mann ausgeübt werden durfte. Der *Frauen-Zeitung*, die im thüringischen Gera noch bis 1852 weiter erschien, war das programmatische Motto vorangestellt: »Dem Reich der Freiheit werb' ich Bürgerinnen!«. Aus mehreren deutschen Städten wurde O.-P. ausgewiesen. Unter den nach der Revolution Abgeurteilten war auch der Journalist August Peters, mit dem O.-P. seit längerem korrespondierte. Da Peters zum Tode verurteilt war – er hatte nicht nur geschrieben, sondern auch ein Arbeiterbataillon von Dresden nach Rastatt geführt – schrieb er O.-P. einen Abschiedsbrief, in dem er sich zu seiner Liebe zu ihr bekannte. O.-P. gelobte ihm ewige Treue; Peters wurde 1851 zu siebenjähriger Zuchthaus-

strafe begnadigt. Das Paar sah sich einmal pro Jahr im Zuchthaus, und die beiden heirateten schließlich 1858 nach seiner Haftentlassung. Sie übersiedelten nach Leipzig, wo Peters seit 1861 die fortschrittliche *Mitteldeutsche Volkszeitung* herausgab, kräftig unterstützt von O.-P., die das Feuilleton leitete.
Nachdem Peters 1864, erst siebenundvierzigjährig, gestorben war, entschloß sich O.-P., die nach der Revolution von 1848/49 unterdrückte Frauenbewegung neu zu beleben. Zusammen mit ihrer Freundin, der Pädagogin Auguste Schmidt, und Henriette Goldschmidt, Schülerin des Kindergarten-Pioniers Friedrich Fröbel, gründete O.-P. im Frühjahr 1865 den »Leipziger Frauenbildungsverein«, aus dem im selben Jahr der »Allgemeine Deutsche Frauenverein« (ADF) hervorging. An der ersten deutschen Frauenkonferenz, der Gründungsversammlung des ADF, vom 16.–18. Oktober 1865 in Leipzig, nahmen auch Delegierte der deutschen Arbeiterbildungsvereine teil, darunter Professor Ludwig Eckhardt und August Bebel. Der 3. Vereinstag des 1863 gegründeten »Verbandes deutscher Arbeitervereine« hatte im September 1865 in Stuttgart in einer Resolution die volle soziale Gleichberechtigung der Frau, die Gründung von Arbeiterinnenvereinen und Fortbildungsanstalten für Arbeiterinnen sowie das Frauenwahlrecht gefordert. Diese Forderungen wurden vom ADF aufgegriffen, wobei Professor Eckhardt, der auch sonst großen Einfluß auf das Programm des ADF hatte, den Frauen das Prinzip der Selbsthilfe anempfahl. So kam es, daß Männern nur die Ehrenmitgliedschaft (mit beratender Stimme) gewährt wurde.
O.-P. wurde zur Vorsitzenden des ADF gewählt, und sie blieb es bis zu ihrem Tode 1895. Binnen kurzem entstanden unter ihrer Leitung Zweigvereine in ganz Deutschland, und die Mitgliederzahl wuchs von zuerst 34 auf 10000 nach fünf Jahren an. Während die Mehrzahl der bürgerlichen Frauenrechtlerinnen im ADF vor allem bildungspolitische Ziele verfolgte, gehörte O.-P. zu denen, die sich auch mit den Problemen der Frauenfabrikarbeit und der Arbeiterinnenfrage beschäftigten. Andererseits sah O.-P. den wahren Beruf der Frau in der Ehe und kritisierte den libertären Lebenswandel der Achtundvierzigerin Louise Aston.
O.-P., die vielleicht bedeutendste Protagonistin der frühen Frauenbewegung, war nichts weniger als männerfeindlich. Dennoch war sie überzeugt, daß Frauen ihre Sache selbst führen müßten, sonst seien sie von vornherein verloren. Oder, wie O.-P. 1848 in ihrer *Frauen-Zeitung* schrieb: »Die Geschichte aller Zeiten, und die heutige ganz besonders, lehrt, daß diejenigen vergessen werden, welche an sich selbst zu denken vergaßen.«

Blos, A.: Frauen der deutschen Revolution von 1848. Dresden 1928. – Boetcher Joeres, R.-E.: Die Anfänge der deutschen Frauenbewegung: Louise Otto-Peters. Frankfurt/Main 1983. – Koepke, C.: Louise Otto-Peters. Die rote Demokratin. Freiburg i. Br. 1981. – Möhrmann, R.: Frauenemanzipation im deutschen Vormärz. Stuttgart 1978.

Sieglinde Domurath

Pappenheim, Bertha

Geb. 27. 2. 1859 in Wien; gest. 28. 5. 1936 in Isenburg

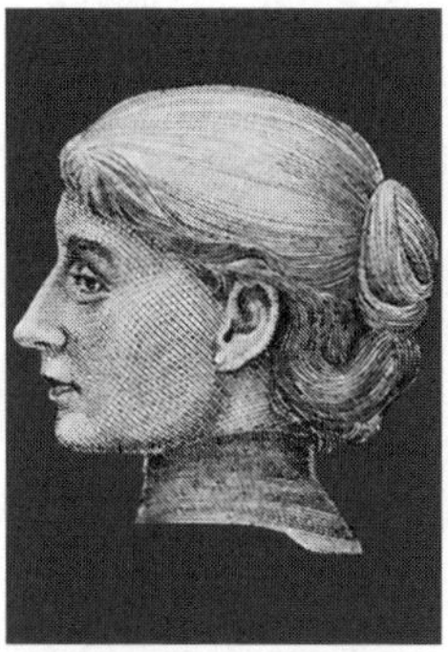

P. gelangte in ihrem Leben auf zweifache Weise zu Berühmtheit. Sie gilt nicht nur als eine der bedeutendsten jüdischen Frauenrechtlerinnen, sie ist auch in die Geschichte der Psychoanalyse eingegangen – als »Anna O.«, deren Fall Sigmund Freud 1893 in seinem Aufsatz *Über die Psychischen Mechanismen hysterischer Phänomene* im *Neurologischen Zentralblatt* geschildert hatte. Zehn Jahre zuvor hatte er durch seinen Freund und Lehrer Josef Breuer von dem Fall erfahren, der ihm zum ersten Mal die tiefe Wirkung des Unbewußten auf menschliches Fühlen und Handeln verdeutlichte. Später wurde P. die Führerin des »Jüdischen Frauenbundes« (JFB), eine kämpferische Feministin, die Philanthropie, Judentum und Feminismus zu verbinden suchte. P.s Identität als »Anna O.« blieb lange bis über ihren Tod hinaus gewahrt, so daß zu ihren Lebzeiten niemand von ihren Mitarbeiterinnen und Freunden von ihrem Leiden erfuhr.
Über ihre Kindheit ist nicht viel bekannt. Vermutlich vernichtete P. bei einem späteren Besuch in Wien alle Aufzeichnungen aus ihrer Kindheit und über ihre Krankheit. Sie wurde als dritte Tochter eines wohlhabenden jüdisch-orthodoxen Kaufmanns 1859 in Wien geboren. Den Eltern wäre ein Sohn lieber gewesen und Jahre später noch glaubte P., daß ihre mangelhafte Bildung auf das jüdische Vorurteil, daß Mädchen heiraten sollten, zurückzuführen sei, da ihr Bruder eine hervorragende akademische Ausbildung erhielt, sie jedoch nur die übliche Erziehung einer »höheren Tochter« aus jüdischem Hause, mit Fremdsprachen, Klavierunterricht und Handarbeiten. Ihr späterer Arzt Breuer charakterisierte sie jedoch so: »von überfließender geistiger Vitalität, von bedeutender Intelligenz, erstaunlich scharfsinniger Kombination und scharfsichtiger Intuition; ein kräftiger Intellekt, (...) reiche poetische und phantastische Begabung, kontrolliert durch sehr scharfen und kritischen Verstand«. Als P. mit 21 Jahren ihren todkranken Vater pflegte, traten die Krankheitssymptome erstmalig zutage. »Kontrakturparesen und Anästhesien, die ver-

schiedenen Seh- und Hörstörungen, Neuralgien, Husten, Zittern u. dgl.« sowie Sprachstörungen und eine Spaltung des Bewußtseins.
Breuer behandelte P. eineinhalb Jahre lang, indem er zwei bis dreimal täglich zu ihr kam, und sie ihm in chronologischer Reihenfolge vom Auftreten der Symptome erzählte. Die kathartische Methode, das »Ausschütten«, wurde dabei zum ersten Mal als Heilmethode angewendet, und Freud bezeichnete »Anna O.« in seinen zusammen mit Breuer verfaßten *Studien über Hysterie* (1895) als die eigentliche Erfinderin der Psychoanalyse. Die emotionalen Verstrickungen, in die Patientin und Arzt gerieten und die heute als Übertragung und Gegenübertragung bekannt sind, führten schließlich zum Abbruch der Behandlung, indem Breuer P. als geheilt erklärte. P. war jedoch noch lange nicht ganz gesund und verbrachte einige Zeit in Sanatorien, bis sie 1889 schließlich mit ihrer Mutter nach Frankfurt a. M. zog. Bis heute fehlen wichtige Puzzlestücke, um die Ursachen von P.s Erkrankung zu ergründen, so ihre Kindheitsaufzeichnungen und ihre Krankenakten, die in der Schweiz noch unter Verschluß gehalten werden. Dennoch hat das Bekanntwerden der wahren Identität der »Anna O.« durch die Freud-Biographie von Ernest Jones (*The life and work of Sigmund Freud*, 3 Bände, zuerst New York 1953) zu vielfachen Spekulationen Anlaß gegeben. Ob psychische Bedürfnisse den Antrieb gaben, Feministin zu werden, oder ob Frauen mit der besonderen psychischen Struktur der Hysterikerin zu Feministinnen prädestiniert seien, war die vieldiskutierte Frage. Doch scheint es angesichts der Kraft und Leidenschaftlichkeit, mit der P. den JFB und den Kampf gegen den Mädchenhandel (Prostitution) führte, eher eine »gesunde« Reaktion auf ein verhaßtes patriarchalisches System gewesen zu sein.
In Frankfurt widmete sich P. vor allem der Waisen- und Armenfürsorge: Eigene erste zaghafte Versuche in Wien hatten ihr bereits die Erkenntnis vermittelt, daß sie hier ihren Sinn im Leben finden und daß diese Arbeit sie endgültig von ihrem Leiden befreien würde. 1895 wurde sie Leiterin eines jüdischen Mädchenwaisenhauses in Frankfurt und blieb es 12 Jahre lang. Gleichzeitig war sie im städtischen Armenamt tätig und organisierte »Flickschulen« sowie einen jüdischen Kindergarten. 1902 rief sie den jüdischen Frauenverein »Weibliche Fürsorge« ins Leben, den sie als »Schule jüdisch-sozialen Denkens und Ausübens« bezeichnete. Der Verein sandte Krankenpflegerinnen und Kindergärtnerinnen nach Osteuropa, wo sie sich am Aufbau von Kindergärten sowie von Schulen für Frauen beteiligten. Zwei Jahre später, 1904, gründete P. den ersten »Jüdischen Frauenbund« Deutschlands und war zwanzig Jahre lang dessen Vorsitzende. Gleichzeitig schrieb sie Erzählungen, Romane und Gedichte, die sich mit der jüdischen Identität beschäftigten. Widersprüchlich und problematisch war P.s Wunsch, orthodoxes Judentum und Feminismus zu verbinden. Sie sah in der massenhaften Konversion der Juden und ihrer vollständigen Assimilation eine Gefährdung für das jüdische Volk und hoffte, durch strenge Erziehung den Frauen und Mädchen das Judentum nahezubringen: Zugleich wollte sie sie auf ein selbstbestimmtes, den Männern gleichberechtigtes Leben vorbereiten. Im orthodoxen Judentum wird der Frau aber nur eine untergeordnete Stellung zugestanden und das Studium im Talmud (wörtlich »Das Lernen«; ein religionsgesetzliches Kompendium) ist Männern und Knaben vorbehalten. So geriet P. immer wieder mit führenden Persönlichkeiten der orthodoxen jüdischen Gemeinde in Konflikt, von denen sie vergeblich Unterstützung unter anderem auch im Kampf gegen den Mädchenhandel forderte.
1907 eröffnete P. bei Frankfurt das »Isenburger Heim« für gefährdete Mädchen, Schwangere, Mütter, Säuglinge, Kleinkinder und Schulkinder, das sie mit viel Liebe aber auch Strenge bis zu ihrem Tode 1936 führte. Sie prangerte eine Gesellschaft an, die diese Mädchen vernachlässigte und eine jüdische Gemeinde, die durch veraltete Ehe- und Scheidungsgesetze ihren Teil dazu beitrug, daß viele junge Mädchen und Frauen in die Prostitution getrieben wurden. Ihre Mitarbeiterinnen in Isenburg hielt sie an, mit Geduld und Verständnis auf die Mädchen einzugehen.
P.s Forderungen nach gleichen Rechten und Ausbildungschancen für Frauen waren nicht ihre einzigen politischen Ziele. Seit der Jahrhundertwende war ihr die verzweifelte Lage der Ostjuden immer bewußter geworden, und zwischen 1902 und 1935 nahm sie an jedem Kongreß zu dieser Problematik teil. P. unternahm unzählige Studienreisen nach Osteuropa, um sich ein eigenes Bild zu machen und schickte eigens dafür ausgebildete Sozialarbeiterinnen und Krankenschwestern nach Galizien, die von der weiblichen Fürsorge bezahlt wurden. Sie schrieb unzählige Bitt- und Mahnbriefe, die zum großen Teil unbeantwortet blieben und zwei Reiseberichte über Prostitution und Mädchenhandel in Osteuropa und im Vorderen Orient, die sie Sisyphus-Arbeit nannte, weil sie meinte, ihr Kampf gegen den Mädchenhandel werde von übermächtigen Kräften sabotiert. Streitbar und kompromißlos, wie sie war, forderte sie auch von ihren Mitarbeiterinnen in den Wohlfahrtsorganisationen, im JFB und in Isenburg rückhaltloses Engagement. Aus Enttäuschung darüber, daß andere Frauen sich nicht immer mit der gleichen Energie für die Sache einsetzten, legte P. ihr Amt als Vorsitzende des JFB nieder, erstmals 1916 (bis 1917) und endgültig 1924.
Neben ihrer politischen Arbeit fand P. noch Zeit für Übersetzungen: 1899 übertrug sie Mary Wollstonecrafts *Verteidigung der Rechte der Frau* (1792) aus dem Englischen, 1910 die *Memoiren der Glückel von Hameln*, einer entfernten Verwandten von P., aus dem Jiddischen ins Deutsche.

Die tödliche Gefahr, die von dem Aufstieg des Nationalsozialismus seit Anfang der dreißiger Jahr für die Juden ausging, unterschätzte P. Sie wandte sich gegen die massenhafte Auswanderung jüdischer Kinder und Jugendlicher nach Palästina und mißbilligte den Zionismus. Erst nach Erlaß der antisemitischen Nürnberger Gesetze, insbesondere das »Gesetz zum Schutz des deutschen Blutes und der deutschen Ehre« vom 15. September 1935, erkannte sie ihren Irrtum. 1936, bereits todkrank, wurde sie von der Gestapo vorgeladen. Mutig stand sie zu ihrem Lebenswerk. Dessen Zerstörung und die Deportation der Belegschaft des »Isenburger Heims« nach Theresienstadt 1942 mußte sie nicht mehr miterleben.

Edinger, D. (Hg.): Bertha Pappenheim - Leben und Schriften. Frankfurt/Main 1963. - Jensen, E. M.: Streifzüge durch das Leben von Anna O./Bertha Pappenheim. Ein Fall für die Psychiatrie - Ein Leben für die Philanthropie. Dreieich 1984. - Kaplan, M.: Die jüdische Frauenbewegung in Deutschland. Organisation und Ziele des Jüdischen Frauenbundes 1904-1938. Hamburg 1981.

Anette Klumb

Perels, Friedrich Justus

Geb. 13. 11. 1910 in Friedenau bei Berlin; gest. (erschossen) 23.4. 1945 in Berlin

»Es fallen so viele im Kampf für dieses System, besser ist es, man fällt im Kampf gegen dieses System«. Das Zitat aus dem Jahr 1944, nicht lange vor P.s Ermordung durch die Nazis im April 1945, ist ein beeindrukkendes Zeugnis für P.' Motivation im Kampf gegen das NS-Regime. P. war seit 1936 als Justitiar beim Bruderrat der »Bekennenden Kirche der altpreußischen Union« (BK) tätig. Die Anklageschrift vom 19. 12. 1944 warf ihm »Mitwisserschaft und Nichtanzeige von Umsturzvorbereitungen« vor. Sie reihte ihn darüber hinaus in die Gruppe der Angeklagten um Dietrich Bonhoeffer, Rüdiger Schleicher, Hans John und Hans Kloß ein, denen der Prozeß wegen »Hoch- und Landesverrats« gemacht wurde. Der Vorsitzende des Volksgerichtshofes, Roland Freisler, sprach P. in dem ihm eigenen perfiden Sprachgestus mit »Herr Justitiar der Bekennenden Kirche« an.

P. wurde im wilhelminischen Deutschland als zweiter von insgesamt vier Brüdern in Friedenau geboren. Er wuchs in bildungsbürgerlichem Hause auf. Seine Vorfahren mütter- wie väterlicherseits kamen aus dem Juristen- und Theologenstand. Sein Großvater war Sohn jüdischer Eltern und konvertierte später zum Christentum. P.' Vater, Ernst Perels, war Professor für historische Hilfswissenschaften an der Universität Berlin. Dessen Brüder Leopold und Kurt Perels lehrten an den Universitäten Heidelberg bzw. Hamburg. Als man P.' liberal-konservativen Onkel Kurt Perels, einer der Gründer der juristischen Fakultät der seit 1919 bestehenden Hamburger Universität, im Sommersemester 1933 aufforderte, seine »arische Abstammung« nachzuweisen, nahm sich dieser das Leben. P.' Vater wurde aufgrund der »Nürnberger Rassengesetze« zum 1. 1. 1936 aus seiner Lehrtätigkeit entlassen. Er konnte jedoch bei den *Monumenta Germaniae Historica*, der wichtigsten Quellensammlung der deutschen Geschichte des Mittelalters, tätig werden. Nach dem 20. Juli 1944, als man P. verhaftete, wurde sein Vater in Sippenhaft genommen und in die KZs Buchenwald und Flossenbürg verschleppt, wo er an den erlittenen Entbehrungen im Mai 1945 starb.

P.' Interesse galt früh der Religion. Schon auf dem Friedenauer Gymnasium gehörte das Fach Religion, neben Geschichte, zu seinen Lieblingsfächern. Nach dem Abitur nahm er zum Sommersemester 1929 das Studium der Rechtswissenschaft an der Universität Heidelberg auf. Sein Onkel Leopold bildete neben den Professorenkollegen Gustav Radbruch und Gerhard Anschütz das Rückgrat der die Weimarer Republik weitgehend unterstützenden Fakultät. Insbesondere von Radbruch war P. fasziniert. Im Jahr 1930 wechselte er an die Universität Berlin und legte dort im März 1933 sein Referendarexamen ab. In diese Zeit fiel auch seine Mitwirkung im DCSV (Deutsche Christliche Studenten-Vereinigung). Von Bedeutung war hier auch die gesellschaftspolitische Ausrichtung. Diese kam u.a. in Vorträgen von Alfred Döblin und Erich Ollenhauer zum Ausdruck. Darüber hinaus wurden Gruppenstunden, die vorwiegend religiösen Charakter trugen, auch von Dietrich Bonhoeffer abgehalten. Hier lernte P. auch Personen näher kennen, die zu dem in der Nazi-Zeit bedeutenden Widerstandskreis um Dietrich und Karl Bonhoeffer sowie Hans und Christine von Dohnanyi gehörten.

Mit der »Machtergreifung« durch die NSDAP Anfang 1933 mußte P. befürchten, seine Ausbildung nicht beenden zu können. Weil er jüdische Urgroßeltern hatte, fiel er, ebenso wie seine nächsten Angehörigen, unter das »Gesetz zur Wiederherstellung des Berufsbeamtentums«. Zwar wurde ihm zugesichert, daß er die Referendarausbildung beenden könne. Ausgeschlossen wurde jedoch eine spätere Tätigkeit als Jurist im Staatsdienst sowie die Zulassung als Rechtsanwalt. P. wandte sich in dieser Zeit gegen die Gleichschaltung der evangelischen Kirche. Beispielhaft wurde das in seinem Einsatz gegen Forderungen zur Einführung des »Führerprinzips« und des »Arierparagraphen« im DCSV. Ende 1933 sollte die gesamte evangelische Jugend - und damit auch die Schülerbibelkreise - in die Hitler-Jugend (HJ) übernommen werden. Daraufhin be-

schlossen die prominenten Mitglieder Martin Niemöller, Hermann Ehlers, Pastor Udo Smidt und P. deren Auflösung, trafen sich aber weiterhin in andersnamigen Nachfolgegruppen.
Im August 1932, kurz vor Gründung des sog. Pfarrernotbundes, der sich gegen Gleichschaltungsversuche durch die »Deutschen Christen« wandte, schrieb P. an Martin Niemöller, daß man versuchen müsse, »eine eigene feste und geschlossene (...) eine straff zusammengefaßte und dauernde Gemeinschaft« aufzubauen. Insoweit erschien es auch folgerichtig, daß P. 1934 eine Referendarstation bei Horst Holstein, dem wohl bedeutendsten Anwalt der Bekennenden Kirche (BK), absolvierte. In dieser Zeit lernte er zahlreiche Vertreter der BK persönlich kennen.
Nachdem er Ende 1936 seine Stellung als Justitiar der Bekennenden Kirche angetreten hatte, baute er mit den anderen Rechtsberatern Hermann Ehlers und Eberhard Elß ein Verbindungsnetz aus ihnen nahestehenden Pastoren, Rechtsanwälten und Repräsentanten der Regionalkirchen auf. Dieses Netz sollte vor allem dem Erfahrungsaustausch, dem Sammeln und Archivieren anderer Rechtsentscheide aus Prozessen gegen verfolgte Christen dienen. Damit sollte insgesamt eine effektivere Rechtsberatung und -vertretung erreicht werden.
Die immer kleiner werdenden juristischen Möglichkeiten und Spielräume der Beratungsarbeit verschlechterten sich seit Kriegsbeginn weiter. Da die Nazis bevorzugt auch Pastoren aus dem Umfeld der BK zum Waffendienst einberiefen, sanken die innerkirchlichen Möglichkeiten der Einflußnahme rapide. Wie P.' Biograph Matthias Schreiber mitteilt, standen im Sommer 1940 von ca. 2000 Pastoren der BK 600 im Krieg, ein Jahr später schon ca. 1500. Es waren letztlich zwei Entwicklungen, die P. immer stärker in die politische Widerstandsarbeit einbanden: Erstens die massenhaften Deportationen der Juden und anderer Minderheiten unter der Nazi-Losung der »Tötung unwerten Lebens«, und zweitens die im Frühjahr 1940 bekannt gewordenen sog. »13 Punkte«, welche die kirchenpolitischen Ziele der NSDAP für den »Reichsgau Wartheland« benannten. Hier wurde letztlich die vollständige Verdrängung der Kirche aus dem öffentlichen Leben propagiert.
P. war nunmehr bereit, auch mit illegalen Mitteln an möglichen Umsturzversuchen teilzunehmen. Der Kontakt P.' zur bürgerlichen Opposition um den, bei der Abwehr beschäftigten Obersten Hans Oster sowie Hans von Dohnanyi intensivierte sich vor allem über Bonhoeffer. Dieser wurde von Oster zur Abwehr berufen, so daß er nicht zum Kriegsdienst eingezogen werden konnte. Als im Oktober 1941 in Berlin die ersten Massendeportationen von Juden anliefen, protestierte P. in einer Eingabe an die Wehrmacht. Sie wurde von Bonhoeffer über die Abwehr an verantwortliche Militärs geleitet mit dem Ziel, zum Handeln gegen Hitler zu bewegen. Zur gleichen Zeit besorgte P. gefälschte Pässe, um jüdischen Mitbürgern noch die Flucht ins Ausland zu ermöglichen. In einer weiteren Eingabe an die Wehrmacht, vermutlich ebenfalls vom Oktober 1941, verurteilte P. die sogenannte »Tötung unwerten Lebens«. In beiden Fällen blieb eine Reaktion aus.
Nach der Verhaftung D. Bonhoeffers und H. v. Dohnanyis Anfang April 1943 stieg die Bedeutung P.' für die BK weiter an. Er fungierte nunmehr als Kontaktperson zu offiziellen Stellen, aber auch zu den Mitgliedern des sog. Kreisauer Kreises. P. war an den Planungen für das Attentat auf Hitler am 20.7. 1944 zwar nicht beteiligt, er wußte aber davon. Nach dem mißglückten Attentat und der darauffolgenden Verhaftungswelle wurde P. am 5. 10. 1944 von der Gestapo verhaftet. In qualvollen Verhören konnte er seine persönliche Beteiligung und seine Kenntnis des »Umsturzes« zwar herunterspielen. Dennoch wurde er am 2. Februar 1945 als »Mitwisser« zum Tode verurteilt. Als Berlin von sowjetischen Truppen schon fast eingenommen worden war, wurde P. zusammen mit anderen Mitgefangenen in der Nacht des 23. April 1945 von einem Rollkommando der SS hinterrücks erschossen.

Schreiber, M.: Friedrich Justus Perels (1910-1945). Rechtsberater der Bekennenden Kirche, in: Kritische Justiz (Hg.): Streitbare Juristen. Eine andere Tradition. Baden-Baden 1988, S. 355ff.

Thomas Wehner

Perthes, Friedrich Christoph

Geb. 21. 4. 1772 in Rudolstadt; gest. 18. 5. 1843 in Gotha

Das Bild des Verlegers und Buchhändlers Friedrich P. wurde bis heute weitgehend geprägt durch die bisher einzige größere Biographie, die kurz nach seinem Tod von seinem Sohn Clemens Theodor Perthes (*Friedrich Perthes Leben*, Band 1-3, Gotha 1848/56) verfaßt wurde und die bis heute in vielen Auflagen erschienen ist. Das in diesem Jahrhundert sich bis zur kultischen Verehrung steigernde Gedenken – in den zwanziger Jahren erhielt P. den Titel »Messias« oder »Bismarck des Buchhandels« – fand in den 70er Jahren durch die Verurteilung seiner zustimmenden Haltung zur Zensur (»Karlsbader Beschlüsse« von 1819) kritische Stimmen, die ihn als »streng konservativ« bezeichneten. Wenige Jahre später wurde P. aufgrund seiner bis heute wirkenden und geltenden Vorstellungen zur Gestaltung des Buchhandels als wichtigster Vermittler von Literatur, als »progressiver

Streiter, als bürgerlicher Demokrat mit Weit- und Tiefblick, als kritischer und in Zusammenhängen denkender Buchhändler-Verleger« gewürdigt. Der »grand old man« des Buchhandels wurde so zum »Vorbild dem einzelnen wie der Gesamtheit«. Heute verleiht der »Börsenverein des deutschen Buchhandels« die Friedrich-Perthes-Medaille an verdiente Mitglieder und den Friedrich-Perthes-Preis an Autoren publizistischer Arbeiten über den Buchhandel, die sich mit dem »Standort des Buchhandels in der Gesellschaft auseinandersetzen«.

Durch Weltklugheit und Bescheidenheit, Besonnenheit und Toleranz, Herzenswärme und tiefe Religiosität fand P. schon zu Lebzeiten hohe Anerkennung. Er hatte Verbindungen zu vielen bedeutenden Persönlichkeiten, mit denen er zum Teil ausführlich korrespondierte. Alle Fragen des Buchhandels spiegeln sich in seinem Leben exemplarisch, »wie in einem Prisma zusammengefaßt«, wider.

Für die Verbreitung des demokratischen Gedankens wurde P. ungeachtet konservativer Grundpositionen von großer Bedeutung, weil er maßgeblich dazu beitrug, den Buchhandel als wichtigen Vermittler einer breiten bürgerlichen Bildung mit Selbstbewußtsein und hohem Qualitätsanspruch zu entwikkeln.

Als Sohn eines früh verstorbenen Steuersekretärs, der die Familie mittellos hinterließ, wuchs P. bei einem Onkel in Rudolstadt auf, einem belesenen Stallmeister in Diensten des Fürsten von Schwarzburg-Rudolstadt; der Kantischen Pflichtenethik, die hier galt, hat P. stets nachzuleben versucht. Als Fünfzehnjähriger begann P. eine Lehre bei einem Leipziger Buchhändler, um sechs Jahre später in die Buchhandlung Hoffmann und Campe in Hamburg zu wechseln. 1796 machte er sich mit einer eigenen Buchhandlung in Hamburg selbständig; 1822 überließ er sie seinem Teilhaber, um nach Gotha überzusiedeln.

Geboren in einer Zeit, die vom Trauma der Französischen Revolution geprägt werden sollte, endete P.s Leben nur wenige Jahre vor der deutschen Revolution von 1848/49. Revolutionsfurcht und -gegnerschaft bestimmte dieses Leben wie das der meisten seiner Generation. Revolutionäre Freiheits- und Gleichheitsforderungen stießen daher ebenso auf P.' Ablehnung wie absolutistisch-despotische Herrschaftsformen. Als pietistisch orientierter Konservativer mit ausgeprägt liberaler Haltung waren ihm die weitgehend auf Selbstverwaltung beruhenden gesellschafts-politischen Verhältnisse Englands – wo er am liebsten eine Buchhandlung eröffnet hätte – beispielhaft.

Bereits die von P. in Hamburg gegründete Buchhandlung wurde ein praktisches Vorbild für die weitere Entwicklung. Sie war die erste reine, d.h. von Verlagstätigkeit getrennte Sortimentsbuchhandlung der deutschen Geschichte. Während die Buchbestellungen im allgemeinen bei den »Commissionären« im »Meßplatz Leipzig« aufgegeben wurden, hatte P. alle wichtigen Druckerzeugnisse (Bücher, Zeitungen, Zeitschriften) vorrätig. Sein Ansehen verbreitete sich auch über Hamburgs Grenzen hinaus – auch Goethe in Weimar erhielt Bücher aus Hamburg –, so daß er bald als »Buchhändlersouverän von der Ems bis an die Ostsee« galt; er lieferte, die Seeverbindungen Hamburgs nutzend, auch ins Ausland und bemühte sich, einen Bücherverkehr im europäischen Maßstab aufzubauen.

Als Hamburg von napoleonischen Truppen besetzt war (1806–1814), hatte sich P. an die Spitze einer Erhebung gestellt. Sie scheiterte, und P. mußte 1813 nach London flüchten. 1814 kehrte er nach Hamburg zurück. Zunehmend beschäftigten ihn kultur- und nationalpolitische Fragen. 1816 verfaßte P. die programmatische, historisch bedeutsame Schrift *Der deutsche Buchhandel als Bedingung des Daseins einer deutschen Literatur.* Darin setzte er an die Stelle einer politischen Einheit Deutschlands die »Einheit der deutschen Literatur« als »Gesamtausdruck des geistigen Lebens der deutschen Völker«; die Verantwortung dafür übertrug er dem Buchhandel.

P. ließ seine Schrift auf dringende Empfehlung des katholischen Philosophen und Dichters Friedrich Schlegel, der als österreichischer Legationsrat in Frankfurt tätig war, als Broschüre drucken; sie wurde der Bundesversammlung des Deutschen Bundes als Eingabe zum Thema »Rechte der Schriftsteller und Verleger gegen den Nachdruck« vorgelegt. Auf seinem Gedanken aufbauend, daß der Buchhandel keiner weiteren Begünstigung als Freiheit bedürfe, hoffte P., daß durch eine gesetzliche Regelung – wie das spätere Urheberrecht – sich der Nachdruck von selbst erledige: Der Buchhandel brauche nichts anderes zur Erfüllung seiner Aufgabe als »Freiheit und positive Gesetze über das Eigentumsrecht der Autoren und Verleger, mit fester Bestimmung des Umfangs und der Dauer dieser Rechte an den Schriften«.

Ein Jahr nach der Gründung seiner Buchhandlung in Hamburg hatte P. die Tochter des »Wandsbeker Boten« Matthias Claudius geheiratet, und ein Jahr nach ihrem Tod (1822) zog er nach Gotha, um dort einen wissenschaftlichen Verlag zu gründen, der sich auf die Gebiete Geschichte und Theologie spezialisierte. Zu den berühmten historischen Publikationen seines Verlages zählte eine vielbändige *Geschichte der europäischen Staaten*, herausgegeben von Arnold Hermann Ludwig Heeren und Friedrich August Ukert, an der auch Fachleute aus anderen europäischen Ländern beteiligt waren; später gewann er bekannte Historiker wie Johann Gustav Droysen, Barthold Georg Niebuhr und Leopold Ranke. Für seine Zeitschrift *Theologische Studien und Kritiken* schrieben die bedeutendsten Theologen Deutschlands; seine Toleranz anderen Religionen gegenüber – ein früher Ausdruck ökumenischen Denkens – brachte ihm die Kritik der Orthodoxie ein.

P.' Leben war bestimmt von einschneidenden gesellschaftlichen Veränderungen. Die beginnende Industrialisierung in Deutschland und die Entstehung des literarischen Marktes bedeuteten auch für den Buchhandel den Anfang einer neuen Epoche. P. widmete sich den drängenden Fragen, suchte Lösungen und machte Vorschläge in Form von Eingaben, Denkschriften und Artikeln, die das Wohl des gesamten Buchhandels zum Thema hatten und die reale Situation der Literaturverhältnisse mit bedachten. Viele seiner Ideen wurden erst nach seinem Tod realisiert, haben jedoch bis heute nicht an Bedeutung verloren.

P. erkannte, daß mit der immer größer werdenden internationalen Bedeutung des zentralen Buchhändler-Messeplatzes Leipzig auch die Aufgabe des Buchhandels in der Gesellschaft neu organisiert und definiert werden mußte. Er bekämpfte zünftlerische Bestrebungen ebenso wie die »rein mercantilische Geschäftsführung« und schuf mit dem Vorschlag der Gründung einer Gesamtorganisation des Buchhandels in Leipzig, des späteren »Börsenvereins für den Deutschen Buchhandel«, die Voraussetzung zu einem Selbstverwaltungsorgan des Buchhandels mit genossenschaftlich-demokratischer Struktur. Damit wurde die Selbstregulierung an die Stelle staatlicher Gesetzgebung und Behördenaufsicht gesetzt und zugleich die Gefahr der Realisierung des von Metternich erwogenen Plans einer staatlichen Buchhandelsorganisation zurückgedrängt, die alle demokratischen Bestrebungen in Fesseln gelegt hätte.

Zur Selbstorganisation gehörte auch die Förderung des buchhändlerischen Nachwuchses. Das Ansehen des deutschen Buchhandels als »Träger von Wissenschaftlichkeit, Gründlichkeit, Gediegenheit und wahrer Volksbildung« verlangte nach einer guten Ausbildung. Durch seine eigene harte Lehre geprägt, die ihm keine Zeit zur Weiterbildung ließ, und um das Ansehen des Buchhandels besorgt, machte P. 1833 bis ins Detail gehende Vorschläge für eine »Unterrichtsanstalt für Lehrlinge des Buchhandels« in Leipzig. Gut honorierte Lehrer, an denen es in Leipzig nicht fehlte, sollten die Enzyklopädie der Wissenschaften, Geographie, Geschichte, englische und französische Sprache neben kaufmännischem Rechnen unterrichten; der Lehrling sollte drei mal drei Stunden Unterricht in der Woche und freie Zeit zur Erarbeitung wissenschaftlicher Bildung erhalten. 1853, zehn Jahre nach P.' Tod wurde diese Buchhandelsschule in Leipzig gegründet und hat, immer wieder den Erfordernissen der Zeit angepaßt, bis heute ihre wichtige Aufgabe für die Weiterbildung des buchhändlerischen Nachwuchses.

Auch zu dem sich in seiner Zeit herausbildenden freien Schriftsteller, hat P. bedeutende Überlegungen beigetragen. Neben »Ehre und Unsterblichkeit als Lohn für Geist, Talent und Anstrengung« müsse der Autor eine angemessene »Entschädigung« für die Zeit erhalten, welche er zu seinem und seiner Familie Nutzen in Staatsdiensten, auf Handelswegen oder zur Handarbeit hätte verwenden können, sie aber der Förderung von Wissenschaften und Künsten opfere. Zum ersten Mal stand damit der Schutz des Urhebers und nicht der Schutz des Händlers im Vordergrund. P. gehörte einer Kommission des Börsenvereins an, die 1834 die Forderung einer 30jährigen Schutzfrist »post mortem« aufstellte, die erst Jahre später Eingang in die ersten Bestimmungen des Urheberrechts in Deutschland fand.

In dieser Zeit, am 3. Januar 1834, gab der Börsenverein die erste Nummer vom *Börsenblatt für den deutschen Buchhandel* als zentrales Informationsorgan für den gesamten Buchhandel heraus, dessen Idee ebenfalls auf einen Vorschlag von P. zurückgeht. In seinem Leitartikel für die erste Ausgabe vom 3.Januar 1834 über »Die Bedeutung des deutschen Buchhandels« warnte er vor dem »Versinken in den Dienst der Seichtigkeit, der Oberflächlichkeit, der Vielwisserei, des Bilderkrames unter der täuschenden Firma der Volksbildung nur um des Gewinnes willen« und verlangte vom Buchhandel die Vermittlung zwischen Wissenschaft und Volk: »Sorgen wir für Beschaffung der geistigen Nahrung durch Bücher und Zeitschriften, die das Volk nach seinem jetzigen Bildungsstande zu erwarten und zu fordern berechtigt ist«. Den Kern der Ziele der bürgerlichen Gesellschaft in der ersten Hälfte des 19. Jahrhunderts plastisch formulierend wandte P. sich an den gesamten Buchhandel mit der Aufforderung: »Dienen wir mit regem Eifer dem bürgerlichen Wohl und dem materiellen Interesse unseres Volkes!«

Göpfert, H. G.: »Der deutsche Buchhandel als Bedingung des Daseins einer deutschen Literatur«. Zum Literaturbegriff von Friedrich Christoph Perthes, In: Leipziger Jahrbuch zur Buchgeschichte, 1 (1991), S. 13ff. – Holtbecker, C. A.:Friedrich Christoph Perthes: Literatur, an ihrem Ursprung aufgesucht, in: Börsenblatt für den Deutschen Buchhandel, 30 (1974), Frankfurter Ausgabe, Beilage Buchhandelsgeschichte, S. 129ff. – Schulz, G.: Nachwort, in: Friedrich Christoph Perthes: »Der deutsche Buchhandel als Bedingung des Daseins einer deutschen Literatur« – Schriften. Stuttgart 1967, S. 73ff.

Jutta Kaiser

Peucer, Caspar

Geb. 6. 1. 1525 in Bautzen; gest. 25. 9. 1602 in Dessau

P., Professor der Mathematik und Medizin, Astronom, Physiker, Theologe und Geograph, Humanist, Schüler Melanchtons und Leiter der Universität Wittenberg, wurde 1525 in Bautzen als Sohn des wohlhabenden sorbischen Handwerkers Gregor Peucer (Beutzer, Beuker, Peuker) geboren. Er lernte Deutsch und besuchte die Lateinschule des humanistisch gesinnten Valentin Trotzendorf in Goldberg/Niederschlesien. 1540 machte P. sich, ausgestattet mit Empfehlungsschreiben Trotzendorfs, auf zur Universität Wittenberg und zu Philipp Melanchton, der ihn in seinen Haushalt aufnahm.

Wittenberg war noch um 1500 eine unbedeutende Landstadt mit dreitausend Einwohnern, »einem alten Dorfe ähnlicher, denn einer Stadt« (Myconius). Erst durch die 1502 gegründete Universität und die Tätigkeit Luthers und Melanchtons belebten sich Bautätigkeit und Gewerbe. Wittenberg als Universitätsstadt zeichnete eine weitere Besonderheit aus: Es lag »im kolonialen Vorgelände des Deutschtums« (O. Thulin), mitten im stark sorbisch (wendisch) durchsiedelten Gebiet, dessen Einwohner sich durch Ackerbau, Viehzucht und Fischerei mehr schlecht als recht ernährten, denn die große Mehrheit der slawischen Bevölkerung mußte Frondienst bei deutschen Bauern verrichten. Sorbische Dörfer unterstanden einer anderen Gerichtsbarkeit als die deutschen Dörfer und hatten andere Abgaben zu entrichten als diese. In den Städten hatten sich die deutschen Bürger mit Hilfe entsprechender Zunftsatzungen (»Vierahnennachweis« der deutschen Herkunft seit 1424) gegen die Entstehung eines sorbischen Bürgertums gewehrt.

Luther, der 1512 bis 1546 an der Wittenberger Universität wirkte, beschrieb die große Masse seiner Wittenberger Pfarrgemeinde als »arme Wenden und Laien« (Julius Köstlin), die nur dann etwas von der Predigt verstünden, wenn man sich in betont simpler Sprache an sie wandte. Er selbst trat zwar vehement für die Benutzung der Volkssprache im Gottesdienst ein, meinte indes immer die deutsche Sprache. Die Verdrängung der sorbischen Sprache, die auch in Sachsen und Anhalt Tradition hatte, hielt während der Lutherzeit an. Der Bibelunterricht begann in der Regel mit der deutschen Fibel, die Reformation ging zusammen mit der Germanisierung vonstatten. Luther teilte im übrigen offenbar die Vorurteile seiner deutschen Zeitgenossen gegen alles Slawische: »Die Behmen fressen, die Wenden stelen« (Luthers Tischreden).

P. studierte in Wittenberg zunächst Mathematik und Arithmetik, lehrte seit 1548 in diesen Fächern und erhielt sechs Jahre später dort eine Professur für Mathematik. Nebenher hielt P. mit großem Erfolg Vorlesungen in Astronomie, Optik und Erdkunde, studierte Theologie und Medizin, deren Fakultät ihn 1559 in den Kreis ihrer Dozenten aufnahm.

Mit der Wittenberger Hochschulpolitik hatte P. zunächst als Ordinarius der Mathematik und dann auch der Medizin von Amts wegen nichts zu tun. Dennoch – junge Sorben, die sich um ihre Immatrikulation bemühten, gingen zuerst zu P. Sie verständigten sich mit ihm in ihrer Muttersprache und baten P. um Fürsprache. Dies war bei der niedrigen Meinung, die die in der Prüfungskommission Tätigen in der Regel von ihren sorbischen Landsleuten hatten, meist bitter nötig. So trösteten sich jene über die vermeintliche Minderwertigkeit ihrer Ordinanden (Kandidaten) slawischer Abkunft, wenn auch widerwillig, mit der Einsicht hinweg, daß geistlicher Nachwuchs für slawisch sprechende Gebiete schließlich unumgänglich notwendig sei. Man könne am Ende »die kirche christi nicht allzeit mit quadratsteinen bauen, sondern musten auch geringer stein darzu gebrauchen« (*Urkundenbuch der Universität Wittenberg*).

P. kümmerte sich sodann um Stipendien für die meist armen Ordinanden. Er sorgte dafür, daß im Laufe der Zeit diese Stipendien eine Art Gewohnheitsrecht der armen, zum Teil dazu noch schlecht Deutsch sprechenden slawischen Studenten wurde. P.s Einsatz für sie hatte Wirkung: Zu Zeiten P.s betrug die Zahl der sorbischen Ordinanden mit 84 fast das Vierfache von dem, was auf die folgende gleichlange Zeitspanne nach seiner Entfernung von der Universität kam. Im Kreis der Wittenberger Reformatoren war P. derjenige, der sich um die von den Deutschen – auch den Reformatoren – gering geachteten sorbisch sprechenden Studenten und osteuropäischen Gäste wirklich bemühte. Er bahnte Beziehungen der Universität zu den Slowenen in Krain, zu den Slowaken, zu Siebenbürgern und Ungarn an und animierte sie, in Wittenberg zu studieren: Wittenberg wurde zu einem Zentrum der protestantischen deutschen und osteuropäischen Welt (Frido Mětšk).

P. selbst galt und fühlte sich offenbar als Deutscher, da er seiner Muttersprache bereits seit seiner Schulzeit entwöhnt und darauf angewiesen war, sie von Zeit zu Zeit systematisch aufzufrischen, um sich ihrer überhaupt ab und an noch frei bedienen zu können. Seine Herkunft verstand P. als günstiges Moment, das ihm half, eine Politik der nationalen Toleranz und religiösen Offenheit gegenüber den osteuropäischen Nachbarn zu führen.

Dies bereitete zunehmend Schwierigkeiten, denn die offene »liberale« Phase des Reformationsprozesses in Wittenberg geriet ins Stocken und wurde schließlich in den siebziger Jahren »abgebremst« (Ernst Benz).

1573 kamen tschechische Protestanten aus Böhmen, die sogenannten »Böhmischen Brüder«, an die Universität Wittenberg. Sie bemühten sich dort um Übersetzung und Drucklegung ihrer Konfession und vor allem um ein Attestat über die inhaltliche Übereinstimmung ihres Bekenntnisses mit der *Confessio Augustana* (1530). In der Zeit ihrer Verfolgung waren sie auf eine offizielle Anerkennung durch deutsche Lutheraner angewiesen. Hatte Luther noch 1538 die Lehre der »Böhmischen Brüder« trotz manchen Dissenses in Einzelheiten um der Sache willen für rechtmäßig evangelisch erklärt, hatte nun die inzwischen eingetretene konfessionelle Verengung und dogmatische Durchbildung der Lehre auch in Wittenberg zur Folge, daß der damit beauftragte Hochschullehrer Rüdinger dogmatische Bedenken gegen die Ausstellung eines solchen Attestats erhob. P. las die tschechischen Schriften im Original, beurteilte sie positiv und erwirkte 1573 die Befürwortung der theologischen Fakultät. In einem Brief an Bischof Blahoslav, das Haupt der Böhmischen Brüderkirche, beklagte sich P. anschließend über den zunehmenden Dogmatismus und die Intoleranz im protestantischen Lager. Diese bereitete P.s Tätigkeit in Wittenberg bereits 1574 ein jähes Ende.

Theologisch hatte P. sich eng an Melanchton orientiert, dessen Tochter er 1550 geheiratet hatte, in dessen Haus er lebte, dessen Schriften er herausgab, den er auf Reisen begleitete und beriet. Melanchton hatte durch seine Mitarbeit am sogenannten »Leipziger Interim« (1549), ein Versuch der Vermittlung zwischen den Dogmen der katholischen und der evangelischen Kirche, den Haß der orthodoxen Lutheraner (Professor Flacius und seine Anhänger) auf sich gezogen. Sie beschimpften Melanchton und seine Anhänger als »Kryptocalvinisten«. Die andauernden theologischen Anfeindungen belasteten ihn so sehr, daß er seinen Tod 1560 als Erlösung von der »Wut der Theologen« herbeigesehnt hatte.

In diesem anhaltenden Streit wurden P. seine guten Beziehungen zum sächsischen Kurfürsten schließlich zum Verhängnis. Die Nähe zum Kurfürsten August – P. wurde zu seinem Leibarzt, sogar zum Paten seines Sohnes Adolf gemacht – hatte P. zwar nicht gesucht, sich ihrer aber oft bedient, wenn es galt, die Universität mit Stellen und Mitteln auszustatten. 1573 änderte der Kurfürst seine Politik. Im Jahr darauf wurden P. und drei seiner engsten Mitstreiter als calvinistische Abweichler denunziert, P. selbst verhaftet und bis 1586 in der Leipziger Pleißenburg inhaftiert. In der Haft lehnte es P. ab zu »widerrufen«. Er schrieb ein Werk über die »Philippistische« (das heißt Melanchtonsche) Position und eines über seine sorbische Heimat. Nach seiner Haftentlassung – seine Frau war 1576 aus Gram gestorben – kehrte P. nicht nach Kursachsen zurück. P. starb 1602 in Dessau, wo er seine letzten Lebensjahre als Leibarzt und Berater des Prinzen von Anhalt verbracht hatte.

Benz, Ernst: Caspar Peucers slawische Beziehungen. In: Zeitschrift für slawische Philologie, Leipzig, 16/1939, S. 286–306. – Friedensburg, Walter: Geschichte der Universität Wittenberg. Halle 1917. – Metsk, Frido: Die Sorben und die Universität Wittenberg. In: Wiener Slawistisches Jahrbuch 9/1962, S. 37–52.

Brigitte Domurath

Peus, Heinrich

Geb. 24. 7. 1862 in Elberfeld; gest. 10. 4. 1937 in Dessau

Ein »scheinsozialistischer Halbgott im schönen Ländle Anhalt« sei er, spottete die USPD 1920. Doch seine eigene Partei, die anhaltische SPD, brachte dem charismatischen Führer und großartigen Redner schon fast kultische Verehrung entgegen. Und tatsächlich hat während des 19. und 20. Jahrhundert im mitteldeutschen Kleinstaat Anhalt kein Politiker eine solche Wirkung hinterlassen wie der die SPD über vier Jahrzehnte dominierende P. Als ältestes von sieben Kindern eines später in den Gründerjahren verarmten Tischlermeisters in einer Hochburg der Arbeiterbewegung geboren, mußte er schon mit elf Jahren einen achtstündigen Arbeitstag als Tütenkleber, später in einer Knopffabrik absolvieren. Durch Stipendien der Familie eines Mitschülers und des Gymnasiums, das er 1881 bis 1883 besuchte, war er in der Lage, ohne materiellen Druck an der Universität Berlin nur die ihn interessierenden Fächer mit Ausrichtung auf den Beruf »Universitätsprofessor« studieren zu können. Zuerst waren dies Theologie und Philosophie, später Philologie, Geschichte und Nationalökonomie. P. erwarb jedoch keinen akademischen Abschluß. Er näherte sich in seiner politischen Identifikation der »Sozialistischen Arbeiterpartei Deutschlands« (SAP, noch im selben Jahr umgewandelt in SPD), in die er 1890 eintrat. Schon bald gehörte er zu den aktivsten Rednern der Partei in Berlin und Umgebung. Entscheidend für seinen Schritt zur Sozialdemokratie war neben der rationalen Erkenntnis vor allem die »Lust an der Politik«, die in der politischen Arbeit erfahrene Selbstbestätigung, ein gewisses unterschwelliges Sendungsbewußtsein, verbunden mit dem Erfolg des eigenen Auftretens. P.' öffentliche Ablehnung des monarchischen politischen Systems und der Kirche als Institution (P. war vor 1914 Monist) führte bis 1895 zu Haftstrafen von insgesamt zweieinhalb Jahren.

Reichsweit bekannt wurde P. in den 90er Jahren als einer der führenden Vertreter des rechten Flügels der Partei und Mitarbeiter an den *Sozialistischen Monatsheften.* Er verteidigte Eduard Bernstein auf mehreren Parteitagen der Vorkriegszeit und lieferte sich dort auch einige Auseinandersetzungen mit August Bebel. Der ihm dort gemachte Vorwurf, »Freisinniger« zu sein, war nicht unberechtigt. Er selbst betrachtete sich auch nicht als »Marxist«, sondern war eher den Ideen der Aufklärung verpflichtet. Eckpunkte des P.schen Reformismus waren die Befreiung des Individuums von geistiger Bevormundung und die Befähigung der unterprivilegierten Schichten zur Selbsthilfe. Insbesondere waren darunter zu verstehen die Forderungen nach dem allgemeinen Wahlrecht, nach einem liberalen Versammlungs- und Vereinsrecht, nach Pressefreiheit, Ausbau der Arbeiterschutzgesetzgebung, der Steuerge-

setzgebung und der Fabrikinspektion, nach wirtschaftlicher Intervention des Staates im gesamtgesellschaftlichen Interesse. Um die Jahrhundertwende begann P., den besonderen Akzent auf eigene wirtschaftliche Unternehmungen der Arbeiterbewegung auf genossenschaftlicher Grundlage zu legen (Konsumvereine, Volkshäuser, Bauhütten, Spargenossenschaften, Jugendheime etc.) und (etwas später) für Siedlungspolitik und Bodenreform zu agitieren.
P. glaubte, daß eine humanere Gesellschaft nicht in einem singulären Akt durch Zerschlagung des kapitalistischen und Installierung des sozialistischen Systems zu erreichen sei, sondern die eigentliche Revolution sich als Summe vieler kleiner Veränderungen vollziehe. Diese Veränderungen müßten die Menschen selbst zielstrebig und mit Geduld angehen. Kompromißbereitschaft war für P. nicht notwendiges Übel, sondern unerläßliches politisches Mittel auf dem Wege zu einer Gesellschaft, die auf einer späteren Stufe ihrer Entwicklung vielleicht auch als »Sozialismus« zu kennzeichnen wäre: »Richtig verstanden ist der Marxismus vollendeter Opportunismus: das Wort in seiner edlen Bedeutung genommen, als zweckmäßige Benutzung der Realitäten zur Erreichung der eigenen Absichten, nicht in seiner üblen Färbung als ein sich anderen Assimilieren; nicht ein Opportunismus, der Ziele verrät, sondern der ihre Verwirklichung anbahnt.« »Sich immer den Machtverhältnissen anpassen, das Parteiwohl immer dem Gemeinwohl unterordnen und stets für die unmittelbare Gegenwart arbeiten, ohne doch die Zukunft je aus dem Auge zu verlieren; das ist der Weg, daß wir das Volk für uns gewinnen und unsere Ideale verwirklichen können.« Die »Eroberung des allgemeinen Wahlrechts und der Republik (sei) als das Eingangstor in die von uns erstrebte Welt« anzusehen. Einige wenige sozialdemokratische Posten im Staatsapparat und in den Gemeindeverwaltungen würden noch kein neues gesellschaftliches System ausmachen.
Einen Sozialismus zentralistisch-reglementierender Machart lehnte P. ab: »Ein Sozialismus, der alles von oben leiten wollte, wäre die unerträglichste Tyrannei, für die sich die Bonzen selber vielleicht begeistern könnten, nicht aber die von oben her zu kommandierende und kommandierte Masse des Volkes.« Bestätigt sah sich P. durch die gesellschaftliche Entwicklung in der Sowjetunion: »Was in Rußland besteht, das ist die Klassenherrschaft einer organisierten Clique, die sich mit Gewalt zur Herrschaft gebracht hat und mit Gewalt an der Herrschaft hält. Was in Rußland besteht, ist eine Herrschaft nicht der Arbeiter und Bauern, sondern über die Arbeiter und Bauern, denn, wenn solche Herrschaft über die Arbeiter und Bauern nicht bestehen sollte, müßte das allgemeine gleiche Wahlrecht für alle Wahlen, müßte Preßfreiheit und Vereins- und Versammlungsfreiheit nebst Koalitionsfreiheit bestehen.« Ebenso war materieller und intellektueller Egalitarismus für P. inakzeptabel; die Gesellschaft brauche den Leistungsträger und der brauche adäquate Arbeits- und Lebensbedingungen.
P.' Auffassungen waren durch die politischen Rahmenbedingungen in Anhalt beeinflußt, wo er seit 1891 als Chefredakteur des *Volksblattes für Anhalt* (Dessau) wirkte. Vor allem die Tatsache, daß der Verein der Anhaltischen Arbeitgeber von Wortführern eines sozial engagierten Liberalismus wie Richard Rösicke und Wilhelm Oechelhäuser dominiert wurde, schien einen friedlichen Weg zum Sozialismus zu ermöglichen und führte zur Zusammenarbeit einer gemäßigten Sozialdemokratie mit den Freisinnigen und der 1908 davon abgespaltenen »Demokratischen Vereinigung«. Dieses Bündnis mündete in der Weimarer Republik in eine (mit kurzer Unterbrechung 1924) von 1918 bis 1932 währende Koalition von SPD und Deutscher Demokratischer Partei (DDP) im nunmehrigen Freistaat Anhalt. Die Preisgabe dieser Koalition zugunsten einer Alleinregierung (1918) oder einer Linkskoalition (1920: USPD; 1928: KPD) stand für P. nie zur Debatte, und er setzte sich mit dieser Ansicht in der Partei durch. Er war entschiedener Vertreter einer Öffnung der SPD hin zu den Mittelschichten, was nicht zuletzt in der ständig von ihm beschworenen Formel, daß die SPD keine »Partei der Arbeiter« sondern eine »Partei der Arbeit« sei, seinen Ausdruck fand. P. wandte sich gegen Verstaatlichungen (im Umfeld der Novemberrevolution: »Sozialisierung«) in der Industrie und auch reglementierende Eingriffe des Staates in den Wirtschaftsverlauf. Erst unter dem Eindruck der Weltwirtschaftskrise seit 1929 befürwortete er eine »sozialistischen Planwirtschaft«, ohne diese allerdings näher zu beschreiben.
Nach P. konnten die ökonomischen Machtverhältnisse erst geändert werden, wenn die Arbeiterklasse ökonomisch selbständig werde. Ein erster Schritt dazu sollten die Konsumvereine sein. In Dessau entwickelte sich der örtliche Konsumverein zu einem der leistungsstärksten in Deutschland Ende der zwanziger Jahre, die Hälfte der Familien in seinem Einzugsgebiet gehörten ihm an. P. war auch Vordenker und Agitator für die von der SPD/DDP-Regierung in Anhalt ab 1919 eingeleitete Bodenreform- und Siedlungspolitik. Ihm schwebte eine durchgestaltete Gartenlandschaft vor. P.s Projekt eines gesetzlich verankerten Wohnungszwangssparsystems zur Bildung ausschließlich individuellen Wohnungs- bzw. Siedlungshauseigentums erwies sich als gleichermaßen visionär wie illusionär.
Als Abgeordneter vertrat P. die SPD im Reichstag 1896 bis 1898, 1900 bis 1907, 1912 bis 1918 (jeweils Wahlkreis Potsdam 8: Brandenburg-Westhavelland) und 1928 bis 1930 (Wahlkreis 10: Magdeburg-Anhalt). Von 1902 bis 1908 und 1918 bis 1933 war er Mitglied des Anhaltischen Landtages, von 1918 bis 1928 Landtagspräsident, und von 1900 bis 1933 fast ununterbrochen Dessauer Gemeinderatsmitglied bzw.

Kreistagsabgeordneter. Partei- oder Regierungsfunktionen übernahm er nicht. Für die praktische Umsetzung seiner Vorstellungen war er wohl auch zu ungeduldig. Als Persönlichkeit war P. eher schwer zu ertragen: leidenschaftlich bis fanatisch, humorlos, bedürfnislos, dogmatisch in der Sache, ständig belehrend, unhöflich, laut. Aber gerade das scheint ihm die nötige Distanz gegenüber seinen Anhängern verschafft zu haben. Nicht zuletzt konnte er aber auch dadurch zum »Übervater« der anhaltischen Sozialdemokratie werden, daß er das *Volksblatt für Anhalt* zum Transmissionsriemen seiner Anschauungen machte und es zu verhindern wußte, daß dort andere als seine Argumente nachhaltig zum Ausdruck kamen.

Nach dem Machtantritt der Nationalsozialisten 1933 flüchtete P. in die Weltsprache »Ido«, die er schon seit Jahrzehnten – relativ erfolglos –, u.a. über eine von ihm herausgegebene zweisprachige Bibliothek in Deutsch und Ido zu propagieren versuchte. Er meinte in rein idealistischer Manier, die Völker durch eine gemeinsame Sprache und Kurzschrift einigen zu können.

Kupfer, T.: Die Sozialdemokratie im Freistaat Anhalt in der Weimarer Republik. Probleme von Sozialstruktur, innerparteilicher Demokratie und sozialdemokratischer Politik 1918 bis 1933. Braunschweig (phil. Diss.) 1993.

Torsten Kupfer

Pfemfert, Franz

Geb. 20.11. 1879 in Lötzen/Ostpreußen; gest. 26.5 1954 in Mexico-City

»Es ist dumm, ein Wort der Vernunft zu sprechen, wenn die Stunde der Vernunft nicht da ist« – mit diesen Worten charakterisierte Pf. die Ohnmacht jener winzigen Minorität deutscher Intellektueller, die sich im August 1914 der nationalistischen Massenpsychose und dem Taumel der Kriegsbegeisterung zu entziehen suchte. Dieser Satz war mehr als ein situationsgebundener Aphorismus. In gewisser Weise spiegelt er das gesamte Schicksal Pf.s wider, für den nie eine Stunde geschlagen hat, in der er sich mit der Welt hätte einig fühlen können. Opposition, Widerspruch und Gegensatz sind die prägenden Merkmale seines Lebens und seines literarisch-politischen Engagements.

1879 in Lötzen (Ostpreußen) geboren, wuchs Pf. in bescheidenen Verhältnissen im Norden Berlins auf. Er erhielt eine Ausbildung als Fotograf, eignete sich autodidaktisch literarische und politische Kenntnisse an und wurde seit etwa 1902 schriftstellerisch tätig. Zunächst vertrat er eher linksliberale Auffassungen, die aber mehr und mehr von einer antiautoritären Unterströmung erfaßt wurden. Pf. sympathisierte mit der anarchistischen Gruppe um Senna Hoy und dessen Zeitschrift *Kampf – Zeitschrift für gesunden Menschenverstand*. Er schrieb 1910/11 für die linksliberale Wochenschrift *Der Demokrat*, ehe er, sich politisch weiter nach links bewegend, 1911 die Zeitschrift *Die Aktion* (ab 1912 mit dem Untertitel *Wochenschrift für Politik, Literatur und Kunst*) gründete, deren Herausgeber und Schriftleiter er bis 1932 blieb. *Die Aktion*, neben Herwarth Waldens *Sturm* die profilierteste Zeitschrift des deutschen Expressionismus, ist das eigentliche Lebenswerk Pf.s *Die Aktion* vereinigte, kompromißloser als alle anderen vergleichbaren Blätter und Literatenzirkel der Vorkriegs- und Kriegszeit, bedingungslose Opposition gegen den Krieg, Antimilitarismus und Ablehnung des wilhelminischen Obrigkeitsstaates mit dem ästhetischen Avantgardismus des Expressionismus. Namhafte Lyriker wie Georg Heym, Jakob van Hoddis, Johannes R. Becher, Gottfried Benn und Ernst Stadler sowie bildende Künstler, darunter Max Oppenheimer, Ludwig Meidner, Karl Schmitt-Rottluff und Egon Schiele, um nur einige zu nennen, lieferten der *Aktion* – übrigens ohne Honorar – literarische und graphische Beiträge. Mit Ludwig Rubiners Manifest *Der Dichter greift in die Politik ein* (1912) artikulierte die *Aktion* ihr programmatisches Verständnis für den Zusammenhang von Literatur und Politik.

Obwohl Pf. selbst den Stellenwert radikaler politischer Kritik nicht nur am Obrigkeitsstaat, sondern auch an der Sozialdemokratie (seit 1914 insbesondere an deren Burgfriedenspolitik) immer schärfer akzentuierte, lag die wesentliche Bedeutung der Zeitschrift, die Pf. mit Unterstützung seiner Frau Alexandra Ramm, einer Russin, unter schwierigen Bedingungen nach Kriegsausbruch weiterführte, aber zweifellos in der Veröffentlichung expressionistischer Lyrik. Das hatte seinen Grund auch in der Tatsache, daß die *Aktion* 1914 unter Militärzensur gestellt wurde. Pf. unterlief die Zensur teilweise, indem er unter den Rubriken »Kleiner Briefkasten« und »Ich schneide die Zeit aus«, getreu der Erkenntnis von Karl Kraus, daß die »Verzerrung der Realität der wahrheitsgetreue Bericht über die Realität« sei, besonders krasse, sich selbst entlarvende Beispiele literarischer Kriegsverherrlichung kommentarlos abdruckte. Mit Ende des Krieges und der Novemberrevolution radikalisierte sich Pf.s Haltung. Er identifizierte sich mit den Anschauungen von Rosa Luxemburg und Karl Liebknecht, die er persönlich kannte und verehrte. Wahrscheinlich war es Pf., bei dem Rosa Luxemburg einige Tage vor ihrer Ermordung Zuflucht fand. Aus dem engeren Kreis der *Aktions*-Mitarbeiter

entstand 1918 auf Initiative von Pf. eine Intellektuellengruppe, die sich »Antinationale Sozialisten-Partei« (ASP) nannte, mit dem Spartakusbund sympathisierte, aber rasch wieder zerfiel. Gleichzeitig begann Pf., sich nachdrücklich von Literatur und Kunst zu distanzieren, sofern sie sich nicht unmißverständlich in den Dienst der proletarischen Revolution stellten.
Die Entwicklung Pf.s, der schon von seinem persönlichen Naturell her nicht zu Relativierungen und Kompromissen neigte, verkörperte exemplarisch jenen politischen und kulturellen »Klassenverrat« (Georg Lukács 1920), durch den sich Intellektuelle in Umbruchsituationen immer wieder von ihrem sozialen Herkunftsmilieu zu lösen versuchen. Dem entsprach auch, daß Pf.s bisher eher jakobinische Auffassung von Demokratie nun zu einer Gleichsetzung von Demokratie und Diktatur des Proletariats überging: »Wir sind für die ›wahre‹ Demokratie für die wirkliche restlose Herrschaft des Volkes. Wir wollen die Diktatur des Kapitalismus, die Diktatur einer winzigen Minderheit nie mehr aufkommen lassen. Wir wollen nicht, daß 95 Prozent der Gemeinschaft unter dem Terror von 5 Prozent den Nacken beugt. Und weil wir die wirkliche Demokratie errichten wollen, deshalb haben wir die Pflicht, alles aufzubieten, um die Konterrevolution zu verhindern. Die vom Kapitalismus geplante ›Nationalversammlung‹ wäre die Sicherung der alten Gewaltherrschaft. Dieser Gewaltherrschaft stellen wir die Demokratie entgegen: ›die Organisation der Arbeiter- und Soldatenräte‹.(...) Nieder mit der Nationalversammlung! Das heißt: wahre Demokratie, das heißt: Herrschaft der Werktätigen« (November 1918).
Hatte die Funktion Pf.s und der *Aktion* bis zum Ende des Ersten Weltkrieges vor allem darin bestanden, der pazifistisch eingestellten, bohemehaft-antibürgerlichen und obrigkeitsfeindlichen Generation des »expressionistischen Jahrzehnts« ein der Bestechlichkeit durch die »ideologischen Staatsapparate« (Louis Althusser) ganz unverdächtiges Forum zu bieten, so nahm Pf.s Bedeutung in dem Maße ab, wie einerseits der Expressionismus als führende künstlerische Stilrichtung zerfiel und sich andererseits die künstlerisch-literarische Intelligenz in der Phase der Weimarer Republik differenzierte und polarisierte. Pf., der zu einer Symbolfigur nicht korrumpierbaren Widerstands gegen die herrschende Mächte geworden war, sich aber nicht auf die komplizierten Bedingungen der neuen bürgerlich-parlamentarischen Demokratie und der sozialen Kämpfe in den zwanziger Jahren einzustellen vermochte, entschied sich – trotz des Scheiterns der revolutionären proletarischen Bewegungen und der dann folgenden »relativen Stabilisierung« des Kapitalismus in Deutschland nach 1923, – wieder für die äußerste Linke. Dies war zunächst noch die KPD, die er aber bald des Bonzentums, der bürokratischen Despotie und der Klassenkollaboration bezichtigte, um sich der von der KPD 1920 abgespaltenen KAPD zuzuwenden. Wenig später rückte Pf. noch ein Stück weiter nach links, um sich einer rätekommunistisch-syndikalistischen Abzweigung des linksradikalen Spektrums jener Jahre, der »Allgemeinen Arbeiter-Union-Einheitsorganisation« (AAUE) anzuschließen. Je weniger die Verhältnisse für einen unmittelbaren Beginn der proletarischen Revolution sprachen, desto tiefer verstrickte sich Pf. in ein aussichtsloses, zunehmend von Verbitterung überschattetes Sektierertum. Die meisten seiner ehemaligen literarischen Mitarbeiter waren längst von der *Aktion* abgefallen, die jetzt nahezu ausschließlich als Propagandaplattform der rätekommunistischen und basisdemokratischen Überzeugungen ihres Herausgebers fungierte. Nur wenige prominente Schriftsteller und Künstler hielten, aus welchen Motiven auch immer, Pf. noch einige Jahre die Treue: der literarische Snob Carl Sternheim, der Dadaist Raoul Hausmann, Max Hermann-Neiße und Oskar Kanehl, dessen Agitationslyrik Pf.s instrumentalistischer Auffassung von Literatur als Waffe des Klassenkampfs wohl am besten entsprach. Kanehl war schließlich der letzte der bekannteren Schriftsteller, der Pf.s politisches Engagement bewußt mitvollzog und noch 1926 die Gründung des von Pf. emphatisch begrüßten »Spartakusbundes linkskommunistischer Organisation«, einer von vornherein zum Scheitern verurteilten Splittergruppe, unterstützte.
Von nun an schritt der Verfall der *Aktion* unaufhaltsam voran. Während sich Autoren wie Johannes R. Becher, Heinrich Vogeler und andere der KPD anschlossen, bekämpfte Pf. diese Partei unversöhnlich. Sein Haß auf die zentralistisch organisierte KPD und die Kommunistische Internationale war so groß, daß er 1928 die *Aktion* in ein Sprachrohr des Trotzkismus umfunktionierte. 1932 erschien das letzte Heft der *Aktion.*
Pf. mußte nach der faschistischen Machtübernahme Deutschland verlassen. Er emigrierte über Karlsbad, Paris, Lissabon und New York nach Mexiko. Dort nahm er, in Mexico-City lebend, seinen ursprünglichen Beruf als Fotograf wieder auf. Über die letzten Jahre seines Lebens im Exil ist wenig bekannt. Wahrscheinlich beabsichtigte er, unter dem vielsagenden Titel *Erinnerungen und Abrechnungen* 1951 seine Memoiren zu veröffentlichen. Wie der übrige Teil seines Nachlasses aus dem Exil ist auch das Manuskript dieser *Erinnerungen* verlorengegangen. Pf. starb am 26. Mai 1954. Sein Leben und seine Arbeit stehen für die widersprüchlichen Beziehungen zwischen oppositioneller literarischer Intelligenz und revolutionärer politischer Bewegung während des Ersten Weltkriegs und in der Weimarer Republik.

Peter, L.: Literarische Intelligenz und Klassenkampf. »Die Aktion« 1911–1932. Köln 1972. – Raabe, P. (Hg.): Ich schneide die Zeit aus. Expressionismus und Politik in Franz Pfemferts »Aktion« 1911–1918. München 1964.

Lothar Peter

Pfizer, Paul Achiatus

Geb. 12. 9. 1801 in Stuttgart; gest. 30. 7. 1867 in Tübingen

»Deutschland hat der Vielheit seiner Souveräne wenig oder nichts zu verdanken; man belügt sie, wenn man Ihnen sagt, daß sie in ihrer, doch nur scheinbaren, Selbständigkeit ein Glück und Segen, der Stolz und Ruhm ihrer Völker seyn.« Diese Zeilen schrieb P. 1831 in seinem Werk *Briefwechsel zweier Deutschen*, mit dem er innerhalb kurzer Zeit berühmt wurde. Darin trat er als erster Süddeutscher für die Schaffung eines deutschen Staates unter preußischer Vorherrschaft und Ausschluß Österreichs ein. P. glaubte, daß die Politik der Fürsten sowie das mangelnde politische Bewußtsein der Deutschen die Haupthindernisse seien, die ein Aufgehen Preußens in Deutschland verhinderten.

P. wurde früh durch seinen Vater Karl Pfizer, der als Obertribunaldirektor eine der höchsten richterlichen Stellungen des Landes innehatte, zur geistigen Unabhängigkeit und zu einem wachen Empfinden für Gerechtigkeit erzogen. Auf dem Stuttgarter Gymnasium, das er von 1809 bis 1817 besuchte, entdeckte er seine Vorliebe für die Welt der Dichtung und der Philosophie. Das Studium der Rechtswissenschaften wählte er vor allem wegen der Erwartungshaltung seiner Familie, die hoffte, daß er in die Fußstapfen seines Vaters und des älteren Bruders treten würde, der ebenfalls Richter werden wollte. P. beschäftigte sich aber in den ersten Studienjahren nur insoweit mit der Jurisprudenz, als es erforderlich war, um die notwendigen Prüfungen zu bestehen. Mehr Zeit verwandte er darauf, seine philosophischen Studien zu vertiefen oder sein romantisches Epos *Hermann der Cherusker* (1823) zu vollenden, in dem er die homerischen Motive in die germanische Welt umsetzte.

Nach mit Auszeichnung bestandenem juristischen Examen 1823 wurde P. als Sekretär in das württembergische Justizministerium berufen. In dieser Zeit kam er immer mehr zu der Erkenntnis, daß er weder zum Dichter berufen noch zum Philosophen geschaffen sei. Eine Veranlagung zur Nervosität, die sich in starken Migräneanfällen äußerte, so daß ein konzentriertes Arbeiten häufig nicht möglich war, erschwerten ihm das Leben. Dies war ein Grund, warum er hinter den Erwartungen zurückblieb, die seine Vorgesetzten und Freunde in ihn gesetzt hatten, was ihn zusätzlich belastete. Von Charakter eher introvertiert und schweigsam, nahm er Kritik so ernst, daß er dazu neigte, das jeweilige Vorhaben bei entstehenden Schwierigkeiten abzubrechen.

Bis 1826, als P. zum Assessor am Tübinger Gerichtshof ernannt wurde, war er nicht in der Lage, durch Publikationen auf sich aufmerksam zu machen oder breitere Anerkennung zu gewinnen. Daher schien zunächst mit dem Antritt seiner Assessorenstellung im Januar 1827 eine gewöhnliche Beamtenlaufbahn vor ihm zu liegen.

Unzufrieden mit dem eigenen Dasein und dem Zustand Deutschlands, faßte er jedoch den Entschluß, sich in einem Buch auszusprechen. Er wählte die Form einer brieflichen Auseinandersetzung zweier Freunde und griff dabei auf einen Briefwechsel zurück, den er mit seinem Jugendfreund Friedrich Notter, einem württembergischen Dichter, von 1827 bis 1829 geführt hatte (*Briefwechsel zweier Deutschen*, 1831).

Der Briefwechsel beginnt mit der Frage, ob Deutschlands Aufgabe einseitig im geistigen Leben zu suchen sei. Daraus entfaltet P. ein Gespräch über Freiheit, Religion und Poesie, das mit zahlreichen Beschwerden über Staat und Gesellschaft, Literatur und Wissenschaft in Deutschland und der Forderung endet: »Die Deutschen müssen einen großen gemeinsamen Lebensinhalt bekommen, in Tat und Leben eine Nation werden«. Der Hauptteil des Buches widmet sich der Frage, ob das Neue aus einer inneren Bewegung hervorgehen werde und die Deutschen »durch die Freiheit zur Einheit« gelangen können, oder ob man durch Organisation »von oben« die Einheit und in ihr erst das Heranwachsen zu freier Selbsttätigkeit erwarten könne. Die Macht, die Deutschland zur Einheit und Größe führen könne, sei Preußen. P. fordert die »moralische Eroberung Deutschlands« durch Preußen. »Anderer Waffen als der Kraft der volkstümlichen Ideen darf sich Preußen nicht bedienen.« Preußen müsse, um die widerstrebenden deutschen Länder zu gewinnen, liberaler werden und nicht nur einen preußischen Sonderreichstag, sondern einen gesamtdeutschen Reichstag einrichten, denn nur so könne es in ganz Deutschland aufgehen. Damit war, 17 Jahre vor der Märzrevolution, die Forderung nach einer kleindeutschen Lösung der deutschen Frage unter Ausschluß Österreichs ausgesprochen.

P.s ehemaliger Lehrer auf dem Stuttgarter Gymnasium, Gustav Schwab (*Die schönsten Sagen des classischen Alterthums*, 1838/40), übernahm es, den Verleger Johann Cotta für die Herausgabe des Buches zu gewinnen. Cotta hatte aber wegen der politischen Brisanz Bedenken und bat P. um die Abschwächung einiger Stellen, der ihm darauf jedoch antwortete: »Auf Quälereien aller Art, auch darauf, daß ich mein Amt aufgeben muß, um schriftstellernder Anwalt zu werden, bin ich längst gefaßt, nur der Gedanke an meinen Vater bekümmert mich.« Kurz nach Erscheinen des Buches, 1831, wurde P. im Auftrag des württembergischen Königs Wilhelm I. vom Justizminister wegen der despektierlichen Behandlung

der Fürsten zur Rede gestellt. Ohne zwingenden Grund bat P. sofort um seine Entlassung aus dem Amt, die ihm am 19. Juni 1831 gewährt wurde.
Wie vorauszusehen war, erregte die Schrift großes Aufsehen, aber aus unterschiedlichen Gründen. Von liberal gesinnten Lesern wurde die Hervorhebung der nationalen Rolle Preußens zunächst übersehen, während die allgemein vorgetragenen liberalen Gedanken geradezu überschwenglich besprochen wurden. In Österreich wurde das Werk verboten. Über seine Beachtung in den leitenden preußischen Kreisen ist wenig bekannt. Für seinen Verfasser hatte die Veröffentlichung weitreichende Folgen. Der unsichere, stille P. war plötzlich nicht, wie seine Familie erhofft hatte, die Zierde des Richterstandes, sondern wurde als hervorragender Publizist und politischer Schriftsteller gefeiert, der als Vorkämpfer für freiheitliche und nationale Ideen etwas zu ändern imstande war.
P. wurde 1831 für Tübingen in den Landtag gewählt. Bis zu dessen Auflösung im Jahr 1833 verfaßte er die beiden Schriften *Gedanken über das Ziel und die Aufgaben des deutschen Liberalismus* (1832) und *Über die staatsrechtlichen Verhältnisse Württembergs zum deutschen Bund* (1832), in denen er den deutschen Liberalismus davor warnte, sich von Frankreich abhängig zu machen.
1833 von Tübingen erneut in den Landtag entsandt, gehörte ihm P. bis 1838 als Führer der liberalen Opposition an; Die Liberalen fühlten sich insbesondere der Regierung gegenüber als Anwälte des Rechts: Sie wollten in erster Linie das Recht des Landtages, des Landes und der Verfassung geltend machen und sich nicht damit abfinden, allein nützliche Mitarbeiter der Regierung zu sein. P. war weiterhin publizistisch tätig und verfaßte nicht nur Broschüren zur Rechtsverwahrung gegenüber Bundeseingriffen, sondern schrieb auch Artikel für das *Staatslexikon* von Karl von Rotteck und Karl Theodor Welcker (12 Bde. 1834–1844). In der Schrift *Über die Entwicklung des öffentlichen Rechts in Deutschland* (1835) und dem zweibändigen Werk *Gedanken über Recht, Staat und Kirche* bekannte sich P. zu den Gedanken des Rechtsstaates und des Gesellschaftsvertrages. Er vertrat darin gegen Absolutismus und Demokratie die konstitutionelle Monarchie als Herrschaftsform.
Die Forderungen P.s in dem Aufsatz *Eine Stimme über deutsche Politik* von 1846 bildeten in großen Teilen das Programm der »liberalen Kaiserpartei«, die 1848/49 in Württemberg an die Regierung gekommen war und der auch P. auf Wunsch des Königs als Kultusminister angehörte. Im August 1848 nahm P. aus Gesundheitsgründen seinen Abschied. 1862 meldete er sich in seinem Aufsatz *Zur deutschen Verfassungsfrage* ein letztes Mal vor seinem Tod im Jahr 1867 zu Wort.

Küntzel, G.v. (Hg.): Politische Aufsätze und Briefe. 1924. – Loock, H.D.: Pfizer – Poesie und Praxis, in: Festschrift für H. Herzfeld 1972.

Klaus-Dieter Weber

Pfülf, Toni (eigentlich Antonie)

Geb. 14. 12. 1877 in Metz; gest. (Selbstmord) 8. 6. 1933 in München

»Der mich aufwühlende Gedanke: daß die große Partei und das Millionenheer der Gewerkschaften – daß Ihr Männer nicht auf jedes Risiko hin Widerstand geleistet habt, der läßt mir keine Ruhe mehr. Ich bin entschlossen, keine weitere Schmach zu erleben!« So äußerte sich Pf. Ende Mai 1933 gegenüber einem Reichstagskollegen. Und einem Freund schrieb sie: »Den Weg, den die Partei heute geht, kann ich nicht mitgehen.« – Sie wußte nur einen einzigen anderen Weg, den Freitod. Der Brief ist datiert vom 17. Mai 1933. Dies war der Tag, an dem Hitler im Reichstag seine als »Friedensresolution« apostrophierte außenpolitische Erklärung unter dem Beifall aller anwesenden Abgeordneten, auch denen der SPD, abgab. Pf. war nach der Reichstagssitzung vom 23. März 1933 (»Ermächtigungsgesetz«) entschiedene Gegnerin jeder weiteren Teilnahme an vorgeblich demokratischen Veranstaltungen des nationalsozialistischen Regimes. Doch sie konnte sich mit dieser Auffassung in der SPD-Reichstagsfraktion, der sie seit 1920 angehörte, nicht durchsetzen, nahm an der Reichstagssitzung vom 17. Mai nicht teil, schrieb statt dessen Abschiedsbriefe, fuhr von Berlin an ihren Wohnort München zurück und unternahm unterwegs einen Suizidversuch; er scheiterte. Sie wiederholte ihn – erfolgreich – am 8. Juni 1933. Zwei Wochen danach wurde die SPD verboten.
Der Selbstmord der Reichstagsabgeordneten Pf. war keine Affekthandlung, auch kein Akt purer Resignation. »Ich sterbe im Glauben an die sozialistische Zukunft Deutschlands und der Welt. Freiheit!« So endete Pf.s Abschiedsbrief. Aber das Versagen der Linken, das Abwägen, Warten und Hoffen der SPD-Führung, der Anbiederungskurs des »Allgemeinen Deutschen Gewerkschaftsbundes« (ADGB) gegenüber dem Regime erschienen ihr unerträglich. Im Februar 1933 hatte sie bereits ihre letztwillige Verfügung geschrieben. Am gleichen Tag erklärte Karl Höltermann, Chef des sozialdemokratichen Wehrverbandes »Reichsbanner Schwarz-Rot-Gold«: »Regierungen kommen und gehen. Nach Hitler kommen wir!« Pf. hatte diese Illusion nicht.

Ihr Ende legt den Schluß nahe, sie sei kein kämpferischer Mensch gewesen. Doch das Gegenteil traf zu. Durch Freunde wurde der streitbare Geist, der persönliche Mut, die scharfe Intelligenz, das hingebungsvolle soziale Engagement, der entschiedene Antifaschismus und die Kompromißlosigkeit dieser »Sozialistin der Tat« (Paul Löbe) wiederholt bezeugt. Der Sozialdemokrat Wilhelm Hoegner hatte keinerlei Sympathie für diesen »scheinbar kalt verstandesmäßigen und bei politischen Entscheidungen doch rein vom Gefühl bestimmten Typ intellektueller Frauen«, hielt Pf. aber dennoch für »eine der wenigen geistig bedeutenden Frauen« der Weimarer Zeit. – Was Zeitgenossen über Pf. notiert und Zeitzeugen berichtet haben, läßt vermuten, daß sie ein Mensch war, zu dem man Ja oder Nein sagen mußte; Zwischentöne gab es kaum. Zu einem guten Teil mag das am Werdegang gelegen haben.

Pf. entstammte einer bürgerlichen Familie, die im Bayerischen beheimatet war. Als sie in Metz geboren wurde, war das deutsche Kaiserreich sechs Jahre alt und der Vater als Oberst im einverleibten Lothringen in Garnison. Zusammen mit einer Schwester wurde Pf. standesgemäß aufgezogen. Der Wunsch, einen Beruf zu erlernen, wurde ihr abgeschlagen; nicht einmal die sonst allgemein akzeptierte Lehrerinnenausbildung wurde ihr gestattet. Pf. ging ohne Zustimmung der Familie nach München, was den Bruch mit dem Elternhaus einleitete. Nach dem Besuch der Lehrerinnenausbildungsanstalt wurde Pf. eine außergewöhnliche pädagogische Befähigung attestiert, allerdings auch starke Emotionalität.

Der Beruf, den sie ab 1902 – zunächst an wechselnden Orten Bayerns, später ausschließlich in München – ausübte, machte Pf. mit den Wirklichkeiten des Lebens bekannt, mit den sozialen Verhältnissen, in denen die Familien ihrer Schülerinnen und Schüler existieren mußten: die Väter schlecht entlohnte Fabrikarbeiter, die Mütter Heimarbeiterinnen fürs Zubrot, die Kinder Hilfskräfte der Mütter. Diese Verhältnisse waren es, welche die katholische Obristentochter politisiert und zu sozialem – auch sehr persönlichem – Engagement motivierten. In späteren Reichstagsdebatten, als es um Schulreformen und Chancengleichheit der Arbeiterkinder ging, hat sie auf diese Erfahrungen verwiesen, ebenso in einem Kommentar zum kulturpolitschen Teil des Görlitzer SPD-Programms von 1921 (*Kultur- und Schulpolitik – Erläuterungen zum Görlitzer Programm*, 1922).

Pf. schloß sich – sehr wahrscheinlich im September 1902 – der SPD an, als es Frauen noch bei Strafe verboten war, sich politisch zu organisieren. Mit der Familie kam es zum endgültigen Bruch, nachdem Pf. als ausgewiesene Sozialdemokratin öffentlich aufgetreten war. In der bayerischen Sozialdemokratie wurde sie rasch zu einer bekannten Persönlichkeit; in München schätzte man ihre aufopfernde ehrenamtliche Tätigkeit als Armen- und Waisenrätin während des Ersten Weltkrieges. Zur Kandidatur für die Nationalversammlung wies ihr die Partei jedoch nicht München als Wahlkreis zu, sondern Oberbayern/Schwaben, für den Reichstag später Niederbayern/Oberpfalz. »Der Fleiß und die Ausdauer, mit der sie diesen rein ländlichen Wahlkreis bearbeitete, war bewundernswert. Wie sie mit ihrem Antialkoholismus und ihrer Freigeisterei bei dieser gut katholischen und trinkfesten Bevölkerung zurechtkam, ist nie richtig bekannt geworden « (Wilhelm Hoegner).

Im Verfassungsausschuß der Nationalversammlung (1919) vertrat Pf. die von SPD und USPD erhobene Forderung, daß die Abschaffung der Todesstrafe ausdrücklich in die Verfassung aufzunehmen sei. Für Pf. war dies »eine eminent menschliche«, weniger eine juristische Frage. Sie sprach der Gesellschaft besonders deshalb das Recht ab, über Leben und Tod zu entscheiden, weil diese Gesellschaft zu wenig dazu beitrage, »prophylaktisch einzuwirken, den Menschen von vorne an vor der Schuld zu bewahren«. Von Konservativen wurde ein Verfassungsgebot zur Ächtung der Todesstrafe mit dem Argument abgelehnt, die damals vierzigjährige Abgeordnete des Wahlkreises Oberbayern/Schwaben sei als Frau und wegen ihres jugendlichen Alters nicht kompetent, in dieser Frage mitzureden.

Doch Diskriminierung von Frauen hatte Pf. bereits um die Jahrhundertwende, kurz nach ihrem SPD-Beitritt, erleben müssen. Verbürgt sind Berichte aus der Zeit des Koalitionsverbots für Frauen, wie es sie auch über andere Sozialistinnen der ersten Stunde gibt: Pf. in München auf SPD-Versammlungen, getarnt mit Männerkleidung, die kurzgeschnittenen Locken unter einer Arbeitermütze verborgen.

In den vierzehn Jahren als Abgeordnete von Nationalversammlung und Reichstag und auf vielen Veranstaltungen ihrer Partei hatte Pf. reichlich Gelegenheit, die Benachteiligungen von Frauen wahrzunehmen – und sie zu bekämpfen. Schon als Mitglied der Nationalversammlung wünschte sie – vergebens – ein eindeutiges Gleichberechtigungsgebot. Als Reichstagsabgeordnete stritt Pf. vehement gegen die Ehe als Versorgungsanstalt, also für die wirtschaftliche Unabhängigkeit der Frau. Entschieden setzte sie sich für Gleichberechtigung nichtehelich geborener Kinder und ihrer Mütter ein. Im Rahmen geplanter Schulreformen forderte sie immer wieder Chancengleichheit für Arbeiterkinder und Förderung der Mädchenbildung. Die Durchsetzung tatsächlich gleicher Rechte für weibliche Beamte (die, zum Beispiel als Lehrerinnen, bis 1919 nicht heiraten durften) war ihr ein besonderes Anliegen.

Als Delegierte auf zentralen Parteitagen und Frauenkonferenzen der SPD erinnerte Pf. ihre zumeist männlichen Genossen wiederholt an die alten Forderungen der Sozialdemokratie zur Befreiung der Frau – und an Widerstände in den eigenen Reihen: »Die große Masse der Arbeiterschaft ist in ihrem

Herzen nicht für die Befreiung. (...) Der Geschlechtsstolz trägt (...) den Sieg über die Prinzipien davon.« Aus diesem Grunde, und nur aus diesem, war Pf. klar, »daß die Befreiung der Frau nur durch die Frau selbst erkämpft werden kann«, und daß es dadurch »in der Tat besondere politische Aufgabengebiete für Frauen gibt« (SPD-Frauenkonferenz, 1920). Trotz ihres ausgeprägten frauenpolitischen Engagements hat sich Pf. niemals als Frauenrechtlerin verstanden; sie argumentierte hier ähnlich wie Rosa Luxemburg: »Ich bin (...) der Anschauung, daß es überhaupt keine Frauenfrage gibt; daß alles, was heute als Frauenfrage deklariert wird, etwas ganz Selbstverständliches ist« (1922). Deshalb plädierte Pf. entschieden gegen Frauen-Sonderorganisationen innerhalb der Sozialdemokratie, gegen Frauen-Parteien, gegen Quotierungen, auch gegen solche, die dem Organisationsgrad der Frauen in den Parteien entsprochen hätten. Frauenrecht war aus der Sicht von Pf. eine Frage der Menschenwürde, derer sich jede Frau und jeder Mann bewußt werden mußte. »Das ist allerdings sehr schwer; denn wer lange Sklave gewesen ist, wird nicht auf einmal ein freier Mensch. Eine unserer höchsten Aufgaben wird sein, die Menschenwürde in uns selbst zu pflegen, damit wir uns gegenseitig anerkennen«.

In diesem – sehr weit gefaßten – Verständnis von gleichen Rechten für alle Menschen wurzelte auch Pf.s frühes und entschiedenes antifaschistisches Engagement. »Neuer Krieg würde (...) erwachsen, der sich nicht nur auf deutschem Boden abspielen würde«, zitierte, etwas unbeholfen, ein Polizeispitzel die Kritik der Reichstagsabgeordneten Pf. an der Politik der NSDAP im September 1930. Und im Januar 1932: »Die ganze Rede der Referentin war eine Kampfansage gegen den Nationalsozialismus.« Die letzte öffentliche Kampfansage erfolgte kurz vor der Reichstagswahl vom 5. März 1933 auf einer Veranstaltung der »Eisernen Front«, einer 1931 gegründeten Kampforganisation aus SPD, Arbeiter-Sport-Organisationen, Gewerkschaften und »Reichsbanner«. Pf. wurde wieder in den Reichstag gewählt und dann, vorübergehend, in Gestapo-Haft genommen. Zu diesem Zeitpunkt kämpfte die Reichstagsabgeordnete Pf. unter ihren führenden Genossen zwar immer noch dafür, daß die Arbeiterschaft »auf jedes Risiko hin« Widerstand leiste. Aber sie hatte ihre persönlichen Dinge bereits abschließend geregelt.

Dertinger, A.: Dazwischen liegt nur der Tod – Leben und Sterben der Sozialistin Antonie Pfülf. Bonn 1984. – Juchacs, M.: Sie lebten für eine bessere Welt – Lebensbilder führender Frauen des 19. und 20. Jahrhunderts. Hannover 1971.

Antje Dertinger

Plättner, Karl

Geb. 3. 1. 1893 in Opperode (Kreis Ballenstedt) im Mansfeldischen; gest. 4. 6. 1945 in Freising

Als »Bandit« in der Öffentlichkeit diffamiert, gelang es dem Reichsgericht 1923 nicht, den kommunistischen Kampfgruppenleiter im Mitteldeutschen Aufstand vom März 1921 »des Raubes aus eigennützigen Motiven zu überführen«. Das Reichsgericht berücksichtigte ausdrücklich in seiner Urteilsbegründung, daß die Mitglieder der »Plättner-Gruppe«, vor allem aber P. selbst, »von der Richtigkeit ihrer Ideen überzeugt waren und ihr Führer als eine Art Fanatiker für sie eingetreten ist und sie zu verwirklichen versucht hat, ohne selbst besondere Vorteile daraus zu ziehen.«

Nach dem Besuch der Volksschule in Paderborn und Thale im Harz machte P. eine Lehre als Former im Eisenwerk Thale. Alter handwerklicher Tradition entsprechend, ging er von 1910 bis 1912 auf Wanderschaft durch Norddeutschland. Bereits als Lehrling Mitglied der sozialistischen Jugendbewegung, trat er als 17jähriger 1910 der SPD bei und war gewerkschaftlich organisiert. Ab 1912 arbeitete P. als Former in Hamburg und übernahm hier eine Leitungsfunktion in der sozialistischen Jugendorganisation.

Nach dem Ausbruch des Ersten Weltkrieges zum Militär eingezogen, wurde P. nach seiner Verwundung Ende 1915 als dienstuntauglich entlassen. Deswegen arbeitete er zunächst als Hilfsschreiber bei der Allgemeinen Ortskrankenkasse. Er engagierte sich in der oppositionellen Hamburger Jugendbewegung, die inzwischen in der Illegalität arbeitete, und versuchte, die revolutionäre Jugendbewegung im Reich zu organisieren. Er zeichnete für Verlag und Expedition, seit Februar 1917 auch für die Redaktion der *Proletarier-Jugend* verantwortlich. Im Mai 1917 gab er seine berufliche Position auf, um ausschließlich politisch zu arbeiten.

Auf zahlreichen Reisen knüpfte er feste organisatorische Verbindungen zwischen den Zentren der oppositionellen Jugendbewegung und gewann diese für die Richtung der Linksradikalen. Die bei illegalen Zusammenkünften formulierten neuen Leitsätze führten über die Bildung eines Aktionsausschusses in Berlin (Ostern 1917) zur Hallenser Konferenz der oppositionellen Arbeiterjugend (8./9. Juli 1917). Im Juli/August 1917 beteiligte er sich an den Vorbereitungen zur Gründung einer linksradikalen Partei, wurde im September 1917 verhaftet und vom Reichsgericht wegen Hochverrats (der

Verteilung von Liebknecht-Flugblättern) zu 18 Monaten Gefängnis verurteilt. Die Novemberrevolution 1918 gab P. die Freiheit zurück.
P. begründete die Dresdner Ortsgruppe der »Internationalen Kommunisten Deutschlands« (IKD) am 1. Dezember 1918 mit. Als Mitglied des Dresdner Arbeiter- und Soldatenrates forderte er bereits am 13. November 1918 die Entwaffnung aller bürgerlichen Kräfte, die Bewaffnung der Arbeiterschaft und die Bildung einer proletarischen Roten Garde. Als sich die Kommunisten jedoch nicht durchsetzen konnten, schied er zusammen mit Otto Rühle, Karl Becker und anderen am 16. November 1918 aus dem Arbeiter- und Soldatenrat aus. Am Gründungsparteitag der »Kommunistischen Partei Deutschlands« (Spartakusbund) vom 30. Dezember 1918 bis 1. Januar 1919 in Berlin nahm P. als einer der drei Dresdner Delegierten der IKD teil. Danach reiste er nach Bremen, offenbar, weil sich ihm dort bessere Wirkungsmöglichkeiten eröffneten.
Die Kommunisten proklamierten am 10. Januar 1919 die Bremer Räterepublik; P. erhielt keine offizielle Funktion in der Räteregierung, war aber Mitglied des neuen Arbeiter- und Soldatenrates. Die Parteiarbeit war sein Hauptbetätigungsfeld, er avancierte im Januar 1919 zum Bezirksvorsitzenden des Bezirks Nordwest. Sein größtes Interesse galt – wie bereits in Dresden – der Bewaffnung der Arbeiterschaft. Innerhalb weniger Tage schon Vorsitzender der kommunistischen Vertrauensleute, drohte er in einem Telegramm an die Reichsregierung (vom 12. Januar 1919) als Vergeltung für die Opfer des Berliner Spartakus-Aufstandes (4.–13. Januar 1919) mit der Erschießung von Geiseln. Der Bremer Arbeiter- und Soldatenrat lehnte diese Forderung jedoch ab. P. hatte keine Skrupel, Gewalt auch gegen (unbeteiligte) Menschen anzuwenden und wollte dem »weißen Terror« den roten entgegensetzen.
Auf Befehl Gustav Noskes, seit Ende Dezember 1918 als Mitglied des Rates der Volksbeauftragten für die Angelegenheiten der Armee zuständig, ab 13. Februar 1919 Reichswehrminister, wurde die Bremer Räterepublik am 4. Februar 1919 durch ein Freikorps niedergeschlagen. P. floh und war an mehreren bewaffneten Auseinandersetzungen zwischen Teilen der Arbeiterschaft und Regierungstruppen beteiligt. Als er im April 1919 auf einer Kundgebung in Aschersleben zum Putsch aufrief, führte dies zu Auseinandersetzungen mit der Polizei und im September 1919 zu seiner Verhaftung in Halle. P. konnte jedoch im Dezember 1919 aus der Haft entkommen. Seitdem fungierte er im Sinne der Linksopposition der KPD als Wanderredner und zog kommunistische Ortsgruppen auf seine Seite. P. war im April 1920 Gründungsmitglied der aus der Linksopposition hervorgegangenen »Kommunistischen Arbeiter-Partei Deutschlands« (KAPD) und gehörte dieser Partei – wie er es selbst ausdrückte – »mit Haut und Haaren« an. Mitte September 1920 tauchte P. kurzfristig in Bremen auf und beteiligte sich am Aufbau der bedeutungslos bleibenden Ortsgruppe der KAPD.
Als die KPD-Zentrale im Jahre 1921 mit der »Märzaktion« einen Aufstand initiierte – in Mitteldeutschland ausgehend vom Mansfeldschen Kohlerevier, vom 23. bis 31. März, in Hamburg am 23. März –, war P. in Mitteldeutschland auf Versammlungen sowie bei Treffen der KAPD-Kampfleitung unterwegs. Die Führung dieser Kämpfe lag in den Händen einiger »proletarischer Rebellen«, die entweder der KAPD angehörten oder mit ihr sympathisierten. Neben Max Hoelz war P. einer der wichtigsten »Kampfgruppenleiter«.
P. zog aus dem Zusammenbruch der »Märzaktion« seine Konsequenzen und organisierte seit April 1921 die »Expropriation der Expropriateure«. Seine Gruppe umfaßte zeitweilig über hundert Bewaffnete, wobei der relativ hohe Anteil an Frauen auffällt. Sie überfielen Banken, Postämter und Zechen und raubten sie aus. Die dabei erbeuteten Mittel stellte P. der KAPD für deren Agitation und Propaganda zur Verfügung, nur einen geringen Teil behielt er ein, um – wie Max Hoelz bestätigte – »die jahrelang illegal lebenden Genossen einigermaßen über Wasser zu halten.« P. lastete den linken Parteien an, versagt zu haben und schlug die Umstellung seiner Partei auf die Aktionsweise des »organisierten Bandenkampfes« vor. Dessen Grundgedanke war, daß die Enteignung der Ausbeuter gerade in revolutionären Stagnationsperioden die Arbeiterklasse aktiviere und vorwärts treibe: eine fatale Fehleinschätzung, die Parallelen zu den Vorstellungen der »Roten-Armee-Fraktion« (RAF) aufweist. Sein Konzept entwickelte P. in der Broschüre *Propaganda der Tat! Der organisierte rote Schrecken! Kommunistische Parade Armeen oder organisierter Bandenkampf im Bürgerkrieg* (1921). Als die KAPD die vorgeschlagene Aktionsform ablehnte und P.s Aktionismus als »Bakunismus« verurteilte, trennte er sich von dieser Partei. P. führte die »Expropriationsaktionen« mit seinen Gesinnungsgenossinnen und -genossen bis zu seiner Verhaftung am 3. Februar 1922 vor allem in Mitteldeutschland durch. Im September 1923 stand P. mit zehn anderen Mitgliedern seiner Gruppe nach eineinhalbjähriger Untersuchungshaft vor dem Reichsgericht, das ihn zu zehn Jahren Zuchthaus verurteilte.
Nach mehrjähriger Haft amnestiert und am 17. Juli 1928 entlassen, stand P. zunächst dem »Leninbund« nahe, schloß sich wieder der KPD an und soll um 1933 in der KPD-Opposition (KPO) organisiert gewesen sein. Nach seinem Zuchthausaufenthalt ging er zunächst auf Vortragstournee mit dem Thema die »Geschlechtsnot der Gefangenen«. Im Auftrag der Roten Hilfe gab P. 1928 den Sammelband *Gefangen* heraus, verfaßte ein autobiographisches Werk *Der mitteldeutsche Bandenführer – Mein Leben hinter Kerkermauern* (1930) sowie eine Untersuchung über das Thema *Eros im Zuchthaus* (1929).

P. finanzierte seine Existenz u.a. durch Betrieb eines Eiscafés, durch einen Eierhandel und später einen Handel mit Brennholz. Bereits 1917 verlobt und Vater geworden, heiratete er während des Zuchthausaufenthaltes seine Mitkämpferin Gertrud Gaiewski, die von ihm ein Kind erwartete. Anfang der dreißiger Jahre trennte er sich von ihr und heiratete eine Frau, die sein drittes Kind zur Welt brachte.
Während der Herrschaft des Nationalsozialismus in Deutschland wurde P. wiederholt verhaftet und ins Konzentrationslager eingeliefert. Ab 1939 war er im KZ Buchenwald inhaftiert, wo er als Linksoppositioneller im Konflikt mit den KPD-Lagerinsassen lebte. Er wurde 1944 auf einen Transport nach Majdanek geschickt, kam dann nach Auschwitz, kurz nach Mauthausen und schließlich nach Melk und Ebensee. Seine Befreiung sollte er nicht lange überleben.
P.s apodiktischer Sprachstil drückte seine unerschütterliche, durch nichts in Frage zu stellende politische Überzeugung aus, die so schnell wie möglich in die politische Realität umgesetzt werden sollte. Das spricht für den Rigorismus seines politischen und gesellschaftlichen Veränderungsstrebens. Gab er selbst seinen Beruf als Schriftsteller an, so wäre doch Berufsrevolutionär zutreffender gewesen. P. könnte als »Sozialrebell« bezeichnet werden, der sich nach der gescheiterten Revolution von 1918/19 zusehends radikalisierte, die ihm als erfolglos erscheinenden Wege der linken Parteien verließ und mit einer kleinen Gruppe Gleichgesinnter versuchte, die gesellschaftlichen Verhältnisse im Sinne seiner politischen Ideologie zu verändern.

Bock, H.M.: Syndikalismus und Linkskommunismus von 1918 bis 1923. Darmstadt (2. Aufl.) 1993. – Kuckuck, P.: Karl Plättner und sein Rundschreiben vom 28. Februar 1919 an den Bezirk Nordwest der KPD. Ein Beitrag zum Phänomen des Linksradikalismus, in: Bremisches Jahrbuch, Bd. 63 (1985), S. 93–115.

Peter Kuckuk

Poelchau, Harald

Geb. 5. 10. 1903 in Brauchitschdorf/Schlesien; gest. 29. 4. 1972 in Berlin

P. wuchs in ländlicher Umgebung auf. Sein Vater Harald war Pfarrer in Brauchitschdorf, einem kleinen Heidedorf in Schlesien. In diesem Ort – mit dem Rittergutsbesitzer und dem Pfarrer an der Spitze – hatten noch Traditionen aus der Feudalzeit überdauert. Die Familie P. – eine Pfarrer-»Dynastie« seit der Reformation – hielt sich zwei Dienstboten und war auch sonst von den Bauern sichtbar getrennt. Die Klassenunterschiede zwischen »Herrschaften« und »Gesinde« empörten P. bereits als Kind. Als P. zehn Jahre alt war, schickte ihn der Vater auf die »Ritterakademie« nach Liegnitz, in der seit vielen Generationen die Söhne der schlesischen Landadeligen erzogen wurden. Hier schloß sich P. der Bewegung der Schülerbibelkreise an und bekam von ihr entscheidende Anstöße. Als sich 1919 eine »jugendbewegte« Gruppe von den Bibelkreisen trennte und sich als »Bund der Köngener« organisierte, beteiligte sich P.
Mit 18 Jahren begann P. das Studium der evangelischen Theologie, das ihm der theologisch konservativ ausgerichtete Vater nur zu finanzieren bereit war, wenn er nicht auf die »liberale« Marburger Universität ginge, sondern auf die als »konservativ« bekannte Kirchliche Hochschule in Bethel bei Bielefeld. Wider Erwarten erwies sich Bethel nicht als dogmatische Einrichtung. P., der bisher das Christentum »nur als depressive Reflexion erfahren« hatte, begegnete jetzt einem Christentum, das »tätige Hilfe im Leid« war. Der Charakter der Hochschule als Einsprengsel in den Bodelschwinghschen Anstalten (für »Innere Mission«) und die Nähe zu den Kranken und Behinderten war eine wichtige Grundlage für die spätere Sozialarbeit P.s. Nach Bethel studierte er drei Semester in Tübingen und machte ein Praktikum bei Bosch in Stuttgart. Diesen Begegnungen mit den Arbeitern im Betrieb verdankte er entscheidende Impulse, die er nach 1945 in der »Berliner Kirchlichen Industriearbeit« umsetzen konnte. Auf Tübingen folgte Marburg. Die Inflation 1923 hatte das väterliche Vermögen vernichtet, und der Sohn war nun auf sich selbst gestellt. In Marburg lehrte der Theologe und Philosoph Paul Tillich. Der religiöse Sozialist Tillich wurde für P. der »Lehrer meines Lebens«. Durch den Einfluß Tillichs beschäftigte er sich mit Fragen der Gesellschaft, arbeitete an Publikationen der religiösen Sozialisten mit und verstand sich seit 1924 selbst als ein solcher.

1927 bestand P. in Breslau das 1. theologische Examen und fand dann Aufnahme in das Berliner Dom-Kandidatenstift. Sein Hauptinteresse galt nicht dem Vikariat, sondern dem dadurch erst ermöglichten Besuch der »Wohlfahrtsschule« an der »Hochschule für Politik« in Berlin. Dieses vom Tillich-Freund und religiösen Sozialisten Carl Mennicke geleitete Seminar bildete Fürsorger aus. P. absolvierte dort das Studium, ließ sich danach vom Kirchendienst beurlauben und wurde Geschäftsführer der »Deutschen Vereinigung für Jugendgerichte und -gerichtshilfe« in Berlin. Nach zwei Jahren holte ihn Tillich, der inzwischen nach Frankfurt am Main gegangen war, als Assistenten zu sich an das philosophische Seminar der Universität, und 1931 promovierte P. bei Tillich über *Die sozialphilosophischen Grundlagen der deutschen Wohlfahrtsgesetzgebung*. Co-Referent war Carl Mennicke. Bemerkenswert ist, welche Bedeutung P. dem Begriff der Solidarität, einer im damaligen Protestantismus ungebräuchlichen Kategorie, in seiner Untersuchung zumaß.

Da ein rigoroses staatliches Sparprogramm P. jede Aussicht auf Beschäftigung in der Sozialfürsorge verwehrte, entschied er sich, seine Pfarrer-Ausbildung fortzusetzen und mit dem 2. theologischen Examen abzuschließen (Januar 1932). Im Herbst 1932 bewarb er sich erfolgreich um eine Pfarrstelle im Zuchthaus Berlin-Tegel. Am 1. April 1933 – inzwischen waren die Nazis an der Macht – trat P. die Stelle an, zunächst »auf Probe«, ab 1. Juli 1933 unbefristet. Er war nun Angestellter des Staates; daß er sich wie seine Lehrer Tillich und Mennicke als religiöser Sozialist verstand, übersahen die Nazis, hatte er sich doch politisch nicht exponiert. Später schrieb er: »1933 zeigte sich, daß man nur noch an einer Stelle in Freiheit arbeiten konnte, in der Kirche, die sich nicht gleichschalten ließ, und daß man nur an einer Stelle sicher war, im Gefängnis.« Eine sehr subjektive Sicht, denn als P. in Tegel seinen Dienst begann, wurde sein dortiger Kollege Erich Kürschner, ebenfalls ein religiöser Sozialist, »wegen politischer Unzuverlässigkeit« entlassen. Kürschner hatte früher als Sozialdemokrat für den Reichstag kandidiert und wurde später als führendes Mitglied der sozialistischen Widerstandsgrupe »Neu-Beginnen« selbst inhaftiert.

Nach Tegel wurden 1934 erstmals in größeren Gruppen politische Häftlinge aus KPD und SPD eingeliefert, für die P. eigene Arbeitskreise einrichtete. Damit das unverdächtig aussah, sprach er vom »Religionsunterricht nur für Dissidenten«. In diesem »Unterricht« wurden grundsätzliche menschliche, aber auch religions- und kirchensoziologische Fragen behandelt. Die Gefangenen wunderten sich darüber, nahmen die Abwechslung im Gefängnisalltag aber dankbar an. Willi Zahlbaum, 1935 als Widerstandskämpfer der Sozialistischen Arbeiterpartei (SAP) Häftling in Tegel, erinnerte sich nach 1945: »Wenn er sprach, trafen sich in der Kirche nicht zufällig zahlreiche Dissidenten, die aktive Gegner des Herrschaftssystems der Nazis waren. Seine Auslegung der evangelischen Glaubenslehre regte die meisten von uns zu persönlicher geistiger Auseinandersetzung an. Das ermöglichte, das Gefühl der Einsamkeit in der Zelle zeitweilig zu verdrängen«.

Zu P.s Aufgaben als Tegeler Gefängnispfarrer gehörte es, zum Tode verurteilte Gegner des Regimes im Zuchthaus Brandenburg-Goerden, in der Strafanstalt (Berlin)-Plötzensee und auf Berliner »Wehrmachts-Hinrichtungs-Plätzen« auf ihrem letzten Weg zu begleiten. Zahlreiche Opfer waren politische Freunde aus dem »Kreisauer Kreis«, zu dem er selbst gehörte, und aus den Gruppen, die mit dem Attentat auf Hitler am 20. Juli 1944 zu tun hatten. Die erste Hinrichtung, zu der P. bestellt wurde, fand am 17. April 1934 statt. Weitere 1200 Hinrichtungen folgten in den nächsten elf Jahren bis zum Ende der Nazidiktatur, so daß die Seelsorge für die Verurteilten P. zunehmend beanspruchte. Darüber hinaus schmuggelte P. Nahrungsmittel, die er vom schlesischen Gut Kreisau seines Freundes Helmuth James Graf von Moltke bekam, in die Gefängnisse hinein und Mitteilungen und Briefe heraus. Ihm verdanken wir, daß die Gefängnisaufzeichnungen Dietrich Bonhoeffers und die Abschiedsbriefe Helmuth von Moltkes an seine Frau Freya erhalten sind. Nicht nur den Gefängnisinsassen galt P.s Hilfe, zusammen mit seiner Frau Dorothee rettete er Juden, indem er sie versteckte, mit Lebensmitteln versorgte und ihnen falsche Pässe verschaffte.

Da kurz vor Kriegsende die Strafanstalt Tegel aufgelöst wurde und P. nach Süddeutschland fuhr, erlebte er dort das Ende der Nazidiktatur. Von August 1945 bis zum Frühjahr 1946 arbeitete er beim »Evangelischen Hilfswerk« in Stuttgart. Am 1. April 1946 trat er in die Leitung des Strafvollzugs der Zentralen Justizverwaltung der Sowjetischen Besatzungszone (DJV) in Berlin ein. Er legte als »Vortragender Rat« zu allen wichtigen Fragen des Strafvollzugs Grundsatzpapiere vor. Seine Haupttätigkeit bestand darin, die Gefängnisse der Sowjetischen Besatzungszone zu beaufsichtigen. Lediglich die von der russischen Besatzungsmacht kontrollierten Anstalten waren ihm verwehrt.

P. interessierten vor allem zwei Dinge: die Seelsorge und die Erziehung der Erzieher. Er kümmerte sich speziell um das Konzept eines neuen Ausbildungsgangs für Erzieher im Strafvollzug. Der Lehrgang sollte an der Humboldt-Universität in Ostberlin eingerichtet werden, wo er selbst einen Lehrauftrag innehatte. Im Laufe des Jahres 1948 wurde deutlich, daß die Gefängnisse in der Ostzone nach sowjetischem Vorbild aus der Zuständigkeit der Justiz in die Hände der Polizei übergehen sollten. Am Ende dieses Jahres kündigte P.. Seinen Abschied reichte er bei Max Fechner, dem späteren ersten Justizminister der DDR ein. Fechner bot P. eine Professur am Kriminologischen Institut der Humboldt-Universität an, wo die angehenden Vollzugsbeamten ausgebildet werden sollten, aber P. lehnte ab und schied 1949 aus dem Justizdienst aus.

P. ließ sich vom Präses der Berliner Kirche, Kurt Scharf, überreden, noch einmal als Gefängnispfarrer zu amtieren. Im Januar 1949 trat er seinen Dienst in Tegel an, wo er sich ein Jahr lang mit der Anstaltsleitung über die Behandlung der Häftlinge stritt.

Der evangelische Bischof von Berlin-Brandenburg Otto F. Dibelius, berief ihn daraufhin zum ersten Sozialpfarrer in der Geschichte der Berlin-Brandenburgischen Kirche. Sein Auftrag war die Herstellung von Kontakten der Kirche in und mit der industriellen Arbeiterschaft: die Geburtsstunde des heutigen »Kirchlichen Dienstes in der Arbeitswelt«. Hier konnte er an Ideen und Vorarbeiten aus der Arbeiterbildung seines Lehrers Carl Mennicke aus der Zeit nach 1919 anknüpfen. 1956 bekamen die von ihm aufgebauten Betriebsgruppen und betrieblichen Arbeitskreise ein Gemeindezentrum in Berlin-Charlottenburg. Aus dieser Arbeit ging die »Evangelische Industriejugend« hervor, die für Auszubildende verschiedener Berliner Berufsschulen und Betriebe Seminare veranstaltete. Diese Jugendlichen bildeten den Hauptteil der jungen Arbeiter, die im Rahmen der »Aktion Sühnezeichen« u.a. Wiederaufbauarbeit in England (Coventry) leisteten.

P. starb am 29. April 1972 an Kreislaufversagen im Behandlungszimmer seines Arztes. Kurz vor seinem Tod wurde er in Israel für seine Verdienste um die Rettung verfolgter Juden als »Gerechter unter den Völkern« geehrt.

Friedrich, R.-A.: Der Schattenmann. Frankfurt/Main 1986.

Ulrich Peter

Posselt, Ernst Ludwig

Geb. 22. 1. 1763 in Durlach; gest. 11. 6. 1804 in Heidelberg

»Fürsten Teutschlands! Ihr, eines freyen Reichs erste freye Vorsteher! Gönnt auch Euren Bürgern, was Euch selbst so wünschenswerth scheint – jenes bißchen Freiheit, ohne das sich's nicht zu leben lohnt.« Dieser Aufruf aus seinem *Archiv für ältere und neuere, vorzüglich teutsche Geschichte, Staatsklugheit und Erdkunde* aus dem Jahre 1790 kennzeichnet P.s publizistische Arbeit in seiner ersten Schaffenphase.

P. stammte aus einer badischen Beamtenfamilie, besuchte das Pädagogium in Durlach und das Gymnasium in Karlsruhe. Im Jahr 1780 begann der Siebzehnjährige ein Studium der Rechts- und Staatswissenschaften sowie der Geschichte an der Universität Göttingen, das er nach einem Studienortswechsel im Winter 1782 in Straßburg am 4. September 1783 mit der Promotion beendete.

Seine Beamtenlaufbahn schien damit vorgezeichnet. In der Tat wurde P. zunächst Regierungsadvokat in der Residenzstadt Karlsruhe. Doch schon im Jahr 1785 wechselte der junge Jurist als Professor für Rechtswissenschaft und lateinische Sprache ans Gymnasium. Hier lehrte er vor allem lateinische Rhetorik sowie Geschichte des römischen privaten und öffentlichen Rechts.

Neben seiner Lehrtätigkeit begann P. zu publizieren. Zuerst schrieb er kleinere reichsrechtliche Abhandlungen in lateinischer Sprache, gründete aber bereits im Frühjahr 1785 das *Wissenschaftliche Magazin für Aufklärung* (1785–1788). In dieser Zeitschrift, die den Karlsruher Schriftstellern als gemeinsames Organ diente, widmeten sich bekannte Gelehrte der Aufklärung allen Bereichen des Wissens. Stärkere Beachtung fanden darin jedoch – und dies spiegelt P.s Interessen – historische und politische Artikel.

Mit Reden zu aktuellen und historischen Ereignissen erweckte P. ab 1786 die Aufmerksamkeit der Öffentlichkeit. Anläßlich einer Feier des Karlsruher Gymnasiums sprach er *Über die deutsche Historiographie* (1786), und am ersten Todestag Friedrichs des Großen, im Jahr 1787, drückte er seine Bewunderung für den preußischen König aus und würdigte seine Politik der Toleranz; ebenso Friedrichs II. Engagement für den »deutschen Fürstenbund«, der 1785 unter Führung Preußens, als Gegengewicht zu österreichischen Machtansprüchen und zur Sicherung der Reichsverfassung entstanden war. Das nach dieser Eloge erfolgte Angebot, in den preußischen Staatsdienst einzutreten, schlug P. aus, nicht dagegen seine Ernennung zum geheimen Sekretär durch die badische Regierung. Er wurde im Dezember 1787 beauftragt, eine *Geschichte der Fürstenvereine* zu schreiben, die er vermutlich nur in handschriftlicher Form fertigstellte.

Seine Vorliebe galt historischen Themen, an denen P. der Bevölkerung die Verantwortung gegenüber ihrem Staat aufzeigen wollte. Die erste größere historische Arbeit P.s war die *Geschichte der Teutschen für alle Stände* (2 Bde., 1789, 1790), mit der er das Ziel verfolgte, die Deutschen auf einfache Weise in ihre Geschichte einzuführen und damit die »Fürstenrepublik« zu stärken. P.s Begeisterung für den deutschen Fürstenbund und sein Reichspatriotismus veranlaßten ihn auch, Kontakt zu dem preußischen Minister Hertzberg aufzunehmen, der ihm daraufhin nicht nur Informationsmaterial aus Preußen zukommen ließ, sondern P. auch dazu anregte, eine Gegenschrift zu Mirabeaus *Histoire secrète de la cour de Berlin* (1787) zu schreiben. Sie erschien Ende 1789: eine historische Würdigung Friedrichs des Großen und des durch ihn geschaffenen preußischen Staates. In diesem Werk ist noch nichts von den Veränderungen zu bemerken, welche die Französische Revolution bei P. später bewirken sollte. Blieb er anfangs noch unbeeindruckt, so verwandelte sich die literarisch-historische Tendenz in P.s Schriften im Laufe des Jahres 1790 in eine politische. Mit seinem *Archiv für ältere und neuere, vorzüglich teutsche Geschichte, Staatsklugheit und Erdkunde* (1790-1792) wollte P. die »Kenntnis des Vaterlandes und seiner physischen Vorzüge oder Gebrechen; Kenntnis der Verfassungen, die um uns her sind oder worin wir selbst leben« erweitern. In der Vorrede »an die Nation« betonte P., für Freiheit und Menschlichkeit einzutreten: ein vorsichtiger Reflex auf die revolutionären Ereignisse im Nachbarland. Trotzdem wurde P. im Jahr 1791 wegen zu freimütiger Äußerungen über die Französische Revolution als Amtmann nach Gernsbach strafversetzt. Mit seinem dortigen Aufenthalt begann P.s zweite Schaffensperiode, denn erst mit Beginn des Krieges 1792 (Österreich/Preußen gegen Frankreich) fing er an, sich intensiver mit den politschen Verhältnissen seiner Zeit zu beschäftigen. Hielten sich in P.s *Archiv* die zeitgeschichtlichen und historischen Abhandlungen die Balance, so trat im *Taschenbuch für die neueste Geschichte* (1794-1804), das jährlich herauskam, die Zeitgeschichtsschreibung stark in den Vordergrund. Mit Begeisterung ergriff P. Partei für die Französische Revolution, die er als Wende in der Geschichte des Menschengeschlechts verstand. Mit den Kämpfen der französischen Revolutionsarmee gegen die Österreicher und Preußen befaßt sich die Schrift *Bellum populi Gallici adversus Hungariae Borussiaeque reges eorumque socios* (1793). 1793 wandte sich erstmals der Tübinger Verleger Johann Friedrich Cotta an P. mit der Bitte um ein Manuskript. Cotta erhielt die Arbeit *Über die französische Republik*, in der sich der Verfasser kritisch mit der radikalen Phase der Revolution in Frankreich auseinandersetzte. P. selbst war Anhänger der Gironde, kritisierte also die jakobinische Diktatur von 1793 bis 1794.

1794 bot Cotta P. eine Tätigkeit als Redakteur der *Europäischen Staatszeitung* an, die der Verleger zusammen mit Schiller herausgeben wollte. Nachdem Schiller diese Pläne fallengelassen hatte, einigten sich P. und Cotta Ende 1794 auf die Herausgabe der Monatsschrift *Europäische Annalen* (1795-1804). Das Organ hatte eine vollständige, unparteiische, »bescheiden freimütige« Darstellung aller wichtiger Begebenheiten in den Staaten Europas zum Ziel. P.s Interessen gemäß wurde Frankreich jedoch zu einem Hauptthema der Zeitschrift.

Die *Europäischen Annalen* waren als historische Quellensammlung für die Nachwelt angelegt. P. vertrat dabei die Ansicht, daß der »Geschichtsschreiber überhaupt nie Mann einer besonderen Nation, sondern nur Mensch und Weltbürger sein sollte«. P.s zeitraubende Tätigkeit für die *Europäischen Annalen* und das *Taschenbuch* führte zu Kollisionen mit seinen Pflichten als Amtmann in Gernsbach und zum Konflikt mit der Regierung. Er wurde Ende 1795 seiner Stelle enthoben und als badischer Hofhistoriograph mit halbem Hofratsgehalt aus dem aktiven Staatsdienst entlassen. Als Herausgeber der *Europäischen Annalen* konnte er jedoch seinen Lebensunterhalt bestreiten. Für Cotta übernahm P. darüber hinaus die Redaktion einer »politischen Zeitung« unter dem Titel *Neueste Weltkunde*, die wegen ihrer Sympathien für die Republik als Staatsform 1798 schon nach wenigen Monaten verboten wurde. Cotta führte das Blatt später unter dem neuen Titel *Allgemeine Zeitung* fort, jetzt ohne P. als Redakteur.

P. veröffentlichte noch ein *Lexikon der französischen Revolution* (1802), die Schrift *Der Prozeß gegen den letzten König von Frankreich Ludwig XVI. und dessen Gemahlin. Ein Beitrag zur Geschichte der französischen Revolution* (1802) und die *Staatengeschichte Europas vom Traktat von Amiens bis zum Wiederausbruch des Krieges zwischen Frankreich und England*, die erst nach seinem Tode erschien. Am 11. Juni 1804 stürzte sich P. aus dem Fenster seiner Heidelberger Wohnung. Die Umstände seines Todes konnten nie ganz geklärt werden.

Gehres, S. F.: Lebensbeschreibung von Dr. E. L. Posselt nebst mehreren ungedruckten Briefen desselben und biographischen Nachrichten von Durlachs denkwürdigen Männern (Kleine Chronik von Durlach 2. Teil). Mannheim 1827. – Gerteis, K.: Bürgerliche Absolutismuskritik im Südwesten des Alten Reiches vor der Französischen Revolution. Trier 1983. – Salzbrunn, I.: Studien zum deutschen Zeitschriftenwesen von der Göttinger Aufklärung bis zur Herausgabe der »Historischen Zeitschrift« (1859). Münster 1968.

Michaela Breil

Prandstetter, Martin Joseph

Geb. 5. 10. 1760 in Wien; gest. 25. 6. 1798 in der Festung Munkacs

In Wien als Sohn eines Gerichtsbeisitzers geboren, besuchte P. das Jesuiten-Gymnasium, um dann Philosophie, die Rechte und Ästhetik an der Universität zu studieren. Nachdem er im Jahre 1782 offenbar ohne Erfolg um »ein Lehramt auf einer Universität« nachgesucht hatte, wurde er 1783 als Ratsprotokollist am Wiener Stadt-Magistrat angestellt und 1791 zum »Magistratsrat bei dem politischen Senate (des Magistrats, der Verf.) befördert«. Im Jahre 1792 wurde er Beisitzer bei einer gemeinsamen Militär-Zivil-Kommission, wo er den Kriegsgerichtsaktuar Cajetan von Gilowsky kennenlernte. Dieser Gilowsky machte P. mit Baron Riedel bekannt, wodurch P. in die sogenannte Wiener Jakobinerverschwörung verwickelt wurde.

Verhaftet wurde P. am 1. August 1794. Die übliche »Personenbeschreibung«, nach der Verhaftung von der Polizei angefertigt, kennzeichnete ihn so: »34 Jahre alt (...), katholisch, ledig (...), von ›einer‹ mittelmäßigen etwas untersetzten Leibesnatur, etwas röthlichen Angesichts, schwarz-brauner Haare, derlei Augen und Augenbrauen (...)«. P. war mit den Hauptangeklagten, die bereits am 24. Juli verhaftet worden waren, außer mit Gilowsky, nur lose bekannt. Da er mit Gilowsky amtshalber umging, wurde er von seinem Vorgesetzten angewiesen, über sein Verhältnis zu Gilowsky und über all seine Bekannten zu berichten; vielleicht aus einem gewissen Mißtrauen, da der Vorgesetzte P. schon einmal 1793 wegen angeblich kritischer Reden in der Öffentlichkeit gerügt hatte. Nachdem P. dies am 26. Juli getan hatte und damit die Angelegenheit für erledigt ansah, wurde jedoch im Verhör des bereits verhafteten Gilowsky am 30. Juli deutlich, daß der an der Verschwörung beteiligte Franz Hebenstreit von Streitenfeld ein von ihm konstruiertes Modell einer Kriegsmaschine, eines fahrbaren Palisadenzauns, der Französischen Nationalversammlung zuleiten wollte. P. müsse davon gewußt haben und dies war der Grund für seine Verhaftung.

P.s Verhör begann noch am selben Tag, dauerte bis zum 30. März 1795, ein Verhör, dessen Protokoll 180 Seiten und 214 protokollierte Fragen und Antworten umfaßt. Das Urteil auf Teilnahme am Landesverrat erfolgte seitens der Obersten Justizstelle, letztinstanzlich durch den Kaiser am 25. Juli 1795. Es lautete, P. solle »nach Entsetzung von seinem Amte durch drei aufeinanderfolgende Tage jedesmal eine Stunde lang mit einer vor der Brust hangenden und sein Verbrechen durch die Worte: ›Teilnahme am Landesverrat‹ anzeigenden Tafel auf der Schandbühne öffentlich ausgestellt, sohin auf dreißig Jahre zum langwierigen schwersten Gefängnis zweiten Grades (Tag und Nacht angekettet, der Verf.) in die Festung Munkacs verschaffet und dessen Vermögen für den Staat eingezogen, nach Vollstreckung seiner Strafzeit hingegen (...) entlassen (...) werden«.

Zu einer Entlassung ist es nicht gekommen. P. erlitt in der grausamen Haft in dem von Sümpfen umgebenen ungarischen Munkacs schwerste Gesundheitsschäden. Als seine Geschwister in Wien durch Kaufleute zufällig von seinem Siechtum erfuhren und am 24. März 1798 ein Gesuch um Verlegung an einen gesünderen Ort stellten, wurde zunächst einmal der Festungskommandant angehalten, die undichte Stelle zu erkunden und zu rügen, ehe dann unter strengsten, ebenso unsinnigen wie grausamen Auflagen der todkranke Gefangene wenigstens die nötigste medizinische Versorgung erhalten sollte. Als aber schließlich das Gesuch der Geschwister genehmigt wurde und P. nach Wien verlegt werden sollte, berichtete der Festungskommandant, P. sei am 25. Juni 1798 gestorben.

P. war als junger Mann von 22 Jahren Mitglied in der Loge »Zum heiligen Joseph« geworden und durchlief bis 1783 die drei Grade des Lehrlings, des Gesellen und des Meisters. 1785 wurde er in die Loge »Zur wahren Eintracht« aufgenommen, der Ignaz von Born vorstand. Nach deren Auflösung war er für kurze Zeit Mitglied der neuen, ebenfalls von Born geleiteten Loge »Zur Wahrheit«. P. nannte im Verhör die Loge »Zur wahren Eintracht« »eine Art litterarischer Gesellschaft«; jedenfalls konnte er gerade in dieser Loge, die eine »Eliteloge im geistigen Sinne« war und in der er Dichtern wie Johann Baptist von Alxinger, Alois Blumauer und anderen begegnete, den Geist der Aufklärung und des Fortschritts kennenlernen. Besonders an seinen in den Logen gehaltenen Reden können wir sein geistiges und auch politisches Engagement erkennen. Schon 1783 hielt er eine Rede auf Joseph II., in der er den für fortschrittlich geltenden Kaiser pries:»er riß die unglücklichen Scheidemauern zwischen uns nieder, befreite die Gefesselten, warf den geifernden Aberglauben in Ketten, stürzte die Verfolgungssucht von ihrer Höhe und führte an seiner Hand menschliche Freiheit in seine Staaten ein«. P., der den *Wiener Musenalmanach* für das Jahr 1780 herausgab, schrieb zweitrangige Epigramme, Gedichte und Erzählungen.

Die Analyse der Quellen beweist, daß P.s Verurteilung und deren Vollstreckung mit dem schaudervollen Ende 1798 ein Staatsverbrechen war, begangen von einer im Laufe der Prozesse sich immer mehr verhärtenden Staatsjustiz, der man lediglich zubilligen kann, daß in den neunziger Jahren das monarchische System auch in Österreich um seine Existenz kämpfte und daher demokratische Gedanken und Ideen wie die von P. von den Herrschenden als gefährlich angesehen wurden. Aber P. erfuhr formelles und materielles Unrecht, selbst nach den geltenden Rechtsvorschriften seiner Zeit.

Haderer, F.: Martin Joseph Prandstätter (1760-1798). Magistratsrat, Freimaurer, Dichter und Jakobiner. Wien (mschr. Diss.) 1968. – Schuh, F.: Schriftliche Äußerungen verhafteter Jakokbiner als historische Quellen und autobiographische Versuche, in: Wangermann, E.; Wagner, B. (Hg.): Die schwierige Geburt der Freiheit. Wien 1991, S. 198-202.

Franzjosef Schuh

Preuß, Hugo

Geb. 28. 10. 1860 in Berlin; gest. 9. 10. 1925 in Berlin

Als historisch-verfassungsrechtlicher Interpret und engagiert-kritischer Verfechter der »westlichen Demokratie« im Übergang vom preußisch-deutschen Obrigkeitsstaat zur Weimarer Republik ließe sich P. in prägnanter Kürze charakterisieren. Das Prinzip der parlamentarischen »Selbstregierung« einer Nation – im Unterschied vom

»Regiertwerden« durch Aristokraten der verschiedensten Prägung – blieb für ihn ebenso leitmotivisch wie die Einsicht, daß eine liberale Demokratie der sozialpolitischen Ausgestaltung bedurfte, um nicht wiederum in einer Privilegienordnung zu münden: »Die deutsche Demokratie betont notwendigerweise und mit Recht das soziale Moment stärker als die westlichen Demokratien« (in: »Berliner Tagblatt«, 25. 12. 1919).

Die sein Lebenswerk krönende Rolle als Weimarer »Verfassungsvater«, der das gesellschaftspolitische Bündnis von sozialdemokratischer Arbeiterbewegung und republikanischem Bürgertum in staatsrechtlicher Grundlegung zu formulieren suchte, war P. keineswegs in die Wiege gelegt: Als Sproß einer vermögenden Fabrikantenfamilie des vornehmen Berliner Tiergartenviertels kannte er zeitlebens weder materielle Sorgen noch persönliche Identitätskrisen, so daß er niemals antibürgerlicher »Renegat« wurde, sondern die Vorzüge klassischen Bildungsgutes und kultivierten Lebensgenusses stets zu schätzen wußte. Die »standesgemäße« Heirat mit der Tochter eines Chemie-Professors aus der Liebermann-Familie (1889) rundet dieses ursprüngliche Bild einer in jeder Hinsicht saturierten Existenz ab. Die jüdische Herkunft freilich hinderte ihn an einer seinen Fähigkeiten entsprechenden Berufskarriere: Bereits achtundzwanzigjährig – mit einer voluminösen Studie über *Gemeinde, Staat, Reich als Gebietskörperschaften* (1889) – habilitiert, blieb er der »ewige Privatdozent«, bis 1906 wenigstens eine Professur für Öffentliches Recht an der staatsfernen Berliner Handelshochschule die reaktionär-ministerielle Berufungssperre durchbrechen konnte.

Die ambitionierte Theoriebildung ging bei ihm eine höchst seltene Verbindung mit politischer Praxis ein: Die Leitidee eines »self-government« der »Bürgergenossenschaften«, die sich von kommunaler Teilautonomie über den parlamentarischen Verfassungsstaat bis zur internationalen Gemeinschaft erstrecken sollten, konnte P. nicht nur in einem Dutzend Buchtiteln sowie Hunderten von Aufsätzen und Zeitungsartikeln als Gelehrter und Publizist verbreiten. In seiner Funktion als Berliner Stadtverordneter seit 1895, der im Herbst 1910 mit knapper Mehrheit der sozialdemokratischen und linksbürgerlichen Stimmen gegen den Widerstand des etablierten Liberalismus zum unbesoldeten Stadtrat gewählt wurde, vermochte er seinen Reformgedanken auch eine öffentliche Plattform zu verschaffen. Mit seinem beharrlichen Insistieren auf den Erfordernissen moderner Infrastrukturplanung anstelle tradierter Honoratiorenverwaltung darf P. als entscheidender Wegbereiter des späteren Groß-Berlin-Gesetzes von 1920 gelten. In der Spannbreite dieser jahrzehntelangen kommunalen Tätigkeit, die nach dem Ersten Weltkrieg eine landes- und staatspolitische Fortsetzung im Preußischen Landtag fand, erschienen die wenigen Monate des herausgehobenen Wirkens als Staatssekretär des Innern mit dem besonderen Auftrag der Verfassungsgebung nicht mehr als eine spektakuläre Episode.

Vom bloßen Kultur- und Wirtschaftsliberalismus des neunzehnten Jahrhunderts setzte sich P. zunehmend ab, weil er jenseits eines Versagens gegenüber der »sozialen Frage« auch dessen Unfähigkeit zur kompetenten Gestaltung von Millionenstädten des beginnenden zwanzigsten Jahrhunderts erkannte. Das Londoner Reformbündnis der »Progressives«, in dem sich ein metropolitan erneuerter Liberalismus mit sozialistischen Exponenten der »Fabian Society« und »Trade Unions« zusammenfand, hat ihn dabei ebenso beeinflußt wie die Formierung einer republikanischen Linken zur Abwehr antisemitisch-reaktionärer Tendenzen in Frankreich. Als geistig-politischer Mentor von P. ist vor allem Theodor Barth anzusehen. In Barths Zeitschrift *Die Nation* arbeitete er am Konzept eines »Revisionismus« mit, der sozialdemokratische und liberale Positionen vereinte, um gemeinsam gegen die herrschenden Rechtskräfte zu bestehen. Dem Weg Barths zur Gründung der »Demokratischen Vereinigung« im Jahre 1908 ist P. jedoch nicht gefolgt, weil er – die Erfolglosigkeit dieser Splittergruppe vorausahnend – seinen durch Herkunft und Überzeugung vorgezeichneten Standort weiterhin in einer größeren linksliberalen Gruppierung erblickte, wie sie 1910 in der »Fortschrittlichen Volkspartei« reorganisiert wurde. Wenn sich die 1904 – unter Mitwirkung P.s und dem Einfluß Barths – von der (gemäßigt linksliberalen) »Neuen Linken« abgespaltene Reformfraktion im Berliner Stadtparlament bereits als »Sozial-Fortschrittler« und zuweilen als die »kommunale Demokratie« bezeichnete, waren solche Namensgebungen durchaus programmatisch. In das überaus kontroverse Bewußtsein einer breiteren Öffentlichkeit außerhalb der Reichshauptstadt rückte P. mit der Studie *Das deutsche Volk und die Politik* (1915), die als frühzeitige Diagnose eines verhängnisvollen Sonderwegs im Abstand zu den westlichen Demokratien gelesen werden durfte.

Die Neubegründung einer »Deutschen Demokratischen Partei« (DDP) in den Revolutionstagen des Novembers 1918, an der P. wesentlichen Anteil hatte, erschien ihm zunächst als die Erfüllung des Zieles, eine starke bürgerliche Linke gemeinsam mit der SPD im Sinne eines modernen Sozialliberalismus regierungsfähig werden zu lassen. Doch ebenso wie in der DDP bald wieder ein modifizierter Vorkriegsliberalismus das politische Übergewicht erlangte, vermochte sich P. mit seinem Verfassungsentwurf »aus einem Guß« in wesentlichen Fragen nicht durchzusetzen. Insbesondere die Aufgliederung des preußischen Hegemoniestaates in eine Vielzahl selbständiger Gebietskörperschaften, die sich dann auf dem Niveau anderer deutscher Länder in eine bundesstaatliche Verfassung einfügen ließen, scheiterte abgesehen von situativen Bedenken (äußerer Bedrohung im Zeichen von »Versailles«) an einer unheiligen Allianz autoritär-zentralistischer Traditionen von den Rechtskreisen bis zu maßgebenden Kräften der preußischen Liberalen und Sozialdemokraten. Wenn P. als einer der ranghöchsten DDP-Politiker nicht einmal mehr als eines der insgesamt 75 Listenmandate dieser Partei in der Nationalversammlung von 1919 (geschweige denn in den Reichstagen von 1920 und 1924) erlangen konnte, liefen eingewurzelte Vorbehalte gegenüber diesem »Querdenker« mit einer Strafaktion wider sein »antipreußisches« Konzept eines dezentralisierten Nationalstaates zusammen.

Vor solchem Hintergrund mag es geradewegs als Ironie anmuten, daß P. für den Rest seines Lebens eine Wirkungsstätte in einem preußischen Landesparlament fand, das entgegen seinen Intentionen die innenpolitische Bedeutung eines Reichstags zweiter Kategorie behielt. Nicht nur sein Beitrag zur preußischen Verfassungsgebung, die immerhin jenen (60 Prozent der deutschen Bevölkerung umfassenden) Teilstaat zu einer bis 1932 stabilen Bastion der Weimarer Koalitionsparteien umzugestalten gestattete, ist aus dieser letzten Schaffensperiode erinnerungswürdig. Indem er überdies beständig das uneingelöste Versprechen einer Reform der preußischen Verwaltungshierarchie anmahnte, die als eine jener Erblasten obrigkeitsstaatlicher Kontinuität in die demokratische Republik hineinragte, zeigte dieser DDP-Abgeordnete einen wachsamen Blick auf fortbestehende Strukturprobleme. Gerade die beiden Jahre vor seinem Tod im Herbst 1925 standen auch sonst ganz im Zeichen der Warnung vor einem Scheitern der Weimarer Republik nicht durch spektakulären Umsturz, vielmehr infolge schleichender Aushöhlung von Buchstaben und Geist der Verfassung sowie mangelnder Handlungsfähigkeit der Staatsgründungsparteien gegenüber einer wachsenden Bedrohung seitens der nationalistischen Rechtskräfte. Von Resignation war bei diesem unentwegten Streiter für eine demokratische Neuordnung, der auch politisch ein »sanguinisches« Temperament verkörperte, jedoch bis zuletzt nichts zu verspüren. Die ressentimentgeladene Nachkriegsperiode der ideologischen Demagogie und der zunehmenden Gewaltbereitschaft blieb freilich auch diesem intellektuell weltgewandten Gelehrten-Politiker mit der Attitüde des modernen Aufklärers innerlich fremd; zum Populismus hatte P. weder persönliches Talent noch politische Neigung. Eine Anekdote erzählt von ihm, er habe sich einst dem Dutzend schwerreicher Privilegienwähler seines Wahlkreises zum Berliner Dreiklassenparlament (ironischerweise erfolgreich) mit der Ankündigung »empfohlen«, auch künftig vehement für die Beseitigung ihrer Privilegien zu streiten,

Obgleich sich P. mit der episodenhaften historischen Rolle des Weimarer Verfassungsautors bis hinein in das Schulbuchwissen »verewigt« hat, ist ihm darüber hinaus ein gebührender Platz unter den »Vordenkern« auf mühseligen Pfadspuren zur Demokratie in Deutschland bis heute versagt geblieben. Dabei wäre ihm neben vielen problematischen »Vorbehalts-« und andere Prioritäten setzenden »Auch-Demokraten« gewiß der Rang eines Demokraten »par excellence« angemessen. Wenn es gleichwohl derzeit keine bekannte Einrichtung gibt, die sich ausdrücklich seines Namens und geistig-politischen Erbes bedient (eine Berliner »Hugo-Preuß-Brücke« wurde gleich seinem langjährigen Wohnsitz im Bombenhagel des Zweiten Weltkriegs zerstört), wirft auch diese Reminiszenz wiederum ein zusätzliches Schlaglicht auf die Problematik demokratischer Traditionsbildung in Deutschland.

Gillessen, G.: Hugo Preuß. Studien zur Ideen- und Verfassungsgeschichte der Weimarer Republik. Phil. Diss. Freiburg 1955. – Lehnert, D.: Hugo Preuß als moderner Klassiker einer kritischen Theorie der verfaßten Politik. Vom Souveränitätsproblem zum demokratischen Pluralismus. In: Politische Viertelsjahresschrift, 33. Jg., 1992, S. 33–54. – Schmidt, G.: Hugo Preuß, in: Wehler, H.-U. (Hg.): Deutsche Historiker. Band 7. Göttingen 1980, S. 55–68.

Detlev Lehnert

Quidde, Ludwig

Geb. 3. 3. 1858 in Bremen; gest. 5. 3. 1941 in Genf

»Dieselbe Technik, die den Krieg so entsetzlich gemacht hat, hat uns die Mittel gegeben, die ganze Welt in einer internationalen Organisation zu umfassen. Natürlich darf die moralische Basis einer solchen Organisation nicht die bloße Furcht vor dem Kriege sein. Zugrunde liegen muß die Überzeugung, daß es eine sittliche Verpflichtung ist, den Krieg zu beseitigen und den Frieden sicherzustellen. Nur auf dieser Grundlage werden wir hoffen dürfen, einmal zur vollen Abrüstung und zu einem durch Verträge gesicherten Frieden zu gelangen.« Mit diesen Sätzen schloß Q. am 10. Dezember 1927 seine Rede, die er anläßlich der Verleihung des Friedensnobelpreises in Oslo hielt.

Q. war Anhänger eines liberalen Parlamentarismus, dessen Prinzipien er auf die internationale Staatengemeinschaft übertragen wissen wollte. Obwohl er neben Gustav Stresemann, Carl von Ossietzky und Willy Brandt zu jenen Deutschen gehörte, die mit der Verleihung des Friedensnobelpreises internationales Ansehen erlangten, fiel Q.s Name mit und nach dem Zweiten Weltkrieg der Vergessenheit anheim. Bemerkenswert und symptomatisch für den politischen Liberalismus in Deutschland nach 1945 ist in diesem Zusammenhang auch,

daß der dem Selbstverständnis nach liberale Q. weder Namensgeber einer Stiftung noch einer Auszeichnung oder eines Preises wurde und auch in Großstädten kaum Straßen nach ihm benannt worden sind.
Q. wurde am 23. März 1858 als Sohn eines wohlhabenden Bremer Kaufmanns geboren. Der noch unsichere junge Mann, der sich erst nach dem Abitur, 1876 das Stottern abgewöhnen konnte, begann 1877 das Studium der Philosophie, Nationalökonomie und der Geschichtswissenschaften, das er bereits 1881 mit einer Dissertation über ein Thema der spätmittelalterlichen Verfassungsgeschichte abschließen konnte. Die liberale Erziehung im Elternhaus, das tolerante Klima auf dem Gymnasium zeigten bereits während des Studiums nachhaltigen Einfluß auf den jungen Wissenschaftler. Als mit der wirtschaftlichen Depression um 1880 im Kaiserreich der Radau-Antisemitismus Hochkonjunktur hatte und durch die Schriften des national-liberalen preußischen Historikers Heinrich von Treitschke eine salonfähige, akademische Variante erhielt, wandte sich der dreiundzwanzigjährige Q. in einer Kampfschrift gegen antisemitische Tendenzen in der Studentenschaft. Die viel beachtete Broschüre *Die Antisemitenagitation und die Deutsche Studentenschaft* brachte dem jungen Autor nicht nur Anerkennung, sondern auch Duellaufforderungen ein, denen er aber ausweichen konnte.
Als Historiker beschäftigte sich Q. weiter mit Problemen spätmittelalterlicher Geschichte. Er verfaßte Arbeiten über den Rheinischen und Schwäbisch-Rheinischen Städtebund von 1381 bzw. 1384 und legte Studien über die Entstehung des Kurfürstenkollegiums und den westdeutschen Landfriedensbund von 1291 vor. Q. wurde Mitglied der »Bayerischen Akademie der Wissenschaften« und 1890 einer der leitenden Sekretäre des »Preußischen Historischen Instituts« in Rom. Ihm wurde der Professorentitel verliehen; jedoch blieb Q. ohne Lehrstuhl und wirkte als Privatgelehrter.
1890 ließ sich Q. in München nieder. Er bewegte sich im Milieu des süddeutschen Liberalismus und zog 1907 als liberaler Abgeordneter in den Bayerischen Landtag ein. Seine Karriere als Historiker hatte allerdings bereits vor Beginn seiner parlamentarischen Laufbahn ein Ende gefunden: 1893 veröffentlichte Q. seine Schrift *Der Militarismus im heutigen Deutschen Reich*. Ein Jahr später folgte die Broschüre *Caligula. Eine Studie über römischen Cäsarenwahnsinn*, von der wegen ihres spektakulären Inhalts in kurzer Zeit 150 000 Exemplare vertrieben wurden.
Hinter der Schrift über den römischen Tyrannen verbarg sich eine Satire auf die überhebliche Haltung Kaiser Wilhelms II. Über die Entstehung des *Caligula* schrieb Q. 1926 rückblickend: »Als ich im Jahre 1889 in Königsberg aus irgendeinem Anlaß in Hertzbergs *Geschichte des römischen Kaiserreichs* (...) die Seiten las, die von Gajus Caesar Caligula handeln, fielen mir sehr überraschende Parallelen zu Tagesereignissen und zu Beobachtungen an dem im Vorjahr zur Regierung gelangten jungen Kaiser Wilhelm auf (...). Mehr und mehr gewöhnte ich mich daran, seine Handlungen und Reden als Zeichen geistiger Abnormität zu betrachten.« Hausdurchsuchungen, lange Verhöre des Staatsanwalts und schließlich die Isolation in der Historikerzunft waren Folgen, die der Autor des *Caligula* zu spüren bekam. Auf die Ächtung durch die wissenschaftliche Fachwelt reagierte Q. mit verstärktem politischen Engagement: 1894 trat er der »Deutschen Friedensgesellschaft« bei; er wurde Mitglied im Rat des »Internationalen Friedensbureaus« in Bern. Seit 1907 gehörte er zu der deutschen Gruppe der »Interparlamentarischen Union«. Schon um die Jahrhundertwende wuchs sein Ansehen über die Grenzen des wilhelminischen Deutschland hinaus.
Im Rahmen seines pazifistischen Engagements forderte Q., daß an die Stelle des machtstaatlichen »Macchiavellismus« ein internationales Rechtssystem zu treten habe, daß Konflikte nicht mehr durch Säbelrasseln, sondern durch internationalen juristischen Ausgleich entschieden werden sollten. Pazifismus war für ihn die Einhaltung der Grundwerte liberaler Demokratie auf internationaler Ebene.
Das Jahr 1914: Der Kaiser kennt keine Parteien und Klassenunterschiede mehr, sondern nur noch »Deutsche«. Die Professorenschaft fühlt sich verpflichtet, mit den »Waffen des Geistes« dem Deutschen Reich zu dienen. In dieser Situation steht Q., der im gleichen Jahr Präsident der »Deutschen Friedensgesellschaft« wird, am Rande einer kriegstaumelnden Gesellschaft. Er wird von der Politischen Polizei observiert, seine Schriften unterstehen der Zensur; Vorladungen zu den Militärbehörden sind an der Tagesordnung. Gerade Q.s organisatorische und politische Fähigkeiten tragen maßgeblich dazu bei, daß die Organisationen der Friedensbewegung in Deutschland während des Ersten Weltkrieges nie ganz zum Schweigen gebracht werden konnten. Q.s Name steht unter Eingaben an den Reichstag, mit denen er sich gegen die Vertreter annexionistischer Kriegspolitik wendet. Mitten im Krieg, am 30. Juli 1916, gründet er mit anderen bekannten Persönlichkeiten des öffentlichen Lebens wie Eduard Bernstein und Gustav Landauer die »Zentralstelle Völkerrecht«.
Die Entstehung der Weimarer Republik ließ auch Q. zunächst auf eine demokratische Zukunft Deutschlands hoffen. 1919 entsandte ihn die Deutsche Demokratische Partei in die Weimarer Nationalversammlung. Es wurde jedoch früh deutlich, daß der Liberale in dieser Partei Außenseiter blieb. Seine kritische Haltung gegenüber den vorrepublikanischen Eliten der Gesellschaft, den Militärs, den Beamten, den Richtern der wilhelminischen Zeit, die in den zwanziger Jahren noch immer in Amt und Würden waren, verschaffte ihm mehr Feinde als Freunde in der eigenen Partei. Wegen eines Zeitungs-

artikels über die »Schwarze Reichswehr« wurde Q. 1924 verhaftet. Internationale Proteste führten dazu, daß die Anklage gegen ihn wieder fallen gelassen wurde.
Bis 1929 blieb Q. Präsident der »Deutschen Friedensgesellschaft«. Für seine unermüdlichen Ausgleichsbemühungen mit Frankreich, dem ewigen Feindbild der nationalen Rechten in Deutschland, erhielt er 1927 zusammen mit Ferdinand Buisson den Friedensnobelpreis. Im März 1933 mußte der jetzt Vierundsiebzigjährige den Weg in das Schweizer Exil antreten, wo er abgeschieden und unter schwierigen finanziellen Bedingungen seinen Lebensabend verbrachte. Obwohl er sich häufig nur mit Gelegenheitsarbeiten als Gärtner über Wasser halten konnte, warb er bei zahlreichen Institutionen oft erfolgreich, hilfsbedürftige Emigranten finanziell zu unterstützen. Er starb am 5. März 1941 in der Schweiz. Zu diesem Zeitpunkt – der Krieg ging in das zweite Jahr – nahm die Öffentlichkeit keine Notiz von seinem Tod.

Rürup, R.: Ludwig Quidde, in: H.-U. Wehler (hg.): Deutsche Historiker. Bd. III. Göttingen 1973, S. 124–147. – Wehberg, H.: Ludwig Quidde, ein deutscher Demokrat und Vorkämpfer der Völkerverständigung. Offenbach 1948.

Rolf von Bockel

Radbruch, Gustav

Geb. 21. 11. 1878 in Lübeck; gest. 22. 11. 1949 in Heidelberg

»Keine Staatsform kann sich endgültig von ihrer demokratischen Grundlage lösen. Die Mehrheit von heute kann nicht eine Diktatur begründen, die für alle Majoritäten von morgen und übermorgen unzerstörbar wäre. Das Recht des Plebiszits über die Verfassung ist ein stillschweigender und selbstverständlicher Bestandteil jeder Verfassung« (1934).
R. war als Bürger der Hansestadt Lübeck Republikaner und als solcher nicht eben ein Enthusiast des »monarchischen Prinzips«. Schon in der ersten Auflage seiner berühmt gewordenen *Einführung in die Rechtswissenschaft* von 1910 nannte er das »monarchische Prinzip«, das den Fürsten über die Verfassung stellt, »eine gefährliche Waffe der Reaktion«. Er sah im Deutschen Reich von 1871 kein ideales Staatsgebilde, und er hat auch die Revolution von 1918 ausdrücklich begrüßt. An der neuen demokratischen Verfassung hat er sogleich tatkräftig mitgearbeitet.

Kaum war R. 1919 in Kiel Professor für Strafrecht und Rechtsphilosophie geworden – als Sozialdemokrat (seit 1918) war es damals außerordentlich schwierig, Ordinarius zu werden –, wurde er vor eine harte Bewährungsprobe gestellt. Am 13. März 1920 putschte dort die Reichswehr zusammen mit einem Kreis radikaler Politiker, an deren Spitze Wolfgang Kapp stand (»Kapp-Putsch«). R. wurde bei dem Versuch, gemeinsam mit dem Staatsrechtler Hermann Heller ein Blutvergießen zwischen den Putschisten und den ebenfalls bewaffneten Arbeitern zu verhindern, in »Schutzhaft« genommen. Am fünften Tag war die Regierung Kapp gestürzt, und R. wurde wieder freigelassen. Die Lage, in der er sich befunden hatte, erwies sich im nachhinein als äußerst gefährlich; wie sich herausstellte, hatten die Militärs ein Todesurteil gegen ihn verhängt. Das für R.s Haltung Kennzeichnende geschah aber erst jetzt, nachdem er wieder auf freiem Fuß war: Er betrachtete es als seine Aufgabe, die von den Arbeitern gefangengenommenen Reichswehrangehörigen, Offiziere und Soldaten – also seine Gegner –, unter Einsatz seines Lebens vor der Volkswut zu retten. Und das gelang ihm auch. Zwar hat er gar manchem seiner eigenen Gefährten mit seiner humanen Verhaltensweise ein Rätsel aufgegeben. Aber bei der großen Mehrheit der Arbeiter hatte R. durch seine Haltung während des Kapp-Putsches so starke Sympathien gewonnen, daß man ihm als einzigem Juristen der SPD-Fraktion für die Reichstagswahlen am 6. Juni 1920 eine Kandidatur auf der Reichsliste anbot. Ein Jahr später war R. Reichsjustizminister (bis November 1922), »der erste sozialdemokratische Reichsjustizminister« überhaupt. Er entfaltete eine äußerst segensreiche Wirkung, die hier nur durch drei Worte angedeutet werden kann: Entwurf eines neuen Strafgesetzbuches (StGB), Reichsjugendgerichtsgesetz, Zulassung der Frauen zu allen juristischen Berufen.
Warum eigentlich war R., der Sohn aus noblem Hause, der angehende Professor, Sozialdemokrat geworden? Er selbst hat die Frage beantwortet: »Mein soziales Grundgefühl war immer dies, es nicht besser haben zu wollen als andere«. Als prominenter Sozialdemokrat wurde R. im Frühjahr 1933 von den Nationalsozialisten seines Amtes enthoben. Er durfte aber im Ausland Vorträge halten. Im September 1945 wurde er in Heidelberg wieder in sein Professorenamt eingesetzt.
Die geistige Grundlage seines politischen Wirkens lag denn auch in seiner Rechtsphilosophie (*Grundzüge der Rechtsphilosophie*, 1914; *Rechtsphilosophie*, 1932). R.s Rechtsphilosophie ist eine Brücke, die die antagonistischen Positionen von gestern überspannt, sie hat ihren Standort »jenseits von Positivismus und Naturrecht«. Das erhellt sich ganz deutlich aus seinem Rechtsbegriff. Dieser Rechtsbegriff war von Anfang an ein wertbezogener Begriff, der besagt, daß das Recht die Wirklichkeit ist, die den Sinn hat, dem Rechtswert,

d.h. der Gerechtigkeit zu dienen. Das ist von grundlegender Bedeutung, weil sich bereits hier beim Rechtsbegriff zeigt, daß R.s spätere Lehre vom »gesetzlichen Unrecht« schon in der *Rechtsphilosophie* von 1932, genau genommen sogar schon in den *Grundzügen der Rechtsphilosophie* von 1914 angelegt war.

R. war von seiner Rechtsdefintion her gehalten, über die »richtigen Inhalte des Rechts« zu philosophieren und also eine »Theorie der Gerechtigkeit« zu entwickeln. Und das ist das Neue an seinem Konzept, der Durchbruch zu einer »materialen« Rechtsphilosophie. Seit Hegels Tod hatte es das, von wenigen Außenseitern abgesehen, nicht mehr gegeben. Die Rechtsphilosophie war zur »Allgemeinen Rechtslehre«, die es nur noch mit den Formen, den Begriffen, den Strukturen des Rechts zu tun hatte, verebbt.

Das war freilich auch R.s Auffassung. Dennoch wich er der Frage nach den Rechtsinhalten nicht aus. Der Preis, den er für die Materialisierung der Rechtsidee hat zahlen müssen, ist der »werttheoretische Relativismus«. Dieser Relativismus ist viel gescholten worden, indessen hat keiner der Kritiker zu sagen vermocht, wie man ihn überwinden, das heißt wie man zu sicheren Werturteilen gelangen könne. Abgesehen davon ist es ein Mißverständnis, R.s Relativismus und seine Toleranz als gleichbedeutend mit einem ethischen Indifferentismus zu erachten. »Verantwortung und Entscheidung« spielten in seiner Philosophie eine außerordentlich große Rolle. Gleich Goethe galt auch ihm als Losung nicht: Erkenne dich!, sondern: Erprobe dich! Liest man seinen 1934 in Lyon gehaltenen Vortrag *Der Relativismus in der Rechtsphilosophie*, so kann man geradezu von einem kämpferischen Relativismus sprechen. Aber R. lehnte es, ähnlich wie Max Weber, ab, subjektive Werturteile als Erkenntnisse auszugeben.

Relativismus hieß für ihn vor allem »Toleranz« und »Demokratie«. Toleranz nahm in R.s Persönlichkeit eine ganz zentrale Stellung ein. Dabei hatte R. Toleranz und Demokratie ursprünglich absolut genommen. Die Mehrheit im Staat kann alles, sie kann sogar die Demokratie und das Mehrheitsprinzip beseitigen. 1934 hörte sich das dann aber anders an: »Die Demokratie kann alles tun – nur nicht endgültig auf sich selbst verzichten. Der Relativismus kann jede Meinung dulden – außer der Meinung, welche behauptet, absolut zu sein (...) Relativismus ist die allgemeine Toleranz – nur nicht Toleranz gegenüber der Intoleranz.« Damit war der Durchbruch zur »materialen Auffassung der Demokratie« erfolgt. Das führte ganz konsequent zur Anerkennung vorstaatlicher Menschenrechte, zumal zur Achtung der Menschenwürde und damit zum Vorrang des ebenfalls material verstandenen Rechtsstaatsgedankens vor dem Demokratiegedanken. Der berühmt gewordene Aufsatz *Gesetzliches Unrecht und übergesetzliches Recht* vom Jahr 1946 schließt mit dem Satz: »Demokratie ist gewiß ein preisenswertes Gut, Rechtstaat aber ist wie das tägliche Brot, wie Wasser zum Trinken und wie Luft zum Atmen, und das Beste an der Demokratie gerade dieses, daß nur sie geeignet ist, den Rechtsstaat zu sichern.«

Bonsmann, P.: Die Rechts- und Staatsphilosophie Gustav Radbruchs. Bonn (2. Aufl.) 1970. – Hippel, F. v.: Gustav Radbruch als rechtsphilosophischer Denker. Heidelberg, Tübingen 1951. – Kaufmann, A. (Hg.): Gustav-Radbruch-Gesamtausgabe in 20 Bänden. Heidelberg 1987ff. – Kaufmann, A.: Gustav Radbruch – Rechtsdenker, Philosoph, Sozialdemokrat. München, Zürich 1987. – Spendel, G.: Jurist in einer Zeitwende; Gustav Radbruch zum 100. Geburtstag. Heidelberg 1979.

Arthur Kaufmann

Rade, Martin (Pseud.: Paul Martin)

Geb. 4. 4. 1857 in Rennersdorf/Oberlausitz; gest. 9. 4. 1940 in Frankfurt a. M.

1882 zum Pfarrer in Schönbach bei Löbau gewählt, entwickelte R. unter dem theologischen Einfluß von Albrecht Ritschl und vor allem von Adolf Harnack (dessen persönlicher Schüler und Freund er in Leipzig geworden war) ein Sendungsbewußtsein, in welchem »Lutherfreude« und »evangelische« Frömmigkeit sich mit der Aufgeschlossenheit für bibelkritische und dogmenhistorische Resultate verknüpften. R.s politische Anschauungen wurden geprägt von Friedrich Naumann, mit dessen Schwester Dora er verheiratet war.

R.s wichtigste Gründung war die Zeitschrift *Die Christliche Welt*, die als *Evangelisch-Lutherisches Gemeindeblatt für die gebildeten Glieder der evangelischen Kirchen* ab 1887 erschien. R., damals noch Pfarrer im sächsischen Schönbach, verlegte 1892 seine Pfarrer-Wirksamkeit nach Frankfurt am Main, wo er sich gezielt der sozialen Frage zuwandte. »Soll«, so fragte er, »die Kirche sich für alle Fälle als ›erhaltende Macht‹ beweisen? Nach der alten bösen Formel ›Thron und Altar!‹, die R. »als solche für nicht älter als 1848« hielt? »Oder hat sie nicht vielmehr die einfache Pflicht, unter allerlei Volk, auch unter der Sozialdemokratie, dem Evangelium eine Stätte zu bereiten ?«

Mit einem Vortrag *Die sittlich-religiöse Gedankenwelt unserer Industriearbeiter* von 1898 nahm R. aktiv an der Arbeit des Evangelisch-Sozialen Kongresses teil. »Luther, Naumann, Göhre [Paul G.: 1892–1894 Generalsekretär des Ev.-Soz. Kongresses, später sozialdemokratischer Politiker; der Verf.] sind drei hochstämmige Apfelbäume, allem Wind und Wetter ausgesetzt, mit zwar etwas herben, aber festen Früchten, herrliche Dauerware.« An diesem Ausspruch eines Arbeiters zeigte R., »auch diese Schicht, die Industriearbeiterschaft« müsse »ihre Pastoren haben«, die für ihre Rechte und Interessen eintreten. »Respekt und Liebe« müßten sie gegenüber den Arbeitern bekunden. Freilich war R. Realist genug, die Möglichkeit einer Diktatur des Proletariats in der Art, wie sie später im Sowjetstaat Wirklichkeit wurde, schon 1898 vorauszusehen. Dergleichen sei keineswegs zu wünschen und auch nicht »aus einer Art von religiösem Fanatismus herbeizusehnen«, wohl aber müsse das Christentum sich einer solchen »Feuerprobe für die Religionen« stellen.

Im Wintersemester 1899/1900 an der Universität Marburg in Systematischer Theologie habilitiert, wurde er erst 1921 Ordinarius. Kraft seines fast maßlos »impressionablen« Geistes war er bemüht, allen neu aufkommenden Geistesrichtungen innerhalb und außerhalb der Kirche gerecht zu werden und sie für das Christentum fruchtbar werden zu lassen – in einem Spannungsbogen, der die Germanisierung des Christentums durch Arthur Bonus ebenso einschloß wie die Neubelebung von Mysterienerfahrung durch Rudolf Steiner und Friedrich Rittelmeyer. Kennzeichnend für R. war, daß er den neuzeitlichen Ketzern im Pfarrergewand – Christoph Schrempf, Carl Jatho und Gottfried Traub – eine besondere Liebe zuwandte und so zum energischen Gegner der kirchlichen Irrlehreverfahren wurde.

Solches Geltendmachen von Pluralität kann als »demokratieträchtig« verstanden werden; R.s *Christliche Welt* hätte dann jenen »öffentlichen Streit um die Wahrheit« vorexerziert, dem »die demokratische Staats- und Gesellschaftsform entspricht« (H. Zahrnt). R., der sich gern als »persönlich konservativ« (im religiösen Sinn) bezeichnete, hat freilich nicht vermieden, was der Berliner Theologe Julius Kaftan als »Liebäugelei mit dem modernen Menschen« bezeichnete, die sich zum Schaden der christlichen Lehrsubstanz auswirken könne. Als Mitglied der links-liberalen »Fortschrittlichen Volkspartei« (1910–1918) gab er die Losung aus, in den politischen Parteien »in Reih und Glied« mitzuarbeiten (*Unsere Pflicht zur Politik*, 1913): »Voraussetzung ist auf der ganzen Linie, daß die Tugend des beschränkten Untertanenverstands außer Kurs gesetzt ist. Das vollzieht sich auf deutsch-lutherischem Boden nicht so leicht«. Erst 1917, während des Ersten Weltkrieges, konkretisierte R. vor dem Hintergrund der Friedensresolution des Reichstags und der Auseinandersetzungen um die Abschaffung des preußischen Dreiklassenwahlrechts seine Position: »Wir wünschen unserem Volke, daß ihm endlich der volle Anteil an seiner Verwaltung und Regierung werde, der ihm gebührt (...). Eine Demokratisierung nach dem Muster der Weststaaten wünschen wir uns nicht.« R., der mit der kirchlichen Friedens- und Freundschaftsarbeit seines Freundes Friedrich Wilhelm Siegmund-Schultze eng verbunden war und sich gegen chauvinistische Praktiken in der Behandlung der Dänen in Schleswig-Holstein wandte, konnte sich nur schwer in die Kriegsbegeisterung des Jahres 1914 finden. Freilich ist seine »nur schüchterne Anzweiflung des nationalen Dogmas« alsbald Gegenstand einer Kritik »von links« durch die Schweizer Religiös-Sozialen unter der Federführung des jungen Karl Barth geworden, denen R.s Einspruch gegen den Kriegsgeist nicht genügte. Erst später, 1927, stimmte R. ein in den Weheruf des niederländischen Theologen Gerrit Jan Heering: »Wehe der Kirche, wenn sie sich noch einmal mit dem Krieg solidarisch erklärt!«

Im Jahr 1919 veränderten sich R.s politische Anschauungen. Er trat, über die Liste der Deutschen Demokratischen Partei (DDP) gewählt, in die Preußische Landesversammlung ein und erklärte, »die vollkommene Aneignung demokratischer Grundsätze« dränge sich seiner »Einsicht und Gewissenhaftigkeit immer mehr auf«. Sie werde ihm »immer mehr zur Existenzbedingung eines starken und umfassenden Christentums in unserem Volke«. Im DDP-Programm verfaßte er den Abschnitt »Kultur«. In der *Christlichen Welt* wollte er »die Bürger der demokratischen Republik mit starkem Verantwortungsgefühl für ihr erweitertes Staatsbürgertum (...) erfüllen«.

Als R. in seinem 47. Dozentensemester (1923) in Marburg zum ersten Mal die christliche Glaubenslehre im Ganzen zu behandeln hatte, formulierte er seinen Grundgedanken vom »königlichen Priestertum der Kinder Gottes« folgendermaßen: »Es handelt sich um keine Glorifikation des Einzelchristen, es handelt sich um die Stabilisierung eines ›Reiches‹ von Priestern, eines heiligen ›Volks‹, einer ›Gemeinde‹ von mündigen, freien Kindern Gottes« (*Glaubenslehre*. 3. Buch: Vom Geist, 1927). Das wurde mit Aussagen Luthers, mit Bibelworten und (für R. typisch) mit Gesangbuchstrophen belegt.

Die politische Konkretisierung dieses Gedankens brachte ihn mit religiösen Sozialisten wie Georg Wünsch in Verbindung, mit denen er sich durchaus solidarisch wußte, ohne doch seine »bürgerliche« Gebundenheit aufgeben zu können. So rückte er abenteuerlicherweise am Ende der Weimarer Republik in die Reihen der »Jungdeutschen« um Arthur Mahraun, die mit DDP-Resten und DVP-Splittern die Deutsche Staatspartei ins Leben riefen. Was ihn hier anzog, war die Verbindung von Antikapitalismus mit völkischer Romantik. Die Mitwirkung der Staatspartei beim »Ermächtigungsgesetz« 1933 führte zu seinem Parteiaustritt. Die nationalsozialistischen Machthaber entfernten ihn auf Grund des »Gesetzes zur Wiederherstellung des Berufsbeamtentums« am 28. November 1933 aus dem Staatsdienst und kürzten sein Ruhegehalt um 25 Prozent.

Gremmels, Chr.: Martin Rade, in: Schnack, I. (Hg.): Marburger Gelehrte in der ersten Hälfte des 20. Jahrhunderts. Marburg 1977, S. 403–418. – Rathje, J.: Die Welt des freien Protestantismus. Stuttgart 1952. – Schwöbel, Chr.: Martin Rade. Gütersloh 1980.

Arnold Pfeiffer

Raschke, Marie

Geb. 29. 1. 1850 in Gaffert; gest. 15. 3. 1935 in Berlin

Als »Barbarei« und als ein »Recht zur Erniedrigung des weiblichen Geschlechts« bezeichnete die Frauenrechtlerin R. 1896 das bestehende und das geplante neue deutsche Recht, vor allem das Familienrecht mit den Schwerpunkten Ehe- und Elternrecht. Es beruhe auf den barbarischen Prinzipien des Gewaltrechts. Die Frau werde von diesem wirtschaftlich in Abhängigkeit vom Mann gezwungen. Hieraus ergebe sich ihre Gehorsamspflicht. Grundlage für jenes Verhältnis sei letztlich die körperliche Überlegenheit des Mannes über die Frau. So kam R. zu dem Ergebnis, daß »das deutsche Volk am Ende des 19. Jahrhunderts noch ein Barbarenvolk ist; denn die eine Hälfte desselben gehört zeitlebens zu den Unmündigen und Unterdrückten, ist also unfrei, und die Unterdrücker sind die Barbaren«. Solche Aussagen waren charakteristisch für eine der führenden und aktivsten Frauenrechtlerinnen. Mit großem Engagement und in plastischer Sprache wollte R. die Frauen zum Kampf für ihre Rechte aufrütteln und die Männer zum Nachdenken über ihre Vorrechte bewegen.

Als Tochter eines Rittergutsbesitzers auf dem flachen Land bei Stolp (im heute polnischen Pommern) geboren, erhielt R. Privatunterricht. Nachdem sie 29 Jahre im elterlichen Haushalt zugebracht hatte, vollzog sie einen abrupten Wechsel. Sie zog nach Berlin, bestand nach kurzer privater Vorbereitung das preußische Lehrerinnenexamen und wurde anschließend Lehrerin an einer privaten höheren Mädchenschule. Zum Schuljahr 1883/84 wechselte sie in den städtischen Schuldienst, in dem sie die nächsten anderthalb Jahrzehnte tätig war. Sie setzte sich dort für eine bessere Gestaltung der Mädchenschulen ein und gehörte zu den Mitgründerinnen des »Vereins Berliner Volksschullehrerinnen«. In dieser Zeit entwickelte sie organisatorische Interessen und Fähigkeiten, die ihr später bei den Kämpfen der Frauenbewegung zugute kommen sollten.

Seit Anfang der 90er Jahre befaßte sich R. mit den Problemen, die mit dem entstehenden Bürgerlichen Gesetzbuch auf die Frauen zukamen. Die Reichsverfassung von 1871 sah ein einheitliches bürgerliches Recht für das ganze Land vor, und eine Reihe von Kommissionsvorschlägen wurde der Öffentlichkeit vorgestellt. In die Diskussionen begann auch die sich formierende Frauenbewegung einzugreifen, die mit dem Bekanntwerden des Ausmaßes der Benachteiligung der Frauen auch im neuen Recht weiteren Zulauf erhielt. 1894 trat R. dem Verein »Frauenwohl« bei. Sie verfaßte eine umfangreiche Übersicht über die »Schädigungen des minderberechtigten weiblichen Wesens« im geplanten Gesetzbuch und stellte erfolgreich den Antrag, der Verein solle »einen allgemeinen Protest der deutschen Frauen gegen den Entwurf des Familienrechts eines neuen Bürgerlichen Gesetzbuches für das Deutsche Reich veranlassen«. Das Ergebnis war die 1895 veröffentlichte Schrift *Die Frau im neuen bürgerlichen Gesetzbuch*, der im folgenden Jahr weitere Publikationen folgten.

Im Herbst 1895 begann für die Frauenbewegung eine turbulente und kämpferische Zeit. Es galt, die Aufnahme derjenigen Bestimmungen in das Gesetzbuch zu verhindern, die im letzten Entwurf vom Oktober 1895 vorgesehen waren und die die Abhängigkeit der Frau vom Mann festschreiben würden. So war beispielsweise geplant, daß der Ehemann in allen das gemeinschaftliche eheliche Leben betreffenden Angelegenheiten das Entscheidungsrecht erhielt, daß er jedes Arbeitsverhältnis seiner Frau bewilligen oder kündigen konnte, daß er Verwaltungs- und Nutznießungsrecht über das Vermögen seiner Ehefrau erhielt, daß er allein die elterliche Gewalt ausübte und ihm in Erziehungsfragen das letzte Wort zustand, und daß er allein der rechtliche Vertreter der Kinder war.

Im Mai 1896 zur Vorsitzenden der Rechtskommission des »Bundes deutscher Frauenvereine« gewählt, trieb R. die Proteste voran. Ein Aufruf an die deutschen Frauen und Männer wurde verbreitet, eine Resolution an den Reichstag fand 50 000 Unterschriften, eine Volksversammlung in Berlin bildete den Abschluß. Der Einsatz der Frauenbewegung blieb jedoch ohne Ergebnis. Die Einwände wurden von der Mehrheit der (ausschließlich männlichen) Mitglieder des Reichstages nicht zur Kenntnis genommen oder verworfen, und das Bürgerliche Gesetzbuch wurde im Juli 1896 verabschiedet.

Rechtskenntnisse hatte sich R. bislang im Selbststudium angeeignet, als sie sich – weiterhin als Lehrerin tätig – im Wintersemester 1896 an der Berliner Universität als Gasthörerin für Jura einschrieb. Das Ziel, das sie damit verfolgte, beschrieb sie in einem programmatischen Zeitschriftenbeitrag unter dem Titel »Das Rechtsstudium der Frau«. Sie trat darin für das Schulfach »Gesetzeskunde« ein und forderte schon jetzt Frauen zum Jura-Studium auf, obwohl »noch ein, zwei oder gar drei Generationen dahinsterben« müßten, ehe »eine Juristin als Richter oder Anwalt« zugelassen würde. Und da zu dieser Zeit Frauen in Deutschland noch nicht einmal zu einem regulären Jura-Studium zugelassen waren und dementsprechend keine Prüfung ablegen konnten, schloß R. 1899 ihr Studium in Bern mit der Promotion ab. Nach Studienende übte R., die unverheiratet und kinderlos blieb, den Beruf der Lehrerin nicht weiter aus. Sie gründete 1900 eine *Zeitschrift für populäre Rechtskunde* und gewann bekannte Juristen zur Mitarbeit. Im selben Jahr schuf sie eine »Centralstelle für Rechtsschutz« in Berlin. An die Stelle von Aufklärung über männliche Vorherrschaft trat nun das Ziel, »das Volk mit den bestehenden Rechtsvorschriften bekanntzumachen«. R. veröffentlichte ein Vielzahl volkstümlicher Darstellungen der verschiedenen Rechtsgebiete (*Populäre Rechtskatechismen, Rechtsbücher für das deutsche Volk*) und entwickelte außerdem ökonomische Fähigkeiten. So wurde sie 1908 Aufsichtsratsvorsitzende der in diesem Jahr entstandenen »Frauenbank« und 1914 Schriftleiterin der Zeitschrift *Frauenkapital* (die entgegen ihrer urprünglichen Absicht – »kein Geld für kriegerische Zwecke« – nach Ausbruch des Krieges ihre Leserinnen zur Kriegsfinanzierung aufrief).

R. gehörte 1918 zu den Gründerinnen des »Juristinnenbundes«, der den Zugang von Frauen zu Justiz und Anwaltschaft durchsetzen wollte. Ungeachtet eines Gesetzes, das zwar 1922 Frauen in diesen Berufen den Männern gleichstellte, konnten aber angesichts des zähen Widerstandes der Justizbürokratie sowie der Interessenverbände der Richter und Rechtsanwälte nur relativ wenige Frauen eine solche Tätigkeit aufnehmen. Der »Juristinnenbund« wurde 1933 sogleich aufgelöst.

In den beiden letzten Lebensjahren R.s setzte das systematische Herausdrängen der Frauen aus den wenigen juristischen Stellen ein, die sie während der Weimarer Republik gegen alle Hemmnisse hatten einnehmen können. Die von R. und der Frauenbewegung bekämpften Bestimmungen des Bürgerlichen Gesetzbuches waren, in der DDR bald aufgehoben, in der Bundesrepublik noch bis zum Gleichberechtigungsgesetz von 1957 und der folgenden, die Gleichberechtigung allmählich durchsetzenden Rechtsprechung in Kraft.

Berneike, C.: Die Frauenfrage ist Rechtsfrage. Die Juristinnen der deutschen Frauenbewegung und das Bürgerliche Gesetzbuch. Baden-Baden 1995.

Andreas Kaiser

Rathenau, Fritz

Geb. 9.7.1875 in Berlin; gest. 15.12.1949 in Bilthoven/Niederlande

»Als ich das Zimmer des Präsidenten am 8. Januar 1935 verließ, wußte ich, daß meine Berufstätigkeit ihr Ende gefunden hatte.« Mit diesen Worten beschrieb R. in seiner (unveröffentlichten) Autobiographie seine bevorstehende Entlassung aus dem Staatsdienst nach mehr als vier Jahrzehnten Beamtentätigkeit »im Dienst von Reich und Staat«. R. entstammte einer Familie des assimilierten jüdischen Bürgertums. Er war ein Vetter des 1922 einem antisemitischen Mordanschlag zum Opfer gefallenen Außenministers Walther Rathenau. Nach seiner Schulausbildung auf dem konservativ-elitären Berliner Wilhelm-Gymnasium studierte R. in Berlin und München Rechtswissenschaften und promovierte 1896 mit der Arbeit *Zur Lehre vom fortgesetzten Verbrechen.* Nach seinem Studium arbeitete R. u.a. als Assessor und Amtsrichter in Berlin. In dieser Zeit heiratete er Sophie Dannenbaum, die Tochter eines Kommerzienrats.

Im Jahre 1909 zum kaiserlichen Regierungsrat ernannt, war R. von da an im Patentamt und im Statistischen Reichsamt im Status eines Reichsbeamten tätig. Von 1911–1922 engagierte er sich im 1911 unter seiner Mitwirkung gegründeten Verein »Recht und Wirtschaft«. Neben seiner Funktion als Schriftführer des Vereins fungierte er als Schriftleiter der gleichnamigen Zeitung. Seine Aufgabe sah der Verein darin, das Rechts- und Wirtschaftsleben durch Diskussion und gegenseitige Anregung zu fördern. Neben Juristen zählte »Recht und Wirtschaft« auch Industrielle, Kaufleute und Künstler zu seinen Mitgliedern.

Die revolutionären Ereignisse von 1918 erlebte R. als »das Niederreißen des Bewährten«. Nach dem Aufruf des neuen Reichskanzlers (seit dem 9. November), Friedrich Ebert (SPD) vom November 1918 an alle Beamten, auch dem neuen Staat ihre Dienste zur Verfügung zu stellen und »Deutschland nicht der Anarchie und dem schrecklichsten Elend auszuliefern«, stand R. vor der Alternative, als kaisertreuer Beamter seine Tätigkeit aufzugeben oder sich in den Dienst der Republik zu stellen. Dem traditionellen Pflichtbegriff und seiner »Vaterlandsliebe« gehorchend, war er bereit, sich zur »Rettung des Vaterlandes« der Republik gegenüber loyal zu verhalten.

Die Beseitigung der alten Herrschafts- und Besitzverhältnisse durch ein revolutionäres Rätesystem lehnte R. ab. Er plädierte für die Einberufung einer Nationalversammlung, um jegliche Klassendiktatur zu verhindern, forderte aber eine Partizipation der werktätigen Bevölkerung an der Staatsmacht. Die neue Zeit benötige eine neue »organische« Auffassung von Gesellschaft, Staat und Wirtschaft. In einer moderaten Ausgestaltung des Rätegedankens sah R. jedoch die einzige Rettung vor dem

Bolschewismus, den er im Interesse des Ganzen, der Nation, fürchtete. »Der Kerngedanke der Räte liegt«, so formulierte er in seiner Schrift *Parlament und Räte* (1919), »in der Mitbeteiligung und Mitverantwortung des gesamten werktätigen Volkes am Neuaufbau unserer wirtschaftlichen und politischen Macht«. Nur dann und nur insoweit handele es sich auch um eine demokratische Einrichtung. Das politische Ziel R.s: die Sammlung aller »positiven Kräfte«, ohne Ansehen des Standes und des Bekenntnisses, zum Wiederaufbau des Vaterlandes. Parteipolitisch mündeten seine Auffassungen in die Idee einer »Volksgemeinschaft«: »Könnten wir endlich zu einer Rechten, zu einer Linken und zu einer Zentrumspartei gelangen – alle drei etwa gleich an Stärke und Macht – so wären wir in der Lage, Fortschritte des Ganzen in vernünftigen, nicht sprunghaften Bahnen zu erzielen.« Nur eine konservative Partei in zeitgemäßer Gestaltung sei im Stande, einen Mittelpunkt für das Bürgertum abzugeben und damit eine Front gegen die »zersetzenden Gewalten der Jetztzeit« zu bilden, unter denen R. die extreme Rechte und Linke verstand.

Ab 1920 war R. als Ministerialrat im Preußischen Innenministerium tätig und gestaltete die Politik Preußens aktiv mit. Zu seinen Aufgaben als Leiter des Referats für Minderheiten und Ausländer gehörte die Betreuung der nach Deutschland einwandernden Ostjuden. S. Adler-Rudel, Leiter des Arbeiterfürsorgeamtes der jüdischen Organisationen, bescheinigte R. in diesem Zusammenhang »Verständnis für die Tragik des Schicksals der Ostjuden und im Rahmen der geltenden gesetzlichen Vorschriften einen ausgeprägten Gerechtigkeitssinn«. Mitte der zwanziger Jahre wurde R. Generalreferent für die (agrarprotektionistische) »Osthilfe« und vertrat als Referent für Minderheitenfragen Preußens Belange in deutschen Delegationen für den Völkerbund. Neben zahlreichen Zeitschriftenartikeln zur Minderheitenpolitik veröffentlichte R. Anfang der dreißiger Jahre – vor dem Hintergrund anhaltender Differenzen mit Polen – zwei Schriften: *Deutschlands Ostnot* (1930) und *Polonia Irredenta?* (1932). In ihnen behandelte er ausführlich das Verhältnis Preußens zur polnischen Minderheit und deren »Agitation« in Preußen. Die Polen in Preußen könnten staatsrechtlich, gemäß den internationalen Verträgen, nur als »polnische Preußen« im Sinne von preußischen Staatsbürgern bezeichnet werden. Die polnische Minderheit in Preußen akzeptiere diesen Status jedoch nicht und betreibe »nationale Wühlarbeit«, eine Art Irredenta. R. faßte seine Argumentation folgendermaßen zusammen: »Letzten Endes werden nicht falsch verstandener Patriotismus, nicht Nationalismus und nicht Chauvinismus, sondern Freiheitsliebe, Wahrheit und Gerechtigkeit den Sieg davontragen.«

Sowohl im Kaiserreich als auch in den ersten Jahren der Weimarer Republik huldigte R. als Beamter dem altpreußischen Grundsatz, ein Beamter müsse der gesamten Bevölkerung unparteiisch zur Verfügung stehen und dürfe nicht den Anschein der Parteigebundenheit erwecken. Bis 1926 gehörte er daher keiner Partei an. Aufgrund des politischen Drucks, dem er sich als parteiloser Beamter mehr und mehr ausgesetzt sah, trat er, schon immer ein Anhänger nationalliberaler Ideen, der »Deutschen Volkspartei« (DVP) bei. Er hielt in Sitzungen der Landtagsfraktion Vorträge aus seinem Arbeitsgebiet und gehörte der Beamtengruppe der Partei an. Als im Jahr 1930 ein Regierungspräsidentenposten neu zu besetzen war, erschien R. nicht auf der Vorschlagsliste der Partei, weil er als Jude für diesen Posten nicht in Betracht käme. Trotz dieser offen antisemitischen Begründung auf Seiten der Parteiführung trat R. zu diesem Zeitpunkt nicht aus der Partei aus, um sich nicht dem Vorwurf auszusetzen, er fühle sich zurückgesetzt. Nach Zuspitzung der innenpolitischen Verhältnisse Anfang der dreißiger Jahre und als führende Mitglieder der DVP immer offener zur Zusammenarbeit mit der extremen Rechten drängten, u.a. auf dem Treffen der »Harzburger Front« am 11. Oktober 1931, erklärte R. am 18. Oktober 1931 seinen Austritt aus der Partei, »da die Partei das von ihrem Gründer gewiesene Ziel, eine Mittelpartei darzustellen, aufgegeben hat, und da doch nach ihrem Anschluß an die rechten Flügelparteien, die Gewissenskonflikte, in die mich die Zugehörigkeit zu ihr mit meiner Konfession schon einmal gebracht hat, sich jetzt für mich zu Unerträglichkeiten steigern müssen«.

Im Februar 1933 übernahm Hermann Göring das Preußische Innenministerium, und R. wurde in Folge des »Gesetzes zur Wiederherstellung des Berufsbeamtentums« vom 7. April 1933, das die Entlassung aller im Sinne der neuen Machthaber »national unzuverlässigen« sowie aller jüdischen Beamten erlaubte, in die Bau- und Finanzdirektion versetzt. Dort war er bis zu seiner Zwangspensionierung im Jahre 1935 tätig. Seinem Selbstverständnis nach betrachtete R. sich in erster Linie als Deutscher und fühlte sich dem Judentum nur durch Geburt angehörig.

Nach dem Novemberpogrom 1938 emigrierte R. in die Niederlande. Eine Rückkehr nach Deutschland schloß er schon zu diesem Zeitpunkt aus, denn einen solchen Schock, wie ihn die Juden erlitten hatten, könne man weder vergessen, noch ungeschehen machen. In einem Volk, das den Nationalsozialismus so in sich aufgesogen habe, sei für Juden kein Platz mehr. Eine Trennung zwischen Volk und Führer habe es nicht gegeben und gebe es nicht; ohne das deutsche Volk seien die Taten des Führers unmöglich, und ohne den Führer würden sich nicht große Teile des deutschen Volkes daran beteiligen. 1943 wurde R. in den von den Deutschen besetzten Niederlanden verhaftet und in das Konzentrationslager Theresienstadt deportiert. Nach seiner Befreiung 1945 kehrte R. in die Niederlande zurück, wo er 1949 starb.

Adler-Rudel, S.: Ostjuden in Deutschland 1880–1940. Tübingen 1959.

Thomas Rink

Rathenau, Walther

Geb. 29. 9. 1867 in Berlin; gest. (ermordet) 24. 6. 1922 in Berlin/Grunewald

»Rathenaus Gestalt«, so formulierte der Philosoph Max Scheler, der 1917/18 für das Auswärtige Amt in Genf und im Haag tätig gewesen war, im Juli 1922 mit einem kritischen Seitenhieb auf die nun vorherrschende (u.a. vom Reichspräsidenten Friedrich Ebert betriebene) Monumentalisierung des Ermordeten zum »überzeugte(n) Vorkämpfer und Verfechter« der Demokratie, werde durch sein gewaltsames Ende »vielleicht mehr (...) verdeckt als erleuchtet.«

In der Tat läßt sich behaupten, daß R.s Verhältnis zur Demokratie komplizierter gewesen ist, als es ein auf seine Ministertätigkeit konzentrierter Rückblick vermuten läßt. Heute ist uns R. vor allem als Außenpolitiker präsent. Er gelangte aber sehr spät zu politischer Verantwortung und ließ lange Jahre gar keine ausgeprägten politischen Interessen erkennen. Noch der vierunddreißigjährige Rathenau, so urteilte später der mit ihm in dieser Zeit eng befreundete Schriftsteller und Kritiker des Wilhelminismus, Maximilian Harden, habe »fast nichts« von Geschichte und Politik gewußt.

Als Sohn Emil Rathenaus, des Firmengründers der Allgemeinen Elektrizitäts-Gesellschaft (AEG), die noch vor dem Ersten Weltkrieg zu einem internationalen Großkonzern avancierte, war es die Welt der Wirtschaft, die R.s Leben und Denken formte. Zunächst studierte er jedoch Mathematik, Physik, Chemie und Philosophie und schloß 1889 mit einer Doktorarbeit über *Die Absorption des Lichts in Metallen* ab. R. war dann in verschiedenen Industriebetrieben in führender Stellung tätig, bevor er 1903 einer der Direktoren der AEG und 1915, nach dem Tod des Vaters, Präsident des Aufsichtsrates wurde. Anders als sein Vater nahm der künstlerisch talentierte R. gegenüber der Wirtschaft eine zwiespältige Haltung ein: Als Unternehmer widmete er sich dem Aufbau von marktbeherrschenden Syndikaten, da er nur so das ökonomische Ziel einer weitestgehenden Rationalisierung für realisierbar hielt; als Schriftsteller versuchte er dagegen in seinen drei Hauptwerken *Zur Kritik der Zeit* (1912), *Zur Mechanik des Geistes* (1913), *Von kommenden Dingen* (1917), die problematischen Folgen des von ihm als »Mechanisierung« beschriebenen industriellen Fortschritts zu bilanzieren.

Nachdem R. seit 1897 bereits »alles Mögliche« (E. Schulin) zu Kunst und Kultur veröffentlicht hatte, begann er, sich zehn Jahre später auch der politischen Essayistik zuzuwenden. In seinem ersten politischen Zeitungsartikel, der unter dem Titel *Die neue Ära* 1907 erschien und bereits in nuce sein politisches Programm enthielt, verarbeitete er Erfahrungen, die mit seiner sozialen Stellung zusammenhingen. Denn sowohl als Jude, der sich weigerte, aus Karrieregründen zum Christentum zu konvertieren, als auch als Sohn eines Unternehmers, dem es gelungen war, seine Firma zu einem weltumspannenden Konzern auszubauen, vermochte sich R. nicht mit einer Gesellschaftsordnung zu identifizieren, die immer noch Herkunft über Leistung stellte. Durch seine berufliche Tätigkeit war ihm zwar der Aufstieg in die exklusive Spitzengruppe der einflußreichsten Industriellen und Bankiers gelungen, doch gerade seine hervorragende Stellung ließ ihn nur umso schärfer erkennen, daß im Zentrum der Macht der Einfluß des preußischen Agrariertums weiterhin vorherrschte. Bis zum Ende des Kaiserreiches forderte er immer wieder dazu auf, das deutsche Bürgertum seiner gesamtgesellschaftlichen Bedeutung entsprechend an der politischen Verantwortung zu beteiligen und mit der in Verwaltung und Militär besonders eklatant hervortretenden Bevorzugung des altpreußischen Adels zu brechen.

Wenn R. in seiner politischen Publizistik viel von »Volk« und »Volksstaat« sprach, plädierte er mit seiner Forderung nach veränderten Formen der sozialen Auslese jedoch »für eine ›Herrschaft der Besten‹, nicht für eine Herrschaft des Volkes« (H.D. Hellige). R., der von der »notorischen geistigen Minderwertigkeit der Massen, der Versammlungen, Repräsentationen und Kollegien« überzeugt war, hielt daran fest, daß die Lenkung von Staat und Wirtschaft einer aus wenigen hervorragenden Persönlichkeiten bestehenden und quasi autokratisch regierenden Leistungselite vorbehalten bleiben müsse. Der Staat war aufgefordert, durch entsprechende Sozialgesetzgebung feudale und kapitalistische Privilegien abzubauen und allen Volksschichten annähernd gleiche Bildungschancen zu bieten. Ferner warb R. dafür, qualifizierten Parlamentariern den Aufstieg in ein Regierungsamt zu ermöglichen. Auf diese Weise hoffte er, das auch von ihm kritisierte Niveau des Reichstags anzuheben und ihn gemäß dem bewunderten englischen Vorbild in eine Schule künftiger Staatsmänner umzubilden.

Wie er noch im Oktober 1918 in einem Aufruf deutlich machte, war sein Votum zugunsten einer »parlamentarisierte(n) Regierungsform« nicht als einfache Übernahme der in den westlichen Demokratien praktizierten parlamentarischen Regierungsform zu verstehen. Dem Parlament und den Parteien sollte nur ein »ausreichende(r)«, keineswegs aber der entscheidende Anteil an der Regierungsverantwortung gegeben werden. Wenn R. während des Krieges zumindest zeitweise mit der Militärdiktatur Erich Ludendorffs sympathisierte, 1919 den Rätegedanken mit seiner Idee einer in Fachparlamenten organisierten Selbstverwaltung der Wirtschaft zu verbinden suchte und schließlich in den zwanziger Jahren privat äußerte, die Monarchie sei eigentlich doch die beste Staatsform, so zeigt das, wie sehr es ihm fernlag, sich auf eine bestimmte Staatsform festzulegen. Da R. in keiner Herrschaftsform eine soziale Glücksgarantie enthalten sah, besaßen sie alle für ihn nur ein relatives Recht.

Bedeutsam war R.s Tätigkeit im Kriege. Da er nicht an einen kurzen Krieg glaubte und um die Abhängigkeit Deutschlands von Rohstoffimporten wußte, regte er beim Preußischen Kriegsministerium eine systematische Bestandsaufnahme und zentrale Verwaltung aller kriegswichtigen Rohstoffe an. Die im August 1914 gegründete und von R. bis März 1915 dem Kriegsministerium angegliederte Kriegsrohstoffabteilung trug entscheidend dazu bei, daß der sich für den Winter 1914/15 abzeichnende und vielleicht kriegsentscheidende Zusammenbruch in der Materialversorgung des Heeres vermieden wurde. Obwohl sich R. nicht an der allgemeinen Kriegsbegeisterung beteiligt hatte, paßte er sich doch, wie vor allem seine im Herbst 1916 an Ludendorff gerichteten Briefe belegen, dem militärischen Zweckdenken an und empfahl zugunsten der deutschen Rüstungsindustrie die Deportation von 700000 belgischen Arbeitern und rief noch nach dem Waffenstillstandsangebot der deutschen Regierung am 7. Oktober 1918 das Volk dazu auf, den Krieg fortzusetzen.

Nach dem Zusammenbruch der Monarchie hoffte R., als prominenter Kritiker des alten Systems bei der Neugestaltung von Staat und Wirtschaft an leitender Stelle mitwirken zu können. Sein Versuch, von der linksliberalen »Deutschen Demokratischen Partei« (DDP) als Kandidat für die Nationalversammlung aufgestellt zu werden, scheiterte. Seine Isolierung veranlaßte R. 1919 zu heftiger Kritik an der Weimarer Nationalversammlung. Fest davon überzeugt, selbst ein »neues, wissenschaftlich durchdachtes und begründetes, vollständiges Wirtschaftssystem« entwickelt zu haben, sah er in der Arbeit der nur zu pragmatischen Kompromißlösungen fähigen Nationalversammlung nichts anderes als Dilettantismus. Als Hauptkriterium politischer Befähigung galt ihm Sachkompetenz, die sich in einem (Zentral-)Parlament, das in seiner Zusammensetzung weltanschaulichen Bindungen und ökonomischen Interessen verpflichtet sei, nicht durchsetzen könne. Hatte R. vor der Revolution das Parlament als wichtigste Stätte der Elitenrekrutierung bezeichnet, so betonte er jetzt, daß jede »noch so beschränkte, aber halbwegs sachkundige Selbstverwaltung« bessere Leistungen erbringe.

Aus dieser Diagnose zog R. in seiner im Mai 1919 veröffentlichten Broschüre *Der neue Staat. Verfassungspolitische Konsequenzen.* Das aus Politikern bestehende (Zentral-)Parlament sollte die Gestaltung fast aller Bereiche der Innenpolitik einer Vielzahl von Fachparlamenten (u.a. für Wirtschaft, Soziales, Kultur) überlassen, die ausschließlich mit Sachverständigen zu besetzen wären.

R.s technokratisches Staatsmodell wurde begünstigt durch die im Gefolge des Versailler Vertrags hervorgerufenen Auseinandersetzungen um die wirtschaftliche Leistungsfähigkeit Deutschlands. R., der seit den Friedensverhandlungen zum kleinen Kreis der kontinuierlich vom Auswärtigen Amt eingeladenen Wirtschaftssachverständigen zählte und insbesondere auf der Konferenz von Spa im Juli 1920 außerordentliches Verhandlungsgeschick bewies, gelang es, enge Kontakte zu Joseph Wirth, einem der einflußreichsten Politiker des »Zentrums«, aufzubauen. Mit Wirth verband R. die Überzeugung, daß die Lage Deutschlands nur im Einklang mit den Siegermächten zu verbessern sei. Nachdem Wirth im Mai 1921 zum Reichskanzler ernannt worden war, beauftragte er R. zunächst als Wiederaufbauminister (ab Juni 1921) und nach Umbildung des Kabinetts als Außenminister (ab Januar 1922) mit der Leitung der deutschen Reparationspolitik. Durch weitgehende Erfüllung der Reparationsverpflichtungen sollte der gute Wille Deutschlands dokumentiert und ein Klima des Vertrauens geschaffen werden. R. betonte aber gleichzeitig, daß die Gesundung der internationalen Wirtschaftsbeziehungen nur durch eine flexible, jeweils am ökonomisch Möglichen orientierte Festsetzung der Reparationen zu erreichen sei.

Um die außenpolitische Isolierung Deutschlands zu überwinden, schloß R. am Rande der Weltwirtschaftskonferenz von Genua den deutsch-sowjetischen Vertrag von Rapallo (16. April 1922), der neben der wechselseitigen Anerkennung und dem Verzicht auf Reparationen bzw. Vorkriegsschulden wirtschaftliche und (geheime) militärische Zusammenarbeit vorsah.

Am 24. Juni 1922 wurde R., der Verständigungspolitiker und Jude, von Angehörigen der rechtsextremen »Organisation Consul« ermordet, nachdem eine große Anzahl von anderen Attentaten vorausgegangen war. Das daraufhin (am 21. Juli) vom Reichstag verabschiedete verfassungsändernde »Gesetz zum Schutz der Republik«, eine Art Anti-Terrorgesetz, wurde in den folgenden Jahren von der Justiz aber nicht umfassend angewandt, sondern vor allem gegen Organisationen der politischen Linken eingesetzt.

Eine deutsche Zeitung hat R. einmal als »das paradoxeste aller paradoxen Lebewesen des alten Deutschlands« bezeichnet – zumindest für den »Demokraten« R., der als Publizist nicht selten das kritisierte, was er später als Politiker unter höchstem Einsatz verteidigte, trifft diese Charakterisierung wohl zu.

Buddensieg, T. (Hg.): Ein Mann vieler Eigenschaften. Walther Rathenau und die Kultur der Moderne. Berlin 1990. - Kessler, H.: Walther Rathenau. Sein Leben und sein Werk (Erstdruck 1928), hg. und mit einem Nachwort und Anmerkungen versehen von Cornelia Blasberg. Frankfurt/Main 1988. - Schulin, E.: Walther Rathenau. Repräsentant, Kritiker und Opfer seiner Zeit. Göttingen 1979.

Stefan Meineke

Rebmann, Andreas Georg Friedrich (Pseud.: Justinus Pfefferkorn, Anselmus Rabiosus der Jüngere)

Geb. 23. 11. 1768 in Sugenheim/Mittelfranken; gest. 16. 9. 1824 in Wiesbaden

Als Sohn eines ansbachischen Finanzbeamten studierte R. in Erlangen und Jena die Rechte und promovierte 1789. Er wandte sich dann der Schriftstellerei und politischen Publizistik zu und veröffentlichte kritische und satirische *Briefe über Erlangen* und *Briefe über Jena* (1792 und 1793), den Ritterroman *Heinrich von Neideck* und die vierbändige Sammlung von Aufsätzen und Erzählungen *Nelkenblätter* (1792). Im Jahre 1792 ließ er sich in Dresden nieder, wo er die - der strengen sächsischen Zensur unterworfenen und daher politisch zahmen - Zeitschriften *Neue Dresdner Merkwürdigkeiten* und später *Der Allgemeine sächsische Annalist* redigierte. Nach einer Reise durch einige deutsche Teilstaaten publizierte er 1793 anonym *Kosmopolitische Wanderungen durch einen Teil Deutschlands*, die die Aufhebung der Leibeigenschaft forderten und in grellen Farben das Elend der handarbeitenden Stadtplebejer schilderten. Seine *Empfindsame Reise nach Schilda* (1793), *Hans Kiekindiewelts Reisen in alle vier Weltteile und in den Mond* (1794) und *Ludwig Wagehals* (1795) sind romanhafte, teilweise autobiographische anonyme Satiren über die Engstirnigkeit und Günstlingswirtschaft der deutschen Zwergdespotien. In den beiden letztgenannten utopischen Romanen sind Bruchstücke von Reden des Jakobiners Maximilien Robespierre eingeflochten, die dieser im Nationalkonvent, bzw. bei der Feier des »Höchsten Wesens« in Paris gehalten hatte.

Während sich die meisten deutschen Aufklärer seit der Hinrichtung König Ludwigs XVI. (1793) von der Revolution abwandten, radikalisierten sich R.s Auffassungen seit dem Auftreten der Sansculotten in der politischen Arena und dem Beginn der Jakobinerherrschaft in Frankreich. Als einer der leidenschaftlichsten Verfechter der Menschenrechte im deutschen Sprachraum entwickelte sich R. zu einem jakobinischen Agitator, der die revolutionären Aktionen der Massen gegen die traditionellen Gewalthaber guthieß. In den *Wahrheiten ohne Schminke* (1794) erklärte er die Ursachen des revolutionären Terrors als Antwort auf die Machinationen des Hofs, des Adels, der Geistlichkeit und der Interventionskriege der europäischen Mächte. Während der französischen Jakobinerherrschaft feierte er die Revolution als die »größte Begebenheit aller Jahrhunderte«. Er übersetzte Robespierres Rede über die jakobinische Außenpolitik vom 18. November 1793 und veröffentlichte sie anonym unter dem Titel *Neuestes Manifest der Frankenrepublik an alle Völker der Welt*. Darin erklärte der Chef des jakobinischen Wohlfahrtsausschusses, keinen Export der Revolution zu beabsichtigen, und warnte die »Tyrannen« der Nachbarstaaten, »jetzt könnten die Völker an der Reihe sein, die Könige zu strafen«.

R., der diese indirekte Aufforderung zu einer deutschen Revolution für »das wichtigste Aktenstück der Zeit« hielt, publizierte Robespierres Rede in zwei weiteren kommentierten Auflagen nach dem Sturz der französischen Jakobiner. In der dritten Auflage, die 1797 erschien, betonte er die Friedensliebe der jakobinischen Außenpolitik, um »alle Nationen von den Grundsätzen der französischen Republik und den Angriffen ihrer Feinde gegen die allgemeine Sicherheit der Völker zu unterrichten«.

Als Jakobiner verfolgt, verließ R. Mitte 1794 Sachsen und übersiedelte nach Erfurt, wo er gemeinsam mit dem Verleger Gottfried Leberecht Vollmer die Revolutionszeitschrift *Das neue graue Ungeheuer* herausgab. Dieses Journal prangerte nach R.s Worten »Zensur und Preßzwang, Militär-Despotismus, Elend mit Luxus verkleistert, Mätressenherrschaft, Pfaffenkabale, Bürokratie, unerschwingliche Abgaben« an.

Von den Behörden als »Anhänger und Verbreiter der rebellischen Grundsätze der Neufranken« verfolgt, entzog sich R. der drohenden Verhaftung und entkam ins dänische Altona, wo er bei den norddeutschen Jakobinern Friedrich Wilhelm von Schütz, Heinrich Würzer und ihren Freunden Zuflucht fand. Die von Vollmer und R. schon Mitte 1794 in Zusammenarbeit mit Schütz und dessen Stiefsohn Friedrich Bechthold begründete »Verlagsgesellschaft von Altona« publizierte 1795 bis 1800 mehr revolutionsfreundliche Schriften als jeder andere rechtsrheinische Verlag. In Altona verfaßte R. einen Bericht über seine Verfolgung und Flucht und *Bruchstücke aus meinem politischen Glaubensbekenntnis*, um die Zweck- und Sinnlosigkeit von Zensuredikten, Bücherverboten und Unterdrückung freimütiger Schriftsteller nachzuweisen. Er schrieb auch - wahrscheinlich gemeinsam mit dem zum

Demokratenzirkel gehörenden Theaterdirektor und Schriftsteller Johann Friedrich Ernst Albrecht – die Kampfschrift *Der politische Tierkreis oder die Zeichen unserer Zeit*, die auch den Titel *Das neueste graue Ungeheuer* trug und unter dem Pseudonym »Huergelmer« 1796 erschien. Dieses Buch, das die staatsphilosophischen und außenpolitischen Auffassungen der deutschen Jakobiner prägnant zusammenfaßte, erörterte die unüberbrückbaren Interessenwidersprüche der Privilegienordnung und wies nach, daß politische Verbesserungen nur durch revolutionäre Auflehnung gegen die alten Gewalten erreicht werden könnten: »Eine kleine und langsame Reform hält das Volk hin und wiegt es in Schlaf«.

Als die Erfurter Behörden seine Auslieferung verlangten, floh R. im Sommer 1796 über Amsterdam nach Paris. Er sandte J.F.E. Albrecht seine *Briefe auf einer Reise durch Holland und Frankreich* ein, die dieser in seiner Zeitschrift *Der Totenrichter* veröffentlichte. Von Paris aus redigierte R. die in der »Verlagsgesellschaft von Altona« erscheinenden Journale *Die Schildwache* (1796/97) und *Die Geißel* (1797 bis 1799). Die Auseinandersetzung, die R. in diesen Zeitschriften 1797/98 mit dem Altonaer Demokraten F.W. von Schütz über die Frage führte, ob das deutsche Volk oder die französischen Revolutionsarmeen die Befreiung Deutschlands von der Feudalherrschaft übernehmen sollten, bildete einen Höhepunkt jakobinischer Gesellschaftskritik. Während Schütz, der schon 1792/93 in seiner Revolutionszeitschrift *Niedersächsischer Merkur* die Franzosen als Befreier vom Despotenjoch begrüßt hatte, von der Unmöglichkeit und Aussichtslosigkeit einer autonomen deutschen Revolution überzeugt war, hatte R. in seinem Pariser Exil die Abwendung der französischen Direktorialregierung von den ursprünglich verkündeten demokratischen Revolutionsidealen kennengelernt. Er begriff, daß die französischen Machtträger an keiner Republikanisieurng Deutschlands interessiert waren, sondern mit den traditionellen Herrschern paktierten. In einer Flugschrift *Laterne für die mittlere Volksklasse*, deren vier Folgen auch in der Monatsschrift *Die Geißel* erschienen, rief er das deutsche Volk auf, sich gegen seine Willkürherrscher zu erheben. Die alte Losung: »Friede den Hütten, Krieg den Palästen« müsse wieder aufgestellt werden. Das deutsche Volk werde aus Überzeugung, bei einer Revolution nichts zu verlieren, sondern nur gewinnen können, »mit Riesenstärke den Kampf beginnen« und erkennen, daß es »auf keine fremde Hilfe, sondern nur auf seinen eigenen Willen« rechnen dürfe. Daher müsse die demokratische Neuordnung von den revolutionären Volksmassen, ohne Beistand der Franzosen, erkämpft werden. »Ein Volk muß seine Freiheit selbst erobern, nicht zum Geschenk erhalten!« rief der patriotische Jakobiner aus. Als Staatsform befürwortete er »eine Art von revolutionärer Diktatur, mit Mäßigung ausgeübt«. Er besaß unerschütterliches Vertrauen zum wachsenden politischen Bewußtsein des Volkes und hoffte noch im Oktober 1798 auf die Errichtung einer deutschen Republik: »Es ist wie ein Lauffeuer, dessen Verbreitung durch nichts mehr aufgehalten werden kann«.

Nach der Annexion des Rheinlandes durch Frankreich und dem Frieden von Campo Formio mit Österreich Ende 1797 wurde R. als ausgebildeter Jurist zum Richter in Mainz ernannt. In einer Schrift *Die Deutschen in Mainz* (1799) gab er seiner Empörung über die Mißhandlungen Ausdruck, die die Mainzer Klubisten nach der Kapitulation der Stadt durch die preußischen Eroberer (1793) zu erdulden hatten. R. fungierte als Präsident des Kriminalgerichtshofes in den Prozessen gegen die Räuberbanden des »Schinderhannes« (1803) und Damian Hessel einige Jahre später.

Seit dem Machtantritt Napoleon Bonapartes ebbte R.s politische Publizistik allmählich ab. Er wurde jedoch den Idealen seiner Jugend niemals untreu und hielt stets an der Überzeugung fest, daß der Kampf der französischen Revolutionäre gerecht gewesen sei und daß der Herrscher sich den von einer gewählten Volksvertretung beschlossenen Gesetzen zu unterwerfen habe. In einer seiner letzten Publikationen, den anonym erschienenen *Historisch-politischen Miszellen für unbefangene Leser*, die er 1805 anläßlich der Aufhebung des revolutionären Kalenders verfaßte, heißt es:

»Nein! Alles ist doch gewiß nicht vorübergegangen, was unsre Augen gleich einem vorüberfließenden glänzenden Meteor erblickten. Aus jeder ungeheuren Anstrengung menschlicher Kräfte folgt eine große Wirkung. (...) Wahrheiten, die im Drängen der Leidenschaften, im Gebrause der Volkswut am Ufer der Seine verlorengingen, wurden vielleicht am Gestade der Newa vernommen und tragen einst herrliche Früchte. Was wir mit Tränen säten, wird ein späteres Geschlecht mit Freude ernten.«

Nach Napoleons Sturz wurde R. in den Justizdienst Pfalzbayerns übernommen. Seine Hoffnungen galten nun dem Aufbau bürgerlicher, rechtsstaatlicher Verhältnisse im Linksrheinischen und der davon ausgehenden Ausstrahlung auf ganz Deutschland. Er starb als Oberpräsident des Appellationsgerichtshofs in Zweibrücken während einer Kur in Wiesbaden.

Grab, W.: Demokratische Strömungen in Hamburg und Schleswig-Holstein zur Zeit der ersten französischen Republik. Hamburg 1966. – Ders.: Ein Volk muß seine Freiheit selbst erobern. Zur Geschichte der deutschen Jakobiner. Frankfurt/Main 1984. – Kawa, R.: Georg Friedrich Rebmann (1768–1824). Studien zu Leben und Werk eines deutschen Jakobiners. Bonn 1980. – Voegt, H.: Die deutsche jakobinische Literatur und Publizistik. Berlin 1955.

Walter Grab

Rée, Anton

Geb. 9. 11. 1815 in Hamburg; gest. 13. 1. 1891 in Hamburg

Seine Lebensaufgabe sah R., ein Zeitgenosse des 19. Jahrhunderts, darin, den Kampf um die soziale und politische Gleichstellung der Juden mit dem Kampf um die »allgemeine« Volksschule zu verbinden. Um 1880 indes konnte man erkennen, daß die beiden Ziele in Wirklichkeit auseinanderdrifteten: Die Volksschule war, jedenfalls im Prinzip, auf den Weg gebracht, die Judenemanzipation dagegen, zunehmend bedroht durch eine rassistisch aufgeladene Judenfeindschaft, rückte in weite Ferne. Dennoch blieb R. hoffnungsvoll. Er glaubte bis zuletzt, wie es in einem Nachruf auf ihn im Januar 1891 hieß, an den »Fortschritt der bürgerlichen Gesellschaft auf der Grundlage religiöser und politischer Toleranz und liberaler Anschauungen«.

R. wurde am 9. Novemer 1815 in Hamburg geboren. Der Vater Isaak Berend Rée war Hofbankier des dänischen Königs, die Familie lebte in glänzenden Verhältnissen. Von einem Hofmeister, so bezeichnete man damals den Hauslehrer wohlhabender Leute, sorgfältig vorbereitet, besuchte R. in Hamburg die Gelehrtenschule des Johanneums und das Akademische Gymnasium. Dann begab er sich nach Kiel, um Philosophie zu studieren. 1837, mit 21 Jahren, promovierte er dort mit einer Dissertation über die hebräische Sprache. R. hatte zunächst beabsichtigt, sich ganz der Wissenschaft zu widmen, entweder als Privatmann oder als Universitätslehrer. Aber es kam anders. Durch eine Handelskrise ging das väterliche Vermögen verloren, und R. mußte sich nach einem praktischen Beruf umsehen. Der Vater hätte ihm gern eine Stelle im dänischen Staatsdienst besorgt, aber R. lehnte ab. Er wollte Schulmeister werden, Volksschullehrer. Bei dem geringen Ansehen, das der Beruf des Volksschullehrers in jener Zeit besaß, bedeutete R.s Schritt faktisch die Loslösung von der gesellschaftlichen Sphäre, der er entstammte, dem jüdischen Groß- und Bildungsbürgertum. Freunde und Verwandte schlugen die Hände über dem Kopf zusammen. Und völlig unbegreiflich war ihnen dann auch, daß der junge Doktor der Philosophie die Möglichkeit in den Wind schlug, eine reiche »Partie« zu machen, und statt dessen ein an materiellen Gütern armes Mädchen heiratete.

Am 1. Juli 1838 wurde R. für ein bescheidenes Gehalt Lehrer an der »Israelitischen Freischule« in Hamburg. Hier wirkte er, seit 1848 auch als Direktor, insgesamt über 50 Jahre, bis an sein Lebensende. An dieser Schule, seiner »pädagogischen Versuchsstation«, wie er sie selbst bezeichnet hat, entwickelte und und verwirklichte R. die allgemeine Volksschule, ein erzieherisches Programm, für das er auch politisch eintrat: als Mitglied der Hamburger »Konstituante«, der Verfassunggebenden Versammlung 1848 bis 1850, als Mitglied der Bürgerschaft 1859 bis 1871, 1867 als Mitglied des konstituierenden Reichstags des Norddeutschen Bundes und 1881 bis 1884 als Mitglied des Deutschen Reichstags. Er gründete und leitete die »Gesellschaft für soziale und politische Interessen der Juden«, eine demokratische Vereinigung, die im Revolutionsjahr 1848 eine bedeutende Rolle spielte. 1859 gründete R. zusammen mit anderen den »Verein für Gewissensfreiheit« und wurde dessen Vorsitzender. Am 13. Januar 1891 starb R. Unter seiner Leitung hatte die Israelitische Freischule den Namen »Stiftungsschule von 1815« angenommen. 1920 verstaatlicht und in »Anton-Rée-Realschule« umbenannt, wurde sie 1933, wenige Wochen nach dem Machtantritt der Nationalsozialisten, von der Oberschulbehörde aus dem Verkehr gezogen.

R.s pädagogische und politische Zielvorstellungen waren bereits zu Beginn der vierziger Jahre bis in die Einzelheiten hinein ausgeprägt. Sie waren ursächlich mit einer bestimmten Sicht der Judenfrage verknüpft, also der Beziehungen zwischen Juden und Nichtjuden. Die soziale Stellung der Juden in Hamburg war durch ein Reglement von 1710 festgelegt. Noch bis weit ins 19. Jahrhundert waren die Juden von den Zünften, d.h. von den angesehenen Handwerken, ausgeschlossen. Die Masse der Juden mußte sich mit Hausierhandel und Trödel durchschlagen. Alle Juden, auch die wohlhabenden Makler, Bankiers, Kaufleute entbehrten der Teilhabe an politischen Rechten, ein Mangel, der durch die in Hamburg verfassungsmäßig vorgeschriebene Verquickung von staatlicher und (lutherisch-)kirchlicher Ordnung noch verstärkt wurde. Solange die gesellschaftliche Trennung zwischen Juden und Christen bestand, stieß der Kampf um politische Gleichberechtigung auf klar erkennbare Grenzen. Die politische Emanzipation der Juden erlitt in Hamburg gerade dann empfindliche Rückschläge, wenn sie greifbare Erfolge zu zeitigen schien: jedesmal, insbesondere 1819, 1830 und 1835 kam es zu antisemitischen Ausschreitungen des »Pöbels«, geschürt durch Anstifter aus »besseren Ständen«, die hinter den Kulissen standen. Ob nicht die Erwartung, vernünftige Gesetze würden vernünftige gesellschaftliche Verhältnisse herbeiführen, zu optimistisch war? Die Anhänger der politischen Emanzipation in Hamburg hatten jedenfalls allen Grund, enttäuscht zu sein, und es verwundert nicht, daß selbst ein Gabriel Riesser, der wichtigste und tatkräftigste Vertreter dieser Richtung, einmal mit dem Gedanken spielte, in die Vereinigten Staaten auszuwandern.

In dieser Situation trat R. mit zwei programmatischen Schriften an die Öffentlichkeit, die den Zweck verfolgten, den jüdischen Befreiungskampf, die »jüdische Revolution«, wie sich R. ausdrückte, mit neuer Hoffnung zu erfüllen und voranzutreiben: 1844 erschien die Abhandlung *Die Sprachverhältnisse der heutigen Juden, im Interesse der Gegenwart und mit besonderer Rücksicht auf Volkserziehung* und zwei Jahre später der *Aufruf zu einer rascheren Förderung der jüdischen Angelegenheiten im Vaterlande.*

Darin bemühte R. die Geschichte, um nachzuweisen, daß der Kampf um bürgerliche Gleichstellung der Juden zwar auch künftig notwendig sei, die Juden ihr Hauptaugenmerk jedoch auf eine »soziale Umgestaltung« richten müßten: Erst wenn die »soziale Stellung« der Juden verbessert sei, werde der »Zwiespalt, in welchem die Gesamtheit der Juden mit ihrer Umgebung steht«, verschwinden. Mit dieser Auffassung sah sich R. in der Tradition der Französischen Revolution, als Nachfolger der »Jakobiner des Judentums«. Die jüdische »Bewegungspartei« hätte zwar die soziale Reichweite des Gegensatzes zwischen Juden und Nichtjuden erkannt, irrtümlich aber vorausgesetzt, daß zu dessen Überwindung »bloß ihr – Wille erforderlich sei, daß ferner die träge Menge sie verstehen und ihr folgen würde«. Nach dem Fiasko der Jakobiner konzentrierte sich R. zufolge die jüdische Revolution auf religiöse Reformen. Insofern sie darauf zielten, die Integration der Juden in die sie umgebende nichtjüdische Gesellschaft zu beschleunigen, scheiterten sie ebenfalls. »Wir fordern«, so betonte R., »für die Masse Kultur, die Reformatoren meinen noch immer den Kultus; das ist die weite Kluft zwischen ihnen und uns«. Im übrigen gleiche der fanatische Reformer dem Hyperorthodoxen darin, daß er denke, die besondere Konfession mache das Entscheidende für das ganze Leben aus und jede Bestrebung, die davon absehe, müsse alles Höheren bar sein. Demgenüber machte R. das Prinzip der Gewissensfreiheit geltend: »jede, unbedingt jede Erscheinung der Sittlichkeit, also auch jede Konfession muß zu ihrem Rechte kommen«. Der Kampf um die jüdische Emanzipation war nur Teil des Kampfes um die Emanzipation aller Menschen. Die Freiheit, so hat R. später einmal gesagt, ist unteilbar, sie ist »Freiheit für alle«.

Der Kampf für Emanzipation war zugleich Kampf gegen den Antisemitismus, gegen, wie sich R. ausdrückte, »Rassenfeindschaft«. Rassismus aber bestand aus nichts denn aus Vorurteilen, allerdings aus Vorurteilen, die auf Umwelteinflüsse zurückgingen und für viele zur »zweiten Natur« geworden waren. Es sei indes nicht damit getan, solche Vorurteile für Unrecht zu erklären, auf den Sieg der Moral zu vertrauen und der Überzeugung zu leben, daß andere etwas gut zu machen hätten. Die Juden müßten sich vielmehr »entschließen, selbstbestimmend einzugreifen«. Da nun aber die Judenfeindschaft, so R. weiter, durch die sprachlichen Eigenheiten der Juden, die »besondere jüdische Mundart«, den »Dialekt« – den damals üblichen Ausdruck »Mauscheln« vermied R. – genährt würde, müßten die Juden ihren Dialekt vollständig verbannen. Er sei weder notwendig mit dem Glauben verbunden, noch drücke sich in ihm eine eigene Nationalität aus. Die deutschen Juden gehörten der deutschen Nation an, »einer Gesamtheit, welche dieselbe Sprache redet«.

R.s Konzept der sozialen Emanzipation besaß eine Logik, die am Ende auf eine pädagogische und bildungspolitische Forderung hinauslief: auf das Bildungsziel des sozialen Lernens. Das soziale Lernen aber sollte so früh wie möglich beginnen – in der Volksschule. Die Volksschule war der Hebel, um nicht auf diese oder jene Lehrmeinungen und Gebräuche und nicht nur auf einzelne Menschen, sondern auf die ganze Masse sozialen Einfluß zu üben. Die Volksschule war, so verstanden, für die Juden, aber nicht nur für sie, der Weg, der aus dem »Lande der Sklaverei« in die Freiheit führte.

In Hamburg wie anderswo in Deutschland gab es in der ersten Hälfte des 19. Jahrhunderts neben Privatschulen zwar staatliche Armenschulen, darunter seit Beginn der 30er Jahre eine Strafschule, aber keine staatlichen Volksschulen. Von alters her hatte die Kirche die Aufsicht über das Schulwesen. Eine Einteilung der vorhandenen Schulen nach Lehrzielen und Lehrgegenständen fehlte. Ebenso fehlten gesetzliche Bestimmungen über Schulpflichtigkeit und Grenze des schulfähigen Alters sowie über die Berechtigung zum Lehrerberuf. Als im Zuge der revolutionären Ereignisse von 1848 in Hamburg eine Verfassunggebende Versammlung daran ging, die von der Frankfurter Nationalversammlung ausgearbeiteten Grundrechte des deutschen Volkes auf hamburgische Verhältnisse zu übertragen, da gehörte die Reform des Schulwesens zu den dringlichsten und daher am heißesten umkämpften Aufgaben. R. war Berichterstatter des Verfassungsausschusses und einflußreiches Mitglied des Schulausschusses. Im Plenum beantragte R.: »Der Staat soll für die Bildung der Jugend durch öffentliche Lehranstalten, namentlich durch allen Volksklassen gemeinsame untere und höhere Volksschulen (Primar- und Sekundarschulen) genügend sorgen«. Mit anderen Worten: eine Schule für alle, für alle Kinder im schulpflichtigen Alter ohne Rücksicht auf gesellschaftliches Herkommen, Glauben und Vermögen. Die Streitfrage entschied sich in der Versammlung am 2. Juni 1849. R.s Standpunkt der allgemeinen Volksschule setzte sich auf ganzer Linie durch.

Vorerst änderte sich freilich nichts. Die Revolution scheiterte. Unter dem Druck preußischer Truppen, die Hamburg, vom Senat herbeigewünscht, im Sommer 1849 besetzten, mußte die Konstituante weichen. Erst 1870 wurde in einem besonderen Unterrichtsgesetz die öffentliche Volksschule verankert, wobei R. wiederum eine bedeutende Rolle spielte. Aber die Abkoppelung der Mittelschule und der höheren Bürger-

schule war doch als ein Sieg der Kräfte zu betrachten, die die althergebrachten Vorrechte im Bildungsbereich zu erhalten wünschten.
Auch im konstituierenden Reichstag des Norddeutschen Bundes und im Deutschen Reichstag ist R. (als Mitglied der linksliberalen Deutschen Fortschrittspartei) für die Demokratisierung von Staat und Gesellschaft in die Bresche gesprungen. So verurteilte er 1867, drei Jahre vor Ausbruch des Deutsch-Französischen Krieges die Vorstellung, Frankreich sei der »Erbfeind« des deutschen Volkes, und fand, es sei nicht Aufgabe des Parlaments, Völker gegeneinander zu hetzen. 1882 brachte R. mit drei weiteren von insgesamt 59 Abgeordneten seiner Partei einen Antrag auf Aufhebung des Sozialistengesetzes (1878–1890) ein.
Was R. als Politiker versagt blieb, erfüllte er sich in seiner pädagogischen Versuchsstation, der Stiftungsschule von 1815. Dank R.s Begeisterungsfähigkeit und Tatkraft verwandelte sie sich von einer jüdischen Armenschule zur Heranbildung »brauchbarer Dienst- und Gewerbsleute« in eine Schule für Arme und Reiche, Juden, Christen und Konfessionslose. Als R. in die Schule eintrat, die »Judenschule« wurde sie verächtlich genannt, zählte sie 120 Schüler, als er 1891 starb, rund 750, die besuchteste Lehranstalt der Stadt. Begraben liegt R., der um 1860 aus der jüdischen Gemeide austrat, ohne zum Christentum zu konvertieren, nicht auf einem jüdischen Friedhof, sondern auf dem Ohlsdorfer Friedhof in Hamburg.

Asendorf,M.: Der Hamburger Pädagoge und Politiker Anton Rée. Ein Beitrag zum Verhältnis von Emanzipation und Bildung, in: Jahrbuch des Instituts für Deutsche Geschichte, Universität Tel-Aviv, Beiheft 6 (1984), S. 257–279. – Feiner, J.: Dr. Anton Rée. Ein Kämpfer für Fortschritt und Recht. Hamburg 1916. – Schlie, D.: Dr. Anton Rée, Zur Würdigung seiner Bestrebungen und Verdienste. Hamburg 1891.

Manfred Asendorf

Regler, Gustav

Geb. 25. 5. 1898 in Merzig/Saar; gest. 14. 1. 1963 in Neu Delhi

»Alles ist offen, und viele suchen. Die Philosophien sind schal geworden, die Monarchien ebenso leer wie die Diktaturen blutig, die Demokratien schwach und asthmatisch und die Kirchen hohl gepredigt.« So resümierte R. seine »Gralssuche« am Ende seines Lebens. Er hat eklatante Widersprüche des 20. Jahrhunderts durchlebt. Die Zerrissenheit R.s begann schon im Elternhaus, wo der strenge Katholizismus der Mutter auf die liberale Skepsis des Vaters, eines demokratisch gesinnten Buchhändlers, traf. Nach dem Abitur als Klassenbester wurde R. 1916 zur Pionierausbildung eingezogen und nahm in Frankreich am Ersten Weltkrieg teil. Eine Gasvergiftung, die er 1917 am Chemin des Dames erlitt, heilte er in der Nervenstation Waldbröl aus, aus der er ein Jahr später als »dienstunbrauchbar« entlassen wurde.
Sein Studium der Philosophie, Philologie und der Staatswissenschaften führte ihn 1918 nach Heidelberg, wo R. in den »Bund deutsch-nationaler Studenten« eintrat. Anfang 1919 kämpfte er in Berlin gegen Spartakisten, ehe er seinen Studienort nach München verlegte. Dort wechselte R., beinahe von heute auf morgen, seinen politischen Standort, wurde Mitglied der »Gruppe sozialistischer Akademiker« und engagierte sich in der Münchner Räterepublik (April 1919). Nach zwei weiteren Semestern in Heidelberg, wo er in den Bann der religiös-kultischen Lyrik Stefan Georges geriet, ging R. wieder nach München und promovierte dort 1922 mit einer germanistischen Dissertation über *Die Ironie im Werk Goethes* (1923). 1923 heiratete R. Charlotte Dietze, die Tochter eines Textilunternehmers. Als Juniorchef in dessen Konzern trug er die gewerkschaftsfeindliche Unternehmenspolitik des Schwiegervaters mit und gab sich ganz dem Leben großbürgerlicher Bohème hin. Der Versuch aber, seine Ehe als »freie Liebe« zu gestalten, scheiterte. R. trennte sich 1926 von seiner Frau, kehrte der »Scheinlogik einer Klassenmoral« den Rücken zu und kam als Redakteur zur der der »Deutschen Demokratischen Partei« (DDP) nahestehenden *Nürnberg-Fürther Morgenpresse.* Zwei Jahre später erschien sein Erstlingswerk *Zug der Hirten*, ein Moses-Roman, in dem R. die Bibel zu entmystifizieren und damit eine eigene Glaubenskrise zu bewältigen suchte.
Im gleichen Jahr besuchte R. die Künstlerkolonie Worpswede und lernte dort Heinrich Vogeler sowie dessen Tochter Mieke kennen, die seine Gefährtin und Ehefrau für die nächsten siebzehn Jahre wurde. Beide zogen 1929 in das Berlin-Wilmersdorfer Künstlerviertel. In diese Zeit fiel auch R.s Eintritt in die KPD. »Es gibt keine komplizierte, etwa ideologische Erklärung meines Beitritts zur Kommunistischen Partei. Alle Sicht wurde vereinfacht zu dem einen Satz: So kann es nicht weitergehen!«
In Willi Münzenbergs Verlag veröffentlichte R. 1932 seinen Zuchthausroman *Wasser, Brot und blaue Bohnen*, der einerseits »den Schrei des gequälten Gefangenen in die Welt brüllen«, andererseits als Parabel auf die Weimarer Republik deren Klassencharakter anprangern wollte. Nach dem Reichstagsbrand am 27. Februar 1933 floh R. nach Paris, wo er im Stab Münzenbergs am *Braunbuch über Reichstagsbrand und Hitler-Terror* mitarbeitete. Sein kirchenkritischer Roman *Der*

verlorene Sohn erschien im Amsterdamer Querido-Verlag. Der Tod eines Priesters in einem Bordell ist Ausgangspunkt dieser Abrechnung mit dem Katholizismus seiner Kindheit. Die Problematik brachte R. zum Ausdruck in dem Gegensatz zwischen dem Abtrünnigen Leon und dessen Jugendfreund Anatol, dem Sekretär des Bischofs, das eigene Renegatentum von der Kirche verarbeitend, sein späteres vom Kommunismus vorwegnehmend.

1934 unternahm R. eine Reise in die Sowjetunion, wo er am I. Allunionskongreß der Sowjetschriftsteller teilnahm. 1934 erschien auch sein Agitationsroman *Im Kreuzfeuer*, mit dem er neben seinem Engagement als Redner im Saar-Abstimmungskampf im Januar 1935 gegen den »Reichsanschluß« Stellung bezog. Noch vor dieser (nach dem Versailler Vertrag von 1919 vorgesehenen) Abstimmung, die zur Rückgliederung des Saargebietes an Deutschland führte, wurde ihm die deutsche Staatsbürgerschaft aberkannt.

1936 erschien *Die Saat*, ein historischer Roman, der die Bauernkriege und das Schicksal des revolutionären Bauernführers Joss Fritz als Analogie zum Widerstand gegen das Dritte Reich stilisiert. R. reiste im selben Jahr zum zweiten Mal in die Sowjetunion, auf Einladung des ZK-Mitglieds der Partei Lew Kamenew, der noch während R.s Aufenthalt den Moskauer Schauprozessen zum Opfer fiel. Ebenfalls 1936 trat R. in die Internationalen Brigaden des Spanischen Bürgerkriegs ein. Als Politischer Kommissar der XII. Brigade unterstand er direkt André Marty, dem Chef der Militärischen Abteilung. Die Verteidigung Madrids gegen die Franco-Truppen bestärkte ihn in der Überzeugung, daß Madrid mehr sei als die Hauptstadt Spaniens: »Es war die Stadt des berghohen Muts von allen und des abgrundtiefen Glaubens an das Recht des Volkes.« Bei Huesca, Nord-Spanien, wurde R. 1937 von einer Granate schwer verwundet. Kaum genesen, hielt er schon im gleichen Jahr eine Rede auf dem 2. Internationalen Schriftstellerkongreß in Madrid und begab sich im folgenden Jahr auf eine Reise in die USA, um für die Spanische Republik um Solidarität zu werben.

Literarisch verarbeitete R. seine Spanienerfahrungen in zwei Bürgerkriegsromanen, die beide erst postum publiziert wurden:. *Das große Beispiel* (1976) stellte er 1938 fertig, noch ganz unter dem Blickwinkel des auf republikanischer Seite engagierten Kommunisten. *Junita* (1986) ist der Versuch einer Neubewertung der Spanienerlebnisse nach R.s Bruch mit der kommunistischen Partei während des Zweiten Weltkrieges.

Nach Kriegsausbruch 1939 wurde R. zunächst in Paris, ab Mitte Oktober dann im Pyrenäenlager Le Vernet interniert. »Das Lager war ein Versuch Frankreichs, sein gutes Gewissen loszuwerden.« Tiefgreifender aber noch erschütterte ihn der Hitler-Stalin-Pakt: »Wir erwachten in dem Augenblick, als Ribbentrop im Kremlsaal Molotow die Hand schüttelte« (28. September 1939).

Auf Intervention des französischen Schriftstellers André Malraux, Ernest Hemingways und Eleanor Roosevelts, der Gattin des US-Präsidenten, wurde R. 1940 aus dem Lager Le Vernet entlassen. Er ging zunächst nach New York, später nach Mexiko. »Dies ist das Land der Widersprüche und der überraschenden Eruptionen«: So beschrieb R. die neue Wahlheimat, die ihm für die nächsten Jahre zum Spiegel seiner selbst wurde. In der mexikanischen Mythologie, die er in den Romanen *Vulkanisches Land* und *Amimitl* (beide 1947) literarisch verarbeitete, erkannte er – »die liberalen und christlichen Vorurteile hinter sich lassend« – sich und seine Zeit wieder. Entpolitisierung und Hinwendung zu indianischen Mythen, die R. im Heimkehrerroman *Sterne der Dämmerung* (1948) fortführte, sind Reaktion auf seinen öffentlichen Bruch mit dem Kommunismus, den er 1942 mit der dokumentarischen Kampfschrift *La G.P.U. prepara un nuevo crimen* endgültig besiegelte: »Etwas mehr als eine Abkehr vollzog sich; es war eine Rückkehr zur Individualität mit allen ihren Schatten und Lichtern, Launen und Einfällen, Lastern und Hoffnungen.« Die daraufhin einsetzende Diffamierungskampagne von Ernst Bloch und Egon Erwin Kisch, die R. als Gestapo-Agenten denunzierten, verhinderte seine Einreiseerlaubnis in die USA.

Nach dem Tod seiner Ehefrau Mieke 1945 mied R. öffentliche Auftritte und lebte zusammen mit Margret Paul, die er 1946 heiratete, als Farmer in Mexiko. Seine Wahlheimat verließ er erst wieder 1949 anläßlich eines Europabesuchs. Von 1952 bis 1955 hielt sich R. in verschiedenen europäischen Metropolen auf. Anläßlich der zweiten Saar-Abstimmung im Oktober 1955, die R. der von 1935 gleichsetzte, kehrte er nochmals zur Politik zurück. Mit der Essaysammlung *Journal d'Europe* (1956) polemisierte er scharf gegen den Anschluß der Saar an Deutschland (politische Eingliederung am 1. Januar 1957) und plädierte stattdessen für eine europäische Lösung.

Nach seiner Rückkehr nach Mexiko 1956 arbeitete R. an seiner Autobiographie, die zwei Jahre später unter dem Titel *Das Ohr des Malchus* erschien. Sie enthält stark apologetische Züge, traf aber auf ein westdeutsches Publikum, das dem Exkommunisten den Hang zur Selbststilisierung gerne verzieh. »Im Alter kehre ich zurück zu den religiösen Phänomenen und möchte nichts daraus ausschließen«: Die Beschäftigung mit Esoterik in seinen letzten Lebensjahren führte R. und seine Frau 1962 auf Reisen nach Griechenland, Libanon und schließlich Indien, wo er 1963 in Neu Delhi starb.

»Demokratie ist kein Endziel, aber eine unentbehrliche Zwischenstation«, lautete R.s vorläufiges politisches Resümee im 1942 geschriebenen Briefroman *Sohn aus Niemandsland* (1994 erschienen). Aber was das Endziel sei, mochte er nicht sagen. Er blieb bis zum Schluß ein Gläubiger, dessen religiöses Bedürfnis keinen ihn befriedigenden Inhalt fand: »Und ich kann nur wiederholen: alles ist offen.«

Rohrwasser, M.: Der Stalinismus und die Renegaten. Die Literatur der Exkommunisten. Stuttgart 1991. - Schock, R.: Gustav Regler - Literatur und Politik (1933-1940). Frankfurt/Main 1984. - Scholdt, G.: Gustav Regler 1898-1963: Saarländer - Weltbürger; Katalog zur Ausstellung. Lebach 1988.

Wolfgang Gruner

Reich, Philipp Erasmus

Geb. 1. 12. 1717 in Laubach in der Wetterau; gest. 3. 12. 1787 in Leipzig

R. war einer der bedeutendsten Original-Verleger der deutschen Aufklärung. Als Geschäftsführer der Leipziger Buchhandlung »Weidmann's Erben & Reich« publizierte er viele der Bücher, die Geschmack, Weltsicht, Wissenschaft und Verbesserungswillen der neuen kulturellen Trägerschichten repräsentierten. R. brachte Romane heraus, das »Massenmedium« des aufsteigenden Bürgertums, und er war einer der größten »Übersetzungsmanufakturisten«, der vor allem englische, aber auch andere westeuropäische Literatur in Deutschland bekannt machte. Er beschäftigte die berühmtesten Kupferstecher der Zeit als Illustratoren. Zu seinen Autoren zählten Christoph Martin Wieland, Christian Fürchtegott Gellert und die Philosophen Johann Georg Sulzer und Christian Garve. Er brachte Adam Smith, Jean Jacques Rousseau und den englischen Romandichter Samuel Richardson in deutscher Übersetzung heraus. Berühmt wurde R. als »Reformer des Buchhandels«, der maßgeblich dazu beitrug, daß die alten Handels-, Organisations- und Rechtsverhältnisse überwunden und die Voraussetzungen für einen enormen Anstieg der Buchproduktion geschaffen wurden. R. stellte damit die Weichen für jene bürgerliche Öffentlichkeit, die immer noch als Grundlage für einen demokratischen Diskurs gilt.

R. wuchs als Sohn des Hof-, Stadt- und Landarztes Johann Jakob Reich in der Residenzstadt des Kleinfürstentums der Reichsgrafen von Solms-Laubach (zwischen Frankfurt/Main und Gießen) auf. Über seine Jugend ist nicht viel bekannt. Sein Umfeld war von Reformierten und von Pietisten beeinflußt: 14jährig absolvierte er eine Buchhändlerlehre in Frankfurt, 1744 trat er in die Weidmann'sche Buchhandlung ein, deren Geschäftsführer er 1762 wurde und über vier Jahrzehnte blieb. Schon dies war ein Bruch mit der Tradition: Er kam nicht aus einer Buchhändlerfamilie und er heiratete nicht die Erbin des Geschäfts. R. gehörte offenbar schon während des Siebenjährigen Krieges (1756-1763) zu den angesehenen Leipziger Bürgern, reiste durch ganz Europa und knüpfte ein dichtes Netz aus freundschaftlichen und geschäftlichen Beziehungen weit über Deutschland hinaus. In den 70er Jahren war sein Haus ein Knotenpunkt der neuen Kommunikationsnetze. Er heiratete eine Weinhändlertochter, kaufte sich ein Schlößchen und führte einen Salon, in dem Schriftsteller und Künstler, hohe Beamte und Geschäftsfreunde verkehrten. Ihre Porträts ließ er (vorwiegend von Anton Graff) für seine Bildergalerie malen.

R.s Initiativen waren weniger planvolle Reformen, als ein Bündel von Maßnahmen, die zur Entstehung des »neuzeitlichen Buchhandels, des neuzeitlichen Verlegers, der neuzeitlichen Schriftsteller, des neuzeitlichen Publikums« beitrugen. Die wichtigsten Schritte dorthin waren der Übergang vom Tauschhandel (die Verlagsbuchhändler tauschten ihre Artikel gegenseitig) zum Nettohandel (Barzahlung), die Verlagerung der Messe von Frankfurt nach Leipzig (1764), der Kampf gegen Nachdrucker und Pfuscher und die Gründung der Ersten Buchhändler-Vereinigung in Deutschland (1765). R. wirkte daran mit, daß in Sachsen – als erstem deutschen Land und Zentrum des Bücherumschlags – mit dem Kursächsischen Mandat »den Buchhandel betreffend« vom 18. Dezember 1773 erstmals ein allgemeines Gesetz verabschiedet wurde, das anstelle von Privilegien und obrigkeitlichen Einzelentscheidungen ein Eigentumsrecht der Verleger anerkannte. Da R. als einer der ersten deutschen Verleger regelmäßig und verhältnismäßig hohe Honorare zahlte und die Bücher ungewöhnlich schön, mit Kupferstichen und Vignetten, gutem Druck und gutem Papier ausstattete, gilt er als Förderer der schriftstellerischen Emanzipationsbewegung, obwohl er ebenso energisch wie Nachdrucker und Pfuscher auch Selbstverlagsunternehmen der Autoren bekämpfte.

R. agierte als der konsequenteste Vertreter des Nettohandels, er saß in Leipzig, dem zunehmend wichtigen Bücherumschlagplatz und wurde Sprecher und Interessenvertreter der »norddeutschen« Großverleger. Er arbeitete eng mit den Reformern des sächsischen Absolutismus (spätestens 1772 als parti saxon, parti republicain und parti anglais bezeichnet) zusammen, die nach dem Ende des Siebenjährigen Kriegs das unternehmerische Bürgertum zur Mitarbeit aufforderten. Wo es ging, setzte er seine Vorstellungen im Einvernehmen mit der Obrigkeit, wo es nicht ging, als selbstbewußt handelnder Bürger durch. Seine Position verband ihn mit den Erneuerern auf der Bühne, in Konzertsälen und Comptoirs, mit Malern und Zeichnern an den neugegründeten Akademien, mit dem Bürgermeister in Leipzig, Beamter am Dresdner Hof, Predigern (der reformierten Gemeinde), mit Gelehrten an den Reformuniversitäten, Historikern, Ökonomen, Pädagogen und Poeten aus ganz Deutschland und vor allem auch der Schweiz. Seine Kontakte reichten zu Buchhändlern und Autoren in England,

Frankreich und Holland. Er brachte Übersetzungen z. T. binnen Jahresfrist heraus und gehörte zu jenen »Flügelmännern« (Goethe) und Mittlern, die - vielfach Außenseiter und Aufsteiger wie er - am sukzessiven Fortschritt zu mehr Gleichheit, Gerechtigkeit, Bildung, Wohlstand und Geschmack orientiert waren. Vorübergehend spaltete er die »Nation der Buchhändler« in - vor allem im katholischen Süden ansässige - Buchhändler, die ihre Ware Ballen gegen Ballen tauschten und vorwiegend im protestantischen Norden beheimatete Nettohändler. Mit seinem Bemühen um Rechtssicherheit vertrat er langfristig betrachtet, auch das Anliegen einer nationalen Literatur. Mit seinen nicht gerade zimperlichen Aktionen gegen »die schändlichen laster (...) nichtswürdiger stümper, ehrvergessener störer, niederträchtiger trödler und hausierer, verwegener projectemacher (...)« besiegte er zwar nicht den Nachdruck, spielte aber eine wichtige Rolle für die Präzisierung des Begriffs vom geistigen Eigentum.

Er setzte als ökonomisch potenter Kaufmann die Angehörigen der Landesregierung unter Druck, die beim Versuch, die Staatsfinanzen zu sanieren, auf die Einkünfte aus dem mittlerweile lukrativen Gewerbe angewiesen waren. Er appellierte an die Regierung, wo er sich von ihr Anhilfe erhoffte und war aus taktisch-ökonomischen Gründen gegen die Zensur. Wo er sich nicht durchsetzen konnte, hielt er sich (wenn auch unwillig) an die (mit der sächsischen Regierung bzw. den Reichsbuchhändlern) ausgehandelten Kompromisse. Die meisten seiner Autoren schätzten ihn als Freund und Verbündeten. Die Interessen des Kaufmanns und der Schriftsteller waren in seinem Umfeld noch eng verknüpft, Freundschaft und Geschäft kein Gegensatz.

R. hat sich kaum politisch geäußert, sondern sich praktisch und organisatorisch als radikaler Reformer betätigt, seine Schriften betreffen Probleme des Buchhandels und der Buchhändlerlehre. Lange Zeit als Held des Ressorts Buchhandelsgeschichte nur in Fachkreisen gewürdigt, wurden die sogenannten »Reich'schen Reformen« in der Diskussion um die »materielle Basis der Aufklärung« für die Sozialgeschichte entdeckt. Inzwischen gibt es kaum ein Werk über die Aufklärung und die qualitativen und quantitativen Veränderungen des Buchmarkts, in dem der Hinweis auf R. fehlt.

R.s erste aufsehenerregende Maßnahme war der Ankauf des Leipziger Meßkatalogs 1759. Dieses wichtige Mitteilungsorgan des Buchhandels erschien in einer Auflage von 1800 bis 2000 Stück und erreichte alle maßgeblichen Buchhändler. R. benutzte ihn fortan als Ankündigungs- und Informationsmittel. 1761, mitten im Siebenjährigen Krieg, kündigte R. als Reaktion auf die preußischen Münzmanipulationen radikale Preiserhöhungen an und stellte sich als Sprecher der »ehrenwerten Buchhändler« vor. 1764 gilt als Zäsur, mit der die Buchhandelsgeschichte die Konzentration des Buchmarkts im protestantischen Norden und die Herausbildung eines modernen literarischen Markts in Deutschland beginnen läßt. Zur Datierung dient ein Brief, in dem R. mit den Unterschriften von 14 Leipziger Buchhändlern eine Petition an den regierenden Administrator Prinz Xaver richtete, in der er erklärt: »In der letzten Messe habe ich und verschiedene andere Fremde von Frankfurt am Mayn Abschied genommen und die Buchhändler-Messen, so zu sagen, daselbst begraben«. Dieser Auszug war eher ein symbolischer Akt, der den Verfall Frankfurts und den Aufstieg Leipzigs besiegelte. R. läßt anklingen, daß die Leipziger Buchhändler entscheiden konnten, wo diese wichtige Messe und Einnahmequelle künftig ihren Sitz nähme. Im Jahr darauf gab R. die Gründung der Buchhandelsgesellschaft bekannt, die als Vorläufer des Börsenvereins des Deutschen Buchhandels (seit 1825) gilt. Als Medium und Organ der Selbstverständigung und Förderung der Ökonomie gehörte die Buchhandelsgesellschaft zu den frühen Sozietätsgründungen in Deutschland. Das Statut wurde von 56 Firmen aus ganz Deutschland (und aus Zürich) unterzeichnet. R. wurde zum Sekretär gewählt, er war und blieb deren Seele und verantwortete auch jenes »Grundgesetz«, mit dem sie sich als Selbsthilfe-Organisation mit quasi Exekutive eine für damalige Verhältnisse unerhörte Eigenmächtigkeit anmaßte: Beanspruchte sie doch, Nachdrucker, Hausierer, Trödler und Pfuscher selbst zu verfolgen.

R. war ein radikaler Reformer, der, wie viele seiner Generation auf verschiedenen Gebieten im Schoß des aufgeklärten Absolutismus Neuerungen durchsetzte und sich dadurch etablieren konnte. Er hat den Geschmack, die Tugenden, Ausdrucksformen und Verhaltensweisen der städtischen Mittelschicht mitgeformt und die Emanzipation des dritten Standes befördert. Er schloß Schriftsteller, Verleger, Kupferstecher, Übersetzer und Korrektoren, die Gelehrten aus verschiedenen Städten und schließlich das Publikum enger zusammen. Er stellte die Tätigkeiten, Pflichten und Rechte der Autoren auf die Grundlage freier Verträge gleichberechtigter Partner und ermöglichte ihnen - soweit es die deutschen Verhältnisse zuließen - frei zu schreiben. Er formulierte die Ehre eines aufgeklärten, modernen und das heißt kapitalistisch denkenden Buchhändlers, organisierte und transportierte die öffentliche Meinung als großräumig disponierender, effizienter Kaufmann. Er ließ Schriftsteller als eine Art Lektoren für sich arbeiten; soweit bekannt, hat R. sich (anders als sein Kollege und Geschäftsfreund Friedrich Nicolai) in literarische Dinge nicht eingemischt. Sein Terrain war der Buchhandel, er kämpfte in der Überzeugung, daß die »Republik der Buchhändler« mit ihren professionellen Kenntnissen das allgemeine Wohl am besten beförderе.

Am Ende seines Lebens sah er ein, daß kein einzelner deutscher Fürst imstande war, »die Rechte des Buchhandels vom

Mißbrauche« zu reinigen. Weiter ging R. mit seiner Kritik nicht. Er konnte sich weitgehend, wenn auch nicht zur vollen Zufriedenheit, mit dem Ständestaat arrangieren. Da R. 1787, zwei Jahre vor der Französischen Revolution, starb, wurden weder massive Zensurprobleme, noch unauflösbare Konflikte an ihn herangetragen.

R. war ein für deutsche Verhältnisse ungewöhnlich selbstbewußter Bürger. Sein Beitrag zur Demokratisierung der Gesellschaft wurzelte nicht in politischen und theoretischen Konzepten, sondern war Produkt seiner marktbeherrschenden Rolle als sächsischer Verleger von Originalwerken. Mit der Beseitigung feudaler Reste über georgraphische und ständische Grenzen hinweg hat er den Austausch von Wissen und Meinungen »demokratisiert«: Schreiben und Lesen wurde – zumindest tendenziell – für alle möglich, für Aufklärer und Volksaufklärer, Modeschriftsteller, Konservative und für die Kritiker des Fürstenstaats. Durch die energische Vertretung seiner egoistischen Interessen wurde er als selbstbewußter Bourgeois auch zum Geburtshelfer des citoyen.

Rosenstrauch, H.: Buchhandelsmanufaktur und Aufklärung. Die Reformen des Buchhändlers und Verlegers Ph. E. Reich (1717–1787). Sozialgeschichtliche Studien zur Entwicklung des literarischen Markts. Frankfurt/Main 1986. – Lehmstadt, M.: Philipp Erasmus Reich (1717–1787). Verleger der Aufklärer und Reformer des deutschen Buchhandels. Ausstellungskatalog, Karl Marx Universität Leipzig. Leipzig 1988.

Hazel Rosenstrauch

Reichardt, Johann Friedrich

Geb. 15. 11. 1752 in Königsberg; gest. 27.6.1814 in Giebichenstein bei Halle

R., dessen Bedeutung als Musiker, Musiktheoretiker und Liedkomponist unumstritten ist, wurde erst in den letzten Jahrzehnten als Schriftsteller und politischer Publizist wiederentdeckt. Der Sohn des Stadtmusikus und Lautenisten Johann R. erhielt früh im Elternhaus Musikunterricht und wurde dann Schüler von Franz Adam Veichtner und dem Organisten Carl Gottlieb Richter. Als Geigen- und Klaviervirtuose unternahm R., der als Wunderkind galt, mit seinem Vater Konzertreisen, so daß es an einer geregelten Schulausbildung mangelte. Der Sechzehnjährige immatrikulierte sich auf den Rat von Immanuel Kant als Student der Rechtswissenschaft an der Universität seiner Heimatstadt und setzte seine Studien 1771 in Leipzig fort. Hier unterrichtete ihn der Thomaskantor Johann Adam Hiller, und R. wurde ein Verehrer der Sängerin und Schauspielerin Corona Schröter, über die er in seiner Selbstbiographie schrieb: »Das Jahr, welches ich in Leipzig zubrachte, habe ich eigentlich nur für sie gelebt, so mannigfach ich mich auch nach vielen Seiten hin daneben zu beschäftigen suchte.« Zwischen 1771 und 1774 unternahm er als Cembalist ausgedehnte Konzertreisen, die ihn u.a. nach Berlin, Hamburg, Dresden und Prag führten. Die Beobachtungen dieser Zeit veröffentlichte er als *Briefe eines aufmerksamen Reisenden, die Musik betreffend* (1774–76).

Anfang 1776 berief ihn Friedrich II. zum »Königlich Preußischen Hofkapellmeister« mit einem Jahresgehalt von 1200 Talern nach Potsdam. Ein Jahr später heiratete R. die Sängerin und Liedkomponistin Juliane Benda. Die lukrative Stellung befriedigte den Kapellmeister nicht, weil der kunstliebende Monarch ihn bevormundete und schließlich seit 1781 das Opernhaus kaum noch betrat, so daß R. ausgiebig Muße hatte, sich anderen Aufgaben zu widmen. So schuf er in Berlin die »concerts spirituels«, bei denen nach französischem Vorbild zeitgenössische Komponisten vorgestellt wurden, gab eine musikalische Zeitschrift heraus und begann mit seinen vielfältigen Liedkompositionen. Zudem bewilligte ihm der König mehrere Auslandsreisen, so daß er 1783 nach dem Tode seiner Frau Italien besuchte und später wiederholt nach London und Paris reiste. Nach der Rückkehr aus Italien heiratete R. im Dezember Johanna Dorothea Hensler, die älteste Tochter des Hamburger Pastors Alberti und Witwe des Altonaer Dichters Peter Wilhelm Hensler. Durch diese Heirat festigten sich R.s Verbindungen zu Hamburg. Für die große Oper in Paris erhielt der Komponist den Auftrag, die Opern *Tamerlan* und *Panthée* zu schreiben, die aber auf Veranlassung von Marie Antoinette nicht aufgeführt wurden. R. verließ Paris, als ihm der Tod Friedrichs II. im August 1786 bekannt wurde. Der Thronwechsel in Preußen ermöglichte es ihm seit 1786 unter Friedrich Wilhelm II., eigene Ideen zu verwirklichen, so daß er auch seine Opern mit großzügiger Ausstattung aufführen konnte. Später wurde ihm seine Tätigkeit am preußischen Hof durch Intrigen seiner Feinde verleidet, und als eine schwere Krankheit ihn niederdrückte, bat er um seine Pensionierung.

Im Oktober 1791 erhielt er einen dreijährigen Urlaub bei vollem Gehalt. In Giebichenstein, einem Landgut bei Halle, das er zuerst gepachtet hatte und 1794 kaufte, entschloß er sich zu einer Reise in das revolutionäre Frankreich. Zusammen mit seinem Stiefsohn Wilhelm Hensler traf er, nachdem sie vorher in Straßburg und Lyon geweilt hatten, im März 1792 in Paris ein. Über seine Eindrücke berichtete er anonym in der Reisebeschreibung *Vertraute Briefe über Frankreich* (1792–93; Neudruck 1980). Diese Reisebriefe zählen inzwischen neben denen Johann Heinrich Campes und Gerhard Anton von Halems zu den klassischen Berichten von Revolutionsreisen. Der Verfasser verstand sich als konsequenter Anhänger einer gemäßigten Monarchie, vermißte den verstorbenen Mirabeau als führende Persönlichkeit der Revolution und geißelte einen Teil der französischen Emigranten als »Abschaum der Menschheit«.

Aus Frankreich zurückgekehrt, lebte R., wenn er nicht reiste, wieder auf seinem Landgut. Zu seinen Reisezielen zählten Kopenhagen und Hamburg, wo er mehrmals weilte und besonders mit der Familie Reimarus und Georg Heinrich Sieveking verbunden war. Anfang 1794 widmete er sich wieder seinen Kapellmeisterpflichten. Unvorsichtige politische Äußerungen nutzten Zwischenträger, um ihn beim König anzuschwärzen, so daß er am 28.10. 1794 ohne Gehalt entlassen wurde. Begründet wurde sein Abschied nicht etwa mit seiner Reise nach Paris, sondern vielmehr mit seinen Kontakten zu Sieveking und dessen Freunden, die in den Verdacht geraten waren, jakobinische Grundsätze zu propagieren. R. wandte sich nach seiner Entlassung erneut nach Hamburg und wohnte in der Nähe des Sievekingschen Sommerhauses im dänischen Neumühlen bei Altona. Er entschloß sich, eine politische Zeitschrift zu gründen. An Goethe, den er lebenslang verehrte, schrieb er am 7. April 1795: »Ein bestimmtes Geschäft mußt' ich mir aber machen, und so hab' ich mich nun fürs erste ganz in die französische Sache geworfen, die mich von Anfang an übermächtig an sich gezogen hat und für die ich hier einen Reichtum von Materialien und Verbindungen finde, als säß' ich mitten in Paris.« Es erschien *Frankreich im Jahre 1795. Aus den Briefen deutscher Männer in Paris*, eine Zeitschrift, die bis zu ihrem Verbot im Jahre 1805 fast konkurrenzlos über das Geschehen im Nachbarland berichtete. R. redigierte allerdings nur den ersten Jahrgang und überließ dann die Herausgebertätigkeit Piter Poel. Zu den Mitarbeitern des Journals zählten u.a. Gustav von Schlabrendorf, Georg Kerner, Karl Friedrich Cramer und R.s Stiefsohn Wilhelm Hensler, der inzwischen in die französische Revolutionsarmee eingetreten war.

Ende 1795 kehrte R. nach Giebichenstein zurück und wurde 1796 zum Salinendirektor in Halle ernannt, so daß er die materielle Grundlage besaß, um sein Haus zu einem geselligen Mittelpunkt der Romantik werden zu lassen. Er gründete die Zeitschrift *Deutschland* (1796–97), die wegen Zensurschwierigkeiten eingestellt, vom *Lyceum der schönen Künste* (1797) aber fortgesetzt wurde. Das Journal *Deutschland* vertrat eine bürgerlich-liberale Staatsauffassung und setzte sich für uneingeschränkte Denk-, Meinungs- und Pressefreiheit ein. Unter vielen anderen Mitarbeitern schrieb hier der junge Friedrich Schlegel seinen *Versuch über den Begriff des Republikanismus*. R.s Kritik gegenüber Goethe und Schiller führten dazu, daß er in den *Xenien* sehr oft hämisch bedacht wurde. So hieß es etwa: »Frankreich faßt er mit einer, das arme Deutschland gewaltig/ Mit der andern, doch sind beide papieren und leicht!«

Als 1797 Friedrich Wilhelm II. starb, erschien R. wieder in Berlin, führte mehrere Opern auf und erhielt als Salinendirektor eine bedeutende Gehaltszulage. In den nächsten Jahren pendelte der agile Musiker zwischen Berlin und Giebichenstein und unterrichtete die Königin Luise in Gesang und Musik. Im November 1802 unternahm R. wieder eine Reise in die Seinemetropole und veröffentlichte *Vertraute Briefe aus Paris* (1804–05). Verglichen mit seinen Schilderungen von 1792 hatte seine Reisebeschreibung wenig politische Brisanz. Vielmehr tummelte sich der weltgewandte R. in der gesellschaftlichen Welt der französischen Hauptstadt.

Die Charakterisierung Bonapartes allerdings, den er auf einer Audienz beobachten konnte, verweist auf eine Thematik, die sein schriftstellerisches Werk weiter bestimmen sollte. Es erschien anonym *Napoleon Bonaparte und das französische Volk unter seinem Consulate* (1804), ein Buch über dessen Verfasserschaft viel gerätselt wurde. Es gab Stimmen, die diese erfolgreiche Schrift nur dem Freunde R.s Gustav von Schlabrendorf zuschrieben, während andere zu Recht in dem Musiker einen eigenständigen Mitverfasser sahen. Das kritische Werk, das vier Auflagen erreichte und ins Englische übersetzt wurde, schilderte den französischen Kaiser Napoleon als einen Verräter der Republik und geißelte den prunkvollen Pomp seiner Herrschaft.

Der Komponist, der stets ein Gespür für den literarischen Markt besaß, nahm, wie Otto Tschirch belegte, die Thematik noch einmal auf, indem er vorgab, das *Buch Napoleon Bonaparte wie er leibt und lebt, und das französische Volk unter ihm* (1806) aus dem Englischen übersetzt zu haben. Als 1806 die Franzosen Halle einnahmen, konnte sich R. durch Flucht retten und hielt sich in Danzig, Königsberg und Memel auf. Mit dem Frieden zu Tilsit im Juli 1807 wurde er Untertan im Königreich Westfalen unter Jérôme und kehrte, um seinen Besitz nicht zu verlieren, nach Giebichenstein zurück. 1808 erhielt er eine Kapellmeisterstelle zu Kassel und wurde beauftragt, in Wien und Prag Künstler für die italienische Oper zu werben.

Wegen Urlaubsüberschreitung entlassen, begab sich R. 1809 auf seinen Landsitz, bearbeitete seine Reiseerlebnisse und veröffentlichte *Vertraute Briefe geschrieben auf einer Reise nach Wien und den Österreichischen Staaten zu Ende des Jahres 1808 und zu Anfang 1809* (1810). Am Ende seines Lebens stand R. mit preußischen Reformern in Verbindung und engagierte sich – er vertonte auch Gedichte Theodor Körners – für die Befreiung Deutschlands von der französischen Fremdherrschaft.

Heinrich, G. (Hg.): Deutschland. Eine Zeitschrift. Herausgegeben von Johann Friedrich Reichardt. Leipzig 1989. – Musketa, K. (Hg. unter Mitarbeit von Richter, G. u. Traxdorf, G.): Johann Friedrich Reichardt (1752–1814). Komponist und Schriftsteller der Revolutionszeit. Bericht über die Konferenz anläßlich seines 175. Todestages und des 200. Jubiläumsjahres der Französischen Revolution am 23. und 24. September 1989 im Händel-Haus Halle. Halle 1992 (= Schriften des Händel-Hauses in Halle 8). – Salmen, W.: Johann Friedrich Reichardt. Komponist, Schriftsteller, Kapellmeister und Verwaltungsbeamter der Goethezeit. Freiburg i. Br., Zürich 1963. – Tschirch, O.: Geschichte der öffentlichen Meinung in Preußen im Friedensjahrzehnt vom Baseler Frieden bis zum Zusammenbruch des Staates. 2 Bde. Weimar 1933. – Hartung, G.: Johann Friedrich Reichardt (1752–1814) als Schriftsteller und Publizist. 2 Bde. Phil. Diss. Halle 1964.

Hans-Werner Engels

Reichenbach, Eduard Graf von

Geb. 10. 11. 1812 in Olbersdorf bei Reichenbach in Schlesien; gest. 15. 12. 1869 in Brieg

Rittergutsbesitzer in der Zeit des Vormärz, der Epoche in der deutschen Geschichte, die der Märzrevolution von 1848 vorausging, pflegten politisch zumeist konservativ zu sein, etliche hingen auch liberalen Reformvorstellungen an. Daß Angehörige dieser Klasse ihre politische Heimat und Wirkungsstätte im Lager der revolutionären Demokratie fanden, blieb die Ausnahme. R. war eine solche. Was ihn, den Sproß eines urkundlich bis ins 13. Jahrhundert zurückzuverfolgenden schlesischen Adelsgeschlechts zu diesem Weg bestimmte, ist im einzelnen nicht überliefert. Fest steht jedoch, daß für ihn wie für ungezählte andere seiner Generation die Pariser Julirevolution 1830 das entscheidende zeitgeschichtliche Ereignis war, weil sie bewies, daß die Ketten zu brechen waren, die die antifranzösische Koalition und der Wiener Kongreß dem bürgerlichen Fortschritt 1815 geschmiedet hatten.

R., seit Herbst 1831 Student der Naturwissenschaften, speziell der Botanik, unterhielt in Jena Verbindung zur Burschenschaft »Germania« und wurde im Dezember 1832 von Wilhelm Wolff in die Breslauer Burschenschaft aufgenommen. In den hier geführten Diskussionen über Möglichkeiten und Grenzen des Liberalismus, die »Verhältnisse des Volkes« sowie Berechtigung und Nutzen verschiedener Staatsformen gewann er seine linksbürgerlich-radikaldemokratischen Grundüberzeugungen. Verfestigt wurden sie durch Erfahrungen, die er mit der vom preußischen Staat ausgeübten repressiven Gewalt als verfolgter und zu Arrest verurteilter Burschenschafter sammelte. Seit 1835 Gutsherr in Waltdorf (Kreis Neiße) wurde R.s Haus in den vierziger Jahren zu einem Treffpunkt der liberalen und demokratischen Opposition in Schlesien. Gemaßregelte und Verfolgte wie der Dichter Hoffmann von Fallersleben, der deutsch-katholische Theologe Johannes Ronge oder der Revolutionär Michail Bakunin genossen seine Gastfreundschaft. Als Teilnehmer an den Beratungen des »Hallgartenkreises« knüpfte er Beziehungen zu Wortführern des demokratischen Flügels der vormärzlichen Oppositionsbewegung wie Robert Blum, Johann Jacoby und Friedrich Hecker. R., so erinnerte sich später der gemäßigte Liberale Friedrich Daniel Bassermann an das Hallgartentreffen 1840, »fiel mir auf wegen seines Ernstes und seines warmen Ausdrucks tiefer Überzeugung. Seine Erscheinung verriet einen gebildeten Geist, und ich hätte ihn damals nicht der ultrademokratisch-sozialistischen Richtung fähig gehalten, der er sich seitdem ergeben«. Daß der von den Liberalen verfolgte Weg der Reformen und des Ausgleichs mit Fürsten und Adel den Bedürfnissen einer demokratischen Gestaltung Deutschlands nicht genügen konnte, daß vielmehr ein radikaler Bruch mit den überkommenen Zuständen auf dem Wege einer Volksrevolution zur Erreichung dieses Ziels unerläßlich sei, gehörte indes längst zu den Fixpunkten in R.s Weltbild und Politikverständnis. Der Aufklärung und Gewinnung von Bauern, Handwerkern und Arbeitern galt daher seine besondere Aufmerksamkeit. Als Ratgeber und Rechtsbeistand zahlreicher Dorfgemeinden in Dienstablösungsverfahren (Bauernbefreiung) sowie als Leiter von geheimen Lesezirkeln Breslauer Handwerker und Arbeiter erwarb er sich Ansehen und Einfluß im »gemeinen Volk«.

Im März 1848 agierte er an der Spitze der Volksbewegung in Breslau. Der von ihr ausgehende Druck trug maßgeblich dazu bei, daß die Regierung in Berlin das allgemeine und gleiche Wahlrecht zugestehen mußte. Obwohl seit seiner Burschenschaftszeit überzeugter Republikaner, hielt R. zu diesem Zeitpunkt die Forderung nach der Republik verfrüht. Von den Erfahrungen der Französischen Revolution 1789 bis 1795 ausgehend, glaubte er, die Schaffung einer Republik könne nicht die Aufgabe der allerersten Phase, sondern erst das Ergebnis eines Lernprozesses sowohl der Massen als auch der Bourgeoisie im aufsteigenden Revolutionsverlauf sein. Im Frankfurter Vorparlament (März bis August 1848), an dessen Verhandlungen er als bekannter Vormärzoppositioneller teilnahm, trat R. mit anderen Linken für die Permanenz des Vorparlaments bis zum Zusammentritt der zu wählenden Konstituante ein, schloß sich aber nicht der auf Auszug – und letztlich schon auf eine republikanische Schilderhebung – zielenden Position Friedrich Heckers und Gustav von Struves an, als die Anträge der demokratischen Linken von der liberalen Mehrheit niedergestimmt wurden.

Im Mai 1848 wurde R. in Breslau und im Kreis Falkenberg – hier besaß er seit 1845 das Rittergut in Mahlendorf – als Abgeordneter in die konstituierende Versammlung für Preußen gewählt. Zu deren äußerstem linken Flügel gehörend, stellte er mehrfach Anträge im Sinne einer demokratischen Lösung der Agrarfrage, die aber fast durchweg an der liberalen Mehrheit scheiterten. Sein parlamentarisches Engagement verband R. mit dem Bestreben, die demokratische Bewegung durch außerparlamentarische Tätigkeit wirkungsvoll zu fördern. R. war ein gefragter Redner auf Volksversammlungen und in den Sitzungen demokratischer Vereine. In einer Rede auf der Kundgebung an den Gräbern der Berliner Märzgefallenen am 4. Juni 1848 appellierte er an die revolutionäre Wachsamkeit des Volkes und warnte vor der Gefahr, der Thron werde, sobald er nicht mehr wanke, die im März gegebenen Versprechen (u.a. freies Versammlungs- und Vereinigungsrecht) zurücknehmen.

Als im Laufe des Sommers offenbar wurde, daß der zwischen den Anhängern der Revolution und den Verfechtern der Konterrevolution bestehende und sich ständig zuspitzende Konflikt einer raschen Entscheidung zustrebte, setzte R. sich rückhaltlos für eine weiterführende revolutionäre Aktion ein. In einem offenen Brief an seine Wähler vom 23. September 1848 polemisierte er gegen den König und alle Privilegierten, »mögen sie bevorrechtete Gutsbesitzer oder bevorrechtete Beamte, Fabrikanten, Kaufleute oder Kapitalisten sein«. Die vergangenen Monate hätten gezeigt, daß die Hoffnungen des Landvolkes auf Erfüllung seiner Forderungen durch die Berliner Versammlung illusionär waren. Sinn und Zweck dieses Schreibens bestand darin, dem Volke zu erklären, daß seine Belange nur durch eine neue revolutionäre Aktion gesichert werden könnten. Sein engagiertes Wirken für dieses Ziel wurde von dem Ende Oktober 1848 in Berlin tagenden »Zweiten Demokratenkongreß« durch die Wahl zum Mitglied des dreiköpfigen Zentralausschusses der Demokraten Deutschlands honoriert. Dem taktischen Konzept folgend, durch Insurrektionen in den Provinzen der Regierung die Macht und die Mittel zu nehmen, Berlin weiterhin gewaltsam zu unterdrücken, versuchte R. Mitte November 1848 in der preußischen Provinz Sachsen den Widerstand gegen das Reaktionsministerium Brandenburg in einen Volksaufstand überzuleiten. Die Ansätze zu einer zweiten Revolution wurden jedoch mit Hilfe des liberalen Bürgertums – hier in Gestalt der Bürgerwehr der Stadt Halle – unterdrückt. Auch die Anstrengungen R.s und seiner demokratischen Gesinnungsfreunde in den folgenden Monaten vermochten es nicht, das Blatt zu wenden.

Die Revolution 1848/49 überhaupt und insbesondere die Versuche, sie über die im März 1848 erreichte Stufe hinauszuführen, wurden in der herrschenden öffentlichen Meinung Deutschlands über Jahrzehnte hin strikt abgelehnt. Heute wird weithin anerkannt, daß der damals unterbliebene radikale Bruch mit den tradierten Macht- und Herrschaftsstrukturen der folgenden deutschen Geschichte nicht zum Vorteil gereichte. R. hatte wie zahlreiche andere Demokraten alle seine Kräfte und Fähigkeiten eingesetzt, um die Gunst der Stunde zu nutzen und der Demokratie zum Durchbruch zu verhelfen. Aber guter Wille und Engagement konnten die innere Zerrissenheit und Lähmung einer Bewegung nicht wettmachen, die weitgehend von einer historisch perspektivlosen, durch das Aufbrechen des Widerspruchs zwischen Bourgeoisie und Proletariat aus seiner traditionellen Stellung in der Gesellschaft verdrängten und zutiefst verunsicherten Schicht, dem Kleinbürgertum, bestimmt war.

Dieser Hinweis auf objektive Bedingungen für das Scheitern der demokratischen Bewegung in der Revolution 1848/49 kann die Frage nach Fehlverhalten und Grenzen ihrer führenden Repräsentanten nicht aufheben. Aber es mag durchaus sinnvoll erscheinen, die Erörterung eventueller Versäumnisse dieses oder jenes demokratischen Revolutionärs auch umzukehren und, was R. betrifft, zu fragen, was die Revolution diesem Manne schuldig blieb. Die Antwort lautet: Sie versagte ihm seine Stunde. Zu historischer Größe emporzuwachsen und unübersehbar nationale Bedeutung zu erlangen, blieb ihm vorenthalten, weil die Revolution scheiterte, noch ehe eine revolutionär-demokratische Phase der deutschen Geschichte ihr ihren Stempel aufdrücken konnte.

Der Aufschwung der Oppositionsbewegung in Preußen ausgangs der fünfziger Jahre eröffnete R. neue Möglichkeiten politischen Wirkens. 1863 errang er für die Fortschrittspartei ein Abgeordnetenmandat der zweiten preußischen Kammer, ohne es – wegen Kammerauflösung – wahrnehmen zu können. Seine letzten Lebensjahre waren von Krankheit überschattet. Wenige Monate vor seinem Tode wurde das von ihm seit 1855 bewirtschaftete, offiziell aber seiner Frau gehörende Rittergut Golkowitz im Kreis Rybnik verkauft.

Bleiber, H.: Eduard Reichenbachs Angebot zur Mitarbeit an der »Neuen Rheinischen Zeitung« im April 1849, in: Marx-Engels-Jahrbuch, Bd. 9 (1986), S. 313ff. – Bleiber, H.: Graf Eduard von Reichenbach – Schlesischer Rittergutsbesitzer und revolutionärer Demokrat, in: H. Bleiber u.a. (Hg.): Männer der Revolution von 1848, Bd. 2, Berlin 1987, S. 183ff.

Helmut Bleiber

Reinhard, Karl Friedrich

Geb. 2. 10. 1761 in Schorndorf; gest. 25. 12. 1837 in Paris

R. war der Sohn des evangelischen Pfarrers Georg Christoph Reinhard und sollte nach dem Wunsch des Vaters Geistlicher werden. Nach dem Besuch der Lateinschule in seiner Heimatstadt wechselte er auf die Klosterschulen Denkendorf und Maulbronn. Von 1778 bis 1783 studierte er am Tübinger Stift Theologie. Er beschäftigte sich intensiv mit Sprachen und beherrschte Latein, Griechisch, Hebräisch, Arabisch, Französisch und Englisch. Von 1783 bis 1786 war er Vikar bei seinem Vater in Balingen. Anschließend übernahm er eine Hauslehrerstelle in Vevey (Schweiz) und 1787 unterrichtete als Hofmeister in Bordeaux. R. hatte während seiner Studien die römischen und griechischen Schriftsteller gelesen und war zudem mit der französischen Literatur vertraut; wie viele seiner Zeitgenossen las er Voltaire und verehrte Rousseau. Schon in Balingen beschäftigte er sich mit der Philosophie Kants. Er selbst schrieb – in der Nachfolge Klopstocks – Elegien, war Mitarbeiter am ersten *Schwäbischen Musenalmanach* und übersetzte 1783 die Dichtungen des römischen Schriftstellers Tibull.

1790 schloß er sich der »Société des Amis de la Constitution«, dem Jakobinerklub in Bordeaux an, zu dessen Präsidenten er am 16. Juli 1791 für einen Monat gewählt wurde. Ende September des Jahres reiste er nach Paris und schrieb an Schiller ein erstes Glaubensbekenntnis über die Revolution: »Ich sah in der französischen Revolution nicht die Angelegenheit einer Nation, mit der ich vielleicht niemals ganz sympathisieren werde, sondern einen Riesenschritt in den Fortgängen des menschlichen Geistes überhaupt und eine glückliche Aussicht auf die Veredelung des ganzen Schicksals der Menschheit.« In Frankreichs Hauptstadt schloß er sich den Girondisten an; der Abbé Emmanuel Sieyès, der Verfasser der Schrift *Was ist der dritte Stand?*, förderte ihn. 1792 ernannte ihn Außenminister General Charles François Dumouriez zum Ersten Gesandtschaftssekretär in London.

In Paris traf er auch mit anderen Deutschen zusammen, mit Johann Wilhelm von Archenholz, für dessen Zeitschrift *Minerva* er arbeitete, und Konrad Engelbert Oelsner, durch den er den Grafen Gustav von Schlabrendorf kennenlernte. Wichtig wurde für ihn die Bekanntschaft mit seinem schwäbischen Landsmann Georg Kerner, den er 1795 als Privatsekretär anstellte und der ihn fast sechs Jahre begleitete, bis Kerner – ganz anders als R. – aus Enttäuschung über Napoleons Machtpolitik französischen Diensten entsagte. Als nach der Hinrichtung Ludwigs XVI. am 21. Januar 1793 der Abbruch der diplomatischen Beziehungen zwischen Frankreich und England erfolgte, wurde R. am 16. Februar 1793 zum Ersten Gesandtschaftsekretär in Neapel bestimmt. Die diplomatische Mission scheiterte, so daß er in Paris von 1793 bis 1794 im Bürovorstand des Ministeriums des Auswärtigen eine neue Anstellung fand.

R. war Anhänger einer konstitutionellen Monarchie und begrüßte die Verfassung von 1791. Nach der Hinrichtung des Königs akzeptierte er aber auch eine Republik mit starker Exekutive. Im Gegensatz zu den meisten Girondisten war er ein entschiedener Gegner des Krieges. Er lehnte die Jakobinerdiktatur ab und sah in Robespierre einen Ehrgeizling, der mit Hilfe der Straße »die Köpfe der intellektuellen und moralischen Elite der Nation rollen ließ« (Delinière).

1795 wurde er zum Gesandten in den drei Hansestädten ernannt. In Hamburg verkehrte er im Kreise des Kaufmanns Georg Heinrich Sieveking und des Arztes Johann Albert Heinrich Reimarus und schrieb darüber an Sieyès: »Nach den ersten gesellschaftlichen Zerstreuungen habe ich mich jetzt endgültig für einen Personenkreis entschieden, bei dem aufgeklärtes Denken, Kenntnisse, Vaterlandsliebe und Tugend vereint sind.« Zu den Persönlichkeiten, die damals zu dem Kreis zählten, gehörten u.a. August von Hennings, der Bruder von Reimarus' zweiter Frau, der »Doktorin« Sophie, der Musiker Johann Friedrich Reichardt und Freiherr Adolf von Knigge, den R. während eines Aufenthaltes in Bremen besuchte. Nach langwierigen Auseinandersetzungen um seine Anerkennung durch die Hansestädte erfolgte diese erst im April 1797. Schon am 12. Oktober 1796 hatte R. Christine Reimarus in Sievekings Sommersitz in Neumühlen bei Altona geheiratet und war somit seitdem verwandtschaftlich mit dem Kreis um Reimarus verbunden. Aus Anlaß der Hochzeit dichtete R. eine Elegie, in der er feststellte: »Glücklich bin ich vor andern! Ein dreifach Vaterland [gemeint ist: Schwaben, Frankreich, Hamburg] ward mir,/ Jedes gab sein Geschenk, um zu vollenden den Mann;« und bekannte sich damit vor allem zum Gedankengut der Aufklärung, das den Reimarus-Sievekingschen Kreis auszeichnete. Am 16. Dezember 1797 ernannte ihn die französische Regierung, das »Direktorium«, zum Gesandten am Hof des Großherzogs von Toskana; er reiste mit seiner Frau und Kerner nach Paris und von da nach Florenz, wo er am 26. Mai 1798 eintraf. Als die Franzosen das Land besetzten, avancierte er am 4. April 1799 zum Regierungskommissar der Toskana. Durch das Vordringen der österreichisch-russischen Truppen mußte er unter dramatischen Umständen aus Florenz fliehen und erfuhr Ende Juli 1799, daß er französischer Außenminister geworden war. Dadurch zählt er zu einem der wenigen Deutschen, die in Frankreich ein höheres Staatsamt innehatten. Die Position verdankte er Talleyrand, als dessen Platzhalter er benutzt wurde, und der ihn dann auch nach dem Staatsstreich Bonapartes (9. November 1799) vom 18. Brumaire ablöste. Auch in den Augen R.s hatte das republikanische Direktorium abgewirtschaftet. Fortan diente R. seinem neuen Herrn Napoleon Bonaparte. Die nächste Aufgabe führte ihn in die Schweiz. Seine Diplomatie war nicht glücklich, so daß man ihn 1802 erneut nach Hamburg sandte. Dort war er mitverantwortlich für die Entführung des unschuldigen britischen Geschäftsträgers Sir George Rumbold, weil er durch seinen »unbegründeten Verdacht« (Delinière) gegen Rumbold Napoleon veranlaßte, diesen politischen Fehler zu begehen. R.s Stellung war prekär, und selbst im engsten Familienkreis - man war gegen Napoleon eingestellt - kam es zu Konflikten; besonders seine Frau Christine litt sehr unter diesen Spannungen. R. wurde aus Hamburg abberufen und blieb im Winter 1805/06 ohne Anstellung. Schließlich erhielt er den Auftrag, als Generalkonsul und Ministerresident in der Moldau mit dem Sitz in Jassy die türkischen Donaufürstentümer Moldau und Walachei für die französischen Interessen zu gewinnen. Als die Russen 1806 Jassy besetzten, wurden R. und seine Frau Opfer der Rachsucht eines russischen Offiziers, der sie vermutlich nach Sibirien verschleppen wollte. Erst die Intervention von Zar Alexander führte zu seiner Freilassung. Auf der Rückreise lernte er in Karlsbad Goethe kennen. Aus dieser Begegnung entwickelte sich ein inniger Briefwechsel. Die Freundschaft Goethes entschädigte ihn für manchen Angriff und manche Mißhelligkeit, die er wegen seiner Ämter und seiner Vergangenheit zu erleiden hatte. 1829 bekannte er: »Dem Geburtsland entfremdet, in Paris nur wie im gewohnten Absteige-Quartier einheimisch, durch physisches oder moralisches Absterben von so manchen alten Verbindungen getrennt und neuer selten empfänglich, in Frankfurt seit vierzehn Jahren eingewöhnt, aber nicht eingebürgert, scheint mir oft Weimar meine eigentliche Heimat, und dies ist sie durch sie geworden.« Der Briefwechsel verdeutlicht anschaulich, daß sich R. lebenslang mit literarischen Fragen auseinandersetzte.

Nachdem er vorübergehend auf dem erworbenen Schloß und Landgut Falkenlust gelebt hatte, folgte am 18. September 1808 durch Napoleon, inzwischen Kaiser der Franzosen, die Ernennung zum Gesandten am Hofe des Königs Jérôme von Westfalen, Napoleons Bruder, mit dem Sitz in Kassel. In Kassel freundete er sich mit dem Historiker Johannes von Müller an, den er gegenüber Verdächtigungen des Königs verteidigte. Wie Müller war R. um die Universitäten des Königreichs besorgt und es gelang ihm, den Erhalt der Georgia Augusta in Göttingen durchzusetzen .

Nach dem Sturz Napoleons diente R. dem neuen französischen König und wurde Kanzleidirektor in Paris und 1815 von Ludwig XVIII. in den Grafenstand erhoben. Am 19.2. 1815 starb seine Frau Christine. Von 1815-1829 war er bevollmächtigter Gesandter beim Deutschen Bundestag, der Bundesversammlung des Deutschen Bundes, und bei der Freien Stadt Frankfurt. 1825 heiratete er Virginie von Wimpfen. 1829 aus dem Amt entlassen, reiste er mit seiner jungen Gattin in die Auvergne und nach Burgund. Nach der Julirevolution 1830 diente er dem »Bürgerkönig« Louis-Philippe von 1830-1832 als Gesandter an den sächsischen Höfen mit dem Sitz in Dresden. Im Jahre 1832 wurde er in den Ruhestand versetzt. Bis zu seinem Tode 1837 wohnte er nun, unterbrochen von Reisen, die ihn noch einmal nach England und Hamburg führten, in Paris, wo er bald zum Pair von Frankreich erhoben wurde.

R. stand während seines langen Lebens mit bedeutenden Persönlichkeiten in Verbindung und führte einen umfangreichen Briefwechsel. Zu seinen deutschen Briefpartnern gehörten der Dichter Karl Philipp Conz, der Publizist August von Hennings, die Philosophen Friedrich Heinrich Jacobi und Karl von Villers, sein Neffe Karl Sieveking, der Arzt Richard Maria Harnier, der Kanzler Friedrich von Müller, der Kunstsammler Sulpiz Boisserée und der katholische Theologe, Schriftsteller und Liberale Ignaz Heinrich Wessenberg. Der ungewöhnliche Lebenslauf R.s wurde oft hervorgehoben. Seine Anpassungsfähigkeit ist bis heute rätselhaft, und einer seiner Beobachter, der Diplomat Johann Georg Rist, schrieb: »Eine wunderbare politische Erscheinung bleibt der Mann, der bei der freiesten Äußerung, und keinen Augenblick die Revolution verleugnend, seinen Posten durch alle Wechsel der Zeiten zu behaupten gewußt. Gewiß fehlt es ihm an Gewandtheit nicht, die eben darum Effekt macht, weil man sie bei seinem hagebuchen und knorrigen Wesen nicht sucht.« R. selbst, der sich durchaus der Ungewöhnlichkeit seines Lebens bewußt war, aber nie die Kraft fand, nein zu sagen, äußerte Goethe gegenüber: »Bis jetzt bin ich zwar durch viele Nummern gegangen, aber doch immer auf der Lichtseite. Auf die Schattenseite überzutreten ist gegen meine Natur.«

Delinière, J.: Karl Friedrich Reinhard. Ein deutscher Aufklärer im Dienste Frankreichs (1761-1837). Stuttgart 1989. - Gross, E. R.: Karl Friedrich Reinhard 1761-1837. Ein Leben für Deutschland und Frankreich. Stuttgart 1961. - Lang, W.: Graf Reinhard. Ein deutsch-französisches Lebensbild 1761-1837. Bamberg 1896.

Hans-Werner Engels

Remarque, Erich Maria (eigentlich Erich Paul Remark)

Geb. 22. 6. 1898 in Osnabrück; gest. 25. 9. 1970 in Locarno

R. wuchs mit seinen zwei jüngeren Schwestern in einem katholisch geprägten Elternhaus auf. In einigen seiner Romane spiegelt sich das Kolorit seiner Heimatstadt Osnabrück wider. (*Der Weg zurück*, 1931; *Der schwarze Obelisk*, 1956). Die Familie war arm und zog häufig um, da sie zu niedriger Miete Neubauwohnungen »trocken« wohnte, bevor die regulären Mieter einzogen. Nach der Schulzeit besuchte R. ein katholisches Lehrerseminar, doch seine Ausbildung wurde Ende November 1916 durch den Einberufungsbefehl abrupt unterbrochen. Im Juli 1917 in Frankreich verwundet, kam R. anschließend in ein Lazarett nach Duisburg. Er benutzte diese Zeit, um die verletzten Soldaten detailliert nach ihren Kriegserlebnissen zu befragen.

1919 konnte R. seine Lehrerausbildung fortsetzen. Er war für kurze Zeit Volksschullehrer und schlug sich danach in Osnabrück als Buchhalter und Grabsteinverkäufer mühevoll durch. In dieser Zeit begann er zu malen, zu schreiben und zu musizieren. 1920 veröffentlichte er erste Gedichte und den Roman *Die Traumbude*.

1924 kam der ersehnte Sprung nach Berlin. R wurde Redakteur bei der Illustrierten *Sport im Bild*. Nach zehnjähriger Verdrängung seiner Kriegserlebnisse schrieb er 1927 in nur sechs Wochen den Antikriegsroman *Im Westen nichts Neues*. Das Buch, in der *Vossischen Zeitung* vorabgedruckt, erschien 1929 im Propyläen-Verlag, erreichte in kurzer Zeit eine Millionenauflage und wurde in mehr als dreißig Sprachen übersetzt: ein Weltbestseller! Zur Beurteilung legte der Verlag das Werk ausgerechnet dem früheren Chef der Heeresleitung Hans von Seeckt vor, der es als »tendenziös« und »schädlich« bezeichnete, zugleich aber als »heute schon überholt«: »denn diese weinerliche Pazifistenperiode geht zu Ende, und es regt sich wieder mehr Kampfwillen innen und außen«. Die Nationalsozialisten sprachen von »entstellender Kriegsliteratur« und beschimpften und bedrohten R. Demgegenüber meinte der Schriftsteller Bruno Frank – er mußte 1933 aus Deutschland emigrieren: »Aus einem Massengrab redet der Namenlose, der unbekannte Soldat. Ich weiß kein anderes Buch, kein einziges zwischen dessen Deckeln so viel Grauen und fürchterliches Leid eingeschlossen wäre. Nicht das Leid des einzelnen, sondern das ineinanderheulende Leid von hundert Millionen Menschen, die von idiotischer Politik in die Hölle zusammengetrieben wurden«. Herablassend kommentierte das kommunistische Parteiorgan *Die Rote Fahne*, dem Autor fehle historisches Bewußtsein, er predige politisch naiven Pazifismus. 1930 wurde der Roman in den USA verfilmt und noch im selben Jahr im Dezember in Berlin mit großem Erfolg uraufgeführt. In der rechtsgerichteten Presse des Medienzaren und deutschnationalen Politikers Alfred Hugenberg stand indes zu lesen: »Für Deserteure, Pazifisten, Deutschlandfeinde und Drückeberger ist es der Film der Filme«. Wegen massiver Störung der Aufführung durch Nationalsozialisten und nach von ihnen organisierten Protestdemonstrationen, an denen mehrere zehntausend Menschen teilnahmen, mußte der Film abgesetzt werden. Auf Empfehlung der Filmoberprüfstelle ordnete das Reichsministerium mit Zustimmung des Reichswehrministeriums und des Reichsaußenministeriums das Verbot des Films *Im Westen nichts Neues* wegen »Gefährdung des deutschen Ansehens« an. Der Film sei »ein Film nicht des Krieges, sondern der deutschen Niederlage, und ich möchte das Volk sehen, das sich die Darstellung der eigenen Niederlage gefallen läßt«. Als einziges Land sprach sich das sozialdemokratisch regierte Preußen gegen das Verbot aus.

Trotz aller Anfeindungen publizierte R. mit *Der Weg zurück* (1931) einen Folgeroman, in dem er die Rückkehr der Frontsoldaten in die Heimat schildert, wo man ihnen mit Unverständnis, Gleichgültigkeit und offener Verachtung begegnet.

Am 29. Januar 1933, einen Tag vor der »Machtergreifung« Hitlers, flüchtete R. von Berlin aus in die Schweiz an den Lago Maggiore. Am 26. März, anderthalb Monate vor der großen Bücherverbrennung, wurde das Buch *Im Westen nichts Neues* von den Nationalsozialisten in Kaiserslautern öffentlich verbrannt. R. verstand sich von nun an als »Weltbürger wider Willen«. Ausgerüstet mit Eichendorffs *Leben eines Taugenichts* wartete er in den Hotels von Paris, Hollywood und New York auf das Ende des Nazi-Regimes. Nachdem ihm 1938 die deutsche Staatsbürgerschaft aberkannt worden war, traf ihn 1943 ein weiterer, noch schlimmerer Schicksalsschlag: Seine Schwester Elfriede Scholz wurde am 29. Oktober mit 40 Jahren wegen »defätistischer« Reden (»Wehrkraftzersetzung«) vom »Volksgerichtshof« unter Vorsitz von Dr. Roland Freisler zum Tode verurteilt und am 16. Dezember 1943 mit der Axt hingerichtet. In der Verhandlung des Volksgerichtshofes soll Freisler gesagt haben: »Ihr Bruder ist uns entwischt. Sie aber werden uns nicht entwischen.«

Die im Exil gewonnenen Erkenntnisse und die in ausführlichen Gesprächen mit Emigranten erfahrenen Lebensschicksale verarbeitete R. in vier Romanen, die eine Chronik des deutschsprachigen Exils von den Anfängen in den frühen dreißiger Jahren in Österreich, der Schweiz, der Tschechoslowakei und in Frankreich bis zum Kriegsende in den USA darstellen

(*Liebe deinen Nächsten*, 1940; *Arc de Triomphe*, 1945; *Die Nacht von Lissabon*, 1961/62). Posthum erschien sein Werk *Schatten im Paradies* (1971). Der Remigrant Robert Ross zieht darin ein bitteres Resümee: »Die schwerste Enttäuschung war die Rückkehr, sie war eine Rückkehr in die Fremde, eine Rückkehr in Gleichgültigkeit, versteckten Haß und Feigheit. Niemand erinnerte sich mehr daran, zur Partei der Barbaren gehört zu haben. Keiner übernahm die Verantwortung für das, was er getan hatte.«

Auf dem Höhepunkt des Kalten Krieges verletzte R. mit seinen beiden Romanen *Der Funke Leben* (1952) und *Zeit zu leben und Zeit zu sterben* (1954) erneut Tabus und löste provozierende Reaktionen aus. *Der Funke Leben* handelt von dem, was sich im Frühjahr 1945 im fiktiven Konzentrationslager Mellern ereignete, und in vielen Einzelheiten an das KZ Buchenwald gemahnt. Inspiriert von Eugen Kogons Standardwerk *Der SS-Staat* (1946) erzählt R., was Menschen einander antun können, wenn sie um nichts mehr als ums Überleben kämpfen. Er »schildert Menschen«, wie Kogon bemerkte, »mit denen man keine Lagergeschichte des Untergrunds, des heldischen Widerstands und der Antifa-Gesten schreiben könnte, viel mehr vegetierendes Leben, in sich verkapselt ... ohne Erinnerung und ohne Gefühle.«. Überlebenswille, Hoffnungen und Pläne für ein Leben danach existieren zwar, doch nicht in Form von parteipolitischen Vereinfachungen. In der Auseinandersetzung mit dem Häftling 509 tritt der Kommunist Werner für die Notwendigkeit einer neuen – nun kommunistischen – Diktatur ein. Wer sich ihr entgegenstelle, müsse mit Lager, Folter oder sogar dem Tod rechnen. Auf die Frage von Häftling 509: »Ist das ein Fortschritt, wert, dafür hier gewesen zu sein?« antwortet Werner: »Es ist ein Fortschritt im Ziel. Und auch in der Methode. Wir tun nichts aus Grausamkeit. Nur aus Notwendigkeit.« In der DDR ist *Der Funke Leben* nie erschienen. In der Bundesrepublik gab es viele, die R. das Recht absprachen, als »Nicht-Dabeigewesener« und »Amerikaner« über Deutsche zu schreiben und ihnen gar noch Schuld zuzuweisen.

Mit dem Roman *Zeit zu leben und Zeit zu sterben*, der den Angriffskrieg der Deutschen gegen die Sowjetunion thematisiert, rührte der sich selbst als »militanter Pazifist« charakterisierende Autor an den Nerv deutscher Nachkriegsbefindlichkeit. Es ist der Bericht über den an den Verbrechen der Wehrmacht beteiligten Soldaten Ernst Graeber, der versucht, seine Schuld einzugestehen, um nicht tiefer in sie verstrickt zu werden. Graeber scheitert schließlich, weil er nicht in der Lage ist, seinen Weg konsequent bis zum Ende zu gehen und sich den Russen in ihrem Kampf gegen die deutsche Wehrmacht anzuschließen. Die Kardinalfrage »Wann werden Soldaten zu Mördern?« bestimmt den Roman, der mit der Freilassung von vier Russen durch Graeber, der Erschießung des Nazi-Soldaten Steinbrenner durch Graeber und der Erschießung Graebers durch einen Russen endet. Erst 1989 erschien die Urfassung des Romans. In der Erstausgabe 1954 fehlen entscheidende Passagen, so z.B. das Eingeständnis des Soldaten Graeber, selber ein »Mörder« zu sein. Aus den von der Wehrmacht erschossenen »Russen«, so in der Urfassung, sind »Partisanen« geworden. Mit »schweigendem Ekel« akzeptierte R. die »Änderungen«, um sicherzustellen, daß sein Roman in der Bundesrepublik überhaupt erscheinen konnte.

In seinen letzten Lebensjahren kritisierte R. immer wieder die Rehabilitation von NS-Tätern: »Es ist mir unbegreiflich, daß alte nazistische Verbrecher heute noch und wieder in führenden Positionen in Wirtschaft, Politik, Justiz tätig sein dürfen.« Zu den »größeren und kleineren Ironien« seines Lebens gehörte, daß sich die Bundesrepublik nicht in der Lage sah, seine von Hitler-Deutschland verfügte Ausbürgerung in aller Form rückgängig zu machen. R. betrachtete sich weiter als in Deutschland unerwünscht, ja als »vogelfrei«. Mit einem amerikanischen Paß ausgestattet, hielt er sich deshalb von seiner Heimat fern. Auf einem Notizzettel vermerkte R.: »Man braucht ein starkes Herz, um ohne Wurzeln zu leben.« Er starb 1970 im Exil an einem Herzleiden.

Antkowiak, A.: Erich Maria Remarque – Sein Leben und Werk. Berlin 1965. – Eksteins, M.: Die Geburt der Moderne und der Erste Weltkrieg. Reinbek 1990. – Marton, R.: Mein Freund Boni – Erinnerungen an Erich Maria Remarque. Köln 1993. – Schrader, B. (Hg.): Der Fall Remarque – Im Westen nichts Neues. Eine Dokumentation. Leipzig 1992.

Karin König

Reuter, Ernst

Geb. 29.7.1889 in Apenrade (Schleswig); gest. 29.9.1953 in Berlin

R. wuchs in einer bürgerlich-konservativen Beamtenfamilie auf. Er besuchte das Gymnasium in Leer, ab 1907 studierte er in Marburg Geographie, Philosophie und Geschichte. Der Neukantianer Hermann Cohen übte einen starken Einfluß auf ihn aus. In München, wo R. sein Studium fortsetzte, kam er zum ersten Mal mit der Nationalökonomie Lujo Brentanos in Berührung. Durch Brentano zu intensiver Beschäftigung mit der Arbeiterfrage und den Schriften von Karl Marx angeregt, verstand sich R. fortan als Sozialist. Er wurde Mitglied der SPD.

1912 bestand R. das philosophische Abschlußexamen, wissend, daß er als Sozialdemokrat in Preußen nicht Beamter werden konnte. Durch den Bruch mit den konservativen Eltern und die Auflösung seiner Verlobung durch die zukünftigen Schwiegereltern, die keinen »gottlosen Sozialisten« in der Familie dulden wollten, geriet R., wie er später resümierte, in seine existentiell stärkste Krise. Mühsam verdiente er sich seinen Lebensunterhalt durch Vorträge vor Parteigruppen und engagierte sich zur Bekämpfung des Alkoholismus im »Arbeiter-Abstinentenbund«. Durch die Vermittlung seines Förderers Carl Severing, des späteren preußischen Innenministers, kam R. 1913 nach Berlin, um dort eine Art »Wanderlehrer« für sozialdemokratische Gruppen zu werden. Er würdigte in seinen Vorträgen die Bedeutung des *Kommunistischen Manifests* von Marx und Engels (1848) für die Formierung der Arbeiterbewegung. Aber er warnte auch: »Wir dürfen uns auch nicht den Gefahren verschließen, die in einem dogmatischen Befangensein in den Formeln des historischen Materialismus, wie sie Marx geprägt hat, liegen.«

Die Verbindung einer revolutionären Grundhaltung gegenüber dem wilhelminischen Staat mit einer kritischen Distanz zur marxistischen Orthodoxie bestimmte R.s Haltung in den politischen Dikussionen dieser Jahre. Er fühlte sich theoretisch als »Revisionist«, politisch aber als »Radikaler«, wenn es um das Verhältnis der Sozialdemokratie zum Militärstaat ging.

Nach Ausbruch des Ersten Weltkrieges schloß sich R. aus pazifistischer Überzeugung der oppositionellen Minderheit der SPD an, die die Kriegskredite ablehnte. Im März 1915 wurde R. zum Militär eingezogen. Da er unter dem Stumpfsinn der Kasernenhofexistenz litt, meldete er sich im Frühjahr 1916 freiwillig an die Front. Schwerverletzt geriet er wenige Monate später in russische Gefangenschaft, lernte, wieder genesen, russisch und bemühte sich, mit der Bevölkerung in Kontakt zu kommen. R. bewunderte die Bolschewiki; im Februar 1918 wurde er zum Vorsitzenden eines internationalen »Kriegsgefangenenkomitees zur Unterstützung der russischen Revolution« (Oktoberrevolution 1917) gewählt.

Nach dem Zusammenbruch des deutschen Kaiserreichs Ende 1918 kehrte R. in die Heimat zurück, ausgestattet mit einem Empfehlungsschreiben Lenins an Clara Zetkin, in dem es hieß: »Der junge R. ist ein brillanter und klarer Kopf, aber ein wenig zu unabhängig.« Unter dem Decknamen Friesland wurde R. 1919 vom Spartakusbund zu den Bergarbeitern nach Oberschlesien geschickt. Doch schon bald verhaftete man ihn und verurteilte ihn zu drei Jahren Gefängnis. Als Generalsekretär der KPD für Berlin und Brandenburg (1920) versuchte R., kurzfristig einen selbständigen Kurs zu steuern. In einem vertraulichen Gespräch mit Paul Levi bekannte er, daß »der Weltkommunismus auf dem besten Wege ist, zum russischen Imperialismus zu werden«. Enttäuscht von der subalternen und unterwürfigen Haltung des deutschen Zentralkomitees gegenüber der Moskauer Zentrale und als nunmehr entschiedener Gegner der sogenannten Offensivtaktik, die zum blutigen Terror und zu sinnlosen Abenteuern führte, trat R. aus der KPD aus und gründete mit Paul Levi zusammen die »Kommunistische Arbeitsgemeinschaft«, die im Februar 1922 in die »Unabhängige Sozialdemokratische Partei« (USPD) aufging.

Nach der Wiedervereinigung von USPD und SPD im September 1922 wurde R. politischer Redakteur beim Berliner *Vorwärts* und 1926 wurde er sozialdemokratischer Stadtrat für das Verkehrswesen in Großberlin. In dieser Zeit erwarb sich R. in der Fachwelt einen Namen als Gründer der »Berliner Verkehrs-Gesellschaft«, die dem Gemeinwohl und nicht privatkapitalistischen Interessen dienen sollte und als Musterbeispiel für die Verkehrsorganisation einer modernen Millionenstadt galt.

Ab 1931 war R. Oberbürgermeister von Magdeburg, ab Juli 1932 Reichstagsabgeordneter für die SPD. Am 14. März 1933 wurde R. von den Nationalsozialisten seines Amtes als Oberbürgermeister enthoben, mehrfach verhaftet und ins KZ Lichtenberg überführt. Englische Quäkerfreunde erwirkten gegen den ausdrücklichen Willen Heinrich Himmlers seine Freilassung. Im September 1934 kehrte er als kranker Mann zu seiner Familie zurück. Um einer erneuten Verhaftung zu entgehen, entschloß er sich schweren Herzens, mit Frau und Sohn in die Türkei zu emigrieren: »Ein ganzes Volk«, schrieb R. rückblickend, »kann nicht emigrieren (...) Ich habe nach 33 auch nicht emigrieren wollen (...) Ich bin nur weggegangen, als wir alle wußten, es ging nicht mehr, ich würde nicht mehr am Leben sein.«

R. wurde von der türkischen Regierung zum Berater des Wirtschafts- und Verkehrsministeriums in Ankara berufen. Ab 1940 war er Professor für Kommunalwissenschaft an der dortigen Verwaltungshochschule. Seine beiden von ihm auf türkisch geschriebenen Lehrbücher gehören heute noch zu den grundlegenden Werken türkischer Verwaltungspraxis.

Obwohl sich R. in der Türkei wohlfühlte – er sprach sogar von »meinem Land«, und seine Studenten achteten ihn als »aufrechten Mann« –, galt sein ganzes Hoffen einer baldigen Rückkehr nach Deutschland. 1943 forderte er Thomas Mann in einem Brief auf: »Wir müssen alle bereit sein, ganz gleich wie die Dinge im einzelnen laufen werden, am Neubau mit allen unseren Kräften mitzuarbeiten. Wir müssen diese unsere Bereitwilligkeit schon jetzt erklären. Wir müssen sie laut und vernehmlich erklären und wir müssen sie gemeinsam erklären, da sie nur dadurch auf die in Deutschland, die es angeht, Eindruck machen wird.« Thomas Mann kritisierte dieses Ansinnen später als einen »gewissen deutschen Emigrantenpatriotismus«.

R.s Einstellung zur Entnazifizierung zeigte ebenfalls Differenzen zu anderen Emigranten auf. Er befand, das Gros der Beteiligten sei genug bestraft. Man dürfe nicht »(...) Unschuldige büßen lassen für das, was Schuldige getan haben.« Durch den »albernen Entnazifizierungsrummel« sah er die »Wiederzusammenführung eines vielfach gespaltenen Volkes« gefährdet, »das Gift des Antisemitismus« müsse allerdings »mit Stumpf und Stil ausgetilgt werden.«
Nach Kriegsende zeigten sich die Alliierten zunächst desinteressiert an einer Rückkehr R.s. Erst durch die Fürsprache englischer Freunde bekam er im Oktober 1946 die Erlaubnis zur Heimkehr. Zurück in Berlin, übernahm er das Amt des Verkehrsdezernenten. Als R. am 24. Juni 1947 zum Oberbürgermeister gewählt wurde, konnte er das Amt nicht antreten, weil die sowjetische Besatzungsmacht ihr Veto einlegte. Erst im Januar 1949, nach der Spaltung der Stadt, besiegelt durch getrennte Währungsreformen in Ost und West am 23./24. Juni 1948, trat er sein Amt an.
Die Spaltung und die Blockade der Westsektoren Berlins (24. Juni 1948 bis 12. Mai 1949) waren die großen Herausforderungen in seiner Amtszeit. Sein unerschütterlicher Optimismus half den Berlinern, die Blockade zu überstehen. R. verstand es Woche für Woche, der Bevölkerung den Sinn dieses zermürbenden Kampfes und seine nationale wie internationale Bedeutung in packenden Worten deutlich zu machen, während er gleichzeitig unentwegt damit beschäftigt war, mit seiner ungewöhnlichen Organisationsgabe die immensen Verwaltungsprobleme einer Millionenstadt, die ohne jede Landverbindung war, zu meistern. Daß gerade die Berlin-Blockade die alten Kriegsfronten veränderte und aus Deutschen und Westmächten zwangsläufig Verbündete gegen die Sowjetunion machte, das sah niemand so früh wie R. Für ihn war Berlin die Ausgangsposition für die Wiedervereinigung Deutschlands. Er glaubte deshalb, der Bevölkerung dieser Stadt Opfer zumuten zu müssen.
Die besondere Tragik von R.s Tod liegt in der Unvollendetheit des politischen Werks, dem er in den letzten Jahren seines Lebens seine ganze Energie gewidmet hatte – nämlich der Wiederherstellung einer »in einem Staat vereinten, freien deutschen Nation« (Willy Brandt). Mehr als alles andere hatte der Kampf um dieses Ziel seine Kräfte aufgezehrt; mehr als alles andere hatte die erneute Enttäuschung der Hoffnung durch die Niederschlagung des Arbeiteraufstandes vom 17. Juni 1953 in seinem letzten Lebensjahr seine Lebenskraft aufbraucht.

Brandt, W.; Löwenthal, R.: Ernst Reuter – Ein Leben für die Freiheit. Eine politische Biographie. München 1957. – Schwenger, H.: Ernst Reuter – Ein Zivilist im Kalten Krieg. München 1987.

Karin König

Richter, Eugen

Geb. 30. 7. 1838 in Düsseldorf; gest. 10.3. 1906 in Berlin

»Fort mit Bismarck!« – Mit dieser Parole, tausendfach auf Flugblättern und in der Presse für den Wahlkampf abgedruckt, wollte R. als führender Politiker der Fortschrittspartei das Volk gegen den Reichskanzler und dessen ungerechte Wirtschaftspolitik mobilisieren. Doch sein Versuch, Bismarck auf legale Weise zu stürzen, mißlang: Die Landtagswahlen vom 8. Oktober 1879 brachten den vollkommenen Bankrott für den Liberalismus in Preußen, denn die Fortschrittspartei und die Nationalliberalen verloren die Hälfte ihrer Sitze. R. büßte sein Mandat für den Wahlkreis Hagen ein, den er seit 1869 im Abgeordnetenhaus vertrat.
Das Interesse, Politik und journalistische Tätigkeit zu verknüpfen, war bei R. bereits in der Jugend vorhanden. Mit den liberalen Ideen kam er in seinem Elternhaus in Berührung. Sein Vater Adolf war ein bekannter Generalarzt (leitender Sanitätsoffizier eines Armeekorps mit Oberstenrang), der durch zahlreiche Artikel und Schriften wesentlich zur Reform des preußischen Militär-Medizinalwesens beigetragen hatte. In der oppositionellen *Kölnischen Zeitung* las R. bereits als Gymnasiast regelmäßig .
Nach dem Abitur studierte R. zunächst Rechts- und Staatswissenschaften in Bonn, dann in Heidelberg und Berlin, wo er zusätzlich Vorlesungen über Politik und Nationalökonomie hörte. Die Beschäftigung mit Nationalökonomie bildete die Grundlage für R.s späteres finanzpolitisches Engagement. Es brachte ihm den Spitznamen »Rechenknecht« im Reichstag ein, weil er den politischen Kampf im wesentlichen unter Budgetgesichtspunkten führte. Zugleich entwickelte sich aber aus diesen Kenntnissen bei R. eine feste politische Einstellung, die den Ausbau der konstitutionellen Monarchie, insbesondere der Rechte des Parlaments in allen Finanzfragen und der Wirtschaftspolitik auf Grundlage des Freihandels zum Ziel hatte.
R.s parlamentarisches Wirken war von Anfang an geprägt durch sein Drängen nach Durchführung des liberalen Programms auf geistigem, wirtschaftlichem und politischem Gebiet. Er stand als entschiedener Liberaler und überzeugter Befürworter des Freihandels staatlicher Machtpolitik eher verständnislos gegenüber und lehnte auch die Ausdehnung staatlicher Befugnisse zur Lösung sozialer Probleme ab.
Im Herbst 1859 bestand R. die erste juristische Staatsprüfung

in Bonn und arbeitete danach zwei Jahre als Gerichtsreferendar am Landgericht Düsseldorf. Zunehmend fesselten ihn aktuelle wirtschaftspolitische Fragen, so daß er bald darauf dem »Volkswirtschaftlichen Kongress« (seit 1858) beitrat, der eine einheitliche Regelung der wirtschaftlichen Verhältnisse für ganz Deutschland im Sinne eines ökonomischen Liberalismus forderte. R. nahm an zahlreichen Tagungen und Konferenzen teil, wo er mit Wirtschaftspolitikern wie Karl Braun, Moritz Wiggers und Hermann Schulze-Delitzsch zusammentraf, zu denen er ein enges Verhältnis aufbaute. Sie weckten das Interesse an einer praktisch-politischen Tätigkeit bei R., so daß er sich entschloß, statt der juristischen Laufbahn eine Regierungskarriere anzustreben. 1861 bestand er in Düsseldorf die Prüfung zum Regierungsreferendar und wurde bereits Ende desselben Jahres als Vertreter des Landrates für einige Monate in den Kreis Mettmann versetzt. In Mettmann schrieb er eine Broschüre *Über die Freiheit des Schankgewerbes*, eine heftige Kritik an der in Preußen bestehenden Verwaltungspraxis bei der Konzessionsverteilung. Sie erschien 1862 und mißfiel der vorgesetzten Behörde so sehr, daß R. einen scharfen Verweis erhielt, außerdem wurde er nach Magdeburg versetzt. R. verfaßte trotz seiner Verwarnung einen satirischen Artikel über eine konservative Versammlung, den er unter dem Titel *Eine Magdeburgische Spukgeschichte* in der *Niederrheinischen Volkszeitung* veröffentlichte. Nur die gute Beziehung seines Vaters zum preußischen Innenminister Gustav Wilhelm von Jagow verhinderte R.s Entlassung aus dem Staatsdienst.

Nach Düsseldorf zurückgekehrt, wurde R.s Aufmerksamkeit auf das agitatorische Auftreten Ferdinand Lassalles und die aufkommende Arbeiterbewegung gelenkt. R. eröffnete den publizistischen und politischen Kampf gegen die Sozialdemokratie, den er sein ganzes Leben mit großem Eifer führte. In Wort und Schrift versuchte er, dem Abschwenken der Arbeiter aus dem bürgerlich-liberalen in das sozialdemokratische Lager entgegenzuwirken (*Die Fortschrittspartei und die Sozialdemokratie*, 1878; *Die Irrlehren der Sozialdemokratie*, 1890; *Sozialdemokratische Zukunftsbilder*, 1893).

1864 bestand R. sein Assessorexamen und sollte nach Bromberg versetzt werden, obwohl er sich um den gerade vakanten Bürgermeisterposten in Neuwied beworben hatte. In dieses Amt auch gewählt, versagte die Regierung ihre Zustimmung wegen seines »aufrührerischen« Verhaltens. R. war darüber so verärgert, daß er sein Entlassungsgesuch aus dem Staatsdienst einreichte. Nun entschlossen, von seiner journalistischen Tätigkeit zu leben und sich der Politik zu widmen, zog R. nach Berlin. Als parlamentarischer Korrespondent für fortschrittliche Provinzialzeitungen verdiente er seinen Lebensunterhalt; zugleich war R. als Gehilfe von Hermann Schulze-Delitzsch für das Genossenschaftswesen tätig.

1866 kam es in Preußen über dem Streit um die nachträgliche Bewilligung von Bismarcks verfassungswidrigem Militäretat (»Indemnitätsvorlage« vom 3. September 1866 in der preußischen Kammer) zur Spaltung der »Fortschrittspartei« mit der Folge, daß 1867 die (rechtsliberale) »Nationalliberale Partei« entstand. R. ließ sich 1867 in den Reichstag des nach der Niederlage Österreichs im preußisch-österreichischen Krieg (1866) unter Führung Preußens gebildeten Norddeutschen Bund (bis 1871) wählen und gehörte nach Gründung des Deutschen Reichs 1871 auch dem Deutschen Reichstag für die »Deutsche Fortschrittspartei« an, seit 1874 als ihr Hauptwortführer. Außerdem war R. ab 1869 Mitglied des preußischen Abgeordnetenhauses. In der von ihm selbst angeregten Budgetkommission des Reichstages durchkreuzte er Bismarcks Pläne für die Verstaatlichung der Eisenbahnen. Vergeblich versuchte R. 1874, die Bewilligung des Militärhaushalts durch den Reichstag auf jeweils sieben Jahre zu verhindern (Septennat). In Bismarcks Wirtschafts- und Zollpolitik erblickte er lediglich eine Verteuerung der notwendigen Lebensmittel, eine Ausbeutung des ganzen Volkes zugunsten bevorzugter Schichten: »Die wirtschaftliche Freiheit hat keine Sicherheit ohne politische Freiheit, und die politische Freiheit findet ihre Sicherheit nur in der wirtschaftlichen Freiheit.«

Durchsetzen konnte R. eine Dezentralisierung der französischen Kriegsentschädigung (deutsch-französischer Krieg 1870/71), die damit nicht mehr der Militärverwaltung unterstand, und die Schaffung einer eigenen Verwaltung für den Invalidenfond. In der Kirchenpolitik gehörte R. zu der Minderheit seiner Fraktionsgenossen, die dem »Kulturkampf« des Staates gegenüber dem politischen Katholizismus abgeneigt waren. R. plädierte für die Trennung von Staat und Kirche; insbesondere forderte er die Aufhebung des Polizeizwanges zum Taufen der Kinder und die Möglichkeit einer Befreiung vom Religionsunterricht.

1884 vereinigte sich die »Fortschrittspartei« unter R.s Führung mit der »Liberalen Vereinigung« (Sezessionisten), die sich 1880 von der »Nationalliberalen Partei« abgespalten hatten, zur »Deutschen Freisinnigen Partei«. Durch heftige Angriffe auf eigene Fraktionsmitglieder in der von ihm 1885 gegründeten und dann geleiteten *Freisinnigen Zeitung*, durch seine unverändert oppositionelle Haltung und seine autokratische Führung brachen Gegensätze auf, die 1893 zur Spaltung der Partei führten. Eine Minderheit bildete die »Freisinnige Vereinigung« (bis 1910), der Rest der Mitglieder blieb unter R.s Führung (bis 1906) als »Freisinnige Volkspartei«, die bis 1910 bestand, zusammen, verlor aber von da an jegliche parlamentarische Bedeutung.

»Mein Ideal, ist eine Fraktion von fünfzehn Mann, mit der ich manövrieren kann.« Mit dieser unzeitgemäßen Einstellung konnte der von R. vertretene Linksliberalismus keinen Boden

gewinnen. So beschränkte sich seine parlamentarische Tätigkeit im Reichstag nach 1893 auf die grundsätzliche Ablehnung aller Heeresvorlagen, Kritik an der Entwicklung der Flotte und der Kolonialpolitik, »die ohne die mindesten Aussichten auf Vorteile neue Opfer für das Reich auferlegt und dabei ärgerliche Zwischenfälle aller Art unausgesetzt mit sich bringt.«
Nach den Anstrengungen des Reichstagswahlkampfes 1903 erkrankte R. an Rheuma und an einem Augenleiden so schwer, daß er gezwungen war, sein Mandat und die Leitung der *Freisinnigen Zeitung* 1904/05 niederzulegen. Bis zu seinem Tod 1906 blieb er den politischen Idealen seiner Jugend treu. Rühmlich und denkwürdig bleibt R.s Rolle in dem von dem nationalliberalen Historiker Heinrich von Treitschke 1879 vom Zaun gebrochenen Berliner »Antisemitismusstreit«. Im preußischen Abgeordnetenhaus rief R. 1880, gegen den antisemitischen christlichen Prediger und Abgeordneten Adolf Stöcker gerichtet, aus: »Das ist gerade das besonders Perfide an der ganzen Bewegung, daß während die Socialisten sich bloß kehren gegen die wirthschaftlich Besitzenden, hier der Racenhaß genährt wird, also etwas, was der einzelne nicht ändern kann und was nur damit beendigt werden kann, daß er entweder todtgeschlagen oder über die Grenze geschafft wird.«

Ullstein, L.: Richter als Publizist. o.O. 1930. – Röttger, H.: Bismarck und Richter. Münster (Diss.) 1932.

Klaus-Dieter Weber

Richter, Willi

Geb. 1. 10. 1894 in Bornheim; gest. 27. 11. 1972 in Frankfurt/Main

Sparsamkeit – bis in kleinste Dinge hinein – das war die auffälligste Tugend dieses Vaters der Renten- und Sozialreform. Manche nannten es Geiz und konnten dazu einige Geschichten erzählen: Wenn R. das Taxi sparen wollte, rief er den Direktor der Bank für Gemeinwirtschaft zu sich in die Wohnung im Frankfurter Stadtteil Bornheim. R. stieg zu ihm in den Wagen, ließ sich zum Hauptbahnhof chauffieren und erledigte während der kurzen Fahrt die fälligen Gesprächspunkte. R. sparte dergestalt nicht nur Geld, sondern auch Zeit.
Als weitere Sekundärtugend wäre die Bescheidenheit zu nennen. R. brauchte weder einen Troß noch Blaulicht, wenn er zu wichtigen Terminen fuhr. Am liebsten saß er selber am Lenkrad seines Kleinwagens. Er trug Anzüge von der Stange und aß, was auf der Speisekarte oben stand – am liebsten »Handkäs mit Musik«. Dazu trank er den billigen sauren Apfelwein. Dem Größenwahn der Mainmetropole und dem Konsumrausch der herrschenden Kreise setzte er das angelsächsische Understatement entgegen, verschärft durch südhessische Kleinmannssucht, die mehr im traditionell armen Umland als in der ehemals freien Reichsstadt zu Hause war.
Mit den Sekundärtugenden verbunden war die Kardinaltugend des »selfmade« und des »selfmaking man«. R. ließ seine Organisationsschemata nicht von Grafikern und Designern entwerfen, sondern skizzierte sie selber mit Rotstift und Bleistiftstummeln, die er stets in allen Jackentaschen mit sich führte.
R. war autonom: weder von Vorgesetzten noch von Untergebenen oder Mitarbeitern abhängig. Er bevorzugte den kurzen Dienstweg und erledigte Dinge selber, wenn es bürokratische Hindernisse gab. Als er keinen diplomatischen Kanal fand, um bei Nikita Chruschtschow gegen die Atomversuche auf Nowaja Semlja zu protestieren, ging er persönlich auf das Postamt und ließ sich seinen Einschreibbrief an den Kreml quittieren. Eine Antwort ist nicht bekannt, aber den Postabschnitt führte R. noch jahrelang mit sich, um ihn bei passender Gelegenheit seinem verdutzten Publikum zu präsentieren. Diese Unmittelbarkeit war wesentlich für R.s Demokratieverständnis, auch wenn er sich in einem repräsentativen System bewegte. R. verstand seine Rolle auf allen Ebenen als die des klassischen Arbeitersekretärs, der kein Bürokrat war, sondern eine Art »Ombudsmann«, der ratsuchenden Sozialrentnern stehenden Fußes ihren Rentenanspruch auszurechnen verstand.
R. stammte aus dem Arbeitermilieu der Bergerstraße in Bornheim, jenem industriellen Vorort im Nordosten von Frankfurt/Main, der in R.s Geburtsjahr eingemeindet wurde und wesentlich zur Proletarisierung der Wählerschaft für den Frankfurter Römer beitrug. R.s Vater war Maschinist. R. selber erlernte den Beruf des Feinmechanikers. Die Familie las schon vor dem Ersten Weltkrieg die *Volkstimme*, das sozialdemokratische Organ für den deutschen Südwesten, das sich gegenüber der linksliberalen *Frankfurter Zeitung* durch klassenkämpferische Kommentierung des Zeitgeschehens hervorhob.
Während des Ersten Weltkrieges kämpfte R. an der Ost- und an der Westfront, bis er vor Verdun schwer verwundet wurde. Im Rahmen des Hilfsdienstgesetzes mußte er in Frankfurt/Main arbeiten, wurde städtischer Bediensteter und avancierte rasch zum Vorsitzenden des Gesamtbetriebsrates, der nach dem neuen Betriebsrätegesetz des Jahres 1920 gewählt wurde. R. besuchte bald darauf die 1921 gegründete »Akademie der Arbeit« (AdA) in der Frankfurter Universität, die jungen

Betriebsräten und Gewerkschaftsfunktionären Zugang zur Hochschulbildung verschaffte. Ihn beeindruckte besonders die Rechtsphilosophie und Arbeitsrechtslehre Hugo Sinzheimers, der nicht nur in Frankfurt die Theorie des Sozialstaates vertrat, sondern als Mitglied der deutschen Nationalversammlung die einschlägigen Artikel des Zweiten Hauptteils der Weimarer Reichsverfassung mitformuliert hatte und um ihre politische Verwirklichung kämpfte. Demokratie erschöpfte sich für R. von Anfang an keineswegs in einem formalen Repräsentationssystem, sondern verlangte eine Sozial- und Wirtschaftsverfassung als Grundlage demokratischer Freiheiten, Rechte und Pflichten.

Nach Abschluß der AdA zog R. mit seiner Familie nach Darmstadt, wo er sich mit dem Bildhauer und Arbeitersekretär Wilhelm Leuschner anfreundete. Als Leuschner weiter aufstieg, folgte R. in seine Positionen. Zusammen mit dem Innenminister des Volksstaates Hessen, also mit Leuschner, zugleich mit dem Darmstädter Reichstagsabgeordneten Carlo Mierendorff und mit dem sozialpsychologisch versierten Propagandisten Sergej Tschachotin aus Heidelberg entwickelte und praktizierte R. die Massenauftritte der »Eisernen Front« gegen den Nationalsozialismus. Er blieb Sozialdemokrat, aber in einem militanten Sinne, der sich weder von Nazis noch Kommunisten den Schneid abkaufen ließ.

R. besaß ein Talent zur Camouflage und zum Widerstand des Alltags – ähnlich wie der brave Soldat Schwejk im Roman. Obwohl R. Verbindung zum Widerstand hielt und bis zum 20. Juli 1944 direkt für die illegale Reichsleitung der Gewerkschaften in Berlin arbeitete, blieb er vom Naziterror vergleichsweise unberührt. Mit Hilfe eines Metzgereifachhandels überstand er die Kriegsjahre und war in Frankfurt/Main sofort zur Stelle, als die Stadt Ende März 1945 durch amerikanische Truppen befreit wurde. Vierzehn Tage vor der Kapitulation in Karlshorst präsentierten R. und seine Freunde – zunächst unter Federführung Gottlob Binders – am 23. April 1945 den Frankfurter Behörden den Entwurf eines kurzgefaßten Grundsatzprogramms für die freiheitliche Einheitsgewerkschaft des Wiederaufbaus. Sie verlangten darin parteipolitische Unabhängigkeit und eine paritätische Wirtschaftsverfassung mit starken Rechten der Arbeiter, Angestellten und Beamten.

Mit 50 Jahren zählte R. zu den jüngeren Kräften unter den erfahrenen Gewerkschaftern. Ihm blieben fast zwei Jahrzehnte intensiver Wirksamkeit, um sein Programm in wesentlichen Punkten umzusetzen. Er gründete die Einheitsgewerkschaft in Hessen und sorgte für ein Verfassungsprogramm, das zumindest in den Ländern der drei Westzonen weitgehend beachtet wurde. In der Verfassung des Landes Hessen konnte R. sogar das Aussperrungsverbot verankern. Damit zog er die Lehre aus der zerstörenden Wirkung, die von der Aussperrungspraxis am Ende der Weimarer Republik auf die deutsche Sozialverfassung ausging. – Als Mitglied des Wirtschaftsrates der Bizone und Vorsitzender des zuständigen Ausschusses leitete R. die Verhandlungen des Tarifvertragsgesetzes, das der Bundesverfassung und der Gesetzgebung des Deutschen Bundestages vorausging, durch das die Tarifautonomie zur Grundlage der Wirtschaftsverfassung wurde.

Ab 1949 verband R. die Position eines prominenten DGB-Vorstandsmitgliedes mit einem Sitz im Deutschen Bundestag und mit dem Vorsitz im Bundestagsausschuß für Arbeit und Soziales. Er konnte dadurch eine heimliche »große Koalition« der Sozialpolitiker aus Sozialdemokratie und Unionsparteien dirigieren, unter der sowohl die Montanmitbestimmung (1951) als auch die große Rentenreform (1956/57) gegen den Widerstand der FDP durch den Bundesgesetzgeber verabschiedet wurden.

Obwohl R. kein mitreißender Redner und kein theoretischer Kopf war, galt er 1956 als der geeignete Mann, um mit der personalpolitischen und organisatorischen Misere aufzuräumen, die unter dem Vorsitz Walter Freitags beim gewerkschaftlichen Dachverband eingerissen war. R. entledigte sich dieser konsolidierenden Aufgabe mit Bravour. Darüber hinaus schaffte er – Schulter an Schulter mit Herbert Wehner an der Spitze des Bundestagsausschusses für gesamtdeutsche Fragen – eine deutschlandpolitische Linie zur Abwehr des sowjetischen Berlin-Ultimatums vom Juni 1961. Damit befreite er nicht zuletzt die Sozialdemokratie und die Gewerkschaftsbewegung vom Ruch der nationalen Unzuverlässigkeit, die Adenauer ihnen gerne anhängte.

Unter R. faßten die Einzelgewerkschaften wieder Tritt. Der Ruf »Samstags gehört Vati mir!« und das kleine Kind auf dem Plakat, mit dem R. gerne posierte, sorgten für gleiches Schrittmaß im Kampf um Arbeitszeitverkürzung und verlängertes Wochenende. Die Tendenzen zur »sozialen Demontage« waren abgewehrt. Im Schattenkabinett des Kanzlerkandidaten Willy Brandt fungierte R. als künftiger Arbeitsminister der Bundesrepublik. Gewerkschaften und Sozialdemokratie befanden sich im Aufwind, als R. 1962 den Bundesvorsitz räumte. Allerdings weinte der »Apparat« in Düsseldorf dem Geizkragen keine Träne nach. Zu sehr hatte er ihn als gewerkschaftlicher Sparkommissar von der Spitze aus zu zügeln versucht.

Der Pensionär widmete sich einem genossenschaftlichen Projekt in Pindorama im Nordosten Brasiliens. Er hatte Albert Schweitzer im Kampf gegen die atomare Aufrüstung kennengelernt. Nun wünschte R. sich ein eigenes »Lambarene« in Südamerika. Dabei spielte die Einsicht eine Rolle, daß der Wohlstand in den Industrieländern nach einem gerechten Ausgleich in der Dritten Welt verlangte. R. kümmerte sich darum mit derselben Penetranz, mit der er im DGB gespart hatte. Er übertrug auch den Gedanken der unmittelbaren Hilfe auf dieses Projekt. Wenn in Pindorama ein Ersatzteil fehlte, jettete R. damit vom Frankfurter Flughafen aus zu seinen Muchachos an der Zuckerrohrküste. Er besaß ein sehr konkretes Verständnis von unmittelbarer Hilfe und direkter sozialer Demokratie.

Beier, G.: Willi Richter - ein Leben für die soziale Neuordnung. Köln 1978. - Schmidt, D.: Willi Richter - ein demokratischer Machtpolitiker, in: Gewerkschaftliche Monatshefte, 45. Jg., Oktober 1994.

Gerhard Beier

Riedel, Andreas

Geb. 12. 9. 1748 in Wien; gest. 15. 2. 1837 in Paris

R. wurde 1748 in Wien geboren. Sein Vater war Ingenieurhauptmann und mit einer Italienerin verheiratet. Der Sohn besuchte, wie in Offiziersfamilien damals üblich, die Theresianische »Kriegspflanzschule« in Wien und später die Neustädter Militärakademie, wo er 1774 als Ingenieurprofessor angestellt wurde. 1779 traf er in Wien zum ersten Mal mit Großherzog Leopold von der Toskana zusammen, als dieser geeignete Lehrer für seine Söhne suchte. So reiste R. an den Hof nach Florenz, um als Mathematiklehrer für die Söhne Leopolds tätig zu sein. Zwischen R. und dem Großherzog entwickelte sich ein freundschaftliches Verhältnis, das auf zahlreichen Gesprächen und Diskussionen über gemeinsame Interessen, wie die zeitgenössische Pädagogik, die Bedeutung der Naturwissenschaften, die Bauernfrage und die Problematik von Staatsverfassung und Verfassungsstaat beruhte. Als der Großherzog 1790 Florenz verließ, um als Kaiser Leopold II. die Nachfolge seines Bruders Joseph II. in Wien anzutreten, folgte ihm R., der in den folgenden Jahren unter dem Einfluß der Französischen Revolution starkes politisches Engagement entfaltete. 1791 ließ er Leopold II. einen Vorschlag zur Verfassungsreform der Länder der Habsburgermonarchie und eine Wahlordnung überreichen. Dieser Entwurf war von den Vorstellungen des Kaisers über eine Verfassung, wie er sie als Großherzog für die Toskana entwickelt hatte, beeinflußt und vertrat die Grundsätze der damals herrschenden Aufklärungsphilosophie. Mit diesem Reformvorschlag übte R. zwar Kritik an Staat und Gesellschaft, lehnte aber ausdrücklich eine revolutionäre Veränderung mit dem Hinweis auf die Entwicklung in Frankreich ab. Seine Reformbestrebungen ergänzte er durch eine von der Zensur zwar verbotene, aber dennoch gedruckte Schrift über *Das undankbare Wien*, in der er dafür plädierte, daß der Monarch die Krone aus der Hand der gewählten Volksvertreter entgegennehmen und zum ersten, nützlichsten und vorbildlichsten Bürger werden sollte.

Mit dem plötzlichen Tod des Kaisers am 1. März 1792 änderte sich jedoch die Situation für R. grundlegend, da es mit Leopolds Nachfolger Franz II. in politischen Fragen keine Gemeinsamkeiten gab. So entschloß er sich trotz Verschärfung der Zensurmaßnahmen und Verstärkung der Polizeigewalt, einen Kreis Gleichgesinnter zu versammeln, dem auch der Oberleutnant Franz Hebenstreit von Streitenfeld, der ideologische Führer der Wiener Jakobiner und der Kriegsgerichtsaktuar (Protokollant) Cajetan Gilowsky angehörten. Bei den Zusammenkünften, die meistens in der Wohnung R.s stattfanden, wurde eifrig der *Moniteur* gelesen und über aktuelle Ereignisse in Frankreich gesprochen. Innerhalb dieser Gruppe entwickelten sich zahlreiche Formen politischen Handelns, wie Agitation, Mitgliederwerbung und Flugschriftenverteilung mit dem Ziel, durch radikale Reformen die Habsburgermonarchie nach französischem Vorbild umzugestalten.

Während R. im Mai/Juni 1794 aus privaten Gründen nach Stuttgart reiste und dort die Bekanntschaft mit dem Nürnberger Arzt und Philosophen Benjamin Erhard machte, spitzten sich die Aktionen der Gesinnungsfreunde R.s in Wien zu. Die Wiener Jakobiner schickten den evangelischen Pfarrer Held und den Arzt Denkmann mit einem von Hebenstreit konstruierten Modell einer Kriegsmaschine zur Bekämpfung der Kavallerie nach Frankreich und übergaben außerdem gegen Bezahlung den Plan der Kriegsmaschine dem polnischen Revolutionär Graf Soltyk. Hebenstreit soll darüber hinaus ein Bündnis von Studenten, städtischem Proletariat und Soldaten ins Auge gefaßt haben. Der Kreis von R. wurde schließlich durch einen Lockspitzel, den Buchhändler Vinzenz Degen, in mehreren Berichten an die Polizei verraten. R. und seine Freunde wurden im Juli 1794 verhaftet und in das Polizeigefängnis gebracht.

Franz II. wollte die Einsetzung eines Sondergerichts zur Verurteilung der österreichischen Jakobiner, obwohl Staatsrat Freiherr von Martini in einer Erklärung den Kaiser vor einer solchen Vorgehensweise warnte, die einer Rechtsbeugung gleichgekommen wäre. Im Prozeß orientierte man sich dann doch im wesentlichen an Kriminalgesetz und Strafprozeßordnung. Doch fielen die Urteile sehr hart aus, um möglichst abschreckend zu wirken. Gilowsky beging noch im September 1794 in seiner Zelle Selbstmord. Hebenstreit wurde im Jänner 1795 durch den Strang hingerichtet, alle übrigen angeklagten Jakobiner erhielten langjährige Kerkerstrafen. R. wurde zu 60 Jahren Arreststrafe verurteilt, die er zum Teil auf der Festung Kufstein, im Gefängnis am Schloßberg in Graz und in der Festung Munkács (Ungarn) verbüßte. 1804 überreichte der schon ein Jahr zuvor aus dem dortigen Gefängnis entlassene Jakobiner Georg Ruzsitska dem Kaiser ein Bittschreiben für R. Dieser wurde 1806 wegen seines schlechten Gesundheitszustandes in das Minoritenkloster nach Brünn verlegt, wo er sich etwas freier bewegen konnte und nun wieder briefliche Kontakte zu alten Freunden aufnahm. Die große Wende kam für ihn erst mit der Besetzung Brünns durch französische Truppen unter Marschall Davout im Jahr 1809: R. konnte aus dem Kloster fliehen und stand nun unter dem persönlichen Schutz des französischen Marschalls. Die sofortige Einleitung einer Polizeifahndung blieb ergebnislos. Spätere Bemühungen der Polizei, R. durch Steckbrief suchen zu lassen, blieben ohne Erfolg, zumal dieser bereits im Gefolge Davouts Böhmen verlassen und sich endgültig in Sicherheit begeben hatte.

Der weitere Lebensweg führte R. über Linz und Würzburg nach Mainz, wo er sich bis August 1810 aufhielt. Anschließend begab er sich nach Bad Nauheim, wo er für Davout Arbeiten erledigen mußte, bis er dann nach Paris reiste. Dort war er ständig in finanziellen Schwierigkeiten. 1814, im letzten überlieferten Brief an seinen Freund Franz Anton Mesmer, dem Begründer einer »tierischer Magnetismus« genannten (angeblichen) Heilmethode, erwähnte R. seine Bewerbung um eine Anstellung in Brüssel, die er wegen des Sturzes Napoleons und der Rückkehr der Bourbonen in die Wege geleitet hatte. Mesmer, der ihm laufend Geld an eine Pariser Bank überweisen ließ, schlug eine Emigration nach London vor, die R. jedoch ablehnte. Da der Plan, in Brüssel beruflich Fuß zu fassen, scheiterte, zog R. fortan jahrelang unter falschem Namen durch Frankreich, um einer Auslieferung nach Österreich zu entgehen. Seinen Lebensunterhalt bestritt er mit Privatunterricht. Im Mai 1835 verfaßte er schließlich sein Testament, und Mitte Februar 1837 starb er nach längerer Krankheit in seiner Pariser Wohnung. Er war in der Habsburgermonarchie einer der frühesten und konsequentesten Vorkämpfer für eine demokratisch-republikanische Staatsform.

Körner, A.: Andreas Riedel. Ein politisches Schicksal im Zeitalter der Französischen Revolution. Diss. Köln 1969. – Körner, A. (Hg.): Die Wiener Jakobiner. Stuttgart 1972. – Reinalter, H. (Hg.): Jakobiner in Mitteleuropa. Innsbruck 1977. – Reinalter, H.: Aufgeklärter Absolutismus und Revolution. Zur Geschichte des Jakobinertums und der frühdemokratischen Bestrebungen in der Habsburgermonarchie. Wien 1980. – Reinalter, H.: Der Jakobinismus in Mitteleuropa. Stuttgart, Berlin, Köln, Mainz 1981. – Reinalter, H.: Österreich und die Französische Revolution. Wien 1988.

Helmut Reinalter

Riem, Andreas (Pseud.: Christian Anton Schmidt)

Geb. 22. 8. 1749 in Frankenthal/Pfalz; gest. 1807 in Paris

R., dessen Vater ein calvinistisch-reformierter Pfarrer war, studierte in Heidelberg Theologie und erwarb sich gute Kenntnisse auf dem Gebiet der Staatswissenschaften. Er kam 1774 nach Preußen und war acht Jahre lang Prediger in Friedrichswalde bei Templin in der Uckermark. Seine erste religions- und kulturgeschichtliche Abhandlung über den *Einfluß der Religion auf das Staatssystem der Völker* erschien 1776 in Berlin. Im Einklang mit den Prinzipien der Neologie, die das Christentum auf ein System vernünftiger und moralischer Wahrheiten reduzierte, stellte er den Heiland als »Gesetzgeber« dar, der »die Religion der Natur und Vernunft zur Grundlage seiner Lehre« gemacht und »die Menschen zu den edelsten Tugenden ermuntert« habe. Die Kirchenväter hätten sich jedoch in »Spekulationen« vertieft, so daß die Religion »zu einem elenden Gewäsch von Aberglauben ward, der den menschlichen Verstand schändete«. Die Reformatoren des sechzehnten Jahrhunderts hätten zwar den Glauben vom »Unsinn« der katholischen Klerisei gesäubert, aber viele abergläubische Vorurteile beibehalten und durch Intoleranz den Religionskriegen Vorschub geleistet.

Im Jahr 1782 wurde R. vom Domkapitel des evangelischen Stifts St. Johannis im westfälischen zu Preußen gehörenden Herford zum nichtresidierenden Mitglied ernannt und verfügte nunmehr über beachtliche Einkünfte. Zum Prediger an der Kirche des Friedrichspitals und Waisenhauses in Berlin ernannt, betonte er die Notwendigkeit aufgeklärter Religionskritik. Im Jahr 1785 veröffentlichte er in Dessau mit dem fingierten Druckort London anonyme *Philosophische und kritische Untersuchungen über das Alte Testament und dessen Göttlichkeit, besonders über die mosaische Religion.* Seiner Meinung nach war Moses nicht der von göttlichem Geist inspirierte Verfasser des Pentateuch, sondern »ein kluger Despot, der sich der Dummheit des Zeitalters aufs vortrefflichste zu bedienen wußte«. Im Alten Testament seien viele »Ungereimtheiten, grobe Märchen, Aufschneidereien und Torheiten« zu finden; Jesus Christus habe den Menschen »eine herrliche, vortreffliche Anleitung zur Sittenlehre« gegeben, um ihnen im Diesseits »ein glückliches Leben zu verschaffen«.

Ein Jahr später publizierte R. unter dem Pseudonym Christian Anton Schmidt *Übrige, noch ungedruckte Werke aus dem Nachlaß von Gotthold Ephraim Lessing.* Es handelte sich um Bruchstücke der bibelkritischen *Apologie oder Schutzschrift der vernünftigen Verehrer Gottes* aus der Feder des 1768 verstorbenen Hamburger Gelehrten Hermann Samuel Reimarus. Diese »Apologie« verließ den Boden der Offenbarungsreligion, verwarf den Wunderglauben der Kirche und das Dogma von der Auferstehung Christi. Mit der Veröffentlichung der Fragmente aus Lessings Nachlaß trat R. das geistige Erbe des größten deutschen Aufklärers an.

Anfang 1788 ernannte der neue Preußenkönig Friedrich Wilhelm II. seinen Vertrauten Johann Christoph Wöllner zum Kultusminister. Bald darauf erließ Wöllner ein Religionsedikt, das die Aufklärung als »Irrlehre« bezeichnete und unter den deutschen Aufklärern Empörung auslöste. R. verfaßte eine anonyme Flugschrift, die großes Aufsehen erregte: *Über Aufklärung. Ob sie dem Staate, der Religion oder überhaupt gefährlich werden könne?* Er warnte den König, nicht zum »Sklaven geistlicher Ohrenbläser« zu werden und nicht zu dulden, daß »Pfaffenlist und Dummheit ihre schwarzen höllischen Flügel über das Land ausbreiten«. Ohne Aufklärung sei der Theologe nur »ein vernunftverleugnender Unsinniger«; die Sicherheit des Staates beruhe nicht auf Gewissenszwang, sondern auf Gedanken- und Pressefreiheit. »Gott hat den Königen Rechte gegeben, aber keine über die Freiheit des Denkens, keine, die Bewohner ihrer Staaten zu Eseln zu machen, keine, um zu befehlen, wonach die Überzeugung sich richten solle.« Die Behörden leiteten gegen R. ein Disziplinarverfahren ein, so daß er gezwungen war, sein Predigeramt im Februar 1789 aufzugeben. R. begrüßte den Ausbruch der Französischen Revolution und entwickelte sich seit Kriegsbeginn und der Umwandlung Frankreichs zur Republik in einen politischen Schriftsteller jakobinischer Prägung. Er stimmte im Frühjahr 1793 der Annexion der Rheinlande an Frankreich zu und trat in einer anonymen Schrift *Winke über das Staatsinteresse der preußischen Monarchie* für sofortigen Friedensschluß mit dem Land der Revolution ein. Der Friede von Basel im April 1795 schien R. die Perspektive zu eröffnen, daß Preußen zum Bündnispartner Frankreichs werden könne. Er begab sich nach Basel, wo er mit dem Leiter der französischen Propagandazentrale, Theobald Bacher, zusammentraf, der deutsche Revolutionsanhänger für den französischen Geheimdienst anwarb. Nach R.s Rückkehr nach Berlin suchte er in einer von ihm herausgegebenen Zeitschrift *Europa in seinen politischen und Finanzverhältnissen* nachzuweisen, daß Preußen und Frankreich die gleichen politischen Interessen hätten und daher ein Bündnis eingehen sollten.

Diese Vorschläge widersprachen der preußischen Politik. Friedrich Wilhelm II., dem R. als religiöser Freigeist und als Gesinnungfreund der französischen Königsmörder mißliebig war, ließ dessen Zeitschrift verbieten und befahl, ihn zu verhaften und ohne Prozeß und Urteil auszuweisen. R. begab sich Ende 1795 nach Paris, knüpfte mit dem Außenministerium des neugegründeten Direktoriums Beziehungen an und wurde zum politischen Agenten beim diplomatischen Komitee der unter französischem Einfluß stehenden Batavischen Republik ernannt. Er lebte mehrere Monate in den Niederlanden und wurde dann nach England entsandt, wo er mit einigen Diplomaten Verbindungen aufnahm.

In seinem achtbändigen Werk *Reisen durch Deutschland, Frankreich, England und Holland in verschiedener, besonders politischer Hinsicht*, das in Leipzig zwischen 1796 und 1801 erschien, verglich R. kritisch die gesellschaftlichen und staatlichen Zustände dieser Länder. Seine Enttäuschung, daß Preußen keine Allianz mit Frankreich geschlossen hatte, machte ihn zum erbitterten Feind der preußischen Regierung. Er übte vernichtende Kritik an der Politik Friedrich Wilhelms II.: »Das Unterdrückungssystem der Willkür tyrannisiert die öffentliche Meinung, sie halten allenthalben ihre Emissäre und Spione, die die Reden der Staatsmänner hinterbringen, die Furcht ist allgemein, alles Zutrauen der Untertanen ist hinweggefallen, jeder fürchtet in seinem Bekannten einen Spion, Aufpasser und besoldeten Verräter zu finden.« Diese katastrophalen Zustände kontrastierte R. mit den Verhältnissen in der batavischen Republik der Niederlande. »Die Bürger wählen ihre Repräsentanten und sind gewiß, daß ihre Bitten im Senat der Nation erwogen werden. In ihren Rechten sind alle Bürger gleich; alle haben das heilige Recht der Gewissensfreiheit und des öffentlichen Dienstes; es herrschen die Gesetze, die das Volk sich selber gab.«

R. fand auch nach dem Sturz der Jakobinerherrschaft in Frankreich für Robespierre, der während der Entscheidungskrise der Revolution an der Spitze der Regierung gestanden hatte und seinen Feinden zum Opfer gefallen war, anerkennende Worte. Er würdigte ihn als »Mann von vieler und großer politischer Klugheit und Gewandtheit. War für ihn noch ein anderes Mittel, die Republik zu retten, denkbar, als sie in Schrecken setzen? Oder handelt man in Monarchien weniger grausam gegen die Republikaner, als Robespierre gegen die Royalisten tat?« Er habe keine Zeit gehabt, um »seine Pläne zur Reife zu bringen«; es sei indessen nicht zu verkennen, »daß die Republik seiner Grausamkeit sehr viel Gutes zu verdanken habe. Sie bildete entschlossene Generäle, eine brave Armee, befreite Frankreich vom Vorwurf der Feigheit, reinigte den Staat im Innern von seinen Blutsaugern und Feinden, stützte die Pfeiler der Gleichheit der Menschenrechte, vertilgte die Vorurteile des Aberglaubens und der Religion, und setzte die Verfassung in eine Lage, daß die Tugend der Mäßigung und Gerechtigkeit aufs allgemeine Beste wirken konnte«. Eine derartige Würdigung ist in der deutschen Publizistik nach Robespierres Sturz sehr selten. – Ebenso hervorzuheben ist auch das leidenschaftliche Engagement, mit dem R. sich für die Gleichberechtigung der Juden einsetzte.

In seiner anonymen *Apologie der unterdrückten Judenschaft in Deutschland*, die er 1798 dem Rastatter Kongreß einsandte, entkräftete R. die gegen die Juden vorgebrachten theologischen

Argumente und gab der jahrhundertelangen Unterdrückung durch die christliche Umwelt die Schuld an der jüdischen Misere. Es sei nicht einzusehen, weshalb man »von christlicher Seite eine Nation haßt, deren Religion Jesu war«. Die meisten christlichen Gebräuche, selbst die Sakramente, seien »von den Juden entlehnt«. Der Judenhaß sei ein Vorurteil, das »der Pöbel der Priesterschaft« beharrlich »zur Schande des menschlichen Geistes« verbreite. Die Jerusalemer Juden seien an der »Hinrichtung des christlichen Messias« unschuldig gewesen, und die »gegenwärtige Generation der Juden« habe daran ebenso viel Anteil, »als die Generation der Christen daran, daß die Apostel, statt ihren Herrn zu verteidigen, davon gelaufen« seien.

R. rühmte die Juden als »ein fleißiges und tätiges Volk, friedlich in seinen Grundsätzen, ruhig in den stärksten Gärungen der Staaten, treu den Regenten und Gesetzen, geduldig beim endlosesten Druck, das sich plündern und aussaugen läßt von Regierungen und Gewalten, ohne sich zu widersetzen«. Die französische Nationalsversammlung habe ein Beispiel gegeben, »was ein vernünftiges Gouvernement allenthalben tun sollte«, indem sie ihnen bürgerliche Gleichberechtigung verlieh. Daher sei auch in Deutschland die Zeit gekommen, den Juden »alle Rechte, die völlige Freiheit, das ganze Glück, mit einem Worte dasselbe Vaterland zu verschaffen, das dem freien Menschen alles sein muß«.

R.s *Apologie der unterdrückten Judenschaft in Deutschland* nimmt in der damaligen Kontroverse um Reform und Emanzipation des Judentums eine besondere Stellung ein. Während andere Aufklärer, die für Aufhebung der jüdischen Diskriminierung eintraten – wie etwa Wilhelm Christian von Dohm – meinten, die Juden müßten sich für den Staat »nützlich« erweisen, um Bürgerrechte zu erhalten, ging R. als Anhänger des Naturrechts von der völligen Gleichwertigkeit der Juden aus und knüpfte an ihre Gleichstellung nicht die geringste Bedingung. Vielleicht war er zu einem derartigen Verständnis der jüdischen Schicksalsgemeinschaft imstande, weil er selbst ein Verfolgter und Außenseiter war – allerdings wegen seiner politischen Gesinnung und nicht wegen des Stigmas seiner Geburt.

Grab, W.: Der deutsche Jakobiner Andreas Riem und seine »Apologie für die unterdrückte Judenschaft in Deutschland«, in: Heid, L. u. Knoll, J.H. (Hg.): Deutsch-jüdische Geschichte im 19. und 20. Jahrhundert. Stuttgart und Bonn 1992, S. 63–83.

Walter Grab

Riesser, Gabriel

Geb. 2. 4. 1806 in Hamburg; gest. 22. 4. 1863 in Hamburg

R. sagte einmal über sich, den äußeren Impuls für sein politisch-schriftstellerisches Schaffen habe er durch die »Judenfrage« in Deutschland empfangen. Deutschland im Vormärz (1815 bis zur Märzrevolution 1848) konnte zwar eine »Judenfrage« stellen, war aber unwillig, sie in einem rechtlichen und politischen Akt zu lösen, so daß dieser Impuls immer wieder neu ausgelöst wurde und somit die politische Biographie R.s der deutsch-jüdischen Konfliktgeschichte entsprach.

Die elterliche Familie stammte aus der süddeutschen Stadt Öttingen. Der Großvater, Jacob Katzenellenbogen, war dort ein bekannter Rabbiner gewesen, der Vater, Elias Leiser Riesser, orthodoxer Rabbiner in Altona. Das Studium der Philosophie und Rechtswissenschaft in Heidelberg schloß R. 1826 mit der Promotion ab. Die angestrebte Hochschullaufbahn scheiterte, da die badische Regierung dem Juden R. die Privatdozentur verweigerte. Auch sein Versuch, sich als selbständiger Advokat in Hamburg niederzulassen, wurde vom Senat der Stadt mit dem Hinweis verwehrt, Juden seien in der öffentlichen Verwaltung nicht zugelassen. Damit war R. wie vielen anderen jüdischen Akademikern seiner Generation ein akademischer oder ausbildungsadäquater Beruf – und den fand man damals im Staatsdienst – versperrt. Die Weigerung, Juden den Weg in die Beamtenlaufbahn zu eröffnen, war noch immer von dem Vorbehalt bestimmt, sie nicht in Positionen gelangen zu lassen, in denen sie über Christen zu entscheiden hätten. Teilweise wurde dieses Sonderrecht dogmatisch mit der Ideologie vom christlich-deutschen Staat begründet, teilweise aber auch opportunistisch mit Vorurteilen der Bevölkerung.

Die geringen Chancen auf Verbesserung des Rechtszustandes der Juden in Hamburg gingen nach Übergriffen des »Pöbels aller Stände« gegen Juden im Sommer 1835 wieder verloren. Während dieser Krawalle, als jüdische Gäste aus den Kaffeehäusern geprügelt wurden, trat R. den Angreifern persönlich entgegen, übernahm später vor Gericht die Verteidigung eines inhaftierten Juden und drängte mit Eingaben und Strafanzeigen darauf, die »Macht des Gesetzes« anzuwenden, »das Recht und die Civilisation« zu wahren. Von nun an wirkte R. öffentlich als politischer Anwalt der Juden, dem bewußt war, daß die Minderheit nur von der »Herrschaft der Vernunft und der Gerechtigkeit« Schutz und Gleichstellung erwarten konnte.

Daß nur bei gleichen Rechten auch gleiche Pflichten und Lasten gefordert werden könnten, erschien ihm selbstverständlich.
In politischen und juristischen Schriften, mit denen R. auf die öffentliche Meinung einzuwirken hoffte, ebenso wie in seinen Polemiken, in denen er reaktionäre Positionen bekämpfte, wie die des Theologen Heinrich Eberhard Gottlob Paulus *(Vertheidigung der bürgerlichen Gleichstellung der Juden gegen die Einwürfe des Herren Dr. H.E.G. Paulus,* Altona 1831) und radikale judenfeindliche Positionen, wie die des Philosophen Bruno Bauer *(Die Judenfrage. Gegen Bruno Bauer,* 1843), bediente er sich einer klaren Sprache. R. forderte energisch auf der Basis der Menschenrechte die Bürgerrechte ein und unterbreitete liberale Vorschläge zur Abhilfe, die fast schon demokratisch waren. Das Prinzip der unbeschränkten Volkssouveränität lehnte R. ab, da es bei ihm Assoziationen an ungezügelte Massengewalt weckte.
Im Gegensatz zum philosophischen Diskurs der jüdischen Aufklärer und dem devot-konservativen Loyalismus der jüdischen Honoratioren war sein Stil selbstbewußt und politisch. Zugleich teilte R. die »Vernunfts- und Fortschrittsgläubigkeit« der Juden, die vor der Ungewißheit der Zukunft mit Formeln (»Demokratie«, »Einsicht«, »Toleranz«) auswichen.
Als nationalliberaler Bewunderer der amerikanischen Verfassung zeichnete R. ein Zukunftsbild vom »deutschen Vaterland«, das mit der ständischen Gesellschaftsordnung brechen und auf der Grundlage von Gewissensfreiheit und gleicher Rechte für alle eine religiös und kulturell pluralistische Gesellschaft vereinen sollte. In Büchern, Aufsätzen und mit einer eigenen Zeitschrift (*Der Jude. Periodische Blätter für Religion und Gewissensfreiheit,* Altona 1832/33) nahm er zu den Emanzipationsgesetzen verschiedener Staaten im Deutschen Bund Stellung, kritisierte antijüdische Pamphlete und wurde zum scharfsinnigen Gegner fast aller wortmächtigen Antisemiten seiner Zeit. In zahlreichen Konfliktfällen wurde R., der prominenteste Fürsprecher der Juden, von jüdischen Gemeinden um publizistische Hilfe und politischen Rat gebeten. An seinen Stellungnahmen orientierten sich die Juden in ganz Deutschland.
1848 wurde R. ins Vorparlament berufen und von den Wahlmännern des Herzogtums Lauenburg als Abgeordneter in die Frankfurter Nationalversammlung entsandt. R. war an der Formulierung der »Grundrechte des Deutschen Volkes« beteiligt und arbeitete im Verfassungsausschuß mit, zu dessen Vizepräsident er gewählt wurde. R. gehörte auch zu jener Deputation, die unter Führung des Präsidenten des Paulskirchenparlaments Eduard Simson am 3. April 1849 in Berlin Friedrich Wilhelm IV. die Kaiserkrone einer konstitutionellen Monarchie - vergeblich - antrug.
Mit dem Scheitern der Revolution war auch die politische Emanzipation der Juden vorerst beendet. R. selbst erlangte das Bürgerrecht erst nach Einführung der Hamburger Verfassung vom 28. September 1860, die die Privilegierung der evangelisch-lutherischen Kirche aufhob und die Gleichberechtigung der Konfessionen bestimmte.
Am 17. Oktober 1860 wurde R. zum Mitglied des von der neuen Verfassung eingeführten Hamburger Obergerichts ernannt und damit zum ersten Richter jüdischer Religion in Deutschland. In der ersten - teils durch Zensuswahl, teils durch Stände- und Notabelnwahl zustandegekommenen - in der hamburgischen Geschichte gewählten Bürgerschaft (ab 1859) war R. Vizepräsident (bis 1861). Die deutschen Juden haben die Erinnerung an R. wachgehalten und ihn durch die Herausgabe seiner gesammelten Schriften geehrt.

Friedländer, F.: Das Leben Gabriel Riessers. Berlin 1926. - Arnsberg, G.: Gabriel Riesser als deutsch-jüdischer Intellektueller und liberaler Ideologe, in: Menora. München 1991, S. 81-104.

Rainer Erb

Rocker, Rudolf

Geb. 25. 3. 1873 in Mainz; gest. 19. 9. 1958 in Crompond (New York)

R. wurde am 25. März 1873 als Sohn einer Steindruckerfamilie in Mainz geboren. Nach dem frühen Tod der Eltern wuchs er bis zum Alter von 14 Jahren in einem katholischen Waisenhaus auf, heuerte dann als Schiffsjunge auf einem Rheindampfer an und erlernte später das Buchbinderhandwerk. Unter dem Einfluß eines Patenonkels entdeckte der Jugendliche die sozialistisch-freidenkerische Literatur und erlebte den Beginn seiner politischen Sozialisation in der Sozialdemokratie unter den restriktiven Bedingungen des Sozialistengesetzes (1878-1890). In der SAPD (»Sozialistische Arbeiterpartei Deutschlands«, seit Herbst 1890: SPD = »Sozialdemokratische Partei Deutschlands«) gründete er im Mai 1890 den Lesezirkel »Freiheit« und schloß sich bald darauf den sogenannten »Jungen« an, einer parteiinternen Strömung, die gegen den legalistisch-parlamentarischen Kurs der Parteiführung opponierte und für sozialrevolutionäre Ziele eintrat.
Noch vor dem offiziellen Ausschluß der »Jungen« auf dem Erfurter Parteitag im Oktober 1891, schied R. nach einem Disput mit dem Mainzer Parteivorstand aus der SPD. Auf dem im selben Jahr in Brüssel abgehaltenen Internationalen Sozialistenkongreß erlebte er mit, wie die anarchistische Minorität diskriminiert und schließlich ganz ausgeschlossen wurde. Unter diesem Eindruck und durch die Lektüre der Schriften Michail Bakunins wandte sich R. nun dem Anarchismus zu. Er initiierte eine Gruppe, die sich hauptsächlich mit der Verbrei-

tung von aus London eingeschmuggelter anarchistischer Literatur beschäftigte. Als sich die ausgeschlossene Opposition der »Jungen« im November 1891 zum »Verein unabhängiger Sozialisten« konstituierte, trat R. mit dem von ihm mitbegründeten »Leseclub Vorwärts« den Mainzer »Unabhängigen Sozialisten« bei. Von den anarchistischen Theoretikern, die der dortige Kreis rezipierte, war besonders der kommunistische Anarchismus Fürst Peter Kropotkins mit seinen anthropologisch-evolutionsphilosophischen Grundgedanken einer in der Natur angelegten »Gegenseitigen Hilfe« für R. fortan richtungweisend.

Sein rethorisches Talent entdeckte und entwickelte der junge R. bereits im gewerkschaftlichen Buchbinderfachverein und im »Verein unabhängiger Sozialisten«. Dessen Ende, das im April 1894 nur wenige Monate nach der Rückkehr des marxistischen Flügels in die Mutterpartei folgte, erlebte R. nicht mehr in Deutschland, denn im Dezember 1892 war er seiner drohenden Verhaftung (wegen illegaler anarchistischer Propagandatätigkeit) und dem bevorstehenden Militärdienst durch die Flucht ins Ausland zuvorgekommen.

Im Pariser Exil machte R. die Erfahrung, daß anarchistische Konzepte in die Grundsätze und Praxis der französischen Gewerkschaftsbewegung einzuwirken begannen: Die Ablehnung des Parlamentarismus zugunsten des anarchosyndikalistischen Primats eines ökonomisch ausgerichteten Kampfes mittels »Direkter Aktion« (passive Resistenz, Blockade, Sabotage, Generalstreik) mit dem Endziel der Ablösung des kapitalistischen Staates und der Übernahme der gesellschaftlichen Produktionsmittel durch die Gewerkschaftssyndikate.

Betroffen von der Ausweisungswelle gegen ausländische Anarchisten als Reaktion auf Bombenattentate, siedelte R. 1895 mit einigen Freunden von den »Unabhängigen« nach London über. Dort fand er im »Communistischen Arbeiter-Bildungsverein«, der ältesten sozialistischen deutschen Auslandsorganisation, in der die anarchistische Fraktion über eine starke Position verfügte, zunächst eine Beschäftigung als Bibliothekar.

Sein politisches Betätigungsfeld fand R. jedoch im ostjüdischen Arbeitermilieu des Londoner East-End, in dem er auch seine spätere Lebensgefährtin Milly Witkop (1877–1955) kennenlernte. Als Nicht-Jude wurde der Emigrant bald zu einer der prominentesten Wortführer der aufkeimenden jüdischen Gewerkschaftsbewegung, aus der durch seine Aktivität die größte libertäre Organisation Englands hervorging. Von 1898 bis 1914 gab R. die anarchistische Zeitung *Arbeiterfraint* – und ab 1899 die Kulturzeitschrift *Germinal* in jiddischer Sprache heraus.

Auf dem Amsterdamer Anarchistenkongreß wurde R. 1907 zusammen mit Errico Malatesta und Alexander Shapiro zu einem der drei Sekretäre der anarchistischen Internationale nominiert. Ein aufsehenerregendes Einreiseverbot, das von den US-amerikanischen Behörden wegen seiner nichtehelichen Beziehung zu Milly Witkop zeitweilig gegen beide verhängt wurde, die erneute Ausweisung aus Frankreich, nachdem er dort eine Protestrede gegen die Ermordung des anarchistischen Reformpädagogen Francisco Ferres im Juli 1907 gehalten hatte, vor allem aber seine führende Rolle als Initiator des erfolgreichen »Großen Streiks« der jüdischen Textilarbeiter im Jahr 1912 in London, machten den mittlerweile aus Deutschland ausgebürgerten Anarchisten über die Grenzen Englands hinaus so populär, daß man ihn nach Ausbruch des Ersten Weltkriegs als »Spezialfall« in ein Lager für »feindliche Ausländer« internierte. Von dort im März 1918 zunächst als Austauschgefangener in die Niederlande deportiert, erreichte R. im Januar 1919 das revolutionäre Berlin, wo er als Diskussions- und Vortragsredner schnell Einfluß auf die erstarkende syndikalistische Bewegung gewann.

Obgleich R. in der libertären Gewerkschaftsbewegung Deutschlands niemals ein offizielles Amt annahm, formulierte er in seinen Programmentwürfen und Grundsatzartikeln die theoretischen Grundlagen des Anarchosyndikalismus und des organisierten Anarchismus. Die Hinwendung der 1920 über 120 000 Mitglieder zählenden syndikalistischen »Freien Arbeiter-Union Deutschlands« (FAUD) zum kommunistischen Anarchismus wurde durch die von ihm verfaßte Abfassung der *Prinzipienerklärung des Syndikalismus*, der wohl verbreitetsten theoretischen Plattform der libertären Gewerkschaftsbewegung, entscheidend mit ausgelöst.

Neben literarischer Tätigkeit galt R.s Einsatz der Gründung einer unabhängigen anarchosyndikalistischen Internationale. Die »Internationale Arbeiter Assoziation« (IAA), die nach jahrelangen Vorbereitungen um die Jahreswende 1922/23 Gestalt annahm und noch in der Gegenwart existiert, gilt nicht zuletzt als persönlicher Erfolg R.s. Als einer ihrer drei Sekretäre entwarf er die Prinzipienerklärung der IAA, die die zum damaligen Zeitpunkt über eineinhalb Millionen Mitglieder zählende Organisation auf eine föderalistische Basis stellte. Auf langen Agitationstouren war R. auch nach seiner Flucht aus dem nationalsozialistischen Deutschland in die USA für die internationale freiheitliche Bewegung aktiv. Von Amerika aus nahm er publizistischen Anteil an der »Föderation freiheitlicher Sozialisten«, der seit 1947 bestehenden – jedoch weitaus mitgliederschwächeren – nichtgewerkschaftlichen Nachfolgeorganisation der FAUD.

R.s wesentliche Bedeutung lag indessen weniger auf theoretischem Gebiet, als in seiner Rolle als international anerkannte Integrationsfigur einer sich freiheitlich-sozialistischen Prinzipien verpflichtet fühlenden Bewegung. In seinem Hauptwerk *Nationalism and Culture* (New York 1937), das erst 1949 unter dem Titel *Entscheidung des Abendlandes* in

deutscher Sprache erschien, versuchte er in einer ideen- und kulturgeschichtlich angelegten Untersuchung, die fortschrittshemmende Wirkung des Nationalismus auf die Kulturentwicklung nachzuweisen und fand damit auch über anarchistische Kreise hinaus Anerkennung.
Als entschiedener Anarchist definierte R. jedes staatliche System, ungeachtet seiner jeweiligen Form, als einen »Gewaltapparat«, dessen Hauptzweck in der »wirtschaftlichen Ausbeutung der breiten Massen durch privilegierte Minderheiten« sei (*Der Kampf ums tägliche Brot*, 1925). Im Unterschied zu vielen radikalen Gegnern des Parlamentarismus verteidigte R. die seiner Meinung nach zwar beschränkten, gleichwohl existierenden politischen Rechte bürgerlicher Demokratien. Die Ausgestaltung und Durchsetzung freiheitlicher Grundprinzipien erhoffte sich R. von einer Ausweitung der Einflußsphäre aufgeklärter Minderheiten. Den beschränkten Möglichkeiten anarchistischer oder anarchosyndikalistischer Minderheitenorganisationen maß R. jedoch schon während der zwanziger Jahre immer weniger Bedeutung zu.
Die Umorientierung seiner politischen Grundsätze, insbesondere seine Parteinahme zugunsten der Westalliierten während des Zweiten Weltkriegs, brachte ihm später manche Kritik an dem vermeintlichen »Revisionismus« seiner Überzeugungen ein. In der Tat stand R. nun den liberalen Wurzeln des Sozialismus näher als den Klassenkampfpostulaten des Marxismus, den er immer pauschal abgelehnt hatte. In seiner von Gustav Landauer geprägten Auffassung von einem Anarchismus als sozialem Kulturideal zielte er nun auf die Synthese eines radikal interpretierten Liberalismus mit einem antiautoritär-föderalistischen Sozialismus. Die Erfahrung des Nationalsozialismus und der kommunistischen Diktaturen veranlaßten R., sich von der dem kommunistischen Anarchismus eigenen Idealvorstellung einer nahezu uneingeschränkten menschlichen Soziabilität zu verabschieden und seine Erwartungen auf eine gesellschaftlich breite emanzipatorische Bewußtseinsentwicklung zu richten.

Rübner, H.: Freiheit und Brot. Die Freie Arbeiter-Union Deutschlands. Eine Studie zur Geschichte des Anarchosyndikalismus. Berlin u. Köln 1994. – Wienand, P.: Der »geborene Rebell«. Rudolf Rocker. Leben und Werk. Berlin 1981.

Hartmut Rübner

Roesicke, Richard

Geb. 24. 7. 1845 in Berlin; gest. 21. 7. 1903 in Berlin

Ein Brief R.s an den Herzog von Anhalt, geschrieben in seinem Todesjahr, kann als sein politisches Credo gelten: »Von jeher habe ich geglaubt, unserem deutschen Vaterland und dem mir zur zweiten Heimat gewordenen Anhaltland am besten dadurch zu dienen, dass ich den zwischen Bürgertum und Arbeiterschaft durch die Entwickelung der wirtschaftlichen Verhältnisse einerseits und durch das Wachstum der Sozialdemokratie andererseits hervorgerufenen Zwiespalt zu mildern statt zu verschärfen bestrebt war. Wenn ich mich in diesem Bestreben gezwungen sah, mit den mir Gleichgesinnten auch gegen Maßnahmen der von Euer Hoheit eingesetzten Regierung Stellung zu nehmen, so ist dies geschehen, weil diese Maßnahmen unseres Erachtens mit der Gleichberechtigung der Arbeiter nicht zu vereinbaren waren, es aber im Interesse des sozialen Friedens als einer der vornehmsten Aufgaben der bürgerlichen Klassen erachtet werden muß, die Rechte der armen Schichten der Bevölkerung zu bewahren.«
R., aufgewachsen in einer freisinnigen Berliner Kaufmannsfamilie, absolvierte Gymnasium und kaufmännische Lehre. Mit neunzehn Jahren übernahm er die Leitung der von seinem Vater erworbenen Schultheiß-Brauerei in Berlin. Ein Lungenleiden bewog ihn Ende der sechziger Jahre zu einem mehrjährigen Auslandsaufenthalt in Italien, Ägypten, Spanien und der Schweiz. Die intensiv empfundene Ungerechtigkeit, daß er als Vermögender sich eine Heilung erkaufen könne, die Tausenden gleichfalls Betroffenen nicht erreichbar war, soll sein späteres soziales Engagement vorbereitet haben.
Als Politiker trat R. erstmals gegen Ende der siebziger Jahre hervor. 1877 hatte er in Dessau die ehemalige Herzogliche Bierbrauerei erworben (1896 mit der Schultheiß-Brauerei Berlin vereinigt), und sich auch in Anhalt niedergelassen. Nachdem er 1884 (damals noch eher wider Willen) und 1887 im Wahlkreis Dessau-Zerbst erfolglos (als Parteiloser) für die »Deutsche Freisinnige Partei« (1884–1893; einer Fusion aus »Deutscher Fortschrittspartei« und der von der »Nationalliberalen Partei« abgespaltenen »Liberalen Vereinigung«) zum Reichstag kandidiert hatte, konnte er sich 1890, 1893 und 1898 als Kandidat auch der »Nationalliberalen« gegen die Sozialdemokratie durchsetzen. Als Vertreter des sozialen Ausgleichs stand er in der gemäßigt-liberalen Kontinuität des Dessauer Gebietes. 1903 waren die Differenzen zum Nationalliberalismus erneut soweit gediehen, daß er wieder allein für den Freisinn (»Freisinnige Vereinigung«, 1893–1910) kandidierte und sich eindrucksvoll durchsetzte. R. übernahm eine Reihe von Funktionen, so war er 1890 bis 1898 Vorsitzender des »Verbandes Deutscher Berufsgenossenschaften«, auch Mitglied des »Vereins für Socialpolitik«.

R.s politischer Ansatz war auf die Vereinigung von liberalen Bürgerrechten und sozialer Gleichberechtigung gerichtet. Insofern verwundert es nicht, daß er, der um 1890 eher der »Nationalliberalen Partei« nahestand, mit dem dortigen Verlust an liberaler Potenz und der stärkeren Beachtung der sozialen Frage unter den Linksliberalen mehr zu letzteren tendierte – oder genauer gesagt: sie tendierten jetzt zu ihm, denn seine politischen Anschauungen hatten sich seit seinem Eintritt in die Politik kaum gewandelt: »Es ist (...) meines Erachtens die Aufgabe der liberalen Parteien, diese Interessenpolitik [im Reichstag, d.Verf.] mit aller Kraft zu bekämpfen und die ›Gleichberechtigung aller Staatsbürger‹ u.a. auch dadurch herbeizuführen, daß unsere vornehmlich auf den Schutz des ›Eigenthums‹ gerichtete Gesetzgebung mehr und mehr auf den Schutz der ›Arbeit‹ übergeleitet wird.«

Die »Berechtigung des Sozialismus« lag für R. »nur in der geforderten Besserung der sozialen und materiellen Lage der arbeitenden und besitzlosen Klassen. Das Unberechtigte dagegen in der Forderung allgemeiner und völliger Gleichheit«.

Davon ausgehend, daß eine im Verborgenen agierende Sozialdemokratie sich radikalisieren werde, wandte sich R. auch gegen das Sozialistengesetz (1878–1890), das die »Sozialistische Arbeiterpartei Deutschlands« (SAPD) verbot und nur deren Parlamentsfraktion zuließ. 1902 schloß sich R., bisher stets ohne feste Bindung geblieben, der Fraktion der »Freisinnigen Vereinigung« auch formell an. Im Reichstag profilierte er sich als Sozialpolitiker: Insbesondere wandte er sich dagegen, die Koalitionsfreiheit der Arbeiter einzuschränken, und warb für eine Verbesserung bereits bestehender Versicherungsgesetze (Unfallversicherung 1884, Krankenversicherung 1883, Invaliditäts- und Altersversicherung 1889). Außerdem schlug R. vor, paritätisch von Arbeitgebern und Arbeitnehmern betriebene Einrichtungen zur Stellenvermittlung (Arbeitsnachweis) zu schaffen. Durch eine intensive publizistische Tätigkeit versuchte R., seinen politischen und sozialpolitischen Forderungen Nachdruck zu verleihen.

Als Einheitskandidat des Liberalismus kam R. bei den Reichstagswahlen 1903 für die Nationalliberalen des Wahlkreises Dessau-Zerbst nicht mehr in Betracht, da diese vor allem die von R. betriebene Sozialpolitik inzwischen als anstößig empfanden und nicht zuletzt auch das Bündnis mit den Sozialdemokraten bei den anhaltischen Landtagswahlen des Vorjahres. Umgekehrt war es für R. unmöglich geworden, sich noch einmal von den Nationalliberalen unterstützen zu lassen, insbesondere wegen der von ihnen gebilligten Landtags-Wahlrechtsverschlechterung 1895 (Aufpfropfung eines Zensus auf ein von vornherein schon ständisch strukturiertes Wahlrecht, gerichtet gegen die Sozialdemokratie) und das an Preußen angelehnte Kontraktbruchsgesetz für Landarbeiter: »Es ist (...) die Aufgabe des entschiedenen Liberalismus, dafür zu sorgen, daß die Anhänger der Reaktion auf politischem und wirtschaftlichem Gebiete wenigstens zum Theil durch Männer ersetzt werden, die auch die Rechte der Arbeiter zu vertreten bereit sind! Gelingt es ihm nicht, den Vertretern seiner politischen Richtung ›allein‹ zum Siege zu verhelfen, so darf er sich nicht scheuen, auch einem ›Sozialdemokraten‹ seine Stimme zu geben! Das hindert ihn nicht, diese Partei nach wie vor energisch zu ›bekämpfen‹, da, wo die Wege sich scheiden, wo sie sich anschickt, die bestehende Gesellschaftsordnung zu untergraben oder berechtigte Interessen anderer Klassen zu schädigen.«

In Anhalt war R. neben Wilhelm Oechelhaeuser tonangebend im »Verein der Anhaltischen Arbeitgeber«, der Arbeiterausschüsse zur Konfliktregulierung zwischen Arbeitern und Unternehmern befürwortete und sich für die Selbstverwaltung von Sozialeinrichtungen einsetzte. Patriarchalische betriebliche Sozialmaßnahmen, möglicherweise noch gepaart mit politischer Indoktrination, lehnte er strikt ab. Es kam ihm darauf an, gerade keine neuen Abhängigkeitsverhältnisse zu schaffen; der Arbeitgeber müsse sich von der Vorstellung verabschieden, er sei Mitglied einer »vorberechtigten Klasse«. Für R. galt: »Nichts für die Arbeiter ohne ihre Hilfe und ihre Mitbestimmung!«

Die Sozialeinrichtungen von R.s Brauereien in Berlin und Dessau umfaßten einen sehr breiten Katalog von Maßnahmen und nahmen teilweise schon den Charakter einer Betreuung des Arbeiters durch das Unternehmen an. Er betrachtete die Wohlfahrtseinrichtungen »auch nicht als Mittel, um die vorhandenen Gegensätze auszugleichen, vielmehr als eine dem Arbeitgeber in seinem und im allgemeinen Interesse obliegende Pflicht, deren Erfüllung allerdings von seinem guten Willen abhängig ist.« Erst 48 Jahre alt, starb R. 1903 in Berlin.

Art'l, H.S.: Richard Roesicke, Sein Leben und Wirken dem Volke dargestellt. Berlin 1904.

Torsten Kupfer

Rosenberg, Ludwig

Geb. 29. 6. 1903 in Berlin; gest. 23. 10. 1977 in Hösel bei Düsseldorf

Seinem Zorn über seine Freunde, die Funktionäre, machte R. gelegentlich durch Aphorismen Luft: »Ein wirklicher Führer darf nicht auf der Masse sitzen – er muß von ihr getragen werden« (*Genieße den Zeitgenossen*, 1972). R. veröffentlichte diese respektlosen Sprüche erst nach der Pensionierung. Er hatte viel Unverstand mit ansehen müssen, den er nach außen geduldig ertrug: »Alle Mängel und Fehler der Demokratie können uns nur dazu veranlassen, mehr und immer mehr zu tun, um die Menschen zu erziehen, sich als Demokraten ihrer Aufgaben bewußt zu werden und die ihnen reichlich gegebenen Möglichkeiten auch wirklich zu nutzen. Den umgekehrten Schluß zu ziehen, bedeutet nicht den Bankrott der Demokratie, sondern die Bankrotterklärung des Menschen schlechthin« (1969).

Diese anthropologische Begründung der Demokratie als einer unausweichlichen Aufgabe des Menschengeschlechts beherrschte R.s Wirken vom Erlebnis des Untergangs der Weimarer Republik bis zu den Höhepunkten sozialliberaler Demokratisierungspolitik unter Willy Brandt als Bundeskanzler. R. wollte den Weg *Vom Wirtschaftsuntertan zum Wirtschaftsbürger* (1948). Er übernahm dieses Motiv als junger Funktionär des liberalen Gewerkschaftsbundes der Angestellten (GDA) schon 1930, übertrug diesen Gedanken in die Grundsatzprogrammatik des Deutschen Gewerkschaftsbundes (DGB) von 1949 und 1963 und machte ihn zur Leitschnur seiner Arbeit an der Spitze des DGB von 1962 bis 1972.

Am Beginn seiner Amtszeit artikulierte der DGB-Vorsitzende R. sein Demokratieverständnis deutlicher und differenzierter als seine Vorgänger. Er betrachtete »die Demokratie als die Staatsform vernünftiger und aufgeklärter Menschen« (1963). Damit meinte er nicht nur die formale Demokratie des Liberalismus, sondern darüber hinaus die materielle Demokratie in allen Bereichen von Wirtschaft und Gesellschaft: »Die Gewerkschaften bekennen sich zu diesem Staat. Sie bekennen sich zu einem Staat, in dem das Volk in freien, demokratischen Wahlen sein Schicksal selbst bestimmt. Sie wissen, daß in diesem Staat noch längst nicht die Voraussetzungen genutzt werden, ihn in allen Teilen und in wichtigen Bezirken zu dem zu machen, was er sein sollte und was er sein könnte: Ein Staat, in dem Demokratie nicht nur Regierungs- und Verwaltungsform, sondern Lebensstil ist; ein Staat, in dem das demokratische Bewußtsein und die demokratische Verantwortung alle Bürger und alle Politiker erfüllt; ein Staat, in dem die Reste unseliger Vergangenheit auf allen Seiten keinen Raum mehr finden und in dem eine neue, verantwortungsfreudige Gesellschaft mit Mut zu sich selbst und Vertrauen in die Zukunft wirkt.«

»Unvorbereitet, wie ick mir habe« – so begann er gerne eine seiner brillanten Stegreifreden. R. war Berliner in seiner Sprache und Großstädter in seiner ganzen Lebensart. Er stammte aus einer Berliner Kaufmannsfamilie, besuchte das Realgymnasium und wurde kaufmännischer Angestellter. Zwanzigjährig ging er in die SPD und zwei Jahre später in den GDA (Gewerkschaftsbund der Angestellten), der ihn 1928 als hauptberuflichen Funktionär engagierte. Es war keineswegs ungewöhnlich, daß ein Sozialdemokrat für die liberale Angestelltengewerkschaft aus der Hirsch-Dunckerschen Traditionslinie arbeitete. Es charakterisiert R. aber als einen liberalen Sozialisten, der programmatischen Dogmen fernstand. R. lehnte den Gedanken der Sozialisierung keineswegs ab, aber er sah ihn funktional: nicht als Zweck, sondern als Mittel zu mehr Demokratie.

Als Mann jüdischer Herkunft fand R. im nationalsozialistischen Deutschland keine Lebensmöglichkeit und ging schon im Frühjahr 1933 auf den Rat seines Vorsitzenden als Emigrant nach England. Er wurde Mitbegründer der Landesgruppe Deutscher Gewerkschafter (LDG) unter Hans Gottfurcht. Während Gottfurcht im Krieg für das britische Außenministerium arbeitete, ging R. in den Dienst des Arbeitsministeriums und kümmerte sich um Arbeitsbeschaffung für rund 70 000 deutsche und österreichische Flüchtlinge, die auf der Insel versorgt werden mußten.

Mitte 1946 kehrte R. nach Deutschland zurück. Er nahm zunächst Quartier in Bielefeld, wo die Behörden der britischen Besatzungszone saßen. Ab 1947 arbeitete er in Frankfurt/Main beim Gewerkschaftsrat der Bizone. Er war dort der engste Mitarbeiter Fritz Tarnows und hatte – als welterfahrener Mann – schwierige Verhandlungen mit General Lucius D. Clay zu führen, der dem Gedanken der Wirtschaftsdemokratie sehr fern stand. Der elegant gekleidete R. hatte nicht nur das Auftreten eines Diplomaten, sondern er bewies auch Festigkeit gegenüber der Militärregierung. Auf dem Gründungskongreß des DGB im Oktober 1949 wurde R. deshalb zum Leiter der Auslandsabteilung gewählt.

Die Bundesrepublik Deutschland verfügte zu diesem Zeitpunkt noch über kein eigenes Auswärtiges Amt, so daß dem DGB mit seinen internationalen Verbindungen besondere Verantwortung zukam. Als Adenauer Kanzler und Außenminister in einer Person war, mußte er R. öfter konsultieren. »Irgendwie«, so berichtete R. im Gespräch mit dem Verfasser, »war Adenauer ärgerlich, daß Hitler so viele Gewerkschafter und Sozialdemokraten ins Ausland gejagt hatte, die sich nun so vorzüglich auskannten und sogar fremde Sprachen beherrschten.« Das Besatzungsstatut bedeutete auch für die deutschen Gewerkschaften einen Primat der Außenpolitik, und R. wußte damit umzugehen. Als Adenauer nach seinem Wahlsieg 1953 die Einheitsgewerkschaft zerschlagen wollte, setzte R. seine diplomatischen Hebel an, so daß Adenauer aus Washington erfuhr, daß die deutsche Einheitsgewerkschaft als Bollwerk des demokratischen Wiederaufbaus zu erhalten sei.

Einiges spricht dafür, daß R. mit seinen großen Talenten, mit seiner wirtschaftsdemokratischen Orientierung und seinen diplomatischen Beziehungen der richtige Mann im richtigen Alter gewesen wäre, um nach Hans Böckler schon 1951 die Führung des DGB zu übernehmen. Aber Böckler war nicht frei von antisemitischen Vorurteilen, andere vermißten bei R. den proletarischen Stallgeruch. Statt aufzusteigen wurde er - nicht zuletzt auf Adenauers Drängen - aus der Außenpolitik in die Wirtschaftspolitik geschoben. Er handhabte dieses Ressort so souverän, daß er 1962 als unbestrittener Nachfolger Willi Richters - aber zehn Jahre zu spät - den Vorsitz des DGB mit Sitz in Düsseldorf übernehmen konnte.

R. gab der Rolle des DGB in der bundesdeutschen Gesellschaft erstmals Glanz, insbesondere durch seine eloquenten Auftritte im Fernsehen, das immer mehr zum vorherrschenden Massenmedium wurde. Er führte jahrelang eine kraftvolle Kampagne für die erweiterte Mitbestimmung und machte sie zu einem zentralen Thema der gesellschaftspolitischen Diskussion. Trotzdem gelang ihm kein entscheidender Durchbruch in der Gesetzgebung des Bundes, denn seine wirtschaftsdemokratische Kampagne wurde überlagert vom Kampf gegen die Notstandsgesetze 1966 bis 1968. Zwischen Otto Brenner von der IG Metall, der konsequent gegen jede verfassungsändernde Notstandsgesetzgebung auftrat, und Georg Leber von der IG Bau-Steine-Erden, der eine mehr ordnungspolitische Konzeption vertrat, geriet R. mit seinem zentralen Anliegen in die Hinterhand. Er wurde sogar beschimpft, weil er sich mit wortradikalen Aussagen spürbar zurückhielt.

Bewundernd meinte Georg Leber, der DGB-Vorsitzende habe die Begabung einer Henne, »die auf rohen Eiern tanzen kann, ohne sie zu zerbrechen«. Wer aber ein nahrhaftes Rührei bereiten will, der muß die Eier in die Pfanne hauen. Das war R.s Art nicht. Wer wollte ihm das verübeln? Er litt an den Schwächen eines Schöngeistes und verfügte über die Stärken eines glänzenden Mediators. In Bonn hätte er als Wirtschaftsminister, als Sozialminister und als Außenminister gute Figur machen können. Aber er wollte die Wahlkämpfe der SPD nicht mit einem jüdisch klingenden Namen belasten.

In den fünf Jahren von der Pensionierung bis zu seinem Tode mischte er sich mit Reden und Artikeln immer wieder in die Demokratiedebatte ein. Die Krise der Demokratie im Zusammenhang der Entführung Hanns-Martin Schleyers erschütterte ihn schwer. Der Tod riß ihn aus der Arbeit an einem Manuskript zum Problem des politischen Terrorismus.

Brandt, W.: Ludwig Rosenberg, in: Fetscher, I. (Hg.): Geschichte als Auftrag. Berlin, Bonn 1981. - Nemitz, K.; Becker, R.: Gewerkschaft, Wirtschaft, Gesellschaft, Festschrift für Ludwig Rosenberg. Köln 1963. - Schuster, D.: Ludwig Rosenberg. Freudenstadt 1969.

Gerhard Beier

Rosenfeld, Kurt

Geb. 1. 2. 1877 in Marienwerder; gest. 25. 9. 1943 in New York

Der Sozialist R. wuchs in einer wohlhabenden jüdischen Fabrikantenfamilie Westpreußens auf. Er absolvierte die Gymnasien in Marienwerder und Berlin und studierte von 1896 bis 1899 Rechtswissenschaft und Volkswirtschaft an der Universität Freiburg (Br.) und promovierte anschließend zum Dr. jur. Als Einjährig-Freiwilliger beim Berliner Garde-Füsilierregiment leistete er 1901 seinen Wehrdienst und heiratete im Jahr darauf die gleichaltrige Jüdin Alice Kristeller. 1905 ließ er sich in Berlin als Rechtsanwalt nieder. Schon während seines Studiums trat er der sozialdemokratischen Partei bei, für die er 1910 erstmals zum Stadtverordneten in Berlin gewählt wurde; im darauf folgenden Jahrzehnt profilierte sich R. als einer der führenden Kommunalpolitiker der Reichshauptstadt.

Wie so viele jüdische Deutsche seiner Zeit meldete sich R. gleich bei Kriegsbeginn 1914 zu den Waffen, wandelte sich aber angesichts des Völkermordens schon bald zum überzeugten Pazifisten. 1917 gehörte R. zu den Mitbegründern der »Unabhängigen Sozialdemokratischen Partei Deutschlands« (USPD), die Delegierten beriefen ihn in den Parteivorstand. Während der Revolutionszeit übernahm R. für kurze Zeit das preußische Justizministerium (Nov. 1918 bis Jan. 1919), wurde Mitglied der Verfassunggebenden Landesversammlung Preußens und war von 1920 bis 1932 Abgeordneter im Deutschen Reichstag für den thüringischen Wahlkreis. Berühmtheit erlangte er aber nicht nur durch sein politisches Wirken, sondern als eloquenter Verteidiger in spektakulären Strafprozessen, u.a. gegen Rosa Luxemburg, Kurt Eisner, Georg Ledebour und Carl von Ossietzky.

Auf dem USPD-Parteitag in Gera 1922 gehörte R. zu den

entschiedenen Gegnern einer Wiedervereinigung mit der SPD, beugte sich aber schließlich dem Mehrheitsbeschluß. Künftig zählte er zu den exponiertesten Vertretern der Linksopposition innerhalb der Partei. R. verfocht eine strikte Re-Ideologisierung sozialdemokratischer Politik und lehnte die pragmatische, an Zugeständnissen reiche Koalitionspolitik (besonders der Wehretat war ihm ein Dorn im Auge) der SPD unter ihrem Vorsitzenden Hermann Müller (1919 bis Juni 1929 mit Unterbrechungen) ab.

Mit Max Seydewitz, Heinrich Ströbel und Max Adler (dem Theoretiker des österreichischen Marxismus) gab R. ab 1927 (1928 erweiterte sich der Kreis um Paul Levi) die Wochenschrift *Der Klassenkampf – Marxistische Blätter* heraus. Diese sogenannte »Klassenkampfgruppe« (auch: »Levinisten«) erregte im Juli 1931 erhebliches Aufsehen, als sie einen mit äußerster Schärfe formulierten Mahnruf an die eigene Partei gegen die Tolerierung der konservativen Regierung des Zentrums-Politikers Heinrich Brüning veröffentlichte. Die publizistische, vom Parteivorstand mißtrauisch beäugte Tätigkeit R.s weitete sich ab 1931 erheblich aus, als er mit Seydewitz die »Freie Verlagsgesellschaft« gründete, die u.a. *Die Roten Brüder*, die *Sozialistische Wochenzeitung* und *Die Fackel* herausbrachte. Bei der Reichstagsabstimmung über den Panzerkreuzerbau im März 1931 brach R., längst in innerer Opposition zu seiner Partei stehend, die Fraktionsdisziplin. Entgegen dem Beschluß der SPD-Fraktion zur Stimmenthaltung votierte R. – gemeinsam mit acht weiteren Parlamentariern – gegen den Wehretat.

Am 29.September 1931 hatte der Parteivorstand endgültig genug: R. wurde mit dem Hinweis auf seine »sonderorganisatorischen Bestrebungen« aus der SPD ausgeschlossen. Das zielte nicht nur auf R.s parteikritische Publizistik, sondern auch auf sein Engagement für die pazifistische »Deutsche Liga für Menschenrechte« (DLfM, 1922–1933). R.s Antwort ließ nicht lange auf sich warten: Nur zwei Tage später erschien sein berühmt gewordener *Aufruf an alle Sozialdemokraten*, der die mangelnde Meinungsfreiheit innerhalb der Partei anprangerte. R. rief gleichzeitig zur Teilnahme an einer Reichskonferenz der sozialdemokratischen Opposition auf. Der SPD-Vorstand reagierte empfindlich: Im Aufruf *An die Partei* rügte man das Verhalten »des abtrünnigen R.« scharf und forderte die Mitglieder auf, »der Partei die Treue zu halten.«

Die von R. einberufene Berliner Tagung, an der immerhin 88 trotzige Delegierte teilnahmen, führte am 4. Oktober 1931 zur Gründung einer neuen Partei: der »Sozialistischen Arbeiterpartei Deutschlands« (SAP), den Vorsitz übernahmen Seydewitz und R. Nach eigenem Verständnis zwischen KPD und SPD angesiedelt, wurde die zunächst prosowjetische Organisation in kürzester Zeit zu einem Auffangbecken für kleinere Splittergruppen, wie Georg Ledebours »Sozialistischem Bund« und der kleinen USPD-Gruppe um Theodor Liebknecht. Schon nach wenigen Monaten waren mehr als 20000 Parteimitglieder zu verzeichnen.

Unter der Arbeiterschaft fand jedoch die neue Partei kaum Resonanz. Erbitterte Flügelkämpfe folgten. Resigniert trat R. mit der Vorstandsmehrheit der SAP für eine Auflösung der Partei ein. Der förmliche Beschluß wurde Anfang Januar 1933 gefaßt, R. empfahl den Mitgliedern, künftig in der KPD mitzuarbeiten, während Seydewitz für eine Rückkehr zur SPD plädierte.

Obwohl R. seiner jüdischen Herkunft längst sehr distanziert gegenüberstand (die Reichstagshandbücher verzeichneten ihn stets als »konfessionslos«) war er – besonders in seiner Tätigkeit als Anwalt – häufig antisemitischen Angriffen ausgesetzt. In einem Meineids- und Bestechungsprozeß, in dem er den Kaufmann Werner Abel vor einem Münchener Schwurgericht verteidigte, ließ R. im Juni 1932 Adolf Hitler als Zeugen laden, da Abel beschuldigt wurde, der NSDAP illegale Spendengelder aus Italien beschafft zu haben. Hitler empfand schon die Vorladung als »schamlose jüdische Provokation« und weigerte sich, »dem jüdischen Anwalt R.« überhaupt zu antworten. Hitler wurde daraufhin zur Zahlung von 800 Mark Reichsmark Ordnungsgeld wegen seines »Ausbruchs gegen die Juden« verurteilt und erhielt darüber hinaus noch eine Strafe in Höhe von 200 Reichsmark wegen »ungebührlichen Verhaltens« vor Gericht.

Nach der Machtübernahme durch die Nationalsozialisten im Januar 1933, mußte R. über Prag nach Paris fliehen. Die Nazis ließen ihn steckbrieflich wegen angeblicher Steuerschuld (»Reichsfluchtsteuer in Höhe von 35775 RM«) suchen, bürgerten ihn am 29. März 1933 aus und schickten ihm obendrein am 23. Mai 1933 ein »Vertretungsverbot aufgrund § 3 des Gesetzes über die Zulassung zur Rechtsanwaltschaft« hinterher.

Von Paris aus emigrierte R. nach New York, wo er als Rechtsberater einer Anwaltsfirma arbeiten konnte und sich in der Flüchtlingsfürsorge engagierte. Er blieb politisch aktiv, war in der »American League against War and Fascism« tätig und (ab 1942) als Präsident der »German-American Emergency Conference«.

Drechsler, H.: Die Sozialistische Arbeiterpartei Deutschlands (SAP). Meisenheim am Glan 1965. – Matthias, E. (Hg.): Mit dem Gesicht nach Deutschland. Eine Dokumentation über die sozialdemokratische Emigration. Düsseldorf 1968. – Radkau, J.: Die deutsche Emigration in den USA. Ihr Einfluß auf die amerikanische Europapolitik 1933–1945. Düsseldorf 1971. – Schumacher, M. (Hg.): M.d.R. – Die Reichstagsabgeordneten der Weimarer Republik in der Zeit des Nationalsozialismus. Politische Verfolgung, Emigration und Ausbürgerung 1933–1945. Düsseldorf 1991.

Dieter Fricke

Rothmann, Bernhard

Geb. um 1495 in Stadtlohn (Westfalen), gest. wahrscheinlich 25. oder 26. 6. 1535 in Münster

R., theologischer Kopf des Täuferreichs zu Münster 1534/35, gehörte zu jenen niederen Geistlichen, die die religiös-kirchliche Reformation zu sozialen und politischen Zielen führen wollten, um Erwartungen des einfachen Volkes zu erfüllen, dem sie entstammten und dem sie verbunden blieben. Sohn eines Schmieds, verdiente R. sich nach Schulbesuch zunächst in seiner Vaterstadt bei den »Brüdern vom gemeinsamen Leben« in Deventer, danach als Lehrer im westfälischen Warendorf das Geld für ein Studium der »freien Künste« (Grammatik, Dialektik, Rhetorik sowie Arithmetik, Geometrie, Musik, Astronomie) in Mainz, wo er 1524 zum Magister promovierte. Vom Lehr- zum Predigeramt übergewechselt und 1529 als Prediger am bischöflichen Domstift vor den Toren Münsters eingesetzt, machte er auf einer Studienreise 1531 in Wittenberg die Bekanntschaft mit den Reformatoren Philipp Melanchthon und Johann Bugenhagen, im spannungsreichen Straßburg mit den Theologen Wolfgang Fabricius Capito und Kaspar von Schwenkfeldt sowie mit den Anschauungen des schweizerischen Reformators Ulrich Zwingli und des Schriftstellers und Vorkämpfers für religiöse Toleranz Sebastian Franck; er predigte nach seiner Rückkehr gegen die Mißbräuche der katholischen Kirche. Vom Bischof vertrieben, führte R. Anfang 1532 als städtischer Prediger, gestützt auf die Handwerker, die Reformation in Münster ein und gab ihr im Laufe eines Jahres eine volksreformatorische Gestalt, die in eine politische Neuordnung mündete. Entgegen der katholischen wie der evangelischen Rechtfertigungslehre predigte er in Wort und Schrift die Einheit von Glauben und Werken, von Gesinnung und Tat, und feierte das Abendmahl ähnlich Zwingli als reines Gedächtnis- und Bekenntnismahl. Die von ihm eingeführte demokratische Kirchenordnung bestimmte, daß die Gemeinde ausschließlich Christus unterworfen sei und die Macht habe, ihren Pfarrer zu wählen. Sie beflügelte die Neuwahl eines demokratischen Rats.

Unter dem Eindruck des von Anhängern Melchior Hoffmanns in die Stadt getragenen Täufertums predigte R. ab 1533 gegen die Kindertaufe, bestritt in seinem *Bekenntnis von beiden Sakramenten, Taufe und Abendmahl* deren Charakter als sündenvergebende Gnadenmittel und deutete sie als heilige Verpflichtung, »daß sie alle einen Leib, eine Küche und Brot wären und mit Christus alle Dinge gemein hätten«. Er und weitere Prediger ließen sich taufen, tauften ihre Anhänger und erzwangen die Anerkennung durch den Rat.

Überzeugt von der Unüberwindlichkeit ihrer Wahrheit kraft ihrer Übereinstimmung mit Volksinteressen, vertrauten R. und seine Mitstreiter auf den Sieg ihrer Lehre durch friedliche Propaganda. Aber nach einem Überfall des landesfürstlichen Bischofs im Komplott mit seinen einheimischen Parteigängern im Februar 1534 und der im März einsetzenden Belagerung der Stadt forderten sie von jedem, die neue Glaubenstaufe anzunehmen oder die Stadt zu verlassen. R. predigte nunmehr das Recht auf Selbstbestimmung in der festen Meinung, die Duldung, die den Protestanten 1532 vom Reich gewährt und im Februar 1533 durch Vermittlung Philipps von Hessen, des Führers des von evangelischen Reichsländern 1531 in Schmalkalden (Thüringen) gegründeten »Schmalkaldischen Bundes«, dem Bischof abgetrotzt worden war, gelte auch für sie und gebe ihnen das Recht zum Widerstand gegen den Bischof und die Abmahnungen des protestantischen Lagers.

Während der fast anderthalbjährigen Herrschaft des Täuferreichs zu Münster vom Februar 1534 bis Juni 1535 stand R. als volkstümlicher Prediger, theologischer Ratgeber und eindrucksvoller Schriftsteller an der Seite der »Propheten« Jan Matthys und Jan Bockelson aus Leyden. In vier Schriften und einer nicht mehr gedruckten fünften, alle in niederdeutscher Sprache, rechtfertigte R. die geistliche und weltliche Ordnung in Münster, das zum Zentrum der Bewegung im westfälischen, friesischen und niederländischen Raum wurde, und warb für sie. In seinem *Bekenntnis des Glaubens und Lebens der Gemeinde Christi zu Münster* und seiner *Restitution oder Wiederherstellung rechter und gesunder christlicher Lehre, Glaubens und Lebens aus Gottes Gnaden* (Oktober 1534) übernahm er Melchior Hoffmanns Christologie, wonach Christus die Mensch gewordene göttliche Vollkommenheit verkörpert, von Gott als Lehrer und Vorbild gegeben, dem die von seinem Geist erfüllte Gemeinde »gleichförmig« werden müsse, um sein Reich auf Erden zu verwirklichen. Dem entsprach die zum Wahlspruch der Täuferreichs erhobene Auffassung des Johannes-Evangeliums (1.14): »Und das Wort wurde Fleisch und wohnte in [oder: unter] uns.« Entgegen der Lehre der Erbsünde sprach R. dem Menschen den freien Willen zu und die Kraft, das Böse zu überwinden, wenn er so handle, wie es das Gesetz der Natur, die Gebote des Alten Testaments und der Geist Christi gleichermaßen verlangten. Die in der Bibel prophezeite Wiederherstellung der ursprünglichen Einheit der Menschheit mit Gott (Apostelgesch. 3.21) deutete er als welthistorischen, in Abfall und Erneuerung wechselnden Prozeß, angefangen mit Moses' Gesetz, fortgesetzt durch Christi Beispiel, erneut begonnen durch die Reformation des Erasmus, Martin Luthers und Ulrich Zwinglis, die aber stecken geblieben und verdorben sei. Sie zu vollenden sei Aufgabe der rechten Gemeinde Christi, die R. nicht nur als Glaubens-, sondern auch als »leibliche Gemeinschaft der Heiligen« verstand und die er in Erinnerung an die urchristliche Gemeinde mahnte, »was wir sind und haben, unsern Brüdern in Christus gemein zu machen«.

R. gab allen religiösen Glaubensinhalten einen weltlichen Sinn: Das Jüngste Gericht bringe nicht den Untergang der Welt, sondern den Anbruch einer neuen Welt der Freiheit und der Einheit des Menschengeschlechts; nicht im Himmel und in der Hölle würden Vergeltung und Wiederbringung geschehen, sondern in dieser Welt; hier auf Erden werde der Kampf zwischen dem Reich Christi und dem Reich des Teufels entschieden, nicht durch das Erscheinen des Messias, sondern durch »Gottes Knechte« als sein Werkzeug.

Dieser Kampf bedeutete für R. den Kampf um eine gerechte, friedliche und solidarische Gemeinschaft gegen »Eigensucht und Eigentum« in Gestalt spätfeudaler und frühkapitalistischer Ausbeutung und Unterdrückung. Wie er betonte, habe man in Münster nicht nur die Güter gemein gemacht und eine Verteilung nach dem Bedürfnis eingeführt, sondern sich auch zu gegenseitigem Dienst und Beistand verpflichtet, folglich alle Zins- und Rentenbriefe vernichtet, Kaufen und Verkaufen und Arbeiten um Geldlohn abgeschafft, mithin ein Leben auf Kosten der Arbeit anderer ausgeschaltet. Faktisch konnte dies freilich nur unter den Bedingungen des Kriegszustands erfolgen.

R. verteidigte alle umwälzenden Maßnahmen des Täuferreichs, auch wo sie vom allgemeinen Täufertum abwichen. Veranlaßt durch den starken Frauenüberschuß erlaubte er die polygame Ehe, die dann eine Zeitlang sogar befohlen wurde, um zwei Ordnungen zu vereinheitlichen: die strikte Einhaltung der Ehe- und Familiengebote und die soziale Eingliederung aller Frauen und Mädchen. Wie alle Theologen hielt R. die Ehe für die allein Gott gefällige Geschlechtsbeziehung, eingesetzt zu dem einzigen Zweck, christliche Kinder zu zeugen und aufzuziehen. Er sah in ihr »ein Bild auf Christus und seine Gemeinde«; sie war folglich Pflicht, verlangte Einheit der Gesinnung und verdammte als Hurerei und Ehebruch alles, was dem nicht diente: Heirat um Geld und Gut, außerehelichen und selbst ehelichen Verkehr aus bloßer Lust. Andererseits betrachtete auch R. die herkömmliche, aus Familie und Gesinde bestehende, patriarchalisch regierte Haushaltung als soziale Zelle des Gemeinschaftslebens, weshalb alle Frauen, junge wie alte, sich einen »Schutzherrn« zu suchen hatten, was im belagerten Münster schon die straffe Organisation von Arbeit und Verteidigung, Dienstleistung und Versorgung erforderte.

Angesichts des Kampfes auf Leben und Tod mit dem Bischof, der schließlich die Hilfe des Reichs, auch evangelischer Landsknechtskontingente erhielt, unterstützte R. die Hilfsersuchen an die Täufer in der Umgebung, in Friesland und in den Niederlanden und rief zur allgemeinen Erhebung auf, die er mit der grausamen Verfolgung der Täufer im ganzen Reich begründete. In seinem *Ganz tröstlichen Bericht von der Rache und Strafe des babylonischen Greuels* (Dezember 1534) rechtfertigte er den gewaltsamen revolutionären Umsturz, ohne den das Volk nicht erlöst werden könne. Indes verkündete er die Ablösung des von Gott erweckten strafenden und rächenden »David-Christus« durch die von diesem vorbereitete friedsame Ordnungsmacht des »Salomon-Christus«, der zuletzt die Herrschaft Gott selbst übergeben werde, das heißt, dem sich in Gottes Geist direkt-demokratisch regierenden Gemeinwesen.

In seinen letzten Schriften *Von Verborgenheit der Schrift des Reiches Christi und von dem Tag des Herrn* (Februar 1535) und *Von irdischer und zeitlicher Gewalt* (etwa im Mai 1535) erklärte R. eine politische Gewalt als besondere, vom Volk getrennte Institution und eine »Teilung der Welt« in Obrigkeiten und Untertanen als historische Erscheinungen, weder von Gott noch von Natur geboten, da Gott »alle Dinge in Gerechtigkeit gepflanzt« habe. Eine Obrigkeit habe Gott nur nach dem Abfall verordnet, damit sie das Gute tue und das Böse strafe; verkehre sie dies, so sei es den Christen erlaubt, das Schwert gegen eine gottlose Obrigkeit zu gebrauchen. Zur Zeit des Leidens, des Kreuzes, müsse die wahre Gemeinde Christi dem Wort des Propheten Joel (4.10) folgen: »Schmiedet eure Pflugscharen zu Schwertern«; zur Zeit der Restitution dem Wort Jesajas (2.4): Sie sollen ihre Schwerter zu Pflugscharen machen. Dann würden alle Kreaturen frei werden und Friede auf der ganzen Erde herrschen.

R.s Schriften mobilisierten starke niederdeutsche Täufergruppen zum Aufbruch und provozierten führende protestantische Theologen zu Gegenschriften. Bei der Erstürmung der Stadt am 25. Juni 1535 stürzte sich R. in den Kampf. Obwohl er wahrscheinlich fiel, fahndete man überall im Norden Deutschlands noch lange nach ihm.

Brendler, G.: Das Täuferreich zu Münster 1534/35. Berlin 1966. – Dülmen, R. v. (Hg.): Das Täuferreich zu Münster, Berichte und Dokumente. München 1974. – Stupperich, R. (Hg.): Die Schriften Bernhard Rothmanns. Münster 1970.

Joachim Höppner

Rotteck, Karl Wenzeslaus Rodeckher von

Geb. 18.7.1775 in Freiburg im Breisgau; gest. 26.11. 1840 in Freiburg

Friedrich Gentz, Metternichs engster Berater, nannte R. 1819 einen der wichtigsten Männer Deutschlands. Neben Ernst Moritz Arndt, Joseph von Görres, Karl Theodor Welcker und Friedrich List zählt R. zu den großen politischen Publizisten Deutschlands im frühen 19. Jahrhundert. Von der Politik der Restauration angefeindet, galt er der vormärzlichen Opposition als prominentester Wortführer eines entschiedenen – Kritiker sagten: »doktrinären« – Liberalismus. Berühmt wurde er durch sein Wirken als Historiker, Staatswissenschaftler, politischer Journalist und Parlamentarier.

R. war im vorderösterreichischen Breisgau verwurzelt; der Mittelpunkt seines Wirkens lag zeitlebens in Freiburg, obwohl seine brieflichen Verbindungen und sein Ruf in alle Gegenden Deutschlands und in das benachbarte Ausland reichten. Er gehörte dem typischen österreichischen Neuadel an; denn Kaiser Joseph II. hatte seinen Vater, den bürgerlichen Arzt und Medizinprofessor Franz Karl Anton Rodeckher, 1789 zum »Rodeckher von Rotteck« geadelt, als er bereits mit der irrtümlich für adlig gehaltenen Charlotte Poirot d'Ogeron aus einer lothringischen Advokaten- und Klerikerfamilie verehelicht war.

1775 in Freiburg geboren, entwickelte R. in seiner Jugend starke Sympathien für die Französische Revolution, deren Prinzipien »Volkssouveränität« und »Menschenrechte« fortan für ihn prägend wurden. Im Alter von 15 Jahren begann er an der Universität Freiburg das Studium der Logik, Philosophie und vor allem der Rechtswissenschaften. 1797 bestand er die juristische Staatsprüfung mit Auszeichnung und erhielt daraufhin eine Anstellung beim Magistrat der Stadt Freiburg. 1798 wurde R. durch kaiserliches Hofdekret ordentlicher öffentlicher Professor der Weltgeschichte in Freiburg.

Eintönig und mit schwacher, teilweise stotternder Stimme sprechend, riß R. seine Zuhörer weniger durch Rhetorik als durch Begeisterung und politische Gesinnung mit. Er hatte das Fach Geschichte nie studiert, sondern sich durch unermüdliche Lektüre das historische Wissen angeeignet. Er war eigentlich nicht Wissenschaftler, sondern politischer Erzieher, der seine Leser im Medium der Geschichte den Weg zu einem freiheitlichen konstitutionellen Verfassungsstaat weisen wollte. »Geschichte ist eine reiche Quelle von Kenntnissen, sie soll auch aufs Gefühl und auf den Willen wirken, die moralische Kraft erhöhen, Liebe zur Tugend und Haß des Lasters geben und Begeisterung zu großer Tat« – das schrieb er im Vorwort seiner *Allgemeinen Geschichte vom Anfang der historischen Kenntnis bis auf unsere Zeiten, für den denkenden Geschichtsfreund*, die zwischen 1812 und 1826 in neun Bänden erschien. Sie wurde, unterstützt durch eine gekürzte *Allgemeine Weltgeschichte für alle Stände*, bis 1875 in Deutschland und in den USA mit einer für damalige Verhältnisse unerhörten Verbreitung von mehr als 300000 Exemplaren zum Bestseller des 19. Jahrhunderts und war selbst auf den Regalen badischer Bauern aufzufinden. Darin focht R. für das Recht auf Selbstbestimmung der Völker gegen Willkür und Tyrannei; er glaubte, genau zwischen Bösem und Gutem zu unterscheiden, und erblickte in der Weltgeschichte einen fortschrittsorientierten Prozeß. Er stand in der Tradition der Aufklärung, der die Geschichte zum Richten und Ratgeben der Menschen diente. Das Mittelalter galt ihm als Inbegriff von Aberglaube, Inquisition, Zensur, Leibeigenschaft und Faustrecht, die Reformation als Befreiungstat. Nicht Geschichtswissenschaft, sondern bürgerlich-nationale Volkspädagogik in aufklärender Absicht lag ihm am Herzen.

1818 wechselte er in Freiburg in die Rechts- und Staatswissenschaftliche Fakultät über, was einem Aufstieg gleichkam, aber zugleich an seine historischen Arbeiten anknüpfte: Er lehrte fortan das Staatsrecht der konstitutionellen Monarchie; sein Hauptfeld wurde jedoch das Vernunftrecht, über das er das vierbändige *Lehrbuch des Vernunftrechts und der Staatswissenschaften* (1829–1835) verfaßte. Hier legte er seine Lehren vom Staatsvertrag, von den Grundrechten dar. Er hatte die Professur für die Rechts- und Staatswissenschaften bis zum Jahr 1832 inne, als er aus politischen Gründen in den Ruhestand versetzt wurde. Kurz vor seinem Tode wurde er rehabilitiert.

Politik war für R. wesentlich Verfassungspolitik, für welche die badische Verfassung von 1818 den Rahmen gezogen hat. Von 1819 bis 1824 wirkte er zunächst als Vertreter der Universität in der Ersten Kammer der badischen Ständeversammlung; hier stritt er durch Anträge für eine selbständige katholische Nationalkirche, die sich von dem Diktat der römischen Kurie lossagen sollte, für gesetzliche Gewähr der Pressefreiheit und insbesondere für die Aufhebung feudaler bäuerlicher Lasten und Dienste. Im Kampf gegen das »historische Recht« boten ihm seine vernunftrechlichen Überzeugungen schlagkräftige Argumente gegen die überkommene, mit hoheitlichen Elementen des ehemaligen grundherrlichen Adels durchsetzte Rechtsordnung.

1831 bis 1840 gehörte er der Zweiten Kammer an. Hier erwarb er sich durch seine mutigen Reden und Anträge weit über Baden hinaus den Ruf eines Vorkämpfers des Liberalismus. Gemeinsam mit Welcker erreichte er in einer wir-

kungsvollen Kampagne den Erlaß des badischen Preßgesetzes von 1831, das die Vorzensur aufhob und die Entscheidung über die Strafwürdigkeit von Publikationen öffentlichen Geschworenengerichten übertrug. Der Großherzog mußte auf massiven Druck der Bundesversammlung hin das Gesetz, das in der Tat die Zensurbestimmungen des Bundesbeschlusses vom 20. September 1819 unterlief, durch einen rechtswidrigen Verwaltungsakt annullieren. R. ließ jedoch nicht nach, Gesetze über Ministerverantwortlichkeit und Pressefreiheit einzufordern und für eine unabhängige Politik Badens gegenüber dem Bundestag zu plädieren. Zugleich setzte er seinen Kampf gegen feudale Frondienste, Lasten und Zehnten fort; dadurch wurde er in bäuerlichen Kreisen so populär, daß dem eine – schließlich doch nicht verwirklichte – Idee entsprang, in allen Gemeinden an aussichtsreichen Punkten sogenannte »Rotteckeichen« zu pflanzen.
In der Zeit der Julirevolution von 1830 trat R. als Vorkämpfer eines freien polnischen Staates hervor, wobei er intensive Kontakte zu polnischen Politikern und Emigranten pflegte, polnische Offiziere auch in seinem Haus aufnahm und Flüchtlinge als Mitarbeiter der liberalen Presse gewann. Seine Anschauungen prägten den Zuschnitt jenes süddeutschen Kammerliberalismus, der sich ungeachtet aller vernunftrechtlichen Prinzipienfestigkeit nicht mit konsequentem Wirtschaftsliberalismus anfreunden konnte: R. votierte gegen den Anschluß Badens an den Deutschen Zollverein.
Neben dem Professor und Politiker erregte auch der politische Publizist Aufsehen. Das geschah vor allem in den seit 1830 bei Cotta verlegten *Allgemeinen Politischen Annalen* und 1832 in dem Freiburger Blatt *Der Freisinnige*. 1832 vom Bundestag unterdrückt, brachte es R. zugleich die Versetzung in den Ruhestand ein. Als wichtigstes Medium jedoch diente R. fortan das von ihm und Welcker herausgegebene *Staats-Lexikon*, das mit einer Auflage von über 300 000 Exemplaren als »Bibel des deutschen Frühliberalismus« – immer wieder aufgelegt und ergänzt – zwischen 1834 und 1875 weite Kreise der Bevölkerung für liberale Überzeugungen gewann.
Dem Hambacher Fest von 1832 war R. ferngeblieben, und durch ein politisches Bekenntnis auf dem konstitutionellen Fest am 11. Juni 1832 in Badenweiler zog er sich den Zorn der Republikaner zu, als er erklärte: »Ich will die Einheit nicht anders als mit Freiheit, und will lieber Freiheit ohne Einheit, als Einheit ohne Freiheit (...). Ich will keine Einheit unter den Flügeln des preußischen oder österreichischen Adlers, ich will keine unter der Form der allgemeinen teutschen Republik, weil der Weg, zu einer solchen zu gelangen, schauerlich, und der Erfolg höchst ungewisser Eigenschaft erscheint«. Diese berühmt gewordene »Badenweiler Formel« markierte in den nachfolgenden Richtungskämpfen um die nationale Einheit einen Riß im Liberalismus, wie er in den Debatten der Frankfurter Nationalversammlung und in der nationalen Publizistik der 1860er Jahre zutage trat.
Auch nach seinem Tode 1840 erschien R. der Regierung noch als überaus gefährlich: Sie unterdrückte Sammlungen für ein Denkmal; eine Bronzebüste auf dem Platz vor der Universität ließ die Polizei im Jahre 1850 entfernen, und erst im Jahre 1863 lebte das öffentliche Gedenken an R. wieder auf, als man die Büste vor seinem ehemaligen Wohnhaus mit feierlicher Demonstration wieder aufstellte. R. war auf doppelte Weise »politischer Professor«: einerseits im Widerstand gegen obrigkeitliche Zumutungen, wobei er auch sein akademisches Amt riskierte, andererseits durch seine Maxime, Aufgabe der Wissenschaft und Universität sei es, nicht nur Bildung und Wissen zu vermitteln, sondern auch politisch zu erziehen. Er wäre einer modernen wissenschaftlichen Biographie würdig.

Ehmke, H.: Karl von Rotteck, der »politische Professor«. Karlsruhe 1964 (= Freiburger rechts- und staatswissenschaftliche Abhandlungen, Bd. 3). – Kopf, H.: Karl von Rotteck – Zwischen Revolution und Restauration. Freiburg 1980. – Treskow, R. v.: Erlauchter Vertheidiger der Menschenrechte! Die Korrespondenz Karl von Rottecks. Bd. 1: Einführung und Interpretationen. Bd. 2: Regesten. Freiburg/Br. 1990.

Wolfram Siemann

Rubiner, Ludwig

Geb. 12. 7. 1881 in Berlin; gest. 27. 2. 1920 in Berlin

R. kann als derjenige Autor gelten, der den Aufbruchsvorstellungen des Expressionismus in literarischen Manifesten wie kein anderer Ausdruck verleihen konnte. Der Schriftsteller Rudolf Leonhard faßte dies 1921 rückblickend zusammen: »Er war – das versteht sich, da er ganz in die Zukunft gerichtet war – ohne Vergangenheit. Er war irgendwo geboren, hatte in Berlin und Paris und sonst in Europa ein Literatenleben geführt und einiges angezettelt, und eines Tages war, nachdem wir einige Gedichte und einige gutflüssige Essays gelesen hatten, sein Buch da: *Der Mensch in der Mitte* (1916). Das Buch ist für eine ganze Generation zum Schicksal geworden. Hier, dieses Buch eines Entschiedenen, verlangte Entscheidung, und darum war es der Wegweiser an der Weltenwende. Mit Teufeln hatten wir alle gekämpft, hier wurde mit Engeln gekämpft, und darum fanden wir hier unsere Parolen: der Dichter greift in die Politik; der Mensch in der Mitte.«
Von Oktober 1902 an studierte R. in Berlin, zunächst ein

Semester Medizin, dann bis 1906 Philosophie, Musikwissenschaft, Kunstgeschichte und Literatur. Während dieser Zeit wurde er in der »Berliner Freien Studentenschaft« aktiv, einer Vereinigung, die in den neunziger Jahren des vergangenen Jahrhunderts als Gegenbewegung zu den Korporationen entstanden war und deren Ziel vornehmlich darin bestand, die »Umwertung aller Werte« der bürgerlichen Gesellschaft und Erziehung vorzunehmen. Folgerichtig traten die Vertreter der Freien Studentenschaft in Kontakt zur »Neuen Gemeinschaft« der Gebrüder Hart und führten dort unter der Regie von Erich Mühsam und R. Freilichtspiele auf.

Literaturgeschichtlich muß die »Neue Gemeinschaft« als eines der Bindeglieder zwischen Naturalismus und Expressionismus verstanden werden. Hier fanden sich Schriftsteller und Künstler zusammen, die naturalistische Schreibkonzepte mit politischem Engagement zu verbinden suchten und die der Literatur und den bildenden Künsten soziale und politische Aufgaben zuwiesen. Vor allem die Fraktion der »Jungen«, eine aus der Sozialdemokratie ausgetretene oder ausgeschlossene Gruppe, die sich für anarchistische Theorie-Impulse ebenso offen zeigte wie für die Philosophie Friedrich Nietzsches, wurde politisch richtungweisend für die heranwachsende Generation der Literaten und Künstler.

R.s erster Beitrag, der eigene Vorstellungen zur Veränderung des zeitgenössischen Theaters enthielt, erschien 1908 in der Berliner Zeitschrift *Der Morgen*. R. blieb dem Theater auch später verbunden. Im Frühjahr 1919 wurde mit seiner Mitwirkung in Berlin das »Proletarische Theater« gegründet, das – in kollektivistischer Form organisiert – ein Instrument für die Ausbreitung des Proletkults in Deutschland werden sollte.

Als Voraussetzung für ein kollektivistisches Arbeiten und damit für die angestrebte Erneuerung der Kultur sah R. die Anonymität des Künstlers. Künstlerisches Schaffen begriff er nicht länger als individuelle Leistung der Künstler, sondern sah es abhängig vom gesellschaftlichen Kollektiv. Der Künstler »verdichtete« die Zeiteindrücke und verband sie mit Tradition oder Volkskultur. Die Anonymität schien R. zugleich Gewähr dafür zu bieten, daß es dem künstlerisch produktiven Intellektuellen gelingen könnte, seinen Abstand zur Masse zu verringern. Programmatisch formulierte er im biographischen Anhang zu Kurt Pinthus' Anthologie *Menschheitsdämmerung* (1920): »Ludwig Rubiner wünscht keine Biografie von sich. Er glaubt, daß nicht nur die Aufzählung von Taten, sondern auch die von Werken und von Daten aus einem hochmütigen Vergangenheits-Irrtum des individualistischen Schlafrock-Künstlertums stammt. Er ist der Überzeugung, daß von Belang für die Gegenwart und die Zukunft nur die anonyme, schöpferische Zugehörigkeit zur Gemeinschaft ist.«

Nach einer dreijährigen Reisezeit beteiligte sich R. 1911 an der Gründung der einflußreichen expressionistischen Zeitschrift *Die Aktion*. Zusammen mit dem Mitbegründer Carl Einstein verlegte R. im folgenden Jahr seinen Wohnsitz nach Paris. Bekanntschaften mit Marc Chagall oder Blaise Cendrars und der Zusammenhalt und Austausch unter französischen Künstlern schärften seinen Blick auf das deutsche Kulturleben. Eine an dem französischen Vorbild orientierte »Gemeinschaft der Geistigen« wurde für R. die Voraussetzung für deren Einflußnahme auf das politische Zeitgeschehen und führte direkt zur Ausarbeitung seines einflußreichen literarisch-politischen Manifests *Der Dichter greift in die Politik* (1916). »Geistrevolution« bedeutete für R. aber keineswegs »Geniekult«. R. rief auf zur Rebellion, aber nicht, um den Egoismus des einzelnen zu bestärken, sondern um, im Gegenteil, die Bildung von Kollektiven zu ermöglichen, in denen es weder Mitläufer noch Parteisoldaten gab.

Die Künstler waren in seinen Augen Anreger, Katalysatoren oder Wegbereiter. Sie hätten die Menschen von allem zu befreien, was ihnen als scheinbar unveränderbare Wirklichkeit aufgezwungen war. Aufgabe der Kunst – dies entwickelte R. in der Auseinandersetzung mit der russischen Literatur, vor allem anhand der Werke Dostojewskis – sei es deshalb, Phantasie zu wecken; – auch und gerade Phantasien für neue Lebens- und Gesellschaftsmodelle. Die kreativen Initiativen der Künstler bildeten für R. den notwendigen Gegenpol zu materialistischem Denken und Handeln. Jede künstlerische Initiative mußte sich nach R. aber ihrer Abhängigkeit vom Wissen, dem eigenen Milieu und der Zeitstimmung bewußt bleiben und so angelegt sein, daß sie ihr »Führertum« selbst überflüssig machte. Als Bewegung verstanden, sollte der Expressionismus helfen, das Wesen der Menschen zu regenerieren, und dabei in alle Lebensbereiche der Menschen hineinwirken. Solche Überlegungen widerlegten das häufig kolportierte Mißverständnis, daß im Mittelpunkt des Expressionismus allein der »individuelle Aufschrei« – gleichsam als unbewußter Ausdruck für die tiefe psychische Not der Künstler – gegen wilhelminische Konventionen und den Krieg gestanden habe. R. wehrte sich gegen jede Individualisierung gesellschaftlicher Probleme und bezeichnete die aufkommende Psychoanalyse vor allem als neues Herrschaftsmittel, das zur Pathologisierung gerade von Querdenkern eingesetzt werden könne. Marxistische Kritiker wie Friedrich Albrecht hatten R. vorgeworfen, »Weltverbesserung« nur in einem »auf die Umformung des Individuums bezogenen Sinn« verstanden zu haben. Wäre dies so, hätte R. die Psychoanalyse feiern müssen, anstatt sie als ärgerliches Hindernis auf dem Weg zur sozialen Emanzipation zu begreifen. Seine ausgiebige Beschäftigung mit den Schriften Tolstois und Voltaires belegt, daß R. in der Philosophie und in allgemein akzeptierten Wertvorstellungen wie Toleranz, Wahrheit und Vernunft eine Basis für seine propagierte neue Gemeinschaftlichkeit zu schaffen suchte.

Wie sehr R. vom Gemeinschaftsideal und von der Aufbruchstimmung der Expressionisten zehrte, und wie wenig er seine Hoffnungen von der Novemberrevolution 1918 eingelöst sah, zeigt seine Verbitterung, die R. 1919 in einem Brief an Alfred Wolfenstein zum Ausdruck brachte: »Wissen Sie, was mich (...) entsetzlich niederdrückt? Meine Enttäuschung und mein Ekel vor früheren Kameraden, bei denen ich niedrigen, nur mühsam verkleideten Egoismus, brennende Sorge um die Carriere, Interessenlosigkeit für den anderen, d.h. Unkameradschaftlichkeit, Angst vor direkten, womöglich hilfreichen Äußerungen, kurz Mangel an jeder inneren Freundschaft finde. Dafür aber Diskussionen. Vor allem aber eine, vor dem Kriege nicht vorhandene Angst, sich für etwas einzusetzen, was nicht die eigene Person fördert.«

Als überzeugter Kriegsgegner emigrierte R. bei Kriegsausbruch 1914 mit seiner Frau Frida nach Zürich. In der dortigen Emigrantenkolonie engagierte er sich bei Antikriegsveranstaltungen, rezensierte französische Schriftsteller in der *Neuen Zürcher Zeitung* und übernahm das Blatt *Zeit-Echo*, das ab diesem Zeitpunkt deutlich antimilitaristische Züge annahm. R. vertrat eine Sozialismus-Vorstellung, die eng an Gedanken Leo Tolstois und Gustav Landauers angelegt war. In seinem Aufsatz *Die Änderung der Welt* von 1916 betonte er: »Alle Änderung der Welt ist Projektion des Geistes auf die Welt«. In einer zukünftigen, nicht-kapitalistischen Gesellschaft gehe es nicht um die (von den Marxisten) betonte »Gleichheit aller, sondern Verantwortlichkeit aller«.

Trotz seiner Vorbehalte gegen die marxistische Denkweise verteidigte er zusammen mit seiner Frau, die sich in der Schweiz Lenins Gruppe angeschlossen hatte, die bolschewistische Revolution in Rußland gegen die zeitgenössische Berichterstattung. Die gemeinsame Agitation der Rubiners für die russische Revolution führte Ende 1918 zu ihrer Ausweisung aus der Schweiz.

Frida wandte sich nach München und arbeitete bis zu ihrer Verhaftung am 2. Mai 1919 bei der *Roten Fahne* und der Verkehrskommission der Räterepublik mit. R. hielt sich während der turbulenten Münchner Tage in Potsdam auf. Der damals dort ansässige Kiepenheuer-Verlag hatte ihm eine Lektoratsstelle angeboten, um sein aus der Kriegszeit stammendes konservatives Verlagsprogramm der revolutionären Zeitstimmung gemäß zu korrigieren. R. sorgte in diesem bescheidenen Rahmen für die Verwirklichung seiner »geistigen Revolution« und holte in seinen eigenen Anthologien und durch die Reihe *Der dramatische Wille* die wichtigsten linken expressionistischen Schriftsteller in den Verlag.

Im Unterschied jedoch zu anderen Vertretern des Expressionismus, wie etwa Kurt Hiller, verwarf R. eine Sonderorganisation der Künstler, wie den »Rat geistiger Arbeiter«. Auch die ab 1918 häufiger werdende Funktionalisierung der Künstler für politische Zwecke lehnte er strikt ab, und er teilte auch nicht den Glauben seiner Frau, daß allein von der Politik die notwendige geistige Veränderung ausgehe. Sein früher Tod infolge einer Lungenentzündung läßt offen, wie er seine Vorstellungen einer Verbindung von Politik und Kunst, Gemeinschaft und Künstlertum in der Weimarer Republik weiterverfolgt hätte. Im Nachwort seiner 1919 erschienenen Anthologie *Kameraden der Menschheit* hatte R. eine Arbeitsteilung festgelegt: »Der Proletarier befreit die Welt von der wirtschaftlichen Vergangenheit des Kapitalismus; der Dichter befreit sie von der Gefühlsvergangenheit des Kapitalismus.«

Haug, W. (Hg.): Künstler bauen Barrikaden. Darmstadt 1988. – Petersen, K.: Ludwig Rubiner. Eine Einführung mit Textauswahl und Bibliographie. Bonn 1980. – Schuhmann, K. (Hg.): Der Dichter greift in die Politik. Leipzig 1976.

Wolfgang Haug

Ruge, Arnold

Geb. 13. 9. 1802 in Bergen/Rügen; gest. 31. 2. 1880 in Brighton/England

R. wurde auf der Halbinsel Jasmund, dem nordöstlichen Teil der Insel Rügen, als Sohn eines Pächters geboren. Sein Vater kam aus einer Familie von Bauern und Handwerkern. R. wollte ursprünglich Theologie studieren und ging 1821 an die Universität Halle. Sein philosophisches und philologisches Interesse bewog ihn zu ausgedehnten Studien auf beiden Gebieten, die er 1822 und 1823 in Jena und Heidelberg fortführte. Als Burschenschaftler und Mitglied des »Jünglingbundes« trat er engagiert für eine Reform der politischen Zustände in Deutschland ein. 1824 verhaftet und später durch das Oberlandesgericht in Breslau zu einer Festungsstrafe von 15 Jahren verurteilt, reduzierte der preußische König die Haftstrafe auf ein Drittel. Als er vorzeitig freikam, brach gerade die Julirevolution 1830 in Frankreich aus. R. begrüßte sie als großes politisches Ereignis und trat in anonymen Artikeln in den *Blättern für literarische Unterhaltung* für Pressefreiheit, Volkssouveränität und eine Konstitution für sein Vaterland ein.

In den dreißiger Jahren stand R. konsequent in den Reihen der demokratischen Bewegung. Neben Halle wurden Berlin, Paris, Dresden und Leipzig zu seinen politischen Hauptwirkungsstätten. 1830 promovierte er mit einer Dissertation über den römischen Schriftsteller Juvenal. Anschließend war er als Aushilfslehrer am Gymnasium der Franckeschen Stiftungen und nach seiner Habilitation als Privatdozent an der Universität Halle tätig. R. heiratete Louise Düffer, eine vermögende Hallenserin und wurde finanziell unabhängig. Zurückgezogen auf dem Landsitz Giebichenstein bei Halle studierte er zwei Jahre lang intensiv Hegel, dessen Einfluß in diesen Jahren einen Höhepunkt erreichte. R. begriff damals, daß Hegel selbst und seine Idee, der Begriff und die dialektische Methode, die unversöhnlichsten Feinde politischer und religiöser Knechtschaft sowie eines verknöcherten Geistes waren. Er sah, daß diese Philosophie sich ihrem Prinzip und ihrer Methode nach auf Geschichte und Gesellschaft orientierte und unabweislich zur Kritik der bestehenden Verhältnisse herausforderte. Gleichzeitig erkannte er aber auch, daß diese Kritik weder von Hegel selbst, noch von seinen Schülern bisher geleistet worden war.

In den Jahren zwischen 1835 und 1843 bildete sich die junghegelianische Anschauung konkret heraus. Das Denken der radikalen Schüler Hegels bewegte sich hauptsächlich um die zentrale Frage, wie sich die Philosophie zur Geschichte der Welt verhalte. Ihre Forderung nach praktischer Verwirklichung der philosophischen Theorie bezog sich vor allem auf das tatsächliche Zusammenleben der Menschen in der historischen Entwicklung der Welt. Ihr Drängen auf die Politisierung der Philosophie stellte die philosophische Theorie in den Dienst der weltgeschichtlichen Bewegung des Sozialismus und Demokratismus. R. war der organisierende Mittelpunkt der junghegelianischen Bewegung. Als nach der Veröffentlichung des Straußschen Buches *Das Leben Jesu* (1835) eine Flut von Broschüren für und wider erschien, faßte er den Entschluß, der linkshegelianischen Opposition ein Sprachrohr zu verschaffen. Zusammen mit Theodor Echtermeyer gab er ab Januar 1838 die *Hallischen Jahrbücher für deutsche Wissenschaft und Kunst* heraus. R. bereiste ganz Deutschland, um Mitarbeiter zu gewinnen, versuchte zu überzeugen, führte Menschen zusammen, legte Aufgaben fest, schlug Gegenstände der Auseinandersetzung vor und war bemüht, der geistigen Strömung Profil zu geben. Neue radikale Ideen verstand er unmittelbar aufzugreifen und zu propagieren. Ein wichtiges Element seiner Bestrebungen war der permanente und oft zermürbende Kampf mit der Zensur. 1841 verlegte er die Redaktion nach Dresden und änderte auch den Titel seiner Zeitschrift in *Deutsche Jahrbücher für Wissenschaft und Kunst*. Als eine ganze Serie von Aufsätzen Anfang 1843 der Zensur zum Opfer fielen, ließ er seine *Jahrbücher* in der Schweiz drucken. So kamen die bekannten *Anekdota zur neuesten Deutschen Philosophie und Publizistik* zustande.

Eine weitere wichtige Seite seiner Arbeit war die »Kritik«, in der der Einfluß der Aufklärung eine große Rolle spielte. So erschien 1839/40 die Artikelserie *Der Protestantismus und die Romantik zur Verständigung der Zeit und ihrer Gegensätze*, eine glänzende Abrechnung mit der literarischen, philosophischen und politischen Spätromantik als den Hauptgegnern der demokratischen Bewegung. Echtermeyer war Mitverfasser dieser Kritik. R. behandelte darüber hinaus auch eine Reihe geschichtsphilosophischer Fragen, wie zum Beispiel in seinen Betrachtungen zur Rolle der Gewalt, der Volksmassen in der Geschichte, zum modernen Parteienbegriff, zum Verhältnis von Theorie und Praxis, von Philosophie und Politik. In diesem Zusammenhang sind auch seine weniger bekannten ästhetischen Überlegungen hervorzuheben, die, eingebunden in seine Geschichtsphilosophie, wichtige Gedanken über die Kategorie des »Komischen« enthalten. Als politischer Mensch war er stets bemüht, die praktische Relevanz der Theorie zu sichern und die Verbindung zur praktisch-politischen Bewegung nicht aus den Augen zu verlieren. Dieser Zug in R.s Wirken ermöglichte ihm auch, mit Karl Marx enger zusammenzuarbeiten. Dieser besuchte R. Mitte Mai 1843 in Dresden, um ihn für die gemeinsame Herausgabe der *Deutsch-Französischen Jahrbücher* zu gewinnen. Im November 1843 ging R. daher nach Paris. Im Februar 1844 kamen dort die ersten und zugleich letzten Nummern dieser Zeitschrift heraus. Die Zusammenarbeit war nur von kurzer Dauer. Das Zerwürfnis zwischen R. und Marx hatte mehrere Ursachen. Marx arbeitete zu dieser Zeit an einer Bestandsaufnahme des bisher Erreichten, legte die ersten Grundlagen der materialistischen Geschichtsauffassung, stellte sich auf den Standpunkt der Arbeiterklasse und schlug zur Lösung der sozialen Frage die Aufhebung des Privateigentums und das Prinzip des Klassenkampfes vor. R. konnte sich damit nicht einverstanden erklären. Vor allem war er nicht bereit, sich zu einer kommunistischen Opposition zu bekennen, sondern trat nach wie vor für eine bürgerlich-demokratische Republik ein.

Im Spätsommer 1846 kehrte R. von Paris über die Schweiz nach Deutschland zurück. In Leipzig betätigte er sich als Buchhändler. Begeistert begrüßte er die Februarrevolution in Frankreich 1848 und trat dafür ein, auch in Deutschland eine revolutionäre Entwicklung einzuleiten. In Paris hatte er sich intensiv mit dem Sozialismus beschäftigt. Wieder in Deutschland, konnte er sich nur auf den literarisch-politischen Kreis um die *Grenzboten* stützen, bis er sich in der Frankfurter Nationalversammlung der »äußersten Linken«, der Fraktion Donnersberg, anschloß. R. profilierte sich dort politisch als Wortführer der kleinbürgerlich-demokratischen Opposition. Von Frankfurt enttäuscht, setzte er seine politischen Hoffnungen später ganz auf die Entwicklung in Berlin, das er zum Mittelpunkt der revolutionären Bewegung machen wollte. Dort verhandelte er über die Gründung einer radikaldemokratischen Zeitung. Diesen Plan mußte er zwar wieder aufge-

ben, dafür erschien eine neue Zeitung unter dem Titel *Die Reform* in Leipzig. Dieses Blatt, das er gemeinsam mit Heinrich Bernhard Oppenheim leitete, galt als das radikalste Forum der bürgerlich-demokratischen Opposition. R. war auch der Verfasser des ersten Programms der Fraktion Donnersberg.
Das Erstarken der konservativen Kräfte brachte jedoch nicht nur das Verbot seiner Zeitschrift *Die Reform*, sondern auch seine Ausweisung aus Preußen. In Leipzig war er erneut bemüht, die revolutionäre Bewegung und den Dresdener Aufstand vom Mai 1849 zu unterstützen. Nach der Niederschlagung des Aufstands entzog er sich durch Flucht der drohenden Verhaftung. Die Niederlage der Revolution hatte ihn tief getroffen. R. ging zunächst nach London, wo er mit Guiseppe Mazzini, Alexandre August Ledru-Rollin und anderen ein »Europäisches demokratisches Komitee« gründete als Sammelpunkt der bürgerlich-demokratischen Opposition in Europa. 1850 ließ er sich in Brighton an der englischen Südküste nieder, wo er den »visiting tutor« an verschiedenen Schulen machte und als freier Schriftsteller lebte.
Schon vor dem preußisch-österreichischen Krieg 1866 erklärte sich R. von Brighton aus in Briefen an deutsche Zeitungen für die auswärtige Politik Bismarcks. Die Reichseinigung 1871 begrüßte er freudig. Wegen seines hohen Alters konnte er sich jedoch nicht entschließen, nach Deutschland zurückzukehren. In Anerkennung seines Engagements für die deutsche Einigung unter Führung Preußens bewilligte ihm Bismarck 1877 eine jährliche Pension aus Reichsmitteln, »Ehrensold« genannt. 1880 starb Ruge in Brighton.

Eßbach, W.: Die Junghegelianer. Soziologie einer Intellektuellengruppe. München 1988. – Löwith, K. (Hg.): Die Hegelsche Linke. Stuttgart/Bad Cannstatt 1962. – Neher, W.: Arnold Ruge als Politiker und politischer Schriftsteller. Heidelberg 1933. – Pepperle, H. u. I. (Hg.): Die Hegelsche Linke. Leipzig 1985. – Steußloff, H. (Hg.): Die Junghegelianer. Berlin 1963.

Helmut Reinalter

Rühle-Gerstel, Alice, geb. Gerstel

Geb. 24. 3. 1894 in Prag; gest. 24. 6. 1943 in Cotoyan/Mexiko

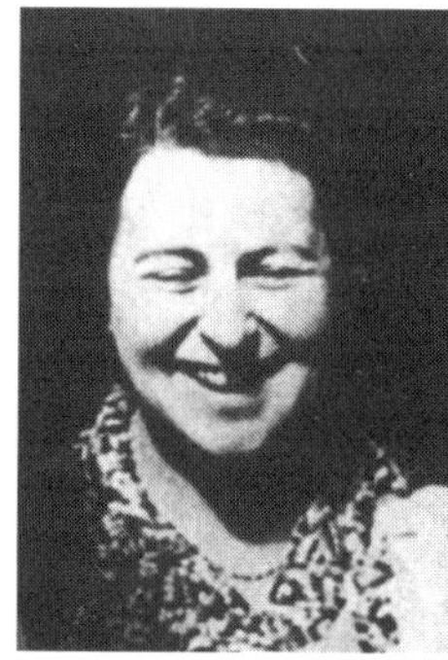

»Geleise (...) immer noch sucht man nach Geleisen; auch wenn sie nirgends hinführen.« Die Suche nach Lebensweisen, die es jedem ermöglichen, selbstbewußt und zugleich gesellschaftlich wirksam zu leben, – das war ein zentrales Thema im Leben und Werk der Philosophin und Schriftstellerin R.-G. Als älteste Tochter einer wohlhabenden Kaufmannsfamilie der deutsch-jüdischen Bevölkerungsminderheit in Prag geboren, besuchte sie zunächst standesgemäß ein deutschsprachiges Lyzeum, anschließend ein Töchterpensionat in Dresden. 1912 legte sie am deutschen Lehrerinnen-Seminar in Prag die Staatsprüfung für Musik ab. R.-G.s künstlerische Interessen für Musik und Literatur und vor allem ihr ungewöhnliches Sprachtalent wurden dabei früh gefördert und von ihr selbst als Möglichkeit genutzt, einen eigenständigen Lebensweg einzuschlagen. In den literarischen Zirkeln Prags diskutierte sie mit Willy Haas, Franz Werfel, Egon Erwin Kisch und Milena Jesenská, Freundin Franz Kafkas, über die neuesten philosophisch-ästhetischen Theorien. 1914/15 noch kurzzeitig freiwillige Krankenschwester in Kriegslazaretten, nahm sie während der Zeit des Ersten Weltkrieges ihr Leben endgültig selbst in die Hand. Sie holte nach einem zweijährigen Privatstudium das Abitur nach und begann 1917, Germanistik und Philosophie in Prag zu studieren. Zur gleichen Zeit begeisterte sie sich für die sozialistische Bewegung und für die entstehende Sowjetunion.
1918 zog R.-G. nach München und setzte dort ihr Studium fort. Über den Individualpsychologen Leonhard Seif wurde sie 1919/20 mit der Lehre Alfred Adlers bekannt. Davon stark beeindruckt, unterzog sie sich einer Psychoanalyse, um als Therapeutin arbeiten zu können. Ein Jahr später promovierte sie mit einer Arbeit über Friedrich Schlegel. Ebenfalls 1921 heiratete sie den zwanzig Jahre älteren Otto Rühle, der sich als rätekommunistischer Politiker und Pädagoge in Deutschland bereits einen Namen gemacht hatte. Das Zusammenleben und -wirken des Paares erwies sich für beide als fruchtbar. Sie vermittelte ihm die Adlersche und Freudsche Psychologie, während er sie in die Marxsche Gedankenwelt einführte. Beide bemühten sich im folgenden Jahrzehnt, eine praktisch umsetzbare Synthese von Marxismus und Individualpsychologie zu entwerfen und auf ihr aufbauend ein neues sozialistisches Erziehungsmodell zu entwickeln. Sie sahen dabei die Stärkung

des Selbstbewußtseins der einzelnen Individuen durch Erziehung und Selbsterziehung als wesentliche Voraussetzung für den Abbau der von Marx festgestellten Entfremdung des Menschen von sich selbst und für eine erfolgreiche gesellschaftliche Transformation in sozialistischem Sinne an. Um ihr Erziehungskonzept konkret anzuwenden, organisierten sie eine überregionale proletarische Erziehungsgemeinschaft, in der sich Eltern, Lehrer und pädagogisch Interessierte zu gegenseitiger Erziehungshilfe zusammenschlossen. In Buchwald-Friedewald bei Dresden gründete und leitete das Ehepaar außerdem gemeinsam den Verlag »Am anderen Ufer«. Dort erschienen R.-G.s zum Teil zusammen mit ihrem Mann verfaßte Schriften: 1924 *Freud und Adler. Eine elementare Einführung in Psychoanalyse und Individualpsychologie*; von 1924 bis 1925 die ebenfalls von beiden gemeinsam geleitete Schriftenreihe *Am anderen Ufer – Blätter für sozialistische Erziehung* und die Monatsschrift *Das proletarische Kind* und 1926 in einer weiteren Reihe *Schwererziehbare Kinder* der Band *Das Stiefkind*; 1927 *Selbstbewußtsein und Klassenbewußtsein* und die ebenfalls zusammen mit ihrem Mann verfaßte Schrift *Sexualanalyse*.

Neben dieser regen pädagogischen und publizistischen Tätigkeit engagierte sich R.-G. in der Bildungsarbeit: Sie hielt Vorträge und Kurse, meist bei Organisationen der linken Sozialdemokratie und bei Arbeiterkulturvereinen. Im Kreise der marxistischen Anhänger Adlers, deren nachmals berühmtester der Schriftsteller Manès Sperber war, wurde sie zur führenden Theoretikerin durch ihr 1927 erschienenes Buch *Der Weg zum Wir. Versuch einer Verbindung von Marxismus und Individualpsychologie*.

Die Rücksichtnahme auf die politische Stellung ihres Mannes außerhalb aller Lager blieb für R.-G. schwierig: Sie verzichtete auf eine Mitgliedschaft in der SPD und blieb organisatorisch ungebunden. Ende der zwanziger Jahre rückte die Beschäftigung mit der Frauenfrage in den Mittelpunkt ihrer Studien. Sie schrieb Rezensionen zum Thema »Frauenliteratur« und nahm an Diskussionsveranstaltungen zu frauenspezifischen Themen teil. In ihrem 1929 erschienenen Aufsatz *Die neue Frauenfrage* formulierte sie ihr Interesse: »Das ist die eigentliche Frauenfrage unserer Zeit, daß alles, bis ins letzte öde Maschinenteilchen hinein, von Geschlechtsbarrieren der Vergangenheit zerteilt wird, trotz Versachlichung; daß wir mit unseren errungenen Freiheiten innerlich nichts anfangen können, weil es männliche Freiheiten sind und daß auch Hoffnung und Kampf um die menschliche Freiheit uns nicht über den Abgrund unserer persönlichen Gegenwart trägt«. Ihren Standpunkt vertrat sie in ihrem im April 1932 erschienenen Buch *Das Frauenproblem der Gegenwart. Eine psychologische Bilanz*. Sie kritisiert die gesellschaftlichen Bedingungen, die es Frauen (wie Männern) unmöglich machten, selbstbewußte Individuen und nicht auf ihre Geschlechterrolle festgelegte Menschen zu werden. Die soziale Frage könne nur schrittweise zusammen mit der Geschlechterfrage gelöst werden. Dafür sei aber auch das politische Engagement von Frauen nötig: »Wir haben es satt, die Hoffnung bis zur nächsten Generation zu verschieben. (...) wir wollen unsere Utopie jetzt – und wir werden dafür arbeiten!«, beendete sie ihr Buch, das bald als wichtigstes Werk zur Frauenfrage galt, nach 1933 aber in Vergessenheit geriet.

Die bevorstehenden politischen Entwicklungen in Deutschland vorausahnend, emigrierten R.-G. und ihr Mann schon im Sommer 1932 nach Prag. 1933 bürgerten die Nationalsozialisten die beiden aus, plünderten ihr Haus und verboten ihre Bücher. R.-G. konnte ab September 1933 illegal als Redakteurin der deutschsprachigen Tageszeitung *Das Prager Volksblatt* arbeiten. Es erschienen literarische Artikel und Buchbesprechungen von ihr; außerdem leitete sie eine wöchentliche Kinderbeilage der Zeitung. Daneben schrieb sie Gedichte und Hörspiele und machte Übersetzungen. Sie erneuerte ihre Kontakte, besonders ihre Freundschaft zu Milena Jesenská, die sie später in ihrem Roman Der *Umbruch oder Hanna und die Freiheit* in der Figur der Jarmilla verewigte. Für diesen frühen anti-stalinistischen, die politischen Ereignisse in der CSR kritisch begleitenden Exilroman sammelte sie von Sommer 1932 bis Frühjahr 1936 Material.

Eine Einladung der sozialistischen mexikanischen Regierung Mitte November 1935, an einer Schulreform mitzuarbeiten, nutzte das Ehepaar Rühle, um Europa zu verlassen. R.-G. eignete sich innerhalb kurzer Zeit die spanische Sprache an und konnte ab August 1936 als Übersetzerin in einem Regierungsbüro tätig sein. 1937 lernte sie Leo Trotzki kennen, der in Mexiko politisches Asyl erhalten hatte. Die gemeinsamen Gespräche zeichnete sie in einem fragmentarisch gebliebenen Tagebuchbericht vom Herbst 1937 bis zur Ermordung Trotzkis im August 1940 auf. Es gelang ihr, diesen Revolutionär einfühlsam darzustellen, aber auch genügend Distanz zu wahren, um in ihm einen »kühnen Geist auf engen Geleisen« zu erkennen. Zur gleichen Zeit schrieb sie an ihrem bedeutendsten literarischen Werk, dem erwähnten Exilroman *Der Umbruch oder Hanna und die Freiheit*. Anhand des Ablösungsprozesses einer kommunistischen Intellektuellen bürgerlicher Herkunft vom stalinistischen Kommunismus arbeitete R.-G. darin nicht nur typische stalinistische Deformationen in der Gesellschaft und in Lebensläufen heraus. Sie thematisiert auch das Erlebnis existentieller Heimatlosigkeit und des Verlustes einer Identität, die mit der Erfahrung des Exils eintraten.

Nach einem Konflikt Otto Rühles mit den einflußreichen, stalinistisch orientierten Gewerkschaften in Mexiko verloren beide 1939 die Anstellung im Ministerium. Ihre finanzielle

Lage verschlechterte sich dadurch rapide, allerdings entwickelte besonders R.-G. viel Phantasie, um den Lebensunterhalt zu verdienen. Neben Publikationen, Übersetzungen und Vorträgen verkaufte sie von ihrem Mann gemalte Postkarten und stellte Kreuzworträtsel zusammen. Zur schlechten wirtschaftlichen Situation kam die politische Isolation der Rühles hinzu, die sich den überwiegend stalinistisch orientierten Emigranten nicht anschlossen.
Skeptischer als ihr Mann verfolgte R.-G. die weltweite politische Entwicklung; mit Kriegsbeginn verstärkte sich die Sorge um das Schicksal von Freunden und Verwandten in Europa. Eine Möglichkeit für einen persönlichen und politischen Neubeginn nach dem Krieg sah sie dahinschwinden. Als am 24. Juni 1943 ihr Mann im Alter von 69 Jahren unerwartet an einem Herzschlag starb, stürzte sich R.-G. noch am selben Tag aus dem Fenster. Wenige Stunden später starb sie, 49 Jahre alt.

Nordmann, I.: Nachdenken an der Schwelle von Literatur und Theorie. Essayistinnen im 20. Jahrhundert. Margarete Susman, Alice Rühle-Gerstel, Hannah Arendt, in: Brinker-Gabler, G. (Hg.): Deutsche Literatur von Frauen, Bd. 2, 19. und 20. Jahrhundert. München 1988, S. 364-379. - Sperber, M.: Alice Rühle-Gerstel, in:Rühle-Gerstel, A.: Der Weg zum Wir. Versuch einer Verbindung von Marxismus und Individualpsychologie. Buchwald b. Dresden 1927, (Neudruck) München 1980.

Katja Koblitz

Rüstow, Wilhelm

Geb. 25. 5. 1821 in Brandenburg; gest. 14. 8. 1878 (Selbstmord) in Riesbach

R., Sohn eines pensionierten preußischen Infanteriemajors, fand schon als Fünfzehnjähriger durch die Lektüre von Schriften Lazare Carnots (*De la défense des places fortes*, 1809), des Organisators der »Levée en masse« (des vom Nationalkonvent im August 1793 beschlossenen Aufgebots der männlichen Bevölkerung) zur Verteidigung der Französischen Revolution, das Thema, das ihn das ganze Leben beherrschen sollte, das Militär. Er wurde Soldat in der preußischen Armee und 1840 Pionieroffizier im »Ingenieurkorps«. Schon vor der Revolution von 1848 trat er mit militärischen Publikationen an die Öffentlichkeit.
In der Revolutionszeit gehörte R. zu den demokratischen und republikanischen Offizieren der preußischen Armee, die mit wenigen Ausnahmen, darunter R., heute völlig vergessen sind.
R. entwickelte von seiner Garnison Königsberg aus eine rege publizistische Tätigkeit, in der er gegen die politisch reaktionären Kräfte in der preußischen Armee agierte. Als einer der ganz wenigen im damaligen demokratischen Spektrum erkannte R. den unauflöslichen Zusammenhang von Heeresverfassung, Staatsverfassung und Gesellschaftsordnung. Ihm war klar, daß eine freie Gesellschaft nur durch eine demokratische Staatsverfassung garantiert werden könne, diese wiederum aber nur möglich sei, wenn das Machtmittel des absolutistischen Staates, das stehende Heer, abgeschafft werden würde. Deswegen hielt R. sowohl die Verkleinerung des stehenden Heeres wie seine Vereidigung auf eine Verfassung für einen Irrweg. Nur eine nationale Milizarmee aller Staatsbürger vermochte R.s Meinung nach eine demokratische Staatsverfassung und eine freie Gesellschaft zu garantieren. Desgleichen wandte er sich auch gegen die Bürgerwehren der Revolution, weil sie einzig das Besitz- und Bildungsbürgertum schützten. Eine soziale Demokratie verlangte, auch das Proletariat an der Nationalmiliz zu beteiligen.
Diese Ansichten vertrat R. als aktiver Offizier öffentlich und forderte zugleich in einem offenen Brief an das preußische Revolutionsparlament, reaktionäre Offiziere sollten aus der Armee entlassen werden. Er sah sich wegen solcher Aktionen ehrengerichtlicher Verfolgung ausgesetzt. Weil das Urteil dem preußischen König nicht streng genug ausfiel, wurde R. nach Posen versetzt. Dort verfaßte er trotz massiven Drucks durch Vorgesetzte und Offizierskameraden seine berühmt gewordene Schrift *Der deutsche Militärstaat vor und während der Revolution* (1850). In ihr rechnete er mit der Institution der Allgemeinen Wehrpflicht ebenso ab wie mit der preußischen Besonderheit des »Einjährig-Freiwilligen« (Ausbildung zu Offizieren und Unteroffizieren unter Voraussetzung der Obersekundareife und der Bedingung, sich auf eigene Kosten zu bekleiden, auszurüsten und zu verpflegen). Zugleich entwarf R. das Gegenbild zum Königsheer seiner Zeit. Die Nationalmiliz, die er aufs engste verfassungsrechtlich und organisatorisch an die Gemeindeordnung anpassen wollte, wie sie von der demokratischen Minderheit des preußischen Parlaments verlangt wurde, sollte die Demokratisierung des Militärs herbeiführen.
Seine Schrift über den Militärstaat - sie galt später, nach Gründung des »Allgemeinen Deutschen Arbeitervereins« (ADAV) durch Lassalle 1863, mit dem R. befreundet war, als informelles wehrpolitisches Programm der Sozialdemokratie - brachte R. vor ein preußisches Kriegsgericht und in Haft. Es gelang ihm aber, noch während des Prozesses aus dem Gefängnis zu fliehen und in die Schweiz zu entkommen.
Als Offizier der Schweizer Armee (seit 1856 Major im Generalstab der Schweizer Milizarmee) veröffentlichte R. weiterhin kriegsgeschichtliche Bücher, die häufig mit dem Gang der Ereignisse gleichen Schritt hielten, so über den Krimkrieg 1853/54 bis 1856 und über den italienischen Krieg von 1859 (Frankreich/Piemont gegen Österreich). An den Kämpfen zur

Einigung Italiens nahm R. selbst teil – als Generalstabschef Garibaldis, als dieser 1860 versuchte, von Sizilien aus durch Aufstandsbewegungen die Einheit Italiens zu erzwingen.
1870 zu einem der acht Obersten der Schweizer Armee, dem höchsten Dienstgrad, den diese Armee in Friedenszeiten zu vergeben hatte, berufen, kommentierte R. auch weiterhin die Kriege seiner Zeit, auch die deutschen Einigungskriege 1864, 1866 und 1870/71. Trat R. im preußischen Heereskonflikt (1861–1866), als das Abgeordnetenhaus den verfassungswidrigen Militäretat der Krone ablehnte, als Gegner des preußischen Ministerpräsidenten Bismarck (seit 1862) auf, so begrüßte er 1870 den Krieg gegen Frankreich und 1871 die Gründung des Deutschen Reiches von oben.
Stets unter Geldmangel leidend, eröffnete sich R. im Oktober 1877 mit seiner Berufung zum Professor für Kriegswissenschaften an das eidgenössische Polytechnikum zu Zürich die Aussicht auf ein regelmäßiges Einkommen. Da die Art seines Vortrags auf Kritik stieß, wurde R. nach dem Wintersemester 1877/78 das Lehramt aberkannt. Durch viele Enttäuschungen zermürbt, setzte R. am 14. August 1878 seinem Leben selbst ein Ende.

Nickolaus, G.: Die Milizfrage in Deutschland von 1848 bis 1933. Berlin 1933. – Wiede, P.: Wilhelm Rüstow (1821–1878). Ein Militärschriftsteller der deutschen Linken. München 1958

Martin Kutz

Sand, Karl Ludwig

Geb. 5. 10. 1795 in Wunsiedel; gest. (hingerichtet) 20. 5. 1820 in Mannheim

S. ist der Nachwelt in Erinnerung geblieben als Mörder August v. Kotzebues. Sein Anschlag am 23. März 1819 in Mannheim war der erste Fall eines aus politischer »Überzeugung« begangenen Attentats im neuzeitlichen Deutschland und bahnte der vormärzlichen Restauration den Weg: Im unmittelbaren Gefolge des Mordes wurden am 20. September 1819 die berüchtigten Karlsbader Beschlüsse erlassen, die vor allem Presse und Universitäten in Deutschland bis 1848 scharf reglementierten. S.s Tat war in ihrer letzten Konsequenz die fanatisch übersteigerte Aktion eines einzelnen. Aber zugleich spiegelt sich in ihr und in den Reaktionen auf sie das spezifische politische Klima wider, das in Deutschland zwischen Befreiungskriegen (1813/14) und einsetzender Restauration herrschte.
S. wurde am 5. 10. 1795 in Wunsiedel im Fichtelgebirge geboren. Die Markgrafschaft Bayreuth, in der Wunsiedel lag, gehörte damals noch zu Preußen; erst 1810 fiel sie an Bayern. Seine Kindheit und frühen Jugendjahre erlebte S. somit in einem Territorium, in dem Gebietsabrundungen und Neugliederungen sowie die damit verbundenen neuartigen Herrschaftswechsel der napoleonischen Zeit unmittelbar zu spüren waren. Die politischen Sympathien in dieser Region hingen in S.s Jugend daher auch noch nicht an Bayern und sicherlich nicht an Napoleon, der als Auslöser des Umbruchs begriffen wurde. Die Hoffnungen richteten sich überwiegend auf Preußen, aber auch auf die Idee einer einheitlichen deutschen Nation, um so die ungeliebte Eingliederung in den bayerischen Staat gewissermaßen national zu überwinden. S. zeigte sich in seinem weiteren, nur noch kurzen Lebensweg von diesen Tendenzen unverkennbar geprägt.
Im Kampf gegen Napoleon nahm er im Frühjahr 1815 als Freiwilliger im bayerischen Heer teil. Im Anschluß daran begann er ein Theologiestudium in Erlangen, das er bald darauf in Jena fortsetzte. Damit gelangte S. in das Zentrum der studentischen Reformbewegung, welche die deutsche Politik in diesen Jahren mit einem neuen Phänomen konfrontierte. Maßgeblich angeregt vom Widerstand gegen Napoleon und von den Befreiungskriegen, organisierten sich Teile der jungen Bildungsschicht in dezidiert politischer Absicht und mit dem Ziel eines nationalen Zusammenhalts. In Jena waren im Juni 1815 die traditionellen Landsmannschaften aufgelöst und eine Burschenschaft – seither bekannt als »Urburschenschaft« – gegründet worden. S. trat ihr bei und geriet rasch in den Bann ihrer radikalsten Fraktion, der »Altdeutschen«, die ab 1818 von dem aus Gießen gekommenen Privatdozenten und Juristen Karl Follen angeführt wurde.
Seine Tagebucheintragungen zeigen, daß S. ein wirrer, aufgewühlter und schwermütiger Mensch war, auf der Suche nach Orientierung und Halt. Er war für die politischen Vorstellungen der Gruppe um den charismatischen Follen deshalb besonders anfällig. Die »Altdeutschen« vertraten einen revolutionär-demokratischen Nationalismus, der sich explizit gegen das System des Deutschen Bundes wandte: Die Einzelstaaten sollten sich, wie sie meinten, in einer unitarischen Republik mit allgemeinem und gleichem Wahlrecht zusammenschließen. Neben diesen modern anmutenden Ideen standen rückwärtsgewandte, die in ihrer zwanghaften Form totalitäre Züge trugen: So sollten etwa die Schulen von der Stadt auf das Land verlegt werden, um in ihnen Handwerk und Ackerbau mit dem Ziel zu lehren, eine Gesellschaft kleiner und mittlerer Eigentümer zu etablieren.
Nicht nur die politischen Ziele waren extrem, sondern auch die Methoden, wie diese durchgesetzt werden sollten. Ein ausgeprägter ethischer und politischer Rigorismus bestimmte

das Denken und – wie bei S. – auch das Handeln der Gruppe. Das ideologische Fundament lieferte insbesondere der zunächst in Heidelberg, später in Jena tätige Philosophieprofessor Jakob Friedrich Fries, das aktuelle politische Handlungskonzept stammte von Follen. Danach waren alle Mittel zulässig, sofern sie einem als »sittlich« erkannten Zweck und damit einer moralischen Wahrheit verpflichtet waren. Maßgebliche Instanz zur Ermittlung dieser Wahrheit waren allerdings nicht allgemeine ethische Normen, sondern das eigene Gewissen, das Ich. Die innere »Überzeugung« erhielt einen unbedingten Geltungsanspruch, den der einzelne genauso unbedingt in die Tat umsetzen mußte, um sich als Individuum zu verwirklichen. Follen formulierte den an die französischen Jakobiner erinnernden Grundsatz, »daß überall, wo eine sittliche Notwendigkeit vorliegt, für den von dieser Notwendigkeit Überzeugten alle Mittel erlaubt sind«. Wenn es daher nicht möglich sei, die »dreiunddreißig Tyrannen« Deutschlands – gemeint waren die damals in Wirklichkeit 37 erblichen deutschen Fürsten – durch »Mediatisierung« unter die Hoheit der unteilbaren Nation zu beugen, so sei der Mord ein legitimes Mittel zum »heiligen« Ziel. Auch wenn es keinen Beweis gibt, daß Follen an S.s Anschlag auf Kotzebue beteiligt war, würde man ihn heute wohl als den »geistigen Brandstifter« des Verbrechens bezeichnen.

Ein säkularer Prozeß, der im 18. Jahrhundert eingesetzt hatte, übersteigerte sich hier auf fatale Weise: Der Zusammenbruch der ständisch-feudalen Ordnung war begleitet vom aufklärerischen Anspruch auf individuelle Selbstbestimmung, aber der einzelne suchte eben auch nach neuer gesellschaftlicher und politischer Orientierung. Das Nationale wurde dabei vor allem im Denken des Bildungsbürgertums zum Fluchtpunkt, die Befreiungskriege verstärkten diesen Trend. Doch die obrigkeitliche und staatenbündisch-restaurative Ordnung, welche der Deutsche Bund bald nach 1815 erhielt, konnte jenen Kreisen, in die auch S. eingebunden war, keine befriedigende Orientierung geben – die intellektuelle Flucht in einen radikalen ethischen Subjektivismus mag für manchen die einzige Alternative gewesen sein.

Keiner der »dreiunddreißig Tyrannen« geriet in das Fadenkreuz S.s, sondern ein mittelmäßiger Schriftsteller des konservativen Establishments, der zugleich Staatsrat in russischen Diensten war. August von Kotzebue hatte in seinem *Literarischen Wochenblatt* bereits wiederholt gegen die Aktivitäten der Burschenschaften polemisiert; bei dem Autodafé im Anschluß an das Wartburgfest der deutschen Studenten am 18. Oktober 1817 war seine *Deutsche Geschichte* verbrannt worden. Durch Indiskretion wurde zudem bekannt, daß er die russische Regierung mit Informationen über die liberale und nationale Bewegung in Deutschland versorgte. Für S. war Kotzebue deshalb der verhaßte Gegner der Einheit und Freiheit Deutschlands, die zu realisieren ihm ein moralisch gerechtfertigtes Ziel war. Da der Zweck die Mittel heiligte, erschien S. der Mord an dem Schriftsteller legitim. In seiner Rechtfertigungsschrift *Todesstoß dem August von Kotzebue*, die er am Tag des Anschlags bei sich trug, werden diese Vorstellungen deutlich. Dort heißt es u.a.: »Dazu haben wir die ganze Macht des Willens empfangen (...), daß wir uns (...) selbst bestimmen, und darin bezeugt sich alle Tugend, daß wir (...) nach eigener Entschließung tun, was wir alle wollen.«

Nicht nur diese Schrift zeigt, daß S. seinen Anschlag sehr sorgfältig vorbereitete: Er besuchte Anatomievorlesungen, um sich über die Lage des Herzens zu unterrichten und machte Stoßübungen mit seinem Dolch. Am 9. März 1819 brach er schließlich von Jena nach Mannheim auf, am Nachmittag des 23. März sprach er im Haus Kotzebues vor. Er wurde vorgelassen und stieß dem Dichter mit den Worten »Hier, du Verräter des Vaterlandes« ein Messer in die Brust. Anschließend richtete er einen zweiten Dolch gegen sich selbst. Er wurde verhaftet, sorgfältig gesund gepflegt, zum Tode verurteilt und hingerichtet.

Die Reaktionen auf S.s Tat in der liberal und national gesinnten Öffentlichkeit waren ambivalent. Karl Freiherr v. Stein verurteilte den Anschlag, Joseph Görres verwies auf den »bestehenden Despotismus« und sprach von einer »Mißbilligung der Handlung bei Billigung der Motive«. Der Berliner Theologe Wilhelm de Wette schließlich schrieb an S.s Mutter einen Brief, der zeigt, daß rigorose Überzeugungsethik in dieser Umbruchzeit nicht nur im Kreis um Follen verbreitet war: »Der Irrtum wird aufgewogen durch die Lauterkeit der Überzeugung, die Leidenschaft wird geheiligt durch die gute Quelle, aus der sie fließt. Er hielt es für recht und so hat er recht getan (...). So wie die Tat geschehen ist durch diesen reinen frommen Jüngling, mit diesem Glauben, mit dieser Zuversicht, ist sie ein schönes Zeichen der Zeit.« Nur wenige Wochen später ereignete sich ein zweites politisches Attentat, das der gleichen Logik folgte, jedoch mißlang: Ein Student aus dem von Karl Follen gegründeten Kreis des radikalen Gießener Burschenschaftsflügels der »Schwarzen« versuchte, den nassauischen Staatsrat Karl Ibell zu ermorden.

Auf staatlich-politischer Ebene wirkten S.s Anschlag und die Begleitumstände als Fanal, das an den Jakobinerterror der Französischen Revolution erinnerte. In der aufgeregten Atmosphäre, die von konservativer Seite bewußt geschürt wurde, gerieten die reformorientierten Kräfte in Deutschland hoffnungslos in die Defensive. Schon im April 1819 schrieb der österreichische Staatskanzler Clemens v. Metternich an seinen Adlatus Friedrich v. Gentz: »Meine Sorge geht dahin, der Sache die beste Folge zu geben, die möglichste Partie aus ihr zu ziehen.« Mit den Karlsbader Beschlüssen von 1819 ist ihm dies, aus seinem Blickwinkel gesehen, fraglos gelungen: Die nationale und liberale Bewegung in Deutschland war über Jahre gelähmt.

Die Hinrichtung am 20. Mai 1820 machte S. zum Märtyrer der nationalen und republikanischen Idee. Zuschauer der Exekution tauchten Tücher in sein Blut und versuchten, abgetrenntes Haar und Gerüstspäne zu ergattern. Den Richtplatz schmückte man noch lange danach mit Blumen und Trauerweiden. Der Henker, »ein guter pfälzischer Demokrat« (E. R. Huber), baute aus dem Holz des Blutgerüstes in seinem Heidelberger Weinberg eine Gartenlaube - ein Symbol des Biedermeier. Dort traten später Burschenschafter heimlich zusammen - »in Sands Schafott, als Gäste seines Henkers« (H. v. Treitschke).

Hardtwig, W.: Vormärz. Der monarchische Staat und das Bürgertum. München (3. Aufl.) 1993. - Frh. v. Hohnhorst: Vollständige Übersicht der gegen C. L. Sand geführten Untersuchung. Stuttgart 1820. - Müller, K. A. v.: Karl Ludwig Sand. München 1924.

Wolfgang Piereth

Sassenbach, Johann

Geb. 12. 10. 1866 in Breun im bergischen Land; gest. 19. 11. 1940 in Frankfurt/Main

Er hatte die Demokratie im Blut, führte sie aber nicht auf der Zunge, obwohl er sieben Sprachen beherrschte, der polyglotte Sattlergeselle, der vor der Reichsgründung geboren wurde und nach der Entfesselung des Zweiten Weltkrieges starb. S. war Sammler von Büchern und Herausgeber von Werken, in denen viele interessante Stichworte enthalten sind, nur nicht Demokratie, Wahlrecht, Verfassung. Er scheint diese zentralen Kategorien der modernen Volksherrschaft wie Konterbande in seinem ideologischen Reisegepäck geführt zu haben, denn sein Leben und Trachten diente keinem anderen Zweck als der internationalen Verbreitung und Unterstützung demokratischer Bewegungen. Dabei hat er selber einen wichtigen Beitrag zur Demokratisierung der Außenpolitik, insbesondere der Geheimdiplomatie, geleistet, die lange Zeit ein Vorrecht der Krone und ihrer Bevollmächtigten blieb, bis ihr im Sommer 1914 das Krisenmanagement entglitt und die Katastrophe des Ersten Weltkriegs über die großen Mächte in Europa hereinbrach.

Der amerikanische Präsident Woodrow Wilson erkannte als erster einflußreicher Staats- und Regierungschef die kriegstreibende Funktion der traditionellen Diplomatie mit den Militärattachés in Gamaschenstiefeln, die das Volk, seine Organisationen und deren internationale Verbindungen nur aus Berichten der politischen Polizei kannten und diese »Back Channels« zwischen den Völkern in gar keiner Weise zu nutzen wußten. Wilson besaß Freunde in den amerikanischen Gewerkschaften, mit denen er ein Konzept der »Labor Diplomacy« entwickelte. Zur Ausführung dienten »Labor Attachees« in den diplomatischen Vertretungen, die den bornierten Militärattachés Paroli bieten sollten. Nach der Revolution von 1918/19 übernahm die deutsche Reichsregierung dieses Konzept ansatzweise. Sie ernannte S. im Jahre 1919 zum ersten deutschen Sozialattaché an der Botschaft in Rom. Aus dieser Position heraus konnte S. wesentlich zur Wiederannäherung der verfeindeten Gewerkschaften in Mittel- und Westeuropa beitragen. Dadurch wurde die im Juli 1919 gegründete sogenannte »Amsterdamer« Internationale (Internationaler Gewerkschaftsbund) zum gewerkschaftlichen Gegengewicht der Komintern und ihrer Umsturzversuche in den europäischen Demokratien.

S. stammte aus der Gegend von Wipperfürth. Sein Vater war Schankwirt, Sattler und Ackerbauer zugleich, wie es das nur auf dem Dorf gab. S. wurde schon mit zwölf Jahren Vollwaise, lernte auf Geheiß seines Oheims den Sattlerberuf und wanderte lange durch Europa, wobei er verschiedene Sprachen lernte.

Noch vor Auslaufen des Sozialistengesetzes gründete S. 1889 in Köln eine Zweigstelle des »Allgemeinen Deutschen Sattlervereins«. Anfang der neunziger Jahre zog er nach Berlin, wo er als Vorsitzender des Sattlerverbandes und Redakteur der *Sattler- und Tapezierer-Zeitung* arbeitete. An der Spree geriet er mitten in die Richtungskämpfe zwischen »Alten« und »Jungen«. Er bekam mit den revolutionären Schriftstellern des Naturalismus wie Hannes Schlaf, Arno Holz und mit dem Realisten Herbert Eulenberg zu tun. Das Drama *Socialaristokraten* (1896) von Arno Holz spiegelt das quirlige geistige Klima dieser Jahre.

S. hörte Vorlesungen an der Universität und besuchte Sprach- und Fortbildungskurse. Er lernte zahlreiche Studenten und Akademiker kennen, organisierte 1895 die erste sozialistische Akademikerkonferenz und gründete 1896 die Zeitschrift *Der Sozialistische Akademiker*, die später in den *Sozialistischen Monatsheften* aufging. Mit dem Gelehrten Leo Arons entwickelte S. das Projekt des ersten Berliner Gewerkschaftshauses, das nicht als geschlossene Bonzenburg, sondern als offenes Kommunikationszentrum gedacht war mit großer Buchhandlung, Bibliothek und Vortragsräumen. Liberale Politiker wie Theodor Heuss erinnerten sich ein halbes Jahrhundert später noch gerne an die salonartige Atmosphäre, in der es keine Klassenschranken gab.

Eine Fülle von Ämtern hatte S. auszuüben: Geschäftsführer einer Produktivgenossenschaft, Kassierer einer Krankenkasse, Geschäftsführer des Gewerkschaftshauses, Mitglied der Generalkommission der Gewerkschaften unter Carl Legien (1902-1922), Stadtverordneter in Berlin (1905-1915) und Stadtrat (1915-1919). Im Jahre 1922 übernahm er die Position eines Sekretärs und von 1927 bis zu seiner Pensionierung 1931 die Stellung des Generalsekretärs des »Internationalen Gewerkschaftsbundes« (IGB) in Amsterdam.

S. zog sich 1931 nach Frankfurt am Main zurück, um dort im liberalen Milieu des deutschen Südwestens einen ruhigen Lebensabend zu verbringen. Die Nazis beschlagnahmten 1933 seine große Privatbibliothek. S.s kleine Wohnung am Bornwiesenweg diente noch gelegentlich für Treffs und internationale Kontakte im Widerstand gegen den Nationalsozialismus. Er wurde 1933 und 1935 wiederholt von der Gestapo verhaftet, konnte aber nicht angeklagt werden, weil er seine Kontakte mit der Illegalität geschickt zu tarnen wußte.

Schon in der Kaiserzeit mußte S. sich darin üben, in allen schriftlichen und öffentlichen Äußerungen höchst vorsichtig mit Tendenzen umzugehen, die in dem einen oder anderen Mitgliedsland als Einmischung in innere Angelegenheiten ausgelegt werden konnten und die jeweiligen Delegierten belasteten. Wer von Demokratie, von freiem und gleichem Wahlrecht sprach, der handelte mit geistigem Sprengstoff. S. wollte den friedlichen Emanzipationsprozeß durch sanfte Demokratisierung. Sein Demokratieverständnis war nicht demonstrativ, sondern funktional. Es dürfte kein Zufall sein, daß die Demokratisierung des Archivs der DDR-Gewerkschaften nach 1989 in Form einer »Johann-Sassenbach-Stiftung« erfolgte.

Scheugenpflug, O.: Johann Sassenbach. Ein Beitrag zur Geschichte der deutschen und internationalen Arbeiterbewegung nach Aufzeichnungen Sassenbachs. Hannover, Frankfurt/Main 1959. – Voigt, B.: Der Gewerkschaftsführer, Verleger und Publizist Johann Sassenbach: 1866-1940. Berlin 1987.

Gerhard Beier

Schapper, Karl

Geb. 30. 12. 1812 in Weinbach bei Weilburg (Nassau); gest. 29. 4.1870 in London

Sch. war einer der führenden linksradikalen Theoretiker und Organisatoren der frühen deutschen Arbeiterbewegung und aktiver Teilnehmer der demokratischen Bewegung der 1830er und 1840er Jahre. In dem Artikel *Zur Geschichte des Bundes der Kommunisten* (1885) charakterisierte Friedrich Engels Sch. so: »Der Hüne von Gestalt, resolut und energisch, stets bereit, bürgerliche Existenz und Leben in die Schanze zu schlagen, war er das Musterbild des Revolutionärs von Profession, wie er in den dreißiger Jahren eine Rolle spielte (...). Er war ein ganzer Mann, und was er zur Begründung der deutschen Arbeiterbewegung getan, bleibt unvergeßlich.«

Der aus einer Pfarrerfamilie stammende Sch. studierte an der Gießener Universität Forstwesen und trat dort einer republikanischen Studentenvereinigung bei. Am 3. April 1833 nahm Sch. am »Frankfurter Wachensturm« teil, mit dem die Burschenschaften das Signal für eine Revolution geben wollten, um durch diese die Freiheit und Einheit Deutschlands zu erreichen. Sch. wurde verhaftet, nach dreimonatiger Haft entlassen, siedelte in die Schweiz über, wo er wegen versuchter Beteiligung am bewaffneten Einfall Guiseppe Mazzinis in Savoyen Anfang 1834 abermals verhaftet wurde und diesmal eine sechsmonatige Gefängnisstrafe verbüssen mußte. Sch. trat danach dem republikanisch-revolutionären Geheimbund »Junges Deutschland« bei. Nachdem dieser verboten worden war, zog Sch. im August 1836 nach Paris, arbeitete dort als Setzer und fand Anschluß an den »Bund der Geächteten«, einer Organisation aus Deutschland emigrierter radikaler Handwerker (seit 1834). Unter dem Einfluß des französischen utopischen Sozialismus gelangte Sch. Ende der 30er Jahre zu arbeiterkommunistischen Ansichten und avancierte zur leitenden Figur im »Bund der Gerechten«, der sich nach Spaltung des »Bundes der Geächteten« (1836/37) konstituiert hatte.

»Meine feste und innige Überzeugung ist«, schrieb Sch. in seiner Arbeit *Die Gütergemeinschaft* 1838, »daß nur dann die Menschheit wirklich frei und glücklich wird, wenn alle Menschen, nach Völkern, in einem Staatsverbande leben, wo alle völlig gleiche Rechte an Gütern der Erde und deren Genuß besitzen und wo alle gleichmäßig auf irgendeine Weise an der Herranbringung oder Erhaltung zum gemeinschaftlichen Wohle aller arbeiten, wenn also Gütergemeinschaft besteht.«

Sch.s Ansichten standen in dieser Zeit unter dem nachhaltigen Einfluß der Blanquisten mit ihrer Vorliebe für bewaffnete Aktionen. In seinem Gedicht *Der Aufruf* sind entsprechend folgende Zeilen zu finden: »Der Tag, der ersehnte, ist endlich genaht/ Herbei nun, ihr Kämpfer, zur mutigen Tat/ Herbei nun ihr Deutschen, der Geist ist erweckt/ Jetzt gilt es zu liefern gewaltige Schlacht!/ Die schwarz-rot-goldene Fahne nun weht/ Ein Schurke, der jetzt nicht zum Kampfe mitgeht,/ Der jetzt noch als feiger, als schändlicher Knecht/ verkennt der Freiheit hochheiliges Recht.« Sch. nahm an dem Aufstand der Blanquisten in Paris im Mai 1939 aktiv teil, wurde verhaftet, ins Gefängsnis gebracht und nach siebenmonatiger Haft aus Frankreich ausgewiesen. Ende 1835 reiste Sch. nach London, wo er die folgenden acht Jahre verbrachte. Am 7. Februar 1840 zählte er zu den acht Begründern des »Londoner deutschen Arbeiterbildungsvereins«, der unter verschiedenen Benennungen bis 1918 existierte und in den ersten Jahren nach seiner Gründung ein Zentrum der geistigen Schulung – im Sinne demokratischer, später auch kommunistischer Ideen – für wandernde deutsche Gesellen im Ausland wurde. Am Vorabend der Revolution von 1848 zählte der Verein mehr als 500 Mitglieder. Sch. gehörte zur dieser Zeit der Leitung des Vereins an, hielt Vorlesungen und betreute die Korrespondenz mit deutschen Arbeitervereinen in der Schweiz, Frankreich, Deutschland und in den USA.

In der ersten Hälfte der 40er Jahre sagte sich Sch. von den revolutionären blanquistischen Ansichten los und gelangte unter dem Einfluß von Etienne Cabet, Robert Owen und den Chartisten zu gemäßigteren Vorstellungen: »Wir sind Vorkämpfer für die Freiheit des Individuums, wie unsere Vorväter es für die Religionsfreiheit waren«, erklärte er. »Man kann so gut einen Baum zum wachsen zwingen als der Menschheit gewaltsam neue Ideen aufzwängen. Verschmähen wir physische Gewalt; sie ist roh, und die Menschheit bedarf ihrer nicht«.

Unter dem Einfluß von Marx und Engels und angesichts der vorrevolutionären Situation in Europa wandelte sich abermals Sch.s Haltung zur Gewaltfrage. Sch. trat 1846 in die neue Leitung des »Bundes der Gerechten« ein und förderte deutlich im Sinne von Marx und Engels die Arbeit der Organisation, die 1847 in »Bund der Kommunisten« umbenannt wurde. Sch. redigierte die Probenummer der *Kommunistischen Zeitschrift* und übernahm im Februar 1848 die Korrektur des *Manifestes der kommunistischen Partei.*

Nach der deutschen März-Revolution kehrte Sch. nach Deutschland zurück, arbeitete als Korrektor der *Neuen Rheinischen Zeitung*, war aktiv in der Leitung des Kölner Arbeitervereins und trat engagiert in Organisationen und auf Kongressen der Rheinprovinz auf. Als die Unruhen in Köln aufflammten, wurde Sch. Ende September 1848 verhaftet und wegen »Verschwörung zum Zweck der gewaltsamen Auflehnung gegen die Verfassung, der Anstiftung eines Bürgerkrieges und des gewaltsamen Widerstandes gegen die bewaffnete Macht« in Köln angeklagt.

Im Mai 1849, ein halbes Jahr nach seiner Freilassung, siedelte Sch. nach Wiesbaden, der Hauptstadt des Herzogtums Nassau, über, schloß sich dem »Verein zur Wahrung der Volksrechte« an und beteiligte sich am 9. Juni 1849 an der Konferenz zur Vorbereitung einer Landesversammlung. Öffentlich sprach er sich gegen die Fürstenmacht aus, warnte aber auch vor unbedachten Aktionen und formulierte entsprechend auf einem Kongreß vor 500 Deputierten aus allen Teilen des Landes: »Mitbürger! Wir müssen allerdings etwas tun, um unsere Beschlüsse auszuführen, aber wir können nicht sagen, wir wollen, wie wir heute da sind, nach Wiesbaden gehen und die Regierung stürzen (...). Wir dürfen uns nicht hinreißen lassen, nicht unsere Kräfte überschätzen.«

Am 13. Juni 1849 wurde Sch. abermals verhaftet. Der Prozeß fand am 8. Februar 1850 in Wiesbaden statt, auf dem Sch. eine lange Verteidigungsrede hielt: »Mag Ihr Ausspruch sein, welcher er wolle«, wandte er sich an die Geschworenen, »so viel steht unerschütterlich fest, daß Leiden und Sterben für das Vaterland das schönste Los ist, das den Mann nur treffen kann.«

Sch. wurde freigesprochen und ging Anfang Juli 1850 nach London zurück, wo er wieder im »Arbeiterbildungsverein« und der Zentralbehörde des »Bundes der Kommunisten« tätig wurde. Nach der Niederlage der deutschen Revolution war es zu Auseinandersetzungen zwischen Marx und August von Willich gekommen. Im Gegensatz zu Marx, der zu diesem Zeitpunkt zu gemäßigter Taktik neigte und eine revolutionäre Propaganda für die kommunistische Idee für sinnlos hielt, plädierte Willich den revolutionären Kampf. Sch. schloß sich der Auffassung Willichs an und leitete, nach Spaltung der Zentralbehörde, für die Fraktion um Willich die propagandistische Arbeit, bis es in Köln 1851 gegen eine Reihe von Mitgliedern des »Bundes der Kommunisten« zu Gerichtsprozessen kam. Engels schrieb über die Wandlungen Sch.'s: »Bei einer gewissen Schwerfälligkeit des Denkens war er keineswegs theoretischer Einsicht unzugänglich, wie schon seine Entwicklung vom ›Demagogen‹ zum Kommunisten beweist, und hielt dann um so starrer am einmal Erkannten. Eben deshalb ging seine revolutionäre Leidenschaft zuweilen mit seinem Verstande durch; aber er hat stets seinen Fehler nachher eingesehen und offen bekannt.«

In den 50er und 60er Jahren war Sch. gezwungen, seine Familie als Sprachlehrer zu ernähren. 1865 wurde Sch. in den Zentralrat der I. Internationale (1864–1876) gewählt und wohnte ihrem Londoner Kongreß bei. Im April 1870 erkrankte Sch. an Tuberkulose. Zwei Tage vor seinem Tode besuchte ihn Marx, der in einem Brief an Engels am 28. April berichtete: »Ich war gestern wieder bei Schapper. Ich fear he is fast sinking. Er spricht von seinem Tod als einer abgemachten Sache, erzählte mir sogar, er habe seiner Frau verordnet, ihn nächsten Sonntag begraben zu lassen. Es ist Lungenschwindsucht. Schapper sprach und benahm sich wirklich d'une manière distinguée (...). 'Sage allen unseren Leuten, daß ich den Prinzipien treu geblieben (...). Ich habe gelebt als hard working Arbeiter und sterbe als Proletarier'.«

Becker, G.: Karl Schapper, in: Obermann, K. (Hg.): Männer der Revolution von 1848. Berlin 1970, S. 123–148.

Jakow Rokitjanski

Scharf, Kurt

Geb. 21. 10. 1902 in Landsberg/Warthe; gest. 28. 3. 1990 in Berlin

Sch. entstammte einem liberal-freisinnigen Elternhaus. Sein Vater, der aufgrund eines Hörschadens nicht wie nahezu alle männlichen Vorfahren Pfarrer, sondern Buchhändler geworden war, hatte zusammen mit einem Jugendfreund in Landsberg a.d. Warthe eine Kunst- und Buchhandlung aufgebaut. Der Freund und Geschäftspartner des Vaters besaß eine der größten privaten Goethe-Sammlungen. Kunst- und Literaturliebhaber, Schauspieler und Regisseure verkehrten deshalb regelmäßig im Hause.

Zu der von den liberalen Ideen Friedrich Naumanns und des Sozialreformers Ernst Abbe geprägten Atmosphäre im Elternhaus stand die schulische Erziehung im Gegensatz: »Bei unsern Lehrern galt der Satz ›Für das Vaterland zu sterben, ist höchste Ehre‹ (...). Das war uns in Fleisch und Blut übergegangen«, schrieb Sch. rückblickend auf seine Landsberger Gymnasialzeit während des Ersten Weltkrieges. Erst die Begegnungen mit verwundeten Soldaten – bei den obligaten Ernteeinsätzen im 3. und 4. Kriegsjahr – befreiten den Gymnasiasten Sch. von seinem »alldeutschen Schülerpatriotismus«. Während des Theologiestudiums (1921–1925), das Sch. mehr aus philosophisch-weltanschaulichem Interesse als aus »Gläubigkeit« gewählt hatte, trat er dem »Verein Deutscher Studenten« (VDSt) bei, einer »schwarzen«, schlagenden Verbindung mit dezidiert deutsch-nationaler Ausrichtung. Sch. schloß sich jedoch dort – veranlaßt durch Debatten um »vaterländische Pflicht«, »gerechten Krieg« und Pazifismus – der kleinen Gruppe an, die Außenminister Gustav Stresemann und seine Verständigungspolitik gegenüber Frankreich unterstützte.

Seine erste Pfarrstelle erhielt Sch. 1927 für die märkische Kleinstadt Friesack und die umliegenden Dörfer. Anfang der dreißiger Jahre bekannte sich hier bereits eine größere Anzahl Pfarrer offen zum Nationalsozialismus.

Die Diskussionen im VDSt sowie vollends die politischen Auseinandersetzungen während dieser Zeit hätten ihn, so schrieb Sch., frühzeitig erkennen lassen, »welche Gefahr für christlich-kirchliche Kreise und dann für das ganze Volk darin liegt, wenn das völkische Interesse Vorrang gewinnt vor der Frage nach Gott, wenn aus dem Nationalismus eine Religion wird«. Anders als viele seiner Amtsbrüder erlag Sch. nicht der Versuchung, das Bündnis mit den »Völkischen« zu suchen. Christlich-sozial geformt, scheute sich Sch. andererseits nicht, 1931 dem Angebot des »Jungdeutschen Ordens« zu folgen – einem Bündnis national-konservativer Kräfte, dessen nationalrevolutionärer Flügel später zur NSDAP wechselte – um in den Arbeitsdienstlagern, die der Orden zusammen mit dem »Kirchlich-Sozialen Bund« für jugendliche Arbeitslose rund um Berlin errichtet hatte, Vorträge zu halten und Seelsorge zu üben. Die Verbindung zum kirchlichen Arbeitsdienst prädestinierte Sch. im Frühjahr 1933 für eine Pfarrstelle in der Gemeinde Oranienburg-Sachsenhausen, die von einer deutsch-christlichen Mehrheit bestimmt wurde und zu der auch führende Funktionäre des NS-Arbeitsdienstes gehörten.

Doch Sch. war erst wenige Wochen im Amt, als er sich bereits ernsthaft mit dem NS-Regime konfrontiert sah. Die Auseinandersetzungen um die Einsetzung eines Reichsbischofs aus den Reihen der »Deutschen Christen« – diese erfolgte am 14. Juli 1933 – und der Staatseingriff in die altpreußischen unierten Kirchen drängten Sch dazu., öffentlich gegen die Herrschaft der Nationalsozialisten in der Kirche zu protestieren. Da sich bei den Kirchen-Wahlen im Juni 1933 in seiner Gemeinde die Liste »Evangelium und Kirche« durchgesetzt hatte, konnte Sch. sich immer wieder auf den Rückhalt in den gemeindlichen Vertretungsorganen stützen. Verfolgte und Bedrohte des Regimes suchten und fanden Beistand.

Zusammen mit Martin Niemöller begründete Sch. – der Einführung des »Arierparagraphen« in der Kirche widersprechend – am 20. November 1933 den »Pfarrernotbund«, aus dem im März 1934 die »Bekennende Kirche« (BK) hervorging. Im August 1934 wurde Sch. zum ersten Mal verhaftet. 1935 erfolgte die Berufung zum Präses des »Bruderrates und der Bekenntnissynode« (des staatsunabhängigen Kirchenparlaments der BK) für die Gemeinden in der Mark Brandenburg.

Über die ersten Jahre des »Kirchenkampfes« urteilte Sch. später: »Wir (haben) uns damals von Schritt zu Schritt vorangetastet, nicht wissend, wohin das einmal führen werde«. Erst langsam bildeten sich feste organisatorische Strukturen, wurde dem »Führerprinzip« in Staat und Kirche die »Gemeinschaft von Theologen und ›Laien‹ in den Bruderräten und Gemeindevertretungen« entgegengestellt. Von den gleichgeschalteten Kirchenbehörden mit Amtsenthebung bedroht, ohne Zugang zur (staatlich eingezogenen) Kirchensteuer und durch die Gestapo observiert, mußten die Pfarrer und »Laien« neue Finanzierungssysteme entwickeln. Ein Netz illegaler Ausbildungseinrichtungen sorgte für die »bekenntnistreuen« Studenten und ihre Integration in die Gemeinden, die zur BK gehörten.

Dem Vorwurf, die »Bekennende Kirche« habe weitgehend nur für sich selbst und ihren Bestand »gekämpft«, widersprach Sch. rückblickend entschieden. »Ein totalitäres System lebt von der absoluten Einheit. Bricht an einem Punkt Widerstand auf, so ist es an der Wurzel gefährdet.« Dementsprechend hätten die Nationalsozialisten Kanzelabkündigungen, Synodalerklärungen und Fürbitten als politischen Widerstand und als Zersetzung der »Staatstreue« gewertet. Außer durch ihren öffentlichen Widerspruch habe die »Bekennende Kirche« auch direkt den Opfern des NS-Regimes helfen können (Schutz untergetauchter Juden, Ausreisehilfen u.a.): eine Schönfärberei, die von der neueren Forschung zurückgewiesen wird. Die Bekennende Kirche lehnte es ab, sich mit den Juden zu solidarisieren, viele oppositionelle Protestanten blieben der völkisch-antisemitischen Tradition aus der Zeit vor 1933 verhaftet und manche, wie der Freiburger »Bonhoeffer-Kreis«, glaubten noch mitten im Krieg, »Vorschläge« ausarbeiten zu müssen »zur Lösung der Judenfrage« nach dem Ende des NS-Regimes. Für Sch. gab es nur eine Schuld, »die Schuld der Bekennenden Kirche«, wie er sagte, »ihr entscheidendes Versagen, im Herbst 1939 nicht gewagt (zu) haben, zur Kriegsdienstverweigerung aufzurufen.«

Die Kriegszeit konnte Sch., zunächst geschützt von hohen Militärs aus dem Verschwörerkreis des 20. Juli, als einfacher Soldat in Berlin überleben, kam an die italienische Front und geriet in amerikanische Kriegsgefangenschaft. Anfang Oktober 1945 nach Berlin zurückgekehrt, nahm Sch. sofort seine Tätigkeit als Präses der Brandenburgischen Bekenntnissynode wieder auf und wurde dann von Otto Dibelius, dem Bischof von Berlin-Brandenburg, in das Amt des »Propstes« und Leiters der Brandenburgischen Kirchenverwaltung im Bereich in der Sowjetisch Besetzten Zone (SBZ), der späteren DDR, berufen.

Der Bonus, den die KPD/SED zunächst den Repräsentanten der Bekennenden Kirche wegen ihres Widerstandes gegen Hitler eingeräumt hatte, um die »antifaschistisch-demokratische« Umwälzung durchsetzen zu können, war jedoch bald aufgebraucht. Mit dem Übergang zum »Aufbau des Sozialismus« und der damit verbundenen Verschärfung des politischen und ideologischen Druckes Anfang der fünfziger Jahre sahen sich Sch. und andere frühere Exponenten der BK erneut mit dem Absolutheitsanspruch eines Staates konfrontiert. Da die SED Sch. gleichsam als »Residenten« Otto Dibelius' ansah, der wegen seiner deutsch-nationalen Vergangenheit und der Zustimmung zur Politik Adenauers bei der Regierung der DDR schlecht angesehen war, geriet Sch. zunehmend unter Druck. Eine 1957 mißglückte Finanztransaktion zugunsten der Kirchen in der DDR, an der Sch. beteiligt gewesen war, wurde von den DDR-Behörden zu einer Kampagne gegen ihn benutzt. Kirchenintern forderte Sch. eine größere Eigenständigkeit der östlichen Landeskirchen innerhalb der »Evangelischen Kirche in Deutschland« (EKD), um einen Modus vivendi mit dem SED-Regime aushandeln und im Falle einer endgültigen Abriegelung und Trennung staatliche Eingriffe abwehren zu können. Zwei Wochen nach Errichtung der Mauer am 13. August 1961 verweigerte die DDR Sch., seit Frühjahr des Jahres Nachfolger von Dibelius als »Ratsvorsitzender« der EKD, die Rückkehr nach Ost-Berlin. In seinem Wirkungskreis nur noch auf die westlichen Kirchengebiete beschränkt, gab Sch. Anlaß zu heftigen Kontroversen.

Wegen der 1965 (unter seinem Ratsvorsitz) veröffentlichten *Ost-Denkschrift*, in der die EKD die Vertriebenen zu einer Neubestimmung ihres Verhältnisses zu den »östlichen Nachbarn« aufrief und sich für eine neue, verständigungsbereite Ostpolitik einsetzte, bezichtigte man Sch., die »Sache des Ostens« zu betreiben und »Rechtspositionen« aufgeben zu wollen. Erneut geriet Sch. ins Kreuzfeuer öffentlicher Kritik als er, seit 1966 Nachfolger von Dibelius auch im Berliner Bischofsamt, vor allem nach den Anti-Schah-Demonstrationen und der Erschießung Benno Ohnesorgs durch einen Polizisten 1967 für die aufbegehrende Studentenschaft öffentlich Partei ergriff. Die kampagneartigen Angriffe auf Sch. nahmen schließlich noch einmal zu, als er im Oktober 1974 das Mitglied der RAF (»Rote Armee Fraktion«), Ulrike Meinhof, in der Haft besuchte, um sie und ihre Gesinnungsgenossen vom Hungerstreik abzubringen – in der Öffentlichkeit jedoch der falsche Eindruck entstand, Mitarbeiter der Kirche unterstützten die RAF-Aktionen und seien an dem Mord an dem Berliner Kammergerichtspräsidenten Günter von Drenckmann im November 1974 beteiligt gewesen.

Sein politisch-gesellschaftliches Engagement begründete Sch. mit seiner Auffassung von »Politischer Diakonie«: Jeder einzelne Christ, aber auch jeder Amtsträger der Kirche sei berechtigt und verpflichtet, Stellung zu nehmen zu bestimmten Notständen, »auch zu Interessen-Konflikten« und hätte seine »Mithilfe zur Verfügung« zu stellen – eine Hilfe, die vor allem darin bestünde, »mit Nachdruck und Geduld die Gebote und Normen zu nennen, die sich aus dem Sachverstand allein nicht ergeben.«

Nach den Erfahrungen in zwei Diktaturen war Sch. davon überzeugt, daß die Kirche im Grundsatz eine »größere Nähe« zu einem demokratischen Staat habe. Er blieb jedoch ein strikter Gegner jeder Gleichsetzung und konnte sogar auch vom Recht und der Pflicht zum Widerstand im demokratischen Rechtsstaat sprechen, z.B. beim Streit um die Abschiebung von bedrohten Asylbewerbern oder um die Aufstellung neuer Massenvernichtungswaffen.

Nach dem Ende seiner Amtszeit als »Gesamtbischof« der evangelischen Kirche in Berlin-Brandenburg widmete sich Sch. u.a. als Vorsitzender der »Aktion Sühnezeichen/Friedensdienste« dem Brückenschlag zu den östlichen Nachbarn und plädierte – wie schon vorher als Mitglied verschiedener ökumenischer Gremien – für einen gerechten Ausgleich zwischen Nord und Süd.

Albertz, H. u.a.:»Pfarrer, die dem Terror dienen?« Bischof Scharf und der Berliner Kirchenstreit 1974. Reinbek bei Hamburg 1975.

Bernd Krebs

Scheidemann, Philipp

Geb 26. 7. 1865 in Kassel; gest. 29. 11. 1939 in Kopenhagen

1933 hatte seine Karriere den Zenit längst überschritten. Von den zahlreichen, in der Vergangenheit bekleideten Funktionen war ihm nurmehr das Abgeordnetenmandat im Reichstag geblieben. Gleichwohl gehörte Sch. zum Kreis der äußerst gefährdeten Sozialdemokraten, die auf den Proskriptionslisten der Nazis ganz oben standen. Als prominente Symbolfigur der Weimarer Republik war er Zielscheibe rechtsradikaler Angriffe gewesen. Bereits Anfang März floh er über Salzburg nach Prag, im August nach Kopenhagen. Vom Regime ausgebürgert, verleumdet und seiner Pensionsansprüche beraubt, fristete er das Dasein eines mittellosen Emigranten, lebte von Zuwendungen der Bruderparteien und gelegentlichen Artikeln, die er unter Pseudonym in der dänischen Arbeiterpresse veröffentlichte. Er werde nicht »aufhören«, schrieb er 1935 kurz vor seinem 70. Geburtstag an den befreundeten Minister Alsing Andersen, sein »Vaterland aufs innigste zu lieben, aber auch nicht aufhören, die zu hassen und zu bekämpfen, die es durch ihre erbärmliche Politik geschändet haben.« Seinen Tod nahm die *Washington Post* zum Anlaß für einen Nachruf, der an die »letzte der großen Gestalten des deutschen Vorkriegssozialismus« erinnerte: »Er war einer der Männer, die stark von der Tradition des 19. Jahrhunderts, von Toleranz und Humanität, geprägt waren. Jede Schlacht hat er verloren, außer derjenigen um seine persönliche Integrität.« 20 Jahre zuvor, im Herbst 1918, als die militärische Niederlage den Zusammenbruch der Monarchie einleitete, bewegte sich Sch. »auf der Höhe seines Ruhmes«. Nicht ohne Zögern war er auf Wunsch seiner Fraktion in die Regierung des Prinzen Max von Baden eingetreten. »Er hatte«, erinnerte sich Arnold Brecht, der ihn damals aus nächster Nähe beobachten konnte, »dem Patriotismus der Arbeiterklasse und ihrer Kritik an der Führung der Reichsgeschäfte einen oft sehr beredten, würdigen und überzeugenden Ausdruck gegeben. Dem entsprach seine überlegene Haltung bei den Kabinettssitzungen. Er führte keine wilden, anklagenden Reden, machte keine hämischen Zwischenbemerkungen, sondern zog in einfachen, unpathetischen Worten die Schlüsse aus den Ereignissen.«

Aus kleinen, beengten Verhältnissen stammend, hatte es Sch. bis zur »Exzellenz« gebracht; ein ungewöhnlich steiler Aufstieg, der manchen Zeitgenossen an Amerika, das »Land der unbegrenzten Möglichkeiten«, denken ließ. »Aus schmalen Öffnungen blicken«, so zeichnete im Januar 1919 Erich Dombrowski die Physiognomie, »ruhig und gelassen, zwei wasserblaue Augen. Dieser Kopf, der sich einem gleich beim ersten Anblick einprägt, ruht auf einem großen, etwas untersetzten Körper. Sch. ist auch in seinem Äußern über den rein proletarischen Klassenstandpunkt hinausgewachsen, ohne nun gleich die Allüren des philiströsen Bourgeois angenommen zu haben.«

Sch. war der Sohn eines Tapeziermeisters in Kassel, besuchte dort die Höhere Bürgerschule, die er vorzeitig verlassen mußte, da die Familie nach dem frühen Tod des Vaters das Schulgeld nicht mehr bezahlen konnte. 1879 begann er eine Schriftsetzerlehre; 1883, noch unter dem Sozialistengesetz, schloß er sich der Arbeiterbewegung an, die zu ändern versprach, was er als drückende Realität empfand: soziale Ungerechtigkeit und politische Diskriminierung. 1895 machte er die Politik zum Beruf und wurde Redakteur bei verschiedenen sozialdemokratischen Zeitungen, zunächst in Gießen, dann in Nürnberg, Offenbach und Kassel. Seit 1903 Mitglied des Reichstags, siedelte er 1911 nach Berlin über, wurde Schriftführer, ein Jahr später hauptamtlicher Sekretär im Parteivorstand, 1913 neben Hugo Haase Fraktionsvorsitzender. Sch. war ein schlagfertiger, scharfzüngiger Redner, der seine Überzeugungen und Erwartungen mit wenigen Sätzen auf den Punkt zu bringen vermochte. »Alte Autoritäten werden baufällig, neue Mächte steigen auf, neue Ansprüche machen sich geltend«, meinte er im Mai 1912, an den Kanzler gewandt: »Dem Herrn von Bethmann Hollweg ist die undankbare Aufgabe gestellt, Wankendes zu stützen, Sinkendes zu halten und Leichen einzureden, daß noch Leben in ihnen stecke.« Die Bühne, auf der Sch. sich erkennbar wohl fühlte und sich wirkungsvoll in Szene zu setzen wußte, war das Parlament. Verwaltungsfunktionen, die in einer Massenbewegung wie der SPD zu erfüllen waren, penibles Aktenstudium und die Abwicklung von Tagesgeschäften interessierten ihn nicht. Derartigem »Kleinkram« begegnete er mit offener Geringschätzung. Ihn zu erledigen und das hieß, die Schalthebel der Parteimaschine zu bedienen, überließ er anderen. Das »Organisationsstatut«, erklärte er 1912, habe er »niemals gelesen« und beabsichtige auch nicht, »es jemals in die Hand zu nehmen.«

Während des Kriegs profilierte sich Sch. als Wortführer der Sozialdemokratie. 1917 trat er die Nachfolge Hugo Haases im Parteivorsitz an, 1918 wurde er Vizepräsident des Reichstags. Er war populärer als sein Kollege Friedrich Ebert, mit dem er eng zusammenarbeitete. Aus der Politik des »Burgfriedens« (Bewilligung der Kriegskredite), mit der sich die Forderung nach sozial- und verfassungspolitischen Reformen verknüpfte, resultierten zunehmend dichtere Kontakte zur Regierung und zu den bürgerlichen Parteien der Mitte, die das Blockdenken der Vorkriegszeit abschwächten. Seinen Ausdruck fand dies im Sommer 1917, als sich im Reichstag der Interfraktionelle Ausschuß aus SPD, Zentrum und Liberalen konstituierte, ein Vorläufer der späteren Weimarer Koalition. Erkauft wurde die Entscheidung für Integration und Anpassung mit der Spaltung der Partei. Wie kein zweiter verstand Sch. es, die Linie der Mehrheit zu propagieren, zugleich jedoch die Stimmungen in der Arbeiterschaft zu erfassen und die dort wachsende Friedenssehnsucht zu artikulieren. Der Krieg war für ihn Verteidigungskrieg. Ihn zu beenden konnte nur lauten: Rückkehr zum Status quo in den Grenzen von 1914. Die Parole vom Frieden ohne Annexionen und Kontributionen verfocht er eloquent und engagiert im Inland wie im neutralen Ausland. »Scheidemann-Friede« wurde zum Synonym für eine auf Ausgleich und Versöhnung bedachte Strategie, gerichtet gegen die Militärs, die Konservativen und alldeutschen Imperialisten, die bis zuletzt auf die Karte des Sieges und weitreichender Expansionsziele setzten. Obwohl greifbare Erfolge ausblieben, war Sch. überzeugt, daß sich die Gewichte im Reich »zugunsten des Proletariats« verschoben hätten: »Die deutsche Sozialdemokratie«, konstatierte er im Oktober 1917 auf dem Würzburger Parteitag, »ist durch den Krieg zu einer Partei geworden mit der unmittelbaren Anwartschaft auf die Macht.«

Als die Oberste Heeresleitung im Herbst 1918 den militärischen Offenbarungseid leisten mußte, ließ sich die SPD in die Aufgabe einbinden, den Krieg zu liquidieren und das Odium der Niederlage auf sich zu nehmen. Die letzte kaiserliche Regierung unter Max von Baden, in der Sch. als Vertrauensmann seiner Partei saß, leitete Waffenstillstandsverhandlungen und die Parlamentarisierung des monarchischen Systems ein. Die Hoffnung, den Übergang zum Frieden ohne Erschütterungen bewältigen zu können, trog jedoch. Die Revolution, die man gerne vermieden hätte, machte sie zunichte. Um die Initiative nicht an die radikale Linke zu verlieren und so rasch wie möglich für geordnete, legale Verhältnisse zu sorgen, proklamierte Sch. am 9. November 1918 nachmittags um zwei Uhr die Republik. Damit traf er die Erwartungen der Anhänger und der vor dem Reichstag versammelten Menge ziemlich genau. Von Ebert, der die Frage der künftigen Staatsform nicht präjudizieren, sondern einer zu wählenden Nationalversammlung vorbehalten wollte, erntete er dafür schwere Vorwürfe. Bereits hier deutete sich an, daß die Kooperation zwischen den beiden Männern den Krieg nicht überdauern würde. Ihr Verhältnis war fortan geprägt von Animosität und Konkurrenz. Sch. zog dabei den Kürzeren.

Auch wenn der äußere Anschein dagegen sprach: Der 9. November markierte in seiner politischen Biographie den Wendepunkt, an dem der Abstieg begann. Seine Regierungstätigkeit blieb Episode, ohne tiefere Spuren zu hinterlassen. Nennenswerte Aktivität entfaltete er weder im Rat der Volksbeauftragten noch im Amt des Reichsministerpräsidenten (seit 13. 2. 1919), d.h. des Kanzlers, von dem er am 20. Juni 1919 aus Protest gegen die Unterzeichnung des Versailler Vertrags zurücktrat. In den Monaten danach spielte er noch einmal die Rolle, die ihm am meisten lag: Massenstimmungen aufzugreifen und zu bündeln. Sch. machte sich zum Anwalt derer, die die Militärpolitik des Wehrministers Gustav Noske und die daraus resultierende Begünstigung gegenrevolutionärer Tendenzen mit wachsendem Unbehagen verfolgten. Um Gefahren für die Republik abzuwenden und die allenthalben spürbare Erbitterung der Arbeiterschaft aufzufangen, empfahl Sch. seiner Partei, das Ruder herumzuwerfen und, wenn nötig, in die Opposition zu gehen. »Das Volk muß sehen«, begründete er am 7. Oktober 1919 seine Kritik, »daß die Demokratie nicht bloß eine neue Fassade für die alte Klassen- und Kastenherrschaft sein soll«, und an die Adresse seines Nachfolgers Gustav Adolf Bauer gerichtet, fügte er jene seither viel zitierten Worte hinzu:»Der Feind steht rechts.«

Damit war die Karriere zwar noch nicht zu Ende, aber das, was noch kam, war Epilog. Innerhalb eines Jahres war Sch. vom Zentrum an die Peripherie des Geschehens gerückt. 1920 bis 1925 war er Oberbürgermeister in Kassel. Für ihn war das nicht Chance, sondern »Opfer«, das er faute de mieux und ohne inneres Engagement brachte. Über die konkrete Arbeit in seiner Vaterstadt berichten Sch.s ansonsten breit ausladenden Memoiren (*Memoiren eines Sozialdemokraten*, 2 Bde., Dresden 1928) mit keinem Wort. Am 4. Juni 1922, drei Wochen vor der Ermordung des Außenministers Walter Rathenau, verübten rechtsradikale Täter ein Blausäureattentat, dem er nur knapp entging. Seinen letzten großen, weithin beachteten Auftritt im Reichstag hatte er am 16. Dezember 1926, als er die geheime Kooperation zwischen Reichswehr und Roter Armee anprangerte. Auch dies war ein rhetorisches Glanzstück, taktisch jedoch ein Fehlgriff, der die von der SPD und ihm selber favorisierte Regierungsbeteiligung verhinderte. Der zeitweilige preußische Innenminister Albert Gzresinski, der Sch. gut kannte, urteilte über ihn, er sei »gewandt, doch etwas oberflächlich und für ernste Verwaltungsaufgaben nicht sonderlich geeignet« gewesen: ein »guter Journalist und Redakteur, auch ein guter Parlamentarier«: Als Ministerpräsident und Oberbürgermeister war er an den äußeren Umständen ebenso gescheitert wie an den eigenen Grenzen.

Fischart, J. (d.i. Erich Dombrowski): Das alte und das neue System. Die politischen Köpfe Deutschlands. Berlin 1919. – Jessen-Klingenberg,

M.: Die Ausrufung der Republik durch Philipp Scheidemann am 9. November 1918, in: Geschichte in Wissenschaft und Unterricht (19), 1968, S. 649–56. – Lademacher, H.: Philipp Scheidemann, in: Sternburg, W.v. (Hg.): Die deutschen Kanzler von Bismarck bis Schmidt. Königstein/Ts. 1985, S. 160–175. – Putensen, D.: Philipp Scheidemann als Emigrant in Dänemark, in: Beiträge zur Geschichte der Arbeiterbewegung 30, 1988, S. 649–55. – Stadtsparkasse Kassel (Hg.): Philipp Scheidemann 1865–1939. Kassel 1993.

Jens Flemming

Schiller, Friedrich

Geb. 10. 11. 1759 in Marbach/Neckar; gest. 9. 5. 1805 in Weimar

Sch. war insbesondere in der zweiten Hälfte des 19. Jahrhunderts der mit Abstand populärste unter den deutschen »Klassikern«, weil er ein außerordentlich politischer Autor war. Sein Freiheitspathos wurde ebenso im Sinne eines regierungfrommen Nationalismus wie auch – von den Sozialdemokraten – im Sinne einer revolutionären Demokratie interpretiert, und seine Idee des »ästhetischen Staats« diente dem seine politische Ohnmacht durch Bildung kompensierenden Bürgertum als Rechtfertigung. Eine Neubewertung seines Werkes jenseits dieser Vereinnahmungen steht bis heute weitgehend aus.

Sch. wurde 1759 als Sohn eines Feldschers in württembergischen Diensten und einer Bäckerstochter in Marbach/Neckar geboren. Er besuchte die Lateinschule in Ludwigsburg, ab 1773 die Militärakademie des württembergischen Herzogs Karl Eugen auf dem Schloß Solitude bei Stuttgart zunächst zum Studium der Rechte, dann der Medizin. Sch. schloß sein Studium 1780 mit einer Dissertation *Über den Zusammenhang der thierischen Natur des Menschen mit seiner geistigen* ab und erhielt anschließend ein von ihm ungeliebtes Amt als Regimentsarzt in Stuttgart.

Bereits während des Studiums hatte Sch., der sich auf der Akademie als Gefangener des Herzogs empfand und heimlich Rousseaus Schriften las, mit der Arbeit an seinem ersten Drama begonnen. In den *Räubern* (1781), in der Sprache des »Sturm und Drang« verfaßt, hatte Sch. seiner Empörung über den am eigenen Leib erfahrenen entwürdigenden Drill in der »militärischen Pflanzschule« des württembergischen Herzogs Karl Eugen Ausdruck gegeben und dem Leben im Räderwerk eines absolutistischen Beamtenstaats das Bild einer lustvollen Anarchie entgegengestellt. *Die Räuber*, die im badischen »Ausland« aufgeführt werden mußten, und Sch.s Flucht aus Württemberg zur Folge hatten, waren auch eine Hommage an den Dichter und Rebellen Christian Friedrich Daniel Schubart, der damals im württembergischen Staatsgefängnis Hohenasperg seine zehnjährige Kerkerhaft absaß: Einer Erzählung Schubarts war der Stoff zu den *Räubern* entnommen.

Dennoch: Sowohl *Die Räuber* als auch *Die Verschwörung des Fiesco zu Genua* (1783), Sch.s Drama über eine Rebellion gegen die Republik Genua im Jahre 1547, waren keine direkt revolutionären Dramen, sondern, wie *Kabale und Liebe*, vor allem durch die schottische Moralphilosophie um Adam Ferguson (*History of Civil Society*, 1767) und Adam Smith (*Theory of moral sentiments*, 1759; *Inquiry into the nature and causes of the wealth of nations*, 1776) geprägt. Erst wenn die Regierenden sich um die Wohlfahrt des Volkes bemühten und das Volk eine Regierung stützte, die durch ihr Wohlwollen seiner Freiheit eine feste Grundlage verschaffte, wäre eine Harmonie der politischen Welt erreicht.

Nach der Uraufführung der *Räuber* 1782 in Mannheim hatte Herzog Karl Eugen Sch. das Verfassen weiterer »Komödien« verboten. Sch., inzwischen nach Mannheim geflohen, folgte nun, da hier sein zweites Stück, der *Fiesco*, nicht angenommen wurde, der Einladung der Mutter eines Freundes auf das Gut Bauernbach bei Reiningen, wo er *Kabale und Liebe* (1784) schrieb. Als »le sieur Giller« 1792 vom noch girondistischen Konvent in Paris zum Ehrenbürger der französischen Republik ernannt wurde, verdankte er dies vor allem dem Eindruck, den jenes antiabsolutistische Agitationsdrama hinterlassen hatte. Darin richtet ein kriecherischer Höfling mit dem sprechenden Namen Wurm durch eine Intrige (Kabale) Luise Millerin zugrunde, ein Mädchen aus dem Volk, das Ferdinand, den Sohn des »Präsidenten«, des obersten Beamten an einem deutschen Fürstenhof, liebt. Die populären Ingredienzen dieser Konstruktion waren nicht neu. Schon in Lessings *Emilia Galotti* (1772) hatte der alte Galotti gegen die Fürstenwillkür seine bürgerliche Würde und sein patriarchalisches Recht bewahrt – durch das Opfer seiner Tochter. Neu in Sch.s Drama war, daß es nicht mehr um einen unauflöslichen Gegensatz von Naturrecht und absolutistischer Willkür ging; vielmehr stehen sich zwei Varianten mangelhafter Aufklärung gegenüber: der kleinliche Zweckrationalismus, wie ihn Wurm und der Präsident verkörpern, und der schwärmerische Geist Ferdinands. Die Staatsraison und das Menschenrecht der Liebenden scheinen nicht grundsätzlich unvereinbar und die Kluft zwischen den Klassen nicht unüberbrückbar. Der Opfertod der Liebenden weckt dennoch die Hoffnung auf eine aufgeklärtere Welt. Der junge Sch. schätzte Smith und Ferguson auch deshalb, weil in ihrem ethischen System der Eigennutz zur Verwirklichung der erhabensten Ideen beiträgt. In einem der bekanntesten seiner philosophischen Gedichte, der *Ode an die Freude* (1785), überhöht Sch. sein politisches Glaubensbekenntnis ins Kosmologische. Die ganze Schöpfung lebe aus der Dialektik von borniertem Egoismus einerseits und allgemeiner Vernunft andererseits, deren Widerstreit zur Vervollkommnung führe.

Sch., ständig auf der Suche nach Verdienstmöglichkeiten als Dramatiker, geplagt von einer chronischen Fiebererkrankung, führte ein rastloses Leben. 1783 und 1784 als Theaterdichter in Mannheim wirkend, lebte er nach Streitigkeiten mit dem dortigen Intendanten und noch einer schweren Erkrankung als Gast verschiedener Gönner in Leipzig, Dresden, Rudolstadt und Weimar. In Dresden brachte er – als Gast Gottfried Körners, des gebildeten Juristen und Vaters des Dichters Theodor Körner – *Don Carlos* (1785) zu Papier. Dessen Held Marquis Posa ist ein Intrigant um der Freiheit willen; er setzt alles daran, das Wohlwollen seines Fürsten – Philipps II. von Spanien (regierte 1556–1598) – für Reformen zugunsten seines Volkes zu gewinnen. Hinter Sch.s Appell an den Reformwillen des absolutistischen Staats steht im *Don Carlos* unausgesprochen allerdings auch die Drohung mit der offenen Revolte; allzu deutlich sind die Parallelen zwischen dem niederländischen Unabhängigkeitskrieg gegen Spanien (1572–1609/48), vor deren Hintergrund das Drama spielt, und dem der amerikanischen Kolonien gegen die britische Krone (1775–1783) in der Entstehungszeit des Dramas.

Nach der Veröffentlichung des *Don Carlos* beschäftigte Sch. sich auch als Historiker mit der *Geschichte des Abfalls der Niederlande von der spanischen Regierung* (1788). Dieses Werk brachte Sch., der bisher allein von privaten Gönnern abhängig gewesen war, noch 1788 eine Professur der Geschichte an der Universität in Jena im Herzogtum Sachsen-Weimar ein – nicht zuletzt durch die Protektion Goethes. 1790 heiratete Sch. Charlotte von Lengefeld. Im selben Jahr begann seine Freundschaft mit Goethe, der ihn schließlich 1799 nach Weimar holte und dort fast alle seine Dramen aufführen ließ. In dieser Periode formulierte Sch. in zwei großen philosophischen Lehrgedichten – *Die Götter Griechenlands* (1788) und *Die Künstler* (1789) – sowie in seiner Jenaer Antrittsvorlesung *Was heißt und zu welchem Ende studiert man Universalgeschichte?* (1789) seine Geschichtsphilosophie auf Grundlage seiner politischen Überzeugungen der Sturm- und Drang-Dramen: Der Mensch, ursprünglich triebhafter Egoist, lernt die Fesseln einer universalen Vernunft nach und nach lieben; im selben Maße verwirklicht er das Vernünftige durch ein tätiges Leben. Eine neue Rolle kommt dabei der Kunst zu: Die in der klassischen Antike als Einheit von Sinnlichkeit, Sittlichkeit und Vernunft ausgebildete Idee des Schönen dient als Ansporn und Leitbild für jene Verwirklichung des Ideals.

Die Summe von Freiheit, Schönheit und Vernunft bezeichnete Sch. in seinen Briefen *Über die ästhetische Erziehung des Menschen* (1795) als den »ästhetischen Staat«. Diesen idealen Staat auch äußerlich Realität werden zu lassen, war zwar in der Sicht Sch.s keine Utopie, aber doch eine »Aufgabe für mehr als ein Jahrhundert«. Während Sch.s »Ineinssetzung von Ästhetik und Politik« Hegel, Hölderlin und Schelling stark beeindruckten, wurde der »ästhetische Staat« von Philosophen späterer Zeit als »idealistisches Wolkenkuckucksheim« belächelt.

Solche Kritik kann sich freilich darauf stützen, daß Sch. sich bereits seit 1793 aus der tagespolitischen Debatte zurückgezogen und nicht mehr für die Sache der Revolution Partei ergriffen hatte. Den jakobinischen Weg zur Demokratie lehnte Sch. ab: Um »das Gesetz auf den Thron zu heben, den Menschen endlich als Selbstzweck zu ehren und wahre Freiheit zur Grundlage der politischen Verbindung zu machen«, fehle der Revolution zwar nicht die »physische«, wohl aber die »moralische Möglichkeit«, urteilte Sch. in den *ästhetischen Briefen.*

Zu dieser Zeit entstand Sch.s dramatisches Hauptwerk, der *Wallenstein* (uraufgeführt 1798/99). Hier wird das unvernünftig-augenscheinlich Zufällige der Geschichte vor Augen geführt; angesichts des Dreißigjährigen Krieges, einer geschichtlichen Wirklichkeit, die ein ebensolches Durcheinander zu sein schien wie die damalige Gegenwart – die Zeit der Revolutionskriege – den Wunsch nach einem vernünftigen Fortschritt in freiheitlichem Sinne zu fassen, bleibt dem Betrachter überlassen.

In Weimar entstanden weitere historische Schauspiele: *Maria Stuart* (1800), *Die Jungfrau von Orléans* (1801), *Die Braut von Messina* (1803). – Inzwischen hatte Napoleon Bonaparte die Bühne der Weltpolitik betreten. Die (politische) Intelligenz Deutschlands und Europas stand vor der Entscheidung, in ihm den Vollstrecker und Vollender der Ideen von 1789 zu sehen (was wohl etwa bis zur Jahrhundertwende naheliegen mochte) – oder den Usurpator, der nun die Eigenständigkeit der Völker auszulöschen drohte. Während Goethe zwischen beiden Positionen schwankte, ergriff Sch. erstmals wieder eindeutig politisch Partei – gegen Napoleon. Im *Wilhelm Tell* (1804) – nach einer im 15. Jahrhundert entstandenen Sage – rechtfertigte Sch. den Aufstand der Schweizer Eidgenossen gegen die Habsburger Anfang des 14. Jahrhunderts – und trug damit zur ideologischen Vorbereitung der deutschen Befreiungskriege gegen Napoleon 1813/14 bei. Im *Tell* schart sich das aufständische Volk um Stauffacher, einen seiner »legitimen« angestammten Herren. Diese romantische Vorstellung einer mystischen Einheit von dem Volk und seinen legitimen Herrschern versuchte Schiller in seinem unvollendet gebliebenen letzten Drama, dem *Demetrius,* weiter zu konkretisieren. Hier muß der russische Usurpator Demetrius untergehen, weil das Volk seiner angestammten Herrscherfamilie treu bleibt – eben jener Zarenfamilie der Romanows, die in Schillers Todesjahr 1805 die Führung des Widerstandes gegen Napoleon auf dem europäischen Kontinent übernahm. Am 9. Mai 1805 starb Sch. an einem Fieberanfall und hinterließ Frau und vier Kinder.

Borchmeyer, D.: Tragödie und Öffentlichkeit. Schillers Dramaturgie im Zusammenhang seiner ästhetisch-politischen Theorie und die rhetorische Tradition. München 1973. – Jacoby, E.: Goethe, Schiller und Hölderlin, in: Handbuch der politischen Ideen, hg. von I. Fetscher und H. Mülder, Bd. 4. München 1986. – Staiger, E.: Schiller. Zürich 1967. – Tönnies, F.: Schiller als Zeitbürger und Politiker. Berlin 1905.

Edmund Jacoby

Schirmacher, Käthe

Geb. 6. 8. 1858 in Danzig; gest. 18. 11. 1930 in Meran

Als Tochter des Danziger Kaufmanns Richard Schirmacher entstammte Sch. einer wohlhabenden Familie, die ihr eine für Mädchen aus bürgerlichem Hause »angemessene« Ausbildung mitgab, ihr den Wunsch zu studieren jedoch nicht erfüllte. So wählte sie das Lehrerinnenseminar als einzigen Ausweg für Mädchen ihrer Schicht, die einen Beruf erlernen oder sich weiterbilden wollten. Die Prüfung bestand sie 1883. Seit 1885 studierte sie an der Pariser Sorbonne romanische Sprachen und schloß 1887 mit der »agrégation« ab, einer (ungemein schwierigen) staatlichen Ausleseprüfung für das Höhere Lehramt. Ohne die finanzielle Unterstützung ihres jüdischen Schwagers Otto Münsterberg, der im Preußischen Landtag gegen die Prostitution kämpfte, wäre dies nicht möglich gewesen. Sch. dankte es ihrem Gönner schlecht, indem sie sich später zur fanatischen Antisemitin entwickelte. Hochgebildet, alleinstehend und weltgewandt fand sie in Deutschland keine angemessene Anstellung und ging nach Liverpool, um an einer von Frauen geführten Highschool die Oberstufe zu unterrichten, bis sie 1890, an TBC erkrankt, nach Danzig zurückkehrte, um als Sprachlehrerin in den Realkursen des radikal-feministischen Vereins »Frauenwohl« sowie als Schriftstellerin tätig zu sein. Bereits in ihrer ersten Erzählung *Die Libertàd (Freistatt)*, die 1891 in Zürich erschien, wagte sie es als eine der ersten Frauen, gegen doppelte Moral und Prostitution aufzutreten.
1893 ereignete sich die entscheidende Wende in ihrem Leben, als es ihr gelang, am Frauenkongreß in Chicago teilzunehmen. Hier erkannte sie, im Vergleich mit den vielen Frauen aus anderen Ländern, die Rückständigkeit der deutschen Frauen. Besonders deren mangelhafte Bildung empfand sie als besonders schwerwiegend.
Um für den Kampf um die Rechte der deutschen Frauen gut ausgebildet zu sein, setzte Sch. zunächst ihre Studien fort und promovierte 1895 in Zürich mit einer Arbeit über den mehrfach als Atheist verfolgten französischen Dichter Théophile de Viau (1590–1626). Die Dissertation erschien 1897 unter dem Titel *Théophile de Viau, sein Leben und seine Werke*. Auf Anregung ihres Schweizer Professors Richard Avenarius, des Begründers des »Empiriokritizismus«, übersiedelte Sch. nach Paris, um in der Bibliothèque Nationale an einer Biographie über Voltaire zu arbeiten. Das Werk erschien bereits 1898, doch blieb Sch. bis 1910 in der französischen Hauptstadt.
Während der ganzen Zeit hielt Sch. den Kontakt zur deutschen Frauenbewegung aufrecht und unternahm in deren Auftrag Vortragsreisen in fast alle Staaten Europas und in die USA. Gleichzeitig nutzte sie ihr schriftstellerisches Talent, um in vielen deutschen und österreichischen Zeitungen frauenpolitische Aufsätze zu veröffentlichen. Sowohl in ihrer Themenwahl – Prostitution, Doppelmoral, Frauenstimmrecht – als auch in ihren Forderungen zählte sie damals zu den radikalen Frauen der Frauenbewegung, wie Anita Augspurg, Lida Gustava Heymann, Helene Stöcker und Minna Cauer.
Gemeinsam mit diesen Frauen gründete Sch. 1899 den »Verband fortschrittlicher Frauenvereine« (VfFV), da sich der radikale Flügel der Frauenbewegung im »Bund deutscher Frauenvereine« (BDF) nicht ausreichend vertreten fühlte. Augspurg und Heymann fanden in Sch. eine Mitstreiterin für die Durchsetzung des Frauenstimmrechts, und so riefen sie bald darauf in Hamburg den ersten deutschen »Verband für Frauenstimmrecht« (1902) ins Leben. Es war zunächst der einzige politische Frauenverein Deutschlands, da die Juristin Augspurg eine Lücke im Hamburger Vereinsrecht gefunden hatte, wonach Frauen in Hamburg die Mitgliedschaft in einem politischen Verein nicht ausdrücklich wie z.B. in Preußen verwehrt war.
Die entschiedene Vorkämpferin für das demokratische Frauenstimmrecht Sch. führte einige Jahre lang eine Art politisches Doppelleben. Seit 1896 mit dem französischen Chauvinisten Henri Chastenet bekannt, begann sie, zunächst eher verdeckt, dann immer offener, gegen Demokratie und Parlamentarismus und »die furchtbare Macht des internationalen Judentums« ins Feld zu ziehen. 1903 kam es zum Bruch mit ihren bisherigen Mitstreiterinnen. In den radikalen Frauenverbänden wurde sie fortan an den Rand gedrängt oder gemieden.
1910 nach Deutschland zurückgekehrt, ließ sich Sch. in Mecklenburg nieder, um mit ihrer Freundin Klara Schlenker zusammenzuleben. Hier entstanden u.a. folgende Bücher: *Das Rät-*

sel Weib. Ein Buch der Tränen und des Zorns (1911) und *Die Suffragettes* (1912).
Während des Ersten Weltkriegs plädierte Sch. für die Bildung eines »Frauen-Landsturms« und die Einführung eines »Frauendienstpflichtjahres«. Die Wehrbereitschaft der Frauen sollte durch eine Erziehung zu »deutschen Tugenden« gestärkt werden: kochen, Kinder betreuen, schweigen, gehorchen, marschieren (*Völkische Frauenpflichten*, 1917; *Deutsche Erziehung und feindliches Ausland*, 1916).
Aufgrund des im Zuge der Novemberrevolution 1918 eingeführten demokratischen Frauenstimmrechts ließ sich Sch. im Januar 1919 für die antidemokratische und antiparlamentarische »Deutschnationale Volkspartei« (DNVP) in die Nationalversammlung wählen (bis 1920). Sie war Mitglied des Reichsvorstandes und des Reichsfrauenausschusses ihrer Partei. Als politisches »Steckenpferd« entdeckte Sch. die deutsche »Ostmark« (*Unsere Ostmark*, 1923; *Grenzmarkgeist*, 1924). 1921 - im Alter von 56 Jahren - veröffentlichte Sch. ihre Memoiren: *Flammen. Erinnerungen aus meinem Leben.*
Am 18. November 1930 starb sie, kurz nach dem erdrutschartigen Ergebnis der Reichstagswahl vom 14. September, die den Nationalsozialisten 6,4 Millionen Stimmen eintrug (1928: 810000) und sie mit 107 Mandaten (1928: 12) auf einen Schlag zur zweitstärksten Partei machte (hinter der SPD) - Anfang vom Ende der Weimarer Republik.

Frederiksen, E. (Hg.): Die Frauenfrage in Deutschland. 1865-1915. Stuttgart 1981. - Hackett, A.: The Politics of Feminism in Wilhelmine Germany 1890-1918. Diss. Columbia University 1976. - Krüger, H.: Die unbequeme Frau: Käthe Schirmacher im Kampf für die Freiheit der Frau und die Freiheit der Nation 1865-1930. Berlin 1936.

Annette Klumb

Schmid, Carlo

Geb. 3.12.1896 in Perpignan (Frankreich); gest. 11.12. 1979 in Bonn

Der Sozialdemokrat und Völkerrechtler zählte dank seiner vielfältigen Aufgaben zu den wichtigsten deutschen Politiker-Persönlichkeiten nach 1945, deren demokratische Spuren in die Weimarer Republik zurückreichen. Als einer der Väter des Grundgesetzes verkörperte Sch. in erster Linie den politischen Wiederbeginn in der jungen, unausgereiften, anfälligen Demokratie Westdeutschlands.
Wie Sch. in seinen Memoiren selbst betont, waren sein Lebensweg, seine geistige Grundeinstellung und demokratische Gesinnung sehr stark von dem Elternhaus geprägt.
Aus dem Bildungsbürgertum stammend, versuchten der deutsche Vater (Lektor an der Universität) und die französische Mutter (Lehrerin), ihrem Sohn in jungen Jahren über die Literatur aufklärerische Ideale näherzubringen: »Meine Eltern gaben mir recht früh Bücher zum Lesen (...). Meine Eltern bewegte ein starker pädagogischer und didaktischer Optimismus. So sollte ich zeitig mit einigen Grundwerken der großen Literatur bekannt gemacht werden.«
Nach der Übersiedelung von Frankreich nach Deutschland besuchte Sch. das Stuttgarter Karls-Gymnasium, eine »Lernschule«, an der weder politisches noch historisches Wissen vermittelt wurde. Um so wichtiger war das, was Sch. an Erkenntnissen durch die Eltern vermittelt wurde: »Meine Eltern dachten und fühlten liberal, vielleicht nicht so sehr in einem strikt politischen, als in einem allgemein menschlichen Sinn: Die Welt ist so, wie die Menschen sie geschaffen haben, und wenn es darin Schlechtes gibt, so können die Menschen dies ändern.« Sch.s Vater habe an die Wandlungsfähigkeit der Menschen, an die »Wahrheiten« der Aufklärung und die Kraft der Vernunft geglaubt; vor allem aber an die Entschlossenheit der internationalen Arbeiterbewegung, eher alle Räder zum Stillstand zu bringen, als es zum Krieg kommen zu lassen. »Damals konnte ein welterfahrener Mann noch an vieles glauben«, kommentierte Sch. die geistige Haltung seines Vaters, »was für möglich zu halten heute nur noch naiven Weltfremden nachgesehen wird«.
Nachdem Sch. wenige Wochen vor dem Ersten Weltkrieg Abitur gemacht hatte, meldete er sich freiwillig auf deutscher Seite (»das Land meines Vaters«) zum Militär. Er nahm an der Offensive gegen Verdun und der Somme-Schlacht (beide 1916) teil, war aber auch als Offizier an der Ostfront. Leicht verletzt überstand er den Ersten Weltkrieg. Bereits kurz nach Kriegsende besuchte Sch. politische Versammlungen, vor allem der SPD und USPD: »Ich fand dort wenig Belehrung und noch weniger Nahrung für die Ausweitung meiner politischen Vorstellungen (...). Ich war für eine Veränderung der Gesellschaft, ich war für eine Vermenschlichung des Staates, (...). Von einer Diktatur des Proletariats wollte ich nichts wissen, denn ich konnte mir nicht denken, daß aus einer Diktatur, welcher Art auch immer, für Deutschland etwas Gutes herauskommen konnte.«
In der Folgezeit studierte Sch. Rechtswissenschaften in Tübingen und promovierte 1923 in Frankfurt bei dem Arbeitsrechtler Hugo Sinzheimer über das seit 1920 bestehende Betriebsrätegesetz. Geistig geprägt wurde er nicht von Bebel und Marx, sondern von Nietzsche und Stefan George. Der parlamentarischen Demokratie stand er - auch nach 1945 mit

Vorbehalten gegenüber. Sch. verstand sich zeitlebens eher als Angehöriger einer parteiunabhängigen Elite. In den zwanziger Jahren übte Sch. kurzzeitig die Tätigkeit eines Rechtsanwalts, später die eines Richters aus.
Obwohl er als Student bei sozialistischen Diskussionszirkeln der Universität Tübingen mitwirkte, wurde Sch. während der Weimarer Republik parteipolitisch nicht aktiv. Er trat erst in den Jahren des Neuaufbaus nach dem Zweiten Weltkrieg in die SPD ein. Im Herbst 1927 wurde Sch. Referent am Kaiser-Wilhelm-Institut zu Berlin für ausländisches öffentliches Recht und Völkerrecht und habilitierte sich 1929 an der Universität Tübingen, wo er als Privatdozent lehrte. Nach dem Einmarsch deutscher Truppen in Frankreich wurde Sch. 1940 als Militärverwaltungsrat in Lille einberufen.
Nachdem Sch. 1945 entschieden beim Wiederaufbau der Tübinger Universität mitgewirkt und sich bei der französischen Militärregierung für die Wiedergründung der SPD in Süd-Württemberg-Hohenzollern eingesetzt hatte, beteiligte er sich als Landespolitiker maßgeblich an der programmatischen Neuorientierung der Sozialdemokraten. Beim Aufbau des Landes Württemberg-Hohenzollern wesentlich beteiligt, war er von 1947 bis 1950 stellvertretender Ministerpräsident und Justizminister. Als Delegierter der Landespartei Südwürttembergs nahm Sch. bei dem Neugründungsparteitag der SPD der Westzonen im Mai 1946 in Hannover teil. Im selben Jahr wurde er ordentlicher Professor für Öffentliches Recht und Völkerrecht in Tübingen (bis 1953; ab 1953 für politische Wissenschaften in Frankfurt/Main). 1947 wurde Sch. in den Parteivorstand der SPD gewählt. Mit Kurt Schumacher freundschaftlich verbunden, führte Sch. mit ihm ausgedehnte Gespräche über die Neuausrichtung der SPD.
Bereits auf Landesebene schaltete sich Sch. in die Verfassungsberatungen ein und wurde als »Seele des Verfassungsausschusses« bezeichnet. Sein Ruf als hervorragender Experte für Verfassungsfragen und seine kritische Haltung gegenüber der französischen Besatzungspolitik trugen Sch. überregionale Anerkennung ein, so daß er in den Parlamentarischen Rat berufen wurde, wo er maßgeblichen Anteil an dem Entwurf des Grundgesetzes hatte. Mit den »Londoner Empfehlungen« (7. Juni 1948) und den »Frankfurter Dokumenten« (1. 7. 1948) hatten die Westalliierten das Signal für die Ausarbeitung einer westzonalen Verfassung gegeben. Bereits seit Mitte 1947 trat Sch. für ein provisorisches Organisationsstatut im Rahmen eines Besatzungsstatuts als Modell zur Neugestaltung Deutschlands ein. Im August 1948 nahm er am Verfassungskonvent von Herrenchiemsee teil, dessen Ergebnisse die Grundlage für die Arbeit des Parlamentarischen Rates darstellte. Darin leitete Sch. Hauptausschuß und den »Grundsatzausschuß«.
Von Beginn der Bunderepublik 1949 an bis 1972 gehörte der SPD-Politiker dem Deutschen Bundestag an, dessen Vize-Präsident er von 1949 bis 1966 und von 1969 bis 1972 war. 1963 bis 1966 war Sch. Präsident der Beratenden Versammlung der Westeuropäischen Union. Während der Großen Koalition von SPD und CDU (1966–69) bekleidete Sch. das Ministeramt für Angelegenheiten des Bundesrates und der Länder und von 1969–79 war er Koordinator für die deutsch-französische Zusammenarbeit. Bis zu seinem Lebensende setzte sich Sch. als Wegbereiter und Repräsentant einer sozialen und menschlichen Demokratie für die Aussöhnung mit Frankreich (der Heimat seiner Mutter und seiner Kindheit), mit Polen, Israel und Rußland ein. Sch. war stets ein aktiver Vertreter der europäischen Integration. Zum Abschluß seines Lebens veröffentlichte Sch. seine Erinnerungen, die Ausdruck eines langen reflektierten Strebens nach einer Verbesserung der mitmenschlichen (statt machtpolitischen) Komponente in der nationalen und internationalen Politik sind.

Hirscher, G.: Carlo Schmid und die Gründung der Bundesrepublik. Bochum 1986. – Weber, P.: Carlo Schmid 1896–1979. Eine Biographie. München 1996.

Reiner Albert

Schmidt, Ernst Friedrich Franz

Geb. 28. 11. 1818 in Niedersalzbrunn/Schlesien; gest. 29. 3. 1853 in Mantanzas (Kuba)

Sch., Sohn eines schlesischen Bauerngutsbesitzers und Gemeindevorstehers, seit 1850 verheiratet mit der Tochter des bekannten, von der Polizei permanent observierten Frankfurter Demokraten Theodor Schuster, zählte als deutschkatholischer Prediger zu den stark sozial engagierten Repräsentanten der religiösen und politischen Oppositionsbewegung des Vormärz. Er wurde in der Revolution von 1848/49 als Abgeordneter der Deutschen Nationalversammlung und Mitglied der äußersten linken Fraktion »Donnersberg« bekannt durch seinen Einsatz für radikal-republikanische Ziele und für die Wiederherstellung eines freien, demokratischen Polen. Sch. gehörte zu den »Achtundvierziger«-Emigranten in den USA, die nach 1849 unter freireligiöser Flagge einer sozial verpflichteten republikanisch-demokratischen Bewegung den Weg bereiten wollten.
Sein politisches Debüt gab der Breslauer und Hallenser Theologiestudent zwischen 1840 und 1843 in der burschenschaft-

lichen Bewegung als Mitglied einer Breslauer Gruppe und Mitbegründer einer neuen Hallenser Burschenschaftsverbindung, die Kontakt zu mehreren deutschen Universitäten pflegte. Polizeilichen Verfolgungen entkam er durch seinen überraschenden Abgang von der Universität. Der Theologiekandidat – nun Hauslehrer im (preußischen) Großherzogtum Posen –, der seit 1844 mit Korrespondenzen in schlesischen Zeitungen über die Lage der polnischen Bevölkerung informierte, hielt engen Kontakt zur schlesischen Sozialistengruppe, die sich unter Führung von Wilhelm Wolff herausgebildet hatte.

Man wurde auf Sch. erneut aufmerksam, als er 1845, inzwischen ins evangelische Predigeramt zu Ostrowo (Posen) berufen, durch »aufrührerische« Predigten Furore machte, die die Zeitschrift der schlesischen Sozialisten, den *Boten aus dem Katzbachthale*, abdruckte. Mit seiner rigorosen Kritik an der Jenseitsbezogenheit des christlichen Glaubens und der Forderung, »den Geist des Christentums in diesem Leben zu realisieren«, handelte er sich umgehend den Vorwurf der kirchlichen Obrigkeit ein, kommunistische Anschauungen zu vertreten und »das Gotteshaus zu einer Halle des Communismus« zu verwandeln. Sein offener Affront gegen kirchliche Orthodoxie knüpfte an die Bibelkritik des Junghegelianers David Friedrich Strauß (*Das Leben Jesu kritisch bearbeitet*, 2 Bde. 1835) an, analysierte das Christentum historisch-kritisch und unterwarf dessen Glaubenssätze allein der Vernunft.

In ihrer sozialen Komponente zielte Sch.s Religionskritik auf eine Veränderung der realen Lebensbedingungen der Menschen, namentlich der Armen und Besitzlosen, für die sich die Kirche verantwortlich zu fühlen habe. »Ich lebe der Überzeugung, daß die christliche Religion vielmehr nur dadurch in ihrem Wesen, ihrem Segen und ihrer Wahrheit zur Erscheinung komme, daß sie die ›ganze Wirklichkeit unsrer Lebens-Verhältnisse‹, das menschliche Leben in seiner Totalität durchdringe und wahr und wahrhaftig – ihren Hauptgeboten der Liebe nach von den Menschen gelebt, und nicht bloß gelehrt und ›geglaubt‹ werde; was zur natürlichen Folge haben muß, daß alles der Liebe und menschlichen Vervollkommnung Widersprechende aus den realen Zuständen und Verhältnissen mehr und mehr schwinde. (…) Wir haben schon einen zweitausendjährigen Fortbestand dieser Verhältnisse erlebt; wir haben erkannt und niemand kann es leugnen! – daß diese irdischen Verhältnisse eine sehr, sehr wesentliche Bedingung dazu abgeben, ob der Mensch in ihnen seiner Vervollkommnung lebe oder ob er geistig und leiblich zu Grunde gehe.–«

Konsequenz von Sch.s rationalistischer Haltung war der Bruch mit der evangelischen Kirche und der Übertritt zum Deutschkatholizismus, einer Religionsgemeinschaft, die sich 1844 aus Protest gegen die Ausstellung des »Heiligen Rockes« in Trier von der römisch-katholischen Kirche in Deutschland getrennt hatte. Im Oktober 1847 wurde Sch. zum Prediger der deutschkatholischen Gemeinde Löwenberg in Schlesien gewählt. Er präsentierte sich als ein Vertreter jener Kräfte im Deutschkatholizismus, die nicht nur die Entfaltung der menschlichen Natur als Ziel der Geschichte begriffen, sondern – wie der Breslauer Naturforscher Christian Gottfried Nees von Esenbeck – auch bemüht waren, ihre religiös motivierte politische Opposition mit sozialen Bestrebungen und sozialistischem Denken zu verbinden. In diesem Geist entstand eine Reihe von Schriften Sch.s, darunter *Über das Verhältnis der christkatholischen Kirche zum irdischen Leben* (1847), *Ihr könnt nicht Gott dienen und dem Mammon* (1848), *Die vier Evangelien zu übersichtlicher Vergleichung für alle denkenden Menschen* (1848) und *Heimkehr vom Himmel zur Erde. Ein Buch für freie Christen* (1851).

Sch.s soziales und sozialistisches Engagement war immerhin so weit bekannt, daß das von Karl Marx 1846 in Brüssel gegründete »Kommunistische-Korrespondenz-Komitee« Kontakt zu ihm aufnahm, um ihn – ohne sichtlichen Erfolg – in die kommunistischen Parteibestrebungen einzubeziehen. Die Verbindung mit Wilhelm Wolff, die Sch. bis zu seinem Lebensende aufrechterhielt, ermöglichte ihm 1848/49 eine zeitweilige Korrespondententätigkeit für die von Marx in Köln herausgegebene *Neue Rheinische Zeitung*.

Wie die meisten führenden Köpfe der deutschkatholischen Bewegung des Vormärz reihte sich auch Sch. in der 1848er Revolution in den radikalen Flügel der demokratischen Partei ein. In Schlesien zum Abgeordneten der Deutschen Nationalversammlung gewählt, gehörte er von deren Eröffnung in Frankfurt am 18. Mai 1848 bis zur Vertreibung des von der Nationalversammlung übriggebliebenen Stuttgarter Rumpfparlaments am 18. Juni 1849 der äußersten linken, radikaldemokratischen Fraktion »Donnersberg« an. Alle Aufrufe dieser Gruppe tragen auch seinen Namen. Sch. gehörte dem Parlamentsausschuß für das Unterrichtswesen an und setzte sich zusammen mit anderen Radikaldemokraten für die Förderung des Volksschulwesens ein.

Als Parlamentarier machte er von sich reden durch sein mutiges Eintreten für die Belange der unterdrückten Polen während der im Juli 1848 ausgetragenen Debatte um die von Preußen bereits vollzogene Eingliederung polnischer Gebiete in das künftige Deutsche Reich, und durch seine entschiedene Ablehnung des preußischen Erbkaisertums im Frühjahr 1849. In der Polendebatte hielt er die sachlich fundierteste und wirkungsvollste propolnische Rede. Er warnte die Nationalversammlung davor, sich durch Bestätigung der preußischen Annexionen polnischer Gebiete selbst den Boden unter den Füßen wegzuziehen: »Nehmen Sie diesen Antrag an, so huldigen Sie der Politik, wonach die Völker und Nationen in ihren heiligsten Lebensfragen unter die Kabinettsbefehle der Fürsten gestellt werden und geben damit dem Partikularismus, der sich in Deutschland drohend erhebt, die schärfste Waffe gegen sich selbst in die Hände.«

Ende März 1849, wenige Tage bevor eine Delegation der Frankfurter Nationalversammlung dem preußischen König Friedrich Wilhelm IV. – vergeblich – die Kaiserkrone anbot, forderte Sch. anders als die Mehrzahl der linken Abgeordneten das Parlament auf, bei der Abwehr der konterrevolutionären Angriffe auf die Errungenschaften der Märzrevolution nicht bei legalem Widerstand stehenzubleiben, sondern alle Mittel anzuwenden, um das Volk zu mobilisieren: »Was sind denn die Gesetze auf dem Papier unter dem Erbkönigtum in Preußen? Und was werden die Gesetze sein unter dem preußischen Erbkaisertum? Wahrlich, wer in einer Zeit, die mit so vielen Zungen predigt, daß Gewalt für Recht ergehe, wer in einer solchen Zeit die Gewalt in die Hände gerade derjenigen Macht zu bringen sucht, welche am deutlichsten gezeigt hat, daß sie Gewalt für Recht zu üben entschlossen ist, der trifft nur immer die Einleitung zu Erscheinungen, wie die des passiven Widerstandes in Berlin. Einmal (...) ist die Erhebung des deutschen Volkes zuschanden geworden an den Kaisergrillen, wollen Sie, daß dasselbe Spiel sich wiederholt?« Und am 8. Mai 1849 unterschrieb Sch. mit einigen wenigen revolutionären Demokraten des Frankfurter Parlaments den Aufruf: »Zu den Waffen, deutsche Männer in allen Gauen des Vaterlandes! (...) Verbindet auch Euch und erhebt Euch, um das Vaterland zu retten.«

Innerhalb der Fraktion »Donnersberg« gehörte Sch. zum Kreis um Wilhelm Adolf von Trützschler, der für den Einsatz revolutionärer Gewalt zur Durchsetzung demokratischer Verhältnisse plädierte und bewaffneten Widerstand gegen die Konterrevolution befürwortete. Sch. hielt daher engen Kontakt zu den außerparlamentarischen Bewegungen. Im November 1848 eilte er nach Schlesien, um auf Volksversammlungen zur Gegenwehr gegen den preußischen Staatsstreich aufzurufen. Die Reichsverfassungskampagne sah ihn seit Mai 1849 an der Seite der Aufständischen – als Agitator für die bewaffnete Erhebung in der Pfalz und als stellvertretendes Mitglied der dortigen, am 17. Mai gebildeten Provisorischen Revolutionsregierung. Die siegreiche Konterrevolution strengte deshalb gleich zwei Verfahren gegen ihn an. Das Berliner Obertribunal verurteilte Sch. – in Korrektur eines erstinstanzlichen Freispruchs – im November 1851 zu zehn Jahren Zuchthaus; und in Zweibrücken (Pfalz) wurde sogar das Todesurteil gegen ihn ausgesprochen.

Habhaft werden konnte man seiner jedoch nicht. Er war im Juli 1849 in die Schweiz geflohen und emigrierte Mitte 1850 in die USA. In St. Louis, wo er sich niederließ, gründete er eine wegen ihrer pädagogischen Erfolge bald weithin bekannte Mädchenschule. In Fortsetzung seines deutschkatholischen Engagements im Vormärz rief er einen in der Tradition der deutschen freisinnigen Gemeinden stehenden »Verein freier Männer« ins Leben, der ihn zum Präsidenten wählte. Im Auftrag des Vereins gab er von März 1851 bis zu seinem Tode im März 1853 die Zeitung *Freie Blätter*, ein Organ für religiöse Aufklärung heraus. Sch. sah die freireligiöse Bewegung als Ansatzpunkt für politischen und sozialen Fortschritt.

Hildebrandt, G.: Parlamentsopposition auf Linkskurs. Die kleinbürgerlich-demokratische Fraktion Donnersberg in der Frankfurter Nationalversammlung 1848/49. Berlin 1975.

Walter Schmidt

Schneider, Eulogius (eigentlich Johann Georg)

Geb. 20.10.1756 in Wipfeld bei Würzburg; gest. (hingerichtet) 1.4.1794 in Paris

Sch., Sohn eines verarmten Weinbauern, erhielt ein kirchliches Stipendium und war zum katholischen Priester bestimmt. Er sträubte sich jedoch dagegen, Kuttenträger zu werden. Von den Ideen der Aufklärung begeistert, belegte er nach Absolvierung des Würzburger Jesuitengymnasiums Kollegien in Jura und Philosophie an der dortigen Universität. Der Entzug des Stipendiums zwang ihn, im wahrsten Sinn des Worts zu Kreuz zu kriechen. Er trat in Bamberg als Novize in den Franziskanerorden ein und nahm den Mönchsnamen Eulogius an. Zu Weihnachten 1780 wurde er zum Priester geweiht und vier Jahre später zum Lektor der Philosophie in Augsburg ernannt.

Seine im Kloster verfaßten Liebeslieder, die irdische Schönheiten besangen, sprühen vor Sinneslust. Der dichtende Klosterbruder, der die Asketenmoral und das Dunkelmännertum der Kirche verabscheute, machte sich mit seinen Versen erbitterte Feinde. Als er Ende 1785 in einer Predigt den »fanatischen Pfaffengeist« des katholischen Klerus verurteilte, wurde er aus dem Kloster entlassen. Zum Hofkaplan des Herzogs Karl Eugen von Württemberg ernannt, trat er in seinen Predigten für die Rechte der Untertanen und für Volkssouveränität ein und machte sich beim herzoglichen Hof unbeliebt. Im Frühjahr 1789 wurde er vom Kölner Erzbischof Max Franz als Professor für »schöne Wissenschaften«, also für Literatur und Dichtkunst, an die kurfürstliche Universität in Bonn berufen.

Er jubelte dem Ausbruch der Französischen Revolution zu und rezitierte sein Gedicht *Auf die Zerstörung der Bastille* begeistert vor seinen Hörern.

1790 veröffentlichte Sch. in Frankfurt einen Band Gedichte, in denen die Revolutionsfanfaren widerhallten; im Subskriptionsverzeichnis war auch »Herr van Beethoven, Hofmusikus zu Bonn« zu finden. Als er einen neuen Katechismus herausgab, warfen ihm die Orthodoxen vor, den Heiland nicht als Gottheit, sondern nur als redlichen Lehrer darzustellen und die Vernunft über die Offenbarung zu setzen. Seiner Position enthoben und aus dem Erzbistum ausgewiesen, verließ er im Juni 1791 Bonn bei Nacht und Nebel und begab sich ins Elsaß. Bald nach seiner Ankunft wurde er zum Vikar des konstitutionellen Bischofs von Straßburg ernannt, der sich ebenfalls zum Evangelium der Revolution bekannt hatte.

In der elsässischen Hauptstadt war der aus Deutschland verjagte Freiheitsprediger in seinem Element. In der »Gesellschaft der Konstitutionsfreunde«, wo sich das politische Leben konzentrierte, stieg er zum Haupt der deutschsprachigen Jakobiner empor und scharte mehrere emigrierte Gesinnungsfreunde um sich, die die rechtsrheinische Bevölkerung zu revolutionären Aktionen ermutigten. Der entkuttete Mönch wurde zum wichtigsten Gegenspieler des Straßburger Bürgermeisters, Friedrich Dietrich, der dem rechten Flügel der Gironde angehörte, und verdrängte ihn und seine Anhänger im Februar 1792 aus dem Klub der Konstitutionsfreunde. Sch. änderte nunmehr den Namen dieser Gesellschaft und nannte sie »Klub der Jakobiner und Sansculotten«.

Sch. begrüßte die Kriegserklärung Frankreichs an Österreich im April 1792 enthusiastisch und begann drei Monate später mit der Publikation der Zeitschrift *Argos oder der Mann mit hundert Augen*, die zweimal wöchentlich erschien und als eine der wichtigsten Tribünen des deutschsprachigen Jakobinismus anzusehen ist. Nach der Proklamierung der französischen Republik und dem Sieg der Revolutionsarmeen bei Valmy (September 1792) feierte Sch. in einigen Gedichten die Franzosen als Menschheitsbefreier. Am 30. Oktober 1792 erschien seine Nachdichtung der *Marseillaise* als Flugblatt unter dem Namen *Kriegsgesang für die Soldaten der Freiheit.* Als die französischen Truppen ins Rheinland vorstießen, verkündete er im *Argos* jauchzend, daß »die Sterbestunde des Despotismus endlich geschlagen« habe und »die Morgenröte der Freiheit« aufgegangen sei. Nach der Enthauptung König Ludwig XVI. stellte er mit Befriedigung fest, daß die »Gerechtigkeit und die wahre Politik« den Sieg davongetragen habe.

Im Februar 1793 wurde Sch. zum öffentlichen Ankläger beim Kriminalgericht des Straßburger Departements ernannt und gab sein Vikariat auf. Eine von ihm geforderte Todesstrafe für drei Bauern, die gegenrevolutionäre Reden geführt und den Wehrdienst für die Republik verweigert hatten, wurde Ende März vollzogen. In einigen Reden im Straßburger Jakobinerklub drängte er auf eine Verfassung, die die egalitären Ideale der Demokratie verankern und auch die Minderbemittelten instandsetzen sollte, die politischen und sozialen Früchte der Revolution zu genießen. Als die Straßburger Patrizier diese gesellschaftliche Nivellierung ablehnten und sich beim Pariser Konvent über den »hergelaufenen Priester« beschwerten, schlug Sch. antiplutokratische Töne an. Er beschuldigte die Bourgeoisie, nur an Anhäufung von Reichtum zu denken, die Verteidigung des Vaterlandes jedoch den Besitzlosen zu überlassen. Unter Mitführung einer fahrbaren Guillotine zog er im August 1793 durch die Stadt, um Spekulanten und Wucherer einzuschüchtern und die Plebejer für den revolutionären Kampf zu mobilisieren. Einige Wochen später begrüßte sein Journal das »Gesetz über die Verdächtigen«, das den Terror auf die Tagesordnung setzte. Sch. betonte, daß nur eiserne Entschlossenheit, straffe Organisation und Heranziehung aller materiellen Hilfskräfte die Revolution von ihren inneren und äußeren Feinden retten könnten. Als es Mitte Oktober 1793 der österreichischen Armee gelang, die Verteidigungslinien zu durchbrechen, und Straßburg in größter Gefahr war, appellierte Sch. leidenschaftlich an die Bevölkerung, den »Despotenknechten« um jeden Preis Widerstand zu leisten. Es war großenteils seiner Energie und Umsicht zuzuschreiben, daß die Stadt nicht den Feinden in die Hände fiel.

Der jakobinische Wohlfahrtsausschuß in Paris entsandte zwei Abgeordnete, Saint Just und Lebas, nach Straßburg, um die Armeedisziplin wiederherzustellen. Sie ernannten Sch. zum öffentlichen Ankläger beim neugegründeten elsässischen Revolutionstribunal, das politische Verbrecher ohne Zuziehung von Geschworenen bestrafte. Während der sechs Wochen von Sch.s Amtszeit wurden dem Tribunal, das sich unter Mitnahme der fahrbaren Guillotine in einige Städte und Dörfer begab, dreihundertfünfzehn Personen vorgeführt. Auf Sch.s Antrag verurteilten die Richter Krämer, Bauern und Pfarrer, die Lebensmittel versteckt, Assignatenwucher getrieben, eidverweigernde Priester beherbergt und mit dem Feind in Verbindung gestanden hatten, zu Gefängnisstrafen, Deportationen, Anbindung an die Guillotine und Konfiszierung ihres Vermögens. Das Tribunal verhängte auch neunundzwanzig Todesurteile, die an Ort und Stelle vollzogen wurden. Während der »Entchristlichungskampagne« schwor Sch. jeder Verbindung mit dem Priestertum ab. Er geriet jedoch mit den aus dem Innern Frankreichs herbeigerufenen »Propagandisten« in Konflikt, die in Straßburg den Ton anzugeben begannen und alle aus Deutschland emigrierten Jakobiner als potentielle Feinde und Verräter ansahen. Saint Just und Lebas empfanden auch die lautstarke Polemik Sch.s hinsichtlich der weiterbestehenden Sozialunterschiede als unerträglich und beschlossen, den selbstbewußten deutschen Kosmopoliten, der über eine große Anhängerschaft verfügte und sich mit den Sansculotten solidarisierte, unschädlich zu machen. Sch. geriet daher aus sozialen und nationalen Ursachen in Widerspruch zur robespierristischen Staatsführung. Er erkannte die Gefahr und suchte dem Zugriff seiner Gegner zu entrinnen, indem er am 14. Dezember 1793 heiratete, weil ein Konventsdekret die Einkerkerung verheirateter Priester verbot. In der Brautnacht wurde er festgenommen. Am nächsten Tag mußte er seinen Mantel mit den Insignien des öffentlichen Anklägers ablegen und wurde einige Stunden an die Guillotine angefesselt, die auf dem Straßburger Paradeplatz stand. Man brachte ihn in den Pariser Kerker der Abbaye; vergeblich richtete er an den Pariser Jakobinerklub eine Bitte um Freilassung, wobei er darauf hinwies, daß er seit seiner Ankunft im Elsaß den Verrat und die Komplotte der Aristokraten und Girondisten entschieden bekämpft, die Wucherer und Schieber bestraft und alle Konventsdekrete befolgt habe. Sch.s Sturz wurde in Straßburg nicht widerspruchslos hingenommen; seine Freunde protestierten und verlangten seine Freilassung. Daraufhin wurden alle aus Deutschland eingewanderten revolutionären Demokraten aus dem Jakobinerklub ausgeschlossen und als angebliche Konterrevolutionäre verhaftet. Der von Sch.s Parteigängern gesäuberte Klub übersandte dem Pariser Sicherheitsausschuß eine eilig zusammengekleisterte Anklageschrift. Sie bezichtigte den ehemaligen Mönch, dessen Bedürfnislosigkeit und Unbestechlichkeit bekannt waren, Nationaleigentum entwendet und unterschlagen, willkürliche Erpressungen unschuldiger Bürger vorgenommen, Frauen mißbraucht und sich mit dem Vermögen der Hingerichteten bereichert zu haben. Waren diese Anwürfe aus der Luft gegriffen, so beruhten die Angaben, daß Sch. Geistliche zur Einwanderung ins Elsaß veranlaßt und ihnen Posten verschafft hatte, auf Wahrheit. Dies wurde als konterrevolutionäre Verschwörung ausgelegt; Sch. habe seine Freunde zu »einer ihm treuen und verbindlichen Schmeichlerbande« gemacht.

Auf diese Straßburger Denunziation bezog sich Robespierre, als er in einer Konventsrede Sch. einen intriganten ausländischen Priester nannte, der nach Frankreich gekommen sei, um »Pläne der Konterrevolution auszuführen«. Obwohl damit der Stab über Sch. gebrochen war, gab dieser seine Sache noch nicht verloren und suchte in einem Brief aus dem Kerker Robespierre von seiner Unschuld zu überzeugen. Seine Bemühungen um Rehabilitierung hätten nur erfolgreich sein können, wenn in dem zwischen Jakobinerbourgeoisie und Volksbewegung tobenden Machtkampf, der seinen letzten Höhepunkt im Februar und März 1794 erreichte, die Sansculotten die Oberhand gewonnen hätten. Dies war wegen der bestehenden Kräftekonstellation unmöglich. Die Jakobinerregierung war entschlossen, alle selbständigen Willensäußerungen des Plebejertums zu ersticken. Robespierre ließ im März 1794 die im Namen der Sansculotten auftretenden Jakobiner wie Hébert verhaften und vom Revolutionstribunal zum Tode verurteilen. Die Vernichtung der »ultrarevolutionären« Fraktion Héberts besiegelte Sch.s Untergang. Der Wohlfahrtsausschuß sah die beiden Grundprinzipien des deutschen Freiheitspredigers, nämlich Kosmopolitismus und Identifizierung mit den sozialen Bestrebungen der Sansculotten, als zwei Seiten derselben Medaille an und legte sie als konterrevolutionäre Tätigkeit aus.

Am 1. April 1794 stellte man Sch. vor das Revolutionstribunal. Der Staatsanwalt nannte ihn einen »modernen Caligula«, der sich durch Mißbrauch seiner Macht und Bedrückung der Patrioten gegen die Republik, Freiheit und Sicherheit des französischen Volkes verschworen habe. Die Richter verurteilten ihn zum Tode, weil er die Bürger »durch sträfliche, mit den deutschen Priestern verabredete Anschläge gegen die legitimen Gewalten aufzuwiegeln gesucht« habe. Noch auf dem Weg zur Guillotine beteuerte Sch. seine Unschuld.

Grab, W.: Eulogius Schneider. Ein Weltbürger zwischen Mönchszelle und Guillotine, in: Mattenklott, G., Scherpe, K. (Hg.): Demokratisch-revolutionäre Literatur in Deutschland: Jakobinismus. Kronberg/Ts 1975, S. 61-138. - Grab, W.: Ein Volk muß seine Freiheit selbst erobern. Zur Geschichte der deutschen Jakobiner. Frankfurt/Main 1984.

Walter Grab

Scholl, Hans

Geb. 22. 9. 1918 in Ingersheim; gest. (hingerichtet) 22. 2. 1943 in München-Stadelheim

Scholl, Sophie

Geb. 9. 5. 1921 in Forchtenberg am Kocher; gest. (hingerichtet) 22. 2. 1943 in München-Stadelheim

»Es lebe die Freiheit« waren die letzten Worte des Münchner Medizinstudenten H. Sch., als er zusammen mit seiner Schwester sowie ihrem Freund, dem Medizinstudenten Christoph Probst, am 22. Februar 1943 von den Nazis ermordet wurde.

Wenige Stunden zuvor hatte S. Sch. in dem Prozeß vor dem »Volksgerichtshof« erklärt: »Ich bin nach wie vor der Meinung, das Beste getan zu haben, was ich gerade jetzt für mein Volk tun konnte.«

Im Ergebnis langer Auseinandersetzungen befreiten sie sich von dem verführerischen Einfluß der NS-Propaganda. Von Anhängern des Dritten Reiches wurden sie zu konsequenten Gegnern. Immer deutlicher erkannten sie das Wesen der nationalsozialistischen Gewaltherrschaft mit ihrer tiefen Menschen- und Kulturfeindlichkeit. Ihrer Überzeugung nach sei es für die Zukunft des deutschen Volkes lebensnotwendig, sich von Adolf Hitler und seinem Regime aus eigener Kraft zu befreien. Nur wenn dies gelänge, könne Deutschland wieder einen gleichberechtigten Platz unter den Völkern einnehmen.

Zusammen mit Freunden aus München und anderen Orten Süddeutschlands, insbesondere den Medizinstudenten Alexander Schmorell, Christoph Probst und Willi Graf sowie dem Professor für Philosopie und Psychologie, Prof. Kurt Huber, gaben Hans und Sophie Sch. ein Beispiel entschlossenen Handelns gegen die NS-Tyrannei. Im Juni/Juli 1942 erschienen die vier *Flugblätter der Weißen Rose* sowie im Januar/Februar 1943 zwei weitere Flugblätter. Als Reaktion auf die Niederlage Hitlerdeutschlands bei Stalingrad brachten sie an zentralen Stellen in München die Losungen an: »Nieder mit Hitler«, »Hitler ist ein Massenmörder« und »Freiheit«. In einem größeren Kreis von Freunden und Bekannten versuchten sie, anderen über die Wirklichkeit in Deutschland die Augen zu öffnen und den Geist der Opposition zu wecken.

Die Aktionen der »Weißen Rose« wurden noch im Krieg in der Welt bekannt und setzten ein Zeichen für das andere Deutschland.

Eine Schlüsselstellung in dieser Widerstandsgruppe nahmen H. und S. Sch. ein. Ihre Haltung zum Leben war maßgeblich durch die Erziehung in dem bürgerlich-liberalen Elternhaus geprägt.

Ihr Vater, Robert Scholl, war ein konsequenter Demokrat und Kriegsgegner. H. und S. sowie die drei anderen Geschwister Inge, Anneliese und Werner wuchsen in freiheitlichem und weltoffenem Geist auf. Musik, Literatur und Kunst sowie eine enge Bindung zur Natur spielten in der Familie eine große Rolle.

Trotz der Warnungen des Vaters gerieten die Geschwister Sch. unter den Einfluß der NSDAP. Alle Kinder wurden Mitglied der Hitlerjugend. Die wohlklingenden Worte der Nazis von Kameradschaft und internationaler Gleichstellung Deutschlands verfehlten ihre Wirkung nicht. H. Sch. war Fähnleinführer und vertrat seinen Heimatort 1936 auf dem Parteitag der NSDAP in Nürnberg. Zu diesem Zeitpunkt, auf dem Höhepunkt der Zustimmung, begann der Bruch. Die ständigen Aufmärsche und die Hohlheit vieler Reden riefen Zweifel und erste Ablehnung hervor. Dieser Prozeß der Distanzierung setzte sich später fort. Neue Einsichten und andere Bindungen entstanden durch Kontakte zu Gruppen der bündischen Jugend, die trotz Verbots weiter wirkten und oppositionelle Jugendliche sammelten. Der Terror der Gestapo im November/Dezember 1937 gegen diesen Teil der Jugend traf auch die Kinder der Familie Sch. H. Sch. wurde mehrere Wochen inhaftiert. Zu dieser Zeit war er nach Abitur und sechs Monaten Arbeitsdienst bereits Soldat. Kadavergehorsam und militärischer Drill bei Arbeitsdienst und Wehrmacht trugen dazu bei, seine Ablehnung gegenüber dem Dritten Reich zu verstärken. Eine neue Chance der Selbstverwirklichung sah er bei Beginn des Medizinstudiums im Mai 1939 in München. S. Sch. besuchte zu diesem Zeitpunkt eine Oberrealschule in Ulm und hatte sich bereits weitgehend vom Einfluß des BDM (Bund Deutscher Mädchen) gelöst. Viel Freizeit nutzte sie, um zu zeichnen und zu malen.

Der Beginn des Zweiten Weltkriegs am 1. September 1939 fand die Geschwister auf der Seite derjenigen, die mit Sorge und Trauer das Geschehen verfolgten. S. Scholl schrieb fünf Tage nach Kriegsbeginn an ihren Freund, einen angehenden Berufsoffizier, Fritz Hartung: »Nun werdet ihr ja genug zu tun haben. Ich kann es nicht begreifen, daß nun Menschen dauernd in Lebensgefahr gebracht werden von anderen Menschen. Ich kann es nicht begreifen, und ich finde es entsetzlich. Sag nicht, es ist für's Vaterland.« H. Sch. notierte am 20. September 1939 in seinem Tagebuch: »Mich verlangt es nicht nach einem ›Heldentum‹ im Krieg.«

Das Erlebnis des Krieges als Soldat in Frankreich und bei der Verwundetenbetreuung in Deutschland verstärkte bei ihm die Zweifel und die Ablehnung gegen das NS-System. Viele Fragen zu seiner eigenen Zukunft und der seines Heimatlandes, entstanden. Er suchte Antworten in der Literatur, um sich aus seiner inneren Krise zu befreien. Antwort suchte er auch bei Älteren, die sich humanistisches Denken und Handeln bewahrt hatten, wie dem katholischen Publizisten Carl Muth, dem Schriftsteller Theodor Haecker und Professor Dr. Kurt Huber. Vor allem Carl Muth half ihm im Herbst 1941, im Christentum neuen Halt zu finden.

S. Sch. begann nach dem Abitur, im Frühjahr 1940 eine Ausbildung als Kindergärtnerin, um danach zu studieren. Die Einberufung zum Arbeitsdienst und die anschließenden sechs Monate Kriegshilfsdienst führten zu einer einjährigen Verzögerung des Studienbeginns. Der Alltag des Krieges hatte von ihrem Leben mehr und mehr Besitz ergriffen. Kraft fand sie, ähnlich wie ihr Bruder, in Werken humanistischer Schriftsteller und im Christentum. Besonders viel bedeuteten ihr die Stunden inneren Friedens beim Malen, bei einem Orgelkonzert oder in der Natur.

Anfang Mai 1942 kam S. Sch. nach München, um ihr Studium

zu beginnen. Zu dem Zeitpunkt hatten ihr Bruder und sein Freund Alexander Schmorell bereits den Entschluß gefaßt, mit Flugblättern zum Widerstand gegen Hitlerregime und Krieg aufzufordern. Zunächst wußte S. Sch. nicht, wer die Verfasser waren. Als sie es durch einen Zufall erfuhr, beteiligte sie sich an der Verteilung.

Von Ende Juli bis Anfang November 1942 kam die Münchner Studentenkompanie an der Stalingrader Front zum Einsatz. Die Kenntnis deutscher Kriegsverbrechen in Polen und in der Sowjetunion sowie das Zusammentreffen mit zahlreichen Russen führten bei H. Sch. zu grundlegend neuen Einsichten. Am 9. Oktober 1942 schrieb er in einem Brief: »Fern allem politischen Denken (dem ich aber prinzipiell nicht fremd bin, sondern mehr verbunden denn je...) bin ich Gott dafür dankbar, daß ich nach Rußland gehen mußte. (...) Hier erst habe ich endlich gelernt, mich selbst nicht mehr so unendlich wichtig zu nehmen, sondern die ziellose Reflexion umzustülpen und den Sinn nach außen, den Dingen zuzuwenden.« Bereits an der Ostfront wuchsen bei ihm, Alexander Schmorell und Willi Graf der Entschluß, ihren Widerstand gegen das NS-Regime zu verstärken wenn sie nach München zurückgekehrt wären. Hier fanden sie in S. Scholl eine entschlossene Partnerin. Ihr zweimonatiger Einsatz im Sommer 1942 in einem Rüstungsbetrieb hatte die Entschlossenheit erhöht, alles in ihren Kräften Stehende für die baldige Beendigung des Krieges zu tun. Einen letzten Anstoß zur unmittelbaren Tat gab den Studenten die Niederlage der deutschen Truppen in der Schlacht um Stalingrad. Durch Flugblätter und Losungen riefen sie zum Sturz Hitlers auf, um den Völkermord zu beenden.

Die Absicht der Geschwister Sch. und ihrer Freunde, durch ihre Tat zum Aufstand gegen den »Staat Adolf Hitlers« aufzurufen, mißlang. Ihr Einsatz war aber nicht sinnlos. Er zeigte, daß es der nationalsozialistischen Gewaltherrschaft nicht voll gelungen war, die Stimme der Demokratie und der Humanität zum Schweigen zu bringen. Die überlieferten sechs Flugblätter, die Tagebücher und zahlreichen Briefe enthalten Einsichten und Gedanken, die von bleibendem Wert sind.

Die vier *Flugblätter der Weißen Rose* spiegelten im Sommer 1942 den Stand der Auseinandersetzungen nach vielen Gesprächen mit ihren Lehrer wider, unter anderen Carl Muth und Professor Dr. Kurt Huber. Bewußt wurde an das humanistische Gedankengut von Goethe und Schiller, Lao-tse, Aristoteles und Novalis angeknüpft, das in krassem Gegensatz zur Wirklichkeit im Dritten Reich stand. Eine zentrale Rolle nahm die Aufklärung über die Verbrechen Hitlerdeutschlands gegenüber anderen Völkern und dem eigenen Land ein. Der Mord an bis dahin bereits mehreren hunderttausend Juden in Polen wurde als »das fürchterlichste Verbrechen« gekennzeichnet. Heftige Kritik erfuhr das Schweigen der großen Masse der Deutschen gegenüber diesen Schandtaten. »Vergeßt nicht, daß ein jedes Volk diejenige Regierung verdient,die es erträgt.« Ein Sieg Hitlers in diesem Krieg müsse unbedingt verhindert werden, denn dies habe »unabsehbare, fürchterliche Folgen«. Um dieser Entwicklung zu wehren, erfolgte der Aufruf zum passiven Widerstand »wider die Geißel der Menschheit, wider den Faschismus und jedes ihm ähnliche System des absoluten Staates.« Notwendig sei, sich hier wiederzufinden, aufzuklären über die Wirklichkeit in Deutschland und die Politik seiner Machthaber mit dem Ziel ihres Sturzes, denn »jeder einzelne Mensch hat einen Anspruch auf einen brauchbaren und gerechten Staat, der die Freiheit des einzelnen als auch das Wohl der Gesamtheit sichert«. Da der Staat Hitlers eine gegenteilige Politik betreibe und »unendliche Schuld« auf sich geladen hat, muß er zerstört werden. Aufgefordert wurde zur Sabotage des NS-Regimes auf allen Ebenen.

Das vierte Flugblatt hob die besondere Verantwortung jedes Christen hervor: »Hat Dir Gott nicht selbst die Kraft und den Mut gegeben zu kämpfen? Wir müssen das Böse dort angreifen, wo es am mächtigsten ist, und es ist am mächtigsten in der Macht Hitlers.«

Das Flugblatt *Aufruf an alle Deutschen* verfaßte H. Sch. Es zeigte deutlich seine Entwicklung unter dem Einfluß der Erlebnisse an der deutsch-sowjetischen Front und der zahlreichen Gespräche zur Verstärkung des Widerstandes nach der Rückkehr in München. Am Anfang des Textes stand die Feststellung, daß der Krieg für Hitler verloren sei und er »das deutsche Volk in den Abgrund« führe, welches dem »Führer« blindlings ins Verderben folge. Wenn sich dieser Zustand nicht ändere, seien die Folgen für Deutschland verhängnisvoll. Um dies zu verhindern, wurde zum Sturz der nationalsozialistischen Herrschaft aufgefordert. Widerlegt wurden die NS-Parolen, daß Deutschland siegen müsse, um die Gefahr des Bolschewismus zu bannen und nur eine Zukunft habe, wenn der Nationalsozialismus triumphiere.

Als Lehren aus dem Krieg und dem Dritten Reich wurden für den Aufbau eines neuen Deutschland genannt: »Nur in großzügiger Zusammenarbeit der europäischen Völker kann der Boden geschaffen werden, auf welchem ein neuer Aufbau möglich sein wird.« Dies setze voraus, daß in Deutschland »der imperialistische Machtgedanke« und »ein einseitiger preußischer Militarismus« nie mehr Fuß fassen. »Nur eine gesunde förderalistische Staatenordnung vermag heute noch das geschwächte Europa mit neuem Leben zu erfüllen.« Einen hohen Stellenwert für ein friedliches und demokratisches Zusammenleben der Völker nehmen die sozialen und politischen Grundrechte der Bürger ein. »Freiheit der Rede, Freiheit des Bekenntnisses, Schutz des einzelnen Bürgers vor der Willkür verbrecherischer Gewaltstaaten, das sind die Grundlagen des neuen Europa.«

Wie ernst es H.und S. Sch. mit diesen Einsichten war, wird unter anderem darin deutlich, daß H. Sch. veranlaßte, im letzten Flugblatt, das von Professor Dr. Kurt Huber im Februar 1943 als Antwort auf die Niederlage von Stalingrad verfaßt wurde, einen Absatz zu streichen, in dem die Rolle der deutschen Wehrmacht glorifiziert und als ihr Hauptkriegsziel die Vernichtung des russischen Bolschewismus angegeben wird.

Drobisch, K. (Hg.): Wir schweigen nicht! Eine Dokumentation über den antifaschistischen Kampf Münchner Studenten. Berlin 1968. – Jahnke, K.H.: Weiße Rose contra Hakenkreuz. Der Widerstand der Geschwister Scholl und ihrer Freunde. Frankfurt/Main 1969. – Jens, I. (Hg.): Hans Scholl. Sophie Scholl. Briefe und Aufzeichnungen. Frankfurt/Main 1984. – Staffahn, H.: Die Weiße Rose. Hamburg 1992.

Karl Heinz Jahnke

Schröder, Friedrich Ulrich Ludewig

Geb. 3. 11. 1744 in Schwerin; gest. 3.9. 1816 in Rellingen bei Hamburg

Sch. war der Sohn des Organisten Johann Diedrich Schröder und dessen Frau Sophie Charlotte, geb. Bierreichel. Die Mutter entschloß sich schon 1740, Schauspielerin zu werden, scheiterte aber, als sie 1744 selbst eine Direktion übernahm. 1747 kehrte sie zum Theater zurück, ihr Sohn stand bereits als Vierjähriger auf der Bühne. 1749 heiratete die Mutter den Schauspieler Konrad Ernst Ackermann. Sch., von einem Privatlehrer erzogen, begleitete das Ehepaar auf Theaterreisen. 1756/57 besuchte er das Collegium Fridericianum in Königsberg, um dann seit 1759 erneut mit der Ackermannschen Truppe verbunden zu sein. Bedingt durch den Siebenjährigen Krieg (1756–1763), verließ Ackermann 1757 Königsberg, wo er ein eigenes Theater errichtet hatte, und spielte u.a. in der Schweiz, im Elsaß und im nördlichen Deutschland. In Hamburg erbaute er das Comödienhaus am Gänsemarkt, das 1765 eröffnet wurde. Konrad Ekhof, der sich 1764 der Ackermannschen Truppe angeschlossen hatte, beeinflußte Sch.s schauspielerisches Können, dessen Schwerpunkt lange durch die Darstellung komischer Bedientenrollen geprägt war, bevor er ins Charakterfach wechselte. Besonders erfolgreich agierte Sch. durch seine musikalische Begabung als Bühnentänzer und Pantomime. Er entwickelte und gestaltete eigene pantomimische Ballettvorstellungen.

Nach dem Tod seines Stiefvaters 1771 übernahm Sch. zum erstenmal (bis 1780) die Direktion des Hamburger Theaters. Unterstützt wurde der junge Direktor von Theaterfreunden, so von dem vierzehn Jahren älteren Johann Joachim Christoph Bode, der als Übersetzer, Verleger und Freimaurer hervortrat. Ihm blieb er bis zu dessen Tod verbunden. Zu seinem Freundeskreis zählte auch der begüterte Kaufmann Caspar Voght, der das Theater mit Geld unterstützte. In Hamburg heiratete Sch. 1773 Anna Christine Hart. Die neun Jahre seiner ersten Hamburger Direktion gelten als Glanzperiode seiner Theaterlaufbahn. Sch. ging es darum, die Bühne vom Klamauk zu befreien und das Publikum an Stücke heranzuführen, die den ästhetischen und moralischen Ansprüchen seiner gebildeten Zeitgenossen entsprachen. Während seiner ersten Direktionszeit führte Sch. Stücke des Sturm und Drang auf, so etwa Goethes *Stella*, *Clavigo* und *Götz von Berlichingen*, sowie den *Hofmeister* von Jakob Michael Reinhold Lenz. Sch.s Inszenierungen von Dramen Shakespeares bildeten einen Einschnitt in der deutschen Theatergeschichte. Sch. war der erste Prinzipal, der 1776 *Hamlet* so erfolgreich inszenierte, daß das Drama im selben Jahr dreizehnmal aufgeführt werden konnte. Es folgten *Othello*, der *Kaufmann von Venedig* und schließlich 1779 *Macbeth*. Mitgestaltet wurde jene Epoche durch die Schauspielerleistungen seiner Stiefschwestern Dorothea und Charlotte Ackermann.

Nach seinem Rücktritt reiste Sch. durch Deutschland und besuchte Berlin, Wien, München, Mannheim und Paris. Er lebte dann seit 1781 in Wien, wo er am Nationaltheater auftrat und Muße fand, selbst über zwanzig Theaterstücke zu schreiben, bzw. sie zu bearbeiten. Erfolgreich war sein Orginalwerk *Der Vetter in Lissabon* (1784).

1785 kehrte Sch. nach Hamburg zurück, um diesmal bis 1798 die Geschicke des Theaters zu leiten. 1791 überließ er die Direktion vorübergehend seiner Frau und unternahm erneut eine Studienreise, auf der er seinen Freund Bode in Weimar besuchte. Dort lernte er Johann Gottfried Herder kennen, mit dem er in Briefwechsel blieb. Er traf auch mit Goethe zusammen, der dem Theaterleiter Serlo in seinem Roman *Wilhelm Meisters Lehrjahre* (1796) Züge von Sch. verlieh. Sch. wandte sich dann wieder nach Wien, um die Theaterverhältnisse zu beobachten. Während er in seiner ersten Direktionszeit experimentiert hatte, unterschied sich seine zweite Direktion kaum vom herkömmlichen Geschmack anderer Theater; Sch. führte vor allem Stücke von August von Kotzebue und August Wilhelm Iffland auf. Auch in diesen dreizehn Jahren bemühte sich Sch. um die Würde und Hebung seines Standes. Seine Theaterregeln befreiten die Schauspieler von der Willkür der autoritären Direktion, forderten aber andererseits rigorose Disziplin. In der Präambel heißt es: »Gesetze müssen Dämme seyn gegen Despotie, Unordnung,

Übereilung und Heftigkeit der Direktion; Dämme gegen Nachlässigkeit, Unsittlichkeit und Heftigkeit der Schauspieler. Die Direktion muß weder willkührlich strafen, noch entschuldigen können.« Bemerkenswert war Sch.s im Jahre 1793 errichtete »Pensions-Anstalt«, die dazu diente, ältere und kranke Schauspieler zu unterstützen. Sein Freund und erster Biograph Friedrich Ludwig Wilhelm Meyer bemerkte dazu: »Keine seiner Anstalten lag Schröder so sehr am Herzen, ward so lange von ihm vorbereitet und aufmerksamer ins Auge gefaßt.« Nach seinem Abschied von der Bühne lebte Sch. mit seiner Frau, seiner Nichte und deren Mutter, der Stiefschwester Dorothea, die sich von ihrem Mann Johann Christoph Unzer hatte scheiden lassen, in seinem exklusiven Landsitz in Rellingen bei Hamburg. Sch.s Alterssitz war Refugium für ältere Schauspieler. Großzügig unterstützte er die Schauspielerin Karoline Schulze-Kummerfeld in Weimar. In Rellingen betrieb er vorübergehend Landwirtschaft. Seine Leidenschaft galt aber der Freimaurerei. Dies führte dazu, daß Sch., passionierter Briefschreiber, eine äußerst umfangreiche Korrespondenz führte. Zwar sind die Briefe an ihn nicht mehr erhalten, aber seine eigenen Briefe bilden eine wichtige Quelle für eine zukünftige umfassende Biographie Sch.s. 1800 reiste Sch. erneut nach Weimar, wo er mit Goethe, Schiller, vor allem aber mit seinen Freunden Karl August Böttiger und Herder zusammentraf. 1811 übernahm er erneut für ein Jahr die Direktion des Hamburger Theaters. In den folgenden Jahren unterstützte er finanziell den Befreiungskampf gegen die Franzosenherrschaft. Sch. war ein einflußreicher und einer der engagiertesten Freimaurer seiner Zeit. 1774 von seinem Freund Bode für die Hamburger Loge »Emanuel zur Maienblume« geworben, wurde Sch. 1787 deren Meister vom Stuhl. 1774 gründete Sch. auch die bis 1777 wirkende Privatloge »Elisa zum warmen Herzen«, in die viele Schauspieler eintraten. 1788 war er Mitarbeiter am »Bund der deutschen Freimaurer«, einer Organisation des humanitären Zweiges der Freimaurerei. Zudem war Sch. unter dem Namen »Roscius« Mitglied des Illuminatenordens, der bedeutendsten progressiven geheimen Verbindung der Zeit. In einer Rede, die er 1789 vor Brüdern hielt und in der er sich gegen die völlige Abschaffung von Symbolen aussprach, stellte Sch. fest: »Die Freimaurerei, deren Moral so rein, vortrefflich und jedem großen Endzwecke angemessen ist; sie, die alle Eigenschaften hat, die Menschen besser zu machen; sie, diese erklärte Feindin aller Vorurteile, die die Scheidewand, die der Unterschied der Religon, des Vaterlandes und der Stände zwischen den Menschen gesetzt hat, niedergerissen; sie, die durch den Brudernamen, das kostbarste Überbleibsel der ersten Rechte der Menschheit, fremde Menschen in wirkliche Brüder vereint; sie die zuerst wahre Duldung lehrte – sie soll ein Werk der Hierarchie, ihre Gebräuche sollen Possen sein ?« Seine Mitgliedschaft in der Loge »Einigkeit und Toleranz« 1792/93, die auch Juden aufnahm, ist nicht zu belegen. An der Errichtung des Hamburger Freimaurerkrankenhauses (1795) war Sch. beteiligt. Besonders nachdem er seine Theaterlaufbahn 1798 beendete, intensivierte er seine Forschungen über die Maurerei. Sein Freund Meyer stellte dazu fest: »Dieses Geschäft, das ihn in Untersuchungen verwickelte, Forschungen veranlaßte, und zu Studien aufforderte, die ihm vorher fremd geblieben (...) nahm nach und nach alle Stunden meines Freundes weg, selbst solche, die einer nothwendigen Erholung gehören sollen. Es erheiterte, belebte und unterhielt seinen Geist; aber es band ihn zu sehr an sein Zimmer, und an seinen Schreibtisch.« Sch.s Briefwechsel mit Herder kreiste um das neue Ritual, das als »Schröderische Lehrart« bestimmend wurde und das Herder mitbeeinflußte. Dieses Ritual galt als Ausgangspunkt des modernen humanitären Freimaurertums in Deutschland. Sch.s vierbändiges Werk *Materialien zur Geschichte der Freymaurerey seit der Wiederherstellung der großen Loge in London* (1805/06) resultierte aus seinem Interesse an der Geschichte der Bewegung. 1802 hatte er bereits den »Engbund« gegründet, eine Vereinigung von Meistern zur Erforschung des Logenwesens. Seit 1814 bis zu seinem Tod fungierte Sch. als Provinzalgroßmeister der Großloge von Hamburg. Er nutzte seinen Einfluß dazu, vom Großherzog Karl August von Weimar das Privileg für eine geheime Druckerei in Jena zu erwirken, für deren Anlage er selbst die Kosten übernahm und die bis 1822 bestand. Hier erschien u.a. die *Sammlung von Katechismen. Zum Gebrauch der verbundenen Logen der alten englischen Freimaurerei* (1815). Sch.s Bedeutung für die Freimaurerei liegt in der Reform der Bewegung, der Reduzierung der Hochgrade und der Erneuerung der traditionellen englischen Lehrart.

Eigenmann, S.: Zwischen ästhetischer Raserei und aufgeklärter Diziplin. Hamburger Theater im späten 18. Jahrhundert. Stuttgart/ Weimar 1994. – Litzmann, B.: Friedrich Ludwig Schröder. Ein Beitrag zur deutschen Literatur- und Theatergeschichte, 2 Bde., Hamburg und Leipzig 1890 und 1894. – Meyer, F. L. W. : Friedrich Ludwig Schröder. Beitrag zu Kunde des Menschen und des Künstlers. 2 Bde., Hamburg 1819. – Wernekke, H.: Friedrich Ludwig Schröder als Künstler und Freimaurer. Berlin 1916.

Hans-Werner Engels

Schubart, Christian Friedrich Daniel

Geb. 24. 3. 1739 in Obersontheim; gest. 10. 10. 1791 in Stuttgart

Sch. kam 1739 in Obersontheim in der schwäbischen Grafschaft Limpurg als Sohn eines lutherischen Geistlichen zur Welt. Schon ein Jahr später wurde sein Vater in die Reichsstadt Aalen berufen, um hier zunächst als Lehrer und Musikdirektor, später als Diakon zu wirken. Nach dem Besuch der Schule in Aalen wechselte Sch. an das Lyzeum in Nördlingen und 1756 in die »Schule zum heiligen Geist« in Nürnberg. Das zwei Jahre später in Erlangen begonnene Theologiestudium brach er 1760 vorzeitig ab. Sch. kehrte nach Aalen zurück und bereitete sich auf ein geistliches Amt vor. Auch als er 1763 die Stelle eines Lehrers in Geislingen, einem Städtchen im Ulmer Landgebiet, antrat, blieb die Übernahme einer Pfarrei sein Berufsziel. Nach beinahe sechs Jahren ungeliebten Schulmeisterdaseins wurde Sch. 1769 herzoglich-württembergischer Organist und Musikdirektor in Ludwigsburg. Die Residenz, die damals zu den kulturellen Zentren Süddeutschlands zählte, bot Sch.s musikalischem Talent mannigfache Entfaltungsmöglichkeiten. Sch., der als virtuoser Pianist Beachtung fand, widmete sich nun ganz der Musik und verzichtete fortan auf die geistliche Laufbahn. Rund dreieinhalb Jahre stand Sch. in herzoglichen Diensten, bis er 1773 entlassen und des Landes verwiesen wurde. Der Ausweisung waren eine Gefängnishaft – Sch. war des Ehebruchs angeklagt worden – sowie Auseinandersetzungen mit seinen geistlichen Vorgesetzten vorausgegangen. Es begann eine fast ein Jahr dauernde Wanderschaft durch Süddeutschland. Sie führte Sch. nach Heilbronn, Mannheim, Heidelberg, München und Augsburg. Vergeblich suchten Fürsprecher, ihm eine Anstellung zu verschaffen.

Wenige Wochen nach seiner Ankunft in Augsburg erschien am 31. März 1774 die erste Nummer der *Deutschen Chronik* (ab 1776 *Teutsche Chronik*), die Sch. gemeinsam mit dem Buchhändler und Verleger Conrad Heinrich Stage gegründet hatte. Das Blatt erschien zweimal wöchentlich und vereinigte Elemente zweier publizistischer Gattungen, der Zeitung und der Zeitschrift. Es wurde im wesentlichen von Sch. allein verfaßt. In der *Nachricht ans Publikum*, mit der Sch. die *Chronik* ankündigte, äußerte er den Wunsch nach einem »Huth voll« britischer »Freiheit«. Die Schreibbedingungen in England, wo sich nach Verzicht auf die Vorzensur 1695 der politische Journalismus weitgehend ungehindert entfalten konnte, erschienen ihm vorbildlich. Empört über diese »ungebührliche« Bemerkung untersagte der regierende Bürgermeister den Druck in Augsburg, und das Journal mußte ab Mai 1774 bei Christian Ulrich Wagner in Ulm hergestellt werden.

Die paritätisch regierte Reichsstadt Augsburg besaß einen großen katholischen Bevölkerungsanteil und eine immer noch sehr einflußreiche jesuitische Partei. Kritische Bemerkungen über Mächtige in Kirche und Staat, insbesondere aber jesuitenfeindliche Artikel in der *Chronik* hatten Sch. den Boden in Augsburg entzogen. Der Kampf der »Brüder Jesu« und ihrer Anhänger gegen den Journalisten führte zu einer regelrechten Verfolgungskampagne, die auch vor tätlichen Angriffen nicht zurückschreckte. Der Rat verbot zwar derartige Ausschreitungen, beobachtete jedoch die freimütigen Äußerungen Sch.s mit Mißfallen, denn sie gefährdeten den innerstädtischen Frieden, der auf dem Gleichgewicht der Konfessionen beruhte.

Sch. sah sich gezwungen, Augsburg zu verlassen und seine Tätigkeit vom Januar 1775 an in Ulm fortzusetzen. Die Arbeit an der *Chronik* blieb auch hier seine Hauptbeschäftigung und schuf die Grundlage seiner Existenz. 1777, zwei Jahre nach Sch.s Umzug nach Ulm, setzten seine Verhaftung und der Beginn einer zehnjährigen Gefangenschaft auf der Festung Hohenasperg seinem publizistischen Wirken ein vorläufiges Ende. Sch. war auf Befehl des Herzogs Karl Eugen auf württembergisches Gebiet gelockt und dort festgenommen worden. Da er ohne Gerichtsverfahren und ohne Angabe von Gründen inhaftiert wurde, ist es kaum möglich, in dieser Frage zu gesicherten Erkenntnissen zu gelangen. In seinem Erlaß an den Klosteramtmann Philipp Friedrich Scholl zu Blaubeuren, mit dessen Hilfe der Herzog Sch.s Gefangennahme vornahm, rechtfertigte Karl Eugen sein Vorgehen mit den gotteslästerlichen und majestätsbeleidigenden Äußerungen in Sch.s Schriften.

Wie eingeengt Sch. in seiner Schreibfreiheit war, zeigen zahlreiche Beschwerden ausländischer Mächte wie deutscher Landes- und Stadtregierungen, die ihm Verweise einbrachten und ihn zu Widerrufen zwangen. In der protestantischen Reichsstadt Ulm konnte sich Sch. zwar freier äußern als in Augsburg, doch stand die *Chronik* unter Aufsicht der städtischen Zensur, und Konflikte mit der Obrigkeit blieben auch in Ulm nicht aus. Publikationsfreiheit – für den politischen Journalisten Sch. von existentieller Bedeutung – stellte denn auch ein von ihm immer wieder erörtertes Thema dar. Unermüdlich stritt Sch. für freie Meinungsäußerung in Wort und Schrift, wenngleich er gewisse Beschränkungen für notwendig hielt. So sollten, wenn möglich, die Person des Herrschers respektiert und die Grundüberzeugungen der christlichen Religion anerkannt werden.

Es entsprach dem journalistischen Charakter der *Chronik*, aktuelle Themen des Zeitgeschehens aufzugreifen und kritisch zu begleiten. Ein geschlossenes Gefüge politischer Anschauung fand sich in Sch.s Zeitschrift ebensowenig wie eine von Widersprüchen freie Bewertung von Personen und Ereignissen. Gleichwohl stellte die aufklärerische Mission des Autors ein alle Beiträge verbindendes Element dar. Demgemäß setzte sich Sch. unablässig für die Achtung der Würde des Menschen ein. So fand Kaiser Joseph II. Sch.s ungeteilten Beifall, als er 1776 die Folter abschaffte und 1781 die Leibeigenschaft aufhob. Scharf verurteilte der Chronikschreiber die Sklaverei. Er scheute sich auch nicht, den Menschenhandel deutscher Fürsten, den Verkauf von zum Kriegsdienst gezwungenen Landeskindern an das mit seinen nordamerikanischen Kolonien (1775–1783) kriegführende England anzuprangern – acht Jahre vor Friedrich Schillers Anklage dieser despotischen Willkür in seinem 1784 uraufgeführten Schauspiel *Kabale und Liebe*.

Ein in der *Chronik* vielbeachtetes Thema war die Toleranzfrage. Immer wieder zog Sch. gegen religiösen Fanatismus und die Verfolgung Andersdenkender zu Felde. Insbesondere setzte er sich dafür ein, den Juden alle bürgerlichen Rechte zu gewähren. Freiheit stellte einen Schlüsselbegriff im politischen Denken Sch.s dar, und so rühmte er die liberalen Verfassungen in England, den Niederlanden und der Schweiz. Aber auch die Errungenschaften der Amerikanischen Revolution wurden vom Chronikschreiber begrüßt und gewürdigt. Er pries die Konstitution von 1776, deren Liberalität für ihn auf der Gleichberechtigung der Bürger und der religiösen Bekenntnisse beruhte.

So sehr Sch. der republikanischen Staatsform zuneigte, letztlich gab er dennoch der Monarchie den Vorzug, zumal im Blick auf die deutschen Territorien. Mit Ausnahme der von ihm ihrer Verfassung und Regierung wegen geschätzten Stadtrepubliken Frankfurt am Main und Hamburg stand Sch. den oligarchisch geführten Reichsstädten äußerst skeptisch gegenüber. Die milde, vernunftgeleitete Alleinherrschaft eines aufgeklärten Regenten erschien ihm die denkbar beste Form der Regierung. Die Ursache für den von Sch. unnachsichtig bekämpften Machtmißbrauch in seinen vielfältigen Erscheinungsformen sah er nicht in der Unzulänglichkeit des politischen Systems des Absolutismus, sondern in der Person des Fürsten, der die ihm als Herrscher von Gottes Gnaden auferlegte Pflicht, Sorge für das Wohl seiner Untertanen zu tragen, verletzte. Auch in seinen Gedichten nahm sich Sch. politischer Themen an. Bekannt wurde *Die Fürstengruft*, eine erbitterte Anklage fürstlicher Willkürherrschaft und menschenverachtender Gewaltherrschaft. Den Tyrannen wurden die ihrer Regentschaft würdigen Fürsten gegenübergestellt.

Im Mai 1787 wurde der inzwischen zum aufklärerischen Absolutismus übergegangene Sch., nachdem sich der preußische Hof für ihn verwandt hatte, aus der Haft entlassen und von Karl Eugen zum Hofdichter und Theaterdirektor in Stuttgart ernannt. Gleichzeitig nahm er die Arbeit an der *Chronik* wieder auf und führte sie bis zu seinem Tod im Oktober 1791 fort. Auch bei der Abfassung des nach-aspergischen Teils seiner Zeitschrift, die im Verlag des kaiserlichen Reichspostamtes in Stuttgart erschien und in der Akademischen Druckerei der Herzoglichen Karlsschule gedruckt wurde, waren seiner Schreibfreiheit enge Grenzen gesetzt. Die ihm gewährte Zensurfreiheit unterstellte ihn der unmittelbaren Aufsicht des Landesherrn.

Obgleich die Stuttgarter Bände der *Chronik*, verglichen mit den ersten vier Jahrgängen, an Spontaneität und Unmittelbarkeit einbüßten, blieb der kritische Geist der Zeitschrift erhalten, und sie verlor nichts von ihrer politischen Brisanz. Seit dem Ausbruch der Französischen Revolution bildeten die Ereignisse in Paris den Mittelpunkt der politischen Berichterstattung und Diskussion in Sch.s *Chronik*. Sch. war begeisterter Parteigänger der politischen Umgestaltung in Frankreich und hegte große Sympathien für die Ideale und Zielsetzungen der Revolutionäre. Er begrüßte die staatsbürgerliche Gleichstellung ebenso wie die Beschränkung der Macht des Königs auf die Exekutive. Auch die Aufhebung der Standesunterschiede fand seine Billigung. Freimütig bekannte sich Sch. jetzt zu Grundzügen einer demokratischen Verfassung: »Fürsten sind um des Volkes willen, das Volk nicht um der Fürsten willen. Die Nazion ist es, welche – sie sei nun versammelt oder gesezmäßig durch Vertreter und Verweser vorgestellt – die Befugnis hat, die Anordnungen und Geseze zu machen, unter welchen sie leben will. Gegen diese darf das Oberhaupt, es sei gewählt oder erblich, nichts einwenden: obgleich Klugheit und das Gemeinwohl anrathen, die Erfahrungen der Regenten anzuhören, zu erwägen und das Brauchbare daraus zu behalten. Die Fürsten sollen jene Anordnungen blos vollstrecken und zum Besten des Ganzen handhaben«. Andererseits warnte Sch. vor einer Verpflanzung der revolutionären Bewegung nach Deutschland, im Gegenzug freilich auch davor, sich in die französischen Verhältnisse von außen einzumischen.

Sch.s unverhüllte Äußerungen über das Revolutionsgeschehen in Frankreich führten im Oktober 1791, einen Tag vor seinem Tod, zur Aufhebung der Zensurfreiheit für die *Chronik*. Diese wurde zunächst von Sch.s Sohn Ludwig und dem Schriftsteller Gotthold Friedrich Stäudlin gemeinsam und vom 84. Stück des Jahrgangs 1792 an von Stäudlin allein verfaßt und herausgegeben. Mit Verordnung vom 24. April 1793 wurde ihre Einstellung verfügt. Indem seine Zeitschrift, verglichen mit fast allen anderen zeitgenössischen Journalen, über den Kreis der Gebildeten hinaus in den mittleren und unteren Schichten Leser fand, gelang es ihm, auf weite Bevölkerungsteile Einfluß zu nehmen.

Breitenbruch, B.: Christian Friedrich Daniel Schubart bis zu seiner Gefangensetzung 1777. Ulm 1989. – Honolka, K.: Schubart. Dichter und Musiker, Journalist und Rebell. Sein Leben und Werk. Stuttgart 1985. – Schairer, E.: Christian Friedrich Daniel Schubart als politischer Journalist. Tübingen 1914.

Ursula Stephan-Kopitzsch

Schulz, Wilhelm

Geb. 13. 3. 1797 in Darmstadt; gest. 9. 1. 1860 in Zürich

Sch., Sproß einer Darmstädter Beamtenfamilie, trat als Vierzehnjähriger in das Leibgarderegiment des Großherzogs von Hessen-Darmstadt ein. 1813 zum Leutnant ernannt, nahm er an der Schlacht bei Leipzig und am Frühjahrsfeldzug in Frankreich 1814 teil. Nach Kriegsende bezog er die Universität Gießen, um die für seine Offiziersausbildung nötigen mathematischen und kriegswissenschaftlichen Studien zu betreiben. Dort lernte er den Anführer der »Gießener Schwarzen«, den Jurastudenten und Burschenschaftler Karl Follen, kennen, dessen Intellekt und revolutionäre Energie ihn zwar beeindruckten, dessen Ideen der Befreiung Deutschlands durch Terrorismus und Fürstenmord er jedoch ablehnte. Sch. machte es sich vielmehr zur Aufgabe, die notleidenden und unwissenden Volksmassen über ihre politische Rechtlosigkeit und ihre Menschenrechte aufzuklären.

Im März 1819 verfaßte er ein anonymes *Frag- und Antwortbüchlein über allerlei, was im deutschen Vaterland besonders nottut. An den Bürgers- und Bauersmann.* Dieser Aufruf, den er in Frankfurt in einer Auflage von 3500 Exemplaren auf eigene Kosten drucken und von Freunden verteilen ließ, war in sehr einfacher und einprägsamer Sprache geschrieben, um den Bauern verständlich zu sein. Sch. flocht mehrere Bibelzitate ein, um seinen politischen und sozialen Forderungen durch die allgemein anerkannte Autorität des Evangeliums größeres Gewicht zu verleihen. Er wies auf das Elend der Fronbauern hin, das mit dem Luxus der adeligen Großgrundbesitzer kontrastierte, forderte Gleichheit vor dem Gesetz, unabhängige Gerichtsbarkeit, unentgeltliche Volksbildung, freie Berufswahl, Abschaffung der veralteten Zunftbestimmungen und Aufhebung der Binnenzölle. Dabei rief er jedoch zu keinen Gewaltmaßnahmen auf, sondern begnügte sich mit dem Appell an die Vernunft. Seine Flugschrift gipfelte in der Forderung einer deutschen Einheitsrepublik: »Das ganze deutsche Volk müßte seine echten, frei erwählten Volksvertreter haben; diese bestimmen dann eine höchste Obrigkeit für das Deutsche Reich, der sowohl Könige und Fürsten wie Bürger und Bauern untertan wären.«

Die Behörden konnten dem anonymen Verfasser monatelang nicht auf die Spur kommen. Sch. wurde im Oktober 1819 verhaftet und verbrachte ein Jahr in Untersuchungshaft. Wegen Hochverrats und Aufreizung zum Aufruhr angeklagt, sprach ihn das Kriegsgericht frei, weil sein Anwalt nachwies, daß er nicht zu blutiger Umwälzung aufgerufen habe. Er wurde aus dem Militär entlassen und mit einer kleinen Pension in den Ruhestand versetzt.

Sein Versuch, die juristische Laufbahn einzuschlagen, scheiterte, weil er als verdächtiger Volksaufwiegler nicht zum vorgeschriebenen Gerichtsjahr zugelassen wurde. Er verdiente sein Brot als Journalist und freier Schriftsteller und heiratete 1828 Caroline Sartorius, die Schwester eines Burschenschaftlers aus Follens Zirkel. Die kinderlose Ehe mit der sehr intelligenten und kongenialen Frau verlief überaus glücklich.

Die Pariser Julirevolution 1830 machte der politischen Friedhofsruhe in Deutschland ein Ende. Sch. nahm an den Presse- und Vaterlandsvereinen teil, die an vielen Orten Südwestdeutschlands entstanden. Er hielt bei Volksversammlungen Reden und veröffentlichte 1832 das Buch *Deutschlands Einheit durch Nationalrepräsentation.* Dort propagierte er, »die Selbstherrschaft der Völker an die Stelle der Selbstherrschaft der Fürsten« zu setzen und einen deutschen Einheitsstaat zu errichten. Starkes soziales Engagement unterschied ihn von den meisten anderen bürgerlichen politischen Publizisten der Epoche; er erkannte mit Besorgnis, das »der immer greller hervortretende Zwiespalt zwischen Reichen und Armen« eine Begleiterscheinung des industriekapitalistischen Fortschritts war und erhob die Forderung, die Arbeiter an den Gewinnen der Unternehmer zu beteiligen. Er sprach dem Staat die Pflicht zu, das Recht auf Arbeit zu garantieren, die Bedürftigen zu unterstützen und die kulturellen Einrichtungen zu fördern. Mit diesen zukunftsträchtigen Ideen eröffnete der Prophet des modernen Wohlfahrtsstaates die Perspektive auf eine Gesellschaftsordnung, in der das Privateigentum unangetastet, aber sozial gebunden und der Wirtschaftsbereich im Interesse der Bevölkerungsmehrheit gelenkt und überwacht sein sollte.

Während der Niederschrift seines Buches schloß Sch. seine Studien ab und promovierte 1831 in Erlangen mit einer Arbeit *Über das zeitgemäße Verhältnis der Statistik zur Politik.* Wegen einiger zur Volksbewaffnung aufrufender Broschüren im September 1833 wiederum verhaftet, wurde er (da er noch immer seine Offizierspension bezog) vor ein Kriegsgericht gestellt, das ihn wegen Hochverrats zu einer Kerkerstrafe von fünf Jahren in der unweit Darmstadts gelegenen Festung

Babenhausen verurteilte. Seine Frau schmuggelte ihm Ausbruchswerkzeuge in die Zelle und versorgte ihn mit einer Handsäge, kräftigen Feilen und unzerreißbaren Gurten. In der Nacht vom 30. zum 31. Dezember 1834 glückte ihm eine abenteuerliche Flucht. Er zwängte sich durch die durchgesägten Fenstergitter, ließ sich mittels eines Seils in den vereisten Wallgraben hinab und floh nach Straßburg, wo kurz darauf Caroline eintraf.

In der elsässischen Hauptstadt lernte Sch. zwei Monate später einen anderen hessischen Flüchtling, Georg Büchner, kennen. Die beiden steckbrieflich Verfolgten schlossen Freundschaft und bewarben sich um Dozenturen an der Zürcher Universität, die eine wissenschaftliche Zufluchtstätte vertriebener deutscher Demokraten war. Im Herbst 1836 wurde Büchner als Privatdozent für Medizin und Sch. als Privatdozent für Verfassungskunde nach Zürich berufen. Sie bezogen im selben Haus Quartier; Büchner verbrachte seine freien Stunden vorwiegend in Gesellschaft des Ehepaares Sch. Die beiden emigrierten Revolutionäre debattierten über die Ursachen sozialer Gegensätze und die Möglichkeiten ihrer Überwindung, über die Beziehung der intellektuellen Avantgarde zu den Volksmassen, über die Aussichten einer künftigen deutschen Revolution, über Volksaufklärung, Milizarmee und stehende Heere sowie über philosophische, literarische und ästhetische Probleme.

Wenige Tage nach Büchners Tod im Februar 1837 kam sein Mitarbeiter am *Hessischen Landboten*, Friedrich Ludwig Weidig, nach fast zweijähriger Haft im Darmstädter Gefängnis ums Leben. Sch. hegte keinen Zweifel, daß die Behauptung der hessischen Behörden, er habe im Kerker Selbstmord begangen, erlogen war. Nach sechsjährigen Recherchen veröffentlichte Sch. anonym ein Buch *Der Tod des Pfarrers Ludwig Weidig*, in dem er den Verdacht äußerte, Weidig sei ermordet worden. Er forderte die Abschaffung der inquisitorischen Geheimjustiz und die Einführung öffentlicher Prozeßverfahren.

Die bedeutsamste wissenschaftliche Leistung des militanten Demokraten war die Abhandlung *Die Bewegung der Produktion* (1843), die die Widersprüche der kapitalistischen Wirtschaftsordnung kritisch analysierte und wichtige Erkenntnisse des historischen Materialismus vorwegnahm. Sch. zeigte, daß öffentliche Institutionen wie Verwaltung, Rechtspflege und Schulwesen durch die sich ständig wandelnde Wirtschaftsstruktur der Gesellschaft bedingt seien; die ungezügelte Wirtschaftsordnung tendiere dahin, immer größere Kapitalien in den Händen einer immer kleineren Minderheit anzuhäufen, während am anderen Ende der sozialen Leiter ein immer größeres Heer ausgebeuteter Proletarier entstehe.

Diese von Sch. aufgestellten Thesen – die Basis-Überbau-Theorie und die Akkumulations-, bzw. Verelendungstheorie – übernahm Karl Marx, der in seinen 1844 niedergeschriebenen *Ökonomisch-philosophischen Manuskripten* seitenlang die Abhandlung von Sch. exzerpierte; noch im *Kapital* ein Vierteljahrhundert später bezeichnete er sie als »eine in mancher Hinsicht lobende Schrift«.

Sch. erfuhr niemals, welche Erkenntnisse er Marx vermittelt hatte. Er blieb zeitlebens Anhänger der privatwirtschaftlich-marktorientierten Ordnung und hielt eine Harmonisierung der Interessen von Kapital und Arbeit durch staatliche Sozialgesetzgebung und Demokratisierung aller Lebensbereiche für möglich und notwendig. Den Kommunismus hingegen lehnte er ab, weil er der Meinung war, daß die Aufhebung des Privateigentums und die erzwungene Gütergemeinschaft der Natur und der geistig-politischen Bestimmung des Menschen widerspreche. Dieses Urteil fällte er in einem Essay über *Communismus*, den er in der *Enzyklopädie der Staatswissenschaften* 1846 publizierte. Sch. war eifriger Mitarbeiter dieses berühmten Lexikons; den Unterricht an der Universität hatte er schon nach fünf Semestern aufgegeben. Er freundete sich mit den Dichtern Georg Herwegh, Ferdinand Freiligrath und Gottfried Keller an. Nach dem Tod seiner Frau Caroline 1847 heiratete er Kitty Bodmer, die einer Zürcher Patrizierfamilie entstammte.

Bei Ausbruch der Revolution im März 1848 nahm Sch. am Frankfurter Vorparlament teil und wurde als Vertreter Darmstadts in die Paulskirche gewählt. Das war der Höhepunkt seines Lebens; bald jedoch sollten Ernüchterungen und Katzenjammer folgen. Kurz nach dem Zusammentreten des Parlaments proponierte Sch. die Errichtung eines Volksheeres zur Verteidigung der Nationalversammlung gegen die befürchteten Übergriffe Preußens und Österreichs, die Schaffung eines von den Einzelregierungen unabhängigen Verwaltungsapparates und die Besteuerung der Wohlhabenden zur Finanzierung der Heeres- und Staatsausgaben. Die Versammlungsmehrheit, die mit den Fürsten zu einer »gültigen Vereinbarung« kommen wollte, lehnte jedoch diese Anträge ab. Sch. stimmte im März 1849 gegen die Wahl des Preußenkönigs zum deutschen Erbkaiser, gehörte dem Stuttgarter Rumpfparlament an und zog sich nach Zersprengung der Volksvertretung durch württembergische Truppen (18. Juni 1849) enttäuscht nach Zürich zurück. Eine Zeitlang hoffte er auf das Wiederaufflammen der Volkserhebung und verfaßte im Herbst 1849 eine Flugschrift *Deutschlands gegenwärtige politische Lage und die nächste Aufgabe der demokratischen Partei*, in der er die Ersetzung der stehenden Heere durch Volksmilizen nach Schweizer Muster forderte. Er trat für eine föderative Republik unter Einschluß Deutschösterreichs ein.

In seinem letzten Lebensjahrzehnt veröffentlichte Sch. die Bücher *Militärpolitik* (1855) und *Die Rettung der Gesellschaft aus den Gefahren der Militärherrschaft* (1859), in denen er zu beweisen suchte, daß Abrüstung und Truppenreduktion im Interesse aller Regierungen lag. Die Umwandlung der stehenden Heere in Miliz-Armeen und die internationale Proklamation der Handelsfreiheit sollten zur Friedenssicherung beitragen, die Solidarität der Völker fördern, der Verelendung des Proletariats ein Ende setzen und den Grundstein zu einer humanen, gerechten, demokratischen und harmonischen Gesellschaftsentwicklung legen. In seiner letzten Publikation, *Entwaffnung oder Krieg* (1859) betonte er, daß der Kampf für sozialen Fortschritt und Demokratie mit dem Kampf gegen das Wettrüsten einhergehen müsse. Seine pazifistischen Abrüstungslosungen, die ihre Bedeutung bis heute beibehalten haben, lauteten: »Keinen Krieg! Die vernichtende Strafe der öffentlichen Meinung über den Friedensbrecher! Die Völker wollen den Frieden, sie wollen die den Frieden verbürgende Entwaffnung!«

Dies war das politische Vermächtnis des Mannes, der als einziger politischer Publizist Deutschlands an allen drei, immer höher steigenden Wellen von 1817 bis 1819, 1830 bis 1834 und 1848/49 teilnahm und für soziale Gerechtigkeit kämpfte. Es blieb ihm erspart zu erleben, daß die ersehnte Einigung Deutschlands nicht durch erfolgreiche Demokraten vollzogen wurde, sondern durch den preußischen Militärstaat, der drei Kriege gegen andere Länder führte und die traditionelle Gesellschaftshierarchie im Kaiserreich beibehielt.

Grab, W.: Dr. Wilhelm Schulz aus Darmstadt, Weggefährte von Georg Büchner, Inspirator von Karl Marx. Frankfurt/Main 1987.

Walter Grab

Schulze-Boysen, Harro

Geb. 2. 9. 1909 in Kiel; gest. (hingerichtet) 22. 12. 1942 in Berlin-Plötzensee

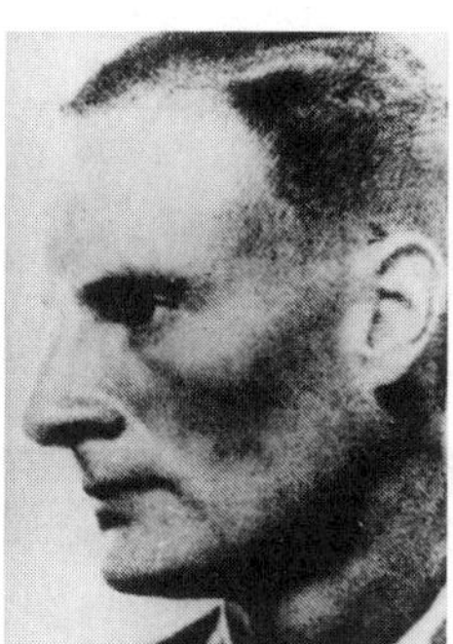

S.-B. verstand sich schon früh als Revolutionär. So suchte er, gerade volljährig, in der Endphase der Weimarer Republik nach einem parteiübergreifenden Aufbruch der Jugend. Die Parteien und auch die parlamentarische Demokratie hatten seiner Ansicht nach versagt. Sie konnten keinen Ausweg aus der die gesamte Gesellschaft umfassenden Krise weisen. Alternativen sah er in einer Art direkter Demokratie. Aktivisten außerparlamentarischer Gruppen mit ihren unterschiedlichen politischen Ansätzen sollten örtliche Ausschüsse bilden und darin den Willen zur Gestaltung der Gesellschaft auf neue Weise zum Ausdruck bringen.

Als Herausgeber der Zeitschrift *Gegner* war S.-B. in den Jahren 1932/33 Integrationsfigur eines Kreises vorwiegend junger Leute. Bestehende Feindbilder und Gegnerschaften wollte er aufbrechen, junge Männer aus unterschiedlichen politischen Lagern für eine »neue Front« gewinnen, die Deutschland aus der Krise führen sollte. Unter den zerstrittenen Gegnern eines für ihn gescheiterten kapitalistischen Systems sah er künftige Kampfgenossen. Im Versuch, ohne Programm auszukommen, blieb die Richtung unbestimmt. Dabei suchte er im Gegensatz zu Vertretern nationalrevolutionärer und nationalbolschewistischer Gruppen nach über Deutschland hinausgehenden Antworten, die ein Zusammengehen mit jungen revolutionären Kräften aus westeuropäischen Ländern wie auch der Sowjetunion einschlossen.

Der revolutionäre Wandel begann für ihn im Menschen und nicht zuerst in den Produktionsverhältnissen, wie es die Marxisten behaupteten. Er entnahm dem Marxismus eine Reihe von Anstößen, aber er hielt die marxistische Theorie nicht für geeignet, Lösungen für die vielfältigen Probleme zu vermitteln. Sie war ihm als Anregung wichtig, aber als Doktrin zu eng. Er wollte anders sein und eigene Wege gehen. Sein Protest richtete sich vor allem gegen den ewigen deutschen »Spießer«, der jede grundlegende Änderung gesellschaftlicher Verhältnisse in Deutschland bisher verhindert hatte.

Die ihm eigene Dynamik im Denken und Handeln, verbunden mit einem ungebrochenen Sendungsbewußtsein, machten auch einen Großteil seines Charismas aus. Er wollte keine Festpunkte setzen, sondern die Dinge vorantreiben. In seinem Suchen wurde er zu einem »Grenzüberschreiter« einer außerparlamentarischen Opposition und blieb so ständig in Bewegung und offen für neue Anregungen. Er strebte eine Einheit unterschiedlicher Kräfte an, die sich durch Mannigfaltigkeit auszeichnen sollte. Die Niederlage der von ihm heftig kritisierten Weimarer Republik mußte er selber Ende April 1933 in einem Folterkeller der SA erfahren. Als Knabe erlebte er in unmittelbarer Nähe und aus den Erzählungen des Vaters, einem kaiserlichen Seeoffizier, in Alfred von Tirpitz, dem Bruder seiner Großmutter, eine zentrale Figur des wilhelminischen Deutschland. Der Großvater Georg Schulze leitete 25 Jahre das Berliner Französische Gymnasium. Ferdinand Tönnies, einer der Begründer der deutschen Soziologie, war ein Großonkel mütterlicherseits und stand der Sozialdemokratie nahe.

Ein Schlüsselerlebnis für den Dreizehnjährigen war im Januar 1923 die Besetzung des Rheinlandes durch französische und belgische Truppen und der passive Widerstand der Bevölkerung an Rhein und Ruhr. Die Überwindung des Versailler Vertrags wurde ein wesentliches Motiv für sein schon früh einsetzendes politisches Wirken. Die Verhinderung eines neuen »Versailles« nach einer Niederlage der Nationalsozialisten war auch ein Beweggrund für die Zusammenarbeit mit der sowjetischen Seite im Jahre 1941.

Starke politische Interessen, große Begabung, ein schon früh durch den »Jungdeutschen Orden«, einem nationalen Frontkämpferverband, geprägter Erneuerungsdrang zeichneten den Heranwachsenden aus. Zugleich versuchte er aus dem Schatten familiärer Vorbilder herauszutreten. Der Generationskonflikt kulminierte erst in der Weltwirtschaftskrise. Die Deutungsmuster des Vaters zur Überwindung der Krise verwarf der Sohn als unzureichend und die bürgerlichen Werte als von der Zeit überholt. Die immer weiter auseinanderklaffenden Auffassungen von Vater und Sohn führten zwar nicht zum Bruch mit dem Elternhaus, aber auf getrennte Wege. Während Erich Edgar Schulze erst dem Kaiser und ab 1940, wenn auch mit Vorbehalten, aber durchaus loyal, Hitler als Seeoffizier diente, verweigerte S.-B. als Luftwaffenoffizier dem von ihm als verbrecherisch erkannten System seine Gefolgschaft. Er brach mit seiner Entscheidung zum Widerstand den Eid auf Hitler, als solch ein Schritt selbst von den späteren Verschwörern des »20. Juli« noch als problematisch angesehen wurde. Damit stellte er auch das Wertevermächtnis seiner Familie in Frage und verließ die preußische Traditionslinie seiner Vorfahren.

Im Reichsluftfahrtministerium, dem er seit April 1934 angehörte, leistete er anerkannt gute Arbeit. Zugleich litt er unter den Einschränkungen, die ihm keine eigenständige Arbeit ermöglichten. Immer wieder analysierte er die aufbrechenden Widersprüche in der Gesellschaft, hoffte auf eine Änderung von innen. Er schloß sich keinen oppositionellen Gruppen an, sondern suchte die Begegnung mit einzelnen Gleichgesinnten. Aus der Vielzahl von Begegnungen und Kontakten kristallisierte sich Mitte der dreißiger Jahre ein engerer antifaschistischer Freundes- und Diskussionskreis heraus, dem seine Frau Libertas, der Bildhauer Kurt Schumacher und dessen Frau Elisabeth, der Kommunist Walter Küchenmeister, die Ärztin Elfriede Paul und andere angehörten. Widerstand äußerte sich zunächst einmal in einer zu ihrer Umwelt sich unterscheidenden Lebenskultur und Haltung. Diese Freundschaftskreise waren wichtige Orte persönlicher und politischer Verständigung, aber auch Fluchtpunkte aus einer oft unerträglichen Wirklichkeit. Sie dienten als identitätsbewahrende Formen der Selbstbehauptung und des Zusammenhalts. Hieraus entwickelten sich notwendige Freizeit- und Kommunikationsvoraussetzungen für Verbindungen im illegalen Widerstand.

S.-B. sagte Ende 1938 den Beginn des Krieges für 1939, spätestens jedoch für 1940/41 voraus. Damit war auch seine Entscheidung gefragt. Die Erkenntnis, daß die Kriegsvorbereitungen nicht aufzuhalten waren und die künftigen Sieger nicht die braunen Machthaber sein dürften, förderte den Entschluß, das Stadium der Diskussion zu verlassen. Nach dem Überfall deutscher Truppen auf die Sowjetunion im Sommer 1941 verstärkte sich die Fühlungnahme zwischen vorher mehr unabhängig voneinander agierenden, antifaschistischen Freundeskreisen. Zusammenkünfte, Diskussionen, Geselligkeiten bildeten häufig den Ausgangspunkt für ein vorsichtiges Miteinander mit anderen Hitlergegnern. Viele Fäden dieses sich ständig ausweitenden Netzes liefen bei S.-B. zusammen. Er initiierte die Ausarbeitung von Flugschriften, unterstützte eine Zettelklebeaktion und suchte den Kontakt zu anderen illegalen Gruppen. Arvid Harnack brachte im Frühjahr 1941 S.-B. mit dem Mitarbeiter der sowjetischen Botschaft, Alexander Erdberg, zusammen. Einzelheiten über die Vorbereitungen des Angriffs auf die Sowjetunion wurden mitgeteilt, aber in Moskau nicht geglaubt. Im Herbst 1941 suchte auf Anweisung des Moskauer Generalstabs ein in Brüssel unter dem Decknamen »Kent« arbeitender, sowjetischer Offizier des militärischen Nachrichtendienstes S.-B. in Berlin auf. Den Inhalt des Gespräches übermittelte »Kent« (= Anatoli Gurewitsch) in acht Funksprüchen nach Moskau. Ein weiterer Nachrichtenaustausch mit der Sowjetunion fand nicht statt.

S.-B. und seine Freunde verstanden sich nicht als eine Abteilung des sowjetischen Nachrichtendienstes. Sie wollten dazu beitragen, den Krieg so schnell wie möglich zu beenden, ein Besatzungsregime verhindern und als Partner für den Aufbau eines eigenständigen Deutschland mit einer antifaschistischen und sozialistischen Option zur Verfügung stehen. Eine gleichberechtigte Zusammenarbeit mit der Sowjetunion sollte die Unabhängigkeit Deutschlands wahren. So entstand in den Jahren 1941/42 ein breit gefächertes Aktionsbündnis zur Vorbereitung eines möglichst schnellen Endes der Nazidiktatur. Gesucht wurde im Frühsommer 1942 auch ein Kontakt in die Schweiz zur Übermittlung von für die englische Seite wichtigen Informationen. S.-B. wollte die Nachkriegsordnung mitgestalten. Dafür suchte er Verbündete und Mitstreiter aus unterschiedlichen politischen Lagern. Er führte Gespräche mit Albrecht Haushofer, Bernhard von Trotha und anderen, die später dem Kreisauer Kreis und den Männern des »20. Juli« nahestanden. In einer breiten inneren Front, die zum Sturz des Hitlerregimes beitragen sollte, sah er eine Chance für einen demokratischen Neubeginn in Deutschland. S.-B.s politisches Credo findet sich in seiner Ende Januar/Anfang Februar 1942 entstandenen Flugschrift *Die Sorge um Deutschlands Zukunft geht durch das Volk:* »Das deutsche Volk braucht eine sozialistische Regierung der Arbeiter, der Soldaten und der werktätigen Intelligenz. Nur durch das entschlossene Zusammengehen der volksverbundenen Kräfte der Wehrmacht mit den besten Teilen der Arbeiterklasse und der werktätigen Intelligenz kann der herrschenden Partei das Heft aus der Hand gerissen werden«. Am 31. August 1942 wurde S.-B. im

Reichsluftfahrtministerium verhaftet. Der 2. Senat des Reichskriegsgerichts verurteilte ihn am 19. Dezember 1942 wegen »Vorbereitung zum Hochverrat, Kriegsverrats, Zersetzung der Wehrkraft und Spionage« zum Tode. Die Hinrichtung erfolgte am 22. Dezember 1942 in Plötzensee.

Boysen, E.: Harro Schulze-Boysen. Das Bild eines Freiheitskämpfers. Zusammengestellt nach seinen Briefen, nach Berichten der Eltern und anderen Aufzeichnungen. Koblenz 1992. – Coppi, H.: Harro Schulze-Boysen – Wege in den Widerstand. Eine biographische Studie. Koblenz 1993.

Hans Coppi

Schulze-Delitzsch, Hermann

Geb. 29. 8. 1808 in Delitzsch; gest. 29. 4. 1883 in Potsdam

Das politische Leitbild Sch.-D.s läßt sich am besten als »offene Bürgergesellschaft« charakterisieren. Für einen der führenden liberalen Demokraten des 19. Jahrhunderts bedeutete dies nicht nur politische Mitbestimmung durch das allgemeine und gleiche Wahlrecht und eine Regierung gemäß dem Willen der Volksvertretung im Rahmen einer parlamentarischen Monarchie. Angestrebt war vielmehr auch die materielle Absicherung der unteren Schichten, d.h. der Arbeiter und kleinen Handwerker, durch genossenschaftliche Organisation und dadurch ihr »Hineinwachsen« in die bürgerliche Gesellschaft. Seit der Revolution von 1848 setzte sich Sch.-D. für diese Ziele ein.

Seine ersten gesellschaftspolitischen Erfahrungen sammelte er als Kreisrichter in seinem Geburtsort, der damals zur preußischen Provinz Sachsen gehörte. Zuständig für die Polizei und Rechtsprechung in erster Instanz, eröffnete sich ihm im Vormärz ein weiter sozialer Erfahrungsraum, der ihm als Abgeordneter seines Kreises in der preußischen »Nationalversammlung« in Berlin 1848 zugute kam. Er wurde Mitglied des »Linken Zentrums«, das unter der Führung von Johann Carl Rodbertus stand, später einer der profiliertesten Nationalökonomen und (politisch eher konservativen) Staatssozialisten.

Schon früh war sich Sch.-D. bewußt, daß es zur Verwirklichung einer freiheitlichen Verfassung notwendig sein würde, die »soziale Frage« zu lösen. Als Vorsitzender der Handwerkerkommission, die von der Berliner Nationalversammlung zur Bearbeitung zahlreicher Petitionen aus der Handwerkerschaft eingerichtet worden war, lernte Sch.-D. die soziale Problematik kennen, die sich für die Kleingewerbetreibenden mit dem Übergang zur Industriegesellschaft ergab. Er setzte sich dafür ein, den Handwerkern begreiflich zu machen, daß sie nur mit der Industrie, nicht durch Wiedereinrichtung des Zunftwesens überleben konnten.

Nach Auflösung der preußischen Nationalversammlung wurde Sch.-D. wegen seiner Beteiligung an der Revolution unter einem Vorwand vor Gericht gestellt. Trotz Freispruchs wurde er in der anschließenden Reaktionszeit politisch gemaßregelt und beruflich so schikaniert, daß er 1851 aus dem Staatsdienst ausschied.

Nun konnte er, durch seine Frau finanziell unterstützt, sich ganz der sozialen Frage widmen. Er begann, zunächst auf lokaler Ebene, mit der Organisation von Genossenschaften. Diese Kreditvereine und Vereine zur Beschaffung billiger Rohstoffe für Handwerker und zur Magazinierung der fertiggestellten Waren beruhten ganz auf dem Grundsatz der Selbsthilfe. Den Genossenschaften der 1850er Jahren gehörten nämlich noch viele Achtundvierziger an, die auf die Hilfe des politisch ungeliebten preußischen Staates lieber verzichteten. Besondere Hoffnungen setzte Sch.-D. in die Produktivgenossenschaften, die auch ehemaligen Lohnarbeitern oder vom Bankrott bedrohten Handwerkern die Selbständigkeit ermöglichen sollten. So sollte der Arbeitsmarkt von zusätzlichen Arbeitsuchenden entlastet und den Lohnarbeitern die Chance gegeben werden, durch eigenverantwortliche Leitung der Genossenschaft auch der Gefahr der durch die Mechanisierung der Arbeitsvorgänge entstandenen Entfremdung zu begegnen. Hoffnungen, die sich nicht erfüllten.

1858 begann in Preußen mit der Einsetzung des Prinzregenten Wilhelm, des späteren König Wilhelm I., eine neue liberalkonservative Ära (»Neue Ära« bis 1861). Sch.-D. wirkte nun an zentraler Stelle bei der Gründung des Deutschen Nationalvereins und der Deutschen Fortschrittspartei 1859 und 1861 mit. Beide Organisationen verfolgten das Ziel, Deutschland unter preußischer Führung zu einigen. Sowohl im Nationalverein als auch in der auf Preußen konzentrierten Fortschrittspartei hatten sich Liberale und Demokraten bzw. Republikaner zusammengeschlossen. Man wollte pragmatisch vorgehen und sich nicht von vornherein wieder in das politische Abseits manövrieren. Bekenntnisse zum demokratischen Wahlrecht wurden daher eher zögernd vorgetragen.

Sch.-D., dem hierbei eine Vermittlerrolle zwischen dem linken und rechten Flügel zufiel, wurde 1861 ins preußische Abgeordnetenhaus gewählt. Hier setzte er sich, besonders im Verfassungskonflikt 1861 bis 1866 für die Rechte der Volksvertretung ein, ferner für die Koalitions- und Vereinsfreiheit und gewerkschaftliche Organisation der Arbeiter sowie für

eine rechtliche Absicherung der Genossenschaften. Diese Fragen verfolgte er auch nach der Reichsgründung 1871 als Mitglied des Reichstags weiter. Seit Mitte der 1860er Jahre geriet Sch.-D. immer stärker in die politische und sozialpolitische Defensive. Bismarck stützte sich bei der Reichseinigung und dem Ausbau des Reiches in den 1870er Jahren auf die Nationalliberale Partei, also auf die Rechtsliberalen, deren verfassungs- und gesellschaftspolitische Ziele Sch.-D. nicht teilte. Er blieb daher weiterhin Abgeordneter der linksliberalen Fortschrittspartei, die zunehmend an Einfluß verlor. Sozialpolitisch war Sch.-D. bereits 1863, seit der Gründung des »Allgemeinen Deutschen Arbeitervereins« (ADAV) durch Ferdinand Lassalle in die »Schußlinie« geraten.
Lassalle lehnte Produktivgenossenschaften auf Selbsthilfebasis ab und propagierte stattdessen Produktivgenossenschaften mit staatlicher Hilfe. Auch der liberale »Vereinstag Deutscher Arbeitervereine« wandte sich von der liberal-demokratischen Genossenschaftsbewegung ab und schloß sich der internationalen sozialistischen Arbeiterbewegung an. 1869 gründeten August Bebel und Wilhelm Liebknecht in Eisenach die »Sozialdemokratische Arbeiterpartei« (SDAP).
Die Entwicklung einer selbständigen Arbeiterbewegung, die auf die Mentorenschaft von liberalen Sozialreformern verzichtete, erhielt einen zusätzlichen Anstoß durch das Scheitern der von Sch.-D. organisierten Genossenschaftsbewegung. Dies galt nicht nur für die von Lassalle angesprochenen Produktivgenossenschaften, sondern generell. Zwar prosperierten vor allem die Kreditvereine, doch herrschte bei ihnen die Tendenz vor, sich nicht »nach unten« zu öffnen, sondern sich von den unteren Schichten abzuschotten, z.B. dadurch, daß nur Hausbesitzer als Mitglieder zugelassen wurden. Aber auch die Rohstoff- und Magazingenossenschaften entwickelten sich immer stärker zu reinen Mittelstandsorganisationen. Auch Sch.-D.s Plädoyer als Vorsitzender des deutschen Genossenschaftsverbandes, offen für die »unteren Klassen« zu sein, änderte daran nichts. Zwar verfehlte Sch.-D. die Verwirklichung seiner sozialpolitischen Ziele. Aber seine Grundidee – Assoziation durch Selbsthilfe – enthält bis heute, zumal nach dem Scheitern des Kommunismus, ein unausgeschöpftes sozialpolitisches Potential.

Aldenhoff, Rita: Schulze-Delitzsch. Ein Beitrag zur Geschichte des Liberalismus zwischen Revolution und Reichsgründung. Baden-Baden 1984. – Eisenberg, Christiane: Frühe Arbeiterbewegung und Genossenschaften. Bonn 1985. – Offermann, Toni: Arbeiterbewegung und liberales Bürgertum in Deutschland 1850–1863. Bonn 1979.

Rita Aldenhoff

Schümer, Georg

Geb. 11.12.1873 in Schüttorf (bei Rheine); gest. 1.6. 1945 in Schüttorf

Freiheitliches Denken hatte eine gute Tradition in Sch.s Familie. Die Vorfahren wollten frei bleiben und bauten deshalb ihre Mühle weit von Schüttorf entfernt auf, um dem Herrschaftsbereich des Adels zu entgehen. Der Vater war Mühlenbesitzer und Bürgermeister.
Sch. studierte in Marburg, Göttingen und Berlin evangelische Theologie. Nach dem ersten Examen entschloß er sich zum Berufswechsel und belegte ergänzend zur Religionslehre Deutsch und Latein, um Gymnasiallehrer zu werden. Er unterrichtete später in Leer, Goslar und Görlitz. Im Auftrage des Religionslehrerverbandes gab er als Gymnasialprofessor in Magdeburg 1913 eine Sammlung von Andachten für jeden Tag des Schuljahres heraus. Einige der von ihm gestalteten Themen sind charakteristisch für seine Einstellung und politische Entwicklung: Freiheit, Menschenwürde, Vergebung, Erbarmen, Das innere Licht.
1924 wurde Sch. Direktor der Lessingschule in Magdeburg. In den nächsten Jahren gelang ihm der Ausbau dieser Realschule zur Oberschule. 1928 gab er unter dem Titel *Grundfragen der Ethik* ein Quellenheft für den Religionsunterricht in der Oberstufe heraus. Für die Mittelstufe schrieb er selbst das Arbeitsheft *Lebensfragen* (1929). Die Ethik hielt er für die »Lebensfrage im eigentlichen Sinne des Wortes«. Als Grundpflichten nannte er Wahrhaftigkeit und das Gebot der Liebe.
1921 hatte er in der *Christlichen Welt*, der Zeitschrift seines Freundes, des Theologen Martin Rade, Leitsätze zu Politik und Moral verfaßt. Beteiligung an der Politik galt ihm als sittliche Pflicht. Sch. definierte Nationalgefühl als »Verantwortungsgefühl für das eigene Volk« und ergänzte: »Internationale Gesinnung ist das Bewußtsein um die Solidarität des Menschengeschlechts (...). Freiheit ist das letzte Ziel aller nationalen, internationalen, demokratischen und sozialistischen Politik.«
In diesem Sinne war er selbst viele Jahrzehnte politisch tätig. Im Jahre 1903 unterstützte er im »Nationalsozialen Verein« des Pfarrers Friedrich Naumann erfolgreich die Landtagskandidatur des liberalen Politikers Hellmut von Gerlach. 1919 wurde er selbst als Mitglied der linksliberalen Deutschen Demokratischen Partei (DDP) zum Abgeordneten der verfassungsgebenden preußischen Nationalversammlung gewählt. Doch unzufrieden mit der Entwicklung dieser Partei, wechselte er 1923 zur SPD. Wie Martin Buber und Pfarrer Georg Fritze (Köln)

sowie Hans Ehrenberg (Bochum) gehörte er zum »Bund der Religiösen Sozialisten«. Außerdem war er Vorstandsmitglied der »Deutschen Liga für Menschenrechte« und des »Bundes der Bodenreformer«, denn er meinte, daß Wasser, Grund und Boden nicht Privatbesitz sein dürften.

Einen besonderen Schwerpunkt der politischen Aktivität bildete die Arbeit für den internationalen Frieden. Als Delegierter besuchte er internationale Friedenskongresse, gründete in Magdeburg eine Gruppe und gehörte 1920 bis 1929 zum Vorstand der »Deutschen Friedensgesellschaft« (DFG). Präsidiumsmitglieder waren außer Sch. u.a. die bekannten Pazifisten Helene Stöcker, Ludwig Quidde, Hellmut von Gerlach, Harry Graf Keßler, Fritz Küster und die Reichstagsabgeordneten Paul Löbe und Anna Siemsen. Als sich der Streit mit dem radikalen Westdeutschen Landesverband unter Fritz Küster verschärfte, trat Sch. mit anderen aus dem Präsidium und dann auch aus dem Verband aus. Er schloß sich dem »Deutschen Friedensbund« und 1931 einem »Evangelischen Friedensbund« an, außerdem war er Mitglied des »Versöhnungsbundes«.

Im Dezember 1932 wurde er zum Gründungsvorsitzenden des »Allgemeinen Deutschen Friedensbundes« gewählt. Es war ein sichtbarer Erfolg seiner Magdeburger Geschäftsstelle, daß ein Friedensaufruf noch im Januar 1933 von berühmten Persönlichkeiten unterstützt wurde. Es unterschrieben: Ina Seidel, Martin Buber, Martin Rade, Thomas Mann, Hans Wehberg, Franz Werfel und die Politiker Paul Löbe, Gustav Radbruch und Carl Severing. Aber schon bald nach dem 30. Januar 1933, als Hitler an die Macht kam, begann die großangelegte Verfolgung der Pazifisten.

Sch. gehörte zum gemäßigten Flügel der Friedensbewegung. Die Verbindung zur SPD und zu anderen Parteien war ihm wichtig, um eine breitere Basis für Friedenspolitik zu erreichen. Mutig vertrat er in Reden und Aufsätzen die pazifistische Position. 1923 schrieb er: »Wer den Christen das ›gute Gewissen‹ zum Kriegführen geben will, treibt Götzendienst mit dem Staat und gehört zu denen, die das Böse gut nennen. (...) Für den Pazifismus einzutreten, ist im heutigen Deutschland gefährlich, wie die Morde, Mordversuche, Morddrohungen und Mißhandlungen beweisen, die in den letzten Jahren gegen Pazifisten verübt sind. Es bleibt darum doch für den, der die Wahrheit des Pazifismus erkannt hat, selbstverständliche sittliche Pflicht (...). Abrüstung und die Schaffung freundschaftlicher Beziehungen zu den anderen Völkern ist die vornehmste politische Gegenwartsaufgabe Deutschlands.«

Im gleichen Jahr, 1923 bekannte Sch. aber auch, daß er »zwischen der Anerkennung des Rechts auf Verteidigungskrieg und der grundsätzlichen Verwerfung aller Kriege noch nicht zu einer klaren Entscheidung gekommen« sei. Er hielt die bedingte Bejahung des Verteidigungskrieges damals für vereinbar mit seinem praktischen Antimilitarismus. 1926 ergänzte er jedoch seine bisherigen Ansichten und stellte erfreut fest, daß sich in der Friedensbewegung das Bekenntnis zur Kriegsdienstverweigerung weithin durchgesetzt hatte.

Die zukünftige Entwicklung vorwegnehmend hatte Sch. bereits 1923 geschrieben: »Wer weiß, ob nicht die allem Anschein nach bevorstehenden Kämpfe ein Regiment emporbringen, das mit allen Mitteln blutigen Terrors jede pazifistische Äußerung zu unterdrücken sucht. Hoffentlich findet sich dann auch in Deutschland der Bekennermut, der in England während des Krieges vorhanden war, besonders bei den Quäkern, aber auch bei anderen Pazifisten. Das Blut der Märtyrer ist vielleicht doch die beste Saat für jede große Idee.« Und 1932 warnte Sch.: »Das Furchtbare in unserer Zeit ist, daß man offen verkündet und lehrt, der Politiker dürfe das Recht des Gegners gar nicht anerkennen, er müsse ihn unter allen Umständen vernichten, auch mit roher Gewalt. Daß die Kirche, wenn sie sich nicht selber aufgeben will, solchen Grundsätzen entgegentreten muß, darüber werden sich wohl alle einig sein, die noch nicht durch diese neue Lehre ganz verblendet sind.« Nach der nationalsozialistischen Machtergreifung wurde er vorübergehend verhaftet und verhört. Am 25. April 1933 aus dem Schuldienst entlassen, wurde ihm 1935 auch jeder Privatunterricht verboten. Seine Tochter Aenne, Vikarin und Religionslehrerin wurde ebenfalls 1933 von der (regimetreuen) deutsch-christlichen Kirchenleitung in Köln wegen ihres Sozialismus und Pazifismus aus dem Dienst entlassen. Obwohl Sch. während der NS-Herrschaft zu den Verfolgten und Überwachten gehörte, veröffentlichte er im Jahre 1936 in der Reformierten Kirchenzeitung einen Aufsatz zum Thema *Klare Begriffe*: »Wer über Humanitätsduselei höhnt, weil er Humanität mit Weichlichkeit verwechselt (...), der läßt sich auch verführen zu Gewalttat und Grausamkeit (...). Wenn das innere Licht bei einem Menschen getrübt ist, so ist nicht abzusehen, wie groß dann die Finsternis werden kann.«

Im Jahre 1938 zog Sch. wieder nach Schüttorf. In den letzten Jahren seines Lebens arbeitete er an der gereimten Übertragung sämtlicher Psalmen. Seit der Zusammenarbeit im »Versöhnungsbund« war er mit Pfarrer Wilhelm Mensching befreundet, der im Quäkerverlag die *Heftchen aus deutschem, römischem, nordischem Erbgut* herausgab. Es handelte sich um achtseitige Anthologien im Postkartenformat mit einer Kurzbiographie auf der ersten Seite. Entgegen der Rasseerbgut-Verherrlichung des Nationalsozialismus sollten zum Nachdenken anregende, kritische Texte verbreitet werden. Sch. bearbeitete die Hefte über Seneca, Kant, Conrad Ferdinand Meyer und den Theologen Christoph Blumhardt. Viele Aussagen stellten den Nationalsozialismus infrage, z.B. Kant: »Die wahre Politik kann keinen Schritt tun, ohne vorher der Moral

gehuldigt zu haben.« Ähnlich Christoph Blumhardt: »Wer Frieden mit den Menschen hat, ist frei; wer im Krieg lebt, ist ein Sklave.« Der Quäkerverleger und einige seiner Mitarbeiter wurden verhaftet, weil sie die Hefte herausgegeben hatten.
Anfang der vierziger Jahre hielt Sch. die Hauptvorträge bei den Quäkerversammlungen in Bad Pyrmont über *Das innere Licht und die Religionen* (1940) und über *Christoph Blumhardt* (1941). Damals bekannte er wie in den Jahren zuvor: »Wer um Erlösung von dem Bösen betet, der darf mit dem Bösen keinen Pakt machen und keine Kompromisse schließen, sondern muß mit allen seinen Kräften kämpfen gegen das Böse.«
Durch den Krieg hatte Sch. seinen Sohn Wilhelm in Rußland verloren; die Tochter Johanne sowie der Mann der Tochter Gesine kamen bei einem Bombenangriff auf Hannover ums Leben. 1944 drohte Sch. erneute Verhaftung. Das Gutachten seines Arztes bewahrte ihn davor. Denn im Jahre 1942 war ein Krebsleiden festgestellt worden. Trotzdem hoffte Sch., nach Kriegsende zum Wiederaufbau Deutschlands beitragen zu können. Das war ihm nicht vergönnt. Er starb am 1. Juni 1945 in seinem Geburtsort Schüttorf.

Lütgemeier-Davin, R.: Georg Schümer, in: Donat,H.; Holl, K. (Hg.): Die Friedensbewegung. Hermes Handlexikon. Düsseldorf 1983, S. 345. – Schäfer, J.; Schreiber, M.: Kompromiß und Gewissen. Der Weg des Pastors Wilhelm Schümer im Dritten Reich. Waltrop 1994. – Wehberg, H.: Professor Georg Schümer (1873–1945), ein religiöser Sozialist und Vorkämpfer der Friedensbewegung, in: Die Friedenswarte, Jg. 1947/ Nr. 1, S. 62–65.

Hans Gressel

Schümer, Wilhelm

Geb. 22. 1. 1909 in Magdeburg; vermißt in Rußland seit 15. 7. 1943

Nur wenige Deutsche haben sich von Anfang an so mutig gegen das NS-Regime aufgelehnt wie der nahezu auf sich allein gestellte evangelische Pastor Sch. Berufliche Unsicherheit und Entlassung, Strafverfahren, Verarmung, Sorgen um das Schicksal der Familie und schließlich der frühe Tod waren die Folge. Sch. wurde am 22. Januar 1909 als Sohn des Lehrers Georg Schümer in Magdeburg geboren. Nach dem Abitur studierte er Theologie in Göttingen, Marburg, Bonn und Münster. In Marburg erlebte er in der von Friedrich Siegmund-Schultze angeregten »Sozialen Arbeitsgemeinschaft« die Begegnung von Arbeitern und Akademikern. Wie der Vater wurde er Mitglied im »Internationalen Versöhnungsbund« und in der SPD. Bei Otto Piper verfaßte er die Lizentiatenarbeit über *Tod und Leben bei Dostojewski* (1934). Wichtig erschien ihm Dostojewskis Frage: »Soll man es mit Gewalt versuchen oder in demütiger Liebe?« Und die Antwort: »Die liebevolle Demut ist ja eine Gewalt, die stärkste von allen, und es gibt nichts was ihr an Macht gleichkäme«, forderte ihn angesichts erster Verbrechen der Nationalsozialisten zur Selbsterforschung heraus: »Wir müssen uns prüfen, ob unsere pazifistische Gesinnung tief genug verwurzelt ist. Sind wir wirklich davon durchdrungen, daß der Gewalt der Liebe keine Macht auf Erden gleichkommt?« Bestärkt in seiner Einstellung wurde er durch die Beschäftigung mit dem religiösen Denken Leo Tolstois.
Im Herbst 1933 hatte er das zweite theologische Examen »vorzüglich bestanden«. Inzwischen war der Vater als Sozialdemokrat und Pazifist aus dem Schuldienst entlassen worden. Zivilen Mut zeigte der Sohn, als er in der »Äußerung des Hilfspredigers Lic. Schümer über seine Stellung zu Schrift und Bekenntnis« eingestand: »Auf alle einzelnen Formulierungen der heiligen Schrift und der Bekenntnisse kann ich mich nicht verpflichten. Ich bin überzeugt, daß sie hier und da dem Irrtum der Unzulänglichkeit unterliegen. Maßstab wird immer sein müssen, was Christum treibet«. Der Präses Karl Koch ließ diese Einschränkung gelten.
Sch. war schon im September 1933 Mitglied des von Martin Niemöller gegründeten »Pfarrernotbundes« geworden. Er trat sofort wieder aus, als diese Organisation nach dem Ausscheiden Deutschlands aus dem Völkerbund am 19. Oktober 1933 ein Grußtelegramm an Hitler sandte und im Namen von mehr als 2500 Pfarrern »treue Gefolgschaft und fürbittendes Gedenken« zusicherte. Unter Hinweis auf die Propheten Amos, Jesaja und Jeremia meinte er, daß gerade in der Kirche der prophetische Protest gegen die Politik des Staates stärker betont werden müsse. Was Sch. von anderen forderte, verwirklichte er selbst. Denn 1934 schrieb er in der *Reformierten Kirchenzeitung*: »Die Botschaft der Propheten ist der Kirche anvertraut. Sollte es ihr an Menschen fehlen, die den Mut haben, Zeugen zu sein? (...) Wer die Revolution (von 1933) bejaht, ist mitschuldig an allem, was in ihr gegen den Geist Christi verstößt. Es ist erschreckend, wie schnell wir bei der Hand sind mit der Erklärung, bei einer solchen Revolution gehe es nicht ab ohne Härten. Da müssen wir uns von dem Inder Gandhi beschämen lassen. Wie hat Gandhi sich für jedes Unrecht verantwortlich gewußt! Es ist erschreckend, wie leicht sich Christen oft abfinden mit der äußeren und inneren Not derer, die als Nichtarier und Halbarier und als politisch unzuverlässig entlassen sind.«
Im Oktober 1934 griff er Reichsbischof Ludwig Müller, den

Führer der nationalsozialistischen »Deutschen Christen« und den 1933 eingesetzten preußischen Kirchenkommissar Jäger an: »Gerade die Männer, die von sich sagen, sie wollten die Kirche leiten im Namen Jesu, sind die eigentlichen Zerstörer der Kirche«. Die Gemeinde in Hagen mußte Sch. verlassen. Aber unbeirrt predigte er gegen den »Geist der brutalen Gewalt und des Hasses« für die »stillen Kräfte der Liebe, der Demut und der Sanftmut (...). Jeder einzelne trägt Mitverantwortung für seine Stadt, für sein Land. Wir schulden unserem Volk ein offenes Wort der Kritik.« 1935 wurde er zum Pfarrer einer reformierten Gemeinde in Frankfurt a.M. gewählt. Ganz anders als die meisten Theologen seiner Zeit verstand Sch. den NS-Staat nicht als Obrigkeit im Sinne Luthers. Zu den Aufgaben der Kirche gehöre es, die allgemeine »Brutalität und die Verlogenheit des öffentlichen Lebens« aufzudecken. Folgerichtig warnte er im August 1935: »Ein Christ, der die Judenverfolgungen in ihrer Gehässigkeit gutheißt oder mitmacht, der trennt sich damit innerlich von Jesus«. Ganz konkret wurde Sch. in der Bußtagspredigt 1935: »An dem Haß, der in weiten Kreisen unseres Volkes gegen die Juden herrscht, ist doch das Erschreckendste, daß so viele Glieder unserer Kirche diesen Haß teilen (...) Wir müssen doch erschrecken, wenn wir hören, daß in manchen Dörfern unseres Vaterlandes am Eingang Schilder angebracht sind, mit der Inschrift: Juden betreten diesen Ort auf eigene Gefahr. Wir müssen immer wieder erschrecken und beschämt sein über Blätter wie den *Stürmer*«. Er hoffte, daß Christen »gegen diesen Geist wie er uns etwa im *Stürmer* entgegentritt mit aller Kraft ankämpfen.« Daraufhin denunzierten ihn einige empörte Zuhörer, und der Oberstaatsanwalt beantragte ein Strafverfahren. Der tüchtige Rechtsanwalt und das positive theologische Gutachten über die Predigt hätten ihn kaum retten können. Aber ganz unerwartet wurde das Verfahren wegen der aus Anlaß der Olympischen Spiele 1936 in Berlin angeordneten Amnestie (»Olympiaamnestie«) eingestellt.

Sch. blieb aber für das Regime ein Ärgernis. Er weigerte sich, die Hakenkreuzfahne an nationalen Feiertagen vor seiner Dienstwohnung aufzuhängen. Und als er das Hitlerbild in Blickrichtung der Kinder während des Konfirmandenunterrichts als unzumutbar empfand, schlug das Presbyterium den freiwilligen Amtsverzicht vor, um ein Dienststrafverfahren zu vermeiden. Es folgten Jahre der mühevollen Suche nach einer neuen Anstellung. Das war doppelt schwer, weil er zur »Bruderschaft« innerhalb der oppositionellen Bekennenden Kirche gehörte und außerdem den auch für Pfarrer vorgeschriebenen Treueeid auf »den Führer Adolf Hitler« verweigerte. Deshalb konnte er in keine Pfarrstelle gewählt werden. Um seine Familie zu ernähren, war er nun auf die Hilfe von Kollegen angewiesen, die ihn zu Vorträgen, Gottesdiensten und Bibelwochen einluden.

Als entschiedener Kriegsgegner beschrieb Sch. 1940 in einer Predigt die Folgen der in der Propaganda wieder und wieder geforderten militärischen Vergeltung: »Zeigt nicht gerade auch der gegenwärtige Krieg uns wieder diese Gewalt der Rachsucht. Da genügt bloße Vergeltung schon nicht mehr, da fordert man doppelte, ja zehnfache Vergeltung. Keiner von uns kann ja ahnen, wie viel Leid dieses Verlangen nach Vergeltung schon über unzählige Menschen, ja über ganze Völker gebracht hat.«

1941 war Sch. zeitweise als Religionslehrer tätig, und 1942 verschaffte ihm Pfarrer Wilhelm Mensching eine Verwaltungsstelle im Bückeburger Kirchenamt. Der Vater Georg Sch. riet ihm, er solle den Pfarrerberuf aufgeben und Medizin studieren. Doch Sch. glaubte, im Beruf bleiben zu müssen: »Wie steht es mit dem kategorischen Imperativ? Kann es Prinzip einer allgemeinen Gesetzgebung sein, daß die Pastoren ihren Beruf aufgeben, wenn er unsicher wird?« Mit Kollegen, darunter auch Helmut Gollwitzer, sprach Sch. über seine Entscheidung, den Kriegsdienst und damit auch den Eid des Soldaten zu verweigern. Verständnis fand er nur bei seiner Frau, dem Vater, seiner Schwester Anne und bei Pfarrer Mensching. Da der schwerkranke Vater aber auch die übrige Familie durch die Kriegsdienstverweigerung gefährdet schienen, wurde Sch. von seinem Bruder Gerhard eindringlich gebeten, den Kriegsdienst nicht zu verweigern. Sch. aber blieb bei seiner Grundüberzeugung: »Du kannst mit mir machen, was Du willst – ich kann es nicht. Ich kann nicht auf einen anderen Menschen schießen.« Aber er war schließlich, wenn auch unter Gewissenskonflikten, bereit, Sanitätssoldat zu werden und eine infanteristische Ausbildung zu absolvieren. Als aber der Tag der Vereidigung kam, erklärte er seinem Vorgesetzten, einem Arzt, daß er den Eid verweigern werde, weil er jeden Befehl zum Töten oder Schädigen von Menschen ablehnen müsse. Daraufhin wurde er verhaftet. Weil er annahm, bald hingerichtet zu werden, schrieb er einen Abschiedsbrief an die Eltern.

Der vorgesetzte Arzt und ein Militärpfarrer in Soest versprachen Sch. jedoch, daß er nur als Sanitäter eingesetzt werde und boten ihm an, einen nichtöffentlichen Gehorsamseid in abgeänderter Fassung zu leisten. Er ging seiner Familie zuliebe auf den Kompromiß ein, war jedoch verzweifelt, weil er seiner ursprünglichen unbedingten Gewissensentscheidung nicht gefolgt war. Das Gesuch, Sch. zu einer Sanitätsgruppe zu versetzen, wurde abgelehnt, ebenso sein Wunsch, die Pflege von Flecktyphuskranken zu übernehmen. Immerhin wurde er an der Front als Krankenträger verwendet. Aber seit dem 15. Juli 1943 galt Sch. als in Rußland vermißt. Otto Piper gedachte seiner zehn Jahre später im Sommer 1953: »Mit sicherem Sinn für das Wesentliche hat er damals sein Zeugnis freudig und eindeutig abgelegt und damit viele beschämt, die meinten, daß sie in einer Zeit lebten, in der das Wort Gottes leise und behutsam einhergehen müsse, weil die Nagelschuhe so laut auf dem Pflaster dröhnten.«

Bredemeier, K.: Kriegsdienstverweigerung im Dritten Reich. Baden-Baden 1991. - Schäfer, J.; Schreiber, M: Kompromiß und Gewissen. Der Weg des Pastors Wilhelm Schümer im Dritten Reich. Waltrop 1994.

Hans Gressel

Schumacher, Kurt

Geb. 13. 10. 1895 Kulm (Westpreußen); gest. 20. 8. 1952 in Bonn

Sch. stammte aus einem liberalen Elternhaus. Der Vater war Kaufmann. Die Familie votierte später für Hitler und distanzierte sich von dem roten Sprößling. Sch. besuchte ein humanistisches Gymnasium, konnte bei Ausbruch des Ersten Weltkrieges im Sommer 1914 das Notabitur ablegen und ging als Kriegsfreiwilliger an die Front. Schon im Dezember wurde er in der Nähe von Lodz schwer verwundet und verlor den rechten Arm. Von 1915 bis 1919 studierte er Rechts-, Staats- und Wirtschaftswissenschaften in Halle, Leipzig und Berlin. Er promovierte 1920 bei Johann Plenge in Münster i. W. über den *Kampf um den Staatsgedanken in der deutschen Sozialdemokratie*. Dabei orientierte er sich an einer neu-marxistischen Denkweise unter starker Berufung auf den Parteigründer Ferdinand Lassalle. Seit 1918 Mitglied der SPD, vertrat Sch. während der Revolution den »Reichsbund der Kriegsbeschädigten« im Großberliner Arbeiter- und Soldatenrat. Gleichzeitig betätigte er sich als Redner der Mehrheitssozialdemokraten (MSPD, von der sich die USPD 1917 abgespalten hatte) auf Volksversammlungen. Der württembergische Parteiführer Erich Roßmann holte ihn 1920 als Redakteur an die in Stuttgart erscheinende *Schwäbische Tagwacht*. Von 1924 bis 1931 gehörte Sch. dem Württembergischen Landtag an, von 1930 bis zur Auflösung 1933 dem Deutschen Reichstag. In beiden Parlamenten war er Mitglied des Fraktionsvorstandes der SPD. Zusammen mit Carlo Mierendorff und Theodor Haubach zählte er zu den jungen parlamentarischen Aktivisten, die sich dem sozialdemokratisch-gewerkschaftlichen Legalismus in der Auseinandersetzung mit den Nazis widersetzten und als »militante Sozialisten« galten. Sch. war seit 1930 Vorsitzender der Stuttgarter Parteiorganisation, als er am 6. Juli 1933 verhaftet wurde.

Die Nazis verzichteten auf eine geplante öffentliche Zurschaustellung Sch.s in den Straßen der Stadt, weil die würdelose öffentliche Mißhandlung des Kriegsopfers zu Protesten geführt hätte. Bis März 1943 blieb Sch. ununterbrochen in KZ-Haft, davon die meisten Jahre in der Bibliothek des KZ Dachau beschäftigt, denn er hatte sich durch einen erfolgreichen Hungerstreik von schwerer körperlicher Arbeit freigekämpft. In der Bibliothek gab es Gelegenheit zu vielen politischen Gesprächen mit Häftlingen, unter ihnen Genossen und Widerstandskämpfer. Trotz kameradschaftlichen Umgangs mit Kommunisten ließ er sich auf keine ideologischen oder organisatorischen Gemeinsamkeiten ein, sondern widersetzte sich schon im Lager dem Einheitsstreben.

Zum Skelett abgemagert, wurde Sch. im März 1943 unter strengen Auflagen zu Verwandten nach Hannover entlassen. Der schlechte Gesundheitszustand und die regimetreue familiäre Umgebung machten es aus der Sicht des Regimes unwahrscheinlich, daß Sch. sich am Widerstand beteiligte. Nach dem 20. Juli 1944 wurde Sch. im Rahmen der (Gestapo-) »Gewitter Aktion« nochmals einige Wochen gefangengesetzt, ohne daß Verbindungen zu den Verschwörern nachgewiesen werden konnten. Die letzten Wochen des Schreckens verbrachte Sch. im Versteck bei Genossen in Hannover, denn es drohte die Ermordung durch NS-Fanatiker. Sch. stand auf einer Erschießungsliste.

»Entweder die neue deutsche Demokratie wird sozialistisch oder gar nicht sein; entweder ist der Sozialismus demokratisch, oder er ist kein Sozialismus«: So einfach lauteten die Grundsätze, mit denen Sch. unmittelbar nach der Befreiung Hannovers am 10. April 1945 an die Wiedergründung - er sprach von »Neubau« - der Partei und der Republik ging. Mit Hermann Hasselbring und anderen überlebenden Funktionären traf er sich schon am 29. April in der Fröbelschule. Sie requirierten die Räume des Luftschutzbundes in der Jacobstraße 10. Dieses erste Quartier zwischen den Trümmern wurde zum »Büro Dr. Schumacher«, der Keimzelle einer zentralistisch organisierten westdeutschen Sozialdemokratie. Am 6. Mai 1945 wählten 150 Sozialdemokraten, die sich im Sitzungssaal des Polizeipräsidiums von Hannover versammelt hatten, Sch. zum Vorsitzenden. Am 11. Juli folgte die Beauftragung »mit der Organisierung und politischen Führung im gesamten Reich« durch den Parteibezirk Hannover. Bald schlossen sich andere Bezirke aus den drei Westzonen an, so daß Sch. ein Mandat besaß, das auch vom Exilvorstand der SPD und von der »Union« sozialistischer Parteien in London akzeptiert und unterstützt wurde. Auf der ersten zentralen Parteikonferenz am 5./7. Oktober 1945 im Kloster Wennigsen bei Hannover hielt Sch., der hier formell zum Beauftragten der Partei für die Westzonen gewählt wurde, das Grundsatzreferat mit später vielzitierten Sätzen, die den Abschied von der

Klassenpartei und die Hinwendung zur Volkspartei bedeuteten. Die neue SPD sollte »viele Wohnungen für viele Arten von Menschen« bereithalten: »Mag der Geist des kommunistischen Manifestes oder der Geist der Bergpredigt, mögen die Erkenntnisse rationalistischen oder sonst irgendwelchen philosophischen Denkens ihn bestimmt haben, oder mögen es Motive der Moral sein, für jeden, die Motive seiner Überzeugung und deren Verkündung, ist Platz in unserer Partei. Deren geistige Einheit wird dadurch nicht erschüttert.«

Sch. selbst bekannte sich zum Marxismus »als Methode« der gesellschaftskritischen Analyse. Er lehnte aber das marxistisch-leninistisch-stalinistische Dogma konsequent ab. Er sah in der »Gruppe Ulbricht« und ihren Anhängern die Vertreter eines sowjetischen Imperialismus. Anders als ein Teil auch der westdeutschen Parteifreunde beharrte er von Anfang an und ausnahmslos auf Konfrontation mit der KPD und auf Ablehnung des SED-Projektes. Wer ihm dabei nicht folgte, war ab März 1946 mit dem Ausschluß aus der SPD bedroht.

Der erste Nachkriegsparteitag der SPD vom 9. bis 11. Mai 1946 in Hannover wurde durch Sch. als überragenden Parteiführer beherrscht. Er forderte die sozialistische Umgestaltung der Wirtschaft als Voraussetzung einer dauerhaften Demokratisierung. Gleichzeitig bekannte er sich zur Idee des Klassenkampfes, solange er durch die Realität begründet sei. Der Parteitag wählte ihn mit 244 von 245 abgegebenen Stimmen zum Vorsitzenden. Bis zu seinem Tode wurde er ohne Gegenkandidaten dreimal wiedergewählt. Auf seine Anhänger übte Sch. eine geradezu magische Wirkung aus, die von einer scheinbar körperlosen Geistigkeit ausging. Der aufrechte Gang des geschundenen und ausgemergelten Sch. durch die zerstörte politische Landschaft warb der Sozialdemokratie neue Anhänger aus dem enttäuschten und verelendeten Bürgertum, unter den Heimatvertriebenen, unter verführten Hitlerjungen und BDM-Führerinnen, sogar unter Leuten aus der Waffen-SS. Die Faszination seines Trümmer-Pathos war bei den Besatzungsoffizieren und im Ausland von eher negativer Wirkung. Obwohl Sch. sowohl in der regierenden britischen Labour Party als auch unter den nordamerikanischen Gewerkschaften einflußreiche Fürsprecher hatte, blieben seine Reisen nach England und Amerika ohne die erhoffte Wirkung. Seine bellende Rhetorik wirkte abschreckend und erinnerte zu sehr an die verbalen Exzesse des NS. Hinzu kamen schwere gesundheitliche Probleme des notorischen Kettenrauchers, der fast ein Jahr lang wegen einer Beinamputation für das politische Geschäft ausfiel, und zwar in der entscheidenden Phase der Währungsreform 1948 und der Beratungen über das Grundgesetz für die Bundesrepublik Deutschland 1948/49.

Es wirkt noch rückblickend fast wie ein Wunder, daß dieser Mann im April 1949 erfolgreich in Konfrontation sowohl mit den Besatzungsmächten als auch mit der Mehrheit des Parlamentarischen Rates und einflußreichen Teilen seiner eigenen Partei ging, um eine starke Finanzverfassung des Bundes gegenüber den Ländern durchzusetzen. Der CDU-Vorsitzende Konrad Adenauer hielt es für ein abgekartetes Spiel zwischen Hannover und London, aber es war ein persönlicher Erfolg Sch. s. Als die SPD die erste Bundestagswahl vom 14. August 1949 verlor und Adenauer am 15. September Kanzler wurde, nannte Sch. in der Nachtsitzung des Bundestages vom 14. zum 15. November 1949 Adenauer einen »Kanzler der Alliierten« und wurde dafür mit 20 Tagen Parlamentsverbot bestraft – ein Eingriff, der das Jahrzehnt der westdeutschen Restauration ankündigte.

Sch. verstand Demokratie als kämpferisches Wechselspiel von parlamentarischer Regierung und Opposition. Diesem notwendigen Prozeß der Meinungs-, Bewußtseins- und Willensbildung galt sein letztes Ringen mit Adenauer um den Weg zur deutschen Einheit und zur europäischen Integration. Das Bild vom »Turmwächter der Demokratie«, das die engsten politischen Freunde ihrem Parteiführer bald nach seinem Tode gaben, enthält indes einen Widerspruch im Demokratieverständnis seiner Generation und seiner Genossen: als bilde die zivilisierte demokratische Gesellschaft eine militärische Festung, die der Verteidigung durch einen alles überragenden »Turmwächter« bedürfe.

Der gesundheitlich seit Jahrzehnten überforderte Körper verfiel, ohne daß Sch. an Rücktritt dachte oder eine Übergangsregelung vorsah. Niemand zweifelte, daß er 1953 in der Bundestagswahl als Kanzlerkandidat antreten würde. Cerebrale Durchblutungsstörungen hinderten ihn nicht an der Fortführung seiner Geschäfte. Er starb am 20. August 1952 nach einer Konferenz mit dem geschäftsführenden Parteivorstand in aller Stille in seiner Bonner Wohnung am Kiefernweg.

Sch. charakterisierte den Nationalsozialismus schon 1932 als einen »dauernden Appell an den inneren Schweinehund im Menschen«. Er verurteilte die Kommunisten nach 1945 als »rotlackierte Nazis«. Er verdächtigte die Bundesregierung als Erfüllungsgehilfen der Besatzungsmächte. Aber er erkämpfte der parlamentarischen Opposition in Deutschland Ansehen und Spielraum.

Abrecht, W.: Kurt Schumacher. Ein Leben für den demokratischen Sozialismus. Bonn 1985. – Edinger, L. J.: Persönlichkeit und politisches Verhalten. Köln und Opladen 1967. – Merseburger, P.: Kurt Schumacher. Der schwierige Deutsche. Eine Biografie. 3. Aufl. Stuttgart 1996. – Wesemann, F.: Kurt Schumacher. Ein Leben für Deutschland, Frankfurt/M. 1952.

Gerhard Beier

Schurz, Carl

Geb. 2. 3. 1829 in Liblar bei Köln; gest. 14. 5. 1905 in New York

Sch. wurde als erstes Kind eines Volksschullehrers und einer Pächterstochter geboren. Er hatte, wie er in seinen *Lebenserinnerungen* (1906) schrieb, eine glückliche und fröhliche Kindheit und begann mit 18 Jahren 1847 in Bonn das Studium der Philologie und Geschichte. Zu seinem akademischen Lehrer Gottfried Kinkel (1815–1882) entwickelte er eine lebenslange Freundschaft. Kinkel gab die *Bonner-Zeitung* heraus und gehörte 1848 zum republikanisch-demokratischen Flügel der Revolution.

Sch. unterstützte Kinkel, insbesondere in der Redaktion der Zeitung, wenn er sein Mandat als Abgeordneter der Zweiten Kammer des preußischen Revolutionsparlaments wahrnahm. In der Verfassungskampagne im Frühjahr 1849 beteiligte sich Sch. am Sturm auf das Siegburger Zeughaus und ging anschließend nach Baden, um in der Revolutionsarmee für die Paulskirchenverfassung zu kämpfen. Er wurde im Juli 1849 mit den geschlagenen Resten dieser Armee in Rastatt gefangengenommen, konnte aber in die Schweiz fliehen. Im Sommer 1850 begab sich Sch. heimlich nach Berlin und befreite im November den zu lebenslanger Haft verurteilten Kinkel aus der Spandauer Festung. Erst mit dieser Tat trat Sch. ins öffentliche Bewußtsein.

Sch. nahm in Paris zusammen mit Kinkel die Untergrundarbeit für einen zweiten Waffengang der Revolution auf. 1850 wurde Kinkel in Paris verhaftet, ausgewiesen und ging nach London. Während Sch. in Paris Verbindungen zu französischen, italienischen und polnischen Revolutionären anknüpfte, suchte Kinkel in London die zerstrittenen Fraktionen der deutschen Emigration zu einen. Als er das unter Ausschluß der Vertreter der Arbeiter und Handwerksgesellen betrieb, griff Sch. ein. Mit dem Argument, daß die zukünftigen Revolutionen nicht ohne das kämpfende Proletariat zu gewinnen seien, konnte Sch. Kinkel dazu bewegen, seine Aversion gegen Marx und Engels nicht auf die ganze frühe Arbeiterbewegung zu übertragen. Der Versuch, für die Vorbereitung der als direkt bevorstehend gedachten zweiten Revolution eine Anleihe zu organisieren, scheiterte. Nach dem Staatsstreich in Frankreich durch den Präsidenten der Republik Louis Bonaparte (später Napoleon III.) im Dezember 1851, glaubte Sch. nicht mehr an die Möglichkeit weiterer Revolutionen in absehbarer Zeit und wanderte 1852 nach Amerika aus, indes immer noch in der Hoffnung, später in die deutsche Politik eingreifen zu können.

Nach einer Zwischenstation in Philadelphia ließ sich Sch. 1856 in Watertown (Wisconsin) als Farmer nieder und wurde 1858 Anwalt in Milwaukee. In seinen ersten Jahren in Amerika verschaffte er sich einen systematischen Überblick über das amerikanische politische System und eignete sich die englische Sprache so gut an, daß er ein angesehener Redner und Journalist wurde. Sch. schloß sich der republikanischen Partei an, die, 1856 gegründet, die Sklaverei bekämpfte und für den Erhalt der Union und eine starke Bundeszentralgewalt eintrat. Sein Einfluß auf die Deutschamerikaner verhalf Abraham Lincoln zum Sieg im Präsidentschaftswahlkampf 1861, und Sch. wurde mit dem Posten eines Gesandten der USA in Spanien (1861/62) belohnt. Nach Ausbruch des Bürgerkriegs (1861–1865) trat Sch. Anfang 1862 in die Nordstaatenarmee ein und war als General bis Kriegsende Divisionskommandeur einer deutsch-amerikanischen Division unter General Franz Sigel, ehemals badischer Offizier und General der badisch-pfälzischen Revolutionsarmee von 1849.

1865, als der Bürgerkrieg zu Ende war, machte Sch. eine Reise durch die Südstaaten im Auftrag von Lincolns Nachfolger Andrew Johnson (1965–1869). Sch.s Bericht regte eine wichtige Debatte über die Politik gegenüber den Südstaaten nach Abschaffung der Sklaverei an. 1867 gründete er die *Detroit Post*, ein republikanisches Blatt, wenig später ließ er sich in St. Louis nieder, wo er Miteigentümer und Redakteur einer gleichgerichteten deutschsprachigen Zeitung, der *Westlichen Post* wurde. Schon 1868 von Missouri zum Senator gewählt (bis 1875), kämpfte er mit großem Mut gegen die ausufernde Korruption unter der Präsidentschaft von Ulysses Simpson Grant (1869–1877). Als Innenminister unterstützte Sch. von 1877 bis 1881 Präsident Rutherford Birchard Hayes (1877–1881), der eine Politik der Versöhnung zwischen den Nord-Südstaaten sowie zwischen Schwarzen und Weißen im Süden einleitete und eine Reform des öffentlichen Dienstes in Angriff nahm. Sch. gehörte durch seine deutschamerikanische Gefolgschaft zu den einflußreichsten Politikern des Landes. Sein Ansehen war groß genug, um gegen den konservativen Flügel der Republikaner die Präsidenten Hayes und James Abraham Garfield (1881) durchzusetzen. Die konservative Fraktion bekam erst nach Garfields Tod (ermordet nach nur viermonatiger Amtszeit 1881) wieder die Oberhand.

Die letzten 25 Jahre seines Lebens lebte Sch. als einflußreicher Journalist und »Elder Statesman« mit öffentlicher Ausstrahlung in New York. Dabei kämpfte er weiter für eine durchgreifende Reformpolitik und profilierte sich als heftiger Gegner des beginnenden US-amerikanischen Imperialismus und der Annexion spanischer Kolonien im Gefolge des Krieges gegen Spanien unter Präsident William Mackinley.

Das Ansehen, das sich Sch. in den Vereinigten Staaten erwarb, zeigt sich darin, daß kurz nach seinem Tode ein Carl Schurz Memorial Committee und 1930 eine Carl Schurz Memorial Foundation gegründet wurde, mit der Aufgabe, die deutsch-amerikanischen Beziehungen zu pflegen.

Easum, Ch. V.: The Americanization of Carl Schurz. Chicago 1929. - Kaufmann, W.: Die Deutschen im amerikanischen Bürgerkrieg. München 1911. - Kessel, E.: Carl Schurz und Gottfried Kinkel, in: Brunner, O.; Gerhard, D. (Hg.): Europa und Übersee. Festschrift für Egmont Zechlin. Hamburg 1961. - Wersich, R. (Hg.): Carl Schurz. Revolutionär und Staatsmann. Sein Leben in Selbstzeugnissen, Bildern und Dokumenten. München 1979.

Martin Kutz

Schütz, Friedrich Wilhelm von

Geb. 25. 4. 1756 in Erdmannsdorf bei Chemnitz; gest. 9. 3. 1834 in Zerbst

Sch. enstammte altem sächsischen Adel; sein Vater, ein Rittergutsbesitzer, war bis 1789 Amtshauptmann, dann Kreishauptmann des erzgebirgischen Kreises. Sch. studierte in Leipzig 1777-79 Jura, übte jedoch nach der Promotion nicht den Anwaltsberuf aus, sondern wandte sich der aufklärerischen Schriftstellerei zu. Begeisterter Freimaurer, wurde er von Adolph Freiherr von Knigge für den Illuminatenorden angeworben. Als glühender Anhänger Lessings forderte er in seiner *Apologie, Nathan den Weisen betreffend* (Leipzig 1781) die bürgerliche Gleichberechtigung der Juden. Sein Buch *Leben und Meinungen Moses Mendelssohns* (Hamburg 1787) war die erste Biographie des jüdischen Philosophen. Sch. unternahm Reisen durch Deutschland, Frankreich, England und die Schweiz und ließ sich 1787 im dänischen Altona als freier Publizist nieder, wo er unter dem Schutz der dänischen Pressefreiheit 1787 bis 1791 das *Archiv der Schwärmerei und Aufklärung* herausgab. In dieser Monatsschrift verteidigte er den verbotenen Illuminatenorden und bekämpfte die Intoleranz, den Aberglauben und den Obskurantismus der lutheranischen und katholischen Orthodoxie. Nach einem Besuch in England 1791 publizierte er in Hamburg *Briefe über London*, die die sozialen Zustände Englands scharf kritisierten.

Von den Freiheitsideen der Französischen Revolution angezogen, machte sich Sch. jakobinische Auffassungen zu eigen. Er begann im Juli 1792 mit der Herausgabe des *Niedersächsischen Merkur* in Hamburg, der zuerst wöchentlich, ab Oktober zweimal in der Woche erschien und als wichtigstes Organ der revolutionären Demokratie im rechtsrheinischen Deutschland im Herbst und Winter 1792/93 anzusehen ist. Die Zeitschrift publizierte in jeder Nummer Freiheitsgedichte, die das deutsche Volk zur Abschüttelung der Privilegienordnung aufriefen; Sch.' Artikel nahmen vorbehaltlos für die französischen Jakobiner Partei. Er erwartete von den Franzosen die uneigennützige Befreiung Deutschlands.

Sch. war Logenmeister der geheimen Freimaurerverbindung »Einigkeit und Toleranz«, die als erste deutsche Loge Juden aufnahm. In dieser sektenmäßigen Verbindung hatten die jüdischen Mitglieder die ersehnte gesellschaftliche Gleichstellung bereits erreicht, weil alle Hochgrade abgeschafft waren, die Logenbrüder alle Beamtenstellen der Loge, also Meister, Schatzmeister, Almosenpfleger und Ökonom, durch Stimmsammlung wählten und paritätisch, halb mit Juden und halb mit Christen, besetzten. Die Loge, der einige »reiche Kapitalisten« angehörten, spendete Geld für die Errichtung eines Spitals und einer Schule und für ein Lessingdenkmal, das in der Bibliothek von Wolfenbüttel aufgestellt wurde.

Um den Nachstellungen des konservativen preußischen Gesandten in Hamburg, Carl Siegmund von Göchhausen, zu entgehen, der ihn und die Loge bespitzeln ließ, nahm Sch. im November 1792 die Stellung eines Sekretärs beim französischen Gesandten in Hamburg, dem Girondisten Lehoc, an und war damit französischer Gerichtsbarkeit unterstellt. Mit ihm und dem revolutionsfreundlichen Kaufherrn Georg Heinrich Sieveking organsierte Sch. eine »Lesegesellschaft«, deren Statuten nach dem kurz zuvor in Mainz begründeten Jakobinerklub modelliert waren. Nach dem Verbot des *Niedersächsischen Merkur*, das aufgrund preußischen Drucks erfolgte, setzte Sch. sein Journal noch bis März 1793 unter den Namen *Neuer Proteus* und *Manuskript für Freunde* fort. Dort veröffentlichte er die Reden der führenden Mainzer Jakobiner Georg Wedekind und Matthias Metternich. Die Niederlage der französischen Armee bei Neerwinden in Belgien (18. März 1793) machte Sch.' Erwartungen auf baldige Befreiung Deutschlands vom Feudaljoch zunichte. Aus Hamburg im April 1793 ausgewiesen, ermöglichte ihm der zufällig gleichzeitig erfolgte Tod seines Vaters die Übernahme seines Erbes in Sachsen. Sch. erwarb das Gut Hoisbüttel in Stormarn/Holstein in der Nähe Hamburgs, wohin er Ende 1793 übersiedelte.

Als der Verleger Gottfried Leberecht Vollmer Mitte 1795 die jakobinische »Verlagsgesellschaft von Altona« gründete, nahm er den Stiefsohn Sch.', Friedrich Bechthold, zu seinem Teilhaber. Dieser Verlag war in den letzten fünf Jahren des 18. Jahrhunderts das Zentrum demokratischer Literatur im rechtsrheinischen Deutschland. Sch. publizierte dort 1796/97 ein *Neues Archiv der Schwärmerei und Aufklärung* und einen *Neuen Niedersächsischen Merkur*. 1797 überwarf er sich aus politischen Gründen mit dem Jakobiner Georg Friedrich Rebmann, den er während dessen Aufenthalts in Hamburg kennengelernt hatte und der Mitte 1796 nach Paris geflüchtet war. Während dieser im Journal *Die Geißel* und in der *Laterne für die mittlere Volksklasse* das deutsche Volk zur revolutionären Erhebung aufforderte und betonte, daß die Franzosen nicht die Aufgabe der Befreiung Deutschlands übernehmen könnten, hatte Sch. jede Hoffnung auf eine eigenständige deutsche Volksrevolution verloren und appellierte an die Franzosen, die deutschen Machtträger zu stürzen.

Sch. betätigte sich als Schauspieler am »Nationaltheater von Altona«, das 1796 vom Schauspieldirektor und Schriftsteller Johann Friedrich Ernst Albrecht begründet wurde, gab einen Band *Neue Schauspiele* heraus (1801), edierte eine *Theater- und Literaturzeitung* und war eine Zeitlang auch Teilhaber des Altonaer Theaters, das 1801 schließen mußte. Für einige Freimaurerlogen, in denen er Mitglied war, dichtete er Lieder. Er veröffentlichte nach dem Tode des aufgeklärten dänischen Premierministers Peter von Bernstorff (1797) eine lobende *Lebensgeschichte*. Die Aufhebung der Pressefreiheit in Dänemark (1799) machte die Publikation demokratischer Schriften in Altona unmöglich. Sch. veröffentlichte 1802 in Hamburg eine *Geschichte des zehnjährigen Kriegs in Europa*, aus der seine Enttäuschung über die Vernichtung der französischen Republik durch Napoleon Bonaparte hervorgeht. Später gab er einige unpolitische kurzlebige Zeitschriften heraus und bearbeitete Literatur für die Jugend. 1819 übersiedelte er nach Zerbst, wo sein ältester Sohn ein Haus gekauft hatte, und trat auch dort in eine Freimaurerloge ein. Seine *Freien Bekenntnisse eines Veteranen der Maurerei und anderer geheimer Gesellschaften* (Leipzig 1824) und seine *Maurerischen Ansichten* (zwei Bände, Leipzig 1825–1827) sind eine Fundgrube von Mitteilungen über das Freimaurerwesen im Zeitalter der Französischen Revolution und legen dafür Zeugnis ab, das Sch. den demokratischen Freiheits- ud Gleichheitsideen bis zuletzt die Treue bewahrte.

Grab, W.: Demokratische Strömungen in Hamburg und Schleswig-Holstein zur Zeit der ersten französischen Republik. Hamburg 1966. – Grab, W.: Ein Volk muß seine Freiheit selbst erobern. Zur Geschichte der deutschen Jakobiner. Frankfurt/Main 1984.

Walter Grab

Schwarzhaupt, Elisabeth

Geb. 7. 1. 1901 in Frankfurt/Main; gest. 29. 10. 1986 in Frankfurt/Main

»Daß ich als Frau für Frauen einzutreten hatte, war selbstverständlich in einer Zeit, in der – wie heute noch – die Gleichberechtigung der Frau im privaten und öffentlichen Leben noch weit von ihrer Verwirklichung entfernt ist.« Mit diesen Worten umschrieb Schw. rückblickend ihre selbstgestellte Aufgabe bei ihrem Eintritt ins Kabinett Adenauer im Jahre 1961. Allerdings hatte Schw., die erste Frau im Bundesministerrang seit der Einführung des Frauenwahlrechtes 1918, nicht etwa ein Frauenministerium übernommen. Ein solches war angeblich in der CDU-FDP-Koalition politisch (noch) nicht durchsetzbar gewesen. Adenauer hatte ihr stattdessen den Arbeitsbereich »Gesundheitswesen« übertragen. Daß die promovierte Juristin als Gesundheitsministerin bald jedoch zu einer »Klagemauer für Frauen« wurde, zeigte die Berechtigung ihres Anliegens, für das sie sich ein Leben lang eingesetzt hatte. Ihm widmete sie sich, neben ihren gesundheitspolitischen Aufgaben, mit großem Engagement.

Im protestantischen, national-liberal denkenden Elternhaus lernte Schw. schon früh Ideen und Ziele der bürgerlichen Frauenbewegung kennen. Sie besuchte in Frankfurt die »Schillerschule« – das einzige Gymnasium, das Mädchen zum Abitur führte – und studierte nach der Reifeprüfung (1920) und einer Berufsausbildung als Lehrerin (1921) Jura in Frankfurt und Berlin (1921–1926). Da Frauen mit dem Reichsgesetz vom 11. Juli 1922 Zugang zum allgemeinen juristischen Vorbereitungsdienst – und vereinzelt auch zu sog. kommissarischen Stellen als Richterin – erhielten, konnte Schw. 1926 ihr Referendariat beginnen. Es führte sie nach Berlin, Neuruppin und Frankfurt. Erste Berufserfahrungen sammelte sie von 1930 bis 1932 als Gerichtsassessorin an der städtischen Rechtsschutzstelle für Frauen in Frankfurt – eine Einrichtung, die Frauen der bürgerlichen Frauenbewegung initiiert hatten. Durch ihre Beratungstätigkeit erhielt sie auch Einblick in die soziale Situation der Ehefrauen arbeitsloser Männer und erkannte die Mängel des geltenden frauendiskriminierenden Familienrechtes. Ihre Arbeit sensibilisierte sie in besonderem Maße für die Gefahren, die der Frauenbewegung von der bedrohlich angewachsenen NS-Bewegung erwuchsen. Deshalb engagierte sich Schw. seit 1932 als Vortragsrednerin in der Deutschen Volkspartei (DVP), der Partei ihres Vaters. Wiederholt betonte sie, daß die Nationalsozialisten die in der

Weimarer Reichsverfassung verbürgten Rechte der Frauen als grundsätzlich gleichberechtigte Staatsbürgerinnen in allen Bereichen gefährdeten. Nach dem Machtantritt Hitlers 1933 wurde Schw.s »Kommissorium«, eine befristete Beamtenstelle, die sie seit 1932 innehatte, nicht mehr verlängert.

Was Schw. vorausgesagt hatte, war eingetreten. Immer mehr Frauen wurden jetzt, ohne daß das Beamtenrecht geändert werden mußte, aus dem Staatsdienst entlassen. Schw., arbeitslos geworden, kehrte für kurze Zeit an die Universität zurück und wurde mit einer Arbeit über die »Währungsklausel im deutschen Schuldrecht« promoviert. Nachdem sie zunächst in der Geschäftsstelle für Kleinrenter in Berlin tätig war, wurde die Volljuristin im März 1936 als juristische Hilfsarbeiterin von der Kirchenkanzlei der »Deutschen Evangelischen Kirche« (DEK) in Berlin übernommen. Diese Kanzlei war jedoch aufgrund der staatskirchenrechtlichen Bestimmungen sowie der ideologischen Überzeugungen der Mehrheit ihrer Mitarbeiter eng mit jenem Regime verbunden, vor dem Schw. noch vor 1933 gewarnt hatte. Wie ihr Vater, ein Mitglied der Bekennenden Kirche (BK), und mit ihm große Teile des gemäßigten Flügels der BK, setzte sie gleichwohl gewisse Hoffnungen in den von dem nationalsozialistischen Reichsminister für kirchliche Angelegenheiten Hanns Kerrl berufenen und von Wilhelm Zoellner geleiteten Reichskirchenausschuß. Vater und Tochter versprachen sich die Möglichkeit »einer leidlich freien kirchlichen Arbeit«.

Schw., die sich bewußt für eine Berufstätigkeit an verantwortlicher Stelle entschieden hatte, eröffnete sich nun eine Karriere als Beamtin in einem Bereich, der zwar einerseits mit dem NS-Regime verbunden, andererseits aber institutionell von ihm geschieden war. Diese Stelle hatte ihren Preis. Schw. schloß sich zwar nicht der NSDAP an, gehörte aber dem NS-Rechtswahrerbund, der NS-Volkswohlfahrt, dem NS-Frauenwerk sowie dem Reichsluftschutzbund an. Wann Schw., ihrer bisherigen Laufbahn im Staatsdienst entsprechend, in das kirchliche Beamtenverhältnis übernommen und als Konsistorialrätin eingestuft wurde, ist nicht belegt. Am 1. April 1944 wurde sie jedenfalls zur Oberkirchenrätin ernannt. Die Einziehung vieler Kirchenbeamten zum Kriegsdienst dürfte zu ihrer Beförderung beigetragen haben.

Als Referentin der Kirchenkanzlei arbeitete Schw. in der Frage des kirchlichen Sammlungswesens, auf das die freien evangelischen Verbände angewiesen waren, eng mit dem Centralausschuß für die Innere Mission zusammen, um Restriktionen von Seiten des Staates zu begrenzen. Schw. war, wie sie selbst berichtete, und wie es andere bestätigten, vor allem darin erfolgreich, Freistellungen vom Arbeitseinsatz in kriegswichtigen Betrieben für Gemeindehelferinnen, Pastorenfrauen und Vikarinnen beim Reichsarbeitsministerium zu erwirken. Heinz Brunotte und Schw. waren es, die die Verhandlungen mit den Verbänden führten; es ging beiden Seiten darum, eine Form zu finden, die nach außen wie eine Angliederung an die Kirche aussah, nach innen den Verbänden aber die nötige Freiheit für ihre Arbeit ließ. Zwar konnte sich Schw. trotz ihrer eingeschränkten Möglichkeiten für gefährdete Christen und Christinnen einsetzen, aber die Kirchenbeamtin schwieg offenbar zu vielen problematischen Maßnahmen, für die ihre Vorgesetzten verantwortlich zeichneten.

Es scheint, als habe die Verwaltungsjuristin das Jahr 1945 nicht als Zäsur empfunden, die zu einer radikalen Neuorientierung im kirchlichen Bereich herausforderte. Was die evangelische Kirche anbelangte, war sie davon überzeugt, daß in der Kirchenkanzlei, die sie zusammen mit ihren Kollegen Brunotte und Hans-Bernd Gisevius über das »Dritte Reich« hinübergerettet hatte, der Kern der neuen Kirche liegen sollte. Sie ging davon aus, daß mit den Kirchengesetzen der DEK aus der Zeit vor 1945, nach einer Reinigung von der NS-Ideologie, weitergearbeitet werden konnte. Aus diesem Grunde sah sie in dem Anliegen Martin Niemöllers, beim Neuaufbau an die Bekenntnissynoden von Barmen (1934) und Dahlem (1934) anzuknüpfen, nur Anlaß zu tiefen Meinungsverschiedenheiten, die es zu überwinden galt. Schw. blieb Referentin der Nachkriegskirchenbehörde, die unter der Leitung des ehemaligen Mitgliedes des Reichsbruderrates der Bekennenden Kirche, Hans Asmussen, nach Schwäbisch Gmünd verlegt wurde. Als Schw. 1947 im Kirchlichen Außenamt unter Martin Niemöller ein juristisches Referat übernahm und an den Versammlungen des Weltkirchenrates in Amsterdam (1948) und Evanston (1952) teilnahm, interessierte sie sich vor allem für Frauenfragen. Sie wurde Mitglied der 1948 gebildeten Kommission »Zusammenarbeit von Mann und Frau in Kirche und Gesellschaft«. Seit 1947 hatte sie bereits die ehrenamtliche Geschäftsführung der »Evangelischen Frauenarbeit« inne.

An ein parteipolitisches Engagement dachte Schw. in der unmittelbaren Nachkriegszeit nicht, auch dann nicht, als sie zwei Mitbegründerinnen der Frankfurter CDU 1949 zur Kandidatur für den Bundestag auf einem sicheren Listenplatz aufforderten. Die Kirchenbeamtin hegte – abgesehen davon, daß sie damals eher zur FDP tendierte – Bedenken gegen eine Partei, die sich christlich nannte. 1952 gelang es jedoch dem Bundestagspräsidenten Hermann Ehlers, der stellvertretender Bundesvorsitzender der CDU und Sprecher des protestantischen Flügels der Partei war, Schw.s Bedenken zu zerstreuen. Mit Ehlers, den sie von ihrer Arbeit im Verfassungsausschuß der 1945 aus den Landeskirchen gebildeten »Evangelischen Kirche in Deutschland« (EKD) her kannte, vertrat sie die Auffassung, das Wort »christlich« könne lediglich auf die Union von Protestanten und Katholiken zielen, da es unmöglich sei, aus der Bergpredigt oder den Zehn Geboten direkte Normen für eine christliche Politik abzuleiten. Kritische Ein-

wände, die Partei diene als Sammelbecken antidemokratischer Kräfte, die die Zentrumsvorsitzende Helene Wessel in Bezug auf ehemalige Nationalsozialisten, die in die CDU eingetreten waren, vorgebracht hatte, hinderten Schw. nicht daran, in die Partei einzutreten.
Im Bundestag, dem sie als Fraktionsmitglied der CDU von 1953–1969 angehörte, arbeitete sie im Rechtsausschuß mit. Von ihren männlichen Kollegen wurden ihr bald alle die Reform des Familienrechts betreffenden Aufgaben übertragen. In der Frage des Letztentscheidungsrechts des Ehemanns in der Erziehung stellte sich Schw. mit einem Plädoyer für die Gleichberechtigung gegen ihre katholische Parteikollegin Helene Weber. Schw. knüpfte in ihrer Argumentation an ihre durch die Frauenbewegung geprägten Erfahrungen in der Frankfurter Rechtsschutzstelle, den protestantischen Frauenverbänden sowie der Ökumene an. In der Debatte um den Letztentscheid im Bundestag am 12. Februar 1954 konnte sie sich freilich nicht gegen ihre Kolleginnen, die Fraktion und den dahinterstehenden katholischen Klerus durchsetzen. Ein Gleichberechtigungsgesetz, das nach dem Grundgesetz spätestens 1953 vom Bundestag hätte verabschiedet werden müssen, kam erst 1958 zustande.
Nun fühlte sich auch Helene Weber frei, 1961 bei Bundeskanzler Konrad Adenauer ein Ministerium zu reklamieren, das von einer Frau besetzt werden sollte. Sie schlug Schw. vor und setzte sich zusammen mit ihren Fraktionskolleginnen hartnäckig für die Protestantin ein. Für Schw. wurde schließlich ein zusätzliches CDU-Fachministerium - das Gesundheitsministerium - geschaffen, welches sie bis 1966 leitete. Ein Ministerium für Frauenfragen war 1961 im Kabinett der kleinen Koalition nicht durchzusetzen. Allerdings widersprach eine solche Ressortbildung Schw.s Politikverständnis ebenso wie ihrer Auffassung von der Zusammenarbeit von Männern und Frauen in der Politik, und sie meinte, daß die Schaffung eines Frauenministeriums vor allem dem Vorurteil ihrer Kollegen entspräche, Frauen seien vorwiegend mit Familienfragen beschäftigt. Ohne die traditionelle Rollenverteilung prinzipiell in Frage zu stellen, kämpfte Schw. deshalb gegen manche Hindernisse, die einer politischen Partizipation von Frauen im Wege standen.
Am Ende ihrer Amtszeit als Ministerin erfuhr sie schließlich am eigenen Leibe, daß es vielen ihrer Fraktionskollegen nicht um Ziele der Gerechtigkeit, Menschlichkeit und Gleichberechtigung ging; jene kämpften vielmehr, so ihre Ansicht, um »die reine Macht und jedes Mittel war ihnen dazu recht«. Sie bat - müde geworden - 1966 Bundeskanzler Ludwig Erhard um ihren Abschied. Eines jedoch wollte sie auch künftig gesichert wissen: Auf alle Fälle sollte wieder eine Frau ins Kabinett berufen werden.
Bis 1969 blieb sie als Abgeordnete für die CDU im Bundestag. Sie war Mitglied des »Deutschen Evangelischen Frauenbundes« und übernahm weitere ehrenamtliche Tätigkeiten: U.a. den Vorsitz des von Agnes von Zahn-Harnack und Marie-Elisabeth Lüders gegründeten »Deutschen Akademikerinnenbundes« und den Vorsitz des »Deutschen Frauenrates«, eines Zusammenschlusses von über dreißig Frauenverbänden.

H.-M. Lauterer: Gottesebenbildlichkeit des Menschen und Gleichberechtigung von Frau und Mann. Elisabeth Schwarzhaupt (1901–1986), in: Mehlhausen, J. (Hg.): »...und über Barmen hinaus«. Festschrift für Carsten Nicolaisen zum 60. Geburtstag. Göttingen 1995.

Heide-Marie Lauterer

Seger, Gerhart

Geb. 16. 11. 1896 in Leipzig; gest. 21. 1. 1967 in New York

1934 erschien in Karlsbad (CSR) mit nachfolgender Übersetzung in sechs Sprachen ein Buch, das die Aufmerksamkeit des Auslandes erneut auf das Bestehen von Konzentrationslagern in Deutschland lenkte: *Oranienburg. Erster authentischer Bericht eines aus dem Konzentrationslager Geflüchteten.* Anna Seghers soll es später mit als Vorlage für ihren weltberühmten Roman *Das siebte Kreuz* (engl. 1942, dt. 1946) gedient haben. S. hatte in der Weimarer Republik schon eine bedeutende politische Karriere hinter sich. Als Sohn des späteren Reichstagsabgeordneten und Redakteurs der *Leipziger Volkszeitung*, Friedrich S., wurde er praktisch in die sozialdemokratische Bewegung hineingeboren. Nach einer Steindruckerlehre war er bis zum Ersten Weltkrieg als Steindrucker und Grafiker tätig. Der Einberufung folgten Fronteinsätze in Galizien, Frankreich, Italien und Belgien. Nach Kriegsende hospitierte er am Institut für Zeitungskunde und am Kulturhistorischen Institut der Universität Leipzig, um dann von 1920 bis 1923 Redakteur an (links-) sozialdemokratischen Zeitungen in Kiel, Berlin und Plauen zu werden. Er gehörte der USPD an und kehrte 1922 mit der Rest-USPD zur SPD zurück.
Mit der Tätigkeit als Generalsekretär der »Deutschen Friedensgesellschaft« (DFG) 1923 bis 1928 und der damit verbundenen intensiven agitatorischen Aktivität, begann S.s eigentliche politische Bekanntheit. Politisch war er eher dem radikalpazifistischen Flügel zuzurechnen, teilte aber nicht dessen autoritär-undemokratische Tendenzen.

Aus der umfangreichen publizistischen Tätigkeit sind v.a. die Broschüren *Der Fall Quidde* (1924), *Wehrhafte Republik* (1926) und *Deutschland - eine zweite Schweiz?* (1929) herauszuheben. In letzterer plädierte er für eine Neutralisierung Deutschlands nach dem Beispiel der Schweiz. Die Opfer eines kommenden Krieges würden infolge der rasanten Entwicklung der Flugzeugtechnik und der damit verbundenen Aufhebung der Trennung von Front und Hinterland sowie der ungünstigen militärgeographischen Lage Deutschlands eminent höher sein als im Ersten Weltkrieg. Deutschland biete insofern auch ein hervorragendes Opfer für Aggressionen. Auf der anderen Seite entfalle aber mit der durch Garantiemächte und multilateralem Vertragswerk abgesicherten Neutralität die Legitimation eines Angriffes; vor allem dann, wenn ein angegriffenes Land keine Gegenwehr zeige. Dem »Schwindel des sogenannten Verteidigungskrieges« werde ein für allemal ein Ende gemacht.Das Opfer habe die Weltmeinung für sich, der Angreifer müsse davor zurückweichen und komme eventuell auch in innenpolitische Turbulenzen. Außerdem bleibe einem neutralisierten Lande für den Fall einer Okkupation in jedem Falle noch der passive Widerstand, der durchaus effektiver sein könne als die militärische Gegenwehr. Die Neutralität Deutschlands könne den »Anstoß für die politische Einigung Europas« bilden. Folgerichtig wandte sich S. auf dem Magdeburger Parteitag der SPD 1929 entschieden gegen das dort verabschiedete Wehrprogramm.

Schon vor dem Rücktritt Ludwig Quiddes von der Führung der »Deutschen Friedensgesellschaft« beendete S. 1928 seine Tätigkeit dort und nahm eine Stelle als sozialdemokratischer Redakteur beim *Volksblatt für Anhalt* in Dessau an. S.s Rücktritt als Generalsekretär der DFG dürfte einesteils auf die dort immer heftiger gewordenen Flügelkämpfe zurückzuführen sein, anderenteils auf S.s Weigerung, sich an dem von der KPD initiierten Volksbegehren gegen den Panzerkreuzerbau 1928 zu beteiligen. 1929 trat er zusammen mit Quidde und anderen auch aus dem Präsidium der DFG aus. Ende 1932 gehörte er zu den Gründungsmitgliedern des »Allgemeinen Deutschen Friedensbundes«.

In Dessau avancierte er schnell zum neuen geistigen Führer der Sozialdemokratie im Freistaat Anhalt. Von 1930 bis 1933 vertrat er die SPD (Wahlkreis Magdeburg-Anhalt) im Reichstag. Insbesondere profilierte er sich, der schon Anfang der 20er Jahre gegen die völkische Bewegung aufgetreten war, im Kampf gegen den aufkommenden Faschismus - zu einer Zeit, als die restliche Führerschaft der anhaltischen SPD noch meinte, dieses Problem durch bloßes Ignorieren aus der Welt schaffen zu können. 1930 wurde S. vom Parteivorstand der SPD als einer der 28 »Referenten gegen Nationalsozialismus und faschistische Gefahr« benannt, was darauf hinweist, daß S. sich im Parteibezirk Magdeburg-Anhalt auf diesem Gebiet am stärksten profiliert hatte. Im Januar 1932 forderte S. in der *Leipziger Volkszeitung* die Ausweisung Hitlers als Ausländer und Hochverräter. Er schloß sich nun auch dem früher von ihm als militaristisch abgelehnten »Reichsbanner Schwarz-Rot-Gold« an, einem 1924 gegründeten parteiübergreifenden republikanischen Wehrverband. S.s Flucht aus dem KZ Oranienburg 1933 soll durch von Dessauer Sozialdemokraten gesammelte Bestechungsgelder ermöglicht worden sein.

Nach Vortragsreisen in mehreren Ländern emigrierte S. nach New York, wo er von 1936 bis 1949 Chefredakteur der *Neuen Volkszeitung* war. Unter seiner Leitung wandelte sich dieses ursprünglich von einer deutsch-amerikanischen Leserschaft getragene Zeitung zu einem politischen Emigrationsorgan, das sich scharf gegen nationalsozialistische Einflüsse in den Vereinigten Staaten und zugleich gegen den traditionellen US-amerikanischen Isolationismus richtete sowie zunehmend Front gegen Kommunisten und linkssozialistische Gruppen machte.

S. lebte weiterhin in den USA als Journalist und Vortragsredner und entfaltete dort eine intensive politische Tätigkeit u.a. in der »Democratic Party« und als Gründungsmitglied der »German Labor Delegation«. Im Januar 1947 unterzeichnete er eine Erklärung ehemaliger Reichstagsabgeordneter, die der Protest gegen Vertreibung, Wirtschaftsdemontage und dauernde Besetzung mit der Forderung nach Friedensverhandlungen mit einer neuen deutschen Zentralregierung verband.

Kupfer, T.: Die Sozialdemokratie im Freistaat Anhalt in der Weimarer Republik. Probleme von Sozialstruktur, innerparteilicher Demokratie und sozialdemokratischer Politik 1918 bis 1933. Braunschweig (phil. Diss.) 1993. - Lütgemeier-Davin, R.: Pazifismus zwischen Kooperation und Konfrontation. Das Deutsche Friedenskartell in der Weimarer Republik. Köln 1982.

Torsten Kupfer

Seghers, Anna (d.i. Netty Radvanyi, geb. Reiling)

Geb. 19. 11. 1900 in Mainz; gest. 1. 6. 1983 in Berlin

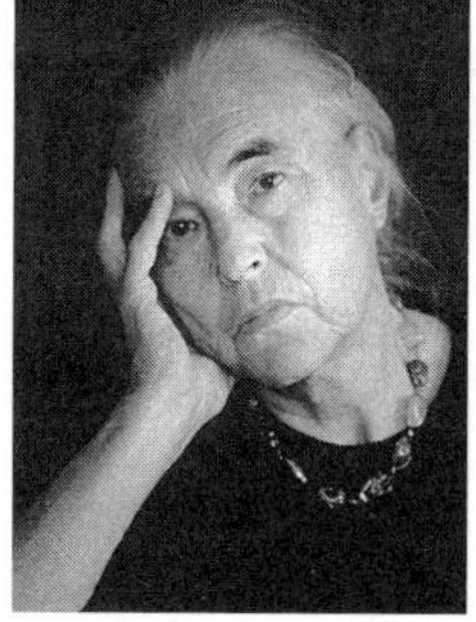

»Erzählen, was mich heute erregt, und die Farbigkeit von Märchen. Das hätte ich am liebsten vereint und wußte nicht, wie.« S.' Suche nach einer Verbindung von sozialpolitschem Engagement mit märchenhaften und mythischen Elementen des Erzählens durchzieht ihr Werk.

S. zählt zu den bedeutendsten, aber auch umstrittensten

Schriftstellerinnen des 20.Jh. in Deutschland. Ihre wichtigsten Romane ergeben eine Chronik der deutschen Geschichte, in die ihre eigenen Erfahrungen aus der Weimarer Republik, während des Nationalsozialismus und bis hin zur Honecker-Ära eingingen – fünf Jahrzehnte, in denen sie im Sinne ihres kommunistischen Ideals künstlerisch in das Geschehen eingreifen wollte: »Denn wir schreiben ja nicht, um zu beschreiben, sondern um beschreibend zu verändern.«

S. wurde als einziges Kind einer wohlhabenden jüdischen Familie 1900 in Mainz geboren. Ihr Vater war Antiquitätenhändler, ihre Mutter hatte eine Vorliebe für Literatur. Sie förderte die frühe schriftstellerische Neigung ihrer Tochter: »Seit ich Buchstaben schreiben kann, schreibe ich.« Während des Ersten Weltkriegs nahm S. drei Jahre lang freiwillig an Kriegshilfsdiensten teil – karitative Tätigkeiten, die Ausdruck ihres erwachten sozialen Empfindens waren. 1920 ging sie nach Heidelberg, um Kunst- und Kulturgeschichte, Geschichte und Sinologie zu studieren. 1924 promovierte sie mit einer Dissertation über *Jude und Judentum im Werk Rembrandts*. Jedoch ging es ihr weniger um das »jüdische« Thema – sie trat zwischen 1925 und 1926 aus der jüdischen Gemeinde aus – als um die Frage der künstlerischen Wirklichkeitsdarstellung.

In der Folgezeit reifte ihr Entschluß, sich ganz auf das Schreiben zu konzentrieren. Noch 1924 wurde in der Weihnachtsausgabe der *Frankfurter Zeitung* ihre erste Erzählung *Die Toten von der Insel Djal – eine Sage aus dem Holländischen* unter dem Pseudonym Antje Seghers veröffentlicht. Dieses Pseudonym behielt sie mit leichter Veränderung des Vornamens ihr Leben lang bei. Bereits während des Studiums hatte sie sich verschiedenen linken Diskussionsgruppen deutscher und osteuropäischer Studenten angeschlossen, in denen über den Marxismus und über die russische Oktoberrevolution debattiert wurde: »Für uns war es eine erregende revolutionäre Wirklichkeit.« In diesem Freundeskreis lernte sie den ungarischen Studenten Laszlo Radvanyi kennen, den sie 1925 heiratete. Sie zog zu ihm nach Berlin, wo er 1926 als marxistischer Wirtschaftswissenschaftler zum Leiter der »Marxistischen Arbeiterschule« (MASCH) ernannt wurde und den Parteinamen Johann Lorenz Schmitt annahm. 1926 kam ihr Sohn Peter, 1928 ihre Tochter Ruth zur Welt. Im selben Jahr erhielt S. bereits die höchste literarische Ehrung der Weimarer Republik, den Kleistpreis, für die Erzählung *Grubetsch* (1927), die das Los armer Leute in Mainz zeigt, und für ihr berühmtes Frühwerk *Aufstand der Fischer von Santa Barbara* (1928).

1924 trat S. der KPD bei und wurde Mitglied des neugegründeten »Bundes proletatrisch-revolutionärer Schriftsteller« (BPRS), zumal ihrer Ansicht nach »das Künstlerische und das Politische organisch zusammengehören«. In ihrer publizistischen Arbeit zu Zeit- und Tagesfragen, der sie bis ins hohe Alter viel Zeit und Energie widmete, erlaubte sie sich weniger Eigenständigkeit gegenüber den Postulaten ihrer Partei als in der Kunst. Während in der Kunst die Intuition Richtschnur ihres Handelns blieb, griff sie in der Publizistik auch Themen auf, die vornehmlich von den Genossen für wichtig gehalten wurden. Als die Nationalsozialisten am 10. Mai 1933 eine spektakuläre Bücherverbrennung in Berlin inszenierten, waren ihre Werke dabei. S. floh darauf mit ihrer Familie über die Schweiz nach Frankreich und ließ sich in Bellevue, einem Vorort von Paris, nieder. Sie beteiligte sich an der Neugründung des in Deutschland verbotenen »Schutzverbandes deutscher Schriftsteller« (SDS) in Paris und rief die Autoren zum Widerstand gegen Hitler-Deutschland auf. In ihrer berühmten Rede *Vaterlandsliebe* auf dem I.Internationalen Schriftstellerkongreß zur Verteidigung der Kultur in Paris 1935 mahnte sie zur Neubesinnung auf nationale kulturelle Traditionen, die durch die Nationalsozialisten verfälscht worden seien.

Um für ihren Roman *Der Weg durch den Februar* (1935) über den 1934 gescheiterten österreichischen Arbeiteraufstand gegen das Dollfuß-Regime zu recherchieren, reiste sie illegal nach Österreich. Sie wurde Mitherausgeberin der Prager Zeitschrift *Neue Deutsche Blätter*, die sich als Organ antifaschistischer Schriftsteller verstand. 1937 begann S. in Paris, einen Roman zu schreiben, der allein schon aufgrund der Thematik ihr berühmtester und erfolgreichster werden sollte: *Das siebte Kreuz* (1942). Er handelt von sieben aus dem KZ Westhofen (bei Dortmund) entkommenen Häftlingen. Einer erreicht tatsächlich die rettende holländische Grenze. Das ihm zugedachte Kreuz auf dem Appellplatz des KZ bleibt leer und wird so den Lagerinsassen ein Symbol der Hoffnung. Allerdings wurde der Vorabdruck dieses Romans in der Zeitschrift *Internationale Literatur. Deutsche Blätter* in Moskau 1939 nach Abschluß des Nichtangriffspaktes zwischen Hitler und Stalin vorerst gestoppt.

Im Juni 1940 marschierten die deutschen Truppen dann in Frankreich ein. Laszlo Radvanyi wurde von der Vichy-Regierung ins südfranzösische Lager Le Vernet interniert. S. konnte mit ihren Kindern aus Paris fliehen, mußte aber, von den deutschen Truppen eingeholt, in die Stadt zurückkehren. Es gelang ihr, sich vor Gestapo und Vichy-Polizei versteckt zu halten. Bei einem erneuten Fluchtversuch mit Hilfe ihrer Freundin Jeanne Stern gelangte sie zu Fuß über die Demarkationslinie in den unbesetzten Süden Frankreichs. Dort bekam sie Ausreisepapiere und Schiffspassagen für sich und ihre Familie – nach zähem, jedoch gegenüber anderen Leidensgenossen noch glückvollem Kampf mit der »tödlichen Bürokratie jener Zeit«. Diese Erfahrungen gingen in ihren Roman *Transit* (1944) ein. Im März 1941 konnte sie mit ihrer Familie Europa verlassen und erreichte über New York, wo sie kein

Bleiberecht erhielt, im Herbst Mexiko. Im November 1941 gründete S. mit deutschen Exilanten den »Heinrich-Heine-Club«. Sie gehörte zu den Herausgebern der Zeitschrift *Freies Deutschland*, eines internationalen Organs für politische, kulturelle und literarische Themen. Ihr bereits auf englisch gedruckter Roman *Das siebte Kreuz* erschien 1942 in dem von Walter Janka geleiteten Exilverlag »El libro libre« erstmals in deutscher Sprache. Nun wurde dieses Buch Bestseller in Amerika, »Book of the Month Club«-Titel und schließlich als Comic-Strip-Version in 20 Millionen-Auflage zum Zweck der psychologischen Kriegführung Pflichtlektüre für amerikanische Soldaten. In diesem Jahr wurde S.' Mutter, die sich nicht rechtzeitig aus Hitler-Deutschland hatte retten können, in einem KZ in Polen ermordet. 1943 hatte S. selbst einen schweren Autounfall und lag wochenlang im Koma. Während ihrer Genesung verfaßte sie die autobiographische Erzählung *Ausflug der toten Mädchen* (1946), ein Bekenntnis zur Kindheit und zur deutschen Heimat.

Zwei Jahre nach Kriegsende kehrte S. nach Deutschland zurück. »Ich will durch die Bücher, die hier entstehen werden, verhindern helfen, daß die Fehler der Vergangenheit jemals wiederholt werden«, sagte S. nach ihrer Ankunft einer Journalistin. Nach Beginn der Blockade Berlins durch die UdSSR im Juni 1948 zog sie von Berlin-Zehlendorf im amerikanischen Sektor nach Berlin-Adlershof im sowjetischen Teil der Stadt. Ihr bereits im Exil begonnener Roman *Die Toten bleiben jung* (1949) wurde bei seinem Erscheinen in der DDR von Walter Ulbricht jedoch nicht gut aufgenommen. Die Kulturbehörde der DDR erwartete vielmehr »Aufbauliteratur« im Stile eines »Sozialistischen Realismus«, während S. in ihrem Roman die vergangene politische Entwicklung 1918–1945 am Verhalten von Personen aus allen Bevölkerungschichten veranschaulichte. Diese Dissonanz wurde in der Öffentlichkeit durch hohe Auszeichnungen und Ehrungen verwischt, denn S. als international angesehene Schriftstellerin konnte ein gutes »Aushängeschild« für einen »antifaschistisch-demokratischen Neuanfang« abgeben. Im Zuge des Kalten Krieges brachen S.s Kontakte mit westdeutschen Verlagen ab, in der DDR aber wurden Straßen, Fabriken und Schulen nach ihr benannt. S. wurde zur geehrtesten literarischen Gestalt des Landes.

S. selbst bekräftigte öffentlich in Rede und Schrift die sozialistischen Ideale und Prinzipien der DDR. Sie war Mitbegründerin der Ostberliner »Akademie der Künste« und von 1952–1978 Vorsitzende des »Deutschen Schriftstellerverbandes« (gegründet 1952, ab November 1973: »Schriftstellerverband der DDR«); 1951 erhielt sie den »Internationalen Stalin-Friedenspreis«. Als in den 50er Jahren im Zuge stalinistischer Säuberungen altgediente Kommunisten abgeurteilt wurden, schwieg S. dazu. Ihr Spätwerk zeugt von Wirklichkeitsverlust, ablesbar an der Verfälschung zeitgeschichtlicher Ereignisse (17. Juni 1953, Ungarn 1956). Als Vorsitzende des Schriftstellerverbandes betrieb sie 1976 in vorderster Linie zusammen mit der Staatsmacht die Ausbürgerung Wolf Biermanns. Gelegentlich versuchte sie jedoch, in persönlichen Gesprächen mit dem Kulturminister Johannes R. Becher oder direkt bei Walter Ulbricht zu intervenieren. Diese Mischung aus überwiegendem öffentlichem Schweigen und punktueller privater Initiative charakterisierte ihre politische Haltung in der DDR. Bis zu ihrem Tod 1983 in Berlin hielt sie an den »humanistischen Idealen« der DDR fest, die ihr trotz aller Mängel die Hoffnung auf eine gerechte und bessere Gesellschaft zu verbürgen schien. Diese Hoffnung allerdings verschob sie in ihren Erzählungen der 70er Jahre in eine immer fernere Zukunft.

Emmerich, U.; R. Radvanyi, F. Wagner (Hg.): Anna Seghers. Eine Biographie in Bildern. Berlin u. Weimar 1994. – Zehl-Romero, C.: Anna Seghers. Reinbek bei Hamburg 1993.

Dorothea Wimmer

Selbert, Elisabeth, geb. Rohde

Geb. 22. 9. 1896 in Kassel; gest. 9. 6. 1986 in Kassel

»Ich meine, daß in erster Linie auch die Verantwortlichkeit im großen politischen Raum die Frauen dazu bringen sollte, mehr in die Politik zu gehen und dort mitzuwirken, weil ja die Fragen des Lebens dort entschieden werden.« So resümiert die Politikerin und Juristin S. ihr lebenslanges Engagement für Demokratie und Frauenbewegung. Als zweite von vier Töchtern eines Justizoberwachtmeisters in Kassel geboren, erlebte S. früh, wie notwendig – besonders für Frauen – gegenseitige Hilfe und eine überlegte Planung des eigenen Lebenweges sind. Ihre bäuerlich-kleinbürgerliche, protestantische Familie unterstützte zwar ihre geistigen Interessen. Aufgrund der beschränkten finanziellen Verhältnisse mußte sich S. eine Freistelle auf der Mittelschule erkämpfen. Nach Abschluß der Höheren Handelsschule war sie zunächst als Auslandskorrespondentin in einer Exportfirma tätig, nach Beginn des Ersten Weltkrieges als Beamtenanwärterin bei der Post. Über ihren späteren Ehemann, den Buchdrucker Albert S., kam sie in diesen Jahren erstmals mit der Sozialdemokratie in Berührung; 1918 trat sie in die SPD ein. Als Albert S. im Zuge der Novemberrevolution 1918/19 Vorsitzender des Arbeiter- und Soldatenrates in Niederzwehren bei Kassel und damit verantwortlich für die Reorganisation der

Versorgung und Verwaltung der Gemeinde wurde, arbeitete S. bereits eng mit ihm zusammen. Trotz der Bedenken ihrer Familie heiratete sie ihn 1920.

Die Ehe erlebte sie als eine »emanzipierte Partnerschaft«, auch wenn S. ganz traditionell die Versorgung der Kinder übernahm. Ihr Mann unterstützte ihre Absicht, eine politische Karriere einzuschlagen, die er ihr mehr als sich selbst zutraute. Einen wichtigen politischen Impuls für das Berufsziel Politikerin bekam S. 1920, als sie auf der 1. Reichsfrauenkonferenz der SPD in Kassel führenden SPD-Frauen wie Marie Juchacz, Hanna Kirchner, Johanna Tesch, Toni Pfülf und Toni Sender begegnete: »Ich glaube, das war sogar ein größerer Eindruck als die Vorgänge beim Zusammenbruch. Denn ich sah nun eine geschlossene Phalanx von hochengagierten Frauen, auch höheren Bildungsgrades, die sich für politische Ziele einsetzten, nicht nur für politische Frauenarbeit, sondern für partei- und staatspolitische Ziele, das war doch entscheidend.«

Später erkannte S. aber, daß es gerade aufgrund dieses zurückgetretenen Interesses an sogenannten Frauenthemen »passieren (konnte), daß im Weimarer Reichstag die Reform (beispielsweise) des Familienrechts überhaupt nicht vorwärts gekommen ist. Man hatte leise Ansätze gemacht, einen oder mehrere Ausschüsse gebildet, aber in Wirklichkeit hat man auf der Stelle getreten.«

Die Interessen der Frauen blieben wichtiger Bestandteil ihres kommunalpolitischen Wirkens in Kassel und Niederzwehren. S. hielt ein größeres politisches Engagement von Frauen für unabdingbar. Auf den Versammlungen, zu denen sie den früheren Reichskanzler und jetzigen Kasseler Oberbürgermeister Philipp Scheidemann begleitete, forderte sie die Frauen auf, sich für die Umsetzung der aus dem Wahlrecht resultierenden Möglichkeiten einzusetzen, denn das »so sehr umkämpfte und erkämpfte Wahlrecht (habe) (...) den Frauen die Pflicht auferlegt, sich auch um politische Vorgänge und um den Staat zu kümmern.« S. legte 1926 an einem Lyzeum in Kassel das externe Abitur ab und nahm ein Jurastudium in Marburg, später in Göttingen auf. Im Oktober 1929 legte sie das erste Staatsexamen nach der Mindeststudienzeit von sechs Semestern ab, im April 1930 erwarb sie mit ihrer Dissertation zu *Ehezerrüttung als Scheidungsgrund* den Doktortitel. Darin plädierte sie für den Wegfall der wirtschaftlichen Benachteiligung von Frauen bei der Scheidung und für die Aufgabe des Verschuldensprinzips bei Ehetrennungen.

Nach einer halbjährigen Erholungspause begann Elisabeth S. 1931 in Kassel ihre Referendarzeit. Gleichzeitig wurde sie wieder politisch aktiv, weil sie die Bedrohung der Weimarer Demokratie durch den Nationalsozialismus erkannte. Sie kandidierte noch 1933 – allerdings erfolglos – für den Reichstag und hielt – Hitler war bereits an der Macht – Reden gegen die NSDAP. Im Sommer 1933 wurde ihr Mann von den Nazis als stellvertretender Bürgermeister von Niederzwehren entlassen und vier Monate im Lager Breitenau bei Kassel in sogenannter Schutzhaft gehalten. Bis Kriegsende stand er unter Gestapo-Aufsicht und blieb arbeitslos. S. gelang es, im Oktober 1934 am preußischen Prüfungsamt Berlin noch das Assessorexamen mit Prädikat zu absolvieren, auch wenn zu diesem Zeitpunkt für Frauen eine Karriere als Richterin oder Staatsanwältin nicht mehr möglich war.

Am 15. Dezember 1934 wurde sie als Rechtsanwältin zugelassen, einen Monat bevor ein von den Nationalsozialisten ausgesprochenes Verbot dies für Frauen untersagte. Als Anwältin in den Jahren der NS-Diktatur konnte sie das Überleben der Familie sichern. Sie stand emigrierten Juden bei der Beurkundung von Kaufverträgen bei und vertrat bürgerliche Mandaten, die den gesetzlich vorgeschriebenen Arbeitsdienst verweigert hatten. Über ihre Tätigkeit als Strafverteidigerin äußerte sie später: »(Wir baten) (...) die Strafrichter, von deren Integrität wir überzeugt waren, im geheimen um eine Verhängung einer Freiheitsstrafe gegen den eigenen Mandanten (...), weil er bei etwaigem Freispruch an der Saaltür von Gestapo-Beamten – wir kannten einige – in Empfang und in sogenannte Schutzhaft genommen, das heißt: ins KZ gebracht worden wäre.« Trotz der Sorge um die an der Ostfront kämpfenden beiden Söhne und der Bombardierungen von Kassel arbeitete S. bis zum Ende des NS-Regimes als Rechtsanwältin.

Aufgrund ihrer regimekritischen Vergangenheit wurde S. nach dem Krieg sofort für eineinhalb Jahre als Verteidigerin vor den amerikanischen Militärgerichten nach Kassel berufen. Bereits im Juni 1945 konnte sie wieder eine eigene Praxis eröffnen. Gleichzeitig war sie an der Neugründung der SPD beteiligt und wirkte bei der Errichtung einer neuen Verwaltung mit. 1946 gehörte sie der Kasseler Stadtverordnetenversammlung und der »Verfassungsberatenden Landesversammlung« Hessens an, später dem Hessischen Landtag. Zusammen mit Fritz Bauer, seit 1956 Hessischer Generalbundesanwalt, gelang es ihr, das Prinzip der Resozialisierung von Strafgefangenen im Strafvollzug Hessens durchzusetzen. Bekannt wurde S. in dieser Zeit aber vor allem als Mitglied des Parlamentarischen Rats 1949, in dem sie an der Erarbeitung des Grundgesetzes mitwirkte.

Seit 1949 Abgeordnete der SPD im Hessischen Landtag, kämpfte sie für eine Reform des Familienrechts, für Verbesserungen beim Freiheitsentzug psychisch Kranker und für grundlegende Veränderungen des Nichtehelichenrechts. In die Bundespolitik kehrte sie nicht zurück, zumal die SPD ihr keinen sicheren Listenplatz für den Bundestag anbot. Eine Nominierung 1958 für das Bundesverfassungsgericht scheiterte, da sie als zu »engagiert politisch« galt. Im selben Jahr gab sie alle verbliebenen politischen Ämter auf, führte aber bis 1982 ihre Praxis weiter und bildete Juristinnen aus. Am Ende ihres neunzigjährigen Lebens forderte S. die Frauen auf, den »Zipfel der Macht« zu ergreifen: »Ich möchte den Appell an die Frauen richten, sich stärker politisch zu organisieren und zu engagieren, um die Gleichberechtigung in steigendem und in erforderlichem Maße durchsetzen zu können. Das ist nicht Männer-, sondern Frauensache. Wir können nicht von den Männern erwarten, daß sie es tun, denn sie behandeln uns ja sowieso in der Politik en canaille.«

Böttger, B.: Das Recht auf Gleichheit und Differenz. Elisabeth Selbert und der Kampf der Frauen um Art. 3 II Grundgesetz. Münster 1990. – Dertinger, A.: Elisabeth Selbert. Eine Kurzbiographie. Wiesbaden 1986.

Katja Koblitz

Sender, Tony

Geb. 29. 11. 1888 in Wiesbaden-Biebrich; gest. 26. 6. 1964 in New York

»Es ist immer meine Überzeugung gewesen, daß in einer freien Gesellschaft ohne die Mitarbeit der Frauen, zumindest ohne ihre Sympathie, keine tiefgreifenden sozialen Umwälzungen bewirkt werden können«. Diesen Satz schrieb S., die ihr Leben lang bestrebt war, Frauen zu politischer Partizipation zu ermuntern, in ihrer 1939 in New York erschienenen *Autobiographie einer deutschen Rebellin* (deutsch erst 1981).

Als S. um 1913 damit begann, Frauen politisch zu mobilisieren, war sie knapp 25 Jahre alt und hatte unter dem Einfluß der Lektüre von Ibsens *Nora* (1879) und deren Flucht aus dem »Puppenheim« bereits ihre eigene Emanzipation von einem wohlhabenden, streng orthodoxen jüdischen Elternhaus hinter sich, wo absoluter Gehorsam und eiserne Disziplin verlangt worden waren. Sie hatte in Frankfurt die Handelsschule absolviert, bei der Gewerkschaft der Büroangestellten zu arbeiten begonnen und sich den Sozialdemokraten angeschlossen. In Frankfurt, resümierte sie später, »bekam (...) mein Leben seine für die ganze Zukunft bestimmende Wende.« Um den ständigen Kontroversen mit ihrer Familie, die ihr die Erwerbsarbeit und das sozialistische Engagement übelnahmen, zu entkommen, nutzte sie bald eine Gelegenheit, um als Fremdsprachensekretärin nach Paris zu gehen. Dort wurde sie Mitglied der französischen sozialistischen Partei, der »SFIO«, und engagierte sich hauptsächlich für die Frauenagitation. »In der Sozialistischen Partei«, schrieb sie rückblickend, »gab es auch Frauen, darunter einige sehr gescheite und tüchtige. Aber ihre Zahl war gering. Die große Mehrheit der Französinnen, hielt sich von der politischen Szene fern. (...) Wir meinten, daß dagegen etwas unternommen werden müsse (...)«.

Bestärkt wurde ihre Überzeugung von der historischen Rolle der Frauen durch die Teilnahme an der von Clara Zetkin im März 1915 nach Bern einberufenen internationalen Frauen-Friedenskonferenz, an der 25 Delegierte aus sieben Ländern teilnahmen. In einem Manifest forderte die Konferenz alle Frauen auf, gegen den Krieg zu protestieren.

Zu diesem Zeitpunkt lebte die überzeugte Internationalistin, die wegen der sozialdemokratischen Zustimmung zu den Kriegskrediten beinahe aus der Partei ausgetreten wäre, wieder in Frankfurt, wo sie bald Kontakt mit der örtlichen innerparteilichen Oppositionsgruppe um Robert Dißmann aufnahm, mit dem sie in der Folgezeit bis zu seinem plötzlichen Tod 1926 zusammenlebte.

Als vehemente Gegnerin jeder Unterstützung der Kriegspolitik gehörte S. wie Clara Zetkin, Rosa Luxemburg und Luise Zietz im April 1917 zu den Mitbegründerinnen der »Unabhängigen Sozialdemokratischen Partei Deutschlands« (USPD), einer Abspaltung der SPD. Während der Novemberrevolution 1918 stand sie an der Spitze des »Frankfurter Arbeiterrates«, einer Koalition aus SPD und USPD, die bis zum November 1919 bestand. S. übte auf der Leipziger Reichsfrauenkonferenz im November 1919 scharfe Kritik daran, »daß bisher die Frau in den Räten kaum eine Rolle gespielt hat«. Gerade angesichts der Demobilisierungsverordnungen, die den Kriegsheimkehrern auf Kosten der Frauen zu neuen Arbeitsplätzen verhalfen, wäre ihrer Meinung nach weibliche Mitwirkung »bitter notwendig« gewesen, um »die männlichen Arbeitskollegen von der Unbilligkeit ihres Vorgehens (zu) überzeugen«. Denn, so stellte sie fest, »selbst Arbeitervertreter, oftmals auch unsere eigenen Genossen«, beteiligten sich ganz offen an jenem Geschlechterkampf, der nun an die Stelle des Klassenkampfes getreten sei. Die Räte könnten nur dann zum »Ausdruck des Massenwillens werden, wenn das Recht der Mitwirkung und Mitbestimmung nicht für eine ganze Hälfte des Proletariats toter Buchstabe bleibt«.

Seit März 1919 als USPD-Vertreterin Frankfurter Stadtverordnete, wurde S. 1920 auch in den Reichstag der Weimarer Republik gewählt. Dort gehörte sie zu jenen Parlamentarierinnen, die sich nicht auf die Sozialpolitik beschränkten und die »große« Politik den Männern allein überlassen wollten. Im Gegensatz zu den meisten weiblichen Abgeordneten, die sich nur in der Familien- und Sozialpolitik engagierten, saß S. im außen-, wirtschafts- und sozialpolitischen Ausschuß. Zur kontrollierten internationalen Abrüstung, einem der wichtigsten von ihr angestrebten Ziele, gehörte auch die Ablehnung jeder Dienstverpflichtung von Frauen im Kriegsfall – ganz im Gegensatz zur Mehrheit der bürgerlichen wie proletarischen Frauenbewegung, die, während des Ersten Weltkriegs im »Nationalen Frauendienst« vereint, die Heimatfront gehalten hatte. Neben ihren parlamentarischen Aufgaben übernahm S. 1920 die Redaktionsleitung der *Betriebsräte-Zeitung* der Metallarbeiter-Gewerkschaft.

Aufgrund von Bedingungen, die Sowjetrußland an den Beitritt zur »Kommunistischen Internationale« (»Komintern«, gegründet im März 1919 in Moskau) knüpfte, kam es, wie sich S. ausdrückte, »zur Spaltung und Schwächung der einzigen realistischen und unabhängigen revolutionären Partei in Deutschland«: Die Mehrheit der USPD, 45 Prozent stimmte im Oktober für den Anschluß, etwa 40 Prozent, zu denen auch S. gehörte, waren dagegen, 15 Prozent blieben unentschieden. Die Wiedervereinigung des »rechten« USPD-FLügels mit der alten Mehrheits-SPD 1922 hielt sie zwar für verfrüht, folgte aber diesem Schritt. Sie übernahm 1928 zusätzlich die Redaktion der SPD-Zeitung *Frauenwelt.*

Obwohl S. schon früh »auf der Liste« der Nazis stand – als Jüdin, Sozialdemokratin und Gewerkschaftlerin war sie in mehrfacher Hinsicht gefährdet – verließ sie Deutschland mit dem Machtantritt der Nazis am 30. Januar 1933 zunächst nicht. Erst eine Morddrohung, die sie mitten im Wahlkampf um die Bestätigung ihres Mandats für den Wahlkreis Dresden erhielt, veranlaßte sie unmittelbar nach der Reichstagswahl am 5. März 1933 zur Flucht, die sie über die Tschechoslowakei und Belgien in die USA führte.

Im Rückblick meinte S.: »Die aktiven Gegner des Faschismus in Deutschland waren vogelfrei, lange bevor die Nazis die Macht ergriffen. Wir mußten Spießruten laufen und brauchten starke Nerven, nicht nur wegen der Skrupellosigkeit der Nazigangster, sondern auch wegen der Feigheit derjenigen, deren Pflicht es war, die Einhaltung der Gesetze zu gewährleisten«. Die Arbeiterbewegung zog S. in die Kritik mit ein: »Für eine kurze Weile [unmittelbar vor der Flucht, die Verf.] schien es, als ob es Widerstand geben würde – die Betriebsräte meines Wahlkreises waren zusammengekommen und hatten beraten, und sie waren bereit, einen Generalstreik auszurufen, falls sich der Gewerkschaftsvorstand von Berlin damit einverstanden erklärte. Die nach Berlin entsandten Delegierten brachten jedoch eine negative Antwort zurück, so daß die Bewegung im Keim erstickt wurde. In der deutschen Arbeiterklasse herrschte zuviel Disziplin.«

1935 kehrte S. von einer Vortragsreise nach Amerika nicht mehr nach Belgien zurück und wagte einen völligen Neuanfang in Washington; später, 1941, zog sie nach New York. Das demokratische System in Amerika schien ihr am ehesten individuelle und politische Freiheit zu garantieren. Als Repräsentantin zunächst des amerikanischen, später des internationalen Gewerkschaftsbundes beim Wirtschafts- und Sozialrat der UNO machte sie eine zweite Karriere: Sie trat vor allem für die Menschenrechte und die Rechtsstellung der Frau ein. Sie unternahm mehrere Vortragsreisen durch die USA, um über die politische Entwicklung in Deutschland und Europa zu informieren. Teil dieser Arbeit war auch die Veröffentlichung ihrer *Autobiographie einer Rebellin,* deren Titel auf das offensichtliche Vorbild, die Erinnerungen der russischen Politikerin Angelika Balabanova verweist, die 1938 in New York unter dem Titel *My Life as a Rebel* erschienen waren. Bis in die sechziger Jahre blieb S. journalistisch tätig.

Brinker-Gabler, G. (Hg.): Toni Sender. Autobiographie einer deutschen Rebellin. Frankfurt/Main 1981.

Beatrix Geisel

Seume, Johann Gottfried

Geb. 29. 1. 1763 in Poserna bei Lützen; gest. 13. 6. 1810 in Teplitz

»Natur-, Menschen-, Vaterlandsfreund. Rauhe Schale, edler Kern«, so lautet der Text auf der Mitte des 19. Jahrhunderts gestifteten Erinnerungsplakette, die heute die Wand des Hauses ziert, das am Platz von S.s Geburtshaus in dem Dorf Poserna im Amt Weißenfels steht. Die Inschrift faßt das Seume-Bild des vergangenen Jahrhunderts zusammen. S. galt als »Charakter«, als »Patriot«, als »deutscher Biedermann«, dem ob seiner Wendung zum Nationalen sein früherer »Kosmopolitismus« zu vergeben sei. So machte der wilhelminische Nationalismus aus S. einen wilhelminischen Patrioten, einen, der sich – hätte er es noch erlebt – 1813/14 über den Ausgang der Befreiungskriege gefreut hätte und eigentlich dem Turnerwesen Friedrich Ludwig Jahns ganz nahe stand. Ins andere Extrem schlägt die Seume-Verehrung um, welche sich dann 1936 in Walter Benjamins antifaschistischem Erbauungsbuch aus dem Geiste der Volksfront findet: Benjamin kennzeichnet S. in einem seiner Kommentare in *Deutsche Menschen. Eine Folge von Briefen* als einen Geist von »unbestechlichem Blick und revolutionärem Bewußtsein«, der »in seiner Lebensführung jederzeit den wehrhaften Bürger darstellt, lange nachdem er den Offiziersrock abgelegt hatte«. Die Wahrheit über die politischen Gesinnungen des Soldaten, Studenten, Offiziers, Verlagslektors und politischen Publizisten ist komplizierter; sowohl das Nationalgefühl S.s wie auch die vorgebliche »Unbestechlichkeit« seines Blickes bedürfen näherer Kennzeichnung, damit nüchterne und präzise Einschätzung über eine Legendenbildung siegen, zu der S. selbst schon beitrug.

Sympathie mit ihm verleiteten offenbar schon immer leicht zu Idealisierungen. Diese begannen schon zu seinen Lebzeiten damit, daß er als Sohn eines »armen Bauern« dargestellt wurde, der später bei der Flucht aus seinem ungeliebten Theologiestudium von hessischen Werbern ins Militär »verschleppt« und an die englische Krone zum Einsatz in Nordamerika »verkauft« wurde. S.s Vater war aber wohlhabend und verarmte erst später. Überdies spricht alles dafür, daß S. sich vom hessischen Militär anheuern ließ, weil die Aussichten nicht schlecht zu stehen schienen für eine Offizierslaufbahn in der für Bürgerliche vergleichsweise offenen hessischen Armee. Daß S. 1783 nach der Rückkehr aus Nordamerika in die preußische Armee in Emden geriet, schreiben manche Beobachter nicht dem Zwang, sondern einer Selbstverpflichtung zu, die ihren Grund in seiner lebenslangen Neigung zum Militär gehabt habe.

1792 in Leipzig zum Magister promoviert und zum Privatdozenten habilitiert, wußte S., der inzwischen mit der Französischen Revolution sehr zuneigenden Kreisen in Leipzig verkehrte und auf der Universität gewiß mit naturrechtlichen Gedankengängen in Berührung gekommen war, nichts besseres, als sich wieder zum Militär zu melden – diesmal zum russischen, dem er bis 1797 im Range eines Leutnants angehörte. Er war im Stab der Truppen Katharinas II. in Polen an der Niederwerfung des polnischen Aufstandes (unter Tadeusz Kosciuszko 1794) und bei der Vorbereitung der Dritten Polnischen Teilung 1795 beteiligt (restlose Aufteilung des Polnischen Staates zwischen Rußland, Österreich und Preußen). Zwar nannte S. in einem kleinen Aufsatz von 1796 einmal Sokrates, Christus und Rousseau die »größten Menschen«, die je gelebt hätten, pries damit also aufs höchste den Autor des »Gesellschaftsvertrags«, einen der geistigen Väter der Französischen Revolution; zwar kennen wir auch eine (damals dann nicht gedruckte) Rezension von Garlieb Merkels *Die Letten vorzüglich in Liefland im Ende des philosophischen Jahrhunderts* (1798), worin S. sich entschieden zustimmend zu Merkels Feudalismuskritik und zu Merkels Anwürfen gegen den baltendeutschen Adel äußerte, doch S. hielt – skeptisch angesichts der deutschen Verhältnisse, die für eine Revolution ungeeignet schienen – in den neunziger Jahren sich sehr mit seiner Zustimmung zu den Prinzipien der Französischen Revolution bedeckt. Erst nachdem er von 1797 bis 1801 als Lektor beim Verlag Georg Joachim Göschen sich »das Zwerchfell zusammengesessen« und dann, um dieses sich »wieder auszuwandeln« (d.h. durch Gehen wieder zu dehnen), im Dezember 1801 zu einer »Fußreise« nach Italien aufgebrochen war, wurde seine Sprache politisch deutlicher.

Schon im Sommer 1802 berichteten seine Freunde von seinem Napoleon-Haß und seiner antifeudalistischen Radikalität, die sich dann auch öffentlich in der Vorrede zu dem Buch, das ihn mit einem Schlag berühmt machte, zeigte: *Spaziergang nach Syrakus im Jahre 1802*, erschienen im Frühjahr 1803. Erst von diesem Punkt an, nach seiner Bildungsreise, die ihm zur politischen Lektion wurde, läßt sich S. tendenziell als »Republikaner« bezeichnen, auch wenn man immer wieder Äußerungen findet, die auf seine grundsätzlichen Zweifel deuten, wie sich denn die Prinzipien der Französischen Revolution und insbesondere die Menschenrechte in Institutionen umwandeln ließen, die dann eben diese Prinzipien garantierten und nicht zum »Despotismus« von »Schwindlingen« führten; offenbar konnte sich S. – ausweislich all der Schriften, die dann bis zu seinem Tode 1810 entstanden – als Staatsform durchaus auch eine konstitutionelle Monarchie vorstellen und diese unter pragmatischen Gesichtspunkten akzeptabel finden.

1802/03, sehr spät für einen deutschen Intellektuellen, trat S. mit Bekundungen einer unbedingten und aufs Prinzipielle pochenden Neigung zu den Idealen der Französischen Revolution hervor – genau zu dem Zeitpunkt, da er offenbar in Napoleon nicht mehr einen Retter der Errungenschaften der Revolution, sondern nur noch den »Autokrator« und »Despoten« sehen konnte.

S. wurde ein »verspäteter« Jakobiner; er attackierte – nicht nur im *Spaziergang nach Syrakus*, sondern auch in der Vorrede zu seinem (in Österreich und Rußland gleich nach Erscheinen verbotenen) zweiten Reisebuch *Mein Sommer 1805* (1806) sowie in den Aufzeichnungen *Apokryphen* (1806/07 niedergeschrieben) und in der »Praefatio« zu einer geplanten (oder verlorenen) *Abhandlung zu Plutarch* (1808) – die Feudalhierarchie und die Privilegien des Adels. Er fordert die Teilhabe des Bürgers am politischen Leben und die Meinungsfreiheit sowie grundsätzlich die Festschreibung der Menschenrechte als auch für den Fürsten bindende. S. wandelte sich nach der Unterwerfung der deutschen Fürsten unter Napoleon, erfolgte diese nun freiwillig oder nach der Niederlage im Kampf, zum deutschen Patrioten, zum Nationalgesinnten voller Trauer über die Pflicht- und Prinzipienvergessenheit der deutschen Fürsten. Jedoch hielt er die Befreiung von Napoleon nur unter der Voraussetzung für möglich und wünschenswert, daß sich die Nation in einem neuen Sinn einige. Das bedeutete für ihn, daß sie sich durch eine Reform an »Haupt« und »Gliedern« erneuere. So sehr einzelne Sätze S.s nach nationalistischem Pathos klingen: Die Überwindung des deutschen Partikularismus war ihm kein nationalistischer Selbstzweck, sondern er forderte sie als Voraussetzung für die Konstituierung einer Nation (im Sinne der Französischen Revolution) bzw. als Voraussetzung für die Heranbildung eines politisch in seine Rechte eingesetzten und selbstbewußten Bürgertums, dem die nationale Frage zugleich mit der Frage seiner eigenen Emanzipation zu lösen aufgegeben sei.

S. scheint mit einigen seiner Gedanken, insbesondere in den Notaten der *Apokryphen*, aber auch in einigen seiner späten Gedichte, dem »deutschen Nationalmythos« nahezustehen; doch muß man im Auge behalten, daß in eben diesen *Apokryphen* Sätze zur Rechtfertigung sogar der Taten in der Terreur-Phase der Französischen Revolution (1793/94) sich finden, die – und dies 1806/07 – jakobinisch klingen: »Man lärmt so viel über die Französische Revolution und ihre Greuel. Sulla hat bei seinem Einzuge in Rom in einem Tage mehr gewütet als in der ganzen Revolution geschehen ist.«

So skurril und auch ressentimentgeladen einzelgängerisch er dann als Sprachlehrer und politischer Publizist war, ist S., der bis zu seinem Tode in Leipzig lebte, kein Einzelgänger. Er steht in der Nachbarschaft von Autoren wie Georg Forster und Georg Friedrich Rebmann, Daniel Friedrich Schubart und Johann Friedrich Reichhardt. In einem Brief an Johann Wilhelm Ludwig Gleim nannte S. sich ironisch und stolz einen »Proletarier«, dem gegenüber sich (bei einem Streit um Grammatik- und Stilfehler) der Dichterfürst Klopstock sich ziemlich »klassisch« benommen habe, indem er auf einen Brief des kleinen Druckereiangestellten S. gar nicht antwortete. Aus solchen Erfahrungen speiste sich die zum Ende seines Lebens zunehmend verschärfende kritische Einstellung S.s gegenüber der gesellschaftlichen Hierarchie, deren poetisch-pädagogische Deklarationen des Ideals der »Humanität« auch noch so großartig klingen. Sein Festhalten an der Forderung nach einer Gesellschaft, in der Fürsten und Bürger sich an den Menschenrechten und am Gemeinwohl ausrichten sollten, machte S. in den Worten deutlich: »Vernunft ist immer republikanisch, aber die Menschen scheinen, wenn man die Synopse ihrer Geschichte sieht, doch durchaus zur Despotie geboren«; doch dem Skeptiker gilt zugleich: »Und wenn Freiheit und Gerechtigkeit in Ewigkeit nichts als eine schöne Morgenröte wäre, so will ich lieber mit der Morgenröte sterben, als den glühenden ehernen Himmel der blinden Despotie über meinem Schädel brennen lassen.«

Drews, J. (Hg.): Johann Gottfried Seume 1763–1810. Ein politischer Schriftsteller der Spätaufklärung. Bielefeld 1989. – Saine, Th. P.: Der aufgeklärte Seume und die Revolutionen, in: Drews, J. (Hg.): »Wo man aufgehört hat zu handeln, fängt man gewöhnlich an zu schreiben«. Johann Gottfried Seume in seiner Zeit. Vorträge des Bielefelder Seume-Colloquiums 1989 und Materialien zu Seumes Werk und Leben. Bielefeld 1991, S. 9–33. – Stephan, I.: Johann Gottfried Seume. Ein politischer Schriftsteller der deutschen Spätaufklärung. Stuttgart 1973.

Jörg Drews

Severing, Carl

Geb. 1. 6. 1875 in Herford; gest. 23. 7. 1952 in Bielefeld

An Urteilen, die Zeitgenossen über S. gefällt haben, herrscht kein Mangel. Aus denen der Anhänger spricht Hochachtung, aus denen der Gegner brüske Ablehnung, nicht selten jedoch die Neigung, seine tatsächliche Rolle zu überschätzen. Die Erwartungen, die ihm bereits vor dem Ersten Weltkrieg entgegengebracht wurden, beleuchtet eine Episode, die nach den Wahlen vom Januar 1912 in Berlin spielt. Der Redakteur der liberalen Wochenschrift *Die Hilfe*, Theodor Heuss, hatte sich eines nachmittags mit dem befreundeten Rechtsanwalt und sozialdemokratischen Reichstagsabgeordneten Ludwig Frank im Café Josty am Potsdamer Platz verabredet. »Es waren noch einige seiner Fraktionskollegen an dem runden Tisch«, erinnert sich Heuss der Szene, »bekannte und unbekannte Gesichter. Frank raunte mir zu: ›Sehen Sie sich genau den jungen Mann da drüben an. Er wird einmal der Nachfolger von Bebel werden.‹ Der lebte damals noch. Ich mag den Sprecher erstaunt betrachtet haben; er fuhr fort: ›Es ist ein Schlosser aus Westfalen. An der Spitze unserer Partei muß immer einer stehen, der von der Handarbeiterschaft kommt.‹ Der Kopf, den ich mir merken sollte, hatte eine schier zart wirkende Geschlossenheit, aufmerksame Augen hinter einer hohen Stirn. An den Gesprächen hatte sich der Mann kaum beteiligt; er war mir auch nie auf den verschiedenen Parteitagen ins Bewußtsein getreten. Offenbar war seine Natur nicht auf Vordergrundswirkung angelegt.«

Daraus zu schließen, daß S. nur im Verborgenen geblüht hätte, wäre allerdings verfehlt. Er war ein pointiert argumentierender Journalist; wenn es sein mußte, ein streitbarer Funktionär, ein gefragter und routinierter Redner, der sehr wohl wußte, was Öffentlichkeit und öffentliche Resonanz bedeuteten. Bebels Nachfolger wurde er zwar nicht, aber in den 20er Jahren gehörte er neben Otto Braun und Ernst Heilmann zu den Schlüsselfiguren der preußischen Sozialdemokratie. Dabei erschien er vielen als Garant der Weimarer Verfassung, selbst dann noch, als diese nur mehr in rudimentären Formen existierte.

Utopischen, aus marxistischen Lehrsätzen abgeleiteten Entwürfen begegnete er mit Mißtrauen, Klassenkampf um jeden Preis und antikapitalistische Fundamentalopposition lehnte er ab. Verantwortliche, der staatlichen Autorität und den Bedürfnissen der Gesellschaft verpflichtete Politik war für ihn die unerläßliche Voraussetzung eines funktionierenden parlamentarischen Systems. Da die SPD allein nicht mehrheits- und regierungsfähig war, plädierte S. für Kompromiß und Koalition mit den verständigungsbereiten Kräften des Bürgertums. Es ist »die Tragik im politischen Leben Deutschlands«, schrieb er im Januar 1929 mit kritischem Blick auch auf die eigenen Reihen, daß sich »parteipolitische Krähwinkelei oft stärker erweist als der Wille, in gemeinsamer Arbeit mit anderen Parteien die dringendsten Gegenwartsaufgaben zur Lösung zu bringen und die größten Hindernisse für den kulturellen, sozialen und politischen Aufstieg des Volkes aus dem Wege zu räumen.« Im Lager der Linken erntete er dafür bestenfalls milden Spott. Als »Symbol republikanischer Wehrhaftigkeit« sei S. »nicht so furchtbar, wie ihn seine Feinde, nicht ganz so heroisch, wie ihn seine Freunde« machten, ein »unendlich fleißiger Mann«, der trotz mancher Leistungen »immer das Letzte schuldig« bliebe, wie Carl von Ossietzky 1926 in der *Weltbühne* notierte: »Severing ist der Held unentschiedener Schlachten.«

S. verkörperte jenen in der sozialdemokratischen Führungsschicht relativ dominanten Typus, der aus dem Facharbeiter und Gewerkschaftsmilieu kam. Geprägt von den Erfahrungen seiner Herkunft als Sohn eines Zigarrensortierers und konfrontiert mit repressiven Praktiken der Behörden wie der Industriellen, gewann S. früh die Überzeugung, daß nur solidarische Aktion und fest gefügte Organisationsmacht die nötigen Mittel böten, um die proletarischen Daseinsbedingungen zu verbessern. 1892 trat er der SPD und dem Deutschen Metallarbeiterverband bei, dessen Verwaltungsstelle in Bielefeld er von 1901 bis 1912 leitete. In dieser Funktion bezog er ein Gehalt, das in etwa dem Lohn seiner Berufskollegen entsprach und ihm erlaubte, sich ausschließlich der Politik zu widmen. 1905 beteiligte er sich an der Gründung der »Freien Volksbühne« in Bielefeld, nach Berlin die zweite Einrichtung ihrer Art, die darauf zielte, die kulturelle Distanz zwischen Arbeitern und Bürgern abzubauen. Im selben Jahr wurde er Stadtverordneter, 1907 errang er ein Mandat für den Reichstag, das er nach einer Legislaturperiode jedoch wieder verlor. 1912 wechselte er in die Chefredaktion der *Bielefelder Volkswacht* und wurde Mitglied im Parteiausschuß. Seit 1908 lieferte er regelmäßig Beiträge für das Organ des revisionistischen Flügels, die *Sozialistischen Monatshefte*, deren Reform- und Integrationsperspektive auch die seine war. In diesem Sinne verfocht er während des Kriegs die Linie des »Burgfriedens« und der Arbeitsgemeinschaft mit dem Unternehmertum. Außenpolitisch schwebte ihm die Schaffung eines »zusammenhängenden« kontinentalen »Wirtschaftskomplexes« vor: ein Konzept mit deutlich antibritischer Spitze und Anleihen bei den Mitteleuropaplänen des Liberalen Friedrich Naumann. Im Innern erwartete er – gewissermaßen als Prämie auf den unter schweren Opfern erkauften Kurs patriotischer Anpassung die volle gesellschaftliche »Gleichberechtigung der Arbeiterklasse«.

Nach der militärischen Niederlage und dem daraus resultierenden Bankrott der Monarchie, den die Parteiführung bis zum Schluß hatte verhindern wollen, sprang auch S. in die Bresche, um die revolutionäre Bewegung einzudämmen und für geordnete Verhältnisse im Rahmen einer demokratischen Verfassung zu sorgen. »Wir wollen nicht die Aufrichtung einer proletarischen Diktatur«, verkündete er im November 1918, vielmehr »alle Kräfte, die dazu den guten Willen haben, in den Dienst des Volkes stellen.« In jenen Wochen erwarb er sich rasch den Ruf eines entschlußfreudigen und ministrablen Mannes. 1919 wurde er in die Nationalversammlung und die preußische Landesversammlung gewählt, seit 1920 bzw. 1921 saß er im Reichstag und im Landtag, gewann Statur jedoch nicht im Parlament, sondern in der Exekutive. Ende Februar 1919 zum Reichs- und Staatskommissar für das Ruhrgebiet ernannt, bemühte er sich, die allenthalben aufgebrochene soziale Unrast zu dämpfen und die während des Generalstreiks gegen den Kapp-Putsch im März 1920 sichtbar werdenden Spannungen zwischen Gewerkschaften und Regierung zu entschärfen, konnte indes nicht verhindern, daß beträchtliche Teile der Arbeiterschaft enttäuscht zur radikalen Linken umschwenkten.

Im März 1920 wurde S. Chef des preußischen Innenministeriums, wo er unverzüglich begann, das nachzuholen, was sein Vorgänger versäumt hatte, nämlich Polizei und Verwaltung zu »säubern« und zumindest die höheren Posten mit loyalen Beamten zu besetzen. Das war ein langer, nicht immer von durchgreifenden Erfolgen begleiteter Prozeß, aber schon der Richtungswechsel, der sich darin manifestierte, – dieser ließ S. zur bevorzugten Zielscheibe der deutschnationalen Agitation werden. Denn Preußen, dessen Administration im Kaiserreich ein Bollwerk des Konservatismus gewesen war, wurde unter seiner Ägide allmählich »eine stolze Feste im Lager der Republik«. Mit diesen Worten jedenfalls würdigte auf dem Kieler Parteitag von 1927 Rudolf Hilferding die Entwicklung, und er fügte mit Blick auf die künftige Aufgabe hinzu, nun gelte es, daraus eine ebenso »Stolze Feste im Lager des Sozialismus« zu machen.

Über das Potential, diese Perspektive einzulösen, verfügte man freilich nicht, und die Hoffnung, die in Preußen eroberten Positionen dafür nutzen zu können, erwies sich als trügerisch.

S., der im Oktober 1926, gesundheitlich angeschlagen, demissioniert hatte, ging zwei Jahre später wieder ins Geschirr und übernahm sein altes Ressort, zunächst im Reich und dann 1930 wieder in Preußen, dabei mit Rahmenbedingungen konfrontiert, die sich kontinuierlich und dramatisch verschlechterten. In Deutschland herrschte Massenarbeitslosigkeit, die

NSDAP expandierte mit einer Dynamik, die ihresgleichen suchte, und die Reichsregierung steuerte einen Kurs, der die Fundamente der parlamentarischen Ordnung systematisch unterminierte. In die Defensive gedrängt, tolerierte die SPD das Notverordnungsregime des Kanzlers Brüning, um Schlimmeres zu verhüten, die Krise auszusitzen und Preußen als sozialdemokratische Bastion zu behaupten. Aber auch hier wurde die Operationsbasis zusehends brüchiger, die Koalition mit dem Zentrum und den Liberalen verlor im April 1932 die Mehrheit, und das Kabinett unter Otto Braun (SPD) blieb nur deshalb geschäftsführend im Amt, weil der Landtag, blockiert von einer negativen Majorität von Nazis, Kommunisten und Deutschnationalen, zu einer positiven Alternative nicht fähig war. Am 20. Juli 1932 kapitulierte es gelähmt und ohne Gegenwehr vor dem Staatsstreich, den die Regierung Papen inszenierte: S. wich, wie er sagte, der »Gewalt«, indem er kampflos sein Büro räumte. Auf den mit fadenscheinigen Argumenten dürftig verbrämten Bruch der Verfassung reagierten er und seine Kollegen mit papierenem Protest und einer Klage beim Reichsgericht in Leipzig, dessen sybillinisches Urteil an den faktischen Gegebenheiten nichts änderte. Der Verzicht, die Polizei und die republiktreuen Organisationen, »Reichsbanner« und »Eiserne Front«, zu mobilisieren, verriet Schwäche und Resignation, war jedoch konform mit den Traditionen einer Partei, die dem Stimmzettel stets mehr vertraut hatte als außerparlamentarischer Aktion, überdies im Sommer 1932 nicht die Macht einbüßte, sondern, wie der Gewerkschafter Franz J. Furtwängler diagnostizierte, nur »die Illusion einer Macht, die in Wahrheit lange nicht mehr bestand.«

Die NS-Diktatur überdauerte S. vergleichsweise unbehelligt, als Minister a.D. erhielt er sogar ein geregeltes Ruhegehalt. Nach 1945 versuchte er noch einmal da anzuknüpfen, wo er 1933 aufgehört hatte, kam über lokale und regionale Bedeutung aber nicht mehr hinaus. Die Schatten, die der 20. Juli 1932 und das eher friedliche Pensionärsdasein danach auf ihn warfen, drohten Verdienst und Leistung aus den Epochen davor zu verdunkeln. Als Repräsentant einer gescheiterten Demokratie war er belastet mit dem Odium einer Politik, die, wie Kurt Schumacher verlauten ließ, die SPD »weder zu verteidigen noch fortzusetzen« wünschte.

Alexander, Th.: Carl Severing. Sozialdemokrat aus Westfalen mit preußischen Tugenden. Bielefeld 1992.

Jens Flemming

Siebenpfeiffer, Philipp Jakob

Geb. 12. 11. 1789 in Lahr; gest. 14. 5. 1845 in Bümplitz bei Bern

»Ein Deutschland gilt es zu bauen; wo deutsche Männer, da sind wir dabei, wir erheben ein Deutschland stolz und frei.« Als S. diese Liedzeilen 1832 dichtete, umfaßte der Deutsche Bund 34 Staaten. Mit seiner Forderung griff S. zum wiederholten Male die bestehenden Verhältnisse an – dabei hatte zunächst nichts darauf hingedeutet, daß er einmal in Opposition zur Obrigkeit stehen würde. 1789 als Sohn eines Schneiders geboren und früh verwaist, trat S. 1804 eine Stelle als Skribent am Oberamt in Lahr an. Dem Wechsel zur Finanzverwaltung nach Freiburg i.Br. 1808 folgte dort 1810 das Studium der Philosophie und der Rechte. In dieser Zeit entstand der persönliche Kontakt zum Freiburger Professor Karl von Rotteck. Als väterlicher Freund und wissenschaftlicher Lehrer eröffnete er S. Zugänge zu aufklärerischem Denken und vermittelte ihm philosophische Kenntnisse. Nach juristischem Examen und Promotion 1813 beteiligte sich S. als Freiwilliger an den deutschen Befreiungskriegen. Als Truppen der Koalition gegen Napoleon (Rußland, Preußen, England, Schweden, Österreich und Bayern) 1814 das linke Rheinufer besetzt hatten, arbeitete er zunächst beim österreichischen Generalgouvernement im elsässischen Colmar, dann bei der gemeinschaftlichen österreichischen und bayerischen Landesadministration für die Pfalz in Kreuznach. Als die Pfalz 1816 an Bayern fiel, blieb S. Verwaltungsbeamter, zuständig für Speyer und Frankenthal.

1819, ein Jahr nachdem er sein erstes Werk *Über Gemeindegüter und Gemeindeschulden, eine rechtlich-politische Abhandlung*, veröffentlicht hatte, wurde S. Landkommissär des Kreises Homburg im bayerischen Rheinkreis. Von einer oppositionellen Haltung gegen die Regierung war noch nichts zu spüren. Als König Ludwig I. 1825 den Thron bestieg und liberale Reformen verkündete, setzten die Anhänger einer konstitutionellen Monarchie, zu denen auch S. zählte, große Hoffnungen in ihn. Nach 1829, anläßlich des Besuches des bayerischen Königspaares in der Pfalz 1829, dichtete er: »Der König ist's, des Landes Schmuck und Ehre, des Volkes höchster Stolz, sein Glück, sein Ruhm!«

Neben dem poetischen Versuch *Baden-Baden oder Rudolph und Wilhelmina* (1824) verfaßte S. in den zwanziger Jahren die Schrift *Über die Frage unserer Zeit in Beziehung auf Gerechtigkeitspflege* (1823). Darin übt er zwar auch Kritik am rheinbayerischen Recht, das auf das französische zurückging, doch »ist seine Sympathie für die Reformen französischen Rechts (...) unübersehbar« (E. Wadle). Damit vertrat S. typisch liberale Positionen seiner Zeit. Mißstände in der Pfalz, vor allem die hohe Besteuerung und die für den Warenverkehr negativen Folgen der »Maut«, einer Zollinie um das Gebiet, prangerte er an. Da seine Reformvorschläge jedoch keinen Anklang fanden, wurde S. gegenüber der Regierung kritischer.

S. glaubte an die Macht der öffentlichen Meinung und der Presse. Schon im Winter 1829 entwickelte er den Plan für eine Zeitschrift. Ausschlaggebend für seine politisch-publizistische Tätigkeit war jedoch die französische Julirevolution 1830. Gemeinsam mit Ludwig Hoffmann gab er 1830 ein Periodikum heraus: *Rheinbaiern. Eine vergleichende Zeitschrift für Verfassung, Gesetzgebung, Justizpflege, gesammte Verwaltung und Volksleben des constitutionellen Inn- und Auslandes, zumal Frankreichs* (Titel ab 1832 : *Deutschland* ...). Mit dem zweiten Heft des ersten Bandes (November 1830) zeichnete S. allein für das Blatt verantwortlich, in dem er ein einiges Deutschland, das durch eine »Revolution auf (...) friedlichem Wege« erreicht werden sollte, propagierte. Dabei war er von der besonderen Rolle Frankreichs als »Retterin der politischen Freiheit Europas« überzeugt.

Die Maßregelung des Beamten blieb nicht aus. Er wurde im November 1830 an das Zwangsarbeitshaus in Kaisheim als Direktor versetzt. Sein Amt mußte er niederlegen, doch er ging nicht nach Kaisheim, sondern zog sich nach Zweibrücken zurück. Ein von ihm gegen das Vorgehen angestrengtes Verfahren gegen die Regierung, das sich bis Oktober 1832 hinzog, endete mit seiner Versetzung in den Ruhestand unter Beibehaltung der Bezüge.

In Zweibrücken hatte S. mit der Arbeit an seinem *Handbuch der Verfassung, Gerichtsordnung und gesammten Verwaltung Rheinbayerns* begonnen (6 Bde., 1831–1833). Politisch bedeutsamer war seine regional bezogene, kritische Tageszeitung *Westbote* (zunächst: *Bote aus dem Westen*; 12. März 1831–17. März 1832). In der Zeitschrift *Rheinbaiern* wandte sich S. nun verstärkt auch überregionalen Themen zu. Konflikte mit der Zensur und Geldstrafen waren an der Tagesordnung.

Ab Winter 1831/32 sah sich S. durch den Journalisten Johann Georg August Wirth publizistisch unterstützt. Wirth gab seine *Deutsche Tribüne* in Homburg heraus, S. druckte den *Westboten* 1832 in Oggersheim und Frankenthal. Vermutlich unter dem Einfluß Wirths ließ S. zunehmend nationale und frankreichkritische Töne hören. Er stellte sich jedoch nicht kategorisch gegen Frankreich. Der weitverbreiteten Befürchtung, die Franzosen wollten ihre Ansprüche auf den Rhein gewaltsam durchsetzen, versuchte er entgegenzutreten, indem er sich – allerdings erfolglos – um eine offizielle Garantie Frankreichs für die bestehenden Grenzen bemühte.

Im Januar/Februar 1832 beteiligte sich S. an der Gründung des »Preß- und Vaterlandsvereines«, der sich rasch über die Landesgrenze hinweg verbreitete. Am 1. und 2. März 1832 wurden per Beschluß des Deutschen Bundes »Preßverein« und *Westbote* verboten sowie ein fünfjähriges Berufsverbot gegen S. verhängt. Im Frühjahr 1832 plante das im Preßverein organisierte Neustädter Bürgertum ein politisches Fest auf dem Hambacher Schloß. S. verfaßte das Einladungsschreiben. Das Fest, zu dem sich am Sonntag, den 27. Mai 1832 (zum Jahrestag der bayerischen Verfassung: 26. Mai 1818) über 20000 Menschen versammelten, war ein in seinen Dimensionen einmaliger Ausdruck oppositionellen Geistes während des Vormärz, zugleich ein Vorbild für viele kleinere Feiern in der Folgezeit; die schwarz-rot-goldenen Farben setzten sich hier endgültig als Zeichen deutscher Einheit durch. Zwar waren die in Hambach vertretenen politischen Ansichten durchaus heterogen, aber alle Hoffnungen richteten sich auf die »Wiedergeburt des Vaterlandes«. S. rief zum Widerstand gegen die »Tyrannen« auf, lehnte die bestehenden Verfassungen der deutschen Staaten ab und ließ das »freie, das einige Deutschland« hochleben.

Auf der Versammlung im Schießhaus am 28. März wurden auf seine Anregung hin Vertrauensleute gewählt. Im kleinen Kreis plädierte er dann gemeinsam mit Wirth für eine Ausdehnung der bisherigen Ziele: Die beiden wollten die Umgestaltung Deutschlands vorantreiben und sahen die Gewählten, zu denen sie zählten, als provisorische Volksvertretung. Sie konnten sich jedoch nicht durchsetzen. Der daraufhin von S. und Wirth geplante Reformverein kam nicht zustande, denn schon am 17. Juni 1832 verhaftete man S. wegen »Aufreizung zum Aufruhr«. Der Prozeß vor dem Landauer Geschworenengericht fand am 29. Juli bis 16. August 1833 statt und endete mit einem spektakulären Freispruch. S. wurde jedoch in einem zweiten Verfahren wegen Beamtenbeleidigung am 8. November 1833 zu zwei Jahren Gefängnis verurteilt. Er flüchtete und gelangte über Weissenburg/Elsaß und Zürich nach Bern.

Rasch bemühte er sich dort um eine Niederlassungsbewilligung, im Dezember 1834 wurde er eingebürgert und es entstanden seine *Ideen zu einer Grundreform der Erziehungs- und Unterrichtsanstalten* (1834). Die darin proklamierten Erziehungsziele, Humanität und Staatsbürgertum, sollten letztlich eine »wahre, volksthümliche Staatsordnung« ermöglichen. Im August 1834 hatte S. einen Ruf zum außerordentlichen Professor an die juristische Fakultät der Berner Universität angenommen.

Während sich seine persönliche Lage verbesserte, verschlechterte sich die der anderen politischen Flüchtlinge in der Schweiz. Den Beschwerden anderer Staaten gegen die Emigranten, denen konspirative Tätigkeit vorgeworfen wurde, folgten, besonders ab 1836, Ausweisungen. S. betonte in dieser Zeit öffentlich und gegenüber dem Erziehungsdepartement, daß er sich aus der Politik zurückgezogen habe. In einem Schreiben, das am 15. Juni 1836 in der *Augsburger Allgemeinen Zeitung* in Teilen abgedruckt wurde, distanzierte sich S. von jeder politischen Tätigkeit. Dort schrieb er mit Blick auf Flüchtlinge, die sich aktiv für die Einheit Deutschlands einsetzten: »was ich weiter wahrnehme, kann mir fast nur Ekel oder Mitleiden einflößen.« Eine Gruppe deutscher Emigranten warf daraufhin S. in dem Entwurf für eine Gegenerklärung vor, er habe politische Aktionen unterstützt, anschließend aber jede Mitwisserschaft geleugnet und die Beteiligten sogar verspottet. Eine solche Doppelrolle soll er mehrfach gespielt haben. Diese wegen der einsetzenden Verfolgungen nie gedruckte Erklärung ist ein Hinweis darauf, daß S. tatsächlich in der Schweiz bis 1836 im geheimen politisch aktiv war. Auch Berichte von Agenten Metternichs lassen dies vermuten.

Seinen ordentlichen Lehrstuhl in Bern konnte S. nicht erhalten. Im Dezember 1837 vom »Großen Rat« (dem Berner Stadtregiment) zum Ersatzmann am Berner Obergericht gewählt, übte er das Amt zwei Jahre aus. Im Januar 1840 nahm S. eine Stellung als Sekretär der Justizdirektion an; im September 1842 diagnostizierten Ärzte bei ihm eine Geisteskrankheit. S. verstarb drei Jahre später in einer Klinik.

Braun, H.: Philipp Jakob Siebenpfeiffer. Ein liberaler Publizist des Vormärz 1789–1845. München 1956. – Doll, A.: Philipp Jakob Siebenpfeiffer 1789–1845 – Johann Georg August Wirth 1798–1848, in: Baumann, K. (Hg.): Das Hambacher Fest. 27. Mai 1832. Männer und Ideen. Speyer (2. Aufl.) 1982, S. 7–94. – Reinalter, H.: Philipp Jakob Siebenpfeiffer. Versuch einer politischen Biographie (1789–1845), in: Jahrbuch der Hambach-Gesellschaft 5 (1994/95), S. 41–51. – Saarpfalz-Kreis (Hg.): Ein Leben für die Freiheit. Philipp Jakob Siebenpfeiffer 1789–1845. Konstanz 1989. – Wadle, E. (Hg.): Siebenpfeiffer und seine Zeit im Blickfeld der Rechtsgeschichte. Sigmaringen 1991.

Elisabeth Droß

Siegmund-Schultze, Friedrich

Geb. 14. 6. 1885 in Görlitz; gest. 11. 7. 1969 in Soest

»Das Christentum kann den organisierten Massenmord nicht heilig sprechen, sondern muß erklären, daß Kriegführen gegen den Willen Jesu ist.« Als S.-Sch. diese Einsicht öffentlich aussprach, war er 25 Jahre alt, gerade erst ordiniert und als Pfarrer an die Friedenskirche in Potsdam berufen worden. Vom Patenonkel, dem Berliner Oberhof- und Domprediger Ernst von Dryander protegiert und zum Sekretär für die kirchlichen Beziehungen zwischen Deutschland und Großbritannien ernannt, stand er am Anfang einer verheißungsvollen kirchlichen Karriere. Seine Aussagen zum Krieg und zur Friedensverantwortung der Christen 1910 bei einer Begegnung deutscher und englischer Geistlicher fanden wohlwollende Aufnahme. Trotz der drohenden Anzeichen erschien es jedoch wenig vorstellbar, daß die »führenden« Nationen des Kontinents tatsächlich in eine kriegerische Konfrontation geraten könnten. Ein ungebrochener historischer Optimismus und der Glaube an die Bindungskraft von Christentum und Kultur prägten die Zukunftserwartungen der Eliten. Nur wenige Monate später, im Herbst 1911, gab S.-Sch. seine Pfarrstelle auf, um bei Arbeitern und ihren Familien im Berliner Osten zusammen mit seiner jungen adeligen Ehefrau und einigen Gleichgesinnten zu leben. Er wolle, so schrieb S.-Sch., »Seelsorge an den Armen« üben, außerhalb der »vornehmen Gemeinde« und jenseits der überkommenen Evangelisations- und Missionsstrategien der vielen »christlich-sozialen« Vereine. Als Vorbild diente S.-Sch. die englische »Settlement«-Bewegung. Möglichst viele Angehörige der »herrschenden Klassen«, vornehmlich Studenten, sollten mit der Lage der Arbeiter vertraut und zu praktischer Hilfeleistung befähigt werden. Sein Ziel war es, den »Klassenhaß« zu überwinden und eine Veränderung der politischen und wirtschaftlichen Verhältnisse einzuleiten.

Die Arbeitsweise der SAG (Sozialistische Arbeitsgemeinschaft) entsprach der englischen Praxis: Betreuung von Kinder- und Jugendgruppen, Aufbau eines Netzes psychosozialer Hilfe und juristischer Beratung, schließlich Vorträge und Begegnungsabende sowie Sportangebote. War die Arbeit anfangs noch stark von sozialromantischen Vorstellungen und paternalistischen Leitbildern geprägt, so veränderte die tägliche Begegnung mit den Arbeiterfamilien sowie das Gespräch mit politischen Funktionsträgern allmählich S.-Sch.s Sichtweise. Aufgrund seiner sozialpolitischen Kompetenz wurde S.-Sch. gut ein Jahrzehnt später, im Jahr 1925, zum Professor für Jugendkunde und Jugendwohlfahrt an die Berliner Humboldt-Universität berufen.

Der Wechsel in den Berliner Osten und der damit verbundene Verzicht auf eine kirchliche Karriere führten keineswegs zu einem Abbruch der Kontakte mit der »besseren Gesellschaft« – im Gegenteil. Der wortmächtige und weltgewandte junge Theologe vermochte es, das »soziale Gewissen« der ihm verbundenen Persönlichkeiten zu mobilisieren und für seine verschiedenen Projekte produktiv zu nutzen. So konnte S.-Sch. ab 1913 dank einer Spende des nordamerikanischen Industriellen Andrew Carnegie eine Vierteljahresschrift herausgeben, die der Verständigung zwischen den Kirchen und der Erörterung sozialethischer Fragen dienen sollte. S.-Sch. nannte sie *Die Eiche*, in Anknüpfung an das alte Symbol der »Friedenseiche«.

Am 1. August 1914 begann der Erste Weltkrieg. Der eben erst in Konstanz von S.-Sch. mitbegründete »Weltbund für Freundschaftsarbeit der Kirchen« stellte die Arbeit wieder ein, noch bevor sie wirklich begonnen hatte. Die Pastorenschaft und die Mehrheit der Professoren verfielen dem nationalen Taumel. Wie später noch öfter, sah sich S.-Sch. im Widerstreit zwischen der vermeintlich gebotenen »nationalen Loyalität« und der Einsicht, die ihm sein biblischer Glaube auferlegt hatte: Krieg widerspricht dem Willen Jesu.

Die Verbreitung eines pazifistischen Aufrufes – zusammen mit dem englischen Quäker Hodgkin rief S.-Sch. im Dezember 1914 den »Internationalen Versöhnungsbund« ins Leben – brachte S.-Sch. noch im ersten Kriegsjahr eine Anklage wegen Hoch- und Landesverrats ein. Durch Fürsprache einflußreicher Personen wurde das Verfahren jedoch niedergeschlagen. S.-Sch. wandte sich der Hilfe für französische und englische Internierte und Kriegsgefangene zu, gründete das Hilfswerk »Caritas inter arma«. Er plädierte für einen Friedensschluß und trat öffentlich gegen die allgemeine annexionistische Stimmung in Deutschland auf.

Als US-Präsident Woodrow Wilson Anfang 1918 seine 14 Punkte als Richtlinien für den Weltfrieden verkündete, glaubte auch S.-Sch. den Aufbau einer neuen, auf Gerechtigkeit und Ausgleich zielenden internationalen Ordnung in greifbarer Nähe – umso größer war die Enttäuschung über die Härte der alliierten Beschlüsse zur Nachkriegsordnung. In Artikeln und Vorträgen warnte S.-Sch., daß dies kein gerechter Frieden sein könne und die Saat für neue Konfrontationen gesät werde.

Vor diesem Hintergrund entschloß sich S.-Sch., seine internationalen Kontakte zu nutzen und das im Krieg zerstörte Netz zwischenkirchlicher Beziehungen neu zu knüpfen. Der »Weltbund für Freundschaftsarbeit« wurde reaktiviert. S.-Sch. folgte dem Ruf des schwedischen lutherischen Erzbischofs N. Söderblom zur Vorbereitung der ersten ökumenischen Kirchenversammlung der Neuzeit, die schließlich 1925 in Stockholm stattfand. Die Kirchen sollten erreichen, was den Regierungen offensichtlich nicht gelang: Haß überwinden, Verständnis wekken und eine Annäherung zwischen den verfeindeten Nationen ermöglichen. Während jedoch in Skandinavien und in den angelsächsischen Ländern die Bereitschaft gewachsen war, die Kirchen zu einem gemeinsamen Wirken zusammenzuführen (»Praktisches Christentum«), herrschte im deutschen Protestantismus weiterhin ein anti-ökumenischer, von Abgrenzung und Unbußfertigkeit geprägter Geist. Das Verlangen der deutschen Delegationen, die ökumenischen Gremien müßten zunächst ein revidierendes Wort zur »Alleinschuld Deutschlands« am Krieg beschließen, bevor eine Mitarbeit möglich sei, belastete alle Begegnungen aufs äußerste. S.-Sch. suchte zu vermitteln, taktierte bis an den Rand der Selbstaufgabe, um die deutschen Kirchenführer nicht zu verprellen. Die Kirchenleitungen und mit ihr die Mehrheit der Geistlichen und Laien aber blieben auf Distanz gegenüber der Ökumene, da man in ihr eine unannehmbare »angelsächsisch-liberale«, der »deutschen Sache« feindliche Gesinnung am Werk sah.

Anfang der dreißiger Jahre suchten große Teile des deutschen Protestantismus das Bündnis mit der »völkischen Bewegung« in der trügerischen Hoffnung, eine »Volksgemeinschaft« auf »christlicher Grundlage« aufbauen zu können. Das Klima für Verständigungsbemühungen verschlechterte sich zunehmend. Angesichts des Aufstieges der Nationalsozialisten wagte S.-Sch. Ende 1931 die Prophezeiung: »Diejenigen, die sich heute noch scheuen, die Friedensbotschaft zu bekennen, werden sie in zehn Jahren vielleicht nicht mehr öffentlich bekennen dürfen.« Im Juni 1933, nach vergeblichen Bemühungen, seine Kirche für ein deutliches Wort gegen die einsetzende Judenverfolgung zu bewegen, und als die »Soziale Arbeitsgemeinschaft« vom NS-Regime Schikanen erdulden mußte, verließ S.-Sch. Deutschland. Vom Schweizer Exil aus versuchte er, seine Arbeit als internationaler Sekretär des »Weltbundes« fortzusetzen, Kontakte zum deutschen Widerstand aufzubauen und vor allem den aus Deutschland fliehenden Juden zu helfen. Mit der Besetzung großer Teile Europas durch die deutsche Wehrmacht wurde die Schweiz schließlich zur wichtigsten Schaltstelle für die Verbindung zwischen den Kirchen und verschiedenen Gruppen des europäischen Widerstands. Obwohl S.-Sch. zu den Gründervätern der ökumenischen Bewegung des 20. Jahrhunderts gehört hatte, war sein Einfluß auf Planungen für die Zeit nach Ende des Krieges gering. Sein Festhalten an den alten Leitbildern und Organisationsformen drängten ihn immer mehr in die Isolation.

Im Spätherbst 1946 kehrte S.-Sch. nach Deutschland zurück. Wie in Genf, mußte er auch hier die schmerzliche Erfahrung machen, daß andere den kirchlichen Wiederaufbau in Gang brachten und man offensichtlich seiner nicht mehr bedurfte. S.-Sch. konzentrierte sich nunmehr auf die Lehrtätigkeit im Fach Sozialethik und Sozialpädagogik (in Münster bzw. Dortmund) – wozu auch die Wiederbelebung der »Settlement«-Bewegung gehörte – und auf die Unterstützung von Kriegsdienstverweigerern. Das brachte ihn, inzwischen im siebten Lebensjahrzehnt stehend, erneut in Konfrontation mit dem Staat. Die von Konrad Adenauer betriebene Politik der Wiederaufrüstung stieß bei S.-Sch. auf entschiedenen Widerspruch. Er stellte sich an die Seite von Gustav Heinemann, trat in dessen »Gesamtdeutsche Volkspartei« (GVP) ein, welche die Wiederbewaffnung und die Integration der Bundesrepublik in das westliche Bündnis ablehnte, und übernahm – vom Staatsschutz beobachtet – als führendes Mitglied des »Versöhnungsbundes« die Leitung verschiedener Zusammenschlüsse von Friedensgruppen.

»Wenn ein Volk, das mit den Waffen unendliches Unheil über die Menschen gebracht hat, wieder dazu aufgerufen wird, sich (...) zu bewaffnen, dann müssen die Widerstandskämpfer da sein, die rufen: wir sehen die Aufgabe des deutschen Volkes auf Grund des Erlebten der letzten Jahrzehnte anders.«
Der Lehre, die S.-Sch. 1959 aus einem halben Jahrhundert deutscher Geschichte zog, mochten indes nur wenige beipflichten. In der vom »Kalten Krieg« und einer vorherrschenden restaurativen Stimmung geprägten Bundesrepublik der Adenauerzeit verhallten S.-Sch.s Mahnungen, und auch in der Evangelischen Kirche verblaßte allmählich die Erinnerung an ihn. S.-Sch. starb 1969, nachdem er seine umfangreiche Korrespondenz sowie die Publikationen aus seiner Lehr- und Vortragstätigkeit in einem eigenen Archiv hatte zusammenfassen und so der Nachwelt erhalten können.

Grotefeld, St.: Friedrich Siegmund-Schultze. Ein deutscher Oekumeniker und christlicher Pazifist. Gütersloh 1995. – Nowak, K.: Evangelische Kirche und Weimarer Republik. Weimar 1981.

Bernd Krebs

Siemsen, Anna (Pseud.: Friedrich Mark)

Geb. 18. 1. 1882 in Mark (Westfalen); gest. 22. 1. 1951 in Hamburg

»Wer auf hundert Jahre wirken will, der erziehe einen Menschen!« Dieser nach einem chinesischen Sprichwort formulierte Wahlspruch S.s deutet an, welche Bedeutung sie der Erziehung für die Entwicklung einer demokratischen, sozialistischen Gesellschaft beimaß. S. setzte sich dafür ein, das Bildungsprivileg der Besitzenden abzubauen und das Erziehungswesen zu demokratisieren; letzteres schloß auch die Forderung nach verbesserter Mädchenausbildung ein. Sie wußte aus eigener Erfahrung, wofür sie kämpfte – war ihr doch als Frau zu Anfang dieses Jahrhunderts der Zugang zur Bildung sehr erschwert worden.
S. wuchs in einer der humanistischen Tradition verpflichteten evangelischen Pfarrersfamilie im westfälischen Dorf Mark bei Hamm auf (zu ihren Geschwistern gehörten u.a. der Schriftsteller Hans und der Pädagoge und Politiker August Siemsen). Nachdem sie 1905 als Externe das Abitur absolviert hatte, begann sie ein Studium in den Fächern Germanistik, Philosophie und Altphilologie in mehreren Städten außerhalb Preußens, da dort bis 1908 Frauen zum Studium nicht zugelassen waren. 1909 promovierte sie, legte das Staatsexamen ab und unterrichtete danach mehrere Jahre lang in Detmold, Bremen und Düsseldorf.
Als weichenstellend für die Reformpädagogin, Schriftstellerin und Politikerin sollten sich die einschneidenden Zäsuren dieses Jahrhunderts – Erster Weltkrieg und NS-Diktatur – erweisen. Unter den Kriegseindrücken wurde S. zur Pazifistin und Sozialistin; im März 1919 trat sie in die USPD ein.
In der Weimarer Republik übte S. eine Fülle pädagogisch-politischer Tätigkeiten aus. Als Mitglied des »Bundes entschiedener Schulreformer« und des »Vereins sozialistischer Lehrer und Lehrerinnen« versuchte sie, ihre bildungspolitischen Ziele, wie etwa die Koedukation, die Einheitsschule, die Demokratisierung des Schulwesens und des Unterrichts, in die Tat umzusetzen. 1920 ging sie für die USPD in den Düsseldorfer Stadtrat und leitete das Fach- und Berufsschulwesen, eine Tätigkeit, die sie als Oberschulrätin ab 1921 in Berlin ausübte. Im Herbst 1923 erhielt sie von der sozialistischen Regierung Thüringens eine außerordentliche Professur für Pädagogik an der Universität Jena und wurde gleichzeitig mit der Reformierung (Verweltlichung und Vereinheitlichung) des Mittelschulwesens und der Lehrerbildung beauftragt. Doch schon nach einem halben Jahr, nach dem Wahlsieg konservativer Parteien in Thüringen, scheiterte dieses Reformvorhaben. Von der amtlichen Schulreform blieb S. fortan ausgeschlossen.
Sie konnte sich nun besonders auf die schriftstellerische Arbeit konzentrieren und verfaßte in den folgenden Jahren über 30 Bücher und Broschüren, dabei ihrer Devise folgend, daß »jedes unpolitische Buch entweder überflüssig oder ganz und gar schlecht« sei, wie es in den *Literarischen Streifzügen* heißt, einer 1925 erschienenen Literaturgeschichte. Ihre Schriften waren überwiegend der Pädagogik und Politik gewidmet, aber auch literarischen und frauenspezifischen Themen – z.B. der Frauenerwerbsarbeit und der Mädchenbildung. Daneben war sie als Referentin tätig und in verschiedenen Organisationen aktiv, wie der »Frauenliga für Frieden und Freiheit« und der pazifistischen »Liga für Menschenrechte«. Außerdem widmete sie sich in der »Sozialistischen Arbeiterjugend« (SAJ) und der sozialdemokratischen Kinderfreundebewegung der »Erziehung zur Gemeinschaft« (*Erziehung im Gemeinschaftsgeist*, 1921).
Nachdem S. sich nach der Spaltung der USPD 1921 der SPD angeschlossen hatte, war sie von 1928 bis 1930 als Vertreterin des linken SPD-Flügels im Reichstag, was sie jedoch nicht davon abhielt, sowohl die Bildungspolitik als auch die Gleichgültigkeit der SPD in der Frauenfrage zu kritisieren. Doch auch in der 1931 aufgrund innerparteilicher Auseinandersetzungen entstandenen »Sozialistischen Arbeiterpartei« (SAP), der sie, u.a. aus Protest gegen die Zustimmung der SPD zu den Notverordnungen und dem von der SPD tolerierten Panzer-

kreuzerbau (seit 1928), beitrat, fand sie nur für kurze Zeit eine politische Heimat. Als ihr Ende 1932 der nationalsozialistische Volksbildungsminister Thüringens, Wilhelm Frick, mit dem Entzug der Lehrberechtigung drohte – S. hatte sich mit dem aus politischen Gründen entlassenen Heidelberger Professor Ernst Julius Gumbel solidarisiert –, entschloß sie sich, im Fall der Machtübernahme durch die Nazis Deutschland zu verlassen. Schneller als erwartet wurde dieser Schritt notwendig: im März 1933 flüchtete S. in die Schweiz, wo sie ein Grundstück am Genfer See besaß. Wenig später machte Frick seine Drohung wahr und versetzte S. aufgrund des »Gesetzes zur Wiederherstellung der Berufsbeamtentums« vom 7. April 1933, das sich gegen jüdische Beamte und politisch »unzuverlässige Elemente« richtete, in den Wartestand. Ihr Einspruch dagegen blieb wirkungslos. Weil es keine Gewähr dafür gebe, daß sie rückhaltlos für den »nationalen Staat« eintrete, wurde sie im Oktober 1934 endgültig entlassen. Später erfolgte ihre Ausbürgerung.

Durch S.s 1934 geschlossene politische Ehe mit Walter Vollenweider, dem Sekretär der »Schweizer Arbeiterjugend«, entzog sie sich der rigiden Schweizer Flüchtlingspolitik. Die durch die Ehe erworbene Schweizer Staatsbürgerschaft ermöglichte es ihr, dem Arbeitsverbot für Emigranten zu entgehen und sich weiterhin publizistisch, d.h. politisch zu betätigen. 1934/35 beendete sie ihr wissenschaftliches Hauptwerk, *Die gesellschaftlichen Grundlagen der Erziehung* (1948). Sie arbeitete in der Bildungszentrale der Schweizer Sozialdemokratischen Partei, übernahm 1938 die Redaktion der sozialistischen Frauenzeitung *Die Frau in Leben und Arbeit* und veröffentlichte darin u.a. eine monatliche Chronik und Analyse des politischen Weltgeschehens, die 1946 unter dem Titel *Zehn Jahre Weltkrieg* als Buch erschien. Sie widmete sich außerdem dem Schweizer Zweig der »Weltaktion für den Frieden«, wurde Mitglied des Ende 1933 in Straßburg gegründeten »Verbandes deutscher Lehreremigranten« und beteiligte sich am Entwurf eines sozialistischen Schul- und Erziehungsprogramms. Daneben war sie als unermüdliche Referentin unterwegs, warnte vor Hitlers Eroberungspolitik und seinen Kriegsabsichten und trat für eine Volksfront ein. Im Exil veröffentlichte S., deren Schriften in Nazideutschland alle verboten waren, Bücher wie z.B. *Der Weg ins Freie* (1943), das Biographien von Schriftstellerinnen enthielt, aber auch eine Vielzahl von politischen Broschüren und Artikeln, die – z.T. unter Pseudonym – in der Schweiz und in verschiedenen Exilzeitschriften erschienen (*Diktaturen oder europäische Demokratie?*, 1937; *Sozialismus und sozialistische Bewegungen*, 1943).

Kein Ereignis in der Emigration habe S. jedoch mehr beeindruckt als der Spanische Bürgerkrieg, schreibt August Siemsen in einer Biographie über seine Schwester. Der bewaffnete Widerstand des republikanischen Spanien gegen den Faschismus hatte für viele linksgerichtete Emigranten einen besonderen ideologischen und emotionalen Stellenwert, ging es doch nicht nur um die Verteidigung Spaniens, sondern der Demokratie gegen die Diktatur schlechthin. Nachdem im Juli 1936 die faschistischen Militärs gegen die Volksfrontregierung der spanischen Republik geputscht hatten und es zum Bürgerkrieg kam, fuhr S. im Zuge einer Schweizer Hilfslieferung nach Spanien und unterstützte die republikanischen Landesteile. Ihre Erfahrungen dort schilderte sie in ihrem *Spanischen Bilderbuch* (1937).

Wie viele andere Emigranten, die im Exil mit dem »Gesicht nach Deutschland« lebten, machte auch S. sich Gedanken über die Gestaltung des Landes nach dem Krieg. Sie war überzeugt von der Notwendigkeit der Neugestaltung Deutschlands auf föderativer Basis, der Sozialisierung des Großgrundbesitzes, der Banken und Monopolindustrien, und sie betonte die Wichtigkeit der europäischen Einigung. S. war sich darüber im klaren, daß es für den Prozeß der Erneuerung in Deutschland an geeigneten (Lehr)Kräften mangelte und führte deshalb kurz vor und nach Kriegsende in der Schweiz pädagogische Ausbildungskurse mit politischen Flüchtlingen und Deserteuren durch, die so auf eine pädagogische Arbeit in Deutschland vorbereitet werden sollten.

Ende 1946 kehrte S., für die die Rückkehr in ihre Heimat nie in Frage gestanden hatte, nach Deutschland zurück und war entschlossen, am Wiederaufbau eines demokratischen Schulwesens mitzuwirken. Doch Enttäuschung über die politische Entwicklung blieb nicht aus. »Gelernt haben sie (die Deutschen, die Verf.) nichts, außer einigen besonders schlimmen Infamien, dagegen das bißchen, was noch an demokratischer Freiheit, an Leichtigkeit und Duldsamkeit hier und da vorhanden war, restlos verlernt«, klagte sie in einem Brief an ihren Bruder Hans vom Juni 1948. Bürokratische Einwände und wohl auch politische Vorbehalte verhinderten, daß S., die wiederholt wegen ihrer politischen Überzeugung mit Dienstentlassung bestraft worden war, die in Aussicht gestellte Wiederherstellung des Beamtenstatus und die Dozentur in der Lehrerausbildung an der Hamburger Universität erhielt. Statt dessen leitete sie einen von der britischen Militärregierung verfügten einjährigen Sonderlehrgang für Volksschullehrer und hielt pädagogische und literaturwissenschaftliche Vorlesungen. Neben stetiger pädagogischer Arbeit setzte sie sich in den letzten Lebensjahren für die Einigung Europas unter sozialistischem Vorzeichen ein, um die drohende Gefahr eines Dritten Weltkrieges zu verhindern. Im Januar 1951 starb die Neunundsechzigjährige in einem Hamburger Krankenhaus.

Hansen-Schaberg, I.: Rückkehr und Neuanfang. Die Wirkungsmöglichkeiten der Reformpädagoginnen Olga Essig, Katharina Peters, Anna

Siemsen und Minna Specht im westlichen Deutschland der Nachkriegszeit, in: Jahrbuch für Historische Bildungsforschung. Weinheim 1993, S. 291–311. – Schmölders, R.: Personalbibliographie Anna Siemsen (1882–1951). Oer-Erkenschwick 1992. – Siemsen, A(ugust): Anna Siemsen. Leben und Werk. Frankfurt/Main u. Hamburg 1951.

Claudia Schoppmann

Sieveking, Amalie (Wilhelmine)

Geb. 25. 7. 1794 in Hamburg; gest. 01. 4. 1859 in Hamburg

Die 1794 geborene Tochter eines Hamburger Senators gehörte zu den Vorkämpferinnen der konfessionellen, karitativ tätigen Frauenbewegung. S.s Auffassung von Frauenemanzipation war jedoch in der übrigen Frauenbewegung umstritten. »Wo der Herr großes Elend schickt, da liegt eben darin ein Aufruf an die Seinen, ihren Glauben zu erweisen in selbstverleugnender, aufopfernder Liebe.« Mit eindringlichen Worten versuchte S., in ihrem *Aufruf an christliche Seelen* (1831) die Hamburger Öffentlichkeit wachzurütteln. In der Cholera, die die Hansestadt zu dieser Zeit bedrohte, sah sie das von Gott langersehnte Zeichen, öffentlich tätig zu werden.

Schon seit 1823 schwebte S. vor, eine »Barmherzige Schwesternschaft« zu gründen, mit dem Ziel, alleinstehenden Frauen eine Berufstätigkeit auf dem Gebiet der Nächstenliebe zu ermöglichen. Vor allem aber sollte die Schwesternschaft »eine schützende Aegide werden, hinter der wir muthiger der bösen Verleumdung u. der so oft zaghaft machenden Frage: Was werden die Leute dazu sagen? widerstehen mögen«. Der *Aufruf an christliche Seelen* und die daran anschließende Tätigkeit in einem Cholera-Krankenhaus bedeutete für S. eine Art Feuerprobe in der Auseinandersetzung mit der öffentlichen Meinung. Vorurteile, daß bürgerliche Frauen für den Hospitaldienst ungeeignet seien, widerlegte sie durch harte, anspruchsvolle Arbeit als Oberaufsicht über das gesamte Pflegepersonal. Sie brachte die Ärzteschaft »zu dem Eingeständniß (...), daß weder Mysticismus, noch Beschäftigung mit Büchern ein Frauenzimmer nothwendig untüchtig machen müsse für das praktische Leben«.

Bestärkt durch die Anerkennung ihrer Arbeit, entwarf S. im Dezember 1831 das Konzept eines weiblichen Vereins für Armen- und Krankenpflege: »Der Zweck desselben ist häufiger, regelmäßiger Besuch der armen Kranken in ihren Wohnungen, eine genauere Beaufsichtigung derselben, als diese der Allgemeinen Armenordnung möglich ist, Sorge für Ordnung u. Reinlichkeit u. alles übrige, wodurch ihnen geistig u. leiblich aufgeholfen werden mag.« Die ursprüngliche Idee einer Schwesternschaft mündete schließlich in die bürgerlichrechtliche Form eines Vereins.

Am 23. Mai 1832 versammelten sich S. und elf weitere Frauen zur Gründung des weiblichen »Vereins für Armen- und Krankenpflege«. Der Zeitpunkt war günstig gewählt, da die Allgemeine Armenanstalt genügend Raum für private Initiativen ließ und S. in ihrem Vorhaben unterstützte. S. wiederum verstand ihren Verein nicht als Konkurrenz, sondern als Ergänzung zur behördlichen Armenpflege.

Der Verein, unabhängig von der Kirche, wurde von einer Vorsteherin geleitet, die jährlich zur Wiederwahl stand. Siebenundzwanzig Jahre lang, bis zu ihrem Tode, bekleidete S. dieses Amt. In ihrer Eigenschaft als Vorsitzende gab sie jährlich Vereinsberichte heraus, in denen sie auch zu zeitgeschichtlichen Fragen Stellung nahm.

Als Beitrag zur sich formierenden Frauenbewegung formulierte S. 1850 eine *Emancipation des weiblichen Geschlechts in christlichem Sinne*. Sie forderte für Frauen »eine Ablösung von jener Frivolität des Daseins der nur zu Viele unterworfen sind durch die Macht der Convenienz, (...) die Berechtigung zu einer geregelten, Geist und Herz befriedigenden (...) Thätigkeit (...) auch außer dem Hause.« S. kämpfte für die Berufstätigkeit von Frauen, weil sie in ihnen brachliegende Arbeitskräfte zur Verwirklichung des Reiches Gottes sah. Diese Vorstellung setzte sie konsequent auch in der Erziehung um. Bürgerlichen Mädchen, die sie seit 1813 unterrichtete, gab sie Raum zur Entwicklung ihrer geistigen Individualität. Wichtig war ihr, daß Mädchen rechtzeitig einen »Liebesberuf« anstrebten, unabhängig von einer möglichen Eheschließung. In Abgrenzung zur Frauenbewegung bestand S. jedoch darauf, »die von dem Herrn selber bestimmte Unterordnung des schwächeren Geschlechts unter das stärkere« beizubehalten.

Auch ihre Idee eines »christlichen Kommunismus'«, die sie im Zuge der Revolution von 1848 entwickelte, spiegelte die Diskrepanz des bürgerlichen Gleichheitsideals wider. S. entwarf eine Art ständische Gesellschaft, in der die Stände »einander die Hand reichen im Geiste christlicher Liebe«, aber die Armen »die von Gott ihnen angewiesene Stellung nicht verkennen und nicht darüber hinauswollen.« Ihre Abneigung gegenüber einer gewaltsamen Umwälzung der Verhältnisse hinderte S. nicht, immer wieder soziale Mißstände anzuprangern. Vor allem reagierte sie mit praktischen Initiativen auf die zunehmende Not der 1840er Jahre. Neben ihrer Vereinstätigkeit ließ sie Wohnungen, das sogenannte »Amalienstift«, bauen (1840) und 1841 ein Kinderkrankenhaus einrichten.

Triebfeder in S.s Leben war das Bewußtsein, daß sie nicht so

leben durfte, wie sie mochte. Schon als Achtzehnjährige zweifelte sie, ob die Ehe die einzige Bestimmung der Frau sei. In Auseinandersetzung mit noch in ihrer Zeit weitverbreiteten Auffassungen stellte sie fest, »daß der so reiche Herr unmöglich nur auf Einen Stand seinen Segen könne gelegt haben, sondern denselben für alle, auch für die so verschrieenen alten Jungfern sich vorbehalten.« Die Identifikation mit dem Schicksal »alter Jungfern« motivierte sie, »gerade diesen Stand in Achtung und Ehre zu bringen.«
Grundlegende Legitimation für ihr Leben und Wirken bezog S. aus ihrem christlichen Glauben. Unabhängigkeit gegenüber äußeren Normen beanspruchte sie nur für sich selbst, generell akzeptierte sie die gesellschaftlichen Spielregeln. Sie wußte, »wenn Eine alle diese Schranken durchbrechen will, da werden wir nur zu leicht erinnert an die Fabeln des Icarus und des Phaeton.« S.s weiblicher Verein für Armen- und Krankenpflege und das Amalienstift bestehen bis heute.

Haupt, E.: Amalie Sieveking als Gründerin des weiblichen Vereins für Armen- und Krankenpflege in Hamburg. Berlin 1933. – Kuessner, T.: Die Erweckungsbewegung in Hamburg im Spiegel der Briefe, Tagebücher und theologischen Schriften Amalie Sievekings. Hamburg 1986. – Philippi, P.: Die Vorstufen des modernen Diakonissenamtes (1789–1848) als Elemente für dessen Verständnis und Kritik. Neukirchen-Vluyn 1966.

Silke Wierk

Sieveking, Georg Heinrich

Geb. 28. 1. 1751 in Hamburg; gest. 25. 1. 1799 in Hamburg

S., 1751 als Sohn eines Hamburger Kaufmanns geboren, erhielt zunächst Privatunterricht, absolvierte dann eine Kaufmannslehre und besuchte die Handelsakademie von Johann Georg Büsch. S. wurde Teilhaber, später Inhaber der Firma »Voght und Sieveking«. Als solcher gehörte er zu den erfolgreichsten Hamburger Kaufleuten seiner Zeit. Seine Handelsverbindungen erstreckten sich von Rußland bis Nordamerika, bezogen West- und Ostindien sowie Afrika ein; zu Frankreich, damals Hamburgs wichtigstem Handelspartner, bestanden besonders enge Beziehungen. Mit seinen Jugendfreunden Johann Michael Hudtwalcker und Caspar Voght zählte S. zu den Kaufleuten, die sich früh der Aufklärung zuwandten.
Aufklärung und Empfindsamkeit prägten ihren Mitte der sechziger Jahre entstandenen freundschaftlichen Zirkel, dem sich auch Peter Ochs, der spätere Baseler Politiker und Geschichtsschreiber, anschloß. Aus dem Freundeskreis entstand 1770 eine Lesegesellschaft. Großen Einfluß auf S. hatten die Werke Friedrich Gottlieb Klopstocks, Gotthold Ephraim Lessings und Moses Mendelssohns. S. war aktives Mitglied der »Hamburgischen Gesellschaft zur Beförderung der Künste und nützlichen Gewerbe« (»Patriotische Gesellschaft von 1765«), des Mittelpunktes praktisch-gemeinnütziger Reformbestrebungen in der Stadt. Auch in der Freimaurerei engagierte er sich. Ihre Gebräuche, Symbole und Eide lehnte er ab, ihre Aufgabe sah er darin, zu einem Bund der Aufgeklärten zu werden. In seinen Ämtern in der städtischen und kaufmännischen Selbstverwaltung trat S. für Reformen und konsequente Nutzung der Mitbestimmungsrechte ein. S.s. politisches Denken und Handeln wurde von den Menschenrechten bestimmt, die er als Jahresvorsteher des Werk-, Zucht- und Armenhauses 1790 ausdrücklich auch dessen Insassen zubilligte.
Am 14. Juli 1790, dem ersten Jahrestag des Sturms auf die Bastille, feierte S. in seinem vor dem Dammtor an der Alster gelegenen Garten in Harvestehude ein Freiheitsfest, das als Bekenntnis zur Französischen Revolution weithin Aufsehen erregte. Unter den Teilnehmern waren Karl Friedrich Cramer, Klopstock und Adolph Freiherr Knigge. Klopstock trug seine Oden *Der Fürst und sein Kebsweib* sowie *Kennet euch selbst* vor. S. hatte für das Fest ein *Freiheitslied* verfaßt, dessen fünfte Strophe sein Revolutionsverständnis wiedergibt: »Hebt den Blick! der ganzen Erde/ Galt der Kampf und floß das Blut,/ Daß sie frei und glücklich werde,/ Aufgeklärt und weis' und gut!/ Gnädig sah Gott auf uns nieder,/ Dankt ihm, dankt ihm freie Brüder.« Auch S.s. Jugendfreund Ochs würdigte im Juni 1790 in einem Gedicht zum Straßburger Konföderationsfest aus gleicher Grundhaltung die Französische Revolution.
1792 war S. Präsident der »Société de Lecture«, in der sich Hamburger Kaufleute und Publizisten mit in der Stadt lebenden Franzosen um den Gesandten François Lehoc zusammenfanden. Bereits Ende 1792 mußte S. diese Lesegesellschaft auf Druck konservativer Kräfte inner- und außerhalb Hamburgs auflösen. Gegen den Vorwurf, ein Jakobiner zu sein, verteidigte sich S. 1793 in einer Schrift *An meine Mitbürger*, wie übrigens mit dem selben Titel auch der ihm gut bekannte Joachim Heinrich Campe in Braunschweig. S. bekannte sich zur »glücklichen Verfassung« Hamburgs, deren »Verbesserungen«, die er für möglich hielt, »allmälig, ohne Geräusch, ohne Tumult gemacht werden, und nur das Werk der ruhigen Vernunft seyn müsten.« Als Gegner aller Todesstrafen lehnte er auch die Hinrichtung Ludwigs XVI. ab.
Von Fritz von Stein, einem Sohn Charlotte von Steins, der in Hamburg in der auch von S. besuchten Handelsakademie von Johann Georg Büsch unterrichtet wurde und Zugang zu S.s

Kontor hatte, erhielt Johann Wolfgang von Goethe Informationen über S. Am 23. Oktober 1793 schrieb Goethe an seinen früheren Zögling: »Herr Sibeking (!) mag ein reicher und gescheuter Mann seyn, so weit ist er aber doch noch nicht gekommen, einzusehen, daß das Lied: Allons, enfans etc. in keiner Sprache wohlhabenden Leuten ansteht, sondern blos zum Trost und Aufmunterung der armen Teufel geschrieben und komponirt ist.« S., der sich in seiner Verteidigungsschrift des Verbrechens schuldig bekannte, »Tugend und Verdienst überall zu ehren, und gleiches Verdienst bey dem Aermern mehr als bey dem Reichern«, wußte um die Folgen von Ungleichheit und Ungerechtigkeit. Als in einer der »Patriotischen Gesellschaft von 1765« eingesandten Preisschrift die ungleiche Verteilung des Reichtums angesprochen wurde, erklärte S. in einer Anmerkung: »Da liegts! Aber wer das sagt, wird mißverstanden, und als ein Aufrührer verschrieen.« S. plädierte für freie Vereinbarungen von Bürgern, übertriebenen Luxus abzustellen, Abgaben und Steuern ehrlich zu leisten. Auflagen, die Ärmere hart trafen, sollten zugunsten von Luxus- und Erbschaftssteuern abgeschafft werden. S. entwarf auch den Plan einer Ersparniskasse zur Sicherung arbeitender Menschen in Fällen von Arbeitslosigkeit und Krankheit. Wohlhabende müßten diese Kasse unterstützen.

Der Weimarer Gymnasialdirektor Karl August Böttiger, der 1795 Hamburg besuchte – ein Bericht darüber erschien posthum in seinen *Literarischen Zuständen und Zeitgenossen* 1838, beschrieb S. als ein »Thätigkeitsungeheuer«, das sich neben seinen Geschäften noch der Presse und den Flugschriften aus vielen Ländern wie den Neuerscheinungen aus der Belletristik widme und »das Orakel der leselustigen Frauen« sei, »denen er mit vieler Kennerschaft die Lecture auf ihrer Toilette regulirt.« Mit seiner Frau Johanna Margaretha, einer geborenen Reimarus, die von ihrer Tante Elise Reimarus, der Vertrauten Lessings und Mendelssohns, erzogen worden war, führte S. ein gastfreundliches Haus. Vor allem sein Landsitz in Neumühlen an der Elbe war ein vielbesuchter Treffpunkt, ein kosmopolitischer und polyglotter Ort unvoreingenommener Begegnungen und offenen Gedankenaustausches von europäischem Rang. S. war der begeistertste Vertreter der Gedanken der Französischen Revolution in der hamburgischen Führungsschicht, mit zahlreichen Liberalen und Demokraten bekannt und befreundet.

1796 übernahm S. eine heikle diplomatische Mission. In Paris vertrat er die Interessen Hamburgs und erreichte die Aufhebung des Embargos auf hamburgische Schiffe. Mit S.s frühem Tod verlor die Hamburger Aufklärung einen ihrer engagiertestens Beförderer.

Grab, W.: Demokratische Strömungen in Hamburg und Schleswig-Holstein zur Zeit der ersten französischen Republik. Hamburg 1966. – Kopitzsch, F.: Grundzüge einer Sozialgeschichte der Aufklärung in Hamburg und Altona. Hamburg (2. Aufl.) 1990. – Sieveking, H.: Georg Heinrich Sieveking. Lebensbild eines Hamburgischen Kaufmanns aus dem Zeitalter der französischen Revolution. Berlin 1913.

Franklin Kopitzsch

Sigel, Franz

Geb. 18. 11. 1824 in Sinsheim/Baden; gest. 21. 8. 1902 in New York

Es war Wilhelm Blos, der sozialdemokratische Staatspräsident von Württemberg in den Jahren nach der Novemberrevolution 1918, der als erster dem badischen Revolutionsgeneral S. ein literarisches Denkmal setzte, indem er 1902 dessen *Denkwürdigkeiten aus den Jahren 1848/49* herausgab. S. war kurz zuvor als zwar hochgeehrter, aber wenig begüterter Veteran des amerikanischen Bürgerkriegs in New York verstorben. In einem Brief an Blos vom Jahre 1892 hatte sich S. als Republikaner bezeichnet, und zwar als Vertreter einer demokratischen, nicht aristokratischen oder oligarchischen Form der Republik. Demokratie war ihm gleichbedeutend mit einem System freier Konkurrenz, in dem alle politischen, sozialen oder religiösen Kräfte offen und ehrlich um Anerkennung und Macht ringen können.

S. stammte aus wohlsituierten Verhältnissen, die Eltern kamen aus dem traditionellen Bürgertum. Der Vater war großherzoglich badischer Oberamtmann, der freilich 1838 (wegen seiner liberalen Gesinnung oder wiederholter Dienstvergehen: von beidem ist die Rede) strafversetzt und dann zwangspensioniert wurde. S. ging nach dem Besuch des Gymnasiums in Bruchsal auf die Kadettenschule in Karlsruhe und wurde 1843 Leutnant im vierten badischen Infanterie-Regiment in Mannheim. Er mußte aber wegen eines Duells 1847 den Dienst quittieren, wobei ihm das Gericht auf Lebenszeit das Tragen einer Uniform verbot. Dem Urteil zum Trotz sollte das Militär zur Lebensaufgabe des jungen S. werden. Während er noch erwog, in Heidelberg Jura zu studieren, brachen in Mannheim jene Unruhen aus, die in die Revolution von 1848/49 mündeten. S. hielt nach eigenem Urteil »die Gelegenheit für günstig, die Einheits- und Freiheits-Ideen in Deutschland, wie sie schon verbreitet wurden, zu unterstützen und zu verwirklichen.« Er entwarf einen Organisationsplan für eine Volksbewaffnung und sandte ihn einem befreundeten Mannheimer Militärarzt, der ihn sogleich einlud, in Mannheim ein »Freicorps« aufzustellen. S. gelang es, in wenigen Tagen eine Bürgerwehr von fünfhundert Mann zu bilden, sogenannte »Sensenmänner«, weil die richtigen Waffen nur für die Hälfte von ihnen ausreichten.

Als überzeugter Republikaner nahm S. an der II. Offenburger Versammlung vom 19. März 1848 teil, wo ihn eine Delegation von Demokraten aus Konstanz aufforderte, den Bodenseekreis militärisch zu organisieren. Hatte doch die Offenburger Versammlung in allen Gemeinden die Bildung von Bürgerwehren beschlossen. Konstanz galt dank der Agitation des (radikal-) demokratischen Journalisten Joseph Fickler als eine Hochburg der revolutionären Bewegung. S. und seinen Auftraggebern ging es indes eigentlich nur um die Sicherung der Heimat gegen eine befürchtete Invasion aus Württemberg oder Bayern. Sie waren daher völlig überrascht, als am 11. April 1848 Friedrich Hecker – nach S.s Worten – wie ein »deus ex machina« in Konstanz eintraf, um dort am folgenden Tag gemeinsam mit Gustav von Struve »die Republik zu proklamieren und einen Eroberungszug durch Deutschland anzutreten«. S. sollte eine Armee zusammenstellen, die jedoch nach Heckers Willen ausschließlich aus Freiwilligen zu bilden war. So fanden sich denn am Tag des Aufbruchs nur achtundfünfzig Mann in Konstanz bereit, den Heckerzug mitzumachen. Auch wenn sich in der Folge einige hundert Freischärler Hecker und Struve anschlossen, scheiterte das Unternehmen bei Kandern am 20. April 1848 kläglich. S. selbst hatte weitere Freischärler aus Südbaden sammeln können und zog mit diesen Einheiten Ostern 1848 gegen Freiburg, wo er – durch Struve voreilig in die Kämpfe verstrickt – der Übermacht der Regierungstruppen unterlag. Seine Leute suchten das Weite, er selbst konnte über den Rhein ins Elsaß und von dort in die Schweiz fliehen.

S. wurde in Abwesenheit zu lebenslanger Haft verurteilt und verbrachte die folgenden Monate im Exil, bis ihn der »südwestdeutsche Maiaufstand«, wie er ihn selbst nannte, ins Zentrum der Revolution zurückholte. Der Vollzugsausschuß der badischen Volksvereine übernahm, nachdem sich die badischen Garnisonen der Revolution angeschlossen hatten, am 14. Mai 1849 die Regierung in Karlsruhe. Die politischen Flüchtlinge wurden zurückgerufen, und sogleich kam S., von einer schweren Erkrankung kaum genesen, aus Aarau in die badische Landeshauptstadt, um bei der Aufstellung eines Volksheeres mitzuwirken. Unter dem neuen Kriegsminister Eichfeld übernahm er die Operationsabteilung und wurde nach Eichfelds Versagen auf Drängen von Raveaux und Goegg zum Kommandeur der badischen Neckararmee ernannt, die gegen die vorrückenden Preußen die Revolution verteidigen sollte. Der Versuch S.s, selbst gegen Frankfurt zu marschieren, scheiterte schon im ersten Gefecht bei Heppenheim. Die politische und militärische Lage wurde immer verworrener. Man übertrug nun dem gerade fünfundzwanzigjährigen S. am 1. Juni 1849 das Kriegsministerium, doch begab er sich bereits wenige Tage darauf wieder an die Front, bis am 8. Juni General Mieroslawski den Oberbefehl übernahm. Ihm wurde S. als Generaladjutant und Stellvertreter zur Seite gestellt, eine einflußreiche Position, zumal Mieroslawski kein Deutsch sprach. Trotz tapferster Gegenwehr mußten die Badener immer weiter zurückweichen. Als eine Widerstandslinie an der Murg zusammenbrach, gab Mieroslawski auf. S. übernahm nochmals den Oberbefehl und plante, im Schwarzwald gegebenenfalls in einem Guerillakampf die Sache der Freiheit zu verteidigen. Doch bei Donaueschingen in die Zange genommen, entzog er sich mit den letzten Einheiten nach Konstanz, von wo die Reste der Revolutionsarmee ins Schweizer Asyl überwechselten.

Wie zahlreiche andere badische Revolutionshelden hielt sich S. zunächst in der Schweiz auf und ging dann nach London, wo er sich den vielen Flüchtlingen aus Deutschland anschloß. Von Karl Marx und Friedrich Engels bekämpft und verächtlich gemacht, reiste er schließlich in die USA aus. Dort schuf er sich eine bescheidene Existenz als Lehrer für Mathematik und Geschichte in St. Louis. Er trainierte den dortigen deutschen Turnverein, der zugleich als politischer Club wirkte, und engagierte sich in der »Republikanischen Partei«. Beim Ausbruch des amerikanischen Bürgerkriegs 1861 wurde S. auf Seiten der Nordstaaten Regimentskommandeur einer Einheit von Deutschamerikanern, der etliche »Fortyeighters« angehörten. S. und seine Leute schlugen sich tapfer, und er wurde schließlich nach der siegreichen Schlacht bei Pea-Ridge in Arkansas am 13. März 1862 zum Generalmajor befördert. Später verlieh ihm der Senat der USA als verdientem General einen Ehrensold. Auf Manhattan errichtete man ihm zu Ehren an der Riverside Drive ein Reiterstandbild.

Seinem Freund Amand Goegg, der aufgrund einer Amnestie 1862 in die badische Heimat zurückgekehrt war, schrieb er voll Optimismus, nun könne bald die Revolution in Deutschland vollendet und das Land zu einer national geeinten Republik gemacht werden. Dem badischen Großherzog Friedrich hätte er gerne die Rolle zugewiesen, das Werk von 1848 fortzuführen und eine demokratische Reichsverfassung zu proklamieren.

Wie man sieht, war die politische Lagebeurteilung nicht S.s Stärke. Auch als Offizier und Kommandeur war S. kein Genie. Aber seine Soldaten liebten ihn. Er war aufrichtig, herzlich und unkompliziert. Sein Bekenntnis zur republikanischen Staatsform entsprach dieser Haltung. In seinem Tagebuch hielt er fest: »Wenn ich sage, daß ich Republikaner bin, so spreche ich damit aus, daß ich im Staat die öffentliche Sache, die Sache aller, der Sache Einzelner vorziehe.« In diesem Sinne war er Demokrat.

Sein Name wird immer mit der badischen Revolution von 1848/49 verbunden bleiben. Der Zeitgenosse und linke Demokrat Johann Philipp Becker schilderte ihn als bartlosen Mann mit einem fast mädchenhaften Antlitz, dessen Kommandowort indes sicher und fest alles Getümmel des Krieges übertönte und dem man zutraute, nicht nur in der Schlacht den Sieg, sondern auch im Frieden die Disziplin zu erobern. Becker meinte, S. sei vor allem Soldat gewesen und deshalb habe die Subordination seine demokratischen Grundsätze übertroffen. Doch er schloß sein Urteil über S. mit dem Satz: »Unter allen, welche an der Spitze der Revolution standen, repräsentierte er am meisten die Kraft und Kühnheit derselben.«

Cartellieri, O.: Franz Sigel. In: Badische Biographien, Band VI., 1935, S. 429ff.

Wolfgang Hug

Simon, Helene

Geb. 16. 2. 1862 in Düsseldorf; gest. 8. 12. 1947 in London

Am Dienstag, den 14. Oktober 1902 wurde im Reichstag der 47. Bericht der Petitionskommission verhandelt. Es lag eine Eingabe der »Gesellschaft für Soziale Reform« (GfSR) vor, die die Aufhebung der gesetzlichen Beschränkungen für Frauen in der Vereins- und Versammlungsgesetzgebung forderte. Unterstützt wurde dies Anliegen durch eine große Anzahl von Petitionen des »Bundes deutscher Frauenvereine«, des Vereins »Frauenwohl« und anderer Frauenvereinigungen. Anlaß für den reichsweiten Protest war der »Fall Simon« in Köln, der über die Grenzen des Rheinlands hinaus Kreise zog. Der nationalliberale Abgeordnete Ernst Bassermann schilderte im Reichstag, was sich während der Generalversammlung der GfSR am 22. September 1902 in Köln ereignet hatte: »Es war auf die Tagesordnung jener Versammlung gesetzt ein Referat über den Maximalarbeitstag der Frauen. Berichterstatterin war ein Fräulein Simon, die für sich in Anspruch nehmen kann, daß sie diese Materie gründlich beherrscht (...) und die durch ihre Schriften und ihr Auftreten die Gewähr gab, daß sie die Frage nicht in agitatorischer, sondern in ruhiger, sachlicher Weise behandeln werde. Im letzten Augenblick ist dieser Vortrag auf Grund des preußischen Vereinsgesetzes verboten worden. Man hat erlaubt, daß Fräulein Simon und andere Damen in dem Segment an der Versammlung theilnehmen durften, aber sie mußten ermahnt werden, daß sie sich jeder Beifalls- oder Mißfallsäußerung enthielten«.

Der Antrag wurde vertagt, das Gesetz formal 1908 geändert; de facto traten reale Verbesserungen jedoch erst unter dem Druck der revolutionären Ereignisse von 1918 ein. S. selbst nahm zu der durch sie ausgelösten öffentlichen Auseinandersetzung keine Stellung. Sie war keine politische Agitatorin; sie befaßte sich im Rahmen der bürgerlichen Frauenbewegung eher mit Einzelfragen reformerischer Frauenpolitik als mit umstürzlerischen Emanzipationsforderungen. Möglicherweise wollte sie den Skandal um ihre Person auch aus beruflichen Gründen nicht schüren, denn sie war 1902 Seminaristin des Nationalökonomen Gustav Schmoller an der Berliner Universität und im Begriff, sich im Wissenschaftsbereich zu etablieren.

Dabei verlief ihr bisheriger Bildungsweg alles andere als geradlinig: Als siebtes von zehn Kindern erhielt S. eine traditionelle bürgerliche Mädchenbildung. Diese sollte nach den Erwartungen der Eltern, des Kaufmanns und Bankiers Jacob Simon und Amalie Gompertz, in Ehe und Familie und der Übernahme häuslicher Aufgaben münden. Aber S. heiratete nicht. Gleichermaßen beeinflußt durch die väterliche Welt des traditionellen Judentums, in der die Wohltätigkeit eine zentrale Rolle spielte und die mütterliche von bürgerlichen Idealen der Bildung und Kultur geprägte Welt, entwickelte sie ihre Interessen. Sie begann zu schreiben, kleinere Gedichte, Novellen etc. Wann immer es ging, las sie, vorzugsweise die kritischen, sozialpolitischen Schriften der englischen linksintellektuellen »Fabian Society«. 1895 entschloß sich die Zweiunddreißigjährige, ihren Eltern nicht mehr den Haushalt zu besorgen, sondern in England zu studieren. Eduard Bernstein vermittelte ihr den Kontakt zu der Sozialwissenschaftlerin Beatrice Webb und ihrem Mann Sidney, beide »Fabier«, die gerade mit den Gründungsvorbereitungen der »London School of Economics« beschäftigt waren. 1896, als Mitglied der »Fabian Society«, nahm sie das Studium der Nationalökonomie und Sozialpolitik an der neugegründeten Londoner Universität auf. Sie ging in die Slums des Londoner East End, begleitete Sanitätsinspektorinnen in die Fabriken und Werkstätten und erlebte die krassen sozialen Gegensätze zwischen dem »fashionable« London und den »Jammergestalten auf den Bänken«. Diese Erfahrungen verarbeitete sie in ihren ersten größeren Abhandlungen *Die Fabrik- und Sanitätsinpektorinnen in England* (1897) und *Die englische Fabrikgesetzgebung* (1898). Es folgten vergleichende Arbeiten zur sozialen Frage, vor allem zum Ausbau der Gewerbeinspektion sowie zum Frauen- und Kinderschutz, die ihr 1897 den Zugang zur Berliner Universität eröffneten. Noch durften Frauen keinen ordentlichen Hochschulabschluß erwerben, vereinzelt ließen Professoren jedoch

Gasthörerinnen in ihren Seminaren zu. S. studierte Nationalökonomie und besuchte die Vorlesungen von Gustav Schmoller, einem der führenden sog. Kathedersozialisten und Mitbegründer des »Vereins für Sozialpolitik« (1872).
In Köln hielt sie einen ihrer ersten Vorträge; sie publizierte in sozialdemokratischen Zeitschriften wie *Die Neue Zeit*, *Die Gleichheit* und *Sozialistische Monatshefte*, in dem späteren Organ der Gesellschaft für Soziale Reform *Soziale Praxis*, in liberalen Blättern wie *Ethische Kultur*, *Die Zukunft* sowie in *Die Frau* und in anderen Periodika der bürgerlichen Frauenbewegung. Ihre intensivste Phase begann. Ihre wichtigsten drei Werke entstanden: 1905 die empirische Studie *Schule und Brot*, mit der sie einen wesentlichen Beitrag zur Entwicklung der Kinderspeisung an deutschen Schulen leistete; es folgten ebenfalls 1905 die Biographie des britischen Sozialreformers Robert Owen und 1909 die Doppelbiographie der englischen Schriftstellerin und Frauenrechtlerin der ersten Stunde, Mary Wollstonecraft (*Vindication of the rights of women*, 1792), und ihres Mannes, des frühsozialistischen Theoretikers William Godwin.
Als der Erste Weltkrieg ausbrach, widmete sich S. ihrer Tätigkeit im nationalen Frauendienst. Ihr besonderes Augenmerk galt dabei der Arbeitsbeschaffung sowie der Kriegerwitwen- und Kriegswaisenfürsorge, die sie als »Wegbereiter für die Entwicklung der Wohlfahrtspflege in Friedenszeiten« verstand. Ihre bisherige überparteiliche Haltung gab sie nach dem Ersten Weltkrieg auf. Vor allem seit ihrer Beschäftigung mit dem Werk Robert Owens fühlte sie sich zwar dem Sozialismus verbunden, doch erst mit dem sich entwickelnden parlamentarischen System der jungen deutschen Republik setzte sie auf die deutsche Sozialdemokratie. Sie wurde Mitglied der SPD.
Dabei basierte ihr sozialistisches Ideal auf dem Glauben an eine Gesellschaft mit genossenschaftlicher und, wir würden heute sagen, »basisdemokratischer« Kultur. Weit mehr als revolutionäre oder ökonomische Aspekte standen in ihrem Sozialismusverständnis sozialethische Kriterien im Vordergrund: »Sie [die sozialistische Gesellschaft, die Verf.] beruht auf der Idee menschlicher Verbundenheit. Sie beruht auf dem Verantwortungsgefühl von Mensch zu Mensch, auf einer Gegenseitigkeit, die stärker ist als Einzel- oder Gruppenselbstsucht, und deren Zielsetzung und Hingabe dem Wesen aller wahren Religiosität entspricht« (*Sozialismus und Wohlfahrtspflege*, 1926).
Für ihre theoretischen Schriften, die der 1919 gegründeten Arbeiterwohlfahrt als Basis ihrer Tätigkeit dienten, sowie für ihr umfangreiches sozialpolitisches Gesamtwerk, das selbst auf Gesetzesebene seinen Niederschlag fand – so im Reichsversorgungsgesetz von 1920 oder im 1922 erlassenen Reichsjugendwohlfahrtsgesetz – erhielt sie 1922 die Ehrendoktorwürde der philosophischen Fakultät an der Universität Heidelberg.
Vor dem Hintergrund von Massenarbeitslosigkeit und sozialer Verelendung entwickelte S. Konzepte zur Arbeitsvermittlung, -versicherung und -fürsorge. Darüber hinaus befaßte sie sich mit der Verbesserung des Kinder- und Jugendschutzes, der Entwicklung der Frauenarbeit sowie mit der Erweiterung des Arbeitsschutzes für Frauen. 1928/29 erschien ihre letzte umfangreiche Publikation, eine Biographie der christlichen Sozialreformerin Elisabeth Gnauck-Kühne, ihrer einstigen Mitstreiterin in Gustav Schmollers Seminaren. Nach 1933 mied S. zunehmend die Öffentlichkeit. Bis 1938 verdrängte sie, daß sie als Jüdin im nationalsozialistischen Deutschland existentiell bedroht war. Erst nach der Pogromnacht im November 1938 floh sie zusammen mit ihrer Schwester Klara Reichmann nach England. 1947 zog es S. noch einmal ins Londoner East End, wo sie kurz nach ihrem 85. Geburtstag in einem Sanatorium starb.

Friedländer, W.: Helene Simon. Ein Leben für soziale Gerechtigkeit. Bonn 1962. – Klöhn, S.: Helene Simon (1862–1947). Deutsche und britische Sozialreform und Sozialgesetzgebung im Spiegel ihrer Schriften und ihr Wirken als Sozialpolitikerin im Kaiserreich und in der Weimarer Republik. Frankfurt/Main 1982.

Marina Sassenberg

Simon, Ludwig

Geb. 20.2.1819 in Saarlouis; gest. 2.2.1872 in Montreux/Schweiz

Für S. waren verschiedene Erfahrungen, die er in seiner Jugend machte, bestimmend. Er wuchs mit zwei Geschwistern in der Familie eines Gymnasialprofessors auf, der sich – selbst aus einer kinderreichen Familie stammend – hochgearbeitet hatte und ein sozial und freisinnig denkender Mann war. S. besuchte bis 1837 eine Trierer Schule (Friedrich-Wilhelm-Gymnasium) – hier war auch sein Vater tätig –, die ihn mindestens ebensosehr zum Denken wie zur Loyalität gegenüber Staat und Regierung erzog. Hinzu kam, daß im linksrheinischen Trier die »rheinischen Institutionen«, der »Code Napoléon«, das im Gefolge der Französischen Revolution in zahlreichen Staaten des Rheinbunds (1806–1813) eingeführte und später beibehaltene französische Zivilgesetzbuchs (auch »Code civil« genannt), im Vormärz nicht nur bei einem großen Teil des Bürgertums, sondern auch bei der bürgerlichen Jugend populär und lebendig waren.

Als S. 1837 nach Bonn ging, um Jura zu studieren, war er jedenfalls gefestigt genug, um sich nicht an die konservative deutsche Historische Rechtsschule (Friedrich Karl von Savigny) zu halten, sondern sich vor allem dem vom Code civil inspirierten naturrechtlichen Denken zuzuwenden. Zwei Jahre später, 1839, hatte er sein erstes Ziel erreicht, nämlich das erste juristische Examen bestanden, um sich, wieder nach Trier zurückgekehrt, am dortigen Landgericht auf die noch ausstehenden Prüfungen vorzubereiten. S. arbeitete danach als Advokat. Gleichzeitig schrieb er in der *Trierer Zeitung* Artikel über die verarmten Weinbauern seiner Heimat. Auf den Spuren von Moses Heß und Karl Grün beschäftigte er sich Mitte der 40er Jahre mit dem Sozialismus, der für ihn Erziehung zu Humanität und sozialer Verantwortung mit den Mitteln friedlicher Überzeugung bedeutete. So sehr sich später die Umstände seiner politischen Tätigkeit änderten, so sehr hielt er daran fest, daß die Menschen sich selber vervollkommnen und ihre Dinge friedlich regeln müßten, um zu einer demokratischen Ordnung zu gelangen. 1848/49 erlebt S. seine erste politische Feuerprobe, die auch zum eigentlichen Höhepunkt seines politischen Wirkens wurde. Nicht zufällig geschah dies auf der Tribüne der Paulskirche. Ende April 1848, als für das dortige Parlament gewählt werden sollte, stellte er sein Programm auf, in dem er Unterordnung der Fürsten und deutschen Einzelstaaten unter einen deutschen Reichstag, Einführung des allgemeinen Wahlrechts, Trennung von Kirche und Staat sowie Einführung einer progressiven Einkommensteuer und Lösung der sozialen Frage auf friedlichem Wege forderte. Am 10. Mai 1848 wählten ihn Trierer Wahlmänner mit einem Stimmenverhältnis von 145:115 zum Abgeordneten für die Frankfurter Nationalversammlung.

In der Paulskirche schloß sich S. der demokratischen Linken an und war dank seiner Rednergabe, seiner Aktivität und seines politischen Geschicks bald nicht nur einer ihrer Führer, sondern ein weit über ihre Reihen hinaus bekannter Parlamentarier. Aber S. lernte zugleich die Probleme der Frankfurter Nationalversammlung kennen: Ihre Macht beruhte fast ausschließlich auf ihrer moralischen Autorität und war abhängig vom Geschehen der Revolution. Die vom Parlament eingesetzte Regierung, das Frankfurter Reichsministerium, und der von den Abgeordneten gewählte Reichsverweser, der österreichische Erzherzog Johann, konnten bzw. wollten ihre Obergewalt gegenüber den einzelstaatlichen Regierungen, vor allem gegenüber den großen Staaten nicht durchsetzen. Innerhalb des Parlaments kam die Linke, bestehend aus Anhängern einer föderativen demokratischen Republik, überdies nur auf etwa ein Viertel der Abgeordneten. Die Hälfte davon war der äußersten Linken (Fraktion Donnersberg) zuzurechnen, der S. seit Anfang Juni 1848 angehörte. In Krisen, die sich öfter am Geltungsanspruch des Frankfurter Parlaments gegenüber mächtigen Einzelstaaten entzündeten, geriet die Linke in besonderer Weise unter Legitimationszwang. Nachdem am 17. September 1848 Preußen durch einen eigenmächtig mit Dänemark abgeschlossenen Friedensvertrag die Reichsgewalt desavouiert und die Parlamentsmehrheit daraufhin vor der Berliner Regierung kapituliert hatte, erklärte S.: »Warum äußert sich nicht das ganze deutsche Volk entschiedener über die Wirksamkeit seiner Vertreter? (...) Warum fordern deren Wähler sie nicht ausdrücklich auf, ihre Plätze als Abgeordnete zu verlassen (...). Warum rücken sie denselben nicht vor die Häuser und Leiber und erklären feierlichst: Ihr habt unser Vertrauen verscherzt.« Und weiter: »Wenn ein Austritt beliebt wird, so bin ich wahrlich nicht der letzte. Ich bin unserer erfolglosen Verhandlungen längst überdrüssig.«

Dennoch war S. nicht bereit, im Alleingang zu handeln. Die Mehrheit seiner Fraktion war gegen den Austritt. Auch für S. waren Parlament und parlamentarische Entscheidungen, an denen die Linke mitgewirkt hatte, feste Bezugsgrößen, die nicht in Frage gestellt werden durften. Für ihn blieb die Reichsverfassung (vom 28. 3. 1849) auch dann noch gültig, als Preußen das darin vorgesehene Erbkaisertum am 3. April 1849 ablehnte und sich gleichzeitig neue Aufstände abzeichneten. S. hielt an seinem Mandat bis zur Vertreibung des Stuttgarter Rumpfparlaments am 18.Juni 1849 fest. Wie viele Parlamentarier, Zivilkommissare, revolutionäre Bürgermeister wich auch S. zusammen mit den Resten der badischen Revolutionsarmee zunächst in die Schweiz aus, wo er sich bis 1853 in Bad Horn, Genf, Bern und Lausanne aufhielt. Einem Trierer Gericht genügte S.s frühere Mitgliedschaft in der Nationalversammlung, um ihn am 7. 1. 1851 in Abwesenheit zum Tode zu verurteilen.

Die erzwungene Untätigkeit in der Schweiz und die aufbrechenden Auseinandersetzungen unter den Emigranten gaben S. Gelegenheit, rückschauend nach dem Ergebnis der Paulskirche und dem Sinn des Parlamentarismus allgemein zu fragen. An die Adresse radikaler bürgerlicher sowie sozialistischer Gegner des Grundgesetzes der Paulskirche gerichtet, schrieb S., die Reichsverfassung sei »dasjenige Banner« gewesen, »welchem damals die meisten Kräfte zu Gebote standen« (*Deutsche Monatsschrift für Politik, Wissenschaft, Kunst und Leben*, 1850). In dieser Äußerung offenbarte sich ein politischer Pragmatismus, der S.s parlamentarische Erfahrungen 1848/49 widerspiegelte. Auch in seinen theoretischen Einsichten knüpfte er an frühere Auffassungen an. Der Fortschritt der Menschen, so legte er dar, müsse aus ihrer inneren Souveränität erwachsen; aber die Souveränität des einzelnen müsse soweit beschränkt werden, daß die Souveränität der anderen daneben bestehen könne. Dies war erneut ein Bekenntnis zum friedlichen Interessenausgleich mündiger Staatsbürger, wozu auch S.s außerordentliche Wertschätzung des allgemeinen Wahlrechtes paßte. Stärker als früher betonte er jetzt, daß jeder, der nach demokratischen Prinzipien mitentscheiden wolle, auch die Pflicht habe, sich »den Beschlüssen der Mehrheit der übrigen gleichberechtigten Individuen (...) zu unterwerfen«. Am besten verwirklicht sah er dies in »der Schweiz mit ihrer Mehrheitsregierung und dem friedlichen Spiel der ihr entsprechenden Institutionen« (1855).

S.s persönliches Leben verlief seit den 50er Jahren in gänzlich anderen Bahnen als zuvor. 1853-55 lebte er in Italien, sein Dasein wie in den ersten Emigrantenjahren, vor allem mit Schriftstellerei fristend. 1855 ging er nach Paris und wurde Bankangestellter; rund zehn Jahre später eröffnete er dort ein Bankgeschäft. 1870, ein Jahr nach der Eheschließung mit der Schweizerin Marie Schmidlin, ließ er sich für die letzten beiden Jahre seines Lebens in Montreux am Genfer See nieder. In seine Heimat konnte er nicht zurück, da er als ehemaliger Landoffizier von einer inzwischen in Preußen erlassenen Amnestie ausgenommen war.

Böse, H.-G.: Ludwig Simon von Trier (1819-1872). Leben und Anschauungen eines rheinischen Achtundvierzigers. (Phil. Diss.) Mainz 1951. - Hildebrandt, G.: Ludwig Simon, in: Obermann, K. u.a. (Hg.): Männer der Revolution. Bd.1 , Berlin (2.Aufl.) 1988. - Moser, M.: Der Fortschrittsgedanke Ludwig Simons. Bern 1936.

Gunther Hildebrandt

Singer, Paul

Geb. 16. 1. 1844 in Berlin; gest. 31. 1. 1911 in Berlin

»Einen ›alten Demokraten‹ nannten wir ihn (...) Er selbst hat uns noch bestätigt, wie gern er sich so nennen hörte, in dem historischen Sinne, daß der demokratische Gedanke, der ihn seit den Tagen seiner Kindheit beseelte, ihn in ehrlicher und strenger Folgerichtigkeit in die ersten Reihen der Sozialdemokratie geführt hat« (Franz Mehring, 1911).

S. wurde am 16. Januar 1844 als neuntes Kind einer jüdischen Familie in Berlin geboren. Der Vater, Handlungsreisender und Wechsler, später Inhaber eines kleinen Bankgeschäftes »Unter den Linden« starb schon 1848, und so wuchs Paul mit seinen Geschwistern in recht ärmlichen Verhältnissen auf. Er besuchte die königliche Realschule nur bis zu seinem vierzehnten Lebensjahr, dann absolvierte er eine kaufmännische Lehre. Sein politisches Interesse erwachte schon früh. Mit 18 Jahren wurde er 1862 Mitglied eines der Berliner Bezirksvereine der liberalen »Fortschrittspartei«. Im gleichen Jahr begegnete er Ferdinand Lassalle, was jedoch auf beide keinen großen Eindruck machte und S. noch nicht der sich bildenden Arbeiterbewegung näherbrachte. S. näherte sich stattdessen bald dem linken »demokratischen« Flügel der »Fortschrittspartei« und schloß sich dem kleinen Kreis der »Jacobyten« an, der sich in Berlin um den Revolutionsveteranen von 1848, Johann Jacoby, gebildet hatte. Hier trafen sich bis in die 1870er Jahre die Berliner Radikaldemokraten, die die Ideen der »Demokratischen Partei« von 1848 über den demokratischen Volksstaat vertraten und von denen einige, wie Jacoby und S., später der Sozialdemokratie beitraten. Seit 1868 betätigte sich S. auch im »Berliner Arbeiterverein«, einer Schöpfung der »Fortschrittspartei«, in dem Arbeiter, Intellektuelle und Kaufleute zusammentrafen und sich mit der sozialen Frage beschäftigten. Im Mai 1868 beteiligte sich S. an dem erfolglosen Versuch, durch die Einigung der nord- und der süddeutschen Volkspartei eine gesamtdeutsche demokratische Partei zu schaffen. Bei dieser Gelegenheit machte er die für sein weiteres Leben bedeutungsvolle Bekanntschaft von August Bebel und Wilhelm Liebknecht, aus der sich ein ständiger Kontakt und später eine enge Freundschaft entwickelte.

S. gehörte im Herbst 1868 zu der Minderheit im »Berliner Arbeiterverein«, die den Anschluß des »Verbands Deutscher Arbeitervereine« an die »Internationale Arbeiterassociation« (I. Internationale) begrüßte und den »Demokratischen Arbeiterverein« begründete, in dem sich in der Folgezeit eine kleine Zahl von bürgerlichen Radikalen und Sozialdemokraten zusammenfand. Nach der Gründung der »Sozialdemokratischen Arbeiterpartei« im August 1869 in Eisenach schloß sich der Demokratische Arbeiterverein der Partei an und wurde ihr Stützpunkt in Berlin. Die »Trennung der proletarischen von der bürgerlichen Demokratie« erfolgte jedoch nicht plötzlich, noch mehrere Jahre gehörten dem Verein bürgerliche Radikale und Sozialdemokraten an. S. zog in den Jahren um 1870 die persönliche Konsequenz aus seinen politischen Anschauungen: Als Demokrat kam er zu dem Schluß, daß nur in der sozialen Demokratie mit der politischen und wirtschaftlichen Emanzipation der Arbeiterklasse die Möglichkeit zur Verwirklichung seiner Ideale gegeben war. 1873 erklärte er dem erstaunten Eduard Bernstein: »Und vergessen Sie nicht: Ich wähle Jacoby nicht, obgleich er Sozialdemokrat ist, sondern ich wähle ihn, weil er Sozialdemokrat ist.«

Öffentlich trat S. in den siebziger Jahren politisch nicht in Erscheinung. Seine letzte politische Äußerung für fast ein Jahrzehnt war die Unterschrift unter eine Erklärung gegen die Annexion von Elsaß-Lothringen im Oktober 1870. Inzwischen hatte S. mit seinem Bruder 1869 die »Damenmäntelfabrik Gebrüder Singer« gegründet. Die Firma expandierte schnell, in den achtziger Jahren waren an die 1000 Heimarbeiter und -arbeiterinnen bei »Gebrüder Singer« beschäftigt. Nach einer schweren Erkrankung widmete S. seine Kraft dem Aufbau der Firma, nahm daneben aber auch zahlreiche ehrenamtliche Ämter wahr und unterstützte in großzügiger Weise oppositionelle Zeitungen und die noch schwächliche Sozialdemokratie. Ab 1875 fungierte er als Kurator des Männerasyls im »Asylverein für Obdachlose«, der der großen Masse obdachloser Menschen eine anständige, nicht von der Polizei reglementierte Unterkunft bot. Durch diese Tätigkeit, die S. bis zu seinem Tod ausübte, blieb er den linksliberalen und demokratischen Kreisen seiner frühen Jahre verbunden.

Erst 1878, mit dem Inkrafttreten des Sozialistengesetzes, trat S. aus dem Hintergrund und gab sich als Sozialdemokrat zu erkennen. Daß er gerade in einer Krisenzeit, in der das Bekenntnis zu einer Überzeugung oder Gruppe mit besonderen Gefahren verbunden war, seine Zugehörigkeit bekundete, war für S. typisch und verschaffte ihm den Respekt der Genossen. Mit der gleichen Entschlossenheit bekannte er sich während der antisemitischen Hochflut 1880 zum Judentum. Er verließ überhaupt im Gegensatz zu vielen anderen jüdischen (wie nichtjüdischen) Sozialdemokraten trotz religiöser Indifferenz die jüdische Gemeinde nicht, äußerte sich aber in der Partei nie zu jüdischen Fragen.

In der Zeit des Sozialistengesetzes (1878–1890) wurde S. Teil der sogenannten inneren Organisation, der geheimen Leitung der Berliner Sozialdemokratie; er unterstützte die Familien der Ausgewiesenen, war an Gründung und Vertrieb des illegalen Zentralorgans *Sozialdemokrat* beteiligt und wurde aufgrund seiner regelmäßigen Geschäftsreisen nach England Kontaktmann der Partei zu Marx und Engels. Wilhelm Liebknecht führte ihn in seiner überschwenglichen Art im November 1879 bei Engels ein: »Er hat zwei vorzügliche Eigenschaften, die man selten vereinigt sieht: ist Großbourgeois und musterhafter Sozialdemokrat.«

1883 wurde S. in die Berliner Stadtverordnetenversammlung, 1884 in den Reichstag (Berlin IV) gewählt und bis zu seinem Tod mit großer Mehrheit immer wieder bestätigt. Der jüdische Kaufmann und Fabrikant wurde in wenigen Jahren zu einem der beliebtesten Arbeiterführer. Seine Aufstellung verstanden die Sozialdemokraten nicht zuletzt als Kampfansage gegen die kleinbürgerliche antisemitische »Berliner Bewegung« des Hofpredigers Stöcker und anderen, die in der ersten Hälfte der achtziger Jahre ihren Höhepunkt erlebte. In seiner ersten öffentlichen Kandidatenrede im September 1883 brachte S. die Bedeutung seiner Nominierung auf den Punkt: »Meine Kandidatur in ihrer Bedeutung geht weit über meine Person hinaus, sie gibt die Gewißheit, daß die Arbeiter auch in Zukunft die Gleichheit für alle hochhalten werden, daß sie nicht fragen, wer ist der Mann, sondern: wie ist der Mann.« Die Antisemiten antworteten mit Hetzkampagnen, in der Hoffnung, den »Juden« und (angeblichen) »Millionär« S. bei den Berliner Arbeitern zu diffamieren, doch ohne Erfolg. Über seinen Tod hinaus war S. der wohl am meisten angefeindete und verleumdete Sozialdemokrat Deutschlands. Die Sozialdemokratie erwies sich aber im politischen Leben dem Antisemitismus gegenüber weitgehend als immun. Die Tatsache, daß S. Fabrikant war, hat seine Popularität ebenfalls nicht behindert. Erst auf Attacken politischer Gegner sah er sich 1887 veranlaßt zu erklären, »daß der einzelne in dem heutigen Wirtschaftssystem nicht imstande ist, besseren Lohn und bessere Arbeitsbedingungen als seine Berufsgenossen zu gewähren (...). Ich leiste meiner Partei mehr, wenn ich mich ›kriegstüchtig‹ erhalte, wenn ich mein Hab und Gut in den Dienst der weltbefreienden Ideen stelle, von deren Erfüllung ich die Erlösung der Menschheit aus Not und Elend zuversichtlich erwarte«.

S. wurde im Sommer 1886 aus Berlin ausgewiesen. Ein Jahr später schied er endgültig aus der Fabrik aus und widmete sich von nun an vollständig der Politik. Schon seit 1885 war er Vorstandsmitglied bzw. Vorsitzender der SPD-Reichstagsfraktion, seit 1890 Mitvorsitzender der SPD (zusammen mit Bebel) und bewunderter Präsident der jährlichen sozialdemokratischen Parteitage und verschiedener internationaler Sozialistenkongresse. Organisation und Agitation, die ganze politische »Kleinarbeit« waren S.s Hauptaufgaben, die er mit Geschick und Nüchternheit erfüllte. Im Reichstag machte sich S. vor allem einen Namen als Kenner der Geschäftsordnung, was er z.B. bei der berühmten sozialdemokratischen Obstruktion der Zolltarifdebatte 1902 und wiederholt bei Angriffen gegen die Autorität des Reichstags unter Beweis stellte.

S. war kein Theoretiker. Er hat keine programmatischen Schriften hinterlassen, aber er hat durch seine Aktivität in Partei und Reichstag die sozialdemokratische Politik geprägt. In ideologischer Hinsicht blieb er Zeit seines Lebens ein Radikaler, der Revisionismus, Reformismus und jegliche »Kompromißlerei«, wie die Zustimmung zu Budgets, ablehnte. 1891 klagte er über den Reformisten Vollmar, daß er »unsere letzten Ziele und den energischen Kampf für dieselben so als eine Art Familienreliquie in den Silberschrank gestellt hat«. Im sozialdemokratischen Richtungsstreit nach der Jahrhundertwende gehörte er zum orthodoxen Parteizentrum um Bebel, dessen Linie er als Präsident der Parteitage stärkte. Gleichzeitig war S. »Gegner aller Phantasterei in der Aktion der Partei« (Bernstein), und sein nüchtern-praktischer Sinn bewährte sich nicht zuletzt in der Berliner Stadtverordnetenversammlung. Als einer der ersten sozialdemokratischen Gemeindepolitiker schuf er die Grundlagen der kommunalpolitischen Arbeit seiner Partei und erreichte im sozialen Bereich große Fortschritte. S. starb am 31. Januar 1911 in Berlin. Der Leichenzug zum städtischen Friedhof in Friedrichsfelde gestaltete sich zur größten Demonstration, die Berlin je gesehen hatte: Eine Million Menschen nahmen an dem Zug teil oder säumten die Straßen, um ihm das letzte Geleit zu geben.

Demps, L.: Paul Singer, soziale Utopie, Judentum und Arbeiterbewegung, in: Heid, L., Paucker A. (Hg.): Juden und deutsche Arbeiterbewegung bis 1933. Tübingen 1992, S. 103–114. – Gemkow, H.: Paul Singer. Ein bedeutender Führer der deutschen Arbeiterbewegung. Mit einer Auswahl aus seinen Reden und Schriften. Berlin 1957. – Henze, W.: Paul Singer in Kampfgemeinschaft mit August Bebel an der Spitze der revolutionären Sozialdemokratie, in: Beiträge zur Geschichte der Arbeiterbewegung, Jg. 32, 1990, S. 26–36.

Ursula Reuter

Smoler, Jan Arnoš (auch: Johann Ernst Schmaler oder Schmeller)

Geb. 3. 3. 1816 in Luco Merzdorf/Lausitz; gest. 13. 6. 1884 in Bautzen

S., Germanist und Slawist, war Journalist, Herausgeber mehrerer Zeitschriften, Wissenschaftler, Buchhändler und kultureller Unternehmer. Bekannt auch im Ausland wurde S. als Volkskundler und unermüdlicher Verfechter der Rechte der sorbischen Ethnie in Deutschland. S. war Sorbe.

Die sorbische (wendische) Ethnie in der Ober- und Niederlausitz kann als Zeuge für die im 6. und 7. Jahrhundert vollzogene, fast flächendeckende slawische Besiedlung des Gebiets zwischen Elbe und Oder angesehen werden. Nach der endgültigen militärischen Niederwerfung der slawischen Stämme im 12. Jahrhundert durch die sächsischen Eroberer (»Wendenkreuzzüge«) wurden die slawischen Häuptlinge tributpflichtig, die Bauern systematisch vertrieben oder in die Leibeigenschaft gedrängt. »Frei« gemachte Gebiete wurden von deutschen Siedlern eingenommen. Im Küstengebiet und im Südosten des Elbe-Oder-Raumes konnten sich wenige Stämme länger erhalten (Lusitzer in der Nieder-, Milzener in der Oberlausitz).

S. wurde in Luco/Merzdorf in der preußischen Oberlausitz als Sohn eines Dorfschullehrers geboren. Nach einem glänzenden Abschluß auf dem Gymnasium in Bautzen studierte S. in Breslau Geschichte und Germanistik (Vorlesungen bei Hoffmann v. Fallersleben), außerdem Slavistik bei dem dort gerade installierten und von dem Tschechen Čelakovsky besetzten Lehrstuhl. S. wohnte bei Prof. Purkyne, einem tschechischen Slavisten, dessen Haus Treffpunkt tschechischer, national gesinnter Intellektueller war. Die dortige Atmosphäre ermutigte S., seinerseits an eine nationale sorbische Bewegung zu denken. 1838 gründete er den »Akademischen Verein für lausitzsche Geschichte und Sprache zu Breslau«, eine Vereinigung sorbischer Studenten.

S. wußte, daß von den etwa 200 000 noch sorbisch Sprechenden es nicht mehr als ein paar Hundert Lehrer und Pfarrer waren, die man auf die kulturelle Bestandswahrung der kleinen Ethnie hin ansprechen konnte. Die slawenfeindliche Politik in den südostdeutschen Städten (»Vierahnennachweis« der deutschen Herkunft in den Zünften, sorbische Sprache allenfalls im Religionsunterricht, »wendische« Hochschulbildung nur in einigen wenigen Predigerseminaren) hatte das völlige Fehlen eines sorbischen Bürgertums zur Folge gehabt. Sorbisch wurde fast ausschließlich auf dem Land und in den Kleinstädten gesprochen. Um eine sorbische Bewegung ins Leben zu rufen, würde es nötig sein, auch Handwerker und Bauern für die Idee des Wertes der eigenen Kultur zu gewinnen.

Als Student zog S. nach Art der Brüder Grimm über die Dörfer seiner sorbischen Heimat und sammelte das noch bestehende Volksgut (1841–1843 Herausgabe des Standardwerks der sorbischen Volkskunde, *Volkslieder der Wenden (Teil I und II)*. 1843 gab S. sein *Deutsch-Wendisches Wörterbuch* in Bautzen heraus, nach dem Studium in Leipzig die *Slavischen Jahrbücher* (zusammen mit J. P. Jordan) und wenig später in Bautzen die *Tydzeńskie Nowiny*, ein Wochenblatt auf Sorbisch. Gleichzeitig kümmerte sich S. um die Gründung sorbischer Gesangsvereine, Laientheatergruppen und Volksbildungsvereine.

S. setzte seine Hoffnungen auf Besserung der kulturellen Unterdrückung der Sorben in die Märzrevolution von 1848, wiewohl er nicht zu den radikalen Demokraten zählte. 1840 hatte S. durch Vermittlung eines Freundes ein Stipendium von König Friedrich Wilhelm IV. erhalten, mit Hilfe dessen er seine Volksliedersammlung und das Wörterbuch herausgegeben hatte. Er glaubte daran, die Feindschaft der preußischen und sächsischen Bürokratie gegenüber dem Slawischen allmählich abbauen zu können, wenn gleichzeitig demokratische Institutionen durch Bestimmungen des Minderheitenschutzes einen Rahmen dafür schüfen.

In einem Brief an Robert Blum – dieser war Vorsitzender des Leipziger Vaterlandsvereins und Leiter der linken Fraktion in der Frankfurter Nationalversammlung – bat S. diesen, sich einzusetzen für eine Bestimmung, »vermöge welcher die Erlösung der slawischen Bewohner Deutschlands aus dem geistigen, durch die Verkümmerung ihrer nationalen Sprache in Kirche, Schule und vor Gericht entstandenen Elende erfolgen könnte.« Die Nationalversammlung nahm einen entsprechenden Antrag mit großer Mehrheit an (9. 6. 1848), der in den § 188 des Art. XIII der Verfassung v. 28.3.49 eingegangen ist: »Den nicht deutsch redenden Volksstämmen Deutschlands ist ihre volkstümliche Entwicklung gewährleistet, namentlich die Gleichberechtigung der Sprachen, soweit deren Gebiete reichen, in dem Kirchenwesen, dem Unterrichte, der inneren Verwaltung und der Rechtspflege.«

Tatsächlich sah es für kurze Zeit nach Besserung der Behandlung der sorbischen Minderheit aus. S.s. *Tydzeńskie Nowiny* durften nun offiziell auch politische Themen behandeln. Schon 1847 hatte S. ein weiteres Blatt, die bis heute bestehende *Macica Serbska*, ein eher akademisches Forum, herausgeben können. Zumindest im sächsischen Teil der Lausitz war ein gewisses Entgegenkommen der Behörden erkennbar, was die Verwendung des Sorbischen in Kirchen und Dorfschulen betraf. Anläßlich seines Aufenthaltes in Bautzen 1850 ließ sich gar der sächsische Kronprinz Albert von S. im Sorbischen unterrichten.

S. reiste weiter über die Dörfer und Kleinstädte von Gesangsfest zu Kulturfest, unternahm Reisen nach Prag, Warschau und Moskau, schrieb unentwegt Briefe, um für ideelle und finanzielle Unterstützung der Kultur seines Volkes zu werben. Verlohnte sich aber am Ende all die Mühe? S., der alle Voraussetzungen für eine akademische Karriere besessen hatte, opferte diese einem rastlosen Leben kulturpolitischer Aktivitäten, deren Erfolge, zumal im preußischen Teil der Lausitz, materiell kaum erkennbar blieben.

Die preußischen Behörden dachten gar nicht daran, den Sorben regionale oder politische Autonomie zuzugestehen. Weiterhin wurden des Sorbischen unkundige Pfarrer in die Lausitz entsandt, die Lehrer angewiesen, den Gebrauch der Volkssprache wo möglich zu unterbinden. S. beteuerte zwar immer wieder: »Ein Volk, ein Staat: Das ist die deutsche Version von Nationalität.« Die sorbische sei hingegen »geistig«, kulturell: »In der Politik sind wir Deutsch.« Seit den 60er Jahren jedoch blies S. der Eishauch eines immer intoleranter werdenden deutschen Nationalismus entgegen. Er reagierte darauf mit hektischeren Aktivitäten, die die Beziehung der sorbischen Ethnie zum slawischen Ausland festigen sollten.

1863 gründete S. zusammen mit Jan Bohuhwał Pjech (Joh. Gottlob Pech) eine bis heute in Bautzen existierende slawische Buchhandlung. Er nahm die Idee von der sog. »slawischen Wechselseitigkeit« des Tschechen Jan Kollar auf und propagierte sie in dem eigens dafür gegründeten Jahrbuch *Slawische Revue*. Darin geht S. von der Annahme einer einheitlichen »panslawischen« Sprache und Kultur aus, deren Einzelsprachen nur »Dialekte« einer gemeinsamen Sprache seien. S. versuchte sogar, durch seine russischen Kontakte das Selbstbewußtsein der sorbischen Intelligenz zu wecken (Vorschlag eines sorbisch-russischen Lehreraustauschs, Propagierung des kyrillischen Alphabets).

All dies blieb ohne rechten Erfolg. Von deutscher Seit brachten ihm seine russischen Kontakte nur Verunglimpfung ein. Anläßlich seiner Reise zum Panslawischen Kongreß 1867 in Moskau wurde S. in der deutschen Presse als »moskauhörig« beschimpft. Die preußischen Behörden, für die sein Einsatz für die sorbische Kultur seit je ein Affront gegen Preußentum und – soweit S. sich tschechischer Unterstützung versichert hatte – Protestantismus gewesen war, betrachteten ihn nun als Staatsfeind. Daß S.s »slawische Wechselseitigkeit« sich politisch eher auf den linken Flügel der polnischen Emigration – so hatte S. 1848 zarenfeindliche polnische Patrioten vor der sächsischen Polizei versteckt – und des tschechischen Bürgertums stützte, und S. eine Mittlerrolle der Sorben zwischen Deutschen und Osteuropäern anvisierte – wen interessierte es?

Noch enttäuschender hat auf S. die äußerst reservierte Haltung der protestantischen sorbischen Intelligenz in der preußischen Niederlausitz gegen Autonomiebestrebungen jeder Art gewirkt. Hier sah S. resigniert »die alte Servilität gegenüber dem Deutschtum« fast unumschränkt walten. Wer vom deutschen Bürgertum anerkannt werden und Karriere machen wollte, sprach Deutsch, umgab sich mit Deutschen und verleugnete, wo er nur konnte, seine slawische Herkunft.

Die nationale Bewegung der Sorben selbst war alles andere als geeint. S. war ihr anerkanntes Haupt, doch selbst politisch weniger gewichtige Dinge wie eine Rechtschreibreform, die S. in Angriff genommen hatte, konnte er nur gegen erbitterten Widerstand in den eigenen Reihen durchsetzen. Müde winkte S. ab, als er sich 1878 mit den kontroversen Positionen seines »Nachfolgers«, des katholischen Pfarrers Jakub Barth-Čisinski, auseinandersetzen soll: »Selbst wenn wir alle unsere Bemühungen und unsere Stärke vereinen, ist dies immer noch sehr schwach im Vergleich mit der Stärke jener, die uns umgeben.«

1882, nach einer vergeblichen Reise nach St. Petersburg – S. hatte dort Geld für das Studium sorbischer Studenten auftreiben wollen – sieht S. sich erneut einer haßerfüllten Kampagne der deutschen Presse ausgesetzt. Er stirbt 1884, ohne dazu gekommen zu sein, sich gegen alle Verunglimpfungen zur Wehr zu setzen. Pfarrer H. Immisch übernahm posthum die Herausgabe einer Verteidigungsschrift für S.

Brock, P.: Smoler's Idea of Nationality. In: Slavic Review. H. 1, 1969, S. 25–47. – Heine, L.: Jan Arnoš Smoler – Verfechter der Ideen von der slawischen Wechselseitigkeit in der Lausitz. In: Zeitschrift für Slawistik. Bd. 3., 1958, S. 534–542. – Immisch, H.: Deutsche Antwort eines sächsischen Wenden. Leipzig 1884. – Musiat, S.: J. E. Schmaler als Volkskundler. In: Lĕtopis. H. 9, 1966, S. 1–12.

Brigitte Domurath

Sollmann, Friedrich Wilhelm (seit 1943 William Frederick)

Geb. 1. 4. 1881 in Oberlind/Thüringen; gest. 6. 1. 1951 in Mount Carmel (Connecticut, USA)

Nach dem Besuch des Gymnasiums in Coburg absolvierte S. ab 1897 eine Kaufmannslehre in Köln. Kurz nach 1900 trat er dem »Zentralverband der Angestellten«, dem »Deutschen Arbeiter-Abstinentenbund« sowie der Sozialdemokratischen Partei bei und engagierte sich in der Arbeiterjugend, deren Vorsitz er bis 1914 innehatte. Die Kölner »freie« Jugend hatte unter S.s Führung den Ruf, besonders radikal zu sein. Sie warb für lebensreformerische Ideen, wehrte sich gegen bürokratische Gängelungen und lehnte sich gegen einen einfallslosen, unbeweglichen Patriarchalismus auf. Mit der Polizei kam es immer wieder zu Zusammenstößen. Im Juni 1911 löste der Polizeipräsident den Verein auf, doch der preußische Innenminister mußte feststellen: »Die Bewegung macht (...) sichtbare Fortschritte«. Auch in den ersten Jahren der Weimarer Republik genoß S. bei der Arbeiterjugend hohes Ansehen. Erst als die Jungsozialisten sich um 1930 zu einem Zirkel dogmatisch diskutierender Marxisten verwandelten, ging S. auf Distanz.

1911 trat S., der bereits vorher für verschiedene Zeitungen Artikel verfaßt hatte, in die Redaktion der sozialdemokratischen *Rheinischen Zeitung* ein; von 1920–1933 war er ihr Chefredakteur. Nach 1919, als Gesellschafter des Sozialdemokratischen Pressedienstes nahm er immer wieder die Reform der oft langweiligen Parteipresse in Angriff.

Das geschriebene und gesprochene Wort nutzte S. als Mittel, um Denkanstöße zu geben und Einfluß in der Politik auszuüben. Er entwickelte sich zu einem glänzenden Redner und zu einem der interessantesten Journalisten der Weimarer Zeit. In seinen Artikeln in der *Rheinischen Zeitung* scheute sich S. nicht, auch die preußische Polizei ins Visier zu nehmen. So bezichtigte er 1914 Kölner Beamte, in der Sache zu Recht, der Bestechlichkeit und erreichte, daß der Polizeipräsident seinen Hut nehmen mußte. Dadurch populär geworden, stellte die SPD S. 1914 in einer Nachwahl zum Reichstag im Wahlkreis Köln-Land erstmals als Kandidaten auf. Es gab Redekämpfe von »dramatischer Wucht«, und er errang einen Achtungserfolg. Seine Karriere als Parlamentarier begann 1918, als er in den Kölner Stadtrat einzog. 1919 wurde S. in die Nationalversammlung gewählt und anschließend in den Reichstag, dem er bis 1933 angehörte.

Während des Ersten Weltkrieges lernte S., der in verschiedenen städtischen Kommissionen saß, den damaligen 1. Beigeordneten und späteren Oberbürgermeister von Köln, Konrad Adenauer kennen. Das Verhältnis der politischen Gegner war von Achtung und Respekt bestimmt. In Krisenzeiten wie im November 1918, in der S. als Vorsitzender des Kölner Arbeiter- und Soldatenrates zu einer stadtbekannten Persönlichkeit wurde, oder während der Besetzung des Ruhrgebietes 1923 durch die Franzosen, arbeitete er eng mit dem Oberbürgermeister zusammen, auch wenn »starke, sachliche Gegensätze bestehen« blieben und die *Rheinische Zeitung* formulierte: »Auch der tüchtigste und uneigennützigste Führer bedarf der sachlichen Kontrolle, das gilt auch für den Kölner Oberbürgermeister.« Obwohl das Blatt Adenauer nicht nur häufig kritisierte, sondern auch scharfe Satiren über ihn veröffentlichte, überstand das beiderseitige Vertrauen und die menschliche Hochachtung so manche Attacke. Nach 1929 brach der Kontakt zu Adenauer, dem die *Rheinische Zeitung* Großmannssucht und diktatorische Allmacht vorgeworfen hatte, ab. »So sehr ich den Kampf liebe, leide ich geradezu physisch unter persönlicher Kampfesweise«, schrieb S. während des Kommunalwahlkampfes. 1924 verzichtete S. auf das Stadtverordnetenmandat, sein Betätigungsfeld als Parlamentarier war der Reichstag. Er saß im Auswärtigen Ausschuß, wo er sich u.a. mit dem Abrüstungsproblem beschäftigte, und im Bildungsausschuß; außerdem war er Sprecher seiner Partei, wenn der Etat des Reichsinnenministeriums zur Debatte stand.

S. gehörte zu einer Minderheit von Sozialdemokraten, die es für richtig hielt, sich an Koalitionen in der Regierung zu beteiligen, vorausgesetzt, ein innenpolitischer Konsens war zu erwarten. Im Krisenjahr 1923 war er von August bis November Reichsinnenminister in den beiden Kabinetten Stresemann. S. verließ das Amt, zu dem er sich gezwungen gefühlt hatte, mit Erleichterung, rechtfertigte jedoch den Eintritt der SPD in die Regierung: Der passive Widerstand an der Ruhr sei zu Ende, der Separatismus erledigt, die Rentenmark vorbereitet und die Reichseinheit gesichert. Als S. 1928 wiederum ein Ministersessel angeboten wurde, lehnte er ab.

Duldsamkeit und Achtung auch vor dem Andersdenkenden war S.s. Devise. Die *Rheinische Zeitung* pflegte den Kontakt mit religiösen Sozialisten wie dem evangelischen Pfarrer Georg Fritze und gab zeitweilig eine Beilage, das *Rote Blatt der katholischen Sozialisten* heraus. Auf dem Parteitag in Magdeburg 1929 forderte S. Gewissensfreiheit und religiöse Toleranz. 1949 faßte er in seiner Schrift *Religion and Politics* seine Gedanken zum Verhältnis von Demokratie und Religion zusammen.

Der Schlußsatz der von S. verfaßten Resolution des Kölner Arbeiter-und Soldatenrats vom 14. November 1918 war bezeichnend für ihn: »Jede Diktatur ist abzulehnen«. S. war in der Weimarer Zeit einer der schärfsten und meistgehaßten Gegner sowohl des linken als auch des rechten Radikalismus. Gegenüber den Kommunisten blieb er mißtrauisch und kompromißlos. Ein Bündnis mit ihnen – die kommunistischen Reichstagsabgeordneten Walter Stöcker und Franz Dahlem waren seine Jugendgenossen aus Köln –, kam für ihn niemals in Frage. Selbstverständlich und mutig kämpfte er gegen die Ende der zwanziger Jahre stärker werdenden Nationalsozialisten. Auch seine letzte große Rede im Reichstag am 11. Mai 1932 galt der Gefahr, die die Rechtsradikalen darstellten. Auf der Unterbezirkskonferenz der Kölner Sozialdemokratie im Januar 1933 faßte er seine Gedanken wie folgt zusammen: »Von den Faschisten und Bolschewisten trennt uns vielmehr als nur die Methode. Im Gegensatz zu diesen im Grunde rohen Kräften bejahen wir die unermeßlichen und unersetzlichen Werte geistiger Freiheit. Faschisten und Kommunisten wollen doch nicht nur eine politische Diktatur. Sie wollen einen weltanschaulichen Terror auch über Naturwissenschaften, Technik, Medizin, Philosophie, Religion. (...). Die Sozialdemokratie aber darf die kulturelle Freiheit nicht preisgeben.« S. hielt Ende der zwanziger Jahre sowohl die Sozialdemokratische Partei als auch den Parlamentarismus für reformbedürftig.

»Vieles (...) entspringt dem Willen (des Parlamentariers), die demokratischen Volksrechte nicht in unübersehbaren Staatskrisen aufs Spiel zu setzen«, schrieb er im Januar 1929 im *Fackelreiter*, der mehrere Aufsätze zum Thema »Parlamentarismus« veröffentlichte, und auch: »Bejaht man das Parlament, so muß man sich auch damit abfinden, daß es nur durch die Anerkennung des parlamentarischen Mehrheitswillens arbeiten kann. (...) Der Parlamentarismus bedarf der Reform und jeder Parlamentarier der Aufsicht durch das Volk.« Durch seinen Ende 1932 veröffentlichten Artikel *Positive Parteikritik* löste S. große Kontroversen aus und setzte eine heftige innerparteiliche Diskussion in Gang, der jedoch der Machtantritt der Nationalsozialisten ein abruptes Ende bereitete.

Bereits im Februar 1933 wurde die *Rheinische Zeitung* verboten, am 8. März überfielen SS und SA S. in seinem Haus und mißhandelten ihn schwer. Nachdem der Polizeipräsident hatte eingreifen können, floh S. zunächst nach Luxemburg. Nach seiner Genesung ging er nach Saarbrücken, wo er bis 1935 zusammen mit seinem Redaktionskollegen in der *Rheinischen Zeitung*, Georg Beyer, die *Deutsche Freiheit* herausgab. Nach der Saarabstimmung am 13. Januar 1935 emigrierte S. wieder nach Luxemburg und bereitete dort die Emigration in die USA vor. Seit 1937 lebte er, der zusammen mit Frau und Tochter ausgebürgert worden war, in Pennsylvania. Neben zahlreichen Vortragsreisen lehrte er am College in Pendle Hill Staatswissenschaften. Im Exil hatte er Kontakt mit politisch so unterschiedlichen Menschen wie dem 1944 von den Nazis hingerichteten Vorsitzenden des »Deutschen Freidenkerverbandes« Max Sievers, mit dem Nationalsozialisten Otto Strasser sowie mit dem ehemaligen Reichskanzler Heinrich Brüning. Mit Friedrich Stampfer, dem früheren Chefredakteur des *Vorwärts*, diskutierte S. 1938 im *Neuen Vorwärts* über dessen politische Vorstellungen und erklärte den Klassensozialismus für gescheitert. Hier erläuterte er auch, was ihn zur Sozialdemokratie geführt hatte: »(...) nicht der Klassenkampf, nicht die Diktatur des Proletariats , sondern das verletzte Gerechtigkeitsgefühl, die Liebe zur Freiheit und die Achtung vor der menschlichen Würde«. Zeitweilig war S. Mitglied der »German Labor Delegation«, die u.a. bei der Organisation der Rettungsaktionen für deutsche Flüchtlinge mitarbeitete. Außerdem kümmerte er sich zusammen mit der ehemaligen Kölner Stadtdirektorin und Professorin in Bryn Mawr, Hertha Kraus, und den Quäkern um das Schicksal zahlreicher Emigranten.

Publizistisch nahm er regen Anteil an Deutschlands Schicksal. »In welche Barbarei sinken Menschen, wenn sie aufgeben, ihre Gegensätze friedlich durch Aussprache und Beschlüsse zu lösen (...). Wir werden erst wieder zur Ruhe kommen, wenn die sozialen Gruppen und Völker die Grundsätze freier Aussprache und gerechten Ausgleichs wieder annehmen. Jede Diktatur führt zur Verfolgung, zu Terror und zur Barbarei«, schrieb S. 1946 an einen alten Parteifreund. Mit der Demokratieproblematik setzte er sich noch einmal in seinem Aufsatz *Zwischen Krieg und Frieden* auseinander, den das *Pendle Hill Bulletin* 1948 veröffentlichte. S., der seit 1943 Bürger der USA war, reiste erst 1948 wieder nach Deutschland. Auf der dritten Reise erkrankte er schwer; wenige Monate später erlag er einem Krebsleiden.

Brunn, G. (Hg.): Sozialdemokratie in Köln. Ein Beitrag zur Stadt- und Parteiengeschichte. Köln 1986. – Faust, M.: Sozialer Burgfrieden im Ersten Weltkrieg. Sozialistische und christliche Arbeiterbewegung in Köln. Essen 1992. – Walter, F.: Wilhelm Sollmann. Der Parteireformer, in: Lösche, P. u.a. (Hg.): Vor dem Vergessen bewahren. Lebenswege Weimarer Sozialdemokraten. Berlin 1988, S. 362–390.

Ulrike Nyassi-Fäuster

Specht, Minna

Geb. 22.12. 1879 in Reinbek bei Hamburg; gest. am 3.2. 1961 in Bremen

Als der Privatdozent und spätere Professor der Philosophie, Leonard Nelson, die Frage stellte: »Sie haben gewiß gut unterrichtet, aber haben Sie auch erzogen?«, hatte S. bereits über zehn Jahre in einem Hamburger Lyzeum unterrichtet und studierte zum zweiten Mal an der Universität Göttingen, um ihre Qualifikation zu erweitern, nämlich Oberlehrerin mit der Lehrbefähigung in Erdkunde, Geschichte und Mathematik zu werden. Die Begegnung mit Nelson veränderte das Leben der »Tochter aus gutem, aber verarmtem Hause« - das Schloß Reinbek wurde von der Mutter als Hotel für vornehme Hamburger Familien geführt - grundlegend. Aufgewachsen in kindlicher Achtung und Ehrfurcht vor Bismarck, der in der Nachbarschaft auf Friedrichsruh im Sachsenwald lebte und dem sie mehrfach auf ihren Wanderungen begegnet war, führte sie Nelsons Einfluß zu einem pädagogisch-politischen Engagement für die Ideen des Sozialismus. Zwischen S. und Nelson entstand eine enge Lebens- und Arbeitsgemeinschaft, die, vermutlich angesichts des Ersten Weltkrieges und der politischen Verhältnisse in der Weimarer Republik, keine Ehe und Familie begründete, sondern durch den gemeinsamen politischen Kampf für Recht und Gerechtigkeit in der Gesellschaft gekennzeichnet war. Der bewußte Verzicht auf persönliches Glück und Privatleben wurde von Nelson gefordert, dessen Selbstverständnis sich einerseits dem eines »Berufsrevolutionärs« nach Leninschem Vorbild annäherte, andererseits aber auch jesuitisch geprägt war und im Zölibat für alle im politischen Kampf Stehenden gipfelte. S. willigte in diese Bedingungen ein, vermutlich vor allem aus Liebe zu Nelson und Achtung vor seinem Werk, aber auch, weil durch die russische Oktoberrevolution 1917 die gesellschaftliche Umwälzung in eine zeitliche Nähe zur eigenen Biographie gerückt schien. Diese Entscheidungen bestimmten ihre persönliche Entwicklung und führten zur Ausbildung einer starken Persönlichkeit, die durch Vernunft, Charakterstärke und Tatkraft, aber auch durch Kreativität, Spontaneität und Emotionen geprägt war.

S. war 1917 Mitbegründerin des »Internationalen Jugendbundes« (IJB), der den Anspruch einer Erziehungsgemeinschaft hatte mit dem Ziel, den Vernunftgedanken in der Politik in allen Staaten zum herrschenden Prinzip zu machen. Dies geschah zunächst in Wochenkursen für die in Ortsgruppen organisierten IJB-Mitglieder, dann im Rahmen der 1922 gegründeten Philosophisch-Politischen Akademie, die die wissenschaftliche Arbeit für die Vertretung der Ideen des Rechts fördern sollte. Ab 1924 begann' in dem von S. geleiteten Landerziehungsheim Walkemühle bei Melsungen die am platonischen Ideal der »Herrschaft der Weisen« orientierte Charakterbildung und Erziehung sozialistischer Führerpersönlichkeiten. An die IJB-Mitglieder waren »Mindestforderungen« gestellt, die auch von S. erfüllt wurden: Sie trat 1919 aus der evangelischen Kirche aus, wurde Mitglied in der USPD, lebte vegetarisch und abstinent von Nikotin und Alkohol, betrieb Sport und hielt das Zölibat ein. Auch wurde sie Mitglied des 1924 von Pädagogen aus dem IJB-Umfeld gegründeten sozialistisch-dissidentischen »Lehrer-Kampf-Bundes« (LKB), der sich für freie weltliche Schulen einsetzte. Als Grundproblem der Schulpolitik der Weimarer Republik sah S. die Tatsache an, daß der Zentrumspartei die Errichtung von Bekenntnisschulen in der Reichsverfassung durch die SPD eingeräumt und damit die Idee der gemeinsamen Grundschule für alle Kinder unterhöhlt wurde. Zu ihrem Engagement gegen den Einfluß der Kirche gehörte auch die Mitgliedschaft im »Verband für Freidenkertum und Feuerbestattung« und das Eintreten für die Jugendweihe.

Nach dem Ausschluß des IJB aus der SPD wurde die politische Arbeit in noch intensiverer Weise im »Internationalen Sozialistischen Kampfbund« (ISK), der sich zu einer »Partei des Rechts« formierte, ab 1926 fortgesetzt. Die Zielsetzung der Erziehung in der Walkemühle lag in der »Reformation der Gesinnung« der jungen Frauen und Männer und konnte nur dadurch erreicht werden, daß die zu Erziehenden sich freiwillig in diesen persönlichkeitsverändernden Prozeß hineinbegaben. Es wurde Unterwerfung unter ein strenges Dienstreglement, Akzeptieren von Zwangsmaßnahmen sowie Abfolge und Kontrolle eines bestimmten Stufenplanes für die theoretische und praktische Ausbildung verlangt. Inhaltlich war vor allem die konkrete Anschauung und persönliche Konfrontation mit gesellschaftlichen Realitäten und deren erfahrungs- und theoriebezogene Aufarbeitung vorgesehen. Dadurch sollte soziales Verantwortungsgefühl für Ungerechtigkeit, Unterdrückung und Not erreicht werden mit dem Ziel, daraus die Verpflichtung zum politischen Kampf für Freiheit und Gerechtigkeit abzuleiten. 1931 wurde dieser Anspruch konkret: Die Kurse wurden geschlossen und die Kräfte auf die Herausgabe der Tageszeitung *Der Funke* in Berlin konzentriert, um den Nationalsozialisten entgegenzutreten und ein Bündnis aller Arbeiterorganisationen herzustellen. Der »Dringende Appell«, der das Zusammengehen von SPD und KPD bewirken sollte, wurde nicht nur von ISK-Mitgliedern, unter ihnen S., sondern auch von 26 linksliberal oder sozialistisch eingestellten Persönlichkeiten aus Kultur und Wissenschaft,

z.B. von Käthe Kollwitz, Erich Kästner, Helene Stöcker, Heinrich Mann und Albert Einstein unterzeichnet.
Es war für die damalige Zeit ungewöhnlich, daß eine Frau die Schulleitung einer koedukativen Einrichtung innehatte. Noch außerordentlicher ist die Tatsache, daß S. als Reformpädagogin und Sozialistin das Landerziehungsheim prägen konnte und nach Nelsons Tod auch die Leitung der Philosophisch-Politischen Akademie und damit eine Führungsrolle im ISK übernahm. Ihr Beispiel zeigt, daß innerhalb der IJB- und ISK-Kreise eine tatsächliche Gleichbehandlung zwischen Frauen und Männern bestanden hat und daß in den Kampf für Gerechtigkeit die Emanzipation der Frau einbezogen wurde. Wenn aber die Erziehungskonzeptionen für die jungen Erwachsenen untersucht werden, muß eine eher männlich orientierte Rigorosität sowie eine einseitige Vernunftbetonung und Zurückdrängung von Emotionen festgestellt werden, die die beteiligten Personen eher geschlechtsneutral erscheinen ließen und bei einem Teil der Schülerschaft zu schweren Konflikten bis hin zum Abbruch der Ausbildung führten. Die bei den »Standhaften« dennoch erzielten Sekundärtugenden wie Charakterstärke, Gesinnungstreue und Disziplin boten zwar ab 1933 gute Voraussetzungen für ein Leben im Widerstand bzw. im Exil, sind aber aus heutiger Sicht kein hinreichender Grund zur Rechtfertigung der sozialistischen Führererziehung der Walkemühle.
Neben der Erwachsenenbildung gab es dort eine Abteilung für Kinder, die nach reformpädagogischen Grundsätzen erzogen werden sollten und mit denen S. im Exil das Schulexperiment fortsetzte, nachdem das Landerziehungsheim 1933 von den Nazis geschlossen worden war. Durch die Arbeit mit den Kindern löste sie sich von der autoritären Pädagogik mit ihre Verachtung menschlicher Bedürfnisse, die im Widerspruch stand zu der von S. angestrebten vernünftigen Selbstbestimmung der Individuen und der Selbsttätigkeit der Kinder, Jugendlichen und Erwachsenen im Lernprozeß. Es gelang ihr, wie der Text *Erziehung zum Selbstvertrauen. Eine Schule im Exil* (1944) dokumentiert, im Exil in Dänemark (1933–1938) und Großbritannien (1938–1946) eine Pädagogik zu konzipieren, die darauf abzielte, den asylsuchenden Kindern in ihren Heimen Selbstvertrauen und Vertrauen in andere Menschen zu vermitteln bzw. wieder zu ermöglichen. Dabei berücksichtigte sie die emotionalen Bedürfnisse der Mädchen und Jungen nach Gemeinschaft und Familie sowie die konkrete politische und soziale Situation im Exil. Daß ihr das gelang, hatte sicher mit ihrer eigenen Befindlichkeit zu tun, über die sie in ihrem Exiltagebuch schrieb: »Ich selber bin getragen von der Kraft, unsere Gedanken und Taten weiterzutragen, von dem Schmerz, der sich in Stunden zum Zorn steigert, daß ich hier von vorn anfangen soll (...) Ich fühle mich wohl, weil ich zu kämpfen habe, auch gegen mein eigenes Inneres, das den deutschen Vorgängen nicht den Rücken wenden kann.« 1937 wurde S., nicht nur politisch, sondern auch juristisch gesehen, durch die Ausbürgerung aus dem nationalsozialistischen Deutschland heimatlos, was die über ein Jahr währende Internierung als »feindliche Ausländerin« auf der Isle of Man 1940/41 nicht verhindern konnte.
Nach ihrer Entlassung beteiligte sich S. an der bildungspolitischen Arbeit im »German Educational Reconstruction Committee« (GER). Die in diesem Kontext verfaßte Schrift *Gesinnungswandel. Die Erziehung der deutschen Jugend nach dem Weltkrieg* (1943), in der sie die Nazi-Erziehung und ihre Folgen analysierte und Grundsätze für die Nachkriegserziehung in Deutschland und Europa entwickelte, ist ihre wichtigste Arbeit. Sie vertrat hier und in ihren anderen Texten aus den letzten Jahren des Exils die Auffassung, daß die Erziehung Demokratiefähigkeit, Friedensbereitschaft und Toleranz intendieren müßte, und löste sich damit von einigen starren dogmatischen und autoritären Vorstellungen Nelsons. Aber sie blieb den ethischen Grundlagen seiner Philosophie verbunden und hatte die Hoffnung, daß eine europäische Gemeinschaft auf sozialistischer Grundlage entstehen könnte, die durch Erziehung vorbereitet werden sollte.
Im Nachkriegsdeutschland leitete S. fünf Jahre die Odenwaldschule, in der sie den Grundstein für die Entwicklung einer reformpädagogischen Gesamtschule legte und beteiligte sich mit der Parole »Mut zur Lücke« an der hessischen Oberstufenreform. Die von ihr angestrebte Tätigkeit in der Lehrerinnen- und Lehrerausbildung blieb ihr jedoch versagt, weil sie nicht die »Laufbahnvoraussetzungen« erfüllte. In ihrem letzten Lebensjahrzehnt wurde sie »Inspektorin« der Vereinigung der Landerziehungsheime, war gewählte Vertreterin für Erziehung und Unterricht in der deutschen Unesco-Kommission und schließlich Mitarbeiterin des Unesco-Instituts für Pädagogik in Hamburg. Sie war bildungspolitisch in der SPD engagiert und formulierte auf einer Frauenkonferenz das Resümee ihres Lebenswerkes, nämlich *Sozialismus als Lebenshaltung und Erziehungsaufgabe* (1951): »Wenn wir diese drei Elemente in uns großziehen können, die Fähigkeit, Überzeugungen zu bilden und zu vertreten, wenn wir ferner die Bedeutung anerkennen und wecken, daß der Mensch sich selbst vertraut, und wenn er endlich, auf der Grundlage der eigenen Überzeugung, der Achtung vor der Überzeugung anderer und auf der Grundlage des Selbstvertrauens die Kraft zur Bindung besitzt, zur Bindung an unsere Idee, die des Sozialismus, dann dürfen wir von solchen Menschen sagen, daß sie ›erzogene‹ Genossen sind.«

Hansen-Schaberg, I.: Minna Specht – Eine Sozialistin in der Landerziehungsheimbewegung (1918 bis 1951). Untersuchung zur pädagogischen Biographie einer Reformpädagogin. Frankfurt/Main, Bern, New York, Paris 1992.

Inge Hansen-Schaberg

Stampfer, Friedrich

Geb. 8. 9. 1874 in Brünn/Mähren; gest. 1. 12. 1957 in Kronberg/Taunus

St. ist Mitte fünfzig, Chefredakteur des sozialdemokratischen *Vorwärts*, als er 1931 sein kleines Kompendium über *Grundbegriffe der Politik* aus dem Jahre 1910 wieder ausgräbt und aktualisiert. Im Vorwort skizziert er mit knappen Strichen die Situation der ideologisch zerrissenen SPD vor dem Ersten Weltkrieg und ruft die Prinzipien eines »aktivistischen« Reformismus ins Gedächtnis, die es auch und gerade in der sich zuspitzenden Krise der Weimarer Republik gegen Angriffe der Kommunisten wie der linken Orthodoxie in der eigenen Partei zu bewahren gilt. »Dieses Buch«, schreibt er, »wollte eine Streitschrift sein gegen einen fatalistischen Entwicklungsglauben, der in der Theorie revolutionär war, in der Praxis aber zu einem sanften Quietismus zu führen drohte. Es legte dar, daß der Kampf um die politische Macht nur ein Kampf um den Staat sein konnte, der Kampf um den Staat aber nur ein Kampf um die Demokratie. Es wandte sich auf das entschiedenste gegen den Glauben an eine proletarische Diktatur, die die Umwandlung der kapitalistischen Gesellschaft in die sozialistische durchzuführen hätte, es legte dar, daß zwar Kämpfe um die politische Macht durch Gewalt entschieden werden können, daß aber Gewalt als Mittel wirtschaftlicher Neugestaltung versagen muß.«

Kindheit und Jugend hatte St. im alten Österreich verbracht. Seine jüdische Herkunft hat ihn nicht wirklich geprägt. Die Eltern waren liberal und zählten in Brünn zur deutschen Oberschicht. Bereits als Gymnasiast schloß sich St. der Sozialdemokratie an. Dabei sammelte er erste Erfahrungen in dem Metier, das fortan sein berufliches und politisches Schicksal bestimmen sollte. St. wurde Journalist im Dienste der Arbeiterbewegung, studierte einige Semester Nationalökonomie und trat am 1. April 1900 in die Redaktion der *Leipziger Volkszeitung* ein. Zwei Jahre später schied er wegen Differenzen mit seinem Kollegen Franz Mehring allerdings wieder aus, siedelte in die Reichshauptstadt über und wurde freier Mitarbeiter beim *Vorwärts*.

Seit 1904 gab er im Einmannbetrieb die *Berliner Korrespondenz* heraus, die sich rasch etablierte und den größten Teil der SPD-Blätter im Lande mit täglichen Leitartikeln, Nachrichten und Feuilletons versorgte. Ihr Ziel war es, die sozialdemokratische Provinzpresse lebendiger, professioneller und schlagkräftiger zu machen. Kritiker von links wie Rosa Luxemburg nannten sie »Meinungsfabrik zur Verkleisterung der Proletariergehirne«: ein Urteil, das nicht nur persönliche Abneigung, sondern auch den Einfluß verrät, über den St. gebot. Dessen Sympathien gehörten dem rechten Flügel, den er durch seine publizistischen Aktivitäten zu stärken suchte.

Bei den Reichstagswahlen 1912 unterstützte St. das Wahlbündnis mit der linksliberalen »Deutschen Fortschrittspartei« (für die Stichwahlen: die SPD erhielt 34,8 Prozent der Stimmen = 4,3 Millionen), zugleich jedoch warb er für außerparlamentarische Maßnahmen bis hin zum Massenstreik, um in Preußen das plutokratische Drei-Klassen-Wahlrecht zu Fall zu bringen. Dem Marxismus, sofern er als dogmatisches Lehrgebäude verstanden wurde, begegnete der Pragmatiker St. mit Skepsis. Den daraus resultierenden parteiamtlichen Radikalismus hielt er, wie er sich 1957 kurz vor seinem Tode erinnerte, für eine »heroische Maske, hinter der sich viel ängstliches Kleinbürgertum verbarg«.

Als die europäische Staatenwelt in der Krise des Sommers 1914 auf den bewaffneten Konflikt zusteuerte, war St. überzeugt, daß es um »Sein oder Nichtsein« gehe. Unter diesem Titel schrieb er Ende Juli einen Artikel, der das Votum der Reichstagsfraktion vom 4. August 1914 leitmotivisch vorwegnahm: ein rhetorisch geschickter Appell an die Arbeiterschaft, der aus der traditionellen Feindschaft gegen das zaristische Rußland vermeintlich patriotische, ressentimentgeladene Argumente für die Bewilligung der Kriegskredite schmiedete. Im Einklang mit der Mehrheit der Partei hegte auch St. die Erwartung, daß Kooperation und nationale Loyalität zu einer Demokratisierung des monarchischen Systems führen würden. Man forderte innere Reformen und einen Frieden ohne Annexionen und Kontributionen, erreichte aber weder das eine noch das andere. Die SPD geriet darüber in die schwerste Zerreißprobe ihrer Geschichte und brach auseinander. Gemessen an ihren Hoffnungen, stand sie im Herbst 1918 vor einem Scherbenhaufen, sprang in die Bresche, um den verlorenen Krieg zu liquidieren und die Revolution, die sie lieber vermieden hätte, so rasch wie möglich zu beenden. Gegen die radikale Linke und die bürgerlich-konservative Rechte begründete sie im Bündnis mit dem katholischen Zentrum und dem freisinnigen Liberalismus die Weimarer Republik, geriet dabei jedoch zusehends in die Defensive. »Die deutsche Sozialdemokratie«, so St. im Jahre 1920 an die Adresse der Gegner im In- und Ausland, »hat in furchtbarer Bedrängnis immer den rechten Weg gesucht, wenn auch vielleicht nicht immer gefunden. Sie hat stets den Frieden, nie den Angriff und die militaristische Ausschreitung, stets die Demokratie, nie den Bürgerkrieg, stets den Sozialismus, nie eine Verschlechterung der wirtschaftlichen Notlage gewollt.«

In diesen Sätzen offenbarte sich das Selbstverständnis eines Mannes, der sich ungeachtet der ›Politik des 4. August‹ von Verantwortung für die Entfesselung wie für die Ergebnisse des Krieges frei wußte. Kein Wunder, daß er die moralische Verurteilung des Reichs seitens der alliierten Sieger auf das Schärfste mißbilligte. Eine Revision »durch die friedliche Macht des Geistes«, daran hatte er keinen Zweifel, »wird ergeben, daß der deutsche Imperialismus plumper, ungeschlachter und dümmer als jeder andere im Jahre 1914 in die Spieße hineingelaufen ist, an denen er verenden sollte. Aber sie wird die Legende zerstören, daß die gegen Deutschland zusammengeschlossene Koalition (…) aus Lämmern bestanden habe, über die der deutsche Wolf herfiel.«

Aus Verärgerung über die erzwungene Unterzeichnung des Versailler Vertrags (am 28. Juni 1919 durch die Minister Hermann Müller, SPD, und Johannes Bell, Zentrum) legte St. für einige Monate die Chefredaktion des *Vorwärts* nieder, in die er 1916 berufen worden war. 1920 wurde er in den Reichstag gewählt, 1925 Mitglied im Parteivorstand. Zeitgenossen galt St. als »graue Eminenz« der Weimarer SPD. »Zwei freundlich blinzelnde Augen. Um die Lippen ein ganz leichtes Lächeln, die Waffe der ironischen Resignation«, so porträtierte ihn damals der Journalistenkollege Erich Dombrowski: »Keine brutale Kämpfernatur. (…) Sondern ein Literat. Ein in sich gekehrter Wille. Eine verhaltene Energie. Und trotzdem ein Mensch, der weitreichenden Einfluß ausübt.«

Den Sozialismus dachte sich St. als eine »Kette von methodisch aneinandergereihten sozialen Reformen«. Dazu bedurfte es zum einen der Gesetzgebung und Verwaltung, zum andern der demokratischen Verfassung. Insofern war es konsequent, die Sowjetherrschaft in Rußland zu einer »zurückgebliebenen Regierungsform« zu erklären, zur Diktatur im Interesse bolschewistischer Funktionäre, nicht jedoch des Proletariats. Als 1932 die Basis der SPD schrumpfte und die Republik zum autoritären Notverordnungsregime denaturiert war, zeigte sich St. allerdings flexibel genug, um Möglichkeiten für einen Ausgleich mit der KPD zu sondieren. Zur Abwehr der nationalsozialistischen Gefahr schlug er eine »lose Kombination auf Zeit« vor, zumindest einen »Nichtangriffspakt« ohne die üblichen Beschimpfungen und Verdächtigungen. Daß die Initiative scheiterte, gründete in der Intransigenz der KPD, die von ihrem Glaubenssatz, die SPD sei der Stützpfeiler des Faschismus, nicht lassen mochte. St. äußerte zwar Sympathien mit dem »Opfermut« des einfachen Parteivolks, den »geistig und moralisch nicht gerade hochstehenden« kommunistischen Spitzenleuten aber warf er vor, die Demokratie leichtfertig zu verspielen: »So liegt die Last des Kampfes für die Freiheit, ohne die es keinen Sozialismus gibt, ganz auf unseren Schultern. Wir führen ihn für die ganze Arbeiterklasse, auch für jene Massen, die sich heute noch zu unseren Gegnern scharen.«

Konfrontiert mit dem Terror der Nazis, begann für St. im Frühjahr 1933 der lange Weg in die Emigration. Als Mitglied des Exil-Vorstands, zunächst in Prag, dann in Paris (ab Mitte 1938), bis 1935 auch als Leiter des *Neuen Vorwärts*, wurde er zu einem der wichtigsten Repräsentanten jener »Offensive der Wahrheit«, die in Treuhänderschaft für die unterdrückten Genossen im Reich den Kampf gegen die Tyrannei proklamierte. An die Stelle der alten »staatserhaltenden« Partei der Republik, schrieb St. im Juli 1933, sei nun die »revolutionäre Sozialdemokratie« getreten. Obwohl das *Prager Manifest* vom Januar 1934 derart ungewohnte Töne auch programmatisch bekräftigte, ging es tatsächlich, wie die weitere Entwicklung zeigte, um die Fortsetzung der traditionellen reformistischen Politik. Bemühungen um eine breite antifaschistische Einheitsfront bis hin zu den Kommunisten begegnete man mit unverhohlener Abneigung, zu diesem Zweck geknüpfte Kontakte ließ man im Sande verlaufen; radikale Tendenzen im eigenen Lager disziplinierte oder grenzte man aus.

Nach der Kapitulation Frankreichs im Juni 1940 flüchtete St. in die USA und schloß sich in New York der »German Labor Delegation« an. Über Beziehungen zur amerikanischen Gewerkschaftsbewegung und eine rege publizistische Tätigkeit suchte er Einfluß zu gewinnen auf die Deutschlandpolitik der Vereinigten Staaten. Dabei attackierte er die These von der Kollektivschuld der Deutschen ebenso heftig wie die Deindustrialisierungspläne des Finanzministers Henry Morgenthau. Zugleich warnte er vor Hegemoniebestrebungen der Sowjetunion. »Das Ende des Krieges in Europa«, notierte er im August 1943, »wird drei Sieger sehen: Amerika, England und Rußland. Amerika kann, wenn es will, dafür sorgen, daß keiner die Übermacht erhält. Europa soll nicht amerikanisch werden und nicht englisch – aber auch nicht russisch.«

An der Realisierung seiner Vision von einem demokratischen Deutschland im Rahmen einer europäischen Föderation aktiv mitzuwirken, blieb ihm aus Altersgründen versagt. Aber die Aussicht, jenseits des Atlantiks in der Neuen Welt seine Tage als »pensionierter Veteran« zu verbringen, reizte ihn nicht. 1948 folgte er daher einem Ruf an die Frankfurter »Akademie der Arbeit«. »Ich bin mit 18 Jahren Sozialdemokrat geworden«, bekannte er kurz vor seinem Tod 1957, »und bin es mit 83 noch. Ich habe viel Enttäuschung erlebt, doch nie die Hoffnung verloren. Ich habe gewiß Fehler begangen, doch immer geglaubt, in einem großen Kampf auf der richtigen Seite mitzukämpfen.«

Stampfer, F.: Erfahrungen und Erkenntnisse. Aufzeichnungen aus meinem Leben. Köln 1957. – Mit dem Gesicht nach Deutschland. Eine Dokumentation über die sozialdemokratische Emigration, hg. von E. Matthias und bearb. von Werner Link. Düsseldorf 1968.

Jens Flemming

Staritz, Katharina

Geb. 25. 7. 1903 in Breslau; gest. 3. 4. 1953 in Frankfurt/Main

»Die Staritze mögen die Juden getrost zum Kirchgang abholen, denn was von Deutschen zu halten ist, die sich mit Juden auf der Straße zeigen, hat Dr. Goebbels hinreichend deutlich ausgedrückt. Ja, niemand würde die Verfasserin ernstlich daran hindern wollen, sich selbst einen Judenstern auf den asketischen Busen zu heften, und noch lieber sähen wir es, wenn sie und ihresgleichen demnächst auch mit den Juden in das harrende östliche Kanaan abzögen.« So schrieb im Dezember 1941 ein SS-Blatt unter der Überschrift »Frau Knöterich als Stadtvikarin« über St..

St. hatte nach der Judensternverordnung, die am 5. September 1941 im Reichsgesetzblatt veröffentlicht worden war, als Stadtvikarin in Breslau einen Hilferuf an ihre Amtsbrüder gesandt mit der Bitte, sich in besonderer Weise der »nichtarischen Christen« anzunehmen. Dieser Brief gelangte in die Öffentlichkeit und St. wurde bei der Gauleitung angezeigt, vom Vorstand der Schlesischen Kirche als Stadtvikarin suspendiert und aus Breslau ausgewiesen.

St. wurde am 25. Juli 1903 in Breslau geboren. Ihr Vater, Carl Staritz, unterrichtete Naturwissenschaften am Gymnasium St. Maria Magdalena, die Mutter, Margarete geb. Ismer, stammte aus einer schlesischen Gutsbesitzersfamilie. Die Eltern bemühten sich, St. und ihrer sieben Jahre jüngeren Schwester Charlotte eine umfassende Erziehung zu geben. Nach dem Abitur 1922 wollte St. Theologie zu studieren, doch ihre Eltern ließen es nicht zu. So nahm sie in Breslau zunächst das Studium der Germanistik auf, wechselte aber 1926 an die theologische Fakultät Marburg zu Professor Hans von Soden, der durch seine Kritik am späteren kirchlichen »Arierparagraphen« bekannt wurde. Durch v. Soden und ihre großen schon in Breslau erworbenen Kenntnisse in orientalischen Sprachen wurde St. wach für die Frage nach den Juden als dem Gottesvolk der Bibel. 1928 legte sie das Erste Theologische Examen vor der Marburger Theologischen Fakultät ab und erwarb gleichzeitig den »Licentiaten der Theologie« mit einer Arbeit bei Hans von Soden über das Thema *Augustins Schöpfungsglaube*. Am 6. November 1938, drei Tage vor dem großen Judenpogrom, wurde St. in der St. Maria-Magdalenenkirche in Breslau ordiniert. Die schlesische Landeskirche gehörte zur »Altpreußischen Union«, in der bereits seit 1927 Frauen ordiniert wurden. Sie erhielten die Berechtigung zum Predigtdienst und zur Sakramentsverwaltung, auch wenn ihnen diese Rechte oft verweigert wurden.

St. engagierte sich also als »Stadtvikarin« in Breslau. Neben der Seelsorge in der Kinderklinik und der Tätigkeit im Arbeitervorort Oswitz erhielt sie den Auftrag, in Lehrstunden Menschen zum Eintritt in die evangelische Kirche vorzubereiten. Dabei begegnete sie Juden, mit denen sie sich ins Studium des Alten Testaments vertiefte. Breslau hatte zu jener Zeit eine große jüdische Gemeinde, deren Synagoge am 9. November 1938 niederbrannte. Um Juden zu schützen, hatte die Bekennende Kirche (der gegenüber dem Nazi-Regime kritisch eingestellte Teil der evangelischen Kirche) schon vorher die »Hilfsstelle für nichtarische Christen« ins Leben gerufen, nach ihrem Leiter kurz »Büro Grüber« genannt. Ihr Hauptsitz war in Berlin, eine der zahlreichen Außenstellen befand sich in Breslau, deren Leitung St. erhielt. Ihre eigene Wohnung in der Wagnerstraße 7 wurde zur Zufluchtsstätte für die Verfolgten. Gauleiter Karl Hanke, der später die Verhaftung von St. veranlaßte, wohnte nur zwei Straßen weiter.

Als dann 1940 Pfarrer Heinrich Grüber selbst ins KZ verschleppt wurde, zuerst nach Sachsenhausen, dann nach Dachau, mußte die Tätigkeit des Hilfsbüros noch konspirativer erfolgen. Es fanden sich nur noch wenige Helfer, darunter St.s Schwester Charlotte. Trotzdem gelang es St., zahlreiche Juden so lange zu verbergen, u.a. in Heimen der Inneren Mission, bis sie in die USA vor allem ausreisen konnten. Am 4. März 1942 wurde St. in Marburg von der Gestapo verhaftet. Jochen Klepper, ein in der Bekennenden Kirche aktiver, selbst mit einer jüdischen Frau verheirateter Theologe, mit dem St. vom Studium her befreundet war, hielt in seinem Tagebuch *Unter dem Schatten deiner Flügel* die Stationen ihrer Haft fest: Marburg, Kassel, das Arbeitshaus Breitenau und schließlich das Frauenkonzentrationslager Ravensbrück. Nach vielen zunächst vergeblichen Eingaben, besonders von seiten ihrer Schwester Charlotte, die damit bis zu Adolf Eichmann gelangte, wurde man auf St. aufmerksam. Schließlich war es der Breslauer Paul Graf Yorck von Wartenburg, Bruder des nach dem 20. Juli 1944 hingerichteten Widerstandskämpfers Peter Yorck von Wartenburg, der in Verhandlungen mit Gauleiter Hanke erreichte, daß die Nationalsozialisten St. am 18. Mai 1943 probeweise aus dem KZ entließen. Sie erhielt die Auflage, sich wöchentlich zweimal bei der Polizei zu melden und durfte nicht in der Öffentlichkeit auftreten. Im Januar 1945, als Adolf

Hitler Breslau zur Festung erklärt hatte, gelang ihr im allgemeinen Wirrwarr die Flucht. Sie kehrte nach Marburg zurück und konnte durch Vermittlung von Professor von Soden in der Kurhessischen Kirche Dienst tun.
Nach Kriegsende erhielt St. Vertretungsaufträge in Gemeinden, deren Pfarrer noch in Kriegsgefangenschaft waren, zuletzt in Albertshausen bei Bad Wildungen, wo sie als erste Frau auf die Kanzel trat. 1950 wurde sie Vikarin für die Frauenarbeit in allen Frankfurter Gemeinden – die erste Vikarin in der Evangelischen Kirche von Hessen und Nassau –, gleichzeitig bekam sie einen Predigt- und Seelsorgeauftrag in der St. Katharinengemeinde in der Frankfurter Innenstadt.
Da St. nie von ihrer Haft im Dritten Reich sprach, wußte man selbst in der weiteren Verwandtschaft nichts davon. Erst kurz vor ihrem Tod diktierte sie ihrer Schwester ihre Erinnerungen aus der Gefangenschaft in Ravensbrück mit dem Titel *Des großen Lichtes Widerschein.*

Schwöbel, G.: »Ich aber vertraue – Katharina Staritz, eine Theologin im Widerstand. (2. Aufl.) Frankfurt/Main 1993.

Gerlind Schwöbel

Stegerwald, Adam

Geb. 14. 12. 1874 in Greußenheim (bei Würzburg); gest. 3. 12. 1945 in Würzburg

Der kleine katholische Schreiner aus dem Frankenland hatte sich viel vorgenommen. Als es zu Beginn der Weimarer Republik um die Erneuerung der seit 1870 bestehenden (katholischen) Zentrumspartei ging, wünschte er sich eine politische Verbindung der Elemente von »deutsch«, »christlich«, »demokratisch« und »sozial«, gestützt auf die christliche Gewerkschaftsbewegung. Er verfolgte diese synthetische Vorstellung bis an das Ende der Republik und setzte sich dabei vielen Mißverständnissen aus. Im Dezember 1931 meinte der liberale Anton Erkelenz gegenüber Theodor Leipart, die Zentrumspolitiker St. und Brüning wären die »Bahnbrecher für Hitler« und die eigentlich Schuldigen, wenn Hitler die Republik zerschlagen sollte. Solche Ansichten hielten sich auch unter christlichen Freunden wie Jakob Kaiser und Elfriede Nebgen. Als der Widerstand sich gegen Hitler formierte, wurde St. lange Zeit nicht beachtet. Nebgen meinte, er sei »noch nicht von dem Versuch geheilt, für den Ausgleich zwischen Katholizismus und Nationalsozialismus zu wirken.«

St.s Eltern waren kleine Bauersleute mit achtfachem Kindersegen. Drei Brüder starben früh, zwei Schwestern starben im Kindbett. St. erfuhr aus nächster Nähe die Brutalität der harten Lebensverhältnisse unter Bauern und Arbeitern der »guten alten Zeit«. Seine Greußenheimer Volksschule hatte sieben Klassen und zwei Lehrkräfte vorzuweisen. St. galt als Musterschüler. Fleiß, Intelligenz und ein starker Glaube an die Solidarität verhalfen ihm schließlich in höchste Staatsämter. Im fünfzigsten Lebensjahr, 1924, formulierte er sein Credo: »Ich glaube an die hohe Mission der christlich-nationalen Arbeiter- und Gewerkschaftsbewegung im Dienste der Arbeiterschaft und des deutschen Volkes.« 1902, im Alter von 27 Jahren, übernahm St. in Köln die Position des Generalsekretärs der christlichen Gewerkschaften Deutschlands. Ein Jahr später war er 1. Vorsitzender des Gesamtverbandes christlicher Gewerkschaften. Seine Staatskarriere begann 1917 mit einem Sitz im preußischen Herrenhaus. Vom März 1919 bis November 1921 bekleidete er das Amt des preußischen Ministers für Volkswohlfahrt und gleichzeitig vom April bis November 1921 das des preußischen Ministerpräsidenten.
In der deutschen Nationalversammlung bzw. im Reichstag vertrat der Zentrumspolitiker von 1919 mit Unterbrechungen bis November 1933 die Wahlkreise Köln-Aachen und Westfalen Nord. Im Kabinett unter Hermann Müller (SPD) übte er von 1929 bis 1930 die Funktion des Reichsverkehrsministers, in den folgenden beiden Kabinetten unter Heinrich Brüning (Zentrum) bis Sommer 1932 die Funktion des Reichsarbeitsministers aus. Ihm lag die autoritäre Regierungsweise, und er war mitverantwortlich für eine Notverordnungspolitik mit rigiden Sparverordnungen, die deflationär zur Verschärfung der Wirtschaftskrise und zur Erhöhung der Dauermassenarbeitslosigkeit beitrugen.
Nach dem Machtantritt Hitlers im Januar 1933 rief St. die christlichen Gewerkschaften zur Loyalität gegenüber dem Staat auf. »Die Gewerkschaften«, so ließ St. verlauten, »müßten sich vom Marxismus« – gemeint war die Sozialdemokratie – »freimachen, sonst gebe es keinen Frieden«. Im März 1933 führten St. und andere Zentrumspolitiker mit Hitler Verhandlungen, in denen sie für ihre Fraktion im Reichstag signalisierten, dem geplanten Ermächtigungsgesetzt zustimmen zu wollen: was auch, am 23. März 1933, geschah. Danach hatte der Mohr seine Schuldigkeit getan: Für Hitlers Paladine war St. zum »Freiwild« geworden. In Krefeld wurde er von der SA während einer Wahlversammlung mit Kopfhieben niedergeschlagen. Im Juli 1933 warnte Robert Ley, der Leiter der Deutschen Arbeitsfront (DAF), öffentlich vor »Quertreibereien«. St. wurde mit anderen christlichen Gewerkschaftsführern aus der DAF ausgestoßen. Er lebte zunächst zurückgezogen in Berlin-Grunewald und erhielt eine reduzierte Staatspension. Im Zuge des Attentats vom 20. Juli wurde er bis

September 1944 inhaftiert. Die Kritiker unter den Widerstandskämpfern sahen darin eine gerechte Strafe für Sympathien, die St. dem »Dritten Reich« entgegengebracht hatte. Die amerikanische Besatzungsmacht setzte St. 1945 als Regierungspräsident von Unterfranken mit Sitz in Würzburg ein. Er befaßte sich erneut mit den alten Plänen einer interkonfessionellen Massenpartei, wie er sie schon zu Beginn der Weimarer Republik gehegt hatte. Die CSU betrachtet ihn als »Nestor des Unionsgedankens«. St. starb im Alter von 70 Jahren an Lungenentzündung. Die *Main-Post* hatte wenige Tage vorher, Ende November 1945, nach einem angeblichen Sympathieschreiben St.s an Hitler aus dem Jahre 1943 gefragt. Die Erregung über die folgende öffentliche Diskussion seiner problematischen Rolle im Dritten Reich soll den Krankheitsprozeß beschleunigt haben.

Deutz, J.: Adam Stegerwald. Gewerkschafter, Politiker, Minister. Ein Beitrag zur Geschichte der christlichen Gewerkschaften in Deutschland. Köln 1952. – Schorr, H. J.: Adam Stegerwald. Gewerkschafter und Politiker der ersten deutschen Republik, ein Beitrag zur Geschichte der christlich-sozialen Bewegung in Deutschland. Recklinghausen 1966.

Gerhard Beier

Stein, Edith

Geb. 12. 10. 1891 in Breslau; gest. (ermordet) 9. 8. 1942 in Auschwitz

Sie war Philosophin, Pädagogin, Ordensfrau und schließlich ein Opfer der nationalsozialistischen Vernichtungspolitik. Sie erlebte drei Staatssysteme – das Kaiserreich, die Weimarer Republik und das sogenannte »Dritte Reich«. In Breslau geboren und aufgewachsen, war sie die jüngste von sieben Geschwistern einer jüdischen Familie. Nach dem Tod des Vaters 1893 führte die Mutter das Holzhandelgeschäft weiter. Die finanzielle Absicherung durch den Betrieb der Mutter ermöglichte St. zunächst den Besuch des Gymnasiums und danach das Studium. Mit Begeisterung belegte sie an der Breslauer Universität 1911 ihre ersten Seminare in den Studienfächern Germanistik, Geschichte und Philosophie. Doch dann war sie von einer neuen Denkrichtung innerhalb der Philosophie, der Phänomenologie, so fasziniert, daß sie im Frühjahr 1913 an die Göttinger Universität wechselte und dort bei Edmund Husserl, dem Begründer der Phänomenologie, weiterstudierte. Zu Beginn des Studiums war sie in der Frauenstimmrechtsbewegung aktiv.

Als Nationalliberale erlebte sie den Ausbruch des Ersten Weltkriegs in patriotischer Stimmung. »Ich habe jetzt kein eigenes Leben mehr, sagte ich mir. Meine ganze Kraft gehört dem großen Geschehen. Wenn der Krieg vorbei ist und wenn ich dann noch lebe, dann darf ich wieder an meine privaten Angelegenheiten denken« (*Aus dem Leben einer jüdischen Familie*, 1985). Während ihre Kommilitonen begeistert in den Krieg zogen, absolvierte sie im Sommer 1914 einen Krankenpflegekurs und half jeweils einige Monate im städtischen Krankenhaus ihrer Heimatstadt und in einem Lazarett in Mährisch-Weisskirchen. In ihrer Freizeit arbeitete sie an ihrer 1916 abgeschlossenen Promotion *Zum Problem der Einfühlung*. Von August 1916 bis Februar 1918 war St. die Privat-Assistentin Husserls, der seit 1916 in Freiburg i.Br. lehrte.

Nach Ende des Ersten Weltkriegs trat St. in die »Deutsche Demokratische Partei« (DDP) mit der Überzeugung ein, daß sich das alte Staatssystem der Monarchie überlebt habe. Ihrer Meinung nach fand der Wandel nicht nur in der Politik statt, sondern hatte schon zuvor in der Kunst und in den Wissenschaften einen Ausdruck gefunden. Nach wenigen Monaten der politischen Arbeit in Breslau, mit Vereinsversammlungen und Wahlkampfveranstaltungen, blieb ihr nur Resignation: »Die Politik habe ich satt bis zum Ekel. Es fehlt mir das übliche Handwerkszeug dazu völlig: ein robustes Gewissen und ein dickes Fell.« St.s Interesse an Politik verlagerte sich von der praktischen Arbeit hin zur theoretischen Reflexion und führte zu phänomenologischen Betrachtungen über Gesellschaft und Staat, die sie 1919/20 in den beiden Schriften *Individuum und Gemeinschaft* (erstmals 1922 veröffentlicht) sowie in *Eine Untersuchung über den Staat* (1925) zusammenfaßte. St. unterscheidet in beiden Arbeiten zwischen einem bloß zweckmäßigen Verband von Individuen, der Gesellschaft, und der Wahrnehmung der anderen Personen als Subjekte in einer Gemeinschaft. Durch Gemeinschaftserlebnisse sind die Einzelwesen miteinander aufgrund ihrer Lebensäußerungen verbunden, beispielsweise in gleichen Motivationen. Die Schrift *Individuum und Gemeinschaft* reichte sie zusammen mit einer Abhandlung über *Psychische Kausalität* (gedruckt 1922) 1919 an der Göttinger Universität als Habilitationsschrift ein.

Damit gehörte St. zu den ersten Frauen, die eine Universitätslaufbahn in einem geisteswissenschaftlichen Fach anstrebten. Ihre Zulassung wurde bereits in der Vorkommission offiziell mit der Begründung abgelehnt, daß ihre Ansichten die in Göttingen betriebene Psychologie gefährdeten. St. vermutete Vorbehalte ihr gegenüber als Frau und Husserl-Schülerin. Anfragen nach Aussichten auf die Habilitation in Kiel und Hamburg blieben ergebnislos. Husserl selbst ließ seine Schülerin im Stich, da er zu der Zeit die Habilitation von Frauen »aus Prinzip« ablehnte. Diese Erfahrungen veranlaßten St., ihren

»Fall« dem Preußischen Minister für Wissenschaft, Kunst und Volksbildung, Carl Heinrich Becker, in einer Eingabe im Dezember 1919 zu schildern. Der Minister antwortete mit einem Erlaß, der betonte, daß »die Zugehörigkeit zum weiblichen Geschlecht kein Hindernis gegen die Habilitierung« sein dürfe. St. half dieser Erlaß nicht. Sie hatte sich allerdings bereits im Winter 1918 selbst gleichsam die Venia legendi (Lehrbefugnis) erteilt und führte in Breslau junge Leute in die Phänomenologie ein. Über fünfzig Personen besuchten ihre Kurse.

Nach ihrer Konvertierung zum Katholizismus im Jahre 1922 unterrichtete St. von 1923 bis 1931 in einem Dominikanerkloster in Speyer Deutsch und Geschichte. Doch die Lehrtätigkeit befriedigte weder St.s Forscherinnengeist noch ihr Engagement für allgemeinpolitische Fragen, so daß sie die sichere Stellung aufgab. In Freiburg und Breslau bemühte sich St. nochmals um die Habilitation; diesmal plante sie eine Untersuchung, die die Schriften Thomas von Aquins mit der Phänomenologie in Verbindung bringt. Doch überall warnten die von ihr zu Rate gezogenen Bekannten vor einer offiziellen Bewerbung, in Freiburg aufgrund ihrer Mittellosigkeit – ältere Bewerberinnen und Bewerber wurden von der Fakultät ohne finanzielle Absicherung nicht zugelassen – in Breslau scheiterte ihre Bewerbung wahrscheinlich an ihrer jüdischen Herkunft.

Derweil reiste sie in der Republik umher und hielt Vorträge, die sich größtenteils mit dem »Wesen« und der »Aufgabe« von Frauen befaßten. St. ging von einem elementaren Unterschied zwischen den Geschlechtern aus. Die spezifisch weibliche Eigenart sei auf das Lebendig-Persönliche und auf das Ganze gerichtet, was Frauen in allen von ihnen ergriffenen Berufen zum Ausdruck bringen könnten. Die zwischen 1928 und 1932 gehaltenen Vorträge machten sie als Sachverständige für Frauenfragen in katholischen Kreisen bekannt, aber auch diese Tätigkeit fand ein jähes Ende. Wegen ihrer jüdischen Herkunft konnte St. nach dem Machtantritt der Nazis 1933 keine Vorträge mehr halten. Zudem mußte sie ihre vom Frühjahr 1932 bis zum Frühjahr 1933 ausgeübte Tätigkeit am »Deutschen Institut für wissenschaftliche Pädagogik« in Münster aufgeben. Daher beschloß St. nach Rom zu fahren und in einer Privataudienz Papst Pius XI. um eine Enzyklika, ein Rundschreiben an die katholische Kirche, zum Schutz der Juden zu bitten. Es wurde ihr nur eine kleine Audienz in Aussicht gestellt. Unter diesen Umständen faßte sie ihr Anliegen in einem Brief zusammen und verzichtete auf die Fahrt. Der Papst antwortete mit seinem Segen.

Von allem öffentlichen Wirken ausgeschlossen, trat St. im Herbst 1933 in den Karmeliterinnenorden ein und begab sich in dessen Kölner Kloster. Dort widmete sie sich ihrer schriftstellerischen Tätigkeit, es entstanden die Werke *Kreuzeswissenschaft* (veröffentlicht postum 1950), eine Interpretation der Werke des Mystikers Johannes vom Kreuz, sowie *Endliches und ewiges Sein* (veröffentlicht postum 1950), ihre Auseinandersetzung mit dem Theologie- und Philosophieverständnis des Thomas von Aquin.

Die Bemühungen des Klosters, ihr und ihrer Schwester Plätze in einem schweizer Kloster des Ordens zu verschaffen, scheiterten. Der Novemberpogrom 1938 (»Reichskristallnacht«) zwang zum schnellen Handeln: St. kam durch Vermittlung der Priorin in ein Karmeliterinnenkloster im niederländischen Echt. Auch dort war sie nicht sicher. Im Mai 1940 überfiel das nationalsozialistische Deutschland die Niederlande, die Tage der Ordensfrau jüdischer Herkunft waren gezählt. Im August 1942 wurde sie deportiert und in Auschwitz ermordet.

Endres, E.: Edith Stein. Christliche Philosophin und jüdische Märtyrerin. München 1987. – Graef, H.: Edith Stein. Zeugnis des vernichteten Lebens. Freiburg. Basel. Wien (5. Aufl.) 1979. – Wobbe, T.: Aspekte einer Phänomenologie des Sozialen bei Edith Stein. ›...offenes Auge für alles, was »Gegenstand« heißt...‹, in: Pelikaan-Engel, M. (Hg.): Against Patriarchal Thinking. Proceedings of the VI.th Symposium of the International Association of Women Philosophers (IAPh) 1992. Amsterdam 1992, S. 71–80.

Marlies Michaelis

Stern, Jakob

Geb. 28. 5. 1843 in Niederstetten bei Bad Mergentheim im Taubergrund; gest. (Selbstmord) 4. 4. 1911 in Stuttgart

Der Vater war Hausierhändler, orthodoxer Jude, als Mohel (Beschneider) in der Synagoge sehr angesehen. Mit fünf Jahren erlebte Jakob 1848 Angriffe der Bauern auf die Juden in Franken. Vielleicht trug dies Erlebnis dazu bei, daß St. später zu denen gehörte, die sich bemühten, das Judentum durch Modernisierung, durch Reformen, weniger auffällig zu machen und der deutschen Kultur anzunähern. Für seinen Ältesten wählte der Vater den orthodoxen Weg des Aufstiegs: zum Rabbinat. Mit dreizehn Jahren kam St. in eine kleine Jeschiwah (Talmudschule) nach Zell bei Würzburg, mit fünfzehn für drei Jahre in die berühmte Jeschiwah nach Preßburg. 1861 erwarb St. dort den Titel des Morenu, das Rabbinerdiplom. Auch seine Gegner bescheinigten ihm später seine vorzüglichen Kenntnisse in der rabbinischen Wissenschaft. In Preßburg erlebte St. die erste Entfremdung gegenüber seiner heimatlichen Kultur und Tradition. Er nahm das Erbe der Chassidim, einer unter den polnischen Juden im 18. Jahrhundert entstandenen Frömmigkeitsbewegung in sich auf und die damit verbundene polnisch-jiddische Sprache.

Zu Haus suchte er einen Ausweg aus dieser Entfremdung, stürzte sich in die Kabbala, die jüdische mystisch-theosophische Geheimlehre, die im 13. Jahrhundert in Spanien aufkam, und in die Askese. Als ihn auch dieser Weg nicht befriedigte, suchte er Orientierung, Wahrheit und Kultur in der modernen deutschen Romanliteratur und vor allem in dem jüdischen Philosophen Baruch Spinoza, dem Vater vieler Häretiker. Dann wollte St. staatlich anerkannter Rabbiner in Württemberg werden. Dafür mußte er zuerst als Externer das Abitur in Stuttgart ablegen, dann drei Jahre in Tübingen Philosophie, Theologie und Naturwissenschaften studieren. An der Universität Tübingen erlebte St. seine zweite Entfremdung. Er wurde mit der historisch-kritischen Forschungsmethode der liberalen evangelischen Theologie konfrontiert, erarbeitete sich zwar historisches Verständnis, aber auch Distanz zu den Inhalten der hebräischen Bibel. Ohne ein Studium in Tübingen, das übrigens keinen Lehrstuhl für jüdische Theologie hatte, konnte in Württemberg niemand Rabbiner werden.

St. war in der kleinen jüdischen Gemeinschaft bald als Spinozist bekannt. So blieb er nach dem Examen vier Jahre lang ohne eine Rabbinatsstelle. In Niederstetten gründete er den jüdischen Bildungsverein »Schocher Tob« (Streben nach dem Guten) und erprobte seine Reformideen. Seine ersten praktisch-theologischen Versuche dieser Zeit publizierte er in einem großen Werk *Gottesflamme.* Sein Motto des Reformjudentums: »Die Religion Israels nach dem Geiste und die reine Religion der Humanität sind identisch.« Ein kühnes Programm, das aufgrund des vehementen Widerstands der Traditionalisten und Orthodoxen in dem noch ganz ländlich geprägten Judentum Württembergs keine Chance bekam. Durch das Reformjudentum wurde St. politischer. Er distanzierte sich nicht nur von der Orthodoxie, sondern auch von der nationalliberalen Reformrichtung der Breslauer Schule. Er näherte sich der Sozialdemokratie an. Seine reformjüdischen Broschüren lagen so sehr außerhalb des Tolerierten, daß er sie unter wechselnden Pseudonymen schreiben mußte und nur im Ausland erscheinen lassen konnte, in Zürich.

1873 erhielt St. seine erste Stelle: Er wurde Rabbinatsverweser in Mühringen bei Horb (Neckar), zwei Jahre später Rabbiner in Buttenhausen bei Münsingen auf der Schwäbischen Alb. Die Spannungen mit der traditionalistischen jüdischen Gemeindeleitung von Buttenhausen führten 1878 zum Eklat. St. wurde vom Dienst suspendiert. Um diesen Schritt zu rechtfertigen, häufte die Gemeindeführung, zumeist selbstbewußte Korn- und Viehhändler, so viele Beschuldigungen auf, daß die tieferen Ursachen fast nicht zu erkennen waren. Im Grunde paßte das Reformjudentum eines städtisch gebildeten Intellektuellen nicht mit dem ererbten, nie in Frage gestellten Traditionalismus erfolgreicher Geschäftsleute zusammen. Anlaß für die Suspendierung war ein anonymer Artikel St.s in der *Münsinger Tageszeitung,* der den jüdischen Geschäftsleuten Wucher vorwarf. Damit hatte er in einer feindseligen Umgebung Wasser auf die Mühlen der Judenfeinde geleitet, bar jeglichen Verständnisses für wirtschaftliche Schwierigkeiten. Nebenbei wurde auch eine politische Rechnung beglichen: St. war der erste Sozialdemokrat des Dorfes. Eines Morgens hatte man auf seinen Gartenzaun das Wort »Sozialdemokrat« geschmiert.

St. siedelte – nach der Suspension mit halbem Gehalt – nach Stuttgart über und entwickelte seine reformjüdische Position bei den Freidenkern weiter. 1880 konnte die jüdische Orthodoxie jubeln. Am Jom Kippur, dem Versöhnungstag, entdeckte ihn ein Spitzel in einer Gaststätte verbotenerweise vor einer Tasse Kaffee. Wegen der Schändung des höchsten jüdischen Feiertags wurde er sofort aus dem Rabbinat entlassen. Er seinerseits erklärte beim Standesamt seinen Austritt aus der Synagoge.

Nun mußte sich St. mit Zeitungsartikeln und Broschüren durchschlagen. In der Zeit des Sozialistengesetzes (1878–1890) war St. in Stuttgart ein beliebter Redner bei den sozialdemokratischen Ersatzorganisationen, den gewerkschaftlichen Fachvereinen. Aus dem verjagten Reformrabbiner wurde der erste Intellektuelle der württembergischen Sozialdemokratie. Alle theoretischen Diskussionen betrieb er auf eine Art und Weise, die sie für die Mitglieder verständlich machten. Dem Ansatz nach erklärte er sich bei der Frage nach dem Weg zum Sozialismus für den revolutionären Flügel, in der Praxis, bei Wahlagitationen und in Aufklärungsbroschüren, zog es ihn auf den reformerischen Weg. Seine Einführungen in Marxens Theorie und Publikationen wurden in verschiedene Sprachen übersetzt. So kam Marx durch St.s Einführungen erstmals nach Italien, Ungarn, Serbien, Kroatien und Rußland.

St. kandidierte 1887 als Sozialdemokrat für den Reichstag, zwei Jahre später für den württembergischen Landtag. Als er 1889 in Neustadt an der Weinstraße auftreten sollte, holte die dortige Polizei in Stuttgart Auskünfte über ihn ein und bekam telegrafiert: »Stern ist ein ausgesprochener Sozialist radikaler Richtung und Verfasser verschiedener sozialistischer Broschüren. Er steht zu der Sozialdemokratie in engen Beziehungen, ist schon als sozialdemokratischer Kandidat für den Reichs- und Landtag aufgestellt gewesen, hält Vorträge in Fach- und anderen Arbeitervereinen und in öffentlichen Arbeiterversammlungen und produziert sich überhaupt gern als gewandter Redner und schlauer Agitator.«

Auf seinem Wahlplakat von 1889 formulierte St. die sozialen Gegensätze. »Die Arbeit ist es, welche alle Güter, alles, was der Mensch bedarf, schafft und erzeugt. Was wäre die Gesellschaft ohne die Arbeit? Wer baut die Prachtpaläste in den Städten?« Dennoch verkündete er als Ziel »die Ausgleichung der Klassengegensätze«.

Als Publizist führte St. stets eine gespaltene Existenz. Obwohl er nie öffentlich als Jude angegriffen wurde, mußte er seine publizistischen Arbeiten für bürgerliche Verlage unter Pseudonym herausbringen. Bis zu seinem Lebensende schrieb er fleißig in der Parteipresse, jeden Tag einen Artikel in der *Stuttgarter Tagwacht.* Seine letzte Schrift, sein politisches Testament, galt der Abschaffung der Todesstrafe. St nahm sich am 4. April 1911, schwer krank und manisch-depressiv, das Leben. Die Nazis verschleppten St.s Tochter Viola nach Theresienstadt. Sie überlebte.

Christ-Gmelin, M.: Die württembergische Sozialdemokratie 1890–1914. Ein Beitrag zur Geschichte des Reformismus und Revisionismus in der deutschen Sozialdemokratie. Stuttgart 1976. – Dicker, H.: Aus Württembergs jüdischer Vergangenheit und Gegenwart. Gerlingen 1984. – Haasis, H. G.: »Ich bin ein armer Teufel, der ums liebe Brot schreibt«. Zum 150. Geburtstag des württembergischen Reformrabbiners und sozialistischen Schriftstellers Jakob Stern (1843–1911) aus Niederstetten. Paris, Basel 1993.

Hellmut G. Haasis

Sternberg, Fritz (Pseud.: Thomas Tarn, K.L. Gerstorff, Ungewitter, Fried)

Geb. 11.06. 1895 in Breslau; gest. 18.10. 1963 in München

»Auf die Übereinstimmung mit dem historischen Marx verzichte ich, kein Wort von Buchstaben-Philologie wird man hier finden. Den lebendigen Marx wünsche ich auf meiner Seite, den Marx, in dem das schöpferische Feuer so groß war, daß er sich nicht scheute, Irrtümer zu bekennen.« Dies schrieb St. 1926 im Vorwort zu seinem ersten großen Werk *Der Imperialismus.*

St. stammte aus wohlhabendem jüdischen Bürgertum. Obwohl er sich selbst nie anders denn als assimilierter Jude verstand, fand er sich in seinem Leben immer wieder ausgegrenzt, in eine ihm von außen aufgezwungene Fremdheit verwiesen: als Jude, dessen Vorfahren einst als sogenannte Ostjuden nach Deutschland zugewandert waren; als Wissenschaftler, der trotz ungewöhnlicher Leistungen auf Dauer keine Anbindung an eine Universität oder Forschungseinrichtung fand; als unorthodoxer Marxist und Linkssozialist, der bis auf einen kurzen Zeitraum ohne enge organisatorische Bindung blieb; als Kämpfer gegen den internationalen Faschismus und Emigrant in Prag, Basel, Paris und in den USA; schließlich als »freischwebender« Intellektueller, der bis ans Lebensende immer unterwegs war als Vortragender, auf Schulungswochen, ungezählte Artikel und viele Bücher schrieb, den Rundfunk und zuletzt auch das Fernsehen als Vermittler für seine Gedanken benutzte. Nicht ausgegrenzt haben ihn Zeit seines bewußten Lebens so manche alte und junge Sozialisten, unter denen er seine Mentoren fand oder für die er zum Lehrer und theoretischen Stichwortgeber wurde.

Obwohl St. bereits als Gymnasiast mit der Lektüre der marxistischen Klassiker begonnen hatte, führte ihn sein Weg, angeregt durch eine Begegnung mit Martin Buber im Jahre 1911, zunächst in die zionistische sozialistische Bewegung. Er engagierte sich erst bei den zionistischen »Volkssozialisten«, dann bei der »Poale Zion«, die sich um eine Synthese zwischen Zionismus und Marxismus bemühte und internationalistisch orientiert, also gegen die Bildung eines jüdischen Nationalstaates in Palästina eingestellt war. St.s Dissertation *Die Juden als Träger einer neuen Wirtschaft in Palästina* (1917) zeugt von diesem Engagement. Als Mitarbeiter von Franz Oppenheimer an der Frankfurter Universität und Teilnehmer am Diskussionskreis um den hebräischen Dichter Samuel Joseph Agnon erwarb sich St. Anfang der 20er Jahre den Ruf, einer der fähigsten Köpfe der jüngeren Generation im Zionismus zu sein.

1923 beendete St. diese erste Phase seiner intellektuellen Biographie. Die zionistische Bewegung, in der seine Gruppe eine Minorität bildete, verengte sich zunehmend religiös-ideologisch, während er eine ökonomisch-soziologische Analyse der globalen Beziehungen der kapitalistischen Produktionsverhältnisse nach dem Ersten Weltkrieg für notwendig hielt. St. nahm nun in der marxistischen theoretischen Tradition Rosa Luxemburgs und damals teilweise auch noch Lenins die Themen auf, die ihn die nächsten Jahrzehnte bis zu seinem Tod nicht mehr loslassen würden: Er wird die Faktoren der immer wieder historisch manifest werdenden Grenzverschiebungen des Kapitalismus analysieren; er wird jeweils historisch konkret die Rolle des entscheidenden subjektiven Faktors der gesellschaftlichen Veränderungsprozesse bestimmen; er wird die Interdependenz der Weltbeziehungen und die Rolle der kolonialen Befreiungsbewegungen für den Transformationsprozeß zum Sozialismus untersuchen; er wird an die Einsicht zur Erhaltung der Humanität und der menschlichen Zivilisation appellieren mit dem ständig sein Denken begleitenden Schlüsselsatz: »Sozialismus oder Absturz in die Barbarei«; er wird mit stetig wachsender Ungeduld die Durchsetzung von Gleichberechtigung und sozialer Gerechtigkeit einfordern. Der erste Schritt war sein heftige Diskussionen auslösendes Buch *Der Imperialismus* (1924/1925 geschrieben, 1926 veröffentlicht).

St. lebte in diesen Jahren recht und schlecht als freier Publizist in Breslau, Frankfurt am Main, Köln, vor allem aber in Berlin, wo er in den Literaten- und Intellektuellenzirkeln um Brecht,

Döblin, Feuchtwanger, Piscator und als Mitarbeiter der *Weltbühne* gesucht, geschätzt, bewundert, aber auch gefürchtet war als scharfsinniger Herausforderer und fruchtbarer Debattierer – einen »jüdischen Danton« nennt ihn Hans Mayer rückblickend auf diese Zeit. Vor allem aber wurde St. nun zum wichtigsten Theoretiker des linken Jungsozialismus seit Mitte der 20er Jahre: Als Marxist, der Marx nicht dogmatisch folgte, aber dessen analytische Methoden zur Erschließung einer sich verändernden Welt benutzte, war er das »rote Tuch« für alle pro- und antimarxistischen Dogmatiker, sah sich von den stalinistisch gewordenen Kommunisten genauso angegriffen wie von den reformistischen sozialdemokratischen Arbeiterbürokraten.

Obwohl durch Reisen nach Moskau und Diskussionen mit Varga, Radek und Bucharin 1929 und 1930 über die Entwicklung der Sowjetunion als sozialistischer Vormacht weitgehend desillusioniert, bedeuteten die Jahre 1931–1933 für St.s Leben eine noch intensivere kämpferische Phase angesichts der Bedrohung durch den Faschismus. Obwohl schwerer Diabetiker, war er pausenlos eingespannt: als Artikelschreiber, als Wahl- und Versammlungsredner für die kleine linkssozialistische Partei, die Sozialistische Arbeiterpartei (SAPD), der er sich anschloß – zum ersten und einzigen Mal in seinem Leben die Position des solidarischen Individualisten mit der eines parteigebundenen Agitators eintauschend – und für die er maßgeblich das Programm entwarf. Gleichzeitig publizierte er sein Buch *Der Niedergang des deutschen Kapitalismus* (1932), in dem er die Weltwirtschaftskrise und den Aufstieg des Nationalsozialismus in Beziehung zueinander setzte. Obwohl bereits skeptisch gegenüber den Möglichkeiten der europäischen Arbeiterbewegung, den Faschismus an der Machtübernahme zu hindern, kämpft er für die Aktionseinheit der Arbeiterklasse und gegen die Unterschätzung des Nationalsozialismus, den er auch entgegen überwiegender zeitgenössischer Wahrnehmung von beträchtlichen Arbeiterwählerpotentialen unterstützt sah.

Anfang März 1933 begann die vierte Lebensphase St.s, die der Emigrantion zunächst in Prag, Basel, Paris. Hier lebte er wie fast alle eher erbärmlich, aber ungebrochen in der Einsicht, daß die faschistische Barbarei nicht das letzte Wort der Geschichte sein könne. 1935 erschien sein Buch *Der Faschismus an der Macht*, in dem er vor der Illusion des schnellen Zusammenbruchs des Hitler-Staates warnt und 1938, zuerst in englischer Sprache, *Die deutsche Kriegsstärke. Wie lange kann Hitler Krieg führen.* Er vertritt hier er die Auffassung, daß die nationalsozialistische Diktatur über Europa nur durch ein Eingreifen der USA in dem kommenden Zweiten Weltkrieg zu überwinden sei. Daß »Faschismus an der Macht« Krieg bedeuten würde, hatte er bereits am Ende der 20er Jahre mit aller Deutlichkeit vertreten. Die Konsequenz dieser Einsicht war im Frühjahr 1939 die Emigration in die USA, wo er meist in New York, aber auch in Washington und gelegentlich in Kalifornien publizistisch arbeitete. Besonders die linksliberalen Kräfte in den USA suchte er über die Lage Europas zu informieren, aber auch er selbst lernte, sich auf einem geschichtlich und sozial völlig anders geprägten Kontinent – u. a. ohne klassische Arbeiterbewegung – zurechtzufinden und sich in die Bedingungen der zeitgleichen amerikanischen Gesellschaft und Wirtschaft einzuarbeiten. Als er in der Konsequenz seiner Entscheidung für die »Neue Welt« 1948 amerikanischer Staatsbürger wurde, war er in den USA ein beachteter Publizist, wie die Erfolge seiner Bücher *The Coming Crisis* (1947) und *Living with Crisis. The Battle against Depression and War* (1949) zeigen.

Dennoch begann für St. um 1950 eine neue, die letzte Lebensphase: Er orientierte sich zurück nach Europa, für das er die in den USA gewonnenen Erkenntnisse über zukünftige gesellschaftliche Transformationsprozesse fruchtbar machen wollte, und er befaßte sich intensiv mit den durch die Teilung der Welt entstandenen Verschiebungen im Weltkräfteparallelogramm. Er lebte abwechselnd in den USA und immer häufiger in Europa, vor allem in der Bundesrepublik Deutschland, wieder als freier Schriftsteller, aber auch als Referent und Diskussionsteilnehmer an Veranstaltungen der Sozialdemokraten und der Gewerkschaften in Deutschland und in Österreich. Seine großen Bücher aus dieser Zeit – *Kapitalismus und Sozialismus vor dem Weltgericht* (1951), *Marx und die Gegenwart* (1955), *Die militärische und die industrielle Revolution* (1957), *Wer beherrscht die zweite Hälfte des 20. Jahrhunderts?* (1961) – fanden nun renommierte Verlage und erschienen meist gleichzeitig in englischer Sprache und zum Teil auch in weiteren Übersetzungen.

St. bezeichnete sich selbst seit Mitte der 40er Jahre als freiheitlicher Sozialist, der die Marxsche analytische Methode jedoch unverändert für eine schöpferische Kraft hielt; als solcher wurde er zum scharfen Kritiker der Orthodoxie des Marxismus-Leninismus, aber auch zum Mahner im eigenen Lager, Irrtümer aufzuarbeiten und die Zeichen der Zeit – vor allem die Notwendigkeit der Solidarisierung mit der Dritten Welt – nicht zu verkennen. Es ticke nicht nur die Atom-Uhr, sondern es seien schwerste soziale Explosionen im weltweiten Rahmen absehbar, wenn dem Entwicklungstrend nicht eine andere Richtung gegeben werde, schrieb er 1963, dem Jahr seines Todes. Sozialismus, auch und gerade in seiner Form der Solidarität mit der Dritten Welt (zudem als Symbol für alle Unterdrückten verstanden) und Aufklärung der Menschen über ihre Zeitgenossenschaft und die aus ihnen erwachsenden Aufgaben blieben für St. die zentralen Elemente einer humanen Überlebensperspektive. So sah er immerhin Chancen, daß die »neuen großen geschichtlichen Prozesse nicht mit solchen Opfern belastet sein müssen wie die erste industrielle

Revolution und der Imperialismus und Kolonialismus des 19. Jahrhunderts«.

Grebing, H. (Hg.): Fritz Sternberg (1895–1963). Für die Zukunft des Sozialismus. Köln 1981. – Walter, F.: Nationale Romantik und revolutionärer Mythos. Politik und Lebensweisen im frühen Weimarer Jungsozialismus. Berlin 1986.

Helga Grebing

Stirner, Max (eigentlich Johann Caspar Schmidt)

Geb. 25. 10. 1806 in Bayreuth; gest. 25. 6. 1856 in Berlin

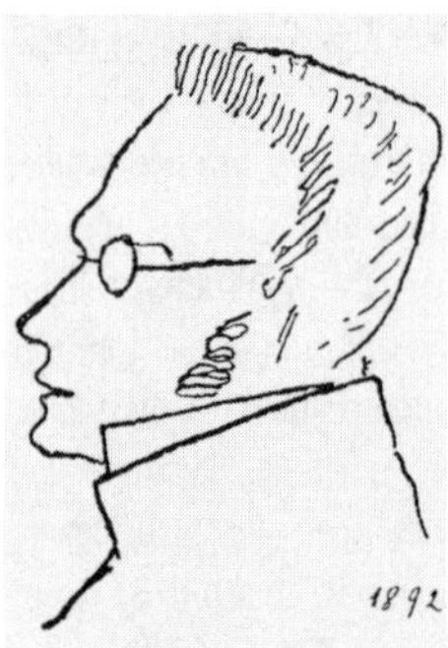

»Mir geht nichts über mich!« Mit dieser plakativen Erklärung beschloß St. die Einleitung seines Hauptwerks *Der Einzige und sein Eigenthum* von 1844. Er meinte, dies sei doch die unausgesprochene bzw. allzuoft uneingestandene Maxime aller Menschen. Die Reaktionen auf St.s im *Einzigen* niedergelegte Lehre des Egoismus variierten sehr. Manche würdigten seinen Ansatz als radikale Philosophie der Persönlichkeit, andere kritisierten ihn als rigorosen Solipsismus, als arrogante Überhöhung des Ichs zum Zentrum der Welt. Christen entsetzten sich über ein Denken, dem nichts heilig schien, liberale Denker verwahrten sich vor St.s Bezeichnung des Humanismus als einer ich-feindlichen Ersatzreligion, während ihn Sozialisten kurzerhand als mit dem Makel des Kleinbürgerlichen behaftet abfertigten. Eine von Marx und Engels verfaßte ausführliche Kritik von St.s Philosophie (in der *Deutschen Ideologie*, geschrieben 1845/46, 1932 in deutscher Sprache veröffentlicht) gelangte zu seinen Lebzeiten nicht an die Öffentlichkeit, da der Stern des Philosophen schon bald zu sinken begann. Die gescheiterte Revolution von 1848 rückte andere Fragen in die öffentliche Diskussion, so daß St.s Denken über mehrere Jahrzehnte in Vergessenheit geriet.

Der Sohn eines Bayreuther Flötenmachers hatte in Berlin, Erlangen und Königsberg Theologie und Philologie studiert, das Studium jedoch aufgrund schwerer Erkrankungen mehrfach unterbrechen müssen. Er hatte Vorlesungen bei Schleiermacher und auch Hegel gehört, von welchem er die dialektische Methode des Argumentierens adaptierte. Später suchte der den Junghegelianern zugerechnete St., sein Denken von der spekulativen Philosophie Hegels abzugrenzen. Als Lehrer arbeitete er zeitweise an verschiedenen Schulen. Um 1841 schloß er sich »den Freien« an, einem Kreis atheistischer Vormärz-Denker und -Denkerinnen, zu dem im Sommer 1842 der Bibelkritiker Bruno Bauer stieß. Insbesondere Journalisten und Schriftsteller trafen sich hier, kurzzeitig zählten Georg Herwegh, Karl Marx und Friedrich Engels zu den Gästen. Gegen mehrere der »Freien« wurden wegen ihrer radikalen Ansichten Gefängnisstrafen verhängt. Seinen Lebensunterhalt verdiente St. sich nunmehr als Journalist bei Zeitungen und Zeitschriften. Seine desolate finanzielle Situation, die ihn später bis ins Schuldgefängnis führte, erfuhr durch das Schreiben allerdings keine Besserung. St. verfaßte mehrere kleine Aufsätze, er erörterte darin im Zusammenhang mit dem Lehrverbot, das im Frühjahr 1842 über Bruno Bauer verhängt worden war, Fragen der Pressefreiheit und der Rechtsphilosophie.

Als 1844, unter der Jahreszahl 1845, in Leipzig *Der Einzige und sein Eigenthum* erschien, erlangte St. mit seiner das Ego in den Mittelpunkt rückenden Philosophie plötzlich öffentliche Aufmerksamkeit. Sein Werk stellt den Höhepunkt einer geistesgeschichtlichen Entwicklung seit der Aufklärung dar, die das »Individuum« in seinem Eigenwert zunehmend anerkannte und würdigte. Seine Philosophie bildet kein festes System wie die seines Lehrers Hegel. St. kritisierte das idealistische Denken, indem er dessen Grundforderungen – etwa nach »Gerechtigkeit«, »Freiheit« oder »Wahrheit« – abwertete: »Entscheidet Euch, ob Ihr auf eure Fahne den Traum der ›Freiheit‹ oder den Entschluß des ›Egoismus‹ stecken wollt.« Abstrakte Wertvorstellungen lehnte St. ebenso ab wie eine als allgemein gültig festgeschriebene Moral. Er bekämpfte diese vielmehr als Verneinung des Ich und seines konkreten Eigennutzes. Dieses »Ich« legte er seinem Denken zugrunde, die unveräußerbare Eigenheit des »Einzigen«, den er in jedem Menschen sah: »Die Eigenheit ist die Schöpferin von Allem.« Jeder Einzelne sei ein autonomes Wesen und treffe seine Entscheidungen unabhängig von geistigen Konventionen und weltlichen wie religiösen Autoritäten. Er wehre sich gegen jeden Versuch einer »Dressur« von dieser Seite: »Suchet Euch Selbst, werdet Egoisten, werde jeder von Euch ein allmächtiges Ich.«

St. wandte sich gegen den Liberalismus, da dieser den Menschen über seine Gattungszugehörigkeit definiere und deshalb das tatsächliche Ich gar nicht in den Blick bekomme. Auch den Kommunismus lehnte er ab, da er sich am Wohl der Gemeinschaft orientiere, nicht aber am Wohl des Egoisten. Der Kommunismus führe vielmehr den alten Kampf des Christentums gegen den Egoismus fort, indem er eine allgemeine Gerechtigkeit anstrebe, die dem Egoisten keinen Vorteil einbringe. Gerade eine möglichst gleichmäßige Aufteilung gesellschaftlichen Reichtums erschien St. ungerecht, »als hätten die Reichen die Armut verschuldet, und verschuldeten nicht gleicherweise die Armen den Reichtum!«

Aufgrund seines Egoismus vertrat *Der Einzige* eine gewisse Respektlosigkeit in Fragen des Eigentums. Das Eigentum sei dem Einzigen nicht heilig, habe aber doch eine identitätsstiftende Funktion für ihn, da es zeige, was er sich kraft der eigenen Stärke anzueignen vermöge. Ziel des Einzigen sei es, sich die Welt als sein Eigentum anzueignen. Die Eigentumsfrage aber »wird nur gelöst durch den Kampf Aller gegen Alle«. Hier manifestierte sich eine am Recht des Stärkeren ausgerichtete Anthropologie, die auf der unterschwelligen Hoffnung beruhte, doch möglichst selbst dieser glückliche Stärkere zu sein. Auch auf der Ebene der Völker findet sich diese Vorstellung in einer dreiteiligen Rassenlehre wieder, die St. mit Modifikationen von Hegel übernahm.

St. betrachtete alle Forderungen der Gemeinschaft an den Einzigen nicht nur als illegitim, sondern sah die Gesellschaft als ein auszunutzendes Objekt, von dem er die Befriedigung seiner Bedürfnisse bezog: »Wir haben zueinander nur eine Beziehung, die der Brauchbarkeit, der Nutzbarkeit, des Nutzens.«

Die republikanische Staatsform lehnt St. – wie den Staat an sich – ab, da sie nur wieder einen neuen Kaiser auf den Thron zu heben beabsichtige, mochte er sich auch ›das Volk‹ nennen. Sie verhindere von neuem eine wirkliche Souveränität des Einzigen. Auch die Bildung von Parteien stünde nicht im Interesse des Einzigen. Dieser könne die Vertretung seiner Interessen überhaupt nicht veräußern, da diese ja allein ihm zu eigen seien. Stattdessen begründeten die Einzigen in freiem Zusammenschluß den »Verein von Egoisten«, in dem jeder für die Verwirklichung seiner Interessen ausschließlich selbst verantwortlich sei. Die Egoisten beflügelten einander in gegenseitigem Konkurrenzkampf. Die Demokratie, die St. vorschwebte, bezeichnete er als »Anthropokratie«: die Herrschaft des Einzigen über die Welt.

In der Konsequenz mußte St. akzeptieren, daß die Stärke des jeweiligen Ichs darüber entschied, bis zu welchem Grad es seine Wünsche durchzusetzen vermochte. In diesem Kampf um die Durchsetzung der Eigeninteressen verbrauchte der Einzige nicht nur egoistisch die Kräfte anderer Menschen, sondern gleichermaßen seine eigene Kraft. Er verzehrte sich selbst: »Über der Pforte unserer Zeit steht nicht jenes apollinische: ›Erkenne Dich selbst‹«, sondern ein: Verwerte Dich!«

Häufig wird St. mit einem Ausdruck seines Biographen John Henry Mackay als »Individual-Anarchist« bezeichnet. Doch stand St. sich mit den Anarchisten unter seinen Zeitgenossen nicht gut, ging es ihm doch weder um eine herrschaftslose Gesellschaft, noch um Emanzipation der Unterdrückten: Emanzipation meine »Freisprechung, Freilassung«, es komme aber auf »Selbstbefreiung« an. Was St. mit den Anarchisten teilte, war die Ablehnung des Staates und aller Autoritäten. So meinte er: »Die Freiheit kann nur die ganze Freiheit sein; ein Stück Freiheit ist nicht die Freiheit.« Doch fehlte seinen Thesen völlig die von vielen Anarchisten propagierte mitmenschliche Solidarität.

St.s Buch wurde gleich nach Erscheinen von der Zensur verboten, das Verbot jedoch bald wieder aufgehoben. Auf verschiedene Kritiken von prominenter Seite wie von Moses Hess und Ludwig Feuerbach verfaßte St. Entgegnungen. In den letzten Jahren seines Lebens verfaßte St. einzelne wenig beachtete Folgeschriften, z.B. eine *Geschichte der Reaction* (2 Bde. 1852). An der Revolution von 1848/49 beteiligte er sich nicht, auch begann sich in dieser Zeit der Kreis der »Freien« aufzulösen. Verarmt und krank starb St. 1856 in Berlin.

Die Wirkung, die St. auf die Nachwelt ausübte, blieb weitgehend verborgen, da sein Name von seinen Bewunderern kaum einmal ausdrücklich genannt wurde. Nietzsches Philosophie wies große Affinitäten zu der St.schen auf; auch wurde er im französischen Existentialismus und in der russischen Literatur der Jahrhundertwende rezipiert. Auf viele Sozialisten der Weimarer Republik übte St. eine große Faszination aus. Noch heute vermögen seine scharfsinnige Gedankenführung und seine intelligente, oftmals flammende Sprache den Leser zu beeindrucken. Doch provozieren seine Texte noch heute die irritierte Frage, wie ein Philosoph einen »Verein von Egoisten« zu fordern vermochte, ohne sich dabei überflüssig vorzukommen.

Mackay, J. H.: Max Stirner. Sein Leben und sein Werk. Freiburg im Breisgau 1977. – Simon, U.: Zur Kritik der Philosophie Max Stirners. Schwalmstadt 1982.

Klaus Wannemacher

Stöcker, Helene

Geb. 13.11.1869 in Elberfeld; gest. 24.2.1943 in New York

Nietzsches Philosophie und die Weltsicht der Romantik wurden, zumal in dieser Verbindung, im wilhelminischen Deutschland, in der Weimarer Republik und den zwölf Jahren des »tausendjährigen Reichs« für den pseudophilosophischen Diskurs völkisch-nationalistischer Propagandisten vereinnahmt. Das ist hinlänglich bekannt. Weniger beachtet wurde, daß eine Frauenrechtlerin und Pazifistin wie St. mit Rückgriff auf eben diese Traditionslinien ein Emanzipationskonzept entwickelte – für die soziale Gleichstellung von

Frauen, für absolute Gewaltfreiheit und einen radikalen Pazifismus, für ein selbstbestimmtes Leben –, in dem fernab gesellschaftlicher Konventionen der Schutz individueller Entfaltungsmöglichkeiten im Zentrum des politischen Handelns stand.

Als St. 1892 als junge, bildungsbeflissene Frau das Elternhaus in Elberfeld verließ und nach Berlin übersiedelte, durften »Frauenspersonen, Schüler und Lehrlinge« nach dem Preußischen Vereinsgesetz an den Versammlungen politischer Vereine nicht teilnehmen. Frauen waren zum Studium an deutschen Universitäten nicht zugelassen. Mit der »Herr-im-Haus-Ideologie« der wilhelminischen Gesellschaft, der Enge traditionellen weiblichen Lebens mochte sich St. nicht abfinden. Sie suchte und fand Anschluß an Kreise der Frauenbewegung und publizierte in den neunziger Jahren ihre ersten Aufsätze zur Frauenemanzipation. Über die wilhelminische Gesellschaft und das vorherrschende Frauenbild schrieb St. bereits 1893 in der *Freien Bühne*: Selbst in liberalen Kreisen gebe es im »ältesten, spießbürgerlichen Sinne« die Frau nur als »Dirne« oder »Hausfrau«. Dem stellte sie das Leitbild einer Frau entgegen, die »nicht mehr in ehrfürchtigem Schweigen« lauscht, »wenn kluge Männer sprechen«. St.s Skepsis gegenüber gesellschaftlichen Konventionen orientierte sich an der rigorosen Moral- und Wertekritik Nietzsches: »Gott ist tot«. Damit fielen die Legitimationsmuster einer klerikal begründeten Dominanz des Mannes in der Gesellschaft. St. war keine Nietzsche-Epigonin. Sie verstand seine »Umwertung aller Werte« als praktische Philosophie eines Emanzipationsprozesses. Sie grenzte sich von den frauenfeindlichen Passagen im Werk Nietzsches ab, indem sie dessen Methode – die Kritik an traditionellen christlichen Wertsetzungen – an diesen Stellen konsequent fortsetzte und sie als Vorurteile entlarvte, die einer männlichen Herrschaftsperspektive entstammten. St. war keine Apologetin des Nihilismus. Sie verband ihre Forderung nach Emanzipation *(Unsere Umwertung aller Werte*, 1897) mit einer Ethik der Liebe, die sie aus der Weltanschauung der Romantik herleitete.

Für St. war von großer Bedeutung, daß die Romantiker in den Mittelpunkt ihrer Weltanschauung »Liebe«, »Nächstenliebe«, »Güte« und »Empfindsamkeit« und keine »toten Gesetze« (etwa durch Gesetz definierte Institutionen wie die »Ehe«) gerückt hatten, sondern diese von gesellschaftlichen Vorurteilen und Normen lösten. So war St. auch von den Frauen der Frühromantik fasziniert, die – wie Karoline Michaelis – die selbstbestimmte Lebensführung gesellschaftlicher Anerkennung vorzogen, sich über Moralvorstellungen hinwegsetzten und mehrere Ehen in ihrem Leben eingegangen sind.

Als Frauen ab 1896, allerdings unter eingeschränkten Bedingungen und mit einer staatlichen Sondergenehmigung, als Gasthörerinnen universitäre Veranstaltungen besuchen durften, begann St. ein geisteswissenschaftliches Studium, das sie 1901 in Bern mit einer Promotion über die Kunstanschauung der Romantik abschloß. Sie kehrte nach Berlin zurück, engagierte sich im »Verband Fortschrittlicher Frauenvereine« und gründete 1905 zusammen mit Frauenrechtlerinnen wie Lily Braun und Henriette Fürth, Männern wie Werner Sombart und Max Weber den »Bund für Mutterschutz und Sexualreform«. Als dessen Publikationsorgan wurde *Die neue Generation* ins Leben gerufen, für die St. bis 1932 als Herausgeberin zeichnete. Die Zeitschrift diente der Erörterung sexualpolitischer Fragen. Mit dem »Bund für Mutterschutz« versuchte St. praktisch umzusetzen, was sie mit ihrer »Umwertung aller Werte« für eine »neue Ethik« theoretisch formuliert hatte. Vom Bund wurden in verschiedenen Städten Sexualberatungsstellen und Mütterheime eingerichtet. Er trat vor allem für eine rechtliche und soziale Verbesserung der Situation lediger Mütter und nichtehelicher Kinder ein, die im wilhelminischen Deutschland der gesellschaftlichen Ächtung preisgegeben waren. Tabuthemen wie Homosexualität und die Abtreibungsfrage wurden in der *Neuen Generation* diskutiert, ihre strafrechtlichen Sanktionierungen in Frage gestellt. Für ihr Engagement zog sich St. nicht nur die Feindschaft konservativer und kirchlicher Kreise zu, sondern auch die von Teilen der Frauenbewegung, die sie als »weibliche Apostel des Satans« verleumdeten. St.s Forderungen nach Gleichstellung von ledigen und verheirateten Müttern und ihrer Kinder wurden in diesen Kreisen mit dem Hinweis abgelehnt, daß sie »eine Verwirrung der sittlichen Begriffe des Volkes herbeizuführen droht und zur Zerstörung der Familie beiträgt«.

St. war ganz dem Fortschrittsoptimismus ihrer Zeit verhaftet, wenn sie vor 1914 davon ausging, daß der Weg und das Ziel zu einer »neuen Ethik«, zur »Einsicht« und »wachsenden Lebenskunst« erreichbar und unumkehrbar verlaufe. Kriege unter den »Kulturvölkern« Europas hielt sie für undenkbar und verstand sie vor 1914 als »Resultat« früherer Kulturepochen. In den Kriegsjahren erkannte sie, daß sie sich mit ihrem emanzipatorischen Konzept nicht nur auf die Sexualreform beschränken durfte, wenn sie dem Ziel einer »Verfeinerung der moralischen Kultur« näher kommen wollte. »Sein oder Nichtsein der bewohnten Erde«, schrieb sie 1920, »hängt am Ende von der Anerkennung ab, daß die Gesetze der Moral, die wir erst nur für beide Geschlechter innerhalb des Liebeslebens zur Geltung bringen wollten, ebenso für das staatliche Leben, für das Leben der Völker miteinander zur unumschränkten Herrschaft kommen müssen.«

Es war durchaus eine Fortschreibung ihres Emanzipationskonzeptes zur Sexualreform, wenn St. mit dem Ersten Weltkrieg ein Demokratieverständnis im idealtypischen Sinn entwarf, das die optimale Gewährung von Lebenschancen und Entfaltungsmöglichkeiten – für jedes Individuum einer Gesellschaft – zur obersten Prämisse politischen Handelns erhob. So schrieb sie 1919: »Demokratie bedeutet eine Gesellschaft, die auf der Auffassung beruht, daß der einzelnen Persönlichkeit und der einzelnen Seele höchste und geheiligte Bedeutung zukomme, und daß die Gewährleistung voller Entwicklung der individuellen Seele das Ziel der Menschen sei, die sich zu einem Staate zusammenschließen. Ein solcher Staat kann niemals etwas Abgeschlossenes sein, sondern er wird in steter Bewegung sein müssen, in einer ununterbrochenen Entwicklung nach aufwärts.«

In der Konsequenz eines idealisierenden Politikbegriffs, der den Menschen und seine Lebenschancen in den Mittelpunkt stellt, vertrat St. einen »absoluten« Pazifismus und lehnte jede Form der Gewaltanwendung ab. In tagespolitischen Stellungnahmen und Vorträgen setzte sie sich für Kriegsdienstverweigerung ein und forderte die Abschaffung der Reichswehr. In ihrer Zeitschrift *Die Neue Generation* würdigte sie die Schriften und das Engagement Tolstois und Ghandis. Von diesen *Verkündern und Verwirklichern* – so ein Buchtitel St.s (1928) – war sie sichtlich fasziniert, so daß sie noch zu Beginn der zwanziger Jahre mit ungebrochenem Optimismus meinte, die Menschheit vervollkommne sich »in einer ununterbrochenen Entwicklung nach aufwärts«. Diese Grundannahme ihres – wie sie selbst einmal sagte, »unpraktischen Idealismus« wurde in der Weimarer Republik auf eine harte Probe gestellt.

Fememorde, eine große Gewaltbereitschaft in politischen Auseinandersetzungen und Legendenbildungen über das Fronterlebnis als prägender Bestandteil der politischen Kultur ließen die von ihr angestrebte »neue Ethik« in weite Ferne rücken.

Dennoch hielt St. zeitlebens an den Prämissen ihrer Überzeugung fest, obwohl sie 1933 Deutschland verlassen mußte, als kranke Frau im Exil ein rastloses Leben führte und noch die Entfesselung des Zweiten Weltkrieges durch Hitler-Deutschland miterlebte. Ihr Eintreten für ein von ethischen Grundsätzen geleitetes Politikverständnis, in dem der Mensch und seine Entfaltungsmöglichkeiten Priorität erlangen, und die damit verbundene Option zugunsten eines absoluten Pazifismus ließen zu dieser Zeit ein Dilemma deutlich werden. Es galt, Menschenleben zu schützen: Doch einerseits mußte sie erkennen, daß gewaltfreie Handlungskonzepte gegen den NS-Staat und dessen kriegerische Expansionspolitik kaum Aussichten auf Erfolg hatten. Andererseits vermochte sie es nicht, für einen Einsatz mit Gewaltmitteln gegen den Aggressor einzutreten, wenn sie nicht die eigenen ethischen Grundsätze in Frage stellen wollte. Damit waren die Grenzen ihres ethisch motivierten Politik- und Emanzipationsverständnisses offenkundig. 1941, zwei Jahre vor ihrem von der Öffentlichkeit nicht zur Kenntnis genommenen Tod im New Yorker Exil, schrieb St. resignierend in einem Brief an Freunde: Daß die Weltlage »so problematisch werden würde, haben wir vielleicht doch nicht ganz vorausgesehen. Und man müßte wohl tausend oder zehntausend Jahre leben, um eine Entwicklung zu sehen, die uns vielleicht freuen würde.«

Bockel, R. v.: Philosophin einer »neuen Ethik«: Helene Stöcker (1869–1943). Hamburg 1991. – Wickert, C.: Helene Stöcker 1869–1943. Frauenrechtlerin, Sexualreformerin und Pazifistin. Bonn 1991.

Rolf von Bockel

Stöcker, Lydia

Geb. 15. 2. 1877 in Elberfeld; gest. 19. 12. 1942 in Heiligenberg/Bodensee

»Es ist nicht leicht zu sagen, was schwerer ist, das bittere Gefühl des Proletariers: das alles ist dir verschlossen, weil du ›arm‹ bist, oder das, was die Frau empfand: hundert Möglichkeiten und Wege sind dir verboten, einzig und allein um deines ›Geschlechtes‹ willen. Der Proletarier hat wenigstens die Hoffnung, seine Klassenlage zu ändern, die Frau ›kann‹ ihr Geschlecht niemals ändern. Und sie ›will‹ bewußt Frau bleiben.« In dieser Aussage St.s in ihrem Text *Frauentum als Erziehungsfaktor* (1926) konkretisierte sich ihr politisches Selbstverständnis, in dem sich sozialistische und feministische Ideen verbanden. Schon 1908 trat St. in die Sozialdemokratische Partei Deutschlands ein und engagierte sich zugleich für die Emanzipation der Frau. So gehörte sie dem bereits 1888 gegründeten Verein »Frauenbildung – Frauenstudium« an und war zeitweilig, 1919, auch dessen Vorsitzende. Sie wurde Mitglied in dem von ihrer Schwester Helene 1905 mitgegründeten »Bund für Mutterschutz«, der für Sexualkundeunterricht, Mutterschutzversicherung, das Recht der »freien Ehe«, gesetzliche Gleichstellung von Männern und Frauen, staatliche Fürsorge für unehelich geborene Kinder und Abschaffung des Abtreibungsverbotes eintrat. St. unterstützte diese Ziele, indem sie diverse Artikel in dem Organ des Bundes, *Die neue Generation*, und in der Zeitschrift *Die neue Erziehung* über das *Lehrerinnenzölibat* (1916ff.) die *Lage der verheirateten Lehrerin* (1926), über *Frauenberufsarbeit und Beamtenabbau* (1923) und *Über die uneheliche Mutterschaft der Lehrerin* (1931) publizierte.

Wie kam die Tocher einer pietistischen Textilfabrikantenfamilie zu solchen Überzeugungen? Eine wichtige Voraussetzung war sicherlich der Besuch der Städtischen Höheren Mädchenschule in Elberfeld, an der eine an den höheren Knabenschulen orientierte Mädchenbildung vermittelt wurde. St. gab sich aber nicht mit der 1896 im Alter von 19 Jahren abgelegten Prüfung für Lehrerinnen an Volks-, mittleren und höheren Mädchenschulen zufrieden, sondern ging nach Berlin, um sich in Vorbereitungskursen des Viktoria-Lyzeums weiterzubilden und dann an der Universität Germanistik, Geschichte und Theologie zu studieren. Ihren Berufswunsch, Pfarrerin zu werden, konnte sie allerdings wegen der fehlenden Berufsperspektive für Frauen nicht verwirklichen. Deshalb legte sie die Oberlehrerinnenprüfung ab und arbeitete von 1907 bis 1933 als Studienrätin an der Chamisso-Schule in Berlin-Schöneberg, der ersten städtischen höheren Mädchenschule Berlins. St.s Eintreten für die Frauenemanzipation sowie für eine sozialistische Umgestaltung der Gesellschaft fand auch Eingang in ihre Unterrichtstätigkeit, z.B. besuchte sie mit ihren Schülerinnen einen internationalen Frauenkongreß und las mit ihnen *das kommunistische Manifest*. Einer drohenden Entlassung aus politischen Gründen nach dem sog. »Gesetz zur Wiederherstellung des Berufsbeamtentums« vom 7. 4. 1933 kam die Sechsundfünfzigjährige durch eine frühzeitliche, gesundheitlich begründete Pensionierung zuvor.

Eigene Erfahrungen der Zurücksetzung als Frau, das durch die Frauenbewegung erkämpfte Recht auf Bildung, sicher auch Auseinandersetzungen mit der älteren Schwester Helene und die gesetzlich erzwungene Unvereinbarkeit von Beruf und Familie, das sog. Lehrerinnenzölibat, waren ausschlaggebend für ihr politisches Engagement. Unter dem Eindruck des Ersten Weltkrieges und in der revolutionären Stimmung zu Beginn der Weimarer Republik verstärkten sich ihre Bestrebungen. Ihre feministisch-pazifistische Arbeit in der »Internationalen Frauenliga für Frieden und Freiheit« (IFFF) richtete sich gegen die Manifestation des männlichen Vernichtungspotentials im Krieg, indem sie die Bewahrung der Menschlichkeit zur gesellschaftlichen Aufgabe der Frau erklärte. Somit hatte St.s Verständnis von Frauentum und Mütterlichkeit eine politische Bedeutung und stellte ein Bekenntnis zum »Pazifismus als Kampf gegen Machtvergötterung in jeder Form« dar, wie sie in dem Artikel *Menschenbildung und Lebensgestaltung* (1922) schrieb.

Sie gehörte zeitweilig zu den fünf Beauftragten des »Deutschen Zweiges« der IFFF, war Mitglied der »Kommission für Erziehung« und nahm als Vertreterin der »Liga« an der 1920 in Berlin tagenden Reichsschulkonferenz teil. St. war auch an der Gründung des »Bundes Entschiedener Schulreformer« im Sommer 1920 beteiligt und in seinem provisorisch eingerichteten Zentralvorstand für die Abteilung höhere Schulen zuständig. St. nahm jedoch innerhalb des »Bundes Entschiedener Schulreformer« und der reformpädagogischen Bewegung überhaupt eine Randposition ein: Sie gehörte zu den wenigen Pädagoginnen, die Reformen des Unterrichts und der Erziehung sowie die Frage der Mädchenbildung und der Koedukation mit psychoanalytischen Erkenntnissen Sigmund Freuds verbanden. Indem sie von der Bisexualität des Menschen ausging, stellte sie die von Protagonistinnen der bürgerlichen Frauenbewegung und auch von der reformpädagogischen Bewegung vertretene Polarität der Geschlechter in Frage. Die seit dem letzten Drittel des 18. Jahrhunderts intensiv geführte Diskussion über die Geschlechtscharaktere und über die »weibliche Eigenart«, in deren Folge die Separierung des Mädchenschulwesens begründet wurde, lehnte sie ab. Ihre Haltung in der Auseinandersetzung um die Mädchenbildung ist insbesondere deshalb bemerkenswert, weil sie die der Geschlechterpolarität zugrunde liegende Unterwerfung der Frau entlarvte.

Für St. war die Betrachtung geschichtlicher Ereignisse und gesellschaftlicher Zusammenhänge mit Hilfe der Kategorie des Geschlechts selbstverständlich. Von diesem Standpunkt aus formulierte St. die besonderen Aufgaben für die Erziehung und Bildung der Mädchen und auch für die Gemeinschaftserziehung, wie sie in den Landerziehungsheimen erprobt worden war und die sie in ihrem Beitrag *Über gemeinsame Erziehung* (1922) auf die »Schule der Zukunft, die Erlebnis- und Gemeinschaftsschule, die wirkliche Erziehungsstätte sein soll« übertragen wollte. Ausgehend von der Mädchenbildung, brachte sie ihre pädagogischen Erfahrungen auch in koedukative Zusammenhänge ein: Die Lehrerin sollte nicht nur den Mädchen Bezugsperson und Orientierungshilfe sein, sondern auch in der Entwicklung der Jungen bereichernd wirken. Vor allem aber forderte sie auch in der gemeinsamen Erziehung eine Parteilichkeit der Lehrerin für die Schülerinnen, weil ihr bewußt war, daß es in einer Gesellschaft der männlichen Dominanz darauf ankam, den Mädchen ein Selbstwertgefühl zu vermitteln und sie bei ihrer eigenen Identitätsfindung zu unterstützen.

Berücksichtigt wurden ihre Überlegungen damals höchstens im Ausnahmefall, die tatsächlich praktizierte Koedukation lief meist auf eine Unterordnung und Benachteiligung der Mädchen heraus. Nicht nur deshalb hat ihr in dem Bericht *Die Reichsschulkonferenz* in der Zeitschrift *Die Frau im Staat* (1920) formuliertes Demokratieverständnis in einer patriarchalischen Gesellschaft immer noch Aktualität: »daß, was Frauenfragen und Fraueninteressen betrifft, die Frauen sich immer bewußt bleiben müssen, daß nur sie, und sie allein die Vertreter ihrer Interessen sind.«

Hansen-Schaberg, Inge: Die Pädagogin Lydia Stöcker (1877-1942) und ihr Beitrag zur Mädchenbildung und Koedukation in der Weimarer Republik, in: Mitteilungen & Materialien, 43, 1995.

Inge Hansen-Schaberg

Stöhr, Hermann

Geb. 4. 1. 1898 in Stettin; gest. (hingerichtet) 21. 6. 1940 in Berlin-Plötzensee

Am 2. März 1939 schrieb der promovierte Staatswissenschaftler und Reserveoffiziersanwärter des Ersten Weltkriegs St. auf die Aufforderung zu Wehrübungen an die Wehrbehörde: »Den Dienst mit der Waffe muß ich aus Gewissensgründen ablehnen. Mir wie meinem Volk sagt Christus: ›Wer das Schwert nimmt, soll durchs Schwert umkommen‹ (Matth. 26,53). So halte ich die Waffenrüstungen meines Volkes nicht für einen Schutz, sondern für eine Gefahr. Positives Christentum weist meines Erachtens den Völkern höhere Ziele, als sich in Kriegs-Rüstungen gegenseitig zu übertreffen und einen immer größeren Prozentsatz der nationalen Energien hierfür einzusetzen.«

Zum ersten Mal in der 400jährigen Geschichte der lutherischen Großkirchen hatte damit eines ihrer Mitglieder öffentlich aus religiösen Gründen den Kriegsdienst verweigert. St. blieb über mehrere Prozesse hinweg bei seiner Entscheidung und nahm die Konsequenzen auf sich. Er wurde am 16. März 1940 durch das Reichskriegsgericht wegen Zersetzung der Wehrkraft zum Tode verurteilt und am 21. Juni 1940 in Berlin-Plötzensee enthauptet. Zum Gedenken an sein Martyrium wurde 1985 eine Berliner Kirche nach St. benannt.

St.s Haltung eines absoluten Pazifismus stand ganz unter dem Vorzeichen seines Lebensthemas, der Überwindung nationaler und sozialer Schranken im Geiste christlich-kirchlicher Einheit. Während seines Studiums der Volkswirtschaft, des öffentlichen Rechts und der Sozialpolitik in Kiel, Berlin und Rostock zwischen 1919 und 1922 erlebte der Kriegsfreiwillige des Ersten Weltkriegs eine geistige Neuorientierung. Statt – wie geplant – über die im Krieg versenkte Schiffstonnage promovierte er über *Die Auslandshilfe 1919–1921*, die Deutschland zuteil wurde, für St. das Pendant zu den in Versailles auferlegten Reparationen. St. schloß sich dem 1914 entstandenen, hauptsächlich von englischen Quäkern getragenen »Internationalen Versöhnungsbund« an. Deren Mitglieder verpflichteten sich auf »Christi Revolutionsprinzip der Liebe«. 1923 bis 1926 war St. Sekretär des »Internationalen Versöhnungsbundes Deutscher Zweig« und enger Mitarbeiter des Mitbegründers des Versöhnungsbundes und führenden deutschen Ökumenikers, Friedrich Siegmund-Schultze, in Berlin. St. wurde die Geschäftsführung der einzigen deutschsprachigen ökumenischen Zeitschrift *Die Eiche* übertragen. Er arbeitete in der von Siegmund-Schultze betreuten »Sozialen Arbeitsgemeinschaft Berlin-Ost« mit. Er hielt den Kontakt zum »Weltbund für internationale Freundschaftsarbeit der Kirchen« und vertrat die protestantischen Pazifisten im »Deutschen Friedenskartell«, der 1921 gegründeten Dachorganisation der deutschen Friedensbewegung.

Auch die Tätigkeit 1926 bis 1928 als wissenschaftlicher Mitarbeiter beim »Centralausschuß für die Innere Mission« und als Dozent an einer Wohlfahrtsschule in Berlin verstand St. als Friedensarbeit. Mit einer großangelegten Untersuchung über *Die Wohlfahrtsgesetzgebung in den außerdeutschen Staaten Europas* schuf er die Voraussetzung für den Zusammenschluß der protestantischen diakonischen Verbände auf dem europäischen Kontinent im »Internationalen Verband für Innere Mission und Diakonie«. St.s unerschrockenes publizistisches Eintreten für die Aussöhnung mit Polen brachte ihm freilich Kritik von seiten protestantisch-deutscher Minderheiten in Polen und die Entlassung aus dem kirchlich-diakonischen Dienst ein.

St. lebte seitdem nur noch von den bescheidenen Einnahmen als freier Schriftsteller. Er gründete den »Ökumenischen Verlag«, in dem bis zum Jahr 1939 ausschließlich eigene Werke erschienen (*So half Amerika. Die Auslandshilfe der Vereinigten Staaten 1812–1930*, 1936; *Vom Wesen und Wirken der Auslandskirchen*, 1939).

Hitlers Machtergreifung bedeutete das Ende des organisierten Pazifismus. Pazifisten wurden politisch verfolgt und innerhalb der evangelischen Kirche geächtet. Trotzdem trat St. der heraufziehenden Barbarei und Kriegsgefahr als »Prophet im vollen biblischen Sinn des Wortes« (Kurt Scharf) entgegen. Nach dem »Judenboykott« gegen jüdische Geschäftsinhaber, Anwälte, Ärzte und jüdische Einrichtungen am 1. April 1933 solidarisierte er sich in seiner Heimatstadt Stettin öffentlich mit der jüdischen Gemeinde. Im Sommer 1933 forderte er die Leitung der evangelischen Kirche auf, regelmäßig in der sonntäglichen Fürbitte der in den KZs inhaftierten und verfolgten »Kommunisten, Sozialisten, Pazifisten, es seien Christen oder Juden« zu gedenken. Er geißelte seine Kirche, die im November 1933 zum Ja zu Hitlers Politik und zum Austritt aus dem »Völkerbund« aufrief.

Nach Einführung der allgemeinen Wehrpflicht 1935 war St. ähnlich Dietrich Bonhoeffer im Falle eines Krieges zur Verweigerung aus Glaubensgehorsam entschlossen. So unterschiedlich beider Lebensweg verlief und endete, gibt es auffallend Gemeinsames: Beide wußten sich der ökumenischen Bewegung verpflichtet. Beide bewahrten sich nach 1933 einen nüchternen Sinn gegenüber den Verletzungen von Recht und Menschenwürde. Beide hatten in einer entscheidenden Lebenswende die Bergpredigt für sich entdeckt und wußten sich in besonderer Weise zur Nachfolge berufen. In den Konsequenzen, die sie dann im Krieg zogen, unterschieden sie sich: St., der Staatswissenschaftler, zog sich zurück in den religiös unzweideutigen Gehorsam des konsequenten Kriegsdienstverweigerers. Bonhoeffer, der Theologe, stellte seine kirchlich-ökumenischen Verbindungen in den Dienst der politischen Verschwörung.

Vergeblich suchte St. seine Richter, die ihn fälschlicherweise als Zeuge Jehovas bezeichneten, davon zu überzeugen, daß nach evangelisch-theologischer Auffassung § 48 des Militärstrafgesetzbuchs, der eine Verweigerung aus religiösen und Gewissensgründen ausschloß, überholt sei. In Vorwegnahme einer grundlegenden theologischen Wende nach 1945 stellte St. fest, man könne seinem Vaterland auch anders dienen als mit der Waffe.

Die evangelische Kirche stand der Gestalt St.s ratlos gegenüber. Nicht nur führende nationalsozialistisch gesinnte »Deutsche Christen« im Berliner Oberkirchenrat zweifelten ernsthaft an St.s Verstand und bezeichneten seine »überschwängliche Liebe den Feinden gegenüber« als »religiöse Pathologie«. Auch die oppositionelle Bekennende Kirche – in der obrigkeitsstaatlichen lutherischen Zweireichelehre befangen – bewahrte Distanz zu ihm. Selbst unter Hitler hätte ein Christ »die Pflicht, unter Beachtung der möglichst humanen und ritterlichen Formen der Kriegführung ein möglichst guter Soldat zu sein«, heißt es in einer von der Bekennenden Kirche im September 1939 verbreiteten *Theologisch-ethischen Besinnung über den Krieg*. Als einflußreiche Freunde den Sprecher des »Geistlichen Vertrauensrats der Deutschen Evangelischen Kirche«, Landesbischof August Marahrens, drängten, ein Gnadengesuch des zum Tod verurteilten St. zu unterstützen, lehnte dieser unter Hinweis auf ein Gutachten seiner Kirchenjuristen ab. Bei St.s Begräbnis auf dem Berliner St. Johanniskirchfriedhof wurde die kirchliche Feier durch die anwesenden Gestapobeamten abgebrochen, als in der Liturgie das Wort »Frieden« gefallen war.

Röhm, E.: Sterben für den Frieden. Spurensicherung: Hermann Stöhr (1898–1940) und die ökumenische Friedensbewegung. Stuttgart 1985.

Eberhard Röhm

Stresemann, Gustav

Geb. 10. 5. 1878 in Berlin; gest. 3. 10. 1929 in Berlin

In dem Spektrum zwischen »Zyniker« und »Unvollendeter« bewegen sich die widersprüchlichen Urteile von Zeitgenossen über den nationalliberalen Politiker und langjährigen Außenminister der Weimarer Republik Str.. Später wurde er auch als »schillernder« und »typisch deutscher« Charakter gesehen. In einer bürgerlichen Familientradition aufgewachsen, die das Andenken an einen während der Revolution von 1848/49 aktiven Großvater Str.s hochhielt, Sohn eines liberalen Gastwirts und Biergroßhändlers, studierte Str. Nationalökonomie und promovierte über den Biervertrieb. Als Student wurde er Mitglied einer Burschenschaft »Neo-Germania« und wegen seiner organisatorischen und rhetorischen Fähigkeiten, die ihm später die politische Laufbahn eröffneten, deren Sprecher. Zugleich beteiligte er sich an Friedrich Naumanns »Nationalsozialem Verein«, der für eine Verschmelzung von Liberalismus, Sozialreform und Imperialismus unter einem »sozialen Kaisertum« eintrat.

Beruflich und politisch machte Str. schnell Karriere. Vom Syndikus *des Verbandes Deutscher Schokoladenfabrikanten (seit 1900)* über *den Syndikus des Verbandes Sächsischer Industrieller* (1902–1918) stieg er 1912 zum Vorstandsmitglied des »Bundes der Industriellen« auf, der die Interessen der Leichtindustrie und damit des »modernen« Flügels der Wirtschaftsverbände vertrat und im Gegensatz zum traditionellen Flügel der Schwerindustrie stand.

1907–1912 und 1914–1918 Reichtagsabgeordneter der »Nationalliberalen Partei«, rückte Str. 1917 zum Fraktionsvorsitzenden auf. Ab 1914 wurde er in enger Zusammenarbeit mit Ludendorff und der Obersten Heeresleitung einer der führenden und einflußreichen Kriegsdemagogen. Er war Verfechter weitgehender Annexionen und des unbeschränkten U-Boot-Kriegs.

Die außen- und innenpolitischen Folgen der Niederlage im Krieg und der November-Revolution , die Einführung der Republik und die Reichsverfassung akzeptierte Str. zunächst nicht. An der Spitze der von ihm im Dezember 1918 mitbegründeten rechtsliberalen »Deutschen Volkspartei« (DVP), einer Interessenvertretung vor allem der Großindustrie, trat Str. dann aber seit Beginn der 20er Jahre für eine »Realpolitik« ein, die die Gegebenheiten der Kriegsniederlage und des Endes der Monarchie hinnahm, ohne das Ziel eines politisch, ökonomisch und militärisch starken Deutschlands als einer führenden Macht damit aufzugeben. Innenpolitisch vertrat die DVP einen Kurs der Marktwirtschaft und der Integration der SPD in einen »sozialen Kapitalismus«. Str. wurde der erste Parteivorsitzende, und er blieb es bis zu seinem Tode. Die DVP verlor allerdings bei den Reichstagswahlen nach anfänglich beachtlichem Erfolg ständig an Bedeutung (1920: 13,9 Prozent); 1930: 4,6 Prozent) - eine Tatsache, die Str.s Position ungeachtet seiner außenpolitischen Erfolge und seines Ansehens im Ausland erheblich schwächte.

1919 Mitglied der Nationalversammlung und seit 1920 des Reichstages, wurde Str. am 13. August 1923 von Reichspräsident Ebert zum Reichskanzler ernannt. Str. bildete eine Regierung der großen Koalition aus DVP, »Zentrum«, »Demokratischer Partei« (DDP) und SPD, übernahm selbst auch das Außenministerium, beendete den Widerstand gegen die französische Besetzung des Ruhrgebiets und ergriff Maßnahmen zur Eindämmung der Inflation. Separatistische Tendenzen im Rheinland und in Bayern, revolutionäre Unruhen in Sachsen, Thüringen und Hamburg sowie der Hitler-Ludendorff-Putsch in München prägten Str.s Kanzlerschaft, die nach 100 Tagen bereits wieder endete. Unter dem neuen Reichskanzler Marx (Zentrum) erhielt Str. am 22. November 1923 das Amt des Außenministers, das er unter wechselnden Regierungen verschiedener Koalitionen bis zu seinem Tode ausübte.

Marksteine seiner Außenpolitik waren Verträge, die der Verständigung und Entspannung mit dem Westen dienten und Deutschland wieder zum Gesprächspartner seiner früheren Kriegsgegner machten. Dabei zog Str. sich zunächst den Haß der politischen Rechten zu. Im Lauf der Jahre verlor er aber darüber hinaus auch zunehmend an Rückhalt innerhalb seiner eigenen Partei, (vor allem bei deren starkem rechten Flügel) und bei den Koalitionsparteien. Zu den wichtigsten dieser Abkommen zählen die folgenden: 1924 stimmte Deutschland dem Dawes-Plan zu, der die Zahlung der dem Reich im Versailler Vertrag auferlegten Reparationen regelte und Erleichterungen für Deutschland brachte. 1925 folgten die Verträge von Locarno, mit denen Deutschland auf Elsaß-Lothringen verzichtete und die Grenzen zu Frankreich und Belgien garantierte.

1926 wurde mit der Sowjetunion ein Freundschafts- und Neutralitätsvertrag geschlossen. Deutschland wurde in den Völkerbund aufgenommen, und zusammen mit seinem französischen Verhandlungspartner Aristide Briand erhielt Str. in diesem Jahr den Friedensnobelpreis. 1928 trat Deutschland dem Kellogg-Pakt (Verzicht auf Krieg als Mittel der Politik) bei. Der 1929 beschlossene Young-Plan setzte die deutschen Reparationsverpflichtungen herab und gab Deutschland die wirtschaftliche und finanzielle Souveränität zurück.

Während Str. die Zuordnung Elsaß-Lothringens zu Frankreich als endgültig akzeptierte, fand er sich mit der durch den Versailler Vertrag auferlegten Einschränkung der deutschen Militärmacht (100000-Mann-Heer) und der Abtretung von Gebieten im Osten sowie der Existenz eines unabhängigen polnischen Staates nie ab. Das System der kollektiven Sicherheit, dessen Ansätze Str. zu entwickeln half, bezog sich auf den Westen und vor allem auf Frankreich. Daß die deutsch-französische »Erbfeindschaft« politisch überwunden werden müsse, war zur Leitlinie Str.s geworden. Hierbei stand zunächst die Einsicht Pate, daß die beiden annähernd gleichstarken Länder einander nicht besiegen konnten und daher als Partner miteinander auskommen mußten.

Es trat die Erwartung hinzu, daß ein auf gegenseitiger Grenzgarantie beruhendes Bündnis mit Frankreich den Deutschen freie Hand im Osten und Südosten Europas geben werde und damit dort, worauf seit etwa der Jahrhundertwende der moderne deutsche Expansionismus sein Augenmerk gerichtet hatte. Es war dies die Mitteleuropa-Konzeption unter deutscher Oberhoheit, wie sie durch Naumann, von Hassell und den im Mitteleuropäischen Wirtschaftstag vereinten politischen Gruppen offen vertreten wurde. Auch der Vertrag mit der Sowjetunion diente dem Ziel der Interessenabgrenzung und erhöhte den Druck auf die ost- und südosteuropäischen Länder (Polen, Tschechoslowakei, Balkan-Staaten), die nun ihres traditionellen französischen Verbündeten verlustig gehen sollten.

Ungeachtet seines markanten stiernackigen und glatzköpfigen, den Karikaturisten willkommenen Äußeren war Str., der zeitlebens einem sentimental-idealisierten Deutschtum anhing, sensibel, verletzlich, beeinflußbar und nicht selten unsicher. Gegen Ende seines von rastloser Arbeit geprägten Lebens - er wurde nur 51 Jahre alt und starb an einem Schlaganfall - fühlte er sich zunehmend überfordert.

Koszyk, K.: Gustav Stresemann. Der kaisertreue Demokrat. Eine Biographie. Köln 1989. - Krüger, P.: Die Außenpolitik der Republik von Weimar. Darmstadt (2. Aufl.) 1993. - Niedhart, G.: Deutsche Geschichte 1918-1933. Politik in der Weimarer Republik und der Sieg der Rechten. Stuttgart, Berlin, Köln 1994. - Thimme, A.: Gustav Stresemann. Eine politische Biographie zur Geschichte der Weimarer Republik. Hannover und Frankfurt/Main 1957.

Andreas Kaiser

Stritt, Marie, geb. Bacon

Geb. 18.2.1855 in Schäßburg/Siebenbürgen; gest. 16.9.1928 in Dresden

St., »Querdenkerin und Grenzgängerin zwischen den Fronten« (U. Gerhard) gehörte dem radikalen Flügel der bürgerlichen Frauenbewegung an und engagierte sich insbesondere für die rechtliche Gleichstellung der Frau. St. wuchs mit drei Geschwistern in einer liberalen Familie auf. Die politisch und religiös freisinnige Richtung des Vaters, er war Rechtsanwalt und wurde später Reichstagsabgeordneter, bestimmte das Klima im Hause Bacon. Das Interesse für die Rechte der Frau wurde schon früh durch ihre Mutter geweckt.

St. erhielt zunächst Privatunterricht und ging 1874 nach Wien, um sich am dortigen Konservatorium als Schauspielerin ausbilden zu lassen. Sie erhielt Engagements an verschiedenen Bühnen; am Karlsruher Hoftheater lernte sie ihren späteren Ehemann, den Opernsänger Albert Stritt, kennen. Sie heiratete 1879 und bekam zwei Kinder, blieb aber zunächst weiter berufstätig. Erst mit der Übersiedlung der Familie nach Dresden im Jahre 1889 gab sie ihren Beruf auf.

Dort knüpfte sie Kontakte zur bürgerlichen Frauenbewegung und gehörte zu den Mitbegründerinnen der Dresdener Ortsgruppe des »Allgemeinen Deutschen Frauenvereins« (ADF). Ihr Hauptaugenmerk galt rechtlichen Fragen; 1894 rief sie den ersten Rechtsschutzverein ins Leben, der als Vorbild für eine Vielzahl von weiteren im ganzen Reich diente. Während der Beratungen im Reichstag über den Entwurf des neuen *Bürgerlichen Gesetzbuchs* (BGB) gehörte sie zu den aktiven Kämpferinnen für die rechtliche Gleichstellung der Frau. Sie dokumentierte dieses u.a. in Schriften wie *Frauen-Landsturm. Flugblatt gegen den Entwurf des Bürgerlichen Gesetzbuches,* (o.J.) und *Das bürgerliche Gesetzbuch und die Frauenfrage,* (1898). 1898 übernahm sie von der aus Altersgründen ausscheidenden Auguste Schmidt kommissarisch den Posten der Vorsitzenden des »Bundes deutscher Frauenvereine« (BDF), zwei Jahre später erfolgte ihre offizielle Wahl zur Bundesvorsitzenden.

Vorbild für den BDF war der »National Council of Women«, ein Zusammenschluß der amerikanischen Frauenorganisationen. Unter der Federführung des »Lette-Vereins«, einem von Wilhelm Lette 1866 gegründeten »Vereins zur Förderung der Erwerbsfähigkeit des weiblichen Geschlechts«, fand im März 1894 in Berlin die Gründungsversammlung des deutschen Dachverbandes statt, an der 34 Delegierte verschiedener Frauenvereine aus dem ganzen Reich teilnahmen. Das Verdienst dieses Zusammenschlusses, der sich im Laufe der Jahre als äußerst erfolgreich herausstellen sollte, bestand darin, die bisher nur vereinzelt aufgetretenen Vereine »durch organisiertes Zusammenwirken« zu stärken. »Der Bund bietet Gelegenheit zum Gedankenaustausch. (...) Er sieht ab von jeder Einmischung in die inneren Angelegenheiten der zu ihm gehörenden Vereine.« Diese in den Statuten festgehaltene Zielsetzung, insbesondere die Beschränkung auf gemeinnützige Organisationen, stieß auf heftige Kritik. Vor allem die radikalen Frauenrechtlerinnen um Minna Cauer und Lily von Gyzicki (später: Lily Braun), mit deren Positionen auch St. sympathisierte, kritisierten den Ausschluß der sozialdemokratischen Frauenvereine.

Auf den Generalversammlungen des Bundes wurden die Schwerpunkte der Arbeit festgelegt und das gemeinsame Vorgehen abgestimmt. Für einen verbesserten Diskussionsprozeß sorgte ab 1899 die verbandseigene Zeitschrift, die von Jeanette Schwerin begründet und nach deren Tod von St. übernommen wurde. Das *Centralblatt des Bundes Deutscher Frauenvereine* (ab 1913: *Die Frauenfrage*) entwickelte sich nicht nur zu einem wichtigen internen Publikationsorgan, sondern fand auch weit über die Kreise des BDF hinaus Beachtung. Bis zum Einstellen der Zeitschrift im Jahre 1921, die sich dadurch auszeichnete, abwägend zwischen unterschiedlichen Positionen zu vermitteln, trug sie die deutliche Handschrift ihrer Herausgeberin.

Die inhaltliche Arbeit des BDF fand in den Kommissionen statt. In den ständigen Ausschüssen beschäftigten sich die Frauen u.a. mit Sittlichkeitsfragen, der Einführung von Gewerbeinspektorinnen, dem Erziehungswesen und der Mäßigkeitsbewegung. Sehr erfolgreich arbeitete auch die Rechtskommission, der neben St. u.a. auch die radikale Frauenrechtlerin Anita Augspurg angehörte. Da hier der Grundsatz bestand, »nur dasjenige zum gemeinsamen Arbeitsgebiete zu wählen, wozu Alle von Herzen ihre Zustimmung geben können, ›such as all can heartily agree upon‹«, kam es immer wieder zu Problemen, die einzelnen Interessen der Mitgliedsorganisationen zu integrieren.

Während der Amtszeit von St. entwickelte sich der BDF zu einer mächtigen und einflußreichen Organisation, die auch im Ausland Ansehen errang. Ihr gelang es, den Bund auch radikalen Positionen gegenüber zu öffnen. Zwar hatten sich die radikalen Frauenvereine bereits 1899 unter Minna Cauer zum »Verband fortschrittlicher Frauenvereine« zusammengeschlossen, sie blieben aber zunächst im Bund und erreichten u.a., daß die Stimmrechtsforderung ins Programm aufgenommen wurde und sich in der Sittlichkeitsfrage die abolitionistische Richtung durchsetzen konnte.

Durch den Zusammenschluß im BDF »ist die deutsche Frauenbewegung, die ihre Kräfte früher so zersplitterte, zu einem nationalen Ganzen geeint; sie ist ein Factor geworden, mit dem die öffentliche Meinung, die Presse, die Gesetzgeber rechnen müssen und rechnen«, resümierte 1900 St. in der von ihr gemeinsam mit Ika Freudenberg verfaßten Geschichte des BDF (*Der Bund Deutscher Frauenvereine. Eine Darlegung seiner Aufgaben und Ziele und seiner bisherigen Entwicklung, nebst einer kurzgefaßten Übersicht über die Thätigkeit seiner Kommissionen*). Zu diesem Zeitpunkt vertrat die Dachorganisation 150 Vereine mit 80 000 Frauen. In den Folgejahren wuchs die Organisation kontinuierlich weiter und zählte 1912 bereits 500 000 und 1919 über 800 000 Mitglieder.

»Es ist der Führung von Marie Stritt zu danken«, urteilte ihre Nachfolgerin Gertrud Bäumer, »daß sich diese Durchdringung des Bundes mit dem Geist der Frauenbewegung rasch und vollständig vollzog.« Selbst dem radikalen Flügel der bürgerlichen Frauenbewegung zugehörig, trat St. im BDF immer wieder als Vermittlerin zwischen den verschiedenen Flügeln auf. Neben der rechtlichen Gleichstellung forderte sie insbesondere die Selbstbestimmung der Frau und setzte sich für Geburtenkontrolle und die Abschaffung des §218 ein. Die Vereinbarkeit von Beruf und Ehe war für sie ebenso Grundvoraussetzung für die Emanzipation der Frau wie das Wahl- und Stimmrecht. Sie unterstützte deshalb die Frauenstimmrechtsbewegung, leitete u.a. den »Deutschen Verband für Frauenstimmrecht« (seit 1916) und zählte zu den führenden Vertreterinnen des von Helene Stöcker 1905 ins Leben gerufenen »Bundes für Mutterschutz und Sexualreform«.

Die Vertretung dezidiert politischer und feministischer Positionen war 1910 Grund für die Ablösung St.s als Vorsitzende des BDF durch Gertrud Bäumer. Unter Bäumer öffnete sich der BDF zunehmend konservativen und nationalen Positionen: Neben dem bereits 1908 beigetretenen »Deutsch-Evangelischen Frauenbund« stärkte vor allem der »Reichsverband Landwirtschaftlicher Hausfrauenvereine« den rechten Flügel. Im Ersten Weltkrieg standen der »Nationale Frauendienst«, eine Organisation zur Arbeitsvermittlung und -beschaffung für Frauen und zur fürsorgerischen Betreuung im Kriege, in der Weimarer Republik parlamentarische und berufsständische Fragen im Mittelpunkt der Verbandsarbeit. Anfang der dreißiger Jahre waren über eine Million Frauen im BDF organisiert. Nach fast vierzigjähriger Tätigkeit mußte der Verband im Mai 1933 seine Arbeit einstellen. Um der »Gleichschaltung« zu entgehen, beschloß der Vorstand unter der 1931 gewählten Vorsitzenden Agnes von Zahn-Harnack am 15. Mai 1933 die Selbstauflösung des Bundes.

Geschätzt wurde St. in den Reihen der Frauenbewegung nicht nur wegen ihrer engagierten Vereinstätigkeit, sondern auch aufgrund ihres großen »Darstellungs- und Rednertalents«. Als »Wanderapostel«, wie sie von ihrer Münchener Mitstreiterin Ika Freudenberg bezeichnet wurde, zog sie durch das ganze Reich und hielt Vorträge über die rechtliche Stellung der Frau. Neben eigenen schriftstellerischen Arbeiten betätigte sie sich auch als Übersetzerin, u.a. übertrug sie das Buch *Women and Economics* der Engländerin Charlotte Perkins Gilman ins Deutsche (*Mann und Frau. Die wirtschaftlichen Beziehungen der Geschlechter als Hauptfaktor der sozialen Entwicklung,* Dresden 1913). Auf St.s Engagement geht auch zurück, daß der »Internationale Frauenkongreß« 1904 in Berlin unter ihrer Leitung ausgerichtet wurde.

Als »herzlichsten Dank für ihre langjährige aufopfernde Tätigkeit« als BDF-Vorsitzende wurde 1910 eine »Marie-Stritt-Stiftung« ins Leben gerufen. Mit Hilfe von Spenden einzelner Frauen und Frauenvereine konnte ein Stiftungskapital in Höhe von ca. 28 000 Mark zusammengetragen werden. Die Inflation machte jedoch den ursprünglichen Plan, St. eine angemessene, lebenslängliche Rente auszuzahlen, bereits nach zwölf Jahren zunichte. In der Weimarer Republik widmete sich St. parteipolitischer Arbeit. Als Gründungsmitglied der »Deutschen Demokratischen Partei« (DDP) kandidierte sie 1919 für die Nationalversammlung, erlangte jedoch kein Mandat. Erfolgreicher war sie in Dresden, wo sie von 1920 bis 1922 als Stadträtin arbeitete. Im Alter von 73 Jahren starb sie in Dresden.

Gerhard, U.: Unerhört. Die Geschichte der deutschen Frauenbewegung. Reinbek bei Hamburg 1990. – Waescher, J.: Wegbereiter der deutschen Frau. 18 Lebensbilder aus der Frühzeit der deutschen Frauenbewegung. Kassel 1931.

Gilla Dölle

Ströbel, Heinrich (Pseud. in der Schweizer Exilpresse: Gerhard Büchner)

Geb. 7. 6. 1869 in Bad Nauheim/Hessen; gest. 9. 1. 1944 in Zürich

»Ich vergaß nichts von dem, was ich als Sozialist und Marxist mir je anzueignen bemüht gewesen, aber ich lernte manches Andere hinzu, was mir bis dahin unbekannt geblieben war.« Dieses Bekenntnis legte 1929 einer der wenigen sozialdemokratischen Politiker ab, die sich unter dem Einfluß des Ersten Weltkriegs der organisierten Friedensbewegung angeschlossen hatten: Heinrich Str. In seiner Eigenschaft als Mitglied der »Deutschen Liga für Menschenrechte« und des »Westdeutschen Landesverbandes« der »Deutschen Friedensgesellschaft« repräsentierte er den schwachen radikalpazifistischen Flügel der Weimarer Sozialdemokratie. Das Erlebnis des Weltkriegs hinterließ tiefe Spuren in seinem Leben. Am 4. August 1914, als die SPD den Kriegskrediten zustimmte, durchlebte er den Zusammenbruch seiner bisherigen Ideenwelt. Das bedingungslose Vertrauen auf die friedensbewahrende und gesellschaftsverändernde Macht der Sozialdemokratie, so urteilte er später, habe sich als nutzlos erwiesen, der vor 1914 bei jeder Gelegenheit beschworene Internationalismus nur auf dem Papier gestanden. Was nutzten all die theoretischen Reflexionen, all die markanten Willensbekundungen, die pathetischen Aufrufe, wenn die sozialistischen Parteien, die er als eigentliche Friedensgaranten angesehen hatte, bei der ersten großen Herausforderung ihre internationalen Verpflichtungen abstreiften? »Mit dem Gefühl«, so erinnerte sich Str., »eine ungeheure Katastrophe miterlebt zu haben, schaute ich in die grausam lügnerische Abendglorie. Das war das Ende der deutschen Sozialdemokratie, vielleicht des Sozialismus unserer Zeit überhaupt.« Während selbst linke Sozialdemokraten wie Paul Lensch, Heinrich Cunow oder Konrad Haenisch ins »nationale« Lager wechselten, verfolgte Str. mit Interesse, wie der organisierte Pazifismus der Tatsache des Krieges heftigen Widerstand leistete. Sein Weg zur Friedensbewegung war vorgezeichnet. Noch während des Kriegs schloß er sich dem »Bund Neues Vaterland« und, nach dessen Verbot, der »Zentralstelle Völkerrecht« an.

Bis zum Weltkrieg deutete nur wenig darauf hin, daß sich Str. nach 1918 zu einem klarsichtigen und sachverständigen Kritiker der deutschen Verhältnisse entwickeln sollte, der nicht nur alle entscheidenden Weichenstellungen der deutschen Zwischenkriegszeit und die sich daraus ableitenden Konsequenzen für den Bestand der Demokratie rechtzeitig erkannte, sondern auch früh vor den Gefahren des deutschen Faschismus warnte.

1869 als Sohn eines Kaufmanns im hessischen Bad Nauheim geboren, kam er bereits in jungen Jahren mit den Werken der deutschen Klassik in Berührung, die einen nachhaltigen Einfluß auf ihn ausübten. Nach seinem »Einjährigen« eignete er sich in privaten Studien grundlegende Kenntnisse in deutscher Literatur, deutscher Geschichte und Volkswirtschaft an, um noch als junger Mann 1889 der SPD beizutreten. Zunächst als Redakteur in Kassel und Kiel beschäftigt, wurde er im Jahre 1900 an den *Vorwärts* berufen, für den er bis 1916 als politischer Redakteur tätig war. In der Auseinandersetzung zwischen Radikalen und Revisionisten bezog Str. dezidiert gegen Eduard Bernstein und seine Anhänger Stellung. Eng arbeitete er in diesen Jahren mit Rosa Luxemburg, Karl Liebknecht und Karl Kautsky zusammen. Mit Karl Liebknecht verband ihn, erst recht seitdem beide 1908 in den preußischen Landtag gewählt wurden, eine lebenslange Freundschaft. Politisch zählte Str. zum linken Zentrum der SPD, aus dem sich der Kern der späteren USPD rekrutierte, der auch er sich anschloß.

In der Phase des revolutionären Umbruchs 1918/1920 exponierte sich Str. als einer der entschiedensten Gegner des Leninismus. Die Absicht der Bolschewiki, das ökonomisch rückständige, durch Kriege in sich zerissene Rußland mittels schematischer Dekrete in ein blühendes sozialistisches Paradies verwandeln zu wollen, hielt er für »utopisch«. Dieser Versuch, so stellte er im Sommer 1918 fest, sei bereits gescheitert und habe das Land in einen »brodelnden Hexenkessel« und »ein gärendes Chaos« verwandelt. Die auswärtige Politik, der Separatfrieden mit Deutschland, habe sich als »ein totales Débacle«, erwiesen, die innere Politik sei »eine einzige Kette von Mißerfolgen«, an deren Ende die völlige Zerrüttung der Produktion stehen werde. Er prangerte die Verfolgung von Menschewiki und Sozialrevolutionären an, die unterschiedslos als Konterrevolutionäre diffamiert würden. Gerade weil mehr auf dem Spiel stehe als der Bolschewismus, müsse die Kritik an diesem System verdoppelt werden. Im Interesse des internationalen Sozialismus dürfe der sozialistische Gedanke nicht mit dem Bolschewismus und seiner Politik identifiziert werden. Str. warnte davor, den Bolschewismus zum »Götzenbild des Sozialismus«, zur Heilslehre für die europäische Arbeiterschaft zu erheben. Dem unterdrückenden System der Bolschewiki stellte er seine Vorstellung von einem humanistisch-demokratischen Sozialismus gegenüber, der die Menschheit von den Ungerechtigkeiten des Kapitalismus befreien sollte, ohne in neue Abhängigkeiten zu fallen. Nicht durch Gewalt, sondern allein durch »Organisation« und freiwillige Mitarbeit der Bevölkerung könne das kapitalistische System modifiziert werden. »Eine leistungsfähige Organisation läßt sich niemals aus dem Boden stampfen, sie kann nur allmählich aus der Praxis selbst emporwachsen. Nicht als kecke Neuschöpfung, sondern nur als kluge Umformung des alten kapitalistischen Produktionsapparates hätte sich der Sozialismus in Rußland durchsetzen lassen.«

Einer Anregung Maximilian Hardens folgend, mit dem er während des Krieges intensiv korrespondierte, verfaßte Str. 1918 einen Zukunftsroman, *Die erste Milliarde der zweiten Billion*, in dem er seine Vorstellung von der weiteren Gestaltung Deutschlands und der Welt skizzierte. Er selbst bezeichnete diese Schrift als »Real-Utopie«, als »Schilderung des Kultur-Wiederaufbaus« nach dem Kriege, als »Arbeiterprogramm des revolutionären Deutschland«, das er in sicherer Erwartung des »Zusammenbruchs unseres Militarismus und des Triumphs der Demokratie« verfaßt hatte. Es handelt sich um ein Werk, das von stärkstem Vernunftdenken geprägt ist und deshalb durchaus in die Rubrik »Utopische Gesellschaftsentwürfe« eingeordnet werden kann. Es ist nicht nur ein Indiz für die Aufbruchstimmung, die weite sozialistische Kreise erfaßt hatte, sondern gibt uns auch Aufschluß über die Hoffnungen und Träume, die Str. nach vier Jahren Krieg erfüllten. Das von ihm entworfene Gebilde, urteilte Arthur Holitscher, sei in sich geschlossen und veranschauliche »ein Ideal der Entwicklung des demokratischen Gedankens durch den Sozialismus«. Wie bei Eduard Bernstein und Karl Kautsky löste der Faktor der Demokratie die bis dahin dominierende Gewalt als Motor des sozialen Kräfteausgleichs ab. Str. erwies sich als Weltbürger, als Anhänger des Prinzips der Vernunft, des klaren Verstandes und der rationalen Überzeugungskraft, der sich indessen zu diesem Zeitpunkt nicht vorzustellen vermochte, daß sich der Mensch auch von Irrationalismen beeinflussen läßt. Er war zutiefst davon überzeugt, daß sich die Menschheit nach den verheerenden Folgen des Kriegs des Instruments Demokratie bedienen werde, um alle gesellschaftlichen Bereiche nach den Grundsätzen der Ratio und des Fortschritts zu gestalten: Schluß mit kapitalistischer Ausbeutung, Schluß mit intellektueller Bevormundung und Beeinflussung, Schluß mit parlamentarischer Scheindemokratie. Str. verlangte die »Demokratisierung der Demokratie«. Dazu zählte er in erster Linie die Rotation der Abgeordneten. Um Korruption zu verhindern und den Kontakt zum Volk als eigentlichem Souverän zu bewahren, müßten sie nach zwei Legislaturperioden zurücktreten. Ferner forderte Str. Demokratisierung des Pressewesens, Politisierung des Versammlungslebens und Aufbau einer politischen Literatur. Auf diesem Wege hoffte er, dem Volk die Erkenntnis zu vermitteln, daß Politik keine Geheimwissenschaft, sondern ein notwendiger Bestandteil der Allgemeinbildung sei, ohne den demokratische Staatswesen zum Scheitern verurteilt seien.

Scharf wandte sich Str. gegen den Antiparlamentarismus linker Unabhängiger, die mit der Errichtung des Rätesystems die Beseitigung aller Mißstände ersehnten. Ohne ein demokratisch gewähltes und arbeitendes Parlament könne ein so kompliziertes Gebilde wie das hochindustrialisierte Deutschland nicht funktionieren. Die schlagartige Ablösung der bürgerlichen Demokratie durch die Diktatur der Räte führe zur Zerrüttung der Wirtschaft und damit zur Verelendung des Volkes. Der von der KPD und weiter Kreise innerhalb der USPD propagierten »Weltrevolution« stellte Str. den Völkerbund entgegen, den der internationale Sozialismus zu einer Waffe der Demokratie auszubauen habe. Er war davon überzeugt, daß nur die »Gesellschaft der Nationen« in der Lage sein könne, die Reichtümer der Welt gerechter zu verteilen, nicht aber ein wie auch immer konzipiertes Rätesystem, das die hochindustrialisierten Länder des Westens in ein wirtschaftliches Chaos stürzen müsse.

Da Str. sich weigerte, seine Kritik am ständig wachsenden antidemokratischen Flügel der USPD einzustellen, wurde er im Sommer 1920 ausgeschlossen. Er kehrte zur MSPD zurück, wo er mit Paul Levi, Kurt Rosenfeld und Max Seydewitz die Linksopposition, den sogenannten »Klassenkampf«-Flügel, bildete, der sich im September 1931 von der Mutterpartei abspaltete, um die »Sozialistische Arbeiterpartei Deutschlands« zu gründen. Auch hier wurde Str., obgleich einer der drei Vorsitzenden, nicht heimisch. Schon nach drei Monaten kehrte er der Partei den Rücken, weil sie sich zunehmend von demokratischen Prinzipien entfernte. In klarer Erkenntnis der sich abzeichnenden Diktatur ging Str. bereits im Januar 1932 ins Schweizer Exil. Danach verliert sich seine Spur.

Wieland, L.: Sozialdemokratie und Abrüstung in der Weimarer Republik, in: Steinweg, R. (Red.): Lehren aus der Geschichte? Historische Friedensforschung. Frankfurt/Main 1990, S. 160–185.

Lothar Wieland

Struensee, Johann Friedrich

Geb. 5. 8. 1737 in Halle; gest. (hingerichtet) 28. 4. 1772 in Kopenhagen

S. war Sohn des evangelischen Geistlichen Adam Struensee, eines Anhängers des Halleschen Pietismus. Nach dem Besuch des pietistischen Waisenhauses zu Halle studierte der Vierzehnjährige seit 1752 an der dortigen Universität Medizin und wurde 1757 promoviert. Als sein Vater im selben Jahr als Probst nach Altona, das, von Deutschen bewohnt, zu Dänemark gehörte, berufen wurde, zog S. mit dorthin und war seit 1758 Stadtphysikus (also amtlich bestellter Arzt) und später Landphysikus der Grafschaft Rantzau und der Herrschaft Pinneberg. Mit seinem Freund David Panning gründete er 1763 die *Monatsschrift zum Nutzen und Vergnügen*, die schon im selben Jahr verboten wurde. In dieser Zeitschrift erschien sein Essay *Gedanken eines Arztes von der Entvölkerung eines Landes*, der von den Anschauungen der französischen Physiokraten, die als einzige »produktive« Klasse Landarbeiter, Pächter und Bauern ansahen, beeinflußt ist und in vieler Hinsicht als programmatischer Kern seiner späteren medizinischen Reformen gesehen werden muß. St. beklagt dort das Elend der leibeigenen Bauern und kritisiert die mangelnde ärztliche Betreuung der Landbevölkerung: »Hierzu kommt, daß das gemeine Volk, vornehmlich die

Landleute, der Hülfe und des Raths geschickter Aerzte fast gänzlich beraubet sind. Diese wenden ihre meiste Sorgfalt und Bemühung auf die Erhaltung des ansehnlichsten Theils des menschlichen Geschlechts, und lassen unterdessen den größten, und in verschiedener Betrachtung vielleicht nützlicheren Haufen, geruhig umkommen.«

Neben anderen Freunden, zu denen neben Panning, Enevold von Brandt, der Dichter Peter Wilhelm Hensler, der Hamburger Arzt Johann Heinrich Albert Reimarus und die jüdischen Kollegen Ahron Emmerich Gumpertz und Hartog Gerson zählten, verkehrte er mit dem älteren Grafen Schack Karl zu Rantzau-Ascheberg, dessen Bekanntschaft sein Verhängnis werden sollte. Dieser Abenteurer – so wird er allgemein beurteilt- ermöglichte es, daß der bürgerliche St. Modearzt des holsteinischen Adels wurde. St.s zehnjähriges Wirken in Altona zeigt, daß er bereits »fast alle seine Reformen schon publizistisch oder administrativ aufgeworfen hatte, die er später in seiner anderthalbjährigen Regierungszeit als allmächtiger dänischer Geheimer Kabinettsminister mit mehr als 1800 Kabinettsordern zu realisieren versuchte« (Winkle). St. war ein erfolgreicher Arzt, der sich für die Pockenschutzimpfung einsetzte und sie erfolgreich durchführte. Ein weiteres Verdienst war St.s Vorschlag für die Errichtung einer Hebammenschule in Altona und 1765 die Gründung der ersten Entbindungsanstalt Norddeutschlands.

Brandt und eine Hofdame setzten sich beim dänischen König Christian VII. (seit 1766) dafür ein, daß St. zu seinem Reisearzt ernannt wurde. Auf einer Reise durch Deutschland, Frankreich und England 1768 konnte St. sich die Gunst des geisteskranken Königs erwerben. Im Januar 1769 mit dem König heimgekehrt, wurde St. noch im selben Monat Leibarzt des Königs mit dem Titel des »Königlichen Vorlesers« und im Mai Etatsrat. Es gelang ihm, die Versöhnung des wegen mancher Extravaganzen Christians VII. entzweiten Königspaares herbeizuführen. Als verantwortlicher Erzieher und Arzt des kranken zweijährigen Kronprinzen traf St. oft mit der Königin Caroline Mathilde zusammmen, zu deren Leibarzt ihn der König bestimmte. Die junge Königin, die von ihrem Mann gleichgültig behandelt wurde, sah St. gern um sich, verliebte sich in ihn, und im Frühjahr 1770 scheint das Verhältnis intim geworden zu sein. Diese Tatsache war später für St.s Widersacher ein willkommener Anlaß, ihn zu stürzen, zumal die Königin am 7. Juli 1771 ein Mädchen zur Welt brachte, das man in Kopenhagen »Prinzessin Struensee« nannte.

Als das Königspaar im Sommer 1770 die Herzogtümer Schleswig und Holstein besuchte, gelang es St., seine Freunde, Enevold von Brandt und den Grafen Schack Karl zu Rantzau-Ascheberg, die ihren Einfluß am Hofe eingebüßt hatten, nach Kopenhagen zurückzuberufen. Zugleich wurde der Hofmarschall Conrad Holck entlassen, und Brandt war für die Hoffestlichkeiten verantwortlich. Ein weiterer Schritt auf dem Weg zur Macht war die Entlassung des Grafen Johann Hartwig Ernst von Bernstorff am 15. September des Jahres, der seit 1751 als Geheimer Staatsrat die Geschicke der dänischen Politik geleitet und sich dabei in aufklärerischem Sinne große Verdienste erworben hatte. An dessen Stelle trat zunächst informell, St.

Damit begann eine hektische Reformtätigkeit, die den ungeheueren Arbeitseifer St.s verdeutlicht und fast alle Gebiete des Staatskörpers umfaßte. Noch unumschränkter konnte St. walten, als er im Juli 1771 zum Geheimen Kabinettsminister ernannt und somit Verordnungen auch ohne Unterschrift des Königs ausstellen durfte. Im selben Monat erhielten St. und Brandt den Grafentitel. Als erste Maßnahme, schon wenige Tage vor dem Sturz Bernstorffs, ließ St. vom König die uneingeschränkte Pressefreiheit verkünden. Weiterhin unterband er den Lakaiismus: Er beseitigte damit den Mißstand, daß Lakaien ohne Qualifikation einträgliche Ämter von ihren Herren zugeschanzt bekamen. Mit dem Verbot der Branntweinbrennerei und der Getreideausfuhr beabsichtigte er, billiges Brot für die Armen der Hauptstadt zu gewährleisten. Abschaffung der Tortur, Einschränkung des höfischen Luxus, Religionsfreiheit für die Herrnhuter, einer nach ihrem Stammort in der Ober-Lausitz genannten pietistischen Religionsgemeinschaft, Neuordnung des Finanzwesens und eine teils konsequente Sparpolitik, eine Justizreform: All dies waren Verbesserungen einer Reform im Sinne des aufgeklärten Absolutismus. Vorbildlich waren St.s Neuerungen des Gesundheitswesens. Er modernisierte die Hospitäler in Kopenhagen, gründete mit der Tierärztlichen Hochschule in Christianshafen eine der ersten Institutionen dieser Art in Europa und humanisierte in vieler Hinsicht die Krankenpflege.

Die absolute Pressefreiheit, die Voltaire in einem Brief an Christian feierte, geriet St. zum Nachteil, da Zeitungen und Pamphlete den Fremdling hemmungslos verleumdeten, zumal St. die Verordnungen in deutscher Sprache abfaßte, die das einfache Volk nicht verstand. Das von ihm – aus finanziellen Gründen – errichtete Zahlenlotto wurde sogar von seinen Anhängern verurteilt. Die Abschaffung von Feiertagen verärgerte den Klerus, der ihn als Gotteslästerer brandmarkte. Am meisten provozierte er aber den Hof- und Landadel, indem er den »Geheimconseils« aufhob, einen aristokratischen Staatsrat, und die Frondienste der Bauern einschränkte. Verübelt wurde, daß St. eine Reihe fähiger Persönlichkeiten heranzog, so den Botaniker Georg Christian von Oeder, der eine Universitätsreform vorbereitete, den Arzt Johann Christian Berger und schließlich seinen Bruder Karl Gustav Struensee, der sich um eine Reform der Finanzen kümmerte. Selbst von St. errichtete Findelhäuser, mit denen er hoffte, den Kindsmord, auf den die Todesstrafe stand, beseitigen zu können, wurde von seinen

Feinden als Freibrief für ungezügelte Wollust gedeutet. St.s rigorose Reformen, durch die bisher Privilegierte an Einfluß verloren, machten ihn unbeliebt und verhaßt. Um ihn zu stürzen, verschworen sich Rantzau und Magnus Beringsiold, gewannen die Königinwitwe Juliane Marie und den Professor Ove Guldberg, den Erzieher des Erbprinzen Friedrich, zu dem Komplott. Nach einem Maskenball auf Christiansborg kam es während der ersten Stunden des 17. Januar 1772 zu einer Palastrevolte, in der St. und seine engsten Mitarbeiter aus den Betten heraus verhaftet wurden. In einem darauf folgenden Scheinprozeß klagte man St. unter anderem an, »verbrecherische Verbindungen mit der Königin unterhalten« zu haben. Am 24. April 1772 wurden St. und Brandt zum Tode verurteilt. Am 28. April erfolgte die Vollstreckung der mittelalterlichen Strafe. Das Urteil bestimmt: »so soll seine rechte Hand und darauf sein Kopf ihm lebendig abgehauen, sein Körper geviertheilet und aufs Rad geleget, der Kopf mit der Hand auf einen Pfahl gestecket werden«.

St.s Bedeutung und Leistung werden bis heute kontrovers beurteilt. Von manchen Forschern als gewissenloser Emporkömmling verurteilt, von anderen als »Diktator« mit einem Mangel an Realitätssinn gekennzeichnet, wurde St. andererseits als genialer Reformer charakterisiert.

Barz, P.: Doktor Struensee. Rebell von oben. Hamburg 1985. – Bech, S. C.: Struensee og hans tid. Kopenhagen 1972. – Winkle, S.: Johann Friedrich Struensee. Arzt, Aufklärer und Staatsmann. Beitrag zur Kultur-, Medizin- und Seuchengeschichte der Aufklärungszeit. Stuttgart 1989.

Hans-Werner Engels

Struve, Gustav (von)

Geb. 11. 10. 1805 in München; gest. 21. 8. 1870 in Wien

»Wohlstand, Bildung und Freiheit für das gesamte deutsche Volk«. Der Sohn des kaiserlich-russischen Staatsrates und Geschäftsträgers in München, Stuttgart und Karlsruhe hatte eigentlich eine glänzende Karriere vor sich, als er nach erfolgreichem Schulabschluß 1822 die juristische Fakultät der Universität Göttingen bezog. Als Attaché der Oldenburgischen Bundestagsgesandtschaft in Frankfurt am Main überwarf er sich jedoch schon bald mit seinem Vorgesetzten wie auch als Landgerichtsassessor in Jever auf der Suche nach Recht und Gerechtigkeit. Er opferte seine Karriere im diplomatischen Dienst seinen Überzeugungen. In der akademischen Laufbahn scheiterte er an Metternich, den er haßte, und an der von ihm offen kritisierten Praxis der Wiener Schlußakte. In seinen schriftstellerischen Arbeiten prangerte er die politischen Verhältnisse an und versuchte, sie durch das Schreiben zu verändern. Er bewarb sich dann 1834 im Großherzogtum Baden als Rechtsanwalt, begann seinen Weg vom unpolitischen Juristen zum »Chefideologen« des badischen radikalen Liberalismus. Als er ab 1845 auch als Journalist im *Mannheimer Journal* für die deutsche Bundesakte, die badische Verfassung und das badische Pressegesetz in die Schranken trat, ging es ihm nicht um persönliche Rechte, sondern um rein politische Ziele. Zehn Presseprozesse radikalisierten ihn immer mehr. Er ging für seine Überzeugungen ins Gefängnis, der Polizeistaat machte ihn zum Revolutionär.

Unter »revolutionär« verstand St. zunächst jedoch nur die Rückkehr zu verfassungsrechtlich gesicherter, gesetzlicher Ordnung sowie »Fortschritt« im Sinne einer Bildungspolitik für die unteren Volksklassen. Er setzte sich für die Bildung und Aufklärung des Volks ein, um ihm das zum Zwecke des Menschen zurückzugeben, was der harmonischen Entwicklung seiner Kräfte diene. Die Verfassung des Staates aber, so meinte er, beruhe nicht auf einer geschriebenen Urkunde, sondern auf dem Rechtsbewußtsein des Volkes und auf der Bereitschaft des Volkes, für die Verwirklichung dieses Rechtsbewußtseins jedes Opfer zu bringen.

Im Februar 1847 gründete St. in Mannheim die Zeitung *Deutscher Zuschauer*, in der er die öffentlichen Zustände aller deutschen Staaten anprangerte und dem »vierten Stand« eine Revolution in Aussicht stellte.

Für die etwa 1200 Abonnenten des *Deutschen Zuschauers* forderte er: »Zusicherung der wahren, ewigen und unveräußerlichen Menschenrechte für alle Staatsbürger ohne Unterschied des Standes, der Bildung und des Vermögens, das Recht auf Leben, Bildung und freie Entwicklung der dem Menschen von der Natur gegebenen und durch die äußeren Verhältnisse herangebildeten Kräfte, mit dem Fernziel einer gänzlichen Umstellung des Staatsorganismus und der völligen Gleichstellung des vierten Standes mit den übrigen Ständen.« Dies brachte ihm die Freundschaft des liberalen Kammerabgeordneten Hecker ein.

Etwa gleichzeitig lernte St. seine spätere Frau Amalie kennen, mit der er sich für den Deutsch-Katholizismus Ronges engagierte, auch konnte er sie für Vegetarismus und Phrenologie begeistern. Seine *Kritische Geschichte des allgemeinen Staatsrechts* brachte er ebenfalls 1847 heraus, worin er forderte, die »Vereinigung des Standes der Arbeiter mit dem besseren Teile der besitzenden Klassen, um das Joch von Bürokratie, Klerisei und Plutokratie zu brechen«.

Die badischen Wahlmänner honorierten dieses Programm keineswegs, so daß St. seine dreizehn Artikel der *Förderungen des Volkes* im außerparlamentarischen Raum auf der »I. Offenburger Volksversammlung« formulieren mußte – sie waren seit Jahren in der Diskussion und entsprachen einem Grundrechtskatalog. Die badische Regierung leitete ein Verfahren wegen Hochverrats gegen St. ein. Inzwischen regten sich im Gebiet des Deutschen Bundes »radikale Umtriebe« bei Turnern, Sängern und Demokraten. St.s theoretische Vorstellungen zur Reform der politischen Verhältnisse finden sich in seinen *Grundzügen der Staatswissenschaften*, die er zwischen 1845 und 1848 verfaßte. In vier Bänden nahm St. von vornherein als seinen einzigen möglichen Standpunkt den der moral-philosophischen Betrachtung des Staates in Wesen, Formen und Handlungen ein. Darin vertrat er u.a. Auffassungen von der (gesetzlichen) Gleichheit, die noch vor Freiheit und Einheit rangiere. Der sittlich tugendhafte Mensch sei der ideale Staatsbürger, hieß es dort, denn »wer nicht entbehren kann, wird nie frei«! Der Grundsatz der Volkssouveränität nach nordamerikanischem Vorbild müsse zum Vorbild gemacht werden. Deutschland müsse in kleine Demokratien mit etwa je zwei Millionen Bürgern aufgeteilt werden, die alle in einer Art Völkerbund zusammenleben würden.

Die Ereignisse der französischen Februarrevolution 1848 und der deutschen Märzrevolution aktivierten St. und seine Parteigänger: Auf der »II. Offenburger Volksversammlung« wurden die Zellen einer aktiven Volkspartei zur Vorbereitung einer Republik gebildet; das Votum einer weiteren Volksversammlung in Freiburg nahm St. ohne vorherige Diskussion als die Meinung des souveränen Volkes für die Republik. St.s Rede im Vorparlament über die »Forderungen des deutschen Volkes« endete mit einem Mißerfolg, weil das Gremium sich damit erst in einer Kommission befassen wollte. Zwar konnte St. an der Konstituierung des Demokratischen Zentralkomitees zur Vorbereitung der Wahlen zur Nationalversammlung mitwirken, wurde aber nicht in den interimistischen Fünfziger-Ausschuß gewählt. Als am 8. April 1848 auf dem Bahnhof in Karlsruhe der linksdemokratische Journalist Joseph Fickler – er emigrierte später in die USA, wo er als glühender Verfechter der Sklaverei auftrat – auf Betreiben seines Duzfreundes, des späteren Ministers Karl Mathy, wegen Hochverrats verhaftet wurde, sahen sich Hecker und St. zu überstürztem Handeln genötigt: zur Ausrufung der »Deutschen Republik« in Konstanz am 13. April 1848. Beim geplanten Sternmarsch der Parteigänger St.s nach Karlsruhe verlor er die politische Kontrolle über seine Wehrmännerhaufen. Nach dem Gefecht bei Kandern am 20. April 1848 blieb ihm nur die Flucht in die Schweiz. Die »Linke« fühlte sich durch das verfrühte Losschlagen verraten, aber die außerparlamentarische Linke lebte in Volksvereinen weiter.

Aus dem Exil gab St. seinen *Deutschen Zuschauer* heraus, in dem er die Idee der »sozialen Republik« entwickelte. Die Finanzierung der unvollendeten Revolution sollte mit Obligationen in Form von Schuldscheinen geschehen. Der Kampf der Republik gegen das Königtum sollte als der Kampf der entrüsteten Tugend gegen das freche Laster geführt werden. Ende August 1848 war die Revolution eine Sache, die St. glaubte, selbst in die Hand nehmen zu müssen. St.s rational-utopisches Programm machte ihn blind für die richtige Einschätzung der wahren machtpolitischen Verhältnisse: Am 21. September 1848 proklamierte St. in Lörrach die »soziale deutsche Republik«, rekrutierte eine waffenfähige Mannschaft im Auftrag der »provisorischen Regierung« und stellte mit vier Artikeln die alte soziale Ordnung des Staates in Frage.

Am 24. September 1848 wurden die 800 Wehrmänner von badischen Linientruppen in Staufen auseinandergetrieben, St. floh mit seiner Frau und wurde in Wehr verhaftet. Im März 1849 wurden St. und seinem Mitstreiter Karl Blind in Freiburg vor einem Schwurgericht der Prozeß wegen Hochverrats gemacht. Das Urteil lautete auf fünf Jahre und vier Monate Einzelhaft. Beim Beginn der badischen Erhebung für die Reichsverfassung (III. Offenburger Volksversammlung) wurden St. und Blind in der Nacht zum 14. Mai 1849 von Parteigängern aus dem Bruchsaler Gefängnis befreit und zur Mitarbeit an der Durchsetzung der Reichsverfassung von Rastatt aus aufgefordert. St. wurde zum Vizepräsidenten des Landesausschusses gewählt, der in Baden die Regierungsgewalt übernommen hatte. Man ernannte St. zum Führer der republikanisch-sozialistischen Minorität, und auf seinen Vorschlag hin erfolgten Neuwahlen zu einer Konstituante am 3. Juni 1849. St. wirkte als Produzent und Propagandist; er wollte die Revolution über Baden hinaus exportieren und Volkswehren bilden. Seine Aktivität überschlug sich angesichts der militärischen Einkreisung Badens durch preußische und württembergische Truppen.

In Bayern wegen Teilnahme am pfälzischen Aufstand zum Tode verurteilt, in Baden des Staatsbürgerrechts verlustig erklärt, flüchtete St. zunächst in die Schweiz, von dort nach Frankreich, dann nach England und emigrierte schließlich 1851 in die USA. Dort verfaßte er eine *Weltgeschichte*, die sich teilweise als Resümee der praktischen Anwendung seiner *Grundzüge* in der Revolution von 1848 lesen läßt, geprägt vom Gegensatz liberalen Fortschrittsglaubens und eines rational-utopischen Sozialismus in der Nachfolge Rousseaus. Nach der Teilnahme als Freiwilliger am amerikanischen Sezessionskrieg und dem Tod seiner Frau kehrte St., enttäuscht von den sozialen und politischen Verhältnissen in den USA, nach Deutschland zurück. Er engagierte sich neben August Bebel in der »Volkspartei« und forderte 1866 die Einberufung einer verfassungsgebenden Nationalversammlung.

1868 siedelte Str. nach Wien über, wo er begann, seine Memoiren zu schreiben. Vergessen von seinen Freunden, zerstritten mit einer Welt, die er hatte glücklich machen wollen, unbeachtet von den Menschen, für deren Rechte er sein Leben lang gekämpft hatte, starb er an einer Blutvergiftung. Die Politisierung des Volkes durch die Volksversammlungsbewegung und der Aufbau einer Volksvereinsorganisation, sowie das dahinterstehende Konzept einer Massenpartei gehören zu den Verdiensten St.s.

Reimann, M.: Der Hochverratsprozess gegen Gustav Struve und Karl Blind. Der erste Schwurgerichtsfall in Baden. Sigmaringen 1985.

Jürgen Peiser

Tarnow, Fritz

Geb. 13. 4. 1880 in Rehme (Bad Oeynhausen); gest. 23. 10. 1951 in Bad Orb

Trotz harter Brüche in seiner Karriere blieb T. seit dem Kaiserreich auf dem Kurs eines sozialdemokratischen Gewerkschaftsführers, der sich weder dem Druck der Nazidiktatur noch den antifaschistischen Gegenparolen unterwarf. Der kluge Analytiker, geschmeidige Denker und zupackende Redner erkannte Entwicklungen, lange bevor schwerfällige Apparate und träge Massen zu folgen vermochten. Darin lag T.s Tragik.

Er stammte aus der Familie eines Tischlers. Er lernte den Beruf seines Vaters, ging auf Wanderschaft und trat im Jahre 1900 dem »Deutschen Holzarbeiterverband« (DHV) bei. Dabei handelte es sich um eine moderne Industriegewerkschaft, aus der viele namhafte Arbeiterführer hervorgingen: Carl Legien, Theodor Leipart, Wilhelm Keil, Wilhelm Leuschner, Wilhelm Pieck und andere. Im Alter von 25 Jahren schrieb T. seine ersten Organisationsbroschüren. Er besuchte die berühmte Parteischule der SPD in Berlin und betätigte sich zugleich kommunalpolitisch in Friedrichshagen, dem idyllischen Vorort am Müggelsee, wo Schriftsteller, Maler und Intellektuelle sich trafen.

Als Kriegsteilnehmer wurde T. verwundet und beteiligte sich 1918 am Soldatenrat von Brandenburg an der Havel. Im Jahre 1920 wurde er Nachfolger Theodor Leiparts an der Spitze des DHV und damit Mitglied des Exekutivrats der Internationale der Holzarbeiter, die den Moskauer Bestrebungen zur Revolutionierung der mittel- und westeuropäischen Gewerkschaften entgegenstand. Im Herbst 1925 reiste T. im Rahmen einer großen Delegation deutscher Gewerkschaftsführer mehrere Wochen nach Nordamerika, um sich von den Erfolgen der Gewerkschaften in Wirtschaft und Gesellschaft der Neuen Welt zu überzeugen. Die dort angelaufene Rationalisierung und die daraus resultierende Produktivitätssteigerung erschien den Gewerkschaften wie eine »Offenbarung«. Sie diente als Grundlage einer neuen Kaufkrafttheorie des Lohns, die durch T. in die wirtschaftspolitische Diskussion des Deutschen Reiches eingeführt wurde (*Warum arm sein?*, 1928).

Im Jahre 1928 wurde T. Vorstandsmitglied des »Allgemeinen Deutschen Gewerkschaftsbundes« (ADGB) sowie Mitglied des Vorläufigen Reichswirtschaftsrates und des Deutschen Reichstags. Er zählte zu den Theoretikern der »Wirtschaftsdemokratie«, die im gleichen Jahr vom Hamburger Kongreß des ADGB programmatisch beschlossen wurde und auf Durchführung des Zweiten Hauptteils der Weimarer Reichsverfassung zielte. In diesem Zusammenhang fiel 1931 auf dem Leipziger Parteitag das vielzitierte Wort vom »Arzt am Krankenbett des Kapitalismus«. John Heartfield setzte T. in der *Arbeiter-Illustrierten-Zeitung* 1931 die Maske des reißenden Tigers auf. In Wirklichkeit stand T.s Wort im Zusammenhang einer wirtschaftsdemokratischen Transformationstheorie, die vom organisierten Kapitalismus über wirtschaftsdemokratische Entwicklungen zu einem »konstruktiven Sozialismus« gelangen wollte. Das Arbeitsbeschaffungsprogramm des WTB-Planes (WTB: Woytinsky, Tarnow, Baade) aus dem Jahre 1932 war Ausdruck dieser Bestrebungen, die einen Ausweg aus der Krise zeigten.

Als die Freien Gewerkschaften am 2. Mai 1933 gewaltsam zerschlagen wurden, verhafteten die Nazis T. zusammen mit den anderen Vorständen in Berlin. T. wurde nach einigen Tagen entlassen und flüchtete nach Kopenhagen, 1940 weiter nach Stockholm. Seit 1935 hoffte er auf die Zeit nach einem militärischen Zusammenbruch des NS-Regimes. Nach dem Überfall der deutschen Wehrmacht auf Dänemark 1940 floh T. nach Stockholm, von wo er Verbindungen zum Widerstand in Berlin (20. Juli 1944) und zum »Internationalen Gewerkschaftsbund« (IGB) in London hielt. Nach der Hinrichtung Wilhelm Leuschners am 29. September 1944 sahen viele in T. den überragenden Kopf der deutschen Einheitsgewerkschaft nach dem Kriege. Überraschend unterlag er jedoch 1949 auf dem Münchner Gründungskongreß des »Deutschen Gewerkschaftsbundes« (DGB) dem Führungsstreben des fünf Jahre älteren Hans Böckler.

Obwohl Böckler, Leuschner und viele andere während des Kriegs davon ausgegangen waren, daß die faschistische »Deutsche Arbeitsfront« (DAF) mit demokratisierter Spitze als Nachkriegsgewerkschaft weiterzuführen sei, wurde diese Position vor allem T. als kryptofaschistische Tendenz angekreidet.

Er blieb Opfer einer Verleumdungskampagne, die gezielt von Ostberlin aus gegen ihn geführt wurde. Dabei ließ seine Lebensgeschichte ebenso wie seine »Prinzipienerklärung« keinen vernünftigen Zweifel an seiner freiheitlich-demokratischen Grundauffassung, die freilich mit leninistischen Positionen unvereinbar war und blieb. So hieß es in dieser Erklärung, deren Entwurf T. auf der Interzonenkonferenz in Dresden Anfang 1948 einbrachte:

»Die Gewerkschaften verstehen unter Demokratie eine gesellschaftliche Ordnung, durch die Staatsverfassung und konstitutionelle Einrichtungen gewährleistet sein müssen: 1. eine aus allgemeinen und freien Wahlen mit gleichem Stimmrecht hervorgegangene Volksvertretung mit dem alleinigen Recht der Gesetzgebung und dem Recht, die Regierung einzusetzen und abzusetzen; 2. die Freiheit der Meinung und ihrer Äußerung in Wort und Schrift, die Freiheit der Vereinigung und der Versammlung sowie die Freiheit der religiösen und weltanschaulichen Betätigung.«

Beier, G.: Schulter an Schulter, Schritt für Schritt. Lebensläufe deutscher Gewerkschafter. Von August Bebel bis Theodor Thomas. Köln 1983.

Gerhard Beier

Teusch, Christine

Geb. 11. 10. 1888 in Köln-Ehrenfeld; gest. 24. 10. 1968 in Köln

»Es gehört zu den wesentlichen Kennzeichen unserer Zeit, daß die Frauen an der Gestaltung des gesamten wirtschaftlichen, gesellschaftlichen und politischen und kulturellen Lebens in starkem Maß beteiligt sind. Die Aufgaben, welche das Leben in einer weithin technisierten Welt und in einer industrialisierten mobilen Leistungsgesellschaft und im demokratischen Staat stellt, sind ohne umfassende und entscheidende Mitwirkung der Frauen nicht zu lösen.« Wenn T. in der Zeit nach dem Zweiten Welkrieg die politischen Aufgaben der Frauen auf solche Weise beschrieb, so stützte sich die katholische Politikerin auf eigene berufliche, sozialpolitische und parlamentarische Erfahrungen im Kaiserreich, der Weimarer Republik, sowie in der britischen Besatzungszone der Nachkriegszeit.

Die Tochter einer angesehenen katholischen Kaufmannsfamilie aus Köln qualifizierte sich, wie viele Frauen ihrer Generation, zunächst zum Lehrerinnenberuf und unterrichtete als beamtete Studienrätin (Oberlehrerin) von 1910 bis 1917 an Lyzeen (Oberschulen) für Mädchen in Neuß und Köln. Von 1915 bis 1917 leitete die junge Frau den mitgliederstarken »Katholischen Lehrerinnenverein« in Köln. Während des Ersten Weltkrieges beteiligte sich T. hauptberuflich im Rang eines Oberstleutnants beim 7. Armeekorps an der Betreuung von ca. 50 000 Munitionsarbeiterinnen in Essen. Als ihr der Zentrumspolitiker und Generalsekretär des »Gesamtverbandes der Christlichen Gewerkschaften« Adam Stegerwald 1918 das Angebot machte, bei der Verbandszentrale ein Frauendezernat einzurichten, nahm T. an und wurde dessen Gründerin und Leiterin bis 1920. Bereits 1918 hielt sie Wahlreden für die (katholische) »Zentrumspartei« (gegr. 1870), und kandidierte 1919 für die Nationalversammlung. Obwohl sie von ihrer Partei auf einen wenig aussichtsreichen siebten Platz auf der Liste des Wahlkreises 20, Köln und Aachen, gesetzt worden war, wurde T. in die verfassungsgebende Nationalversammlung gewählt. Mit 31 Jahren gehörte sie zu den zehn jüngsten Mitgliedern des Parlaments und war das jüngste ihrer Fraktion. Nach ihrer Wiederwahl und der Übernahme eines Reichstagsmandats im Jahre 1920 entschied sich T. bewußt für eine Laufbahn als Berufspolitikerin und gab ihre Verbandstätigkeit in Köln auf. Von November 1920 bis Juni 1924 gehörte T. als Beisitzerin zum Vorstand der Zentrumsfraktion im Reichstag. Danach wurde sie nicht mehr in den Vorstand gewählt. Die Reichstagsfraktion entsandte sie 1925 als Schriftführerin in das Präsidium des Reichstags, wo sie eng mit dessen sozialdemokratischen Präsidenten Paul Löbe zusammenarbeitete.

T. profilierte sich, ihren Interessen und Vorkenntnissen entsprechend, als christliche Sozialpolitikerin, spezialisiert auf gewerkschaftliche Belange und Fragen der Arbeitslosenversicherung. Sie war Mitglied des parlamentarischen Sachverständigenausschusses zur Arbeitslosenversicherung, formulierte im Frühjahr 1920 die sozialpolitischen Richtlinien für die Regierungserklärung des sozialdemokratischen Reichskanzlers Hermann Müller (27. März 1920–8. Juni 1920) und arbeitete im Reichstagsausschuß für soziale Angelegenheiten mit. Hier begründete sie eine lebenslange Freundschaft mit der Sozialdemokratin und späteren Berliner Oberbürgermeisterin Louise Schroeder. T. vertrat die Zentrumspartei in der Nationalversammlung während der Lesung der Grundrechte der Weimarer Reichsverfassung mit einer Rede zu Art. 109, Abs. 2: »Männer und Frauen haben grundsätzlich dieselben staatsbürgerlichen Rechte und Pflichten.« Frauen sollten in ihren Augen vor dem Gesetz als gleichwertig, nicht aber als gleichartig gelten. Deshalb trat T. mit ihrer Fraktion für die Beibehaltung des Wortes »grundsätzlich« in Artikel 109 ein.

Für T. lag »Frauenart und Frauenpflicht« in der Politik vor

allem darin, »das Positive, das Aufbauende, das Schaffende« zu betonen. »Polemik und Gegnerschaft« sollte der Boden entzogen werden, um eine »Volksgemeinschaft« zu schaffen, welche die »Grundsätze des Christentums in Staat und Gesellschaft, in Wirtschaft und Kultur verwirklichen will«. T. vertrat dabei die Ansicht, daß die Frau »bei allen Notwendigkeiten für das Volksganze (zu arbeiten), z.B. in der Steuerpolitik ihr besonderes Augenmerk auf die darbende Kleinrentnerin, in der Wirtschaftspolitik auf die konsumierende kinderreiche Familie, in der Kulturpolitik auf die Heranziehung eines gesunden, reinen und gläubigen Geschlechtes richten« solle. Diese frauen- und sozialpolitischen Ansätze wurden 1933 abrupt unterbrochen. T., die, obwohl sie mit ihrer Fraktion am 23. März 1933 für das Ermächtigungsgesetz stimmte, zu der Minderheit gehörte, die unter Führung des ehemaligen Reichskanzlers Heinrich Brüning in einer fraktionsinternen Abstimmung das Gesetz abgelehnt hatte, verlor mit der Selbstauflösung des Zentrums am 5. Juli 1933 und dem Verbot aller Parteien außer der NSDAP am 14. Juli ihr Abgeordnetenmandat.

T. ging zurück in den Schuldienst der Stadt Köln und führte weiterhin den »Katholischen Mädchenschutzbund«, dessen Leitung sie seit 1923 innehatte. 1934 wurde T. an eine Schule strafversetzt, die sie tagtäglich erst nach stundenlangen Bahnfahrten und Fußmärschen erreichte, sie litt wegen ihrer politischen Vergangenheit unter Hausdurchsuchungen, Vernehmungen, Gestapoüberwachungen und sonstigen Schikanen. 1936 wurde sie in den vorzeitigen Ruhestand versetzt. Nach dem 20. Juli 1944 zog sie zusammen mit ihrer Zwillingsschwester nach Neheim-Hüsten, wo sie beide, nach einem Krankenhausaufenthalt, bis Kriegsende in der beschützenden Klausur der Franziskanerinnen lebten. Dies und die Befreiung durch einmarschierende US-amerikanische Soldaten 1945 retteten T. das Leben, da die Gestapo sie suchte, um sie als politischen Häftling hinzurichten.

Aufgrund der Erfahrungen im »Dritten Reich« war T. in der Nachkriegszeit davon überzeugt, daß die ehemaligen Zentrumspolitikerinnen und -politiker »auch andere Methoden, andere Verbindungen mit den Menschen und den Gemeinschaften herstellen mußten, um überhaupt inneren und äußeren Kontakt zum Wiederaufbau zu finden.« Daß sie deshalb in einer neuen, überkonfessionellen christlichen Partei mitarbeiten wollte, entsprach ihrer Wahrnehmung des Zusammenwachsens katholischer und evangelischer Christen unter den Bedrängnissen der NS-Zeit. Bei der Gründung der »Christlich Demokratischen Partei« im Rheinland am 2. September 1945 – sie ging im Dezember 1945 in der neu gegründeten »Christlich Demokratischen Union« (CDU) auf – wurde T. in den zweiundzwanzigköpfigen Vorstand gewählt. Von der britischen Militärregierung wurde die Politikerin, die auf der »White List« der amerikanischen Besatzungsmacht gestanden hatte, in den ersten ernannten Stadtrat von Köln sowie in den beratenden Provinzialrat für Nordrhein geholt und darüber hinaus zum Mitglied des provisorischen Landtages des neuen Bundeslandes Nordrhein-Westfalen bestimmt. Im April 1947 wählte man sie im Wahlkreis Stadt Köln III in den Landtag Nordrhein-Westfalens. Sie behielt dieses Mandat bis 1966. Den Höhepunkt ihrer politischen Laufbahn erreichte T., als Ministerpräsident Karl Arnold (CDU) sie 1947 als Kultusministerin von Nordrhein-Westfalen in sein Kabinett berief.

Die zweite Länderministerin in Westdeutschland (die erste war die Sozialdemokratin Paula Karpinski, seit 1946 Jugendsenatorin in Hamburg) wurde als erste Frau im Ministerrang vom Papst im Vatikan empfangen. T. sah ihre Hauptaufgabe als Kultusministerin im Wiederaufbau des zerrütteten Bildungswesens von der Grundschule bis zur Universität. T. sorgte dafür, daß das sogenannte Elternrecht, für das sie bereits in der Weimarer Republik gekämpft hatte, in das Schulgesetz von Nordrhein-Westfalen Eingang fand. Das 1952 verabschiedete Gesetz, in welchem die FDP-Politikerin Liselotte Funke einen »Rückfall ins tiefste Mittelalter« zu erkennen glaubte, setzte an Stelle der von SPD und FDP geforderten christlichen Gemeinschaftsschule verschiedene Bekenntnisschulen (Privatschulen) gleichberechtigt (d.h. finanziell zu fördernd) nebeneinander und sah Religionsunterricht als obligatorisches Schulfach vor. Das kulturelle Leben förderte T., indem sie zusammen mit Karl Arnold den großen Kunstpreis Nordrhein-Westfalens schuf, eine neue Subventionierungsform des Düsseldorfer Schauspielhauses anregte und sich insbesondere des Kulturfilms annahm. Sie begründete die »Studienstiftung des Deutschen Volkes« mit und verbreiterte den Zugang zur Universität mit der Schaffung des »zweiten Bildungswegs«.

Vor diesem Hintergrund war es für T. nur schwer faßbar, daß sie Arnold 1954 nicht mehr in sein drittes Kabinett aufnahm. In einem Klima zunehmender Liberalisierung galt die dezidiert christlich geprägte Kulturpolitikerin als »rückständig« und »altmodisch«. Der bis 1966 politisch aktiven Landtagsabgeordneten wurden zahlreiche politische und wissenschaftliche Ehrungen zuteil, sie arbeitete weiterhin in katholischen Verbänden mit und trat 1965 als Vorstandsmitglied in den Kulturbeirat des »Zentralkomitees der deutschen Katholiken« ein.

Ballof, S.J.D.: Christine Teusch (1888–1968), in: Morsey, R. (Hg.): Zeitgeschichte in Lebensbildern. Aus dem deutschen Katholizismus des 19. und 20. Jahrhunderts. 6 Bde. Mainz 1973–1984. Bd. 2, S. 202–213. – Morsey, R.: Christine Teusch, in: Först, W. (Hg.): Aus dreißig Jahren. Rheinisch-Westfälische Politiker-Porträts. Köln 1979, S. 202–209.

Heide-Marie Lauterer

Thalheimer, August (Pseud.: Aldebaran)

Geb. 18. 3. 1884 in Affaltrach (jetzt Obersulm)/Württemberg; gest. 19. 9. 1948 in Havanna/Kuba

Fasziniert von einer aufstrebenden Arbeiterbewegung zog die Familie nach der Geburt der Kinder nach Bad Cannstatt in der Nähe Stuttgarts. Der Vater Moritz Thalheimer suchte und fand sehr bald Kontakt zu führenden Sozialdemokraten, die in Stuttgart marxistisch orientiert waren. Oft wanderte man gemeinsam durch die Weinberge hinauf zu Clara Zetkin. Diese beeindruckte August und seine Schwester Berta durch ihre politische Position. Nach dem Studium wurden beide auf dem marxistischen Flügel der Sozialdemokratie tätig, den auch der Vater aktiv unterstützte.

Th. wurde verantwortlicher Redakteur der *Freien Volkszeitung* in Göppingen, später des *Braunschweiger Volksfreund*. Er war Mitglied des Spartakusbundes, nahm 1919 am Sturz der Monarchie in Württemberg teil, wurde danach nach Berlin berufen, war Mitbegründer der KPD, wurde nach der Ermordung von Rosa Luxemburg und Karl Liebknecht Chefredakteur ihres Zentralorgans *Rote Fahne* und der theoretischen Zeitschrift *Internationale*, war der wichtigste theoretische Kopf der Partei und bis Ende 1923 in führenden Positionen der Partei tätig. Nach dem Ende der revolutionären Nachkriegswirren (Oktober 1923) wurde er im Zuge der »Bolschewisierung« der kommunistischen Partei nach Moskau beordert, um ihn (und seinen nächsten Freund Heinrich Brandler) von der deutschen Partei fernzuhalten und den neuen ultralinken Parteiführern freie Bahn zu schaffen.

Nach vier Jahren »Ehrenexil« hatten seine ständigen Bemühungen Erfolg: Th. konnte im Mai 1928 nach Deutschland zurückkehren. Hier nahm er an Gründung und Aufbau der KPD-Opposition teil und wurde wieder ihr führender theoretischer Kopf. 1933 begann seine zweite Emigration – nach Frankreich, wo er nach dem Einmarsch der deutschen Truppen durch zehn Lager wandern mußte, um schließlich 1941 nach Kuba zu gelangen. Seine und seiner Freunde Bemühungen um eine Rückkehr nach Deutschland blieben nach 1945 ohne Erfolg. Am 19. September 1948 erlag er in Havanna einer Herzattacke. Er wurde auf dem jüdischen Friedhof in einem östlichen Vorort der kubanischen Hauptstadt begraben.

Politisch reifte Th. im Umkreis und unter dem Einfluß von Rosa Luxemburg und erlangte seine politische Bedeutung als Kommunist im Gegensatz sowohl zum Reformismus, der die deutsche Arbeiterbewegung politisch-ideologisch wie organisatorisch dominierte, und zum Stalinismus, der die KPD zu einem Instrument seiner Fraktionsherrschaft in der KPDSU und in der UDSSR machen wollte.

Th.s theoretische Arbeiten dienten der Popularisierung des Marxismus und seiner undogmatischen Weiterentwicklung und Anwendung auf die Probleme der sozialistischen Bewegung seiner Zeit, besonders in Deutschland. Er bemühte sich um die Erarbeitung einer langfristigen Strategie und Taktik, die die Arbeitenden durch ihre eigene Erfahrung im Klassenkampf von der Richtigkeit der kommunistischen Ziele überzeugen und damit vom Reformismus lösen sollten (*Programmatische Fragen-Kritik des Programmentwurfs der Kommunistischen Internationale [VI. Weltkongreß]*, 1929). Am wichtigsten für die Geschichte der zwanziger Jahre, die der Weimarer Republik, war seine Faschismus-Theorie und die mit dieser zusammenhängende Einheitsfronttaktik (*Was will die KPD-Opposition?*, *Plattform der Kommunistischen Partei Deutschlands* 1929). Diese Theorie war die erste und immer noch gültige Analyse der aufkommenden faschistischen Gefahr, die die bürgerlich-parlamentarische Demokratie von innen und außen existentiell gefährdete. Mit großer Klarheit wurden bereits 1928/29 alle wichtigen innen- und außenpolitischen Ziele des deutschen Faschismus dargelegt: Vernichtung der gesamten Arbeiterbewegung, politische Entmachtung der Kapitalistenklasse mit dem Ziel der Erhaltung ihrer sozialökonomischen Klassenherrschaft.

Die ultralinke Politik der KPD bagatellisierte die faschistische Gefahr, verkannte die Etappen des Abbaus der bürgerlichen Demokratie, sah schon mit Brünings Notverordnungspolitik den Sieg des Faschismus als vollendetes Faktum und betrachtete die SPD als sozialfaschistisch und als Hauptfeind. Die SPD-Führung ihrerseits begriff nicht die schleichende Aushöhlung der bürgerlichen Demokratie durch Bourgeoisie und Staatsapparat und den allmählichen Übergang zur NSDAP. So wählte sie noch im April 1932 Paul von Hindenburg zum Reichspräsidenten, weil sie ihn als letzten Schutzwall gegen den Faschismus betrachtete. Th. dagegen glaubte, daß bürgerliche Demokratie und Faschismus keine konträren Gegensätze bildeten, sondern Übergänge zwischen ihnen – zwischen den zwei Formen bürgerlicher Klassengesellschaft – möglich waren, daß sie sich aber unterschieden: Bürgerliche Demokratie war für ihn der günstigste Kampfboden der Werktätigen um eine bessere Gesellschaft. Dieser sei jedoch nicht mit dem »Pappschwert« der Sozialdemokraten zu verteidigen, sondern nur durch aktiven und geschlossenen Kampf der gesamten Arbeiterbewegung und der sich ihr anschließenden Mittelschichten – gegen einen Staatsapparat, der immer stärker dem Faschismus zuneige und zuarbeite. Denn 1918 war zwar der Kaiser gegangen, die Generäle aber waren geblieben und nicht nur diese, sondern der gesamte alte Staatsapparat, dessen Spitzen zusammen mit den Industriellen, Großgrundbesitzern und Bankiers die Weimarer Republik nur widerwillig und auf Zeit akzeptierte. Th. forderte daher seit 1928/29 die Einheitsfront aller Arbeiterorganisationen (SPD, KPD, SAPD, KPDO,

ADGB, AfA-Bund usw.) gegen die faschistische Gefahr, die dann die demokratisch gesonnenen, aber sozial und politisch verunsicherten Mittelschichten zu sich heranziehen würden. Diese Forderung wurde in den extremen konkreten Krisensituationen und Zäsuren des Niedergangs der bürgerlichen Demokratie schriftlich formuliert und präzisiert in Briefen der Reichsleitung der »KPD-Opposition« (KPDO) am 10. Juli 1932 und am 30. Januar 1933 (*Wie schafft die Arbeiterklasse die Einheitsfront gegen den Faschismus?*, 1932).

Nach dem Papen-Staatsstreich am 20. Juli 1932 verzichtete die SPD auf aktive Gegenwehr, wandte sich vielmehr an das faschistenfreundliche Reichsgericht in Leipzig und vertröstete die kampfgewillten Mitglieder auf die bevorstehende Reichstagswahl. Der Kommunist Th. kämpfte für die Erhaltung der bürgerlich-parlamentarischen Demokratie gegen den Frontalangriff des deutschen Faschismus. Er meinte aber auch, daß diese Demokratie nur zu retten sei in einem Kampf für weiterreichende, inhaltlich sozialistische Ziele.

Th.s Ziel für die KPD war: »Sie kann nicht als Minderheit den Massen den Kampf abnehmen. Sie muß aber alles in ihrer Macht stehende tun, um von unten her die Mehrheit der Arbeiterklasse um sich zu gruppieren, sie für die kommenden Kämpfe fest mit sich zu verbinden« (1922). Das bedeutete: Proletarische Revolution also »nach« der Entscheidung der Mehrheit der Werktätigen für den kommunistischen Weg. Sehr ähnlich heißt es 1929 in der weitgehend von Th. mitformulierten *Plattform der Kommunistischen Partei Deutschlands*: »81. Frage: Welche Voraussetzungen erfordert der Sieg der proletarischen Revolution? Antwort: Das Vorhandensein einer genügend starken Kommunistischen Partei, die die Mehrheit der Arbeiterklasse für die Grundsätze und Ziele des Kommunismus und die Sympathie der Mehrheit der Werktätigen überhaupt erobert hat. Nur gestützt auf diese Mehrheit kann die Kommunistische Partei den bewaffneten Aufstand unternehmen.«

Bei aller aktiven Sympathie für die siegreiche Oktoberrevolution war ein anderer Weg für die demokratisch erfahrene und verfaßte deutsche Arbeiterklasse nicht gangbar. Das war die große Lehre aus Th.s Irrtum der »putschistischen« »Offensivtheorie« von 1920.

Das gleiche gilt für die gesamte Arbeiterbewegung. Da die freien Gewerkschaften und die anderen überparteilichen Organisationen der Werktätigen demokratische Grundstrukturen hatten, waren die Kommunisten gehalten, dort um Einfluß zu kämpfen und allmählich die Mehrheit der Mitglieder zu gewinnen. Das blieb nach dem Ausschluß aus der KPD 1928 die Strategie der KPDO.

Auch in der KPD forderte Th. die innerparteiliche Demokratie und in der Komintern die Gleichberechtigung aller Parteien. Er war von der Lernfähigkeit und Mündigkeit der Mitglieder und von der Richtigkeit seiner Argumente überzeugt, war daher bereit, einen nach freier Diskussion auf demokratische Weise gefaßten Mehrheitsbeschluß mitzutragen. Den »demokratischen Zentralismus« der Kominternführung, den diese auch in der KPD mit der »Bolschewisierung« durchsetzte, lehnte er entschieden ab, weil er »von unseren verehrten Führern heute halbiert« (1929) wird; nur das Kommandieren der Zentrale sei geblieben, die demokratische Widerrede von unten werde abgeschafft.

Der kritische Kommunist Th. war ein Demokrat: Er sah die Schwächen und Mängel der bürgerlichen Demokratie, das ökonomische Ungleichgewicht der Klassen, die Parteilichkeit des Staatsapparates, seine immer engere Verflechtung mit den die Wirtschaft beherrschenden Personen und Institutionen. Er verstand unter Demokratie die breiteste Mitarbeit und ständige Kontrolle des Volkes bei gleichen sozialökonomischen Bedingungen der Einflußnahme, also u.a. bei Abschaffung des Bildungs- und Medienmonopols der Kapitalistenklasse und ihrer sozialökonomischen Vormachtstellung. Rosa Luxemburg sagte: »Kein Sozialismus ohne Demokratie, und keine Demokratie ohne Sozialismus.« Das wäre auch die Position Th.s gewesen.

Bergmann, T.: »Gegen den Strom« – Die Geschichte der KPD-Opposition. Hamburg 1987. – Kaestner, J.: Die politische Theorie August Thalheimers. Frankfurt/Main, New York 1982. – Tjaden, K.H.: Struktur und Funktion der »KPD-Opposition«. Meisenheim am Glan 1964.

Theodor Bergmann

Thomasius, Christian

Geb. 1.1.1655 in Leipzig; gest. 23.9.1728 in Halle/Saale

Th. stammte aus einer angesehenen Leipziger Gelehrtenfamilie, sein Vater Jakob hatte sich als Rektor der Thomasschule und als Professor der Philosophie und der Beredsamkeit die Anerkennung der akademischen Welt verdient. Th. selbst hatte bereits mit fünfzehn Jahren die Universität bezogen und 1672 den Magistergrad im Fach Philosophie erworben. Angeregt durch eine Vorlesung seines Vaters, des Philosophen Jakob Thomasius, über den niederländischen Völkerrechtler Hugo Grotius (*De jure belli et pacis*, 1625), studierte Th. in Frankfurt/Oder Jurisprudenz und wurde 1676 zum Doktor beider Rechte (des römischen

und des kanonischen Rechts) promoviert. Eine Advokatur in Leipzig schien weder seinen Interessen noch Ambitionen zu entsprechen; daher begann er 1682, als Privatdozent Vorlesungen an der Leipziger Universität zu halten.
Schon bald nach dem Tod seines Vaters im Jahre 1684 begehrte Th. – aller Rücksichten ledig – gegen die tradierten Konventionen der Schulgelehrsamkeit auf: Er initiierte auf ganz unterschiedlichen Ebenen ein reformerisches Programm, das ihn als führenden Vertreter der frühen deutschen Aufklärung auswies. Um auch rein äußerlich sein neues Verständnis des Verhältnisses von Theorie und Praxis zu dokumentieren, hielt er seine Vorlesungen – zumindest zeitweilig – nicht im traditionellen Talar, sondern in der modischen Kleidung eines weltgewandten Kavaliers.
Th. propagierte eine an der Praxis orientierte Gelehrsamkeit, die im »gemeinen Nutzen« ihren Zweck fand und sich an ihm zu bewähren hatte. Gelehrtheit galt ihm als »Erkäntnüß, durch welche ein Mensch geschickt gemacht wird, das wahre von dem falschen, das gute von dem bösen wohl zu unterscheiden (...), um dadurch sein eigenes als auch anderer Menschen in gemeinem Leben und Wandel zeitliche und ewige Wohlfarth zu befördern«. Nützliche Gelehrtheit ging Th. zufolge – vor allem wenn sie mit Philosophie, oder im Sprachgebrauch der Zeit, mit »Weltweisheit« identifiziert wird – alle an. Sie könne, weil alle Menschen prinzipiell vernunftbegabt seien, auch von allen betrieben werden. Denn »die Weltweisheit ist so leichte, daß dieselbige von allen Leuten, sie mögen seyn, von was für Stande oder Geschlecht sie wollen, begriffen werden«. Schließlich nahm Th. in gewissem Sinne Kants spätere Aufklärungsdefinition vorweg, wenn er verlangte, daß sich jeder und jede des eigenen natürlichen Verstandes bediene, und zwar ohne jede Rücksicht auf die Autorität eines anderen Menschen, sei es die Autorität der Obrigkeit oder die der Eltern und Lehrer.
Im Sinne dieses exoterischen Konzepts aufgeklärten Selbstdenkens hatte Th. schon früh damit begonnen, die esoterische Gelehrtenrepublik für ein gebildetes und interessiertes Publikum zu öffnen. Damit sich überhaupt erst eine räsonierende, sich selbst aufklärende Öffentlichkeit formieren konnte, trat Th. vehement für die Etablierung des Deutschen als Wissenschafts- und Literatursprache ein. Denn noch immer war Latein die privilegierte Gelehrtensprache, die die Rezeption wissenschaftlicher Werke durch ein interessiertes, nicht-akademisches Publikum verhinderte. In seiner provozierenden deutschsprachigen Ankündigung zu einer ebenfalls deutschsprachigen Vorlesung erörterte Th. im Oktober 1687 zur Empörung seiner konservativen Kollegen die Frage: »Welcher Gestalt man denen Frantzosen in gemeinem Leben und Wandel nachahmen solle«.
Da Th. die kulturelle Blüte Frankreichs auf den Gebrauch und die Pflege der eigenen Landessprache zurückführte, empfahl er den Deutschen, es in dieser Hinsicht ihren Nachbarn gleichzutun. Einen auf deutsch geführten öffentlichen Diskurs begann Th. selbst ein Jahr später, 1688, mit seiner monatlich erscheinenden, ersten deutschsprachigen Zeitschrift: Seine *Freymüthigen Lustigen und Ernsthafften iedoch Vernunfft- und Gesetzmäßigen Gedancken und Monats-Gespräche* verstanden sich als ein Rezensionsorgan, das in fiktiven Gesprächen und einer breiten Palette von satirischen und literarischen Stilmitteln »allerhand Bücher und wichtige Materien« verhandelte und sich dabei – auch dies ein Novum in Deutschland – mit eigenen kritischen Stellungnahmen nicht zurückhielt. In ihnen forderte Th. die Einlösung des alten, auf Denkfreiheit abzielenden Ideals der Gelehrtenrepublik, die kein Oberhaupt anerkenne, »als die gesunde Vernunfft, und alle diejenigen, die darin leben sind einander gleich, sie mögen von was Nationen oder Stande seyn was sie wollen«. Denn – so sollte es später in einem Schreiben an den brandenburgischen Kurfürsten Friedrich III. (1688–1713, als Friedrich I. 1701–1713 König von Preußen) heißen – »Es ist ungebundene Freiheit, ja die Freiheit ist es, die allem Geiste das rechte Leben giebet (...). Der Wille des Menschen oder die von dem Willen dependierende äußerliche Bewegungskraft ist zwar anderen Menschen in bürgerlicher Gesellschaft unterworfen; aber der Verstand erkennet keinen Oberherrn als Gott«.
Th.s Engagement richtete sich in erster Linie gegen die gesamte Wissenschaftskultur der (nicht nur) in Leipzig einflußreichen, protestantischen Orthodoxie. Seine strikte Differenzierung zwischen dem Licht der Vernunft und dem Licht der Offenbarung, die zur klaren Trennung von Philosophie und Theologie und damit zur Schwächung der letzteren führte, war der Orthodoxie ebensosehr ein Dorn im Auge, wie Th.s positive Stellungnahme für das profane Naturrecht Samuel Pufendorfs (*De jure naturae et gentium*, 1672, *De officio homicus et civis juxta legem naturalem*, 1673), dem er sich in seinem ersten naturrechtlichen Lehrbuch, den *Institutiones jurisprudentiae divinae* (dt.: 1709) von 1688, verpflichtet wußte.
Erst als Th. 1689 in einem Gutachten einer gemischtkonfessionellen Fürstenehe die theologische und juristische Unbedenklichkeit attestierte und auf diese Weise mit den politischen Interessen seines kursächsischen Landesherrn, des Kurfürsten Johann Georg III. kollidierte, ergab sich für diesen die willkommene Gelegenheit, Th. endlich loszuwerden. Ein generelles Publikations- und Lehrverbot entzog ihm im März 1690 die materielle Lebensgrundlage und zwang Th., außer Landes zu gehen.
Der Vermittlung Pufendorfs war es zu danken, daß Th. seit 1680 im brandenburgischen Halle/Saale eine neue Wirkungsstätte finden konnte: Er war maßgeblich am Aufbau der Universität beteiligt und hielt schon vor ihrer Gründung

(1694) juristische und philosophische Vorlesungen. Th. fuhr nach seiner Übersiedlung mit der aufklärerischen Arbeit fort: In der Verbesserung des Willens und der Verbesserung des Verstandes sah er noch immer erfolgversprechende Mittel, der Wahrheit und der Tugend näherzukommen. So legte er 1691 die beiden Bände seiner *Ausübung der Vernunftlehre* vor und ließ bereits ein Jahr darauf den ersten Band seiner *Einleitung der Sittenlehre* folgen. Die Publikation des zweiten Bandes, der *Ausübung der Sittenlehre* (1696), verzögerte sich, weil Th. inzwischen die Chance einer aufgeklärten Verbesserung des Willens skeptisch beurteilte. Dennoch hielt er an seinen aufklärerischen Ideen im wesentlichen fest: 1705 erschien Th.s zweiter Naturrechtsentwurf (*Fundamenta juris naturae et gentium*, dt.: 1709), der in der Unterscheidung von Recht und Moral gipfelte. Bereits 1701 hatte Th. mit einer Abhandlung *De crimine magiae* großes Aufsehen hervorgerufen: Er zog überzeugend und wirkungsvoll gegen den Hexenwahn seiner Zeit zu Felde, indem er verblüffend einfach bewies, daß es das Verbrechen der Hexerei nur fiktiv gebe, tatsächlich aber nicht möglich sei. Ähnlich erfolgreich war letztlich auch sein Kampf gegen die Folter (*De tortura ex foris christianorum proscribenda,* 1705), denn 1740 wurde sie in Preußen als Mittel der forensischen Wahrheitsfindung abgeschafft.

Politisch hatte Th. keine praktikable Alternative zum monarchischen Absolutismus vor Augen. Auch er unterstellte im genauen Anschluß an Pufendorf einen Herrschafts- und Unterwerfungsvertrag, der als formeller Staatsgründungsakt die Gewaltverhältnisse im Staat definitiv regele. Mit dem Vertrag verpflichtet sich der nachmalige Regent (»imperans«), »vor gemeine Sicherheit und Wohlstand« zu sorgen, umgekehrt versprechen die späteren Untertanen (»subditi«), Gehorsam zu leisten und ihren Willen und ihre Kräfte dem Willen der Regierung zu unterwerfen. Obwohl Th. prinzipiell dazu ermunterte, »mehr der Vernunft als menschlicher Autorität« zu folgen, gestand er den Untertanen nicht zu, jenseits des erklärten obrigkeitlichen Willens auf eigene Faust über den »gemeine Nutzen« »werktätig zu vernünfteln« (Kant).

Die Partizipation von Bürgern an politischen Entscheidungsprozessen war für Th. undenkbar, in ihr sah er vielmehr einen Unruhefaktor, der die möglichst rationale Erfüllung des Staatszwecks – »Sicherheit und Wohlstand« – gefährde. Th. hatte dabei einen absolutistischen Staat vor Augen, der effizient und ohne politische Reibungsverluste umzusetzen vermochte, was zur Realisierung des gemeinen Besten von den angeblich dazu Berufenen, den Intellektuellen, für richtig und notwendig erachtet wurde. Daher votierte Th. für einen »aufgeklärten« Absolutismus, in dem der politische Wille des Regenten durch die sachlichen Erkenntnisse seiner aufgeklärten Ratgeber bestimmt werde. Th.s Konzept zielte auf eine rechtsförmige staatliche Organisationsstruktur, die vor allem durch ihr Gewaltmonopol in der Lage sei, Rechtssicherheit zu gewährleisten. Staatlich garantierte Sicherheit als Rechtssicherheit kam dem ökonomischen Gestaltungswillen des entstehenden Bürgertums entgegen, zumal Th. bereits damit begann, die ökonomische Sphäre von der unmittelbaren Einflußnahme des Staates auszunehmen. So sei der Staat aufgrund objektiver Marktgesetzmäßigkeiten weder in der Lage, Preise zu fixieren, noch billigte ihm Th. irgendeinen Einfluß auf die Berufswahl seiner Untertanen zu. Die damit eingeforderte soziale Mobilität und wirtschaftliche Eigenverantwortung war geeignet, die Statik traditionaler Strukturen aufzubrechen. Doch der Wirtschaftsbürger blieb bei Th. Untertan, seine politische Metamorphose zum Citoyen stand noch aus.

Lieberwirth, R.: Christian Thomasius. Sein wissenschaftliches Lebenswerk, eine Bibiliographie. Weimar 1955. – Rüping, H.: Die Naturrechtslehre des Christian Thomasius und ihre Fortbildung in der Thomasius-Schule. Bonn 1968. – Schneiders, W.: Naturrecht und Liebesethik. Hildesheim, New York 1971. – Schneiders, W. (Hg.): Christian Thomasius 1655–1728. Interpretationen zu Werk und Wirkung. Hamburg 1989.

Frank Grunert

Timm, Marianne

Geb. 8. 2. 1913 in Hamburg; gest. 1. 11. 1993 in Hamburg

Einsatz für junge Menschen sowie Engagement für Israel und die christliche-jüdische Zusammenarbeit kennzeichneten das Leben der evangelischen Theologin T. Sie zählt zu den Vorkämpferinnen für die Gleichberechtigung der Theologinnen, spielte bis zum Beginn der fünfziger Jahre eine zentrale Rolle in der evangelischen Studentinnenbewegung sowie der Studierendenseelsorge und wirkte anschließend vor allem im Bereich der Religionspädagogik, wo sie mit ihren Kursen und Unterrichtswerken Generationen von Religionslehrern prägte. Als Vertrauensvikarin und Mitglied zahlreicher Gremien in Hamburg sowie im Konvent evangelischer Theologinnen in Deutschland kümmerte sie sich intensiv um die in der Kirche tätigen Frauen.

Die Tochter eines Studienrates wandte sich nach dem Abitur dem Theologiestudium zu, wobei sie sich schon frühzeitig in Verbänden engagierte: Seit 1932 war sie in der »Deutsch-Christlichen-Studentinnen-Bewegung« aktiv, 1934 trat sie in den Verband evangelischer Theologinnen Deutschlands ein und nahm an der Bekenntnis-Synode in Barmen teil. 1937 absolvierte T. die erste theologische Prüfung in Hamburg und arbeitete in einer Gemeinde in Hamburg-Winterhude. 1938 und 1939 hielt sie Bibelkurse im Evangelischen Frauenbund Sachsen-Anhalt ab.

Obwohl der Hamburger Landesbischof Franz Tügel es 1935 Frauen per Gesetz untersagt hatte, das zweite Examen abzulegen, gab T. nicht auf und verfolgte ihr Ziel, Geistliche zu werden, weiter: Sie wandte sich nach Hannover, wo sie 1939 diese Prüfung bestand. Immerhin konnte sie anschließend in ihrer Hamburger Gemeinde weiterarbeiten und gleichzeitig bis 1949 in der Studentenseelsorge tätig sein.

Nachdem der Studentenseelsorger zum Heeresdienst eingezogen worden war, wirkte T. faktisch als alleinige Seelsorgerin für die Studierenden in der Hansestadt. 1941 begann die Angehörige der Bekennenden Kirche und Anhängerin Karl Barths ihre Tätigkeit als Reisesekretärin für die Evangelischen Studentengemeinden und organisierte mindestens zweimal im Jahr illegale Tagungen für 30 bis 50 Vertrauensstudentinnen. Die dabei gesammelten Kollekten wurden zum Erwerb von Lebensmittelgutscheinen für versteckte Juden verwendet, zu denen T. Kontakte hatte. 1942 nahm sie an der 3. Sitzung des Vikarinnenausschusses der Bekennenden Kirche in der Altpreußischen Union teil und war Mitglied der Kleinen Kommission (»Kommission von Halle«) dieses Gremiums. Zusammen mit Pastor Hermann Diem setzte sie sich dort dafür ein, daß Frauen nicht nur in Zeiten eines Notstandes predigen durften. T. äußerte sich fast belustigt darüber, daß eine Frau erst einen Gottesdienst halten solle, wenn überhaupt kein Mann mehr da sei, »der noch eine Predigt irgendwie vorlesen kann«.

Der Studentenpfarrer von 1945 bis 1949, Horst Bannach, urteilte über ihre Arbeit: »Vikarin Timm hat seit langer Zeit die evangelischen Studentinnen in Hamburg betreut. Ihrer Arbeit ist es zu danken, daß die hiesige Studentengemeinde auch in schwerster Zeit zusammenblieb. Ihre rasche Initiative brachte die gesamtkirchliche Studentenarbeit bald nach dem Zusammenbruch wieder in Gang. Ihr Erfahrungen, ihre Kenntnis der Hamburger Verhältnisse und ihre Verbindungen zu den studentischen Gruppen sind mir bei meiner Arbeit eine unentbehrliche Hilfe.« Doch T.s Arbeit wurde in der Hamburger Kirchenleitung nicht nur geschätzt. 1946 untersagte ihr diese die überregionale Reisetätigkeit und das Abhalten von Andachten und Bibelstunden, die ihr während des zweiten Weltkriegs noch zugestanden worden waren. Jetzt aber wurden sie allein dem Studentenpastor übertragen, T. sollte sich nur noch um die sozialen Belange der Studierenden kümmern. So organisierte sie einen Mittagstisch im Hauptgebäude der Universität und sorgte sich um Kleidung und Unterkunft. Doch ihre theologische Kompetenz, ihr Amtsverständnis und ihre starke Persönlichkeit kollidierten mit den Vorstellungen ihrer Vorgesetzten.

1948 bat T. um ihre Versetzung, und im folgenden Jahr wechselte sie an die Evangelische Akademie Hamburg, wo sie für Religionspädagogik zuständig war; später übte sie diese Funktion am neugeschaffenen Katechetischen Amt aus. Der Kontakt zu jungen Menschen blieb bestehen: Weiterhin nahm sie zahlreiche Studierende, vor allem aus dem Ausland, in ihrem Haus auf. In der Evangelisch-lutherischen Kirche im Hamburgischen Staate war sie Vertrauensvikarin und kümmerte sich um die anderen Theologinnen und deren Belange. Von 1955 bis 1967 war T. Schriftleiterin des Rundbriefes des Konventes evangelischer Theologinnen in Deutschland (*Die Theologin*) und ab 1966 als Geschäftsführerin Mitglied des Vorstandes.

T.s Ordination erfolgte am 1. Juli 1953 durch Bischof Simon Schöffel in der Hauptkirche St. Michaelis. Anstelle der sonst üblichen Einsegnung wurde sie zusammen mit drei anderen Theologinnen auf der Grundlage des Ordinationsformulars der alten Hamburger Agende für Pastoren ordiniert und erhielt das Recht der Wortverkündigung und der Sakramentsverwaltung, das Frauen vorher nur in wenigen Ausnahmefällen für ein eng begrenztes Arbeitsgebiet verliehen worden war. Dies blieb aber ein Sonderfall, dessen Rechtmäßigkeit man später bezweifelte. Ordination erfüllen Frauen erst, nachdem 1969 die Hamburger Landeskirche ein Pastorinnengesetz verabschiedet hatte, durch das auch T. zur Pastorin ernannt wurde. 1970 als erste Theologin in den Kirchenrat gewählt, gehörte sie zugleich der Synode an. Schwerpunkt ihrer Tätigkeit in Hamburg war der Religionsunterricht. Sie gab zahlreiche Bücher und Sammlungen für den Unterricht in diesem Fach heraus und wirkte in der religionspädagogischen Lehreraus- und fortbildung. Im »Arbeitsausschuß für Kirchliche Unterweisung«, aus dem später das Katechetische Amt der Evangelisch-lutherischen Kirche im Hamburgischen Staate hervorging, diskutierte sie seit 1948 mit Lehrern aller Schulgattungen Fragen des Religionsunterrichts. Unter ihrer Leitung wurden mehrere hundert Lehrer in zweijährigen Abendkursen und anderen religionspädagogischen Arbeitsgemeinschaften für den Unterricht vorbereitet. Dabei war sie in der Lage, die Inhalte eingängig zu vermitteln und komplizierte Zusammenhänge zu konkretisieren. Der Rat der Evangelischen Kirche in Deutschland berief T. als einzige Frau zum Mitglied und zugleich zur Geschäftsführerin des »Ausschusses für Bild und Film im Religionsunterricht der Evangelischen Kirche in Deutschland«. Dort wurde eine Fülle von Bildmaterial für Unterrichtszwecke herausgegeben. T. fotografierte sehr viel und erstellte so zahlreiche Bildserien zur christlichen Kunst.

Seit den fünfziger Jahren begleitete T. Lehrergruppen auf insgesamt neun Studienreisen ins Heilige Land und engagierte

sich seit 1960 zudem im christlich-jüdischen Dialog. Der Kontakt zu Israel, insbesondere der zu ihren dort lebenden ehemaligen Mitschülerinnen, war T. ein wichtiges Anliegen und prägte ihr Leben bis in den Ruhestand 1979. Sie unterstützte das Kinderheim Neve Hanna und warb weitere Förderer in Hamburg, die die Verbindung über ihren Tod hinaus gehalten haben.
T. wirkte »gemeindebildend« und zog mit ihrem Einsatz viele in ihren Bann. Dennoch war sie im Umgang nicht immer einfach und konnte sehr autoritär werden. T. war zahlreichen Männern in der Kirche mit ihren Kenntnissen und ihrem Durchsetzungsvermögen weit überlegen, was zu heftigen Auseinandersetzungen führte. Gleichzeitig konnte sie nur aufgrund ihrer starken Persönlichkeit den Mut und die Tatkraft aufbringen, die nötig waren, um sich über alle Grenzen hinweg für Menschen und Menschlichkeit einzusetzen.

50 Jahre Evangelische Studentengemeinde. 1938–1988. Versuch einer Spurensicherung. Hamburg 1989. – Hering, R.: Frauen auf der Kanzel? Die Auseinandersetzung um Frauenordination und Gleichberechtigung der Theologinnen in der Hamburger Landeskirche. In: Zeitschrift des Vereins für Hamburgische Geschichte 79 (1993), S. 163–209. – Hering, R.: Timm, Marianne. In: Biographisch-Bibliographisches Kirchenlexikon. Begründet und hg. von Friedrich Wilhelm Bautz. Fortgeführt von Traugott Bautz. Bd. X. Herzberg 1996.

Rainer Hering

Toller, Ernst

Geb. 1. 12. 1893 in Samotschin/Posen; gest. (Selbstmord) 22. 5. 1939 in New York

T. wurde am 1. Dezember 1893 in Samotschin (Provinz Posen), dem heutigen Szamocin, im damaligen Königreich Preußen als drittes Kind der jüdischen Eheleute Charlotte T. und des Gemischtwarenhändlers Mendel T. geboren. Als Knabe besuchte T. eine höhere Privatschule für deutschsprachige Schüler und danach bis 1913 das königliche preußische Realgymnasium in Bromberg. Einerseits zu der die deutsche Kultur in Polen repräsentierenden jüdischen Elite gehörend, andererseits in seiner bürgerlichen Familie als Enfant terrible geächtet, entwickelte der junge T. ein lebhaftes Interesse an Literatur und Theater, das auch zu eigenen literarischen Versuchen motivierte. Nachdem er sich 1914 an der Universität Grenoble immatrikuliert hatte, führte ihn die Nachricht vom Ausbruch des Krieges (am 1. August 1914) als Kriegsfreiwilligen nach Deutschland zurück. Die Fronterfahrung löste jedoch einen radikalen Gesinnungswandel aus, und die anfängliche Kriegsbegeisterung schlug in tiefe Skepsis um. Nach einem körperlichen und psychischen Zusammenbruch wurde er beurlaubt.
Das Jahr 1917 bedeutet eine intellektuell und politisch entscheidende Zäsur in T.s Biographie. In diesem Jahr begegnete er mehreren prominenten Schriftstellern (so Thomas Mann, Max Halbe und Richard Dehmel) und lernte Max Weber kennen, der ihn beeindruckte, aber gleichzeitig auch Enttäuschung bei ihm hinterließ, weil er die Erwartung aktionsbezogener, politisch-intellektueller Führung nicht erfüllte. T.s Bedürfnis nach Einheit von pazifistischer Weltanschauung und politischer Handlungsethik wurde erst durch die Berührung mit sozialistischen Ideen befriedigt. T. lernte Gustav Landauers anarchistisch inspirierten *Aufruf zum Sozialismus* (1911) kennen, und kam mit Kurt Eisner, führendes Mitglied der USPD in München und nach der Novemberrevolution bayerischer Ministerpräsident, in Kontakt.
Insbesondere Eisner vermittelte T. das Bild eines Sozialismus, das die Spaltung zwischen geistiger Aktivität und einer den Volksmassen verpflichteten politischen Praxis nicht kannte. Das Ergebnis der Politisierung drang auch in die literarische Produktion T.s ein. 1917 entstand die erste Niederschrift des Dramas *Die Wandlung*, das dazu aufforderte, Schwerter in Pflugscharen umzuschmieden. Dieses Drama und die später folgenden (*Masse Mensch* 1919; *Die Maschinenstürmer* 1920/21) repräsentieren für die expressionistische Synthese von ethischem Erneuerungspathos und politischer Revolution. T.s Drama verzichtete auf eine Individualisierung der einzelnen Personen und interpretierte sie als Verkörperung von Kollektivsubjekten, vor allem des Proletariats und der Bourgeoisie sowie des Militärs. Die der utopischen expressionistischen Aufbruchstimmung immanenten Widersprüche erschütterten auch das persönliche Leben T.s. Rhetorisch begabt, bürdete er sich in der Münchener Räterepublik 1919 eine politische Mission auf, deren Anforderungen er nicht gewachsen war. Wie immer T.s Aktivität in dieser Hinsicht letztlich zu bewerten ist – die über ihn gefällten Urteile reichen von einer Heroisierung bis zum Verratsvorwurf – so kann doch festgestellt werden, daß ihn die Aufgaben als Vorsitzender der Münchener USPD und Vorsitzender des »Revolutionären Zentralrats«, des Leitungsorgan der ersten »anarchistischen« Münchener Räterepublik (7. April – 13. April 1919) hoffnungslos überforderten. Er vermochte seine politischen Auffassungen, die durch ein heterogenes Gemisch von Pazifismus, anarchistischen Ideen, sozialistischen Elementen und rätedemokratischen Vorstellungen geprägt waren, nicht mit den extrem schwierigen Bedingungen des isolierten Münchener Revolutionsversuchs in Einklang zu bringen. Der Wider-

spruch zwischen den tatsächlichen politischen Kräfteverhältnissen und der utopischen Sehnsucht nach Harmonie der Menschheit gipfelte in einem tragischen Dilemma: Trotz seiner pazifistischen Überzeugung sah sich T. verpflichtet, eine militärische Kommandofunktion in der »Roten Armee« der zweiten (kommunistischen) Münchener Räterepublik (13. April – 3. Mai 1919) zu übernehmen, an der er scheiterte.

Nach der blutigen Niederschlagung dieser zweiten Räterepublik durch Freikorps und bayerische Regierungstruppen Anfang Mai 1919 wurde auf T., der sich als Revolutionär und Jude den doppelten Haß der Reaktion zugezogen hatte, ein Kopfgeld ausgesetzt. Anfang Juni 1919 verhaftet, verurteilte ihn das Standgericht beim Münchener Landgericht zu fünf Jahren Festungshaft wegen Hochverrats. Während seiner Haftzeit in der Festung Niederschönfeld war T. trotz kleinlicher Gefängnisschikanen literarisch produktiv. Zwischen 1920 und 1924 schrieb er die Theaterstücke *Die Maschinenstürmer, Der deutsche Hinkemann* und *Der entfesselte Wotan*, deren Aufführung – wie im Falle des *Hinkemann*, eines ehemaligen Soldaten, dem die Genitalien weggeschossen worden waren – von Tumulten begleitet wurde, aber auch spektakuläre Erfolge erzielte. In dieser Phase künstlerischer Arbeit vollzog sich bei T. eine Annäherung an die Formen des proletarischen Kollektivtheaters, ohne daß er sich jedoch auf dessen ideologische Funktionen festlegte.

Als T. 1924 aus der Haft entlassen wurde, hatte sich die politische Situation erheblich verändert. Die revolutionäre Strömung der Nachkriegszeit war verebbt, und die Linke hatte sich polarisiert. In einer Rede über die *Deutsche Revolution* versuchte T. 1925, eine Bestandsaufnahme dieser Veränderungen vorzunehmen. Indem er das Scheitern der Revolution in Deutschland wesentlich auf mangelndes politisches Selbstvertrauen des Proletariats zurückführte und die Verschiebung des Kräfteverhältnisses zugunsten des Bürgertums erkannte, fragte er gleichzeitig nach den Perspektiven politischer Emanzipation, die er auch weiterhin nur im »Wesen der Revolution« erblicken zu können glaubte; einer Revolution, in der sich das frühere expressionistische Pathos und ein gewisser Realismus auf eigentümliche Weise verschränkten: »Nur durch Tat und Tun kann man überzeugen, durch die Tat, die sich nicht wegdiskutieren läßt in Leitartikeln, durch Tun, das alle, auch die Widerstrebenden, bindet in sinnvoller Arbeit. Tat und Tun – Einmaliges und Mannigfaltiges – so deuten wir das Wesen der Revolution. Tat wirkt Macht. Die Mittel der Tat werden nicht allein von uns gewählt. Wer heute auf der Ebene der Politik, im Miteinander ökonomischer, menschlicher Interessen kämpfen will, muß klar wissen, daß Gesetz und Folge seines Kampfes von anderen Mächten bestimmt werden (...). Eine Revolution, der der Geist fehlt, gleicht einer Flamme, die jäh auflodert, um ziellos zu verflackern, weil ihr die nährende Kraft mangelt. Geist der Gemeinschaft: Das ist zerstörende und schaffende Liebe, gebunden in Freiheit, frei in Gebundenheit.« Das Bekenntnis zur geistig-moralischen Erneuerung der Gesellschaft verweist auf die eigentliche Quintessenz des politischen Denkens von T. Seine Auffassung von Revolution und Sozialismus waren weder durch die Kategorien des Marxismus noch durch die evolutionäre Doktrin eines organischen Übergangs vom Kapitalismus zum Sozialismus bestimmt, wie sie in der Sozialdemokratie vertreten wurde. Auch der Demokratiebegriff T.s läßt sich nur schwer zuordnen. Waren zunächst Anklänge an die sozialistische Räte-Idee wahrnehmbar, so näherte er sich später einem Demokratietypus, wie er durch die westlichen, bürgerlich-kapitalistischen Gesellschaften repräsentiert wurde. Während T. an der Demokratie einerseits insbesondere den Primat der individuellen Freiheiten hervorhob, berief er sich andererseits auf die neue sowjetische Verfassung von 1936 als das »Fundament wahrer Demokratie«, obwohl der kollektivistische Zuschnitt dieser Verfassung in direktem Widerspruch zum Individualismus des bürgerlichen Demokratieverständnisses stand: »Im Westen sammeln sich ohne Unterschied der Parteien alle jene, die weder Herren noch Knechte sein wollen. Im Osten Europas gibt sich das große russische Volk eine Verfassung, die das Fundament wahrer Demokratie ist. Vielleicht werden einmal die Historiker sagen, daß der Faschismus, der eine schwache und verfälschte Demokratie überwältigte, der Geburtshelfer der wahren Demokratie wurde, vergleichbar jenem Geist, der ›stets das Böse will und doch das Gute schafft‹.«

Es liegt auf der Hand, daß die zudem in sich widersprüchlichen politischen Auffassungen T.s nicht in jene Schemata politischer Zuordnung paßten, die während der zwanziger und dreißiger Jahre Gültigkeit hatten. Zwar stand T. eindeutig links, aber er vermochte sich weder mit der SPD noch der KPD oder einer anderen linken Organisation bzw. Strömung zu identifizieren. Zwar schloß er sich 1926 der »Gruppe Revolutionärer Pazifisten« um Kurt Hiller und Kurt Tucholsky an, aber dieser Schritt hatte keine herausragende Bedeutung für seine politische Aktivität.

Die Jahre 1927 bis 1932 bildeten einen neuen Höhepunkt des dramatischen Schaffens. Es entstanden die Werke *Hoppla, wir leben* (1927), das Lustspiel *Bourgeois bleibt Bourgeois* (1929 auf dem Spielplan des Berliner Lessing-Theaters), 1930 das Stück *Feuer aus den Kesseln*, (das den Kieler Matrosenaufstand 1918 zum Thema hatte), 1931 *Wunder in Amerika* (eine dramatisierte Version der Lebensgeschichte von Mary Baker-Eddy, der Gründerin der »Christian Science«, (einer Sekte, die die Materie zur Illusion erklärt) und 1932 *Blinde Göttin*.

Da sich T. bei der »Machtergreifung« durch die Nationalsozialisten am 30. Januar 1933 zufällig in der Schweiz befand, konnte er der drohenden Verhaftung entgehen. In der nun folgenden Zeit des Exils lebte T. zunächst in England und arbeitete dann seit 1936 hauptsächlich in den Vereinigten Staaten. Sein Engagement verlagerte sich zunehmend von der literarisch-dramatischen Produktion auf politische Initiativen gegen den Faschismus, sei es in der Kampagne für das republikanische Spanien, als Verteidiger der nichtfaschistischen Schriftsteller in Deutschland – so etwa in mehreren Reden auf internationalen Tagungen des PEN-Clubs – oder als Publizist. In der Zwischenzeit war im Amsterdamer Exilverlag »Querido« die bekannte Autobiographie *Eine Jugend in Deutschland* (1933) erschienen. Die nun eindeutig im Vordergrund stehende politische Arbeit wurde noch einmal durch die Veröffentlichung des Schauspiels *Pastor Hall* (1939) unterbrochen, zu dem T. der persönliche Widerstand Martin Niemöllers, ehemaliger U-Boot-Kommandant und Mitglied der Bekennenden Kirche, angeregt hatte.

Mit dem rastlosen Engagement gegen den Faschismus/Nationalsozialismus ging ein Verfall der psychischen Stabilität T.s einher. In der 1935 mit der mehr als zwanzig Jahre jüngeren Schauspielerin Christiane Grauhoff geschlossenen Ehe fühlte er sich unglücklich. In Deutschland festigte sich das nationalsozialistische Terrorregime in triumphaler Weise. Ihm setzte T. 1937 die Werte der Demokratie entgegen, die er in Großbritannien und den USA schätzen gelernt hatte und denen er eine substantielle Bedeutung für die Überwindung der NS-Diktatur zuschrieb: »Es geht heute einzig und allein um die Frage: Diktatur eines Mannes oder wahre Demokratie, Unfreiheit oder Freiheit, Recht oder Rechtlosigkeit, Barbarei oder Menschlichkeit. Die Demokratie war ein Meilenstein in der Geschichte der Völker. Sie beruht auf der Selbstverantwortlichkeit der Menschen, sie brachte uns Freiheit des Gewissens und Glaubens, Freiheit des Bürgers, des Forschers, des Künstlers – die besten haben für sie gekämpft und gelitten«.

Die Intensität der Überzeugung, daß Künstler nicht primär einen ästhetischen, sondern einen moralischen Auftrag zu erfüllen haben, vermochte die persönliche Tragödie T.s nicht aufzuhalten. Den Widerspruch zwischen politischer Wirklichkeit und moralischen Idealen, zwischen Intention und tatsächlicher Wirkung, zwischen öffentlicher Reputation und individueller Krise vermochte er, zumal unter der Entfremdungslast der Emigration, nicht länger zu ertragen. Er nahm sich am 22. Mai 1939 in New York das Leben.

Haar, C.T.: Ernst Toller. Appell oder Resignation?. – München 1977. – Lixl, A.: Ernst Toller und die Weimarer Republik – 1918–1933. Heidelberg 1986. – Rothe, W.: Ernst Toller. In Selbstzeugnissen und Bilddokumenten. Reinbek bei Hamburg 1983.

Lothar Peter

Troeltsch, Ernst

Geb. 17. 2. 1865 in Haunstetten bei Augsburg; gest. 1. 2. 1923 in Berlin-Charlottenburg

T., negativ als Exekutor der »Selbstauflösung der protestantischen Dogmatik« (E. Brunner), positiv als Vorläufer einer neuen Phase der Theologie charakterisiert, war wohl weniger von dem Theologen Albrecht Ritschl, den er 1886–88 in Göttingen hörte, als von den Philosophen Hermann Lotze (Göttingen), Vertreter eines »teleologischen Idealismus«, und Gustav Claß, seinem Erlanger Lehrer, beeinflußt. Claß fußte seinerseits auf Leibniz. Schon als Studierender habe er, sagt T., »nach einer Idee von der Entwickelung des Geistes« gesucht, in die er »die christliche Welt einordnen wollte«.

Der Sohn einer Arztfamilie studierte vor allem in Erlangen und Göttingen Theologie und Philosophie. Nach Promotion und Habilitation als Theologe in Göttingen wurde T. 1892 außerordentlicher Professor in Bonn, 1894 Ordinarius für systematische Theologie in Heidelberg. Es folgte die theologisch fruchtbarste Phase, die ihn zu einem Klassiker des Neuprotestantismus aufsteigen ließ. Politisch betätigte sich T. in Heidelberg als Vertreter der Universität im Badischen Landtag. 1915 wechselte er nach Berlin über; an die Philosophische Fakultät wurde er als Nachfolger des Geschichtsphilosophen Wilhelm Dilthey auf den Lehrstuhl für Weltanschauungs- und Kulturfragen berufen.

T.s theologische Bedeutung besteht zumal in der Geltendmachung der Alleingültigkeit des historischen Denkens, das die überlieferten Dogmen »in den Fluß des Geschehens auflöst«, wobei eine Frömmigkeit mystisch-spiritualistischen Gepräges bewahrt werden soll. Ins Politische greift er mit einem Vortrag vor dem evangelisch-sozialen Kongreß in Breslau 1904 ein, nicht ohne des Einflusses seiner Heidelberger Kollegen, des Soziologen Max Weber, in dessen Haus er eine Zeit wohnte, und des Staatsrechtslehrers Georg Jellinek zu gedenken. Der mit *Politische Ethik und Christentum* überschriebene Vortrag sollte zuerst »Das demokratische Prinzip und die christliche Ethik« heißen, »weil mir«, so schrieb er im Rückblick, »gerade die ethisch-politischen Forderungen der Demokratie und die Gegensätze dagegen den Kern des ethisch-politischen Problems der Gegenwart zu bezeichnen schienen«. Der Vortrag führt aus, daß als ethisch relevante Prinzipien für das Christentum nur Demokratie und Konservatismus in Frage kämen. »Das Christentum ist demokratisch und konservativ zugleich. Es ist demokratisch, indem es in immer weiterem Umfang Versittlichung, Verselbständigung und geistigen Gehalt der Persönlichkeit fordert und diese Persönlichkeit in der Bildung der Staatsgewalt zur Wirkung kommen läßt. Es ist konservativ, indem es die Autorität in ihrer Begründung durch sittliche Überlegenheit und durch politische Machtverhältnisse anerkennt und die Beugung unter die Autorität als Quelle sittlicher Kräfte versteht.« Das demokratische Prinzip faßte T. als ethisches Prinzip auf, als Anerkennung des sittlichen Rechts der Persönlichkeit, »einen selbständigen Wert für sich selbst darzustellen«. Dieses ethische Prinzip sei nun aber »zugleich einer politischen Anwendung größten Stils fähig«: »Die Volksschichten« müßten ermuntert und gestärkt werden, »die aus der dumpfen Massenexistenz und dem vertierenden Kampf um das tägliche Dasein aufstreben nach dem Lichte persönlichen Lebens«, doch dürfe dieser Kampf nicht als Klassenkampf »gegen herrschende Klassen« geführt werden.

Die bereits 1904 aufgestellte These, wonach es »eine unmittelbar und wesentlich aus den christlichen Ideen abgeleitete politische Ethik nicht gibt«, – die kirchliche Ethik (namentlich des Mittelalters) arbeite »im weitesten Umfang mit Entlehnungen, die lediglich mehr oder minder christianisiert sind«, – wurde in dem 1912 vorgelegten Buch über *Die Soziallehren der christlichen Kirchen und Gruppen* vertieft. Aufgrund des historischen Materials kam er zu dem Schluß, praktikabel sei allein eine Ethik, die sich den Kompromiß zum Ziel setzt. So sei im Mittelalter »der Kompromiß mit den Staatsgewalten, der gesellschaftlichen Ordnung, den ökonomischen Lebensbedingungen unausweichlich« gewesen, »wie ihn die thomistische Lehre in einem feinsinnigen, umfassenden und die letzte überweltliche Lebensorientierung energisch festhaltenden Aufbau theoretisch konstruiert hat«. Von T.s politischen Vorkriegsanschauungen hat Marianne Weber, Max Webers Frau, gesagt, daß er damals »national-liberal« gedacht habe: »Seinen stark bürgerlichen Instinkten waren die sozialen und demokratischen Ideale fremd«.

Den Ausbruch des Ersten Weltkrieges erlebte T. als Erwachen des »Volksgeistes«: Der »deutsche Kampf der vereinigten Militärs, Fabrikanten, Techniker, Chemiker, Kaufleute und Arbeiter« lasse eine »Volksgemeinschaft« entstehen, die (T. verweist auf den von dem völkisch-chauvinistischen Pfarrer Gottfried Traub verfaßten Traktat *Deutschland betet*) auch religiös eins geworden sei. In seinem Essay von 1916 *Ideen von 1914* stellte er die »wurzelhafte Verschiedenheit« der Deutschen »von dem Baptisten Lloyd George und dem Freimaurer Briand« heraus und widerspricht heftig deren Parolen: »Es handelt sich um die Zukunft der Demokratie in der Welt« (Lloyd George); »es handelt sich um den Fortschritt der Kultur und Humanität« (Briand). Eine solche Option konnte dazu führen, in T. den Bannerträger der »nordisch-germanischen Eigentümlichkeiten« der Deutschen und den Bewunderer der »Führung« durch »große Männer« zu sehen (W. Köhler). Doch noch im selben Jahr 1916 änderte T. fast abrupt seine Meinung. In *Privatmoral und Staatsmoral* sprach er von der »unaufhaltsam fortschreitenden Demokratisierung der heutigen Großstaaten«.

1917 beteiligte sich T. an der Gründung des »Volksbundes für Freiheit und Vaterland«, der im Gegensatz zur rechtsextremen »Deutschen Vaterlandspartei« für innenpolitische Reformen und einen Verständigungsfrieden mit den Kriegsgegnern eintrat. In dem noch während des Kriegs 1918 entstandenen Essay *Freiheit und Vaterland* kommentierte er diesen Gesinnungswandel mit den Worten: »Die moderne Gesellschaft mit ihrer allgemeinen Schulbildung, allgemeinen Wehrpflicht, öffentlichen Meinung und bewußten Interessierung jedes einzelnen am Gesamtzustande verlangt mit absoluter Notwendigkeit die Mitbeteiligung jedes einzelnen an der Bildung des politischen Willens«.

Nach dem Kriege wurde T. vollends klar, daß Demokratie, so wie er sie verstand, eine »Lebensnotwendigkeit« sei. T. wurde während der Novemberrevolution zum Mitgründer der liberalen »Deutschen Demokratischen Partei« (DDP). Die Worte eines seiner Kollegen, des Historikers Friedrich Meinecke, könnten auch von T. stammen: »Wir wurden Demokraten, weil wir uns klar machten, daß auf keinem anderen Wege die nationale Volksgemeinschaft und zugleich die lebensfähigen aristokratischen Werte unserer Geschichte würden erhalten werden können.«

Die *Spektator-Briefe*, die T. von 1918 bis 1922 in der Zeitschrift *Der Kunstwart* erscheinen ließ (Buchausgaben mit unterschiedlicher Textauswahl erschienen 1924 und 1994), zeigen auch bei T. die deutliche Absicht zur Zügelung der revoltierenden Massen. Dem englischen Baron von Hügel gegenüber erklärte er seine von März 1919 bis Juli 1920 ausgeübte Tätigkeit als parlamentarischer Unterstaatssekretär im preußischen Kultusministerium damit, daß er »für Vernunft, Besonnenheit, Ordnung, Arbeit und unvermeidliche Zugeständnisse an die Massen« kämpfe.

In den *Spektator-Briefen* verteidigte T. das Bündnis von Mehrheitssozialdemokraten und DDP gegen seine linken Gegner, »die Bolschewisten und Unabhängigen« (gemeint war die »Unabhängige Sozialdemokratische Partei Deutschlands«, USPD) und rechten Gegner, »die Alldeutschen, Konservativen, Schwerindustriellen usw.«. Pragmatisch urteilend, suchte er in den *Spektator-Briefen* dem Bildungsbürgertum die parlamentarische Demokratie plausibel zu machen, obgleich er sich an ihrer »fremden«, ausländischen, speziell westlichen Herkunft stieß. Mit Entschiedenheit verfocht er »das Majoritätsprinzip der reinen Demokratie«, die freilich als »soziale Demokratie« ausgebaut werden müsse. Diesen Begriff setzte T. ausdrücklich der Sozialdemokratie entgegen, die einen »umgekehrten Klassenstaat« wolle. Stattdessen müsse »der wahre Sozialismus der Organisation und die wahre Demokratie der Gerechtigkeit gegen alle Klassen« entstehen, wie er Ende Dezember 1918 formulierte.

Drescher, H.-G.: Ernst Troeltsch. Göttingen 1991. – Kasch, W. F.: Die Sozialphilosophie von Ernst Troeltsch. Tübingen 1963. – Schmidt, G.: Deutscher Historismus und der Übergang zur parlamentarischen Demokratie. Untersuchungen zu den politischen Gedanken von Meinecke – Troeltsch – Max Weber. Lübeck 1964.

Arnold Pfeiffer

Trützschler, Wilhelm Adolf

Geb. 20. 2. 1818 in Gotha; gest. (hingerichtet) 14. 8. 1849 in Mannheim

Tr., ein vor allem durch sein späteres tragisches Schicksal bekannt gewordener Abgeordneter der Paulskirchenversammlung 1848/49, stammte aus einer sächsischen Adelsfamilie (Trützschler-Falkenstein). Viele seiner Vorfahren waren Offiziere oder hohe Beamte in sächsischen oder preußischen Diensten gewesen, und auch ihm, dem Sohn eines gothaischen Hofbeamten, schien zunächst ein ähnlicher Lebensweg beschieden zu sein. Er besuchte das Gymnasium, studierte 1836–40 zunächst in Leipzig Medizin, wechselte dann aber zur Jurisprudenz (Jena, Göttingen), deren Studium zu jener Zeit die übliche Vorbereitung für den Staatsdienst war. Als 18jähriger schloß er sich an der Universität Jena der Urburschenschaft an, damals auch für einen jungen Adligen, gerade angesichts der nationalen Aufbruchstimmung eines großen Teiles der akademischen Jugend kein ungewöhnlicher Schritt, eher für seine frühzeitige politische Interessiertheit und sein Engagement kennzeichnend. Am Justizamt Zwickau, in der Nähe des Familienschlosses Falkenstein, arbeitete Tr. zunächst als Aktuar, dann als Hilfsassessor. Fachlich begabt und geeignet, fiel er seinen Vorgesetzten aber auch durch seine Beteiligung an Bürgerprotesten auf, was 1846 oder 1847 die Versetzung aus dem unruhigeren Zwickau in die Residenz Dresden an das dortige Appellationsgericht zur Folge hatte.

Uneigennützigkeit, Gerechtigkeitsdenken und Prinzipienfestigkeit hatten beim jungen Tr. den Vorrang vor Opportunitäts- oder Standeserwägungen. Tr. war ein theoretischer Kopf, der sich schon frühzeitig eine feste Meinung erarbeitet hatte. »Trützschler gieng... so weit als Einer: Die äußerste Marke der allgemeinen Freiheit und Gleichheit, ein Ideal der Brüderlichkeit und der einfachen Verwaltung beherrschte ihn ganz; Natur und philosophischer Idealismus hatten in ihm die Oberhand über die Verhältnisse seiner Geburt und Erziehung gewonnen« (W. Zimmermann). Und: »Die Idee eines einigen Deutschland erwärmte frühzeitig sein für das Volkswohl schlagendes Herz.«

Wie viele andere demokratische junge Intellektuelle veröffentlichte auch Tr. im Frühjahr 1848 ein politisches Programm, als es um die Wahlen für die verschiedenen Parlamente ging. Er verlangte u. a. Gründung einer deutschen Republik, entschädigungslose Abschaffung noch bestehender Feudallasten, Einführung eines fortschrittlichen Steuersystems und Verbesserung der Volksbildung. Am 7. 5. 1848 wurde Tr. im wenige Kilometer von Falkenstein entfernten Ölsnitz zum Abgeordneten für die Paulskirche gewählt, auch für die sächsische Zweite Kammer erhielt er einige Monate später ein Mandat. Tr. versuchte, sich 1848/49 vor allem im Parlament politisch zu erproben. Er wollte den Grundsatz »das Volk will selbst herrschen, es will sich nicht mehr von Andern regieren lassen, sondern es hat seine Macht selbst in die Hand genommen und führt selbst die Zügel« in der Gesetzgebung zur Geltung bringen – und zwar mit wachsender Konsequenz.

Tr.s Hauptwirkungsfeld war die Frankfurter Nationalversammlung, wo er sich von Anfang an auf dem äußersten linken Flügel (Fraktion Donnersberg) befand und diese Position bis zum Ende beibehielt. Im Juni 1848, als die Mehrheit der Frankfurter Nationalversammlung den österreichischen Erzherzog Johann zum Reichsverweser wählte, verlangte er mit Robert Blum, dem Führer der gemäßigten Linken in der Paulskirche, die provisorische Zentralgewalt in Deutschland müsse künftig durch einen Präsidenten ausgeübt werden. Bei der Debatte über die künftige Agrarverfassung (3. 10. 1848) forderte Tr. erneut die entschädigungslose Abschaffung der noch bestehenden Feudallasten. Die Frankfurter Reichsverfassung, mit Erbkaiser, aber auch allgemeinem Wahlrecht und Suspensiv-Veto, wurde von ihm akzeptiert, wenn auch nicht gebilligt. Als Friedrich Wilhelm IV. im April 1849 den Kaisertitel ablehnte, erklärte Tr., und mit ihm ein Teil der äußersten Linken in Frankfurt, daß die Verfassungsfrage wieder offen sei. Die Durchsetzung der Reichsverfassung wurde mit einem Male, da auch fast alle anderen großen deutschen Einzelstaaten diese ablehnten, zu einer revolutionären Angelegenheit. Tr., dem Opportunitätsdenken verhaßt war, bejahte den Widerstand gegen die traditionellen Gewalten aus prinzipiellen Gewissensgründen.

Noch ehe die nach Stuttgart ausgewichenen Reste des Frankfurter Parlaments durch württembergisches Militär gewaltsam vertrieben wurden (18. Juni 1849), hatte er sich nach Baden begeben, wo die Kämpfe für die Paulskirchenverfassung am stärksten aufgeflammt waren. Karl Vogt, ein Abgeordneter der Nationalversammlung, bat ihn Anfang Juni um Vermittlung zwischen der pfälzischen Aufstandsbewegung und der preußischen Armee, die sich anschickte, den Aufstand niederzuschlagen. Aber Tr. lehnte ab und bot seine Dienste der badischen provisorischen Regierung an. Diese konnte den geschulten Juristen und uneigennützigen Helfer brauchen. Sie setzte ihn als Regierungsdirektor und Zivilkommissar in Mannheim (Unterrheinkreis) ein. Formal gesehen stand Tr. unter dem Schutze des Gesetzes, der Reichsverfassung. Aus der Sicht der großherzoglichen badischen Regierung, die das Grundgesetz erst gebilligt hatte, es jetzt aber ablehnte, beging er Hochverrat. Am 22. 6. 1849 wurde er mit Hilfe von Mannheimer Bürgern von preußischen Truppen beim Einmarsch in die Stadt festgenommen und, wie viele Offiziere der Revolutionsarmee und Beamte der revolutionären Behörden, knapp zwei Monate später vor Gericht gestellt. Der Prozeß war nicht nur wegen des Charakters der Reichsverfassung umstritten. Die Durchführung, in die Hände der preußischen Militärbehörden gelegt, erfolgte nach den Regeln des Standrechts, obwohl Tr. nicht preußischer Staatsbürger oder Militärangehöriger war und der größte Teil seiner revolutionären Tätigkeit zeitlich nicht unter das Standrecht fiel.

Am 13. August 1849 wurde Tr., dem man vor allem die Radikalität seiner Amtsführung als Zivilkommissar vorwarf, in Mannheim wegen Hochverrats zum Tode verurteilt und um 4 Uhr des darauffolgenden Tages erschossen. Auch die Begleitumstände des Verfahrens lassen vermuten, daß ein Exempel statuiert werden sollte. Erfolglos hatte Tr.s Verteidiger dem Gericht die Entlastungsgründe dargelegt. Ebensowenig Erfolg beschieden war Tr.s Gattin, der Tochter eines sächsischen Generals, die versucht hatte, eine Begnadigung zu erreichen. Keinem anderen Zivilkommissar der badischen provisorischen Regierung, von denen eine größere Zahl den Preußen in die Hände fiel, war ein derartiges Schicksal wie Tr. widerfahren. Die Erschießung Tr.s galt mit Sicherheit also auch einem der radikalsten Männer der Frankfurter Nationalversammlung, dem gerade die Unwandelbarkeit demokratischer Grundsätze wie wenigen zu eigen war.

Hildebrandt, G.: Kleinbürgerliche Demokraten und Reichsregentschaft 1849. Die Ernennung Wilhelm Adolf v. Trützschlers zum Reichskommissar im Juni 1849, in: Zeitschrift für Geschichtswissenschaft, 1977, H.2, S. 180ff. - Rosen, C.: Adolph von Trützschler, sein Leben und Ende. Dresden 1850. - Schramm, R.: Helden und Märtyrer der deutschen Freiheit. Mailand 1876.

Gunther Hildebrandt

Unruh, Hans Victor von

Geb. 28. 3. 1806 in Tilsit; gest. 4. 2. 1886 in Dessau

U. entstammt dem ostpreußischen Zweig der deutschen uradligen Familie von Unruh, dessen Mitglieder als Offiziere und kleine Gutsbesitzer nie zu nennenswertem Besitz gekommen waren. Als Parlamentarier und als ein bedeutender Liberaler sowie als Baumeister, Ingenieur, Manager und Aufsichtsrat in der aufstrebenden deutschen Schwerindustrie (Eisenbahn- und Brückenbau, Gaswerke) spielte er eine wichtige Rolle.

U. war seit 28. Oktober 1848 Präsident der preußischen Nationalversammlung bis zu dessen Auflösung am 5. Dezember 1848. Er gehörte auch der am 22. Januar 1849 gewählten zweiten Kammer bis zu deren Auflösung am 26. April 1849 an und ging 1863 erneut in den preußischen Landtag, war 1859 einer der Gründer des Deutschen Nationalvereins, beteiligte sich an der Gründung und der Aufstellung des Programms der Deutschen Fortschrittspartei 1861 und gehörte nach seinem Ausscheiden dort 1867 zu den Gründern der Nationalliberalen Partei, wurde 1867 in den Reichstag des Norddeutschen Bundes und später in den Reichstag gewählt, den er 1879 aus Altersgründen verließ.

U. führte im November 1848, als die Verlegung und Auflösung der Nationalversammlung und der Belagerungszustand drohten, den »passiven Widerstand« im Gegensatz zum aktiven, eventuell blutigen, revolutionären Widerstand an (der seine Sache nicht war und den er auch für aussichtslos hielt) und hat damit diesen Begriff zum politischen Schlagwort gemacht. Im Reichstag des Norddeutschen Bundes führte U. 1870 nach englischem Vorbild den Abstimmungsmodus des Hammelsprungs ein. In die Politik war er, wie U. später schrieb, »kopfüber« geraten. Er wurde in Magdeburg als Liberaler und als Vertreter der Wirtschaft und des Handels auch von den Konservativen gegen etliche Mitbewerber gewählt. Als Vizepräsident und als Präsident der Nationalversammlung versuchte er, liberale Ideen und die Interessen des Parlaments gegen den absolutistischen Staat durchzusetzen. König Friedrich Wilhelm IV. nannte ihn später einmal herablassend-ironisch seinen »Gegenkönig von 1848«.

In über 200 Reden allein im Reichstag erwies U. sich als Redner, dem es gelang, aufgeregte, zur Gewalttat bereite Mengen zu beruhigen - etwa im November 1848, als die Revolution scheiterte, oder beim Bau der 1 300 Meter langen Elbbrücke bei Wittenberge, als er aus akutem Geldmangel die

Bezüge von Hunderten von Arbeitern um ein Drittel kürzte, um ihnen die Entlassung zu ersparen. U. haßte jedes Theoretisieren und ließ sich von seinem Pragmatismus leiten.

Nach dem Abitur mit siebzehn mußte sich U. seinen Unterhalt selbst verdienen. Der Vater, damals pensionierter General mit kärglichem Salär, konnte dem einzigen Sohn finanziell nicht helfen und riet deshalb von der traditionellen, schlecht bezahlten Offizierslaufbahn ab. U. studierte in Königsberg und Berlin das Baufach (auch als Schüler von Karl Friedrich Schinkel) und arbeitete nebenher als Feldmesser. 1829, noch nicht 23 Jahre alt, wurde er Königlicher Wasserbauinspektor in Breslau und blieb sechzehn Jahre lang preußischer Beamter.

U. befaßte sich schon vor 1829 intensiv mit Eisenbahnbau und machte mehrere ausgedehnte Studienreisen ins Ausland, um Eisenbahnbau und -verwaltung sowie Kanalbau zu studieren. Er wurde 1837 als Regierungs- und Baurat nach Gumbinnen und 1843 nach Potsdam versetzt, bevor er 1844 in die Privatwirtschaft gehen konnte, zunächst als Präsident einer Gesellschaft zum Bau der Bahn Potsdam-Magdeburg und der Erneuerung der Bahn Berlin-Potsdam.

Nach dem Scheitern der Revolution von 1848 behinderte der preußische Staat – vor allem der Handelsminister August von der Heydt – seine berufliche Karriere. Der Parlamentspräsident von 1848 wurde polizeilich überwacht, mußte leitende Funktionen aufgeben und sich immer wieder ein neues Betätigungsfeld suchen, um Schaden von den Gesellschaften abzuwenden, für die er arbeitete. Er konnte trotz einstimmiger Wahl nicht Bürgermeister von Magdeburg werden und nicht einmal in Ungarn eine Eisenbahnlinie bauen: ein abtrünniger Junker, der den Zorn der Konservativen auf sich geladen hatte. Der spätere preußische Kriegsminister Albrecht von Roon hatte U. und seine Mitstreiter in der Nationalversammlung einst die »kriminelle Fraktion von Unruh« genannt, und noch 1857 erklärte der Innenminister, er könne nicht für Ordnung in Berlin garantieren, wenn U. dort eine Fabrik mit 1500 Arbeitern leite. 1855 ging U. in die innerdeutsche Emigration nach Dessau, wo er die Deutsche Continentale Gas Compagnie gründete und später Präsident der Aktiengesellschaft für die Fabrikation von Eisenbahnbedarf in Berlin wurde. Die massive Verfolgung durch den Staat fand erst nach einer Intervention von Bismarck 1860 ihr Ende. U.s zentrales Thema lautete: »Preußen muß Rechtsstaat werden.«, ein Ziel, das sich ihm schon während seiner Jahre als preußischer Beamter aufgedrängt hatte.

Seine Haltung zu Wahlrecht, Verfassung, Parlamentsarbeit war mitgeprägt von seinen vielen Studien- und Dienstreisen nach England. Dort sah er auch seinen Grundsatz bestätigt, für Deutschland tauge nur die konstitutionelle Monarchie. Das republikanische Beispiel Frankreichs (seit 1871 »Dritte Republik«) dagegen – dort hatte er die Februarrevolution 1848 miterlebt – lehnte er kategorisch ab. In den *Skizzen aus Preußens Geschichte* (Magdeburg 1849) berichtete U. über seine Haltung in der Revolutionszeit; er hat in seinen Erinnerungen (geschrieben um 1877, herausgegeben von Heinrich von Poschinger 1895) nur wenig revidiert. Mit den Erfahrungen aus den letzten drei Jahren (Magdeburg 1851), die sofort beschlagnahmt, aber bald wieder freigegeben wurden, setzte er sich später kritisch auseinander. Nach den Novemberereignissen 1848 hatte er 1851 die »Zerstörung des monarchischen Prinzips«, allgemeine, gleiche, direkte Wahlen (nur für Männer), ein Einkammersystem, die Kontrolle von Armee und Haushalt durch die Legislative gefordert. Die Privilegien der Armee sollten abgeschafft, die Bürokratie radikal reformiert werden. Aus dem Monarchisten schien ein Republikaner, aus dem Liberalen ein Demokrat geworden zu sein. »Erbittert in meinen altpreußischen Gefühlen«, habe er sich damals »radikaler« geäußert, als es seinen Grundanschauungen entsprach, schrieb er 26 Jahre später.

Am Ende seines Parlamentarierlebens nahm U. eindeutig Stellung gegen das allgemeine Wahlrecht, das Bismarck zu seiner »Überraschung« für den Norddeutschen Bund eingeführt habe, und das er jetzt für einen »unheilbaren Krebsschaden« hielt. 1851 habe er – nach guten Erfahrungen bei der Wahl 1848 – gedacht, es könne bessere Resultate bringen als das preußische Drei-Klassen-Wahlrecht (ein direktes Wahlrecht, bei dem die Vorwähler entsprechend den von ihnen gezahlten Steuern in drei Gruppen geteilt waren; die am höchsten Besteuerten wählten ebenso viele Wahlmänner wie die weit größere Zahl der gering besteuerten dritten Gruppe). Die »auf niederer Stufe der Bildung stehenden Wähler« würden lieber einen höher Gebildeten oder Befähigten wählen als ihresgleichen, meinte er. U.s Vertrauen in Urteilsfähigkeit und selbständiges Denken der »unteren«, schlecht ausgebildeten Schichten war gering. Ebenso hielt er es schließlich für nicht sinnvoll, Abgeordnetendiäten einzuführen. U.s spätere Ablehnung des allgemeinen Wahlrechts resultierte deutlich aus der Angst vor dem Marxismus. Er bezog seine Argumente aber auch aus den Berichten des Deutsch-Amerikaners und früheren Achtundvierzigers Friedrich Kapp über die Demokratie in den Vereinigten Staaten, über Korruption, Bestechlichkeit, Nepotismus, die dort herrschten. Ministerverantwortlichkeit gegenüber dem Parlament und dessen Finanzhoheit waren U. dagegen Selbstverständlichkeiten. Er war auch nicht der Ansicht, das allgemeine Wahlrecht solle für den Reichstag wieder abgeschafft werden: Jede abrupte Veränderung hielt er für verkehrt.

Als Liberaler und Industrieller war U. ein entschiedener Verfechter des Freihandels, ein Gegner der Verstaatlichung von Eisenbahnen und Post, wie er überhaupt innenpolitisch Bismarck-Gegner war. Außenpolitisch verfocht er wie Bismarck, der U. öfter »meinen Freund« nannte und entscheidende

Weichenstellungen mit ihm als einem Führer der Liberalen absprach, ein starkes Preußen als Gegengewicht gegen das Habsburgerreich und damit die deutsche Einigung in einem kleindeutschen Reich ohne Österreich, das in einen absolutistischen Vielvölkerstaat eingebunden war. Und Jahre vor Bismarcks Schlagwort von »Blut und Eisen« (1862) sah U. voraus, daß für die deutsche Einheit Krieg geführt werden würde.

Breywich, W.: Hans Viktor von Unruh. Mitteldeutsche Lebensbilder. Magdeburg 1929. - Haller, W.-M.: Hans-Viktor von Unruh. A study of a prussian liberal. Ph.-Diss. Wisconsin 1973. - Unruh, Victor v. (Hg.): Die Unruher. Versuch eines Anfanges zur Stoffsammlung für die Unruh'sche Familiengeschichte. Neustadt an der Aisch 1977.

Ute Döser

Unzer, Johann Christoph

Geb. 17. 5. 1747 in Wernigerode; gest. 20. 8. 1809 in Göttingen

U. zählt zu den wenigen Intellektuellen, die sich auch während der Jakobinerdiktatur für die Ideale der Französischen Revolution einsetzten und der sich zum »radikalen Demokraten« (Grab) entwickelte. U. war der älteste Sohn des Stolberg-Wernigerödischen Leibarztes und Hofrats Johann Christoph U.. Als U.s Mutter 1751 starb, heiratete der Vater deren jüngere Schwester, die aus Liebe zu den Kindern das Kloster Drübeck verließ und sie religiös und streng erzog. Nach dem Besuch der Lateinschule in Wernigerode ging er 1764 als gräflicher Alumne an die Klosterschule zu Ilfeld. Unterrichtet wurde er hier seit 1766 von Jakob Mauvillon. Dieser besuchte U.s Familie in Wernigerode, wo Mauvillon U.s jüngeren Bruder Ludwig August kennenlernte, mit dem er literarisch zusammenarbeitete. Die freigeistige Weltanschauung seines Lehrers, eines Feindes der katholischen Religion, beeinflußte U.s Verhalten und Denken, deshalb wurde er 1767 von der Schule verwiesen. Er blieb mit Mauvillon weiter befreundet und als dieser starb, würdigte er ihn, der als Freund Mirabeaus und wegen seiner Haltung zur Französischen Revolution von Konservativen befehdet wurde, mit einem Gedicht. Trotz des Schulverweises erhielt U. ein gräfliches Stipendium und studierte in Göttingen Medizin.

Hier gehörte er zu einem Freundeskreis, zu dem Adolph Freiherr von Knigge und Friedrich Christian Kiß zählten. Kiß war seit 1793 Herausgeber der *Altonaer Address-Comtoirs-Nachrichten.* 1771 wurde U. promoviert und wandte sich nach Altona, wo sein Onkel Johann August Unzer als berühmter Arzt lebte. Er veröffentlichte damals in Altona eine Reihe von Gedichten, die seine Tante, die Dichterin Johanne Charlotte Unzer, feierten. U. übernahm dann von 1773 bis 1779 die Herausgabe der Zeitschrift *Altonaischer Gelehrter Mercurius,* in der er bevorzugt Werke der »Stürmer und Dränger« besprach. Außerdem war er von 1773–1787 Mitarbeiter des maßgeblichen Rezensionsorgans seiner Zeit, der *Allgemeinen Deutschen Bibliothek* von Friedrich Nicolai. Zudem erschienen Beiträge von ihm in den *Altonaer Address-Comtoirs-Nachrichten.*

Schon bald wurde U. Theaterenthusiast und gehörte, wie sein Freund Caspar von Voght, zu den Bewunderern der Schauspieltruppe um Friedrich Ludwig Schröder. Für Schröder verfaßte er eine Anzahl von Theaterreden, darunter eine *Rede zur Todtenfeier Lessings* (1780) und bearbeitete Dramen für das Hamburger Theater. Er schrieb Bühnenstücke, von denen das Trauerspiel *Diego und Leonore* (1775) das erfolgreichste war. 1778 wurde es nach der Uraufführung gleich verboten, weil der kaiserliche Gesandte sich über die darin enthaltenen Angriffe auf den katholischen Klerus beschwert hatte.

Seit 1775 unterrichtete U. als Professor der Naturlehre und Naturgeschichte am Christianeum in Altona, eine Lehrtätigkeit, die er 1786 reduzierte und 1792 aufgab. 1789–1801 war er Stadtphysikus von Altona. Zudem arbeitete er als geschätzter Arzt, der sich auf die Geburtshilfe spezialisiert hatte. U.s geselliges Talent ist oft hervorgehoben worden. So bemerkte der Weimarer Gymnasialdirektor und Freund Wielands Karl August Böttiger im Jahre 1795: »Aber so sehr er wegen seines lebhaften Witzes und nie versiegenden guten Laune in Gesellschaften geliebt wird, so wenig Achtung verdient seine ungebundene Lebensart und seine Unbehutsamkeit, mit welcher er nicht nur die Glaubenslehren, sondern auch die Moral des Christenthums lächerlich macht. Er ist ein erklärter Spötter«.

1778 heiratete U. die Schauspielerin und Halbschwester Schröders, Cornelie Dorothea Elisabeth Ackermann. Diese Ehe verlief unglücklich. 1794 verließ ihn Dorothea mit den zwei jüngeren Kindern und begab sich zu ihrem Halbbruder Schröder nach Rellingen bei Hamburg. 1797 ließ U. die Kinder entführen. Es folgte ein Ehescheidungsprozeß und 1798 die Scheidung. Die unerquicklichen Einzelheiten ließ U. drucken, um seine Frau zu demütigen, das Erziehungsrecht für die Kinder zu erlangen und sich vor seinen Mitbürgern zu rechtfertigen. Sie trägt den Titel: *Factum exceptionale cum deductione iuris abseiten des Doctoris medicinae und Professors Johann Christoph Unzer in Altona wider Cornelie Dorothee Elisabeth Unzer geb. Ackerman, in Rellingen, Implorantin* (1798). Schröder kaufte die Schrift auf und ließ sie bis auf wenige Exemplare einstampfen.

Das Schriftstück, das lange verschollen war, beantwortete eine Anklageschrift seiner Frau; weiterhin waren beglaubigte Befragungen der Dienstboten dokumentiert, und einige seiner Freunde äußerten sich in dem Sinne, daß Dorothea schuld an der Trennung und unfähig zur Erziehung der Kinder sei. U. selbst stellte über die Ehe fest: »Alles wurde nachher ärger, und Aeußerungen von Zank-, Herrsch- und Eifersucht, und eine Heftigkeit im Reden und Handeln, die einen Tagelöhner entstellt haben würde, erfüllten unsere Tage und Nächte.« 1807 heiratete U. die verwitwete französische Emigrantin Jeanne Lefèbvre-Millot. Zwei Jahre später starb U. auf der Reise nach Karlsbad in Göttingen.

In dem *Factum exceptionale* wurde zudem U.s. Interesse für die Revolution bestätigt. Seine Frau schrieb: »Aber nun erfolgten die verschiedenen Abwechselungen in der französischen Revolution. Emigrierte-Jacobiner-Republikaner nahmen nach und nach (ich kann den Ausdruck im eigentlichen Verstande gebrauchen) Besitz von unserm Haus.« Es ist öfter bezeugt, daß U. zu den radikalsten Freiheitsfreunden zählte. So war er Teilnehmer eines Freiheitsfestes in Harvestehude bei Hamburg, das Georg Heinrich Sieveking und drei andere Kaufleute anläßlich des ersten Jahrestages des Bastillesturmes am 14. Juli 1790 veranstalteten. Gegenüber einer Bekannten gestand er 1794, daß er »Demokrat bis in das Innere seines Herzens« sei. Einerseits zählte er zu dem liberalen Reimarus-Sievekingschen Kreis, hatte aber auch Beziehungen zu konsequenteren Revolutionsanhängern. Mit Gustav Friedrich Heiligenstedt, der sich 1792 nach Berlin begab, um dort demokratische Ideen zu verbreiten, war U. befreundet. Von der preußischen Polizei verhaftet, erhielt Heiligenstedt die Erlaubnis, aus dem Gefängnis mit U. zu korrespondieren. Aus den Akten zum Ehescheidungsprozeß geht hervor, daß U. auch Charles Marné (»der einzige praktische Sanskulote, den ich gesehen habe«) in sein Haus aufnahm, und seine Frau des Ehebruchs mit Marné bezichtigte. Dieser habe sich gerühmt in Leipzig, wo er arretiert gewesen war, »im Fenster seines Gefängnisses eine Guillotine aufgestellt zu haben, womit er zur Belustigung des Pöpels Rüben geköpft habe.« Gastfreundschaftlich erwies sich U. auch gegenüber der französischen Autorin Stéphanie Félicité de Genlis, die 1794 in Altona weilte. Den französischen Kommissären Delamarre und Castera gewährte er Unterkunft. Dem preußischen Gesandten in Hamburg war U. so verhaßt, daß dieser ihn in das Gebäude der preußischen Gesandschaft locken wollte, um ihn durch Werbeoffiziere abtransportieren zu lassen. 1798 verkehrte U. mit Léonard Bourdon, und in seinem Haus fanden Geheimtreffen mit französischen Agenten statt. Bourdon begleitete er ins Altonaer-Nationaltheater, das damals von Johann Friedrich Ernst Albrecht geleitete wurde. Im Frühjahr dieses Jahres reiste er zusammen mit seinem jüdischen Freund Heymann Pappenheimer als Propagandist von Revolutionsideen nach Holstein.

Der Schwerpunkt von U.s schriftstellerischem Wirken lag in der Zeit vor der Französischen Revolution, da er später durch seine beruflichen Pflichten als Physikus nicht die Zeit hatte zu schreiben. Die wenigen Schriften, die er während des revolutionären Jahrzehnts verfaßte, behandelten kaum politische Fragen. Daß er aber als politischer Schriftsteller anonym tätig war, ist nicht auszuschließen. Neben Rezensionen und Gedichten veröffentlichte U. eine *Beschreibung eines mit dem künstlichen Magneten angestellten medizinischen Versuchs* (1775) und gehörte damit zu den ersten Ärzten, die sich mit »Mesmerismus« beschäftigten. Somit zählt der Altonaer zu den Pionieren einer fragwürdigen Heilmethode, von der er sich später distanzierte. Er lieh seine Initialen der von seinem Freund Moses Wessely verfaßten Schrift *Anmerkungen zu der Schrift des Herrn Dohm über die bürgerliche Verfassung der Juden* (1782). Eines seiner letzten Gedichte verfaßte U. beim Tode Klopstocks (1803).

Zwei Jahre nach U.s Tod wurden von einem seiner Freunde *Hinterlassene Schriften poetischen Inhalts* (1811) herausgegeben. Dort heißt es in einem Nachruf: »Er war mit bewunderungswürdigen Anlagen geboren und einer der talentvollsten genialistischen Männer Deutschlands. Er war der Freund Lessings und Klopstocks; seine Gedichte und Reden zeugen von seinem ästhetischen Berufe und von seiner Geistesverwandschaft mit ihnen. Als Arzt kannte er seine Kunst vollkommen, und hatte keine Neider unter seinen Amtsgenossen. Er war durch seinen Witz, seinen Verstand, seine Kenntnisse, seine Anmuth und seine Liebenswürdigkeit die Zierde jeder Gesellschaft. Er liebte große und liberale Ideen, und war ein hochherziger Mensch.«

Obgleich U. von seinen Zeitgenossen als eine bedeutende Persönlichkeit geschätzt wurde, hatte sich die Forschung kaum um ihn gekümmert. Vielmehr stellten ihn Theaterromane in bizarrer Verfremdung vor, so z.B. das Werk von Otto Müller *Charlotte Ackermann* (1853). Die Beschäftigung mit ihm wurde allerdings erschwert, da sich nur wenige persönliche Zeugnisse seines Lebens erhalten haben. Ein Nachlaß war nicht vorhanden.

Grab, W.: Demokratische Strömungen in Hamburg und Schleswig-Holstein zur Zeit der ersten französischen Republik. Hamburg 1966. – Lohmeier, D.: Johann Christoph Unzer, in: Schleswig-Holsteinisches Biographisches Lexikon, Bd.6 Neumünster 1982, S.289f. – Engels, H.-W.: Johann Christoph Unzer, in: 250 Jahre Christianeum 1738–1988. Festschrift. Hamburg 1988, Bd. 1. S.75–90.

Hans-Werner Engels

Vagts, Alfred

Geb. 1.12. 1892 in Basbeck/Niederelbe; gest. 11.9. 1986 in Cambridge/Mass.

Der Schriftsteller, politische Publizist und Historiker Alfred V. wurde, geprägt durch die Erlebnisse des Ersten Weltkrieges, schon früh zum entschiedenen Gegner des Krieges, des Militarismus und der Gewaltanwendung. V., der mehr als die Hälfte seines Lebens in den USA verbrachte, war ein Wegbereiter der deutsch-amerikanischen Verständigung und sah das westliche, speziell angelsächsische Demokratiemodell schon in den zwanziger Jahren als den für Deutschland »besten Weg an, um die Soldatenstiefel loszuwerden«.

V. wurde 1892 als ältester Sohn eines Windmüllers in dem Dorf Basbeck an der Niederelbe geboren. Im Elternhaus war eine antipreußische und antiwilhelminische Einstellung vorherrschend. Die bäuerliche Verwandtschaft sympathisierte immer noch mit den hannoverschen Welfen und mißtraute den preußischen Reichsgründern. Viele Vorfahren und Verwandte waren in die USA ausgewandert.

Nach dem Militärdienst begann V., in München deutsche Literatur und Geschichte zu studieren. Hier lernte er auch einige der führenden Köpfe der expressionistischen Bewegung kennen, unter ihnen Johannes R. Becher, Erich Mühsam, Ernst Toller, Franz Pfemfert, Bertolt Brecht und Erwin Piscator, und begann selber vom Zeitstil geprägte Gedichte zu schreiben. Mit dem Lyriker Gottfried Benn verband ihn seither trotz politischer Kontroversen eine lebenslange Freundschaft. Nach dem Kriegsausbruch 1914 meldete sich V. »unfreiwillig-freiwillig« zum Kriegsdienst. Seine Briefe und vor allem seine an der Front geschriebenen Gedichte dokumentieren, daß ihm die Kriegsbegeisterung so vieler anderer Mitstreiter von Anfang an fremd war. Zusammen mit Wilhelm Klemm wurde V. »literarischer Kriegsberichterstatter« für die von Franz Pfemfert herausgegebene Zeitschrift *Die Aktion* und brachte als einer der wenigen die ganze Grausamkeit des Krieges mit expressiver Gestaltungskraft zum Ausdruck. In der ersten deutschen Sammlung von Antikriegsgedichten, *Die Aktionslyrik*, 1916 von Franz Pfemfert ediert, war V. einer der am meisten vertretenen Autoren. 1920 erschienen seine während des Weltkriegs entstandenen Gedichte gegen den Krieg unter dem Titel *Ritt in die Not* im Münchner Roland-Verlag. Bereits 1915 wurde V. schwer verwundet und verbrachte mehrere Monate im Lazarett. Danach wurde er von der West- an die Ostfront verlegt. Im Herbst 1917 machten die Oktoberrevolution und die Einstellung aller Kampfhandlungen durch die gegenüberliegende russische Armee einen starken Eindruck auf ihn, den sein bekanntes Gedicht *Waffenstillstand* festhält. Die anfängliche Begeisterung über die Oktoberrevolution hielt bei V. allerdings nicht lange an. Er war schockiert über das Ausmaß der von den Bolschewiki angewandten Gewalt und darüber enttäuscht, daß Lenin den Frieden nur als Mittel zum Zweck und nicht als Ziel der Politik ansah. Das letzte Kriegsjahr war für ihn vor allem eine Zeit des Suchens, er stand der USPD nahe und fühlte sich »hinundhergerissen« zwischen Rosa Luxemburg einerseits und Kurt Hiller andererseits, der »statt auf die Arbeiter auf die Intelligenz als einzige weltverändernde und friedensstiftende Kraft« setzte. Unmittelbar nach Kriegsende kehrte V. nach München zurück, um sein Studium abzuschließen. Er traf seine Dichterfreunde wieder, soweit sie den Krieg überlebt hatten, und geriet durch sie unmittelbar in die Wirren der Münchener Räterepublik. Die Dichterrevolutionäre wollten den kriegserfahrenen Offizier und Kommandeur zu ihrem »Verteidigungsminister« ernennen, aber V. lehnte als Pazifist das Angebot ab und plädierte für strikt gewaltlosen Widerstand. Diese Haltung führte zum Bruch mit den linksradikalen Wortführern des Aufstandes, so daß V. in München schießlich »zwischen allen Stühlen stand und kaum noch Freunde hatte, weder zur Rechten noch zur Linken«.

1920 gab er das Schreiben und das Literaturstudium auf, machte sein Examen in Geschichte und wechselte wenig später »aus dem überhitzten München in das angelsächsisch ruhige Hamburg«. 1921 trat V. der SPD bei. Ein »Parteimensch« ist er aber nach seinen eigenen Worten nie geworden. 1923 erhielt er auf Vermittlung von Alfred Mendelssohn-Bartholdy einen Lehrauftrag an der neu gegründeten Hamburger Universität. Sein Mentor war einer der wenigen Historiker der Weimarer Zeit, die schon damals die Frage nach der deutschen Schuld oder Mitschuld am Ausbruch des Weltkrieges offen zu stellen wagten. Er war zugleich ein Verfechter des Europa-Gedankens. In der von Mendelssohn-Bartholdy edierten Zeitschrift *Europäische Geschichte* veröffentlichte V. zwischen 1923 und 1932 eine ganze Reihe von Studien zu Problemen der internationalen Politik und der »Kriegsursachenforschung«. Frei von nationalistischen Bindungen beschränkte er sich nicht länger auf das Studium diplomatischer Akten, sondern analysierte Politik, Kultur, Wirtschaft und Gesellschaftsstruktur der Staaten im Zusammenhang. Dabei ging V. von der Überzeugung aus, angesichts der Gefahren für den Weltfrieden dürfe sich auch der Historiker nicht in den »Elfenbeinturm seiner Archive« zurückziehen, sondern müßte »den verzweifelten Versuch wagen, Geschichte so darzustellen, daß die Menschen vielleicht doch den Schluß daraus ziehen, es macht wenig Sinn, sich gegenseitig abzuschlachten«.

1924/25 war V. unter den wenigen deutschen Austauschstudenten, die nach dem Ende des Krieges als erste die Möglichkeit zu einem Studium in den USA erhielten. An der Yale Universität in New Haven arbeitete er an einer Dissertation über die mexikanische Ölpolitik vor dem Ersten Weltkrieg, die er 1927 an der Hamburger Universität abschloß. Von 1927 bis 1930 erhielt V. ein Stipendium der Rockefeller Stiftung, um in den Archiven der US-Regierung in Washington zu arbeiten. In dieser Zeit lernte er Miriam Beard kennen, die einzige Tochter des Nestors der amerikanischen Historiographie, Charles A. Beard. V. und Miriam heirateten 1928 und blieben mehr als ein halbes Jahrhundert zusammen, bis der Tod sie schied. Dank einer Intervention des Außenministers Stresemann erhielt V. eine Sondergenehmigung zur Benutzung der Archive des Auswärtigen Amtes in Berlin. Ergebnis der mehrjährigen Forschungen war das umfangreiche Werk *Deutschland und die Vereinigten Staaten in der Weltpolitik*, das aufgrund der politischen Ereignisse nicht mehr in Deutschland, sondern erst 1935 in New York veröffentlicht wurde. Es ist bis heute ein Standardwerk über die Anfänge der deutsch-amerikanischen Beziehungen geblieben und auch darum aktuell, weil es immer wieder auf den Gegensatz zwischen demokratischer und autoritärer Gesellschaftstruktur zurückkommt.

Von 1930 bis 1932 lehrte V. an der Hamburger Universität und arbeitete zugleich am benachbarten »Institut für auswärtige Politik«. Mit wachsender Sorge beobachtete er das Anwachsen der Nationalsozialisten. Am 26. Dezember 1932 verließ V. zusammen mit seiner Frau Deutschland, um einen Forschungsauftrag in London zu übernehmen. Im Sommer 1933 reisten beide weiter in die USA – für immer. V. warnte früh davor, die Nazis zu unterschätzen, und sah die Gefahr eines neuen Weltkrieges. Nach einer Rede über die geheimen Ziele der deutschen Außenpolitik in Medford im US-Staat Connecticut reagierten die Nazis mit scharfen Angriffen und entzogen ihm 1937 die deutsche Staatsbürgerschaft. Im selben Jahr erschien V.s wohl bedeutendste Arbeit, *A History of Militarism*, eine Geschichte und eine Theorie vor allem des preußisch-deutschen Militarismus von den Ordensrittern bis in die aktuelle Gegenwart. Die Publikationen der kommenden Jahre galten durchweg den historischen Wurzeln des deutschen Faschismus, des Militarismus und des Antisemitismus. Eine Millionenauflage erreichte V.s 1943 erschienenes Penguin-Taschenbuch *Hitler's Second Army* über die paramilitärischen Verbände der Nazis und ihre Vorgeschichte in den »Kriegsvereinen« aus Kaiser Wilhelms Zeiten. Eine Frontausgabe dieses Buches gehörte 1944/45 zur Ausrüstung jedes gegen Nazi-Deutschland kämpfenden US-Soldaten.

Zu den Zirkeln deutscher Emigranten vor allem in New York stand V. in einem lockeren Kontakt. Regelmäßig verkehrte er jedoch im Hause Thomas Manns, der nur ein paar Meilen entfernt wohnte und ebenso wie V. in Princeton eine Gastprofessur bekleidete. Anderen Emigranten wie Heinrich Mann, Bertolt Brecht und Oskar Maria Graf sandte er gelegentlich einen Scheck, um ihnen das harte Leben im Exil zu erleichtern, aber er beklagte sich zugleich wiederholt über ihren »heimlichen Anti-Amerikanismus« und ihre mangelnde Bereitschaft, sich auf den Alltag der amerikanischen Demokratie einzulassen. V. gehörte in New York zur sozialdemokratisch orientierten Gruppe »Neu Beginnen« und hielt 1944 die offizielle Trauerrede für den von Nazis ermordeten Widerstandskämpfer Carlo Mierendorf. In seiner Ansprache ging er auch auf Fragen der künftigen Politik Nachkriegsdeutschlands ein. Er betonte, ein »bloßer Antifaschismus als Einheitsappell« genüge nicht, notwendig sei von allen, die einen neuen Anfang wagen wollten, »ein klares Ja zur parlamentarischen Demokratie.«

V., der inzwischen US-Bürger geworden war, wurde nach dem Kriegseintritt der USA (Ende 1941) in das Amt für die Führung des Wirtschaftskrieges verpflichtet und war mit Untersuchungen über die Auswirkungen der alliierten Bombenangriffe auf Deutschland beauftragt. Er quittierte jedoch seinen Dienst, als er die Weisung erhielt, geeignete Ziele für die Bombardierung von Wohngebieten ausfindig zu machen. Er lehnte den Bombenkrieg gegen die deutsche Zivilbevölkerung ab und widersprach in dieser Hinsicht auch öffentlich Thomas Mann. 1944 publizierte V. einen Essay mit dem Titel *Unconditional Surrender*. Er lehnte zu jener Zeit die Forderung nach einer bedingungslosen Kapitulation gegenüber Nazideutschland ab und meinte, es sei besser, wenn die alliierten Truppen an den Grenzen Deutschlands Halt machten, um den Deutschen die Gelegenheit zu geben, sich selber ihrer Verbrecher an der Spitze des Staates zu entledigen und so den Weg zur Demokratie selbst zu bestimmen.

Wie schon nach dem Ersten trat V. auch nach dem Zweiten Weltkrieg für die Versöhnung zwischen beiden Völkern ein und plädierte als einer der ersten für den Brückenschlag mit Nachkriegsdeutschland. Er unterstützte im Hungerwinter 1946/47 die CARE-Paket-Hilfsaktion und erklärte in der amerikansichen Presse öffentlich, warum er seinem Jugendfreund Gottfried Benn Lebensmittel geschickt habe, auch wenn er mit den Nazis paktiert habe: »damit er nicht verhungert und Gelegenheit zum Nachdenken über seine Irrtümer hat.« V. griff mehrfach in die Diskussion um die Reeducation der Deutschen zur Demokratie ein. Er lehnte die »Entnazifizierung« als zu bürokratisch und pädagogisch nicht sinnvoll ab und kritisierte die Vorstellung von einer deutschen »Kollektivschuld«. Er hielt Konrad Adenauers Innenpolitik für zu konservativ und klerikal, aber dessen Plädoyer für die enge Bindung Deutschlands an den demokratischen Westen für die einzig richtige Konsequenz aus der deutschen Geschichte seit 1870/71. Eine deutsche Neutralität zwischen Ost und West erschien ihm gefährlich, weil sie Deutschland erneut in eine Sonderrolle drängen würde. In den Fünfzigerjahren kam er mehrfach in die Bundesrepublik und suchte hier das Gespräch mit seinen Historikerkollegen. Doch die waren daran kaum interessiert. Auch sonst wollte man in Deutschland - West wie Ost - nichts mehr von ihm wissen. Erst nach seinem Tod im Jahr 1986 gibt es hier und da Anzeichen, daß V.s Lebensleistung dem Vergessen entrissen wird.

Wehler, H.-U.: Einleitung, in: Alfred Vagts: Bilanzen und Balancen. Frankfurt/Main 1979.

Peter Schütt

Venedey, Michael

Geb. 28. 10. 1770 in Köln; gest. 30. 4. 1846 in Köln

»Uneigennütziger, glühender Patriotism, der Gedanke, uns wechselseitig zu belehren, uns anzuspornen zu Handlungen, wie sie Menschheit und Vaterland in einer für kommende Jahrhunderte entscheidenden Zeitperiode von uns fordert, aufzumuntern unsere weniger entschlossenen und von Vorurteilen jeder Art noch zurückgehaltenen Mitbürger zur eifrigen Teilnahme an dem großen Werke der Vollendung unserer Wiedergeburt: dies waren die vorzüglichsten Beweggründe unsers Zusammentretens.«

Der bei seinen Zeitgenossen angesehene Republikaner und Führer des »Kölner Konstitutionellen Zirkels von 1798« V., der auf diese Weise die Motive für das politische Engagement der Cisrhenanen und Kölner Zirkelmitglieder zusammenfaßte und dabei sein politisches Glaubensbekenntnis in einem Manuskript festhielt, sprach zeit seines Lebens als überzeugter Demokrat immer wieder »frei und ungescheut« unbequeme Wahrheiten aus. »Sein Lebensziel galt einer gerechten und unbestechlichen Justiz« (A. Kuhn).

V., als zweiter Sohn einer Kölner Kappesbauernfamilie geboren, die um 1760 in die rheinische Metropole eingewandert war und sich auf einem Stadtbauernhof im Severinsviertel niedergelassen hatte, gehörte einer sehr alten, bis ins 15. Jahrhundert zurückzuverfolgenden angesehenen bäuerlichen Familie aus Erkelenz an, deren Name bis ins 17. Jahrhundert »Venendey« lautete. Während der ältere Bruder den Hof übernahm, sollte V. nach dem Wunsch der zu Wohlstand gekommenen Eltern Theologie studieren. Nach dem Besuch des städtischen Montanergymnasiums wechselte V. 1788/89 an die Kölner Universität und nahm dort, entgegen den elterlichen Vorstellungen, das Studium der Rechtswissenschaften auf. Bereits im Dezember 1789 hatte der revolutionsbegeisterte und einer studentischen Reformpartei angehörende 19jährige an einem Aufruhr vor der Kölner Hauptwache teilgenommen. Der »Auflauf« wurde jedoch blutig niedergeschlagen, und V. erlitt eine Kopfverletzung. Erst durch diesen Vorfall erfuhren seine Eltern von dem Jurastudium, das V. daraufhin unterbrechen mußte und erst 1792 wieder an der Bonner Universität aufnehmen konnte. Bis zum Einmarsch der Franzosen in Bonn im Oktober 1794 setzte er seine Studien fort, brach dann aber seine Ausbildung ab, um sich den Franzosen anzuschließen.

Seine freiheitlich-republikanische Gesinnung machten ihn bei der Besatzungsmacht schnell zu einem beliebten und gefragten Redner, der seine Ansprachen in deutsch und französisch vortragen konnte. Gleichzeitig erwarb er sich das Vertrauen der Behörden, die ihn 1795 zum Sekretär des Kantonsverwalters in Andernach und 1796 ebendort zum »Garde magazin civil des vivres et fourages« ernannten. Während der cisrhenanischen Bewegung 1797 sprach sich V. für den Anschluß an Frankreich und später für eine eigenständige linksrheinische Republik aus und unternahm hierzu Agitationsreisen nach Bonn und Koblenz, wo er mit anderen Politikern wie Joseph Görres zusammentraf. Bereits 1796 hatte sich V. für eine Reform des rheinischen Gerichtswesens vom absolutistischen Willkür- und Privilegiensystem zu einer schriftlich fixierten Rechtsordnung mit einer gerechteren Justiz ausgesprochen und hierzu eine Eingabe bei den Besatzungsbehörden eingereicht, die 1797 publiziert wurde. Zu V.s juristischem Interesse gesellte sich nun auch ein forciertes politisches Engagement, das sich Ende 1797/Anfang 1798 zuerst in seiner Tätigkeit als Schriftführer der Bonner »Gesellschaft der Freunde der Freiheit« und als Beisitzer in der von ihm mitbegründeten »Patriotischen Gesellschaft zur gemeinnützigen Belehrung und Aufklärung« in Köln, dem Konstitutionellen Zirkel, sowie schließlich in seiner Wahl zum »Moderateur« des Zirkels am 11. Februar 1798 manifestierte.

In seiner Amtszeit als Vorsitzender des Zirkels im Februar und März 1798 konnte der Jurist V. die von ihm herbeigesehnte Einführung der französischen Justizverfassung im Rheinland und die damit verbundene, per Verfassung garantierte Rechtsgleichheit miterleben. Als Politiker und Parteiführer wandte er sich der Kontaktpflege mit anderen neojakobinischen Gesellschaften und dem Aufbau eines überregionalen Organisationsnetzes der Republikaner zu. So intensivierte er seine Kontakte zur Bonner Gesellschaft, und bald nach der Erneuerung des gegenseitigen Bündnisses, »frey zu leben oder zu sterben«, wurden Redner, Druck- und Flugschriften zwischen den beiden Klubs ausgetauscht. Daneben interessierte sich V. besonders für die Rechte der Landbevölkerung und deren politische Durchsetzung. Auf seine Initiative wurde Ende Februar 1798 im Zirkel ein Ausschuß eingerichtet, der nach den Worten des »Moderateurs« die »Vollziehung« der 1797 von den

Franzosen proklamierten Gesetze zur Abschaffung der Feudallasten »überwachen« und somit zur Verwirklichung der Bauernbefreiung im Rheinland beitragen sollte. V.s Amtszeit endete turnusgemäß am Tag der Magistratsfeier des Souveränitätsfestes im März 1798, bei der er nur als »Privatmann und im Namen aller guten Bürger Kölns« eine Rede hielt. Letztlich war es V. in seiner Zeit als »Moderateur« des Kölner Zirkels gelungen, die parteiinternen Flügelkämpfe einzudämmen, die Vereinigung organisatorisch zu einer »Partei modernen Stils« auszubauen und in sich so weit zu stabilisieren, daß sie zum Vorbild neu entstehender Volksgesellschaften werden konnte.

Nach Einführung des französischen Verwaltungssystems erhielt V. im April 1798 eine Stellung als »Commissaire de police« der Stadt Köln, in der er sich bis zu seinem Ausscheiden im Juli 1798 für die »Reunion« des Rheinlandes, das heißt für dessen Anschluß an Frankreich, und die damit einhergehende Adreßbewegung einsetzte. Im Oktober 1798, an seinem 28. Geburtstag, wurde er von der Aachener Zentralverwaltung zum Kölner Magistratsmitglied des »Polizeifachs« ernannt. V. trat häufig als Redner bei offiziellen Anlässen, wie bei der Zehnjahresfeier zur Erinnerung an den Sturm auf die Bastille im Juli 1799, oder als Publizist in der von Görres herausgegebenen Zeitschrift *Rübezahl* hervor.

Die Machtlosigkeit der linksrheinischen Jakobiner nach dem 18. Brumaire (9. 11. 1799; Staatsstreich Bonapartes) führte auch bei V. zu einem Rückzug aus der aktiven Politik, da er in Napoleon von Anfang an einen »Dictator« sah, der ein »Monarch« und dann ein »Despot werden« würde. Noch Jahrzehnte später brachte er seinem Sohn Jakob gegenüber seine Enttäuschung über dieses Ende der Französischen Revolution und Republik, aber auch über dasjenige der »schönen Hoffnungen« der deutschen Demokraten und ihrer »Idee des Republikanismus« zum Ausdruck. Trotz der politischen Veränderungen verfiel V. nicht in Resignation. In den folgenden Jahren wandte er sich, nach einer vergeblichen Bewerbung um eine Richterstelle, notariellen und anwaltlichen Aufgaben zu. Von April 1800 bis Mai 1801 war er als Sachwalter der Stadt Köln in Akziseangelegenheiten tätig, verfaßte Notariatsvollmachten zum Schuldenwesen der städtischen Spitäler, versiegelte im Juli 1802 nach einem Konsulardekret zur Beschlagnahmung der Kirchengüter die Registratur des Kölner Domkapitels und kümmerte sich nach seiner Ernennung zum Anwalt am ersten Kölner Instanzgericht durch den französischen Justizminister Regnier im Mai 1803 um die Sorgen der Landbevölkerung. So trat er als Verteidiger von Bauern auf, die von ihren ehemaligen Grundherren auf Nachzahlung ihrer früheren Feudalabgaben verklagt worden waren.

Sein Selbstverständnis als Anwalt der »kleinen Leute«, insbesondere der Landbevölkerung, hatte V. auch unter Napoleon nicht aufgegeben. Im Gegenteil: Er hatte einem rein juristischen Amt der nachrevolutionären Gerichtsverwaltung durch sein Engagement eine soziale Note verliehen und sich somit als politisch engagierter Beamter ausgewiesen. Diesen Lebensweg setzte der Demokrat und Republikaner auch nach den Befreiungskriegen 1813/14 als preußischer Rechtsanwalt, seit 1819 als Advokat beim Appellationshof und nach seiner Ernennung von Staatskanzler Hardenberg zum Advokat-Anwalt 1820 beim Landgericht in Köln fort. Dies läßt sich u.a. an dem politischen Prozeß »vor den Assisen zu Köln über die Teilnehmer des am 30. 8. 1830 in Aachen stattgehabten Aufruhrs« verdeutlichen, in dem er elf Angeklagte verteidigte.

Zählte V. Ende der 1820er Jahre zu den »meist beschäftigten Anwälten Kölns«, so scheint er nach dem Prozeß zum Aachener Aufstand bei den preußischen Behörden in Ungnade gefallen zu sein. Jedenfalls vermerkte ein Bericht des Kölner Regierungspräsidiums an die Königliche Ministerial-Kommission in Berlin vom April 1834, daß aufgrund von »Ungebührlichkeiten und Unredlichkeiten in (...) hohem Grade« V.s »Dienstentsetzung verfügt« worden sei, und er seitdem »in drückender Armuth« lebe. Fest steht nur, daß sich V. nach der Schließung seiner Kanzlei in den 30er Jahren ins Privatleben zurückzog und, wie seine Tagebücher belegen, bis zu seinem Tode ein an der aktuellen Politik interessierter Beobachter blieb, dessen Credo sich bis in den Vormärz hinein in den Worten widerspiegelte: »Ich habe der Republik gedient, ich diene keinem Menschen, keinem Despoten!«

Kuhn, A.: Jakobiner im Rheinland. Der Kölner konstitutionelle Zirkel von 1798. Stuttgart 1976. – Venedey, J.: Die deutschen Republikaner unter der französischen Republik. Mit Benutzung der Aufzeichnungen seines Vaters. Leipzig 1870.

Birgit Bublies-Godau

Venedey, Henriette (zunächst: Obermüller)

Geb. 5. 4. 1817 in Karlsruhe; gest. 20. 5. 1893 in Badenweiler

»Des Vaterlandes kampfgeübten Söhnen,/ Die gleich zum Siege, wie zum Tod bereit,/ Hast Du mit anderen freigesinnten Schönen/ Die Fahne, die sie führen soll, geweiht./ Aus einem Herzen, welches längst entschieden/ Und hochvollkommen für die Freiheit schlägt,/ Kam diese Fahne, gleich den Purpurblüthen,/ Die in dem Lenz der Stock der Rose trägt./ Seht ihr sie in des Himmels Lüften wehen?/ Sie hat die Farbe von dem Morgenroth,/ Und schau! in einem grünen Kranze stehen/ Der Losung Worte ›Siegen oder Tod!‹«

Diese »Danksagung an die Bürgerin Henriette Obermüller«, die im Juni 1849 in der Karlsruher Zeitung *Der Verkündiger* veröffentlicht wurde, galt einer Frau, die sich als überzeugte Republikanerin, Anhängerin Friedrich Heckers (»Heckerin«) und Frauenrechtlerin vom politischen Vormärz an, über die deutsche Revolution 1848/49, bis in die 1860er Jahre hinein im Großherzogtum Baden für die Etablierung einer freiheitlich-demokratischen Staatsordnung und die Gleichstellung von Frauen engagiert hatte. Dabei ist ihre wechselvolle Lebensgeschichte als »fanatische Demokratin« und beherzte Kämpferin an der Seite der badischen Revolutionspolitiker Lorenz Brentano und Josef Fickler heutzutage genauso unbekannt wie diejenige als Geschäftsfrau und Korrespondentin von Frauenvereinen.

Als drittes von fünf Kindern eines Karlsruher Oberstadtamtsrevisors geboren, verlebte V. (die spätere Ehefrau Jakob Venedeys) eine für »höhere Töchter« typische, behütete Kindheit und Jugend, in der sie während ihrer Schulzeit 1823 bis 1829 unter der Anleitung des Vaters auch Einweisungen in naturwissenschaftliche und altertumskundliche Grundbegriffe erhielt. Da ihre Mutter die älteste Tochter zur Versorgung des Haushalts brauchte, mußte V. auf eine intensivere Ausbildung verzichten. Den religiösen und traditionellen Erziehungsversuchen der Mutter zum Trotz, wuchs V. unter der Obhut des freidenkenden Vaters zusammen mit ihren Brüdern und Vettern in einem politischen Klima auf, das durch »Fürsten- (und) Pfaffenhaß« gekennzeichnet war und die Zustimmung zu dem am 27. Mai 1832 stattfindenden Hambacher Fest ebenso mit einschloß wie die zu dem im April 1833 von Studenten inszenierten Frankfurter Wachensturm. 1837 heiratete V. ihren Vetter Gustav Obermüller und ging mit ihm nach Le Havre, wo dieser als Geschäftsführer bei einer Auswanderungsagentur angestellt war. Entgegen ersten Hoffnungen konnte ihr Ehemann das Geschäft jedoch nicht übernehmen und kehrte nach einer Erkrankung im März 1845 zusammen mit V. nach Durlach zurück, wo er sich als Weinhändler niederließ. V.s Ehe mit Obermüller, die sie aus Vernunftgründen eingegangen war und die schon in Le Havre wegen dessen »Herrschsucht« und Liebesaffären recht unglücklich war, brach nur vor dem Hintergrund der sich zuspitzenden politischen Situation in Baden nicht auseinander.

So besuchten die Obermüllers 1846/47 die Sitzungen der zweiten Kammer des badischen Landtags in Karlsruhe und nahmen Kontakt zu demokratisch-republikanischen Kreisen, den »ärgsten Wühlern« in Durlach auf, die sich noch vor Revolutionsausbruch zu politischen Absprachen in ihrer Wohnung trafen. Die Nachricht vom Sturz der französischen Julimonarchie Anfang 1848 löste im Großherzogtum Baden große politische Euphorie aus. An den darauf im ganzen Land abgehaltenen Volksversammlungen nahmen auch V. und ihr Mann teil. Während 1848 Gustav Obermüller in der neu organisierten Durlacher Bürgerwehr zum Hauptmann ernannt wurde und Reden zugunsten der unterbürgerlichen städtischen Schichten hielt, setzte V. ihre politischen Hoffnungen zunächst auf die Nationalversammlung in Frankfurt. Darüberhinaus war sie bei zahlreichen Vereinsgründungen der Demokraten in Karlsruhe dabei und besuchte auch die Gerichtsverhandlungen gegen die Teilnehmer des badischen Aufstands vom September 1848, des sogenannten »Struve-Putsches«. Nach deren Freispruch wandte sie sich an den demokratischen Volksführer, den Journalisten Fickler aus Konstanz, um ihm »die Hand zu drücken«. Dieser bot ihr jedoch den Arm und ging mit ihr »nach dem Hotel in Freiburg zur Tafel«, wo sie »neben Fickler gesetzt (und) mit großer Auszeichnung behandelt« wurde. Trotz ihrer Unterstützung der Demokraten pflegte V. den Kontakt mit politisch Andersdenkenden. Wie sie sich in ihren unveröffentlichten *Lebensbeschreibungen* (1870) erinnert, kam es nach Niederschlagung der Wiener Revolution (31. Oktober 1848) in einer Gesprächsrunde mit Damen der Durlacher Gesellschaft zu heftigen Auseinandersetzungen: »Eines Nachmitags war der Kranz bei mir, ich war durch die Nachrichten (...) sehr aufgeregt. Ich lobte die Democratie, behauptete, daß die Frauen bessere Democraten, geborene Democraten seyen, da sie die Liebe, die Menschlichkeit eigentlich verkörpern (würden). Ich vertheidigte die Republicanische Staatsform als die einzig Menschenwürdige etc. Viele waren mit mir einverstanden, aber daß die Frau Grosherzogin nicht mehr Grosherzogin sein sollte, das war zu stark. (...) Von da ab giengs über mich los ohne Schranken!«

Nach der Flucht des Großherzogs Leopold und der Regierungsübernahme durch eine provisorische Regierung unter Lorenz Brentano Mitte Mai 1849 traf V. bei einem Festessen in Karlsruhe mit Brentano zu einem Gedankenaustausch zusammen, bei dem sie diesem Mut zusprach und ihn gleichzeitig zur energischen Verteidigung der badischen Republik aufforderte. Am 20. Juni 1849 mußte die steckbrieflich gesuchte V. vor den in Durlach einrückenden preußischen Interventionstruppen zunächst nach Ettlingen und später ins französische Lauterburg fliehen. Zur Rettung ihres Vermögens beschlossen V. und ihr Mann, sich den badischen Behörden zu stellen. Angeklagt des Hochverrats, die »Soldaten zum Treubruch verleitet« und »gegen die Preußen gekämpft« zu haben, wurde V. am 16. November 1849 im Gefängnis in Durlach inhaftiert. Am 8. Januar 1850 wurde sie gegen Kaution aus der Haft entlassen und am 19. Februar ihr Verfahren ausgesetzt. Allerdings wurde sie aus Durlach nach Karlsruhe ausgewiesen und für zwei Jahre unter polizeiliche Aufsicht gestellt. Nachdem Gustav Obermüller im Februar 1850 zu 18 Monaten Zuchthaus und im Juli 1850 zu einer weiteren Strafe von zwei Monaten Einzelhaft verurteilt worden war, reichte V. nach der finanziellen Abfindung der badischen Generalstaatskasse ein

Gnadengesuch für ihren Mann ein. Diesem wurde im September 1851 entsprochen. Da Obermüller während seiner Haft an Schwindsucht erkrankt war, starb er bereits am 14. Januar 1853.

Durch die Vermittlung von Johann Adam von Itzstein, im Vormärz Führer der liberalen Opposition in der badischen Kammer, in der Frankfurter Nationalversammlung der gemäßigten Linken zugehörig, sahen sich Ende 1853 der ehemalige Abgeordnete in der Paulskirche, Jakob Venedey und V., die sich Anfang 1838 in Le Havre kennengelernt hatten, wieder, verliebten sich ineinander und heirateten am 8. Juni 1854. Darauf gingen beide nach Zürich, wo V.s Ehemann Vorlesungen an der Universität hielt und eine Professur am Polytechnikum erhalten sollte. Diese Aussicht erfüllte sich indes nicht, so daß V. mit ihm im Herbst 1855 nach Heidelberg ging. Nachdem sie zuvor in Zürich eine Totgeburt erlitten hatte, wurde V. am 8. Oktober 1856 mit 39 Jahren zum ersten Mal Mutter. Zu diesem Zeitpunkt hatte sie ihre politische Aktivität auf Druck der badischen Regierung zwar zurückgestellt, aber noch im Februar 1856 der Preußischen Literarischen Anstalt von Dr. Löwenthal in Frankfurt »einige ihrer Schriften zum Verlag« angeboten. Dieser mußte jedoch aufgrund anderweitiger Verpflichtungen das Angebot ablehnen. Da Jakob Venedey als Privatdozent und Zeitungskorrespondent in dieser Zeit zu wenig verdiente, um die Familie allein zu ernähren, dachte V. daran, aufs Land nach Hagsfeld bei Karlsruhe zu ziehen, wo sie Ackerland, einen Weinberg und eine Wiese geerbt hatte. Doch sagten ihrem Mann weder Landwirtschaft noch Gegend zu, und so blieb die Familie im Winter 1857/58 in Heidelberg. Die tatkräftige Frau setzte sich schließlich doch durch und zog im August 1858 zusammen mit ihrem Mann und Sohn Michel nach Badenweiler. Das Ehepaar kaufte ein altes Bauernhaus mit Scheune und Garten, ließ es renovieren und zu einer Pension für Kurgäste ausbauen. Anfang August 1860 – inzwischen war im April 1860 V.s zweiter Sohn Martin geboren worden – war das »Rasthaus Venedey« ganz fertiggestellt. Laut ihrer Haushalts- und Fremdenbücher führte V. das »Rasthaus« selbständig als Pensionswirtin, schuf auf diese Weise ein finanzielles Fundament für die Familie und hielt gleichzeitig ihrem Mann Jakob den Rücken für dessen historische Studien und politischen Aktivitäten frei.

Auch V. wandte sich im Zuge der deutschen Einigungsbestrebungen nach 1866 wieder der Politik zu und setzte sich verstärkt für die Gleichstellung der Frauen ein. So korrespondierte sie 1868/69 mit ihrer Freundin Marie Goegg, die im Zentralkomitee der Genfer »Association internationale des femmes« saß, wurde Mitglied der »Association«, arbeitete an dem vom Komitee herausgegebenen *Journal des femmes* mit und hatte auch den Vertrieb desselben für Baden übernommen. Im Oktober 1869 ging sie für ein halbes Jahr mit Mann und Söhnen nach Berlin, wo Jakob V. als Korrespondent der Wiener *Neuen Freien Presse* arbeitete. In dieser Zeit traf sich V. regelmäßig mit Teilen der Berliner intellektuellen Szene, und zwar mit den Frauen von Max Ring, Franz Duncker, Berthold Auerbach und Karl Gutzkow sowie mit Fanny Lewald. Nach Ausbruch des Deutsch-Französischen Krieges im Juli 1870 blieb V. aus Sorge um ihre Pension im frontnahen Südschwarzwald und bot den Behörden ihr »Rasthaus« als Spital für verwundete Soldaten an. In den letzten Einträgen ihrer Tagebücher von September 1870 spiegeln sich V.s starke Anteilnahme an den »schrecklichen Tagen des Kriegs gegen Frankreich«, ihre demokratischen Auffassungen und ihre Versuche zur politischen Versöhnung mit den Franzosen, die sie zusammen mit ihrem Mann nach dem Sieg der Deutschen unternahm, wider. Obwohl beide darauf in die Schußlinie nationalistischer Kreise gerieten, demonstrierte V. mit ihrem Mann standhaft ihre politische Haltung vor aufgebrachten Bürgern in Baden.

Am 8. Februar 1871 starb Jacob Venedey an einer Lungenentzündung. Da V. nun für ihre Familie allein sorgen mußte, zog sie sich aus der Politik zurück und konzentrierte sich ganz auf die Erziehung ihrer Söhne und die Geschäftsführung des »Rasthauses«, die sie bis zu ihrem Tode inne hatte.

Raab, H.: Die revolutionären Umtriebe der Familie Obermüller von 1832 bis 1849. Badische Heimat, Jg. 73 (1993), 481–489.

Birgit Bublies-Godau

Venedey, Jacob

Geb. 24. 5. 1805 in Köln; gest. 8. 2. 1871 in Oberweiler

V. wurde 1805 in Köln als Sohn von Michel Venedey und Barbara Leisten, Tochter eines Aachener Bierbrauers, geboren. Der Vater war deutscher Jakobiner und Inhaber verschiedener öffentlicher Ämter, die er aber nach Napoleons Staatsstreich 1799 niedergelegt hatte, um Anwalt zu werden.

V. trug nach dem Vorbild der Burschenschaftler bis auf die Schultern herabwallendes langes Haar und beugte sich darin nicht der Vorschrift der Kölner Schule, die von ihm »Knechtisches« verlangte, sich nämlich die Haare schneiden zu lassen. Daher verließ er die Schule und wurde privat unterrichtet. Damals erlebte er das politische Engagement seines Vaters, der als Repräsentant der Kölner

»Cisrhenanen« eine bedeutende Rolle in der deutschen Jakobinischen Bewegung Ende des 18. Jahrhunderts gespielt hatte. Der junge V. gewann die Überzeugung, daß nur über eine Einheit Deutschlands die ersehnte republikanische Freiheit zu erlangen sei. Damit strebte er enthusiastisch nach dem Ziel der Burschenschaften von einem »einheitlichen freien, durch Gerechtigkeit, Tugend und Tapferkeit starken« Deutschland, an dem er festhielt und sich später in gewissen Widerspruch zu den nachfolgenden Bewegungen brachte. Vorerst bewegte er sich noch im Strom der studentischen Bewegung, die nach der Ermordung August von Kotzebues (1819) durch den Studenten Karl Ludwig Sand in den Untergrund getrieben worden war.

1825–1827 studierte V. Rechte in Bonn und Heidelberg, war begeisterter Burschenschaftler und arbeitete mit dem Vater als Anwalt. 1832 veröffentlichte V. eine Schrift über eine Verhandlung vor einem Kölner Schwurgericht, in der er nicht einmal ausdrücklich Partei für die angeklagten Aufrührer ergriff. Trotzdem machte allein bereits seine Beteiligung an einem bis dahin nur in Frankreich und in der Schweiz üblichen, bei der preußischen Obrigkeit dagegen schlecht angesehenen Laiengericht (Assisen) V.s Anstellung im preußischen Staatsdienst fernerhin unmöglich. Darauf arbeitete V. als Journalist beim Mannheimer Wächter am Rhein und wurde nach seiner Teilnahme am »Hambacher Fest« 1832, einer Manifestation der liberalen und demokratischen Opposition in Deutschland, in Mannheim verhaftet. Der drohenden Auslieferung an Preußen konnte V. sich durch beherzte Flucht aus dem Gefängnis entziehen; er gelangte über die französische Grenze und weiter auf abenteuerlichen Wegen nach Paris.

Dieses dramatische persönliche Schicksal, das Exil in Paris, der vorläufige Verlust des Vaterlandes, machten V. 1833 zu einem radikalen Republikaner», nach dessen Überzeugung «alles Unglück der Völker auf deren Fürsten, Könige und Kaiser zurückzuführen» sei. In diesem Sinne übte er in seinem politischen Werk von 1833 Preußen und Preußenthum, das großes Aufsehen erregte und z.B. auch von Friedrich Engels geschätzt wurde, radikale Kritik am preußischen Staat, dessen «Endziel die Verdummung des Volkes» sei. Diese zeige sich vorzüglich anläßlich der Militärparaden als Lieblingsbetätigung der «bedienten Seelen». Auch Religion und Schule führten zu «servilster Untertänigkeit, Entwürdigung und Zernichtung der Menschennatur». Dieses war der Geist, der V. zum Mitbegründer des radikalen Handwerkergesellenvereins «Bund der Geächteten» (seit 1834) und zum Mitherausgeber der Monatsschrift *Der Geächtete* machte. Die Vereinigung entsprach in ihrer Geheimbündelei dem Vorbild der «Carbonari», dem italienischen republikanischen Geheimbund (zuerst 1807 in Neapel). Nach ihren Statuten sollte die Verletzung des «Geheimnisses», das z.B. den Aufbau des Bundes betraf, mit dem Tod geahndet werden, wozu es aber offenbar in dieser von etwa 200 deutschen Handwerkern gebildeten Vereinigung nie kam.

In der ersten Ausgabe des Geächteten 1834, in dem auch Ludwig Börne und Heinrich Heine schrieben, verschafft sich deutlich noch das Pathos der Französischen Revolution Gehör. Unter der Überschrift »Deutschlands Nationalschuld« erhob V. aus dem französischen Exil Anklage: »Deutsche Völker raubten Frankreichs Freiheit, Frankreichs glorreiche Revolution, weil sie dasselbe zwangen, das Schwert der Gerechtigkeit in die Hand des Kriegers (gemeint ist Napoleon) zu geben (...) Furchtbar ist der Gedanke, aber wahr (...): Deutschland war seit Jahrhunderten das Land, von dem die Sklaverei in Europa ausging.«

Hinsichtlich ökonomischer Fragen war V. von idealistischen Vorstellungen erfüllt, wonach nach der Vertreibung der Fürsten, die »vom Herzblut der Menschheit lebten«, das irdische Paradies sich von selbst einstellen würde. Aus der Auffassung V.s, daß die Theorie gegenüber revolutionärer Praxis zurückstehen müsse, und der daraus resultierenden Meinungsverschiedenheit mit Theodor Schuster, dem weiteren Mitbegründer des Bundes, entwickelte sich die Spaltung des Bundes. Sie führte 1836/37 zur Neugründung des »Bundes der Gerechten« – eines Vorläufers des »Bundes der Kommunisten« – durch Schuster. Wie vorauszusehen war, wurde V. wegen seiner radikalen politischen Ansichten aus Paris ausgewiesen, worauf er in Montpellier, dann in Le Havre mit schriftstellerischer Tätigkeit seinen knappen Lebensunterhalt bestritt. So schrieb er die *Reise- und Rasttage in der Normandie* (1838) mit ausführlicher Schilderung des »jämmerlichen Daseins der Arbeiterheere«, glaubte aber die Lösung des Problems schon nahe, wenn jedem Arbeiter ein Stück Brot gegeben würde. V. war auch Korrespondent deutscher Zeitungen und schrieb über die deutsch-französischen Beziehungen. Durch Fürsprache französischer Wissenschaftler konnte V., der sich inzwischen mit der demokratisch engagierten Kaufmannswitwe Henriette Obermüller verheiratet hatte, sogar nach Paris zurückkehren. 1843 veröffentlichte V. *John Hampden. Nebst einem Nachtrage: Flüchtlingsjahre und Amnestie*, eine Schrift über einen volkstümlichen englischen Rebellen des 17. Jahrhunderts, mit der er sich die Kritik von Heinrich Heine und Ludwig Börne zuzog. In diesem Werk (noch 1865 in 3. Auflage erschienen) äußerte V. die Auffassung, daß eine revolutionäre Opposition automatisch zu einer generellen Mißachtung jeglicher Gesetze führe, also Anarchie und Chaos nach sich ziehen müsse. Es folgten Auseinandersetzungen mit den ehemaligen Mitstreitern, die den Weg eines »gesetzlichen Widerstandes« mißbilligten.

Nach der Revolution von 1848 konnte V. nach Deutschland zurückkehren, wo er ins Frankfurter Vorparlament gewählt wurde. V. schloß sich der linken Fraktion an, nicht jedoch –

wie Gustav Struve und Friedrich Hecker - dem radikalen Flügel, weil er dadurch die Vorbereitung zur Nationalversammlung gefährdet sah. Nachdem der radikale Flügel mit seinen Anträgen auf revolutionäre Veränderungen gescheitert war, verließen Hecker und Struve das Vorparlament. Darauf versuchte V. als Abgesandter des »Fünfziger Ausschusses« vergeblich, Hecker von seinem Vorhaben eines Freischarenzuges durch Südbaden abzubringen. V. dagegen stellte zu dieser Zeit den Antrag auf Schaffung eines Heeres, das dem Parlament unterstehen sollte. Der an die Nationalversammlung verwiesene Antrag wurde aber dort abgelehnt.

V. gehörte als Abgeordneter von Hessen-Coburg in der Paulskirche der gemäßigt linken Fraktion »Westendhall« an. Er gab in Frankfurt *Die deutsche Wage* heraus, eine »Reichstagsschau«, in der er die Parlamentsdebatten kommentierte. In der Nationalversammlung gehörte V. zu denen, die die großdeutsche Lösung der deutschen Frage befürworteten, also die Reichseinigung unter Einbeziehung von Österreich. Seine antipreußische Gesinnung äußerte sich auch darin, daß er Freiheit für das auch von Preußen besetzte Polen forderte. Trotz seiner Enttäuschung über die sich abzeichnende Katastrophe der Frankfurter Nationalversammlung ging V. am 30. Mai 1849 mit dem sog. Rumpfparlament nach Stuttgart, wo die letzten Abgeordneten nach wenigen Tagen vom Militär auseinandergetrieben wurden.

Auf erneuter Suche nach politischer Wirkungsmöglichkeit stellte V. sich der »revolutionären Landesregierung Schleswig-Holstein« - allerdings vergeblich - im dänischen Altona zur Verfügung, für dessen Unabhängigkeit von Dänemark er hatte kämpfen wollen.

In Berlin und Breslau, wohin V. sich anschließend wandte, wurde er umgehend von der preußischen Polizei ausgewiesen. Nach einem Aufenthalt in Bonn 1852, wo die ersten Bände seiner *Geschichte des deutschen Volkes* erschienen, zog er in der Hoffnung auf eine Geschichtsprofessur nach Zürich, was sich jedoch zerschlug. Er lebte fortan als Journalist in Oberweiler (bei Badenweiler), wo seine Frau ein altes Bauernhaus als Pension für Urlauber führte.

Als Kommentar zur sich abzeichnenden Reichsgründung unter Preußens Führung veröffentlichte V. 1870 in einer Wiener Zeitung den Artikel »Vae Victoribus!«. Seine darin enthaltene Warnung, ein siegreicher Krieg gegen Frankreich werde die innere Freiheit Deutschlands weiter einengen, trug ihm noch einmal starke öffentliche Attacken von seiten der politischen Rechten ein. Somit gestaltete sich seine journalistische Tätigkeit immer schwieriger, denn auch die Linken verärgerte V. erneut. Noch kurz vor seinem Tode erschien ein Artikel V.s gegen die deutschen Anhänger des republikanischen Politikers Leon Gambetta, der den französischen Volksaufstand gegen die deutsche Besatzung leitete.

Raab, H.: Die revolutionären Umtriebe der Familie Obermüller von 1832 bis 1849. in: Badische Heimat, Jg. 73, 1993, 481-489.

Michael Venedey

Virchow, Rudolf

Geb. 13. 10. 1821 in Schivelbein/Hinterpommern; gest. 5. 9. 1902 in Berlin

In seiner Laudatio zu V.s achtzigstem Geburtstag im Jahre 1901 prophezeite dessen langjähriger politischer Weggefährte Eugen Richter, ein führender Abgeordneter der linksliberalen »Deutschen Fortschrittspartei« im Reichstag, angesichts des kaum überschaubaren Lebenswerks des Jubilars, »in künftigen Zeitläufen und Jahrhunderten« werde sich die Sage verbreiten, »Virchow sei ein Sammelname gewesen für eine Reihe hervorragender Zeitgenossen und Altersgenossen, die auf den verschiedensten Gebieten so Großartiges geleistet haben.« Tatsächlich legte V. nicht nur wesentliche Grundlagen des Gebäudes der modernen Medizin, sondern er leistete auch Wegweisendes für Anthropologie und Ethnologie und tat sich als Initiator zeitgemäßer Abwasser- und Müllbeseitigungssysteme sowie von Krankenhausbauten in Berlin hervor. Mehr als ein halbes Jahrhundert gestaltete er darüber hinaus die deutsche Parlaments- und Parteiengeschichte mit. Politik und Wissenschaft waren ihm zwei Seiten einer Medaille. So bekannte er während der Revolution von 1848: »Als Naturforscher kann ich nur Republikaner sein, denn die Verwirklichung der Forderungen, welche die Naturgesetze bedingen, welche aus der Natur des Menschen hervorgehen, ist nur in der republikanischen Staatsform wirklich ausführbar«.

Bis zur Mitte unseres Jahrhunderts ignorierten biographische Darstellungen V.s politisches Wirken weitgehend, werteten es als »Ballast, (...) totes Gewicht« auf seiner wissenschaftlichen Bedeutung (*Die Post*, 19. Oktober 1891) ab oder aber konstruierten einen Widerspruch zwischen einer konservativ-reformatorischen Ausrichtung seiner wissenschaftlichen Tätigkeit und einem oppositionell-revolutionären Impetus seiner politischen Parteinahme. V. selbst, als er im Februar und März 1848 als Prosektor (pathologischer Anatom) und Arzt der Berliner Charité im Auftrage des preußischen Kultusministeriums zur Untersuchung der in Oberschlesien herrschenden Typhusepidemie dorthin entsandt wurde, leitete dagegen ausdrücklich sein politisches und soziales Engagement aus seinem medizinischen Glaubensbekenntnis ab: Als Naturwissenschaftler könne er nur Republikaner sein, schrieb er an den Vater. Die oberschlesischen Erfahrungen sollten zeitlebens bestimmend für die wechselseitige Durchdringung von V.s medizinischem, naturwissenschaftlichem und politischem Denken bleiben. Die Ursachen der Volkskrankheiten erklärte er in seinen Reflexionen über die Epidemie von 1848 aus den Mängeln der Gesellschaft und den abnormen Lebensbedingungen, die es mit radikalen Mitteln zu ändern gelte. Die Antwort auf die Frage, wie man in Zukunft ähnlich katastrophale Zustände wie in Oberschlesien vermeiden könne, sei: »Bildung mit ihren Töchtern Freiheit und Wohlstand«, verwirklicht durch »volle und unumschränkte Demokratie« (*Mittheilungen über die in Oberschlesien herrschende Typhus-Epidemie*, 1848).

Das Ziel der Revolution 1848/49, die V. unmittelbar nach Rückkehr aus Oberschlesien auf den Barrikaden in der Friedrichstraße (Berlin), als Mitbegründer des entschieden demokratischen Friedrich-Wilhelmstädtischen Bürgervereins, Mitglied des Zentralwahlkomitees der demokratischen Partei, Vorsitzenden des Wahlmänner-Kommitees des dritten Berliner Wahlbezirkes und Organisator stürmischer Volksversammlungen sah, definierte er als »die Lösung der sozialen Frage«. Diese falle insofern mit der politischen zusammen, als »das gleiche politische Recht, die Vernichtung der Vorrechte, die Emanzipation der Person« die Voraussetzungen dafür darstellten (*Medicinische Reform*, 1849). Dem Staat, verstanden als solidarische Gemeinschaft gleichberechtigter Individuen, wies V. die zentrale Aufgabe zu, die Wohlfahrt und »gesundheitsgemäße Existenz« aller Bürger zu sichern. Von zentraler Bedeutung in diesem Konzept waren die auf neue Grundlagen zu stellende öffentliche Gesundheitspflege ebenso wie der öffentliche Unterricht. Mehr als in der Entwicklung originärer Konzepte einer »sozialen Medizin« lag V.s wesentlicher Beitrag zur Revolution in der kritischen Bearbeitung, Bündelung und Publikation der Vorstellungen einer Vielzahl medizinischer Reformer in seiner Umgebung. Mit der von ihm und Rudolf Leubuscher vom 10. Juli 1848 bis zum 29. Juni 1849 herausgegebenen *Medicinischen Reform* wurde er gleichsam zum Sprachrohr für deren Forderungen nach der Reform von Medizinalgesetzgebung, öffentlicher Gesundheitspflege und ärztlicher Standesorganisation.

Die Position der Medizin in der Gesellschaft erfuhr eine grundlegende Neubestimmung; sie müsse nunmehr in das große politische und soziale Leben eingreifen, die Politik umgekehrt zu einer »Medizin im Großen« werden, Medizin und Politik sich letztendlich »auf dem kosmopolitischen Standpunkt, dem der humanen, naturwissenschaftlichen Politik, dem der Anthropologie oder der Physiologie (im weitesten Sinne) treffen«. Die Ambivalenz dieser Forderung lag auf der Hand. Noch heute stimulierend und erst recht vor eineinhalb Jahrhunderten vorwärtsweisend war der Ruf nach einem sozial verantwortlichen Arzttum und einer gesunden Gesellschaft, die das »Wohlsein Aller« als neuen Staatszweck definierte. Andererseits war mit dem Vorschlag einer Medizinalisierung der Politik auch die Vision eines elitärtechnokratischen Staates vorgezeichnet, in dem Ärzte und Naturwissenschaftler ihrer selbst akklamierten Führungsrolle hätten ebensowenig gerecht werden können wie die Anthropologie und Physiologie den Ansprüchen an eine »wissenschaftliche Weltanschauung«.

An einer Analogie natürlicher und gesellschaftlicher Entwicklungsvorgänge – von Zellenlehre und Staatslehre – hielt V. auch nach dem Scheitern einer revolutionären Reform von Medizin und Gesellschaft fest. Insbesondere in seinen großen Reden auf den »Deutschen Naturforscherversammlungen« (zum Beispiel 1865, 1868, 1873) forderte er immer wieder die Anwendung der »Methode der Naturwissenschaften« auf die Gesellschaft und ein pädagogisch-emanzipatorisches Engagement der Naturforscher. Zwar wurde V. nach 1849 vom Revolutionär zum Verfechter evolutionären gesellschaftlichen Fortschritts, dennoch bewog ihn – wohl auf Grund seines geradezu grenzenlosen Fortschrittsoptimismus – keine seiner zahlreichen politischen Enttäuschungen und Niederlagen zu einem dauerhaften Rückzug aus der Politik. Nach den ganz der Wissenschaft gewidmeten Jahren zwischen 1849 und 1860 (1858 veröffentlichte er sein Hauptwerk über die Zellularpathologie) kehrte V. 1861 mit Beginn der »neuen Ära« des Liberalismus in die Politik zurück. Er wurde Mitglied der Berliner Stadtverordnetenversammlung (bis zu seinem Lebensende) und gründete als Koalition aus 48er Demokraten und gemäßigten Liberalen zusammen unter anderem mit Theodor Mommsen, Hermann Schulze-Delitzsch und Franz Duncker mit der »Deutschen Fortschrittspartei« die erste gesamtdeutsche Programmpartei. Anfang 1862 in das preußische Abgeordnetenhaus gewählt, wurde V. dort bald zu einem der Hauptredner, der mit eindringlicher, sachlich überzeugender und oftmals auch scharfzüngiger Rhetorik im Heeres- und Verfassungskonflikt der Jahre 1862 bis 1866 die verfassungsmäßigen Rechte der Volksvertretung gegenüber der Regierung Bismarck verteidigte. Das Budgetrecht erschien ihm als wirksames Mittel zur Emanzipierung des Scheinparlaments der konstitutionellen Monarchie vom monarchischen Prinzip.

Im unrealistischen Vertrauen auf einen Sieg des Rechts über die Macht in der mit juristischen Argumenten geführten Debatte lehnte V., allerdings anders als sein radikaler Mitstreiter Johann Jacoby und im Unterschied zur eigenen Position 1848, außerparlamentarische Mittel ab. Als Bismarck mit seiner »Blut-und-Eisen«-Politik die deutsche Einheit durchsetzen und damit gleichzeitig den deutschen Liberalismus spalten konnte, warnte V. vergeblich vor dem »Götzendienst des Erfolges« (1866). Gescheitert in dem Versuch, Deutschlands Einigung friedlich auf dem Wege der Freiheit zu erreichen, stellte er zusammen mit einer bis zum Ende des Jahrhunderts weiter an Bedeutung verlierenden Gruppe nichtkonformistischer Liberaler die Konsequenz der Gesinnnung über die angesichts des Charakters Bismarckscher Politik in ihren Erfolgsaussichten ungewisse Teilhabe an der politischer Macht. Zwar verlagerte V. die Schwerpunkte seines Wirkens zunehmend auf Wissenschaft und Kommunalpolitik, blieb aber der Fortschrittspartei (bis 1884), danach »Deutsche Freisinnige Partei« (1884-1893) und »Freisinnige Volkspartei« (ab 1893) als Mitglied des Preußischen Abgeordnetenhauses (bis zu seinem Tod 1902) und des Deutschen Reichstages von 1880 bis 1893 treu. 1869 stellte er im Preußischen Abgeordnetenhaus einen Antrag auf Beschränkung der Militärausgaben des Norddeutschen Bundes und allgemeine Abrüstung, Konfliktbewältigung durch internationale Schiedsgerichte und Schaffung der Vereinigten Staaten von Europa. Ärzten und Wissenschaftlern wies er eine besondere friedensstiftende Verantwortung zu. Rassistische Vorurteile und nationale Egoismen bekämpfte er sowohl in seiner wissenschaftlichen als auch in seiner politischen Tätigkeit vehement, schien ihm doch der Fortschritt der Wissenschaften unausweichlich zu einer zivilisatorischen »Einheit in der Vielfalt« zu führen. Um eine von Dogmen befreite und einzig der Wahrheit verpflichteten Wissenschaft ging es V. auch, als er im »Kulturkampf« gegen den Katholizismus zwischen 1871 und 1878 das einzige (und von ihm später bedauerte) Bündnis seines Lebens mit Bismarck einging und dabei dessen machtpolitische Beweggründe zu spät erkannte. Das Sozialistengesetz lehnte er dagegen, trotz seiner kontroversen Haltung gegenüber den politischen Methoden der Sozialdemokratie, ebenso entschieden ab wie alle anderen Bestrebungen zur Einschränkung des allgemeinen, gleichen, geheimen und direkten Wahlrechts zum Deutschen Reichstag sowie die der Gestaltungsmöglichkeiten der Reichstagsabgeordneten.

Durch vier an Enttäuschungen reiche Jahrzehnte hindurch bewahrte V. nicht zuletzt aufgrund wissenschaftlicher Überzeugungen seinen bereits 1849 geäußerten Glauben an den großen »pädagogischen Gang der Ereignisse« und an den Triumph von Recht und Vernunft über Gewalt und Demagogie. Wenn er jedoch in Interviews aus den letzten Lebensjahren Parlamenten und Regierungen die Fähigkeit absprach, die menschheitsgefährdenden Probleme Aufrüstung und Gewaltpolitik zu lösen und seine Hoffnungen ganz auf eine aufgeklärte öffentliche Meinung setzte, ist dies wohl als kritisches Fazit seines politischen Lebens zu verstehen.

Ackerknecht, E. H.: Rudolf Virchow: Arzt, Politiker, Anthropologe. Stuttgart 1957. - Boenheim, F.: Virchow. Werk und Wirkung. Berlin 1957. - Jenssen, C.: »Die Aufrüstung ist die Mikrobe des Krieges...«. Rudolf Virchow (1821-1902), schillernder »Apostel des Friedens und der Versöhnung«, in: Ruprecht, T.; Jenssen, C. (Hg.): Äskulap oder Mars? Ärzte gegen den Krieg. Bremen 1991. - Vasold, M.: Rudolf Virchow. Der große Arzt und Politiker. Stuttgart 1988.

Christian Jenssen

Voss, Johann Heinrich

Geb. 20. 2. 1751 in Sommersdorf (Mecklenburg); gest. 29. 3. 1826 in Heidelberg

V. - Enkel eines Leibeigenen und Sohn eines Kammerdieners und späteren Pächters- besuchte von 1766 bis 1769 das Gymnasium in Neubrandenburg. Um Geld für sein Studium zu verdienen, wurde er Hauslehrer auf Schloß Ankershagen (1769-1772), wo er drei harte Jahre verbrachte. V. wurde dort rücksichtslos schikaniert und ausgebeutet. Heinrich Christian Boie, der Herausgeber des *Göttinger Musenalmanachs* (seit 1770), wurde auf ihn aufmerksam. Erst mit seiner Unterstützung konnte V. in Göttingen Theologie und Philologie studieren.

Am 12. September 1772 gründete er mit sechs Kommilitonen den »Göttinger Hainbund«, einen Freundschafts- und Dichterbund beim Dorf Weende bei Göttingen. Dieser Bund, eine Spielart des »Sturm und Drang«, vertrat antiaristokratische Anschauungen, schwärmte für die Freiheit und bekannte sich zum Deutschtum. V. wurde ein Freund des Schriftstellers Gottfried August Bürger, besuchte Friedrich Gottlieb Klopstock in Hamburg und ließ sich 1777 in Wandsbeck als Schriftleiter des *Göttinger Musenalmanachs* nieder. Hier heiratete er Ernestine Boie, die Schwester seines Freundes. Im Jahre 1778 nahme er eine schlecht besoldete Pädagogenstelle in Otterndorf an, 1782 ging er als Rektor an eine Schule in Eutin. 1802 wurde er Privatgelehrter in Jena und ab 1805 Universitätslehrer in Heidelberg.

V. war ein bäuerlich-bürgerlicher Plebejer, und er war ein Vertreter jener Aufklärer, die die Interessen des dritten Standes durch eine progressive Rezeption der griechischen Geschichte zu verteidigen suchten. Wie die Klassiker Goethe und Schiller sah V. die ästhetische Aufgabe seiner Generation in der Entwicklung literarischer Formen, die das nationale Bürgertum in seinem Kampf brauchen würde. Eine seiner größten Lei-

stungen war eine Übersetzung Homers: Er übertrug die *Odyssee* (1781) und die *Ilias* (1793) ins Deutsche.
V. war Anhänger der Französischen Revolution. So verfaßte er zwei Schriften gegen seinen ehemaligen Freund Friedrich Leopold Graf zu Stolberg, der ebenfalls dem Hainbund angehört hatte, die Französische Revolution aber haßte und zum Verdruß des Pfaffenfeindes V. zur römisch-katholischen Kirche übertrat: *Wie ward Fritz Stolberg ein Unfreier?* (1819) und *Bestätigung der Stolbergischen Umtriebe nebst einem Anhang über persönliche Verhältnisse* (1820). Ebenso wandte sich V. gegen die »romantische Schule« in Literatur und Wissenschaft und verspottete deren schwärmerische Mittelalter-Verklärung.
Dem Kampf gegen die Leibeigenschaft ist V.s Trilogie *Die Leibeigenen, Die Erleichterten, Die Freigelassenen* gewidmet. Sie handelt vom Leibeigenen Michel, der heiraten will, das Geld für seine Befreiung auffindet und von seinem Herrn betrogen wird. Im Kontrast dazu erzählt V. in den *Freigelassenen* von einem einsichtsvollen Gutsbesitzer, der seinen Leibeigenen die Freiheit gibt und sie in freie Pächter verwandelt. V. erhoffte eine friedliche Lösung der sozialen Frage. Er war einer der ersten deutschen Dichter, der dieses Problem literarisch verarbeitete.
Im Gedicht *Junker Kord* (1783) behandelte V. in satirischer Form das Leben eines adligen Dorftyrannen. Die Titel seiner Gedichte beweisen, wie nah er dem einfachen Volk war: *Der fromme Bauer, Beim Flachsbrechen, Die Spinnerin, Die Kartoffelernte* und andere. Als Anhänger der Französischen Revolution schrieb er den *Gesang der Neufranken* in der Melodie der Marseillaise (1792) und *Gesang der Deutschen* (1793), in dem er dem deutschen Volk die Grundsätze der bürgerlich-demokratischen Freiheit verkündete. V. starb am 29. März 1826 in Heidelberg, wo er über 20 Jahre als Universitätslehrer gewirkt hatte.

Beutin, W.; Lüders, K.: Freiheit durch Aufklärung: Johann Heinrich Voß (1751-1826). Materialien einer Tagung der Stiftung Mecklenburg (Ratzeburg) und des Verbandes Deutscher Schriftsteller (Landesbezirk Nord) in Lauenburg/Elbe am 23-25. April 1993. Frankfurt/Main, Berlin, Bern 1995. - Hahn, C. D.: Johann Heinrich Voss. Leben und Werk. Husum 1977.

Marita Gilli

Weber, Max

Geb. 21. 4. 1864 in Erfurt; gest. 14. 6. 1920 in München

W. wuchs in der Atmosphäre des Nationalliberalismus der Bismarck-Ära auf. Sein Vater, seit 1869 besoldeter Stadtrat in Berlin, hielt für den rechten Flügel der Liberalen ein Landtags- und ein Reichstagsmandat. Bei ihm verkehrten die führenden Politiker der Partei, die auch den Heranwachsenden prägten, eine »versunkene und vergessene Generation des Bürgertums«, wie W. später schrieb.
Ab 1882 studierte W. in Heidelberg, Straßburg, Berlin und Göttingen Rechtswissenschaften, Nationalökonomie und Philosophie, unterbrochen durch den Militärdienst 1883/84. Nach dem Referendarexamen 1886 in Göttingen kehrte W. nach Berlin zurück und absolvierte eine Gerichtsausbildung. Er näherte sich den im »Verein für Sozialpolitik« (gegr. 1872) organisierten »Kathedersozialisten«, sozialreformerisch eingestellten Nationalökonomen, obwohl er bei seiner ersten Wahlteilnahme für die Konservativen stimmte. Auf die Promotion 1889 ließ er die Habilitation (*Die römische Agrargeschichte*, 1891) rasch folgen. W., der den Klassenkampf als integralen Bestandteil der modernen Industriegesellschaft ansah, interessierte sich mehr und mehr für die sozialen Spannungen in der Gesellschaft des Kaiserreichs. Seine Untersuchungen über *Die Lage der Landarbeiter im ostelbischen Deutschland* (1892) führten ihn zu der Schlußfolgerung, daß die Agrarkrise im Osten Deutschlands »der in ihrer Entwicklung tieferstehenden Nationalität zum Siege verhilft.« Gemeint waren die polnischen Saisonarbeiter, »Nomadenzüge, welche, durch Agenten in Rußland geworben, im Frühjahr zu Zehntausenden über die Grenze kommen, im Herbst wieder abziehen«. Sie verdrängten wegen ihrer Anspruchslosigkeit die deutschen Landarbeiter. In seiner akademischen Antrittsrede *Der Nationalstaat und die Volkswirtschaftspolitik* (1895) in Freiburg, wohin er im Jahr zuvor als Professor der Nationalökonomie berufen worden war, nahm W. diese Feststellung zum Anlaß, die »Schließung der östlichen Grenze« und die »systematische Kolonisation deutscher Bauern« im Osten zu fordern, um »der slawischen Flut« ein Hemmnis entgegenzusetzen.
In der Rede zählte W. die »Machtinteressen der Nation« zu den »letzten entscheidenden Interessen« in der Politik. Gefährlich für die Nation sei es, wenn eine ökonomisch sinkende Klasse, nämlich die Junker, die politische Herrschaft ausübte, noch gefährlicher aber, wenn die aufsteigenden Klassen, das Bürgertum und das Proletariat, nicht fähig zur Leitung des Staates

seien. Zu sehr sehne sich ein Teil des deutschen Bürgertums seit dem Abgang Bismarcks 1890 nach einem neuen Cäsar, der es gegen Volksmassen und sozialpolitische Anwandlungen abschirme. W.s Fazit: »Das Drohende unserer Situation aber ist: daß die bürgerlichen Klassen als Träger der Machtinteressen der Nation zu verwelken scheinen und noch keine Anzeichen dafür vorhanden sind, daß die Arbeiterschaft reif zu werden beginnt, an ihre Stelle zu treten.« Es gehe dabei nicht um »Frieden und Menschenglück«, sondern um »den ewigen Kampf um die Erhaltung und Emporzüchtung unserer nationalen Art«. Mit der breiten positiven Resonanz, die dieser Artikel unter liberalen Politikern hatte, war eine Verbindung von Liberalismus und imperialer Machtpolitik eingeleitet, die auch W. vertrat.

Kurz nach der Berufung an die Universität Heidelberg 1897 brach bei W. ein langwieriges Leiden aus, das zu seiner Beurlaubung führte. Ab 1902 wandte er sich einem neuen Forschungsgegenstand zu, den erkenntnistheoretischen und methodologischen Voraussetzungen wissenschaftlicher Arbeit. W. begann wieder zu publizieren. 1904 wurde W., gemeinsam mit Edgar Jaffé und Werner Sombart Herausgeber des *Archivs für Sozialwissenschaft und Sozialpolitik* und eröffnete die erste Nummer mit einer Abhandlung über *Die ›Objektivität‹ sozialwissenschaftlicher und sozialpolitischer Erkenntnis*. Er charakterisiert die Konstrukte wissenschaftlicher Theoriebildung nicht mit den klassischen Termini »Gesetz« oder »Begriff«, sondern als »Idealtypen«: »Inhaltlich trägt diese Konstruktion den Charakter einer Utopie an sich, die durch gedankliche Steigerung bestimmter Elemente der Wirklichkeit gewonnen ist.« Es handele sich daher um keine Hypothesen, sondern um eine Richtungszuweisung für Hypothesen. Idealtypen in diesem Sinn waren für W. z. B. »›Stadtwirtschaft‹ des Mittelalters, Handwerk, Feudalismus« sowie alle »spezifisch-marxistischen ›Gesetze‹ und Entwicklungskonstruktionen«. Eine Ordnung der Realität im Sinne eines Systems war mit Hilfe der Idealtypen nicht zu erwarten, sie hatten nach seiner Überzeugung nur historischen Charakter.

W.s eigene wissenschaftstheoretischen und historischen Untersuchungen führten diese Differenzierung der wissenschaftlichen Terminologie weiter, nicht zuletzt seine folgenreichste Arbeit *Die protestantische Ethik und der Geist des Kapitalismus* (1904/05). Musterbeispiele für die Analyse von Idealtypen lieferte er mit seiner Herrschaftssoziologie in dem postum herausgegebenen Fragment *Wirtschaft und Gesellschaft* (1921). W. unterscheidet darin drei Typen »legitimer Herrschaft«, nämlich »rationale«, »traditionale« und »charismatische« Herrschaft von dem Typus »legaler Herrschaft«, der sich als Herrschaft »mittels ›bureaukratischen Verwaltungsstabs« im modernen Kapitalismus durchsetzt und den er für den Sozialismus prognostiziert. Berühmt wurde seine von Herrschaft unterschiedene Bestimmung von Macht: »Macht bedeutet jede Chance, innerhalb einer sozialen Beziehung den eignen Willen auch gegen Widerstreben durchzusetzen«.

Verbindungen zwischen Politik und Wissenschaft, wie sie in seiner Freiburger Antrittsrede zu finden sind, traten jetzt hinter der Analyse politischer Strukturen zurück. 1904 lernte W. die USA kennen, deren Demokratie er allerdings noch 1917 skeptisch beurteilte: »Die schrankenlose politische ‹Demokratie' Amerikas hindert z. B. nicht, daß gesellschaftlich nicht etwa nur – wie bei uns geglaubt wird – eine rohe Plutokratie des Besitzes, sondern außerdem eine ständische ›Aristokratie‹ im langsamen – wenn auch meist unbemerkten – Entstehen ist, deren Wachstum kulturgeschichtlich ebenso wichtig ist wie jene andere.«

Als 1905 nach militärischen Niederlagen des Zarenregimes in Ostasien die Revolution in Rußland ausbrach, lernte W. in wenigen Wochen russisch, um die Entwicklung verfolgen zu können. Er erkannte bald, daß sich nur ein »Scheinkonstitutionalismus« ergeben würde. Für ihn war das ein weiterer Anlaß, die Zukunft der Demokratie zurückhaltend zu beurteilen. Nach seiner Ansicht divergierten materielle Interessen auf der einen, »Demokratie« und »Individualismus« als Wertesysteme auf der anderen Seite. W. sah infolge der wirtschaftlichen Entwicklung ein »Gehäuse für die neue Hörigkeit« entstehen, alle ökonomischen »Wetterzeichen« wiesen in Richtung zunehmender »Unfreiheit«. Davon werde auch die Zukunft der Demokratie bestimmt sein: »Möchten doch angesichts dessen diejenigen, welche in steter Angst davor leben, es könnte in Zukunft in der Welt zu viel ›Demokratie‹ und ›Individualismus‹ geben und zu wenig ›Autorität‹, ›Aristokratie‹ und ›Schätzung des Amts‹ oder dergleichen, sich endlich beruhigen: es ist, nur allzusehr, dafür gesorgt, daß die Bäume des demokratischen Individualismus nicht bis in den Himmel wachsen. ›Die Geschichte‹ gebiert, nach aller Erfahrung, unerbittlich ›Aristokratien‹ und ›Autoritäten‹ neu«.

1909 beteiligte sich W. maßgeblich an der Gründung der »Deutschen Gesellschaft für Soziologie«, schied aber nach Auseinandersetzungen 1912 aus deren Vorstand wieder aus. Der Beginn des Ersten Weltkriegs löste bei ihm eine chauvinistische Emotion aus, die aber bald von deprimierten Äußerungen abgelöst wurde. Als er sich 1916 zur Vorbereitung einer Denkschrift gegen die Verschärfung des U-Boot-Krieges in Berlin aufhielt, schilderte er seinen Eindruck von der politischen Führung des Reichs mit den Worten: »Und mir ist, als ob eine Horde Irrsinniger uns regierte.« Seit 1917 trat W. mit Artikeln an die Öffentlichkeit, in denen er sich für den Übergang zur parlamentarischen Demokratie einsetzte. Die Niederlage Deutschlands 1918 erlebte er mit Bestürzung.

W. schloß sich der »Deutschen Demokratischen Partei« (DDP) an, trat aber im April 1920 wegen ihrer Forderung nach

»Sozialisierung« wieder aus. 1919 an die Universität München berufen, geriet er in das politische Getümmel nach Niederschlagung der Räterepublik Anfang Mai des Jahres. Noch einmal griff er das Thema »Politik« auf, wieder von einer anderen Seite. W.s Münchener Vortrag über *Politik als Beruf* (1919) wirkte im Vergleich zu den Zuspitzungen seiner politischen Aussagen an anderer Stelle mäßigend. Kategorien des Ausgleichs (Augenmaß) und der Vermittlung (Verantwortlichkeit) traten in den Vordergrund, in den Mittelpunkt rückte eine Unterscheidung ethisch motivierter Handlungsarten, »verantwortungsethisches« und »gesinnungsethisches« Handeln, eine republikanische Grundhaltung dominierte. Dennoch: »Politik bedeutet ein starkes langsames Bohren von harten Brettern mit Leidenschaft und Augenmaß zugleich.« Wer aber mehr als das Mögliche erreichen will, muß nach W. ein »Führer« und ein »Held« sein.

Eisermann, G.: Max Weber und die Nationalökonomie. Marburg 1993. – Mommsen, W.J. : Max Weber und die deutsche Politik 1890–1920. Tübingen 1974. – Mommsen, W. J.: Max Weber. Gesellschaft, Politik und Geschichte. Frankfurt/Main 1986. – Winckelmann, J.: Max Webers hinterlassenes Hauptwerk. Tübingen 1986. – Zängle, M.: Max Webers Staatstheorie im Kontext seines Werkes. Berlin 1988.

Arnold Schölzel

Wedekind, Georg (Christian Gottlieb; später: von)

Geb. 8. 1. 1761 in Göttingen; gest. 28. 10. 1831 in Darmstadt

Der Vater war Philosophieprofessor und Pfarrer. Gymnasium und Universität besuchte W. in Göttingen, damals eine Hochburg kritischer Geister. Er wurde Arzt und entschied sich bereits 1782, als noch keine revolutionären Bewegungen in Sicht waren, für die Idee der Republik. 1787 wurde er als Medizinprofessor nach Mainz berufen. W. trat als einer der ersten in den Mainzer Jakobinerklub (Oktober 1792 – März 1793) ein und exponierte sich rückhaltlos Abend für Abend durch politische Aufklärungsreden, in denen er die Grundlagen der revolutionär-demokratischen Theorie allgemeinverständlich erklärte. Bis zu 500 Mainzer strömten in den Klub, um diese Auseinandersetzung mit dem alten Regime zu verfolgen. Gleich W.s erste Rede *Über Aufklärung* in der Klubsitzung vom 26. Oktober 1792 offenbarte, daß hier kein abstrakter Theoretiker sprach, sondern ein revolutionärer Politiker, der sich der einmaligen Chance zur Demokratie wie auch der traditionellen Denkweise seines Publikum bewußt war. Die Rede begann mit einem Gebet. Der Klub als Kirche, die Versammlung als Gottesdienst! Die religiöse Erregung des Augenblicks war zu spüren. Danach entwickelte W. sein Programm einer demokratischen Aufklärung. Eher nebenbei streifte er ein künftiges Problem der Demokratie: Das Gesetz galt bei ihm noch ganz naiv, im ursprünglichen Sinne der Freiheitsutopie, als identisch mit dem Willen des Volkes. Etwas später stieß W. auf die Frage, ob es in der Demokratie abweichende Meinungen geben dürfe. Mußte eine Opposition nicht von vornherein als illegal gelten, als Verbrechen an den Menschenrechten?

Gegen den gemäßigt-konservativen Flügel der Mainzer Geschäftsleute, die nur Korrekturen des alten Regimes, aber keinen Bruch durch eine Revolution und keine Verfassung nach den Ideen von Volkssouveränität, Freiheit und Gleichheit wollten, stellte W. in einer weiteren Rede klar: »Mainz gewinnt durch eine Revolution, die Mainzer sind schuldig, eine Revolution zu unternehmen.«

Ohne von sozialistischen Ideen tangiert zu sein, formulierte W. die Unvereinbarkeit von privaten Wirtschaftsinteressen und freiem Staatsleben. »Der Fürst betrachtet seine Untertanen wie der Fabrikant (als Fabrikant) seine Fabrikarbeiter. Alle Richtungen müssen so getroffen werden, daß die Fabrikarbeiter dem Fabrikanten vieles eintragen. (...) Ob die Fabrikarbeiter glückliche Menschen sind, das kümmert den Fabrikanten (als Fabrikanten) nicht. So was, meine Brüder, kann nun wohl bei einer Fabrik angehen; aber ein Land darf nicht wie eine Fabrik angesehen werden.(...) Die Menschen wollen zu glücklichen, gesunden, frohen, vernünftigen Menschen erzogen sein.«

W.s bleibende Bedeutung für die deutsche Demokratie besteht in utopischen Einsichten, die bis heute nicht ausgeschöpft sind: In der neuen Freiheit sind kaum mehr Steuern nötig; die Beamten werden vom Volk gewählt; Wahlen finden jedes Jahr statt; bei Wahlen sind keine politischen Intrigen mehr möglich; bei den Wahlen für die höchsten Stellen sind entscheidende Gesichtspunkte nur Geschicklichkeit, Redlichkeit und Verdienste, nicht Protektion. W. plädierte für die armen Leute, empfahl, den Reichtum besser zu verteilen, die Zahl der Armen zu senken.

W.s Kritik an eigensüchtigen Herrschern mündete in einen unverhüllten jakobinischen Aufruf: »Also Hand an die Waffen, meine Brüder! Verjagt die großen Herren, für deren Hochmut und Eigennutz bisher die Menschen sich schlachten lassen mußten; führt allenthalben die Volksregierung ein – und dann hat aller Krieg ein Ende!« Nach W. gehörte der Pazifismus freilich unabdingbar zur Demokratie. Vorerst müßte nur noch ein einziger, der letzte Krieg gegen alle Fürsten geführt werden. Wenn alle Völker befreit wären, gäbe es keinen Krieg mehr.

W. übernahm im Mainzer Klub Leitungsfunktionen. Den Notwendigkeiten einer revolutionären Politik wollte er seine Prinzipien nicht opfern. Der Jakobiner Matthias Metternich hatte befürwortet, daß im Wachsamkeitsausschuß, dem Sicherheitsorgan des Klubs, »geheime Mitglieder« aufgenommen werden sollten, die keine Stimme hätten und auch nicht im Klub erscheinen müßten. Es ging um den Einsatz eines Geheimdienstes zur Bespitzelung gegenrevolutionärer Bestrebungen. W. wie der Klub lehnten ab. Die Gründe: der Vorschlag »ziele auf Einführung einer Staatsinquisition ab; er mache die Gesellschaft (das heißt den Klub) gehässig, und er gebe dem Ausschusse ein zu großes Gewicht, wodurch dieser selbst der Gesellschaft gefährlich werden könne.«

W. wurde in den Mainzer Nationalkonvent (März 1793) gewählt. Kurz bevor bevor die Preußen Mainz einschlossen, floh er Ende März 1793 ins Elsaß. Seine Frau, Kinder und Mutter wurden als Geiseln auf die Festung Königstein im Taunus verschleppt. Im Elsaß schlug sich W. als Straßburger Militärarzt durch, gab die *Rheinische Zeitung* heraus und wurde eine Stütze für die Mainzer Flüchtlinge. Nach dem Ende der Jakobinerherrschaft in Frankreich distanzierte sich W. von deren Terreur und näherte sich zunächst der Direktorialregierung, später dann Napoleon an (*Fragen und Bemerkungen über das Jakobinerwesen,* Straßburg 1795). Gleichwohl hielt er – wie wenige Mainzer – auch im Exil an einer gesamtdeutschen Revolution fest und wirkte in diesem Sinne im Straßburger »club des citoyens actifs«. 1798 kehrte er nach Mainz zurück, als Militärarzt und Professor. Napoleons Aushöhlung der Republik entzog W.s Hoffnungen die Grundlage. 1808 übersiedelte W. nach Darmstadt, wo er zum Leibarzt des konstitutionellen Großherzogs berufen wurde. Der frühere Feind des Adels ließ sich 1809 in den Freiherrnstand erheben und bedankte sich dafür mit seinem zweibändigen Werk *Über den Wert des Adels und über die Ansprüche des Zeitgeistes auf Verbesserung des Adelsinstituts* (Darmstadt 1816).

Haasis, H. G.: Morgenröte der Republik. Die linksrheinischen Demokraten 1789–1849. Berlin 1984. – Scheel, H.: Die Mainzer Republik. 3 Bde, Berlin 1975–1989. – Weber, M.: Georg Christian Gottlieb Wedekind 1761–1831. Werdegang und Schicksal eines Arztes im Zeitalter der Aufkärung und der Französischen Revolution. Mainz 1988.

Hellmut G. Haasis

Wegner, Armin Theophil

Geb. 16. 10. 1886 in Elberfeld; gest. 11. 5. 1978 in Rom

»Herr Reichskanzler, es geht nicht um das Schicksal unserer jüdischen Brüder allein, es geht um das Schicksal Deutschlands! Im Namen des Volkes, für das zu sprechen ich nicht weniger das Recht habe als die Pflicht, wende ich mich an Sie: Gebieten Sie diesem Treiben Einhalt!«

Es war kein jüdisches Opfer der ersten nationalsozialistischen Judenverfolgungen, das sich am Ostermontag 1933 in einem mutigen Appell an Hitler wandte, sondern der siebenundvierzigjährige Schriftsteller W. Für seine Zivilcourage wurde er von der Gestapo verhaftet und mißhandelt, mußte einen Leidensweg durch sieben Gefängnisse und drei Konzentrationslager antreten. Als »Gefangener einer goldenen Muschel« überlebte er den Nationalsozialismus in Positano. Sowenig W. mit seinem Denken in die Weimarer Republik gepaßt hatte, sowenig paßte er in die deutschen Nachfolgestaaten. Er war ein Querdenker und Aufklärer, der dank seiner Vorahnungen und seiner Weitsicht der eigenen Epoche weit voraus gewesen ist.

Sohn eines preußischen Reichsbahnbaurates und einer Frauenrechtlerin, stand W. ab 1910 der SPD nahe und wurde unter dem Einfluß seiner Mutter Pazifist, was im Reich Wilhelms II. an Verrat grenzte. Wie seine ersten Artikel zeigen, interessierte sich W. für Literatur, Politik, das Theater und die soziale Frage. Er war zunächst davon überzeugt, daß »fern von allem sozialen Wunderglauben« letztlich »Philosophie und Ethik die letzten Probleme der Demokratie zu lösen haben«. In Berlin fand er Anschluß an die literarische Avantgarde, lernte Else Lasker-Schüler, Georg Heym, Herwarth Walden und Franz Pfemfert kennen und war mit Kurt Hiller befreundet. In seiner Dissertation *Der Streik im Strafrecht* (1914) behandelte er das Problem der Gerechtigkeit in einer entwickelten Industriegesellschaft, das von der positivistischen Jurisprudenz bis dahin ausgeklammert worden war.

Zu Beginn des Ersten Weltkrieges wurde W. als Krankenpfleger ausgebildet und anschließend auf dem östlichen Kriegsschauplatz eingesetzt. Nach sechs Monaten wurde er entlassen. Die Einziehung zum Heeresdienst drohte.

Eine Schulfreundin seiner Mutter ermöglichte W. durch ihre Empfehlung die Teilnahme an einer damals gerade ausrückenden Deutsch-Ottomanischen Sanitätsmission. Er beteiligte sich am Feldzug in der Türkei, zunächst als kriegsfreiwilliger deutscher Sanitätssoldat, danach mit dem Rang eines Sanitätsleutnants und im Stab des Feldmarschalls von der Goltz. Im Juli und August 1915 begab sich W. nach Kleinasien, um sich von den gerüchteweise gehörten Massakern am armenischen Volk zu überzeugen.

Unter dem Vorwand, die Armenier jenseits des Euphrats ansiedeln zu wollen, befahl die jungtürkische Regierung allen Gouverneuren, die Deportation einzuleiten, und mündlich erfolgte die zusätzliche Anweisung, die totale Vernichtung der Armenier zu organisieren. Was darauf landesweit folgte, war eine organisierte Abschlachtung und Ausrottung der schutzlosen Zivilbevölkerung. Wer also nicht gleich an Ort und Stelle erschlagen wurde, kam während oder am Ende der Deportationsmärsche durch Hunger, Durst oder Seuchen um.

Trotz strengen Verbots begab sich W. in die Flüchtlingslager, machte Hunderte und aber Hunderte photographischer Aufnahmen vom Genozid, schmuggelte Briefe der Verfolgten zur amerikanischen Botschaft und schrieb detailliert auf, wie Armenier zu Tode kommen. Deutsche Konsuln in türkischen Provinzen berichteten ausführlich über den Völkermord an die deutsche kaiserliche Regierung in Berlin – aber die war nicht bereit, bei der Regierung ihres Bundesgenossen Türkei Einspruch oder zumindest Mahnung einzulegen.

W.s unerwünschte Anteilnahme an dem Ausrottungsfeldzug des Bündnispartners Türkei, seine Versuche in Berlin, die deutsche Öffentlichkeit über den Völkermord aufzuklären, sowie zwei Briefe, die in der von seiner Mutter herausgegeben Zeitschrift *Die Frau der Gegenwart* erschienen, machten ihm das Leben an der Front in der Türkei schwer. Ein Brief an seine Mutter im Mai 1916, den er unter dem Eindruck der Schrecken des Krieges und des Todes seines Bruders verfaßte, wurde von der Militärzensur festgehalten und bewirkte W.s sofortige Entlassung aus der Militärmission. Er wurde zum Dienst in den Chlorbaracken abkommandiert und fand einen Befehl an den leitenden Lazarettarzt mit dem Vermerk: »W. ist so zu beschäftigen, daß ihm jede Lust, in Bagdad spazierenzugehen, vergeht.«

Im Dezember 1916 erfolgte seine Abberufung aus der Türkei. Nach seiner Ankunft in Berlin nahm W. wieder Verbindung zu expressionistischen Schriftstellerkreisen auf. Der »Bund der Aktivisten« unter der Leitung von Hiller entwickelte ein politisches Programm, zu dem auch W. sich bekannte. Am Abend des 8. November 1918 lag die Grundsatzerklärung vor, die die Plattform abgab, auf der sich zwei Tage später, unter maßgeblicher Beteiligung W.s, der »Rat geistiger Arbeiter« in Berlin konstitutierte. Die Präambel enthielt das Bekenntnis zur »Unantastbarkeit des Lebens« und der »Verurteilung jedweder Unterdrückung«. Zur Verhinderung von künftigen Kriegen hatte man weitgesteckte Pläne: Völkerbund und Völkerparlament, Schiedsgerichte, Veränderung des Geschichtsunterrichtes, der Presse und ähnliche Garantien gegen Chauvinismus, Antisemitismus und andere Formen der Völkerverhetzung. Dieses radikaldemokratische Programm erstrebte, »zwecks gerechter Verteilung der äußeren Lebensgüter«, auch die Vergesellschaftung von Grund und Boden, die Umwandlung von kapitalistischen Betrieben in Arbeiterproduktionsgenossenschaften und die Konfiskation von Vermögen von einer bestimmten Höhe an.

Im Anschluß an den »Gesamtdeutschen Aktivistenkongreß« im Juni 1919 gründete W. mit Gleichgesinnten den »Bund der Kriegsdienstgegner«, dessen Geschäftsführung er bis Ende 1922 übernahm. Für den »Bund der Kriegsdienstgegner« unternahm W. Vortragsreisen in Deutschland und hielt Reden auch in England, Österreich, Skandinavien und Holland. Seine Forderungen waren gleichbleibend radikal: Weg mit Rüstungsfrevel, Kadavergehorsam, Wehrpflicht, Morderziehung und Völkerverhetzung.

Trotz aller Rückschläge hielt W. an seinem Eintreten für die Ächtung der Verbrechen am armenischen Volk fest. Anfang 1919 appellierte er anläßlich der Friedensverhandlungen in Versailles in einem Offenen Brief an den Präsidenten der Vereinigten Staaten, Woodrow Wilson, sich für das armenische Volk einzusetzen. Darüber hinaus mahnte er, daß die politische Gestaltung der Zukunft die Verantwortung für die Vergangenheit einschließt und forderte eindringlich die Garantie der Unabhängigkeit Armeniens. Drei Prosabände, die W. in den anderthalb Jahren seines Aufenthaltes im Vorderen Orient verfaßt hatte, konnten nun erscheinen: *Der Weg ohne Heimkehr* (1919), *Im Hause der Glückseligkeit* (1920) und *Der Knabe Hussein* (1921). Höher als die Menschlichkeit standen die »höheren« Interessen imperialistischer Politik, die über das Schicksal des armenischen Volkes den Schleier des Vergessens senkten. Daran änderte der sogenannte Prozeß Talaat Pascha, der am 2. Juni 1921 in Berlin begann, nur wenig.

Der armenische Student Salomon Teilirian hatte seine ganze Familie bei der von Talaat Pascha, dem jungtürkischen Innenminister, angeordneten »Umsiedlung« verloren. Deswegen erschoß er am 15. März 1921 den flüchtigen Talaat auf der Hardenbergstraße in Berlin und mußte sich nun vor Gericht verantworten. Der Prozeß, dessen Protokoll W. später herausgab, dauerte nur zwei Tage. Doch nicht die Tat, zu der sich Teilirian freimütig bekannte, ließ die Zuhörer erschaudern, sondern sein Bericht von den Ereignissen. Durch das Gericht als Originale anerkannt, wurden in dem Verfahren von Talaat unterzeichnete Telegramme vorgelegt, die eine zentrale Tötungsabsicht bloßlegten. Der Prozeß endete mit einem sensationellen Freispruch für Teilirian.

Kein deutscher Pazifist engagierte sich so nachhaltig wie W. gegen »das organisierte Schweigen« (R. Giordano) über den armenischen Völkermord. Entgegen den Verträgen von Versailles und Sèvres (1919/20) wurden aber im Vertrag von

Lausanne (1923) die Armenier nicht mehr erwähnt. Der türkische Nationalstaat löschte, bis auf Splittergruppen, die Existenz der Armenier aus. Die Welt blieb stumm – eine Ermutigung für ein weiteres Großverbrechen wie Auschwitz.
In den zwanziger Jahren war W. aktiv in der Linksopposition der »Deutschen Friedensgesellschaft« tätig und im Jahre 1926 neben B. Traven die bedeutendste Entdeckung der Büchergilde Gutenberg. Sein wichtigstes Reisebuch, das 1932 in der Büchergilde unter dem Titel *Jagd durch das tausendjährige Land* erschien, war ein Palästina-Reisebericht über die Kolonisationsbestrebungen jüdischer Rückwanderer und deren Bemühen, aus dem wüsten und verwüsteten Land eine fruchtbare Heimat zu machen. Bemerkenswert ist das liebevolle Verständnis des Nichtjuden W. für alles Jüdische, dem er begegnete. Die Tendenz des Buches ist eine bewußt völkerverbindene und völkerversöhnende.
Es verwundert kaum, daß W. somit im Feindbild der Nationalsozialisten stand. Als Autor des Berliner Rundfunks wurde W. als »Kulturbolschewist« immer heftiger angegriffen. Die Kampagne gegen W. begann mit Diffamierungen, eskalierte zur Ausgrenzung und endete mit Terror und Exilierung. Die Enttäuschung über den Untergang einer Kultur, die, wie er in den fünfziger Jahren klagte, »für immer in den Abgrund der Zeiten« gesunken sei, vermochte W. nicht zu verschmerzen. W. starb 1978 mit 91 Jahren in Rom – hochgeehrt von Armeniern und Israelis, doch ohne daß die Deutschen von seinem Ableben auch nur die kleinste Notiz genommen hätten.

Rooney, M.: Das Leben und Werk des expressionistischen Dichters A. T. Wegner. Bremen 1982.

Martin Rooney

Wehner, Herbert

Geb. 11. 7. 1906 in Dresden; gest. 19. 1. 1990 in Bad Godesberg bei Bonn

W. machte mehrfach politische und weltanschauliche Wandlungen durch, lebte und wirkte aber so, daß er die von ihm jeweils vertretene Politik seiner Umgebung mit dem Brustton der Überzeugung aufzunötigen wußte. Seine Anhänger reagierten darauf mit Bewunderung oder Wut, je nachdem, ob sie in den Genuß dieser Wandlung kamen oder sich geschädigt fühlten. Dieses außergewöhnliche politische Talent stammte aus dem Milieu von Facharbeitern und kleinen Handwerkern, die im Erzgebirge und in Dresden zu Hause waren. Es waren Schneider und Schuhmacher, die ihren Beruf gerne als Kunst auffaßten und während der Freizeit musizierten. Eine sozialdemokratische Orientierung war diesem Milieu im Dresdner Stadtteil Striesen schon vor dem Ersten Weltkrieg eigen. Sie verstärkte sich für W. durch das Erlebnis tiefster Armut im Erzgebirge und durch den erzwungenen Kriegsdienst des Vaters.
Kluge Reformpädagogen sorgten dafür, daß W. auf eine weiterführende Musterschule für demokratischen Nachwuchs in der öffentlichen Verwaltung der sozialen Republik gehen konnte, er erwarb die mittlere Reife. Aber die Verhältnisse änderten sich schnell, so daß W. sich auf eine kaufmännische Lehre einlassen mußte. Er überwarf sich – zwanzigjährig – mit seiner Firmenleitung, war zunächst arbeitslos und lebte fortan als Journalist und Politiker.
Der erste politische Bruch hatte sich bereits Ende 1923 vollzogen, als Verbände der Reichswehr auf Befehl Friedrich Eberts in Sachsen einmarschierten und Arbeiterwehren zusammenschossen. W., der noch im Sommer 1923 voller Enthusiasmus am Nürnberger Arbeiterjugendtag teilgenommen hatte, verließ mit seinen Freunden die »Sozialistische Arbeiterjugend« (SAJ) und bildete eine anarchistische Jugendgruppe. Er rief mit seinen Dresdner Freunden eine Zeitung ins Leben, die *Revolutionäre Tat*. Darin propagierte er die Befreiung vom »Untertanengemüt« als ersten Schritt in ein neues Leben »ohne Zwang, basierend auf freien Verträgen«. Nebenher polemisierte W. gegen Thälmann, Stalin und die Politik der KPD. Der Anarchist Erich Mühsam wurde auf das junge Talent aufmerksam und holte W. im Oktober 1926 nach Berlin, als Redaktionsgehilfen für sein *Fanal*, in dem die *Revolutionäre Tat* nach drei Ausgaben aufging.
W. lebte und arbeitete in der Wohnung Mühsams. Da er – trotz anarchistischen Gehabes – gewisse kleinbürgerliche Vorstellungen von Organisation, Ordnung und Moral bewahrt hatte, kam es schon im März 1927 zu einem Riesenkrach. W. flüchtete in sein angestammtes Dresdner Milieu. Seine anarchistischen Freunde berichten von einer tiefen Erschütterung. W. trat noch im selben Jahr in die KPD ein, und es gelang ihm, seine Jugendgruppe nachzuziehen; er überzeugte sie davon, daß nur mit und in der KPD eine revolutionäre Umwälzung möglich sei.
Im Streit zwischen den trotzkistisch orientierten »Versöhnlern« (Brandleristen) schlug W. sich eindeutig auf die Seite Ernst Thälmanns. Er unterstützte die stalinistische Entwicklung der KPD in Sachsen und entfernte sich damit noch weiter von seiner sozialdemokratischen Herkunft. Allein sein Engagement in der »Roten Hilfe« und in der Betriebsarbeit zeigte, daß er basisdemokratische und solidarische Lösungen für die künftige Gestaltung eines sozialistischen und kommunistischen

Gemeinwesens suchte. Ein Mandat im sächsischen Landtag (1930/31) diente ihm dazu, die Ziele der KPD und der Komintern zu propagieren.
Der selbstbewußte W. störte das personalpolitische Kalkül der sächsischen KPD, paßte aber gut in Thälmanns Berliner Parteileitung. Der Massenzustrom jugendlicher Arbeitsloser und die parteiinternen Auseinandersetzungen Anfang der 30er Jahre boten jungen Begabungen wie W. Tätigkeitsfelder. Er rückte in den Kreis der engsten Vertrauten Thälmanns auf und wurde insbesondere von jungen Leuten als möglicher Kronprinz, gleichrangig neben Walter Ulbricht, geschätzt. Nachdem Thälmann, in der Illegalität lebend, Anfang März 1933 von den Nazis verhaftet worden war, übernahm W. – nach eigenen Angaben – den Aufbau des kommunistischen Widerstandes im Land.
Ab Mitte 1934 übernahm W. die Führung des Abstimmungskampfs im Saargebiet. Es ging um die im Versailler Friedensvertrag von 1919 für 1935 vorgesehene Volksabstimmung über eine Rückgliederung des Saargebietes an das Deutsche Reich. Er schätzte die Aussichten der KPD nüchtern ein und bemühte sich um Bündnisse mit gewerkschaftlichen, sozialdemokratischen und kirchlichen Gruppen, wobei Ansätze einer deutschen Volksfront sichtbar wurden, die bis nach Hessen und Berlin wirkten. Der Triumph der Nazis in der Saarabstimmung – 91 Prozent stimmten für Deutschland – verstärkte den Ruf nach einer Volksfront zur Abwehr des Faschismus in Europa. W. verfolgte diese Politik in Paris weiter, wo er mit dem emigrierten Parteivorstand und Willi Münzenberg zusammenarbeitete. Er entfremdete sich dabei von Ulbricht, weil er die Volksfront nicht als hegemoniales Manöver, sondern als Modell einer ehrlichen Zusammenarbeit betrachtete. W. stellte die erste Hundertschaft der Internationalen Brigaden für den spanischen Bürgerkrieg zusammen, nahm aber selbst nicht teil.
Auf dem VII. Kominternkongreß 1935 in Moskau beeindruckte W. durch seine freie Rede, durch genaue Kenntnis des kommunistischen Widerstandes in Deutschland und eine fundierte Begründung einer neuen Politik der breiteren Zusammenarbeit mit antifaschistischen Kräften. Er wurde anschließend in das Zentralkomitee (ZK) der KPD und als Kandidat in das Politbüro gewählt. Wieder im Westen, bemühte er sich durch Rundreisen in den Grenzsekretariaten um die Verwirklichung der Beschlüsse der Komintern und der der Brüsseler Konferenz der KPD (1935), die der Schaffung einer »Volksfront«, einem »umfassenden Bündnis aller werktätigen Hitlergegner« galten. Unterdessen machten die Moskauer Prozesse gegen die angebliche »trotzkistische und sinowjewistische Verschwörung« (1935/36) einen Strich durch diese Rechnung.
Wilhelm Pieck rief W. nach Moskau, weil er bei der anstehenden stalinistischen Säuberung der eigenen Reihen auf W.s Hilfe hoffte. Kaum war W. Anfang 1937 in Moskau angekommen, mußte er sich mit willkürlichen Denunziationen gegen seine eigene Person auseinandersetzen. Während der gesamten Moskauer Zeit – bis Anfang 1941 – stand er unter dem doppelten Druck einer gegen ihn selbst gerichteten Untersuchung und der angeordneten Beteiligung an Säuberungen der eigenen Partei. Er entzog sich dabei mit beispiellosem Geschick der doppelten Falle. Er konnte sich gleichzeitig publizistisch betätigen und genoß – trotz mancher Schikanen – ein steigendes Einkommen mit Quartier im Hotel Lux. Seine Äußerungen reichten bis zur Rechtfertigung des Hitler-Stalin-Paktes, der Besetzung Ostpolens und der Absetzung andersdenkender Parteikader im Widerstand.
Obwohl in Moskau weiterhin Mißtrauen gegen »individualistische Restbestände« in W.s Charakter gehegt wurden, durfte er Anfang 1941 illegal nach Stockholm ausreisen. Allerdings mußte er seine geliebte zweite Frau Lotte Treuber als Faustpfand in Moskau zurücklassen. Seine Aufgabe bestand darin, die deutschen Kader in Stockholm zu überprüfen, von dort den Aufbau einer neuen illegalen Reichsleitung in Deutschland vorzubereiten und selbst heimlich nach Berlin einzureisen, um vor Ort den Widerstand gegen das NS-Regime zu leiten. Es war ein Himmelfahrtskommando, das durch den Verrat Heinrich Wiatreks in Kopenhagen (Mai 1941) und durch den deutschen Angriff auf die Sowjetunion im Juni 1941 zusätzlich erschwert wurde. W.s Artikel in der *Welt*, die gleichzeitig in Stockholm erschienen, enthalten Spuren einer außenpolitischen Neuorientierung in Richtung London und einer Annäherung an christliche Positionen. W.s wichtigster Deck- und Autorenname war »Kurt Funk«, außerdem zeichnete er mit »Karl Friedemann«, »H. Wegner«, »Joh. Karsten«.
Die Verhaftung durch die schwedische Polizei am 18. Februar 1942 in der observierten Wohnung eines befreundeten kommunistischen Ehepaares erfolgte völlig überraschend. Er entging einer Auslieferung an die Gestapo, wurde aber durch die schwedische Justiz in einem Geheimverfahren der Spionage überführt und rechtskräftig verurteilt; bis zum Sommer 1944 blieb er in Haft. Als die Parteileitung in Moskau von der Verhaftung und den weiteren Umständen erfahren hatte, erfolgte am 6. Juni W.s Ausschluß aus der KPD wegen »Parteiverrats«.
W.s eigene Loslösung von der KPD und ihren stalinistischen Machenschaften vollzog sich in einem jahrelangen inneren Wandlungsprozeß, wobei die Frage der Menschenrechte eine entscheidende Rolle spielte. Dieser Wandlungsprozeß wurde Ende 1946 durch den Eintritt in die SPD abgeschlossen. Kurt Schumacher akzeptierte in einem persönlichen Gespräch die Selbstinterpretation W.s. Er holte ihn 1949 in den Ersten Deutschen Bundestag und stellte ihn an die Spitze des Bundestagsausschusses für gesamtdeutsche Fragen. Der durch Schu-

macher praktizierte sozialdemokratische Zentralismus ebnete W. den Weg in eine große politische Zukunft, die ihm auf basisdemokratische Weise wahrscheinlich nicht mehr gelungen wäre. Seine journalistische Arbeit in der Parteipresse (*Hamburger Echo*), im Hamburger Landesvorstand und vor allem in der Betriebsgruppenarbeit lassen keinen Zweifel, daß W. den demokratischen Sozialismus nach Form und Inhalt, nach innen und außen glaubwürdig und kämpferisch vertrat und praktizierte.

Nach seinen großen politischen Metamorphosen blieb W. 45 Jahre lang sozialdemokratischer Parteigänger: aufopfernd, prinzipientreu und diszipliniert. Allerdings blieb er auch ein Mann der Wandlung, und zwar abrupt, wenn sie ihm notwendig erschien. Das gilt für die Durchsetzung des »Godesberger Programms« von 1959, für die Große Koalition 1966 und für den Sturz Willy Brandts 1974. W. erzwang die Regierungsfähigkeit der deutschen Sozialdemokratie im Bund. Das war sein bedeutendster Beitrag zur Entwicklung der Bonner Demokratie.

W. überforderte dabei die Trägheit und das Beharrungsvermögen sowohl der Mitstreiter und des Apparates als auch der Anhängerschaft. Sobald der Schulterschluß gefährdet war, half W. durch leidenschaftlichen – gelegentlich auch brutalen – persönlichen Einsatz nach. Er schreckte nicht davor zurück, durch Kontaktverbote, Unvereinbarkeitsbeschlüsse und Parteiordnungsverfahren für Geschlossenheit in den eigenen Reihen zu sorgen. Sein rüder Umgang mit der Bundestagsfraktion, insbesondere mit oppositionellen Minderheiten, die Zählappelle, der brüllende Umgang mit Andersdenkenden – das alles trug ihm den Ruf des »Zuchtmeisters« ein.

Aus Kränkungen entstanden Feindschaften, die immer wieder mit anonymen Verleumdungen und primitiven Fälschungen bis über den Tod hinaus ausgetragen wurden. Am Ende sollte der Politiker, der in vier Jahrzehnten am meisten für die konsequente Abgrenzung der deutschen Sozialdemokratie gegenüber subversiven und offenen Einflußnahmen aus SED, DKP und KPdSU getan hatte, als »Perspektivagent« Moskaus dargestellt werden. Es gibt dafür bis heute – auch nach Öffnung der Archive in Ostberlin und Moskau – kein seriöses Zeugnis. Im Gegenteil: W. galt in kommunistischen Führungsgremien langfristig als gefährlichster Gegner im Machtzentrum der sozialen Demokratie.

Jahn, G. (Hg.): Herbert Wehner. Beiträge zu einer Biografie. Köln 1976. – Scholz, G.: Herbert Wehner. Düsseldorf 1986. – Soell, H.: Der junge Wehner. Zwischen revolutionärem Mythos und praktischer Vernunft. Stuttgart 1991. – Thompson, W. C.: The political Odyssey of Herbert Wehner. Boulder 1993.

Gerhard Beier

Weishaupt, Adam

Geb. 6. 2. 1748 in Ingolstadt; gest. 8. 11. 1830 in Gotha

W., Gründer des »Illuminaten«-Ordens, einer insbesondere von jesuitischer Erziehung und Bildung beeinflußten, aber dennoch antijesuitischen Geheimgesellschaft, die, »selbstdenkende Menschen aus allen Weltteilen von allen Ständen und Religionen unbeschadet ihrer Denkfreiheit durch ein gegebenes höheres Interesse in ein einziges Band dauerhaft vereinigen« sollte. Als höheres Interesse galt die Ablösung der feudal-absolutistischen Gesellschaft durch eine (gewaltlose) Umgestaltung nach den Prinzipien von Gleichheit, Freiheit und Vernunft.

Da dem geheimen »Illuminaten«-Orden als Programm Schriften von Holbach (*Système de la nature*, 1770) und von Helvétius (*De l'Esprit*, 1758), als deistisch-atheistisch und materialistisch geltende Werke der französischen Aufklärung zugrunde lagen, läßt sich unschwer die radikal-aufklärerische Bedeutung des Illuminaten-Ordens in Deutschland am Vorabend der Französischen Revolution erkennen. Von der Obrigkeit wurde dieser Geheimbund ab 1784 zunehmend verfolgt und 1785 verboten. Nach 1789 wurde er mit Jakobinismus, Republikanismus, sozialen Gleichheitsforderungen, sogar Volksherrschaft gleichgesetzt (so etwa in der Schrift des Ex-Jesuiten A. Barruel, *Mémoires pour servir à l'histoire du jacobinisme*, 1797/98).

W., Sohn eines Professors der Rechte in Ingolstadt, besuchte zunächst die dortige Jesuitenschule, die ihn mit lebenslanger Abneigung gegen Jesuiten erfüllte, und absolvierte dann ein Studium der Jurisprudenz, das er durch die Lektüre staatswissenschaftlicher, historischer und philosophischer Bücher ergänzte. Bereits mit 20 Jahren zum Doktor der Rechte promoviert, wurde W. vier Jahre später, 1772, außerordentlicher Professor und nach der im folgenden Jahr von Papst Clemens XIV. verfügten Aufhebung des Jesuitenordens Ordinarius der Juristenfakultät in Ingolstadt, wo er die Professur für Kirchenrecht erhielt, die vorher 90 Jahre lang Monopol der Jesuiten gewesen war.

Der Einfluß der Jesuiten auf Staat und Gesellschaft war in Bayern auch im »Zeitalter der Aufklärung« groß. Noch 1746 wurde ein Mandat des von Jesuiten beratenen bayerischen Kurfürsten Maximilian I. aus dem Jahre 1611, das sich unter anderm gegen »Hexerei« richtete, durch öffentlichen Druck neu aufgelegt. Schon kurze Zeit nach dem Verbot des Jesuitenordens konnten Ex-Jesuiten ihre Stellung bei Hofe und in

Kreisen des Adels wieder festigen, insbesondere nachdem auf den 1777 gestorbenen zwar streng katholisch, aber zugleich aufklärerisch gesinnten Kurfürsten Maximilian III. Joseph der von Jesuiten geleitete Karl Theodor gefolgt war.

Vor diesem Hintergrund und zugleich unter dem Eindruck des amerikanischen Unabhängigkeitskrieges (1775–1783) gründete der achtundzwanzigjährige W. den »Illuminaten-Orden«, zunächst unter dem Titel: Bund der »Perfectibilisten«. W.s ursprüngliche Absicht war es, mit jungen unverdorbenen Studenten alle aufklärerischen Stoffe zu studieren, die »Dummheit und Pfaffeneigennutz von den öffentlichen Kathedern verbannt« hatten. Seine Schüler sollten, statt devot fremde Meinungen zu übernehmen, selbst interpretieren, ohne Standesrücksichten. W. hatte zudem den Ehrgeiz, über Ingolstadt und Bayern hinaus zu wirken. Nach Unterwanderung der Münchner Freimaurerloge »Zur Behutsamkeit« gelang es ihm 1780, den der Kasseler Loge angehörenden Schriftsteller Adolf Freiherr von Knigge für den Illuminatenorden zu gewinnen. Knigges Agitation war es zu verdanken, daß sich der Orden rasch über ganz Deutschland verbreitete. Vor allem Gebildete, Beamte und Adelige traten bei, auch Geistesgrößen wie Goethe, Herder, Nicolai, Klopstock und Pestalozzi (Schweiz), außerdem Regenten wie die Herzöge von Braunschweig und Sachsen-Weimar und die Landgrafen von Hessen-Kassel und Hessen-Homburg. Zentren waren München, Ingolstadt, Eichstätt, Freising, aber auch Mainz (aufgeklärte katholische Geistliche, Adel), Bonn, Stuttgart, Hamburg, Hannover, Göttingen, Kassel, in Frankreich »Les amis réunis« (Paris). Zu den schon bald unterwanderten Logen gehörte die größte Münchner Loge »Zum Guten Rat« (neben »Behutsamkeit«, der W. 1778 beigetreten war und neben der »Maximilianschen vollkommenen Einigkeit zur goldenen Sonne«). Durch die Berliner Großloge »Royal York de l'amitié« bekam die Loge »Zum Guten Rat« ein Patent und den Namen »Sankt Theodor zum Guten Rat«.

Noch konnte man trotz des stürmischen Mitgliederzuwachses eine weltanschaulich-politische Einheit wahren: »gegen Pedantismo (...), öffentliche Schulen, Erziehung, Intoleranz, Theologie und Staatsverfassung«, durch persönliche Vervollkommnung zur politischen Durchsetzung von Gleichheit und Brüderlichkeit, zur Abschaffung von Kirche und Staat in der jetzigen, Egoismus, Willkür, Despotismus und Dummheit repräsentierenden Form.

W. fürchtete durch das schnelle Anwachsen des Geheimbundes um die geistige Substanz. Insbesondere argwöhnte er, daß nach Aufnahme vieler Adeliger und mancher Landesherren der Orden zum Anhängsel feudal-absolutistischer Politik werden könnte. Er warf Knigge vor: »Philo [Knigge, die Verf.] ist gut zum Anwerben, aber er hat die Geduld nicht, um die Leute zu erhalten, prüft sie nicht genau.« Umgekehrt fühlte sich Knigge gedrückt von der Subordination innerhalb des Ordens und nannte W. einen »Jesuitengeneral«. In der Tat entlehnten die Illuminaten die Grundsätze ihrer Ordensverfassung den Jesuiten: hierarchische Struktur (unbedingter Gehorsam der Untergebenen gegenüber den ihnen unbekannten Oberen) und ausgeklügeltes Überwachungssystem. Die Mitglieder mußten nicht nur Bericht erstatten über ihre eigenen Fortschritte, sondern sich auch gegenseitig observieren und darüber berichten. Die Gradeinteilung des Illuminatenordens war der der Freimaurer angepaßt (Minervale, Freimaurer, Mysterien). Zur Tarnung waren Decknamen für Mitglieder und Orte in Gebrauch, z.B. »Spartacus« (W.), »Philo« (Knigge), »Griechenland« (Bayern), »Athen« (München), »Corinth« (Augsburg), »Utica« (Heidelberg), »Tarsus« (Hannover), »Gordion« (Kassel) usw. 1783 gelang die Vereinigung der Freimaurerlogen unter Führung der Illuminaten (Wilhelmsbader Freimaurer-Konvent), initiiert von Schriftsteller und Verleger Christian Bode, eines Mannes bescheidener Herkunft. Man konnte hoffen, so W. später, die Ämter »mit unseren [d.h. radikalen, die Verf.] Leuten zu besetzen«. Knigge, dem die Dominanz der Illuminaten bei den Geheimgesellschaften zu weit ging, zog sich 1784 vom Illuminatenorden zurück. Gleichzeitig begann der Niedergang des Ordens.

Um von innen- und außenpolitischen Schwierigkeiten abzulenken, leitete die bayerische Regierung eine Anti-Illuminaten-Kampagne ein: mit dem Flugblatt *Über Freimaurer, 1. Warnung* (1784) und mit Anklagen wegen Landesverrats, Areligiosität, Deismus, Atheismus, Selbstmord-Verteidigung und Verführung der Jugend. Der Illuminaten-Einfluß wurde dadurch zurückgedrängt, hochgestellte Mitglieder eingeschüchtert und aus ihren Ämtern entfernt oder zurückgewonnen bzw. zur Distanzierung gezwungen.

1785 wurde der Illuminatenorden aufgelöst und W. als Universitätsprofessor entlassen, von Kurfürst Karl Theodor geschmäht als »Volksverführer« und »Chef eines für Religion und Staat höchst gefährlichen Complotts«. W. floh nach Regensburg, später nach Gotha, wo er unter dem Schutz des Herzog von Sachsen-Gotha und Altenburg Ernst II., eines ehemaligen Illuminaten, sich ins Privatleben zurückzog und bis zu seinem Tod 1830 als Privatgelehrter lebte. Zur eigenen und zur Verteidigung seines Illuminatenordens verfaßte W. mehrere Schriften, darunter: *Apologie der Illuminaten* (1786), *Vollständige Geschichte der Verfolgungen der Illuminaten in Bayern* (1786), *Das verbesserte System der Illuminaten mit allen seinen Einrichtungen und Graden* (1787), *Pythagoras oder Betrachtungen über die geheime Welt- und Regierungskunst* (1790).

Agethen, M.: Geheimbund und Utopie. Illuminaten, Freimaurer und deutsche Spätaufklärung. München 1984 (= Ancien Régime, Aufklärung und Revolution, Bd. 11). – Dülmen, R. v.: Der Geheimbund der Illuminaten. Stuttgart-Bad Cannstatt 1975. – Jacobi, D.: Adam Weishaupt, in: Allgemeine Deutsche Biographie (ADB), Bd. 41, Berlin 1896 (Nachdruck 1971), S. 539–550.

Sieglinde Domurath

Weiss, Peter

Geb. 8. 11. 1916 in Nowawes bei Berlin; gest. 10. 5. 1982 in Stockholm

Die Bekanntheit des Malers und Schriftstellers W. in der Öffentlichkeit der 60er und 70er Jahre ging stärker auf sein politisches Engagement als auf sein künstlerisches Schaffen zurück. In den zahllosen Interviews mit W. in der politisierten Atmosphäre um 1968 sucht man vergebens nach der Gretchenfrage (die damals so auch keine Aktualität besaß), ob W. etwa sich als »Demokrat« fühle, oder was er darunter verstehe. Ein glücklicher Umstand eventuell, denn mit Sicherheit wäre seine Antwort darauf hinausgelaufen, er sei nicht Demokrat, sondern Sozialist. Weniger als durch sein plakatives Bekenntnis zum Sozialismus, als vielmehr durch dessen (»solidarische«) Kritik steht W. heute noch – und erst recht heute – als Mentor des Demokratiegedankens da. W. war eine Symbolfigur der Studentenbewegung sowie Fürsprecher eines politschen Internationalismus, der mit dem Zusammenbruch der alten Sowjetunion sein vorläufiges Ende fand.

Als Sohn eines Berliner Textilfabrikanten ungarisch-jüdischer Herkunft wurde W. in den 30er und 40er Jahren auf die Pfade eines jüdischen Flüchtlings gezwungen. 1934 emigrierte seine Familie über London und Prag nach Schweden. Hier etablierten die Eltern erneut ihre Firma, in die einzutreten der junge W. jedoch niemals Anstalten machte. Stattdessen eignete er sich die Werke der künstlerischen Moderne an und wurde Maler und Schriftsteller. Seit 1945 schwedischer Staatsbürger, machte er sich in den 50er Jahren vor allem mit sozialkritischen und avantgardistischen Filmen einen Namen. 1960, als er sich ganz auf die Schriftstellerei konzentrierte, erschien zum erstenmal ein Buch von ihm in einem westdeutschen Verlag. Seit dieser Zeit ist sein Schaffen gekennzeichnet durch die forcierte Politisierung seines ursprünglich durchaus esoterischen Naturells, das so widersprüchliche Traditionen wie Hermann Hesses Innerlichkeit und den französischen Surrealismus in sich aufgenommen hatte. Opfererfahrung versus Selbstverwirklichung, Heimatwunsch versus Internationalismus, politische Konditionierung versus künstlerische Autonomie sind Widersprüche, aus denen sich nun die Dynamik dieser modernen Künstlerexistenz speiste.

Wesentlich für W.' auf schwedisch geschriebene Frühwerke, in denen sich der Schock der Vertreibung unmittelbar niederschlug, war ein persönlich verstandener Kampf um Befreiung. So ringt im Drama *Der Turm* (1948) der Protagonist mit existentialistischen Worten um Befreiung aus der Übermacht der elterlichen Autorität, während im Prosatext *Das Duell* (1952) das Befreiungsdrama bereits psychoanalytisch bebildert wird. – Mit dem Sprachexperiment *Der Schatten des Körpers des Kutschers* gelang W. 1960 der Durchbruch im deutschen Sprachraum. In den folgenden autobiographischen Schriften versetzte W. die Dialektik von Vergangenheitsverstrickung und Befreiung erstmals in den Kontext der Zeitgeschichte. 1964 avancierte W. mit der Bearbeitung eines historischen Stoffes über Nacht zu einem international rezipierten Bühnenautor. Im Zentrum der *Verfolgung und Ermordung Jean-Paul Marats* steht nicht nur der Konflikt zwischen dem Aktivisten Marat und dem adeligen Libertin de Sade. Vielmehr werden in dieser Figurenkonstellation Fortschritt und Rückschritt in der Demokratie zum Thema; im politischen Befreiungskampf des Dritten Standes tritt ein möglicherweise retardierendes Motiv hervor: Die befreiten Triebe werden eingesperrt in den Kult einer bewußtlosen bürgerlichen Leistungsmoral. Der Ort aber, an dem sich solche *Dialektik der Aufklärung* (Horkheimer/Adorno) bühnenwirksam verdichten läßt, ist das Irrenhaus von Charenton, sprechende Allegorie der Restaurationsperiode, in die der revolutionäre Aufbruch unmittelbar mündete.

Was W. im *Marat/Sade* an der Ausgangskonstellation der bürgerlichen Demokratie demonstrierte: Desavouierung einer befreiten Zukunft durch die Mächte der Vergangenheit – die Anwendung dieser Denkfigur auf die deutsche Zeitgeschichte – wurde zu einem ernsthaften Debakel der bundesrepublikanischen Demokratie. W. bezog den Stoff für sein Dokumentarstück *Die Ermittlung* (1965) direkt aus seiner teilnehmenden Beobachtung des Frankfurter Auschwitzprozesses. In dokumentarischer Verdichtung entstand daraus ein Lehrstück der Vergangenheitsverdrängung, das der politischen Kultur der Wirtschaftswundergesellschaft einen nachhaltigen Schock versetzte. Schonungslos zeigt W. die barbarische Organisation der Konzentrationslager, wobei die nun ängstlich erinnerten Zeugenaussagen der überlebenden Opfer direkt konfrontiert werden mit der hämischen Ableugnung der Täter, die es im Nachkriegsdeutschland mit ihren alten Eigenschaften wieder zu Amt und Würden gebracht hatten. Die politschen Dramen, mit denen W. in der zweiten Hälfte der 60er Jahre hervortrat, fügen sich zu einer Versuchsreihe, die zunächst plakativ auf das sozialistische Experiment hinauslief, um sich dann wieder davon zu entfernen. Man versteht ihre Eigenart besser, wenn man auf die einschneidende und kurze kulturelle Erschütterung blickt, die die Studentenbewegung für die westlichen Industrienationen bewirkte: ihren Antikapitalismus, die Solidarisierung mit den Befreiungsbewegungen der Dritten Welt, den Glauben an die Macht der Theorie und an den Demonstrationswert der Fakten. Während W.s Frontalangriff auf den amerikanischen Imperialismus (*Viet Nam Diskurs*, 1968) ihn einige Zeit lang als sozialistischen Fellow-traveller hoffähig machte, gingen anläßlich seines *Trotzki im Exil*, 1970, die radikalen Fraktionen der Studentenbewegung und die Nomenklatura der »Volksdemokratien« auf Distanz. W. hatte aber schon zuvor, durch Kritik an der sowjetischen Besetzung der CSSR 1966, an der fehlenden Meinungsfreiheit in den sozialistischen Staaten sowie an den Berufsverboten in Westdeutschland seine politische Unabhängigkeit demonstriert. Daß es insgesamt mehr die mimetische Identifikation mit den Opfern als das rationale Engagement für eine Politik war, die W.s ästhetische Entwicklung bestimmte – diese These läßt sich an seinem Torso gebliebenen Projekt eines *Welttheaters* belegen, in dem die Unterdrückten und zum Schweigen verurteilten Opfer bestehender wie vergangener Herrschaftssysteme zum Sprechen gebracht werden sollten. Einen Teil dessen löste W. in seiner monumentalen *Ästhetik des Widerstands* (3 Bde., 1975 bis 1981) ein, in der wenig bekannte Personen, zumal Frauen des Widerstands, porträtiert werden. Mit diesem Werk gelang W. eine minutiöse Rekonstruktion der »Epoche des Faschismus« (Ernst Nolte); es wurde darüberhinaus ein moderner Klassiker der Erzählkunst.

Die Form, in der Geschichtsroman, politische Theorie und ästhetische Reflexion in der *Ästhetik des Widerstands* eine bislang unbekannte Symbiose eingehen, vereint sämtliche Motive der Biographie des Künstlers und verweist auf die nach wie vor ausstehende Synthese von Natur und Zivilisation.

Cohen, R.: Bio-bibliographisches Handbuch zu Peter Weiss' Ästhetik des Widerstands. Berlin 1989. ders.: Peter Weiss in seiner Zeit. Stuttgart 1992. – Palmstierna-Weiss, G.; Schutte, J. (Hg.): Peter Weiss. Leben und Werk. Frankfurt/Main 1991. – Söllner, A.: Peter Weiss und die Deutschen. Opladen 1988. – Vogt, J.: Peter Weiss. Reinbek 1987.

Alfons Söllner

Weitling, Wilhelm

Geb. 5. 10. 1808 in Magdeburg; gest. 22. 1. 1871 in New York

W. war unehelicher Sohn eines französischen Besatzungsoffiziers, der beim Rußlandfeldzug Napoleons 1812 verschollen ist. Er erlernte das Handwerk eines Damenschneiders. Wie damals für Handwerksgesellen üblich, ging er 1826 auf Wanderschaft. Er besuchte die Modezentren Leipzig, Dresden und Wien und erreichte im Oktober 1835 das Mekka der Damenmode, Paris.

Paris war noch aus der Zeit der Revolution von 1830 und der nachfolgenden bürgerlich-liberalen Ära das wichtigste Zentrum der deutschen politischen Emigration. Einige ihrer bedeutendsten Vertreter lebten dort, wie Heinrich Heine und Ludwig Börne, die beide politisch aktiv waren. Unter den deutschen Aktivisten in Paris bildete sich mit der einsetzenden restaurativen französischen Politik aus den Diskussionszirkeln der deutschen demokratischen Republikaner der »Bund der Geächteten« (1834) nach dem Vorbild der italienischen »Carbonaria« (gegr. 1810), einer straff organisierten, diktatorisch-hierarchisch geführten Untergrundorganisation. Ihr schloß sich W. bald an, stieß sich aber an der undemokratischen Struktur des Bundes. Als immer mehr Mitglieder aus diesem Grund den Bund verließen, entstand der »Bund der Gerechten« (1836), dem W. beitrat, da er sich demokratisch konstituierte.

In den Geheimbünden fand eine lebhafte politische Diskussion statt, die im Laufe der Jahre zu einer Radikalisierung führte. War der Ausgangspunkt der Bestrebungen der Ruf nach Presse- und Versammlungsfreiheit, z. T. sogar noch im monarchisch-konstitutionellen Staat, so bewegte sich die Diskussion bald auf republikanisch-demokratischen Wegen. Die Korrumpierbarkeit bürgerlich-liberaler Politik im französischen nachrevolutionären Konstitutionalismus vor Augen – erlebt als Fähigkeit der Großbourgeoisie, sich kraft ihrer ökonomische Macht das Parlament gefügig zu machen – führte zu sozialdemokratischen und schließlich kommunistischen Vorstellungen.

Da W. zur »Zentralbehörde« des »Bundes der Gerechten« gehörte, und er sich in den Schriften französischer Frühsozialisten wie Charles Fourier (*Traité d'association domestique agricole*, 2 Bde., 1822; 1841 unter dem Titel *Théorie de l'unité universelle)* und Robert de Lamennais (*Paroles d'un croyant)* auskannte, erhielt er von der Bundesleitung den

Auftrag, eine Untersuchung über die Möglichkeiten der Gütergemeinschaft vorzulegen. 1838 veröffentlichte W. diese unter dem Titel *Die Menschheit wie sie ist und wie sie sein sollte.* Damit wurde er zum wichtigsten Theoretiker des Kommunismus vor Marx und genoß ein außerordentliches Ansehen unter den politisierten Handwerkern des Exils.

Grundlage von W.s Überlegung war, daß die ungleiche Verteilung von Eigentum und Arbeit das Grundübel der Gesellschaft sei. W. konzipierte das Ideal einer Gesellschaft, in der jeder täglich für seine Grundbedürfnisse arbeiten muß, im übrigen aber jeder seinen Fähigkeiten und Bedürfnissen entsprechend sich betätigt. Das Gemeinschaftsleben – mit gemeinschaftlichen Küchen und gemeinschaftlicher Kindererziehung – ist von einer moralischen Grundauffassung bestimmt, die ihre Herkunft aus säkularisierten Vorstellungen vom Urchristentum nicht verleugnen kann. Wesentlich an diesem Entwurf ist, daß W. die Arbeiterschaft als handelndes, revolutionäres Subjekt der Geschichte versteht, also nicht in passiver Gesellschaftskritik stecken bleibt.

1841 wurde der »Bund der Gerechten« von den französischen Behörden aufgelöst; seine Mitglieder mußten das Land verlassen. Die meisten gingen – wie W. – in die Schweiz, viele nach London, ein Teil nach Brüssel. W. wohnte seither an verschiedenen Orten in der Schweiz und widmete sich nun ganz der Agitation und Schriftstellerei. Er gab im September 1841 die erste deutsche, von Arbeitern für Arbeiter geschriebene Monatsschrift heraus: *Der Hülferuf der deutschen Jugend,* und von Januar 1842 bis August 1943 *Die Junge Generation.* Zugleich verfaßte er sein Hauptwerk *Garantien der Harmonie und Freiheit* (1842). Als W. 1843 nach Zürich ging, um die dritte Schrift *Das Evangelium der armen Sünder* (auch unter dem Titel *Evangelium eines armen Sünders,* 1844), in der er die Bibel kommunistisch interpretierte, drucken zu lassen, wurde W. verhaftet und im ersten Kommunistenprozeß des deutschsprachigen Raumes zunächst zu sechs Monaten, in zweiter Instanz zu zehn Monaten Gefängnis verurteilt. Die Verurteilung wegen Blasphemie war nur der Vorwand, um sich der sozialrevolutionären Handwerkervereine zu entledigen, die von der deutschen politischen Emigration der dreißiger und vierziger Jahre gegründet worden waren.

W.s Erfolg unter den politisierten Handwerkern, sein Ansehen als politischer Schriftsteller, hatte offenbar zu Selbstüberschätzung geführt. Den Übergang von der bestehenden zur idealen Gesellschaft konnte seiner Meinung nach jederzeit erfolgen, wenn man die Arbeiterschaft – aber theoretisch auch die herrschenden Kreise – von der Richtigkeit seiner Vorstellungen überzeugt habe und damit die bestehende Ordnung destabilisiere. W. ging so weit, es für eine gute Sache zu halten, wenn das »Lumpenproletariat« stahl und plünderte. Bis zur endgültigen Durchsetzung der neuen Gesellschaft sah er die Diktatur des fähigsten Kopfes vor – und empfahl sich selbst für diese Rolle.

Beides, seine Arroganz wie auch seine Ausführungen über das »Lumpenproletariat«, wurden zur Falle für W.s weitere Wirkung. 1844 aus dem Gefängnis entlassen wurde, war er schon weitgehend isoliert. Er wurde an Preußen ausgeliefert und von dort nach Hamburg abgeschoben.

Am 11. Mai 1846 fand in Brüssel im »Kommunistischen Korrespondenz Bureau« eine denkwürdige Konfrontation zwischen Marx und W. statt. Berichten von Teilnehmern zu Folge war es eine scharfe und heftige Auseinandersetzung. Als es um den Ausschluß eines amerikanischen utopischen Sozialisten deutscher Herkunft ging, stimmte W. als einziger dagegen. Er erkannte seine Isolation in Europa und ging über eine Zwischenstation in London, wo er noch einmal versuchte, politisch Fuß zu fassen, 1847 nach Amerika.

1848 kehrte er der Revolution wegen nach Deutschland zurück, veröffentlichte 1849 in Berlin die Zeitschrift *Der Urwähler* und wurde wiederum ausgewiesen. W. ließ sich nun endgültig in New York nieder, konnte in Amerika zunächst recht erfolgreich Anhänger werben und beteiligte sich bei der Gründung einer kommunistischen Gemeinde. Als diese zerfiel, seine Publikationen ohne Erfolg blieben, nahm er Arbeit im Einwanderungsbüro in New York an, gründete 1855 eine Familie und zog sich vollständig aus der Politik zurück. Völlig vergessen und unbeachtet starb er 1871.

W.s Leistung besteht darin, im deutschsprachigen Raum für die Arbeiterschaft eine Utopie entworfen zu haben, die auf gesellschaftliche Veränderung durch die Arbeit selbst setzte. W. glaubte an die Kraft der Aufklärung und nicht an die politische Diktatur, wenn er auch für eine revolutionäre Übergangszeit meinte, ohne sie könnte man nicht auskommen. Er akzeptierte in seinen Schriften unterschiedliche Begabungen und unterschiedliche Bedürfnisse des Menschen, ließ Individualität gelten. »Bedürfnisse« sind bei ihm keine objektive, sondern eine subjektive Kategorie. W.s Ideen lassen bis in die Sprache hinein christliche Neigungen erkennen. Damit hatte er in der Übergangszeit von der Agrargesellschaft zur industriellen Moderne den durch die christliche Tradition geprägten, dem Glauben aber entfremdeten Handwerkern des Exils eine Orientierung gegeben, die ihrer intellektuellen und emotionalen Verfassung entsprach.

Marsiske, H.-A.: Eine Republik der Arbeiter ist möglich. Der Beitrag Wilhelm Weitlings zur Arbeiterbewegung in den Vereinigten Staaten von Amerika 1846–1856. Hamburg 1990.

Martin Kutz

Weitzel, Johannes Ignatz

Geb. 24.10.1771 in Johannisberg (Rheingau); gest. 30.1.1837 in Wiesbaden

»In politischer Hinsicht bekannte er sich zum System ›des Fortschritts‹, zunächst zum Systeme der Reformen; doch nicht ohne einige Anklänge des ›Tiers-parti‹, welche mir wie Reminiscenzen, aus der früher von ihm mitgemachten Revolutionsperiode erschienen. Doch erklärte er sich ungemein kräftig gegen ›Hambachiaden‹.« Die abgewogenen Worte, die zum Gedenken an den verstorbenen Mitarbeiter in die *Augsburger Allgemeine Zeitung*, wenig später auch in die *Jahrbücher der Geschichte und Staatskunst* eingerückt wurden, geben eine Vorstellung von den politischen Überzeugungen des rheinischen Publizisten, Gymnasiallehrers und Bibliothekars Johannes W. Ihr Autor, Karl Heinrich Ludwig Pölitz, zählte als Herausgeber der *Jahrbücher* zu einem Kreis befreundeter Redakteure und Verleger, denen W. seine Arbeiten anvertraut hatte.

W. entstammte ärmlichen Verhältnissen und hatte zudem in früher Kindheit seinen Vater verloren. Seine Begabung blieb nicht unerkannt, so daß ihm erlaubt wurde, in Mainz das Gymnasium und im Anschluß daran die Universität zu besuchen. Im Oktober 1792, einen Monat, nachdem man in Paris die Republik ausgerufen hatte, wurde Mainz an die siegreichen französischen Truppen übergeben. Obwohl W. die Revolution begrüßt hatte und nun einer seiner Lehrer, Andreas Hofmann, zu den tonangebenden »Klubisten« zählte, wechselte W. nur wenig später ins Rechtsrheinische über. Dort jedoch sah er sich als Jakobiner denunziert, so daß er die Flucht zurück antreten mußte. Mit dem Abzug der Franzosen im Juli 1794 fand die Mainzer Republik ihr Ende, mit ihrer Rückkehr Ende 1797 begann eine erste Phase der Restauration. W., 1795/96 für zwei Semester in Jena und Göttingen, überstand diese stürmische Zeit unbeschadet, und in seinem ersten Buch, *Geist der fränkischen Revolution* (1795), pries er die Vorzüge der Kontemplation: »Ich prüfte, und der Pesthauch der Seuche dieses Jahrhunderts gieng an mir vorüber. Den Mann erhält der unbefangene Blik über den Geist der Zeit ruhig und fest in seiner Nüchternheit, wenn der Taumel die Menge ergreift und unaufhaltsam mit sich dahinflutet.« Bei aller Verurteilung des jakobinischen »Despotißm« war die Tendenz des anonym bleibenden Verfassers doch unverkennbar. »Die Schriften aus der ›frühern‹ Zeit seines literarischen Wirkens haben noch einigen Beigeschmack des republikanisch-Schroffen«, urteilte Pölitz, und diese machte keine Ausnahme. Die bloße Vorstellung, »die Freiheit« könne unterliegen und »die Völker, welche ihre unveräuserlichen Rechte von den Thronen zurükeforderten, sich reuevoll vor ihnen im Staube krümmen und zu ihren Regenten beten: Gebt uns eine erträgliche Sklaverei, die Freiheit ist eine lästige Bürde« – sie war für W. entsetzlich. Ausgemacht schien ihm, daß sich der »Geist des Jahrhunderts« unweigerlich »zur republikanischen Stärke hinaufgearbeitet« habe.

In Passagen zum Verhältnis von ›homme‹ und ›citoyen‹ führten W.s Betrachtungen geradewegs zu jenen *Ueber die Bestimmung des Menschen und des Bürgers*, die er 1798 in Mainz drucken ließ. Wie in seiner ersten Schrift legte W. großes Gewicht auf die These, eine Erziehung zur Tugend sei erste Voraussetzung für dauernde Freiheit: »Was der Mensch ist, beweist nicht was er seyn könnte. Eine Revolution kann seine Ketten lösen, kann nur seine Bildung und Veredlung möglich machen; ihn aber zu bilden und zu veredlen ist die Sache einer weisen und gerechten Regierung.« W. schloß: »Der Staat ist um und für den Menschen; und nur der vollkommenste Mensch ist der vollkommenste Bürger.«

Als diese Zeilen veröffentlicht wurden, fand sich für W. eine Stelle in der Verwaltung des Departements Donnersberg, worauf dieser 1799 zum Kommissär des Vollziehungs-Direktoriums des Kantons Germersheim ernannt wurde. Aus dieser Zeit ist eine flammende Rede *Ueber die gegenwärtige Lage der fränkischen Republik* erhalten. Als er im Zuge der Verwaltungsreform von 1800/01 nicht weiterbeschäftigt wurde, versuchte sich W. zunächst als Herausgeber einer eigenen Monatsschrift. Das Interesse des Publikums an seinen fortgesetzten »Betrachtungen über die Ursachen großer Staatsrevolutionen« war jedoch gering, so daß die *Egeria* (1801) nach nur fünf Lieferungen eingestellt werden mußte. Weitaus größeren Erfolg hatte W. als Redakteur der *Mainzer Zeitung*, die er Ende 1801 übernahm und knapp zehn Jahre lang leitete. Nebenher veröffentlichte er zwei Romane und wirkte als Professor am 1803 gegründeten Lyceum. 1807 wurde W. Mitherausgeber der von Niklas Vogt, bei dem er einst im Mainz Geschichte gehört hatte, 1804 gegründeten *Europäischen Staatsrelationen*, die sich, weil von der Zensur unterdrückt, 1810 in das *Rheinische Archiv* verwandelten: Diese Monatsschrift für Geschichte und Literatur brachte es bis 1814 auf 15 Bände. W. schrieb hier über neueste Geschichte, etwa die in England anstehende Parlamentsreform, veröffentlichte Übersetzungen aus dem Französischen sowie Proben aus einem weiteren Roman.

»Es ist kaum erlaubt, an der ewig fortschreitenden Vollkommenheit des menschlichen Geschlechts zu zweifeln«, äußerte er sich 1811. Weit weniger gewiß war der Fortschritt in Deutschland, das nach dem Wiener Kongreß 1815 seine Hoffnungen, die W. 1814 auf die vier Punkte Zentralregierung, demokratische Repräsentation in den Einzelstaaten, Abschaffung aller Privilegien und Vereinheitlichung des Unterrichtswesens gebracht hatte, enttäuscht sah. Vorsichtig war er bereit einzuräumen, daß er »unter einer freien Verfassung nicht gerade eine republikanische, (obgleich res publica der Gegenstand aller ist, oder seyn sollte) und noch weniger eine demokratische verstehe, sondern vielmehr eine beschränkte Monarchie für die beste Regierungsform halte«.

W. gab 1816 die nochmals übernommene Schriftleitung der *Mainzer Zeitung* auf, um in Wiesbaden die *Rheinischen Blätter* zu gründen, hatte sich doch Nassau zwei Jahre zuvor eine fortschrittliche Verfassung gegeben. Die neue Zeitung stieß in die Lücke, die der von Joseph Görres herausgegebene und im Januar 1816 in allen Bundesstaaten wegen seiner liberalen und nationalen Tendenz unterdrückte *Rheinische Merkur* hinterlassen hatte. Görres' politische Romantik stand W. zwar fern – er warf Görres unter anderem vor, auf »Erlösung durch die allein glücklichmachende Aristokratie« zu hoffen und »mit der Religion zu trödeln« –, doch Kritik an den Verhältnissen in der preußischen Rheinprovinz gab er auf seinen Seiten bereitwillig Raum. Nachdem Interventionen in Wiesbaden fruchtlos geblieben waren, verlegten sich die Preußen darauf, den unbequemen Journalisten nach Bonn zu locken. W., der für Deutschlands Zukunft mehr aus Berlin denn aus Wien erwartete, war zum Umzug bereit, doch die Ereignisse von 1819 verhinderten die Ausführung des Plans. Der preußische Staatskanzler Karl August Freiherr von Hardenberg konnte nach der Ermordung des Dichters und russischen Staatsrats August von Kotzebue im März 1819 sein Versprechen, den *Rheinischen Blättern* Zensurfreiheit zu gewähren, nicht aufrechterhalten. Als im Juli ein zweites Attentat folgte, – ein mißglückter Mordversuch des Apothekergehilfen Löning auf den nassauischen Regierungspräsidenten Karl Ibell in Wiesbaden –, und die deutschen Regierungen daraufhin im August ihre Karlsbader Beschlüsse faßten (Verbot der Burschenschaften, Überwachung der Universitäten, Zentraluntersuchungskommission in Mainz, Zensur) trat W. am 12. Oktober 1819 von seinem Amt zurück.

Nach dieser »Kapitulation«, wie er es in einem Brief selbst bezeichnete, übernahm W. bis zu seinem Tode die Leitung der Wiesbadener Bibliothek. Die neue Stellung bot ihm Freiraum, an neuen Büchern und Aufsätzen zu arbeiten. Die Zäsur war um so deutlicher, als er zunächst daranging, seine *Vermischten Schriften* in drei Bänden (1820/21) und seine Jugenderinnerungen in den fragmentarischen Memoiren *Das Merkwürdigste aus meinem Leben und aus meiner Zeit* (1821/23) zu ordnen. Seinen Publikationen zu Napoleon fügte er weitere zwei hinzu (*Napoleons Leben und Ende, mit einer Zugabe von Charakterzügen*, 1822; *Napoleon durch sich selbst gerichtet*, 1829). Seine pädagogischen Anschauungen faßte er in der Schrift *Was soll man lernen? oder Zweck des Unterrichts* (1828), eine Reihe von Satiren unter dem Titel *Scherz und Ernst. Zur Charakteristik unserer Zeit* (1830) zusammen.

Dieser umfänglichen Produktion zum Trotz beklagte August Gathy in seinem 1831 unter dem Pseudonym Jordanus Brunow veröffentlichten Pamphlet *Der Völkerfrühling und seine Verkünder* W.s resigniertes »Schweigen«: »Börne ruft zur Schlacht; Heine stürzt hinein mit Schwert und Dolch; Weitzel schleudert Speere in das Gewühl, aber hat den Glauben an den Sieg verloren.« In der Tat mochte W. nicht riskieren, seinen Wiesbadener Posten mit einem Exil in Paris vertauschen zu müssen, wie eine 1839 publizierte Anekdote verdeutlicht: »Von der Furcht des verstorbenen Bibliothekars Weitzel erzählte Börne komische Auftritte; er schilderte diesen Mann als einen Erzjakobiner, der mit Leib und Seele Revolutionär, aber aus lauter Vorsicht halbliberal gewesen; so oft er den Herrn Hofrath in Wiesbaden besucht, hätte dieser das ganze Haus durchsucht, alle Thüren verriegelt und dennoch jeden Augenblick hingehorcht, ob vielleicht Jemand käme.« Börne nannte seinen Freund im 105. der *Briefe aus Paris* einen »der besten und klarsten politischen Köpfe Deutschlands«, dem es die Umstände nicht erlaubten, aufrichtig zu schreiben. Karl Gutzkow bewies in einer Besprechung von W.s *Rheinischen Briefen* (1834) weniger Nachsicht und konstatierte, ihr Autor sei »ein Opfer der Phrase geworden«.

Große Hoffnungen setzte W. in seine *Geschichte der Staatswissenschaft* (1832/33), die auf Vermittlung Karl von Rottecks in das Programm des Tübinger Verlegers Johann Friedrich Cotta kam, jedoch ein bestenfalls gemischtes Echo fand. Gleichwohl lud ihn Rotteck zur Mitarbeit am *Staats-Lexikon* (12 Bde. 1834–1844) ein, und W. steuerte zu dessen ersten Bänden eine Anzahl vorwiegend biographischer Texte bei.

Der Forderung, die der Schriftsteller August Gathy an Börne, Heine und W. richtete: »Seyd die Organe Eures Volkes, die Herolde seiner Wünsche, seiner Klagen, seiner Kraft« wollte W. nicht nachkommen. Er zog sich vom Tagesjournalismus zurück. Bereits in seiner aufsehenerregenden Schrift *Hat Deutschland eine Revolution zu fürchten?* (1819) hatte er vor übertriebenen Erwartungen an die Presse gewarnt: »Die wahre öffentliche Meinung und der Wille der Nation gehen in ihrer ganzen Reinheit und Vollständigkeit nur aus der Nationalrepräsentation hervor. Die Presse kann diese aufklären, ihr vorarbeiten, ihrem Bemühen förderlich oder auch hinderlich seyn; die öffentlichen Blätter können in dieser Hinsicht die wichtigsten Dienste leisten; aber eine wirkliche und wahrhaftige Volksvertretung wird durch keine Preßfreiheit ersetzt.«

Faber, K. G.: Görres, Weitzel und die Revolution (1819), in: Historische Zeitschrift, 194 (1962), S. 37-61. - Götting, F.; Rupprecht, L.: Geschichte der Nassauischen Landesbibliothek zu Wiesbaden und der mit ihr verbundenen Anstalten 1813-1914. Wiesbaden 1963.

Reinhard Markner

Welcker, Karl Theodor

Geb. 29. 3. 1790 in Oberofleiden in Oberhessen; gest. 10. 3. 1869 in Neuenheim bei Heidelberg

W. gehört zum Typ der »politischen Professoren« des deutschen Vormärz, die als Gelehrte, Publizisten und Parlamentarier den Kampf um Konstitutionalismus der Länder und um Einheit in einem deutschen Nationalstaat mit zum Teil beträchtlichem persönlichen Risiko führten. Sein Name ist - wie derjenige Karl von Rottecks - untrennbar mit dem Programmwerk des Frühliberalismus, dem *Staats-Lexikon*, und mit seinem unermüdlichen Kampf um Pressefreiheit im Vormärz verbunden. Ausgestattet mit dem Naturell eines heißblütigen, leicht erregbaren Eiferers (H. Müller-Dietz), verstand W. es, Wissenschaft, Journalistik und Politik mit Pathos, Bekenntnis- und Risikofreude zu verbinden; ihn zeichnete dabei das für die Frühliberalen typische Selbstverständnis aus, individuelles und allgemeines Interesse befänden sich in seinem politischen Streben stets im Einklang.

W. entstammte einer kinderreichen lutherischen Pfarrersfamilie, in die er 1790 hineingeboren wurde. Stärkste Eindrücke für seine Empfänglichkeit gegenüber Visionen vom geeinten Verfassungsstaat verdankte er der Zeit der napoleonischen Herrschaft in Deutschland und den Befreiungskriegen. Seit 1805 besuchte er das Gießener Gymnasium und erinnerte sich noch später lebhaft an den Durchzug französischer Truppen ein Jahr später, als er das Studium der Philologie und Rechtswissenschaft in Gießen begann. Gemeinsam mit seinem Studienfreund Friedrich Ludwig Weidig bemühte er sich um eine Reform des studentischen Verbindungswesens. 1810 wechselte er an die Universität Heidelberg, wo er entscheidend durch die vernunftrechtlich-rationalistische Jurisprudenz Anton Friedrich Justus Thibauts geprägt wurde, der sich bereits frühzeitig für ein nationales Gesetzgebungswerk einsetzte und W. auch zu einer akademischen Laufbahn riet. Bereits 1814 wurde W. nach seiner Promotion zum außerordentlichen Professor an der Universität Gießen ernannt. Noch im gleichen Jahr wechselte er an die Universität Kiel, wo er - vor allem durch seine Mitarbeit an den *Kieler Blättern* - Nationalität, Verfassung und Öffentlichkeit als Säulen seines politischen Programms entdeckte. In Kiel fand er auch in der Tochter des Medizinprofessors Christian Wiedemann seine Ehefrau. Dank den Bemühungen Thibauts erhielt er bereits 1816 einen Ruf an die Universität Heidelberg. Hier machte er die Bekanntschaft mit dem anfangs von ihm hochgeschätzten, gleichzeitig mit ihm berufenen Jenaer Privatdozenten und Nürnberger Gymnasialdirektor Georg Wilhelm Friedrich Hegel.

W. bemühte sich in seiner Lehrtätigkeit, die Notwendigkeit einer rechtsstaatlichen Verfassung geschichtlich zu begründen, und dazu wandte er sich verstärkt der germanischen Rechts- und Verfassungsgeschichte zu. 1819 nahm W. einen Ruf an die neugegründete Universität Bonn an. Die Hochschule war durch ihre prominenten Professoren Ernst Moritz Arndt und Karl Joseph Anton Mittermaier liberal geprägt, geriet aber angesichts der restaurativen Tendenzen in Preußen bald in Verdacht, in »demagogische Umtriebe« verwickelt zu sein. Nach Haussuchungen bei W. und Arndt gerieten diese in die Mühlen der Untersuchungskommission. Sie protestierten wegen Hausfriedensbruch und Verletzung der Wissenschaftsfreiheit, worauf das Polizeiministerium sie darauf hinwies, es handle sich nicht um ein Strafverfahren, sondern um eine staatspolizeiliche Untersuchung.

W. vermochte sich dem zermürbenden Verfahren zu entziehen, indem er 1822 einem Ruf an die Universität Freiburg folgte. Seine nachfolgenden Studien zielten mehr und mehr dahin, die zeitgenössischen Lehrsysteme in einem Kompendium zusammenzufassen, das christliches, germanisches, römisches Recht, Natur, Freiheit und Geschichte, Jurisprudenz, Philosophie und Theologie in einer großen enzyklopädischen Zusammenschau vereinigte (*Das innere und äußere System der praktischen natürlichen und römisch-christlich-germanischen Rechts-, Staats- und Gesetzgebungs-Lehre*, 1829) Damalige und heutige Rechtswissenschaftler erkannten darin in Teilen vulgärphilosophische, begrifflich unscharfe, in sich widersprüchliche Kompilationen. Typisch daran war das Streben, alles auf einen letzten Geltungsgrund des Rechts zurückzuführen und - entsprechend der Kenntnis der angeblichen historischen und menschlichen Grundgesetze - in der praktischen Politik umzusetzen.

Die französische Julirevolution von 1830 trieb W. an, sich in die praktische Politik zu begeben. Als eigentliche Wurzel allen Übels erkannte er die Unterdrückung der freien Meinung durch Zensur. Hier fand W. nun das Leitthema, dem er weit über Baden hinaus ungeheure Popularität verdankte: Öffentlichkeit und freie öffentliche Meinung galten ihm als Fundament einer freien Staatsverfassung. Er erregte Aufsehen mit seiner Programmschrift *Die vollkommene und ganze Preß-*

freiheit nach ihrer sittlichen, rechtlichen und politischen Nothwendigkeit, und ihrer Uebereinstimmung mit deutschem Fürstenwort und nach ihrer völligen Zeitgemäßheit dargestellt in ehrerbietiger Petition an die Hohe deutsche Bundesversammlung (1830). Pressefreiheit erschien hierin als Menschenrecht und Inbegriff einer humanen Ordnung. 1831 in den badischen Landtag gewählt, machte sich W. hier zum Vorkämpfer der Pressefreiheit, die schließlich auch am 28. Dezember 1831 gesetzlich zugesichert wurde.

Mit einem zweiten, aufsehenerregenden Vorstoß mahnte W. eine Reform des Deutschen Bundes an. Sein 1831 im Landtag eingebrachter Antrag *Die Vervollkommnung der organischen Entwickelung des deutschen Bundes zur bestmöglichen Förderung deutscher Nationaleinheit und deutscher staatsbürgerlicher Freiheit* zielte auf die Bildung eines nationalen Parlaments. Bis 1848 galt diese Initiative für andere Abgeordnete in einzelstaatlichen Landtagen als beispielhaft, so für Heinrich von Gagern in Hessen und Friedrich Daniel Bassermann in Baden. In einem weiteren Antrag verlangte W. die Schaffung eines Volksheeres nach Schweizer Vorbild. Seine politischen Anregungen unterstützte er noch durch die mit Karl von Rotteck herausgegebene Tageszeitung *Der Freisinnige.*

Im September 1832 traf Baden die ganze restaurative Macht der Bundesversammlung, des obersten Bundesorgans der im Deutschen Bund zusammengeschlossenen Staaten: Sie erzwang die Aufhebung des Pressegesetzes und das Verbot des *Freisinnigen* in allen deutschen Bundesstaaten. Der in Baden einsetzende öffentliche Proteststurm wurde von der Regierung mit der Schließung der Universität Freiburg beantwortet. W. wurde gemeinsam mit Rotteck wegen seiner politischen Äußerungen am 26. Oktober 1832 in den Ruhestand versetzt; zugleich erhielt er eine Anklage wegen Ehrenkränkung der Regierung. Erst im Revisionsverfahren sprach ihn das Oberhofgericht am 23. Februar 1833 frei; das Lehrverbot blieb aber bestehen. In der Öffentlichkeit feierte man W. auf Durchreisen, Banketten und Kundgebungen als Freiheitskämpfer.

Nach der Zwangspensionierung schuf sich W. gemeinsam mit Rotteck in dem berühmten *Staats-Lexikon. Encyklopädie der Staatswissenschaften* ein neues Wirkungsfeld, das beider Ruf noch mehr befestigte und auch zu ihrer materiellen Sicherung beitrug. Von den insgesamt 870 Artikeln der fünfzehn Bände (1834–1843, 4 Supplementbände 1846–1848) verfaßte allein W. 197, und deren umständliche Weitschweifigkeit – im Unterschied zu denen Rottecks – scheint oft nicht ohne Seitenblick auf das Zeilenhonorar zustandegekommen zu sein. Dessen ungeachtet hatte das Werk in seinem pädagogischen Ethos großen Anteil an der Popularisierung rechtsstaatlicher Vorstellungen in großen Kreisen des vormärzlichen Bürgertums.

Auch nach seiner Zwangspensionierung trat W. in Wort und Schrift gegen Rechtswillkür auf, und das mit erheblichem persönlichen Risiko. Er geißelte in einer Dokumentation öffentlich die skandalösen Umstände und Haftbedingungen, welche sein Jugendfreund und Gefährte Georg Büchners, der Pfarrer Friedrich Ludwig Weidig, und der Marburger Staatsrechtler Silvester Jordan in Strafverfahren zu erleiden hatten (*Die geheimen Inquisitionsprozesse gegen Weidig und Jordan. Zur neuen Unterstützung des Antrags auf öffentliches Anklageverfahren und Schwurgericht.* Karlsruhe 1843). W. veröffentlichte 1844 die berüchtigten *Wiener Geheimen Sechzig Artikel* von 1834, die in rechtsbrecherischer Weise in die Verhältnisse der Einzelstaaten eingriffen. Eine Reise 1836 nach London befestigte seine Anglophilie und die damit verbundenen Ansichten von einem freiheitlichen Gerichts- und Parlamentsleben.

Als die politische Erregung 1847 Deutschland erfaßte und 1848/49 in der Revolution gipfelte, stand W. in vorderster Reihe des politisch aktiven konstitutionellen Bürgertums. Er war auf der Versammlung der Liberalen in Heppenheim am 10. Oktober 1847, und er gehörte allen maßgeblichen Abgeordnetenversammlungen an, die schließlich am 18. Mai 1848 zur Konstituierung der verfassungsgebenden Nationalversammlung in der Frankfurter Paulskirche führten. Die badische Regierung hatte ihn am 14. März 1848, um den revolutionären Ansturm in konstitutioneller Weise abzufangen, zum Bundestagsgesandten ernannt. Als Abgeordneter in der Paulskirche zählte er zu den bewunderten vormärzlichen Kämpfern für Pressefreiheit, Nationalparlament, Volksbewaffnung und Geschworenengerichte. Das neu konstituierte Reichsministerium (seit 15. Juli 1848) betraute W. mit der diplomatischen Vertretung des Reiches in Stockholm. Größtes Aufssehen erregte er in der Paulskirche im Zusammenhang mit der »Oberhauptsfrage«, als er sich von seiner ursprünglichen großdeutschen Konzeption lossagte und in einem spektakulären Antrag am 12. März 1849 forderte, die Reichsverfassung »durch einen einzigen Gesamtbeschluß anzunehmen« und den König von Preußen zum Erbkaiser zu wählen. Der Antrag wurde zu diesem Zeitpunkt noch verworfen. Als er dann am 28. März angenommen, die Kaiserkrone von Friedrich Wilhelm IV. aber am 3. April abgelehnt wurde, legte W. am 26. Mai 1849 sein Mandat nieder.

Danach zog sich W. ins Privatleben zurück und bereitete die dritte Auflage des *Staats-Lexikons* vor (1856–1866). Während der liberalen »Neuen Ära« in Preußen (1858–1861) gab er sich – ähnlich Heinrich von Gagern – großdeutschen Perspektiven hin, welche eine nationale Einigung nur unter Einbeziehung Österreichs tolerierten. Das isolierte ihn von seinen früheren politischen Weggefährten. Unvergessen blieb sein mutiges Eintreten für Meinungsfreiheit und Verfassungsstaat.

Müller-Dietz, H.: Das Leben des Rechtslehrers und Politikers Karl Theodor Welcker. Freiburg im Breisgau 1968. – Fischer, H.-D.; Schöttle, R. (Hg.): Kampf um publizistische Libertät. Schriften und Aktivitäten zu Konzeption, Realisierung und erneuter Einbuße von Pressefreiheit 1830–1833 von Carl Theodor Welcker. Bochum 1981. – Schöttle, R.: Politische Freiheit für die deutsche Nation. Carl Theodor Welckers politische Theorie. Ein Beitrag zur Geschichte des deutschen Frühliberalismus. Baden-Baden 1985. – Wild, K.: Karl Theodor Welcker, ein Vorkämpfer des älteren Liberalismus. Heidelberg 1913.

Wolfram Siemann

Wieland, Christoph Martin

Geb. 5. 9. 1733 in Oberholzheim bei Biberach; gest. 20. 1. 1813 in Weimar

»Alle bürgerlichen Gesellschaften haben den unheilbaren Radikalfehler, daß sie, weil sie sich nicht selbst regieren können, von Menschen regiert werden müssen, die – es größtenteils eben so wenig können. (...) Was hieraus unmittelbar folgt, ist, denke ich: man könne nicht ernstlich genug daran arbeiten, die Menschen vernünftig und sittig zu machen. Aber, wie die Machthaber hiervon zu überzeugen, oder vielmehr dahin zu bringen wären, die Wege, die zu diesem Ziele führen, ernstlich einzuschlagen? – Dieß ist noch immer das große unaufgelöste Problem. Wie kann man ihnen zumuthen, daß sie mit Ernst und Eifer daran arbeiten, sich selbst überflüssig zu machen?« Mit diesem Fazit beschließt der siebenundsiebzigjährige W. in seinem letzten Roman *Aristipp und einige seiner Zeitgenossen* seine Laufbahn als politischer Schriftsteller. Einen Demokraten hätte er selbst sich kaum genannt – für die Bildung demokratischer Haltungen hat er mehr getan als die meisten seiner Zeitgenossen und mehr sicherlich als alle, die mit dem Beiwort des Klassikers versehen sind.

Geboren 1733 in Schwaben, ging er nach kurzem Versuch, in Tübingen Jura zu studieren, nach Zürich, um sich dort bei Johann Jakob Bodmer als Nachfolger Klopstocks zum Dichter ausbilden zu lassen. Nach einem Zwischenaufenthalt in Bern kehrte er in die Vaterstadt Biberach zurück, wurde Beamter und, nachdem er sich von allen Lehrmeistern auch innerlich freigemacht hatte, in kurzer Zeit der Dichter, dem die deutsche Sprache auf ihrem Wege zur Weltliteraturfähigkeit am meisten verdankt. Seine Neologismen – von »kaltsinnig« bis »Sicherheitsklausel« – sind bis heute Bestandteil der Umgangssprache. Berühmt wurden seine Versepen, er verfaßte das erste deutsche Stück in Blankversen, machte den Roman zu einer anerkannten Literaturgattung und übersetzte fast den gesamten Shakespeare. 1769 bis 1777 war W. Professor für Philosophie in Erfurt, dann holte ihn Anna Amalia, die Regentin des Herzogtums Weimar, als Erzieher ihres Sohnes Karl August nach Weimar, das von da an der »Musenhof« wurde – Goethe, Herder und Schiller folgten nach. In Weimar begründete W. 1773 nach französischem Vorbild die literarische und politische Zeitschrift *Der Teutsche Merkur* (von 1790 bis 1810 *Der neue Teutsche Merkur*). 1797 zog W. sich auf das Gut Oßmannstädt bei Weimar zurück, mußte aber wegen finanzieller Schwierigkeiten 1803 nach Weimar zurückkehren, wo er 1813 starb. Begraben liegt er, zusammen mit seiner Frau und Sophie Brentano, der Enkelin der Jugendfreundin Sophie LaRoche, in Oßmannstädt.

W.s Oeuvre umfaßt Romane, Novellen, Verserzählungen, Theaterstücke, Singspiele, Übersetzungen (Shakespeare, Horaz, Cicero, Aristophanes) und ein umfangreiches essayistisches Werk zu vielen, aber besonders zu politischen Themen. Schon seine Romane behandeln immer wieder politische Probleme: *Die Geschichte des Agathon* (2 Bde. 1766/67) diskutiert die Vor- und Nachteile der athenischen Demokratie (5. Jh. v. Chr.) und der Alleinherschaft des Dionys von Syrakus (430–367); der *Goldene Spiegel* (1772) und *Die Geschichte des weisen Danischmend* (1775) in orientalischem Gewand die Probleme monarchischer Regierungsformen und die (zweifelhaften) Hoffnungen, die man in die natürliche Tugend des Menschen setzen kann – W. war kein Anhänger Rousseaus. In der *Geschichte der Abderiten* (1774; vermehrte Fassung, 2 Bde. 1781) werden in satirischer Form die politischen Bräuche eines republikanischen Stadtstaates geschildert. Während die ersten drei Bücher sich noch wie eine Spießbürgersatire lesen, so schildern die letzten beiden mit großer analytischer Schärfe bedrohliche politische Krisen, deren letztere zum Ende der Stadt Abdera führt. Der Roman *Peregrinus Proteus* (2 Bde. 1791) behandelt u.a. am Beispiel des Aufstiegs des Christentums die politische Gefahr konspirativen Sektenwesens, der *Agathodämon* (1799) setzt die Kritik der Religion fort und gibt eine Standortbestimmung der Aufklärung. *Aristipp und einige seiner Zeitgenossen* (4 Bde. 1800–1802) schließlich ist ein in die Sokrates-Zeit des 5. Jahrhundert v. Chr. zurückversetztes philosophisches, politisches und ästhetisches Zwischenfazit der Aufklärung, wie W. sie sah. Der Roman ist auch der Rückblick auf fast 50 Jahre politischer Schriftstellerei, deren gewichtigster Teil in die Jahre der Französischen Revolution fällt.

Mit den revolutionären Ereignissen in Frankreich das deutsche Publikum vertraut zu machen, hielt W. einige Jahre für seine wichtigste Aufgabe. Daß die Pariser Geschehnisse keine lokalen Angelegenheiten waren, sondern Weltpolitik, sah er von

Anfang an. W. war dabei alles andere als ein Parteigänger der Revolution – aber er wurde auch dann nicht zu ihrem wütenden Gegner, als sie radikaler und gewalttätiger wurde, als ihre deutschen Verehrer für erträglich hielten. Man muß hier auf einen Zug von W.s politischem Schreiben zu sprechen kommen, der nicht nur seine Zeitgenossen, sondern bis heute viele irritiert hat: Es kam W. in seinen politischen Schriften auf seine eigene Meinung zum wenigsten an. W. war kein Leitartikler. Ihm ging es darum, das Publikum urteilsfähig zu machen, nicht darum, es zu (s)einer Ansicht zu bekehren. Eine wichtige Rolle spielt darum in W.s politischen Schriften die bloße Information. Darüber hinaus zeigt W. seinen Lesern, wie man das mitgeteilte Ereignis betrachten kann – nicht wie man es betrachten muß. W. hat zu diesem Zwecke auch Ansichten argumentativ ausgeführt, die nicht die seinen waren, ja Aufsätzen anderer Verfasser im *Teutschen Merkur* Antithesen zur Seite gestellt, die nur zeigen sollten, auch *so* könne man die Sache ansehen. Mit aller Schärfe hat er sich konsequenterweise gegen alle politischen Positionen gewandt, die von sich behaupteten, unmittelbare Evidenz zu besitzen, sich aus der Natur der Sache oder des Menschen von selbst zu verstehen. Politische Fragen versuchte W. stets als Gegenstand von Debatten darzustellen, und so griff er sehr häufig zum Mittel des Zwiegesprächs, in dem er fiktive Kontrahenten ihre gegensätzlichen Positionen darlegen ließ. Hierbei war sehr häufig nicht Konsens das Ziel, sondern allein die Demonstration, daß gegensätzliche Argumentation möglich und also nötig war. Der Leser sollte nach Lektüre des Streitgespräches besser informiert und mit dem differenzierten Bild der Lage aus der Sache hinausgehen.

Es kann nicht verwundern, daß W. diese Art zu schreiben Mißverständnisse eingetragen hat. Man hielt ihn für wankelmütig, für jemanden, der unfähig sei, sich zu einer feststehenden Meinung durchzuringen. Was sollte man auch von einem denken, der von einer Maßnahme der jakobinischen Regierung gleichzeitig behauptete, sie gehe zu weit und sie gehe nicht weit genug? W. zeigte in solchen Aufsätzen die Instabilität der politischen Situation, zeigte, wie sehr sie dazu angetan sei, Kräfte auf den Plan zu rufen, die entweder das revolutionäre Experiment beendeten, oder versuchten, es in ganz ungeahnte Richtungen weiterzuführen. So wies W. einerseits darauf hin, daß die politische Demokratisierung ihre Grenze an den ökonomischen Machtverhältnissen finden werde, wenn die Jakobiner nicht bereit wären, auch diese Grenze zu überschreiten, und andererseits sagte er als Ende der Revolution eine Militärdiktatur voraus, und nannte – 1798, eineinhalb Jahre vor dem Staatsstreich Bonapartes vom 18. Brumaire (9. 11. 1799) – bereits den Namen des Mannes, der dafür in Frage käme: General Napoleon Bonaparte. Als die »Prophezeihung« Wirklichkeit wurde, nahm eine englische Zeitung das als Indiz für eine Verschwörung eines deutsch-französischen Geheimbundes, der Napoleon zur Macht verholfen habe.

Als Napoleon 1808 in Weimar Station machte, gab es eine längere Unterhaltung mit W., über die dieser eine vergnügliche, weil gänzlich unbeeindruckte Schilderung hinterlassen hat. Doch blieb der W. von Napoleon nach ihrer Begegnung übersandte Orden der Ehrenlegion neben dem St. Annen-Orden, den ihm, dem französischen Beispiel folgend, der Zar verlieh, die einzige Auszeichnung, die W. je erhalten hat. Dem deutschen Patriotismus, der als Reaktion auf die Französische Revolution aufkam, hat sich W. verweigert. Er nannte ihn eine »Modetugend«. »Vaterlandsliebe?«, heißt es in einem seiner fiktiven Gespräche, »Nazionalgeist? – Lieber Wilibald, wozu dieser Eifer? Und wenn Sie ihn sogar in jedem einzelnen Teutschen entzünden könnten, *wozu*?«, und an anderem Orte, daß er sich »noch ganz lebhaft erinnere, daß in meinen Schuljahren das Prädikat *teutscher michel* eines von denen war, womit belegt zu werden einem jungen *Alemannier* nur um einen Grad weniger schimpflich war, als *den Schul-Esel zu tragen*.« Den Literaturgeschichten des neunzehnten Jahrhunderts galt W. als frankophil und undeutsch.

Wollte man W.s Haltung als politischer Schiftsteller in äußerster Knappheit darstellen, so müßte man dies mit folgenden beiden Zitaten tun: »Es giebt gewisse Dinge, ohne die ich weder leben noch weben kann; als da ist (…) alles was Menschen angeht, als meine Privatsache anzusehen, und mich über ein Unrecht schrecklich zu ereifern, das vor drey tausend Jahren einem Betteljungen zu Babylon geschehen ist« – und: »Der Himmel verhüte, daß ich von irgend einem denkenden Wesen verlange, mit mir überein zu stimmen, wenn er von der Richtigkeit meiner Behauptungen nicht überzeugt ist; oder daß ich jemahls fähig werde, jemanden meinen Beifall deßwegen zu versagen, weil er nicht meiner Meynung ist!«

Brender, J.: Christoph Martin Wieland. Reinbek 1990. – Erhart, W.: Entzweiung und Selbstaufklärung. Christoph Martin Wielands »Agathon«-Projekt. Tübingen 1991. – Gruber, J.G.: Wielands Leben. In: Christoph Martin Wieland, Sämmtliche Werke, Leipzig 1794–1802 (Nachdruck, Nördlingen 1984). – Reemtsma, J. Ph.: Der politische Schriftsteller Christoph Martin Wieland. In: Christoph Martin Wieland, Politische Schriften, insbesondere zur Französischen Revolution, hg. von J. Ph. Reemtsma und H. und J. Radspieler, Nördlingen 1988, S. XII-LXXIV. – Reemtsma, J. Ph.: Das Buch vom Ich. Christoph Martin Wielands »Aristipp und einige seiner Zeitgenossen«. Zürich 1993. – Weyergraf, B.: Der skeptische Bürger. Wielands Schriften zur Französischen Revolution. Stuttgart 1972.

Jan Philipp Reemtsma

Wienbarg, Ludolf (Pseud. Ludolf Vineta)

Geb. 25. 12. 1802 in Altona; gest. 2. 1. 1872 in Schleswig

Der 1802 in Altona geborene W. gehörte in den dreißiger Jahren zu den Protagonisten der literarischen Oppositionsbewegung des »Jungen Deutschland« (Karl Gutzkow, Heinrich Laube, Theodor Mundt u.a.). In seinem Hauptwerk Ästhetische Feldzüge (1834) entwarf er das Programm einer demokratisch-engagierten Literatur und Ästhetik, in deren Mittelpunkt die Verklammerung von Kunst und Leben sowie die Hinwendung der Literatur zum Zeitgeschehen, zu Politik, Philosophie und Geschichte stand. Obwohl W. in erster Linie eine Erneuerung der Literatur anvisierte, spricht aus seinen Werken der Protest gegen jede Form der politischen und religiösen Bevormundung. Er artikulierte damit den im restaurativen Preußen noch uneingelösten bürgerlichen Selbstbestimmungsanspruch.

Nach Besuch des Altonaer Gymnasiums nahm der einer Handwerkerfamilie entstammende W. 1822 das Studium der Theologie an der zu Dänemark gehörenden Universität Kiel (im Herzogtum Holstein, das zum Deutschen Bund, gleichzeitig aber zu Dänemark gehörte) auf. Zeitweilig Sprecher der Kieler Burschenschaften, zwangen ihn finanzielle Nöte, das Studium vorzeitig abzubrechen und eine Hauslehrerstelle bei einer dänischen Adelsfamilie anzunehmen. 1828 setzte er sein Studium in Bonn fort, diesmal im Fach Philosophie. Unter dem Einfluß seiner Lehrer, des Althistorikers Barthold Georg Niebuhr und des Philosophen Erich von Berger, befaßte er sich intensiv mit der Geschichte der Antike und der Philosophie Kants und Hegels, dessen Alles umschnürende Systembauerei er jedoch ablehnte. Die in Marburg eingereichte Dissertation wurde 1829 in Altona veröffentlicht.

1830, im Jahr der Pariser Julirevolution, verdiente W. seinen Lebensunterhalt als Privatgelehrter in Hamburg. Hier kam es zu freundschaftlichen Begegnungen mit Heinrich Heine, die er später in den *Wanderungen durch den Tierkreis* (1835) beschrieb. Gleich vielen Intellektuellen seiner Zeit am expandierenden Buch- und Zeitschriftenmarkt orientiert, publizierte er politische Skizzen in liberalen Hamburger Journalen, wie den *Literarischen und Kritischen Blättern der Börsen-Halle* und dem Altonaer *Merkur*. Die ersten literarischen Arbeiten veröffentlichte er unter dem Pseudonym Ludolf Vineta, darunter eine Übersetzung aus dem Griechischen: *Jason. Episches Gedicht nach Pindar* (1830). Einer breiteren Öffentlichkeit bekannt wurde er durch die Reisebeschreibung *Holland in den Jahren 1831 und 1832* (1833), in welcher er nach Heineschem Vorbild geschichtliche und politische Reflexionen mit einer Darstellung der landschaftlichen Besonderheiten verknüpfte.

Die Begeisterung für die Pariser Julirevolution, von vielen Liberalen als Aufbruchsignal und Ereignis gefeiert, welches »unsere Zeit gleichsam in zwei Hälften auseinandersprengte« (Heine), konnte W. angesichts der versteinerten politischen Verhältnisse in Preußen nicht teilen. Eher skeptisch blickte er auf den »schlafenden deutschen Freiheitslöwen«: »Freilich nach den Julitagen hat der alte Leu ein Paar kurze Sätze gemacht und hin und wieder ein Paar abgebrochene eherne Paukenklänge aus seiner gewölbten Brust verloren; aber sein österreichischer Wächter lächelt dazu. Er kennt genau die Widerstandskraft der Kette, die in den Stückgießereien von Wien und Berlin zu Stande gekommen.« W., dessen Denken in republikanischen und burschenschaftlichen Idealen wurzelte, drängte auf eine Veränderung der geistig-moralischen und politischen Verhältnisse in Deutschland, mit denen er sich intensiv auseinandersetzte. Frucht dieser Auseinandersetzung waren die Kieler Vorlesungen zu Literatur und Ästhetik – er hatte sich 1833 als Privatdozent habilitiert –, die unter dem Titel *Ästhetische Feldzüge, dem jungen Deutschland gewidmet*, 1834 in Buchform veröffentlicht wurden. Hervorzuheben ist darin das Zusammendenken von Ästhetik und Weltanschauung, die Rhetorik der Tat, die auch den polnischen Aufstand von 1830 einbezog und die Erkenntnis, daß die politische Bildung der ästhetischen vorangehen müsse. Die Feldzüge machten W. schlagartig bekannt, die Jungdeutschen begrüßten sie als Credo ihrer ästhetischen und demokratischen Überzeugungen. Laube besprach sie enthusiastisch in seiner *Zeitung für die elegante Welt*, Mundt lobte »die frische Opposition, mit der sie den todten akademischen Formen des gelehrten Deutschland entgegentreten«.

Nachdem ihm eine Professur in Kiel versagt geblieben war, siedelte W. 1835 nach Frankfurt über, wo er mit Gutzkow das Zeitschriftenprojekt *Deutsche Revue* plante. Gedacht als eine Plattform aller liberalen Kräfte Deutschlands nach dem Vorbild der Pariser *Revue des deux Mondes*, sagten u.a. Heinrich Heine, Georg Büchner und Ludwig Börne ihre Mitarbeit zu. Diese Pläne vereitelte jedoch der Beschluß des Frankfurter Bundestages (als ständiger Gesandtenkongreß das oberste Bundesorgan der 41 im Deutschen Bund zusammengeschlossenen Staaten, 1815–1866) vom Dezember 1835, der zum Verbot sämtlicher Schriften des »Jungen Deutschland« führte und zur Kriminalisierung einer Gruppe von Schriftstellern, die bis dahin nur als lockere Verbindung existierte. Der Bundestagsbeschluß nannte Heine, Gutzkow, Laube, Mundt und W. namentlich, denen man vorwarf, »die christliche Religion auf die frechste Weise anzugreifen, die bestehenden sozialen Verhältnisse herabzuwürdigen und alle Zucht und Sittlichkeit zu zerstören«. Die Bundesversammlung reagierte damit auf den Druck des österreichischen Kanzlers, dem führenden Politiker im Deutschen Bund, Metternich (»System Metternich«), sowie der preußischen Regierung, deren Zensoren die junge Schriftstellergeneration seit langem überwachten. Begleitet wurde das Verbot von einer Hetzkampagne, angeführt von Wolfgang Menzel, Redakteur des *Stuttgarter Literaturblattes*, der die jungen Schriftsteller als staatsgefährdend denunzierte. In dem Aufsatz *Menzel und die junge Literatur* (1835) setzte sich W. gegen diese Form der Entstellung zur Wehr, seine Bemühungen waren jedoch erfolglos. Die Zensurbestimmungen gegen die jungdeutschen Schriften wurden in Preußen formell erst 1842 aufgehoben.

Als W. aus Frankfurt ausgewiesen und seine Veröffentlichungen beschlagnahmt wurden, da sie den »Haß gegen Reiche, gegen den geistlichen Stand, sowie gegen das Bestehende« förderten, geriet W. in eine tiefe persönliche Krise, die auch zur Relativierung früherer Positionen führte. In dem autobiographisch gefärbten Erzählband *Quadriga* (1840) erklärte er »jede ungesetzliche und widergesetzliche Massenbewegung als einen plumpen, den menschlichen Verstand und die heutige Staatengesellschaft entehrenden Bewegungshebel«.

Nachdem W. eine Zeitlang im Rheinland gelebt hatte, kehrte er nach Hamburg zurück, wo er 1840 die Feuilletonredaktion in den *Literarischen und Kritischen Blättern der Börsen-Halle* übernahm, was ihm in den folgenden sechs Jahren ein geregeltes Einkommen sicherte. Seit 1839 war W. mit der Altonaer Bürgerstochter Dorothea Marwedel verheiratet. Mit der revolutionären Erhebung Schleswig-Holsteins gegen Dänemark 1848 fand W. noch einmal zu den alten demokratischen Idealen zurück. Er meldete sich als Freiwilliger und unterstützte die Kämpfe gegen Dänemark in vielen Artikeln und Schriften. Dies war jedoch eine letzte Kraftanstrengung. In den fünfziger Jahren ließ seine Produktivität nach. Er veröffentlichte einige philologische Schriften, die kaum Beachtung fanden, eigene Zeitschriftenprojekte schlugen fehl. Seine *Geschichte Schleswigs* (1861/62) blieb unvollendet. In den Folgejahren mehrten sich Anzeichen geistiger Verwirrung. Völlig mittellos und von unstetem Lebenswandel, erhielt W. 1868 eine lebenslange Pension von der Weimarer Schiller-Stiftung zugesprochen. 1869 wurde W. in die Schleswiger Nervenheilanstalt überwiesen, wo er die letzten Lebensjahre bis zu seinem Tod 1872 verbrachte.

W. konnte die Produktivität der frühen dreißiger Jahre nie wieder erreichen, als er zu jenen modernen kritischen Intellektuellen gehörte, die sich mit den politischen, moralischen und religiösen Tendenzen ihrer Zeit auseinandersetzten. Karl Gutzkow, Freund und langjähriger Weggefährte, urteilte über ihn: »Demokrat, deutsch, erschreckend vor keiner Gefahr, die der Gesellschaft aus dem freien Gedanken kommen könnte, hat L. Wienbarg am theoretisch reinsten die Grundzüge einer Literatur gezeichnet, welche wir als die eigentlich neue begrüßen sollten.«

Dietze, W.: Junges Deutschland und deutsche Klassik. Berlin 1957. – Hömberg, W.: Zeitgeist und Ideenschmuggel. Die Kommunikationsstrategie des Jungen Deutschland. Stuttgart 1975. – Martino, A. (Hg.): Literatur in der sozialen Bewegung. Tübingen 1977. – Schweizer, V.: Ludolf Wienbarg. Beiträge zu einer jungdeutschen Ästhetik. Leipzig 1897/98.

Thomas Franz

Wigand, Otto

Geb. 10. 8. 1795 in Göttingen; gest. 1. 9. 1870 in Leipzig

»Als Bürger ohne Furcht und Tadel« und »Pionier im Bücherland« rühmten schon Zeitgenossen den erfolgreichen und vielfältig durch demokratischen Mut ausgezeichneten Buchhändler und Verleger Otto Friedrich W. Mit der Buchhändler-Lehre in Göttingen in seinem 14. Lebensjahr begann der aus einer armen Perückenmacher-Familie mit 12 Kindern stammende W. seine Tätigkeit. Den Beruf des Buchhändlers mit Begeisterung ausübend und als Verpflichtung zur Bildungsvermittlung verstehend, trieb es den jungen Mann in die Ferne; zunächst arbeitete er als Buchhandelsgehilfe in Leipzig und Prag. Schließlich übernahm er für seinen älteren Bruder Georg, Buchhändler in Preßburg (Bratislava), Geschäftsreisen in Ungarn; mit einem Planwagen voller Bücher durchzog er das ganze Land und nahm Bestellungen auf. Sein Fleiß und sein gewinnendes Wesen ließen diese Fahrten auch zu einem geschäftlichen Erfolg werden, so daß er 1816 mit 21 Jahren im slowakischen Kaschau (Kosice, nordöstlich von Budapest), dem »Tor nach Ungarn«, seine erste eigene Buchhandlung eröffnen konnte. Hier wurde W. bald mit einer eigenen Zeitung (*Wochenblatt für Ungarn samt Intelligenzblatt*) auch als Verleger tätig. W.s Verlags- und Sortimentsbuchhandel entwickelte sich schnell zu einem blühenden Unternehmen. Das ermöglichte ihm 1827, mit 32 Jahren, in Pest (Budapest) einen Verlag zu gründen, den er insbesondere durch die Herausgabe des ersten ungarischen Konversationslexikons bekannt machte; hier geriet W. aber auch zunehmend in Auseinandersetzungen mit der Metternichschen Zensur und der politischen Polizei.

Inzwischen wohlhabender Unternehmer, übersiedelte W. als Verleger und Buchhändler 1832 nach Leipzig, wohin er infolge seiner regelmäßigen Reisen zur Messe bereits vorbereitende Geschäftsbeziehungen aufgebaut hatte. Ungeachtet ständiger

Probleme mit Zensur, Polizei und Justiz konnte er dort von 1839 bis 1841 aufgrund seiner geschäftlichen Erfolge einen ganzen Gebäudekomplex für sein Unternehmen errichten, den er »Zum Gutenberg« nannte; 1842 gründete er darin auch eine eigene Druckerei, die er bald seinen Söhnen Walter und Otto W. übertrug. 1863 zog sich W. auch aus dem Verlagsgeschäft zurück, das an seinen Sohn Hugo W. überging. Bis zu seinem Tod aber führte W., der von Büchern nicht lassen konnte, selbst noch eine kleine Buchhandlung.

W. erhob immer wieder politisch-kulturelle Forderungen an Verleger und Buchhändler. In einer umfassenden und wegweisenden Abhandlung unter dem Titel *Der Buchhandel*, die im *Börsenblatt für den Deutschen Buchhandel* im Jahr 1839 in Fortsetzungen erschien, erklärte er den Umgang mit der gedruckten geistigen Produktion zum »Gradmesser der Zivilisation und Volkskultur«. Die »Interessen und Bedürfnisse des Volkes« gelte es zu erkennen und zu unterstützen. Der Buchhandel müsse »der Kultur und Geistesfreiheit neue Bahnen ebnen, dem Schriftsteller in die Hände arbeiten und dazu beitragen, daß sich der Strom der Zivilisation breiter und in noch unwirtliche Länder ergieße«. Mit diesem Ziel wurde im Buchhandelszentrum Leipzig der Verlag Otto Wigand zu einem führenden Unternehmen mit einem breiten volkstümlichen, wissenschaftlichen und pädagogischen Angebot. Zu den bekanntesten Publikationen gehörten die Jahrbücher der in- und ausländischen Medizin, Rechts- und kaufmännische Lexika, Wolffs *Lexikon der Nationalliteratur*, Sanders *Deutsches Wörterbuch*, Ritters geographisches Lexikon und schließlich *Wigand's Conversations-Lexikon für alle Stände* in 15 Bänden. Ein gesellschaftlich bedeutsamer, ökonomisch und wegen der Zensur aber problematischer Zweig der W.'schen Verlagsproduktion waren religions-, philosophie- und sozialkritische Schriften, insbesondere aus dem Kreis der Links-Hegelianer (u.a. Bruno Bauer und Arnold Ruge) und des Jungen Deutschland (u.a. Heinrich Laube). Besonders förderte und schätzte W. den kritischen Philosophen Ludwig Feuerbach, dessen *Sämtliche Werke* er herausgab. Max Stirners stark diskutiertes Werk *Der Einzige und sein Eigentum* (1844) erschien ebenso bei W. wie Lorenz von Steins *Socialismus und Communismus* (zuerst 1842).

Sowohl der Überwachungsdruck in Ungarn als auch die für Sachsen versprochene Liberalität waren Gründe, die W. zu dem auch ökonomisch interessanten Handelsplatz Leipzig zogen. Im Gefolge der revolutionären Erschütterungen Frankreichs im Juli 1830 war Sachsen 1831 konstitutionelle Monarchie mit in der Verfassung zugesagter Pressefreiheit geworden. Ein liberales Presserecht ließ sich freilich vom recht schwachen Bürgertum noch nicht erkämpfen, und auf W. kam in seinen Leipziger Jahren eine Vielzahl von Polizei- und Justizverfahren zu. Wegen seiner Publikationen, wegen seiner öffentlichen unerschrockenen Kritik an Zensur und Polizei-Schikanen und wegen seiner engen, oft freundschaftlichen Beziehungen zu Reformern und Revolutionären wie etwa zum Führer der ungarischen Revolutionäre Lajos Kossuth oder zum kämpferischen Königsberger Demokraten Johann Jacoby – dessen berühmte *Vier Fragen, beantwortet von einem Ostpreußen* brachte W. 1841 heraus –, konnte sich W. des Mißtrauens der sächsischen politischen Polizei sicher sein. Diese erklärte in einem Geheimbericht, daß sie »der ganzen Sippschaft Wigand nicht über den Weg« traue. Andererseits fand W. auch gewisse Protektion, denn alle gegen ihn gerichteten Freiheitsstrafen wurden auf königlichen Gnadenerlaß in Geldstrafen umgewandelt. Die sächsischen Behörden befanden sich nicht zuletzt deshalb im Widerstreit untereinander, weil W. und die übrigen Leipziger Verleger und Buchhändler erhebliche Steuern in die Staatskasse brachten.

Außer den sächsischen waren es die Zensurbehörden des Deutschen Bundes, die W. beobachteten und z.B. die von ihm herausgegebenen und von Ruge redigierten gesellschaftskritischen Zeitschriften *Hallische Jahrbücher* (1838–1843) (später: *Deutsche Jahrbücher*) und *Wigand's Vierteljahresschrift* verboten. Am repressivsten zeigten sich die Behörden in Wien, als sie 1846 Einfuhr und Vertrieb sämtlicher Erzeugnisse des Verlages W. für die gesamte österreichisch-ungarische Monarchie untersagten. Da W. hierdurch seine Existenz entscheidend bedroht sah, versprach er, keine antihabsburgischen Schriften mehr zu verlegen, woraufhin das Verbot wieder aufgehoben wurde.

Insgesamt ungefähr 35 Kriminaluntersuchungen, dazu viele Verfahren vor dem Leipziger Bezirksgericht, Beschlagnahmungen etc. mußte W. über sich ergehen lassen. Alle diese gegen ihn ergriffenen Maßnahmen endeten nur deshalb nicht mit dem ökonomischen Untergang des Verlages W., weil dieser stets auch politisch nicht anstößige und gut zu verkaufende Werke in sein über 1400 Titel umfassendes Verlagsprogramm aufnahm. Daher konnte W. es sich leisten, öffentlich festzustellen: »Von all den Reformen, die Deutschland so lange schon erwartet, von mündlich öffentlicher Rechtspflege, Pressefreiheit und Teilnahme am Staat überhaupt kann ja keine Rede sein, wo Adel und Klerus die einzigen Stützen des Thrones sind und bleiben sollen; wo trotz aller konstitutionellen Redensarten der Wille des Volkes, und selbst wenn er sich wiederholt einstimmig ausspricht, unbeachtet und spurlos verhallt« (1846). Ungebrochen erklärte er weiter: »So lange es noch Blei zu Lettern in der Welt gibt, so lange mein Wille noch eine Setzerhand, einen Preßbengel in Bewegung zu setzen vermag, so lange gehört meine ganze Kraft der Emporbildung meines Volkes zur Freiheit«.

Seit W. als Siebzehnjähriger in Ungarn Bücher verkauft hatte, hegte er eine tiefe Zuneigung zu Land und Leuten – und zu

den ungarischen Revolutionären. Zeitlebens trat er für die Ziele der ungarischen bürgerlichen Revolutionsbewegung ein (soziale, politische und kulturelle Reformen, nationale Unabhängigkeit). Nach der Übersiedlung nach Leipzig verstärkte W. seine Hilfe für Aufklärung und Revolution in Ungarn. Er nutzte die Tatsache, daß seine Geschäftsbeziehungen in den ganzen Raum der habsburgischen Monarchie, teils über dort als Buchhändler tätige Brüder, weiter bestanden, um auf verschlungenen Wegen vom Messeplatz Leipzig aus die Metternichsche Zensur zu umgehen – erfolgreich, wie erboste Berichte der politischen Polizei bezeugen.
Auch polnische Revolutionäre unterstützte W. Bereits nach dem Scheitern des Aufstandes von 1830 nahm er viele polnische Flüchtlinge in Pest auf, half ihnen finanziell und verschaffte ihnen Reisepässe mit falschen Namen. Die Hilfsmaßnahmen für politisch Verfolgte setzte W. bis in seine letzten Lebensjahre fort. Zu diesem Zweck reiste er nach dem Scheitern der Revolution von 1848/49, meist von den Geheimdiensten beobachtet, nach London, in die Schweiz, nach Prag und Budapest. Darüberhinaus verlegte er trotz Zensur und drohenden Strafprozessen immer wieder Schriften, die sich mit der Revolution befaßten.
Zu Karl Marx und Friedrich Engels, deren große geistige Leistung er anerkannte, bestanden ebenfalls politische und geschäftliche Beziehungen. 1845 erschien bei W. von Engels *Die Lage der arbeitenden Klasse in England*, 1867 erfolgte der Druck von Marx' Hauptwerk *Das Kapital*. Zum Kommunismus hielt W. persönlich zwar Distanz. Weder konnte er als Vertreter des aufstrebenden, tatkräftigen und kritischen Bürgertums die führende Rolle des Proletariats und seiner Partei noch das Ziel akzeptieren, »der Menschheit einen bestimmten Zustand aufzudrängen« (W. an Arnold Ruge); aber er gestand zu, auch der Kommunismus werde, gleichberechtigt mit anderen politischen Strömungen, »seinen Teil beitragen zur Entwicklung der Geschichte«. Marx und Engels wiederum erkannten die große politische und menschliche Leistung des Verlegers W. an. Engels brachte auf charmante Weise diese Hochachtung in einem gemeinsam mit Edgar Bauer verfaßten satirischen Heldenlied zum Ausdruck, in dem er W. die Leipziger Verlagsfestung auf dem Gutenberg, verschanzt hinter Büchermauern und mit seinem kühn geschnittenen Bart wie Feldmarschall Blücher aussehend, mutig und listreich gegen die anstürmende Reaktion verteidigen läßt: »Der sich den Schnurrbart streicht, / Der Blücher-Wigand ist's, an Kniffen unerreicht, / Der Gotteslästrer nie ermüdender Verleger / und durch sein Capital der ganzen Rotte Träger« (1842).

Hermann, E.: Die Buchstadt Leipzig und ihre Rolle bei der Vorbereitung der bürgerlichen Revolution von 1848 in Ungarn, in: Beiträge zur Geschichte des Buchwesens, 1. Jg., 1965, S. 53ff. – Kießhauer, I.: Otto Friedrich Wigand, in: Leipziger Jahrbuch zur Buchgeschichte, 1 Jg., 1991, S. 155ff. – Schmidt, R.: Deutsche Buchhändler, deutsche Buchdrucker. Berlin und Eberswalde 1902–1908 (Neudruck Hildesheim, New York 1979), S. 1043ff.

Jutta Kaiser

Wiggers, Julius

Geb. 17. 12. 1811 in Rostock; gest. 7. 3. 1901 in Rostock

Als Sohn des Rostocker Theologieprofessors Gustav Friedrich Wiggers, der zwar nie politisch aktiv, aber doch im Denken liberal war, schlug W. die Laufbahn des Vaters ein. Nachdem er wegen eines schweren Disziplinverstoßes von der weiteren Ausbildung in der Fürstenschule Schulpforta (bei Naumburg/Saale) suspendiert wurde (er wollte an einem heimlichen nächtlichen Treffen einer Schülerverbindung teilnehmen und wurde ertappt), legte er die Reifeprüfung an der Rostocker Universität ab und studierte dort fünf Semester Theologie und Philologie. Danach wechselte er an die Universität Berlin, wo ihn besonders Friedrich Schleiermacher beeindruckte. Zwischenzeitlich promovierte W. 1834 in Rostock und setzte dann sein Studium in Bonn fort. 1837 habilitierte er sich in Rostock und begann unmittelbar darauf seine Lehrtätigkeit an der Universität. In jenem Jahr erregte ein öffentlicher Protest von Rostocker Universitätsprofessoren gegen die Entlassung und Vertreibung von sieben Professoren der Universität Göttingen Aufsehen, (»Göttinger Sieben«: darunter Friedrich Christoph Dahlmann, Georg Gottfried Gervinus und die Brüder Jakob und Wilhelm Grimm), die König Ernst August von Hannover des Verfassungsbruchs bezichtigt hatten. Auch W. beteiligte sich an der dadurch in Rostock ausgelösten Debatte und nahm von liberalem Standpunkt aus Partei für die Göttinger Gelehrten. W.' Publizistik beschränkte sich bis 1848 allerdings fast ausschließlich auf kirchengeschichtliche Themen. 1840 erhielt er eine Titularprofessur in Rostock und 1846 das Ehrendiplom eines Doktors der Theologie von der Heidelberger Universität. 1848 folgte eine feste Anstellung an der Rostocker Universität.
W. sah sich in der Revolution 1848/49 auf seiten des gemäßigten Liberalismus, brachte es in der Bürgergarde zum Leutnant und engagierte sich im Rostocker Reformverein. Sein »Verhalten dem lebhaften Treiben jener Tage gegenüber war ein ruhig beobachtendes« (*Aus meinem Leben*, 1901). Im Unterschied zu seinem Bruder Moritz, mit dem ihn politische Überzeugung und Freundschaft verband, drängte es ihn nicht nach politischen Führungspositionen. Trotzdem wurde W. in die neue mecklenburgische Abgeordnetenkammer (von Meck-

lenburg-Schwerin und Mecklenburg-Strelitz) gewählt und war im Verfassungsausschuß besonders für die Trennung von Kirche und Staat aktiv. In der Abgeordnetenkammer schloß er sich dem linken, d.h. liberalen Flügel an. Nach langwierigen Verhandlungen wurde das mecklenburgische Staatsgrundgesetz am 10. Oktober 1849 verabschiedet. Es sicherte der monarchischen Staatsgewalt (anstelle der von den Linken angestrebten Volkssouveränität) letztlich das Übergewicht über die Volksvertretung, aber es sanktionierte auch das Hauptergebnis der Revolution: die Aufhebung der Ständeverfassung, ein allgemeines Wahlrecht und die Möglichkeit der parlamentarischen Mitwirkung an den politischen Entscheidungen im Land. Das Staatsgrundgesetz, dem sich der Großherzog von Mecklenburg-Schwerin, nicht aber der von Mecklenburg-Strelitz unterwarf, gehörte zu den letzten achtundvierziger Verfassungen Deutschlands, und damit war ihr weiteres Schicksal bereits absehbar. Mit Hilfe des preußischen Königs Friedrich Wilhelm IV. und seiner Kamarilla hatte sich auch in (beiden) Mecklenburg bereits die ständisch-ritterschaftliche Reaktion gesammelt.

Das Urteil über die Verfassung wurde im September 1850 von einem durch die mecklenburgischen Großherzöge erbetenen Schiedsgericht des Deutschen Bundes, dem preußische, hannoversche und sächsische Vertreter angehörten, in Brandenburg gesprochen und ging als Freienwalder Schiedsspruch in die Geschichte ein: Die Verfassung wurde für ungültig erklärt und die landständische Union zwischen beiden Mecklenburg gemäß dem »Landesgrundgesetzlichen Erbvergleich von 1855« wieder in Kraft gesetzt (bis 1918). Gleichzeitig setzt eine Verfolgungswelle gegen die Revolutionäre von 1848/49 ein.

Vermutungen über Verbindungen zu radikalen Linken bildeten den Anlaß für das harte Durchgreifen der Regierung von Mecklenburg-Schwerin gegenüber einigen Professoren, zu denen auch W. gehörte. Er wurde mit Dienstentlassung aus der Universität bestraft, obwohl Haussuchungen bei verschiedenen Liberalen des (ehemaligen) gewählten Landesparlaments zunächst nicht zum gewünschten kriminalisierenden Ergebnis führten. Die Professoren erhielten am 7. Juli 1852 gleichlautende Entlassungsschreiben. Darin hieß es: »Da ihr euch an den Bewegungen der neueren Zeit in ihren revolutionairen Beziehungen seit dem Frühjahr 1848 auf das Thätigste betheiligt habt, indem ihr mit an die Spitze derselben getreten (...) insbesondere auch mit allen denen, welche dieselbe strafbare Richtung verfolgt, zusammengehalten (...) habt, da ihr (...) der euch anvertrauten academischen Jugend (...) das verderblichste Beispiel gegeben (...), so können Wir es mit Unseren landesherrlichen Pflichten (...) nicht vereinbaren, euch (...) den Beruf eines academischen Lehrers ferner anzuvertrauen.« Ein von einem geheimen Agenten des Berliner Polizeipräsidiums provozierter Hochverratsprozeß gegen Rostocker Patrioten, in den auch W. und sein Bruder verwickelt wurden, schloß sich an. Nach fast vierjähriger Untersuchungshaft im Bützower Criminalgefängnis wurden die beiden Brüder im Januar 1857 verurteilt: W. zu 12 Monaten Zuchthaus, Moritz zu drei Jahren (von denen er allerdings nur knapp ein Jahr verbüßten mußte).

Unmittelbar vor der Verhaftung hatte W. geheiratet; seine Frau entstammte seinem politischen Freundeskreis: Ihr Vater, ein liberaler Gutsbesitzer aus der Nähe von Schwerin, hatte sich bereits vor der Revolution erfolgreich um ein Heimatrecht für den aus Preußen ausgewiesenen Dichter und Sprachforscher Heinrich Hoffmann von Fallersleben bemüht.

Ohne die Universitätslaufbahn in Rostock wieder einschlagen zu können, blieb W. nach der Haftentlassung in Rostock und bestritt seinen Lebensunterhalt durch die Mitarbeit an verschiedenen Zeitungen außerhalb Mecklenburgs und durch die Herausgabe wissenschaftlicher Werke, darunter eine plattdeutsche Grammatik und eine *Grammatik der italienischen Sprache*, nebst einem *Abriß der italienischen Metrik* (1859), beide bei Hoffmann & Campe in Hamburg erschienen. Eine spanische Grammatik folgte 1860 bei Brockhaus in Leipzig. Andere Schriften waren politischen Inhalts. So analysierte W. das Verfassungsrecht des Großherzogtums Mecklenburg-Schwerin und lieferte eine Beschreibung seiner Haftzeit unter dem Titel *Vierundvierzig Monate Untersuchungshaft, Ein Beitrag zur Geschichte des »Rostocker Hochverrathsprocesses«* (Berlin 1861), die als politisches Sittenbild ein lebhaftes Echo in der gesamten liberalen Szene Deutschlands hervorrief. Flugschriften, Beiträge zu den Leipziger *Grenzboten* oder *Im neuen Reich* rundeten seine publizistische Tätigkeit ab.

Politisch engagierte er sich seit 1861 aktiv im »Deutschen National-Verein«, in dem sich die liberalen Hauptvertreter der damaligen Zeit sammelten, obwohl der Verein in Mecklenburg verboten war und seine Mitglieder hier zu Geldstrafen verurteilt wurden. 1862 beschloß der National-Verein in Coburg, unter Teilnahme von W., eine Forderung nach Wiederherstellung des mecklenburgischen Staatsgrundgesetzes von 1849. Im selben Jahr beteiligte sich W. auch an der Gründungsversammlung des »Abgeordnetentages« in Frankfurt am Main und der »Volkswirtschaftlichen Gesellschaft für Norddeutschland« in Lübeck. In diesen Gremien, die er gemeinsam mit seinem Bruder Moritz besuchte, knüpfte W. die Kontakte, um das Interesse der liberalen Öffentlichkeit in Deutschland an einer Veränderung der anachronistischen mecklenburgischen Verfassung wachzuhalten.

Nach der Bildung des Norddeutschen Bundes 1866 unter preußischer Führung, dem sich Mecklenburg nicht entziehen konnte, begannen die mecklenburgischen Liberalen sich zu organisieren. W. wurde mit dem Entwurf eines Parteiprogramms beauftragt. Gemeinsam mit seinem Bruder gelang es

W., die Liberalen in Mecklenburg in einer Partei zusammenzuhalten, so daß es trotz verschiedener Versuche erst 1906 zur Abtrennung eines nationalliberalen Flügels kam. W. und sein Bruder kandidierten für die Wahl zum norddeutschen Reichstag am 22. Februar 1867. Im Unterschied zu Moritz, der sich der Fraktion der (linksliberalen) »Deutschen Fortschrittspartei« anschloß, entschied sich W. mit weiteren fünf (von sieben) in Mecklenburg gewählten liberalen Reichstagsabgeordneten für die nationalliberale Fraktion. Er trat dort aber kaum als Redner in Erscheinung sondern wirkte eher im Hintergrund. Die Gründung des Deutschen Reiches 1871 konnte W. nicht dazu bewegen, für den Reichstag zu kandidieren, da nach seiner Meinung genügend andere Liberale des Landes dafür geeignet waren. Dagegen verstärkte er wieder seine publizistische Tätigkeit. In der politischen Öffentlichkeit des Deutschen Reiches hatte er eine auch weiterhin geachtete und gefragte Stellung, da die mecklenburgische Verfassungsfrage als Gradmesser für Beharrung und Fortschritt galt.

Auf Drängen politischer Freunde ließ sich W. 1877 in den Reichstag wählen, schloß sich aber keiner Fraktion an. Zuletzt kämpfte er hier zusammen mit ganz wenigen Abgeordneten gegen das im Oktober 1878 beschlossene (repressive) Sozialistengesetz, zog sich aber, vom Ergebnis seiner Bemühungen enttäuscht und angesichts einer schweren Krise des deutschen Liberalismus, mehr und mehr vom aktiven politischen Leben zurück.

Heftige Kritik richtete er noch gegen die neue Generation in der mecklenburgischen liberalen Parteiführung. Anlaß dazu war deren Unterstützung eines durch die Konservativen initiierten Denkmals für den 1883 im Alter von 60 Jahren gestorbenen Großherzog von Mecklenburg-Schwerin Friedrich Franz II.

Offizielle Ehrungen blieben W. in Mecklenburg zeitlebens versagt. Doch gehörte er gemeinsam mit seinem Bruder Moritz zu den bedeutendsten und populärsten Persönlichkeiten seines Heimatlandes in der zweiten Hälfte des 19. Jahrhunderts, und in Deutschland verkörperte er eine wichtige Facette des Liberalismus.

Karge, W.: Liberale Demokraten oder demokratische Liberale? Mecklenburgische Liberale und ihre Partei zwischen Revolution und Opposition 1850 bis 1880. In: Stiftung Mecklenburg (Hg.): Modernisierung und Freiheit. Beiträge zur Demokratiegeschichte in Mecklenburg-Vorpommern. Schwerin 1995, S. 673–685. – Stammer, M.: Die Anfänge des mecklenburgischen Liberalismus bis zum Jahr 1848. Köln 1980.

Wolf Karge

Wiggers, Moritz

Geb. 17. 10. 1816 in Rostock; gest. 30. 7. 1894 in Rostock

W. wuchs wohlbehütet als Sohn des Theologieprofessors an der Rostocker Universität Gustav Friedrich Wiggers in eher bescheidenen Verhältnissen, aber in einem liberalen Selbstverständnis des damaligen Bildungsbürgertums auf. Er absolvierte ein juristisches Studium und ließ sich in Rostock als Anwalt nieder. In dieser Funktion kam er erstmals mit dem völlig entrechteten Teil der mecklenburgischen Bevölkerung, den niederen Schichten der ländlichen Bevölkerung in nähere Berührung. Andererseits lernte er auch liberale Gutsbesitzer kennen, die sich bereits für eine Modifikation des »Landesgrundgesetzlichen Erbvergleichs« von 1755, des für beide Länder Mecklenburg (die Großherzogtümer Mecklenburg-Schwerin und Mecklenburg-Strelitz) geltenden Staatsgrundgesetzes (patrimonial-ständischer Privilegienstaat mit der Dreiteiligkeit von Landesherrschaft, Ritterschaft und Städten) einsetzten.

Sein aktiver politischer Weg begann erst mit den revolutionären Ereignissen 1848/49 in seinem Heimatland. Angespornt durch die Aufbruchsstimmung engagierte er sich zunächst im Rostocker »Reformverein« und übernahm dessen Führung, wobei er im gemäßigt liberalen Sinne versuchte, die Oppositionsbewegung zu einen und die Verselbständigung einer Volksbewegung zu verhindern. Die wirtschaftliche und geistige Führungsrolle Rostocks ließ den Reformverein der Stadt schnell auch eine Spitzenposition unter den liberalen Vereinen des Landes erlangen.

Bei den Wahlen zur verfassungsvereinbarenden Versammlung im Sommer 1848 errang W. ein Mandat; von den insgesamt 103 Abgeordneten des Parlaments (85 für M.-Schwerin, 18 für M.-Strelitz und das Fürstentum Ratzeburg), die zu fast zwei Dritteln der demokratischen Partei angehörten, wurde der Dreiunddreißigjährige auf der ersten Sitzung am 31. Oktober 1848 mit großer Mehrheit zum Präsidenten gewählt, und die mecklenburgische Abgeordnetenkammer bestätigte ihn im Amt. Dadurch war W. innerhalb weniger Monate zur Symbolfigur einer revolutionären Bewegung in Mecklenburg geworden, die die beiden Großherzogtümer durch das am 10. Oktober 1849 verabschiedete »Staatsgrundgesetz« in die Reihe der modernen konstitutionellen Staatswesen führte. Allerdings blieb diese Entwicklung Episode. Initiiert durch den Großherzog von Mecklenburg-Strelitz, der das Staatsgrundgesetz nicht unterzeichnete, und mit preußischer Unterstützung wurde diese Verfassung durch ein Schiedsgericht, an dem auch hannoversche und sächsische Regierungsvertreter beteiligt waren, im September 1850 im sogenannten Freienwalder Schiedsspruch für ungültig erklärt. Damit trat der feudale

Landesgrundgesetzliche Erbvergleich wieder in Kraft und blieb bis 1918 in wesentlichen Teilen erhalten.

Bei der persönlichen Abrechnung konzentrierte sich die Reaktion besonders auf W. und den engeren Kreis um ihn, zu dem auch sein Bruder Julius gehörte. Mit fadenscheinigen Begründungen und unter zweifelhafter Prozeßführung wurde ein Hochverratsprozeß eingeleitet, W. 1853 in Untersuchungshaft genommen und 1857 zu drei Jahren Zuchthaus verurteilt. Im Herbst 1857 erfolgte dann seine Begnadigung und die Ausweisung aus Mecklenburg. Der Prozeß hatte unter den Liberalen Deutschlands bereits für Aufsehen gesorgt und Julius W. verstärkte noch die Wirkung durch eine Publizierung der Vorgänge (*Vierundvierzig Monate Untersuchungshaft. Ein Beitrag zur Geschichte des Rostocker Hochverrathsprocesses.* Berlin 1861). W. hatte sich den Ruf eines Märtyrers für die Sache des Liberalismus erworben.

Nach kurzem Aufenthalt in Berlin durfte er nach Mecklenburg zurückkehren, doch blieb ihm die Zulassung als Advokat bei den mecklenburgischen Gerichten für immer versagt. Bis an sein Lebensende lebte W. unverheiratet im Hause seines Bruders, und beide waren auch politisch eng verbunden. W. beteiligte sich am »Deutschen National-Verein«, der 1862 in Coburg unter seiner Teilnahme eine Forderung nach Wiederherstellung des mecklenburgischen Staatsgrundgesetzes von 1849 beschloß. Im selben Jahr besuchte er auch die Gründungsversammlung des »Abgeordnetentages« in Frankfurt am Main und wurde dort in die ständige Kommission gewählt. Tagungen der »Volkswirtschaftlichen Gesellschaft für Norddeutschland« und des »Kongresses deutscher Volkswirte« besuchte er regelmäßig und entwickelte sich dabei zu einem Wirtschaftsspezialisten (*Die mecklenburgische Steuerreform, Preußen und der Zollverein,* 1862).

1863 führte ihn eine längere Reise durch Italien, wo er mit verschiedenen Exponenten der italienischen Einheitsbewegung zusammentraf, darunter auch mit Guiseppe Garibaldi. Als nach dem Preußisch-deutschen Krieg 1866 die beiden Mecklenburg notgedrungen und eher widerwillig dem (von Preußen geführten) Norddeutschen Bund beitraten, mußten sie demokratische Wahlen (für Männer) abhalten. Abweichend vom Reichswahlgesetz, das politisch Verurteilte zur Wahl zuließ, entzog man in Mecklenburg allen das Wahlrecht, die eine Zuchthausstrafe hatten verbüßen müssen. W. wurde daher 1867 von einem Berliner Wahlkreis in den (zunächst konstituierenden) Reichstag des Norddeutschen Bundes gewählt (bis 1871). Im norddeutschen Reichstag nahm W. bei der Fraktion der »Deutschen Fortschrittspartei« Platz, obwohl die mecklenburgischen Liberalen, als deren unumstrittener Führer W. nach wie vor galt, auch den Anschluß an die Nationalliberalen freigestellt hatten. Nach Gründung des Deutschen Reichs 1871 war es W. möglich, die Interessen mecklenburgischer Wähler unmittelbar wahrzunehmen: Dem Deutschen Reichstag gehörte er für die »Deutsche Fortschrittspartei« als Vertreter des Wahlkreises Parchim-Ludwigslust von 1871–1881 an.

Als Abgeordneter des Norddeutschen wie des Deutschen Reichstags konnte W. für den deutschen Liberalismus insgesamt und insbesondere für die Liberalisierung Mecklenburgs manches erreichen. Etliche Anträge und Beschlüsse sind mit W.s Namen verbunden: über die rechtliche Gleichstellung der Juden, erweiterte Freiheiten für Druckereien und Verlage, eine Lockerung des repressiven Vereins- und Versammlungsrechts, eine demokratische Wahlkreiseinteilung. Seine Einstellung zu den beiden mecklenburgischen Regierungen und zum ständischen System mit dem Alleinvertretungsanspruch der Ritterschaft tat W. mit den Worten kund: »Ich habe niemals verhehlt, daß ich das gegenwärtige System, das in Mecklenburg herrscht, aus tiefstem Grund meiner Seele hasse, weil nach diesem System der Bürger vollständig politisch unberechtigt ist, und weil über das Vermögen der Gesamtheit ohne Zustimmung der Bürger verfügt wird« (*Die Wiederherstellung der Leibeigenschaft in Mecklenburg,* 1864; *Der Vernichtungskampf wider die Bauern in Mecklenburg,* 1864). Bei der Abstimmung über das repressive Sozialistengesetz im Herbst 1878 gehörte W. (ebenso wie sein Bruder Julius) zur Minderheit derer, die an die Seite der Sozialdemokratie gefunden hatten (linksliberale und katholisches Zentrum). An seiner Gegnerschaft zur SPD änderte sich dadurch freilich nichts. Unter dem Eindruck der konservativen Mehrheit im Reichstag seit 1878 und dem im selben Jahr offenbar gewordenen Scheitern einer seit 1871 nach wiederholten Anläufen steckengebliebenen Verfassungsreform in Mecklenburg, kandidierten die Gebrüder W. 1881 nicht wieder für den Reichstag und zogen sich aus dem politischen Leben allmählich zurück. W. widmete sich nun vor allem dem Projekt eines Schiffahrtskanals von Rostock nach Berlin. Bereits in den sechziger Jahren hatte er sich mit dem Kanalsystem beschäftigt und für einen Elbe-Spree-Kanal geworben. W. schwebte ein Wasserstraßennetz von der Ostsee bis zum Schwarzen Meer und von Rußland bis Frankreich und Wien vor. Nur den Anfang davon erlebte er noch.

Lindner, E.: Ein Liberaler gegen den Ständestaat. Moritz Wiggers zwischen demokratischer Zivilcourage und mecklenburgischem Patriotismus. In: Stiftung Mecklenburg (Hg.): Modernisierung und Freiheit. Beiträge zur Demokratiegeschichte in Mecklenburg-Vorpommern. Schwerin 1995, S. 660–672. – Stammer, M.: Die Anfänge des mecklenburgischen Liberalismus bis zum Jahr 1848. Köln 1980.

Wolf Karge

Wirth, Johann Georg August

Geb. 20. 11. 1798 in Hof; gest. 26. 7. 1848 in Frankfurt/Main

»So wählt denn, meine deutschen Mitbrüder, die Devise ›Ordnung, Freiheit und Licht‹ allenthalben zu eurem Wahlspruch; (...) lebet und sterbet für die Freiheit und schreibt vor allem den Satz: ›Ohne vollständige Durchführung des constitutionellen Prinzips und ohne politische Einheit kein Heil für Deutschland‹ mit Flammenzügen in euer Herz.« Mit diesen Worten, die zugleich sein politisches Programm umfaßten, begrüßte W. die Leser seiner Zeitung *Deutsche Tribüne* am Neujahrstag 1832. Es begann ein Jahr, das für den Redakteur von besonderer Bedeutung sein sollte und zur Radikalisierung seiner politischen Ideale führte.

Ursprünglich hatte der 1798 in Hof geborene Sohn eines Poststallmeisters keine politisch-publizistische, sondern eine wissenschaftliche Laufbahn angestrebt. W., das dritte von fünf Kindern, hatte trotz des frühen Todes seines Vaters eine gründliche Schulbildung genossen, zuletzt (1814–1816) an dem von Hegel geleiteten Ägidien-Gymnasium in Nürnberg. 1816 begann er ein rechtswissenschaftliches Studium an der Universität Erlangen. Nach der Rechtspraktikantenzeit promovierte er in Halle (1820) und ging 1821 nach seiner Heirat nach Breslau, um sich dort zu habilitieren. Obwohl W. ein *Handbuch der Strafrechtswissenschaft und Strafgesetzgebung* (1822) verfaßte, kam die Habilitation nicht zustande. So arbeitete er ab 1823 wieder als Jurist, und zwar für Rechtsanwalt Keim in Bayreuth. Seine dort gesammelten Erfahrungen fanden ihren Niederschlag in W.s Schrift *Über die Nothwendigkeit einer durchgreifenden und gründlichen Verbesserung der Civil-Proceßordnung, Rechtspflege und Gerichtsverfassung in Bayern* (1826); bereits im Jahr zuvor hatte er *den Entwurf eines Strafgesetzbuches* ausgearbeitet. Neben juristischen Fragen beschäftigten ihn wirtschafts- und tagespolitische Themen.

Die französische Julirevolution 1830 erlebte W. als Umbruch. Obwohl er mittlerweile eine fünfköpfige Familie zu versorgen hatte, verließ er 1830 seine Stelle und begann zu publizieren: Ab 1831 gab W. die Zeitschrift *Der Kosmopolit* heraus, die es aber nur auf sieben Abonnenten und, von der Zensur bedrängt, auf sieben Hefte brachte. Er zog nach München, wo im selben Jahr die beiden Kammern des bayerischen Landtags zu Verhandlungen zusammentraten. Von Johann Friedrich Cotta wurde ihm die Schriftleitung des (ab 1. Juli 1831) offiziösen Blattes *Inland* angeboten. W. griff zu und berichtete vor allem im Sinne der liberalen Landtagsopposition. Seine politische Haltung war gemäßigt, das heißt, er hoffte auf von den Ständen durchgesetzte und vom König getragene Reformen; die Revolution propagierte er nicht. Trotzdem bekam Cotta wegen des Blattes Schwierigkeiten mit der Regierung, W.s Vertrag wurde im Juli 1831 nicht mehr verlängert. Daraufhin gründete W. in München *Die deutsche Tribüne*. Streichungen durch die Zensur und Beschlagnahmungen trafen dieses Blatt regelmäßig. Zusätzlich erschienen ab dem 19. Juli das *Oppositionsblatt für Baiern* und von August bis Dezember 1831 *Das liberale Deutschland* mit dem für W.s Anspruch bezeichnenden Untertitel: *Eine censurfreie Zeitschrift*. 1831/32 verfaßte W. mehrere politische Flugschriften. Als wichtigste Forderung tauchte in seinen Werken immer wieder der Ruf nach Pressefreiheit und konstitutionellem Staat auf. Wegen der Zensurmaßnahmen verlegte W. die *Tribüne*, die nun durch eine Aktiengesellschaft finanziert wurde, 1832 nach Homburg/Pfalz. Sein Credo lautete: »Die freie Presse ist die Schutzwehr der Völker gegen die Tyrannei der Machthaber.«

Doch auch in der Pfalz blieben Maßregeln nicht aus: Am 4. Januar 1832 wurde seine Handpresse versiegelt. Die *Tribüne* druckte W. jedoch weiter auf einer Schnellpresse, einzelne Artikel machte er als Flugblätter einer größeren Öffentlichkeit bekannt. Einer dieser weitverbreiteten Beiträge war W.s Aufruf *Deutschlands Pflichten*, mit dem er die Gründung des »Preß- und Vaterlandsvereines« propagierte und ein deutsches Reich »mit democratischer Verfassung« forderte. Kurz darauf überschlugen sich die Ereignisse: Am 2. März 1832 wurde der »Preßverein« verboten, einen Tag später per Beschluß des Deutschen Bundes die *Tribüne* und gegen W. ein fünfjähriges Berufsverbot verhängt; Mitte März erfolgte seine Verhaftung, und die Mitredakteure der *Tribüne* wurden ausgewiesen. Auch nach W.s Freispruch (am 14. April) erschien das Blatt nicht mehr.

Statt dessen machte sich W. in seinem *Aufruf an die Volksfreunde in Deutschland* (1832) für eine Umgestaltung des »Preßvereins« stark, er entwickelte darin einen »Verfassungsentwurf«: »Dieser auf parlamentarische Demokratie abzielende Entwurf ist der einzige seiner Art in der pfälzischen Vormärzbewegung« (C. Foerster). Die Schrift wurde vom Zentralkomitee des Vereins abgelehnt.

Das Hambacher Fest, zu dem sich am 27. Mai 1832 20 000 bis 30 000 Menschen versammelten und das W. beschrieb (*Das Nationalfest der Deutschen zu Hambach*, 1832), ließ die Differenzen zwischen W. und der Preßvereinsführung offen zu Tage treten. In seiner Rede feierte W. die »vereinigten Freistaaten Deutschlands« sowie das »conföderirte republikanische Europa«. Anstoß nahm man aber an den antifranzösischen

Tendenzen in der Rede, denn er warnte vor französischen Expansionsplänen, denen die linksrheinischen deutschen Gebiete zum Opfer fallen würden.
Auf Ablehnung stieß auch der von W. und Philipp Jakob Siebenpfeiffer am zweiten Tag des Festes unternommene Vorstoß, die Ziele des Preßvereins stärker auf eine Umgestaltung der politischen Verhältnisse zu richten. Die beiden Journalisten betrachteten die am 28. Mai bei einer Versammlung im Schießhaus gewählten Personen, zu denen auch W. gehörte, als provisorische Volksvertretung. Sie konnten sich aber nicht durchsetzen.
W. und Siebenpfeiffer betrieben nun die Gründung des »Deutschen Reformvereins«, einer ersten republikanisch-demokratischen Organisation des Vormärz. Doch wurde der Verein schon in seinen Anfängen von der Regierung unterdrückt und W. am 15. Juni 1832 erneut verhaftet. Im Gefängnis vollendete er sein Werk *Die politische Reform Deutschlands* (1832). Der Landauer Schwurgerichtsprozeß (1833) endete mit einem aufsehenerregenden Freispruch W.s. Seine Verteidigungsrede wurde in vielen Auflagen gedruckt und verbreitet.
In einem weiteren Prozeß erhielt W. die Höchststrafe von 2 Jahren wegen Beamtenbeleidigung. In der Haft in Kaiserslautern entstanden W.s *Fragmente zur Culturgeschichte* (1836), in denen er versuchte, »die Geschichte der Natur in die Geschichte des Alls einzubetten« (A. Doll). Die fortschreitende Entwicklung der Menschheit schien ihm aufs engste mit dem Kosmos verknüpft. Trotz der Kritik von Wissenschaftlern hielt W. an seinem »System« fest. Im April/Mai 1836 saß W. in Passau eine ältere Strafe ab. Danach lebte er unter Polizeiaufsicht in Hof. Im Winter 1836/37 flüchtete er zu seiner Familie nach Weissenburg/Elsaß. Auf Betreiben der Regierung des bayerischen Rheinkreises in Speyer mußte W. den grenznahen Wohnort verlassen. Über Nancy, wo er seinen Lebensunterhalt mit dem Redigieren der in Heidelberg erscheinenden *Braga. Vaterländische Blätter für Kunst und Wissenschaft* verdiente, und Straßburg kam W. im Herbst 1839 ins schweizerische Emmishofen. In der Konstanzer *Deutschen Volkshalle*, als deren Schriftleiter er zeichnete, publizierte er während der Rheinkrise (französische Forderungen auf Rheingrenze und als Folge nationale Welle in Deutschland: »Die Wacht am Rhein«) 1840 Artikel mit stark antifranzösischer Tendenz. Über der französischen Frage zerbrach die Einheit der deutschen Exilanten. Im April 1841 erschien die *Volkshalle* zum letzten Mal.
Nun begann eine neue Lebensphase für W.: Mit *Die politisch-reformatorische Richtung der Deutschen im 16. und 19. Jahrhundert* (1841), *Die Geschichte der Deutschen* (1842-1845) und *Die Geschichte der deutschen Staaten von der Auflösung des Reiches bis auf unsere Tage* (1847-48) legte W. ein umfangreiches historisches Werk vor. Sein Buch von 1841, das auf den Leitartikeln der *Volkshalle* beruhte, richtete W. vor allem an Preußen. Überzeugt davon, daß die »Republik« sich in einer geeinten Nation mit der Zeit entwickeln würde, setzte er nun die Einheit Deutschlands vor die Freiheit. Von Preußen erhoffte er das Einigungswerk. Zentrales Ereignis in der deutschen Geschichte war für W. nicht die Französische Revolution, sondern die Reformation.
W. lebte bis zu seiner Rückkehr nach Karlsruhe 1847 im Kanton Thurgau. Neben zwei noch in der Schweiz ausgearbeiteten biographischen Schriften (*Denkwürdigkeiten aus meinem Leben*, 1844; *Walderode, eine historische Novelle aus der neueren Zeit*, 1845) verfaßte er in Deutschland kleinere Beiträge, darunter den Aufruf *Ein Wort an die deutsche Nation* (1848). 1848 wurde der Neunundvierzigjährige in das Frankfurter Vorparlament berufen. In die Nationalversammlung kam er allerdings nur durch den Mandatsverzicht eines Abgeordneten. Aber noch bevor die Sitzungen begannen, verstarb W.

Doll, A.: Philipp Jakob Siebenpfeiffer 1789-1845 - Johann Georg August Wirth 1798-1848, in: Baumann, K. (Hg.): Das Hambacher Fest. 27. Mai 1832. Männer und Ideen. Speyer (2. Aufl.) 1982, S. 7-94. - Foerster, C.: Der Preß- und Vaterlandsverein von 1832/33. Sozialstruktur und Organisationsformen der bürgerlichen Bewegung in der Zeit des Hambacher Festes. Trier 1982. - Müller, O. H.: Johann Georg August Wirth und die Entwicklung des radikalen Liberalismus von 1830-1848. Frankfurt/Main 1925. - Schröter, H. (Hg.): Johann Georg August Wirth. Aus Haft und Exil. Briefe des Publizisten und Vormärzpolitikers aus den Jahren 1833 bis 1837. Speyer 1985.

Elisabeth Droß

Witkojc, Mina

Geb. 28. 5. 1893 in Borkowy (dt. Burg)/Spreewald; gest. 11. 11. 1975 in Popojcy (dt. Papitz)

Mina W., eine bemerkenswerte Frauenpersönlichkeit, sorbische Dichterin und Journalistin, machte sich über ihre engere Heimat hinaus als engagierte sorbische Patriotin, Pazifistin und Demokratin einen Namen. Ihr Leben und Wirken ist eng verbunden mit dem Kampf um die Erhaltung und Pflege der niedersorbischen Sprache, die sie wie eine kleine Insel inmitten des Meeres gefährdet sah. »Was für ein großes Glück bedeutet für den Menschen die Muttersprache. Denn nur in der Muttersprache kann die Seele des Menschen wirklich lebendig sein.«
Mina W. war nach damaligem Sprachgebrauch die Tochter einer Lausitzer Dienstmagd. Um so größer erscheint ihre Leistung, daß sie sich autodidaktisch gründliche Kenntnisse der Sprache und Literatur der Sorben und von deren slawischen Nachbarvölkern aneignen konnte. Es gelang ihr, die

Leitung einer wichtigen sorbischen Zeitschrift, des *Serbski Casnik*, für mehrere Jahre zu übernehmen.
Deutsch hieß sie Wilhelmine Wittka. Aufgewachsen ist W. in der Niederlausitz, aufgezogen von ihrer Großmutter, die ihr wohl die sorbischen Lieder und Märchen vermittelt hat. Von der Großmutter wird sie auch das Anlegen der niedersorbischen Tracht gelernt haben, mit der sie sich fotografieren ließ. W. besuchte die siebenklassige deutsche Volksschule, half seit frühester Kindheit bei Bauern als Magd aus, arbeitete später in Berlin als Blumenbinderin und während des Ersten Weltkriegs in einer großen Rüstungsfabrik. Nie verließen sie Existenzsorgen, bis ins späte Alter bestand ihr Leben aus schwerer, schlecht bezahlter Arbeit bei der Heumahd, bei der Gurkenernte oder in der Spreewälder Meerrettichverarbeitung. »Chuda bołšańska maruša« (armes Spreewälder Mariechen) nennt sie sich selbst in ihren Erinnerungen.
Ihre Laufbahn als Schriftstellerin begann sie mit Gedichten in deutscher Sprache. Eine Wende brachte das Jahr 1921, als eine gemischte obersorbisch-tschechische Delegation ihre Heimat besuchte. Die Gespräche mit den slawisch-patriotisch fühlenden Gästen weckten in W. ein tieferes Interesse an der auch in ihrem Leben an den Rand gedrängten Muttersprache. Sie ging 1922 nach Bautzen, um bei dem sorbischen Philologen und Schriftsteller Arnošt Muka zu studieren. Muka erkannte und förderte ihr dichterisches Talent und ermutigte sie, von nun an in ihrer Muttersprache zu schreiben. In Bautzen lernte sie auch andere slawische Sprachen kennen und begann, wichtige Werke aus der Literatur der Tschechen, Polen und Russen ins Niedersorbische zu übersetzen, um ihrem Volk den Zugang zur übrigen slawischen Geisteswelt zu ermöglichen.
Ihre beiden Lyrikbändchen *Dolnoserbske basni* (*Niedersorbische Gedichte*, 1925) und *Wěnašk błošańskich kwětkow* (*Spreewaldblütenkranz*, 1934) besingen in knapper Wortwahl und einfacher, an das Volkslied angelegter Metrik, die Schönheiten des Spreewalds: das frische Grün des Frühlings, Kuckucksruf und Gesang der Lerche, die üppigen sommerlichen Wiesen, von Erlen gesäumte Flußläufe, verschneite Winterlandschaften. Eingebettet in diese scheinbare Idylle sind Bilder von ärmlichen, strohbedeckten Lehmhütten oder die Vorstellung eines abendlichen Herdfeuers, an dem sich die von der Arbeit ermüdeten Tagelöhner zusammenfinden, um ihr karges Mahl einzunehmen. Nur auf den ersten Blick handelt es sich hier um Naturlyrik, unter den Bedingungen des damaligen Volkstumkampfes war das bloße Publizieren in der niedersorbischen Sprache ein mutiges politisches Bekenntnis zum eigenen Volk. Das demokratische Engagement der W. bestand in erster Linie in ihre Option für die Minderheitenrechte der 30 000 Niedersorben, die sich damals einem zunehmenden Germanisierungsdruck ausgesetzt sahen. Sie war daher auch als Dichterin um breitere öffentliche Wirkung bemüht und trug ihre Texte auf »sorbischen Abenden« einem größeren Publikum vor, sie wagte sich sogar an die Vertonung ihrer Gedichte.
Bald darauf, im Jahr 1937, erhielt sie von den Nationalsozialisten Schreibverbot. Arbeitslos, enttäuscht und zurückgezogen lebte sie zunächst in Bautzen, 1941 erhielt sie die behördliche Auflage, das Sorbenland zu verlassen. Sie fand in Erfurt Unterschlupf und schlug sich als Gelegenheitsarbeiterin durch. 1944 wurde sie für einige Wochen inhaftiert. Der Publikationsmöglichkeit beraubt, setzte sie sich in Bittbriefen an deutsche Behörden für bedrängte Sorben ein, insbesondere für solche, die gegen Deutschland optiert hatten, aber dennoch zum Militär eingezogen wurden. In Briefen an ihren polnischen Freund W. Szewczyk in Schlesien zeigte sich W. als überzeugte Pazifistin und klagte die Schrecken des Krieges an. Den Einmarsch der Roten Armee hat sie 1945 in einem Gedicht ausdrücklich als Befreiung begrüßt.
1923 übernahm W. die Redaktion des bis dahin unbedeutenden Magazins *Serbski Casnik* und gewann über 1000 Abonnenten auf ihren Wanderungen durch die Dörfer der Niederlausitz. In einem Leitartikel *Mysli wo wojnie* (*Gedanken über den Krieg*, 1924) erinnerte sie an das Elend der Schlachtfelder und denunzierte die damals erneut in die Schulen eingeführte aggressive Selbstherrlichkeit des deutschen Nationalsozialismus als Gefahr für den Frieden. Der Profitsucht von Kriegsgewinnlern und Rüstungsproduzenten stellte sie »Bruderliebe unter allen Völkern der Welt« entgegen. An ihr sorbisches Volk »mit dem sanften slawischen Gemüt«, das seit Menschengedenken von den Unterdrückern lieber Unrecht erduldet als selber verübt hätte, appellierte sie, einem neuen Militarismus nicht nachzugeben und sich geistig nicht erniedrigen zu lassen.
Die meisten Artikel der W. wenden sich direkt an die Niedersorben. W. wollte ihre Landsleute aus geistiger Trägheit, Ängstlichkeit und Angepaßtheit herausführen und zu mutigem Bekennen der Muttersprache und zu kultureller Emanzipation befähigen. Immer wieder verwies sie auf den Artikel 113 der Weimarer Verfassung, der allen Minderheiten in Deutschland das Recht auf Ausübung der eigenen Sprache in Schule, Kirche und Verwaltung garantierte. Sie stellte jedoch fest, daß die Wirklichkeit diesem Verfassungsgebot nicht entsprach. Die preußischen Behörden sahen den Untergang dieser ethnischen Gruppe voraus und taten alles, um ihn zu beschleunigen. Auf dem Kongreß der europäischen Minderheiten in Genf 1926 forderte W. die demokratischen Rechte für die Sorben auch vor einer internationalen Öffentlichkeit ein.
Besonderes Augenmerk legte W. als Politikerin auf die Rolle der Frauen, denen als Mutter in der Erziehung eine maßgebliche Rolle bei der Bewahrung und Pflege der Sprache, der Lieder und Märchen zukomme. Sie knüpfte Verbindungen zu

Frauenorganisationen in anderen Ländern und zur Internationalen Frauenliga für Frieden und Freiheit; besonders enge Beziehungen unterhielt sie zu slowakischen Frauenrechtlerinnen.
Durch ihre publizistische Tätigkeit und ihr engagiertes Eintreten für die Rechte der Sorben geriet sie in Konflikt nicht nur mit den deutschen Behörden, sondern auch mit der etablierten, männlich dominierten damaligen Führungsschicht der Niedersorben, jenen »gebildeten Herren«, die eine Frau wie W. nicht gern an der Spitze einer einflußreichen Zeitschrift sahen. Sie verlor bereits 1931 ihre Stellung als leitende Redakteurin des *Serbski Casnik* und konnte nur noch zwei weitere Jahre seine illustrierte Beilage betreuen, bis das Wochenblatt 1933 aus politischen Gründen ganz eingestellt werden mußte.
Nach dem Krieg kehrte W. in ihre Heimat zurück, versuchte jedoch vergeblich, als Journalistin Fuß zu fassen. Enttäuscht zog sie für einige Jahre zu ihrer Schwester in die Tschechoslowakei und kam erst 1954 in die DDR zurück. Dort erschienen in den folgenden Jahren drei Sammelbände mit einer Auswahl ihrer Gedichte *K swětlu a słyńcu* (*Zum Licht und zur Sonne*, Budyšyn/Bautzen 1955), *Duj, wětšyk, duj!* (*Weh, Windchen, weh!*, Budyšsyn/Bautzen 1978) und journalistischen Arbeiten *Po drogach casnikarki* (*Auf den Wegen einer Journalistin*, Budyšyn/Bautzen 1964).
In der DDR erfuhr sie eine späte Wertschätzung besonders unter der sorbischen Intelligenz, ihr Name taucht in der Literaturgeschichte der DDR und in der Enzyklopädie *Die Frau* auf. Dennoch zog W. nach ihrer Rückkehr aus der Tschechoslowakei eine wehmütig enttäuschte Bilanz ihres Lebens. In einem autobiographischen Essay heißt es abschließend: »Der Vogel hat ein Nest, der Fuchs seinen Bau, der Hund seine Hütte – ich aber habe keine Bleibe (...) Mina W., vormals Journalistin, jetzt im Ruhestand«.

Szewczyk, W.: Portret 6#uzyczanki Mina Witkojc. Katowice 1948. – Mina Witkojc. Eine sorbische Dichterin. Ausgewählte literarische Texte, zweisprachig. Mit einem biographischen Abriß und 8 Bilddokumentationen. Hg. Rat der Stadt Cottbus 1976.

Inge Gerlinghoff

Wolff, Ferdinand

Geb. 7. 11. 1812 in Köln; gest. 8. 3. 1905 in London

W., von seinen späteren politischen Gesinnungsgenossen wegen seines roten Bartes, aber wohl auch seiner radikalen politischen Ansichten wegen »Lupus rufus« oder »der Rote« gerufen, entstammte einer mäßig wohlhabenden Kölner jüdischen Kaufmannsfamilie. Er verdankt seine Bekanntheit vor allem der Mitgliedschaft im Redaktionskomitee der in der Revolution von 1848/49 von Marx in W.s Heimatstadt Köln herausgegebenen *Neuen Rheinischen Zeitung*. W. war in diesem Blatt Chefkorrespondent für Frankreich. Die laufende Berichterstattung über die revolutionären Ereignisse im Nachbarland und deren Kommentierung war weitgehend ihm überlassen. Philosophisch gebildet und theoretischen Fragen gegenüber aufgeschlossen, überdies ein journalistisches Talent, vermochte er seine Begabungen in besonderer Weise zu entfalten.
W. studierte nach neunjährigem Gymnasiumsbesuch von 1831 bis 1836 mit mehreren krankheitsbedingten Unterbrechungen in Bonn, München und an der Freien Universität in Brüssel Medizin und Philosophie, jedoch ohne ein Fach mit Examen oder Promotion abzuschließen oder je den Arztberuf auszuüben. Das Jahrzehnt zwischen 1836 und 1846 verbrachte er in Paris, seinen Lebensunterhalt vornehmlich als Zeitungskorrespondent und Privatlehrer verdienend. Er war in dieser Zeit mit Heinrich Heine gut bekannt, soll ihm beim Abfassen von französischen Texten geholfen und seiner Frau Mathilde deutschen Sprachunterricht gegeben haben. Von W.s journalistischen Arbeiten dieser Jahre ist nichts überliefert.
Eng vertraut mit Hermann Ewerbeck, dem führenden Kopf der Pariser Zentrale des deutschen »Bundes der Gerechten« (1836–1847), vertrat er neobabouvistische Anschauungen. So meinte er, »daß man bei der nächsten Erhebung die Prinzipien Babeufs zu realisieren haben werde«, und bekämpfte dementsprechend in der französischen Arbeiterpresse den friedlichen Kommunismus Etienne Cabets.
Die Bekanntschaft mit Karl Marx 1846 in Brüssel brachte eine Wende in sein politisches Leben. W.s publizistisches Wirken erreichte nun eine größere politische Öffentlichkeit. Zu einem Anhänger der Marx'schen Theorie wandelte er sich während Marx' Arbeit an der gegen Pierre Joseph Proudhon (*Système des contradictions économiques ou Philosophie de la misère*, 2 Bde. 1846) gerichteten Schrift *Misère de la Philosophie*, wobei W., bereits exzellenter Kenner des Französischen, dem in dieser Hinsicht sprachlich noch etwas unsicheren Marx half. Mit einer vielbeachteten Rezension dieses 1847 erschienenen Marx-Werks, die erstmals auch wichtige Passagen daraus in gelungener deutscher Übersetzung der Öffentlichkeit unterbreitete, erwies sich W. als ein Mann, der Marx' Theorie rezipiert hatte und anzuwenden verstand. Er war seit 1847 auch in die praktisch-politische Arbeit seiner neuen Gesinnungsgefährten einbezogen. Als Mitglied des 1847 aus dem »Bund der Gerechten« hervorgegangenen »Bundes der Kommunisten« hielt er, nach Ausbruch der französischen Februarrevolution 1848 mit Marx nach Paris übergesiedelt, dort bis in den Sommer 1848 hinein die Verbindung zu den französischen Arbeiterklubs.

Zum Gipfelpunkt seines politisch-journalistischen Schaffens wurde W.s Redakteurstätigkeit in der seit 1. Juni 1848 in Köln erscheinenden *Neuen Rheinischen Zeitung*. Im Juni schrieb er zunächst von Paris aus, danach – gestützt auf französische Zeitungen – in der Kölner Redaktion und im Winter 1848/49 wieder aus Paris bis zur Unterdrückung des Blattes am 19. Mai 1849, mehr als 170 Beiträge zum Gang und zu den Ergebnissen der französischen Revolution. Es waren durchweg tagespolitische Themen, über die er berichtete: von den Auswirkungen der Pariser Juniinsurrektion 1848 und der Verfolgung der proletarischen Insurgenten über die Verhandlungen in der französischen Nationalversammlung, die Präsidentschaftswahlen im Dezember 1848, die offizielle französische Regierungspolitik, namentlich die Außenpolitik gegenüber Italien im Frühjahr 1849, den Prozeß in Bourges gegen die Führer der revolutionären Aktion vom 15. Mai 1848 bis zu den französischen Arbeiterassoziationen und ihren Beziehungen zu den Republikanern.

W. begnügte sich nie damit, Vorgänge einfach zu referieren, sondern suchte Hintergründe und politische Zusammenhänge herauszuarbeiten und den Kern der jeweiligen Argumente offenzulegen. Sein Anliegen war, von der Analyse der politischen Kämpfe in der Revolution zu theoretischen Einsichten über das Wesen der bürgerlichen Gesellschaft vorzustoßen, die innere Logik revolutionärer Machtkämpfe zwischen den verschiedenen Strömungen und Parteien in der französischen Gesellschaft auf die jeweils bestimmenden Klasseninteressen und deren ökonomisch-soziale Grundlagen zurückzuführen: »Das korrumpierte Frankreich war am 24. Februar [24. 2. 1848: Abdankung des Königs Louis Philippe und Ausrufung der Republik, der Verf.] politisch gestürzt; die politische Spitze der französischen Gesellschaft war umgeworfen. Die korrumpierte Gesellschaft selbst, und das in den korrumpierten gesellschaftlichen Verhältnissen Erworbene bestanden noch, aber ohne Bajonette, ohne Schutz. Alle Kämpfe seit dem 24. Februar waren ein Ankämpfen gegen diese Verhältnisse (...). Die Geldmänner (...), die Männer des Kapitals blieben an der Herrschaft und schoben den Bourgeoisrepublikaner Marrast [der Journalist Armand Marrast war von Juli 1848 bis Mai 1849 Präsident der Nationalversammlung, der Verf.] als Strohmann vor (...)«.

W. verglich die Februarrevolution 1848 immer wieder mit der ersten, der großen Französischen Revolution von 1789: »Zur Zeit der ersten Revolution waren die Eigentumsverhältnisse lange nicht so entwickelt; es handelte sich zunächst um die gänzliche Zerstörung des feudalen Eigentums, um die Herausbildung des bürgerlichen Eigentums (...). So verfuhren die damaligen Revolutionäre, die zwar Proletarier waren, aber im Interesse der Bourgeoisie kämpften und der späteren entschiedenen Bourgeoisherrschaft den Weg bereiteten. Aber die Revolutionäre von 1848, die Proletarier, die endlich einmal für ihre eigenen Interessen kämpfen wollten, waren großmütig, sie ließen nicht nur die Personen, sondern sogar die Lebensverhältnisse ihrer Gegner unangetastet (...). Und nun, da sie endlich (...) den ersten Kampf gegen diese Verhältnisse beginnen, nun werden sie niedergemetzelt, deportiert oder den Kriegsgerichten übergeben (...).« W.s Artikel in der *Neuen Rheinischen Zeitung* waren eine direkte Vorarbeit für Marx' erste historische Studie von 1850 über *Die Klassenkämpfe in Frankreich 1848 bis 1850*, für die Marx zunächst W. selbst zu gewinnen versucht hatte.

Auch nach der Niederlage der Revolution hatte W., nun wieder ins politische Exil nach England verbannt, um sich seinen Lebensunterhalt zu verdienen, für Zeitungen in Deutschland weiter korrespondiert, so für die *Westdeutsche Zeitung*, das *Morgenblatt für die gebildeten Stände*, die Augsburger *Allgemeine Zeitung* und das *Deutsche Museum*. W. blieb dabei zunächst sozialkritisch und versuchte auch marxistische Einsichten zur Geltung zu bringen. Das gilt insbesondere für seine umfängliche Studie über *Lage und Zukunft der arbeitenden Classen aus dem Gesichtspunkte der englischen Verhältnisse betrachtet*, die er 1855 für Brockhaus' Konversationslexikon *Die Gegenwart* niederschrieb. W. benutzte zwar nach wie vor marxistische Termini, sagte sich aber zugleich vom Klassenkampfprinzip los. Bereits 1852 hatte er die Verbindungen zur »Partei Marx« abgebrochen und sich nach der Heirat mit einer reichen Engländerin, bei der er hoch verschuldet war, von der Arbeiterbewegung und dem politischen Leben generell gänzlich zurückgezogen. Nur mit Ferdinand Freiligrath, der 1851 ebenfalls nach England emigriert war, hielt er noch Verbindung. In den folgenden Jahrzehnten wirkte W. als Lehrer, zunächst in Blackburn, dann an der Universität in Oxford.

In den frühen neunziger Jahren nahm W. nochmals Kontakt zu Friedrich Engels auf und führte eine umfangreiche Korrespondenz mit ihm. Er befaßte sich mit dessen Arbeiten aus den siebziger und achtziger Jahren und schrieb auch für die sozialdemokratische *Neue Zeit*. Engels, der seinen Mitstreiter aus den Anfängen der sozialistischen Bewegung 1893 noch einmal besuchte, nannte W., der zeitlebens unter psychischen Depressionen zu leiden hatte, die sich im Alter bisweilen bis zum Verfolgungswahn steigerten, »einen der geistreichsten Männer«.

Schmidt, W.: Ferdinand Wolff. Zur Biographie eines kommunistischen Journalisten an der Seite von Marx und Engels. Sitzungsberichte der Akademie der Wissenschaften der DDR, Jg. 1983, Nr. 3/G. Berlin 1983. – Schmidt, W.: Ferdinand Wolff. Mitstreiter von Marx und Engels in der Redaktion der »Neuen Rheinischen Zeitung«, in: Bleiber, H.; Schmidt, W.; Weber, R. (Hg.): Männer der Revolution von 1848. Bd. 2, Berlin 1987, S. 9–52.

Walter Schmidt

Wolff, Jeanette, geb. Cohen

Geb. 22. 6. 1888 in Bocholt; gest. 19. 5. 1976 in Berlin

»Jeanette Wolff paßt in keine Schablone.« So treffend Herbert Wehners Charakterisierung der Weimarer Parlamentarierin und späteren Bundestagsabgeordneten auch sein mag, so entbehrt sie doch eines wesentlichen Aspekts: W. steht mit ihrer Biographie vor dem Hintergrund der Revolution 1918/19, zweier Kriege, Nationalsozialismus und Shoa auch stellvertretend für viele andere deutsche Jüdinnen ihrer Generation. Geboren im Kleinstadtmilieu des sich industrialisierenden Rheinland-Westfalens waren W.s früheste Eindrücke geprägt von der Atmosphäre sozialer Probleme: Männer, die nach der Arbeit ihren Lohn an den Tresen brachten statt zu ihren Familien; schwangere Frauen, die mit ihren Kindern am Lohntag vor den Fabriktoren warteten – Schmutz und Not war überall sichtbar. 90 Prozent der Einwohner Bocholts arbeiteten in der Textilindustrie, waren Färber, Weber, Bleicher oder Spinner. »Heuchler und Frömmler, die in diesem Viertel ihre Geschäfte betrieben, wurden reich am Elend dieser Menschen« schrieb W. später (*Mit Bibel und Bebel*).

Auch der Vater, religiöser Jude und Sozialdemokrat, war ungerecht behandelt worden: Seine Ausbildung als Junglehrer mußte er wegen seiner politischen Gesinnung vorzeitig abbrechen. Seitdem betrieb er den ungeliebten Kleinhandel mit Textilien; seine eigentliche Leidenschaft galt aber der Politik, namentlich dem Sozialismus. Immer wieder erzählte er der ältesten Tochter die Geschichte der Sozialdemokratie und brachte ihr frühzeitig das Lesen bei. Das beeindruckte sogar August Bebel, Freund und Gast im Hause Cohen, dem W. aus dem *Kapital* vorlas.

W.s Bildungsweg folgte dem klassischen Muster bürgerlicher Mädchenerziehung: Nach der Volksschule erhielt sie Privatunterricht. W. zeigte gute Leistungen, doch konnte die Familie eine weiterführende schulische Ausbildung nicht finanzieren. Unterstützt durch Verwandte in Brüssel machte W. daher dort zunächst den für Frauen ihrer Zeit typischen Bildungsumweg über die Fröbelschule, d.h. sie wurde Kindergärtnerin; das Abitur holte sie später (1909) in Abendkursen nach. In Brüssel trat sie 1904 zunächst der sozialistischen Werksjugend, später der Sozialdemokratie bei. Der belgische Sozialist Émile Vandervelde ermutigte sie, erste Artikel zu schreiben, die sie in der sozialistischen Tageszeitung *Le Peuple* veröffentlichte. In Brüssel lernte sie auch den Kaufmann Hermann W. kennen, den sie 1910 heiratete und mit dem sie drei Kinder hatte.

An der Entwicklung der Bocholter Textilfabrik ihres Mannes war sie wesentlich beteiligt, vor allem, wenn es um soziale Neuerungen wie etwa die Einführung des 8-Stunden-Tags (1912) ging. Nach der Einberufung ihres Mannes zum Kriegsdienst führte W. die Geschäfte der Firma weiter. Dies Handeln im Sinne sozialer und ökonomischer Verantwortung setzte sie nach dem Krieg auf politischer Ebene fort: 1919 wurde sie für die nächsten 13 Jahre Stadtverordnete der SPD in Bocholt sowie Gründungsmitglied der örtlichen Arbeiterwohlfahrt. Wie bei ihrem Vater war W.s politische Ethik mit den Traditionen eines liberalen Judentums verschmolzen: Seit 1912 war sie Mitglied im »Jüdischen Frauenbund«, seit 1920 im Vorstand des »Centralvereins deutscher Staatsbürger jüdischen Glaubens«.

Zivilcourage, schrieb die ehemalige Bundestagspräsidentin Annemarie Renger (SPD) in einem Nachruf, sei für W. die »beste Waffe der Demokratie« gewesen. W. nutzte sie vor allem gegen Antisemiten und Nationalsozialisten. Ihr Biograph Gunter Lange schildert, wie W. während eines Reichstagswahlkampfs 1932 getarnt als Arbeiterfrau zu einer NSDAP-Veranstaltung ging: »Sie schlüpfte in einen blauen Kittel und band sich ihr Haar zu einem Knoten.« »Betont unleserlich« trug sie sich in die Rednerliste ein und erhielt eine halbe Stunde Redezeit. Doch anstatt wie erwartet gegen »Sozis, Bonzen und Juden« zu hetzen, polemisierte W. gegen die anwesenden örtlichen NSDAP-Parteigrößen, so daß sie nur unter Polizeischutz das Podium verlassen konnte.

Nach 1933 wurden W. und ihre Familie Opfer der Ausgrenzungs-, Verfolgungs- und Ermordungspolitik der Nationalsozialisten: Zwischen 1935 und 1938 – die Firma war zwangsverkauft und die Familie nach Dortmund verzogen, ihr Mann arbeitete inzwischen bei einer Versicherung – führte W. in Dortmund einen »Privaten Mittags- und Abendtisch« für Juden. 1942 wurde W. zusammen mit ihrer Familie nach Riga deportiert. Die folgenden zwei Jahre in Konzentrationslagern, die sie und ihre Tochter Edith als einzige der Familie überlebten, versuchte W. später in ihrem Band *Sadismus oder Wahnsinn* (Dresden 1946) zu verarbeiten.

Am 2. Januar 1946 kehrte W. mit ihrer Tochter nach Deutschland zurück. Erste Kontakte knüpfte sie in Berlin zur Jüdischen Gemeinde und zur SPD. Gemeinsam mit Ruth Galinski betreute W. Gemeindemitglieder und begann, den Jüdischen Frauenbund neu aufzubauen. Das verlockende Angebot der amerikanischen Journalistin Dorothy Thompson, in den USA für die Illustrierte *Life* zu arbeiten, lehnte sie ab. Sie zählte zu den ersten im Nachkriegsdeutschland, die ihr Vertrauen in das parlamentarische System der neu entstehenden Republik setzten und auch im Ausland dafür warben.

Im Zuge der Auseinandersetzungen um die Einführung der Währungsreform kam es dort im Sommer 1948 zum sogenannten »Stadthausputsch«. Ziel der physischen Attacken der SED-Sympathisanten waren die nichtkommunistischen Abgeordneten, unter ihnen auch W., die buchstäblich mit einem blauen Auge davonkamen.
Zur Auseinandersetzung mit den beiden kommunistischen Parteien nahm sie auch im Rahmen ihrer parlamentarischen Tätigkeit als SPD-Abgeordnete des Deutschen Bundestages, dem sie von 1951 bis 1961 angehörte, immer wieder Stellung. Weitere Schwerpunkte: die Frauen- und Gewerkschaftspolitik sowie die Auseinandersetzung mit dem Nationalsozialismus und einem wiedererstarkenden Rechtextremismus. In einer Rede vom 30. September 1955, in der sie ein Stahlhelm-Treffen in Goslar kritisierte und rechtsradikales Schrifttum als Wegbereiter eines totalitären Staates verurteilte, plädierte sie leidenschaftlich für ein gemeinschaftliches Auftreten gegen jegliche Form der Unterdrückung. W. schloß mit dem Appell an die eigene Verantwortung: »In unsere Hand ist es gelegt; an der Schwäche der Demokratie erstarken diese Kreise.«

Albrecht, W.: Jeanette Wolff – Jakob Altmaier – Peter Blachstein. Die drei Abgeordneten jüdischer Herkunft des Deutschen Bundestages in den 50er und zu Beginn der 60er Jahre, in: Menora. Jahrbuch für deutsch-jüdische Geschichte, Bd. 6. München, Zürich 1995, S. 267–299. – Hübsch-Faust, M.: Jeanette Wolff, in: Dick, J; Sassenberg, M. (Hg.): Jüdische Frauen im 19. und 20. Jahrhundert. Reinbek bei Hamburg 1993, S. 398–400. – Lange, G.: Jeanette Wolff. 1888 bis 1976. Eine Biographie. Bonn 1988.

Marina Sassenberg

Wolff, (Friedrich) Wilhelm

Geb. 21. 6. 1809 in Tarnau Krs. Schweidnitz/Schlesien; gest. 9. 5. 1864 in Manchester

W., Sohn eines feudalabhängigen schlesischen Freigärtners (Kleinbauern), der sich akademische Bildung unter großen Entbehrungen aneignete, war einer der ersten in Deutschland, die sich im Kampf gegen die halbfeudal-bürokratischen Regime der Nöte und Bedürfnisse der Arbeiter annahmen, und er gehörte zur ersten Generation deutscher Marxisten. Die einzige Widmung von Marx – in seinem 1867 erschienenen Hauptwerk *Das Kapital* – galt W., »meinem unvergeßlichen Freunde, dem kühnen, treuen, edlen Vorkämpfer des Proletariats«.

Seine erste politische Schule durchlief W. in der Burschenschaftsbewegung der frühen dreißiger Jahre, der er sich, nach dem Besuch des Schweidnitzer Gymnasiums und seit 1829 an der Universität Breslau klassische Philologie studierend, 1831 angeschlossen hatte. Die Ideale des engagierten »Politikers« unter den Breslauer Burschen waren: »Wirkliche, nicht bloß scheinbare Volksvertretung und freisinnige Verfassungen, freier Handel in den Bundesstaaten, Umgestaltung des Bundes und vor allem Pressefreiheit; denn ohne diese ist alles andere nur scheinbar.« Doch brachte W. – im Verhör vor dem damals noch »Inquisitionsrichter« genannten Untersuchungsrichter – zugleich nachdrücklich die Sorgen und Wünsche der sozial benachteiligten, von Steuern und Ablösungszahlungen an die Gutsherren geplagten schlesischen Bauern zur Sprache: »Der gemeine Mann muß doppelt zahlen, einmal an den Gutsherrn und dann an den Staat; und die freien Standesherren in Deutschland zahlen ja gar keine Steuern. – Der Gutsherr bestreitet für seine Hintersassen keine Staatslasten mehr, die Hintersassen müssen jetzt unmittelbar dem Staat entrichten, die alten gutsherrlichen Abgaben aber doch fortbezahlen.« Gefängnis und Festungshaft von 1834–1838 zeitweise gemeinsam mit Fritz Reuter auf der schlesischen Feste Silberberg waren die Quittung der preußischen Justiz für den sich bekennenden Oppositionsgeist.
Zu staatlichen Prüfungen nicht mehr zugelassen, fristete der cand. phil. seitdem sein Leben vorrangig als Haus- oder Privatlehrer. Anfang der vierziger Jahre nahm er in schlesischen und sächsischen Zeitungen als Journalist nun die öffentliche politische Auseinandersetzung mit dem monarchisch-bürokratischen System in Preußen auf und gehörte bald zu den von der Zensur besonders gefürchteten »Zeitungsschreibern«. Über Schlesien hinaus bekannt wurde W. als »Kasematten-Wolff« Ende 1843 durch seinen aufsehenerregenden Artikel über das Schicksal der mittellosen Proletarier im Breslauer Obdachlosenasyl, den Kasematten. Der im Gefolge dieses Artikels, erschienen in der *Breslauer Zeitung* am 18. November 1843, von ihm ins Leben gerufene philantropische »Verein zur Erziehung der Kinder hilfsloser Proletarier« scheiterte zwar; doch sein Appell löste die erste große Diskussion über die soziale Frage in Schlesien aus, forcierte den Zusammenschluß schlesischer Sozialisten und leitete eine Agitation für sozialistische Ziele ein, die die preußische Regierung nicht minder attackierte als die kapitalistischen Fabrikanten.
Als im Juni 1844 mit dem schlesischen Weberaufstand die erste Arbeitererhebung mit nationalem Echo in Deutschland ausbrach, lieferte W. mit einem Aufsatz *Das Elend und der Aufruhr in Schlesien* im *Deutschen Bürgerbuch für 1845* die erste sozialhistorische Studie der Ursachen, des Verlaufs und des historischen Platzes dieser frühproletarischen Protestaktion. Nicht in Ideen sah W. die Triebkräfte geschichtlicher

Entwicklungen, vielmehr fragte er nach den gesellschaftlichen Grundlagen des Aufstands der hungernden Weber und analysierte die ökonomisch-sozialen Zustände seit den preußischen Reformen von 1807 bis 1814. Not und Elend der arbeitenden Klassen waren für ihn nur Folgen der Herrschaft des Privateigentums, dessen Beseitigung er für unabdingbar hielt: »Wer über die Natur des Privateigentums und seine Konsequenzen ernstlich nachgedacht, wird von Dingen, die höchstens einige Zeit als kleines Palliativ wirken könnten, keine Radikalkur erwarten. Nur eine Reorganisation, eine Umgestaltung der Gesellschaft auf dem Prinzip der Solidarität, der Gegenseitigkeit und Gemeinschaftlichkeit, mit einem Wort: der Gerechtigkeit, kann uns zum Frieden und zum Glücke führen.« Eine Revolution erschien ihm unvermeidlich. »Damit es aber dahin komme, daß die Gegensätze von Eigentümern und Eigentumslosen, von Reichen und Armen (...) bei uns verschwinden, wird vielleicht erst das Drama (...) von der arbeitenden Masse zu Ende geführt werden müssen, weil die Verblendung der Besitzenden (...) fast so groß ist, als daß auf eine friedliche Lösung des gesellschaftlichen Problems zu hoffen wäre.« W.s Schrift wurde zu einem klassischen Werk der frühen sozialistischen Literatur und diente ein halbes Jahrhundert später Gerhard Hauptmann als eine der wichtigsten Quellen für sein Drama *Die Weber* (1892).

Die Flucht ins belgische Exil wegen erneuter Verfolgung infolge »Preßvergehens« brachte W. 1846 in persönlichen Kontakt zu Karl Marx und Friedrich Engels, woraus eine feste politische Bindung und enge persönliche Freundschaft zwischen ihnen und W., der im Freundeskreis »Lupus« genannt wurde, erwuchs. Er gehörte zu den ersten, die Marx' sozialistische Theorie rezipierten und wirkungsvoll verbreiteten. Schon 1846 wirkte W. als Mitglied des Brüsseler »Kommunistischen Korrespondenzkomitees« im Sinne von Marx, wenn auch mit unterschiedlichem Erfolg, auf seine schlesischen Freunde ein. Als einer der zuverlässigsten und fleißigsten Mitarbeiter der *Deutschen-Brüsseler-Zeitung*, des *Westphälischen Dampfboots* und der *Kommunistischen Zeitschrift* erläuterte er 1847 die Politik und Taktik der Marx-Anhänger in der heranreifenden und von vielen erwarteten bürgerlichen Revolution in Europa und befürwortete eine die Bauernschaft aktivierende politische Agitation. Zugleich engagierte sich W. für die selbständige Organisation der Arbeiter innerhalb der antifeudalen Opposition. Im Juni 1847 wurde er Mitbegründer des »Bundes der Kommunisten«, in dessen Zentralbehörde er im März 1848 aufgenommen wurde und dessen Revolutionsprogramm, die »Forderungen der Kommunistischen Partei in Deutschland« er mitunterzeichnete.

Zum Höhepunkt seines politischen und publizistischen Wirkens auf dem äußersten linken Flügel der demokratischen Bewegung geriet die Revolution von 1848/49. Als Emissär des »Bundes der Kommunisten« nach Schlesien zurückgekehrt, leitete W. in Breslau mehrere Wochen die seit 1842 von seinem alten Burschenschaftsbruder, dem schlesischen Demokraten Moritz Elsner redigierte *Schlesische Chronik* und wurde im Mai 1848 als Abgeordneten-Stellvertreter in die Deutsche Nationalversammlung gewählt. Als Marx am 1. Juni 1848 in Köln die *Neue Rheinische Zeitung* herausbrachte, wurde er als Mitredakteur und Redaktionssekretär engagiert. Literarisch zunächst nur sporadisch als Autor glänzender satirischer Glossen *Aus dem Reich* hervorgetreten, machte W. sich seit Spätherbst 1848 durch eine Vielzahl von Artikeln zur politischen Situation auf dem Lande und über die Bauernforderungen einen Namen. Mehrere seiner Aufsätze verbreiteten schlesische Demokraten als Flugblätter auf den Dörfern.

Zur bedeutendsten publizistischen Arbeit W.s wurde die im März und April 1849 in der *Neuen Rheinischen Zeitung* erschienene Artikelserie *Die schlesische Milliarde*. Darin rechnete er den schlesischen Bauern die Summe vor, die sie im Laufe der Zeit, um ihre »Ablösung« (»Bauernbefreiung«) von den Gutsherren zu erreichen, diesen und dem preußischen Staat hatten zahlen müssen. Dieses Geld zurückzufordern sei ihr Recht und von den Bauern in der Revolution auch durchsetzbar: »Das Landvolk hat jetzt gemeinsames Interesse: Rückforderung des ritterlichen Raubes, Entschädigung für das, was aus dem bäuerlichen Beutel in den gutsherrlichen hinübergepreßt, wie für das, was von den Herrn Rittern an Klassen-, Grund- und andern Steuern und Abgaben entweder gar nicht oder zuwenig entrichtet worden ist. – Künftighin wird das schlesische Landvolk durch das ganze Land nur eine Fahne schwingen, und auf ihr wird stehn: ›Volle Entschädigung für die raubritterlichen Prellereien der letzten dreißig Jahre‹«. Doch war die Artikelfolge mehr als bloßes revolutionäres Pamphlet zur Gewinnung der Bauern für die Revolution. W. lieferte zugleich die erste sozialgeschichtliche Analyse der Ablösung in der preußischen Landwirtschaft seit Beginn der Reformen von 1807 und damit des Übergangs von der feudalen zur bürgerlich-kapitalistischen Produktionsweise auf dem Lande.

W.s Arbeit in der Zeitung war begleitet von seinem Engagement im Kölner Arbeiterverein, in der dortigen »Demokratischen Gesellschaft«, im Kreisausschuß der rheinischen demokratischen Vereine und ab April 1849 im provisorischen Provinzialausschuß der rheinisch-westfälischen Arbeitervereine. Den Abschluß seines Wirkens in der Revolution von 1848/49 bildete die Tätigkeit als Abgeordneter der Deutschen Nationalversammlung in der Frankfurter Paulskirche, in die er Ende Mai 1849 – nach Unterdrückung der *Neuen Rheinischen Zeitung* – als Stellvertreter des auf Anweisung der preußischen Regierung aus dem Parlament ausgeschiedenen Breslauer Historikers Gustav Adolf Stenzel eintrat. Als Mitglied der äußersten linken »Fraktion Donnersberg« blieb er bis zur Verjagung des Rumpfparlaments in Stuttgart am 18. Juni 1849 auf seinem Posten. Seine einzige Rede in der Paulskirche war eine Aufforderung, der Gewalt der Konterrevolution mit revolutionärer Gewalt zu begegnen und den am 29. Juni 1848 von der Nationalversammlung zum Oberhaupt für Deutschland (»Reichsverweser«) gewählten österreichischen Erzherzog Johann als »Volksverräter« für vogelfrei zu erklären: »Wenn überhaupt eine Proklamation zu erlassen ist, so erlassen Sie eine, in welcher Sie von vornherein den ersten Volksverräter, den Reichsverweser, für vogelfrei erklären.« Während die Parlamentarier, überwiegend Linke, mit Unmut reagierten, brandete von der Besuchertribüne Beifall auf.

Nach der Niederschlagung der Reichsverfassungskampagne im Sommer 1849 mußte W. ins Ausland fliehen. Bis 1851 lebte er in der Schweiz, danach in England. Publizistisch trat W. nicht mehr in Erscheinung, politisch blieb er jedoch aktiv in der »Revolutionären Zentralisation« in der Schweiz und in England an der Seite von Marx und Engels im »Bund der Kommunisten« bis zu dessen Auflösung 1852. Auch danach, seit 1853 als sehr beschäftigter und zuletzt recht gut verdienender Privatlehrer in Manchester, gehörte er zum engsten Kreis der »Partei Marx«, war der Familie Marx, der er den größten Teil seines Erbes vermachte, und mit Engels freundschaftlich verbunden.

Schmidt, W.: Wilhelm Wolff. Sein Weg zum Kommunisten. Berlin 1963. – Schmidt, W.: Wilhelm Wolff. Kampfgefährte und Freund von Marx und Engels. Berlin 1979.

Walter Schmidt

Wronsky, Sidonie (Siddy), geb. Neufeld

Geb. 20. 7. 1883 in Berlin; gest. 8. 12. 1947 in Jerusalem

Im September 1933 schrieb Henrietta Szold an ihre Schwester: »Letzten Freitag bin ich nach Haifa gefahren, um Frau Wronsky zu treffen; sie ist die geeignetste Person, um uns bei der Ausbildung von Sozialarbeitern im Lande zu helfen. Siddy Wronsky stand zusammen mit Dr. Alice Salomon an der Spitze der sozialen Arbeit in Deutschland. Sie arbeitete in Archiven in Berlin, gründete eine Bibliothek mit 55 000 Bänden, die sie selbst gesammelt hatte, gab verschiedene soziale Monatshefte heraus und war eine sehr gesuchte Dozentin.« Diese Worte beschreiben nur einen kleinen Teil des vielfältigen sozialen und politischen Wirkens von W.. Neben ihrem wichtigen Beitrag zum Aufbau eines sozialpädagogisch reformierten Fürsorgewesens in Deutschland und dem Engagement in der jüdischen Sozialpolitik und Wohlfahrtspflege war W. in der zionistischen Bewegung aktiv, außerdem Mitglied in der jüdischen sozialdemokratischen Partei »Poale Zion«, eine der prominentesten Vertreterinnen des »Jüdischen Frauenbundes« und Vorsitzende des »Bundes zionistischer Frauen in Deutschland«. W. wird als »Pionierin sozialer Arbeit« und »Vorkämpferin für das Wohlfahrtswesen« gewürdigt. Daneben standen ihr ebenfalls breites frauenpolitisches Engagement und ihr publizistischer Fleiß.

1883 wurde W. als zweitältestes von sieben Kindern einer assimilierten jüdischen Familie in Berlin geboren. Wie die meisten Töchter des jüdischen Bürgertums genoß sie eine qualifizierte Schulausbildung. 1903 legte sie ihr Lehrerinnenexamen ab und absolvierte anschließend ein zweijähriges Ergänzungsstudium der Heilpädagogik. Sie fand eine Stelle als Lehrerin für geistig behinderte Kinder. Bekannt durch ihr ehrenamtliches Engagement in der Sozialarbeit wurde sie 1908 Leiterin des »Archivs für Wohlfahrtspflege«, einer gerade gegründeten Abteilung der schon seit 1893 bestehenden »Zentrale für private Fürsorge«, deren Vorsitz sie 1922 übernahm. Bis zu ihrer Entlassung 1933 war sie außerdem Mitherausgeberin der *Deutschen Zeitschrift für Wohlfahrtspflege.*

Schon früh nahm W. Kontakt zur Frauenbewegung auf. Zunächst engagierte sie sich in den bürgerlichen Frauenvereinen Berlins und wurde von 1914 bis 1919 Vorstandsmitglied des Berliner »Nationalen Frauendienstes«. Wie viele assimilierte Jüdinnen teilte sie 1914 die Kriegsbegeisterung ihrer nichtjüdischen Schwestern und verfiel dem allgemeinen Nationaltaumel, der für den Dienst am Vaterland den Einsatz der Frauen an der »Heimatfront« verlangte. Der Nationale Frauendienst übernahm die Versorgung Notleidender, Einrichtung von Suppenküchen, Vermittlung von Unterkünften und die Pflege heimgekehrter und verwundeter Soldaten.

1919 wurde W. Geschäftsführerin der städtischen »Frauen-Wohlfahrtsstellen« in Berlin. Seit 1917 lehrte sie an der von Alice Salomon 1907 gegründeten »Sozialen Frauenschule« und später an der »Deutschen Akademie für soziale und pädagogische Frauenarbeit«. In Aus- und Weiterbildungskursen vermittelte sie schwerpunktmäßig historische und methodische Fragen in der sozialen Arbeit. Die theoretische und praktische Unterrichtung von Mädchen und Frauen für soziale Arbeit bildete die Grundlage für die allgemeine Reformierung der Sozialarbeit zu einer systematischen und individuellen Hilfstätigkeit. Die Etablierung der Sozialarbeit als Beruf war ein Erfolg der Frauenbewegung, die, auf der Suche nach Arbeits- und Erwerbsmöglichkeiten für Frauen, für eine Professionalisierung traditioneller Wohltätigkeitsarbeit kämpfte. Es ist weithin in Vergessenheit geraten, daß auch die Zentralisierung der jüdischen Sozialarbeit auf die Initiative der Gründerin des »Jüdischen Frauenbundes« – Bertha Pappenheim – zurückzuführen ist. Sie gab den Anstoß zur Einrichtung der »Zentralwohlfahrtsstelle der Juden in Deutschland«, deren Vorstandsmitglied W. 1917 wurde.

Im Verlauf des Ersten Weltkrieges schloß sich W. der zionistischen Bewegung an. Sie sah das soziale Elend der vielen tausend ostjüdischen Flüchtlinge, die vor Antisemitismus und Pogromen in Osteuropa flüchteten oder als Industriearbeiter für die deutsche Rüstungsindustrie rekrutiert wurden und trat der »Poale Zion« bei. Die jüdische sozialdemokratische Partei strebte sowohl die Transformierung der Gesellschaft in ein sozialistisches Gemeinwesen an als die »Lösung der Judenfrage« durch den Aufbau eines sozialistischen Palästina. Als Abgeordnete der »Jüdischen Volkspartei«, einem Zusammenschluß aller zionistischen Gruppen, der auch die »Poale Zion« angehörte, vertrat W. seit 1925 den Wahlkreis Berlin im »Preußischen Landesverband jüdischer Gemeinden«. Unter ihrem Vorsitz tagte 1929 die »Bevölkerungspolitische Konferenz« dieses Landesverbandes.

Parallel dazu verlagerte sie ihr frauenpolitisches Engagement auf die jüdische Frauenbewegung. Schon vor dem Ersten Weltkrieg war sie Mitglied im »Jüdischen Frauenbund« und wurde 1917 Vorsitzende der Berliner Ortsgruppe. 1920 gründete sie den deutschen Landesverband der »WIZO« (Women's International Zionist Organization) und leitete ihn bis 1923. Die »WIZO« war ein Zusammenschluß jüdischer Frauen in der Diaspora, die soziale und ökonomische Hilfstätigkeit für Palästina leisteten. Auch in W.s Publikationen spiegelte sich ihr Werdegang von der allgemeinen bürgerlichen Frauenbewegung hin zur jüdischen Frauenbewegung in Deutschland wider. Veröffentlichte sie noch bis Anfang der 20er Jahre vor allem Artikel zu allgemeinen Fragen der Sozialarbeit, wie *Frauenarbeit in der Fürsorge* (1916), herrschten später spezifische Artikel zur jüdischen Frauenbewegung vor. Ab 1924 schrieb sie regelmäßig für die *Blätter des Jüdischen Frauenbundes*; 1927 erschienen *Die zionistische Frauenbewegung* und die oft zitierte Analyse *Zur Soziologie der jüdischen Frauenbewegung in Deutschland.* Im *Jüdischen Lexikon* (1928) schrieb sie zwei Beiträge: *Jüdische Frauenbewegung* und *Frauenwahlrecht.*

Da die *Blätter des Jüdischen Frauenbundes* vor allem Berichte aus der praktischen Arbeit der einzelnen Ortsgruppen brachten, legte W. mit ihrer Analyse der jüdischen Frauenbewegung eine der wenigen Schriften vor, die sich mit politischen und gesellschaftlichen Problemen befaßte. »Bewegung ist die Wesenserscheinung jeder geschichtlichen Entwicklung. Sie entsteht da, wo Lebensformen erstarrt sind und die Naturgesetzlichkeit der wachsenden Keimkräfte abzubiegen und zu ersticken drohen. Sie schafft den werdenden Entwicklungen Raum durch Revolution – Vernichtung der Formen – oder durch Evolution – Anpassung der Formen an die neuen Lebensbedürfnisse.« Dementsprechend entstanden Frauenbewegungen dort, »wo Lebensformen, von den Männern einer Epoche gebildet, der Entwicklung der Frauenkräfte nicht entsprechen und das Leben dieser Kräfte bedrohen«. Durch die Assimilation und die damit einhergehende Orientierung jüdischer Männer an den Werten des deutschen Bürgertums, das z. B. Berufstätigkeit von Frauen als Prestigeverlust betrachtete, konstituierte sich erst relativ spät eine eigenständige jüdische Frauenbewegung. Dieser schlossen sich fast ausschließlich materiell gut gestellte bürgerliche Frauenkreise an. »Eine neue Umformung der Lebensverhältnisse und Arbeitsverhältnisse ist nicht begonnen und gefördert worden. Der Jüdische Frauenbund stellt bis jetzt eher einen Kulturkreis als eine Bewegung dar, anregend, bereichernd, verknüpfend, – kaum gestaltend in seinen Auswirkungen.«

W. beschrieb mit dieser Analyse auch ihren eigenen Werdegang. Geprägt durch ein assimiliertes bürgerliches Elternhaus fand sie erst mit den Jahren ihren Weg in die jüdische und zionistische Frauenbewegung, in der sie ihre jüdische Identität nicht verleugnen mußte. Sie durchbrach den Rahmen ihrer bürgerlichen Erziehung, indem sie einer sozialistischen Partei beitrat. Und sie bereitete jüdischen Frauen den Weg in die Sozialarbeit, die nicht länger ehrenamtlich und im Verborgenen verrichtet werden sollte, sondern zum Beruf wurde, bezahlt und gesellschaftlich geachtet. Mit dieser dreifachen Zielrichtung wies sie den Weg zu einer wirklich emanzipatorischen Bewegung, die in der Lage sein würde, erstarrte Formen gesellschaftlichen Lebens auf mehreren Ebenen aufzubrechen.

Durch den Machtantritt der Nationalsozialisten fand die Weiterentwicklung der jüdischen Frauenbewegung in Deutschland ein jähes Ende. Am 1. April 1933 verlor W. ihre Stellung als Direktorin des »Archivs für Wohlfahrtspflege« und emigrierte im September desselben Jahres nach Palästina. Gemeinsam mit Henrietta Szold betrieb sie dort den Aufbau der jüdischen Wohlfahrtspflege. Schon Ende 1934 begann sie mit der Ausbildung von Sozialarbeiterinnen in Jerusalem und baute in den darauffolgenden Jahren die »Sozialschule Jerusalem« auf, ein Abbild der Berliner »Sozialen Frauenschule«, an der sie viele Jahre gemeinsam mit Alice Salomon gearbeitet hatte. Sie gründete – als Angestellte der Sozialabteilung des »Vaad Leumi«, dem Selbstverwaltungsorgan der jüdischen Gemeinschaft in Palästina – den »Verband der palästinensischen Fürsorgerinnen« und richtete ein soziales Institut nach dem Vorbild des Berliner Archivs ein. Kurz vor der Gründung des Staates Israel starb sie.

Heitz, G.: Siddy Wronsky (1883–1947). Zionistin und Vorkämpferin für das Wohlfahrtswesen, in: Carlebach, J. (Hg.): Zur Geschichte der jüdischen Frau in Deutschland. Berlin 1993, S. 183–202. – Wieler, Joachim: Siddy (Sidonie) Wronsky, in: Dick, J.; Sassenberg, M. (Hg.): Jüdische Frauen im 19. und 20. Jahrhundert. Lexikon zu Leben und Werk. Reinbek bei Hamburg 1993, S. 406–407.

Yvonne Küsters

Wurm, Mathilde, geb. Adler

Geb. 30. 9. 1874 in Frankfurt/Main; gest. 30.3./1. 4. 1935 in London

Anfang April des Jahres 1935 wurde die Londoner Kriminalpolizei mit der Bearbeitung eines mysteriösen Falls beauftragt. Durch die britische Presse gingen Schlagzeilen wie »Gifträtsel in Holborn« (*The Star*), »Tote von Nazis beschattet?« (*Daily Express*) und »Antinazi-Frauen in London vergiftet« (*Daily Worker*). Hintergrund für die enorme Publizität der Ereignisse waren teils widersprüchliche, teils ungeklärte Umstände, die zum Tod der dreiunddreißigjährigen deutschen Journalistin Dora Fabian und ihrer sechzigjährigen Freundin W. führten. Es kursierten eine Vielzahl von Vermutungen, Gerüchten und Andeutungen, die Beteiligung der Gestapo wurde in Betracht gezogen. In der Wohnung W.s und Dora Fabians fand Scotland Yard größere Mengen Drogen, inklusive einer abgebrochenen Injektionsnadel. Die Ermittlungen sowie die nachfolgende Gerichtsverhandlung führten zu einem für viele überraschenden und bis heute umstrittenen Ergebnis: Doppelselbstmord aufgrund »ungesunder Geistesverfassung« durch eine Überdosis Schlaftabletten. In der Folge entwickelte sich der »Fall Wurm/Fabian« zum »Cause célèbre« der deutschen Exilgeschichte und rief internationale Reaktionen, vor allem seitens der intellektuellen Linken, hervor. Die Tragik ihres Todes und der Aufruhr um ihn spiegelten das unruhige Leben von W. wider.

Ihr beruflicher Werdegang liest sich kurz zusammengefaßt so: Seit 1896 Fürsorgerin in Berlin, war W. in der Lehrstellenvermittlung und Berufsberatung schulentlassener Mädchen tätig. 1903/04 leitete sie die Frauenabteilung des »Zentralverbandes für Arbeitsnachweise«. Nach dem Ersten Weltkrieg wurde sie Stadtverordnete der USPD in Berlin (1917–1921), deren Gründungsmitglied sie war. Von 1920 bis 1922 gehörte sie der Reichstagsfraktion der USPD an, danach bis 1933 der der SPD. Sie publizierte viel, überwiegend Beiträge für sozialistische und feministische Zeitschriften wie *Die Gleichheit*, die Frauenbeilage der *Leipziger Volkszeitung*, *Frauenwelt*, *Die Genossin* oder die USPD-Frauenzeitung *Die Kämpferin*. Für letztere Zeitschrift arbeitete sie seit 1919 auch als Redakteurin. 1928 bis 1930 gab sie, gemeinsam mit Dora Fabian, die *Sozialdemokratische Pressekorrespondenz* heraus. Als Jüdin und Sozialistin im nationalsozialistischen Deutschland bedroht, floh sie 1933, zunächst nach Genf, 1934 weiter nach England. Von ihrem Exilort London aus setzte sie sich für deutsche Emigranten und politische Gefangene in England ein.

Beeindruckt von August Bebels *Die Frau und der Sozialismus* (1878), verstärkt durch ihre konkrete Erfahrung als Sozialarbeiterin in Berlin, sympathisierte W. frühzeitig mit der Ideenwelt der sozialistischen Bewegung. Allerdings vermochte sie den reformerischen Ansätzen der sogenannten »Kathedersozialisten« nichts abzugewinnen. Vielmehr war sie davon überzeugt, daß die Mißstände innerhalb des bestehenden Systems nicht zu verändern seien. Obwohl sich W. in ihren Schriften nicht über ihr politisches Selbstverständnis äußerte, trug nach Meinung der britischen Historikerin Charmian Brinson ihr 1910 in dem Blatt *Die Gleichheit* erschienener Artikel über *Bebels Einfluß auf die bürgerliche Frau* wesentliche Züge des eigenen politischen Standorts. W. beschrieb darin, was die Lektüre Bebels bei den Frauen (und wohl auch bei ihr) bewirkte, nämlich: »die Erkenntnis des Rechts auf die eigene Persönlichkeit und damit den Mut, sich zu befreien aus den sie umgebenden und erstickenden Vorurteilen, unbekümmert den Weg zu gehen, den sie für richtig erkannten.« Diesen Weg »bis zu Ende, bis zum Sozialismus« seien die wenigsten gegangen, angesichts der »Kleinlichkeiten des täglichen Lebens« und der zahlreichen Hindernisse, »zu deren Überwindung ebensoviel Festigkeit wie Rücksichtslosigkeit« gehöre. Unterstützung, ihren Weg konsequent zu gehen, fand sie bei dem Reichstagsabgeordneten Emanuel Wurm, einem Freund August Bebels und Karl Liebknechts, den sie 1904 heiratete. Bald darauf bildeten »die Wurms« zusammen mit Rosa Luxemburg, Karl und Luise Kautsky, Franz Mehring und anderen einen intellektuellen Zirkel um das sozialdemokratische Organ *Die neue Zeit*. W. schloß sich im Vorkriegs-Berlin der sozialistischen Frauenbewegung unter der Leitung Clara Zetkins an, publizierte (*Die Frauen und der Preußische Landtag*, Berlin 1913) und hielt Vorträge. Die Tätigkeit im Nationalen Frauendienst, die sie nach Kriegsausbruch aufnahm, befriedigte sie nicht. 1915 bemühte sich W. um eine Nachfolgerin, die sie in Hedwig Wachenheim, der späteren Mitbegründerin der Arbeiterwohlfahrt, fand.

Obwohl Hedwig Wachenheim ein bis in die Zeit des Exils reichendes enges Verhältnis zu W. pflegte, sparte sie nicht mit Kritik: »Mathilde war voller radikaler Klischees« erinnerte sie sich an ihre Parteigenossin in ihrem Buch *Vom Großbürgertum zur Sozialdemokratie* (Berlin 1973). Positiv formuliert: Diese radikale Haltung ermöglichte W. auch, Mißstände aufzudecken, bedrohten und verfolgten Menschen zu helfen und dabei den einmal eingeschlagenen Weg unbeirrt fortzusetzen. 1917 führte dies zu einem heftigen Konflikt mit ihrer Freundin Rosa Luxemburg, die das Eintreten W.s für die Belange osteuropäischer Juden als deren »spezielle Judenschmerzen« abkanzelte. Dennoch hielt W. an ihrer schwierigen Freundschaft mit Rosa Luxemburg fest, die in ihren Briefen an W. mit zum Teil bedrückender Arroganz und Härte ein hierarchisches Verhältnis schuf. Ihrem Anspruch politischer und moralischer Konsequenz blieb sie auch weiterhin treu. Zusammen mit einer kleinen Gruppe Parlamentarier brachte sie 1921 im Reichstag die Mißhandlungen ostjüdischer Gefangener im Internierungslager Stargard zur Sprache. Ihr Artikel in der *Jüdischen Arbeiterstimme* (1921), der mit dem Ausruf »Kulturschande!« begann, prangerte aufs Schärfste die Vorfälle an und forderte, »dieser Schmach von Stargard so rasch als möglich ein Ende zu bereiten«.

1922 führte das starre Festhalten der USPD an der Moskauer Linie zum Bruch. W. wechselte zur SPD. Dennoch blieb sie mit Kommunisten und alten Parteigenossen im Rahmen ihrer Tätigkeit als Vorsitzende des »Reichskomitees der Internationalen Arbeiterhilfe« 1923/24 verbunden. Als Abgeordnete des Reichstags, als Referentin, Publizistin, als Förderin und Organisatorin sozialdemokratischer Frauenarbeit pendelte W. ständig zwischen ihrer Berliner Wohnung und ihrem thüringischen Wahlkreis. Die Arbeit hatte für sie, insbesondere nach dem Tod ihres Mannes, eine zentrale Funktion: sie bedeutete Halt in einer nachrevolutionären Welt, die eine Zeit des Auf- und Umbruchs war und der »Umwertung aller Werte« (Käte Frankenthal).

Nach der Machtübernahme der Nationalsozialisten lebte W.in ständiger Bedrohung. Mitte Mai 1933 verließ sie Deutschland. Zu der Reichstagssitzung am 17. Mai kam sie nicht mehr nach Berlin, »weil ich die Haltung unserer Fraktion voraussah und an einer Unterstüzung der Regierung Hitler unter keinen Umständen beteiligt sein wollte. Bei aller Kenntnis des furchtbaren Drucks, der auf unsere Abgeordneten mit Sicherheit ausgeübt worden ist, hätten sie nie und nimmer ihre Zustimmung geben dürfen. Konnten sie eine Erklärung nicht abgeben, dann mußten sie dieser Sitzung fernbleiben« (Juni 1933). In dieser Reichstagssitzung vom 17. Mai 1933 hatten die Abgeordneten, einschließlich die der allerdings stark zusammengeschrumpften SPD-Fraktion eine Regierungserklärung Hitlers zur Außenpolitik (»Friedensrede«) einstimmig gebilligt und anschließend stehend das Deutschlandlied gesungen.

Von der Schweiz aus, wo W. engen Kontakt zu Dora Fabian hielt, beschlossen beide, nach England zu emigrieren: »Das ist ein letzter Versuch für uns beide. Da sie jung ist, hat sie etwas mehr Chancen als ich«, schrieb W. am 26. August 1933 an M. Wibaut. In London erlebte W. alle Ängste, Sorgen und Nöte des Exils: Finanzieller Druck, keine Arbeitserlaubnis, ohne die vertrauten Beziehungen und in ständiger Sorge um die in Deutschland zurückgebliebenen Verwandten und Freunde. Trotz allem führte sie ihr Engagement fort: Sie knüpfte, um die Befreiung der in Deutschland inhaftierten Paula Kurgaß, Sozialdemokratin und leitende Mitarbeiterin der Berliner Arbeiterwohlfahrt) zu bewirken, international Kontakte. Im Oktober 1934 schrieb W., an ihrer grundsätzlich optimistischen Lebenseinstellung festhaltend, an Luise Kautsky: »Bin vollauf beschäftigt, sorge für Dora und mich – wir leben zusammen – höre und halte ziemlich viele Vorträge, werde ab und zu einen Artikel los. So schlagen wir uns recht und schlecht durch.« Trotz tiefer Frustrationen, trotz der Schwierigkeiten, eine bezahlte Arbeit zu finden und trotz des relativ isolierten Lebens, das sie führte, gibt es, so ihre Biographin Charmian Brinson, keinerlei Anzeichen, die auf einen möglichen Selbstmord hindeuten, als man am 1. April die Leichen von W. und Dora Fabian entdeckte.

Brinson, C.: The Case of Dora Fabian and Mathilde Wurm: A Contribution to the Study of German-speaking Exiles in Britain During the 1930s. London 1995. – Heid, L.: Mathilde Wurm, in: Dick, J.; Sassenberg, M. (Hg.): Jüdische Frauen im 19. und 20. Jahrhundert. Reinbek bei Hamburg 1993, S. 408/409. – Wickert, C.: Unsere Erwählten. Sozialdemokratische Frauen im Deutschen Reichstag und im Preußischen Landtag 1919 bis 1933. 2 Bde., Göttingen 1986.

Marina Sassenberg

Würzer, Heinrich

Geb. 28. 1. 1751 in Hamburg; gest. 27. 7. 1835 in Berlin

W. verlor seinen Vater, einen Zuckerbäcker, im Alter von fünf Jahren. Sein Stiefvater, ein gewisser von Hagen, ließ ihn in einem orthodox-lutherischen Gymnasium erziehen, um ihn zum Pastor auszubilden. Die fanatische Intoleranz seiner Lehrer erfüllten W. jedoch mit Haß gegen die dogmatische Theologie. Er studierte Jura und Philosophie in Göttingen und war dann fünf Jahre lang Hofmeister bei den Kindern des hannoveranischen Gesandten in Wien, Graf von Wallmoden. Im Jahre 1779 erwarb er in Göttingen den philosophischen Doktorgrad und wirkte dann an der dortigen Universität als Privatdozent.

1782 kehrte er in seine Vaterstadt zurück, wo er sich als Hauslehrer ernährte und 1784 eine Monatsschrift *Deutsche Annalen* publizierte, die ein halbes Jahr bestand. Seine Aufsätze waren von weltbürgerlich-patriotischem Geist erfüllt und zeigen gleichzeitig große Verehrung für Friedrich II. von

Preußen. W. drang auf Verbesserung der Justizpflege, plädierte für Gewährung der Bürgerrechte für die jüdische Minderheit und forderte zur Übernahme des französischen antikirchlichen Aufklärungsdenkens auf. Im Jahre 1788 übersiedelte er nach Berlin, wo er den Herausgeber der renommierten *Berlinischen Monatsschrift* Johann Erich Biester kennenlernte und im freigeistigen Salon von Henriette Herz verkehrte. Als er in seinen *Bemerkungen über das preußische Religionsedikt* (Leipzig 1788) den Obskurantismus des mächtigen reaktionären Kultusministers Wöllner kritisierte und Pressefreiheit forderte, verhaftete man ihn, machte ihm den Prozeß und verurteilte ihn zu einer sechswöchigen Gefängnisstrafe. Nach seiner Freilassung gab er 1789 zwei kurzlebige Wochenschriften heraus, die sich wegen der Pressezensur politischer Raisonnements enthielten. 1790 heiratete er die Tochter einer Hugenottenfamilie, Annemarie Ponge. Er errichtete eine Privatschule, an der er lehrte, und übersetzte Werke aus dem Französischen. Da er Wöllners Verordnung, nach den Richtlinien des Religionsediktes zu unterrichten, nicht nachkommen wollte, wurde seine Schule geschlossen. Eine Zeitlang erwog er, gemeinsam mit dem Berliner Pädagogen Pierre Villaume, einem Hugenotten, der ebenfalls das Religionsedikt kritisiert hatte, nach Frankreich überzusiedeln; die Septembermassaker von Paris 1792 schreckten ihn jedoch ab. Er zog Mitte 1793 nach Altona und gab dort einen *Revolutionskatechismus* heraus, in dem er die Divergenzen der Staatslehren Montesquieus und Rousseaus in Übereinstimmung zu bringen suchte und darauf drang, daß »alle Staatsbürger sich von einer freiwillig dazu bestellten oder doch gebilligten Macht« regieren lassen sollten. Im Gegensatz zu den meisten deutschen Aufklärern sah W. auch nach der Hinrichtung von König Ludwig XVI. Frankreich als Modell der politischen Umgestaltung Deutschlands an. Er distanzierte sich von den Gewaltaktionen der Pariser Sansculotten und entwickelte sich während der Herrschaft des »Großen Wohlfahrtsausschusses« zum Parteigänger Robespierres. Dies geht aus der Wochenschrift *Historisches Journal* hervor, die er Anfang 1794 in Altona unter dem Schutz der dänischen Pressefreiheit herausgab und die als Sprachrohr der revolutionären Demokratie in Deutschland während der »Diktatur der Freiheit« der französischen Jakobiner anzusehen ist. Seine Mitarbeiter waren die beiden Juden Elias Israel und Chaim Salomon Pappenheimer sowie der in Hamburg lebende französische Journalist Charles Mercier. W. verurteilte die Eroberungspolitik der absolutistischen Mächte und betonte den Friedenswillen des jakobinischen Frankreich, das für Unabhängigkeit und Freiheit kämpfe. »Die Ausschweifungen, die in der neuen Republik statthatten, legt man nicht denen zur Last, die sie begangen haben, sondern den Angriffen, die das französische Volk gezwungen haben, außerordentliche Mittel zu ergreifen.« Das Blatt nahm auch für die englischen Jakobiner Partei, und die Berichte aus London und Edinburgh machen es wahrscheinlich, daß W. und seine Freunde mit der radikalen »London Corresponding Society« Verbindung hatten. W. zeichnete mit vollem Namen als Herausgeber des Blattes, das nach dem fünften Stück auf Betreiben des preußischen, englischen und österreichischen Gesandten in Hamburg von der deutschen Kanzlei in Kopenhagen verboten wurde.

W. hielt auch nach Robespierres Sturz an seiner demokratischen Überzeugung fest. Seine *Neuen hyperboräischen Briefe* (Ende 1795) griffen die Willkürherrschaft und die Polenpolitik Preußens an und rechtfertigten in einem *Katechismus der Tyrannei* Robespierre, der »die Konstitution zum Besten des Volkes ausgeübt« habe. W. sah »die Nacht der Barbarei, des politischen und religiösen Aberglaubens« nicht in Frankreich, sondern in Preußen hereinbrechen. »Das Schicksal der europäischen Tyrannen, wenn endlich die Geduld der Völker erschöpft ist, steht mit blutiger Schrift in der Geschichte der Revolution geschrieben«. Im Dezember 1795 suchte der aus Erfurt geflohene Jakobiner Georg Friedrich Rebmann bei W. Zuflucht. W. gab 1796 die Wochenschrift *Der patriotische Volksredner* heraus, die den Widerstand gegen die despotische Obrigkeit zum obersten Menschenrecht erklärte. Die Opfer der französischen Staatsumwälzung seien für die Errichtung einer gerechten Ordnung gefallen, während die viel zahlreicheren Toten dynastischer Kriege nur den Interessen eroberungslüsterner Fürsten zum Opfer gebracht worden seien. »Unwissenheit oder Bosheit ist es, wenn uns Revolutionen überhaupt als das schrecklichste aller Dinge vorgestellt werden. Revolutionen sind zur Erhaltung der Welt und der bürgerlichen Gesellschaft so notwendig, als das Brot zur Erhaltung des menschlichen Lebens ist.« Es sei die Pflicht der Staatsbürger, an den Maßnahmen der Regierung Kritik zu üben und religiöse Institutionen vor den Richtstuhl der eigenen Vernunft zu ziehen. Ein Fürst, der das Volk daran hindere, seine Menschenrechte wahrzunehmen, werde »des Volkes Feind und hat nicht die geringste Ursache, sich zu beklagen, wenn dieses ihn feindlich behandelt und Verbesserungen mit Gewalt erzwingt, die es auf dem Wege der Vernunft nicht erhalten konnte«.

W. verfaßte nach dem Tode Friedrich Wilhelms II. eine anonyme *Trauerrede*, die die Politik Preußens unbarmherziger Kritik unterwarf. Unter der Herrschaft des »schlechten Nachfolgers eines großen Königs« sei das preußische Kabinett »das ränkevollste, das verderbteste in ganz Europa gewesen«. Der König habe durch das Presse- und das Religionsedikt die Meinungs- und Gewissensfreiheit unterdrückt, öffentliche Mittel an seine Günstlinge und Mätressen verschleudert, gegenüber Frankreich Aggressionspolitik betrieben und sich an der Vernichtung des polnischen Staates beteiligt. Ironisch fragte

W.: »Sollten wir uns von den Kindern dieser Welt gegen unseren verklärten Monarchen aufbringen lassen, weil er blühende Fluren verheerte, Städte und Dörfer in Asche legte, und mehrere tausend Familien in Trauer versetzte?«
W. übernahm die Leitung der Schule, die von der christlich-jüdischen Freimaurerloge »Einigkeit und Toleranz« im Jahre 1793 gegründet worden war und an der kein Religionsunterricht erteilt wurde. Diese Schule existierte bis 1808. Das reaktionäre Zensurgesetz Dänemarks (1799) setzte der politischen Publizistik W.s ein Ende. In der Kulturzeitschrift *Hamburg und Altona*, die von 1801 bis 1806 bestand, veröffentlichte er einige Aufsätze über lokale Angelegenheiten. Nach der Schließung der Freimaurerschule gab er Privatunterricht; einer seiner Schüler war Gabriel Riesser, der Vorkämpfer für jüdische Emanzipation und Mitglied der Paulskirche 1848. Riesser erinnerte sich zeitlebens mit großer Dankbarkeit an seinen alten Lehrer. W. übersiedelte 1827 nach Berlin, wohin sich seine beiden Töchter verheiratet hatten. Dort starb er im Alter von 84 Jahren.

Grab, W.: Leben und Werke norddeutscher Jakobiner. Deutsche revolutionäre Demokraten, Bd 5., Stuttgart 1973. – Grab, W.: Ein Volk muß seine Freiheit selbst erobern. Zur Geschichte der deutschen Jacobiner. Frankfurt/Main 1984.

Walter Grab

Wygand, August

Geb. 24. 8. 1657 in Eisleben, gest. 26. 2. 1709 in Altona

Von seinen Zeitgenossen geliebt und gehaßt, gedemütigt und verfogt, bejubelt und auf den Schild gehoben, von einer staatsobödienten Geschichtsschreibung jahrhundertelang als »Chaot« und »Unruhestifter«, »Verbrecher« und »Verräter« gebrandmarkt oder aber totgeschwiegen und daher in Vergessenheit geraten, war W. in Wirklichkeit: ein Vorkämpfer der bürgerlichen Gesellschaft, der bedeutendste Bürgerrechtler in der hamburgischen Geschichte mit Kontakten in ganz Deutschland und darüber hinaus. Zugleich war W. Berater des dänischen Königs Christian V. (1670–1699), des polnischen Königs August II., des »Starken« (1697–1733) und hatte Zugang zum Kurfürsten Friedrich III. von Brandenburg (seit 1688) (dem späteren König in Preußen Friedrich I. 1701–1713) sowie zum König von Frankreich Ludwig XIV. (1643–1715). »Beispiellos federfertig«, wie ein W. sonst wenig geneigter Chronist des 19. Jahrhunderts einräumte, verfaßte W. ewa 30 Schriften, darunter, um nur die beiden wichtigsten zun nennen das *Manifest der bürgerlichen Freyheit*, (1699) – der vollständige Titel umfaßt eine ganze Druckseite und der *Nucleus Recessuum et Conventuum, Hamburgensium.* Oder: *Kurtzer / doch gründlich und ausführlicher Kern – Auszug / Aller von Anno 1410 biß Anno 1704 in Hamburg ergangener und gehaltener Raht und Bürgerlichen Recesse und Versammlungen* ... (1705), ein für den bezeichneten Zeitraum bis heute konkurrenzloses Werk zur hamburgischen Verfassungsgeschichte. W. wurde am 24. August 1657 als Sohn einer in großen Teilen Deutschlands verzweigten hochrangigen Beamten- und Gelehrtenfamilie geboren. Der Vater, August Wygand sen., war zunächst Berater der Grafen von Mansfield gewesen, dann Direktor in der Kanzlei des Grafen von Wernigerode geworden und schließlich als höchster Beamter der Administration von Magdeburg in den Dienst des Kurfürsten August von Sachsen getreten. Die Mutter, Clara Elisabeth, war die Tochter des Vizekanzlers des kurbrandenburgischen Fürstentums Halberstadt, Heinrich Richard Hagen. Bis zum 13. Lebensjahr Privatlehrern und Erziehern anvertraut, kam W. auf eine öffentliche Schule in Halberstadt, wo er 1676 nach Leipzig ging, um Philosophie zu studieren. Im Jahr darauf wechselte er an die Universität Frankfurt/Oder und blieb dort bis 1679. Nach Bildungs- und Wanderjahren in verschiedenen Ländern Europas (darunter Österreich, Böhmen und Ungarn, Deurtschland, Dänemark, Schweden und Frankreich) sowie einer zweijährige Tätigkeit als Sekretär des polnischen Gesandten in Livland, damals zu Schweden gehörend, wurde W. plötzlich nach Hause zurückgerufen. Eine familiäre Katastrophe, welcher Art auch immer, dürfte der Grund dafür gewesen sein, denn noch im selben Jahr, 1683 tauchte W. in Hamburg auf, mittellos und ohne dort einen Menschen zu kennen, ohne Empfehlungsschreiben, ohne, wie er sich selbst ausdrückte, »Erwartung und Hoffnng«. Er schlug sich zunächst an der von dem Juristen und Ratsherrn Gerhard Schott 1677/78 gegründeten und von ihm auch geleiteten Hamburger Oper mit Auftragsarbeiten als Autor und Übersetzer durch. Gleichzeitig eignete sich W. juristische Kenntnisse an, und so erfolgreich, daß er nach kurzer Zeit als Notar und Anwalt zugelassen war und dabei nach eigener Aussage jährlich »bei dreihundert Sachen laufen hatte«. Seit 1685 mit einer Tochter des hamburgischen Gerichtsvogts Johann Schwedt verheiratet, übernahm er nach dessen Tod 1689 das Amt, womit ihm die Verwaltung gerichtlicher Gelder oblag. Zwei Jahre zuvor war W. von der Universität Rostock nach nur wenigen Monaten Studium mit Auszeichnung die Würde eines Lizentiaten der Rechte zuerkannt worden. Nicht nur der Titel der nach damaligem Brauch in Latein geschriebenen Abschlußarbeit *De falsis (Von den Fälschungen und Lügen)* war ungewöhnlich, auch die Verbindung von juristischem Scharfsinn und innerer Anteilnahme an der Sache ließ aufhorchen. Und die Sache, um die es W. ging, war die Frage, wie Recht und Gerechtigkeit miteinander in Einklang gebracht werden könnten, eine zugleich politische und philosophische

Frage. W.s Antwort darauf war schlicht: Liebe zur Wahrheit – »Die Wahrheit ist einfach, der Fälschungen aber gibt es so viele, daß sie nicht aufgezählt werden können, weil täglich immer wieder neue hinzukommen«. »Scapham scapham appellare«, zitierte W. ein antikes Sprichwort: »eine Sache beim Namen nennen«.

Als W. Hamburg zum Wohnort wählte, war die Stadt Schauplatz dramatischer sozialer Spannungen und Auseinandersetzungen. Nach Antwerpen der größte Hafen Europas, verbarg sich hinter der glänzenden Fassade, die Scharen von entwurzelten Menschen anlockte, entsetzliches Elend. Tagtäglich schleppte sich ein Heer von Flüchtlingen, Obdachlosen und einheimischen Bettlern, von Vagabunden und Dieben durch die Gassen der Stadt, von Hunger und Krankheit ausgezehrt, und lagerte sich vor Haus- und Kirchentüren. Aber auch Bürger, die bislang ihr Auskommen hatten, fielen in Armut. Der Handel war zurückgegangen, Veränderungen in der gewerblichen Produktion wie Verlagshandwerk und Manufaktur bedrohten die Existenz der in Zünften organisierten Handwerker. Steuern und Abgaben stiegen, dennoch stand die Stadt zuzeiten kurz vor dem Bankrott, ihren Soldaten z.B. blieb sie wiederholt viele Monate den Sold schuldig. Seitdem im »Langen Rezeß« von 1529 die Mitsprache der Hamburger Bürger beim Stadtregiment geregelt war, kämpfte die »Erbgesessene Bürgerschaft«, die Versammlung der grundbesitzenden und damit politisch berechtigten Bürger mit dem Rat (Senatus) um die Macht, d.h. um die Entscheidung der Frage, bei wem die höchste Gewalt im Staate sei. Die Ratsherren (Kaufleute und Juristen) amtierten lebenslänglich und ergänzten sich selbst durch Zuwahl. In den Konventen der Erbgesessenen Bürgerschaft hatte der Rat das Propositionsrecht, die Gesetzesinitiative; abgestimmt wurde ohne Absprache nach Kirchspielen. In den Bürgerkämpfen des 17. Jahrhunderts suchten die Ratsfamilien Anlehnung an Kaiser und Reich, die Bürgerrechtler an Dänemark, das im benachbarten Altona bürgerliche, wirtschaftliche und religiöse Reformen einführte. Der Rat sah sich gern als »Obrigkeit von Gotes Gnaden«, hatte sich aber in einem Rezeß von 1562 die Bestimmung abtrotzen lassen, daß sowohl der ganze Rat als auch einzelne Ratsherren, wenn sie ihre Befugnisse überschritten oder ihre Pflichten verletzten, von der Bürgerschaft zur Rechenschaft gezogen werden sollten. Wie die Reihe der Rezesse, der Vereinbarungen zwischen Bürgerschaft und Rat seit der Reformation zu Beginn des 16. Jahrhunderts, zeigt, fanden die Bürger immer wieder Grund, sich über Anmaßungen, Vetternwirtschaft, Korruption und undurchsichtiges Finanzgebaren des Rates zu beschweren. In der zweiten Hälfte des 17. Jahrhunderts verschärften sich die Gegensätze. 1665 schufen sich die Großkaufleute mit der »Commerzdeputation« ein eigenes Machtinstrument. Zur gleichen Zeit bildete sich in der Bürgerschaft eine Opposition, die, in erster Linie aus Handwerkern bestehend, unter Führung des Färbers und Reeders Cord Jastram und des Kaufherrn Hieronymus Snitger zunehmend an Einfluß auf die Staatsangelegenheiten gewann. Mehrere kaiserliche Kommissionen mischten sich ein, konnten aber nichts Durchgreifendes ausrichten. Als indes 1686 der dänische König Christian V. mit seinen Truppen überraschend vor Hamburg erschien und mit der (letzlich erfolglosen) Belagerung begann, bekam die Ratspartei wieder Oberwasser, und um Jastram und Snitger war es geschehen. Nach grausamster Folter wurden sie fälschlich des Stadtverrats angeklagt und auf barbarische Weise hingerichtet.

Gerhard Schott, vom Rat (Exekutive und Judikative lagen damals noch in einer Hand) auserkoren, bei den Verhören Jastrams und Snitgers das Protokoll zu führen, hatte, um nicht die Verantwortung allein tragen zu müssen, W. gedrängt, ihm dabei zu helfen – für W., dem anfänglich überzeugten Parteigänger der Ratsautorität ein Damaskuserlebnis. W. wurde bewußt, daß Jastram und Snitger im Sinne der Anklage unschuldig waren und darüber hinaus als »Vor-Fechter der Bürgerlichen Freyheit« angesehen werden müßten. Er ließ jedoch, wie er später offen bekannte, alles wie die anderen geschehen – aus »menschlicher Schwachheit« sowie aus Rücksicht auf seine Familie, und weil er nicht habe hoffen können, irgend etwas zu ändern oder zu bessern, ohne seinen eigenen Untergang zu befördern. »Ich war indessen«, so schrieb W., »Eines Ehrbaren Raths vermuthen nach / besser hinter die Künste gekommen / und hatte bei der Einsehung der Stadt Grundgesetzen erlernet / daß denenselben nach / die höchste Gewalt bey der allgemeinen Bürgerschaft seyn sollte / und daß E. Ehrb. Rath nichts anders als unter gewissen Bedingungen und Vorbehalt eingesetzte Deputirte der Bürgerschaft wären / umb Justiz und andere Sachen zu verwalten / weil solches die Bürger wegen ihrer Vielheit und daher beschwerlicher Zusammenkünfte nicht allemahl selbst thun können noch wollen.« Und: Wer als Bürger in Hamburg für die Freiheit spreche, der würde an auswärtig hohen Orten als Aufrührer ausgeschrien. Wer bringe da den Mut auf, die »wurmstichige Administration des gemeinen Guths« anzugreifen und es auszusprechen, »daß den Armen, Elenden und Dürftigen kein Recht in Hamburg werde«. »Ohne diesem oder jenem die Hände zu schmieren«, könne man kein obsiegliches Urteil erhalten. Zugleich forderte W., die Folter und nach Möglichkeit auch die Todesstrafe abzuschaffen.

1693 stellte sich W. mit einer Denkschrift über Veruntreuungen in der Bank voll auf die Seite der Ratsgegner. Zwar gehörte er selbst zu den Geschädigten, aber wenn es vor allem dies gewesen wäre, hätte er sich anders aus der Affäre ziehen können. Die Ratsherren versuchten vergeblich, sich W.s durch Bestechung zu entledigen. Dann drehten sie den Spieß um, beschuldigten ihn der Unterschlagung öffentlicher Mittel und ließen ihn verhaften. W. wurde 1695 zu ewiger Verbannung verurteilt, obwohl ihm kein einziger Anklagepunkt nachgewiesen werden konnte. W.s Vermögen wurde eingezogen. Sorgfältig inventarisierte ein Gerichtsvollzieher seine umfangreiche Bibliothek: Hier hielt man auf Ordnung. Mit der »Schandglocke« aus der Stadt hinausgeläutet, empfing W. vor dem Tor eine vom Rat aufgeputschte Menge mit dem Ruf: »Schlae doet, schlae doet«.

Vom dänischen Altona aus setzte W. den Kampf fort. In Wort und Schrift gab er der Bürgerschaft Ratschläge, wie sie sich dem Rat gegenüber zu verhalten habe. Christian V. von Dänemark und Ludwig XIV. von Frankreich legte er Denkschriften vor: Darin war für die Juden in Hamburg freie Religionsausübung gefordert und erneut die höchste Gewalt für die Bürgerschaft. Der historische Rezeß vom 18. August 1699 wäre ohne Vorarbeit von W. nicht zustandegekommen.: Die Souveränität der Bürgerschaft wurde in allen Bereichen anerkannt, das Kriterium des Grundbesitzes als Vorraussetzung für die Wahrnehmung staatsbürgerlicher Rechte abgeschafft. An diesem 18. August erschien das anonyme *Manifest der bürgerlichen Freyheit,* ein Dokumentation und Interpretation der Hamburger Rezesse. Darin heißt es: »Von welcher Democratiâ oder besser zu reden / Populari Formâ Reipubl. gesaget wird: Daß sie nach ihrer Art die Aller-Vollenkommenste sey / nemlich die allerrichtigste Unterhalterinn (Conservatrix) der Frey- und Gleichheit. Die Freyheit aber bestehet darinn / nicht / daß du (als ein eintzelner Bürger betrachtet) nach deinem Gefallen lebest / und gantz und gar in deiner Gewalt seyst / sondern / daß du nach denen Gesetzen deiner Obrigkeit unterthan lebest / doch mit dem Beding / daß dir zugleich die Gewalt zu herrschen oder zu befehlen bleibe (...).«

Daß W. der Autor des Manifests ist, wußten einige Zeitgenossen, doch niemand wagte es offen auszusprechen: Erst 300 Jahre später steht es fest. Warum die Streitigkeiten in Hamburg weitergingen, bedarf im einzelnen noch eingehender Untersuchung. Im Sommer 1708 rückten kaiserliche Truppen in Hamburg ein und machten der Bürgerrechtsbewegung den Garaus. W. starb am 26. Februar 1709 auf unbekannte Art in Altona. Mit dem Hauptrezeß von 1712 erhielt Hamburg eine neue Verfassung. Das politische Mitspracherecht war darin auf einen winzigen Kreis von grundbesitzenden und vermögenden Bürgern beschränkt. Faktisch erst mit der Novemberrevolution von 1918 änderte sich das.

Asendorf, M.: Der Fall Wygand oder: Von der Bürgerrechtsbeweung zur Demokratie. Ein Beitrag über Hamburger Verhältnisse des 17. Jahrhunderts. Tel Aviver Jahrbuch für deutsche Geschichte XVIII/1989, S. 379–414.

Manfred Asendorf

Zahn-Harnack, Agnes von, geb. Harnack

Geb. 19. 6. 1884 in Gießen; gest. 22. 5. 1950 in Berlin

Z.-H. stammte aus einer Familie des deutschen protestantischen Bildungsbürgertums. Als Kind kam sie durch die Berufung ihres Vaters, des Theologen und Kirchenhistorikers Adolf Harnack (seit 1914: von Harnack), 1889 nach Berlin und wuchs in der Umgebung einflußreicher Familien (Bonhoeffer, von Delbrück u.a.) auf. Sie unterrichtete später als Lehrerin an einer höheren Mädchenschule. Als 1908 die Universitäten in Preußen für Frauen geöffnet wurden, holte Z.-H. mit 24 Jahren das Abitur nach und immatrikulierte sich als eine der ersten Studentinnen an der Universität Berlin für die Fächer Germanistik, Anglistik und Philosophie. Die Ressentiments gegen Frauen bekam sie dennoch zu spüren, denn 1912 mußte sie mit ihrer Promotion an die Universität Greifswald wechseln, da Berlin nur männliche Kandidaten zuließ.

Vorbild für die Persönlichkeit Z.-H.s war ihr Elternhaus, in dem sie christlich-sozial im Sinne der Nächstenliebe erzogen wurde. Politisch gesehen war die Familie Harnack patriotisch, loyal gegenüber dem Kaiserhaus, mit dem sie gesellschaftlich verkehrte.

1914 bis 1916 während des Ersten Weltkrieges war Z.-H. als Vertreterin der bürgerlichen Frauenbewegung in einer der 23 Kommissionen des »Nationalen Frauendienstes« (NFD) und von 1916 bis 1918 als Referentin im Kriegsamt in Berlin tätig. Zu Z.-H.s Aufgaben gehörte die Lebensmittelversorgung, Arbeitsvermittlung von Frauen für Rüstungsbetriebe, die Familien-und Hinterbliebenenfürsorge.

Seit Dezember 1914 hatte z.-H. Kontakt mit Friedrich Siegmund-Schultze, den sie jedoch nicht wegen seiner pazifistischen Ideale schätzte, sondern wegen seines Engagements in der »Sozialen Arbeitsgemeinschaft« in Berlin (SAG), die eine neue Form der Jugendarbeit für Arbeiterkinder und junge Arbeitslose darstellte. In der SAG traf Z.-H. zum ersten Mal regelmäßig mit jungen Arbeiterinnen zusammen. Das Elternhaus hatte ihr die gesellschaftliche Bedeutung der sozialen Frage vermittelt, doch erst jetzt entwickelte sie dafür ein tieferes Verständnis. Z.-H. ermutigte die Arbeiterinnen, sich als Gruppe eine demokratische Satzung zu geben.

Die Novemberrevolution 1918 brachte den Frauen das Frauenstimmrecht. Z.-H. wurde 1919 Mitglied der »Deutschen Demokratischen Partei« (DDP), dessen erster Vorsitzender 1919 Friedrich Naumann wurde, den Z.-H vom »Evangelisch-sozialen Kongreß« (1890–1945), einer losen Vereinigung sozialpolitisch engagierter Christen, kannte. Als Z.-H. 1919 den Juristen Karl von Zahn heiratete, war sie aufgrund der Zölibatsklausel für Lehrerinnen gezwungen, ihren Beruf aufzugeben. Nach der Geburt ihrer Kinder publizierte Z.-H. als freie Journalistin in verschiedenen Tageszeitungen, hielt Vorträge und Rundfunkansprachen zu frauenpolitischen und kirchlich-theologischen Themen. 1924 erschien ihr erstes Buch *Die arbeitende Frau*, 1928 folgte das zweite: *Die Geschichte der Frauenbewegung*.

Als herausragendes Beispiel für ihr frauenpolitisches Wirken ist die Gründung des »Deutschen Akademikerinnenbundes« (DAB) 1926 zu sehen, dessen Vorsitz Z.-H. bis 1930 innehatte. Der DAB verstand sich als Dachorganisation der akademischen Frauenverbände, um den Einfluß von Akademikerinnen gesellschaftspolitisch zu sichern und deren berufliche Interessen öffentlich zu vertreten. Akademikerinnen liefen wegen der schlechten Wirtschaftslage Ende der zwanziger Jahre Gefahr, aus errungenen Positionen zurückgedrängt zu werden. 1927 konnte der DAB bereits 3815 Akademikerinnen und ca. 3000 Studentinnen als Mitglieder verzeichnen. Z.-H. wurde 1927 als erstes weibliches Mitglied in den Vorstand der »Studienstiftung des deutschen Volkes« gewählt. In diesem Gremium konnte sie an der Vergabe von Stipendien an Studentinnen mitwirken. Sie plante im Auftrag des DAB, eine Bibliographie der gesamten Literatur der Frauenbewegung seit 1790 zu erstellen und strebte eine internationale Zusammenarbeit mit Frauenverbänden anderer Länder an.

Zwei Monate nach Gründung des DAB reiste Z.-H. mit einer Delegation zur 4. Konferenz der »International Federation of University Women« (IFUW) nach Amsterdam. Der DAB profitierte von der Aufgeschlossenheit dieses Dachverbandes, denn nun konnten internationale Stipendien an deutsche Bewerberinnen verliehen werden. Ein Lehrerinnenaustausch fand zum erstenmal 1928 zwischen London und Berlin statt. Z.-H. nahm 1931 an der Völkerbundtagung in Genf teil, wo sie in einer der politischen Kommissionen zur Frage der Staatsbürgerschaft der verheirateten Frau mitarbeitete.

Lange Zeit hatte Z.-H. die Arbeit des »Bundes Deutscher Frauenvereine« (BDF), des Dachverbandes der bürgerlichen Frauenorganisationen (1894–1933), begleitet, ehe sie am 10. Oktober 1931 in Leipzig zur Bundesvorsitzenden gewählt wurde. Der BDF war zur größten deutschen Organisation von Frauenverbänden mit ca. 2 Millionen Mitgliedern gewachsen.

Seit Beginn der dreißiger Jahre war der BDF äußeren Angriffen von national-orientierten Frauenverbänden ausgesetzt, die die Forderung nach gesellschaftlicher Gleichberechtigung der Frauen ablehnten. Gleichzeitig kam es innerhalb des BDF zu Konflikten und Flügelkämpfen zwischen verschiedenen Verbänden. Die Streitpunkte betrafen die internationale Haltung des BDF und die pazifistischen Bemühungen im Vorfeld der Genfer Abrüstungskonferenz 1932. Anlaß der Auseinandersetzung war die These: »Frauenbewegung muß Friedensbewegung sein – sonst hebt sie sich selbst auf.« Die »linksliberalen« Frauen des BDF, wie Alice Salomon und Z.-H., wurden offen von Vertreterinnen des rechten Flügels, Anhängerinnen der »Nationalen Opposition«, angegriffen, weil sie sich zur Idee des Weltfriedens bekannten. Als Folge traten die zahlenmäßig starken Verbände der Land- bzw. Hausfrauen am 1. Oktober 1932 aus dem BDF aus, die Verbände wurden z. T. aufgelöst, z. T. ihrer Arbeitsfelder beraubt, oder die Mitglieder liefen ihnen weg.

Seit Ende der zwanziger Jahre setzte sich Z.-H. mit dem Nationalsozialismus kritisch auseinander. Sie veranstaltete zusammen mit dem »Jüdischen Frauenbund« (JFB) Vorträge und Synagogenführungen, um Aufklärungsarbeit zu leisten. In einer Eingabe an die Evangelische Kirche warnte Z.-H. vor dem wachsenden Antisemitismus und bat um eine öffentliche Stellungnahme der Kirchenleitung, die indes nie erfolgte. Der BDF versuchte mit der Herausgabe der *Gelben Korrespondenz*, die Frauenverbände über politische Vorgänge zu informieren, doch bereits 1932 konnten diese Nachrichten nur noch mit Vorsicht verbreitet werden.

Nach dem Machtantritt der Nationalsozialisten 1933 wurde Z.-H.s Haus durchsucht und sie selbst überwacht. Vor die Wahl gestellt, sich in die »Deutsche Frauenfront« einzureihen oder sich aufzulösen, beschloß der BDF unter Z.-H.s Führung am 15. Mai 1933, einen Tag vor Ablauf des Ultimatums, die Selbstauflösung. Z.-H. schrieb später einer Freundin, es sei besser für den BDF gewesen, »Selbstmord zu verüben, als an Schwindsucht zu sterben oder hingerichtet zu werden«. Die Vermögenswerte der aufgelösten Frauenverbände konnte Z.-H. der »Helene-Lange-Stiftung« übergeben.

In den folgenden Jahren schrieb Z.-H. eine Biographie über ihren Vater Adolf v. Harnack, für die sie 1949 die Ehrendoktorwürde der Universität Marburg erhielt.

Nachdem Z.-H. während des Nationalsozialismus jede Mitarbeit in einer NS-Frauenorganisation abgelehnt hatte, gründete sie bereits im Juli 1945 den »Wilmersdorfer Frauenbund«, der sich 1947 mit mehreren Frauenvereinen zum »Berliner Frauenbund« (BF) zusammenschloß. Der BF reichte den Entwurf eines Friedensparagraphen für die Berliner Verfassung ein und kämpfte für das Kriegsverweigerungsrecht. Eine enge Zusammenarbeit fand mit dem »Stuttgarter Friedenskreis« statt, der zu Abrüstung in Ost und West und zu einer radikalen Erziehung zum Frieden in Alltag, Schule und Politik aufrief. Als 1948 der sowjetische Militärkommandant Z.-H. den Vorsitz des »Demokratischen Frauenbundes« anbot, lehnte sie ab, weil sie sich ihre Unabhängigkeit bewahren wollte. 1949 gelang es Z.-H. mit Initiative des BF, den DAB neu zu gründen. Im

Oktober 1949 wurde Z.-H. zur stellvertretenden Vorsitzenden des »Deutschen Frauenrings«, der Dachorganisation der neuen Frauenverbände, gewählt, doch wenige Monate später starb sie.

Anders M./Reicke I. (Hg. im Auftrag des Deutschen Akademikerinnenbundes): Agnes von Zahn-Harnack, Schriften und Reden 1914 bis 1950. Mit einem Lebensbild Agnes v. Zahn-Harnacks von Dr. Ilse Reicke. Tübingen 1964.

Sabine Thumm

Zeigner, Erich (Richard Moritz)

Geb. 17. 2. 1886 in Erfurt; gest. 5. 4. 1949 in Leipzig

Der sächsische Ministerpräsident von 1923, Widerstandskämpfer gegen den Nationalsozialismus und erste Oberbürgermeister von Leipzig nach dem Krieg verkörperte die politische Tragik des demokratischen neuen Mittelstandes, der in der ersten Hälfte des 20. Jahrhunderts gleich mehrfach damit scheiterte, eine soziale und demokratische Republik aufzubauen. Von großen Teilen der eigenen Partei, der SPD, als »Novembersozialist« verunglimpft, von bürgerlichen Gegnern des »Klassenverrats« bezichtigt und von den Nationalsozialisten tief gedemütigt, schien ihm die »antifaschistisch-demokratische« Politik der KPD/SED die einzige Möglichkeit zur politischen Rehabilitierung und Wiederherstellung der persönlichen Reputation zu bieten.

Z. stammte aus einer mittelständischen Familie in Erfurt, wo er auch zur Volksschule ging. Als die Familie 1894 mit den zwei Söhnen nach Leipzig zog und der Vater, ein gelernter kaufmännischer Angestellter, dort eine Kohlen- und Holzgroßhandlung gründete, besuchte Z. zunächst die III. höhere Bürgerschule und anschließend die Petrischule, ein Realgymnasium, auf der sich seine musikalische Neigung ausprägte und sein Interesse an der Geschichte geweckt wurde. Während des Jura- und Volkswirtschaftsstudiums von 1905 bis 1908 an der Universität Leipzig hörte er bei dem Kulturhistoriker Karl Lamprecht und bei dem sozialreformerisch eingestellten Nationalökonomen (»Kathedersozialisten«) Karl Bücher. Im Studium las Z. Schriften aus dem Kreis der englischen »Fabian Society« (seit 1883), einer Gruppe bürgerlicher Intellektueller, die den schrittweisen (daher Fabian, nach Fabius Cunctator, dem »Zauderer«) Übergang des Landbesitzes und der gesamten Produktion in Staatshände erstrebte. Das erwachende sozialkritische Engagement sowie die offene Parteinahme für die SPD brachte Z. im Referendariat den Spitznamen »roter Moritz« ein. 1913 legte Z. die zweite juristische Staatsprüfung ab, promovierte über den *Einfluß des Konkurses über das Vermögen des Versicherungsnehmers oder des Begünstigten auf privatrechtliche Lebensversicherungsverhältnisse* und wurde bei der Leipziger Staatsanwaltschaft zum Assessor ernannt. Im August 1914 heiratete er Margarete Meinel, 1915 wurde eine Tochter geboren. Nach dem Kriegsdienst wurde Z. am 1. Oktober 1918 zum Staatsanwalt in Leipzig ernannt.

Im Januar 1919 trat Z. der SPD und dem »Zentralverband der Angestellten« bei, weshalb er noch im selben Jahr als Staatsanwalt abberufen und trotz mehrfacher Eingaben an den sozialdemokratischen Landesjustizminister Harnisch als Richter in die Ehekammer des Landgerichts abgeschoben wurde. Auf Vorschlag der Leipziger SPD folgte Z. am 1. August 1921 überraschend Harnisch als Justizminister. In der aus SPD und USPD (Unabhängige Sozialdemokratie, seit 1917) gebildeten Minderheitsregierung, die von der KPD gestützt wurde, erwarb sich Z. durch zahlreiche Verbesserungen im Strafvollzug, eine sozial orientierte Strafrechtspflege und gezielte Vorstöße zur Republikanisierung der sächsischen Justiz den Ruf eines energischen Reformpolitikers. Neben den tatkräftigen Anstrengungen zur Verwirklichung des sozialen und demokratischen Rechtsstaats fand er durch geschliffene Rhetorik, politische Sensibilität und Sachkenntnis Resonanz in der sozialistischen Arbeiterbewegung und dem demokratischen Bürgertum des Landes.

Nach dem Sturz der Regierung durch ein gemeinsames Mißtrauensvotum der bürgerlichen Opposition und der KPD reüssierte Z. im März 1923 als Ministerpräsident einer weiteren sozialdemokratischen Minderheitsregierung in Sachsen, die erneut von den Kommunisten toleriert wurde. Der siebenunddreißigjährige Regierungschef, erst zwei Jahre aktiver Politiker, repräsentierte jene jüngere Generation von Sozialisten, welche die Versäumnisse der Novemberrevolution 1918 und die Fehltritte einer dogmatischen Ordnungspolitik wieder wettzumachen trachteten, angesichts der wachsenden Distanz der sozialistischen Arbeiterschaft und des demokratischen Bürgertums zur Weimarer Republik.

Z. brachte in seiner kurzen Amtszeit eine Reihe von Reformen zum Abschluß, unter denen vor allem die Verabschiedung der modernsten Gemeindeordnung in Deutschland hervorragte. Furore machten seine öffentlichen Aufforderungen, den von der Reichsregierung verkündeten passiven Widerstand gegen die Besetzung des Ruhrgebiets durch französisch-belgische Truppen im Januar 1923 mit einer aktiven Verhandlungspolitik zu kombinieren, die Reichswehr aus den Verbindungen zu rechtsextremistischen Organisationen zu lösen und einen sozial orientierten »Sanierungsplan« für Deutschland aufzustellen. Das führte zu einem auszehrenden Dauerkonflikt mit Revanchisten, Militärs und Industriellen.

Es gelang Z. hierdurch, die resignierende Linke zeitweilig wieder aufzurichten, ja sogar vorübergehend zu einem Hoffnungsträger für das linksrepublikanische Deutschland zu

avancieren, da die »Deutsche Demokratische Partei« (DDP) im Niedergang begriffen, die Führung der SPD wegen ihrer unentschiedenen Haltung zum Reichskanzler Wilhelm Cuno weitgehend handlungsunfähig – und die KPD konzeptionslos war.
Als die neue Regierung unter Gustav Stresemann (seit 13. August 1923) den »Ruhrkampf« abbrechen mußte und zudem die Krise in Wirtschaft (Inflation) und Politik (Konflikt zwischen Bayern und dem Reich, rheinischer Separatismus) ihrem Höhepunkt zutrieb, verhängte Reichspräsident Friedrich Ebert für das Reichsgebiet den Ausnahmezustand. Damit ging die politische Initiative auch in Sachsen faktisch auf die Reichswehr über. Unter dem Druck des Militärs, das die Landesregierung systematisch entmachtete, rückten SPD und KPD weiter zusammen. Am 12. Oktober 1923 zog die sächsische KPD nach dem Plazet des Komintern-Exekutivkomitees mit zwei Ministern und Heinrich Brandler, dem Vorsitzenden des Politbüros der KPD, als Chef der Staatskanzlei in die »Regierung der republikanischen und proletarischen Verteidigung« ein. Eine Woche später wurde Sachsen von der Reichswehr besetzt, wogegen der erwartete Aufstand der KPD ausblieb. Obgleich die KPD-Führung das Risiko eines »deutschen Oktobers« nicht einging und Z. peinlich darauf bedacht war, daß sein Kabinett die ihm zustehenden verfassungsrechtlichen Kompetenzen einhielt, setzte Stresemann die Reichsexekution gegen die Landesregierung in Gang, weil diese sich weigerte, geschlossen zurückzutreten. Z. und seine Minister wurden mit Hilfe von Reichswehrtruppen ihrer Ämter gewaltsam enthoben.
Mit dem Staatsstreich vom 29. Oktober 1923, der später dem sogenannten »Preußenschlag« vom 20. Juli 1932, der verfassungswidrigen Absetzung der preußischen Regierung unter Ministerpräsident Otto Braun (SPD), als Vorbild diente, opferten Gustav Stresemann und Friedrich Ebert eine verfassungsmäßige Landesregierung, um ein offenes Zusammengehen des Militärs und weiter Teile des Bürgertums mit der extremen Rechten und deren paramilitärischen Verbänden in einem »Ordnungsblock«, wie er sich in Bayern abzeichnete, zu verhindern.
Nach der Absetzung als Ministerpräsident und wenige Tage nach der Berufung zum Landgerichtsdirektor wurde Z. zur Zielscheibe einer Verleumdungskampagne, die nach fragwürdigen Zeugenaussagen in einen Bestechungsprozeß mündete, und in dem er von Richtern, die er zuvor wegen ihrer antirepublikanischen Einstellung gemaßregelt hatte, zu drei Jahren Gefängnis verurteilt wurde. Der *Manchester Guardian* kommentierte den Prozeß dahingehend, daß diesem Prozeß von vornherein der »Ludergeruch politischer Rachsucht« angehangen habe. Dennoch lehnte Z.s früherer Kabinettskollege, der 1924 amtierende Ministerpräsident Max Heldt, eine Amnestie ab. Z., von dem sich die meisten Parteifreunde persönlich und politisch distanzierten, konnte sich von diesem Schlag, über den zudem seine Ehe zerbrach, nie wieder erholen. Nach der Haftentlassung schlug er sich als Lehrer der Bundesschule des Arbeiter-Turn-und Sportbundes, als freier Journalist sowie als Leiter einer juristischen Beratungsstelle der sächsischen SPD in Leipzig durch. Daß er nicht verzweifelte, lag wesentlich an Annemarie De Mang, die ihn stets unterstützte. Mit der aus einer kinderreichen Lehrerfamilie stammenden Sozialdemokratin führte er eine zweite Ehe.
Nach dem Machtantritt der Nationalsozialisten 1933 trat Z. neben Willy Eichler, Käthe Kollwitz, Heinrich Mann und einigen anderen als Unterzeichner eines »Dringenden Appells« hervor, in dem für ein Zusammengehen von SPD und KPD sowie eine antifaschistische Einheitsfront geworben wurde. Er schloß sich einem Zweig der bereits 1931 von Mitgliedern des linken Flügels der (sozialdemokratischen) »Sozialistischen Arbeiter-Jugend« (SAP) und ehemaligen Kommunisten gebildeten, jetzt Widerstand gegen das NS-Regime leistenden Gruppe »Neu Beginnen« an. 1934 von der Gestapo entdeckt, wurden Z. und seine Freunde verhaftet. Ein Jahr später zwar von der Anklage der Vorbereitung des Hochverrats freigesprochen, unterstand Z. monatelang der Polizeiaufsicht und wurde gezwungen, öffentliche Straßen zu kehren und Parkbänke zu streichen. Zeitweilig mußte seine Frau, die als Sekretärin arbeitete, nicht nur für den gemeinsamen Lebensunterhalt, sondern auch noch für den seiner Eltern aufkommen. Erst nach dem Eintritt in die »Nationalsozialistische Volkswohlfahrt« (NSV), bei der er unentgeltlich Mietstreitigkeiten bearbeitete, gelang es ihm 1939, eine Anstellung als Buchhalter zu finden. Bei Kriegsbeginn und nach dem 20. Juli 1944 im Zuge der Gestapo-Aktion »Gewitter« kam er wieder in Haft.
Nach seiner Befreiung aus dem KZ Buchenwald durch amerikanische Truppen 1945 arbeitete Z. als Rechtsrat im Kulturamt der Stadt Leipzig, bis er auf Vorschlag der KPD von der sowjetischen Kommandantur am 16. Juli 1945 als Oberbürgermeister eingesetzt wurde und in dieser Eigenschaft auch die Leipziger Entnazifizierungskommission persönlich leitete. Z., der wegen seiner Nähe zur KPD nicht mehr in die engere Führung des SPD-Bezirks- und Landesverbandes gelangte, unterstützte die Zwangsvereinigung von SPD und KPD zur SED (»Sozialistische Einheitspartei Deutschlands«) am 21./22. April 1946. Er war niemals ein Parteimann gewesen und konzentrierte sich jetzt auf sein kommunales Amt, in das er im September 1946 auch förmlich gewählt wurde. Er zog wieder als Abgeordneter in den Landtag ein und wurde im April 1947 zunächst zum Honorarprofessor für Verwaltungslehre, im Oktober 1948 dann zum ordentlichen Professor berufen. An der Universität Leipzig leitete er das Institut für Kommunalwissenschaften. Im Frühjahr 1949 erkrankte er und starb am 5. April 1949 im Alter von 63 Jahren.

Bramke, W.: Erich Zeigner (1886 bis 1949). Vom bürgerlichen Demokraten zum proletarischen Politiker, in: Piazza, H. u.a. (Hg.): Berühmte Leipziger Studenten. Leipzig, Jena, Berlin 1984, S. 157-164. - Matthes, A.; Matthes, L.: Erich Zeigner. Eine biographische Skizze. o.O. (Leipzig) o.J.

Karsten Rudolph

Zetkin, Clara, geb. Eißner

Geb. 5. 7. 1857 in Wiederau (Sachsen); gest. 20. 6. 1933 in Archangelskoje bei Moskau

Noch während der Ausbildung zur Fachlehrerin für moderne Sprachen am Leipziger Auguste-Schmidt-Seminar 1876 bis 1878 wurde Z.s Interesse für politische und soziale Probleme geweckt. Inmitten der expandierenden sächsischen Industrielandschaft wurde die junge Z. täglich mit den sozialen Folgekosten des Kapitalismus (Armut, Ausbeutung, Wohnungsnot etc.) konfrontiert. Intensive Diskussionen in einem russischen Studentenzirkel über sozialistische Ideen und bestehende gesellschaftliche Ungleichheiten, vor allem aber der fatalistische Umgang ihrer Lehrerin Auguste Schmidt, einer der Führerinnen der liberalen bürgerlichen Frauenbewegung, mit der immer akuter werdenden sozialen Frage (Arme und Reiche habe es schon immer gegeben) führten dazu, daß sich die junge Z. vom bürgerlichen Milieu entfernte. Darin wurde die Tochter eines streng protestantischen Dorfschullehrers und einer weltoffenenen, kulturinteressierten Mutter durch ihren neuen Lebensgefährten Ossip Zetkin bestärkt. Der sieben Jahre ältere Sozialist aus der Ukraine nahm sie mit in den »Leipziger Arbeiterbildungsverein«, wo Wilhelm Liebknecht, August Bebel und andere Arbeiterführer Vorträge hielten. Insbesondere Liebknechts Ausführungen über die Räteexperimente der Pariser Kommune von 1871 schienen sie sehr zu beeindrucken.

1878, in dem Jahr, als das Sozialistengesetz vom Reichstag beschlossen wurde (bis 1890), bestand Z. die staatliche Prüfung als Lehrerin mit Auszeichnung. Im selben Jahr traten sie und Ossip Zetkin der »Sozialistischen Arbeiterpartei Deutschlands« (SAPD) bei. Aufgrund ihres politischen Engagements blieb Z. der Zugang in den sächsischen Schuldienst verwehrt, zumal sich ihre vormalige Mentorin, Auguste Schmidt, nicht für sie einsetzte. Krass dürfte auch der Bruch mit der Mutter - der Vater starb 1875 - gewesen sein, die auf eine Lehrerinnen-Laufbahn ihrer Tochter gehofft hatte.

Nach Aufenthalten in Österreich und der Schweiz ging Z. 1883 nach Paris, wo sie mit Ossip Zetkin bis zu seinem Tod 1889 zusammenlebte und seinen Namen annahm. Die schillernde Pariser Politszene wurde für Z. zur »politischen Universität«; vielfältige Kontakte zu führenden Persönlichkeiten der europäischen Arbeiterbewegung entstanden (Paul und Laura Lafargue, Jules Guesde, Alexandra Kollontai, Karl Kautsky, Friedrich Engels etc.) und machten sie zur überzeugten Internationalistin. Ein erstes Produkt ihrer Studien zur Frauenfrage, fortan ihr wichtigstes politisches Betätigungsfeld in der Vorkriegssozialdemokratie, wurde die Broschüre *Die Arbeiterinnen- und die Frauenfrage der Gegenwart* (1889), Grundlage für die Entwicklung einer proletarischen Frauenemanzipationstheorie, wonach die Frauenfrage Teil der sozialen Frage war und Arbeiterinnen ihre soziale Gleichstellung nur zusammen mit den Männern erreichen konnten. Z. wies dabei - wie z.B. auf dem Gothaer Parteitag der Sozialdemokratie 1896 (1890 war die SAPD als »Sozialdemokratische Partei Deutschlands, SPD, neu konstituiert worden) - immer wieder auf den Zusammenhang von Privateigentum und Frauenunterdrükkung hin: »Aber trotz aller Berührungspunkte in rechtlichen und politischen Reformforderungen hat die Proletarierin in den entscheidenden ökonomischen Interessen nichts Gemeinsames mit den Frauen der anderen Klassen. Die Emanzipation der proletarischen Frau kann deshalb nicht das Werk sein der Frauen aller Klassen, sondern ist allein das Werk des gesamten Proletariats ohne Unterschied des Geschlechts.«

Z., 1891 zur Redakteurin der neugegründeten sozialistischen Frauenzeitschrift *Die Gleichheit* berufen, hatte zwischen 1908 und 1910 erste Konflikte mit der Parteiprominenz (zu der sie als ehemaliges Mitglied des Parteivorstandes, 1895 bis 1900, der Kontrollkommission, 1900 bis 1917, und als international bekannte Frauenrechtlerin freilich auch gehörte). War es Z. bisher gelungen, mit der Parteiführung einen stillschweigenden Modus vivendi zu finden, dessen Grundlage für beide Seiten die Relevanz der Frauenfrage für die SPD gewesen war (als Barometer galt der kontinuierliche Auflagenanstieg der *Gleichheit* - bis 1914 auf immerhin 125000 Exemplare), und der es ihr lange Zeit ermöglichte, unbeschadet die linksradikalen Positionen ihrer Freundin Rosa Luxemburg zu unterstützen, sorgte die innerparteiliche Polarisierung nach der Jahrhundertwende dafür, daß auch Z. ins Kreuzfeuer der Kritik geriet. Versuche der Parteiführung, die kritischen Akzente der *Gleichheit* einzudämmen, schlugen fehl. Bis zu ihrer Suspendierung im Mai 1917 blieb Z. leitende Redakteurin des Blatts. Ungeduldig forderte Z. die SPD auf, sich massiver für das Frauenwahlrecht einzusetzen und es nicht als schöne Grundsatzposition einschlafen zu lassen. Dabei stand sie vor folgendem Dilemma: Einerseits beklagte sie in Briefen an Gesinnungsfreunde den Strukturkonservatismus der Parteiorganisa-

tion und den »bürkoratischen Dünkel« vieler Funktionäre. Andererseits gab es nach ihrer Einschätzung für den Emanzipationskampf der Frauen keine andere Alternative, als innerhalb der organisierten Arbeiterbewegung dafür zu kämpfen.
Auf der Internationalen Frauenkonferenz in Stuttgart setzte Z. 1907 eine Resolution durch, in der die »Kämpfe für Demokratisierung des Wahlrechts zu den gesetzgebenden Körperschaften in Staat und Gemeinde zugunsten des Proletariats als Kämpfe für das Frauenwahlrecht zu führen (sind), das energisch zu fordern und in der Agitation wie im Parlament zu vertreten ist« – ein Seitenhieb auf die halbherzigen Kampagenen der SPD zur Durchsetzung des allgemeinen und gleichen Wahlrechts im Kaiserreich. Z. scheiterte mit ihren Feldzügen für das Frauenwahlrecht, das sie auch als Mittel für die »revolutionäre Erziehung« der Arbeiterinnen betrachtete. Frauen erhielten es erst unmittelbar nach der Novemberrevolution, zu den Wahlen zur Weimarer Nationalversammlung 1919. Einer Kooperation mit der bürgerlichen Frauenbewegung in dieser Frage stand Z. bis zuletzt ablehnend gegenüber.
An der Spaltung der Arbeiterbewegung während des Ersten Weltkrieges war Z. aktiv beteiligt. Zusammen mit Karl Liebknecht, Paul Levi, Rosa Luxemburg, Franz Mehring und anderen Repräsentanten des linken Flügels der Vorkriegssozialdemokratie gründete sie 1915 die Gruppe »Internationale«, aus der später die »Spartakusgruppe« und im November 1918 der »Spartakusbund« hervorging. Die regierungsloyale SPD hatte sich in Z.s Augen mit der fortlaufenden Bewilligung der Kriegskredite vollends diskreditiert. Den Oktoberumsturz der Bolschewiki 1917 begrüßte sie in einem Artikel der *Leipziger Volkszeitung*. Die Bedenken ihrer Kampfgefährtin Rosa Luxemburg vom Sommer 1918, Lenins bolschewistische Partei neige dazu, politische Freiheiten (z.B. die Presse- und Versammlungsfreiheit) einzuschränken und unerläßliche Bausteine der proletarischen Demokratie zugunsten einer Partei- oder Einmann-Diktatur zu opfern, teilte sie nicht.
Wie viele Vertreter der systemantagonistischen Linken hoffte auch Z., die russischen Ereignisse würden als Initialzündung für die Revolution im restlichen Europa wirken. Endlich, so schien es, waren die deutschen Werktätigen nach langer aufopferungsvoller Opposition einer Minderheit im Herbst 1918 in Bewegung geraten. Z. wurde Mitglied der KPD und gehörte ihrem obersten Führungsorgan, der Zentrale, mit Unterbrechungen von 1919 bis 1924 an. Als Chefredakteurin der *Kommunistin* (April 1919), KPD-Reichstagsabgeordnete (Juni 1920), Komintern-Delegierte und Mitglied von dessen Exekutivkomittee (EKKI) ab dem 3.Weltkongreß 1921, als zeitweiliges Mitglied des Zentralkomitees der KPD, als Präsidentin der »Internationalen Roten Arbeiterhilfe« (1925) und als führende Frauenrechtlerin der kommunistischen Weltbewegung avancierte die Multifunktionärin zur moralischen Instanz. Auch wenn Z. 1919 bis 1933 immer wieder Parteidisziplin wahrte, pochte sie, wenn es ihr wichtig erschien, auf ihre Unabhängigkeit. Innerparteilich zählte sie in Fragen der Parlaments- und Gewerkschaftsarbeit zu den Verfechtern eines gemäßigten Kurses, die einer Einheitsfront mit SPD und Gewerkschaften nicht abgeneigt waren. Intern wehrte sie sich gegen den von oben verordneten Bolschewisierungs- bzw. Stalinisierungskurs, dem sich die KPD seit Mitte der zwanziger Jahre – trotz interner Richtungskämpfe – sukzessive unterwarf. In Briefen an Nikolai Bucharin und Wilhelm Pieck prangerte sie die permanenten Verletzungen der innerparteilichen Demokratie durch die »Cliquenwirtschaft« der Thälmann- und Stalin-Gruppe an. Eindeutig nahm sie Stellung gegen die politische Ausschaltung der »Rechten«, zu denen innerhalb der KPD ihre langjährigen Weggefährten Heinrich Brandler, August Thalheimer und Jakob Walcher zählten. Doch ihr Plädoyer für eine »kollektive Führung« auf der Grundlage der »Konzentration der Kräfte« blieb wirkungslos.
Die großen Ideale des Kommunismus schienen verspielt zu sein. Resigniert mußte Z. feststellen, daß die Führungen von KPD und KPdSU im sogenannten »Geheimabkommen« vom 29. Februar 1918 bereit waren, gegen die sogenannte »rechte« oder »ultralinke Gefahr« administrativ vorzugehen, um so freie Hand für eine erneute Radikalisierung der Komintern zu haben: »Wo bleibt die K.I. [«Kommunistische Internationale», d. Verf.], ihre organisatorische Einheitlichkeit und etliches mehr« schrieb sie an Pieck (4. April 1928), »wenn wichtige Fragen nicht von dem Plenum diskutiert und beschlossen, sondern ›geregelt‹ werden durch Abkommen zwischen einzelnen Parteien? (…) Ich würde es als eine Beschmutzung meiner Lebensarbeit betrachten, wenn irgendwer annehmen könnte, ich sei mit dem Beschluß einverstanden und decke ihn.« »Du weißt«, fügte die im selben Brief hinzu und charakterisierte damit unfreiwillig ihre paradoxe Situation, »wie zurückhaltend ich bis jetzt gewesen bin.«
Offensiver agierte Z. 1922 im Kampf gegen den Faschismus. Alarmiert durch die Machtübernahme von Mussolinis faschistischer Partei in Italien und dem lautstarken Getöse faschistischer Gruppen, darunter Hitlers NSDAP in Deutschland, warnte sie 1923 vor den Gefahren für die Demokratie und den Bestand der Arbeiterorganisationen. Die Gleichsetzung von Sozialdemokratie und Faschismus lehnte sie ab, die von ihr geforderte Einheitsfront von SPD und KPD war aber politisch nicht durchsetzbar. Als Alterspräsidentin des deutschen Reichstages gab Z. am 30. August 1932 – die NSDAP war mit 37,4 Prozent erstmals stärkste Partei – ihr politisches Vermächtnis zu Protokoll: »Alle Bedrohten, alle Leidenden, alle Befreiungssüchtigen gehören in die Einheitsfront gegen den Faschismus und seine Beauftragten in der Regierung!«

Knapp drei Monate nach der Machtübernahme der NSDAP verstarb die große alte Dame der deutschen Arbeiterbewegung im sowjetischen Exil, wo sie von vielen Tausend Moskauer Bürgern an der Kremlmauer beigesetzt wurde.

Badia, G.: Clara Zetkin. Eine neue Biographie. Berlin 1994. - Dornemann, L.: Clara Zetkin - Leben und Werk. Berlin 1985.

Jens Becker

Ziegenhagen, Franz Heinrich

Geb. 8. 12. 1753 in Straßburg, gest. (Selbstmord) 21. 8. 1806 in Rothau (Elsaß)

Z. gehörte zu jenen Vertretern der Aufklärung in Deutschland, die die Französische Revolution zur Idee einer demokratisch-sozialen Umgestaltung der Gesellschaft begeisterte.
Sohn eines aus Pommern stammenden, wohlhabenden Wundarztes, blieb Z. nicht unberührt vom wirtschaftlichen und sanitären Elend der arbeitenden Menschen und vom Vorbild seines und seiner Geschwister zeitweiligen Hauslehrers, des pietistischen Pfarrers und humanistischen Pädagogen Johann Friedrich Oberlin. Nach der Kaufmannslehre in Straßburg bald selbständig, weiteten Geschäftsreisen, die Z. mit dem Studium von Land und Leuten verband, seinen Blick. Er löste sich von der streng religiösen väterlichen Erziehung und trat 1775 in Regensburg einer Freimaurerloge bei. Auf einer längeren Frankreichreise 1777/79 lernte er die Hochburg des Feudalabsolutismus kennen, wo noch die Hungerrevolten nachhallten, die zuvor das Land erschüttert hatten, und jüngst die Werke der materialistischen Philosophen erschienen waren.
1780 ließ sich Z. als gutsituierter Kaufmann in Hamburg nieder und gewann im Großhandel, wahrscheinlich in Tuchen, ein beträchtliches Vermögen. Doch befriedigte es ihn nicht, »im reichlichen Besitz der zum leichteren Güteraustausch erfundenen Metallplättchen« das Glück zu suchen und »leblose Geldsummen, Wechsel und Banknoten zu überzählen«. Betroffen vom »Mißverhältnis zwischen dem Überfluß eines Millionärs und der Dürftigkeit eines Taglöhners«, empörte ihn eine Gesellschaft, die die Menschen in »Masttiere« und »Lasttiere« schied. 1789 verkaufte er sein Handelshaus und erwarb im nahen Billwerder ein Landgut, das er aus verwahrlostem Zustand in einen ökonomischen und sozialen Musterbetrieb verwandelte. Dort richtete er 1790 mit seiner vom Lande stammenden Frau ein Erziehungsinstitut ein, um Sohn und Tochter und andere Kinder für eine neue Lebensweise zu bilden. Was er wirklich vorhatte, verkündete er in seiner 1792 in Hamburg gedruckten *Lehre vom richtigen Verhältnis zu den Schöpfungswerken und die durch öffentliche Einführung derselben allein zu bewirkende allgemeine Menschheitsbeglückung*. Das Buch wandte sich an alle Persönlichkeiten, die für menschliches Wohlergehen, für Bildung und Aufklärung des Volkes Verantwortung trugen, von den Ärzten und Lehrern bis zu den Magistraten und Regenten, und ersuchte sie um moralische, politische und materielle Unterstützung. Z. schickte seinen Plan auch an den französischen Nationalkonvent, der die Pädagogen in aller Welt aufgerufen hatte, am demokratischen Erziehungswerk mitzuwirken. Er beantragte, seine *Verhältnislehre* öffentlich einzuführen, auf ihrer Grundlage alle Schulen und Kirchen in »gemeinnützige Hörsäle der Wissenschaften, Künste und Handwerke« zu verwandeln sowie bei der Umwandlung des feudalen Eigentums »auf die verhältnismäßigste und sanfteste Art« Maßnahmen zu ergreifen, auf »daß die Rechte der Menschheit, Eigentum und Freiheit, gleichmäßiger verteilt sein sollten, als sie es jetzt sind«. Z. erhoffte von dieser Initialzündung, der England und Deutschland bald folgen würden, die Möglichkeit, einen ewigen Frieden zu schließen, Heere und Militärausgaben für friedliche Großunternehmen einzusetzen und die gesamte Jugend, vornehmlich die ärmere, auf Staatskosten auszubilden.
Der *Verhältnislehre* lag das eudämonistische Menschenbild der Aufklärung zugrunde: Das dem natürlichen Selbsterhaltungstrieb entspringende Streben nach Glück fände seine Erfüllung, wenn sich der Mensch, als »sinnlich-vernünftig-freies Wesen« geschaffen, geistig und praktisch in ein dreifach richtiges Verhältnis setzt, in »die genaue Übereinstimmung aller seiner Kräfte miteinander, mit den Kräften anderer Menschen und mit der übrigen ihn umgebenden Natur«. Z., der mit dieser Anschauung den Zusammenhang von Gesellschaftlichkeit, Persönlichkeitsbildung und Naturbeherrschung in eins faßte, beklagte die »Unverhältnismäßigkeit« ungesunder Lebensweise, unvernünftiger Leidenschaften, die nach Reichtum und Macht strebten und seelischer Verkrüppelung in einer antagonistischen Gesellschaft, die die Menschen einander wie »Raubtiere« fürchten ließe und ihr Verhältnis zur Natur verdürbe. Anhänger der Milieutheorie und der zeitgenössischen Reformpägogik machte Z. für die herrschenden Laster und Verbrechen die gesellschaftlichen Verhältnisse mit ihren eingefleischten Gewohnheiten und einer sie konservierenden Erziehung verantwortlich, denn wenn der Selbsterhaltungstrieb an sich natürlich und gut sei, könne niemand handeln, »ohne durch Irrtum, böse Gewohnheit, Leidenschaft oder Not dazu verleitet zu sein«.
Parallel zu seinem Appell, die *Verhältnislehre* einzuführen, schlug er die praktische Einrichtung einer Kolonie als Modell und Keim einer allgemeinen Gesellschaftsreform vor: Vier bis acht begüterte Familien kaufen ein Landgut, auf dem ihre Kinder gemeinsam mit der gleichen Zahl armer Waisenkinder

von einem eingestellten jungen Lehrerehepaar eine gesunde, naturgemäße und naturverbundene Erziehung in dem genannten dreifachen Verhältnis erhalten und mit Hilfe ordentlich bezahlter und mit Kleinbesitz ausgestatteter verheirateter Landwirtschaftsgehilfen zunächst in der Landwirtschaft, dann durch gastierende städtische Handwerker und Gelehrte auch handwerklich und künstlerisch ausgebildet werden. Sind sie herangewachsen, bilden sie zusammen mit ihren Lehrern und den Landwirtschaftsgehilfen eine Gütergemeinschaft, die sich mit neun Nachbarkolonien zusammenschließt und nunmehr auch Wissenschaft, Kunst und Handwerk arbeitsteilig ausübt und durch Nachahmung die ganze Gesellschaft ergreift.

Hinter dem ideal ausgeschmückten Bild stand die realistische Idee, das unproduktive Kaufmannskapital in die darniederliegende Landwirtschaft zu investieren, die verachteten, in Unwissenheit gehaltenen und in ihrer Eigeninitiative gelähmten Bauern von feudalen Fesseln zu befreien, um auf der Ausgangsbasis und nach dem Vorbild einer demokratischen, bis zum Sozialismus entwickelten Agrarreform die städtische Produktion neu zu gestalten, dem stagnierenden wissenschaftlichen, technischen und künstlerischen Fortschritt freie Bahn zu geben und einen gemeinnützigen Charakter zu verleihen.

Mit der französischen Menschenrechtserklärung vom 26. August 1789 konfrontiert, bestimmte Z. das Recht auf Eigentum als »Besitz aller Güter, welche zur nützlichen Tätigkeit und zum wahren Vergnügen unentbehrlich sind«, und das Recht auf Freiheit als »Vermögen, alle Kräfte und Fähigkeiten zur Erreichung des richtigen Verhältnis aufs beste anwenden zu können«. Er prangerte nicht nur das Mißverhältnis in der Verteilung der Güter als »Verbrechen der beraubten Menschenrechte« an, sondern auch die isolierende Vereinzelung; denn erst durch den einheitlichen Gebrauch des gesellschaftlichen Eigentums könne der Mensch jenes wahre Eigentum und jene wirkliche Freiheit gewinnen, die ihm die volle Entwicklung seiner Persönlichkeit und mithin sein Glück gewähre. Als Alternative zur französischen Verfassung dachte er an eine weitgehende Direktdemokratie bei Gesetzgebung, gemeinsamen Vorhaben und der Aufteilung des gesellschaftlichen Eigentums zu individueller Verwaltung sowie bei der Verwendung des gemeinsamen Geldvermögens.

Z.s aufklärerischer Optimismus, der an die Stelle der Religion und ihrer »Mißverhältnislehre« eine deistische Weltanschauung setzte, vertraute dem unaufhaltsamen Fortschritt der Vernunft. Seine Idee der Harmonie des Menschen mit sich selbst, mit der Gesellschaft und mit der Natur verband sich mit der Idee des Friedens und der Freundschaft der Völker zu dem Schlußappell: »Schöpfungsmäßigkeit – Weltvaterlandsliebe – Weltökonomie!«

Doch Z. erlebte nur bittere Enttäuschungen. Die 6000 Exemplare seines Buchs fanden nur 265 Subskribenten aus Kreisen des besitzenden und gebildeten Bürgertums in 19 Städten, der Absatz der Neuausgaben blieb spärlich. Sein Ersuchen an die französische Regierung, ihm für seine geplante Kolonie enteignetes Klostergut im Elsaß zur Verfügung zu stellen, fand kein Gehör bei dieser, die es verkaufte, um die Assignaten zu decken, und die überdies die Forderung nach einem Agrargesetz mit Todesstrafe bedrohte. Seine Absicht, die Kolonie in Billwerder einzuführen, scheiterte, da seine Mittel sich erschöpften und ein zeitweiliger Wiedereinstieg ins Geschäftsleben wegen der allgemeinen wirtschaftlichen Depression mißlang. 1800 mußte er das Gut aufgeben. Als 1802 seine Frau starb, zog sich Z. in seine alte elsässische Heimat zurück. Verarmt und vereinsamt, setzte er seinem Leben ein Ende.

Steiner, G.: Franz Heinrich Ziegenhagen und seine Verhältnislehre. Berlin 1962.

Joachim Höppner

Zietz, Luise (geb. Körner)

Geb. 25. 3. 1865 in Bargteheide; gest. 27. 1. 1922 in Berlin

Am 30. 6. 1906 geht ein Telegramm an die Hamburger Polizeibehörde: »Luise Zietz – Hamburg – will hier in Frauenversammlung reden über Frau und Wahlrecht. Erbitte telegraphische Auskunft über politische Richtung und Staatsangehörigkeit.« Die Antwort lautet: »Frau Katharina, Amalie, Luise Zietz, geborene Körner, geboren am 25. März 1865 in Bargteheide, ist eine aufreizende Agitatorin der sozialdemokratischen Bewegung. Staatsangehörigkeit Hamburg.«

Z.' Leben und politisches Wirken dokumentieren detailreiche Ausführungen in den Polizeiakten der Wilhelminischen Behörden. Z., die als »klügste und gewandteste« Rednerin der Sozialdemokratie des Kaiserreiches immer staatlicher Repression ausgesetzt war, sah ihre Lebensaufgabe in der sozialistischen Bewußtseinsbildung und Organisierung der Arbeiterfrauen. Die politische, rechtliche und wirtschaftliche Gleichstellung der Frauen thematisierte sie als unverzichtbares Element des Emanzipationskampfes der Arbeiterklasse. Leidenschaftlich warb sie in Frauenversammlungen für eine Gesellschaft, »die keine Geknechteten und Ausgebeuteten, keine Hungernden und Darbenden kennt, in der viel mehr Freie und Gleiche schaffend das Schöne genießen.«

Ihr persönlich-politisches Programm, das sie bis zu ihrem Lebensende vertrat, stellte eine Kombination von radikaler Gesellschaftskritik, sozialstischer Zielverheißung und revolutionärem Attentismus dar. Überzeugt von der naturnotwendigen Entwicklung zum Sozialismus, konzentrierte sie alle Aktivitäten auf »Agitation und nochmals Agitation und abermals Agitation,« um die »Massen der proletarischen Frauen in Stadt und Land zum politischen Leben zu erwecken«. »Wenn das Sturmsignal ertönt, dann heran an die Arbeit«, ruft sie in fatalistischer Revolutionserwartung den versammelten Frauen zu. »Tretet aber jetzt ein in die Reihen der Sozialdemokratie, damit Rächer entstehen«.

Als Z. einundvierzig Jahr alt war, fertigte ein Polizeibeamter folgende Personenbeschreibung an: »Ehefrau Zietz aus Hamburg, ca. 44 Jahre alt, 165 cm groß, blond. Trug das Haar gescheitelt. Bekleidet war sie mit kleinem, runden Strohhut, roter Bluse und schwarzem Rock. Hat gelblichen Teint und macht den Eindruck, als gehöre sie dem Arbeiterstande an.« Der Eindruck täuschte nicht, als älteste Tochter eines Heimarbeiters verrichtete sie schon als Kind schwere körperliche Arbeit. Vor ihrer Ausbildung als Kindergärtnerin verdiente sie ihren Lebensunterhalt als Dienstmädchen, Kaffeeleserin und Fabrikarbeiterin in der Zigarettenproduktion. Z. schloß sich nach der Aufhebung des Sozialistengesetzes Anfang der 1890er Jahre der Arbeiterbewegung an. Während der Streikkämpfe der Hamburger Hafenarbeiter 1896/97 und der Bäckergesellen 1898/99 aktivierte sie die Frauen, die erstmals in der Geschichte der Arbeiterbewegung mit Solidaritätserklärungen, Spendensammlungen und Boykottmaßnahmen die Ausstände der Männer solidarisch unterstützten. Von der Arbeiterschaft als »weiblicher Bebel« tituliert, widmete sich Z. nun ausschließlich der Agitation unter den Frauen. Aufgrund ihrer rhetorischen und organisatorischen Fähigkeiten entwickelte sie sich zur erfolgreichsten und populärsten Wanderagitatorin der Bewegung. Zeitgenossen werteten ihre Agitation als »hohe Kunst«, die zu einer enormen Steigerung des Organisationsgrades und Aktivitätspotentials der proletarischen Frauenbewegung führte. In Massenversammlungen geißelte Z. die politische Rechtlosigkeit der Frauen, die das weibliche Geschlecht mit »Irrsinnigen und Verbrechern« gleichstelle. Sie forderte die Beseitigung aller »Ausnahmebestimmungen gegen die Frau«. Der von Z. vermittelte Anspruch auf politische Bildung und Partizipation der Frauen prägte das Selbstverständnis der proletarischen Frauenbewegung bis zum Ende der Kaiserzeit. Ihr öffentliches Eintreten für diese Ziele suchten die Behörden mit juristischen Mitteln zu unterbinden. Die Vorwürfe der Anklagen lauteten auf »Majestätsbeleidigung«, »Aufreizung der Bevölkerung« und »Übertretung des Vereinsgesetzes«. Z. wurde zu drei Gefängnisstrafen verurteilt, die sie ungebrochen mit den Worten kommentierte: »Man kann uns ins Gefängnis stecken, aber unsere Bewegung und unsere Ideale vernichtet man nicht.« Mit der Novellierung des Reichsvereinsgesetzes im Jahre 1908 erzielte die proletarische Frauenbewegung laut Z. nach »jahrelangem Ringen für ein »einheitliches und freiheitliches Versammlungsrecht« ihren ersten Erfolg. Auf der Grundlage des neuen Reichsvereinsgesetzes, das den Frauen nun das Recht auf Mitgliedschaft in politischen Parteien gewährte, wurde Z. als erste deutsche Frau Mitglied eines Parteivorstandes auf Reichsebene.

Der sozialdemokratische Parteitag in Nürnberg wählte sie 1908 als Beisitzerin in den Vorstand. Im gleichen Jahr erwirkte sie die erste Quote im Organisationsstatut der Partei, die eine gleichberechtigte Mitarbeit der Frauen absichern sollte. »Die weiblichen Mitglieder«, so lautete die Beschlußfassung, sollten im »Verhältnis ihrer Zahl im Vorstand vertreten« sein. Dabei müsse diesem »mindestens eine Frau angehören«. Von 1909 bis 1917 arbeitete Z. als Sekretärin für Frauenfragen im Parteivorstand. Die Gewinnung und Schulung der Basis für die Forderung nach dem allgemeinen und gleichen Frauenwahlrecht stand nun im Mittelpunkt ihrer Tätigkeit. Anläßlich der »Internationalen Frauentage« – der erste fand 1911 im März als symbolische Anknüpfung an die Revolution 1848 und die Pariser Kommune 1871 statt – gelang es ihr und ihren Mitstreiterinnen, Zehntausende von deutschen Frauen für die Forderung »her mit dem Frauenwahlrecht« zu mobilisieren. Als dieses Ziel im Zuge der Novemberrevolution endlich erreicht wurde, zog Z. als Spitzenkandidatin ihrer Partei in die Nationalversammlung und in den Reichstag ein. Sie vertrat hier die USPD, zu deren Mitbegründerinnen sie aufgrund ihrer Opposition zur Kriegspolitik der SPD geworden war.

Im Parlament avancierte sie zur »regsten Wortführerin der Parlamentarierinnen« (Paul Löbe) und zur wortgewaltigsten Streiterin für die Verankerung der verfassungsrechtlichen Gleichstellung der Frauen. Sie galt als profilierte Rednerin, die auch in innen- und wirtschaftspolitischen Debatten leidenschaftlich Position bezog. Ihre zahlreichen Zwischenrufe brachten ihr den Ruf einer »Furie« ein. Die bürgerliche Presse diffamierte sie »als beschränkte Proletarierfrau«, die von der Natur eine »übergroße Menge männlicher Moleküle« erhalten habe.

Z. erlitt am 26. Januar 1922 während einer Reichstagssitzung einen Ohnmachtsanfall, in dessen Folge sie am nächsten Tag, erst sechsundfünfzigjährig, starb. Im ganzseitigen Nachruf des USPD-Zentralorgans *Die Freiheit* hieß es treffend: »Diese Frau mußte mitten im Kampf dahingerafft werden. Nur auf dem äußersten Posten konnte der Tod sie antreffen. Denn an einer anderen Stelle war sie zu stehen nicht gewohnt.«

Hummel-Haasis, G. (Hg.): Schwestern, zerreißt eure Ketten. München 1982. – Juchacz, M.: Sie lebten für eine bessere Welt. Lebensbilder führender Frauen des 19. und 20. Jahrhunderts. Berlin und Hannover 1955.

Marina Spillner

Zimmermann, Wilhelm

Geb. 2. 1. 1807 in Stuttgart; gest. 22. 9. 1878 Bad Mergentheim

Die Diskussionen der Forschung über den großen Bauernkrieg von 1525 sind nicht zu verstehen ohne das Werk des württembergischen Geschichtslehrers und Pfarrers Z., der das erste umfassende Werk über den Bauernkrieg verfaßte (*Allgemeine Geschichte des großen Bauernkrieges. Nach handschriftlichen und gedruckten Quellen*, 3 Teile). Als es Anfang der vierziger Jahre des 19. Jahrhunderts erschien, enthielt es mehr politischen Zündstoff als manche politische Schrift der damaligen Zeit. Aufgrund der Zensurbestimmungen des Vormärz (1815–1848) konnte man gegen feudale Ungerechtigkeiten und kirchliche Zwänge nur in einem umfassenden Buch und nur im Rückgriff auf die Historie schreiben.

Z. wurde am 2. Januar 1807 als Sohn eines landarmen Winzers und späteren königlichen Lakaien geboren. Wie es in Schwaben für begabte Söhne fast aller Schichten möglich war, konnte er eine akademische Laufbahn einschlagen. Er besuchte das Seminar in Blaubeuren, danach (ab 1825) die Universität in Tübingen und das evangelisch-theologische Stift. Wegen einiger »Unbotmäßigkeiten« wurde Z. aus dem Stift gewiesen, konnte aber sein Studium an der Tübinger Universität fortsetzen und 1829 mit der Promotion zum Dr.phil und dem theologischen ersten Examen abschließen. Es folgten für Z. einige Jahre als freier Schriftsteller, in denen er Gedichte, Novellen, eine *Geschichte Württembergs nach seinen Sagen und Taten* (1837) und das Drama über Masaniello (einen neapolitanischen Freiheitshelden des 17. Jahrhunderts) verfaßte. Er heiratete in dieser Zeit eine württembergische Pfarrerstochter.

1840 trat Z. ein Pfarramt an, von 1841 bis 1843 erschien dann Z.s *Allgemeine Geschichte des großen Bauernkrieges.* 1847 wurde Z. als Professor an die Polytechnische Schule in Stuttgart berufen. 1848, im Jahr der Revolution, schloß sich Z. dort der äußersten Linken an, die nach ihrem Tagungsort, einem Gasthof, Fraktion »Donnersberg« benannt war. Aufgrund seines populären Bauernkriegsbuchs wurde Z. in die Frankfurter Nationalversammlung gewählt. Er gehörte der Nationalversammlung bis zur Sprengung des Stuttgarter Rumpfparlaments durch württembergische Truppen am 18. Juni 1849 an. In seinen Reden vor der Frankfurter Nationalversammlung sprach er sich u. a. gegen das Erbkaisertum aus und setzte sich für eine freie Kirche im Staat ein.

Nach dem Scheitern der Revolution von 1848/49 traf die Rache der Reaktion auch Z., – wenn auch in gemäßigter Form, da Z. einige der nachrevolutionären Minister noch als Parlamentskollegen von der rechten Seite der Nationalversammlung her kannte. Immerhin verlor Z. im Frühjahr 1851 sein Schulamt. Fortan war er ohne Stellung, er besaß lediglich ein unbesoldetes Landtagsmandat. Erst 1854 gelangte Z. wieder in den Kirchendienst, und nach zwei Dorfpfarrerstellen wurde er 1872 Stadtpfarrer in Owen am Fuße der Burg Teck, wo auch sein Freund Mörike eine Zeitlang als Vikar gewesen war.

1856 hatte Z. sein Bauernkriegswerk neu überarbeitet und einige Polemiken darin abgemildert; auch ein Vorwort kam hinzu, in dem er seine Forschungs- und Darstellungsgrundsätze erläuterte.

Als der deutsch-französische Krieg im Sommer 1870 ausbrach, entpuppte sich Z., wie andere frühere Achtundvierziger, als Bismarckianer. War er früher antipreußisch eingestellt, so schloß er jetzt seinen Frieden mit der seit 1866 (preußisch-österreichischer Krieg) eingeleiteten Reichseinigung von oben: Z. schrieb das Buch *Der deutsche Heldenkampf 1870–1871.*

1878 starb Z. während einer Badekur in Bad Mergentheim. Bestattet wurde er bei der Marienkirche in Owen. Auf seinem Grabstein findet sich ein Spruch aus seinem Hauptwerk eingemeißelt: »Ob auch Welle um Welle sich bricht, der Strom geht vorwärts.«

Erklärtermaßen hatte sich Friedrich Engels für seinen Essay über den deutschen Bauernkrieg (1850) auf Z.s Angaben gestützt. Auch August Bebel und teilweise Karl Kautsky und Franz Mehring haben Z.s Bauernkriegsgeschichte in sozialistischem Sinne nachgeschrieben und ausgewertet.

1891 erschien dann im Stuttgarter Dietz-Verlag eine sogenannte dritte Auflage des Z.schen Werkes, die von Wilhelm Blos, dem späteren sozialdemokratischen Staatspräsidenten von Württemberg, besorgt wurde und erhebliche Kürzungen (in Bezug auf religiöse Betrachtungen) und Verflachungen enthielt. Darauf aufbauend erschienen Broschüren, die das Werk mehr als eine Kampfschrift erschienen ließen.

Lange Zeit wurde das Bauernkriegswerk Z.s in der DDR und in West-Berlin herausgegeben, und zwar in Form der dritten Auflage von 1891 mit Einschüben aus der 2. Aufl. von 1856. In der früheren DDR galt Z. als gutes Beispiel für die gedeihliche Zusammenarbeit zwischen Christentum und sozialem Fortschritt. Er selbst hielt sich von marxistischen Bestrebungen stets fern; nicht von ungefähr hatte er sich im

Frankfurter Parlament auch für das Urheberrecht eingesetzt, das von den marxistischen Zimmermann-Epigonen wie Wilhelm Blos nicht immer eingehalten wurde.
Z. schrieb außerdem u.a.: *Prinz Eugen, der edle Ritter und seine Zeit. Nach großenteils neuen Quellen, besonders nach des Prinzen hinterlassenen Schriften*, 1838. *Der teutsche Kaisersaal. Vaterländisches Gemälde*, 1841. *Die deutsche Revolution*, 1848 (= Bd. IV der *Geschichte der deutschen Staaten von der Auflösung des Reiches bis auf unsere Zeit*, von Dr. Johann Georg August Wirth, nach dessen Tode fortgesetzt von Wilhelm Zimmermann). *Geschichte der Jahre 1840 bis 1860*, zugleich eine unentbehrliche Fortsetzung zu allen Auflagen von Dr. Karl von Rottecks *Allgemeiner Weltgeschichte für alle Stände*, 1861.

Rapp, A.: Zimmermann, Balthasar Friedrich Wilhelm, in: Schwäbische Lebensbilder, Bd. 6. Stuttgart 1957, S. 267–285. – Winterhager, F.: Der Bauernkrieg von 1525 in der historischen Literatur. Positionen der Forschung vom Vormärz bis 1979, phil. Diss. Berlin 1979. – Winterhager, F.: Wilhelm Zimmermann. Ein schwäbischer Pfarrer als Historiker des Bauernkrieges. Würzburg 1986.

Friedrich Winterhager

Zinn, Georg-August

Geb. 27. 5. 1901 in Frankfurt/Main; gest. 27. 3. 1976 in Wiesbaden

Mit Kurt Schumacher, Ernst Reuter, Carlo Schmid und anderen zählte Z. zu einer Generation von Sozialdemokraten, die aus dem erschütternden Erlebnis des Scheiterns der Weimarer Republik heraus die Lösung der nationalen Frage als Voraussetzung für den erfolgreichen Aufbau einer sozialen Demokratie betrachteten. Er sah die nationale Frage nicht im Gegensatz zur sozialen, sondern im spannungsvollen Einklang mit ihr. Dazu zitierte er immer wieder ein Wort des großen französischen Sozialisten Jean Jaurès, daß »alle Vaterländer« wie »schwingende Saiten an der Lyra der Menschheit« wirken sollten. Für Z. war das kein bloßes Bekenntnis. Unmittelbar nach 1945 begründete er zusammen mit Adolf Arndt und Karl Geiler die Lehre vom Fortbestand der deutschen Nation in einem Staat. Als hessischer Justizminister setzte er sich damit auf den wichtigsten Juristentagen durch. Er widerstand zugleich den Thesen so einflußreicher Staatsrechtslehrer wie Hans Kelsen. Die Lehre vom Fortbestand des deutschen Nationalstaates ging nicht zuletzt durch das Wirken Z.s 1949 unmittelbar in die Präambel des Grundgesetzes ein, die vierzig Jahre später ihre Gültigkeit deutlicher bewiesen hat als lange Jahre geglaubt wurde.
Z. war gebürtiger Frankfurter, doch galt er als Mann aus Kassel, der nordhessischen Metropole. Z.s Familie kam aus der Göttinger Gegend und dem nordhessischen Knüllgebiet. Die Bauernkinder waren in die Großstadt gezogen und hatten dort sowohl proletarische als auch kleinbürgerliche Existenzen gegründet. Z.s Vater arbeitete zuletzt als Oberingenieur bei der Firma Henschel in Kassel und tendierte zur nationalliberalen Politik des Kasseler Oberbürgermeisters Erich Koch-Weser.
Der frühe Tod des Vaters mitten in Nachkriegselend und Inflation stürzte die kinderreiche Familie in tiefe Not. Der junge Z. hatte nicht nur für seine Mutter, die ältere Schwester und zwei jüngere Brüder zu sorgen. Er mußte auch die Grundlagen für das eigene Studium der Rechtswissenschaften legen. Er schaffte das mit außerordentlichem Fleiß und Geschick als Nachhilfelehrer und junger Verwaltungsbeamter. Dabei halfen ihm Freunde aus der Arbeiterjugend, insbesondere einige Söhne aus der großen Familie Wittrock, die seinen politischen Weg in der Sozialdemokratie von 1919 bis an das Lebensende begleiteten.
Nach der 1. juristischen Staatsprüfung, die er 1927 in Berlin ablegte, begann Z. 1928 als Gerichtsreferendar in Kassel. Er entfaltete eine lebhafte Vortragstätigkeit und nahm von 1929 bis 1933 als Stadtverordneter in Kassel sein erstes politisches Mandat wahr. Dabei kam es zu Konfrontationen mit Roland Freisler, dem späteren Blutrichter am Volksgerichtshof, der im Kasseler Stadtparlament erste Proben seiner tobsüchtigen Auftritte lieferte.
Während des aufkommenden NS-Terrors im Frühjahr 1933 nutzte Z. mutig seine Möglichkeiten als Anwalt, um die Opfer zu schützen und das Unrecht öffentlich erkennbar zu machen. Er arbeitete dabei mit seinem Bruder Karl Z. in der Widerstandsorganisation des »Roten Stoßtrupp« zusammen. Während die Mutter in Sippenhaft genommen und der Bruder zu mehreren Jahren Haft verurteilt wurde, gelang es Z., sich selbst und die weitere Familie der Strafverfolgung zu entziehen. Er schlug sich als Rechtsanwalt durch, wurde 1940 eingezogen, 1941 in Frankreich stationiert und meldete sich 1942 an die Ostfront, um dem Zugriff der politischen Polizei zu entgehen. Trotz seiner Verbindungen zu Verschwörern des 20. Juli (Adolf Reichwein, Ernst von Harnack) blieb Z. bis Kriegsende in der Truppe, geriet im Mai 1945 in amerikanische Kriegsgefangenschaft und wurde im Juni nach Kassel entlassen, wo er als Landgerichtsdirektor in den Justizdienst ging.
Am 28. 10. 1945 wurde Z. durch Ministerpräsident Karl Geiler zum Justizminister von Groß-Hessen ernannt, nachdem der erste Amtsinhaber nach wenigen Tagen zurücktreten mußte,

weil seine Vergangenheit als belastet galt. Im Allparteienkabinett des parteilosen Geiler profilierte Z. sich rasch als stärkste politische Gestalt der hessischen Sozialdemokratie. Er kümmerte sich um zahlreiche Gesetzgebungsvorhaben und besonders um die Landesverfassung, die im Dezember 1946 in einer Volksabstimmung mit großer Mehrheit einschließlich des Sozialisierungsartikels 41 beschlossen wurde. Z. ließ sich durch Adolf Arndt in den wichtigsten Rechts- und Verfassungsfragen beraten, erwies sich aber zugleich selber als wissenschaftlich versierter und durchsetzungsfähiger Rechtspolitiker weit über die Landesgrenzen hinaus. Parteienstaat, Sozialstaat und Kulturstaat – das alles wurde durch Z. in einem sehr frühen Stadium des verfassungsrechtlichen Wiederaufbaus auf die Reihe gebracht, wobei er auch so moderne Fragen wie die öffentlich-rechtliche Medienverfassung nicht außer acht ließ. Der SPD-Parteivorstand in Hannover unter Kurt Schumacher erkannte vieles als modellhaft und vorbildlich, was unter Z. in Hessen vorbereitet und durchgesetzt wurde.

Als Mitglied des Parlamentarischen Rats in Bonn erlangte Z. 1948/49 eine verfassungsgeschichtliche Schlüsselfunktion, weil er den Vorsitz im Rechts- und Redaktionsausschuß innehatte und zusammen mit Thomas Dehler (FDP) und Heinrich von Brentano (CDU) die Fassung letzter Hand bestimmte. Obwohl die Sozialdemokratie durch Abwesenheit und Krankheit Kurt Schumachers in dieser Phase geschwächt war, wurde der Bund durch Z. und seine Partei die finanzpolitisch gegenüber den Ländern gestärkt, so daß separatistische und konföderative Vorstellungen, die insbesondere von der bayerischen CSU und von der französischen Besatzungsmacht favorisiert wurden, am entschlossenen Vorgehen der Sozialdemokraten im Parlamentarischen Rat scheiterten.

Es gehört zur Ironie der Gründungsgeschichte der Bundesrepublik, daß die erste Regierung Adenauer in den Genuß dieses sozialdemokratischen Kraftakts gelangte. Die traditionell einheitsstaatlich orientierte Sozialdemokratie gewöhnte sich nur langsam an die Spielregeln des kooperativen Föderalismus, wobei Z. in der Funktion des Hessischen Ministerpräsidenten von 1950 bis 1969 wiederum eine Schlüsselrolle zukam, denn er verband die intime Kenntnis der Landes- und Bundesverfassung mit der Führung des einzigen langfristig sozialdemokratisch regierten Flächenstaates unter den Bundesländern. Mit seiner ersten großen Regierungserklärung vom 10. Januar 1951 formulierte Z. die gültige Alternative zur Politik der Bundesregierung unter Konrad Adenauer. Dabei setzte er nicht auf Konfrontation, sondern auf Kooperation mit Kräften der CDU, die bis Ende 1950 an der Landesregierung in Wiesbaden beteiligt waren.

Ein zentraler Begriff in der Sprache und Politik Z.s lautete »Integration«, ohne daß er diese Begrifflichkeit philosophisch verstand und interpretierte. Der »Kleine Hessenplan«, mit dem die Landesregierung begann, diente vor allem der Integration der vielen Flüchtlinge, die dieses traditionell arme Bundesland hatte aufnehmen müssen. Der »Große Hessenplan« zielte auf eine allgemeinere gesellschaftliche Integration, auf die Angleichung der Lebensverhältnisse in Stadt und Land, auf sozialen Ausgleich und auf ein integriertes Bildungswesen, auf einen konstruktiven Sozialismus der produktiven Arbeit und der infrastrukturellen Unterstützung wirtschaftlicher und gesellschaftlicher Innovationen. Durch eine Politik der wirtschaftlichen und sozialen Integration wandelte die Demokratie sich von einer aufgesetzen Staatsform in eine Selbstregierung des Gemeinwesens von Betrieb und Gemeinde über das Land bis zum Bund. In einer Regierungserklärung formulierte er 1951: »Die Demokratie ist nicht nur eine Staatsform, in der eine bestimmte institutionelle Gliederung die Handhabung der staatlichen Macht regeln oder vor ihrem Mißbrauch schützen soll. Sie ist vor allem eine Lebensform.«

Z. diente dieser Politik, indem er eine Vielzahl öffentlicher Ämter miteinander verband und intensiv nutzte: MP (Ministerpräsident) und gleichzeitig Justizminister; MP und gleichzeitig Präsident des Bundesrates; MP und gleichzeitig Vorsitzender des Vermittlungsausschusses; MP und gleichzeitig Landesvorsitzender der SPD, Bezirksvorsitzender der SPD, Mitglied des Bundesvorstandes der SPD; MP und Aufsichtsratsvorsitzender der Flughafen AG; MP und Vorsitzender des Verwaltungsrates der Hessischen Landesbank und vieles andere mehr. Wenn man ihn fragte, ob es ihm zuviel werde, pflegte er zu verneinen. Er könne noch viel mehr auf sich nehmen.

Beier, G.: SPD Hessen. Chronik 1945 bis 1988. Bonn 1989. – Beier, G.: Arbeiterbewegung in Hessen. Zur Geschichte der hessischen Arbeiterbewegung durch einhundertfünfzig Jahre (1834–1984). Frankfurt/Main 1984 – Mühlhausen, W.: »... die Länder zu Pfeilern machen ...« Hessens Weg in die Bundesrepublik Deutschland, 1945–1949. Wiesbaden 1989. – Stein, E. (Hg.): 30 Jahre Hessische Verfassung. Wiesbaden 1976. – Wittkop, J. F.: Georg-August Zinn. Ein Staatsmann unserer Zeit. München 1962.

Gerhard Beier

Zunz, Leopold

Geb. 10. 8. 1794 in Detmold; gest. 17. 3. 1886 in Berlin

Der häufige Weg vom revolutionären Sturm und Drang der Jugend zur Resignation reiferer Jahre erscheint in der politischen Entwicklung des Begründers der Wissenschaft des Judentums umgekehrt. Als 1819 die (nach dem Hetzruf gegen die Juden genannten) Hepp!-Hepp!-Pogrome von Würzburg auf andere Städte übergegriffen hatten und Z. sein Studium abgeschlossen hatte, sah der sich in Literatenkreisen Bewegende in dem Zensurgesetz, das nach dem Mord an dem Dichter und russischen Staatsrat August v. Kotzebue durch den Studenten Karl Ludwig Sand im Rahmen der »Karlsbader Beschlüsse« erlassen worden war, sogar Vorzüge: Juden sollten sich von Feindseligkeiten nicht schrecken lassen, sondern »rastlos vorwärtsschreiten, aber immer auf der Seite der Regierungen«. Anläßlich der französischen Julirevolution 1830 dagegen verdroß Z. »unsere erbärmliche Zensur«; er frohlockte über die Fortschritte, »welche die Sache der verfassungsmäßigen Freiheit machte, der die Tyrannen erliegen müssen«, und erblickte als Folge »die Erlösung der Juden«. Nach dem Sturz des Bürgerkönigs Louis Philippe 1848 meinte Z. triumphierend: »Allen Tyrannen wird vergolten werden.« Nun »sind die Hoffnungen groß, und ist die Zensur zertreten, sollen ihr bald das Judengesetz und ähnliches folgen«. Der Achtzigjährige sollte resümieren: »Ich habe keine Religion, sondern die Menschenrechte ihrer Bekenner zu vertreten.«

Z. wurde in Detmold geboren, doch zogen die Eltern bald nach Hamburg. Er war noch nicht acht Jahre alt, da starb der Vater, ein Lehrer. Die Mutter schickte ihn 1803 auf eine Lehranstalt in Wolfenbüttel, wo der Unterricht auf den Talmud abgestellt war. 1807 übernahm S. M. Ehrenberg, Anhänger der Reformbewegung, die Leitung der Schule mit dem Ziel, die Knaben Anschluß an die westliche Gesellschaft finden zu lassen: Das Talmudstudium wurde auf wenige Wochenstunden reduziert. Ehrenberg erkannte die außerordentliche Begabung Z.', förderte ihn durch Zusatzunterricht, liebte ihn wie sein Kind und nannte sich später seinen Vater; die wechselseitige Bindung hielt bis zu Ehrenbergs Tod 1853. Von 1809 bis 1811 besuchte Z. das Wolfenbütteler Gymnasium, der erste Jude, der dort aufgenommen wurde. Danach bekam Z. an Ehrenbergs Anstalt eine feste Anstellung als Lehrer und war dadurch vom Militärdienst befreit. 1815 ging er nach Berlin zum Studium, das er sich als Hauslehrer verdiente. Seine Vorliebe für Mathematik wurde allmählich von philologischen Studien zurückgedrängt. Z. lernte vor allem orientalische Sprachen sowie griechisch-römische Geschichte und Literatur. Die hier erworbene methodische Strenge historisch-kritischer Wissenschaft sollte er auf die jüdische Überlieferung anwenden. Ende 1820 promovierte Z. in Halle mit einer Dissertation zu einem jüdischen Thema in hebräischer Sprache.

Bereits 1816 hatte er ein Programm entworfen, wie und an welchen Gegenständen der darniederliegenden jüdischen Wissenschaft aufzuhelfen sei, um deren Material angemessen Geltung zu verschaffen (*Etwas über die rabbinische Literatur*). Dies könne nur geschehen, wenn man die Behandlung der Überlieferung nicht auf die rabbinische einschränke, sondern alle Wissensgebiete einbeziehe, damit deutlich werde, daß das Judentum sich nicht allein mit Schriftauslegung beschäftigt habe. Auf diesem Wege würde seine Überlieferung dem Rahmen aufgeklärter europäischer Wissenschaft integriert. Vorsichtig deutete Z. seine Abneigung gegen Mystik und Talmud an. Brieflich nahm er kein Blatt vor den Mund: »Ehe der Talmud nicht gestürzt ist, ist nichts zu machen.« Im November 1819 tat er sich mit einigen anderen zusammen, um »die Scheidewand einzureißen, die den Juden vom Christen und die jüdische Welt von der europäischen getrennt hat«. Daraus ging »Der Verein für Cultur und Wissenschaft der Juden« auf Anregung des zum Christentum übergetretenen Juristen und Hegelschülers jüdischer Herkunft Eduard Gans hervor. Man entwarf nicht nur ein pädagogisches Programm, sondern gründete auch eine Unterrichtsanstalt, an der die Mitglieder als Lehrer wirkten. Auch Heinrich Heine kam hinzu, gab Geschichtsstunden und ließ sich von Z. bei seinem *Rabbi von Bacherach* beraten; die gegenseitige Hochachtung hatte Bestand, noch 1855 besuchte er den Dichter in Paris. Z., der in dem Verein alsbald zur treibenden Kraft wurde, redigierte auch die zugehörige *Zeitschrift für die Wissenschaft des Judenthums*, die indes nach dem 1. Jahrgang eingestellt werden mußte. Die vorgesehene Gründung eines Frauenvereins zerschlug sich. Auch die dauerhafte Etablierung des Vereins mißlang. Fehlende Mittel und taktisches Ungeschick führten zur Auflösung im Januar 1824. Z. gab vorübergehend den Glauben an die Judenreformation auf, nicht aber den an seine Wissenschaft.

Schon während seines Studiums hatte er die Ratschläge des »Vaters«, an einen »Brotberuf« zu denken, in den Wind geschlagen; am Ende erwog er die Taufe, gab den Gedanken aber bald auf, ebenso den, ins Ausland zu gehen. Die 1822 in Preußen erlassene Bestimmung, Juden nicht zu akademischen Lehr- und Schulämtern zuzulassen, verschloß ihm den Staatsdienst. Seine Hoffnung auf eine ihm angemessene Professur mußte Z. endgültig begraben, als sein Antrag von 1848, in Berlin eine solche für jüdische Geschichte und Literatur ein-

zurichten, abschlägig beschieden wurde mit der Begründung, sie sei »ein Mißbrauch der Universität«. Ab 1823 arbeitete er für 7 1/2 Jahre halbtags als Redakteur bei der *Haude und Spenerschen Zeitung.*

Von verschiedenen Ämtern in der Reformgemeinde sei seine Tätigkeit als beliebter Prediger hervorgehoben, die er allerdings nach einem Jahr wegen harscher Kritik an der Gemeindeleitung in einer Predigt aufgeben mußte. Die einzige Position, die er außerhalb Berlins innehatte, als Rabbiner in Prag, beendete er schon nach neun Monaten. Da seine Ehe mit der gebildeten Adelheid Beermann, die auch seine politischen Bestrebungen teilnehmend unterstützte, kinderlos blieb, konnte er die Familie mit Stundengeben, Gutachten auch in Zeiten ohne Anstellung ernähren. War das nötige Geld vorhanden, nutzte Z. es für Reisen zu deutschen und ausländischen Bibliotheken (London - nicht ohne dort beide Häuser des Parlaments sowie den Revolutionär von 1848, Gottfried Kinkel, zu besuchen -, Oxford, Paris, Parma), in denen er nach Handschriften und seltenen Drucken für sein wissenschaftliches Werk fahndete.

Die gottesdienstlichen Vorträge der Juden (1832) entwickeln das hagadische Material historisch und legen das Fundament für die Wissenschaft des Judentums. Die Vorrede zeigt die politische Intention, das Werk zu einem Kampftraktat für bürgerliche Emanzipation der Juden zu machen. Sie sollte durch Abbau von Vorurteilen gegen jüdische Überlieferungen bewirkt werden, um ein Klima zu schaffen, das judenfeindliche Gesetzgebung verhinderte. Im Schlußkapitel trat Z. für die religiöse Reform ein.

Zur Geschichte und Literatur (1845) behandelt Zeugnisse des jüdischen Lebens in Frankreich und Deutschland und gestaltet einen 27 Jahre zuvor entwickelten Plan aus. Ziel des Werks war es, den Juden »das Bürgerrecht des Geistes« zu sichern: »Die Gleichstellung der Juden in Sitte und Leben wird aus der Gleichstellung der Wissenschaft des Judenthums hervorgehen.«

Aus Z.' kleineren Schriften sei die Untersuchung *Namen der Juden* (1837) erwähnt, Reaktion auf eine Kabinettsorder, die den Ersatz jüdischer Namen durch christliche verbot, desgleichen, Neugeborenen solche Namen zu geben. Mit großem gelehrten Aufwand bewies Z., daß Juden seit ältesten Zeiten unangefochten Namen ihrer jeweiligen Umgebung aufnahmen und sich nicht auf biblische beschränkten, so daß Preußens Order als absurdes Novum der Weltgeschichte erscheine. Namen seien nicht an Konfessionen, sondern an Boden und Sprache gebunden, und »Sprache ist, wie Sonne und Luft, ein Gemeingut«.

Die Rückschläge im Kampf um die Judenemanzipation ließen Z. um so aufmerksamer revolutionäre Entwicklungen in ganz Europa verfolgen, von denen er sich die Erlösung der Juden aus aller Drangsalierung erhoffte. Mit der Revolution 1848 entwickelte sich der Dreiundfünfzigjährige zwar nicht zum Barrikadenkämpfer, aber er ging durch die Straßen, ermunterte und betätigte sich politisch. Seine Rede auf die Märzgefallenen lenkte die öffentliche Aufmerksamkeit auf ihn. Er wurde Wahlmann für die preußische und die deutsche Nationalversammlung sowie an führender Stelle Mitglied in demokratischen Vereinen. Eloquenz, Schlagfertigkeit, Engagement brachte er in Reden und Vorträgen zur Geltung, die mit Sitzungen und Versammlungen seine ganze Zeit in Anspruch nahmen: Am 6. November 1949 hielt er die Gedächtnisrede auf den ein Jahr zuvor in Wien standrechtlich erschossenen deutschen Revolutionär Robert Blum. Als 1850 die Organisation politischer Vereine verboten wurde, war Z. »wieder ein geheimer Demokrat« und sah bald ringsum »allgemeine Schlafsucht«. Mit dem Beginn von Preußens liberaler »Neuen Ära« Ende 1858 ließ er sich zum Wahlmann ernennen. 1861 trat er der linksliberalen Fortschrittspartei bei.

Auch als 1869 die letzten staatsbürgerlichen Einschränkungen der Juden in Preußen fielen, blieb Z. in der Opposition, doch betätigte er sich nach 1870/71 nicht mehr politisch, obwohl ihn Bismarcks Deutsches Reich mit Unbehagen erfüllte. Er besorgte noch eine dreibändige Auswahl seiner kleineren Arbeiten (darunter Politisches) als *Gesammelte Schriften* (1875; Reprint 1976), herausgegeben von der Stiftung, die seine späten Jahre materiell absicherte. Der Tod erlöste den fast Zweiundneunzigjährigen aus der verbitterten Selbsteinschätzung, überflüssig geworden zu sein.

Z. hatte sich mit seinem wissenschaftlichen und politischen Wirken immer dafür eingesetzt, daß den Juden »endlich Recht und Freiheit, statt der Rechte und der Freiheiten gewährt werde.«

Geiger, L.: Zunz im Verkehr mit Behörden und Hochgestellten, in: Monatsschrift für Geschichte und Wissenschaft des Judentums, Nr. 60, Berlin 1916, S. 245-347. - Glatzer, N. v.: Das Werk von Leopold Zunz, in: Glatzer, N. v. (Hg.): Leopold Zunz, Jude - Deutscher - Europäer. Ein jüdisches Gelehrtenschicksal des 19. Jahrhunderts in Briefen an Freunde. Tübingen 1964, S. 3-72. - Meyer, M. (Hg.): Von Moses Mendelssohn zu Leopold Zunz. Jüdische Identität in Deutschland 1794-1824. München 1994.

Lothar Büchner

Alphabetisches Verzeichnis der Biographien

Chronologisches Verzeichnis nach Geburtsjahren

Ende 15. Jh. - 1525 Gerber, Erasmus
1465–1526 Hippler, Wendel
1470–1525 Fritz, Joß
1478–1554 Josel von Rosheim
1483–1546 Luther, Martin
1490–1525 Müntzer, Thomas
um 1495–1535 Rothmann, Bernhard
1499–1542 Franck, Sebastian
1525–1602 Peucer, Caspar
1557 oder 1563–1638 Althusius, Johannes
1575–1624 Böhme, Jacob
1655–1728 Thomasius, Christian
1657–1709 Wygand, August
1673–1734 Dippel, Johann Konrad
1717–1787 Reich, Philipp Erasmus
1720–1897 Goegg, Amand
1724–1803 Klopstock, Friedrich Gottlieb
1724–1804 Kant, Immanuel
1729–1781 Lessing, Gotthold Ephraim
1729–1786 Mendelssohn, Moses
1730–1793 Bode, Johann Joachim Christoph
1733–1811 Nicolai, (Christoph) Friedrich
1733–1813 Wieland, Christoph Martin
1737–1772 Struensee, Johann Friedrich
1739–1791 Schubart, Christian Friedrich Daniel
1742–1799 Lichtenberg, Georg Christoph
1743–1796 Grossmann, Gustav Friedrich Wilhelm
1744–1803 Herder, Johann Gottfried
1744–1816 Schröder, Friedrich Ulrich Ludewig
1746–1818 Campe, Joachim Heinrich
1746–1826 Hennings, August Adolph Friedrich von
1747–1795 Hebenstreit, Franz von
1747–1809 Unzer, Johann Christoph
1748–1808 Afsprung, Johann Michael
1748–1830 Weishaupt, Adam
1748–1837 Riedel, Andreas
1749–1807 Riem, Andreas
1751–1799 Sieveking, Georg Heinrich
1751–1826 Voss, Johann Heinrich
1751–1835 Würzer, Heinrich
1752–1796 Knigge, Adolph Freiherr (von)
1752–1814 Reichardt, Johann Friedrich
1752–1819 Halem, Gerhard Anton von
1752–1849 Hofmann, Andreas Joseph
1753–1806 Ziegenhagen, Franz Heinrich
1754–1794 Forster, Johann Georg
1755–1798 Blumauer, Johann Aloys
1755–1813 David, Simson Alexander
1756–1794 Schneider, Eulogius
1756–1834 Schütz, Friedrich Wilhelm von
1757–1822 Laukhard, Friedrich Christian
1758–1829 Holst, Amalia
1758–1838 Cotta, Friedrich-Christoph
1759–1805 Schiller, Friedrich
1760–1798 Prandstetter, Martin Joseph
1761–1831 Wedekind, Georg
1761–1837 Reinhard, Karl Friedrich
1763–1794 Clauer, Carl Gottlieb Daniel
1763–1804 Posselt, Ernst Ludwig
1763–1810 Seume, Johann Gottfried
1764–1832 Gentz, Friedrich
1764–1842 Butenschön, Johann Friedrich
1766–1827 Erhard, Johann Benjamin
1767–1822 Ascher, Saul
1767–1835 Humboldt, Wilhelm Freiherr von
1767–1843 Jachmann, Reinhold Bernhard
1768–1824 Rebmann, Andreas Georg Friedrich
1768–1843 Buchholz, Paul Ferdinand Friedrich
1770–1831 Hegel, Georg Wilhelm Friedrich
1770–1846 Venedey, Michael
1771–1837 Weitzel, Johannes Ignatz
1772–1824 Aretin, Johann Christoph Freiherr von
1772–1843 Perthes, Friedrich Christoph
1774–1816 Meyer, Georg Conrad
1775–1840 Rotteck, Karl
1775–1855 Itzstein, Johann Adam von
1776–1848 Görres, Johann Joseph von
1779–1853 Dejka, Jan Bohuchwa
1783–1867 Böse, Heinrich
1786–1837 Börne, Ludwig
1787–1868 Nitzsch, Carl Immanuel
1789–1830 Jochmann, Carl Gustav
1789–1845 Siebenpfeiffer, Philipp Jakob
1789–1846 List, Friedrich
1790–1869 Welcker, Karl Theodor
1794–1859 Sieveking, Amalie
1794–1886 Zunz, Leopold
1795–1820 Sand, Karl Ludwig
1795–1870 Wigand, Otto
1796–1840 Follen, Karl
1797–1856 Heine, Heinrich
1797–1860 Schulz, Wilhelm
1798–1848 Wirth, Johann Georg August
1798–1866 Allhusen, Carl Georg

1798–1874	Hoffmann (von Fallersleben) Heinrich
1799–1880	Gagern, Wilhelm Heinrich
1801–1867	Pfizer, Paul Achiatus
1802–1872	Wienbarg, Ludolf
1802–1880	Ruge, Arnold
1804–1872	Feuerbach, Ludwig
1804–1879	Eichelberg, Leopold
1805–1870	Struve, Gustav von
1805–1871	Gervinus, Georg Gottfried
1805–1871	Venedey, Jacob
1805–1877	Jacoby, Johann
1805–1881	Hatzfeldt, Sophie von
1805–1893	Fröbel, Carl Ferdinand
1806–1856	Stirner, Max
1806–1863	Riesser, Gabriel
1806–1886	Unruh, Hans Victor von
1807–1848	Blum, Robert
1807–1878	Zimmermann, Wilhelm
1807–1884	Dittmar, Louise
1808–1871	Weitling, Wilhelm
1808–1883	Schulze-Delitzsch, Hermann
1809–1864	Wolff, Wilhelm
1809–1880	Heinzen, Karl
1809–1886	Becker, Johann Philipp
1809–1894	Elsner, (Carl Friedrich) Moritz
1810–1876	Freiligrath, Ferdinand
1810–1876	Glaßbrenner, Adolf
1811–1855	Bassermann, Friedrich Daniel
1811–1881	Hecker, Friedrich
1811–1901	Wiggers, Julius
1812–1869	Reichenbach, Eduard Graf von
1812–1870	Schapper, Karl
1812–1875	Hess, Moses
1812–1884	Bernstein, Aron
1812–1901	Biedermann, Friedrich Karl
1812–1905	Wolff, Ferdinand
1812–1962	Loose, Heinrich
1813–1837	Büchner, Georg
1813–1881	Brentano, Lorenz
1814–1871	Aston, Louise
1814–1871	Becker, August
1814–1873	Mühlbach, Luise
1815–1891	Rée, Anton
1816–1860	Ewerbeck, Hermann August
1816–1884	Smoler, Jan Arnost
1816–1894	Wiggers, Moritz
1816–1903	Meysenbug, Malvida von
1817–1875	Herwegh, Georg
1817–1884	Anneke, Mathilde Franziska
1817–1893	Venedey, Henriette
1817–1904	Herwegh, Emma
1818–1849	Trützschler, Wilhelm Adolf
1818–1853	Schmidt, Ernst Friedrich Franz
1818–1883	Marx, Karl
1819–1872	Simon, Ludwig
1819–1895	Otto-Peters, Luise
1820–1850	Kriege, Hermann
1820–1895	Engels, Friedrich
1820–1902	Oechelhaeuser, Wilhelm
1821–1878	Rüstow, Wilhelm
1821–1892	Forckenbeck, Max von
1821–1902	Virchow, Rudolf
1823–1899	Bamberger, Ludwig
1824–1898	Born, Stephan
1824–1902	Sigel, Franz
1825–1864	Lassalle, Ferdinand
1825–1920	Goldschmidt, Henriette
1826–1900	Liebknecht, Wilhelm
1828–1901	Miquel, Johannes von
1829–1884	Lasker, Eduard
1829–1905	Schurz, Carl
1830–1909	Morgenstern, Lina
1833–1919	Dohm, Hedwig
1838–1906	Richter, Eugen
1839–1927	Clauswitz, Paul
1840–1913	Bebel, August
1841–1922	Cauer, Minna
1842–1880	Bracke, Wilhelm
1842–1918	Cohen, Hermann
1842–1919	Blumhardt, Christoph
1843–1911	Stern, Jakob
1843–1922	Dietz, Johann Heinrich Wilhelm
1844–1911	Singer, Paul
1845–1903	Guillaume-Schack, Gertrud
1845–1903	Roesicke, Richard
1846–1907	Auer, Ignaz
1846–1919	Mehring, Franz
1847–1925	Baader, Ottilie
1848–1930	Lange, Helene
1849–1927	Blos, Wilhelm
1850–1932	Bernstein, Eduard
1850–1935	Raschke, Marie
1850–1947	Ledebour, Georg
1854–1938	Kautsky, Karl
1855–1928	Stritt, Marie
1857–1911	Ihrer, Emma
1857–1933	Zetkin, Clara
1857–1940	Rade, Martin
1857–1943	Augspurg, Anita
1858–1930	Schirmacher, Käthe

1858-1941	Quidde, Ludwig
1859-1936	Pappenheim, Bertha
1859-1951	Heimann, Hugo
1860-1919	Naumann, Friedrich
1860-1925	Preuß, Hugo
1860-1940	Jellinek, Camilla
1861-1920	Legien, Carl
1861-1938	Fürth, Henriette
1861-1944	Heine, Wolfgang
1862-1937	Peus, Heinrich
1862-1947	Simon, Helene
1863-1919	Haase, Hugo
1864-1920	Weber, Max
1864-1938	Francke, Hans
1865-1916	Braun, Lily
1865-1922	Zietz, Luise
1865-1923	Troeltsch, Ernst
1865-1939	Scheidemann, Philipp
1865-1944	Nettlau, Max
1866-1940	Sassenbach, Johann
1867-1919	Eisner, Kurt
1867-1922	Rathenau, Walther
1867-1940	Kirchhoff, Auguste
1868-1935	Hirschfeld, Magnus
1868-1942	Moses, Julius
1868-1943	Heymann, Lida Gustava
1868-1946	Noske, Heinrich Otto Gustav
1869-1931	Grotjahn, Alfred
1869-1943	Stöcker, Helene
1869-1944	Ströbel, Heinrich
1870-1919	Landauer, Gustav
1870-1928	Oerter, Josef (Sepp)
1871-1919	Liebknecht, Karl
1871-1919	Luxemburg, Rosa
1871-1925	Ebert, Friedrich
1871-1948	Mayer, Gustav
1871-1950	Mann, Heinrich
1872-1932	Laufenberg, Heinrich
1872-1933	Freymuth, Arnold
1872-1933	Lessing, Theodor
1872-1955	Braun, Otto
1873-1935	Husemann, Friedrich
1873-1945	Schümer, Georg
1873-1954	Bäumer, Gertrud
1873-1958	Rocker, Rudolf
1874-1925	Apolant, Jenny
1874-1935	Wurm, Mathilde
1874-1944	Breitscheid, Rudolf
1874-1945	Stegerwald, Adam
1874-1957	Stampfer, Friedrich
1874-1963	Deist, Heinrich (sen.)
1874-1964	Baum, Marie
1875-1921	Erzberger, Matthias
1875-1944	Koch-Weser, Erich
1875-1948	Külz, Wilhelm
1875-1949	Rathenau, Fritz
1875-1951	Böckler, Hans
1875-1952	Severing, Carl
1875-1955	Mann, Thomas
1875-1967	Löbe, Paul
1876-1938	Bodenheimer, Rosa
1876-1944	Hanna, Gertrud
1876-1967	Adenauer, Konrad
1877-1933	Pfülf, Toni
1877-1939	Beckmann, Heinz
1877-1941	Hilferding, Rudolf
1877-1942	Stöcker, Lydia
1877-1943	Rosenfeld, Kurt
1878-1929	Stresemann, Gustav
1878-1934	Mühsam, Erich
1878-1945	Imbusch, Heinrich
1878-1949	Radbruch, Gustav
1878-1959	Oestreich, Paul Hermann
1878-1964	Eyck, Erich
1879-1954	Pfemfert, Franz
1879-1956	Juchacz, Marie
1879-1961	Specht, Minna
1880-1919	Knief, Johann
1880-1951	Tarnow, Fritz
1881-1920	Rubiner, Ludwig
1881-1940	Heilmann, Ernst
1881-1945	Bolz, Eugen
1881-1951	Sollmann, Friedrich Wilhelm
1881-1957	Frey, Alexander Moritz
1881-1965	Lamszus, Wilhelm
1882-1927	Nelson, Leonard
1882-1951	Siemsen, Anna
1882-1958	Bleier, August
1882-1970	Dehn, Günther
1883-1919	Leviné, Eugen
1883-1930	Levi, Paul
1883-1947	Wronsky, Sidonie
1883-1956	Albertz, Martin
1884- unbekannt	Fernau, Hermann
1884-1942	Hintze, Hedwig
1884-1948	Thalheimer, August
1884-1950	Zahn-Harnack, Agnes
1884-1953	Frölich, Paul
1884-1963	Heuss, Theodor
1884-1969	Aufhäuser, Siegfried

1884–1977	Brecht, Arnold
1885–1969	Siegmund-Schultze, Friedrich
1885–1977	Bloch, Ernst
1886–1936	Kawerau, Georg Siegfried
1886–1943	Kaufmann, Franz
1886–1949	Zeigner, Erich
1886–1961	Korsch, Karl
1886–1978	Wegner, Armin Theophil
1886–1979	Caro, Klara
1887–1964	Mensching, Wilhelm
1887–1966	Deiters, Heinrich
1887–1973	Brauer, Max
1888–1929	Kanehl, Oskar
1888–1939	Erdmann, Lothar
1888–1961	Kaiser, Jakob
1888–1961	Naphtali, Fritz
1888–1964	Sender, Tony
1888–1966	Hammer, Walter
1888–1968	Teusch, Christine
1888–1976	Wolff, Jeannette
1889–1933	Hoelz, Max
1889–1938	Ossietzky, Carl von
1889–1940	Münzenberg, Willi
1889–1944	Kirchner, Johanna
1889–1953	Reuter, Ernst
1889–1958	Freitag, Walter
1889–1963	Grimme, Adolf
1889–1966	Kracauer, Siegfried
1889–1966	Küster, Fritz
1889–1967	Heimann, Eduard
1889–1971	Maier, Reinhold
1889–1976	Frankenthal, Käte
1890–1944	Leuschner, Wilhelm
1890–1960	Boenheim, Felix
1890–1974	Faßbinder, Klara-Marie
1891–1933	Heller, Hermann
1891–1942	Stein, Edith
1891–1962	Benfey, Bruno
1891–1963	Mayr, Kaspar
1891–1966	Gumbel, Emil Julius
1891–1967	Geyer, Curt Theodor
1891–1968	Küppers, Erica
1892–1940	Benjamin, Walter
1892–1953	Nölting, Erik
1892–1967	Heiler, Friedrich
1892–1981	Jourdan, Berta
1892–1984	Niemöller, Martin
1892–1986	Vagts, Alfred
1893–1939	Toller, Ernst
1893–1945	Plättner, Karl
1893–1975	Witkojc, Mina
1893–1995	Löwe, Adolph
1894–1943	Rühle-Gerstel, Alice
1894–1946	Hodann, Max
1894–1967	Friedrich, Ernst
1894–1967	Graf, Oskar Maria
1894–1972	Richter, Willi
1895–1952	Schumacher, Kurt
1895–1959	Brill, Hermann Louis
1895–1961	Fischer, Ruth
1895–1963	Sternberg, Fritz
1895–1968	Herbers, Heinrich
1895–1971	Fette, Christian
1895–1973	Horkheimer, Max
1895–1979	Kummernuss, Adolph
1896–1960	Kunert, Sophie
1896–1967	Seger, Gerhart
1896–1971	Eichler, Willi
1896–1977	Loewenheim, Walter
1896–1979	Schmid, Carlo
1896–1982	Gottfurcht, Hans
1896–1986	Selbert, Elisabeth
1897–1943	Mierendorff, Carlo
1897–1967	Dehler, Thomas
1898–1940	Stöhr, Hermann
1898–1944	Jacob, Berthold
1898–1956	Brecht, Bertolt
1898–1963	Regler, Gustav
1898–1970	Lemmer, Ernst
1898–1970	Remarque, Erich-Maria
1898–1975	Fraenkel, Ernst
1898–1979	Marcuse, Herbert
1898–1984	Lugebiel, Erna
1899–1956	Lewinsky, Erich
1899–1960	Iwand, Hans Joachim
1899–1976	Heinemann, Gustav
1899–1979	Kantorowicz, Alfred
1899–1993	Kempner, Robert
1900–1970	Kienle, Else
1900–1983	Seghers, Anna
1901–1976	Zinn, Georg-August
1901–1977	Harig, Katharina
1901–1986	Schwarzhaupt, Elisabeth
1901–1991	Dirks, Walter
1902–1945	Dohnanyi, Hans von
1902–1981	Kuckhoff, Greta
1902–1990	Scharf, Kurt
1902–1991	Jüchen, Aurel von
1902–1992	Fabian, Walter Max
1903–1945	Elser, Johann Georg

1903–1953	Staritz, Katharina
1903–1969	Adorno, Theodor W.
1903–1972	Poelchau, Harald
1903–1977	Rosenberg, Ludwig
1903–1987	Kogon, Eugen
1904–1974	Arndt, Adolf
1905–1965	Kirchheimer, Otto
1905–1969	Mann, Erika
1906–1945	Bonhoeffer, Dietrich
1906–1949	Mann, Klaus
1906–1975	Arendt, Hannah
1906–1985	Abendroth, Wolfgang
1906–1990	Wehner, Herbert
1906–1993	Jacobs, Helene
1907–1943	Himpel, Helmut
1907–1972	Brenner, Otto
1907–1981	Bleicher, Willi
1907–1989	Fensky, Maria
1909–1942	Schulze-Boysen, Harro
1909–1943	Schümer, Wilhelm
1910–1945	Perels, Friedrich Justus
1913–1992	Brandt, Willy
1913–1993	Timm, Marianne
1916–1982	Weiss, Peter
1918–1943	Scholl, Hans
1921–1943	Scholl, Sophie

Verzeichnis der Autorinnen und Autoren

Adam, Thomas (Leipzig)
Albert, Reiner (Mannheim)
Albrecht, Stephan (Hamburg)
Aldenhoff, Rita (München)
Althaus, Horst (Köln)
Appelius, Stefan (Oldenburg)
Arendt, Hans-Jürgen (Leipzig)
Arnold, Günter (Potsdam)
Asendorf, Manfred (Hamburg)
Atze, Marcel (Hirschaid)
Aust, Gerrit (Hamburg)

Bajohr-Mau, Klaus (Berlin)
Bauer, Gerhard (Berlin)
Becker, Jens (Dietzenbach)
Beier, Gerhard (Kronberg/Ts.)
Bergmann, Theodor (Stuttgart)
Besier, Gerhard (Heidelberg)
Beutin, Wolgang (Hamburg)
Bleiber, Helmut (Berlin)
Bockel, Rolf von (Hamburg)
Bradl, Beate (Heidelberg)
Breil, Michaela (Trier)
Bröckling, Ulrich (Freiburg)
Brunner, Detlev (Berlin)
Bublies-Godau, Birgit (Dortmund)
Büchner, Lothar (Berlin)
Burazerovic, Manfred (Essen)

Coppi, Hans (Berlin)
Cyrus, Hannelore (Bremen)

Dertinger, Antje (Bonn)
Dieterich, Veit-Jakobus (Stuttgart)
Dlubek, Rolf (Berlin)
Dölle, Gilla (Kassel)
Domurath, Brigitte (Berlin)
Domurath, Sieglinde (Heidelberg)
Döser, Ute (Hamburg)
Drews, Jörg (Bielefeld)
Drobisch, Klaus (Berlin)
Droß, Elisabeth (Trier)

Engels, Hans-Werner (Hamburg)
Erb, Rainer (Potsdam)

Fetscher, Iring (Frankfurt/Main)
Flemming, Jens (Hamburg)
Flesch-Thebesius, Marlies (Frankfurt/Main)
Franz, Thomas (Berlin)
Freytag, Nils (Trier)
Fricke, Dieter (Bremen)

Gassen, Gisela (Berlin)
Geisel, Beatrix (Mannheim)
Gerlinghoff, Inge (Berlin)
Gilli, Marita (Besançon)
Gosewinkel, Dieter (Berlin)
Göttert, Margit (Frankfurt/Main)
Grab, Walter (Tel-Aviv)
Graf, Angela (Hamburg)
Grebing, Helga (Bochum)
Gressel, Hans (Minden)
Grözinger, Elvira (Potsdam)
Gruchmann, Lothar (München)
Gruner, Wolfgang (Wolfhagen)
Grunert, Frank (Basel)
Gulyga, Arsenij (Moskau)

Haasis, Hellmut G. (Reutlingen)
Hansen-Schaberg, Inge (Berlin)
Hantzsch, Holger (Leipzig)
Haug, Wolfgang (Grafenau)
Hering, Rainer (Hamburg)
Hering, Sabine (Felsberg)
Herzer, Manfred (Berlin)
Hildebrandt, Gunther (Berlin)
Höhle, Thomas (Halle)
Höppner, Joachim (Berlin)
Horster, Detlef (Hannover)
Hug, Wolfgang (Freiburg)

Jacoby, Edmund (Frankfurt/Main)
Jahnke, Karl Heinz (Rostock)
Jansen, Christian (Heidelberg)
Janssen, Arndt-Berthold (Hamburg)
Jenssen, Christian (Berlin)
Jung, Otmar (Berlin)

Kaiser, Andreas (Berlin)
Kaiser, Jutta (Berlin)
Karge, Wolf (Rostock)
Kaspari, Christoph (Mönchengladbach)
Kaufmann, Arthur (München)

Keller, Elke (Berlin)
Keßler, Mario (Berlin)
Kinner, Klaus (Leipzig)
Klausmann, Christina (Frankfurt/Main)
Kleinau, Elke (Hamburg)
Klemm, Ulrich (Ulm)
Klenke, Claus-Volker (Kassel)
Klumb, Anette (Berlin)
Knopf, Jan (Karlsruhe)
Koblitz, Katja (Berlin)
König, Karin (Hamburg)
Kopitzsch, Franklin (Hamburg)
Kraushaar, Wolfgang (Hamburg)
Krebs, Bernd (Berlin)
Kroll, Fredric (Freiburg)
Kuckuk, Peter (Bremen)
Kupfer, Torsten (Düsseldorf)
Küsters, Yvonne (Köln)
Kutz, Martin (Hamburg)

Lauterer, Heide-Marie (Heidelberg)
Lehnert, Detlev (Reichenau/Österreich)
Lemke-Müller, Sabine (Bonn)
Lipp, Karlheinz (Berlin)
Lohr, Sabine (Reutlingen)
Ludwig, Hartmut (Berlin)
Lühe, Irmela von der (Berlin)
Lütgemeier-David, Reinhold (Kassel)
Lützenkirchen, Hans-Georg (Bonn)

Markner, Reinhard (Berlin)
Marwedel, Rainer (Hannover)
Matz, Klaus-Jürgen (Karlsruhe)
Meineke, Stefan (Freiburg)
Meyer, Alfred G. (Ann Abor/Michigan)
Michaelis, Marlies (Berlin)
Miller, Susanne (Bonn)
Möhrmann, Renate (Köln)
Müller, Reinhard (Hamburg)

Neugebauer-Wölk, Monika (Berlin)
Niedhart, Gottfried (Mannheim)
Noss, Peter (Berlin)
Nyassi-Fäuster, Ulrike (Köln)

Ordnung, Carl (Berlin)
Overesch, Manfred (Hildesheim)

Paech, Norman (Hamburg)
Peiser, Jürgen (Hannover)
Pepperle, Ingrid (Berlin)
Peter, Lothar (Bremen)
Peter, Ulrich (Berlin)
Pfeiffer, Arnold (Idar-Oberstein)
Piereth, Wolfgang (Trier)
Pohl, Karl-Heinrich (Bielefeld)

Rantzsch Petra (Leipzig)
Reemtsma, Jan Philipp (Hamburg)
Rehse, Birgit (Berlin)
Reinalter, Helmut (Innsbruck)
Reuter, Ursula (Köln)
Riemer, Jehuda (Hanegew/Israel)
Rink, Thomas (Berlin)
Rippmann, Inge (Basel)
Röhm, Eberhard (Leonberg)
Röhr, Heinz (Frankfurt/Main)
Rokitjanski, Jakow (Moskau)
Rooney, Martin (Bremen)
Rosen, Zwi (Tel-Aviv)
Rosenstrauch, Hazel (Wien)
Rosenstrauch-Königsberg, Edith (Wien)
Rother, Bernd (Potsdam)
Rübner, Hartmut (Bremen)
Rudloff, Michael (Leipzig)
Rudolph, Karsten (Bochum)
Ruprecht, Thomas M. (Hamburg)

Sassenberg, Marina (Duisburg)
Schäfer, Michael (München)
Schilde, Kurt (Berlin)
Schildt, Axel (Hamburg)
Schleier, Hans (Leipzig)
Schmidt, Walter (Berlin)
Schmidt-Dumont, Geralde (Hamburg)
Schoeps, Julius H. (Potsdam)
Schölzel, Arnold (Berlin)
Schoppmann, Claudia (Berlin)
Schröter, Klaus (Hamburg)
Schuh, Franzjosef (Hamburg)
Schütt, Peter (Hamburg)
Schweppenhäuser, Gerhard (Lüneburg)
Schwöbel, Gerlind (Frankfurt)
Seidel-Höppner, Waltraud (Berlin)
Selwyn, Pamela (Berlin)
Siemann, Wolfram (München)
Smid, Marikje (Berlin)
Söllner, Alfons (Berlin)
Spillner, Marina (Düsseldorf)
Steffani, Winfried (Hamburg)

Steinberg, Hans-Josef (Bremen)
Stephan-Kopitzsch, Ursula (Hamburg)
Strobel, Georg W. (Groß Umstadt)
Suhr, Elke (Oldenburg)
Swiderski, Frank (Berlin)
Szepansky, Gerda (Berlin)

Thumm, Sabine (Bodelshausen)
Tiedemann, Rolf (Frankfurt/Main)
Tormin, Walter (Hamburg)
Tuchel, Johannes (Berlin)

Uhlig, Christa (Berlin)

Venedey, Michael (Berlin)
Vollhardt, Friedrich (Hamburg)

Wagner, Gerhard (Berlin)
Wannemacher, Klaus (Heidelberg)
Weber, Klaus-Dieter (Kassel)
Wehner, Thomas (Hamburg)
Wendler, Eugen (Reutlingen)
Wette, Wolfram (Freiburg)
Wichelhaus, Manfred (Köln)
Wiedebach, Hartwig (Göppingen)
Wieland, Lothar (Bremerhaven)
Wierk, Silke (Hamburg)
Wildt, Michael (Hamburg)
Wimmer, Dorothea (Berlin)
Winterhager, Friedrich (Hildesheim)
Wischermann, Ulla (Frankfurt)
Wolff, Wilfried (Berlin)

Zimmermann, Harro (Bremen)

Namenregister

Bildquellen

Nicht in allen Fällen war es möglich, die Rechtsinhaber geschützter Bilder zu ermitteln. Selbstverständlich wird der Verlag berechtigte Ansprüche auch nach Erscheinen des Buches erfüllen.

Archiv der deutschen Frauenbewegung, Kassel 15 (© Institut für Stadtgeschichte, Frankfurt/Main), 32, 197, 223, 232, 261, 267, 292, 328, 331 (© Donat Verlag, Bremen), 479, 600 (Steinheim Institut, Duisburg)
Archiv der sozialen Demokratie der Friedrich-Ebert-Stiftung, Bonn 13, 26, 81 (© Darchinger, Bonn), 95, 128, 132, 176, 189, 196, 209, 215, 220, 230, 249, 254, 293, 300, 340, 381, 439, 448, 462, 509, 529, 580, 585, 598, 601, 609, 625, 629, 635, 693
Archiv für Kunst und Geschichte, Berlin 54, 74, 79, 99, 120, 125, 142, 148, 150, 157, 175, 201, 227, 235, 264, 269, 276, 358, 363, 364, 372, 388, 391, 393, 400, 426, 430, 431, 437, 443, 446, 457, 466, 467, 470, 523, 548, 558, 567, 574, 576, 586, 588, 603, 615, 631, 639, 657, 659, 662, 678, 687, 692
Augenstein, Käthe 154
Bildarchiv Preußischer Kulturbesitz 107, 289, 334, 375, 386, 433, 511
Bildstelle des Deutschen Gewerkschaftsbundes, Düsseldorf 518, 528, 543
Deutsche Presse-Agentur, Stuttgart 1, 4,16, 20, 56, 97, 101, 135, 162, 164, 168, 320, 341, 348, 352, 354, 374, 404, 578, 583, 667, 712
Evangelische Trinitas Kirchengemeinde Berlin-Charlottenburg 58
Freies Deutsches Hochstift-Frankfurter Goethe Museum 259
Fritz-Küster-Archiv, Oldenburg 356
Frohwein, Bochum 291
Heinrich-Heine-Institut, Düsseldorf 247
Interfoto, München 102, 155, 211, 253, 274, 280, 295, 370, 383, 596, 620, 647, 664, 669, 681, 711, 714
Internationales Archiv für Sozialgeschichte, Amsterdam 169
Keystone, Hamburg 315
Landesbildstelle Württemberg 77
Moses Mendelssohn-Zentrum, Potsdam 51
Privatarchiv Beier 45, 186, 379, 390, 614
Privatbesitz Appelius 206
Privatbesitz Asendorf 501
Privatbesitz Bajohr-Mau 68, 313
Privatbesitz Engels 229, 256, 369, 556, 597, 650
Privatbesitz Hering 48, 353, 641
Schiller-Nationalmuseum und Deutsches Literaturarchiv, Marbach 3, 6, 34, 36, 39, 49, 60, 64, 66, 83, 88, 110, 121, 139, 184, 194, 199, 204, 208, 213, 217, 238, 251, 263, 266, 281, 317, 319, 338, 345, 377, 406, 408, 410, 411, 422, 435, 450, 451, 464, 476, 478, 491, 497, 503, 507, 513, 514, 533, 534, 541, 550, 553, 561, 563, 590, 626, 633, 643, 661, 665, 676
Staatsarchiv Hamburg 47
Staatsarchiv, Bremen 85
Stadtarchiv Dessau 458
Studienzentrum Karl-Marx-Haus, Trier 41, 86, 153, 415, 672
Ullstein Bilderdienst, Berlin 28, 30, 38, 62, 69, 90, 92, 94, 114, 126, 146, 171, 173, 178, 183, 218, 225, 239, 241, 242, 246, 273, 297, 303, 305, 309, 312, 326, 343, 350, 360, 402, 413, 417, 421, 428, 434, 441, 455, 483, 487, 489, 494, 516, 536, 546, 552, 569, 594, 607, 611, 618, 621, 628, 636, 645, 671, 697, 702, 706, 709